ST/ESA/STAT/SER.R/41

Department of Economic and Social Affairs
Département des affaires économiques et sociales

2011

Demographic Yearbook
Annuaire démographique

Sixty-second issue/Soixante-deuxième édition

United Nations/Nations Unies
New York, 2012

The Department of Economic and Social Affairs of the United Nations Secretariat is a vital interface between global policies in the economic, social and environmental spheres and national action. The Department works in three main interlinked areas: (i) it compiles, generates and analyses a wide range of economic, social and environmental data and information on which States Members of the United Nations draw to review common problems and to take stock of policy options; (ii) it facilitates the negotiations of Member States in many intergovernmental bodies on joint courses of action to address ongoing or emerging global challenges; and (iii) it advises interested Governments on the ways and means of translating policy frameworks developed in United Nations conferences and summits into programmes at the country level and, through technical assistance, helps build national capacities.

Le Département des affaires économiques et sociales du Secrétariat de l'Organisation des Nations Unies sert de relais entre les orientations arrêtées au niveau international dans les domaines économiques, sociaux et environnementaux et les politiques exécutées à l'échelon national. Il intervient dans trois grands domaines liés les uns aux autres : i) il compile, produit et analyse une vaste gamme de données et d'éléments d'information sur des questions économiques, sociales et environnementales dont les États Membres de l'Organisation se servent pour examiner des problèmes communs et évaluer les options qui s'offrent à eux; ii) il facilite les négociations entre les États Membres dans de nombreux organes intergouvernementaux sur les orientations à suivre de façon collective afin de faire face aux problèmes mondiaux existants ou en voie d'apparition; iii) il conseille les gouvernements intéressés sur la façon de transposer 'es orientations politiques arrêtées à l'occasion des conférences et sommets des Nations Unies en programmes exécutables au niveau national et aide à renforcer les capacités nationales au moyen de programmes d'assistance technique.

NOTE

Symbols of United Nations documents are composed of capital letters combined with figures. Mention of such a symbol indicates reference to a United Nations document.

The designations employed and the presentation of material in this publication do not imply the expression of any opinion whatsoever on the part of the Secretariat of the United Nations concerning the legal status of any country, territory, city or area, or of its authorities, or concerning the delimitation of its frontiers or boundaries.

Where the designation "country or area" appears in the headings of tables, it covers countries, territories, or areas.

NOTE

Les cotes des documents de l'Organisation des Nations Unies se composent de lettres majuscules et de chiffres. La simple mention d'une cote dans un texte signifie qu'il s'agit d'un document de l'Organisation.

Les appellations employées dans cette publication et la présentation des données qui y figurent n'impliquent de la part du Secrétariat de l'Organisation des Nations Unies aucune prise de position quant au statut juridique des pays, territoires, villes ou zones, ou de leurs autorités, ni quant au tracé de leurs frontières ou limites.

L'appellation "pays ou zone" figurant dans les titres des rubriques des tableaux désigne des pays, des territoires, ou des zones.

ST/ESA/STAT/SER.R/41

UNITED NATIONS PUBLICATION
Sales number: B.13.XIII.1 H

PUBLICATION DES NATIONS UNIES
Numéro de vente: B.13.XIII.1 H

ISBN 978-92-1-051105-6
eISBN 978-92-1-055872-3
ISSN 0082-8041

Topics of the Demographic Yearbook series: 1948 - 2011

Sujets des diverses éditions de l'Annuaire démographique : 1948 - 2011

Year Année	Sales No. - Numéro de vente	Issue - Edition	Special topic - Sujet spécial
1948	49.XIII.1	First-Première	General demography-Démographie générale
1949-50	51.XIII.1	Second-Deuxième	Natality statistics-Statistiques de la natalité
1951	52.XIII.1	Third-Trosième	Mortality statistics-Statistiques de la mortalité
1952	53.XIII.1	Fourth-Quatrième	Population distribution-Répartition de la population
1953	54.XIII.1	Fifth-Cinquième	General demography-Démographie générale
1954	55.XIII.1	Sixth-Sixième	Natality statistics -Statistiques de la natalité
1955	56.XIII.1	Seventh-Septième	Population censuses-Recensement de population
1956	57.XIII.1	Eighth-Huitième	Ethnic and economic characteristics of population-Caractéristiques ethniques et économiques de la population
1957	58.XIII.1	Ninth-Neuvième	Mortality statistics- Statistiques de la mortalité
1958	59.XIII.1	Tenth-Dixième	Marriage and divorce statistics- Statistiques de la nuptialité et de la divortialité
1959	60.XIII.1	Eleventh-Onzième	Natality statistics- Statistiques de la natalité
1960	61.XIII.1	Twelfth-Douzième	Population trends- l' évolution de la population
1961	62.XIII.1	Thirteenth-Treizième	Mortality Statistics- Statistiques de la mortalité
1962	63.XIII.1	Fourteenth-Quatorzième	Population census statistics I- Statistiques des recensements de population I
1963	64.XIII.1	Fifteenth-Quinzième	Population census statistics II- Statistiques des recensements de population II
1964	65.XIII.1	Sixteenth-Seizième	Population census statistics III- Statistiques des recensements de population III
1965	66.XIII.1	Seventeenth-Dix-septième	Natality statistics- Statistiques de la natalité
1966	67.XIII.1	Eighteenth-Dix-huitième	Mortality statistics I- Statistiques de la mortalité I
1967	E/F.68.XIII.1	Nineteenth-Dix-neuvième	Mortality statistics II - Statistiques de la mortalité II
1968	E/F.69.XIII.1	Twentieth-Vingtième	Marriage and divorce statistics-Statistiques de la nuptialité et de la divortialité
1969	E/F.70.XIII.1	Twenty-first-Vingt et unième	Natality statistics-Statistiques de la natalité
1970	E/F.71.XIII.1	Twenty-second-Vingt-deuxième	Population trends-l' évolution de la population
1971	E/F.72.XIII.1	Twenty-third-Vingt-troisième	Population census statistics I- Statistiques de recensements de population I
1972	E/F.73.XIII.1	Twenty-fourth-Vingt-quatrième	Population census statistics II- Statistiques des recensements de population II
1973	E/F.74.XIII.1	Twenty-fifth-Vingt-cinquième	Population census statistics III- Statistiques des recensements de population III
1974	E/F.75.XIII.1	Twenty-sixth-Vingt-sixième	Mortality statistics - Statistiques de la mortalité
1975	E/F.76.XIII.1	Twenty-seventh-Vingt-septième	Natality statistics- Statistiques de la natalité
1976	E/F.77.XIII.1	Twenty-eighth-Vingt-huitième	Marriage and divorce statistics- Statistiques de la nuptialité et de la divortialité
1977	E/F.78.XIII.1	Twenty-ninth-Vingt-neuvième	International Migration Statistics- internationales
1978	E/F.79.XIII.1	Thirtieth-Trentième	General tables- Tableaux de caractère général
1978	E/F.79.XIII.8	Special issue-Edition spéciale	Historical supplement-Supplément rétrospectif
1979	E/F.80.XIII.1	Thirty-first-Trente et unième	Population census statistics-Statistiques des recensements de population
1980	E/F.81.XIII.1	Thirty-second-Trente-deuxième	Mortality statistics- Statistiques de la mortalité
1981	E/F.82.XIII.1	Thirty-third-Trente-troisième	Natality statistics-Statistiques de la natalité

Topics of the Demographic Yearbook series: 1948 - 2011

Sujets des diverses éditions de l'Annuaire démographique : 1948 - 2011

Year Année	Sales No. - Numéro de vente	Issue - Edition	Special topic - Sujet spécial
1982	E/F.83.XIII.1	Thirty-fourth- Trente-quatrième	Marriage and divorce statistics- Statistiques de la nuptialité et de la divortialité
1983	E/F.84.XIII.1	Thirty fifth- Trente-cinquième	Population census statistics I- Statistiques des recensements de population I
1984	E/F.85.XIII.1	Thirty-sixth- Trente-sixième	Population census statistics II- Statistiques des recensements de population II
1985	E/F.86.XIII.1	Thirty-seventh- Trente-septième	Mortality statistics- Statistiques de la mortalité
1986	E/F.87.XIII.1	Thirty-eighth- Trente-huitième	Natality statistics- Statistiques de la natalité
1987	E/F.88.XIII.1	Thirty-ninth- Trente-neuvième	Household composition- Les éléments du ménage
1988	E/F.89.XIII.1	Fortieth- Quarantième	Population census statistics- Statistiques des recensements de population
1989	E/F.90.XIII.1	Forty-first- Quarante-et-unième	International Migration Statistics- Statistiques des migration internationales
1990	E/F.91.XIII.1	Forty-second- Quarante-deuxième	Marriage and divorce statistics- Statistiques de la nuptialité et de la divortialité
1991	E/F.92.XIII.1	Forty-third- Quarante-troisième	General tables- Tableaux de caractère général
1991	E/F.92.XIII.9	Special Issue	Population Ageing and the Situation of Elderly Persons Vieillissement de la population et situation des personnes âgées
1992	E/F.94.XIII.1	Forty-fourth- Quarante-quatrième	Fertility and mortality statistics- Statistiques de la fecondité et de la mortalité
1993	E/F.95.XIII.1	Forty-fifth- Quarante-cinquième	Population census statistics I- Statistiques des recensements de population I
1994	E/F.96.XIII.1	Forty-sixth- Quarante-sixième	Population census statistics II- Statistiques des recensements de population II
1995	E/F.97.XIII.1	Forty-seventh- Quarante-septième	Household composition-Les éléments du ménage
1996	E/F.98.XIII.1	Forty-eighth- Quarante-huitième	Mortality statistics- Statistiques de la mortalité
1997	E/F.99.XIII.1	Forty-ninth- Quarante-neuvième	General tables- Tableaux de caractère général
1997	E/F.99.XIII.12	Special issue- Edition spéciale (CD)	Historical supplement- Supplément rétrospectif
1998	E/F.00.XIII.1	Fiftieth- Cinquantième	General tables- Tableaux de caractère général
1999	E/F.01.XIII.1	Fifty-first- Cinquante-et-unième	General tables- Tableaux de caractère général
1999	E/F.02.XIII.6	Special issue- Edition spéciale (CD)	Natality Statistics- Statistiques de la natalité
2000	E/F.02.XIII.1	Fifty-second- Cinquante-deuxième	General tables- Tableaux de caractère général
2001	E/F.03.XIII.1	Fifty-third- Cinquante- troisième	General tables- Tableaux de caractère général
2002	E/F.05.XIII.1	Fifty-fourth- Cinquante-quatrième	General tables- Tableaux de caractère général
2003	E/F.06.XIII.1	Fifty-fifth- Cinquante-cinquième	General tables- Tableaux de caractère général
2004	E/F.07.XIII.1	Fifty-sixth- Cinquante-sixième	General tables- Tableaux de caractère général
2005	E/F.08.XIII.1	Fifty-seventh- Cinquante-septième	General tables- Tableaux de caractère général
2006	E/F.09.XIII.1	Fifty-eighth- Cinquante-huitième	General tables- Tableaux de caractère général

Topics of the Demographic Yearbook series: 1948 - 2011

Sujets des diverses éditions de l'Annuaire démographique : 1948 - 2011

Year Année	Sales No. - Numéro de vente	Issue - Edition	Special topic - Sujet spécial
2007	E/F.10.XIII.1	Fifty-ninth- Cinquante-neuvième	General tables- Tableaux de caractère général
2008	E/F.11.XIII.1	Sixtieth- Soixantième	General tables- Tableaux de caractère général
2009 - 2010	B.12.XIII.1 H	Sixty-first Soixante-et-unième	General tables- Tableaux de caractère général
2011	B.13.XIII.1 H	Sixty-second Soixante- deuxième	General tables- Tableaux de caractère général

CONTENTS - TABLE DES MATIERES

FERTILITY

NATALITÉ

FOETAL MORTALITY

MORTALITÉ FŒTALES

INFANT AND MATERNAL MORTALITY

MORTALITÉ INFANTILE ET MORTALITÉ LIÉE À LA MATERNITÉ

GENERAL MORTALITY

MORTALITÉ GÉNÉRALE

EXPLANATIONS OF SYMBOLS

Category not applicable ....

Data not available.. ...

Magnitude zero or less than half of unit employed .... -

Provisional .... *

Data tabulated by year of registration rather than occurrence .... +

Based on less than specified minimum .... ◆

Relatively reliable data .... Roman type

Data of lesser reliability .... *Italics*

EXPLICATION DES SIGNES

Sans objet ....

Données non disponibles ....

Néant ou chiffre inférieur à la moitié de l'unité employée .... -

Données provisoires .... *

Donnée exploitées selon l'année de l'enregistrement et non l'année de l'événement   +

Rapport fondé sur un nombre inférieur à celui spécifié............................ ◆

Données relativement sûres.. Caractères romains

Données dont l'exactitude est moindre .... *Italiques*

INTRODUCTION

The *Demographic Yearbook* is an international compendium of national demographic statistics provided by national statistical authorities to the Statistics Division of the United Nations Department of Economic and Social Affairs. The *Demographic Yearbook* is part of the set of coordinated and interrelated publications issued by the United Nations and its specialized agencies, designed to supply statistical data for such users as demographers, economists, public-health workers and sociologists. Through the co-operation of national statistical services, available official demographic statistics are compiled in the *Demographic Yearbook* for more than 230 countries or areas throughout the world.

The *Demographic Yearbook 2011* is the sixty-second issue in a series published by the United Nations since 1948. It contains tables on a wide range of demographic statistics, including a world summary of selected demographic statistics, statistics on the size, distribution and trends in national populations, fertility, foetal mortality, infant and maternal mortality, general mortality, nuptiality and divorce. Data are shown by urban/rural residence, as available. In addition, the volume provides Technical Notes, a synoptic table, a historical index and a listing of the issues of the *Demographic Yearbook* published to date. This issue of *Demographic Yearbook* contains data as available including reference year 2011.

The Technical Notes on the Statistical Tables are provided to assist the reader in using the tables. Table A, the synoptic table, provides an overview of the completeness of data coverage of the current *Demographic Yearbook*. The cumulative historical index is a guide on content and coverage of all sixty-two issues, and indicates, for each of the topics that have been published, the issues in which they are presented and the years covered. A list of the *Demographic Yearbook* issues, with their corresponding sales numbers and the special topics featured in each issue are shown on pages iii and iv.

Until the 48th issue (1996), each issue consisted of two parts, the general tables and special topic tables, published in the same volume[1]. Beginning with the 49th issue (1997), the special topic tables were being disseminated in digital format as supplements to the regular issues. Two CD-ROMs have been issued: the *Demographic Yearbook Historical Supplement*, which presents a wide panorama of basic demographic statistics for the period 1948 to 1997, and the *Demographic Yearbook: Natality Statistics*, which contains a series of detailed tables dedicated to natality and covering the period from 1980 to 1998. Later on, three volumes of *Demographic Yearbook* Special Census Topics for the 2000 round of censuses, covering the period from 1995 to 2004, were published on-line at http://unstats.un.org/unsd/demographic/products/dyb/dybcens.htm. Current *Demographic Yearbook* census topics datasets for the reference years 1995 to the present, as available, are presented at http://unstats.un.org/unsd/demographic/products/dyb/dybcensusdata.htm. These datasets cover basic population characteristics, educational, household, ethnocultural and economic characteristics, and also foreign-born and foreign population.

Population statistics are not available for all countries or areas, for a variety of reasons. In an effort to provide estimates of mid-year population and of selected vital statistics for all countries and areas, two annexes are presented. Annex I presents United Nations population estimates for the period 2002-2011 and Annex II presents the medium variant estimates of crude birth and death rates, infant mortality and total fertility rates, as well as life expectancy at birth over the period 2010-2015. These data were produced by the United Nations Population Division and are published in the *World Population Prospects: The 2010 Revision*[2].

Demographic statistics shown in this issue of the *Demographic Yearbook* are available online at the *Demographic Yearbook* website http://unstats.un.org/unsd/demographic/products/dyb/dyb2011.htm. Information about the Statistics Division's data collection and dissemination programme is also available on the same website. Additional information can be made available by contacting the Statistics Division of the United Nations Department of Economic and Social Affairs at demostat@un.org.

TECHNICAL NOTES ON THE STATISTICAL TABLES

1. GENERAL REMARKS

1.1 Arrangement of Technical Notes

These Technical Notes are designed to provide the reader with relevant information related to the statistical tables. Information pertaining to the *Demographic Yearbook* in general is presented in the sections dealing with geographical aspects, population and vital statistics. In addition, preceding each table are notes describing the variables, remarks on the reliability and limitation of the data, countries and areas covered, and information on the presentation of earlier data. When appropriate, details on computation of rates, ratios or percentages are presented.

1.2 Arrangement of tables

The numbering of tables from one issue of *Demographic Yearbook* to the next is preserved to the extent possible. However, since for some of the tables the numbering may not correspond exactly to those in previous issues, the reader is advised to use the historical index that appears at the end of this book to find the reference to data in earlier issues.

1.3 Source of data

The statistics presented in the *Demographic Yearbook* are national data provided by official statistical authorities unless otherwise indicated. The primary source of data for the *Demographic Yearbook* is a set of questionnaires sent annually by the United Nations Statistics Division to over 230 national statistical services. Data reported on these questionnaires are supplemented, to the extent possible, with data taken from official national publications, official websites and through correspondence with national statistical services. In the interest of comparability, rates, ratios and percentages have been calculated by the Statistics Division of the United Nations, except for the life table functions, the total fertility rate, and also crude birth rate and crude death rate for some countries or areas as appropriately noted. The methods used by the Statistics Division to calculate these rates and ratios are described in the Technical Notes for each table. The population figures used for these computations are those pertaining to the corresponding years published in this or previous issues of the *Demographic Yearbook*.

In cases when data in this issue of the *Demographic Yearbook* differ from those published in earlier issues or related publications, statistics in this issue may be assumed to reflect revisions to the data received by June 2012.

2. GEOGRAPHICAL ASPECTS

2.1 Coverage

Data are shown for all individual countries or areas that provided information. Table 3 is the most comprehensive in geographical coverage, presenting data on population and surface area for all countries or areas with a population of at least 50 persons. Not all of these countries or areas appear in subsequent tables. In many cases the data required for a particular table are not available. In general, the more detailed the data required for a table, the fewer the number of countries or areas that can provide them.

In addition, rates and ratios are presented only for countries or areas reporting at least a minimum number of relevant events. The minimums are stated in the Technical Notes to individual tables.

Except for summary data shown for the world and by major areas and regions in tables 1 and 2 and data shown for capital cities and cities with a population of 100 000 or more in table 8, all data are presented at the national level. The number of countries shown in each table is provided in table A, the synoptic table.

2.2 Territorial composition

To the extent possible, all data, including time series data, relate to the territory within 2011 boundaries. Exceptions are footnoted in individual tables. Relevant clarifications are specified below.

Data relating to **Denmark** exclude Faeroe Islands and Greenland, which are shown separately.

Data relating to **Finland** include Åland Islands, unless otherwise indicated by a footnote.

Data relating to **France** exclude Overseas Departments, namely, French Guiana, Guadeloupe, Martinique and Réunion, which are shown separately, unless otherwise indicated by a footnote.

Data relating to **Norway** exclude Svalbard and Jan Mayen Island shown separately, if available.

Data relating to **United Kingdom of Great Britain and Northern Ireland** exclude Guernsey, Isle of Man and Jersey which are shown separately.

Data relating to **Western Sahara** comprise the Northern Region (former Saguia el Hamra) and Southern Region (former Rio de Oro).

2.3 Nomenclature

Because of space limitations, the country or area names listed in the tables are generally the commonly employed short titles currently in use[3] in the United Nations, the full titles being used only when a short form is not available. The latest version of the *Standard Country or Area Codes for Statistics Use* can be accessed at http://unstats.un.org/unsd/methods/m49/m49alpha.htm.

2.3.1 Order of presentation

Countries or areas are listed in English alphabetical order within the following continents: Africa, North America, South America, Asia, Europe and Oceania.

The designations and presentation of the material in this publication were adopted solely for the purpose of providing a convenient geographical basis for the accompanying statistical series. The same qualification applies to all notes and explanations concerning the geographical units for which data are presented.

2.4 Surface area data

Surface area data, shown in tables 1 and 3, represent the total surface area, comprising land area and inland waters (assumed to consist of major rivers and lakes) and excluding only Polar Regions and uninhabited islands. The surface area given is the most recent estimate available. They are presented in square kilometres, a conversion factor of 2.589988 having been applied to surface areas originally reported in square miles.

2.4.1 Comparability over time

Comparability over time in surface area estimates for any given country or area may be affected by changes in the surface area estimation procedures, increases in actual land surface by reclamation, boundary changes, changes in the concept of "land surface area" used or a change in the unit of measurement used. In most cases it was possible to ascertain the reason for a revision; otherwise, the latest figures have generally been accepted as correct and substituted for those previously on file.

2.4.2 International comparability

Lack of international comparability between surface area estimates arises primarily from differences in definition. In particular, there is considerable variation in the treatment of coastal bays, inlets and gulfs, rivers and lakes. International comparability is also impaired by the variation in methods employed to estimate surface area. These range from surveys based on modern scientific methods to conjectures based on diverse types of information. Some estimates are recent while others may not be. Since neither the exact method of determining the surface area nor the precise definition of its composition and time reference is known for all countries or areas, the estimates in table 3 should not be considered strictly comparable from one country or area to another.

3. POPULATION

Population statistics, that is, those pertaining to the size, geographical distribution and demographic characteristics of the population, are presented in a number of tables of the *Demographic Yearbook*.

Summary estimates of the mid-year population of the world, major areas and regions for selected years and of its age and sex distribution in 2011 are set forth in tables 1 and 2, respectively.

Data for countries or areas include population census figures, estimates based on results of sample surveys (in the absence of a census), postcensal or intercensal estimates and those derived from continuous population registers. In the present issue of the *Demographic Yearbook* , the latest available census figure of the total population of each country or area and mid-year estimates for 2005 and 2011 are presented in table 3. Mid-year estimates of total population for ten years (2002-2011) are shown in table 5 and mid-year estimates of urban and total population by sex for ten years (2002-2011) are shown in table 6. The latest available data on population by age, sex and urban/rural residence are given in table 7. The latest available figures on the population of capital cities and of cities or urban agglomerations of 100 000 or more inhabitants are presented in table 8.

The statistics on total population, population by age, sex, or urban/rural distribution are used for the calculation of rates in the *Demographic Yearbook*. Vital rates by residence (urban/rural), age or sex were calculated using data presented in tables 6 or 7 in this issue or the corresponding tables of previous issues of the *Demographic Yearbook*.

3.1 Sources of variation of data

The comparability of data is affected by several factors, including (1) the definition of total population; (2) the definition used to classify the population into its urban/rural components; (3) the accuracy of age reporting; (4) the extent of over-enumeration or under-enumeration in the most recent census or other source of benchmark population statistics; and (5) the quality of population estimates. These five factors will be discussed in some detail in sections 3.1.1 to 3.2 below. Other relevant problems are discussed in the technical notes to the individual tables. Readers interested in more detail, relating in particular to the basic concepts of population size, distribution and characteristics as elaborated by the United Nations, should consult the *Principles and Recommendations for Population and Housing Censuses, Revision 2*[4].

3.1.1 Total population

The most important impediment to comparability of total populations is the difference between the concept of a *de facto* and *de jure* population. A *de facto* population includes all persons physically present in the country or area at the reference date. The *de jure* population, by contrast, includes all usual residents of the given country or area, whether or not they were physically present in the area at the reference date. By definition, therefore, a *de facto* total and a *de jure* total are not entirely comparable.

Comparability of even two *de facto* or *de jure* totals is often affected by the fact that strict conformity to either of these concepts is rare. For example, some so-called *de facto* counts do not include foreign military, naval and diplomatic personnel present in the country or area on official duty, and their accompanying family and household members; some do not include foreign visitors in transit through the country or area or transients on ships in harbours. On the other hand, they may include such persons as merchant seamen and fishermen who are temporarily out of the country or area working at their trade.

The *de jure* population figure presents even greater variations in comparability, in part because it depends in the first place on the concept of "usual residence", which varies from one country or area to another and is difficult to apply consistently in a census or survey enumeration. For example, non-national civilians temporarily in a country or area as short-term workers may officially be considered residents after a stay of a specified period of time or they may be considered as non-residents throughout the duration of their stay; at the same time, these individuals may be officially considered as residents or non-residents of the country or area from which they came, depending on the duration and/or purpose of their absence. Furthermore, regardless of the official treatment, individual respondents may apply their own interpretation of residence in responding to the inquiry. In addition, there may be considerable differences in the accuracy with which countries or areas are informed about the number of their residents temporarily out of the country or area.

As far as possible, the population statistics presented in the tables of the *Demographic Yearbook* refer to the *de facto* population. Those reported to have been based on the *de jure* concept are identified as such. Figures not otherwise qualified may, therefore, be assumed to have been reported by countries or areas as being based on a *de facto* definition of the population. In an effort to overcome, to the extent possible, the effect of the lack of strict conformity to either the *de facto* or the *de jure* concept given above, significant exceptions with respect to inclusions and exclusions of specific population groups, are footnoted when they are known.

It should be remembered, however, that the necessary detailed information has not been available in many cases. It cannot, therefore, be assumed that figures not thus qualified reflect strict *de facto* or *de jure* definitions.

A possible source of variation within the statistics of a single country or area may arise from the fact that some countries or areas collect information on both the *de facto* and the *de jure* population in, for example, a census, but prepare detailed tabulations for only the *de jure* population. Hence, even though the total population shown in table 3 is de facto, the figures shown in the tables presenting various characteristics of the population, for example, urban/rural distribution, age and sex distribution, may be on the *de jure* concept.

3.1.2 Urban/rural classification

International comparability of urban/rural distributions is seriously impaired by the wide variation among national definitions of the concept of "urban". The definitions used by individual countries or areas and their implications are shown at the end of technical notes for table 6.

3.1.3 Age distribution

The classification of population by age is a core element of most analyses, estimation and projection of population statistics. Unfortunately, age data are subject to a number of sources of error and non-comparability. Accordingly, the reliability of age data should be of concern to users of these statistics.

3.1.3.1 Collection and compilation of age data

Age is the estimated or calculated interval of time between the date of birth and the date of the census or survey, expressed in completed solar years[5]. There are two methods of collecting information on age. The first is to obtain the date of birth for each member of the population in a census or survey and then to calculate the completed age of the individual by subtracting the date of birth from the date of enumeration[6]. The second method is to record the individual's completed age at the time of the census or survey, that is to say, age at last birthday.

The recommended method is to calculate age at last birthday by subtracting the exact date of birth from the date of the census. Some practices, however, do not use this method but instead calculate the difference between the year of birth and the year of the census. Classifications of this type are footnoted whenever possible. They can be identified to a certain extent by a smaller than expected population under one year of age. However, an irregular number of births from one year to the next or age selective omission of infants may also obscure the expected population under one year of age.

3.1.3.2 Errors in age data

Errors in age data may be due to a variety of causes, including ignorance of the correct age; reporting years of age in terms of a calendar concept other than completed solar years since birth[7]; carelessness in reporting and recording age; a general tendency to state age in figures ending in certain digits (such as zero, two, five and eight); a tendency to exaggerate length of life at advanced ages; a subconscious aversion to certain numbers; and wilful misrepresentations.

These reasons for errors in reported age data are common to most investigations of age and to most countries or areas, and they may significantly impair comparability of the data.

As a result of the above-mentioned difficulties, the age-sex distribution of population in many countries or areas shows irregularities which may be summarized as follows: (1) a deficiency in the number of infants and young children; (2) a concentration at ages ending with zero and five (that is, 5, 10, 15, 20, ...); (3) heaping at even ages (for example, 10, 12, 14, ...) relative to odd ages (for example, 11, 13, 15, ...); (4) unexpectedly large differences between the frequency of males and females at certain ages; and (5) unaccountably large differences between the frequencies in adjacent age groups. Comparing of identical age-sex cohorts from successive censuses, as well as studying the age-sex composition of each census, may reveal these and other inconsistencies, some of which in varying degree are characteristic of even the most modern censuses.

3.2 Methods used to indicate quality of published statistics

To the extent possible, efforts have been made to give the reader an indication of reliability of the statistics published in the *Demographic Yearbook*. This has been approached in several ways. Any information regarding a possible under-enumeration or over-enumeration, coming from a postcensal survey, for example, has been noted in the footnotes to table 3. Any deviation from full national coverage, as explained in section 2.1 under Geographical Aspects, has also been noted. In addition, national statistical offices have been asked to evaluate the estimates of total population they submit to the Statistics Division of the United Nations.

Estimates of the age-sex distribution of population may be constructed by two major methods: (1) by applying the specific components of population change to each age-sex group of the population as enumerated at the time of the census, and (2) by distributing the total estimated for a postcensal year proportionately according to the age-sex structure at the time of the census.

Estimated age-sex distributions are categorized as "reliable" or otherwise, according to the method of construction established for the latest estimates of total mid-year population as well as population by age and sex. Hence, the quality designation of the total figure, as indicated by the code, is considered to apply also to the whole distribution by age and sex, and the data are set in *italic* or roman type, as appropriate, on this basis alone. Further evaluation of detailed age structure data has not been undertaken to date.

4. VITAL STATISTICS

For purposes of the *Demographic Yearbook*, vital statistics have been defined as statistics of live birth, death, foetal death, marriage and divorce.

This volume of the *Demographic Yearbook* presents tables on fertility, nuptiality and divorce as well as tables on mortality referring to foetal mortality, infant and maternal mortality and general mortality.

4.1 Sources of variation of data

Most of the vital statistics data published in this *Demographic Yearbook* come from national civil registration systems. The completeness and the accuracy of the data that these systems produce vary from one country or area to another.

The provision for a national civil registration system is not universal, and in some cases, the registration system covers only certain vital events. For example, in some countries or areas only births and deaths are registered. There are also differences in the effectiveness with which national laws pertaining to civil registration operate in the various countries or areas. The manner in which the law is implemented and the degree to which the public complies with the legislation determine the reliability of vital statistics obtained from the civil registers.

It should be noted that some statistics on marriage and divorce are obtained from sources other than civil registers. For example, in some countries or areas, the only source for data on marriages is church registers. Divorce statistics, on the other hand, are obtained from court records and/or civil registers according to national practice. The actual compilation of these statistics may be the responsibility of the civil registrar, the national statistical office or other government offices.

Other factors affecting international comparability of vital statistics are much the same as those that must be considered in evaluating the variations in other population statistics. Differences in statistical definitions of vital events, differences in geographical and ethnic coverage of the data and diverse tabulation procedures may also influence comparability.

In addition to vital statistics from civil registers, some vital statistics published in the *Demographic Yearbook* are official estimates. These estimates are frequently from population censuses and sample surveys. As such, their comparability may be affected by the national completeness of reporting in population censuses and household surveys, whether a *de facto* or *de jure* based census, non-sampling and sampling errors and other sources of bias.

Readers interested in more detailed information on standards for vital statistics should consult the *Principles and Recommendations for a Vital Statistics System Revision 2*[8]; *Handbook on Civil Registration and Vital Statistics Systems: Preparation of a Legal Framework*[9]; *Handbook on Civil Registration and Vital Statistics Systems: Management, Operation and Maintenance*[10]; *Handbook on Civil Registration and Vital Statistics Systems: Developing Information, Education and Communication*[11]; *Handbook on Civil Registration and Vital Statistics Systems: Policies and Protocols for the Release and Archiving of Individual Records*[12]; and *Handbook on Civil Registration and Vital Statistics Systems: Computerization*[13]. The *Handbook on the Collection of Fertility and Mortality Data*[14] provides information in collection and evaluation of data on fertility and mortality collected in population censuses and household surveys. These publications are also available on the website at http://unstats.un.org/unsd/demographic/standmeth/handbooks/default.htm.

4.1.1 Statistical definition of events

An important source of variation lies in the statistical definition of each vital event. The *Demographic Yearbook* attempts to collect data on vital events, using the standard definitions put forth in paragraph 57 of *Principles and Recommendations for a Vital Statistics System Revision 2*[8]. These definitions are as follows:

LIVE BIRTH is the complete expulsion or extraction from its mother of a product of conception, irrespective of the duration of pregnancy, which after such separation breathes or shows any other evidence of life such as beating of the heart, pulsation of the umbilical cord, or definite movement of voluntary muscles, whether or not the umbilical cord has been cut or the placenta is attached; each product of such a birth is considered live-born regardless of gestational age.

DEATH is the permanent disappearance of all evidence of life at any time after live birth has taken place (postnatal cessation of vital functions without capability of resuscitation). This definition therefore excludes foetal deaths.

FOETAL DEATH is death prior to the complete expulsion or extraction from its mother of a product of conception, irrespective of the duration of pregnancy; the death is indicated by the fact that after such separation the foetus does not breathe or show any other evidence of life, such as beating of the heart, pulsation of the umbilical cord, or definite movement of voluntary muscles. Late foetal deaths are those of twenty-eight or more completed weeks of gestation. These are synonymous with the events reported under the pre-1950 term stillbirth.

MARRIAGE is an act, ceremony or process by which the legal relationship of husband and wife is constituted. The legality of the union may be established by civil, religious or other means as recognized by the laws of each country or area.

DIVORCE is a final legal dissolution of a marriage, that is, that separation of husband and wife which confers on the parties the right to remarriage under civil, religious and/or other provisions, according to the laws of each country.

In addition to these internationally recommended definitions, the *Demographic Yearbook* collects and presents data on abortions, defined as:

ABORTION is defined, with reference to the woman, as any interruption of pregnancy before 28 weeks of gestation with a dead foetus. There are two major categories of abortion: spontaneous and induced. Induced abortions are those initiated by deliberate action undertaken with the intention of terminating pregnancy; all other abortions are considered spontaneous.

4.1.2 Problems relating to standard definitions

A basic problem affecting international comparability of vital statistics is deviations from the standard definitions of vital events. An example of this can be seen in the cases of live births and foetal deaths. In some countries or areas, an infant must survive for at least 24 hours, to be inscribed in the live-birth register. Infants who die before the expiration of the 24-hour period are classified as late foetal deaths and, barring special tabulation procedures, they would not be counted either as live births or as deaths. Similarly, in several other countries or areas, those infants who are born alive but die before registration of their birth, are also considered late foetal deaths.

Unless special tabulation procedures are adopted in such cases, the live-birth and death statistics will both be deficient by the number of these infants, while the incidence of late foetal deaths will be increased by the same amount. Hence the infant mortality rate is underestimated. Although both components (infant deaths and live births) are deficient by the same absolute amount, the deficiency is proportionately greater in relation to the infant deaths, causing greater errors in the infant mortality rate than in the birth rate.

Moreover, the practice exaggerates the late foetal death ratios. Some countries or areas make provision for correcting this deficiency (at least in the total frequencies) at the tabulation stage. Data for which the correction has not been made are indicated by a footnote whenever possible.

The definitions used for marriage and divorce also present problems for international comparability. Unlike birth and death, which are biological events, marriage and divorce are defined only in terms of law and custom and as such are less amenable to universally applicable statistical definitions. They have therefore been defined for statistical purposes in general terms referring to the laws of individual countries or areas. Laws pertaining to marriage and particularly to divorce, vary from one country or area to another. With respect to marriage, the most widespread requirement relates to the minimum age at which persons may marry but frequently other requirements are specified.

When known the minimum legal age of men and women at which marriage can occur with or without parental consent is presented in table 24-1. Laws and regulations relating to the dissolution of marriage by divorce range from total prohibition, through a wide range of grounds upon which divorces may be granted, to the granting of divorce in response to a simple statement of desire or intention by spouses.

4.1.3 Fragmentary geographical or ethnic coverage

Ideally, vital statistics for any given country or area should cover the entire geographical area and include all ethnic groups. Fragmentary coverage is, however, not uncommon. In some countries or areas, registration is compulsory for only a small part of the population, limited to certain ethnic groups, for example. In other places there is no national provision for compulsory registration, but only municipal or state ordinances that do not cover the entire geographical area. Still others have developed a registration area that comprises only a part of the country or area, the remainder being excluded because of inaccessibility or for economic and cultural considerations that make regular registration practically impossible.

4.1.4 Tabulation procedures

4.1.4.1 By place of occurrence

Vital statistics presented at the national level relate to the de facto, that is, the present-in-area population. Thus, unless otherwise noted, vital statistics for a given country or area cover all the events that occur within its present boundaries and among all segments of the population therein. They may be presumed to include events among nomadic tribes and indigenous peoples, and among nationals and foreigners. When known, deviations from the *de facto* concept are footnoted.

Urban/rural differentials in vital rates for some countries may vary considerably depending on whether the relevant vital events were tabulated on the basis of place of occurrence or place of usual residence. For example, if a substantial number of women residing in rural areas near major urban centres travel to hospitals or maternity homes located in a city to give birth, urban fertility and neo-natal and infant mortality rates will usually be higher (and the corresponding rural rates will usually be lower) if the events are tabulated on the basis of place of occurrence rather than on the basis of place of usual residence. A similar process will affect general mortality differentials if substantial numbers of persons residing in rural areas use urban health facilities when seriously ill.

4.1.4.2 By date of occurrence versus by date of registration

To the extent possible, the vital statistics presented in the *Demographic Yearbook* refer to events that occurred during the specified year, rather than to those that were registered during that period. However, a considerable number of countries or areas tabulate their vital statistics not by date of occurrence, but by date of registration. Because such statistics can be misleading, the countries or areas known to tabulate vital statistics by date of registration are identified in the tables by a plus sign "+". Since information on the method of tabulating vital statistics is not available for all countries and areas, tabulation by date of registration may be more prevalent than the symbols on the vital statistics tables would indicate.

Because quality of data is inextricably related to the timeliness of registration, this must always be considered in conjunction with the quality code description in section 4.2.1 below. If registration of births is complete and timely (code "C"), the ill effects of tabulating by date of registration, are, for all practical purposes, nullified. Similarly, with respect to death statistics, the effect of tabulating events by date of registration may be minimized in many countries or areas in which the sanitary code requires that a death must be registered before a burial permit can be issued, and this regulation tends to make registration prompt. With respect to foetal death, registration is usually done right away or not at all. Therefore, if registration is prompt, the difference between statistics tabulated by date of occurrence and those tabulated by date of registration may be negligible. In many cases, the length of the statutory time period allowed for registering various vital events plays an important part in determining the effects of tabulation by date of registration on comparability of data.

With respect to marriage and divorce, the practice of tabulating data by date of registration does not generally pose serious problems. In many countries or areas marriage is a civil legal contract which, to establish its legality, must be celebrated before a civil officer. It follows that for these countries or areas registration would tend to be almost automatic at the time of, or immediately following, the marriage ceremony. Because the registration of a divorce in many countries or areas is the responsibility solely of the court or the authority which granted it, and since the registration record in such cases is part of the records of the court proceedings, it follows that divorces are likely to be registered soon after the decree is granted.

On the other hand, if registration is not prompt, vital statistics by date of registration will not produce internationally comparable data. Under the best circumstances, statistics by date of registration will include primarily events that occurred in the immediately preceding year; in countries or areas with less developed systems, tabulations will include some events that occurred many years in the past. Examination of available information reveals that delays of many years are not uncommon for birth registration, though the majority is recorded between two to four years after birth.

As long as registration is not prompt, statistics by date of registration will not be internationally comparable either among themselves or with statistics by date of occurrence.

It should also be mentioned that lack of international comparability is not the only limitation introduced by date-of-registration tabulation. Even within the same country or area, comparability over time may be lost by the practice of counting registrations rather than occurrences. If the number of events registered from year to year fluctuates because of *ad hoc* incentives to stimulate registration, or to the sudden need, for example, for proof of (unregistered) birth or death to meet certain requirements, vital statistics tabulated by date of registration are not useful in measuring and analyzing demographic levels and trends. All they can give is an indication of the fluctuations in the need for a birth, death or marriage certificate and the work-load of the registrars. Therefore, statistics tabulated by date of registration may be of very limited use for either national or international studies.

4.2 Methods used to indicate quality of published vital statistics

The quality of vital statistics can be assessed in terms of a number of factors. Most fundamental is the completeness of the civil registration system on which these statistics are based. In some cases, the incompleteness of the data obtained from civil registration systems is revealed when these events are used to compute rates. However, this technique applies only where the data are markedly deficient, where they are tabulated by date of occurrence and where the population base is correctly estimated. Tabulation by date of registration will often produce rates which appear correct, simply because the numerator is artificially inflated by the inclusion of delayed registration and, conversely, rates may be of credible magnitude because the population at risk has been underestimated. Moreover, it should be remembered that knowledge of what is credible in regard to levels of fertility, mortality and nuptiality is extremely scant for many parts of the world, and borderline cases, which are the most difficult to appraise, are frequent.

4.2.1 Quality code for vital statistics from registers.

In the *Demographic Yearbook* annual "Questionnaire on Vital Statistics" national statistical offices are asked to provide their own estimates of the completeness of the births, deaths, late foetal deaths, marriages and divorces recorded in their civil registers.

On the basis of information from the questionnaires, from direct correspondence and from relevant official publications, it has been possible to classify current national statistics from civil registers of birth, death, infant death, late foetal death, marriage and divorce into three broad quality categories, as follows:

C: Data estimated to be virtually complete, that is, representing at least 90 per cent of the events occurring each year.

U: Data estimated to be incomplete, that is representing less than 90 per cent of the events occurring each year.

|: Data not derived from civil registration systems but considered reliable, such as estimates derived from projections, other estimation techniques or population and housing censuses.

...: Data for which no specific information is available regarding completeness.

These quality codes appear in the first column of the tables which show total frequencies and crude rates (or ratios) over a period of years for all tables on live births, late foetal deaths, infant deaths, deaths, marriages, and divorces. Reliability of maternal mortality statistics is provided by the World Health Organisation.

The classification of countries and areas in terms of these quality codes may not be uniform. Nevertheless, it was felt that national statistical offices were in the best position to judge the quality of their data. It was considered that even the very broad categories that could be established on the basis of the available information would provide useful indicators of the quality of the vital statistics presented in this *Demographic Yearbook*.

Among the countries or areas indicating that the registration of live births was estimated to be 90 per cent or more complete (and hence classified as "C" or "+C" in table 9), the following countries or areas provided information on the method used to evaluate the completeness estimate:

(a) Demographic analysis -- Argentina, Austria, Bulgaria, Chile, China - Hong Kong SAR, Croatia, Egypt, Estonia, Italy, Latvia, Lithuania, Malta, Mauritius, Republic of Korea, Republic of Moldova, Romania, Seychelles and Sweden.

(b) Dual record check -- Austria, Cuba, Estonia, Hungary, Israel, Italy, Malaysia, Norway, Qatar, Republic of Korea, Romania and Switzerland.

(c) Other specified methods -- Aruba, Austria, Denmark, France, Guatemala, Ireland, Kyrgyzstan, Liechtenstein, Luxembourg, Netherlands Antilles, Occupied Palestinian Territory, Panama, Poland, Puerto Rico, Singapore, Slovenia, Spain and Sweden.

Among the countries or areas indicating that the registration of late foetal-deaths was estimated to be 90 per cent or more complete (and hence classified as "C" or "+C" in table 12), the following countries or areas provided information on the method used to evaluate the completeness estimate:

(a) Demographic analysis -- Argentina, Austria, Bulgaria, Croatia, Egypt, Estonia, Italy, Latvia, Lithuania, Malta, Mauritius, Romania and Sweden.

(b) Dual record check -- Austria, Cuba, Estonia, Hungary, Israel, Italy, Lithuania, Norway, Qatar, Romania and Switzerland.

(c) Other specified methods -- Austria, Denmark, Luxembourg, Poland, Puerto Rico, Slovenia, Spain and Sweden.

Among the countries or areas indicating that the registration of infant deaths was estimated to be 90 per cent or more complete (and hence classified as "C" or "+C" in table 15), the following countries or areas provided information on the method used to evaluate the completeness estimate:

(a) Demographic analysis -- Argentina, Austria, Bulgaria, Chile, China - Hong Kong SAR, Croatia, Egypt, Estonia, Israel, Italy, Latvia, Lithuania, Malta, Mauritius, Republic of Korea, Republic of Moldova, Romania, Seychelles and Sweden.

(b) Dual record check -- Austria, Cuba, Cyprus, Estonia, Hungary, Ireland, Israel, Italy, Lithuania, Norway, Qatar, Republic of Korea, Romania and Switzerland.

(c) Other specified methods -- Austria, Cayman Islands, Denmark, Kyrgyzstan, Liechtenstein, Luxembourg, Netherlands Antilles, Poland, Puerto Rico, Singapore, Slovenia, Spain and Sweden.

Among the countries or areas indicating that the registration of deaths was estimated to be 90 per cent or more complete (and hence classified as "C" or "+C" in table 18), the following countries or areas provided information on the method used to evaluate the completeness estimate:

(a) Demographic analysis -- Argentina, Austria, Bulgaria, Chile, China - Hong Kong SAR, Croatia, Egypt, Estonia, Israel, Italy, Latvia, Lithuania, Malta, Mauritius, Republic of Korea, Republic of Moldova, Romania, Seychelles and Sweden.

(b) Dual record check -- Austria, Cuba, Cyprus, Estonia, Hungary, Israel, Italy, Lithuania, Mexico, Norway, Qatar, Republic of Korea, Romania and Switzerland.

(c) Other specified methods -- Aruba, Austria, Denmark, France, Kyrgyzstan, Liechtenstein, Luxembourg, Malaysia, Netherlands Antilles, Poland, Puerto Rico, Singapore, Slovenia, Spain and Sweden.

Among the countries or areas indicating that the registration of marriages was estimated to be 90 per cent or more complete (and hence classified as "C" or "+C" in table 22), the following countries or areas provided information on the method used to evaluate the completeness estimate:

(a) Demographic analysis -- Argentina, Austria, Bulgaria, Chile, China - Hong Kong SAR, Egypt, Estonia, Italy, Latvia, Lithuania, Malta, Mauritius, Mexico, Occupied Palestinian Territory, Republic of Korea, Republic of Moldova, Romania, Seychelles and Sweden.

(b) Dual record check -- Cuba, Estonia, Hungary, Israel, Italy, Mexico, Norway, Qatar, Republic of Korea, Romania and Switzerland.

(c) Other specified methods -- Aruba, Austria, Australia, Cyprus, Denmark, Dominican Republic, France, Liechtenstein, Luxembourg, Mexico, Netherlands Antilles, Poland, Puerto Rico, Slovenia, Spain, Sweden and Tajikistan.

Among the countries or areas indicating that the registration of divorces was estimated to be 90 per cent or more complete (and hence classified as "C" or "+C" in table 24), the following countries or areas provided information on the method used to evaluate the completeness estimate:

(a) Demographic analysis -- Austria, Bulgaria, Croatia, Egypt, Estonia, Italy, Latvia, Lithuania, Mexico, Occupied Palestinian Territory, Republic of Korea, Republic of Moldova, Romania, Seychelles and Sweden.

(b) Dual record check -- Cuba, Estonia, Hungary, Israel, Italy, Mexico, Norway, Qatar, Republic of Korea, Romania and Switzerland.

(c) Other specified methods -- Aruba, Austria, Cyprus, Denmark, Dominican Republic, Liechtenstein, Luxembourg, Mauritius, Mexico, Netherlands Antilles, Poland, Puerto Rico, Slovenia, Sweden and Tajikistan.

4.2.2 Treatment of vital statistics from registers

On the basis of the quality code described above, the vital statistics shown in all tables of the *Demographic Yearbook* are treated as either reliable or unreliable. Data coded "C" are considered reliable and appear in roman type. Data coded "U" or "..." are considered unreliable and appear in *italics*. Although the quality code itself appears only in certain tables, the indication of reliability (that is, the use of *italics* to indicate unreliable data) is shown in all tables presenting vital statistics data.

It should be noted that the indications of reliability used for infant mortality rates, maternal mortality ratios and late foetal death ratios (all of which are calculated using the number of live births in the denominator) are determined on the basis of the quality codes for infant deaths, deaths and late foetal deaths respectively. To evaluate these rates and ratios more precisely, one would have to take into account the quality of the live-birth data used in the denominator of these rates and ratios. The quality codes for live births are shown in table 9 and described more fully in the text of the technical notes for that table.

4.2.3 Treatment of time series of vital statistics from registers

The quality of a time series of vital statistics is more difficult to determine than the quality of data for a single year. Since a time series of vital statistics is usually generated only by a system of continuous civil registration, it was assumed that the quality of the entire series was the same as that for the latest year's data obtained from the civil register. The entire series is treated as described in section 4.2.2 above. That is, if the quality code for the latest registered data is "C", the frequencies and rates for earlier years are also considered reliable and appear in roman type. Conversely, if the latest registered data are coded as "U" or "..." then data for earlier years are considered unreliable and appear in *italics*. It is recognized that this method is not entirely satisfactory because it is known that data from earlier years in many of the series were considerably less reliable than the current code implies. Efforts are being made to gradually move away from this method and code the registered data of each year or range of years separately.

4.2.4 Treatment of estimated vital statistics

In addition to data from vital registration systems, estimated frequencies and rates of the events, usually *ad hoc* official estimates that have been derived either from the results of a population census or sample survey or by demographic analyses, also appear in the *Demographic Yearbook*. Estimated frequencies and rates have been included in the tables because it is assumed that they provide information that is more accurate than that from existing civil registration systems. By implication, they are assumed to be reliable and as such they are set in roman type.

In tables showing the quality code, the code applies only to data from civil registers. Estimated data are denoted by the symbol "|".

4.3 Cause of death

World Health Organization (WHO) Member States are bound by the International Nomenclature Regulations to provide the Organization with cause of death data coded in accordance with the current revision of the International Statistical Classification of Diseases and Related Health Problems (ICD). In order to promote international comparability of cause of death statistics, the World Health Organization organizes and conducts an international conference for the revision of the ICD on a regular basis in order to ensure that the Classification is kept current with the most recent clinical and statistical concepts. The data are now usually submitted to WHO at the full four-character level of detail provided by the ICD and are compiled and stored in the WHO Mortality Database at the level of detail as provided by the country. Data from the WHO Mortality Database are available in electronic format at http://www3.who.int/whosis/menu.cfm.

Although revisions provide an up-to-date version of the ICD, such revisions create several problems related to the comparability of cause of death statistics. The first is the lack of comparability over time that inevitably accompanies the use of a new classification. The second problem affects comparability between countries and areas because they may adopt a new classification at different times. The more refined the classification becomes the greater is the need for expert clinical diagnosis of cause of death. In many countries or areas, few of the deaths occur in the presence of an attendant, who is medically trained, i.e., most deaths are certified by a lay attendant. Because the ICD contains many diagnoses that cannot be identified by a non-medical person, the ICD is not always accurately or precisely used, which affects international comparability particularly between countries and areas where the level of medical services differ widely.

The chapters of the tenth revision[15], the latest revision of the ICD, consist of an alphanumeric coding scheme of one letter followed by three numbers at the four-character level. Chapter one contains infectious and parasitic diseases, chapter two refers to all neoplasms, chapter three to disorders of the immune mechanism including diseases of the blood and blood-forming organs; and chapter four to endocrine, nutritional and metabolic diseases. The remaining chapters group diseases according to the anatomical site affected, except for chapters that refer to mental disorders; complications of pregnancy, childbirth and the puerperium; congenital malformations; and conditions originating in the perinatal period. Finally, an entire chapter is devoted to symptoms, signs, and abnormal findings.

4.3.1 Maternal mortality

According to the tenth revision of the ICD, "Maternal death" is defined as the death of a woman while pregnant or within 42 days of termination of pregnancy, irrespective of the duration and the site of the pregnancy, from any cause related to or aggravated by the pregnancy or its management but not from accidental or incidental causes.

"Maternal deaths" should be subdivided into direct and indirect obstetric deaths. Direct obstetric deaths are those resulting from obstetric complications of the pregnant state (pregnancy, labour and puerperium), from interventions, omissions, incorrect treatment, or from a chain of events resulting from any of the above. Indirect obstetric deaths are those resulting from previous existing disease or disease that developed during pregnancy and which was not due to direct obstetric causes, but which was aggravated by physiologic effects of pregnancy.

While the denominator for the maternal mortality ratio theoretically should be the number of pregnant women, it is impossible to determine the number of pregnant women. A further recommendation by the tenth revision is therefore that maternal mortality ratios be expressed per 100,000 live births or per 100,000 total births (live births and foetal deaths). The maternal mortality ratio calculated here is expressed per 100,000 live births. Although live births do not represent an unbiased estimate of pregnant women, this figure is more reliable than other estimates, in particular, live births are more accurately registered than live births plus foetal deaths.

---

[1] There are two exceptions – the 1978 and 1991 issues, which were disseminated in separate volumes from the respective regular issues.

[2] *United Nations, Department of Economic and Social Affairs, Population Division (2011). World Population Prospects: The 2010 Revision, DVD Edition – Extended Dataset (United Nations publication, Sales No. E.11.XIII.7).* Highlights and selected output are available by following links at www.unpopulation.org.

[3] ST/ESA/STAT/SER.M/49/Rev.4/WWW ; http://unstats.un.org/unsd/methods/m49/m49.htm; see also Standard Country or Area Codes for Statistical Use, Sales No. M.98.XVII.9, United Nations, New York, 1999.

[4] Sales No. E.07.XVII.8, United Nations, New York, 2007. The publication is available online at : http://unstats.un.org/unsd/demographic/standmeth/principles/Series_M67Rev2en.pdf

[5] Ibid, para. 2.135.

[6] Alternatively, if a population register is used, completed ages are calculated by subtracting the date of birth of individuals listed in the register from a reference date to which the age data pertain.

[7] A source of non-comparability may result from differences in the method of reckoning age, for example, the Western versus the Eastern or, as it is usually known, the English versus the Chinese system. By the latter, a child is considered one year old at birth and advances an additional year at each Chinese New Year. The effect of this system is most obvious at the beginning of the age span, where the frequencies in the under-one-year category are markedly understated. The effect on higher age groups is not so apparent. Distributions constructed on this basis are often adjusted before publication, but the possibility of such aberrations should not be excluded when census data by age are compared.

[8] Sales No. E.01.XVII.10, United Nations, New York, 2001.

[9] Sales No. E.98.XVII.7, United Nations, New York, 1998.

[10] Sales No. E.98.XVII.11, United Nations, New York, 1998.

[11] Sales No. E.98.XVII.4, United Nations, New York, 1998.

[12] Sales No. E.98.XVII.6, United Nations, New York, 1998.

[13] Sales No. E.98.XVII.10, United Nations, New York, 1998.

[14] Sales No. E.03.XVII.11, United Nations, New York, 2004.

[15] *International Statistical Classification of Diseases and Related Health Problems*, Tenth Revision, Volume 2, World Health Organization, Geneva, 1992.

INTRODUCTION

L'Annuaire démographique est un recueil de statistiques démographiques internationales qui est établi par la Division de statistique du Département des affaires économiques et sociales de l'Organisation des Nations Unies. Il fait partie d'un ensemble de publications complémentaires publiées par l'Organisation des Nations Unies et les institutions spécialisées, qui ont pour objet de fournir des statistiques aux démographes, aux économistes, aux spécialistes de la santé publique et aux sociologues. Grâce à la coopération des services nationaux de statistique, il a été possible de faire figurer dans la présente édition de *l'Annuaire démographique* les statistiques officielles disponibles pour plus de 230 pays ou zones du monde entier.

L'Annuaire démographique 2011 est la soixante-deuxième édition d'une série que publie l'ONU depuis 1948. Le présent volume comprend un aperçu mondial des statistiques démographiques de base et des tableaux qui regroupent des statistiques sur la dimension, la répartition et les tendances de la population, la natalité, la mortalité fœtale, la mortalité infantile et la mortalité liée à la maternité, la mortalité générale, la nuptialité et la divortialité. Des données classées selon le lieu de résidence (zone urbaine ou rurale) sont présentées dans un grand nombre de tableaux. En outre, *l'Annuaire démographique* contient des notes techniques, un tableau synoptique, un index historique et une liste des éditions de *l'Annuaire démographique* publiées jusqu'à présent. Cette édition de l'*Annuaire démographique* contient les données disponibles couvrant l'année de référence 2009 et 2010. Dans les tableaux des statistiques de la population et de l'état civil où figurent des séries chronologiques, sont présentées les données disponibles pour les années de référence 2011.

Les notes techniques sur les tableaux statistiques sont destinées à aider le lecteur. Le tableau A, qui correspond au tableau synoptique, donne un aperçu de l''exhaustivité des données publiées dans la présente édition de l'*Annuaire démographique*. Un index cumulatif donne des renseignements sur les matières traitées dans chacune des 62 éditions et sur les années sur lesquelles portent les données. Les numéros de vente des éditions antérieures et une liste des sujets spéciaux traités dans les différentes éditions sont indiqués aux pages iii et iv.

Jusqu'à la 48e édition (1996), chaque édition se composait de deux parties : les tableaux de caractère général et ceux sur des sujets spéciaux, publiés dans le même volume[1]. À partir de 49e édition (1997), les tableaux sur les sujets spéciaux ont été publiés dans un format numérique en tant que suppléments à l'*Annuaire démographique*. Deux CD-ROM ont été produits : l'*Annuaire démographique : Supplément historique*, qui présente un grand nombre de statistiques démographiques pour la période allant de 1948 à 1997, et l'*Annuaire démographique : Statistiques de la natalité*, qui contient des tableaux détaillés sur la natalité pour la période allant de 1980 à 1998. Par la suite, trois volumes concernant *l'Annuaire démographique* consacrés à des thèmes de recensement spéciaux pour le cycle de recensements de 2000 ont été publiés en ligne à l'adresse suivante : http://unstats.un.org/unsd/demographic/products/dyb/dybcens.htm. Les actuelles bases de données sur les thèmes du recensement de l'*Annuaire démographique* pour les années de référence entre 1995 et aujourd'hui, lorsqu'elles sont disponibles, sont présentées sur http://unstats.un.org/unsd/demographic/products/dyb/dybcensusdata.htm. Ces bases de données comprennent des données sur la population selon les principales caractéristiques démographiques, scolaires, ethnoculturelles et économiques, les caractéristiques des ménages ainsi que des données sur les étrangers dans le pays ou les personnes nées à l'étranger.

Les statistiques sur la population ne sont pas disponibles pour tous les pays et zones pour plusieurs raisons. Deux annexes sont présentées afin d'offrir des estimations sur la population en milieu d'année et un aperçu des statistiques de l'état civil pour chaque pays ou zone. La première porte sur des estimations concernant la population pour la période 2002-2011. La seconde présente les estimations des variantes moyennes concernant les taux bruts de natalité et de mortalité, la mortalité infantile, les indicateurs synthétiques de fécondité et l'espérance de vie à la naissance pour la période 2010-2015. Ces données ont été établies par la Division de la population de l'ONU et publiées dans *World Population Prospects - The 2010 Revision*[2].

Les statistiques démographiques figurant dans la présente édition de l'*Annuaire démographique* sont disponibles en ligne sur les pages Web consacrées à *l'Annuaire démographique* : http://unstats.un.org/unsd/demographic/products/dyb/dyb2011.htm. On trouvera également des renseignements sur le programme de collecte et de diffusion des données de la Division de statistique sur le même site. Il est possible de se procurer d'autres données en contactant la Division de statistique du Département des affaires économiques et sociales de l'Organisation des Nations Unies à l'adresse suivante : demostat@un.org.

NOTES TECHNIQUES SUR LES TABLEAUX STATISTIQUES

1. REMARQUES D'ORDRE GÉNÉRAL

1.1 Notes techniques

Les notes techniques ont pour but de donner au lecteur des informations pertinentes en lien avec les tableaux statistiques. Les renseignements qui concernent l'*Annuaire démographique* en général sont présentés dans des sections portant sur diverses considérations géographiques, sur la population et sur les statistiques de natalité et de mortalité. Les tableaux sont ensuite commentés séparément et l'on trouvera pour chacun une description des variables et des observations sur la fiabilité et les lacunes des données ainsi que sur les pays et zones visés et sur les données publiées antérieurement. Des détails sont également donnés, le cas échéant, sur le mode de calcul des taux, quotients et pourcentages.

1.2 Tableaux

Dans la mesure du possible, la numérotation des tableaux dans les éditions successives de l'*Annuaire démographique* est préservée. Comme la numérotation des tableaux ne correspond pas exactement à celle des éditions précédentes, il est recommandé de se reporter à l'index qui figure à la fin du présent ouvrage pour trouver les données publiées dans les précédentes éditions.

1.3 Origine des données

Sauf indication contraire, les statistiques présentées dans l'*Annuaire démographique* sont des données nationales fournies par les organismes de statistique officiels. Elles sont recueillies essentiellement au moyen de questionnaires qui sont envoyés tous les ans à plus de 230 services nationaux de statistique. Les données communiquées en réponse à ces questionnaires sont complétées, dans toute la mesure possible, par des données tirées de publications nationales officielles et des sites web d'organismes officiels et des renseignements communiqués par les services nationaux de statistique à la demande de l'ONU. Pour que les données soient comparables, les taux, rapports et pourcentages ont été calculés par la Division de statistique de l'ONU, à l'exception des paramètres des tables de mortalité et des indicateurs synthétiques de fécondité ainsi que des taux bruts de natalité et de mortalité pour certains pays et zones, qui ont été dûment signalés en note. Les méthodes suivies par la Division pour le calcul des taux et rapports sont décrites dans les notes techniques relatives à chaque tableau. Les chiffres de population utilisés pour ces calculs sont ceux qui figurent dans la présente édition de l'*Annuaire démographique* ou qui ont paru dans des éditions antérieures.

Chaque fois que l'on constatera des différences entre les données du présent volume et celles des éditions antérieures de l'*Annuaire démographique*, ou de certaines publications apparentées, on pourra en conclure que les statistiques publiées cette année sont des chiffres révisés communiqués à la Division de statistique avant juin 2012.

2. CONSIDÉRATIONS GÉOGRAPHIQUES

2.1 Portée

Des données sont présentées sur tous les pays ou zones qui en ont communiquées. Le tableau 3, le plus complet, contient des données sur la population et la superficie de chaque pays ou zone ayant une population d'au moins 50 habitants. Ces pays ou zones ne figurent pas tous dans les tableaux qui suivent. Dans bien des cas, les données requises pour un tableau particulier n'étaient pas disponibles. En général, les pays ou zones qui peuvent fournir des données sont d'autant moins nombreux que les données demandées sont plus détaillées.

De plus les taux et rapports ne sont présentés que pour les pays ou zones ayant communiqué des chiffres correspondant à un nombre minimal de faits considérés. Les minimums sont indiqués dans les notes techniques relatives à chacun des tableaux.

À l'exception des données récapitulatives présentées dans les tableaux 1 et 2 pour l'ensemble du monde et les grandes zones et régions et des données relatives aux capitales et aux villes de 100 000 habitants ou plus dans le tableau 8, toutes les données se rapportent aux pays. Le nombre de pays sur lequel porte chacun des tableaux est indiqué dans le tableau A.

2.2 Composition territoriale

Autant que possible, toutes les données, y compris les séries chronologiques, se rapportent au territoire de 2011. Les exceptions à cette règle sont signalées en note à la fin des tableaux. Des clarifications importantes sont présentées ci-dessous.

Les données relatives au **Danemark** ne comprennent pas les Îles Féroé et le Groenland, qui font l'objet de rubriques distinctes.

Les données relatives à la **Finlande** comprennent les Îles d'Åland, sauf indication contraire en note de bas de page.

Les données relatives à la **France** ne comprennent pas les départements d'outre-mer, à savoir, la Guyane française, Guadeloupe, la Martinique et La Réunion, qui font l'objet de rubriques distinctes, sauf indication contraire en note de bas de page.

Les données relatives à la **Norvège** ne comprennent pas Svalbard et Jan Mayen qui font l'objet de rubriques distinctes, si disponible.

Les données relatives au **Royaume-Uni de Grande-Bretagne et d'Irlande du Nord** ne comprennent pas la Guernesey, l'île de Man et Jersey, qui font l'objet de rubriques distinctes.

Les données relatives au **Sahara Occidental** comprennent la région septentrionale (ancien Saguia-el-Hamra) et la région méridionale (ancien Rio de Oro).

2.3 Nomenclature

En règle générale, pour gagner de la place, on a jugé commode de désigner dans les tableaux les pays ou zones par les noms abrégés couramment utilisés par l'Organisation des Nations Unies[3], les désignations complètes n'étant utilisées que lorsqu'il n'existait pas de forme abrégée. La liste des désignations des pays ou zones est disponible à l'adresse suivante : http://unstats.un.org/unsd/methods/m49/m49alphaf.htm.

2.3.1 Ordre de présentation

Les pays ou zones sont classés dans l'ordre alphabétique anglais et regroupés par continent comme ci-après : Afrique, Amérique du Nord, Amérique du Sud, Asie, Europe et Océanie.

Les appellations employées dans la présente édition et la présentation des données qui y figurent n'ont d'autre objet que de donner un cadre géographique commode aux séries statistiques. La même observation vaut pour toutes les notes et précisions concernant les unités géographiques pour lesquelles des données sont présentées.

2.4 Superficie

Les données relatives à la superficie qui figurent dans les tableaux 1 et 3 représentent la superficie totale, c'est-à-dire qu'elles englobent les terres émergées et les eaux intérieures (qui sont censées comprendre les principaux lacs et cours d'eau), mais excluent les régions polaires et les îles inhabitées. Les données relatives à la superficie correspondent aux chiffres estimatifs les plus récents. Les superficies sont toutes exprimées en kilomètres carrés ; les chiffres qui avaient été communiqués en miles carrés ont été convertis au moyen d'un coefficient de 2,589988.

2.4.1 Comparabilité dans le temps

La révision des estimations antérieures de la superficie, des augmentations effectives de la superficie terrestre due par exemple à des travaux d'assèchement, à des rectifications de frontières, à des changements d'interprétation du concept de « terres émergées » ou à l'utilisation de nouvelles unités de mesure peut avoir des incidences sur la comparabilité dans le temps des estimations relatives à la superficie d'un pays ou d'une zone donnés. Dans la plupart des cas, il a été possible de déterminer la raison de ces révisions; toutefois, même lorsque la raison n'était pas connue, on a remplacé les anciens chiffres par les nouveaux et on a généralement admis que ce sont ces derniers qui sont exacts.

2.4.2 Comparabilité internationale

Le manque de comparabilité internationale entre les données relatives à la superficie est dû principalement à des différences de définition. En particulier, la définition des golfes, baies et criques, lacs et cours d'eau varie sensiblement d'un pays à l'autre. La diversité des méthodes employées pour estimer les superficies nuit elle aussi à la comparabilité internationale. Certaines données proviennent de levés effectués selon des méthodes scientifiques modernes ; d'autres ne représentent que des conjectures reposant sur diverses catégories de renseignements. Certains chiffres sont récents, d'autres pas. Étant donné que ni la méthode de calcul de la superficie ni la composition du territoire et la date à laquelle se rapportent les données ne sont connues avec précision pour tous les pays ou zones, les estimations figurant dans le tableau 3 ne doivent pas être considérées comme rigoureusement comparables d'un pays ou d'une zone à une autre.

3. POPULATION

Les statistiques de la population, c'est-à-dire celles qui se rapportent à la dimension, à la répartition géographique et aux caractéristiques démographiques de la population, sont présentées dans un certain nombre de tableaux de l'*Annuaire démographique*.

Les tableaux 1 et 2 présentent respectivement des estimations récapitulatives de milieu d'année de la population du monde, des grandes zones et régions, pour certaines années présélectionnées, ainsi que de sa répartition selon l'âge et le sexe pour l'année 2011.

Les données concernant les pays ou les zones représentent les résultats de recensements de population, des estimations fondées sur les résultats d'enquêtes par sondage (s'il n'y a pas eu recensement), des estimations postcensitaires ou intercensitaires, ou des estimations établies à partir de données provenant des registres permanents de population. Dans la présente édition, le tableau 3 indique pour chaque pays ou zone le chiffre le plus récent de la population totale issu du dernier recensement et des estimations établies au milieu de l'année 2005 et de l'année 2011. Le tableau 5 contient des estimations de la population totale au milieu de chaque année pendant 10 ans (2002-2011), et le tableau 6 des estimations de la population urbaine et de la population totale, par sexe, au milieu de chaque année pendant 10 ans (2002-2011). Les dernières données disponibles sur la répartition de la population selon l'âge, le sexe et le lieu de résidence (zone urbaine ou rurale) sont présentées dans le tableau 7. Les derniers chiffres disponibles sur la population des capitales et des villes de 100 000 habitants ou plus sont regroupés dans le tableau 8.

On a utilisé pour le calcul des taux les statistiques de la population totale et de la population répartie selon l'âge, le sexe ou le lieu de résidence (zone urbaine ou rurale). Les taux démographiques selon la résidence (urbaine/rurale), l'âge ou le sexe ont été calculés à partir des données présentées dans les tableaux 6 ou 7 de la présente édition ou dans les tableaux correspondants d'éditions précédentes de l'*Annuaire démographique*.

3.1 Sources de variation des données

Plusieurs facteurs influent sur la comparabilité des données : 1) la définition de la population totale ; 2) les définitions utilisées pour faire la distinction entre population urbaine et population rurale ; 3) les difficultés liées aux déclarations d'âge ; 4) l'étendue du surdénombrement ou du sous-dénombrement dans le recensement le plus récent ou dans une autre source de statistiques de référence sur la population ; 5) la qualité des estimations relatives à la population. Ces cinq facteurs sont analysés en détail aux sections 3.1.1 à 3.2 ci-après. D'autres questions seront traitées dans les notes techniques relatives à chaque tableau. Pour plus de précisions concernant, notamment, les notions fondamentales de dimension, de répartition et de caractéristiques de la population qui ont été élaborées par l'Organisation des Nations Unies, le lecteur est invité à se reporter aux *Principes et recommandations concernant les* [4]
recensements de la population et de l'habitat. Révision 2 .

3.1.1 Population totale

Le principal obstacle à la comparabilité des données relatives à la population totale est la différence qui existe entre population de fait et population de droit. La population de fait comprend toutes les personnes présentes dans le pays ou la zone à la date de référence, tandis que la population de droit comprend toutes celles qui résident habituellement dans le pays ou la zone, qu'elles y aient été ou non présentes à la date de référence. Par définition, la population totale de fait et la population totale de droit ne sont donc pas rigoureusement comparables entre elles.

Même lorsque l'on veut comparer deux totaux qui se rapportent à des populations de fait ou deux totaux qui se rapportent à des populations de droit, on risque souvent de faire des erreurs pour cette raison qu'il est rare que l'une et l'autre notions soient appliquées strictement. Pour citer quelques exemples, certains chiffres qui sont censés porter sur la population de fait ne tiennent pas compte du personnel militaire, naval et diplomatique étranger en fonction dans le pays ou la zone, ni des membres de leurs familles et de leurs ménages; d'autres ne comprennent pas les visiteurs étrangers de passage dans le pays ou la zone ni les personnes à bord de navires ancrés dans des ports. En revanche, il arrive que l'on compte des personnes, inscrits maritimes et marins pêcheurs par exemple, qui, en raison de leur activité professionnelle, se trouvent hors du pays ou de la zone de recensement.

Les risques de disparités sont encore plus grands quand il s'agit de comparer des populations de droit, car les comparaisons dépendent au premier chef de la définition que l'on donne à l'expression « lieu de résidence habituel », qui varie d'un pays ou d'une zone à l'autre et qu'il est, de toute façon, difficile d'appliquer uniformément pour le dénombrement lors d'un recensement ou d'une enquête. Par exemple, les civils étrangers qui se trouvent temporairement dans un pays ou une zone comme travailleurs à court terme peuvent officiellement être considérés comme résidents après un séjour d'une durée déterminée, mais ils peuvent aussi être considérés comme non-résidents pendant toute la durée de leur séjour ; ailleurs, ces mêmes personnes peuvent être considérées officiellement comme résidents ou comme non-résidents du pays ou de la zone d'où elles viennent, selon la durée et, éventuellement, la raison de leur absence. Qui plus est, quel que soit son statut officiel, chacun des recensés peut, au moment de l'enquête, interpréter à sa façon la notion de résidence. De plus, les autorités nationales ou les entités responsables des zones ne savent pas toutes avec la même précision combien de leurs résidents se trouvent temporairement à l'étranger.

Les chiffres de population présentés dans les tableaux de l'*Annuaire démographique* représentent, autant qu'il a été possible, la population de fait. Sauf indication contraire, on peut supposer que les chiffres présentés ont été communiqués par les pays ou les zones comme se rapportant à la population de fait. Les chiffres qui ont été communiqués comme se rapportant à la population de droit sont indiqués comme tels. Lorsque l'on savait que les données avaient été recueillies selon une définition de la population de fait ou de la population de droit qui s'écartait sensiblement de celle exposée plus haut, on l'a signalé en note, de manière à compenser dans toute la mesure possible les conséquences des divergences.

Il ne faut pas oublier néanmoins que l'on ne disposait pas toujours de renseignements détaillés à ce sujet. On ne peut donc partir du principe que les chiffres qui ne sont pas accompagnés d'une note signalant une divergence correspondent exactement aux définitions de la population de fait ou de la population de droit.

Il peut y avoir hétérogénéité dans les statistiques d'un même pays ou d'une même zone dans le cas des pays ou zones qui ne font une exploitation statistique détaillée des données que pour la population de droit alors qu'ils recueillent des données sur la population de droit et sur la population de fait à l'occasion d'un recensement, par exemple. Ainsi, tandis que les chiffres relatifs à la population totale qui figurent au tableau 3 se rapportent à la population de fait, ceux des tableaux qui présentent des données sur diverses caractéristiques de la population, par exemple le lieu de résidence (zone urbaine ou rurale), l'âge et le sexe, peuvent être basés sur le concept de la population de droit.

3.1.2 Lieu de résidence (zone urbaine ou rurale)

L'hétérogénéité des définitions nationales du terme « urbain » nuit considérablement à la comparabilité internationale des données concernant la répartition selon le lieu de résidence. Les définitions utilisées par les différents pays ou zones et leurs implications sont exposées à la fin des notes techniques correspondant au tableau 6.

3.1.3 Répartition par âge

La répartition de la population selon l'âge est un paramètre fondamental de la plupart des analyses, estimations et projections relatives aux statistiques de la population. Malheureusement, ces données sont sujettes à un certain nombre d'erreurs et difficilement comparables. C'est pourquoi pratiquement tous les utilisateurs de ces statistiques doivent considérer ces répartitions avec la plus grande circonspection.

3.1.3.1 Collecte et exploitation des données sur l'âge

L'âge est l'intervalle de temps déterminé par calcul ou par estimation qui sépare la date de naissance de la date du recensement et qui est exprimé en années solaires révolues [5]. Les données sur l'âge peuvent être recueillies selon deux méthodes : la première consiste à obtenir la date de naissance de chaque personne à l'occasion d'un recensement ou d'un sondage, puis à calculer l'âge en années révolues en soustrayant la date de naissance de celle du dénombrement [6]. La seconde consiste à enregistrer l'âge en années révolues au moment du recensement, c'est-à-dire l'âge au dernier anniversaire.

La méthode recommandée consiste à calculer l'âge au dernier anniversaire en soustrayant la date exacte de la naissance de la date du recensement. Toutefois, on n'a pas toujours recours à cette méthode ; certains pays ou zones calculent l'âge en faisant la différence entre l'année du recensement et l'année de la naissance. Lorsque les données sur l'âge ont été établies de cette façon, on l'a signalé chaque fois que possible par une note. On peut d'ailleurs s'en rendre compte dans une certaine mesure, car les chiffres dans la catégorie des moins d'un an sont plus faibles qu'ils ne devraient l'être. Cependant, un nombre irrégulier de naissances d'une année à l'autre ou l'omission de certains âges parmi les moins d'un an peut aussi fausser les chiffres de la population de moins d'un an.

3.1.3.2 Erreurs dans les données sur l'âge

Les causes d'erreurs dans les données sur l'âge sont diverses : on peut citer notamment l'ignorance de l'âge exact, la déclaration d'années d'âge correspondant à un calendrier différent de celui des années solaires révolues depuis la naissance [7], la négligence dans les déclarations et dans la façon dont elles sont consignées, la tendance générale à déclarer des âges se terminant par certains chiffres tels que 0, 2, 5 ou 8, la tendance pour les personnes âgées à exagérer leur âge, une aversion subconsciente pour certains nombres, et les fausses déclarations faites délibérément.

Les causes d'erreurs mentionnées ci-dessus, communes à la plupart des enquêtes sur l'âge et à la plupart des pays ou zones, peuvent nuire sensiblement à la comparabilité.

À cause des difficultés indiquées ci-dessus, les répartitions par âge et par sexe de la population d'un grand nombre de pays ou de zones font apparaître les irrégularités suivantes : 1) sous-estimation des groupes d'âge correspondant aux enfants de moins d'un an et aux jeunes enfants ; 2) polarisation des déclarations sur les âges se terminant par les chiffres 0 ou 5 (c'est-à-dire 5, 10,15, 20...) ; 3) prépondérance des âges pairs (par exemple 10, 12, 14...) au détriment des âges impairs (par exemple 11, 13, 15...) ; 4) écart considérable et surprenant entre le rapport masculin/féminin à certains âges ; 5) différences importantes et difficilement explicables entre les données concernant des groupes d'âge voisins. En comparant les statistiques provenant de recensements successifs pour des cohortes identiques sur le plan de l'âge et de la répartition par sexe et en étudiant la répartition par âge et par sexe de la population à chaque recensement, on peut déceler l'existence de ces incohérences et de quelques autres, un certain nombre d'entre elles se retrouvant à des degrés divers même dans les recensements les plus modernes.

3.2 Méthodes utilisées pour indiquer la qualité des statistiques publiées

On a cherché dans toute la mesure possible à donner au lecteur une indication du degré de fiabilité des statistiques publiées dans *l'Annuaire démographique*. Pour ce faire, on a procédé de diverses façons. Chaque fois que l'on savait, grâce par exemple à une enquête post censitaire, qu'il y avait eu sousdénombrement ou surdénombrement, on l'a signalé dans les notes qui accompagnent le tableau 3. Comme on l'a indiqué à la section 2.1 sous la rubrique « Considérations géographiques », chaque fois que les données ne portaient pas sur la totalité du pays, on l'a également signalé en note. De plus, les services nationaux de statistique ont été invités à fournir une évaluation des estimations de la population totale qu'ils communiquaient à la Division de statistique de l'ONU.

Des estimations de la répartition de la population par âge et par sexe peuvent être obtenues selon deux grandes méthodes : 1) en appliquant les composantes spécifiques du mouvement de la population, pour chaque groupe d'âge et pour chaque sexe, à la population dénombrée lors du recensement ; 2) en répartissant proportionnellement le chiffre total estimé pour une année postcensitaire d'après la composition par âge et par sexe au moment du recensement.

Les séries estimatives selon l'âge et le sexe sont classées en deux catégories, « fiable » ou autrement, selon la méthode retenue pour le plus récent calcul estimatif de la population totale en milieu d'année ainsi que de la population par âge et par sexe. Ainsi, l'appréciation de la qualité du chiffre total, telle qu'elle ressort des signes de code, est censée s'appliquer aussi à l'ensemble de la répartition par âge et par sexe, et c'est sur cette seule base que les données figurent en caractères italiques ou romains. On n'a pas encore procédé à une évaluation plus poussée des données détaillées concernant la composition par âge.

4. STATISTIQUES DE L'ÉTAT CIVIL

Aux fins de *l'Annuaire démographique*, on entend par statistiques de l'état civil les statistiques des naissances vivantes, des décès, des morts fœtales, des mariages et des divorces.

Dans le présent volume de l'*Annuaire démographique*, on a présenté des tableaux sur la natalité, la mortalité, la nuptialité et la divortialité. Les tableaux consacrés à la mortalité sont groupés sous les rubriques suivantes : mortalité fœtale, mortalité infantile, mortalité liée à la maternité et mortalité générale.

4.1 Sources de variations des données

La plupart des statistiques de l'état civil publiées dans le présent volume de l'*Annuaire démographique* émanent des systèmes nationaux d'enregistrement des faits d'état civil. Le degré d'exhaustivité et d'exactitude de ces données varie d'un pays ou d'une zone à l'autre.

Il n'existe pas partout de système national d'enregistrement des faits d'état civil et, dans quelques cas, seuls certains faits sont enregistrés. Par exemple, dans certains pays ou zones, seuls les naissances et les décès sont enregistrés. Il existe également des différences quant au degré d'efficacité avec lequel les lois relatives à l'enregistrement des faits d'état civil sont appliquées dans les divers pays ou zones. La fiabilité des statistiques provenant des registres d'état civil dépend des modalités d'application de la loi et de la mesure dans laquelle le public s'y soumet.

Il est à signaler que dans certains cas les statistiques de la nuptialité et de la divortialité sont tirées d'autres sources que les registres d'état civil. Dans certains pays ou zones, par exemple, les seules données disponibles sur la nuptialité proviennent des registres des églises. Selon la pratique suivie par chaque pays, les statistiques de la divortialité sont tirées des actes des tribunaux et/ou des registres d'état civil. L'officier de l'état civil, le service national de statistique ou d'autres services administratifs peuvent être chargés d'établir ces statistiques.

Les autres facteurs qui influent sur la comparabilité internationale des statistiques de l'état civil sont à peu près les mêmes que ceux qu'il convient de prendre en considération pour interpréter les variations observées dans les statistiques de la population. La définition des faits d'état civil aux fins de statistique, la portée des données du point de vue géographique et ethnique ainsi que les méthodes d'exploitation des données sont autant d'éléments qui peuvent influer sur la comparabilité.

En plus des statistiques tirées des registres d'état civil, l'*Annuaire démographique* présente des statistiques de l'état civil qui sont des estimations officielles nationales, fondées souvent sur les résultats de sondages ou des recensements de la population. Aussi leur comparabilité varie-t-elle en fonction du degré d'exhaustivité des déclarations recueillies lors des recensements de la population ou d'enquêtes sur les ménages, des erreurs d'échantillonnage ou autres, et des distorsions d'origines diverses.

Pour plus de détails sur les normes d'établissement des statistiques d'état civil, le lecteur pourra se reporter aux : *Principes et recommandations pour un système de statistiques de l'état civil, deuxième révision*[8] *; Manuel des systèmes d'enregistrement des faits d'état civil et de statistiques de l'état civil : Élaboration d'un cadre juridique*[9] *; Manuel des systèmes d'enregistrement des faits d'état civil et de statistiques de l'état civil : Gestion, fonctionnement et tenue*[10] *; Manuel des systèmes d'enregistrement des faits d'état civil et de statistiques de l'état civil : Élaboration de programmes d'information, d'éducation et de communication*[11] *; Manuel des systèmes d'enregistrement des faits d'état civil et de statistiques de l'état civil : Principes et protocoles concernant la communication et l'archivage des documents individuels*[12] *; Manuel des systèmes d'enregistrement des faits d'état civil et de statistiques de l'état civil : Informatisation*[13] *.* Le *Manuel de collecte de données sur la fécondité et la mortalité*[14] fournit des informations ayant trait à la collecte et à l'évaluation des données sur la fécondité, sur la mortalité et sur d'autres faits d'état civil, qui ont été recueillies au cours des enquêtes sur les ménages. Ces publications sont également disponibles sur le Web à partir de l'adresse suivante : http://unstats.un.org/unsd/demographic/standmeth/handbooks/default.htm.

4.1.1 Définition des faits d'état civil aux fins de la statistique

Une cause importante d'hétérogénéité dans les données est le manque d'uniformité des définitions des différents faits d'état civil. Aux fins de *l'Annuaire démographique*, il est recommandé de recueillir les données relatives aux faits d'état civil en utilisant les définitions établies au paragraphe 57 des *Principes et recommandations pour un système de statistiques de l'état civil, deuxième révision*[8]. Ces définitions sont les suivantes :

La NAISSANCE VIVANTE est l'expulsion ou l'extraction complète du corps de la mère, indépendamment de la durée de la gestation, d'un produit de la conception qui, après cette séparation, respire ou manifeste tout autre signe de vie, tel que battement de cœur, pulsation du cordon ombilical ou contraction effective d'un muscle soumis à l'action de la volonté, que le cordon ombilical ait été coupé ou non et que le placenta soit ou non demeuré attaché ; tout produit d'une telle naissance est considéré comme « enfant né vivant ».

Le DÉCÈS est la disparition permanente de tout signe de vie à un moment quelconque postérieur à la naissance vivante (cessation des fonctions vitales après la naissance sans possibilité de réanimation). Cette définition ne comprend donc pas les morts fœtales.

La MORT FŒTALE est le décès d'un produit de la conception lorsque ce décès est survenu avant l'expulsion ou l'extraction complète du corps de la mère, indépendamment de la durée de la gestation; le décès est indiqué par le fait qu'après cette séparation le fœtus ne respire ni ne manifeste aucun signe de vie, tel que battement de cœur, pulsation du cordon ombilical ou contraction effective d'un muscle soumis à l'action de la volonté. Les morts fœtales tardives sont celles qui sont survenues après 28 semaines de gestation ou plus. Il n'y a aucune différence entre ces « morts fœtales tardives » et les faits désignés, avant 1950, par le terme « mortinatalité ».

Le MARIAGE est l'acte, la cérémonie ou la procédure qui établit un rapport légal entre mari et femme. L'union peut être rendue légale par une procédure civile ou religieuse, ou par toute autre procédure, conformément à la législation du pays.

Le DIVORCE est la dissolution légale et définitive des liens du mariage, c'est-à-dire la séparation de l'époux et de l'épouse qui confère aux parties le droit de se remarier civilement ou religieusement, ou selon toute autre procédure, conformément à la législation du pays.

En plus de ces notions définies internationalement, l'*Annuaire démographique* recueille et met à disposition ces données sur les avortements :

Par référence à la femme, l'AVORTEMENT se définit comme toute interruption de grossesse qui est survenue avant 28 semaines de gestation et dont le produit est un fœtus mort. Il existe deux grandes catégories d'avortement : l'avortement spontané et l'avortement provoqué. L'avortement provoqué a pour origine une action délibérée entreprise en vue d'interrompre une grossesse. Tout autre avortement est considéré comme spontané.

4.1.2 Problèmes posés par les définitions établies

Les variations par rapport aux définitions établies des faits d'état civil sont le principal obstacle à la comparabilité internationale des statistiques de l'état civil. Un exemple en est fourni par le cas des naissances vivantes et celui des morts fœtales. Dans certains pays ou zones, il faut que le nouveau-né ait vécu 24 heures pour pouvoir être inscrit sur le registre des naissances vivantes. Les décès d'enfants qui surviennent avant l'expiration du délai de 24 heures sont classés parmi les morts fœtales tardives et, en l'absence de méthodes spéciales d'exploitation des données, ne sont comptés ni dans les naissances vivantes ni dans les décès. De même, dans plusieurs autres pays ou zones, les décès d'enfants nés vivants et décédés avant l'enregistrement de leur naissance sont également comptés parmi les morts fœtales tardives.

À moins que des méthodes spéciales n'aient été adoptées pour l'exploitation de ces données, les statistiques des naissances vivantes et des décès ne tiendront pas compte de ces cas, qui viendront en revanche accroître d'autant le nombre des morts fœtales tardives. Le taux de mortalité infantile sera donc sous-estimé. Bien que les éléments constitutifs du taux (décès d'enfants de moins d'un an et naissances vivantes) accusent exactement la même insuffisance en valeur absolue, les lacunes sont proportionnellement plus fortes pour les décès de moins d'un an, ce qui cause des erreurs plus importantes dans les taux de mortalité infantile.

De plus, cette pratique augmente les rapports de mortinatalité. Quelques pays ou zones effectuent les ajustements nécessaires pour corriger cette anomalie (du moins dans les fréquences totales) au moment de l'établissement des tableaux. Si aucun ajustement n'a été effectué, cela est indiqué dans les notes chaque fois que possible.

Les définitions du mariage et du divorce posent aussi un problème du point de vue de la comparabilité internationale. Contrairement à la naissance et au décès, qui sont des faits biologiques, le mariage et le divorce sont uniquement déterminés par la législation et la coutume et, de ce fait, il est moins facile d'en donner une définition statistique qui ait une application universelle. À des fins statistiques, ces notions ont donc été définies de manière générale par référence à la législation de chaque pays ou zone. La législation relative au mariage et plus particulièrement au divorce varie d'un pays ou d'une zone à l'autre. En ce qui concerne le mariage, l'âge de nubilité est la condition la plus fréquemment requise, mais il arrive souvent que d'autres conditions soient exigées.

Lorsqu'il est connu, l'âge minimum auquel le mariage peut avoir lieu avec le consentement des parents (et dans certains cas sans le consentement des parents) est indiqué au tableau 24-1. Les lois et règlements relatifs à la dissolution du mariage par le divorce vont de l'interdiction absolue, en passant par diverses conditions requises pour l'obtention du divorce, jusqu'à la simple déclaration, par l'épouse, de son désir ou de son intention de divorcer.

4.1.3 Couverture géographique ou ethnique fragmentaire

En principe, les statistiques de l'état civil devraient s'étendre à l'ensemble du pays ou de la zone auxquels elles se rapportent et englober tous les groupes ethniques. En fait, il n'est pas rare que les données soient fragmentaires. Dans certains pays ou zones, l'enregistrement n'est obligatoire que pour une petite partie de la population, par exemple pour certains groupes ethniques. Dans d'autres, il n'existe pas de disposition qui prescrive l'enregistrement obligatoire sur le plan national, mais seulement des règlements ou décrets des municipalités ou des États, qui ne s'appliquent pas à l'ensemble du territoire. Il en est encore autrement dans d'autres pays ou zones où les autorités ont institué une zone d'enregistrement comprenant seulement une partie du territoire, le reste étant exclu en raison des difficultés d'accès ou parce qu'il est pratiquement impossible, pour des raisons d'ordre économique ou culturel, d'y procéder à un enregistrement régulier.

4.1.4 Méthodes de présentation des données

4.1.4.1 Selon le lieu de l'événement

Les statistiques de l'état civil qui sont présentées pour l'ensemble du territoire national se rapportent à la population de fait ou population présente. En conséquence, sauf indication contraire, les statistiques de l'état civil relatives à une zone ou à un pays donné portent sur tous les faits survenus dans l'ensemble de la population, à l'intérieur des frontières actuelles de la zone ou du pays considéré. On peut donc estimer qu'elles englobent les faits d'état civil survenus dans les tribus nomades et parmi les populations autochtones ainsi que parmi les ressortissants du pays et les étrangers. Des notes signalent les exceptions lorsque celles-ci sont connues.

Pour certains pays, les écarts entre les taux démographiques pour les zones urbaines et pour les zones rurales peuvent varier notablement selon que les faits d'état civil ont été exploités sur la base du lieu de l'événement ou du lieu de résidence habituel. Par exemple, si un nombre appréciable de femmes résidant dans des zones rurales proches de grands centres urbains accouchent dans les hôpitaux ou maternités d'une ville, les taux de fécondité ainsi que les taux de mortalité néo-natale et infantile seront généralement plus élevés dans les zones urbaines (et par conséquent plus faibles dans les zones rurales) si les faits sont exploités en se fondant sur le lieu de l'événement et non sur le lieu de résidence habituel. Le phénomène sera le même dans le cas de la mortalité générale si un bon nombre de personnes résidant dans des zones rurales font appel aux services de santé des villes lorsqu'elles sont gravement malades.

4.1.4.2 Selon la date de l'événement ou la date de l'enregistrement

Autant que possible, les statistiques de l'état civil figurant dans l'Annuaire démographique se rapportent aux faits survenus pendant l'année considérée et non aux faits enregistrés au cours de ladite année. Bon nombre de pays ou zones, toutefois, exploitent leurs statistiques de l'état civil selon la date de l'enregistrement et non selon la date de l'événement. Comme ces statistiques risquent d'induire en erreur, les pays ou zones dont on sait qu'ils établissent leurs statistiques d'après la date de l'enregistrement sont signalés dans les tableaux par un signe plus « + ». On ne dispose toutefois pas pour tous les pays ou zones de renseignements complets sur la méthode d'exploitation des statistiques de l'état civil et les données sont peut-être exploitées selon la date de l'enregistrement plus souvent que ne le laisserait supposer l'emploi des signes.

Étant donné que la qualité des données est inextricablement liée aux retards dans l'enregistrement, il faudra toujours considérer en même temps le code de qualité qui est décrit à la section 4.2.1 ci-après. Évidemment, si l'enregistrement des naissances est complet et effectué en temps voulu (code « C »), les effets perturbateurs de la méthode consistant à exploiter les données selon la date de l'enregistrement seront pratiquement annulés. De même, s'agissant des statistiques des décès, les effets pourront bien souvent être réduits au minimum dans les pays ou zones où le code sanitaire subordonne la délivrance du permis d'inhumer à l'enregistrement du décès, ce qui tend à hâter l'enregistrement. Quant aux morts fœtales, elles sont généralement déclarées immédiatement ou ne sont pas déclarées du tout. En conséquence, si l'enregistrement se fait dans un délai très court, la différence entre les statistiques établies selon la date de l'événement et celles qui sont établies selon la date de l'enregistrement peut être négligeable. Dans bien des cas, la durée des délais légaux accordés pour l'enregistrement des faits d'état civil est un facteur dont dépend dans une large mesure l'incidence sur la comparabilité de l'exploitation des données selon la date de l'enregistrement.

En ce qui concerne le mariage et le divorce, la pratique consistant à exploiter les statistiques selon la date de l'enregistrement ne pose généralement pas de graves problèmes. Le mariage étant, dans de nombreux pays ou zones, un contrat juridique civil qui, pour être légal, doit être conclu devant un officier de l'état civil, il s'ensuit que dans ces pays ou zones l'enregistrement a lieu presque systématiquement au moment de la cérémonie ou immédiatement après. De même, dans de nombreux pays ou zones, le tribunal ou l'autorité qui a prononcé le divorce est seul habilité à enregistrer cet acte, et comme l'acte d'enregistrement figure alors sur les registres du tribunal l'enregistrement suit généralement de peu le jugement.

En revanche, si l'enregistrement n'a lieu qu'avec un certain retard, les statistiques de l'état civil établies selon la date de l'enregistrement ne sont pas comparables sur le plan international. Au mieux, les statistiques par date de l'enregistrement prendront surtout en considération des faits survenus au cours de l'année précédente ; dans les pays ou zones où le système d'enregistrement n'est pas très développé, il y entrera des faits datant de plusieurs années. Il ressort des documents dont on dispose que des retards de plusieurs années dans l'enregistrement des naissances ne sont pas rares, encore que, dans la majorité des cas, les retards ne dépassent pas deux à quatre ans.

Tant que l'enregistrement se fera avec retard, les statistiques fondées sur la date d'enregistrement ne seront comparables sur le plan international ni entre elles ni avec les statistiques établies selon la date de fait d'état civil.

Il convient également de noter que l'exploitation des données selon la date de l'enregistrement ne nuit pas seulement à la comparabilité internationale des statistiques. Même à l'intérieur d'un pays ou d'une zone, le procédé qui consiste à compter les enregistrements et non les faits peut compromettre la comparabilité des chiffres sur une longue période. Si le nombre des faits d'état civil enregistrés varie d'une année à l'autre (par suite de l'application de mesures visant tout particulièrement à encourager l'enregistrement ou parce qu'il est subitement devenu nécessaire de produire le certificat d'une naissance ou d'un décès non enregistré pour l'accomplissement de certaines formalités), les statistiques de l'état civil établies d'après la date de l'enregistrement ne permettent pas de quantifier ni d'analyser l'état et l'évolution de la population. Tout au plus peuvent-elles révéler l'évolution des conditions d'exigibilité de l'acte de naissance, de décès ou de mariage et les fluctuations du volume de travail des bureaux d'état civil. Les statistiques établies selon la date de l'enregistrement peuvent donc ne présenter qu'une utilité très réduite pour des études nationales ou internationales.

4.2 Méthodes utilisées pour indiquer la qualité des statistiques de l'état civil qui sont publiées

La qualité des statistiques de l'état civil peut être évaluée en se fondant sur plusieurs facteurs. Le facteur essentiel est la complétude du système d'enregistrement des faits d'état civil d'après lequel ces statistiques sont établies. Dans certains cas, on constate que les données tirées de l'enregistrement ne sont pas complètes lorsque l'on les utilise pour le calcul des taux. Toutefois, cette observation est valable uniquement lorsque les statistiques présentent des lacunes évidentes, qu'elles sont exploitées d'après la date de l'événement et que l'estimation du chiffre de population pris pour base est exacte. L'exploitation des données d'après la date de l'enregistrement donne souvent des taux qui paraissent exacts, tout simplement parce que le numérateur est artificiellement gonflé par suite de l'inclusion d'enregistrements tardifs ; inversement, il arrive que des taux paraissent vraisemblables parce que l'on a sous-évalué la population étudiée. Il ne faut pas non plus oublier que les renseignements dont on dispose sur les taux de fécondité, de mortalité et de nuptialité considérés comme normaux sont extrêmement sommaires dans un grand nombre de régions du monde et que les cas limites, qui sont les plus difficiles à évaluer, sont fréquents.

4.2.1 Codage qualitatif des statistiques provenant des registres de l'état civil

Dans le questionnaire relatif au mouvement de la population qui leur est envoyé chaque année dans le cadre de l'établissement de *l'Annuaire démographique*, les services nationaux de statistique sont invités à donner leur propre évaluation du degré de complétude des données sur les naissances, les décès, les décès d'enfants de moins d'un an, les morts fœtales tardives, les mariages et les divorces figurant dans leurs registres d'état civil.

D'après les renseignements directement communiqués par les gouvernements ou extraits des questionnaires ou de publications officielles pertinentes, il a été possible de classer les statistiques de l'enregistrement des faits d'état civil (naissances, décès, décès d'enfants de moins d'un an, morts fœtales tardives, mariages et divorces) en trois grandes catégories, selon leur qualité :

C : Données jugées pratiquement complètes, c'est-à-dire représentant au moins 90 % des faits d'état civil survenant chaque année.

U : Données jugées incomplètes, c'est-à-dire représentant moins de 90 % des faits survenant chaque année.

| : Données ne provenant pas des systèmes nationaux d'enregistrement des faits d'état civil, mais jugées fiables, telles que les estimations dérivées des projections, d'autres techniques d'estimation ou recensements de population ou du logement.

... : Données dont le degré de complétude ne fait pas l'objet de renseignements précis.

Ces codes de qualité figurent dans la première colonne des tableaux qui présentent, pour un nombre d'années déterminé les chiffres absolus et les taux (ou rapports) bruts concernant les naissances vivantes, les morts fœtales tardives, les décès d'enfants de moins d'un an, les décès, les mariages et les divorces. Les niveaux de fiabilité des statistiques de mortalité maternelle sont transmis par l'Organisation mondiale de la santé.

La classification des pays ou zones selon ces codes de qualité peut ne pas être uniforme. On a estimé néanmoins que les services nationaux de statistique étaient les mieux placés pour juger de la qualité de leurs données. On a pensé que les catégories que l'on pouvait distinguer sur la base des renseignements disponibles, bien que très larges, permettaient cependant de se faire une idée de la qualité des statistiques de l'état civil publiées dans *l'Annuaire démographique*.

Sur les pays ou zones qui ont estimé à 90 % ou plus le degré d'exhaustivité de leur enregistrement des naissances vivantes (classé « C » ou « +C » dans le tableau 9), les pays ou zones suivants ont communiqué des renseignements concernant les bases sur lesquelles leur estimation reposait :

a) Analyse démographique : Argentine, Autriche, Bulgarie, Chili, Chine - Hong Kong RAS, Croatie, Égypte, Estonie, Italie, Lettonie, Lituanie, Malte, Maurice, République de Corée, République de Moldova, Roumanie, Seychelles et Suède.

b) Double contrôle des registres : Autriche, Cuba, Estonie, Hongrie, Israël, Italie, Malaisie, Norvège, Qatar, République de Corée, Roumanie et Suisse.

c) Autre méthode : Antilles néerlandaises, Aruba, Autriche, Danemark, Espagne, France, Guatemala, Irlande, Kirghizstan, Liechtenstein, Luxembourg, Panama, Pologne, Porto Rico, Singapour, Slovénie, Suède et Territoire palestinien occupé.

Sur les pays ou zones qui ont estimé à 90 % ou plus le degré d'exhaustivité de leur enregistrement des morts fœtales tardives (classé « C » ou « +C » dans le tableau 12), les pays ou zones suivants ont communiqué des renseignements concernant les bases sur lesquelles leur estimation reposait :

a) Analyse démographique : Argentine, Autriche, Bulgarie, Croatie, Égypte, Estonie, Italie, Lettonie, Lituanie, Malte, Maurice, Roumanie et Suède.

b) Double contrôle des registres : Autriche, Cuba, Estonie, Hongrie, Israël, Italie, Lituanie, Norvège, Qatar, Roumanie et Suisse.

c) Autre méthode : Autriche, Danemark, Espagne, Luxembourg, Pologne, Porto Rico, Slovénie et Suède.

Sur les pays ou zones qui ont estimé à 90 % ou plus le degré d'exhaustivité de leur enregistrement des décès à moins d'un an (classé « C » ou « +C » dans le tableau 15), les pays ou zones suivants ont donné des indications touchant la base de cette estimation :

a) Analyse démographique : Argentine, Autriche, Bulgarie, Chili, Chine - Hong Kong RAS, Croatie, Égypte, Estonie, Israël, Italie, Lettonie, Lituanie, Malte, Maurice, République de Corée, République de Moldova, Roumanie, Seychelles et Suède.

b) Double contrôle des registres : Autriche, Cuba, Chypre, Estonie, Hongrie, Irlande, Israël, Italie, Lituanie, Norvège, Qatar, République de Corée, Roumanie et Suisse.

c) Autre méthode : Antilles néerlandaises, Autriche, Danemark, Espagne, Îles Caïmans, Kirghizstan, Liechtenstein, Luxembourg, Pologne, Porto Rico, Singapour, Slovénie et Suède.

Sur les pays ou zones qui ont estimé à 90 % ou plus le degré d'exhaustivité de leur enregistrement des décès (classé « C » ou « +C » dans le tableau 18), les pays ou zones suivants ont donné des indications touchant la base de cette estimation :

a) Analyse démographique : Argentine, Autriche, Bulgarie, Chili, Chine - Hong Kong RAS, Croatie, Égypte, Estonie, Israël, Italie, Lettonie, Lituanie, Malte, Maurice, Mexique, République de Corée, République de Moldova, Roumanie, Seychelles et Suède.

b) Double contrôle des registres : Autriche, Cuba, Chypre, Estonie, Hongrie, Israël, Italie, Lituanie, Mexique, Norvège, Qatar, République de Corée, Roumanie et Suisse.

c) Autre méthode : Antilles néerlandaises, Aruba, Autriche, Danemark, Espagne, France, Kirghizstan, Liechtenstein, Luxembourg, Malaisie, Pologne, Porto Rico, Singapour, Slovénie et Suède.

Sur les pays ou zones qui ont estimé à 90 % ou plus le degré d'exhaustivité de leur enregistrement des mariages (classé « C » ou « +C «» dans le tableau 22), les pays ou zones suivants ont communiqué des renseignements concernant les bases sur lesquelles leur estimation reposait :
a) Analyse démographique : Argentine, Autriche, Bulgarie, Chili, Chine - Hong Kong RAS, Croatie, Égypte, Estonie, Italie, Lettonie, Lituanie, Malte, Maurice, Mexique, République de Corée, République de Moldova, Roumanie, Seychelles, Suède et Territoire palestinien occupé.

b) Double contrôle des registres : Cuba, Estonie, Hongrie, Israël, Italie, Mexique, Norvège, Qatar, République de Corée, Roumanie et Suisse.

c) Autre méthode : Antilles néerlandaises, Aruba, Australie, Autriche, Chypre, Danemark, Espagne, France, Liechtenstein, Luxembourg, Mexique, Pologne, Porto Rico, République dominicaine, Slovénie, Suède et Tadjikistan.

Sur les pays ou zones qui ont estimé à 90 % ou plus le degré d'exhaustivité de leur enregistrement des divorces (classé « C » ou « +C » dans le tableau 24), les pays ou zones suivants ont communiqué des renseignements concernant les bases sur lesquelles leur estimation reposait :

a) Analyse démographique : Autriche, Bulgarie, Croatie, Égypte, Estonie, Italie, Lettonie, Lituanie, Mexique, République de Corée, République de Moldova, Roumanie, Seychelles, Suède et Territoire palestinien occupé.

b) Double contrôle des registres : Cuba, Estonie, Hongrie, Israël, Italie, Mexique, Norvège, Qatar, République de Corée, Roumanie et Suisse.

c) Autre méthode : Antilles néerlandaises, Aruba, Autriche, Chypre, Danemark, Liechtenstein, Luxembourg, Maurice, Mexique, Pologne, Porto Rico, République dominicaine, Slovénie, Suède et Tadjikistan.

4.2.2 Traitement des statistiques tirées des registres d'état civil

Dans tous les tableaux de l'*Annuaire démographique*, on a indiqué le degré de fiabilité des statistiques de l'état civil en se fondant sur le codage qualitatif décrit ci-dessus. Les statistiques codées « C », jugées sûres, sont imprimées en caractères romains. Celles qui sont codées « U » ou « ... », jugées douteuses, sont reproduites en *italique*. Bien que le codage qualitatif proprement dit n'apparaisse que dans certains tableaux, l'indication du degré de fiabilité (c'est-à-dire l'emploi des caractères italiques pour désigner les données douteuses) se retrouve dans tous les tableaux présentant des statistiques de l'état civil.

Il convient de noter que, pour les taux de mortalité infantile, les taux de mortalité maternelle et les rapports de morts fœtales tardives (calculées en utilisant au dénominateur le nombre de naissances vivantes), les indications relatives à la fiabilité sont déterminées sur la base des codes de qualité utilisés pour les décès d'enfants de moins d'un an, les décès totaux et les morts fœtales tardives, respectivement. Pour évaluer ces taux et rapports de façon plus précise, il faudrait tenir compte de la qualité des données relatives aux naissances vivantes, utilisées au dénominateur dans leur calcul. Les codes de qualité pour les naissances vivantes figurent au tableau 9 et sont décrits plus en détail dans les notes techniques se rapportant à ce tableau.

4.2.3 Traitement des séries chronologiques de statistiques tirées des registres d'état civil

Il est plus difficile de déterminer la qualité des séries chronologiques de statistiques de l'état civil que celle des données pour une seule année. Étant donné qu'une série chronologique de statistiques de l'état civil ne peut généralement avoir pour source qu'un système permanent d'enregistrement des faits d'état civil, on a arbitrairement supposé que le degré d'exactitude de la série tout entière était le même que celui de la dernière tranche annuelle de données tirées du registre d'état civil. La série tout entière est traitée de la manière décrite à la section 4.2.2 ci-dessus : lorsque le code de qualité relatif aux données d'enregistrement les plus récentes est « C », les fréquences et les taux relatifs aux années antérieures sont eux aussi considérés comme sûrs et figurent en caractères romains. Inversement, si les données d'enregistrement les plus récentes sont codées « U » ou «...», les données des années antérieures sont jugées douteuses et figurent en italique. Cette méthode n'est certes pas entièrement satisfaisante, car les données des premières années de la série sont souvent beaucoup moins sûres que le code actuel ne le laisse supposer. On s'efforce d'abandonner progressivement cette méthode et de coder les données enregistrées pour chaque année séparément.

4.2.4 Traitement des estimations fondées sur les statistiques de l'état civil

En plus des données provenant des systèmes d'enregistrement des faits d'état civil, l'*Annuaire démographique* contient aussi des estimations relatives aux fréquences et aux taux. Il s'agit d'estimations officielles, généralement calculées à partir des résultats d'un recensement de la population ou d'un sondage ou par analyse démographique. Si des estimations concernant les fréquences et les taux figurent dans les tableaux, c'est parce que l'on considère qu'elles fournissent des renseignements plus exacts que les systèmes existants d'enregistrement des faits d'état civil. En conséquence, elles sont également jugées sûres et sont donc imprimées en caractères romains.

Dans les tableaux qui indiquent le code de qualité, ce code ne s'applique qu'aux données tirées des registres d'état civil. Les données estimatives sont dénotées par le «|».

4.3 Causes de décès

Les États membres de l'Organisation mondiale de la santé (OMS) sont tenus de communiquer à celle-ci les données sur les causes de décès codifiées selon la révision en vigueur de la Classification internationale des maladies et des problèmes de santé connexes (CIM). Pour assurer la comparabilité internationale des statistiques des causes de décès, l'OMS organise régulièrement des conférences internationales de révision de la Classification internationale des maladies afin de suivre, au fur et à mesure, les progrès les plus récents de la médecine clinique et de la statistique. Les données sont généralement présentées à l'OMS selon le degré de détail à tous les quatre caractères requis par la CIM et sont compilées et archivées dans la Base de données sur la mortalité de l'OMS au degré de détail présenté par le pays. Les données de la Base de données sur la mortalité de l'OMS sont disponibles sur le site Internet suivant : http://www3.who.int/whosis/menu.cfm.

Les révisions de la CIM permettent certes de disposer d'une version actualisée, mais elles posent plusieurs problèmes de comparabilité des statistiques des causes de décès. Le premier tient au manque de comparabilité dans le temps, qui accompagne inévitablement la mise en œuvre d'une classification nouvelle. Le deuxième est celui de la comparabilité entre pays ou zones, car les différents pays peuvent adopter la nouvelle classification à des époques différentes. Établir la cause des décès exige des compétences de plus en plus poussées à mesure que la classification devient plus précise. Or, dans beaucoup de pays ou zones, il est rare que les décès se produisent en présence d'un témoin possédant une formation médicale et le certificat de décès est le plus souvent établi par quelqu'un qui n'est pas qualifié sur le plan médical. Étant donné que la CIM répertorie de nombreux diagnostics qu'il est impossible d'établir si l'on n'a pas de formation en médecine, la CIM n'est pas toujours exactement ou précisément utilisée ce qui affecte la comparabilité internationale, notamment entre pays ou zones où la qualité des services médicaux est très disparate.

La dixième révision[15] est la dernière qu'ait connue la CIM. Les chapitres de la dixième révision se fondent sur un système de codification alphanumérique à une lettre suivie de trois chiffres pour les catégories à quatre caractères. Le chapitre 1 concerne les maladies infectieuses et parasitaires et le chapitre 2 l'ensemble des néoplasmes. Le chapitre 3 a trait aux troubles du système immunitaire, aux maladies du sang et aux organes hématopoïétiques. Le chapitre 4 porte sur les maladies du système endocrinien, de la nutrition et du métabolisme. Les autres chapitres groupent les maladies selon leur site anatomique, à l'exception de ceux qui concernent les affections mentales, les complications de la grossesse, de l'accouchement et des suites de couches, les malformations congénitales et les affections de la période périnatale. Enfin, un chapitre entier est consacré aux symptômes, manifestations et résultats anormaux.

4.3.1 Mortalité liée à la maternité

D'après la dixième révision de la CIM, la « mortalité liée à la maternité » est définie comme le décès d'une femme survenu au cours de la grossesse ou dans un délai de 42 jours après sa terminaison, quelle qu'en soit la durée et la localisation, pour une cause quelconque déterminée ou aggravée par la grossesse ou les soins qu'elle a motivés, mais ni accidentelle ni fortuite.

Les « décès liés à la maternité » doivent se répartir en décès par cause obstétricale directe et indirecte. Les décès par cause obstétricale directe sont ceux qui résultent de complications obstétricales de l'état de grossesse (grossesse, travail et suites de couches), d'interventions, d'omissions, d'un traitement incorrect ou d'un enchaînement d'événements de l'un quelconque des facteurs ci-dessus. Les décès par cause obstétricale indirecte sont ceux qui résultent d'une maladie préexistante ou d'une affection apparue au cours de la grossesse, sans qu'elle soit due à des causes obstétricales directes, mais qui a été aggravée par les effets physiologiques de la grossesse.

En théorie, le nombre de femmes enceintes aurait dû être pris comme dénominateur pour le taux de mortalité maternelle, mais il est impossible de déterminer ce nombre. En conséquence, il est en outre recommandé dans la dixième révision d'exprimer les taux de mortalité maternelle sur la base de 100 000 naissances vivantes ou 100 000 naissances totales (naissances vivantes et morts fœtales). Le taux de mortalité maternelle est ici calculé par 100 000 naissances vivantes. Bien que les naissances vivantes ne permettent pas d'évaluer sans distorsion le nombre des femmes enceintes, leur nombre est plus fiable que d'autres estimations car le nombre des naissances vivantes est plus exactement enregistré que celui des naissances vivantes et des morts fœtales.

---

[1] Les éditions de 1978 et de 1991 font exception à la règle, puisque les tableaux sur des sujets spéciaux ont été publiés séparément.

[2] *Organisation des Nations Unies, Département des affaires économiques et sociales, Division de la population (2011). Perspectives de la population mondiale : La révision de 2010, Édition DVD - ensemble de données étendues (publication des Nations Unies, numéro de vente E.11.XIII.7).* On peut consulter des extraits et certaines données sur le site www.unpopulation.org.

[3] ST/ESA/STAT/SER.M/49/Rev.4/WWW ; http://unstats.un.org/unsd/methods/m49/m49frnch.htm; voir également

Code standard des pays et des zones à usage statistique, numéro de vente : M.98.XVII.9, Nations Unies, New York, 1999.

[4] Numéro de vente : F.07.XVII.8, Nations Unies, New York, 2007. Cette publication est disponible en ligne à l'adresse : http://unstats.un.org/unsd/demographic/standmeth/principles/Series_M67Rev2en.pdf

[5] Ibid., par. 2.135.

[6] Lorsque l'on utilise un registre de la population, on peut également calculer l'âge en années révolues en soustrayant la date de naissance de chaque personne inscrite sur le registre de la date de référence à laquelle se rapportent les données sur l'âge.

[7] L'emploi de méthodes différentes de calcul de l'âge, par exemple la méthode occidentale et la méthode orientale, ou, comme on les désigne plus communément, la méthode anglaise et la méthode chinoise, représente une cause de non-comparabilité. Selon la méthode chinoise, on considère que l'enfant est âgé d'un an à sa naissance et qu'il avance d'un an à chaque nouvelle année chinoise. Les répercussions de cette méthode sont particulièrement apparentes dans les données pour le premier âge : les données concernant les enfants de moins d'un an sont nettement inférieures à la réalité. Les effets sur les chiffres relatifs aux groupes d'âge suivants sont moins visibles. Les séries ainsi établies sont souvent ajustées avant d'être publiées, mais il ne faut pas exclure la possibilité d'aberrations de ce genre lorsque l'on compare des données censitaires sur l'âge.

[8] Numéro de vente : F.01.XVII.10, publication des Nations Unies, New York, 2001.

[9] Numéro de vente : F. 98.XVII.7, publication des Nations Unies, New York, 1998.

[10] Numéro de vente : F.98.XVII.11, publication des Nations Unies, New York, 1998.

[11] Numéro de vente : F.98.XVII.4, publication des Nations Unies, New York, 1998.

[12] Numéro de vente : F.98.XVII.6, publication des Nations Unies, New York, 1998.

[13] Numéro de vente : F.98.XVII.10, publication des Nations Unies, New York, 1998.

[14] Numéro de vente : F.03.XVII.11, United Nations, New York, 2004.

[15] Organisation mondiale de la santé, *Classification statistique internationale des maladies et problèmes de santé connexes,* dixième révision, vol. 2, Genève, 1992.

Table A. follows overleaf
Le tableau A. est présenté au verso

Table A. Demographic Yearbook 2011 synoptic table: Availability of data by country/area, table and sex, where applicable
Tableau A. Tableau synoptique de l'Annuaire démographique 2011 : Disponibilité des données par pays ou zone, tableau et le sexe, si disponible

Continent and country or area / Continent et pays ou zone	Table totals	Summary - Aperçu			Population							Fertility - Natalité				Foetal mortality - Mortalité foetale		
		3		4	5	6		7		8		9	10		11	12	13	14
		Total	M/F			Total¹	M/F	Total	M/F	Total	M/F		Total	M/F				
Total number of countries or areas - Total des pays ou zones	..	234	223	175	217	219	216	200	199	202	154	165	146	120	88	87	62	48

AFRICA - AFRIQUE

Continent and country or area	Table totals	3 Total	3 M/F	4	5	6 Total¹	6 M/F	7 Total	7 M/F	8 Total	8 M/F	9	10 Total	10 M/F	11	12	13	14
Algeria - Algérie	14	•	•		•	•	•	•	•	•	...	•	...		...	...	...	...
Angola	4	•	•	...	...	...	...	•	•	...	...	...	...		...	...	...	...
Benin - Bénin	10	•	•	...	•	•	•	•	•	•	...	•	...		...	...	...	...
Botswana	19	•	•	•	•	•	•	•	•	•	•	•	•	•		...	...	...
Burkina Faso	13	•	•	•	•	•	•	•	•	•	•	•	...		...	...	...	...
Burundi	9	•	•	...	•	•	•	•	•	•	•		...	...		...	...	...
Cameroon - Cameroun	8	•	•	•	•	•	•	•	•	...	...	...	...		...	...	...	...
Cape Verde - Cap-Vert	12	•	•	•	•	•	•	•	•	•	...	•	...		...	...	...	...
Central African Republic - République centrafricaine	5	•	•	...	•	•	•	...	...	...	...	...	...		...	...	...	...
Chad - Tchad	3	•	•	...	•	...	...	...	...	...	...	...	...		...	...	...	...
Comoros - Comores	2	•	...	...	•	...	...	...	...	...	...	...	...		...	...	...	...
Congo	7	•	•	...	•	•	•	•	...	...	...	...	...		...	...	...	...
Côte d'Ivoire	6	•	•	...	•	•	•	...	...	...	...	...	...		...	...	...	...
Democratic Republic of the Congo - République démocratique du Congo	2	•	•	...	...	...	...	•	...	...	...	...	...		...	...	...	...
Djibouti	4	•	•	...	•	...	...	...	•	...	...	...	...		...	...	...	...
Egypt - Égypte	27	•	•	•	•	•	•	•	•	•	•	•	•	•	•	•	•	...
Equatorial Guinea - Guinée équatoriale	4	•	•	...	•	•	...	...	...	...	...	...	...		...	...	...	...
Eritrea - Érythrée	2	•	•	...	...	...	...	...	...	...	...	...	...		...	...	...	...
Ethiopia - Éthiopie	13	•	•	•	•	•	•	•	•	•	•	•	...		...	...	...	...
Gabon	6	•	...	...	•	•	•	•	...	•	...	...	...		...	...	...	...
Gambia - Gambie	6	•	•	...	•	•	•	•	...	...	...	...	...		...	...	...	...
Ghana	13	•	•	•	•	•	•	•	•	•	•	•	...		...	...	...	...
Guinea - Guinée	8	•	•	...	•	•	•	•	•	•	...	...	...		...	...	...	...
Guinea-Bissau - Guinée-Bissau	6	•	•	...	•	•	•	...	...	...	...	...	...		...	...	...	...
Kenya	18	•	•	•	•	•	•	•	•	•	•	•	•	•		...	...	...
Lesotho	8	•	•	...	•	•	•	•	...	...	...	...	...		...	...	...	...
Liberia - Libéria	10	•	•	...	•	•	•	•	...	•	...	•	•		...	...	...	...
Libya - Libye	11	•	•	...	•	•	•	•	•	...	...	•	•		...	...	...	...
Madagascar	7	•	•	...	•	...	...	•	•	•	...	...	...		...	...	...	...
Malawi	15	•	•	•	•	•	•	•	•	•	•	•	•		...	...	...	...
Mali	5	•	•	...	•	•	•	...	...	...	...	...	...		...	...	...	...
Mauritania - Mauritanie	9	•	•	...	•	•	•	•	•	•	...	...	...		...	...	...	...
Mauritius - Maurice	27	•	•	•	•	•	•	•	•	•	•	•	•	•	•	•	•	...
Mayotte	6	•	•	...	...	•	•	•	•	...	...	...	...		...	...	...	...
Morocco - Maroc	15	•	•	•	•	•	•	•	•	•	•	•	...		...	...	...	...
Mozambique	8	•	•	...	•	•	•	•	•	•	...	...	...		...	...	...	...
Namibia - Namibie	12	•	•	•	•	•	•	•	•	•	...	•	...		...	...	...	...
Niger	12	•	•	•	•	•	•	•	•	•	...	•	...		...	...	...	...
Nigeria - Nigéria	10	•	•	•	•	•	•	•	•	...	...	•	...		...	...	...	...
Republic of South Sudan - République de Soudan du Sud	0	...	...	...	...	...	...	...	...	...	...	...	...		...	...	...	...
Réunion	27	•	•	•	•	•	•	•	•	•	•	•	•	•	•	•	•	...
Rwanda	13	•	•	•	•	•	•	•	•	•	•	...	...		...	...	...	...
Saint Helena ex. dep. - Sainte-Hélène sans dép.	20	•	...	...	...	...	...	...	...	...	...	...	...		...	...	...	...
Saint Helena: Ascension - Sainte-Hélène: Ascension	7	•	...	...	...	...	...	...	...	...	...	...	...		...	...	...	...
Saint Helena: Tristan da Cunha - Sainte-Hélène: Tristan da Cunha	5	•	•	...	•	•	•	...	...	...	...	...	...		...	...	...	...
Sao Tome and Principe - Sao Tomé-et-Principe	10	•	•	...	•	•	•	•	•	•	...	...	...		...	...	...	...
Senegal - Sénégal	15	•	•	•	•	•	•	•	•	•	•	•	•		...	...	...	...
Seychelles	25	•	•	•	•	•	•	•	•	•	•	•	•	•		...	...	...
Sierra Leone	14	•	•	•	•	•	•	•	•	•	•	•	...		...	...	...	...
Somalia - Somalie	7	•	•	...	•	•	•	•	...	...	...	...	...		...	...	...	...
South Africa - Afrique du Sud	26	•	•	•	•	•	•	•	•	•	•	•	•	•		•	...	...
Sudan - Soudan	0	...	...	...	...	...	...	...	...	...	...	...	...		...	...	...	...
Swaziland	15	•	•	•	•	•	•	•	•	•	•	•	•		...	...	...	...
Togo	7	•	•	...	•	•	•	•	...	...	...	...	...		...	...	...	...
Tunisia - Tunisie	17	•	•	•	•	•	•	•	•	•	...	•	•		...	•	...	...

Table A. Demographic Yearbook 2011 synoptic table: Availability of data by country/area, table and sex, where applicable
Tableau A. Tableau synoptique de l'Annuaire démographique 2011 : Disponibilité des données par pays ou zone, tableau et le sexe, si disponible

Continent and country or area / Continent et pays ou zone	General topic and table number - Sujet général et numéro de tableau												
	Infant and maternal mortality - Mortalité infantile et mortalité liée à la maternité				General mortality - Mortalité générale						Nuptiality and divorces - Nuptialité et divortialité		
	15	16 Total	16 M/F	17	18	19 Total	19 M/F	20	21	22	23	24	25
Total number of countries or areas - Total des pays ou zones	132	108	103	120	164	149	145	104	63	174	134	109	112

AFRICA - AFRIQUE

Country / Pays	15	16 Total	16 M/F	17	18	19 Total	19 M/F	20	21	22	23	24	25
Algeria - Algérie	...	...	...	...	•	...	...	...	...	•	•	...	...
Angola	...	...	...	...	...	...	...	...	...	•	...	...	...
Benin - Bénin	...	...	...	...	...	...	...	...	...	•	...	...	...
Botswana	•	...	...	...	•	•	...	...	...	•	•	•	...
Burkina Faso	...	...	...	...	•	...	...	...	...	•	...	...	...
Burundi	...	...	...	...	...	...	...	...	...	...	...	...	...
Cameroon - Cameroun	...	...	...	...	...	...	...	...	...	...	...	...	...
Cape Verde - Cap-Vert	...	...	...	...	•	...	...	...	...	...	...	...	...
Central African Republic - République centrafricaine	...	...	...	...	...	...	...	...	...	...	...	...	...
Chad - Tchad	...	...	...	...	...	...	...	...	...	...	...	...	...
Comoros - Comores	...	...	...	...	...	...	...	...	...	...	...	...	...
Congo	...	...	...	...	...	...	...	...	...	...	...	...	...
Côte d'Ivoire	...	...	...	...	...	...	...	...	...	•	...	...	...
Democratic Republic of the Congo - République démocratique du Congo	...	...	...	...	...	...	...	...	...	...	...	...	...
Djibouti	...	...	...	...	...	...	...	...	...	•	...	...	...
Egypt - Égypte	•	•	•	•	•	•	•	•	...	•	•	•	•
Equatorial Guinea - Guinée équatoriale	...	...	...	...	...	...	...	...	...	...	...	...	...
Eritrea - Érythrée	...	...	...	...	...	...	...	...	...	...	...	...	...
Ethiopia - Éthiopie	...	...	...	...	•	...	...	...	...	...	...	...	...
Gabon	...	...	...	...	...	...	...	...	...	...	...	...	...
Gambia - Gambie	...	...	...	...	...	...	...	...	...	...	...	...	...
Ghana	•	...	...	...	...	...	...	...	...	•	...	...	...
Guinea - Guinée	...	...	...	...	...	...	...	...	...	•	...	...	...
Guinea-Bissau - Guinée-Bissau	...	...	...	...	...	...	...	...	...	•	...	...	...
Kenya	•	...	...	...	•	•	•	...	...	•	...	...	...
Lesotho	...	...	...	...	...	...	...	...	...	•	...	...	...
Liberia - Libéria	...	...	...	...	...	...	...	...	...	...	...	...	...
Libya - Libye	...	...	...	...	•	•	...	...	...	•	...	...	...
Madagascar	...	...	...	...	...	...	...	...	...	•	...	...	...
Malawi	...	...	...	...	•	•	•	...	...	•	...	...	...
Mali	...	...	...	...	...	...	...	...	...	...	...	...	...
Mauritania - Mauritanie	...	...	...	...	...	...	...	...	...	...	...	...	...
Mauritius - Maurice	•	•	•	•	•	•	•	•	...	•	•	•	•
Mayotte	...	...	...	...	...	...	...	...	...	...	...	...	...
Morocco - Maroc	•	...	...	•	•	•	•	•	...	...	...	...	...
Mozambique	...	...	...	...	...	...	...	...	...	...	...	...	...
Namibia - Namibie	...	...	...	...	•	...	...	...	...	•	...	...	...
Niger	...	...	...	...	•	...	...	...	...	...	...	...	...
Nigeria - Nigéria	...	...	...	...	...	...	...	...	...	...	...	...	...
Republic of South Sudan - République de Soudan du Sud	...	...	...	...	...	...	...	...	...	...	...	...	...
Réunion	•	•	...	...	•	•	...	...	...	•	•	•	...
Rwanda	...	...	...	...	...	...	...	...	...	•	...	...	...
Saint Helena ex. dep. - Sainte-Hélène sans dép.	•	•	•	...	•	•	•	...	...	•	•	...	•
Saint Helena: Ascension - Sainte-Hélène: Ascension	...	...	...	...	...	...	...	...	...	...	...	...	...
Saint Helena: Tristan da Cunha - Sainte-Hélène: Tristan da Cunha	...	...	...	...	...	...	...	...	...	...	...	...	...
Sao Tome and Principe - Sao Tomé-et-Principe	...	...	...	...	...	...	...	...	...	•	...	...	...
Senegal - Sénégal	•	...	...	...	•	...	...	...	...	•	...	...	...
Seychelles	•	•	•	•	•	•	•	•	...	•	•	•	•
Sierra Leone	•	...	...	...	...	•	...	...	...	...	...	...	...
Somalia - Somalie	...	...	...	...	...	...	...	...	...	...	...	...	...
South Africa - Afrique du Sud	•	•	•	•	•	•	•	•	...	•	•	•	•
Sudan - Soudan	...	...	...	...	...	...	...	...	...	...	...	...	...
Swaziland	...	...	...	...	•	...	•	...	...	...	...	...	...
Togo	...	...	...	...	...	...	...	...	...	...	...	...	...
Tunisia - Tunisie	...	...	...	...	•	...	...	...	...	•	•	•	•

Table A. Demographic Yearbook 2011 synoptic table: Availability of data by country/area, table and sex, where applicable
Tableau A. Tableau synoptique de l'Annuaire démographique 2011 : Disponibilité des données par pays ou zone, tableau et le sexe, si disponible (continued - suite)

Continent and country or area / Continent et pays ou zone	Table totals	Summary - Aperçu 3 Total	3 M/F	4	5	Population 6 Total[1]	6 M/F	7 Total	7 M/F	8 Total	8 M/F	Fertility - Natalité 9	10 Total	10 M/F	11	Foetal mortality - Mortalité foetale 12	13	14
AFRICA - AFRIQUE																		
Uganda - Ouganda	11	•	•	•	•	•	•	...	...	•	•	...	...	...	...	...	...	...
United Republic of Tanzania - République Unie de Tanzanie	10	•	•	•	•	•	•	•	...	...	•	...	...	...	...	...	...	...
Western Sahara - Sahara occidental	3	•	•	...	...	...	...	•	...	•	•	...	...	...	...	...	...	...
Zambia - Zambie	7	•	•	...	•	•	•	•	...	•	•	...	...	...	...	...	...	...
Zimbabwe	13	•	•	...	•	•	•	•	...	•	•	...	...	...	...	...	...	...
AMERICA, NORTH - AMÉRIQUE DU NORD																		
Anguilla	18	•	•	•	•	...	...	...	...	•	...	•	•	...	...	...	•	...
Antigua and Barbuda - Antigua-et-Barbuda	18	•	•	•	•	•	•	•	...	•	...	•	•	...	...	...	•	...
Aruba	25	•	•	•	•	•	•	•	•	•	•	•	•	•	...	•	•	...
Bahamas	26	•	•	•	•	•	•	•	•	•	•	•	•	•	•	•	•	...
Barbados - Barbade	20	•	•	•	•	•	•	•	•	•	•	•	•	•	•	•	•	...
Belize	12	•	•	...	•	•	•	•	•	•	...	•	•	...	•	...	•	...
Bermuda - Bermudes	25	•	•	•	•	•	•	•	•	•	•	•	•	•	•	•	•	...
British Virgin Islands - Îles Vierges britanniques	6	•	•	...	•	...	...	...	...	...	...	•	•	...	...	...	...	...
Canada	30	•	•	•	•	•	•	•	•	•	•	•	•	•	•	•	•	•
Cayman Islands - Îles Caïmanes	21	•	•	•	•	•	•	•	•	•	•	•	•	•	...	•	•	...
Costa Rica	30	•	•	•	•	•	•	•	•	•	•	•	•	•	•	•	•	•
Cuba	29	•	•	•	•	•	•	•	•	•	...	•	•	•	•	•	•	•
Dominica - Dominique	17	•	•	•	•	•	•	•	...	•	•	•	•	...	...	•	...	...
Dominican Republic - République dominicaine	24	•	•	•	•	•	•	•	•	•	•	•	•	•	...	•	•	...
El Salvador	26	•	•	•	•	•	•	•	•	•	•	•	•	•	•	•	•	...
Greenland - Groenland	24	•	•	•	•	•	•	•	•	•	•	•	•	•	•	•	•	...
Grenada - Grenade	5	•	•	...	...	...	...	...	...	...	...	...	...	...	...	...	...	...
Guadeloupe	25	•	•	•	•	•	•	•	•	•	•	•	•	•	•	•	•	...
Guatemala	25	•	•	•	•	•	•	•	•	•	•	•	•	•	•	•	•	...
Haiti - Haïti	12	•	•	•	•	•	•	•	•	•	•	...	•	•	...	...	...	...
Honduras	12	•	•	•	•	•	•	•	•	•	•	•	•	...	•	...	...	...
Jamaica - Jamaïque	22	•	•	•	•	•	•	•	•	•	•	•	•	•	•	•	•	...
Martinique	28	•	•	•	•	•	•	•	•	•	•	•	•	•	•	•	•	...
Mexico - Mexique	30	•	•	•	•	•	•	•	•	•	•	•	•	•	•	•	•	•
Montserrat	8	•	•	•	•	...	...	...	...	•	...	•	•	...	...	...	•	...
Nicaragua	23	•	•	•	•	•	•	•	...	•	...	•	•	•	•	•	...	...
Panama	27	•	•	•	•	•	•	•	•	•	•	•	•	•	•	•	...	...
Puerto Rico - Porto Rico	28	•	•	•	•	•	•	•	•	•	•	•	•	•	•	•	•	•
Saint Kitts and Nevis - Saint-Kitts-et-Nevis	6	•	•	...	•	...	...	...	...	...	...	•	•	...	...	...	...	...
Saint Lucia - Sainte-Lucie	18	•	•	...	•	•	•	•	...	•	...	•	•	...	...	...	•	...
Saint Pierre and Miquelon - Saint Pierre-et-Miquelon	10	•	•	...	...	•	•	•	...	•	•	...	...	...	...	...	•	...
Saint Vincent and the Grenadines - Saint-Vincent-et-les Grenadines	24	•	•	•	•	•	•	•	...	•	•	•	•	•	...	•	•	...
Trinidad and Tobago - Trinité-et-Tobago	20	•	•	...	•	•	•	•	•	•	...	•	•	•	•	•	•	...
Turks and Caicos Islands - Îles Turques et Caïques	23	•	•	•	•	•	•	...	...	•	•	•	•	•	...	•	•	•
United States of America - États-Unis d'Amérique	24	•	•	•	•	•	•	•	•	•	•	...	•	•	•	...	•	...
United States Virgin Islands - Îles Vierges américaines	16	•	•	•	•	•	•	•	...	•	•	•	•	...	...	...	...	...
AMERICA, SOUTH - AMÉRIQUE DU SUD																		
Argentina - Argentine	23	•	•	•	•	•	•	•	...	•	...	•	•	...	•	•	...	...
Bolivia (Plurinational State of) - Bolivie (État plurinational de)	14	•	•	•	•	•	•	•	•	•	•	•	•	•	...	...	...	...
Brazil - Brésil	27	•	•	•	•	•	•	•	•	•	•	•	•	•	•	•	...	...
Chile - Chili	29	•	•	•	•	•	•	•	•	•	•	•	•	•	•	•	•	...
Colombia - Colombie	24	•	•	•	•	•	•	•	•	•	•	•	•	•	•	...	...	...
Ecuador - Équateur	25	•	•	•	•	•	•	•	•	•	•	•	•	•	...	•	...	...

Table A. Demographic Yearbook 2011 synoptic table: Availability of data by country/area, table and sex, where applicable

Tableau A. Tableau synoptique de l'Annuaire démographique 2011 : Disponibilité des données par pays ou zone, tableau et le sexe, si disponible (continued - suite)

Continent and country or area / Continent et pays ou zone	Infant and maternal mortality - Mortalité infantile et mortalité liée à la maternité				General mortality - Mortalité générale						Nuptiality and divorces - Nuptialité et divortialité		
	15	16 Total	16 M/F	17	18	19 Total	19 M/F	20	21	22	23	24	25
AFRICA - AFRIQUE													
Uganda - Ouganda	...	...	...	...	...	...	...	...	...	•	...	...	...
United Republic of Tanzania - République Unie de Tanzanie	...	...	...	...	•	...	...	...	...	...	...	...	...
Western Sahara - Sahara occidental	...	...	...	...	...	...	...	...	...	...	...	...	...
Zambia - Zambie	...	...	...	...	...	...	...	...	...	...	...	...	...
Zimbabwe	...	...	...	...	...	•	•	...	•	•	...	...	...
AMERICA, NORTH - AMÉRIQUE DU NORD													
Anguilla	•	...	...	•	•	•	•	•	...	•	•	•	•
Antigua and Barbuda - Antigua-et-Barbuda	•	...	...	•	•	•	•	•	...	•	•	•	•
Aruba	•	•	•	•	•	•	•	•	•	•	•	•	•
Bahamas	•	•	•	•	•	•	•	•	•	•	•	•	•
Barbados - Barbade	•	•	•	•	•	•	•	•	•	•	•	•	•
Belize	•	...	...	•	...	•	...	...	...	...	...	...	...
Bermuda - Bermudes	•	•	•	•	•	•	•	•	...	•	•	•	•
British Virgin Islands - Îles Vierges britanniques	...	...	...	•	...	•	...	...	...	...	...	...	...
Canada	•	•	•	•	•	•	•	•	•	•	•	•	•
Cayman Islands - Îles Caïmanes	•	•	•	•	•	•	•	•	...	•	•	•	•
Costa Rica	•	•	•	•	•	•	•	•	•	•	•	•	•
Cuba	•	•	•	•	•	•	•	•	•	•	•	•	•
Dominica - Dominique	...	...	...	•	•	•	•	•	...	•	•	•	•
Dominican Republic - République dominicaine	•	...	...	•	•	•	•	•	...	•	•	•	•
El Salvador	•	...	...	•	•	•	•	•	...	•	•	•	•
Greenland - Groenland	•	•	•	...	•	•	•	...	...	...	...	...	...
Grenada - Grenade	...	...	...	•	...	...	...	...	...	...	...	...	...
Guadeloupe	...	...	...	•	•	•	•	•	...	•	•	•	•
Guatemala	...	•	•	•	•	•	•	•	...	•	•	•	•
Haiti - Haïti	...	...	...	•	...	...	...	...	...	...	...	...	...
Honduras	...	...	...	...	•	...	...	...	...	...	...	...	...
Jamaica - Jamaïque	...	...	...	...	•	...	...	...	•	•	•	•	•
Martinique	...	...	...	•	•	•	•	•	...	•	•	•	•
Mexico - Mexique	•	•	•	•	•	•	•	•	•	•	•	•	•
Montserrat	•	•	•	•	...	...	...	...	...	•	•	•	•
Nicaragua	•	•	•	•	•	•	•	•	...	•	•	...	•
Panama	•	•	•	•	•	•	•	•	...	•	•	•	•
Puerto Rico - Porto Rico	•	•	•	•	•	•	•	•	...	•	•	•	•
Saint Kitts and Nevis - Saint-Kitts-et-Nevis	...	...	...	•	...	•	...	...	...	•	...	...	...
Saint Lucia - Sainte-Lucie	...	•	•	•	...	•	...	...	...	•	...	...	...
Saint Pierre and Miquelon - Saint Pierre-et-Miquelon	...	...	...	...	...	...	•	...	...	...	...	...	...
Saint Vincent and the Grenadines - Saint-Vincent-et-les Grenadines	•	•	•	•	•	•	•	•	...	•	•	...	•
Trinidad and Tobago - Trinité-et-Tobago	...	•	•	•	•	•	•	•	...	•	•	...	•
Turks and Caicos Islands - Îles Turques et Caïques	•	...	...	•	•	•	•	•	...	•	•	•	•
United States of America - États-Unis d'Amérique	•	•	•	•	•	•	•	•	•	•	•	...	...
United States Virgin Islands - Îles Vierges américaines	•	...	...	•	•	•	•	•	...	•	•	...	...
AMERICA, SOUTH - AMÉRIQUE DU SUD													
Argentina - Argentine	•	•	•	•	•	•	•	•	•	•	...	•	...
Bolivia (Plurinational State of) - Bolivie (État plurinational de)	...	...	...	•	...	•	...	...	•	•	...	•	•
Brazil - Brésil	•	•	•	•	•	•	•	•	•	•	•	•	•
Chile - Chili	•	•	•	•	•	•	•	•	•	•	•	•	•
Colombia - Colombie	•	•	•	•	•	•	•	•	...	•	...	...	...
Ecuador - Équateur	•	•	•	•	•	•	...	...	•	•	•	...	•

Table A. Demographic Yearbook 2011 synoptic table: Availability of data by country/area, table and sex, where applicable
Tableau A. Tableau synoptique de l'Annuaire démographique 2011 : Disponibilité des données par pays ou zone, tableau et le sexe, si disponible (continued - suite)

Continent and country or area / Continent et pays ou zone	Table totals	Summary - Aperçu 3 Total	3 M/F	4	5	Population 6 Total[1]	6 M/F	7 Total	7 M/F	8 Total	8 M/F	Fertility - Natalité 9	10 Total	10 M/F	11	Foetal mortality - Mortalité foetale 12	13	14
AMERICA, SOUTH - AMÉRIQUE DU SUD																		
Falkland Islands (Malvinas) - Îles Falkland (Malvinas)	7	•	•	...	...	•	•	•	•	•	...	...	...	•	...	...	...	...
French Guiana - Guyane française	28	•	•	•	•	•	•	•	•	•	•	...	...	...	•	•	•	...
Guyana	16	•	•	•	•	•	•	•	•	•	•	...	...	...	•	...	...	...
Paraguay	24	•	•	•	•	•	•	•	•	•	•	•	•	...	•	...	...	...
Peru - Pérou	23	•	•	•	•	•	•	•	•	•	•	•	•	...	•	...	...	...
Suriname	21	•	•	•	•	•	•	•	•	•	•	•	•	...	...	...	...	...
Uruguay	22	•	•	•	•	•	•	•	•	•	•	•	•	...	•	...	...	...
Venezuela (Bolivarian Republic of) - Venezuela (République bolivarienne du)	27	•	•	•	•	•	•	•	•	•	•	•	•	•	•	•	...	...
ASIA - ASIE																		
Afghanistan	11	•	•	•	•	•	•	•	•	•	•	...	...	...	...	...	...	...
Armenia - Arménie	29	•	•	•	•	•	•	•	•	•	•	•	•	...	•	•	•	•
Azerbaijan - Azerbaïdjan	30	•	•	•	•	•	•	•	•	•	•	•	•	•	•	•	•	•
Bahrain - Bahreïn	28	•	•	•	•	•	•	•	•	•	•	•	•	•	•	•	•	...
Bangladesh	20	•	•	•	•	•	•	•	•	•	•	•	•	•	•	•	...	...
Bhutan - Bhoutan	14	•	•	...	•	•	•	•	•	•	•	...	•	...	•	...	...	...
Brunei Darussalam - Brunéi Darussalam	24	•	•	•	•	•	•	•	•	•	•	•	•	...	•	•	...	...
Cambodia - Cambodge	11	•	•	•	•	•	•	•	•	•	•	...	•	...	...	...	...	...
China - Chine[2]	13	•	•	•	•	•	...	...	•	•	•	•	...	•	...	...	...	...
China, Hong Kong SAR - Chine, Hong Kong RAS	29	•	...	•	•	•	•	•	•	•	•	•	•	•	•	•	•	•
China, Macao SAR - Chine, Macao RAS	26	•	•	•	•	•	•	•	•	•	•	•	•	•	•	•	...	...
Cyprus - Chypre	25	•	•	•	•	•	•	•	•	•	...	•	•	•	•	•	...	...
Democratic People's Republic of Korea - République populaire démocratique de Corée	18	•	•	•	•	•	•	•	•	•	•	•	•	...	•	...	...	...
Georgia - Géorgie	27	•	•	•	•	•	•	•	•	•	•	•	•	...	•	•	...	...
India - Inde[3]	14	•	•	•	•	•	•	•	•	•	•	...	...	...	•	...	...	...
Indonesia - Indonésie	13	•	•	•	•	•	•	•	•	•	•	...	...	...	•	...	...	...
Iran (Islamic Republic of) - Iran (République islamique d')	17	•	•	•	•	•	•	•	•	•	•	•	•	...	•	...	...	...
Iraq	11	•	•	...	•	•	•	•	•	...	...	...	...	•	...	...	...	...
Israel - Israël[4]	30	•	•	•	•	•	•	•	•	•	•	•	•	•	•	•	•	•
Japan - Japon	30	•	•	•	•	•	•	•	•	•	•	•	•	•	•	•	•	•
Jordan - Jordanie	18	•	•	•	•	•	•	•	•	•	•	•	...	...	•	...	...	...
Kazakhstan	28	•	•	•	•	•	•	•	•	•	•	•	•	•	•	•	...	...
Kuwait - Koweït	26	•	•	•	•	•	•	•	•	•	•	•	•	•	•	...	...	...
Kyrgyzstan - Kirghizstan	30	•	•	•	•	•	•	•	•	•	•	•	•	•	•	•	•	•
Lao People's Democratic Republic - République démocratique populaire lao	9	•	•	...	•	•	•	•	•	•	•	...	...	...	•	...	...	...
Lebanon - Liban	13	•	•	•	...	•	•	•	•	•	•	•	•	...	•	...	...	...
Malaysia - Malaisie	23	•	•	•	•	•	•	•	•	•	...	•	•	•	•	•	...	...
Maldives	24	•	•	•	•	•	•	•	•	•	•	•	•	•	•	•	...	...
Mongolia - Mongolie	22	•	•	•	•	•	•	•	•	•	•	•	•	...	•	•	...	...
Myanmar	15	•	•	•	•	•	•	•	•	...	...	•	•	...	•	...	...	...
Nepal - Népal	11	•	•	•	•	•	•	•	•	•	•	...	...	...	•	...	...	...
Occupied Palestinian Territory - Territoire palestinien occupé	20	•	•	•	•	•	•	•	•	•	•	•	•	...	•	...	...	...
Oman	26	•	•	•	•	•	•	•	•	•	•	•	•	•	•	...	...	...
Pakistan[5]	20	•	•	•	•	•	•	•	•	•	•	•	•	•	•	...	...	...
Philippines	24	•	...	•	•	•	•	•	•	•	•	•	•	•	•	•	...	...
Qatar	29	•	•	•	•	•	•	•	•	•	•	•	•	•	•	•	...	...
Republic of Korea - République de Corée	28	•	•	•	•	•	•	•	•	•	•	•	•	•	•	•	...	...
Saudi Arabia - Arabie saoudite	22	•	•	•	•	•	•	•	•	•	•	•	•	...	•	...	...	...
Singapore - Singapour	29	•	•	•	•	•	•	•	•	•	...	•	•	•	•	•	•	•
Sri Lanka	21	•	•	•	•	•	•	•	•	•	•	•	•	...	•	...	...	...
Syrian Arab Republic - République arabe syrienne	14	•	•	•	•	•	•	•	•	•	•	...	...	•	•	•	...	...
Tajikistan - Tadjikistan	25	•	•	•	•	•	•	•	•	•	•	•	•	•	•	...	...	...
Thailand - Thaïlande	22	•	•	•	•	•	•	•	•	•	•	•	•	...	...	...	...	...
Timor-Leste	9	•	•	...	•	•	•	•	...	•	•	...	•	...	...	...	...	...

Table A. Demographic Yearbook 2011 synoptic table: Availability of data by country/area, table and sex, where applicable
Tableau A. Tableau synoptique de l'Annuaire démographique 2011 : Disponibilité des données par pays ou zone, tableau et le sexe, si disponible (continued - suite)

Continent and country or area / Continent et pays ou zone	Infant and maternal mortality - Mortalité infantile et mortalité liée à la maternité			General mortality - Mortalité générale				Nuptiality and divorces - Nuptialité et divortialité				
	15	16 Total	16 M/F	17	18	19 Total	19 M/F	20	21	22	23	24	25

(Note: header row above shows grouped column numbers 15, 16 (Total / M/F), 17 | 18, 19 (Total / M/F), 20, 21, 22 | 23, 24, 25)

AMERICA, SOUTH - AMÉRIQUE DU SUD

Country	15	16T	16MF	17	18	19T	19MF	20	21	22	23	24	25
Falkland Islands (Malvinas) - Îles Falkland (Malvinas)	…	…	…	…	…	…	…	…	…	…	…	…	…
French Guiana - Guyane française	•	…	•	…	•	…	•	•	•	…	•	•	…
Guyana	•	…	…	•	•	•	•	•	•	•	•	•	…
Paraguay	•	•	…	•	•	•	•	•	…	•	•	•	…
Peru - Pérou	•	•	…	•	•	•	•	•	…	•	•	•	…
Suriname	•	…	…	•	•	•	•	•	…	•	•	•	•
Uruguay	•	•	•	•	•	•	•	•	…	•	•	•	…
Venezuela (Bolivarian Republic of) - Venezuela (République bolivarienne du)	•	•	•	•	•	•	•	•	…	•	•	•	•

ASIA - ASIE

Country	15	16T	16MF	17	18	19T	19MF	20	21	22	23	24	25
Afghanistan	…	…	…	…	…	…	…	…	…	•	…	…	…
Armenia - Arménie	•	•	•	•	•	•	•	•	•	•	•	•	•
Azerbaijan - Azerbaïdjan	•	•	•	•	•	•	•	•	•	•	•	•	•
Bahrain - Bahreïn	•	•	•	•	•	•	•	…	•	•	•	•	•
Bangladesh	•	•	•	•	•	…	…	…	•	•	•	•	•
Bhutan - Bhoutan	…	…	…	…	…	…	…	…	…	•	…	…	…
Brunei Darussalam - Brunéi Darussalam	•	…	•	•	•	•	•	•	…	•	•	•	•
Cambodia - Cambodge	…	…	…	…	…	…	…	…	…	•	…	…	…
China - Chine[2]	…	…	…	…	…	…	…	…	…	•	…	…	…
China, Hong Kong SAR - Chine, Hong Kong RAS	•	•	•	•	•	•	•	•	•	•	•	•	•
China, Macao SAR - Chine, Macao RAS	•	•	•	•	•	•	•	•	•	•	•	•	•
Cyprus - Chypre	•	•	•	•	•	•	•	•	…	•	•	•	•
Democratic People's Republic of Korea - République populaire démocratique de Corée	•	…	…	…	•	…	…	…	…	•	…	…	…
Georgia - Géorgie	•	•	•	•	•	•	•	•	•	•	•	•	•
India - Inde[3]	•	…	…	•	•	…	…	•	•	•	•	•	•
Indonesia - Indonésie	…	…	…	…	…	…	…	…	…	•	•	…	•
Iran (Islamic Republic of) - Iran (République islamique d')	…	…	…	…	…	…	…	…	•	•	•	…	•
Iraq	…	…	…	…	…	…	…	…	…	•	•	…	•
Israel - Israël[4]	•	•	•	•	•	•	•	•	•	•	•	•	•
Japan - Japon	•	•	•	•	•	•	•	•	•	•	•	•	•
Jordan - Jordanie	…	…	…	…	•	…	…	…	…	•	…	…	•
Kazakhstan	•	•	•	•	•	•	•	•	•	•	•	•	•
Kuwait - Koweït	•	•	•	•	•	•	•	•	•	•	•	•	•
Kyrgyzstan - Kirghizstan	•	•	•	•	•	•	•	•	•	•	•	•	•
Lao People's Democratic Republic - République démocratique populaire lao	…	…	…	…	…	…	…	…	•	…	…	…	…
Lebanon - Liban	…	…	…	…	•	…	…	…	…	•	…	•	…
Malaysia - Malaisie	•	•	•	•	•	•	•	•	…	•	•	•	•
Maldives	•	•	•	•	•	•	•	•	…	•	•	•	•
Mongolia - Mongolie	•	…	…	•	•	•	•	…	…	•	•	•	•
Myanmar	•	…	…	…	•	…	…	…	…	•	…	…	…
Nepal - Népal	…	…	…	…	…	…	…	…	…	•	…	…	…
Occupied Palestinian Territory - Territoire palestinien occupé	•	•	•	…	•	•	•	•	…	•	•	•	•
Oman	•	•	•	•	•	•	•	•	…	•	•	•	•
Pakistan[5]	•	•	•	•	•	•	•	•	…	•	•	•	•
Philippines	•	•	•	•	•	•	•	•	•	•	•	•	•
Qatar	•	•	•	•	•	•	•	•	•	•	•	•	•
Republic of Korea - République de Corée	•	•	•	•	•	•	•	•	•	•	•	•	•
Saudi Arabia - Arabie saoudite	•	…	•	•	•	•	•	•	…	•	•	•	•
Singapore - Singapour	•	•	•	•	•	•	•	•	•	•	•	•	•
Sri Lanka	•	…	…	•	•	•	•	•	…	•	•	…	…
Syrian Arab Republic - République arabe syrienne	…	…	…	…	•	…	…	…	…	•	•	…	•
Tajikistan - Tadjikistan	•	•	•	•	•	•	•	•	…	•	•	•	•
Thailand - Thaïlande	•	•	•	•	•	•	•	•	…	•	…	…	…
Timor-Leste	…	…	…	…	…	…	…	…	…	…	…	…	…

Table A. Demographic Yearbook 2011 synoptic table: Availability of data by country/area, table and sex, where applicable
Tableau A. Tableau synoptique de l'Annuaire démographique 2011 : Disponibilité des données par pays ou zone, tableau et le sexe, si disponible (continued - suite)

Continent and country or area / Continent et pays ou zone	Table totals	Summary - Apercu 3 Total	3 M/F	4	5	Population 6 Total[1]	6 M/F	7 Total	7 M/F	8 Total	8 M/F	9	Fertility - Natalité 10 Total	10 M/F	11	Foetal mortality - Mortalité foetale 12	13	14
ASIA - ASIE																		
Turkey - Turquie	20	•	•	•	•	•	•	•	•	•	...	•	•	•	•	...	...	...
Turkmenistan - Turkménistan	7	•	•	•	...	•	•	•	•	•	...	...	...	...	...	...	...	...
United Arab Emirates - Émirats arabes unis	20	•	•	•	...	•	•	•	•	•	...	...	...	...	...	...	...	...
Uzbekistan - Ouzbékistan	11	•	•	•	•	...	...	•	•	•	•	...	...	...	...	...	...	...
Viet Nam	15	•	•	•	•	•	•	•	•	•	•	...	...	•	...	...	...	...
Yemen - Yémen	12	•	•	•	•	•	•	•	•	•	...	•	...	...	...	...	...	...
EUROPE																		
Åland Islands - Îles d'Åland	27	•	•	•	•	•	•	•	•	•	•	•	•	•	•	•	•	•
Albania - Albanie	25	•	•	•	•	•	•	•	•	•	•	•	•	•	•	...	•	...
Andorra - Andorre	21	•	•	•	•	•	•	•	•	•	•	•	•	•	•	•	•	•
Austria - Autriche	28	•	•	•	•	•	•	•	•	•	•	•	•	•	•	•	•	•
Belarus - Bélarus	30	•	•	•	•	•	•	•	•	•	•	•	•	•	•	•	•	•
Belgium - Belgique	28	•	•	•	•	•	•	•	•	•	•	•	•	...	...	•	•	•
Bosnia and Herzegovina - Bosnie-Herzégovine	23	•	•	•	•	•	•	•	•	...	...	•	•	•	•	•	•	•
Bulgaria - Bulgarie	30	•	•	•	•	•	•	•	•	•	•	•	•	•	•	•	•	•
Croatia - Croatie	28	•	•	•	•	•	•	•	•	•	•	•	•	•	•	•	•	•
Czech Republic - République tchèque	30	•	•	•	•	•	•	•	•	•	•	•	•	•	•	•	•	•
Denmark - Danemark	30	•	•	•	•	•	•	•	•	•	•	•	•	•	•	•	•	•
Estonia - Estonie	30	•	•	•	•	•	•	•	•	•	•	•	•	•	•	•	•	•
Faeroe Islands - Îles Féroé	22	•	•	•	•	•	•	•	•	•	•	•	•	•	•	...	...	•
Finland - Finlande	30	•	•	•	•	•	•	•	•	•	•	•	•	•	•	•	•	•
France	29	•	•	•	•	•	•	•	•	•	...	•	•	•	•	•	•	•
Germany - Allemagne	30	•	•	•	•	•	•	•	•	•	•	•	•	•	•	•	•	•
Gibraltar	17	•	•	•	•	•	...	...	•	•	•	•	•	...	•	...	...	...
Greece - Grèce	30	•	•	•	•	•	•	•	•	•	•	•	•	•	•	•	•	•
Guernsey - Guernesey	11	•	•	•	•	•	•	•	•	...	...	•	...	...	•	...	...	...
Holy See - Saint-Siège	6	•	...	...	•	•	•	...	•	•	•	•	•	•	•	•	•	•
Hungary - Hongrie	30	•	•	•	•	•	•	•	•	•	•	•	•	•	•	•	•	•
Iceland - Islande	30	•	•	•	•	•	•	•	•	•	•	•	•	•	•	•	•	•
Ireland - Irlande	28	•	•	•	•	•	•	•	•	•	•	•	•	•	•	•	•	•
Isle of Man - Île de Man	18	•	•	•	•	•	•	•	•	•	•	•	...	•	•	...	•	•
Italy - Italie	30	•	•	•	•	•	•	•	•	•	•	•	•	•	•	•	•	•
Jersey	11	•	•	•	•	...	...	...	•	•	•	•	•	•	...	...	...	...
Latvia - Lettonie	30	•	•	•	•	•	•	•	•	•	•	•	•	•	•	•	•	•
Liechtenstein	20	•	•	•	•	•	•	•	•	•	•	•	•	...	•	•	•	•
Lithuania - Lituanie	30	•	•	•	•	•	•	•	•	•	•	•	•	•	•	•	•	•
Luxembourg	27	•	•	•	•	•	•	•	•	•	...	•	•	•	•	•	•	•
Malta - Malte	28	•	•	•	•	•	•	•	•	•	•	•	•	•	•	•	•	...
Monaco	7	•	•	...	•	•	•	...	...	•	•	...	...	...	•	•	•	•
Montenegro - Monténégro	28	•	•	•	•	•	•	•	•	•	•	•	•	•	•	•	•	•
Netherlands - Pays-Bas	27	•	•	•	•	•	•	•	•	•	•	•	•	•	•	•	•	•
Norway - Norvège	30	•	•	•	•	•	•	•	•	•	•	•	•	•	•	•	•	•
Poland - Pologne	30	•	•	•	•	•	•	•	•	•	•	•	•	•	•	•	•	•
Portugal	29	•	•	•	•	•	•	•	•	•	•	•	•	•	•	•	•	...
Republic of Moldova - République de Moldova	29	•	•	•	•	•	•	•	•	•	•	•	•	•	•	...	•	•
Romania - Roumanie	30	•	•	•	•	•	•	•	•	•	•	•	•	•	•	•	•	•
Russian Federation - Fédération de Russie	27	•	...	•	•	•	•	•	•	•	...	•	•	•	...	•	•	•
San Marino - Saint-Marin	25	•	•	•	•	•	•	•	•	•	•	•	•	•	•	...	...	•
Serbia - Serbie	30	•	•	•	•	•	•	•	•	•	•	•	•	•	•	•	•	•
Slovakia - Slovaquie	30	•	•	•	•	•	•	•	•	•	•	•	•	•	•	•	•	•
Slovenia - Slovénie	30	•	•	•	•	•	•	•	•	•	•	•	•	•	•	•	•	•
Spain - Espagne	30	•	•	•	•	•	•	•	•	•	•	•	•	•	•	•	•	•
Svalbard and Jan Mayen Islands - Îles Svalbard et Jan Mayen	3	•	•	...	•	...	...	...	...	...	...	...	...	...	...	...	...	...
Sweden - Suède	30	•	•	•	•	•	•	•	•	•	•	•	•	•	•	•	•	•
Switzerland - Suisse	30	•	•	•	•	•	•	•	•	•	•	•	•	•	•	•	•	•
TFYR of Macedonia - L'ex-R. y. de Macédoine	28	•	•	•	•	•	•	•	•	•	•	•	•	•	•	•	...	...

Table A. Demographic Yearbook 2011 synoptic table: Availability of data by country/area, table and sex, where applicable
Tableau A. Tableau synoptique de l'Annuaire démographique 2011 : Disponibilité des données par pays ou zone, tableau et le sexe, si disponible (continued - suite)

Continent and country or area / Continent et pays ou zone	General topic and table number - Sujet général et numéro de tableau											
	Infant and maternal mortality - Mortalité infantile et mortalité liée à la maternité				General mortality - Mortalité générale					Nuptiality and divorces - Nuptialité et divortialité		
	15	16 Total	16 M/F	17	18	19 Total	19 M/F	20	21	22	23	24	25
ASIA - ASIE													
Turkey - Turquie	•	...	...	...	•	•	•	...	...	•	•	•	•
Turkmenistan - Turkménistan	...	...	...	...	•	...	...	...	...	...	...	...	...
United Arab Emirates - Émirats arabes unis	•	...	...	...	•	•	•	...	•	•	•	•	...
Uzbekistan - Ouzbékistan	...	...	...	•	•	...	...	...	...	•	•	...	...
Viet Nam	•	...	...	...	•	...	...	...	...	•	•	...	•
Yemen - Yémen	...	...	...	...	•	...	...	...	...	...	...	...	...
EUROPE													
Åland Islands - Îles d'Åland	•	•	•	...	•	•	•	...	...	•	•	•	•
Albania - Albanie	•	•	...	•	•	•	•	...	...	•	•	•	•
Andorra - Andorre	•	•	•	•	...	•	•	•	...	...	•	•	•
Austria - Autriche	•	•	•	•	•	•	•	•	•	•	•	•	•
Belarus - Bélarus	•	•	•	•	•	•	•	•	•	•	•	•	•
Belgium - Belgique	•	•	•	•	•	•	•	•	•	•	•	•	•
Bosnia and Herzegovina - Bosnie-Herzégovine	•	•	•	...	•	•	•	...	•	•	•	•	•
Bulgaria - Bulgarie	•	•	•	•	•	•	•	•	•	•	•	•	•
Croatia - Croatie	•	•	•	•	•	•	•	•	•	...	•	•	•
Czech Republic - République tchèque	•	•	•	•	•	•	•	•	•	•	•	•	•
Denmark - Danemark	•	•	•	•	•	•	•	•	•	•	•	•	•
Estonia - Estonie	•	•	•	•	•	•	•	•	•	•	•	•	•
Faeroe Islands - Îles Féroé	•	...	...	...	•	•	•	•	•	•	...	•	...
Finland - Finlande	•	•	•	•	•	•	•	•	•	•	•	•	•
France	•	•	•	•	•	•	•	•	•	•	•	•	•
Germany - Allemagne	•	•	•	•	•	•	•	•	•	•	•	•	•
Gibraltar	•	•	•	...	...	...	...	...	...	...	•	...	•
Greece - Grèce	•	•	•	...	•	•	•	•	•	•	•	...	•
Guernsey - Guernesey	...	...	•	...	•	...	...	...	...	...	...	...	...
Holy See - Saint-Siège	...	...	...	...	...	...	...	...	...	...	...	...	...
Hungary - Hongrie	•	•	•	•	•	•	•	•	•	•	•	•	•
Iceland - Islande	•	•	•	•	•	•	•	•	•	•	•	•	•
Ireland - Irlande	•	•	•	•	•	•	•	•	•	•	•	•	•
Isle of Man - Île de Man	...	•	•	•	•	•	•	...	...	•	...	•	...
Italy - Italie	•	•	•	•	•	•	•	...	•	•	•	•	...
Jersey	...	...	...	•	•	...	...	...	...	...	...	...	...
Latvia - Lettonie	•	•	•	•	•	•	•	...	...	•	•	•	•
Liechtenstein	•	•	•	•	•	•	•	...	...	•	•	•	•
Lithuania - Lituanie	•	•	•	•	•	•	•	...	...	•	•	•	•
Luxembourg	•	•	•	•	•	•	•	•	•	•	•	•	•
Malta - Malte	•	•	•	•	•	•	•	•	•	•	•	•	•
Monaco	...	...	...	...	...	...	...	...	...	...	...	...	...
Montenegro - Monténégro	•	•	•	•	•	•	•	•	•	•	•	•	•
Netherlands - Pays-Bas	•	•	...	•	•	•	•	•	•	•	•	•	•
Norway - Norvège	•	•	•	•	•	•	•	•	•	•	•	•	•
Poland - Pologne	•	•	•	•	•	•	•	•	•	•	•	•	•
Portugal	•	•	•	•	•	•	•	•	•	•	•	•	•
Republic of Moldova - République de Moldova	•	•	•	•	•	•	•	•	•	•	•	•	•
Romania - Roumanie	•	•	•	•	•	•	•	•	•	•	•	•	•
Russian Federation - Fédération de Russie	•	•	•	•	•	•	•	•	•	•	•	•	•
San Marino - Saint-Marin	•	•	•	•	•	•	•	...	...	•	•	•	•
Serbia - Serbie	•	•	•	•	•	•	•	•	•	•	•	•	•
Slovakia - Slovaquie	•	•	•	•	•	•	•	•	•	•	•	•	•
Slovenia - Slovénie	•	•	•	•	•	•	•	•	•	•	•	•	•
Spain - Espagne	•	•	•	•	•	•	•	•	•	•	•	•	•
Svalbard and Jan Mayen Islands - Îles Svalbard et Jan Mayen	...	...	...	...	...	...	...	...	...	...	...	...	...
Sweden - Suède	•	•	•	•	•	•	•	•	•	•	•	•	•
Switzerland - Suisse	•	•	•	•	•	•	•	•	•	•	•	•	•
TFYR of Macedonia - L'ex-R. y. de Macédoine	•	•	•	•	•	•	•	•	•	•	•	•	•

Table A. Demographic Yearbook 2011 synoptic table: Availability of data by country/area, table and sex, where applicable
Tableau A. Tableau synoptique de l'Annuaire démographique 2011 : Disponibilité des données par pays ou zone, tableau et le sexe, si disponible (continued - suite)

General topic and table number - Sujet général et numéro de tableau

Continent and country or area / Continent et pays ou zone	Table totals	Summary - Apercu 3 Total	3 M/F	4	5	Population 6 Total¹	6 M/F	7 Total	7 M/F	8 Total	8 M/F	9	Fertility - Natalité 10 Total	10 M/F	11	Foetal mortality - Mortalité foetale 12	13	14
EUROPE																		
Ukraine	29	•	•	•	•	•	•	•	•	•	•	•	•	...	•	•	•	•
United Kingdom of Great Britain and Northern Ireland - Royaume-Uni de Grande-Bretagne et d'Irlande du Nord	30	•	•	•	•	•	•	•	•	•	•	•	•	•	•	•	•	•
OCEANIA - OCÉANIE																		
American Samoa - Samoas américaines	9	•	•	...	•	...	•	...	•	...	•	•	...	•	...	•	...	...
Australia - Australie	28	•	•	...	•	•	•	•	•	...	•	•	...	•	•	•	...	...
Cook Islands - Îles Cook	16	•	•	•	•	•	•	•	•	...	•	...	...	•	...	•	...	...
Fiji - Fidji	20	•	•	•	•	•	•	•	•	•	•	...	•	...	...	•	...	...
French Polynesia - Polynésie française	15	•	•	•	•	•	•	•	•	...	•	•	•	•	•	...	...	...
Guam	19	•	...	•	•	•	•	•	•	•	•	•	•	•	•	...	...	...
Kiribati	9	•	•	...	...	•	•	•	•	•	...	...	...	...	...	...	...	...
Marshall Islands - Îles Marshall	13	•	•	...	•	•	•	•	•	...	•	...	...	...	...	...	...	...
Micronesia (Federated States of) - Micronésie (États fédérés de)	11	•	•	...	•	•	•	•	•	...	...	...	...	...	...	...	...	...
Nauru	10	•	•	•	...	•	•	•	•	•	...	•	...	...	...	...	...	...
New Caledonia - Nouvelle-Calédonie	23	•	•	•	•	•	•	•	•	•	•	•	•	•	•	...	...	...
New Zealand - Nouvelle-Zélande	30	•	•	•	•	•	•	•	•	•	•	•	•	•	•	•	•	•
Niue - Nioué	17	•	•	•	•	•	•	•	•	...	•	•	...	...	...	...	...	...
Norfolk Island - Île Norfolk	12	•	•	•	•	•	•	•	•	•	...	•	•	...	...	...	...	...
Northern Mariana Islands - Îles Mariannes septentrionales	16	•	...	•	•	•	•	•	•	...	•	•	...	...	...	...	...	...
Palau - Palaos	14	•	•	...	•	•	•	•	•	...	...	•	•	•	•	...	...	...
Papua New Guinea - Papouasie-Nouvelle-Guinée	8	•	•	...	•	•	...	...	•	•	...	...	•	...	...	...	...	...
Pitcairn	13	•	...	•	•	•	•	•	•	...	•	•	...	...	...	...	...	...
Samoa	14	•	•	•	•	•	•	•	•	...	•	•	•	•	...	...	...	...
Solomon Islands - Îles Salomon	9	•	•	...	•	•	•	•	•	...	...	...	...	...	...	...	...	...
Tokelau - Tokélaou	6	•	•	...	...	•	•	•	...	...	...	...	...	...	...	...	...	...
Tonga	15	•	•	•	•	•	•	•	•	...	•	•	...	•	...	...	...	...
Tuvalu	16	•	•	•	•	•	•	•	•	•	•	...	•	...	...	...	...	...
Vanuatu	9	•	•	•	•	•	•	•	•	...	•	•	...	...	...	...	...	...
Wallis and Futuna Islands - Îles Wallis et Futuna	14	•	•	•	...	•	•	...	...	•	...	•	•	...	...	...	...	...

Table A. Demographic Yearbook 2011 synoptic table: Availability of data by country/area, table and sex, where applicable
Tableau A. Tableau synoptique de l'Annuaire démographique 2011 : Disponibilité des données par pays ou zone, tableau et le sexe, si disponible (continued - suite)

Continent and country or area — Continent et pays ou zone	General topic and table number - Sujet général et numéro de tableau												
	Infant and maternal mortality - Mortalité infantile et mortalité liée à la maternité				General mortality - Mortalité générale						Nuptiality and divorces - Nuptialité et divortialité		
	15	16 Total	16 M/F	17	18	19 Total	19 M/F	20	21	22	23	24	25
EUROPE													
Ukraine	•	•	•	•	•	•	•	•	•	•	•	•	•
United Kingdom of Great Britain and Northern Ireland - Royaume-Uni de Grande-Bretagne et d'Irlande du Nord	•	•	•	•	•	•	•	•	•	•	•	•	•
OCEANIA - OCÉANIE													
American Samoa - Samoas américaines	...	...	...	...	...	•	...	...	•	...	•	...	...
Australia - Australie	•	•	•	•	•	•	•	•	•	•	•	•	•
Cook Islands - Îles Cook	•	...	...	...	•	•	•	...	...	•	•	...	...
Fiji - Fidji	...	...	...	•	...	•	...	...	...	•	•	...	•
French Polynesia - Polynésie française	•	•	...	...	•	•	...	...	...	•	•	...	...
Guam	•	...	...	...	•	•	...	...	...	•	•	...	...
Kiribati	...	...	...	•	...	...	...	...	...	•	•	...	...
Marshall Islands - Îles Marshall	...	...	...	...	...	•	...	...	...	•	•	...	...
Micronesia (Federated States of) - Micronésie (États fédérés de)	...	...	...	...	...	•	...	...	...	•	•	...	...
Nauru	...	...	...	...	...	•	...	...	...	•	•	...	...
New Caledonia - Nouvelle-Calédonie	•	•	•	...	•	•	...	...	...	•	•	...	•
New Zealand - Nouvelle-Zélande	•	•	•	•	•	•	•	•	•	•	•	...	•
Niue - Nioué	...	...	...	...	...	•	...	...	...	•	•	...	...
Norfolk Island - Île Norfolk	...	...	...	...	•	...	...	...	...	...	...	...	...
Northern Mariana Islands - Îles Mariannes septentrionales	•	...	...	...	•	...	...	...	•	•	...	...	•
Palau - Palaos	...	...	...	...	...	•	...	...	...	•	•	...	...
Papua New Guinea - Papouasie-Nouvelle-Guinée	•	...	...	...	...	...	...	...	...	•	...	...	...
Pitcairn	•	...	...	...	•	...	...	...	...	•	...	...	...
Samoa	...	...	...	...	•	...	...	...	...	•	•	...	•
Solomon Islands - Îles Salomon	...	...	...	...	...	...	...	...	...	•	...	...	...
Tokelau - Tokélaou	...	...	...	...	...	...	...	...	...	...	...	...	...
Tonga	...	...	...	...	•	•	...	...	...	•	...	...	...
Tuvalu	...	...	...	...	•	•	...	...	...	•	...	...	...
Vanuatu	...	...	...	...	...	...	...	...	...	•	...	...	...
Wallis and Futuna Islands - Îles Wallis et Futuna	...	...	...	•	•	•	...	...	...	•	•	...	...

FOOTNOTES - NOTES

* Data presented in the table. - Les données présentées dans le tableau.
··· Data not available. - Données non disponibles.

[1] Including countries with data on total population only and without data on urban population. The number of countries with data on urban population for both sexes and also by sex presented in this issue of the Demographic Yearbook is 130 and 115 respectively. - Y compris les pays avec des données sur la population totale mais pas sur la population urbaine. Le nombre de pays disposant de données sur la population urbaine pour les deux sexes et aussi par sexe présentées dans cette édition de l'Annuaire démographique est de 130 et 115 respectivement.

[2] For statistical purposes, the data for China do not include those for the Hong Kong Special Administrative Region (Hong Kong SAR), Macao special Administrative Region (Macao SAR) and Taiwan province of China. - Pour la présentation des statistiques, les données pour Chine ne comprennent pas la Région Administrative Spéciale de Hong Kong (Hong Kong RAS), la Région Administrative Spéciale de Macao (Macao RAS) et Taïwan province de Chine.

[3] Including data for the Indian-held part of Jammu and Kashmir, the final status of which has not yet been determined. - Y compris les données pour la partie du Jammu et du Cachemire occupée par l'Inde dont le statut définitif n'a pas encore été déterminé.

[4] Including data for East Jerusalem and Israeli residents in certain other territories under occupation by Israeli military forces since June 1967. - Y compris les données pour Jérusalem-Est et les résidents israéliens dans certains autres territoires occupés depuis 1967 par les forces armées israéliennes.

[5] Excluding data for the Pakistan-held part of Jammu and Kashmir, the final status of which has not yet been determined. - Non compris les données concernant la partie du Jammu et Cachemire occupée par le Pakistan dont le statut définitif n'a pas été déterminé.

Table 1

Table 1 presents for the world, major areas and regions estimates of the order of magnitude of population size, rates of population increase, crude birth and death rates, surface area as well as population density.

Description of variables: Estimates of world population by major areas and by regions are presented for 1960, 1970, 1980, 1990, 2000, 2010 and 2011. Average annual percentage rates of population growth, crude birth and crude death rates are shown for the period from 2010 to 2015. Surface area in square kilometers and population density estimates relate to 2011.

All population estimates and rates presented in this table were prepared by the Population Division of the United Nations Department of Economic and Social Affairs, and have been published in the *2010 Revision of World Population Prospects*[1].

The scheme of regionalization used for these estimates is described below. Although some continental totals are given, and all can be derived, the basic scheme presents six major areas that are so drawn as to obtain greater homogeneity in sizes of population, types of demographic circumstances and accuracy of demographic statistics. Five of the major areas are subdivided into a total of 20 regions, which are arranged within the major areas; these regions together with Northern America, which is not subdivided, make a total of 21 regions.

The major areas of Northern America and Latin America are distinguished, rather than the conventional continents of North America and South America, because population trends in the middle American mainland and the Caribbean region more closely resemble those of South America than those of America north of Mexico. Data for the traditional continents of North and South America can be obtained by adding Central America and Caribbean region to Northern America and deducting from Latin America. Latin America, as defined here, has somewhat wider limits than it would be if defined only to include the Spanish-speaking, French-speaking and Portuguese-speaking countries.

The average annual percentage rates of population growth are calculated by the Population Division of the United Nations using an exponential rate of increase.

Crude birth and crude death rates are expressed in terms of the average annual number of births and deaths, respectively, per 1 000 mid-year population. These rates are estimated.

Surface area totals are estimated by the Population Division of the United Nations.

Computation: Density, calculated by the Statistics Division of the United Nations, is the number of persons in the 2011 total population per square kilometer of total surface area.

Reliability of data: With the exception of surface area, all data are set in *italic* type to indicate their conjectural quality.

Limitations: The estimated orders of magnitude of population and surface area are subject to all the basic limitations set forth in connection with table 3, and to the same qualifications set forth for population and surface area statistics in sections 3 and 2.4 of the Technical Notes, respectively.

Likewise, rates of population increase and density index are affected by the limitations of the original figures. However, it may be noted that, in compiling data for regional and major areas totals, errors in the components may tend to compensate each other and the resulting aggregates may be more reliable than the quality of the individual components would imply.

Because of their estimated character, many of the birth and death rates shown should also be considered only as orders of magnitude, and not as measures of the true level of fertility or mortality.

In interpreting the population densities, one should consider that some of the regions include large segments of land that are uninhabitable or barely habitable, and density values calculated as described make no allowance for this, nor for differences in patterns of land settlement.

Composition of macro geographical regions and sub-regions

AFRICA

Eastern Africa
Burundi
Comoros
Djibouti
Eritrea
Ethiopia
Kenya
Madagascar
Malawi
Mauritius
Mayotte
Mozambique
Réunion
Rwanda
Seychelles
Somalia
Uganda
United Republic of Tanzania
Zambia
Zimbabwe

Middle Africa
Angola
Cameroon
Central African Republic
Chad
Congo
Democratic Republic of the
  Congo
Equatorial Guinea
Gabon
Sao Tome and Principe

Northern Africa
Algeria
Egypt
Libyan Arab Jamahiriya
Morocco
Sudan[2]
Tunisia
Western Sahara

Southern Africa
Botswana
Lesotho
Namibia
South Africa
Swaziland

Western Africa
Benin
Burkina Faso
Cape Verde
Côte d'Ivoire
Gambia
Ghana

Guinea
Guinea-Bissau
Liberia
Mali
Mauritania
Niger
Nigeria
Saint Helena
Senegal
Sierra Leone
Togo

ASIA

Eastern Asia
China
China, Hong Kong SAR
China, Macao SAR
Democratic People's
  Republic of Korea
Japan
Mongolia
Republic of Korea

South-central Asia
Afghanistan
Bangladesh
Bhutan
India
Iran (Islamic Republic of)
Kazakhstan
Kyrgyzstan
Maldives
Nepal
Pakistan
Sri Lanka
Tajikistan
Turkmenistan
Uzbekistan

South-eastern Asia
Brunei Darussalam
Cambodia
Indonesia
Lao People's Democratic
  Republic
Malaysia
Myanmar
Philippines
Singapore
Thailand
Timor Leste
Viet Nam

Western Asia
Armenia
Azerbaijan
Bahrain

Cyprus
Georgia
Iraq
Israel
Jordan
Kuwait
Lebanon
Occupied Palestinian Territory
Oman
Qatar
Saudi Arabia
Syrian Arab Republic
Turkey
United Arab Emirates
Yemen

EUROPE

Eastern Europe
Belarus
Bulgaria
Czech Republic
Hungary
Poland
Republic of Moldova
Romania
Russian Federation
Slovakia
Ukraine

Northern Europe
Åland Islands
Denmark
Estonia
Faeroe Islands
Finland
Guernsey
Iceland
Ireland
Isle of Man
Jersey
Latvia
Lithuania
Norway
Sweden
United Kingdom of Great Britain
  and Northern Ireland

Southern Europe
Albania
Andorra
Bosnia and Herzegovina
Croatia
Gibraltar
Greece
Holy See
Italy

Malta
Montenegro
Portugal
San Marino
Serbia
Slovenia
Spain
TFYR of Macedonia

Western Europe
Austria
Belgium
France
Germany
Liechtenstein
Luxembourg
Monaco
Netherlands
Switzerland

**LATIN AMERICA
and the CARIBBEAN**

Caribbean
Anguilla
Antigua and Barbuda
Aruba
Bahamas
Barbados
British Virgin Islands
Cayman Islands
Cuba
Dominica
Dominican Republic
Grenada
Guadaloupe
Haiti
Jamaica
Martinique
Montserrat

Netherlands Antilles
Puerto Rico
Saint Kitts and Nevis
Saint Lucia
Saint Vincent and the
  Grenadines
Trinidad and Tobago
Turks and Caicos Islands
United States Virgin
  Islands

Central America
Belize
Costa Rica
El Salvador
Guatemala
Honduras
Mexico
Nicaragua
Panama

South America
Argentina
Bolivia (Plurinational State of)
Brazil
Chile
Colombia
Ecuador
Falkland Islands (Malvinas)
French Guiana
Guyana
Paraguay
Peru
Suriname
Uruguay
Venezuela (Bolivarian Republic of)

NORTHERN AMERICA

Bermuda

Canada
Greenland
Saint Pierre and Miquelon
United States of America

OCEANIA

Australia and New Zealand
Australia
New Zealand
Norfolk Island

Melanesia
Fiji
New Caledonia
Papua New Guinea
Solomon Islands
Vanuatu

Micronesia
Guam
Kiribati
Marshall Islands
Micronesia (Federated States of)
Nauru
Northern Mariana Islands
Palau

Polynesia
American Samoa
Cook Islands
French Polynesia
Niue
Pitcairn
Samoa
Tokelau
Tonga
Tuvalu
Wallis and Futuna Islands

---

[1] *United Nations, Department of Economic and Social Affairs, Population Division (2011). World Population Prospects: The 2010 Revision, DVD Edition – Extended Dataset (United Nations publication, Sales No. E.11.XIII.7).*
[2] Including South Sudan. South Sudan became an independent State on 9 July 2011 and a Member of the United Nations on 14 July 2011.

Tableau 1

Le tableau 1 présente, pour l'ensemble du monde et les grandes zones et régions, des estimations concernant l'ordre de grandeur de la population, les taux d'accroissement démographique, les taux bruts de natalité et de mortalité, la superficie et la densité de peuplement.

Description des variables : des estimations de la population mondiale par grandes zones et régions sont présentées pour 1960, 1970, 1980, 1990, 2000 et 2010 ainsi que pour 2011. Les taux annuels moyens d'accroissement de la population et les taux bruts de natalité et de mortalité portent sur la période allant de 2010 à 2015. Les indications concernant la superficie exprimée en kilomètres carrés et les estimations de la densité de population se rapportent à 2011.

Toutes les estimations de population et les taux de natalité, taux de mortalité et taux annuels d'accroissement de la population qui sont présentés dans le tableau 1 ont été établis par la Division de la population du Département des affaires économiques et sociales de l'Organisation des Nations Unies, et ont été publiés dans la Perspectives de la population mondiale : La révision de 2010[1].

Bien que l'on ait donné certains totaux pour les continents (tous les autres pouvant être calculés), on a réparti le monde en huit grandes zones qui ont été découpées de manière à obtenir une plus grande homogénéité du point de vue des dimensions de population, des types de situations démographiques et de l'exactitude des statistiques démographiques.

Cinq de ces huit grandes zones ont été subdivisées en 20 régions. Avec l'Amérique septentrionale, qui n'est pas subdivisée, on arrive à un total de 21 régions.

Au lieu de faire la distinction classique entre l'Amérique du Nord et l'Amérique du Sud, on a choisi d'opérer une comparaison entre l'Amérique septentrionale et l'Amérique latine, parce que les tendances démographiques dans la partie continentale de l'Amérique centrale et dans la région des Caraïbes se rapprochent davantage de celles de l'Amérique du Sud que de celles de l'Amérique au nord du Mexique. On obtient les données pour les continents traditionnels de l'Amérique du Nord et de l'Amérique du Sud en extrayant les données concernant l'Amérique centrale et les Caraïbes de celles relatives à l'Amérique latine et en les regroupant avec celles relatives à l'Amérique septentrionale. L'Amérique latine ainsi définie a par conséquent des limites plus larges que celles des pays ou zones de langues espagnole, portugaise et française qui constituent l'Amérique latine au sens le plus strict du terme.

Les taux annuels moyens d'accroissement de la population sont calculés par la Division de la population de l'Organisation des Nations Unies en appliquant un taux d'accroissement exponentiel.

Les taux bruts de natalité et de mortalité représentent respectivement le nombre annuel moyen de naissances et de décès par millier d'habitants en milieu d'année. Ces taux sont estimatifs.

La superficie totale a été estimée par la Division de la population de l'Organisation des Nations Unies.

Calculs : la densité, calculée par la Division de statistique de l'Organisation des Nations Unies, est égale au rapport entre l'effectif total de la population en 2011 et la superficie totale exprimée en kilomètres carrés.

Fiabilité des données : á l'exception des données concernant la superficie, toutes les données sont reproduites en *italique* pour en faire ressortir le caractère conjectural.

Insuffisance des données : les estimations concernant l'ordre de grandeur de la population et la superficie reposent en partie sur les données du tableau 3 ; elles appellent donc toutes les réserves fondamentales formulées à propos de ce tableau, et celles qui ont été respectivement formulées aux sections 3 et 2.4 des Notes techniques en ce qui concerne les statistiques relatives à la population et à la superficie.

Les taux d'accroissement et les indices de densité de la population se ressentent eux aussi des insuffisances inhérentes aux données de base. Toutefois, il est à noter que, lorsque l'on additionne des données par territoire pour obtenir des totaux régionaux et par grandes zones, les erreurs qu'elles comportent arrivent parfois à s'équilibrer, de sorte que les agrégats obtenus peuvent être un peu plus exacts que chacun des éléments dont on est parti.

Vu leur caractère estimatif, nombre des taux de natalité et de mortalité du tableau 1 doivent être considérés uniquement comme des ordres de grandeur et ne sont pas censés mesurer exactement le niveau de la natalité ou de la mortalité.

Parce que les totaux des superficies ont été obtenus en additionnant les chiffres pour chaque pays ou zones, qui apparaissent dans le tableau 3, ils ne comprennent pas les lieux où la population est inférieure à 50 personnes, tels que les régions polaires inhabitées.

Pour interpréter les valeurs de la densité de population, on se souviendra qu'il existe dans certaines des régions de vastes étendues de terres inhabitables ou à peine habitables et que les chiffres calculés selon la méthode indiquée ne tiennent compte ni de ce fait ni des différences de dispersion de la population selon le mode d'habitat.

Composition des grandes zones et régions

AFRIQUE

Afrique orientale
Burundi
Comores
Djibouti
Érythrée
Éthiopie
Kenya
Madagascar
Malawi
Maurice
Mayotte
Mozambique
Ouganda
République-Unie de Tanzanie
Réunion
Rwanda
Seychelles
Somalie
Zambie
Zimbabwe

Afrique centrale
Angola
Cameroun
Congo
Gabon
Guinée équatoriale
République centrafricaine
République démocratique du Congo
Sao Tomé-et-Principe
Tchad

Afrique septentrionale
Algérie
Égypte
Jamahiriya arabe libyenne
Maroc
Sahara occidental
Soudan[2]
Tunisie

Afrique australe
Afrique du Sud
Botswana

Lesotho
Namibie
Swaziland

Afrique occidentale
Bénin
Burkina Faso
Cap-Vert
Côte d'Ivoire
Gambie
Ghana
Guinée
Guinée-Bissau
Libéria
Mali
Mauritanie
Niger
Nigéria
Sainte-Hélène
Sénégal
Sierra Leone
Togo

AMÉRIQUE LATINE ET CARAÏBES

Caraïbes
Anguilla
Antigua-et-Barbuda
Antilles néerlandaises
Aruba
Bahamas
Barbade
Cuba
Dominique
Grenade
Guadeloupe
Haïti
Îles Caïmanes
Îles Turques et Caïques
Îles Vierges américaines
Îles Vierges britanniques
Jamaïque
Martinique
Montserrat
Porto Rico

République dominicaine
Saint-Kitts-et-Nevis
Sainte-Lucie
Saint-Vincent-et-les Grenadines
Trinité-et-Tobago

Amérique centrale
Belize
Costa Rica
El Salvador
Guatemala
Honduras
Mexique
Nicaragua
Panama

Amérique du Sud
Argentine
Bolivie (État plurinational de)
Brésil
Chili
Colombie
Équateur
Guyana
Guyane française
Îles Falkland (Malvinas)
Paraguay
Pérou
Suriname
Uruguay
Venezuela (République bolivarienne du)

AMÉRIQUE SEPTENTRIONALE

Bermudes
Canada
États-Unis d'Amérique
Groenland
Saint-Pierre-et-Miquelon

ASIE

Asie orientale
Chine

Chine, Région administrative
spéciale de Hong Kong
Chine, Région administrative
spéciale de Macao
Japon
Mongolie
République de Corée
République populaire démocratique
de Corée

Asie centrale et Asie du Sud
Afghanistan
Bangladesh
Bhoutan
Inde
Iran (République Islamique d')
Kazakhstan
Kirghizistan
Maldives
Népal
Ouzbékistan
Pakistan
Sri Lanka
Tadjikistan
Turkménistan

Asie du Sud-Est
Brunéi Darussalam
Cambodge
Indonésie
Malaisie
Myanmar
Philippines
République démocratique populaire
lao
Singapour
Thaïlande
Timor-Leste
Viet Nam

Asie occidentale
Arabie saoudite
Arménie
Azerbaïdjan
Bahreïn
Chypre
Émirats arabes unis
Géorgie
Iraq
Israël
Jordanie
Koweït
Liban

Oman
Qatar
République arabe syrienne
Territoire palestinien occupé
Turquie
Yémen

EUROPE

Europe orientale
Bélarus
Bulgarie
Fédération de Russie
Hongrie
Pologne
République de Moldova
République tchèque
Roumanie
Slovaquie
Ukraine

Europe septentrionale
Danemark
Estonie
Finlande
Guernesey
Île de Man
Îles d'Åland
Îles Féroé
Îles Svalbard et Jan Mayen
Irlande
Islande
Jersey
Lettonie
Lituanie
Norvège
Royaume-Uni de Grande-
    Bretagne et d'Irlande du
    Nord
Suède

Europe méridionale
Albanie
Andorre
Bosnie-Herzégovine
Croatie
Espagne
Gibraltar
Grèce
Italie
L'ex-R. y. de Macédoine
Malte
Monténégro

Portugal
Saint-Marin
Saint-Siège
Serbie
Slovénie

Europe occidentale
Allemagne
Autriche
Belgique
France
Liechtenstein
Luxembourg
Monaco
Pays-Bas
Suisse

OCÉANIE

Australie et Nouvelle-Zélande
Australie
Île Norfolk
Nouvelle-Zélande

Mélanésie
Fidji
Îles Salomon
Nouvelle-Calédonie
Papouasie-Nouvelle-Guinée
Vanuatu

Micronésie
Guam
Îles Mariannes septentrionales
Îles Marshall
Kiribati
Micronésie (États fédérés de)
Nauru
Palaos

Polynésie
Îles Cook
Îles Wallis et Futuna
Nioué
Pitcairn
Polynésie française
Samoa
Samoa américaines
Tokélaou
Tonga
Tuvalu

NOTE

[1] *Organisation des Nations Unies, Département des affaires économiques et sociales, Division de la population (2011). Perspectives de la population mondiale : La révision de 2010, Edition DVD - ensemble de données étendues (publication des Nations Unies, numéro de vente E.11.XIII.7).*
[2] Le Sud-Soudan compris. Le Sud-Soudan est devenu un Etat independant le 9 juillet 2011 et membre de l'Organisation des Nations Unies le 14 juillet 2011.

1. Population, rate of increase, birth and death rates, surface area and density for the world, major areas and regions: selected years
Population, taux d'accroissement, taux de natalité et taux de mortalité, superficie et densité pour l'ensemble du monde, les régions macro géographiques et les composantes géographiques : diverses années

Major areas and regions / Régions macro géographiques et composantes	Mid-year population estimates - Estimations de population au milieu de l'année (millions)							Annual rate of increase - Taux d'accroissement annuel (%)	Crude birth rate - Taux bruts de natalité	Crude death rate - Taux bruts de mortalité	Surface area (km2) - Superficie (km2) (000s)	Density - Densité[1]
	1960	1970	1980	1990	2000	2010	2011	2010-2015	2010-2015	2010-2015	2011	2011
WORLD TOTAL - ENSEMBLE DU MONDE	3 038.4	3 696.2	4 453.0	5 306.4	6 122.8	6 895.9	6 974.0	1.1	19	8	136 127	51
AFRICA - AFRIQUE	286.7	368.1	482.8	635.3	811.1	1 022.2	1 045.9	2.3	34	11	30 312	35
Eastern Africa - Afrique orientale	81.9	107.6	143.6	192.8	251.6	324.0	332.5	2.6	37	10	6 361	52
Middle Africa - Afrique centrale	32.0	40.7	53.4	71.7	96.2	126.7	130.0	2.5	40	15	6 613	20
Northern Africa - Afrique septentrionale	67.5	86.9	113.1	146.2	176.2	209.5	213.0	1.6	23	6	8 525	25
Southern Africa - Afrique méridionale	19.7	25.5	33.0	42.1	51.4	57.8	58.2	0.6	21	14	2 675	22
Western Africa - Afrique occidentale	85.6	107.4	139.8	182.5	235.7	304.3	312.2	2.6	38	12	6 138	51
LATIN AMERICA AND CARIBBEAN - AMÉRIQUE LATIN ET CARAÏBES	220.1	286.4	362.3	443.0	521.4	590.1	596.6	1.1	18	6	20 546	29
Caribbean - Caraïbes	20.7	25.3	29.7	34.2	38.4	41.6	41.9	0.7	17	7	234	179
Central America - Amérique centrale	51.7	69.6	91.8	113.2	135.6	155.9	158.0	1.3	20	5	2 480	64
South America - Amérique méridionale................	147.7	191.5	240.9	295.6	347.4	392.6	396.7	1.0	17	6	17 832	22
NORTHERN AMERICA - AMÉRIQUE SEPTENTRIONALE[2]	204.3	231.3	254.5	281.2	313.3	344.5	347.6	0.9	13	8	21 776	16
ASIA - ASIE[3]	1 707.7	2 135.0	2 637.6	3 199.5	3 719.0	4 164.3	4 207.4	1.0	17	7	31 880	132
Eastern Asia - Asie orientale	801.5	984.1	1 178.6	1 359.1	1 495.3	1 574.0	1 580.6	0.4	12	8	11 763	134
South Central Asia - Asie centrale méridionale......	620.0	778.8	986.0	1 246.4	1 515.6	1 764.9	1 789.9	1.4	22	8	10 791	166
South Eastern Asia - Asie méridionale orientale	219.3	285.2	359.0	445.4	523.8	593.4	600.0	1.1	18	6	4 495	133
Western Asia - Asie occidentale[3]	66.8	86.9	114.0	148.6	184.4	232.0	236.9	1.9	23	5	4 831	49
EUROPE[3].....................	603.9	655.9	692.9	720.5	726.8	738.2	739.3	0.1	11	11	23 049	32
Eastern Europe - Europe orientale......................	252.8	276.2	294.9	310.5	304.2	294.8	294.3	-0.2	11	14	18 814	16
Northern Europe - Europe septentrionale	81.9	87.4	89.9	92.1	94.3	99.2	99.8	0.5	12	10	1 810	55
Southern Europe - Europe méridionale.................	117.4	126.8	137.7	142.4	145.1	155.2	155.8	0.3	10	10	1 317	118
Western Europe - Europe occidentale...................	151.8	165.5	170.4	175.4	183.1	189.1	189.4	0.2	10	10	1 108	171
OCEANIA - OCÉANIA[2].....................	15.8	19.5	23.0	27.0	31.1	36.6	37.2	1.5	17	7	8 564	4
Australia and New Zealand - Australie et Nouvelle Zélande	12.7	15.5	17.9	20.5	23.0	26.6	27.0	1.3	14	7	8 012	3
Melanesia - Melanésie	2.6	3.3	4.3	5.5	7.0	8.7	8.9	2.0	28	7	541	17
Micronesia	0.2	0.2	0.3	0.4	0.5	0.5	0.5	1.2	20	5	3	181
Polynesia - Polynésie	0.3	0.4	0.5	0.5	0.6	0.7	0.7	0.8	21	6	8	85

FOOTNOTES - NOTES

[1] Population per square kilometre of surface area. Figures are estimates of population divided by surface area and are not to be considered as either reflecting density in the urban sense or as indicating the supporting power of a territory's land and resources. - Habitants par kilomètre carré. Il s'agit simplement du quotient calculé en divisant la population par la superficie et n'est par considéré comme indiquant la densité au sens urbain du terme ni l'effectif de population que les terres et les ressources du territoire sont capables de nourrir.

[2] Hawaii, a state of the United States of America, is included in Northern America rather than in Oceania. - Hawaii, un Etat des Etats-Unis d'Amérique, est compris en Amérique septentrionale plutôt qu'en Océanie.

[3] The European part of Turkey is included in Western Asia rather than Europe. - La partie européenne de la Turquie est comprise en Asie Occidentale plutôt qu'en Europe.

Table 2

Table 2 presents estimates of population and the percentage distribution by age and sex as well as the sex ratio for all ages; data are presented for the world, the six major areas and the 20 regions for 2011.

Description of variables: All population estimates presented in this table are prepared by the Population Division of the United Nations Department of Economic and Social Affairs. These estimates were published (using more detailed age groups) in the *2010 Revision of World Population Prospects*[1].

The scheme of regionalization used for these estimates is discussed in detail in the technical notes for table 1. Age groups presented in this table are: 0-14 years, 15-64 years and 65 years and over. Sex ratio refers to the number of males per 100 females of all ages.

The percentage distributions and the sex ratios that appear in this table were calculated by the Statistics Division of the United Nations Department of Economic and Social Affairs using the Population Division of the United Nations estimates.

Reliability of data: All data are set in *italic* type to indicate their conjectural quality.

Limitations: The data presented in this table are from the same series of estimates, prepared by the Population Division of the United Nations, presented in table 1. The estimated orders of magnitude of population are subject to all the basic limitations set forth for population statistics in section 3 of the Technical Notes. In brief, because they are estimates, these distributions by broad age groups and sex should be considered only as orders of magnitude. However, in compiling data for regional and macro region totals, errors in the components tend to compensate each other and the resulting aggregates may be somewhat more reliable than the quality of the individual components would imply.

In addition, data in this table are limited by factors affecting data by age. These factors are described in the technical notes for table 7. Because the age groups presented in this table are so broad, these problems are minimized.

NOTES

[1] *United Nations, Department of Economic and Social Affairs, Population Division (2011). World Population Prospects: The 2010 Revision, DVD Edition – Extended Dataset (United Nations publication, Sales No. E.11.XIII.7).*

Tableau 2

Le tableau 2 présente, pour l'ensemble du monde, les six grandes zones et les 20 régions, des estimations concernant la population en 2011 ainsi que sa répartition en pourcentage selon l'âge et le sexe, et le rapport de masculinité pour tous les âges.

Description des variables : toutes les données figurant dans le tableau 2 ont été établies par la Division de la population du Département des affaires économiques et sociales de l'Organisation des Nations Unies, et ont été publiés dans la Perspectives de la population mondiale : La révision de 2010[1].

La classification géographique utilisée pour établir ces estimations est exposée en détail dans les notes techniques relatives au tableau 1. Les groupes d'âge présentés dans ce tableau sont définis comme suit : de 0 à 14 ans, de 15 à 64 ans et 65 ans et plus. Le rapport de masculinité correspond au nombre d'individus de sexe masculin pour 100 individus de sexe féminin sans considération d'âge.

Les pourcentages et les rapports de masculinité qui sont présentés dans le tableau 2 ont été calculés par la Division de statistique du Département des affaires économiques et sociales de l'Organisation des Nations Unies à partir des estimations établies par la Division de la population de l'Organisation des Nations Unies.

Fiabilité des données : toutes les données figurant dans ce tableau sont reproduites en *italique* pour en faire ressortir le caractère conjectural.

Insuffisance des données : les données de ce tableau appartiennent à la même série d'estimations, établie par la Division de la population de l'Organisation des Nations Unies, que celles qui figurent au tableau 1. Les estimations concernant l'ordre de grandeur de la population appellent donc toutes les réserves fondamentales qui ont été formulées à la section 3 des Notes techniques à propos des statistiques relatives à la population. Sans entrer dans le détail, il convient de préciser que les données relatives à la répartition par grand groupe d'âge et par sexe doivent être considérées uniquement comme des ordres de grandeur en raison de leur caractère estimatif. Toutefois, il est à noter que, lorsque l'on additionne des données par territoire pour obtenir des totaux régionaux et par grandes zones, les erreurs qu'elles comportent arrivent parfois à s'équilibrer, de sorte que les agrégats obtenus peuvent être un peu plus exacts que chacun des éléments dont on est parti.

En outre, les donnés figurant dans le tableau 2 comportent certaines imprécisions en raison des facteurs influant sur les données par âge (voir à ce propos les notes techniques relatives au tableau 7). Ces imprécisions sont cependant atténuées du fait de l'étendue des groupes d'âge présentés dans le tableau 2.

NOTE

[1] *Organisation des Nations Unies, Département des affaires économiques et sociales, Division de la population (2011). Perspectives de la population mondiale : La révision de 2010, Edition DVD - ensemble de données étendues (publication des Nations Unies, numéro de vente E.11.XIII.7).*

2. Estimates of population and its percentage distribution, by age and sex and sex ratio for all ages for the world, major areas and regions: 2011
Estimations de la population et pourcentage de répartition selon l'âge et le sexe et rapport de masculinité pour l'ensemble du monde, les grandes régions et les régions géographiques : 2011

Major areas and regions / Grandes régions et régions	Population (millions)												Sex ratio - Rapport de masculinité[1]
	Both sexes - Les deux sexes				Male - Masculin				Female - Féminin				
	All ages - Tous âges	0-14	15-64	65+	All ages - Tous âges	0-14	15-64	65+	All ages - Tous âges	0-14	15-64	65+	
WORLD TOTAL - ENSEMBLE DU MONDE													
Number - Nombre	6 974	1 852	4 585	537	3 517	958	2 322	237	3 457	894	2 263	300	
Percent - Pourcentage	100.0	26.6	65.7	7.7	100.0	27.2	66.0	6.7	100.0	25.9	65.5	8.7	101.7
AFRICA - AFRIQUE													
Number - Nombre	1 046	420	589	37	523	212	294	17	523	207	295	20	
Percent - Pourcentage	100.0	40.1	56.3	3.5	100.0	40.6	56.2	3.2	100.0	39.6	56.5	3.9	100.0
Eastern Africa - Afrique orientale													
Number - Nombre	333	143	179	10	165	72	89	5	167	71	90	6	
Percent - Pourcentage	100.0	43.0	53.8	3.1	100.0	43.5	53.7	2.8	100.0	42.6	54.0	3.4	98.9
Middle Africa - Afrique centrale													
Number - Nombre	130	58	68	4	65	29	34	2	65	29	34	2	
Percent - Pourcentage	100.0	44.6	52.6	2.9	100.0	45.0	52.5	2.6	100.0	44.2	52.6	3.2	99.0
Northern Africa - Afrique septentrionale													
Number - Nombre	213	67	136	10	107	34	68	5	106	33	68	6	
Percent - Pourcentage	100.0	31.3	63.8	4.9	100.0	31.9	63.7	4.4	100.0	30.7	63.9	5.3	100.4
Southern Africa - Afrique méridionale													
Number - Nombre	58	18	38	3	29	9	19	1	29	9	19	2	
Percent - Pourcentage	100.0	30.6	64.7	4.6	100.0	31.1	65.3	3.6	100.0	30.2	64.1	5.6	98.3
Western Africa - Afrique occidentale													
Number - Nombre	312	134	168	10	157	68	85	5	155	66	84	5	
Percent - Pourcentage	100.0	42.9	53.9	3.2	100.0	43.4	53.7	2.9	100.0	42.4	54.1	3.4	101.6
LATIN AMERICA AND CARIBBEAN - AMÉRIQUE LATIN ET CARAÏBES													
Number - Nombre	597	164	391	42	295	84	193	18	302	80	198	23	
Percent - Pourcentage	100.0	27.5	65.5	7.0	100.0	28.4	65.4	6.3	100.0	26.6	65.6	7.8	97.5
Caribbean - Caraïbes													
Number - Nombre	42	11	27	4	21	6	14	2	21	5	14	2	
Percent - Pourcentage	100.0	26.2	65.2	8.6	100.0	27.0	65.2	7.9	100.0	25.5	65.2	9.3	98.5
Central America - Amérique centrale													
Number - Nombre	158	48	100	10	78	24	49	4	80	24	51	5	
Percent - Pourcentage	100.0	30.4	63.5	6.1	100.0	31.4	62.9	5.7	100.0	29.4	64.0	6.6	97.2
South America - Amérique méridionale													
Number - Nombre	397	105	263	29	196	53	130	12	201	51	133	16	
Percent - Pourcentage	100.0	26.4	66.3	7.2	100.0	27.3	66.4	6.4	100.0	25.6	66.3	8.1	97.6
NORTHERN AMERICA - AMÉRIQUE SEPTENTRIONALE[2]													
Number - Nombre	348	68	233	47	172	35	117	20	176	33	116	27	
Percent - Pourcentage	100.0	19.7	66.9	13.4	100.0	20.4	67.9	11.7	100.0	19.0	65.9	15.1	97.6
ASIA - ASIE[3]													
Number - Nombre	4 207	1 077	2 844	287	2 153	564	1 457	132	2 054	513	1 387	154	
Percent - Pourcentage	100.0	25.6	67.6	6.8	100.0	26.2	67.7	6.1	100.0	25.0	67.5	7.5	104.8
Eastern Asia - Asie orientale													
Number - Nombre	1 581	292	1 135	154	814	159	584	71	767	133	550	83	
Percent - Pourcentage	100.0	18.5	71.8	9.7	100.0	19.5	71.8	8.7	100.0	17.4	71.8	10.8	106.2
South Central Asia - Asie centrale méridionale													
Number - Nombre	1 790	549	1 154	87	918	284	592	41	872	264	562	46	
Percent - Pourcentage	100.0	30.7	64.5	4.9	100.0	31.0	64.5	4.5	100.0	30.3	64.4	5.3	105.3
South Eastern Asia - Asie méridionale orientale													
Number - Nombre	600	162	404	34	298	83	201	15	302	79	203	19	
Percent - Pourcentage	100.0	26.9	67.4	5.7	100.0	27.6	67.4	5.0	100.0	26.2	67.4	6.4	99.0
Western Asia - Asie occidentale													
Number - Nombre	237	74	152	11	123	38	80	5	114	36	72	6	
Percent - Pourcentage	100.0	31.2	64.0	4.7	100.0	31.0	65.0	4.1	100.0	31.5	63.0	5.5	107.2
EUROPE[3]													
Number - Nombre	739	114	504	121	356	59	250	48	383	56	255	73	
Percent - Pourcentage	100.0	15.5	68.2	16.3	100.0	16.5	70.0	13.5	100.0	14.5	66.5	19.0	93.1
Eastern Europe - Europe orientale													
Number - Nombre	294	44	210	41	138	23	102	14	156	21	108	27	
Percent - Pourcentage	100.0	15.0	71.2	13.8	100.0	16.4	73.6	10.0	100.0	13.7	69.2	17.1	88.3
Northern Europe - Europe septentrionale													
Number - Nombre	100	17	66	17	49	9	33	7	51	8	33	9	
Percent - Pourcentage	100.0	17.3	66.0	16.7	100.0	18.0	67.2	14.8	100.0	16.6	64.8	18.6	96.8
Southern Europe - Europe méridionale													
Number - Nombre	156	23	104	28	77	12	53	12	79	11	52	16	
Percent - Pourcentage	100.0	15.0	66.9	18.2	100.0	15.7	68.6	15.7	100.0	14.2	65.2	20.6	96.6

2. Estimates of population and its percentage distribution, by age and sex and sex ratio for all ages for the world, major areas and regions: 2011

Estimations de la population et pourcentage de répartition selon l'âge et le sexe et rapport de masculinité pour l'ensemble du monde, les grandes régions et les régions géographiques : 2011 (continued - suite)

Major areas and regions Grandes régions et régions	Population (millions)												Sex ratio - Rapport de masculinité[1]
	Both sexes - Les deux sexes				Male - Masculin				Female - Féminin				
	All ages - Tous âges	0-14	15-64	65+	All ages - Tous âges	0-14	15-64	65+	All ages - Tous âges	0-14	15-64	65+	
Western Europe - Europe occidentale													
Number - Nombre	189	30	125	35	93	15	63	15	97	15	62	20	
Percent - Pourcentage	100.0	15.7	65.7	18.5	100.0	16.5	67.4	16.1	100.0	15.0	64.1	20.9	96.0
OCEANIA - OCÉANIA[2]													
Number - Nombre	37.17	8.90	24.23	4.04	18.61	4.58	12.18	1.85	18.56	4.32	12.06	2.19	
Percent - Pourcentage	100.0	23.9	65.2	10.9	100.0	24.6	65.4	9.9	100.0	23.3	65.0	11.8	100.3
Australia and New Zealand - Australie et Nouvelle Zélande													
Number - Nombre	27.02	5.18	18.16	3.68	13.44	2.66	9.08	1.69	13.58	2.52	9.07	1.99	
Percent - Pourcentage	100.0	19.2	67.2	13.6	100.0	19.8	67.6	12.6	100.0	18.6	66.8	14.7	98.9
Melanesia - Melanésie													
Number - Nombre	8.93	3.34	5.30	0.29	4.56	1.73	2.70	0.13	4.38	1.61	2.60	0.16	
Percent - Pourcentage	100.0	37.4	59.4	3.2	100.0	38.0	59.2	2.8	100.0	36.8	59.5	3.7	104.2
Micronesia													
Number - Nombre	0.54	0.16	0.35	0.03	0.27	0.08	0.18	0.01	0.27	0.08	0.17	0.02	
Percent - Pourcentage	100.0	30.2	64.7	5.1	100.0	30.8	64.6	4.7	100.0	29.5	64.9	5.6	101.6
Polynesia - Polynésie													
Number - Nombre	0.68	0.21	0.43	0.04	0.35	0.11	0.22	0.02	0.33	0.10	0.21	0.02	
Percent - Pourcentage	100.0	31.3	62.7	6.0	100.0	31.7	62.9	5.4	100.0	30.9	62.5	6.5	104.2

FOOTNOTES - NOTES

[1] Males per 100 females of all ages - Hommes pour 100 femmes de tous âges
[2] Hawaii, a state of the United States of America, is included in Northern America rather than in Oceania. - Hawaii, un Etat des Etats-Unis d'Amérique, est compris en Amérique septentrionale plutôt qu'en Océanie.
[3] The European part of Turkey is included in Western Asia rather than Europe. - La partie européenne de la Turquie est comprise en Asie Occidentale plutôt qu'en Europe.

Table 3

Table 3 presents for each country or area of the world the total, male and female population enumerated at the latest population census, estimates of the mid-year total population for 2005 and 2011, the average annual exponential rate of population increase (or decrease) for the period 2005 to 2011, the surface area and the population density for 2011.

Description of variables: The total, male and female population is the population enumerated at the most recent census for which data are available. The date of this census is given. Population census data are usually the results of a nation-wide gathering of individual information through full field enumeration. Alternatively other approaches for generating reliable statistics on population and housing can be used by countries, such as the use of population registers. Data that are the result of such an alternative approach are also coded as census and are footnoted accordingly. Also, the results of sample surveys, essentially national in character, may be presented showing the appropriate code. However, results of surveys referring to less than 50 percent of the total territory or population are not included.

Mid-year population estimates refer to the population on 1 July. Otherwise, a footnote is appended. Mid-year estimates of the total population are those provided by national statistical offices.

Surface area, expressed in square kilometres, refers to the total surface area, comprising land area and inland waters (assumed to consist of major rivers and lakes) and excluding polar regions as well as uninhabited islands. Exceptions to this are noted. Surface areas, originally reported in square miles by the country or area, have been converted to square kilometres using a conversion factor of 2.589988.

Computation: The annual rate of population increase is the average annual exponential rate of population growth between 2005 and 2011, computed by the Statistics Division of the United Nations Department of Economic and Social Affairs using the unrounded mid-year estimates of 2005 and 2011. This rate is expressed as percentage.

Density is the number of persons in the 2011 total population per square kilometre of total surface area.

Reliability of data: Reliable mid-year population estimates are those that are based on a complete census (or a sample survey) and have been adjusted by a continuous population register or on the basis of the calculated balance of births, deaths and migration. Mid-year estimates of this type are considered reliable and appear in roman type. Mid-year estimates not calculated on this basis are considered less reliable and are shown in italics.

Census data and sample survey results are considered reliable and, therefore, appear in roman type.

Rates of population increase that were calculated using population estimates considered less reliable, as described above, are set in italics rather than roman type.

All surface area data are assumed to be reliable and therefore appear in roman type.

Population density data, however, are considered reliable or less reliable on the basis of the reliability of the 2011 population estimates used as the numerator.

Limitations: Statistics on the total population enumerated at the time of the census, estimates of the mid-year total population and surface area data are subject to the same qualifications as have been set forth for population and surface area statistics in sections 3 and 2.4 of the Technical Notes, respectively.

Regarding the limitations of census data, it should be noted that although census data are considered reliable, and therefore appear in roman type, the actual quality of census data varies widely from one country or area to another. When known, an estimate of the extent of over-enumeration or under-enumeration is given in footnotes.

Rates of population increase are subject to all the qualifications of the population estimates mentioned above. In some cases, they simply reflect the rate calculated or assumed in constructing the estimates themselves when adequate measures of natural increase and net migration were not available. Despite their shortcomings, these rates provide a useful index for studying population change and can be also useful in evaluating the accuracy of vital and migration statistics.

Population density data as shown in this table give only an indication of actual population density as they do not take account of the dispersion or concentration of population within countries or areas nor the proportion of habitable land. They should not be interpreted as reflecting density in the urban sense or as indicating the supporting power of a territory's land and resources.

Tableau 3

Le tableau 3 indique pour chaque pays ou zone du monde la population totale selon le sexe d'après les derniers recensements effectués, les estimations concernant la population totale au milieu de l'année 2005 et de l'année 2011, le taux moyen d'accroissement annuel exponentiel positif ou négatif de la population pour la période allant de 2005 à 2011, ainsi que la superficie et la densité de population en 2011.

Description des variables : la population masculine et féminine totale est, la population enregistrée lors du recensement le plus récent sur lequel on dispose de données. La date de ce recensement est indiquée. Les données des recensements de la population sont habituellement le résultat d'un collecte à l'échelle nationale des données individuelles obtenues au moyen d'un dénombrement complet. Les pays peuvent recourir à d'autres moyens pour établir des statistiques fiables sur la population et le logement, tels que des registres de la population. Les données obtenues par ce moyen sont présentées comme celles d'un recensement et sont annotées en conséquence. Par ailleurs, les résultats des enquêtes par sondage, réalisées habituellement à l'échelle nationale, peuvent être présentés à l'aide du code correspondant. En revanche, les résultats des enquêtes portant sur moins de 50 % du territoire total ou de la population ne sont pas indiqués.

Les estimations de la population en milieu d'année sont celles de la population au 1er juillet. Lorsque la date est différente, cela est signalé par une note. Les estimations de la population totale en milieu d'année sont celles qui ont été communiquées par les services nationaux de statistique.

La superficie - exprimée en kilomètres carrés - représente la superficie totale, c'est-à-dire qu'elle englobe les terres émergées et les eaux intérieures (qui sont censées comprendre les principaux lacs et cours d'eau) mais exclut les régions polaires et certaines îles inhabitées. Les exceptions à cette règle sont signalées en note. Les superficies initialement exprimées en miles carrés par les pays ou les zones ont été transformées en kilomètres carrés au moyen d'un coefficient de conversion de 2,589988.

Calculs : le taux d'accroissement annuel est le taux exponentiel annuel moyen de variation (en pourcentage) de la population entre 2005 et 2011, calculé par la Division de statistique du Département des affaires économiques et sociales de l'Organisation des Nations Unies à partir des estimations en milieu d'année non arrondies pour les années 2005 et 2011.

La densité est égale au rapport de l'effectif total de la population en 2011 à la superficie totale, exprimée en kilomètres carrés.

Fiabilité des données : les estimations en milieu d'année qui sont considérées sûres sont fondées sur un recensement complet (ou sur une enquête par sondage) et ont été ajustées en fonction des données provenant d'un registre permanent de population ou en fonction de la balance établie par le calcul des naissances, des décès et des migrations. Les estimations de ce type sont considérées comme sûres et apparaissent en caractères romains. Les estimations en milieu d'année dont le calcul n'a pas été effectué sur cette base sont considérées comme moins sûres et apparaissent en italique.

Les données de recensements ou les résultats d'enquêtes par sondage sont considérés comme sûrs et apparaissent par conséquent en caractères romains.

Les taux d'accroissement de la population, calculés à partir d'estimations jugées moins sûres d'après les normes décrites ci-dessus, sont indiqués en italique plutôt qu'en caractères romains.

Toutes les données de superficie sont présumées sûres et apparaissent par conséquent en caractères romains. En revanche, les données relatives à la densité de la population sont considérées plus ou moins sûres en fonction de la fiabilité des estimations de la population en 2011 ayant servi de numérateur.

Insuffisance des données : les statistiques portant sur la population totale dénombrée lors d'un recensement, les estimations de la population totale en milieu d'année et les données de superficie appellent les mêmes réserves que celles formulées aux sections 3 et 2.4 des Notes techniques à propos des statistiques relatives à la population et à la superficie.

S'agissant de l'insuffisance des données obtenues par recensement, il convient d'indiquer que, bien que ces données soient considérées comme sûres et apparaissent par conséquent en caractères romains, leur qualité réelle varie considérablement d'un pays ou d'une région à l'autre. Lorsque l'on possédait les renseignements voulus, on a donné une estimation du degré de sur-dénombrement ou de sous-dénombrement.

Les taux d'accroissement appellent toutes les réserves formulées plus haut à propos des estimations concernant la population. Dans certains cas, ils représentent seulement le taux calculé ou que l'on a pris pour base pour établir les estimations elles-mêmes lorsque l'on ne disposait pas de mesures appropriées de l'accroissement naturel et des migrations nettes. Malgré leurs imperfections, ces taux fournissent des indications intéressantes pour l'étude du mouvement de la population et, utilisés avec les précautions nécessaires, ils peuvent également servir à évaluer l'exactitude des statistiques de l'état civil et des migrations.

Les données relatives à la densité de population figurant dans le tableau 3 n'ont qu'une valeur indicative en ce qui concerne la densité de population effective, car elles ne tiennent compte ni de la dispersion ou de la concentration de la population à l'intérieur des pays ou zones, ni de la proportion du territoire qui est habitable. Il ne faut donc y voir d'indication ni de la densité au sens urbain du terme ni du nombre d'habitants qui pourraient vivre sur les terres et avec les ressources naturelles du territoire considéré.

3. Population by sex, annual rate of population increase, surface area and density
Population selon le sexe, taux d'accroissement annuel de la population, superficie et densité

Continent, country or area and census date / Continent, pays ou zone et date du recensement	Census type[a]	Population at the latest available census / Population d'après le dernier recensement disponible (in units — en unités)			Estimate type[a]	Mid-year estimates Estimations au milieu de l'année (in thousands — en milliers)		Annual rate of increase Taux d' accrois sement annuel 2005-11	Surface area Superficie (km²) 2011	Density Densité 2011[b]
		Both sexes Les deux sexes	Male Masculin	Female Feminin		2005	2011			

AFRICA - AFRIQUE

Algeria - Algérie										
16 IV 2008 .... DJ		*34 452 759	*17 428 500	*17 024 259	DJ	32 906	*36 717	1.8	2 381 741	15
Angola										
15 XII 1970 .... DF		5 646 166	2 943 974	2 702 192		...	...	...	1 246 700	...
Benin - Bénin										
11 II 2002 .... DJ		6 769 914	3 284 119	3 485 795	DF	7 447[1]	9 067[1]	3.3	114 763	79
Botswana										
17 VIII 2001 .... DF		1 680 863	813 625	867 238	DJ	1 708	1 850	1.3	582 000	3
Burkina Faso										
9 XII 2006 .... DF		14 196 259	6 842 560	7 353 699	DJ	13 374	...	...	272 967	...
Burundi										
16 VIII 2008 .... DF		7 877 728	3 838 045	4 039 683		...	...	...	27 834	...
Cameroon - Cameroun										
11 XI 2005 .... DF		17 052 134	8 408 495	8 643 639	DJ	...	19 865[2]	...	475 650	42
Cape Verde - Cap-Vert										
16 VI 2010 .... DJ		*491 575	*243 315	*248 260	DF	475	527	1.7	4 033	131
Central African Republic - République centrafricaine										
8 XII 2003 .... DF		3 151 072	1 569 446	1 581 626		...	...	...	622 984	...
Chad - Tchad										
8 IV 1993 .... DF		6 158 992	2 950 415	3 208 577		...	...	...	1 284 000	...
Comoros - Comores										
1 IX 2003 .... DF		575 660[3]	...	...		...	...	...	2 235	...
Congo										
28 IV 2007 .... DF		3 697 490	1 821 357	1 876 133	DF	3 488[1]	...	...	342 000	...
Côte d'Ivoire										
21 XI 1998 .... DF		15 366 672	7 844 621	7 522 050	DF	*19 097[1]	...	...	322 463	...
Democratic Republic of the Congo - République démocratique du Congo										
1 VII 1984 .... DF		29 916 800	14 543 800	15 373 000		...	...	...	2 344 858	...
Djibouti										
29 V 2009 .... DF		*818 159	...	...		...	...	...	23 200	...
Egypt - Égypte										
21 XI 2006 .... DF		72 798 031	37 219 056	35 578 975	DF	70 653	80 410	2.2	1 002 000	80
Equatorial Guinea - Guinée équatoriale										
1 II 2002 .... DF		1 014 999	501 387	513 612		...	...	...	28 051	...
Eritrea - Érythrée										
9 V 1984 .... DF		2 748 304	1 374 452	1 373 852		...	...	...	117 600	...
Ethiopia - Éthiopie										
29 V 2007 .... DF		73 750 932	37 217 130	36 533 802	DF	73 044[4]	...	...	1 104 300	...
Gabon										
1 XII 2003 .... DF		*1 269 000	...	...	DF	1 313[5]	...	...	267 668	...
Gambia - Gambie										
15 IV 2003 .... DF		1 360 681	...	...	DF	1 436	...	...	11 295	...
Ghana										
26 IX 2010 .... DF		*24 223 431	*11 801 661	*12 421 770	DF	21 367	...	...	238 533	...
Guinea - Guinée										
1 XII 1996 .... DF		7 156 406	3 497 979	3 658 427		...	...	...	245 857	...
Guinea-Bissau - Guinée-Bissau										
15 III 2009 .... DF		1 520 830	737 634	783 196	DF	1 326[1]	...	...	36 125	...
Kenya										
24 VIII 2009 .... DF		38 610 097	19 192 458	19 417 639	DF	35 267[6]	*41 745	2.8	581 313	72
Lesotho										
13 IV 2006 .... DF		1 741 406	818 379	923 027	DF	...	1 897[1]	...	30 355	62
Liberia - Libéria										
21 III 2008 .... DF		3 476 608	1 739 945	1 736 663		...	...	...	111 369	...
Libya - Libye										
15 IV 2006 .... DF		*5 657 692	*2 934 452	*2 723 240		...	...	...	1 759 540	...
Madagascar										
1 VIII 1993 .... DF		12 238 914	6 088 116	6 150 798	DF	17 550	20 696	2.7	587 295	35
Malawi										
8 VI 2008 .... DF		13 077 160	6 358 933	6 718 227	DF	12 341[1]	15 034[1]	3.3	118 484	127

3. Population by sex, annual rate of population increase, surface area and density
Population selon le sexe, taux d'accroissement annuel de la population, superficie et densité (continued - suite)

Continent, country or area and census date / Continent, pays ou zone et date du recensement	Census type[a]	Population at the latest available census / Population d'après le dernier recensement disponible (in units — en unités)			Estimate type[a]	Mid-year estimates / Estimations au milieu de l'année (in thousands — en milliers)		Annual rate of increase Taux d'accrois sement annuel 2005-11	Surface area Superficie (km²) 2011	Density Densité 2011[b]
		Both sexes Les deux sexes	Male Masculin	Female Feminin		2005	2011			
AFRICA - AFRIQUE										
Mali										
1 IV 2009 .... DJ	DJ	*14 517 176	*7 202 744	*7 314 432	DF	11 732[7]	...	...	1 240 192	...
Mauritania - Mauritanie										
1 XI 2000 .... DF	DF	2 508 159	1 241 712	1 266 447	DF	2 906[1]	3 297[1]	2.1	1 030 700	3
Mauritius - Maurice[8]										
2 VII 2000 .... DJ	DJ	1 178 848	583 756	595 092	DJ	1 243	1 286	0.6	1 969	653
Mayotte										
31 VII 2007 .... DJ	DJ	186 387	91 405	94 982		...	...	...	...	...
Morocco - Maroc										
1 IX 2004 .... DF	DF	29 680 069	14 640 662	15 039 407	DF	30 172[9]	32 245[9]	1.1	446 550	72
Mozambique										
1 VIII 2007 .... DF	DF	20 252 223	9 746 690	10 505 533	DF	19 420[1]	...	...	801 590	...
Namibia - Namibie										
27 VIII 2001 .... DF	DF	1 830 330	887 721[10]	942 572[10]	DF	1 957[1]	...	...	824 268	...
Niger										
20 V 2001 .... DJ	DJ	11 060 291	5 516 588	5 543 703	DJ	12 628[1]	15 731[1]	3.7	1 267 000	12
Nigeria - Nigéria										
21 III 2006 .... DF	DF	140 431 790	71 345 488	69 086 302	DF	133 767[1]	...	...	923 768	...
Réunion										
1 I 2006 .... DJ	DJ	781 962	379 176	402 786	DJ	777	*839[7]	1.3	2 513	334
Rwanda										
16 VIII 2002 .... DJ	DJ	8 128 553	3 879 448	4 249 105	DF	9 225[1]	10 718[1]	2.5	26 340[11]	407
Saint Helena ex. dep. - Sainte-Hélène sans dép.										
10 II 2008 .... DF	DF	4 257	2 165	2 092		...	...	...	122	...
Saint Helena: Ascension - Sainte-Hélène: Ascension										
8 III 1998 .... DJ	DJ	712	458	254		...	...	...	88	...
Saint Helena: Tristan da Cunha - Sainte-Hélène: Tristan da Cunha										
31 XII 1988 .... DF	DF	296	139	157		...	...	...	98	...
Sao Tome and Principe - Sao Tomé-et-Principe										
25 VIII 2001 .... DF	DF	136 554	67 422	69 132	DF	149	...	...	964	...
Senegal - Sénégal										
8 XII 2002 .... DF	DF	9 555 346	4 672 015	4 883 331	DJ	10 901[12]	12 842[12]	2.7	196 712[13]	65
Seychelles										
26 VIII 2002 .... DJ	DJ	81 755[14]	40 751[14]	41 004[14]	DF	83	87	0.9	452	194
Sierra Leone										
4 XII 2004 .... DF	DF	4 976 871	2 420 218	2 556 653	DF	5 095	5 890	2.4	72 300	81
Somalia - Somalie										
15 II 1987 .... DF	DF	7 114 431	3 741 664	3 372 767		...	...	...	637 657	...
South Africa - Afrique du Sud										
10 X 2001 .... DF	DF	44 819 778	21 434 041	23 385 737	DF	47 177[15]	50 587[15]	1.2	1 221 037	41
Swaziland										
11 III 2007 .... DF	DF	844 223	405 868	438 355	DF	1 126	1 068	-0.9	17 363	61
Togo										
6 XI 2010 .... DJ	DJ	6 191 155	3 009 095	3 182 060	DF	5 212	...	...	56 785	...
Tunisia - Tunisie										
28 IV 2004 .... DF	DF	9 910 872	4 965 435	4 945 437	DF	10 029	10 674	1.0	163 610	65
Uganda - Ouganda										
12 IX 2002 .... DF	DF	24 442 084	11 929 803	12 512 281	DF	26 741	32 940	3.5	241 550	136
United Republic of Tanzania - République Unie de Tanzanie										
24 VIII 2002 .... DF	DF	*34 443 603	*16 829 861	*17 613 742	DF	37 379	...	...	945 087	...
Western Sahara - Sahara occidental[16]										
31 XII 1970 .... DF	DF	76 425	43 981	32 444		...	...	...	266 000	...
Zambia - Zambie										
16 X 2010 .... DF	DF	*13 046 508	*6 394 455	*6 652 053	DF	11 441[1]	...	...	752 612	...

3. Population by sex, annual rate of population increase, surface area and density
Population selon le sexe, taux d'accroissement annuel de la population, superficie et densité (continued - suite)

Continent, country or area and census date / Continent, pays ou zone et date du recensement	Census type[a]	Population at the latest available census Population d'après le dernier recensement disponible (in units — en unités)			Estimate type[a]	Mid-year estimates Estimations au milieu de l'année (in thousands — en milliers)		Annual rate of increase Taux d' accrois sement annuel 2005-11	Surface area Superficie (km²) 2011	Density Densité 2011[b]
		Both sexes Les deux sexes	Male Masculin	Female Feminin		2005	2011			
AFRICA - AFRIQUE										
Zimbabwe										
17 VIII 2002 .... DF	DF	11 631 657	5 634 180	5 997 477	DF	11 830[17]	...	...	390 757	...
AMERICA, NORTH - AMÉRIQUE DU NORD										
Anguilla										
9 V 2001 .... DF	DF	11 430[18]	5 628[18]	5 802[18]	DF	14	17	3.4	91	184
Antigua and Barbuda - Antigua-et-Barbuda										
28 V 2001 .... DF	DF	76 886	36 107	40 779	DF	83	...	...	442	...
Aruba										
29 IX 2010 .... DJ	DJ	101 484	48 241	53 243	DJ	101	103	0.3	180	571
Bahamas										
3 V 2010 .... DF	DF	*353 658	*170 926	*182 732	DF	325[1]	351[1]	1.3	13 943	25
Barbados - Barbade										
1 V 2000 .... DF	DF	250 010	119 926	130 084	DF	273	...	...	430	...
Belize										
12 V 2010 .... DF	DF	*312 698	*157 935	*154 763	DF	292	...	...	22 966	...
Bermuda - Bermudes										
20 V 2000 .... DJ	DJ	62 059[19]	29 802[19]	32 257[19]	DJ	64	65	0.3	53	1 221
British Virgin Islands - Îles Vierges britanniques										
21 V 2001 .... DF	DF	20 647	10 627	10 020		...	...	...	151	...
Canada										
16 V 2006 .... DJ	DJ	31 612 895[20]	15 475 970[20]	16 136 930[20]	DJ	32 245[21]	*34 483[22]	1.1	9 984 670	3
Cayman Islands - Îles Caïmanes										
10 X 2010 .... DJ	DJ	55 036[19]	27 218[19]	27 818[19]	DJ	48	*55	2.2	264	209
Costa Rica										
30 V 2011 .... DJ	DJ	*4 301 712	*2 106 063	*2 195 649	DJ	4 266	4 616[1]	1.3	51 100	90
Cuba										
7 IX 2002 .... DJ	DJ	11 177 743	5 597 233	5 580 510	DJ	11 243	11 245	0.0	109 884	102
Dominica - Dominique										
14 V 2011 .... DF	DF	*71 293	*36 411	*34 882	DF	71	69	-0.4	751	92
Dominican Republic - République dominicaine										
1 XII 2010 .... DJ	DJ	*9 445 281	*4 739 038	*4 706 243	DF	9 226[1]	10 011[1]	1.4	48 671	206
El Salvador										
12 V 2007 .... DJ	DJ	5 744 113	2 719 371	3 024 742	DF	6 049[23]	...	...	21 041[24]	...
Greenland - Groenland										
1 I 2008 .... DJ	DJ	56 462[25]	29 885[25]	26 577[25]	DJ	57[25]	57[25]	-0.1	2 166 086	0
Grenada - Grenade										
25 V 2001 .... DF	DF	102 632	50 481	52 151		...	...	...	344	...
Guadeloupe										
1 I 2006 .... DJ	DJ	400 736[26]	188 720[26]	212 016[26]	DJ	446	*402[27]	-1.7	1 705	236
Guatemala										
24 XI 2002 .... DJ	DJ	11 237 196	5 496 839	5 740 357	DF	12 701[28]	...	...	108 889	...
Haiti - Haïti										
11 I 2003 .... DJ	DJ	8 373 750	4 039 272	4 334 478	DJ	9 292[29]	10 248[29]	1.6	27 750	369
Honduras										
28 VII 2001 .... DF	DF	6 071 200	3 000 530	3 070 670	DF	7 197[30]	8 215[30]	2.2	112 492	73
Jamaica - Jamaïque										
10 IX 2001 .... DJ	DJ	2 607 632[31]	1 283 548[31]	1 324 084[31]	DJ	2 650	*2 706	0.3	10 991	246
Martinique										
1 I 2006 .... DJ	DJ	397 732	185 604	212 128	DJ	396[7]	*396[7]	0.0	1 128	351
Mexico - Mexique										
12 VI 2010 .... DF	DF	112 336 538[32]	54 855 231[32]	57 481 307[32]	DJ	103 947[1]	...	...	1 964 375	...
Montserrat										
12 V 2001 .... DF	DF	4 491	2 418	2 073	DF	5	...	...	102	...
Nicaragua										
4 VI 2005 .... DJ	DJ	5 142 098	2 534 491	2 607 607	DJ	5 450	5 889	1.3	130 373	45

3. Population by sex, annual rate of population increase, surface area and density
Population selon le sexe, taux d'accroissement annuel de la population, superficie et densité (continued - suite)

Continent, country or area and census date / Continent, pays ou zone et date du recensement	Census type[a]	Population at the latest available census / Population d'après le dernier recensement disponible (in units — en unités)			Estimate type[a]	Mid-year estimates Estimations au milieu de l'année (in thousands — en milliers)		Annual rate of increase Taux d' accrois sement annuel 2005-11	Surface area Superficie (km²) 2011	Density Densité 2011[b]
		Both sexes Les deux sexes	Male Masculin	Female Feminin		2005	2011			
AMERICA, NORTH - AMÉRIQUE DU NORD										
Panama										
16 V 2010 .... DF		3 405 813	1 712 584	1 693 229	DF	*3 228*[33]	*3 643*[34]	*2.0*	75 417	*48*
Puerto Rico - Porto Rico										
1 IV 2010 .... DJ		*3 725 789[35]	*1 785 171[35]	*1 940 618[35]	DJ	3 912[35]	3 707[36]	-0.9	8 870	418
Saint Kitts and Nevis - Saint-Kitts-et-Nevis										
14 V 2001 .... DF		45 841	22 784	23 057	DF	*49	...	...	261	...
Saint Lucia - Sainte-Lucie										
10 V 2010 .... DF		*173 720	*86 595	*87 125	DF	164	...	...	539[37]	...
Saint Pierre and Miquelon - Saint Pierre-et-Miquelon										
19 I 2006 .... DF		6 125	3 034	3 091	DF	...	...	...	242	...
Saint Vincent and the Grenadines - Saint-Vincent-et-les Grenadines										
14 V 2001 .... DF		109 022[38]	55 456[38]	53 566[38]	DF	104	...	...	389	...
Trinidad and Tobago - Trinité-et-Tobago										
9 I 2011 .... DF		*1 324 699	*665 119	*659 580	DF	1 294[39]	...	...	5 130	...
Turks and Caicos Islands - Îles Turques et Caïques										
10 IX 2001 .... DF		19 886	9 897	9 989	DJ	*31*	...	...	948[40]	...
United States of America - États-Unis d'Amérique										
1 IV 2010 .... DJ		308 745 538[41]	151 781 326[41]	156 964 212[41]	DJ	295 753[41]	*311 592[41]	0.9	9 629 091	32
United States Virgin Islands - Îles Vierges américaines										
1 IV 2000 .... DJ		108 612[35]	51 864[35]	56 748[35]	DJ	110[35]	...	...	347	...
AMERICA, SOUTH - AMÉRIQUE DU SUD										
Argentina - Argentine										
27 X 2010 .... DF		40 117 096	19 523 766	20 593 330	DF	38 592[42]	40 900[42]	1.0	2 780 400	15
Bolivia (Plurinational State of) - Bolivie (État plurinational de)										
5 IX 2001 .... DF		8 274 325	4 123 850	4 150 475	DF	*9 427*	*10 624*	*2.0*	1 098 581[43]	*10*
Brazil - Brésil										
1 VIII 2010 .... DJ		*190 755 799[44]	*93 406 990[44]	*97 348 809[44]	DF	*183 383*[44]	*192 376*[44]	*0.8*	8 514 877	23
Chile - Chili										
24 IV 2002 .... DF		15 116 435	7 447 695	7 668 740	DF	16 267	17 248	1.0	756 102	23
Colombia - Colombie										
22 V 2005 .... DF		41 468 384	20 336 117	21 132 267	DF	*42 889*[45]	*46 044*[45]	*1.2*	1 141 748	*40*
Ecuador - Équateur										
28 XI 2010 .... DF		*14 483 499	*7 177 683	*7 305 816	DF	*13 215*[46]	*15 248*[46]	*2.4*	256 369	*59*
Falkland Islands (Malvinas) - Îles Falkland (Malvinas)[47]										
8 X 2006 .... DF		2 955	1 569	1 386		...	...	...	12 173	...
French Guiana - Guyane française										
1 I 2006 .... DJ		205 954	101 930	104 023	DJ	199[7]	...	...	83 534	...
Guyana										
15 IX 2002 .... DF		751 223	376 034	375 189	DF	758	*790	0.7	214 969	4
Paraguay										
28 VIII 2002 .... DF		5 163 198	2 603 242	2 559 956	DF	*5 899*[17]	...	...	406 752	...
Peru - Pérou										
21 X 2007 .... DF		27 412 157	13 622 640	13 789 517	DF	*27 811*	*29 798*	*1.2*	1 285 216	*23*
Suriname										
2 VIII 2004 .... DJ		492 829	248 046	244 783	DJ	499	540	1.3	163 820	3

3. Population by sex, annual rate of population increase, surface area and density
Population selon le sexe, taux d'accroissement annuel de la population, superficie et densité (continued - suite)

Continent, country or area and census date / Continent, pays ou zone et date du recensement	Census type[a]	Population at the latest available census / Population d'après le dernier recensement disponible (in units — en unités)			Estimate type[a]	Mid-year estimates / Estimations au milieu de l'année (in thousands — en milliers)		Annual rate of increase Taux d'accrois sement annuel 2005-11	Surface area Superficie (km²) 2011	Density Densité 2011[b]
		Both sexes Les deux sexes	Male Masculin	Female Feminin		2005	2011			
AMERICA, SOUTH - AMÉRIQUE DU SUD										
Uruguay										
1 VI 2004 .... DF	DF	3 241 003[48]	1 565 533[48]	1 675 470[48]	DF	3 306[1]	*3 369[1]	0.3	176 215	19
Venezuela (Bolivarian Republic of) - Venezuela (République bolivarienne du)										
30 X 2001 .... DF	DF	23 054 210[49]	11 402 869[49]	11 651 341[49]	DF	26 577[50]	29 278[50]	1.6	912 050	32
ASIA - ASIE										
Afghanistan										
23 VI 1979 .... DF	DF	13 051 358[51]	6 712 377[51]	6 338 981[51]	DF	22 098[52]	...	...	652 864	...
Armenia - Arménie										
10 X 2001 .... DF	DF	3 002 594[53]	1 407 220[53]	1 595 374[53]	DJ	3 218	3 268	0.3	29 743	110
Azerbaijan - Azerbaïdjan										
13 IV 2009 .... DJ	DJ	8 922 447	4 414 398	4 508 049	DF	8 500[54]	9 059	1.1	86 600	105
Bahrain - Bahreïn										
27 IV 2010 .... DJ	DJ	1 234 571	768 414	466 157	DF	889	...	...	758	...
Bangladesh										
15 III 2011 .... DF	DF	*149 772 364	*74 980 386	*74 791 978	DF	138 600	...	...	147 570	...
Bhutan - Bhoutan										
30 V 2005 .... DF	DF	634 982	333 595	301 387	DF	...	708[55]	...	38 394	18
Brunei Darussalam - Brunéi Darussalam										
21 VIII 2001 .... DF	DF	*332 844	*168 974	*163 870	DF	370	...	...	5 765	...
Cambodia - Cambodge										
3 III 2008 .... DF	DF	13 395 682[56]	6 516 054[56]	6 879 628[56]	DF	13 807[57]	14 521[58]	0.8	181 035	80
China - Chine										
1 XI 2010 .... DJ	DJ	*1 339 724 852[59]	*686 852 572[59]	*652 872 280[59]	DF	1 307 560[60]	1 344 100[61]	0.5	9 596 961	140
China, Hong Kong SAR - Chine, Hong Kong RAS										
14 VII 2006 .... DF	DF	6 752 674	...	...	DJ	6 813	*7 072	0.6	1 104	6 405
China, Macao SAR - Chine, Macao RAS										
19 VIII 2006 .... DJ	DJ	502 113	245 167	256 946	DJ	473	558	2.7	30	18 603
Cyprus - Chypre										
1 X 2001 .... DJ	DJ	689 565[62]	338 497[62]	351 068[62]	DJ	758[63]	*851[64]	1.9	9 251	92
Democratic People's Republic of Korea - République populaire démocratique de Corée										
1 X 2008 .... DJ	DJ	24 052 231	11 721 838	12 330 393		...	...	...	120 538	...
Georgia - Géorgie										
17 I 2002 .... DF	DF	4 355 673	2 049 786	2 305 887	DF	4 361	4 469[7]	0.4	69 700	64
India - Inde										
9 II 2011 .... DF	DF	*1 210 193 422[65]	*623 724 248[65]	*586 469 174[65]	DF	1 101 318[66]	*1 192 503[66]	1.3	3 287 263	363
Indonesia - Indonésie										
1 V 2010 .... DJ	DJ	237 641 326	119 630 913	118 010 413	DJ	220 926[67]	236 954[67]	1.2	1 910 931	124
Iran (Islamic Republic of) - Iran (République islamique d')										
24 X 2011 .... DJ	DJ	75 149 669	37 905 669	37 244 000	DJ	69 390[68]	75 591[68]	1.4	1 628 750[69]	46
Iraq										
16 X 1997 .... DF	DF	19 184 543[70]	9 536 570[70]	9 647 973[70]	DF	27 963	33 402	3.0	435 244	77
Israel - Israël										
27 XII 2008 .... DF	DF	7 412 180[71]	3 663 910[71]	3 748 270[71]	DJ	6 930[72]	*7 759[72]	1.9	22 072	352
Japan - Japon										
1 X 2010 .... DJ	DJ	128 057 352[73]	62 327 737[73]	65 729 615[73]	DJ	127 773[73]	127 817[74]	0.0	377 930[75]	338
Jordan - Jordanie										
1 X 2004 .... DF	DF	5 103 639[76]	2 626 287[76]	2 477 352[76]	DF	5 473[77]	6 249[77]	2.2	89 328	70
Kazakhstan										
25 II 2009 .... DF	DF	*16 009 600	*7 712 200	*8 297 400	DF	15 147	...	...	2 724 900	...

3. Population by sex, annual rate of population increase, surface area and density
Population selon le sexe, taux d'accroissement annuel de la population, superficie et densité (continued - suite)

Continent, country or area and census date / Continent, pays ou zone et date du recensement	Census type[a]	Population at the latest available census / Population d'après le dernier recensement disponible (in units — en unités)			Estimate type[a]	Mid-year estimates / Estimations au milieu de l'année (in thousands — en milliers)		Annual rate of increase / Taux d'accrois sement annuel 2005-11	Surface area / Superficie (km²) 2011	Density / Densité 2011[b]
		Both sexes / Les deux sexes	Male / Masculin	Female / Feminin		2005	2011			
ASIA - ASIE										
Kuwait - Koweït										
20 IV 2005 .... DF	DF	2 193 651	1 300 347	893 304	DF	2 245	...	...	17 818	...
Kyrgyzstan - Kirghizstan										
24 III 2009 .... DF	DF	*5 107 700	*2 489 200	*2 618 500	DF	5 007[78]	5 260[78]	0.8	199 951	26
Lao People's Democratic Republic - République démocratique populaire lao										
1 III 2005 .... DJ	DJ	5 621 982	2 800 551	2 821 431	DF	5 679[79]	6 385[79]	2.0	236 800	27
Lebanon - Liban										
3 III 2007 .... SDF	SDF	3 759 134[80]	1 857 659[80]	1 901 475[80]		...	...	...	10 452	...
Malaysia - Malaisie										
6 VII 2010 .... DJ	DJ	28 334 135[81]	14 562 638[81]	13 771 497[81]	DJ	26 477[82]	28 553[82]	1.3	330 803	86
Maldives										
21 III 2006 .... DF	DF	298 968[83]	151 459[83]	147 509[83]	DF	294	325	1.7	300	1 084
Mongolia - Mongolie										
11 XI 2010 .... DF	DF	2 647 199	1 314 246	1 332 953	DF	2 548	*2 781	1.5	1 564 116	2
Myanmar										
31 III 1983 .... DF	DF	35 307 913	17 518 255	17 789 658	DF	55 396	60 384	1.4	676 578	89
Nepal - Népal										
22 VI 2011 .... DJ	DJ	*26 620 809	*12 927 431	*13 693 378	DJ	25 343	28 585	2.0	147 181	194
Occupied Palestinian Territory - Territoire palestinien occupé										
1 XII 2007 .... DF	DF	*3 761 646[84]	*1 908 432[84]	*1 853 214[84]	DF	3 508	4 169	2.9	6 020	693
Oman										
12 XII 2010 .... DF	DF	*2 773 479	*1 612 408	*1 161 071	DF	2 509	...	...	309 500	...
Pakistan										
2 III 1998 .... DF	DF	130 579 571[85]	67 840 137[85]	62 739 434[85]	DJ	144 367[86]	...	...	796 095	...
Philippines										
1 VIII 2007 .... DJ	DJ	88 548 366	...	...	DJ	85 261[87]	...	...	300 000	...
Qatar										
21 IV 2010 .... DF	DF	1 699 435	1 284 739	414 696	DF	906	1 625	9.7	11 607	140
Republic of Korea - République de Corée										
1 XI 2010 .... DJ	DJ	48 580 293[88]	24 167 098[88]	24 413 195[88]	DJ	48 138	50 111	0.7	100 033	501
Saudi Arabia - Arabie saoudite										
28 IV 2010 .... DF	DF	*27 136 977	*15 460 147	*11 676 830	DF	23 330[89]	*28 376[89]	3.3	2 149 690	13
Singapore - Singapour										
30 VI 2010 .... DJ	DJ	3 771 721[90]	1 861 133[90]	1 910 588[90]	DF	4 266[91]	5 184[91]	3.2	714	7 257
Sri Lanka										
17 VII 2001 .... DF	DF	16 929 689[92]	8 425 607[92]	8 504 082[92]	DF	19 644	...	...	65 610	...
Syrian Arab Republic - République arabe syrienne										
22 IX 2004 .... DF	DF	*17 921 000[93]	*9 161 000[93]	*8 760 000[93]	DF	18 138[93]	21 124[93]	2.5	185 180	114
Tajikistan - Tadjikistan										
20 I 2000 .... DF	DF	6 127 493	3 069 100	3 058 393	DF	6 850	...	...	143 100	...
Thailand - Thaïlande										
1 IX 2010 .... DJ	DJ	*65 479 453	*32 109 371	*33 370 082	DJ	64 839[1]	67 597[1]	0.7	513 120	132
Timor-Leste										
11 VII 2010 .... DF	DF	*1 066 582	*541 147	*525 435	DF	983[1]	...	...	14 919	...
Turkey - Turquie										
31 XII 2008 .... DJ	DJ	71 517 100[94]	35 901 154[94]	35 615 946[94]	DF	72 065	74 224	0.5	783 562	95
Turkmenistan - Turkménistan										
10 I 1995 .... DF	DF	4 483 251	2 225 331	2 257 920		...	...	...	488 100	...
United Arab Emirates - Émirats arabes unis										
5 XII 2005 .... DF	DF	4 106 427[95]	2 806 141[95]	1 300 286[95]	DF	4 041[95]	...	...	83 600	...
Uzbekistan - Ouzbékistan										
12 I 1989 .... DJ	DJ	19 810 077	9 784 156	10 025 921	DF	*26 021	*29 123	1.9	447 400	65
Viet Nam										
1 IV 2009 .... DJ	DJ	85 846 997	42 413 143	43 433 854	DF	82 394[96]	87 840	1.1	330 957	265

3. Population by sex, annual rate of population increase, surface area and density
Population selon le sexe, taux d'accroissement annuel de la population, superficie et densité (continued - suite)

Continent, country or area and census date / Continent, pays ou zone et date du recensement	Census type[a]	Population at the latest available census / Population d'après le dernier recensement disponible (in units — en unités)			Estimate type[a]	Mid-year estimates / Estimations au milieu de l'année (in thousands — en milliers)		Annual rate of increase / Taux d'accrois sement annuel 2005-11	Surface area / Superficie (km²) 2011	Density / Densité 2011[b]
		Both sexes / Les deux sexes	Male / Masculin	Female / Feminin		2005	2011			
ASIA - ASIE										
Yemen - Yémen										
16 XII 2004 .... DF	DF	19 685 161	10 036 953	9 648 208	...	20 283[97]	23 833[1]	...	527 968	45
EUROPE										
Åland Islands - Îles d'Åland										
31 XII 2000 .... DJ	DJ	25 776[98]	12 700[98]	13 076[98]	DJ	27[25]	28[25]	0.9	1 580	18
Albania - Albanie										
1 X 2011 .... DF	DF	*2 831 741	*1 421 810	*1 409 931	DF	3 142	...	...	28 748	...
Andorra - Andorre										
31 XII 2000 .... DJ	DJ	65 844[25]	34 268[25]	31 576[25]	DJ	79[25]	79[99]	0.1	468	169
Austria - Autriche										
15 V 2001 .... DJ	DJ	8 032 926	3 889 189	4 143 737	DJ	8 225	8 423	0.4	83 871	100
Belarus - Bélarus										
14 X 2009 .... DJ	DJ	9 503 807	4 420 039	5 083 768	DF	9 775	9 473	-0.5	207 600	46
Belgium - Belgique										
1 X 2001 .... DJ	DJ	10 296 350	5 035 446	5 260 904	DJ	10 473	10 996	0.8	30 528	360
Bosnia and Herzegovina - Bosnie-Herzégovine										
31 III 1991 .... DJ	DJ	4 377 033	2 183 795	2 193 238	DF	3 843	*3 843[7]	0.0	51 209	75
Bulgaria - Bulgarie										
1 II 2011 .... DJ	DJ	7 364 570	3 586 571	3 777 999	DJ	7 740	7 348	-0.9	110 879	66
Croatia - Croatie										
31 III 2001 .... DJ	DJ	4 437 460	2 135 900	2 301 560	DJ	4 442	4 412[7]	-0.1	56 594	78
Czech Republic - République tchèque										
1 III 2001 .... DJ	DJ	10 230 060	4 982 071	5 247 989	DJ	10 234	*10 495	0.4	78 865	133
Denmark - Danemark[100]										
1 I 2001 .... DJ	DJ	5 349 212[25]	2 644 319[25]	2 704 893[25]	DJ	5 416[25]	5 567[25]	0.5	43 094	129
Estonia - Estonie										
31 III 2000 .... DJ	DJ	1 370 052	631 851	738 201	DJ	1 346	1 340	-0.1	45 227	30
Faeroe Islands - Îles Féroé										
1 I 2008 .... DJ	DJ	48 433[25]	25 174[25]	23 259[25]	DJ	48	48	0.1	1 393	35
Finland - Finlande										
31 XII 2010 .... DJ	DJ	5 375 276	2 638 416	2 736 860	DJ	5 246[25]	5 388[25]	0.4	336 851[101]	16
France										
1 I 2006 .... DJ	DJ	61 399 541[102]	29 714 539[102]	31 685 002[102]	DJ	61 181[102]	*63 294[102]	0.6	551 500	115
Germany - Allemagne										
28 III 2004 .... SDJ	SDJ	82 491 000[103]	40 330 000[103]	42 161 000[103]	DJ	82 464	*81 798	-0.1	357 121	229
Gibraltar										
12 XI 2001 .... DF	DF	27 495[104]	13 644[104]	13 851[104]	DF	29[105]	...	...	6	...
Greece - Grèce										
18 III 2001 .... DF	DF	10 964 020[106]	5 427 682[106]	5 536 338[106]	DF	11 104[107]	11 326[108]	0.3	131 957	86
Guernsey - Guernesey										
29 IV 2001 .... DJ	DJ	59 807	29 138	30 669		...	...	...	78	...
Holy See - Saint-Siège[109]										
26 II 2010 .... DJ	DJ	*460	...	...		...	...	...	0[110]	...
Hungary - Hongrie										
1 II 2001 .... DF	DF	10 198 315	4 850 650	5 347 665	DJ	10 087	*9 974	-0.2	93 027	107
Iceland - Islande										
1 VII 2000 .... DJ	DJ	281 154[25]	140 718[25]	140 436[25]	DJ	296[25]	318[25]	1.2	103 000	3
Ireland - Irlande										
10 IV 2011 .... DF	DF	*4 581 269	*2 268 698	*2 312 571	DF	4 160	4 484[111]	1.3	69 825	64
Isle of Man - Île de Man										
27 III 2011 .... DJ	DJ	*84 497	*41 971	*42 526	DJ	79[112]	...	...	572	...
Italy - Italie										
21 X 2001 .... DF	DF	57 110 144	27 617 335	29 492 809	DJ	58 607	60 739	0.6	301 336	202
Jersey										
11 III 2001 .... DJ	DJ	87 186	42 484	44 702	DJ	91	98	1.2	116	841
Latvia - Lettonie										
31 III 2001 .... DJ	DJ	2 377 383	1 094 964	1 282 419	DJ	2 301	*2 066	-1.8	64 562	32
Liechtenstein										
5 XII 2000 .... DF	DF	33 307	16 420	16 887	DJ	35	*36	0.7	160	227

Continent, country or area and census date / Continent, pays ou zone et date du recensement	Census type[a]	Population at the latest available census / Population d'après le dernier recensement disponible (in units — en unités)			Estimate type[a]	Mid-year estimates / Estimations au milieu de l'année (in thousands — en milliers)		Annual rate of increase / Taux d' accroissement annuel 2005-11	Surface area / Superficie (km²) 2011	Density / Densité 2011[b]
		Both sexes / Les deux sexes	Male / Masculin	Female / Feminin		2005	2011			
EUROPE										
Lithuania - Lituanie										
6 IV 2001	DJ	3 483 972	1 629 148	1 854 824	DJ	3 414	3 222	-1.0	65 300	49
Luxembourg										
15 II 2001	DJ	439 539	216 541	222 998	DJ	465	512[7]	1.6	2 586	198
Malta - Malte										
27 XI 2005	DJ	404 962	200 819	204 143	DJ	404[113]	418[114]	0.6	316	1 322
Monaco										
9 VI 2008	DJ	31 109	15 076[115]	15 914[115]	DJ	...	36	...	2	18 063
Montenegro - Monténégro										
31 X 2003	DJ	620 145	305 225	314 920	DJ	623	618[7]	-0.1	13 812	45
Netherlands - Pays-Bas										
1 I 2002	DJ	16 105 285[116]	7 971 967[116]	8 133 318[116]	DJ	16 320	16 693	0.4	37 354	447
Norway - Norvège[117]										
3 XI 2001	DJ	4 520 947[118]	2 240 281[118]	2 280 666[118]	DJ	4 623[119]	4 953[119]	1.1	323 787	15
Poland - Pologne										
20 V 2002	DJ	38 230 080[120]	18 516 403[120]	19 713 677[120]	DJ	38 161[120]	*38 204[120]	0.0	311 888	122
Portugal										
21 III 2011	DF	*10 561 614	*5 047 387	*5 514 227	DJ	10 549	...	...	92 212	...
Republic of Moldova - République de Moldova										
5 X 2004	DF	3 386 673[121]	1 629 689[121]	1 756 984[121]	DJ	3 595[121]	3 560[121]	-0.2	33 846	105
Romania - Roumanie										
18 III 2002	DJ	21 680 974	10 568 741	11 112 233	DJ	21 624	*21 385	-0.2	238 391	90
Russian Federation - Fédération de Russie										
14 X 2010	DF	143 436 145	...	...	DJ	143 114	142 961	0.0	17 098 242	8
San Marino - Saint-Marin										
1 VII 2000	DF	26 941[25]	13 185[25]	13 756[25]	DF	30[25]	33[122]	1.9	61	547
Serbia - Serbie										
31 III 2002	DJ	7 498 001[123]	3 645 930[123]	3 852 071[123]	DJ	7 441[123]	7 276[124]	-0.4	88 361	82
Slovakia - Slovaquie										
21 V 2011	DJ	5 397 036	2 627 772	2 769 264	DJ	5 387	5 398	0.0	49 036[125]	110
Slovenia - Slovénie										
1 I 2011	DF	2 058 051	1 019 826	1 038 225	DJ	2 001	2 053	0.4	20 273	101
Spain - Espagne										
1 XI 2001	DF	40 847 371[126]	20 012 882[126]	20 834 489[126]	DJ	43 398	46 125	1.0	505 992	91
Svalbard and Jan Mayen Islands - Îles Svalbard et Jan Mayen										
1 XI 1960	DF	3 431[127]	2 545[127]	886[127]	DF	2[128]	...	...	62 422	...
Sweden - Suède										
31 XII 2003	DJ	8 975 670[25]	4 446 656[25]	4 529 014[25]	DJ	9 030[25]	9 449[25]	0.8	450 295	21
Switzerland - Suisse										
5 XII 2000	DF	7 288 010	3 567 567	3 720 443	DJ	7 437	*7 911	1.0	41 285	192
TFYR of Macedonia - L'ex-R. y. de Macédoine										
31 X 2002	DJ	2 022 547	1 015 377	1 007 170	DF	2 037	*2 059	0.2	25 713	80
Ukraine										
5 XII 2001	DF	48 240 902	22 316 317	25 924 585	DF	47 105	45 779[7]	-0.5	603 500	76
United Kingdom of Great Britain and Northern Ireland - Royaume-Uni de Grande-Bretagne et d'Irlande du Nord[129]										
29 IV 2001	DF	58 789 187[130]	28 579 867[130]	30 209 320[130]	DF	60 235	*62 436[7]	0.6	242 495	257
OCEANIA - OCÉANIE										
American Samoa - Samoas américaines										
1 IV 2000	DJ	57 291[35]	29 264[35]	28 027[35]	DJ	66[35]	...	...	199	...
Australia - Australie										
8 VIII 2006	DF	20 061 646[131]	9 896 500[131]	10 165 146[131]	DJ	20 395[132]	*22 621[132]	1.7	7 692 024	3

3. Population by sex, annual rate of population increase, surface area and density
Population selon le sexe, taux d'accroissement annuel de la population, superficie et densité (continued - suite)

Continent, country or area and census date / Continent, pays ou zone et date du recensement	Census type[a]	Population at the latest available census / Population d'après le dernier recensement disponible (in units — en unités)			Estimate type[a]	Mid-year estimates / Estimations au milieu de l'année (in thousands — en milliers)		Annual rate of increase Taux d' accrois sement annuel 2005-11	Surface area Superficie (km²) 2011	Density Densité 2011[b]
		Both sexes Les deux sexes	Male Masculin	Female Feminin		2005	2011			

OCEANIA - OCÉANIE

Cook Islands - Îles Cook[133]										
1 XII 2006 .... DF	DF	19 342	9 816	9 526	DF	22	*21	-0.6	236	88
Fiji - Fidji										
16 IX 2007 .... DF	DF	837 271	427 176	410 095	DF	825	...	...	18 272	...
French Polynesia - Polynésie française										
20 VIII 2007 .... DJ	DJ	259 706	133 109	126 597	DF	253	...	...	4 000	...
Guam										
1 IV 2010 .... DJ	DJ	159 358	...	...	DJ	169[134]	*160[135]	-0.9	549	291
Kiribati										
7 XII 2005 .... DF	DF	92 533	45 612	46 921		...	...	...	726[136]	...
Marshall Islands - Îles Marshall										
1 VI 1999 .... DF	DF	50 848	26 034	24 814		...	...	...	181	...
Micronesia (Federated States of) - Micronésie (États fédérés de)										
1 IV 2000 .... DJ	DJ	107 008	54 191	52 817	DJ	108[1]	...	...	702	...
Nauru										
23 IX 2002 .... DF	DF	10 065	5 136	4 929		...	...	...	21	...
New Caledonia - Nouvelle-Calédonie										
27 VII 2009 .... DF	DF	245 580	124 524	121 056	DF	234	252[7]	1.2	18 575	14
New Zealand - Nouvelle-Zélande										
7 III 2006 .... DF	DF	4 143 282[137]	2 021 277[137]	2 122 005[137]	DJ	4 134[138]	4 405[139]	1.1	270 467	16
Niue - Nioué										
9 IX 2006 .... DF	DF	1 625	802	823	DJ	2	...	...	260	...
Norfolk Island - Île Norfolk										
8 VIII 2006 .... DF	DF	2 523	1 218	1 305	DF	2	...	...	36	...
Northern Mariana Islands - Îles Mariannes septentrionales										
1 IV 2010 .... DF	DF	53 883	...	...	DF	71	46	-7.1	457	101
Palau - Palaos										
1 IV 2005 .... DJ	DJ	19 907	10 699	9 208		...	...	...	459	...
Papua New Guinea - Papouasie-Nouvelle-Guinée										
9 VII 2000 .... DF	DF	5 190 786	2 691 744	2 499 042		...	...	...	462 840	...
Pitcairn										
10 VIII 2012 .... DF	DF	48	...	...		...	...	...	5	...
Samoa										
5 XI 2006 .... DF	DF	180 741	93 677	87 064	DF	183	185	0.1	2 842	65
Solomon Islands - Îles Salomon										
21 XI 1999 .... DF	DF	409 042	211 381	197 661	DF	471[1]	542[1]	2.3	28 896	19
Tokelau - Tokélaou										
19 X 2006 .... DF	DF	1 151	583	568		...	...	...	12	...
Tonga										
30 XI 2011 .... DJ	DJ	*103 036	*52 001	*51 035	DF	102[140]	...	...	747	...
Tuvalu										
1 XI 2002 .... DF	DF	9 561	4 729	4 832	DF	10	...	...	26	...
Vanuatu										
16 XI 2009 .... DJ	DJ	234 023	119 091	114 932		...	...	...	12 189	...
Wallis and Futuna Islands - Îles Wallis et Futuna										
21 VII 2008 .... DF	DF	13 445	6 669	6 776		...	...	...	142	...

FOOTNOTES - NOTES

Italics: estimates which are less reliable. - Italiques : estimations moins sûres.

* Provisional. - Données provisoires.

[a] 'Code' indicates the source of data, as follows:
DF - De facto
DJ - De jure
SDF - Sample survey, de facto
SDJ - Sample survey, de jure

Le 'Code' indique la source des données, comme suit :
DF - Population de fait
DJ - Population de droit
SDF - Enquête par sondage, population de fait
SDJ - Enquête par sondage, Population de droit

b Population per square kilometre of surface area. Figures are estimates of population divided by surface area and are not to be considered either as reflecting density in the urban sense or as indicating the supporting power of a territory's land and resources. - Nombre d'habitants au kilomètre carré. Il s'agit simplement d'éstimations de la population divisé par celui de la superficie: il ne faut pas y voir d'indication de la densité au sens urbain du terme ni de l'effectif de population que les terres et les ressources du territoire sont capables de nourrir.

1 Data refer to national projections. - Les données se réfèrent aux projections nationales.
2 Data refer to national projections. Data refer to 1 January. - Les données se réfèrent aux projections nationales. Données se raportent au 1 janvier.
3 Excluding Mayotte. - Non compris Mayotte.
4 Projections based on the 1994 Population Census. - Projections fondées sur le recensement de la population de 1994.
5 Based on the results of the Gabonese Survey for the Evaluation and Tracking of Poverty. - Sur base des résultats de l'enquête gabonaise sur l'évaluation et le suivi de la pauvreté.
6 Post-censal estimates based on the 1999 Population Census. - Les estimations post-censitaire fondées sur le recensement de la population de 1999.
7 Data refer to 1 January. - Données se raportent au 1 janvier.
8 Excludes the islands of St. Brandon and Agalega. - Non compris les îles St. Brandon et Agalega.
9 Based on the results of the 2004 Population Census. - D'après des résultats du recensement de la population de 2004.
10 The number of males and/or females excludes persons whose sex is not stated (18 urban, 19 rural). - Il n'est pas tenu compte dans le nombre d'hommes et de femmes des personnes dont le sexe n'est pas indiqué (18 en zone urbaine et 19 en zone rurale).
11 Data produced by the Ministry of Natural Resources. - Les données sont produites par le ministere des ressources naturelles.
12 Data are based on projections from the 2002 Census. Data refer to 31 December. - Données fondées sur des projections tirées du recensement de 2002. Données se raportent au 31 décembre.
13 Surface area is based on the 2002 population and housing census. - La superficie est fondée sur les données provenant du recensement de la population et du logement de 2002.
14 Data have not been adjusted for underenumeration, estimated at 2.4 per cent. - Les données n'ont pas été ajustées pour compenser les lacunes du dénombrement, estimées à 2,4 p. 100.
15 Mid-year estimates have been adjusted for underenumeration at latest census. - Les estimations au milieu de l'année tiennent compte d'un ajustement destiné à compenser les lacunes du dénombrement lors du dernier recensement.
16 Comprising the Northern Region (former Saguia el Hamra) and Southern Region (former Rio de Oro). - Comprend la région septentrionale (ancien Saguia-el-Hamra) et la région méridionale (ancien Rio de Oro).
17 Data are based on projections from the 2002 Census. - Données fondées sur des projections tirées du recensement de 2002.
18 Excluding persons who were not contacted at the time of the census. - La population non comprend pas les personnes qui n'ont pas été contactées à l'heure du recensement.
19 Excluding the institutional population. - Non compris la population dans les institutions.
20 Because of rounding, totals are not in all cases the sum of the respective components. - Les chiffres étant arrondis, les totaux ne correspondent pas toujours rigoureusement à la somme des composants respectifs.
21 Estimates adjusted for census net undercoverage (including adjustment for incompletely enumerated Indian reserves). Final intercensal estimates. - Ajusté pour la sous-estimation du recensement (y compris les réservations en Inde incomplètement énumérées). Estimations inter-censitaires definitives.
22 Preliminary postcensal estimates. Estimates adjusted for census net undercoverage (including adjustment for incompletely enumerated Indian reserves). - Estimations post censitaires préliminaires. Ajusté pour la sous-estimation du recensement (y compris les réservations en Inde incomplètement énumérées).
23 Estimates based on the 2007 Population Census. - Estimations fondées sur le recensement de la population de 2007.

24 The total surface is 21040.79 square kilometers, without taking into account the last ruling of The Hague. - La superficie totale est égale à 21040.79 km2, sans tenir compte de la dernière décision de la Haye.
25 Population statistics are compiled from registers. - Les statistiques de la population sont compilées à partir des registres.
26 Excluding data for Saint Barthélémy and Saint Martin. - Non compris les données pour Saint Barthélémy et Saint Martin.
27 Excluding data for Saint Barthélémy and Saint Martin. Data refer to 1 January. - Non compris les données pour Saint Barthélémy et Saint Martin. Données se raportent au 1 janvier.
28 Projections based on the 2002 Population Census. - Projections fondées sur le recensement de la population de 2002.
29 Projections produced by l'Institut Haïtien de Statistique et d'Informatique (IHSI) and the Latin American and Caribbean Demographic Centre (CELADE) - Population Division of ECLAC. - Les données sont projections produits par l'Institut Haïtien de Statistique et d'Informatique (IHSI) et le centre démographique de l'Amérique latine et les Caraïbes - Division de la population de la CEPALC.
30 Data are based on projections of the 2001 Population and Housing Census data. - Les données sont basées sur les projections du recensement de 2001 de la population et de l'habitat.
31 Total represents population in private dwellings, the non-institutional population and persons found on the streets between the hours of 5am and 7am on September 26, 2001; the figures represent the census counts adjusted for under-coverage. - Le total représente la population vivant dans des logements privés et les personnes trouvées dans la rue entre 5 et 7 heures du matin le 26 septembre 2001, mais ne tient pas compte des personnes vivant dans des établissements; les chiffres sont ceux du recensement corrigés pour tenir compte du sous-dénombrement.
32 Including an estimation of 1 334 585 persons corresponding to 448 195 housing units without information of the occupants. - Y compris une estimation de 1 334 585 personnes correspondant aux 448 195 unités d'habitation sans information sur les occupants.
33 Data refer to projections based on the 2000 Population Census. - Les données se réfèrent aux projections basées sur le recensement de la population de 2000.
34 Data refer to projections based on the 2010 Population Census. - Les données se réfèrent aux projections basées sur le recensement de la population de 2010.
35 Including armed forces stationed in the area. - Y compris les militaires en garnison sur le territoire.
36 Including armed forces stationed in the area. Data based on the 2010 Population Census results. - Y compris les militaires en garnison sur le territoire. D'après le résultats du recensement de la population de 2010.
37 Refers to habitable area. Excludes St. Lucia's Forest Reserve. - S'applique à la zone habitable. Exclut la réserve forestière de Sainte-Lucie.
38 Excluding residents of institutions. - À l'exclusion de personnes en établissements de soins.
39 Based on the results of the 2000 Population Census. - Basé sur les résultats du recensement de la population de 2000.
40 Including low water level for all islands (area to shoreline). - Incluent le niveau de basses eaux pour toutes les îles.
41 Excluding armed forces overseas and civilian citizens absent from the country for an extended period of time. - Non compris les militaires à l'étranger, et les civils hors du pays pendant une période prolongée.
42 Data refer to projections based on the 2001 Population Census. - Les données se réfèrent aux projections basées sur le recensement de la population de 2001.
43 Data updated according to "Superintendencia Agraria". Interior waters correspond to natural or artificial bodies of water or snow. - Données actualisées d'après la « Superintendencia Agraria ». Les eaux intérieures correspondent aux étendues d'eau naturelles ou artificielles et aux étendues neigeuses.
44 Data include persons in remote areas, military personnel outside the country, merchant seamen at sea, civilian seasonal workers outside the country, and other civilians outside the country, and exclude nomads, foreign military, civilian aliens temporarily in the country, transients on ships and Indian jungle population. - Y compris les personnes vivant dans des régions éloignées, le personel militaire en dehors du pays, les marins marchands, les ouvriers saisonniers en dehors du pays, et autres civils en dehors du pays, et non compris les nomades, les militaires étrangers, les étrangers civils temporairement dans le pays, les transiteurs sur des bateaux et les Indiens de la jungle.
45 Data based on the Population Census of 2005. - Données fondées sur le recensement de la population de 2005.
46 Data refer to national projections. Excluding nomadic Indian tribes. - Les données se réfèrent aux projections nationales. Non compris les tribus d'Indiens nomades.

64

[47] A dispute exists between the governments of Argentina and the United Kingdom of Great Britain and Northern Ireland concerning sovereignty over the Falkland Islands (Malvinas). - La souveraineté sur les îles Falkland (Malvinas) fait l'objet d'un différend entre le Gouvernement argentin et le Gouvernement du Royaume-Uni de Grande-Bretagne et d'Irlande du Nord.

[48] Data refer to resident population in Uruguay according to Census Phase 1, carried out between the months of June and July 2004. - Les données se rapportent à la population résidente en Uruguay d'après la phase 1 du recensement, qui a eu lieu entre juin et juillet 2004.

[49] Excluding Indian jungle population. - Non compris les Indiens de la jungle.

[50] Projections based on the 2001 Population Census. - Projections fondées sur le recensement de la population de 2001.

[51] Excluding nomad population. - Non compris les nomades.

[52] Data refer to the settled population based on the 1979 Population Census and the latest household prelisting. The refugees of Afghanistan in Iran, Pakistan, and an estimated 1.5 million nomads, are not included. - Les données se rapportent à la population stationnaire sur la base du recensement de 1979 et du recensement préliminaire des logements le plus récent. Sont exclus les réfugiés d'Afghanistan en Iran et au Pakistan et les nomades estimés à 1,5 million.

[53] The methodology used for calculating the number of the de facto and de jure population in the 2001 census data differs as follows from the methodology used in previous censuses: the duration that defines a person as being ' temporary present ' or 'temporary absent' is now 'under one year'. The previously applied definition was for '6 months'. - La méthode utilisée pour dénombrer la population de fait et la population de droit dans le contexte du recensement de 2001 diffère de celle qui a été appliquée lors des recensements antérieurs en ce que la durée considérée pour définir la ' présence temporaire 'ou' l'absence temporaire' était dorénavant fixée à 'moins d'un an' alors qu'elle était de '6 mois' auparavant.

[54] Intercensal estimates. - Estimations inter-censitaires.

[55] Data refer to projections based on the 2005 Population Census. - Les données se réfèrent aux projections basées sur le recensement de la population de 2005.

[56] Excluding foreign diplomatic personnel and their dependants. - Non compris le personnel diplomatique étranger et les membres de leur famille les accompagnant.

[57] Excluding foreign diplomatic personnel and their dependants. Based on 1998 census results. - Non compris le personnel diplomatique étranger et les membres de leur famille les accompagnant. A partir des résultats de recensement de l'année 1998.

[58] Excluding foreign diplomatic personnel and their dependants. Based on the 2008 Population and Housing Census. - Non compris le personnel diplomatique étranger et les membres de leur famille les accompagnant. Basée sur le recensement de la population et de l'habitat de 2008.

[59] For statistical purposes, the data for China do not include those for the Hong Kong Special Administrative Region (Hong Kong SAR), Macao Special Administrative Region (Macao SAR) and Taiwan province of China. - Pour la présentation des statistiques, les données pour la Chine ne comprennent pas la Région Administrative Spéciale de Hong Kong (Hong Kong RAS), la Région Administrative Spéciale de Macao (Macao RAS) et Taïwan province de Chine.

[60] For statistical purposes, the data for China do not include those for the Hong Kong Special Administrative Region (Hong Kong SAR), Macao Special Administrative Region (Macao SAR) and Taiwan province of China. Data have been estimated on the basis of the annual National Sample Survey on Population Changes. - Pour la présentation des statistiques, les données pour la Chine ne comprennent pas la Région Administrative Spéciale de Hong Kong (Hong Kong RAS), la Région Administrative Spéciale de Macao (Macao RAS) et Taïwan province de Chine. Les données ont été estimées sur la base de l'enquête annuelle "National Sample Survey on Population Changes".

[61] For statistical purposes, the data for China do not include those for the Hong Kong Special Administrative Region (Hong Kong SAR), Macao Special Administrative Region (Macao SAR) and Taiwan province of China. Data have been adjusted on the basis of the Population Census of 2010. - Pour la présentation des statistiques, les données pour la Chine ne comprennent pas la Région Administrative Spéciale de Hong Kong (Hong Kong RAS), la Région Administrative Spéciale de Macao (Macao RAS) et Taïwan province de Chine. Les données ont été ajustées à partir des résultats du recensement de la population de 2010.

[62] Data refer to government controlled areas. Including all persons irrespective of citizenship, who at the time of the census resided in the country or intended to reside for a period of at least one year. It does not distinguish between those present or absent at the time of census. - Les données se rapportent aux zones contrôlées par le Gouvernement. Les chiffres comprennent toute la population, quelle que soit la nationalité, qui à l'époque de recensement avait résidé dans le pays, ou avait l'intention de résider, pendant une période d'au moins un an. Il n'y a pas de distinction entre les personnes présentes ou absentes au moment du recensement.

[63] Data refer to government controlled areas. - Les données se rapportent aux zones contrôlées par le Gouvernement.

[64] Data refer to government controlled areas. Data have been adjusted on the basis of the Population Census of 2011. - Les données se rapportent aux zones contrôlées par le Gouvernement. Les données ont été calculées sur la base du recensement de population de 2011.

[65] Including data for the Indian-held part of Jammu and Kashmir, the final status of which has not yet been determined. - Y compris les données pour la partie du Jammu et du Cachemire occupée par l'Inde dont le statut définitif n'a pas encore été déterminé.

[66] Including data for the Indian-held part of Jammu and Kashmir, the final status of which has not yet been determined. Data refer to national projections. - Y compris les données pour la partie du Jammu et du Cachemire occupée par l'Inde dont le statut définitif n'a pas encore été déterminé. Les données se réfèrent aux projections nationales.

[67] Final intercensal estimates. - Estimations inter-censitaires definitives.

[68] Data refer to the Iranian Year which begins on 21 March and ends on 20 March of the following year. - Les données concernent l'année iranienne, qui commence le 21 mars et se termine le 20 mars de l'année suivante.

[69] Land area only. - La superficie des terres seulement.

[70] Excluding the population in three autonomous provinces in the north of the country. - La population des trois provinces autonomes dans le nord du pays est exclue.

[71] Including data for East Jerusalem and Israeli residents in certain other territories under occupation by Israeli military forces since June 1967. Data are rounded for confidentiality reasons. - Y compris les données pour Jérusalem-Est et les résidents israéliens dans certains autres territoires occupés depuis 1967 par les forces armées israéliennes. Chiffres arrondis pour des raisons de confidentialité.

[72] Including data for East Jerusalem and Israeli residents in certain other territories under occupation by Israeli military forces since June 1967. - Y compris les données pour Jérusalem-Est et les résidents israéliens dans certains autres territoires occupés depuis 1967 par les forces armées israéliennes.

[73] Excluding diplomatic personnel outside the country and foreign military and civilian personnel and their dependants stationed in the area. - Non compris le personnel diplomatique hors du pays ni les militaires et agents civils étrangers en poste sur le territoire et les membres de leur famille les accompagnant.

[74] Excluding diplomatic personnel outside the country and foreign military and civilian personnel and their dependants stationed in the area. Estimates based on the complete counts of the 2010 Population Census. - Non compris le personnel diplomatique hors du pays ni les militaires et agents civils étrangers en poste sur le territoire et les membres de leur famille les accompagnant. Estimations basées sur le dénombrement complet du recensement de la population de 2010.

[75] Data refer to 1 October 2007. - Les données se réfèrent au 1er octobre 2007.

[76] Excluding data for Jordanian territory under occupation since June 1967 by Israeli military forces. Including registered Palestinian refugees and Jordanians abroad. - Non compris les données pour le territoire jordanien occupé depuis juin 1967 par les forces armées israéliennes. Y compris les réfugiés palestiniens enregistrés et les Jordaniens à l'étranger.

[77] Data refer to 31 December. Excluding data for Jordanian territory under occupation since June 1967 by Israeli military forces. Excluding foreigners, including registered Palestinian refugees. - Données se raportent au 31 décembre. Non compris les données pour le territoire jordanien occupé depuis juin 1967 par les forces armées israéliennes. Non compris les étrangers, mais y compris les réfugiés de Palestine enregistrés.

[78] Data are calculated from the results of the Population and Housing Census of 2009. - Les données sont calculées à partir des résultats du recensement de la population et de l'habitat de 2009.

[79] Based on the results of the 2005 Population and Housing Census. - Données fondées sur les résultats du recensement de la population et de l'habitat de 2005.

[80] Based on the results of a household survey. - D'après les résultats d'une enquête des ménages.

[81] Data have been adjusted for underenumeration. - Les données ont été ajustées pour compenser les lacunes du dénombrement.

[82] Data refer to 30 June. Data refer to projections based on the 2000 Population Census. - Données se raportent au 30 juin. Les données se réfèrent aux projections basées sur le recensement de la population de 2000.

[83] Total Population is taken as de facto and de jure together. - Population totale considérée comme de fait et de droit.

[84] Data have been adjusted for underenumeration, estimated at 2.70 per cent. - Les données ont été ajustées pour compenser les lacunes du dénombrement, estimées à 2,70 p. 100.

85 Excluding data for the Pakistan-held part of Jammu and Kashmir, the final status of which has not yet been determined. - Non compris les données concernant la partie du Jammu et Cachemire occupée par le Pakistan dont le statut définitif n'a pas été déterminé.

86 Excluding data for the Pakistan-held part of Jammu and Kashmir, the final status of which has not yet been determined. Based on the results of the Pakistan Demographic Survey (PDS 2005). These estimates do not reflect completely accurately the actual population and vital events of the country. - Non compris les données concernant la partie du Jammu et Cachemire occupée par le Pakistan dont le statut définitif n'a pas été déterminé. D'après les résultats de l'enquête démographique effectuée par le Pakistan en 2005. Ces estimations ne dénotent pas d'une manière complètement ponctuelle la population actuelle et les statistiques de l'état civil du pays.

87 Data are based on projections of the 2000 Population and Housing Census data. - Les données sont basées sur les projections du recensement de 2000 de la population et de l'habitat.

88 Excluding usual residents not in country at time of census. - À l'exclusion des résidents habituels qui ne sont pas dans le pays au moment du recensement.

89 Data based on preliminary results of the 2010 Population and Housing Census. - D'après les résultats préliminaires du recensement de la population et des logements de 2010.

90 Data are based on the latest register-based population estimates for 2010. Data refer to resident population which comprises Singapore citizens and permanent residents. Urban and rural breakdown not applicable as Singapore is a city-state. - Données basées sur les estimations démographiques les plus récentes fondées sur les registres de 2010. Les données se rapportent à la population résidente composé des citoyens de Singapour et des résidents permanents. La ventilation entre zones urbaines et zones rurales ne s'applique pas à Singapour, puisqu'il s'agit d'une ville État.

91 Data refer to total population, which comprises Singapore residents and non-residents. - Les données se rapportent à la population totale composé des résidents de Singapour et les non résidents.

92 The Population and Housing Census 2001 did not cover the whole area of the country due to the security problems; data refer to the 18 districts for which the census was completed only (in three districts it was not possible to conduct the census at all and in four districts it was partially conducted). - Le recensement de la population et du logement de 2001 n'a pas été réalisé sur la superficie totale du pays à cause de problèmes de sécurité; les données ne concernent que les 18 districts entièrement recensés (3 districts n'ont pas été recensés du tout, et 4 ont été recensés en partie).

93 Including Palestinian refugees. - Y compris les réfugiés de Palestine.

94 Data based on Address Based Population Registration System. - Les données sont basées sur le registre national de la population basé sur l'adresse.

95 Data include non-national population. - Les données comprennent non-nationaux.

96 Data are adjusted according to the results of the 1999 and 2009 censuses. - Les données ont été ajustées à partir des résultats des recensements de la population de 1999 et 2009.

97 Data refer to 31 December. - Données se raportent au 31 décembre.

98 Statistics are compiled from registers. - Les statistiques sont compilées à partir des registres.

99 Decrease in population due to revision in administrative registers. Population statistics are compiled from registers. - Diminution de la population due à la révision des registres administratifs. Les statistiques de la population sont compilées à partir des registres.

100 Excluding Faeroe Islands and Greenland shown separately, if available. - Non compris les Iles Féroé et le Groenland, qui font l'objet de rubriques distinctes, si disponible.

101 Excluding Åland Islands. - Non compris les Îles d'Åland.

102 Excluding diplomatic personnel outside the country and including members of alien armed forces not living in military camps and foreign diplomatic personnel not living in embassies or consulates. - Non compris le personnel diplomatique hors du pays et y compris les militaires étrangers ne vivant pas dans des camps militaires et le personnel diplomatique étranger ne vivant pas dans les ambassades ou les consulats.

103 Data of the microcensus - a 1 per cent household sample survey - refer to a single reference week in spring (usually last week in April). Excluding homeless persons. Excluding foreign military personnel and foreign diplomatic and consular personnel and their family members in the country. - Les données du microrecensement (enquête sur les ménages, réalisée sur un échantillon de 1 pour cent) concernent une seule semaine de référence au printemps (habituellement la dernière semaine d'avril). Non compris les personnes sans domicile fixe. Non compris le personnel militaire étranger, le personnel diplomatique et consulaire étranger et les membres de leur famille se trouvant dans le pays.

104 Excluding families of military personnel, visitors and transients. - Non compris les familles des militaires, ni les visiteurs et transients.

105 Data refer to 31 December. Excluding military personnel, visitors and transients. - Données se raportent au 31 décembre. Non compris les militaires, ni les visiteurs et transients.

106 Including armed forces stationed outside the country and alien armed forces in the area. - Y compris les militaires nationaux hors du pays et les militaires étrangers en garnison sur le territoire.

107 Excluding armed forces stationed outside the country, but including alien armed forces stationed in the area. - Non compris les militaires en garnison hors du pays, mais y compris les militaires étrangers en garnison sur le territoire.

108 Excluding armed forces stationed outside the country, but including alien armed forces stationed in the area. Data refer to 1 January. - Non compris les militaires en garnison hors du pays, mais y compris les militaires étrangers en garnison sur le territoire. Données se raportent au 1 janvier.

109 Data refer to the Vatican City State. - Les données se rapportent à l'Etat de la Cité du Vatican.

110 Surface area is 0.44 Km2. - Superficie: 0,44 Km2.

111 Data refer to 15 April. - Données se raportent au 15 avril.

112 Data refer to 30 April. - Données se raportent au 30 avril.

113 Including civilian nationals temporarily outside the country. - Y compris les civils nationaux temporairement hors du pays.

114 Including civilian nationals temporarily outside the country. Data refer to 1 January. - Y compris les civils nationaux temporairement hors du pays. Données se raportent au 1 janvier.

115 Figures for male and female population do not add up to the figure for total population, because they exclude 119 persons of unknown sex. - Les chiffres relatifs à la population masculine et féminine ne correspondent pas au chiffre de la population totale, parce que l'on en a exclu 119 personnes de sexe inconnu.

116 Census results based on compilation of continuous accounting and sample surveys. - Les résultat du recensement, d'aprés les résultats des dénombrements et enquêtes par sondage continue.

117 Excluding Svalbard and Jan Mayen Islands shown separately, if available. - Non compris Svalbard et Jan Mayen qui font l'objet de rubriques distinctes, si disponible.

118 Population statistics are compiled from registers. Including residents temporarily outside the country. - Les statistiques de la population sont compilées à partir des registres. Y compris les résidents se trouvant temporairement hors du pays.

119 Including residents temporarily outside the country. - Y compris les résidents se trouvant temporairement hors du pays.

120 Excluding civilian aliens within country, but including civilian nationals temporarily outside country. - Non compris les civils étrangers dans le pays, mais y compris les civils nationaux temporairement hors du pays.

121 Excluding Transnistria and the municipality of Bender. - Les données ne tiennent pas compte de l'information sur la Transnistria et la municipalité de Bender.

122 Data refer to 1 January. Population statistics are compiled from registers. - Données se raportent au 1 janvier. Les statistiques de la population sont compilées à partir des registres.

123 Excluding data for Kosovo and Metohia. - Sans les données pour le Kosovo et Metohie.

124 Excluding data for Kosovo and Metohia. Data refer to 1 January. - Sans les données pour le Kosovo et Metohie. Données se raportent au 1 janvier.

125 Excluding inland water. - Exception faite des eaux intérieures.

126 Excluding transients visitors. - Non compris les visiteurs en transit.

127 Inhabited only during the winter season. Census data are for total population while estimates refer to Norwegian population only. Included also in the de jure population of Norway. - N'est habitée que pendant la saison d'hiver. Les données de recensement se rapportent à la population totale, mais les estimations ne concernent que la population norvégienne, comprise également dans la population de droit de la Norvège.

128 Data refer to 1 January. Data refer to Svalbard only. - Données se raportent au 1 janvier. Données ne concernant que le Svalbard.

129 Excluding Channel Islands (Guernsey and Jersey) and Isle of Man, shown separately, if available. - Non compris les îles Anglo-Normandes (Guernesey et Jersey) et l'Ile de Man, qui font l'objet de rubriques distinctes, si disponible.

130 Counts for the 2001 Census are taken from 'Key Statistics table 1 for the Urban/Rural classification: England and Wales' available on CD based on the usually resident population. - Les chiffres du recensement de 2001 proviennent du tableau intitulé « Key Statistics table 1 for the Urban/Rural classification: England and Wales » disponible sur CD-ROM et sont fondés sur la notion de résidence habituelle.

131 This data has been randomly rounded to protect confidentiality. Individual figures may not add up to totals, and values for the same data may vary in different tables. Including population in off-shore, migratory and shipping. - Ces données ont été arrondies de façon aléatoire afin d'en préserver la confidentialité. La somme de certains chiffres peut ne pas correspondre aux totaux indiqués et les valeurs des mêmes données peuvent varier d'un tableau à un autre. Y

compris les populations extraterritoriales, les populations nomades et les populations maritimes.

[132] Data are based on Australian Standard Geographical Classification boundaries. Intercensal estimates. - Les données réfèrent au découpage de la nomenclature géographique normalisée d'Australie. Estimations inter-censitaires.

[133] Excluding Niue, shown separately, which is part of Cook Islands, but because of remoteness is administered separately. - Non compris Nioué, qui fait l'objet d'une rubrique distincte et qui fait partie des îles Cook, mais qui, en raison de son éloignement, est administrée séparément.

[134] Including armed forces stationed in the area. Data refer to projections based on the 2000 Population Census. - Y compris les militaires en garnison sur le territoire. Les données se réfèrent aux projections basées sur le recensement de la population de 2000.

[135] Including armed forces stationed in the area. Data refer to projections based on the 2010 Population Census. - Y compris les militaires en garnison sur le territoire. Les données se réfèrent aux projections basées sur le recensement de la population de 2010.

[136] Excluding 84 square km of uninhabited islands. Land area only. - Exclut des îles inhabitées d'une superficie de 84 kilomètres carrés. La superficie des terres seulement.

[137] This data has been randomly rounded to protect confidentiality. Individual figures may not add up to totals, and values for the same data may vary in different tables. - Ces données ont été arrondies de façon aléatoire afin d'en préserver la confidentialité. La somme de certains chiffres peut ne pas correspondre aux totaux indiqués et les valeurs des mêmes données peuvent varier d'un tableau à un autre.

[138] Excluding diplomatic personnel and armed forces stationed outside country; also excluding alien armed forces within the country. - Non compris le personnel diplomatique et les militaires hors du pays; non compris également les militaires étrangers en garnison dans le pays.

[139] Based on the census, updated for residents missed or counted more than once by the census (net census undercount); residents temporarily overseas on census night, and births, deaths and net migration between the census night and the date of the estimate. - D'après le recensement, mise à jour pour les résidents omis ou dénombrés plus d'une fois par le recensement (sous-dénombrement net); résidents temporairement à l'étranger la nuit du recensement, et naissances, décès et migration nette entre la nuit du recensement et la date de l'estimation.

[140] Based on the results of the 1996 population census. Data refer to national projections. - À partir des résultats du recensement de la population de 1996. Les données se réfèrent aux projections nationales.

Table 4

Table 4 presents, for each country or area of the world, basic vital statistics for the period 2007 - 2011: live births, crude birth rate, deaths, crude death rate, rate of natural increase, infant deaths, infant death rate, life expectancy at birth by sex and total fertility rate.

Description of variables: The vital events and rates shown in this table are defined as follows[1]:

Live birth is the complete expulsion or extraction from its mother of a product of conception, irrespective of the duration of pregnancy, which after such separation breathes or shows any other evidence of life such as beating of the heart, pulsation of the umbilical cord, definite movement of voluntary muscles, whether or not the umbilical cord has been cut or the placenta is attached. Each product of such a birth is considered live-born regardless of gestational age.

Death is the permanent disappearance of all evidence of life at any time after live birth has taken place (post-natal cessation of vital functions without capability of resuscitation).

Infant deaths are deaths of live-born infants under one year of age.

Life expectancy at birth is defined as the average number of years of life for males and females if they continued to be subject to the same mortality experienced in the year(s) to which these life expectancies refer.

The total fertility rate is the average number of children that would be born alive to a hypothetical cohort of women if, throughout their reproductive years, the age-specific fertility rates remained unchanged. The standard method of calculating the total fertility rate is the sum of the age-specific fertility rates.

Crude birth rates and crude death rates presented in this table are calculated using the number of live births and the number of deaths obtained from civil registers. These civil registration data are used only if they are considered reliable (estimated completeness of 90 per cent or more).

Similarly, infant mortality rates presented in this table are calculated using the number of live births and the number of infant deaths obtained from civil registers. If, however, the registration of births or infant deaths for any given country or area is estimated to be less than 90 per cent complete, the rates are not calculated.

For some countries, the data and rates presented in this table are based on vital statistics data sourced from censuses or demographic surveys.

Rate computation: The crude birth and death rates are the annual number of each of these vital events per 1 000 mid-year population.

Infant mortality rate is the annual number of deaths of infants under one year of age per 1 000 live births in the same year.

Rates of natural increase are the difference between the crude birth rate and the crude death rate. It should be noted that the rates of natural increase presented here may differ from the population growth rates presented in table 3 as rates of natural increase do not take net international migration into account while the population growth rates do.

Rates that appear in this table have been calculated by the Statistics Division of the United Nations Department of Economic and Social Affairs, unless otherwise noted. Exceptions include official estimated rates for Bangladesh and India, which were based on sample registration systems in these countries.

Rates calculated by the Statistics Division of the United Nations presented in this table have been limited to those countries or areas having a minimum number of 30 events (for life births and deaths) or 100 events (for infant deaths) in a given year.

Reliability of data: Rates calculated on the basis of registered vital statistics which are considered unreliable (estimated to be less than 90 per cent complete) are not calculated. Estimated rates, prepared by individual countries or areas, are presented whenever applicable.

The designation of vital statistics as being either reliable or unreliable is discussed in general in section 4.2 of the Technical Notes. The technical notes for tables 9, 15 and 18 provide specific information on reliability of statistics on live births, infant deaths and deaths, respectively.

The values shown for life expectancy in this table come from official life tables. It is assumed that, if necessary, the basic data (population and deaths classified by age and sex) have been adjusted for deficiencies before their use in constructing the life tables.

Limitations: Statistics on births, deaths and infant deaths are subject to the same qualifications as have been set forth for vital statistics, in general, in section 4 of the Technical Notes and in the technical notes for individual tables presenting detailed data on these events (table 9, live births; table 15, infant deaths; table 18, deaths).

In assessing comparability it is important to take into account the reliability of the data used to calculate the rates, as discussed above.

The problem of obtaining precise correspondence between numerator (births and deaths) and denominator (population for crude birth and death rates) as regards the inclusion or exclusion of armed forces, refugees, displaced persons and other special groups is particularly difficult where vital rates are concerned. This is the case for Japan, where births and deaths refer to Japanese nationals only while the population include foreigners except foreign military and civilian personnel and their dependants stationed in the area.

It should also be noted that crude rates are particularly affected by the age-sex structure of the population. Infant mortality rates, and to a much lesser extent crude birth rates and crude death rates, are affected by the variation in the definition of a live birth and tabulation procedures.

NOTES

[1] *Principles and Recommendations for a Vital Statistics System, Revision 2,* United Nations publication, Sales No. E.01.XVII.10, United Nations, New York, 2001.

Tableau 4

Le tableau 4 présente, pour chaque pays ou zone du monde, des statistiques de base de l'état civil pour les années 2007 – 2011 : les naissances vivantes, le taux brut de natalité, les décès, le taux brut de mortalité et le taux d'accroissement naturel de la population, les décès d'enfants de moins d'un an et le taux de mortalité infantile, l'espérance de vie à la naissance par sexe et l'indice synthétique de fécondité.

Description des variables : les faits d'état civil utilisés aux fins du calcul des taux présentés dans le tableau 4 sont définis comme suit[1] :

La naissance vivante est l'expulsion ou l'extraction complète du corps de la mère, indépendamment de la duré de la gestation, d'un produit de la conception qui après cette séparation, respire ou manifeste tout autre signe de vie, tel que battement de cœur, pulsation du cordon ombilical ou contraction effective d'un muscle soumis à l'action de la volonté, que le cordon ombilical ait été coupé ou non et que le placenta soit ou non demeuré attaché ; tout produit d'une telle naissance est considéré comme « enfant né vivant ».

Le décès est la disparition permanente de tout signe de vie à un moment quelconque postérieur à la naissance vivante (cessation des fonctions vitales après la naissance sans possibilité de réanimation).

Il convient de préciser que les chiffres relatifs aux décès d'enfants de moins d'un an se rapportent aux naissances vivantes.

L'espérance de vie à la naissance est le nombre moyen d'années que vivraient les individus de sexe masculin et de sexe féminin s'ils continuaient d'être soumis aux mêmes conditions de mortalité que celles qui existaient pendant les années auxquelles se rapportent les valeurs indiquées.

L'indice synthétique de fécondité représente le nombre moyen d'enfants que mettrait au monde une cohorte hypothétique de femmes qui seraient soumises, tout au long de leur vie, aux mêmes conditions de fécondité par âge que celles auxquelles sont soumises les femmes, dans chaque groupe d'âge, au cours d'une année ou d'une période donnée. La méthode standard pour calculer l'indice synthétique de fécondité consiste à additionner les taux de fécondité par âge simple.

Les taux bruts de natalité et de mortalité ont été établis sur la base du nombre de naissances vivantes et du nombre de décès inscrits sur les registres de l'état civil. Ces données n'ont été utilisées que lorsqu'elles étaient considérées comme sûres (degré estimatif de complétude égal ou supérieur à 90 p. 100).

De même, les taux de mortalité infantile présentés dans le tableau 4 ont été établis à partir du nombre de naissances vivantes et du nombre de décès d'enfants de moins d'un an inscrits sur les registres de l'état civil. Toutefois, lorsque les données relatives aux naissances ou aux décès d'enfants de moins d'un an pour un pays ou zone quelconque n'étaient pas considérées complètes à 90 p. 100 au moins, les indices n'ont pas été calculés.

Pour quelques pays, les données et les taux présentés dans ce tableau ont été extraites des recensements de la population ou des enquêtes démographiques.

Calcul des taux : les taux bruts de natalité et de mortalité, représentent le nombre annuel de chacun de ces faits d'état civil pour 1 000 habitants au milieu de l'année considérée.

Les taux de mortalité infantile correspondent au nombre annuel de décès d'enfants de moins d'un an pour 1 000 naissances vivantes survenues pendant la même année.

Le taux d'accroissement naturel est égal à la différence entre le taux brut de natalité et le taux brut de mortalité. Il y a lieu de noter que les taux d'accroissement naturel indiqués dans le tableau 4 peuvent différer des taux d'accroissement de la population figurant dans le tableau 3, les taux d'accroissement naturel ne tenant pas compte des taux nets de migration internationale, alors que ceux-ci sont inclus dans les taux d'accroissement de la population.

Sauf indication contraire, les taux figurant dans le tableau 4 ont été calculés par la Division de statistique du Département des affaires économiques et sociales de l'Organisation des Nations Unies. Les exceptions comprennent le Bangladesh et l'Inde, pour lesquels les taux estimatifs officiels ont été fournis sur la base d'un système d'enregistrement par échantillonnage.

Les taux calculés par la Division de statistique de l'Organisation des Nations Unies qui sont présentés dans le tableau 4 se rapportent aux seuls pays ou zones où l'on a enregistré au moins 30 événements (pour les naissances vivantes et les décès) ou 100 événements (pour les décès d'enfants de moins d'un an) au cours d'une année donnée.

Fiabilité des données : les taux n'ont pas été calculés lorsque les statistiques de l'état civil issues de systèmes d'enregistrement d'état civil étaient jugées douteuses (degré estimatif de complétude inférieur à 90 p.100) et des taux estimatifs, calculés par les pays ou zones, ont été présentés lorsqu'ils étaient disponibles.

On trouve à la section 4.2 des Notes techniques des explications générales concernant la façon dont les statistiques de l'état civil ont été classées selon leur degré de fiabilité. Les notes techniques relatives aux tableaux 9, 15 et 18 ont trait respectivement à la fiabilité des statistiques des naissances vivantes, des décès d'enfants de moins d'un an et des décès.

Les valeurs relatives à l'espérance de vie figurant dans le tableau 4 proviennent de tables officielles de mortalité. On présume que les données de base (la population et les décès par sexe et âge) ont été rectifiées d'éventuelles insuffisances avant d'être utilisées pour construire les tables de mortalité.

Insuffisance des données : les statistiques des naissances, décès et décès d'enfants de moins d'un an appellent toutes les réserves qui ont été formulées à propos des statistiques de l'état civil en général à la section 4 des Notes techniques et dans les notes techniques relatives aux différents tableaux présentant des données détaillées sur ces événements [tableau 9 (naissances vivantes), tableau 15 (décès d'enfants de moins d'un an) et tableau 18 (décès)].

Pour évaluer la comparabilité des divers taux, il importe de tenir compte de la fiabilité des données utilisées pour calculer ces taux, comme il a été indiqué précédemment.

Le calcul des taux est particulièrement affecté par la difficulté à obtenir une correspondance parfaite entre le numérateur (naissances et décès) et le dénominateur (population, pour les taux bruts de natalité et de mortalité) en raison de l'inclusion ou non dans la population des forces armées, des réfugiés, des personnes déplacées ou d'autres groupes sociaux. C'est le cas pour le Japon, où les naissances et les décès se réfèrent aux seuls nationaux japonais tandis que la population inclus les étrangers, à l'exception toutefois des militaires étrangers ainsi que des personnels civils et leurs familles stationnés sur le territoire.

Il y a lieu de noter que la structure par âge et par sexe de la population influe de façon particulière sur les taux bruts. Le manque d'uniformité dans la définition des naissances vivantes et dans les procédures de mise en tableaux a une incidence sur les taux de mortalité infantile et, à un moindre degré, sur les taux bruts de natalité et les taux bruts de mortalité.

NOTE

[1] *Principes et recommandations pour un système de statistiques de l'état civil, deuxième révision,* numéro de vente : F.01.XVII.10, publication des Nations Unies, New York, 2001.

4. Vital statistics summary and life expectancy at birth: 2007 - 2011
Aperçu des statistiques de l'état civil et de l'espérance de vie à la naissance : 2007 - 2011

Continent, country or area and year / Continent, pays ou zone et année	Code[a]	Live births Naissances vivantes — Number Nombre	Live births — Crude birth rate Taux brut de natalité	Code[a]	Deaths Décès — Number Nombre	Deaths — Crude death rate Taux brut de mortalité	Rate of natural increase Taux d'accroissement naturel	Code[a]	Infant deaths Décès d'enfants de moins d'un an — Number Nombre	Infant deaths — Rate (per 1000 births) Taux (par 1000 naissances)	Life expectancy at birth Espérance de vie à la naissance — Male[b] Masculin[b]	Life expectancy at birth — Female[b] Féminin[b]	Total fertility rate L'indice synthétique de fécondité
AFRICA - AFRIQUE													
Algeria - Algérie[1]													
2007	C	783 000[2]	23.0	U	149 000[2]	...	...		...	...	74.7	76.8	...
2008	C	817 000[2]	23.6	U	153 000[2]	...	...		...	...	74.9	76.6	...
2009	C*	849 000[2]	24.1	U	159 000[2]	...	...		...	...	74.7	76.3	...
2010	C	887 810[2]	24.7	U	157 000[2]	...	...		...	...	75.6	77.0	...
Botswana													
2007		...	...	+U	11 074[3]	...	...	+U	658[3]	...	...	...	2.900
Burkina Faso[4]													
2007	I	663 100	46.5	I	176 700	12.4	34.1		...	...	...	...	...
2008	I	679 200	46.1	I	174 800	11.9	34.2		...	...	...	...	...
Cape Verde - Cap-Vert													
2007	C	12 335	25.1	C	2 846	5.8	19.3		...	...	...	...	...
2008	C	12 697	25.4	C	2 873	5.7	19.7		...	...	...	...	...
2009	C	13 044	25.6	C	2 897	5.7	19.9		...	...	...	...	...
2010	C	13 415	25.9	C	2 917	5.6	20.3		...	...	...	...	...
Egypt - Égypte													
2007	+C	1 949 569	26.5	C	450 596	6.1	20.4	C	34 612	17.8	...	...	3.000
2008	+C	2 050 704	27.3	C	461 934	6.1	21.1	C	32 174	15.7	...	...	3.000
2009	+C	2 217 409	28.8	C	476 592	6.2	22.6	C	25 760	11.6	...	...	...
2010	+C	2 261 409	28.7	C	483 385	6.1	22.6	C	31 698	14.0	68.2	70.9	...
2011	+C*	2 442 094	30.4	C*	493 096	6.1	24.2		...	...	68.6	71.4	...
Ethiopia - Éthiopie[5]													
2007	I	2 218 457	28.8	I	839 038	10.9	17.9		...	...	...	...	...
Ghana													
2007	+U	767 109[6]	...		...	...	...	+U	52 014	...	...	...	...
2008	+U	553 119[7]	...		...	...	...	+U	52 038	...	...	...	4.000
Kenya													
2007	U	464 283	...	U	170 167	...	...	U	35 154	...	...	...	...
2008	U	660 383	...	U	219 477	...	...	U	46 565	...	...	...	...
2009	U	691 312	...	U	181 220	...	...	U	40 190	...	...	...	...
Liberia - Libéria[8]													
2008	I	63 171	18.2		...	...	...		...	...	...	...	...
Malawi													
2007	U	626 181[4]	...	U	206 527[4]	...	...		...	...	45.7[4]	48.3[4]	...
2008	I	516 629[9]	37.9	I	135 865[9]	10.0	27.9		...	...	...	...	...
Mauritius - Maurice[10]													
2007	+C	17 034	13.5	+C	8 498	6.7	6.8	+C	261	15.3	...	...	1.662
2008	+C	16 372	12.9	+C	9 004	7.1	5.8	+C	236	14.4	III69.2	76.1	1.582
2009	+C	15 344	12.0	+C	9 224	7.2	4.8	+C	205	13.4	III69.4	76.6	1.502
2010	+C	15 005	11.7	+C	9 131	7.1	4.6	+C	187	12.5	III69.5	76.7	1.466
2011	+C	14 701	11.4	+C	9 170	7.1	4.3	+C	189	12.9	...	...	...
Morocco - Maroc													
2007		...	...	U	105 222	...	...	U	5 140	...	...	...	...
Namibia - Namibie[4]													
2007		...	...	I	28 673	14.1	...		...	...	...	...	...
Niger													
2007	...	118 423	...	...	6 337[11]	...	...		...	...	...	...	...
Nigeria - Nigéria													
2007	...	1 807 025	...		...	...	...		...	...	...	...	...
Réunion													
2007	C	14 808[2]	18.6	C	4 045	5.1	13.6	C	91[2]	6.1	...	...	...
2008	C	14 927[2]	18.5	C	4 115	5.1	13.4		...	...	...	...	...
2009	C	14 299[2]	17.5	C	4 109	5.0	12.5		...	...	74.9	82.7	...
2010	C	14 146[2]	17.1	C	4 221	5.1	12.0		...	...	...	...	...
Rwanda													
2007	U	404 792	...	U	141 015	...	...		...	...	48.5	52.3	5.500
2008	U	417 171	...	U	142 339	...	...		...	...	49.0	52.8	5.460
2009	U	429 065	...	U	143 538	...	...		...	...	49.4	53.3	5.420

Continent, country or area and year / Continent, pays ou zone et année	Live births Naissances vivantes			Deaths Décès			Rate of natural increase	Infant deaths Décès d'enfants de moins d'un an			Life expectancy at birth Espérance de vie à la naissance		Total fertility rate
	Code[a]	Number Nombre	Crude birth rate Taux brut de natalité	Code[a]	Number Nombre	Crude death rate Taux brut de mortalité	Taux d'accroissement naturel	Code[a]	Number Nombre	Rate (per 1000 births) Taux (par 1000 naissances)	Male[b] Masculin[b]	Female[b] Féminin[b]	L'indice synthétique de fécondité
AFRICA - AFRIQUE													
Saint Helena ex. dep. - Sainte-Hélène sans dép.													
2007	C	42	10.6	C	59	14.9	-4.3	C	-	...	[X]70.8	77.3	...
2008	C	36	9.0	C	44	11.1	-2.0	C	-	...	[X]71.1	77.6	...
2009	C	35	8.5	C	41	9.9	-1.5	C	-	...	[X]72.5	79.2	...
2010	C	34	8.0	C	53	12.5	-4.5	C	-	...	...	...	...
2011	C	34	...	C	49	...	...	C	-	...	...	...	...
Senegal - Sénégal													
2007	I	477 431[12]	41.4	I	135 172[12]	11.7	29.7	I	31 576[12]	66.1	...	...	5.020[4]
2008	I	488 754[12]	41.3	I	136 839[12]	11.6	29.7	I	31 889[12]	65.2	...	...	4.970[4]
2009	I	498 714[12]	41.0	I	138 182[12]	11.4	29.6	I	32 094[12]	64.4	...	...	4.910[4]
2010	I	509 230[12]	40.7	I	139 651[12]	11.2	29.5	I	32 314[12]	63.5	...	...	4.860[4]
2011		...	...		...	...	...		...	...	56.9[4]	59.8[4]	...
Seychelles													
2007	+C	1 499	17.6	+C	630	7.4	10.2	+C	16	...	68.9	77.7	2.200
2008	+C	1 546	17.8	+C	662	7.6	10.2	+C	20	...	68.4	78.0	2.300
2009	+C	1 580	18.1	+C	684	7.8	10.3	+C	17	...	...	...	2.380
2010	+C	1 504	16.8	+C	664	7.4	9.4	+C	21	...	...	...	2.170
2011	+C	1 625	18.6	+C	691	7.9	10.7	+C	16	...	67.7	78.1	2.380
Sierra Leone													
2008	...	115 736	...		...	...	...	...	2 914.	...	...	...	...
2009	...	101 868	...		...	...	...	...	3 238	...	...	...	...
South Africa - Afrique du Sud													
2007	U	1 047 067	...	U	603 094	...	...	...	46 708	...	52.2	56.1	2.480
2008	U	1 062 689	...	U	592 073	...	...	...	45 316	...	53.3	57.2	2.410
2009	U	1 000 741	...	U	572 673	...	...	...	...	...	53.5	57.2	2.380
2010	U	939 646	...		...	...	...		...	...	...	...	...
2011	U	1 059 417	...		...	...	...		...	...	...	...	...
Swaziland													
2007	I	33 084[5]	32.4	I	18 367[5]	18.0	14.4		...	...	42.2[13]	43.1[13]	...
Tunisia - Tunisie													
2007	C	177 503	17.4	U	56 741	...	...		...	...	72.3	76.2	2.040
2008	C	182 990	17.7	U	60 000	...	...		...	...	...	...	...
Uganda - Ouganda[14]													
2011		...	...		...	...	...		...	...	...	...	6.200
United Republic of Tanzania - République Unie de Tanzanie													
2010	...	1 678 325	...	...	573 213	...	...		...	...	...	...	...
AMERICA, NORTH - AMÉRIQUE DU NORD													
Anguilla													
2007	+C	148	9.9	+C	70	4.7	5.2	+C	-	...	...	...	...
2008	+C	154	9.9	+C	57	3.7	6.2	+C	-	...	...	...	...
2009	+C	181	11.3	+C	59	3.7	7.6	...	...	...	...	...	...
2010	+C	182	11.1	+C	66	4.0	7.1	...	...	...	...	...	...
2011	+C	185	11.1	+C	55	3.3	7.8	...	...	...	...	...	...
Antigua and Barbuda - Antigua-et-Barbuda													
2007	+C	1 295	15.1	+C	471	5.5	9.6	+C	27	...	71.8	80.6	...
2008	+C	1 452	16.6	+C	531	6.1	10.5	+C	14	...	71.6	78.1	...
2009	+C	1 418	15.9	+C	507	5.7	10.2	+C	7	...	72.9	78.7	...
2010	+C	1 255	13.8	+C	491	5.4	8.4	+C	11	...	74.0	79.7	...
Aruba													
2007	C	1 239	11.9	C	521	5.0	6.9	+U	4	...	...	...	1.739
2008	C	1 218	11.6	C	523	5.0	6.6		...	...	...	...	...

Continent, country or area and year Continent, pays ou zone et année	Live births Naissances vivantes			Deaths Décès			Rate of natural increase Taux d'accrois-sement naturel	Infant deaths Décès d'enfants de moins d'un an			Life expectancy at birth Espérance de vie à la naissance		Total fertility rate L'indice synthétique de fécondité
	Code[a]	Number Nombre	Crude birth rate Taux brut de natalité	Code[a]	Number Nombre	Crude death rate Taux brut de mortalité		Code[a]	Number Nombre	Rate (per 1000 births) Taux (par 1000 naiss-ances)	Male[b] Masculin[b]	Female[b] Féminin[b]	
AMERICA, NORTH - AMÉRIQUE DU NORD													
Aruba													
2009	C	1 213	11.3	C	623	5.8	5.5	...	...	...	...	...	...
2010	C	1 141	11.2	C	610	6.0	5.2	...	...	...	...	...	...
Bahamas													
2007	U	5 854	...	C	1 798	5.4	...	C	69	...	...	...	2.140
2008	U	5 124[15]	...	C	1 863	5.5	...	...	...	...	...	...	1.995
2009	U	5 027[15]	...	...	...	...	...	...	...	...	...	...	2.025
Barbados - Barbade													
2007	+C	3 537	12.9	+C	2 213	8.1	4.8	+C	31	8.8	...	...	...
Bermuda - Bermudes													
2007	C	859[16]	13.4	C	468[16]	7.3	6.1	C	4	...	...	...	1.762
2008	C	821[16]	12.8	C	443[16]	6.9	5.9	C	4	...	76.8	82.1	1.765
2009	C	819[16]	12.7	C	471[16]	7.3	5.4	C	1	...	...	...	1.820
2010	C*	769[16]	11.9	C*	475[16]	7.4	4.6	...	...	...	76.9	82.3	1.760
Canada													
2007	C	367 864[17]	11.2	C	235 217[17]	7.1	4.0	C	1 881[17]	5.1	III78.3	83.0	1.659
2008	C	377 886[17]	11.3	C	238 617[17]	7.2	4.2	C	1 911[17]	5.1	III78.5	83.2	1.681
2009	C	380 863[17]	11.3	...	...	...	...	...	...	...	...	...	1.668
Cayman Islands - Îles Caïmanes													
2007	C	744[18]	13.8	C	160	3.0	10.8	C	5	...	...	...	1.600
2008	C	793[18]	14.2	C	166	3.0	11.2	...	...	...	...	...	...
2009	C	824[18]	15.6	C	152[19]	2.9	12.7	C	3	...	...	...	...
2010	C	821[18]	15.0	C	152[19]	2.8	12.2	C	2	...	...	...	...
2011	C	800[18]	14.5	C	176[19]	3.2	11.3	...	...	...	...	...	...
Costa Rica													
2007	C	73 144	16.5	C	17 070	3.8	12.6	C	735	10.0	76.8	81.7	2.000
2008	C	75 187	16.6	C	18 021	4.0	12.6	C	673	9.0	...	...	1.900
2009	C	75 000	16.2	C	18 560	4.0	12.2	C	663	8.8	76.8	81.8	1.974
2010	C*	70 922	15.5	C*	19 077	4.2	11.4	C*	671	9.5	76.8	81.8	1.810
2011	C*	73 459	15.9	C*	18 801	4.1	11.8	C*	666	9.1	...	...	...
Cuba													
2007	C	112 472	10.0	C	81 927	7.3	2.7	C	592	5.3	III76.0	80.0	1.432
2008	C	122 569	10.9	C	86 423	7.7	3.2	C	579	4.7	...	...	1.590
2009	C	130 036	11.6	C	86 940	7.7	3.8	C	626	4.8	...	...	1.704
2010	C	127 746	11.4	C*	91 065	8.1	3.3	C*	581	4.5	...	...	1.687
Dominica - Dominique													
2007	+C	904	12.7	+C	567	8.0	4.7	...	...	...	...	...	...
2008	+C	964	13.5	+C	545	7.6	5.9	...	...	...	73.8	78.2	...
2009	+C	943	13.2	+C	559	7.8	5.4	...	...	...	...	...	...
2010	+C	933	...	+C	588	...	...	...	...	...	...	...	...
Dominican Republic - République dominicaine													
2007	U	133 925	...	U	32 887	...	...	U	80	...	...	...	2.702[4]
2008	U	136 721	...	U	32 830	...	...	U	107	...	...	...	2.670[4]
2009	U	134 874	...	U	32 619	...	...	U	103	...	69.3	75.7	2.632[4]
2010	U	121 159	...	U	34 157	...	...	U	480	...	VI69.2[4]	75.5[4]	2.560
El Salvador													
2007	C	106 471[20]	17.5	C	31 349	5.1	12.3	C	981[21]	9.2	...	...	...
2008	C	111 278[20]	18.2	C	31 594	5.2	13.0	C	947[21]	8.5	...	...	...
2009	C	107 880[20]	17.5	C	31 349	5.1	12.4	C	888[21]	8.2	...	...	...
Greenland - Groenland													
2007	C	853	15.1	C	452	8.0	7.1	C	9	...	V66.3	71.3	2.278
2008	C	834	14.8	C	428	7.6	7.2	C	8	...	V66.6	71.6	2.217
2009	C	895	15.9	C	437	7.8	8.1	C	4	...	...	...	2.394
2010	C	869	15.4	C	504	8.9	6.5	C	6	...	V67.8	72.8	2.280
2011	C*	821	14.5	C	470	8.3	6.2	C	9	...	...	...	...

4. Vital statistics summary and life expectancy at birth: 2007 - 2011
Aperçu des statistiques de l'état civil et de l'espérance de vie à la naissance : 2007 - 2011 (continued - suite)

Continent, country or area and year / Continent, pays ou zone et année	Live births / Naissances vivantes Code[a]	Number Nombre	Crude birth rate Taux brut de natalité	Deaths / Décès Code[a]	Number Nombre	Crude death rate Taux brut de mortalité	Rate of natural increase Taux d'accrois-sement naturel	Infant deaths / Décès d'enfants de moins d'un an Code[a]	Number Nombre	Rate (per 1000 births) Taux (par 1000 naiss-ances)	Life expectancy at birth / Espérance de vie à la naissance Male[b] Masculin[b]	Female[b] Féminin[b]	Total fertility rate L'indice synthétique de fécondité
AMERICA, NORTH - AMÉRIQUE DU NORD													
Guadeloupe[2]													
2007	C	6 862	17.1	C	2 769	6.9	10.2		...	...	...	...	...
2008	C	5 758	14.3	C	2 786	6.9	7.4		...	...	...	...	...
2009	C	5 487	13.7	C	2 857	7.1	6.5		...	...	...	...	...
2010	C	5 341	13.3	C	2 963	7.4	5.9		...	...	...	...	...
Guatemala													
2007	C	366 128	27.4	C	70 030	5.2	22.2		...	...	...	...	...
2008	C	369 769	27.0	C	70 233	5.1	21.9		...	...	...	...	...
Honduras													
2007	+U	223 063	...	+U	35 974	...	...		...	...	...	...	...
2008	+U	223 390	...	+U	36 260	...	...		...	...	...	...	...
2009	+U	223 483	...	+U	36 536	...	...		...	...	...	...	...
2010	+U	223 345	...	+U	36 812	...	...		...	...	...	...	...
2011	+U	224 409	...	+U	37 211	...	...		...	...	...	...	...
Jamaica - Jamaïque													
2007	C	45 590[22]	17.0	U	17 048[23]	...	...		...	...	...	...	2.220
2008	C	44 838[22]	16.7	U	17 000[23]	...	...		...	...	...	...	...
2009	C	44 006[22]	16.3	U	17 318[23]	...	...		...	...	...	...	...
2010	C	41 333[22]	15.3	U	17 996[23]	...	...		...	...	...	...	...
2011	C	41 216[22]	15.2	U	17 879[23]	...	...		...	...	...	...	...
Martinique													
2007	C	5 317[2]	13.4	C	2 830[2]	7.1	6.3	C	47	8.8	76.5	82.9	...
2008	C	5 333[2]	13.4	C	2 793[2]	7.0	6.4		...	...	...	...	...
2009	C	5 174[2]	13.1	C	2 771[2]	7.0	6.1		...	...	...	...	...
2010	C	4 889[2]	12.3	C	2 844[2]	7.2	5.2		...	...	...	...	...
Mexico - Mexique													
2007	+U	2 186 374[24]	...	+C	513 122[25]	4.9	...	+U	30 412[25]	...	72.6	77.4	2.134
2008	+U*	2 243 145[24]	...	+C	538 288[25]	5.0	...	+U	29 519[25]	...	72.8	77.5	2.104
2009		...	...	+C	563 516[25]	5.2	...	+U	28 983[25]	...	...	...	...
2010		...	...	+C*	590 886[25]	5.3	...	+U	28 861[25]	...	...	...	...
Montserrat													
2007	+C	43	8.9	+C	44	9.1	-0.2		...	...	...	...	...
2008	+C	72	14.8	+C	45	9.2	5.5		...	...	...	...	...
Nicaragua													
2007	+U	128 171	...	+U	17 288	...	...	+U	1 955	...	...	...	...
2008	+U	125 028	...	+U	18 079	...	...	+U	1 932	...	...	...	...
2010		...	...		...	...	...		...	...	[VI]63.4	68.9	...
Panama													
2007	C	67 364	20.2	U	14 775	...	...	U	992	...	...	...	2.500
2008	C	68 759	20.3	U	15 115	...	...	U	877	...	...	...	2.500
2009	C	68 364	19.8	U	15 498	...	...	U	837	...	...	...	2.500
2010	C	67 955	19.4	U	16 542	...	...	U	910	...	73.4[26]	78.7[26]	2.400
2011	C*	73 292	20.1	U	16 367	...	...		...	...	...	...	...
Puerto Rico - Porto Rico													
2007	C	46 744	11.9	C	29 276	7.4	4.4	C	387	8.3	...	...	1.644
2008	C	45 675	11.6	C	29 100	7.4	4.2	C	400	8.8	...	...	...
Saint Vincent and the Grenadines - Saint-Vincent-et-les Grenadines													
2007	+C	1 822	18.2	+C	779	7.8	10.4	+C	34	18.7	...	...	...
2008	+C	1 901	19.2	+C	848	8.6	10.6	+C	34	17.9	...	...	...
2009	+C	1 905	18.9	+C	765	7.6	11.3	+C	32	16.8	...	...	...
Turks and Caicos Islands - Îles Turques et Caïques													
2007	C	455[27]	13.1	C	116	3.3	9.7	C	2	...	...	...	...
2008	C	453[27]	12.4	C	65	1.8	10.6	C	3	...	...	...	...

4. Vital statistics summary and life expectancy at birth: 2007 - 2011
Aperçu des statistiques de l'état civil et de l'espérance de vie à la naissance : 2007 - 2011 (continued - suite)

Continent, country or area and year / Continent, pays ou zone et année	Live births - Naissances vivantes			Deaths - Décès			Rate of natural increase Taux d'accroissement naturel	Infant deaths - Décès d'enfants de moins d'un an			Life expectancy at birth - Espérance de vie à la naissance		Total fertility rate L'indice synthétique de fécondité
	Code[a]	Number Nombre	Crude birth rate Taux brut de natalité	Code[a]	Number Nombre	Crude death rate Taux brut de mortalité		Code[a]	Number Nombre	Rate (per 1000 births) Taux (par 1000 naissances)	Male[b] Masculin[b]	Female[b] Féminin[b]	
AMERICA, NORTH - AMÉRIQUE DU NORD													
United States of America - États-Unis d'Amérique													
2007	C	4 316 233	14.3	C	2 423 712	8.0	6.3	C	29 138	6.8	75.4	80.4	2.122
2008	C	4 247 694	14.0	C	2 471 984	8.1	5.8	C	28 059	6.6	75.6	80.6	2.085
2009	C	4 130 665	13.5	C	2 437 163	7.9	5.5	C	26 412	6.4	...	...	2.007
2010		...	...	C	2 465 936	8.0	...	C*	24 548	...	...	...	1.932
United States Virgin Islands - Îles Vierges américaines													
2007	C	1 771	16.1	C	727	6.6	9.5	C	12	...	...	...	...
AMERICA, SOUTH - AMÉRIQUE DU SUD													
Argentina - Argentine													
2007	C	700 792	17.8	C	315 852	8.0	9.8	C	9 300	13.3	...	...	2.288
2008	C	746 066	18.8	C	301 801	7.6	11.2	C	9 326	12.5	...	...	2.409
2009	C	745 336	18.6	C	304 525	7.6	11.0	C	9 013	12.1	...	...	2.380
2010	C	756 176	18.7	C	318 602	7.9	10.8	C	8 961	11.9	V71.6[4]	79.1[4]	2.392
Bolivia (Plurinational State of) - Bolivie (État plurinational de)													
2007	U*	96 856	...	U*	21 846[15]	...			...	...	...	...	3.544
2008		...	...		...	...			...	...	...	...	3.456
2009		...	...		...	...			...	...	...	...	3.371
2010		...	...		...	...			...	...	...	...	3.287
2011		...	...		...	...			...	...	64.6	68.9	3.207
Brazil - Brésil													
2007	U	2 750 667[26]	...	U	1 032 450[26]	...		U	35 159[26]	...	68.8[26]	76.4[26]	1.925
2008	U	2 789 820[26]	...	U	1 060 365[26]	...		U	34 375[26]	...	69.1[26]	76.7[26]	1.863
2009	U	2 752 401[26]	...	U	1 079 228[26]	...		U	33 713[26]	...	69.7[26]	77.3[26]	1.806
2010	U	2 760 961[28]	...	U	1 117 675[26]	...			...	...	...	...	1.755
Chile - Chili													
2007	C	240 569	14.5	C	93 000	5.6	8.9	C	2 009	8.4	...	...	1.880
2008	C	246 581	14.7	C	90 168	5.4	9.3	C	1 948	7.9	...	...	1.918
2009	C	252 240	14.9	C	91 965	5.4	9.5	C	1 997	7.9	75.4	80.9	1.940
2010		...	...		...	...			...	...	VI75.5	81.5	...
Colombia - Colombie													
2007	U	709 253	...	U	193 936	...		U	10 867	...	VI69.6	75.7	...
2008	U	715 453	...	U	196 943	...		U	10 560	...	...	...	...
2009	U*	686 045	...	U	193 580	...		U	9 250	...	...	...	...
2010	U*	639 750	...	U*	198 314	...		U*	8 186	...	VI70.7[29]	77.5[29]	...
2011	U*	621 901	...	U*	162 706	...		U*	7 060	...	...	...	...
Ecuador - Équateur													
2007	+U	283 984	...	U	58 016[30]	...		U	3 529[30]	...	...	...	2.580[4]
2008	+U	291 055	...	U	60 023[30]	...		U	3 380[30]	...	...	...	2.580[4]
2009	+U	215 906[31]	...	U	59 714[30]	...		U	3 279[30]	...	...	...	2.580[4]
2010	+U	219 162[31]	...	U	61 681[30]	...		U	3 204[30]	...	VI72.1[32]	78.0[32]	1.898[4]
French Guiana - Guyane française													
2007	C	6 386[2]	30.0	C	690[2]	3.2	26.7	C	77	12.1	75.1	80.8	...
2008	C	6 247[2]	28.5	C	762[2]	3.5	25.0		...	...	...	...	...
2009	C	6 171[2]	27.5	C	699[2]	3.1	24.4		...	...	...	...	...
2010	C	6 083[2]	26.4	C	773[2]	3.4	23.0		...	...	...	...	...
Guyana													
2007		...	...	+C	5 066	6.6			...	...	...	...	...
2008		...	...	+C	5 003	6.5			...	...	...	...	...

Continent, country or area and year / Continent, pays ou zone et année	Live births Naissances vivantes				Deaths Décès			Rate of natural increase Taux d'accroissement naturel	Infant deaths Décès d'enfants de moins d'un an			Life expectancy at birth Espérance de vie à la naissance		Total fertility rate L'indice synthétique de fécondité
	Code[a]	Number Nombre	Crude birth rate Taux brut de natalité	Code[a]		Number Nombre	Crude death rate Taux brut de mortalité		Code[a]	Number Nombre	Rate (per 1000 births) Taux (par 1000 naissances)	Male[b] Masculin[b]	Female[b] Féminin[b]	
AMERICA, SOUTH - AMÉRIQUE DU SUD														
Guyana														
2009		...	...	+C		3 849	5.0	...		...	...	...	...	...
2010		...	...	+C		4 649	5.9	...		...	...	...	...	...
Paraguay														
2007	+U	95 788	...	+U		23 025	...	...	+U	1 599	...	...	...	...
2008	+U	99 674	...	+U		24 417	...	...	+U	1 674	...	...	...	...
2010		...	...			...	...	...		...	...	VI69.7	73.9	...
Peru - Pérou														
2007	+U	324 480[33]	...	+U		87 495[34]	...	...	+U	5 516[35]	...	...	...	2.620
2008	+U	359 140[33]	...	+U		91 277[34]	...	...	+U	5 581[35]	...	...	...	2.580
2009	+U	396 616[33]	...	+U		95 721[34]	...	...	+U	6 018[35]	...	...	...	2.530
2010	+U*	459 586[36]	...			...	...	...		...	...	...	...	2.490
Suriname														
2007	C	9 769[37]	19.2	C		3 374[38]	6.6	12.5	C	134[38]	13.7	...	...	2.387
2008	C	10 097[37]	19.5	C		3 357[38]	6.5	13.0		...	...	...	...	...
2009	C	9 792[37]	18.7	C		3 293[38]	6.3	12.4		...	...	...	...	...
Uruguay														
2007	C	47 372	14.3	C		33 706	10.1	4.1	C	573	12.1	72.3	79.6	2.019
2008	C	53 199	16.0	C		31 363	9.4	6.5	C	504	9.5	72.4	79.7	2.008
2009	C*	47 152	14.1	C*		32 179	9.6	4.5	C	451	9.6	...	...	...
2010	C*	47 420	14.1	C*		33 474	10.0	4.2	C	364	7.7	...	...	...
Venezuela (Bolivarian Republic of) - Venezuela (République bolivarienne du)														
2007	C	615 371	22.4	C		118 594	4.3	18.1	C	6 340	10.3	70.7	76.6	2.583[39]
2008	C	581 480	20.8	C		124 062	4.4	16.4		...	...	...	...	2.550[39]
ASIA - ASIE														
Afghanistan[40]														
2009		...	...			...	...	...		...	...	...	...	6.300
Armenia - Arménie														
2007	C	40 105	12.4	C		26 830[41]	8.3	4.1	C	433[41]	10.8	II70.2	76.6	1.417
2008	C	41 185	12.7	C		27 412[41]	8.5	4.3	C	442[41]	10.7	...	...	1.444
2009	C	44 413	13.7	C		27 560[41]	8.5	5.2	C	454[41]	10.2	...	...	1.551
2010	C	44 825	13.8	C		27 921[41]	8.6	5.2	C	512[41]	11.4	...	...	...
2011	C	43 340	13.3	C		27 963[41]	8.6	4.7	C	507[41]	11.7	...	...	...
Azerbaijan - Azerbaïdjan														
2007	+C	151 963[41]	17.4	+C		53 655[41]	6.2	11.3	+C	1 756[41]	11.6	69.7	75.1	2.329
2008	+C	152 086[41]	17.2	+C		52 710[41]	6.0	11.2	+C	1 715[41]	11.3	69.9	75.4	2.251
2009	+C	152 139[41]	17.0	+C		52 514[41]	5.9	11.1	+C	1 731[41]	11.4	71.0	76.1	2.260
2010	+C	165 643[41]	18.3	+C		53 580[41]	5.9	12.4	+C	1 843[41]	11.1	70.9	76.1	...
2011	+C	176 072[41]	19.4	+C		53 762[41]	5.9	13.5	+C	1 903[41]	10.8	...	...	...
Bahrain - Bahreïn														
2007	C	16 062	15.5	C		2 270	2.2	13.3	C	133	8.3	...	...	1.960
2008	C	17 022	15.4	C		2 390	2.2	13.2	C	127	7.5	...	...	...
2009	C	17 841	15.1	C		2 387	2.0	13.1	C	128	7.2	...	...	...
Bangladesh														
2007	I	...	20.9[42]	I		...	6.2[42]	...	I	...	43.0[42]	65.4	67.9	2.390
2008		...	...			...	...	...		...	...	...	...	2.300
2009		...	...			...	...	...		...	...	...	...	2.150
2010	U	2 868 494	...	U		842 095	...	...	U	104 591	...	66.7	68.8	2.120
Brunei Darussalam - Brunéi Darussalam														
2007	+C	6 314	16.2	+C		1 174	3.0	13.2	+C	48	7.6	75.2	77.8	1.700
2008	+C	6 424	16.1	+C		1 091	2.7	13.4	+C	45	7.0	76.6	79.8	1.700

4. Vital statistics summary and life expectancy at birth: 2007 - 2011
Aperçu des statistiques de l'état civil et de l'espérance de vie à la naissance : 2007 - 2011 (continued - suite)

Continent, country or area and year / Continent, pays ou zone et année	Code[a]	Live births / Naissances vivantes Number Nombre	Crude birth rate Taux brut de natalité	Code[a]	Deaths / Décès Number Nombre	Crude death rate Taux brut de mortalité	Rate of natural increase Taux d'accrois-sement naturel	Code[a]	Infant deaths / Décès d'enfants de moins d'un an Number Nombre	Rate (per 1000 births) Taux (par 1000 naiss-ances)	Life expectancy at birth / Espérance de vie à la naissance Male[b] Masculin[b]	Female[b] Féminin[b]	Total fertility rate L'indice synthétique de fécondité
ASIA - ASIE													
Cambodia - Cambodge													
2008		...	...		...	...	...		...	...	...	...	3.300
China - Chine[43]													
2007	I	15 940 000	12.1	I	9 130 000	6.9	5.2		...	...	...	...	...
2008	I	16 080 000	12.1	I	9 350 000	7.1	5.1		...	...	...	...	...
2009	I	16 190 396	12.2	I	9 449 959	7.1	5.1		...	...	...	...	...
2010	I	15 920 000	11.9	I	9 510 000	7.1	4.8		...	...	...	...	...
2011	I	16 040 000	11.9	I	9 600 000	7.1	4.8		...	...	...	...	...
China, Hong Kong SAR - Chine, Hong Kong RAS													
2007	C	70 875	10.2	C	39 476	5.7	4.5	C	125	1.8	...	...	1.024[44]
2008	C	78 822	11.3	C	41 796	6.0	5.3	C	145	1.8	79.3	85.5	1.056[44]
2009	C	82 095	11.7	C	41 175	5.9	5.8	C	136	1.7	79.7	85.9	1.042[44]
China, Macao SAR - Chine, Macao RAS													
2007	C	4 537	8.6	C	1 545	2.9	5.7	C	11	...	...	...	0.993
2008	C	4 717	8.5	C	1 756	3.2	5.4	C	15	...	...	...	0.960
2009	C	4 764	8.8	C	1 664	3.1	5.7	C	10	...	[IV]79.4	85.2	0.994
2010	C	5 114	9.4	C	1 774	3.3	6.1	C	15	...	[IV]79.5	85.4	1.059
2011	C	5 852	10.5	C	1 836	3.3	7.2		...	...	...	...	...
Cyprus - Chypre[45]													
2007	C	8 575	10.9	C	5 391	6.9	4.1	C	32	3.7	[II]78.3	81.9	1.390
2008	C	9 205	11.6	C	5 194	6.5	5.1	C	32	3.5	...	...	1.460
2009	C	9 608	12.0	C	5 182	6.5	5.5	C	32	3.3	...	...	1.510
2010	C*	9 989	12.4	C*	5 392	6.7	5.7	C	31	3.1	...	...	...
2011	C*	9 622	11.3	C*	5 504	6.5	4.8	C	30	3.1	...	...	...
Democratic People's Republic of Korea - République populaire démocratique de Corée													
2008	I	345 630[46]	14.4	I	216 616[46]	9.0	5.4	I	6 686[46]	19.3	65.6	72.7	2.000
Georgia - Géorgie													
2007	C	49 287	11.2	C	41 178[41]	9.4	1.8	C	656[41]	13.3	70.5	79.4	1.450
2008	C	56 565	12.9	C	43 011[41]	9.8	3.1	C	959[41]	17.0	69.3	79.0	1.670
2009	C	63 377	14.4	C	46 625[41]	10.6	3.8	C	945[41]	14.9	69.9	78.7	...
2010	C	62 585	14.1	C	47 864[41]	10.7	3.3	C	701[41]	11.2	...	...	...
2011	C	58 014	13.0	C	49 818[41]	11.1	1.8	C	703[41]	12.1	...	...	...
India - Inde[47]													
2007	I	...	23.1[48]	I	...	7.4[48]	...	I	...	55.0[48]	...	...	2.683
2008	I	...	22.8[48]	I	...	7.4[48]	...	I	...	53.0[48]	...	...	2.600
Indonesia - Indonésie													
2007		...	...		...	...	...		...	...	...	...	2.173
2008		...	...		...	...	...		...	...	...	...	2.163
2009		...	...		...	...	...		...	...	...	...	2.154
2010		...	...		...	...	...		...	...	...	...	2.144
Iran (Islamic Republic of) - Iran (République islamique d')[49]													
2007	+C	1 286 716	18.1	+U	412 735	...	...		...	...	...	...	...
2008	+C	1 300 166	18.0	+U	417 798	...	...		...	...	...	...	...
Israel - Israël[50]													
2007	C	151 679	21.1	C	40 081[51]	5.6	15.5	C	592[51]	3.9	78.8	82.5	2.905
2008	C	156 923	21.5	C	39 484[51]	5.4	16.1	C	602[51]	3.8	79.1	83.0	2.962
2009	C	161 042	21.5	C	38 812[51]	5.2	16.3	C	619[51]	3.8	79.7	83.5	2.962
2010	C	166 255	21.8	C	39 624[51]	5.2	16.6	C	616[51]	3.7	79.7	83.6	3.029
2011	C*	166 091	21.4	C	40 580[51]	5.2	16.2	C	568[51]	3.4	...	...	...
Japan - Japon[52]													
2007	C	1 089 818	8.6	C	1 108 334	8.8	-0.1	C	2 828	2.6	79.2	86.0	1.337
2008	C	1 091 156	8.7	C	1 142 407	9.1	-0.4	C	2 798	2.6	79.3	86.1	1.367

4. Vital statistics summary and life expectancy at birth: 2007 - 2011
Aperçu des statistiques de l'état civil et de l'espérance de vie à la naissance : 2007 - 2011 (continued - suite)

Continent, country or area and year / Continent, pays ou zone et année	Code[a]	Live births Naissances vivantes Number Nombre	Crude birth rate Taux brut de natalité	Code[a]	Deaths Décès Number Nombre	Crude death rate Taux brut de mortalité	Rate of natural increase Taux d'accrois- sement naturel	Code[a]	Infant deaths Décès d'enfants de moins d'un an Number Nombre	Rate (per 1000 births) Taux (par 1000 naiss- ances)	Life expectancy at birth Espérance de vie à la naissance Male[b] Masculin[b]	Female[b] Féminin[b]	Total fertility rate L'indice synthétique de fécondité
ASIA - ASIE													
Japan - Japon[52]													
2009	C	1 070 035	8.4	C	1 141 865	8.9	-0.6	C	2 556	2.4	79.6	86.4	1.368
2010	C	1 071 304	8.4	C	1 197 012	9.3	-1.0	C	2 450	2.3	79.6	86.4	1.387
Jordan - Jordanie[53]													
2007	C	185 011	32.3	U	20 924	...	...		...	...	71.6	74.4	3.600
2008	C	181 328	31.0	U	19 403	...	...		...	...	...	...	3.800
2009	C	179 872	30.1	U	20 251	...	...		...	...	...	...	3.800
2010	C	183 948	30.1	U	21 550	...	...		...	...	...	...	3.800
2011		...	...		...	...	...		...	...	...	...	3.800
Kazakhstan													
2007	C	321 963[41]	20.8	C	158 297[41]	10.2	10.6	C	4 646[41]	14.4	60.7	72.6	2.490
2008	C	356 575[41]	22.7	C	152 706[41]	9.7	13.0	C	7 322[41]	20.5	61.9	72.4	2.680
2009	C*	357 552[41]	22.5	C*	142 780[41]	9.0	13.5		...	...	...	...	...
Kuwait - Koweït													
2007	C	53 587	22.2	C	5 293	2.2	20.0	C	449	8.4	...	...	2.715
2008	C	54 571	21.9	C	5 701	2.3	19.6	C	494	9.1	...	...	2.678
2009	C	56 503	21.9	C	6 266	2.4	19.4	C	596	10.5	...	...	2.690
2010	C	57 533	21.5	C	5 448	2.0	19.5	C	496	8.6	...	...	...
Kyrgyzstan - Kirghizstan													
2007	C	123 251	24.4	C	38 180	7.6	16.8	C	3 771	30.6	63.7	72.3	2.706[54]
2008	C	127 332	25.1	C	37 710	7.4	17.7	C	3 453	27.1	64.5	72.6	2.756[54]
2009	C	135 494	26.4	C	35 898	7.0	19.4	C	3 393	25.0	65.2	73.2	2.876
2010	C	146 123	28.1	C	36 174	7.0	21.2	C	3 337	22.8	65.3	73.5	3.062
Lebanon - Liban													
2007	C	80 896	21.5	C	21 092	5.6	15.9		...	...	...	...	...
2008	C	84 823	...	C	21 048	...	...		...	...	...	...	...
2009	C	90 388	...	C	22 260	...	...		...	...	...	...	...
2010	C	95 218	...	C	25 500	...	...		...	...	...	...	...
Malaysia - Malaisie													
2007	C	472 048	17.4	C	118 167	4.3	13.0	C	2 926	6.2	...	...	2.300
2008	C	487 346	17.7	C	124 857	4.5	13.2	C	3 045	6.2	...	...	2.326
2009	C	496 313	17.8	C	130 135	4.7	13.1	C	3 404	6.9	...	...	2.329
2010	C*	475 816	16.8	C*	129 327	4.6	12.3	C*	3 251	6.8	...	...	2.200
Maldives													
2007	C	6 569	21.5	C	1 119	3.7	17.9	C	66	10.0	...	...	...
2008	C	6 989	22.6	C	1 083	3.5	19.1	C	76	10.9	...	...	...
2009	C	7 423	23.6	C	1 163	3.7	19.9	C	81	10.9	72.5	74.2	...
2010	C	7 115	22.3	C	1 105	3.5	18.8	C	78	11.0	72.6	74.4	...
Mongolia - Mongolie													
2007	+C	56 636	21.7	+C	16 259	6.2	15.4	+C	994	17.6	x63.1	70.2	2.341
2008	+C	63 768	24.0	+C	15 413	5.8	18.2	+C	1 240	19.4	x63.7	71.0	2.595
2009	+C	69 167	25.5	+C	16 911	6.2	19.3	+C	1 386	20.0	64.3	71.8	2.695
2010	+C	63 270	22.9	+C	18 293	6.6	16.3	+C	1 275	20.2	64.9	72.3	2.390
Myanmar													
2007	+U	945 859	...	+U	266 206	...	...	+U	43 077	...	64.0[55]	69.0[55]	2.060[55]
2008	+U	890 034	...	+U	483 373	...	...	+U	26 265	...	64.3[55]	68.3[55]	2.047[55]
2009	+U	948 106	...	+U	325 343	...	...	+U	25 782	...	65.5[55]	70.7[55]	2.040[55]
2010	+U	965 937	...	+U	346 205	...	...		...	...	...	...	...
Nepal - Népal													
2008		...	...		...	...	...		...	...	63.6	64.5	...
2011		...	...		...	...	...		...	...	...	...	2.600
Occupied Palestinian Territory - Territoire palestinien occupé													
2007	C	115 371[56]	31.0	U	9 887	...	...	U	794	...	70.0	72.6	4.600
2008		...	...		...	...	...		...	...	70.2	72.9	...
2010		...	...		...	...	...		...	...	...	...	4.100
2011		...	...		...	...	...		...	...	71.0	73.9	...

Continent, country or area and year / Continent, pays ou zone et année	Live births / Naissances vivantes			Deaths / Décès			Rate of natural increase / Taux d'accrois-sement naturel	Infant deaths / Décès d'enfants de moins d'un an			Life expectancy at birth / Espérance de vie à la naissance		Total fertility rate / L'indice synthétique de fécondité
	Code[a]	Number Nombre	Crude birth rate Taux brut de natalité	Code[a]	Number Nombre	Crude death rate Taux brut de mortalité		Code[a]	Number Nombre	Rate (per 1000 births) Taux (par 1000 naiss-ances)	Male[b] Masculin[b]	Female[b] Féminin[b]	
ASIA - ASIE													
Oman													
2007	U	53 498[57]	...	U	6 769[57]	...	...	U	524[57]	...	...	...	2.590
2008	U	58 280[57]	...	U	7 298[57]	...	...	U	534[57]	...	72.2	75.7	2.610
2009	U	64 735[57]	...	U	7 098[57]	...	...	U	676[57]	...	...	...	3.300
2010	U	65 528[57]	...	U	6 974[57]	...	...	U	600[57]	...	...	...	...
2011	U	67 922[57]	...	U	7 667[57]	...	...	U	598[57]	...	...	...	...
Pakistan[58]													
2007	I	3 830 973	24.0	I	1 019 533	6.4	17.6	I	288 192	75.2	63.6	67.6	3.700
Philippines													
2007	C	1 749 878	19.7	C	441 956	5.0	14.7	C	21 720	12.4	...	...	...
2008	C	1 784 316	19.7	C	461 581	5.1	14.6	C	22 351	12.5	...	...	...
2009	C	1 745 585	18.9	C	480 820	5.2	13.7	C	21 659	12.4	...	...	...
Qatar													
2007	C	15 681	12.9	C	1 776	1.5	11.4	C	117	7.5	81.0	79.2	2.453
2008	C	17 210	11.9	C	1 942	1.3	10.5	C	132	7.7	77.9	78.1	2.428
2009	C	18 351	11.2	C	2 008	1.2	10.0	C	130	7.1	...	...	2.282
2010	C	19 504	11.4	C	1 970	1.1	10.2	C	132	6.8	78.0	78.8	2.076
2011	C*	14 879	9.2	C	1 887	1.2	8.0		...	...	...	...	...
Republic of Korea - République de Corée													
2007	C	493 189[59]	10.0	C	244 874[60]	5.0	5.1	C	1 703[60]	3.5	76.1	82.7	1.250[60]
2008	C	465 892[59]	9.4	C	246 113[60]	5.0	4.4	C	1 580[60]	3.4	76.5	83.3	1.192[60]
2009	C	444 849[59]	9.0	C	246 942[60]	5.0	4.0	C	1 415[60]	3.2	77.0	83.8	1.149[60]
2010	C	470 171[59]	9.4	C	255 403[60]	5.1	4.3	C	1 506[60]	3.2	77.2	84.1	1.226[60]
Saudi Arabia - Arabie saoudite[61]													
2007	...	595 099	...	...	95 166	...	...	...	10 782	...	...	...	3.170
2008	...	598 126	...	...	96 641	...	...	...	10 576	...	...	...	3.100
2009	...	601 949	...	...	98 289	...	...	...	10 409	...	72.5	74.7	3.040
Singapore - Singapour													
2007	C	39 490	8.6	+C	17 140	3.7	4.9	+C	94	2.4	78.1[25]	82.9[25]	1.290[62]
2008	C	39 826	8.2	+C	17 222	3.6	4.7	+C	104	2.6	78.4[25]	83.3[25]	1.280[62]
2009	C	39 570	7.9	+C	17 101	3.4	4.5	+C	102	2.6	78.9[25]	83.7[25]	1.220[62]
2010	C	37 967	7.5	+C	17 610	3.5	4.0	+C	100	2.6	79.3[63]	84.1[63]	1.150[62]
2011	C	39 654	7.6	+C	18 027	3.5	4.2		...	...	...	...	1.200[62]
Sri Lanka													
2007	+C	386 573	19.3	+C	118 998	5.9	13.4	+C	3 298	8.5	...	...	2.362
2008	+C*	379 912	18.8	+C*	118 279	5.9	12.9		...	...	...	...	...
2009	+C*	376 843	18.4	+C*	120 085	5.9	12.6		...	...	...	...	...
2010	+C*	364 565	17.7	+C*	128 603	6.2	11.4		...	...	...	...	...
Syrian Arab Republic - République arabe syrienne[64]													
2007	+U	727 439	...	+U	76 064	...	...		...	...	...	...	...
2008	+U	750 321	...	+U	85 811	...	...		...	...	...	...	...
2009	+U	721 587	...	+U	86 642	...	...		...	...	...	...	...
2010	+U	870 100	...	+U	91 981	...	...		...	...	...	...	...
Tajikistan - Tadjikistan													
2007	U	200 010[65]	...	U	30 332[41]	...	...	U	2 166[41]	...	...	...	...
2008	U	203 332[65]	...	U	30 743[41]	...	...	U	2 480[41]	...	69.7	74.8	...
2009	U	199 800[65]	...	U	32 300[41]	...	...		...	...	70.5	75.3	...
2010	U	222 300[65]	...	U	33 300[41]	...	...		...	...	...	...	...
Thailand - Thaïlande													
2007	+U	797 588	...	+U	393 255	...	...	+U	5 781	...	...	...	...
2008	+U	784 256	...	+U	397 327	...	...	+U	5 721	...	...	...	...
2009	+U	765 047	...	+U	393 916	...	...	+U	5 416	...	...	...	...
2010	+U	761 689	...	+U	411 331	...	...		...	...	...	...	...
Turkey - Turquie													
2007	C	1 266 503	18.1	U	464 000	...	...	I	21 293[66]	16.8 [66]	...	...	2.150
2008	C	1 262 333	17.8	U	454 000	...	...	I	20 352[66]	16.1 [66]	71.4[66]	75.8[66]	2.140

Continent, country or area and year / Continent, pays ou zone et année	Live births / Naissances vivantes			Deaths / Décès			Rate of natural increase Taux d'accroissement naturel	Infant deaths / Décès d'enfants de moins d'un an			Life expectancy at birth / Espérance de vie à la naissance		Total fertility rate / L'indice synthétique de fécondité
	Code[a]	Number Nombre	Crude birth rate Taux brut de natalité	Code[a]	Number Nombre	Crude death rate Taux brut de mortalité		Code[a]	Number Nombre	Rate (per 1000 births) Taux (par 1000 naissances)	Male[b] Masculin[b]	Female[b] Féminin[b]	
ASIA - ASIE													
Turkey - Turquie													
2009	C	1 254 946	17.4	U	367 971	...	...	I	19 431[66]	15.5[66]	71.5[66]	76.1[66]	2.120
2010	C	1 238 970	16.9	U	459 000	...	...	I	16 883[66]	13.6[66]	...	...	2.110
2011	C*	1 278 000	17.2	U	465 000	...	...	C*	16 103	12.6	...	...	...
United Arab Emirates - Émirats arabes unis[67]													
2007	...	67 667	...	...	7 414	...	...	...	528	...	...	...	...
2008	...	68 779	...	...	7 755	...	...		...	...	...	...	...
2009	...	76 366	...	...	7 789	...	...		...	...	...	...	...
2010	...	79 625	...	...	7 414	...	...		...	...	...	...	...
Uzbekistan - Ouzbékistan													
2007	C	608 917	22.8	C	137 430[41]	5.2	17.7		...	...	...	...	...
2008	C	646 096	23.9	C	138 792[41]	5.1	18.7		...	...	...	...	...
2009	C	651 320	23.7	C	133 610[41]	4.9	18.8		...	...	...	...	...
2010	C	634 810	22.7	C	138 411[41]	4.9	17.7		...	...	...	...	...
2011	C	626 881	21.5	C	144 585[41]	5.0	16.6		...	...	...	...	...
Viet Nam													
2007	C	1 326 464	15.7	C	382 624	4.5	11.2	C	21 223	16.0	...	...	2.070
2008		...	...		...	...	...		...	...	70.6	76.0	2.080
2009		...	...		...	...	...		...	...	70.2	75.6	2.030
2010		...	...		...	...	...		...	...	...	...	2.000
2011		...	...		...	...	...		...	...	70.4	75.8	1.990
Yemen - Yémen													
2007	U	256 288	...	U	24 449	...	...						
EUROPE													
Åland Islands - Îles d'Åland													
2007	C	286	10.6	C	249	9.2	1.4	C	-	...	79.4	85.1	1.847
2008	C	294	10.8	C	250	9.2	1.6	C	1	...	...	...	1.881
2009	C	267	9.7	C	247	9.0	0.7	C	-	...	79.4	84.1	1.682
2010	C	286	10.3	C	233	8.4	1.9	C	-	...	...	...	1.831
Albania - Albanie													
2007	C	33 163	10.5	C	14 509	4.6	5.9	C	205	6.2	...	...	...
2008	C	36 251	11.4	C	16 143	5.1	6.3	C	217	6.0	...	...	...
2011	C	32 628	11.5	C	19 636	6.9	4.6		...	...	...	...	...
Andorra - Andorre													
2007	C	826	10.0	C	230	2.8	7.2	C	1	...	...	...	1.170
2008	C	875	10.4	C	237	2.8	7.6	C	3	...	...	...	1.263
2009	C	838	9.8	C	272	3.2	6.6	C	1	...	...	...	1.232
2010	C	828	9.8	C	239	2.8	7.0	C	-	...	...	...	1.246
Austria - Autriche													
2007	C	76 250	9.2	C	74 625	9.0	0.2	C	280	3.7	77.3	82.8	1.379
2008	C	77 752	9.3	C	75 083	9.0	0.3	C	287	3.7	77.6	83.0	1.414
2009	C	76 344	9.1	C	77 381[68]	9.3	-0.1	C	289	3.8	77.4	82.9	1.392
2010	C	78 742	9.4	C	77 199[68]	9.2	0.2	C	307	3.9	77.7	83.2	1.440
2011	C	78 109	9.3	C	76 479[68]	9.1	0.2		...	...	...	...	...
Belarus - Bélarus													
2007	C	103 626	10.7	C	132 993	13.7	-3.0	C	534	5.2	64.5	76.2	1.373
2008	C	107 876	11.1	C	133 879	13.8	-2.7	C	483	4.5	64.7	76.5	1.424
2009	C	109 263	11.4	C	135 097	14.1	-2.7	C	511	4.7	64.7	76.4	1.442
2010	C	108 050	11.4	C	137 132	14.5	-3.1	C	429	4.0	64.6	76.5	...
2011	C	109 147	11.5	C	135 090	14.3	-2.7	C	420	3.8	...	...	...
Belgium - Belgique													
2007	C	124 095[69]	11.7	C	100 658[69]	9.5	2.2	C	487[69]	3.9	...	...	1.805
2008	C	127 205[69]	11.9	C	104 587[69]	9.8	2.1	C	478[69]	3.8	...	...	...
2009	C	127 297[69]	11.8	C	104 509[69]	9.7	2.1	C	439[69]	3.4	...	...	...

4. Vital statistics summary and life expectancy at birth: 2007 - 2011
Aperçu des statistiques de l'état civil et de l'espérance de vie à la naissance : 2007 - 2011 (continued - suite)

Continent, country or area and year / Continent, pays ou zone et année	Code[a]	Live births Naissances vivantes — Number Nombre	Crude birth rate Taux brut de natalité	Code[a]	Deaths Décès — Number Nombre	Crude death rate Taux brut de mortalité	Rate of natural increase Taux d'accroissement naturel	Code[a]	Infant deaths Décès d'enfants de moins d'un an — Number Nombre	Rate (per 1000 births) Taux (par 1000 naissances)	Life expectancy at birth Espérance de vie à la naissance — Male[b] Masculin[b]	Female[b] Féminin[b]	Total fertility rate L'indice synthétique de fécondité
EUROPE													
Belgium - Belgique													
2010	C*	129 173[69]	11.9	C*	105 094[69]	9.6	2.2	C	463[69]	3.6	...	...	...
2011	C*	131 000[69]	11.9	C*	106 000[69]	9.6	2.3	C*	426[69]	3.3	...	...	...
Bosnia and Herzegovina - Bosnie-Herzégovine													
2007	C	33 835	8.8	C	35 044	9.1	-0.3	C	231	6.8	...	...	1.174
2008	C	34 176	8.9	C	34 026	8.9	0.0	C	235	6.9	...	...	...
2009	C	34 550	9.0	C	34 904	9.1	-0.1	C	224	6.5	...	...	1.303
2010	C	33 528	8.7	C	35 118	9.1	-0.4	C	216	6.4	...	...	1.266
Bulgaria - Bulgarie													
2007	C	75 349	9.8	C	113 004	14.8	-4.9	C	690	9.2	[III]69.2	76.3	1.416
2008	C	77 712	10.2	C	110 523	14.5	-4.3	C	668	8.6	[III]69.5	76.6	1.478
2009	C	80 956	10.7	C	108 068	14.2	-3.6	C	729	9.0	[III]69.9	77.1	1.565
2010	C	75 513	10.0	C	110 165	14.6	-4.6	C	708	9.4	[III]70.0	77.2	1.486
2011	C	70 846	9.6	C	108 258	14.7	-5.1	C	601	8.5	...	...	...
Croatia - Croatie													
2007	C	41 910	9.4	C	52 367	11.8	-2.4	C	234	5.6	...	...	1.401
2008	C	43 753	9.9	C	52 151	11.8	-1.9	C	195	4.5	...	...	1.472
2009	C	44 577	10.1	C	52 414	11.8	-1.8	C	235	5.3	...	...	1.497
2010	C	43 361	9.8	C	52 096	11.8	-2.0	C	192	4.4	...	...	1.460
2011	C*	41 197	9.3	C*	51 019	11.6	-2.2	...	...	...	...	...	...
Czech Republic - République tchèque													
2007	C	114 632[70]	11.1	C	104 636	10.1	1.0	C	360	3.1	73.7	79.9	1.438
2008	C	119 570[70]	11.5	C	104 948	10.1	1.4	C	338	2.8	74.0	80.1	1.497
2009	C	118 348[70]	11.3	C	107 421	10.2	1.0	C	341	2.9	74.2	80.1	1.492
2010	C	117 153[70]	11.1	C	106 844	10.2	1.0	C	313	2.7	74.4	80.6	1.493
2011	C	108 673[70]	10.4	C	106 848	10.2	0.2	C	298	2.7	...	...	...
Denmark - Danemark[71]													
2007	C	64 095	11.7	C	55 604	10.2	1.6	C	256	4.0	[II]75.9	80.5	1.846
2008	C	65 038	11.8	C	54 591	9.9	1.9	C	262	4.0	[II]76.3	80.7	1.892
2009	C	62 818	11.4	C	54 872	9.9	1.4	C	193	3.1	[II]76.5	80.8	1.842
2010	C	63 411	11.4	C	54 368	9.8	1.6	C	216	3.4	[II]77.1	81.2	1.875
2011	C	58 998	10.6	C	52 516	9.4	1.2	C	208	3.5	...	...	...
Estonia - Estonie													
2007	C	15 775	11.8	C	17 409	13.0	-1.2	C	79	5.0	67.2	78.8	1.638
2008	C	16 028	12.0	C	16 675	12.4	-0.5	C	80	5.0	68.6	79.2	1.661
2009	C	15 763	11.8	C	16 081	12.0	-0.2	C	57	3.6	69.8	80.2	1.630
2010	C	15 825	11.8	C	15 790	11.8	0.0	C	53	3.3	70.6	80.7	1.636
2011	C	14 679	11.0	C	15 244	11.4	-0.4	C	36	2.5	...	...	...
Faeroe Islands - Îles Féroé													
2007	C	674	13.9	C	383	7.9	6.0	C	4	...	...	...	2.533
2008	C	665	13.7	C	378	7.8	5.9		...	...	76.8	82.3	...
2009	C	614	12.6	C	387	8.0	4.7		...	...	...	...	...
2010	C	639	13.2	C	348	7.2	6.0		...	...	...	...	...
2011	C	576	11.9	C	364	7.5	4.4		...	...	...	...	...
Finland - Finlande													
2007	C	58 729[72]	11.1	C	49 077[73]	9.3	1.8	C	161[73]	2.7	75.8	82.9	1.829
2008	C	59 530[72]	11.2	C	49 094[73]	9.2	2.0	C	157[73]	2.6	76.3	83.0	1.846
2009	C	60 163[74]	11.3	C	49 636[75]	9.3	2.0	C	158[75]	2.6	76.5	83.1	1.864
2010	C	60 694[74]	11.4	C	50 654[75]	9.5	1.9	C	139[75]	2.3	...	...	1.870
2011	C*	59 956[74]	11.1	C*	50 434[75]	9.4	1.8	C	143[73]	2.4	...	...	...
France													
2007	C	785 985[76]	12.7	C	521 016[76]	8.4	4.3	C	2 822[76]	3.6	...	...	1.956
2008	C	796 044[76]	12.8	C	532 131[76]	8.5	4.2	C	2 856[76]	3.6	[III]77.4	84.3	1.998
2009	C	793 420[76]	12.7	C	538 116[76]	8.6	4.1	C	2 903[76]	3.7	[III]77.6	84.4	...
2010	C	802 224[76]	12.7	C	540 469[76]	8.6	4.2	C	2 785[76]	3.5	...	...	1.997
2011	C*	797 000[76]	12.6	C*	544 000[76]	8.6	4.0		...	...	...	...	...

4. Vital statistics summary and life expectancy at birth: 2007 - 2011
Aperçu des statistiques de l'état civil et de l'espérance de vie à la naissance : 2007 - 2011 (continued - suite)

Continent, country or area and year / Continent, pays ou zone et année	Live births Naissances vivantes			Deaths Décès			Rate of natural increase Taux d'accrois-sement naturel	Infant deaths Décès d'enfants de moins d'un an			Life expectancy at birth Espérance de vie à la naissance		Total fertility rate L'indice synthétique de fécondité
	Code[a]	Number Nombre	Crude birth rate Taux brut de natalité	Code[a]	Number Nombre	Crude death rate Taux brut de mortalité		Code[a]	Number Nombre	Rate (per 1000 births) Taux (par 1000 naiss-ances)	Male[b] Masculin[b]	Female[b] Féminin[b]	
EUROPE													
Germany - Allemagne													
2007	C	684 862	8.3	C	827 155	10.1	-1.7	C	2 656	3.9	[III]76.9	82.3	1.370
2008	C	682 514	8.3	C	844 439	10.3	-2.0	C	2 414	3.5	...	...	1.376
2009	C	665 126	8.1	C	854 544	10.4	-2.3	C	2 334	3.5	...	...	...
2010	C	677 947	8.3	C	858 768	10.5	-2.2	C	2 322	3.4	[III]77.5	82.6	1.393
2011	C	662 685	8.1	C	852 328	10.4	-2.3	C	2 408	3.6	[III]77.7	82.7	...
Gibraltar													
2007	+C	400[77]	13.7	+C	202[78]	6.9	6.8	+C	1	...	...	...	...
2008	+C	400[77]	13.7	+C	227[78]	7.8	5.9		...	...	...	...	...
2009	+C	417[77]	14.2	+C	234[78]	8.0	6.2		...	...	...	...	...
2010	+C	493[77]	16.7	+C	231[78]	7.8	8.9		...	...	...	...	...
Greece - Grèce													
2007	C	111 926	10.0	C	109 895	9.8	0.2	C	397	3.5	77.0	82.0	1.417
2008	C	118 302	10.5	C	107 979	9.6	0.9	C	314	2.7	77.5	82.5	1.506
2009	C	117 933	10.5	C	108 316	9.6	0.9	C	371	3.1	77.7	82.8	1.522
2010	C	114 766	10.1	C	109 084	9.6	0.5	C	436	3.8	...	...	...
2011	C*	104 000	9.2	C*	108 100	9.6	-0.4	C*	400	3.8	...	...	...
Guernsey - Guernesey													
2007	C	645	10.5	C	513	8.4	2.2		...	...	...	...	...
2008	C	631	10.2	C	476	7.7	2.5		...	...	...	...	...
2009	C	675	10.8	C	543	8.7	2.1		...	...	...	...	...
Hungary - Hongrie													
2007	C	97 613	9.7	C	132 938	13.2	-3.5	C	577	5.9	69.2	77.3	1.323
2008	C	99 149	9.9	C	130 027	13.0	-3.1	C	553	5.6	69.8	77.8	1.352
2009	C	96 442	9.6	C	130 414	13.0	-3.4	C	495	5.1	70.1	77.9	1.327
2010	C	90 335	9.0	C	130 456	13.0	-4.0	C	481	5.3	70.5	78.1	1.256
2011	C*	88 050	8.8	C*	128 700	12.9	-4.1	C*	435	4.9	...	...	...
Iceland - Islande													
2007	C	4 560	14.6	C	1 943	6.2	8.4	C	9	...	[II]79.4	82.9	2.102
2008	C	4 835	15.1	C	1 987	6.2	8.9	C	12	...	[II]79.6	81.3	2.140
2009	C	5 027	15.7	C	2 002	6.3	9.5	C	9	...	...	...	2.221
2010	C	4 907	15.4	C	2 020	6.4	9.1	C	11	...	[II]79.5	83.5	2.197
2011	C	4 496	14.1	C	1 985	6.2	7.9	C	4	...	...	...	...
Ireland - Irlande													
2007	C	71 389[79]	16.4 [79]	C	28 117[79]	6.5 [79]	9.9	+C	221	3.1	...	...	2.030
2008	C	73 996[79]	16.7 [79]	C	28 274[79]	6.4 [79]	10.3	+C	284	3.8	...	...	2.100
2009	+C	74 278	16.7	+C	28 898	6.5	10.2	+C	240	3.2	...	...	2.000
2010	+C	73 724	16.5	+C	27 122	6.1	10.4	+C	279	3.8	...	...	2.070
2011	+C*	74 727	16.7	+C*	28 400	6.3	10.3		...	...	...	...	...
Isle of Man - Île de Man													
2007	+C	919	11.4	+C	789	9.8	1.6		...	...	...	...	...
Italy - Italie													
2007	C	563 933	9.5	C	572 881	9.6	-0.2	C	1 959	3.5	78.7	84.0	1.374
2008	+C	576 659	9.6	C	578 192	9.7	0.0	C	1 997	3.5	78.8	84.1	1.414
2009	+C	568 857	9.5	C	585 182	9.7	-0.3	C	1 947	3.4	...	...	1.411
2010	+C	561 944	9.3	C	587 488	9.7	-0.4	C	1 887	3.4	...	...	1.410
2011	+C*	555 613	9.1	C*	591 934	9.7	-0.6		...	...	...	...	...
Jersey													
2007	+C	1 031[24]	11.1	+C	708	7.6	3.5		...	...	...	...	1.679
2008	+C	973[24]	10.3	+C	743	7.8	2.4		...	...	...	...	...
Latvia - Lettonie													
2007	C	23 273	10.2	C	33 042	14.5	-4.3	C	203	8.7	65.8	76.5	1.412
2008	C	23 948	10.6	C	31 006	13.7	-3.1	C	161	6.7	67.2	77.9	1.453
2009	C	21 677	9.6	C	29 897	13.3	-3.6	C	168	7.8	68.3	78.1	1.319
2010	C	19 219	8.6	C	30 040	13.4	-4.8	C	110	5.7	68.8	78.4	1.180
2011	C*	18 586	9.0	C	28 519	13.8	-4.8	C	124	6.7	...	...	...
Liechtenstein													
2007	C	351	9.9	C	227	6.4	3.5	C	-	...	...	...	1.400
2008	C	350	9.9	C	205	5.8	4.1	C	-	...	...	...	1.400
2009	C	406	11.3	C	229	6.4	4.9	C	1	...	...	...	1.728

Continent, country or area and year / Continent, pays ou zone et année	Code[a]	Live births / Naissances vivantes — Number / Nombre	Crude birth rate / Taux brut de natalité	Code[a]	Deaths / Décès — Number / Nombre	Crude death rate / Taux brut de mortalité	Rate of natural increase / Taux d'accroissement naturel	Code[a]	Infant deaths / Décès d'enfants de moins d'un an — Number / Nombre	Rate (per 1000 births) / Taux (par 1000 naissances)	Life expectancy at birth / Espérance de vie à la naissance — Male[b] / Masculin[b]	Female[b] / Féminin[b]	Total fertility rate / L'indice synthétique de fécondité
EUROPE													
Liechtenstein													
2010	C	329	9.1	C	238	6.6	2.5	C	1	...	...	...	1.402
2011	C*	395	10.9	C*	248	6.8	4.0	C*	1	...	...	...	...
Lithuania - Lituanie													
2007	C	32 346	9.6	C	45 624	13.5	-3.9	C	190	5.9	64.9	77.2	1.353
2008	C	35 065	10.4	C	43 832	13.1	-2.6	C	172	4.9	66.3	77.6	1.470
2009	C	36 682	11.0	C	42 032	12.6	-1.6	C	181	4.9	67.5	78.6	1.546
2010	C	35 626	10.8	C	42 120	12.8	-2.0	C	153	4.3	68.0	78.8	1.550
2011	C	34 385	10.7	C	41 037	12.7	-2.1	C	144	4.2	...	...	...
Luxembourg													
2007	C	5 477	11.4	C	3 866	8.1	3.4	C	10	...	III77.6	82.7	1.607
2008	C	5 596	11.5	C	3 595	7.4	4.1	C	10	...	...	...	1.605
2009	C	5 638	11.3	C	3 655	7.3	4.0	C	14	...	...	...	1.586
2010	C	5 874	11.6	C	3 760	7.4	4.2	C	20	...	...	...	1.625
2011	C	5 639	10.9	C	3 819	7.4	3.5	C	24	...	...	...	...
Malta - Malte													
2007	C	3 871	9.5	C	3 111	7.6	1.9	C	25	...	77.2	81.7	1.370
2008	C	4 126	10.0	C	3 243	7.9	2.1	C	34	8.2	76.7	82.3	1.430
2009	C	4 143	10.0	C	3 221	7.8	2.2	C	22	...	77.7	82.2	1.440
2010	C	4 008	9.6	C	3 010	7.2	2.4	C	22	...	78.9	83.1	1.370
2011	C	4 283	10.2	C	3 266	7.8	2.4	C	26	...	...	...	...
Montenegro - Monténégro													
2007	C	7 834	12.5	C	5 979	9.5	3.0	C	58	7.4	...	...	1.690
2008	C	8 258	13.1	C	5 708	9.1	4.1	C	62	7.5	...	...	1.772
2009	C	8 642	13.7	C	5 862	9.3	4.4	C	49	5.7	...	...	...
2010	C	7 418	12.0	C	5 633	9.1	2.9	...	...	...	...	...	...
2011	C	7 215	11.7	C	5 847	9.5	2.2	...	...	...	...	...	...
Netherlands - Pays-Bas													
2007	C	181 336[80]	11.1	C	133 022[80]	8.1	2.9	C	736[80]	4.1	78.0	82.3	1.718
2008	C	184 634[80]	11.2	C	135 136[80]	8.2	3.0	C	698[80]	3.8	78.3	82.3	1.775
2009	C	184 915[80]	11.2	C	134 235[80]	8.1	3.1	C	711[80]	3.8	78.5	82.7	1.790
2010	C	184 397[80]	11.1	C	136 058[80]	8.2	2.9	C	695[80]	3.8	...	...	1.787
2011	C	179 448[80]	10.7	C	135 516[80]	8.1	2.6	...	...	...	...	...	...
Norway - Norvège[81]													
2007	C	58 459	12.4	C	41 954[82]	8.9	3.5	C	180[82]	3.1	78.2	82.7	1.900
2008	C	60 497	12.7	C	41 712[82]	8.7	3.9	C	163[82]	2.7	78.3	83.0	1.960
2009	C	61 807	12.8	C	41 449[82]	8.6	4.2	C	192[82]	3.1	78.6	83.1	1.980
2010	C	61 442	12.6	C	41 499[82]	8.5	4.1	C	171[82]	2.8	78.9	83.2	1.950
2011	C	60 220	12.2	C	41 393[82]	8.4	3.8	C	142[82]	2.4	...	...	...
Poland - Pologne													
2007	C	387 873	10.2	C	377 226	9.9	0.3	C	2 322	6.0	71.0	79.7	1.306
2008	C	414 499	10.9	C	379 399	10.0	0.9	C	2 338	5.6	...	...	1.390
2009	C	417 589	10.9	C	384 940	10.1	0.9	C	2 327	5.6	71.5	80.1	1.398
2010	C	413 300	10.8	C	378 478	9.9	0.9	C	2 057	5.0	72.1	80.6	1.382
2011	C	388 416	10.2	C	375 501	9.8	0.3	C	1 836	4.7	...	...	...
Portugal													
2007	C	102 492[24]	9.7	C	103 512[25]	9.8	-0.1	C	353[25]	3.4	III75.2	81.6	1.335
2008	C	104 594[24]	9.8	C	104 280[25]	9.8	0.0	C	340[25]	3.3	III75.5	81.7	1.374
2009	C	99 491[24]	9.4	C	104 434[25]	9.8	-0.5	C	362[25]	3.6	III75.8	81.8	1.323
2010	C	101 381[24]	9.5	C	105 953[25]	10.0	-0.4	C	255[25]	2.5	III76.1	82.1	...
2011	C	96 856[24]	9.2	C	102 839[25]	9.7	-0.6	C	302[25]	3.1	...	...	...
Republic of Moldova - République de Moldova													
2007	C	37 973[83]	10.6	C	43 050[83]	12.0	-1.4	C	428[83]	11.3	65.0	72.6	1.256
2008	C	39 018[84]	10.9	C	41 948[84]	11.7	-0.8	C	473[84]	12.1	...	...	1.277
2009	C	40 803[84]	11.4	C	42 139[84]	11.8	-0.4	C	492[84]	12.1	65.3	73.4	1.326
2010	C	40 474[84]	11.4	C	43 631[84]	12.2	-0.9	C	476[84]	11.8	65.0	73.4	1.309
2011	C	39 181[84]	11.0	C	39 249[84]	11.0	0.0	C	431[84]	11.0	...	...	...

4. Vital statistics summary and life expectancy at birth: 2007 - 2011
Aperçu des statistiques de l'état civil et de l'espérance de vie à la naissance : 2007 - 2011 (continued - suite)

Continent, country or area and year / Continent, pays ou zone et année	Live births / Naissances vivantes			Deaths / Décès			Rate of natural increase / Taux d'accroissement naturel	Infant deaths / Décès d'enfants de moins d'un an			Life expectancy at birth / Espérance de vie à la naissance		Total fertility rate / L'indice synthétique de fécondité
	Code[a]	Number / Nombre	Crude birth rate / Taux brut de natalité	Code[a]	Number / Nombre	Crude death rate / Taux brut de mortalité		Code[a]	Number / Nombre	Rate (per 1000 births) / Taux (par 1000 naissances)	Male[b] / Masculin[b]	Female[b] / Féminin[b]	
EUROPE													
Romania - Roumanie													
2007	C	214 728	10.0	C	251 965	11.7	-1.7	C	2 574	12.0	[III]69.2	76.1	1.293
2008	C	221 900	10.3	C	253 202	11.8	-1.5	C	2 434	11.0	[III]69.5	76.7	1.350
2009	C	222 388	10.4	C	257 213	12.0	-1.6	C	2 250	10.1	[III]69.7	77.1	1.371
2010	C	212 199	9.9	C	259 723	12.1	-2.2	C	2 078	9.8	[III]69.8	77.3	1.327
2011	C	196 242	9.2	C	251 439	11.8	-2.6	C	1 850	9.4	...	...	...
Russian Federation - Fédération de Russie													
2007	C	1 610 122[41]	11.3	C	2 080 445[41]	14.6	-3.3	C	14 858[41]	9.2	61.4	73.9	1.406
2008	C	1 713 947[41]	12.1	C	2 075 954[41]	14.6	-2.6	C	14 436[41]	8.4	61.8	74.2	1.494
2009	C	1 761 687[41]	12.4	C	2 010 543[41]	14.2	-1.8	C	14 271[41]	8.1	62.8	74.7	1.537
2010	C	1 788 948[41]	12.6	C	2 028 516[41]	14.2	-1.7	C	13 405[41]	7.5	...	...	...
2011	C*	1 796 627[41]	12.6	C*	1 925 719[41]	13.5	-0.9	C*	13 136[41]	7.3	...	...	...
San Marino - Saint-Marin													
2007	+C	292	9.4	+C	225	7.2	2.1	+C	-	...	...	...	...
2008	+C	349	11.0	+C	190	6.0	5.0		...	...	...	...	...
2009	+C	306	9.3	+C	233	7.1	2.2		...	...	...	...	...
2011	+C	325	9.7	+C	222	6.7	3.1	+C	1	...	...	...	...
Serbia - Serbie													
2007	+C	68 102[85]	9.2	+C	102 805[85]	13.9	-4.7	+C	484[85]	7.1	70.7	76.2	1.379
2008	+C	69 083[85]	9.4	+C	102 711[85]	14.0	-4.6	+C	460[85]	6.7	71.1	76.3	1.406
2009	+C	70 299[85]	9.6	+C	104 000[85]	14.2	-4.6	+C	492[85]	7.0	71.1	76.4	1.437
2010	+C	68 304[85]	9.4	+C	103 211[85]	14.2	-4.8	+C	460[85]	6.7	71.4	76.6	1.410
2011	+C	65 598[85]	9.0	+C	102 935[85]	14.1	-5.1	+C	414[85]	6.3	...	...	...
Slovakia - Slovaquie													
2007	C	54 424	10.1	C	53 856	10.0	0.1	C	334	6.1	70.5	78.1	1.251
2008	C	57 360	10.6	C	53 164	9.8	0.8	C	336	5.9	70.9	78.7	1.320
2009	C	61 217	11.3	C	52 913	9.8	1.5	C	346	5.7	71.3	78.7	1.411
2010	C	60 410	11.1	C	53 445	9.8	1.3	C	344	5.7	71.6	78.8	1.398
2011	C	60 813	11.3	C	51 903	9.6	1.7	C	300	4.9	...	...	...
Slovenia - Slovénie													
2007	C	19 823	9.8	C	18 584	9.2	0.6	C	55	2.8	[II]75.0	82.3	1.380
2008	C	21 817	10.8	C	18 308	9.1	1.7	C	52	2.4	75.8	82.3	1.528
2009	C	21 856	10.7	C	18 750	9.2	1.5	C	52	2.4	...	...	1.534
2010	C	22 343	10.9	C	18 609	9.1	1.8	C	56	2.5	76.3	82.7	1.574
2011	C*	21 647	10.5	C*	18 678	9.1	1.4	C*	64	3.0	...	...	...
Spain - Espagne													
2007	C	492 527	11.0	C	385 361	8.6	2.4	C	1 704	3.5	...	...	1.400
2008	C	519 779	11.4	C	386 324	8.5	2.9	C	1 741	3.3	78.2	84.3	1.461
2009	C	493 717	10.7	C	383 209	8.3	2.4	C	1 578	3.2	78.5	84.6	1.393
2010	C	485 252	10.5	C	381 409	8.3	2.3	C	1 531	3.2	78.9	84.9	1.382
2011	C*	475 147	10.3	C*	388 527	8.4	1.9	C*	1 602	3.4	...	...	...
Sweden - Suède													
2007	C	107 421	11.7	C	91 729	10.0	1.7	C	268	2.5	78.9	83.0	1.879
2008	C	109 301	11.9	C	91 449	9.9	1.9	C	272	2.5	79.1	83.2	1.907
2009	C	111 801	12.0	C	90 080	9.7	2.3	C	278	2.5	79.4	83.4	1.935
2010	C	115 641	12.3	C	90 487	9.6	2.7	C	294	2.5	79.5	83.5	1.985
2011	C	111 770	11.8	C	89 938	9.5	2.3	C	234	2.1	...	...	...
Switzerland - Suisse													
2007	C	74 494	9.9	C	61 089	8.1	1.8	C	293	3.9	79.2	84.1	1.460
2008	C	76 691	10.0	C	61 233	8.0	2.0	C	308	4.0	[II]79.5	84.2	1.480
2009	C	78 286	10.1	C	62 476	8.1	2.0	C	337	4.3	[II]79.7	84.3	1.497
2010	C	80 290	10.3	C	62 649	8.0	2.3	C	307	3.8	[II]79.9	84.4	1.540
2011	C*	80 808	10.2	C*	62 091	7.8	2.4	C*	305	3.8	...	...	...
TFYR of Macedonia - L'ex-R. y. de Macédoine													
2007	C	22 688	11.1	C	19 594	9.6	1.5	C	234	10.3	71.9	76.1	1.458
2008	C	22 945	11.2	C	18 982	9.3	1.9	C	223	9.7	72.1	76.3	1.471
2009	C	23 684	11.5	C	19 060	9.3	2.3	C	278	11.7	72.5	76.7	1.520

4. Vital statistics summary and life expectancy at birth: 2007 - 2011
Aperçu des statistiques de l'état civil et de l'espérance de vie à la naissance : 2007 - 2011 (continued - suite)

Continent, country or area and year Continent, pays ou zone et année	Live births Naissances vivantes			Deaths Décès			Rate of natural increase Taux d'accrois-sement naturel	Infant deaths Décès d'enfants de moins d'un an			Life expectancy at birth Espérance de vie à la naissance		Total fertility rate L'indice synthétique de fécondité
	Co-de[a]	Number Nombre	Crude birth rate Taux brut de natalité	Co-de[a]	Number Nombre	Crude death rate Taux brut de mortalité		Co-de[a]	Number Nombre	Rate (per 1000 births) Taux (par 1000 naiss-ances)	Male[b] Masculin[b]	Female[b] Féminin[b]	
EUROPE													
TFYR of Macedonia - L'ex-R. y. de Macédoine													
2010	C	24 296	11.8	C	19 113	9.3	2.5	C	185	7.6	...	...	1.553
2011	C*	22 770	11.1	C*	19 466	9.5	1.6	C*	174	7.6	...	...	...
Ukraine													
2007	C	472 657[86]	10.2	C	762 877[87]	16.4	-6.2	C	5 188[87]	11.0	II62.5	74.2	1.300
2008	C	510 589[86]	11.0	C	754 460[87]	16.3	-5.3	C	5 049[87]	9.9	II62.5	74.3	1.390
2009	C	512 525[86]	11.1	C	706 739[87]	15.3	-4.2	C	4 801[87]	9.4	...	...	...
2010	C	497 689[86]	10.9	C	698 235[87]	15.3	-4.4	C	4 564[87]	9.2	II65.3	75.5	1.430
2011	C	502 595[86]	11.0	C	664 588[87]	14.6	-3.6	C	4 511[87]	9.0	...	...	...
United Kingdom of Great Britain and Northern Ireland - Royaume-Uni de Grande-Bretagne et d'Irlande du Nord[88]													
2007	C	772 245[89]	12.7	+C	574 687	9.4	3.2	+C	3 740	4.8	III77.3	81.5	1.900
2008	C	794 383[89]	12.9	+C	579 697	9.4	3.5	+C	3 745	4.7	III77.5	81.7	1.958
2009	C	790 204[89]	12.8	+C	559 617	9.1	3.7	+C	3 677	4.7	...	...	...
2010	C*	807 272[89]	13.0	+C*	561 666	9.0	3.9	+C	3 504	4.3	...	...	...
OCEANIA - OCÉANIE													
Australia - Australie													
2007	+C	285 213	13.5	+C	137 854	6.5	7.0	+C	1 203	4.2	III79.0	83.7	1.920
2008	+C	296 621	13.8	+C	143 946	6.7	7.1	+C	1 226	4.1	III79.2	83.7	1.956
2009	+C	295 738	13.5	+C	140 760	6.4	7.1	+C	1 261	4.3	III79.3	83.9	1.903
2010	+C	297 903	13.4	+C	143 473	6.4	6.9	+C	1 229	4.1	III79.5	84.0	1.886
Cook Islands - Îles Cook[90]													
2007	+C	296	14.1	+C	84	4.0	10.1	+C	4	...	...	...	...
2008	+C	261	11.9	+C	56	2.6	9.4	+C	1	...	...	...	...
2009	+C	255	11.3	+C	67	3.0	8.3	+C	2	...	...	...	...
2010	+C	279	11.8	+C	95	4.0	7.8	+C	2	...	...	...	...
Fiji - Fidji													
2007	+C	19 298	23.1		...	...	...		...	...	65.3	69.6	...
2008	+C	18 944	...		...	...	...		...	...	...	...	...
2009	+C	18 166	21.5		...	...	...		...	...	...	...	...
French Polynesia - Polynésie française													
2007	C	4 431	17.1	C	1 190	4.6	12.5	C	30	6.8	...	...	...
2008	C	4 627	17.6	C	1 166	4.4	13.2	C	23	...	73.2	78.2	...
2009	C	4 544	17.1	C	1 261	4.8	12.4	C	26	...	73.3	77.6	...
2010	C	4 579	17.1	C	1 261	4.7	12.4	C	25	...	73.2	78.3	...
Guam													
2007	C	3 493[91]	20.1	C	786[91]	4.5	15.6	C	32[91]	9.2	75.7	82.0	...
2008	C	3 466[91]	19.7	C	775[91]	4.4	15.3	C	31[91]	8.9	75.9	82.2	...
2009	C	3 423[91]	19.2	C	850[91]	4.8	14.4	C	...	...	...	...	...
2010	C	3 419[91]	18.9	C	872[91]	4.8	14.1	C	...	...	...	...	...
2011	C	3 298[91]	20.6	C	836[91]	5.2	15.4	C	...	...	...	...	...
New Caledonia - Nouvelle-Calédonie													
2007	C	4 093	16.9	C	1 207	5.0	11.9	C	25	...	71.8	80.3	2.200
2008	C	4 015	16.6	C	1 169	4.8	11.7	C	20	...	...	...	...
2009	C	4 103	16.7	C	1 261	5.1	11.6	C	23	...	...	...	...
2010	C	4 178	16.7	C	1 191	4.8	11.9	C	19	...	74.4	80.7	...
New Zealand - Nouvelle-Zélande													
2007	+C	64 044	15.1	+C	28 522[25]	6.7	8.4	+C	317[25]	4.9	III78.0	82.2	2.172
2008	+C	64 343	15.1	+C	29 188[25]	6.8	8.2	+C	322[25]	5.0	III78.2	82.2	2.183

4. Vital statistics summary and life expectancy at birth: 2007 - 2011
Aperçu des statistiques de l'état civil et de l'espérance de vie à la naissance : 2007 - 2011 (continued - suite)

Continent, country or area and year / Continent, pays ou zone et année	Live births Naissances vivantes Code[a]	Number Nombre	Crude birth rate Taux brut de natalité	Deaths Décès Code[a]	Number Nombre	Crude death rate Taux brut de mortalité	Rate of natural increase Taux d'accrois-sement naturel	Infant deaths Décès d'enfants de moins d'un an Code[a]	Number Nombre	Rate (per 1000 births) Taux (par 1000 naiss-ances)	Life expectancy at birth Espérance de vie à la naissance Male[b] Masculin[b]	Female[b] Féminin[b]	Total fertility rate L'indice synthétique de fécondité
OCEANIA - OCÉANIE													
New Zealand - Nouvelle-Zélande													
2009	+C	62 543	14.5	+C	28 964[25]	6.7	7.8	+C	308[25]	4.9	III78.4	82.4	2.116
2010	+C	63 897	14.6	+C	28 438[25]	6.5	8.1	+C	325[25]	5.1	...	...	2.148
2011	+C	61 403	13.9	+C	30 082[25]	6.8	7.1	+C	290[25]	4.7	III79.1	82.8	2.060
Niue - Nioué													
2007	C	28[92]	...	C	9[93]	...	...	...	...	...	...	...	...
2008	C	20[92]	...	C	13[93]	...	...	...	...	...	...	...	...
2009	C	31[92]	20.0	C	12[93]	...	...	...	...	...	...	...	...
Norfolk Island - Île Norfolk[94]													
2007	+C	22	...	+C	11	...	...	...	...	...	...	...	...
2008	+C	22	...	+C	20	...	...	...	...	...	...	...	...
Northern Mariana Islands - Îles Mariannes septentrionales													
2007	U	1 384[95]	...	U	138[95]	...	...	U	6[95]	...	...	...	2.400
2008	U	1 260[95]	...	U	176[95]	...	...	U	4[95]	...	...	...	2.300
2009	U	1 110[96]	...		...	...	...		...	...	74.5	79.9	2.200
2010		...	...		...	...	...		...	...	...	...	2.200
Pitcairn													
2007	C	1	...	C	1	...	...	C	-	...	...	...	...
2008	C	1	...		...	...	...		...	...	...	...	...
Samoa													
2007	C	2 528	13.9	U	482	...	...		...	...	...	...	...
2008	C	2 371	13.0	U	409	...	...		...	...	...	...	...
2009	C	1 602	8.7	U	561	...	...		...	...	...	...	...
Tonga													
2007		...	...		...	...	...		...	...	...	...	3.700
Tuvalu													
2007	U	214	...	U	47	...	...		...	...	...	...	...
Wallis and Futuna Islands - Îles Wallis et Futuna													
2007	C	215	...		...	...	...		...	...	...	...	...
2008	C	185	13.8	C	90	6.7	7.1		...	...	...	...	...

FOOTNOTES - NOTES

Italics: data from civil registers which are incomplete or of unknown completeness. - Italiques : données incomplètes ou dont le degré d'exactitude n'est pas connu, provenant des registres de l'état civil.

* Provisional. - Données provisoires.

[a] 'Code' indicates the source of data, as follows:
C - Civil registration, estimated over 90% complete
U - Civil registration, estimated less than 90% complete
| - Other source, estimated reliable
+ - Data tabulated by date of registration rather than occurence
... - Information not available

Le 'Code' indique la source des données, comme suit :
C - Registres de l'état civil considérés complets à 90 p. 100 au moins
U - Registres de l'état civil qui ne sont pas considérés complets à 90 p. 100 au moins
| - Autre source, considérée fiable
+ - Données exploitées selon la date de l'enregistrement et non la date de l'événement
... - Information non disponible

[b] A Roman number in front of the data for males specifies the range of the reference period of life expectancy for males and females presented on the row. For example, a reference year of 2005 and a range of V years means that the reference period for the life expectancy is 2001 - 2005. The absence of a Roman number means the reference period is one year and the reference period therefore coincides with the reference year. - Un chiffre romain devant la donnée relative aux hommes indique l'étendue de la période de référence concernant l'espérance de vie des hommes et des femmes présentée dans la ligne. Par exemple, une année de référence 2005 et une étendue de V signifie que la période de référence pour l'espérance de vie est 2001-2005. L'absence de chiffre romain signifie que la période de référence est d'un an et donc coïncide avec l'année de référence.

[1] Data refer to Algerian population only. - Les données ne concernent que la population algérienne.
[2] Excluding live-born infants who died before their birth was registered. - Non compris les enfants nés vivants décédés avant l'enregistrement de leur naissance.
[3] Data from Health Statistics Reports since 1998, due to incompleteness of civil registration. - Données provenant des "Health Statistics Reports" (bulletins statistiques de santé) depuis 1998, en raison des déficiences de l'état civil.
[4] Data refer to national projections. - Les données se réfèrent aux projections nationales.

⁵ Data refer to the 12 months preceding the census in May. - Les données se rapportent aux 12 mois précédant le recensement de mai.

⁶ Coverage of live births is below 60%. - La couverture des naissances vivantes est inférieure à 60 %.

⁷ Coverage of live births is below 60%. Excluding data for November and December. - La couverture des naissances vivantes est inférieure à 60 %. Ne comprend pas les données pour novembre et décembre.

⁸ Data refer to the 12 months preceding the census in March. - Les données se rapportent aux 12 mois précédant le recensement de mars.

⁹ Data refer to the 12 months preceding the census in June. - Les données se raportent aux 12 mois précédant le recensement de juin.

¹⁰ Excludes the islands of St. Brandon and Agalega. - Non compris les îles St. Brandon et Agalega.

¹¹ Based on hospital records. - D'après les registres d'hôpitaux.

¹² Based on estimates and projections from 'Agence Nationale de la Statistique et de la Démographie'. - Données fondées sur des estimations et des projections provenant de l'Agence Nationale de la Statistique et de la Démographie.

¹³ Based on the population census of the same year. - Sur la base du recensement de la population de la même année.

¹⁴ Based on preliminary findings of 2011 Uganda Demographic and Health Survey. - D'après les résultats préliminaires de l'enquête de 2011 sur la démographie et la santé en Ouganda.

¹⁵ Data refer to registered events only. - Les données ne concernent que les événements enregistrés.

¹⁶ Excluding non-residents and foreign service personnel and their dependants. - À l'exclusion des non-résidents et du personnel diplomatique et de leurs charges de famille.

¹⁷ Including Canadian residents temporarily in the United States, but excluding United States residents temporarily in Canada. - Y compris les résidents canadiens se trouvant temporairement aux Etats-Unis, mais ne comprenant pas les résidents des Etats-Unis se trouvant temporairement au Canada.

¹⁸ Resident births outside the islands are excluded. - Non compris les naissances de résidents hors des îles.

¹⁹ Excluding deaths of nationals who were residing and died abroad but were buried in the Cayman Islands. - Exception faite des nationaux qui résidaient à l'étranger au moment de leur décès, mais qui ont été inhumés dans les Îles Caïmanes.

²⁰ Excluding children born in the country of non-resident mothers. - Exceptés les enfants nés dans le pays des mères non-résidentes.

²¹ Excluding infant deaths to mothers living abroad. - Exception faite des décès d'enfants en bas âge survenus lorsque la mère résidait à l'étranger.

²² Data have been adjusted for underenumeration. - Les données ont été ajustées pour compenser les lacunes du dénombrement.

²³ Data have been adjusted for undercoverage of infant deaths and sudden and violent deaths. - Ajusté pour la sous-estimation de la mortalité infantile, du nombre de morts soudaines et de morts violentes.

²⁴ Data refer to births to resident mothers. - Ces données concernent les enfants nés de mères résidentes.

²⁵ Data refer to resident population only. - Pour la population résidante seulement.

²⁶ Excluding Indian jungle population. - Non compris les Indiens de la jungle.

²⁷ Excluding births of nationals outside the country. - Non compris les naissances de nationaux hors du pays.

²⁸ Excluding Indian jungle population. Including births abroad and births of unknown residence. - Non compris les Indiens de la jungle. Y compris les naissances survenues à l'étranger et les naissances d'enfants dont la résidence n'était pas connue.

²⁹ Data refer to projections based on the 2005 Population Census. - Les données se réfèrent aux projections basées sur le recensement de la population de 2005.

³⁰ Excluding nomadic Indian tribes. - Non compris les tribus d'Indiens nomades.

³¹ Total is not equal to the sum of Urban and Rural because it includes "zona periférica". - Le total ne correspond pas à la somme des données urbaines et rurales car il englobe la « zona periférica ».

³² Excluding nomadic Indian tribes. Data refer to national projections. - Non compris les tribus d'Indiens nomades. Les données se réfèrent aux projections nationales.

³³ Source: Reports of the Ministry of Health. - Source: Rapports du Ministère de la Santé.

³⁴ Source: Reports of the Ministry of Health. Data refer to registered events only. - Source: Rapports du Ministère de la Santé. Les données ne concernent que les événements enregistrés.

³⁵ Source: Reports of the Ministry of Health. Completeness of coverage estimated at 40 per cent. - Source: Rapports du Ministère de la Santé. Degré de complétude évalué à 40 pour cent.

³⁶ Based on National Registers of identification and civil status. - Chiffres fondés sur les registres nationaux d'identification et d'état civil.

³⁷ Including births to non-resident mothers. - Y compris les naissances de femmes non résidentes.

³⁸ Including non-residents. - Y compris les non-résidents.

³⁹ Indicators based on projected or estimated fertility from the 2001 Population Census. - Les indicateurs sont fondés sur la fécondité projetée ou estimée à partir du recensement de population de 2001.

⁴⁰ Estimated rate. - Taux estimatif.

⁴¹ Excluding infants born alive of less than 28 weeks' gestation, of less than 1 000 grams in weight and 35 centimeters in length, who die within seven days of birth. - Non compris les enfants nés vivants après moins de 28 semaines de gestations, pesant moins de 1 000 grammes, mesurant moins de 35 centimètres et décédés dans les sept jours qui ont suivi leur naissance.

⁴² Rates were obtained by the Sample Vital Registration System of Bangladesh. - Taux obtenus au moyen du Sample Vital Registration System du Bangladesh.

⁴³ Data have been estimated on the basis of the annual National Sample Survey on Population Changes. For statistical purposes, the data for China do not include those for the Hong Kong Special Administrative Region (Hong Kong SAR), Macao Special Administrative Region (Macao SAR) and Taiwan province of China. - Les données ont été estimées sur la base de l'enquête annuelle "National Sample Survey on Population Changes". Pour la présentation des statistiques, les données pour la Chine ne comprennent pas la Région Administrative Spéciale de Hong Kong (Hong Kong RAS), la Région Administrative Spéciale de Macao (Macao RAS) et Taïwan province de Chine.

⁴⁴ The fertility rates have been compiled using a population denominator which has excluded female foreign domestic helpers. - Les taux de fécondité ont été compilés pour une population (en dénominateur) ne comprenant pas les domestiques étrangères.

⁴⁵ Data refer to government controlled areas. - Les données se rapportent aux zones contrôlées par le Gouvernement.

⁴⁶ Data refer to the 12 months preceding the census in October. - Les données se rapportent aux 12 mois précédant le recensement de octobre.

⁴⁷ Including data for the Indian-held part of Jammu and Kashmir, the final status of which has not yet been determined. - Y compris les données pour la partie du Jammu et du Cachemire occupée par l'Inde dont le statut définitif n'a pas encore été déterminé.

⁴⁸ Rates were obtained by the Sample Registration System of India, which is a large demographic survey. - Les taux ont été obtenus par le Système de l'enregistrement par échantillon de l'Inde qui est une large enquête démographique.

⁴⁹ Data refer to the Iranian Year which begins on 21 March and ends on 20 March of the following year. - Les données concernent l'année iranienne, qui commence le 21 mars et se termine le 20 mars de l'année suivante.

⁵⁰ Including data for East Jerusalem and Israeli residents in certain other territories under occupation by Israeli military forces since June 1967. - Y compris les données pour Jérusalem-Est et les résidents israéliens dans certains autres territoires occupés depuis 1967 par les forces armées israéliennes.

⁵¹ Including deaths abroad of Israeli residents who were out of the country for less than a year. - Y compris les décès à l'étranger de résidents israéliens qui ont quitté le pays depuis moins d'un an.

⁵² Data refer to Japanese nationals in Japan only. - Les données se raportent aux nationaux japonais au Japon seulement.

⁵³ Excluding data for Jordanian territory under occupation since June 1967 by Israeli military forces. Excluding foreigners, including registered Palestinian refugees. - Non compris les données pour le territoire jordanien occupé depuis juin 1967 par les forces armées israéliennes. Non compris les étrangers, mais y compris les réfugiés de Palestine enregistrés.

⁵⁴ Data are calculated from the results of the Population and Housing Census of 2009. - Les données sont calculées à partir des résultats du recensement de la population et de l'habitat de 2009.

⁵⁵ Data refer to urban areas only. - Données ne concernant que les zones urbaines.

⁵⁶ Source: Palestinian Central Bureau of Statistics, Population Register, Updated Version 30/3/2010. - Source : Bureau central de statistiques de la Palestine, Registre de la population, version mise à jour le 30 mars 2010.

⁵⁷ Data from Births and Deaths Notification System (Ministry of Health and all health care providers). - Les données proviennent du système de notification des naissances et des décès (Ministère de la santé et tous prestataires de soins de santé).

⁵⁸ Excluding data for the Pakistan-held part of Jammu and Kashmir, the final status of which has not yet been determined. Based on the results of the Pakistan Demographic Survey. - Non compris les données concernant la partie du Jammu et Cachemire occupée par le Pakistan dont le statut définitif n'a pas été déterminé. Données extraites de l'enquête démographique effectuée par le Pakistan.

[59] Data refer to residence of child. Excluding alien armed forces, civilian aliens employed by armed forces, and foreign diplomatic personnel and their dependants. - Les données correspondent à la résidence de l'enfant. Non compris les militaires étrangers, les civils étrangers employés par les forces armées ni le personnel diplomatique étranger et les membres de leur famille les accompagnant.

[60] Excluding alien armed forces, civilian aliens employed by armed forces, and foreign diplomatic personnel and their dependants. - Non compris les militaires étrangers, les civils étrangers employés par les forces armées ni le personnel diplomatique étranger et les membres de leur famille les accompagnant.

[61] Data based on the final results of the 2004 Population and Housing Census. - Données basées sur les résultats définitifs du recensement de la population et de l'habitat de 2004.

[62] Data refer to resident total fertility rate. - Les données se rapportent aux indices synthétique de fécondité de la population résidante.

[63] Data refer to resident population only. Provisional. - Pour la population résidante seulement. Données provisoires.

[64] Excluding nomad population and Palestinian refugees. Excluding live-born infants who died before their birth was registered. - Non compris la population nomade et les réfugiés de Palestine. Non compris les enfants nés vivants décédés avant l'enregistrement de leur naissance.

[65] Excluding infants born alive of less than 28 weeks' gestation, of less than 1 000 grams in weight and 35 centimeters in length, who die within seven days of birth. Data have been adjusted for under-registration. - Non compris les enfants nés vivants après moins de 28 semaines de gestations, pesant moins de 1 000 grammes, mesurant moins de 35 centimètres et décédés dans les sept jours qui ont suivi leur naissance. Y compris un ajustement pour sous-enregistrement.

[66] Data based on Address Based Population Registration System. - Les données sont basées sur le registre national de la population basé sur l'adresse.

[67] The registration of births and deaths is conducted by the Ministry of Health. An estimate of completeness is not provided. - L'enregistrement des naissances et des décès est mené par le Ministère de la Santé. Le degré estimatif de complétude n'est pas fourni.

[68] Including deaths of nationals abroad. - Y compris les décès des nationaux survenus à l'étranger.

[69] Including armed forces stationed outside the country, but excluding alien armed forces stationed in the area. - Y compris les militaires nationaux hors du pays, mais non compris les militaires étrangers en garnison sur le territoire.

[70] A live-born child is a child fully expelled or removed out of the mother's body, who gives a sign of life and whose birth weight is (a) 500 g or more, or (b) lower than 500 g, if it survives 24 hours after delivery. - Un enfant né vivant est un enfant qui a été entièrement expulsé ou retiré du corps de la mère, qui présente des signes de vie et dont le poids à la naissance est : a) soit égal ou supérieur à 500 grammes; b) soit inférieur à 500 grammes s'il survit plus de 24 heures après l'accouchement.

[71] Excluding Faeroe Islands and Greenland shown separately, if available. - Non compris les Iles Féroé et le Groenland, qui font l'objet de rubriques distinctes, si disponible.

[72] Including resident births abroad. - Y compris les naissances de résidents à l'étranger.

[73] Including nationals temporarily outside the country. - Y compris les nationaux se trouvant temporairement hors du pays.

[74] Including resident births abroad. Excluding Åland Islands. - Y compris les naissances de résidents à l'étranger. Non compris les Îles d'Åland.

[75] Excluding Åland Islands. Including nationals temporarily outside the country. - Non compris les Îles d'Åland. Y compris les nationaux se trouvant temporairement hors du pays.

[76] Including armed forces stationed outside the country. - Y compris les militaires nationaux hors du pays.

[77] Including live births by military personnel and their dependants. - Y compris les naissances vivantes parmi les membres du personnel militaire et leurs personnes à charge.

[78] Excluding armed forces. - Non compris les militaires en garnison.

[79] Data refer to events registered within one year of occurrence. - Les données portent sur des événements enregistrés dans l'année pendant laquelle ils sont survenus.

[80] Including residents outside the country if listed in a Netherlands population register. - Englobe les résidents se trouvant à l'étranger à condition qu'ils soient inscrits sur le registre de population des Pays-Bas.

[81] Excluding Svalbard and Jan Mayen Islands shown separately, if available. - Non compris Svalbard et Jan Mayen qui font l'objet de rubriques distinctes, si disponible.

[82] Including residents temporarily outside the country. - Y compris les résidents se trouvant temporairement hors du pays.

[83] Excluding infants born alive of less than 28 weeks' gestation, of less than 1 000 grams in weight and 35 centimeters in length, who die within seven days of birth. Excluding Transnistria and the municipality of Bender. - Non compris les enfants nés vivants après moins de 28 semaines de gestations, pesant moins de 1 000 grammes, mesurant moins de 35 centimètres et décédés dans les sept jours qui ont suivi leur naissance. Les données ne tiennent pas compte de l'information sur la Transnistria et la municipalité de Bender.

[84] Excluding Transnistria and the municipality of Bender. - Les données ne tiennent pas compte de l'information sur la Transnistria et la municipalité de Bender.

[85] Excluding data for Kosovo and Metohia. - Sans les données pour le Kosovo et Metohie.

[86] Data refer to births with weight 500g and more (if weight is unknown - with length 25 centimeters and more, or with gestation during 22 weeks or more). - Données concernant les nouveau-nés de 500 grammes ou plus (si le poids est inconnu – de 25 centimètres de long ou plus, ou après une grossesse de 22 semaines ou plus).

[87] Data includes deaths resulting from births with weight 500g and more (if weight is unknown - with length 25 centimeters and more, or with gestation during 22 weeks or more). - Y compris les décès de nouveau-nés de 500 grammes ou plus (si le poids est inconnu – de 25 centimètres de long ou plus, ou après une grossesse de 22 semaines ou plus).

[88] Excluding Channel Islands (Guernsey and Jersey) and Isle of Man, shown separately, if available. - Non compris les îles Anglo-Normandes (Guernesey et Jersey) et l'île de Man, qui font l'objet de rubriques distinctes, si disponible.

[89] Data tabulated by date of occurrence for England and Wales, and by date of registration for Northern Ireland and Scotland. - Données exploitées selon la date de l'événement pour l'Angleterre et le pays de Galles, et selon la date de l'enregistrement pour l'Irlande du Nord et l'Ecosse.

[90] Excluding Niue, shown separately, which is part of Cook Islands, but because of remoteness is administered separately. - Non compris Nioué, qui fait l'objet d'une rubrique distincte et qui fait partie des îles Cook, mais qui, en raison de son éloignement, est administrée séparément.

[91] Including United States military personnel, their dependants and contract employees. - Y compris les militaires des Etats-Unis, les membres de leur famille les accompagnant et les agents contractuels des Etats-Unis.

[92] Including children born in New Zealand to women resident in Niue who chose to travel to New Zealand to give birth. - Y compris les enfants nés en Nouvelle-Zélande de femmes résidant à Nioué qui ont choisi de se rendre en Nouvelle-Zélande pour accoucher.

[93] Includes deaths occurred in New Zealand but buried in Niue and deaths occurred in Niue but buried elsewhere. - Y compris les personnes décédées en Nouvelle-Zélande qui sont enterrées à Nioué et les personnes décédées à Nioué qui sont enterrées ailleurs.

[94] Data cover the period from 1 July previous year to 30 June present year. - Pour la période allant du 1er juillet de l'année précédente au 30 juin de l'année en cours.

[95] Source: Commonwealth Health Center - Vital Statistics Office - Source : Centre de Santé du Commonwealth - Bureau des statistiques d'État civil

[96] Source: U.S. National Center for Health Statistics, National Vital Statistics Reports (NVSR). - Source : US National Center for Health Statistics, National Vital Statistics Reports (NVSR).

Table 5

Table 5 presents national estimates of mid-year population for all available years between 2002 and 2011.

Description of variables: Mid-year estimates of the total population are those provided by national statistical offices. They refer to the *de facto* or *de jure* population on 1 July of the reference year. Exceptions to this are footnoted accordingly. The data are presented in thousands, rounded by the Statistics Division of the United Nations Department of Economic and Social Affairs.

For some countries or areas the figures presented in this table and the figures used to calculate rates in subsequent tables are not the same, as these countries have provided a reference population for vital events that is different than the total population.

Unless otherwise indicated, all estimates relate to the population within present geographical boundaries. Major exceptions to this principle are explained in footnotes.

Reliability of data: Reliable mid-year population estimates are those that are based on a complete census (or on a sample survey) and have been adjusted on a basis of a continuous population register or on the balance of births, deaths and migration. Reliable mid-year estimates appear in roman type. Mid-year estimates that are not calculated on this basis are considered less reliable and are shown in *italics*.

Limitations: Statistics on estimates of the mid-year total population are subject to the same qualifications as have been set forth for population statistics in general in section 3 of the Technical Notes.

International comparability of mid-year population estimates is also affected by the fact that some of these estimates refer to the *de jure*, and not the *de facto*, population. These are indicated in the column titled "Code". The difference between the *de facto* and the *de jure* population is discussed in section 3.1.1 of the Technical Notes.

Earlier data: Estimates of mid-year population have been shown in previous issues of the *Demographic Yearbook*. Information on the years and specific topics covered is presented in the Historical Index.

Tableau 5

Le tableau 5 présente des estimations nationales de la population en milieu d'année pour le plus grand nombre possible d'années entre 2002 et 2011.

Description des variables : les estimations de la population totale en milieu d'année sont celles qui ont été communiquées par les services nationaux de statistique. Elles correspondent à la population de fait ou se réfèrent à la population de droit, au 1er juillet de l'année de référence. Lorsque la date est différente, cela est signalé par une note. Sauf indication contraire, tous les chiffres sont exprimés en milliers. Les données ont été arrondies par la Division de statistique du Département des affaires économiques et sociales de l'Organisation des Nations Unies.

Pour certains pays ou territoires, les données présentées dans ce tableau sont différentes des données utilisées pour calculer les taux dans les tableaux suivants, parce que ces pays ont fourni une population de référence pour les événements démographiques différente de la population totale.

Sauf indication contraire, toutes les estimations se rapportent à la population présente sur le territoire actuel des pays ou zones considérés. Les principales exceptions à cette règle sont expliquées en note.

Fiabilité des données : les estimations de la population en milieu d'année sont considérées sûres quand elles sont fondées sur un recensement complet (ou sur une enquête par sondage) et ont été ajustées en fonction des données provenant d'un registre permanent de population ou en fonction des naissances, décès et mouvements migratoires qui ont eu lieu pendant la période. Les estimations considérées comme sûres apparaissent en caractères romains. Les estimations dont le calcul n'a pas été effectué sur cette base sont considérées comme moins sûres et apparaissent en italique.

Insuffisance des données : les statistiques concernant les estimations de la population totale en milieu d'année appellent toutes les réserves qui ont été formulées à la section 3 des Notes techniques à propos des statistiques de la population en général.

Le fait que certaines des estimations concernant la population en milieu d'année se réfèrent à la population de droit et non à la population de fait influe sur la comparabilité internationale. Ces cas ont été signalés dans la colonne « Code ». La différence entre la population de fait et la population de droit est expliquée à la section 3.1.1 des Notes techniques.

Données publiées antérieurement : des estimations de la population en milieu d'année ont été publiées dans des éditions antérieures de l'*Annuaire démographique*. Pour plus de précisions concernant les années et les sujets pour lesquels des données ont été publiées, se reporter à l'index.

5. Estimates of mid-year population: 2002 - 2011
Estimations de la population au milieu de l'année : 2002 - 2011

Continent and country or area Continent et pays ou zone	Code[a]	Population estimates (in thousands) - Estimations (en milliers)									
		2002	2003	2004	2005	2006	2007	2008	2009	2010	2011
AFRICA - AFRIQUE											
Algeria - Algérie	DJ	31 332	31 848	32 364	32 906	33 481	34 096	*34 591[1]	*35 268	*35 978	*36 717
Benin - Bénin[2]	DF	...	6 983	7 209	7 447	7 700	7 959	8 225	8 498	8 779	9 067
Botswana	DJ	1 650	1 673	1 693	1 708	1 720	1 736	1 755	1 776	1 823	1 850
Burkina Faso	DJ	12 185	12 567	12 963	13 374	...	14 252[2]	14 731[2]	15 225[2]	15 731[2]	...
Burundi	DF	7 032	7 211	7 384	...	...	...	...	...	...	...
Cameroon - Cameroun[2]	DF	16 170	16 626	17 000	...	...	...	...	...	...	...
	DJ	...	...	...	...	...	...	...	18 928[3]	19 406[3]	19 865[3]
Cape Verde - Cap-Vert	DF	453	461	468	475	483	491	500	509	518	527
Central African Republic - République centrafricaine	DF	...	3 151	...	...	...	...	...	...	...	...
Congo[2]	DF	3 142	3 241	3 344	3 488	3 589	3 616	3 790	3 884	...	...
Côte d'Ivoire[2]	DF	*17 461	*18 001	*18 546	*19 097	*19 658	*20 228	*20 807	*21 395	...	...
Djibouti	DF	...	...	632	...	...	...	...	...	...	...
Egypt - Égypte	DF	66 628	67 965	69 304	70 653	72 009	73 644	75 194	76 925	78 685	80 410
Ethiopia - Éthiopie[4]	DF	67 220	69 127	71 066	73 044	75 067	77 127	79 221	...	...	...
Gabon	DF	*1 268	*1 300	...	1 313[5]	...	...	...	...	...	...
Gambia - Gambie	DF	...	...	...	1 436	1 510	...	...	...	...	...
Ghana	DF	19 883	20 371	20 859	21 367	21 876	22 388	22 901	23 417	...	...
Guinea - Guinée	DF	...	...	9 214	...	...	...	10 183[2]	10 218[2]	10 537[2]	...
Guinea-Bissau - Guinée-Bissau[2]	DF	1 238	1 267	1 296	1 326	1 357	1 389	...	...	1 558	...
Kenya	DF	32 118[6]	33 142[6]	34 191[6]	35 267[6]	36 433[6]	37 184[6]	*38 300[6]	...	*40 124	*41 745
Lesotho[2]	DF	...	...	...	...	1 878	1 880	1 884	1 887	1 892	1 897
Libya - Libye[7]	DF	5 484	...	...	...	...	...	...	...	...	...
Madagascar	DF	16 119	16 585	17 062	17 550	18 048	18 556	19 072	19 601	20 142	20 696
Malawi[2]	DF	11 175	11 549	11 938	12 341	12 758	13 188	13 630	14 085	14 553	15 034
Mali[3]	DF	10 813	11 111	11 419	11 732	12 051	12 378	12 706	...	...	...
Mauritania - Mauritanie[2]	DF	2 635	2 702	2 823	2 906	2 990	3 075	3 162	3 251	3 341	3 297
Mauritius - Maurice[8]	DJ	1 210	1 223	1 233	1 243	1 253	1 260	1 269	1 275	1 281	1 286
Morocco - Maroc	DF	29 631	30 088	29 840[9]	30 172[9]	30 509[9]	30 850[9]	31 195[9]	31 543[9]	31 894[9]	32 245[9]
Mozambique[2]	DF	18 078	18 514	18 962	19 420	19 889	20 367	20 854	21 350	21 854	...
Namibia - Namibie[2]	DF	1 860	1 891	1 923	1 957	1 992	2 028	2 065	2 104	2 143	...
Niger[2]	DJ	11 456	11 834	12 225	12 628	13 045	13 716	14 198	14 693	15 204	15 731
Nigeria - Nigéria	DF	122 444[2]	126 153[2]	129 175[2]	133 767[2]	*140 004[10]	...	...	...	...	...
Réunion	DJ	746	756	767	777	786	794[3]	806[3]	816[3]	*828[3]	*839[3]
Rwanda[2]	DF	8 129	8 879	9 032	9 225	9 468	9 557	9 832	10 117	10 413	10 718
Saint Helena ex. dep. - Sainte-Hélène sans dép.	DF	...	...	...	...	...	...	4	4[11]	4	4
Saint Helena: Ascension - Sainte-Hélène: Ascension	DJ	...	...	...	...	...	...	...	1	...	...
Saint Helena: Tristan da Cunha - Sainte-Hélène: Tristan da Cunha[12]	DF	...	...	...	...	...	...	0	0	0	...	...
Sao Tome and Principe - Sao Tomé-et-Principe	DF	140	143	146	149	152	155	158	*160	*164	...
Senegal - Sénégal	DJ	9 913	10 317[13]	10 605[13]	10 901[13]	11 206[13]	11 519[13]	11 841[13]	12 171[13]	12 509[13]	12 842[13]
Seychelles	DF	84	83	82	83	85	85	87	87	90	87
Sierra Leone	DF	5 167	5 280	...	5 095	5 217	5 343	5 474	5 608	5 747	5 890
South Africa - Afrique du Sud[14]	DF	45 401	45 997	46 589	47 177	47 760	48 337	48 909	49 475	50 034	50 587
Swaziland	DF	1 056	1 081	1 105	1 126	1 146	1 020	1 032	1 044	1 056	1 068
Togo	DF	4 854	4 970	5 090	5 212	5 337	5 465	5 596	5 731	...	...
Tunisia - Tunisie	DF	9 749	9 840	9 932	10 029	10 128	10 225	10 329	10 435	10 549	10 674
Uganda - Ouganda	DF	24 067	25 089	25 896	26 741	27 629	28 581	29 593	30 661	31 785	32 940
United Republic of Tanzania - République Unie de Tanzanie	DF	...	...	36 308	37 379	38 251	39 446	40 600	41 900	43 188	...
Zambia - Zambie[2]	DF	10 409	10 744	11 090	11 441	11 799	12 161	12 526	12 897	...	...
Zimbabwe[15]	DF	...	11 640	11 730	11 830	11 930	12 040	12 150	13 668	...	...
AMERICA, NORTH - AMÉRIQUE DU NORD											
Anguilla	DF	12	12	13	14	14	15	16	16	16	17
Antigua and Barbuda - Antigua-et-Barbuda	DF	78	80	81	83	84	86	88	89	91	...
Aruba	DJ	93	95	98	101	103	104	105	107	102	103
Bahamas[2]	DF	312	317	321	325	330	334	338	342	347	351

Continent and country or area / Continent et pays ou zone	Code[a]	Population estimates (in thousands) - Estimations (en milliers)									
		2002	2003	2004	2005	2006	2007	2008	2009	2010	2011
AMERICA, NORTH - AMÉRIQUE DU NORD											
Barbados - Barbade	DF	271	272	272	273	273	274	275	...	276[16]	...
Belize	DF	265	274	283	292	301	311	322	333	...	...
Bermuda - Bermudes	DJ	63	63	63	64	64	64	64	64	65	65
British Virgin Islands - Îles Vierges britanniques	DF	21	21	22	...	...	...	...	...	...	...
Canada[17]	DJ	31 354[18]	31 640[18]	31 941[18]	32 245[18]	32 576[19]	32 930[19]	33 319[19]	33 730[20]	34 126[20]	*34 483[21]
Cayman Islands - Îles Caïmanes	DJ	43	44	44	48	52	54	56	53	55	*55
Costa Rica	DJ	3 998	4 089	4 179	4 266	4 354	4 443	4 533[22]	4 620[22]	4 562[23]	4 616[2]
Cuba	DJ	11 184	11 215	11 236	11 243	11 241	11 238	11 236	11 239	11 242	11 245
Dominica - Dominique	DF	70	70	70	71	71	71	71	72	...	69
Dominican Republic - République dominicaine[2]	DF	8 823	8 958	9 093	9 226	9 360	9 493	9 625	9 756	9 884	10 011
El Salvador	DF	6 518	6 638	6 757	6 049[24]	6 074[24]	6 099[24]	6 125[24]	6 153[24]	6 183[24]	...
Greenland - Groenland[25]	DJ	57	57	57	57	57	57	56	56	57	57
Grenada - Grenade	DF	...	...	...	...	...	107	109	111	...	...
Guadeloupe	DJ	437	439	445	446	458	401[26]	402[26]	402[26]	*402[26]	*402[26]
Guatemala	DF	11 987[14]	12 084[14]	12 390[14]	12 701[27]	13 019[27]	13 345[27]	13 678[27]	14 017[27]	14 362[27]	...
Haiti - Haïti[28]	DJ	8 861	9 001	9 145	9 292	9 445	9 602	9 762	9 923	10 085	10 248
Honduras[29]	DF	6 695	6 861	7 028	7 197	7 367	7 537	7 707	7 877	8 046	8 215
Jamaica - Jamaïque	DJ	2 615	2 626	2 638	2 650	2 663	2 676	2 687	2 696	2 702	*2 706
Martinique[3]	DJ	389	392	394	396	398	398	398	396	*396	*396
Mexico - Mexique	DJ	100 909	102 000	103 002	103 947[2]	104 874[2]	105 791[2]	106 683[2]	107 551[2]	...	...
Montserrat	DF	5	4	5	5	5	5	5	5	...	...
Nicaragua	DJ	5 245	5 313	5 381	5 450	5 523	5 596	5 669	5 742	5 816	5 889
Panama	DF	3 060[30]	3 116[30]	3 172[30]	3 228[30]	3 284[30]	3 340[30]	3 395[30]	3 450[30]	3 504[30]	3 643[31]
Puerto Rico - Porto Rico[32]	DJ	3 859	3 879	3 895	3 912	3 928	3 942	3 954	3 967	3 722[33]	3 707[33]
Saint Kitts and Nevis - Saint-Kitts-et-Nevis	DF	*47	*48	*49	*49	*50	*51	*51	*52	...	...
Saint Lucia - Sainte-Lucie	DF	159	161	162	164	166	168	170	172	...	...
Saint Vincent and the Grenadines - Saint-Vincent-et-les Grenadines	DF	108	105	105	104	101	100	99	101	...	...
Trinidad and Tobago - Trinité-et-Tobago[34]	DF	1 276	1 282	1 291	1 294	1 298	1 303	1 309	1 310	1 318	...
Turks and Caicos Islands - Îles Turques et Caïques	DJ	21	25	27	31	33	35	*37	38	40	...
United States of America - États-Unis d'Amérique[35]	DJ	287 804	290 326	293 046	295 753	298 593	301 580	304 375	307 007	*309 051	*311 592
United States Virgin Islands - Îles Vierges américaines[32]	DJ	109	109	109	110	110	110	110	*110	*110	...
AMERICA, SOUTH - AMÉRIQUE DU SUD											
Argentina - Argentine[36]	DF	37 516	37 870	38 226	38 592	38 971	39 356	39 746	40 134	40 519	40 900
Bolivia (Plurinational State of) - Bolivie (État plurinational de)	DF	8 824	9 025	9 227	9 427	9 627	9 828	10 028	10 227	10 426	10 624
Brazil - Brésil[37]	DF	176 304	178 741	181 106	183 383	185 564	187 642	189 613	191 481	193 253	192 376
Chile - Chili	DF	15 746	15 919	16 093	16 267	16 433	16 598	16 763	16 929	17 094	17 248
Colombia - Colombie	DF	41 327[38]	41 847[38]	42 368[38]	42 889[39]	43 405[39]	43 926[39]	44 450[39]	44 978[39]	45 508[39]	46 044[39]
Ecuador - Équateur[40]	DF	12 661	12 843	13 027	13 215	13 408	13 605	13 805	14 005	15 005	15 248
French Guiana - Guyane française	DJ	175	181	193[3]	199[3]	206[3]	213[3]	219[3]	224[3]	*230[3]	...
Guyana	DF	748	753	756	758	761	763	766	777	785	*790
Paraguay[15]	DF	5 567	5 677	5 788	5 899	6 009	6 120	6 230	6 341	*6 451	...
Peru - Pérou	DF	26 739	27 103	27 460	27 811	28 151	28 482	28 807	29 132	29 462	29 798
Suriname	DJ	476	483	487	499	504	510	517	524	531	540
Uruguay[2]	DF	3 309	3 304	3 302	3 306	3 314	3 324	3 334	3 345	3 357	*3 369
Venezuela (Bolivarian Republic of) - Venezuela (République bolivarienne du)	DF	25 220[41]	25 674[42]	26 127[42]	26 577[42]	27 031[42]	27 483[42]	27 935[42]	28 384[42]	28 834[42]	29 278[42]

5. Estimates of mid-year population: 2002 - 2011
Estimations de la population au milieu de l'année : 2002 - 2011 (continued - suite)

Continent and country or area / Continent et pays ou zone	Code[a]	Population estimates (in thousands) - Estimations (en milliers)									
		2002	2003	2004	2005	2006	2007	2008	2009	2010	2011
ASIA - ASIE											
Afghanistan	DF	20 298[43]	20 691[43]	21 678[43]	22 098[43]	22 576[44]	23 039[43]	23 511[43]	23 994[45]	24 486[46]	...
Armenia - Arménie	DJ	3 212	3 211	3 214	3 218	3 221	3 227	3 234	3 244	3 256	3 268
Azerbaijan - Azerbaïdjan	DF	8 230[38]	8 309[38]	8 398[38]	8 500[38]	8 610[38]	8 723[38]	8 839[38]	8 947	9 054	9 059
Bahrain - Bahreïn	DF	711	765	824	889	960	1 039	1 107	1 178	...	...
Bangladesh	DF	132 900	134 800	136 700	138 600	140 600	142 600	144 500	146 600	148 620	...
Bhutan - Bhoutan	DF	602	613	624	...	647[47]	659[47]	671[47]	683[47]	696[47]	708[47]
Brunei Darussalam - Brunéi Darussalam	DF	344	350	360	370	383	390	398	406	...	...
Cambodia - Cambodge[48]	DF	13 041[49]	13 287[49]	13 542[49]	13 807[49]	14 081[49]	14 364[49]	13 868[1]	14 085[1]	14 303[1]	14 521[1]
China - Chine[50]	DF	1 284 530[51]	1 292 270[51]	1 299 880[51]	1 307 560[51]	1 314 480[51]	1 317 900[51]	1 324 700[51]	1 331 300[51]	1 337 700[51]	1 344 100[52]
China, Hong Kong SAR - Chine, Hong Kong RAS	DJ	6 744	6 731	6 784	6 813	6 857	6 926	6 978	7 004	7 068	*7 072
China, Macao SAR - Chine, Macao RAS	DJ	438	444	455	473	499	526	552	544	545	558
Cyprus - Chypre[53]	DJ	710	721	737	758	771	785	793	800	*804	*851[54]
Democratic People's Republic of Korea - République populaire démocratique de Corée	DF	23 313	23 464	23 612	...	...	...	...	...	...	...
Georgia - Géorgie	DF	4 357	4 329	4 318	4 361	4 398	4 388	4 384	4 411	4 453	4 469[3]
India - Inde[55]	DF	1 051 258	1 068 065	1 084 757	1 101 318	1 117 734	1 134 023	1 150 196	*1 166 000	*1 182 105	*1 192 503
Indonesia - Indonésie[18]	DJ	211 310	214 468	217 673	220 926	224 228	227 579	230 980	234 432	...	236 954
Iran (Islamic Republic of) - Iran (République islamique d')[56]	DJ	66 300	67 315	68 345	69 390	70 603	71 279	72 182	73 202	74 340	75 591
Iraq	DF	25 565	26 340	27 139	27 963	28 810	29 682	31 895	32 105	...	33 402
Israel - Israël[57]	DJ	6 570	6 690	6 809	6 930	7 054	7 180	7 309	7 486	7 624	*7 759
Japan - Japon[58]	DJ	127 445	127 718	127 761	127 773	127 854[59]	128 001[59]	128 063[59]	128 047[59]	128 070[59]	127 817[59]
Jordan - Jordanie[60]	DF	5 098	5 230	5 350	5 473	5 600	5 723	5 850	5 980	6 113	6 249
Kazakhstan	DF	14 859	14 909	15 013	15 147	15 308	15 484	15 674	*15 900	*16 339	...
Kuwait - Koweït	DF	2 022	2 093	2 167	2 245	2 328	2 411	2 496	2 583	2 673	...
Kyrgyzstan - Kirghizstan[61]	DF	4 919	4 944	4 977	5 007	5 034	5 056	5 078	5 128	5 193	5 260
Lao People's Democratic Republic - République démocratique populaire lao	DF	5 526[62]	5 679[62]	5 836[62]	5 679[63]	5 748[63]	5 874[63]	6 000[63]	6 128[63]	6 256[63]	6 385[63]
Malaysia - Malaisie[64]	DJ	24 727	25 320	25 905	26 477	26 832	27 186	27 540	27 895	28 250	28 553
Maldives	DF	281	285	289	294	...	305	310	315	320	325
Mongolia - Mongolie	DF	2 459	2 490	2 519	2 548	2 579	2 615	2 659	2 710	2 758	*2 781
Myanmar	DF	52 171	53 224	54 299	55 396	56 515	57 504	58 377	59 130	59 780	60 384
Nepal - Népal	DJ	23 701	24 250	24 797	25 343	25 887	26 427	26 967	27 504	28 044	28 585
Occupied Palestinian Territory - Territoire palestinien occupé	DF	3 225	3 315	3 407	3 508	3 612	3 719	3 826	3 935	4 048	4 169
Oman	DF	2 538	...	2 416	2 509	2 577	2 743	2 867	3 174	2 773	...
Pakistan[65]	DF	145 280	...	151 090	...	...	...	162 370	165 150	...	...
	DJ	...	138 979[66]	...	144 367[67]	147 100	149 860[68]	...	...	...	...
Philippines[69]	DJ	80 217	81 878	83 559	85 261	86 973	88 706	90 457	92 227	94 013	...
Qatar	DF	676	714	798	906	1 043	1 218	1 448	1 639	1 715	1 625
Republic of Korea - République de Corée	DJ	47 622	47 859	48 039	48 138	48 372	48 598	48 949	49 182	49 410	50 111
Saudi Arabia - Arabie saoudite	DF	21 495	22 023	22 564	23 330[70]	24 122[70]	24 941[70]	25 787[70]	26 661[70]	*27 563[70]	*28 376[70]
Singapore - Singapour[71]	DF	4 176	4 115	4 167	4 266	4 401	4 589	4 839	4 988	5 077	5 184
Sri Lanka	DF	19 007	19 252	19 435	19 644	19 858	20 039	20 216	*20 450	*20 653	...
Syrian Arab Republic - République arabe syrienne[72]	DF	17 130	17 550	17 829	18 138	18 717	19 172	19 644	20 125	20 619	21 124
Tajikistan - Tadjikistan	DF	6 441	6 573	6 710	6 850	6 992	7 140	7 295	*7 452	*7 573	...
Thailand - Thaïlande[2]	DJ	63 482	64 019	64 177	64 839	65 306	66 042	66 480	66 903	67 312	67 597
Timor-Leste[2]	DF	...	...	952	983	1 015	1 048	1 081	1 115	1 066	...
Turkey - Turquie	DF	69 304	70 231	71 151	72 065	72 971	70 138	71 052	72 039	73 142	74 224
Turkmenistan - Turkménistan	DF	5 052	5 124	...	...	...	...	...	...	...	...
United Arab Emirates - Émirats arabes unis[73]	DF	3 349	3 551	3 761	4 041	5 012[16]	6 219[16]	8 074[16]	8 200[16]	8 264	...
Uzbekistan - Ouzbékistan	DF	25 272	25 568	*25 707	*26 021	*26 313	*26 664	*27 072	*27 533	*28 001	*29 123
Viet Nam	DF	79 539[74]	80 468[74]	81 438[74]	82 394[74]	83 313[74]	84 221[74]	85 122[74]	86 025	86 933	87 840
Yemen - Yémen	DF	18 540[16]	19 104[16]	...	20 283[16]	20 901[16]	21 539[16]	22 198[16]	...	...	...
	DJ	...	...	...	...	...	...	...	22 492[2]	23 154[2]	23 833[2]

5. Estimates of mid-year population: 2002 - 2011
Estimations de la population au milieu de l'année : 2002 - 2011 (continued - suite)

Continent and country or area / Continent et pays ou zone	Code[a]	Population estimates (in thousands) - Estimations (en milliers)									
		2002	2003	2004	2005	2006	2007	2008	2009	2010	2011
EUROPE											
Åland Islands - Îles d'Åland[25]	DJ	26	26	26	27	27	27	27	28	28	28
Albania - Albanie	DF	3 093	3 111	3 127	3 142	3 151	3 161	3 182	3 194	3 195[3]	...
Andorra - Andorre[25]	DJ	66	70	75	79	80	82	84	85	85	79[75]
Austria - Autriche	DJ	8 082	8 118	8 169	8 225	8 268	8 301	8 337	8 365	8 388	8 423
Belarus - Bélarus	DF	9 925	9 874	9 825	9 775	9 733	9 702	9 681	9 576	9 481	9 473
Belgium - Belgique	DJ	10 333	10 372	10 417	10 473	10 542	10 623	10 710	10 796	10 896	10 996
Bosnia and Herzegovina - Bosnie-Herzégovine	DF	3 828	3 832	3 843	3 843	3 843	3 843	3 842	3 843	3 843	˙3 843[3]
Bulgaria - Bulgarie	DJ	7 869	7 824	7 781	7 740	7 699	7 660	7 623	7 585	7 534	7 348
Croatia - Croatie	DJ	4 440	4 440	4 439	4 442	4 440	4 436	4 435	4 429	4 418	4 412[3]
Czech Republic - République tchèque	DJ	10 201	10 202	10 207	10 234	10 267	10 323	10 430	10 491	10 517	˙10 495
Denmark - Danemark[76]	DJ	5 374	5 387	5 401	5 416	5 435	5 457	5 489	5 519	5 545	5 567
Estonia - Estonie	DJ	1 359	1 354	1 349	1 346	1 344	1 342	1 341	1 340	1 340	1 340
Faeroe Islands - Îles Féroé	DJ	47	48	48	48	48	48	49	49	49	48
Finland - Finlande[25]	DJ	5 201	5 213	5 228	5 246	5 266	5 289	5 313	5 311[77]	5 335[77]	5 388
France[78]	DJ	59 894	60 304	60 734	61 181	61 597	61 965	˙62 304	˙62 636	˙62 968	˙63 294
Germany - Allemagne	DJ	82 482	82 520	82 501	82 464	82 366	82 263	82 110	81 902	81 757	˙81 798
Gibraltar[79]	DF	29[16]	29[16]	29[16]	29[16]	29[16]	29[16]	29[16]	29[16]	29	...
Greece - Grèce[80]	DF	10 988	11 024	11 062	11 104	11 149	11 193	11 237	11 283	11 316	11 326[3]
Guernsey - Guernesey	DF	...	...	60	...	61[81]	61[81]	62[81]	62[81]	62[81]	...
Holy See - Saint-Siège[82]	DJ	...	...	...	...	...	...	...	0	...	...
Hungary - Hongrie	DJ	10 159	10 130	10 107	10 087	10 071	10 056	10 038	10 023	10 000	˙9 974
Iceland - Islande[25]	DJ	288	289	293	296	304	311	319	319	318	318
Ireland - Irlande	DF	3 932	3 997	4 070	4 160	4 260	4 357	4 426	4 459	4 471[83]	4 484[83]
Isle of Man - Île de Man[84]	DJ	77	77	78	79	...	81	82	82	...	...
Italy - Italie	DJ	57 157	57 605	58 175	58 607	58 941	59 375	59 832	60 193	60 483	60 739
Jersey	DJ	89	89	90	91	92	93	95	96	97	98
Latvia - Lettonie	DJ	2 339	2 325	2 313	2 301	2 288	2 276	2 266	2 255	2 239	˙2 066
Liechtenstein	DJ	34	34	34	35	35	35	35	36	36	˙36
Lithuania - Lituanie	DJ	3 469	3 454	3 436	3 414	3 394	3 376	3 358	3 339	3 287	3 222
Luxembourg	DJ	446	452	458	465	473	480	489	498	507	512[3]
Malta - Malte[85]	DJ	387	399	401	404	406	409	412	414	416	418[3]
Monaco	DJ	...	...	...	...	...	...	...	35	36	36
Montenegro - Monténégro	DJ	618	620	622	623	624	626	629	632	617	618[3]
Netherlands - Pays-Bas	DJ	16 149	16 225	16 282	16 320	16 346	16 382	16 446	16 530	16 615	16 693
Norway - Norvège[86]	DJ	4 538	4 565	4 592	4 623	4 661	4 709	4 768	4 829	4 889	4 953
Poland - Pologne[87]	DJ	38 232	38 195	38 180	38 161	38 132	38 116	38 116	38 153	38 187	˙38 204
Portugal	DJ	10 368	10 441	10 502	10 549	10 584	10 608	10 622	10 632	10 637	...
Republic of Moldova - République de Moldova[88]	DJ	3 623	3 613	3 604	3 595	3 585	3 577	3 570	3 566	3 562	3 560
Romania - Roumanie	DJ	21 795	21 734	21 673	21 624	21 584	21 538	21 504	21 470	21 431	˙21 385
Russian Federation - Fédération de Russie	DJ	145 306	144 566	143 821	143 114	142 487	142 115	141 956	141 909	142 390	142 961
San Marino - Saint-Marin[25]	DF	28	29	29	30	30	31	32	33[3]	33[3]	33[3]
Serbia - Serbie[89]	DJ	7 500	7 481	7 463	7 441	7 412	7 382	7 350	7 321	7 291	7 276[3]
Slovakia - Slovaquie	DJ	5 379	5 379	5 383	5 387	5 391	5 398	5 407	5 418	5 431	5 398
Slovenia - Slovénie	DJ	1 996	1 997	1 997	2 001	2 009	2 019	2 023	2 042	2 049	2 053
Spain - Espagne	DJ	41 314	42 005	42 692	43 398	44 068	44 874	45 593	45 929	46 073	46 125
Svalbard and Jan Mayen Islands - Îles Svalbard et Jan Mayen[90]	DF	3	2	2	2	...	...	2	...	...	...
Sweden - Suède[25]	DJ	8 925	8 958	8 994	9 030	9 081	9 148	9 220	9 299	9 378	9 449
Switzerland - Suisse	DJ	7 285	7 339	7 390	7 437	7 484	7 551	7 648	7 744	7 825	˙7 911
TFYR of Macedonia - L'ex-R. y. de Macédoine	DF	2 031	2 027	2 033	2 037	2 040	2 044	2 047	2 051	2 055	˙2 059
Ukraine	DF	48 230	47 813	47 452	47 105	46 788	46 509	46 258	46 053	45 963[3]	45 779[3]
United Kingdom of Great Britain and Northern Ireland - Royaume-Uni de Grande-Bretagne et d'Irlande du Nord[91]	DF	59 319	59 552	59 842	60 235	60 584	60 986	61 398	61 792	62 262	˙62 436[3]

Continent and country or area / Continent et pays ou zone	Code[a]	Population estimates (in thousands) - Estimations (en milliers)									
		2002	2003	2004	2005	2006	2007	2008	2009	2010	2011

OCEANIA - OCÉANIE

Continent and country or area / Continent et pays ou zone	Code[a]	2002	2003	2004	2005	2006	2007	2008	2009	2010	2011
American Samoa - Samoas américaines[32]	DJ	61	63	64	66	67	64	65	66	66	...
Australia - Australie[92]	DJ	19 651	19 895	20 127	20 395	20 698	21 072	21 499	21 952	22 300	*22 621
Cook Islands - Îles Cook[93]	DF	18	18	20	22	24	21	22	23	24	*21
Fiji - Fidji	DF	811	816	822	825	830	834	...	843	857	...
French Polynesia - Polynésie française	DF	243	247	250	253	256	259	262	265	269	...
Guam[32]	DJ	161[30]	167[30]	166[30]	169[30]	171[30]	173[30]	176[30]	178[30]	181[30]	*160[31]
Marshall Islands - Îles Marshall[94]	DF	...	...	55	...	52	53	53	54	54	...
Micronesia (Federated States of) - Micronésie (États fédérés de)[2]	DJ	107	108	108	108	108	108	108	108	108	...
New Caledonia - Nouvelle-Calédonie	DF	221	226	230	234	238	242	242	...	250	252[3]
New Zealand - Nouvelle-Zélande	DJ	3 949[95]	4 027[95]	4 088[95]	4 134[95]	4 185[95]	4 228[95]	4 269[95]	4 316[95]	4 368[96]	4 405[96]
Niue - Nioué	DJ	2	2	2	2	2	2	...	2	1	...
Norfolk Island - Île Norfolk	DF	...	3	3	2	2	...	...	...	...	...
Northern Mariana Islands - Îles Mariannes septentrionales	DF	74	77	79	71	61	59	55	51	48	46
Palau - Palaos	DF	20	20	21	...	22	21	21	...	...	...
Papua New Guinea - Papouasie-Nouvelle-Guinée	DF	5 462	...	...	...	...	...	...	...	...	...
Pitcairn[97]	DF	...	...	...	...	...	0	0	...	...	...
Samoa	DF	178	180	182	183	185	182	182	183	184	185
Solomon Islands - Îles Salomon[2]	DF	437	448	460	471	483	495	507	518	531	542
Tonga[98]	DF	101	101	102	102	103	103	104	...	...	...
Tuvalu	DF	9	9	10	10	11	11	...	...	...	...
Vanuatu[2]	DF	...	...	216	...	221	...	...	...	...	...

FOOTNOTES - NOTES

Italics: estimates which are less reliable. - Italiques : estimations moins sûres.

[*] Provisional. - Données provisoires.

[a] 'Code' indicates source of data, as follows: - Le 'Code' indique la source des données, comme suit :
DF: Population de facto - Population de fait
DJ : Population de jure - Population de droit

[1] Based on the 2008 Population and Housing Census. - Basée sur le recensement de la population et de l'habitat de 2008.
[2] Data refer to national projections. - Les données se réfèrent aux projections nationales.
[3] Data refer to 1 January. - Données se raportent au 1 janvier.
[4] Projections based on the 1994 Population Census. - Projections fondées sur le recensement de la population de 1994.
[5] Based on the results of the Gabonese Survey for the Evaluation and Tracking of Poverty. - Sur base des résultats de l'enquête gabonaise sur l'évaluation et le suivi de la pauvreté.
[6] Post-censal estimates based on the 1999 Population Census. - Les estimations post-censitaire fondées sur le recensement de la population de 1999.
[7] Data refer to Libyan nationals only. - Les données se raportent aux nationaux libyens seulement.
[8] Excludes the islands of St. Brandon and Agalega. - Non compris les îles St. Brandon et Agalega.
[9] Based on the results of the 2004 Population Census. - D'après des résultats du recensement de la population de 2004.
[10] Based on the results of the 2006 Population Census. - D'après des résultats du recensement de la population de 2006.
[11] Data based on 2008 Population Census. - Données fondées sur le recensement de population de 2008.

[12] Data refer to 31 December. Based on the results of a population count. The population figures are 264, 263 and 262 persons for 2007, 2008 and 2009 respectively. - Données se raportent au 31 décembre. D'après les rêsultats d'un comptage de la population. La population est respectivement égale à 264, 263 et 262 personnes pour les années 2007, 2008 et 2009.
[13] Data refer to 31 December. Data are based on projections from the 2002 Census. - Données se raportent au 31 décembre. Données fondées sur des projections tirées du recensement de 2002.
[14] Mid-year estimates have been adjusted for underenumeration at latest census. - Les estimations au millieu de l'année tiennent compte d'un ajustement destiné à compenser les lacunes du dénombrement lors du dernier recensement.
[15] Data are based on projections from the 2002 Census. - Données fondées sur des projections tirées du recensement de 2002.
[16] Data refer to 31 December. - Données se raportent au 31 décembre.
[17] Estimates adjusted for census net undercoverage (including adjustment for incompletely enumerated Indian reserves). - Ajusté pour la sous-estimation du recensement (y compris les réservations en Inde incomplètement énumérées).
[18] Final intercensal estimates. - Estimations inter-censitaires definitives.
[19] Final postcensal estimates. - Estimations postcensitaires definitives.
[20] Updated postcensal estimates. - Estimations post censitaires mises à jour.
[21] Preliminary postcensal estimates. - Estimations post censitaires préliminaires.
[22] Result of Household Multiple Purpose Survey. - Les chiffres résultent d'enquêtes sur les ménages polyvalentes.
[23] Based on the 2010 National Household Survey. - Basée sur l'Enquête nationale des ménages de 2010.
[24] Estimates based on the 2007 Population Census. - Estimations fondées sur le recensement de la population de 2007.
[25] Population statistics are compiled from registers. - Les statistiques de la population sont compilées à partir des registres.
[26] Data refer to 1 January. Excluding data for Saint Barthélémy and Saint Martin. - Données se raportent au 1 janvier. Non compris les données pour Saint Barthélémy et Saint Martin.

27 Projections based on the 2002 Population Census. - Projections fondées sur le recensement de la population de 2002.

[27] Projections based on the 2002 Population Census. - Projections fondées sur le recensement de la population de 2002.

[28] Projections produced by l'Institut Haïtien de Statistique et d'Informatique (IHSI) and the Latin American and Caribbean Demographic Centre (CELADE) - Population Division of ECLAC. - Les données sont projections produits par l'Institut Haïtien de Statistique et d'Informatique (IHSI) et le centre démographique de l'Amérique latine et les Caraïbes - Division de la population de la CEPALC.

[29] Data are based on projections of the 2001 Population and Housing Census data. - Les données sont basées sur les projections du recensement de 2001 de la population et de l'habitat.

[30] Data refer to projections based on the 2000 Population Census. - Les données se réfèrent aux projections basées sur le recensement de la population de 2000.

[31] Data refer to projections based on the 2010 Population Census. - Les données se réfèrent aux projections basées sur le recensement de la population de 2010.

[32] Including armed forces stationed in the area. - Y compris les militaires en garnison sur le territoire.

[33] Data based on the 2010 Population Census results. - D'après le résultats du recensement de la population de 2010.

[34] Based on the results of the 2000 Population Census. - Basé sur les résultats du recencement de la population de 2000.

[35] Excluding armed forces overseas and civilian citizens absent from the country for an extended period of time. - Non compris les militaires à l'étranger, et les civils hors du pays pendant une période prolongée.

[36] Data refer to projections based on the 2001 Population Census. - Les données se réfèrent aux projections basées sur le recensement de la population de 2001.

[37] Data include persons in remote areas, military personnel outside the country, merchant seamen at sea, civilian seasonal workers outside the country, and other civilians outside the country, and exclude nomads, foreign military, civilian aliens temporarily in the country, transients on ships and Indian jungle population. - Y compris les personnes vivant dans des régions éloignées, le personel militaire en dehors du pays, les marins marchands, les ouvriers saisonniers en dehors du pays, et autres civils en dehors du pays, et non compris les nomades, les militaires étrangers, les étrangers civils temporairement dans le pays, les transiteurs sur des bateaux et les Indiens de la jungle.

[38] Intercensal estimates. - Estimations inter-censitaires.

[39] Data based on the Population Census of 2005. - Données fondées sur le recensement de la population de 2005.

[40] Excluding nomadic Indian tribes. Data refer to national projections. - Non compris les tribus d'Indiens nomades. Les données se réfèrent aux projections nationales.

[41] Excluding Indian jungle population. - Non compris les Indiens de la jungle.

[42] Projections based on the 2001 Population Census. - Projections fondées sur le recensement de la population de 2001.

[43] Data refer to the settled population based on the 1979 Population Census and the latest household prelisting. The refugees of Afghanistan in Iran, Pakistan, and an estimated 1.5 million nomads, are not included. - Les données se rapportent à la population stationnaire sur la base du recensement de 1979 et du recensement préliminaire des logements le plus récent. Sont exclus les réfugiés d'Afghanistan en Iran et au Pakistan et les nomades estimés à 1,5 million.

[44] Data refer to the settled population based on the 1979 Population Census and the latest household prelisting. The refugees of Afghanistan in Iran, Pakistan, and an estimated 1.5 million nomads, are not included. The so adjusted total population of the country for 2006 is 24.1 million (12.3 million males and 11.8 million females). - Les données se rapportent à la population stationnaire sur la base du recensement de 1979 et du recensement préliminaire des logements le plus récent. Sont exclus les réfugiés d'Afghanistan en Iran et au Pakistan et les nomades estimés à 1,5 million. La population totale du pays ainsi ajustée pour 2006 comprend 24,1 millions de personnes (12,3 millions d'hommes et 11,8 millions de femmes).

[45] The adjusted total population of the country is 25.5 million. Data refer to the settled population based on the 1979 Population Census and the latest household prelisting. The refugees of Afghanistan in Iran, Pakistan, and an estimated 1.5 million nomads, are not included. - La population totale ajustée du pays comprend 25,5 millions de personnes. Les données se rapportent à la population stationnaire sur la base du recensement de 1979 et du recensement préliminaire des logements le plus récent. Sont exclus les réfugiés d'Afghanistan en Iran et au Pakistan et les nomades estimés à 1,5 million.

[46] The adjusted total population of the country is 26 million (13.3 million males and 12.7 million females). Data refer to the settled population based on the 1979 Population Census and the latest household prelisting. The refugees of Afghanistan in Iran, Pakistan, and an estimated 1.5 million nomads, are not included. - La population totale ajustée du pays comprend 26 millions de personnes (13.3 millions d'homes et 12.7 millions de femmes). Les données se

rapportent à la population stationnaire sur la base du recensement de 1979 et du recensement préliminaire des logements le plus récent. Sont exclus les réfugiés d'Afghanistan en Iran et au Pakistan et les nomades estimés à 1,5 million.

[47] Data refer to projections based on the 2005 Population Census. - Les données se réfèrent aux projections basées sur le recensement de la population de 2005.

[48] Excluding foreign diplomatic personnel and their dependants. - Non compris le personnel diplomatique étranger et les membres de leur famille les accompagnant.

[49] Based on 1998 census results. - A partir des résultats de recensement de l'année 1998.

[50] For statistical purposes, the data for China do not include those for the Hong Kong Special Administrative Region (Hong Kong SAR), Macao Special Administrative Region (Macao SAR) and Taiwan province of China. - Pour la présentation des statistiques, les données pour la Chine ne comprennent pas la Région Administrative Spéciale de Hong Kong (Hong Kong RAS), la Région Administrative Spéciale de Macao (Macao RAS) et Taïwan province de Chine.

[51] Data have been estimated on the basis of the annual National Sample Survey on Population Changes. - Les données ont été estimées sur la base de l'enquête annuelle "National Sample Survey on Population Changes".

[52] Data have been adjusted on the basis of the Population Census of 2010. - Les données ont été ajustées à partir des résultats du recensement de la population de 2010.

[53] Data refer to government controlled areas. - Les données se rapportent aux zones contrôlées par le Gouvernement.

[54] Data have been adjusted on the basis of the Population Census of 2011. - Les données ont été calculées sur la base du recensement de population de 2011.

[55] Including data for the Indian-held part of Jammu and Kashmir, the final status of which has not yet been determined. Data refer to national projections. - Y compris les données pour la partie du Jammu et du Cachemire occupée par l'Inde dont le statut définitif n'a pas encore été déterminé. Les données se réfèrent aux projections nationales.

[56] Data refer to the Iranian Year which begins on 21 March and ends on 20 March of the following year. - Les données concernent l'année iranienne, qui commence le 21 mars et se termine le 20 mars de l'année suivante.

[57] Including data for East Jerusalem and Israeli residents in certain other territories under occupation by Israeli military forces since June 1967. - Y compris les données pour Jérusalem-Est et les résidents israéliens dans certains autres territoires occupés depuis 1967 par les forces armées israéliennes.

[58] Excluding diplomatic personnel outside the country and foreign military and civilian personnel and their dependants stationed in the area. - Non compris le personnel diplomatique hors du pays ni les militaires et agents civils étrangers en poste sur le territoire et les membres de leur famille les accompagnant.

[59] Estimates based on the complete counts of the 2010 Population Census. - Estimations basées sur le dénombrement complet du recensement de la population de 2010.

[60] Data refer to 31 December. Excluding data for Jordanian territory under occupation since June 1967 by Israeli military forces. Excluding foreigners, including registered Palestinian refugees. - Données se raportent au 31 décembre. Non compris les données pour le territoire jordanien occupé depuis juin 1967 par les forces armées israéliennes. Non compris les étrangers, mais y compris les réfugiés de Palestine enregistrés.

[61] Data are calculated from the results of the Population and Housing Census of 2009. - Les données sont calculées à partir des résultats du recensement de la population et de l'habitat de 2009.

[62] Population estimates for 2000 to 2004 are based on the age-sex distribution of 1995 population census and growth rate at year 2000. - Pour les années 2000 à 2004, on a pris pour base la répartition par âge et sexe du recensement de population de 1995 et le taux de croissance de 2000.

[63] Based on the results of the 2005 Population and Housing Census. - Données fondées sur les résultats du recensement de la population et de l'habitat de 2005.

[64] Data refer to 30 June. Data refer to projections based on the 2000 Population Census. - Données se raportent au 30 juin. Les données se réfèrent aux projections basées sur le recensement de la population de 2000.

[65] Excluding data for the Pakistan-held part of Jammu and Kashmir, the final status of which has not yet been determined. - Non compris les données concernant la partie du Jammu et Cachemire occupée par le Pakistan dont le statut définitif n'a pas été déterminé.

[66] Based on the results of the Pakistan Demographic Survey (PDS 2003). These estimates do not reflect completely accurately the actual population and vital events of the country. - D'après les résultats de l'enquête démographique effectuée par le Pakistan en 2003. Ces estimations ne dénotent pas d'une manière complètement ponctuelle la population actuelle et les statistiques de l'état civil du pays.

67 Based on the results of the Pakistan Demographic Survey (PDS 2005). These estimates do not reflect completely accurately the actual population and vital events of the country. - D'après les résultats de l'enquête démographique effectuée par le Pakistan en 2005. Ces estimations ne dénotent pas d'une manière complètement ponctuelle la population actuelle et les statistiques de l'état civil du pays.

68 Based on the results of the Pakistan Demographic Survey (PDS 2007). - D'après les résultats de l'enquête démographique effectuée par le Pakistan en 2007.

69 Data are based on projections of the 2000 Population and Housing Census data. - Les données sont basées sur les projections du recensement de 2000 de la population et de l'habitat.

70 Data based on preliminary results of the 2010 Population and Housing Census. - D'après les résultats préliminaires du recensement de la population et des logements de 2010.

71 Data refer to total population, which comprises Singapore residents and non-residents. - Les données se rapportent à la population totale composé des résidents de Singapour et les non résidents.

72 Including Palestinian refugees. - Y compris les réfugiés de Palestine.

73 Data include non-national population. - Les données comprennent non-nationaux.

74 Data are adjusted according to the results of the 1999 and 2009 censuses. - Les données ont été ajustées à partir des résultats des recensements de la population de 1999 et 2009.

75 Decrease in population due to revision in administrative registers. - Diminution de la population due à la révision des registres administratifs.

76 Excluding Faeroe Islands and Greenland shown separately, if available. Population statistics are compiled from registers. - Non compris les Îles Féroé et le Groenland, qui font l'objet de rubriques distinctes, si disponible. Les statistiques de la population sont compilées à partir des registres.

77 Excluding Åland Islands. - Non compris les Îles d'Åland.

78 Excluding diplomatic personnel outside the country and including members of alien armed forces not living in military camps and foreign diplomatic personnel not living in embassies or consulates. - Non compris le personnel diplomatique hors du pays et y compris les militaires étrangers ne vivant pas dans des camps militaires et le personnel diplomatique étranger ne vivant pas dans les ambassades ou les consulats.

79 Excluding military personnel, visitors and transients. - Non compris les militaires, ni les visiteurs et transients.

80 Excluding armed forces stationed outside the country, but including alien armed forces stationed in the area. - Non compris les militaires en garnison hors du pays, mais y compris les militaires étrangers en garnison sur le territoire.

81 Data refer to 31 March. - Données se raportent au 31 mars.

82 Data refer to the Vatican City State. Population statistics are compiled from registers. - Les données se rapportent à l'Etat de la Cité du Vatican. Les statistiques de la population sont compilées à partir des registres.

83 Data refer to 15 April. - Données se raportent au 15 avril.

84 Data refer to 30 April. - Données se raportent au 30 avril.

85 Including civilian nationals temporarily outside the country. - Y compris les civils nationaux temporairement hors du pays.

86 Including residents temporarily outside the country. Excluding Svalbard and Jan Mayen Islands shown separately, if available. - Y compris les résidents se trouvant temporairement hors du pays. Non compris Svalbard et Jan Mayen qui font l'objet de rubriques distinctes, si disponible.

87 Excluding civilian aliens within country, but including civilian nationals temporarily outside country. - Non compris les civils étrangers dans le pays, mais y compris les civils nationaux temporairement hors du pays.

88 Excluding Transnistria and the municipality of Bender. - Les données ne tiennent pas compte de l'information sur la Transnistria et la municipalité de Bender.

89 Excluding data for Kosovo and Metohia. - Sans les données pour le Kosovo et Metohie.

90 Data refer to 1 January. Data refer to Svalbard only. - Données se raportent au 1 janvier. Données ne concernant que le Svalbard.

91 Excluding Channel Islands (Guernsey and Jersey) and Isle of Man, shown separately, if available. - Non compris les îles Anglo-Normandes (Guernesey et Jersey) et l'île de Man, qui font l'objet de rubriques distinctes, si disponible.

92 Intercensal estimates. Data are based on Australian Standard Geographical Classification boundaries. - Estimations inter-censitaires. Les données réfèrent au découpage de la nomenclature géographique normalisée d'Australie.

93 Excluding Niue, shown separately, which is part of Cook Islands, but because of remoteness is administered separately. - Non compris Nioué, qui fait l'objet d'une rubrique distincte et qui fait partie des îles Cook, mais qui, en raison de son éloignement, est administrée séparément.

94 Projections are prepared by the Secretariat of the Pacific Community based on 1999 census of population and housing. - Les projections sont preparées par le Secrétariat de la Communauté du Pacifique à partir des résultats du recensement de la population et de l'habitat de 1999.

95 Excluding diplomatic personnel and armed forces stationed outside country; also excluding alien armed forces within the country. - Non compris le personnel diplomatique et les militaires hors du pays; non compris également les militaires étrangers en garnison dans le pays.

96 Based on the census, updated for residents missed or counted more than once by the census (net census undercount); residents temporarily overseas on census night, and births, deaths and net migration between the census night and the date of the estimate. - D'après le recensement, mise à jour pour les résidents omis ou dénombrés plus d'une fois par le recensement (sous-dénombrement net); résidents temporairement à l'étranger la nuit du recensement, et naissances, décès et migration nette entre la nuit du recensement et la date de l'estimation.

97 Data refer to 31 December. The population figures are 64 and 58 persons for 2007 and 2008 respectively. - Données se raportent au 31 décembre. La population est respectivement égale à 64 et 58 personnes pour les années 2007 et 2008.

98 Data refer to national projections. Based on the results of the 1996 population census. - Les données se réfèrent aux projections nationales. À partir des résultats du recensement de la population de 1996.

Table 6

Table 6 presents total population by sex for as many years as possible between 2002 and 2011, as well as urban population as available.

Description of variables: Data are from nation-wide population censuses or are estimates, some of which are based on sample surveys of population carried out among all segments of the population. This characteristic of the data is indicated in the column "Code". The codes used are explained at the end of the table.

Urban is defined according to the national census definition. The definition for each country is set forth at the end of the technical notes to this table.

Percentage computation: Percentages urban are the number of persons residing in an area defined as "urban" per 100 total population. They are calculated by the Statistics Division of the United Nations Department of Economic and Social Affairs. In very few cases the data for total population have been revised but the data for the urban and rural population have not been. These data are footnoted accordingly. In these cases, particular caution should be used in interpreting the figures for percentage urban.

Reliability of data: Estimates that are believed to be less reliable are set in *italics* rather than in roman type. Classification in terms of reliability is based on the method of construction of the total population estimate discussed in the technical notes for table 3.

Limitations: Statistics on urban population by sex are subject to the same qualifications as have been set forth for population statistics in general, as discussed in section 3 of the Technical Notes.

The basic limitations imposed by variations in the definition of the total population and in the degree of under-enumeration are perhaps more important in relation to urban/rural than to any other distributions. The classification by urban and rural is affected by variations in defining usual residence for purposes of sub-national tabulations. Likewise, the geographical differentials in the degree of under-enumeration in censuses affect the comparability of these categories throughout the table. The distinction between *de facto* and *de jure* population is also very important with respect to urban/rural distributions. The difference between the *de facto* and the *de jure* population is discussed at length in section 3.1.1 of the Technical Notes.

A most important and specific limitation, however, lies in the national differences in the definition of urban. Because the distinction between urban and rural areas is made in so many different ways, the definitions have been included at the end of this table. The definitions are necessarily brief and, where the classification of urban involves administrative civil divisions, they are often given in the terminology of the particular country or area. As a result of variations in terminology, it may appear that differences between countries or areas are greater than they actually are. On the other hand, similar or identical terms (for example, town, village, district) as used in different countries or areas may have quite different meanings.

It will be seen from an examination of the definitions that they fall roughly into three major types: (1) classification of localities as urban based on size; (2) classification of administrative centres of minor civil divisions as urban and the remainder of the division as rural; and (3) classification of minor civil divisions on a set of criteria, which may include type of local government, number of inhabitants or proportion of population engaged in agriculture.

The designation of areas as urban or rural is so closely bound to historical, political, cultural, and administrative considerations that the process of developing uniform definitions and procedures moves very slowly. Not only do the definitions differ from one country or area to the other, but, they may also no longer reflect the original intention for distinguishing urban from rural. The criteria once established on the basis of administrative subdivisions (as most of these are) become fixed and resistant to change. For this reason, comparisons of time-series data may be severely affected because the definitions used become outdated. Special care must be taken in comparing data from censuses with those from sample surveys because the definitions of urban used may differ.

Despite their shortcomings, however, statistics on urban and rural population are useful in describing the diversity of population distribution within a country or area.

The definition of urban/rural areas is based on both qualitative and quantitative criteria that may include any combination of the following: size of population, population density, distance between built-up areas, predominant type of economic activity, conformity to legal or administrative status and urban characteristics such as specific services and facilities[1]. Although statistics classified by urban/rural areas are widely available, no international standard definition appears to be possible at this time since the meaning differs from one country or area to another. The urban/rural classification of population used here is reported according to the national definition.

Earlier data: Urban and total population by sex have been shown in previous issues of the Demographic Yearbook. For information on specific years covered, readers should consult the Historical Index.

DEFINITION OF "URBAN"

AFRICA

Algeria: The urban/rural delimitation is performed after the census operation based on the classification of built-up areas. Groupings of 100 or more constructions, distant less than 200 metres from one another are considered urban.
Botswana: Agglomeration of 5 000 or more inhabitants where 75 per cent of the economic activity is non-agricultural.
Burundi: Commune of Bujumbura.
Burkina Faso: All administrative centres of provinces (total of 45) plus 4 medium-sized towns are considered as urban areas.
Comoros: Every locality or administrative centre of an island, region or prefecture that has the following facilities: asphalted roads, electricity, a medical centre, telephone services, etc.
Egypt: Governorates of Cairo, Alexandria, Port Said, Ismailia, Suez, frontier governorates and capitals of other governorates, as well as district capitals (Markaz). The definition of urban areas for the November 2006 census is "SHIAKHA", a part of a district.
Equatorial Guinea: District centres and localities with 300 dwellings and/or 1 500 inhabitants or more.
Ethiopia: Localities of 2 000 or more inhabitants.
Kenya: Areas having a population of 2 000 or more inhabitants that have transport systems, build-up areas, industrial/manufacturing structures and other developed structures.
Lesotho: All administrative headquarters and settlements of rapid growth.
Liberia: Localities of 2 000 or more inhabitants.
Malawi: All townships and town planning areas and all district centres.
Mauritius: Towns with proclaimed legal limits.
Namibia: Proclaimed urban areas for which cadastral data is available and other unplanned squatter areas.
Niger: Capital city, capitals of the departments and districts.
Rwanda: All administrative areas recognized as urban by the law. These are all administrative centres of provinces, and the cities of Kigali, Nyanza, Ruhango and Rwamagana.
Senegal: Agglomerations of 10 000 or more inhabitants.
South Africa: Places with some form of local authority.
Sudan: Localities of administrative and/or commercial importance or with population of 5 000 or more inhabitants.
Swaziland: Localities proclaimed as urban.
Tunisia: Population living in communes.
Uganda: Gazettes, cities, municipalities and towns.
United Republic of Tanzania: 16 gazetted townships.
Zambia: Localities of 5 000 or more inhabitants, the majority of whom all depend on non-agricultural activities.

AMERICA, NORTH

Canada: Places of 1 000 or more inhabitants, having a population density of 400 or more per square kilometre.
Costa Rica: Administrative centres of cantons.
Cuba: Towns that fulfil a political or administrative function, or that have a population of 2 000 or more and definite urban characteristics.
Dominican Republic: Administrative centres of municipalities and municipal districts, some of which include suburban zones of rural character.
El Salvador: Administrative centres of municipalities.
Greenland: Localities of 200 or more inhabitants.
Guatemala: Municipality of Guatemala Department and officially recognized centres of other departments and municipalities.
Haiti: Administrative centres of communes.
Honduras: Localities of 2 000 or more inhabitants, having essentially urban characteristics.
Jamaica: Localities of 2 000 or more inhabitants, having urban characteristics.
Mexico: Localities of 2 500 or more inhabitants.
Nicaragua: Administrative centres of municipalities and localities of 1 000 or more inhabitants or with more than 150 dwellings, with streets, electric light, water service, school and health centre.

Panama: Localities of 1 500 or more inhabitants having essentially urban characteristics. Beginning 1970, localities of 1 500 or more inhabitants with such urban characteristics as streets, water supply systems, sewerage systems and electric light.

Puerto Rico: Agglomerations of 2 500 or more inhabitants, generally having population densities of 1 000 persons per square mile or more. Two types of urban areas: urbanized areas of 50 000 or more inhabitants and urban clusters of at least 2 500 and less than 50 000 inhabitants.

United States of America: Agglomerations of 2 500 or more inhabitants, generally having population densities of 1 000 persons per square mile or more. Two types of urban areas: urbanized areas of 50 000 or more inhabitants and urban clusters of at least 2 500 and less than 50 000 inhabitants.

United States Virgin Islands: Agglomerations of 2 500 or more inhabitants, generally having population densities of 1 000 persons per square mile or more. Two types of urban areas: urbanized areas of 50 000 or more inhabitants and urban clusters of at least 2 500 and less than 50 000 inhabitants. (As of Census 2000, no urbanized areas are identified in the United States Virgin Islands.)

AMERICA, SOUTH

Argentina: Populated centres with 2 000 or more inhabitants.

Bolivia: Localities of 2 000 or more inhabitants.

Brazil: Urban and suburban zones of administrative centres of municipalities and districts.

Chile: Areas of concentrated housing units with more than 2 000 inhabitants, or between 1 001 and 2 000 inhabitants having 50 per cent or more of its economically active population doing secondary or tertiary activities. As an exception, centres of tourism and recreation with more than 250 housing units that do not satisfy the population requirement are nevertheless considered urban.

Colombia: Administrative centres of municipalities.

Ecuador: Capitals of provinces and cantons.

Falkland Islands (Malvinas): Town of Stanley.

Paraguay: Cities, towns and administrative centres of departments and districts.

Peru: Populated centres with 100 or more dwellings.

Suriname: The districts of Paramaribo and Wanica.

Uruguay: Cities.

Venezuela (Bolivarian Republic of): Centres with a population of 1 000 or more inhabitants.

ASIA

Armenia: Cities and urban-type localities, officially designated as such, usually according to the criteria of number of inhabitants and predominance of agricultural, or number of non-agricultural workers and their families.

Azerbaijan: An administrative division which covers more than 15 000 population, engaging mainly in industrial and other economic and social activities and which include administrative and cultural centers.

Bahrain: Communes or villages of 2 500 or more inhabitants.

Cambodia: Areas at the commune level satisfying the following three conditions: (1) Population Density exceeding 200 per square Km, (2) Percentage of male employed in agriculture below 50 per cent, (3) Total population of the commune exceeds 2 000 inhabitants.

China: Cities only refer to the cities proper of those designated by the State Council. In the case of cities with district establishment, the city proper refers to the whole administrative area of the district if its population density is 1 500 people per kilometre or higher; or the seat of the district government and other areas of streets under the administration of the district if the population density is less than 1 500 people per kilometre. In the case of cities without district establishment, the city proper refers to the seat of the city government and other areas of streets under the administration of the city. For the city district with the population density below 1 500 people per kilometre and the city without district establishment, if the urban construction of the district or city government seat has extended to some part of the neighboring designated town(s) or township(s), the city proper does include the whole administrative area of the town(s) or township(s).

Cyprus: Urban areas are those defined by local town plans.

Georgia: Cities and urban-type localities, officially designated as such, usually according to the criteria of number of inhabitants and predominance of agricultural, or number of non-agricultural workers and their families.

India: Towns (places with municipal corporation, municipal area committee, town committee, notified area committee or cantonment board); also, all places having 5 000 or more inhabitants, a density of not less than 1 000 persons per square mile or 400 per square kilometre, pronounced urban characteristics and at least three fourths of the adult male population employed in pursuits other than agriculture.

Indonesia: Area which satisfies certain criteria in terms of population density, percentage of agricultural households, and a number of urban facilities such as roads, formal education facilities, public health services, etc.

Iran (Islamic Republic of): Every district with a municipality.

Israel: Localities with 2 000 or more residents.

Japan: City (shi) having 50 000 or more inhabitants with 60 per cent or more of the houses located in the main built-up areas and 60 per cent or more of the population (including their dependants) engaged in manufacturing, trade or other urban type of business.

Jordan: Localities of 5 000 or more inhabitants.

Kazakhstan: Cities and urban-type localities, officially designated as such, usually according to the criteria of number of inhabitants and predominance of agricultural, or number of non-agricultural workers and their families.

Kyrgyzstan: Cities and urban-type localities, officially designated as such, usually according to the criteria of number of inhabitants and predominance of agricultural, or number of non-agricultural workers and their families.

Lao People's Democratic Republic: Areas or villages that satisfy at least three of the following five conditions: located in metropolitan areas of district or province, there is access to road in dry and rainy seasons, about 70 per cent or 2/3 of the population has access to piped water, about 70 per cent or 2/3 of the population has access to public electricity, there is a market operating every day.

Occupied Palestinian Territory: Localities with 10 000 or more residents. In addition, it refers to all localities whose populations vary from 4 000 to 9 999 persons provided they have, at least, four of the following elements: public electricity network, public water network, post office, health center with a full time physician and a school offering a general secondary education certificate.

Malaysia: Areas with population of 10 000 or more.

Maldives: Malé, the capital.

Mongolia: Capital and district centres.

Pakistan: Places with municipal corporation, town committee or cantonment.

Philippines: Cities and municipalities and their central districts with a population density of at least 500 persons per square km. Urban areas are considered other districts regardless of population size that have streets, at least six establishments (commercial, manufacturing, recreational and/or personal services), and at least three public structures such as town hall, church, public park, school, hospital, library, etc.

Republic of Korea: For estimates: Places with 50 000 or more inhabitants. For census: the figures are composed in the basis of the minor administrative divisions such as Dongs (mostly urban areas) and Eups or Myeons (rural areas).

Sri Lanka: Urban sector comprises of all municipal and urban council areas.

Syrian Arab Republic: Cities, Mohafaza centres and Mantika centres, and communities with 20 000 or more inhabitants.

Tajikistan: Cities and urban-type localities, officially designated as such, usually according to the criteria of number of inhabitants and predominance of agricultural, or number of non-agricultural workers and their families.

Thailand: Municipal areas.

Turkey: Province and district centres.

Turkmenistan: Cities and urban-type localities, officially designated as such, usually according to the criteria of number of inhabitants and predominance of agricultural, or number of non-agricultural workers and their families.

Uzbekistan: Cities and urban-type localities, officially designated as such, usually according to the criteria of number of inhabitants and predominance of agricultural, or number of non-agricultural workers and their families.

Viet Nam: Urban areas include inside urban districts of cities, urban quarters and towns. All other local administrative units (communes) belong to rural areas.

EUROPE

Albania: Towns and other industrial centres of more than 400 inhabitants.

Austria: Urban areas are localities with 2 000 or more inhabitants. The delineation of localities goes back to 1991.

Belarus: Urban settlements are settlements authorized under the law as towns, urban-type settlements, workers settlements and health resort areas.

Bulgaria: All towns and cities according to the Territorial and Administrative-Territorial Division of the country.

Czech Republic: Localities with 2 000 or more inhabitants.

Estonia: Urban settlements include cities, cities without municipal status and towns.

Finland: Urban communes.

France: Communes containing an agglomeration of more than 2 000 inhabitants living in contiguous houses or with not more than 200 metres between houses, also communes of which the major portion of the population is part of a multi-communal agglomeration of this nature.

Greece: Urban is considered every municipal or communal department of which the largest locality has 2 000 inhabitants and over.

Hungary: Budapest and all legally designated towns.

Iceland: Localities of 200 or more inhabitants.

Ireland: Cities and towns including suburbs of 1 500 or more inhabitants.

Latvia: Cities and urban-type localities, officially designated as such, usually according to the criteria of number of inhabitants and predominance of agricultural, or number of non-agricultural workers and their families.

Lithuania: Urban population refers to persons who live in cities and towns, i.e., the population areas with closely built permanent dwellings and with the resident population of more than 3 000 of which 2/3 of employees work in industry, social infrastructure and business. In a number of towns the population may be less than 3 000 since these areas had already the status of "town" before the law was enforced (July 1994)

Malta: Areas with population density of 150 persons or more per square km.

Netherlands: Urban: Municipalities with a population of 2 000 and more inhabitants. Semi-urban: Municipalities with a population of less than 2 000 but with not more than 20 per cent of their economically active male population engaged in agriculture, and specific residential municipalities of commuters.

Poland: Towns and settlements of urban type, e.g. workers' settlements, fishermen's settlements, health resorts.

Portugal: Agglomeration of 10 000 or more inhabitants.

Republic of Moldova: Cities and urban-type localities, officially designated as such, usually according to the criteria of number of inhabitants and predominance of agricultural, or number of non-agricultural workers and their families.

Romania: Cities, municipalities and other towns.

Russian Federation: Cities and urban-type localities, officially designated as such, usually according to the criteria of number of inhabitants and predominance of agricultural, or number of non-agricultural   workers and their families.

Slovakia: The municipalities with the status of   town having 5 000 inhabitants or more.

Slovenia: Settlements of 3 000 or more inhabitants, settlements that serve as seats of municipalities with at least 1 400 inhabitants, and sub-urban areas that are being gradually integrated with an urban settlement of 5 000 or more inhabitants.

Spain: Localities of 2 000 or more inhabitants.

Switzerland: Communes of 10 000 or more inhabitants, including suburbs.

Ukraine: Cities and urban-type localities, officially designated as such, usually according to the criteria of number of inhabitants and predominance of agricultural, or number of non-agricultural workers and their families.

United Kingdom of Great Britain and Northern Ireland: Settlements where the population is 10 000 or above.

OCEANIA

Australia: An urban centre is generally defined as a population cluster of 1 000 or more people.

American Samoa: Agglomerations of 2 500 or more inhabitants, generally having population densities of 1 000 persons per square mile or more. Two types of urban areas: urbanized areas of 50 000 or more inhabitants and urban clusters of at least 2 500 and less than 50 000 inhabitants. (As of Census 2000, no urbanized areas are identified in American Samoa.)

Guam: Agglomerations of 2 500 or more inhabitants, generally having population densities of 1 000 persons per square mile or more, referred to as "urban clusters".

New Caledonia: Nouméa and communes of Païta, Nouvel Dumbéa and Mont-Dore.

New Zealand: All cities, plus boroughs, town districts, townships and country towns with a population of 1 000 or more usual residents.

Northern Mariana Islands: Agglomerations of 2 500 or more inhabitants, generally having population densities of 1 000 persons per square mile or more. Two types of urban areas: urbanized areas of 50 000 or more inhabitants and urban clusters of at least 2 500 and less than 50 000 inhabitants.

Vanuatu: Luganville centre and Vila urban.

NOTES

[1] For further information, see *Social and Demographic Statistics: Classifications of Size and Type of Locality and Urban/Rural Areas.* E/CN.3/551, United Nations, New York, 1980.

Tableau 6

Le tableau 6 présente des données sur la population totale selon le sexe pour le plus grand nombre possible d'années entre 2002 et 2011, ainsi que la population urbaine si disponible.

Description des variables : les données proviennent de recensements de la population ou sont des estimations fondées, dans certains cas, sur des enquêtes par sondage portant sur toute la population. Le code qui figure dans la colonne « Code » du tableau indique comment les données ont été obtenues. Les codes utilisés sont expliqués à la fin du tableau.

Le sens donné au terme « urbain » est conforme aux définitions utilisées dans les recensements nationaux. La définition pour chaque pays figure à la fin des présentes notes technique.

Calcul des pourcentages : les pourcentages de la population urbaine sont calculés par la Division de statistique du Département des affaires économiques et sociales de l'Organisation des Nations Unies et représentent le nombre de personnes qui vivent dans des régions considérées comme urbaines pour 100 personnes de la population totale. Dans de très rares cas, les données pour la population totale ont été révisées mais les données pour la population urbaine et la population rurale ne l'ont pas été. Ces données sont indiquées en note. Dans ces cas, les proportions de population urbaine ou rurale sont à interpréter avec précaution.

Fiabilité des données : les estimations considérées comme moins sûres sont indiquées en italique plutôt qu'en caractères romains. Le classement du point de vue de la fiabilité est fondé sur la méthode utilisé pour établir l'estimation de la population totale qui figure au tableau 3 (voir les explications dans les notes techniques relatives à ce même tableau).

Insuffisance des données : les statistiques de la population urbaine selon le sexe appellent toutes les réserves qui ont été formulées à la section 3 des Notes techniques à propos des statistiques de la population en général.

Les limitations fondamentales imposées par les variations de la définition de la population totale et par les lacunes du recensement se font peut-être sentir davantage dans la répartition de la population en population urbaine et population rurale que dans sa répartition suivant toute autre caractéristique. De fait, des différences dans la définition du lieu de résidence habituel utilisée pour l'exploitation des données à l'échelon sous-national influent sur la classification en population urbaine et en population rurale. De même, les différences de degré de sous-dénombrement suivant la zone, à l'occasion des recensements, ont une incidence sur la comparabilité de ces deux catégories dans l'ensemble du tableau. La distinction entre population de fait et population de droit est également très importante du point de vue de la répartition de la population en population urbaine et en population rurale. Cette distinction est expliquée en détail à la section 3.1.1 des Notes techniques.

Toutefois, la difficulté la plus importante tient aux différences de définition du terme « urbain » selon le pays. Les distinctions faites entre « zone urbaine » et « zone rurale » varient tellement que les définitions utilisées ont été reproduites à la fin des notes techniques du tableau 6. Les définitions sont forcément brèves et, lorsque le classement en « zone urbaine » repose sur des divisions administratives, on a souvent désigné celles-ci par le nom qu'elles portent dans la zone ou le pays considéré. Par suite des variations dans la terminologie, les différences entre pays ou zones peuvent sembler plus grandes qu'elles ne le sont réellement. Il se peut aussi que des termes similaires ou identiques, tels que ville, village ou district, aient des significations très différentes selon les pays ou zones.

On constatera, en examinant les définitions adoptées par les différents pays ou zones, qu'elles peuvent être ramenées à trois types principaux : 1) les localités dépassant certaines dimensions sont classées parmi les zones urbaines ; 2) les centres administratifs de petites circonscriptions administratives sont classées parmi les zones urbaines, le reste de la circonscription étant considéré comme zone rurale ; 3) les petites divisions administratives sont classées parmi les zones urbaines selon un critère déterminé, qui peut être soit le type d'administration locale, soit le nombre d'habitants, soit le pourcentage de la population exerçant une activité agricole.

La distinction entre régions urbaines et régions rurales est si étroitement liée à des considérations d'ordre historique, politique, culturel et administratif que l'on ne peut progresser que très lentement vers des définitions et des méthodes uniformes. Non seulement les définitions sont différentes d'une zone ou d'un pays à un autre, mais on n'y retrouve parfois même plus l'intention originale de distinguer les régions rurales des régions urbaines. Lorsque la classification est fondée, en particulier, sur le critère des circonscriptions administratives (comme la plupart le sont), elle a tendance à devenir rigide avec le temps et à décourager toute modification. Pour cette raison, la comparaison des données appartenant à des séries chronologiques risque d'être gravement faussée du fait que les définitions employées sont désormais périmées. Il faut être particulièrement prudent lorsque l'on compare des données issues de recensements avec des données provenant d'enquêtes par sondage, car il se peut que les définitions du terme « urbain » auxquelles ces données se réfèrent respectivement soient différentes.

Malgré leurs insuffisances, les statistiques sur la population urbaine et rurale permettent de mettre en évidence la diversité de la répartition de la population au sein d'un pays ou d'une zone.

La distinction entre « zone urbaine » et « zone rurale » repose sur une série de critères qualitatifs aussi bien que quantitatifs, notamment l'effectif de la population, la densité de peuplement, la distance entre îlots d'habitations, le type prédominant d'activité économique, le statut juridique ou administratif, et les caractéristiques d'une agglomération urbaine, c'est-à-dire l'existence de services publics et d'équipements collectifs[1]. Bien que les statistiques différenciant les zones urbaines des zones rurales soient très répandues, il ne paraît pas possible pour le moment d'adopter une classification internationale type de ces zones, vu la diversité des interprétations nationales. La classification de la population en population urbaine et population rurale retenue ici est celle qui correspond aux définitions nationales.

Données publiées antérieurement : des statistiques concernant la population urbaine et la population totale selon le sexe ont été publiées dans des éditions antérieures de l'*Annuaire démographique*. Pour plus de précisions concernant les années pour lesquelles ces données ont été publiées, se reporter à l'index historique.

DÉFINITIONS DU TERME « URBAIN »

AFRIQUE

Algérie : La délimitation des zones urbaines et rurales se font après l'opération du recensement sur la base de la classification des agglomérations. Regroupement de 100 constructions ou plus distantes l'une à l'autre de moins de 200m ont été considérées comme zones urbaines.

Afrique du Sud : Zones dotées d'une administration locale.

Botswana : Agglomération de 5 000 habitants ou plus dont 75 p. 100 de l'activité économique n'est pas de type agricole.

Burkina Faso : Tous les chefs-lieux de province (45 au total) plus 4 villes moyennes ont été considérées comme zones urbaines.

Burundi : Commune de Bujumbura.

Comores : Toute localité ou chef-lieu d'une île, région/préfecture disposant des infrastructures suivantes : route bitumée, électricité, centre hospitalier, téléphone, etc.

Égypte : Chefs-lieux des gouvernorats du Caire, d'Alexandrie, de Port Saïd, d'Ismaïlia, de Suez ; chefs-lieux des gouvernorats frontaliers, autres chefs-lieux de gouvernorat et chefs-lieux de district (Markaz). La définition des zones urbaines pour le recensement de novembre 2006 est celle de « SHIAKHA », une partie d'un district.

Éthiopie : Localités de 2 000 habitants ou plus.

Guinée équatoriale : Chefs-lieux de district et localités comprenant 300 habitations et/ou 1 500 habitants ou plus.

Kenya : Zone ayant une population de 2 000 habitants ou plus qui dispose de réseaux de transport, comporte des zones bâties, des structures industrielles ou manufacturières et d'autres équipements modernes.

Lesotho : Tous les chefs-lieux administratifs et établissements urbains en forte croissance.

Libéria : Localités de 2 000 habitants ou plus.

Malawi : Toutes les villes et zones urbanisées et tous les chefs-lieux de district.

Maurice : Villes ayant des limites officiellement définies.

Namibie : Zones urbaines déclarées pour lesquelles il existe des données cadastrales et autres zones d'habitat non planifié.

Niger: Ville capital, villes capitales de départements ou de districts.

Ouganda : «Gazettes», villes, municipalités et bourgs.

République-Unie de Tanzanie : 16 townships érigées en communes.

Rwanda : Toutes les zones administratives reconnues comme urbaines par la loi. Il s'agit de tous les chefs-lieux des provinces, de la ville de Kigali ainsi que des villes de Nyanza, Ruhango et Rwamagana.

Sénégal : Agglomérations de 10 000 habitants ou plus.

Soudan : Centres administratifs et/ou commerciaux ou localités ayant une population de 5 000 habitants ou plus.

Swaziland : Localités déclarées urbaines.

Tunisie : Population vivant dans les communes.

Zambie : Localités de 5 000 habitants ou plus dont l'activité économique prédominante n'est pas de type agricole.

AMÉRIQUE DU NORD

Canada : Agglomérations de 1 000 habitants ou plus ayant une densité de population d'au moins 400 habitants au kilomètre carré.

Costa Rica : Chefs-lieux de canton.

Cuba : Villes ayant une fonction politique ou administrative, ou une population supérieure à 2 000 habitants et présentant des traits urbains.

El Salvador : Chefs-lieux de municipios.

États-Unis d'Amérique : Agglomérations de 2 500 habitants ou plus ayant généralement une densité de population d'au moins 1 000 habitants au mile carré. Deux types de zones urbaines : zones urbanisées de 50 000 habitants ou plus et groupements urbains comptant au moins 2 500 habitants mais moins de 50 000.

Groenland : Localités d'au moins 200 habitants.

Guatemala : Municipio du département de Guatemala et centres administratifs officiels d'autres départements et municipios.

Haïti : Chefs-lieux de communes.

Honduras : Localités d'au moins 2 000 habitants ayant des caractéristiques essentiellement urbaines.

Îles Vierges américaines : Agglomérations de 2 500 habitants ou plus ayant généralement une densité de population d'au moins 1 000 habitants au mile carré. Deux types de zones urbaines : zones urbanisées de 50 000 habitants ou plus et groupements urbains comptant au moins 2 500 habitants mais moins de 50 000. (D'après les résultats du recensement de 2 000, les Îles Vierges américaines ne comptent aucune zone urbanisée.)

Jamaïque : Localités de 2 000 habitants ou plus présentant des traits urbains.

Mexique : Localités d'au moins 2 500 habitants.

Nicaragua : Centres administratifs des municipalités et localités d'au moins 1 000 habitants ou d'au moins 150 logements, possédant des rues, un éclairage électrique, un réseau de distribution d'eau, une école et un dispensaire.

Panama : Localités d'au moins 1 500 habitants ayant des caractéristiques essentiellement urbaines. À partir de 1970, localités de 1 500 habitants ou plus présentant des caractéristiques urbaines, telles que rues, éclairage électrique, systèmes d'approvisionnement en eau et réseaux d'égouts.

Porto Rico : Agglomérations de 2 500 habitants ou plus ayant généralement une densité de population d'au moins 1 000 habitants au mile carré. Deux types de zones urbaines : zones urbanisées de 50 000 habitants ou plus et groupements urbains comptant au moins 2 500 habitants mais moins de 50 000.

République dominicaine : Chefs-lieux de municipios et districts municipaux, dont certains comprennent des zones suburbaines ayant des caractéristiques rurales.

AMÉRIQUE DU SUD

Argentine : Centres comptant au moins 2 000 habitants.

Bolivie : Localités de 2 000 habitants ou plus.

Brésil : Zones urbaines et suburbaines des chefs lieux de municipalités et de districts.

Chili : Zones d'habitat concentré comptant 2 000 habitants ou plus, ou comptant entre 1 001 et 2 000 habitants dont 50 pour cent au moins de la population active a une activité secondaire ou tertiaire. Par dérogation, les centres qui ont une fonction touristique ou récréative et plus de 250 unités de logement mais n'atteignent pas le critère de population sont néanmoins considérés comme zones urbaines.

Colombie : Centre administratif d'une municipalité.

Équateur : Capitales des provinces et chefs-lieux de canton.

Îles Falkland (Malvinas) : Ville de Stanley.

Paraguay : Grandes villes, villes et chefs-lieux des départements et des districts.

Pérou : Centres de peuplement comptant plus de 100 logements.

Suriname : Les districts de Paramaribo et de Wanica.

Uruguay : Villes.

Venezuela (République bolivarienne du) : Centres de 1 000 habitants ou plus.

ASIE

Arménie : Grandes villes et localités de type urbain, officiellement désignées comme telles, généralement sur la base du nombre d'habitants et de la prédominance des travailleurs agricoles ou non agricoles avec leur famille.

Azerbaïdjan : Division administrative regroupant plus de 15 000 habitants se livrant principalement à des activités industrielles et autres activités économiques et sociales et comprennant des centres administratifs et culturels.

Bahreïn : Communes ou villages comptant au moins 2 500 habitants.

Cambodge : Zones au niveau de la commune répondant aux trois conditions suivantes: 1) Densité démographique supérieure à 200 habitants au km carré, 2) pourcentage d'hommes travaillant dans l'agriculture inférieur à 50 pour cent, 3) population totale de la commune supérieure à 2 000 habitants.

Chine : Villes désignées comme telles par le Conseil d'État. Dans le cas de villes ayant rang de district, la ville s'entend comme l'ensemble de la zone administrative qui relève du district si sa densité est d'au moins 1 500 habitants au kilomètre carré ou comme le siège des autorités du district et les rues qui relèvent du district si sa densité est inférieure à 1 500 habitants au kilomètre carré. Dans le cas des villes qui n'ont pas rang de district, la ville s'entend comme le siège des autorités de la commune et les rues qui relèvent des autorités de la commune. Dans le cas des villes ayant rang de district qui comptent moins de 1 500 habitants au kilomètre carré et des villes n'ayant pas rang de district, si l'urbanisation du siège du district ou du siège des autorités de la commune a empiété sur une partie de la ou des localités voisines, la ville inclut alors l'ensemble de la zone administrative desdites localités.

Chypre : Zones désignées comme urbaines dans les plans d'urbanisme locaux.

Géorgie : Grandes villes et localités de type urbain, officiellement désignées comme telles, généralement sur la base du nombre d'habitants et de la prédominance des travailleurs agricoles ou non agricoles avec leur famille.

Inde : Villes [localités dotées d'une charte municipale, d'un comité de zone municipale, d'un comité de zone déclarée urbaine ou d'un comité de zone de regroupement (cantonnement)] ; également toutes les localités qui ont une population de 5 000 habitants au moins, une densité de population d'au moins 1 000 habitants au mile carré ou 400 au kilomètre carré, des caractéristiques urbaines prononcées et où les trois quarts au moins des adultes de sexe masculin ont une occupation non agricole.

Indonésie : Zones qui répondent à certains critères de densité démographique et de pourcentage des ménages agricoles et possèdent un certain nombre d'équipements urbains tels que routes, écoles, services de santé publique, etc.

Iran (République islamique d') : Tous les districts comptant une municipalité.

Israël : Tous les lieux comptant au moins 2 000 résidents.

Japon : Villes (shi), comptant au moins 50 000 habitants, où 60 p. 100 au moins des logements sont situés dans les principales zones bâties, et dont 60 p. 100 au moins de population (y compris les personnes à charge) exercent un métier dans l'industrie, le commerce et d'autres branches d'activités essentiellement urbaines.

Jordanie : Localités comptant 5 000 habitants ou plus.

Kazakhstan : Grandes villes et localités de type urbain, officiellement désignées comme telles, généralement sur la base du nombre d'habitants et de la prédominance des travailleurs agricoles ou non agricoles avec leur famille.

Kirghizistan : Grandes villes et localités de type urbain, officiellement désignées comme telles, généralement sur la base du nombre d'habitants et de la prédominance des travailleurs agricoles ou non agricoles avec leur famille.

Malaisie : Localités comptant au moins 10 000 habitants.

Maldives : Malé (capitale).

Mongolie : Capitale et chefs-lieux de district.

Ouzbékistan : Grandes villes et localités de type urbain, officiellement désignées comme telles, généralement sur la base du nombre d'habitants et de la prédominance des travailleurs agricoles ou non agricoles avec leur famille.

Pakistan : Localités dotées d'une charte municipale ou d'un comité municipal et regroupements (cantonments).

Philippines : Villes et municipalités et leurs quartiers centraux dont la densité démographique est d'au moins 500 habitants au km carré. Sont considérés comme zones urbaines les autres quartiers quelle que soit leur population qui sont équipés de routes et possèdent au moins six établissements (commerce, industrie manufacturière, équipements récréatifs ou services aux personnes), et au moins trois équipements publics tels que hôtel de ville, église, parc public, école, hôpital, bibliothèque, etc.

République arabe syrienne : Villes, chefs-lieux de district (Mohafaza) et chefs-lieux de sous district (Mantika), et communes d'au moins 20 000 habitants.

République de Corée : Pour les estimations : localités de 50 000 habitants ou plus. Pour recensements, les données sont établies sont la base des divisions administratives mineures comme les Dongs (principalement en zone urbaines) et des Eups ou Myeons (en zones rurales).

République démocratique populaire lao : Zones ou villages répondant à au moins trois des cinq conditions suivantes: situés dans l'aire métropolitaine du district ou de la province, accessibles par la route en toute saison, quelque 70 pour cent ou deux tiers de la population ayant accès à de l'eau distribuée par canalisation, quelque 70 pour cent ou deux tiers de la population ayant accès au réseau d'électricité et existence d'un marché ouvert tous les jours.

Sri Lanka : Secteur urbain composé de toutes les zones municipales et zones dotées d'un conseil urbain.

Tadjikistan : Grandes villes et localités de type urbain, officiellement désignées comme telles, généralement sur la base du nombre d'habitants et de la prédominance des travailleurs agricoles ou non agricoles avec leur famille.

Territoire palestinien occupé : Localités de 10 000 habitants ou plus. En plus, toutes les localités de 4 000 à 9 999 habitants ayant au moins quatre des services suivants : réseau d'électricité public, approvisionnement en eau public, bureau de poste, céntre medico-social ayant un médecin qui travaille à plein temps ou école offrant un enseignement secondaire général.

Thaïlande : Zones municipales.

Turkménistan : Grandes villes et localités de type urbain, officiellement désignées comme telles, généralement sur la base du nombre d'habitants et de la prédominance des travailleurs agricoles ou non agricoles avec leur famille.

Turquie : Chefs-lieux des provinces et des districts.

Viet Nam : Zones urbaines comprises à l'intérieur des districts urbains des villes ainsi que des quartiers urbains et des localités. Toutes les autres unités administratives locales (communes) sont considérées comme zones rurales.

EUROPE

Albanie : Villes et autres centres industriels de plus de 400 habitants.

Autriche :.Les zones urbaines sont les localités comptant 2 000 habitants ou plus. Leur délimitation remonte à 1991.

Bélarus : Les établissements urbains sont des établissements autorisés en vertu de la loi comme les villes, les agglomérations de type urbain, les cités ouvrières et les zones de villégiature de santé.

Bulgarie : Toutes les zones considérées comme villes et bourgs selon la Division territoriale et administrative du pays.

Espagne : Localités de 2 000 habitants et plus.

Estonie : Les établissements urbains comprennent les villes et les agglomérations n'ayant pas de statut municipal.

Fédération de Russie : Grandes villes et localités de type urbain, officiellement désignées comme telles, généralement sur la base du nombre d'habitants et de la prédominance des travailleurs agricoles ou non agricoles avec leur famille.

Finlande : Communes urbaines.

France : Communes comprenant une agglomération de plus de 2 000 habitants vivant dans des habitations contiguës ou qui ne sont pas distantes les unes des autres de plus de 200 mètres et communes où la majeure partie de la population vit dans une agglomération regroupant plusieurs communes de cette nature.

Grèce : Est considérée comme zone urbaine toute municipalité ou commune dont la plus grande localité compte 2 000 habitants ou plus.

Hongrie : Budapest et toutes les autres localités reconnues officiellement comme urbaines.

Irlande : Localités, y compris leur banlieues, comptant 1 500 habitants ou plus.

Islande : Localités de 200 habitants ou plus.

Lettonie : Grandes villes et localités de type urbain, officiellement désignées comme telles, généralement sur la base du nombre d'habitants et de la prédominance des travailleurs agricoles ou non agricoles avec leur famille.

Lituanie : Par population urbaine, on entend les personnes qui vivent dans des villes ou des localités, à savoir les zones habitées comportant des logements permanents proches les uns des autres et dont la population est d'au moins 3 000 habitants, les deux tiers desquels étant employés dans le secteur industriel, l'infrastructure sociale ou le commerce. Un certain nombre de villes peuvent compter moins de 3 000 habitants dans la mesure où elles avaient acquis le statut de ville avant l'entrée en vigueur de la nouvelle loi en juillet 1994.

Malte : Zones ayant une densité démographique supérieure ou égale à 150 habitants au kilomètre carré.

Pays Bas : Zones urbaines : municipalités comptant au moins 2 000 habitants. Zones semi-urbaines : municipalités comptant moins de 2 000 habitants, mais où 20 p. 100 au maximum de la population active de sexe masculin pratiquent l'agriculture, et certaines municipalités de caractère résidentiel dont les habitants travaillent ailleurs.

Pologne : Villes et zones de type urbain, par exemple groupements de travailleurs ou de pêcheurs et stations climatiques.

Portugal : Agglomérations d'au moins 10 000 habitants.

République de Moldova : Grandes villes et localités de type urbain, officiellement désignées comme telles, généralement sur la base du nombre d'habitants et de la prédominance des travailleurs agricoles ou non agricoles avec leur famille.

République tchèque : Localités d'au moins 2 000 habitants.

Roumanie : Grandes villes, municipalités et autres villes.

Royaume-Uni de Grande-Bretagne et d'Irlande du Nord : Agglomérations de population de 10 000 habitants ou plus.

Slovaquie : Municipalités ayant le statut ville ayant 5 000 habitants ou plus.

Slovénie : Établissements de 3 000 habitants ou plus, chefs-lieux de municipalités comptant au moins 1 400 habitants, et quartiers suburbains qui s'intègrent progressivement dans une ville de 5 000 habitants ou plus.

Suisse : Communes de 10 000 habitants ou plus, et leurs banlieues.

Ukraine : Grandes villes et localités de type urbain, officiellement désignées comme telles, généralement sur la base du nombre d'habitants et de la prédominance des travailleurs agricoles ou non agricoles avec leur famille.

OCÉANIE

Australie : Un regroupement de population de 1 000 personnes ou plus est généralement considéré comme un centre urbain.

Guam : Agglomérations de 2 500 habitants ou plus ayant généralement une densité de population d'au moins 1 000 habitants au mile carré et considérées comme étant des groupements urbains.

Îles Mariannes septentrionales : Agglomérations de 2 500 habitants ou plus ayant généralement une densité de population d'au moins 1 000 habitants au mile carré. Deux types de zones urbaines : zones urbanisées de 50 000 habitants ou plus et groupements urbains comptant au moins 2 500 habitants mais moins de 50 000.

Nouvelle-Calédonie : Nouméa et communes de Païta, Dumbéa et Mont-Dore.

Nouvelle-Zélande : Toutes les villes et les quartiers, districts et bourgs ayant 1 000 habitants permanents ou plus.

Samoa américaines : Agglomérations de 2 500 habitants ou plus ayant généralement une densité de population d'au moins 1 000 habitants au mile carré. Deux types de zones urbaines : zones urbanisées de 50 000 habitants ou plus et groupements urbains comptant au moins 2 500 habitants mais moins de 50 000. (D'après les résultats du recensement de 2000, les Samoa américaines ne comptent aucune zone urbanisée.)

Vanuatu : Centre de Luganville et Port-Vila.

NOTES

[1] Pour plus de précisions, voir *Social and Demographic Statistics: Classifications of Size and Type of Locality and Urban/Rural Areas*, E/CN.3/551, publication des Nations Unies, New York, 1980.

6. Total and urban population by sex: 2002 - 2011
Population totale et population urbaine selon le sexe : 2002 - 2011

Continent, country or area, and date / Continent, pays ou zone et date	Code[a]	Both sexes - Les deux sexes Total	Urban - Urbaine Number Nombre	Urban - Urbaine Percent P.100	Male - Masculin Total	Urban - Urbaine Number Nombre	Urban - Urbaine Percent P.100	Female - Féminin Total	Urban - Urbaine Number Nombre	Urban - Urbaine Percent P.100
AFRICA - AFRIQUE										
Algeria - Algérie										
1 VII 2002 .... ESDJ		31 332 033	...	...	15 830 343	...	...	15 501 690	...	...
1 VII 2003 .... ESDJ		31 847 995	...	...	16 090 568	...	...	15 757 427	...	...
16 IV 2008* .... CDJC		34 452 759	...	...	17 428 500	...	...	17 024 259	...	...
Benin - Bénin										
11 II 2002 .... CDJC		6 769 914	2 630 133	38.9	3 284 119	1 280 418	39.0	3 485 795	1 349 715	38.7
1 VII 2003[1] .... ESDF		6 982 711	2 740 221	39.2	3 392 055	1 335 810	39.4	3 590 656	1 404 411	39.1
1 VII 2004[1] .... ESDF		7 208 552	2 863 952	39.7	3 506 558	1 397 974	39.9	3 701 994	1 465 978	39.6
1 VII 2005[1] .... ESDF		7 447 454	3 002 229	40.3	3 627 613	1 467 342	40.4	3 819 841	1 534 887	40.2
1 VII 2006[1] .... ESDF		7 699 697	3 156 172	41.0	3 755 408	1 544 515	41.1	3 944 289	1 611 657	40.9
1 VII 2007[1] .... ESDF		7 958 813	3 324 220	41.8	3 886 596	1 628 650	41.9	4 072 217	1 695 570	41.6
1 VII 2008[1] .... ESDF		8 224 642	3 499 506	42.5	4 021 094	1 716 411	42.7	4 203 548	1 783 095	42.4
1 VII 2009[1] .... ESDF		8 497 827	3 682 496	43.3	4 159 291	1 808 057	43.5	4 338 536	1 874 439	43.2
1 VII 2010[1] .... ESDF		8 778 648	3 873 462	44.1	4 301 224	1 903 683	44.3	4 477 424	1 969 779	44.0
1 VII 2011[1] .... ESDF		9 067 076	4 072 574	44.9	4 446 877	2 003 366	45.1	4 620 199	2 069 208	44.8
Botswana										
1 VII 2002 .... ESDJ		1 649 659	375 461	22.8	795 938	...	...	853 721	...	...
1 VII 2003 .... ESDJ		1 673 184	384 940	23.0	809 278	...	...	863 906	...	...
1 VII 2004 .... ESDJ		1 692 731	393 528	23.2	820 577	191 287	23.3	872 155	202 241	23.2
1 VII 2005 .... ESDJ		1 708 327	...	...	829 850	...	...	878 477	...	...
1 VII 2006 .... ESDJ		1 719 996	...	...	837 114	...	...	882 882	...	...
1 VII 2007 .... ESDJ		1 736 396	...	...	847 539	...	...	888 857	...	...
1 VII 2008 .... ESDJ		1 755 246	...	...	859 167	...	...	896 079	...	...
1 VII 2009 .... ESDJ		1 776 494	...	...	871 964	...	...	904 530	...	...
1 VII 2010 .... ESDJ		1 822 859	439 098	24.1	895 007	215 739	24.1	927 852	223 359	24.1
1 VII 2011 .... ESDJ		1 849 692	447 433	24.2	910 404	220 403	24.2	939 288	227 030	24.2
Burkina Faso										
1 VII 2002 .... ESDJ		12 184 859	1 902 225[2]	15.6	5 878 933	964 067[2]	16.4	6 305 926	938 158[2]	14.9
1 VII 2003 .... ESDJ		12 566 683	1 958 013[2]	15.6	6 064 260	992 431[2]	16.4	6 502 423	965 582[2]	14.8
1 VII 2004 .... ESDJ		12 962 750	2 015 546[2]	15.5	6 256 552	1 021 683[2]	16.3	6 706 198	993 863[2]	14.8
1 VII 2005 .... ESDJ		13 373 670	2 074 879[2]	15.5	6 456 103	1 051 853[2]	16.3	6 917 567	1 023 026[2]	14.8
9 XII 2006 .... CDFC		14 196 259	3 230 504	22.8	6 842 560	1 609 349	23.5	7 353 699	1 621 155	22.0
1 VII 2007[1] .... ESDJ		14 252 012	3 322 360	23.3	6 880 824	1 629 956	23.7	7 371 188	1 692 404	23.0
1 VII 2008[1] .... ESDJ		14 731 167	3 520 744[2]	23.9	7 110 097	1 699 313[2]	23.9	7 621 070	1 821 431[2]	23.9
1 VII 2009[1] .... ESDJ		15 224 780	...	...	7 346 835	...	...	7 877 945	...	...
1 VII 2010[1] .... ESDJ		15 730 977	...	...	7 590 133	...	...	8 140 844	...	...
Burundi										
1 VII 2002 .... ESDF		7 032 178	...	...	3 428 453	...	...	3 603 725	...	...
1 VII 2003 .... ESDF		7 211 356	...	...	3 515 469	...	...	3 695 887	...	...
1 VII 2004 .... ESDF		7 384 423	...	...	3 599 838	...	...	3 784 585	...	...
16 VIII 2008 .... CDFC		7 877 728	799 802	10.2	3 838 045	432 442	11.3	4 039 683	367 360	9.1
Cameroon - Cameroun										
1 VII 2002[1] .... ESDF		16 170 000	8 392 000	51.9	...	...	...	...	...	...
1 VII 2003[1] .... ESDF		16 626 000	8 779 000	52.8	...	...	...	...	...	...
1 VII 2004[1] .... ESDF		17 000 000	9 086 000	53.4	...	...	...	...	...	...
11 XI 2005 .... CDFC		17 052 134	...	...	8 408 495	...	...	8 643 639	...	...
1 I 2010[1] .... ESDJ		19 406 100	10 091 172	52.0	9 599 224	5 029 993	52.4	9 806 876	5 061 179	51.6
Cape Verde - Cap-Vert										
1 VII 2002 .... ESDF		452 835	256 172	56.6	219 177	...	...	233 658	...	...
1 VII 2003 .... ESDF		460 601	263 791	57.3	222 911	...	...	237 690	...	...
1 VII 2004 .... ESDF		468 164	271 415	58.0	226 560	...	...	241 604	...	...
1 VII 2005 .... ESDF		475 465	278 947	58.7	230 063	...	...	245 402	...	...
1 VII 2006 .... ESDF		483 090	286 687	59.3	233 729	...	...	249 361	...	...
1 VII 2007 .... ESDF		491 419	295 046	60.0	237 842	...	...	253 577	...	...
1 VII 2008 .... ESDF		499 796	303 512	60.7	241 914	...	...	257 882	...	...
1 VII 2009 .... ESDF		508 633	310 958	61.1	246 219	...	...	262 414	...	...
16 VI 2010* .... CDJC		491 575	...	...	243 315	...	...	248 260	...	...
1 VII 2010 .... ESDF		517 831	320 111	61.8	250 710	...	...	267 121	...	...
1 VII 2011 .... ESDF		527 269	328 177	62.2	255 327	...	...	271 942	...	...

Continent, country or area, and date / Continent, pays ou zone et date	Code[a]	Both sexes - Les deux sexes Total	Urban - Urbaine Number Nombre	Urban - Urbaine Percent P.100	Male - Masculin Total	Urban - Urbaine Number Nombre	Urban - Urbaine Percent P.100	Female - Féminin Total	Urban - Urbaine Number Nombre	Urban - Urbaine Percent P.100
AFRICA - AFRIQUE										
Central African Republic - République centrafricaine										
8 XII 2003	CDFC	3 151 072	1 194 851	37.9	1 569 446	598 880	38.2	1 581 626	595 969	37.7
Comoros - Comores										
1 IX 2003	CDFC	575 660[3]	160 865	27.9	...	...	...	...	...	...
Congo										
28 IV 2007	CDFC	3 697 490	...	...	1 821 357	...	...	1 876 133	...	...
Côte d'Ivoire[1]										
1 VII 2002*	ESDF	17 461 446	...	...	8 911 589	...	...	8 549 847	...	...
1 VII 2003*	ESDF	18 000 876	...	...	9 185 371	...	...	8 815 505	...	...
1 VII 2004*	ESDF	18 545 968	...	...	9 461 594	...	...	9 084 374	...	...
1 VII 2005*	ESDF	19 096 988	...	...	9 740 427	...	...	9 356 561	...	...
1 VII 2006*	ESDF	19 657 738	...	...	10 023 964	...	...	9 633 774	...	...
1 VII 2007*	ESDF	20 227 876	...	...	10 312 061	...	...	9 915 815	...	...
1 VII 2008*	ESDF	20 807 216	...	...	10 604 596	...	...	10 202 620	...	...
1 VII 2009*	ESDF	21 395 198	...	...	10 901 322	...	...	10 493 876	...	...
Egypt - Égypte										
1 VII 2002	ESDF	66 627 610	28 553 755	42.9	34 052 407	...	...	32 575 203	...	...
1 VII 2003	ESDF	67 965 096	29 130 214	42.9	34 720 973	...	...	33 244 123	...	...
1 VII 2004	ESDF	69 303 902	29 652 904	42.8	35 379 626	...	...	33 924 276	...	...
1 VII 2005	ESDF	70 653 326	30 187 331	42.7	36 037 030	...	...	34 616 296	...	...
1 VII 2006	ESDF	72 008 900	30 699 375	42.6	36 725 501	...	...	35 283 399	...	...
21 XI 2006	CDFC	72 798 031	31 370 925	43.1	37 219 056	16 013 864	43.0	35 578 975	15 357 061	43.2
1 VII 2007	ESDF	73 643 587	31 719 927	43.1	37 643 353	16 186 484	43.0	36 000 234	15 533 443	43.1
1 VII 2008	ESDF	75 193 567	32 248 476	42.9	38 413 404	16 437 464	42.8	36 780 163	15 811 012	43.0
1 VII 2009	ESDF	76 925 139	33 082 770	43.0	39 327 098	16 887 176	42.9	37 598 041	16 195 594	43.1
1 VII 2010	ESDF	78 684 622	33 816 040	43.0	40 228 119	17 261 852	42.9	38 456 503	16 554 188	43.0
1 VII 2011	ESDF	80 410 017	34 515 708	42.9	41 110 578	17 619 110	42.9	39 299 439	16 896 598	43.0
Equatorial Guinea - Guinée équatoriale										
1 II 2002	CDFC	1 014 999	...	...	501 387	...	...	513 612	...	...
Ethiopia - Éthiopie										
1 VII 2002[4]	ESDF	67 220 000	10 307 000	15.3	33 707 000	5 134 000	15.2	33 513 000	5 173 000	15.4
1 VII 2003[4]	ESDF	69 127 000	10 745 000	15.5	34 653 000	5 347 000	15.4	34 474 000	5 398 000	15.7
1 VII 2004[4]	ESDF	71 066 000	11 199 000	15.8	35 618 000	5 568 000	15.6	35 448 000	5 631 000	15.9
1 VII 2005[4]	ESDF	73 043 510	11 674 521	16.0	36 604 591	5 802 931	15.9	36 438 919	5 871 590	16.1
1 VII 2006[4]	ESDF	75 067 000	12 172 000	16.2	37 615 000	6 050 000	16.1	37 452 000	6 122 000	16.3
29 V 2007	CDFC	73 750 932	11 862 821	16.1	37 217 130	5 895 916	15.8	36 533 802	5 966 905	16.3
1 VII 2007[4]	ESDF	77 127 000	12 689 000	16.5	38 644 000	6 307 000	16.3	38 483 000	6 382 000	16.6
1 VII 2008[4]	ESDF	79 221 000	13 225 000	16.7	39 691 000	6 575 000	16.6	39 530 000	6 650 000	16.8
Gabon[5]										
1 VII 2005	ESDF	1 312 500	...	...	645 700	...	...	666 700	...	...
Gambia - Gambie										
15 IV 2003*	CDFC	1 364 507	...	...	676 726	...	...	687 781	...	...
Ghana										
1 VII 2002	ESDF	19 883 276	...	...	9 840 849	...	...	10 042 427	...	...
1 VII 2003	ESDF	20 370 643	...	...	10 083 283	...	...	10 287 360	...	...
1 VII 2004	ESDF	20 859 482	...	...	10 326 358	...	...	10 533 124	...	...
1 VII 2005	ESDF	21 367 006	...	...	10 579 368	...	...	10 787 638	...	...
1 VII 2006	ESDF	21 876 031	...	...	10 833 033	...	...	11 042 998	...	...
1 VII 2007	ESDF	22 387 911	...	...	11 088 060	...	...	11 299 851	...	...
1 VII 2008	ESDF	22 900 927	...	...	11 343 581	...	...	11 557 346	...	...
1 VII 2009	ESDF	23 416 518	10 243 312	43.7	11 600 326	5 006 198	43.2	11 816 192	5 237 114	44.3
26 IX 2010*	CDFC	24 223 431	...	...	11 801 661	...	...	12 421 770	...	...
Guinea - Guinée[1]										
1 VII 2008	ESDF	10 182 926	2 851 219	28.0	...	...	...	...	...	...
1 VII 2009	ESDF	10 217 591	...	...	5 038 823	...	...	5 178 768	...	...
Guinea-Bissau - Guinée-Bissau										
15 III 2009	CDFC	1 520 830	...	...	737 634	...	...	783 196	...	...
1 VII 2010[1]	ESDF	1 558 090	...	...	802 384	...	...	755 706	...	...
Kenya										
1 VII 2002[6]	ESDF	32 117 987	5 613 669	17.5	15 850 411	3 325 186	21.0	16 267 576	2 288 483	14.1
1 VII 2003[6]	ESDF	33 141 617	5 809 612	17.5	16 372 798	3 443 644	21.0	16 768 819	2 365 968	14.1

6. Total and urban population by sex: 2002 - 2011
Population totale et population urbaine selon le sexe : 2002 - 2011 (continued - suite)

Continent, country or area, and date / Continent, pays ou zone et date	Code[a]	Both sexes - Les deux sexes			Male - Masculin			Female - Féminin		
		Total	Urban - Urbaine		Total	Urban - Urbaine		Total	Urban - Urbaine	
			Number Nombre	Percent P.100		Number Nombre	Percent P.100		Number Nombre	Percent P.100
AFRICA - AFRIQUE										
Kenya										
1 VII 2004[6]..............ESDF		34 191 382	6 009 718	17.6	16 908 648	3 564 746	21.1	17 282 734	2 444 972	14.1
1 VII 2005[6]..............ESDF		35 267 222	6 213 505	17.6	17 457 906	3 688 113	21.1	17 809 316	2 525 392	14.2
1 VII 2006[6]..............ESDF		36 432 866	...	...	18 052 944	...	...	18 379 922	...	...
1 VII 2007[6]..............ESDF		37 183 923	...	...	18 440 822	...	...	18 743 102	...	...
24 VIII 2009 ....CDFC		38 610 097	12 487 375	32.3	19 192 458	6 278 811	32.7	19 417 639	6 208 564	32.0
1 VII 2010*..............ESDF		40 124 000	...	...	19 860 438	...	...	20 263 562	...	...
1 VII 2011*..............ESDF		41 745 193	...	...	20 382 914	...	...	21 362 279	...	...
Lesotho										
13 IV 2006 ....CDFC		1 741 406	403 104	23.1	818 379	181 351	22.2	923 027	221 753	24.0
Liberia - Libéria										
21 III 2008 ....CDFC		3 476 608	1 633 719	47.0	1 739 945	802 092	46.1	1 736 663	831 627	47.9
Libya - Libye										
1 VII 2002[7]..............ESDF		5 484 426	...	...	2 773 333	...	...	2 711 093	...	...
15 IV 2006*..............CDFC		5 657 692	...	...	2 934 452	...	...	2 723 240	...	...
Madagascar										
1 VII 2002 ....ESDF		16 119 340	4 327 000	26.8	...	...	...	...	...	...
1 VII 2003 ....ESDF		16 584 801	4 544 000	27.4	...	...	...	...	...	...
1 VII 2004 ....ESDF		17 062 131	4 232 745	24.8	...	...	...	...	...	...
Malawi										
1 VII 2002[1]..............ESDF		11 174 648	1 375 794	12.3	5 486 254	713 513	13.0	5 688 394	662 281	11.6
1 VII 2003[1]..............ESDF		11 548 841	1 453 771	12.6	5 672 569	752 544	13.3	5 876 272	701 227	11.9
1 VII 2004[1]..............ESDF		11 937 934	1 533 930	12.8	5 866 462	792 661	13.5	6 071 472	741 269	12.2
1 VII 2005[1]..............ESDF		12 341 170	1 616 169[8]	13.1	6 067 563	833 812[8]	13.7	6 273 607	782 357[8]	12.5
1 VII 2006[1]..............ESDF		12 757 883	1 700 379	13.3	6 275 533	875 943	14.0	6 482 350	824 436	12.7
1 VII 2007[1]..............ESDF		13 187 632	1 786 434	13.5	6 490 146	918 991	14.2	6 697 486	867 443	13.0
8 VI 2008 ....CDFC		13 077 160	2 003 309	15.3	6 358 933	1 014 477	16.0	6 718 227	988 832	14.7
1 VII 2008[1]..............ESDF		13 630 164	1 874 199[8]	13.8	6 711 263	962 887[8]	14.3	6 918 901	911 312[8]	13.2
Mali										
1 I 2002 ....ESDF		10 813 478	3 176 399	29.4	5 352 318	1 590 701	29.7	5 461 160	1 585 697	29.0
1 I 2003 ....ESDF		11 111 219	3 344 066	30.1	5 499 912	1 674 538	30.4	5 611 305	1 669 528	29.8
1 I 2004 ....ESDF		11 419 483	3 522 033	30.8	5 652 867	1 763 554	31.2	5 766 615	1 758 478	30.5
1 I 2005 ....ESDF		11 732 416	3 707 315	31.6	5 808 166	1 856 224	32.0	5 924 252	1 851 091	31.2
1 I 2006 ....ESDF		12 051 021	3 900 404	32.4	5 966 339	1 952 802	32.7	6 084 681	1 947 601	32.0
1 I 2007 ....ESDF		12 377 542	4 102 223	33.1	6 128 544	2 053 767	33.5	6 248 999	2 048 456	32.8
1 IV 2009*..............CDJC		14 517 176	...	...	7 202 744	...	...	7 314 432	...	...
Mauritania - Mauritanie[1]										
1 VII 2005 ....ESDF		2 905 727	...	...	1 450 418	...	...	1 455 309	...	...
1 VII 2008 ....ESDF		3 162 338	...	...	1 584 913	...	...	1 577 425	...	...
1 VII 2010 ....ESDF		3 340 627	...	...	1 678 324	...	...	1 662 303	...	...
1 VII 2011 ....ESDF		3 296 958	...	...	1 644 572	...	...	1 652 386	...	...
Mauritius - Maurice[9]										
1 VII 2002 ....ESDJ		1 210 203	513 761	42.5	599 165	252 848	42.2	611 038	260 913	42.7
1 VII 2003 ....ESDJ		1 222 811	518 368	42.4	605 084	255 077	42.2	617 727	263 291	42.6
1 VII 2004 ....ESDJ		1 233 386	521 588	42.3	610 108	256 542	42.0	623 278	265 046	42.5
1 VII 2005 ....ESDJ		1 243 253	524 318	42.2	614 786	257 785	41.9	628 467	266 533	42.4
1 VII 2006 ....ESDJ		1 252 698	527 138	42.1	619 243	259 028	41.8	633 455	268 110	42.3
1 VII 2007 ....ESDJ		1 260 403	528 961	42.0	622 926	259 800	41.7	637 477	269 161	42.2
1 VII 2008 ....ESDJ		1 268 565	531 097	41.9	626 556	260 675	41.6	642 009	270 422	42.1
1 VII 2009 ....ESDJ		1 275 032	532 591	41.8	629 157	261 041	41.5	645 875	271 550	42.0
1 VII 2010 ....ESDJ		1 280 924	533 771	41.7	631 692	261 489	41.4	649 232	272 282	41.9
Mayotte										
30 VII 2002 ....CDJC		160 301	...	...	80 281	...	...	80 020	...	...
31 VII 2007 ....CDJC		186 387	...	...	91 405	...	...	94 982	...	...
Morocco - Maroc										
1 VII 2002 ....ESDF		29 631 000	16 772 000	56.6	14 742 000	8 217 000	55.7	14 889 000	8 555 000	57.5
1 VII 2003 ....ESDF		30 088 000	17 244 000	57.3	14 972 000	8 438 000	56.4	15 116 000	8 806 000	58.3
1 VII 2004[10]..............ESDF		29 840 000	16 433 000	55.1	14 820 000	8 126 000	54.8	15 020 000	8 307 000	55.3
1 IX 2004 ....CDFC		29 680 069	16 339 561	55.1	14 640 662	8 022 273	54.8	15 039 407	8 317 288	55.3
1 VII 2005[10]..............ESDF		30 172 000	16 755 000	55.5	14 981 000	8 275 000	55.2	15 190 000	8 480 000	55.8
1 VII 2006[10]..............ESDF		30 509 000	17 082 000	56.0	15 146 000	8 426 000	55.6	15 363 000	8 656 000	56.3
1 VII 2007[10]..............ESDF		30 850 000	17 415 000	56.5	15 314 000	8 579 000	56.0	15 536 000	8 836 000	56.9
1 VII 2008[10]..............ESDF		31 195 000	17 753 000	56.9	15 484 000	8 734 000	56.4	15 711 000	9 019 000	57.4
1 VII 2009[10]..............ESDF		31 543 000	18 097 000	57.4	15 657 000	8 891 000	56.8	15 886 000	9 205 000	57.9

Continent, country or area, and date / Continent, pays ou zone et date	Code[a]	Both sexes - Les deux sexes			Male - Masculin			Female - Féminin		
		Total	Urban - Urbaine		Total	Urban - Urbaine		Total	Urban - Urbaine	
			Number Nombre	Percent P.100		Number Nombre	Percent P.100		Number Nombre	Percent P.100
AFRICA - AFRIQUE										
Morocco - Maroc										
1 VII 2010[10] .... ESDF		31 894 000	18 446 000	57.8	15 831 000	9 051 000	57.2	16 063 000	9 395 000	58.5
1 VII 2011[10] .... ESDF		32 245 000	18 802 000	58.3	16 011 000	9 213 000	57.5	16 234 000	9 589 000	59.1
Mozambique										
1 VII 2002[1] .... ESDF		18 077 570			8 698 020			9 379 550		
1 VII 2003[1] .... ESDF		18 513 826	...	...	8 915 639	...	...	9 598 187	...	...
1 VII 2004[1] .... ESDF		18 961 503	5 828 150	30.7	9 139 205	2 909 903	31.8	9 822 298	2 918 247	29.7
1 VII 2005[1] .... ESDF		19 420 036	6 022 319	31.0	9 368 425	3 009 531	32.1	10 051 611	3 012 788	30.0
1 VII 2006[1] .... ESDF		19 888 701	...	...	9 603 031	...	...	10 285 670	...	...
1 VII 2007[1] .... ESDF		20 366 795	...	...	9 842 760	...	...	10 524 035	...	...
1 VIII 2007 .... CDFC		20 252 223	6 151 974	30.4	9 746 690	3 021 756	31.0	10 505 533	3 130 218	29.8
1 VII 2008[1] .... ESDF		20 854 057	...	...	10 087 479	...	...	10 766 578	...	...
1 VII 2009[1] .... ESDF		21 350 008	...	...	10 336 944	...	...	11 013 064	...	...
1 VII 2010[1] .... ESDF		21 854 387	...	...	10 591 020	...	...	11 263 367	...	...
Namibia - Namibie[1]										
1 VII 2002 .... ESDF		1 860 145	...	...	903 107	...	...	957 038	...	...
1 VII 2003 .... ESDF		1 891 098	...	...	919 031	...	...	972 067	...	...
1 VII 2004 .... ESDF		1 923 346	...	...	935 590	...	...	987 756	...	...
1 VII 2005 .... ESDF		1 956 900	...	...	952 788	...	...	1 004 112	...	...
1 VII 2006 .... ESDF		1 991 747	...	...	970 617	...	...	1 021 130	...	...
1 VII 2007 .... ESDF		2 027 871	...	...	989 067	...	...	1 038 804	...	...
1 VII 2008 .... ESDF		2 065 226	...	...	1 008 115	...	...	1 057 111	...	...
1 VII 2009 .... ESDF		2 103 761	...	...	1 027 736	...	...	1 076 025	...	...
1 VII 2010 .... ESDF		2 143 410	...	...	1 047 900	...	...	1 095 510	...	...
Niger[1]										
1 VII 2002 .... ESDJ		11 456 235	1 863 783	16.3	5 714 075	932 424	16.3	5 742 160	931 359	16.2
1 VII 2003 .... ESDJ		11 834 290	1 925 288	16.3	5 902 639	963 194	16.3	5 931 651	962 094	16.2
1 VII 2004 .... ESDJ		12 224 822	1 988 822	16.3	6 097 426	994 979	16.3	6 127 396	993 843	16.2
1 VII 2005 .... ESDJ		12 628 241	2 054 453	16.3	6 298 641	1 027 814	16.3	6 329 600	1 026 640	16.2
1 VII 2006 .... ESDJ		13 044 973	2 184 605	16.7	6 506 496	1 092 927	16.8	6 538 477	1 091 678	16.7
1 VII 2007 .... ESDJ		13 716 233	2 556 499	18.6	6 851 314	1 280 155	18.7	6 864 919	1 276 344	18.6
1 VII 2008 .... ESDJ		14 197 601	2 728 541	19.2	7 088 858	1 366 304	19.3	7 108 743	1 362 237	19.2
1 VII 2009 .... ESDJ		14 693 112	2 911 006	19.8	7 339 392	1 458 250	19.9	7 353 720	1 452 756	19.8
1 VII 2010 .... ESDJ		15 203 822	3 104 574	20.4	7 594 565	1 555 187	20.5	7 609 257	1 549 387	20.4
1 VII 2011 .... ESDJ		15 730 754	...	...	7 857 845	...	...	7 872 909	...	...
Nigeria - Nigéria										
1 VII 2002[1] .... ESDF		122 443 748	...	...	61 369 212	...	...	61 074 536	...	...
1 VII 2003[1] .... ESDF		126 152 844	...	...	63 241 808	...	...	62 911 036	...	...
1 VII 2004[1] .... ESDF		129 175 000	...	...	64 459 000	...	...	64 716 000	...	...
1 VII 2005[1] .... ESDF		133 767 000	...	...	67 111 000	...	...	66 656 000	...	...
21 III 2006 .... CDFC		140 431 790	...	...	71 345 488	...	...	69 086 302	...	...
Réunion										
1 VII 2002 .... ESDJ		745 524	...	...	364 178	...	...	381 346	...	...
1 VII 2003 .... ESDJ		756 235	...	...	368 715	...	...	387 521	...	...
1 VII 2004 .... ESDJ		767 269	...	...	373 532	...	...	393 737	...	...
1 VII 2005 .... ESDJ		777 435	...	...	377 593	...	...	399 842	...	...
1 I 2006 .... CDJC		781 962	...	...	379 176	...	...	402 786	...	...
1 VII 2006 .... ESDJ		786 231	...	...	381 030	...	...	405 202	...	...
1 I 2007 .... ESDJ		794 107	...	...	385 335	...	...	408 772	...	...
1 I 2008 .... ESDJ		805 500	...	...	390 645	...	...	414 855	...	...
1 I 2009 .... ESDJ		816 364	...	...	395 688	...	...	420 676	...	...
1 I 2010* .... ESDJ		828 054	...	...	399 728	...	...	428 326	...	...
Rwanda										
1 VII 2002[1] .... ESDF		8 128 553	1 372 604	16.9	3 879 448	727 172	18.7	4 249 105	645 432	15.2
16 VIII 2002 .... CDJC		8 128 553	1 372 604	16.9	3 879 448	727 172	18.7	4 249 105	645 432	15.2
1 VII 2003[1] .... ESDF		8 879 000	...	...	4 350 710	...	...	4 528 290	...	...
1 VII 2004[1] .... ESDF		9 032 000	...	...	4 434 712	...	...	4 597 288	...	...
1 VII 2005[1] .... ESDF		9 225 000	1 476 000	16.0	4 372 650	...	...	4 852 350	...	...
1 VII 2006[1] .... ESDF		9 468 000	1 514 880	16.0	4 487 832	...	...	4 980 168	...	...
1 VII 2007[1] .... ESDF		9 556 669	1 726 613	18.1	4 597 277	812 148	17.7	4 959 393	914 465	18.4
1 VII 2008[1] .... ESDF		9 831 501	...	...	4 736 104	...	...	5 095 397	...	...
1 VII 2009[1] .... ESDF		10 117 029	...	...	4 880 233	...	...	5 236 796	...	...
1 VII 2010[1] .... ESDF		10 412 820	1 541 097	14.8	5 029 450	...	...	5 383 371	...	...
1 VII 2011[1] .... ESDF		10 718 379	1 564 883	14.6	5 183 505	...	...	5 534 874	...	...

Continent, country or area, and date / Continent, pays ou zone et date	Code[a]	Both sexes - Les deux sexes			Male - Masculin			Female - Féminin		
		Total	Urban - Urbaine		Total	Urban - Urbaine		Total	Urban - Urbaine	
			Number Nombre	Percent P.100		Number Nombre	Percent P.100		Number Nombre	Percent P.100
AFRICA - AFRIQUE										
Saint Helena ex. dep. - Sainte-Hélène sans dép.										
10 II 2008 ....CDFC		4 257	...	...	2 165	...	...	2 092	...	...
1 VII 2008[11] ....ESDF		3 981	...	...	2 022	...	...	1 959	...	...
Saint Helena: Ascension - Sainte-Hélène: Ascension										
1 VII 2008 ....ESDJ		702	...	...	397	...	...	305	...	...
Saint Helena: Tristan da Cunha - Sainte-Hélène: Tristan da Cunha[12]										
31 XII 2009 ....ESDF		262[13]	...	...	123	...	...	139	...	...
Sao Tome and Principe - Sao Tomé-et-Principe										
1 VII 2002 ....ESDF		140 365	...	...	69 515	...	...	70 850	...	...
1 VII 2003 ....ESDF		143 186	...	...	70 821	...	...	72 365	...	...
1 VII 2004 ....ESDF		146 056	...	...	72 153	...	...	73 903	...	...
1 VII 2005 ....ESDF		148 968	...	...	73 506	...	...	75 462	...	...
1 VII 2006 ....ESDF		151 912	...	...	74 876	...	...	77 036	...	...
1 VII 2007 ....ESDF		154 875	...	...	76 256	...	...	78 619	...	...
1 VII 2008 ....ESDF		157 847	...	...	77 641	...	...	80 206	...	...
Senegal - Sénégal										
1 VII 2002 ....ESDJ		9 912 880	...	...	4 865 222	...	...	5 047 658	...	...
8 XII 2002 ....CDFC		9 555 346	3 938 299[2]	41.2	4 672 015	1 939 894[2]	41.5	4 883 331	1 998 405[2]	40.9
31 XII 2003[14] ....ESDJ		10 317 339	4 195 560	40.7	5 078 633	2 080 007	41.0	5 238 706	2 115 553	40.4
31 XII 2004[14] ....ESDJ		10 604 970	4 312 525	40.7	5 220 217	2 137 994	41.0	5 384 753	2 174 531	40.4
31 XII 2005[14] ....ESDJ		10 901 006	4 432 909	40.7	5 365 938	2 197 676	41.0	5 535 068	2 235 233	40.4
31 XII 2006[14] ....ESDJ		11 205 774	4 556 843	40.7	5 515 959	2 259 118	41.0	5 689 815	2 297 725	40.4
31 XII 2007[14] ....ESDJ		11 519 242	4 684 315	40.7	5 670 261	2 322 314	41.0	5 848 981	2 362 001	40.4
31 XII 2008[14] ....ESDJ		11 841 137	4 815 214	40.7	5 828 711	2 387 209	41.0	6 012 426	2 428 005	40.4
31 XII 2009[14] ....ESDJ		12 171 264	4 949 461	40.7	5 991 214	2 453 764	41.0	6 180 050	2 495 697	40.4
31 XII 2010[14] ....ESDJ		12 509 434	5 086 978	40.7	6 157 675	2 521 940	41.0	6 351 759	2 565 038	40.4
31 XII 2011[14] ....ESDJ		12 841 702	6 086 966	47.4	6 350 673	3 010 218	47.4	6 491 029	3 076 748	47.4
Seychelles										
1 VII 2002 ....ESDF		83 723	...	...	41 990	...	...	41 733	...	...
26 VIII 2002[15] ....CDJC		81 755	...	...	40 751	...	...	41 004	...	...
1 VII 2003 ....ESDF		82 781	...	...	40 859	...	...	41 922	...	...
1 VII 2004 ....ESDF		82 475	...	...	40 652	...	...	41 823	...	...
1 VII 2005 ....ESDF		82 852	...	...	41 233	...	...	41 619	...	...
1 VII 2006 ....ESDF		84 600	...	...	42 875	...	...	41 725	...	...
1 VII 2007 ....ESDF		85 032	...	...	43 160	...	...	41 872	...	...
1 VII 2008 ....ESDF		86 956	...	...	44 999	...	...	41 957	...	...
1 VII 2009 ....ESDF		87 298	...	...	45 022	...	...	42 276	...	...
1 VII 2010 ....ESDF		89 770	...	...	45 907	...	...	43 863	...	...
1 VII 2011 ....ESDF		87 441	...	...	43 127	...	...	44 314	...	...
Sierra Leone										
1 VII 2002 ....ESDF		5 166 508	1 864 177	36.1	...	...	...	...	...	...
1 VII 2003 ....ESDF		5 280 406	1 910 779	36.2	...	...	...	...	...	...
4 XII 2003 ....CDFC		4 976 871	...	...	2 420 218	...	...	2 556 653	...	...
1 VII 2005 ....ESDF		5 094 500	1 934 235	38.0	2 468 832	955 441	38.7	2 625 668	978 794	37.3
1 VII 2006 ....ESDF		5 216 890	1 999 707	38.3	2 528 430	987 782	39.1	2 688 460	1 011 925	37.6
1 VII 2007 ....ESDF		5 343 200	2 069 160	38.7	2 589 965	1 022 089	39.5	2 753 235	1 047 071	38.0
1 VII 2008 ....ESDF		5 473 530	2 142 918	39.2	2 653 490	1 058 523	39.9	2 820 040	1 084 395	38.5
1 VII 2009 ....ESDF		5 607 930	2 221 331	39.6	2 719 034	1 097 256	40.4	2 888 896	1 124 075	38.9
1 VII 2010 ....ESDF		5 746 800	2 304 955	40.1	2 786 797	1 138 563	40.9	2 960 003	1 166 392	39.4
1 VII 2011 ....ESDF		5 890 080	2 394 041	40.6	2 856 755	1 182 568	41.4	3 033 325	1 211 473	39.9
Somalia - Somalie[16]										
1 VII 2002 ....SSDF		6 799 079	2 310 817	34.0	3 499 523	1 168 410	33.4	3 299 556	1 142 407	34.6
South Africa - Afrique du Sud[17]										
1 VII 2002 ....ESDF		45 401 102	23 888 278[2]	52.6	21 813 261	11 612 775[2]	53.2	23 587 841	12 275 503[2]	52.0
1 VII 2003 ....ESDF		45 997 199	...	...	22 119 800	...	...	23 877 399	...	...
1 VII 2004 ....ESDF		46 589 258	...	...	22 425 202	...	...	24 164 056	...	...
1 VII 2005 ....ESDF		47 176 877	...	...	22 729 279	...	...	24 447 598	...	...

Continent, country or area, and date / Continent, pays ou zone et date	Code[a]	Both sexes - Les deux sexes			Male - Masculin			Female - Féminin		
		Total	Urban - Urbaine		Total	Urban - Urbaine		Total	Urban - Urbaine	
			Number Nombre	Percent P.100		Number Nombre	Percent P.100		Number Nombre	Percent P.100
AFRICA - AFRIQUE										
South Africa - Afrique du Sud[17]										
1 VII 2006	ESDF	47 759 650	...	...	23 031 829	...	...	24 727 821	...	...
1 VII 2007	ESDF	48 337 174	...	...	23 332 664	...	...	25 004 510	...	...
1 VII 2008	ESDF	48 909 051	...	...	23 631 605	...	...	25 277 446	...	...
1 VII 2009	ESDF	49 474 880	...	...	23 928 439	...	...	25 546 441	...	...
1 VII 2010	ESDF	50 034 236	...	...	24 222 976	...	...	25 811 260	...	...
1 VII 2011	ESDF	50 586 757	...	...	24 515 036	...	...	26 071 721	...	...
Swaziland										
11 III 2007	CDFC	844 223	186 890	22.1	405 868	93 918	23.1	438 355	92 972	21.2
1 VII 2007	ESDF	1 020 102	225 700	22.1	482 209	108 264	22.5	537 893	117 436	21.8
1 VII 2008	ESDF	1 031 747	229 516	22.2	488 132	109 937	22.5	543 615	119 579	22.0
1 VII 2009	ESDF	1 043 509	233 504	22.4	494 061	111 704	22.6	549 448	121 800	22.2
1 VII 2010	ESDF	1 055 506	237 641	22.5	500 070	113 553	22.7	555 436	124 087	22.3
1 VII 2011	ESDF	1 067 773	241 947	22.7	506 186	115 493	22.8	561 587	126 454	22.5
Togo										
6 XI 2010	CDJC	6 191 155	2 334 495	37.7	3 009 095	...	...	3 182 060	...	...
Tunisia - Tunisie										
1 VII 2002	ESDF	9 748 900	...	...	4 907 100	...	...	4 841 800	...	...
1 VII 2003	ESDF	9 839 800	...	...	4 933 600	...	...	4 906 200	...	...
28 IV 2004	CDFC	9 910 872	6 429 500	64.9	4 965 435	...	...	4 945 437	...	...
1 VII 2004	ESDF	9 932 400	...	...	4 976 200	...	...	4 956 200	...	...
1 VII 2005	ESDF	10 029 000	...	...	5 020 000	...	...	5 009 000	...	...
1 VII 2006	ESDF	10 127 900	...	...	5 062 100	...	...	5 065 800	...	...
1 VII 2007	ESDF	10 225 100	...	...	5 105 100	...	...	5 120 000	...	...
1 VII 2008	ESDF	10 328 900	...	...	5 156 300	...	...	5 172 600	...	...
Uganda - Ouganda										
1 VII 2002	ESDF	24 067 187	2 953 381	12.3	11 747 193	1 427 448	12.2	12 319 994	1 525 933	12.4
12 IX 2002	CDFC	24 442 084	2 999 387	12.3	11 929 803	1 449 684	12.2	12 512 281	1 549 703	12.4
1 VII 2003	ESDF	25 089 400	3 708 800	14.8	12 146 100	1 775 300	14.6	12 943 300	1 933 500	14.9
1 VII 2004	ESDF	25 895 700	3 829 000	14.8	12 532 100	1 830 600	14.6	13 363 600	1 998 400	15.0
1 VII 2005	ESDF	26 741 300	3 953 200	14.8	12 944 800	1 889 800	14.6	13 796 500	2 063 400	15.0
1 VII 2006	ESDF	27 629 300	4 084 700	14.8	13 386 100	1 953 300	14.6	14 243 200	2 131 400	15.0
1 VII 2007	ESDF	28 581 300	4 223 800	14.8	13 866 700	2 022 200	14.6	14 714 600	2 201 600	15.0
1 VII 2008	ESDF	29 592 600	4 372 000	14.8	14 383 200	2 095 700	14.6	15 209 400	2 276 300	15.0
1 VII 2009	ESDF	30 661 300	4 524 900	14.8	14 933 900	2 171 400	14.5	15 727 400	2 353 500	15.0
1 VII 2010	ESDF	31 784 600	...	...	15 516 600	...	...	16 268 000	...	...
1 VII 2011	ESDF	32 939 800	...	...	16 118 600	...	...	16 821 200	...	...
United Republic of Tanzania - République Unie de Tanzanie										
24 VIII 2002*	CDFC	34 443 603	...	...	16 829 861	...	...	17 613 742	...	...
Zambia - Zambie										
16 X 2010*	CDFC	13 046 508	5 068 234	38.8	6 394 455	...	...	6 652 053	...	...
Zimbabwe										
17 VIII 2002	CDFC	11 631 657	4 029 707	34.6	5 634 180	1 988 176	35.3	5 997 477	2 041 531	34.0
1 VII 2003[14]	ESDF	11 640 000	4 032 597	34.6	5 638 152	1 989 577	35.3	6 001 848	2 043 019	34.0
1 VII 2004[14]	ESDF	11 730 000	4 063 777	34.6	5 681 745	2 004 961	35.3	6 048 255	2 058 816	34.0
1 VII 2005[14]	ESDF	11 830 000	4 098 422	34.6	5 730 183	2 022 053	35.3	6 099 817	2 076 367	34.0
1 VII 2006[14]	ESDF	11 930 000	4 133 066	34.6	5 778 621	2 039 146	35.3	6 151 379	2 093 919	34.0
1 VII 2007[14]	ESDF	12 040 000	4 171 175	34.6	5 831 902	2 057 948	35.3	6 208 098	2 113 226	34.0
1 VII 2008[14]	ESDF	12 150 000	3 495 205	28.8	5 885 184	1 691 434	28.7	6 264 816	1 803 752	28.8
1 VII 2009[14]	ESDF	13 667 894	...	...	6 642 551	...	...	7 025 344	...	...
AMERICA, NORTH - AMÉRIQUE DU NORD										
Antigua and Barbuda - Antigua-et-Barbuda										
1 VII 2002	ESDF	78 320	...	...	36 780	...	...	41 540	...	...
1 VII 2003	ESDF	79 781	...	...	37 467	...	...	42 314	...	...
1 VII 2004	ESDF	81 270	...	...	38 166	...	...	43 104	...	...
1 VII 2005	ESDF	82 786	...	...	38 878	...	...	43 908	...	...

Continent, country or area, and date / Continent, pays ou zone et date	Code[a]	Both sexes - Les deux sexes			Male - Masculin			Female - Féminin		
		Total	Urban - Urbaine		Total	Urban - Urbaine		Total	Urban - Urbaine	
			Number Nombre	Percent P.100		Number Nombre	Percent P.100		Number Nombre	Percent P.100
AMERICA, NORTH - AMÉRIQUE DU NORD										
Antigua and Barbuda - Antigua-et-Barbuda										
1 VII 2006 ....ESDF		84 330	...	...	39 603	...	...	44 727	...	...
1 VII 2007 ....ESDF		85 903	...	...	40 342	...	...	45 561	...	...
Aruba										
1 VII 2002 ....ESDJ		93 310	...	...	44 651	...	...	48 659	...	...
1 VII 2003 ....ESDJ		95 076	...	...	45 461	...	...	49 615	...	...
1 VII 2004 ....ESDJ		97 658	...	...	46 657	...	...	51 001	...	...
1 VII 2005 ....ESDJ		100 644	...	...	48 038	...	...	52 606	...	...
1 VII 2006 ....ESDJ		102 833	...	...	49 063	...	...	53 770	...	...
1 VII 2007 ....ESDJ		104 005	...	...	49 614	...	...	54 391	...	...
1 VII 2008 ....ESDJ		105 287	...	...	50 304	...	...	54 983	...	...
1 VII 2009 ....ESDJ		106 925	...	...	51 227[18]	...	...	55 697[18]	...	...
29 IX 2010 ....CDJC		101 484	...	...	48 241	...	...	53 243	...	...
1 VII 2011 ....ESDJ		102 711	...	...	48 754	...	...	53 957	...	...
Bahamas										
1 VII 2002[1] ....ESDF		312 100	...	...	151 700	...	...	160 400	...	...
1 VII 2003[1] ....ESDF		316 900	...	...	154 100	...	...	162 800	...	...
1 VII 2004[1] ....ESDF		320 800	...	...	155 900	...	...	164 900	...	...
1 VII 2005[1] ....ESDF		325 200	...	...	158 000	...	...	167 200	...	...
1 VII 2006[1] ....ESDF		329 500	...	...	160 100	...	...	169 400	...	...
1 VII 2007[1] ....ESDF		334 000	...	...	162 300	...	...	171 700	...	...
1 VII 2008[1] ....ESDF		338 300	...	...	164 800	...	...	173 500	...	...
1 VII 2009[1] ....ESDF		342 400	...	...	166 800	...	...	175 600	...	...
3 V 2010* ....CDFC		353 658	...	...	170 926	...	...	182 732	...	...
1 VII 2010[1] ....ESDF		346 900	...	...	169 200	...	...	177 700	...	...
1 VII 2011[1] ....ESDF		351 100	...	...	171 500	...	...	179 600	...	...
Barbados - Barbade										
1 VII 2002 ....ESDF		270 750	...	...	130 390	...	...	140 360	...	...
1 VII 2003 ....ESDF		271 646	...	...	130 887	...	...	140 759	...	...
1 VII 2004 ....ESDF		272 436	...	...	131 418	...	...	141 018	...	...
1 VII 2005 ....ESDF		273 018	...	...	131 721	...	...	141 297	...	...
1 VII 2006 ....ESDF		273 428	...	...	131 916	...	...	141 512	...	...
1 VII 2007 ....ESDF		274 197	...	...	132 413	...	...	141 784	...	...
1 VII 2008 ....ESDF		274 937	...	...	132 839	...	...	142 098	...	...
Belize										
1 VII 2002 ....ESDF		265 200	130 500	49.2	133 900	64 400	48.1	131 300	66 100	50.3
1 VII 2003 ....ESDF		273 700	135 600	49.5	138 300	67 000	48.4	135 400	68 600	50.7
1 VII 2004 ....ESDF		282 600	141 000	49.9	142 700	69 500	48.7	139 900	71 500	51.1
1 VII 2005 ....ESDF		291 800	146 600	50.2	147 400	72 200	49.0	144 400	74 400	51.5
1 VII 2006 ....ESDF		301 386	152 583	50.6	149 676	73 495	49.1	151 710	79 089	52.1
1 VII 2008 ....ESDF		322 100	...	...	160 900	...	...	161 200	...	...
1 VII 2009 ....ESDF		333 200	...	...	166 500	...	...	166 700	...	...
12 V 2010* ....CDFC		312 698	138 796	44.4	157 935	67 896	43.0	154 763	70 900	45.8
Bermuda - Bermudes										
1 VII 2002 ....ESDJ		62 754	...	...	30 092	...	...	32 662	...	...
1 VII 2003 ....ESDJ		63 042	...	...	30 205	...	...	32 837	...	...
1 VII 2004 ....ESDJ		63 320	...	...	30 323	...	...	32 997	...	...
1 VII 2005 ....ESDJ		63 571	...	...	30 424	...	...	33 147	...	...
1 VII 2006 ....ESDJ		63 797	...	...	30 504	...	...	33 293	...	...
1 VII 2007 ....ESDJ		64 009	...	...	30 577	...	...	33 432	...	...
1 VII 2008 ....ESDJ		64 209	...	...	30 644	...	...	33 565	...	...
1 VII 2009 ....ESDJ		64 395	...	...	30 704	...	...	33 691	...	...
1 VII 2010 ....ESDJ		64 566	...	...	30 755	...	...	33 811	...	...
1 VII 2011 ....ESDJ		64 722	...	...	30 798	...	...	33 924	...	...
Canada										
1 VII 2002[19] ....ESDJ		31 353 656	...	...	15 533 158	...	...	15 820 498	...	...
1 VII 2003[19] ....ESDJ		31 639 670	...	...	15 675 460	...	...	15 964 210	...	...
1 VII 2004[19] ....ESDJ		31 940 676	...	...	15 825 754	...	...	16 114 922	...	...
1 VII 2005[19] ....ESDJ		32 245 209	...	...	15 979 800	...	...	16 265 409	...	...
16 V 2006[20] ....CDJC		31 612 895	25 350 585	80.2	15 475 970	12 289 025	79.4	16 136 930	13 061 560	80.9
1 VII 2006[21] ....ESDJ		32 576 074	...	...	16 147 873	...	...	16 428 201	...	...
1 VII 2007[21] ....ESDJ		32 929 733	...	...	16 324 732	...	...	16 605 001	...	...
1 VII 2008[21] ....ESDJ		33 319 098	...	...	16 520 442	...	...	16 798 656	...	...

Continent, country or area, and date / Continent, pays ou zone et date	Code[a]	Both sexes - Les deux sexes			Male - Masculin			Female - Féminin		
		Total	Urban - Urbaine		Total	Urban - Urbaine		Total	Urban - Urbaine	
			Number Nombre	Percent P.100		Number Nombre	Percent P.100		Number Nombre	Percent P.100
AMERICA, NORTH - AMÉRIQUE DU NORD										
Canada										
1 VII 2009[22] .... ESDJ		33 729 690	...	...	16 727 239	...	...	17 002 451	...	...
1 VII 2010[22] .... ESDJ		34 126 181	...	...	16 925 006	...	...	17 201 175	...	...
1 VII 2011*[23] .... ESDJ		34 482 779	...	...	17 104 098	...	...	17 378 681	...	...
Cayman Islands - Îles Caïmanes										
1 IV 2007 .... SSDJ		54 100	...	...	27 281[2]	...	...	26 011[2]	...	...
31 XII 2009 .... ESDJ		52 830	...	...	26 255	...	...	26 575	...	...
10 X 2010[24] .... CDJC		55 036	55 036	100.0	27 218	27 218	100.0	27 818	27 818	100.0
Costa Rica										
1 VII 2002 .... ESDJ		3 997 883	2 359 158	59.0	1 983 715	1 147 227	57.8	2 014 168	1 211 931	60.2
1 VII 2003 .... ESDJ		4 088 773	2 412 542	59.0	2 017 467	1 167 617	57.9	2 071 306	1 244 925	60.1
1 VII 2004 .... ESDJ		4 178 755	2 465 255	59.0	2 062 468	1 191 560	57.8	2 116 287	1 273 695	60.2
1 VII 2005 .... ESDJ		4 266 185	2 516 602	59.0	2 116 648	1 231 912	58.2	2 149 537	1 284 690	59.8
1 VII 2006 .... ESDJ		4 353 843	2 567 797	59.0	2 146 610	1 243 202	57.9	2 207 233	1 324 595	60.0
1 VII 2007 .... ESDJ		4 443 100	2 619 591	59.0	2 195 652	1 273 998	58.0	2 247 448	1 345 593	59.9
1 VII 2008[25] .... ESDJ		4 533 162	2 671 667	58.9	2 246 474	1 299 940	57.9	2 286 688	1 371 727	60.0
1 VII 2009[25] .... ESDJ		4 620 482	2 722 273	58.9	2 291 886	1 325 468	57.8	2 328 596	1 396 805	60.0
1 VII 2010[26] .... ESDJ		4 562 087	2 811 556	61.6	2 233 452	1 344 652	60.2	2 328 635	1 466 904	63.0
30 V 2011* .... CDJC		4 301 712	3 130 871	72.8	2 106 063	1 509 161	71.7	2 195 649	1 621 710	73.9
1 VII 2011[1] .... ESDJ		4 615 518	...	...	2 339 975	...	...	2 275 543	...	...
Cuba										
1 VII 2002 .... ESDJ		11 184 457	8 483 688	75.9	5 601 052	4 172 285	74.5	5 583 405	4 311 403	77.2
7 IX 2002 .... CDJC		11 177 743	8 479 329	75.9	5 597 233	4 169 722	74.5	5 580 510	4 309 607	77.2
1 VII 2003 .... ESDJ		11 215 229	8 501 628	75.8	5 616 275	4 181 234	74.4	5 598 954	4 320 394	77.2
1 VII 2004 .... ESDJ		11 235 687	8 503 738	75.7	5 626 690	4 183 047	74.3	5 608 997	4 320 691	77.0
1 VII 2005 .... ESDJ		11 242 519	8 497 885	75.6	5 629 843	4 180 296	74.3	5 612 676	4 317 589	76.9
1 VII 2006 .... ESDJ		11 241 439	8 490 165	75.5	5 629 233	4 176 609	74.2	5 612 206	4 313 556	76.9
1 VII 2007 .... ESDJ		11 237 916	8 478 510	75.4	5 627 694	4 171 388	74.1	5 610 222	4 307 122	76.8
1 VII 2008 .... ESDJ		11 236 444	8 468 168	75.4	5 627 687	4 167 421	74.1	5 608 757	4 300 747	76.7
1 VII 2009 .... ESDJ		11 239 363	8 469 528	75.4	5 629 345	4 169 181	74.1	5 610 018	4 300 347	76.7
1 VII 2010 .... ESDJ		11 241 894	8 469 602	75.3	5 629 874	4 169 518	74.1	5 612 020	4 300 084	76.6
1 VII 2011 .... ESDJ		11 244 543	8 464 392	75.3	5 630 955	4 167 382	74.0	5 613 587	4 297 010	76.5
Dominica - Dominique										
1 VII 2002 .... ESDF		70 382	...	...	35 472	...	...	34 910	...	...
1 VII 2003 .... ESDF		70 352	...	...	35 442	...	...	34 910	...	...
1 VII 2004 .... ESDF		70 417	...	...	35 645	...	...	34 772	...	...
1 VII 2005 .... ESDF		70 665	...	...	35 991	...	...	34 675	...	...
1 VII 2006 .... ESDF		71 008	...	...	36 169	...	...	34 839	...	...
14 V 2011* .... CDFC		71 293	...	...	36 411	...	...	34 882	...	...
Dominican Republic - République dominicaine										
1 VII 2002[1] .... ESDF		8 823 188	5 361 984	60.8	4 418 914	2 655 257	60.1	4 404 274	2 706 727	61.5
18 X 2002 .... CDJC		8 562 541	5 446 704	63.6	4 265 215	2 648 064	62.1	4 297 326	2 798 640	65.1
1 VII 2003[1] .... ESDF		8 958 206	5 512 122	61.5	4 484 683	2 730 026	60.9	4 473 523	2 782 096	62.2
1 VII 2004[1] .... ESDF		9 092 778	5 664 035	62.3	4 550 204	2 805 678	61.7	4 542 574	2 858 357	62.9
1 VII 2005[1] .... ESDF		9 226 449	5 817 419	63.1	4 615 274	2 882 076	62.4	4 611 175	2 935 343	63.7
1 VII 2006[1] .... ESDF		9 359 706	5 965 957	63.7	4 680 145	2 955 948	63.2	4 679 561	3 010 009	64.3
1 VII 2007[1] .... ESDF		9 492 876	6 116 273	64.4	4 744 960	3 030 711	63.9	4 747 916	3 085 562	65.0
1 VII 2008[1] .... ESDF		9 625 207	6 267 880	65.1	4 809 337	3 106 114	64.6	4 815 870	3 161 766	65.7
1 VII 2009[1] .... ESDF		9 755 954	6 420 260	65.8	4 872 903	3 181 903	65.3	4 883 051	3 238 357	66.3
1 VII 2010[1] .... ESDF		9 884 371	6 572 893	66.5	4 935 282	3 257 817	66.0	4 949 089	3 315 076	67.0
1 XII 2010* .... CDJC		9 445 281	7 023 721	74.4	4 739 038	3 454 916	72.9	4 706 243	3 568 805	75.8
1 VII 2011[1] .... ESDF		10 010 590	6 719 108	67.1	4 996 533	3 330 394	66.7	5 014 057	3 388 714	67.6
El Salvador										
1 VII 2002 .... ESDF		6 517 798	3 843 878	59.0	3 201 720	1 848 194	57.7	3 316 078	1 995 684	60.2
1 VII 2003 .... ESDF		6 638 168	3 932 569	59.2	3 261 938	1 891 429	58.0	3 376 230	2 041 140	60.5
1 VII 2004 .... ESDF		6 757 408	4 020 878	59.5	3 321 564	1 934 445	58.2	3 435 844	2 086 433	60.7
1 VII 2005[27] .... ESDF		6 049 412	3 646 537	60.3	2 874 929	1 701 356	59.2	3 174 483	1 945 181	61.3
1 VII 2006[27] .... ESDF		6 073 859	3 706 525	61.0	2 881 162	1 726 983	59.9	3 192 697	1 979 542	62.0
12 V 2007 .... CDJC		5 744 113	3 598 836	62.7	2 719 371	1 676 313	61.6	3 024 742	1 922 523	63.6
1 VII 2007[27] .... ESDF		6 098 714	3 766 800	61.8	2 887 804	1 752 851	60.7	3 210 910	2 013 949	62.7
1 VII 2008[27] .... ESDF		6 124 705	3 828 004	62.5	2 895 210	1 779 210	61.5	3 229 495	2 048 794	63.4

Continent, country or area, and date / Continent, pays ou zone et date	Code[a]	Both sexes - Les deux sexes			Male - Masculin			Female - Féminin		
		Total	Urban - Urbaine		Total	Urban - Urbaine		Total	Urban - Urbaine	
			Number Nombre	Percent P.100		Number Nombre	Percent P.100		Number Nombre	Percent P.100
AMERICA, NORTH - AMÉRIQUE DU NORD										
El Salvador										
1 VII 2009[27] .... ESDF		6 152 558	3 890 523	63.2	2 903 737	1 806 310	62.2	3 248 821	2 084 213	64.2
1 VII 2010[27] .... ESDF		6 183 002	...	...	2 913 743	...	...	3 269 259	...	...
Greenland - Groenland[28]										
1 VII 2002 .... ESDJ		56 609	46 462	82.1	30 215	24 626	81.5	26 394	21 836	82.7
1 VII 2003 .... ESDJ		56 766	46 746	82.3	30 292	24 771	81.8	26 474	21 975	83.0
1 VII 2004 .... ESDJ		56 912	46 989	82.6	30 327	24 860	82.0	26 585	22 129	83.2
1 VII 2005 .... ESDJ		56 935	47 080	82.7	30 251	24 837	82.1	26 685	22 243	83.4
1 VII 2006 .... ESDJ		56 775	47 037	82.8	30 094	24 763	82.3	26 681	22 274	83.5
1 VII 2007 .... ESDJ		56 555	47 056	83.2	29 945	24 746	82.6	26 610	22 310	83.8
1 I 2008 .... CDJC		56 462	...	...	29 885	...	...	26 577	...	...
1 VII 2008 .... ESDJ		56 328	47 103	83.6	29 847	24 790	83.1	26 481	22 313	84.3
1 VII 2009 .... ESDJ		56 323	47 230	83.9	29 873	24 865	83.2	26 451	22 366	84.6
1 VII 2010 .... ESDJ		56 534	47 646	84.3	29 939	25 045	83.7	26 595	22 601	85.0
1 VII 2011 .... ESDJ		56 682	48 045	84.8	29 992	25 233	84.1	26 690	22 812	85.5
Guadeloupe[29]										
1 I 2002 .... ESDJ		393 024	...	...	186 827	...	...	206 197	...	...
1 I 2003 .... ESDJ		394 881	...	...	187 151	...	...	207 730	...	...
1 I 2004 .... ESDJ		396 992	...	...	187 603	...	...	209 389	...	...
1 I 2005 .... ESDJ		399 178	...	...	188 158	...	...	211 020	...	...
1 I 2006 .... CDJC		400 736	...	...	188 720	...	...	212 016	...	...
1 I 2007 .... ESDJ		400 584	...	...	188 325	...	...	212 259	...	...
1 I 2008 .... ESDJ		401 784	...	...	188 385	...	...	213 399	...	...
1 I 2009 .... ESDJ		401 554	...	...	187 867	...	...	213 687	...	...
1 I 2010* .... ESDJ		401 784	...	...	186 946	...	...	214 838	...	...
Guatemala										
24 XI 2002 .... CDJC		11 237 196	...	...	5 496 839	...	...	5 740 357	...	...
1 VII 2008[30] .... ESDF		13 677 815	...	...	6 673 533	...	...	7 004 282	...	...
1 VII 2009[30] .... ESDF		14 017 057	...	...	6 836 849	...	...	7 180 208	...	...
1 VII 2010[30] .... ESDF		14 361 666	...	...	7 003 337	...	...	7 358 328	...	...
Haiti - Haïti										
1 VII 2002[31] .... ESDJ		8 860 677	...	...	4 382 223	...	...	4 478 454	...	...
11 I 2003 .... CDJC		8 373 750	...	...	4 039 272	...	...	4 334 478	...	...
1 VII 2003[31] .... ESDJ		9 001 471	...	...	4 452 024	...	...	4 549 447	...	...
1 VII 2004[31] .... ESDJ		9 144 533	...	...	4 523 032	...	...	4 621 501	...	...
1 VII 2005[31] .... ESDJ		9 292 282	...	...	4 596 593	...	...	4 695 689	...	...
1 VII 2006[31] .... ESDJ		9 445 410	...	...	4 673 089	...	...	4 772 321	...	...
1 VII 2007[31] .... ESDJ		9 602 304	...	...	4 751 622	...	...	4 850 682	...	...
1 VII 2008[31] .... ESDJ		9 761 927	...	...	4 831 621	...	...	4 930 306	...	...
1 VII 2009[31] .... ESDJ		9 923 243	...	...	4 912 515	...	...	5 010 728	...	...
1 VII 2010[31] .... ESDJ		10 085 214	4 817 666	47.8	4 993 731	2 321 608	46.5	5 091 483	2 496 059	49.0
1 VII 2011[31] .... ESDJ		10 248 306	...	...	5 075 517	...	...	5 172 789	...	...
Honduras[32]										
1 VII 2002 .... ESDF		6 694 761	3 140 880	46.9	3 308 253	1 497 291	45.3	3 386 508	1 643 589	48.5
1 VII 2003 .... ESDF		6 860 842	3 260 934	47.5	3 388 874	1 555 369	45.9	3 471 968	1 705 565	49.1
1 VII 2004 .... ESDF		7 028 389	3 382 254	48.1	3 470 259	1 614 104	46.5	3 558 130	1 768 150	49.7
1 VII 2005 .... ESDF		7 197 303	3 504 730	48.7	3 552 360	1 673 434	47.1	3 644 943	1 831 296	50.2
1 VII 2006 .... ESDF		7 367 021	3 628 228	49.2	3 634 900	1 733 290	47.7	3 732 121	1 894 938	50.8
1 VII 2007 .... ESDF		7 536 952	3 752 579	49.8	3 717 577	1 793 588	48.2	3 819 375	1 958 991	51.3
1 VII 2008 .... ESDF		7 706 907	...	...	3 800 300	...	...	3 906 607	...	...
1 VII 2009 .... ESDF		7 876 662	...	...	3 882 957	...	...	3 993 705	...	...
1 VII 2010 .... ESDF		8 045 990	...	...	3 965 430	...	...	4 080 560	...	...
Jamaica - Jamaïque										
1 VII 2002 .... ESDJ		2 615 248	1 359 292	52.0	1 287 663	648 494	50.4	1 327 585	710 798	53.5
1 VII 2003 .... ESDJ		2 625 708	1 364 719	52.0	1 293 121	651 243	50.4	1 332 587	713 476	53.5
1 VII 2004 .... ESDJ		2 638 074	1 371 144	52.0	1 299 406	654 407	50.4	1 338 668	716 736	53.5
1 VII 2005 .... ESDJ		2 650 402	1 377 546	52.0	1 305 639	657 546	50.4	1 344 763	720 000	53.5
1 VII 2006 .... ESDJ		2 663 106	1 384 145	52.0	1 312 025	660 763	50.4	1 351 081	723 383	53.5
1 VII 2007 .... ESDJ		2 675 831	1 390 754	52.0	1 318 444	663 995	50.4	1 357 387	726 759	53.5
1 VII 2008 .... ESDJ		2 687 241	1 396 470[33]	52.0	1 324 277[20]	666 761[33]	50.3	1 362 964[20]	729 709[33]	53.5
1 VII 2009 .... ESDJ		2 695 583	...	...	1 328 124[20]	...	...	1 367 460[20]	...	...
1 VII 2010 .... ESDJ		2 702 314	...	...	1 324 134	...	...	1 378 180	...	...
1 VII 2011* .... ESDJ		2 706 450	...	...	1 331 852	...	...	1 374 598	...	...

6. Total and urban population by sex: 2002 - 2011
Population totale et population urbaine selon le sexe : 2002 - 2011 (continued - suite)

Continent, country or area, and date / Continent, pays ou zone et date	Code[a]	Both sexes - Les deux sexes			Male - Masculin			Female - Féminin		
		Total	Urban - Urbaine		Total	Urban - Urbaine		Total	Urban - Urbaine	
			Number Nombre	Percent P.100		Number Nombre	Percent P.100		Number Nombre	Percent P.100
AMERICA, NORTH - AMÉRIQUE DU NORD										
Martinique										
1 I 2002	ESDJ	389 302	...	...	183 149	...	...	206 153	...	...
1 I 2003	ESDJ	391 676	...	...	183 735	...	...	207 941	...	...
1 I 2004	ESDJ	393 852	...	...	184 303	...	...	209 549	...	...
1 I 2005	ESDJ	395 982	...	...	184 841	...	...	211 141	...	...
1 I 2006	CDJC	397 732	355 189	89.3	185 604	165 012	88.9	212 128	190 177	89.7
1 I 2007	ESDJ	397 730	...	...	184 970	...	...	212 760	...	...
1 I 2008	ESDJ	397 693	...	...	184 404	...	...	213 289	...	...
1 I 2009	ESDJ	396 404	...	...	183 655	...	...	212 749	...	...
1 I 2010*	ESDJ	396 308	...	...	182 644	...	...	213 664	...	...
Mexico - Mexique										
1 VII 2002	ESDJ	100 909 374	76 108 582	75.4	49 862 638	...	...	51 046 736	...	...
1 VII 2003	ESDJ	101 999 555	77 303 384	75.8	50 361 179	...	...	51 638 376	...	...
1 VII 2004	ESDJ	103 001 867	78 436 582	76.2	50 814 580	...	...	52 187 287	...	...
1 VII 2005[1]	ESDJ	103 946 866	79 467 885	76.5	51 238 427	...	...	52 708 439	...	...
17 X 2005	CDJC	103 263 388	78 986 852	76.5	50 249 955	38 300 417	76.2	53 013 433	40 686 435	76.7
1 VII 2006[1]	ESDJ	104 874 282	80 373 543	76.6	51 654 642	...	...	53 219 640	...	...
1 VII 2007[1]	ESDJ	105 790 725	81 288 078	76.8	52 066 743	...	...	53 723 982	...	...
1 VII 2008[1]	ESDJ	106 682 518	82 179 785	77.0	52 466 262	...	...	54 216 256	...	...
1 VII 2009[1]	ESDJ	107 550 697	83 088 985	77.3	52 853 788	...	...	54 696 909	...	...
12 VI 2010[34]	CDFC	112 336 538	86 287 410	76.8	54 855 231	41 946 540	76.5	57 481 307	44 340 870	77.1
Nicaragua										
1 VII 2002	ESDJ	5 244 694	...	...	2 609 277	...	...	2 635 418	...	...
1 VII 2003	ESDJ	5 312 750	...	...	2 641 869	...	...	2 670 881	...	...
1 VII 2004	ESDJ	5 380 510	...	...	2 674 138	...	...	2 706 372	...	...
4 VI 2005	CDJC	5 142 098	2 875 550	55.9	2 534 491	1 368 622	54.0	2 607 607	1 506 928	57.8
1 VII 2005	ESDJ	5 450 387	3 047 740	55.9	2 707 309	1 462 218	54.0	2 743 078	1 585 522	57.8
1 VII 2006	ESDJ	5 522 606	3 099 918	56.1	2 741 414	1 488 694	54.3	2 781 192	1 611 224	57.9
1 VII 2007	ESDJ	5 595 541	3 152 807	56.3	2 775 638	1 515 432	54.6	2 819 903	1 637 375	58.1
1 VII 2008	ESDJ	5 668 866	3 206 205	56.6	2 809 918	1 542 386	54.9	2 858 948	1 663 819	58.2
1 VII 2009	ESDJ	5 742 316	3 259 955	56.8	2 844 244	1 569 555	55.2	2 898 072	1 690 400	58.3
Panama										
1 VII 2002[35]	ESDF	3 060 090	1 921 017	62.8	1 544 727	945 273	61.2	1 515 363	975 744	64.4
1 VII 2003[35]	ESDF	3 116 277	1 964 517	63.0	1 572 850	967 537	61.5	1 543 427	996 980	64.6
1 VII 2004[35]	ESDF	3 172 360	2 007 892	63.3	1 600 879	989 709	61.8	1 571 481	1 018 183	64.8
1 VII 2005[35]	ESDF	3 228 186	2 020 965	62.6	1 628 720	1 011 700	62.1	1 599 466	1 009 265	63.1
1 VII 2006[35]	ESDF	3 283 959	2 093 871	63.8	1 656 469	1 033 634	62.4	1 627 490	1 060 237	65.1
1 VII 2007[35]	ESDF	3 339 781	2 136 637	64.0	1 684 189	1 055 455	62.7	1 655 592	1 081 182	65.3
1 VII 2008[35]	ESDF	3 395 346	2 179 118	64.2	1 711 735	1 077 090	62.9	1 683 611	1 102 028	65.5
1 VII 2009[35]	ESDF	3 450 349	2 221 211	64.4	1 738 965	1 098 484	63.2	1 711 384	1 122 727	65.6
16 V 2010	CDFC	3 405 813	...	...	1 712 584	...	...	1 693 229	...	...
1 VII 2010[35]	ESDF	3 504 483	2 262 765	64.6	1 765 734	1 119 546	63.4	1 738 749	1 143 219	65.7
Puerto Rico - Porto Rico[36]										
1 VII 2002	ESDJ	3 858 806	...	...	1 855 781	...	...	2 003 025	...	...
1 VII 2003	ESDJ	3 878 532	...	...	1 865 170	...	...	2 013 362	...	...
1 VII 2004	ESDJ	3 894 855	...	...	1 871 657	...	...	2 023 198	...	...
1 VII 2005	ESDJ	3 912 054	...	...	1 879 236	...	...	2 032 818	...	...
1 VII 2006	ESDJ	3 927 776	...	...	1 886 031	...	...	2 041 745	...	...
1 VII 2007	ESDJ	3 942 375	...	...	1 892 503	...	...	2 049 872	...	...
1 VII 2008	ESDJ	3 954 037	...	...	1 897 396	...	...	2 056 641	...	...
1 VII 2009	ESDJ	3 967 288	...	...	1 903 370	...	...	2 063 918	...	...
1 IV 2010*	CDJC	3 725 789	...	...	1 785 171	...	...	1 940 618	...	...
Saint Lucia - Sainte-Lucie										
1 VII 2002	ESDF	159 133	...	...	77 868	...	...	81 265	...	...
1 VII 2003	ESDF	160 673	...	...	78 618	...	...	82 055	...	...
1 VII 2004	ESDF	162 434	...	...	79 407	...	...	83 027	...	...
1 VII 2005	ESDF	164 330	...	...	80 440	...	...	83 890	...	...
1 VII 2006	ESDF	166 387	...	...	81 558	...	...	84 829	...	...
1 VII 2007	ESDF	168 338	...	...	82 426	...	...	85 912	...	...
1 VII 2008	ESDF	170 331	...	...	83 478	...	...	86 853	...	...
1 VII 2009	ESDF	172 370	...	...	84 465	...	...	87 905	...	...
10 V 2010*	CDFC	173 720	...	...	86 595	...	...	87 125	...	...

Continent, country or area, and date / Continent, pays ou zone et date	Code[a]	Both sexes - Les deux sexes			Male - Masculin			Female - Féminin		
		Total	Urban - Urbaine		Total	Urban - Urbaine		Total	Urban - Urbaine	
			Number Nombre	Percent P.100		Number Nombre	Percent P.100		Number Nombre	Percent P.100
AMERICA, NORTH - AMÉRIQUE DU NORD										
Saint Pierre and Miquelon - Saint Pierre-et-Miquelon										
19 I 2006 ....CDFC		6 125	...	...	3 034	...	...	3 091	...	...
Saint Vincent and the Grenadines - Saint-Vincent-et-les Grenadines										
1 VII 2002 ....ESDF		107 854	48 535	45.0	54 434	...	...	53 420	...	...
1 VII 2003 ....ESDF		105 158	42 063	40.0	53 073	...	...	52 085	...	...
1 VII 2004 ....ESDF		104 555	41 822	40.0	52 769	...	...	51 786	...	...
1 VII 2005 ....ESDF		103 751	...	...	52 363	...	...	51 388	...	...
1 VII 2006 ....ESDF		101 402	...	...	51 178	...	...	50 224	...	...
1 VII 2007 ....ESDF		100 130	...	...	50 536	...	...	49 594	...	...
1 VII 2008 ....ESDF		99 086	...	...	50 009	...	...	49 077	...	...
Trinidad and Tobago - Trinité-et-Tobago										
1 VII 2002[37] ....ESDF		1 275 705	...	...	639 766	...	...	635 939	...	...
1 VII 2003[37] ....ESDF		1 282 447	...	...	642 037	...	...	640 410	...	...
1 VII 2004[37] ....ESDF		1 290 646	...	...	647 259	...	...	643 387	...	...
1 VII 2005[37] ....ESDF		1 294 494	...	...	649 189	...	...	645 305	...	...
1 VII 2006[37] ....ESDF		1 297 944	...	...	650 919	...	...	647 025	...	...
1 VII 2007[37] ....ESDF		1 303 188	...	...	653 549	...	...	649 639	...	...
1 VII 2008[37] ....ESDF		1 308 587	...	...	656 257	...	...	652 330	...	...
1 VII 2010[37] ....ESDF		1 317 714	...	...	656 892	...	...	660 822	...	...
9 I 2011* ....CDFC		1 324 699	...	...	665 119	...	...	659 580	...	...
Turks and Caicos Islands - Îles Turques et Caïques										
1 VII 2002 ....ESDJ		20 900	...	...	10 402	...	...	10 498	...	...
1 VII 2003 ....ESDJ		25 143	...	...	12 513	...	...	12 630	...	...
1 VII 2004 ....ESDJ		27 496	...	...	13 684	...	...	13 812	...	...
1 VII 2005 ....ESDJ		30 602	...	...	15 230	...	...	15 372	...	...
1 VII 2006 ....ESDJ		33 202	...	...	16 524	...	...	16 678	...	...
1 VII 2007 ....ESDJ		34 862	...	...	18 023	...	...	16 839	...	...
United States of America - États-Unis d'Amérique[38]										
1 VII 2002 ....ESDJ		287 803 914	...	...	141 413 818	...	...	146 390 096	...	...
1 VII 2003 ....ESDJ		290 326 418	...	...	142 676 927	...	...	147 649 491	...	...
1 VII 2004 ....ESDJ		293 045 739	...	...	144 137 674	...	...	148 908 065	...	...
1 VII 2005 ....ESDJ		295 753 151	...	...	145 560 767	...	...	150 192 384	...	...
1 VII 2006 ....ESDJ		298 593 212	...	...	147 060 702	...	...	151 532 510	...	...
1 VII 2007 ....ESDJ		301 579 895	...	...	148 612 102	...	...	152 967 793	...	...
1 VII 2008 ....ESDJ		304 374 846	...	...	150 074 226	...	...	154 300 620	...	...
1 VII 2009 ....ESDJ		307 006 550	...	...	151 449 490	...	...	155 557 060	...	...
1 IV 2010 ....CDJC		308 745 538	249 253 271	80.7	151 781 326	121 698 595	80.2	156 964 212	127 554 676	81.3
United States Virgin Islands - Îles Vierges américaines[36]										
1 VII 2002 ....ESDJ		108 923	...	...	51 893	...	...	57 030	...	...
1 VII 2003 ....ESDJ		109 148	...	...	51 954	...	...	57 194	...	...
1 VII 2004 ....ESDJ		109 354	...	...	52 007	...	...	57 347	...	...
1 VII 2005 ....ESDJ		109 600	...	...	52 081	...	...	57 519	...	...
1 VII 2006 ....ESDJ		109 764	...	...	52 113	...	...	57 651	...	...
1 VII 2007 ....ESDJ		109 821	...	...	52 089	...	...	57 732	...	...
1 VII 2008 ....ESDJ		109 840	...	...	52 045	...	...	57 795	...	...

6. Total and urban population by sex: 2002 - 2011
Population totale et population urbaine selon le sexe : 2002 - 2011 (continued - suite)

Continent, country or area, and date / Continent, pays ou zone et date	Code[a]	Both sexes - Les deux sexes			Male - Masculin			Female - Féminin		
		Total	Urban - Urbaine Number Nombre	Urban - Urbaine Percent P.100	Total	Urban - Urbaine Number Nombre	Urban - Urbaine Percent P.100	Total	Urban - Urbaine Number Nombre	Urban - Urbaine Percent P.100
AMERICA, SOUTH - AMÉRIQUE DU SUD										
Argentina - Argentine										
1 VII 2002[39] ....ESDF		37 515 632	33 709 927	89.9	18 374 920	16 361 823	89.0	19 140 712	17 348 104	90.6
1 VII 2003[39] ....ESDF		37 869 730	34 101 536	90.0	18 546 570	16 559 682	89.3	19 323 160	17 541 854	90.8
1 VII 2004[39] ....ESDF		38 226 051	34 493 965	90.2	18 719 869	16 758 540	89.5	19 506 182	17 735 425	90.9
1 VII 2005[39] ....ESDF		38 592 150	34 894 057	90.4	18 898 472	16 961 698	89.8	19 693 678	17 932 359	91.1
1 VII 2006[39] ....ESDF		38 970 611	35 304 205	90.6	19 083 828	17 170 659	90.0	19 886 783	18 133 546	91.2
1 VII 2007[39] ....ESDF		39 356 383	35 719 891	90.8	19 273 494	17 383 239	90.2	20 082 889	18 336 652	91.3
1 VII 2008[39] ....ESDF		39 745 613	36 137 648	90.9	19 465 305	17 597 280	90.4	20 280 308	18 540 368	91.4
1 VII 2009[39] ....ESDF		40 134 425	36 553 965	91.1	19 657 086	17 810 843	90.6	20 477 339	18 743 122	91.5
1 VII 2010[39] ....ESDF		40 518 951	36 965 313	91.2	19 846 671	18 023 080	90.8	20 672 280	18 942 233	91.6
27 X 2010 ....CDFC		40 117 096	...	...	19 523 766	...	...	20 593 330	...	...
1 VII 2011[39] ....ESDF		40 900 496	...	...	20 034 781	...	...	20 865 715	...	...
Bolivia (Plurinational State of) - Bolivie (État plurinational de)										
1 VII 2002 ....ESDF		8 823 743	5 541 707	62.8	4 393 968	2 697 501	61.4	4 429 776	2 844 206	64.2
1 VII 2003 ....ESDF		9 024 922	5 712 138	63.3	4 495 426	2 780 137	61.8	4 529 495	2 932 001	64.7
1 VII 2004 ....ESDF		9 226 511	5 883 724	63.8	4 597 081	2 863 378	62.3	4 629 430	3 020 347	65.2
1 VII 2005 ....ESDF		9 427 219	6 055 392	64.2	4 698 293	2 946 725	62.7	4 728 926	3 108 667	65.7
1 VII 2006 ....ESDF		9 627 269	6 227 367	64.7	4 799 178	3 030 290	63.1	4 828 091	3 197 077	66.2
1 VII 2007 ....ESDF		9 827 522	6 400 366	65.1	4 900 162	3 114 403	63.6	4 927 360	3 285 963	66.7
1 VII 2008 ....ESDF		10 027 643	6 574 048	65.6	5 001 071	3 198 900	64.0	5 026 572	3 375 148	67.1
1 VII 2009 ....ESDF		10 227 299	6 748 075	66.0	5 101 733	3 283 616	64.4	5 125 566	3 464 459	67.6
1 VII 2010 ....ESDF		10 426 154	6 922 107	66.4	5 201 974	3 368 384	64.8	5 224 180	3 553 722	68.0
1 VII 2011 ....ESDF		10 624 495	7 096 464	66.8	5 301 942	...	...	5 322 553	...	...
Brazil - Brésil[40]										
1 VII 2002 ....ESDF		176 303 919	...	...	86 758 217	...	...	89 545 702	...	...
1 VII 2003 ....ESDF		178 741 412	...	...	87 923 721	...	...	90 817 691	...	...
1 VII 2004 ....ESDF		181 105 601	...	...	89 051 847	...	...	92 053 754	...	...
1 VII 2005 ....ESDF		183 383 216	...	...	90 135 967	...	...	93 247 249	...	...
1 VII 2006 ....ESDF		185 564 212	...	...	91 171 295	...	...	94 392 917	...	...
1 VII 2007 ....ESDF		187 641 714	...	...	92 154 636	...	...	95 487 078	...	...
1 VII 2008 ....ESDF		189 612 814	...	...	93 084 588	...	...	96 528 226	...	...
1 VII 2009 ....ESDF		191 480 630	...	...	93 962 767	...	...	97 517 863	...	...
1 VII 2010 ....ESDF		193 252 604	...	...	94 792 952	...	...	98 459 652	...	...
1 VIII 2010* ....CDJC		190 755 799	160 925 792	84.4	93 406 990	77 710 174	83.2	97 348 809	83 215 618	85.5
Chile - Chili										
24 IV 2002 ....CDFC		15 116 435	13 090 113	86.6	7 447 695	6 366 311	85.5	7 668 740	6 723 802	87.7
1 VII 2002 ....ESDF		15 745 583	13 651 558	86.7	7 793 208	6 676 157	85.7	7 952 375	6 975 401	87.7
1 VII 2003 ....ESDF		15 919 479	13 808 880	86.7	7 879 658	6 754 181	85.7	8 039 821	7 054 699	87.7
1 VII 2004 ....ESDF		16 093 378	13 966 203	86.8	7 966 110	6 832 205	85.8	8 127 268	7 133 998	87.8
1 VII 2005 ....ESDF		16 267 278	14 123 527	86.8	8 052 564	6 910 230	85.8	8 214 714	7 213 297	87.8
1 VII 2006 ....ESDF		16 432 674	14 272 454	86.9	8 134 314	6 983 850	85.9	8 298 360	7 288 604	87.8
1 VII 2007 ....ESDF		16 598 074	14 421 386	86.9	8 216 068	7 057 476	85.9	8 382 006	7 363 910	87.9
1 VII 2008 ....ESDF		16 763 470	14 570 311	86.9	8 297 819	7 131 097	85.9	8 465 651	7 439 214	87.9
1 VII 2009 ....ESDF		16 928 873	14 719 246	86.9	8 379 571	7 204 720	86.0	8 549 302	7 514 526	87.9
1 VII 2010 ....ESDF		17 094 275	14 868 172	87.0	8 461 327	7 278 342	86.0	8 632 948	7 589 830	87.9
1 VII 2011 ....ESDF		17 248 450	15 006 226	87.0	8 536 904	7 346 185	86.1	8 711 546	7 660 041	87.9
Colombia - Colombie										
1 VII 2002[41] ....ESDF		41 327 459	30 367 636	73.5	20 395 870	14 618 104	71.7	20 931 589	15 749 532	75.2
1 VII 2003[41] ....ESDF		41 847 421	30 877 972	73.8	20 653 652	14 865 986	72.0	21 193 769	16 011 986	75.6
1 VII 2004[41] ....ESDF		42 367 528	31 385 112	74.1	20 911 536	15 112 115	72.3	21 455 992	16 272 997	75.8
22 V 2005 ....CDFC		41 468 384	31 510 379	76.0	20 336 117	15 086 536	74.2	21 132 267	16 423 843	77.7
1 VII 2005[42] ....ESDF		42 888 592	31 889 311	74.4	21 169 835	15 356 281	72.5	21 718 757	16 533 030	76.1
1 VII 2006[42] ....ESDF		43 405 387	32 386 600	74.6	21 425 328	15 599 203	72.8	21 980 059	16 787 397	76.4
1 VII 2007[42] ....ESDF		43 926 034	32 888 654	74.9	21 682 836	15 844 867	73.1	22 243 198	17 043 787	76.6
1 VII 2008[42] ....ESDF		44 450 260	33 396 133	75.1	21 942 197	16 093 111	73.3	22 508 063	17 303 022	76.9
1 VII 2009[42] ....ESDF		44 977 758	33 892 207	75.4	22 203 234	16 335 925	73.6	22 774 524	17 556 282	77.1
1 VII 2010[42] ....ESDF		45 508 205	34 387 230	75.6	22 465 760	16 578 297	73.8	23 042 445	17 808 933	77.3
1 VII 2011[42] ....ESDF		46 043 696	34 882 971	75.8	22 730 864	16 821 745	74.0	23 312 832	18 061 226	77.5
Ecuador - Équateur										
1 VII 2002[43] ....ESDF		12 660 728	7 817 018	61.7	6 354 906	3 870 667	60.9	6 305 821	3 946 351	62.6
1 VII 2003[43] ....ESDF		12 842 578	8 001 231	62.3	6 444 656	3 963 574	61.5	6 397 920	4 037 657	63.1
1 VII 2004[43] ....ESDF		13 026 891	8 187 908	62.9	6 535 564	4 057 642	62.1	6 491 327	4 130 266	63.6

Continent, country or area, and date / Continent, pays ou zone et date	Code[a]	Both sexes - Les deux sexes			Male - Masculin			Female - Féminin		
		Total	Urban - Urbaine		Total	Urban - Urbaine		Total	Urban - Urbaine	
			Number Nombre	Percent P.100		Number Nombre	Percent P.100		Number Nombre	Percent P.100
AMERICA, SOUTH - AMÉRIQUE DU SUD										
Ecuador - Équateur										
1 VII 2005[43] ....ESDF		13 215 089	8 378 469	63.4	6 628 368	4 153 605	62.7	6 586 721	4 224 864	64.1
1 VII 2006[43] ....ESDF		13 408 270	8 580 090	64.0	6 723 629	4 254 974	63.3	6 684 641	4 325 116	64.7
1 VII 2007[43] ....ESDF		13 605 486	8 785 745	64.6	6 820 842	4 358 292	63.9	6 784 644	4 427 453	65.3
1 VII 2008[43] ....ESDF		13 805 092	8 993 796	65.1	6 919 185	4 462 739	64.5	6 885 907	4 531 057	65.8
1 VII 2009[43] ....ESDF		14 005 449	9 202 590	65.7	7 017 839	4 567 499	65.1	6 987 610	4 635 091	66.3
1 VII 2010[43] ....ESDF		15 004 674	9 410 481[2]	62.7	7 439 794	4 671 748[2]	62.8	7 564 880	4 738 733[2]	62.6
28 XI 2010* ....CDFC		14 483 499	9 090 786	62.8	7 177 683	4 451 434	62.0	7 305 816	4 639 352	63.5
1 VII 2011[43] ....ESDF		15 248 459	...	...	7 558 210	...	...	7 690 249	...	...
Falkland Islands (Malvinas) - Îles Falkland (Malvinas)[44]										
8 X 2006 ....CDFC		2 955	...	...	1 569	...	...	1 386	...	...
French Guiana - Guyane française										
1 VII 2002 ....ESDJ		175 426	...	...	87 387	...	...	88 039	...	...
1 I 2003 ....ESDJ		184 792	...	...	92 273	...	...	92 519	...	...
1 I 2004 ....ESDJ		193 167	...	...	96 300	...	...	96 867	...	...
1 I 2005 ....ESDJ		199 206	...	...	99 223	...	...	99 983	...	...
1 I 2006 ....CDJC		205 954	167 454	81.3	101 930	81 888	80.3	104 023	85 565	82.3
1 I 2006 ....ESDJ		205 954	...	...	102 032	...	...	103 922	...	...
1 I 2007 ....ESDJ		213 031	...	...	105 546	...	...	107 485	...	...
1 I 2008 ....ESDJ		219 266	...	...	108 662	...	...	110 604	...	...
1 I 2009 ....ESDJ		224 469	...	...	111 201	...	...	113 268	...	...
1 I 2010* ....ESDJ		230 441	...	...	113 824	...	...	116 617	...	...
Guyana										
1 VII 2002 ....ESDF		747 712	...	...	371 351	...	...	376 361	...	...
15 IX 2002 ....CDFC		751 223	...	...	376 034	...	...	375 189	...	...
1 VII 2003 ....ESDF		753 196	...	...	377 019	...	...	376 177	...	...
1 VII 2004 ....ESDF		755 685	...	...	378 265	...	...	377 420	...	...
1 VII 2005 ....ESDF		758 183	...	...	379 515	...	...	378 668	...	...
1 VII 2006 ....ESDF		760 689	...	...	380 770	...	...	379 919	...	...
1 VII 2007 ....ESDF		763 203	...	...	382 028	...	...	381 175	...	...
1 VII 2008 ....ESDF		766 183	...	...	383 522	...	...	382 661	...	...
1 VII 2009 ....ESDF		777 237	...	...	390 230	...	...	387 007	...	...
1 VII 2010 ....ESDF		784 894	...	...	393 059	...	...	391 835	...	...
Paraguay										
1 VII 2002[14] ....ESDF		5 566 852	3 101 412	55.7	2 816 687	1 513 168	53.7	2 750 164	1 588 244	57.8
28 VIII 2002 ....CDFC		5 163 198	2 928 437	56.7	2 603 242	1 422 339	54.6	2 559 956	1 506 098	58.8
1 VII 2003[14] ....ESDF		5 677 448	3 183 160	56.1	2 872 186	1 553 561	54.1	2 805 262	1 629 599	58.1
1 VII 2004[14] ....ESDF		5 788 088	3 265 346	56.4	2 927 657	1 594 161	54.5	2 860 430	1 671 185	58.4
1 VII 2005[14] ....ESDF		5 898 651	3 347 793	56.8	2 983 123	1 634 869	54.8	2 915 528	1 712 924	58.8
1 VII 2006[14] ....ESDF		6 009 143	3 430 619	57.1	3 038 590	1 675 752	55.1	2 970 553	1 754 868	59.1
1 VII 2007[14] ....ESDF		6 119 642	3 513 944	57.4	3 094 044	1 716 874	55.5	3 025 598	1 797 070	59.4
1 VII 2008[14] ....ESDF		6 230 143	3 597 588	57.7	3 149 475	1 758 138	55.8	3 080 668	1 839 450	59.7
1 VII 2009[14] ....ESDF		6 340 641	...	...	3 681 376	...	...	2 659 265	...	...
Peru - Pérou										
1 VII 2002 ....ESDF		26 739 379	18 534 702	69.3	13 416 024	9 179 165	68.4	13 323 355	9 355 537	70.2
1 VII 2003 ....ESDF		27 103 457	18 953 109	69.9	13 597 121	9 384 413	69.0	13 506 336	9 568 696	70.8
1 VII 2004 ....ESDF		27 460 073	19 368 782	70.5	13 774 414	9 588 293	69.6	13 685 659	9 780 489	71.5
1 VII 2005 ....ESDF		27 810 540	19 782 408	71.1	13 948 639	9 791 272	70.2	13 861 901	9 991 136	72.1
18 VII 2005*[45] ....CDFC		26 152 265	...	...	13 061 026	...	...	13 091 239	...	...
1 VII 2006 ....ESDF		28 151 443	20 191 318	71.7	14 118 112	9 991 965	70.8	14 033 331	10 199 353	72.7
1 VII 2007 ....ESDF		28 481 901	20 594 600	72.3	14 282 346	10 189 918	71.3	14 199 555	10 404 682	73.3
21 X 2007 ....CDFC		27 412 157	20 810 288	75.9	13 622 640	10 226 205	75.1	13 789 517	10 584 083	76.8
1 VII 2008 ....ESDF		28 807 034	20 995 699	72.9	14 443 858	10 386 799	71.9	14 363 176	10 608 900	73.9
1 VII 2009 ....ESDF		29 132 013	21 398 222	73.5	14 605 206	10 584 348	72.5	14 526 807	10 813 874	74.4
1 VII 2010 ....ESDF		29 461 933	21 805 837	74.0	14 768 901	10 784 345	73.0	14 693 032	11 021 492	75.0
1 VII 2011 ....ESDF		29 797 694	22 219 201	74.6	14 935 396	10 987 090	73.6	14 862 298	11 232 111	75.6
Suriname										
1 VII 2002 ....ESDJ		476 374	...	...	239 447	...	...	236 927	...	...
31 III 2003* ....CDJC		481 146[46]	...	...	241 837	...	...	239 292	...	...
1 VII 2003 ....ESDJ		482 769	...	...	242 662	...	...	240 107	...	...
2 VIII 2004 ....CDJC		492 829	328 932[47]	66.7	248 046	164 444[47]	66.3	244 783	164 488[47]	67.2

Continent, country or area, and date / Continent, pays ou zone et date	Code[a]	Both sexes - Les deux sexes			Male - Masculin			Female - Féminin		
		Total	Urban - Urbaine		Total	Urban - Urbaine		Total	Urban - Urbaine	
			Number Nombre	Percent P.100		Number Nombre	Percent P.100		Number Nombre	Percent P.100
AMERICA, SOUTH - AMÉRIQUE DU SUD										
Suriname										
1 VII 2005 .... ESDJ		498 543	...	...	251 101	...	...	247 442	...	...
1 VII 2006 .... ESDJ		504 257	...	...	254 147	...	...	250 110	...	...
1 VII 2007 .... ESDJ		509 970	...	...	257 181	...	...	252 789	...	...
1 VII 2008 .... ESDJ		517 052	...	...	260 898	...	...	256 154	...	...
Uruguay										
1 VII 2002[1] .... ESDF		3 308 527	3 077 804	93.0	1 600 814	1 469 148	91.8	1 707 713	1 608 656	94.2
1 VII 2003[1] .... ESDF		3 303 540	3 078 812	93.2	1 597 362	1 469 246	92.0	1 706 177	1 609 565	94.3
1 VI 2004[48] .... CDFC		3 241 003	2 974 714	91.8	1 565 533	1 415 362	90.4	1 675 470	1 559 352	93.1
1 VII 2004[1] .... ESDF		3 301 732	3 083 096	93.4	1 595 635	1 471 098	92.2	1 706 097	1 611 998	94.5
1 VII 2005[1] .... ESDF		3 305 723	3 089 988	93.5	1 597 040	1 474 638	92.3	1 708 683	1 615 350	94.5
1 VII 2006[1] .... ESDF		3 314 466	3 101 685	93.6	1 601 024	1 480 779	92.5	1 713 442	1 620 906	94.6
1 VII 2007[1] .... ESDF		3 323 906	3 114 125	93.7	1 605 466	1 487 391	92.6	1 718 440	1 626 734	94.7
1 VII 2008[1] .... ESDF		3 334 052	3 127 318	93.8	1 610 356	1 494 470	92.8	1 723 696	1 632 848	94.7
1 VII 2009[1] .... ESDF		3 344 938	3 141 299	93.9	1 615 709	1 502 032	93.0	1 729 229	1 639 267	94.8
1 VII 2010[1] .... ESDF		3 356 584	...	...	1 621 528	...	...	1 735 056		
Venezuela (Bolivarian Republic of) - Venezuela (République bolivarienne du)										
1 VII 2002[49] .... ESDF		25 219 910	22 163 339	87.9	12 678 275	11 021 146	86.9	12 541 635	11 142 193	88.8
1 VII 2003[50] .... ESDF		25 673 550	22 570 794	87.9	12 901 999	11 221 668	87.0	12 771 551	11 349 126	88.9
1 VII 2004[50] .... ESDF		26 127 351	22 977 915	87.9	13 125 804	11 421 991	87.0	13 001 547	11 555 924	88.9
1 VII 2005[50] .... ESDF		26 577 423	23 381 277	88.0	13 347 732	11 620 413	87.1	13 229 691	11 760 864	88.9
1 VII 2006[50] .... ESDF		27 030 656	23 786 937	88.0	13 570 418	11 819 341	87.1	13 460 238	11 967 596	88.9
1 VII 2007[50] .... ESDF		27 483 208	24 191 525	88.0	13 792 761	12 017 754	87.1	13 690 447	12 173 771	88.9
1 VII 2008[50] .... ESDF		27 934 783	24 594 784	88.0	14 014 614	12 215 477	87.2	13 920 169	12 379 307	88.9
1 VII 2009[50] .... ESDF		28 384 132	...	...	14 235 351	...	...	14 148 781	...	...
1 VII 2010[50] .... ESDF		28 833 845	25 396 369	88.1	14 456 287	12 608 398	87.2	14 377 558	12 787 971	88.9
1 VII 2011[50] .... ESDF		29 277 736	25 791 535	88.1	14 673 402	12 801 370	87.2	14 604 334	12 990 165	88.9
ASIA - ASIE										
Afghanistan										
1 VII 2002[51] .... ESDF		*20 297 800*	*4 463 000*	*22.0*	*10 453 500*	*2 332 600*	*22.3*	*9 844 300*	*2 130 400*	*21.6*
1 VII 2003[51] .... ESDF		*20 691 400*	...	...	*10 657 000*	...	...	*10 034 400*	...	...
1 VII 2004[51] .... ESDF		*21 677 700*	...	...	*11 086 400*	...	...	*10 591 300*	...	...
1 VII 2005[51] .... ESDF		*22 097 900*	...	...	*11 301 300*	...	...	*10 796 600*	...	...
1 VII 2006[52] .... ESDF		*22 575 900*	*4 862 100*	*21.5*	*11 545 800*	*2 503 100*	*21.7*	*11 030 100*	*2 359 000*	*21.4*
1 VII 2007[51] .... ESDF		*23 038 900*	...	...	*11 783 600*	...	...	*11 255 300*	...	...
1 VII 2008[51] .... ESDF		*23 511 400*	...	...	*12 025 700*	...	...	*11 485 700*	...	...
1 VII 2009[51] .... ESDF		*23 993 500[53]*	*5 507 300*	*23.0*	*12 272 900*	*2 835 900*	*23.1*	*11 720 600*	*2 671 400*	*22.8*
1 VII 2010[51] .... ESDF		*24 485 600[54]*	*5 690 300*	*23.2*	*12 524 700[54]*	*2 929 900*	*23.4*	*11 960 900[54]*	*2 760 400*	*23.1*
Armenia - Arménie										
1 VII 2002 .... ESDJ		3 211 593	2 063 913	64.3	1 542 974	974 775	63.2	1 668 619	1 089 138	65.3
1 VII 2003 .... ESDJ		3 211 267	2 061 952	64.2	1 545 168	975 356	63.1	1 666 099	1 086 596	65.2
1 VII 2004 .... ESDJ		3 214 030	2 061 984	64.2	1 548 713	976 728	63.1	1 665 317	1 085 256	65.2
1 VII 2005 .... ESDJ		3 217 535	2 062 472	64.1	1 552 382	978 396	63.0	1 665 153	1 084 076	65.1
1 VII 2006 .... ESDJ		3 221 094	2 064 268	64.1	1 555 755	980 272	63.0	1 665 339	1 083 996	65.1
1 VII 2007 .... ESDJ		3 226 520	2 067 650	64.1	1 559 978	982 632	63.0	1 666 542	1 085 018	65.1
1 VII 2008 .... ESDJ		3 234 031	2 071 942	64.1	1 565 411	985 913	63.0	1 668 620	1 086 029	65.1
1 VII 2009 .... ESDJ		3 243 729	2 077 181	64.0	1 572 046	989 609	63.0	1 671 683	1 087 572	65.1
1 VII 2010 .... ESDJ		3 256 066	...	...	1 579 705	...	...	1 676 361	...	...
1 VII 2011 .... ESDJ		3 268 468	...	...	1 586 935	...	...	1 681 533	...	...
Azerbaijan - Azerbaïdjan										
1 VII 2002[41] .... ESDF		8 230 300	4 215 100	51.2	4 036 500	2 056 300	50.9	4 193 800	2 158 800	51.5
1 VII 2003[41] .... ESDF		8 309 200	4 298 000	51.7	4 080 100	2 099 100	51.4	4 229 100	2 198 900	52.0
1 VII 2004[41] .... ESDF		8 398 300	4 390 900	52.3	4 129 200	2 148 200	52.0	4 269 100	2 242 700	52.5
1 VII 2005[41] .... ESDF		8 500 300	4 462 900	52.5	4 184 900	2 186 100	52.2	4 315 400	2 276 800	52.8
1 VII 2006[41] .... ESDF		8 609 600	4 533 300	52.7	4 244 200	2 223 100	52.4	4 365 400	2 310 200	52.9
1 VII 2007[41] .... ESDF		8 723 000	4 608 200	52.8	4 305 800	2 262 400	52.5	4 417 200	2 345 800	53.1
1 VII 2008[41] .... ESDF		8 838 500	4 690 000	53.1	4 368 600	2 304 800	52.8	4 469 900	2 385 200	53.4

6. Total and urban population by sex: 2002 - 2011
Population totale et population urbaine selon le sexe : 2002 - 2011 (continued - suite)

Continent, country or area, and date / Continent, pays ou zone et date	Code[a]	Both sexes - Les deux sexes			Male - Masculin			Female - Féminin		
		Total	Urban - Urbaine		Total	Urban - Urbaine		Total	Urban - Urbaine	
			Number Nombre	Percent P.100		Number Nombre	Percent P.100		Number Nombre	Percent P.100
ASIA - ASIE										
Azerbaijan - Azerbaïdjan										
13 IV 2009 ....CDJC		8 922 447	4 739 123	53.1	4 414 398	2 330 527	52.8	4 508 049	2 408 596	53.4
1 VII 2009 ....ESDF		8 947 300	4 751 400	53.1	4 427 900	2 337 100	52.8	4 519 400	2 414 300	53.4
1 VII 2010 ....ESDF		9 054 300	4 802 200	53.0	4 486 300	2 364 400	52.7	4 568 000	2 437 800	53.4
1 VII 2011 ....ESDF		9 059 200	4 804 800	53.0	4 488 700	2 365 700	52.7	4 570 500	2 439 100	53.4
Bahrain - Bahreïn										
1 VII 2002 ....ESDF		710 554	...	...	418 196	...	...	292 358	...	...
1 VII 2003 ....ESDF		764 519	...	...	452 900	...	...	311 619	...	...
1 VII 2004 ....ESDF		823 744	...	...	491 195	...	...	332 549	...	...
1 VII 2005 ....ESDF		888 824	...	...	533 501	...	...	355 323	...	...
1 VII 2006 ....ESDF		960 425	...	...	580 285	...	...	380 141	...	...
1 VII 2007 ....ESDF		1 039 297	...	...	632 074	...	...	407 223	...	...
1 VII 2008 ....ESDF		1 106 509	...	...	677 999	...	...	428 510	...	...
1 VII 2009 ....ESDF		1 178 415	...	...	731 997	...	...	446 418	...	...
27 IV 2010 ....CDJC		1 234 571	...	...	768 414			466 157	...	...
Bangladesh										
1 VII 2002 ....ESDF		132 900 000	30 600 000	23.0	68 200 000	...	...	64 700 000	...	...
1 VII 2003 ....ESDF		134 800 000	31 300 000	23.2	69 100 000	...	...	65 700 000	...	...
1 VII 2004 ....ESDF		136 700 000	32 400 000	23.7	70 100 000	...	...	66 600 000	...	...
1 VII 2005 ....ESDF		138 600 000	33 600 000	24.2	71 000 000	...	...	67 600 000	...	...
1 VII 2006 ....ESDF		140 600 000	34 600 000	24.6	72 000 000	...	...	68 600 000	...	...
1 VII 2007 ....ESDF		142 600 000	35 700 000	25.0	73 100 000	...	...	69 500 000	...	...
1 VII 2008 ....ESDF		144 500 000	36 700 000	25.4	74 000 000	...	...	70 500 000	...	...
1 VII 2010 ....ESDF		148 620 000	38 540 000	25.9	76 120 000	20 427 000	26.8	72 500 000	18 113 000	25.0
15 III 2011* ....CDFC		149 772 364	...	...	74 980 386	...	...	74 791 978		
Bhutan - Bhoutan										
1 VII 2002 ....ESDF		601 582	...	...	361 759[2]	...	...	354 665[2]	...	...
1 VII 2003 ....ESDF		612 515	...	...	370 805[2]	...	...	363 535[2]	...	...
1 VII 2004 ....ESDF		623 647	...	...	380 090[2]	...	...	372 610[2]	...	...
30 V 2005 ....CDFC		634 982	196 111	30.9	333 595	105 559	31.6	301 387	90 552	30.0
1 VII 2006[55] ....ESDF		646 851	204 691	31.6	339 403	109 920	32.4	307 448	94 771	30.8
1 VII 2007[55] ....ESDF		658 888	213 571	32.4	345 298	114 593	33.2	313 590	98 978	31.6
1 VII 2008[55] ....ESDF		671 083	222 753	33.2	351 269	119 342	34.0	319 814	103 411	32.3
1 VII 2009[55] ....ESDF		683 407	232 232	34.0	357 305	124 246	34.8	326 102	107 986	33.1
1 VII 2010[55] ....ESDF		695 823	242 001	34.8	363 384	129 298	35.6	332 439	112 703	33.9
1 VII 2011[55] ....ESDF		708 265	252 038	35.6	369 476	134 484	36.4	338 789	117 554	34.7
Brunei Darussalam - Brunéi Darussalam										
1 VII 2002 ....ESDF		344 200	...	...	180 600	...	...	163 600	...	...
1 VII 2003 ....ESDF		349 600	...	...	182 500	...	...	167 100	...	...
1 VII 2004 ....ESDF		359 700	...	...	189 400	...	...	170 300	...	...
1 VII 2005 ....ESDF		370 100	...	...	195 300	...	...	174 800	...	...
1 VII 2006 ....ESDF		383 000	...	...	203 300	...	...	179 700	...	...
1 VII 2007 ....ESDF		390 000	...	...	206 900	...	...	183 100	...	...
1 VII 2008 ....ESDF		398 000	...	...	211 000	...	...	187 000	...	...
1 VII 2009 ....ESDF		406 200	...	...	215 000	...	...	191 200	...	...
Cambodia - Cambodge[56]										
1 VII 2002[57] ....ESDF		13 040 668	...	...	6 313 131	...	...	6 727 537	...	...
1 VII 2003[57] ....ESDF		13 287 053	...	...	6 437 037	...	...	6 850 016	...	...
1 VII 2004[58] ....SSDF		12 824 170	1 920 752	15.0	6 197 128	932 126	15.0	6 627 042	988 626	14.9
1 VII 2004[57] ....ESDF		13 542 410	...	...	6 565 556	...	...	6 976 854	...	...
1 VII 2005[57] ....ESDF		13 806 923	...	...	6 698 783	...	...	7 108 140	...	...
1 VII 2006[57] ....ESDF		14 080 653	...	...	6 836 759	...	...	7 243 894	...	...
1 VII 2007[57] ....ESDF		14 363 519	...	...	6 979 452	...	...	7 384 067	...	...
3 III 2008 ....CDFC		13 395 682	2 614 027	19.5	6 516 054	1 255 570	19.3	6 879 628	1 358 457	19.7
1 VII 2008[59] ....ESDF		13 868 227	2 707 240	19.5	6 745 592	1 299 799	19.3	7 122 635	1 407 441	19.8
1 VII 2009[59] ....ESDF		14 085 324	2 814 943	20.0	6 859 756	1 351 939	19.7	7 225 568	1 463 004	20.2
1 VII 2010[59] ....ESDF		14 302 779	2 926 810	20.5	6 973 994	1 406 183	20.2	7 328 785	1 520 627	20.7
1 VII 2011[59] ....ESDF		14 521 275	3 042 794	21.0	7 088 691	1 462 518	20.6	7 432 584	1 580 276	21.3
China - Chine[60]										
1 VII 2002[61] ....ESDF		1 284 530 000	502 120 000[62]	39.1	661 150 000	...	...	623 380 000	...	...
1 VII 2003[61] ....ESDF		1 292 270 000	523 760 000[62]	40.5	665 560 000	...	...	626 710 000	...	...
1 VII 2004[61] ....ESDF		1 299 880 000	542 830 000[62]	41.8	669 760 000	...	...	630 120 000	...	...
1 VII 2005[61] ....ESDF		1 307 560 000	562 120 000[62]	43.0	673 750 000	...	...	633 810 000	...	...
1 VII 2006[61] ....ESDF		1 314 480 000	577 060 000[62]	43.9	677 280 000	...	...	637 200 000	...	...

Continent, country or area, and date / Continent, pays ou zone et date	Code[a]	Both sexes - Les deux sexes			Male - Masculin			Female - Féminin		
		Total	Urban - Urbaine		Total	Urban - Urbaine		Total	Urban - Urbaine	
			Number Nombre	Percent P.100		Number Nombre	Percent P.100		Number Nombre	Percent P.100
ASIA - ASIE										
China - Chine[60]										
1 VII 2007[61] ....ESDF		1 317 900 000	606 330 000[63]	46.0	680 480 000[20]	...	...	640 810 000[20]	...	...
1 VII 2008[61] ....ESDF		1 324 700 000	624 030 000[63]	47.1	683 570 000[20]	...	...	644 450 000[20]	...	...
1 VII 2009[61] ....ESDF		1 331 300 000	645 120 000[63]	48.5	686 470 000[20]	...	...	648 030 000[20]	...	...
1 VII 2010[61] ....ESDF		1 337 700 000	669 780 000[63]	50.1	687 480 000[20]	...	...	653 430 000[20]	...	...
1 XI 2010* ....CDJC		1 339 724 852	...	...	686 852 572	...	...	652 872 280	...	...
1 VII 2011[64] ....ESDF		1 344 100 000	691 000 000[63]	51.4	691 000 000[20]	...	...	657 000 000[20]	...	...
China, Hong Kong SAR - Chine, Hong Kong RAS										
1 VII 2002 ....ESDJ		6 744 100	...	...	3 279 600	...	...	3 464 500	...	...
1 VII 2003 ....ESDJ		6 730 800	...	...	3 259 100	...	...	3 471 700	...	...
1 VII 2004 ....ESDJ		6 783 500	...	...	3 266 800	...	...	3 516 700	...	...
1 VII 2005 ....ESDJ		6 813 200	...	...	3 264 000	...	...	3 549 200	...	...
1 VII 2006 ....ESDJ		6 857 100	...	...	3 270 100	...	...	3 587 000	...	...
14 VII 2006 ....CDJC		6 864 346	...	...	3 272 956	...	...	3 591 390	...	...
1 VII 2007 ....ESDJ		6 925 900	...	...	3 287 400	...	...	3 638 500	...	...
1 VII 2008 ....ESDJ		6 977 700	...	...	3 297 500	...	...	3 680 200	...	...
1 VII 2009 ....ESDJ		7 003 700	...	...	3 296 200	...	...	3 707 500	...	...
1 VII 2010 ....ESDJ		7 067 800	...	...	3 310 500	...	...	3 757 300	...	...
China, Macao SAR - Chine, Macao RAS										
1 VII 2002 ....ESDJ		438 408	...	...	210 218	...	...	228 190	...	...
1 VII 2003 ....ESDJ		443 600	...	...	212 866	...	...	230 734	...	...
1 VII 2004 ....ESDJ		454 661	...	...	218 122	...	...	236 539	...	...
1 VII 2005 ....ESDJ		473 457	...	...	227 600	...	...	245 857	...	...
1 VII 2006 ....ESDJ		498 852	...	...	243 009	...	...	255 843	...	...
19 VIII 2006 ....CDJC		502 113	...	...	245 167	...	...	256 946	...	...
1 VII 2007 ....ESDJ		525 800	...	...	259 100	...	...	266 700	...	...
1 VII 2008 ....ESDJ		551 800	...	...	273 500	...	...	278 400	...	...
1 VII 2009 ....ESDJ		544 100	...	...	265 200	...	...	279 000	...	...
1 VII 2010 ....ESDJ		544 600	...	...	260 400	...	...	284 300	...	...
1 VII 2011 ....ESDJ		558 100	...	...	268 700	...	...	289 400	...	...
Cyprus - Chypre[65]										
1 VII 2002 ....ESDJ		709 600	...	...	347 900	...	...	361 700	...	...
1 VII 2003 ....ESDJ		720 600	...	...	353 700	...	...	366 900	...	...
1 VII 2004 ....ESDJ		737 100	...	...	363 000	...	...	374 100	...	...
1 VII 2005 ....ESDJ		758 000	...	...	373 600	...	...	384 400	...	...
1 VII 2006 ....ESDJ		770 900	...	...	380 100	...	...	390 800	...	...
1 VII 2007 ....ESDJ		785 300	...	...	386 700	...	...	398 600	...	...
1 VII 2008 ....ESDJ		793 072	...	...	392 282	...	...	400 791	...	...
1 VII 2009 ....ESDJ		800 011	...	...	396 527	...	...	403 485	...	...
1 VII 2010* ....ESDJ		803 791	...	...	399 455	...	...	404 337	...	...
1 VII 2011*[66] ....ESDJ		850 881	...	...	413 875	...	...	437 006	...	...
Democratic People's Republic of Korea - République populaire démocratique de Corée										
1 X 2008 ....CDJC		24 052 231	...	...	11 721 838	...	...	12 330 393	...	...
Georgia - Géorgie										
17 I 2002 ....CDFC		4 355 673	2 282 250	52.4	2 049 786	1 045 888	51.0	2 305 887	1 236 362	53.6
1 VII 2002 ....ESDF		4 357 100	2 275 800	52.2	2 054 200	...	...	2 302 900	...	...
1 VII 2003 ....ESDF		4 328 900	2 259 700	52.2	2 039 300	...	...	2 289 600	...	...
1 VII 2004 ....ESDF		4 318 300	2 255 000	52.2	2 034 400	...	...	2 283 900	...	...
1 VII 2005 ....ESDF		4 361 400	2 284 000	52.4	2 060 300	...	...	2 301 100	...	...
1 VII 2006 ....ESDF		4 398 000	2 309 700	52.5	2 081 700	...	...	2 316 300	...	...
1 VII 2007 ....ESDF		4 388 400	2 306 400	52.6	2 079 000	...	...	2 309 400	...	...
1 XII 2008* ....ESDF		4 383 800	2 306 500	52.6	2 079 600	...	...	2 304 200	...	...
1 VII 2009 ....ESDF		4 410 900	2 332 700	52.9	2 094 800	...	...	2 316 100	...	...
1 VII 2010 ....ESDF		4 452 800	2 360 900	53.0	2 118 100	...	...	2 334 700	...	...
1 I 2011 ....ESDF		4 469 250	...	...	2 127 278	...	...	2 341 972	...	...
India - Inde[67]										
1 VII 2002[1] ....ESDF		1 051 258 250	295 388 359	28.1	543 896 774	155 423 847	28.6	507 361 477	139 964 511	27.6
1 VII 2003[1] ....ESDF		1 068 065 117	302 416 034	28.3	552 616 508	159 117 861	28.8	515 448 609	143 298 173	27.8
1 VII 2004[1] ....ESDF		1 084 756 558	309 506 730	28.5	561 281 181	162 846 812	29.0	523 475 376	146 659 918	28.0
1 VII 2005[1] ....ESDF		1 101 317 709	316 648 000	28.8	569 882 367	166 604 533	29.2	531 435 342	150 043 467	28.2

Continent, country or area, and date / Continent, pays ou zone et date	Code[a]	Both sexes - Les deux sexes			Male - Masculin			Female - Féminin		
		Total	Urban - Urbaine		Total	Urban - Urbaine		Total	Urban - Urbaine	
			Number Nombre	Percent P.100		Number Nombre	Percent P.100		Number Nombre	Percent P.100
ASIA - ASIE										
India - Inde[67]										
1 VII 2006[1] ....ESDF		1 117 733 826	323 827 490	29.0	578 411 677	170 384 885	29.5	539 322 149	153 442 605	28.5
1 VII 2007[1] ....ESDF		1 134 023 232	331 060 644	29.2	586 879 523	174 195 527	29.7	547 143 709	156 865 117	28.7
1 VII 2008[1] ....ESDF		1 150 196 000	338 356 000	29.4	595 291 000	178 041 000	29.9	554 905 000	160 315 000	28.9
9 II 2011* ....CDFC		1 210 193 422	...	...	623 724 248	...	...	586 469 174	...	...
1 VII 2011*[1] ....ESDF		1 192 503 000	...	...	617 315 000	...	...	575 188 000	...	...
Indonesia - Indonésie										
1 VII 2002[68] ....ESDJ		211 309 622	...	...	105 966 575	...	...	105 343 047	...	...
1 VII 2003[68] ....ESDJ		214 467 613	...	...	107 550 230	...	...	106 917 383	...	...
1 VII 2004[68] ....ESDJ		217 672 800	...	...	109 157 552	...	...	108 515 248	...	...
1 VII 2005[68] ....ESDJ		220 925 888	...	...	110 788 896	...	...	110 136 992	...	...
31 X 2005[69] ....SSDF		213 375 287	92 005 069	43.1	107 274 528	46 055 993	42.9	106 100 759	45 949 076	43.3
1 VII 2006[68] ....ESDJ		224 227 593	...	...	112 444 620	...	...	111 782 973	...	...
1 VII 2007[68] ....ESDJ		227 578 641	...	...	114 125 088	...	...	113 453 553	...	...
1 VII 2008[68] ....ESDJ		230 979 770	...	...	115 830 670	...	...	115 149 100	...	...
1 VII 2009[68] ....ESDJ		234 431 729	...	...	117 561 743	...	...	116 869 986	...	...
1 V 2010 ....CDJC		237 641 326	118 320 256	49.8	119 630 913	59 559 622	49.8	118 010 413	58 760 634	49.8
1 VII 2011[68] ....ESDJ		236 954 100	...	...	118 591 100	...	...	118 363 000	...	...
Iran (Islamic Republic of) - Iran (République islamique d')										
1 VII 2002[70] ....ESDJ		66 300 418	43 709 980	65.9	33 713 360	22 281 715	66.1	32 587 058	21 428 265	65.8
1 VII 2003[70] ....ESDJ		67 314 814	44 834 988	66.6	34 233 497	22 849 043	66.7	33 081 317	21 985 945	66.5
1 VII 2004[70] ....ESDJ		68 344 730	45 966 432	67.3	34 761 738	23 419 649	67.4	33 582 992	22 546 783	67.1
1 VII 2005[70] ....ESDJ		69 390 405	47 095 882	67.9	35 298 812	23 989 204	68.0	34 091 593	23 106 678	67.8
28 X 2006 ....CDJC		70 495 782	48 259 964[71]	68.5	35 866 362	24 576 442[71]	68.5	34 629 420	23 683 522[71]	68.4
1 VII 2007[70] ....ESDJ		71 278 952	48 874 656	68.6	36 247 296	24 891 876	68.7	35 031 392	23 982 780	68.5
1 VII 2008[70] ....ESDJ		72 181 632	49 576 146	68.7	36 691 780	25 253 132	68.8	35 489 488	24 323 014	68.5
1 VII 2009[70] ....ESDJ		73 202 096	50 365 184	68.8	37 198 776	25 660 500	69.0	36 003 320	24 704 684	68.6
1 VII 2010[70] ....ESDJ		74 339 576	51 242 546	68.9	37 767 220	26 114 342	69.1	36 572 356	25 128 204	68.7
1 VII 2011[70] ....ESDJ		75 590 952	52 208 496	69.1	38 395 536	26 614 762	69.3	37 195 416	25 593 734	68.8
24 X 2011 ....CDJC		75 149 669	53 646 661	71.4	37 905 669	27 023 638	71.3	37 244 000	26 623 023	71.5
Iraq										
1 VII 2002 ....ESDF		25 565 000	...	...	12 814 000	...	...	12 751 000	...	...
1 VII 2003 ....ESDF		26 340 000	...	...	13 216 000	...	...	13 124 000	...	...
1 VII 2004 ....ESDF		27 139 000	...	...	13 629 000	...	...	13 510 000	...	...
1 VII 2005 ....ESDF		27 963 000	...	...	14 055 000	...	...	13 908 000	...	...
1 VII 2006 ....ESDF		28 810 441	19 226 476	66.7	14 493 207	9 698 293	66.9	14 317 234	9 528 183	66.6
1 VII 2007 ....ESDF		29 682 081	19 752 833	66.5	14 943 516	9 970 074	66.7	14 738 565	9 782 759	66.4
1 VII 2008 ....ESDF		31 895 000	...	...	16 058 000	...	...	15 837 000	...	...
1 VII 2009 ....ESDF		32 105 000	...	...	15 942 000	...	...	16 163 000	...	...
Israel - Israël[72]										
1 VII 2002 ....ESDJ		6 569 900	6 017 300	91.6	3 241 700	2 958 200	91.3	3 328 200	3 059 100	91.9
1 VII 2003 ....ESDJ		6 689 700	6 122 400	91.5	3 301 800	3 010 900	91.2	3 387 900	3 111 600	91.8
1 VII 2004 ....ESDJ		6 809 000	6 226 900	91.5	3 362 000	3 063 600	91.1	3 447 000	3 163 300	91.8
1 VII 2005 ....ESDJ		6 930 128	6 359 940	91.8	3 423 132	3 131 229	91.5	3 506 996	3 228 711	92.1
1 VII 2006 ....ESDJ		7 053 707	6 475 600[73]	91.8	3 485 501	3 189 511[73]	91.5	3 568 206	3 286 089[73]	92.1
1 VII 2007 ....ESDJ		7 180 115	6 589 632[73]	91.8	3 549 216	3 247 280[73]	91.5	3 630 899	3 342 352[73]	92.1
1 VII 2008 ....ESDJ		7 308 795	6 701 217[73]	91.7	3 614 125	3 303 732[73]	91.4	3 694 671	3 397 485[73]	92.0
27 XII 2008[74] ....CDFC		7 412 180	6 799 340[20]	91.7	3 663 910	3 350 610[20]	91.4	3 748 270	3 448 730[20]	92.0
1 VII 2009 ....ESDJ		7 485 565	6 865 023	91.7	3 701 384	3 384 556	91.4	3 784 181	3 480 467	92.0
1 VII 2010 ....ESDJ		7 623 561	6 987 218	91.7	3 771 321	3 446 830	91.4	3 852 240	3 540 388	91.9
Japan - Japon[75]										
1 VII 2002 ....ESDJ		127 445 000	...	...	62 278 000	...	...	65 167 000	...	...
1 VII 2003 ....ESDJ		127 718 000	...	...	62 370 000	...	...	65 348 000	...	...
1 VII 2004 ....ESDJ		127 761 000	...	...	62 355 000	...	...	65 406 000	...	...
1 VII 2005 ....ESDJ		127 773 000	...	...	62 332 000	...	...	65 441 000	...	...
1 X 2005 ....CDJC		127 767 994	110 264 324	86.3	62 348 977	53 886 000	86.4	65 419 017	56 378 324	86.2
1 VII 2006[76] ....ESDJ		127 854 000	...	...	62 357 000	...	...	65 497 000	...	...
1 VII 2007[76] ....ESDJ		128 001 000	...	...	62 401 000[20]	...	...	65 599 000[20]	...	...
1 VII 2008[76] ....ESDJ		128 063 000	...	...	62 409 000	...	...	65 654 000	...	...
1 VII 2009[76] ....ESDJ		128 047 000	...	...	62 354 000	...	...	65 693 000	...	...
1 VII 2010[76] ....ESDJ		128 070 000	...	...	62 330 000	...	...	65 740 000	...	...
1 X 2010 ....CDJC		128 057 352	116 156 631	90.7	62 327 737	56 569 051	90.8	65 729 615	59 587 580	90.7
1 VII 2011[76] ....ESDJ		127 817 000	...	...	62 189 000	...	...	65 628 000	...	...

Continent, country or area, and date — Continent, pays ou zone et date / Code[a]	Both sexes - Les deux sexes			Male - Masculin			Female - Féminin		
	Total	Urban - Urbaine Number Nombre	Urban - Urbaine Percent P.100	Total	Urban - Urbaine Number Nombre	Urban - Urbaine Percent P.100	Total	Urban - Urbaine Number Nombre	Urban - Urbaine Percent P.100
ASIA - ASIE									
Jordan - Jordanie									
31 XII 2002[77] ....ESDF	5 098 000	4 211 700	82.6	2 625 500	...	...	2 472 500	...	...
31 XII 2003[77] ....ESDF	5 230 000	4 320 600	82.6	2 693 500	...	...	2 536 500	...	...
1 X 2004[78] ....CDFC	5 103 639	3 997 383	78.3	2 626 287	2 055 431	78.3	2 477 352	1 941 952	78.4
31 XII 2004[77] ....ESDF	5 350 000	4 419 000	82.6	2 757 700	...	...	2 592 300	...	...
31 XII 2005[77] ....ESDF	5 473 000	4 520 600	82.6	2 821 100	...	...	2 651 900	...	...
31 XII 2006[77] ....ESDF	5 600 000	4 625 600	82.6	2 886 600	...	...	2 713 400	...	...
31 XII 2007[77] ....ESDF	5 723 000	4 727 100	82.6	2 950 000	...	...	2 773 000	...	...
31 XII 2008[77] ....ESDF	5 850 000	4 832 100	82.6	3 015 000	...	...	2 835 000	...	...
31 XII 2009[77] ....ESDF	5 980 000	4 939 400	82.6	3 082 000	...	...	2 898 000	...	...
31 XII 2010[77] ....ESDF	6 113 000	5 049 300	82.6	3 151 000	...	...	2 962 000	...	...
31 XII 2011[77] ....ESDF	6 249 000	5 161 600	82.6	3 221 100	...	...	3 027 900	...	...
Kazakhstan									
1 VII 2002 ....ESDF	14 858 948	8 443 242	56.8	7 156 816	3 952 649	55.2	7 702 132	4 490 593	58.3
1 VII 2003 ....ESDF	14 909 018	8 487 697	56.9	7 179 583	3 971 520	55.3	7 729 435	4 516 177	58.4
1 VII 2004 ....ESDF	15 012 985	8 566 447	57.1	7 227 960	4 005 199	55.4	7 785 025	4 561 248	58.6
1 VII 2005 ....ESDF	15 147 029	8 655 586	57.1	7 290 852	4 044 092	55.5	7 856 177	4 611 494	58.7
1 VII 2006 ....ESDF	15 308 084	8 764 884	57.3	7 367 032	4 094 572	55.6	7 941 052	4 670 312	58.8
1 VII 2007 ....ESDF	15 484 192	8 195 389	52.9	7 450 418	3 815 422	51.2	8 033 774	4 379 967	54.5
1 VII 2008 ....ESDF	15 674 000	8 331 030	53.2	7 541 053	3 877 559	51.4	8 132 947	4 453 471	54.8
25 II 2009* ....CDFC	16 009 600	8 662 400	54.1	7 712 200	...	...	8 297 400	...	...
Kuwait - Koweït									
1 VII 2002 ....ESDF	2 021 895	...	...	1 188 384	...	...	833 511	...	...
1 VII 2003 ....ESDF	2 093 396	...	...	1 232 781	...	...	860 615	...	...
1 VII 2004 ....ESDF	2 167 467	...	...	1 278 865	...	...	888 602	...	...
20 IV 2005 ....CDFC	2 193 651	...	...	1 300 347	...	...	893 304	...	...
1 VII 2005 ....ESDF	2 244 995	...	...	1 326 871	...	...	918 124	...	...
1 VII 2006 ....ESDF	2 328 116	...	...	1 378 341	...	...	949 775	...	...
1 VII 2007 ....ESDF	2 410 829	...	...	1 430 584	...	...	980 245	...	...
1 VII 2008 ....ESDF	2 495 851	...	...	1 484 422	...	...	1 011 429	...	...
1 VII 2009 ....ESDF	2 583 020	...	...	1 539 825	...	...	1 043 195	...	...
1 VII 2010 ....ESDF	2 672 926	...	...	1 597 468	...	...	1 075 458	...	...
Kyrgyzstan - Kirghizstan									
1 VII 2002[79] ....ESDF	4 919 460	1 740 805	35.4	2 416 831	825 612	34.2	2 502 629	915 193	36.6
1 VII 2003[79] ....ESDF	4 943 770	1 749 780	35.4	2 426 226	827 820	34.1	2 517 544	921 960	36.6
1 VII 2004[79] ....ESDF	4 976 881	1 773 667	35.6	2 439 845	836 840	34.3	2 537 036	936 827	36.9
1 VII 2005[79] ....ESDF	5 006 514	1 788 181	35.7	2 450 975	841 960	34.4	2 555 539	946 221	37.0
1 VII 2006[79] ....ESDF	5 033 953	1 790 295	35.6	2 460 578	841 414	34.2	2 573 375	948 881	36.9
1 VII 2007[79] ....ESDF	5 055 671	1 791 267	35.4	2 467 458	839 913	34.0	2 588 213	951 354	36.8
1 VII 2008[79] ....ESDF	5 077 722	1 794 620	35.3	2 475 331	839 873	33.9	2 602 391	954 747	36.7
24 III 2009* ....CDFC	5 107 700	...	...	2 489 200	...	...	2 618 500	...	...
1 VII 2009[79] ....ESDF	5 128 124	1 809 738	35.3	2 499 977	846 861	33.9	2 628 147	962 877	36.6
1 VII 2010[79] ....ESDF	5 192 806	1 828 955	35.2	2 532 547	856 262	33.8	2 660 259	972 693	36.6
1 VII 2011[79] ....ESDF	5 259 601	1 847 757	35.1	2 566 031	865 260	33.7	2 693 570	982 497	36.5
Lao People's Democratic Republic - République démocratique populaire lao									
1 VII 2002[80] ....ESDF	5 526 000	...	...	2 731 000	...	...	2 795 000	...	...
1 VII 2003[80] ....ESDF	5 679 000	...	...	2 807 000	...	...	2 872 000	...	...
1 VII 2004[80] ....ESDF	5 836 000	...	...	2 884 000	...	...	2 952 000	...	...
1 III 2005 ....CDJC	5 621 982	1 522 137[81]	27.1	2 800 551	763 043[81]	27.2	2 821 431	759 094[81]	26.9
1 VII 2005[82] ....ESDF	5 679 000	...	...	2 806 400	...	...	2 872 600	...	...
1 VII 2006[82] ....ESDF	5 747 587	...	...	2 864 454	...	...	2 883 133	...	...
1 VII 2007[82] ....ESDF	5 873 616	...	...	2 928 566	...	...	2 945 050	...	...
1 VII 2008[82] ....ESDF	6 000 379	...	...	2 993 041	...	...	3 007 339	...	...
1 VII 2009[82] ....ESDF	6 127 910	...	...	3 057 897	...	...	3 070 013	...	...
1 VII 2010[82] ....ESDF	6 256 197	...	...	3 123 138	...	...	3 133 059	...	...
1 VII 2011[82] ....ESDF	6 385 055	...	...	3 188 665	...	...	3 196 392	...	...
Lebanon - Liban[83]									
3 III 2004 ....SSDF	3 755 034	...	...	1 868 322	...	...	1 886 712	...	...
3 III 2007 ....SSDF	3 759 134	...	...	1 857 659	...	...	1 901 475	...	...
Malaysia - Malaisie									
30 VI 2002[35] ....ESDJ	24 727 104	15 414 805	62.3	12 602 771	7 808 313	62.0	12 124 333	7 606 492	62.7
30 VI 2003[35] ....ESDJ	25 319 973	15 819 940	62.5	12 910 003	8 009 149	62.0	12 409 970	7 810 791	62.9

Continent, country or area, and date / Continent, pays ou zone et date	Code[a]	Both sexes - Les deux sexes Total	Urban - Urbaine Number Nombre	Urban - Urbaine Percent P.100	Male - Masculin Total	Urban - Urbaine Number Nombre	Urban - Urbaine Percent P.100	Female - Féminin Total	Urban - Urbaine Number Nombre	Urban - Urbaine Percent P.100
ASIA - ASIE										
Malaysia - Malaisie										
30 VI 2004[35]	ESDJ	25 905 123	16 221 004	62.6	13 213 239	8 207 887	62.1	12 691 884	8 013 117	63.1
30 VI 2005[35]	ESDJ	26 476 911	16 614 260	62.7	13 509 499	8 402 603	62.2	12 967 412	8 211 657	63.3
30 VI 2006[35]	ESDJ	26 831 519	16 877 763	62.9	13 683 823	8 531 892	62.4	13 147 696	8 345 871	63.5
30 VI 2007[35]	ESDJ	27 185 976	17 138 690	63.0	13 857 972	8 659 763	62.5	13 328 004	8 478 927	63.6
30 VI 2008[35]	ESDJ	27 540 499	17 397 521	63.2	14 031 976	8 786 472	62.6	13 508 523	8 611 049	63.7
30 VI 2009[35]	ESDJ	27 895 332	17 654 460	63.3	14 205 949	8 912 131	62.7	13 689 383	8 742 329	63.9
30 VI 2010[35]	ESDJ	28 250 458	17 909 524	63.4	14 379 886	9 036 777	62.8	13 870 572	8 872 747	64.0
6 VII 2010[84]	CDJC	28 334 135	20 124 970	71.0	14 562 638	10 298 698	70.7	13 771 497	9 826 272	71.4
30 VI 2011[35]	ESDJ	28 552 712	18 131 157	63.5	14 523 912	9 144 410	63.0	14 028 800	8 986 747	64.1
Maldives										
1 VII 2002	ESDF	280 549	76 934	27.4	142 357	...	...	138 192	...	...
1 VII 2003	ESDF	285 066	78 173	27.4	144 599	...	...	140 467	...	...
1 VII 2004	ESDF	289 480	79 383	27.4	146 799	...	...	142 681	...	...
1 VII 2005	ESDF	293 746	...	...	148 929	...	...	144 817	...	...
21 III 2006[85]	CDFC	298 968	103 693	34.7	151 459	51 992	34.3	147 509	51 701	35.0
1 VII 2007	ESDF	304 869	...	...	154 391	...	...	150 478	...	...
1 VII 2008	ESDF	309 575	...	...	156 714	...	...	152 861	...	...
1 VII 2009	ESDF	314 542	...	...	159 159	...	...	155 383	...	...
1 VII 2010	ESDF	319 738	...	...	161 708	...	...	158 030	...	...
1 VII 2011	ESDF	325 135	...	...	164 349	...	...	160 786	...	...
Mongolia - Mongolie										
1 VII 2002	ESDF	2 458 963	1 409 034	57.3	1 218 894	688 417	56.5	1 240 069	720 617	58.1
1 VII 2003	ESDF	2 489 702	1 442 589	57.9	1 235 164	705 367	57.1	1 254 538	737 222	58.8
1 VII 2004	ESDF	2 518 573	1 481 205	58.8	1 249 487	723 856	57.9	1 269 086	757 349	59.7
1 VII 2005	ESDF	2 547 751	1 520 763	59.7	1 263 962	741 689	58.7	1 283 789	779 074	60.7
1 VII 2006	ESDF	2 578 587	1 561 417	60.6	1 268 249	756 004	59.6	1 310 338	805 413	61.5
1 VII 2007	ESDF	2 614 981	1 590 253	60.8	1 274 852	764 608	60.0	1 340 128	825 645	61.6
1 VII 2008	ESDF	2 659 347	1 630 116	61.3	1 297 153	784 189	60.5	1 362 194	845 927	62.1
1 VII 2009	ESDF	2 709 652	1 686 266	62.2	1 323 779	811 966	61.3	1 385 874	874 300	63.1
1 VII 2010	ESDF	2 758 269	1 736 861	63.0	1 344 689	831 770	61.9	1 413 580	905 091	64.0
11 XI 2010	CDFC	2 647 199	1 797 338	67.9	1 314 246	869 827	66.2	1 332 953	927 511	69.6
Myanmar										
1 VII 2002	ESDF	52 171 000	...	...	25 941 000	...	...	26 230 000	...	...
1 VII 2003	ESDF	53 224 000	...	...	26 467 000	...	...	26 757 000	...	...
1 VII 2004	ESDF	54 299 000	...	...	27 000 000	...	...	27 299 000	...	...
1 VII 2005	ESDF	55 396 000	...	...	27 540 000	...	...	27 856 000	...	...
1 VII 2006	ESDF	56 515 000	...	...	28 097 000	...	...	28 418 000	...	...
1 VII 2007	ESDF	57 504 000	...	...	28 586 000	...	...	28 918 000	...	...
1 VII 2008	ESDF	58 377 000	...	...	29 026 000	...	...	29 351 000	...	...
1 VII 2009	ESDF	59 130 000	...	...	29 400 000	...	...	29 730 000	...	...
1 VII 2010	ESDF	59 780 000	...	...	29 723 000	...	...	30 057 000	...	...
1 VII 2011	ESDF	60 384 000	...	...	29 847 000	...	...	30 537 000	...	...
Nepal - Népal										
1 VII 2002	ESDJ	23 701 451	...	...	11 845 495	...	...	11 855 956	...	...
1 VII 2003	ESDJ	24 249 996	...	...	12 126 262	...	...	12 123 734	...	...
1 VII 2004	ESDJ	24 797 059	...	...	12 406 222	...	...	12 390 837	...	...
1 VII 2005	ESDJ	25 342 638	...	...	12 685 375	...	...	12 657 263	...	...
1 VII 2006	ESDJ	25 886 736	...	...	12 963 722	...	...	12 923 014	...	...
1 VII 2007	ESDJ	26 427 399	...	...	13 240 233	...	...	13 187 166	...	...
1 VII 2008	ESDJ	26 966 581	...	...	13 515 938	...	...	13 450 643	...	...
1 VII 2009	ESDJ	27 504 280	...	...	13 790 836	...	...	13 713 444	...	...
1 VII 2010	ESDJ	28 043 744	...	...	14 066 638	...	...	13 977 106	...	...
22 VI 2011*	CDJC	26 620 809	4 525 787	17.0	12 927 431	...	...	13 693 378	...	...
1 VII 2011	ESDJ	28 584 975	...	...	14 343 343	...	...	14 241 632	...	...
Occupied Palestinian Territory - Territoire palestinien occupé										
1 VII 2002	ESDF	3 225 214	2 306 028[86]	71.5	1 636 917	...	...	1 588 297	...	...
1 VII 2003	ESDF	3 314 509	2 369 874[86]	71.5	1 682 238	...	...	1 632 271	...	...
1 VII 2004	ESDF	3 407 417	2 436 303[86]	71.5	1 729 392	...	...	1 678 025	...	...
1 VII 2005	ESDF	3 508 126	2 508 310[86]	71.5	1 780 506	...	...	1 727 620	...	...
1 VII 2006	ESDF	3 611 998	2 582 579[86]	71.5	1 833 225	...	...	1 778 773	...	...
1 VII 2007	ESDF	3 719 189	3 086 102[86]	83.0	1 887 628	...	...	1 831 561	...	...
1 XII 2007*[87]	CDFC	3 761 646	...	...	1 908 432	...	...	1 853 214	...	...

Continent, country or area, and date / Continent, pays ou zone et date	Code[a]	Both sexes - Les deux sexes			Male - Masculin			Female - Féminin		
		Total	Urban - Urbaine		Total	Urban - Urbaine		Total	Urban - Urbaine	
			Number Nombre	Percent P.100		Number Nombre	Percent P.100		Number Nombre	Percent P.100
ASIA - ASIE										
Occupied Palestinian Territory - Territoire palestinien occupé										
1 VII 2008 ....ESDF		3 825 512	3 175 546[86]	83.0	1 941 742	...	...	1 883 770	...	...
1 VII 2009 ....ESDF		3 935 249	3 267 977[86]	83.0	1 997 625	...	...	1 937 624	...	...
1 VII 2010 ....ESDF		4 048 403	3 363 385[86]	83.1	2 055 211	...	...	1 993 192	...	...
1 VII 2011 ....ESDF		4 168 860	3 465 483[86]	83.1	2 116 782	...	...	2 052 078	...	...
Oman										
1 VII 2002 ....ESDF		2 537 742	1 818 805	71.7	1 481 349	1 082 695	73.1	1 056 393	736 111	69.7
7 XII 2003 ....CDFC		2 340 815[88]	1 673 480	71.5	1 313 239	950 471	72.4	1 027 576	723 009	70.4
1 VII 2004 ....ESDF		2 415 576	1 732 701	71.7	1 360 891	988 163	72.6	1 054 685	744 538	70.6
1 VII 2005 ....ESDF		2 508 837	1 804 995	71.9	1 458 845	1 063 202	72.9	1 049 992	741 793	70.6
1 VII 2006 ....ESDF		2 577 062	1 857 263	72.1	1 498 143	1 093 546	73.0	1 078 919	763 717	70.8
1 VII 2007 ....ESDF		2 743 499	1 984 158	72.3	1 622 119	1 188 537	73.3	1 121 380	795 621	71.0
1 VII 2008 ....ESDF		2 867 428	2 077 862	72.5	1 687 414	1 238 527	73.4	1 180 014	839 335	71.1
1 VII 2009 ....ESDF		3 173 917	2 314 865	72.9	1 971 115	1 457 197	73.9	1 202 802	857 668	71.3
1 VII 2010 ....ESDF		2 773 479	2 091 320	75.4	1 612 408	1 227 680	76.1	1 161 071	863 640	74.4
12 XII 2010* ....CDFC		2 773 479	...	...	1 612 408	...	...	1 161 071	...	...
Pakistan[89]										
1 VII 2002 ....ESDF		145 280 000	48 020 000	33.1	75 390 000	...	...	69 900 000	...	...
1 VII 2003[90] ....ESDJ		138 979 270	49 640 104	35.7	71 741 403	25 819 279	36.0	67 237 867	23 820 825	35.4
1 VII 2004 ....ESDF		151 090 000	50 800 000	33.6	78 410 000	...	...	72 690 000	...	...
1 VII 2005[91] ....ESDJ		144 367 293	51 408 193	35.6	74 247 400	26 556 848	35.8	70 119 893	24 851 345	35.4
1 VII 2006 ....ESDJ		147 099 534	...	...	75 582 494	...	...	71 517 040	...	...
1 VII 2007[92] ....ESDJ		149 860 388	52 807 585	35.2	76 857 737	27 178 203	35.4	73 002 651	25 629 382	35.1
1 VII 2008 ....ESDF		162 370 000	57 320 000	35.3	84 270 000	...	...	78 110 000	...	...
Philippines[93]										
1 VII 2002 ....ESDJ		80 217 200	...	...	40 373 300	...	...	39 843 900	...	...
1 VII 2003 ....ESDJ		81 877 700	...	...	41 200 600	...	...	40 677 100	...	...
1 VII 2004 ....ESDJ		83 558 700	...	...	42 037 200	...	...	41 521 500	...	...
1 VII 2005 ....ESDJ		85 261 000	...	...	42 887 300	...	...	42 373 700	...	...
1 VII 2006 ....ESDJ		86 972 500	...	...	43 742 100	...	...	43 230 400	...	...
1 VII 2007 ....ESDJ		88 706 300	...	...	44 608 300	...	...	44 098 000	...	...
1 VII 2008 ....ESDJ		90 457 200	...	...	45 483 100	...	...	44 974 100	...	...
1 VII 2009 ....ESDJ		92 226 600	...	...	46 368 900	...	...	45 857 700	...	...
1 VII 2010 ....ESDJ		94 013 200	...	...	47 263 600	...	...	46 749 600	...	...
Qatar										
1 VII 2002 ....ESDF		676 497	...	...	450 349	...	...	226 148	...	...
1 VII 2003 ....ESDF		713 858	...	...	476 508	...	...	237 350	...	...
16 III 2004 ....CDFC		744 029	...	...	496 382	...	...	247 647	...	...
1 VII 2004 ....ESDF		798 059	...	...	546 116	...	...	251 943	...	...
1 VII 2005 ....ESDF		906 123	...	...	637 070	...	...	269 053	...	...
1 VII 2006 ....ESDF		1 042 947	...	...	754 298	...	...	288 649	...	...
1 VII 2007 ....ESDF		1 218 250	...	...	905 747	...	...	312 503	...	...
1 VII 2008 ....ESDF		1 448 479	...	...	1 111 176	...	...	337 303	...	...
1 VII 2009 ....ESDF		1 638 626	...	...	1 265 146	...	...	373 480	...	...
21 IV 2010 ....CDFC		1 699 435	...	...	1 284 739	...	...	414 696	...	...
1 VII 2010 ....ESDF		1 715 010	...	...	1 296 107	...	...	418 903	...	...
Republic of Korea - République de Corée										
1 VII 2002 ....ESDJ		47 622 179	...	...	23 970 035	...	...	23 652 144	...	...
1 VII 2003 ....ESDJ		47 859 311	...	...	24 089 703	...	...	23 769 608	...	...
1 VII 2004 ....ESDJ		48 039 415	...	...	24 165 488	...	...	23 873 927	...	...
1 VII 2005 ....ESDJ		48 138 077	...	...	24 190 906	...	...	23 947 171	...	...
1 XI 2005[81] ....CDJC		47 278 951	38 514 753	81.5	23 623 954	19 258 840	81.5	23 654 997	19 255 913	81.4
1 VII 2006 ....ESDJ		48 371 946	...	...	24 302 796	...	...	24 069 150	...	...
1 VII 2007 ....ESDJ		48 597 652	...	...	24 410 110	...	...	24 187 542	...	...
1 VII 2008 ....ESDJ		48 948 698	...	...	24 576 155	...	...	24 372 543	...	...
1 VII 2009 ....ESDJ		49 182 038	...	...	24 664 502	...	...	24 517 536	...	...
1 VII 2010 ....ESDJ		49 410 366	...	...	24 757 776	...	...	24 652 590	...	...
1 XI 2010[81] ....CDJC		48 580 293	39 822 647	82.0	24 167 098	19 798 739	81.9	24 413 195	20 023 908	82.0
1 VII 2011 ....ESDJ		50 111 476	40 655 913	81.1	25 081 788	20 287 967	80.9	25 029 688	20 367 947	81.4

6. Total and urban population by sex: 2002 - 2011
Population totale et population urbaine selon le sexe : 2002 - 2011 (continued - suite)

Continent, country or area, and date / Continent, pays ou zone et date	Code[a]	Both sexes - Les deux sexes			Male - Masculin			Female - Féminin		
		Total	Urban - Urbaine		Total	Urban - Urbaine		Total	Urban - Urbaine	
			Number Nombre	Percent P.100		Number Nombre	Percent P.100		Number Nombre	Percent P.100
ASIA - ASIE										
Saudi Arabia - Arabie saoudite										
1 VII 2002 ....ESDF		21 494 814	...	...	11 924 224	...	...	9 570 590	...	...
1 VII 2003 ....ESDF		22 022 864	...	...	12 206 825	...	...	9 816 039	...	...
1 VII 2004 ....ESDF		22 563 886	...	...	12 493 910	...	...	10 069 976	...	...
15 IX 2004 ....CDFC		22 678 262	...	...	12 557 240	...	...	10 121 022	...	...
1 VII 2005[94] ....ESDF		23 329 584	...	...	12 959 625	...	...	10 369 959	...	...
1 VII 2006[94] ....ESDF		24 121 890	...	...	13 444 010	...	...	10 677 880	...	...
1 VII 2007[94] ....ESDF		24 941 298	...	...	13 947 610	...	...	10 993 688	...	...
1 VII 2008[94] ....ESDF		25 787 025	...	...	14 470 381	...	...	11 316 644	...	...
1 VII 2009[94] ....ESDF		26 660 857	...	...	15 013 600	...	...	11 647 257	...	...
28 IV 2010* ....CDFC		27 136 977	...	...	15 460 147	...	...	11 676 830	...	...
1 VII 2010*[94] ....ESDF		27 563 432	...	...	15 578 015	...	...	11 985 417	...	...
1 VII 2011*[94] ....ESDF		28 376 355	...	...	16 041 361	...	...	12 334 994	...	...
Singapore - Singapour[95]										
30 VI 2002 ....ESDJ		3 382 900	...	...	1 684 300	...	...	1 698 600	...	...
30 VI 2003 ....ESDJ		3 366 900	...	...	1 673 400	...	...	1 693 500	...	...
30 VI 2004 ....ESDJ		3 413 300	...	...	1 695 000[20]	...	...	1 718 200[20]	...	...
30 VI 2005 ....ESDJ		3 467 814	...	...	1 721 139	...	...	1 746 675	...	...
30 VI 2006 ....ESDJ		3 525 900	...	...	1 748 200	...	...	1 777 700	...	...
30 VI 2007 ....ESDJ		3 583 100	...	...	1 775 500	...	...	1 807 600	...	...
30 VI 2008 ....ESDJ		3 642 700	...	...	1 803 000	...	...	1 839 700	...	...
30 VI 2009 ....ESDJ		3 733 900	...	...	1 844 700[20]	...	...	1 889 100[20]	...	...
30 VI 2010[96] ....CDJC		3 771 721	...	...	1 861 133	...	...	1 910 588	...	...
30 VI 2010 ....ESDJ		3 771 721	...	...	1 861 133	...	...	1 910 588	...	...
30 VI 2011 ....ESDJ		3 789 300	...	...	1 868 200	...	...	1 921 100	...	...
Sri Lanka										
1 VII 2002 ....ESDF		19 007 000	...	...	9 392 000	...	...	9 615 000	...	...
1 VII 2003 ....ESDF		19 252 000	...	...	9 510 000	...	...	9 742 000	...	...
1 VII 2004 ....ESDF		19 435 000	...	...	9 678 000	...	...	9 757 000	...	...
1 VII 2005 ....ESDF		19 644 000	...	...	9 782 000	...	...	9 862 000	...	...
1 VII 2006 ....ESDF		19 858 000	...	...	9 889 000	...	...	9 969 000	...	...
1 VII 2007 ....ESDF		20 039 000	...	...	9 956 000	...	...	10 083 000	...	...
1 VII 2008 ....ESDF		20 216 000	...	...	9 980 000	...	...	10 236 000	...	...
1 VII 2009* ....ESDF		20 450 000	...	...	10 148 000	...	...	10 302 000	...	...
1 VII 2010* ....ESDF		20 653 000	...	...	10 249 000	...	...	10 404 000	...	...
Syrian Arab Republic - République arabe syrienne[97]										
1 VII 2002 ....ESDF		17 130 000	8 599 000	50.2	8 763 000	4 439 000	50.7	8 367 000	4 160 000	49.7
1 VII 2003 ....ESDF		17 550 000	8 806 000	50.2	8 979 000	4 541 000	50.6	8 571 000	4 265 000	49.8
1 VII 2004 ....ESDF		17 829 000	9 539 000	53.5	9 150 000	4 916 000	53.7	8 679 000	4 623 000	53.3
22 IX 2004* ....CDFC		17 921 000	...	...	9 161 000	...	...	8 760 000	...	...
1 VII 2005 ....ESDF		18 138 000	9 705 000	53.5	9 268 000	4 977 000	53.7	8 870 000	4 728 000	53.3
1 VII 2006 ....ESDF		18 717 000	10 013 000	53.5	9 563 000	5 139 000	53.7	9 154 000	4 874 000	53.2
1 VII 2007 ....ESDF		19 172 000	10 257 000	53.5	9 798 000	5 265 000	53.7	9 374 000	4 992 000	53.3
1 VII 2008 ....ESDF		19 644 000	10 511 000	53.5	10 042 000	5 394 000	53.7	9 602 000	5 117 000	53.3
1 VII 2009 ....ESDF		20 125 000	10 769 000	53.5	10 287 000	5 526 000	53.7	9 838 000	5 243 000	53.3
1 VII 2010 ....ESDF		20 619 000	11 033 000	53.5	10 539 000	5 661 000	53.7	10 080 000	5 372 000	53.3
1 VII 2011 ....ESDF		21 124 000	11 297 000	53.5	10 794 000	5 795 000	53.7	10 330 000	5 502 000	53.3
Tajikistan - Tadjikistan										
1 VII 2002 ....ESDF		6 441 009	1 705 240	26.5	3 228 657	850 897	26.4	3 212 352	854 343	26.6
1 VII 2003 ....ESDF		6 573 224	1 738 838	26.5	3 296 211	868 890	26.4	3 277 013	869 948	26.5
1 VII 2004 ....ESDF		6 710 161	1 774 799	26.4	3 365 832	888 087	26.4	3 344 329	886 712	26.5
1 VII 2005 ....ESDF		6 850 324	1 808 339	26.4	3 436 922	906 229	26.4	3 413 402	902 110	26.4
1 VII 2006 ....ESDF		6 992 066	1 841 258	26.3	3 508 345	923 963	26.3	3 483 721	917 295	26.3
1 VII 2007 ....ESDF		7 139 772	1 877 203	26.3	3 581 930	943 032	26.3	3 557 842	934 171	26.3
1 VII 2008 ....ESDF		7 294 747	1 918 996	26.3	3 659 238	965 220	26.4	3 635 510	953 776	26.2
Thailand - Thaïlande										
1 VII 2002[1] ....ESDJ		63 482 287	20 731 494	32.7	31 623 509	10 072 055	31.8	31 858 778	10 659 439	33.5
1 VII 2003[1] ....ESDJ		64 018 857	20 990 626	32.8	31 883 154	10 188 273	32.0	32 135 703	10 802 353	33.6
1 VII 2004[1] ....ESDJ		64 177 484	19 300 414	30.1	31 574 765	9 261 252	29.3	32 602 719	10 039 162	30.8
1 VII 2005[1] ....ESDJ		64 838 628	19 538 420	30.1	31 848 905	9 360 642	29.4	32 989 723	10 177 778	30.9
1 VII 2006[1] ....ESDJ		65 305 736	19 792 296	30.3	32 060 034	9 474 510	29.6	33 245 702	10 317 786	31.0
1 VII 2007[1] ....ESDJ		66 041 512	20 117 497	30.5	32 467 223	9 733 251	30.0	33 574 289	10 384 246	30.9

Continent, country or area, and date / Continent, pays ou zone et date	Code[a]	Both sexes - Les deux sexes			Male - Masculin			Female - Féminin		
		Total	Urban - Urbaine		Total	Urban - Urbaine		Total	Urban - Urbaine	
			Number Nombre	Percent P.100		Number Nombre	Percent P.100		Number Nombre	Percent P.100
ASIA - ASIE										
Thailand - Thaïlande										
1 VII 2008[1]	ESDJ	66 480 004	20 471 816	30.8	32 671 831	9 802 741	30.0	33 808 173	10 669 075	31.6
1 VII 2009[1]	ESDJ	66 903 277	21 133 663	31.6	32 872 931	10 112 852	30.8	34 030 346	11 020 811	32.4
1 VII 2010[1]	ESDJ	67 311 917	23 096 811	34.3	33 067 359	11 070 161	33.5	34 244 558	12 026 650	35.1
1 IX 2010*	CDJC	65 479 453	...	...	32 109 371	...	...	33 370 082	...	...
Timor-Leste										
1 VII 2004[1]	ESDF	952 000	...	...	484 000	...	...	468 000	...	...
11 VII 2004	CDFC	923 198	...	...	469 919	...	...	453 279	...	...
1 VII 2005[1]	ESDF	983 000	...	...	500 000[20]	...	...	484 000[20]	...	...
1 VII 2006[1]	ESDF	1 015 000	...	...	515 000	...	...	500 000	...	...
1 VII 2007[1]	ESDF	1 048 000	...	...	532 000	...	...	516 000	...	...
1 VII 2008[1]	ESDF	1 080 742	...	...	549 000[20]	...	...	532 000[20]	...	...
11 VII 2010*	CDFC	1 066 582	315 140	29.5	541 147	164 780	30.5	525 435	150 360	28.6
Turkey - Turquie										
1 VII 2002	ESDF	69 304 048	...	...	34 981 755	...	...	34 322 293	...	...
1 VII 2003	ESDF	70 231 018	...	...	35 439 247	...	...	34 791 771	...	...
1 VII 2004	ESDF	71 151 009	...	...	35 895 750	...	...	35 255 259	...	...
1 VII 2005	ESDF	72 064 992	...	...	36 349 233	...	...	35 715 759	...	...
1 VII 2006	ESDF	72 971 474	...	...	36 796 216	...	...	36 175 258	...	...
1 VII 2007	ESDF	70 137 756	...	...	35 158 437	...	...	34 979 319	...	...
1 VII 2008	ESDF	71 051 678	...	...	35 638 843	...	...	35 412 835	...	...
31 XII 2008[98]	CDJC	71 517 100	...	...	35 901 154	...	...	35 615 946	...	...
1 VII 2009	ESDF	72 039 206	...	...	36 181 812	...	...	35 857 394	...	...
1 VII 2010	ESDF	73 142 150	...	...	36 752 826	...	...	36 389 324	...	...
1 VII 2011	ESDF	74 223 629	...	...	37 288 068	...	...	36 935 561	...	...
Turkmenistan - Turkménistan										
1 VII 2003	ESDF	5 123 940	...	...	2 571 866[20]	...	...	2 552 073[20]	...	...
United Arab Emirates - Émirats arabes unis[99]										
5 XII 2005	CDFC	4 106 427	3 384 839	82.4	2 806 141	...	...	1 300 286	...	...
31 XII 2006	ESDF	5 012 384	...	...	3 533 564	...	...	1 478 820	...	...
31 XII 2007	ESDF	6 219 006	...	...	4 533 281	...	...	1 685 725	...	...
31 XII 2008	ESDF	8 073 626	...	...	6 039 971	...	...	2 033 655	...	...
31 XII 2009	ESDF	8 199 996	...	...	6 120 885	...	...	2 079 111	...	...
1 VII 2010	ESDF	8 264 070	...	...	6 161 820	...	...	2 102 250	...	...
Viet Nam										
1 VII 2002[100]	ESDF	79 538 689	19 873 334	25.0	39 112 677	...	...	40 426 012	...	...
1 VII 2003[100]	ESDF	80 468 422	20 725 128	25.8	39 535 505	...	...	40 932 917	...	...
1 VII 2004[100]	ESDF	81 437 728	21 601 403	26.5	40 042 598	...	...	41 395 130	...	...
1 VII 2005[100]	ESDF	82 393 519	22 332 173	27.1	40 522 211	...	...	41 871 308	...	...
1 VII 2006[100]	ESDF	83 312 993	23 046 110	27.7	40 999 887	...	...	42 313 106	...	...
1 VII 2007[100]	ESDF	84 221 105	23 746 705	28.2	41 448 572	...	...	42 772 533	...	...
1 VII 2008[100]	ESDF	85 122 271	24 673 681	29.0	41 957 844	...	...	43 164 427	...	...
1 IV 2009	CDJC	85 846 997	25 436 896	29.6	42 413 143	12 349 995	29.1	43 433 854	13 086 901	30.1
1 VII 2009	ESDF	86 024 979	25 584 740	29.7	42 523 416	...	...	43 501 563	...	...
1 VII 2010	ESDF	86 932 527	26 515 940	30.5	42 986 075	...	...	43 946 452	...	...
1 VII 2011	ESDF	87 840 038	27 888 152	31.7	43 444 777	...	...	44 395 261	...	...
Yemen - Yémen										
16 XII 2004	CDFC	19 685 161	5 637 756	28.6	10 036 953	3 012 256	30.0	9 648 208	2 625 500	27.2
31 XII 2005	ESDF	20 282 944	5 849 749	28.8	...	...	...	...	...	...
31 XII 2006	ESDF	20 900 532	6 070 613	29.0	...	...	...	...	...	...
31 XII 2007	ESDF	21 538 995	6 256 462	29.0	...	...	...	...	...	...
1 VII 2008[1]	ESDJ	21 843 554	...	...	11 127 218	...	...	10 716 336	...	...
1 VII 2009[1]	ESDJ	22 492 035	...	...	11 454 963	...	...	11 037 072	...	...
EUROPE										
Åland Islands - Îles d'Åland[28]										
1 VII 2002	ESDJ	26 133	10 621	40.6	12 866	5 004	38.9	13 267	5 617	42.3
1 VII 2003	ESDJ	26 302	10 629	40.4	12 945	5 011	38.7	13 358	5 619	42.1
1 VII 2004	ESDJ	26 439	10 669	40.4	13 030	5 036	38.7	13 409	5 633	42.0
1 VII 2005	ESDJ	26 648	10 746	40.3	13 174	5 087	38.6	13 475	5 660	42.0

6. Total and urban population by sex: 2002 - 2011
Population totale et population urbaine selon le sexe : 2002 - 2011 (continued - suite)

Continent, country or area, and date / Continent, pays ou zone et date	Code[a]	Both sexes - Les deux sexes			Male - Masculin			Female - Féminin		
		Total	Urban - Urbaine		Total	Urban - Urbaine		Total	Urban - Urbaine	
			Number Nombre	Percent P.100		Number Nombre	Percent P.100		Number Nombre	Percent P.100
EUROPE										
Åland Islands - Îles d'Åland[28]										
1 VII 2006 ....ESDJ		26 845	10 802	40.2	13 299	5 123	38.5	13 546	5 680	41.9
1 VII 2007 ....ESDJ		27 038	10 863	40.2	13 407	5 151	38.4	13 631	5 712	41.9
1 VII 2008 ....ESDJ		27 305	10 954	40.1	13 552	5 189	38.3	13 753	5 765	41.9
1 VII 2009 ....ESDJ		27 595	11 064	40.1	13 724	5 264	38.4	13 871	5 800	41.8
1 VII 2010 ....ESDJ		27 871	11 157	40.0	13 880	5 327	38.4	13 991	5 830	41.7
1 VII 2011 ....ESDJ		28 181	11 227	39.8	14 045	5 364	38.2	14 137	5 863	41.5
Albania - Albanie										
1 VII 2002 ....ESDF		3 093 465	1 347 871	43.6	1 542 211	625 060	40.5	1 551 254	722 811	46.6
1 VII 2003 ....ESDF		3 111 163	1 375 367	44.2	1 550 728	636 985	41.1	1 560 435	738 382	47.3
1 VII 2004 ....ESDF		3 127 263	1 406 443	45.0	1 558 376	661 335	42.4	1 568 887	745 108	47.5
1 VII 2005 ....ESDF		3 142 065	1 468 522	46.7	1 565 316	671 848	42.9	1 576 749	796 864	50.5
1 VII 2006 ....ESDF		3 150 886	1 528 877	48.5	1 580 446	711 123	45.0	1 570 440	817 754	52.1
1 VII 2007 ....ESDF		3 161 337	1 531 994	48.5	1 580 501	712 982	45.1	1 580 836	819 012	51.8
1 VII 2008 ....ESDF		3 181 950	1 549 382	48.7	1 595 526	722 420	45.3	1 586 424	826 962	52.1
1 VII 2009 ....ESDF		3 194 417	1 573 431	49.3	1 599 047	735 790	46.0	1 595 370	837 641	52.5
1 I 2010 ....ESDF		3 194 972	1 589 559	49.8	1 605 657	745 109	46.4	1 589 315	844 450	53.1
1 X 2011* ....CDFC		2 831 741	1 521 907	53.7	1 421 810	757 083	53.2	1 409 931	764 824	54.2
Andorra - Andorre[28]										
1 VII 2002 ....ESDJ		66 094	...	...	34 244	...	...	31 850	...	...
1 VII 2003 ....ESDJ		69 840	...	...	36 258	...	...	33 582	...	...
1 VII 2004 ....ESDJ		74 885	...	...	38 990	...	...	35 895	...	...
1 VII 2005 ....ESDJ		78 607	...	...	41 097	...	...	37 510	...	...
1 VII 2006 ....ESDJ		80 104	...	...	41 876	...	...	38 228	...	...
1 VII 2007 ....ESDJ		82 392	...	...	43 100	...	...	39 292	...	...
1 VII 2008 ....ESDJ		83 884	...	...	43 911	...	...	39 973	...	...
1 VII 2009 ....ESDJ		85 116	...	...	44 444	...	...	40 672	...	...
1 VII 2010 ....ESDJ		84 549	...	...	43 992	...	...	40 557	...	...
1 VII 2011[101] ....ESDJ		79 280	...	...	40 529	...	...	38 751	...	...
Austria - Autriche										
1 VII 2002 ....ESDJ		8 082 121	...	...	3 918 940	...	...	4 163 181	...	...
1 VII 2003 ....ESDJ		8 118 245	...	...	3 940 285	...	...	4 177 960	...	...
1 VII 2004 ....ESDJ		8 169 441	...	...	3 967 701	...	...	4 201 740	...	...
1 VII 2005 ....ESDJ		8 225 278	...	...	3 998 952	...	...	4 226 326	...	...
1 VII 2006 ....ESDJ		8 267 948	...	...	4 022 516	...	...	4 245 432	...	...
1 VII 2007 ....ESDJ		8 300 954	...	...	4 040 089	...	...	4 260 865	...	...
1 VII 2008 ....ESDJ		8 336 549	...	...	4 058 635	...	...	4 277 914	...	...
1 VII 2009 ....ESDJ		8 365 275	...	...	4 073 570	...	...	4 291 705	...	...
1 VII 2010 ....ESDJ		8 387 742	...	...	4 086 434	...	...	4 301 308	...	...
1 VII 2011 ....ESDJ		8 423 136	...	...	4 107 033	...	...	4 316 103	...	...
Belarus - Bélarus										
1 VII 2002 ....ESDF		9 924 766	7 034 721	70.9	4 652 109	3 299 920	70.9	5 272 657	3 734 801	70.8
1 VII 2003 ....ESDF		9 873 826	7 040 950	71.3	4 623 963	3 297 535	71.3	5 249 863	3 743 415	71.3
1 VII 2004 ....ESDF		9 824 568	7 050 685	71.8	4 596 633	3 296 800	71.7	5 227 935	3 753 885	71.8
1 VII 2005 ....ESDF		9 775 307	7 057 463	72.2	4 569 189	3 294 851	72.1	5 206 118	3 762 612	72.3
1 VII 2006 ....ESDF		9 732 501	7 066 903	72.6	4 545 164	3 294 559	72.5	5 187 337	3 772 344	72.7
1 VII 2007 ....ESDF		9 702 116	7 091 407	73.1	4 528 222	3 302 285	72.9	5 173 894	3 789 122	73.2
1 VII 2008 ....ESDF		9 680 842	...	...	4 516 518	...	...	5 164 324	...	...
1 VII 2009 ....ESDF		9 576 046	...	...	4 464 268	...	...	5 111 778	...	...
14 X 2009 ....CDJC		9 503 807	7 064 529	74.3	4 420 039	3 271 014	74.0	5 083 768	3 793 515	74.6
1 VII 2010 ....ESDF		9 480 686	...	...	4 412 536	...	...	5 068 150	...	...
1 VII 2011 ....ESDF		9 473 172	...	...	4 403 226	...	...	5 069 946	...	...
Belgium - Belgique										
1 VII 2002 ....ESDJ		10 332 785	10 184 150	98.6	5 054 587	4 980 148	98.5	5 278 198	5 204 003	98.6
1 VII 2003 ....ESDJ		10 372 469	10 223 221	98.6	5 075 268	5 000 466	98.5	5 297 201	5 222 755	98.6
1 VII 2004 ....ESDJ		10 417 122	10 267 298	98.6	5 097 709	5 022 559	98.5	5 319 413	5 244 739	98.6
1 VII 2005 ....ESDJ		10 472 842	10 322 099	98.6	5 125 387	5 049 822	98.5	5 347 455	5 272 277	98.6
1 VII 2006 ....ESDJ		10 541 893	10 389 801	98.6	5 159 947	5 083 829	98.5	5 381 946	5 305 972	98.6
1 VII 2007 ....ESDJ		10 622 604	10 469 341	98.6	5 201 670	5 125 007	98.5	5 420 934	5 344 334	98.6
1 VII 2008 ....ESDJ		10 709 973	10 555 681	98.6	5 246 480	5 169 223	98.5	5 463 493	5 386 458	98.6
1 VII 2009 ....ESDJ		10 796 493	10 641 089	98.6	5 290 436	5 212 557	98.5	5 506 057	5 428 532	98.6
1 VII 2010 ....ESDJ		10 895 586	...	...	5 341 228	...	...	5 554 358	...	...
1 VII 2011 ....ESDJ		10 996 266	...	...	5 393 484	...	...	5 602 782	...	...

Continent, country or area, and date / Continent, pays ou zone et date	Code[a]	Both sexes - Les deux sexes			Male - Masculin			Female - Féminin		
		Total	Urban - Urbaine		Total	Urban - Urbaine		Total	Urban - Urbaine	
			Number Nombre	Percent P.100		Number Nombre	Percent P.100		Number Nombre	Percent P.100
EUROPE										
Bosnia and Herzegovina - Bosnie-Herzégovine										
1 VII 2002 .... ESDF		3 828 397	...	...	1 875 915	...	...	1 952 482	...	...
1 VII 2003 .... ESDF		3 832 301	...	...	1 877 827	...	...	1 954 474	...	...
1 VII 2004 .... ESDF		3 842 527	...	...	1 882 838	...	...	1 959 689	...	...
1 VII 2005 .... ESDF		3 842 537	...	...	1 882 843	...	...	1 959 694	...	...
1 VII 2006 .... ESDF		3 842 762	...	...	1 882 953	...	...	1 959 809	...	...
1 VII 2007 .... ESDF		3 842 562	...	...	1 877 309	...	...	1 965 253	...	...
1 VII 2008 .... ESDF		3 842 265	...	...	1 877 165	...	...	1 965 100	...	...
1 VII 2009 .... ESDF		3 842 566	...	...	1 877 312	...	...	1 965 254	...	...
1 VII 2010 .... ESDF		3 843 126	...	...	1 877 587	...	...	1 965 539	...	...
1 I 2011* .... ESDF		3 843 183	...	...	1 877 482	...	...	1 965 701	...	...
Bulgaria - Bulgarie										
1 VII 2002 .... ESDJ		7 868 900	5 467 777	69.5	3 828 882	2 644 285	69.1	4 040 018	2 823 492	69.9
1 VII 2003 .... ESDJ		7 823 557	5 459 344	69.8	3 803 501	2 636 908	69.3	4 020 056	2 822 436	70.2
1 VII 2004 .... ESDJ		7 781 161	5 440 536	69.9	3 779 224	2 624 031	69.4	4 001 937	2 816 505	70.4
1 VII 2005 .... ESDJ		7 739 900	5 424 661	70.1	3 755 469	2 613 346	69.6	3 984 431	2 811 315	70.6
1 VII 2006 .... ESDJ		7 699 020	5 428 388	70.5	3 732 130	2 613 030	70.0	3 966 890	2 815 358	71.0
1 VII 2007 .... ESDJ		7 659 764	5 414 260	70.7	3 710 315	2 604 175	70.2	3 949 449	2 810 085	71.2
1 VII 2008 .... ESDJ		7 623 395	5 405 147	70.9	3 690 485	2 597 929	70.4	3 932 910	2 807 218	71.4
1 VII 2009 .... ESDJ		7 585 131	5 408 330	71.3	3 670 296	2 598 442	70.8	3 914 835	2 809 888	71.8
1 VII 2010 .... ESDJ		7 534 289	5 388 142	71.5	3 644 560	2 587 844	71.0	3 889 729	2 800 298	72.0
1 II 2011 .... CDJC		7 364 570	5 338 261	72.5	3 586 571	2 580 734	72.0	3 777 999	2 757 527	73.0
1 VII 2011 .... ESDJ		7 348 328	...	...	3 577 847	...	...	3 770 481	...	...
Croatia - Croatie										
1 VII 2002 .... ESDJ		4 440 385	...	...	2 136 831	...	...	2 303 554	...	...
1 VII 2003 .... ESDJ		4 440 290	...	...	2 137 037	...	...	2 303 253	...	...
1 VII 2004 .... ESDJ		4 439 353	...	...	2 136 887	...	...	2 302 466	...	...
1 VII 2005 .... ESDJ		4 441 989	...	...	2 138 663	...	...	2 303 326	...	...
1 VII 2006 .... ESDJ		4 440 022	...	...	2 138 934	...	...	2 301 088	...	...
1 VII 2007 .... ESDJ		4 435 982	...	...	2 137 984	...	...	2 297 998	...	...
1 VII 2008 .... ESDJ		4 434 508	...	...	2 138 022	...	...	2 296 486	...	...
1 VII 2009 .... ESDJ		4 429 078	...	...	2 136 231	...	...	2 292 847	...	...
1 VII 2010 .... ESDJ		4 417 781	...	...	2 131 812	...	...	2 285 969	...	...
1 I 2011 .... ESDJ		4 412 137	...	...	2 129 701	...	...	2 282 436	...	...
Czech Republic - République tchèque										
1 VII 2002 .... ESDJ		10 200 774	7 536 154	73.9	4 964 598	3 640 572	73.3	5 236 176	3 895 582	74.4
1 VII 2003 .... ESDJ		10 201 651	7 533 782	73.8	4 968 189	3 640 805	73.3	5 233 462	3 892 977	74.4
1 VII 2004 .... ESDJ		10 206 923	7 526 698	73.7	4 971 730	3 637 603	73.2	5 235 193	3 889 095	74.3
1 VII 2005 .... ESDJ		10 234 092	7 552 515	73.8	4 991 439	3 655 100	73.2	5 242 653	3 897 415	74.3
1 VII 2006 .... ESDJ		10 266 646	7 566 774	73.7	5 013 040	3 666 038	73.1	5 253 606	3 900 736	74.2
1 VII 2007 .... ESDJ		10 322 689	7 607 487	73.7	5 048 101	3 691 647	73.1	5 274 588	3 915 840	74.2
1 VII 2008 .... ESDJ		10 429 692	7 697 774	73.8	5 113 332	3 746 004	73.3	5 316 360	3 951 770	74.3
1 VII 2009 .... ESDJ		10 491 492	7 731 056	73.7	5 150 509	3 767 819	73.2	5 340 983	3 963 237	74.2
1 VII 2010 .... ESDJ		10 517 247	7 733 130	73.5	5 160 782	3 765 654	73.0	5 356 465	3 967 476	74.1
1 VII 2011* .... ESDJ		10 494 847	...	...	5 152 076	...	...	5 342 771	...	...
Denmark - Danemark[102]										
1 VII 2002 .... ESDJ		5 374 255	...	...	2 657 341	...	...	2 716 914	...	...
1 VII 2003 .... ESDJ		5 387 174	...	...	2 664 526	...	...	2 722 648	...	...
1 VII 2004 .... ESDJ		5 401 177	...	...	2 671 907	...	...	2 729 270	...	...
1 VII 2005 .... ESDJ		5 415 978	...	...	2 679 857	...	...	2 736 121	...	...
1 VII 2006 .... ESDJ		5 434 567	...	...	2 690 179	...	...	2 744 388	...	...
1 VII 2007 .... ESDJ		5 457 415	...	...	2 702 894	...	...	2 754 521	...	...
1 VII 2008 .... ESDJ		5 489 022	...	...	2 720 016	...	...	2 769 006	...	...
1 VII 2009 .... ESDJ		5 519 441	...	...	2 735 983	...	...	2 783 458	...	...
1 VII 2010 .... ESDJ		5 545 039	...	...	2 748 439	...	...	2 796 600	...	...
1 VII 2011 .... ESDJ		5 566 856	...	...	2 760 140	...	...	2 806 716	...	...
Estonia - Estonie										
1 VII 2002 .... ESDJ		1 358 644	940 465	69.2	626 276	423 224	67.6	732 368	517 241	70.6
1 VII 2003 .... ESDJ		1 353 557	937 201	69.2	623 705	421 604	67.6	729 852	515 597	70.6
1 VII 2004 .... ESDJ		1 349 290	934 665	69.3	621 525	420 309	67.6	727 765	514 356	70.7
1 VII 2005 .... ESDJ		1 346 097	932 985	69.3	619 949	419 513	67.7	726 148	513 472	70.7
1 VII 2006 .... ESDJ		1 343 547	931 855	69.4	618 772	419 103	67.7	724 775	512 752	70.7
1 VII 2007 .... ESDJ		1 341 672	931 163	69.4	617 828	418 873	67.8	723 844	512 290	70.8
1 VII 2008 .... ESDJ		1 340 675	930 866	69.4	617 354	418 863	67.8	723 321	512 003	70.8

Continent, country or area, and date / Continent, pays ou zone et date	Code[a]	Both sexes - Les deux sexes			Male - Masculin			Female - Féminin		
		Total	Urban - Urbaine		Total	Urban - Urbaine		Total	Urban - Urbaine	
			Number Nombre	Percent P.100		Number Nombre	Percent P.100		Number Nombre	Percent P.100
EUROPE										
Estonia - Estonie										
1 VII 2009	ESDJ	1 340 271	930 774	69.4	617 311	419 001	67.9	722 960	511 773	70.8
1 VII 2010	ESDJ	1 340 160	930 683	69.4	617 540	419 227	67.9	722 620	511 456	70.8
1 VII 2011	ESDJ	1 339 929	...	...	617 810	...	...	722 119	...	...
Faeroe Islands - Îles Féroé										
1 VII 2002	ESDJ	47 315	...	...	24 534	...	...	22 781	...	...
1 VII 2003	ESDJ	47 923	...	...	24 873	...	...	23 051	...	...
1 VII 2004	ESDJ	48 258	...	...	25 070	...	...	23 188	...	...
1 VII 2005	ESDJ	48 260	...	...	25 074	...	...	23 187	...	...
1 VII 2006	ESDJ	48 373	17 537	36.3	25 127	8 828	35.1	23 246	8 709	37.5
1 VII 2007	ESDJ	48 424	17 469	36.1	25 160	8 815	35.0	23 264	8 654	37.2
1 I 2008[28]	CDJC	48 433	...	...	25 174	...	...	23 259	...	...
1 VII 2008	ESDJ	48 618	17 624	36.2	25 263	8 920	35.3	23 355	8 704	37.3
1 VII 2009	ESDJ	48 635	...	...	25 283	...	...	23 352	...	...
1 VII 2010	ESDJ	48 542	...	...	25 216	...	...	23 326	...	...
1 VII 2011	ESDJ	48 433	...	...	25 149	...	...	23 284	...	...
Finland - Finlande										
1 VII 2002[28]	ESDJ	5 200 598	3 464 084	66.6	2 541 257	1 668 942	65.7	2 659 342	1 795 142	67.5
1 VII 2003[28]	ESDJ	5 213 014	3 482 747	66.8	2 548 905	1 679 310	65.9	2 664 109	1 803 437	67.7
1 VII 2004[28]	ESDJ	5 228 172	3 501 888	67.0	2 557 485	1 689 778	66.1	2 670 687	1 812 110	67.9
1 VII 2005[28]	ESDJ	5 246 096	3 522 669	67.1	2 567 214	1 700 985	66.3	2 678 882	1 821 684	68.0
1 VII 2006[28]	ESDJ	5 266 268	3 545 913	67.3	2 578 046	1 713 341	66.5	2 688 222	1 832 572	68.2
1 VII 2007[28]	ESDJ	5 288 720	3 571 129	67.5	2 590 265	1 726 895	66.7	2 698 455	1 844 234	68.3
1 VII 2008[28]	ESDJ	5 313 399	3 601 321	67.8	2 604 220	1 743 503	66.9	2 709 179	1 857 819	68.6
1 VII 2009[103]	ESDJ	5 311 276	3 619 503	68.1	2 604 636	1 754 275	67.4	2 706 640	1 865 228	68.9
1 VII 2010[103]	ESDJ	5 335 481	3 637 706	68.2	2 617 862	1 764 711	67.4	2 717 620	1 872 995	68.9
31 XII 2010	CDJC	5 375 276	3 662 915	68.1	2 638 416	1 777 697	67.4	2 736 860	1 885 218	68.9
1 VII 2011[28]	ESDJ	5 388 272	...	...	2 645 475	...	...	2 742 797	...	...
France[104]										
1 VII 2002	ESDJ	59 893 870	...	...	29 034 958	...	...	30 858 912	...	...
1 VII 2003	ESDJ	60 303 631	...	...	29 221 986	...	...	31 081 645	...	...
1 VII 2004	ESDJ	60 734 343	...	...	29 416 938	...	...	31 317 405	...	...
1 VII 2005	ESDJ	61 181 499	...	...	29 616 894	...	...	31 564 605	...	...
1 I 2006	CDJC	61 399 541	...	...	29 714 539	...	...	31 685 002	...	...
1 VII 2006	ESDJ	61 597 486	...	...	29 815 995	...	...	31 781 491	...	...
1 VII 2007	ESDJ	61 965 052	...	...	30 001 162	...	...	31 963 890	...	...
1 VII 2008*	ESDJ	62 304 323	...	...	30 169 710	...	...	32 134 613	...	...
1 VII 2009*	ESDJ	62 636 431	...	...	30 336 741	...	...	32 299 690	...	...
1 VII 2010*	ESDJ	62 967 680	...	...	30 502 902	...	...	32 464 778	...	...
1 VII 2011*	ESDJ	63 294 268	...	...	30 662 432	...	...	32 631 836	...	...
Germany - Allemagne										
1 VII 2002	ESDJ	82 482 309	...	...	40 310 430	...	...	42 171 879	...	...
1 VII 2003	ESDJ	82 520 176	...	...	40 349 200	...	...	42 170 976	...	...
28 III 2004[105]	SSDJ	82 491 000	...	...	40 330 000	...	...	42 161 000	...	...
1 VII 2004	ESDJ	82 501 274	...	...	40 350 091	...	...	42 151 183	...	...
1 VII 2005	ESDJ	82 464 344	...	...	40 348 986	...	...	42 115 358	...	...
1 VII 2006	ESDJ	82 365 810	...	...	40 317 807	...	...	42 048 003	...	...
1 VII 2007	ESDJ	82 262 643	...	...	40 287 823	...	...	41 974 820	...	...
1 VII 2008	ESDJ	82 110 097	...	...	40 229 288	...	...	41 880 809	...	...
1 VII 2009	ESDJ	81 902 307	...	...	40 143 945	...	...	41 758 362	...	...
1 VII 2010	ESDJ	81 757 471	...	...	40 099 871	...	...	41 657 600	...	...
1 VII 2011*	ESDJ	81 797 706	...	...	40 160 126	...	...	41 637 580	...	...
Gibraltar[106]										
31 XII 2002	ESDF	28 520	...	...	14 300	...	...	14 220	...	...
31 XII 2003	ESDF	28 605	...	...	14 384	...	...	14 221	...	...
31 XII 2004	ESDF	28 759	...	...	14 426	...	...	14 333	...	...
31 XII 2005	ESDF	28 779	...	...	14 408	...	...	14 371	...	...
31 XII 2006	ESDF	28 875	...	...	14 435	...	...	14 440	...	...
31 XII 2007	ESDF	29 257	...	...	14 655	...	...	14 602	...	...
31 XII 2008	ESDF	29 286	...	...	14 725	...	...	14 561	...	...
31 XII 2009	ESDF	29 431	...	...	14 820	...	...	14 611	...	...
1 VII 2010	ESDF	29 436	...	...	14 746	...	...	14 690	...	...

Continent, country or area, and date / Continent, pays ou zone et date	Code[a]	Both sexes - Les deux sexes			Male - Masculin			Female - Féminin		
		Total	Urban - Urbaine		Total	Urban - Urbaine		Total	Urban - Urbaine	
			Number Nombre	Percent P.100		Number Nombre	Percent P.100		Number Nombre	Percent P.100
EUROPE										
Greece - Grèce[107]										
1 VII 2002 .... ESDF		10 987 559	...	...	5 439 332	...	...	5 548 227	...	...
1 VII 2003 .... ESDF		11 023 532	...	...	5 456 496	...	...	5 567 036	...	...
1 VII 2004 .... ESDF		11 061 735	...	...	5 475 529	...	...	5 586 206	...	...
1 VII 2005 .... ESDF		11 103 929	...	...	5 497 372	...	...	5 606 557	...	...
1 VII 2006 .... ESDF		11 148 533	...	...	5 520 164	...	...	5 628 369	...	...
1 VII 2007 .... ESDF		11 192 849	...	...	5 543 018	...	...	5 649 831	...	...
1 VII 2008 .... ESDF		11 237 068	...	...	5 565 281	...	...	5 671 787	...	...
1 VII 2009 .... ESDF		11 282 751	...	...	5 587 096	...	...	5 695 655	...	...
1 VII 2010 .... ESDF		11 315 510	...	...	5 601 784	...	...	5 713 726	...	...
1 I 2011 .... ESDF		11 325 897	...	...	5 606 154	...	...	5 719 743	...	...
Guernsey - Guernesey										
1 VII 2004 .... ESDF		60 382	...	...	29 841	...	...	30 541	...	...
31 III 2006 .... ESDF		61 029	...	...	30 034	...	...	30 995	...	...
31 III 2007 .... ESDF		61 175	...	...	30 022	...	...	31 153	...	...
31 III 2008 .... ESDF		61 726	...	...	30 405	...	...	31 321	...	...
31 III 2009 .... ESDF		62 274	...	...	30 777	...	...	31 497	...	...
31 III 2010 .... ESDF		62 431	...	...	30 695	...	...	31 736	...	...
Holy See - Saint-Siège[108]										
1 VII 2009 .... ESDJ		466	...	...	320	...	...	146	...	...
Hungary - Hongrie										
1 VII 2002 .... ESDJ		10 158 608	6 607 159[109]	65.0	4 827 718	3 101 463[109]	64.2	5 330 890	3 505 696[109]	65.8
1 VII 2003 .... ESDJ		10 129 552	6 568 539[109]	64.8	4 811 285	3 079 592[109]	64.0	5 318 268	3 488 947[109]	65.6
1 VII 2004 .... ESDJ		10 107 146	6 571 923[109]	65.0	4 798 614	3 078 582[109]	64.2	5 308 532	3 493 342[109]	65.8
1 VII 2005 .... ESDJ		10 087 065	6 670 187	66.1	4 788 847	3 125 833	65.3	5 298 218	3 544 354	66.9
1 VII 2006 .... ESDJ		10 071 370	6 749 388	67.0	4 781 829	3 163 716	66.2	5 289 541	3 585 673	67.8
1 VII 2007 .... ESDJ		10 055 780	6 737 792	67.0	4 774 320	3 156 954	66.1	5 281 460	3 580 839	67.8
1 VII 2008 .... ESDJ		10 038 188	6 810 173	67.8	4 766 306	3 191 030	66.9	5 271 882	3 619 143	68.6
1 VII 2009 .... ESDJ		10 022 650	6 861 432	68.5	4 759 975	3 215 749	67.6	5 262 675	3 645 683	69.3
1 VII 2010 .... ESDJ		10 000 023	6 953 071	69.5	4 750 401	3 260 344	68.6	5 249 623	3 692 727	70.3
1 VII 2011* .... ESDJ		9 973 861	...	...	4 738 951	...	...	5 234 911	...	...
Iceland - Islande[28]										
1 VII 2002 .... ESDJ		287 559	266 010	92.5	143 860	132 371	92.0	143 699	133 639	93.0
1 VII 2003 .... ESDJ		289 272	267 957	92.6	144 713	133 340	92.1	144 559	134 617	93.1
1 VII 2004 .... ESDJ		292 587	270 931	92.6	146 697	134 827	91.9	145 890	136 104	93.3
1 VII 2005 .... ESDJ		295 864	275 017	93.0	148 449	137 003	92.3	147 415	138 014	93.6
1 VII 2006 .... ESDJ		304 334	281 961	92.6	154 287	141 673	91.8	150 047	140 288	93.5
1 VII 2007 .... ESDJ		311 396	289 119	92.8	158 866	146 168	92.0	152 530	142 951	93.7
1 VII 2008 .... ESDJ		319 355	298 024	93.3	163 176	151 378	92.8	156 179	146 646	93.9
1 VII 2009 .... ESDJ		319 246	298 890	93.6	161 548	150 604	93.2	157 698	148 286	94.0
1 VII 2010 .... ESDJ		318 006	297 432	93.5	159 838	148 901	93.2	158 168	148 531	93.9
1 VII 2011 .... ESDJ		318 006	297 432	93.5	159 838	148 901	93.2	158 168	148 531	93.9
Ireland - Irlande										
28 IV 2002 .... CDFC		3 917 203	2 334 282	59.6	1 946 164	1 133 507	58.2	1 971 039	1 200 775	60.9
1 VII 2002 .... ESDF		3 931 947	...	...	1 953 566	...	...	1 978 381	...	...
1 VII 2003 .... ESDF		3 996 521	...	...	1 986 195	...	...	2 010 327	...	...
1 VII 2004 .... ESDF		4 070 262	...	...	2 026 256	...	...	2 044 006	...	...
1 VII 2005 .... ESDF		4 159 914	...	...	2 076 400	...	...	2 083 515	...	...
23 IV 2006 .... CDFC		4 239 848	2 574 313	60.7	2 121 171	1 267 960	59.8	2 118 677	1 306 353	61.7
1 VII 2006 .... ESDF		4 260 341	...	...	2 130 565	...	...	2 129 776	...	...
1 VII 2007 .... ESDF		4 356 931	...	...	2 177 582	...	...	2 179 349	...	...
1 VII 2008 .... ESDF		4 425 683	...	...	2 206 165	...	...	2 219 518	...	...
1 VII 2009 .... ESDF		4 458 942	...	...	2 215 646	...	...	2 243 297	...	...
15 IV 2010 .... ESDF		4 470 700	...	...	2 216 000	...	...	2 254 700	...	...
10 IV 2011* .... CDFC		4 581 269	...	...	2 268 698	...	...	2 312 571	...	...
15 IV 2011 .... ESDF		4 484 323	...	...	2 221 672	...	...	2 262 651	...	...
Isle of Man - Île de Man										
30 IV 2002 .... ESDJ		77 156	...	...	37 827	...	...	39 330	...	...
30 IV 2003 .... ESDJ		77 464	...	...	38 019	...	...	39 444	...	...
30 IV 2004 .... ESDJ		77 581	...	...	38 111	...	...	39 470	...	...
30 IV 2005 .... ESDJ		78 800	...	...	38 775	...	...	40 025	...	...
23 IV 2006 .... CDJC		80 058	...	...	39 523	...	...	40 535	...	...
30 IV 2007 .... ESDJ		80 885	...	...	39 995	...	...	40 889	...	...
30 IV 2008 .... ESDJ		81 722	...	...	40 472	...	...	41 250	...	...

Continent, country or area, and date / Continent, pays ou zone et date	Code[a]	Both sexes - Les deux sexes			Male - Masculin			Female - Féminin		
		Total	Urban - Urbaine		Total	Urban - Urbaine		Total	Urban - Urbaine	
			Number Nombre	Percent P.100		Number Nombre	Percent P.100		Number Nombre	Percent P.100
EUROPE										
Isle of Man - Île de Man										
30 IV 2009 .... ESDJ		82 371	...	...	40 849	...	...	41 522	...	...
27 III 2011* .... CDJC		84 497	...	...	41 971	...	...	42 526	...	...
Italy - Italie										
1 VII 2002 .... ESDJ		57 157 406	...	...	27 676 733	...	...	29 480 674	...	...
1 VII 2003 .... ESDJ		57 604 658	...	...	27 917 416	...	...	29 687 242	...	...
1 VII 2004 .... ESDJ		58 175 310	...	...	28 222 706	...	...	29 952 604	...	...
1 VII 2005 .... ESDJ		58 607 043	...	...	28 451 846	...	...	30 155 197	...	...
1 VII 2006 .... ESDJ		58 941 499	...	...	28 622 665	...	...	30 318 835	...	...
1 VII 2007 .... ESDJ		59 375 289	...	...	28 834 094	...	...	30 541 195	...	...
1 VII 2008 .... ESDJ		59 832 179	...	...	29 051 085	...	...	30 781 094	...	...
1 VII 2009 .... ESDJ		60 192 698	...	...	29 219 913	...	...	30 972 785	...	...
1 VII 2010 .... ESDJ		60 483 386	...	...	29 350 339	...	...	31 133 047	...	...
1 VII 2011 .... ESDJ		60 738 612	...	...	29 465 256	...	...	31 273 357	...	...
Latvia - Lettonie										
1 VII 2002 .... ESDJ		2 338 624	1 586 220	67.8	1 076 587	713 616	66.3	1 262 037	872 604	69.1
1 VII 2003 .... ESDJ		2 325 342	1 576 965	67.8	1 070 697	709 024	66.2	1 254 645	867 941	69.2
1 VII 2004 .... ESDJ		2 312 819	1 570 406	67.9	1 065 627	706 082	66.3	1 247 192	864 324	69.3
1 VII 2005 .... ESDJ		2 300 512	1 563 372	68.0	1 060 101	702 490	66.3	1 240 411	860 882	69.4
1 VII 2006 .... ESDJ		2 287 948	1 554 766	68.0	1 054 159	697 812	66.2	1 233 789	856 954	69.5
1 VII 2007 .... ESDJ		2 276 100	1 545 560	67.9	1 048 969	693 369	66.1	1 227 131	852 191	69.4
1 VII 2008 .... ESDJ		2 266 094	1 536 826	67.8	1 045 012	689 602	66.0	1 221 082	847 224	69.4
1 VII 2009 .... ESDJ		2 254 834	1 526 930	67.7	1 040 286	685 170	65.9	1 214 549	841 760	69.3
1 VII 2010 .... ESDJ		2 239 008	1 513 343	67.6	1 033 421	679 286	65.7	1 205 587	834 057	69.2
1 VII 2011* .... ESDJ		2 065 544	...	...	944 402	...	...	1 121 142	...	...
Liechtenstein										
1 VII 2002 .... ESDJ		33 678	...	...	16 514	...	...	17 164	...	...
1 VII 2003 .... ESDJ		34 022	...	...	16 725	...	...	17 297	...	...
1 VII 2004 .... ESDJ		34 477	...	...	16 974	...	...	17 503	...	...
1 VII 2005 .... ESDJ		34 734	...	...	17 100	...	...	17 634	...	...
1 VII 2006 .... ESDJ		35 010	...	...	17 256	...	...	17 754	...	...
1 VII 2007 .... ESDJ		35 322	...	...	17 426	...	...	17 896	...	...
1 VII 2008 .... ESDJ		35 446	...	...	17 508	...	...	17 938	...	...
1 VII 2009 .... ESDJ		35 789	...	...	17 716	...	...	18 073	...	...
1 VII 2010 .... ESDJ		36 010	...	...	17 817	...	...	18 193	...	...
1 VII 2011* .... ESDJ		36 312	...	...	17 964	...	...	18 348	...	...
Lithuania - Lituanie										
1 VII 2002 .... ESDJ		3 469 070	2 321 713	66.9	1 620 891	1 065 912	65.8	1 848 179	1 255 801	67.9
1 VII 2003 .... ESDJ		3 454 205	2 307 326	66.8	1 612 996	1 058 108	65.6	1 841 209	1 249 218	67.8
1 VII 2004 .... ESDJ		3 435 591	2 289 399	66.6	1 603 421	1 048 397	65.4	1 832 170	1 241 002	67.7
1 VII 2005 .... ESDJ		3 414 304	2 275 118	66.6	1 592 402	1 040 296	65.3	1 821 902	1 234 822	67.8
1 VII 2006 .... ESDJ		3 394 082	2 264 535	66.7	1 581 807	1 034 128	65.4	1 812 275	1 230 407	67.9
1 VII 2007 .... ESDJ		3 375 618	2 255 508	66.8	1 571 979	1 028 619	65.4	1 803 639	1 226 889	68.0
1 VII 2008 .... ESDJ		3 358 114	2 245 653	66.9	1 563 120	1 022 903	65.4	1 794 994	1 222 750	68.1
1 VII 2009 .... ESDJ		3 339 455	2 235 033	66.9	1 553 499	1 016 639	65.4	1 785 956	1 218 394	68.2
1 VII 2010 .... ESDJ		3 286 820	2 200 376	66.9	1 527 510	998 907	65.4	1 759 310	1 201 469	68.3
1 VII 2011 .... ESDJ		3 222 186	...	...	1 496 492	...	...	1 725 694	...	...
Luxembourg										
1 VII 2002 .... ESDJ		446 175	...	...	219 916	...	...	226 259	...	...
1 VII 2003 .... ESDJ		451 631	...	...	222 859	...	...	228 772	...	...
1 VII 2004 .... ESDJ		458 095	...	...	226 432	...	...	231 663	...	...
1 VII 2005 .... ESDJ		465 158	...	...	230 128	...	...	235 030	...	...
1 VII 2006 .... ESDJ		472 637	...	...	233 946	...	...	238 691	...	...
1 VII 2007 .... ESDJ		479 993	...	...	237 700	...	...	242 294	...	...
1 VII 2008 .... ESDJ		488 650	...	...	242 221	...	...	246 429	...	...
1 VII 2009 .... ESDJ		497 782	...	...	247 120	...	...	250 662	...	...
1 VII 2010 .... ESDJ		506 953	...	...	252 013	...	...	254 941	...	...
1 I 2011 .... ESDJ		511 840	...	...	254 619	...	...	257 221	...	...
Malta - Malte										
31 XII 2002[110] .... ESDJ		397 296	...	...	196 836	...	...	200 460	...	...
1 VII 2003[110] .... ESDJ		398 582	...	...	197 468	...	...	201 114	...	...
1 VII 2004[110] .... ESDJ		401 306	...	...	198 860	...	...	202 446	...	...
1 VII 2005[110] .... ESDJ		403 509	...	...	200 104	...	...	203 405	...	...
27 XI 2005 .... CDJC		404 962	404 544	99.9	200 819	200 611	99.9	204 143	203 933	99.9
1 VII 2006[110] .... ESDJ		406 453	...	...	201 747	...	...	204 706	...	...

Continent, country or area, and date / Continent, pays ou zone et date	Code[a]	Both sexes - Les deux sexes			Male - Masculin			Female - Féminin		
		Total	Urban - Urbaine		Total	Urban - Urbaine		Total	Urban - Urbaine	
			Number Nombre	Percent P.100		Number Nombre	Percent P.100		Number Nombre	Percent P.100
EUROPE										
Malta - Malte										
1 VII 2007[110] .... ESDJ		409 092	...	...	203 381	...	...	205 711	...	...
1 VII 2008[110] .... ESDJ		412 001	...	...	205 015	...	...	206 986	...	...
1 VII 2009[110] .... ESDJ		413 991	...	...	206 094	...	...	207 897	...	...
1 VII 2010[110] .... ESDJ		415 995	...	...	206 951	...	...	209 044	...	...
1 I 2011[110] .... ESDJ		417 617	...	...	207 586	...	...	210 031	...	...
Monaco										
9 VI 2008 .... CDJC		31 109	...	...	15 076[111]	...	...	15 914[111]	...	...
Montenegro - Monténégro										
1 VII 2002 .... ESDJ		617 511	...	...	304 814	...	...	312 697	...	...
1 VII 2003 .... ESDJ		620 279	385 205	62.1	305 745	187 299	61.3	314 534	197 906	62.9
31 X 2003 .... CDJC		620 145	383 808	61.9	305 225	186 437	61.1	314 920	197 371	62.7
1 VII 2004 .... ESDJ		622 118	387 501	62.3	306 428	188 266	61.4	315 690	199 235	63.1
1 VII 2005 .... ESDJ		623 277	389 678	62.5	306 839	189 222	61.7	316 439	200 456	63.3
1 VII 2006 .... ESDJ		624 241	391 884	62.8	307 271	190 286	61.9	316 970	201 598	63.6
1 VII 2007 .... ESDJ		626 104	394 653	63.0	308 267	191 692	62.2	317 836	202 961	63.9
1 VII 2008 .... ESDJ		628 804	397 747	63.3	309 787	193 393	62.4	319 018	204 354	64.1
1 VII 2009 .... ESDJ		631 536	400 928	63.5	311 258	195 088	62.7	320 278	205 840	64.3
1 VII 2010 .... ESDJ		617 304	...	...	304 861	...	...	312 443	...	...
1 I 2011 .... ESDJ		618 197	...	...	305 299	...	...	312 898	...	...
Netherlands - Pays-Bas										
1 I 2002[112] .... CDJC		16 105 285	10 447 684	64.9	7 971 967	5 137 422	64.4	8 133 318	5 310 262	65.3
1 VII 2002 .... ESDJ		16 148 929	10 482 679	64.9	7 993 719	5 155 143	64.5	8 155 210	5 327 536	65.3
1 VII 2003 .... ESDJ		16 225 302	10 556 424	65.1	8 030 693	5 191 871	64.7	8 194 610	5 364 553	65.5
1 VII 2004 .... ESDJ		16 281 779	10 687 028	65.6	8 055 947	5 255 716	65.2	8 225 833	5 431 312	66.0
1 VII 2005 .... ESDJ		16 319 868	10 764 171	66.0	8 071 693	5 292 532	65.6	8 248 175	5 471 640	66.3
1 VII 2006 .... ESDJ		16 346 101	10 803 902	66.1	8 082 961	5 311 812	65.7	8 263 141	5 492 090	66.5
1 VII 2007 .... ESDJ		16 381 696	10 825 307	66.1	8 100 294	5 322 596	65.7	8 281 402	5 502 712	66.4
1 VII 2008 .... ESDJ		16 445 593	10 877 858	66.1	8 134 235	5 350 572	65.8	8 311 359	5 527 286	66.5
1 VII 2009 .... ESDJ		16 530 388	10 938 780	66.2	8 179 936	5 383 776	65.8	8 350 452	5 555 004	66.5
1 VII 2010 .... ESDJ		16 615 394	11 096 288	66.8	8 223 479	5 464 083	66.4	8 391 915	5 632 205	67.1
1 VII 2011 .... ESDJ		16 693 074	...	...	8 263 177	...	...	8 429 897	...	...
Norway - Norvège[113]										
1 VII 2002 .... ESDJ		4 538 159	...	...	2 249 021	...	...	2 289 139	...	...
1 VII 2003 .... ESDJ		4 564 855	...	...	2 262 578	...	...	2 302 277	...	...
1 VII 2004 .... ESDJ		4 591 910	...	...	2 276 560	...	...	2 315 351	...	...
1 VII 2005 .... ESDJ		4 623 291	...	...	2 293 026	...	...	2 330 266	...	...
1 VII 2006 .... ESDJ		4 660 677	...	...	2 313 885	...	...	2 346 792	...	...
1 VII 2007 .... ESDJ		4 709 153	...	...	2 342 739	...	...	2 366 414	...	...
1 VII 2008 .... ESDJ		4 768 212	...	...	2 377 372	...	...	2 390 840	...	...
1 VII 2009 .... ESDJ		4 828 726	...	...	2 410 903	...	...	2 417 823	...	...
1 VII 2010 .... ESDJ		4 889 252	...	...	2 443 801	...	...	2 445 452	...	...
1 VII 2011 .... ESDJ		4 953 088	...	...	2 479 860	...	...	2 473 228	...	...
Poland - Pologne[114]										
20 V 2002 .... CDJC		38 230 080	23 610 365	61.8	18 516 403	11 234 165	60.7	19 713 677	12 376 200	62.8
1 VII 2002 .... ESDJ		38 232 301	23 607 932	61.7	18 517 179	11 232 736	60.7	19 715 122	12 375 196	62.8
1 VII 2003 .... ESDJ		38 195 177	23 543 325	61.6	18 492 950	11 195 269	60.5	19 702 227	12 348 056	62.7
1 VII 2004 .... ESDJ		38 180 249	23 490 202	61.5	18 478 368	11 162 807	60.4	19 701 881	12 327 395	62.6
1 VII 2005 .... ESDJ		38 161 313	23 450 597	61.5	18 460 730	11 135 706	60.3	19 700 583	12 314 891	62.5
1 VII 2006 .... ESDJ		38 132 177	23 400 565	61.4	18 436 101	11 103 869	60.2	19 696 176	12 296 696	62.4
1 VII 2007 .... ESDJ		38 115 967	23 350 920	61.3	18 417 074	11 070 886	60.1	19 698 893	12 280 034	62.3
1 VII 2008 .... ESDJ		38 115 909	23 305 018	61.1	18 408 405	11 041 359	60.0	19 707 504	12 263 659	62.2
1 VII 2009 .... ESDJ		38 153 389	23 293 906	61.1	18 423 343	11 032 562	59.9	19 730 046	12 261 344	62.1
1 VII 2010 .... ESDJ		38 186 860	23 283 804	61.0	18 438 852	11 025 123	59.8	19 748 008	12 258 681	62.1
1 VII 2011* .... ESDJ		38 204 328	...	...	18 445 099	...	...	19 759 229	...	...
Portugal										
1 VII 2002 .... ESDJ		10 368 403	...	...	5 009 592	...	...	5 358 811	...	...
1 VII 2003 .... ESDJ		10 441 075	...	...	5 048 278	...	...	5 392 798	...	...
1 VII 2004 .... ESDJ		10 501 970	...	...	5 080 324	...	...	5 421 647	...	...
1 VII 2005 .... ESDJ		10 549 424	...	...	5 105 041	...	...	5 444 383	...	...
1 VII 2006 .... ESDJ		10 584 344	...	...	5 122 840	...	...	5 461 504	...	...
1 VII 2007 .... ESDJ		10 608 335	...	...	5 134 372	...	...	5 473 963	...	...
1 VII 2008 .... ESDJ		10 622 413	...	...	5 140 687	...	...	5 481 726	...	...
1 VII 2009 .... ESDJ		10 632 482	...	...	5 145 385	...	...	5 487 097	...	...

Continent, country or area, and date / Continent, pays ou zone et date	Code[a]	Both sexes - Les deux sexes			Male - Masculin			Female - Féminin		
		Total	Urban - Urbaine		Total	Urban - Urbaine		Total	Urban - Urbaine	
			Number Nombre	Percent P.100		Number Nombre	Percent P.100		Number Nombre	Percent P.100
EUROPE										
Portugal										
1 VII 2010 ....ESDJ		10 637 346	...	...	5 147 423	...	...	5 489 923	...	...
21 III 2011* ....CDFC		10 561 614	...	...	5 047 387	...	...	5 514 227	...	...
Republic of Moldova - République de Moldova[115]										
1 VII 2002 ....ESDJ		3 623 062	1 484 676	41.0	1 735 430	716 822	41.3	1 887 632	767 854	40.7
1 VII 2003 ....ESDJ		3 612 874	1 481 035	41.0	1 730 861	714 970	41.3	1 882 013	766 065	40.7
1 VII 2004 ....ESDJ		3 603 940	1 476 980	41.0	1 726 630	712 971	41.3	1 877 310	764 009	40.7
5 X 2004 ....CDFC		3 386 673	1 308 069	38.6	1 629 689	613 221	37.6	1 756 984	694 848	39.5
1 VII 2005 ....ESDJ		3 595 187	1 472 929	41.0	1 722 105	710 796	41.3	1 873 082	762 133	40.7
1 VII 2006 ....ESDJ		3 585 209	1 481 398	41.3	1 720 139	706 649	41.1	1 865 070	774 749	41.5
1 VII 2007 ....ESDJ		3 576 910	1 477 062	41.3	1 719 246	694 308	40.4	1 857 664	782 754	42.1
1 VII 2008 ....ESDJ		3 570 108	1 475 609	41.3	1 716 195	693 550	40.4	1 853 913	782 059	42.2
1 VII 2009 ....ESDJ		3 565 604	1 476 390	41.4	1 714 209	694 134	40.5	1 851 395	782 257	42.3
1 VII 2010 ....ESDJ		3 562 045	1 479 196	41.5	1 712 783	695 603	40.6	1 849 262	783 593	42.4
1 VII 2011 ....ESDJ		3 559 986	...	...	1 711 916	...	...	1 848 070	...	...
Romania - Roumanie										
18 III 2002 ....CDJC		21 680 974	11 435 080	52.7	10 568 741	5 493 397	52.0	11 112 233	5 941 683	53.5
1 VII 2002 ....ESDJ		21 794 793	11 608 735	53.3	10 642 538	5 579 042	52.4	11 152 255	6 029 693	54.1
1 VII 2003 ....ESDJ		21 733 556	11 600 157	53.4	10 606 245	5 566 401	52.5	11 127 311	6 033 756	54.2
1 VII 2004 ....ESDJ		21 673 328	11 895 598	54.9	10 571 606	5 704 297	54.0	11 101 722	6 191 301	55.8
1 VII 2005 ....ESDJ		21 623 849	11 879 897	54.9	10 543 518	5 692 516	54.0	11 080 331	6 187 381	55.8
1 VII 2006 ....ESDJ		21 584 365	11 913 938	55.2	10 521 189	5 704 872	54.2	11 063 176	6 209 066	56.1
1 VII 2007 ....ESDJ		21 537 563	11 877 659	55.1	10 496 720	5 683 983	54.2	11 040 843	6 193 676	56.1
1 VII 2008 ....ESDJ		21 504 442	11 835 328	55.0	10 477 611	5 658 512	54.0	11 026 831	6 176 816	56.0
1 VII 2009 ....ESDJ		21 469 959	11 823 516	55.1	10 457 219	5 649 707	54.0	11 012 740	6 173 809	56.1
1 VII 2010 ....ESDJ		21 431 298	11 798 735	55.1	10 434 143	5 632 704	54.0	10 997 155	6 166 031	56.1
1 VII 2011* ....ESDJ		21 384 832	...	...	10 408 960	...	...	10 975 872	...	...
Russian Federation - Fédération de Russie										
1 VII 2002 ....ESDJ		145 306 497	106 523 307	73.3	67 706 316	49 224 967	72.7	77 600 181	57 298 340	73.8
9 X 2002 ....CDJC		145 166 731	106 429 049	73.3	67 605 133	49 149 510	72.7	77 561 598	57 279 539	73.9
1 VII 2003 ....ESDJ		144 565 934	106 069 837	73.4	67 257 276	48 917 406	72.7	77 308 658	57 152 431	73.9
1 VII 2004 ....ESDJ		143 821 215	105 268 883	73.2	66 813 322	48 452 954	72.5	77 007 893	56 815 929	73.8
1 VII 2005 ....ESDJ		143 113 876	104 412 086	73.0	66 383 146	47 962 554	72.3	76 730 730	56 449 532	73.6
1 VII 2006 ....ESDJ		142 487 259	103 941 621	72.9	66 006 266	47 667 046	72.2	76 480 993	56 274 575	73.6
1 VII 2007 ....ESDJ		142 114 903	103 775 726	73.0	65 783 031	47 538 667	72.3	76 331 872	56 237 059	73.7
1 VII 2008 ....ESDJ		141 956 409	103 731 731	73.1	65 679 355	47 481 775	72.3	76 277 054	56 249 956	73.7
1 VII 2009 ....ESDJ		141 909 244	103 697 871	73.1	65 640 507	47 439 543	72.3	76 268 737	56 258 328	73.8
1 VII 2010 ....ESDJ		142 389 971	...	...	65 844 818	...	...	76 545 154	...	...
14 X 2010 ....CDJC		142 856 536	105 313 773	73.7	66 046 579	48 117 546	72.9	76 809 957	57 196 227	74.5
1 I 2011 ....ESDJ		142 865 433	...	...	66 050 255	...	...	76 815 178	...	...
San Marino - Saint-Marin[28]										
1 VII 2002 ....ESDF		28 486	...	...	13 946	...	...	14 540	...	...
1 VII 2003 ....ESDF		28 992	...	...	14 207	...	...	14 785	...	...
1 VII 2004 ....ESDF		29 457	...	...	14 442	...	...	15 015	...	...
1 VII 2005 ....ESDF		29 836	...	...	14 625	...	...	15 212	...	...
1 VII 2006 ....ESDF		30 184	...	...	14 814	...	...	15 370	...	...
1 VII 2007 ....ESDF		31 211	...	...	15 664	...	...	15 547	...	...
1 VII 2008 ....ESDF		31 662	...	...	15 874	...	...	15 788	...	...
1 I 2009 ....ESDF		32 969	...	...	16 052	...	...	16 917	...	...
1 I 2010 ....ESDF		33 163	...	...	16 124	...	...	17 039	...	...
1 I 2011 ....ESDF		33 376	...	...	16 217	...	...	17 159	...	...
Serbia - Serbie[116]										
31 III 2002 ....CDJC		7 498 001	...	...	3 645 930	...	...	3 852 071	...	...
1 VII 2002 ....ESDJ		7 500 031	4 241 006	56.5	3 647 190	2 027 187	55.6	3 852 841	2 213 819	57.5
1 VII 2003 ....ESDJ		7 480 591	4 239 980	56.7	3 637 789	2 026 423	55.7	3 842 802	2 213 557	57.6
1 VII 2004 ....ESDJ		7 463 157	4 249 544	56.9	3 629 194	2 030 310	55.9	3 833 963	2 219 234	57.9
1 VII 2005 ....ESDJ		7 440 769	4 257 880	57.2	3 618 040	2 033 179	56.2	3 822 729	2 224 701	58.2
1 VII 2006 ....ESDJ		7 411 569	4 263 386	57.5	3 603 698	2 034 616	56.5	3 807 871	2 228 770	58.5
1 VII 2007 ....ESDJ		7 381 579	4 270 400	57.9	3 588 957	2 037 012	56.8	3 792 622	2 233 388	58.9
1 VII 2008 ....ESDJ		7 350 222	4 275 245	58.2	3 573 814	2 038 642	57.0	3 776 408	2 236 603	59.2
1 VII 2009 ....ESDJ		7 320 807	4 279 035	58.5	3 560 048	2 039 934	57.3	3 760 759	2 239 101	59.5

Continent, country or area, and date / Continent, pays ou zone et date	Code[a]	Both sexes - Les deux sexes			Male - Masculin			Female - Féminin		
		Total	Urban - Urbaine		Total	Urban - Urbaine		Total	Urban - Urbaine	
			Number Nombre	Percent P.100		Number Nombre	Percent P.100		Number Nombre	Percent P.100
EUROPE										
Serbia - Serbie[116]										
1 VII 2010 .... ESDJ		7 291 436	4 283 985	58.8	3 546 374	2 041 975	57.6	3 745 062	2 242 010	59.9
1 I 2011 .... ESDJ		7 276 195	...	...	3 539 159	...	...	3 737 036	...	...
Slovakia - Slovaquie										
1 VII 2002 .... ESDJ		5 378 809	3 011 737	56.0	2 611 452	1 447 959	55.4	2 767 357	1 563 778	56.5
1 VII 2003 .... ESDJ		5 378 950	3 001 619	55.8	2 610 872	1 442 117	55.2	2 768 078	1 559 502	56.3
1 VII 2004 .... ESDJ		5 382 574	2 994 284	55.6	2 612 313	1 438 019	55.0	2 770 261	1 556 265	56.2
1 VII 2005 .... ESDJ		5 387 285	2 989 291	55.5	2 614 912	1 435 469	54.9	2 772 373	1 553 822	56.0
1 VII 2006 .... ESDJ		5 391 184	2 989 769	55.5	2 616 924	1 435 472	54.9	2 774 260	1 554 297	56.0
1 VII 2007 .... ESDJ		5 397 766	2 985 680	55.3	2 621 095	1 433 808	54.7	2 776 671	1 551 872	55.9
1 VII 2008 .... ESDJ		5 406 972	2 980 828	55.1	2 626 895	1 432 161	54.5	2 780 077	1 548 667	55.7
1 VII 2009 .... ESDJ		5 418 374	2 978 004	55.0	2 633 428	1 430 928	54.3	2 784 946	1 547 076	55.6
1 VII 2010 .... ESDJ		5 431 024	2 975 976	54.8	2 639 896	1 429 637	54.2	2 791 128	1 546 339	55.4
21 V 2011 .... CDJC		5 397 036	2 937 735	54.4	2 627 772	1 412 818	53.8	2 769 264	1 524 917	55.1
1 VII 2011 .... ESDJ		5 398 384	...	...	2 628 463	...	...	2 769 922	...	...
Slovenia - Slovénie										
31 III 2002[117] .... CDFC		1 987 971	1 009 404	50.8	971 203	485 670	50.0	1 016 768	523 734	51.5
1 VII 2002 .... ESDJ		1 995 718	975 163[118]	48.9	976 111[118]	462 513[118]	47.4	1 019 607[118]	512 650[118]	50.3
1 VII 2003 .... ESDJ		1 996 773	971 513[118]	48.7	977 436[118]	460 811[118]	47.1	1 019 337[118]	510 702[118]	50.1
1 VII 2004 .... ESDJ		1 997 004	968 989[118]	48.5	977 092[118]	459 504[118]	47.0	1 019 912[118]	509 485[118]	50.0
1 VII 2005 .... ESDJ		2 001 114	965 538[118]	48.3	980 070[118]	457 869[118]	46.7	1 021 044[118]	507 669[118]	49.7
1 VII 2006 .... ESDJ		2 008 516	962 740[118]	47.9	985 876[118]	456 764[118]	46.3	1 022 640[118]	505 976[118]	49.5
1 VII 2007 .... ESDJ		2 019 406	1 006 767	49.9	995 125	490 610	49.3	1 024 281	516 157	50.4
1 VII 2008 .... ESDJ		2 022 629	1 012 477	50.1	996 969	491 605	49.3	1 025 660	520 872	50.8
1 VII 2009 .... ESDJ		2 042 335	1 024 087	50.1	1 011 767	500 253	49.4	1 030 568	523 834	50.8
1 VII 2010 .... ESDJ		2 049 261	1 024 812	50.0	1 014 716	500 063	49.3	1 034 545	524 749	50.7
1 I 2011 .... CDFC		2 058 051	1 030 172	50.1	1 019 826	503 083	49.3	1 038 225	527 089	50.8
1 VII 2011 .... ESDJ		2 052 843	...	...	1 015 647	...	...	1 037 196	...	...
Spain - Espagne										
1 VII 2002 .... ESDJ		41 314 019	...	...	20 266 005	...	...	21 048 014	...	...
1 VII 2003 .... ESDJ		42 004 575	...	...	20 626 192	...	...	21 378 383	...	...
1 VII 2004 .... ESDJ		42 691 751	...	...	20 987 670	...	...	21 704 081	...	...
1 VII 2005 .... ESDJ		43 398 190	...	...	21 367 297	...	...	22 030 893	...	...
1 VII 2006 .... ESDJ		44 068 244	...	...	21 725 232	...	...	22 343 012	...	...
1 VII 2007 .... ESDJ		44 873 567	...	...	22 155 286	...	...	22 718 281	...	...
1 VII 2008 .... ESDJ		45 593 385	...	...	22 512 354	...	...	23 081 031	...	...
1 VII 2009 .... ESDJ		45 929 476	...	...	22 670 863	...	...	23 258 614	...	...
1 VII 2010 .... ESDJ		46 072 831	...	...	22 697 679	...	...	23 375 152	...	...
1 VII 2011 .... ESDJ		46 125 154	...	...	22 683 725	...	...	23 441 429	...	...
Sweden - Suède[28]										
1 VII 2002 .... ESDJ		8 924 958	...	...	4 417 776	...	...	4 507 182	...	...
1 VII 2003 .... ESDJ		8 958 229	...	...	4 436 882	...	...	4 521 348	...	...
31 XII 2003 .... CDJC		8 975 670	...	...	4 446 656	...	...	4 529 014	...	...
1 VII 2004 .... ESDJ		8 993 531	...	...	4 456 484	...	...	4 537 048	...	...
1 VII 2005 .... ESDJ		9 029 572	...	...	4 476 431	...	...	4 553 142	...	...
1 VII 2006 .... ESDJ		9 080 505	...	...	4 505 037	...	...	4 575 468	...	...
1 VII 2007 .... ESDJ		9 148 092	...	...	4 543 722	...	...	4 604 370	...	...
1 VII 2008 .... ESDJ		9 219 637	...	...	4 583 816	...	...	4 635 822	...	...
1 VII 2009 .... ESDJ		9 298 515	...	...	4 626 362	...	...	4 672 153	...	...
1 VII 2010 .... ESDJ		9 378 126	...	...	4 669 629	...	...	4 708 497	...	...
1 VII 2011 .... ESDJ		9 449 213	...	...	4 708 539	...	...	4 740 674	...	...
Switzerland - Suisse										
1 VII 2002 .... ESDJ		7 284 754	5 331 445	73.2	3 559 690	2 586 466	72.7	3 725 064	2 744 979	73.7
1 VII 2003 .... ESDJ		7 339 002	5 375 076	73.2	3 588 285	2 609 517	72.7	3 750 717	2 765 559	73.7
1 VII 2004 .... ESDJ		7 389 626	5 414 867	73.3	3 615 118	2 630 590	72.8	3 774 508	2 784 277	73.8
1 VII 2005 .... ESDJ		7 437 116	5 452 361	73.3	3 640 600	2 650 983	72.8	3 796 516	2 801 378	73.8
1 VII 2006 .... ESDJ		7 483 935	5 489 614	73.4	3 665 931	2 671 318	72.9	3 818 004	2 818 296	73.8
1 VII 2007 .... ESDJ		7 551 117	5 543 848	73.4	3 703 187	2 701 296	72.9	3 847 930	2 842 552	73.9
1 VII 2008 .... ESDJ		7 647 676	5 622 042	73.5	3 756 845	2 744 671	73.1	3 890 831	2 877 371	74.0
1 VII 2009 .... ESDJ		7 743 832	5 699 003	73.6	3 808 621	2 786 186	73.2	3 935 211	2 912 817	74.0
1 VII 2010 .... ESDJ		7 824 909	...	...	3 851 028	...	...	3 973 882	...	...
1 VII 2011* .... ESDJ		7 911 345	...	...	3 899 306	...	...	4 012 039	...	...

Continent, country or area, and date / Continent, pays ou zone et date	Code[a]	Both sexes - Les deux sexes			Male - Masculin			Female - Féminin		
		Total	Urban - Urbaine		Total	Urban - Urbaine		Total	Urban - Urbaine	
			Number Nombre	Percent P.100		Number Nombre	Percent P.100		Number Nombre	Percent P.100
EUROPE										
TFYR of Macedonia - L'ex-R. y. de Macédoine										
1 VII 2002 .... ESDF		2 031 153	...	...	1 017 752	...	...	1 013 401	...	...
31 X 2002 .... CDJC		2 022 547	...	...	1 015 377	...	...	1 007 170	...	...
1 VII 2003 .... ESDF		2 026 773	...	...	1 017 274	...	...	1 009 499	...	...
1 VII 2004 .... ESDF		2 032 544	...	...	1 019 903	...	...	1 012 641	...	...
1 VII 2005 .... ESDF		2 036 855	...	...	1 021 772	...	...	1 015 083	...	...
1 VII 2006 .... ESDF		2 040 228	...	...	1 023 069	...	...	1 017 159	...	...
1 VII 2007 .... ESDF		2 043 559	...	...	1 024 489	...	...	1 019 070	...	...
1 VII 2008 .... ESDF		2 046 898	...	...	1 026 022	...	...	1 020 876	...	...
1 VII 2009 .... ESDF		2 050 671	...	...	1 027 810	...	...	1 022 861	...	...
1 VII 2010 .... ESDF		2 055 004	...	...	1 029 848	...	...	1 025 156	...	...
1 VII 2011* .... ESDF		2 058 539	...	...	1 031 403	...	...	1 027 136	...	...
Ukraine										
1 VII 2002 .... ESDF		48 230 283	32 451 361	67.3	22 329 926	14 988 910	67.1	25 900 357	17 462 452	67.4
1 VII 2003 .... ESDF		47 812 949	32 237 409	67.4	22 125 646	14 870 398	67.2	25 687 303	17 367 011	67.6
1 VII 2004 .... ESDF		47 451 626	32 077 893	67.6	21 946 375	14 778 929	67.3	25 505 251	17 298 965	67.8
1 VII 2005 .... ESDF		47 105 171	31 943 515	67.8	21 770 304	14 698 072	67.5	25 334 867	17 245 443	68.1
1 VII 2006 .... ESDF		46 787 786	31 827 539	68.0	21 610 648	14 628 495	67.7	25 177 138	17 199 044	68.3
1 VII 2007 .... ESDF		46 509 355	31 723 062	68.2	21 472 153	14 567 851	67.8	25 037 202	17 155 212	68.5
1 VII 2008 .... ESDF		46 258 189	31 627 980	68.4	21 347 279	14 512 344	68.0	24 910 910	17 115 637	68.7
1 VII 2009 .... ESDF		46 053 307	31 556 002	68.5	...	...	...	...	...	...
1 I 2010 .... ESDF		45 962 947	31 524 795	68.6	21 213 041	14 456 186	68.1	24 749 906	17 068 609	69.0
1 I 2011 .... ESDF		45 778 534	31 441 649	68.7	21 138 590	14 416 922	68.2	24 639 944	17 024 727	69.1
United Kingdom of Great Britain and Northern Ireland - Royaume-Uni de Grande-Bretagne et d'Irlande du Nord[119]										
1 VII 2002 .... ESDF		59 318 779	...	...	28 960 754	...	...	30 358 025	...	...
1 VII 2003 .... ESDF		59 552 182	...	...	29 104 342	...	...	30 447 840	...	...
1 VII 2004 .... ESDF		59 841 892	...	...	29 273 840	...	...	30 568 052	...	...
1 VII 2005 .... ESDF		60 235 498	...	...	29 493 020	...	...	30 742 478	...	...
1 VII 2006 .... ESDF		60 584 338	...	...	29 689 265	...	...	30 895 073	...	...
1 VII 2007 .... ESDF		60 985 677	...	...	29 917 938	...	...	31 067 739	...	...
1 VII 2008 .... ESDF		61 398 226	...	...	30 153 832	...	...	31 244 394	...	...
1 VII 2009 .... ESDF		61 791 956	...	...	30 374 010	...	...	31 417 946	...	...
1 VII 2010 .... ESDF		62 261 967	...	...	30 643 254	...	...	31 618 713	...	...
1 I 2011* .... ESDF		62 435 709	...	...	30 725 181	...	...	31 710 528	...	...
OCEANIA - OCÉANIE										
Australia - Australie										
1 VII 2002[120] .... ESDJ		19 651 438	15 958 923	81.2	9 753 065	7 874 721	80.7	9 898 373	8 084 202	81.7
1 VII 2003[120] .... ESDJ		19 895 435	16 183 448	81.3	9 874 412	7 987 391	80.9	10 021 023	8 196 057	81.8
1 VII 2004[120] .... ESDJ		20 127 363	16 395 358	81.5	9 992 728	8 096 009	81.0	10 134 635	8 299 349	81.9
1 VII 2005[120] .... ESDJ		20 394 791	16 626 325	81.5	10 128 064	8 213 288	81.1	10 266 727	8 413 037	81.9
1 VII 2006[120] .... ESDJ		20 697 880	16 890 471	81.6	10 282 433	8 348 198	81.2	10 415 447	8 542 273	82.0
8 VIII 2006[121] .... CDFC		20 061 646[122]	17 670 009	88.1	9 896 500[122]	8 651 811	87.4	10 165 146[122]	9 018 198	88.7
1 VII 2007[120] .... ESDJ		21 072 452	17 219 832	81.7	10 475 527	8 518 406	81.3	10 596 925	8 701 426	82.1
1 VII 2008[120] .... ESDJ		21 498 540	17 589 251	81.8	10 696 123	8 709 531	81.4	10 802 417	8 879 720	82.2
1 VII 2009[120] .... ESDJ		21 951 736	17 981 792	81.9	10 930 363	8 912 560	81.5	11 021 373	9 069 232	82.3
1 VII 2010[120] .... ESDJ		22 299 775	...	...	11 101 646	...	...	11 198 129	...	...
1 VII 2011*[120] .... ESDJ		22 620 554	...	...	11 260 747	...	...	11 359 807	...	...
Cook Islands - Îles Cook[123]										
1 XII 2006 .... CDFC		19 342	...	...	9 816	...	...	9 526	...	...
Fiji - Fidji										
1 VII 2004 .... ESDF		822 370	408 032	49.6	...	...	...	...	...	...
16 IX 2007 .... CDFC		837 271	424 846	50.7	427 176	212 454	49.7	410 095	212 392	51.8
1 VII 2010 .... ESDF		857 000	446 000	52.0	...	...	...	...	...	...

6. Total and urban population by sex: 2002 - 2011
Population totale et population urbaine selon le sexe : 2002 - 2011 (continued - suite)

Continent, country or area, and date / Continent, pays ou zone et date	Code[a]	Both sexes - Les deux sexes			Male - Masculin			Female - Féminin		
		Total	Urban - Urbaine		Total	Urban - Urbaine		Total	Urban - Urbaine	
			Number Nombre	Percent P.100		Number Nombre	Percent P.100		Number Nombre	Percent P.100
OCEANIA - OCÉANIE										
French Polynesia - Polynésie française										
20 VIII 2007 ....CDJC		259 706	...	...	133 109	...	...	126 597	...	...
1 I 2009 ....ESDF		264 000	...	...	135 200	...	...	128 800	...	...
Guam[124]										
1 VII 2002 ....ESDJ		161 057	149 950	93.1	...	...	...	...	...	...
1 VII 2003 ....ESDJ		166 593	152 311	91.4	...	...	...	...	...	...
1 VII 2004 ....ESDJ		166 090	154 636	93.1	...	...	...	...	...	...
Kiribati										
7 XII 2005 ....CDFC		92 533	40 311	43.6	45 612	19 435	42.6	46 921	20 876	44.5
Marshall Islands - Îles Marshall[125]										
1 VII 2004 ....ESDF		55 366	...	...	28 232	...	...	27 134	...	...
1 VII 2006 ....ESDF		52 163	...	...	26 746	...	...	25 417	...	...
1 VII 2007 ....ESDF		52 701	...	...	27 022	...	...	25 679	...	...
1 VII 2008 ....ESDF		53 236	...	...	27 297	...	...	25 939	...	...
1 VII 2009 ....ESDF		53 763	...	...	27 567	...	...	26 196	...	...
1 VII 2010 ....ESDF		54 305	...	...	27 843	...	...	26 462	...	...
Micronesia (Federated States of) - Micronésie (États fédérés de)[1]										
1 VII 2002 ....ESDJ		107 472	...	...	54 315	...	...	53 157	...	...
1 VII 2003 ....ESDJ		107 644	...	...	54 361	...	...	53 283	...	...
1 VII 2004 ....ESDJ		107 785	...	...	54 396	...	...	53 389	...	...
1 VII 2005 ....ESDJ		107 885	...	...	54 419	...	...	53 466	...	...
1 VII 2006 ....ESDJ		107 965	...	...	54 411	...	...	53 554	...	...
1 VII 2007 ....ESDJ		108 031	...	...	54 403	...	...	53 628	...	...
1 VII 2008 ....ESDJ		108 026	...	...	54 350	...	...	53 676	...	...
1 VII 2009 ....ESDJ		107 973	...	...	54 275	...	...	53 698	...	...
1 VII 2010 ....ESDJ		107 839	...	...	54 158	...	...	53 681	...	...
Nauru										
23 IX 2002 ....CDFC		10 065	...	...	5 136	...	...	4 929	...	...
New Caledonia - Nouvelle-Calédonie										
1 I 2002 ....ESDF		219 387	...	...	111 465	...	...	107 922	...	...
1 I 2003 ....ESDF		223 592	...	...	113 320	...	...	110 272	...	...
1 VII 2004 ....ESDF		230 068	133 815	58.2	112 716	...	...	109 242	...	...
31 VIII 2004 ....CDFC		230 789	...	...	116 485	...	...	114 304	...	...
1 I 2005 ....ESDF		232 258	...	...	117 221	...	...	115 037	...	...
1 I 2006 ....ESDF		236 528	...	...	119 415	...	...	117 113	...	...
1 VII 2007 ....ESDF		242 400	...	...	122 261	...	...	120 139	...	...
1 VII 2008 ....ESDF		242 400	...	...	122 261	...	...	120 139	...	...
27 VII 2009 ....CDFC		245 580	...	...	124 524	...	...	121 056	...	...
1 VII 2010 ....ESDF		250 040	...	...	126 771	...	...	123 269	...	...
New Zealand - Nouvelle-Zélande										
1 VII 2002[126] ....ESDJ		3 948 500	3 393 200	85.9	1 936 500	1 649 500	85.2	2 012 000	1 743 700	86.7
1 VII 2003[126] ....ESDJ		4 027 200	3 464 600	86.0	1 975 600	1 685 300	85.3	2 051 700	1 779 300	86.7
1 VII 2004[126] ....ESDJ		4 087 500	3 518 800	86.1	2 003 800	1 710 800	85.4	2 083 800	1 808 000	86.8
1 VII 2005[126] ....ESDJ		4 133 900	3 559 400	86.1	2 025 200	1 729 600	85.4	2 108 700	1 829 800	86.8
7 III 2006[121] ....CDFC		4 143 282			2 021 277	...	...	2 122 005		
1 VII 2006[126] ....ESDJ		4 184 600	3 603 600	86.1	2 048 300	1 749 800	85.4	2 136 200	1 853 800	86.8
1 VII 2007[126] ....ESDJ		4 228 300	3 642 600	86.1	2 070 800	1 770 000	85.5	2 157 600	1 872 600	86.8
1 VII 2008[126] ....ESDJ		4 268 900	3 676 900[127]	86.1	2 092 200	1 788 300[127]	85.5	2 176 700	1 888 600[127]	86.8
1 VII 2009[126] ....ESDJ		4 315 800	3 717 100[127]	86.1	2 117 500	1 810 200[127]	85.5	2 198 300	1 906 800[127]	86.7
1 VII 2010[128] ....ESDJ		4 367 800	3 761 700[127]	86.1	2 144 600	1 833 700[127]	85.5	2 223 200	1 928 000[127]	86.7
1 VII 2011[128] ....ESDJ		4 405 200	3 795 400[127]	86.2	2 164 600	1 852 000[127]	85.6	2 240 600	1 943 400[127]	86.7
Niue - Nioué										
1 VII 2004 ....ESDJ		1 761	...	...	866	...	...	895	...	...
1 VII 2005 ....ESDJ		1 746	...	...	849	...	...	896	...	...
1 VII 2006 ....ESDJ		1 679	...	...	815	...	...	864	...	...
9 IX 2006 ....CDFC		1 625	...	...	802	...	...	823	...	...
1 VII 2010 ....ESDJ		1 496	...	...	754	...	...	740	...	...

Continent, country or area, and date / Continent, pays ou zone et date	Code[a]	Both sexes - Les deux sexes			Male - Masculin			Female - Féminin		
		Total	Urban - Urbaine		Total	Urban - Urbaine		Total	Urban - Urbaine	
			Number Nombre	Percent P.100		Number Nombre	Percent P.100		Number Nombre	Percent P.100
OCEANIA - OCÉANIE										
Norfolk Island - Île Norfolk										
8 VIII 2006 ....CDFC		2 523	...	...	1 218	...	...	1 305	...	...
Northern Mariana Islands - Îles Mariannes septentrionales										
1 VII 2002 ....ESDF		74 372	...	...	33 368	...	...	41 004	...	...
1 VII 2003 ....ESDF		76 617	...	...	33 952	...	...	42 665	...	...
1 VII 2004 ....ESDF		78 889	...	...	34 550	...	...	44 339	...	...
1 VII 2005 ....ESDF		70 636	...	...	32 093	...	...	38 543	...	...
1 VII 2006 ....ESDF		60 662	...	...	29 071	...	...	31 591	...	...
1 VII 2007 ....ESDF		58 629	...	...	28 124	...	...	30 505	...	...
1 VII 2008 ....ESDF		55 244	...	...	26 524	...	...	28 720	...	...
1 VII 2009 ....ESDF		51 484	...	...	24 738	...	...	26 746	...	...
1 VII 2010 ....ESDF		48 317	...	...	23 231	...	...	25 086	...	...
1 VII 2011 ....ESDF		46 050	...	...	22 153	...	...	23 897	...	...
Palau - Palaos										
1 VII 2002 ....ESDF		19 976	...	...	10 590	...	...	9 386	...	...
1 IV 2005 ....CDJC		19 907	15 399	77.4	10 699	...	...	9 208	...	...
Papua New Guinea - Papouasie-Nouvelle-Guinée										
1 VII 2002 ....ESDF		5 461 940	...	...	2 826 212	...	...	2 635 722	...	...
Pitcairn										
31 XII 2007 ....ESDF		64[129]	...	...	37	...	...	27	...	...
31 XII 2008 ....ESDF		58[129]	...	...	30	...	...	28	...	...
Samoa										
1 VII 2002 ....ESDF		178 329	39 192	22.0	92 893	20 019	21.6	85 436	19 173	22.4
1 VII 2003 ....ESDF		179 962	39 551	22.0	93 744	20 202	21.6	86 218	19 349	22.4
1 VII 2004 ....ESDF		181 611	39 913	22.0	94 603	20 387	21.6	87 008	19 526	22.4
1 VII 2005 ....ESDF		183 275	40 279	22.0	95 470	20 574	21.6	87 805	19 705	22.4
1 VII 2006 ....ESDF		184 955	40 648	22.0	96 345	20 763	21.6	88 610	19 885	22.4
5 XI 2006 ....CDFC		180 741	37 708	20.9	93 677	19 120	20.4	87 064	18 588	21.3
1 VII 2007 ....ESDF		181 588	37 878	20.9	94 101	19 206	20.4	87 458	18 672	21.3
1 VII 2008 ....ESDF		182 379	38 050	20.9	94 526	19 293	20.4	87 853	18 756	21.3
1 VII 2009 ....ESDF		183 204	38 222	20.9	94 953	19 381	20.4	88 250	18 841	21.3
1 VII 2010 ....ESDF		184 032	38 395	20.9	95 383	19 468	20.4	88 649	18 926	21.3
1 VII 2011 ....ESDF		184 864	38 568	20.9	95 814	19 556	20.4	89 050	19 012	21.3
Solomon Islands - Îles Salomon[1]										
1 VII 2003 ....ESDF		448 286	...	...	231 267	...	...	217 019	...	...
1 VII 2004 ....ESDF		460 110	...	...	237 626	...	...	222 484	...	...
1 VII 2005 ....ESDF		471 266	...	...	242 927	...	...	228 339	...	...
1 VII 2006 ....ESDF		483 083	...	...	248 944	...	...	234 139	...	...
1 VII 2007 ....ESDF		495 026	...	...	255 063	...	...	239 963	...	...
1 VII 2008 ....ESDF		506 992	...	...	261 214	...	...	245 778	...	...
1 VII 2009 ....ESDF		518 321	...	...	267 704	...	...	250 617	...	...
Tokelau - Tokélaou										
19 X 2006 ....CDFC		1 151	...	...	583	...	...	568	...	...
Tonga										
1 VII 2002[130] ....ESDF		101 002	...	...	51 473	...	...	49 528	...	...
1 VII 2003[130] ....ESDF		101 405	...	...	51 710	...	...	49 694	...	...
1 VII 2004[130] ....ESDF		101 866	...	...	51 975	...	...	49 890	...	...
1 VII 2005[130] ....ESDF		102 371	...	...	52 261	...	...	50 109	...	...
1 VII 2006[130] ....ESDF		102 907	...	...	52 561	...	...	50 346	...	...
30 XI 2006 ....CDJC		101 991	23 658	23.2	51 772	11 860	22.9	50 219	11 798	23.5
1 VII 2007[130] ....ESDF		103 289	...	...	52 771	...	...	50 518	...	...
1 VII 2008[130] ....ESDF		103 647	...	...	52 972	...	...	50 673	...	...
30 XI 2011* ....CDJC		103 036	...	...	52 001	...	...	51 035	...	...
Tuvalu										
1 XI 2002 ....CDFC		9 561	4 492	47.0	4 729	2 281	48.2	4 832	2 211	45.8
Vanuatu										
1 VII 2004[1] ....ESDF		215 541	...	...	110 141[131]	...	...	105 399[131]	...	...
1 VII 2006[1] ....ESDF		221 417	...	...	113 034	...	...	108 383	...	...
16 XI 2009 ....CDJC		234 023	...	...	119 091	...	...	114 932	...	...

Continent, country or area, and date / Continent, pays ou zone et date	Code[a]	Both sexes - Les deux sexes			Male - Masculin			Female - Féminin		
		Total	Urban - Urbaine		Total	Urban - Urbaine		Total	Urban - Urbaine	
			Number Nombre	Percent P.100		Number Nombre	Percent P.100		Number Nombre	Percent P.100
OCEANIA - OCÉANIE										
Wallis and Futuna Islands - Îles Wallis et Futuna										
22 VII 2003 .... CDFC		14 944	...	...	7 494	...	...	7 450	...	...
21 VII 2008 .... CDFC		13 445	...	...	6 669	...	...	6 776	...	...

FOOTNOTES - NOTES

Italics: estimates which are less reliable. - Italiques : estimations moins sûres.

* Provisional. - Données provisoires.

[a] 'Code' indicates the source of data, as follows:
CDFC - Census, de facto, complete tabulation
CDFS - Census, de facto, sample tabulation
CDJC - Census, de jure, complete tabulation
CDJS - Census, de jure, sample tabulation
SSDF - Sample survey, de facto
SSDJ - Sample survey, de jure
ESDF - Estimates, de facto
ESDJ - Estimates, de jure

Le 'Code' indique la source des données, comme suit :
CDFC - Recensement, population de fait, tabulation complète
CDFS - Recensement, population de fait, tabulation par sondage
CDJC - Recensement, population de droit, tabulation complète
CDJS - Recensement, population de droit, tabulation par sondage
SSDF - Enquête par sondage, population de fait
SSDJ - Enquête par sondage, population de droit
ESDF - Estimations, population de fait
ESDJ - Estimations, population de droit

[1] Data refer to national projections. - Les données se réfèrent aux projections nationales.
[2] Unrevised data. - Les données n'ont pas été révisées.
[3] Excluding Mayotte. - Non compris Mayotte.
[4] Projections based on the 1994 Population Census. - Projections fondées sur le recensement de la population de 1994.
[5] Based on the results of the Gabonese Survey for the Evaluation and Tracking of Poverty. - Sur base des résultats de l'enquête gabonaise sur l'évaluation et le suivi de la pauvreté.
[6] Post-censal estimates based on the 1999 Population Census. - Les estimations post-censitaire fondées sur le recensement de la population de 1999.
[7] Data refer to Libyan nationals only. - Les données se raportent aux nationaux libyens seulement.
[8] Reason for discrepancy between these figures and corresponding figures shown elsewhere not ascertained. - On ne sait pas comment s'explique la divergence entre ces chiffres et les chiffres correspondants indiqués ailleurs.
[9] Excludes the islands of St. Brandon and Agalega. - Non compris les îles St. Brandon et Agalega.
[10] Based on the results of the 2004 Population Census. - D'après des résultats du recensement de la population de 2004.
[11] Data based on 2008 Population Census. - Données fondées sur le recensement de population de 2008.
[12] Based on the results of a population count. - D'après les résultats d'un comptage de la population.
[13] The population figures are 264, 263 and 262 persons for 2007, 2008 and 2009 respectively. - La population est respectivement égale à 264, 263 et 262 personnes pour les années 2007, 2008 et 2009.
[14] Data are based on projections from the 2002 Census. - Données fondées sur des projections tirées du recensement de 2002.

[15] Data have not been adjusted for underenumeration, estimated at 2.4 per cent. - Les données n'ont pas été ajustées pour compenser les lacunes du dénombrement, estimées à 2,4 p. 100.
[16] Based on the results of a Socio Economic Survey. - Basé sur les résultats d'une enquête Socio-Economique.
[17] Mid-year estimates have been adjusted for underenumeration at latest census. - Les estimations au millieu de l'année tiennent compte d'un ajustement destiné à compenser les lacunes du dénombrement lors du dernier recensement.
[18] Male and female population don't add up to total due to rounding. - La somme des populations d'hommes et des femmes diffère de la population totale au raison des arrondis.
[19] Estimates adjusted for census net undercoverage (including adjustment for incompletely enumerated Indian reserves). Final intercensal estimates. - Ajusté pour la sous-estimation du recensement (y compris les réservations en Inde incomplètement énumérées). Estimations inter-censitaires definitives.
[20] Because of rounding, totals are not in all cases the sum of the respective components. - Les chiffres étant arrondis, les totaux ne correspondent pas toujours rigoureusement à la somme des composants respectifs.
[21] Final postcensal estimates. Estimates adjusted for census net undercoverage (including adjustment for incompletely enumerated Indian reserves). - Estimations postcensitaires definitives. Ajusté pour la sous-estimation du recensement (y compris les réservations en Inde incomplètement énumérées).
[22] Estimates adjusted for census net undercoverage (including adjustment for incompletely enumerated Indian reserves). Updated postcensal estimates. - Ajusté pour la sous-estimation du recensement (y compris les réservations en Inde incomplètement énumérées). Estimations post censitaires mises à jour.
[23] Preliminary postcensal estimates. Estimates adjusted for census net undercoverage (including adjustment for incompletely enumerated Indian reserves). - Estimations post censitaires préliminaires. Ajusté pour la sous-estimation du recensement (y compris les réservations en Inde incomplètement énumérées).
[24] Excluding the institutional population. - Non compris la population dans les institutions.
[25] Result of Household Multiple Purpose Survey. - Les chiffres résultent d'enquêtes sur les ménages polyvalentes.
[26] Based on the 2010 National Household Survey. - Basée sur l'Enquête nationale des ménages de 2010.
[27] Estimates based on the 2007 Population Census. - Estimations fondées sur le recensement de la population de 2007.
[28] Population statistics are compiled from registers. - Les statistiques de la population sont compilées à partir des registres.
[29] Excluding data for Saint Barthélémy and Saint Martin. - Non compris les données pour Saint Barthélémy et Saint Martin.
[30] Projections based on the 2002 Population Census. - Projections fondées sur le recensement de la population de 2002.
[31] Projections produced by l'Institut Haïtien de Statistique et d'Informatique (IHSI) and the Latin American and Caribbean Demographic Centre (CELADE) - Population Division of ECLAC. - Les données sont projections produits par l'Institut Haïtien de Statistique et d'Informatique (IHSI) et le centre démographique de l'Amérique latine et les Caraïbes - Division de la population de la CEPALC.
[32] Data are based on projections of the 2001 Population and Housing Census data. - Les données sont basées sur les projections du recensement de 2001 de la population et de l'habitat.

33 Urban and rural distribution derived from census count, held constant and applied to current estimates. Because of rounding, totals are not in all cases the sum of the respective components. - La répartition urbain/rural se réfère aux chiffres du recensement, maintenus constants et appliqués aux estimations actuelles. Les chiffres étant arrondis, les totaux ne correspondent pas toujours rigoureusement à la somme des composants respectifs.

34 Including an estimation of 1 334 585 persons corresponding to 448 195 housing units without information of the occupants. - Y compris une estimation de 1 334 585 personnes correspondant aux 448 195 unités d'habitation sans information sur les occupants.

35 Data refer to projections based on the 2000 Population Census. - Les données se réfèrent aux projections basées sur le recensement de la population de 2000.

36 Including armed forces stationed in the area. - Y compris les militaires en garnison sur le territoire.

37 Based on the results of the 2000 Population Census. - Basé sur les résultats du recencement de la population de 2000.

38 Excluding armed forces overseas and civilian citizens absent from the country for an extended period of time. - Non compris les militaires à l'étranger, et les civils hors du pays pendant une période prolongée.

39 Data refer to projections based on the 2001 Population Census. - Les données se réfèrent aux projections basées sur le recensement de la population de 2001.

40 Data include persons in remote areas, military personnel outside the country, merchant seamen at sea, civilian seasonal workers outside the country, and other civilians outside the country, and exclude nomads, foreign military, civilian aliens temporarily in the country, transients on ships and Indian jungle population. - Y compris les personnes vivant dans des régions éloignées, le personel militaire en dehors du pays, les marins marchands, les ouvriers saisonniers en dehors du pays, et autres civils en dehors du pays, et non compris les nomades, les militaires étrangers, les étrangers civils temporairement dans le pays, les transiteurs sur des bateaux et les Indiens de la jungle.

41 Intercensal estimates. - Estimations inter-censitaires.

42 Data based on the Population Census of 2005. - Données fondées sur le recensement de la population de 2005.

43 Excluding nomadic Indian tribes. Data refer to national projections. - Non compris les tribus d'Indiens nomades. Les données se réfèrent aux projections nationales.

44 A dispute exists between the governments of Argentina and the United Kingdom of Great Britain and Northern Ireland concerning sovereignty over the Falkland Islands (Malvinas). - La souveraineté sur les îles Falkland (Malvinas) fait l'objet d'un différend entre le Gouvernement argentin et le Gouvernement du Royaume-Uni de Grande-Bretagne et d'Irlande du Nord.

45 The population for the year 2005 corresponds to the population actually enumerated in the census conducted between 18 July and 20 August 2005. The total (adjusted) population is 27 219 264 inhabitants. - La population pour 2005 correspond à la population effectivement dénombrée lors du recensement réalisé entre le 18 juillet et le 20 août 2005. La population totale (après ajustement) compte 27 219 264 habitants.

46 Including 17 diplomats. - La population totale indiquée comprend 17 diplomates.

47 The districts of Paramaribo and Wanica are considered urban areas, whereas all other districts are considered more or less rural areas. - Les districts de Paramaribo et de Wanica sont considérés comme des zones urbaines, les autres districts étant considérés comme des zones rurales à divers degrés.

48 Data refer to resident population in Uruguay according to Census Phase 1, carried out between the months of June and July 2004. - Les données se rapportent à la population résidente en Uruguay d'après la phase 1 du recensement, qui a eu lieu entre juin et juillet 2004.

49 Excluding Indian jungle population. - Non compris les Indiens de la jungle.

50 Projections based on the 2001 Population Census. - Projections fondées sur le recensement de la population de 2001.

51 Data refer to the settled population based on the 1979 Population Census and the latest household prelisting. The refugees of Afghanistan in Iran, Pakistan, and an estimated 1.5 million nomads, are not included. - Les données se rapportent à la population stationnaire sur la base du recensement de 1979 et du recensement préliminaire des logements le plus récent. Sont exclus les réfugiés d'Afghanistan en Iran et au Pakistan et les nomades estimés à 1,5 million.

52 Data refer to the settled population based on the 1979 Population Census and the latest household prelisting. The refugees of Afghanistan in Iran, Pakistan, and an estimated 1.5 million nomads, are not included. The so adjusted total population of the country for 2006 is 24.1 million (12.3 million males and 11.8 million females). - Les données se rapportent à la population stationnaire sur la base du recensement de 1979 et du recensement préliminaire des logements le plus récent. Sont exclus les réfugiés d'Afghanistan en Iran et au Pakistan et les nomades estimés à 1,5 million. La population totale du pays ainsi ajustée pour

2006 comprend 24,1 millions de personnes (12,3 millions d'hommes et 11,8 millions de femmes).

53 The adjusted total population of the country is 25.5 million. - La population totale ajustée du pays comprend 25,5 millions de personnes.

54 The adjusted total population of the country is 26 million (13.3 million males and 12.7 million females). - La population totale ajustée du pays comprend 26 millions de personnes (13.3 millions d'homes et 12.7 millions de femmes).

55 Data refer to projections based on the 2005 Population Census. - Les données se réfèrent aux projections basées sur le recensement de la population de 2005.

56 Excluding foreign diplomatic personnel and their dependants. - Non compris le personnel diplomatique étranger et les membres de leur famille les accompagnant.

57 Based on 1998 census results. - A partir des résultats de recensement de l'année 1998.

58 Based on the results of the Cambodia Intercensal Population Survey. Data exclude institutional, homeless households and transient population. - Les données ne comprennent pas la population des institutions, les ménages sans abri et la population de passage.

59 Based on the 2008 Population and Housing Census. - Basée sur le recensement de la population et de l'habitat de 2008.

60 For statistical purposes, the data for China do not include those for the Hong Kong Special Administrative Region (Hong Kong SAR), Macao Special Administrative Region (Macao SAR) and Taiwan province of China. - Pour la présentation des statistiques, les données pour la Chine ne comprennent pas la Région Administrative Spéciale de Hong Kong (Hong Kong RAS), la Région Administrative Spéciale de Macao (Macao RAS) et Taïwan province de Chine.

61 Data have been estimated on the basis of the annual National Sample Survey on Population Changes. - Les données ont été estimées sur la base de l'enquête annuelle "National Sample Survey on Population Changes".

62 The military personnel are classified as urban population. - Le personnel militaire est classé dans la population urbaine.

63 The military personnel are classified as urban population. Because of rounding, totals are not in all cases the sum of the respective components. - Le personnel militaire est classé dans la population urbaine. Les chiffres étant arrondis, les totaux ne correspondent pas toujours rigoureusement à la somme des composants respectifs.

64 Data have been adjusted on the basis of the Population Census of 2010. - Les données ont été ajustées à partir des résultats du recensement de la population de 2010.

65 Data refer to government controlled areas. - Les données se rapportent aux zones contrôlées par le Gouvernement.

66 Data have been adjusted on the basis of the Population Census of 2011. - Les données ont été calculées sur la base du recensement de population de 2011.

67 Including data for the Indian-held part of Jammu and Kashmir, the final status of which has not yet been determined. - Y compris les données pour la partie du Jammu et du Cachemire occupée par l'Inde dont le statut définitif n'a pas encore été déterminé.

68 Final intercensal estimates. - Estimations inter-censitaires definitives.

69 Excluding Province Nanggroe Aceh Darussalam, Regency Nias & Nias Selatan, Regency Boven Digul & Teluk Wondama. Data refer to the "Intercensal Population Survey". - En excluant les provinces de Nanggroe Aceh Darussalam, Regency Nias & Nias Selatan, Regency Boven Digul & Teluk Wondama. Les données concernent l'enquête intercensitaire sur la population.

70 Data refer to the Iranian Year which begins on 21 March and ends on 20 March of the following year. - Les données concernent l'année iranienne, qui commence le 21 mars et se termine le 20 mars de l'année suivante.

71 Differences between the total country figures and sum of urban and rural areas are due to the inclusion of unsettled population. - Les différences entre les chiffres pour l'ensemble du pays et la somme des zones urbaines et rurales s'expliquent par l'inclusion de la population non sédentaire.

72 Including data for East Jerusalem and Israeli residents in certain other territories under occupation by Israeli military forces since June 1967. - Y compris les données pour Jérusalem-Est et les résidents israéliens dans certains autres territoires occupés depuis 1967 par les forces armées israéliennes.

73 Excluding residents who had been registered in the Israeli localities (the Jewish localities) in the Gaza Area and northern Samaria, which were evacuated in August 2005, but did not notify the Ministry of Interior of their new address. These residents are included in total. - Hors résidents enregistrés dans les localités d'Israel (localités juives) de la Bande de Gaza (verfify) et du nord de la Samarie, qui ont été évacués en Août 2005, mais qui n'ont pas notifié leur nouvelle adresse au ministère de l'intérieur. Ces résidents sont inclus dans le total.

74 Data are rounded for confidentiality reasons. - Chiffres arrondis pour des raisons de confidentialité.

75 Excluding diplomatic personnel outside the country and foreign military and civilian personnel and their dependants stationed in the area. - Non compris le personnel diplomatique hors du pays ni les militaires et agents civils étrangers en poste sur le territoire et les membres de leur famille les accompagnant.

76 Estimates based on the complete counts of the 2010 Population Census. - Estimations basées sur le dénombrement complet du recensement de la population de 2010.

77 Excluding data for Jordanian territory under occupation since June 1967 by Israeli military forces. Excluding foreigners, including registered Palestinian refugees. - Non compris les données pour le territoire jordanien occupé depuis juin 1967 par les forces armées israéliennes. Non compris les étrangers, mais y compris les réfugiés de Palestine enregistrés.

78 Excluding data for Jordanian territory under occupation since June 1967 by Israeli military forces. Including registered Palestinian refugees and Jordanians abroad. - Non compris les données pour le territoire jordanien occupé depuis juin 1967 par les forces armées israéliennes. Y compris les réfugiés palestiniens enregistrés et les Jordaniens à l'étranger.

79 Data are calculated from the results of the Population and Housing Census of 2009. - Les données sont calculées à partir des résultats du recensement de la population et de l'habitat de 2009.

80 Population estimates for 2000 to 2004 are based on the age-sex distribution of 1995 population census and growth rate at year 2000. - Pour les années 2000 à 2004, on a pris pour base la répartition par âge et sexe du recensement de population de 1995 et le taux de croissance de 2000.

81 Excluding usual residents not in country at time of census. - À l'exclusion des résidents habituels qui ne sont pas dans le pays au moment du recensement.

82 Based on the results of the 2005 Population and Housing Census. - Données fondées sur les résultats du recensement de la population et de l'habitat de 2005.

83 Based on the results of a household survey. - D'après les résultats d'une enquête des ménages.

84 Data have been adjusted for underenumeration. - Les données ont été ajustées pour compenser les lacunes du dénombrement.

85 Total Population is taken as de facto and de jure together. - Population totale considérée comme de fait et de droit.

86 Data for urban include population in refugee camps. - Les données pour la population urbaine comprennent la population dans les camps réfugiés.

87 Data have been adjusted for underenumeration, estimated at 2.70 per cent. - Les données ont été ajustées pour compenser les lacunes du dénombrement, estimées à 2,70 p. 100.

88 76% are Omani and the rest are Expatriates. - Le pourcentage d'Omanais atteint 76 %; le pourcentage restant correspond à des personnes expatriées.

89 Excluding data for the Pakistan-held part of Jammu and Kashmir, the final status of which has not yet been determined. - Non compris les données concernant la partie du Jammu et Cachemire occupée par le Pakistan dont le statut définitif n'a pas été déterminé.

90 Based on the results of the Pakistan Demographic Survey (PDS 2003). These estimates do not reflect completely accurately the actual population and vital events of the country. - D'après les résultats de l'enquête démographique effectuée par le Pakistan en 2003. Ces estimations ne dénotent pas d'une manière complètement ponctuelle la population actuelle et les statistiques de l'état civil du pays.

91 Based on the results of the Pakistan Demographic Survey (PDS 2005). These estimates do not reflect completely accurately the actual population and vital events of the country. - D'après les résultats de l'enquête démographique effectuée par le Pakistan en 2005. Ces estimations ne dénotent pas d'une manière complètement ponctuelle la population actuelle et les statistiques de l'état civil du pays.

92 Based on the results of the Pakistan Demographic Survey (PDS 2007). - D'après les résultats de l'enquête démographique effectuée par le Pakistan en 2007.

93 Data are based on projections of the 2000 Population and Housing Census data. - Les données sont basées sur les projections du recensement de 2000 de la population et de l'habitat.

94 Data based on preliminary results of the 2010 Population and Housing Census. - D'après les résultats préliminaires du recensement de la population et des logements de 2010.

95 Data refer to resident population which comprises Singapore citizens and permanent residents. - Les données se rapportent à la population résidente composée des citoyens de Singapour et des résidents permanents.

96 Data are based on the latest register-based population estimates for 2010. Urban and rural breakdown not applicable as Singapore is a city-state. - Données basées sur les estimations démographiques les plus récentes fondées sur les registres de 2010. La ventilation entre zones urbaines et zones rurales ne s'applique pas à Singapour, puisqu'il s'agit d'une ville État.

97 Including Palestinian refugees. - Y compris les réfugiés de Palestine.

98 Data based on Address Based Population Registration System. - Les données sont basées sur le registre national de la population basé sur l'adresse.

99 Data include non-national population. - Les données comprennent non-nationaux.

100 Data are adjusted according to the results of the 1999 and 2009 censuses. - Les données ont été ajustées à partir des résultats des recensements de la population de 1999 et 2009.

101 Decrease in population due to revision in administrative registers. - Diminution de la population due à la révision des registres administratifs.

102 Excluding Faeroe Islands and Greenland shown separately, if available. Population statistics are compiled from registers. - Non compris les Iles Féroé et le Groenland, qui font l'objet de rubriques distinctes, si disponible. Les statistiques de la population sont compilées à partir des registres.

103 Population statistics are compiled from registers. Excluding Åland Islands. - Les statistiques de la population sont compilées à partir des registres. Non compris les Îles d'Åland.

104 Excluding diplomatic personnel outside the country and including members of alien armed forces not living in military camps and foreign diplomatic personnel not living in embassies or consulates. - Non compris le personnel diplomatique hors du pays et y compris les militaires étrangers ne vivant pas dans des camps militaires et le personnel diplomatique étranger ne vivant pas dans les ambassades ou les consulats.

105 Data of the microcensus - a 1 per cent household sample survey - refer to a single reference week in spring (usually last week in April). Excluding homeless persons. Excluding foreign military personnel and foreign diplomatic and consular personnel and their family members in the country. - Les données du microrecensement (enquête sur les ménages, réalisée sur un échantillon de 1 pour cent) concernent une seule semaine de référence au printemps (habituellement la dernière semaine d'avril). Non compris les personnes sans domicile fixe. Non compris le personnel militaire étranger, le personnel diplomatique et consulaire étranger et les membres de leur famille se trouvant dans le pays.

106 Excluding military personnel, visitors and transients. - Non compris les militaires, ni les visiteurs et transients.

107 Excluding armed forces stationed outside the country, but including alien armed forces stationed in the area. - Non compris les militaires en garnison hors du pays, mais y compris les militaires étrangers en garnison sur le territoire.

108 Data refer to the Vatican City State. Population statistics are compiled from registers. - Les données se rapportent à l'Etat de la Cité du Vatican. Les statistiques de la population sont compilées à partir des registres.

109 The regional grouping (urban/rural) was made from 1990 to 2000 according to the administrative division of 1 January 2000 and from 2001 according to the administrative division of 1 January 2004. - Pour les années 1990 à 2000, le découpage régional (zone urbaine/rurale) correspond au découpage administratif en vigueur au 1er janvier 2000; à partir de 2001, il correspond à celui en vigueur au 1er janvier 2004.

110 Including civilian nationals temporarily outside the country. - Y compris les civils nationaux temporairement hors du pays.

111 Figures for male and female population do not add up to the figure for total population, because they exclude 119 persons of unknown sex. - Les chiffres relatifs à la population masculine et féminine ne correspondent pas au chiffre de la population totale, parce que l'on en a exclu 119 personnes de sexe inconnu.

112 Census results based on compilation of continuous accounting and sample surveys. - Les résultat du recensement, d'après les résultats des dénombrements et enquêtes par sondage continue.

113 Including residents temporarily outside the country. Excluding Svalbard and Jan Mayen Islands shown separately, if available. - Y compris les résidents se trouvant temporairement hors du pays. Non compris Svalbard et Jan Mayen qui font l'objet de rubriques distinctes, si disponible.

114 Excluding civilian aliens within country, but including civilian nationals temporarily outside country. - Non compris les civils étrangers dans le pays, mais y compris les civils nationaux temporairement hors du pays.

115 Excluding Transnistria and the municipality of Bender. - Les données ne tiennent pas compte de l'information sur la Transnistria et la municipalité de Bender.

116 Excluding data for Kosovo and Metohia. - Sans les données pour le Kosovo et Metohie.

117 Including residents temporarily outside the country. - Y compris les résidents se trouvant temporairement hors du pays.

118 Excluding citizens temporarily residing abroad, the sum by urban and rural does not add up to the total. - Les nationaux se trouvant provisoirement à l'étranger ne sont pas pris en compte. La somme des chiffres disponibles pour les zones urbaines et rurales ne correspond donc pas au total.

119 Excluding Channel Islands (Guernsey and Jersey) and Isle of Man, shown separately, if available. - Non compris les îles Anglo-Normandes (Guernesey et Jersey) et l'île de Man, qui font l'objet de rubriques distinctes, si disponible.

[120] Intercensal estimates. Data are based on Australian Standard Geographical Classification boundaries. - Estimations inter-censitaires. Les données réfèrent au découpage de la nomenclature géographique normalisée d'Australie.

[121] This data has been randomly rounded to protect confidentiality. Individual figures may not add up to totals, and values for the same data may vary in different tables. - Ces données ont été arrondies de façon aléatoire afin d'en préserver la confidentialité. La somme de certains chiffres peut ne pas correspondre aux totaux indiqués et les valeurs des mêmes données peuvent varier d'un tableau à un autre.

[122] Including population in off-shore, migratory and shipping. - Y compris les populations extraterritoriales, les populations nomades et les populations maritimes.

[123] Excluding Niue, shown separately, which is part of Cook Islands, but because of remoteness is administered separately. - Non compris Nioué, qui fait l'objet d'une rubrique distincte et qui fait partie des îles Cook, mais qui, en raison de son éloignement, est administrée séparément.

[124] Including armed forces stationed in the area. Data refer to projections based on the 2000 Population Census. - Y compris les militaires en garnison sur le territoire. Les données se réfèrent aux projections basées sur le recensement de la population de 2000.

[125] Projections are prepared by the Secretariat of the Pacific Community based on 1999 census of population and housing. - Les projections sont preparées par le Secrétariat de la Communauté du Pacifique à partir des résultats du recensement de la population et de l'habitat de 1999.

[126] Excluding diplomatic personnel and armed forces stationed outside country; also excluding alien armed forces within the country. - Non compris le personnel diplomatique et les militaires hors du pays; non compris également les militaires étrangers en garnison dans le pays.

[127] Population estimates by urban/rural residence exclude inland waters and oceanic areas. - Les estimations de la population par lieu de résidence urbaine ou rurale excluent les eaux intérieures et les zones océaniques.

[128] Based on the census, updated for residents missed or counted more than once by the census (net census undercount); residents temporarily overseas on census night, and births, deaths and net migration between the census night and the date of the estimate. - D'après le recensement, mise à jour pour les résidents omis ou dénombrés plus d'une fois par le recensement (sous-dénombrement net); résidents temporairement à l'étranger la nuit du recensement, et naissances, décès et migration nette entre la nuit du recensement et la date de l'estimation.

[129] The population figures are 64 and 58 persons for 2007 and 2008 respectively. - La population est respectivement égale à 64 et 58 personnes pour les années 2007 et 2008.

[130] Data refer to national projections. Based on the results of the 1996 population census. - Les données se réfèrent aux projections nationales. À partir des résultats du recensement de la population de 1996.

[131] Figures for male and female do not add up to the total, reason for discrepancy not ascertained. - La some des données pour la population masculine et pour la population féminine n'est pas égale au total, les raisons de cette différence ne sont pas expliquées.

Tables 7

Table 7 presents population by age, sex and urban/rural residence for the latest available year between 2002 and 2011.

Description of variables: Data in this table are either population census figures or estimates, some of which are based on sample surveys. The source of data is indicated by the 'code' explained at the end of the table.

The reference date of the census or estimate appears in the left-most column of the table. In general, the estimates refer to mid-year (1 July).

Age is defined as age at last birthday, that is, the difference between the date of birth and the reference date of the age distribution expressed in completed solar years. The age classification used in this table is the following: under 1 year, 1-4 years, 5-year groups through 95-99 years, and 100 years or over.

Statistics are presented for one year, the most recent available. However, if more complete disaggregation is available for an earlier year, both are displayed.

The urban/rural classification of population is that provided by each country or area; it is presumed to be based on the national census definitions of urban population that have been set forth at the end of the technical notes to table 6.

Reliability of data: Estimates which are believed to be less reliable are set in *italics* rather than in roman type.

Limitations: Statistics on population by age and sex are subject to the same qualifications as have been set forth for population statistics in general and age distributions in particular, as discussed in sections 3 and 3.1.3, respectively, of the Technical Notes.

Comparability of population data classified by age and sex is limited by variations in the definition of total population, discussed in detail in section 3 of the Technical Notes, and by the accuracy of the original enumeration. Both factors are more important in relation to certain age groups than to others. For example, under-enumeration is known to be more prevalent among infants and young children than among older persons. Similarly, the exclusion from the total population of certain groups that tend to be of selected ages (such as the armed forces) can markedly affect the age structure and its comparability with that for other countries or areas. Consideration should be given to the implications of these basic limitations in using the data.

In addition to these general qualifications are the special problems of comparability that arise in relation to age statistics in particular. Age distributions of population are known to suffer from certain deficiencies that have their origin in irregularities in age reporting. Although some of the irregularities tend to be obscured or eliminated when data are tabulated in five-year age groups rather than by single years, precision still continues to be affected, though the degree of distortion is not always readily seen.

Another factor limiting comparability is the age classification employed by the various countries or areas. Age may be based on the year of birth rather than the age at last birthday, in other words, calculated using the day, month and year of birth. Distributions based only on the year of birth are footnoted when known.

The absence of data in the unknown age group does not necessarily indicate completely accurate reporting and tabulation of the age item. The unknowns may have been eliminated by assigning ages to them before tabulation, or by proportionately distributing the unknown category across the age groups after tabulation.

As noted in connection with table 5, intercensal estimates of total population are usually revised to accord with the results of a census of population if inexplicable discontinuities appear to exist. Postcensal age-sex distributions, however, are less likely to be revised in this way. When it is known that a total population estimate for a given year has been revised and the corresponding age distribution has not been, the age distribution is shown as provisional. Distributions of this type should be used with caution when studying trends over a period of years, though their utility for studying age structure for the specified year is probably unimpaired.

The comparability of data by urban/rural residence is affected by the national definitions of urban and rural used in tabulating these data. When known, the definitions of urban used in national population censuses are presented at the end of the technical notes for table 6. As discussed in detail in the technical notes for table 6, these definitions vary considerably from one country or area to another.

Earlier data: Population by age, sex and urban/rural residence has been shown in previous issues of the *Demographic Yearbook*. For more information on specific topics, and years for which data are reported, readers should consult the Historical Index. In addition, population data by single years of age, sex and urban/rural residence, for censuses conducted since 1995, are shown in the *Demographic Yearbook* webpage http://unstats.un.org/unsd/demographic/products/dyb/dybcensusdata.htm.

Tableau 7

Le tableau 7 présente les données les plus récentes disponibles pour la période 2002 -2011 sur la population selon l'âge, le sexe et le lieu de résidence (zone urbaine ou rurale).

Description des variables : les données de ce tableau proviennent de recensements de la population ou correspondent à des estimations, fondées dans certains cas, sur des enquêtes par sondage. Le 'code' indique comment les données ont été obtenues. Les codes utilisés sont expliqués à la fin du tableau.

La date du recensement ou de l'estimation figure dans la colonne de gauche du tableau. En général, les estimations se rapportent au milieu de l'année (1er juillet).

L'âge désigne l'âge au dernier anniversaire, c'est-à-dire la différence entre la date de naissance et la date de référence de la répartition par âge exprimée en années solaires révolues. La classification par âge utilisée dans ce tableau est la suivante : moins d'un an, 1 à 4 ans, groupes quinquennaux jusqu'à 95-99 ans et 100 ans ou plus.

Les statistiques portent sur une année, qui correspond à celle pour laquelle on dispose des statistiques les plus récentes. Toutefois, si l'on dispose de répartitions plus complètes pour des années antérieures, les statistiques sont alors présentées pour les deux années.

La classification par zones urbaines et rurales de la population est celle qui est communiquée par chaque pays ou zone ; on part du principe qu'elle repose sur les définitions de la population urbaine utilisées pour les recensements de la population nationaux telles qu'elles sont reproduites à la fin des notes techniques du tableau 6.

Fiabilité des données : les estimations considérées comme moins sûres sont indiquées en italique plutôt qu'en caractères romains.

Insuffisance des données : les statistiques de la population selon l'âge et le sexe appellent les mêmes réserves que celles qui ont été formulées aux sections 3 et 3.1.3 des Notes techniques à propos des statistiques de la population en général et des répartitions par âge en particulier.

La comparabilité des statistiques de la population selon l'âge et le sexe pâtit du manque d'uniformité dans la définition de la population totale (voir la section 3 des Notes techniques) et des lacunes des dénombrements. L'influence de ces deux facteurs varie selon les groupes d'âge. Ainsi, le dénombrement des enfants de moins d'un an et des jeunes enfants comporte souvent plus de lacunes que celui des personnes plus âgées. De même, le fait que certains groupes de personnes appartenant souvent à des groupes d'âge déterminés, par exemple les militaires, ne soient pas pris en compte dans la population totale peut influer sensiblement sur la structure par âge et sur la comparabilité des données avec celles d'autres pays ou zones. Il conviendra de tenir compte de ces facteurs fondamentaux lorsque l'on utilisera les données du tableau.

Outre ces difficultés d'ordre général, la comparabilité pose des problèmes particuliers lorsqu'il s'agit des données par âge. On sait que les répartitions de la population selon l'âge présentent certaines imperfections dues à l'inexactitude des déclarations d'âge. Certaines de ces anomalies ont tendance à s'estomper ou à disparaître lorsque l'on classe les données par groupes d'âge quinquennaux et non par années d'âge, mais une certaine imprécision subsiste, même s'il n'est pas toujours facile de voir à quel point il y a distorsion.

Le degré de comparabilité dépend également de la classification par âge employée dans les divers pays ou zones. L'âge retenu peut être défini par date exacte (jour, mois et année) de naissance ou par celle du dernier anniversaire. Lorsqu'elles étaient connues, les répartitions établies seulement d'après l'année de la naissance ont été signalées en note à la fin du tableau.

Si aucun nombre ne figure dans la rangée réservée aux âges inconnus, cela ne signifie pas nécessairement que les déclarations d'âge et l'exploitation des données par âge aient été tout à fait exactes. C'est souvent une indication que l'on a attribué un âge aux personnes d'âge inconnu avant l'exploitation des données ou qu'elles ont été réparties proportionnellement entre les différents groupes après cette opération.

Comme on l'a indiqué à propos du tableau 5, les estimations intercensitaires de la population totale sont d'ordinaire rectifiées d'après les résultats des recensements de population si l'on constate des discontinuités inexplicables. Les données postcensitaires concernant la répartition de la population par âge et par sexe ont toutefois moins de chance d'être rectifiées de cette manière. Lorsque l'on savait qu'une estimation de la population totale pour une année donnée avait été rectifiée sans qu'il en soit de même pour la répartition par âge correspondante, cette dernière a été indiquée comme ayant un caractère provisoire. Les répartitions de ce type doivent être utilisées avec prudence lorsque l'on étudie les tendances sur un certain nombre d'années, quoique leur utilité pour l'étude de la structure par âge de la population pour l'année visée reste probablement entière.

La comparabilité des données selon le lieu de résidence (zone urbaine ou rurale) peut être limitée par les définitions nationales des termes « urbain » et « rural » utilisées pour la mise en tableaux de ces données. Les définitions du terme « urbain » utilisées pour les recensements nationaux de population ont été présentées à la fin des notes techniques du tableau 6 lorsqu'elles étaient connues. Comme on l'a précisé dans les notes techniques relatives au tableau 6, ces définitions varient considérablement d'un pays ou d'une zone à l'autre.

Données publiées antérieurement : des statistiques concernant la population selon l'âge, le sexe et le lieu de résidence (zone urbaine ou rurale) ont été présentées dans des éditions antérieures de l'*Annuaire démographique*. Pour plus de précisions concernant les années et les sujets pour lesquels des données ont été publiées, se reporter à l'index historique. En plus, des statistiques disponibles concernant la « Population selon chaque année d'âge, le sexe et la résidence urbaine/rurale », pour les recensements depuis 1995, ont été présentées dans la page internet suivante de l'*Annuaire démographique* http://unstats.un.org/unsd/demographic/products/dyb/dybcensusdata.htm.

Continent, country or area, date, code and age (in years) / Continent, pays ou zone, date, code et âge (en années)	Total			Urban - Urbaine			Rural - Rurale		
	Both sexes Les deux sexes	Male Masculin	Female Féminin	Both sexes Les deux sexes	Male Masculin	Female Féminin	Both sexes Les deux sexes	Male Masculin	Female Féminin
AFRICA - AFRIQUE									
Algeria - Algérie[1]									
16 IV 2008* (CDJC)									
Total	34 080 030	17 232 747	16 847 283	...	...	...	...	...	...
0 - 4	3 404 918	1 750 097	1 654 821	...	...	...	...	...	...
5 - 9	2 888 376	1 475 674	1 412 702	...	...	...	...	...	...
10 - 14	3 258 774	1 662 260	1 596 513	...	...	...	...	...	...
15 - 19	3 635 170	1 847 311	1 787 859	...	...	...	...	...	...
20 - 24	3 763 506	1 895 704	1 867 802	...	...	...	...	...	...
25 - 29	3 422 377	1 730 409	1 691 968	...	...	...	...	...	...
30 - 34	2 740 995	1 379 085	1 361 910	...	...	...	...	...	...
35 - 39	2 342 778	1 167 249	1 175 529	...	...	...	...	...	...
40 - 44	2 018 327	1 007 683	1 010 644	...	...	...	...	...	...
45 - 49	1 629 435	817 004	812 432	...	...	...	...	...	...
50 - 54	1 346 695	682 357	664 337	...	...	...	...	...	...
55 - 59	1 062 579	547 181	515 398	...	...	...	...	...	...
60 - 64	711 482	354 694	356 788	...	...	...	...	...	...
65 - 69	631 303	314 958	316 345	...	...	...	...	...	...
70 - 74	504 926	248 672	256 254	...	...	...	...	...	...
75 - 79	363 843	181 478	182 364	...	...	...	...	...	...
80 - 84	187 130	93 472	93 657	...	...	...	...	...	...
85 +	132 445	62 141	70 304	...	...	...	...	...	...
Unknown - Inconnu	34 973	15 317	19 657	...	...	...	...	...	...
Benin - Bénin[2]									
1 VII 2011 (ESDF)									
Total	9 067 076	4 446 877	4 620 199	4 072 574	2 003 366	2 069 208	4 994 502	2 443 511	2 550 991
0 - 4	1 629 512	828 064	801 448	633 629	321 667	311 962	995 883	506 397	489 486
0	350 292	178 565	171 727	...	...	...	...	...	...
1 - 4	1 279 220	649 499	629 721	...	...	...	...	...	...
5 - 9	1 335 166	675 912	659 254	511 822	251 283	260 539	823 344	424 629	398 715
10 - 14	1 137 068	572 756	564 312	517 373	244 437	272 936	619 695	328 319	291 376
15 - 19	1 081 199	553 241	527 958	550 694	279 420	271 274	530 505	273 821	256 684
20 - 24	767 946	398 920	369 026	406 496	224 092	182 404	361 450	174 828	186 622
25 - 29	609 489	291 598	317 891	303 896	153 731	150 165	305 593	137 867	167 726
30 - 34	537 893	227 400	310 493	264 521	117 596	146 925	273 372	109 804	163 568
35 - 39	494 619	213 385	281 234	236 804	106 800	130 004	257 815	106 585	151 230
40 - 44	378 111	175 956	202 155	178 115	86 225	91 890	199 996	89 731	110 265
45 - 49	308 866	142 056	166 810	145 334	68 351	76 983	163 532	73 705	89 827
50 - 54	232 650	110 074	122 576	101 866	48 831	53 035	130 784	61 243	69 541
55 - 59	171 970	82 190	89 780	77 819	37 319	40 500	94 151	44 871	49 280
60 - 64	135 768	64 968	70 800	52 261	24 642	27 619	83 507	40 326	43 181
65 - 69	75 534	35 915	39 619	31 238	14 546	16 692	44 296	21 369	22 927
70 - 74	82 740	36 511	46 229	30 032	12 558	17 474	52 708	23 953	28 755
75 - 79	36 453	15 591	20 862	14 064	5 573	8 491	22 389	10 018	12 371
80 +	52 092	22 340	29 752	16 610	6 295	10 315	35 482	16 045	19 437
Botswana[3]									
1 VII 2011 (ESDJ)									
Total	1 849 692	910 404	939 288	447 433	220 403	227 030	1 402 259	690 001	712 258
0 - 4	215 387	108 461	106 926	40 250	20 223	20 027	175 137	88 238	86 899
0	49 540	24 892	24 648	...	...	...	...	...	...
1 - 4	165 847	83 569	82 278	...	...	...	...	...	...
5 - 9	193 918	97 806	96 112	36 050	17 564	18 486	157 868	80 242	77 626
10 - 14	217 062	109 426	107 636	39 522	18 480	21 042	177 540	90 946	86 594
15 - 19	204 292	102 971	101 321	43 633	19 460	24 173	160 659	83 511	77 148
20 - 24	201 918	101 885	100 033	64 598	30 974	33 624	137 320	70 911	66 409
25 - 29	181 814	93 334	88 480	62 863	31 084	31 779	118 951	62 250	56 701
30 - 34	153 759	79 862	73 897	53 346	27 652	25 694	100 413	52 210	48 203
35 - 39	116 506	60 504	56 002	37 941	20 662	17 279	78 565	39 842	38 723
40 - 44	81 745	41 205	40 540	24 673	13 223	11 450	57 072	27 982	29 090
45 - 49	59 165	26 240	32 925	15 517	7 760	7 757	43 648	18 480	25 168
50 - 54	51 197	19 308	31 889	11 115	5 229	5 886	40 082	14 079	26 003
55 - 59	43 415	16 707	26 708	7 641	3 591	4 050	35 774	13 116	22 658
60 - 64	33 882	13 686	20 196	3 979	1 900	2 079	29 903	11 786	18 117
65 - 69	27 086	11 107	15 979	2 355	1 065	1 290	24 731	10 042	14 689
70 - 74	21 226	9 003	12 223	1 385	585	800	19 841	8 418	11 423
75 +	47 320	18 899	28 421	2 565	951	1 614	44 755	17 948	26 807

7. Population by age, sex and urban/rural residence: latest available year, 2002 - 2011

Population selon l'âge, le sexe et la résidence, urbaine/rurale : dernière année disponible, 2002 - 2011 (continued - suite)

Continent, country or area, date, code and age (in years) Continent, pays ou zone, date, code et âge (en années)	Total			Urban - Urbaine			Rural - Rurale		
	Both sexes Les deux sexes	Male Masculin	Female Féminin	Both sexes Les deux sexes	Male Masculin	Female Féminin	Both sexes Les deux sexes	Male Masculin	Female Féminin
AFRICA - AFRIQUE									
Burkina Faso									
9 XII 2006 (CDJC)									
Total	14 017 262	6 768 739	7 248 523	3 181 967	1 588 895	1 593 072	10 835 295	5 179 844	5 655 451
0	466 516	235 090	231 426	87 021	44 072	42 949	379 495	191 018	188 477
1 - 4	1 970 397	995 520	974 877	333 623	169 737	163 886	1 636 774	825 783	810 991
5 - 9	2 315 710	1 176 473	1 139 237	401 898	200 004	201 894	1 913 812	976 469	937 343
10 - 14	1 746 588	900 103	846 485	369 532	178 639	190 893	1 377 056	721 464	655 592
15 - 19	1 475 285	710 323	764 962	411 383	192 566	218 817	1 063 902	517 757	546 145
20 - 24	1 185 378	530 425	654 953	366 029	178 980	187 049	819 349	351 445	467 904
25 - 29	1 009 285	448 431	560 854	296 420	150 350	146 070	712 865	298 081	414 784
30 - 34	794 820	363 408	431 412	228 658	122 850	105 808	566 162	240 558	325 604
35 - 39	656 824	298 236	358 588	172 705	92 889	79 816	484 119	205 347	278 772
40 - 44	549 287	250 143	299 144	136 961	71 800	65 161	412 326	178 343	233 983
45 - 49	427 739	195 016	232 723	99 671	52 052	47 619	328 068	142 964	185 104
50 - 54	358 810	166 281	192 529	78 866	41 122	37 744	279 944	125 159	154 785
55 - 59	273 563	132 254	141 309	56 234	29 228	27 006	217 329	103 026	114 303
60 - 64	238 962	111 176	127 786	45 740	21 983	23 757	193 222	89 193	104 029
65 - 69	163 609	80 542	83 067	29 765	14 189	15 576	133 844	66 353	67 491
70 - 74	136 282	63 727	72 555	23 129	10 103	13 026	113 153	53 624	59 529
75 - 79	77 113	37 186	39 927	12 366	5 449	6 917	64 747	31 737	33 010
80 - 84	50 317	21 791	28 526	8 171	2 957	5 214	42 146	18 834	23 312
85 - 89	21 694	9 645	12 049	3 512	1 230	2 282	18 182	8 415	9 767
90 - 94	11 529	4 480	7 049	1 898	619	1 279	9 631	3 861	5 770
95 +	13 067	4 727	8 340	1 956	467	1 489	11 111	4 260	6 851
Unknown - Inconnu	74 487	33 762	40 725	16 429	7 609	8 820	58 058	26 153	31 905
1 VII 2009 (ESDJ)[2]									
Total	15 224 780	7 346 835	7 877 945	...	...	...	...	...	...
0	652 074	332 861	319 213	...	...	...	...	...	...
1 - 4	2 262 278	1 166 932	1 095 346	...	...	...	...	...	...
5 - 9	2 416 407	1 236 776	1 179 631	...	...	...	...	...	...
10 - 14	1 973 815	988 126	985 689	...	...	...	...	...	...
15 - 19	1 577 324	774 081	803 243	...	...	...	...	...	...
20 - 24	1 309 638	579 080	730 558	...	...	...	...	...	...
25 - 29	1 045 616	455 063	590 553	...	...	...	...	...	...
30 - 34	878 095	389 101	488 994	...	...	...	...	...	...
35 - 39	679 903	308 106	371 797	...	...	...	...	...	...
40 - 44	589 777	263 840	325 937	...	...	...	...	...	...
45 - 49	453 094	206 387	246 707	...	...	...	...	...	...
50 - 54	382 895	172 330	210 565	...	...	...	...	...	...
55 - 59	280 518	133 841	146 677	...	...	...	...	...	...
60 - 64	254 972	118 221	136 751	...	...	...	...	...	...
65 - 69	167 320	81 902	85 418	...	...	...	...	...	...
70 - 74	138 614	64 975	73 639	...	...	...	...	...	...
75 - 79	75 664	37 101	38 563	...	...	...	...	...	...
80 +	86 776	38 112	48 664	...	...	...	...	...	...
Burundi									
16 VIII 2008 (CDJC)									
Total	8 053 574	3 964 906	4 088 668	811 866	442 596	369 270	7 241 708	3 522 310	3 719 398
0 - 4	1 424 016	701 119	722 897	121 181	60 098	61 083	1 302 835	641 021	661 814
5 - 9	1 133 011	554 819	578 192	93 103	46 020	47 083	1 039 908	508 799	531 109
10 - 14	992 125	479 874	512 251	81 559	39 261	42 298	910 566	440 613	469 953
15 - 19	967 635	462 251	505 384	102 274	51 816	50 458	865 361	410 435	454 926
20 - 24	771 686	364 574	407 112	95 104	52 641	42 463	676 582	311 933	364 649
25 - 29	607 541	304 842	302 699	87 743	52 567	35 176	519 798	252 275	267 523
30 - 34	414 453	209 982	204 471	61 717	38 063	23 654	352 736	171 919	180 817
35 - 39	371 931	186 018	185 913	45 180	27 712	17 468	326 751	158 306	168 445
40 - 44	303 720	153 694	150 026	32 626	20 899	11 727	271 094	132 795	138 299
45 - 49	280 890	146 870	134 020	25 095	15 625	9 470	255 795	131 245	124 550
50 - 54	228 246	116 798	111 448	17 525	10 673	6 852	210 721	106 125	104 596
55 - 59	141 758	76 723	65 035	10 835	6 528	4 307	130 923	70 195	60 728
60 - 64	107 403	52 602	54 801	7 274	3 910	3 364	100 129	48 692	51 437
65 - 69	67 434	34 477	32 957	4 369	2 260	2 109	63 065	32 217	30 848
70 - 74	63 458	28 759	34 699	3 656	1 646	2 010	59 802	27 113	32 689
75 - 79	35 140	18 344	16 796	2 120	973	1 147	33 020	17 371	15 649
80 - 84	28 212	12 675	15 537	1 403	556	847	26 809	12 119	14 690

Continent, country or area, date, code and age (in years) Continent, pays ou zone, date, code et âge (en années)	Total			Urban - Urbaine			Rural - Rurale		
	Both sexes Les deux sexes	Male Masculin	Female Féminin	Both sexes Les deux sexes	Male Masculin	Female Féminin	Both sexes Les deux sexes	Male Masculin	Female Féminin
AFRICA - AFRIQUE									
Burundi									
16 VIII 2008 (CDJC)									
85 - 89	11 836	6 328	5 508	639	298	341	11 197	6 030	5 167
90 - 94	8 545	4 074	4 471	417	156	261	8 128	3 918	4 210
95 +	7 300	3 585	3 715	493	295	198	6 807	3 290	3 517
Unknown - Inconnu	87 234	46 498	40 736	17 553	10 599	6 954	69 681	35 899	33 782
Cameroon - Cameroun[2]									
1 VII 2010* (ESDJ)									
Total	19 406 100	9 599 224	9 806 876	...	...	...	...	...	...
0 - 4	3 287 234	1 662 298	1 624 936	...	...	...	...	...	...
5 - 9	2 783 459	1 412 467	1 370 992	...	...	...	...	...	...
10 - 14	2 394 671	1 227 470	1 167 201	...	...	...	...	...	...
15 - 19	2 170 035	1 068 509	1 101 526	...	...	...	...	...	...
20 - 24	1 837 289	855 334	981 955	...	...	...	...	...	...
25 - 29	1 525 816	712 550	813 266	...	...	...	...	...	...
30 - 34	1 209 607	588 210	621 397	...	...	...	...	...	...
35 - 39	942 713	460 394	482 319	...	...	...	...	...	...
40 - 44	793 846	388 539	405 307	...	...	...	...	...	...
45 - 49	640 247	323 507	316 740	...	...	...	...	...	...
50 - 54	521 910	261 626	260 284	...	...	...	...	...	...
55 - 59	337 988	178 876	159 112	...	...	...	...	...	...
60 - 64	315 879	155 208	160 671	...	...	...	...	...	...
65 - 69	227 290	110 645	116 645	...	...	...	...	...	...
70 - 74	189 571	88 969	100 602	...	...	...	...	...	...
75 - 79	98 078	47 173	50 905	...	...	...	...	...	...
80 - 84	71 585	31 609	39 976	...	...	...	...	...	...
85 - 89	26 564	12 109	14 455	...	...	...	...	...	...
90 - 94	15 715	6 942	8 773	...	...	...	...	...	...
95 +	16 603	6 789	9 814	...	...	...	...	...	...
Cape Verde - Cap-Vert[4]									
1 VII 2003 (ESDF)									
Total	460 968	223 254	237 715	257 412	125 652	131 759	203 556	97 600	105 956
0 - 4	58 940	30 004	28 936	30 116	15 352	14 765	28 823	14 652	14 171
5 - 9	61 218	30 867	30 351	30 927	15 643	15 284	30 291	15 224	15 067
10 - 14	64 803	32 445	32 358	34 166	16 918	17 248	30 636	15 526	15 110
15 - 19	57 898	28 923	28 975	33 909	16 551	17 358	23 990	12 372	11 618
20 - 24	42 677	21 383	21 294	26 883	13 427	13 456	15 794	7 956	7 838
25 - 29	31 691	15 870	15 821	20 027	9 970	10 057	11 664	5 901	5 763
30 - 34	27 198	13 321	13 877	16 627	8 322	8 306	10 570	4 999	5 571
35 - 39	26 745	12 770	13 975	16 748	8 330	8 419	9 996	4 440	5 556
40 - 44	22 729	10 461	12 268	13 844	6 826	7 018	8 886	3 635	5 251
45 - 49	16 084	6 733	9 351	9 359	4 438	4 921	6 726	2 296	4 430
50 - 54	9 378	3 674	5 704	5 496	2 386	3 110	3 882	1 288	2 594
55 - 59	5 466	2 224	3 242	2 921	1 271	1 651	2 545	953	1 592
60 - 64	7 569	2 919	4 650	3 580	1 404	2 176	3 989	1 515	2 474
65 - 69	9 285	3 660	5 625	4 224	1 629	2 595	5 062	2 032	3 030
70 - 74	7 654	3 244	4 410	3 316	1 270	2 046	4 338	1 974	2 364
75 - 79	5 041	2 183	2 858	2 264	853	1 410	2 778	1 330	1 448
80 +	6 593	2 573	4 020	3 005	1 064	1 941	3 589	1 510	2 079
1 VII 2011 (ESDF)									
Total	527 269	255 327	271 942	...	...	...	...	...	...
0	13 460	6 778	6 682	...	...	...	...	...	...
1 - 4	50 678	25 438	25 240	...	...	...	...	...	...
5 - 9	57 789	28 923	28 866	...	...	...	...	...	...
10 - 14	57 177	28 773	28 404	...	...	...	...	...	...
15 - 19	60 912	30 486	30 426	...	...	...	...	...	...
20 - 24	61 465	30 479	30 986	...	...	...	...	...	...
25 - 29	48 416	23 782	24 634	...	...	...	...	...	...
30 - 34	35 452	17 379	18 073	...	...	...	...	...	...
35 - 39	27 130	13 085	14 045	...	...	...	...	...	...
40 - 44	26 081	12 350	13 731	...	...	...	...	...	...
45 - 49	24 501	11 490	13 011	...	...	...	...	...	...
50 - 54	19 163	8 591	10 572	...	...	...	...	...	...
55 - 59	13 045	5 240	7 805	...	...	...	...	...	...
60 - 64	6 603	2 691	3 912	...	...	...	...	...	...

7. Population by age, sex and urban/rural residence: latest available year, 2002 - 2011
Population selon l'âge, le sexe et la résidence, urbaine/rurale : dernière année disponible, 2002 - 2011 (continued - suite)

Continent, country or area, date, code and age (in years) / Continent, pays ou zone, date, code et âge (en annèes)	Total			Urban - Urbaine			Rural - Rurale		
	Both sexes Les deux sexes	Male Masculin	Female Féminin	Both sexes Les deux sexes	Male Masculin	Female Féminin	Both sexes Les deux sexes	Male Masculin	Female Féminin
AFRICA - AFRIQUE									
Cape Verde - Cap-Vert									
1 VII 2011 (ESDF)									
65 - 69	5 293	2 140	3 153	...	...	...	...	...	...
70 - 74	7 492	2 838	4 654	...	...	...	...	...	...
75 - 79	6 261	2 425	3 836	...	...	...	...	...	...
80 +	6 351	2 439	3 912	...	...	...	...	...	...
Congo									
28 IV 2007 (CDFC)									
Total	3 697 490	1 821 357	1 876 133	...	...	...	...	...	...
0 - 4	557 500	278 342	279 158	...	...	...	...	...	...
5 - 9	458 151	230 099	228 052	...	...	...	...	...	...
10 - 14	412 363	205 101	207 262	...	...	...	...	...	...
15 - 19	379 365	183 295	196 070	...	...	...	...	...	...
20 - 24	355 500	164 340	191 160	...	...	...	...	...	...
25 - 29	334 397	163 098	171 299	...	...	...	...	...	...
30 - 34	289 481	147 570	141 911	...	...	...	...	...	...
35 - 39	238 628	124 027	114 601	...	...	...	...	...	...
40 - 44	180 456	93 830	86 626	...	...	...	...	...	...
45 - 49	137 033	70 361	66 672	...	...	...	...	...	...
50 - 54	102 641	49 171	53 470	...	...	...	...	...	...
55 - 59	74 467	35 307	39 160	...	...	...	...	...	...
60 - 64	57 975	26 655	31 320	...	...	...	...	...	...
65 - 69	46 793	20 882	25 911	...	...	...	...	...	...
70 - 74	34 675	14 704	19 971	...	...	...	...	...	...
75 - 79	21 044	8 401	12 643	...	...	...	...	...	...
80 - 84	9 657	3 494	6 163	...	...	...	...	...	...
85 - 89	5 188	1 864	3 324	...	...	...	...	...	...
90 +	2 176	816	1 360	...	...	...	...	...	...
Egypt - Égypte									
1 VII 2011 (ESDF)									
Total	80 410 017	41 110 578	39 299 439	34 515 708	17 619 110	16 896 598	45 894 309	23 491 468	22 402 841
0 - 4	8 526 674	4 370 269	4 156 405	3 215 324	1 645 898	1 569 426	5 311 350	2 724 371	2 586 979
5 - 9	8 444 066	4 353 223	4 090 843	3 290 584	1 691 089	1 599 495	5 153 482	2 662 134	2 491 348
10 - 14	8 528 333	4 420 078	4 108 255	3 260 778	1 682 584	1 578 194	5 267 555	2 737 494	2 530 061
15 - 19	9 433 512	4 837 291	4 596 221	3 834 360	1 951 128	1 883 232	5 599 152	2 886 163	2 712 989
20 - 24	8 696 396	4 451 881	4 244 515	3 816 625	1 920 777	1 895 848	4 879 771	2 531 104	2 348 667
25 - 29	7 061 124	3 486 398	3 574 726	3 114 438	1 523 932	1 590 506	3 946 686	1 962 466	1 984 220
30 - 34	5 229 190	2 671 664	2 557 526	2 386 274	1 209 471	1 176 803	2 842 916	1 462 193	1 380 723
35 - 39	5 145 076	2 554 033	2 591 043	2 291 059	1 148 718	1 142 341	2 854 017	1 405 315	1 448 702
40 - 44	4 519 659	2 286 131	2 233 528	2 135 237	1 072 465	1 062 772	2 384 422	1 213 666	1 170 756
45 - 49	4 058 422	2 074 515	1 983 907	1 920 349	979 583	940 766	2 138 073	1 094 932	1 043 141
50 - 54	3 378 499	1 703 894	1 674 605	1 705 393	866 825	838 568	1 673 106	837 069	836 037
55 - 59	2 500 283	1 340 259	1 160 024	1 215 051	652 311	562 740	1 285 232	687 948	597 284
60 - 64	1 881 168	991 751	889 417	979 633	535 336	444 297	901 535	456 415	445 120
65 - 69	1 317 296	707 193	610 103	595 711	338 377	257 334	721 585	368 816	352 769
70 - 74	872 692	444 815	427 877	405 778	215 839	189 939	466 914	228 976	237 938
75 +	817 627	417 183	400 444	349 114	184 777	164 337	468 513	232 406	236 107
Ethiopia - Éthiopie[5]									
1 VII 2008 (ESDF)									
Total	79 221 000	39 691 000	39 530 000	13 225 000	6 575 000	6 650 000	65 996 000	33 116 000	32 880 000
0 - 4	12 634 128	6 381 651	6 252 477	1 608 103	837 115	770 988	11 027 607	5 545 365	5 482 242
5 - 9	11 375 406	5 742 553	5 632 853	1 572 449	796 842	775 606	9 804 015	4 946 304	4 857 711
10 - 14	9 860 705	4 983 414	4 877 291	1 510 467	746 491	763 976	8 350 671	4 237 207	4 113 464
15 - 19	8 178 673	4 146 348	4 032 325	1 390 318	679 466	710 851	6 788 253	3 466 879	3 321 374
20 - 24	7 442 221	3 777 710	3 664 510	1 433 360	700 859	732 680	6 008 054	3 076 545	2 931 509
25 - 29	6 446 813	3 269 384	3 177 429	1 326 898	654 980	671 918	5 119 126	2 613 980	2 505 146
30 - 34	5 337 998	2 677 364	2 660 634	1 100 820	556 544	544 276	4 236 510	2 120 406	2 116 104
35 - 39	4 293 830	2 112 022	2 181 807	871 216	440 672	430 544	3 422 119	1 671 022	1 751 097
40 - 44	3 447 552	1 663 907	1 783 644	658 160	328 837	329 322	2 789 134	1 334 886	1 454 248
45 - 49	2 727 580	1 292 456	1 435 124	491 450	241 120	250 330	2 236 012	1 051 240	1 184 772
50 - 54	2 194 347	1 045 893	1 148 454	378 827	183 526	195 301	1 815 478	862 329	953 149
55 - 59	1 740 176	844 895	895 281	291 867	142 040	149 828	1 448 305	702 849	745 456
60 - 64	1 322 620	649 306	673 314	220 967	103 852	117 115	1 101 659	545 471	556 189
65 - 69	951 626	471 805	479 820	159 064	72 250	86 814	792 569	399 578	392 991

7. Population by age, sex and urban/rural residence: latest available year, 2002 - 2011

Population selon l'âge, le sexe et la résidence, urbaine/rurale : dernière année disponible, 2002 - 2011 (continued - suite)

Continent, country or area, date, code and age (in years) / Continent, pays ou zone, date, code et âge (en années)	Total			Urban - Urbaine			Rural - Rurale		
	Both sexes Les deux sexes	Male Masculin	Female Féminin	Both sexes Les deux sexes	Male Masculin	Female Féminin	Both sexes Les deux sexes	Male Masculin	Female Féminin
AFRICA - AFRIQUE									
Ethiopia - Éthiopie[5]									
1 VII 2008 (ESDF)									
70 - 74	639 657	318 537	321 119	106 400	46 747	59 653	533 265	271 814	261 451
75 +	627 670	313 753	313 917	104 457	43 659	60 798	523 224	270 126	253 098
Ghana									
1 VII 2009 (ESDF)									
Total	23 416 518	11 586 103	11 830 415	10 245 018	5 006 981	5 238 037	13 171 500	6 579 123	6 592 377
0	650 363	324 453	325 909	242 735	121 396	121 339	407 628	203 057	204 571
1 - 4	2 778 673	1 383 948	1 394 726	1 037 209	514 137	523 072	1 741 464	869 811	871 653
5 - 9	3 436 199	1 721 875	1 714 324	1 304 336	640 893	663 443	2 131 862	1 080 981	1 050 881
10 - 14	2 801 026	1 425 305	1 375 721	1 193 080	571 070	622 010	1 607 946	854 235	753 711
15 - 19	2 332 421	1 190 090	1 142 332	1 136 764	546 630	590 134	1 195 658	643 460	552 198
20 - 24	1 982 100	944 793	1 037 307	1 036 154	504 186	531 968	945 946	440 607	505 339
25 - 29	1 841 541	861 145	980 395	926 030	444 398	481 631	915 511	416 747	498 764
30 - 34	1 494 244	701 352	792 892	721 725	346 495	375 230	772 519	354 857	417 662
35 - 39	1 275 032	607 777	667 255	601 306	287 146	314 160	673 726	320 631	353 095
40 - 44	1 098 178	548 864	549 314	500 121	249 698	250 423	598 057	299 166	298 891
45 - 49	891 930	467 183	424 747	394 824	206 921	187 903	497 106	260 263	236 844
50 - 54	703 742	346 628	357 114	297 210	148 714	148 496	406 532	197 914	208 618
55 - 59	440 596	226 392	214 204	191 858	99 806	92 052	248 738	126 586	122 151
60 - 64	453 608	219 587	234 021	176 672	87 169	89 503	276 936	132 418	144 518
65 - 69	320 328	159 836	160 491	128 532	63 731	64 800	191 796	96 105	95 691
70 - 74	278 786	131 882	146 904	103 834	47 698	56 135	174 952	84 184	90 768
75 - 79	179 325	91 957	87 368	69 376	34 293	35 084	109 949	57 664	52 285
80 - 84	174 394	82 885	91 509	64 966	30 046	34 920	109 428	52 839	56 588
85 - 89	133 176	72 129	61 047	57 206	31 238	25 968	75 970	40 891	35 079
90 - 94	70 876	34 988	35 887	27 522	13 247	14 275	43 354	21 741	21 612
95 +	79 981	43 034	36 947	33 558	18 069	15 490	46 423	24 965	21 458
Guinea - Guinée[2]									
1 VII 2009 (ESDF)									
Total	10 217 591	5 038 823	5 178 768	...	...	...	...	...	...
0 - 4	1 708 508	866 996	841 512	...	...	...	...	...	...
5 - 9	1 355 253	686 211	669 042	...	...	...	...	...	...
10 - 14	1 155 226	581 127	574 099	...	...	...	...	...	...
15 - 19	1 225 991	621 661	604 330	...	...	...	...	...	...
20 - 24	996 391	517 007	479 384	...	...	...	...	...	...
25 - 29	668 191	344 997	323 194	...	...	...	...	...	...
30 - 34	565 801	260 720	305 081	...	...	...	...	...	...
35 - 39	494 352	216 535	277 817	...	...	...	...	...	...
40 - 44	478 364	204 559	273 805	...	...	...	...	...	...
45 - 49	366 578	163 816	202 762	...	...	...	...	...	...
50 - 54	315 033	147 915	167 118	...	...	...	...	...	...
55 - 59	240 705	118 129	122 576	...	...	...	...	...	...
60 - 64	182 506	87 782	94 724	...	...	...	...	...	...
65 - 69	139 166	66 929	72 237	...	...	...	...	...	...
70 - 74	111 293	54 579	56 714	...	...	...	...	...	...
75 +	214 233	99 860	114 373	...	...	...	...	...	...
Kenya									
24 VIII 2009 (CDFC)									
Total	38 610 097	19 192 458	19 417 639	12 487 375	6 278 811	6 208 564	26 122 722	12 913 647	13 209 075
0 - 4	5 939 306	3 000 439	2 938 867	1 739 251	875 830	863 421	4 200 055	2 124 609	2 075 446
5 - 9	5 597 716	2 832 669	2 765 047	1 484 285	742 473	741 812	4 113 431	2 090 196	2 023 235
10 - 14	5 034 855	2 565 313	2 469 542	1 312 671	650 438	662 233	3 722 184	1 914 875	1 807 309
15 - 19	4 169 543	2 123 653	2 045 890	1 244 054	587 384	656 670	2 925 489	1 536 269	1 389 220
20 - 24	3 775 103	1 754 105	2 020 998	1 572 026	708 458	863 568	2 203 077	1 045 647	1 157 430
25 - 29	3 201 226	1 529 116	1 672 110	1 442 798	715 957	726 841	1 758 428	813 159	945 269
30 - 34	2 519 506	1 257 035	1 262 471	1 056 483	568 615	487 868	1 463 023	688 420	774 603
35 - 39	2 008 632	1 004 361	1 004 271	785 390	431 054	354 336	1 223 242	573 307	649 935
40 - 44	1 476 169	743 594	732 575	533 174	297 202	235 972	942 995	446 392	496 603
45 - 49	1 272 745	635 276	637 469	422 941	235 467	187 474	849 804	399 809	449 995
50 - 54	956 206	478 346	477 860	286 074	159 814	126 260	670 132	318 532	351 600
55 - 59	711 953	359 466	352 487	187 793	103 563	84 230	524 160	255 903	268 257
60 - 64	593 778	295 197	298 581	139 271	73 800	65 471	454 507	221 397	233 110
65 - 69	390 763	183 151	207 612	83 728	41 299	42 429	307 035	141 852	165 183
70 - 74	339 301	160 301	179 000	68 868	32 691	36 177	270 433	127 610	142 823

7. Population by age, sex and urban/rural residence: latest available year, 2002 - 2011
Population selon l'âge, le sexe et la résidence, urbaine/rurale : dernière année disponible, 2002 - 2011 (continued - suite)

Continent, country or area, date, code and age (in years) Continent, pays ou zone, date, code et âge (en années)	Total			Urban - Urbaine			Rural - Rurale		
	Both sexes Les deux sexes	Male Masculin	Female Féminin	Both sexes Les deux sexes	Male Masculin	Female Féminin	Both sexes Les deux sexes	Male Masculin	Female Féminin
AFRICA - AFRIQUE									
Kenya									
24 VIII 2009 (CDFC)									
75 - 79	218 508	99 833	118 675	42 247	19 276	22 971	176 261	80 557	95 704
80 +	383 701	159 125	224 576	77 003	30 335	46 668	306 698	128 790	177 908
Unknown - Inconnu	21 086	11 478	9 608	9 318	5 155	4 163	11 768	6 323	5 445
Lesotho									
13 IV 2006 (CDJC)									
Total	1 862 860	904 392	958 468	421 105	194 097	227 008	1 441 755	710 295	731 460
0 - 4	201 995	101 397	100 598	39 245	19 604	19 641	162 750	81 793	80 957
5 - 9	211 947	106 695	105 252	40 208	20 051	20 157	171 739	86 644	85 095
10 - 14	220 938	110 778	110 160	42 546	20 751	21 795	178 392	90 027	88 365
15 - 19	229 389	114 800	114 589	48 783	21 971	26 812	180 606	92 829	87 777
20 - 24	207 062	101 385	105 677	52 026	21 394	30 632	155 036	79 991	75 045
25 - 29	164 867	82 202	82 665	49 796	21 948	27 848	115 071	60 254	54 817
30 - 34	119 530	60 107	59 423	36 708	17 327	19 381	82 822	42 780	40 042
35 - 39	93 490	45 645	47 845	28 605	13 639	14 966	64 885	32 006	32 879
40 - 44	83 299	39 596	43 703	22 742	10 805	11 937	60 557	28 791	31 766
45 - 49	72 621	34 102	38 519	17 782	8 461	9 321	54 839	25 641	29 198
50 - 54	63 084	28 723	34 361	13 153	6 037	7 116	49 931	22 686	27 245
55 - 59	50 148	23 225	26 923	9 367	4 266	5 101	40 781	18 959	21 822
60 - 64	37 699	16 724	20 975	6 325	2 851	3 474	31 374	13 873	17 501
65 - 69	32 028	13 369	18 659	4 794	1 977	2 817	27 234	11 392	15 842
70 - 74	35 609	13 380	22 229	4 158	1 569	2 589	31 451	11 811	19 640
75 - 79	18 141	6 327	11 814	2 281	742	1 539	15 860	5 585	10 275
80 - 84	10 498	3 251	7 247	1 336	380	956	9 162	2 871	6 291
85 +	10 515	2 686	7 829	1 250	324	926	9 265	2 362	6 903
Liberia - Libéria									
21 III 2008 (CDFC)									
Total	3 476 608	1 739 945	1 736 663	...	...	...	...	...	...
0 - 4	534 475	270 564	263 911	...	...	...	...	...	...
5 - 9	501 931	251 411	250 520	...	...	...	...	...	...
10 - 14	421 666	214 859	206 807	...	...	...	...	...	...
15 - 19	375 695	189 407	186 288	...	...	...	...	...	...
20 - 24	342 930	161 951	180 979	...	...	...	...	...	...
25 - 29	291 858	141 006	150 852	...	...	...	...	...	...
30 - 34	219 632	107 326	112 306	...	...	...	...	...	...
35 - 39	203 536	99 136	104 400	...	...	...	...	...	...
40 - 44	155 737	81 670	74 067	...	...	...	...	...	...
45 - 49	118 807	63 827	54 980	...	...	...	...	...	...
50 - 54	82 940	44 870	38 070	...	...	...	...	...	...
55 - 59	56 460	30 975	25 485	...	...	...	...	...	...
60 - 64	52 830	25 473	27 357	...	...	...	...	...	...
65 - 69	39 807	19 250	20 557	...	...	...	...	...	...
70 - 74	25 746	12 343	13 403	...	...	...	...	...	...
75 - 79	22 913	11 580	11 333	...	...	...	...	...	...
80 - 84	12 007	5 408	6 599	...	...	...	...	...	...
85 +	17 638	8 889	8 749	...	...	...	...	...	...
Libya - Libye[6]									
15 IV 2006* (CDFC)									
Total	5 298 152	2 687 513	2 610 639	4 670 858	2 372 379	2 298 479	627 294	315 134	312 160
0	117 479	60 167	57 312	103 670	53 129	50 541	13 809	7 038	6 771
1 - 4	457 866	234 512	223 354	403 509	206 639	196 870	54 357	27 873	26 484
5 - 9	527 595	269 079	258 516	465 506	237 468	228 038	62 089	31 611	30 478
10 - 14	542 893	277 270	265 623	476 896	243 693	233 203	65 997	33 577	32 420
15 - 19	573 026	290 568	282 458	501 444	254 266	247 178	71 582	36 302	35 280
20 - 24	573 287	289 663	283 624	502 229	253 539	248 690	71 058	36 124	34 934
25 - 29	566 458	287 101	279 357	497 522	252 364	245 158	68 936	34 737	34 199
30 - 34	492 828	248 875	243 953	434 821	220 019	214 802	58 007	28 856	29 151
35 - 39	390 800	195 328	195 472	347 316	174 078	173 238	43 484	21 250	22 234
40 - 44	281 849	140 872	140 977	251 876	126 302	125 574	29 973	14 570	15 403
45 - 49	199 142	100 653	98 489	178 471	90 336	88 135	20 671	10 317	10 354
50 - 54	132 619	64 677	67 942	119 463	58 576	60 887	13 156	6 101	7 055
55 - 59	122 277	61 439	60 838	109 004	55 174	53 830	13 273	6 265	7 008
60 - 64	95 127	51 295	43 832	84 339	45 822	38 517	10 788	5 473	5 315
65 - 69	80 018	42 724	37 294	70 241	37 786	32 455	9 777	4 938	4 839

Continent, country or area, date, code and age (in years) / Continent, pays ou zone, date, code et âge (en années)	Total			Urban - Urbaine			Rural - Rurale		
	Both sexes Les deux sexes	Male Masculin	Female Féminin	Both sexes Les deux sexes	Male Masculin	Female Féminin	Both sexes Les deux sexes	Male Masculin	Female Féminin

AFRICA - AFRIQUE

Libya - Libye[6]
15 IV 2006* (CDFC)

70 - 74	57 851	30 325	27 526	50 282	26 511	23 771	7 569	3 814	3 755
75 - 79	45 675	23 125	22 550	39 337	19 978	19 359	6 338	3 147	3 191
80 - 84	24 576	12 158	12 418	20 930	10 332	10 598	3 646	1 826	1 820
85 +	16 786	7 682	9 104	14 002	6 367	7 635	2 784	1 315	1 469

Malawi
8 VI 2008 (CDFC)

Total	13 077 160	6 358 933	6 718 227	2 003 309	1 014 477	988 832	11 073 851	5 344 456	5 729 395
0	503 385	247 809	255 576	67 264	33 375	33 889	436 121	214 434	221 687
1 - 4	1 866 626	922 138	944 488	248 703	122 976	125 727	1 617 923	799 162	818 761
5 - 9	1 968 299	972 307	995 992	261 838	127 930	133 908	1 706 461	844 377	862 084
10 - 14	1 670 391	826 076	844 315	232 203	110 545	121 658	1 438 188	715 531	722 657
15 - 19	1 276 692	625 664	651 028	218 307	105 746	112 561	1 058 385	519 918	538 467
20 - 24	1 240 329	554 799	685 530	248 790	117 648	131 142	991 539	437 151	554 388
25 - 29	1 102 976	530 103	572 873	236 512	122 761	113 751	866 464	407 342	459 122
30 - 34	827 547	417 599	409 948	162 061	91 637	70 424	665 486	325 962	339 524
35 - 39	623 330	323 643	299 687	105 572	61 564	44 008	517 758	262 079	255 679
40 - 44	441 231	218 546	222 685	67 267	37 061	30 206	373 964	181 485	192 479
45 - 49	343 190	167 285	175 905	47 706	25 811	21 895	295 484	141 474	154 010
50 - 54	269 634	126 778	142 856	33 849	18 400	15 449	235 785	108 378	127 407
55 - 59	258 214	122 616	135 598	26 253	14 525	11 728	231 961	108 091	123 870
60 - 64	184 679	87 008	97 671	16 622	9 256	7 366	168 057	77 752	90 305
65 - 69	153 829	72 038	81 791	11 298	6 217	5 081	142 531	65 821	76 710
70 - 74	106 020	46 481	59 539	6 992	3 573	3 419	99 028	42 908	56 120
75 - 79	106 769	46 003	60 766	5 629	2 769	2 860	101 140	43 234	57 906
80 - 84	55 970	21 945	34 025	2 926	1 262	1 664	53 044	20 683	32 361
85 - 89	40 784	16 680	24 104	1 895	818	1 077	38 889	15 862	23 027
90 - 94	18 739	6 967	11 772	780	323	457	17 959	6 644	11 315
95 +	18 526	6 448	12 078	842	280	562	17 684	6 168	11 516

Mauritania - Mauritanie[2]
1 VII 2011 (ESDF)

Total	3 296 958	1 644 572	1 652 386	...	...	...	...	...	...
0 - 4	486 998	249 178	237 820	...	...	...	...	...	...
5 - 9	431 336	220 611	210 725	...	...	...	...	...	...
10 - 14	409 046	209 012	200 034	...	...	...	...	...	...
15 - 19	363 537	187 123	176 414	...	...	...	...	...	...
20 - 24	302 188	154 583	147 605	...	...	...	...	...	...
25 - 29	266 486	130 402	136 084	...	...	...	...	...	...
30 - 34	214 541	100 670	113 871	...	...	...	...	...	...
35 - 39	183 254	84 740	98 514	...	...	...	...	...	...
40 - 44	151 035	70 948	80 087	...	...	...	...	...	...
45 - 49	129 908	61 360	68 548	...	...	...	...	...	...
50 - 54	100 565	49 452	51 113	...	...	...	...	...	...
55 - 59	89 705	43 699	46 006	...	...	...	...	...	...
60 - 64	60 869	29 570	31 299	...	...	...	...	...	...
65 - 69	35 621	17 923	17 698	...	...	...	...	...	...
70 - 74	32 976	16 410	16 566	...	...	...	...	...	...
75 - 79	19 064	9 430	9 634	...	...	...	...	...	...
80 +	19 829	9 461	10 368	...	...	...	...	...	...

Mauritius - Maurice[7]
1 VII 2010 (ESDJ)

Total	1 280 924	631 692	649 232	...	...	...	...	...	...
0	15 140	7 637	7 503	...	...	...	...	...	...
1 - 4	66 987	34 052	32 935	...	...	...	...	...	...
5 - 9	96 353	48 937	47 416	...	...	...	...	...	...
10 - 14	98 251	49 841	48 410	...	...	...	...	...	...
15 - 19	108 580	54 905	53 675	...	...	...	...	...	...
20 - 24	97 031	49 006	48 025	...	...	...	...	...	...
20 - 29	197 952	99 958	97 994	...	...	...	...	...	...
25 - 29	100 921	50 952	49 969	...	...	...	...	...	...
30 - 34	109 433	54 126	55 307	...	...	...	...	...	...
30 - 39	201 663	99 783	101 880	...	...	...	...	...	...
35 - 39	92 230	45 657	46 573	...	...	...	...	...	...
40 - 44	97 193	48 359	48 834	...	...	...	...	...	...

Continent, country or area, date, code and age (in years) / Continent, pays ou zone, date, code et âge (en années)	Total			Urban - Urbaine			Rural - Rurale		
	Both sexes Les deux sexes	Male Masculin	Female Féminin	Both sexes Les deux sexes	Male Masculin	Female Féminin	Both sexes Les deux sexes	Male Masculin	Female Féminin
AFRICA - AFRIQUE									
Mauritius - Maurice[7]									
1 VII 2010 (ESDJ)									
40 - 49	195 641	97 470	98 171	...	...	...	...	...	...
45 - 49	98 448	49 111	49 337	...	...	...	...	...	...
50 - 54	85 582	42 427	43 155	...	...	...	...	...	...
50 - 59	157 394	77 443	79 951	...	...	...	...	...	...
55 - 59	71 812	35 016	36 796	...	...	...	...	...	...
60 - 64	50 089	23 450	26 639	...	...	...	...	...	...
65 - 69	33 182	14 839	18 343	...	...	...	...	...	...
70 - 74	24 778	10 497	14 281	...	...	...	...	...	...
75 - 79	16 608	6 610	9 998	...	...	...	...	...	...
80 - 84	11 139	4 120	7 019	...	...	...	...	...	...
85 +	7 167	2 150	5 017	...	...	...	...	...	...
Mayotte									
31 VII 2007 (CDJC)									
Total	186 387	91 405	94 982	...	...	...	...	...	...
0	6 424	3 255	3 169	...	...	...	...	...	...
1 - 4	25 429	12 948	12 481	...	...	...	...	...	...
5 - 9	27 239	13 739	13 500	...	...	...	...	...	...
10 - 14	23 403	11 483	11 920	...	...	...	...	...	...
15 - 19	18 724	9 144	9 580	...	...	...	...	...	...
20 - 24	13 660	5 789	7 871	...	...	...	...	...	...
25 - 29	14 987	6 262	8 725	...	...	...	...	...	...
30 - 34	14 376	6 651	7 725	...	...	...	...	...	...
35 - 39	12 390	6 468	5 922	...	...	...	...	...	...
40 - 44	8 375	4 385	3 990	...	...	...	...	...	...
45 - 49	6 133	3 261	2 872	...	...	...	...	...	...
50 - 54	4 763	2 508	2 255	...	...	...	...	...	...
55 - 59	3 566	1 948	1 618	...	...	...	...	...	...
60 - 64	2 522	1 329	1 193	...	...	...	...	...	...
65 - 69	1 621	833	788	...	...	...	...	...	...
70 - 74	1 266	671	595	...	...	...	...	...	...
75 - 79	689	348	341	...	...	...	...	...	...
80 - 84	459	234	225	...	...	...	...	...	...
85 - 89	199	89	110	...	...	...	...	...	...
90 - 94	101	35	66	...	...	...	...	...	...
95 +	61	25	36	...	...	...	...	...	...
Morocco - Maroc									
1 VII 2007* (ESDF)									
Total	30 841 000	15 246 000	15 595 000	17 404 000	8 572 000	8 832 000	13 437 000	6 674 000	6 763 000
0 - 4	2 876 000	1 469 000	1 407 000	1 480 000	754 000	726 000	1 397 000	715 000	681 000
5 - 9	2 961 000	1 507 000	1 453 000	1 514 000	768 000	746 000	1 447 000	739 000	708 000
10 - 14	3 154 000	1 605 000	1 550 000	1 609 000	813 000	795 000	1 545 000	791 000	754 000
15 - 19	3 238 000	1 634 000	1 605 000	1 689 000	846 000	843 000	1 549 000	788 000	761 000
20 - 24	3 053 000	1 504 000	1 549 000	1 693 000	836 000	857 000	1 361 000	669 000	692 000
25 - 29	2 741 000	1 323 000	1 417 000	1 611 000	781 000	830 000	1 130 000	543 000	588 000
30 - 34	2 328 000	1 114 000	1 214 000	1 410 000	670 000	740 000	918 000	444 000	474 000
35 - 39	2 045 000	974 000	1 072 000	1 283 000	608 000	675 000	763 000	366 000	397 000
40 - 44	1 872 000	892 000	980 000	1 195 000	566 000	628 000	677 000	326 000	351 000
45 - 49	1 734 000	854 000	879 000	1 101 000	545 000	557 000	632 000	310 000	323 000
50 - 54	1 370 000	703 000	667 000	865 000	451 000	414 000	505 000	252 000	253 000
55 - 59	1 009 000	508 000	501 000	609 000	314 000	295 000	400 000	193 000	206 000
60 - 64	700 000	328 000	372 000	400 000	187 000	213 000	299 000	141 000	159 000
65 - 69	638 000	294 000	344 000	352 000	159 000	193 000	286 000	135 000	151 000
70 - 74	466 000	225 000	241 000	259 000	121 000	138 000	207 000	104 000	103 000
75 +	656 000	311 000	344 000	334 000	152 000	182 000	322 000	159 000	162 000
Mozambique									
1 VIII 2007 (CDFC)									
Total	20 252 223	9 746 690	10 505 533	6 151 974	3 021 756	3 130 218	14 100 249	6 724 934	7 375 315
0 - 4	3 881 454	1 917 794	1 963 660	975 719	484 625	491 094	2 905 735	1 433 169	1 472 566
5 - 9	3 202 546	1 587 302	1 615 244	854 269	419 428	434 841	2 348 277	1 167 874	1 180 403
10 - 14	2 406 607	1 222 668	1 183 939	771 954	380 380	391 574	1 634 653	842 288	792 365
15 - 19	1 917 052	925 729	991 323	707 479	353 094	354 385	1 209 573	572 635	636 938
20 - 24	1 760 939	774 413	986 526	673 354	319 552	353 802	1 087 585	454 861	632 724
25 - 29	1 549 019	707 603	841 416	534 662	261 595	273 067	1 014 357	446 008	568 349

Continent, country or area, date, code and age (in years) Continent, pays ou zone, date, code et âge (en annèes)	Total			Urban - Urbaine			Rural - Rurale		
	Both sexes Les deux sexes	Male Masculin	Female Féminin	Both sexes Les deux sexes	Male Masculin	Female Féminin	Both sexes Les deux sexes	Male Masculin	Female Féminin
AFRICA - AFRIQUE									
Mozambique									
1 VIII 2007 (CDFC)									
30 - 34	1 251 554	583 689	667 865	396 532	191 636	204 896	855 022	392 053	462 969
35 - 39	1 037 587	481 396	556 191	314 888	151 166	163 722	722 699	330 230	392 469
40 - 44	755 605	366 518	389 087	247 154	125 016	122 138	508 451	241 502	266 949
45 - 49	649 896	321 236	328 660	201 248	105 420	95 828	448 648	215 816	232 832
50 - 54	514 520	231 232	283 288	150 346	75 258	75 088	364 174	155 974	208 200
55 - 59	402 668	194 011	208 657	106 176	54 038	52 138	296 492	139 973	156 519
60 - 64	299 703	140 146	159 557	75 555	36 842	38 713	224 148	103 304	120 844
65 - 69	241 634	113 840	127 794	55 906	26 286	29 620	185 728	87 554	98 174
70 - 74	153 617	72 288	81 329	37 666	16 950	20 716	115 951	55 338	60 613
75 - 79	116 460	55 448	61 012	26 084	11 270	14 814	90 376	44 178	46 198
80 - 84	50 695	22 417	28 278	11 090	4 394	6 696	39 605	18 023	21 582
85 - 89	36 024	16 576	19 448	7 222	2 698	4 524	28 802	13 878	14 924
90 - 94	10 686	4 803	5 883	1 896	664	1 232	8 790	4 139	4 651
95 +	13 957	7 581	6 376	2 774	1 444	1 330	11 183	6 137	5 046
Namibia - Namibie[2]									
1 VII 2009 (ESDF)									
Total	2 103 761	1 027 736	1 076 025	...	...	...	...	...	...
0	61 973	30 983	30 990	...	...	...	...	...	...
1 - 4	218 907	109 298	109 609	...	...	...	...	...	...
5 - 9	234 680	117 447	117 233	...	...	...	...	...	...
10 - 14	243 605	121 345	122 260	...	...	...	...	...	...
15 - 19	240 570	118 986	121 584	...	...	...	...	...	...
20 - 24	216 190	106 543	109 647	...	...	...	...	...	...
25 - 29	185 753	91 819	93 934	...	...	...	...	...	...
30 - 34	159 765	79 375	80 390	...	...	...	...	...	...
35 - 39	132 567	65 052	67 515	...	...	...	...	...	...
40 - 44	103 615	49 345	54 271	...	...	...	...	...	...
45 - 49	82 101	37 963	44 137	...	...	...	...	...	...
50 - 54	61 305	28 147	33 158	...	...	...	...	...	...
55 - 59	47 576	21 756	25 820	...	...	...	...	...	...
60 - 64	35 662	16 126	19 536	...	...	...	...	...	...
65 +	79 492	33 552	45 940	...	...	...	...	...	...
Niger[2]									
1 VII 2008 (ESDJ)									
Total	14 197 601	7 088 858	7 108 743	2 728 541	1 366 304	1 362 237	11 469 060	5 722 554	5 746 506
0 - 4	2 772 294	1 398 479	1 373 815	415 380	206 784	208 597	2 356 913	1 191 695	1 165 219
5 - 9	2 371 488	1 215 095	1 156 392	423 476	213 989	209 486	1 948 012	1 001 106	946 906
10 - 14	1 943 445	992 731	950 714	431 778	219 501	212 278	1 511 667	773 230	738 437
15 - 19	1 423 793	709 730	714 063	335 882	169 492	166 390	1 087 912	540 238	547 673
20 - 24	1 065 568	516 559	549 009	219 299	110 883	108 415	846 269	405 675	440 594
25 - 29	897 791	424 031	473 760	179 185	88 607	90 578	718 606	335 424	383 182
30 - 34	775 516	362 941	412 575	157 712	75 184	82 528	617 805	287 757	330 047
35 - 39	685 244	332 962	352 282	138 488	68 225	70 263	546 756	264 737	282 019
40 - 44	592 064	296 644	295 420	116 797	60 420	56 377	475 267	236 224	239 042
45 - 49	454 577	230 338	224 239	88 522	45 663	42 859	366 055	184 674	181 380
50 - 54	345 072	175 779	169 293	66 726	32 219	34 507	278 345	143 560	134 786
55 - 59	283 989	140 750	143 240	54 282	25 466	28 815	229 708	115 283	114 424
60 - 64	222 706	107 899	114 807	41 492	21 912	19 581	181 213	85 987	95 226
65 - 69	139 748	69 004	70 745	24 598	13 189	11 409	115 151	55 815	59 336
70 - 74	83 512	42 509	41 003	13 466	6 517	6 949	70 046	35 992	34 054
75 - 79	56 491	29 140	27 350	8 220	2 655	5 565	48 271	26 485	21 786
80 +	84 303	44 268	40 035	13 238	5 598	7 640	71 066	38 671	32 395
Nigeria - Nigéria									
21 III 2006 (CDFC)									
Total	140 431 790	71 345 488	69 086 302	...	...	...	...	...	...
0 - 4	22 594 967	11 569 218	11 025 749	...	...	...	...	...	...
5 - 9	20 005 380	10 388 611	9 616 769	...	...	...	...	...	...
10 - 14	16 135 950	8 504 319	7 631 631	...	...	...	...	...	...
15 - 19	14 899 419	7 536 532	7 362 887	...	...	...	...	...	...
20 - 24	13 435 079	6 237 549	7 197 530	...	...	...	...	...	...
25 - 29	12 211 426	5 534 458	6 676 968	...	...	...	...	...	...
30 - 34	9 467 538	4 505 186	4 962 352	...	...	...	...	...	...
35 - 39	7 331 755	3 661 133	3 670 622	...	...	...	...	...	...

7. Population by age, sex and urban/rural residence: latest available year, 2002 - 2011
Population selon l'âge, le sexe et la résidence, urbaine/rurale : dernière année disponible, 2002 - 2011 (continued - suite)

Continent, country or area, date, code and age (in years) / Continent, pays ou zone, date, code et âge (en années)	Total			Urban - Urbaine			Rural - Rurale		
	Both sexes Les deux sexes	Male Masculin	Female Féminin	Both sexes Les deux sexes	Male Masculin	Female Féminin	Both sexes Les deux sexes	Male Masculin	Female Féminin
AFRICA - AFRIQUE									
Nigeria - Nigéria									
21 III 2006 (CDFC)									
40 - 44	6 456 470	3 395 489	3 060 981	...	...	...	...	...	...
45 - 49	4 591 293	2 561 526	2 029 767	...	...	...	...	...	...
50 - 54	4 249 219	2 363 937	1 885 282	...	...	...	...	...	...
55 - 59	2 066 247	1 189 770	876 477	...	...	...	...	...	...
60 - 64	2 450 286	1 363 219	1 087 067	...	...	...	...	...	...
65 - 69	1 151 048	628 436	522 612	...	...	...	...	...	...
70 - 74	1 330 597	765 988	564 609	...	...	...	...	...	...
75 - 79	579 838	327 416	252 422	...	...	...	...	...	...
80 - 84	760 053	408 680	351 373	...	...	...	...	...	...
85 +	715 225	404 021	311 204	...	...	...	...	...	...
Réunion									
1 I 2010* (ESDJ)									
Total	828 054	399 728	428 326	...	...	...	...	...	...
0 - 4	68 137	35 044	33 093	...	...	...	...	...	...
5 - 9	71 223	36 404	34 819	...	...	...	...	...	...
10 - 14	70 827	36 292	34 535	...	...	...	...	...	...
15 - 19	71 254	35 775	35 479	...	...	...	...	...	...
20 - 24	56 332	28 067	28 265	...	...	...	...	...	...
25 - 29	50 540	22 922	27 618	...	...	...	...	...	...
30 - 34	55 239	24 936	30 303	...	...	...	...	...	...
35 - 39	60 586	28 029	32 557	...	...	...	...	...	...
40 - 44	67 780	32 311	35 469	...	...	...	...	...	...
45 - 49	62 291	30 352	31 939	...	...	...	...	...	...
50 - 54	49 960	24 261	25 699	...	...	...	...	...	...
55 - 59	42 397	20 577	21 820	...	...	...	...	...	...
60 - 64	31 315	15 588	15 727	...	...	...	...	...	...
65 - 69	24 247	11 380	12 867	...	...	...	...	...	...
70 - 74	18 441	7 912	10 529	...	...	...	...	...	...
75 - 79	12 549	5 036	7 513	...	...	...	...	...	...
80 - 84	8 243	2 948	5 295	...	...	...	...	...	...
85 - 89	4 641	1 438	3 203	...	...	...	...	...	...
90 - 94	1 523	350	1 173	...	...	...	...	...	...
95 +	529	106	423	...	...	...	...	...	...
Rwanda									
16 VIII 2002 (CDJC)									
Total	8 128 553	3 879 448	4 249 105	1 372 604	727 172	645 432	6 755 949	3 152 276	3 603 673
0	325 221	161 653	163 568	46 968	23 496	23 472	278 253	138 157	140 096
1 - 4	995 010	493 437	501 573	147 083	73 621	73 462	847 927	419 816	428 111
5 - 9	1 141 039	563 351	577 688	157 009	77 648	79 361	984 030	485 703	498 327
10 - 14	1 095 225	536 876	558 349	149 787	71 947	77 840	945 438	464 929	480 509
15 - 19	1 078 839	526 563	552 276	184 874	89 576	95 298	893 965	436 987	456 978
20 - 24	810 681	382 561	428 120	177 151	98 145	79 006	633 530	284 416	349 114
25 - 29	555 509	253 180	302 329	130 102	74 049	56 053	425 407	179 131	246 276
30 - 34	448 439	208 742	239 697	100 840	59 871	40 969	347 599	148 871	198 728
35 - 39	382 636	177 816	204 820	76 430	46 117	30 313	306 206	131 699	174 507
40 - 44	363 067	168 934	194 133	63 795	38 834	24 961	299 272	130 100	169 172
45 - 49	268 262	122 615	145 647	43 450	26 007	17 443	224 812	96 608	128 204
50 - 54	193 382	86 925	106 457	30 845	17 673	13 172	162 537	69 252	93 285
55 - 59	123 868	50 480	73 388	18 782	9 561	9 221	105 086	40 919	64 167
60 - 64	111 809	45 221	66 588	15 483	7 293	8 190	96 326	37 928	58 398
65 - 69	84 928	35 178	49 750	11 333	5 166	6 167	73 595	30 012	43 583
70 - 74	71 020	30 970	40 050	8 790	4 025	4 765	62 230	26 945	35 285
75 - 79	37 989	16 255	21 734	4 451	1 923	2 528	33 538	14 332	19 206
80 - 84	26 788	12 081	14 707	3 295	1 378	1 917	23 493	10 703	12 790
85 +	14 841	6 610	8 231	2 136	842	1 294	12 705	5 768	6 937
1 VII 2011 (ESDF)[2]									
Total	10 718 379	5 183 505	5 534 874	...	...	...	...	...	...
0 - 4	1 875 462	945 612	929 851	...	...	...	...	...	...
5 - 9	1 456 299	729 458	726 841	...	...	...	...	...	...
10 - 14	1 215 345	601 483	613 862	...	...	...	...	...	...
15 - 19	1 111 364	547 328	564 036	...	...	...	...	...	...
20 - 24	1 082 682	528 543	554 139	...	...	...	...	...	...
25 - 29	1 018 829	492 085	526 744	...	...	...	...	...	...

Continent, country or area, date, code and age (in years) Continent, pays ou zone, date, code et âge (en annèes)	Total			Urban - Urbaine			Rural - Rurale		
	Both sexes Les deux sexes	Male Masculin	Female Féminin	Both sexes Les deux sexes	Male Masculin	Female Féminin	Both sexes Les deux sexes	Male Masculin	Female Féminin
AFRICA - AFRIQUE									
Rwanda									
1 VII 2011 (ESDF)[2]									
30 - 34	729 877	339 340	390 537	...	...	...	...	...	...
35 - 39	504 468	228 674	275 793	...	...	...	...	...	...
40 - 44	413 449	191 909	221 540	...	...	...	...	...	...
45 - 49	356 722	164 364	192 358	...	...	...	...	...	...
50 - 54	323 994	148 412	175 582	...	...	...	...	...	...
55 - 59	226 339	101 182	125 156	...	...	...	...	...	...
60 - 64	153 041	66 384	86 657	...	...	...	...	...	...
65 - 69	93 606	36 463	57 143	...	...	...	...	...	...
70 - 74	74 744	29 198	45 546	...	...	...	...	...	...
75 - 79	45 153	17 947	27 206	...	...	...	...	...	...
80 +	37 006	15 123	21 882	...	...	...	...	...	...
Saint Helena ex. dep. - **Sainte-Hélène sans dép.[8]**									
10 II 2008 (CDJC)									
Total	3 981	2 022	1 959	...	...	...	...	...	...
0 - 4	166	84	82	...	...	...	...	...	...
5 - 9	198	109	89	...	...	...	...	...	...
10 - 14	236	124	112	...	...	...	...	...	...
15 - 19	285	149	136	...	...	...	...	...	...
20 - 24	155	79	76	...	...	...	...	...	...
25 - 29	162	73	89	...	...	...	...	...	...
30 - 34	185	83	102	...	...	...	...	...	...
35 - 39	281	131	150	...	...	...	...	...	...
40 - 44	322	168	154	...	...	...	...	...	...
45 - 49	342	169	173	...	...	...	...	...	...
50 - 54	288	157	131	...	...	...	...	...	...
55 - 59	326	172	154	...	...	...	...	...	...
60 - 64	331	197	134	...	...	...	...	...	...
65 - 69	242	130	112	...	...	...	...	...	...
70 - 74	183	105	78	...	...	...	...	...	...
75 - 79	128	54	74	...	...	...	...	...	...
80 - 84	83	26	57	...	...	...	...	...	...
85 - 89	45	9	36	...	...	...	...	...	...
90 - 94	18	2	16	...	...	...	...	...	...
95 +	4	-	4	...	...	...	...	...	...
Unknown - Inconnu	1	1	-	...	...	...	...	...	...
Saint Helena: Ascension - **Sainte-Hélène: Ascension**									
1 VII 2008 (ESDJ)									
Total	702	397	305	...	...	...	...	...	...
0 - 4	32	16	16	...	...	...	...	...	...
5 - 9	19	9	10	...	...	...	...	...	...
10 - 14	41	20	21	...	...	...	...	...	...
15 - 19	30	19	11	...	...	...	...	...	...
20 - 24	63	29	34	...	...	...	...	...	...
25 - 29	73	42	31	...	...	...	...	...	...
30 - 34	76	41	35	...	...	...	...	...	...
35 - 39	92	58	34	...	...	...	...	...	...
40 - 44	85	42	43	...	...	...	...	...	...
45 - 49	65	36	29	...	...	...	...	...	...
50 - 54	51	32	19	...	...	...	...	...	...
55 - 59	43	29	14	...	...	...	...	...	...
60 - 64	21	15	6	...	...	...	...	...	...
65 - 69	10	9	1	...	...	...	...	...	...
70 - 74	-	-	-	...	...	...	...	...	...
75 - 79	-	-	-	...	...	...	...	...	...
80 +	1	-	1	...	...	...	...	...	...
Sao Tome and Principe - **Sao Tomé-et-Principe**									
1 VII 2006 (ESDF)									
Total	151 912	74 876	77 036	...	...	...	...	...	...
0 - 4	23 675	12 001	11 675	...	...	...	...	...	...
5 - 9	20 424	10 268	10 156	...	...	...	...	...	...

7. Population by age, sex and urban/rural residence: latest available year, 2002 - 2011
Population selon l'âge, le sexe et la résidence, urbaine/rurale : dernière année disponible, 2002 - 2011 (continued - suite)

Continent, country or area, date, code and age (in years) — Continent, pays ou zone, date, code et âge (en années)	Total			Urban - Urbaine			Rural - Rurale		
	Both sexes Les deux sexes	Male Masculin	Female Féminin	Both sexes Les deux sexes	Male Masculin	Female Féminin	Both sexes Les deux sexes	Male Masculin	Female Féminin
AFRICA - AFRIQUE									
Sao Tome and Principe - Sao Tomé-et-Principe									
1 VII 2006 (ESDF)									
10 - 14	18 498	9 447	9 051	...	...	...	...	...	...
15 - 19	17 615	8 979	8 637	...	...	...	...	...	...
20 - 24	16 162	8 053	8 109	...	...	...	...	...	...
25 - 29	13 024	6 336	6 688	...	...	...	...	...	...
30 - 34	8 918	4 290	4 628	...	...	...	...	...	...
35 - 39	7 091	3 322	3 770	...	...	...	...	...	...
40 - 44	6 206	2 796	3 410	...	...	...	...	...	...
45 - 49	5 183	2 363	2 820	...	...	...	...	...	...
50 - 54	3 825	1 799	2 026	...	...	...	...	...	...
55 - 59	2 836	1 322	1 514	...	...	...	...	...	...
60 - 64	2 154	998	1 157	...	...	...	...	...	...
65 - 69	2 332	1 093	1 239	...	...	...	...	...	...
70 - 74	1 668	801	867	...	...	...	...	...	...
75 - 79	1 152	527	625	...	...	...	...	...	...
80 +	1 147	483	663	...	...	...	...	...	...
Senegal - Sénégal									
8 XII 2002 (CDJC)									
Total	9 858 482	4 852 764	5 005 718	4 008 965	1 987 500[9]	2 021 465[9]	5 849 517	2 865 264[9]	2 984 253[9]
0 - 4	1 444 705	728 605	716 100	489 392	247 143[9]	242 249[9]	955 313	481 462[9]	473 851[9]
5 - 9	1 471 439	743 683	727 756	478 152	239 554[9]	238 598[9]	993 287	504 129[9]	489 158[9]
10 - 14	1 305 201	661 917	643 284	507 280	252 118[9]	255 162[9]	797 921	409 799[9]	388 122[9]
15 - 19	1 168 873	562 066	606 807	524 780	252 419[9]	272 361[9]	644 093	309 647[9]	334 446[9]
20 - 24	924 554	451 791	472 763	449 134	221 872[9]	227 262[9]	475 420	229 919[9]	245 501[9]
25 - 29	746 678	355 694	390 984	347 141	173 223[9]	173 918[9]	399 537	182 471[9]	217 066[9]
30 - 34	607 574	284 309	323 265	278 165	137 414[9]	140 751[9]	329 409	146 895[9]	182 514[9]
35 - 39	477 099	221 619	255 480	218 170	105 376[9]	112 794[9]	258 929	116 243[9]	142 686[9]
40 - 44	419 507	199 620	219 887	186 580	93 290[9]	93 290[9]	232 927	106 330[9]	126 597[9]
45 - 49	310 824	155 332	155 492	146 234	74 287[9]	71 947[9]	164 590	81 045[9]	83 545[9]
50 - 54	278 770	136 828	141 942	118 187	60 039[9]	58 148[9]	160 583	76 789[9]	83 794[9]
55 - 59	171 540	87 092	84 448	73 151	36 795[9]	36 356[9]	98 389	50 297[9]	48 092[9]
60 - 64	180 204	86 658	93 546	65 808	32 180[9]	33 628[9]	114 396	54 478[9]	59 918[9]
65 - 69	113 005	59 427	53 578	44 177	21 956[9]	22 221[9]	68 828	37 471[9]	31 357[9]
70 - 74	112 110	54 083	58 027	38 870	18 658[9]	20 212[9]	73 240	35 425[9]	37 815[9]
75 - 79	57 681	31 472	26 209	21 011	10 737[9]	10 274[9]	36 670	20 735[9]	15 935[9]
80 - 84	38 128	18 811	19 317	12 394	5 949[9]	6 445[9]	25 734	12 862[9]	12 872[9]
85 - 89	12 851	6 729	6 122	4 447	2 152[9]	2 295[9]	8 404	4 577[9]	3 827[9]
90 - 94	7 402	3 257	4 145	2 402	980[9]	1 422[9]	5 000	2 277[9]	2 723[9]
95 +	10 337	3 771	6 566	3 490	1 169[9]	2 321[9]	6 847	2 602[9]	4 245[9]
31 XII 2011 (ESDJ)[10]									
Total	12 841 702	6 350 673	6 491 029	...	...	...	...	...	...
0 - 4	2 107 821	1 064 142	1 043 679	...	...	...	...	...	...
5 - 9	1 743 172	883 929	859 243	...	...	...	...	...	...
10 - 14	1 475 980	756 283	719 697	...	...	...	...	...	...
15 - 19	1 426 306	721 900	704 406	...	...	...	...	...	...
20 - 24	1 251 215	627 044	624 171	...	...	...	...	...	...
25 - 29	1 078 097	522 097	556 000	...	...	...	...	...	...
30 - 34	822 785	398 478	424 307	...	...	...	...	...	...
35 - 39	674 509	319 435	355 074	...	...	...	...	...	...
40 - 44	548 517	253 917	294 600	...	...	...	...	...	...
45 - 49	431 928	196 833	235 095	...	...	...	...	...	...
50 - 54	353 258	167 190	186 068	...	...	...	...	...	...
55 - 59	278 483	138 092	140 391	...	...	...	...	...	...
60 - 64	228 524	103 582	124 942	...	...	...	...	...	...
65 - 69	141 674	65 514	76 160	...	...	...	...	...	...
70 - 74	127 779	60 454	67 325	...	...	...	...	...	...
75 - 79	65 406	30 689	34 717	...	...	...	...	...	...
80 +	86 248	41 094	45 154	...	...	...	...	...	...
Seychelles									
1 VII 2011 (ESDF)									
Total	87 441	43 127	44 314	...	...	...	...	...	...
0	1 536	773	763	...	...	...	...	...	...

Continent, country or area, date, code and age (in years) / Continent, pays ou zone, date, code et âge (en annèes)	Total			Urban - Urbaine			Rural - Rurale		
	Both sexes Les deux sexes	Male Masculin	Female Féminin	Both sexes Les deux sexes	Male Masculin	Female Féminin	Both sexes Les deux sexes	Male Masculin	Female Féminin
AFRICA - AFRIQUE									
Seychelles									
1 VII 2011 (ESDF)									
1 - 4	5 188	2 577	2 611	...	...	...	...	...	...
5 - 9	6 529	3 314	3 215	...	...	...	...	...	...
10 - 14	6 352	3 226	3 126	...	...	...	...	...	...
15 - 19	7 207	3 734	3 473	...	...	...	...	...	...
20 - 24	6 457	3 435	3 022	...	...	...	...	...	...
25 - 29	6 601	3 171	3 430	...	...	...	...	...	...
30 - 34	7 122	3 444	3 678	...	...	...	...	...	...
35 - 39	7 373	3 702	3 671	...	...	...	...	...	...
40 - 44	6 958	3 399	3 559	...	...	...	...	...	...
45 - 49	6 842	3 343	3 499	...	...	...	...	...	...
50 - 54	5 757	3 027	2 730	...	...	...	...	...	...
55 - 59	3 986	1 981	2 005	...	...	...	...	...	...
60 - 64	2 674	1 326	1 348	...	...	...	...	...	...
65 - 69	2 131	1 007	1 124	...	...	...	...	...	...
70 - 74	1 779	712	1 067	...	...	...	...	...	...
75 - 79	1 347	488	859	...	...	...	...	...	...
80 - 84	873	281	592	...	...	...	...	...	...
85 - 89	490	142	348	...	...	...	...	...	...
90 - 94	177	36	141	...	...	...	...	...	...
95 - 99	54	8	46	...	...	...	...	...	...
100 +	8	1	7	...	...	...	...	...	...
Sierra Leone									
1 VII 2010 (ESDF)									
Total	5 746 800	2 786 797	2 960 003	2 304 955	1 138 563	1 166 392	3 441 845	1 648 234	1 793 611
0 - 4	878 231	437 908	440 323	297 865	147 565	150 300	580 366	290 343	290 023
5 - 9	856 605	424 222	432 383	307 007	145 641	161 366	549 598	278 581	271 017
10 - 14	662 651	338 453	324 198	303 094	148 401	154 693	359 557	190 052	169 505
15 - 19	637 914	308 982	328 932	287 597	141 564	146 033	350 317	167 418	182 899
20 - 24	488 054	221 932	266 122	241 599	119 622	121 977	246 455	102 310	144 145
25 - 29	473 952	210 004	263 948	205 137	102 492	102 645	268 815	107 512	161 303
30 - 34	356 727	160 822	195 905	149 414	73 308	76 106	207 313	87 514	119 799
35 - 39	341 470	160 326	181 144	133 461	66 104	67 357	208 009	94 222	113 787
40 - 44	247 978	123 279	124 699	97 102	51 623	45 479	150 876	71 656	79 220
45 - 49	201 708	107 932	93 776	76 536	41 832	34 704	125 172	66 100	59 072
50 - 54	149 167	77 236	71 931	55 139	30 564	24 575	94 028	46 672	47 356
55 - 59	96 801	51 344	45 457	37 477	21 157	16 320	59 324	30 187	29 137
60 - 64	99 394	44 873	54 521	31 058	14 915	16 143	68 336	29 958	38 378
65 - 69	71 174	34 054	37 120	24 423	11 420	13 003	46 751	22 634	24 117
70 - 74	61 847	28 198	33 649	18 941	8 268	10 673	42 906	19 930	22 976
75 - 79	41 728	21 586	20 142	12 876	6 356	6 520	28 852	15 230	13 622
80 +	81 399	35 646	45 753	26 229	7 731	18 498	55 170	27 915	27 255
Somalia - Somalie[11]									
1 VII 2002 (SSDF)									
Total	6 799 079	3 499 523	3 299 556	2 310 817	1 168 410	1 142 407	4 488 262	2 331 113	2 157 149
0 - 4	1 235 105	634 959	600 146	408 646	206 987	201 659	826 459	427 972	398 487
5 - 9	1 049 189	544 431	504 758	352 471	179 293	173 178	696 718	365 138	331 580
10 - 14	870 180	455 323	414 857	297 807	151 845	145 962	572 373	303 478	268 895
15 - 19	725 723	373 328	352 395	250 718	125 641	125 077	475 005	247 687	227 318
20 - 24	581 690	280 786	300 904	202 030	95 671	106 359	379 660	185 115	194 545
25 - 29	491 651	231 254	260 397	170 250	78 983	91 267	321 401	152 271	169 130
30 - 34	428 269	198 101	230 168	146 024	67 081	78 943	282 245	131 020	151 225
35 - 39	366 113	175 050	191 063	123 698	58 860	64 838	242 415	116 190	126 225
40 - 44	311 989	164 941	147 048	104 080	54 778	49 302	207 909	110 163	97 746
45 - 49	248 939	139 351	109 588	82 971	46 198	36 773	165 968	93 153	72 815
50 - 54	174 517	105 972	68 545	58 869	35 355	23 514	115 648	70 617	45 031
55 - 59	124 841	79 206	45 635	42 868	26 625	16 243	81 973	52 581	29 392
60 - 64	80 530	51 293	29 237	28 988	17 492	11 496	51 542	33 801	17 741
65 - 69	51 554	32 843	18 711	19 396	11 603	7 793	32 158	21 240	10 918
70 - 74	28 997	17 795	11 202	11 675	6 878	4 797	17 322	10 917	6 405
75 - 79	12 860	6 152	6 708	5 828	3 320	2 508	7 032	2 832	4 200
80 +	16 932	8 738	8 194	4 498	1 800	2 698	12 434	6 938	5 496

Continent, country or area, date, code and age (in years) / Continent, pays ou zone, date, code et âge (en années)	Total			Urban - Urbaine			Rural - Rurale		
	Both sexes Les deux sexes	Male Masculin	Female Féminin	Both sexes Les deux sexes	Male Masculin	Female Féminin	Both sexes Les deux sexes	Male Masculin	Female Féminin
AFRICA - AFRIQUE									
South Africa - Afrique du Sud[12]									
1 VII 2011 (ESDF)									
Total	50 586 757	24 515 036	26 071 721	...	...	...	...	...	...
0 - 4	5 189 528	2 616 905	2 572 623	...	...	...	...	...	...
5 - 9	5 304 049	2 673 783	2 630 266	...	...	...	...	...	...
10 - 14	5 318 691	2 679 192	2 639 499	...	...	...	...	...	...
15 - 19	5 175 448	2 603 277	2 572 171	...	...	...	...	...	...
20 - 24	4 900 375	2 461 985	2 438 390	...	...	...	...	...	...
25 - 29	4 598 176	2 249 909	2 348 267	...	...	...	...	...	...
30 - 34	4 040 751	2 021 186	2 019 565	...	...	...	...	...	...
35 - 39	3 600 167	1 744 715	1 855 452	...	...	...	...	...	...
40 - 44	2 612 932	1 214 597	1 398 335	...	...	...	...	...	...
45 - 49	2 244 582	1 010 273	1 234 309	...	...	...	...	...	...
50 - 54	2 038 531	905 142	1 133 389	...	...	...	...	...	...
55 - 59	1 673 269	745 049	928 220	...	...	...	...	...	...
60 - 64	1 351 303	582 801	768 502	...	...	...	...	...	...
65 - 69	988 699	419 152	569 547	...	...	...	...	...	...
70 - 74	715 115	289 184	425 931	...	...	...	...	...	...
75 - 79	460 975	172 858	288 117	...	...	...	...	...	...
80 +	374 166	125 028	249 138	...	...	...	...	...	...
Swaziland									
11 III 2007 (CDFC)									
Total	844 223	405 868	438 355	186 890	93 918	92 972	657 333	311 950	345 383
0 - 4	109 726	54 848	54 878	18 594	9 097	9 497	91 132	45 751	45 381
5 - 9	111 992	56 184	55 808	15 614	7 682	7 932	96 378	48 502	47 876
10 - 14	111 497	54 874	56 623	15 110	7 046	8 064	96 387	47 828	48 559
15 - 19	100 665	50 251	50 414	17 449	8 044	9 405	83 216	42 207	41 009
20 - 24	87 814	42 768	45 046	25 977	12 332	13 645	61 837	30 436	31 401
25 - 29	70 336	33 775	36 561	26 377	13 353	13 024	43 959	20 422	23 537
30 - 34	52 306	25 575	26 731	19 295	10 543	8 752	33 011	15 032	17 979
35 - 39	43 741	20 725	23 016	14 599	8 123	6 476	29 142	12 602	16 540
40 - 44	34 004	14 817	19 187	10 180	5 364	4 816	23 824	9 453	14 371
45 - 49	29 227	12 788	16 439	7 802	4 172	3 630	21 425	8 616	12 809
50 - 54	22 862	10 418	12 444	5 536	3 007	2 529	17 326	7 411	9 915
55 - 59	18 070	8 337	9 733	3 866	2 138	1 728	14 204	6 199	8 005
60 - 64	16 718	6 706	10 012	2 358	1 107	1 251	14 360	5 599	8 761
65 - 69	13 262	5 521	7 741	1 544	732	812	11 718	4 789	6 929
70 - 74	8 164	3 206	4 958	915	423	492	7 249	2 783	4 466
75 - 79	6 239	2 323	3 916	559	218	341	5 680	2 105	3 575
80 +	6 420	2 138	4 282	507	177	330	5 913	1 961	3 952
Unknown - Inconnu	1 180	614	566	608	360	248	572	254	318
Togo									
6 XI 2010 (CDJC)									
Total	6 191 155	3 009 095	3 182 060	...	...	...	...	...	...
0	190 136	96 043	94 093	...	...	...	...	...	...
1 - 4	711 135	360 481	350 654	...	...	...	...	...	...
5 - 9	951 700	482 501	469 199	...	...	...	...	...	...
10 - 14	747 726	390 477	357 249	...	...	...	...	...	...
15 - 19	606 401	313 257	293 144	...	...	...	...	...	...
20 - 24	545 245	252 807	292 438	...	...	...	...	...	...
25 - 29	496 822	214 803	282 019	...	...	...	...	...	...
30 - 34	424 380	199 636	224 744	...	...	...	...	...	...
35 - 39	352 008	166 528	185 480	...	...	...	...	...	...
40 - 44	291 584	139 731	151 853	...	...	...	...	...	...
45 - 49	228 446	112 191	116 255	...	...	...	...	...	...
50 - 54	178 233	82 969	95 264	...	...	...	...	...	...
55 - 59	115 950	54 936	61 014	...	...	...	...	...	...
60 - 64	102 694	44 431	58 263	...	...	...	...	...	...
65 - 69	66 324	26 700	39 624	...	...	...	...	...	...
70 - 74	61 756	24 127	37 629	...	...	...	...	...	...
75 - 79	33 574	13 250	20 324	...	...	...	...	...	...
80 +	73 591	27 960	45 631	...	...	...	...	...	...
Unknown - Inconnu	13 450	6 267	7 183	...	...	...	...	...	...

7. Population by age, sex and urban/rural residence: latest available year, 2002 - 2011
Population selon l'âge, le sexe et la résidence, urbaine/rurale : dernière année disponible, 2002 - 2011 (continued - suite)

Continent, country or area, date, code and age (in years) Continent, pays ou zone, date, code et âge (en années)	Total			Urban - Urbaine			Rural - Rurale		
	Both sexes Les deux sexes	Male Masculin	Female Féminin	Both sexes Les deux sexes	Male Masculin	Female Féminin	Both sexes Les deux sexes	Male Masculin	Female Féminin
AFRICA - AFRIQUE									
Tunisia - Tunisie[13]									
1 VII 2008 (ESDF)									
Total................................	10 328 900	5 156 300	5 172 600	...	...	...	...	...	...
0 - 4	832 300	425 600	406 800	...	...	...	...	...	...
5 - 9	806 900	416 500	390 400	...	...	...	...	...	...
10 - 14	867 000	444 700	422 300	...	...	...	...	...	...
15 - 19	1 011 800	518 800	493 000	...	...	...	...	...	...
20 - 24	1 053 600	531 600	522 000	...	...	...	...	...	...
25 - 29	964 100	476 500	487 600	...	...	...	...	...	...
30 - 34	828 500	397 700	430 800	...	...	...	...	...	...
35 - 39	714 000	343 700	370 400	...	...	...	...	...	...
40 - 44	702 000	338 400	363 600	...	...	...	...	...	...
45 - 49	623 300	311 200	312 000	...	...	...	...	...	...
50 - 54	531 300	265 800	265 500	...	...	...	...	...	...
55 - 59	395 000	195 000	200 000	...	...	...	...	...	...
60 - 64	278 900	132 800	146 100	...	...	...	...	...	...
65 - 69	236 900	116 000	121 000	...	...	...	...	...	...
70 - 74	214 800	105 000	109 800	...	...	...	...	...	...
75 - 79	147 400	74 700	72 700	...	...	...	...	...	...
80 + ...	121 100	62 500	58 600	...	...	...	...	...	...
Uganda - Ouganda									
12 IX 2002 (CDFC)									
Total................................	24 442 084	11 929 803	12 512 281	2 999 387	1 449 684	1 549 703	21 442 697	10 480 119	10 962 578
0	1 007 407	505 006	502 401	104 439	52 481	51 958	902 968	452 525	450 443
1 - 4	3 537 016	1 767 120	1 769 896	347 233	172 444	174 789	3 189 783	1 594 676	1 595 107
5 - 9	4 001 052	1 998 157	2 002 895	399 119	193 271	205 848	3 601 933	1 804 886	1 797 047
10 - 14	3 509 151	1 757 111	1 752 040	391 236	180 572	210 664	3 117 915	1 576 539	1 541 376
15 - 19	2 708 143	1 324 222	1 383 921	407 299	180 461	226 838	2 300 844	1 143 761	1 157 083
20 - 24	2 175 580	981 994	1 193 586	392 217	180 869	211 348	1 783 363	801 125	982 238
25 - 29	1 778 541	831 129	947 412	308 026	152 765	155 261	1 470 515	678 364	792 151
30 - 34	1 420 073	708 138	711 935	215 168	116 304	98 864	1 204 905	591 834	613 071
35 - 39	1 020 968	492 372	528 596	138 208	72 826	65 382	882 760	419 546	463 214
40 - 44	828 317	400 433	427 884	96 870	50 662	46 208	731 447	349 771	381 676
45 - 49	542 862	257 694	285 168	58 821	30 676	28 145	484 041	227 018	257 023
50 - 54	486 060	223 345	262 715	44 728	22 839	21 889	441 332	200 506	240 826
55 - 59	325 875	149 792	176 083	25 198	12 690	12 508	300 677	137 102	163 575
60 - 64	363 765	173 325	190 440	24 371	11 139	13 232	339 394	162 186	177 208
65 - 69	226 029	115 081	110 948	14 175	6 657	7 518	211 854	108 424	103 430
70 - 74	217 160	102 858	114 302	12 538	5 157	7 381	204 622	97 701	106 921
75 - 79	105 318	54 213	51 105	6 582	2 824	3 758	98 736	51 389	47 347
80 - 84	112 785	52 143	60 642	7 542	2 926	4 616	105 243	49 217	56 026
85 - 89	31 184	15 009	16 175	2 146	821	1 325	29 038	14 188	14 850
90 - 94	27 871	13 036	14 835	2 126	786	1 340	25 745	12 250	13 495
95 + ...	16 927	7 625	9 302	1 345	514	831	15 582	7 111	8 471
1 VII 2011 (ESDF)									
Total................................	32 939 800	...	...	...	...	...	...	...	...
0 - 4	7 006 600	...	...	...	...	...	...	...	...
5 - 9	5 534 300	...	...	...	...	...	...	...	...
10 - 14	4 103 600	...	...	...	...	...	...	...	...
15 - 19	3 559 700	...	...	...	...	...	...	...	...
20 - 24	2 938 700	...	...	...	...	...	...	...	...
25 - 29	2 390 100	...	...	...	...	...	...	...	...
30 - 34	1 903 900	...	...	...	...	...	...	...	...
35 - 39	1 498 400	...	...	...	...	...	...	...	...
40 - 44	1 167 300	...	...	...	...	...	...	...	...
45 - 49	897 800	...	...	...	...	...	...	...	...
50 - 54	672 800	...	...	...	...	...	...	...	...
55 - 59	485 800	...	...	...	...	...	...	...	...
60 - 64	333 700	...	...	...	...	...	...	...	...
65 - 69	214 600	...	...	...	...	...	...	...	...
70 - 74	126 300	...	...	...	...	...	...	...	...
75 - 79	65 500	...	...	...	...	...	...	...	...
80 + ...	40 700	...	...	...	...	...	...	...	...

7. Population by age, sex and urban/rural residence: latest available year, 2002 - 2011
Population selon l'âge, le sexe et la résidence, urbaine/rurale : dernière année disponible, 2002 - 2011 (continued - suite)

Continent, country or area, date, code and age (in years) / Continent, pays ou zone, date, code et âge (en années)	Total			Urban - Urbaine			Rural - Rurale		
	Both sexes Les deux sexes	Male Masculin	Female Féminin	Both sexes Les deux sexes	Male Masculin	Female Féminin	Both sexes Les deux sexes	Male Masculin	Female Féminin
AFRICA - AFRIQUE									
United Republic of Tanzania - République Unie de Tanzanie									
24 VIII 2002* (CDFC)									
Total	34 443 603	16 829 861	17 613 742	...	...	...	...	...	...
0 - 4	5 664 907	2 830 545	2 834 362	...	...	...	...	...	...
5 - 9	5 130 448	2 573 993	2 556 455	...	...	...	...	...	...
10 - 14	4 443 257	2 233 401	2 209 856	...	...	...	...	...	...
15 - 19	3 595 735	1 761 329	1 834 406	...	...	...	...	...	...
20 - 24	3 148 513	1 402 077	1 746 436	...	...	...	...	...	...
25 - 29	2 801 965	1 309 661	1 492 304	...	...	...	...	...	...
30 - 34	2 229 046	1 087 599	1 141 447	...	...	...	...	...	...
35 - 39	1 669 873	824 338	845 535	...	...	...	...	...	...
40 - 44	1 348 508	669 549	678 959	...	...	...	...	...	...
45 - 49	984 823	478 522	506 301	...	...	...	...	...	...
50 - 54	883 820	428 501	455 319	...	...	...	...	...	...
55 - 59	590 667	290 117	300 550	...	...	...	...	...	...
60 - 64	604 956	287 502	317 454	...	...	...	...	...	...
65 - 69	439 671	213 635	226 036	...	...	...	...	...	...
70 - 74	377 852	180 246	197 606	...	...	...	...	...	...
75 - 79	221 354	113 205	108 149	...	...	...	...	...	...
80 +	308 208	145 641	162 567	...	...	...	...	...	...
Zimbabwe									
17 VIII 2002 (CDFC)									
Total	11 631 657	5 634 180	5 997 477	4 029 707	1 988 176	2 041 531	7 601 950	3 646 004	3 955 946
0	340 331	170 054	170 277	117 756	59 103	58 653	222 575	110 951	111 624
1 - 4	1 335 738	668 008	667 730	422 397	210 186	212 211	913 341	457 822	455 519
5 - 9	1 533 700	764 453	769 247	424 731	207 986	216 745	1 108 969	556 467	552 502
10 - 14	1 512 244	754 587	757 657	381 331	180 444	200 887	1 130 913	574 143	556 770
15 - 19	1 503 576	736 686	766 890	511 394	217 513	293 881	992 182	519 173	473 009
20 - 24	1 222 907	564 034	658 873	566 584	260 105	306 479	656 323	303 929	352 394
25 - 29	987 777	473 984	513 793	474 294	242 497	231 797	513 483	231 487	281 996
30 - 34	730 127	369 836	360 291	345 675	191 527	154 148	384 452	178 309	206 143
35 - 39	504 489	235 692	268 797	222 381	116 670	105 711	282 108	119 022	163 086
40 - 44	434 429	194 702	239 727	168 100	87 760	80 340	266 329	106 942	159 387
45 - 49	356 605	165 437	191 168	128 388	70 668	57 720	228 217	94 769	133 448
50 - 54	301 258	128 029	173 229	87 458	48 199	39 259	213 800	79 830	133 970
55 - 59	210 915	98 417	112 498	55 467	31 214	24 253	155 448	67 203	88 245
60 - 64	193 867	94 447	99 420	42 546	23 384	19 162	151 321	71 063	80 258
65 - 69	132 152	64 301	67 851	26 735	14 234	12 501	105 417	50 067	55 350
70 - 74	122 775	60 311	62 464	20 371	10 602	9 769	102 404	49 709	52 695
75 +	164 261	71 950	92 311	23 687	10 598	13 089	140 574	61 352	79 222
75 - 79	64 470	29 997	34 473	...	...	...	...	...	...
80 - 84	59 045	26 764	32 281	...	...	...	...	...	...
85 - 89	19 084	7 727	11 357	...	...	...	...	...	...
90 - 94	9 188	3 752	5 436	...	...	...	...	...	...
95 +	12 474	3 710	8 764	...	...	...	...	...	...
Unknown - Inconnu	44 506	19 252	25 254	10 412	5 486	4 926	34 094	13 766	20 328
1 VII 2009 (ESDF)[10]									
Total	13 667 894	6 642 551	7 025 344	...	...	...	...	...	...
0	358 716	179 238	179 477	...	...	...	...	...	...
1 - 4	1 407 894	704 085	703 809	...	...	...	...	...	...
5 - 9	1 616 550	805 739	810 811	...	...	...	...	...	...
10 - 14	1 593 935	795 340	798 595	...	...	...	...	...	...
15 - 19	1 584 799	776 472	808 327	...	...	...	...	...	...
20 - 24	1 288 969	594 496	694 473	...	...	...	...	...	...
25 - 29	1 041 137	499 582	541 554	...	...	...	...	...	...
30 - 34	769 568	389 810	379 758	...	...	...	...	...	...
35 - 39	531 742	248 421	283 321	...	...	...	...	...	...
40 - 44	457 897	205 217	252 680	...	...	...	...	...	...
45 - 49	375 869	174 372	201 497	...	...	...	...	...	...
50 - 54	317 532	134 943	182 589	...	...	...	...	...	...
55 - 59	222 309	103 732	118 577	...	...	...	...	...	...
60 - 64	204 340	99 548	104 792	...	...	...	...	...	...
65 - 69	139 291	67 774	71 517	...	...	...	...	...	...

Continent, country or area, date, code and age (in years) / Continent, pays ou zone, date, code et âge (en années)	Total			Urban - Urbaine			Rural - Rurale		
	Both sexes Les deux sexes	Male Masculin	Female Féminin	Both sexes Les deux sexes	Male Masculin	Female Féminin	Both sexes Les deux sexes	Male Masculin	Female Féminin
AFRICA - AFRIQUE									
Zimbabwe									
1 VII 2009 (ESDF)[10]									
70 - 74	129 407	63 568	65 839	...	...	...	...	...	...
75 +	173 135	75 836	97 299	...	...	...	...	...	...
Unknown - Inconnu	46 910	20 292	26 619	...	...	...	...	...	...
AMERICA, NORTH - AMÉRIQUE DU NORD									
Antigua and Barbuda - Antigua-et-Barbuda									
1 VII 2005 (ESDF)									
Total	82 786	38 878	43 908	...	...	...	...	...	...
0	1 537	765	772	...	...	...	...	...	...
1 - 4	6 269	3 230	3 039	...	...	...	...	...	...
5 - 9	7 954	3 966	3 988	...	...	...	...	...	...
10 - 14	7 635	3 699	3 937	...	...	...	...	...	...
15 - 19	6 812	3 230	3 582	...	...	...	...	...	...
20 - 24	6 527	3 119	3 408	...	...	...	...	...	...
25 - 29	6 889	3 169	3 719	...	...	...	...	...	...
30 - 34	7 518	3 344	4 174	...	...	...	...	...	...
35 - 39	7 199	3 251	3 948	...	...	...	...	...	...
40 - 44	5 977	2 697	3 280	...	...	...	...	...	...
45 - 49	4 658	2 176	2 482	...	...	...	...	...	...
50 - 54	3 518	1 659	1 859	...	...	...	...	...	...
55 - 59	2 573	1 162	1 411	...	...	...	...	...	...
60 - 64	2 028	929	1 099	...	...	...	...	...	...
65 - 69	1 700	778	922	...	...	...	...	...	...
70 - 74	1 442	633	809	...	...	...	...	...	...
75 - 79	1 100	507	593	...	...	...	...	...	...
80 - 84	783	332	451	...	...	...	...	...	...
85 - 89	437	160	278	...	...	...	...	...	...
90 - 94	197	65	132	...	...	...	...	...	...
95 +	32	9	23	...	...	...	...	...	...
Aruba									
1 VII 2011 (ESDJ)									
Total	102 711	48 754	53 957	...	...	...	...	...	...
0 - 4	6 396	3 289	3 107	...	...	...	...	...	...
5 - 9	7 014	3 568	3 446	...	...	...	...	...	...
10 - 14	7 536	3 812	3 724	...	...	...	...	...	...
15 - 19	7 460	3 834	3 626	...	...	...	...	...	...
20 - 24	5 474	2 824	2 650	...	...	...	...	...	...
25 - 29	5 559	2 606	2 953	...	...	...	...	...	...
30 - 34	6 478	2 940	3 537	...	...	...	...	...	...
35 - 39	7 289	3 415	3 876	...	...	...	...	...	...
40 - 44	8 405	3 884	4 521	...	...	...	...	...	...
45 - 49	9 132	4 266	4 866	...	...	...	...	...	...
50 - 54	8 635	4 018	4 618	...	...	...	...	...	...
55 - 59	7 093	3 268	3 824	...	...	...	...	...	...
60 - 64	5 341	2 451	2 891	...	...	...	...	...	...
65 - 69	3 903	1 770	2 133	...	...	...	...	...	...
70 - 74	2 976	1 288	1 688	...	...	...	...	...	...
75 - 79	2 062	824	1 239	...	...	...	...	...	...
80 - 84	1 168	458	710	...	...	...	...	...	...
85 - 89	510	173	337	...	...	...	...	...	...
90 - 94	211	58	153	...	...	...	...	...	...
95 +	76	14	63	...	...	...	...	...	...
Bahamas[14]									
1 VII 2011 (ESDF)									
Total	351 100	171 500	179 600	...	...	...	...	...	...
0 - 4	29 400	15 400	14 000	...	...	...	...	...	...
5 - 9	28 800	14 800	14 000	...	...	...	...	...	...
10 - 14	28 500	14 200	14 300	...	...	...	...	...	...
15 - 19	31 100	15 500	15 600	...	...	...	...	...	...

7. Population by age, sex and urban/rural residence: latest available year, 2002 - 2011
Population selon l'âge, le sexe et la résidence, urbaine/rurale : dernière année disponible, 2002 - 2011 (continued - suite)

Continent, country or area, date, code and age (in years) / Continent, pays ou zone, date, code et âge (en années)	Total			Urban - Urbaine			Rural - Rurale		
	Both sexes Les deux sexes	Male Masculin	Female Féminin	Both sexes Les deux sexes	Male Masculin	Female Féminin	Both sexes Les deux sexes	Male Masculin	Female Féminin
AMERICA, NORTH - AMÉRIQUE DU NORD									
Bahamas[14]									
1 VII 2011 (ESDF)									
20 - 24	28 400	13 800	14 600	...	...	...	...	...	...
25 - 29	26 200	13 000	13 200	...	...	...	...	...	...
30 - 34	25 400	12 500	12 900	...	...	...	...	...	...
35 - 39	27 800	13 500	14 300	...	...	...	...	...	...
40 - 44	27 200	13 100	14 100	...	...	...	...	...	...
45 - 49	26 600	12 900	13 700	...	...	...	...	...	...
50 - 54	22 100	10 600	11 500	...	...	...	...	...	...
55 - 59	16 200	7 700	8 500	...	...	...	...	...	...
60 - 64	11 500	5 400	6 100	...	...	...	...	...	...
65 - 69	8 800	4 000	4 800	...	...	...	...	...	...
70 - 74	6 300	2 800	3 500	...	...	...	...	...	...
75 - 79	3 780	1 600	2 180	...	...	...	...	...	...
80 +	2 900	700	2 200	...	...	...	...	...	...
Belize									
1 VII 2006 (ESDF)[15]									
Total	301 298	149 598	151 700	151 994	73 576	78 418	149 394	76 101	73 293
0 - 4	36 761	18 145	18 616	17 720	8 446	9 274	19 808	10 070	9 738
5 - 9	40 974	20 850	20 124	19 294	9 792	9 502	21 574	11 011	10 563
10 - 14	40 474	20 611	19 862	19 185	9 790	9 395	21 185	10 775	10 410
15 - 19	33 960	17 192	16 769	16 629	8 785	7 844	17 246	8 369	8 877
20 - 24	24 423	11 939	12 484	12 728	5 973	6 755	11 631	5 939	5 692
25 - 29	20 990	9 733	11 256	11 262	5 018	6 244	9 673	4 693	4 980
30 - 34	20 405	9 522	10 883	11 277	5 183	6 094	9 075	4 318	4 757
35 - 39	18 464	8 747	9 718	9 745	4 294	5 451	8 672	4 433	4 239
40 - 44	15 793	7 735	8 058	8 174	3 931	4 243	7 579	3 787	3 792
45 - 49	12 378	6 295	6 065	6 555	3 305	3 250	5 791	2 976	2 815
50 - 54	9 686	4 983	4 703	5 176	2 385	2 791	4 485	2 586	1 899
55 - 59	6 637	3 363	3 264	3 385	1 636	1 749	3 235	1 720	1 515
60 - 64	5 692	2 913	2 778	2 838	1 376	1 462	2 839	1 531	1 308
65 - 69	4 877	2 547	2 330	2 584	1 201	1 383	2 281	1 341	940
70 - 74	3 867	2 073	1 794	2 203	999	1 204	1 654	1 069	585
75 - 79	2 708	1 374	1 330	1 511	716	795	1 191	656	535
80 - 84	1 578	782	798	794	327	467	784	453	331
85 +	1 629	794	835	934	419	515	691	374	317
1 VII 2009 (ESDF)									
Total	333 200	166 500	166 700	...	...	...	...	...	...
0 - 4	35 400	18 000	17 400	...	...	...	...	...	...
5 - 9	43 500	21 900	21 600	...	...	...	...	...	...
10 - 14	43 800	22 700	21 100	...	...	...	...	...	...
15 - 19	38 700	19 700	19 000	...	...	...	...	...	...
20 - 24	27 100	13 600	13 500	...	...	...	...	...	...
25 - 29	22 700	10 500	12 200	...	...	...	...	...	...
30 - 34	21 500	9 900	11 600	...	...	...	...	...	...
35 - 39	20 600	9 700	10 900	...	...	...	...	...	...
40 - 44	19 000	9 200	9 800	...	...	...	...	...	...
45 - 49	16 200	8 200	8 000	...	...	...	...	...	...
50 - 54	12 000	6 000	6 000	...	...	...	...	...	...
55 - 59	8 900	4 700	4 200	...	...	...	...	...	...
60 - 64	6 800	3 600	3 200	...	...	...	...	...	...
65 - 69	5 500	3 000	2 500	...	...	...	...	...	...
70 - 74	4 300	2 200	2 100	...	...	...	...	...	...
75 - 79	3 300	1 700	1 600	...	...	...	...	...	...
80 - 84	2 000	1 000	1 000	...	...	...	...	...	...
85 +	1 900	900	1 000	...	...	...	...	...	...
Bermuda - Bermudes									
1 VII 2010 (ESDJ)									
Total	64 566	30 755	33 811	...	...	...	...	...	...
0	766	389	377	...	...	...	...	...	...
1 - 4	2 963	1 500	1 463	...	...	...	...	...	...
5 - 9	3 702	1 924	1 778	...	...	...	...	...	...
10 - 14	3 753	1 870	1 883	...	...	...	...	...	...
15 - 19	3 717	1 843	1 874	...	...	...	...	...	...

Continent, country or area, date, code and age (in years) / Continent, pays ou zone, date, code et âge (en annèes)	Total			Urban - Urbaine			Rural - Rurale		
	Both sexes Les deux sexes	Male Masculin	Female Féminin	Both sexes Les deux sexes	Male Masculin	Female Féminin	Both sexes Les deux sexes	Male Masculin	Female Féminin
AMERICA, NORTH - AMÉRIQUE DU NORD									
Bermuda - Bermudes									
1 VII 2010 (ESDJ)									
20 - 24	3 555	1 720	1 835	...	...	...	...	...	...
25 - 29	4 290	2 024	2 266	...	...	...	...	...	...
30 - 34	4 329	2 026	2 303	...	...	...	...	...	...
35 - 39	4 735	2 292	2 443	...	...	...	...	...	...
40 - 44	5 123	2 537	2 586	...	...	...	...	...	...
45 - 49	5 870	2 883	2 987	...	...	...	...	...	...
50 - 54	5 331	2 532	2 799	...	...	...	...	...	...
55 - 59	4 426	2 114	2 312	...	...	...	...	...	...
60 - 64	3 693	1 725	1 968	...	...	...	...	...	...
65 - 69	2 718	1 211	1 507	...	...	...	...	...	...
70 - 74	2 044	875	1 169	...	...	...	...	...	...
75 - 79	1 653	661	992	...	...	...	...	...	...
80 - 84	1 100	396	704	...	...	...	...	...	...
85 +	798	233	565	...	...	...	...	...	...
Canada									
16 V 2006 (CDJC)[13]									
Total	31 612 895	15 475 970	16 136 925	25 350 585	12 289 025	13 061 560	6 262 315	3 186 950	3 075 365
0 - 4	1 690 540	864 600	825 940	1 365 015	697 760	667 255	325 520	166 840	158 680
5 - 9	1 809 375	926 860	882 515	1 430 755	732 775	697 980	378 620	194 080	184 540
10 - 14	2 079 925	1 065 860	1 014 060	1 623 165	830 685	792 480	456 760	235 180	221 580
15 - 19	2 140 490	1 095 285	1 045 210	1 680 870	855 915	824 960	459 620	239 370	220 250
20 - 24	2 080 385	1 047 950	1 032 440	1 756 075	877 305	878 775	324 310	170 645	153 660
25 - 29	1 985 580	975 945	1 009 635	1 701 100	833 530	867 575	284 480	142 420	142 060
30 - 34	2 020 230	987 715	1 032 510	1 690 870	824 815	866 050	329 360	162 900	166 460
35 - 39	2 208 270	1 083 495	1 124 780	1 810 135	886 375	923 760	398 140	197 125	201 015
40 - 44	2 610 455	1 285 535	1 324 925	2 088 760	1 024 215	1 064 540	521 705	261 320	260 380
45 - 49	2 620 600	1 290 130	1 330 470	2 067 000	1 009 375	1 057 620	553 600	280 755	272 850
50 - 54	2 357 300	1 158 970	1 198 335	1 833 675	891 450	942 230	523 625	267 525	256 100
55 - 59	2 084 620	1 026 390	1 058 230	1 601 975	777 985	823 990	482 650	248 405	234 240
60 - 64	1 589 870	780 135	809 730	1 205 570	579 700	625 870	384 295	200 430	183 860
65 - 69	1 234 575	593 810	640 770	949 745	443 420	506 330	284 835	150 390	134 440
70 - 74	1 053 785	493 465	560 325	834 670	378 835	455 840	219 110	114 630	104 485
75 - 79	879 575	386 485	493 090	718 780	305 230	413 550	160 800	81 255	79 545
80 - 84	646 705	251 420	395 285	544 780	204 705	340 075	101 920	46 710	55 210
85 - 89	342 685	114 585	228 100	292 910	95 160	197 750	49 770	19 425	30 345
90 - 94	139 105	38 455	100 650	120 735	32 340	88 400	18 370	6 115	12 255
95 - 99	34 185	8 080	26 110	29 890	6 790	23 105	4 300	1 290	3 010
100 +	4 635	805	3 825	4 110	685	3 430	525	125	400
1 VII 2011* (ESDJ)[16]									
Total	34 482 779	17 104 098	17 378 681	...	...	...	...	...	...
0	385 080	196 947	188 133	...	...	...	...	...	...
1 - 4	1 536 123	785 942	750 181	...	...	...	...	...	...
5 - 9	1 823 983	938 803	885 180	...	...	...	...	...	...
10 - 14	1 899 661	975 748	923 913	...	...	...	...	...	...
15 - 19	2 196 437	1 123 767	1 072 670	...	...	...	...	...	...
20 - 24	2 402 234	1 234 223	1 168 011	...	...	...	...	...	...
25 - 29	2 419 280	1 227 544	1 191 736	...	...	...	...	...	...
30 - 34	2 348 086	1 173 463	1 174 623	...	...	...	...	...	...
35 - 39	2 290 396	1 149 025	1 141 371	...	...	...	...	...	...
40 - 44	2 396 726	1 206 180	1 190 546	...	...	...	...	...	...
45 - 49	2 750 685	1 384 979	1 365 706	...	...	...	...	...	...
50 - 54	2 668 169	1 333 326	1 334 843	...	...	...	...	...	...
55 - 59	2 354 191	1 161 120	1 193 071	...	...	...	...	...	...
60 - 64	2 038 290	998 378	1 039 912	...	...	...	...	...	...
65 - 69	1 534 466	744 151	790 315	...	...	...	...	...	...
70 - 74	1 142 574	538 828	603 746	...	...	...	...	...	...
75 - 79	918 295	415 433	502 862	...	...	...	...	...	...
80 - 84	703 048	293 347	409 701	...	...	...	...	...	...
85 - 89	439 034	157 271	281 763	...	...	...	...	...	...
90 - 94	179 895	52 717	127 178	...	...	...	...	...	...
95 - 99	48 557	11 338	37 219	...	...	...	...	...	...
100 +	7 569	1 568	6 001	...	...	...	...	...	...

Continent, country or area, date, code and age (in years) / Continent, pays ou zone, date, code et âge (en annèes)	Total			Urban - Urbaine			Rural - Rurale		
	Both sexes Les deux sexes	Male Masculin	Female Féminin	Both sexes Les deux sexes	Male Masculin	Female Féminin	Both sexes Les deux sexes	Male Masculin	Female Féminin
AMERICA, NORTH - AMÉRIQUE DU NORD									
Cayman Islands - Îles Caïmanes[17]									
10 X 2010 (CDJC)									
Total	55 036	27 218	27 818	55 036	27 218	27 818	...	...	...
0 - 4	3 712	1 919	1 793	3 712	1 919	1 793	...	...	...
5 - 9	3 245	1 573	1 672	3 245	1 573	1 672	...	...	...
10 - 14	3 012	1 586	1 426	3 012	1 586	1 426	...	...	...
15 - 19	2 823	1 431	1 392	2 823	1 431	1 392	...	...	...
20 - 24	2 933	1 390	1 543	2 933	1 390	1 543	...	...	...
25 - 29	4 989	2 419	2 570	4 989	2 419	2 570	...	...	...
30 - 34	5 862	2 928	2 934	5 862	2 928	2 934	...	...	...
35 - 39	6 323	3 132	3 191	6 323	3 132	3 191	...	...	...
40 - 44	5 967	3 057	2 910	5 967	3 057	2 910	...	...	...
45 - 49	5 016	2 464	2 552	5 016	2 464	2 552	...	...	...
50 - 54	3 784	1 801	1 983	3 784	1 801	1 983	...	...	...
55 - 59	2 658	1 257	1 401	2 658	1 257	1 401	...	...	...
60 - 64	1 727	889	838	1 727	889	838	...	...	...
65 - 69	1 076	548	528	1 076	548	528	...	...	...
70 - 74	732	338	394	732	338	394	...	...	...
75 - 79	534	250	284	534	250	284	...	...	...
80 - 84	365	148	217	365	148	217	...	...	...
85 - 89	167	51	116	167	51	116	...	...	...
90 - 94	87	33	54	87	33	54	...	...	...
95 +	23	5	18	23	5	18	...	...	...
Costa Rica									
30 V 2011* (CDJC)									
Total	4 301 712	2 106 063	2 195 649	3 130 871	1 509 161	1 621 710	1 170 841	596 902	573 939
0 - 4	338 717	172 943	165 774	234 389	119 447	114 942	104 328	53 496	50 832
5 - 9	342 057	173 995	168 062	237 723	120 804	116 919	104 334	53 191	51 143
10 - 14	387 056	195 680	191 376	267 066	134 646	132 420	119 990	61 034	58 956
15 - 19	405 176	201 934	203 242	284 597	141 159	143 438	120 579	60 775	59 804
20 - 24	410 480	203 280	207 200	303 323	149 411	153 912	107 157	53 869	53 288
25 - 29	378 424	184 046	194 378	283 074	136 864	146 210	95 350	47 182	48 168
30 - 34	332 897	160 678	172 219	249 150	119 752	129 398	83 747	40 926	42 821
35 - 39	288 071	138 718	149 353	211 482	100 355	111 127	76 589	38 363	38 226
40 - 44	282 914	136 344	146 570	206 026	97 511	108 515	76 888	38 833	38 055
45 - 49	267 747	128 560	139 187	199 296	93 128	106 168	68 451	35 432	33 019
50 - 54	235 256	112 308	122 948	177 366	81 982	95 384	57 890	30 326	27 564
55 - 59	183 581	87 315	96 266	139 256	63 778	75 478	44 325	23 537	20 788
60 - 64	137 624	65 432	72 192	103 757	47 354	56 403	33 867	18 078	15 789
65 - 69	103 528	49 637	53 891	77 345	35 357	41 988	26 183	14 280	11 903
70 - 74	78 054	37 117	40 937	58 108	26 250	31 858	19 946	10 867	9 079
75 - 79	56 538	26 038	30 500	42 485	18 437	24 048	14 053	7 601	6 452
80 - 84	40 154	18 177	21 977	30 727	13 102	17 625	9 427	5 075	4 352
85 - 89	21 263	9 068	12 195	16 374	6 473	9 901	4 889	2 595	2 294
90 - 94	8 719	3 473	5 246	6 702	2 429	4 273	2 017	1 044	973
95 - 99	2 595	983	1 612	2 005	703	1 302	590	280	310
100 +	861	337	524	620	219	401	241	118	123
Cuba[18]									
1 VII 2011 (ESDJ)									
Total	11 244 543	5 630 955	5 613 587	8 464 392	4 167 382	4 297 010	2 780 151	1 463 573	1 316 577
0	129 764	66 740	63 023	100 272	51 542	48 730	29 492	15 198	14 293
1 - 4	479 145	247 233	231 912	365 137	188 527	176 609	114 008	58 704	55 304
5 - 9	630 544	324 851	305 692	458 892	236 570	222 321	171 650	88 280	83 370
10 - 14	702 272	362 057	340 213	512 487	264 016	248 470	189 783	98 040	91 743
15 - 19	727 608	372 835	354 773	531 351	271 422	259 929	196 256	101 412	94 843
20 - 24	831 805	428 587	403 218	617 072	315 701	301 371	214 732	112 885	101 847
25 - 29	738 015	382 063	355 951	551 070	283 008	268 062	186 944	99 055	87 889
30 - 34	671 807	347 372	324 435	495 168	255 248	239 920	176 639	92 124	84 515
35 - 39	946 790	481 872	464 918	700 038	354 186	345 852	246 752	127 686	119 066
40 - 44	1 028 187	514 723	513 464	768 905	379 388	389 517	259 282	135 335	123 947
45 - 49	1 031 313	511 357	519 956	801 889	391 023	410 866	229 424	120 334	109 090
50 - 54	693 058	339 202	353 856	534 999	255 767	279 232	158 059	83 435	74 624
55 - 59	616 683	300 013	316 670	479 346	226 945	252 401	137 337	73 068	64 269

7. Population by age, sex and urban/rural residence: latest available year, 2002 - 2011
Population selon l'âge, le sexe et la résidence, urbaine/rurale : dernière année disponible, 2002 - 2011 (continued - suite)

Continent, country or area, date, code and age (in years) / Continent, pays ou zone, date, code et âge (en années)	Total			Urban - Urbaine			Rural - Rurale		
	Both sexes Les deux sexes	Male Masculin	Female Féminin	Both sexes Les deux sexes	Male Masculin	Female Féminin	Both sexes Les deux sexes	Male Masculin	Female Féminin
AMERICA, NORTH - AMÉRIQUE DU NORD									
Cuba[18]									
1 VII 2011 (ESDJ)									
60 - 64	564 707	272 819	291 887	440 945	207 066	233 879	123 762	65 753	58 008
65 - 74	849 185	408 504	440 681	655 822	302 653	353 169	193 363	105 850	87 512
75 - 84	430 866	197 447	233 419	326 147	138 168	187 978	104 719	59 278	45 441
85 +	172 783	73 275	99 508	124 844	46 145	78 699	47 939	27 129	20 809
Dominica - Dominique									
31 XII 2006 (ESDF)									
Total	71 180	36 238	34 942	...	...	...	...	...	...
0 - 4	6 317	3 250	3 067	...	...	...	...	...	...
5 - 9	7 554	3 951	3 603	...	...	...	...	...	...
10 - 14	7 105	3 558	3 547	...	...	...	...	...	...
15 - 19	6 818	3 452	3 366	...	...	...	...	...	...
20 - 24	4 578	2 438	2 140	...	...	...	...	...	...
25 - 29	5 121	2 601	2 520	...	...	...	...	...	...
30 - 34	5 663	2 886	2 777	...	...	...	...	...	...
35 - 39	5 296	2 841	2 455	...	...	...	...	...	...
40 - 44	4 476	2 417	2 059	...	...	...	...	...	...
45 - 49	3 561	1 947	1 614	...	...	...	...	...	...
50 - 54	2 820	1 467	1 353	...	...	...	...	...	...
55 - 59	2 391	1 209	1 182	...	...	...	...	...	...
60 - 64	2 255	1 022	1 233	...	...	...	...	...	...
65 - 69	2 324	1 091	1 233	...	...	...	...	...	...
70 - 74	1 844	871	973	...	...	...	...	...	...
75 - 79	1 332	596	736	...	...	...	...	...	...
80 - 84	901	354	547	...	...	...	...	...	...
85 +	825	288	537	...	...	...	...	...	...
Dominican Republic - République dominicaine[2]									
1 VII 2011 (ESDF)									
Total	10 010 590	4 996 533	5 014 057	6 719 108	3 330 394	3 388 714	3 291 482	1 666 139	1 625 343
0 - 4	1 064 128	542 778	521 350	697 319	360 379	336 940	366 809	182 399	184 410
0	213 370	108 980	104 390	...	...	...	...	...	...
1 - 4	850 758	433 798	416 960	...	...	...	...	...	...
5 - 9	1 051 285	535 303	515 982	677 471	348 255	329 216	373 814	187 048	186 766
10 - 14	1 003 158	509 096	494 062	654 213	331 511	322 702	348 945	177 585	171 360
15 - 19	980 554	495 496	485 058	660 407	330 444	329 963	320 147	165 052	155 095
20 - 24	911 893	456 233	455 660	631 396	313 355	318 041	280 497	142 878	137 619
25 - 29	830 632	411 124	419 508	580 595	286 610	293 985	250 037	124 514	125 523
30 - 34	729 787	357 918	371 869	506 689	247 686	259 003	223 098	110 232	112 866
35 - 39	652 713	319 923	332 790	452 597	220 551	232 046	200 116	99 372	100 744
40 - 44	586 372	288 801	297 571	401 482	195 855	205 627	184 890	92 946	91 944
45 - 49	522 477	258 328	264 149	356 079	173 699	182 380	166 398	84 629	81 769
50 - 54	446 646	221 425	225 221	298 624	145 864	152 760	148 022	75 561	72 461
55 - 59	357 197	176 950	180 247	236 072	114 848	121 224	121 125	62 102	59 023
60 - 64	269 064	132 426	136 638	174 260	83 120	91 140	94 804	49 306	45 498
65 - 69	200 123	97 809	102 314	129 040	60 950	68 090	71 083	36 859	34 224
70 - 74	162 153	78 399	83 754	103 569	47 751	55 818	58 584	30 648	27 936
75 - 79	118 058	56 387	61 671	76 284	34 235	42 049	41 774	22 152	19 622
80 +	124 350	58 137	66 213	83 011	35 281	47 730	41 339	22 856	18 483
El Salvador									
12 V 2007 (CDJC)									
Total	5 744 113	2 719 371	3 024 742	3 598 836	1 676 313	1 922 523	2 145 277	1 043 058	1 102 219
0 - 4	555 893	283 272	272 621	324 299	165 397	158 902	231 594	117 875	113 719
5 - 9	684 727	349 150	335 577	390 873	199 184	191 689	293 854	149 966	143 888
10 - 14	706 347	359 523	346 824	404 755	205 222	199 533	301 592	154 301	147 291
15 - 19	600 565	298 384	302 181	355 376	174 488	180 888	245 189	123 896	121 293
20 - 24	486 542	228 001	258 541	309 107	143 779	165 328	177 435	84 222	93 213
25 - 29	457 890	206 963	250 927	306 456	138 320	168 136	151 434	68 643	82 791
30 - 34	402 249	178 400	223 849	274 037	121 278	152 759	128 212	57 122	71 090
35 - 39	353 147	156 514	196 633	242 566	106 882	135 684	110 581	49 632	60 949
40 - 44	303 631	132 218	171 413	209 958	90 559	119 399	93 673	41 659	52 014
45 - 49	252 122	109 957	142 165	170 464	73 027	97 437	81 658	36 930	44 728
50 - 54	215 734	95 275	120 459	143 882	62 014	81 868	71 852	33 261	38 591

Continent, country or area, date, code and age (in years) / Continent, pays ou zone, date, code et âge (en années)	Total			Urban - Urbaine			Rural - Rurale		
	Both sexes Les deux sexes	Male Masculin	Female Féminin	Both sexes Les deux sexes	Male Masculin	Female Féminin	Both sexes Les deux sexes	Male Masculin	Female Féminin
AMERICA, NORTH - AMÉRIQUE DU NORD									
El Salvador									
12 V 2007 (CDJC)									
55 - 59	183 075	81 718	101 357	119 193	51 574	67 619	63 882	30 144	33 738
60 - 64	151 864	68 207	83 657	97 101	41 821	55 280	54 763	26 386	28 377
65 - 69	125 157	55 781	69 376	79 690	33 492	46 198	45 467	22 289	23 178
70 - 74	97 457	43 449	54 008	62 075	25 726	36 349	35 382	17 723	17 659
75 - 79	75 984	33 658	42 326	48 760	20 096	28 664	27 224	13 562	13 662
80 - 84	46 870	20 401	26 469	30 578	12 261	18 317	16 292	8 140	8 152
85 +	44 859	18 500	26 359	29 666	11 193	18 473	15 193	7 307	7 886
1 VII 2010 (ESDF)[19]									
Total	6 183 002	2 913 743	3 269 259	...	...	...	...	...	...
0 - 4	606 853	310 111	296 742	...	...	...	...	...	...
5 - 9	614 788	314 297	300 491	...	...	...	...	...	...
10 - 14	730 418	372 464	357 954	...	...	...	...	...	...
15 - 19	697 647	349 342	348 305	...	...	...	...	...	...
20 - 24	566 024	267 265	298 759	...	...	...	...	...	...
25 - 29	463 011	205 743	257 268	...	...	...	...	...	...
30 - 34	414 120	180 189	233 931	...	...	...	...	...	...
35 - 39	386 008	168 528	217 480	...	...	...	...	...	...
40 - 44	339 465	147 990	191 475	...	...	...	...	...	...
45 - 49	289 673	125 671	164 002	...	...	...	...	...	...
50 - 54	244 822	107 104	137 718	...	...	...	...	...	...
55 - 59	210 179	92 551	117 628	...	...	...	...	...	...
60 - 64	176 355	77 782	98 573	...	...	...	...	...	...
65 - 69	145 876	64 990	80 886	...	...	...	...	...	...
70 - 74	117 728	52 093	65 635	...	...	...	...	...	...
75 - 79	85 694	37 627	48 067	...	...	...	...	...	...
80 +	94 341	39 996	54 345	...	...	...	...	...	...
Greenland - Groenland[20]									
1 VII 2011 (ESDJ)									
Total	56 682	29 992	26 691	48 045	25 233	22 812	8 638	4 759	3 879
0	834	436	398	713	370	344	121	66	55
1 - 4	3 316	1 726	1 590	2 776	1 453	1 323	540	273	267
5 - 9	4 117	2 080	2 037	3 388	1 705	1 683	729	375	355
10 - 14	4 328	2 196	2 133	3 587	1 842	1 745	742	354	388
15 - 19	4 452	2 237	2 215	3 734	1 866	1 868	719	371	348
20 - 24	4 597	2 330	2 267	3 941	1 974	1 968	656	356	300
25 - 29	4 081	2 098	1 983	3 505	1 769	1 736	577	330	247
30 - 34	3 647	1 923	1 724	3 141	1 636	1 505	506	287	219
35 - 39	3 218	1 770	1 448	2 759	1 513	1 246	460	257	203
40 - 44	4 621	2 487	2 134	3 915	2 096	1 819	706	391	315
45 - 49	5 410	2 914	2 497	4 648	2 476	2 172	763	438	325
50 - 54	4 464	2 525	1 940	3 802	2 122	1 680	663	403	260
55 - 59	3 256	1 857	1 399	2 757	1 547	1 210	499	310	189
60 - 64	2 322	1 372	951	1 987	1 165	822	336	207	129
65 - 69	1 803	1 015	789	1 521	847	674	283	168	115
70 - 74	1 094	572	522	908	467	441	186	106	81
75 - 79	658	296	362	561	253	308	97	43	54
80 - 84	346	128	219	303	109	194	43	19	25
85 - 89	99	32	68	84	25	59	15	7	9
90 - 94	18	3	15	17	3	14	2	-	2
95 +	4	-	4	4	-	4	-	-	-
Guadeloupe[21]									
1 I 2010* (ESDJ)									
Total	401 784	186 946	214 838	...	...	...	...	...	...
0 - 4	26 805	13 809	12 996	...	...	...	...	...	...
5 - 9	29 284	15 175	14 109	...	...	...	...	...	...
10 - 14	31 683	16 306	15 377	...	...	...	...	...	...
15 - 19	30 792	15 755	15 037	...	...	...	...	...	...
20 - 24	21 089	10 649	10 440	...	...	...	...	...	...
25 - 29	18 090	7 826	10 264	...	...	...	...	...	...
30 - 34	21 380	8 654	12 726	...	...	...	...	...	...
35 - 39	29 401	12 372	17 029	...	...	...	...	...	...
40 - 44	32 077	13 848	18 229	...	...	...	...	...	...

Continent, country or area, date, code and age (in years) / Continent, pays ou zone, date, code et âge (en années)	Total			Urban - Urbaine			Rural - Rurale		
	Both sexes Les deux sexes	Male Masculin	Female Féminin	Both sexes Les deux sexes	Male Masculin	Female Féminin	Both sexes Les deux sexes	Male Masculin	Female Féminin
AMERICA, NORTH - AMÉRIQUE DU NORD									
Guadeloupe[21]									
1 I 2010* (ESDJ)									
45 - 49	32 798	15 179	17 619	...	...	...	...	...	...
50 - 54	27 579	13 007	14 572	...	...	...	...	...	...
55 - 59	24 015	10 979	13 036	...	...	...	...	...	...
60 - 64	21 626	9 991	11 635	...	...	...	...	...	...
65 - 69	16 370	7 342	9 028	...	...	...	...	...	...
70 - 74	13 298	5 914	7 384	...	...	...	...	...	...
75 - 79	10 578	4 505	6 073	...	...	...	...	...	...
80 - 84	7 355	2 931	4 424	...	...	...	...	...	...
85 - 89	4 757	1 844	2 913	...	...	...	...	...	...
90 - 94	1 940	605	1 335	...	...	...	...	...	...
95 +	867	255	612	...	...	...	...	...	...
Guatemala									
1 VII 2005 (ESDF)									
Total	12 699 780[22]	6 197 399	6 502 381	6 345 918	3 059 570	3 286 348	6 353 862	3 137 829	3 216 033
0 - 4	2 036 312	1 035 549	1 000 763	866 844	447 724	419 120	1 169 468	587 825	581 643
5 - 9	1 823 642	921 924	901 718	790 225	405 750	384 475	1 033 417	516 174	517 243
10 - 14	1 624 119	815 791	808 328	755 292	378 704	376 587	868 827	437 087	431 741
15 - 19	1 379 574	685 359	694 215	715 501	351 554	363 947	664 073	333 805	330 268
20 - 24	1 180 264	571 385	608 879	636 046	306 874	329 172	544 218	264 511	279 707
25 - 29	952 695	446 309	506 386	523 699	243 461	280 237	428 996	202 848	226 149
30 - 34	753 145	340 378	412 767	416 357	184 973	231 384	336 788	155 405	181 383
35 - 39	600 160	270 907	329 253	326 576	144 824	181 752	273 584	126 083	147 501
40 - 44	492 747	225 243	267 504	270 162	120 913	149 248	222 585	104 330	118 256
45 - 49	409 688	191 635	218 053	221 123	100 439	120 685	188 565	91 196	97 368
50 - 54	367 062	175 311	191 751	201 790	92 775	109 014	165 272	82 536	82 737
55 - 59	310 913	149 593	161 320	171 480	79 044	92 436	139 433	70 549	68 884
60 - 64	233 643	113 686	119 957	128 803	58 925	69 878	104 840	54 761	50 079
65 - 69	192 992	94 128	98 864	111 865	51 579	60 285	81 127	42 549	38 579
70 - 74	156 267	74 463	81 804	93 750	42 080	51 669	62 517	32 383	30 135
75 - 79	107 429	50 340	57 089	66 759	29 241	37 519	40 670	21 099	19 570
80 +	79 128	35 398	43 730	49 648	20 709	28 939	29 480	14 689	14 791
1 VII 2010 (ESDF)[23]									
Total	14 361 666	7 003 337	7 358 328	...	...	...	...	...	...
0 - 4	2 165 745	1 103 521	1 062 224	...	...	...	...	...	...
5 - 9	2 004 670	1 017 180	987 490	...	...	...	...	...	...
10 - 14	1 798 262	906 603	891 659	...	...	...	...	...	...
15 - 19	1 590 147	794 459	795 688	...	...	...	...	...	...
20 - 24	1 322 125	646 911	675 214	...	...	...	...	...	...
25 - 29	1 128 960	538 214	590 746	...	...	...	...	...	...
30 - 34	913 192	418 535	494 657	...	...	...	...	...	...
35 - 39	725 691	323 010	402 681	...	...	...	...	...	...
40 - 44	580 303	258 454	321 849	...	...	...	...	...	...
45 - 49	475 449	215 304	260 145	...	...	...	...	...	...
50 - 54	393 702	182 662	211 040	...	...	...	...	...	...
55 - 59	350 124	165 910	184 214	...	...	...	...	...	...
60 - 64	292 331	139 395	152 936	...	...	...	...	...	...
65 - 69	214 491	103 433	111 058	...	...	...	...	...	...
70 - 74	170 028	81 809	88 219	...	...	...	...	...	...
75 - 79	128 990	60 257	68 733	...	...	...	...	...	...
80 +	107 456	47 678	59 778	...	...	...	...	...	...
Haiti - Haïti[24]									
1 VII 2010 (ESDJ)									
Total	10 085 214	4 993 731	5 091 483	4 817 666	2 321 608	2 496 059	5 267 548	2 672 123	2 595 424
0 - 4	1 263 322	644 550	618 772	532 352	274 597	257 755	730 970	369 953	361 017
5 - 9	1 195 479	608 495	586 984	493 368	249 982	243 386	702 111	358 513	343 598
10 - 14	1 158 478	588 618	569 860	532 573	255 002	277 571	625 905	333 616	292 289
15 - 19	1 092 364	551 467	540 897	583 183	276 258	306 925	509 181	275 209	233 972
20 - 24	1 019 589	509 042	510 547	600 175	296 233	303 943	419 414	212 809	206 604
25 - 29	919 636	454 123	465 513	537 063	267 198	269 865	382 573	186 925	195 648
30 - 34	702 596	340 518	362 078	390 054	189 432	200 622	312 542	151 086	161 456
35 - 39	548 004	261 157	286 847	272 855	128 575	144 280	275 149	132 582	142 567
40 - 44	488 482	235 182	253 300	225 057	106 072	118 985	263 425	129 110	134 315

Continent, country or area, date, code and age (in years) Continent, pays ou zone, date, code et âge (en années)	Total			Urban - Urbaine			Rural - Rurale		
	Both sexes Les deux sexes	Male Masculin	Female Féminin	Both sexes Les deux sexes	Male Masculin	Female Féminin	Both sexes Les deux sexes	Male Masculin	Female Féminin
AMERICA, NORTH - **AMÉRIQUE DU NORD**									
Haiti - Haïti[24]									
1 VII 2010 (ESDJ)									
45 - 49	423 377	204 077	219 300	179 712	81 240	98 472	243 665	122 837	120 828
50 - 54	342 913	166 418	176 495	138 580	61 854	76 726	204 333	104 564	99 769
55 - 59	284 731	136 034	148 697	107 391	46 062	61 329	177 340	89 972	87 368
60 - 64	206 835	95 939	110 896	73 562	29 974	43 588	133 273	65 965	67 308
65 - 69	175 898	81 854	94 044	61 671	24 975	36 696	114 227	56 879	57 348
70 - 74	129 436	58 181	71 255	44 448	17 100	27 347	84 988	41 081	43 908
75 - 79	80 898	35 538	45 360	27 630	10 473	17 158	53 268	25 065	28 202
80 +	53 176	22 538	30 638	17 992	6 581	11 412	35 184	15 957	19 226
1 VII 2011 (ESDJ)									
Total	10 248 306	5 075 517	5 172 789	...	...	...	...	...	...
0 - 4	1 268 897	647 465	621 432	...	...	...	...	...	...
5 - 9	1 201 161	611 472	589 690	...	...	...	...	...	...
10 - 14	1 163 085	591 018	572 066	...	...	...	...	...	...
15 - 19	1 100 883	556 085	544 798	...	...	...	...	...	...
20 - 24	1 029 132	514 235	514 898	...	...	...	...	...	...
25 - 29	940 847	465 396	475 451	...	...	...	...	...	...
30 - 34	737 993	358 927	379 066	...	...	...	...	...	...
35 - 39	566 936	270 574	296 362	...	...	...	...	...	...
40 - 44	495 026	237 754	257 273	...	...	...	...	...	...
45 - 49	433 416	208 671	224 746	...	...	...	...	...	...
50 - 54	353 800	171 468	182 332	...	...	...	...	...	...
55 - 59	293 134	140 392	152 742	...	...	...	...	...	...
60 - 64	214 819	99 846	114 973	...	...	...	...	...	...
65 - 69	177 069	82 201	94 868	...	...	...	...	...	...
70 - 74	132 790	59 833	72 957	...	...	...	...	...	...
75 - 79	83 834	36 751	47 083	...	...	...	...	...	...
80 +	55 484	23 431	32 053	...	...	...	...	...	...
Honduras[25]									
1 VII 2007 (ESDF)									
Total	7 536 952	3 717 577	3 819 375	3 752 579	1 793 588	1 958 991	3 784 373	1 923 989	1 860 384
0 - 4	1 063 247	541 070	522 177	478 059	243 771	234 288	585 188	297 299	287 889
5 - 9	1 009 399	511 733	497 666	432 422	221 023	211 399	576 977	290 710	286 267
10 - 14	920 850	464 403	456 447	414 394	208 459	205 935	506 456	255 944	250 512
15 - 19	802 793	402 792	400 001	398 138	192 053	206 085	404 655	210 739	193 916
20 - 24	710 751	353 317	357 434	390 899	179 723	211 176	319 852	173 594	146 258
25 - 29	626 413	308 283	318 130	352 025	165 114	186 911	274 388	143 169	131 219
30 - 34	522 679	255 818	266 861	286 860	136 186	150 674	235 819	119 632	116 187
35 - 39	425 045	205 171	219 874	235 598	109 749	125 849	189 447	95 422	94 025
40 - 44	334 632	157 492	177 140	184 004	84 081	99 923	150 628	73 411	77 217
45 - 49	276 277	128 813	147 464	149 861	67 682	82 179	126 416	61 131	65 285
50 - 54	227 421	105 428	121 993	118 577	52 986	65 591	108 844	52 442	56 402
55 - 59	180 676	83 643	97 033	92 810	40 714	52 096	87 866	42 929	44 937
60 - 64	137 652	63 863	73 789	67 361	29 245	38 116	70 291	34 618	35 673
65 - 69	107 540	49 404	58 136	52 443	22 197	30 246	55 097	27 207	27 890
70 - 74	82 118	37 134	44 984	41 131	17 107	24 024	40 987	20 027	20 960
75 - 79	54 593	24 368	30 225	28 183	11 568	16 615	26 410	12 800	13 610
80 +	54 866	24 845	30 021	29 814	11 930	17 884	25 052	12 915	12 137
1 VII 2010 (ESDF)									
Total	8 045 990	3 965 430	4 080 560	...	...	...	...	...	...
0 - 4	1 079 289	549 179	530 110	...	...	...	...	...	...
5 - 9	1 035 077	525 938	509 139	...	...	...	...	...	...
10 - 14	973 613	492 090	481 523	...	...	...	...	...	...
15 - 19	866 193	434 856	431 337	...	...	...	...	...	...
20 - 24	747 514	371 818	375 696	...	...	...	...	...	...
25 - 29	663 903	326 377	337 526	...	...	...	...	...	...
30 - 34	577 561	282 042	295 519	...	...	...	...	...	...
35 - 39	474 884	230 506	244 378	...	...	...	...	...	...
40 - 44	381 715	181 554	200 161	...	...	...	...	...	...
45 - 49	301 565	140 031	161 534	...	...	...	...	...	...
50 - 54	251 618	116 240	135 378	...	...	...	...	...	...
55 - 59	203 187	93 205	109 982	...	...	...	...	...	...
60 - 64	157 317	72 071	85 246	...	...	...	...	...	...

7. Population by age, sex and urban/rural residence: latest available year, 2002 - 2011
Population selon l'âge, le sexe et la résidence, urbaine/rurale : dernière année disponible, 2002 - 2011 (continued - suite)

Continent, country or area, date, code and age (in years) / Continent, pays ou zone, date, code et âge (en années)	Total			Urban - Urbaine			Rural - Rurale		
	Both sexes Les deux sexes	Male Masculin	Female Féminin	Both sexes Les deux sexes	Male Masculin	Female Féminin	Both sexes Les deux sexes	Male Masculin	Female Féminin

AMERICA, NORTH - AMÉRIQUE DU NORD

	Both sexes	Male	Female	Both sexes	Male	Female	Both sexes	Male	Female
Honduras[25]									
1 VII 2010 (ESDF)									
65 - 69	117 790	53 835	63 955	...	...	...	...	...	...
70 - 74	90 125	40 470	49 655	...	...	...	...	...	...
75 - 79	62 138	27 381	34 757	...	...	...	...	...	...
80 +	62 501	27 837	34 664	...	...	...	...	...	...
Jamaica - Jamaïque[13]									
1 VII 2008 (ESDJ)									
Total	2 687 241	1 324 277	1 362 964	1 400 045[26]	667 050[26]	732 995[26]	1 287 196[26]	657 227[26]	629 969[26]
0	44 297	22 468	21 829	22 196[26]	11 351[26]	10 845[26]	22 101[26]	11 117[26]	10 984[26]
1 - 4	181 099	92 187	88 912	91 926[26]	46 791[26]	45 135[26]	89 173[26]	45 396[26]	43 777[26]
5 - 9	251 187	127 655	123 532	123 448[26]	62 326[26]	61 122[26]	127 739[26]	65 329[26]	62 410[26]
10 - 14	277 844	143 534	134 310	136 577[26]	70 150[26]	66 427[26]	141 267[26]	73 384[26]	67 883[26]
15 - 19	249 369	127 495	121 874	127 634[26]	63 829[26]	63 805[26]	121 735[26]	63 666[26]	58 069[26]
20 - 24	208 353	101 013	107 340	115 717[26]	54 318[26]	61 399[26]	92 636[26]	46 695[26]	45 941[26]
25 - 29	215 094	102 110	112 984	121 404[26]	55 338[26]	66 065[26]	93 690[26]	46 772[26]	46 919[26]
30 - 34	220 090	104 166	115 924	123 412[26]	56 019[26]	67 393[26]	96 678[26]	48 147[26]	48 531[26]
35 - 39	224 563	106 101	118 462	124 820[26]	56 218[26]	68 601[26]	99 743[26]	49 883[26]	49 861[26]
40 - 44	190 733	94 542	96 191	103 696[26]	48 612[26]	55 084[26]	87 037[26]	45 930[26]	41 107[26]
45 - 49	131 943	65 412	66 531	72 029[26]	33 813[26]	38 216[26]	59 914[26]	31 599[26]	28 315[26]
50 - 54	114 111	59 675	54 436	60 494[26]	29 973[26]	30 521[26]	53 617[26]	29 702[26]	23 915[26]
55 - 59	84 706	44 394	40 312	42 647[26]	21 207[26]	21 441[26]	42 059[26]	23 187[26]	18 871[26]
60 - 64	68 305	33 356	34 949	33 038[26]	15 293[26]	17 745[26]	35 267[26]	18 063[26]	17 204[26]
65 - 69	64 678	31 159	33 519	30 110[26]	13 714[26]	16 396[26]	34 568[26]	17 445[26]	17 123[26]
70 - 74	58 668	27 832	30 836	26 697[26]	11 959[26]	14 738[26]	31 971[26]	15 873[26]	16 098[26]
75 - 79	44 935	19 592	25 343	19 830[26]	7 912[26]	11 918[26]	25 105[26]	11 680[26]	13 425[26]
80 - 84	28 688	11 395	17 293	12 227[26]	4 465[26]	7 762[26]	16 461[26]	6 930[26]	9 532[26]
85 - 89	17 762	6 637	11 125	7 535[26]	2 460[26]	5 075[26]	10 227[26]	4 177[26]	6 050[26]
90 - 94	7 204	2 454	4 750	3 094[26]	908[26]	2 186[26]	4 110[26]	1 546[26]	2 564[26]
95 +	3 612	1 100	2 512	1 515[26]	393[26]	1 122[26]	2 097[26]	707[26]	1 390[26]
1 VII 2011* (ESDJ)									
Total	2 706 450	1 331 852	1 374 598	...	...	...	...	...	...
0 - 4	220 314	111 774	108 539	...	...	...	...	...	...
5 - 9	241 858	122 835	119 023	...	...	...	...	...	...
10 - 14	277 431	143 799	133 632	...	...	...	...	...	...
15 - 19	250 099	127 865	122 235	...	...	...	...	...	...
20 - 24	208 584	100 952	107 632	...	...	...	...	...	...
25 - 29	216 160	102 525	113 635	...	...	...	...	...	...
30 - 34	224 348	106 001	118 346	...	...	...	...	...	...
35 - 39	230 583	107 803	122 780	...	...	...	...	...	...
40 - 44	197 925	98 238	99 688	...	...	...	...	...	...
45 - 49	135 659	67 340	68 319	...	...	...	...	...	...
50 - 54	117 537	61 710	55 827	...	...	...	...	...	...
55 - 59	86 341	45 455	40 885	...	...	...	...	...	...
60 - 64	68 870	33 632	35 238	...	...	...	...	...	...
65 - 69	65 653	31 606	34 048	...	...	...	...	...	...
70 - 74	60 060	28 453	31 607	...	...	...	...	...	...
75 +	105 028	41 866	63 162	...	...	...	...	...	...
Martinique									
1 I 2010* (ESDJ)									
Total	396 308	182 644	213 664	...	...	...	...	...	...
0 - 4	23 686	12 113	11 573	...	...	...	...	...	...
5 - 9	26 410	13 174	13 236	...	...	...	...	...	...
10 - 14	27 636	14 074	13 562	...	...	...	...	...	...
15 - 19	29 421	14 763	14 658	...	...	...	...	...	...
20 - 24	22 587	11 099	11 488	...	...	...	...	...	...
25 - 29	18 188	7 989	10 199	...	...	...	...	...	...
30 - 34	19 910	8 326	11 584	...	...	...	...	...	...
35 - 39	27 580	11 585	15 995	...	...	...	...	...	...
40 - 44	32 091	14 036	18 055	...	...	...	...	...	...
45 - 49	33 120	15 044	18 076	...	...	...	...	...	...
50 - 54	28 690	13 186	15 504	...	...	...	...	...	...
55 - 59	24 930	11 376	13 554	...	...	...	...	...	...

Continent, country or area, date, code and age (in years) Continent, pays ou zone, date, code et âge (en annèes)	Total			Urban - Urbaine			Rural - Rurale		
	Both sexes Les deux sexes	Male Masculin	Female Féminin	Both sexes Les deux sexes	Male Masculin	Female Féminin	Both sexes Les deux sexes	Male Masculin	Female Féminin
AMERICA, NORTH - AMÉRIQUE DU NORD									
Martinique									
1 I 2010* (ESDJ)									
60 - 64	21 653	10 057	11 596	...	...	...	...	...	...
65 - 69	16 961	7 816	9 145	...	...	...	...	...	...
70 - 74	15 415	7 038	8 377	...	...	...	...	...	...
75 - 79	11 423	4 898	6 525	...	...	...	...	...	...
80 - 84	8 464	3 461	5 003	...	...	...	...	...	...
85 - 89	5 093	1 785	3 308	...	...	...	...	...	...
90 - 94	2 125	593	1 532	...	...	...	...	...	...
95 +	925	231	694	...	...	...	...	...	...
Mexico - Mexique[27]									
12 VI 2010 (CDFC)									
Total	112 336 538	54 855 231	57 481 307	86 287 410	41 946 540	44 340 870	26 049 128	12 908 691	13 140 437
0 - 4	10 528 322	5 346 943	5 181 379	7 766 149	3 945 636	3 820 513	2 762 173	1 401 307	1 360 866
5 - 9	11 047 537	5 604 175	5 443 362	8 124 337	4 124 524	3 999 813	2 923 200	1 479 651	1 443 549
10 - 14	10 939 937	5 547 613	5 392 324	7 974 649	4 041 649	3 933 000	2 965 288	1 505 964	1 459 324
15 - 19	11 026 112	5 520 121	5 505 991	8 191 229	4 097 876	4 093 353	2 834 883	1 422 245	1 412 638
20 - 24	9 892 271	4 813 204	5 079 067	7 725 598	3 775 245	3 950 353	2 166 673	1 037 959	1 128 714
25 - 29	8 788 177	4 205 975	4 582 202	6 985 279	3 354 569	3 630 710	1 802 898	851 406	951 492
30 - 34	8 470 798	4 026 031	4 444 767	6 719 047	3 188 789	3 530 258	1 751 751	837 242	914 509
35 - 39	8 292 987	3 964 738	4 328 249	6 642 253	3 160 713	3 481 540	1 650 734	804 025	846 709
40 - 44	7 009 226	3 350 322	3 658 904	5 633 205	2 676 230	2 956 975	1 376 021	674 092	701 929
45 - 49	5 928 730	2 824 364	3 104 366	4 739 911	2 241 753	2 498 158	1 188 819	582 611	606 208
50 - 54	5 064 291	2 402 451	2 661 840	4 051 487	1 904 317	2 147 170	1 012 804	498 134	514 670
55 - 59	3 895 365	1 869 537	2 025 828	3 043 924	1 443 868	1 600 056	851 441	425 669	425 772
60 - 64	3 116 466	1 476 667	1 639 799	2 403 645	1 119 077	1 284 568	712 821	357 590	355 231
65 - 69	2 317 265	1 095 273	1 221 992	1 719 078	794 137	924 941	598 187	301 136	297 051
70 - 74	1 873 934	873 893	1 000 041	1 338 906	603 945	734 961	535 028	269 948	265 080
75 - 79	1 245 483	579 689	665 794	892 237	399 026	493 211	353 246	180 663	172 583
80 - 84	798 936	355 277	443 659	576 855	244 082	332 773	222 081	111 195	110 886
85 - 89	454 164	197 461	256 703	322 844	132 826	190 018	131 320	64 635	66 685
90 - 94	164 924	68 130	96 794	116 950	45 123	71 827	47 974	23 007	24 967
95 - 99	65 732	25 920	39 812	44 084	16 122	27 962	21 648	9 798	11 850
100 +	18 475	7 228	11 247	10 451	3 753	6 698	8 024	3 475	4 549
Unknown - Inconnu	1 397 406	700 219	697 187	1 265 292	633 280	632 012	132 114	66 939	65 175
Nicaragua									
1 VII 2009 (ESDJ)									
Total	5 742 316[13]	2 844 244	2 898 072	3 259 955	1 569 555	1 690 400	2 482 361	1 274 689	1 207 672
0 - 4	680 125[13]	347 205	332 920	335 635	172 875	162 760	344 490	174 330	170 160
5 - 9	660 096[13]	336 817	323 279	332 694	169 358	163 336	327 402	167 459	159 943
10 - 14	677 756[13]	344 831	332 925	359 316	180 457	178 859	318 440	164 374	154 066
15 - 19	660 608[13]	331 536	329 072	363 427	178 690	184 737	297 181	152 846	144 335
20 - 24	576 923[13]	286 484	290 439	332 187	160 315	171 872	244 736	126 169	118 567
25 - 29	511 402[13]	250 672	260 730	306 186	145 137	161 049	205 216	105 535	99 681
30 - 34	412 087[13]	197 120	214 967	251 145	115 523	135 622	160 942	81 597	79 345
35 - 39	337 317[13]	162 472	174 845	208 505	96 540	111 965	128 812	65 932	62 880
40 - 44	279 795[13]	136 223	143 572	177 594	83 709	93 885	102 201	52 514	49 687
45 - 49	239 942[13]	115 914	124 028	154 027	71 955	82 072	85 915	43 959	41 956
50 - 54	206 088[13]	98 355	107 733	130 198	59 417	70 781	75 890	38 938	36 952
55 - 59	154 329[13]	74 173	80 156	95 879	43 653	52 226	58 450	30 520	27 930
60 - 64	93 681[13]	45 221	48 460	57 189	25 734	31 455	36 492	19 487	17 005
65 - 69	89 351[13]	43 121	46 230	54 102	24 079	30 023	35 249	19 042	16 207
70 - 74	67 861[13]	32 418	35 443	41 515	18 145	23 370	26 346	14 273	12 073
75 - 79	48 205[13]	22 249	25 956	30 640	12 935	17 705	17 565	9 314	8 251
80 +	46 750[13]	19 433	27 317	29 716	11 033	18 683	17 034	8 400	8 634
Panama[28]									
1 VII 2010 (ESDF)									
Total	3 504 483	1 765 734	1 738 749	2 262 765	1 119 546	1 143 219	1 241 718	646 188	595 530
0 - 4	351 221	179 371	171 850	208 269	106 475	101 794	142 952	72 896	70 056
5 - 9	341 709	174 456	167 253	205 648	105 111	100 537	136 061	69 345	66 716
10 - 14	329 340	168 137	161 203	190 973	97 407	93 566	138 367	70 730	67 637
15 - 19	307 769	156 928	150 841	183 791	93 422	90 369	123 978	63 506	60 472
20 - 24	298 800	151 900	146 900	193 108	97 226	95 882	105 692	54 674	51 018

7. Population by age, sex and urban/rural residence: latest available year, 2002 - 2011
Population selon l'âge, le sexe et la résidence, urbaine/rurale : dernière année disponible, 2002 - 2011 (continued - suite)

Continent, country or area, date, code and age (in years) / Continent, pays ou zone, date, code et âge (en années)	Total			Urban - Urbaine			Rural - Rurale		
	Both sexes Les deux sexes	Male Masculin	Female Féminin	Both sexes Les deux sexes	Male Masculin	Female Féminin	Both sexes Les deux sexes	Male Masculin	Female Féminin
AMERICA, NORTH - AMÉRIQUE DU NORD									
Panama[28]									
1 VII 2010 (ESDF)									
25 - 29	277 505	140 612	136 893	191 549	94 536	97 013	85 956	46 076	39 880
30 - 34	263 334	132 845	130 489	189 011	93 774	95 237	74 323	39 071	35 252
35 - 39	259 755	130 366	129 389	182 595	90 863	91 732	77 160	39 503	37 657
40 - 44	236 952	118 777	118 175	165 600	81 805	83 795	71 352	36 972	34 380
45 - 49	201 998	100 644	101 354	141 013	68 336	72 677	60 985	32 308	28 677
50 - 54	165 538	81 908	83 630	113 611	54 248	59 363	51 927	27 660	24 267
55 - 59	134 094	66 304	67 790	90 029	42 678	47 351	44 065	23 626	20 439
60 - 64	106 753	53 121	53 632	68 245	32 196	36 049	38 508	20 925	17 583
65 - 69	84 013	41 413	42 600	51 441	23 860	27 581	32 572	17 553	15 019
70 - 74	60 678	29 519	31 159	35 148	15 728	19 420	25 530	13 791	11 739
75 - 79	43 317	20 618	22 699	25 559	10 990	14 569	17 758	9 628	8 130
80 +	41 707	18 815	22 892	27 175	10 891	16 284	14 532	7 924	6 608
Puerto Rico - Porto Rico[29]									
1 VII 2010 (ESDJ)									
Total	3 978 702[30]	1 908 360	2 070 342	...	...	...	...	...	...
0 - 4	228 431	116 736	111 695	...	...	...	...	...	...
5 - 9	253 291	129 288	124 003	...	...	...	...	...	...
10 - 14	286 458	146 507	139 951	...	...	...	...	...	...
15 - 19	294 436	150 011	144 425	...	...	...	...	...	...
20 - 24	278 123	139 502	138 621	...	...	...	...	...	...
25 - 29	274 976	136 350	138 626	...	...	...	...	...	...
30 - 34	278 779	135 835	142 944	...	...	...	...	...	...
35 - 39	264 929	128 782	136 147	...	...	...	...	...	...
40 - 44	261 657	125 456	136 201	...	...	...	...	...	...
45 - 49	266 277	124 926	141 351	...	...	...	...	...	...
50 - 54	252 997	116 660	136 337	...	...	...	...	...	...
55 - 59	232 869	106 239	126 630	...	...	...	...	...	...
60 - 64	226 344	102 736	123 608	...	...	...	...	...	...
65 - 69	181 934	81 981	99 953	...	...	...	...	...	...
70 - 74	142 848	63 778	79 070	...	...	...	...	...	...
75 - 79	107 538	46 309	61 229	...	...	...	...	...	...
80 - 84	73 312	29 898	43 414	...	...	...	...	...	...
85 - 89	45 475	17 416	28 059	...	...	...	...	...	...
90 - 94	20 177	7 347	12 830	...	...	...	...	...	...
95 - 99	6 641	2 236	4 405	...	...	...	...	...	...
100 +	1 210	367	843	...	...	...	...	...	...
Saint Lucia - Sainte-Lucie									
1 VII 2009 (ESDF)									
Total	172 370	84 465	87 905	...	...	...	...	...	...
0 - 4	15 344	7 808	7 536	...	...	...	...	...	...
5 - 9	13 188	6 514	6 674	...	...	...	...	...	...
10 - 14	16 105	8 047	8 058	...	...	...	...	...	...
15 - 19	17 386	8 735	8 651	...	...	...	...	...	...
20 - 24	17 430	8 553	8 877	...	...	...	...	...	...
25 - 29	15 114	7 422	7 692	...	...	...	...	...	...
30 - 34	13 317	6 469	6 848	...	...	...	...	...	...
35 - 39	12 240	5 895	6 345	...	...	...	...	...	...
40 - 44	11 709	5 644	6 065	...	...	...	...	...	...
45 - 49	10 541	5 107	5 434	...	...	...	...	...	...
50 - 54	7 978	3 988	3 990	...	...	...	...	...	...
55 - 59	5 957	2 977	2 980	...	...	...	...	...	...
60 - 64	4 559	2 142	2 417	...	...	...	...	...	...
65 - 69	3 647	1 662	1 985	...	...	...	...	...	...
70 - 74	3 077	1 410	1 667	...	...	...	...	...	...
75 - 79	2 276	1 034	1 242	...	...	...	...	...	...
80 +	2 502	1 058	1 444	...	...	...	...	...	...
Saint Pierre and Miquelon - Saint Pierre-et-Miquelon									
19 I 2006 (CDFC)									
Total	6 125	3 034	3 091	...	...	...	...	...	...
0 - 4	289	143	146	...	...	...	...	...	...
5 - 9	417	211	206	...	...	...	...	...	...

Continent, country or area, date, code and age (in years) Continent, pays ou zone, date, code et âge (en années)	Total			Urban - Urbaine			Rural - Rurale		
	Both sexes Les deux sexes	Male Masculin	Female Féminin	Both sexes Les deux sexes	Male Masculin	Female Féminin	Both sexes Les deux sexes	Male Masculin	Female Féminin
AMERICA, NORTH - AMÉRIQUE DU NORD									
Saint Pierre and Miquelon - Saint Pierre-et-Miquelon									
19 I 2006 (CDFC)									
10 - 14	461	237	224	...	...	...	...	...	...
15 - 19	366	188	178	...	...	...	...	...	...
20 - 24	258	136	122	...	...	...	...	...	...
25 - 29	333	166	167	...	...	...	...	...	...
30 - 34	431	202	229	...	...	...	...	...	...
35 - 39	568	294	274	...	...	...	...	...	...
40 - 44	575	293	282	...	...	...	...	...	...
45 - 49	471	246	225	...	...	...	...	...	...
50 - 54	435	238	197	...	...	...	...	...	...
55 - 59	432	231	201	...	...	...	...	...	...
60 - 64	280	143	137	...	...	...	...	...	...
65 - 69	243	115	128	...	...	...	...	...	...
70 - 74	208	83	125	...	...	...	...	...	...
75 - 79	128	42	86	...	...	...	...	...	...
80 - 84	114	35	79	...	...	...	...	...	...
85 - 89	75	19	56	...	...	...	...	...	...
90 - 94	30	12	18	...	...	...	...	...	...
95 +	11	-	11	...	...	...	...	...	...
Saint Vincent and the Grenadines - Saint-Vincent-et-les Grenadines[13]									
1 VII 2008 (ESDF)									
Total	99 086	50 009	49 077	...	...	...	...	...	...
0 - 4	9 302	4 782	4 520	...	...	...	...	...	...
5 - 9	10 684	5 352	5 332	...	...	...	...	...	...
10 - 14	10 391	5 269	5 122	...	...	...	...	...	...
15 - 19	10 531	5 293	5 238	...	...	...	...	...	...
20 - 24	9 060	4 639	4 420	...	...	...	...	...	...
25 - 29	7 941	4 057	3 884	...	...	...	...	...	...
30 - 34	7 155	3 747	3 408	...	...	...	...	...	...
35 - 39	7 525	3 911	3 614	...	...	...	...	...	...
40 - 44	6 243	3 214	3 029	...	...	...	...	...	...
45 - 49	4 410	2 252	2 158	...	...	...	...	...	...
50 - 54	3 481	1 807	1 674	...	...	...	...	...	...
55 - 59	2 595	1 299	1 296	...	...	...	...	...	...
60 - 64	2 550	1 222	1 328	...	...	...	...	...	...
65 - 69	2 379	1 143	1 236	...	...	...	...	...	...
70 - 74	1 819	831	989	...	...	...	...	...	...
75 - 79	1 412	591	821	...	...	...	...	...	...
80 - 84	879	359	520	...	...	...	...	...	...
85 +	729	241	488	...	...	...	...	...	...
Trinidad and Tobago - Trinité-et-Tobago[31]									
1 VII 2010 (ESDF)									
Total	1 317 714	...	...	...	...	...	...	...	...
0 - 14	333 965	...	...	...	...	...	...	...	...
15 - 19	144 548	...	...	...	...	...	...	...	...
20 - 24	116 890	...	...	...	...	...	...	...	...
25 - 29	100 841	...	...	...	...	...	...	...	...
30 - 34	96 235	...	...	...	...	...	...	...	...
35 - 39	107 070	...	...	...	...	...	...	...	...
40 - 44	94 333	...	...	...	...	...	...	...	...
45 - 49	78 103	...	...	...	...	...	...	...	...
50 - 54	65 170	...	...	...	...	...	...	...	...
55 - 59	48 537	...	...	...	...	...	...	...	...
60 - 64	38 736	...	...	...	...	...	...	...	...
65 +	93 286	...	...	...	...	...	...	...	...

7. Population by age, sex and urban/rural residence: latest available year, 2002 - 2011
Population selon l'âge, le sexe et la résidence, urbaine/rurale : dernière année disponible, 2002 - 2011 (continued - suite)

Continent, country or area, date, code and age (in years) / Continent, pays ou zone, date, code et âge (en années)	Total			Urban - Urbaine			Rural - Rurale		
	Both sexes Les deux sexes	Male Masculin	Female Féminin	Both sexes Les deux sexes	Male Masculin	Female Féminin	Both sexes Les deux sexes	Male Masculin	Female Féminin
AMERICA, NORTH - AMÉRIQUE DU NORD									
United States of America - États-Unis d'Amérique[32] 1 IV 2010 (CDJC)									
Total	308 745 538	151 781 326	156 964 212	249 253 271	121 698 595	127 554 676	59 492 267	30 082 731	29 409 536
0 - 4	20 201 362	10 319 427	9 881 935	16 838 001	8 597 234	8 240 767	3 363 361	1 722 193	1 641 168
5 - 9	20 348 657	10 389 638	9 959 019	16 597 127	8 464 939	8 132 188	3 751 530	1 924 699	1 826 831
10 - 14	20 677 194	10 579 862	10 097 332	16 576 171	8 466 809	8 109 362	4 101 023	2 113 053	1 987 970
15 - 19	22 040 343	11 303 666	10 736 677	17 946 265	9 149 187	8 797 078	4 094 078	2 154 479	1 939 599
20 - 24	21 585 999	11 014 176	10 571 823	18 653 468	9 450 066	9 203 402	2 932 531	1 564 110	1 368 421
25 - 29	21 101 849	10 635 591	10 466 258	18 163 244	9 110 029	9 053 215	2 938 605	1 525 562	1 413 043
30 - 34	19 962 099	9 996 500	9 965 599	16 857 801	8 409 694	8 448 107	3 104 298	1 586 806	1 517 492
35 - 39	20 179 642	10 042 022	10 137 620	16 629 937	8 249 301	8 380 636	3 549 705	1 792 721	1 756 984
40 - 44	20 890 964	10 393 977	10 496 987	16 837 761	8 347 894	8 489 867	4 053 203	2 046 083	2 007 120
45 - 49	22 708 591	11 209 085	11 499 506	17 847 074	8 760 812	9 086 262	4 861 517	2 448 273	2 413 244
50 - 54	22 298 125	10 933 274	11 364 851	17 279 058	8 401 091	8 877 967	5 019 067	2 532 183	2 486 884
55 - 59	19 664 805	9 523 648	10 141 157	15 060 179	7 204 444	7 855 735	4 604 626	2 319 204	2 285 422
60 - 64	16 817 924	8 077 500	8 740 424	12 750 365	6 020 393	6 729 972	4 067 559	2 057 107	2 010 452
65 - 69	12 435 263	5 852 547	6 582 716	9 299 030	4 275 616	5 023 414	3 136 233	1 576 931	1 559 302
70 - 74	9 278 166	4 243 972	5 034 194	7 011 129	3 115 814	3 895 315	2 267 037	1 128 158	1 138 879
75 - 79	7 317 795	3 182 388	4 135 407	5 693 807	2 409 946	3 283 861	1 623 988	772 442	851 546
80 - 84	5 743 327	2 294 374	3 448 953	4 629 581	1 800 531	2 829 050	1 113 746	493 843	619 903
85 - 89	3 620 459	1 273 867	2 346 592	3 005 285	1 036 583	1 968 702	615 174	237 284	377 890
90 - 94	1 448 366	424 387	1 023 979	1 216 647	351 491	865 156	231 719	72 896	158 823
95 - 99	371 244	82 263	288 981	315 589	69 008	246 581	55 655	13 255	42 400
100 +	53 364	9 162	44 202	45 752	7 713	38 039	7 612	1 449	6 163
United States Virgin Islands - Îles Vierges américaines[29] 1 VII 2008 (ESDJ)									
Total	109 840	52 045	57 795	...	...	...	...	...	...
0 - 4	7 352	3 781	3 571	...	...	...	...	...	...
5 - 9	7 487	3 859	3 628	...	...	...	...	...	...
10 - 14	8 249	4 058	4 191	...	...	...	...	...	...
15 - 19	8 358	4 114	4 244	...	...	...	...	...	...
20 - 24	6 741	3 075	3 666	...	...	...	...	...	...
25 - 29	5 703	2 600	3 103	...	...	...	...	...	...
30 - 34	5 866	2 595	3 271	...	...	...	...	...	...
35 - 39	7 316	3 265	4 051	...	...	...	...	...	...
40 - 44	7 873	3 728	4 145	...	...	...	...	...	...
45 - 49	8 200	3 907	4 293	...	...	...	...	...	...
50 - 54	7 712	3 609	4 103	...	...	...	...	...	...
55 - 59	7 381	3 469	3 912	...	...	...	...	...	...
60 - 64	7 555	3 673	3 882	...	...	...	...	...	...
65 - 69	5 368	2 607	2 761	...	...	...	...	...	...
70 - 74	3 775	1 713	2 062	...	...	...	...	...	...
75 - 79	2 414	1 066	1 348	...	...	...	...	...	...
80 +	2 490	926	1 564	...	...	...	...	...	...
AMERICA, SOUTH - AMÉRIQUE DU SUD									
Argentina - Argentine[33] 1 VII 2010 (ESDF)									
Total	40 518 951	19 846 671	20 672 280	36 965 313	18 023 080	18 942 233	3 553 638	1 823 591	1 730 047
0 - 4	3 419 673	1 740 485	1 679 188	3 023 554	1 547 261	1 476 293	396 119	193 224	202 895
5 - 9	3 321 992	1 689 364	1 632 628	2 934 173	1 499 800	1 434 373	387 819	189 564	198 255
10 - 14	3 414 646	1 735 344	1 679 302	3 049 461	1 555 902	1 493 559	365 185	179 442	185 743
15 - 19	3 449 559	1 751 386	1 698 173	3 128 485	1 585 792	1 542 693	321 074	165 594	155 480
20 - 24	3 349 723	1 697 550	1 652 173	3 077 724	1 556 632	1 521 092	271 999	140 918	131 081
25 - 29	3 209 903	1 618 705	1 591 198	2 971 029	1 496 405	1 474 624	238 874	122 300	116 574
30 - 34	3 248 807	1 628 149	1 620 658	3 004 180	1 502 866	1 501 314	244 627	125 283	119 344
35 - 39	2 712 018	1 353 587	1 358 431	2 503 937	1 243 679	1 260 258	208 081	109 908	98 173
40 - 44	2 373 257	1 179 076	1 194 181	2 185 597	1 077 307	1 108 290	187 660	101 769	85 891
45 - 49	2 225 891	1 093 940	1 131 951	2 047 919	997 371	1 050 548	177 972	96 569	81 403

Continent, country or area, date, code and age (in years) / Continent, pays ou zone, date, code et âge (en années)	Total			Urban - Urbaine			Rural - Rurale		
	Both sexes Les deux sexes	Male Masculin	Female Féminin	Both sexes Les deux sexes	Male Masculin	Female Féminin	Both sexes Les deux sexes	Male Masculin	Female Féminin
AMERICA, SOUTH - AMÉRIQUE DU SUD									
Argentina - Argentine[33]									
1 VII 2010 (ESDF)									
50 - 54	2 068 656	991 757	1 076 899	1 901 341	901 803	999 538	167 315	89 954	77 361
55 - 59	1 903 397	906 470	996 927	1 749 543	821 749	927 794	153 854	84 721	69 133
60 - 64	1 627 136	760 092	867 044	1 493 723	686 872	806 851	133 413	73 220	60 193
65 - 69	1 329 074	602 756	726 318	1 226 914	547 630	679 284	102 160	55 126	47 034
70 - 74	1 071 331	456 960	614 371	993 712	416 654	577 058	77 619	40 306	37 313
75 - 79	845 028	331 313	513 715	787 929	302 437	485 492	57 099	28 876	28 223
80 +	948 860	309 737	639 123	886 092	282 920	603 172	62 768	26 817	35 951
Bolivia (Plurinational State of) - Bolivie (État plurinational de)									
1 VII 2009 (ESDF)									
Total	10 227 299	5 101 733	5 125 566	6 748 075	3 283 616	3 464 459	3 479 224	1 818 118	1 661 106
0 - 4	1 300 028	662 908	637 120	805 250	407 537	397 713	494 778	255 371	239 407
5 - 9	1 246 963	635 511	611 452	780 085	392 565	387 520	466 878	242 946	223 932
10 - 14	1 161 669	591 928	569 742	755 554	376 224	379 330	406 115	215 703	190 412
15 - 19	1 089 169	553 645	535 524	767 015	377 488	389 527	322 154	176 157	145 998
20 - 24	945 438	478 021	467 418	686 900	339 263	347 636	258 539	138 757	119 781
25 - 29	824 039	413 804	410 235	586 874	286 594	300 279	237 165	127 210	109 956
30 - 34	724 219	360 533	363 686	508 071	244 738	263 333	216 149	115 796	100 353
35 - 39	635 807	313 829	321 978	434 542	207 023	227 519	201 264	106 806	94 458
40 - 44	516 697	253 484	263 213	349 321	165 762	183 559	167 376	87 722	79 654
45 - 49	429 396	208 765	220 631	278 792	131 250	147 542	150 604	77 515	73 089
50 - 54	361 500	173 823	187 677	228 306	106 119	122 187	133 194	67 704	65 490
55 - 59	294 286	139 345	154 941	176 751	80 749	96 002	117 535	58 597	58 938
60 - 64	235 691	110 601	125 091	135 288	60 434	74 854	100 403	50 167	50 236
65 - 69	177 237	81 857	95 379	98 472	43 452	55 020	78 765	38 405	40 360
70 - 74	134 587	60 381	74 206	73 989	31 617	42 372	60 598	28 764	31 834
75 - 79	88 187	38 187	50 000	49 223	20 098	29 125	38 964	18 089	20 875
80 +	62 385	25 111	37 274	33 644	12 703	20 940	28 742	12 408	16 334
1 VII 2011 (ESDF)									
Total	10 624 495	5 301 942	5 322 553	...	...	...	...	...	...
0 - 4	1 305 603	665 837	639 766	...	...	...	...	...	...
5 - 9	1 267 565	645 949	621 616	...	...	...	...	...	...
10 - 14	1 186 483	604 570	581 913	...	...	...	...	...	...
15 - 19	1 125 398	572 438	552 960	...	...	...	...	...	...
20 - 24	995 794	504 146	491 648	...	...	...	...	...	...
25 - 29	865 916	435 627	430 289	...	...	...	...	...	...
30 - 34	756 561	377 541	379 020	...	...	...	...	...	...
35 - 39	671 903	332 276	339 626	...	...	...	...	...	...
40 - 44	554 806	272 602	282 204	...	...	...	...	...	...
45 - 49	455 176	221 768	233 408	...	...	...	...	...	...
50 - 54	382 142	184 250	197 892	...	...	...	...	...	...
55 - 59	312 411	148 105	164 306	...	...	...	...	...	...
60 - 64	252 284	118 182	134 103	...	...	...	...	...	...
65 - 69	189 105	87 296	101 809	...	...	...	...	...	...
70 - 74	141 389	63 467	77 922	...	...	...	...	...	...
75 - 79	93 054	40 239	52 814	...	...	...	...	...	...
80 +	68 904	27 649	41 256	...	...	...	...	...	...
Brazil - Brésil[34]									
1 VIII 2010* (CDJC)									
Total	190 755 799	93 406 990	97 348 809	160 925 792	77 710 174	83 215 618	29 830 007	15 696 816	14 133 191
0 - 4	13 796 159	7 016 987	6 779 172	11 301 147	5 745 123	5 556 024	2 495 012	1 271 864	1 223 148
5 - 9	14 969 375	7 624 144	7 345 231	12 135 284	6 169 531	5 965 753	2 834 091	1 454 613	1 379 478
10 - 14	17 166 761	8 725 413	8 441 348	13 956 984	7 062 055	6 894 929	3 209 777	1 663 358	1 546 419
15 - 19	16 990 870	8 558 868	8 432 002	14 038 999	6 998 102	7 040 897	2 951 871	1 560 766	1 391 105
20 - 24	17 245 190	8 630 227	8 614 963	14 706 067	7 276 963	7 429 104	2 539 123	1 353 264	1 185 859
25 - 29	17 104 413	8 460 995	8 643 418	14 772 955	7 225 732	7 547 223	2 331 458	1 235 263	1 096 195
30 - 34	15 744 512	7 717 657	8 026 855	13 611 919	6 586 875	7 025 044	2 132 593	1 130 782	1 001 811
35 - 39	13 888 581	6 766 665	7 121 916	11 975 408	5 750 498	6 224 910	1 913 173	1 016 167	897 006
40 - 44	13 009 367	6 320 570	6 688 797	11 187 428	5 344 981	5 842 447	1 821 939	975 589	846 350
45 - 49	11 833 351	5 692 013	6 141 338	10 181 394	4 806 322	5 375 072	1 651 957	885 691	766 266
50 - 54	10 140 402	4 834 995	5 305 407	8 708 339	4 074 679	4 633 660	1 432 063	760 316	671 747

7. Population by age, sex and urban/rural residence: latest available year, 2002 - 2011
Population selon l'âge, le sexe et la résidence, urbaine/rurale : dernière année disponible, 2002 - 2011 (continued - suite)

Continent, country or area, date, code and age (in years) / Continent, pays ou zone, date, code et âge (en années)	Total Both sexes Les deux sexes	Total Male Masculin	Total Female Féminin	Urban - Urbaine Both sexes Les deux sexes	Urban - Urbaine Male Masculin	Urban - Urbaine Female Féminin	Rural - Rurale Both sexes Les deux sexes	Rural - Rurale Male Masculin	Rural - Rurale Female Féminin
AMERICA, SOUTH - AMÉRIQUE DU SUD									
Brazil - Brésil[34]									
1 VIII 2010* (CDJC)									
55 - 59	8 276 219	3 902 344	4 373 875	7 025 474	3 238 531	3 786 943	1 250 745	663 813	586 932
60 - 64	6 509 119	3 041 034	3 468 085	5 474 943	2 479 882	2 995 061	1 034 176	561 152	473 024
65 - 69	4 840 810	2 224 065	2 616 745	4 040 016	1 792 798	2 247 218	800 794	431 267	369 527
70 - 74	3 741 637	1 667 373	2 074 264	3 142 173	1 349 329	1 792 844	599 464	318 044	281 420
75 - 79	2 563 448	1 090 518	1 472 930	2 174 039	889 909	1 284 130	389 409	200 609	188 800
80 - 84	1 666 972	668 623	998 349	1 423 603	546 865	876 738	243 369	121 758	121 611
85 - 89	819 483	310 759	508 724	695 385	251 112	444 273	124 098	59 647	64 451
90 - 94	326 559	114 964	211 595	273 348	90 960	182 388	53 211	24 004	29 207
95 - 99	98 335	31 529	66 806	81 121	24 365	56 756	17 214	7 164	10 050
100 +	24 236	7 247	16 989	19 766	5 562	14 204	4 470	1 685	2 785
Chile - Chili									
1 VII 2011 (ESDF)									
Total	17 248 450	8 536 904	8 711 546	15 006 226	7 346 185	7 660 041	2 242 224	1 190 719	1 051 505
0 - 4	1 250 561	636 963	613 598	1 091 557	555 743	535 814	159 004	81 220	77 784
5 - 9	1 239 579	631 131	608 448	1 088 000	553 341	534 659	151 579	77 790	73 789
10 - 14	1 310 706	666 971	643 735	1 140 188	579 366	560 822	170 518	87 605	82 913
15 - 19	1 456 339	740 404	715 935	1 258 246	637 851	620 395	198 093	102 553	95 540
20 - 24	1 467 225	744 305	722 920	1 267 082	638 930	628 152	200 143	105 375	94 768
25 - 29	1 348 519	681 979	666 540	1 179 868	589 167	590 701	168 651	92 812	75 839
30 - 34	1 199 181	603 435	595 746	1 060 408	527 563	532 845	138 773	75 872	62 901
35 - 39	1 222 075	611 452	610 623	1 077 465	534 146	543 319	144 610	77 306	67 304
40 - 44	1 231 369	613 083	618 286	1 074 440	529 601	544 839	156 929	83 482	73 447
45 - 49	1 243 331	615 847	627 484	1 079 302	526 591	552 711	164 029	89 256	74 773
50 - 54	1 104 000	543 309	560 691	960 853	463 915	496 938	143 147	79 394	63 753
55 - 59	877 151	426 969	450 182	764 254	364 292	399 962	112 897	62 677	50 220
60 - 64	697 700	333 262	364 438	604 760	282 392	322 368	92 940	50 870	42 070
65 - 69	557 391	258 644	298 747	478 348	216 264	262 084	79 043	42 380	36 663
70 - 74	408 974	182 263	226 711	345 485	148 702	196 783	63 489	33 561	29 928
75 - 79	302 637	126 264	176 373	254 177	101 522	152 655	48 460	24 742	23 718
80 +	331 712	120 623	211 089	281 793	96 799	184 994	49 919	23 824	26 095
Colombia - Colombie[35]									
1 VII 2010 (ESDF)									
Total	45 508 205	22 465 760	23 042 445	34 387 230	16 578 297	17 808 933	11 120 975	5 887 463	5 233 512
0 - 4	4 280 363	2 188 958	2 091 405	3 031 089	1 548 758	1 482 331	1 249 274	640 200	609 074
0	859 612	439 836	419 776	...	...	...	...	...	...
1 - 4	3 420 751	1 749 122	1 671 629	...	...	...	...	...	...
5 - 9	4 305 015	2 198 365	2 106 650	3 030 897	1 544 021	1 486 876	1 274 118	654 344	619 774
10 - 14	4 425 547	2 259 161	2 166 386	3 161 771	1 606 272	1 555 499	1 263 776	652 889	610 887
15 - 19	4 394 301	2 254 152	2 140 149	3 214 471	1 630 105	1 584 366	1 179 830	624 047	555 783
20 - 24	4 047 540	2 059 923	1 987 617	3 055 658	1 518 673	1 536 985	991 882	541 250	450 632
25 - 29	3 615 528	1 778 725	1 836 803	2 826 979	1 352 779	1 474 200	788 549	425 946	362 603
30 - 34	3 266 736	1 592 485	1 674 251	2 563 506	1 216 560	1 346 946	703 230	375 925	327 305
35 - 39	2 919 906	1 409 377	1 510 529	2 286 040	1 072 844	1 213 196	633 866	336 533	297 333
40 - 44	2 936 124	1 405 255	1 530 869	2 320 865	1 076 758	1 244 107	615 259	328 497	286 762
45 - 49	2 742 033	1 312 256	1 429 777	2 201 715	1 020 203	1 181 512	540 318	292 053	248 265
50 - 54	2 286 879	1 087 530	1 199 349	1 828 672	838 300	990 372	458 207	249 230	208 977
55 - 59	1 814 786	865 359	949 427	1 439 601	659 348	780 253	375 185	206 011	169 174
60 - 64	1 411 771	671 124	740 647	1 097 462	498 869	598 593	314 309	172 255	142 054
65 - 69	1 045 929	491 943	553 986	799 168	357 194	441 974	246 761	134 749	112 012
70 - 74	832 587	379 420	453 167	627 012	268 790	358 222	205 575	110 630	94 945
75 - 79	589 649	260 950	328 699	449 630	187 837	261 793	140 019	73 113	66 906
80 +	593 511	250 777	342 734	452 694	180 986	271 708	140 817	69 791	71 026
Ecuador - Équateur									
28 XI 2010* (CDFC)									
Total	14 483 499	7 177 683	7 305 816	9 090 786	4 451 434	4 639 352	5 392 713	2 726 249	2 666 464
0 - 4	1 462 277	744 305	717 972	863 496	439 926	423 570	598 781	304 379	294 402
5 - 9	1 526 806	773 890	752 916	899 684	455 607	444 077	627 122	318 283	308 839
10 - 14	1 539 342	782 977	756 365	915 364	463 344	452 020	623 978	319 633	304 345
15 - 19	1 419 537	713 548	705 989	876 214	436 066	440 148	543 323	277 482	265 841
20 - 24	1 292 126	639 140	652 986	838 504	410 523	427 981	453 622	228 617	225 005
25 - 29	1 200 564	586 950	613 614	795 121	385 870	409 251	405 443	201 080	204 363
30 - 34	1 067 289	520 891	546 398	711 157	343 564	367 593	356 132	177 327	178 805

Continent, country or area, date, code and age (in years) / Continent, pays ou zone, date, code et âge (en annèes)	Total			Urban - Urbaine			Rural - Rurale		
	Both sexes Les deux sexes	Male Masculin	Female Féminin	Both sexes Les deux sexes	Male Masculin	Female Féminin	Both sexes Les deux sexes	Male Masculin	Female Féminin
AMERICA, SOUTH - AMÉRIQUE DU SUD									
Ecuador - Équateur									
28 XI 2010* (CDFC)									
35 - 39	938 726	456 202	482 524	618 623	296 600	322 023	320 103	159 602	160 501
40 - 44	819 002	399 230	419 772	544 692	260 354	284 338	274 310	138 876	135 434
45 - 49	750 141	366 448	383 693	501 895	240 212	261 683	248 246	126 236	122 010
50 - 54	610 132	298 728	311 404	404 511	195 034	209 477	205 621	103 694	101 927
55 - 59	515 893	253 106	262 787	332 385	159 849	172 536	183 508	93 257	90 251
60 - 64	400 759	196 414	204 345	246 241	117 992	128 249	154 518	78 422	76 096
65 - 69	323 817	156 804	167 013	188 776	88 533	100 243	135 041	68 271	66 770
70 - 74	240 091	116 203	123 888	136 344	63 047	73 297	103 747	53 156	50 591
75 - 79	165 218	78 602	86 616	93 836	42 606	51 230	71 382	35 996	35 386
80 - 84	115 552	53 157	62 395	66 539	29 113	37 426	49 013	24 044	24 969
85 - 89	60 735	26 734	34 001	35 815	14 986	20 829	24 920	11 748	13 172
90 - 94	25 500	10 523	14 977	15 540	6 032	9 508	9 960	4 491	5 469
95 - 99	8 039	3 133	4 906	4 938	1 815	3 123	3 101	1 318	1 783
100 +	1 953	698	1 255	1 111	361	750	842	337	505
Falkland Islands (Malvinas) - Îles Falkland (Malvinas)[36]									
8 X 2006 (CDFC)									
Total	2 955	1 569	1 386	...	...	...	...	...	...
0 - 4	156	79	77	...	...	...	...	...	...
5 - 9	161	75	86	...	...	...	...	...	...
10 - 14	154	71	83	...	...	...	...	...	...
15 - 19	155	90	65	...	...	...	...	...	...
20 - 24	207	89	118	...	...	...	...	...	...
25 - 29	232	126	106	...	...	...	...	...	...
30 - 34	266	131	135	...	...	...	...	...	...
35 - 39	291	165	126	...	...	...	...	...	...
40 - 44	261	156	105	...	...	...	...	...	...
45 - 49	249	128	121	...	...	...	...	...	...
50 - 54	215	123	92	...	...	...	...	...	...
55 - 59	194	113	81	...	...	...	...	...	...
60 - 64	148	87	61	...	...	...	...	...	...
65 - 69	98	57	41	...	...	...	...	...	...
70 - 74	68	36	32	...	...	...	...	...	...
75 - 79	48	18	30	...	...	...	...	...	...
80 +	52	25	27	...	...	...	...	...	...
French Guiana - Guyane française									
1 I 2010* (ESDJ)									
Total	230 441	113 824	116 617	...	...	...	...	...	...
0 - 4	28 440	14 591	13 849	...	...	...	...	...	...
5 - 9	27 708	14 090	13 618	...	...	...	...	...	...
10 - 14	24 867	12 843	12 024	...	...	...	...	...	...
15 - 19	21 401	10 729	10 672	...	...	...	...	...	...
20 - 24	16 206	7 728	8 478	...	...	...	...	...	...
25 - 29	16 390	7 281	9 109	...	...	...	...	...	...
30 - 34	16 368	7 692	8 676	...	...	...	...	...	...
35 - 39	16 742	7 877	8 865	...	...	...	...	...	...
40 - 44	15 065	7 415	7 650	...	...	...	...	...	...
45 - 49	13 280	6 698	6 582	...	...	...	...	...	...
50 - 54	10 545	5 397	5 148	...	...	...	...	...	...
55 - 59	8 314	4 207	4 107	...	...	...	...	...	...
60 - 64	5 615	2 931	2 684	...	...	...	...	...	...
65 - 69	3 433	1 740	1 693	...	...	...	...	...	...
70 - 74	2 343	1 083	1 260	...	...	...	...	...	...
75 - 79	1 726	752	974	...	...	...	...	...	...
80 - 84	1 052	433	619	...	...	...	...	...	...
85 - 89	627	225	402	...	...	...	...	...	...
90 - 94	221	77	144	...	...	...	...	...	...
95 +	98	35	63	...	...	...	...	...	...

7. Population by age, sex and urban/rural residence: latest available year, 2002 - 2011
Population selon l'âge, le sexe et la résidence, urbaine/rurale : dernière année disponible, 2002 - 2011 (continued - suite)

Continent, country or area, date, code and age (in years) / Continent, pays ou zone, date, code et âge (en annèes)	Total			Urban - Urbaine			Rural - Rurale		
	Both sexes Les deux sexes	Male Masculin	Female Féminin	Both sexes Les deux sexes	Male Masculin	Female Féminin	Both sexes Les deux sexes	Male Masculin	Female Féminin
AMERICA, SOUTH - AMÉRIQUE DU SUD									
Guyana									
15 IX 2002 (CDFC)									
Total	751 223	376 034	375 189	213 705	103 127	110 578	537 518	272 907	264 611
0 - 4	88 996	45 291	43 705	22 436	11 372	11 064	66 560	33 919	32 642
5 - 9	96 671	49 119	47 552	25 254	12 909	12 345	71 416	36 210	35 206
10 - 14	81 497	41 218	40 279	22 393	11 215	11 178	59 104	30 002	29 101
15 - 19	66 922	33 496	33 426	19 559	9 737	9 822	47 363	23 759	23 604
20 - 24	64 409	31 908	32 501	19 443	9 301	10 142	44 966	22 608	22 359
25 - 29	61 086	30 232	30 854	18 068	8 439	9 629	43 017	21 792	21 225
30 - 34	57 942	29 088	28 854	16 403	7 687	8 717	41 538	21 401	20 137
35 - 39	52 735	26 441	26 295	14 716	6 779	7 937	38 020	19 662	18 358
40 - 44	46 488	23 338	23 150	13 203	6 194	7 009	33 285	17 144	16 141
45 - 49	35 810	17 952	17 859	10 609	4 910	5 699	25 202	13 042	12 160
50 - 54	28 149	14 207	13 942	8 459	4 008	4 450	19 690	10 198	9 492
55 - 59	18 129	8 980	9 149	5 539	2 628	2 911	12 590	6 352	6 238
60 - 64	15 005	7 191	7 813	4 540	2 081	2 459	10 465	5 110	5 354
65 - 69	11 741	5 575	6 167	3 671	1 649	2 021	8 071	3 925	4 145
70 - 74	8 543	3 965	4 578	2 784	1 212	1 571	5 759	2 753	3 006
75 +	11 746	5 217	6 529	3 977	1 640	2 337	7 769	3 577	4 192
Unknown - Inconnu	5 354	2 818	2 536	2 699	1 394	1 305	2 655	1 424	1 231
1 VII 2010 (ESDF)									
Total	784 894	393 059	391 835	...	...	...	...	...	...
0 - 4	67 701	34 029	33 673	...	...	...	...	...	...
5 - 9	65 201	32 778	32 423	...	...	...	...	...	...
10 - 14	77 921	39 978	37 943	...	...	...	...	...	...
15 - 19	85 004	43 487	41 518	...	...	...	...	...	...
20 - 24	69 423	34 877	34 545	...	...	...	...	...	...
25 - 29	55 510	26 816	28 694	...	...	...	...	...	...
30 - 34	54 824	27 189	27 635	...	...	...	...	...	...
35 - 39	53 454	27 764	25 690	...	...	...	...	...	...
40 - 44	52 434	27 112	25 322	...	...	...	...	...	...
45 - 49	50 689	25 775	24 914	...	...	...	...	...	...
50 - 54	45 438	22 163	23 275	...	...	...	...	...	...
55 - 59	35 160	17 672	17 488	...	...	...	...	...	...
60 - 64	27 873	13 995	13 878	...	...	...	...	...	...
65 - 69	17 455	7 988	9 467	...	...	...	...	...	...
70 - 74	12 451	5 440	7 012	...	...	...	...	...	...
75 - 79	8 114	3 529	4 585	...	...	...	...	...	...
80 +	6 242	2 469	3 773	...	...	...	...	...	...
Paraguay[10]									
1 VII 2008 (ESDF)									
Total	6 230 143	3 149 475	3 080 668	3 597 588	1 758 138	1 839 450	2 632 555	1 391 337	1 241 218
0	148 736	75 881	72 855	80 755	41 202	39 553	67 981	34 679	33 301
1 - 4	586 306	298 652	287 655	319 965	162 577	157 388	266 342	136 075	130 267
5 - 9	717 813	365 319	352 495	391 720	198 122	193 598	326 093	167 196	158 897
10 - 14	695 085	353 531	341 554	372 499	186 968	185 531	322 586	166 563	156 023
15 - 19	664 150	337 205	326 945	356 119	176 802	179 317	308 030	160 402	147 628
20 - 24	615 570	311 726	303 843	343 986	165 459	178 527	271 584	146 268	125 316
25 - 29	526 498	266 188	260 310	324 202	151 981	172 221	202 297	114 207	88 089
30 - 34	413 975	208 623	205 352	274 380	130 593	143 787	139 595	78 030	61 565
35 - 39	353 019	177 236	175 782	229 002	110 770	118 232	124 017	66 466	57 551
40 - 44	324 734	163 671	161 063	203 193	99 103	104 090	121 541	64 568	56 973
45 - 49	286 361	145 212	141 149	174 596	85 410	89 186	111 765	59 802	51 963
50 - 54	246 231	125 645	120 586	148 133	72 624	75 508	98 098	53 021	45 077
55 - 59	199 004	101 836	97 169	117 695	57 920	59 774	81 310	43 915	37 395
60 - 64	147 779	74 741	73 038	86 035	41 621	44 414	61 744	33 120	28 625
65 - 69	111 922	55 483	56 439	64 462	30 273	34 189	47 461	25 211	22 250
70 - 74	81 557	39 265	42 292	46 340	20 701	25 639	35 217	18 564	16 652
75 - 79	56 865	26 066	30 798	32 768	13 820	18 948	24 096	12 246	11 850
80 +	54 537	23 194	31 343	31 740	12 191	19 548	22 798	11 003	11 795
1 VII 2009 (ESDF)									
Total	6 340 641	3 681 376	2 659 265	...	...	...	...	...	...
0 - 4	736 654	403 029	333 625	...	...	...	...	...	...
5 - 9	721 196	397 235	323 961	...	...	...	...	...	...

7. Population by age, sex and urban/rural residence: latest available year, 2002 - 2011
Population selon l'âge, le sexe et la résidence, urbaine/rurale : dernière année disponible, 2002 - 2011 (continued - suite)

Continent, country or area, date, code and age (in years) / Continent, pays ou zone, date, code et âge (en années)	Total			Urban - Urbaine			Rural - Rurale		
	Both sexes Les deux sexes	Male Masculin	Female Féminin	Both sexes Les deux sexes	Male Masculin	Female Féminin	Both sexes Les deux sexes	Male Masculin	Female Féminin
AMERICA, SOUTH - AMÉRIQUE DU SUD									
Paraguay[10]									
1 VII 2009 (ESDF)									
10 - 14	699 394	379 152	320 242	...	...	...	...	...	...
15 - 19	669 988	362 753	307 235	...	...	...	...	...	...
20 - 24	624 204	345 955	278 249	...	...	...	...	...	...
25 - 29	546 966	332 339	214 627	...	...	...	...	...	...
30 - 34	430 039	286 922	143 117	...	...	...	...	...	...
35 - 39	357 765	235 140	122 625	...	...	...	...	...	...
40 - 44	330 724	209 282	121 442	...	...	...	...	...	...
45 - 49	292 963	179 954	113 009	...	...	...	...	...	...
50 - 54	252 447	152 699	99 748	...	...	...	...	...	...
55 - 59	208 366	124 241	84 125	...	...	...	...	...	...
60 - 64	154 465	90 237	64 228	...	...	...	...	...	...
65 - 69	115 328	67 083	48 245	...	...	...	...	...	...
70 - 74	85 801	48 888	36 913	...	...	...	...	...	...
75 - 79	57 285	33 161	24 124	...	...	...	...	...	...
80 +	57 056	33 306	23 750	...	...	...	...	...	...
Peru - Pérou									
1 VII 2011 (ESDF)									
Total	29 797 694	14 935 396	14 862 298	22 219 201	10 987 090	11 232 111	7 578 493	3 948 306	3 630 187
0 - 4	2 943 205	1 501 786	1 441 419	1 982 397	1 015 440	966 957	960 808	486 346	474 462
5 - 9	2 935 859	1 495 235	1 440 624	2 028 336	1 031 453	996 883	907 523	463 782	443 741
10 - 14	2 923 559	1 485 433	1 438 126	2 069 402	1 044 072	1 025 330	854 157	441 361	412 796
15 - 19	2 897 909	1 470 281	1 427 628	2 141 831	1 072 105	1 069 726	756 078	398 176	357 902
20 - 24	2 759 330	1 395 545	1 363 785	2 090 601	1 039 311	1 051 290	668 729	356 234	312 495
25 - 29	2 514 117	1 268 152	1 245 965	1 949 122	963 080	986 042	564 995	305 072	259 923
30 - 34	2 349 495	1 183 079	1 166 416	1 833 360	901 723	931 637	516 135	281 356	234 779
35 - 39	2 083 186	1 045 977	1 037 209	1 615 716	792 842	822 874	467 470	253 135	214 335
40 - 44	1 820 999	910 967	910 032	1 427 309	699 612	727 697	393 690	211 355	182 335
45 - 49	1 582 253	787 731	794 522	1 251 237	612 211	639 026	331 016	175 520	155 496
50 - 54	1 304 373	644 859	659 514	1 028 328	500 447	527 881	276 045	144 412	131 633
55 - 59	1 062 949	521 555	541 394	829 175	401 314	427 861	233 774	120 241	113 533
60 - 64	834 120	405 382	428 738	632 987	305 052	327 935	201 133	100 330	100 803
65 - 69	642 344	307 266	335 078	480 762	228 463	252 299	161 582	78 803	82 779
70 - 74	493 179	229 888	263 291	366 326	169 391	196 935	126 853	60 497	66 356
75 - 79	348 307	156 241	192 066	259 657	114 637	145 020	88 650	41 604	47 046
80 +	302 510	126 019	176 491	232 655	95 937	136 718	69 855	30 082	39 773
Suriname									
2 VIII 2004 (CDJC)									
Total	492 829	248 046	244 783	328 932[37]	164 444[37]	164 488[37]	163 897[37]	83 602[37]	80 295[37]
0 - 4	51 837	26 252	25 585	31 603[37]	16 152[37]	15 451[37]	20 234[37]	10 100[37]	10 134[37]
5 - 9	49 409	25 200	24 209	30 886[37]	15 639[37]	15 247[37]	18 523[37]	9 561[37]	8 962[37]
10 - 14	45 143	22 889	22 254	28 942[37]	14 536[37]	14 406[37]	16 201[37]	8 353[37]	7 848[37]
15 - 19	46 508	23 465	23 043	31 775[37]	16 181[37]	15 594[37]	14 733[37]	7 284[37]	7 449[37]
20 - 24	43 843	22 437	21 406	30 989[37]	16 056[37]	14 933[37]	12 854[37]	6 381[37]	6 473[37]
25 - 29	37 901	19 006	18 895	25 895[37]	12 853[37]	13 042[37]	12 006[37]	6 153[37]	5 853[37]
30 - 34	38 994	19 828	19 166	26 462[37]	13 226[37]	13 236[37]	12 532[37]	6 602[37]	5 930[37]
35 - 39	37 279	19 179	18 100	25 388[37]	12 845[37]	12 543[37]	11 891[37]	6 334[37]	5 557[37]
40 - 44	33 985	17 657	16 328	23 386[37]	11 870[37]	11 516[37]	10 599[37]	5 787[37]	4 812[37]
45 - 49	25 635	12 643	12 992	17 893[37]	8 565[37]	9 328[37]	7 742[37]	4 078[37]	3 664[37]
50 - 54	20 420	9 933	10 487	14 421[37]	6 955[37]	7 466[37]	5 999[37]	2 978[37]	3 021[37]
55 - 59	14 982	6 955	8 027	10 487[37]	4 806[37]	5 681[37]	4 495[37]	2 149[37]	2 346[37]
60 - 64	13 259	6 200	7 059	9 309[37]	4 428[37]	4 881[37]	3 950[37]	1 772[37]	2 178[37]
65 - 69	10 602	5 148	5 454	7 101[37]	3 521[37]	3 580[37]	3 501[37]	1 627[37]	1 874[37]
70 - 74	8 659	4 103	4 556	5 745[37]	2 708[37]	3 037[37]	2 914[37]	1 395[37]	1 519[37]
75 - 79	5 152	2 419	2 733	3 410[37]	1 576[37]	1 834[37]	1 742[37]	843[37]	899[37]
80 - 84	2 853	1 235	1 618	1 905[37]	779[37]	1 126[37]	948[37]	456[37]	492[37]
85 - 89	1 075	392	677	770[37]	274[37]	496[37]	299[37]	118[37]	181[37]
90 - 94	490	196	294	371[37]	157[37]	214[37]	119[37]	39[37]	80[37]
95 +	129	34	95	94[37]	24[37]	70[37]	35[37]	10[37]	25[37]
Unknown - Inconnu	4 704	2 885	1 819	2 100[37]	1 293[37]	807[37]	2 604[37]	1 592[37]	1 012[37]

7. Population by age, sex and urban/rural residence: latest available year, 2002 - 2011
Population selon l'âge, le sexe et la résidence, urbaine/rurale : dernière année disponible, 2002 - 2011 (continued - suite)

Continent, country or area, date, code and age (in years) Continent, pays ou zone, date, code et âge (en années)	Total			Urban - Urbaine			Rural - Rurale		
	Both sexes Les deux sexes	Male Masculin	Female Féminin	Both sexes Les deux sexes	Male Masculin	Female Féminin	Both sexes Les deux sexes	Male Masculin	Female Féminin
AMERICA, SOUTH - AMÉRIQUE DU SUD									
Suriname									
1 VII 2007 (ESDJ)[38]									
Total	509 970	257 181	252 789	...	...	...	...	...	...
0	9 769	4 889	4 880	...	...	...	...	...	...
1 - 4	40 951	21 022	19 929	...	...	...	...	...	...
5 - 9	50 987	26 030	24 957	...	...	...	...	...	...
10 - 14	48 453	24 646	23 807	...	...	...	...	...	...
15 - 19	46 014	23 357	22 657	...	...	...	...	...	...
20 - 24	43 838	22 293	21 545	...	...	...	...	...	...
25 - 29	41 642	21 239	20 403	...	...	...	...	...	...
30 - 34	39 555	20 225	19 330	...	...	...	...	...	...
35 - 39	37 120	18 995	18 125	...	...	...	...	...	...
40 - 44	33 306	16 963	16 343	...	...	...	...	...	...
45 - 49	29 097	14 715	14 382	...	...	...	...	...	...
50 - 54	24 032	11 983	12 049	...	...	...	...	...	...
55 - 59	18 996	9 274	9 722	...	...	...	...	...	...
60 - 64	15 053	7 236	7 817	...	...	...	...	...	...
65 - 69	11 475	5 426	6 049	...	...	...	...	...	...
70 - 74	8 529	3 976	4 553	...	...	...	...	...	...
75 - 79	5 922	2 727	3 195	...	...	...	...	...	...
80 +	5 231	2 185	3 046	...	...	...	...	...	...
Uruguay[2]									
1 VII 2009 (ESDF)									
Total	3 344 938	1 615 709	1 729 229	3 141 299	1 502 032	1 639 267	203 639	113 677	89 962
0 - 4	240 534	123 221	117 313	227 399	116 486	110 913	13 135	6 735	6 400
5 - 9	250 805	127 979	122 826	236 471	120 538	115 933	14 334	7 441	6 893
10 - 14	273 250	139 565	133 685	257 405	131 259	126 146	15 845	8 306	7 539
15 - 19	266 678	136 149	130 529	251 586	127 980	123 606	15 092	8 169	6 923
20 - 24	256 634	130 254	126 380	242 820	122 504	120 316	13 814	7 750	6 064
25 - 29	238 332	119 047	119 285	225 093	111 586	113 507	13 239	7 461	5 778
30 - 34	238 826	117 716	121 110	224 985	110 038	114 947	13 841	7 678	6 163
35 - 39	216 332	106 518	109 814	202 819	98 840	103 979	13 513	7 678	5 835
40 - 44	201 813	97 943	103 870	188 522	90 416	98 106	13 291	7 527	5 764
45 - 49	207 867	100 976	106 891	194 261	93 056	101 205	13 606	7 920	5 686
50 - 54	187 270	90 391	96 879	174 755	83 058	91 697	12 515	7 333	5 182
55 - 59	170 542	80 678	89 864	158 337	73 463	84 874	12 205	7 215	4 990
60 - 64	142 396	65 936	76 460	131 760	59 601	72 159	10 636	6 335	4 301
65 - 69	130 655	58 308	72 347	121 259	52 667	68 592	9 396	5 641	3 755
70 - 74	108 578	45 381	63 197	101 079	41 028	60 051	7 499	4 353	3 146
75 - 79	98 029	37 934	60 095	92 322	34 707	57 615	5 707	3 227	2 480
80 - 84	64 336	22 846	41 490	61 019	21 096	39 923	3 317	1 750	1 567
85 - 89	35 231	10 902	24 329	33 492	10 090	23 402	1 739	812	927
90 - 94	12 732	3 166	9 566	12 067	2 904	9 163	665	262	403
95 +	4 098	799	3 299	3 848	715	3 133	250	84	166
1 VII 2010 (ESDF)									
Total	3 356 584	1 621 528	1 735 056	...	...	...	...	...	...
0 - 4	239 594	122 754	116 840	...	...	...	...	...	...
5 - 9	246 493	125 842	120 651	...	...	...	...	...	...
10 - 14	270 892	138 316	132 576	...	...	...	...	...	...
15 - 19	268 111	136 916	131 195	...	...	...	...	...	...
20 - 24	258 405	131 349	127 056	...	...	...	...	...	...
25 - 29	239 173	119 813	119 360	...	...	...	...	...	...
30 - 34	238 910	117 864	121 046	...	...	...	...	...	...
35 - 39	220 301	108 526	111 775	...	...	...	...	...	...
40 - 44	202 022	98 171	103 851	...	...	...	...	...	...
45 - 49	207 165	100 526	106 639	...	...	...	...	...	...
50 - 54	190 634	92 083	98 551	...	...	...	...	...	...
55 - 59	173 228	82 049	91 179	...	...	...	...	...	...
60 - 64	145 152	67 202	77 950	...	...	...	...	...	...
65 - 69	130 923	58 450	72 473	...	...	...	...	...	...
70 - 74	108 943	45 646	63 297	...	...	...	...	...	...
75 - 79	97 051	37 420	59 631	...	...	...	...	...	...
80 - 84	66 217	23 406	42 811	...	...	...	...	...	...
85 - 89	35 971	11 100	24 871	...	...	...	...	...	...

7. Population by age, sex and urban/rural residence: latest available year, 2002 - 2011
Population selon l'âge, le sexe et la résidence, urbaine/rurale : dernière année disponible, 2002 - 2011 (continued - suite)

Continent, country or area, date, code and age (in years) / Continent, pays ou zone, date, code et âge (en années)	Total			Urban - Urbaine			Rural - Rurale		
	Both sexes Les deux sexes	Male Masculin	Female Féminin	Both sexes Les deux sexes	Male Masculin	Female Féminin	Both sexes Les deux sexes	Male Masculin	Female Féminin
AMERICA, SOUTH - AMÉRIQUE DU SUD									
Uruguay[2]									
1 VII 2010 (ESDF)									
90 - 94	13 325	3 328	9 997	...	...	...	...	...	...
95 +	4 074	767	3 307	...	...	...	...	...	...
Venezuela (Bolivarian Republic of) - Venezuela (République bolivarienne du)[39]									
1 VII 2011 (ESDF)									
Total	29 277 736	14 673 402	14 604 334	25 791 535	12 801 370	12 990 165	3 486 201	1 872 032	1 614 169
0 - 4	2 912 647	1 489 651	1 422 996	2 460 039	1 263 404	1 196 635	452 608	226 247	226 361
5 - 9	2 837 261	1 449 771	1 387 490	2 424 010	1 242 045	1 181 965	413 251	207 726	205 525
10 - 14	2 755 888	1 407 049	1 348 839	2 396 701	1 221 895	1 174 806	359 187	185 154	174 033
15 - 19	2 711 858	1 381 341	1 330 517	2 386 279	1 204 434	1 181 845	325 579	176 907	148 672
20 - 24	2 678 629	1 356 690	1 321 939	2 374 151	1 188 517	1 185 634	304 478	168 173	136 305
25 - 29	2 480 862	1 247 545	1 233 317	2 203 958	1 094 325	1 109 633	276 904	153 220	123 684
30 - 34	2 250 300	1 125 519	1 124 781	2 018 543	997 633	1 020 910	231 757	127 886	103 871
35 - 39	1 956 735	975 071	981 664	1 763 046	867 850	895 196	193 689	107 221	86 468
40 - 44	1 814 496	901 661	912 835	1 639 958	805 143	834 815	174 538	96 518	78 020
45 - 49	1 671 604	828 558	843 046	1 509 038	739 325	769 713	162 566	89 233	73 333
50 - 54	1 395 985	689 404	706 581	1 251 776	609 861	641 915	144 209	79 543	64 666
55 - 59	1 164 071	572 058	592 013	1 035 535	499 359	536 176	128 536	72 699	55 837
60 - 64	922 415	450 502	471 913	813 315	387 442	425 873	109 100	63 060	46 040
65 - 69	666 569	319 897	346 672	584 310	272 609	311 701	82 259	47 288	34 971
70 - 74	462 053	215 081	246 972	405 278	183 635	221 643	56 775	31 446	25 329
75 +	596 363	263 604	332 759	525 598	223 893	301 705	70 765	39 711	31 054
ASIA - ASIE									
Afghanistan									
1 VII 2009 (ESDF)									
Total	23 993 500[40]	12 272 900	11 720 600	5 507 300	2 835 900	2 671 400	18 486 200	9 437 000	9 049 200
0 - 4	4 686 322	2 279 522	2 406 800	1 036 546	515 727	520 819	3 649 776	1 763 795	1 885 981
5 - 9	3 595 134	1 826 187	1 768 947	842 238	429 210	413 028	2 752 896	1 396 977	1 355 919
10 - 14	2 780 876	1 463 377	1 317 499	683 601	353 300	330 301	2 097 275	1 110 077	987 198
15 - 19	2 272 452	1 200 504	1 071 948	564 393	288 821	275 572	1 708 059	911 683	796 376
20 - 24	1 946 419	997 097	949 322	468 023	233 544	234 479	1 478 396	763 553	714 843
25 - 29	1 607 394	793 883	813 511	376 197	186 867	189 330	1 231 197	607 016	624 181
30 - 34	1 340 031	638 139	701 892	306 367	153 649	152 718	1 033 664	484 490	549 174
35 - 39	1 177 068	562 577	614 491	258 524	131 991	126 533	918 544	430 586	487 958
40 - 44	1 016 514	513 972	502 542	219 571	115 335	104 236	796 943	398 637	398 306
45 - 49	881 492	466 243	415 249	185 748	100 766	84 982	695 744	365 477	330 267
50 - 54	743 931	409 832	334 099	154 097	86 021	68 076	589 834	323 811	266 023
55 - 59	598 951	339 431	259 520	124 089	71 235	52 854	474 862	268 196	206 666
60 - 64	462 216	265 189	197 027	97 276	56 816	40 460	364 940	208 373	156 567
65 +	884 700	516 947	367 753	190 630	112 618	78 012	694 070	404 329	289 741
Armenia - Arménie									
1 VII 2009 (ESDJ)									
Total	3 243 729	1 572 046	1 671 683	2 077 181	989 609	1 087 572	1 166 548	582 437	584 111
0	42 420	22 644	19 776	26 959	14 353	12 606	15 461	8 291	7 170
1 - 4	152 339	81 458	70 881	96 502	51 182	45 320	55 837	30 276	25 561
5 - 9	181 266	97 146	84 120	111 392	59 029	52 363	69 874	38 117	31 757
10 - 14	222 426	116 748	105 678	130 233	68 205	62 028	92 193	48 543	43 650
15 - 19	299 035	152 683	146 352	175 951	89 661	86 290	123 084	63 022	60 062
20 - 24	316 536	160 108	156 428	194 490	97 520	96 970	122 046	62 588	59 458
25 - 29	287 102	144 320	142 782	188 936	93 345	95 591	98 166	50 975	47 191
30 - 34	235 186	115 690	119 496	158 263	77 282	80 981	76 923	38 408	38 515
35 - 39	200 762	96 713	104 049	131 670	62 623	69 047	69 092	34 090	35 002
40 - 44	208 604	98 835	109 769	128 297	58 549	69 748	80 307	40 286	40 021
45 - 49	264 045	125 019	139 026	167 929	75 977	91 952	96 116	49 042	47 074
50 - 54	232 553	109 024	123 529	158 802	71 868	86 934	73 751	37 156	36 595
55 - 59	169 498	77 108	92 390	123 436	55 048	68 388	46 062	22 060	24 002
60 - 64	99 462	43 526	55 936	73 679	32 057	41 622	25 783	11 469	14 314

7. Population by age, sex and urban/rural residence: latest available year, 2002 - 2011

Population selon l'âge, le sexe et la résidence, urbaine/rurale : dernière année disponible, 2002 - 2011 (continued - suite)

Continent, country or area, date, code and age (in years) Continent, pays ou zone, date, code et âge (en années)	Total			Urban - Urbaine			Rural - Rurale		
	Both sexes Les deux sexes	Male Masculin	Female Féminin	Both sexes Les deux sexes	Male Masculin	Female Féminin	Both sexes Les deux sexes	Male Masculin	Female Féminin

ASIA - ASIE

Armenia - Arménie
1 VII 2009 (ESDJ)

65 - 69	93 500	39 220	54 280	64 183	27 034	37 149	29 317	12 186	17 131
70 - 74	109 239	44 443	64 796	69 413	28 182	41 231	39 826	16 261	23 565
75 - 79	76 522	30 545	45 977	45 386	17 834	27 552	31 136	12 711	18 425
80 - 84	43 219	14 309	28 910	25 465	8 217	17 248	17 754	6 092	11 662
85 +	10 015	2 507	7 508	6 195	1 643	4 552	3 820	864	2 956

1 I 2010 (ESDJ)

Total	3 249 482	1 575 826	1 673 656	...	...	...	...	...	...
0	44 034	23 443	20 591	...	...	...	...	...	...
1 - 4	154 165	82 350	71 815	...	...	...	...	...	...
5 - 9	179 952	96 574	83 378	...	...	...	...	...	...
10 - 14	217 566	114 552	103 014	...	...	...	...	...	...
15 - 19	292 190	149 299	142 891	...	...	...	...	...	...
20 - 24	316 076	160 100	155 976	...	...	...	...	...	...
25 - 29	291 871	146 984	144 887	...	...	...	...	...	...
30 - 34	239 741	118 271	121 470	...	...	...	...	...	...
35 - 39	202 065	97 573	104 492	...	...	...	...	...	...
40 - 44	203 446	96 478	106 968	...	...	...	...	...	...
45 - 49	260 284	123 127	137 157	...	...	...	...	...	...
50 - 54	238 531	111 861	126 670	...	...	...	...	...	...
55 - 59	175 176	79 856	95 320	...	...	...	...	...	...
60 - 64	107 399	46 967	60 432	...	...	...	...	...	...
65 - 69	84 591	35 455	49 136	...	...	...	...	...	...
70 - 74	113 222	45 894	67 328	...	...	...	...	...	...
75 - 79	74 150	29 499	44 651	...	...	...	...	...	...
80 - 84	43 861	14 700	29 161	...	...	...	...	...	...
85 +	11 162	2 843	8 319	...	...	...	...	...	...

Azerbaijan - Azerbaïdjan
1 VII 2010 (ESDF)

Total	9 054 300	4 486 300	4 568 000	4 802 200	2 364 400	2 437 800	4 252 100	2 121 900	2 130 200
0	158 800	85 600	73 200	78 300	42 000	36 300	80 500	43 600	36 900
1 - 4	532 300	285 000	247 300	266 000	141 600	124 400	266 300	143 400	122 900
5 - 9	630 400	336 300	294 100	312 900	167 300	145 600	317 500	169 000	148 500
10 - 14	709 600	373 400	336 200	348 300	184 500	163 800	361 300	188 900	172 400
15 - 19	890 300	457 400	432 900	446 700	229 700	217 000	443 600	227 700	215 900
20 - 24	942 600	467 800	474 800	503 000	246 700	256 300	439 600	221 100	218 500
25 - 29	831 500	411 100	420 400	458 100	223 800	234 300	373 400	187 300	186 100
30 - 34	698 600	347 600	351 000	384 600	190 300	194 300	314 000	157 300	156 700
35 - 39	621 600	301 100	320 500	330 000	156 300	173 700	291 600	144 800	146 800
40 - 44	663 900	318 100	345 800	349 000	163 800	185 200	314 900	154 300	160 600
45 - 49	677 100	324 600	352 500	371 600	176 000	195 600	305 500	148 600	156 900
50 - 54	578 400	279 600	298 800	330 400	160 200	170 200	248 000	119 400	128 600
55 - 59	360 500	171 200	189 300	215 500	102 700	112 800	145 000	68 500	76 500
60 - 64	227 100	104 500	122 600	139 100	65 100	74 000	88 000	39 400	48 600
65 - 69	129 700	57 100	72 600	75 200	33 500	41 700	54 500	23 600	30 900
70 - 74	194 500	83 100	111 400	98 800	43 000	55 800	95 700	40 100	55 600
75 - 79	118 100	49 900	68 200	54 400	22 900	31 500	63 700	27 000	36 700
80 - 84	61 300	24 700	36 600	28 200	11 200	17 000	33 100	13 500	19 600
85 - 89	19 400	6 300	13 100	9 100	3 000	6 100	10 300	3 300	7 000
90 - 94	5 500	1 300	4 200	2 100	600	1 500	3 400	700	2 700
95 - 99	1 900	500	1 400	600	200	400	1 300	300	1 000
100 +	1 200	100	1 100	300	-	300	900	100	800

Bahrain - Bahreïn
27 IV 2010 (CDJC)

Total	1 234 571	768 414	466 157	...	...	...	...	...	...
0 - 4	89 020	45 237	43 783	...	...	...	...	...	...
5 - 9	82 925	42 565	40 360	...	...	...	...	...	...
10 - 14	75 658	38 891	36 767	...	...	...	...	...	...
15 - 19	72 713	37 322	35 391	...	...	...	...	...	...
20 - 24	112 402	66 369	46 033	...	...	...	...	...	...
25 - 29	182 232	126 829	55 403	...	...	...	...	...	...
30 - 34	161 448	111 368	50 080	...	...	...	...	...	...
35 - 39	131 729	90 595	41 134	...	...	...	...	...	...
40 - 44	106 196	71 377	34 819	...	...	...	...	...	...

Continent, country or area, date, code and age (in years) / Continent, pays ou zone, date, code et âge (en années)	Total			Urban - Urbaine			Rural - Rurale		
	Both sexes Les deux sexes	Male Masculin	Female Féminin	Both sexes Les deux sexes	Male Masculin	Female Féminin	Both sexes Les deux sexes	Male Masculin	Female Féminin
ASIA - ASIE									
Bahrain - Bahreïn									
27 IV 2010 (CDJC)									
45 - 49	81 471	52 303	29 168	...	...	...	...	...	...
50 - 54	60 575	39 591	20 984	...	...	...	...	...	...
55 - 59	35 149	23 044	12 105	...	...	...	...	...	...
60 - 64	16 819	10 018	6 801	...	...	...	...	...	...
65 - 69	9 626	4 940	4 686	...	...	...	...	...	...
70 - 74	7 719	3 686	4 033	...	...	...	...	...	...
75 - 79	4 435	2 136	2 299	...	...	...	...	...	...
80 +	4 454	2 143	2 311	...	...	...	...	...	...
Bangladesh									
1 VII 2010 (ESDF)									
Total	148 620 000	76 120 000	72 500 000	38 540 000	20 427 000	18 113 000	110 080 000	55 693 000	54 387 000
0 - 4	14 846 000	7 757 000	7 089 000	3 513 000	1 893 000	1 620 000	11 333 000	5 864 000	5 469 000
5 - 9	16 954 000	8 766 000	8 188 000	4 067 000	2 181 000	1 886 000	12 887 000	6 585 000	6 302 000
10 - 14	17 381 000	9 171 000	8 210 000	4 151 000	2 251 000	1 900 000	13 230 000	6 920 000	6 310 000
15 - 19	14 863 000	8 101 000	6 762 000	3 814 000	2 038 000	1 776 000	11 049 000	6 063 000	4 986 000
20 - 24	14 368 000	6 772 000	7 596 000	3 883 000	1 835 000	2 048 000	10 485 000	4 937 000	5 548 000
25 - 29	12 653 000	5 985 000	6 668 000	3 563 000	1 719 000	1 844 000	9 090 000	4 266 000	4 824 000
30 - 34	11 098 000	5 233 000	5 865 000	3 202 000	1 600 000	1 602 000	7 896 000	3 633 000	4 263 000
35 - 39	10 075 000	4 936 000	5 139 000	2 917 000	1 514 000	1 403 000	7 158 000	3 422 000	3 736 000
40 - 44	8 919 000	4 628 000	4 291 000	2 556 000	1 412 000	1 144 000	6 363 000	3 216 000	3 147 000
45 - 49	7 035 000	3 965 000	3 070 000	1 978 000	1 163 000	815 000	5 057 000	2 802 000	2 255 000
50 - 54	6 053 000	3 087 000	2 966 000	1 559 000	908 000	651 000	4 494 000	2 179 000	2 315 000
55 - 59	4 487 000	2 497 000	1 990 000	1 062 000	676 000	386 000	3 425 000	1 821 000	1 604 000
60 - 64	3 244 000	1 744 000	1 500 000	818 000	459 000	359 000	2 426 000	1 285 000	1 141 000
65 - 69	2 485 000	1 307 000	1 178 000	579 000	309 000	270 000	1 906 000	998 000	908 000
70 - 74	1 799 000	943 000	856 000	382 000	207 000	175 000	1 417 000	736 000	681 000
75 - 79	1 118 000	596 000	522 000	235 000	127 000	108 000	883 000	469 000	414 000
80 +	1 242 000	632 000	610 000	261 000	135 000	126 000	981 000	497 000	484 000
Bhutan - Bhoutan[41]									
1 VII 2010 (ESDF)									
Total	695 823	363 384	332 439	242 001	129 298	112 703	453 822	234 086	219 736
0 - 4	86 247	43 489	42 758	26 746	13 395	13 351	59 500	30 094	29 407
5 - 9	62 421	31 415	31 006	21 475	10 725	10 751	40 946	20 690	20 256
10 - 14	68 051	34 470	33 581	25 297	12 716	12 581	42 754	21 754	21 000
15 - 19	72 005	36 730	35 276	28 119	14 352	13 768	43 886	22 378	21 508
20 - 24	69 545	36 072	33 473	28 941	15 210	13 731	40 604	20 862	19 742
25 - 29	64 830	34 684	30 146	27 159	14 851	12 308	37 671	19 833	17 838
30 - 34	57 298	31 059	26 238	23 463	13 218	10 245	33 834	17 841	15 993
35 - 39	47 134	25 834	21 301	18 242	10 534	7 708	28 892	15 300	13 592
40 - 44	39 342	21 559	17 784	13 229	7 806	5 423	26 113	13 753	12 361
45 - 49	31 587	17 038	14 549	9 382	5 524	3 858	22 205	11 513	10 691
50 - 54	25 901	13 852	12 049	6 498	3 825	2 674	19 403	10 028	9 375
55 - 59	20 986	11 151	9 835	4 594	2 669	1 925	16 392	8 482	7 910
60 - 64	16 768	8 823	7 945	3 188	1 758	1 430	13 581	7 066	6 515
65 - 69	12 947	6 725	6 222	2 229	1 162	1 067	10 718	5 563	5 155
70 - 74	9 395	4 817	4 578	1 496	719	777	7 899	4 098	3 801
75 - 79	6 172	3 112	3 060	995	426	569	5 177	2 687	2 491
80 +	5 192	2 554	2 638	946	409	537	4 246	2 145	2 101
Brunei Darussalam - Brunéi Darussalam									
1 VII 2009 (ESDF)									
Total	406 200	215 000	191 200	...	...	...	...	...	...
0 - 4	34 700	18 600	16 100	...	...	...	...	...	...
5 - 9	36 000	19 400	16 600	...	...	...	...	...	...
10 - 14	35 400	19 200	16 200	...	...	...	...	...	...
15 - 19	35 000	18 600	16 400	...	...	...	...	...	...
20 - 24	42 900	21 700	21 200	...	...	...	...	...	...
25 - 29	45 700	24 000	21 700	...	...	...	...	...	...
30 - 34	41 100	21 600	19 500	...	...	...	...	...	...
35 - 39	34 300	18 100	16 200	...	...	...	...	...	...
40 - 44	28 700	16 100	12 600	...	...	...	...	...	...
45 - 49	22 700	12 500	10 200	...	...	...	...	...	...
50 - 54	17 100	9 000	8 100	...	...	...	...	...	...

Continent, country or area, date, code and age (in years) / Continent, pays ou zone, date, code et âge (en annèes)	Total			Urban - Urbaine			Rural - Rurale		
	Both sexes Les deux sexes	Male Masculin	Female Féminin	Both sexes Les deux sexes	Male Masculin	Female Féminin	Both sexes Les deux sexes	Male Masculin	Female Féminin
ASIA - ASIE									
Brunei Darussalam - Brunéi Darussalam									
1 VII 2009 (ESDF)									
55 - 59	11 800	6 100	5 700	...	...	...	...	...	...
60 - 64	7 000	3 400	3 600	...	...	...	...	...	...
65 - 69	5 100	2 500	2 600	...	...	...	...	...	...
70 - 74	3 800	1 800	2 000	...	...	...	...	...	...
75 - 79	2 600	1 300	1 300	...	...	...	...	...	...
80 - 84	1 300	600	700	...	...	...	...	...	...
85 +	1 000	500	500	...	...	...	...	...	...
Cambodia - Cambodge[42]									
1 VII 2011 (ESDF)									
Total	14 521 275	7 088 691	7 432 584	3 042 794	1 462 518	1 580 276	11 478 481	5 626 173	5 852 308
0	343 998	175 659	168 339	68 703	34 534	34 169	275 295	141 125	134 170
1 - 4	1 199 588	610 094	589 494	215 234	109 740	105 494	984 354	500 354	484 000
5 - 9	1 408 678	719 988	688 690	211 914	109 268	102 646	1 196 764	610 720	586 044
10 - 14	1 603 034	821 106	781 928	233 497	119 969	113 528	1 369 537	701 137	668 400
15 - 19	1 730 315	893 186	837 129	321 464	155 046	166 418	1 408 851	738 140	670 711
20 - 24	1 557 926	787 876	770 050	422 238	194 285	227 953	1 135 688	593 591	542 097
25 - 29	1 362 701	662 827	699 874	414 064	195 959	218 105	948 637	466 868	481 769
30 - 34	1 030 664	504 466	526 198	269 939	132 298	137 641	760 725	372 168	388 557
35 - 39	721 163	347 955	373 208	158 057	78 882	79 175	563 106	269 073	294 033
40 - 44	845 512	403 655	441 857	180 494	90 125	90 369	665 018	313 530	351 488
45 - 49	713 322	330 728	382 594	145 661	71 702	73 959	567 661	259 026	308 635
50 - 54	595 079	259 648	335 431	125 645	57 484	68 161	469 434	202 164	267 270
55 - 59	444 261	175 695	268 566	96 668	40 861	55 807	347 593	134 834	212 759
60 - 64	337 528	141 405	196 123	67 952	29 251	38 701	269 576	112 154	157 422
65 - 69	236 436	98 952	137 484	43 533	18 031	25 502	192 903	80 921	111 982
70 - 74	175 634	71 953	103 681	29 808	11 777	18 031	145 826	60 176	85 650
75 - 79	116 761	45 940	70 821	19 991	7 338	12 653	96 770	38 602	58 168
80 +	98 675	37 558	61 117	17 932	5 968	11 964	80 743	31 590	49 153
China, Hong Kong SAR - Chine, Hong Kong RAS									
1 VII 2010 (ESDJ)									
Total	7 067 800	3 310 500	3 757 300	...	...	...	...	...	...
0	49 300	25 700	23 600	...	...	...	...	...	...
1 - 4	195 100	102 000	93 100	...	...	...	...	...	...
5 - 9	255 300	132 100	123 200	...	...	...	...	...	...
10 - 14	358 300	183 900	174 400	...	...	...	...	...	...
15 - 19	433 200	222 800	210 400	...	...	...	...	...	...
20 - 24	457 800	221 500	236 300	...	...	...	...	...	...
25 - 29	541 400	231 400	310 000	...	...	...	...	...	...
30 - 34	543 800	223 900	319 900	...	...	...	...	...	...
35 - 39	574 900	240 100	334 800	...	...	...	...	...	...
40 - 44	584 200	252 200	332 000	...	...	...	...	...	...
45 - 49	669 400	309 600	359 800	...	...	...	...	...	...
50 - 54	628 500	310 300	318 200	...	...	...	...	...	...
55 - 59	492 000	244 300	247 700	...	...	...	...	...	...
60 - 64	372 500	188 000	184 500	...	...	...	...	...	...
65 - 69	226 000	118 400	107 600	...	...	...	...	...	...
70 - 74	231 800	115 200	116 600	...	...	...	...	...	...
75 - 79	201 300	95 400	105 900	...	...	...	...	...	...
80 - 84	134 200	56 300	77 900	...	...	...	...	...	...
85 +	118 800	37 400	81 400	...	...	...	...	...	...
China, Macao SAR - Chine, Macao RAS[13]									
1 VII 2011 (ESDJ)									
Total	558 100	268 700	289 400	...	...	...	...	...	...
0 - 4	23 800	12 400	11 400	...	...	...	...	...	...
5 - 9	17 300	9 000	8 300	...	...	...	...	...	...
10 - 14	25 500	13 200	12 300	...	...	...	...	...	...
15 - 19	37 100	19 000	18 100	...	...	...	...	...	...
20 - 24	47 400	24 200	23 200	...	...	...	...	...	...
25 - 29	49 200	23 000	26 200	...	...	...	...	...	...
30 - 34	43 300	20 100	23 200	...	...	...	...	...	...

Continent, country or area, date, code and age (in years) / Continent, pays ou zone, date, code et âge (en annèes)	Total			Urban - Urbaine			Rural - Rurale		
	Both sexes Les deux sexes	Male Masculin	Female Féminin	Both sexes Les deux sexes	Male Masculin	Female Féminin	Both sexes Les deux sexes	Male Masculin	Female Féminin
ASIA - ASIE									
China, Macao SAR - Chine, Macao RAS[13]									
1 VII 2011 (ESDJ)									
35 - 39	47 000	21 000	26 000	...	...	...	...	...	...
40 - 44	49 500	20 900	28 600	...	...	...	...	...	...
45 - 49	55 000	24 500	30 500	...	...	...	...	...	...
50 - 54	52 100	26 000	26 100	...	...	...	...	...	...
55 - 59	39 400	20 700	18 700	...	...	...	...	...	...
60 - 64	26 100	13 900	12 200	...	...	...	...	...	...
65 - 69	14 400	7 500	6 900	...	...	...	...	...	...
70 - 74	9 300	4 700	4 600	...	...	...	...	...	...
75 - 79	8 600	3 700	4 900	...	...	...	...	...	...
80 - 84	7 100	3 000	4 100	...	...	...	...	...	...
85 +	6 100	1 900	4 200	...	...	...	...	...	...
Cyprus - Chypre[43]									
1 I 2010 (ESDJ)									
Total	803 147	398 052	405 095	...	...	...	...	...	...
0	9 654	4 936	4 718	...	...	...	...	...	...
1 - 4	35 274	18 334	16 940	...	...	...	...	...	...
5 - 9	42 329	21 749	20 580	...	...	...	...	...	...
10 - 14	48 365	24 756	23 609	...	...	...	...	...	...
15 - 19	56 944	28 896	28 048	...	...	...	...	...	...
20 - 24	62 722	30 831	31 891	...	...	...	...	...	...
25 - 29	70 338	34 581	35 757	...	...	...	...	...	...
30 - 34	61 805	31 161	30 644	...	...	...	...	...	...
35 - 39	56 944	28 870	28 074	...	...	...	...	...	...
40 - 44	53 525	26 751	26 774	...	...	...	...	...	...
45 - 49	55 867	28 510	27 357	...	...	...	...	...	...
50 - 54	54 020	26 926	27 094	...	...	...	...	...	...
55 - 59	48 060	23 706	24 354	...	...	...	...	...	...
60 - 64	42 437	20 451	21 986	...	...	...	...	...	...
65 - 69	34 174	16 349	17 825	...	...	...	...	...	...
70 - 74	27 288	12 860	14 428	...	...	...	...	...	...
75 - 79	19 850	8 832	11 018	...	...	...	...	...	...
80 - 84	13 135	5 522	7 613	...	...	...	...	...	...
85 - 89	6 671	2 704	3 967	...	...	...	...	...	...
90 - 94	2 451	924	1 527	...	...	...	...	...	...
95 - 99	1 097	335	762	...	...	...	...	...	...
100 +	197	68	129	...	...	...	...	...	...
Democratic People's Republic of Korea - République populaire démocratique de Corée									
1 X 2008 (CDJC)									
Total	24 052 231	11 721 838	12 330 393	...	...	...	...	...	...
0 - 4	1 710 039	872 173	837 866	...	...	...	...	...	...
5 - 9	1 846 785	943 048	903 737	...	...	...	...	...	...
10 - 14	2 021 350	1 035 282	986 068	...	...	...	...	...	...
15 - 19	2 052 342	1 050 113	1 002 229	...	...	...	...	...	...
20 - 24	1 841 400	941 017	900 383	...	...	...	...	...	...
25 - 29	1 737 185	887 573	849 612	...	...	...	...	...	...
30 - 34	1 680 272	853 276	826 996	...	...	...	...	...	...
35 - 39	2 214 929	1 118 391	1 096 538	...	...	...	...	...	...
40 - 44	2 015 514	1 005 140	1 010 374	...	...	...	...	...	...
45 - 49	1 559 527	766 054	793 473	...	...	...	...	...	...
50 - 54	1 315 101	637 737	677 364	...	...	...	...	...	...
55 - 59	902 876	423 625	479 251	...	...	...	...	...	...
60 - 64	1 058 263	476 727	581 536	...	...	...	...	...	...
65 - 69	913 304	379 456	533 848	...	...	...	...	...	...
70 - 74	662 627	228 286	434 341	...	...	...	...	...	...
75 - 79	335 467	79 231	256 236	...	...	...	...	...	...
80 - 84	132 149	18 884	113 265	...	...	...	...	...	...
85 - 89	42 760	4 930	37 830	...	...	...	...	...	...
90 - 94	8 634	809	7 825	...	...	...	...	...	...

7. Population by age, sex and urban/rural residence: latest available year, 2002 - 2011
Population selon l'âge, le sexe et la résidence, urbaine/rurale : dernière année disponible, 2002 - 2011 (continued - suite)

Continent, country or area, date, code and age (in years) / Continent, pays ou zone, date, code et âge (en annèes)	Total			Urban - Urbaine			Rural - Rurale		
	Both sexes Les deux sexes	Male Masculin	Female Féminin	Both sexes Les deux sexes	Male Masculin	Female Féminin	Both sexes Les deux sexes	Male Masculin	Female Féminin
ASIA - ASIE									
Democratic People's Republic of Korea - République populaire démocratique de Corée									
1 X 2008 (CDJC)									
95 - 99	1 643	86	1 557	...	...	...	...	...	...
100 +	64	-	64	...	...	...	...	...	...
Georgia - Géorgie									
17 I 2002 (CDJC)									
Total	4 371 535	2 061 753	2 309 782	2 284 796	1 048 593	1 236 203	2 086 739	1 013 160	1 073 579
0 - 4	243 568	127 779	115 789	119 175	61 851	57 324	124 393	65 928	58 465
5 - 9	302 308	155 264	147 044	150 564	77 300	73 264	151 744	77 964	73 780
10 - 14	370 068	187 678	182 390	191 865	96 531	95 334	178 203	91 147	87 056
15 - 19	357 145	179 794	177 351	190 150	95 987	94 163	166 995	83 807	83 188
20 - 24	327 471	162 569	164 902	177 627	86 406	91 221	149 844	76 163	73 681
25 - 29	311 176	151 745	159 431	168 296	78 706	89 590	142 880	73 039	69 841
30 - 34	300 627	144 684	155 943	161 487	73 315	88 172	139 140	71 369	67 771
35 - 39	323 458	152 004	171 454	175 874	77 752	98 122	147 584	74 252	73 332
40 - 44	335 467	157 732	177 735	187 574	84 237	103 337	147 893	73 495	74 398
45 - 49	287 627	134 084	153 543	162 159	72 744	89 415	125 468	61 340	64 128
50 - 54	247 379	114 595	132 784	141 002	63 824	77 178	106 377	50 771	55 606
55 - 59	148 879	66 968	81 911	80 951	35 495	45 456	67 928	31 473	36 455
60 - 64	257 825	111 150	146 675	128 088	53 245	74 843	129 737	57 905	71 832
65 - 69	202 359	87 403	114 956	91 740	37 663	54 077	110 619	49 740	60 879
70 - 74	175 880	72 530	103 350	77 423	29 568	47 855	98 457	42 962	55 495
75 - 79	104 771	36 238	68 533	47 593	15 106	32 487	57 178	21 132	36 046
80 - 84	43 731	11 563	32 168	19 338	4 890	14 448	24 393	6 673	17 720
85 - 89	20 057	4 841	15 216	8 573	2 092	6 481	11 484	2 749	8 735
90 - 94	6 884	1 523	5 361	2 428	553	1 875	4 456	970	3 486
95 - 99	1 883	300	1 583	484	90	394	1 399	210	1 189
100 +	650	73	577	127	22	105	523	51	472
Unknown - Inconnu	2 322	1 236	1 086	2 278	1 216	1 062	44	20	24
1 VII 2010 (ESDF)									
Total	4 452 800	2 118 100	2 334 700	...	...	...	...	...	...
0 - 4	267 400	141 600	125 800	...	...	...	...	...	...
5 - 9	229 200	120 900	108 300	...	...	...	...	...	...
10 - 14	261 400	137 000	124 400	...	...	...	...	...	...
15 - 19	331 800	169 600	162 200	...	...	...	...	...	...
20 - 24	366 000	185 300	180 700	...	...	...	...	...	...
25 - 29	347 400	174 800	172 600	...	...	...	...	...	...
30 - 34	320 500	158 200	162 300	...	...	...	...	...	...
35 - 39	308 800	150 500	158 300	...	...	...	...	...	...
40 - 44	295 800	140 400	155 400	...	...	...	...	...	...
45 - 49	332 800	154 300	178 500	...	...	...	...	...	...
50 - 54	308 300	142 500	165 800	...	...	...	...	...	...
55 - 59	261 000	118 500	142 500	...	...	...	...	...	...
60 - 64	203 100	90 400	112 700	...	...	...	...	...	...
65 - 69	142 900	58 400	84 500	...	...	...	...	...	...
70 - 74	203 700	81 000	122 700	...	...	...	...	...	...
75 - 79	127 900	49 500	78 400	...	...	...	...	...	...
80 - 84	94 400	33 300	61 100	...	...	...	...	...	...
85 +	50 400	11 900	38 500	...	...	...	...	...	...
India - Inde[44]									
1 VII 2011* (ESDF)									
Total	1192503000	617 315 000	575 188 000	...	...	...	...	...	...
0 - 4	114 878 000	60 745 000	54 133 000	...	...	...	...	...	...
5 - 9	113 486 000	60 092 000	53 394 000	...	...	...	...	...	...
10 - 14	118 577 000	61 318 000	57 259 000	...	...	...	...	...	...
15 - 19	121 727 000	63 479 000	58 248 000	...	...	...	...	...	...
20 - 24	118 038 000	62 281 000	55 757 000	...	...	...	...	...	...
25 - 29	101 956 000	54 079 000	47 877 000	...	...	...	...	...	...
30 - 34	88 905 000	46 050 000	42 855 000	...	...	...	...	...	...
35 - 39	80 759 000	40 595 000	40 164 000	...	...	...	...	...	...
40 - 44	73 464 000	36 773 000	36 691 000	...	...	...	...	...	...
45 - 49	65 211 000	33 218 000	31 993 000	...	...	...	...	...	...

Continent, country or area, date, code and age (in years) / Continent, pays ou zone, date, code et âge (en annèes)	Total			Urban - Urbaine			Rural - Rurale		
	Both sexes Les deux sexes	Male Masculin	Female Féminin	Both sexes Les deux sexes	Male Masculin	Female Féminin	Both sexes Les deux sexes	Male Masculin	Female Féminin
ASIA - ASIE									
India - Inde[44]									
1 VII 2011* (ESDF)									
50 - 54	54 195 000	28 157 000	26 038 000	...	...	...	...	...	...
55 - 59	42 837 000	22 390 000	20 447 000	...	...	...	...	...	...
60 - 64	32 405 000	16 693 000	15 712 000	...	...	...	...	...	...
65 - 69	24 397 000	11 991 000	12 406 000	...	...	...	...	...	...
70 - 74	18 943 000	8 909 000	10 034 000	...	...	...	...	...	...
75 - 79	13 092 000	6 075 000	7 017 000	...	...	...	...	...	...
80 +	9 633 000	4 470 000	5 163 000	...	...	...	...	...	...
Indonesia - Indonésie									
1 V 2010 (CDJC)									
Total	237 641 326	119 630 913	118 010 413	118 320 256	59 559 622	58 760 634	119 321 070	60 071 291	59 249 779
0 - 4	22 678 702	11 662 369	11 016 333	11 025 060	5 679 790	5 345 270	11 653 642	5 982 579	5 671 063
0	4 397 046	2 259 245	2 137 801	...	...	...	...	...	...
1 - 4	18 275 014	9 399 611	8 875 403	...	...	...	...	...	...
5 - 9	23 253 480	11 974 094	11 279 386	11 016 095	5 674 648	5 341 447	12 237 385	6 299 446	5 937 939
10 - 14	22 671 081	11 662 417	11 008 664	10 542 167	5 399 311	5 142 856	12 128 914	6 263 106	5 865 808
15 - 19	20 880 734	10 614 306	10 266 428	10 755 586	5 343 102	5 412 484	10 125 148	5 271 204	4 853 944
20 - 24	19 891 633	9 887 713	10 003 920	10 903 811	5 416 588	5 487 223	8 987 822	4 471 125	4 516 697
25 - 29	21 310 443	10 631 311	10 679 132	11 447 502	5 752 629	5 694 873	9 862 941	4 878 682	4 984 259
30 - 34	19 830 685	9 949 357	9 881 328	10 476 109	5 286 436	5 189 673	9 354 576	4 662 921	4 691 655
35 - 39	18 505 131	9 337 517	9 167 614	9 517 824	4 816 398	4 701 426	8 987 307	4 521 119	4 466 188
40 - 44	16 524 852	8 322 712	8 202 140	8 400 678	4 249 643	4 151 035	8 124 174	4 073 069	4 051 105
45 - 49	14 040 982	7 032 740	7 008 242	6 936 515	3 481 077	3 455 438	7 104 467	3 551 663	3 552 804
50 - 54	11 561 321	5 865 997	5 695 324	5 599 670	2 858 242	2 741 428	5 961 651	3 007 755	2 953 896
55 - 59	8 448 570	4 400 316	4 048 254	4 010 840	2 091 487	1 919 353	4 437 730	2 308 829	2 128 901
60 - 64	6 058 761	2 927 191	3 131 570	2 664 404	1 290 725	1 373 679	3 394 357	1 636 466	1 757 891
65 - 69	4 694 031	2 225 133	2 468 898	2 030 370	960 508	1 069 862	2 663 661	1 264 625	1 399 036
70 - 74	3 456 331	1 531 459	1 924 872	1 435 408	630 505	804 903	2 020 923	900 954	1 119 969
75 - 79	1 977 905	842 344	1 135 561	815 975	336 277	479 698	1 161 930	506 067	655 863
80 - 84	1 143 170	481 462	661 708	459 569	186 943	272 626	683 601	294 519	389 082
85 - 89	437 961	182 432	255 529	177 571	69 631	107 940	260 390	112 801	147 589
90 - 94	170 899	63 948	106 951	66 489	23 159	43 330	104 410	40 789	63 621
95 +	104 654	36 095	68 559	38 613	12 523	26 090	66 041	23 572	42 469
Unknown - Inconnu	81 690	45 183	36 507	...	...	...	...	...	...
1 VII 2011 (ESDJ)									
Total	236 954 100	118 591 100	118 363 000	...	...	...	...	...	...
0	4 522 700	2 303 500	2 219 200	...	...	...	...	...	...
1 - 4	17 237 500	8 797 700	8 439 800	...	...	...	...	...	...
5 - 9	20 653 200	10 553 400	10 099 800	...	...	...	...	...	...
10 - 14	20 169 300	10 265 800	9 903 500	...	...	...	...	...	...
15 - 19	20 998 500	10 674 400	10 324 100	...	...	...	...	...	...
20 - 24	21 166 800	10 745 300	10 421 500	...	...	...	...	...	...
25 - 29	20 807 500	10 435 600	10 371 900	...	...	...	...	...	...
30 - 34	20 024 900	9 789 800	10 235 100	...	...	...	...	...	...
35 - 39	18 643 300	9 036 100	9 607 200	...	...	...	...	...	...
40 - 44	16 825 900	8 314 000	8 511 900	...	...	...	...	...	...
45 - 49	14 774 200	7 373 100	7 401 100	...	...	...	...	...	...
50 - 54	12 345 200	6 243 700	6 101 500	...	...	...	...	...	...
55 - 59	9 508 400	4 883 400	4 625 000	...	...	...	...	...	...
60 - 64	6 849 000	3 462 900	3 386 100	...	...	...	...	...	...
65 - 69	4 760 800	2 290 800	2 470 000	...	...	...	...	...	...
70 - 74	3 604 500	1 668 800	1 935 700	...	...	...	...	...	...
75 +	4 062 400	1 752 800	2 309 600	...	...	...	...	...	...
Iran (Islamic Republic of) - Iran (République islamique d')									
24 X 2011 (CDJC)									
Total	75 149 669	37 905 669	37 244 000	53 646 661	27 023 638	26 623 023	21 503 008	10 882 031	10 620 977
0 - 4	6 232 552	3 192 311	3 040 241	4 203 477	2 153 868	2 049 609	2 029 075	1 038 443	990 632
5 - 9	5 657 791	2 898 560	2 759 231	3 832 046	1 963 297	1 868 749	1 825 745	935 263	890 482
10 - 14	5 671 435	2 888 388	2 783 047	3 912 748	1 990 088	1 922 660	1 758 687	898 300	860 387
15 - 19	6 607 043	3 347 436	3 259 607	4 484 448	2 259 770	2 224 678	2 122 595	1 087 666	1 034 929
20 - 24	8 414 497	4 201 575	4 212 922	5 944 593	2 924 622	3 019 971	2 469 904	1 276 953	1 192 951
25 - 29	8 672 654	4 354 634	4 318 020	6 383 685	3 178 858	3 204 827	2 288 969	1 175 776	1 113 193

Continent, country or area, date, code and age (in years) Continent, pays ou zone, date, code et âge (en annèes)	Total			Urban - Urbaine			Rural - Rurale		
	Both sexes Les deux sexes	Male Masculin	Female Féminin	Both sexes Les deux sexes	Male Masculin	Female Féminin	Both sexes Les deux sexes	Male Masculin	Female Féminin
ASIA - ASIE									
Iran (Islamic Republic of) - Iran (République islamique d')									
24 X 2011 (CDJC)									
30 - 34	6 971 924	3 515 828	3 456 096	5 138 203	2 586 546	2 551 657	1 833 721	929 282	904 439
35 - 39	5 571 018	2 850 233	2 720 785	4 079 426	2 085 665	1 993 761	1 491 592	764 568	727 024
40 - 44	4 906 749	2 486 379	2 420 370	3 694 650	1 880 436	1 814 214	1 212 099	605 943	606 156
45 - 49	4 030 481	2 027 338	2 003 143	3 078 142	1 560 170	1 517 972	952 339	467 168	485 171
50 - 54	3 527 408	1 765 113	1 762 295	2 644 028	1 338 591	1 305 437	883 380	426 522	456 858
55 - 59	2 680 119	1 326 634	1 353 485	1 980 283	1 003 799	976 484	699 836	322 835	377 001
60 - 64	1 862 907	880 962	981 945	1 334 489	649 361	685 128	528 418	231 601	296 817
65 - 69	1 343 731	643 342	700 389	948 647	459 597	489 050	395 084	183 745	211 339
70 - 74	1 119 968	561 147	558 821	758 250	378 415	379 835	361 718	182 732	178 986
75 - 79	913 531	477 470	436 061	592 002	301 871	290 131	321 529	175 599	145 930
80 - 84	561 538	280 896	280 642	363 040	172 196	190 844	198 498	108 700	89 798
85 - 89	270 703	137 163	133 540	178 843	86 484	92 359	91 860	50 679	41 181
90 - 94	59 989	28 735	31 254	39 595	18 317	21 278	20 394	10 418	9 976
95 - 99	15 587	7 583	8 004	10 082	4 773	5 309	5 505	2 810	2 695
100 +	11 722	5 424	6 298	6 961	3 082	3 879	4 761	2 342	2 419
Unknown - Inconnu	46 322	28 518	17 804	39 023	23 832	15 191	7 299	4 686	2 613
Iraq									
1 VII 2007 (ESDF)									
Total	29 682 081	14 943 516	14 738 565	19 752 833	9 970 074	9 782 759	9 929 248	4 973 442	4 955 806
0 - 4	4 970 829	2 548 402	2 422 427	3 093 542	1 585 669	1 507 873	1 877 287	962 733	914 554
5 - 9	4 222 028	2 166 818	2 055 210	2 665 680	1 367 692	1 297 988	1 556 348	799 126	757 222
10 - 14	3 605 956	1 833 813	1 772 143	2 313 228	1 174 857	1 138 371	1 292 728	658 956	633 772
15 - 19	3 206 547	1 631 272	1 575 275	2 097 711	1 067 009	1 030 702	1 108 836	564 263	544 573
20 - 24	2 745 916	1 394 941	1 350 975	1 836 580	933 972	902 608	909 336	460 969	448 367
25 - 29	2 342 651	1 184 126	1 158 525	1 595 244	808 530	786 714	747 407	375 596	371 811
30 - 34	1 969 141	987 662	981 479	1 367 432	689 466	677 966	601 709	298 196	303 513
35 - 39	1 623 309	806 089	817 220	1 147 326	574 647	572 679	475 983	231 442	244 541
40 - 44	1 280 968	624 348	656 620	925 668	457 710	467 958	355 300	166 638	188 662
45 - 49	1 024 602	494 742	529 860	748 849	368 114	380 735	275 753	126 628	149 125
50 - 54	790 298	378 954	411 344	581 704	284 864	296 840	208 594	94 090	114 504
55 - 59	611 439	292 240	319 199	451 250	220 282	230 968	160 189	71 958	88 231
60 - 64	453 767	218 171	235 596	333 655	163 325	170 330	120 112	54 846	65 266
65 - 69	325 970	154 180	171 790	238 913	114 733	124 180	87 057	39 447	47 610
70 - 74	214 454	98 274	116 180	156 363	72 358	84 005	58 091	25 916	32 175
75 - 79	133 345	58 821	74 524	94 738	41 841	52 897	38 607	16 980	21 627
80 +	160 861	70 663	90 198	104 950	45 005	59 945	55 911	25 658	30 253
Israel - Israël[45]									
1 VII 2010 (ESDJ)									
Total	7 623 561	3 771 321	3 852 240	6 987 218	3 446 830	3 540 388	636 342	324 491	311 852
0	162 417	83 254	79 163	147 665	75 630	72 036	14 752	7 624	7 128
1 - 4	611 318	313 264	298 054	555 331	284 622	270 709	55 987	28 642	27 345
5 - 9	711 852	364 855	346 997	647 019	331 673	315 346	64 833	33 181	31 652
10 - 14	647 344	331 797	315 546	589 600	301 986	287 615	57 743	29 811	27 932
15 - 19	598 759	306 562	292 197	542 761	276 462	266 299	55 998	30 101	25 898
20 - 24	578 889	294 119	284 770	529 711	267 779	261 932	49 178	26 340	22 839
25 - 29	572 650	288 027	284 624	528 700	265 249	263 452	43 950	22 778	21 172
30 - 34	548 342	273 381	274 960	503 012	250 990	252 022	45 329	22 391	22 938
35 - 39	515 826	256 455	259 371	468 180	233 217	234 963	47 646	23 238	24 408
40 - 44	435 908	215 930	219 978	397 684	196 484	201 199	38 224	19 445	18 779
45 - 49	399 409	195 810	203 599	366 724	179 118	187 605	32 686	16 692	15 994
50 - 54	385 753	186 433	199 320	355 293	170 860	184 432	30 460	15 573	14 887
55 - 59	373 479	179 145	194 334	344 815	164 409	180 405	28 664	14 736	13 929
60 - 64	329 149	156 323	172 826	306 310	144 652	161 657	22 839	11 671	11 168
65 - 69	200 109	93 697	106 412	185 667	86 399	99 268	14 442	7 298	7 144
70 - 74	193 345	86 715	106 630	182 062	81 072	100 990	11 283	5 643	5 640
75 - 79	146 980	63 267	83 713	138 171	59 307	78 864	8 809	3 960	4 850
80 - 84	111 929	44 472	67 457	105 258	41 763	63 495	6 671	2 709	3 962
85 - 89	68 462	25 849	42 613	63 993	24 046	39 947	4 469	1 803	2 666
90 - 94	22 205	8 462	13 743	20 594	7 850	12 745	1 611	612	998
95 - 99	7 576	2 724	4 852	6 933	2 521	4 412	643	203	440
100 +	1 860	780	1 079	1 736	740	996	124	41	84

7. Population by age, sex and urban/rural residence: latest available year, 2002 - 2011
Population selon l'âge, le sexe et la résidence, urbaine/rurale : dernière année disponible, 2002 - 2011 (continued - suite)

Continent, country or area, date, code and age (in years) / Continent, pays ou zone, date, code et âge (en annèes)	Total			Urban - Urbaine			Rural - Rurale		
	Both sexes Les deux sexes	Male Masculin	Female Féminin	Both sexes Les deux sexes	Male Masculin	Female Féminin	Both sexes Les deux sexes	Male Masculin	Female Féminin
ASIA - ASIE									
Japan - Japon[46]									
1 X 2010 (CDJC)									
Total	128 057 352	62 327 737	65 729 615	116 156 631	56 569 051	59 587 580	11 900 721	5 758 686	6 142 035
0 - 4	5 296 748	2 710 581	2 586 167	4 831 346	2 472 475	2 358 871	465 402	238 106	227 296
5 - 9	5 585 661	2 859 805	2 725 856	5 061 966	2 591 629	2 470 337	523 695	268 176	255 519
10 - 14	5 921 035	3 031 943	2 889 092	5 348 569	2 737 977	2 610 592	572 466	293 966	278 500
15 - 19	6 063 357	3 109 229	2 954 128	5 506 483	2 823 085	2 683 398	556 874	286 144	270 730
20 - 24	6 426 433	3 266 240	3 160 193	5 925 984	3 012 027	2 913 957	500 449	254 213	246 236
25 - 29	7 293 701	3 691 723	3 601 978	6 720 343	3 397 748	3 322 595	573 358	293 975	279 383
30 - 34	8 341 497	4 221 011	4 120 486	7 675 385	3 879 081	3 796 304	666 112	341 930	324 182
35 - 39	9 786 349	4 950 122	4 836 227	9 015 173	4 556 572	4 458 601	771 176	393 550	377 626
40 - 44	8 741 865	4 400 375	4 341 490	8 046 407	4 051 948	3 994 459	695 458	348 427	347 031
45 - 49	8 033 116	4 027 969	4 005 147	7 328 789	3 675 150	3 653 639	704 327	352 819	351 508
50 - 54	7 644 499	3 809 576	3 834 923	6 878 402	3 425 836	3 452 566	766 097	383 740	382 357
55 - 59	8 663 734	4 287 489	4 376 245	7 753 645	3 830 707	3 922 938	910 089	456 782	453 307
60 - 64	10 037 249	4 920 468	5 116 781	9 046 242	4 424 879	4 621 363	991 007	495 589	495 418
65 - 69	8 210 173	3 921 774	4 288 399	7 424 237	3 543 535	3 880 702	785 936	378 239	407 697
70 - 74	6 963 302	3 225 503	3 737 799	6 249 910	2 895 658	3 354 252	713 392	329 845	383 547
75 - 79	5 941 013	2 582 940	3 358 073	5 276 323	2 294 753	2 981 570	664 690	288 187	376 503
80 - 84	4 336 264	1 692 584	2 643 680	3 804 707	1 485 631	2 319 076	531 557	206 953	324 604
85 - 89	2 432 588	744 222	1 688 366	2 121 067	649 324	1 471 743	311 521	94 898	216 623
90 - 94	1 021 707	241 799	779 908	889 810	210 257	679 553	131 897	31 542	100 355
95 - 99	296 756	55 739	241 017	258 266	48 545	209 721	38 490	7 194	31 296
100 +	43 882	5 851	38 031	38 068	5 060	33 008	5 814	791	5 023
Unknown - Inconnu	976 423	570 794	405 629	955 509	557 174	398 335	20 914	13 620	7 294
1 VII 2011 (ESDJ)[47]									
Total	127 817 000	62 189 000	65 628 000	...	...	...	...	...	...
0 - 4	5 300 000	2 714 000	2 586 000	...	...	...	...	...	...
5 - 9	5 520 000	2 826 000	2 694 000	...	...	...	...	...	...
10 - 14	5 924 000	3 034 000	2 891 000	...	...	...	...	...	...
15 - 19	6 081 000	3 119 000	2 962 000	...	...	...	...	...	...
20 - 24	6 410 000	3 273 000	3 137 000	...	...	...	...	...	...
25 - 29	7 264 000	3 695 000	3 569 000	...	...	...	...	...	...
30 - 34	8 164 000	4 143 000	4 021 000	...	...	...	...	...	...
35 - 39	9 758 000	4 949 000	4 810 000	...	...	...	...	...	...
40 - 44	9 140 000	4 614 000	4 526 000	...	...	...	...	...	...
45 - 49	8 008 000	4 024 000	3 984 000	...	...	...	...	...	...
50 - 54	7 641 000	3 817 000	3 824 000	...	...	...	...	...	...
55 - 59	8 396 000	4 165 000	4 231 000	...	...	...	...	...	...
60 - 64	10 633 000	5 220 000	5 413 000	...	...	...	...	...	...
65 - 69	7 867 000	3 758 000	4 108 000	...	...	...	...	...	...
70 - 74	7 103 000	3 296 000	3 807 000	...	...	...	...	...	...
75 - 79	6 117 000	2 665 000	3 452 000	...	...	...	...	...	...
80 - 84	4 463 000	1 748 000	2 715 000	...	...	...	...	...	...
85 +	4 028 000	1 130 000	2 898 000	...	...	...	...	...	...
Jordan - Jordanie									
1 X 2004 (CDFC)[48]									
Total	5 103 639	2 626 287	2 477 352	3 997 383	2 055 431	1 941 952	1 106 256	570 856	535 400
0	122 757	62 643	60 114	94 974	48 529	46 445	27 783	14 114	13 669
1 - 4	527 574	270 573	257 001	408 893	209 140	199 753	118 681	61 433	57 248
5 - 9	642 871	329 133	313 738	495 583	253 774	241 809	147 288	75 359	71 929
10 - 14	610 129	313 083	297 046	469 321	240 723	228 598	140 808	72 360	68 448
15 - 19	559 838	287 693	272 145	431 275	221 213	210 062	128 563	66 480	62 083
20 - 24	540 193	279 600	260 593	421 400	217 092	204 308	118 793	62 508	56 285
25 - 29	456 261	239 774	216 487	355 950	186 570	169 380	100 311	53 204	47 107
30 - 34	399 169	207 178	191 991	316 235	164 238	151 997	82 934	42 940	39 994
35 - 39	323 426	167 737	155 689	259 736	134 829	124 907	63 690	32 908	30 782
40 - 44	241 400	123 945	117 455	196 923	101 442	95 481	44 477	22 503	21 974
45 - 49	170 456	87 098	83 358	138 372	70 890	67 482	32 084	16 208	15 876
50 - 54	128 240	64 607	63 633	102 179	51 210	50 969	26 061	13 397	12 664
55 - 59	113 721	55 765	57 956	92 893	45 618	47 275	20 828	10 147	10 681
60 - 64	98 787	52 084	46 703	80 269	42 634	37 635	18 518	9 450	9 068
65 - 69	71 823	37 095	34 728	57 484	29 956	27 528	14 339	7 139	7 200
70 - 74	46 820	23 467	23 353	36 958	18 503	18 455	9 862	4 964	4 898
75 - 79	24 268	12 651	11 617	19 160	9 923	9 237	5 108	2 728	2 380

7. Population by age, sex and urban/rural residence: latest available year, 2002 - 2011
Population selon l'âge, le sexe et la résidence, urbaine/rurale : dernière année disponible, 2002 - 2011 (continued - suite)

Continent, country or area, date, code and age (in years) / Continent, pays ou zone, date, code et âge (en années)	Total			Urban - Urbaine			Rural - Rurale		
	Both sexes Les deux sexes	Male Masculin	Female Féminin	Both sexes Les deux sexes	Male Masculin	Female Féminin	Both sexes Les deux sexes	Male Masculin	Female Féminin
ASIA - ASIE									
Jordan - Jordanie									
1 X 2004 (CDFC)[48]									
80 +	22 060	10 137	11 923	16 376	7 369	9 007	5 684	2 768	2 916
80 - 84	13 585	6 144	7 441	...	...	...	...	...	...
85 - 89	5 032	2 444	2 588	...	...	...	...	...	...
90 - 94	2 316	1 012	1 304	...	...	...	...	...	...
95 +	1 127	537	590	...	...	...	...	...	...
Unknown - Inconnu	3 846	2 024	1 822	3 402	1 778	1 624	444	246	198
31 XII 2011 (ESDF)[49]									
Total	6 249 000	3 221 100	3 027 900	...	...	...	...	...	...
0	150 435	76 903	73 532	...	...	...	...	...	...
1 - 4	646 526	332 167	314 359	...	...	...	...	...	...
5 - 9	787 570	403 930	383 640	...	...	...	...	...	...
10 - 14	747 950	384 600	363 350	...	...	...	...	...	...
15 - 19	685 800	353 030	332 770	...	...	...	...	...	...
20 - 24	661 880	343 050	318 830	...	...	...	...	...	...
25 - 29	559 350	294 410	264 940	...	...	...	...	...	...
30 - 34	489 430	254 470	234 960	...	...	...	...	...	...
35 - 39	396 600	206 150	190 450	...	...	...	...	...	...
40 - 44	295 560	152 040	143 520	...	...	...	...	...	...
45 - 49	208 980	106 940	102 040	...	...	...	...	...	...
50 - 54	157 050	79 230	77 820	...	...	...	...	...	...
55 - 59	139 140	68 290	70 850	...	...	...	...	...	...
60 - 64	121 000	63 780	57 220	...	...	...	...	...	...
65 - 69	87 827	45 444	42 383	...	...	...	...	...	...
70 - 74	57 252	28 748	28 504	...	...	...	...	...	...
75 - 79	29 674	15 500	14 174	...	...	...	...	...	...
80 - 84	16 612	7 527	9 085	...	...	...	...	...	...
85 - 89	6 154	2 994	3 160	...	...	...	...	...	...
90 - 94	2 832	1 240	1 592	...	...	...	...	...	...
95 +	1 378	657	721	...	...	...	...	...	...
Kazakhstan									
1 VII 2008 (ESDF)									
Total	15 674 000	7 541 053	8 132 947	8 331 030	3 877 559	4 453 471	7 342 970	3 663 494	3 679 476
0	334 121	171 415	162 706	182 521	93 735	88 786	151 600	77 680	73 920
1 - 4	1 123 822	576 735	547 087	598 929	307 667	291 262	524 893	269 068	255 825
5 - 9	1 102 548	564 701	537 847	524 034	268 924	255 110	578 514	295 777	282 737
10 - 14	1 209 513	617 314	592 199	522 195	266 983	255 212	687 318	350 331	336 987
15 - 19	1 486 438	755 608	730 830	695 164	350 949	344 215	791 274	404 659	386 615
20 - 24	1 550 478	784 675	765 803	800 736	396 991	403 745	749 742	387 684	362 058
25 - 29	1 295 879	651 820	644 059	741 385	357 306	384 079	554 494	294 514	259 980
30 - 34	1 176 482	580 262	596 220	654 261	305 967	348 294	522 221	274 295	247 926
35 - 39	1 092 697	533 348	559 349	613 063	284 686	328 377	479 634	248 662	230 972
40 - 44	1 044 896	501 603	543 293	581 382	267 483	313 899	463 514	234 120	229 394
45 - 49	1 095 437	515 147	580 290	616 824	279 070	337 754	478 613	236 077	242 536
50 - 54	887 374	404 797	482 577	502 890	220 181	282 709	384 484	184 616	199 868
55 - 59	700 438	306 307	394 131	403 592	169 371	234 221	296 846	136 936	159 910
60 - 64	382 873	160 524	222 349	220 385	87 967	132 418	162 488	72 557	89 931
65 - 69	440 247	168 503	271 744	241 208	86 342	154 866	199 039	82 161	116 878
70 - 74	353 774	131 480	222 294	200 160	69 161	130 999	153 614	62 319	91 295
75 - 79	208 952	68 446	140 506	121 852	37 430	84 422	87 100	31 016	56 084
80 - 84	134 530	36 112	98 418	79 726	20 091	59 635	54 804	16 021	38 783
85 - 89	39 793	9 112	30 681	23 445	5 414	18 031	16 348	3 698	12 650
90 - 94	10 304	2 091	8 213	5 713	1 262	4 451	4 591	829	3 762
95 - 99	2 678	731	1 947	1 271	417	854	1 407	314	1 093
100 +	726	322	404	294	162	132	432	160	272
Kuwait - Koweït									
1 VII 2010 (ESDF)									
Total	2 672 926	1 597 468	1 075 458	...	...	...	...	...	...
0 - 4	259 535	134 291	125 244	...	...	...	...	...	...
5 - 9	234 220	121 081	113 139	...	...	...	...	...	...
10 - 14	201 424	105 096	96 328	...	...	...	...	...	...
15 - 19	182 051	95 038	87 013	...	...	...	...	...	...
20 - 24	239 617	137 416	102 201	...	...	...	...	...	...
25 - 29	340 730	216 664	124 066	...	...	...	...	...	...

7. Population by age, sex and urban/rural residence: latest available year, 2002 - 2011
Population selon l'âge, le sexe et la résidence, urbaine/rurale : dernière année disponible, 2002 - 2011 (continued - suite)

Continent, country or area, date, code and age (in years) / Continent, pays ou zone, date, code et âge (en années)	Total			Urban - Urbaine			Rural - Rurale		
	Both sexes Les deux sexes	Male Masculin	Female Féminin	Both sexes Les deux sexes	Male Masculin	Female Féminin	Both sexes Les deux sexes	Male Masculin	Female Féminin
ASIA - ASIE									
Kuwait - Koweït									
1 VII 2010 (ESDF)									
30 - 34	324 613	210 237	114 376	...	...	...	...	...	...
35 - 39	285 957	188 377	97 580	...	...	...	...	...	...
40 - 44	213 843	139 732	74 111	...	...	...	...	...	...
45 - 49	155 438	103 662	51 776	...	...	...	...	...	...
50 - 54	99 175	65 599	33 576	...	...	...	...	...	...
55 - 59	58 954	37 262	21 692	...	...	...	...	...	...
60 - 64	33 596	19 688	13 908	...	...	...	...	...	...
65 - 69	20 522	11 429	9 093	...	...	...	...	...	...
70 - 74	12 022	6 330	5 692	...	...	...	...	...	...
75 - 79	6 362	3 218	3 144	...	...	...	...	...	...
80 +	4 867	2 348	2 519	...	...	...	...	...	...
Kyrgyzstan - Kirghizstan[50]									
1 VII 2011 (ESDJ)									
Total	5 514 754	2 722 714	2 792 040	1 873 047	885 117	987 930	3 641 707	1 837 597	1 804 110
0	145 388	74 342	71 046	47 992	24 593	23 399	97 396	49 749	47 647
1 - 4	498 828	254 723	244 105	156 618	79 781	76 837	342 210	174 942	167 268
5 - 9	523 210	266 608	256 602	151 560	76 642	74 918	371 650	189 966	181 684
10 - 14	507 708	258 519	249 189	142 978	72 745	70 233	364 730	185 774	178 956
15 - 19	576 999	293 064	283 935	172 429	86 096	86 333	404 570	206 968	197 602
20 - 24	594 761	297 985	296 776	235 880	110 433	125 447	358 881	187 552	171 329
25 - 29	486 380	244 799	241 581	174 139	83 558	90 581	312 241	161 241	151 000
30 - 34	388 872	195 663	193 209	139 783	67 019	72 764	249 089	128 644	120 445
35 - 39	346 208	170 509	175 699	123 563	56 631	66 932	222 645	113 878	108 767
40 - 44	324 476	158 715	165 761	119 233	54 691	64 542	205 243	104 024	101 219
45 - 49	304 756	146 399	158 357	109 571	50 017	59 554	195 185	96 382	98 803
50 - 54	269 327	127 444	141 883	97 374	43 702	53 672	171 953	83 742	88 211
55 - 59	183 412	84 397	99 015	66 698	28 875	37 823	116 714	55 522	61 192
60 - 64	125 126	55 039	70 087	48 885	19 955	28 930	76 241	35 084	41 157
65 - 69	56 400	24 442	31 958	21 804	8 561	13 243	34 596	15 881	18 715
70 - 74	79 972	32 433	47 539	30 175	11 065	19 110	49 797	21 368	28 429
75 - 79	50 382	19 311	31 071	16 870	5 653	11 217	33 512	13 658	19 854
80 - 84	35 127	12 865	22 262	11 681	3 540	8 141	23 446	9 325	14 121
85 - 89	13 090	4 401	8 689	4 482	1 247	3 235	8 608	3 154	5 454
90 - 94	3 245	860	2 385	1 072	273	799	2 173	587	1 586
95 - 99	704	143	561	190	30	160	514	113	401
100 +	383	53	330	70	10	60	313	43	270
Lao People's Democratic Republic - République démocratique populaire lao									
1 III 2005 (CDJC)									
Total	5 621 982	2 800 551	2 821 431	1 522 137[51]	763 043[51]	759 094[51]	4 093 248[51]	2 033 289[51]	2 059 959[51]
0 - 4	700 915	351 559	349 356	135 758[51]	68 543[51]	67 215[51]	565 003[51]	282 939[51]	282 064[51]
5 - 9	749 208	379 137	370 071	155 490[51]	78 713[51]	76 777[51]	593 565[51]	300 341[51]	293 224[51]
10 - 14	767 156	391 785	375 371	188 311[51]	95 769[51]	92 542[51]	578 719[51]	295 944[51]	282 775[51]
15 - 19	647 269	323 729	323 540	202 877[51]	101 383[51]	101 494[51]	443 763[51]	221 962[51]	221 801[51]
20 - 24	515 297	253 926	261 371	180 777[51]	91 079[51]	89 698[51]	332 618[51]	161 532[51]	171 086[51]
25 - 29	429 609	211 279	218 330	132 858[51]	66 079[51]	66 779[51]	295 521[51]	144 368[51]	151 153[51]
30 - 34	359 995	176 515	183 480	110 035[51]	53 414[51]	56 621[51]	249 181[51]	122 647[51]	126 534[51]
35 - 39	329 777	164 415	165 362	99 816[51]	49 495[51]	50 321[51]	229 447[51]	114 592[51]	114 855[51]
40 - 44	265 867	132 335	133 532	80 714[51]	40 532[51]	40 182[51]	184 777[51]	91 575[51]	93 202[51]
45 - 49	227 167	113 869	113 298	65 746[51]	34 044[51]	31 702[51]	161 139[51]	79 640[51]	81 499[51]
50 - 54	177 980	86 770	91 210	47 891[51]	24 815[51]	23 076[51]	129 913[51]	61 854[51]	68 059[51]
55 - 59	128 331	62 691	65 640	34 546[51]	17 693[51]	16 853[51]	93 669[51]	44 925[51]	48 744[51]
60 - 64	105 014	50 006	55 008	26 734[51]	13 110[51]	13 624[51]	78 226[51]	36 864[51]	41 362[51]
65 - 69	79 540	38 289	41 251	21 869[51]	10 664[51]	11 205[51]	57 637[51]	27 609[51]	30 028[51]
70 - 74	59 579	27 652	31 927	16 214[51]	7 614[51]	8 600[51]	43 343[51]	20 020[51]	23 323[51]
75 - 79	37 172	17 964	19 208	10 859[51]	5 142[51]	5 717[51]	26 293[51]	12 813[51]	13 480[51]
80 - 84	22 582	10 402	12 180	6 248[51]	2 842[51]	3 406[51]	16 320[51]	7 553[51]	8 767[51]
85 - 89	10 328	4 631	5 697	3 070[51]	1 256[51]	1 814[51]	7 254[51]	3 371[51]	3 883[51]
90 - 94	4 745	1 964	2 781	1 216[51]	479[51]	737[51]	3 526[51]	1 484[51]	2 042[51]
95 - 99	2 375	982	1 393	665[51]	252[51]	413[51]	1 710[51]	730[51]	980[51]

7. Population by age, sex and urban/rural residence: latest available year, 2002 - 2011
Population selon l'âge, le sexe et la résidence, urbaine/rurale : dernière année disponible, 2002 - 2011 (continued - suite)

Continent, country or area, date, code and age (in years) / Continent, pays ou zone, date, code et âge (en années)	Total			Urban - Urbaine			Rural - Rurale		
	Both sexes Les deux sexes	Male Masculin	Female Féminin	Both sexes Les deux sexes	Male Masculin	Female Féminin	Both sexes Les deux sexes	Male Masculin	Female Féminin
ASIA - ASIE									
Lao People's Democratic Republic - République démocratique populaire lao									
1 III 2005 (CDJC)									
100 + ...	1 416	480	936	252[51]	76[51]	176[51]	1 164[51]	404[51]	760[51]
Unknown - Inconnu	660	171	489	191[51]	49[51]	142[51]	460[51]	122[51]	338[51]
1 VII 2011 (ESDF)[52]									
Total................	6 385 055	3 188 665	3 196 392	...	...	...	...	...	...
0 - 4	933 556	476 002	457 556	...	...	...	...	...	...
5 - 9	722 025	363 286	358 740	...	...	...	...	...	...
10 - 14	729 133	368 220	360 910	...	...	...	...	...	...
15 - 19	753 855	384 893	368 959	...	...	...	...	...	...
20 - 24	643 823	323 300	320 526	...	...	...	...	...	...
25 - 29	504 317	248 601	255 719	...	...	...	...	...	...
30 - 34	413 729	203 189	210 538	...	...	...	...	...	...
35 - 39	344 964	168 649	176 317	...	...	...	...	...	...
40 - 44	321 715	159 549	162 166	...	...	...	...	...	...
45 - 49	266 536	132 064	134 468	...	...	...	...	...	...
50 - 54	221 393	110 133	111 261	...	...	...	...	...	...
55 - 59	172 940	83 696	89 245	...	...	...	...	...	...
60 - 64	120 089	57 590	62 498	...	...	...	...	...	...
65 - 69	90 145	42 066	48 081	...	...	...	...	...	...
70 - 74	63 207	29 565	33 648	...	...	...	...	...	...
75 - 79	41 572	18 814	22 760	...	...	...	...	...	...
80 + ...	42 058	19 054	23 005	...	...	...	...	...	...
Lebanon - Liban[53]									
3 III 2007 (SSDF)									
Total................	3 759 134	1 857 659	1 901 475	...	...	...	...	...	...
0 - 4	261 021	136 514	124 507	...	...	...	...	...	...
5 - 9	312 902	160 577	152 325	...	...	...	...	...	...
10 - 14	354 049	183 613	170 436	...	...	...	...	...	...
15 - 19	363 626	195 984	167 642	...	...	...	...	...	...
20 - 24	367 778	191 471	176 307	...	...	...	...	...	...
25 - 29	305 933	148 321	157 612	...	...	...	...	...	...
30 - 34	276 775	132 105	144 670	...	...	...	...	...	...
35 - 39	249 550	111 833	137 717	...	...	...	...	...	...
40 - 44	233 003	102 405	130 598	...	...	...	...	...	...
45 - 49	208 752	95 595	113 157	...	...	...	...	...	...
50 - 54	179 899	84 091	95 808	...	...	...	...	...	...
55 - 59	143 376	66 993	76 383	...	...	...	...	...	...
60 - 64	140 030	65 701	74 329	...	...	...	...	...	...
65 - 69	122 014	59 900	62 114	...	...	...	...	...	...
70 - 74	105 259	53 267	51 992	...	...	...	...	...	...
75 - 79	71 315	38 353	32 962	...	...	...	...	...	...
80 - 84	45 481	21 083	24 398	...	...	...	...	...	...
85 + ...	18 371	9 853	8 518	...	...	...	...	...	...
Malaysia - Malaisie[28]									
30 VI 2011 (ESDJ)									
Total................	28 552 712	14 523 912	14 028 800	18 131 157	9 144 410	8 986 747	10 421 555	5 379 502	5 042 053
0	499 945	256 072	243 873	307 272	157 406	149 866	192 673	98 666	94 007
1 - 4	1 955 175	1 001 155	954 020	1 223 525	626 395	597 130	731 650	374 760	356 890
5 - 9	2 459 101	1 258 724	1 200 377	1 558 741	797 527	761 214	900 360	461 197	439 163
10 - 14	2 740 612	1 407 479	1 333 133	1 709 923	877 788	832 135	1 030 689	529 691	500 998
15 - 19	2 681 191	1 382 650	1 298 541	1 601 092	825 926	775 166	1 080 099	556 724	523 375
20 - 24	2 561 192	1 305 753	1 255 439	1 478 208	752 393	725 815	1 082 984	553 360	529 624
25 - 29	2 427 645	1 225 425	1 202 220	1 447 183	722 749	724 434	980 462	502 676	477 786
30 - 34	2 290 823	1 156 987	1 133 836	1 534 984	750 130	784 854	755 839	406 857	348 982
35 - 39	2 140 093	1 084 255	1 055 838	1 493 032	730 576	762 456	647 061	353 679	293 382
40 - 44	2 001 975	1 021 261	980 714	1 369 947	682 865	687 082	632 028	338 396	293 632
45 - 49	1 802 606	923 951	878 655	1 223 054	620 211	602 843	579 552	303 740	275 812
50 - 54	1 522 571	780 930	741 641	1 022 709	523 795	498 914	499 862	257 135	242 727
55 - 59	1 226 382	627 320	599 062	802 655	412 263	390 392	423 727	215 057	208 670
60 - 64	862 383	440 893	421 490	545 523	281 150	264 373	316 860	159 743	157 117
65 - 69	553 009	276 593	276 416	335 456	169 256	166 200	217 553	107 337	110 216
70 - 74	379 512	180 583	198 929	222 447	106 157	116 290	157 065	74 426	82 639

7. Population by age, sex and urban/rural residence: latest available year, 2002 - 2011
Population selon l'âge, le sexe et la résidence, urbaine/rurale : dernière année disponible, 2002 - 2011 (continued - suite)

Continent, country or area, date, code and age (in years) / Continent, pays ou zone, date, code et âge (en années)	Total			Urban - Urbaine			Rural - Rurale		
	Both sexes Les deux sexes	Male Masculin	Female Féminin	Both sexes Les deux sexes	Male Masculin	Female Féminin	Both sexes Les deux sexes	Male Masculin	Female Féminin
ASIA - ASIE									
Malaysia - Malaisie[28]									
30 VI 2011 (ESDJ)									
75 - 79	232 774	104 871	127 903	134 143	59 958	74 185	98 631	44 913	53 718
80 - 84	130 023	56 445	73 578	73 213	30 770	42 443	56 810	25 675	31 135
85 - 89	54 539	22 803	31 736	30 442	12 014	18 428	24 097	10 789	13 308
90 +	31 161	9 762	21 399	17 608	5 081	12 527	13 553	4 681	8 872
Maldives									
21 III 2006 (CDFC)[54]									
Total	298 968	151 459	147 509	103 693	51 992	51 701	195 275	99 467	95 808
0	5 462	2 777	2 685	1 601	832	769	3 861	1 945	1 916
1 - 4	20 709	10 585	10 124	5 743	2 912	2 831	14 966	7 673	7 293
5 - 9	29 867	15 352	14 515	7 538	3 829	3 709	22 329	11 523	10 806
10 - 14	36 999	19 111	17 888	10 082	5 171	4 911	26 917	13 940	12 977
15 - 19	39 904	20 155	19 749	15 656	7 457	8 199	24 248	12 698	11 550
20 - 24	34 809	16 933	17 876	15 535	7 401	8 134	19 274	9 532	9 742
25 - 29	24 581	11 915	12 666	10 176	5 054	5 122	14 405	6 861	7 544
30 - 34	20 635	10 022	10 613	8 137	4 089	4 048	12 498	5 933	6 565
35 - 39	18 174	8 780	9 394	6 616	3 381	3 235	11 558	5 399	6 159
40 - 44	15 871	7 828	8 043	5 529	2 731	2 798	10 342	5 097	5 245
45 - 49	13 569	6 872	6 697	4 394	2 207	2 187	9 175	4 665	4 510
50 - 54	7 936	4 147	3 789	2 601	1 415	1 186	5 335	2 732	2 603
55 - 59	5 859	3 046	2 813	1 863	987	876	3 996	2 059	1 937
60 - 64	5 566	2 852	2 714	1 520	752	768	4 046	2 100	1 946
65 - 69	5 678	3 014	2 664	1 265	619	646	4 413	2 395	2 018
70 - 74	4 186	2 333	1 853	765	363	402	3 421	1 970	1 451
75 - 79	2 377	1 444	933	409	217	192	1 968	1 227	741
80 - 84	1 064	617	447	204	92	112	860	525	335
85 - 89	396	241	155	94	48	46	302	193	109
90 - 94	159	89	70	34	14	20	125	75	50
95 +	84	52	32	19	8	11	65	44	21
Unknown - Inconnu	5 083	3 294	1 789	3 912	2 413	1 499	1 171	881	290
1 VII 2011 (ESDF)									
Total	325 135	164 349	160 786	...	...	...	...	...	...
0	6 960	3 503	3 457	...	...	...	...	...	...
1 - 4	23 608	11 954	11 654	...	...	...	...	...	...
5 - 9	26 588	13 617	12 971	...	...	...	...	...	...
10 - 14	30 479	15 735	14 744	...	...	...	...	...	...
15 - 19	37 768	19 603	18 165	...	...	...	...	...	...
20 - 24	40 698	20 664	20 034	...	...	...	...	...	...
25 - 29	35 480	17 355	18 125	...	...	...	...	...	...
30 - 34	25 033	12 201	12 832	...	...	...	...	...	...
35 - 39	20 990	10 253	10 737	...	...	...	...	...	...
40 - 44	18 440	8 959	9 481	...	...	...	...	...	...
45 - 49	16 035	7 950	8 085	...	...	...	...	...	...
50 - 54	13 604	6 912	6 692	...	...	...	...	...	...
55 - 59	7 851	4 104	3 747	...	...	...	...	...	...
60 - 64	5 673	2 934	2 739	...	...	...	...	...	...
65 - 69	5 198	2 633	2 565	...	...	...	...	...	...
70 - 74	4 995	2 614	2 381	...	...	...	...	...	...
75 - 79	3 332	1 850	1 482	...	...	...	...	...	...
80 +	2 403	1 508	895	...	...	...	...	...	...
Mongolia - Mongolie									
11 XI 2010 (CDJC)									
Total	2 647 545	1 313 968	1 333 577	1 798 147	872 989	925 158	849 398	440 979	408 419
0 - 4	288 497	146 516	141 981	188 882	95 671	93 211	99 615	50 845	48 770
5 - 9	216 214	110 117	106 097	133 740	68 119	65 621	82 474	41 998	40 476
10 - 14	236 865	120 064	116 801	143 846	72 244	71 602	93 019	47 820	45 199
15 - 19	257 645	130 560	127 085	188 334	92 124	96 210	69 311	38 436	30 875
20 - 24	292 183	147 472	144 711	221 784	107 751	114 033	70 399	39 721	30 678
25 - 29	247 983	124 490	123 493	171 685	83 922	87 763	76 298	40 568	35 730
30 - 34	222 522	111 976	110 546	149 461	73 525	75 936	73 061	38 451	34 610
35 - 39	202 383	100 819	101 564	136 034	66 149	69 885	66 349	34 670	31 679
40 - 44	179 267	88 273	90 994	120 105	57 388	62 717	59 162	30 885	28 277
45 - 49	158 756	77 475	81 281	108 736	51 528	57 208	50 020	25 947	24 073
50 - 54	122 082	58 009	64 073	83 084	38 547	44 537	38 998	19 462	19 536

Continent, country or area, date, code and age (in years) / Continent, pays ou zone, date, code et âge (en années)	Total			Urban - Urbaine			Rural - Rurale		
	Both sexes Les deux sexes	Male Masculin	Female Féminin	Both sexes Les deux sexes	Male Masculin	Female Féminin	Both sexes Les deux sexes	Male Masculin	Female Féminin
ASIA - ASIE									
Mongolia - Mongolie									
11 XI 2010 (CDJC)									
55 - 59	71 989	33 384	38 605	49 342	22 373	26 969	22 647	11 011	11 636
60 - 64	49 453	22 106	27 347	34 724	15 234	19 490	14 729	6 872	7 857
65 - 69	38 232	17 262	20 970	26 004	11 578	14 426	12 228	5 684	6 544
70 - 74	29 332	13 081	16 251	19 556	8 594	10 962	9 776	4 487	5 289
75 - 79	18 617	7 252	11 365	12 384	4 742	7 642	6 233	2 510	3 723
80 - 84	9 166	3 258	5 908	6 234	2 225	4 009	2 932	1 033	1 899
85 - 89	4 415	1 378	3 037	2 948	945	2 003	1 467	433	1 034
90 - 94	1 459	383	1 076	962	274	688	497	109	388
95 - 99	402	80	322	251	47	204	151	33	118
100 +	83	13	70	51	9	42	32	4	28
Unknown - Inconnu	-	-	-	-	-	-	-	-	-
Myanmar									
1 VII 2004 (ESDF)									
Total	54 299 000	27 000 000	27 299 000	...	...	...	...	...	...
0 - 4	6 407 000	3 235 000	3 172 000	...	...	...	...	...	...
5 - 9	5 933 000	2 974 000	2 959 000	...	...	...	...	...	...
10 - 14	5 382 000	2 715 000	2 667 000	...	...	...	...	...	...
15 - 19	4 824 000	2 512 000	2 312 000	...	...	...	...	...	...
20 - 24	4 748 000	2 429 000	2 319 000	...	...	...	...	...	...
25 - 29	4 490 000	2 265 000	2 225 000	...	...	...	...	...	...
30 - 34	4 135 000	2 059 000	2 076 000	...	...	...	...	...	...
35 - 39	3 760 000	1 845 000	1 915 000	...	...	...	...	...	...
40 - 44	3 287 000	1 604 000	1 683 000	...	...	...	...	...	...
45 - 49	2 759 000	1 340 000	1 419 000	...	...	...	...	...	...
50 - 54	2 293 000	1 107 000	1 186 000	...	...	...	...	...	...
55 - 59	1 818 000	872 000	946 000	...	...	...	...	...	...
60 - 64	1 478 000	698 000	780 000	...	...	...	...	...	...
65 +	2 985 000	1 345 000	1 640 000	...	...	...	...	...	...
Nepal - Népal									
1 VII 2006 (ESDJ)									
Total	25 886 736	12 963 722	12 923 014	4 322 996	2 232 313	2 090 683	21 563 740	10 731 409	10 832 331
0 - 4	3 568 600	1 832 732	1 735 868	482 534	251 880	230 654	3 086 066	1 580 852	1 505 214
5 - 9	3 112 108	1 603 608	1 508 500	418 722	218 749	199 973	2 693 386	1 384 859	1 308 527
10 - 14	3 017 657	1 535 618	1 482 039	458 911	233 315	225 596	2 558 746	1 302 303	1 256 443
15 - 19	2 869 366	1 452 401	1 416 965	517 173	274 346	242 827	2 352 193	1 178 055	1 174 138
20 - 24	2 457 240	1 205 933	1 251 307	506 464	265 809	240 655	1 950 776	940 124	1 010 652
25 - 29	2 091 314	1 001 466	1 089 848	423 370	213 550	209 820	1 667 944	787 916	880 028
30 - 34	1 777 559	846 995	930 564	352 648	178 640	174 008	1 424 911	668 355	756 556
35 - 39	1 513 800	735 895	777 905	286 249	145 132	141 117	1 227 551	590 763	636 788
40 - 44	1 274 854	630 870	643 984	226 520	120 105	106 415	1 048 334	510 765	537 569
45 - 49	1 058 220	528 209	530 011	176 213	92 653	83 560	882 007	435 556	446 451
50 - 54	866 006	436 625	429 381	137 925	71 822	66 103	728 081	364 803	363 278
55 - 59	697 708	355 765	341 943	106 612	55 686	50 926	591 096	300 079	291 017
60 - 64	551 122	280 939	270 183	76 723	38 696	38 027	474 399	242 243	232 156
65 - 69	417 278	210 038	207 240	59 808	28 731	31 077	357 470	181 307	176 163
70 - 74	290 840	145 150	145 690	41 164	19 121	22 043	249 676	126 029	123 647
75 +	323 064	161 478	161 586	51 959	24 078	27 881	271 105	137 400	133 705
1 VII 2011 (ESDJ)									
Total	28 584 975	14 343 343	14 241 632	...	...	...	...	...	...
0 - 4	3 554 959	1 826 101	1 728 858	...	...	...	...	...	...
5 - 9	3 518 191	1 809 993	1 708 198	...	...	...	...	...	...
10 - 14	3 095 350	1 595 312	1 500 038	...	...	...	...	...	...
15 - 19	2 998 875	1 526 005	1 472 870	...	...	...	...	...	...
20 - 24	2 844 469	1 439 577	1 404 892	...	...	...	...	...	...
25 - 29	2 430 786	1 192 908	1 237 878	...	...	...	...	...	...
30 - 34	2 063 877	988 473	1 075 404	...	...	...	...	...	...
35 - 39	1 747 636	832 612	915 024	...	...	...	...	...	...
40 - 44	1 479 455	718 421	761 034	...	...	...	...	...	...
45 - 49	1 234 102	609 101	625 001	...	...	...	...	...	...
50 - 54	1 008 934	501 162	507 772	...	...	...	...	...	...
55 - 59	806 331	403 353	402 978	...	...	...	...	...	...
60 - 64	626 369	315 718	310 651	...	...	...	...	...	...
65 - 69	468 655	235 296	233 359	...	...	...	...	...	...

Continent, country or area, date, code and age (in years) / Continent, pays ou zone, date, code et âge (en annèes)	Total			Urban - Urbaine			Rural - Rurale		
	Both sexes Les deux sexes	Male Masculin	Female Féminin	Both sexes Les deux sexes	Male Masculin	Female Féminin	Both sexes Les deux sexes	Male Masculin	Female Féminin
ASIA - ASIE									
Nepal - Népal									
1 VII 2011 (ESDJ)									
70 - 74	328 938	162 673	166 265	...	...	...	...	...	...
75 - 79	204 052	100 277	103 775	...	...	...	...	...	...
80 +	173 996	86 361	87 635	...	...	...	...	...	...
Occupied Palestinian Territory - Territoire palestinien occupé									
1 VII 2011 (ESDF)									
Total	4 168 860	2 116 782	2 052 078	...	...	...	...	...	...
0	134 747	68 910	65 837	...	...	...	...	...	...
1 - 4	476 700	243 021	233 679	...	...	...	...	...	...
5 - 9	560 022	286 034	273 988	...	...	...	...	...	...
10 - 14	531 431	271 414	260 017	...	...	...	...	...	...
15 - 19	496 650	253 416	243 234	...	...	...	...	...	...
20 - 24	415 990	212 318	203 672	...	...	...	...	...	...
25 - 29	321 917	164 605	157 312	...	...	...	...	...	...
30 - 34	267 329	136 244	131 085	...	...	...	...	...	...
35 - 39	226 527	114 629	111 898	...	...	...	...	...	...
40 - 44	190 589	97 297	93 292	...	...	...	...	...	...
45 - 49	159 145	82 673	76 472	...	...	...	...	...	...
50 - 54	121 095	62 674	58 421	...	...	...	...	...	...
55 - 59	83 319	42 217	41 102	...	...	...	...	...	...
60 - 64	60 650	29 184	31 466	...	...	...	...	...	...
65 - 69	44 484	19 589	24 895	...	...	...	...	...	...
70 - 74	32 384	13 499	18 885	...	...	...	...	...	...
75 - 79	22 810	9 333	13 477	...	...	...	...	...	...
80 +	23 071	9 725	13 346	...	...	...	...	...	...
Oman									
1 VII 2009 (ESDF)									
Total	3 173 917	1 971 115	1 202 802	2 314 865	1 457 197	857 668	859 049	513 917	345 132
0 - 4	272 144	139 614	132 530	184 595	94 803	89 792	87 549	44 811	42 738
5 - 9	245 026	124 776	120 250	162 307	82 954	79 353	82 718	41 821	40 897
10 - 14	254 610	129 964	124 646	168 924	86 326	82 598	85 685	43 638	42 047
15 - 19	284 826	145 215	139 611	194 123	99 854	94 269	90 703	45 361	45 342
20 - 24	387 448	238 483	148 965	285 594	176 341	109 253	101 854	62 142	39 712
25 - 29	475 403	327 686	147 717	362 531	249 782	112 749	112 871	77 904	34 967
30 - 34	367 536	247 107	120 429	288 055	192 969	95 086	79 481	54 138	25 343
35 - 39	272 100	192 483	79 617	212 145	150 865	61 280	59 955	41 618	18 337
40 - 44	207 202	149 090	58 112	161 282	117 670	43 612	45 920	31 420	14 500
45 - 49	145 430	103 908	41 522	111 077	81 065	30 012	34 353	22 843	11 510
50 - 54	113 587	83 057	30 530	84 975	63 752	21 223	28 612	19 305	9 307
55 - 59	59 890	40 488	19 402	42 674	29 489	13 185	17 216	10 999	6 217
60 - 64	39 730	23 538	16 192	26 050	15 494	10 556	13 680	8 044	5 636
65 - 69	20 811	11 811	9 000	13 363	7 537	5 826	7 448	4 274	3 174
70 - 74	14 933	7 721	7 212	9 224	4 703	4 521	5 709	3 018	2 691
75 - 79	6 817	3 303	3 514	4 201	1 981	2 220	2 616	1 322	1 294
80 +	6 424	2 871	3 553	3 745	1 612	2 133	2 679	1 259	1 420
12 XII 2010* (CDFC)									
Total	2 773 479	1 612 408	1 161 071	...	...	...	...	...	...
0 - 4	295 145	150 671	144 474	...	...	...	...	...	...
5 - 9	241 995	123 362	118 633	...	...	...	...	...	...
10 - 14	234 697	120 318	114 379	...	...	...	...	...	...
15 - 19	257 622	132 406	125 216	...	...	...	...	...	...
20 - 24	323 395	189 959	133 436	...	...	...	...	...	...
25 - 29	372 934	240 793	132 141	...	...	...	...	...	...
30 - 34	293 812	184 834	108 978	...	...	...	...	...	...
35 - 39	218 535	140 659	77 876	...	...	...	...	...	...
40 - 44	160 485	105 733	54 752	...	...	...	...	...	...
45 - 49	115 018	73 828	41 190	...	...	...	...	...	...
50 - 54	91 307	57 134	34 173	...	...	...	...	...	...
55 - 59	54 913	32 624	22 289	...	...	...	...	...	...
60 - 64	39 808	21 877	17 931	...	...	...	...	...	...
65 - 69	25 279	13 330	11 949	...	...	...	...	...	...
70 - 74	22 131	11 973	10 158	...	...	...	...	...	...

Continent, country or area, date, code and age (in years) / Continent, pays ou zone, date, code et âge (en annèes)	Total			Urban - Urbaine			Rural - Rurale		
	Both sexes Les deux sexes	Male Masculin	Female Féminin	Both sexes Les deux sexes	Male Masculin	Female Féminin	Both sexes Les deux sexes	Male Masculin	Female Féminin
ASIA - ASIE									
Oman									
12 XII 2010* (CDFC)									
75 - 79	10 946	5 752	5 194	...	...	...	...	...	...
80 - 84	8 429	4 015	4 414	...	...	...	...	...	...
85 - 89	3 463	1 624	1 839	...	...	...	...	...	...
90 - 94	2 327	976	1 351	...	...	...	...	...	...
95 - 99	809	349	460	...	...	...	...	...	...
100 +	429	191	238	...	...	...	...	...	...
Pakistan[55]									
1 VII 2007 (ESDJ)									
Total	149 860 388	76 857 737	73 002 651	52 807 585	27 178 203	25 629 382	97 052 803	49 679 534	47 373 269
0 - 4	19 540 467	9 783 859	9 756 608	5 761 626	2 854 601	2 907 026	13 778 841	6 929 259	6 849 582
5 - 9	22 554 631	11 710 324	10 844 307	6 759 356	3 414 295	3 345 061	15 795 276	8 296 029	7 499 246
10 - 14	20 255 889	10 636 015	9 619 874	6 854 564	3 572 029	3 282 536	13 401 325	7 063 987	6 337 339
15 - 19	17 275 679	9 063 876	8 211 804	6 630 532	3 454 683	3 175 849	10 645 147	5 609 193	5 035 954
20 - 24	13 558 584	6 824 723	6 733 861	5 604 996	2 913 936	2 691 060	7 953 588	3 910 786	4 042 801
25 - 29	10 833 092	5 268 436	5 564 656	4 174 036	2 128 117	2 045 919	6 659 055	3 140 318	3 518 737
30 - 34	8 432 325	3 957 414	4 474 911	3 112 553	1 539 219	1 573 334	5 319 772	2 418 195	2 901 576
35 - 39	8 352 417	4 132 910	4 219 507	3 081 885	1 522 176	1 559 709	5 270 532	2 610 734	2 659 798
40 - 44	6 777 652	3 496 263	3 281 389	2 564 848	1 348 144	1 216 704	4 212 804	2 148 119	2 064 685
45 - 49	6 276 492	3 277 150	2 999 342	2 458 241	1 271 498	1 186 743	3 818 252	2 005 652	1 812 599
50 - 54	4 586 117	2 429 295	2 156 822	1 772 219	967 032	805 188	2 813 897	1 462 263	1 351 634
55 - 59	3 544 175	1 864 568	1 679 608	1 325 845	693 075	632 770	2 218 330	1 171 493	1 046 838
60 - 64	2 933 669	1 637 251	1 296 418	1 003 276	574 578	428 698	1 930 393	1 062 673	867 720
65 - 69	2 038 506	1 106 476	932 030	713 604	371 079	342 526	1 324 901	735 397	589 504
70 - 74	1 464 156	857 310	606 846	499 821	282 013	217 808	964 335	575 297	389 039
75 - 79	654 088	358 255	295 833	244 044	125 467	118 577	410 044	232 788	177 256
80 - 84	428 280	250 734	177 547	129 604	84 073	45 531	298 676	166 661	132 015
85 +	354 168	202 880	151 288	116 534	62 189	54 345	237 634	140 691	96 943
Philippines[56]									
1 VII 2008 (ESDJ)									
Total	*90 457 200*	*45 483 100*	*44 974 100*	...	...	...	...	...	...
0 - 4	*10 755 400*	*5 494 900*	*5 260 500*	...	...	...	...	...	...
5 - 9	*10 106 800*	*5 161 400*	*4 945 400*	...	...	...	...	...	...
10 - 14	*9 803 300*	*5 012 300*	*4 791 000*	...	...	...	...	...	...
15 - 19	*9 353 700*	*4 759 900*	*4 593 800*	...	...	...	...	...	...
20 - 24	*8 487 300*	*4 270 800*	*4 216 500*	...	...	...	...	...	...
25 - 29	*7 567 300*	*3 765 700*	*3 801 600*	...	...	...	...	...	...
30 - 34	*6 572 800*	*3 279 400*	*3 293 400*	...	...	...	...	...	...
35 - 39	*5 834 800*	*2 932 100*	*2 902 700*	...	...	...	...	...	...
40 - 44	*5 189 400*	*2 622 200*	*2 567 200*	...	...	...	...	...	...
45 - 49	*4 460 600*	*2 254 900*	*2 205 700*	...	...	...	...	...	...
50 - 54	*3 627 700*	*1 827 100*	*1 800 600*	...	...	...	...	...	...
55 - 59	*2 827 900*	*1 406 600*	*1 421 300*	...	...	...	...	...	...
60 - 64	*2 040 300*	*992 700*	*1 047 600*	...	...	...	...	...	...
65 - 69	*1 530 500*	*717 800*	*812 700*	...	...	...	...	...	...
70 - 74	*1 074 900*	*482 300*	*592 600*	...	...	...	...	...	...
75 - 79	*652 100*	*278 500*	*373 600*	...	...	...	...	...	...
80 +	*572 400*	*224 500*	*347 900*	...	...	...	...	...	...
Qatar									
21 IV 2010 (CDFC)									
Total	1 699 435	1 284 739	414 696	...	...	...	...	...	...
0	19 565	10 042	9 523	...	...	...	...	...	...
1 - 4	69 942	35 796	34 146	...	...	...	...	...	...
5 - 9	78 086	40 007	38 079	...	...	...	...	...	...
10 - 14	64 991	33 295	31 696	...	...	...	...	...	...
15 - 19	60 544	33 868	26 676	...	...	...	...	...	...
20 - 24	191 953	153 931	38 022	...	...	...	...	...	...
25 - 29	279 187	219 575	59 612	...	...	...	...	...	...
30 - 34	270 243	216 278	53 965	...	...	...	...	...	...
35 - 39	234 573	194 313	40 260	...	...	...	...	...	...
40 - 44	178 328	148 899	29 429	...	...	...	...	...	...
45 - 49	116 940	95 688	21 252	...	...	...	...	...	...
50 - 54	68 920	54 751	14 169	...	...	...	...	...	...
55 - 59	37 377	29 327	8 050	...	...	...	...	...	...

7. Population by age, sex and urban/rural residence: latest available year, 2002 - 2011
Population selon l'âge, le sexe et la résidence, urbaine/rurale : dernière année disponible, 2002 - 2011 (continued - suite)

Continent, country or area, date, code and age (in years) / Continent, pays ou zone, date, code et âge (en années)	Total			Urban - Urbaine			Rural - Rurale		
	Both sexes Les deux sexes	Male Masculin	Female Féminin	Both sexes Les deux sexes	Male Masculin	Female Féminin	Both sexes Les deux sexes	Male Masculin	Female Féminin
ASIA - ASIE									
Qatar									
21 IV 2010 (CDFC)									
60 - 64	14 969	10 820	4 149	...	...	...	...	...	...
65 - 69	6 454	4 075	2 379	...	...	...	...	...	...
70 - 74	3 637	2 108	1 529	...	...	...	...	...	...
75 +	3 726	1 966	1 760	...	...	...	...	...	...
Republic of Korea - République de Corée									
1 XI 2010 (CDJC)[57]									
Total	47 990 761	23 840 896	24 149 865	39 363 373	19 558 869	19 804 504	8 627 388	4 282 027	4 345 361
0 - 4	2 219 084	1 142 220	1 076 864	1 837 552	945 626	891 926	381 532	196 594	184 938
5 - 9	2 394 663	1 243 294	1 151 369	1 993 280	1 034 401	958 879	401 383	208 893	192 490
10 - 14	3 173 226	1 654 964	1 518 262	2 669 649	1 393 007	1 276 642	503 577	261 957	241 620
15 - 19	3 438 414	1 826 179	1 612 235	2 922 281	1 548 832	1 373 449	516 133	277 347	238 786
20 - 24	3 055 420	1 625 371	1 430 049	2 640 489	1 383 435	1 257 054	414 931	241 936	172 995
25 - 29	3 538 949	1 802 805	1 736 144	3 080 113	1 549 579	1 530 534	458 836	253 226	205 610
30 - 34	3 695 348	1 866 397	1 828 951	3 167 638	1 589 121	1 578 517	527 710	277 276	250 434
35 - 39	4 099 147	2 060 233	2 038 914	3 483 148	1 732 781	1 750 367	615 999	327 452	288 547
40 - 44	4 131 423	2 071 431	2 059 992	3 508 366	1 735 872	1 772 494	623 057	335 559	287 498
45 - 49	4 073 358	2 044 641	2 028 717	3 426 557	1 703 858	1 722 699	646 801	340 783	306 018
50 - 54	3 798 131	1 887 973	1 910 158	3 131 150	1 548 965	1 582 185	666 981	339 008	327 973
55 - 59	2 766 695	1 360 747	1 405 948	2 209 244	1 087 271	1 121 973	557 451	273 476	283 975
60 - 64	2 182 236	1 057 035	1 125 201	1 675 619	813 834	861 785	506 617	243 201	263 416
65 - 69	1 812 168	833 242	978 926	1 307 441	612 023	695 418	504 727	221 219	283 508
70 - 74	1 566 014	672 894	893 120	1 035 369	451 635	583 734	530 645	221 259	309 386
75 - 79	1 084 367	410 726	673 641	676 567	257 200	419 367	407 800	153 526	254 274
80 - 84	595 509	186 008	409 501	370 966	113 906	257 060	224 543	72 102	152 441
85 - 89	271 167	74 118	197 049	168 707	44 883	123 824	102 460	29 235	73 225
90 - 94	78 329	17 770	60 559	48 720	10 873	37 847	29 609	6 897	22 712
95 - 99	15 278	2 593	12 685	9 424	1 619	7 805	5 854	974	4 880
100 +	1 835	255	1 580	1 093	148	945	742	107	635
1 VII 2011* (ESDJ)									
Total	49 779 440	24 942 339	24 837 101	...	...	...	...	...	...
0	483 662	249 762	233 900	...	...	...	...	...	...
1 - 4	1 841 143	947 394	893 749	...	...	...	...	...	...
5 - 9	2 338 746	1 213 058	1 125 688	...	...	...	...	...	...
10 - 14	3 107 361	1 627 043	1 480 318	...	...	...	...	...	...
15 - 19	3 468 479	1 839 509	1 628 970	...	...	...	...	...	...
20 - 24	3 274 808	1 733 186	1 541 622	...	...	...	...	...	...
25 - 29	3 641 329	1 890 165	1 751 164	...	...	...	...	...	...
30 - 34	3 945 133	2 020 029	1 925 104	...	...	...	...	...	...
35 - 39	4 144 145	2 120 835	2 023 310	...	...	...	...	...	...
40 - 44	4 307 333	2 187 292	2 120 041	...	...	...	...	...	...
45 - 49	4 225 324	2 155 273	2 070 051	...	...	...	...	...	...
50 - 54	4 054 485	2 040 905	2 013 580	...	...	...	...	...	...
55 - 59	3 010 845	1 492 110	1 518 735	...	...	...	...	...	...
60 - 64	2 280 657	1 105 062	1 175 595	...	...	...	...	...	...
65 - 69	1 846 259	857 384	988 875	...	...	...	...	...	...
70 - 74	1 621 758	705 791	915 967	...	...	...	...	...	...
75 - 79	1 147 237	446 888	700 349	...	...	...	...	...	...
80 - 84	638 874	206 830	432 044	...	...	...	...	...	...
85 - 89	291 064	79 770	211 294	...	...	...	...	...	...
90 - 94	90 595	20 672	69 923	...	...	...	...	...	...
95 - 99	18 064	3 061	15 003	...	...	...	...	...	...
100 +	2 139	320	1 819	...	...	...	...	...	...
Saudi Arabia - Arabie saoudite[58]									
1 VII 2009 (ESDF)									
Total	26 660 857	15 013 600	11 647 257	...	...	...	...	...	...
0 - 4	3 076 133	1 610 163	1 465 970	...	...	...	...	...	...
5 - 9	2 791 835	1 445 912	1 345 923	...	...	...	...	...	...
10 - 14	2 637 604	1 356 730	1 280 874	...	...	...	...	...	...
15 - 19	2 440 041	1 246 164	1 193 877	...	...	...	...	...	...
20 - 24	2 271 388	1 174 491	1 096 897	...	...	...	...	...	...
25 - 29	2 406 839	1 356 665	1 050 174	...	...	...	...	...	...

Continent, country or area, date, code and age (in years) / Continent, pays ou zone, date, code et âge (en années)	Total			Urban - Urbaine			Rural - Rurale		
	Both sexes Les deux sexes	Male Masculin	Female Féminin	Both sexes Les deux sexes	Male Masculin	Female Féminin	Both sexes Les deux sexes	Male Masculin	Female Féminin
ASIA - ASIE									
Saudi Arabia - Arabie saoudite[58]									
1 VII 2009 (ESDF)									
30 - 34	2 676 509	1 633 716	1 042 793	...	...	...	...	...	...
35 - 39	2 378 749	1 469 325	909 424	...	...	...	...	...	...
40 - 44	1 856 154	1 201 467	654 687	...	...	...	...	...	...
45 - 49	1 345 723	882 556	463 167	...	...	...	...	...	...
50 - 54	965 113	614 929	350 184	...	...	...	...	...	...
55 - 59	646 660	393 108	253 552	...	...	...	...	...	...
60 - 64	420 287	237 347	182 940	...	...	...	...	...	...
65 - 69	288 080	152 051	136 029	...	...	...	...	...	...
70 - 74	192 256	98 645	93 611	...	...	...	...	...	...
75 - 79	125 282	64 099	61 183	...	...	...	...	...	...
80 +	142 204	76 232	65 972	...	...	...	...	...	...
Singapore - Singapour[59]									
30 VI 2011 (ESDJ)									
Total[13]	3 789 300	1 868 200	1 921 100	...	...	...	...	...	...
0 - 4	188 200[13]	95 900	92 400	...	...	...	...	...	...
5 - 9	208 100	106 000	102 100	...	...	...	...	...	...
10 - 14	240 500	123 400	117 100	...	...	...	...	...	...
15 - 19	260 700[13]	132 600	128 200	...	...	...	...	...	...
20 - 24	255 100[13]	128 200	126 800	...	...	...	...	...	...
25 - 29	262 600	127 100	135 500	...	...	...	...	...	...
30 - 34	297 600[13]	141 900	155 600	...	...	...	...	...	...
35 - 39	316 200	154 100	162 100	...	...	...	...	...	...
40 - 44	306 600	150 700	155 900	...	...	...	...	...	...
45 - 49	324 000	163 000	161 000	...	...	...	...	...	...
50 - 54	308 100	155 400	152 700	...	...	...	...	...	...
55 - 59	260 700	130 700	130 000	...	...	...	...	...	...
60 - 64	208 200	102 800	105 400	...	...	...	...	...	...
65 - 69	112 400	54 100	58 300	...	...	...	...	...	...
70 - 74	100 100[13]	46 100	53 900	...	...	...	...	...	...
75 - 79	66 900	29 100	37 800	...	...	...	...	...	...
80 - 84	42 100[13]	16 600	25 600	...	...	...	...	...	...
85 +	31 100	10 200	20 900	...	...	...	...	...	...
Sri Lanka									
1 VII 2010* (ESDF)									
Total	20 653 000	10 249 000	10 404 000	...	...	...	...	...	...
0 - 4	1 755 000	892 000	863 000	...	...	...	...	...	...
5 - 9	1 817 000	922 000	895 000	...	...	...	...	...	...
10 - 14	1 859 000	943 000	916 000	...	...	...	...	...	...
15 - 19	2 003 000	1 015 000	988 000	...	...	...	...	...	...
20 - 24	1 942 000	974 000	968 000	...	...	...	...	...	...
25 - 29	1 631 000	799 000	832 000	...	...	...	...	...	...
30 - 34	1 580 000	779 000	801 000	...	...	...	...	...	...
35 - 39	1 538 000	758 000	780 000	...	...	...	...	...	...
40 - 44	1 425 000	707 000	718 000	...	...	...	...	...	...
45 - 49	1 250 000	615 000	635 000	...	...	...	...	...	...
50 - 54	1 126 000	554 000	572 000	...	...	...	...	...	...
55 - 59	817 000	390 000	427 000	...	...	...	...	...	...
60 - 64	609 000	297 000	312 000	...	...	...	...	...	...
65 - 69	485 000	225 000	260 000	...	...	...	...	...	...
70 - 74	372 000	174 000	198 000	...	...	...	...	...	...
75 +	444 000	205 000	239 000	...	...	...	...	...	...
Syrian Arab Republic - République arabe syrienne[60]									
1 VII 2011 (ESDF)									
Total	21 124 000	10 794 000	10 330 000	11 297 000	5 795 000	5 502 000	9 827 000	4 999 000	4 828 000
0 - 4	2 775 000	1 428 000	1 347 000	1 384 000	713 000	671 000	1 391 000	715 000	676 000
5 - 9	2 654 000	1 384 000	1 270 000	1 357 000	719 000	638 000	1 297 000	665 000	632 000
10 - 14	2 430 000	1 232 000	1 198 000	1 270 000	637 000	633 000	1 160 000	595 000	565 000
15 - 19	2 279 000	1 191 000	1 088 000	1 193 000	626 000	567 000	1 086 000	565 000	521 000
20 - 24	1 979 000	1 035 000	944 000	1 045 000	545 000	500 000	934 000	490 000	444 000
25 - 29	1 737 000	864 000	873 000	937 000	475 000	462 000	800 000	389 000	411 000
30 - 34	1 371 000	674 000	697 000	733 000	359 000	374 000	638 000	315 000	323 000

7. Population by age, sex and urban/rural residence: latest available year, 2002 - 2011
Population selon l'âge, le sexe et la résidence, urbaine/rurale : dernière année disponible, 2002 - 2011 (continued - suite)

Continent, country or area, date, code and age (in years) / Continent, pays ou zone, date, code et âge (en années)	Total			Urban - Urbaine			Rural - Rurale		
	Both sexes Les deux sexes	Male Masculin	Female Féminin	Both sexes Les deux sexes	Male Masculin	Female Féminin	Both sexes Les deux sexes	Male Masculin	Female Féminin

ASIA - ASIE

Syrian Arab Republic - République arabe syrienne[60]
1 VII 2011 (ESDF)

35 - 39	1 229 000	601 000	628 000	694 000	336 000	358 000	535 000	265 000	270 000
40 - 44	1 096 000	545 000	551 000	644 000	325 000	319 000	452 000	220 000	232 000
45 - 49	870 000	437 000	433 000	536 000	272 000	264 000	334 000	165 000	169 000
50 - 54	792 000	387 000	405 000	458 000	232 000	226 000	334 000	155 000	179 000
55 - 59	573 000	293 000	280 000	322 000	168 000	154 000	251 000	125 000	126 000
60 - 64	481 000	254 000	227 000	260 000	139 000	121 000	221 000	115 000	106 000
65 +	858 000	469 000	389 000	464 000	249 000	215 000	394 000	220 000	174 000

Tajikistan - Tadjikistan
1 VII 2007 (ESDF)

Total	7 139 772	3 581 930	3 557 842	1 877 204	943 033	934 171	5 262 569	2 638 898	2 623 671
0	188 189	96 091	92 099	46 726	23 872	22 854	141 463	72 219	69 244
1 - 4	689 639	354 266	335 374	168 404	86 479	81 925	521 236	267 787	253 449
5 - 9	840 191	429 027	411 164	204 862	104 716	100 146	635 330	324 311	311 019
10 - 14	863 247	438 139	425 108	207 261	105 568	101 693	655 986	332 571	323 415
15 - 19	871 357	442 027	429 330	219 572	113 498	106 074	651 786	328 530	323 256
20 - 24	756 501	381 333	375 168	194 162	100 629	93 533	562 340	280 705	281 635
25 - 29	577 281	289 722	287 560	157 434	84 699	72 735	419 847	205 023	214 825
30 - 34	472 119	231 988	240 131	127 880	61 163	66 717	344 239	170 825	173 414
35 - 39	425 623	208 788	216 836	125 807	60 035	65 772	299 817	148 753	151 064
40 - 44	382 070	187 288	194 782	113 910	55 130	58 780	268 160	132 159	136 002
45 - 49	335 257	165 549	169 708	100 613	49 300	51 313	234 644	116 250	118 395
50 - 54	220 261	108 337	111 924	65 694	31 757	33 938	154 567	76 581	77 986
55 - 59	147 153	72 245	74 908	44 974	21 694	23 280	102 179	50 551	51 628
60 - 64	72 617	38 180	34 437	20 588	10 146	10 442	52 029	28 034	23 995
65 - 69	97 971	49 594	48 377	27 621	13 359	14 262	70 351	36 236	34 115
70 - 74	81 237	38 325	42 912	20 958	9 550	11 408	60 280	28 775	31 505
75 - 79	65 484	31 396	34 088	16 474	7 195	9 279	49 010	24 201	24 809
80 - 84	34 924	15 116	19 808	9 369	3 371	5 998	25 555	11 745	13 810
85 - 89	13 015	3 697	9 318	3 282	673	2 609	9 733	3 024	6 709
90 - 94	3 456	542	2 915	1 002	96	906	2 454	446	2 009
95 - 99	1 475	238	1 237	468	79	390	1 007	159	848
100 +	710	46	665	149	28	121	561	18	544

Thailand - Thaïlande[2]
1 VII 2010 (ESDJ)

Total	67 311 917	33 067 359	34 244 558	23 096 811	11 070 161	12 026 650	44 215 106	21 997 198	22 217 908
0 - 4	4 240 182	2 166 497	2 073 685	1 446 040	729 284	716 756	2 794 142	1 437 213	1 356 929
0	777 163	399 143	378 020	...	...	...	...	...	...
1 - 4	3 463 019	1 767 354	1 695 665	...	...	...	...	...	...
5 - 9	4 755 650	2 423 045	2 332 605	1 667 004	837 595	829 409	3 088 646	1 585 450	1 503 196
10 - 14	4 807 951	2 466 554	2 341 397	1 501 630	758 989	742 641	3 306 321	1 707 565	1 598 756
15 - 19	5 229 231	2 673 020	2 556 211	1 611 398	806 632	804 766	3 617 833	1 866 388	1 751 445
20 - 24	5 223 980	2 666 818	2 557 162	1 618 773	801 648	817 125	3 605 207	1 865 170	1 740 037
25 - 29	5 308 616	2 689 331	2 619 285	1 789 214	873 715	915 499	3 519 402	1 815 616	1 703 786
30 - 34	5 359 566	2 687 096	2 672 470	2 043 864	985 299	1 058 565	3 315 702	1 701 797	1 613 905
35 - 39	5 509 563	2 682 393	2 827 170	2 058 381	976 088	1 082 293	3 451 182	1 706 305	1 744 877
40 - 44	5 546 008	2 672 764	2 873 244	2 008 540	945 786	1 062 754	3 537 468	1 726 978	1 810 490
45 - 49	5 202 807	2 514 945	2 687 862	1 846 754	872 144	974 610	3 356 053	1 642 801	1 713 252
50 - 54	4 570 315	2 197 779	2 372 536	1 607 508	756 315	851 193	2 962 807	1 441 464	1 521 343
55 - 59	3 548 083	1 687 548	1 860 535	1 226 937	571 358	655 579	2 321 146	1 116 190	1 204 956
60 - 64	2 621 897	1 231 302	1 390 595	889 447	410 038	479 409	1 732 450	821 264	911 186
65 - 69	1 996 967	910 573	1 086 394	656 276	293 357	362 919	1 340 691	617 216	723 475
70 - 74	1 561 835	681 180	880 655	519 929	222 164	297 765	1 041 906	459 016	582 890
75 - 79	1 025 321	420 478	604 843	334 931	133 875	201 056	690 390	286 603	403 787
80 +	803 945	296 036	507 909	270 185	95 874	174 311	533 760	200 162	333 598

Timor-Leste[2]
1 VII 2008 (ESDF)

Total	1 080 742	...	...	...	...	...	...	...	...
0 - 4	186 543	...	...	...	...	...	...	...	...
5 - 9	167 561	...	...	...	...	...	...	...	...
10 - 14	132 072	...	...	...	...	...	...	...	...
15 - 19	113 406	...	...	...	...	...	...	...	...
20 - 24	90 086	...	...	...	...	...	...	...	...

Continent, country or area, date, code and age (in years) / Continent, pays ou zone, date, code et âge (en années)	Total			Urban - Urbaine			Rural - Rurale		
	Both sexes Les deux sexes	Male Masculin	Female Féminin	Both sexes Les deux sexes	Male Masculin	Female Féminin	Both sexes Les deux sexes	Male Masculin	Female Féminin
ASIA - ASIE									
Timor-Leste[2]									
1 VII 2008 (ESDF)									
25 - 29	70 378	...	...	...	...	...	...	...	...
30 - 34	56 262	...	...	...	...	...	...	...	...
35 - 39	59 945	...	...	...	...	...	...	...	...
40 - 44	46 539	...	...	...	...	...	...	...	...
45 - 49	42 860	...	...	...	...	...	...	...	...
50 - 54	32 303	...	...	...	...	...	...	...	...
55 - 59	29 043	...	...	...	...	...	...	...	...
60 - 64	17 007	...	...	...	...	...	...	...	...
65 - 69	17 018	...	...	...	...	...	...	...	...
70 - 74	8 750	...	...	...	...	...	...	...	...
75 - 79	6 305	...	...	...	...	...	...	...	...
80 +	4 664	...	...	...	...	...	...	...	...
Turkey - Turquie[61]									
1 VII 2010 (ESDJ)									
Total	72 698 000	36 443 000	36 255 000	...	...	...	...	...	...
0	1 249 000	638 000	611 000	...	...	...	...	...	...
1 - 4	5 003 000	2 554 000	2 449 000	...	...	...	...	...	...
5 - 9	6 272 000	3 197 000	3 075 000	...	...	...	...	...	...
10 - 14	6 378 000	3 265 000	3 113 000	...	...	...	...	...	...
15 - 19	6 246 000	3 203 000	3 043 000	...	...	...	...	...	...
20 - 24	6 179 000	3 153 000	3 026 000	...	...	...	...	...	...
25 - 29	6 404 000	3 246 000	3 158 000	...	...	...	...	...	...
30 - 34	6 078 000	3 075 000	3 003 000	...	...	...	...	...	...
35 - 39	5 413 000	2 724 000	2 689 000	...	...	...	...	...	...
40 - 44	4 875 000	2 458 000	2 417 000	...	...	...	...	...	...
45 - 49	4 375 000	2 203 000	2 172 000	...	...	...	...	...	...
50 - 54	3 815 000	1 907 000	1 908 000	...	...	...	...	...	...
55 - 59	3 061 000	1 519 000	1 542 000	...	...	...	...	...	...
60 - 64	2 316 000	1 108 000	1 208 000	...	...	...	...	...	...
65 - 69	1 752 000	801 000	951 000	...	...	...	...	...	...
70 - 74	1 295 000	587 000	708 000	...	...	...	...	...	...
75 +	1 987 000	805 000	1 182 000	...	...	...	...	...	...
Turkmenistan - Turkménistan[13]									
1 VII 2003 (ESDF)									
Total	5 123 940	2 571 866	2 552 073	...	...	...	...	...	...
0 - 4	571 355	277 748	293 607	...	...	...	...	...	...
5 - 9	613 767	300 841	312 925	...	...	...	...	...	...
10 - 14	645 136	316 247	328 889	...	...	...	...	...	...
15 - 19	579 113	284 926	294 186	...	...	...	...	...	...
20 - 24	479 053	235 762	243 291	...	...	...	...	...	...
25 - 29	423 109	210 578	212 531	...	...	...	...	...	...
30 - 34	380 948	194 438	186 510	...	...	...	...	...	...
35 - 39	341 403	173 922	167 481	...	...	...	...	...	...
40 - 44	316 309	161 800	154 509	...	...	...	...	...	...
45 - 49	233 504	120 701	112 803	...	...	...	...	...	...
50 - 54	161 151	84 220	76 931	...	...	...	...	...	...
55 - 59	85 927	44 454	41 472	...	...	...	...	...	...
60 - 64	92 992	49 068	43 924	...	...	...	...	...	...
65 - 69	76 006	41 263	34 743	...	...	...	...	...	...
70 - 74	61 177	34 393	26 784	...	...	...	...	...	...
75 +	62 987	41 503	21 484	...	...	...	...	...	...
United Arab Emirates - Émirats arabes unis									
5 XII 2005 (CDFC)									
Total	4 106 427	2 806 141	1 300 286	3 384 839[62]	2 328 906[62]	1 055 933[62]	721 588[62]	477 235[62]	244 353[62]
0 - 4	282 139	145 601	136 538	224 169[62]	115 800[62]	108 369[62]	57 970[62]	29 801[62]	28 169[62]
5 - 9	269 382	139 929	129 453	213 815[62]	111 645[62]	102 170[62]	55 567[62]	28 284[62]	27 283[62]
10 - 14	249 057	130 778	118 279	192 350[62]	101 461[62]	90 889[62]	56 707[62]	29 317[62]	27 390[62]
15 - 19	232 226	121 388	110 838	173 192[62]	91 065[62]	82 127[62]	59 034[62]	30 323[62]	28 711[62]
20 - 24	433 566	272 036	161 530	349 079[62]	222 387[62]	126 692[62]	84 487[62]	49 649[62]	34 838[62]
25 - 29	661 794	483 657	178 137	558 690[62]	410 228[62]	148 462[62]	103 104[62]	73 429[62]	29 675[62]
30 - 34	640 361	489 879	150 482	548 499[62]	417 909[62]	130 590[62]	91 862[62]	71 970[62]	19 892[62]

Continent, country or area, date, code and age (in years) / Continent, pays ou zone, date, code et âge (en années)	Total			Urban - Urbaine			Rural - Rurale		
	Both sexes Les deux sexes	Male Masculin	Female Féminin	Both sexes Les deux sexes	Male Masculin	Female Féminin	Both sexes Les deux sexes	Male Masculin	Female Féminin
ASIA - ASIE									
United Arab Emirates - Émirats arabes unis									
5 XII 2005 (CDFC)									
35 - 39	500 606	386 762	113 844	427 468[62]	329 059[62]	98 409[62]	73 138[62]	57 703[62]	15 435[62]
40 - 44	341 261	262 718	78 543	288 792[62]	220 959[62]	67 833[62]	52 469[62]	41 759[62]	10 710[62]
45 - 49	225 770	174 459	51 311	188 732[62]	145 298[62]	43 434[62]	37 038[62]	29 161[62]	7 877[62]
50 - 54	138 878	107 339	31 539	116 519[62]	89 983[62]	26 536[62]	22 359[62]	17 356[62]	5 003[62]
55 - 59	67 107	51 303	15 804	55 810[62]	42 788[62]	13 022[62]	11 297[62]	8 515[62]	2 782[62]
60 - 64	27 347	18 820	8 527	22 157[62]	15 510[62]	6 647[62]	5 190[62]	3 310[62]	1 880[62]
65 - 69	14 457	9 172	5 285	10 515[62]	6 623[62]	3 892[62]	3 942[62]	2 549[62]	1 393[62]
70 - 74	9 404	5 391	4 013	6 421[62]	3 659[62]	2 762[62]	2 983[62]	1 732[62]	1 251[62]
75 +[62]	...	...	...	8 631	4 532	4 099	4 441	2 377	2 064
75 - 79	4 277	2 440	1 837	...	...	...	...	...	...
80 - 84	2 976	1 537	1 439	...	...	...	...	...	...
85 +	2 415	1 250	1 165	...	...	...	...	...	...
Unknown - Inconnu	3 404	1 682	1 722	...	...	...	...	...	...
Uzbekistan - Ouzbékistan[13]									
1 VII 2003 (ESDF)									
Total	25 567 663	12 809 713	12 757 950	...	...	...	...	...	...
0 - 4	2 584 779	1 257 871	1 326 908	...	...	...	...	...	...
5 - 9	3 057 832	1 492 224	1 565 608	...	...	...	...	...	...
10 - 14	3 247 432	1 593 319	1 654 113	...	...	...	...	...	...
15 - 19	3 036 011	1 502 977	1 533 033	...	...	...	...	...	...
20 - 24	2 440 283	1 210 643	1 229 640	...	...	...	...	...	...
25 - 29	2 077 200	1 032 960	1 044 240	...	...	...	...	...	...
30 - 34	1 852 315	929 765	922 550	...	...	...	...	...	...
35 - 39	1 654 410	848 383	806 026	...	...	...	...	...	...
40 - 44	1 586 930	807 669	779 261	...	...	...	...	...	...
45 - 49	1 170 247	595 727	574 520	...	...	...	...	...	...
50 - 54	821 154	423 337	397 817	...	...	...	...	...	...
55 - 59	426 436	218 173	208 263	...	...	...	...	...	...
60 - 64	499 732	256 051	243 680	...	...	...	...	...	...
65 - 69	416 696	220 394	196 302	...	...	...	...	...	...
70 - 74	324 533	182 720	141 812	...	...	...	...	...	...
75 +	371 669	237 497	134 172	...	...	...	...	...	...
Viet Nam									
1 IV 2009 (CDJC)									
Total	85 846 997	42 413 143	43 433 854	25 436 896	12 349 995	13 086 901	60 410 101	30 063 148	30 346 953
0 - 4	7 034 144	3 662 889	3 371 255	1 949 105	1 019 547	929 558	5 085 039	2 643 342	2 441 697
5 - 9	6 710 737	3 458 159	3 252 578	1 757 679	910 339	847 340	4 953 058	2 547 820	2 405 238
10 - 14	7 248 378	3 725 369	3 523 009	1 761 650	904 731	856 919	5 486 728	2 820 638	2 666 090
15 - 17	5 236 771	2 681 653	2 555 118	1 311 350	662 369	648 981	3 925 421	2 019 284	1 906 137
18 - 19	3 727 131	1 896 261	1 830 870	1 188 578	562 169	626 409	2 538 553	1 334 092	1 204 461
20 - 24	8 432 867	4 253 618	4 179 249	2 759 456	1 305 436	1 454 020	5 673 411	2 948 182	2 725 229
25 - 29	7 790 003	3 904 730	3 885 273	2 519 920	1 205 518	1 314 402	5 270 083	2 699 212	2 570 871
30 - 34	6 868 158	3 462 905	3 405 253	2 164 824	1 062 838	1 101 986	4 703 334	2 400 067	2 303 267
35 - 39	6 531 607	3 298 266	3 233 341	2 059 356	1 027 075	1 032 281	4 472 251	2 271 191	2 201 060
40 - 44	5 966 856	2 967 934	2 998 922	1 818 188	896 290	921 898	4 148 668	2 071 644	2 077 024
45 - 49	5 450 928	2 642 466	2 808 462	1 728 008	840 047	887 961	3 722 920	1 802 419	1 920 501
50 - 54	4 412 051	2 082 098	2 329 953	1 435 970	683 749	752 221	2 976 081	1 398 349	1 577 732
55 - 59	2 984 619	1 364 319	1 620 300	931 382	421 296	510 086	2 053 237	943 023	1 110 214
60 - 64	1 937 948	861 897	1 076 051	590 161	259 193	330 968	1 347 787	602 704	745 083
65 - 69	1 554 678	653 287	901 391	453 756	195 857	257 899	1 100 922	457 430	643 492
70 - 74	1 412 538	568 312	844 226	378 105	155 224	222 881	1 034 433	413 088	621 345
75 - 79	1 198 893	480 088	718 805	306 226	125 948	180 278	892 667	354 140	538 527
80 - 84	725 985	264 997	460 988	182 550	69 573	112 977	543 435	195 424	348 011
85 +	622 705	183 895	438 810	140 632	42 796	97 836	482 073	141 099	340 974
1 VII 2011 (ESDF)									
Total	87 840 038	43 444 777	44 395 261	27 888 152	...	...	59 951 886	...	...
0	1 210 825	643 161	567 664	356 573	...	...	854 252	...	...
1 - 4	5 833 153	3 070 151	2 763 002	1 735 573	...	...	4 097 580	...	...
5 - 9	6 904 803	3 621 148	3 283 655	2 062 626	...	...	4 842 177	...	...
10 - 14	7 174 557	3 742 301	3 432 256	2 155 980	...	...	5 018 577	...	...
15 - 17	5 024 632	2 600 473	2 424 159	1 522 751	...	...	3 501 881	...	...
18 - 19	3 021 371	1 535 044	1 486 327	933 660	...	...	2 087 711	...	...

7. Population by age, sex and urban/rural residence: latest available year, 2002 - 2011
Population selon l'âge, le sexe et la résidence, urbaine/rurale : dernière année disponible, 2002 - 2011 (continued - suite)

Continent, country or area, date, code and age (in years) Continent, pays ou zone, date, code et âge (en annèes)	Total			Urban - Urbaine			Rural - Rurale		
	Both sexes Les deux sexes	Male Masculin	Female Féminin	Both sexes Les deux sexes	Male Masculin	Female Féminin	Both sexes Les deux sexes	Male Masculin	Female Féminin
ASIA - ASIE									
Viet Nam									
1 VII 2011 (ESDF)									
20 - 24	7 467 219	3 752 370	3 714 849	2 333 561	...	...	5 133 658	...	...
25 - 29	7 489 343	3 723 206	3 766 137	2 365 798	...	...	5 123 545	...	...
30 - 34	6 903 258	3 418 460	3 484 798	2 189 073	...	...	4 714 185	...	...
35 - 39	6 672 239	3 340 717	3 331 522	2 092 771	...	...	4 579 468	...	...
40 - 44	6 386 158	3 148 115	3 238 043	2 034 074	...	...	4 352 084	...	...
45 - 49	5 946 007	2 971 123	2 974 884	1 868 744	...	...	4 077 263	...	...
50 - 54	5 433 608	2 548 767	2 884 841	1 812 260	...	...	3 621 348	...	...
55 - 59	3 694 908	1 725 056	1 969 852	1 237 467	...	...	2 457 441	...	...
60 - 64	2 544 906	1 158 053	1 386 853	871 238	...	...	1 673 668	...	...
65 - 69	1 594 558	687 890	906 668	569 596	...	...	1 024 962	...	...
70 - 74	1 614 015	666 753	947 262	595 111	...	...	1 018 904	...	...
75 - 79	1 250 248	493 727	756 521	475 288	...	...	774 960	...	...
80 - 84	939 607	370 442	569 165	357 581	...	...	582 026	...	...
85 +	734 623	227 820	506 803	318 427	...	...	416 196	...	...
Yemen - Yémen[2]									
1 VII 2009 (ESDJ)									
Total	22 492 035	11 454 963	11 037 072	...	...	...	...	...	...
0 - 4	3 616 638	1 844 815	1 771 823	...	...	...	...	...	...
5 - 9	3 025 375	1 544 913	1 480 462	...	...	...	...	...	...
10 - 14	2 987 253	1 543 617	1 443 636	...	...	...	...	...	...
15 - 19	2 833 584	1 476 493	1 357 091	...	...	...	...	...	...
20 - 24	2 377 869	1 229 710	1 148 159	...	...	...	...	...	...
25 - 29	1 795 686	907 707	887 979	...	...	...	...	...	...
30 - 34	1 388 092	692 827	695 265	...	...	...	...	...	...
35 - 39	984 750	483 223	501 527	...	...	...	...	...	...
40 - 44	799 261	387 883	411 378	...	...	...	...	...	...
45 - 49	693 493	335 166	358 327	...	...	...	...	...	...
50 - 54	545 989	267 219	278 770	...	...	...	...	...	...
55 - 59	400 449	203 904	196 546	...	...	...	...	...	...
60 - 64	313 309	161 471	151 838	...	...	...	...	...	...
65 - 69	244 122	125 828	118 295	...	...	...	...	...	...
70 - 74	183 586	94 723	88 863	...	...	...	...	...	...
75 - 79	131 285	67 203	64 082	...	...	...	...	...	...
80 +	171 293	88 262	83 030	...	...	...	...	...	...
EUROPE									
Åland Islands - Îles d'Åland[20]									
1 VII 2011 (ESDJ)									
Total	28 181	14 045	14 137	11 227	5 364	5 863	16 955	8 681	8 274
0	287	140	147	107	54	53	180	86	94
1 - 4	1 211	642	569	402	215	187	809	427	382
5 - 9	1 511	779	732	506	254	252	1 005	525	480
10 - 14	1 605	845	760	571	292	279	1 034	553	481
15 - 19	1 723	869	854	674	331	344	1 049	539	510
20 - 24	1 472	812	660	694	373	321	778	439	339
25 - 29	1 548	792	756	775	400	376	773	392	381
30 - 34	1 665	857	808	749	381	368	916	476	440
35 - 39	1 813	937	877	692	348	344	1 121	589	533
40 - 44	2 010	994	1 016	753	357	397	1 257	638	620
45 - 49	2 017	1 018	1 000	765	356	409	1 252	662	591
50 - 54	1 949	932	1 017	735	330	405	1 214	602	612
55 - 59	2 067	993	1 075	857	394	464	1 210	599	611
60 - 64	2 054	1 023	1 031	835	384	452	1 219	640	580
65 - 69	1 700	883	817	663	323	340	1 037	561	477
70 - 74	1 179	594	585	464	218	246	715	376	339
75 - 79	928	423	505	374	162	213	554	262	292
80 - 84	700	298	402	276	108	168	424	191	234
85 - 89	489	164	326	218	68	150	271	96	176
90 - 94	190	41	149	89	18	72	101	24	77
95 - 99	60	12	48	29	4	25	32	9	23
100 +	8	1	7	1	-	1	7	1	6

Continent, country or area, date, code and age (in years) Continent, pays ou zone, date, code et âge (en annèes)	Total			Urban - Urbaine			Rural - Rurale		
	Both sexes Les deux sexes	Male Masculin	Female Féminin	Both sexes Les deux sexes	Male Masculin	Female Féminin	Both sexes Les deux sexes	Male Masculin	Female Féminin
EUROPE									
Albania - Albanie									
1 VII 2007 (ESDF)									
Total	3 161 337	1 587 496	1 573 841	...	...	...	...	...	...
0 - 4	235 302	123 046	112 256	...	...	...	...	...	...
5 - 9	253 793	132 777	121 016	...	...	...	...	...	...
10 - 14	286 308	147 958	138 350	...	...	...	...	...	...
15 - 19	313 936	161 708	152 228	...	...	...	...	...	...
20 - 24	295 727	147 905	147 822	...	...	...	...	...	...
25 - 29	235 258	113 683	121 575	...	...	...	...	...	...
30 - 34	206 086	98 976	107 110	...	...	...	...	...	...
35 - 39	209 124	101 371	107 753	...	...	...	...	...	...
40 - 44	206 518	102 083	104 435	...	...	...	...	...	...
45 - 49	211 488	107 301	104 187	...	...	...	...	...	...
50 - 54	173 514	88 893	84 621	...	...	...	...	...	...
55 - 59	141 043	72 321	68 722	...	...	...	...	...	...
60 - 64	109 574	56 104	53 470	...	...	...	...	...	...
65 - 69	105 484	52 256	53 228	...	...	...	...	...	...
70 - 74	80 010	40 034	39 976	...	...	...	...	...	...
75 - 79	53 319	24 567	28 752	...	...	...	...	...	...
80 - 84	27 870	10 696	17 174	...	...	...	...	...	...
85 - 89	13 478	4 789	8 689	...	...	...	...	...	...
90 - 94	3 013	907	2 106	...	...	...	...	...	...
95 +	492	121	371	...	...	...	...	...	...
Andorra - Andorre[63]									
1 VII 2011 (ESDJ)									
Total	79 280	40 529	38 751	...	...	...	...	...	...
0	279	138	141	...	...	...	...	...	...
1 - 4	3 078	1 545	1 533	...	...	...	...	...	...
5 - 9	4 070	2 134	1 936	...	...	...	...	...	...
10 - 14	4 282	2 223	2 059	...	...	...	...	...	...
15 - 19	3 814	2 043	1 771	...	...	...	...	...	...
20 - 24	3 844	1 953	1 891	...	...	...	...	...	...
25 - 29	5 328	2 623	2 705	...	...	...	...	...	...
30 - 34	6 985	3 511	3 474	...	...	...	...	...	...
35 - 39	7 749	3 907	3 842	...	...	...	...	...	...
40 - 44	7 385	3 776	3 609	...	...	...	...	...	...
45 - 49	7 186	3 694	3 492	...	...	...	...	...	...
50 - 54	5 977	3 132	2 845	...	...	...	...	...	...
55 - 59	4 822	2 569	2 253	...	...	...	...	...	...
60 - 64	3 972	2 142	1 830	...	...	...	...	...	...
65 - 69	3 078	1 631	1 447	...	...	...	...	...	...
70 - 74	2 152	1 062	1 090	...	...	...	...	...	...
75 - 79	1 868	926	942	...	...	...	...	...	...
80 - 84	1 614	753	861	...	...	...	...	...	...
85 - 89	1 013	437	576	...	...	...	...	...	...
90 - 94	479	192	287	...	...	...	...	...	...
95 - 99	196	78	118	...	...	...	...	...	...
100 +	109	60	49	...	...	...	...	...	...
Austria - Autriche									
1 VII 2011 (ESDJ)									
Total	8 423 635	4 106 686	4 316 949	...	...	...	...	...	...
0	77 938	40 089	37 850	...	...	...	...	...	...
1 - 4	315 682	161 827	153 855	...	...	...	...	...	...
5 - 9	405 704	207 784	197 920	...	...	...	...	...	...
10 - 14	430 237	220 453	209 785	...	...	...	...	...	...
15 - 19	492 691	252 930	239 761	...	...	...	...	...	...
20 - 24	528 056	267 435	260 621	...	...	...	...	...	...
25 - 29	556 270	279 152	277 119	...	...	...	...	...	...
30 - 34	539 232	271 069	268 163	...	...	...	...	...	...
35 - 39	575 866	285 917	289 949	...	...	...	...	...	...
40 - 44	685 684	344 522	341 163	...	...	...	...	...	...
45 - 49	712 294	359 507	352 787	...	...	...	...	...	...
50 - 54	624 030	311 969	312 061	...	...	...	...	...	...
55 - 59	513 004	251 108	261 896	...	...	...	...	...	...
60 - 64	477 435	230 670	246 766	...	...	...	...	...	...

Continent, country or area, date, code and age (in years) / Continent, pays ou zone, date, code et âge (en années)	Total			Urban - Urbaine			Rural - Rurale		
	Both sexes Les deux sexes	Male Masculin	Female Féminin	Both sexes Les deux sexes	Male Masculin	Female Féminin	Both sexes Les deux sexes	Male Masculin	Female Féminin
EUROPE									
Austria - Autriche									
1 VII 2011 (ESDJ)									
65 - 69	413 249	194 007	219 243	...	...	...	...	...	...
70 - 74	399 213	182 792	216 421	...	...	...	...	...	...
75 - 79	263 484	111 285	152 200	...	...	...	...	...	...
80 - 84	218 055	82 392	135 664	...	...	...	...	...	...
85 - 89	140 809	39 326	101 483	...	...	...	...	...	...
90 - 94	43 892	10 397	33 495	...	...	...	...	...	...
95 - 99	9 683	1 866	7 817	...	...	...	...	...	...
100 +	1 132	196	937	...	...	...	...	...	...
Belarus - Bélarus[64]									
1 VII 2010 (ESDJ)									
Total	9 490 583	4 413 225	5 077 358	7 100 147	3 285 104	3 815 043	2 390 436	1 128 121	1 262 315
0	108 290	55 812	52 478	82 651	42 611	40 040	25 639	13 201	12 438
1 - 4	401 100	206 310	194 790	308 688	158 954	149 734	92 412	47 356	45 056
5 - 9	441 157	226 550	214 607	332 637	170 937	161 700	108 520	55 613	52 907
10 - 14	458 647	235 748	222 899	329 900	169 627	160 273	128 747	66 121	62 626
15 - 19	606 976	312 616	294 360	492 431	249 801	242 630	114 545	62 815	51 730
20 - 24	769 508	395 041	374 467	626 322	315 898	310 424	143 186	79 143	64 043
25 - 29	754 934	382 621	372 313	617 625	309 048	308 577	137 309	73 573	63 736
30 - 34	684 480	341 235	343 245	550 682	271 933	278 749	133 798	69 302	64 496
35 - 39	663 979	323 774	340 205	510 749	244 685	266 064	153 230	79 089	74 141
40 - 44	654 570	315 319	339 251	486 462	227 145	259 317	168 108	88 174	79 934
45 - 49	754 453	359 615	394 838	564 771	258 495	306 276	189 682	101 120	88 562
50 - 54	763 866	355 074	408 792	574 530	255 866	318 664	189 336	99 208	90 128
55 - 59	623 121	277 043	346 078	473 527	203 126	270 401	149 594	73 917	75 677
60 - 64	482 172	204 771	277 401	359 718	149 816	209 902	122 454	54 955	67 499
65 - 69	322 175	122 978	199 197	212 785	82 187	130 598	109 390	40 791	68 599
70 - 74	409 752	139 741	270 011	254 687	87 911	166 776	155 065	51 830	103 235
75 - 79	283 107	85 180	197 927	150 847	45 166	105 681	132 260	40 014	92 246
80 - 84	206 574	53 775	152 799	112 726	30 000	82 726	93 848	23 775	70 073
85 +	101 722	20 022	81 700	58 409	11 898	46 511	43 313	8 124	35 189
Belgium - Belgique									
1 VII 2009 (ESDJ)									
Total	10 796 493	5 290 436	5 506 057	10 641 089	5 212 557	5 428 532	155 404	77 879	77 525
0	126 739	64 957	61 782	124 924	64 003	60 921	1 815	954	860
1 - 4	496 397	253 965	242 432	489 130	250 206	238 924	7 267	3 759	3 509
5 - 9	593 754	303 278	290 476	584 255	298 464	285 791	9 499	4 814	4 686
10 - 14	606 666	309 906	296 761	596 950	304 933	292 017	9 716	4 973	4 744
15 - 19	652 339	332 874	319 466	641 965	327 569	314 396	10 374	5 305	5 070
20 - 24	655 729	328 943	326 786	646 318	324 129	322 189	9 412	4 815	4 597
25 - 29	691 348	345 642	345 706	682 681	341 256	341 425	8 667	4 387	4 281
30 - 34	693 603	349 074	344 529	684 702	344 543	340 159	8 901	4 531	4 370
35 - 39	752 230	380 458	371 773	741 537	375 028	366 509	10 694	5 430	5 264
40 - 44	795 637	403 721	391 916	781 272	396 282	384 990	14 365	7 439	6 926
45 - 49	815 462	411 301	404 161	806 061	406 393	399 668	9 401	4 908	4 493
50 - 54	760 344	380 695	379 649	749 566	375 081	374 485	10 778	5 614	5 165
55 - 59	684 930	341 607	343 323	675 427	336 660	338 767	9 503	4 948	4 556
60 - 64	622 850	306 371	316 479	614 303	301 982	312 321	8 547	4 390	4 158
65 - 69	463 205	221 118	242 087	456 669	217 893	238 776	6 537	3 226	3 311
70 - 74	452 948	206 729	246 219	446 363	203 640	242 723	6 585	3 089	3 496
75 - 79	407 388	172 000	235 388	401 600	169 449	232 152	5 788	2 552	3 236
80 - 84	296 075	110 773	185 302	291 690	109 037	182 653	4 386	1 736	2 650
85 - 89	171 159	54 035	117 124	168 777	53 215	115 562	2 382	821	1 562
90 - 94	42 880	10 488	32 393	42 262	10 325	31 937	618	163	456
95 - 99	13 296	2 327	10 970	13 139	2 297	10 843	157	30	127
100 +	1 519	179	1 341	1 504	178	1 327	15	1	14
Bosnia and Herzegovina - Bosnie-Herzégovine									
1 VII 2010 (ESDF)									
Total	3 843 126	1 877 587	1 965 539	...	...	...	...	...	...
0 - 4	166 571	85 617	80 954	...	...	...	...	...	...
5 - 9	229 608	117 330	112 278	...	...	...	...	...	...
10 - 14	274 779	139 862	134 917	...	...	...	...	...	...
15 - 19	279 370	146 390	132 980	...	...	...	...	...	...

Continent, country or area, date, code and age (in years) Continent, pays ou zone, date, code et âge (en années)	Total			Urban - Urbaine			Rural - Rurale		
	Both sexes Les deux sexes	Male Masculin	Female Féminin	Both sexes Les deux sexes	Male Masculin	Female Féminin	Both sexes Les deux sexes	Male Masculin	Female Féminin
EUROPE									
Bosnia and Herzegovina - Bosnie-Herzégovine									
1 VII 2010 (ESDF)									
20 - 24	284 994	144 777	140 217	...	...	...	...	...	...
25 - 29	268 273	131 991	136 282	...	...	...	...	...	...
30 - 34	240 986	120 975	120 011	...	...	...	...	...	...
35 - 39	246 721	121 633	125 088	...	...	...	...	...	...
40 - 44	283 887	141 943	141 944	...	...	...	...	...	...
45 - 49	306 958	150 410	156 548	...	...	...	...	...	...
50 - 54	266 575	135 687	130 888	...	...	...	...	...	...
55 - 59	231 595	105 145	126 450	...	...	...	...	...	...
60 - 64	182 787	86 092	96 695	...	...	...	...	...	...
65 - 69	202 274	90 012	112 262	...	...	...	...	...	...
70 - 74	184 389	82 422	101 967	...	...	...	...	...	...
75 - 79	120 364	50 553	69 811	...	...	...	...	...	...
80 - 84	47 932	19 605	28 327	...	...	...	...	...	...
85 +	25 063	7 143	17 920	...	...	...	...	...	...
Bulgaria - Bulgarie									
1 II 2011 (CDJC)									
Total	7 364 570	3 586 571	3 777 999	5 338 261	2 580 734	2 757 527	2 026 309	1 005 837	1 020 472
0	66 465	34 235	32 230	49 658	25 518	24 140	16 807	8 717	8 090
1 - 4	276 698	142 248	134 450	203 696	104 800	98 896	73 002	37 448	35 554
5 - 9	316 643	163 076	153 567	228 112	117 347	110 765	88 531	45 729	42 802
10 - 14	315 466	162 159	153 307	227 198	116 532	110 666	88 268	45 627	42 641
15 - 19	377 585	194 099	183 486	274 906	140 192	134 714	102 679	53 907	48 772
20 - 24	488 807	251 720	237 087	380 603	193 264	187 339	108 204	58 456	49 748
25 - 29	491 088	255 616	235 472	381 492	196 083	185 409	109 596	59 533	50 063
30 - 34	533 945	276 726	257 219	418 744	214 733	204 011	115 201	61 993	53 208
35 - 39	545 332	281 170	264 162	425 332	216 578	208 754	120 000	64 592	55 408
40 - 44	513 814	263 969	249 845	390 370	196 935	193 435	123 444	67 034	56 410
45 - 49	495 672	251 056	244 616	369 769	183 121	186 648	125 903	67 935	57 968
50 - 54	516 851	256 509	260 342	383 322	185 706	197 616	133 529	70 803	62 726
55 - 59	523 827	251 297	272 530	383 315	180 295	203 020	140 512	71 002	69 510
60 - 64	540 980	248 710	292 270	377 388	171 509	205 879	163 592	77 201	86 391
65 - 69	415 431	182 565	232 866	267 070	116 661	150 409	148 361	65 904	82 457
70 - 74	345 327	143 726	201 601	211 594	86 511	125 083	133 733	57 215	76 518
75 - 79	301 851	119 774	182 077	181 141	69 275	111 866	120 710	50 499	70 211
80 - 84	191 309	71 526	119 783	118 410	43 485	74 925	72 899	28 041	44 858
85 - 89	86 822	29 824	56 998	53 404	18 145	35 259	33 418	11 679	21 739
90 - 94	17 341	5 581	11 760	10 683	3 417	7 266	6 658	2 164	4 494
95 - 99	3 078	905	2 173	1 904	576	1 328	1 174	329	845
100 +	238	80	158	150	51	99	88	29	59
Croatia - Croatie									
1 VII 2010 (ESDJ)									
Total	4 417 781	2 131 812	2 285 969	...	...	...	...	...	...
0	44 515	22 969	21 546	...	...	...	...	...	...
1 - 4	169 303	86 916	82 387	...	...	...	...	...	...
5 - 9	207 692	106 747	100 945	...	...	...	...	...	...
10 - 14	249 781	127 786	121 995	...	...	...	...	...	...
15 - 19	255 871	130 919	124 952	...	...	...	...	...	...
20 - 24	278 647	141 929	136 718	...	...	...	...	...	...
25 - 29	311 985	159 076	152 909	...	...	...	...	...	...
30 - 34	310 735	157 395	153 340	...	...	...	...	...	...
35 - 39	296 443	149 376	147 067	...	...	...	...	...	...
40 - 44	304 922	152 169	152 753	...	...	...	...	...	...
45 - 49	318 219	157 838	160 381	...	...	...	...	...	...
50 - 54	330 075	162 594	167 481	...	...	...	...	...	...
55 - 59	316 747	155 505	161 242	...	...	...	...	...	...
60 - 64	260 556	123 065	137 491	...	...	...	...	...	...
65 - 69	212 430	94 114	118 316	...	...	...	...	...	...
70 - 74	213 987	89 209	124 778	...	...	...	...	...	...
75 - 79	174 886	65 671	109 215	...	...	...	...	...	...
80 - 84	104 422	34 245	70 177	...	...	...	...	...	...
85 +	56 565	14 289	42 276	...	...	...	...	...	...

7. Population by age, sex and urban/rural residence: latest available year, 2002 - 2011

Population selon l'âge, le sexe et la résidence, urbaine/rurale : dernière année disponible, 2002 - 2011 (continued - suite)

Continent, country or area, date, code and age (in years) / Continent, pays ou zone, date, code et âge (en annèes)	Total			Urban - Urbaine			Rural - Rurale		
	Both sexes Les deux sexes	Male Masculin	Female Féminin	Both sexes Les deux sexes	Male Masculin	Female Féminin	Both sexes Les deux sexes	Male Masculin	Female Féminin
EUROPE									
Czech Republic - République tchèque									
1 I 2011 (ESDJ)									
Total	10 532 770	5 168 799	5 363 971	7 735 204	3 766 653	3 968 551	2 797 566	1 402 146	1 395 420
0	117 456	60 354	57 102	85 685	44 128	41 557	31 771	16 226	15 545
1 - 4	462 079	236 590	225 489	335 094	171 475	163 619	126 985	65 115	61 870
5 - 9	485 064	249 218	235 846	348 967	179 522	169 445	136 097	69 696	66 401
10 - 14	453 543	233 025	220 518	320 266	164 125	156 141	133 277	68 900	64 377
15 - 19	582 650	298 949	283 701	414 489	212 265	202 224	168 161	86 684	81 477
20 - 24	692 009	355 493	336 516	511 499	262 376	249 123	180 510	93 117	87 393
25 - 29	746 496	386 426	360 070	557 934	288 845	269 089	188 562	97 581	90 981
30 - 34	896 386	461 410	434 976	663 538	341 220	322 318	232 848	120 190	112 658
35 - 39	888 932	456 642	432 290	650 043	331 379	318 664	238 889	125 263	113 626
40 - 44	704 892	361 605	343 287	517 566	262 091	255 475	187 326	99 514	87 812
45 - 49	696 681	354 342	342 339	514 362	258 284	256 078	182 319	96 058	86 261
50 - 54	672 545	336 194	336 351	491 776	241 968	249 808	180 769	94 226	86 543
55 - 59	754 341	367 638	386 703	554 602	266 140	288 462	199 739	101 498	98 241
60 - 64	743 870	352 692	391 178	547 203	254 610	292 593	196 667	98 082	98 585
65 - 69	552 120	249 700	302 420	415 171	184 902	230 269	136 949	64 798	72 151
70 - 74	383 827	163 508	220 319	285 983	121 172	164 811	97 844	42 336	55 508
75 - 79	313 367	122 317	191 050	232 519	90 360	142 159	80 848	31 957	48 891
80 - 84	231 966	79 882	152 084	172 982	59 799	113 183	58 984	20 083	38 901
85 - 89	121 775	34 877	86 898	91 759	26 350	65 409	30 016	8 527	21 489
90 - 94	25 884	6 453	19 431	19 250	4 725	14 525	6 634	1 728	4 906
95 - 99	6 004	1 277	4 727	4 039	797	3 242	1 965	480	1 485
100 +	883	207	676	477	120	357	406	87	319
Denmark - Danemark[65]									
1 VII 2011 (ESDJ)									
Total	5 566 856	2 760 140	2 806 716	...	...	...	...	...	...
0	61 532	31 355	30 177	...	...	...	...	...	...
1 - 4	261 174	134 205	126 969	...	...	...	...	...	...
5 - 9	327 556	167 455	160 101	...	...	...	...	...	...
10 - 14	340 579	174 321	166 258	...	...	...	...	...	...
15 - 19	356 370	182 922	173 448	...	...	...	...	...	...
20 - 24	340 005	173 397	166 608	...	...	...	...	...	...
25 - 29	313 457	157 771	155 686	...	...	...	...	...	...
30 - 34	336 815	168 862	167 953	...	...	...	...	...	...
35 - 39	387 575	194 050	193 525	...	...	...	...	...	...
40 - 44	397 530	201 319	196 211	...	...	...	...	...	...
45 - 49	416 527	210 661	205 866	...	...	...	...	...	...
50 - 54	367 878	185 107	182 771	...	...	...	...	...	...
55 - 59	350 093	174 892	175 201	...	...	...	...	...	...
60 - 64	356 791	176 655	180 136	...	...	...	...	...	...
65 - 69	331 398	162 919	168 479	...	...	...	...	...	...
70 - 74	226 853	107 393	119 460	...	...	...	...	...	...
75 - 79	165 202	74 035	91 167	...	...	...	...	...	...
80 - 84	117 219	47 938	69 281	...	...	...	...	...	...
85 - 89	73 215	24 911	48 304	...	...	...	...	...	...
90 - 94	30 764	8 337	22 427	...	...	...	...	...	...
95 - 99	7 423	1 495	5 928	...	...	...	...	...	...
100 +	900	140	760	...	...	...	...	...	...
Estonia - Estonie									
1 VII 2010 (ESDJ)									
Total	1 340 160	617 540	722 620	930 683	419 227	511 456	409 477	198 313	211 164
0	15 746	8 065	7 681	10 655	5 444	5 211	5 091	2 621	2 470
1 - 4	61 401	31 672	29 729	42 990	22 243	20 747	18 411	9 429	8 982
5 - 9	65 776	33 771	32 005	45 609	23 409	22 200	20 167	10 362	9 805
10 - 14	61 314	31 576	29 738	40 304	20 714	19 590	21 010	10 862	10 148
15 - 19	77 913	39 899	38 014	48 909	25 029	23 880	29 004	14 870	14 134
20 - 24	106 163	54 299	51 864	69 353	35 481	33 872	36 810	18 818	17 992
25 - 29	102 704	51 929	50 775	70 845	35 219	35 626	31 859	16 710	15 149
30 - 34	93 510	47 095	46 415	70 701	34 285	36 416	22 809	12 810	9 999
35 - 39	92 598	45 889	46 709	67 918	32 946	34 972	24 680	12 943	11 737
40 - 44	87 516	42 306	45 210	61 047	28 980	32 067	26 469	13 326	13 143
45 - 49	92 088	43 536	48 552	63 684	29 104	34 580	28 404	14 432	13 972

212

Continent, country or area, date, code and age (in years) / Continent, pays ou zone, date, code et âge (en années)	Total			Urban - Urbaine			Rural - Rurale		
	Both sexes Les deux sexes	Male Masculin	Female Féminin	Both sexes Les deux sexes	Male Masculin	Female Féminin	Both sexes Les deux sexes	Male Masculin	Female Féminin
EUROPE									
Estonia - Estonie									
1 VII 2010 (ESDJ)									
50 - 54	93 084	42 675	50 409	65 303	28 681	36 622	27 781	13 994	13 787
55 - 59	86 373	37 982	48 391	61 770	25 988	35 782	24 603	11 994	12 609
60 - 64	75 470	31 689	43 781	53 430	21 512	31 918	22 040	10 177	11 863
65 - 69	60 952	23 928	37 024	41 394	15 500	25 894	19 558	8 428	11 130
70 - 74	63 886	22 624	41 262	45 138	15 479	29 659	18 748	7 145	11 603
75 - 79	47 642	15 062	32 580	32 859	10 063	22 796	14 783	4 999	9 784
80 - 84	34 452	9 219	25 233	24 442	6 414	18 028	10 010	2 805	7 205
85 - 89	15 821	3 231	12 590	10 750	2 117	8 633	5 070	1 114	3 956
90 - 94	4 002	730	3 272	2 619	440	2 179	1 383	291	1 092
95 - 99	1 286	242	1 044	704	120	584	582	122	460
100 +	340	64	276	162	28	134	178	36	142
Unknown - Inconnu	124	56	68	97	31	66	27	25	2
Faeroe Islands - Îles Féroé									
1 VII 2008 (ESDJ)									
Total	48 618	25 263	23 355	17 624	8 920	8 704	30 994	16 343	14 651
0	679	331	348	246	122	124	433	209	224
1 - 4	2 805	1 424	1 381	1 014	501	513	1 791	923	868
5 - 9	3 555	1 862	1 693	1 334	695	639	2 221	1 167	1 054
10 - 14	3 656	1 872	1 784	1 388	699	689	2 268	1 173	1 095
15 - 19	3 971	2 055	1 916	1 470	769	701	2 501	1 286	1 215
20 - 24	2 976	1 669	1 307	1 009	549	460	1 967	1 120	847
25 - 29	2 542	1 400	1 142	881	465	416	1 661	935	726
30 - 34	2 994	1 639	1 355	1 093	589	504	1 901	1 050	851
35 - 39	3 205	1 689	1 516	1 172	578	594	2 033	1 111	922
40 - 44	3 594	1 936	1 658	1 510	792	718	2 084	1 144	940
45 - 49	3 278	1 702	1 576	1 258	657	601	2 020	1 045	975
50 - 54	3 033	1 572	1 461	1 140	559	581	1 893	1 013	880
55 - 59	2 973	1 553	1 420	1 091	548	543	1 882	1 005	877
60 - 64	2 535	1 383	1 152	856	448	408	1 679	935	744
65 - 69	2 053	1 076	977	686	337	349	1 367	739	628
70 - 74	1 522	782	740	485	236	249	1 037	546	491
75 - 79	1 358	635	723	420	186	234	938	449	489
80 - 84	1 003	386	617	298	113	185	705	273	432
85 - 89	590	202	388	163	50	113	427	152	275
90 - 94	246	81	165	93	24	69	153	57	96
95 - 99	45	11	34	16	3	13	29	8	21
100 +	5	3	2	1	-	1	4	3	1
Finland - Finlande									
31 XII 2010 (CDJC)									
Total	5 375 276	2 638 416	2 736 860	3 662 915	1 777 697	1 885 218	1 712 361	860 719	851 642
0 - 4	301 621	154 243	147 378	209 797	107 234	102 563	91 824	47 009	44 815
5 - 9	289 347	147 824	141 523	193 026	98 659	94 367	96 321	49 165	47 156
10 - 14	296 709	151 578	145 131	193 955	98 888	95 067	102 754	52 690	50 064
15 - 19	332 084	169 224	162 860	223 782	112 268	111 514	108 302	56 956	51 346
20 - 24	327 780	167 817	159 963	255 371	127 542	127 829	72 409	40 275	32 134
25 - 29	346 063	177 710	168 353	269 588	137 479	132 109	76 475	40 231	36 244
30 - 34	339 277	174 220	165 057	254 648	130 657	123 991	84 629	43 563	41 066
35 - 39	313 917	161 115	152 802	225 739	115 967	109 772	88 178	45 148	43 030
40 - 44	349 683	177 566	172 117	243 442	122 838	120 604	106 241	54 728	51 513
45 - 49	377 077	190 596	186 481	255 096	127 371	127 725	121 981	63 225	58 756
50 - 54	374 857	187 628	187 229	245 539	120 520	125 019	129 318	67 108	62 210
55 - 59	384 108	190 137	193 971	247 982	118 647	129 335	136 126	71 490	64 636
60 - 64	401 712	197 048	204 664	259 870	123 396	136 474	141 842	73 652	68 190
65 - 69	281 997	134 543	147 454	182 449	84 428	98 021	99 548	50 115	49 433
70 - 74	223 495	100 784	122 711	139 551	61 053	78 498	83 944	39 731	44 213
75 - 79	179 637	75 178	104 459	109 841	44 347	65 494	69 796	30 831	38 965
80 - 84	141 752	51 064	90 688	84 934	29 292	55 642	56 818	21 772	35 046
85 - 89	79 857	22 807	57 050	47 344	12 911	34 433	32 513	9 896	22 617
90 - 94	27 559	6 165	21 394	16 790	3 553	13 237	10 769	2 612	8 157
95 - 99	6 122	1 076	5 046	3 782	592	3 190	2 340	484	1 856
100 +	622	93	529	389	55	334	233	38	195

Continent, country or area, date, code and age (in years) Continent, pays ou zone, date, code et âge (en annèes)	Total			Urban - Urbaine			Rural - Rurale		
	Both sexes Les deux sexes	Male Masculin	Female Féminin	Both sexes Les deux sexes	Male Masculin	Female Féminin	Both sexes Les deux sexes	Male Masculin	Female Féminin
EUROPE									
France[66]									
1 I 2010* (ESDJ)									
Total	62 799 083	30 418 810	32 380 273	...	...	...	...	...	...
0	789 557	403 659	385 898	...	...	...	...	...	...
1 - 4	3 098 155	1 582 816	1 515 339	...	...	...	...	...	...
5 - 9	3 841 419	1 966 731	1 874 688	...	...	...	...	...	...
10 - 14	3 783 928	1 940 517	1 843 411	...	...	...	...	...	...
15 - 19	3 815 432	1 949 381	1 866 051	...	...	...	...	...	...
20 - 24	4 008 962	2 022 307	1 986 655	...	...	...	...	...	...
25 - 29	3 956 792	1 967 866	1 988 926	...	...	...	...	...	...
30 - 34	3 821 064	1 902 811	1 918 253	...	...	...	...	...	...
35 - 39	4 340 563	2 158 654	2 181 909	...	...	...	...	...	...
40 - 44	4 345 299	2 151 121	2 194 178	...	...	...	...	...	...
45 - 49	4 353 712	2 140 122	2 213 590	...	...	...	...	...	...
50 - 54	4 174 775	2 033 465	2 141 310	...	...	...	...	...	...
55 - 59	4 098 041	1 993 592	2 104 449	...	...	...	...	...	...
60 - 64	3 802 745	1 847 480	1 955 265	...	...	...	...	...	...
65 - 69	2 553 832	1 215 547	1 338 285	...	...	...	...	...	...
70 - 74	2 410 515	1 085 444	1 325 071	...	...	...	...	...	...
75 - 79	2 258 796	939 070	1 319 726	...	...	...	...	...	...
80 - 84	1 763 445	655 016	1 108 429	...	...	...	...	...	...
85 - 89	1 154 561	366 642	787 919	...	...	...	...	...	...
90 - 94	287 477	71 806	215 671	...	...	...	...	...	...
95 +	137 647	24 223	113 424	...	...	...	...	...	...
Germany - Allemagne									
1 VII 2011 (ESDJ)									
Total	81 797 673	40 159 544	41 638 129	...	...	...	...	...	...
0	670 630	343 632	326 998	...	...	...	...	...	...
1 - 4	2 738 312	1 404 448	1 333 864	...	...	...	...	...	...
5 - 9	3 542 067	1 817 140	1 724 928	...	...	...	...	...	...
10 - 14	3 935 637	2 018 511	1 917 126	...	...	...	...	...	...
15 - 19	4 110 428	2 109 310	2 001 119	...	...	...	...	...	...
20 - 24	4 977 956	2 545 196	2 432 760	...	...	...	...	...	...
25 - 29	4 970 594	2 528 976	2 441 618	...	...	...	...	...	...
30 - 34	4 892 740	2 477 999	2 414 742	...	...	...	...	...	...
35 - 39	4 876 008	2 471 222	2 404 786	...	...	...	...	...	...
40 - 44	6 495 365	3 315 597	3 179 768	...	...	...	...	...	...
45 - 49	7 117 680	3 633 688	3 483 992	...	...	...	...	...	...
50 - 54	6 326 964	3 195 343	3 131 622	...	...	...	...	...	...
55 - 59	5 507 035	2 729 905	2 777 130	...	...	...	...	...	...
60 - 64	4 773 839	2 344 197	2 429 642	...	...	...	...	...	...
65 - 69	4 210 727	2 024 937	2 185 790	...	...	...	...	...	...
70 - 74	4 958 439	2 298 632	2 659 807	...	...	...	...	...	...
75 - 79	3 339 310	1 449 274	1 890 036	...	...	...	...	...	...
80 - 84	2 361 326	900 373	1 460 953	...	...	...	...	...	...
85 - 89	1 364 558	387 647	976 911	...	...	...	...	...	...
90 - 94	439 484	105 099	334 385	...	...	...	...	...	...
95 - 99	112 998	29 164	83 835	...	...	...	...	...	...
100 +	75 582	29 261	46 321	...	...	...	...	...	...
Greece - Grèce[67]									
1 I 2011 (ESDF)									
Total	11 325 897	5 606 154	5 719 743	...	...	...	...	...	...
0	109 730	56 478	53 252	...	...	...	...	...	...
1 - 4	461 106	237 942	223 164	...	...	...	...	...	...
5 - 9	530 977	274 459	256 518	...	...	...	...	...	...
10 - 14	522 335	267 863	254 472	...	...	...	...	...	...
15 - 19	563 792	290 538	273 254	...	...	...	...	...	...
20 - 24	608 938	316 494	292 444	...	...	...	...	...	...
25 - 29	745 887	389 123	356 764	...	...	...	...	...	...
30 - 34	860 439	447 999	412 440	...	...	...	...	...	...
35 - 39	875 273	449 775	425 498	...	...	...	...	...	...
40 - 44	895 082	454 480	440 602	...	...	...	...	...	...
45 - 49	800 033	399 952	400 081	...	...	...	...	...	...
50 - 54	789 523	389 257	400 266	...	...	...	...	...	...
55 - 59	708 402	348 667	359 735	...	...	...	...	...	...

Continent, country or area, date, code and age (in years) / Continent, pays ou zone, date, code et âge (en années)	Total			Urban - Urbaine			Rural - Rurale		
	Both sexes Les deux sexes	Male Masculin	Female Féminin	Both sexes Les deux sexes	Male Masculin	Female Féminin	Both sexes Les deux sexes	Male Masculin	Female Féminin
EUROPE									
Greece - Grèce[67]									
1 I 2011 (ESDF)									
60 - 64	669 488	320 956	348 532	...	...	...	...	...	...
65 - 69	532 928	248 310	284 618	...	...	...	...	...	...
70 - 74	574 195	252 405	321 790	...	...	...	...	...	...
75 - 79	501 488	217 460	284 028	...	...	...	...	...	...
80 - 84	361 910	150 785	211 125	...	...	...	...	...	...
85 - 89	153 379	64 537	88 842	...	...	...	...	...	...
90 - 94	52 849	24 681	28 168	...	...	...	...	...	...
95 - 99	4 147	2 064	2 083	...	...	...	...	...	...
100 +	3 996	1 929	2 067	...	...	...	...	...	...
Guernsey - Guernesey									
31 III 2010 (ESDF)									
Total	62 431	30 695	31 736	...	...	...	...	...	...
0 - 4	3 180	1 682	1 498	...	...	...	...	...	...
5 - 9	3 031	1 549	1 482	...	...	...	...	...	...
10 - 14	3 302	1 678	1 624	...	...	...	...	...	...
15 - 19	3 726	1 883	1 843	...	...	...	...	...	...
20 - 24	4 167	2 078	2 089	...	...	...	...	...	...
25 - 29	4 082	2 092	1 990	...	...	...	...	...	...
30 - 34	3 803	1 911	1 892	...	...	...	...	...	...
35 - 39	4 404	2 185	2 219	...	...	...	...	...	...
40 - 44	4 999	2 419	2 580	...	...	...	...	...	...
45 - 49	4 989	2 457	2 532	...	...	...	...	...	...
50 - 54	4 476	2 223	2 253	...	...	...	...	...	...
55 - 59	3 977	2 004	1 973	...	...	...	...	...	...
60 - 64	4 069	2 021	2 048	...	...	...	...	...	...
65 - 69	2 706	1 353	1 353	...	...	...	...	...	...
70 - 74	2 506	1 207	1 299	...	...	...	...	...	...
75 - 79	2 032	896	1 136	...	...	...	...	...	...
80 - 84	1 496	594	902	...	...	...	...	...	...
85 - 89	989	347	642	...	...	...	...	...	...
90 - 94	358	90	268	...	...	...	...	...	...
95 +	139	26	113	...	...	...	...	...	...
Hungary - Hongrie									
1 VII 2010 (ESDJ)									
Total	10 000 023	4 750 401	5 249 623	6 953 071	3 260 344	3 692 727	3 046 953	1 490 057	1 556 896
0	91 880	47 112	44 768	64 263	32 947	31 315	27 617	14 164	13 453
1 - 4	394 147	202 051	192 096	275 611	141 266	134 346	118 536	60 786	57 750
5 - 9	482 069	247 705	234 364	325 439	167 008	158 431	156 630	80 698	75 933
10 - 14	498 938	255 770	243 168	323 169	165 462	157 708	175 769	90 309	85 461
15 - 19	596 397	305 056	291 341	406 391	205 510	200 881	190 007	99 546	90 461
20 - 24	646 151	329 993	316 159	450 048	226 170	223 878	196 104	103 823	92 281
25 - 29	692 474	353 160	339 315	502 061	251 064	250 997	190 413	102 096	88 318
30 - 34	836 836	427 712	409 125	614 413	309 232	305 181	222 424	118 480	103 944
35 - 39	771 246	391 861	379 385	547 921	274 963	272 958	223 325	116 898	106 427
40 - 44	686 433	345 714	340 719	472 757	235 134	237 623	213 676	110 580	103 096
45 - 49	598 404	294 099	304 305	400 705	192 744	207 961	197 700	101 355	96 345
50 - 54	690 343	328 440	361 904	464 070	214 112	249 959	226 273	114 328	111 945
55 - 59	744 213	343 621	400 592	519 484	233 366	286 118	224 729	110 255	114 474
60 - 64	603 186	268 209	334 977	425 063	185 160	239 903	178 123	83 049	95 074
65 - 69	516 846	215 736	301 110	364 483	151 385	213 098	152 363	64 351	88 012
70 - 74	413 175	155 897	257 278	284 125	107 698	176 427	129 050	48 199	80 852
75 - 79	337 567	118 734	218 833	231 280	82 385	148 895	106 288	36 350	69 938
80 - 84	233 932	73 463	160 469	162 905	51 804	111 101	71 027	21 659	49 368
85 - 89	122 902	34 325	88 577	87 091	24 224	62 867	35 811	10 101	25 711
90 +	42 889	11 747	31 142	31 798	8 714	23 084	11 092	3 034	8 058
Iceland - Islande[20]									
1 VII 2010 (ESDJ)									
Total	318 006	159 838	158 168	297 432	148 901	148 531	20 574	10 937	9 637
0	4 985	2 542	2 443	4 782	2 436	2 346	203	106	97
1 - 4	18 492	9 535	8 957	17 543	9 027	8 516	949	508	441
5 - 9	21 250	10 773	10 477	20 067	10 159	9 908	1 183	614	569
10 - 14	21 854	11 115	10 739	20 382	10 361	10 021	1 472	754	718
15 - 19	23 515	12 046	11 469	21 791	11 180	10 611	1 724	866	858

7. Population by age, sex and urban/rural residence: latest available year, 2002 - 2011
Population selon l'âge, le sexe et la résidence, urbaine/rurale : dernière année disponible, 2002 - 2011 (continued - suite)

Continent, country or area, date, code and age (in years) / Continent, pays ou zone, date, code et âge (en annèes)	Total			Urban - Urbaine			Rural - Rurale		
	Both sexes Les deux sexes	Male Masculin	Female Féminin	Both sexes Les deux sexes	Male Masculin	Female Féminin	Both sexes Les deux sexes	Male Masculin	Female Féminin
EUROPE									
Iceland - Islande[20]									
1 VII 2010 (ESDJ)									
20 - 24	23 258	11 825	11 433	21 672	10 939	10 733	1 586	886	700
25 - 29	23 535	11 997	11 538	22 390	11 399	10 991	1 145	598	547
30 - 34	22 676	11 627	11 049	21 653	11 090	10 563	1 023	537	486
35 - 39	21 694	11 086	10 608	20 577	10 515	10 062	1 117	571	546
40 - 44	21 073	10 604	10 469	19 753	9 904	9 849	1 320	700	620
45 - 49	22 091	11 024	11 067	20 489	10 188	10 301	1 602	836	766
50 - 54	21 208	10 798	10 410	19 655	9 948	9 707	1 553	850	703
55 - 59	18 371	9 290	9 081	17 000	8 538	8 462	1 371	752	619
60 - 64	15 384	7 865	7 519	14 184	7 200	6 984	1 200	665	535
65 - 69	11 554	5 668	5 886	10 612	5 155	5 457	942	513	429
70 - 74	8 536	4 128	4 408	7 796	3 718	4 078	740	410	330
75 - 79	7 800	3 608	4 192	7 182	3 269	3 913	618	339	279
80 - 84	5 939	2 595	3 344	5 470	2 332	3 138	469	263	206
85 - 89	3 280	1 248	2 032	3 049	1 132	1 917	231	116	115
90 - 94	1 206	398	808	1 106	355	751	100	43	57
95 - 99	263	59	204	238	50	188	25	9	16
100 +	42	7	35	41	6	35	1	1	-
Ireland - Irlande									
23 IV 2006 (CDFC)									
Total	4 239 848	2 121 171	2 118 677	2 574 313	1 267 960	1 306 353	1 665 535	853 211	812 324
0 - 4	302 252	154 556	147 696	181 695	92 814	88 881	120 557	61 742	58 815
5 - 9	288 325	147 984	140 341	163 881	83 949	79 932	124 444	64 035	60 409
10 - 14	273 872	140 504	133 368	151 383	77 732	73 651	122 489	62 772	59 717
15 - 19	290 257	148 241	142 016	170 608	85 539	85 069	119 649	62 702	56 947
20 - 24	342 475	172 766	169 709	243 712	119 249	124 463	98 763	53 517	45 246
25 - 29	373 078	189 252	183 826	271 375	136 375	135 000	101 703	52 877	48 826
30 - 34	349 361	177 487	171 874	233 263	118 430	114 833	116 098	59 057	57 041
35 - 39	322 105	163 811	158 294	196 599	99 799	96 800	125 506	64 012	61 494
40 - 44	301 329	151 438	149 891	176 046	87 432	88 614	125 283	64 006	61 277
45 - 49	274 745	137 983	136 762	156 884	77 580	79 304	117 861	60 403	57 458
50 - 54	247 068	124 550	122 518	138 311	67 916	70 395	108 757	56 634	52 123
55 - 59	225 328	113 943	111 385	125 161	61 343	63 818	100 167	52 600	47 567
60 - 64	181 727	91 561	90 166	101 440	49 283	52 157	80 287	42 278	38 009
65 - 69	143 396	70 895	72 501	82 540	39 002	43 538	60 856	31 893	28 963
70 - 74	119 152	56 540	62 612	67 900	30 394	37 506	51 252	26 146	25 106
75 - 79	92 466	40 121	52 345	51 858	21 089	30 769	40 608	19 032	21 576
80 - 84	64 884	24 694	40 190	35 537	12 621	22 916	29 347	12 073	17 274
85 - 89	33 302	11 021	22 281	17 954	5 483	12 471	15 348	5 538	9 810
90 - 94	12 045	3 231	8 814	6 629	1 617	5 012	5 416	1 614	3 802
95 - 99	2 392	547	1 845	1 372	292	1 080	1 020	255	765
100 +	289	46	243	165	21	144	124	25	99
15 IV 2011 (ESDF)									
Total	4 484 323	2 221 672	2 262 651	...	...	...	...	...	...
0	75 559	38 702	36 857	...	...	...	...	...	...
1 - 4	291 473	149 181	142 292	...	...	...	...	...	...
5 - 9	316 542	162 789	153 753	...	...	...	...	...	...
10 - 14	299 141	152 901	146 240	...	...	...	...	...	...
15 - 19	269 140	137 521	131 619	...	...	...	...	...	...
20 - 24	249 501	122 447	127 054	...	...	...	...	...	...
25 - 29	363 886	175 514	188 372	...	...	...	...	...	...
30 - 34	388 164	191 912	196 252	...	...	...	...	...	...
35 - 39	347 649	172 575	175 074	...	...	...	...	...	...
40 - 44	320 435	162 104	158 331	...	...	...	...	...	...
45 - 49	303 637	151 621	152 016	...	...	...	...	...	...
50 - 54	272 866	136 750	136 116	...	...	...	...	...	...
55 - 59	243 818	122 041	121 777	...	...	...	...	...	...
60 - 64	218 378	109 040	109 338	...	...	...	...	...	...
65 - 69	170 465	84 231	86 234	...	...	...	...	...	...
70 - 74	127 046	60 985	66 061	...	...	...	...	...	...
75 - 79	98 224	44 514	53 710	...	...	...	...	...	...
80 - 84	67 788	27 333	40 455	...	...	...	...	...	...
85 - 89	39 625	13 657	25 968	...	...	...	...	...	...
90 - 94	15 534	4 498	11 036	...	...	...	...	...	...

7. Population by age, sex and urban/rural residence: latest available year, 2002 - 2011
Population selon l'âge, le sexe et la résidence, urbaine/rurale : dernière année disponible, 2002 - 2011 (continued - suite)

Continent, country or area, date, code and age (in years) / Continent, pays ou zone, date, code et âge (en années)	Total			Urban - Urbaine			Rural - Rurale		
	Both sexes Les deux sexes	Male Masculin	Female Féminin	Both sexes Les deux sexes	Male Masculin	Female Féminin	Both sexes Les deux sexes	Male Masculin	Female Féminin
EUROPE									
Ireland - Irlande									
15 IV 2011 (ESDF)									
95 +	5 452	1 356	4 096	...	...	...	...	...	...
95 - 99	5 452	1 356	4 096	...	...	...	...	...	...
Isle of Man - Île de Man[13]									
30 IV 2009 (ESDJ)									
Total	82 371	40 849	41 522	...	...	...	...	...	...
0 - 4	4 359	2 286	2 074	...	...	...	...	...	...
5 - 9	4 320	2 311	2 009	...	...	...	...	...	...
10 - 14	4 865	2 478	2 388	...	...	...	...	...	...
15 - 19	5 183	2 688	2 494	...	...	...	...	...	...
20 - 24	4 842	2 467	2 374	...	...	...	...	...	...
25 - 29	4 666	2 312	2 355	...	...	...	...	...	...
30 - 34	4 719	2 326	2 392	...	...	...	...	...	...
35 - 39	5 851	2 885	2 966	...	...	...	...	...	...
40 - 44	6 375	3 198	3 177	...	...	...	...	...	...
45 - 49	6 329	3 178	3 150	...	...	...	...	...	...
50 - 54	5 613	2 801	2 812	...	...	...	...	...	...
55 - 59	5 399	2 730	2 669	...	...	...	...	...	...
60 - 64	5 464	2 812	2 652	...	...	...	...	...	...
65 - 69	4 146	2 032	2 114	...	...	...	...	...	...
70 - 74	3 436	1 653	1 784	...	...	...	...	...	...
75 - 79	2 698	1 204	1 494	...	...	...	...	...	...
80 - 84	2 055	805	1 251	...	...	...	...	...	...
85 - 89	1 390	496	894	...	...	...	...	...	...
90 +	661	188	473	...	...	...	...	...	...
Italy - Italie									
1 VII 2010 (ESDJ)									
Total	60 483 385	29 350 339	31 133 047	...	...	...	...	...	...
0	559 179	287 504	271 675	...	...	...	...	...	...
1 - 4	2 286 371	1 174 739	1 111 632	...	...	...	...	...	...
5 - 9	2 838 221	1 458 918	1 379 303	...	...	...	...	...	...
10 - 14	2 811 809	1 447 417	1 364 393	...	...	...	...	...	...
15 - 19	2 950 989	1 519 990	1 431 000	...	...	...	...	...	...
20 - 24	3 126 504	1 596 439	1 530 065	...	...	...	...	...	...
25 - 29	3 487 900	1 757 263	1 730 638	...	...	...	...	...	...
30 - 34	4 132 871	2 082 019	2 050 852	...	...	...	...	...	...
35 - 39	4 799 943	2 411 477	2 388 466	...	...	...	...	...	...
40 - 44	4 949 158	2 477 123	2 472 035	...	...	...	...	...	...
45 - 49	4 717 717	2 340 045	2 377 672	...	...	...	...	...	...
50 - 54	4 095 184	2 010 314	2 084 871	...	...	...	...	...	...
55 - 59	3 716 029	1 807 582	1 908 448	...	...	...	...	...	...
60 - 64	3 757 507	1 814 773	1 942 734	...	...	...	...	...	...
65 - 69	3 107 714	1 468 434	1 639 280	...	...	...	...	...	...
70 - 74	3 068 744	1 400 990	1 667 754	...	...	...	...	...	...
75 - 79	2 531 923	1 078 455	1 453 468	...	...	...	...	...	...
80 - 84	1 912 032	725 761	1 186 271	...	...	...	...	...	...
85 - 89	1 159 477	371 286	788 191	...	...	...	...	...	...
90 - 94	337 840	90 114	247 726	...	...	...	...	...	...
95 - 99	120 716	26 728	93 988	...	...	...	...	...	...
100 +	15 560	2 972	12 588	...	...	...	...	...	...
Latvia - Lettonie									
1 VII 2010 (ESDJ)									
Total	2 239 008	1 033 421	1 205 587	1 513 343	679 286	834 057	725 665	354 135	371 530
0	20 648	10 572	10 076	14 185	7 313	6 872	6 463	3 259	3 204
1 - 4	92 213	46 918	45 295	63 608	32 392	31 216	28 605	14 526	14 079
5 - 9	100 721	51 501	49 220	66 676	33 983	32 693	34 045	17 518	16 527
10 - 14	94 258	48 361	45 897	58 775	30 078	28 697	35 483	18 283	17 200
15 - 19	136 908	69 686	67 222	83 416	42 263	41 153	53 492	27 423	26 069
20 - 24	180 995	92 375	88 620	116 278	58 348	57 930	64 717	34 027	30 690
25 - 29	173 672	88 648	85 024	119 518	59 359	60 159	54 154	29 289	24 865
30 - 34	155 484	78 860	76 624	109 055	53 761	55 294	46 429	25 099	21 330
35 - 39	158 204	79 381	78 823	108 874	53 007	55 867	49 330	26 374	22 956
40 - 44	152 833	74 989	77 844	102 463	48 492	53 971	50 370	26 497	23 873
45 - 49	163 593	78 360	85 233	110 040	50 575	59 465	53 553	27 785	25 768

Continent, country or area, date, code and age (in years) / Continent, pays ou zone, date, code et âge (en années)	Total			Urban - Urbaine			Rural - Rurale		
	Both sexes Les deux sexes	Male Masculin	Female Féminin	Both sexes Les deux sexes	Male Masculin	Female Féminin	Both sexes Les deux sexes	Male Masculin	Female Féminin
EUROPE									
Latvia - Lettonie									
1 VII 2010 (ESDJ)									
50 - 54	161 808	75 324	86 484	110 819	49 191	61 628	50 989	26 133	24 856
55 - 59	138 705	61 536	77 169	97 234	41 089	56 145	41 471	20 447	21 024
60 - 64	120 298	50 361	69 937	85 433	34 163	51 270	34 865	16 198	18 667
65 - 69	111 402	42 938	68 464	74 524	27 666	46 858	36 878	15 272	21 606
70 - 74	109 653	38 639	71 014	76 211	26 213	49 998	33 442	12 426	21 016
75 - 79	77 923	24 071	53 852	53 037	16 214	36 823	24 886	7 857	17 029
80 - 84	56 203	14 521	41 682	39 880	10 545	29 335	16 323	3 976	12 347
85 - 89	25 352	4 802	20 550	17 640	3 460	14 180	7 712	1 342	6 370
90 - 94	6 067	1 177	4 890	4 216	861	3 355	1 851	316	1 535
95 - 99	1 797	341	1 456	1 259	260	999	538	81	457
100 +	271	60	211	202	53	149	69	7	62
Liechtenstein									
1 VII 2010 (ESDJ)									
Total	36 010	17 817	18 193	...	...	...	...	...	...
0	373	202	171	...	...	...	...	...	...
1 - 4	1 478	780	698	...	...	...	...	...	...
5 - 9	1 895	987	908	...	...	...	...	...	...
10 - 14	2 108	1 029	1 079	...	...	...	...	...	...
15 - 19	2 130	1 062	1 068	...	...	...	...	...	...
20 - 24	2 199	1 124	1 075	...	...	...	...	...	...
25 - 29	2 206	1 133	1 073	...	...	...	...	...	...
30 - 34	2 307	1 175	1 132	...	...	...	...	...	...
35 - 39	2 670	1 311	1 359	...	...	...	...	...	...
40 - 44	3 159	1 578	1 581	...	...	...	...	...	...
45 - 49	3 086	1 508	1 578	...	...	...	...	...	...
50 - 54	2 794	1 385	1 409	...	...	...	...	...	...
55 - 59	2 436	1 233	1 203	...	...	...	...	...	...
60 - 64	2 220	1 131	1 089	...	...	...	...	...	...
65 - 69	1 780	883	897	...	...	...	...	...	...
70 - 74	1 194	566	628	...	...	...	...	...	...
75 - 79	803	332	471	...	...	...	...	...	...
80 - 84	623	240	383	...	...	...	...	...	...
85 - 89	382	105	277	...	...	...	...	...	...
90 - 94	132	41	91	...	...	...	...	...	...
95 - 99	33	12	21	...	...	...	...	...	...
100 +	2	-	2	...	...	...	...	...	...
Lithuania - Lituanie									
1 VII 2010 (ESDJ)									
Total	3 286 820	1 527 510	1 759 310	2 200 376	998 907	1 201 469	1 086 444	528 603	557 841
0	36 033	18 431	17 602	24 752	12 640	12 112	11 281	5 791	5 490
1 - 4	129 666	66 319	63 347	86 617	44 404	42 213	43 049	21 915	21 134
5 - 9	149 565	76 712	72 853	94 348	48 348	46 000	55 217	28 364	26 853
10 - 14	178 333	91 644	86 689	113 789	58 337	55 452	64 544	33 307	31 237
15 - 19	232 074	118 623	113 451	145 483	74 054	71 429	86 591	44 569	42 022
20 - 24	260 491	133 182	127 309	166 473	83 959	82 514	94 018	49 223	44 795
25 - 29	237 914	121 939	115 975	165 042	81 395	83 647	72 872	40 544	32 328
30 - 34	212 195	107 082	105 113	156 679	75 692	80 987	55 516	31 390	24 126
35 - 39	226 977	111 838	115 139	163 610	78 741	84 869	63 367	33 097	30 270
40 - 44	239 261	116 057	123 204	163 896	77 359	86 537	75 365	38 698	36 667
45 - 49	255 948	122 560	133 388	175 336	80 548	94 788	80 612	42 012	38 600
50 - 54	236 806	109 092	127 714	163 107	71 684	91 423	73 699	37 408	36 291
55 - 59	192 403	85 512	106 891	132 918	56 070	76 848	59 485	29 442	30 043
60 - 64	164 070	68 120	95 950	111 166	43 850	67 316	52 904	24 270	28 634
65 - 69	154 426	59 993	94 433	100 543	37 851	62 692	53 883	22 142	31 741
70 - 74	142 538	50 996	91 542	90 721	31 659	59 062	51 817	19 337	32 480
75 - 79	115 108	37 379	77 729	69 716	22 551	47 165	45 392	14 828	30 564
80 - 84	78 776	22 054	56 722	48 211	13 659	34 552	30 565	8 395	22 170
85 - 89	34 914	7 859	27 055	21 077	4 661	16 416	13 837	3 198	10 639
90 - 94	7 164	1 647	5 517	4 920	1 038	3 882	2 244	609	1 635
95 - 99	1 659	352	1 307	1 482	292	1 190	177	60	117
100 +	499	119	380	490	115	375	9	4	5

Continent, country or area, date, code and age (in years) / Continent, pays ou zone, date, code et âge (en annèes)	Total			Urban - Urbaine			Rural - Rurale		
	Both sexes Les deux sexes	Male Masculin	Female Féminin	Both sexes Les deux sexes	Male Masculin	Female Féminin	Both sexes Les deux sexes	Male Masculin	Female Féminin
EUROPE									
Luxembourg									
1 I 2011 (ESDJ)									
Total	511 840	254 619	257 221	...	...	...	...	...	...
0	5 856	2 948	2 908	...	...	...	...	...	...
1 - 4	23 462	12 043	11 419	...	...	...	...	...	...
5 - 9	29 655	15 370	14 285	...	...	...	...	...	...
10 - 14	31 070	15 913	15 157	...	...	...	...	...	...
15 - 19	30 385	15 547	14 838	...	...	...	...	...	...
20 - 24	30 671	15 616	15 055	...	...	...	...	...	...
25 - 29	35 282	17 853	17 429	...	...	...	...	...	...
30 - 34	37 859	18 977	18 882	...	...	...	...	...	...
35 - 39	39 791	19 930	19 861	...	...	...	...	...	...
40 - 44	42 619	21 603	21 016	...	...	...	...	...	...
45 - 49	41 345	21 351	19 994	...	...	...	...	...	...
50 - 54	36 191	18 436	17 755	...	...	...	...	...	...
55 - 59	30 591	15 601	14 990	...	...	...	...	...	...
60 - 64	25 979	13 151	12 828	...	...	...	...	...	...
65 - 69	19 726	9 617	10 109	...	...	...	...	...	...
70 - 74	17 529	8 032	9 497	...	...	...	...	...	...
75 - 79	14 687	6 335	8 352	...	...	...	...	...	...
80 - 84	11 483	4 446	7 037	...	...	...	...	...	...
85 - 89	5 694	1 531	4 163	...	...	...	...	...	...
90 - 94	1 665	309	1 356	...	...	...	...	...	...
95 - 99	261	10	251	...	...	...	...	...	...
100 +	39	-	39	...	...	...	...	...	...
Malta - Malte									
27 XI 2005 (CDJC)									
Total	404 962	200 819	204 143	404 544	200 611	203 933	418	208	210
0	3 825	1 947	1 878	3 822	1 946	1 876	3	1	2
1 - 4	15 707	8 027	7 680	15 690	8 014	7 676	17	13	4
5 - 9	23 054	11 837	11 217	23 024	11 820	11 204	30	17	13
10 - 14	26 900	13 828	13 072	26 878	13 817	13 061	22	11	11
15 - 19	28 734	14 781	13 953	28 710	14 769	13 941	24	12	12
20 - 24	29 365	14 980	14 385	29 343	14 962	14 381	22	18	4
25 - 29	29 676	15 346	14 330	29 660	15 337	14 323	16	9	7
30 - 34	27 670	14 192	13 478	27 645	14 181	13 464	25	11	14
35 - 39	24 583	12 514	12 069	24 550	12 496	12 054	33	18	15
40 - 44	27 733	14 144	13 589	27 705	14 130	13 575	28	14	14
45 - 49	30 433	15 233	15 200	30 410	15 225	15 185	23	8	15
50 - 54	28 830	14 411	14 419	28 799	14 394	14 405	31	17	14
55 - 59	31 018	15 423	15 595	30 985	15 410	15 575	33	13	20
60 - 64	21 763	10 538	11 225	21 742	10 532	11 210	21	6	15
65 - 69	17 897	8 368	9 529	17 873	8 357	9 516	24	11	13
70 - 74	14 863	6 366	8 497	14 839	6 358	8 481	24	8	16
75 - 79	10 919	4 429	6 490	10 899	4 419	6 480	20	10	10
80 - 84	7 385	2 899	4 486	7 368	2 891	4 477	17	8	9
85 - 89	3 314	1 190	2 124	3 310	1 188	2 122	4	2	2
90 - 94	1 022	300	722	1 022	300	722	-	-	-
95 - 99	237	59	178	236	58	178	1	1	-
100 +	34	7	27	34	7	27	-	-	-
1 VII 2010 (ESDJ)[68]									
Total	415 995	206 951	209 044	...	...	...	...	...	...
0	4 087	2 102	1 985	...	...	...	...	...	...
1 - 4	16 202	8 404	7 798	...	...	...	...	...	...
5 - 9	20 233	10 265	9 968	...	...	...	...	...	...
10 - 14	23 623	12 128	11 495	...	...	...	...	...	...
15 - 19	27 243	13 984	13 259	...	...	...	...	...	...
20 - 24	30 487	16 040	14 447	...	...	...	...	...	...
25 - 29	31 340	16 248	15 092	...	...	...	...	...	...
30 - 34	30 804	15 983	14 821	...	...	...	...	...	...
35 - 39	27 355	13 961	13 394	...	...	...	...	...	...
40 - 44	24 451	12 337	12 114	...	...	...	...	...	...
45 - 49	28 144	14 311	13 833	...	...	...	...	...	...
50 - 54	30 258	15 173	15 085	...	...	...	...	...	...
55 - 59	28 640	14 203	14 437	...	...	...	...	...	...

7. Population by age, sex and urban/rural residence: latest available year, 2002 - 2011
Population selon l'âge, le sexe et la résidence, urbaine/rurale : dernière année disponible, 2002 - 2011 (continued - suite)

Continent, country or area, date, code and age (in years) / Continent, pays ou zone, date, code et âge (en annèes)	Total			Urban - Urbaine			Rural - Rurale		
	Both sexes Les deux sexes	Male Masculin	Female Féminin	Both sexes Les deux sexes	Male Masculin	Female Féminin	Both sexes Les deux sexes	Male Masculin	Female Féminin
EUROPE									
Malta - Malte									
1 VII 2010 (ESDJ)[68]									
60 - 64	30 058	14 763	15 295	...	...	...	...	...	...
65 - 69	19 813	9 379	10 434	...	...	...	...	...	...
70 - 74	16 618	7 525	9 093	...	...	...	...	...	...
75 - 79	12 610	5 099	7 511	...	...	...	...	...	...
80 - 84	8 028	3 051	4 977	...	...	...	...	...	...
85 - 89	4 392	1 527	2 865	...	...	...	...	...	...
90 - 94	1 288	381	907	...	...	...	...	...	...
95 - 99	269	67	202	...	...	...	...	...	...
100 +	52	20	32	...	...	...	...	...	...
Montenegro - Monténégro									
1 VII 2009 (ESDJ)									
Total	631 536	311 258	320 278	400 928	195 088	205 840	230 608	116 170	114 438
0	8 505	4 479	4 026	6 534	3 445	3 089	1 971	1 034	937
1 - 4	30 803	16 154	14 649	24 821	13 047	11 774	5 982	3 107	2 875
5 - 9	40 305	20 873	19 432	26 596	13 860	12 736	13 709	7 013	6 696
10 - 14	42 486	21 930	20 556	26 551	13 685	12 866	15 935	8 245	7 690
15 - 19	45 222	23 398	21 824	28 409	14 652	13 757	16 813	8 746	8 067
20 - 24	49 371	25 311	24 060	31 618	16 137	15 481	17 753	9 174	8 579
25 - 29	49 370	25 044	24 326	31 816	15 686	16 130	17 554	9 358	8 196
30 - 34	45 159	22 358	22 801	29 266	14 044	15 222	15 893	8 314	7 579
35 - 39	41 857	20 551	21 306	26 746	12 637	14 109	15 111	7 914	7 197
40 - 44	41 395	20 517	20 878	26 487	12 549	13 938	14 908	7 968	6 940
45 - 49	43 747	21 642	22 105	28 354	13 403	14 951	15 393	8 239	7 154
50 - 54	43 648	21 874	21 774	28 495	13 796	14 699	15 153	8 078	7 075
55 - 59	39 941	19 494	20 447	25 989	12 460	13 529	13 952	7 034	6 918
60 - 64	27 981	12 818	15 163	17 298	7 936	9 362	10 683	4 882	5 801
65 - 69	25 521	11 246	14 275	14 050	6 113	7 937	11 471	5 133	6 338
70 - 74	24 994	11 001	13 993	13 384	5 872	7 512	11 610	5 129	6 481
75 - 79	17 011	7 116	9 895	8 422	3 495	4 927	8 589	3 621	4 968
80 - 84	9 512	3 793	5 719	4 306	1 659	2 647	5 206	2 134	3 072
85 - 89	3 639	1 322	2 317	1 451	516	935	2 188	806	1 382
90 - 94	663	230	433	224	70	154	439	160	279
95 - 99	274	89	185	71	14	57	203	75	128
100 +	132	18	114	40	12	28	92	6	86
1 I 2010 (ESDJ)									
Total	632 922	312 044	320 878	...	...	...	...	...	...
0	8 674	4 613	4 061	...	...	...	...	...	...
1 - 4	31 062	16 323	14 739	...	...	...	...	...	...
5 - 9	40 268	20 831	19 437	...	...	...	...	...	...
10 - 14	42 079	21 757	20 322	...	...	...	...	...	...
15 - 19	44 983	23 288	21 695	...	...	...	...	...	...
20 - 24	48 933	25 021	23 912	...	...	...	...	...	...
25 - 29	49 656	25 247	24 409	...	...	...	...	...	...
30 - 34	45 493	22 587	22 906	...	...	...	...	...	...
35 - 39	42 058	20 652	21 406	...	...	...	...	...	...
40 - 44	41 193	20 415	20 778	...	...	...	...	...	...
45 - 49	43 558	21 477	22 081	...	...	...	...	...	...
50 - 54	43 427	21 778	21 649	...	...	...	...	...	...
55 - 59	40 539	19 875	20 664	...	...	...	...	...	...
60 - 64	29 153	13 376	15 777	...	...	...	...	...	...
65 - 69	24 622	10 818	13 804	...	...	...	...	...	...
70 - 74	25 230	11 055	14 175	...	...	...	...	...	...
75 - 79	17 398	7 293	10 105	...	...	...	...	...	...
80 - 84	9 675	3 894	5 781	...	...	...	...	...	...
85 - 89	3 841	1 395	2 446	...	...	...	...	...	...
90 - 94	681	248	433	...	...	...	...	...	...
95 - 99	278	88	190	...	...	...	...	...	...
100 +	121	13	108	...	...	...	...	...	...
Netherlands - Pays-Bas									
1 I 2011 (ESDJ)									
Total	16 655 799	8 243 482	8 412 317	11 124 721	5 478 213	5 646 508	5 531 078	2 765 269	2 765 809
0 - 4	923 106	472 308	450 798	633 381	323 854	309 527	289 725	148 454	141 271
0	184 007	93 892	90 115	...	...	...	...	...	...

Continent, country or area, date, code and age (in years) / Continent, pays ou zone, date, code et âge (en années)	Total			Urban - Urbaine			Rural - Rurale		
	Both sexes Les deux sexes	Male Masculin	Female Féminin	Both sexes Les deux sexes	Male Masculin	Female Féminin	Both sexes Les deux sexes	Male Masculin	Female Féminin
EUROPE									
Netherlands - Pays-Bas									
1 I 2011 (ESDJ)									
1 - 4	739 099	378 416	360 683	...	...	...	...	...	...
5 - 9	985 229	503 882	481 347	640 541	327 757	312 784	344 688	176 125	168 563
10 - 14	998 740	510 974	487 766	633 115	323 581	309 534	365 625	187 393	178 232
15 - 19	1 006 744	514 830	491 914	658 458	333 676	324 782	348 286	181 154	167 132
20 - 24	1 034 729	522 667	512 062	757 280	373 366	383 914	277 449	149 301	128 148
25 - 29	1 001 538	504 117	497 421	749 880	373 340	376 540	251 658	130 777	120 881
30 - 34	1 004 764	503 323	501 441	736 350	368 630	367 720	268 414	134 693	133 721
35 - 39	1 121 568	560 289	561 279	779 994	391 390	388 604	341 574	168 899	172 675
40 - 44	1 295 925	653 664	642 261	861 292	436 235	425 057	434 633	217 429	217 204
45 - 49	1 298 292	655 302	642 990	850 566	428 796	421 770	447 726	226 506	221 220
50 - 54	1 196 319	601 040	595 279	776 285	388 221	388 064	420 034	212 819	207 215
55 - 59	1 090 247	546 952	543 295	700 036	348 502	351 534	390 211	198 450	191 761
60 - 64	1 103 652	553 446	550 206	700 926	349 188	351 738	402 726	204 258	198 468
65 - 69	790 560	390 725	399 835	488 433	238 792	249 641	302 127	151 933	150 194
70 - 74	637 518	302 542	334 976	401 165	187 850	213 315	236 353	114 692	121 661
75 - 79	499 321	219 108	280 213	316 949	136 949	180 000	182 372	82 159	100 213
80 - 84	360 828	139 348	221 480	234 884	89 412	145 472	125 944	49 936	76 008
85 - 89	212 056	66 949	145 107	141 532	44 184	97 348	70 524	22 765	47 759
90 - 94	76 191	18 812	57 379	51 102	12 438	38 664	25 089	6 374	18 715
95 +	18 472	3 204	15 268	12 552	2 052	10 500	5 920	1 152	4 768
Norway - Norvège[69]									
1 VII 2010 (ESDJ)									
Total	4 889 252	2 443 801	2 445 452	...	...	...	...	...	...
0	61 858	31 751	30 108	...	...	...	...	...	...
1 - 4	244 519	125 417	119 103	...	...	...	...	...	...
5 - 9	298 126	152 184	145 942	...	...	...	...	...	...
10 - 14	315 214	161 806	153 409	...	...	...	...	...	...
15 - 19	322 828	166 436	156 392	...	...	...	...	...	...
20 - 24	312 265	158 928	153 338	...	...	...	...	...	...
25 - 29	310 107	157 295	152 812	...	...	...	...	...	...
30 - 34	319 317	162 847	156 470	...	...	...	...	...	...
35 - 39	357 671	182 985	174 687	...	...	...	...	...	...
40 - 44	367 751	188 968	178 783	...	...	...	...	...	...
45 - 49	338 584	174 084	164 500	...	...	...	...	...	...
50 - 54	319 732	163 030	156 703	...	...	...	...	...	...
55 - 59	297 029	150 527	146 502	...	...	...	...	...	...
60 - 64	291 795	147 239	144 556	...	...	...	...	...	...
65 - 69	219 414	108 232	111 183	...	...	...	...	...	...
70 - 74	160 755	75 584	85 171	...	...	...	...	...	...
75 - 79	131 702	58 258	73 444	...	...	...	...	...	...
80 - 84	108 991	43 840	65 152	...	...	...	...	...	...
85 - 89	74 644	25 103	49 541	...	...	...	...	...	...
90 - 94	29 865	7 881	21 985	...	...	...	...	...	...
95 - 99	6 443	1 309	5 134	...	...	...	...	...	...
100 +	645	103	542	...	...	...	...	...	...
Poland - Pologne[70]									
1 VII 2010 (ESDJ)									
Total	38 186 860	18 438 852	19 748 008	23 283 804	11 025 123	12 258 681	14 903 056	7 413 729	7 489 327
0	417 623	215 807	201 816	245 295	126 717	118 578	172 328	89 090	83 238
1 - 4	1 563 815	803 388	760 427	910 833	467 824	443 009	652 982	335 564	317 418
5 - 9	1 783 253	916 219	867 034	998 254	513 183	485 071	784 999	403 036	381 963
10 - 14	2 008 434	1 029 401	979 033	1 072 397	549 701	522 696	936 037	479 700	456 337
15 - 19	2 473 545	1 263 553	1 209 992	1 358 962	691 330	667 632	1 114 583	572 223	542 360
20 - 24	2 903 971	1 479 556	1 424 415	1 698 326	858 621	839 705	1 205 645	620 935	584 710
25 - 29	3 284 024	1 666 157	1 617 867	2 029 478	1 015 756	1 013 722	1 254 546	650 401	604 145
30 - 34	3 058 209	1 548 609	1 509 600	1 960 308	977 093	983 215	1 097 901	571 516	526 385
35 - 39	2 683 232	1 355 672	1 327 560	1 657 206	829 197	828 009	1 026 026	526 475	499 551
40 - 44	2 340 578	1 177 281	1 163 297	1 388 875	685 177	703 698	951 703	492 104	459 599
45 - 49	2 486 755	1 235 825	1 250 930	1 490 230	714 347	775 883	996 525	521 478	475 047
50 - 54	2 953 994	1 438 163	1 515 831	1 877 755	874 445	1 003 310	1 076 239	563 718	512 521
55 - 59	2 832 271	1 340 855	1 491 416	1 876 494	852 925	1 023 569	955 777	487 930	467 847
60 - 64	2 224 647	1 019 387	1 205 260	1 487 897	663 181	824 716	736 750	356 206	380 544
65 - 69	1 367 213	590 479	776 734	893 073	378 693	514 380	474 140	211 786	262 354

7. Population by age, sex and urban/rural residence: latest available year, 2002 - 2011
Population selon l'âge, le sexe et la résidence, urbaine/rurale : dernière année disponible, 2002 - 2011 (continued - suite)

Continent, country or area, date, code and age (in years) Continent, pays ou zone, date, code et âge (en annèes)	Total			Urban - Urbaine			Rural - Rurale		
	Both sexes Les deux sexes	Male Masculin	Female Féminin	Both sexes Les deux sexes	Male Masculin	Female Féminin	Both sexes Les deux sexes	Male Masculin	Female Féminin
EUROPE									
Poland - Pologne[70]									
1 VII 2010 (ESDJ)									
70 - 74	1 363 280	546 778	816 502	863 144	339 533	523 611	500 136	207 245	292 891
75 - 79	1 149 488	424 194	725 294	706 530	259 638	446 892	442 958	164 556	278 402
80 - 84	791 438	254 960	536 478	469 408	151 153	318 255	322 030	103 807	218 223
85 +	501 090	132 568	368 522	299 339	76 609	222 730	201 751	55 959	145 792
Portugal									
1 I 2010 (ESDJ)									
Total	10 637 713	5 148 203	5 489 510	...	...	...	...	...	...
0	99 183	50 678	48 505	...	...	...	...	...	...
1 - 4	420 585	216 164	204 421	...	...	...	...	...	...
5 - 9	554 644	285 311	269 333	...	...	...	...	...	...
10 - 14	542 205	276 580	265 625	...	...	...	...	...	...
15 - 19	566 702	289 113	277 589	...	...	...	...	...	...
20 - 24	614 733	313 708	301 025	...	...	...	...	...	...
25 - 29	742 761	376 449	366 312	...	...	...	...	...	...
30 - 34	836 117	421 730	414 387	...	...	...	...	...	...
35 - 39	825 737	413 302	412 435	...	...	...	...	...	...
40 - 44	780 348	386 785	393 563	...	...	...	...	...	...
45 - 49	776 878	380 620	396 258	...	...	...	...	...	...
50 - 54	710 089	344 853	365 236	...	...	...	...	...	...
55 - 59	661 584	316 730	344 854	...	...	...	...	...	...
60 - 64	604 994	282 768	322 226	...	...	...	...	...	...
65 - 69	517 874	235 904	281 970	...	...	...	...	...	...
70 - 74	492 671	216 854	275 817	...	...	...	...	...	...
75 - 79	415 324	171 990	243 334	...	...	...	...	...	...
80 - 84	279 501	103 965	175 536	...	...	...	...	...	...
85 +	195 783	64 699	131 084	...	...	...	...	...	...
Republic of Moldova - République de Moldova[71]									
1 I 2010 (ESDJ)									
Total	3 563 695	1 713 487	1 850 208	1 476 681	694 469	782 212	2 087 014	1 019 018	1 067 996
0	40 118	20 710	19 408	14 606	7 518	7 088	25 512	13 192	12 320
1 - 4	150 479	77 365	73 114	55 046	28 454	26 592	95 433	48 911	46 522
5 - 9	185 434	95 510	89 924	65 706	34 174	31 532	119 728	61 336	58 392
10 - 14	219 465	112 127	107 338	73 842	38 068	35 774	145 623	74 059	71 564
15 - 19	296 521	150 928	145 593	107 544	54 726	52 818	188 977	96 202	92 775
20 - 24	358 005	181 847	176 158	171 031	83 972	87 059	186 974	97 875	89 099
25 - 29	315 855	160 613	155 242	149 348	72 093	77 255	166 507	88 520	77 987
30 - 34	270 624	135 754	134 870	120 151	58 823	61 328	150 473	76 931	73 542
35 - 39	238 750	117 562	121 188	104 074	50 084	53 990	134 676	67 478	67 198
40 - 44	226 562	109 695	116 867	96 212	44 575	51 637	130 350	65 120	65 230
45 - 49	267 820	127 113	140 707	116 796	52 812	63 984	151 024	74 301	76 723
50 - 54	264 730	123 198	141 532	115 371	50 896	64 475	149 359	72 302	77 057
55 - 59	228 954	103 845	125 109	100 088	43 563	56 525	128 866	60 282	68 584
60 - 64	139 577	61 953	77 624	60 359	27 297	33 062	79 218	34 656	44 562
65 - 69	114 976	47 481	67 495	43 306	18 517	24 789	71 670	28 964	42 706
70 - 74	102 431	39 018	63 413	37 282	14 083	23 199	65 149	24 935	40 214
75 - 79	73 385	26 606	46 779	23 192	8 033	15 159	50 193	18 573	31 620
80 - 84	45 414	14 685	30 729	15 087	4 620	10 467	30 327	10 065	20 262
85 - 89	19 565	5 952	13 613	5 938	1 634	4 304	13 627	4 318	9 309
90 - 94	3 648	1 099	2 549	1 238	389	849	2 410	710	1 700
95 - 99	1 141	353	788	363	119	244	778	234	544
100 +	241	73	168	101	19	82	140	54	86
Romania - Roumanie									
1 VII 2010 (ESDJ)									
Total	21 431 298	10 434 143	10 997 155	11 798 735	5 632 704	6 166 031	9 632 563	4 801 439	4 831 124
0	218 938	112 862	106 076	121 061	62 521	58 540	97 877	50 341	47 536
1 - 4	863 711	443 766	419 945	469 209	241 457	227 752	394 502	202 309	192 193
5 - 9	1 051 871	540 650	511 221	515 730	265 099	250 631	536 141	275 551	260 590
10 - 14	1 106 775	567 200	539 575	510 461	261 581	248 880	596 314	305 619	290 695
15 - 19	1 207 215	617 804	589 411	607 622	308 210	299 412	599 593	309 594	289 999
20 - 24	1 721 709	877 288	844 421	1 003 129	501 069	502 060	718 580	376 219	342 361
25 - 29	1 611 264	824 511	786 753	977 441	487 848	489 593	633 823	336 663	297 160
30 - 34	1 773 161	910 379	862 782	1 049 088	525 225	523 863	724 073	385 154	338 919

7. Population by age, sex and urban/rural residence: latest available year, 2002 - 2011
Population selon l'âge, le sexe et la résidence, urbaine/rurale : dernière année disponible, 2002 - 2011 (continued - suite)

Continent, country or area, date, code and age (in years) / Continent, pays ou zone, date, code et âge (en années)	Total			Urban - Urbaine			Rural - Rurale		
	Both sexes Les deux sexes	Male Masculin	Female Féminin	Both sexes Les deux sexes	Male Masculin	Female Féminin	Both sexes Les deux sexes	Male Masculin	Female Féminin
EUROPE									
Romania - Roumanie									
1 VII 2010 (ESDJ)									
35 - 39	1 663 454	847 519	815 935	927 324	455 481	471 843	736 130	392 038	344 092
40 - 44	1 738 891	876 209	862 682	1 024 976	486 687	538 289	713 915	389 522	324 393
45 - 49	1 212 937	601 357	611 580	738 144	340 814	397 330	474 793	260 543	214 250
50 - 54	1 473 751	713 468	760 283	928 797	429 048	499 749	544 954	284 420	260 534
55 - 59	1 435 134	677 935	757 199	880 068	413 362	466 706	555 066	264 573	290 493
60 - 64	1 157 613	532 277	625 336	626 669	290 075	336 594	530 944	242 202	288 742
65 - 69	877 712	384 057	493 655	421 006	183 413	237 593	456 706	200 644	256 062
70 - 74	932 912	383 617	549 295	415 770	169 426	246 344	517 142	214 191	302 951
75 - 79	708 422	278 785	429 637	297 495	113 824	183 671	410 927	164 961	245 966
80 - 84	441 175	164 601	276 574	184 437	66 439	117 998	256 738	98 162	158 576
85 - 89	187 495	63 884	123 611	79 603	24 890	54 713	107 892	38 994	68 898
90 - 94	33 075	10 838	22 237	15 586	4 609	10 977	17 489	6 229	11 260
95 - 99	10 485	3 855	6 630	4 059	1 265	2 794	6 426	2 590	3 836
100 +	3 598	1 281	2 317	1 060	361	699	2 538	920	1 618
Russian Federation - Fédération de Russie									
14 X 2010 (CDJC)									
Total	142 856 536	66 046 579	76 809 957	105 313 773	48 117 546	57 196 227	37 542 763	17 929 033	19 613 730
0 - 4	7 967 526	4 083 535	3 883 991	5 590 695	2 867 296	2 723 399	2 376 831	1 216 239	1 160 592
5 - 9	7 090 952	3 630 042	3 460 910	4 986 063	2 552 384	2 433 679	2 104 889	1 077 658	1 027 231
10 - 14	6 609 822	3 385 168	3 224 654	4 523 301	2 316 235	2 207 066	2 086 521	1 068 933	1 017 588
15 - 19	8 389 394	4 277 893	4 111 501	6 177 938	3 123 981	3 053 957	2 211 456	1 153 912	1 057 544
20 - 24	12 169 457	6 170 174	5 999 283	9 176 216	4 599 234	4 576 982	2 993 241	1 570 940	1 422 301
25 - 29	11 982 085	6 009 771	5 972 314	9 165 129	4 552 985	4 612 144	2 816 956	1 456 786	1 360 170
30 - 34	10 980 070	5 434 071	5 545 999	8 437 604	4 139 186	4 298 418	2 542 466	1 294 885	1 247 581
35 - 39	10 172 472	4 972 367	5 200 105	7 740 901	3 751 338	3 989 563	2 431 571	1 221 029	1 210 542
40 - 44	9 240 698	4 474 293	4 766 405	6 816 775	3 255 483	3 561 292	2 423 923	1 218 810	1 205 113
45 - 49	10 671 538	5 039 255	5 632 283	7 753 015	3 579 441	4 173 574	2 918 523	1 459 814	1 458 709
50 - 54	11 482 557	5 248 325	6 234 232	8 362 191	3 710 484	4 651 707	3 120 366	1 537 841	1 582 525
55 - 59	10 021 759	4 351 753	5 670 006	7 442 711	3 142 578	4 300 133	2 579 048	1 209 175	1 369 873
60 - 64	7 832 364	3 245 222	4 587 142	5 973 327	2 420 029	3 553 298	1 859 037	825 193	1 033 844
65 - 69	4 001 747	1 491 776	2 509 971	2 991 104	1 106 234	1 884 870	1 010 643	385 542	625 101
70 - 74	6 457 044	2 179 779	4 277 265	4 661 377	1 553 687	3 107 690	1 795 667	626 092	1 169 575
75 - 79	3 552 065	1 068 314	2 483 751	2 486 470	732 112	1 754 358	1 065 595	336 202	729 393
80 - 84	2 870 937	728 763	2 142 174	2 022 172	514 862	1 507 310	848 765	213 901	634 864
85 - 89	1 032 471	189 178	843 293	756 970	144 034	612 936	275 501	45 144	230 357
90 - 94	231 855	39 728	192 127	169 654	31 415	138 239	62 201	8 313	53 888
95 - 99	58 148	9 007	49 141	41 838	7 228	34 610	16 310	1 779	14 531
100 +	7 266	1 379	5 887	5 131	1 186	3 945	2 135	193	1 942
Unknown - Inconnu	34 309	16 786	17 523	33 191	16 134	17 057	1 118	652	466
San Marino - Saint-Marin[20]									
1 VII 2004 (ESDF)									
Total	29 457	14 442	15 015	...	...	...	...	...	...
0	308	160	149	...	...	...	...	...	...
1 - 4	1 274	678	596	...	...	...	...	...	...
5 - 9	1 508	800	708	...	...	...	...	...	...
10 - 14	1 383	707	676	...	...	...	...	...	...
15 - 19	1 292	672	620	...	...	...	...	...	...
20 - 24	1 519	779	740	...	...	...	...	...	...
25 - 29	2 038	983	1 055	...	...	...	...	...	...
30 - 34	2 559	1 256	1 304	...	...	...	...	...	...
35 - 39	2 863	1 385	1 478	...	...	...	...	...	...
40 - 44	2 617	1 297	1 320	...	...	...	...	...	...
45 - 49	2 067	1 054	1 013	...	...	...	...	...	...
50 - 54	1 876	932	944	...	...	...	...	...	...
55 - 59	1 819	892	927	...	...	...	...	...	...
60 - 64	1 526	751	775	...	...	...	...	...	...
65 - 69	1 383	688	696	...	...	...	...	...	...
70 - 74	1 207	553	655	...	...	...	...	...	...
75 - 79	946	413	533	...	...	...	...	...	...
80 - 84	765	290	475	...	...	...	...	...	...
85 - 89	321	102	219	...	...	...	...	...	...
90 - 94	163	47	116	...	...	...	...	...	...

7. Population by age, sex and urban/rural residence: latest available year, 2002 - 2011

Population selon l'âge, le sexe et la résidence, urbaine/rurale : dernière année disponible, 2002 - 2011 (continued - suite)

Continent, country or area, date, code and age (in years) / Continent, pays ou zone, date, code et âge (en années)	Total			Urban - Urbaine			Rural - Rurale		
	Both sexes Les deux sexes	Male Masculin	Female Féminin	Both sexes Les deux sexes	Male Masculin	Female Féminin	Both sexes Les deux sexes	Male Masculin	Female Féminin
EUROPE									
San Marino - Saint-Marin[20]									
1 VII 2004 (ESDF)									
95 - 99	29	9	20	...	...	...	...	...	...
100 +	2	-	2	...	...	...	...	...	...
Serbia - Serbie[72]									
1 VII 2010 (ESDJ)									
Total	7 291 436	3 546 374	3 745 062	4 283 985	2 041 975	2 242 010	3 007 451	1 504 399	1 503 052
0	68 892	35 482	33 410	46 818	24 123	22 695	22 074	11 359	10 715
1 - 4	277 673	143 409	134 264	183 588	94 847	88 741	94 085	48 562	45 523
5 - 9	382 658	196 528	186 130	230 463	118 568	111 895	152 195	77 960	74 235
10 - 14	373 037	191 197	181 840	206 213	106 071	100 142	166 824	85 126	81 698
15 - 19	423 036	216 806	206 230	240 115	122 819	117 296	182 921	93 987	88 934
20 - 24	467 866	239 431	228 435	277 813	139 662	138 151	190 053	99 769	90 284
25 - 29	509 802	259 053	250 749	323 627	159 493	164 134	186 175	99 560	86 615
30 - 34	516 600	261 596	255 004	329 431	161 959	167 472	187 169	99 637	87 532
35 - 39	492 183	246 402	245 781	302 967	147 412	155 555	189 216	98 990	90 226
40 - 44	474 252	234 511	239 741	281 495	135 038	146 457	192 757	99 473	93 284
45 - 49	494 201	242 579	251 622	293 275	138 351	154 924	200 926	104 228	96 698
50 - 54	530 453	259 075	271 378	314 607	146 656	167 951	215 846	112 419	103 427
55 - 59	581 153	282 160	298 993	346 077	160 616	185 461	235 076	121 544	113 532
60 - 64	466 218	218 797	247 421	279 490	126 758	152 732	186 728	92 039	94 689
65 - 69	332 641	149 350	183 291	183 267	80 587	102 680	149 374	68 763	80 611
70 - 74	351 719	151 869	199 850	185 967	79 065	106 902	165 752	72 804	92 948
75 - 79	290 423	120 088	170 335	140 615	57 488	83 127	149 808	62 600	87 208
80 - 84	170 040	66 426	103 614	77 653	28 712	48 941	92 387	37 714	54 673
85 - 89	67 665	24 036	43 629	31 005	10 575	20 430	36 660	13 461	23 199
90 - 94	14 782	5 310	9 472	6 553	2 195	4 358	8 229	3 115	5 114
95 - 99	4 446	1 635	2 811	2 083	651	1 432	2 363	984	1 379
100 +	1 696	634	1 062	863	329	534	833	305	528
Slovakia - Slovaquie									
21 V 2011 (CDJC)									
Total	5 397 036	2 627 772	2 769 264	2 937 735	1 412 818	1 524 917	2 459 301	1 214 954	1 244 347
0 - 4	280 331	143 706	136 625	143 353	73 538	69 815	136 978	70 168	66 810
5 - 9	263 211	135 158	128 053	129 910	66 788	63 122	133 301	68 370	64 931
10 - 14	282 974	145 245	137 729	136 414	70 042	66 372	146 560	75 203	71 357
15 - 19	343 022	175 453	167 569	172 498	88 034	84 464	170 524	87 419	83 105
20 - 24	401 709	204 603	197 106	217 225	110 553	106 672	184 484	94 050	90 434
25 - 29	437 644	223 998	213 646	246 441	125 419	121 022	191 203	98 579	92 624
30 - 34	460 530	236 598	223 932	262 088	133 891	128 197	198 442	102 707	95 735
35 - 39	428 814	218 955	209 859	235 824	118 974	116 850	192 990	99 981	93 009
40 - 44	357 754	180 818	176 936	193 528	94 626	98 902	164 226	86 192	78 034
45 - 49	373 920	186 945	186 975	209 467	100 356	109 111	164 453	86 589	77 864
50 - 54	384 686	189 967	194 719	222 056	105 108	116 948	162 630	84 859	77 771
55 - 59	386 524	185 412	201 112	227 574	106 090	121 484	158 950	79 322	79 628
60 - 64	311 724	143 683	168 041	179 667	81 410	98 257	132 057	62 273	69 784
65 - 69	219 301	93 226	126 075	121 305	51 209	70 096	97 996	42 017	55 979
70 - 74	173 180	68 008	105 172	90 784	35 959	54 825	82 396	32 049	50 347
75 - 79	135 663	48 471	87 192	69 932	25 683	44 249	65 731	22 788	42 943
80 - 84	93 928	29 853	64 075	47 608	15 670	31 938	46 320	14 183	32 137
85 - 89	47 001	13 235	33 766	23 943	6 978	16 965	23 058	6 257	16 801
90 - 94	11 180	3 026	8 154	5 694	1 568	4 126	5 486	1 458	4 028
95 - 99	2 358	627	1 731	1 287	337	950	1 071	290	781
100 +	262	61	201	145	36	109	117	25	92
Unknown - Inconnu	1 320	724	596	992	549	443	328	175	153
Slovenia - Slovénie									
1 I 2011 (CDJC)									
Total	2 050 189	1 014 563	1 035 626	1 024 330	499 283	525 047	1 025 859	515 280	510 579
0 - 4	106 582	54 813	51 769	51 919	26 749	25 170	54 663	28 064	26 599
5 - 9	90 882	46 747	44 135	42 027	21 540	20 487	48 855	25 207	23 648
10 - 14	93 389	48 142	45 247	42 058	21 697	20 361	51 331	26 445	24 886
15 - 19	102 526	52 645	49 881	47 190	24 019	23 171	55 336	28 626	26 710
20 - 24	127 304	66 235	61 069	66 947	34 260	32 687	60 357	31 975	28 382
25 - 29	145 535	76 436	69 099	73 674	38 771	34 903	71 861	37 665	34 196
30 - 34	158 120	83 020	75 100	80 505	42 285	38 220	77 615	40 735	36 880
35 - 39	150 888	78 883	72 005	74 135	38 591	35 544	76 753	40 292	36 461

7. Population by age, sex and urban/rural residence: latest available year, 2002 - 2011
Population selon l'âge, le sexe et la résidence, urbaine/rurale : dernière année disponible, 2002 - 2011 (continued - suite)

Continent, country or area, date, code and age (in years) / Continent, pays ou zone, date, code et âge (en années)	Total			Urban - Urbaine			Rural - Rurale		
	Both sexes Les deux sexes	Male Masculin	Female Féminin	Both sexes Les deux sexes	Male Masculin	Female Féminin	Both sexes Les deux sexes	Male Masculin	Female Féminin
EUROPE									
Slovenia - Slovénie									
1 I 2011 (CDJC)									
40 - 44	150 670	77 321	73 349	72 985	37 059	35 926	77 685	40 262	37 423
45 - 49	157 049	80 025	77 024	78 113	39 121	38 992	78 936	40 904	38 032
50 - 54	153 589	78 295	75 294	76 905	38 253	38 652	76 684	40 042	36 642
55 - 59	151 186	76 981	74 205	77 447	38 348	39 099	73 739	38 633	35 106
60 - 64	123 525	60 844	62 681	63 522	30 317	33 205	60 003	30 527	29 476
65 - 69	93 991	43 771	50 220	48 467	21 478	26 989	45 524	22 293	23 231
70 - 74	87 474	38 335	49 139	44 712	19 313	25 399	42 762	19 022	23 740
75 - 79	72 422	27 746	44 676	37 484	14 329	23 155	34 938	13 417	21 521
80 - 84	50 959	16 389	34 570	26 869	8 531	18 338	24 090	7 858	16 232
85 - 89	25 925	6 266	19 659	14 453	3 614	10 839	11 472	2 652	8 820
90 - 94	6 326	1 351	4 975	3 768	809	2 959	2 558	542	2 016
95 - 99	1 625	285	1 340	1 006	179	827	619	106	513
100 +	222	33	189	144	20	124	78	13	65
Spain - Espagne									
1 VII 2011 (ESDJ)									
Total	46 125 154	22 683 725	23 441 429	...	...	...	...	...	...
0	487 633	251 390	236 243	...	...	...	...	...	...
1 - 4	1 994 950	1 027 276	967 674	...	...	...	...	...	...
5 - 9	2 347 109	1 207 027	1 140 082	...	...	...	...	...	...
10 - 14	2 161 145	1 110 310	1 050 835	...	...	...	...	...	...
15 - 19	2 190 562	1 123 709	1 066 853	...	...	...	...	...	...
20 - 24	2 495 194	1 267 595	1 227 599	...	...	...	...	...	...
25 - 29	3 116 311	1 576 770	1 539 541	...	...	...	...	...	...
30 - 34	3 875 865	1 985 059	1 890 806	...	...	...	...	...	...
35 - 39	3 992 103	2 050 952	1 941 151	...	...	...	...	...	...
40 - 44	3 751 682	1 906 994	1 844 688	...	...	...	...	...	...
45 - 49	3 509 754	1 757 686	1 752 068	...	...	...	...	...	...
50 - 54	3 133 876	1 548 711	1 585 165	...	...	...	...	...	...
55 - 59	2 669 776	1 303 538	1 366 238	...	...	...	...	...	...
60 - 64	2 448 246	1 176 927	1 271 319	...	...	...	...	...	...
65 - 69	2 142 176	1 011 684	1 130 492	...	...	...	...	...	...
70 - 74	1 738 895	790 373	948 522	...	...	...	...	...	...
75 - 79	1 704 546	730 328	974 218	...	...	...	...	...	...
80 - 84	1 279 574	501 141	778 433	...	...	...	...	...	...
85 - 89	734 597	256 226	478 371	...	...	...	...	...	...
90 - 94	274 854	81 046	193 808	...	...	...	...	...	...
95 - 99	67 398	16 624	50 774	...	...	...	...	...	...
100 +	8 908	2 359	6 549	...	...	...	...	...	...
Sweden - Suède[20]									
1 I 2010 (ESDJ)									
Total	9 340 682	4 649 014	4 691 668	...	...	...	...	...	...
0	112 120	57 720	54 400	...	...	...	...	...	...
1 - 4	436 102	224 106	211 996	...	...	...	...	...	...
5 - 9	503 934	258 574	245 360	...	...	...	...	...	...
10 - 14	497 286	255 238	242 048	...	...	...	...	...	...
15 - 19	638 533	328 011	310 522	...	...	...	...	...	...
20 - 24	605 453	309 505	295 948	...	...	...	...	...	...
25 - 29	571 759	293 280	278 479	...	...	...	...	...	...
30 - 34	580 069	296 143	283 926	...	...	...	...	...	...
35 - 39	634 498	322 241	312 257	...	...	...	...	...	...
40 - 44	663 060	337 930	325 130	...	...	...	...	...	...
45 - 49	621 146	315 776	305 370	...	...	...	...	...	...
50 - 54	585 136	295 746	289 390	...	...	...	...	...	...
55 - 59	575 354	288 996	286 358	...	...	...	...	...	...
60 - 64	625 455	312 140	313 315	...	...	...	...	...	...
65 - 69	513 757	255 340	258 417	...	...	...	...	...	...
70 - 74	378 574	180 700	197 874	...	...	...	...	...	...
75 - 79	304 061	135 418	168 643	...	...	...	...	...	...
80 - 84	246 209	100 039	146 170	...	...	...	...	...	...
85 - 89	168 195	60 035	108 160	...	...	...	...	...	...
90 - 94	63 451	18 563	44 888	...	...	...	...	...	...
95 - 99	14 894	3 263	11 631	...	...	...	...	...	...
100 +	1 636	250	1 386	...	...	...	...	...	...

Continent, country or area, date, code and age (in years) Continent, pays ou zone, date, code et âge (en années)	Total			Urban - Urbaine			Rural - Rurale		
	Both sexes Les deux sexes	Male Masculin	Female Féminin	Both sexes Les deux sexes	Male Masculin	Female Féminin	Both sexes Les deux sexes	Male Masculin	Female Féminin
EUROPE									
Switzerland - Suisse									
1 I 2010 (ESDJ)									
Total..........................	7 785 806	3 830 566	3 955 240	...	...	...	...	...	...
0	77 786	40 147	37 639	...	...	...	...	...	...
1 - 4	304 384	156 654	147 730	...	...	...	...	...	...
5 - 9	381 376	196 406	184 970	...	...	...	...	...	...
10 - 14	417 675	214 858	202 817	...	...	...	...	...	...
15 - 19	454 904	233 589	221 315	...	...	...	...	...	...
20 - 24	470 871	237 898	232 973	...	...	...	...	...	...
25 - 29	507 179	254 043	253 136	...	...	...	...	...	...
30 - 34	525 183	261 907	263 276	...	...	...	...	...	...
35 - 39	570 943	286 440	284 503	...	...	...	...	...	...
40 - 44	642 499	323 426	319 073	...	...	...	...	...	...
45 - 49	634 893	321 162	313 731	...	...	...	...	...	...
50 - 54	550 052	278 357	271 695	...	...	...	...	...	...
55 - 59	481 840	240 698	241 142	...	...	...	...	...	...
60 - 64	457 530	226 156	231 374	...	...	...	...	...	...
65 - 69	383 053	184 254	198 799	...	...	...	...	...	...
70 - 74	300 300	137 629	162 671	...	...	...	...	...	...
75 - 79	253 734	108 634	145 100	...	...	...	...	...	...
80 - 84	191 585	72 813	118 772	...	...	...	...	...	...
85 - 89	119 610	39 441	80 169	...	...	...	...	...	...
90 - 94	43 767	12 243	31 524	...	...	...	...	...	...
95 + ...	16 642	3 811	12 831	...	...	...	...	...	...
TFYR of Macedonia - L'ex-R. y. de Macédoine									
1 I 2010 (ESDF)									
Total..........................	2 052 722	1 028 815	1 023 907	...	...	...	...	...	...
0	23 415	12 185	11 230	...	...	...	...	...	...
1 - 4	89 456	45 986	43 470	...	...	...	...	...	...
5 - 9	118 878	61 408	57 470	...	...	...	...	...	...
10 - 14	131 708	68 114	63 594	...	...	...	...	...	...
15 - 19	154 423	79 274	75 149	...	...	...	...	...	...
20 - 24	163 497	83 878	79 619	...	...	...	...	...	...
25 - 29	164 108	84 251	79 857	...	...	...	...	...	...
30 - 34	155 962	80 101	75 861	...	...	...	...	...	...
35 - 39	147 872	74 874	72 998	...	...	...	...	...	...
40 - 44	148 682	75 405	73 277	...	...	...	...	...	...
45 - 49	145 527	73 785	71 742	...	...	...	...	...	...
50 - 54	140 919	71 558	69 361	...	...	...	...	...	...
55 - 59	128 118	63 337	64 781	...	...	...	...	...	...
60 - 64	101 092	48 135	52 957	...	...	...	...	...	...
65 - 69	81 462	38 111	43 351	...	...	...	...	...	...
70 - 74	69 033	31 218	37 815	...	...	...	...	...	...
75 - 79	51 212	22 162	29 050	...	...	...	...	...	...
80 - 84	24 975	10 363	14 612	...	...	...	...	...	...
85 - 89	9 394	3 675	5 719	...	...	...	...	...	...
90 - 94	1 697	606	1 091	...	...	...	...	...	...
95 + ...	733	254	479	...	...	...	...	...	...
Unknown - Inconnu	559	135	424	...	...	...	...	...	...
Ukraine									
1 I 2011 (ESDJ)									
Total...............................	45 598 179	21 032 616	24 565 563	31 186 018	14 278 619	16 907 399	14 412 161	6 753 997	7 658 164
0	494 011	254 668	239 343	324 517	167 516	157 001	169 494	87 152	82 342
1 - 4	1 935 552	996 008	939 544	1 290 197	664 689	625 508	645 355	331 319	314 036
5 - 9	2 001 136	1 029 400	971 736	1 316 550	677 460	639 090	684 586	351 940	332 646
10 - 14	2 065 291	1 058 297	1 006 994	1 260 281	646 635	613 646	805 010	411 662	393 348
15 - 19	2 688 092	1 376 991	1 311 101	1 780 462	905 248	875 214	907 630	471 743	435 887
20 - 24	3 564 355	1 821 388	1 742 967	2 471 229	1 250 643	1 220 586	1 093 126	570 745	522 381
25 - 29	3 766 372	1 914 339	1 852 033	2 791 968	1 412 539	1 379 429	974 404	501 800	472 604
30 - 34	3 397 113	1 698 402	1 698 711	2 451 868	1 210 740	1 241 128	945 245	487 662	457 583
35 - 39	3 260 621	1 599 139	1 661 482	2 290 607	1 109 514	1 181 093	970 014	489 625	480 389
40 - 44	3 041 855	1 466 188	1 575 667	2 082 288	977 106	1 105 182	959 567	489 082	470 485
45 - 49	3 325 855	1 555 269	1 770 586	2 317 607	1 049 401	1 268 206	1 008 248	505 868	502 380
50 - 54	3 485 581	1 580 240	1 905 341	2 463 241	1 080 710	1 382 531	1 022 340	499 530	522 810

7. Population by age, sex and urban/rural residence: latest available year, 2002 - 2011
Population selon l'âge, le sexe et la résidence, urbaine/rurale : dernière année disponible, 2002 - 2011 (continued - suite)

Continent, country or area, date, code and age (in years) / Continent, pays ou zone, date, code et âge (en années)	Total			Urban - Urbaine			Rural - Rurale		
	Both sexes Les deux sexes	Male Masculin	Female Féminin	Both sexes Les deux sexes	Male Masculin	Female Féminin	Both sexes Les deux sexes	Male Masculin	Female Féminin
EUROPE									
Ukraine									
1 I 2011 (ESDJ)									
55 - 59	3 039 914	1 318 921	1 720 993	2 180 808	920 351	1 260 457	859 106	398 570	460 536
60 - 64	2 567 210	1 059 998	1 507 212	1 839 228	747 515	1 091 713	727 982	312 483	415 499
65 - 69	1 709 185	640 548	1 068 637	1 107 092	417 165	689 927	602 093	223 383	378 710
70 - 74	2 424 417	850 891	1 573 526	1 558 705	549 807	1 008 898	865 712	301 084	564 628
75 - 79	1 231 252	402 941	828 311	727 038	242 650	484 388	504 214	160 291	343 923
80 - 84	1 062 212	294 187	768 025	621 957	178 881	443 076	440 255	115 306	324 949
85 - 89	427 211	91 886	335 325	243 678	54 785	188 893	183 533	37 101	146 432
90 - 94	89 230	18 746	70 484	52 885	12 325	40 560	36 345	6 421	29 924
95 - 99	19 715	3 753	15 962	12 424	2 655	9 769	7 291	1 098	6 193
100 +	1 999	416	1 583	1 388	284	1 104	611	132	479
United Kingdom of Great Britain and Northern Ireland - Royaume-Uni de Grande-Bretagne et d'Irlande du Nord[73]									
1 VII 2010 (ESDF)									
Total	62 261 967	30 643 254	31 618 713	...	...	...	...	...	...
0	795 183	407 398	387 785	...	...	...	...	...	...
1 - 4	3 063 255	1 569 886	1 493 369	...	...	...	...	...	...
5 - 9	3 446 377	1 761 535	1 684 842	...	...	...	...	...	...
10 - 14	3 566 928	1 825 340	1 741 588	...	...	...	...	...	...
15 - 19	3 911 757	2 012 819	1 898 938	...	...	...	...	...	...
20 - 24	4 309 949	2 213 107	2 096 842	...	...	...	...	...	...
25 - 29	4 249 780	2 168 615	2 081 165	...	...	...	...	...	...
30 - 34	3 891 386	1 959 754	1 931 632	...	...	...	...	...	...
35 - 39	4 201 740	2 084 624	2 117 116	...	...	...	...	...	...
40 - 44	4 632 052	2 293 419	2 338 633	...	...	...	...	...	...
45 - 49	4 566 100	2 250 028	2 316 072	...	...	...	...	...	...
50 - 54	3 981 101	1 964 710	2 016 391	...	...	...	...	...	...
55 - 59	3 578 337	1 758 587	1 819 750	...	...	...	...	...	...
60 - 64	3 763 599	1 840 077	1 923 522	...	...	...	...	...	...
65 - 69	2 931 671	1 412 107	1 519 564	...	...	...	...	...	...
70 - 74	2 467 751	1 160 309	1 307 442	...	...	...	...	...	...
75 - 79	2 001 755	893 914	1 107 841	...	...	...	...	...	...
80 - 84	1 492 635	607 090	885 545	...	...	...	...	...	...
85 - 89	934 552	326 079	608 473	...	...	...	...	...	...
90 +	476 059	133 856	342 203	...	...	...	...	...	...
OCEANIA - OCÉANIE									
Australia - Australie[74]									
1 VII 2009* (ESDJ)									
Total	21 955 256	10 931 694	11 023 562	17 984 840	8 913 643	9 071 197	3 970 416	2 018 051	1 952 365
0	300 292	154 048	146 244	249 007	127 667	121 340	51 285	26 381	24 904
1 - 4	1 125 843	577 998	547 845	923 864	474 379	449 485	201 979	103 619	98 360
5 - 9	1 357 989	696 353	661 636	1 092 538	559 825	532 713	265 451	136 528	128 923
10 - 14	1 405 090	720 836	684 254	1 121 173	574 061	547 112	283 917	146 775	137 142
15 - 19	1 499 786	772 070	727 716	1 232 590	632 277	600 313	267 196	139 793	127 403
20 - 24	1 612 004	830 048	781 956	1 406 680	721 335	685 345	205 324	108 713	96 611
25 - 29	1 603 435	813 699	789 736	1 392 433	705 451	686 982	211 002	108 248	102 754
30 - 34	1 502 481	751 688	750 793	1 283 279	641 455	641 824	219 202	110 233	108 969
35 - 39	1 617 308	803 190	814 118	1 353 399	671 439	681 960	263 909	131 751	132 158
40 - 44	1 528 738	759 929	768 809	1 258 687	623 946	634 741	270 051	135 983	134 068
45 - 49	1 571 554	778 491	793 063	1 273 376	627 815	645 561	298 178	150 676	147 502
50 - 54	1 440 043	712 887	727 156	1 152 674	565 616	587 058	287 369	147 271	140 098
55 - 59	1 306 014	647 343	658 671	1 033 704	506 853	526 851	272 310	140 490	131 820
60 - 64	1 169 777	584 439	585 338	916 706	453 361	463 345	253 071	131 078	121 993
65 - 69	868 588	430 169	438 419	671 552	328 520	343 032	197 036	101 649	95 387
70 - 74	685 773	330 764	355 009	533 835	252 923	280 912	151 938	77 841	74 097
75 - 79	549 762	254 552	295 210	434 616	198 041	236 575	115 146	56 511	58 635
80 - 84	431 337	183 548	247 789	345 755	144 522	201 233	85 582	39 026	46 556
85 +	379 442	129 642	249 800	308 972	104 157	204 815	70 470	25 485	44 985

Continent, country or area, date, code and age (in years) / Continent, pays ou zone, date, code et âge (en années)	Total			Urban - Urbaine			Rural - Rurale		
	Both sexes Les deux sexes	Male Masculin	Female Féminin	Both sexes Les deux sexes	Male Masculin	Female Féminin	Both sexes Les deux sexes	Male Masculin	Female Féminin
OCEANIA - OCÉANIE									
Australia - Australie[74]									
1 VII 2009* (ESDJ)									
85 - 89	258 102	94 838	163 264	...	...	...	...	...	...
90 - 94	92 962	28 008	64 954	...	...	...	...	...	...
95 - 99	24 977	6 078	18 899	...	...	...	...	...	...
100 +	3 401	718	2 683	...	...	...	...	...	...
1 VII 2011* (ESDJ)									
Total	22 620 554	11 260 747	11 359 807	...	...	...	...	...	...
0	295 728	151 769	143 959	...	...	...	...	...	...
1 - 4	1 176 673	603 961	572 712	...	...	...	...	...	...
5 - 9	1 383 048	710 036	673 012	...	...	...	...	...	...
10 - 14	1 405 184	720 348	684 836	...	...	...	...	...	...
15 - 19	1 492 373	765 850	726 523	...	...	...	...	...	...
20 - 24	1 658 472	853 731	804 741	...	...	...	...	...	...
25 - 29	1 691 066	858 021	833 045	...	...	...	...	...	...
30 - 34	1 567 777	785 511	782 266	...	...	...	...	...	...
35 - 39	1 590 705	791 154	799 551	...	...	...	...	...	...
40 - 44	1 593 846	791 451	802 395	...	...	...	...	...	...
45 - 49	1 565 859	776 772	789 087	...	...	...	...	...	...
50 - 54	1 498 929	739 503	759 426	...	...	...	...	...	...
55 - 59	1 350 263	667 593	682 670	...	...	...	...	...	...
60 - 64	1 247 102	618 688	628 414	...	...	...	...	...	...
65 - 69	952 868	472 298	480 570	...	...	...	...	...	...
70 - 74	730 961	354 097	376 864	...	...	...	...	...	...
75 - 79	559 851	261 019	298 832	...	...	...	...	...	...
80 - 84	444 422	192 586	251 836	...	...	...	...	...	...
85 - 89	274 994	103 745	171 249	...	...	...	...	...	...
90 - 94	108 930	34 712	74 218	...	...	...	...	...	...
95 - 99	27 251	6 893	20 358	...	...	...	...	...	...
100 +	4 252	1 009	3 243	...	...	...	...	...	...
Cook Islands - Îles Cook[75]									
1 XII 2006 (CDJC)									
Total	15 324	7 822	7 502	...	...	...	...	...	...
0 - 4	1 509	782	727	...	...	...	...	...	...
5 - 9	1 513	784	729	...	...	...	...	...	...
10 - 14	1 679	889	790	...	...	...	...	...	...
15 - 19	1 450	820	630	...	...	...	...	...	...
20 - 24	1 058	513	545	...	...	...	...	...	...
25 - 29	913	440	473	...	...	...	...	...	...
30 - 34	1 022	468	554	...	...	...	...	...	...
35 - 39	1 083	532	551	...	...	...	...	...	...
40 - 44	1 096	556	540	...	...	...	...	...	...
45 - 49	931	474	457	...	...	...	...	...	...
50 - 54	725	363	362	...	...	...	...	...	...
55 - 59	634	353	281	...	...	...	...	...	...
60 - 64	549	265	284	...	...	...	...	...	...
65 - 69	451	224	227	...	...	...	...	...	...
70 - 74	352	187	165	...	...	...	...	...	...
75 +	359	172	187	...	...	...	...	...	...
Fiji - Fidji									
16 IX 2007 (CDFC)									
Total	837 271	427 176	410 095	424 846	212 454	212 392	412 425	214 722	197 703
0 - 4	82 718	42 835	39 883	39 209	20 264	18 945	43 509	22 571	20 938
5 - 9	78 019	40 441	37 578	35 981	18 528	17 453	42 038	21 913	20 125
10 - 14	82 384	42 369	40 015	38 916	19 790	19 126	43 468	22 579	20 889
15 - 19	79 518	40 818	38 700	42 458	21 051	21 407	37 060	19 767	17 293
20 - 24	80 352	41 325	39 027	45 837	22 896	22 941	34 515	18 429	16 086
25 - 29	73 487	37 390	36 097	40 669	20 260	20 409	32 818	17 130	15 688
30 - 34	63 535	32 825	30 710	33 612	17 017	16 595	29 923	15 808	14 115
35 - 39	56 552	28 778	27 774	29 288	14 674	14 614	27 264	14 104	13 160
40 - 44	56 274	28 598	27 676	28 147	14 058	14 089	28 127	14 540	13 587
45 - 49	50 322	25 835	24 487	25 556	12 780	12 776	24 766	13 055	11 711
50 - 54	40 009	20 215	19 794	20 581	10 118	10 463	19 428	10 097	9 331
55 - 59	31 161	15 735	15 426	15 667	7 715	7 952	15 494	8 020	7 474
60 - 64	24 120	11 956	12 164	11 655	5 647	6 008	12 465	6 309	6 156

228

Continent, country or area, date, code and age (in years) Continent, pays ou zone, date, code et âge (en annèes)	Total			Urban - Urbaine			Rural - Rurale		
	Both sexes Les deux sexes	Male Masculin	Female Féminin	Both sexes Les deux sexes	Male Masculin	Female Féminin	Both sexes Les deux sexes	Male Masculin	Female Féminin
OCEANIA - OCÉANIE									
Fiji - Fidji									
16 IX 2007 (CDFC)									
65 - 69	16 808	8 098	8 710	7 597	3 509	4 088	9 211	4 589	4 622
70 - 74	10 110	4 716	5 394	4 360	1 887	2 473	5 750	2 829	2 921
75 +	11 902	5 242	6 660	5 313	2 260	3 053	6 589	2 982	3 607
75 - 79	6 138	2 811	3 327	...	...	...	...	...	...
80 - 84	3 236	1 376	1 860	...	...	...	...	...	...
85 - 89	1 638	702	936	...	...	...	...	...	...
90 - 94	572	212	360	...	...	...	...	...	...
95 +	318	141	177	...	...	...	...	...	...
French Polynesia - Polynésie française									
1 I 2009 (ESDF)									
Total	264 000	135 200	128 800	...	...	...	...	...	...
0 - 4	21 900	11 200	10 700	...	...	...	...	...	...
5 - 9	23 000	11 700	11 200	...	...	...	...	...	...
10 - 14	23 600	12 100	11 400	...	...	...	...	...	...
15 - 19	25 900	13 400	12 500	...	...	...	...	...	...
20 - 24	24 000	12 000	11 900	...	...	...	...	...	...
25 - 29	19 500	9 900	9 600	...	...	...	...	...	...
30 - 34	20 300	10 300	10 000	...	...	...	...	...	...
35 - 39	20 900	10 800	10 100	...	...	...	...	...	...
40 - 44	20 500	10 600	9 900	...	...	...	...	...	...
45 - 49	16 700	8 700	8 000	...	...	...	...	...	...
50 - 54	13 900	7 300	6 600	...	...	...	...	...	...
55 - 59	10 500	5 500	5 000	...	...	...	...	...	...
60 - 64	8 000	4 100	3 900	...	...	...	...	...	...
65 - 69	6 200	3 200	3 000	...	...	...	...	...	...
70 - 74	4 300	2 100	2 200	...	...	...	...	...	...
75 - 79	2 700	1 300	1 400	...	...	...	...	...	...
80 - 84	1 400	600	800	...	...	...	...	...	...
85 - 89	500	200	300	...	...	...	...	...	...
90 +	200	100	100	...	...	...	...	...	...
Kiribati									
7 XII 2005 (CDFC)									
Total	92 533	45 612	46 921	40 311	19 435	20 876	52 222	26 177	26 045
0 - 4	10 917	5 613	5 304	4 587	2 379	2 208	6 330	3 234	3 096
5 - 9	12 466	6 315	6 151	4 908	2 438	2 470	7 558	3 877	3 681
10 - 14	10 810	5 597	5 213	4 297	2 185	2 112	6 513	3 412	3 101
15 - 19	10 793	5 511	5 282	4 634	2 288	2 346	6 159	3 223	2 936
20 - 24	8 574	4 247	4 327	4 568	2 132	2 436	4 006	2 115	1 891
25 - 29	6 782	3 274	3 508	3 385	1 631	1 754	3 397	1 643	1 754
30 - 34	5 561	2 631	2 930	2 567	1 196	1 371	2 994	1 435	1 559
35 - 39	6 459	3 095	3 364	2 774	1 304	1 470	3 685	1 791	1 894
40 - 44	5 253	2 575	2 678	2 286	1 093	1 193	2 967	1 482	1 485
45 - 49	4 298	2 046	2 252	1 915	905	1 010	2 383	1 141	1 242
50 - 54	3 150	1 479	1 671	1 396	639	757	1 754	840	914
55 - 59	2 450	1 143	1 307	1 038	458	580	1 412	685	727
60 - 64	1 740	802	938	708	309	399	1 032	493	539
65 - 69	1 288	547	741	516	219	297	772	328	444
70 - 74	1 111	428	683	403	150	253	708	278	430
75 +	881	309	572	329	109	220	552	200	352
Marshall Islands - Îles Marshall[76]									
1 VII 2010 (ESDF)									
Total	54 305	27 843	26 462	...	...	...	...	...	...
0 - 4	7 899	4 053	3 846	...	...	...	...	...	...
5 - 9	7 131	3 660	3 470	...	...	...	...	...	...
10 - 14	7 207	3 732	3 475	...	...	...	...	...	...
15 - 19	6 120	3 126	2 993	...	...	...	...	...	...
20 - 24	6 347	3 310	3 038	...	...	...	...	...	...
25 - 29	4 808	2 478	2 330	...	...	...	...	...	...
30 - 34	2 761	1 389	1 372	...	...	...	...	...	...
35 - 39	2 128	1 071	1 058	...	...	...	...	...	...
40 - 44	2 039	1 043	996	...	...	...	...	...	...

7. Population by age, sex and urban/rural residence: latest available year, 2002 - 2011

Population selon l'âge, le sexe et la résidence, urbaine/rurale : dernière année disponible, 2002 - 2011 (continued - suite)

Continent, country or area, date, code and age (in years) / Continent, pays ou zone, date, code et âge (en années)	Total			Urban - Urbaine			Rural - Rurale		
	Both sexes Les deux sexes	Male Masculin	Female Féminin	Both sexes Les deux sexes	Male Masculin	Female Féminin	Both sexes Les deux sexes	Male Masculin	Female Féminin
OCEANIA - OCÉANIE									
Marshall Islands - Îles Marshall[76]									
1 VII 2010 (ESDF)									
45 - 49	2 023	1 025	998	...	...	...	...	...	...
50 - 54	1 814	878	936	...	...	...	...	...	...
55 - 59	1 592	854	737	...	...	...	...	...	...
60 - 64	1 089	573	516	...	...	...	...	...	...
65 - 69	572	299	273	...	...	...	...	...	...
70 - 74	361	165	196	...	...	...	...	...	...
75 +	412	184	228	...	...	...	...	...	...
Micronesia (Federated States of) - Micronésie (États fédérés de)[2]									
1 VII 2010 (ESDJ)									
Total	107 839	54 158	53 681	...	...	...	...	...	...
0 - 4	13 651	6 992	6 659	...	...	...	...	...	...
5 - 9	13 203	6 753	6 450	...	...	...	...	...	...
10 - 14	12 489	6 387	6 102	...	...	...	...	...	...
15 - 19	11 478	5 878	5 600	...	...	...	...	...	...
20 - 24	9 345	4 862	4 483	...	...	...	...	...	...
25 - 29	7 667	3 782	3 885	...	...	...	...	...	...
30 - 34	6 198	3 118	3 080	...	...	...	...	...	...
35 - 39	6 198	2 920	3 278	...	...	...	...	...	...
40 - 44	5 712	2 673	3 039	...	...	...	...	...	...
45 - 49	5 478	2 694	2 784	...	...	...	...	...	...
50 - 54	5 073	2 546	2 527	...	...	...	...	...	...
55 - 59	4 183	2 149	2 034	...	...	...	...	...	...
60 - 64	2 801	1 428	1 373	...	...	...	...	...	...
65 - 69	1 551	714	837	...	...	...	...	...	...
70 - 74	1 257	580	677	...	...	...	...	...	...
75 +	1 555	682	873	...	...	...	...	...	...
Nauru									
23 IX 2002 (CDFC)									
Total	10 065	5 136	4 929	...	...	...	...	...	...
0 - 4	1 266	648	618	...	...	...	...	...	...
5 - 9	1 359	718	641	...	...	...	...	...	...
10 - 14	1 213	640	573	...	...	...	...	...	...
15 - 19	1 010	502	508	...	...	...	...	...	...
20 - 24	961	500	461	...	...	...	...	...	...
25 - 29	786	397	389	...	...	...	...	...	...
30 - 34	728	375	353	...	...	...	...	...	...
35 - 39	743	375	369	...	...	...	...	...	...
40 - 44	622	292	331	...	...	...	...	...	...
45 - 49	492	236	256	...	...	...	...	...	...
50 - 54	337	162	175	...	...	...	...	...	...
55 - 59	183	95	88	...	...	...	...	...	...
60 - 64	126	79	47	...	...	...	...	...	...
65 - 69	58	31	27	...	...	...	...	...	...
70 - 74	37	18	19	...	...	...	...	...	...
75 - 79	19	6	13	...	...	...	...	...	...
80 - 84	9	2	7	...	...	...	...	...	...
85 - 89	5	1	4	...	...	...	...	...	...
90 +	1	-	1	...	...	...	...	...	...
Unknown - Inconnu	110	59	49	...	...	...	...	...	...
New Caledonia - Nouvelle-Calédonie									
1 VII 2010 (ESDF)									
Total	250 040	126 771	123 269	...	...	...	...	...	...
0 - 4	19 821	10 307	9 514	...	...	...	...	...	...
5 - 9	18 682	9 559	9 123	...	...	...	...	...	...
10 - 14	22 402	11 505	10 897	...	...	...	...	...	...
15 - 19	21 542	11 159	10 383	...	...	...	...	...	...
20 - 24	19 512	9 965	9 547	...	...	...	...	...	...
25 - 29	18 426	9 309	9 117	...	...	...	...	...	...
30 - 34	18 633	9 235	9 398	...	...	...	...	...	...

7. Population by age, sex and urban/rural residence: latest available year, 2002 - 2011
Population selon l'âge, le sexe et la résidence, urbaine/rurale : dernière année disponible, 2002 - 2011 (continued - suite)

Continent, country or area, date, code and age (in years) / Continent, pays ou zone, date, code et âge (en annèes)	Total			Urban - Urbaine			Rural - Rurale		
	Both sexes Les deux sexes	Male Masculin	Female Féminin	Both sexes Les deux sexes	Male Masculin	Female Féminin	Both sexes Les deux sexes	Male Masculin	Female Féminin
OCEANIA - OCÉANIE									
New Caledonia - Nouvelle-Calédonie									
1 VII 2010 (ESDF)									
35 - 39	20 298	10 208	10 090	...	...	...	...	...	...
40 - 44	19 020	9 593	9 427	...	...	...	...	...	...
45 - 49	16 713	8 531	8 182	...	...	...	...	...	...
50 - 54	13 719	6 923	6 796	...	...	...	...	...	...
55 - 59	11 328	5 762	5 566	...	...	...	...	...	...
60 - 64	9 839	5 188	4 651	...	...	...	...	...	...
65 - 69	7 148	3 638	3 510	...	...	...	...	...	...
70 - 74	5 500	2 641	2 859	...	...	...	...	...	...
75 - 79	3 577	1 701	1 876	...	...	...	...	...	...
80 +	3 880	1 547	2 333	...	...	...	...	...	...
New Zealand - Nouvelle-Zélande[77]									
1 VII 2011 (ESDJ)									
Total	4 405 200	2 164 600	2 240 600	3 795 400[78]	1 852 000[78]	1 943 400[78]	608 900[78]	312 100[78]	296 800[78]
0 - 4	314 280	161 360	152 920	272 550[78]	140 070[78]	132 490[78]	41 720[78]	21 290[78]	20 430[78]
5 - 9	287 270	146 970	140 300	245 460[78]	125 640[78]	119 830[78]	41 800[78]	21 330[78]	20 470[78]
10 - 14	292 900	149 900	143 010	247 580[78]	126 540[78]	121 040[78]	45 300[78]	23 340[78]	21 960[78]
15 - 19	317 310	163 280	154 030	275 090[78]	140 740[78]	134 350[78]	42 210[78]	22 530[78]	19 680[78]
20 - 24	325 110	167 650	157 460	294 480[78]	150 630[78]	143 850[78]	30 600[78]	17 000[78]	13 600[78]
25 - 29	293 680	146 440	147 240	268 240[78]	133 140[78]	135 100[78]	25 400[78]	13 280[78]	12 130[78]
30 - 34	272 490	131 190	141 300	243 290[78]	116 800[78]	126 500[78]	29 140[78]	14 360[78]	14 790[78]
35 - 39	290 410	138 130	152 280	252 590[78]	119 700[78]	132 880[78]	37 760[78]	18 380[78]	19 380[78]
40 - 44	312 750	149 200	163 560	267 160[78]	127 170[78]	140 000[78]	45 540[78]	22 000[78]	23 550[78]
45 - 49	318 880	154 150	164 730	267 340[78]	128 680[78]	138 660[78]	51 480[78]	25 430[78]	26 050[78]
50 - 54	298 580	145 560	153 020	247 250[78]	119 480[78]	127 770[78]	51 240[78]	26 020[78]	25 220[78]
55 - 59	257 360	126 150	131 210	211 370[78]	102 410[78]	108 960[78]	45 880[78]	23 670[78]	22 210[78]
60 - 64	237 080	116 310	120 770	194 970[78]	94 590[78]	100 380[78]	42 010[78]	21 650[78]	20 350[78]
65 - 69	180 220	87 980	92 250	149 410[78]	71 620[78]	77 790[78]	30 720[78]	16 300[78]	14 420[78]
70 - 74	145 210	69 580	75 630	123 240[78]	57 700[78]	65 530[78]	21 930[78]	11 840[78]	10 090[78]
75 - 79	105 900	49 190	56 710	93 050[78]	42 170[78]	50 880[78]	12 820[78]	7 010[78]	5 820[78]
80 - 84	82 610	36 050	46 560	74 660[78]	31 800[78]	42 870[78]	7 930[78]	4 230[78]	3 690[78]
85 +	73 100	25 500	47 600	67 700[78]	23 100[78]	44 600[78]	5 400[78]	2 400[78]	3 000[78]
Niue - Nioué									
1 VII 2010 (ESDJ)									
Total	1 496[79]	754	740	...	...	...	...	...	...
0 - 4	135[79]	69	64	...	...	...	...	...	...
5 - 9	134	58	76	...	...	...	...	...	...
10 - 14	116	60	56	...	...	...	...	...	...
15 - 19	124	79	45	...	...	...	...	...	...
20 - 24	100	50	50	...	...	...	...	...	...
25 - 29	90	38	52	...	...	...	...	...	...
30 - 34	71	39	32	...	...	...	...	...	...
35 - 39	85	45	40	...	...	...	...	...	...
40 - 44	101	55	46	...	...	...	...	...	...
45 - 49	92	42	50	...	...	...	...	...	...
50 - 54	107	58	49	...	...	...	...	...	...
55 - 59	89	42	47	...	...	...	...	...	...
60 - 64	70	34	36	...	...	...	...	...	...
65 - 69	75	37	38	...	...	...	...	...	...
70 - 74	53	23	30	...	...	...	...	...	...
75 +	54	25	29	...	...	...	...	...	...
Norfolk Island - Île Norfolk									
8 VIII 2006 (CDFC)									
Total	2 523	1 218	1 305	...	...	...	...	...	...
0 - 4	116	60	56	...	...	...	...	...	...
5 - 9	127	67	60	...	...	...	...	...	...
10 - 14	116	58	58	...	...	...	...	...	...
15 - 19	78	34	44	...	...	...	...	...	...
20 - 24	64	22	42	...	...	...	...	...	...
25 - 29	96	48	48	...	...	...	...	...	...
30 - 34	140	70	70	...	...	...	...	...	...

Continent, country or area, date, code and age (in years) Continent, pays ou zone, date, code et âge (en années)	Total			Urban - Urbaine			Rural - Rurale		
	Both sexes Les deux sexes	Male Masculin	Female Féminin	Both sexes Les deux sexes	Male Masculin	Female Féminin	Both sexes Les deux sexes	Male Masculin	Female Féminin
OCEANIA - OCÉANIE									
Norfolk Island - Île Norfolk									
8 VIII 2006 (CDFC)									
35 - 39	156	78	78	...	...	...	...	...	...
40 - 44	170	86	84	...	...	...	...	...	...
45 - 49	194	95	99	...	...	...	...	...	...
50 - 54	212	95	117	...	...	...	...	...	...
55 - 59	255	126	129	...	...	...	...	...	...
60 - 64	222	109	113	...	...	...	...	...	...
65 - 69	184	81	103	...	...	...	...	...	...
70 + ...	377	182	195	...	...	...	...	...	...
Unknown - Inconnu	16	7	9	...	...	...	...	...	...
Northern Mariana Islands - Îles Mariannes septentrionales									
1 VII 2003 (ESDF)[80]									
Total	63 419	27 488	35 931	56 941	24 932	32 009	6 478	2 556	3 922
0 - 4	4 555	2 498	2 057	4 230	2 285	1 945	325	213	112
5 - 9	5 534	2 836	2 698	5 212	2 656	2 556	322	180	142
10 - 14	4 586	2 362	2 224	4 322	2 216	2 106	264	145	119
15 - 19	3 825	1 848	1 977	3 538	1 684	1 854	287	165	122
20 - 24	7 253	1 671	5 582	6 101	1 492	4 609	1 152	179	973
25 - 29	8 449	2 405	6 044	7 055	2 026	5 029	1 394	379	1 015
30 - 34	8 085	2 900	5 185	7 168	2 597	4 571	917	303	614
35 - 39	6 330	3 033	3 297	5 928	2 834	3 094	402	199	203
40 - 44	5 117	2 615	2 502	4 547	2 320	2 227	569	294	275
45 - 49	4 105	2 270	1 835	3 815	2 102	1 713	290	168	122
50 - 54	2 263	1 240	1 023	1 995	1 107	888	268	133	135
55 - 59	1 505	729	776	1 339	623	716	166	106	60
60 - 64	886	616	270	804	564	240	82	52	30
65 - 69	370	246	124	333	209	124	38	38	-
70 - 74	329	95	234	327	93	234	2	2	-
75 + ...	227	124	103	227	124	103	-	-	-
1 VII 2011 (ESDF)									
Total	46 050	22 153	23 897	...	...	...	...	...	...
0 - 4	4 852	2 495	2 357	...	...	...	...	...	...
5 - 9	3 622	1 883	1 739	...	...	...	...	...	...
10 - 14	3 500	1 971	1 529	...	...	...	...	...	...
15 - 19	3 802	2 121	1 681	...	...	...	...	...	...
20 - 24	3 398	1 607	1 791	...	...	...	...	...	...
25 - 29	3 831	1 050	2 781	...	...	...	...	...	...
30 - 34	3 696	1 008	2 688	...	...	...	...	...	...
35 - 39	3 211	1 550	1 661	...	...	...	...	...	...
40 - 44	3 584	1 858	1 726	...	...	...	...	...	...
45 - 49	3 738	1 967	1 771	...	...	...	...	...	...
50 - 54	3 441	1 824	1 617	...	...	...	...	...	...
55 - 59	2 270	1 260	1 010	...	...	...	...	...	...
60 - 64	1 440	769	671	...	...	...	...	...	...
65 - 69	794	366	428	...	...	...	...	...	...
70 - 74	416	248	168	...	...	...	...	...	...
75 - 79	239	101	138	...	...	...	...	...	...
80 - 84	147	54	93	...	...	...	...	...	...
85 - 89	53	17	36	...	...	...	...	...	...
90 - 94	14	3	11	...	...	...	...	...	...
95 - 99	1	1	-	...	...	...	...	...	...
100 + ...	1	-	1	...	...	...	...	...	...
Palau - Palaos									
1 IV 2005 (CDJC)									
Total	19 907	10 699	9 208	...	...	...	...	...	...
0 - 4	1 363	685	678	...	...	...	...	...	...
5 - 9	1 521	805	716	...	...	...	...	...	...
10 - 14	1 914	964	950	...	...	...	...	...	...
15 - 19	1 462	715	747	...	...	...	...	...	...
20 - 24	1 266	712	554	...	...	...	...	...	...
25 - 29	1 583	942	641	...	...	...	...	...	...
30 - 34	1 856	1 072	784	...	...	...	...	...	...

7. Population by age, sex and urban/rural residence: latest available year, 2002 - 2011
Population selon l'âge, le sexe et la résidence, urbaine/rurale : dernière année disponible, 2002 - 2011 (continued - suite)

Continent, country or area, date, code and age (in years) Continent, pays ou zone, date, code et âge (en annèes)	Total			Urban - Urbaine			Rural - Rurale		
	Both sexes Les deux sexes	Male Masculin	Female Féminin	Both sexes Les deux sexes	Male Masculin	Female Féminin	Both sexes Les deux sexes	Male Masculin	Female Féminin
OCEANIA - OCÉANIE									
Palau - Palaos									
1 IV 2005 (CDJC)									
35 - 39	1 965	1 132	833	...	...	...	...	...	...
40 - 44	1 887	1 096	791	...	...	...	...	...	...
45 - 49	1 534	842	692	...	...	...	...	...	...
50 - 54	1 182	624	558	...	...	...	...	...	...
55 - 59	732	393	339	...	...	...	...	...	...
60 - 64	506	254	252	...	...	...	...	...	...
65 - 69	373	170	203	...	...	...	...	...	...
70 - 74	257	119	138	...	...	...	...	...	...
75 - 79	214	71	143	...	...	...	...	...	...
80 - 84	151	56	95	...	...	...	...	...	...
85 +	141	47	94	...	...	...	...	...	...
Pitcairn									
31 XII 2008 (ESDF)									
Total	58	30	28	...	...	...	...	...	...
0	1	-	1	...	...	...	...	...	...
1 - 4	2	1	1	...	...	...	...	...	...
5 - 9	4	2	2	...	...	...	...	...	...
10 - 14	2	2	-	...	...	...	...	...	...
15 - 19	1	-	1	...	...	...	...	...	...
20 - 24	2	2	-	...	...	...	...	...	...
25 - 29	1	-	1	...	...	...	...	...	...
30 - 34	3	2	1	...	...	...	...	...	...
35 - 39	4	1	3	...	...	...	...	...	...
40 - 44	3	3	-	...	...	...	...	...	...
45 - 49	8	4	4	...	...	...	...	...	...
50 - 54	7	6	1	...	...	...	...	...	...
55 - 59	6	2	4	...	...	...	...	...	...
60 - 64	2	-	2	...	...	...	...	...	...
65 - 69	3	-	3	...	...	...	...	...	...
70 - 74	3	2	1	...	...	...	...	...	...
75 - 79	1	1	-	...	...	...	...	...	...
80 - 84	3	1	2	...	...	...	...	...	...
85 +	1	-	1	...	...	...	...	...	...
Unknown - Inconnu	1	1	-	...	...	...	...	...	...
Samoa									
5 XI 2006 (CDFC)									
Total	180 741	93 677	87 064	...	...	...	...	...	...
0 - 4	24 737	12 893	11 844	...	...	...	...	...	...
5 - 9	23 547	12 321	11 226	...	...	...	...	...	...
10 - 14	22 653	11 810	10 843	...	...	...	...	...	...
15 - 19	17 945	9 457	8 488	...	...	...	...	...	...
20 - 24	14 057	7 456	6 601	...	...	...	...	...	...
25 - 29	12 494	6 478	6 016	...	...	...	...	...	...
30 - 34	11 870	6 146	5 724	...	...	...	...	...	...
35 - 39	11 319	6 017	5 302	...	...	...	...	...	...
40 - 44	9 724	5 029	4 695	...	...	...	...	...	...
45 - 49	8 249	4 307	3 942	...	...	...	...	...	...
50 - 54	6 711	3 423	3 288	...	...	...	...	...	...
55 - 59	4 819	2 485	2 334	...	...	...	...	...	...
60 - 64	3 811	1 868	1 943	...	...	...	...	...	...
65 - 69	3 270	1 575	1 695	...	...	...	...	...	...
70 - 74	2 346	1 109	1 237	...	...	...	...	...	...
75 +	3 131	1 256	1 875	...	...	...	...	...	...
Unknown - Inconnu	58	47	11	...	...	...	...	...	...
Solomon Islands - Îles Salomon[2]									
1 VII 2009 (ESDF)									
Total	518 321	267 704	250 617	...	...	...	...	...	...
0 - 4	71 158	37 125	34 033	...	...	...	...	...	...
5 - 9	67 612	35 327	32 285	...	...	...	...	...	...
10 - 14	61 702	32 194	29 508	...	...	...	...	...	...
15 - 19	53 425	27 869	25 556	...	...	...	...	...	...
20 - 24	50 403	26 300	24 103	...	...	...	...	...	...

Continent, country or area, date, code and age (in years) Continent, pays ou zone, date, code et âge (en années)	Total			Urban - Urbaine			Rural - Rurale		
	Both sexes Les deux sexes	Male Masculin	Female Féminin	Both sexes Les deux sexes	Male Masculin	Female Féminin	Both sexes Les deux sexes	Male Masculin	Female Féminin
OCEANIA - OCÉANIE									
Solomon Islands - Îles Salomon[2]									
1 VII 2009 (ESDF)									
25 - 29	44 184	22 734	21 450	...	...	...	...	...	...
30 - 34	38 611	19 347	19 264	...	...	...	...	...	...
35 - 39	33 455	16 811	16 644	...	...	...	...	...	...
40 - 44	24 717	12 582	12 135	...	...	...	...	...	...
45 - 49	20 106	10 266	9 840	...	...	...	...	...	...
50 - 54	14 685	7 611	7 074	...	...	...	...	...	...
55 - 59	12 157	6 206	5 951	...	...	...	...	...	...
60 - 64	9 182	4 586	4 596	...	...	...	...	...	...
65 +	16 924	8 746	8 178	...	...	...	...	...	...
Tokelau - Tokélaou									
19 X 2006 (CDFC)									
Total	1 151	583	568	...	...	...	...	...	...
0 - 4	123	63	60	...	...	...	...	...	...
5 - 9	143	66	77	...	...	...	...	...	...
10 - 14	155	86	69	...	...	...	...	...	...
15 - 19	115	69	46	...	...	...	...	...	...
20 - 24	66	31	35	...	...	...	...	...	...
25 - 29	52	30	22	...	...	...	...	...	...
30 - 34	65	29	36	...	...	...	...	...	...
35 - 39	72	36	36	...	...	...	...	...	...
40 - 44	69	34	35	...	...	...	...	...	...
45 - 49	67	31	36	...	...	...	...	...	...
50 - 54	48	26	22	...	...	...	...	...	...
55 - 59	46	21	25	...	...	...	...	...	...
60 - 64	36	22	14	...	...	...	...	...	...
65 - 69	33	12	21	...	...	...	...	...	...
70 - 74	23	10	13	...	...	...	...	...	...
75 +	38	17	21	...	...	...	...	...	...
Tonga									
30 XI 2006 (CDJC)									
Total	101 991	51 772	50 219	23 658	11 860	11 798	78 333	39 912	38 421
0 - 4	13 782	7 174	6 608	3 015	1 514	1 501	10 767	5 660	5 107
5 - 9	12 804	6 745	6 059	2 721	1 447	1 274	10 083	5 298	4 785
10 - 14	12 320	6 412	5 908	2 631	1 357	1 274	9 689	5 055	4 634
15 - 19	10 280	5 383	4 897	2 362	1 196	1 166	7 918	4 187	3 731
20 - 24	9 191	4 648	4 543	2 503	1 276	1 227	6 688	3 372	3 316
25 - 29	7 304	3 639	3 665	1 872	913	959	5 432	2 726	2 706
30 - 34	6 337	3 146	3 191	1 551	787	764	4 786	2 359	2 427
35 - 39	6 229	3 112	3 117	1 448	711	737	4 781	2 401	2 380
40 - 44	5 014	2 578	2 436	1 240	647	593	3 774	1 931	1 843
45 - 49	3 982	1 923	2 059	982	458	524	3 000	1 465	1 535
50 - 54	3 465	1 634	1 831	844	406	438	2 621	1 228	1 393
55 - 59	2 849	1 359	1 490	639	323	316	2 210	1 036	1 174
60 - 64	2 470	1 169	1 301	556	260	296	1 914	909	1 005
65 - 69	2 174	1 092	1 082	466	211	255	1 708	881	827
70 - 74	1 586	777	809	340	152	188	1 246	625	621
75 - 79	1 099	510	589	253	107	146	846	403	443
80 - 84	625	260	365	144	48	96	481	212	269
85 - 89	246	96	150	45	21	24	201	75	126
90 - 94	86	22	64	15	5	10	71	17	54
95 - 99	20	6	14	5	2	3	15	4	11
100 +	6	-	6	-	-	-	6	-	6
Unknown - Inconnu	122	87	35	26	19	7	96	68	28
1 VII 2008 (ESDF)[81]									
Total	103 647	52 972	50 673	...	...	...	...	...	...
0 - 4	11 970	6 164	5 806	...	...	...	...	...	...
5 - 9	11 419	5 910	5 508	...	...	...	...	...	...
10 - 14	11 968	6 212	5 756	...	...	...	...	...	...
15 - 19	11 383	6 060	5 323	...	...	...	...	...	...
20 - 24	10 612	5 573	5 040	...	...	...	...	...	...
25 - 29	8 609	4 406	4 204	...	...	...	...	...	...
30 - 34	5 874	2 955	2 919	...	...	...	...	...	...

Continent, country or area, date, code and age (in years) / Continent, pays ou zone, date, code et âge (en années)	Total			Urban - Urbaine			Rural - Rurale		
	Both sexes Les deux sexes	Male Masculin	Female Féminin	Both sexes Les deux sexes	Male Masculin	Female Féminin	Both sexes Les deux sexes	Male Masculin	Female Féminin
OCEANIA - OCÉANIE									
Tonga									
1 VII 2008 (ESDF)[81]									
35 - 39	5 397	2 718	2 680	...	...	...	...	...	...
40 - 44	5 250	2 661	2 590	...	...	...	...	...	...
45 - 49	4 471	2 186	2 285	...	...	...	...	...	...
50 - 54	3 914	1 867	2 047	...	...	...	...	...	...
55 - 59	3 294	1 556	1 737	...	...	...	...	...	...
60 - 64	2 844	1 355	1 489	...	...	...	...	...	...
65 - 69	2 482	1 243	1 239	...	...	...	...	...	...
70 - 74	1 896	981	915	...	...	...	...	...	...
75 +	2 263	1 127	1 136	...	...	...	...	...	...
Tuvalu									
1 XI 2002 (CDFC)									
Total	9 561	4 729	4 832	...	...	...	...	...	...
0	182	92	90	...	...	...	...	...	...
1 - 4	996	528	468	...	...	...	...	...	...
5 - 9	1 201	612	589	...	...	...	...	...	...
10 - 14	1 079	591	488	...	...	...	...	...	...
15 - 19	826	474	352	...	...	...	...	...	...
20 - 24	682	326	356	...	...	...	...	...	...
25 - 29	523	245	278	...	...	...	...	...	...
30 - 34	545	278	267	...	...	...	...	...	...
35 - 39	684	331	353	...	...	...	...	...	...
40 - 44	697	310	387	...	...	...	...	...	...
45 - 49	580	261	319	...	...	...	...	...	...
50 - 54	467	199	268	...	...	...	...	...	...
55 - 59	276	129	147	...	...	...	...	...	...
60 - 64	280	131	149	...	...	...	...	...	...
65 - 69	207	84	123	...	...	...	...	...	...
70 - 74	167	75	92	...	...	...	...	...	...
75 - 79	101	40	61	...	...	...	...	...	...
80 - 84	56	20	36	...	...	...	...	...	...
85 - 89	10	1	9	...	...	...	...	...	...
90 +	2	2	-	...	...	...	...	...	...
Vanuatu[82]									
1 VII 2004 (ESDF)									
Total	215 541	110 141	105 399	...	...	...	...	...	...
0 - 4	33 815	17 435	16 380	...	...	...	...	...	...
5 - 9	27 846	14 474	13 372	...	...	...	...	...	...
10 - 14	27 125	14 025	13 100	...	...	...	...	...	...
15 - 19	23 437	12 132	11 305	...	...	...	...	...	...
20 - 24	18 951	9 684	9 267	...	...	...	...	...	...
25 - 29	16 235	8 027	8 207	...	...	...	...	...	...
30 - 34	14 670	7 175	7 494	...	...	...	...	...	...
35 - 39	12 560	6 214	6 346	...	...	...	...	...	...
40 - 44	10 429	5 221	5 208	...	...	...	...	...	...
45 - 49	8 303	4 221	4 082	...	...	...	...	...	...
50 - 54	6 476	3 333	3 143	...	...	...	...	...	...
55 - 59	5 083	2 632	2 452	...	...	...	...	...	...
60 - 64	3 824	1 996	1 828	...	...	...	...	...	...
65 - 69	2 714	1 417	1 296	...	...	...	...	...	...
70 - 74	1 810	957	854	...	...	...	...	...	...
75 +	2 265	1 198	1 066	...	...	...	...	...	...

FOOTNOTES - NOTES

Italics: estimates which are less reliable. - Italiques : estimations moins sûres.

* Provisional. - Données provisoires.

'Code' indicates the source of data, as follows:
CDFC - Census, de facto, complete tabulation
CDFS - Census, de facto, sample tabulation
CDJC - Census, de jure, complete tabulation

CDJS - Census, de jure, sample tabulation
SSDF - Sample survey, de facto
SSDJ - Sample survey, de jure
ESDF - Estimates, de facto
ESDJ - Estimates, de jure

Le 'Code' indique la source des données, comme suit :
CDFC - Recensement, population de fait, tabulation complète
CDFS - Recensement, population de fait, tabulation par sondage
CDJC - Recensement, population de droit, tabulation complète
CDJS - Recensement, population de droit, tabulation par sondage

SSDF - Enquête par sondage, population de fait
SSDJ - Enquête par sondage, population de droit
ESDF - Estimations, population de fait
ESDJ - Estimations, population de droit

[1] Data refer to population in housing units and collective living quarters only. - Correspond aux personnes qui vivent dans des unités d'habitation et dans des logements collectifs seulement.

[2] Data refer to national projections. - Les données se réfèrent aux projections nationales.

[3] Data refer to projections based on the 2001 Population Census. - Les données se réfèrent aux projections basées sur le recensement de la population de 2001.

[4] Unrevised data. - Les données n'ont pas été révisées.

[5] Data refer to national projections. Data as reported by national statistical authorities. Figures for urban and rural do not add up to the total. - Les données se réfèrent aux projections nationales. Les données comme elles ont été déclarées par l'institut national de la statistique. La somme des données pour la residence urbaine et rurale n'est pas égale au total.

[6] As reported by the country. Reasons for discrepancy with other tables not ascertained. - Comme indiqué par le pays. L'on ne connaît pas la raison des écarts avec d'autres tableaux.

[7] Excludes the islands of St. Brandon and Agalega. - Non compris les îles St. Brandon et Agalega.

[8] Data refer to Saint Helenian resident population. - Pour la population résidante de Sainte-Hélène.

[9] Data computed by the UN Statistics Division based on the percentage distribution of population by age and sex, as reported in the census report. - Les données ont été calculées par la Division des statistiques des Nations Unies sur la base de la répartition en pourcentage de la population par âge et par sexe, compte tenu des résultats du recensement.

[10] Data are based on projections from the 2002 Census. - Données fondées sur des projections tirées du recensement de 2002.

[11] Based on the results of a Socio Economic Survey. - Basé sur les résultats d'une enquête Socio-Economique.

[12] Mid-year estimates have been adjusted for underenumeration at latest census. - Les estimations au millieu de l'année tiennent compte d'un ajustement destiné à compenser les lacunes du dénombrement lors du dernier recensement.

[13] Because of rounding, totals are not in all cases the sum of the respective components. - Les chiffres étant arrondis, les totaux ne correspondent pas toujours rigoureusement à la somme des composants respectifs.

[14] Because of rounding, totals are not in all cases the sum of the respective components. Data refer to national projections. - Les chiffres étant arrondis, les totaux ne correspondent pas toujours rigoureusement à la somme des composants respectifs. Les données se réfèrent aux projections nationales.

[15] Data as reported by national statistical authorities. Summation of frequencies gives a different total; reason for discrepancy not ascertained. - Les données comme elles ont été déclarées par l'institut national de la statistique. La somme des fréquences un total différent; on ne sait pas comment s'explique la divergence.

[16] Estimates adjusted for census net undercoverage (including adjustment for incompletely enumerated Indian reserves). Preliminary postcensal estimates. - Ajusté pour la sous-estimation du recensement (y compris les réservations en Inde incomplètement énumérées). Estimations post censitaires préliminaires.

[17] Because of rounding, totals are not in all cases the sum of the respective components. Excluding the institutional population. - Les chiffres étant arrondis, les totaux ne correspondent pas toujours rigoureusement à la somme des composants respectifs. Non compris la population dans les institutions.

[18] As a result of the adjusting method used to calculate midyear population, the totals are not always equal to the sum of the parts. - Du fait de la méthode d'ajustement utilisée pour calculer la population en milieu d'année, les totaux ne correspondent pas nécessairement à la somme des différents éléments.

[19] Estimates based on the 2007 Population Census. - Estimations fondées sur le recensement de la population de 2007.

[20] Population statistics are compiled from registers. - Les statistiques de la population sont compilées à partir des registres.

[21] Excluding data for Saint Barthélémy and Saint Martin. - Non compris les données pour Saint Barthélémy et Saint Martin.

[22] The total in this table is not equal to the 2005 population estimate in table 5 because this dataset of population by age, sex and urban/rural residence has not been revised. - Le total dans ce tableau n'est pas égal à l'estimation de la population pour 2005 dans le tableau 5, parce que cet ensemble de données selon l'âge, le sexe et la résidence, urbaine/rurale n'a pas été révisé.

[23] Projections based on the 2002 Population Census. - Projections fondées sur le recensement de la population de 2002.

[24] Projections produced by l'Institut Haïtien de Statistique et d'Informatique (IHSI) and the Latin American and Caribbean Demographic Centre (CELADE) - Population Division of ECLAC. - Les données sont projections produits par l'Institut Haïtien de Statistique et d'Informatique (IHSI) et le centre démographique de l'Amérique latine et les Caraïbes - Division de la population de la CEPALC.

[25] Data are based on projections of the 2001 Population and Housing Census data. - Les données sont basées sur les projections du recensement de 2001 de la population et de l'habitat.

[26] Urban and rural distribution derived from census count, held constant and applied to current estimates. - La répartition urbain/rural se réfère aux chiffres du recensement, maintenus constants et appliqués aux estimations actuelles.

[27] Including an estimation of 1 334 585 persons corresponding to 448 195 housing units without information of the occupants. - Y compris une estimation de 1 334 585 personnes correspondant aux 448 195 unités d'habitation sans information sur les occupants.

[28] Data refer to projections based on the 2000 Population Census. - Les données se réfèrent aux projections basées sur le recensement de la population de 2000.

[29] Including armed forces stationed in the area. - Y compris les militaires en garnison sur le territoire.

[30] The total in this table is not equal to the 2010 population estimate in table 5 because this dataset of population by age, sex and urban/rural residence has not been revised. - Le total dans ce tableau n'est pas égal à l'estimation de la population pour 2010 dans le tableau 5, parce que cet ensemble de données selon l'âge, le sexe et la résidence, urbaine/rurale n'a pas été révisé.

[31] Based on the results of the 2000 Population Census. - Basé sur les résultats du recencement de la population de 2000.

[32] Excluding armed forces overseas and civilian citizens absent from the country for an extended period of time. - Non compris les militaires à l'étranger, et les civils hors du pays pendant une période prolongée.

[33] Data refer to projections based on the 2001 Population Census. - Les données se réfèrent aux projections basées sur le recensement de la population de 2001.

[34] Data include persons in remote areas, military personnel outside the country, merchant seamen at sea, civilian seasonal workers outside the country, and other civilians outside the country, and exclude nomads, foreign military, civilian aliens temporarily in the country, transients on ships and Indian jungle population. - Y compris les personnes vivant dans des régions éloignées, le personel militaire en dehors du pays, les marins marchands, les ouvriers saisonniers en dehors du pays, et autres civils en dehors du pays, et non compris les nomades, les militaires étrangers, les étrangers civils temporairement dans le pays, les transiteurs sur des bateaux et les Indiens de la jungle.

[35] Data based on the Population Census of 2005. - Données fondées sur le recensement de la population de 2005.

[36] A dispute exists between the governments of Argentina and the United Kingdom of Great Britain and Northern Ireland concerning sovereignty over the Falkland Islands (Malvinas). - La souveraineté sur les îles Falkland (Malvinas) fait l'objet d'un différend entre le Gouvernement argentin et le Gouvernement du Royaume-Uni de Grande-Bretagne et d'Irlande du Nord.

[37] The districts of Paramaribo and Wanica are considered urban areas, whereas all other districts are considered more or less rural areas. - Les districts de Paramaribo et de Wanica sont considérés comme des zones urbaines, les autres districts étant considérés comme des zones rurales à divers degrés.

[38] The unknown age and sex is proportionately distributed over all age groups and both sexes. - La population d'âge ou de sexe inconnu est répartie proportionnellement dans tous les groupes d'âge et dans chaque sexe.

[39] Projections based on the 2001 Population Census. - Projections fondées sur le recensement de la population de 2001.

[40] The adjusted total population of the country is 25.5 million. Data refer to the settled population based on the 1979 Population Census and the latest household prelisting. The refugees of Afghanistan in Iran, Pakistan, and an estimated 1.5 million nomads, are not included. - La population totale ajustée du pays comprend 25,5 millions de personnes. Les données se rapportent à la population stationnaire sur la base du recensement de 1979 et du recensement préliminaire des logements le plus récent. Sont exclus les réfugiés d'Afghanistan en Iran et au Pakistan et les nomades estimés à 1,5 million.

[41] Data refer to national projections without smoothing, and are based on the 2005 population census. - Les données font référence à des projections nationales brutes et sont fondées sur des données provenant du recensement de population de 2005.

[42] Based on the 2008 Population and Housing Census. Excluding foreign diplomatic personnel and their dependants. - Basée sur le recensement de la population et de l'habitat de 2008. Non compris le personnel diplomatique étranger et les membres de leur famille les accompagnant.

[43] Data refer to government controlled areas. - Les données se rapportent aux zones contrôlées par le Gouvernement.

44 Including data for the Indian-held part of Jammu and Kashmir, the final status of which has not yet been determined. Data refer to national projections. - Y compris les données pour la partie du Jammu et du Cachemire occupée par l'Inde dont le statut définitif n'a pas encore été déterminé. Les données se réfèrent aux projections nationales.

45 Including data for East Jerusalem and Israeli residents in certain other territories under occupation by Israeli military forces since June 1967. Because of rounding, totals are not in all cases the sum of the respective components. - Y compris les données pour Jérusalem-Est et les résidents israéliens dans certains autres territoires occupés depuis 1967 par les forces armées israéliennes. Les chiffres étant arrondis, les totaux ne correspondent pas toujours rigoureusement à la somme des composants respectifs.

46 Excluding diplomatic personnel outside the country and foreign military and civilian personnel and their dependants stationed in the area. - Non compris le personnel diplomatique hors du pays ni les militaires et agents civils étrangers en poste sur le territoire et les membres de leur famille les accompagnant.

47 Because of rounding, totals are not in all cases the sum of the respective components. Estimates based on the complete counts of the 2010 Population Census. - Les chiffres étant arrondis, les totaux ne correspondent pas toujours rigoureusement à la somme des composants respectifs. Estimations basées sur le dénombrement complet du recensement de la population de 2010.

48 Excluding data for Jordanian territory under occupation since June 1967 by Israeli military forces. Including registered Palestinian refugees and Jordanians abroad. - Non compris les données pour le territoire jordanien occupé depuis juin 1967 par les forces armées israéliennes. Y compris les réfugiés palestiniens enregistrés et les Jordaniens à l'étranger.

49 Excluding data for Jordanian territory under occupation since June 1967 by Israeli military forces. Excluding foreigners, including registered Palestinian refugees. - Non compris les données pour le territoire jordanien occupé depuis juin 1967 par les forces armées israéliennes. Non compris les étrangers, mais y compris les réfugiés de Palestine enregistrés.

50 Data are calculated from the results of the Population and Housing Census of 2009. - Les données sont calculées à partir des résultats du recensement de la population et de l'habitat de 2009.

51 Excluding usual residents not in country at time of census. - À l'exclusion des résidents habituels qui ne sont pas dans le pays au moment du recensement.

52 Based on the results of the 2005 Population and Housing Census. Because of rounding, totals are not in all cases the sum of the respective components. - Données fondées sur les résultats du recensement de la population et de l'habitat de 2005. Les chiffres étant arrondis, les totaux ne correspondent pas toujours rigoureusement à la somme des composants respectifs.

53 Based on the results of a household survey. - D'après les résultats d'une enquête des ménages.

54 Total Population is taken as de facto and de jure together. - Population totale considérée comme de fait et de droit.

55 Excluding data for the Pakistan-held part of Jammu and Kashmir, the final status of which has not yet been determined. Based on the results of the Pakistan Demographic Survey (PDS 2007). - Non compris les données concernant la partie du Jammu et Cachemire occupée par le Pakistan dont le statut définitif n'a pas été déterminé. D'après les résultats de l'enquête démographique effectuée par le Pakistan en 2007.

56 Data are based on projections of the 2000 Population and Housing Census data. - Les données sont basées sur les projections du recensement de 2000 de la population et de l'habitat.

57 Data refer to Korean population only. - les données ne concernent que la population coréenne.

58 Data based on preliminary results of the 2010 Population and Housing Census. - D'après les résultats préliminaires du recensement de la population et des logements de 2010.

59 Data refer to resident population which comprises Singapore citizens and permanent residents. - Les données se rapportent à la population résidente composé des citoyens de Singapour et des résidents permanents.

60 Including Palestinian refugees. - Y compris les réfugiés de Palestine.

61 Data based on Address Based Population Registration System. - Les données sont basées sur le registre national de la population basé sur l'adresse.

62 As published by the United Nations Economic and Social Commission for Western Asia. - Publié par la Commission économique et sociale des Nations Unies pour l'Asie occidentale.

63 Population statistics are compiled from registers. Decrease in population due to revision in administrative registers. - Les statistiques de la population sont compilées à partir des registres. Diminution de la population due à la révision des registres administratifs.

64 Average annual population based on the final data of 2009 Population Census. - La population annuelle moyenne est évaluée à partir des résultats définitifs du recensement de la population de 2009.

65 Population statistics are compiled from registers. Excluding Faeroe Islands and Greenland shown separately, if available. - Les statistiques de la population sont compilées à partir des registres. Non compris les Iles Féroé et le Groenland, qui font l'objet de rubriques distinctes, si disponible.

66 Excluding diplomatic personnel outside the country and including members of alien armed forces not living in military camps and foreign diplomatic personnel not living in embassies or consulates. - Non compris le personnel diplomatique hors du pays et y compris les militaires étrangers ne vivant pas dans des camps militaires et le personnel diplomatique étranger ne vivant pas dans les ambassades ou les consulats.

67 Excluding armed forces stationed outside the country, but including alien armed forces stationed in the area. - Non compris les militaires en garnison hors du pays, mais y compris les militaires étrangers en garnison sur le territoire.

68 Including civilian nationals temporarily outside the country. - Y compris les civils nationaux temporairement hors du pays.

69 Including residents temporarily outside the country. Excluding Svalbard and Jan Mayen Islands shown separately, if available. - Y compris les résidents se trouvant temporairement hors du pays. Non compris Svalbard et Jan Mayen qui font l'objet de rubriques distinctes, si disponible.

70 Excluding civilian aliens within country, but including civilian nationals temporarily outside country. - Non compris les civils étrangers dans le pays, mais y compris les civils nationaux temporairement hors du pays.

71 Excluding Transnistria and the municipality of Bender. - Les données ne tiennent pas compte de l'information sur la Transnistria et la municipalité de Bender.

72 Excluding data for Kosovo and Metohia. - Sans les données pour le Kosovo et Metohie.

73 Excluding Channel Islands (Guernsey and Jersey) and Isle of Man, shown separately, if available. - Non compris les îles Anglo-Normandes (Guernesey et Jersey) et l'île de Man, qui font l'objet de rubriques distinctes, si disponible.

74 Data are based on Australian Standard Geographical Classification boundaries. Intercensal estimates. - Les données réfèrent au découpage de la nomenclature géographique normalisée d'Australie. Estimations inter-censitaires.

75 Excluding Niue, shown separately, which is part of Cook Islands, but because of remoteness is administered separately. - Non compris Nioué, qui fait l'objet d'une rubrique distincte et qui fait partie des îles Cook, mais qui, en raison de son éloignement, est administrée séparément.

76 Projections are prepared by the Secretariat of the Pacific Community based on 1999 census of population and housing. - Les projections sont preparées par le Secrétariat de la Communauté du Pacifique à partir des résultats du recensement de la population et de l'habitat de 1999.

77 Based on the census, updated for residents missed or counted more than once by the census (net census undercount); residents temporarily overseas on census night, and births, deaths and net migration between the census night and the date of the estimate. Because of rounding, totals are not in all cases the sum of the respective components. - D'après le recensement, mise à jour pour les résidents omis ou dénombrés plus d'une fois par le recensement (sous-dénombrement net); résidents temporairement à l'étranger la nuit du recensement, et naissances, décès et migration nette entre la nuit du recensement et la date de l'estimation. Les chiffres étant arrondis, les totaux ne correspondent pas toujours rigoureusement à la somme des composants respectifs.

78 Population estimates by urban/rural residence exclude inland waters and oceanic areas. - Les estimations de la population par lieu de résidence urbaine ou rurale excluent les eaux intérieures et les zones océaniques.

79 Including unknown sex. - Y compris le sexe inconnu.

80 Based on the results of a sample survey. Data refer to the island of Saipan only. - D'après les résultats de l'enquête par sondage. Les données se réfèrent uniquement à l'île de Saipan.

81 Based on the results of the 1996 population census. Data refer to national projections. Because of rounding, totals are not in all cases the sum of the respective components. - À partir des résultats du recensement de la population de 1996. Les données se réfèrent aux projections nationales. Les chiffres étant arrondis, les totaux ne correspondent pas toujours rigoureusement à la somme des composants respectifs.

82 Data refer to national projections. Figures for male and female do not add up to the total, reason for discrepancy not ascertained. - Les données se réfèrent aux projections nationales. La some des données pour la population masculine et pour la population féminine n'est pas égale au total, les raisons de cette différence ne sont pas expliquées.

Table 8

Table 8 presents population of capital cities and cities of 100 000 or more inhabitants for the latest available year between 1992 and 2011.

Description of variables: Since the way in which cities are delimited differs from one country or area to another, the table not only presents data for the so-called city proper, but also for the urban agglomeration, if available.

City proper is defined as a locality with legally fixed boundaries and an administratively recognized urban status, usually characterized by some form of local government.

Urban agglomeration has been defined as comprising the city or town proper and also the suburban fringe or densely settled territory lying outside of, but adjacent to, the city boundaries.

For some countries or areas, however, the data relate to entire administrative divisions known, for example, as shi or municipalities (municipios) which are composed of a populated centre and adjoining territory, some of which may contain other, often separate urban localities or may be distinctively rural in character. For this group of countries or areas the type of civil division is given in a footnote.

The surface area of the city or urban agglomeration is presented, when available.

City names are presented in the original language of the country or area in which the cities are located. In cases where the original names are not in the Roman alphabet, they have been romanized. Cities are listed in English alphabetical order.

Capital cities are shown in the table regardless of their population size. The names of the capital cities are printed in capital letters. The designation of any specific city as a capital city is as reported by the country or area.

The table also covers cities whose urban agglomeration's population exceeds 100 000; that is, while the urban agglomeration should have a population of 100 000 or more to be included in the table, the city proper may be of a smaller population size.

The reference date of each population figure appears in the left-most column of the table. Estimates based on results of sample surveys and city censuses as well as those derived from other sources are explained by the 'code' also appearing in the left-most column of the table. The codes are explained at the end of the table.

Reliability of data: Specific information is generally not available on the reliability of the estimates of the population of cities or urban agglomerations presented in this table.

In the absence of such quality assessment, data from population censuses, sample surveys and city censuses are considered to be reliable and, therefore, set in Roman type. Other estimates are considered to be reliable if they are based on a complete census (or a sample survey), and have been adjusted by a continuous population register or adjusted on the basis of the calculated balance of births, deaths, and migration.

Limitations: Statistics on the population of capital cities and cities of 100 000 or more inhabitants are subject to the same qualifications as have been set forth for population statistics in general as discussed in section 3 of the Technical Notes.

International comparability of data on city population is limited to a great extent by variations in national concepts and definitions. Although an effort is made to reduce the sources of non-comparability somewhat by presenting the data for both city proper and urban agglomeration, many serious problems of comparability remain.

Data presented in the "city proper" column for some countries represent an urban administrative area legally distinguished from surrounding rural territory, while for other countries these data represent a commune or an equally small administrative unit. In still other countries, the administrative units may be relatively extensive and thereby include considerable territories beyond the urban centre itself.

City data are also especially affected by whether the data refer to *de facto* or *de jure* population, as well as variations among countries in how each of these concepts is applied. With reference to the total population, the difference between the *de facto* and *de jure* population is discussed at length in section 3.1.1 of the Technical Notes.

Data on city populations based on intercensal estimates present additional problems: comparability is impaired by the different methods used in making the estimates and by the loss of precision in applying to selected segments of the population, methods best suited for the whole population. For example, it is far more difficult to apply the component method of estimating population growth to cities than it is to the entire country.

Births and deaths occurring in the cities do not all originate in the population present in or resident of that area. Therefore, the use of natural increase to estimate the probable size of the city population is a potential source of error. Internal migration is another component of population change that cannot be measured with accuracy in many areas. Because of these factors, estimates in this table may be less valuable in general and in particular limited for purposes of international comparison.

City data, even when set in Roman type, are often not as reliable as estimates for the total population of the country or area. Furthermore, because the sources of these data include censuses (national or city), surveys and estimates, the years to which they refer vary widely. In addition, because city boundaries may alter over time, comparisons covering different years should be carried out with caution.

Earlier data: Population of capital cities and cities with a population of 100 000 or more have been shown in previous issues of the *Demographic Yearbook*. For more information on specific topics and years for which data are reported, readers should consult the Historical Index.

Tableau 8

Le tableau 8 présente les données les plus récentes disponibles pour la période 1992 – 2011 sur la population des capitales et des villes de 100 000 habitants ou plus.

Description des variables : étant donné que les villes ne sont pas délimitées de la même manière dans tous les pays ou zones, on s'est efforcé de donner, dans ce tableau, des chiffres correspondant non seulement aux villes proprement dites, mais aussi, le cas échéant, aux agglomérations urbaines.

On entend par villes proprement dites les localités qui ont des limites juridiquement définies et sont administrativement considérées comme villes, ce qui se caractérise généralement par l'existence d'une autorité locale.

L'agglomération urbaine comprend, par définition, la ville proprement dite ainsi que la proche banlieue, c'est-à-dire la zone fortement peuplée qui est extérieure, mais contiguë aux limites de la ville.

En outre, dans certains pays ou zones, les données se rapportent à des divisions administratives entières, connues par exemple sous le nom de shi ou de municipios, qui comportent une agglomération et le territoire avoisinant, lequel peut englober d'autres agglomérations urbaines tout à fait distinctes ou être à caractère essentiellement rural. Pour ce groupe de pays ou zones, le type de division administrative est indiqué en note.

On trouvera à la fin du tableau la superficie de la ville ou agglomération urbaine chaque fois que possible.

Les noms des villes sont indiqués dans la langue du pays ou zone où ces villes sont situées. Les noms de villes qui ne sont pas à l'origine libellés en caractères latins ont été romanisés. Les villes sont énumérées dans l'ordre alphabétique anglais.

Les capitales figurent dans le tableau quel que soit le chiffre de leur population et leur nom a été imprimé en lettres majuscules. Ne sont indiquées comme capitales que les villes ainsi désignées par le pays ou zone intéressé.

En ce qui concerne les autres villes, le tableau indique celles dont la population est égale ou supérieure à 100 000 habitants. Ce chiffre limite s'applique à l'agglomération urbaine et non à la ville proprement dite, dont la population peut être moindre.

La date à laquelle se réfère le chiffre correspondant, figure dans la colonne de gauche du tableau. Le 'code' aussi figurant dans la colonne de gauche du tableau, permet de savoir si les estimations sont fondées sur les résultats d'enquêtes par sondage ou de recensements municipaux ou sont tirées d'autres sources. Les codes utilisés sont expliqués à la fin du tableau.

Fiabilité des données : on ne possède généralement pas de renseignements précis sur la fiabilité des estimations de la population des villes ou agglomérations urbaines présentées dans ce tableau.

Les données provenant de recensements de la population, d'enquêtes par sondage ou de recensements municipaux sont jugées sûres et figurent par conséquent en caractères romains. D'autres estimations sont considérées comme sûres si elles sont fondées sur un recensement complet (ou une enquête par sondage) et ont été ajustées en fonction des données provenant d'un registre permanent de population ou en fonction de la balance, établie par le calcul des naissances, des décès et des migrations.

Insuffisance des données : les statistiques portant sur la population des capitales et des villes de 100 000 habitants ou plus appellent toutes les réserves qui ont été formulées à la section 3 des Notes techniques à propos des statistiques de la population en général.

La comparabilité internationale des données portant sur la population des villes est compromise dans une large mesure par la diversité des définitions nationales. Bien que l'on se soit efforcé de réduire les facteurs de non-comparabilité en présentant à la fois dans le tableau les données relatives aux villes proprement dites et celles concernant les agglomérations urbaines, de graves problèmes de comparabilité n'en subsistent pas moins.

Pour certains pays, les données figurant dans la colonne intitulée « Ville proprement dite » correspondent à une zone administrative urbaine juridiquement distincte du territoire rural environnant, tandis que pour d'autres pays ces données correspondent à une commune ou petite unité administrative analogue. Pour d'autres encore, les unités administratives en cause peuvent être relativement étendues et englober par conséquent un vaste territoire au-delà du centre urbain lui-même.

L'emploi de données se rapportant tantôt à la population de fait, tantôt à la population de droit, ainsi que les différences de traitement de ces deux notions d'un pays à l'autre influent particulièrement sur les statistiques urbaines. En ce qui concerne la population totale, la différence entre population de fait et population de droit est expliquée en détail à la section 3.1.1 des Notes techniques.

Les statistiques relatives à la population urbaine qui sont fondées sur des estimations intercensitaires posent encore plus de problèmes que les données issues de recensement. Leur comparabilité est compromise par la diversité des méthodes employées pour établir les estimations et par l'imprécision qui résulte de l'application de certaines méthodes à telles ou telles composantes de la population alors qu'elles sont conçues pour être appliquées à l'ensemble de la population. La méthode des composantes, par exemple, est beaucoup plus difficile à appliquer en vue de l'estimation de l'accroissement de la population lorsqu'il s'agit de villes que lorsqu'il s'agit d'un pays tout entier.

Les naissances et décès qui surviennent dans les villes ne correspondent pas tous à la population présente ou résidente. En conséquence, des erreurs peuvent se produire si l'on établit pour les villes des estimations fondées sur l'accroissement naturel de la population. Les migrations intérieures constituent un second élément d'estimation que, dans bien des régions, on ne peut pas toujours mesurer avec exactitude. Pour ces raisons, les estimations présentées dans ce tableau risquent dans l'ensemble d'être peu fiables et leur valeur est particulièrement limitée du point de vue des comparaisons internationales.

Même lorsqu'elles figurent en caractères romains, il arrive souvent que les statistiques urbaines ne soient pas aussi fiables que les estimations concernant la population totale de la zone ou du pays considéré. De surcroît, comme ces statistiques proviennent aussi bien de recensements (nationaux ou municipaux) que d'enquêtes ou d'estimations, les années auxquelles elles se rapportent sont extrêmement variables. Enfin, comme les limites urbaines varient parfois d'une époque à une autre, il y a lieu d'être prudent lorsque l'on compare des données se rapportant à des années différentes.

Données publiées antérieurement : des statistiques concernant la population des capitales et des villes de 100 000 habitants ou plus ont été présentées dans des éditions antérieures de l'*Annuaire démographique*. Pour plus de précisions concernant les années et les sujets pour lesquels des données ont été publiées, se reporter à l'index historique.

8. Population of capital cities and cities of 100 000 or more inhabitants: latest available year, 1992 - 2011
Population des capitales et des villes de 100 000 habitants ou plus : dernière année disponible, 1992 - 2011

Continent, country or area, date, code and city / Continent, pays ou zone, date, code et ville	City proper - Ville proprement dite				Urban agglomeration - Agglomération urbaine			
	Population			Surface area - Superficie (km²)	Population			Surface area - Superficie (km²)
	Both sexes - Les deux sexes	Male - Masculin	Female - Féminin		Both sexes - Les deux sexes	Male - Masculin	Female - Féminin	

AFRICA - AFRIQUE

Algeria - Algérie
25 VI 1998 (CDJC)

ALGIERS (EL DJAZAIR)	1 569 897	...	...	...	...	...	...	...
Annaba	352 523	...	...	...	...	...	...	...
Batna	246 800	...	...	...	...	...	...	...
Béchar	134 523	...	...	...	...	...	...	...
Bejaïa	144 405	...	...	...	...	...	...	...
Beskra	177 060	...	...	...	...	...	...	...
Bordj Bou Arreridj	129 004	...	...	...	...	...	...	...
Bordj el Kiffan	103 690	...	...	...	...	...	...	...
Ech Cheliff (El Asnam)	174 314	...	...	...	...	...	...	...
El Boulaïda (Blida)	229 788	...	...	...	...	...	...	...
El Djelfa	158 679	...	...	...	...	...	...	...
El Eulma	104 758	...	...	...	...	...	...	...
El Wad	105 151	...	...	...	...	...	...	...
Ghardaïa	127 959	...	...	...	...	...	...	...
Ghilizane	104 644	...	...	...	...	...	...	...
Guelma	108 682	...	...	...	...	...	...	...
Jijel	106 306	...	...	...	...	...	...	...
Lemdiyya (Medea)	128 427	...	...	...	...	...	...	...
Mestghanem (Mostaganem)	125 911	...	...	...	...	...	...	...
M'Sila	102 151	...	...	...	...	...	...	...
Qacentina (Constantine)	465 021	...	...	...	...	...	...	...
Saïda	113 533	...	...	...	...	...	...	...
Sidi-bel-Abbès	183 931	...	...	...	...	...	...	...
Skikda	153 531	...	...	...	...	...	...	...
Souq Ahras	114 512	...	...	...	...	...	...	...
Stif (Sétif)	214 842	...	...	...	...	...	...	...
Tbessa	154 335	...	...	...	...	...	...	...
Tihert	148 850	...	...	...	...	...	...	...
Tilimsen (Tlemcen)	156 258	...	...	...	...	...	...	...
Touggourt	114 183	...	...	...	...	...	...	...
Wahran (Oran)	705 335	...	...	...	...	...	...	...
Wargla	139 381	...	...	...	...	...	...	...

Angola
1 VII 1993 (ESDF)

Huambo	...	...	...	...	*400 000*	...	...	...
LUANDA	...	...	...	...	*1 822 407*	*855 676*	*936 731*	...

Benin - Bénin
1 VII 2010* (ESDF)

Cotonou	*862 445*[1]	*426 247*[1]	*436 198*[1]	79	...	...	...	...
Parakou	*194 247*[1]	*98 756*[1]	*95 490*[1]	441	...	...	...	...
PORTO-NOVO	*289 880*[1]	*139 960*[1]	*149 920*[1]	50	...	...	...	...

Botswana
17 VIII 2001 (CDFC)

Francistown	101 028	50 213	50 815	79	113 315	...	...	...
GABORONE	233 136	116 897	116 239	169	282 150	...	...	...

Burkina Faso
9 XII 2006 (CDFC)

Banfora	75 917	38 399	37 518	...	109 824	54 581	55 243	...
Bobo Dioulasso	489 967	244 136	245 831	...	554 042	275 703	278 339	...
Dori	21 078	10 431	10 647	...	106 808	52 992	53 816	...
Fada N'gourma	41 785	21 220	20 565	...	124 577	62 193	62 384	...
Gorom-Gorom	8 882	4 509	4 373	...	106 346	53 129	53 217	...
Kaya	54 365	26 989	27 376	...	117 122	56 209	60 913	...
Koudougou	88 184	42 803	45 381	...	138 209	64 362	73 847	...
OUAGADOUGOU	1 475 223	745 289	729 934	...	1 475 223	745 289	729 934	...
Ouahigouya	73 153	36 370	36 783	...	125 030	61 002	64 028	...
Solenzo	16 850	8 557	8 293	...	121 819	59 892	61 927	...
Tenkodogo	44 491	21 476	23 015	...	124 985	58 003	66 982	...

Burundi
16 VIII 2008 (CDJC)

BUJUMBURA	497 169	274 979	222 190	...	...	...	...	...

8. Population of capital cities and cities of 100 000 or more inhabitants: latest available year, 1992 - 2011
Population des capitales et des villes de 100 000 habitants ou plus : dernière année disponible, 1992 - 2011 (continued - suite)

Continent, country or area, date, code and city / Continent, pays ou zone, date, code et ville	City proper - Ville proprement dite				Urban agglomeration - Agglomération urbaine			
	Population			Surface area - Superficie (km²)	Population			Surface area - Superficie (km²)
	Both sexes - Les deux sexes	Male - Masculin	Female - Féminin		Both sexes - Les deux sexes	Male - Masculin	Female - Féminin	
AFRICA - AFRIQUE								
Cameroon - Cameroun								
11 XI 2005 (CDJC)								
Bafoussam	239 287	...	...	...	...	...	...	...
Bamenda	269 530	...	...	...	...	...	...	...
Douala	1 907 479	...	...	...	...	...	...	...
Garoua	235 996	...	...	...	...	...	...	...
Kumba	144 268	...	...	...	...	...	...	...
Maroua	201 371	...	...	...	...	...	...	...
Ngaoundéré	152 698	...	...	...	...	...	...	...
Nkongsamba	104 050	...	...	...	...	...	...	...
YAOUNDE	1 817 524	...	...	...	...	...	...	...
Cape Verde - Cap-Vert								
1 VII 2011 (ESDF)								
PRAIA	...	...	...	...	133 863	65 412	68 451	...
Chad - Tchad								
8 IV 1993 (CDFC)								
N'DJAMENA	530 965	...	...	...	...	...	...	...
Djibouti								
1 VII 1995 (ESDF)								
DJIBOUTI	383 000	...	...	...	...	...	...	...
Egypt - Égypte								
1 VII 2010* (ESDF)								
6th of October City	802 306	420 009	382 297	...	...	...	...	...
Alexandria	4 358 439	2 225 558	2 132 881	...	...	...	...	...
Assyût	991 929	508 403	483 526	...	...	...	...	...
Aswan	543 396	277 732	265 664	...	...	...	...	...
Behera	985 850	500 999	484 851	...	...	...	...	...
Beni-Suef	582 396	293 887	288 509	...	...	...	...	...
CAIRO	7 248 671	3 682 152	3 566 519	...	...	...	...	...
Dakahlia	1 503 395	758 471	744 924	...	...	...	...	...
Damietta	462 154	236 522	225 632	...	...	...	...	...
Faiyûm	621 268	318 679	302 589	...	...	...	...	...
Gharbia	1 285 492	645 533	639 959	...	...	...	...	...
Giza	3 122 041	1 592 292	1 529 749	...	...	...	...	...
Helwan	1 295 854	660 776	635 078	...	...	...	...	...
Ismailia	472 655	237 174	235 481	...	...	...	...	...
Kafr-Elsheikh	655 002	327 445	327 557	...	...	...	...	...
Kalyoubia	2 053 859	1 051 232	1 002 627	...	...	...	...	...
Luxer	391 460	200 250	191 210	...	...	...	...	...
Matrouh	258 699	136 995	121 704	...	...	...	...	...
Menia	859 719	434 498	425 221	...	...	...	...	...
Menoufia	724 352	368 333	356 019	...	...	...	...	...
North Sinai	229 462	120 302	109 160	...	...	...	...	...
Port Said	610 468	310 881	299 587	...	...	...	...	...
Qena	534 766	270 422	264 344	...	...	...	...	...
Red Sea	295 993	180 622	115 371	...	...	...	...	...
Sharkia	1 340 060	682 941	657 119	...	...	...	...	...
Sohag	870 362	443 082	427 280	...	...	...	...	...
Suez	556 665	283 571	273 094	...	...	...	...	...
Ethiopia - Éthiopie								
1 VII 2002 (ESDF)								
ADDIS ABABA	2 646 000	1 273 000	1 373 000	...	...	...	...	...
Awassa	103 725	52 308	51 417	...	...	...	...	...
Bahir Dar	140 084	72 736	67 348	28	...	...	...	...
Debre Zeit	108 632	53 648	54 984	...	...	...	...	...
Dessie	141 616	72 578	69 038	15	...	...	...	...
Dire Dawa	237 012	118 880	118 132	18	...	...	...	...
Gondar	163 097	82 229	80 868	40	...	...	...	...
Harar	105 000	53 000	52 000	...	...	...	...	...
Jimma	131 708	67 138	64 570	...	...	...	...	...
Mekele	141 433	71 990	69 443	24	...	...	...	...
Nazareth	189 362	94 822	94 540	...	...	...	...	...
Gabon								
31 VII 1993 (CDFC)								
LIBREVILLE	362 386	184 192	178 194	...	418 616	212 383	206 233	...

8. Population of capital cities and cities of 100 000 or more inhabitants: latest available year, 1992 - 2011
Population des capitales et des villes de 100 000 habitants ou plus : dernière année disponible, 1992 - 2011 (continued - suite)

Continent, country or area, date, code and city / Continent, pays ou zone, date, code et ville	City proper - Ville proprement dite				Urban agglomeration - Agglomération urbaine			
	Population			Surface area - Superficie (km²)	Population			Surface area - Superficie (km²)
	Both sexes - Les deux sexes	Male - Masculin	Female - Féminin		Both sexes - Les deux sexes	Male - Masculin	Female - Féminin	
AFRICA - AFRIQUE								
Gambia - Gambie								
15 IV 1993 (CDFC)								
BANJU	42 326	22 268	20 058	12	...	...	...	...
Ghana								
1 VII 2009 (ESDF)								
ACCRA	...	...	...	...	2 263 785	1 109 255	1 154 530	...
Ashiaman	...	...	...	...	281 283	140 698	140 585	...
Koforidua	...	...	...	...	109 846	52 726	57 120	...
Kumasi	...	...	...	...	1 922 130	964 909	957 221	...
Madina	...	...	...	...	136 415	66 843	69 572	...
Obuasi	...	...	...	...	167 897	82 270	85 627	...
Sekondi	...	...	...	...	151 240	75 166	76 074	...
Takoradi	...	...	...	...	220 718	108 152	112 566	...
Tamale	...	...	...	...	254 669	126 825	127 844	...
Tema	...	...	...	...	172 900	82 992	89 908	...
Guinea - Guinée								
1 XII 1996 (CDFC)								
CONAKRY	1 091 500	...	...	...	...	...	...	...
Kankan	...	...	...	...	261 341	...	...	...
Kindia	...	...	...	...	287 607	...	...	...
Labé	...	...	...	...	249 515	...	...	...
Nzérékoré	...	...	...	...	282 772	...	...	...
Kenya								
24 VIII 2009 (CDFC)								
Eldoret	144 223	72 733	71 490	151	...	...	...	...
Kisumu	390 164	194 585	195 579	475	...	...	...	...
Mombasa	523 183	268 038	255 145	230	...	...	...	...
NAIROBI	3 138 369	1 605 230	1 533 139	896	...	...	...	...
Nakuru	326 125	164 915	161 210	290	...	...	...	...
Madagascar								
1 VII 2005 (ESDF)								
ANTANANARIVO[2]	1 015 140	495 393	519 747	72	...	...	...	...
Antsirabe	...	...	...	...	180 180	87 691	92 489	...
Fianarantsoa	...	...	...	...	165 220	80 410	84 810	...
Mahajanga	...	...	...	...	152 785	74 359	78 426	...
Toamasina	...	...	...	...	203 469	99 026	104 443	...
Toliara	...	...	...	...	113 993	55 479	58 514	...
Malawi								
8 VI 2008 (CDFC)								
Blantyre City	661 444	...	...	220	...	...	...	...
LILONGWE	669 021	...	...	328	...	...	...	...
Mauritania - Mauritanie[1]								
1 VII 2008 (ESDF)								
NOUAKCHOTT	846 871	471 243	375 628	...	...	...	...	...
Mauritius - Maurice[3]								
1 VII 2010 (ESDJ)								
Beau Bassin - Rose Hill	110 687	53 839	56 848	20	...	...	...	...
PORT LOUIS	148 638	73 492	75 146	46	...	...	...	...
Vacoas - Phoenix	108 186	53 121	55 065	54	...	...	...	...
Morocco - Maroc								
1 VII 2007 (ESDF)								
Agadir	527 000	...	...	...	...	...	...	...
Béni-Mellal	959 000	...	...	...	...	...	...	...
Casablanca (Dar-el-Beida)	2 995 000	...	...	...	...	...	...	...
El-Jadida	1 132 000	...	...	...	...	...	...	...
Fès	1 026 000	...	...	...	...	...	...	...
Inezgane ait Melloul	462 000	...	...	...	...	...	...	...
Kénitra	1 214 000	...	...	...	...	...	...	...
Khemisset	532 000	...	...	...	...	...	...	...
Khouribga	502 000	...	...	...	...	...	...	...
Laayoune	227 000	...	...	...	...	...	...	...
Larache	479 000	...	...	...	...	...	...	...
Marrakech	1 126 000	...	...	...	...	...	...	...
Meknès	739 000	...	...	...	...	...	...	...
Mohammedia	336 000	...	...	...	...	...	...	...

Continent, country or area, date, code and city Continent, pays ou zone, date, code et ville	City proper - Ville proprement dite				Urban agglomeration - Agglomération urbaine			
	Population			Surface area - Superficie (km²)	Population			Surface area - Superficie (km²)
	Both sexes - Les deux sexes	Male - Masculin	Female - Féminin		Both sexes - Les deux sexes	Male - Masculin	Female - Féminin	
AFRICA - AFRIQUE								
Morocco - Maroc								
1 VII 2007 (ESDF)								
Nador	740 000	...	...	...	...	...	...	...
Oujda	489 000	...	...	...	...	...	...	...
RABAT	642 000	...	...	...	...	...	...	...
Safi	888 000	...	...	...	...	...	...	...
Salé	879 000	...	...	...	...	...	...	...
Settat	980 000	...	...	...	...	...	...	...
Skhirate-Témara	447 000	...	...	...	...	...	...	...
Tanger	811 000	...	...	...	...	...	...	...
Taza	750 000	...	...	...	...	...	...	...
Tétouan	545 000	...	...	...	...	...	...	...
Mozambique								
1 VIII 1997 (CDFC)								
Beira	397 368	...	...	...	...	...	...	...
Chimoio	171 056	...	...	...	...	...	...	...
MAPUTO	966 837	...	...	...	1 391 499	...	...	...
Matola	424 662	...	...	...	...	...	...	...
Mocuba	124 650	...	...	...	...	...	...	...
Nacala	158 248	...	...	...	...	...	...	...
Nampula	303 346	...	...	...	...	...	...	...
Quelimane	150 116	...	...	...	...	...	...	...
Tete	101 984	...	...	...	...	...	...	...
Namibia - Namibie								
27 VIII 2001 (CDFC)								
WINDHOEK	...	...	...	...	233 529	117 306	116 222	...
Niger								
20 V 2001 (CDJC)								
Maradi	148 017	...	...	...	...	...	...	...
NIAMEY	707 951	358 500	349 451	...	...	...	...	...
Zinder	170 575	...	...	...	...	...	...	...
Réunion								
1 I 2006 (CDJC)								
SAINT-DENIS	138 314	64 552	73 762	143	...	...	...	...
Rwanda								
16 VIII 2002 (CDJC)								
KIGALI	603 049	325 778	277 271	...	...	...	...	...
Saint Helena ex. dep. - Sainte-Hélène sans dép.								
10 II 2008 (CDFC)								
JAMESTOWN	714	354	360	4	...	...	...	...
Sao Tome and Principe - Sao Tomé-et-Principe								
25 VIII 2001 (CDJC)								
SAO TOME	...	...	...	...	49 957	24 003	25 954	...
Senegal - Sénégal								
31 XII 2011 (ESDJ)								
DAKAR	1 056 009[4]	526 299[4]	529 710[4]	500	...	...	...	...
Diourbel[4]	279 667	136 961	142 706	...	...	...	...	...
Guediawaye[4]	317 464	157 992	159 472	...	...	...	...	...
Kaolack[4]	410 577	199 057	211 520	...	...	...	...	...
Mbour[4]	605 346	307 461	297 885	...	...	...	...	...
Pikine[4]	941 245	472 868	468 377	...	...	...	...	...
Rufisque[4]	333 032	167 942	165 090	...	...	...	...	...
Saint Louis[4]	277 245	136 957	140 289	...	...	...	...	...
Thiès[4]	618 436	304 087	314 349	...	...	...	...	...
Ziguinchor[4]	337 295	167 048	170 247	...	...	...	...	...
Seychelles								
29 VIII 1997 (CDFC)								
VICTORIA	...	...	...	...	24 701	...	...	...
Sierra Leone								
1 VII 2010 (ESDF)								
Bo	231 494	111 731	119 763	...	...	...	...	...
FREETOWN	945 423	479 526	465 897	...	...	...	...	...
Kenema	195 498	95 988	99 510	...	...	...	...	...
Makeni	114 960	55 388	59 572	...	...	...	...	...

8. Population of capital cities and cities of 100 000 or more inhabitants: latest available year, 1992 - 2011
Population des capitales et des villes de 100 000 habitants ou plus : dernière année disponible, 1992 - 2011 (continued - suite)

Continent, country or area, date, code and city Continent, pays ou zone, date, code et ville	City proper - Ville proprement dite				Urban agglomeration - Agglomération urbaine			
	Population			Surface area - Superficie (km²)	Population			Surface area - Superficie (km²)
	Both sexes - Les deux sexes	Male - Masculin	Female - Féminin		Both sexes - Les deux sexes	Male - Masculin	Female - Féminin	
AFRICA - AFRIQUE								
Somalia - Somalie								
1 VII 2001 (ESDF)								
MOGADISHU	*1 212 000*	...	...	...	...	...	...	...
South Africa - Afrique du Sud								
10 X 1996 (CDFC)								
Alexandra	171 284	...	...	...	...	...	...	...
Benoni	366 343	...	...	...	...	...	...	...
BLOEMFONTEIN[5]	350 504	...	...	...	...	...	...	...
Boksburg	263 179	...	...	...	...	...	...	...
Botshabelo	177 971	...	...	...	...	...	...	...
CAPE TOWN[5]	987 007	...	...	...	...	...	...	...
Durban	669 242	...	...	...	...	...	...	...
Germiston	164 252	...	...	...	...	...	...	...
Johannesburg	752 349	...	...	...	...	...	...	...
Kathlehong	344 803	...	...	...	...	...	...	...
Kempton Park	344 426	...	...	...	...	...	...	...
Khayelitsa	314 239	...	...	...	...	...	...	...
Kimberley	206 070	...	...	...	...	...	...	...
Mangaung	176 525	...	...	...	...	...	...	...
Pietermaritzburg	405 385	...	...	...	...	...	...	...
Port Elizabeth	775 255	...	...	...	...	...	...	...
PRETORIA[5]	692 348	340 363	351 985	...	...	...	...	...
Roodepoort	279 340	...	...	...	...	...	...	...
Soweto	904 165	...	...	...	...	...	...	...
Springs	163 304	...	...	...	...	...	...	...
Tembisa	237 676	...	...	...	...	...	...	...
Umlazi	339 715	...	...	...	...	...	...	...
Vereeniging	379 638	...	...	...	...	...	...	...
Tunisia - Tunisie								
1 VII 1998 (ESDF)								
Bizerte	*105 520*	...	...	...	...	...	...	...
Gabes	*104 950*	...	...	...	...	...	...	...
Kairouan	*110 280*	...	...	...	...	...	...	...
Sfax	*248 800*	...	...	...	...	...	...	...
TUNIS	*702 330*	...	...	...	...	...	...	...
Uganda - Ouganda								
1 VII 2009 (ESDF)								
Gulu	...	...	...	...	*146 600*	*72 700*	*73 900*	...
KAMPALA	*1 533 600*	*726 400*	*807 200*	...	...	...	...	...
Kira	...	...	...	...	*164 700*	*77 400*	*87 300*	...
Lira	...	...	...	...	*102 200*	*50 800*	*51 400*	...
Western Sahara - Sahara occidental[6]								
1 VII 1999 (ESDF)								
EL AAIUN	*169 000*	...	...	...	...	...	...	...
Zambia - Zambie								
1 VII 2000 (ESDF)								
Chingola	*164 964*	*82 643*	*82 321*	*1 678*	...	...	...	...
Kabwe	*170 387*	*84 041*	*86 346*	*1 572*	...	...	...	...
Kitwe	*362 423*	*180 865*	*181 558*	*777*	...	...	...	...
Luanshya	*144 009*	*72 449*	*71 560*	*811*	...	...	...	...
LUSAKA	*1 057 212*	*528 891*	*528 321*	*360*	...	...	...	...
Mufulira	*137 272*	*68 253*	*69 019*	*1 637*	...	...	...	...
Ndola	*371 221*	*185 043*	*186 178*	*1 103*	...	...	...	...
Zimbabwe								
1 VII 2009 (ESDF)								
Bulawayo	*713 532*	*341 211*	*372 321*	*479*	...	...	...	...
Chitungwiza	*340 724*	*164 876*	*175 848*	...	...	...	...	...
Gweru	*148 488*	*71 378*	*77 110*	...	...	...	...	...
HARARE	*1 513 173*	*758 856*	*754 317*	*872*	...	...	...	...
Mutare	*179 776*	*89 654*	*90 122*	...	...	...	...	...

Continent, country or area, date, code and city Continent, pays ou zone, date, code et ville	City proper - Ville proprement dite				Urban agglomeration - Agglomération urbaine			
	Population			Surface area - Superficie (km²)	Population			Surface area - Superficie (km²)
	Both sexes - Les deux sexes	Male - Masculin	Female - Féminin		Both sexes - Les deux sexes	Male - Masculin	Female - Féminin	
AMERICA, NORTH - AMÉRIQUE DU NORD								
Anguilla								
1 VII 2001 (ESDF)								
THE VALLEY	4 904	...	...	...	...	...	...	...
Aruba								
29 IX 2010 (CDJC)								
ORANJESTAD	28 295	13 139	15 156	...	...	...	...	...
Bahamas								
1 VII 2009 (ESDF)								
NASSAU	244 400	119 700	124 700	...	...	...	...	...
Belize								
1 VII 2000 (ESDF)								
BELMOPAN	*8 305*	*4 050*	*4 255*	...	...	...	...	...
Bermuda - Bermudes								
20 V 2000 (CDJC)								
HAMILTON	969[7]	508[7]	461[7]	0[8]	...	...	...	...
British Virgin Islands - Îles Vierges britanniques								
1 VII 1992 (ESDF)								
ROAD TOWN	3 500	...	...	...	...	...	...	...
Canada								
1 VII 2010 (ESDJ)								
Abbotsford-Mission	...	...	...	...	174 300[9]	87 304[9]	86 996[9]	626[10]
Barrie	...	...	...	...	190 872[9]	95 163[9]	95 709[9]	897[10]
Brantford	...	...	...	...	139 124[9]	68 432[9]	70 692[9]	1 073[10]
Calgary	...	...	...	...	1 242 624[9]	633 047[9]	609 577[9]	5 107[10]
Edmonton	...	...	...	...	1 176 307[9]	597 335[9]	578 972[9]	9 418[10]
Greater Sudbury / Grand Sudbury	...	...	...	...	164 680[9]	81 066[9]	83 614[9]	3 382[10]
Guelph	...	...	...	...	138 158[9]	68 684[9]	69 474[9]	378[10]
Halifax	...	...	...	...	403 188[9]	195 597[9]	207 591[9]	5 496[10]
Hamilton	...	...	...	...	740 238[9]	364 186[9]	376 052[9]	1 372[10]
Kelowna	...	...	...	...	178 854[9]	88 141[9]	90 713[9]	2 904[10]
Kingston	...	...	...	...	162 543[9]	80 279[9]	82 264[9]	1 907[10]
Kitchener-Cambridge-Waterloo	...	...	...	...	492 390[9]	245 541[9]	246 849[9]	827[10]
London	...	...	...	...	492 249[9]	242 027[9]	250 222[9]	2 665[10]
Moncton	...	...	...	...	137 346[9]	67 489[9]	69 857[9]	2 406[10]
Montréal	...	...	...	...	3 859 318[9]	1 902 000[9]	1 957 318[9]	4 259[10]
Oshawa	...	...	...	...	364 193[9]	179 822[9]	184 371[9]	903[10]
Ottawa - Gatineau	...	...	...	...	1 239 140[9]	608 662[9]	630 478[9]	5 716[10]
Peterborough	...	...	...	...	121 054[9]	58 807[9]	62 247[9]	1 506[10]
Québec	...	...	...	...	754 358[9]	369 797[9]	384 561[9]	3 277[10]
Regina	...	...	...	...	215 138[9]	106 222[9]	108 916[9]	3 408[10]
Saguenay	...	...	...	...	152 150[9]	75 590[9]	76 560[9]	1 754[10]
Saint John	...	...	...	...	127 973[9]	61 945[9]	66 028[9]	3 360[10]
Saskatoon	...	...	...	...	265 259[9]	132 073[9]	133 186[9]	5 207[10]
Sherbrooke	...	...	...	...	197 299[9]	96 557[9]	100 742[9]	1 232[10]
St Catharines-Niagara	...	...	...	...	404 357[9]	197 712[9]	206 645[9]	1 397[10]
St. John's	...	...	...	...	192 326[9]	94 159[9]	98 167[9]	805[10]
Thunder Bay	...	...	...	...	126 683[9]	62 866[9]	63 817[9]	2 550[10]
Toronto	...	...	...	...	5 741 419[9]	2 818 996[9]	2 922 423[9]	5 904[10]
Trois-Rivières	...	...	...	...	146 516[9]	71 373[9]	75 143[9]	880[10]
Vancouver	...	...	...	...	2 391 252[9]	1 182 263[9]	1 208 989[9]	2 877[10]
Victoria	...	...	...	...	358 054[9]	173 360[9]	184 694[9]	695[10]
Windsor	...	...	...	...	330 856[9]	164 246[9]	166 610[9]	1 023[10]
Winnipeg	...	...	...	...	753 555[9]	372 742[9]	380 813[9]	5 303[10]
Cayman Islands - Îles Caïmanes								
1 IV 2007 (SSDJ)								
GEORGE TOWN	28 836	...	...	...	...	...	...	...
Costa Rica								
30 V 2011* (CDJC)								
Alajuela	...	...	...	...	254 886	125 773	129 113	...
Cartago	...	...	...	...	147 898	72 491	75 407	...
Desamparados	...	...	...	...	208 411	99 974	108 437	...
Goicoechea	...	...	...	...	115 084	54 269	60 815	...
Heredia	...	...	...	...	123 616	58 667	64 949	...

8. Population of capital cities and cities of 100 000 or more inhabitants: latest available year, 1992 - 2011
Population des capitales et des villes de 100 000 habitants ou plus : dernière année disponible, 1992 - 2011 (continued - suite)

Continent, country or area, date, code and city Continent, pays ou zone, date, code et ville	City proper - Ville proprement dite				Urban agglomeration - Agglomération urbaine			
	Population			Surface area - Superficie (km²)	Population			Surface area - Superficie (km²)
	Both sexes - Les deux sexes	Male - Masculin	Female - Féminin		Both sexes - Les deux sexes	Male - Masculin	Female - Féminin	
AMERICA, NORTH - AMÉRIQUE DU NORD								
Costa Rica								
30 V 2011* (CDJC)								
Perez Zeledon	...	...	...	...	134 534	65 389	69 145	...
Pococi	...	...	...	...	125 962	63 273	62 689	...
Puntarenas	...	...	...	...	115 019	57 246	57 773	...
San Carlos	...	...	...	...	163 745	82 048	81 697	...
SAN JOSE	288 054	136 371	151 683	45	288 054	136 371	151 683	...
Cuba								
31 XII 2010 (ESDJ)								
Bayamo	147 639	...	...	27[11]	...	...	...	...
Camagüey	305 701	...	...	82[11]	...	...	...	...
Ciego de Avila	111 086	...	...	21[11]	...	...	...	...
Cienfuegos	143 894	...	...	46[11]	...	...	...	...
Guantánamo	207 973	...	...	34[11]	...	...	...	...
Holguín	277 260	...	...	58[11]	...	...	...	...
LA HABANA	2 141 996	...	...	721[11]	...	...	...	...
Las Tunas	153 129	...	...	31[11]	...	...	...	...
Matanzas	132 678	...	...	44[11]	...	...	...	...
Pinar del Río	137 320	...	...	32[11]	...	...	...	...
Santa Clara	206 379	...	...	44[11]	...	...	...	...
Santiago de Cuba	426 841	...	...	70[11]	...	...	...	...
Dominican Republic - République dominicaine								
1 VII 2011 (ESDF)								
Azua	102 339[1]	51 620[1]	50 719[1]	155	...	...	...	...
Bajos de Haina	143 807[1]	71 130[1]	72 677[1]	40	...	...	...	...
Baní	177 588[1]	88 818[1]	88 770[1]	740	...	...	...	...
Boca Chica	122 216[1]	61 317[1]	60 899[1]	142	...	...	...	...
Bonao	148 857[1]	73 877[1]	74 980[1]	674	...	...	...	...
Higüey	211 453[1]	106 575[1]	104 878[1]	2 026	...	...	...	...
La Romana	152 454[1]	73 291[1]	79 163[1]	263	...	...	...	...
La Vega	273 547[1]	137 511[1]	136 036[1]	641	...	...	...	...
Los Alcarrizos	249 595[1]	126 001[1]	123 594[1]	46	...	...	...	...
Moca	182 767[1]	91 506[1]	91 261[1]	337	...	...	...	...
Puerto Plata	156 123[1]	76 741[1]	79 382[1]	496	...	...	...	...
San Cristóbal	278 767[1]	138 614[1]	140 153[1]	214	...	...	...	...
San Francisco de Macoris	185 925[1]	92 282[1]	93 643[1]	760	...	...	...	...
San Juan de la Maguana	137 881[1]	70 406[1]	67 475[1]	1 722	...	...	...	...
San Pedro de Macoris	233 255[1]	113 249[1]	120 006[1]	146	...	...	...	...
Santiago de los Caballeros	757 933[1]	372 332[1]	385 601[1]	529	...	...	...	...
SANTO DOMINGO	1 126 306[1]	537 506[1]	588 800[1]	91	1 126 306[1]	537 506[1]	588 800[1]	91
Santo Domingo East - Santo Domingo Este	966 393[1]	468 484[1]	497 909[1]	169	...	...	...	...
Santo Domingo North - Santo Domingo Norte	453 046[1]	228 840[1]	224 206[1]	388	...	...	...	...
Santo Domingo West - Santo Domingo Oeste	349 175[1]	170 849[1]	178 326[1]	54	...	...	...	...
El Salvador								
12 V 2007 (CDJC)								
Ahuachapan	63 981	29 898	34 083	245	110 511	52 808	57 703	...
Apopa	131 286	61 172	70 114	52	...	...	...	...
Ciudad Delgado	112 161	52 381	59 780	33	120 200	56 297	63 903	...
Ilopango	103 862	47 726	56 136	35	...	...	...	...
Mejicanos	140 751	64 509	76 242	22	...	...	...	...
San Miguel	158 136	71 132	87 004	594	218 410	99 672	118 738	...
SAN SALVADOR	316 090	144 217	171 873	886	...	...	...	...
Santa Ana	204 340	97 115	107 225	400	245 421	117 565	127 856	...
Santa Tecla	108 840	49 315	59 525	112	121 908	55 780	66 128	...
Soyapango	241 403	111 234	130 169	30	...	...	...	...
Greenland - Groenland[12]								
1 VII 2010 (ESDJ)								
NUUK (GODTHAB)	15 666	8 230	7 436	...	...	...	...	...
Guadeloupe								
8 III 1999 (CDJC)								
BASSE-TERRE	12 377	5 687	6 690	...	44 747	21 252	23 495	...
Pointe-à-Pitre	...	...	...	...	171 773	...	...	...

8. Population of capital cities and cities of 100 000 or more inhabitants: latest available year, 1992 - 2011
Population des capitales et des villes de 100 000 habitants ou plus : dernière année disponible, 1992 - 2011 (continued - suite)

Continent, country or area, date, code and city Continent, pays ou zone, date, code et ville	City proper - Ville proprement dite				Urban agglomeration - Agglomération urbaine			
	Population			Surface area - Superficie (km²)	Population			Surface area - Superficie (km²)
	Both sexes - Les deux sexes	Male - Masculin	Female - Féminin		Both sexes - Les deux sexes	Male - Masculin	Female - Féminin	
AMERICA, NORTH - AMÉRIQUE DU NORD								
Guatemala								
1 VII 2001 (ESDF)								
CUIDAD DE GUATEMALA	1 022 001	491 891	530 110	228	...	...	...	...
Escuintla	114 626	57 893	56 733	332	...	...	...	...
Mixco	452 134	221 928	230 206	99	...	...	...	...
Quetzaltenango	152 223	76 272	75 951	120	...	...	...	...
Villa Nueva	390 329	192 238	198 091	114	...	...	...	...
Haiti - Haïti								
1 VII 1999 (ESDJ)								
Cap-Haitien	*113 555*	*50 064*	*63 491*	10	...	...	...	...
Carrefour	*336 222*	*146 838*	*189 384*	23	...	...	...	...
Delmas	*284 079*	*124 774*	*159 305*	26	...	...	...	...
PORT-AU-PRINCE	*990 558*	*436 170*	*554 388*	21	...	...	...	...
Honduras								
1 VII 2003 (ESDF)								
La Ceiba	*137 815*	*67 691*	*70 124*	...	...	...	...	...
San Pedro Sula	*518 736*	*251 514*	*267 222*	...	...	...	...	...
TEGUCIGALPA	*858 437*	*411 687*	*446 749*	...	...	...	...	...
Jamaica - Jamaïque								
10 IX 2001 (CDJC)								
KINGSTON	579 137[13]	272 587[13]	306 550[13]	22	...	...	...	...
Portmore[13]	156 467	72 292	84 175	...	...	...	...	...
Spanish Town[13]	131 510	63 791	67 719	...	...	...	...	...
Martinique								
1 I 2006 (CDJC)								
FORT-DE-FRANCE	90 347	40 128	50 219	...	133 281	59 945	73 336	...
Mexico - Mexique								
12 VI 2010 (CDFC)								
Acapulco (de Juárez)	673 479	324 746	348 733	...	863 431	418 236	445 195	...
Acayucan	83 817	40 242	43 575	...	112 996	54 333	58 663	...
Aguascalientes	722 250	348 722	373 528	...	932 369	453 097	479 272	...
Apizaco	76 492	36 269	40 223	...	499 567	240 285	259 282	...
Campeche	...	...	...	...	259 005	125 561	133 444	...
Cancun	628 306	317 990	310 316	...	677 379	343 303	334 076	...
Celaya	...	...	...	...	468 469	225 024	243 445	...
Chalco de Diaz Covarrubias	168 720	81 192	87 528	...	...	...	...	...
Chetumal	...	...	...	...	151 243	74 273	76 970	...
Chicoloapán de Juárez	172 919	84 285	88 634	...	...	...	...	...
Chihuahua	809 232	394 144	415 088	...	852 533	416 866	435 667	...
Chilpacingo (de los Bravo)	...	...	...	...	241 717	115 443	126 274	...
Chimalhuacan	612 383	301 250	311 133	...	...	...	...	...
Ciudad Acuña	...	...	...	...	136 755	68 350	68 405	...
Ciudad Apodaca	467 157	234 492	232 665	...	...	...	...	...
Ciudad de Villa de Alvárez	117 600	57 124	60 476	...	334 240	163 648	170 592	...
Ciudad Del Carmen	...	...	...	...	169 466	83 802	85 664	...
Ciudad General Escobedo	352 444	177 382	175 062	...	...	...	...	...
Ciudad Juárez	151 893	76 140	75 753	...	...	...	...	...
Ciudad López Mateos	489 160	237 729	251 431	...	...	...	...	...
Ciudad Madero	197 216	94 384	102 832	...	859 419	418 362	441 057	...
Ciudad Obregón	...	...	...	...	298 625	146 788	151 837	...
Ciudad Santa Catarina	268 347	134 044	134 303	...	...	...	...	...
Ciudad Valles	...	...	...	...	167 713	81 226	86 487	...
Ciudad Victoria	...	...	...	...	321 953	157 152	164 801	...
Coatzacoalcos	235 983	112 989	122 994	...	347 257	168 301	178 956	...
Colimas	137 383	66 698	70 685	...	334 240	163 648	170 592	...
Córdoba	140 896	65 279	75 617	...	316 032	148 861	167 171	...
Cuauhtemoc	...	...	...	...	154 639	75 936	78 703	...
Cuautitlan Izcalli	484 573	235 136	249 437	...	...	...	...	...
Cuautla	154 358	73 384	80 974	...	434 147	209 752	224 395	...
Cuernavaca	338 650	159 999	178 651	...	876 083	421 781	454 302	...
Culiacán Rosales	...	...	...	...	675 773	329 608	346 165	...
Delicias	...	...	...	...	137 935	68 013	69 922	...
Durango (Victoria de Durango)	...	...	...	...	518 709	250 073	268 636	...
Ecatepec (de Morelos)	1 655 015	805 890	849 125	...	...	...	...	...
Ensenada	...	...	...	...	466 814	235 130	231 684	...

Continent, country or area, date, code and city / Continent, pays ou zone, date, code et ville	City proper - Ville proprement dite				Urban agglomeration - Agglomération urbaine			
	Population			Surface area - Superficie (km²)	Population			Surface area - Superficie (km²)
	Both sexes - Les deux sexes	Male - Masculin	Female - Féminin		Both sexes - Les deux sexes	Male - Masculin	Female - Féminin	
AMERICA, NORTH - AMÉRIQUE DU NORD								
Mexico - Mexique								
12 VI 2010 (CDFC)								
Fresnillo....................................	...	...	...	...	213 139	104 348	108 791	...
Gómez Palacio.........................	257 352	126 001	131 351	...	1 215 817	596 961	618 856	...
Guadalajara.............................	1 495 182	717 399	777 783	...	4 434 878	2 171 514	2 263 364	...
Guadalupe, Nuevo León	673 616	334 519	339 097	...	4 089 962	2 036 484	2 053 478	...
Guadalupe, Zacatecas	124 623	60 349	64 274	...	298 167	144 140	154 027	...
Guanajuato..............................	...	...	...	...	171 709	82 830	88 879	...
Hermosillo...............................	...	...	...	...	784 342	392 697	391 645	...
Heroica Guaymas.....................	113 082	56 090	56 992	...	203 430	101 736	101 694	...
Heroica Nogales......................	212 533	106 299	106 234	...				
Hidalgo del Parral....................	...	...	...	...	107 061	51 883	55 178	
Iguala (de la Independencia).....	...	...	...	...	140 363	67 611	72 752	
Irapuato...................................	...	...	...	...	529 440	254 784	274 656	
Ixtapaluca...............................	322 271	156 847	165 424	...	...	...	...	
Jiutepec...................................	162 427	78 012	84 415	...	876 083	421 781	454 302	
Juárez......................................	1 321 004	659 857	661 147	...	1 332 131	665 691	666 440	
La Paz, Baja California Sur	...	...	...	...	251 871	126 397	125 474	
La Paz, Distrito Federal............	253 845	123 956	129 889	...	...	...	...	
La Piedad................................	99 576	47 492	52 084	...	249 512	118 043	131 469	
Lázaro Cárdenas......................	...	...	...	...	178 817	89 221	89 596	
León (de los Aldama)...............	1 238 962	603 633	635 329	...	1 609 504	785 729	823 775	
Los Mochis...............................	...	...	...	...	256 613	124 228	132 385	
Manzanillo................................	...	...	...	...	161 420	81 007	80 413	
Matamoros	449 815	221 006	228 809	...	489 193	242 234	246 959	
Mazatlán..................................	...	...	...	...	438 434	216 266	222 168	
Mérida......................................	777 615	374 542	403 073	...	973 046	472 213	500 833	
Mexicali....................................	689 775	346 642	343 133	...	936 826	473 203	463 623	
MEXICO, CIUDAD DE	8 851 080	4 233 783	4 617 297	...	20 116 842	9 729 967	10 386 875	...
Minatitlán.................................	157 840	76 222	81 618	...	356 137	171 979	184 158	
Monclova..................................	215 271	106 901	108 370	...	317 313	157 907	159 406	
Monterrey	1 135 512	561 638	573 874	...	4 089 962	2 036 484	2 053 478	
Morelia.....................................	597 511	284 708	312 803	...	807 902	386 945	420 957	
Moroleón - Uriangato...............	...	...	...	...	108 669	51 613	57 056	
Naucalpan de Juárez	792 211	384 234	407 977	...	...	...	...	
Navojoa....................................	157 729	78 242	79 487	...	...	...	...	
Netzahualcóyotl........................	1 104 585	532 528	572 057	...	...	...	...	
Nuevo Laredo...........................	373 725	185 747	187 978	...	384 033	191 001	193 032	
Oaxaca de Juárez	255 029	118 367	136 662	...	593 658	279 311	314 347	
Ocotlán....................................	92 967	45 453	47 514	...	141 375	69 174	72 201	
Orizaba....................................	120 844	55 772	65 072	...	410 508	194 618	215 890	
Pachuca (de Soto)....................	256 584	121 719	134 865	...	512 196	244 839	267 357	
Piedras Negras.........................	150 178	74 655	75 523	...	180 734	90 641	90 093	
Playa del Carmen.....................	149 923	78 169	71 754	...	...	...	...	
Poza Rica de Hidalgo...............	185 242	87 456	97 786	...	513 518	247 486	266 032	
Puebla de Zaragoza.................	1 434 062	682 505	751 557	...	2 668 437	1 278 555	1 389 882	
Puerto Vallarta.........................	203 342	101 712	101 630	...	379 886	191 576	188 310	
Querétaro.................................	626 495	301 972	324 523	...	1 097 025	533 253	563 772	
Reynosa...................................	589 466	293 880	295 586	...	727 150	363 027	364 123	
Rioverde - Ciudad Fernández	...	...	...	...	135 452	65 832	69 620	
Salamanca................................	...	...	...	...	260 732	126 354	134 378	
Saltillo.....................................	709 671	351 302	358 369	...	823 128	409 208	413 920	
San Cristobal de las Casas	185 917	88 996	96 921	...	...	...	...	
San Francisco Coacalco	277 959	134 086	143 873	...	...	...	...	
San Francisco del Rincón	113 570	55 026	58 544	...	182 365	88 808	93 557	
San Juan Bautista Tuxtepec......	...	...	...	...	155 766	74 788	80 978	
San Juan del Río......................	...	...	...	...	241 699	117 628	124 071	
San Luis Potosí	722 772	347 676	375 096	...	1 040 443	501 897	538 546	
San Luis Rio Colorado	...	...	...	...	178 380	90 545	87 835	
San Martín Texmelucan............	141 112	67 505	73 607	...	2 668 437	1 278 555	1 389 882	
San Nicolas de los Garza	443 273	219 337	223 936	...	...	...	...	
San Pedro Garza Garcia	122 627	57 608	65 019	...	...	...	...	
Soledad de Graciano Sanchez ...	255 015	123 480	131 535	...	1 040 443	501 897	538 546	
Tampico....................................	297 284	142 189	155 095	...	859 419	418 362	441 057	
Tapachula (de Cordova y Ordoñez) ...	...	...	...	...	202 672	95 450	107 222	

8. Population of capital cities and cities of 100 000 or more inhabitants: latest available year, 1992 - 2011
Population des capitales et des villes de 100 000 habitants ou plus : dernière année disponible, 1992 - 2011 (continued - suite)

Continent, country or area, date, code and city Continent, pays ou zone, date, code et ville	City proper - Ville proprement dite				Urban agglomeration - Agglomération urbaine			
	Population			Surface area - Superficie (km²)	Population			Surface area - Superficie (km²)
	Both sexes - Les deux sexes	Male - Masculin	Female - Féminin		Both sexes - Les deux sexes	Male - Masculin	Female - Féminin	
AMERICA, NORTH - AMÉRIQUE DU NORD								
Mexico - Mexique								
12 VI 2010 (CDFC)								
Tecomán	112 726	56 804	55 922	...	141 421	71 260	70 161	...
Tehuacán	248 716	117 127	131 589	...	296 899	140 079	156 820	...
Tepic	332 863	160 708	172 155	...	429 351	209 204	220 147	...
Tijuana	1 300 983	653 241	647 742	...	1 751 430	883 277	868 153	...
Tlalnepantla	653 410	316 348	337 062	...	20 116 842	9 729 967	10 386 875	...
Tlaquepaque	575 942	284 064	291 878	...	4 434 878	2 171 514	2 263 364	...
Tlaxcala	89 795	42 529	47 266	...	499 567	240 285	259 282	...
Toluca (de Lerdo)	489 333	232 774	256 559	...	1 846 116	898 202	947 914	...
Tonala	408 759	202 269	206 490	...	4 434 878	2 171 514	2 263 364	...
Torreón	608 836	296 781	312 055	...	1 215 817	596 961	618 856	...
Tula, Tula de Allende	103 919	50 490	53 429	...	205 812	100 413	105 399	...
Tulancingo, Tulancingo de Bravo	151 584	71 287	80 297	...	239 579	113 118	126 461	...
Tuxpan	...	...	...	...	143 362	69 764	73 598	...
Tuxtla Gutiérrez	537 102	255 879	281 223	...	640 977	307 242	333 735	...
Uruapan	...	...	...	...	315 350	152 442	162 908	...
Veracruz	428 323	201 018	227 305	...	801 295	380 239	421 056	...
Villa Nicolas Romero	281 799	138 181	143 618	...	...	...	...	...
Villahermosa	353 577	169 721	183 856	...	755 425	368 212	387 213	...
Xalapa-Enriquez	424 755	197 560	227 195	...	666 535	314 563	351 972	...
Xico	356 352	175 135	181 217	...	...	...	...	...
Zacatecas	129 011	61 655	67 356	...	298 167	144 140	154 027	...
Zamora de Hidalgo	141 627	67 993	73 634	...	250 113	120 697	129 416	...
Zapopan	1 142 483	557 305	585 178	...	4 434 878	2 171 514	2 263 364	...
Nicaragua								
1 VII 2009 (ESDJ)								
Chinandega	...	...	...	...	106 635	...	...	...
León	...	...	...	...	156 049	...	...	...
MANAGUA	...	...	...	...	985 143	...	...	...
Masaya	...	...	...	...	110 491	...	...	...
Tipitapa	...	...	...	...	105 773	...	...	...
Panama								
1 VII 2010 (ESDF)								
PANAMA DE PANAMA	894 565[14]	443 516[14]	451 049[14]	107	...	...	...	...
San Miguelito	373 703[14]	182 468[14]	191 236[14]	50	...	...	...	...
Puerto Rico - Porto Rico								
1 VII 2007 (ESDJ)								
Arecibo	102 495[15]	49 923[15]	52 572[15]	327	...	...	...	...
Bayamón	220 629[15]	105 446[15]	115 183[15]	115	...	...	...	...
Caguas	142 984[15]	67 000[15]	75 984[15]	152	...	...	...	...
Carolina	187 607[15]	86 860[15]	100 747[15]	118	...	...	...	...
Guaynabo	102 838[15]	48 886[15]	53 952[15]	70	...	...	...	...
Ponce	180 376[15]	87 283[15]	93 093[15]	301	...	...	...	...
SAN JUAN	424 951[15]	195 961[15]	228 990[15]	124	...	...	...	...
Saint Lucia - Sainte-Lucie								
22 V 2001 (CDFC)								
CASTRIES	11 092	5 238	5 854	...	...	...	...	...
Saint Pierre and Miquelon - Saint Pierre-et-Miquelon								
8 III 1999 (CDFC)								
SAINT-PIERRE	5 618	2 781	2 837	...	...	...	...	...
Trinidad and Tobago - Trinité-et-Tobago								
1 VII 1996 (ESDF)								
PORT-OF-SPAIN	43 396	20 739	22 657	12	...	...	...	...
Turks and Caicos Islands - Îles Turques et Caïques								
1 VII 2006 (ESDJ)								
GRAND TURK	5 718	2 846	2 872	17	...	...	...	...
United States of America - États-Unis d'Amérique[16]								
1 VII 2009 (ESDJ)								
Abilene (TX)	117 180	...	...	274	...	...	...	...
Akron (OH)	207 209	...	...	161	...	...	...	...
Albuquerque (NM)	529 219	...	...	487	...	...	...	...
Alexandria (VA)	150 006	...	...	39	...	...	...	...
Allentown (PA)	107 815	...	...	45	...	...	...	...

8. Population of capital cities and cities of 100 000 or more inhabitants: latest available year, 1992 - 2011
Population des capitales et des villes de 100 000 habitants ou plus : dernière année disponible, 1992 - 2011 (continued - suite)

Continent, country or area, date, code and city Continent, pays ou zone, date, code et ville	City proper - Ville proprement dite				Urban agglomeration - Agglomération urbaine			
	Population			Surface area - Superficie (km²)	Population			Surface area - Superficie (km²)
	Both sexes - Les deux sexes	Male - Masculin	Female - Féminin		Both sexes - Les deux sexes	Male - Masculin	Female - Féminin	
AMERICA, NORTH - AMÉRIQUE DU NORD								
United States of America - États-Unis d'Amérique[16]								
1 VII 2009 (ESDJ)								
Amarillo (TX)	189 392	...	...	254	...	...	...	...
Anaheim (CA)	337 896	...	...	129	...	...	...	...
Anchorage (AK)	286 174	...	...	4 415	...	...	...	...
Ann Arbor (MI)	112 920	...	...	72	...	...	...	...
Antioch (CA)	101 181	...	...	73	...	...	...	...
Arlington (TX)	380 085	...	...	248	...	...	...	...
Arlington (VA)	217 483	...	...	67	...	...	...	...
Arvada (CO)	108 208	...	...	91	...	...	...	...
Athens (GA)	114 983	...	...	301	...	...	...	...
Atlanta (GA)	540 922	...	...	345	...	...	...	...
Augusta (GA)	194 343	...	...	783	...	...	...	...
Aurora (CO)	323 348	...	...	400	...	...	...	...
Aurora (IL)	172 950	...	...	116	...	...	...	...
Austin (TX)	786 386	...	...	766	...	...	...	...
Bakersfield (CA)	324 463	...	...	335	...	...	...	...
Baltimore (MD)	637 418	...	...	210	...	...	...	...
Baton Rouge (LA)	225 388	...	...	199	...	...	...	...
Beaumont (TX)	110 110	...	...	214	...	...	...	...
Bellevue (WA)	126 626	...	...	82	...	...	...	...
Berkeley (CA)	102 804	...	...	27	...	...	...	...
Billings (MT)	105 845	...	...	112	...	...	...	...
Birmingham (AL)	230 131	...	...	387	...	...	...	...
Boise City (ID)	205 707	...	...	200	...	...	...	...
Boston (MA)	645 169	...	...	125	...	...	...	...
Boulder (CO)	100 160	...	...	64	...	...	...	...
Bridgeport (CT)	137 298	...	...	41	...	...	...	...
Brownsville (TX)	176 859	...	...	343	...	...	...	...
Buffalo (NY)	270 240	...	...	105	...	...	...	...
Burbank (CA)	103 121	...	...	45	...	...	...	...
Cambridge (MA)	108 771	...	...	17	...	...	...	...
Cape Coral (FL)	154 202	...	...	274	...	...	...	...
Carrollton (TX)	129 209	...	...	94	...	...	...	...
Cary (NC)	136 637	...	...	140	...	...	...	...
Cedar Rapids (IA)	127 764	...	...	184	...	...	...	...
Centennial (CO)	100 557	...	...	73	...	...	...	...
Chandler (AZ)	249 535	...	...	167	...	...	...	...
Charleston (SC)	115 638	...	...	282	...	...	...	...
Charlotte (NC)	704 422	...	...	741	...	...	...	...
Chattanooga (TN)	171 350	...	...	353	...	...	...	...
Chesapeake (VA)	222 455	...	...	883	...	...	...	...
Chicago (IL)	2 851 268	...	...	589	...	...	...	...
Chula Vista (CA)	223 739	...	...	129	...	...	...	...
Cincinnati (OH)	333 012	...	...	202	...	...	...	...
Clarksville (TN)	124 565	...	...	253	...	...	...	...
Clearwater (FL)	106 081	...	...	66	...	...	...	...
Cleveland (OH)	431 369	...	...	201	...	...	...	...
Colorado Springs (CO)	399 827	...	...	504	...	...	...	...
Columbia (MO)	102 324	...	...	162	...	...	...	...
Columbia (SC)	129 333	...	...	342	...	...	...	...
Columbus (GA)	190 414	...	...	560	...	...	...	...
Columbus (OH)	769 332	...	...	561	...	...	...	...
Concord (CA)	122 224	...	...	79	...	...	...	...
Coral Springs (FL)	126 518	...	...	61	...	...	...	...
Corona (CA)	151 027	...	...	100	...	...	...	...
Corpus Christi (TX)	287 439	...	...	416	...	...	...	...
Costa Mesa (CA)	110 419	...	...	41	...	...	...	...
Dallas (TX)	1 299 542	...	...	882	...	...	...	...
Daly City (CA)	102 165	...	...	20	...	...	...	...
Davenport (IA)	101 335	...	...	163	...	...	...	...
Dayton (OH)	153 843	...	...	144	...	...	...	...
Denton (TX)	122 830	...	...	220	...	...	...	...
Denver (CO)	610 345	...	...	397	...	...	...	...
Des Moines (IA)	200 538	...	...	210	...	...	...	...

8. Population of capital cities and cities of 100 000 or more inhabitants: latest available year, 1992 - 2011
Population des capitales et des villes de 100 000 habitants ou plus : dernière année disponible, 1992 - 2011 (continued - suite)

Continent, country or area, date, code and city Continent, pays ou zone, date, code et ville	City proper - Ville proprement dite				Urban agglomeration - Agglomération urbaine			
	Population			Surface area - Superficie (km²)	Population			Surface area - Superficie (km²)
	Both sexes - Les deux sexes	Male - Masculin	Female - Féminin		Both sexes - Les deux sexes	Male - Masculin	Female - Féminin	
AMERICA, NORTH - AMÉRIQUE DU NORD								
United States of America - États-Unis d'Amérique[16]								
1 VII 2009 (ESDJ)								
Detroit (MI)	910 921	...	...	359	...	...	...	...
Downey (CA)	107 117	...	...	32	...	...	...	...
Durham (NC)	229 171	...	...	276	...	...	...	...
El Monte (CA)	121 447	...	...	25	...	...	...	...
El Paso (TX)	620 456	...	...	657	...	...	...	...
Elgin (IL)	107 519	...	...	96	...	...	...	...
Elizabeth (NJ)	125 285	...	...	32	...	...	...	...
Elk Grove (CA)	135 285	...	...	109	...	...	...	...
Erie (PA)	103 571	...	...	49	...	...	...	...
Escondido (CA)	140 170	...	...	96	...	...	...	...
Eugene (OR)	153 272	...	...	113	...	...	...	...
Evansville (IN)	116 584	...	...	114	...	...	...	...
Fairfield (CA)	103 586	...	...	97	...	...	...	...
Fayetteville (NC)	207 288	...	...	378	...	...	...	...
Flint (MI)	111 475	...	...	87	...	...	...	...
Fontana (CA)	188 013	...	...	110	...	...	...	...
Fort Collins (CO)	138 733	...	...	135	...	...	...	...
Fort Lauderdale (FL)	184 892	...	...	90	...	...	...	...
Fort Wayne (IN)	255 890	...	...	287	...	...	...	...
Fort Worth (TX)	727 577	...	...	878	...	...	...	...
Fremont (CA)	205 517	...	...	201	...	...	...	...
Fresno (CA)	479 918	...	...	286	...	...	...	...
Frisco (TX)	102 413	...	...	160	...	...	...	...
Fullerton (CA)	132 620	...	...	58	...	...	...	...
Gainesville (FL)	116 616	...	...	156	...	...	...	...
Garden Grove (CA)	166 332	...	...	47	...	...	...	...
Garland (TX)	222 013	...	...	148	...	...	...	...
Gilbert (AZ)	222 075	...	...	175	...	...	...	...
Glendale (AZ)	253 209	...	...	154	...	...	...	...
Glendale (CA)	196 882	...	...	79	...	...	...	...
Grand Prairie (TX)	163 351	...	...	187	...	...	...	...
Grand Rapids (MI)	193 710	...	...	115	...	...	...	...
Green Bay (WI)	101 412	...	...	118	...	...	...	...
Greensboro (NC)	254 344	...	...	306	...	...	...	...
Greshan (OR)	102 295	...	...	60	...	...	...	...
Hampton (VA)	144 236	...	...	133	...	...	...	...
Hartford (CT)	124 060	...	...	45	...	...	...	...
Hayward (CA)	144 291	...	...	117	...	...	...	...
Henderson (NV)	256 445	...	...	279	...	...	...	...
Hialeah (FL)	218 896	...	...	55	...	...	...	...
High Point City (NC)	103 368	...	...	139	...	...	...	...
Hollywood (FL)	142 622	...	...	71	...	...	...	...
Honolulu (HI)	374 658	...	...	222	...	...	...	...
Houston (TX)	2 257 926	...	...	1 550	...	...	...	...
Huntington Beach (CA)	193 366	...	...	69	...	...	...	...
Huntsville (AL)	179 652	...	...	536	...	...	...	...
Independence (MO)	121 180	...	...	201	...	...	...	...
Indianapolis (IN)	807 584	...	...	936	...	...	...	...
Inglewood (CA)	112 241	...	...	24	...	...	...	...
Irvine (CA)	209 716	...	...	171	...	...	...	...
Irving (TX)	205 541	...	...	173	...	...	...	...
Jackson (MS)	175 021	...	...	282	...	...	...	...
Jacksonville (FL)	813 518	...	...	1 935	...	...	...	...
Jersey City (NJ)	242 503	...	...	38	...	...	...	...
Joliet (IL)	147 648	...	...	139	...	...	...	...
Kansas City (KS)	143 209	...	...	323	...	...	...	...
Kansas City (MO)	482 299	...	...	814	...	...	...	...
Killeen (TX)	119 512	...	...	137	...	...	...	...
Knoxville (TN)	185 100	...	...	255	...	...	...	...
Lafayette (LA)	114 915	...	...	127	...	...	...	...
Lakewood (CO)	141 937	...	...	111	...	...	...	...
Lancaster (CA)	145 776	...	...	244	...	...	...	...
Lansing (MI)	113 802	...	...	93	...	...	...	...

8. Population of capital cities and cities of 100 000 or more inhabitants: latest available year, 1992 - 2011
Population des capitales et des villes de 100 000 habitants ou plus : dernière année disponible, 1992 - 2011 (continued - suite)

Continent, country or area, date, code and city Continent, pays ou zone, date, code et ville	City proper - Ville proprement dite				Urban agglomeration - Agglomération urbaine			
	Population			Surface area - Superficie (km²)	Population			Surface area - Superficie (km²)
	Both sexes - Les deux sexes	Male - Masculin	Female - Féminin		Both sexes - Les deux sexes	Male - Masculin	Female - Féminin	
AMERICA, NORTH - AMÉRIQUE DU NORD								
United States of America - États-Unis d'Amérique[16]								
1 VII 2009 (ESDJ)								
Laredo (TX)	226 124	...	...	233	...	...	...	...
Las Vegas (NV)	567 641	...	...	350	...	...	...	...
Lewisville (TX)	105 170	...	...	94	...	...	...	...
Lexington-Fayette (KY)	296 545	...	...	735	...	...	...	...
Lincoln (NE)	254 001	...	...	226	...	...	...	...
Little Rock (AR)	191 933	...	...	305	...	...	...	...
Long Beach (CA)	462 604	...	...	131	...	...	...	...
Los Angeles (CA)	3 831 868	...	...	1 214	...	...	...	...
Louisville (KY)	566 503	...	...	843	...	...	...	...
Lowell (MA)	104 390	...	...	35	...	...	...	...
Lubbock (TX)	225 859	...	...	316	...	...	...	...
Madison (WI)	235 419	...	...	198	...	...	...	...
Manchester (NH)	109 279	...	...	86	...	...	...	...
McAllen (TX)	132 225	...	...	125	...	...	...	...
McKinney City (TX)	127 672	...	...	160	...	...	...	...
Memphis (TN)	676 640	...	...	816	...	...	...	...
Mesa (AZ)	467 157	...	...	353	...	...	...	...
Mesquite (TX)	133 509	...	...	119	...	...	...	...
Miami (FL)	433 136	...	...	93	...	...	...	...
Miami Gardens (FL)	109 332	...	...	47	...	...	...	...
Midland City (TX)	108 668	...	...	181	...	...	...	...
Milwaukee (WI)	605 013	...	...	249	...	...	...	...
Minneapolis (MN)	385 378	...	...	142	...	...	...	...
Miramar (FL)	109 176	...	...	76	...	...	...	...
Mobile (AL)	197 539	...	...	358	...	...	...	...
Modesto (CA)	202 743	...	...	95	...	...	...	...
Montgomery (AL)	202 124	...	...	413	...	...	...	...
Moreno Valley (CA)	191 754	...	...	133	...	...	...	...
Murfreesboro (TN)	105 209	...	...	142	...	...	...	...
Naperville (IL)	143 661	...	...	100	...	...	...	...
Nashville-Davidson (TN)	605 473	...	...	1 230	...	...	...	...
New Haven (CT)	123 330	...	...	48	...	...	...	...
New Orleans (LA)	354 850	...	...	439	...	...	...	...
New York (NY)	8 391 881	...	...	786	...	...	...	...
Newark (NJ)	278 154	...	...	63	...	...	...	...
Newport News (VA)	193 172	...	...	178	...	...	...	...
Norfolk (VA)	233 333	...	...	140	...	...	...	...
Norman (OK)	109 062	...	...	463	...	...	...	...
North Las Vegas (NV)	224 387	...	...	212	...	...	...	...
Norwalk (CA)	102 508	...	...	25	...	...	...	...
Oakland (CA)	409 189	...	...	145	...	...	...	...
Oceanside (CA)	172 901	...	...	106	...	...	...	...
Odessa (TX)	100 810	...	...	97	...	...	...	...
Oklahoma City (OK)	560 333	...	...	1 571	...	...	...	...
Olathe (KS)	121 962	...	...	153	...	...	...	...
Omaha (NE)	454 731	...	...	329	...	...	...	...
Ontario (CA)	171 603	...	...	129	...	...	...	...
Orange (CA)	136 990	...	...	64	...	...	...	...
Orlando (FL)	235 860	...	...	264	...	...	...	...
Overland Park (KS)	174 907	...	...	194	...	...	...	...
Oxnard (CA)	187 535	...	...	70	...	...	...	...
Palm Bay City (FL)	100 999	...	...	170	...	...	...	...
Palmdale (CA)	143 985	...	...	276	...	...	...	...
Pasadena (CA)	143 667	...	...	60	...	...	...	...
Pasadena (TX)	145 789	...	...	113	...	...	...	...
Paterson (NJ)	145 835	...	...	22	...	...	...	...
Pembroke Pines (FL)	146 600	...	...	86	...	...	...	...
Peoria (AZ)	163 226	...	...	460	...	...	...	...
Peoria (IL)	115 520	...	...	124	...	...	...	...
Philadelphia (PA)	1 547 297	...	...	347	...	...	...	...
Phoenix (AZ)	1 593 659	...	...	1 335	...	...	...	...
Pittsburgh (PA)	311 647	...	...	143	...	...	...	...
Plano (TX)	273 613	...	...	185	...	...	...	...

8. Population of capital cities and cities of 100 000 or more inhabitants: latest available year, 1992 - 2011
Population des capitales et des villes de 100 000 habitants ou plus : dernière année disponible, 1992 - 2011 (continued - suite)

Continent, country or area, date, code and city Continent, pays ou zone, date, code et ville	City proper - Ville proprement dite				Urban agglomeration - Agglomération urbaine			
	Population			Surface area - Superficie (km²)	Population			Surface area - Superficie (km²)
	Both sexes - Les deux sexes	Male - Masculin	Female - Féminin		Both sexes - Les deux sexes	Male - Masculin	Female - Féminin	

AMERICA, NORTH - AMÉRIQUE DU NORD

United States of America - États-Unis d'Amérique[16]
1 VII 2009 (ESDJ)

	Both sexes	Male	Female	Surface	Both sexes	Male	Female	Surface
Pomona (CA)	152 367	...	...	59	...	...	...	...
Pompano Beach (FL)	102 609	...	...	62	...	...	...	...
Port St. Lucie (FL)	154 410	...	...	296	...	...	...	...
Portland (OR)	566 143	...	...	346	...	...	...	...
Providence (RI)	171 909	...	...	48	...	...	...	...
Provo (UT)	119 775	...	...	106	...	...	...	...
Pueblo (CO)	104 877	...	...	123	...	...	...	...
Raleigh (NC)	405 612	...	...	368	...	...	...	...
Rancho Cucamonga (CA)	171 809	...	...	103	...	...	...	...
Reno (NV)	219 636	...	...	263	...	...	...	...
Richardson (TX)	103 201	...	...	74	...	...	...	...
Richmond (CA)	103 165	...	...	78	...	...	...	...
Richmond (VA)	204 451	...	...	155	...	...	...	...
Riverside (CA)	297 841	...	...	210	...	...	...	...
Rochester (MN)	103 486	...	...	139	...	...	...	...
Rochester (NY)	207 294	...	...	93	...	...	...	...
Rockford (IL)	157 280	...	...	158	...	...	...	...
Roseville (CA)	115 677	...	...	94	...	...	...	...
Round Rock (TX)	105 424	...	...	88	...	...	...	...
Sacramento (CA)	466 676	...	...	254	...	...	...	...
Salem (OR)	155 469	...	...	124	...	...	...	...
Salinas (CA)	144 278	...	...	50	...	...	...	...
Salt Lake City (UT)	183 102	...	...	288	...	...	...	...
San Antonio (TX)	1 373 668	...	...	1 315	...	...	...	...
San Bernardino (CA)	198 411	...	...	153	...	...	...	...
San Buenaventura (CA)	104 423	...	...	56	...	...	...	...
San Diego (CA)	1 306 300	...	...	842	...	...	...	...
San Francisco (CA)	815 358	...	...	121	...	...	...	...
San Jose (CA)	964 695	...	...	456	...	...	...	...
Santa Ana (CA)	340 338	...	...	71	...	...	...	...
Santa Clara (CA)	111 997	...	...	48	...	...	...	...
Santa Clarita (CA)	169 174	...	...	139	...	...	...	...
Santa Rosa (CA)	157 468	...	...	107	...	...	...	...
Savannah (GA)	134 699	...	...	266	...	...	...	...
Scottsdale (AZ)	237 844	...	...	476	...	...	...	...
Seattle (WA)	616 627	...	...	217	...	...	...	...
Shreveport (LA)	199 244	...	...	273	...	...	...	...
Simi Valley (CA)	120 921	...	...	107	...	...	...	...
Sioux Falls (SD)	158 008	...	...	188	...	...	...	...
South Bend (IN)	104 215	...	...	107	...	...	...	...
Spokane (WA)	203 268	...	...	153	...	...	...	...
Springfield (IL)	118 033	...	...	154	...	...	...	...
Springfield (MA)	155 580	...	...	83	...	...	...	...
Springfield (MO)	157 630	...	...	211	...	...	...	...
St. Louis (MO)	356 587	...	...	160	...	...	...	...
St. Paul (MN)	281 253	...	...	135	...	...	...	...
St. Petersburg (FL)	244 324	...	...	160	...	...	...	...
Stamford (CT)	121 026	...	...	97	...	...	...	...
Sterling Heights (MI)	127 176	...	...	95	...	...	...	...
Stockton (CA)	287 578	...	...	148	...	...	...	...
Sunnyvale (CA)	133 963	...	...	57	...	...	...	...
Syracuse (NY)	138 560	...	...	65	...	...	...	...
Tacoma (WA)	199 638	...	...	129	...	...	...	...
Tallahassee (FL)	172 574	...	...	259	...	...	...	...
Tampa (FL)	343 890	...	...	294	...	...	...	...
Tempe (AZ)	178 519	...	...	103	...	...	...	...
Thornton (CO)	117 628	...	...	90	...	...	...	...
Thousand Oaks (CA)	123 520	...	...	142	...	...	...	...
Toledo (OH)	316 179	...	...	209	...	...	...	...
Topeka (KS)	124 331	...	...	155	...	...	...	...
Torrance (CA)	140 317	...	...	53	...	...	...	...
Tucson (AZ)	543 910	...	...	587	...	...	...	...
Tulsa (OK)	389 625	...	...	510	...	...	...	...

8. Population of capital cities and cities of 100 000 or more inhabitants: latest available year, 1992 - 2011
Population des capitales et des villes de 100 000 habitants ou plus : dernière année disponible, 1992 - 2011 (continued - suite)

Continent, country or area, date, code and city / Continent, pays ou zone, date, code et ville	City proper - Ville proprement dite				Urban agglomeration - Agglomération urbaine			
	Population			Surface area - Superficie (km²)	Population			Surface area - Superficie (km²)
	Both sexes - Les deux sexes	Male - Masculin	Female - Féminin		Both sexes - Les deux sexes	Male - Masculin	Female - Féminin	
AMERICA, NORTH - AMÉRIQUE DU NORD								
United States of America - États-Unis d'Amérique[16]								
1 VII 2009 (ESDJ)								
Vallejo (CA)...	114 622	...	...	79	...	...	...	...
Vancouver (WA)	165 742	...	...	120	...	...	...	...
Victorville City (CA)................................	110 921	...	...	190	...	...	...	...
Virginia Beach (VA)	433 575	...	...	645	...	...	...	...
Visalia (CA)	122 111	...	...	94	...	...	...	...
Waco (TX)	126 222	...	...	231	...	...	...	...
Warren (MI)	133 873	...	...	89	...	...	...	...
WASHINGTON (DC)	599 657	...	...	158	...	...	...	...
Waterbury (CT)	107 143	...	...	74	...	...	...	...
West Covina (CA).....................................	105 464	...	...	42	...	...	...	...
West Jordan (UT).....................................	104 968	...	...	84	...	...	...	...
West Valley City (UT)	125 096	...	...	92	...	...	...	...
Westminster (CO)	109 180	...	...	82	...	...	...	...
Wichita (KS)	372 186	...	...	412	...	...	...	...
Wichita Falls (TX)	101 314	...	...	186	...	...	...	...
Wilmington (NC)	101 350	...	...	128	...	...	...	...
Winston-Salem (NC)	229 828	...	...	343	...	...	...	...
Worcester (MA)	182 882	...	...	97	...	...	...	...
Yonkers (NY)	201 066	...	...	47	...	...	...	...
United States Virgin Islands - Îles Vierges américaines[15]								
1 IV 2000 (CDJC)								
CHARLOTTE AMALIE	11 004	...	...	...	18 914	...	...	...
AMERICA, SOUTH - AMÉRIQUE DU SUD								
Argentina - Argentine[17]								
1 VII 2010 (ESDF)								
Bahía Blanca-Cerri..................................	...	...	...	...	310 151	...	...	...
BUENOS AIRES[18]...................................	...	...	...	...	13 047 384	...	...	...
Catamarca...	...	...	...	...	204 866	...	...	...
Comodoro Rivadavia-Rada Tilly..............	...	...	...	...	143 291	...	...	...
Concordia..	...	...	...	...	152 271	...	...	...
Córdoba...	...	...	...	...	1 405 547	...	...	...
Corrientes..	...	...	...	...	358 278	...	...	...
Formosa	...	...	...	...	240 089	...	...	...
La Plata	...	...	...	...	744 886	...	...	...
La Rioja	...	...	...	...	181 938	...	...	...
Mar del Plata-Batán.................................	...	...	...	...	618 112	...	...	...
Mendoza	...	...	...	...	902 127	...	...	...
Neuquén-Plottier	...	...	...	...	265 216	...	...	...
Paraná	...	...	...	...	276 605	...	...	...
Posadas	...	...	...	...	298 450	...	...	...
Rawson-Trelew-Playa Unión	...	...	...	...	128 971	...	...	...
Resistencia..	...	...	...	...	389 940	...	...	...
Río Cuarto	...	...	...	...	164 344	...	...	...
Rosario	...	...	...	...	1 261 404	...	...	...
Salta	...	...	...	...	537 107	...	...	...
San Juan	...	...	...	...	468 330	...	...	...
San Luis - El Chorrillo..............................	...	...	...	...	203 162	...	...	...
San Nicolás-Villa Constitución................	...	...	...	...	179 757	...	...	...
San Salvador de Jujuy-Palpalá	...	...	...	...	309 031	...	...	...
Santa Fé	...	...	...	...	506 054	...	...	...
Santa Rosa-Toay......................................	...	...	...	...	121 229	...	...	...
Santiago del Estero-La Banda	...	...	...	...	370 561	...	...	...
Tucumán-Tafí Viejo[19]..............................	...	...	...	...	811 804	...	...	...
Ushuaia-Río Grande	...	...	...	...	122 105	...	...	...
Bolivia (Plurinational State of) - Bolivie (État plurinational de)								
1 VII 2010 (ESDF)								
Cochabamba	*618 376*	*294 711*	*323 666*	...	...	...	...	...
El Alto	*953 253*	*463 069*	*490 184*	...	...	...	...	...

8. Population of capital cities and cities of 100 000 or more inhabitants: latest available year, 1992 - 2011
Population des capitales et des villes de 100 000 habitants ou plus : dernière année disponible, 1992 - 2011 (continued - suite)

Continent, country or area, date, code and city / Continent, pays ou zone, date, code et ville	City proper - Ville proprement dite				Urban agglomeration - Agglomération urbaine			
	Population			Surface area - Superficie (km²)	Population			Surface area - Superficie (km²)
	Both sexes - Les deux sexes	Male - Masculin	Female - Féminin		Both sexes - Les deux sexes	Male - Masculin	Female - Féminin	
AMERICA, SOUTH - AMÉRIQUE DU SUD								
Bolivia (Plurinational State of) - Bolivie (État plurinational de)								
1 VII 2010 (ESDF)								
LA PAZ	835 361	397 608	437 753	...	...	...	...	...
Oruro	216 724	104 294	112 430	...	...	...	...	...
Potosí	154 693	74 591	80 103	...	...	...	...	...
Sacaba	155 668	75 113	80 555	...	...	...	...	...
Santa Cruz	1 616 063	785 941	830 122	...	...	...	...	...
SUCRE	284 032	137 943	146 090	...	...	...	...	...
Tarija	194 313	94 231	100 082	...	...	...	...	...
Yacuiba	112 096	55 346	56 750	...	...	...	...	...
Brazil - Brésil								
1 VIII 2010 (CDJC)								
Aguas Lindas de Goiás	159 138	79 587	79 551	...	159 138	79 587	79 551	154
Alagoinhas	122 324	57 341	64 983	...	124 042	58 132	65 910	55
Alvorada	175 575	85 010	90 565	...	195 673	95 080	100 593	71
Americana	209 654	102 644	107 010	...	209 654	102 644	107 010	99
Ananindeua	470 819	226 022	244 797	...	470 819	226 022	244 797	81
Anápolis	325 163	158 366	166 798	...	328 755	160 123	168 632	191
Angra dos Reis	65 364	32 348	33 016	...	163 199	81 424	81 775	220
Aparecida de Goiania	157 296	79 581	77 715	...	455 193	224 602	230 591	227
Apucarana	108 887	52 548	56 339	...	114 104	55 070	59 034	121
Aracaju	571 149	265 484	305 665	...	571 149	265 484	305 665	182
Araçatuba	178 077	85 466	92 611	...	178 077	85 466	92 611	69
Araguaina	142 925	69 468	73 457	...	142 925	69 468	73 457	133
Araguario	100 753	49 272	51 480	...	102 583	50 186	52 397	75
Arapiraca	181 481	85 682	95 799	...	181 481	85 682	95 799	68
Arapongas	101 851	49 820	52 031	...	101 851	49 820	52 031	123
Araraquara	143 071	68 476	74 594	...	202 739	97 512	105 227	81
Araras	112 444	55 341	57 103	...	112 444	55 341	57 103	33
Araruama	76 872	36 937	39 935	...	106 486	51 488	54 998	219
Araucária	109 484	54 663	54 820	...	110 205	55 026	55 179	91
Atibaia	115 229	56 235	58 994	...	115 229	56 235	58 994	170
Balneário Camboriú	108 089	51 393	56 696	...	108 089	51 393	56 696	46
Barbacena	107 207	50 395	56 812	...	115 568	54 566	61 002	48
Barra Mansa	171 125	82 488	88 637	...	176 230	84 915	91 315	96
Barreiras	123 741	60 645	63 096	...	123 741	60 645	63 096	112
Barretos	108 306	52 145	56 161	...	108 686	52 342	56 344	58
Barueri	112 726	54 658	58 068	...	240 749	117 051	123 698	66
Bauru	337 094	161 473	175 621	...	338 186	162 058	176 128	188
Belém	143 474	63 156	80 318	...	1 381 475	652 860	728 615	285
Belford Roxo	469 332	226 757	242 575	...	469 332	226 757	242 575	78
Belo Horizonte	1 433 244	663 016	770 227	...	2 375 151	1 113 513	1 261 638	331
Betim	375 331	184 905	190 426	...	375 331	184 905	190 426	225
Birigui	105 487	51 249	54 238	...	105 487	51 249	54 238	51
Blumenou	248 655	122 039	126 616	...	294 821	144 384	150 437	207
Boa Vista	277 799	136 877	140 922	...	277 799	136 877	140 922	508
Botucatu	115 606	55 535	60 071	...	122 744	59 384	63 360	141
Bragança Paulista	142 255	69 700	72 555	...	142 255	69 700	72 555	311
BRASILIA	2 481 272	1 180 060	1 301 212	...	2 481 272	1 180 060	1 301 212	1 190
Brusque	102 025	50 586	51 439	...	102 025	50 586	51 439	139
Cabo de Santo Agostinho	95 979	46 752	49 227	...	167 783	81 917	85 866	108
Cabo Frio	140 269	67 889	72 380	...	140 486	68 010	72 476	113
Cachoeirinha	118 278	57 173	61 105	...	118 278	57 173	61 105	44
Cachoeiro de Itapemirim	162 947	78 891	84 056	...	173 589	84 201	89 388	146
Camacari	161 226	79 499	81 726	...	231 973	114 874	117 099	299
Camaragibe	144 466	69 212	75 254	...	144 466	69 212	75 254	51
Campina Grande	355 014	167 240	187 774	...	367 209	173 191	194 018	99
Campinas	952 659	458 571	494 087	...	1 061 540	511 483	550 057	384
Campo Grande	774 202	374 202	400 000	...	776 242	375 248	400 994	359
Campos dos Goytacazes	356 608	169 535	187 073	...	418 725	200 256	218 469	364
Canoas	323 827	155 936	167 891	...	323 827	155 936	167 891	131
Carapicuíba	230 355	110 869	119 486	...	369 584	179 284	190 300	34
Cariacica	115 513	56 889	58 625	...	337 643	164 374	173 269	106
Caruaru	277 982	130 512	147 470	...	279 589	131 317	148 272	113

8. Population of capital cities and cities of 100 000 or more inhabitants: latest available year, 1992 - 2011
Population des capitales et des villes de 100 000 habitants ou plus : dernière année disponible, 1992 - 2011 (continued - suite)

Continent, country or area, date, code and city / Continent, pays ou zone, date, code et ville	City proper - Ville proprement dite				Urban agglomeration - Agglomération urbaine			
	Population			Surface area - Superficie (km²)	Population			Surface area - Superficie (km²)
	Both sexes - Les deux sexes	Male - Masculin	Female - Féminin		Both sexes - Les deux sexes	Male - Masculin	Female - Féminin	
AMERICA, SOUTH - AMÉRIQUE DU SUD								
Brazil - Brésil								
1 VIII 2010 (CDJC)								
Cascavel	266 835	129 171	137 664	...	270 049	130 813	139 236	112
Castanhal	149 918	72 577	77 341	...	153 378	74 176	79 202	75
Catanduva	111 914	54 307	57 607	...	111 914	54 307	57 607	96
Caucaia	149 896	73 475	76 421	...	290 220	141 210	149 010	221
Caxias	118 534	55 811	62 723	...	118 534	55 811	62 723	124
Caxias do Sul	415 822	203 357	212 466	...	419 406	205 081	214 325	255
Chapecó	166 040	81 182	84 858	...	168 113	82 179	85 934	55
Colombo	203 203	100 016	103 187	...	203 203	100 016	103 187	77
Conselheiro Lafaiete	110 588	53 478	57 110	...	111 266	53 751	57 515	88
Contagem	379 044	185 545	193 499	...	601 400	291 709	309 691	148
Coronel Fabriciano	47 625	22 800	24 825	...	102 395	49 378	53 017	73
Cotia	170 507	83 280	87 227	...	201 150	98 455	102 695	323
Crato	93 469	43 665	49 804	...	100 916	47 285	53 631	76
Criciúma	133 031	65 077	67 954	...	189 630	93 047	96 583	168
Cubatao	118 720	59 229	59 491	...	118 720	59 229	59 491	142
Cuiabá	220 859	105 753	115 106	...	540 814	263 510	277 304	270
Curitiba	1 751 907	835 115	916 792	...	1 751 907	835 115	916 792	435
Diadema	386 089	186 803	199 286	...	386 089	186 803	199 286	31
Divinópolis	202 220	98 046	104 174	...	207 516	100 880	106 636	212
Dourados	173 647	84 344	89 303	...	181 005	88 555	92 450	118
Duque de Caxias	341 304	161 359	179 945	...	852 138	409 537	442 601	267
Embu	240 230	116 728	123 502	...	240 230	116 728	123 502	70
Feira de Santana	495 516	234 015	261 501	...	510 635	241 310	269 325	172
Ferraz de Vasconcelos	111 727	54 485	57 242	...	160 754	78 255	82 499	17
Florianópolis	249 477	118 470	131 007	...	405 189	194 916	210 273	258
Fortaleza	862 750	394 154	468 596	...	2 452 185	1 147 918	1 304 267	314
Foz do Iguaçu	253 962	123 104	130 858	...	253 962	123 104	130 858	161
Franca	313 046	152 402	160 644	...	313 046	152 402	160 644	80
Francisco Morato	154 207	76 459	77 748	...	154 207	76 459	77 748	43
Franco da Rocha	121 244	59 594	61 650	...	121 244	59 594	61 650	53
Garanhuns	112 462	52 448	60 014	...	115 356	53 825	61 531	62
Goiânia	1 296 324	617 923	678 401	...	1 297 154	618 292	678 862	424
Governador Valadares	245 125	115 658	129 467	...	253 300	119 609	133 691	172
Gravatai	228 093	110 712	117 381	...	243 497	118 532	124 965	158
Guarapari	100 528	48 985	51 543	...	100 528	48 985	51 543	259
Guarapuava	142 163	68 934	73 230	...	152 993	74 273	78 720	92
Guaratinguetá	106 762	51 197	55 565	...	106 762	51 197	55 565	69
Guarujá	138 753	67 812	70 941	...	290 696	141 682	149 014	132
Guarulhos	784 971	380 278	404 693	...	1 221 979	595 043	626 936	317
Hortolandia	192 692	97 439	95 253	...	192 692	97 439	95 253	61
Ibirité	83 765	41 054	42 712	...	158 590	77 644	80 946	50
Ilhéus	148 437	70 579	77 858	...	155 281	74 049	81 232	113
Imperatriz	234 547	112 566	121 981	...	234 547	112 566	121 981	90
Indaiatuba	199 592	99 101	100 491	...	199 592	99 101	100 491	203
Ipatinga	148 687	72 081	76 606	...	236 968	114 954	122 014	75
Itabiraí	100 300	47 822	52 478	...	102 316	48 931	53 385	64
Itaboraí	107 527	52 098	55 429	...	215 327	104 856	110 471	216
Itabuna	199 749	94 271	105 478	...	199 749	94 271	105 478	47
Itaguaí	104 195	51 776	52 419	...	104 209	51 783	52 426	81
Itajaí	173 452	85 030	88 422	...	173 452	85 030	88 422	100
Itapecerica da Serra	151 349	75 626	75 723	...	151 349	75 626	75 723	134
Itapetininga	123 439	59 980	63 460	...	131 050	63 919	67 131	87
Itapevi	200 769	98 746	102 023	...	200 769	98 746	102 023	83
Itaquaquecetuba	321 770	158 542	163 228	...	321 770	158 542	163 228	83
Itu	144 269	71 002	73 267	...	144 269	71 002	73 267	115
Jaboatao dos Guarapes	335 371	157 757	177 614	...	630 595	297 903	332 692	154
Jacareí	187 144	91 007	96 138	...	208 297	101 489	106 808	196
Jandira	108 344	53 063	55 281	...	108 344	53 063	55 281	18
Jaraguá do Sul	132 800	66 511	66 289	...	132 800	66 511	66 289	123
Jaú	118 895	57 902	60 993	...	126 943	62 004	64 939	65
Jequié	136 518	65 445	71 074	...	139 426	66 855	72 571	71
Ji-Paraná	103 256	50 786	52 470	...	104 858	51 589	53 269	116
Joao Pessoa	720 954	336 616	384 338	...	720 954	336 616	384 338	165

8. Population of capital cities and cities of 100 000 or more inhabitants: latest available year, 1992 - 2011
Population des capitales et des villes de 100 000 habitants ou plus : dernière année disponible, 1992 - 2011 (continued - suite)

Continent, country or area, date, code and city / Continent, pays ou zone, date, code et ville	City proper - Ville proprement dite				Urban agglomeration - Agglomération urbaine			
	Population			Surface area - Superficie (km²)	Population			Surface area - Superficie (km²)
	Both sexes - Les deux sexes	Male - Masculin	Female - Féminin		Both sexes - Les deux sexes	Male - Masculin	Female - Féminin	
AMERICA, SOUTH - AMÉRIQUE DU SUD								
Brazil - Brésil								
1 VIII 2010 (CDJC)								
Joinville	486 803	241 130	245 673	...	497 850	246 707	251 143	218
Juazeiro	151 336	73 035	78 301	...	160 775	77 799	82 976	73
Juàzeiro do Norte	238 889	112 789	126 099	...	240 128	113 404	126 724	79
Juiz de Fora	489 801	230 511	259 290	...	510 378	240 877	269 501	412
Jundiaí	354 204	171 931	182 273	...	354 204	171 931	182 273	176
Lages	153 676	74 329	79 347	...	153 937	74 458	79 479	213
Lauro de Freitas	163 449	79 276	84 173	...	163 449	79 276	84 173	58
Limeira	267 804	131 372	136 432	...	267 804	131 372	136 432	168
Linhares	109 653	53 923	55 729	...	121 567	59 882	61 685	101
Londrina	485 822	231 869	253 953	...	493 520	235 638	257 882	249
Luziânia	98 752	48 951	49 801	...	162 807	80 684	82 123	127
Macae	194 652	96 205	98 447	...	202 859	100 337	102 522	228
Macapá	369 287	180 649	188 638	...	381 091	186 588	194 503	319
Maceió	932 078	436 139	495 938	...	932 078	436 139	495 938	221
Magé	54 633	26 750	27 883	...	215 236	104 479	110 757	160
Manaus	1 792 881	874 749	918 132	...	1 792 881	874 749	918 132	860
Maraba	186 270	92 780	93 490	...	186 270	92 780	93 490	111
Maracanau	163 853	79 680	84 173	...	207 635	101 359	106 276	81
Maricá	40 074	18 993	21 082	...	125 401	61 585	63 816	244
Marília	197 342	93 820	103 523	...	207 021	99 682	107 339	101
Maringá	342 310	164 162	178 148	...	350 653	168 417	182 236	135
Marituba	107 123	53 327	53 796	...	107 123	53 327	53 796	42
Mauá	417 064	204 093	212 971	...	417 064	204 093	212 971	61
Mesquita	168 376	79 790	88 586	...	168 376	79 790	88 586	39
Moji das Cruzes	163 259	78 240	85 019	...	357 313	173 193	184 120	233
Moji-Guaçu	127 452	63 013	64 439	...	130 295	64 407	65 888	43
Montes Claros	338 381	161 936	176 445	...	344 427	164 985	179 442	108
Mossoró	237 241	113 580	123 661	...	237 241	113 580	123 661	114
Natal	803 739	377 947	425 792	...	803 739	377 947	425 792	166
Nilópolis	102 161	47 772	54 389	...	157 425	73 674	83 751	19
Niterói	487 562	225 838	261 724	...	487 562	225 838	261 724	134
Nossa Senhora do Socorro	155 823	75 707	80 116	...	155 823	75 707	80 116	71
Nova Friburgo	113 217	53 310	59 906	...	159 372	75 599	83 773	152
Nova Iguaçu	787 563	377 336	410 227	...	787 563	377 336	410 227	399
Nôvo Hamburgo	234 798	113 628	121 170	...	234 798	113 628	121 170	103
Olinda	370 332	171 066	199 266	...	370 332	171 066	199 266	35
Osasco	666 740	320 436	346 304	...	666 740	320 436	346 304	64
Ourinhos	100 374	48 586	51 788	...	100 374	48 586	51 788	63
Palhoça	119 360	59 293	60 067	...	135 311	67 385	67 926	194
Palmas	217 056	106 742	110 314	...	221 742	109 092	112 650	290
Paranaguá	133 761	65 667	68 094	...	135 421	66 562	68 859	91
Parauapebas	138 690	70 054	68 636	...	138 690	70 054	68 636	49
Parnaíba	137 485	65 418	72 067	...	137 485	65 418	72 067	96
Parnamirim	202 456	96 995	105 461	...	202 456	96 995	105 461	124
Passo Fundo	179 630	85 396	94 235	...	180 120	85 646	94 474	73
Passos	100 859	49 518	51 341	...	100 859	49 518	51 341	40
Patos de Minas	124 349	60 210	64 139	...	127 724	61 949	65 775	58
Paulista	300 466	141 630	158 836	...	300 466	141 630	158 836	97
Pelotas	306 193	142 848	163 345	...	306 193	142 848	163 345	197
Petrolina	217 093	103 808	113 285	...	219 172	104 817	114 355	132
Petrópolis	185 876	87 599	98 277	...	281 286	133 694	147 592	371
Pindamonhangaba	103 395	50 374	53 021	...	141 708	69 505	72 203	150
Pinhais	117 008	56 809	60 199	...	117 008	56 809	60 199	61
Piracicaba	297 767	144 689	153 079	...	356 743	174 190	182 553	206
Poà	99 116	47 857	51 259	...	104 338	50 443	53 895	16
Poços de Caldas	148 722	71 676	77 046	...	148 722	71 676	77 046	87
Ponta Grossa	303 399	147 034	156 366	...	304 717	147 714	157 003	204
Porto Alegre	1 409 351	653 787	755 564	...	1 409 351	653 787	755 564	497
Porto Seguro	80 240	39 610	40 630	...	104 078	51 512	52 566	132
Porto Velho	369 259	182 618	186 641	...	392 475	195 229	197 246	180
Pouso Alegre	118 847	58 159	60 687	...	119 590	58 566	61 024	41
Praia Grande	201 259	96 557	104 702	...	262 051	125 926	136 125	148
Presidente Prudente	200 042	95 432	104 609	...	203 382	97 105	106 277	124

8. Population of capital cities and cities of 100 000 or more inhabitants: latest available year, 1992 - 2011
Population des capitales et des villes de 100 000 habitants ou plus : dernière année disponible, 1992 - 2011 (continued - suite)

Continent, country or area, date, code and city Continent, pays ou zone, date, code et ville	City proper - Ville proprement dite				Urban agglomeration - Agglomération urbaine			
	Population			Surface area - Superficie (km²)	Population			Surface area - Superficie (km²)
	Both sexes - Les deux sexes	Male - Masculin	Female - Féminin		Both sexes - Les deux sexes	Male - Masculin	Female - Féminin	
AMERICA, SOUTH - AMÉRIQUE DU SUD								
Brazil - Brésil								
1 VIII 2010 (CDJC)								
Queimados	137 962	66 585	71 377	...	137 962	66 585	71 377	76
Recife	1 537 704	709 819	827 885	...	1 537 704	709 819	827 885	218
Resende	77 848	37 498	40 350	...	112 331	54 405	57 926	60
Ribeirao das Neves	134 449	67 974	66 475	...	294 158	145 902	148 256	140
Ribeirao Pires	77 660	37 507	40 153	...	113 068	55 318	57 750	99
Ribeirao Prêto	590 593	283 287	307 306	...	603 186	289 446	313 741	352
Rio Branco	308 545	148 437	160 108	...	308 545	148 437	160 108	145
Rio Claro	178 613	86 652	91 961	...	181 720	88 224	93 496	81
Rio de Janeiro	6 320 446	2 959 817	3 360 629	...	6 320 446	2 959 817	3 360 629	1 198
Rio Grande	178 454	84 991	93 463	...	189 429	90 514	98 915	160
Rio Verde	160 661	81 404	79 257	...	163 540	82 870	80 670	61
Rondonópolis	144 949	71 561	72 488	...	188 028	93 785	94 243	313
Sabára	44 206	21 375	22 830	...	123 084	59 080	64 004	45
Salto	104 688	51 738	52 950	...	104 688	51 738	52 950	90
Salvador	2 674 923	1 248 513	1 426 410	...	2 674 923	1 248 513	1 426 410	348
Santa Bárbara D'Oeste	178 596	88 478	90 118	...	178 596	88 478	90 118	82
Santa Cruz do Sul	102 891	48 988	53 903	...	105 190	50 142	55 048	154
Santa Luzia (Minas Gerais)	72 187	35 327	36 860	...	202 378	98 202	104 176	194
Santa Maria	246 544	116 243	130 300	...	248 347	117 104	131 243	136
Santa Rita	101 319	48 482	52 838	...	103 717	49 703	54 014	24
Santana de Parnaíba	108 813	53 671	55 142	...	108 813	53 671	55 142	179
Santarém	205 711	98 921	106 790	...	215 790	104 001	111 789	99
Santo André	568 538	271 994	296 544	...	676 407	324 458	351 949	175
Santos	419 086	191 754	227 332	...	419 086	191 754	227 332	80
Sao Bernardo do Campo	736 466	355 313	381 154	...	752 658	363 148	389 510	148
Sao Caetano do Sul	149 263	68 853	80 410	...	149 263	68 853	80 410	15
Sao Carlo	116 765	56 422	60 342	...	213 061	104 241	108 820	80
Sao Gonçalo	337 273	159 766	177 507	...	998 999	474 894	524 105	210
Sao Joao de Meriti	234 340	111 799	122 540	...	458 673	218 104	240 569	35
Sao José	25 993	11 699	14 294	...	207 312	100 118	107 194	94
Sao José do Rio Prêto	372 492	177 603	194 889	...	383 490	182 947	200 543	115
Sao José dos Campos	533 501	260 627	272 874	...	617 119	301 893	315 226	362
Sao José dos Pinhais	200 521	98 276	102 244	...	236 895	116 457	120 438	101
Sao Leopoldo	213 238	103 790	109 448	...	213 238	103 790	109 448	72
Sao Luís	958 545	447 020	511 525	...	958 545	447 020	511 525	322
Sao Paulo	105 269	49 119	56 150	...	11 152 968	5 278 434	5 874 534	991
Sao Vicente	331 817	159 303	172 514	...	331 817	159 303	172 514	71
Sapucaia do Sul	130 469	63 500	66 969	...	130 469	63 500	66 969	46
Serra	112 555	55 292	57 263	...	406 411	199 645	206 766	227
Sertaozinho	101 784	50 254	51 530	...	108 772	54 013	54 759	71
Sete Lagoas	208 847	101 205	107 642	...	208 956	101 263	107 693	92
Simoes Filho	105 811	51 624	54 187	...	105 811	51 624	54 187	57
Sobral	147 353	70 898	76 455	...	166 310	80 213	86 097	80
Sorocaba	580 621	283 854	296 767	...	580 621	283 854	296 767	229
Sumaré	97 696	48 435	49 261	...	238 470	118 381	120 089	73
Susano	152 003	74 026	77 977	...	253 240	123 883	129 357	103
Taboao da Serra	244 528	116 895	127 633	...	244 528	116 895	127 633	20
Tatuí	102 256	50 323	51 933	...	102 256	50 323	51 933	137
Taubaté	232 049	113 563	118 486	...	272 673	133 530	139 143	138
Teixeira de Freitas	128 407	62 801	65 605	...	129 263	63 334	65 929	45
Teófilo Otoni	105 621	49 404	56 217	...	110 076	51 536	58 540	29
Teresina	767 559	356 608	410 951	...	767 559	356 608	410 951	251
Teresópolis	134 156	63 517	70 640	...	146 231	69 454	76 777	223
Timon	134 827	64 855	69 972	...	135 133	65 025	70 108	100
Toledo	103 644	50 409	53 235	...	108 259	52 625	55 634	71
Trindade	100 106	49 070	51 036	...	100 106	49 070	51 036	47
Uberaba	289 376	140 640	148 736	...	289 376	140 640	148 736	411
Uberlândia	584 102	283 948	300 154	...	587 266	285 611	301 655	224
Uruguaiana	116 276	55 938	60 339	...	117 415	56 486	60 929	52
Valinhos	101 626	49 974	51 652	...	101 626	49 974	51 652	62
Valparaíso de Goiás	132 982	64 624	68 358	...	132 982	64 624	68 358	61
Varginha	119 061	57 831	61 230	...	119 061	57 831	61 230	61
Varzea Grande	184 069	91 183	92 886	...	248 704	123 112	125 592	167

8. Population of capital cities and cities of 100 000 or more inhabitants: latest available year, 1992 - 2011
Population des capitales et des villes de 100 000 habitants ou plus : dernière année disponible, 1992 - 2011 (continued - suite)

Continent, country or area, date, code and city Continent, pays ou zone, date, code et ville	City proper - Ville proprement dite				Urban agglomeration - Agglomération urbaine			
	Population			Surface area - Superficie (km²)	Population			Surface area - Superficie (km²)
	Both sexes - Les deux sexes	Male - Masculin	Female - Féminin		Both sexes - Les deux sexes	Male - Masculin	Female - Féminin	
AMERICA, SOUTH - AMÉRIQUE DU SUD								
Brazil - Brésil								
1 VIII 2010 (CDJC)								
Varzea Paulista	107 089	53 415	53 674	...	107 089	53 415	53 674	34
Vespasiano	104 527	51 006	53 521	...	104 527	51 006	53 521	71
Viamao	87 753	42 460	45 293	...	224 943	109 013	115 930	175
Vila Velha	171 772	81 290	90 482	...	412 575	197 926	214 649	120
Vitória	211 529	100 014	111 515	...	327 801	153 948	173 853	88
Vitória da Conquista	260 260	123 976	136 284	...	274 739	131 262	143 477	286
Vitória de Santo Antao	111 541	52 913	58 629	...	113 429	53 820	59 609	31
Volta Redonda	257 686	122 859	134 827	...	257 686	122 859	134 827	140
Votorantim	104 659	51 858	52 801	...	104 659	51 858	52 801	28
Chile - Chili								
1 VII 2011 (ESDF)								
Antofagasta	373 786	194 343	179 443	44[20]	...	...	...	...
Arica	164 207	77 385	86 822	42[20]	...	...	...	...
Calama	147 331	74 952	72 379	18[20]	...	...	...	...
Chiguallante	123 681	57 887	65 794	34[20]	...	...	...	...
Chillán	161 641	76 830	84 811	33[20]	...	...	...	...
Concepción	223 461	108 113	115 348	56[20]	...	...	...	...
Copiapó	159 148	79 833	79 315	48[20]	...	...	...	...
Coquimbo	192 795	94 831	97 964	42[20]	...	...	...	...
Coronel	103 976	50 530	53 446	25[20]	...	...	...	...
Iquique	182 177	87 729	94 448	22[20]	...	...	...	...
La Serena	196 856	95 417	101 439	66[20]	...	...	...	...
Los Angeles	141 343	68 789	72 554	27[20]	...	...	...	...
Osorno	146 746	72 030	74 716	32[20]	...	...	...	...
Puente Alto	735 399	360 516	374 883	64[20]	...	...	...	...
Puerto Montt	206 720	103 453	103 267	40[20]	...	...	...	...
Punta Arenas	122 335	61 295	61 040	39[20]	...	...	...	...
Quilpué	159 505	77 685	81 820	38[20]	...	...	...	...
Rancagua	238 742	118 820	119 922	50[20]	...	...	...	...
San Bernardo	302 696	148 659	154 037	52[20]	...	...	...	...
SANTIAGO	6 100 065[21]	2 963 123[21]	3 136 942[21]	843[20]	...	...	...	...
Talca	218 007	105 803	112 204	46[20]	...	...	...	...
Talcahuano	135 451	62 425	73 026	51[20]	...	...	...	...
Temuco	265 091	127 560	137 531	46[20]	...	...	...	...
Valdivia	140 193	68 734	71 459	42[20]	...	...	...	...
Valparaíso	255 302	127 233	128 069	47[20]	...	...	...	...
Villa Alemana	130 346	63 707	66 639	31[20]	...	...	...	...
Viña del Mar	290 785	139 532	151 253	87[20]	...	...	...	...
Colombia - Colombie[22]								
1 VII 2010 (ESDF)								
Apartadó	...	...	...	...	153 319	77 717	75 602	607[11]
Armenia	...	...	...	...	288 908	139 256	149 652	115[11]
Barrancabermeja	...	...	...	...	191 498	94 219	97 279	1 274[11]
Barranquilla	...	...	...	...	1 186 640	574 499	612 141	166[11]
Bello	...	...	...	...	413 107	199 497	213 610	151[11]
BOGOTA, D.C.	...	...	...	...	7 363 782	3 548 713	3 815 069	1 605[11]
Bucaramanga	...	...	...	...	524 112	250 651	273 461	154[11]
Buenaventura	...	...	...	...	362 625	176 388	186 237	6 785[11]
Cali	...	...	...	...	2 244 639	1 073 479	1 171 160	552[11]
Cartagena	...	...	...	...	944 250	454 841	489 409	559[11]
Cartago	...	...	...	...	128 566	61 684	66 882	260[11]
Chía	...	...	...	...	111 998	53 732	58 266	76[11]
Ciénaga	...	...	...	...	103 066	51 332	51 734	1 366[11]
Colombia: Jamundí	...	...	...	...	107 730	52 543	55 187	603[11]
Colombia: Yumbo	...	...	...	...	104 014	52 142	51 872	243[11]
Cúcuta	...	...	...	...	618 310	299 064	319 246	1 098[11]
Dosquebradas	...	...	...	...	189 112	91 034	98 078	80[11]
Duitama	...	...	...	...	110 418	51 927	58 491	229[11]
Envigado	...	...	...	...	197 440	95 106	102 334	51[11]
Facatativá	...	...	...	...	119 849	59 625	60 224	160[11]

8. Population of capital cities and cities of 100 000 or more inhabitants: latest available year, 1992 - 2011
Population des capitales et des villes de 100 000 habitants ou plus : dernière année disponible, 1992 - 2011 (continued - suite)

Continent, country or area, date, code and city / Continent, pays ou zone, date, code et ville	City proper - Ville proprement dite				Urban agglomeration - Agglomération urbaine			
	Population			Surface area - Superficie (km²)	Population			Surface area - Superficie (km²)
	Both sexes - Les deux sexes	Male - Masculin	Female - Féminin		Both sexes - Les deux sexes	Male - Masculin	Female - Féminin	
AMERICA, SOUTH - AMÉRIQUE DU SUD								
Colombia - Colombie[22]								
1 VII 2010 (ESDF)								
Florencia	...	...	...	...	157 450	77 253	80 197	2 292[11]
Floridablanca	...	...	...	...	261 142	123 550	137 592	101[11]
Fusagasugá	...	...	...	...	121 535	59 751	61 784	206[11]
Girardot	...	...	...	...	101 792	48 220	53 572	130[11]
Girón	...	...	...	...	156 995	77 876	79 119	681[11]
Gudalajara de Buga	...	...	...	...	116 105	56 889	59 216	873[11]
Ibagué	...	...	...	...	526 547	255 939	270 608	1 439[11]
Ipiales	...	...	...	...	123 341	60 484	62 857	1 707[11]
Itagüi	...	...	...	...	252 158	122 315	129 843	17[11]
Lorica	...	...	...	...	114 145	57 289	56 856	890[11]
Magangué	...	...	...	...	122 913	62 083	60 830	1 102[11]
Maicao	...	...	...	...	141 917	69 645	72 272	1 789[11]
Malambo	...	...	...	...	111 257	56 303	54 954	108[11]
Manizales	...	...	...	...	388 525	184 821	203 704	477[11]
Medellín	...	...	...	...	2 343 049	1 103 159	1 239 890	387[11]
Montería	...	...	...	...	409 476	198 569	210 907	3 043[11]
Neiva	...	...	...	...	330 487	158 107	172 380	1 468[11]
Palmira	...	...	...	...	294 580	142 819	151 761	1 044[11]
Pasto	...	...	...	...	411 706	197 828	213 878	1 131[11]
Pereira	...	...	...	...	457 103	218 208	238 895	702[11]
Piedecuesta	...	...	...	...	132 680	64 624	68 056	481[11]
Pitalito	...	...	...	...	113 980	56 605	57 375	653[11]
Popayán	...	...	...	...	265 702	128 370	137 332	464[11]
Quibdo	...	...	...	...	114 548	56 705	57 843	3 075[11]
Riohacha	...	...	...	...	213 046	104 555	108 491	3 171[11]
Rionegro	...	...	...	...	110 329	54 832	55 497	198[11]
San Andres de Tumaco	...	...	...	...	179 005	89 911	89 094	3 778[11]
Santa Marta	...	...	...	...	447 857	217 502	230 355	2 369[11]
Sincelejo	...	...	...	...	256 241	125 165	131 076	292[11]
Soacha	...	...	...	...	455 992	224 785	231 207	187[11]
Sogamoso	...	...	...	...	115 564	54 925	60 639	214[11]
Soledad	...	...	...	...	535 417	264 656	270 761	67[11]
Tuluá	...	...	...	...	199 244	95 937	103 307	818[11]
Tunja	...	...	...	...	171 082	81 322	89 760	118[11]
Turbo	...	...	...	...	139 628	70 728	68 900	3 090[11]
Uribia	...	...	...	...	144 990	71 109	73 881	7 904[11]
Valledupar	...	...	...	...	403 414	195 946	207 468	4 225[11]
Villavicencio	...	...	...	...	431 476	209 065	222 411	1 328[11]
Yopal	...	...	...	...	123 361	61 825	61 536	2 532[11]
Zipaquirá	...	...	...	...	112 069	54 951	57 118	194[11]
Ecuador - Équateur								
1 VII 2010 (ESDF)								
Ambato	224 719[1]	...	...	31	...	...	...	...
Babahoyo	120 627[1]	...	...	10	...	...	...	...
Cuenca	402 068[1]	...	...	56	...	...	...	...
Durán	201 026[1]	...	...	40	...	...	...	...
Esmeraldas	125 034[1]	...	...	8	...	...	...	...
Guayaquil	2 286 772[1]	...	...	369	...	...	...	...
Ibarra	156 102[1]	...	...	36	...	...	...	...
Loja	156 848[1]	...	...	25	...	...	...	...
Machala	249 992[1]	...	...	34	...	...	...	...
Manta	210 675[1]	...	...	45	...	...	...	...
Milagro	130 661[1]	...	...	19	...	...	...	...
Portoviejo	256 993[1]	...	...	50	...	...	...	...
Quevedo	144 750[1]	...	...	20	...	...	...	...
QUITO	1 619 791[1]	...	...	181	...	...	...	...
Riobamba	189 470[1]	...	...	29	...	...	...	...
Santa Elena	126 271[1]	...	...	36	...	...	...	...
Santo Domingo de los Colorados	231 302[1]	...	...	43	...	...	...	...

8. Population of capital cities and cities of 100 000 or more inhabitants: latest available year, 1992 - 2011
Population des capitales et des villes de 100 000 habitants ou plus : dernière année disponible, 1992 - 2011 (continued - suite)

Continent, country or area, date, code and city / Continent, pays ou zone, date, code et ville	City proper - Ville proprement dite				Urban agglomeration - Agglomération urbaine			
	Population			Surface area - Superficie (km²)	Population			Surface area - Superficie (km²)
	Both sexes - Les deux sexes	Male - Masculin	Female - Féminin		Both sexes - Les deux sexes	Male - Masculin	Female - Féminin	
AMERICA, SOUTH - AMÉRIQUE DU SUD								
Falkland Islands (Malvinas) - Îles Falkland (Malvinas)								
8 X 2006 (CDFC)								
STANLEY	2 115	...	...	...	...	...	...	...
French Guiana - Guyane française								
1 I 2006 (CDJC)								
CAYENNE	58 004	27 412	30 591	24	75 740	36 484	39 256	70
Guyana								
15 IX 2002 (CDFC)								
GEORGETOWN..................................	134 497	63 973	70 524	...	...	...	...	...
Paraguay								
1 VII 2008 (ESDF)								
ASUNCION[23].....................................	518 792	240 940	277 852	117	2 448 710	1 191 827	1 256 883	2 582
Capiatá	209 012	104 112	104 900	82	...	...	...	...
Ciudad del Este	279 655	140 381	139 274	149	...	...	...	...
Fernando de la Mora	162 652	77 609	85 042	21	...	...	...	...
Lambaré	171 282	82 375	88 907	27	...	...	...	...
Luque	291 225	143 243	147 982	152	...	...	...	...
San Lorenzo	287 977	139 637	148 339	57	...	...	...	...
Peru - Pérou								
21 X 2007 (CDFC)								
Arequipa	784 651	375 634	409 017	...	...	...	...	...
Ayacucho	151 019	73 526	77 493	...	...	...	...	...
Cajamarca	162 326	78 926	83 400	...	...	...	...	...
Callao	876 877	430 582	446 295	...	...	...	...	...
Chiclayo	524 442	250 081	274 361	...	...	...	...	...
Chimbote	334 568	165 621	168 947	...	...	...	...	...
Chincha Alta	153 598	75 379	78 219	...	...	...	...	...
Cuzco	348 935	168 077	180 858	...	...	...	...	...
Huancayo	323 054	153 868	169 186	...	...	...	...	...
Huánuco	149 210	71 664	77 546	...	...	...	...	...
Huaraz	100 931	49 152	51 779	...	...	...	...	...
Ica..	219 856	106 578	113 278	...	...	...	...	...
Iquitos...	370 962	182 712	188 250	...	...	...	...	...
Juliaca	216 716	106 685	110 031	...	...	...	...	...
LIMA[24]	8 472 935	4 138 941	4 333 994	...	...	...	...	...
Piura	377 496	181 453	196 043	...	...	...	...	...
Pucallpa	204 772	101 800	102 972	...	...	...	...	...
Puno	120 229	58 965	61 264	...	...	...	...	...
Sullana	181 954	88 223	93 731	...	...	...	...	...
Tacna	242 451	119 055	123 396	...	...	...	...	...
Tarapoto	117 184	58 215	58 969	...	...	...	...	...
Trujillo...	682 834	327 729	355 105	...	...	...	...	...
Suriname								
2 VIII 2004 (CDJC)								
PARAMARIBO...................................	...	...	...	...	242 946	120 292	122 405	182
Uruguay								
1 VII 2009 (ESDF)								
MONTEVIDEO	1 338 408[1]	624 746[1]	713 662[1]	530	...	...	...	...
Venezuela (Bolivarian Republic of) - Venezuela (République bolivarienne du)								
1 VII 2011 (ESDF)								
Acarigua-Araure	290 146[25]	142 812[25]	147 334[25]	1 065	...	...	...	...
Anaco(F) (Capital)[25]	149 380	81 172	68 208	...	...	...	...	...
Barcelona	326 460[25]	163 915[25]	162 545[25]	463	...	...	...	...
Barcelona-Puerto La Cruz..................	435 940[25]	221 667[25]	214 273[25]	707	...	...	...	...
Barinas	307 364[25]	150 145[25]	157 219[25]	848	...	...	...	...
Barquisimeto	1 000 632[25]	489 530[25]	511 102[25]	2 645	...	...	...	...
Baruta[25]	266 261	124 876	141 385	...	...	...	...	...
Cabimas	240 765[25]	119 731[25]	121 034[25]	175	...	...	...	...
Cagua[25]	130 763	64 202	66 561	...	...	...	...	...
CARACAS	2 104 423[25]	1 019 207[25]	1 085 216[25]	433	...	...	...	...
Carora[25]	112 626	55 773	56 853	...	...	...	...	...
Carúpano...	135 969[25]	66 660[25]	69 309[25]	203	...	...	...	...

8. Population of capital cities and cities of 100 000 or more inhabitants: latest available year, 1992 - 2011
Population des capitales et des villes de 100 000 habitants ou plus : dernière année disponible, 1992 - 2011 (continued - suite)

Continent, country or area, date, code and city / Continent, pays ou zone, date, code et ville	City proper - Ville proprement dite				Urban agglomeration - Agglomération urbaine			
	Population			Surface area - Superficie (km²)	Population			Surface area - Superficie (km²)
	Both sexes - Les deux sexes	Male - Masculin	Female - Féminin		Both sexes - Les deux sexes	Male - Masculin	Female - Féminin	
AMERICA, SOUTH - AMÉRIQUE DU SUD								
Venezuela (Bolivarian Republic of) - Venezuela (République bolivarienne du)								
1 VII 2011 (ESDF)								
Ciudad Bolívar	371 566[25]	182 183[25]	189 383[25]	5 851	...	...	...	...
Ciudad Guayana	850 262[25]	426 168[25]	424 094[25]	1 612	...	...	...	...
Ciudad Ojeda[25]	146 509	73 463	73 046	...	...	...	...	...
Coro	199 603[25]	97 900[25]	101 703[25]	438	...	...	...	...
Cua[25]	138 784	67 821	70 963	...	...	...	...	...
Cumaná	341 441[25]	168 253[25]	173 188[25]	405	...	...	...	...
El Silencio[25]	125 014	73 463	51 551	...	...	...	...	...
El Tigre[25]	224 887	122 795	102 092	...	...	...	...	...
Guacara[25]	147 733	74 070	73 663	...	...	...	...	...
Guanare[25]	151 170	73 851	77 319	...	...	...	...	...
Guarenas	285 561[25]	139 992[25]	145 569[25]	180	...	...	...	...
Guatire[25]	184 375	88 570	95 805	...	...	...	...	...
Los Guayos[25]	166 116	83 614	82 502	...	...	...	...	...
Los Teques	272 301[25]	132 277[25]	140 024[25]	98	...	...	...	...
Maracaibo	1 339 019[25]	660 297[25]	678 722[25]	604	...	...	...	...
Maracay	446 271[25]	218 426[25]	227 845[25]	169	...	...	...	...
Maturín[25]	445 444	241 844	203 600	...	...	...	...	...
Mérida	231 861[25]	107 125[25]	124 736[25]	482	...	...	...	...
Naguanagua[25]	162 281	77 380	84 901	...	...	...	...	...
Ocumare Del Tuy[25]	134 451	66 675	67 776	...	...	...	...	...
Petare[25]	116 159	57 865	58 294	...	...	...	...	...
Pozuelos (F) (Capital)[25]	165 563	91 154	74 409	...	...	...	...	...
Puerto Cabello	203 859[25]	103 228[25]	100 631[25]	309	...	...	...	...
Puerto La Cruz[25]	109 480	57 752	51 728	...	...	...	...	...
Punto Fijo	150 496[25]	74 119[25]	76 377[25]	31	...	...	...	...
San Cristóbal	271 424[25]	130 059[25]	141 365[25]	248	...	...	...	...
San Fernando de Apure[25]	133 487	60 585	72 902	...	...	...	...	...
San Francisco[25]	128 509	63 495	65 014	...	...	...	...	...
Santa Lucia[25]	112 227	57 961	54 266	...	...	...	...	...
Táriba[25]	102 009	51 718	50 291	...	...	...	...	...
Tocuyito[25]	186 743	94 425	92 318	...	...	...	...	...
Valencia	917 999[25]	451 421[25]	466 578[25]	1 212	...	...	...	...
Valera	125 590[25]	60 672[25]	64 918[25]	55	...	...	...	...
ASIA - ASIE								
Afghanistan								
1 VII 2010 (ESDF)								
Herat	410 700	208 600	202 100	...	...	...	...	...
Jalalabad	194 400	100 100	94 300	...	...	...	...	...
KABUL	3 052 000	1 579 600	1 472 400	...	...	...	...	...
Kandahar (Quandahar)	374 200	192 600	181 600	...	...	...	...	...
Kunduz	135 400	69 600	65 800	...	...	...	...	...
Mazar-e-Sharif	346 500	177 800	168 700	...	...	...	...	...
Armenia - Arménie								
1 VII 2009 (ESDJ)								
Gyumri (Leninakan)	146 355	70 468	75 887	50	...	...	...	...
Vanadzoz (Kirovakan)	104 825	50 143	54 682	25	...	...	...	...
YEREVAN	1 116 648	522 409	594 239	227	...	...	...	...
Azerbaijan - Azerbaïdjan								
1 VII 2010 (ESDF)								
BAKU	2 078 485	1 029 007	1 049 478	2 130	...	...	...	...
Ganja	315 454	152 536	162 918	110	...	...	...	...
Sumgayit	313 290	153 700	159 590	80	...	...	...	...
Bahrain - Bahreïn								
1 VII 2006 (ESDF)								
MANAMA	176 909	113 503	63 406	30	...	...	...	...

8. Population of capital cities and cities of 100 000 or more inhabitants: latest available year, 1992 - 2011
Population des capitales et des villes de 100 000 habitants ou plus : dernière année disponible, 1992 - 2011 (continued - suite)

Continent, country or area, date, code and city / Continent, pays ou zone, date, code et ville	City proper - Ville proprement dite				Urban agglomeration - Agglomération urbaine			
	Population			Surface area - Superficie (km²)	Population			Surface area - Superficie (km²)
	Both sexes - Les deux sexes	Male - Masculin	Female - Féminin		Both sexes - Les deux sexes	Male - Masculin	Female - Féminin	
ASIA - ASIE								
Bangladesh								
22 I 2001 (CDFC)								
Barisal	...	...	...	...	192 810	103 785	89 025	20
Bogra	...	...	...	...	154 807	82 368	72 439	11
Brahmanbaria	...	...	...	...	129 278	66 890	62 388	18
Chittagong	...	...	...	...	2 023 489	1 127 516	895 973	168
Comilla	...	...	...	...	166 519	88 927	77 592	11
DHAKA	...	...	...	...	5 333 571	3 025 395	2 308 176	154
Dinajpur	...	...	...	...	157 914	82 068	75 846	19
Gazipur	...	...	...	...	122 801	65 522	57 279	49
Jamalpur	...	...	...	...	120 955	62 059	58 896	53
Jessore	...	...	...	...	176 655	94 203	82 452	15
Kadamrasul	...	...	...	...	128 561	66 799	61 762	6
Khulna	...	...	...	...	770 498	412 661	357 837	60
Mymensingh	...	...	...	...	227 204	119 172	108 032	22
Naogaon	...	...	...	...	124 046	65 406	58 640	37
Narayanganj	...	...	...	...	241 393	131 168	110 225	13
Narsingdi	...	...	...	...	124 204	67 575	56 629	9
Nawabganj	...	...	...	...	152 223	75 375	76 848	34
Pabna	...	...	...	...	116 305	60 666	55 639	27
Rajshahi	...	...	...	...	388 811	208 525	180 286	97
Rangpur	...	...	...	...	241 310	124 296	117 014	51
Saidpur	...	...	...	...	112 609	58 289	54 320	34
Sirajganj	...	...	...	...	128 144	66 673	61 471	28
Tangail	...	...	...	...	128 785	66 856	61 929	29
Tongi	...	...	...	...	283 099	156 335	126 764	30
Bhutan - Bhoutan								
30 V 2005 (CDFC)								
THIMPHU	...	...	...	...	79 185	42 465	36 720	...
Brunei Darussalam - Brunéi Darussalam								
21 VIII 2001 (CDFC)								
BANDAR SERI BEGAWAN	27 285	13 639	13 646	100	...	...	...	...
Cambodia - Cambodge								
1 VII 2011 (ESDF)								
Bat Dambang	1 126 345[26]	558 945[26]	567 400[26]	114	...	...	...	...
PHNOM PENH	1 570 791[26]	738 159[26]	832 631[26]	21	...	...	...	...
Seam Reab	999 703[26]	493 184[26]	506 519[26]	292	...	...	...	...
China - Chine								
1 VII 2010 (ESDF)								
BEIJING (PEKING)	19 610 000[27]	10 130 000[27]	9 490 000[27]	16 410	...	...	...	...
China, Hong Kong SAR - Chine, Hong Kong RAS								
1 VII 2010 (ESDJ)								
HONG KONG SAR	7 067 800	3 310 500	3 757 300	1 104	...	...	...	...
China, Macao SAR - Chine, Macao RAS								
1 VII 2011 (ESDJ)								
MACAO	558 100	268 700	289 400	30	...	...	...	...
Cyprus - Chypre								
1 I 2006 (ESDJ)								
LEFKOSIA[28]	...	...	...	...	224 500	...	...	...
Lemesos[29]	...	...	...	...	176 900	...	...	...
Democratic People's Republic of Korea - République populaire démocratique de Corée								
1 X 2008 (CDJC)								
Anju	167 646	79 187	88 459	...	...	...	...	...
Chongjin	614 892	292 741	322 151	...	...	...	...	...
Haeju	241 599	116 594	125 005	...	...	...	...	...
Hamhung	614 198	292 058	322 140	...	...	...	...	...
Huichon	136 093	64 547	71 546	...	...	...	...	...
Hyesan	174 015	82 604	91 411	...	...	...	...	...
Jongju	102 659	48 423	54 236	...	...	...	...	...
Kaechon	262 389	124 222	138 167	...	...	...	...	...
Kaesong	192 578	90 653	101 925	...	...	...	...	...
Kanggye	251 971	120 305	131 666	...	...	...	...	...
Kim Chaek	155 284	73 133	82 151	...	...	...	...	...
Kusong	155 181	73 677	81 504	...	...	...	...	...

Continent, country or area, date, code and city / Continent, pays ou zone, date, code et ville	City proper - Ville proprement dite				Urban agglomeration - Agglomération urbaine			
	Population			Surface area - Superficie (km²)	Population			Surface area - Superficie (km²)
	Both sexes - Les deux sexes	Male - Masculin	Female - Féminin		Both sexes - Les deux sexes	Male - Masculin	Female - Féminin	
ASIA - ASIE								
Democratic People's Republic of Korea - République populaire démocratique de Corée								
1 X 2008 (CDJC)								
Nampho	310 864	150 091	160 773	...	...	...	...	...
Phyongsong	236 583	115 817	120 766	...	...	...	...	...
PYONGYANG	2 581 076	1 233 765	1 347 311	...	...	...	...	...
Rason	158 337	74 777	83 560	...	...	...	...	...
Sariwon	271 434	130 181	141 253	...	...	...	...	...
Sinpho	130 951	63 207	67 744	...	...	...	...	...
Sinuiju	334 031	158 139	175 892	...	...	...	...	...
Sunchon	250 738	119 727	131 011	...	...	...	...	...
Tanchon	240 873	113 221	127 652	...	...	...	...	...
Tokchon	210 571	99 655	110 916	...	...	...	...	...
Wonsan	328 467	155 903	172 564	...	...	...	...	...
Georgia - Géorgie								
1 VII 2010 (ESDF)								
Batumi	123 900	...	...	...	...	...	...	...
Kutaisi	193 600	...	...	...	...	...	...	...
TBILISI	1 157 500	...	...	...	...	...	...	...
India - Inde[30]								
1 III 2001 (CDFC)								
Abohar	124 339	66 445	57 894	23	...	...	...	...
Achalpur	107 316	55 687	51 629	17	...	...	...	...
Adilabad	109 529	55 641	53 888	16	129 403	65 501	63 902	21
Adityapur	119 233	63 837	55 396	50	...	...	...	...
Adoni	157 305	79 639	77 666	30	162 458	82 345	80 113	...
Agartala	189 998	94 742	95 256	16	...	...	...	...
Agra	1 275 134	690 599	584 535	121	1 331 339	720 707	610 632	141
Ahmedabad	3 520 085	1 867 249	1 652 836	191	4 525 013	2 401 422	2 123 591	438
Ahmednagar	307 615	159 564	148 051	18	347 549	184 765	162 784	30
Aizawl	228 280	115 986	112 294	110	...	...	...	...
Ajmer	485 575	254 164	231 411	218	490 520	256 695	233 825	223
Akola	400 520	206 649	193 871	23	...	...	...	...
Alandur	146 287	74 836	71 451	20	...	...	...	...
Alappuzha	177 029	85 725	91 304	70	282 675	137 244	145 431	84
Aligarh	669 087	356 725	312 362	40	...	...	...	...
Alipurduar	...	...	...	...	114 035	58 503	55 532	26
Allahabad	975 393	539 772	435 621	63	1 042 229	576 122	466 107	86
Alwar	260 593	139 585	121 008	...	266 203	143 699	122 504	58
Ambala	139 279	74 016	65 263	17	168 316	92 977	75 339	38
Ambala Sadar	106 568	55 750	50 818	...	...	...	...	...
Ambarnath	203 804	107 325	96 479	36	...	...	...	...
Ambattur	310 967	160 282	150 685	40	...	...	...	...
Amravati	549 510	284 247	265 263	122	...	...	...	...
Amritsar	966 862	518 388	448 474	136	1 003 917	538 744	465 173	...
Amroha	165 129	86 943	78 186	6	...	...	...	...
Anand	130 685	68 074	62 611	21	218 486	115 295	103 191	60
Anantapur	218 808	110 979	107 829	...	243 143	123 713	119 430	...
Anklesvar	...	...	...	...	112 643	60 249	52 394	...
Arcot	...	...	...	...	126 671	62 787	63 884	19
Arrah	203 380	109 867	93 513	31	...	...	...	...
Asansol	475 439	250 886	224 553	128	1 067 369	564 837	502 532	352
Ashoknagar Kalyangarh	111 607	56 490	55 117	...	...	...	...	...
Aurangabad	873 311	459 295	414 016	139	892 483	469 237	423 246	148
Avadi	229 403	117 991	111 412	65	...	...	...	...
Bahadurgarh	119 846	65 859	53 987	21	131 925	72 873	59 052	30
Baharampur	160 143	81 737	78 406	17	170 322	86 969	83 353	19
Bahraich	168 323	89 581	78 742	13	...	...	...	...
Baidyabati	108 229	56 394	51 835	8	...	...	...	...
Baleshwar	106 082	55 691	50 391	...	156 430	82 106	74 324	42
Ballia	101 465	54 496	46 969	16	...	...	...	...
Bally	260 906	149 603	111 303	12	...	...	...	...
Balurghat	135 737	68 871	66 866	10	143 321	72 764	70 557	12
Banda	134 839	72 632	62 207	16	139 436	75 174	64 262	28
Bangalore	4 301 326	2 242 835	2 058 491	...	5 701 446	2 988 561	2 712 885	540

8. Population of capital cities and cities of 100 000 or more inhabitants: latest available year, 1992 - 2011

Population des capitales et des villes de 100 000 habitants ou plus : dernière année disponible, 1992 - 2011 (continued - suite)

Continent, country or area, date, code and city / Continent, pays ou zone, date, code et ville	City proper - Ville proprement dite				Urban agglomeration - Agglomération urbaine			
	Population			Surface area - Superficie (km²)	Population			Surface area - Superficie (km²)
	Both sexes - Les deux sexes	Male - Masculin	Female - Féminin		Both sexes - Les deux sexes	Male - Masculin	Female - Féminin	
ASIA - ASIE								
India - Inde[30]								
1 III 2001 (CDFC)								
Bangaon	102 163	52 537	49 626	25	...	...	...	...
Bankura	128 781	66 429	62 352	19	...	...	...	...
Bansberia	104 412	55 389	49 023	9	...	...	...	...
Baranagar	250 768	132 559	118 209	7	...	...	...	...
Barasat	231 521	118 374	113 147	31	...	...	...	...
Barddhaman	285 602	148 562	137 040	23	...	...	...	...
Bareilly	718 395	378 848	339 547	106	748 353	397 304	351 049	125
Baripada	...	...	...	...	100 651	53 606	47 045	38
Barrackpur	144 391	76 299	68 092	11	...	...	...	...
Barshi	104 785	53 848	50 937	36	...	...	...	...
Basirhat	113 159	57 965	55 194	22	...	...	...	...
Basti	107 601	57 053	50 548	19	...	...	...	...
Batala	125 677	66 508	59 169	9	147 872	78 393	69 479	...
Bathinda	217 256	116 946	100 310	110	...	...	...	...
Beawar	123 759	64 417	59 342	18	125 981	65 586	60 395	24
Begusarai	...	...	...	...	107 623	57 541	50 082	12
Belgaum	399 653	204 598	195 055	100	506 480	261 639	244 841	173
Bellary	316 766	162 699	154 067	66	...	...	...	...
Bettiah	116 670	61 753	54 917	8	...	...	...	...
Bhadravati	160 662	81 351	79 311	...	...	...	...	...
Bhadreswar	106 071	58 040	48 031	6	...	...	...	...
Bhagalpur	340 767	182 806	157 961	30	350 133	187 723	162 410	31
Bhalswa Jahangir Pur	152 339	83 802	68 537	7	...	...	...	...
Bharatpur	204 587	110 057	94 530	41	205 235	110 397	94 838	51
Bharuch	148 140	76 506	71 634	18	176 364	91 281	85 083	20
Bhatpara	442 385	243 157	199 228	30	...	...	...	...
Bhavani	...	...	...	...	104 646	52 998	51 648	10
Bhavnagar	511 085	266 838	244 247	90	517 708	270 278	247 430	91
Bheemavaram	137 409	69 473	67 936	26	142 064	71 929	70 135	26
Bhilai Nagar	556 366	291 070	265 296	141	...	...	...	...
Bhilwara	280 128	148 794	131 334	118	...	...	...	...
Bhind	153 752	82 945	70 807	17	...	...	...	...
Bhiwandi	598 741	367 565	231 176	26	621 427	382 184	239 243	28
Bhiwani	169 531	91 697	77 834	28	...	...	...	...
Bhopal	1 437 354	757 408	679 946	285	1 458 416	768 391	690 025	298
Bhubaneswar	648 032	360 739	287 293	135	658 220	366 134	292 086	148
Bhuj	...	...	...	...	136 429	71 056	65 373	...
Bhusawal	172 372	89 208	83 164	13	187 564	97 243	90 321	25
Bid	138 196	71 827	66 369	8	...	...	...	...
Bidar	172 877	89 934	82 943	...	174 257	90 662	83 595	47
Bidhan Nagar	164 221	83 220	81 001	34	...	...	...	...
Bihar	232 071	122 019	110 052	24	...	...	...	...
Bijapur	228 175	117 375	110 800	...	253 891	130 416	123 475	75
Bikaner	529 690	283 067	246 623	166	...	...	...	...
Bilaspur	275 694	143 518	132 176	36	335 293	174 351	160 942	46
Birnagar	...	...	...	...	115 127	59 232	55 895	40
Bokaro Steel City	393 805	213 231	180 574	163	497 780	268 969	228 811	188
Bommanahalli	201 652	108 108	93 544	36	...	...	...	...
Botad	100 194	52 752	47 442	10	...	...	...	...
Brahmapur	307 792	160 354	147 438	80	...	...	...	...
Budaun	148 029	78 141	69 888	4	...	...	...	...
Bulandshahr	176 425	93 531	82 894	12	...	...	...	...
Burhanpur	193 725	99 751	93 974	13	...	...	...	...
Byatarayanapura	181 744	95 508	86 236	45	...	...	...	...
Chakdaha	...	...	...	...	101 320	51 485	49 835	...
Champdani	103 246	57 842	45 404	6	...	...	...	...
Chandan Nagar	162 187	84 181	78 006	22	...	...	...	...
Chandausi	103 749	55 127	48 622	9	...	...	...	...
Chandigarh	808 515	450 122	358 393	79	...	...	...	...
Chandrapur	289 450	151 202	138 248	56	...	...	...	...
Chapra	179 190	95 494	83 696	17	...	...	...	...
Chennai (Madras)	4 343 645	2 219 539	2 124 106	174	6 560 242	3 355 524	3 204 718	702
Cherthala	...	...	...	...	141 558	68 756	72 802	92

8. Population of capital cities and cities of 100 000 or more inhabitants: latest available year, 1992 - 2011
Population des capitales et des villes de 100 000 habitants ou plus : dernière année disponible, 1992 - 2011 (continued - suite)

Continent, country or area, date, code and city / Continent, pays ou zone, date, code et ville	City proper - Ville proprement dite				Urban agglomeration - Agglomération urbaine			
	Population			Surface area - Superficie (km²)	Population			Surface area - Superficie (km²)
	Both sexes - Les deux sexes	Male - Masculin	Female - Féminin		Both sexes - Les deux sexes	Male - Masculin	Female - Féminin	

ASIA - ASIE

India - Inde[30]
1 III 2001 (CDFC)

Chhatarpur	...	...	...	...	109 078	58 421	50 657	17
Chhindwara	122 247	63 584	58 663	11	153 552	79 889	73 663	22
Chikmagalur	101 251	51 694	49 557	33	...	...	...	...
Chirala	...	...	...	...	166 294	82 954	83 340	48
Chirkunda	...	...	...	...	106 227	56 536	49 691	26
Chitradurga	122 702	62 845	59 857	24	125 170	64 112	61 058	26
Chittoor	152 654	76 879	75 775	33	...	...	...	...
Churu	...	...	...	...	101 874	53 079	48 795	30
Coimbatore	930 882	477 937	452 945	106	1 461 139	748 376	712 763	379
Coonoor	...	...	...	...	101 490	51 208	50 282	44
Cuddalore	158 634	80 012	78 622	28	...	...	...	...
Cuddapah	126 505	63 669	62 836	42	262 506	133 224	129 282	78
Cuttack	534 654	285 838	248 816	149	587 182	314 101	273 081	195
Dallo Pura	132 621	71 362	61 259	2	...	...	...	...
Damoh	112 185	58 962	53 223	16	127 967	67 321	60 646	36
Darbhanga	267 348	142 377	124 971	19	...	...	...	...
Darjiling	107 197	55 963	51 234	11	108 830	56 769	52 061	13
Dasarahalli	264 940	143 909	121 031	23	...	...	...	...
Davangere	364 523	187 987	176 536	...	...	...	...	...
Dehradun	426 674	224 546	202 128	52	530 263	283 064	247 199	103
Dehri	119 057	63 540	55 517	21	...	...	...	...
Delhi	9 879 172	5 412 497	4 466 675	554	12 877 470[31]	7 069 371[31]	5 808 099[31]	889[31]
Delhi Cantonment	124 917	75 827	49 090	43	...	...	...	...
Deoghar	...	...	...	...	112 525	61 442	51 083	22
Deoli	119 468	66 594	52 874	10	...	...	...	...
Deoria	104 227	54 681	49 546	16	...	...	...	...
Dewas	231 672	121 075	110 597	100	...	...	...	...
Dhanbad	199 258	108 512	90 746	23	1 065 327	579 150	486 177	223
Dharmavaram	103 357	52 785	50 572	40	...	...	...	...
Dhule	341 755	177 772	163 983	46	...	...	...	...
Dibrugarh	121 893	65 118	56 775	25	137 661	73 307	64 354	26
Dinapur Nizamat	131 176	69 419	61 757	12	...	...	...	...
Dindigul	196 955	99 124	97 831	14	...	...	...	...
Dohad	...	...	...	...	112 026	57 642	54 384	26
Dumdum	101 296	52 890	48 406	9	...	...	...	...
Durg	232 517	119 315	113 202	66	...	...	...	...
Durgapur	493 405	263 721	229 684	154	...	...	...	...
Durg-Bhilai Nagar	...	...	...	...	927 864	482 304	445 560	341
Eluru	190 062	92 790	97 272	15	215 804	105 476	110 328	...
English Bazar	161 456	82 845	78 611	...	224 415	115 356	109 059	19
Erode	150 541	76 462	74 079	8	389 906	198 842	191 064	132
Etah	107 110	56 763	50 347	13	...	...	...	...
Etawah	210 453	111 749	98 704	9	...	...	...	...
Faizabad	144 705	75 935	68 770	33	208 162	114 330	93 832	63
Faridabad	1 055 938	581 069	474 869	199	...	...	...	...
Farrukhabad-cum-Fategarh	228 333	120 829	107 504	17	242 997	129 643	113 354	21
Fatehpur	152 078	80 011	72 067	57	...	...	...	...
Firozabad	279 102	148 263	130 839	9	432 866	230 802	202 064	12
Gadag-Betgeri	154 982	78 713	76 269	35	...	...	...	...
Gajuwaka	259 180	133 469	125 711	128	...	...	...	...
Gandhidham	151 693	79 379	72 314	30	...	...	...	...
Gandhinagar	195 985	103 876	92 109	57	...	...	...	...
Ganganagar	210 713	115 321	95 392	21	222 858	121 865	100 993	...
Gangapur City	...	...	...	...	105 396	56 009	49 387	12
Gangawati	...	...	...	...	101 392	51 211	50 181	16
Gaya	385 432	204 483	180 949	29	394 945	210 410	184 535	32
Ghatlodiya	106 684	56 219	50 465	4	...	...	...	...
Ghaziabad	968 256	521 026	447 230	145	...	...	...	...
Ghazipur	...	...	...	...	103 298	54 371	48 927	20
Giridih	...	...	...	...	105 634	55 490	50 144	11
Godhra	121 879	63 176	58 703	20	131 172	67 969	63 203	23
Gonda	120 301	66 207	54 094	15	...	...	...	...
Gondiya	120 902	61 418	59 484	18	...	...	...	...

8. Population of capital cities and cities of 100 000 or more inhabitants: latest available year, 1992 - 2011
Population des capitales et des villes de 100 000 habitants ou plus : dernière année disponible, 1992 - 2011 (continued - suite)

Continent, country or area, date, code and city / Continent, pays ou zone, date, code et ville	City proper - Ville proprement dite				Urban agglomeration - Agglomération urbaine			
	Population			Surface area - Superficie (km²)	Population			Surface area - Superficie (km²)
	Both sexes - Les deux sexes	Male - Masculin	Female - Féminin		Both sexes - Les deux sexes	Male - Masculin	Female - Féminin	
ASIA - ASIE								
India - Inde[30]								
1 III 2001 (CDFC)								
Gorakhpur	622 701	329 807	292 894	141	...	...	...	...
Gudivada	113 054	55 867	57 187	13	...	...	...	...
Gudiyatham	...	...	...	...	100 115	49 794	50 321	14
Gulbarga	422 569	219 409	203 160	...	430 265	223 594	206 671	43
Guna	137 175	72 538	64 637	46	...	...	...	...
Guntakul	117 103	59 211	57 892	41	...	...	...	...
Guntur	514 461	257 775	256 686	46	...	...	...	...
Gurgaon	172 955	92 934	80 021	15	228 820	123 377	105 443	24
Guruvayur	...	...	...	...	138 681	64 554	74 127	57
Guwahati	809 895	440 288	369 607	217	818 809	446 311	372 498	217
Gwalior	827 026	442 343	384 683	167	865 548	465 057	400 491	180
Habra	127 602	65 141	62 461	18	239 209	121 631	117 578	37
Hajipur	119 412	63 838	55 574	20	...	...	...	...
Haldia	170 673	89 893	80 780	69	...	...	...	...
Haldwani-cum-Kathgodam	129 015	68 755	60 260	11	158 896	84 541	74 355	...
Halisahar	124 510	67 151	57 359	8	...	...	...	...
Hanumangarh	129 556	69 532	60 024	13	...	...	...	...
Haora (Howrah)	1 007 532	547 068	460 464	52	...	...	...	...
Hapur	211 983	113 175	98 808	14	...	...	...	...
Hardoi	112 486	59 876	52 610	6	...	...	...	...
Hardwar	175 340	94 736	80 604	15	220 767	119 234	101 533	42
Hassan	116 574	59 743	56 831	27	133 262	68 242	65 020	30
Hathras	123 244	65 778	57 466	8	126 355	67 436	58 919	8
Hazaribag	127 269	67 900	59 369	26	135 473	72 288	63 185	27
Hindupur	125 074	64 132	60 942	38	...	...	...	...
Hisar	256 689	140 083	116 606	45	263 186	143 795	119 391	49
Hoshiarpur	149 668	79 454	70 214	35	...	...	...	...
Hospet	164 240	83 767	80 473	28	...	...	...	...
Hubli-Dharwad	786 195	403 085	383 110	213	...	...	...	...
Hugli-Chinsurah	170 206	86 788	83 418	17	...	...	...	...
Hyderabad	3 637 483	1 883 064	1 754 419	173	5 742 036	2 973 472	2 768 564	822
Ichalakaranji	257 610	136 063	121 547	30	285 860	150 977	134 883	38
Imphal	221 492	109 815	111 677	33	250 234	123 859	126 375	37
Indore	1 474 968	774 540	700 428	130	1 516 918	796 673	720 245	165
Itarsi	...	...	...	...	107 831	56 347	51 484	24
Jabalpur	932 484	488 479	444 005	119	1 098 000	580 038	517 962	205
Jagadhri	101 290	55 844	45 446	...	...	...	...	...
Jagdalpur	...	...	...	...	103 123	52 909	50 214	26
Jaipur	2 322 575	1 237 765	1 084 810	485	...	...	...	...
Jalandhar	706 043	379 439	326 604	102	714 077	383 624	330 453	...
Jalgaon	368 618	193 496	175 122	62	...	...	...	...
Jalna	235 795	121 922	113 873	82	...	...	...	...
Jalpaiguri	100 348	50 629	49 719	13	...	...	...	...
Jammu	369 959	198 956	171 003	40	612 163	334 452	277 711	202
Jamnagar	443 518	232 845	210 673	26	556 956	292 168	264 788	...
Jamshedpur	573 096	301 433	271 663	60	1 104 713	581 829	522 884	160
Jamuria	129 484	68 695	60 789	73	...	...	...	...
Jaunpur	160 055	84 203	75 852	25	...	...	...	...
Jetpur Navagadh	104 312	54 768	49 544	36	...	...	...	...
Jhansi	383 644	202 745	180 899	58	460 278	244 169	216 109	84
Jhunjhunun	100 485	52 781	47 704	37	...	...	...	...
Jind	135 855	73 407	62 448	15	...	...	...	...
Jodhpur	851 051	454 075	396 976	79	860 818	459 198	401 620	90
Jorhat	...	...	...	...	137 814	73 213	64 601	69
Junagadh	168 515	86 980	81 535	13	252 108	130 461	121 647	...
Kaithal	117 285	63 098	54 187	44	...	...	...	...
Kakinada	296 329	146 476	149 853	39	376 861	187 064	189 797	58
Kalol	100 008	53 110	46 898	17	112 013	59 539	52 474	30
Kalyan	1 193 512	633 508	560 004	105	...	...	...	...
Kamarhati	314 507	168 555	145 952	11	...	...	...	...
Kamptee	...	...	...	...	136 491	71 270	65 221	37
Kancheepuram	153 140	77 069	76 071	12	188 733	95 068	93 665	40
Kanchrapara	126 191	65 264	60 927	9	...	...	...	...

8. Population of capital cities and cities of 100 000 or more inhabitants: latest available year, 1992 - 2011
Population des capitales et des villes de 100 000 habitants ou plus : dernière année disponible, 1992 - 2011 (continued - suite)

Continent, country or area, date, code and city / Continent, pays ou zone, date, code et ville	City proper - Ville proprement dite				Urban agglomeration - Agglomération urbaine			
	Population			Surface area - Superficie (km²)	Population			Surface area - Superficie (km²)
	Both sexes - Les deux sexes	Male - Masculin	Female - Féminin		Both sexes - Les deux sexes	Male - Masculin	Female - Féminin	
ASIA - ASIE								
India - Inde[30]								
1 III 2001 (CDFC)								
Kanhangad	65 503	31 627	33 876	40	129 367	62 002	67 365	84
Kannur	...	...	...	...	498 207	237 108	261 099	154
Kanpur	2 551 337	1 374 121	1 177 216	267	2 715 555	1 465 142	1 250 413	301
Kapra	159 002	82 579	76 423	65				
Karaikkudi	...	...	...	...	125 717	62 479	63 238	43
Karawal Nagar	148 624	80 495	68 129	5	...	...	...	...
Karimnagar	205 653	105 336	100 317	24	218 302	111 875	106 427	...
Karnal	207 640	110 595	97 045	22	221 236	117 875	103 361	24
Karur	...	...	...	...	153 365	77 207	76 158	33
Katihar	175 199	93 617	81 582	25	190 873	102 161	88 712	...
Khammam	159 544	80 574	78 970	...	198 620	100 930	97 690	26
Khandwa	172 242	88 950	83 292	36	...	...	...	...
Khanna	103 099	55 276	47 823	25	...	...	...	...
Kharagpur	188 761	97 721	91 040	91	272 865	140 730	132 135	125
Khardaha	116 470	61 214	55 256	7	...	...	...	...
Khargone	...	...	...	...	103 448	53 921	49 527	33
Kirari Suleman Nagar	154 633	85 362	69 271	5	...	...	...	...
Kishangarh	116 222	61 075	55 147	25	...	...	...	...
Koch Bihar	...	...	...	...	103 008	52 275	50 733	17
Kochi	595 575	294 756	300 819	95	1 355 972	670 340	685 632	453
Kolar	113 907	58 060	55 847	18	...	...	...	...
Kolhapur	493 167	255 778	237 389	67	505 541	262 258	243 283	67
Kolkata (Calcutta)	4 572 876	2 500 040	2 072 836	185	13 205 697[32]	7 064 138[32]	6 141 559[32]	1 034[32]
Kollam	361 560	177 677	183 883	41	380 091	186 924	193 167	68
Korba	315 690	164 768	150 922	35	...	...	...	...
Kota	694 316	368 451	325 865	221	703 150	373 094	330 056	226
Kothagudem	...	...	...	...	105 266	52 318	52 948	25
Kottayam	...	...	...	...	172 878	84 960	87 918	64
Kozhikode	436 556	211 888	224 668	84	880 247	429 163	451 084	235
Krishnanagar	139 110	70 576	68 534	16	148 709	75 495	73 214	18
Krishnarajapura	186 210	97 412	88 798	25	...	...	...	...
Kukatpalle	292 289	153 331	138 958	72	...	...	...	...
Kulti	289 903	152 821	137 082	100	...	...	...	...
Kumbakonam	139 954	69 785	70 169	13	160 767	80 188	80 579	15
Kurnool	269 122	136 619	132 503	15	342 973	174 190	168 783	46
Lakhimpur	121 486	65 236	56 250	7	...	...	...	...
Lal Bahadur Nagar	268 689	138 667	130 022	85	...	...	...	...
Lalitpur	111 892	58 993	52 899	...	...	...	...	...
Latur	299 985	156 547	143 438	21	...	...	...	...
Loni	120 945	65 278	55 667	7	...	...	...	...
Lucknow	2 185 927	1 156 151	1 029 776	310	2 245 509	1 189 466	1 056 043	338
Ludhiana	1 398 467	793 142	605 325	159	...	...	...	...
Machilipatnam	179 353	89 100	90 253	27	...	...	...	...
Madanapalle	...	...	...	...	107 449	54 497	52 952	13
Madhyamgram	155 451	79 728	75 723	21	...	...	...	...
Madurai	928 869	469 396	459 473	52	1 203 095	608 531	594 564	141
Mahadevapura	135 794	72 882	62 912	53	...	...	...	...
Mahbubnagar	130 986	67 007	63 979	14	139 662	71 516	68 146	14
Mahesana	...	...	...	...	141 453	74 866	66 587	...
Maheshtala	385 266	202 304	182 962	44	...	...	...	...
Mainpuri	...	...	...	...	104 851	55 462	49 389	17
Malappuram	...	...	...	...	170 409	83 709	86 700	111
Malegaon	409 403	208 864	200 539	13	...	...	...	...
Malerkotla	107 009	56 767	50 242	21	...	...	...	...
Malkajgiri	193 863	98 972	94 891	18	...	...	...	...
Mancherial	...	...	...	...	118 195	60 371	57 824	62
Mandsaur	116 505	60 269	56 236	...	117 555	60 859	56 696	...
Mandya	131 179	66 551	64 628	17	...	...	...	...
Mangalore	399 565	200 630	198 935	118	539 387	269 562	269 825	201
Mango	166 125	87 375	78 750	19	...	...	...	...
Mathura	302 770	162 021	140 749	9	323 315	174 335	148 980	22
Maunath Bhanjan	212 657	109 958	102 699	9	...	...	...	...
Medinipur	149 769	76 503	73 266	15	...	...	...	...

8. Population of capital cities and cities of 100 000 or more inhabitants: latest available year, 1992 - 2011
Population des capitales et des villes de 100 000 habitants ou plus : dernière année disponible, 1992 - 2011 (continued - suite)

Continent, country or area, date, code and city / Continent, pays ou zone, date, code et ville	City proper - Ville proprement dite				Urban agglomeration - Agglomération urbaine			
	Population			Surface area - Superficie (km²)	Population			Surface area - Superficie (km²)
	Both sexes - Les deux sexes	Male - Masculin	Female - Féminin		Both sexes - Les deux sexes	Male - Masculin	Female - Féminin	
ASIA - ASIE								
India - Inde[30]								
1 III 2001 (CDFC)								
Meerut	1 068 772	568 081	500 691	142	1 161 716	621 481	540 235	178
Mira-Bhayandar	520 388	286 391	233 997	79	...	...	...	...
Mirzapur-cum-Vindhyachal	205 053	109 647	95 406	39	...	...	...	...
Modinagar	113 218	60 468	52 750	16	139 929	74 788	65 141	23
Moga	125 573	66 888	58 685	16	135 279	72 043	63 236	...
Moradabad	641 583	340 314	301 269	89	...	...	...	...
Morena	150 959	82 305	68 654	12	...	...	...	...
Mormugoa	...	...	...	...	104 758	55 954	48 804	40
Morvi	145 719	75 745	69 974	25	178 055	92 639	85 416	...
Motihari	100 683	54 261	46 422	14	108 428	59 148	49 280	16
Mughalsarai	...	...	...	...	116 308	61 579	54 729	29
Mumbai (Bombay)	11 978 450	6 619 966	5 358 484	603	16 434 386	9 021 789	7 412 597	1 133
Munger	188 050	101 264	86 786	18	...	...	...	...
Murwara (Katni)	187 029	97 843	89 186	107	...	...	...	...
Muzaffarnagar	316 729	167 397	149 332	...	331 668	175 283	156 385	12
Muzaffarpur	305 525	164 000	141 525	26	...	...	...	...
Mysore	755 379	383 480	371 899	89	799 228	406 363	392 865	132
Nabadwip	115 016	58 287	56 729	12	125 341	63 574	61 767	13
Nadiad	192 913	100 322	92 591	28	196 793	102 336	94 457	30
Nagaon	107 667	56 815	50 852	...	123 265	64 895	58 370	16
Nagercoil	208 179	102 907	105 272	24	...	...	...	...
Nagpur	2 052 066	1 059 765	992 301	218	2 129 500	1 102 009	1 027 491	229
Naihati	215 303	113 777	101 526	12	...	...	...	...
Nala Sopara	184 538	98 870	85 668	...	...	...	...	...
Nalgonda	110 286	56 299	53 987	12	111 380	56 848	54 532	51
Nanded	430 733	224 843	205 890	21	...	...	...	...
Nandyal	152 676	77 273	75 403	15	157 120	79 500	77 620	...
Nangloi Jat	150 948	82 687	68 261	7	...	...	...	...
Nashik	1 077 236	575 737	501 499	259	1 152 326	616 088	536 238	322
Navghar-Manikpur	116 723	61 757	54 966	...	...	...	...	...
Navi Mumbai (New Bombay)	704 002	395 705	308 297	133	...	...	...	...
Navsari	134 017	69 794	64 223	...	232 411	122 282	110 129	...
Neemuch	107 663	56 588	51 075	13	112 852	59 320	53 532	13
Nellore	378 428	190 522	187 906	48	404 775	203 823	200 952	...
NEW DELHI[33]	302 363	165 723	136 640	43	...	...	...	...
Neyveli	127 552	65 348	62 204	97	138 035	70 746	67 289	116
Nizamabad	288 722	146 198	142 524	37	...	...	...	...
Noida	305 058	168 958	136 100	90	...	...	...	...
North Barrackpur	123 668	63 796	59 872	9	...	...	...	...
North Dumdum	220 042	113 034	107 008	26	...	...	...	...
Ongole	150 471	76 511	73 960	27	153 829	78 242	75 587	27
Orai	139 318	74 703	64 615	20	...	...	...	...
Ozhukarai	217 707	110 042	107 665	35	...	...	...	...
Palakkad	130 767	64 379	66 388	30	197 369	96 928	100 441	59
Palanpur	110 419	58 055	52 364	20	122 300	64 365	57 935	40
Pali	187 641	99 267	88 374	84	...	...	...	...
Pallavaram	144 623	73 385	71 238	18	...	...	...	...
Palwal	100 722	53 648	47 074	8	...	...	...	...
Panchkula Urban Estate	140 925	75 897	65 028	26	...	...	...	...
Panihati	348 438	180 307	168 131	19	...	...	...	...
Panipat	261 740	143 644	118 096	21	354 148	194 850	159 298	...
Panvel	104 058	54 963	49 095	12	...	...	...	...
Parbhani	259 329	133 959	125 370	58	...	...	...	...
Patan	112 219	59 097	53 122	14	113 749	59 955	53 794	...
Pathankot	157 925	86 520	71 405	22	168 485	92 003	76 482	...
Patiala	303 151	162 573	140 578	65	323 884	173 682	150 202	...
Patna	1 366 444	746 344	620 100	99	1 697 976	922 971	775 005	135
Phagwara	...	...	...	...	102 253	55 335	46 918	...
Phusro	...	...	...	...	174 402	93 700	80 702	84
Pilibhit	124 245	65 853	58 392	10	...	...	...	...
Pimpri Chinchwad	1 012 472	547 050	465 422	171	...	...	...	...
Pollachi	...	...	...	...	128 458	64 657	63 801	29
Pondicherry	220 865	109 389	111 476	20	505 959	253 375	252 584	72

Continent, country or area, date, code and city / Continent, pays ou zone, date, code et ville	City proper - Ville proprement dite				Urban agglomeration - Agglomération urbaine			
	Population			Surface area - Superficie (km²)	Population			Surface area - Superficie (km²)
	Both sexes - Les deux sexes	Male - Masculin	Female - Féminin		Both sexes - Les deux sexes	Male - Masculin	Female - Féminin	
ASIA - ASIE								
India - Inde[30]								
1 III 2001 (CDFC)								
Porbandar	133 051	68 201	64 850	12	197 382	101 824	95 558	...
Proddatur	150 309	75 372	74 937	7	...	...	...	...
Pudukkottai	109 217	54 614	54 603	13	...	...	...	...
Pune	2 538 473	1 321 338	1 217 135	430	3 760 636	1 980 621	1 780 015	669
Puri	157 837	82 269	75 568	17	...	...	...	...
Purnia	171 687	92 826	78 861	45	197 211	106 313	90 898	60
Puruliya	113 806	59 092	54 714	14	...	...	...	...
Quthbullapur	231 108	120 690	110 418	47	...	...	...	...
Rae Bareli	169 333	88 911	80 422	50	...	...	...	...
Raichur	207 421	105 763	101 658	...	175 047	92 703	82 344	15
Raiganj	165 212	87 458	77 754	11	115 908	60 101	55 807	21
Raigarh	111 154	57 650	53 504	18	700 113	364 436	335 677	116
Raipur	605 747	314 584	291 163	56	413 616	207 869	205 747	64
Rajahmundry	315 251	158 454	156 797	52	...	...	...	...
Rajapalayam	122 307	61 221	61 086	10	...	...	...	...
Rajarhat Gopalpur	271 811	140 218	131 593	35	...	...	...	...
Rajendranagar	143 240	74 889	68 351	52	1 003 015	525 898	477 117	163
Rajkot	967 476	506 993	460 483	105	...	...	...	...
Rajnandgaon	143 770	72 949	70 821	78	...	...	...	...
Rajpur Sonarpur	336 707	174 140	162 567	55	237 686	121 250	116 436	...
Ramagundam	236 600	120 687	115 913	28	110 496	61 591	48 905	50
Ramgarh	...	...	...	...	...	...	...	...
Rampur	281 494	146 652	134 842	20	145 285	73 933	71 352	25
Ranaghat	...	...	...	...	863 495	459 462	404 033	182
Ranchi	847 093	450 727	396 366	177	...	...	...	...
Raniganj	111 116	59 270	51 846	23	234 419	120 874	113 545	41
Ratlam	222 202	114 370	107 832	39	484 874	258 731	226 143	157
Raurkela	224 987	121 240	103 747	133	...	...	...	...
Raurkela Industrialship	206 693	109 394	97 299	122	...	...	...	...
Rewa	183 274	98 793	84 481	55	...	...	...	...
Rewari	100 684	53 935	46 749	12	...	...	...	...
Rishra	113 305	62 585	50 720	6	157 084	78 578	78 506	...
Robertson Pet	141 424	70 619	70 805	...	294 577	158 287	136 290	...
Rohtak	286 807	154 148	132 659	28	115 278	64 240	51 038	17
Roorkee	...	...	...	...	...	...	...	...
S.A.S. Nagar (Mohali)	123 484	65 642	57 842	24	308 922	162 919	146 003	52
Sagar	232 133	122 385	109 748	36	...	...	...	...
Saharanpur	455 754	241 508	214 246	26	...	...	...	...
Saharsa	125 167	67 718	57 449	21	751 438	382 211	369 227	108
Salem	696 760	353 933	342 827	91	226 469	117 745	108 724	90
Sambalpur	153 643	79 683	73 960	50	...	...	...	...
Sambhal	182 478	97 011	85 467	16	447 774	229 958	217 816	121
Sangli-Miraj-Kupwad	436 781	224 300	212 481	118	...	...	...	...
Santipur	138 235	70 089	68 146	25	...	...	...	...
Sasaram	131 172	69 682	61 490	11	...	...	...	...
Satara	108 048	55 938	52 110	...	229 307	122 401	106 906	...
Satna	225 464	120 277	105 187	...	101 997	53 903	48 094	60
Sawai Madhopur	...	...	...	...	...	...	...	...
Secunderabad	206 102	104 335	101 767	40	...	...	...	...
Serampore	197 857	105 415	92 442	15	...	...	...	...
Serilingampalle	153 364	79 225	74 139	98	321 885	174 276	147 609	23
Shahjahanpur	296 662	160 178	136 484	13	267 662	134 497	133 165	25
Shillong	132 867	66 106	66 761	10	144 975	82 840	62 135	30
Shimla	142 555	81 186	61 369	29	...	...	...	...
Shimoga	274 352	140 224	134 128	...	...	...	...	...
Shivapuri	146 892	78 433	68 459	81	185 925	96 697	89 228	...
Sikar	185 323	96 379	88 944	23	184 105	94 306	89 799	...
Silchar	142 199	72 679	69 520	16	...	...	...	...
Siliguri	472 374	250 645	221 729	42	...	...	...	...
Singrauli	185 190	100 149	85 041	...	...	...	...	...
Sirsa	160 735	85 993	74 742	19	...	...	...	...
Sitapur	151 908	79 767	72 141	26	121 358	60 841	60 517	27
Sivakasi	...	...	...	...				

8. Population of capital cities and cities of 100 000 or more inhabitants: latest available year, 1992 - 2011
Population des capitales et des villes de 100 000 habitants ou plus : dernière année disponible, 1992 - 2011 (continued - suite)

Continent, country or area, date, code and city / Continent, pays ou zone, date, code et ville	City proper - Ville proprement dite				Urban agglomeration - Agglomération urbaine			
	Population			Surface area - Superficie (km²)	Population			Surface area - Superficie (km²)
	Both sexes - Les deux sexes	Male - Masculin	Female - Féminin		Both sexes - Les deux sexes	Male - Masculin	Female - Féminin	
ASIA - ASIE								
India - Inde[30]								
1 III 2001 (CDFC)								
Siwan	109 919	58 262	51 657	13	...	...	...	...
Solapur	872 478	444 734	427 744	179	...	...	...	...
Sonipat	214 974	117 020	97 954	28	225 074	122 480	102 594	...
South Dum Dum	392 444	200 298	192 146	14	...	...	...	...
Srikakulam	109 905	54 926	54 979	12	117 320	58 753	58 567	14
Srinagar	898 440	484 627	413 813	184	988 210	537 512	450 698	243
Sultan Pur Majra	164 426	88 729	75 697	3	...	...	...	...
Sultanpur	100 065	53 189	46 876	12	...	...	...	...
Surat	2 433 835	1 372 415	1 061 420	112	2 811 614	1 597 156	1 214 458	237
Surendranagar Dudhrej	156 161	81 377	74 784	39	...	...	...	...
Tadepalligudem	102 622	50 925	51 697	21	...	...	...	...
Tambaram	137 933	70 419	67 514	21	...	...	...	...
Tenali	153 756	77 404	76 352	15	...	...	...	...
Tezpur	...	...	...	...	105 377	59 869	45 508	23
Thane	1 262 551	675 147	587 404	128	...	...	...	...
Thanesar	119 687	65 525	54 162	33	122 319	66 978	55 341	36
Thanjavur	215 314	106 625	108 689	15	...	...	...	...
Thiruvananthapuram	744 983	366 235	378 748	142	889 635	437 407	452 228	178
Thoothukkudi (Tuticorin)	216 054	107 758	108 296	13	243 415	121 428	121 987	140
Thrissur	317 526	154 248	163 278	...	330 122	160 443	169 679	88
Tinsukia	...	...	...	...	108 123	59 561	48 562	26
Tiruchchirappalli	752 066	376 125	375 941	147	866 354	434 321	432 033	196
Tirunelveli	411 831	203 232	208 599	109	433 352	214 133	219 219	135
Tirupati	228 202	118 187	110 015	16	303 521	155 468	148 053	20
Tiruppur	344 543	179 930	164 613	27	550 826	286 862	263 964	147
Tiruvannamalai	130 567	66 125	64 442	14	...	...	...	...
Tiruvottiyur	212 281	108 720	103 561	21	...	...	...	...
Titagarh	124 213	70 705	53 508	3	...	...	...	...
Tonk	135 689	70 255	65 434	61	...	...	...	...
Tumkur	248 929	129 273	119 656	...	...	...	...	...
Udaipur	389 438	205 335	184 103	64	...	...	...	...
Udupi	113 112	55 893	57 219	64	127 124	62 596	64 528	73
Ujjain	430 427	223 998	206 429	...	431 162	224 475	206 687	92
Ulhasnagar	473 731	251 888	221 843	13	...	...	...	...
Uluberia	202 135	105 843	96 292	34	...	...	...	...
Unnao	144 662	76 254	68 408	21	...	...	...	...
Uppal Kalan	117 217	60 857	56 360	20	...	...	...	...
Uttarpara Kotrung	150 363	78 808	71 555	16	...	...	...	...
Vadakara	...	...	...	...	124 083	59 803	64 280	51
Vadodara	1 306 227	684 013	622 214	108	1 491 045	782 251	708 794	214
Valsad	...	...	...	...	145 592	75 216	70 376	...
Vaniyambadi	...	...	...	...	103 950	51 886	52 064	16
Varanasi	1 091 918	582 096	509 822	92	1 203 961	643 043	560 918	111
Vasai	...	...	...	...	174 396	91 030	83 366	...
Vejalpur	113 445	58 878	54 567	7	...	...	...	...
Vellore	177 230	87 977	89 253	12	386 746	193 176	193 570	62
Veraval	141 357	72 148	69 209	38	158 032	80 889	77 143	41
Vidisha	125 453	66 572	58 881	6	...	...	...	...
Vijayawada	851 282	431 243	420 039	60	1 039 518	527 307	512 211	101
Virar	118 928	63 704	55 224	20	...	...	...	...
Visakhapatnam	982 904	501 406	481 498	112	1 345 938	687 985	657 953	326
Vizianagarm	174 651	86 375	88 276	21	195 801	97 032	98 769	30
Wadhwan	...	...	...	...	219 585	114 175	105 410	59
Warangal	530 636	268 954	261 682	68	579 216	293 709	285 507	97
Wardha	111 118	57 499	53 619	8	...	...	...	...
Yamunanagar	189 696	101 782	87 914	16	306 740	166 137	140 603	42
Yavatmal	120 676	61 780	58 896	10	139 835	71 908	67 927	13
Indonesia - Indonésie								
1 V 2010 (CDJC)								
Ambon	331 254	165 926	165 328	359	...	...	...	...
Balikpapan	557 579	288 847	268 732	503	...	...	...	...
Banda Aceh	223 446	115 097	108 349	61	...	...	...	...
Bandar Lampung	881 801	445 959	435 842	193	...	...	...	...

273

8. Population of capital cities and cities of 100 000 or more inhabitants: latest available year, 1992 - 2011
Population des capitales et des villes de 100 000 habitants ou plus : dernière année disponible, 1992 - 2011 (continued - suite)

Continent, country or area, date, code and city / Continent, pays ou zone, date, code et ville	City proper - Ville proprement dite				Urban agglomeration - Agglomération urbaine			
	Population			Surface area - Superficie (km²)	Population			Surface area - Superficie (km²)
	Both sexes - Les deux sexes	Male - Masculin	Female - Féminin		Both sexes - Les deux sexes	Male - Masculin	Female - Féminin	

ASIA - ASIE

Indonesia - Indonésie
1 V 2010 (CDJC)

Bandjarmasin	625 481	312 740	312 741	72	...	...	...	...
Bandung	2 394 873	1 215 348	1 179 525	1 670	...	...	...	...
Batam	944 285	484 867	459 418	969	...	...	...	...
Bengkulu	308 544	155 288	153 256	145	...	...	...	...
Binjai	246 154	122 997	123 157	9	...	...	...	...
Bitung	187 652	96 001	91 651	304	...	...	...	...
Blitar	131 968	65 441	66 527	33	...	...	...	...
Bogor	950 334	484 791	465 543	119	...	...	...	...
Cirebon (Tjirebon)	296 389	148 600	147 789	37	...	...	...	...
Denpasar	788 589	403 293	385 296	124	...	...	...	...
Gorontalo	180 127	88 283	91 844	65	...	...	...	...
JAKARTA	9 607 787	4 870 938	4 736 849	740	...	...	...	...
Jambi	531 857	268 102	263 755	205	...	...	...	...
Jayapura	256 705	136 587	120 118	740	...	...	...	...
Kediri	268 507	133 884	134 623	63	...	...	...	...
Madiun	170 964	82 738	88 226	34	...	...	...	...
Magelang	118 227	58 311	59 916	18	...	...	...	...
Makasar (Ujung Pandang)	1 338 663	662 009	676 654	199	...	...	...	...
Malang	820 243	404 553	415 690	145	...	...	...	...
Manado	410 481	206 292	204 189	157	...	...	...	...
Mataram	402 843	199 332	203 511	61	...	...	...	...
Medan	2 097 610	1 036 926	1 060 684	265	...	...	...	...
Mojokerto	120 196	59 127	61 069	16	...	...	...	...
Padang	833 562	415 315	418 247	694	...	...	...	...
Pakalongan	281 434	140 983	140 451	45	...	...	...	...
Pakanbaru	897 767	456 385	441 382	632	...	...	...	...
Palangkaraya	220 962	113 005	107 957	2 400	...	...	...	...
Palembang	1 455 284	728 296	726 988	369	...	...	...	...
Pangkal Pinang	174 758	89 500	85 258	89	...	...	...	...
Pare Pare	129 262	63 481	65 781	99	...	...	...	...
Pasuruan	186 262	92 370	93 892	35	...	...	...	...
Pematang Siantar	234 698	114 561	120 137	80	...	...	...	...
Pontianak	234 021	118 980	115 041	108	...	...	...	...
Probolinggo	217 062	106 915	110 147	57	...	...	...	...
Salatiga	170 332	83 479	86 853	57	...	...	...	...
Samarinda	727 500	377 283	350 217	781	...	...	...	...
Semarang	1 555 984	764 487	791 497	374	...	...	...	...
Sukabumi	298 681	152 080	146 601	48	...	...	...	...
Surabaya	2 765 487	1 367 841	1 397 646	351	...	...	...	...
Surakarta	499 337	243 296	256 041	44	...	...	...	...
Tangerang	1 798 601	921 043	877 558	187	...	...	...	...
Tanjung Balai	154 445	77 933	76 512	68	...	...	...	...
Tebing Tinggi	145 248	71 892	73 356	32	...	...	...	...
Tegal	239 599	118 872	120 727	35	...	...	...	...
Yogyakarta	388 627	189 137	199 490	33	...	...	...	...

Iran (Islamic Republic of) - Iran (République islamique d')
28 X 2006 (CDJC)

Abadan	219 772	110 788	108 984	...	...	...	...	...
Ahwaz	985 614	503 483	482 131	...	...	...	...	...
Amol	199 698	100 223	99 475	...	...	...	...	...
Andimeshk	120 177	61 032	59 145	...	...	...	...	...
Arak	446 760	225 904	220 856	...	...	...	...	...
Ardabil	418 262	211 910	206 352	...	...	...	...	...
Babol	201 335	100 701	100 634	...	...	...	...	...
Bandar Anzali	110 643	56 039	54 604	...	...	...	...	...
Bandar-e-Abbas	379 301	200 308	178 993	...	...	...	...	...
Bandar-e-Mahshahr	111 448	58 014	53 434	...	...	...	...	...
Behbahan	101 178	51 466	49 712	...	...	...	...	...
Birjand	166 138	84 753	81 385	...	...	...	...	...
Bojnurd	176 726	88 998	87 728	...	...	...	...	...
Borujerd	229 541	114 883	114 658	...	...	...	...	...
Bukand	150 703	75 808	74 895	...	...	...	...	...

8. Population of capital cities and cities of 100 000 or more inhabitants: latest available year, 1992 - 2011
Population des capitales et des villes de 100 000 habitants ou plus : dernière année disponible, 1992 - 2011 (continued - suite)

Continent, country or area, date, code and city / Continent, pays ou zone, date, code et ville	City proper - Ville proprement dite				Urban agglomeration - Agglomération urbaine			
	Population			Surface area - Superficie (km²)	Population			Surface area - Superficie (km²)
	Both sexes - Les deux sexes	Male - Masculin	Female - Féminin		Both sexes - Les deux sexes	Male - Masculin	Female - Féminin	

ASIA - ASIE

Iran (Islamic Republic of) - Iran (République islamique d')
28 X 2006 (CDJC)

Bushehr	169 966	90 391	79 575	...	...	...	...	...
Dezful	235 819	122 720	113 099	...	...	...	...	...
Dorud	101 219	51 211	50 008	...	...	...	...	...
Esfahan	1 602 110	817 117	784 993	...	...	...	...	...
Golestan (Soltanabad)	231 905	...	...	...	...	...	...	...
Gonbad-e-Kavus	129 167	64 647	64 520	...	...	...	...	...
Gorgan	274 438	138 169	136 269	...	...	...	...	...
Hamadan	479 640	240 380	239 260	...	...	...	...	...
Ilam	160 355	81 667	78 688	...	...	...	...	...
Iranshahr	100 642	51 043	49 599	...	...	...	...	...
Islam Shahr (Qasemabad)	357 389	184 252	173 137	...	...	...	...	...
Izeh	104 364	51 461	52 903	...	...	...	...	...
Jahrom	105 285	53 474	51 811	...	...	...	...	...
Karaj	1 386 030	706 473	679 557	...	...	...	...	...
Kashan	253 509	130 193	123 316	...	...	...	...	...
Kerman	515 114	263 473	251 641	...	...	...	...	...
Kermanshah	794 863	403 422	391 441	...	...	...	...	...
Khomeini shahr	223 071	116 305	106 766	...	...	...	...	...
Khoramabad	333 945	168 920	165 025	...	...	...	...	...
Khoramshahr	125 859	63 652	62 207	...	...	...	...	...
Khoy	181 465	91 075	90 390	...	...	...	...	...
Mahabad	135 942	68 816	66 964	...	...	...	...	...
Malard	228 713	117 722	110 991	...	...	...	...	...
Malayer	156 289	78 233	78 056	...	...	...	...	...
Marand	114 841	57 653	57 188	...	...	...	...	...
Maraqeh	149 929	75 532	74 397	...	...	...	...	...
Marvadsht	124 350	63 896	60 454	...	...	...	...	...
Mashhad	2 427 316	1 223 838	1 203 478	...	...	...	...	...
Masjed Soleyman	108 682	55 345	53 337	...	...	...	...	...
Miandoab	114 153	58 157	55 996	...	...	...	...	...
Najafabad	208 647	105 856	102 791	...	...	...	...	...
Nasim Shahr	135 846	70 382	65 464	...	...	...	...	...
Neyshabur	208 860	105 019	103 841	...	...	...	...	...
Orumiyeh	583 255	296 190	287 065	...	...	...	...	...
Pakdasht	126 937	65 728	61 209	...	...	...	...	...
Qaem shahr	174 768	87 604	87 164	...	...	...	...	...
Qarchak	174 006	89 982	84 024	...	...	...	...	...
Qazvin	355 338	181 111	174 227	...	...	...	...	...
Qods	230 147	119 377	110 770	...	...	...	...	...
Qom	964 706	492 942	471 764	...	...	...	...	...
Quchan	101 313	50 986	50 327	...	...	...	...	...
Rafsanjan	139 219	71 006	68 213	...	...	...	...	...
Rasht	557 366	278 723	278 643	...	...	...	...	...
Sabzewar	214 582	107 247	107 335	...	...	...	...	...
Sanandaj	316 862	161 679	155 183	...	...	...	...	...
Saqez	133 331	67 338	65 993	...	...	...	...	...
Sari	261 293	131 491	129 802	...	...	...	...	...
Saveh	180 548	93 479	87 069	...	...	...	...	...
Semnan	126 780	65 401	61 379	...	...	...	...	...
Shahinshahr	127 412	64 157	63 255	...	...	...	...	...
Shahr-e-Kord	131 612	66 076	65 536	...	...	...	...	...
Shahreza	109 601	55 916	53 685	...	...	...	...	...
Shahriar	189 421	97 465	91 956	...	...	...	...	...
Shahrud	132 379	68 189	64 190	...	...	...	...	...
Shiraz	1 227 331	624 315	603 016	...	...	...	...	...
Sirjan	170 916	87 973	82 943	...	...	...	...	...
Tabriz	1 398 060	715 103	682 957	...	...	...	...	...
TEHRAN	7 803 883	3 986 419	3 817 464	...	...	...	...	...
Torbat-e-heydariyeh	121 300	61 740	59 560	...	...	...	...	...
Varamin	208 996	107 014	101 982	...	...	...	...	...
Yasooj	100 544	52 142	48 402	...	...	...	...	...
Yazd	432 194	223 801	208 393	...	...	...	...	...

Continent, country or area, date, code and city Continent, pays ou zone, date, code et ville	City proper - Ville proprement dite				Urban agglomeration - Agglomération urbaine			
	Population			Surface area - Superficie (km²)	Population			Surface area - Superficie (km²)
	Both sexes - Les deux sexes	Male - Masculin	Female - Féminin		Both sexes - Les deux sexes	Male - Masculin	Female - Féminin	
ASIA - ASIE								
Iran (Islamic Republic of) - Iran (République islamique d')								
28 X 2006 (CDJC)								
Zabol	136 956	69 863	67 093	...	...	...	...	...
Zahedan	567 449	291 575	275 874	...	...	...	...	...
Zanjan	349 713	176 269	173 444	...	...	...	...	...
Israel - Israël								
1 VII 2010 (ESDJ)								
Ashdod	208 479	102 038	106 441	47	...	...	...	...
Ashqelon	113 154	55 037	58 117	48	...	...	...	...
Bat Yam	130 175[27]	61 760[27]	68 414[27]	8	...	...	...	...
Be'er Sheva	194 811	94 822	99 989	53	...	...	...	...
Bene Beraq	156 663	79 399	77 264	7	...	...	...	...
Haifa	266 925	127 629	139 296	64	...	...	...	...
Holon	183 122	88 857	94 265	19	...	...	...	...
JERUSALEM[34]	780 517	387 147	393 370	125	...	...	...	...
Netanya	185 001[27]	89 730[27]	95 270[27]	29	...	...	...	...
Petah Tiqwa	210 341	102 771	107 570	36	...	...	...	...
Ramat Gan	145 441	69 306	76 135	13	...	...	...	...
Rehovot	114 132	55 834	58 298	23	...	...	...	...
Rishon Leziyyon	229 642	112 696	116 946	59	...	...	...	...
Tel Aviv-Yafo	404 037	196 837	207 200	52	...	...	...	...
Japan - Japon								
1 X 2010 (CDJC)								
Abiko	134 017[35]	65 732[35]	68 285[35]	43[36]	...	...	...	...
Ageo	223 926[35]	111 784[35]	112 142[35]	46[36]	...	...	...	...
Aizuwakamatsu	126 220[35]	59 854[35]	66 366[35]	383[36]	...	...	...	...
Akashi	290 959[35]	141 344[35]	149 615[35]	49[36]	...	...	...	...
Akishima	112 297[35]	56 320[35]	55 977[35]	17[36]	...	...	...	...
Akita	323 600[35]	152 456[35]	171 144[35]	906[36]	...	...	...	...
Amagasaki	453 748[35]	221 216[35]	232 532[35]	50[36]	...	...	...	...
Anjo	178 691[35]	91 424[35]	87 267[35]	86[36]	...	...	...	...
Aomori	299 520[35]	139 084[35]	160 436[35]	825[36]	...	...	...	...
Asahikawa	347 095[35]	160 094[35]	187 001[35]	748[36]	...	...	...	...
Asaka	129 691[35]	65 503[35]	64 188[35]	18[36]	...	...	...	...
Ashikaga	154 530[35]	75 382[35]	79 148[35]	178[36]	...	...	...	...
Atsugi	224 420[35]	116 927[35]	107 493[35]	94[36]	...	...	...	...
Beppu	125 385[35]	56 868[35]	68 517[35]	125[36]	...	...	...	...
Chiba	961 749[35]	480 194[35]	481 555[35]	272[36]	...	...	...	...
Chigasaki	235 081[35]	115 245[35]	119 836[35]	36[36]	...	...	...	...
Chikusei	108 527[35]	53 680[35]	54 847[35]	205[36]	...	...	...	...
Chikushino	100 172[35]	47 750[35]	52 422[35]	88[36]	...	...	...	...
Chofu	223 593[35]	110 805[35]	112 788[35]	22[36]	...	...	...	...
Daito	127 534[35]	63 810[35]	63 724[35]	18[36]	...	...	...	...
Ebetsu	123 722[35]	59 320[35]	64 402[35]	188[36]	...	...	...	...
Ebina	127 707[35]	64 483[35]	63 224[35]	26[36]	...	...	...	...
Fuchu	255 506[35]	131 558[35]	123 948[35]	29[36]	...	...	...	...
Fuji	254 027[35]	125 240[35]	128 787[35]	245[36]	...	...	...	...
Fujieda	142 151[35]	69 484[35]	72 667[35]	194[36]	...	...	...	...
Fujimi	106 736[35]	53 134[35]	53 602[35]	20[36]	...	...	...	...
Fujimino	105 695[35]	52 640[35]	53 055[35]	15[36]	...	...	...	...
Fujinomiya	132 001[35]	64 909[35]	67 092[35]	389[36]	...	...	...	...
Fujisawa	409 657[35]	203 778[35]	205 879[35]	70[36]	...	...	...	...
Fukaya	144 618[35]	72 146[35]	72 472[35]	138[36]	...	...	...	...
Fukui	266 796[35]	128 692[35]	138 104[35]	536[36]	...	...	...	...
Fukuoka	1 463 743[35]	692 648[35]	771 095[35]	341[36]	...	...	...	...
Fukushima	292 590[35]	140 723[35]	151 867[35]	768[36]	...	...	...	...
Fukuyama	461 357[35]	222 729[35]	238 628[35]	518[36]	...	...	...	...
Funabashi	609 040[35]	306 399[35]	302 641[35]	86[36]	...	...	...	...
Gifu	413 136[35]	196 525[35]	216 611[35]	203[36]	...	...	...	...
Habikino	117 681[35]	55 737[35]	61 944[35]	26[36]	...	...	...	...
Hachinohe	237 615[35]	113 340[35]	124 275[35]	305[36]	...	...	...	...

8. Population of capital cities and cities of 100 000 or more inhabitants: latest available year, 1992 - 2011
Population des capitales et des villes de 100 000 habitants ou plus : dernière année disponible, 1992 - 2011 (continued - suite)

Continent, country or area, date, code and city Continent, pays ou zone, date, code et ville	City proper - Ville proprement dite				Urban agglomeration - Agglomération urbaine			
	Population			Surface area - Superficie (km²)	Population			Surface area - Superficie (km²)
	Both sexes - Les deux sexes	Male - Masculin	Female - Féminin		Both sexes - Les deux sexes	Male - Masculin	Female - Féminin	
ASIA - ASIE								
Japan - Japon								
1 X 2010 (CDJC)								
Hachioji	580 053[35]	293 462[35]	286 591[35]	186[36]	...	...	...	...
Hadano	170 145[35]	87 291[35]	82 854[35]	104[36]	...	...	...	...
Hakodate	279 127[35]	127 046[35]	152 081[35]	678[36]	...	...	...	...
Hakusan	110 459[35]	53 563[35]	56 896[35]	755[36]	...	...	...	...
Hamamatsu	800 866[35]	397 146[35]	403 720[35]	1 558[36]	...	...	...	...
Hanamaki	101 438[35]	48 076[35]	53 362[35]	908[36]	...	...	...	...
Handa	118 828[35]	59 291[35]	59 537[35]	47[36]	...	...	...	...
Hatsukaichi	114 038[35]	54 101[35]	59 937[35]	489[36]	...	...	...	...
Higashihiroshima	190 135[35]	96 952[35]	93 183[35]	635[36]	...	...	...	...
Higashikurume	116 546[35]	57 613[35]	58 933[35]	13[36]	...	...	...	...
Higashimurayama	153 557[35]	75 461[35]	78 096[35]	17[36]	...	...	...	...
Higashiomi	115 479[35]	56 872[35]	58 607[35]	389[36]	...	...	...	...
Higashiosaka	509 533[35]	249 964[35]	259 569[35]	62[36]	...	...	...	...
Hikone	112 156[35]	55 173[35]	56 983[35]	197[36]	...	...	...	...
Himeji	536 270[35]	259 320[35]	276 950[35]	534[36]	...	...	...	...
Hino	180 052[35]	91 236[35]	88 816[35]	28[36]	...	...	...	...
Hirakata	407 978[35]	195 570[35]	212 408[35]	65[36]	...	...	...	...
Hiratsuka	260 780[35]	132 048[35]	128 732[35]	68[36]	...	...	...	...
Hirosaki	183 473[35]	84 064[35]	99 409[35]	524[36]	...	...	...	...
Hiroshima	1 173 843[35]	565 482[35]	608 361[35]	905[36]	...	...	...	...
Hitachi	193 129[35]	96 747[35]	96 382[35]	226[36]	...	...	...	...
Hitachinaka	157 060[35]	79 046[35]	78 014[35]	99[36]	...	...	...	...
Hofu	116 611[35]	56 191[35]	60 420[35]	189[36]	...	...	...	...
Ibaraki	274 822[35]	133 621[35]	141 201[35]	77[36]	...	...	...	...
Ichihara	280 416[35]	143 338[35]	137 078[35]	368[36]	...	...	...	...
Ichikawa	473 919[35]	239 222[35]	234 697[35]	57[36]	...	...	...	...
Ichinomiya	378 566[35]	184 221[35]	194 345[35]	114[36]	...	...	...	...
Ichinoseki	118 578[35]	56 885[35]	61 693[35]	1 133[36]	...	...	...	...
Iida	105 335[35]	50 105[35]	55 230[35]	659[36]	...	...	...	...
Iizuka	131 492[35]	62 166[35]	69 326[35]	214[36]	...	...	...	...
Ikeda	104 229[35]	50 721[35]	53 508[35]	22[36]	...	...	...	...
Ikoma	118 113[35]	56 311[35]	61 802[35]	53[36]	...	...	...	...
Imabari	166 532[35]	77 893[35]	88 639[35]	420[36]	...	...	...	...
Inazawa	136 442[35]	67 394[35]	69 048[35]	79[36]	...	...	...	...
Iruma	149 872[35]	74 107[35]	75 765[35]	45[36]	...	...	...	...
Isahaya	140 752[35]	66 192[35]	74 560[35]	321[36]	...	...	...	...
Ise	130 271[35]	61 482[35]	68 789[35]	209[36]	...	...	...	...
Isehara	101 039[35]	51 601[35]	49 438[35]	56[36]	...	...	...	...
Isesaki	207 221[35]	103 210[35]	104 011[35]	139[36]	...	...	...	...
Ishinomaki	160 826[35]	77 143[35]	83 683[35]	556[36]	...	...	...	...
Itami	196 127[35]	95 665[35]	100 462[35]	25[36]	...	...	...	...
Iwaki	342 249[35]	165 339[35]	176 910[35]	1 231[36]	...	...	...	...
Iwakuni	143 857[35]	67 597[35]	76 260[35]	874[36]	...	...	...	...
Iwata	168 625[35]	84 716[35]	83 909[35]	164[36]	...	...	...	...
Izumi (Osaka)	184 988[35]	89 613[35]	95 375[35]	85[36]	...	...	...	...
Izumisano	100 801[35]	48 161[35]	52 640[35]	55[36]	...	...	...	...
Izumo	143 796[35]	68 563[35]	75 233[35]	543[36]	...	...	...	...
Joetsu	203 899[35]	99 115[35]	104 784[35]	974[36]	...	...	...	...
Kadoma	130 282[35]	64 423[35]	65 859[35]	12[36]	...	...	...	...
Kagoshima	605 846[35]	281 133[35]	324 713[35]	547[36]	...	...	...	...
Kakamigahara	145 604[35]	71 516[35]	74 088[35]	88[36]	...	...	...	...
Kakegawa	116 363[35]	57 921[35]	58 442[35]	266[36]	...	...	...	...
Kakogawa	266 937[35]	130 931[35]	136 006[35]	139[36]	...	...	...	...
Kamagaya	107 853[35]	53 178[35]	54 675[35]	21[36]	...	...	...	...
Kamakura	174 314[35]	82 235[35]	92 079[35]	40[36]	...	...	...	...
Kanazawa	462 361[35]	224 087[35]	238 274[35]	468[36]	...	...	...	...
Kanoya	105 070[35]	49 808[35]	55 262[35]	448[36]	...	...	...	...
Kanuma	102 348[35]	50 452[35]	51 896[35]	491[36]	...	...	...	...
Karatsu	126 926[35]	59 221[35]	67 705[35]	487[36]	...	...	...	...

8. Population of capital cities and cities of 100 000 or more inhabitants: latest available year, 1992 - 2011
Population des capitales et des villes de 100 000 habitants ou plus : dernière année disponible, 1992 - 2011 (continued - suite)

Continent, country or area, date, code and city / Continent, pays ou zone, date, code et ville	City proper - Ville proprement dite				Urban agglomeration - Agglomération urbaine			
	Population			Surface area - Superficie (km²)	Population			Surface area - Superficie (km²)
	Both sexes - Les deux sexes	Male - Masculin	Female - Féminin		Both sexes - Les deux sexes	Male - Masculin	Female - Féminin	
ASIA - ASIE								
Japan - Japon								
1 X 2010 (CDJC)								
Kariya	145 781[35]	76 598[35]	69 183[35]	50[36]	...	...	...	...
Kashihara	125 605[35]	59 879[35]	65 726[35]	40[36]	...	...	...	...
Kashiwa	404 012[35]	201 045[35]	202 967[35]	115[36]	...	...	...	...
Kasuga	106 780[35]	51 445[35]	55 335[35]	14[36]	...	...	...	...
Kasugai	305 569[35]	152 765[35]	152 804[35]	93[36]	...	...	...	...
Kasukabe	237 171[35]	117 798[35]	119 373[35]	66[36]	...	...	...	...
Kawachinagano	112 490[35]	52 964[35]	59 526[35]	110[36]	...	...	...	...
Kawagoe	342 670[35]	171 590[35]	171 080[35]	109[36]	...	...	...	...
Kawaguchi	500 598[35]	255 780[35]	244 818[35]	56[36]	...	...	...	...
Kawanishi	156 423[35]	73 930[35]	82 493[35]	53[36]	...	...	...	...
Kawasaki	1 425 512[35]	728 525[35]	696 987[35]	143[36]	...	...	...	...
Kazo	115 002[35]	57 241[35]	57 761[35]	133[36]	...	...	...	...
Kirishima	127 487[35]	61 135[35]	66 352[35]	604[36]	...	...	...	...
Kiryu	121 704[35]	58 765[35]	62 939[35]	275[36]	...	...	...	...
Kisarazu	129 312[35]	65 242[35]	64 070[35]	139[36]	...	...	...	...
Kishiwada	199 234[35]	95 730[35]	103 504[35]	72[36]	...	...	...	...
Kitakyushu	976 846[35]	459 305[35]	517 541[35]	488[36]	...	...	...	...
Kitami	125 689[35]	60 171[35]	65 518[35]	1 428[36]	...	...	...	...
Kobe	1 544 200[35]	731 114[35]	813 086[35]	553[36]	...	...	...	...
Kochi	343 393[35]	159 644[35]	183 749[35]	309[36]	...	...	...	...
Kodaira	187 035[35]	92 886[35]	94 149[35]	20[36]	...	...	...	...
Kofu	198 992[35]	97 754[35]	101 238[35]	212[36]	...	...	...	...
Koga	142 995[35]	71 450[35]	71 545[35]	124[36]	...	...	...	...
Koganei	118 852[35]	59 515[35]	59 337[35]	11[36]	...	...	...	...
Kokubunji	120 650[35]	59 967[35]	60 683[35]	11[36]	...	...	...	...
Komaki	147 132[35]	74 161[35]	72 971[35]	63[36]	...	...	...	...
Komatsu	108 433[35]	52 465[35]	55 968[35]	371[36]	...	...	...	...
Konosu	119 639[35]	59 152[35]	60 487[35]	67[36]	...	...	...	...
Koriyama	338 712[35]	166 336[35]	172 376[35]	757[36]	...	...	...	...
Koshigaya	326 313[35]	162 374[35]	163 939[35]	60[36]	...	...	...	...
Kuki	154 310[35]	77 175[35]	77 135[35]	82[36]	...	...	...	...
Kumagaya	203 180[35]	101 430[35]	101 750[35]	160[36]	...	...	...	...
Kumamoto	734 474[35]	344 291[35]	390 183[35]	390[36]	...	...	...	...
Kurashiki	475 513[35]	230 061[35]	245 452[35]	355[36]	...	...	...	...
Kure	239 973[35]	115 432[35]	124 541[35]	354[36]	...	...	...	...
Kurume	302 402[35]	143 885[35]	158 517[35]	230[36]	...	...	...	...
Kusatsu	130 874[35]	67 819[35]	63 055[35]	68[36]	...	...	...	...
Kushiro	181 169[35]	85 474[35]	95 695[35]	1 363[36]	...	...	...	...
Kuwana	140 290[35]	68 914[35]	71 376[35]	137[36]	...	...	...	...
Kyoto	1 474 015[35]	701 088[35]	772 927[35]	828[36]	...	...	...	...
Machida	426 987[35]	209 580[35]	217 407[35]	72[36]	...	...	...	...
Maebashi	340 291[35]	166 043[35]	174 248[35]	312[36]	...	...	...	...
Marugame	110 473[35]	53 633[35]	56 840[35]	112[36]	...	...	...	...
Matsubara	124 594[35]	60 017[35]	64 577[35]	17[36]	...	...	...	...
Matsudo	484 457[35]	240 674[35]	243 783[35]	61[36]	...	...	...	...
Matsue	194 258[35]	93 736[35]	100 522[35]	530[36]	...	...	...	...
Matsumoto	243 037[35]	119 271[35]	123 766[35]	979[36]	...	...	...	...
Matsusaka	168 017[35]	80 960[35]	87 057[35]	624[36]	...	...	...	...
Matsuyama	517 231[35]	241 586[35]	275 645[35]	429[36]	...	...	...	...
Mihara	100 509[35]	47 865[35]	52 644[35]	471[36]	...	...	...	...
Minoh	129 895[35]	62 468[35]	67 427[35]	48[36]	...	...	...	...
Misato	131 415[35]	66 747[35]	64 668[35]	30[36]	...	...	...	...
Mishima	111 838[35]	54 911[35]	56 927[35]	62[36]	...	...	...	...
Mitaka	186 083[35]	91 997[35]	94 086[35]	17[36]	...	...	...	...
Mito	268 750[35]	130 918[35]	137 832[35]	217[36]	...	...	...	...
Miyakonojo	169 602[35]	79 553[35]	90 049[35]	653[36]	...	...	...	...
Miyazaki	400 583[35]	187 619[35]	212 964[35]	645[36]	...	...	...	...
Moriguchi	146 697[35]	71 272[35]	75 425[35]	13[36]	...	...	...	...
Morioka	298 348[35]	141 566[35]	156 782[35]	886[36]	...	...	...	...

8. Population of capital cities and cities of 100 000 or more inhabitants: latest available year, 1992 - 2011
Population des capitales et des villes de 100 000 habitants ou plus : dernière année disponible, 1992 - 2011 (continued - suite)

Continent, country or area, date, code and city / Continent, pays ou zone, date, code et ville	City proper - Ville proprement dite				Urban agglomeration - Agglomération urbaine			
	Population			Surface area - Superficie (km²)	Population			Surface area - Superficie (km²)
	Both sexes - Les deux sexes	Male - Masculin	Female - Féminin		Both sexes - Les deux sexes	Male - Masculin	Female - Féminin	

ASIA - ASIE

Japan - Japon
1 X 2010 (CDJC)

Musashino	138 734[35]	66 406[35]	72 328[35]	11[36]	...	...	...	...
Nagahama	124 131[35]	60 973[35]	63 158[35]	681[36]	...	...	...	...
Nagano	381 511[35]	184 128[35]	197 383[35]	835[36]	...	...	...	...
Nagaoka	282 674[35]	137 780[35]	144 894[35]	891[36]	...	...	...	...
Nagareyama	163 984[35]	81 721[35]	82 263[35]	35[36]	...	...	...	...
Nagasaki	443 766[35]	203 574[35]	240 192[35]	406[36]	...	...	...	...
Nagoya	2 263 894[35]	1 116 211[35]	1 147 683[35]	326[36]	...	...	...	...
Naha	315 954[35]	151 848[35]	164 106[35]	39[36]	...	...	...	...
Nara	366 591[35]	171 410[35]	195 181[35]	277[36]	...	...	...	...
Narashino	164 530[35]	83 184[35]	81 346[35]	21[36]	...	...	...	...
Narita	128 933[35]	64 852[35]	64 081[35]	214[36]	...	...	...	...
Nasushiobara	117 812[35]	58 402[35]	59 410[35]	593[36]	...	...	...	...
Neyagawa	238 204[35]	116 132[35]	122 072[35]	25[36]	...	...	...	...
Niigata	811 901[35]	390 406[35]	421 495[35]	726[36]	...	...	...	...
Niihama	121 735[35]	58 219[35]	63 516[35]	234[36]	...	...	...	...
Niiza	158 777[35]	79 416[35]	79 361[35]	23[36]	...	...	...	...
Nishinomiya	482 640[35]	227 660[35]	254 980[35]	99[36]	...	...	...	...
Nishio	106 823[35]	54 066[35]	52 757[35]	76[36]	...	...	...	...
Nishitokyo	196 511[35]	96 437[35]	100 074[35]	16[36]	...	...	...	...
Nobeoka	131 182[35]	61 457[35]	69 725[35]	868[36]	...	...	...	...
Noda	155 491[35]	77 963[35]	77 528[35]	104[36]	...	...	...	...
Numazu	202 304[35]	99 184[35]	103 120[35]	187[36]	...	...	...	...
Obihiro	168 057[35]	80 584[35]	87 473[35]	619[36]	...	...	...	...
Odawara	198 327[35]	96 839[35]	101 488[35]	114[36]	...	...	...	...
Ogaki	161 160[35]	78 282[35]	82 878[35]	207[36]	...	...	...	...
Oita	474 094[35]	227 608[35]	246 486[35]	501[36]	...	...	...	...
Okayama	709 584[35]	341 158[35]	368 426[35]	790[36]	...	...	...	...
Okazaki	372 357[35]	187 649[35]	184 708[35]	387[36]	...	...	...	...
Okinawa	130 249[35]	63 195[35]	67 054[35]	49[36]	...	...	...	...
Ome	139 339[35]	69 742[35]	69 597[35]	103[36]	...	...	...	...
Omuta	123 638[35]	56 215[35]	67 423[35]	82[36]	...	...	...	...
Onomichi	145 202[35]	69 283[35]	75 919[35]	285[36]	...	...	...	...
Osaka	2 665 314[35]	1 293 798[35]	1 371 516[35]	222[36]	...	...	...	...
Osaki	135 147[35]	65 624[35]	69 523[35]	797[36]	...	...	...	...
Oshu	124 746[35]	59 935[35]	64 811[35]	993[36]	...	...	...	...
Ota	216 465[35]	109 204[35]	107 261[35]	176[36]	...	...	...	...
Otaru	131 928[35]	59 514[35]	72 414[35]	243[36]	...	...	...	...
Otsu	337 634[35]	163 250[35]	174 384[35]	464[36]	...	...	...	...
Oyama	164 454[35]	82 825[35]	81 629[35]	172[36]	...	...	...	...
Saga	237 506[35]	112 173[35]	125 333[35]	431[36]	...	...	...	...
Sagamihara	717 544[35]	361 394[35]	356 150[35]	329[36]	...	...	...	...
Saijo	112 091[35]	53 757[35]	58 334[35]	509[36]	...	...	...	...
Saitama	1 222 434[35]	611 236[35]	611 198[35]	217[36]	...	...	...	...
Sakado	101 700[35]	51 155[35]	50 545[35]	41[36]	...	...	...	...
Sakai	841 966[35]	404 756[35]	437 210[35]	150[36]	...	...	...	...
Sakata	111 151[35]	52 610[35]	58 541[35]	603[36]	...	...	...	...
Saku	100 552[35]	49 090[35]	51 462[35]	424[36]	...	...	...	...
Sakura	172 183[35]	84 246[35]	87 937[35]	104[36]	...	...	...	...
Sanda	114 216[35]	55 175[35]	59 041[35]	210[36]	...	...	...	...
Sanjo	102 292[35]	49 368[35]	52 924[35]	432[36]	...	...	...	...
Sano	121 249[35]	59 499[35]	61 750[35]	356[36]	...	...	...	...
Sapporo	1 913 545[35]	896 850[35]	1 016 695[35]	1 121[36]	...	...	...	...
Sasebo	261 101[35]	122 430[35]	138 671[35]	426[36]	...	...	...	...
Sayama	155 727[35]	78 637[35]	77 090[35]	49[36]	...	...	...	...
Sendai	1 045 986[35]	507 833[35]	538 153[35]	784[36]	...	...	...	...
Seto	132 224[35]	65 123[35]	67 101[35]	112[36]	...	...	...	...
Shibata	101 202[35]	48 606[35]	52 596[35]	533[36]	...	...	...	...
Shimada	100 276[35]	48 876[35]	51 400[35]	316[36]	...	...	...	...
Shimonoseki	280 947[35]	130 105[35]	150 842[35]	716[36]	...	...	...	...

8. Population of capital cities and cities of 100 000 or more inhabitants: latest available year, 1992 - 2011
Population des capitales et des villes de 100 000 habitants ou plus : dernière année disponible, 1992 - 2011 (continued - suite)

Continent, country or area, date, code and city / Continent, pays ou zone, date, code et ville	City proper - Ville proprement dite				Urban agglomeration - Agglomération urbaine			
	Population			Surface area - Superficie (km²)	Population			Surface area - Superficie (km²)
	Both sexes - Les deux sexes	Male - Masculin	Female - Féminin		Both sexes - Les deux sexes	Male - Masculin	Female - Féminin	

ASIA - ASIE

Japan - Japon
1 X 2010 (CDJC)

Shizuoka	716 197[35]	348 609[35]	367 588[35]	1 412[36]	...	...	...	...
Shunan	149 487[35]	72 150[35]	77 337[35]	656[36]	...	...	...	...
Soka	243 855[35]	124 553[35]	119 302[35]	27[36]	...	...	...	...
Suita	355 798[35]	171 769[35]	184 029[35]	36[36]	...	...	...	...
Suzuka	199 293[35]	99 925[35]	99 368[35]	195[36]	...	...	...	...
Tachikawa	179 668[35]	89 470[35]	90 198[35]	24[36]	...	...	...	...
Tajimi	112 595[35]	54 342[35]	58 253[35]	91[36]	...	...	...	...
Takamatsu	419 429[35]	203 312[35]	216 117[35]	375[36]	...	...	...	...
Takaoka	176 061[35]	84 292[35]	91 769[35]	209[36]	...	...	...	...
Takarazuka	225 700[35]	105 289[35]	120 411[35]	102[36]	...	...	...	...
Takasaki	371 302[35]	181 667[35]	189 635[35]	459[36]	...	...	...	...
Takatsuki	357 359[35]	171 927[35]	185 432[35]	105[36]	...	...	...	...
Tama	147 648[35]	73 083[35]	74 565[35]	21[36]	...	...	...	...
Tochigi	139 262[35]	67 859[35]	71 403[35]	253[36]	...	...	...	...
Toda	123 079[35]	64 080[35]	58 999[35]	18[36]	...	...	...	...
Tokai	107 690[35]	56 305[35]	51 385[35]	43[36]	...	...	...	...
Tokorozawa	341 924[35]	170 598[35]	171 326[35]	72[36]	...	...	...	...
Tokushima	264 548[35]	125 619[35]	138 929[35]	192[36]	...	...	...	...
TOKYO	8 945 695[37]	4 412 050[37]	4 533 645[37]	622[36]	...	...	...	...
Tomakomai	173 320[35]	84 687[35]	88 633[35]	561[36]	...	...	...	...
Tondabayashi	119 576[35]	56 778[35]	62 798[35]	40[36]	...	...	...	...
Toride	109 651[35]	54 054[35]	55 597[35]	70[36]	...	...	...	...
Tottori	197 449[35]	95 959[35]	101 490[35]	766[36]	...	...	...	...
Toyama	421 953[35]	204 515[35]	217 438[35]	1 242[36]	...	...	...	...
Toyohashi	376 665[35]	188 200[35]	188 465[35]	261[36]	...	...	...	...
Toyokawa	181 928[35]	90 328[35]	91 600[35]	161[36]	...	...	...	...
Toyonaka	389 341[35]	185 103[35]	204 238[35]	36[36]	...	...	...	...
Toyota	421 487[35]	221 198[35]	200 289[35]	918[36]	...	...	...	...
Tsu	285 746[35]	138 643[35]	147 103[35]	711[36]	...	...	...	...
Tsuchiura	143 839[35]	71 600[35]	72 239[35]	123[36]	...	...	...	...
Tsukuba	214 590[35]	110 230[35]	104 360[35]	284[36]	...	...	...	...
Tsuruoka	136 623[35]	64 846[35]	71 777[35]	1 312[36]	...	...	...	...
Tsuyama	106 788[35]	50 787[35]	56 001[35]	506[36]	...	...	...	...
Ube	173 772[35]	83 000[35]	90 772[35]	288[36]	...	...	...	...
Ueda	159 597[35]	77 589[35]	82 008[35]	552[36]	...	...	...	...
Uji	189 609[35]	91 971[35]	97 638[35]	68[36]	...	...	...	...
Urasoe	110 351[35]	53 948[35]	56 403[35]	19[36]	...	...	...	...
Urayasu	164 877[35]	82 177[35]	82 700[35]	17[36]	...	...	...	...
Uruma	116 979[35]	58 198[35]	58 781[35]	86[36]	...	...	...	...
Utsunomiya	511 739[35]	254 605[35]	257 134[35]	417[36]	...	...	...	...
Wakayama	370 364[35]	174 104[35]	196 260[35]	209[36]	...	...	...	...
Yachiyo	189 781[35]	93 688[35]	96 093[35]	51[36]	...	...	...	...
Yaizu	143 249[35]	69 901[35]	73 348[35]	71[36]	...	...	...	...
Yamagata	254 244[35]	121 433[35]	132 811[35]	381[36]	...	...	...	...
Yamaguchi	196 628[35]	92 997[35]	103 631[35]	1 023[36]	...	...	...	...
Yamato	228 186[35]	114 700[35]	113 486[35]	27[36]	...	...	...	...
Yao	271 460[35]	131 121[35]	140 339[35]	42[36]	...	...	...	...
Yatsushiro	132 266[35]	61 446[35]	70 820[35]	681[36]	...	...	...	...
Yokkaichi	307 766[35]	152 580[35]	155 186[35]	206[36]	...	...	...	...
Yokohama	3 688 773[35]	1 849 767[35]	1 839 006[35]	437[36]	...	...	...	...
Yokosuka	418 325[35]	208 966[35]	209 359[35]	101[36]	...	...	...	...
Yonago	148 271[35]	70 133[35]	78 138[35]	132[36]	...	...	...	...
Zama	129 436[35]	65 448[35]	63 988[35]	18[36]	...	...	...	...

Jordan - Jordanie
31 XII 2011 (ESDF)

AMMAN	*2 155 056*	*1 106 658*	*1 048 398*	...	...	...	...	...
Aqaba	*106 801*	*59 893*	*46 908*	...	...	...	...	...
Irbid	*300 327*	*154 147*	*146 180*	...	...	...	...	...
Russiefa	*277 311*	*144 239*	*133 072*	...	...	...	...	...
Zarqa	*481 267*	*248 679*	*232 588*	...	...	...	...	...

Continent, country or area, date, code and city / Continent, pays ou zone, date, code et ville	City proper - Ville proprement dite				Urban agglomeration - Agglomération urbaine			
	Population			Surface area - Superficie (km²)	Population			Surface area - Superficie (km²)
	Both sexes - Les deux sexes	Male - Masculin	Female - Féminin		Both sexes - Les deux sexes	Male - Masculin	Female - Féminin	
ASIA - ASIE								
Kazakhstan								
1 I 2009 (ESDF)								
Aktau	152 227	74 261	77 966	29	154 353	75 319	79 034	...
Aktobe	273 599	126 591	147 008	234	312 942	145 877	167 065	...
Almaty	1 365 105	620 876	744 229	319	...	...	...	...
ASTANA	639 311	311 810	327 501	710	...	...	...	...
Atirau	167 902	79 027	88 875	347	222 516	105 581	116 935	...
Ekibastuz	121 814	56 700	65 114	31	143 933	67 458	76 475	...
Karaganda	465 634	211 149	254 485	50	465 698	211 169	254 529	...
Koktshetau	132 426	60 201	72 225	43	145 676	66 402	79 274	...
Kustanai	212 378	95 648	116 730	21	...	...	...	...
Kyzylorda	169 914	80 921	88 993	236	211 943	102 266	109 677	...
Pavlodar	307 880	139 518	168 362	56	328 100	149 232	178 868	...
Petropavlovsk (Severo- Kazakhstanskaya oblast)	193 268	86 739	106 529	22	194 094	87 176	106 918	...
Rudni	110 900	50 877	60 023	19	124 098	57 285	66 813	...
Semipalatinsk	285 473	128 584	156 889	9	313 503	142 416	171 087	...
Shimkent	566 996	269 600	297 396	36	...	...	...	...
Taldykorgan	116 558	52 183	64 375	39	141 143	64 361	76 782	...
Taraz	347 486	159 035	188 451	13	...	...	...	...
Temirtau	164 969	75 390	89 579	30	174 402	79 954	94 448	...
Uralsk	211 116	94 992	116 124	71	243 544	110 575	132 969	...
Ust-Kamenogorsk	287 308	128 518	158 790	54	298 866	134 162	164 704	...
Kuwait - Koweït								
1 VII 2010 (ESDF)								
Farwanyiah -	101 867	68 326	33 541	...	...	...	...	...
Hawalli	127 982	84 506	43 477	...	...	...	...	...
Jaleeb Al-Shuykh	219 629	180 786	38 843	...	...	...	...	...
Salmiya	177 009	103 119	73 890	...	...	...	...	...
South Kheetan	113 426	104 655	8 770	...	...	...	...	...
Kyrgyzstan - Kirghizstan								
1 VII 2009 (ESDJ)								
BISHKEK	846 256[38]	392 490[38]	453 766[38]	...	859 795[38]	399 207[38]	460 588[38]	127
Osh	232 685[38]	110 792[38]	121 893[38]	...	257 477[38]	123 557[38]	133 920[38]	182
Lao People's Democratic Republic - République démocratique populaire lao[39]								
1 VII 2011 (ESDF)								
VIENTIANE	...	...	...	...	783 032	...	...	...
Lebanon - Liban[40]								
3 III 2007 (SSDF)								
BEIRUT	361 366	166 282	195 084	...	...	...	...	...
Malaysia - Malaisie[14]								
30 VI 2011 (ESDJ)								
Alor Setar	155 439	...	...	...	...	...	...	...
Ampang/Ulu Kelang	120 936	...	...	...	...	...	...	...
Bintulu	136 412	...	...	...	...	...	...	...
George Town	191 619	...	...	...	...	...	...	...
Ipoh	505 434	...	...	...	...	...	...	...
Johor Bahru	557 333	...	...	...	...	...	...	...
Kajang dan Sungai Chua	118 652	...	...	...	...	...	...	...
Klang	375 566	...	...	...	...	...	...	...
Kota Bharu	245 779	...	...	...	...	...	...	...
Kota Kinabalu	303 428	...	...	...	...	...	...	...
KUALA LUMPUR	1 644 783	...	...	...	...	...	...	...
Kuala Terengganu	203 813	...	...	...	...	...	...	...
Kuantan	352 565	...	...	...	...	...	...	...
Kuching	215 745	...	...	...	...	...	...	...
Miri	174 619	...	...	...	...	...	...	...
Petaling Jaya	245 419	...	...	...	...	...	...	...
Sandakan	222 330	...	...	...	...	...	...	...
Seleyang Baru	188 295	...	...	...	...	...	...	...
Seremban	290 139	...	...	...	...	...	...	...
Shah Alam	190 420	...	...	...	...	...	...	...
Sibu	199 057	...	...	...	...	...	...	...
Subang Jaya	197 165	...	...	...	...	...	...	...

8. Population of capital cities and cities of 100 000 or more inhabitants: latest available year, 1992 - 2011
Population des capitales et des villes de 100 000 habitants ou plus : dernière année disponible, 1992 - 2011 (continued - suite)

Continent, country or area, date, code and city / Continent, pays ou zone, date, code et ville	City proper - Ville proprement dite				Urban agglomeration - Agglomération urbaine			
	Population			Surface area - Superficie (km²)	Population			Surface area - Superficie (km²)
	Both sexes - Les deux sexes	Male - Masculin	Female - Féminin		Both sexes - Les deux sexes	Male - Masculin	Female - Féminin	
ASIA - ASIE								
Malaysia - Malaisie[14]								
30 VI 2011 (ESDJ)								
Sungai Petani	215 050	...	...	...	...	...	...	...
Taiping	205 567	...	...	...	...	...	...	...
Tawau	136 799	...	...	...	...	...	...	...
Maldives								
1 VII 2011 (ESDF)								
MALÉ	112 771	56 417	56 355	2	...	...	...	...
Mongolia - Mongolie								
11 XI 2010 (CDJC)								
Hovsgol	114 331	56 899	57 432	...	...	...	...	...
Ovorhangay	100 444	50 333	50 111	...	...	...	...	...
ULAANBAATAR	...	...	...	...	1 154 290	558 247	596 043	...
Nepal - Népal								
22 VI 2001 (CDJC)								
Biratnagar	166 674	87 664	79 010	58	...	...	...	...
Birgunj	112 484	60 956	51 528	21	...	...	...	...
KATHMANDU	671 846	360 103	311 743	49	...	...	...	...
Lalitpur	162 991	84 502	78 489	15	...	...	...	...
Pokhara	156 312	79 563	76 749	55	...	...	...	...
Occupied Palestinian Territory - Territoire palestinien occupé								
1 VII 2011 (ESDF)								
Gaza	499 374	...	...	38	...	...	...	...
Hebron	183 312	...	...	49	...	...	...	...
Jabalya	140 834	...	...	...	...	...	...	...
Khan Yunis	158 512	...	...	...	...	...	...	...
Nablus	136 823	...	...	26	...	...	...	...
Rafah	119 895	...	...	...	...	...	...	...
Oman								
7 XII 2003 (CDFC)								
As Seeb	223 449	128 068	95 381	...	...	...	...	...
As Suwayq	101 122	54 997	46 125	...	...	...	...	...
Bawshar	150 420	91 687	58 733	...	...	...	...	...
MUSCAT	24 893	13 695	11 198	...	...	...	...	...
Mutrah	153 526	96 878	56 648	...	...	...	...	...
Salalah	156 530	92 489	64 041	...	...	...	...	...
Sohar	104 312	57 695	46 617	...	...	...	...	...
Pakistan[41]								
2 III 1998 (CDFC)								
Abbotabad	106 101	61 698	44 403	...	...	...	...	...
Bahawalnagar	111 313	57 779	53 534	...	...	...	...	...
Bahawalpur	408 395	222 228	186 167	...	...	...	...	...
Burewala	152 097	78 726	73 371	...	...	...	...	...
Chiniot	172 522	90 474	82 048	...	...	...	...	...
Chishtian	102 287	52 427	49 860	...	...	...	...	...
Dadu	102 550	53 508	49 042	...	...	...	...	...
Daska	102 883	52 359	50 524	...	...	...	...	...
Dera Ghazi Khan	190 542	98 738	91 804	...	...	...	...	...
Faisalabad (Lyallpur)	2 008 861	1 053 085	955 776	...	...	...	...	...
Gojra	117 872	60 598	57 274	...	...	...	...	...
Gujranwala	1 132 509	588 512	543 997	...	...	...	...	...
Gujrat	251 792	128 524	123 268	...	...	...	...	...
Hafizabad	133 678	69 231	64 447	...	...	...	...	...
Hyderabad	1 166 894	612 283	554 611	...	...	...	...	...
ISLAMABAD	529 180	290 717	238 463	...	...	...	...	...
Jacobabad	138 780	71 854	66 926	...	...	...	...	...
Jaranwala	106 785	55 619	51 166	...	...	...	...	...
Jhang	293 366	153 123	140 243	...	...	...	...	...
Jhelum	147 392	79 169	68 223	...	...	...	...	...
Kamoke	152 288	78 848	73 440	...	...	...	...	...
Karachi	9 339 023	5 029 900	4 309 123	...	...	...	...	...
Kasur	245 321	129 553	115 768	...	...	...	...	...
Khairpur	105 637	55 358	50 279	...	...	...	...	...
Khanewal	133 986	69 145	64 841	...	...	...	...	...

8. Population of capital cities and cities of 100 000 or more inhabitants: latest available year, 1992 - 2011
Population des capitales et des villes de 100 000 habitants ou plus : dernière année disponible, 1992 - 2011 (continued - suite)

Continent, country or area, date, code and city / Continent, pays ou zone, date, code et ville	City proper - Ville proprement dite				Urban agglomeration - Agglomération urbaine			
	Population			Surface area - Superficie (km²)	Population			Surface area - Superficie (km²)
	Both sexes - Les deux sexes	Male - Masculin	Female - Féminin		Both sexes - Les deux sexes	Male - Masculin	Female - Féminin	
ASIA - ASIE								
Pakistan[41]								
2 III 1998 (CDFC)								
Khanpur	120 382	62 371	58 011	...	...	...	...	...
Kohat	126 627	71 505	55 122	...	...	...	...	...
Lahore	5 143 495	2 707 220	2 436 275	...	...	...	...	...
Larkana	270 283	140 622	129 661	...	...	...	...	...
Mangora	173 868	91 742	82 126	...	...	...	...	...
Mardan	245 926	129 247	116 679	...	...	...	...	...
Mirpur Khas	189 671	97 940	91 731	...	...	...	...	...
Multan	1 197 384	637 911	559 473	...	...	...	...	...
Muridke	111 951	58 210	53 741	...	...	...	...	...
Muzaffargharh	123 404	66 556	56 848	...	...	...	...	...
Nawabshah	189 244	98 116	91 128	...	...	...	...	...
Okara	201 815	104 245	97 570	...	...	...	...	...
Pakpattan	109 033	56 676	52 357	...	...	...	...	...
Peshawar	982 816	521 901	460 915	...	...	...	...	...
Quetta	565 137	307 759	257 378	...	...	...	...	...
Rahimyar Khan	233 537	121 446	112 091	...	...	...	...	...
Rawalpindi	1 409 768	750 530	659 238	...	...	...	...	...
Sadiqabad	144 391	75 217	69 174	...	...	...	...	...
Sahiwal	208 778	108 992	99 786	...	...	...	...	...
Sargodha	458 440	239 837	218 603	...	...	...	...	...
Shakkarpur	134 883	69 713	65 170	...	...	...	...	...
Sheikhu Pura	280 263	146 739	133 524	...	...	...	...	...
Sialkote	421 502	227 398	194 104	...	...	...	...	...
Sukkur	335 551	175 679	159 872	...	...	...	...	...
Tandoadam	104 907	54 670	50 237	...	...	...	...	...
Wah Cantonment	198 891	104 230	94 661	...	...	...	...	...
Philippines								
1 VIII 2007 (CDJC)								
Angeles	317 398	158 316	159 082	60	...	...	...	...
Bacolod	499 497	245 901	253 596	163	...	...	...	...
Bago	159 933	83 148	76 785	401	...	...	...	...
Baguio	301 926	147 538	154 388	58	...	...	...	...
Batangas	295 231	147 729	147 502	283	...	...	...	...
Butuan	298 378	151 314	147 064	817	...	...	...	...
Cabanatuan	259 267	129 613	129 654	283	...	...	...	...
Cadiz	150 750	77 770	72 980	525	...	...	...	...
Cagayan de Oro	553 966	275 969	277 997	413	...	...	...	...
Calbayog	163 657	83 938	79 719	881	...	...	...	...
Cebu	799 762	394 460	405 302	315	...	...	...	...
Cotabato	259 153	127 172	131 981	176	...	...	...	...
Dagupan	149 554	74 700	74 854	37	...	...	...	...
Davao	1 366 153	682 194	683 959	2 444	...	...	...	...
Digos	145 514	73 430	72 084	287	...	...	...	...
Dumaguete	116 392	56 371	60 021	34	...	...	...	...
General Santos	529 542	267 639	261 903	493	...	...	...	...
Gingoog	112 247	57 845	54 402	568	...	...	...	...
Iligan	308 046	153 505	154 541	813	...	...	...	...
Iloilo	418 710	203 290	215 420	78	...	...	...	...
Kabankalan	166 970	86 815	80 155	697	...	...	...	...
Kalookan (Caloocan)	1 381 610	689 412	692 198	56	...	...	...	...
Kidapawan	117 610	59 667	57 943	359	...	...	...	...
Koronadal	149 622	75 804	73 818	277	...	...	...	...
Lapu-Lapu	292 530	144 611	147 919	58	...	...	...	...
Las Piñas	532 330	258 486	273 844	33	...	...	...	...
Legazpi	175 843	87 795	88 048	154	...	...	...	...
Lipa	260 568	130 707	129 861	209	...	...	...	...
Lucena City	236 390	118 063	118 327	80	...	...	...	...
Makati	548 983	257 542	291 441	22	...	...	...	...
Malabalay	144 065	74 524	69 541	969	...	...	...	...
Malabon	363 681	181 950	181 731	16	...	...	...	...
Malolos	225 244	112 563	112 681	67	...	...	...	...
Mandaluyong	305 576	147 148	158 428	9	...	...	...	...
Mandaue	318 577	158 779	159 798	25	...	...	...	...

8. Population of capital cities and cities of 100 000 or more inhabitants: latest available year, 1992 - 2011
Population des capitales et des villes de 100 000 habitants ou plus : dernière année disponible, 1992 - 2011 (continued - suite)

Continent, country or area, date, code and city Continent, pays ou zone, date, code et ville	City proper - Ville proprement dite				Urban agglomeration - Agglomération urbaine			
	Population			Surface area - Superficie (km²)	Population			Surface area - Superficie (km²)
	Both sexes - Les deux sexes	Male - Masculin	Female - Féminin		Both sexes - Les deux sexes	Male - Masculin	Female - Féminin	
ASIA - ASIE								
Philippines								
1 VIII 2007 (CDJC)								
MANILA	1 660 714	817 099	843 615	25	...	...	...	...
Marawi	177 391	85 986	91 405	88	...	...	...	...
Marikina	424 610	207 061	217 549	22	...	...	...	...
Muntinlupa	452 943	229 186	223 757	40	...	...	...	...
Naga	160 516	78 828	81 688	85	...	...	...	...
Navotas	245 344	124 438	120 906	9	...	...	...	...
Olongapo	227 270	112 670	114 600	185	...	...	...	...
Ormoc	178 605	91 337	87 268	614	...	...	...	...
Ozamis	123 137	61 535	61 602	170	...	...	...	...
Pagadian	161 312	80 228	81 084	379	...	...	...	...
Paranaque	552 660	266 927	285 733	47	...	...	...	...
Pasay	403 064	197 402	205 662	14	...	...	...	...
Pasig	627 445	305 607	321 838	49	...	...	...	...
Puerto Princesa	210 508	108 036	102 472	2 381	...	...	...	...
Quezon City	2 679 450	1 304 517	1 374 933	172	...	...	...	...
Roxas	147 738	73 302	74 436	95	...	...	...	...
Sagay City	140 511	72 127	68 384	330	...	...	...	...
San Carlos (Negros Occidental)	129 809	66 146	63 663	452	...	...	...	...
San Carlos (Pangasinan)	161 884	82 379	79 505	169	...	...	...	...
San Fernando (La Union)	114 813	57 021	57 792	103	...	...	...	...
San Fernando (Pampanga)	269 365	135 826	133 539	68	...	...	...	...
San Juan	125 338	58 071	67 267	6	...	...	...	...
San Pablo	237 259	117 494	119 765	198	...	...	...	...
Silay	120 365	61 258	59 107	215	...	...	...	...
Surigao	132 151	66 684	65 467	245	...	...	...	...
Tacloban	218 144	108 195	109 949	202	...	...	...	...
Taguig	613 343	305 468	307 875	45	...	...	...	...
Tagum	215 967	108 533	107 434	196	...	...	...	...
Tarlac	314 155	159 705	154 450	275	...	...	...	...
Toledo	152 960	78 493	74 467	216	...	...	...	...
Tuguegarao	129 539	64 052	65 487	145	...	...	...	...
Valenzuela	568 928	285 879	283 049	47	...	...	...	...
Zamboanga	774 407	387 367	387 040	1 415	...	...	...	...
Qatar								
21 IV 2010 (CDFC)								
Al-Khoor	193 983	181 005	12 978	...	...	...	...	...
Al-Rayyan	455 623	301 842	153 781	...	...	...	...	...
Al-Wakrah	141 222	114 698	26 524	...	...	...	...	...
DOHA	796 947	610 817	186 130	...	...	...	...	...
Republic of Korea - République de Corée								
1 VII 2011* (ESDJ)								
Busan (Pusan)	3 420 679	1 694 784	1 725 895	767	...	...	...	...
Daegu (Taegu)	2 417 943	1 210 715	1 207 228	884	...	...	...	...
Daejeon (Taejon)	1 523 840	766 034	757 806	540	...	...	...	...
Gwangju (Kwangchu)	1 451 394	722 562	728 832	501	...	...	...	...
Incheon	2 675 476	1 351 896	1 323 580	1 029	...	...	...	...
SEOUL	10 038 905	4 966 717	5 072 188	605	...	...	...	...
Ulsan	1 097 354	567 988	529 366	1 059	...	...	...	...
Saudi Arabia - Arabie saoudite								
15 IX 2004 (CDFC)								
Abha	201 912	113 102	88 810	...	...	...	...	...
Ad-Dammam	744 321	450 494	293 827	...	...	...	...	...
Al-Hawiyah	132 078	69 481	62 597	...	...	...	...	...
Al-Hufuf	287 841	155 924	131 917	...	...	...	...	...
Al-Jubayl	222 544	135 659	86 885	...	...	...	...	...
Al-Kharj	200 958	109 112	91 846	...	...	...	...	...
Al-Khubar	165 799	101 818	63 981	...	...	...	...	...
Al-Madinah	918 889	493 929	424 960	...	...	...	...	...
Al-Mubarraz	285 067	150 449	134 618	...	...	...	...	...
Al-Qurrayyat	100 436	52 869	47 567	...	...	...	...	...
Ar'ar	145 237	77 744	67 493	...	...	...	...	...
Ath-Thuqbah	191 826	117 165	74 661	...	...	...	...	...
At-Ta'if	521 273	274 531	246 742	...	...	...	...	...

8. Population of capital cities and cities of 100 000 or more inhabitants: latest available year, 1992 - 2011
Population des capitales et des villes de 100 000 habitants ou plus : dernière année disponible, 1992 - 2011 (continued - suite)

Continent, country or area, date, code and city / Continent, pays ou zone, date, code et ville	City proper - Ville proprement dite				Urban agglomeration - Agglomération urbaine			
	Population			Surface area - Superficie (km²)	Population			Surface area - Superficie (km²)
	Both sexes - Les deux sexes	Male - Masculin	Female - Féminin		Both sexes - Les deux sexes	Male - Masculin	Female - Féminin	
ASIA - ASIE								
Saudi Arabia - Arabie saoudite								
15 IX 2004 (CDFC)								
Buraydah	378 422	211 317	167 105	...	...	...	...	...
Hafar al-Batin	231 978	122 781	109 197	...	...	...	...	...
Ha'il	267 005	142 015	124 990	...	...	...	...	...
Jiddah	2 801 481	1 619 932	1 181 549	...	...	...	...	...
Jizan	100 694	57 988	42 706	...	...	...	...	...
Khamis Mushayt	372 695	208 397	164 298	...	...	...	...	...
Makkah	1 294 168	704 672	589 496	...	...	...	...	...
Najran (Aba as-Suud)	246 880	133 405	113 475	...	...	...	...	...
RIYADH	4 087 152	2 354 246	1 732 906	...	...	...	...	...
Sekaka	122 686	66 672	56 014	...	...	...	...	...
Tabuk	441 351	241 913	199 438	...	...	...	...	...
Unayzah	128 930	71 841	57 089	...	...	...	...	...
Yanbu al-Bahr	188 430	105 966	82 464	...	...	...	...	...
Singapore - Singapour								
1 VII 2011 (ESDF)								
SINGAPORE	5 183 700[42]	...	...	714	...	...	...	...
Sri Lanka[43]								
17 VII 2001 (CDFC)								
COLOMBO	647 100	346 366	300 734	...	...	...	...	...
Dehiwala-Mount Lavinia	210 546	105 522	105 024	...	...	...	...	...
Kandy	109 343	54 288	55 055	...	...	...	...	...
Moratuwa	177 563	87 313	90 250	...	...	...	...	...
Negombo	121 701	60 947	60 754	...	...	...	...	...
Sri Jayawardanapura Kotte	116 366	59 993	56 373	...	...	...	...	...
Syrian Arab Republic - République arabe syrienne								
1 VII 2008 (ESDF)								
Aleppo	4 450 000	2 292 000	2 158 000	...	...	...	...	...
Al-Hasakeh	1 392 000	701 000	691 000	...	...	...	...	...
Al-Raqqah	865 000	456 000	409 000	...	...	...	...	...
Al-Sweida	349 000	171 000	178 000	...	...	...	...	...
DAMASCUS	1 680 000	857 000	823 000	...	...	...	...	...
Damasus rural	2 529 000	1 302 000	1 227 000	...	...	...	...	...
Deir El-Zor	1 111 000	563 000	548 000	...	...	...	...	...
Dra'a	930 000	472 000	458 000	...	...	...	...	...
Hama	1 508 000	768 000	740 000	...	...	...	...	...
Homs	1 667 000	852 000	815 000	...	...	...	...	...
Idleb	1 376 000	704 000	672 000	...	...	...	...	...
Lattakia	951 000	480 000	471 000	...	...	...	...	...
Tartous	756 000	383 000	373 000	...	...	...	...	...
Tajikistan - Tadjikistan								
1 VII 2007 (ESDF)								
DUSHANBE	670 168	348 864	321 304	...	...	...	...	...
Khujand	155 316	...	...	...	...	...	...	...
Thailand - Thaïlande								
1 VII 2010 (ESDJ)								
BANGKOK	...	...	...	...	6 876 000[1]	3 193 000[1]	3 683 000[1]	1 569
Buri Ram	...	...	...	...	356 410[1]	175 800[1]	180 610[1]	10 323
Chachoengsao	...	...	...	...	166 584[1]	80 029[1]	86 555[1]	5 351
Chai Nat	...	...	...	...	111 586[1]	52 940[1]	58 646[1]	2 470
Chaiyaphum	...	...	...	...	163 165[1]	78 897[1]	84 268[1]	12 778
Chanthaburi	...	...	...	...	234 176[1]	114 087[1]	120 089[1]	6 338
Chiang Mai	...	...	...	...	588 433[1]	283 283[1]	305 150[1]	20 107
Chiang Rai	...	...	...	...	305 803[1]	150 202[1]	155 601[1]	11 678
Chon Buri	...	...	...	...	693 021[1]	336 099[1]	356 922[1]	4 363
Chumphon	...	...	...	...	102 197[1]	49 758[1]	52 439[1]	6 009
Kalasin	...	...	...	...	299 198[1]	148 161[1]	151 037[1]	6 947
Kamphaeng Phet	...	...	...	...	183 051[1]	88 901[1]	94 150[1]	8 608
Kanchanaburi	...	...	...	...	207 790[1]	98 792[1]	108 998[1]	19 483
Khon Kaen	...	...	...	...	416 354[1]	202 639[1]	213 715[1]	10 886
Lampang	...	...	...	...	275 107[1]	133 748[1]	141 359[1]	12 534
Lamphun	...	...	...	...	190 868[1]	91 994[1]	98 874[1]	4 506
Loei	...	...	...	...	166 839[1]	83 022[1]	83 817[1]	11 425

Continent, country or area, date, code and city Continent, pays ou zone, date, code et ville	City proper - Ville proprement dite				Urban agglomeration - Agglomération urbaine			
	Population			Surface area - Superficie (km²)	Population			Surface area - Superficie (km²)
	Both sexes - Les deux sexes	Male - Masculin	Female - Féminin		Both sexes - Les deux sexes	Male - Masculin	Female - Féminin	
ASIA - ASIE								
Thailand - Thaïlande								
1 VII 2010 (ESDJ)								
Lop Buri	...	...	...	...	203 400[1]	103 564[1]	99 836[1]	6 200
Maha Sarakham	...	...	...	...	126 597[1]	60 304[1]	66 293[1]	5 292
Nakhon Pathom	...	...	...	...	268 663[1]	129 066[1]	139 597[1]	2 168
Nakhon Ratchasima	...	...	...	...	706 747[1]	345 249[1]	361 498[1]	20 494
Nakhon Sawan	...	...	...	...	227 546[1]	107 615[1]	119 931[1]	9 598
Nakhon Si Thammarat	...	...	...	...	334 604[1]	162 202[1]	172 402[1]	9 943
Narathiwat	...	...	...	...	173 937[1]	85 938[1]	87 999[1]	4 475
Nong Bua Lam Phu	...	...	...	...	120 769[1]	59 697[1]	61 072[1]	3 859
Nong Khai	...	...	...	...	222 919[1]	111 010[1]	111 909[1]	7 332
Nonthaburi	...	...	...	...	564 534[1]	270 537[1]	293 997[1]	622
Pathum Thani	...	...	...	...	382 373[1]	184 191[1]	198 182[1]	1 526
Pattani	...	...	...	...	125 957[1]	62 676[1]	63 281[1]	1 940
Phatthalung	...	...	...	...	131 102[1]	63 995[1]	67 107[1]	3 425
Phayao	...	...	...	...	239 405[1]	117 464[1]	121 941[1]	6 335
Phetchabun	...	...	...	...	190 241[1]	91 669[1]	98 572[1]	12 668
Phetchaburi	...	...	...	...	161 238[1]	77 372[1]	83 866[1]	6 225
Phitsanulok	...	...	...	...	180 500[1]	86 102[1]	94 398[1]	10 816
Phra Nakhon Si Ayutthaya	...	...	...	...	305 822[1]	147 043[1]	158 779[1]	2 557
Phrae	...	...	...	...	139 358[1]	67 764[1]	71 594[1]	6 539
Phuket	...	...	...	...	206 399[1]	100 549[1]	105 850[1]	543
Prachuap Khiri Khan	...	...	...	...	155 819[1]	75 253[1]	80 566[1]	6 368
Ratchaburi	...	...	...	...	299 985[1]	144 559[1]	155 426[1]	5 197
Rayong	...	...	...	...	264 332[1]	131 438[1]	132 894[1]	3 552
Roi Et	...	...	...	...	254 385[1]	124 947[1]	129 438[1]	8 299
Sakon Nakhon	...	...	...	...	207 942[1]	102 275[1]	105 667[1]	9 606
Samut Prakan	...	...	...	...	733 887[1]	347 759[1]	386 128[1]	1 004
Samut Songkhram	...	...	...	...	267 469[1]	129 370[1]	138 099[1]	872
Saraburi	...	...	...	...	230 783[1]	113 706[1]	117 077[1]	3 577
Si Sa Ket	...	...	...	...	184 383[1]	90 197[1]	94 186[1]	8 840
Songkhla	...	...	...	...	685 047[1]	329 785[1]	355 262[1]	7 394
Sukhothai	...	...	...	...	130 968[1]	61 952[1]	69 016[1]	6 596
Suphan Buri	...	...	...	...	198 751[1]	94 661[1]	104 090[1]	5 358
Surat Thani	...	...	...	...	393 607[1]	192 503[1]	201 104[1]	12 892
Surin	...	...	...	...	100 437[1]	48 044[1]	52 393[1]	8 124
Tak	...	...	...	...	122 358[1]	59 949[1]	62 409[1]	16 407
Trang	...	...	...	...	131 349[1]	63 148[1]	68 201[1]	4 918
Ubon Ratchathani	...	...	...	...	374 786[1]	183 941[1]	190 845[1]	15 745
Udon Thani	...	...	...	...	521 032[1]	258 460[1]	262 572[1]	11 730
Uttaradit	...	...	...	...	167 196[1]	80 607[1]	86 589[1]	7 839
Yala	...	...	...	...	139 922[1]	67 998[1]	71 924[1]	4 475
Timor-Leste								
11 VII 2010* (CDFC)								
DILI	193 563	103 096	90 467	...	...	...	...	...
Turkey - Turquie								
1 VII 2007 (ESDF)								
Adana[44]	...	...	...	...	1 251 863	...	...	...
Adiyaman	241 260	...	...	...	...	...	...	...
Afyon	1 488 350	...	...	...	...	...	...	...
Aksaray	157 232	...	...	...	...	...	...	...
Alanya (Antalya)	115 927	...	...	...	...	...	...	...
ANKARA[45]	...	...	...	...	3 953 344	...	...	...
Antalya	763 205	...	...	...	...	...	...	...
Aydin	164 525	...	...	...	...	...	...	...
Balikesir	241 682	...	...	...	...	...	...	...
Bandirma	109 000	...	...	...	...	...	...	...
Batman	321 222	...	...	...	...	...	...	...
Bursa[46]	...	...	...	...	1 597 162	...	...	...
Ceyhan	122 699	...	...	...	...	...	...	...
Corlu	199 714	...	...	...	...	...	...	...
Corum	190 430	...	...	...	...	...	...	...
Denizli	320 460	...	...	...	...	...	...	...

8. Population of capital cities and cities of 100 000 or more inhabitants: latest available year, 1992 - 2011
Population des capitales et des villes de 100 000 habitants ou plus : dernière année disponible, 1992 - 2011 (continued - suite)

Continent, country or area, date, code and city / Continent, pays ou zone, date, code et ville	City proper - Ville proprement dite				Urban agglomeration - Agglomération urbaine			
	Population			Surface area - Superficie (km²)	Population			Surface area - Superficie (km²)
	Both sexes - Les deux sexes	Male - Masculin	Female - Féminin		Both sexes - Les deux sexes	Male - Masculin	Female - Féminin	

ASIA - ASIE

Turkey - Turquie
1 VII 2007 (ESDF)

Derince[47]	111 659	...	...	...	...	...	...	...
Diyarbakir	662 954	...	...	...	...	...	...	...
Edirne	125 753	...	...	...	...	...	...	...
Elazig	297 703	...	...	...	...	...	...	...
Erzincan	112 069	...	...	...	...	...	...	...
Erzurum	443 423	...	...	...	...	...	...	...
Eskisehir	512 972	...	...	...	...	...	...	...
Gaziantep[48]	...	...	...	...	1 024 411	...	...	...
Gebze	325 021	...	...	...	...	...	...	...
Hatay	153 581	...	...	...	...	...	...	...
Içel	604 236	...	...	...	...	...	...	...
Inegol	125 507	...	...	...	...	...	...	...
Iskenderun	154 706	...	...	...	...	...	...	...
Isparta	168 872	...	...	...	...	...	...	...
Istanbul[49]	...	...	...	...	10 822 846	...	...	...
Izmir[50]	...	...	...	...	2 583 670	...	...	...
Kahramanmaras	393 583	...	...	...	...	...	...	...
Karaman	124 603	...	...	...	...	...	...	...
Kayseri[51]	...	...	...	...	710 735	...	...	...
Kirikkale	207 613	...	...	...	...	...	...	...
Kiziltepe	157 834	...	...	...	...	...	...	...
Kocaeli	186 951	...	...	...	...	...	...	...
Konya	...	...	...	...	994 883	...	...	...
Kütahya	186 516	...	...	...	...	...	...	...
Malatya	454 249	...	...	...	...	...	...	...
Manavgat (Antalya)	100 588	...	...	...	...	...	...	...
Manisa	250 943	...	...	...	...	...	...	...
Nazilli	119 972	...	...	...	...	...	...	...
Ordu	112 746	...	...	...	...	...	...	...
Osmaniye	209 907	...	...	...	...	...	...	...
Patnos (Agri)	108 507	...	...	...	...	...	...	...
Sakarya	276 713	...	...	...	...	...	...	...
Samsun	393 334	...	...	...	...	...	...	...
Sanliurfa	438 134	...	...	...	...	...	...	...
Siirt	118 567	...	...	...	...	...	...	...
Sivas	258 746	...	...	...	...	...	...	...
Siverek	184 121	...	...	...	...	...	...	...
Tarsus	227 595	...	...	...	...	...	...	...
Tekirdag	119 518	...	...	...	...	...	...	...
Tokat	132 929	...	...	...	...	...	...	...
Trabzon	242 445	...	...	...	...	...	...	...
Turgutlu (Manisa)	105 565	...	...	...	...	...	...	...
Turhal	113 457	...	...	...	...	...	...	...
Usak	156 672	...	...	...	...	...	...	...
Van	381 653	...	...	...	...	...	...	...
Viransehir	182 095	...	...	...	...	...	...	...

United Arab Emirates - Émirats arabes unis
1 VII 2002 (ESDF)

ABU DHABI	527 000	359 000	168 000	...	...	...	...	...
Ajman	205 000	122 000	83 000	...	...	...	...	...
Al-Ayn	328 000	215 000	113 000	...	...	...	...	...
Al-Sharjah	488 000	317 000	171 000	...	...	...	...	...
Dubai	1 089 000	759 000	330 000	...	...	...	...	...

Uzbekistan - Ouzbékistan
1 VII 2001 (ESDF)

Almalyk	113 114	56 317	56 797	...	...	...	...	...
Andizhan	338 366	165 159	173 207	...	...	...	...	...
Angren	128 757	64 060	64 697	...	...	...	...	...
Banjzak	131 512	68 441	63 071	...	...	...	...	...
Bukhara	237 361	118 613	118 748	...	...	...	...	...
Chirchik	141 742	70 203	71 539	...	...	...	...	...
Fergana	183 037	87 142	95 895	...	...	...	...	...
Karshi	204 690	104 159	100 531	...	...	...	...	...

8. Population of capital cities and cities of 100 000 or more inhabitants: latest available year, 1992 - 2011
Population des capitales et des villes de 100 000 habitants ou plus : dernière année disponible, 1992 - 2011 (continued - suite)

Continent, country or area, date, code and city Continent, pays ou zone, date, code et ville	City proper - Ville proprement dite				Urban agglomeration - Agglomération urbaine			
	Population			Surface area - Superficie (km²)	Population			Surface area - Superficie (km²)
	Both sexes - Les deux sexes	Male - Masculin	Female - Féminin		Both sexes - Les deux sexes	Male - Masculin	Female - Féminin	
ASIA - ASIE								
Uzbekistan - Ouzbékistan								
1 VII 2001 (ESDF)								
Kokand	197 450	95 872	101 578	...	...	...	...	...
Margilan	149 646	73 899	75 747	...	...	...	...	...
Namangan	391 297	197 962	193 335	...	...	...	...	...
Navoi	138 082	70 577	67 505	...	...	...	...	...
Nukus	212 012	103 918	108 094	...	...	...	...	...
Samarkand	361 339	178 608	182 731	...	...	...	...	...
TASHKENT	2 137 218	1 043 213	1 094 005	...	...	...	...	...
Termez	116 467	60 031	56 436	...	...	...	...	...
Urgentch	138 609	67 667	70 942	...	...	...	...	...
Viet Nam								
1 VII 1992 (ESDF)								
Buonmathuot	282 095	...	...	...	...	...	...	...
Campha	209 086	...	...	...	...	...	...	...
Cantho	215 587	...	...	...	...	...	...	...
Da Nang	382 674	...	...	...	...	...	...	...
Dalat	106 409	...	...	...	...	...	...	...
Haiphong	783 133	...	...	22	...	...	...	...
HANOI	1 073 760	...	...	46	...	...	...	...
Ho Chi Minh[52]	3 015 743	...	...	140	...	...	...	...
Hon Gai	127 484	...	...	...	...	...	...	...
Hué	219 149	...	...	...	...	...	...	...
Longxuyen	132 681	...	...	...	...	...	...	...
Mytho	108 404	...	...	...	...	...	...	...
Namdinh	171 699	...	...	...	...	...	...	...
Nhatrang	221 331	...	...	...	...	...	...	...
Qui Nhon	163 385	...	...	...	...	...	...	...
Rach Gia	141 132	...	...	...	...	...	...	...
Thai Nguyen	127 643	...	...	...	...	...	...	...
Vinh	112 455	...	...	...	...	...	...	...
Vungtau	145 145	...	...	...	...	...	...	...
Yemen - Yémen								
16 XII 2004 (CDFC)								
Adan	589 419	...	...	...	589 419	...	...	...
SANA'A	1 707 586	...	...	...	1 747 934	...	...	...
EUROPE								
Åland Islands - Îles d'Åland								
1 VII 2011 (ESDJ)								
MARIEHAMN	11 227[12]	5 364[12]	5 863[12]	12	...	...	...	...
Albania - Albanie								
1 X 2011* (CDFC)								
Durrës	115 550	57 643	57 907	...	...	...	...	...
TIRANA	421 286	207 391	213 895	31	...	...	...	...
Andorra - Andorre[12]								
1 VII 2011 (ESDJ)								
ANDORRA LA VELLA	...	...	...	...	22 205	11 056	11 149	...
Austria - Autriche								
1 I 2011 (ESDJ)								
Graz	261 540[53]	126 097[53]	135 443[53]	128	...	...	...	...
Innsbruck	120 147[53]	57 205[53]	62 942[53]	105	...	...	...	...
Linz	189 367[53]	89 997[53]	99 370[53]	96	...	...	...	...
Salzburg	148 078[53]	69 913[53]	78 165[53]	66	...	...	...	...
WIEN	1 714 142[53]	821 605[53]	892 537[53]	415	...	...	...	...
Belarus - Bélarus								
1 VII 2010 (ESDJ)								
Baranovichi	168 596[54]	76 700[54]	91 896[54]	50	...	...	...	...
Bobruisk	215 474[54]	100 689[54]	114 785[54]	90	...	...	...	...
Borisov	146 745[54]	69 106[54]	77 639[54]	53	...	...	...	...
Brest	313 333[54]	143 891[54]	169 442[54]	145	...	...	...	...
Gomel	...	...	...	...	497 650[54]	226 066[54]	271 584[54]	135

8. Population of capital cities and cities of 100 000 or more inhabitants: latest available year, 1992 - 2011
Population des capitales et des villes de 100 000 habitants ou plus : dernière année disponible, 1992 - 2011 (continued - suite)

Continent, country or area, date, code and city / Continent, pays ou zone, date, code et ville	City proper - Ville proprement dite				Urban agglomeration - Agglomération urbaine			
	Population			Surface area - Superficie (km²)	Population			Surface area - Superficie (km²)
	Both sexes - Les deux sexes	Male - Masculin	Female - Féminin		Both sexes - Les deux sexes	Male - Masculin	Female - Féminin	
EUROPE								
Belarus - Bélarus								
1 VII 2010 (ESDJ)								
Grodno	334 299[54]	153 017[54]	181 282[54]	142	...	...	...	...
MINSK	1 853 888[54]	849 891[54]	1 003 997[54]	307	...	...	...	...
Mogilev	359 853[54]	165 835[54]	194 018[54]	119	...	...	...	...
Mozir	109 524[54]	52 103[54]	57 421[54]	38	...	...	...	...
Novopolotsk	...	...	...	...	104 624[54]	49 538[54]	55 086[54]	48
Orsha	...	...	...	...	132 654[54]	61 479[54]	71 175[54]	39
Pinsk	131 511[54]	61 115[54]	70 396[54]	50	...	...	...	...
Soligorsk	102 685[54]	48 384[54]	54 301[54]	11	...	...	...	...
Vitebsk	...	...	...	...	359 742[54]	160 101[54]	199 641[54]	92
Belgium - Belgique								
1 VII 2009 (ESDJ)								
Anderlecht	103 009	50 406	52 603	17	...	...	...	...
Antwerpen (Anvers)	480 721	237 285	243 436	205	699 039	343 611	355 428	394
Brugge	116 855	56 649	60 206	138	116 855	56 649	60 206	138
BRUXELLES (BRUSSEL)	155 526	78 208	77 318	33	1 486 414	718 128	768 286	573
Charleroi	202 416	98 140	104 276	102	289 664	139 795	149 869	199
Gent (Gand)	241 708	118 803	122 905	156	273 000	134 047	138 953	207
Liège (Luik)	191 624	93 988	97 636	69	483 777	233 524	250 253	367
Namur	108 733	52 239	56 494	176	108 733	52 239	56 494	176
Schaerbeek	119 754	58 949	60 805	8	...	...	...	...
Bulgaria - Bulgarie								
1 II 2011 (CDJC)								
Burgas	200 271	97 150	103 121	...	...	...	...	...
Pleven	106 954	51 746	55 208	...	...	...	...	...
Plovdiv	338 153	161 376	176 777	...	...	...	...	...
Ruse	149 642	72 217	77 425	...	...	...	...	...
SOFIA	1 202 761	571 635	631 126	...	...	...	...	...
Stara Zagora	138 272	67 174	71 098	...	...	...	...	...
Varna	334 870	162 668	172 202	...	...	...	...	...
Croatia - Croatie[55]								
31 III 2001 (CDJC)								
Osijek	114 616	53 497	61 119	...	...	...	...	...
Rijeka	144 043	68 511	75 532	...	...	...	...	...
Split	188 694	90 484	98 210	...	...	...	...	...
ZAGREB	779 145	363 992	415 153	...	...	...	...	...
Czech Republic - République tchèque								
1 I 2011 (ESDJ)								
Brno	371 371	178 567	192 804	230	...	...	...	...
Liberec	101 865	49 112	52 753	106	...	...	...	...
Olomouc	100 233	47 349	52 884	103	...	...	...	...
Ostrava	303 609	146 839	156 770	214	...	...	...	...
Plzen	168 808	81 947	86 861	138	...	...	...	...
PRAHA	1 257 158	612 072	645 086	496	...	...	...	...
Denmark - Danemark[56]								
1 VII 2011 (ESDJ)								
Ålborg	199 270[12]	99 515[12]	99 755[12]	1 144	...	...	...	...
Århus	310 801[12]	152 615[12]	158 186[12]	469	...	...	...	...
Esbjerg	115 184[12]	57 502[12]	57 682[12]	753	...	...	...	...
KOBENHAVN	541 989[12]	268 349[12]	273 640[12]	88	...	...	...	...
Odense	190 103[12]	93 291[12]	96 812[12]	304	...	...	...	...
Vejle	107 618[12]	53 582[12]	54 036[12]	1 066	...	...	...	...
Estonia - Estonie								
1 VII 2010 (ESDJ)								
TALLINN	399 816	180 977	218 839	158	...	...	...	...
Tartu	103 512	46 447	57 065	39	...	...	...	...
Faeroe Islands - Îles Féroé								
1 VII 2008 (ESDJ)								
THORSHAVN	17 624	8 920	8 704	63	1 916	1 025	891	110
Finland - Finlande								
31 XII 2010 (CDJC)								
Espoo	247 970	122 287	125 683	312	...	...	...	...
HELSINKI	588 549	276 361	312 188	214	...	...	...	...

8. Population of capital cities and cities of 100 000 or more inhabitants: latest available year, 1992 - 2011
Population des capitales et des villes de 100 000 habitants ou plus : dernière année disponible, 1992 - 2011 (continued - suite)

Continent, country or area, date, code and city / Continent, pays ou zone, date, code et ville	City proper - Ville proprement dite				Urban agglomeration - Agglomération urbaine			
	Population			Surface area - Superficie (km²)	Population			Surface area - Superficie (km²)
	Both sexes - Les deux sexes	Male - Masculin	Female - Féminin		Both sexes - Les deux sexes	Male - Masculin	Female - Féminin	
EUROPE								
Finland - Finlande								
31 XII 2010 (CDJC)								
Jyvaskyla	130 816	63 691	67 125	1 171	...	...	...	...
Lahti	101 588	48 186	53 402	135	...	...	...	...
Oulu	141 671	69 835	71 836	1 410	...	...	...	...
Tampere	213 217	102 945	110 272	525	...	...	...	...
Turku	177 326	83 829	93 497	246	...	...	...	...
Vantaa	200 055	97 965	102 090	238	...	...	...	...
France[57]								
1 I 2008 (ESDJ)								
Aix-en-Provence	142 743	...	...	186	...	...	...	...
Amiens	134 381	...	...	49	...	...	...	...
Angers	148 405	...	...	43	...	...	...	...
Argenteuil	103 250	...	...	...	...	...	...	...
Besançon	117 599	...	...	65	...	...	...	...
Bordeaux	235 891	...	...	49	...	...	...	...
Boulogne-Billancourt	112 233	...	...	6	...	...	...	...
Brest	142 097	...	...	50	...	...	...	...
Caen	109 899	...	...	26	...	...	...	...
Clermont-Ferrand	139 006	...	...	43	...	...	...	...
Dijon	151 576	...	...	40	...	...	...	...
Grenoble	156 659	...	...	18	...	...	...	...
Le Havre	178 769	...	...	47	...	...	...	...
Le Mans	143 547	...	...	53	...	...	...	...
Lille	225 784	...	...	30[58]	...	...	...	...
Limoges	140 138	...	...	77	...	...	...	...
Lyon	474 946	...	...	48	...	...	...	...
Marseille	851 420	...	...	241	...	...	...	...
Metz	122 838	...	...	42	...	...	...	...
Montpellier	252 998	...	...	57	...	...	...	...
Montreuil	102 176	...	...	...	...	...	...	...
Mulhouse	111 860	...	...	22	...	...	...	...
Nancy	106 361	...	...	15	...	...	...	...
Nantes	283 288	...	...	65	...	...	...	...
Nice	344 875	...	...	72	...	...	...	...
Nîmes	140 267	...	...	162	...	...	...	...
Orléans	113 257	...	...	27	...	...	...	...
PARIS	2 211 297	...	...	105	...	...	...	...
Perpignan	116 676	...	...	68	...	...	...	...
Reims	181 468	...	...	47	...	...	...	...
Rennes	206 655	...	...	50	...	...	...	...
Rouen	109 425	...	...	21	...	...	...	...
Saint-Denis	103 742	...	...	...	...	...	...	...
Saint-Denis (La Réunion)	144 238	...	...	...	...	...	...	...
Saint-Étienne	172 696	...	...	80	...	...	...	...
Saint-Paul (La Réunion)	103 008	...	...	...	...	...	...	...
Strasbourg	272 116	...	...	78[58]	...	...	...	...
Toulon	166 733	...	...	43	...	...	...	...
Toulouse	439 553	...	...	118	...	...	...	...
Tours	135 480	...	...	34	...	...	...	...
Villeurbanne	141 106	...	...	15	...	...	...	...
Germany - Allemagne								
1 I 2011 (ESDJ)								
Aachen	258 664	133 523	125 141	161	...	...	...	...
Augsburg	264 708	128 345	136 363	147	...	...	...	...
Bergisch Gladbach	105 723	50 880	54 843	83	...	...	...	...
BERLIN	3 460 725	1 695 438	1 765 287	888	...	...	...	...
Bielefeld	323 270	154 758	168 512	258	...	...	...	...
Bochum	374 737	182 830	191 907	146	...	...	...	...
Bonn	324 899	155 828	169 071	141	...	...	...	...
Bottrop	116 771	56 356	60 415	101	...	...	...	...
Braunschweig	248 867	122 654	126 213	192	...	...	...	...
Bremen	547 340	265 645	281 695	325	...	...	...	...
Bremerhaven	113 366	56 295	57 071	94	...	...	...	...
Chemnitz	243 248	117 169	126 079	221	...	...	...	...

8. Population of capital cities and cities of 100 000 or more inhabitants: latest available year, 1992 - 2011
Population des capitales et des villes de 100 000 habitants ou plus : dernière année disponible, 1992 - 2011 (continued - suite)

Continent, country or area, date, code and city / Continent, pays ou zone, date, code et ville	City proper - Ville proprement dite				Urban agglomeration - Agglomération urbaine			
	Population			Surface area - Superficie (km²)	Population			Surface area - Superficie (km²)
	Both sexes - Les deux sexes	Male - Masculin	Female - Féminin		Both sexes - Les deux sexes	Male - Masculin	Female - Féminin	
EUROPE								
Germany - Allemagne								
1 I 2011 (ESDJ)								
Cottbus	102 091	50 255	51 836	164	...	...	...	...
Darmstadt	144 402	72 180	72 222	122	...	...	...	...
Dortmund	580 444	284 695	295 749	281	...	...	...	...
Dresden	523 058	256 539	266 519	328	...	...	...	...
Duisburg	489 559	240 221	249 338	233	...	...	...	...
Düsseldorf	588 735	280 702	308 033	217	...	...	...	...
Erfurt	204 994	99 305	105 689	269	...	...	...	...
Erlangen	105 629	51 762	53 867	77	...	...	...	...
Essen	574 635	276 429	298 206	210	...	...	...	...
Frankfurt am Main	679 664	333 129	346 535	248	...	...	...	...
Freiburg im Breisgau	224 191	107 097	117 094	153	...	...	...	...
Fürth	114 628	55 650	58 978	63	...	...	...	...
Gelsenkirchen	257 981	125 451	132 530	105	...	...	...	...
Göttingen	121 060	58 736	62 324	117	...	...	...	...
Hagen	188 529	90 871	97 658	160	...	...	...	...
Halle	232 963	110 580	122 383	135	...	...	...	...
Hamburg	1 786 448	873 712	912 736	755	...	...	...	...
Hamm	181 783	90 438	91 345	226	...	...	...	...
Hannover	522 686	252 671	270 015	204	...	...	...	...
Heidelberg	147 312	69 680	77 632	109	...	...	...	...
Heilbronn	122 879	60 722	62 157	100	...	...	...	...
Herne	164 762	80 993	83 769	51	...	...	...	...
Hildesheim	102 794	48 559	54 235	92	...	...	...	...
Ingolstadt	125 088	62 368	62 720	133	...	...	...	...
Jena	105 129	51 964	53 165	114	...	...	...	...
Karlsruhe	294 761	147 392	147 369	173	...	...	...	...
Kassel	195 530	93 909	101 621	107	...	...	...	...
Kiel	239 526	117 297	122 229	119	...	...	...	...
Koblenz	106 417	51 148	55 269	105	...	...	...	...
Köln	1 007 119	487 419	519 700	405	...	...	...	...
Krefeld	235 076	114 304	120 772	138	...	...	...	...
Leipzig	522 883	253 533	269 350	297	...	...	...	...
Leverkusen	160 772	77 817	82 955	79	...	...	...	...
Lübeck	210 232	100 054	110 178	214	...	...	...	...
Ludwigshafen am Rhein	164 351	81 983	82 368	78	...	...	...	...
Magdeburg	231 525	112 537	118 988	201	...	...	...	...
Mainz	199 237	95 860	103 377	98	...	...	...	...
Mannheim	313 174	155 702	157 472	145	...	...	...	...
Moers	105 506	50 866	54 640	68	...	...	...	...
Mönchengladbach	257 993	125 216	132 777	170	...	...	...	...
Mülheim an der Ruhr	167 344	80 252	87 092	91	...	...	...	...
München	1 353 186	655 997	697 189	311	...	...	...	...
Münster (Westf.)	279 803	131 317	148 486	303	...	...	...	...
Neuss	151 388	73 271	78 117	100	...	...	...	...
Nürnberg	505 664	244 731	260 933	186	...	...	...	...
Oberhausen	212 945	103 572	109 373	77	...	...	...	...
Offenbach am Main	120 435	60 473	59 962	45	...	...	...	...
Oldenburg	162 173	78 325	83 848	103	...	...	...	...
Osnabrück	164 119	78 654	85 465	120	...	...	...	...
Paderborn	146 283	71 934	74 349	180	...	...	...	...
Pforzheim	119 781	58 028	61 753	98	...	...	...	...
Potsdam	156 906	76 041	80 865	188	...	...	...	...
Recklinghausen	118 365	57 254	61 111	66	...	...	...	...
Regensburg	135 520	65 122	70 398	81	...	...	...	...
Remscheid	110 563	53 749	56 814	75	...	...	...	...
Reutlingen	112 484	54 819	57 665	87	...	...	...	...
Rostock	202 735	99 673	103 062	181	...	...	...	...
Saarbrücken	175 741	84 575	91 166	167	...	...	...	...
Salzgitter	102 394	50 140	52 254	224	...	...	...	...
Siegen	103 424	50 938	52 486	115	...	...	...	...
Solingen	159 927	77 412	82 515	90	...	...	...	...
Stuttgart	606 588	301 128	305 460	207	...	...	...	...
Trier	105 260	49 902	55 358	117	...	...	...	...

Continent, country or area, date, code and city / Continent, pays ou zone, date, code et ville	City proper - Ville proprement dite				Urban agglomeration - Agglomération urbaine			
	Population			Surface area - Superficie (km²)	Population			Surface area - Superficie (km²)
	Both sexes - Les deux sexes	Male - Masculin	Female - Féminin		Both sexes - Les deux sexes	Male - Masculin	Female - Féminin	
EUROPE								
Germany - Allemagne								
1 I 2011 (ESDJ)								
Ulm	122 801	60 480	62 321	119	...	...	...	...
Wiesbaden	275 976	132 695	143 281	204	...	...	...	...
Wolfsburg	121 451	59 660	61 791	204	...	...	...	...
Wuppertal	349 721	168 865	180 856	168	...	...	...	...
Würzburg	133 799	62 401	71 398	88	...	...	...	...
Gibraltar[59]								
1 VII 2010 (ESDF)								
GIBRALTAR	29 436	14 746	14 690	...	...	...	...	...
Greece - Grèce								
18 III 2001 (CDJC)								
ATHINAI	789 166[60]	374 900[60]	414 266[60]	39	...	...	...	...
Calithèa	115 150[60]	54 137[60]	61 013[60]	5	...	...	...	...
Iraclion	135 761[60]	66 956[60]	68 805[60]	52	...	...	...	...
Larissa	131 095[60]	64 000[60]	67 095[60]	88	...	...	...	...
Patrai	168 530[60]	82 981[60]	85 549[60]	57	...	...	...	...
Pésterion	146 743[60]	72 391[60]	74 352[60]	10	...	...	...	...
Pireas[60]	181 933	87 362	94 571	...	...	...	...	...
Thessaloniki[60]	385 406	180 122	205 284	...	...	...	...	...
Guernsey - Guernesey								
29 IV 2001 (CDJC)								
ST. PETER PORT	16 488	...	...	...	...	...	...	...
Holy See - Saint-Siège[61]								
1 VII 2000* (CDFC)								
VATICAN CITY	798[12]	529[12]	269[12]	0[62]	...	...	...	...
Hungary - Hongrie								
1 VII 2010 (ESDJ)								
BUDAPEST	1 727 621	789 570	938 051	525	2 540 239	1 181 486	1 358 753	2 538
Debrecen	207 643	95 988	111 656	462	243 086	113 483	129 603	805
Györ	130 873	61 305	69 568	175	189 148	89 932	99 217	783
Kecskemét	112 754	52 301	60 454	321	145 289	68 279	77 010	840
Miskolc	168 651	77 737	90 914	237	208 155	96 896	111 260	460
Nyiregyhaza	117 842	54 300	63 543	275	134 623	62 479	72 144	405
Pécs	157 701	72 168	85 533	163	182 638	84 475	98 163	430
Szeged	169 999	77 741	92 259	281	208 712	96 913	111 799	713
Székesfehérvar	101 958	47 535	54 423	171	127 091	60 067	67 024	543
Iceland - Islande[63]								
1 VII 2010 (ESDJ)								
REYKJAVIK	118 488	58 680	59 808	100	201 350[64]	100 044[64]	101 306[64]	...
Ireland - Irlande								
23 IV 2006 (CDFC)								
Cork	119 418	58 449	60 969	40	190 384	93 610	96 774	...
DUBLIN	506 211	248 087	258 124	118	1 045 769	512 031	533 738	...
Isle of Man - Île de Man								
23 IV 2006 (CDJC)								
DOUGLAS	26 218	13 000	13 218	...	...	...	...	...
Italy - Italie								
1 VII 2010 (ESDJ)								
Ancona	102 759	48 925	53 834	123	...	...	...	...
Bari	320 313	153 711	166 602	116	...	...	...	...
Bergamo	118 786	55 479	63 307	40	...	...	...	...
Bologna	378 701	177 326	201 375	141	...	...	...	...
Bolzano	103 582	49 570	54 012	52	...	...	...	...
Brescia	192 749	90 780	101 969	91	...	...	...	...
Cagliari	156 720	72 558	84 162	86	...	...	...	...
Catania	294 525	138 572	155 953	181	...	...	...	...
Ferrara	135 169	63 112	72 057	404	...	...	...	...
Firenze	370 092	172 694	197 398	102	...	...	...	...
Foggia	152 854	73 526	79 328	508	...	...	...	...
Forli	117 859	56 803	61 056	228	...	...	...	...
Genova	608 826	286 068	322 758	244	...	...	...	...
Giugliano in Campania	116 724	57 433	59 291	94	...	...	...	...
Latina	119 208	57 403	61 805	278	...	...	...	...
Livorno	160 937	76 823	84 114	104	...	...	...	...

8. Population of capital cities and cities of 100 000 or more inhabitants: latest available year, 1992 - 2011
Population des capitales et des villes de 100 000 habitants ou plus : dernière année disponible, 1992 - 2011 (continued - suite)

Continent, country or area, date, code and city / Continent, pays ou zone, date, code et ville	City proper - Ville proprement dite				Urban agglomeration - Agglomération urbaine			
	Population			Surface area - Superficie (km²)	Population			Surface area - Superficie (km²)
	Both sexes - Les deux sexes	Male - Masculin	Female - Féminin		Both sexes - Les deux sexes	Male - Masculin	Female - Féminin	
EUROPE								
Italy - Italie								
1 VII 2010 (ESDJ)								
Messina	242 684	115 543	127 141	211	...	...	...	...
Milano	1 315 803	624 277	691 526	182	...	...	...	...
Modena	183 889	88 002	95 887	183	...	...	...	...
Monza	122 129	58 474	63 655	33	...	...	...	...
Napoli	961 257	456 423	504 834	117	...	...	...	...
Novara	104 694	50 217	54 477	103	...	...	...	...
Padova	213 594	100 318	113 276	93	...	...	...	...
Palermo	655 979	311 076	344 903	159	...	...	...	...
Parma	185 579	88 203	97 376	261	...	...	...	...
Perugia	167 418	79 760	87 658	450	...	...	...	...
Pescara	123 070	57 597	65 473	33	...	...	...	...
Piacenza	102 947	49 114	53 833	118	...	...	...	...
Prato	187 405	91 134	96 271	98	...	...	...	...
Ravenna	158 100	76 815	81 285	653	...	...	...	...
Reggio di Calabria	186 201	89 354	96 847	24	...	...	...	...
Reggio nell'Emilia	168 883	82 241	86 642	232	...	...	...	...
Rimini	142 413	68 283	74 130	134	...	...	...	...
ROMA	2 752 637	1 297 335	1 455 302	1 308	...	...	...	...
Salerno	139 362	64 389	74 973	59	...	...	...	...
Sassari	130 512	62 717	67 795	546	...	...	...	...
Siracusa	123 809	60 356	63 453	204	...	...	...	...
Taranto	192 474	91 268	101 206	210	...	...	...	...
Terni	113 030	53 326	59 704	212	...	...	...	...
Torino	908 551	432 398	476 153	130	...	...	...	...
Trento	115 905	55 521	60 384	158	...	...	...	...
Trieste	205 530	96 308	109 222	84	...	...	...	...
Venezia	270 843	128 092	142 751	416	...	...	...	...
Verona	264 220	125 526	138 694	207	...	...	...	...
Vicenza	115 739	55 072	60 667	81	...	...	...	...
Jersey								
11 III 2001 (CDJC)								
ST. HELIER	28 310	13 669	14 641	9	...	...	...	...
Latvia - Lettonie								
1 VII 2010 (ESDJ)								
Daugavpils	103 396	46 227	57 169	72	...	...	...	...
RIGA	703 260	312 393	390 867	304	...	...	...	...
Liechtenstein								
1 VII 2010 (ESDJ)								
VADUZ	5 195	2 513	2 682	17	...	...	...	...
Lithuania - Lituanie[65]								
1 VII 2010 (ESDJ)								
Kaunas	342 768	152 831	189 937	157	...	...	...	...
Klaipeda	180 282	82 124	98 158	98	...	...	...	...
Panevezhis	110 494	50 215	60 279	50	...	...	...	...
Shauliai	123 211	55 813	67 398	81	...	...	...	...
VILNIUS	557 126	251 494	305 632	401	...	...	...	...
Luxembourg								
1 VII 2010 (ESDJ)								
LUXEMBOURG-VILLE	92 441	...	...	51	...	...	...	...
Malta - Malte								
1 VII 2010 (ESDJ)								
VALLETTA	6 280[66]	3 058[66]	3 222[66]	1	...	...	...	...
Monaco								
1 VII 2000 (ESDJ)								
MONACO	*32 020*	*15 544*	*16 476*	...	...	...	...	...
Montenegro - Monténégro								
1 VII 2009 (ESDJ)								
PODGORICA	180 810	88 381	92 429	1 441	...	...	...	...
Netherlands - Pays-Bas								
1 I 2011 (ESDJ)								
Almere	190 655	94 639	96 016	130	...	...	...	...
Amersfoort	146 592	71 979	74 613	63	175 201	85 980	89 221	122
AMSTERDAM	779 808	383 802	396 006	166	1 068 724	524 640	544 084	337

8. Population of capital cities and cities of 100 000 or more inhabitants: latest available year, 1992 - 2011
Population des capitales et des villes de 100 000 habitants ou plus : dernière année disponible, 1992 - 2011 (continued - suite)

Continent, country or area, date, code and city / Continent, pays ou zone, date, code et ville	City proper - Ville proprement dite				Urban agglomeration - Agglomération urbaine			
	Population			Surface area - Superficie (km²)	Population			Surface area - Superficie (km²)
	Both sexes - Les deux sexes	Male - Masculin	Female - Féminin		Both sexes - Les deux sexes	Male - Masculin	Female - Féminin	
EUROPE								
Netherlands - Pays-Bas								
1 I 2011 (ESDJ)								
Apeldoorn	...	...	...	...	156 199	77 088	79 111	340
Arnhem	148 070	73 507	74 563	98	149 582	74 260	75 322	126
Breda	174 599	85 006	89 593	127	...	...	...	...
Dordrecht	118 810	58 526	60 284	79	236 734	116 326	120 408	139
Ede	108 285	53 146	55 139	318	...	...	...	...
Eindhoven	216 036	109 977	106 059	88	330 152	166 592	163 560	199
Emmen	109 259	54 040	55 219	337	...	...	...	...
Enschede	157 838	80 122	77 716	141	...	...	...	...
Geleen-Sittard	...	...	...	...	137 071	67 445	69 626	121
Groningen	189 991	94 064	95 927	78	208 506	102 801	105 705	124
Haarlem	150 670	73 260	77 410	29	199 006	96 039	102 967	94
Haarlemmermeer	143 374	71 310	72 064	179	...	...	...	...
Heerlen-Kerkrade	...	...	...	...	204 182	100 807	103 375	109
Leiden	117 915	57 527	60 388	22	253 200	123 679	129 521	77
Maastricht	119 664	57 538	62 126	57	...	...	...	...
Nijmegen	164 223	78 582	85 641	54	...	...	...	...
Rotterdam	610 386	300 319	310 067	206	1 003 088	492 492	510 596	329
s-Gravenhage	...	...	...	...	639 652	312 813	326 839	180
s-Hertogenbosch	140 786	69 200	71 586	84	166 440	81 951	84 489	118
The Hague	495 083	244 040	251 043	82	...	...	...	...
Tilburg	206 240	102 366	103 874	117	229 047	113 670	115 377	159
Utrecht	311 367	150 571	160 796	95	469 712	228 404	241 308	167
Zaanstad	190 655	94 639	96 016	74	...	...	...	...
Zoetermeer	146 592	71 979	74 613	35	...	...	...	...
Zwolle	120 355	58 697	61 658	112	...	...	...	...
Norway - Norvège[67]								
1 VII 2010 (ESDJ)								
Bergen	258 496	128 962	129 534	445	...	...	...	...
OSLO	593 045	293 343	299 703	427	...	...	...	...
Stavanger	124 936	62 752	62 184	68	...	...	...	...
Trondheim	172 211	86 264	85 948	324	...	...	...	...
Poland - Pologne[68]								
1 VII 2010 (ESDJ)								
Bialystok	294 989	137 762	157 227	102[11]	...	...	...	...
Bielsko-Biala	175 183	82 653	92 530	125[11]	...	...	...	...
Bydgoszcz	356 936	166 932	190 004	176[11]	...	...	...	...
Bytom	182 209	87 977	94 232	69[11]	...	...	...	...
Chorzów	112 749	53 712	59 037	33[11]	...	...	...	...
Czestochowa	238 737	112 022	126 715	160[11]	...	...	...	...
Dabrowa Górnicza	127 589	61 350	66 239	189[11]	...	...	...	...
Elblag	126 379	60 547	65 832	80[11]	...	...	...	...
Gdansk	456 874	216 083	240 791	262[11]	...	...	...	...
Gdynia	247 539	117 641	129 898	135[11]	...	...	...	...
Gliwice	195 841	94 223	101 618	134[11]	...	...	...	...
Gorzów Wielkopolski	125 408	59 547	65 861	86[11]	...	...	...	...
Kalisz	106 857	49 854	57 003	69[11]	...	...	...	...
Katowice	307 699	145 309	162 390	165[11]	...	...	...	...
Kielce	204 446	96 498	107 948	110[11]	...	...	...	...
Koszalin	108 057	51 257	56 800	98[11]	...	...	...	...
Kraków	755 546	353 171	402 375	327[11]	...	...	...	...
Legnica	104 031	49 250	54 781	56[11]	...	...	...	...
Lódz	739 832	336 064	403 768	293[11]	...	...	...	...
Lublin	348 961	160 429	188 532	147[11]	...	...	...	...
Olsztyn	176 522	81 977	94 545	88[11]	...	...	...	...
Opole	125 722	58 767	66 955	97[11]	...	...	...	...
Plock	126 255	59 970	66 285	88[11]	...	...	...	...
Poznan	552 735	257 397	295 338	262[11]	...	...	...	...
Radom	223 110	106 356	116 754	112[11]	...	...	...	...
Ruda Slaska	143 219	69 668	73 551	78[11]	...	...	...	...
Rybnik	141 353	69 175	72 178	148[11]	...	...	...	...
Rzeszów	177 862	84 207	93 655	117[11]	...	...	...	...

8. Population of capital cities and cities of 100 000 or more inhabitants: latest available year, 1992 - 2011
Population des capitales et des villes de 100 000 habitants ou plus : dernière année disponible, 1992 - 2011 (continued - suite)

Continent, country or area, date, code and city Continent, pays ou zone, date, code et ville	City proper - Ville proprement dite				Urban agglomeration - Agglomération urbaine			
	Population			Surface area - Superficie (km²)	Population			Surface area - Superficie (km²)
	Both sexes - Les deux sexes	Male - Masculin	Female - Féminin		Both sexes - Les deux sexes	Male - Masculin	Female - Féminin	
EUROPE								
Poland - Pologne[68] 1 VII 2010 (ESDJ)								
Sosnowiec	218 422	103 612	114 810	91[11]	...	...	...	...
Szczecin	405 944	192 483	213 461	301[11]	...	...	...	...
Tarnów	114 960	54 406	60 554	72[11]	...	...	...	...
Torun	205 640	95 192	110 448	116[11]	...	...	...	...
Tychy	129 438	62 566	66 872	82[11]	...	...	...	...
Walbrzych	120 724	56 881	63 843	85[11]	...	...	...	...
WARSZAWA	1 716 855	789 106	927 749	517[11]	...	...	...	...
Wloclawek	117 196	55 163	62 033	84[11]	...	...	...	...
Wroclaw	632 561	294 850	337 711	293[11]	...	...	...	...
Zabrze	187 315	90 387	96 928	80[11]	...	...	...	...
Zielona Góra	117 545	54 998	62 547	58[11]	...	...	...	...
Portugal 1 VII 2010 (ESDJ)								
Amadora	170 152	81 013	89 139	24	...	...	...	...
LISBOA	474 697	215 430	259 267	85	...	...	...	...
Porto	207 673	93 598	114 075	41	...	...	...	...
Republic of Moldova - République de Moldova 1 I 2011 (ESDJ)								
Balti (Beltsy)	143 645	65 919	77 726	41	148 551	68 262	80 289	78
CHIŞINĂU (KISHINEV)	664 686	309 660	355 026	123	787 900	370 264	417 636	572
Romania - Roumanie 1 VII 2010 (ESDJ)								
Arad	164 665	76 912	87 753	253	...	...	...	...
Bacau	175 546	83 696	91 850	43	...	...	...	...
Baia Mare	138 182	65 986	72 196	233	...	...	...	...
Botosani	114 953	54 777	60 176	41	...	...	...	...
Braila	210 245	100 056	110 189	44	...	...	...	...
Brasov	276 914	131 428	145 486	267	...	...	...	...
BUCURESTI	1 942 254	906 769	1 035 485	238	...	...	...	...
Buzau	131 377	62 575	68 802	81	...	...	...	...
Cluj-Napoca	305 636	143 098	162 538	180	...	...	...	...
Constanta	301 221	141 386	159 835	125	...	...	...	...
Craiova	298 740	142 255	156 485	81	...	...	...	...
Drobeta Turnu-Severin	105 739	50 948	54 791	55	...	...	...	...
Galati	290 593	140 078	150 515	246	...	...	...	...
Iasi	309 631	146 025	163 606	94	...	...	...	...
Oradea	204 625	96 178	108 447	116	...	...	...	...
Piatra Neamt	106 611	50 451	56 160	77	...	...	...	...
Pitesti	166 594	78 915	87 679	41	...	...	...	...
Ploiesti	227 194	106 455	120 739	58	...	...	...	...
Rimnicu Vilcea	110 731	52 848	57 883	90	...	...	...	...
Satu-Mare	111 877	52 701	59 176	150	...	...	...	...
Sibiu	154 220	72 190	82 030	122	...	...	...	...
Suceava	107 317	51 397	55 920	52	...	...	...	...
Timisoara	311 428	145 358	166 070	122	...	...	...	...
Tirgu-Mures	143 939	67 887	76 052	49	...	...	...	...
Russian Federation - Fédération de Russie 14 X 2010* (CDJC)								
Abakan	165 200	...	...	...	...	...	...	...
Achinsk	109 200	...	...	...	...	...	...	...
Almetievsk	146 300	...	...	...	...	...	...	...
Angarsk	233 700	...	...	...	...	...	...	...
Arkhangelsk	348 700	...	...	...	...	...	...	...
Armavir	188 900	...	...	...	...	...	...	...
Artem (Primorskiy Krai)	102 600	...	...	...	...	...	...	...
Arzamas	106 300	...	...	...	...	...	...	...
Astrakhan	520 700	...	...	...	...	...	...	...
Balakovo	199 600	...	...	...	...	...	...	...
Balashikha	215 300	...	...	...	...	...	...	...
Barnaul	612 100	...	...	...	...	...	...	...
Bataisk	111 800	...	...	...	...	...	...	...
Belgorod	356 400	...	...	...	...	...	...	...

8. Population of capital cities and cities of 100 000 or more inhabitants: latest available year, 1992 - 2011
Population des capitales et des villes de 100 000 habitants ou plus : dernière année disponible, 1992 - 2011 (continued - suite)

Continent, country or area, date, code and city Continent, pays ou zone, date, code et ville	City proper - Ville proprement dite				Urban agglomeration - Agglomération urbaine			
	Population			Surface area - Superficie (km²)	Population			Surface area - Superficie (km²)
	Both sexes - Les deux sexes	Male - Masculin	Female - Féminin		Both sexes - Les deux sexes	Male - Masculin	Female - Féminin	
EUROPE								
Russian Federation - Fédération de Russie								
14 X 2010* (CDJC)								
Berezniki	156 500	...	...	...	...	...	...	...
Biisk	210 000	...	...	...	...	...	...	...
Blagoveshchensk (Amurskaya oblast)	214 400	...	...	...	...	...	...	...
Bratsk	246 300	...	...	...	...	...	...	...
Bryansk	415 600	...	...	...	...	...	...	...
Cheboksary	453 600	...	...	...	...	...	...	...
Chelyabinsk	1 130 300	...	...	...	...	...	...	...
Cherepovets	312 300	...	...	...	...	...	...	...
Cherkessk	121 400	...	...	...	...	...	...	...
Chita	323 900	...	...	...	...	...	...	...
Derbent	120 000	...	...	...	...	...	...	...
Dimitrovgrad	122 500	...	...	...	...	...	...	...
Dzerzhinsk (Nizhegorodskaya oblast)	240 800	...	...	...	...	...	...	...
Ekaterinburg	1 350 100	...	...	...	...	...	...	...
Elektrostal	155 300	...	...	...	...	...	...	...
Elets	108 400	...	...	...	...	...	...	...
Elista	103 700	...	...	...	...	...	...	...
Engels	202 400	...	...	...	...	...	...	...
Esentuky	101 000	...	...	...	...	...	...	...
Groznyi	271 600	...	...	...	...	...	...	...
Hasaviurt	133 900	...	...	...	...	...	...	...
Irkutsk	587 200	...	...	...	...	...	...	...
Ivanovo	409 300	...	...	...	...	...	...	...
Izhevsk	628 100	...	...	...	...	...	...	...
Kaliningrad (Kaliningradskaya oblast)	431 500	...	...	...	...	...	...	...
Kaluga	323 900	...	...	...	...	...	...	...
Kamensk-Uralsky	174 700	...	...	...	...	...	...	...
Kamyshin	119 900	...	...	...	...	...	...	...
Kaspiysk	103 900	...	...	...	...	...	...	...
Kazan	1 143 600	...	...	...	...	...	...	...
Kemerovo	532 900	...	...	...	...	...	...	...
Khabarovsk	577 700	...	...	...	...	...	...	...
Khimki	207 100	...	...	...	...	...	...	...
Kirov	473 700	...	...	...	...	...	...	...
Kislovodsk	128 500	...	...	...	...	...	...	...
Kolomna	144 600	...	...	...	...	...	...	...
Komsomolsk-na-Amure	263 900	...	...	...	...	...	...	...
Kopeysk	137 600	...	...	...	...	...	...	...
Korolev (Moskovskaya oblast)	183 500	...	...	...	...	...	...	...
Kostroma	268 600	...	...	...	...	...	...	...
Kovrov	145 500	...	...	...	...	...	...	...
Krasnodar	744 900	...	...	...	...	...	...	...
Krasnogorsk	116 700	...	...	...	...	...	...	...
Krasnoyarsk	973 900	...	...	...	...	...	...	...
Kurgan	333 600	...	...	...	...	...	...	...
Kursk	414 600	...	...	...	...	...	...	...
Kyzyl	109 900	...	...	...	...	...	...	...
Leninsk-Kuznetsky	101 700	...	...	...	...	...	...	...
Lipetsk	508 100	...	...	...	...	...	...	...
Lyubertsy	172 000	...	...	...	...	...	...	...
Magnitogorsk	408 400	...	...	...	...	...	...	...
Maikop	144 200	...	...	...	...	...	...	...
Makhachkala	578 000	...	...	...	...	...	...	...
Mezhdurechensk	102 000	...	...	...	...	...	...	...
Miass	151 800	...	...	...	...	...	...	...
MOSKVA	11 514 300	...	...	...	...	...	...	...
Murmansk	307 700	...	...	...	...	...	...	...
Murom	116 100	...	...	...	...	...	...	...
Mytishchi	173 300	...	...	...	...	...	...	...
Naberezhnye Tchelny	513 200	...	...	...	...	...	...	...
Nakhodka	159 700	...	...	...	...	...	...	...
Naltchik	240 100	...	...	...	...	...	...	...
Neftekamsk	121 800	...	...	...	...	...	...	...

8. Population of capital cities and cities of 100 000 or more inhabitants: latest available year, 1992 - 2011
Population des capitales et des villes de 100 000 habitants ou plus : dernière année disponible, 1992 - 2011 (continued - suite)

Continent, country or area, date, code and city / Continent, pays ou zone, date, code et ville	City proper - Ville proprement dite				Urban agglomeration - Agglomération urbaine			
	Population			Surface area - Superficie (km²)	Population			Surface area - Superficie (km²)
	Both sexes - Les deux sexes	Male - Masculin	Female - Féminin		Both sexes - Les deux sexes	Male - Masculin	Female - Féminin	

EUROPE

Russian Federation - Fédération de Russie
14 X 2010* (CDJC)

Nefteyugansk	123 300	...	...	...	...	...	...	...
Nevinnomyssk	118 400	...	...	...	...	...	...	...
Nizhnekamsk	234 100	...	...	...	...	...	...	...
Nizhnevartovsk	251 900	...	...	...	...	...	...	...
Nizhny Novgorod	1 250 600	...	...	...	...	...	...	...
Nizhny Tagil	361 900	...	...	...	...	...	...	...
Norilsk	175 300	...	...	...	...	...	...	...
Novocheboksarsk	124 100	...	...	...	...	...	...	...
Novocherkassk	169 000	...	...	...	...	...	...	...
Novokuybishevsk	108 400	...	...	...	...	...	...	...
Novokuznetsk	547 900	...	...	...	...	...	...	...
Novomoskovsk (Tulskaya oblast)	131 200	...	...	...	...	...	...	...
Novorossiysk	241 800	...	...	...	...	...	...	...
Novoshakhtinsk	111 100	...	...	...	...	...	...	...
Novosibirsk	1 473 700	...	...	...	...	...	...	...
Novy Urengoy	104 100	...	...	...	...	...	...	...
Noyabrsk	110 600	...	...	...	...	...	...	...
Obninsk	104 800	...	...	...	...	...	...	...
Odintsovo	139 000	...	...	...	...	...	...	...
Oktyabrsky	109 400	...	...	...	...	...	...	...
Omsk	1 154 000	...	...	...	...	...	...	...
Orekhovo-Zuevo	120 600	...	...	...	...	...	...	...
Orel	317 900	...	...	...	...	...	...	...
Orenburg	547 000	...	...	...	...	...	...	...
Orsk	239 800	...	...	...	...	...	...	...
Penza	517 100	...	...	...	...	...	...	...
Perm	991 500	...	...	...	...	...	...	...
Pervouralsk	124 500	...	...	...	...	...	...	...
Petropavlovsk-Kamchatsky	179 500	...	...	...	...	...	...	...
Petrozavodsk	263 500	...	...	...	...	...	...	...
Podolsk	188 000	...	...	...	...	...	...	...
Prokopyevsk	210 200	...	...	...	...	...	...	...
Pskov	203 300	...	...	...	...	...	...	...
Pushkino	102 800	...	...	...	...	...	...	...
Pyatigorsk	142 400	...	...	...	...	...	...	...
Rostov-na-Donu	1 089 900	...	...	...	...	...	...	...
Rubtsovsk	147 000	...	...	...	...	...	...	...
Ryazan	525 100	...	...	...	...	...	...	...
Rybinsk	200 800	...	...	...	...	...	...	...
Salavat	156 100	...	...	...	...	...	...	...
Samara (Samarskaya oblast)	1 164 900	...	...	...	...	...	...	...
Saransk	297 400	...	...	...	...	...	...	...
Sarapyul	101 400	...	...	...	...	...	...	...
Saratov	837 800	...	...	...	...	...	...	...
Sergiev Posad	110 900	...	...	...	...	...	...	...
Serpukhov	126 500	...	...	...	...	...	...	...
Severodvinsk	192 300	...	...	...	...	...	...	...
Seversk	108 500	...	...	...	...	...	...	...
Shakhty	240 100	...	...	...	...	...	...	...
Shchelkovo	110 400	...	...	...	...	...	...	...
Smolensk	326 900	...	...	...	...	...	...	...
Sochi	343 300	...	...	...	...	...	...	...
St. Petersburg	4 848 700	...	...	...	...	...	...	...
Stary Oskol	221 100	...	...	...	...	...	...	...
Stavropol	398 300	...	...	...	...	...	...	...
Sterlitamak	273 400	...	...	...	...	...	...	...
Surgut	306 700	...	...	...	...	...	...	...
Syktivkar	235 000	...	...	...	...	...	...	...
Syzran	178 800	...	...	...	...	...	...	...
Taganrog	257 700	...	...	...	...	...	...	...
Tambov	280 500	...	...	...	...	...	...	...
Tolyatti	719 500	...	...	...	...	...	...	...
Tomsk	522 900	...	...	...	...	...	...	...

8. Population of capital cities and cities of 100 000 or more inhabitants: latest available year, 1992 - 2011
Population des capitales et des villes de 100 000 habitants ou plus : dernière année disponible, 1992 - 2011 (continued - suite)

Continent, country or area, date, code and city Continent, pays ou zone, date, code et ville	City proper - Ville proprement dite				Urban agglomeration - Agglomération urbaine			
	Population			Surface area - Superficie (km²)	Population			Surface area - Superficie (km²)
	Both sexes - Les deux sexes	Male - Masculin	Female - Féminin		Both sexes - Les deux sexes	Male - Masculin	Female - Féminin	
EUROPE								
Russian Federation - Fédération de Russie								
14 X 2010* (CDJC)								
Tula....................................	501 100	...	...	...	...	...	...	...
Tver....................................	403 700	...	...	...	...	...	...	...
Tyumen.............................	581 800	...	...	...	...	...	...	...
Ufa.....................................	1 062 300	...	...	...	...	...	...	...
Ulan-Ude...........................	404 400	...	...	...	...	...	...	...
Ulyanovsk..........................	613 800	...	...	...	...	...	...	...
Ussuriisk...........................	158 000	...	...	...	...	...	...	...
Velikiy Novgorod................	218 700	...	...	...	...	...	...	...
Vladikavkaz (Osetinskaya ASSR)	311 600	...	...	...	...	...	...	...
Vladimir..............................	345 600	...	...	...	...	...	...	...
Vladivostok........................	592 100	...	...	...	...	...	...	...
Volgodonsk........................	170 600	...	...	...	...	...	...	...
Volgograd	1 021 200	...	...	...	...	...	...	...
Vologda	301 600	...	...	...	...	...	...	...
Volzhsky	314 400	...	...	...	...	...	...	...
Voronezh............................	890 000	...	...	...	...	...	...	...
Votkinsk.............................	100 000	...	...	...	...	...	...	...
Yakutsk..............................	269 500	...	...	...	...	...	...	...
Yaroslavl	591 500	...	...	...	...	...	...	...
Yoshkar-Ola.......................	248 700	...	...	...	...	...	...	...
Yuzhno-Sakhalinsk.............	181 700	...	...	...	...	...	...	...
Zheleznodorozhny..............	131 700	...	...	...	...	...	...	...
Zhukovsky..........................	102 700	...	...	...	...	...	...	...
Zlatoust..............................	175 000	...	...	...	...	...	...	...
San Marino - Saint-Marin								
1 VII 2004 (ESDF)								
SAN MARINO......................	4 464	2 168	2 296	...	...	...	...	...
Serbia - Serbie								
1 VII 2010 (ESDJ)								
BEOGRAD (BELGRADE)	1 338 998	623 068	715 930	389	1 639 505[69]	773 010[69]	866 495[69]	3 215[69]
Čačak.................................	73 891	35 537	38 354	38	115 303[69]	56 040[69]	59 263[69]	642[69]
Kragujevac	146 985	71 040	75 945	83	174 229[69]	84 579[69]	89 650[69]	847[69]
Kraljevo	64 359	30 978	33 381	22	118 343[69]	57 955[69]	60 388[69]	1 529[69]
Kruševac	57 179	27 162	30 017	11	126 860[69]	61 703[69]	65 157[69]	854[69]
Leskovac	64 516	31 335	33 181	24	147 959[69]	73 698[69]	74 261[69]	1 025[69]
Niš	184 635	88 725	95 910	43	255 699[69]	124 781[69]	130 918[69]	597[69]
Novi Sad	262 856	122 638	140 218	103	330 527[69]	156 133[69]	174 394[69]	699[69]
Pancevo.............................	90 481	43 385	47 096	162	123 700[69]	60 072[69]	63 628[69]	756[69]
Šabac	54 111	25 550	28 561	31	118 040[69]	57 735[69]	60 305[69]	795[69]
Smederevo	63 135	30 666	32 469	40	107 638[69]	53 045[69]	54 593[69]	481[69]
Subotica	106 734	50 876	55 858	164	143 919[69]	69 295[69]	74 624[69]	1 007[69]
Zrenjanin...........................	76 726	36 712	40 014	50	124 501[69]	60 575[69]	63 926[69]	1 327[69]
Slovakia - Slovaquie								
1 VII 2010 (ESDJ)								
BRATISLAVA.......................	432 060	203 009	229 051	368[11]	...	...	...	...
Kosice................................	233 967	111 464	122 503	237[11]	...	...	...	...
Slovenia - Slovénie								
1 I 2011 (CDJC)								
LJUBLJANA	272 220	130 862	141 358	164	274 319	131 927	142 392	171
Maribor	95 171	46 153	49 018	41	109 118	53 049	56 069	99
Spain - Espagne								
1 VII 2009 (ESDJ)								
A Coruña	246 052	114 453	131 599	38	...	...	...	...
Albacete	170 096	83 945	86 151	1 126	...	...	...	...
Alcalá de Henares..............	204 347	102 200	102 147	88	...	...	...	...
Alcobendas........................	109 592	53 281	56 311	45	...	...	...	...
Alcorcón	168 133	82 714	85 419	34	...	...	...	...
Algeciras............................	116 313	57 604	58 709	86	...	...	...	...
Alicante..............................	334 588	162 660	171 928	201	...	...	...	...
Almería	189 412	92 565	96 847	296	...	...	...	...
Badajoz	149 355	72 575	76 780	1 470	...	...	...	...
Badalona............................	219 217	109 823	109 394	21	...	...	...	...

8. Population of capital cities and cities of 100 000 or more inhabitants: latest available year, 1992 - 2011
Population des capitales et des villes de 100 000 habitants ou plus : dernière année disponible, 1992 - 2011 (continued - suite)

Continent, country or area, date, code and city Continent, pays ou zone, date, code et ville	City proper - Ville proprement dite				Urban agglomeration - Agglomération urbaine			
	Population			Surface area - Superficie (km²)	Population			Surface area - Superficie (km²)
	Both sexes - Les deux sexes	Male - Masculin	Female - Féminin		Both sexes - Les deux sexes	Male - Masculin	Female - Féminin	
EUROPE								
Spain - Espagne								
1 VII 2009 (ESDJ)								
Barcelona	1 620 437	770 807	849 630	98	...	...	...	...
Bilbao	354 024	167 519	186 505	41	...	...	...	...
Burgos	178 770	86 205	92 565	107	...	...	...	...
Cádiz	126 296	60 010	66 286	12	...	...	...	...
Cartagena	213 081	107 265	105 816	558	...	...	...	...
Castellón de la Plana	180 348	88 993	91 355	109	...	...	...	...
Córdoba	328 488	158 158	170 330	1 255	...	...	...	...
Donostia - San Sebastián	185 432	86 989	98 443	61	...	...	...	...
Dos Hermanas	124 015	61 408	62 607	161	...	...	...	...
Elche	230 467	115 413	115 054	326	...	...	...	...
Fuenlabrada	198 405	99 943	98 462	39	...	...	...	...
Getafe	168 147	83 357	84 790	78	...	...	...	...
Gijón	277 376	131 406	145 970	182	...	...	...	...
Granada	236 740	109 894	126 846	88	...	...	...	...
Hospitalet de Llobregat	257 840	126 792	131 048	14	...	...	...	...
Huelva	149 058	72 110	76 948	151	...	...	...	...
Jaén	116 674	56 361	60 313	424	...	...	...	...
Jérez de la Frontera	208 214	101 929	106 285	1 188	...	...	...	...
Las Palmas de Gran Canaria	382 578	186 567	196 011	...	...	...	...	...
Leganés	186 647	92 292	94 355	43	...	...	...	...
León	134 159	61 754	72 405	39	...	...	...	...
Lleida	136 653	68 040	68 613	212	...	...	...	...
Logroño	152 379	73 852	78 527	80	...	...	...	...
MADRID	3 264 497	1 534 985	1 729 512	606	...	...	...	...
Málaga	568 406	274 084	294 322	395	...	...	...	...
Marbella	135 473	66 126	69 347	117	...	...	...	...
Mataró	122 314	61 252	61 062	22	...	...	...	...
Móstoles	206 247	102 481	103 766	45	...	...	...	...
Murcia	439 108	217 623	221 485	886	...	...	...	...
Ourense	108 208	49 988	58 220	85	...	...	...	...
Oviedo	224 580	104 928	119 652	187	...	...	...	...
Palma de Mallorca	402 976	198 138	204 838	209	...	...	...	...
Pamplona	197 990	94 826	103 164	25	...	...	...	...
Parla	117 897	60 416	57 481	25	...	...	...	...
Reus	106 870	52 862	54 008	53	...	...	...	...
Sabadell	206 916	101 379	105 537	38	...	...	...	...
Salamanca	155 041	71 681	83 360	39	...	...	...	...
San Cristóbal de La Laguna	151 442	74 162	77 280	102	...	...	...	...
Santa Coloma de Gramanet	119 889	60 834	59 055	7	...	...	...	...
Santa Cruz de Tenerife	222 530	106 868	115 662	43	...	...	...	...
Santander	182 145	84 660	97 485	35	...	...	...	...
Sevilla	703 702	335 145	368 557	141	...	...	...	...
Spain: Torrevieja	101 442	51 471	49 971	71	...	...	...	...
Tarragona	140 254	69 374	70 880	62	...	...	...	...
Telde	100 458	49 995	50 463	...	...	...	...	...
Terrassa	211 833	105 368	106 465	70	...	...	...	...
Torrejón de Ardoz	118 302	59 639	58 663	33	...	...	...	...
Valencia	811 738	390 764	420 974	135	...	...	...	...
Valladolid	316 693	150 816	165 877	197	...	...	...	...
Vigo	297 228	141 684	155 544	109	...	...	...	...
Vitoria-Gasteiz	236 954	116 966	119 988	277	...	...	...	...
Zaragoza	674 719	328 326	346 393	973	...	...	...	...
Sweden - Suède								
1 VII 2007 (ESDJ)								
Göteborg	491 630	242 916	248 714	449	...	...	...	...
Helsingborg	124 188	60 672	63 516	346	...	...	...	...
Jönköping	122 952	60 462	62 490	1 485	...	...	...	...
Linköping	139 474	70 239	69 235	1 431	...	...	...	...
Malmö	278 523	135 997	142 526	154	...	...	...	...
Norrköping	126 072	62 323	63 749	1 491	...	...	...	...
Orebro	129 703	63 123	66 581	1 371	...	...	...	...
STOCKHOLM	789 024	384 243	404 781	187	...	...	...	...
Umeå	111 503	55 549	55 955	2 316	...	...	...	...

8. Population of capital cities and cities of 100 000 or more inhabitants: latest available year, 1992 - 2011
Population des capitales et des villes de 100 000 habitants ou plus : dernière année disponible, 1992 - 2011 (continued - suite)

Continent, country or area, date, code and city / Continent, pays ou zone, date, code et ville	City proper - Ville proprement dite				Urban agglomeration - Agglomération urbaine			
	Population			Surface area - Superficie (km²)	Population			Surface area - Superficie (km²)
	Both sexes - Les deux sexes	Male - Masculin	Female - Féminin		Both sexes - Les deux sexes	Male - Masculin	Female - Féminin	
EUROPE								
Sweden - Suède								
1 VII 2007 (ESDJ)								
Uppsala	186 364	91 149	95 215	2 465	...	...	...	...
Västerås	133 324	66 056	67 269	956	...	...	...	...
Switzerland - Suisse								
1 VII 2009 (ESDJ)								
Baden-Brugg	27 790	13 997	13 793	19	114 993	57 371	57 622	124
Bâle	165 489	78 922	86 567	24	496 020	240 076	255 944	481
BERNE	123 154	58 295	64 859	52	349 688	168 207	181 481	481
Fribourg	34 273	16 653	17 620	9	102 114	50 661	51 453	212
Genève	184 538	87 808	96 730	16	517 151	249 637	267 514	457
Lausanne	124 030	58 970	65 060	41	327 562	158 469	169 093	312
Lugano	54 727	25 746	28 981	32	134 174	64 011	70 163	228
Luzern	76 419	36 336	40 083	16	206 453	100 822	105 631	198
Olten-Zofingen	27 411	13 321	14 090	23	108 597	53 863	54 734	183
St. Gallen	72 313	35 050	37 263	39	149 015	72 887	76 128	175
Winterthur	98 774	48 046	50 728	68	135 954	66 526	69 428	151
Zug	25 743	12 971	12 772	22	106 257	53 590	52 667	180
Zürich	366 765	180 143	186 622	88	1 162 024	574 938	587 086	1 086
TFYR of Macedonia - L'ex-R. y. de Macédoine								
1 VII 2009 (ESDF)								
SKOPJE	529 051	259 383	269 668	...	...	...	...	...
Ukraine								
1 I 2011 (ESDJ)								
Alchevsk	112 520	51 541	60 979	49	...	...	...	...
Belaya Tserkov (Bila Crkva)	205 467	94 738	110 729	34	...	...	...	...
Berdyansk	117 364	52 045	65 319	83	120 499	53 525	66 974	90
Cherkassy	284 512	130 238	154 274	67	285 245	130 610	154 635	78
Chernigov	291 076	134 060	157 016	78	...	...	...	...
Chernovtsy	250 085	114 591	135 494	153	...	...	...	...
Dneprodzerzhinsk	242 649	108 939	133 710	118	249 557	112 043	137 514	138
Dnepropetrovsk	994 728	450 835	543 893	387	997 078	451 978	545 100	405
Donetsk (Donestskaya oblast)	953 384	421 388	531 996	363	969 487	428 683	540 804	571
Enakievo (Yenakievo)	85 975	38 123	47 852	67	135 491	60 863	74 628	425
Evpatoriya (Yevpatoriya)	104 110	46 423	57 687	43	120 098	53 710	66 388	66
Gorlovka	258 864	115 873	142 991	186	279 493	125 205	154 288	422
Ivano-Frankovsk	221 732	104 316	117 416	37	238 275	112 005	126 270	84
Kamyanetsk Podilsky	102 359	47 830	54 529	29	...	...	...	...
Kertch	147 810	66 578	81 232	108	...	...	...	...
Kharkov	1 426 933	653 431	773 502	306	...	...	...	...
Kherson	298 926	134 101	164 825	65	336 034	151 430	184 604	423
Khmelnitsky (Hmilnyk)	259 954	120 270	139 684	86	...	...	...	...
KIEV	2 757 892	1 273 526	1 484 366	836	...	...	...	...
Kirovograd	232 349	104 777	127 572	96	240 477	108 470	132 007	103
Kramatorsk	165 832	73 779	92 053	77	199 514	89 363	110 151	356
Krasny Lutch	83 990	38 722	45 268	58	126 368	58 578	67 790	154
Krementchug	225 996	102 778	123 218	96	...	...	...	...
Kryvy Rig	663 566	298 927	364 639	430	666 393	300 361	366 032	431
Lugansk	427 634	189 331	238 303	257	467 060	207 955	259 105	286
Lutsk	208 700	94 045	114 655	42	...	...	...	...
Lvov	725 342	339 476	385 866	149	752 187	352 198	399 989	171
Lysychansk	105 398	47 622	57 776	76	121 375	54 883	66 492	96
Makeyevka	356 465	160 674	195 791	185	395 372	178 742	216 630	426
Mariupol	463 270	210 590	252 680	150	485 125	220 852	264 273	244
Melitopol	156 988	71 029	85 959	43	...	...	...	...
Mykolaiv (Nikolaevskaya oblast)	494 253	223 560	270 693	260	...	...	...	...
Nikopol	123 838	55 212	68 626	50	...	...	...	...
Odessa	991 482	461 442	530 040	162	...	...	...	...
Pavlograd	111 587	51 372	60 215	59	...	...	...	...
Poltava	291 850	133 596	158 254	104	...	...	...	...
Rivne	246 418	112 729	133 689	58	...	...	...	...
Sevastopol	338 452	153 980	184 472	...	378 858	172 635	206 223	864
Severodonetsk	110 937	49 556	61 381	32	121 327	54 494	66 833	58
Simferopol	330 981	145 747	185 234	107	355 311	156 884	198 427	107
Slavyansk	116 490	50 678	65 812	61	135 576	59 408	76 168	74

8. Population of capital cities and cities of 100 000 or more inhabitants: latest available year, 1992 - 2011
Population des capitales et des villes de 100 000 habitants ou plus : dernière année disponible, 1992 - 2011 (continued - suite)

Continent, country or area, date, code and city / Continent, pays ou zone, date, code et ville	City proper - Ville proprement dite				Urban agglomeration - Agglomération urbaine			
	Population			Surface area - Superficie (km²)	Population			Surface area - Superficie (km²)
	Both sexes - Les deux sexes	Male - Masculin	Female - Féminin		Both sexes - Les deux sexes	Male - Masculin	Female - Féminin	
EUROPE								
Ukraine								
1 I 2011 (ESDJ)								
Sumy	270 214	121 951	148 263	111	273 077	123 308	149 769	146
Ternopol	215 964	100 045	115 919	59	...	...	...	...
Uzhgorod	114 863	53 397	61 466	32	...	...	...	...
Vinnutsya	367 652	168 150	199 502	69	...	...	...	...
Yevpatoriya	104 110	46 423	57 687	43	120 098	53 710	66 388	66
Zaporozhye	772 599	348 952	423 647	278	772 599	348 952	423 647	...
Zhitomir	270 498	124 816	145 682	61	...	...	...	...
United Kingdom of Great Britain and Northern Ireland - Royaume-Uni de Grande-Bretagne et d'Irlande du Nord[70]								
29 IV 2001 (CDFC)								
Aberdeen	...	...	...	...	212 125	103 818	108 307	...
Aberdeenshire	...	...	...	...	226 871	112 470	114 401	...
Aldershot	...	...	...	...	243 344	121 127	122 217	...
Angus	...	...	...	...	108 400	52 458	55 942	...
Basildon/North Benfleet	...	...	...	...	101 492	48 649	52 843	...
Bedford/Kempston	...	...	...	...	101 928	50 341	51 587	...
Belfast[71]	...	...	...	...	276 459	129 321	147 138	...
Birkenhead	...	...	...	...	319 675	152 133	167 542	...
Blackburn/Darwen	...	...	...	...	136 655	66 834	69 821	...
Blackpool	...	...	...	...	261 088	124 698	136 390	...
Bournemouth	...	...	...	...	383 713	182 875	200 838	...
Brighton/Worthing/Littlehampton	...	...	...	...	461 181	220 275	240 906	...
Bristol	...	...	...	...	551 066	269 689	281 377	...
Burnley/Nelson	...	...	...	...	149 796	72 657	77 139	...
Cambridge	...	...	...	...	131 465	65 343	66 122	...
Cardiff[72]	...	...	...	...	327 706	156 272	171 434	...
Cheltenham/Charlton Kings	...	...	...	...	110 320	53 526	56 794	...
Chesterfield/Staveley	...	...	...	...	100 879	49 204	51 675	...
Colchester	...	...	...	...	104 390	51 652	52 738	...
Coventry/Bedworth	...	...	...	...	336 452	166 666	169 786	...
Crawley	...	...	...	...	180 177	88 404	91 773	...
Dearne Valley	...	...	...	...	207 726	100 992	106 734	...
Derby	...	...	...	...	236 738	115 644	121 094	...
Doncaster	...	...	...	...	127 851	62 127	65 724	...
Dumfries & Galloway	...	...	...	...	147 765	71 303	76 462	...
Dundee	...	...	...	...	145 663	69 140	76 523	...
East Ayrshire	...	...	...	...	120 235	57 842	62 393	...
East Dunbartonshire	...	...	...	...	108 243	52 014	56 229	...
Eastbourne	...	...	...	...	106 562	49 369	57 193	...
Edinburgh[73]	...	...	...	...	448 624	214 711	233 913	...
Exeter	...	...	...	...	106 772	52 045	54 727	...
Falkirk	...	...	...	...	145 191	70 016	75 175	...
Fife	...	...	...	...	349 429	167 628	181 801	...
Glasgow	...	...	...	...	577 869	272 309	305 560	...
Gloucester	...	...	...	...	136 203	66 669	69 534	...
Grimsby/Cleethorpes	...	...	...	...	138 842	67 360	71 482	...
Hastings/Bexhill	...	...	...	...	126 386	59 247	67 139	...
High Wycombe	...	...	...	...	118 229	57 857	60 372	...
Highland	...	...	...	...	208 914	102 297	106 617	...
Ipswich	...	...	...	...	141 658	69 468	72 190	...
Kingston-upon-Hull	...	...	...	...	301 416	146 926	154 490	...
Leicester	...	...	...	...	441 213	214 060	227 153	...
Lincoln	...	...	...	...	104 221	50 794	53 427	...
Liverpool	...	...	...	...	816 216	389 119	427 097	...
LONDON[74]	...	...	...	...	8 278 251	4 007 297	4 270 954	...
Luton/Dunstable	...	...	...	...	236 318	117 707	118 611	...
Manchester	...	...	...	...	2 244 931	1 090 898	1 154 033	...
Mansfield	...	...	...	...	158 114	76 884	81 230	...
Milton Keynes	...	...	...	...	184 506	91 441	93 065	...
Newport	...	...	...	...	139 298	66 884	72 414	...
North Ayrshire	...	...	...	...	135 817	64 238	71 579	...
North Lanarkshire	...	...	...	...	321 067	153 966	167 101	...

8. Population of capital cities and cities of 100 000 or more inhabitants: latest available year, 1992 - 2011
Population des capitales et des villes de 100 000 habitants ou plus : dernière année disponible, 1992 - 2011 (continued - suite)

Continent, country or area, date, code and city / Continent, pays ou zone, date, code et ville	City proper - Ville proprement dite				Urban agglomeration - Agglomération urbaine			
	Population			Surface area - Superficie (km²)	Population			Surface area - Superficie (km²)
	Both sexes - Les deux sexes	Male - Masculin	Female - Féminin		Both sexes - Les deux sexes	Male - Masculin	Female - Féminin	

EUROPE

United Kingdom of Great Britain and Northern Ireland - Royaume-Uni de Grande-Bretagne et d'Irlande du Nord[70]
29 IV 2001 (CDFC)

Northampton	...	...	...	...	197 199	96 670	100 529	...
Norwich	...	...	...	...	194 839	94 523	100 316	...
Nottingham	...	...	...	...	666 358	327 851	338 507	...
Nuneaton	...	...	...	...	132 236	64 837	67 399	...
Oxford	...	...	...	...	143 016	70 462	72 554	...
Perth & Kinross	...	...	...	...	134 949	65 172	69 777	...
Peterborough	...	...	...	...	136 292	66 139	70 153	...
Plymouth	...	...	...	...	243 795	119 076	124 719	...
Portsmouth	...	...	...	...	442 252	216 341	225 911	...
Preston	...	...	...	...	264 601	129 665	134 936	...
Reading/Wokingham	...	...	...	...	369 804	185 475	184 329	...
Renfrewshire	...	...	...	...	172 867	82 525	90 342	...
Scottish Borders	...	...	...	...	106 764	51 361	55 403	...
Sheffield	...	...	...	...	640 720	312 619	328 101	...
Slough	...	...	...	...	141 848	70 286	71 562	...
South Ayrshire	...	...	...	...	112 097	53 406	58 691	...
South Lanarkshire	...	...	...	...	302 216	144 206	158 010	...
Southampton	...	...	...	...	304 400	151 534	152 866	...
Southend	...	...	...	...	269 415	129 650	139 765	...
Southport/Formby	...	...	...	...	115 882	54 337	61 545	...
St. Albans/Hatfield	...	...	...	...	114 710	56 585	58 125	...
Sunderland	...	...	...	...	182 974	88 892	94 082	...
Swansea	...	...	...	...	270 506	130 648	139 858	...
Swindon	...	...	...	...	155 432	77 551	77 881	...
Teesside	...	...	...	...	365 323	176 475	188 848	...
Telford	...	...	...	...	138 241	67 770	70 471	...
Thanet	...	...	...	...	119 144	56 266	62 878	...
The Medway Towns	...	...	...	...	231 659	114 069	117 590	...
The Potteries	...	...	...	...	362 403	176 467	185 936	...
Torbay	...	...	...	...	110 366	52 551	57 815	...
Tyneside	...	...	...	...	879 996	425 119	454 877	...
Warrington	...	...	...	...	158 195	77 334	80 861	...
West Lothian	...	...	...	...	158 714	76 701	82 013	...
West Midlands	...	...	...	...	2 284 093	1 109 397	1 174 696	...
West Yorkshire	...	...	...	...	1 499 465	724 818	774 647	...
Wigan	...	...	...	...	166 840	81 254	85 586	...
York	...	...	...	...	137 505	66 142	71 363	...

OCEANIA - OCÉANIE

American Samoa - Samoas américaines[15]
1 IV 2000 (CDJC)

PAGO PAGO	4 278	2 086	2 192	...	...	...	...	...

Australia - Australie[75]
1 VII 2010* (ESDJ)

Adelaide	1 203 186	588 259	614 927	1 827	...	...	...	...
Albury-Wodonga	106 052	52 541	53 511	4 401	...	...	...	...
Brisbane	2 043 185	1 013 453	1 029 732	5 964	...	...	...	...
Cairns	150 920	75 750	75 170	491	...	...	...	...
CANBERRA	358 222	178 242	179 980	808	...	...	...	...
Canberra-Queanbeyan	410 419	204 631	205 788	2 387	...	...	...	...
Darwin	127 532	67 095	60 437	3 123	...	...	...	...
Geelong	178 650	87 782	90 868	388	...	...	...	...
Gold Coast-Tweed	591 473	292 960	298 513	1 252	...	...	...	...
Greater Wollongong	292 190	145 757	146 433	1 089	...	...	...	...
Hobart	214 705	104 549	110 156	1 358	...	...	...	...
Launceston	106 153	51 966	54 187	803	...	...	...	...
Melbourne	4 077 036	2 021 534	2 055 502	7 693	...	...	...	...
Newcastle	546 788	270 978	275 810	4 052	...	...	...	...
Perth	1 696 065	852 066	843 999	5 386	...	...	...	...

8. Population of capital cities and cities of 100 000 or more inhabitants: latest available year, 1992 - 2011
Population des capitales et des villes de 100 000 habitants ou plus : dernière année disponible, 1992 - 2011 (continued - suite)

Continent, country or area, date, code and city / Continent, pays ou zone, date, code et ville	City proper - Ville proprement dite				Urban agglomeration - Agglomération urbaine			
	Population			Surface area - Superficie (km²)	Population			Surface area - Superficie (km²)
	Both sexes - Les deux sexes	Male - Masculin	Female - Féminin		Both sexes - Les deux sexes	Male - Masculin	Female - Féminin	
OCEANIA - OCÉANIE								
Australia - Australie[75]								
1 VII 2010* (ESDJ)								
Sunshine Coast	251 081	122 372	128 709	463	...	...	...	...
Sydney	4 575 532	2 261 612	2 313 920	12 138	...	...	...	...
Toowoomba	131 258	64 285	66 973	554	...	...	...	...
Townsville	172 316	87 045	85 271	455	...	...	...	...
Cook Islands - Îles Cook[76]								
1 XII 2001 (CDFC)								
RAROTONGA	12 188	...	...	...	...	...	...	...
Fiji - Fidji								
25 VIII 1996 (CDFC)								
SUVA	77 366	38 518	38 848	...	167 975	83 910	84 065	...
French Polynesia - Polynésie française								
7 XI 2002 (CDFC)								
PAPEETE	26 181	...	...	...	124 864	...	...	...
Guam								
1 IV 2000 (CDJC)								
AGANA	1 100[15]	672[15]	428[15]	3	...	...	...	...
Kiribati								
7 XI 2000* (CDFC)								
TARAWA	...	...	...	...	36 717	...	...	...
Marshall Islands - Îles Marshall								
1 VI 1999 (CDFC)								
MAJURO	23 676	12 075	11 601	...	...	...	...	...
Micronesia (Federated States of) - Micronésie (États fédérés de)								
1 IV 2000 (CDJC)								
PALIKIR	6 227	...	...	...	...	...	...	...
Nauru								
17 IV 1992 (CDFC)								
YAREN	672	...	...	...	...	...	...	...
New Caledonia - Nouvelle-Calédonie								
16 IV 1996 (CDFC)								
NOUMEA	76 293	38 443	37 850	46	118 823	60 327	58 496	1 643
New Zealand - Nouvelle-Zélande								
1 VII 2011 (ESDJ)								
Auckland	1 486 000[77]	729 600[77]	756 400[77]	5 945[78]	...	...	...	...
Christchurch	367 700	180 100	187 600	1 539[78]	380 900	186 600	194 300	608[78]
Dunedin	126 000	61 000	65 000	3 350[78]	119 700	58 800	60 900	257[78]
Hamilton	145 700	70 700	75 000	110[78]	206 400	100 500	105 900	1 100[78]
Lower Hutt	103 000	50 500	52 500	377[78]	...	...	...	...
Napier-Hastings	...	...	...	...	124 800	60 200	64 600	390[78]
Tauranga	115 700	55 700	60 000	175[78]	121 500	58 600	62 900	185[78]
WELLINGTON	200 100	97 700	102 400	290[78]	393 400	192 700	200 700	448[78]
Niue - Nioué								
7 IX 2001 (CDFC)								
ALOFI	615	...	...	...	...	...	...	...
Norfolk Island - Île Norfolk								
1 VII 1997 (ESDF)								
KINGSTON	800	...	...	...	...	...	...	...
Northern Mariana Islands - Îles Mariannes septentrionales								
1 IV 2000 (CDFC)								
GARAPAN	3 588	...	...	...	...	...	...	...
Palau - Palaos								
15 IV 2000 (CDFC)								
KOROR	10 600	...	...	...	...	...	...	...
Papua New Guinea - Papouasie-Nouvelle-Guinée								
9 VII 2000 (CDFC)								
PORT MORESBY	254 158	138 974	115 184	...	...	...	...	...
Pitcairn								
31 XII 1993 (ESDF)								
ADAMSTOWN	53	25	28	0[79]	...	...	...	...

8. Population of capital cities and cities of 100 000 or more inhabitants: latest available year, 1992 - 2011
Population des capitales et des villes de 100 000 habitants ou plus : dernière année disponible, 1992 - 2011 (continued - suite)

Continent, country or area, date, code and city Continent, pays ou zone, date, code et ville	City proper - Ville proprement dite				Urban agglomeration - Agglomération urbaine			
	Population			Surface area - Superficie (km²)	Population			Surface area - Superficie (km²)
	Both sexes - Les deux sexes	Male - Masculin	Female - Féminin		Both sexes - Les deux sexes	Male - Masculin	Female - Féminin	
OCEANIA - OCÉANIE								
Samoa								
5 XI 2001 (CDFC)								
APIA	38 836	...	...	...	...	...	...	...
Solomon Islands - Îles Salomon								
21 XI 1999 (CDFC)								
HONIARA	49 107	...	...	...	...	...	...	...
Tonga								
1 VII 2000 (ESDF)								
NUKU'ALOFA	*84 2. 1*	*47 382*	*47 04.*	...	*. 7 . . 3*	*42 442*	*42 884*	...
Tuvalu								
1 XI 2002 (CDFC)								
FUNAFUTI	4 492	2 281	2 211	...	...	...	...	...
Vanuatu								
16 XI 1999 (CDJC)								
PORT VILA	29 356	...	...	...	...	...	...	...
Wallis and Futuna Islands - Îles Wallis et Futuna								
3 X 1996 (CDFC)								
META-UTU	1 137	...	...	...	...	...	...	...

FOOTNOTES - NOTES

The capital city of each country is shown in capital letters. Figures in italics are estimates of questionable reliability. For definition of city proper and urban agglomeration, method of evaluation and limitations of data see Technical Notes for this table. - Le nom de la capitale de chaque pays est imprimé en majuscules. Les chiffres en italique sont des estimations dont la fiabilité n'est pas assurée. Pour la définition de la ville proprement dite et de l'agglomération urbaine, et pour les méthodes d'évaluation et les insuffisances de données, voir les notes techniques pour ce tableau.

Italics: estimates which are less reliable. - Italiques : estimations moins sûres.

* Provisional. - Données provisoires.

'Code' indicates the source of data, as follows:
CDFC - Census, de facto, complete tabulation
CDFS - Census, de facto, sample tabulation
CDJC - Census, de jure, complete tabulation
CDJS - Census, de jure, sample tabulation
SSDF - Sample survey, de facto
SSDJ - Sample survey, de jure
ESDF - Estimates, de facto
ESDJ - Estimates, de jure

Le 'Code' indique la source des données, comme suit :
CDFC - Recensement, population de fait, tabulation complète
CDFS - Recensement, population de fait, tabulation par sondage
CDJC - Recensement, population de droit, tabulation complète
CDJS - Recensement, population de droit, tabulation par sondage
SSDF - Enquête par sondage, population de fait
SSDJ - Enquête par sondage, population de droit
ESDF - Estimations, population de fait
ESDJ - Estimations, population de droit

[1] Data refer to national projections. - Les données se réfèrent aux projections nationales.
[2] Data refer to the urban commune of Antananarivo. - Pour la commune urbaine de Antananarivo.
[3] Excludes the islands of St. Brandon and Agalega. - Non compris les îles St. Brandon et Agalega.
[4] Data are based on projections from the 2002 Census. - Données fondées sur des projections tirées du recensement de 2002.

[5] Bloemfontein is the judicial capital, Cape Town is the legislative capital and Pretoria is the administrative capital. - Bloemfontein est la capitale judiciaire, Le Cap est la capitale législative et Pretoria est la capitale administrative.
[6] Comprising the Northern Region (former Saguia el Hamra) and Southern Region (former Rio de Oro). - Comprend la région septentrionale (ancien Saguia-el-Hamra) et la région méridionale (ancien Rio de Oro).
[7] Excluding the institutional population. - Non compris la population dans les institutions.
[8] Surface area is 0.28 Km2. - Superficie: 0,28 Km2.
[9] Updated postcensal estimates. Estimates adjusted for census net undercoverage (including adjustment for incompletely enumerated Indian reserves). - Estimations post censitaires mises à jour. Ajusté pour la sous-estimation du recensement (y compris les réservations en Inde incomplètement énumérées).
[10] Area (Sq.Km) are based on the 2006 Census boundaries. - La superficie (kilomètres carrés) est fondée sur les limites du recensement de 2006.
[11] Surface area includes interior waters. - La superficie comprend les eaux intérieures.
[12] Population statistics are compiled from registers. - Les statistiques de la population sont compilées à partir des registres.
[13] Total represents population in private dwellings, the non-institutional population and persons found on the streets between the hours of 5am and 7am on September 26, 2001; the figures represent the census counts adjusted for under-coverage. - Le total représente la population vivant dans des logements privés et les personnes trouvées dans la rue entre 5 et 7 heures du matin le 26 septembre 2001, mais ne tient pas compte des personnes vivant dans des établissements; les chiffres sont ceux du recensement corrigés pour tenir compte du sous-dénombrement.
[14] Data refer to projections based on the 2000 Population Census. - Les données se réfèrent aux projections basées sur le recensement de la population de 2000.
[15] Including armed forces stationed in the area. - Y compris les militaires en garnison sur le territoire.
[16] Excluding armed forces overseas and civilian citizens absent from the country for an extended period of time. City refers to a type of incorporated place in 49 states and the District of Columbia, that has an elected government and provides a range of government functions and services. Also included are Honolulu, Hawaii Census Designated Place (CDP), for which the Census Bureau reports data under agreement with the State of Hawaii (instead of the combined city and county of Honolulu), and Arlington, VA CDP (which is coextensive with Arlington County - an entirely urban county that provides the same levels of services and functions as a municipality). - Non compris les militaires à l'étranger, et les civils hors du pays pendant une période prolongée. Par ville, on entend un lieu doté de la personnalité morale dans 49 États et dans le district de Columbia, qui a un gouvernement élu et fournit tout un ensemble de fonctions et de services publics.

Sont également inclus Honolulu, lieu chargé du recensement pour Hawaii, pour lequel le Census Bureau établit les données en accord avec l'État de Hawaii (au lieu de la ville et du comté d'Honolulu), et Arlington, lieu chargé du recensement pour la Virginie, qui est de même étendue que le comté d'Arlington, lequel est un comté entièrement urbain qui offre les mêmes niveaux de services et de fonctions qu'une municipalité.

[17] Data refer to private households only. Data refer to projections based on the 2001 Population Census. - Les données concernent les ménages privés seulement. Les données se réfèrent aux projections basées sur le recensement de la population de 2001.

[18] The urban agglomeration of Buenos Aires includes the city of Buenos Aires, and the 24 parts of the Buenos Aires province; among them, General San Martín, La Matanza, Lanús, Lomas de Zamora, Morón, Quilmes, San Fernando, San Isidro y Vicente López. - L'agglomération urbaine de Buenos Aires englobe la ville de Buenos Aires et les 24 circonscriptions de la province de Buenos Aires, dont General San Martín, La Matanza, Lanús, Lomas de Zamora, Morón, Quilmes, San Fernando, San Isidro y Vicente López.

[19] The urban agglomeration of Tucumán-Tafí Viejo includes San Miguel de Tucumán. - L'agglomération urbaine de Tucumán-Tafí Viejo englobe San Miguel de Tucumán.

[20] Excluding interior waters. - Eaux intérieures non comprises.

[21] Includes the cities of Puente Alto and San Bernardo. - Y compris les villes de Puente Alto et de San Bernardo.

[22] Data based on the Population Census of 2005. - Données fondées sur le recensement de la population de 2005.

[23] The Metropolitan Area of Asunción is made up of Asunción and the 19 Central Department districts. - La zone métropolitaine d'Asunción est composée d'Asunción et de 19 districts du Département central.

[24] Data refer to the Province of Lima and the Constitutional Province of Callao. - Les données concernent la province de Lima et la province constitutionnelle de Callao.

[25] Projections based on the 2001 Population Census. - Projections fondées sur le recensement de la population de 2001.

[26] Based on the 2008 Population and Housing Census. Excluding foreign diplomatic personnel and their dependants. - Basée sur le recensement de la population et de l'habitat de 2008. Non compris le personnel diplomatique étranger et les membres de leur famille les accompagnant.

[27] Because of rounding, totals are not in all cases the sum of the respective components. - Les chiffres étant arrondis, les totaux ne correspondent pas toujours rigoureusement à la somme des composants respectifs.

[28] Lefkosia urban agglomeration is composed of Lefkosia municipality, Agios Dometios, Egkomi, Strovolos, Aglangia, Lakatameia, Anthoupoli, Latsia and Geri. - L'agglomération urbaine de Lefkosia se comprend de la municipalité de Lefkosia et Agios Dometios, Egkomi, Strovolos, Aglangia, Lakatameia, Anthoupoli, Latsia et Geri.

[29] Lemesos urban agglomeration is composed of Lemesos municipality, Mesa Geitonia, Agios Athanasios, Germasogeia, Pano Polemidia, Ypsonas, Kato Polemidia, and parts of Mouttagiaka, Agios Tychon, Parekklisia, Monagrouli, Moni, Pyrgos and Tserkezoi. - L'agglomération urbaine de Lemesos se comprend de la municipalité de Lemesos et Mesa Geitonia, Agios Athanasios, Germasogeia, Pano Polemidia, Ypsonas, Kato Polemidia, et certaines parties des Mouttagiaka, Agios Tychon, Parekklisia, Monagrouli, Moni, Pyrgos et Tserkezoi.

[30] Including data for the Indian-held part of Jammu and Kashmir, the final status of which has not yet been determined. - Y compris les données pour la partie du Jammu et du Cachemire occupée par l'Inde dont le statut définitif n'a pas encore été déterminé.

[31] Data for urban agglomeration include New Delhi. - Les données pour l'agglomération urbaine y compris New Delhi.

[32] Data for urban agglomeration include Bally, Baranagar, Barrackpur, Bhatpara, Calcutta Municipal Corporation, Chandan Nagar, Garden Reach, Houghly-Chinsura, Howrah, Jadarpur, Kamarhati, Naihati, Panihati, Serampore, South Dum Dum, South Suburban, and Titagarh. - Les données pour l'agglomération urbaine y compris Bally, Baranagar, Barrackpur, Bhatpara, Calcutta Municipal Corporation, Chandan Nagar, Garden Reach, Houghly Chinsura, Howrah, Jadarpur, Kamarhati, Naihati, Panihati, Serampopre, South Dum Dum, South Suburban et Titagarh.

[33] Included in urban agglomeration of Delhi. Data refer to the New Delhi Municipal Council. - Comprise dans l'agglomération urbaine de Delhi. Les données se rapportent au New Delhi Municipal Council.

[34] Designation and data provided by Israel. The position of the United Nations on the question of Jerusalem is contained in General Assembly resolution 181 (II) and subsequent resolutions of the General Assembly and the Security Council concerning this question. Including East Jerusalem. - Appelation de données fournies par Israël. La position des Nations Unies concernant la question de Jérusalem est décrite dans la resolution 181 (II) de l'Assemblée générale et résolutions ultérieures de l'Assemblée générale et du Conseil de sécurité sur cette question. Y compris Jérusalem-Est.

[35] Excluding diplomatic personnel outside the country and foreign military and civilian personnel and their dependants stationed in the area. - Non compris le personnel diplomatique hors du pays ni les militaires et agents civils étrangers en poste sur le territoire et les membres de leur famille les accompagnant.

[36] Land areas are based on the "Municipalities Area Statistics of Japan, 2010" published by the Geospatial Information Authority of Japan, Ministry of Land, Infrastructure, Transport and Tourism. The areas with indefinable boundaries are estimated by the Statistics Bureau, Ministry of Internal Affairs and Communications. - Les zones terrestres sont déterminées selon les statistiques relatives aux municipalités du Japon en 2010, publiées par l'Autorité japonaise d'information géospatiale du Ministère de l'aménagement foncier, des infrastructures, des transports et du tourisme. Les zones sans délimitations définissables font l'objet d'une estimation réalisée par le Bureau de la statistique du Ministère des affaires intérieures et des communications.

[37] Data for Tokyo refer to 23 ku (wards) of Tokyo. Excluding diplomatic personnel outside the country and foreign military and civilian personnel and their dependants stationed in the area. - Données relatives à Tokyo concernant 23 ku (arrondissements de la ville). Non compris le personnel diplomatique hors du pays ni les militaires et agents civils étrangers en poste sur le territoire et les membres de leur famille les accompagnant.

[38] Data refer to annual average of resident population. - Les données correspondent à la population résidente annuelle moyenne.

[39] Based on the results of the 2005 Population and Housing Census. - Données fondées sur les résultats du recensement de la population et de l'habitat de 2005.

[40] Based on the results of a household survey. - D'après les résultats d'une enquête des ménages.

[41] Excluding data for the Pakistan-held part of Jammu and Kashmir, the final status of which has not yet been determined, and for Junagardh, Manavadar, Gilgit and Baltistan. - Non compris les données pour la partie de Jammu-Cachemire occupée par le Pakistan dont le status definitif n'a pas encore été déterminé, et le Junagardh, le Manavadar, le Gilgit et le Baltistan.

[42] Data refer to total population, which comprises Singapore residents and non-residents. - Les données se rapportent à la population totale composé des résidents de Singapour et les non résidents.

[43] The Population and Housing Census 2001 did not cover the whole area of the country due to the security problems; data refer to the 18 districts for which the census was completed only (in three districts it was not possible to conduct the census at all and in four districts it was partially conducted). - Le recensement de la population et du logement de 2001 n'a pas été réalisé sur la superficie totale du pays à cause de problèmes de sécurité; les données ne concernent que les 18 districts entièrement recensés (3 districts n'ont pas été recensés du tout, et 4 ont été recensés en partie).

[44] Covering Seyhan and Yuregir districts in Adana. - Y compris la population des districts de Seyhan et de Yuregir.

[45] Covering Altindag, Cankaya, Etimesgut, Golbasi, Kecioren, Mamak, Sincan, and Yenimahalle districts in Ankara. - Y compris la population des districts de Altindag, de Cankaya, de Etimesgut, de Golbasi, de Kecioren, de Mamak, de Sincan, et de Yenimahalle.

[46] Covering Nilufer, Osmangazi and Yildirim districts in Bursa. - Y compris la population des districts de Nilufer, de Osmangazi et de Yildirim.

[47] District centre. - Le centre du district.

[48] Covering Sahinbey and Sehitkamil districts in Gaziantep. - Y compris la population des districts de Sahinbey et de Sehitkamil.

[49] Covering Adalar, Avcilar, Bagcilar, Bahcelievler, Bakirkoy, Bayrampasa, Besiktas, Beykoz, Beyoglu, Eminonu, Esenler, Eyup, Fatih, Gaziosmanpasa, Gungoren, Kadikoy, Kagithane, Kartal, Kucukcekmece, Maltepe, Pendik, Sariyer, Sisli, Sultanbeyli, Tuzla, Umraniye, Uskudar, Zentinburnu districts in Istanbul. - Y compris la population des districts de Adalar, de Avcilar, de Bagcilar, de Bahcelievler, de Bakirkoy, de Bayrampasa, de Besiktas, de Beykoz, de Beyoglu, de Eminonu, de Esenler, de Eyup, de Fatih, de Gaziosmanpasa, de Gungoren, de Kadikoy, de Kagithane, de Kartal, de Kucukcekmece, de Maltepe, de Pendik, de Sariyer, de Sisli, de Sultanbeyli, de Tuzla, de Umraniye, de Uskudar, et de Zentinburnu.

[50] Covering Bolcova, Bornova, Buca, Cigli, Gaziemir, Guzelbahce, Karsiyaka, Konak and Narlidere districts in Izmir. - Y compris la population des districts de Bolcova, de Bornova, de Buca, de Cigli, de Gaziemir, de Guzelbahce, de Karsiyaka, de Konak et de Narlidere.

[51] Covering Kocasinan and Melikgazi districts in Kayseri. - Y compris la population des districts de Kocasinan et de Melikgazi.

[52] Including Cholon. - Y compris Cholon.

[53] City proper refers to commune or municipality. - La ville proprement dite se rapporte à la commune ou à la municipalité.

[54] Average annual population based on the final data of 2009 Population Census. - La population annuelle moyenne est évaluée à partir des résultats définitifs du recensement de la population de 2009.

55 City proper refers to the 'town' which is a local self-government unit at the same level as a municipality, and represents a natural, urban, economic and social unity. - La ville proprement dite correspond à la commune qui est une unité locale auto-administrée au meme titre qu'une municipalité, et représente une entité naturelle, urbaine, économique et sociale.

56 Excluding Faeroe Islands and Greenland shown separately, if available. - Non compris les Iles Féroé et le Groenland, qui font l'objet de rubriques distinctes, si disponible.

57 Data for cities proper refer to communes which are centres for urban agglomeration. - Les données concernant les villes proprement dites se rapportent à des communes qui sont des centres d'agglomérations urbaines.

58 Data refer to French territory of this international agglomeration. - Les données se rapportent aux habitants de cette agglomération internationale qui vivent en territoire francais.

59 Excluding military personnel, visitors and transients. - Non compris les militaires, ni les visiteurs et transients.

60 Including armed forces stationed outside the country and alien armed forces in the area. - Y compris les militaires nationaux hors du pays et les militaires étrangers en garnison sur le territoire.

61 Data refer to the Vatican City State. - Les données se rapportent à l'Etat de la Cité du Vatican.

62 Surface area is 0.44 Km2. - Superficie: 0,44 Km2.

63 The boundaries of the city are related to the boundaries of the respective commune. - Les limites de la ville correspondent aux limites de la commune respective.

64 The urban agglomeration of the capital area includes the following communes: Bessastaðahreppur, Garðabær, Hafnarfjörður, Kjósarhreppur, Kópavogur, Mosfellsbær ,Reykjavík, Seltjarnarnes. - L'agglomération urbaine de la capitale comprend les communes suivantes : Bessastaðahreppur, Garðabær, Hafnarfjörður, Kjósarhreppur, Kópavogur, Mosfellsbær ,Reykjavík, Seltjarnarnes.

65 City refers to densely built-up residential areas with a resident population of more than 3000 persons. - Une ville est définie comme une zone résidentielle agglomérée avec une population permanente de plus de 3000 personnes.

66 Including civilian nationals temporarily outside the country. - Y compris les civils nationaux temporairement hors du pays.

67 Excluding Svalbard and Jan Mayen Islands shown separately, if available. - Non compris Svalbard et Jan Mayen qui font l'objet de rubriques distinctes, si disponible.

68 City is defined as an administratively separated area entitled to civil (municipal) rights. - Une ville est définie comme une zone administrativement distincte dotée de droits municipaux.

69 Data for urban agglomeration refer to communes which are administrative divisions. - Les données pour l'agglomération urbaine se rapportent aux communes qui sont des divisions administrative.

70 Excluding Channel Islands (Guernsey and Jersey) and Isle of Man, shown separately, if available. Data refer to urban areas with more than 100 000 residents. - Non compris les îles Anglo-Normandes (Guernesey et Jersey) et l'île de Man, qui font l'objet de rubriques distinctes, si disponible. Les données se rapportent aux zones urbaines avec plus de 100 000 résidents.

71 Capital of Northern Ireland. - Capitale de l'Irlande du Nord.

72 Capital of Wales for certain purposes. - Considérée à certains égards comme la capitale du pays de Galles.

73 Capital of Scotland. - Capitale de l'Ecosse.

74 'Greater London' conurbation as reconstituted in 1965 and comprising 32 new Greater London Boroughs. - Ensemble urbain du 'Grand Londres', tel qu'il a été reconstitué en 1965, comprenant 32 nouveaux Greater London Boroughs.

75 It is not possible to distinguish for all regions between 'city proper' and 'urban agglomeration' areas, therefore data has been included under 'city proper'. - Il n'est pas possible de distinguer pour toutes les régions entre 'ville proprement dite' et 'agglomération urbaine', et les données sont donc présentées sous 'ville proprement dite'.

76 Excluding Niue, shown separately, which is part of Cook Islands, but because of remoteness is administered separately. - Non compris Nioué, qui fait l'objet d'une rubrique distincte et qui fait partie des îles Cook, mais qui, en raison de son éloignement, est administrée séparément.

77 A new unitary authority called the Aukland Council area has started on 1 November 2010 at a territorial authority level that includes two districts and four cities (North Shore, Waitakere, Auckland, and Manukau). - Une nouvelle autorité unitaire dénommée Conseil de la région d'Auckland a été mise en place le 1er novembre 2010 en tant qu'autorité territoriale englobant deux districts et quatre villes (North Shore, Waitakere, Auckland et Manukau).

78 Excludes inland water and oceanic areas. - Exclut les eaux intérieures et les zones océaniques.

79 Surface area is 0.24 Km2. - Superficie: 0,24 Km2.

Table 9

Table 9 presents live births and crude birth rates by urban/rural residence for as many years as possible between 2007 and 2011.

Description of variables: Live birth is defined as the complete expulsion or extraction from its mother of a product of conception, irrespective of the duration of pregnancy, which after such separation, breathes or shows any other evidence of life such as beating of the heart, pulsation of the umbilical cord, or definite movements of voluntary muscles, whether or not the umbilical cord has been cut or the placenta is attached; each product of such a birth is considered live-born[1].

Statistics on the number of live births are obtained from civil registers unless otherwise noted. For those countries or areas where civil registration statistics on live births are considered reliable the birth rates shown have been calculated on the basis of registered live births.

For certain countries, there is a discrepancy between the total number of live births shown in this table and those shown in subsequent tables for the same year. Usually this discrepancy arises because the total number of live births occurring in a given year is revised but not the remaining tabulations.

Rate computation: Crude birth rates are the annual number of live births per 1 000 mid-year population.

Rates by urban/rural residence are the annual number of live births, in the appropriate urban or rural category, per 1 000 corresponding mid-year population. Rates are calculated only for data considered complete, that is, coded with a "C" and for estimates and live births statistics for the 12 month period prior to the census date, coded with a "|". These rates are calculated by the Statistics Division of the United Nations based on the appropriate reference population (for example: total population, nationals only, etc.) if known and available. If the reference population is not known or unavailable, the total population is used to calculate the rates. Therefore, if the population that is used to calculate the rates is different from the correct reference population, the rates presented might under- or overstate the true situation in a country or area.

Rates presented in this table are limited to those countries or areas having a minimum number of 30 live births in a given year.

Reliability of data: Each country or area has been asked to indicate the estimated completeness of the live births recorded in its civil register. These national assessments are indicated by the quality codes "C" and "U" that appear in the first column of this table.

"C" indicates that the data are estimated to be virtually complete, that is, representing at least 90 per cent of the live births occurring each year, whereas "U" indicates that data are estimated to be incomplete, that is, representing less than 90 per cent of the live births occurring each year. A third code "..." indicates that no information was provided regarding completeness.

Data from civil registers that are reported as incomplete or of unknown completeness (coded "U" or "...") are considered unreliable. They appear in italics in this table and rates are not calculated for these data.

These quality codes apply only to data from civil registers. If data from other sources are presented, the symbol "|" is shown instead of the quality code. For more information about the quality of vital statistics data in general, and the information available on the basis of the completeness estimates in particular, see section 4.2 of the Technical Notes.

Limitations: Statistics on live births are subject to the same qualifications as have been set forth for vital statistics in general and birth statistics in particular as discussed in section 4 of the Technical Notes.

The reliability of data, an indication of which is described above, is an important factor in considering the limitations. In addition, some live births are tabulated by date of registration and not by date of occurrence; these have been indicated by a plus sign "+". Whenever the lag between the date of occurrence and date of registration is prolonged and, therefore, a large proportion of the live birth registrations are delayed, birth statistics for any given year may be seriously affected.

Another factor that limits international comparability is the practice of some countries or areas not to include in live birth statistics infants who were born alive but died before the registration of the birth or within the first 24 hours of life, thus underestimating the total number of life births. Statistics of this type are footnoted.

In addition, it should be noted that rates are affected also by the quality and limitations of the population estimates that are used in their computation. The problems of under-enumeration or over-enumeration and, to some extent, the differences in definition of total population have been discussed in section 3 of the Technical Notes dealing with population data in general, and specific information pertaining to individual countries or areas is given in the footnotes to table 3.

The rates estimated from the results of sample surveys are subject to possibilities of considerable error as a result of omissions in reporting of births, or as a result of erroneous reporting of births that occurred outside the reference period. However, rates estimated from sample surveys have the advantage of the availability of a built-in and strictly corresponding population base.

It should be emphasized that crude birth rates - like crude death, marriage and divorce rates - may be seriously affected by the age-sex structure of the populations to which they relate. Nevertheless, they do provide a simple measure of the level of and changes in natality.

The urban/rural classification of birth may refer to the residence of mother or the place of delivery, as the national practices vary and is provided by each country or area. In addition, the comparability of data by urban/rural residence is affected by the national definition of urban and rural used in tabulating these data. It is assumed, in the absence of specific information to the contrary, that the definitions of urban and rural used in connection with the national population census were also used in the compilation of the vital statistics for each country or area. However, it cannot be ruled out that, for a given country or area, different definitions of urban and rural are used for the vital statistics data and the population census data respectively. When known, the definitions of urban used in national population census are presented at the end of the technical notes to table 6. As discussed in detail in the technical notes to table 6, these definitions vary considerably from one area or country to another. Urban/rural differentials in vital rates may also be affected by whether the vital events have been tabulated in terms of place of occurrence or place of usual residence. This problem is discussed in more detail in section 4.1.4.1 of the Technical notes.

Earlier data: Live births have been shown in each issue of the *Demographic Yearbook*. Information on the years and specific topics covered is presented in the Historical Index.

NOTES

[1] *Principles and Recommendations for a Vital Statistics System Revision 2,* Sales No. E. 01.XVII.10, United Nations, New York, 2001.

Tableau 9

Le tableau 9 présente des données sur les naissances vivantes et les taux bruts de natalité selon le lieu de résidence (zone urbaine ou rurale) pour le plus grand nombre d'années possible entre 2007 et 2011.

Description des variables : La naissance vivante est l'expulsion ou l'extraction complète du corps de la mère, indépendamment de la durée de gestation, d'un produit de la conception qui, après cette séparation, respire ou manifeste tout autre signe de vie, tel que battement de cœur, pulsation du cordon ombilical ou contraction effective d'un muscle soumis à l'action de la volonté, que le cordon ombilical ait été coupé ou non et que le placenta soit ou non demeuré attaché ; tout produit d'une telle naissance est considéré comme « enfant né vivant »[1].

Sauf indication contraire, les statistiques relatives au nombre de naissances vivantes sont établies sur la base des registres de l'état civil. Pour les pays ou zones où les statistiques obtenues auprès des services de l'état civil sont jugées sûres, les taux de natalité indiqués ont été calculés par la Division de statistique de l'ONU d'après les naissances vivantes enregistrées.

Pour quelques pays il y a une discordance entre le nombre total des décès présenté dans ce tableau et ceux présentés après pour la même année. Habituellement ces différences apparaissent lorsque le nombre total des décès pour une certaine année a été révisé alors que les autres tabulations ne l'ont pas été.

Calcul des taux : Les taux bruts de natalité représentent le nombre annuel de naissances vivantes pour 1 000 habitants au milieu de l'année.

Les taux selon le lieu de résidence (zone urbaine ou rurale) représentent le nombre annuel de naissances vivantes, classées selon la catégorie urbaine ou rurale appropriée pour 1 000 habitants au milieu de l'année. Les taux ont été calculés seulement pour les données considérées complètes, c'est-à-dire celles associées au code « C », ainsi que pour les estimations et les statistiques des naissances vivantes dans la periode des douze mois précédante la date de recensement associées au code « | ». Ces taux sont calculés par la division de statistique des Nations Unies sur la base de la population de référence adéquate (par exemple : population totale, nationaux seulement, etc.) si connue et disponible. Si la population de référence n'est pas connue ou n'est pas disponible, la population totale est utilisée pour calculer les taux. Par conséquent, si la population utilisée pour calculer les taux est différente de la population de référence adéquate, les taux présentés sont susceptibles de sous ou sur estimer la situation réelle d'un pays ou d'un territoire.

Les taux présentés dans ce tableau se rapportent seulement aux pays ou zones où l'on a enregistré un nombre minimal de 30 naissances vivantes au cours d'une année donnée.

Fiabilité des données : Il a été demandé à chaque pays ou zone d'indiquer le degré estimatif de complétude des données sur les naissances vivantes figurant dans ses registres d'état civil. Ces évaluations nationales sont signalées par les codes de qualité "C" et "U" qui apparaissent dans la deuxième colonne du tableau.

La lettre "C" indique que les données sont jugées à peu près complètes, c'est-à-dire qu'elles représentent au moins 90 p. 100 des naissances vivantes survenues chaque année ; la lettre "U" signifie que les données sont jugées incomplètes, c'est-à-dire qu'elles représentent moins de 90 p. 100 des naissances vivantes survenues chaque année. Un troisième code, "...", indique qu'aucun renseignement n'a été communiqué quant à la complétude des données.

Les données provenant des registres de l'état civil qui sont déclarées incomplètes ou dont le degré de complétude n'est pas connu (code "U" ou "...") sont jugées douteuses. Elles apparaissent en italique dans le tableau. Les taux pour ces données ne sont pas calculés.

Les codes de qualité ne s'appliquent qu'aux données provenant des registres de l'état civil. Si l'on présente des données autres que celles de l'état civil, le signe "|" est utilisé à la place du code de qualité. Pour plus de précisions sur la qualité des données reposant sur les statistiques de l'état civil en général et les estimations de complétude en particulier, voir la section 4.2 des Notes techniques.

Insuffisance des données : Les statistiques concernant les naissances vivantes appellent toutes les réserves qui ont été formulées à propos des statistiques de l'état civil en général et des statistiques des naissances en particulier (voir la section 4 des Notes techniques).

La fiabilité des données, au sujet de laquelle des indications ont été fournies plus haut, est un facteur important. Il faut également tenir compte du fait que, dans certains cas, les données relatives aux naissances vivantes sont exploitées selon la date de l'enregistrement et non selon la date de l'événement ; ces cas ont été signalés par le signe '+'. Chaque fois que le décalage entre l'événement et son enregistrement est grand et qu'une forte proportion des naissances vivantes fait l'objet d'un enregistrement tardif, les statistiques des naissances vivantes pour une année donnée peuvent être considérablement faussées.

Un autre facteur qui nuit à la comparabilité internationale est la pratique de certains pays ou zones qui consiste à ne pas inclure dans les statistiques des naissances vivantes les enfants nés vivants mais décédés avant l'enregistrement de leur naissance ou dans les 24 heures qui ont suivi la naissance, pratique qui conduit à sous-estimer le nombre total de naissances vivantes. Lorsque ce facteur a joué, cela a été signalé en note à la fin du tableau.

La qualité et les limitations des estimations concernant la population ont également une incidence sur le calcul des taux. Les problèmes liés au sur-dénombrement ou au sous-dénombrement et, dans une certaine mesure, aux différences dans la définition de la population totale ont été abordés à la section 3 des Notes techniques relative aux données sur la population en général et des précisions sur certains pays ou zones sont données dans les notes se rapportant au tableau 3.

Les taux estimatifs fondés sur les résultats d'enquêtes par sondage comportent des possibilités d'erreurs considérables dues soit à des omissions dans les déclarations, soit au fait que l'on a déclaré à tort des naissances survenues en réalité hors de la période considérée. Toutefois, les taux estimatifs fondés sur les résultats d'enquêtes par sondage présentent un gros avantage : le chiffre de population utilisé comme base est, par définition, rigoureusement correspondant.

Il faut souligner que les taux bruts de natalité, de même que les taux bruts de mortalité, de nuptialité et de divortialité, peuvent varier très sensiblement selon la structure par âge et par sexe de la population à laquelle ils se rapportent. Ils offrent néanmoins un moyen simple de mesurer le niveau et l'évolution de la natalité.

La classification des naissances selon le lieu de résidence (zone urbaine ou rurale) peut se rapporter au lieu de résidence de la mère ou au lieu d'occurrence et correspond à celle indiquée par chaque pays ou zone. En outre, la comparabilité des données selon le lieu de résidence (zone urbaine ou rurale) peut être limitée par les définitions nationales des termes « urbain » et « rural » utilisées pour la mise en tableaux de ces données. En l'absence d'indications contraires, on a supposé que les mêmes définitions avaient servi pour le recensement national de la population et pour l'établissement des statistiques de l'état civil pour chaque pays ou zone. Toutefois, il n'est pas exclu que, pour une zone ou un pays donné, des définitions différentes aient été retenues. Les définitions du terme « urbain » utilisées pour les recensements nationaux de population ont été présentées à la fin des notes techniques du tableau 6 lorsqu'elles étaient connues. Comme on l'a précisé dans les notes techniques relatives au tableau 6, ces définitions varient considérablement d'un pays ou d'une zone à l'autre. La différence entre ces taux pour les zones urbaines et rurales pourra aussi être faussée selon que les faits d'état civil auront été classés d'après le lieu de l'événement ou le lieu de résidence habituel. Ce problème est examiné plus en détail à la section 4.1.4.1 des Notes techniques.

Données publiées antérieurement : Les différentes éditions de l'*Annuaire démographique* contiennent des données sur les naissances vivantes. Pour plus de précisions concernant les années et les sujets pour lesquels des données ont été publiées, se reporter à l'index historique.

NOTES

[1] *Principes et recommandations pour un système de statistique de l'état civil, deuxième révision,* numéro de vente : F.01.XVII.10, publication des Nations Unies, New York, 2003.

9. Live births and crude birth rates, by urban/rural residence: 2007 - 2011
Naissances vivantes et taux bruts de natalité selon la résidence, urbaine/rurale : 2007 - 2011

Continent, country or area, and urban/rural residence / Continent, pays ou zone et résidence, urbaine/rurale	Co-de[a]	Number - Nombre					Rate - Taux				
		2007	2008	2009	2010	2011	2007	2008	2009	2010	2011
AFRICA - AFRIQUE											
Algeria - Algérie[1]											
Total	C	783 000	817 000	849 000	887 810	...	23.0	23.6	24.1	24.7	...
Burkina Faso[2]											
Total	I	663 100	679 200	...	...	...	46.5	46.1	...	...	...
Cape Verde - Cap-Vert											
Total	C	12 335	12 697	13 044	13 415	...	25.1	25.4	25.6	25.9	...
Egypt - Égypte											
Total	+C	1 949 569	2 050 704	2 217 409	2 261 409	*2 442 094	26.5	27.3	28.8	28.7	*30.4
Urban - Urbaine	+C	763 798	799 571	913 141	900 085	...	24.1	24.8	27.6	26.6	...
Rural - Rurale	+C	1 185 771	1 251 134	1 304 268	1 361 324	...	28.3	29.1	29.7	30.3	...
Ethiopia - Éthiopie[3]											
Total	I	2 218 457	...	...	...	...	28.8	...	...	...	...
Urban - Urbaine	I	240 167	...	...	...	...	18.9	...	...	...	...
Rural - Rurale	I	1 978 290	...	...	...	...	30.7	...	...	...	...
Ghana[4]											
Total	+U	767 109	553 119[5]	...	...	...	...	...	...	...	...
Kenya											
Total	U	464 283	660 383	691 312	...	...	...	...	...	...	...
Urban - Urbaine	U	280 471	436 480	462 476	...	...	...	...	...	...	...
Rural - Rurale	U	183 812	223 903	228 836	...	...	...	...	...	...	...
Liberia - Libéria[6]											
Total	I	...	63 171	...	...	...	...	18.2	...	...	...
Malawi											
Total[2]	U	626 181	...	...	...	...	...	...	...	...	...
Total[7]	I	...	516 629	...	...	...	...	37.9	...	...	...
Mauritius - Maurice[8]											
Total	+C	17 034	16 372	15 344	15 005	14 701	13.5	12.9	12.0	11.7	11.4
Urban - Urbaine	+C	6 467	6 284	5 895	5 731	...	12.2	11.8	11.1	10.7	...
Rural - Rurale	+C	10 567	10 088	9 449	9 274	...	14.4	13.7	12.7	12.4	...
Niger											
Total	...	118 423	...	...	...	...	...	...	...	...	...
Nigeria - Nigéria											
Total	...	1 807 025	...	...	...	...	...	...	...	...	...
Réunion[9]											
Total	C	14 808	14 927	14 299	14 146	...	18.6	18.5	17.5	17.1	...
Rwanda											
Total	U	404 792	417 171	429 065	...	...	...	...	...	...	...
Saint Helena ex. dep. - Sainte-Hélène sans dép.											
Total	C	42	36	35	34	34	10.6	9.0	8.5	8.0	...
Senegal - Sénégal[10]											
Total	I	477 431	488 754	498 714	509 230	...	41.4	41.3	41.0	40.7	...
Urban - Urbaine	I	188 780	194 084	198 984	204 137	...	40.3	40.3	40.2	40.1	...
Rural - Rurale	I	288 651	294 670	299 730	305 093	...	42.2	41.9	41.5	41.1	...
Seychelles											
Total	+C	1 499	1 546	1 580	1 504	1 625	17.6	17.8	18.1	16.8	18.6
Sierra Leone											
Total	...	...	115 736	101 868	...	...	...	...	...	...	...
South Africa - Afrique du Sud											
Total	U	1 047 067	1 062 689	1 000 741	939 646	1 059 417	...	...	...	...	...
Swaziland[3]											
Total	I	33 084	...	...	...	...	32.4	...	...	...	...
Tunisia - Tunisie											
Total	C	177 503	182 990	...	...	...	17.4	17.7	...	...	...
United Republic of Tanzania - République Unie de Tanzanie											
Total	...	...	...	...	1 678 325	...	...	...	...	...	...
AMERICA, NORTH - AMÉRIQUE DU NORD											
Anguilla											
Total	+C	148	154	181	182	185	9.9	9.9	11.3	11.1	11.1

Continent, country or area, and urban/rural residence / Continent, pays ou zone et résidence, urbaine/rurale	Code[a]	Number - Nombre					Rate - Taux				
		2007	2008	2009	2010	2011	2007	2008	2009	2010	2011
AMERICA, NORTH - AMÉRIQUE DU NORD											
Antigua and Barbuda - Antigua-et-Barbuda											
Total	+C	1 295	1 452	1 418	1 255	...	15.1	16.6	15.9	13.8	...
Aruba											
Total	C	1 239	1 218	1 213	1 141	...	11.9	11.6	11.3	11.2	...
Bahamas											
Total	U	5 854	5 124[11]	5 027[11]	...	...	...	...	...	...	...
Barbados - Barbade											
Total	+C	3 537	...	...	...	...	12.9	...	...	...	...
Bermuda - Bermudes[12]											
Total	C	859	821	819	*769	...	13.4	12.8	12.7	*11.9	...
Canada[13]											
Total	C	367 864	377 886	380 863	...	...	11.2	11.3	11.3	...	...
Cayman Islands - Îles Caïmanes[14]											
Total	C	744	793	824	821	800	13.8	14.2	15.6	15.0	14.5
Costa Rica											
Total	C	73 144	75 187	75 000	*70 922	*73 459	16.5	16.6	16.2	*15.5	*15.9
Urban - Urbaine	C	28 883	28 828	28 308	*26 047	...	11.0	10.8	10.4	*9.3	...
Rural - Rurale	C	44 261	46 359	46 692	*44 875	...	24.3	24.9	24.6	*25.6	...
Cuba											
Total	C	112 472	122 569	130 036	127 746	...	10.0	10.9	11.6	11.4	...
Urban - Urbaine	C	84 828	93 735	99 754	99 099	...	10.0	11.1	11.8	11.7	...
Rural - Rurale	C	27 644	28 834	30 282	28 647	...	10.0	10.4	10.9	10.3	...
Dominica - Dominique											
Total	+C	904	964	943	933	...	12.7	13.5	13.2	...	...
Dominican Republic - République dominicaine											
Total	U	133 925	136 721	134 874	121 159	...	...	...	...	...	...
Urban - Urbaine	U	106 732	109 385	112 458	100 581	...	...	...	...	...	...
Rural - Rurale	U	27 193	27 336	22 416	20 578	...	...	...	...	...	...
El Salvador[15]											
Total	C	106 471	111 278	107 880	...	...	17.5	18.2	17.5	...	...
Urban - Urbaine	C	68 439	69 427	68 529	...	...	18.2	18.1	17.6	...	...
Rural - Rurale	C	38 032	41 851	39 351	...	...	16.3	18.2	17.4	...	...
Greenland - Groenland											
Total	C	853	834	895	869	*821	15.1	14.8	15.9	15.4	*14.5
Urban - Urbaine	C	728	677	736	737	*705	15.5	14.4	15.6	15.5	*14.7
Rural - Rurale	C	125	157	159	132	*116	13.2	17.0	17.5	14.9	*13.4
Guadeloupe[9]											
Total	C	6 862	5 758	5 487	5 341	...	17.1	14.3	13.7	13.3	...
Guatemala											
Total	C	366 128	369 769	...	...	...	27.4	27.0	...	...	...
Honduras											
Total	+U	223 063	223 390	223 483	223 345	224 409	...	...	...	...	...
Jamaica - Jamaïque[16]											
Total	C	45 590	44 838	44 006	41 333	41 216	17.0	16.7	16.3	15.3	15.2
Martinique[9]											
Total	C	5 317	5 333	5 174	4 889	...	13.4	13.4	13.1	12.3	...
Urban - Urbaine	C	4 822	...	...	...	...	...	...	...	...	...
Rural - Rurale	C	495	...	...	...	...	...	...	...	...	...
Mexico - Mexique[17]											
Total	+U	2 186 374	*2 243 145	...	...	...	...	...	...	...	...
Urban - Urbaine[18]	+U	1 610 796	*1 607 242	...	...	...	...	...	...	...	...
Rural - Rurale[18]	+U	503 155	*508 590	...	...	...	...	...	...	...	...
Montserrat											
Total	+C	43	72	...	...	...	8.9	14.8	...	...	...
Nicaragua											
Total	+U	128 171	125 028	...	...	...	...	...	...	...	...
Urban - Urbaine	+U	64 803	65 690	...	...	...	...	...	...	...	...
Rural - Rurale	+U	63 368	59 338	...	...	...	...	...	...	...	...
Panama											
Total	C	67 364	68 759	68 364	67 955	*73 292	20.2	20.3	19.8	19.4	*20.1
Urban - Urbaine	C	41 146	42 326	42 483	42 225	...	19.3	19.4	19.1	18.7	...
Rural - Rurale	C	26 218	26 433	25 881	25 730	...	21.8	21.7	21.1	20.7	...

Continent, country or area, and urban/rural residence / Continent, pays ou zone et résidence, urbaine/rurale	Co-de[a]	Number - Nombre					Rate - Taux				
		2007	2008	2009	2010	2011	2007	2008	2009	2010	2011

AMERICA, NORTH - AMÉRIQUE DU NORD

Puerto Rico - Porto Rico											
Total	C	46 744	45 675	...	...	...	11.9	11.6	...	...	...
Urban - Urbaine[18]	C	...	23 899	...	...	...	...	...	...	...	...
Rural - Rurale[18]	C	...	21 750	...	...	...	...	...	...	...	...
Saint Vincent and the Grenadines - Saint-Vincent-et-les Grenadines											
Total	+C	1 822	1 901	1 905	...	...	18.2	19.2	18.9		...
Turks and Caicos Islands - Îles Turques et Caïques[19]											
Total	C	455	453	...	...	...	13.1	12.4	...	...	...
United States of America - États-Unis d'Amérique											
Total	C	4 316 233	4 247 694	4 130 665	...	...	14.3	14.0	13.5	...	...
United States Virgin Islands - Îles Vierges américaines											
Total	C	1 771	...	...	...	...	16.1	...	...	...	...

AMERICA, SOUTH - AMÉRIQUE DU SUD

Argentina - Argentine											
Total	C	700 792	746 066	745 336	756 176	...	17.8	18.8	18.6	18.7	...
Bolivia (Plurinational State of) - Bolivie (État plurinational de)											
Total	U	*96 856	...	...	...	...	...	...	...	...	...
Brazil - Brésil[20]											
Total	U	2 750 667	2 789 820	2 752 401	2 760 961[21]	...	...	...	...	...	...
Chile - Chili											
Total	C	240 569	246 581	252 240	...	...	14.5	14.7	14.9	...	...
Urban - Urbaine	C	217 104	226 170	226 650	...	...	15.1	15.5	15.4	...	...
Rural - Rurale	C	23 465	20 411	25 590	...	...	10.8	9.3	11.6	...	...
Colombia - Colombie											
Total	U	709 253	715 453	*686 045	*639 750	*621 901	...	...	...	...	...
Urban - Urbaine[18]	U	555 926	558 545	*535 423	...	...	...	...	...	...	...
Rural - Rurale[18]	U	141 605	143 892	*137 893	...	...	...	...	...	...	...
Ecuador - Équateur											
Total	+U	283 984	291 055	215 906[22]	219 162[22]	...	...	...	...	...	...
Urban - Urbaine	+U	228 013	228 647	171 489	176 364	...	...	...	...	...	...
Rural - Rurale	+U	55 971	62 408	38 221	36 599	...	...	...	...	...	...
French Guiana - Guyane française[9]											
Total	C	6 386	6 247	6 171	6 083	...	30.0	28.5	27.5	26.4	...
Urban - Urbaine	C	5 003	...	...	...	...	...	...	...	...	...
Rural - Rurale	C	1 383	...	...	...	...	...	...	...	...	...
Paraguay											
Total	+U	95 788	99 674	...	...	...	...	...	...	...	...
Urban - Urbaine	+U	65 713	71 747	...	...	...	...	...	...	...	...
Rural - Rurale	+U	30 075	27 927	...	...	...	...	...	...	...	...
Peru - Pérou											
Total	+U	324 480[23]	359 140[23]	396 616[23]	*459 586[24]	...	...	...	...	...	...
Suriname[25]											
Total	C	9 769	10 097	9 792	...	...	19.2	19.5	18.7	...	...
Urban - Urbaine[26]	C	6 103	...	...	...	...	...	...	...	...	...
Rural - Rurale[26]	C	3 666	...	...	...	...	...	...	...	...	...
Uruguay											
Total	C	47 372	53 199	*47 152	*47 420	...	14.3	16.0	*14.1	*14.1	...
Venezuela (Bolivarian Republic of) - Venezuela (République bolivarienne du)											
Total	C	615 371	581 480	...	...	...	22.4	20.8	...	...	...

9. Live births and crude birth rates, by urban/rural residence: 2007 - 2011
Naissances vivantes et taux bruts de natalité selon la résidence, urbaine/rurale : 2007 - 2011 (continued - suite)

Continent, country or area, and urban/rural residence / Continent, pays ou zone et résidence, urbaine/rurale	Code[a]	Number - Nombre					Rate - Taux				
		2007	2008	2009	2010	2011	2007	2008	2009	2010	2011
ASIA - ASIE											
Armenia - Arménie											
Total	C	40 105	41 185	44 413	44 825	43 340	12.4	12.7	13.7	13.8	13.3
Urban - Urbaine	C	25 519	26 176	28 260	...	...	12.3	12.6	13.6	...	...
Rural - Rurale	C	14 586	15 009	16 153	...	...	12.6	12.9	13.8	...	...
Azerbaijan - Azerbaïdjan[27]											
Total	+C	151 963	152 086	152 139	165 643	176 072	17.4	17.2	17.0	18.3	19.4
Urban - Urbaine	+C	73 102	73 923	74 700	81 752	...	15.9	15.8	15.7	17.0	...
Rural - Rurale	+C	78 861	78 163	77 439	83 891	...	19.2	18.8	18.5	19.7	...
Bahrain - Bahreïn											
Total	C	16 062	17 022	17 841	...	...	15.5	15.4	15.1	...	...
Bangladesh											
Total[28]	I	...	...	...	...	...	20.9	...	...	...	...
Urban - Urbaine[28]	I	...	...	...	...	...	17.4	...	...	...	...
Rural - Rurale[28]	I	...	...	...	...	...	22.1	...	...	...	...
Total	U	...	...	...	2 868 494	...	...	...	...	...	...
Urban - Urbaine	U	...	...	...	658 570	...	...	...	...	...	...
Rural - Rurale	U	...	...	...	2 209 924	...	...	...	...	...	...
Brunei Darussalam - Brunéi Darussalam											
Total	+C	6 314	6 424	...	...	...	16.2	16.1	...	...	...
China - Chine[29]											
Total	I	15 940 000	16 080 000	16 190 396	15 920 000	16 040 000	12.1	12.1	12.2	11.9	11.9
China, Hong Kong SAR - Chine, Hong Kong RAS											
Total	C	70 875	78 822	82 095	...	...	10.2	11.3	11.7	...	...
China, Macao SAR - Chine, Macao RAS											
Total	C	4 537	4 717	4 764	5 114	5 852	8.6	8.5	8.8	9.4	10.5
Cyprus - Chypre[30]											
Total	C	8 575	9 205	9 608	*9 989	*9 622	10.9	11.6	12.0	*12.4	*11.3
Urban - Urbaine[18]	C	5 022	5 467	...	...	...	...	...	...	...	...
Rural - Rurale[18]	C	2 827	2 967	...	...	...	...	...	...	...	...
Democratic People's Republic of Korea - République populaire démocratique de Corée[31]											
Total	I	...	345 630	...	...	...	...	14.4	...	...	...
Urban - Urbaine	I	...	200 910	...	...	...	...	...	...	...	...
Rural - Rurale	I	...	144 720	...	...	...	...	...	...	...	...
Georgia - Géorgie											
Total	C	49 287	56 565	63 377	62 585	58 014	11.2	12.9	14.4	14.1	13.0
Urban - Urbaine	C	34 301	39 206	43 663	34 129	...	14.9	17.0	18.7	14.5	...
Rural - Rurale	C	14 986	17 359	19 714	28 456	...	7.2	8.4	9.5	13.6	...
India - Inde[32]											
Total	I	...	...	...	...	...	23.1	22.8	...	...	...
Urban - Urbaine	I	...	...	...	...	...	18.6	18.5	...	...	...
Rural - Rurale	I	...	...	...	...	...	24.7	24.4	...	...	...
Iran (Islamic Republic of) - Iran (République islamique d')[33]											
Total	+C	1 286 716	1 300 166	...	...	...	18.1	18.0	...	...	...
Urban - Urbaine	+C	872 658	895 117	...	...	...	17.9	18.1	...	...	...
Rural - Rurale	+C	414 058	405 049	...	...	...	18.5	17.9	...	...	...
Israel - Israël[34]											
Total	C	151 679	156 923	161 042	166 255	*166 091	21.1	21.5	21.5	21.8	*21.4
Urban - Urbaine	C	138 143[18]	142 664[18]	146 305	150 839	...	21.0	21.3	21.3	21.6	...
Rural - Rurale	C	13 478[18]	14 239[18]	14 737	15 416	...	22.9	23.5	23.7	24.2	...
Japan - Japon[35]											
Total	C	1 089 818	1 091 156	1 070 035	1 071 304	...	8.6	8.7	8.4	8.4	...
Urban - Urbaine[36]	C	987 851	991 477	973 701	980 669	...	...	...	...	...	...
Rural - Rurale[36]	C	101 807	99 506	96 235	90 510	...	...	...	...	...	...
Jordan - Jordanie[37]											
Total	C	185 011	181 328	179 872	183 948	...	32.3	31.0	30.1	30.1	...
Kazakhstan[27]											
Total	C	321 963	356 575	*357 552	...	...	20.8	22.7	*22.5	...	...
Urban - Urbaine	C	174 343	196 839	...	...	...	21.3	23.6	...	...	...
Rural - Rurale	C	147 620	159 736	...	...	...	20.3	21.8	...	...	...

Continent, country or area, and urban/rural residence / Continent, pays ou zone et résidence, urbaine/rurale	Co-de[a]	Number - Nombre					Rate - Taux				
		2007	2008	2009	2010	2011	2007	2008	2009	2010	2011
ASIA - ASIE											
Kuwait - Koweït											
Total	C	53 587	54 571	56 503	57 533	...	22.2	21.9	21.9	21.5	...
Kyrgyzstan - Kirghizstan											
Total	C	123 251	127 332	135 494	146 123	...	24.4	25.1	26.4	28.1	...
Urban - Urbaine	C	41 402	43 974	46 924	49 905	...	23.1	24.5	25.9	27.3	...
Rural - Rurale	C	81 849	83 358	88 570	96 218	...	25.1	25.4	26.7	28.6	...
Lebanon - Liban											
Total	C	80 896	84 823	90 388	95 218	...	21.5	...	...	...	...
Malaysia - Malaisie											
Total	C	472 048	487 346	496 313	*475 816	...	17.4	17.7	17.8	*16.8	...
Urban - Urbaine	C	300 745	307 793	314 264	...	...	17.5	17.7	17.8	...	...
Rural - Rurale	C	171 303	179 553	182 049	...	...	17.0	17.7	17.8	...	...
Maldives											
Total	C	6 569	6 989	7 423	7 115	...	21.5	22.6	23.6	22.3	...
Urban - Urbaine	C	3 083	3 349	3 685	3 811[38]	...	...	...	...	...	...
Rural - Rurale	C	3 486	3 640	3 738	3 249[38]	...	...	...	...	...	...
Mongolia - Mongolie											
Total	+C	56 636	63 768	69 167	63 270	...	21.7	24.0	25.5	22.9	...
Urban - Urbaine	+C	36 256	40 590	44 897	41 907	...	22.8	24.9	26.6	24.1	...
Rural - Rurale	+C	20 380	23 178	24 270	21 363	...	19.9	22.5	23.7	20.9	...
Myanmar											
Total	+U	945 859	890 034	948 106	965 937	...	...	...	...	...	...
Urban - Urbaine	+U	248 713	248 600	275 932	...	...	...	...	...	...	...
Rural - Rurale	+U	697 146	641 434	672 174	...	...	...	...	...	...	...
Occupied Palestinian Territory - Territoire palestinien occupé[39]											
Total	C	115 371	...	...	...	...	31.0	...	...	...	...
Oman[40]											
Total	U	53 498	58 280	64 735	65 528	67 922	...	...	...	...	...
Pakistan[41]											
Total	I	3 830 973	...	...	...	...	24.0	...	...	...	...
Urban - Urbaine	I	1 238 053	...	...	...	...	22.2	...	...	...	...
Rural - Rurale	I	2 592 920	...	...	...	...	25.0	...	...	...	...
Philippines											
Total	C	1 749 878	1 784 316	1 745 585	...	...	19.7	19.7	18.9	...	...
Qatar											
Total	C	15 681	17 210	18 351	19 504	*14 879	12.9	11.9	11.2	11.4	*9.2
Republic of Korea - République de Corée[42]											
Total	C	493 189	465 892	444 849	470 171	...	10.0	9.4	9.0	9.4	...
Urban - Urbaine[18]	C	406 636	384 901	366 022	386 271	...	10.2	9.6	9.1	9.6	...
Rural - Rurale[18]	C	86 117	80 728	78 524	83 519	...	9.2	8.7	8.4	8.8	...
Saudi Arabia - Arabie saoudite[43]											
Total	...	595 099	598 126	601 949	...	...	...	...	...	...	...
Singapore - Singapour											
Total	C	39 490	39 826	39 570	37 967	39 654	8.6	8.2	7.9	7.5	7.6
Sri Lanka											
Total	+C	386 573	*379 912	*376 843	*364 565	...	19.3	*18.8	*18.4	*17.7	...
Urban - Urbaine	+C	264 960	...	...	...	...	...	...	...	...	...
Rural - Rurale	+C	121 613	...	...	...	...	...	...	...	...	...
Syrian Arab Republic - République arabe syrienne[44]											
Total	+U	727 439	750 321	721 587	870 100	...	...	...	...	...	...
Tajikistan - Tadjikistan[45]											
Total	U	200 010	203 332	199 800	222 300	...	...	...	...	...	...
Urban - Urbaine	U	51 384	51 582	...	...	...	...	...	...	...	...
Rural - Rurale	U	148 626	151 750	...	...	...	...	...	...	...	...
Thailand - Thaïlande											
Total	+U	797 588	784 256	765 047	761 689	...	...	...	...	...	...
Turkey - Turquie											
Total	C	1 266 503	1 262 333	1 254 946	1 238 970	*1 278 000	18.1	17.8	17.4	16.9	*17.2
United Arab Emirates - Émirats arabes unis[46]											
Total	...	67 667	68 779	76 366	79 625	...	...	...	...	...	...

Continent, country or area, and urban/rural residence / Continent, pays ou zone et résidence, urbaine/rurale	Co-de[a]	Number - Nombre					Rate - Taux				
		2007	2008	2009	2010	2011	2007	2008	2009	2010	2011
ASIA - ASIE											
Uzbekistan - Ouzbékistan											
Total	C	608 917	646 096	651 320	634 810	626 881	22.8	23.9	23.7	22.7	21.5
Viet Nam											
Total	C	1 326 464	...	...	...	...	15.7	...	...	...	...
Urban - Urbaine	C	358 119	...	...	...	...	15.1	...	...	...	...
Rural - Rurale	C	968 345	...	...	...	...	16.0	...	...	...	...
Yemen - Yémen											
Total	U	256 288	...	...	...	...	...	...	...	...	...
EUROPE											
Åland Islands - Îles d'Åland											
Total	C	286	294	267	286	...	10.6	10.8	9.7	10.3	...
Urban - Urbaine	C	109	121	95	108	...	10.0	11.0	8.6	9.7	...
Rural - Rurale	C	177	173	172	178	...	10.9	10.6	10.4	10.6	...
Albania - Albanie											
Total	C	33 163	36 251	...	...	32 628	10.5	11.4	...	...	11.5
Andorra - Andorre											
Total	C	826	875	838	828	...	10.0	10.4	9.8	9.8	...
Austria - Autriche											
Total	C	76 250	77 752	76 344	78 742	78 109	9.2	9.3	9.1	9.4	9.3
Belarus - Bélarus											
Total	C	103 626	107 876	109 263	108 050	109 147	10.7	11.1	11.4	11.4	11.5
Urban - Urbaine	C	77 137	81 643	82 780	82 306	...	10.9	...	...	...	...
Rural - Rurale	C	26 489	26 233	26 483	25 744	...	10.1	...	...	...	...
Belgium - Belgique[47]											
Total	C	124 095	127 205	127 297	*129 173	*131 000	11.7	11.9	11.8	*11.9	*11.9
Urban - Urbaine	C	122 486	125 474	125 507	...	...	11.7	11.9	11.8	...	...
Rural - Rurale	C	1 609	1 731	1 790	...	...	10.5	11.2	11.5	...	...
Bosnia and Herzegovina - Bosnie-Herzégovine											
Total	C	33 835	34 176	34 550	33 528	...	8.8	8.9	9.0	8.7	...
Bulgaria - Bulgarie											
Total	C	75 349	77 712	80 956	75 513	70 846	9.8	10.2	10.7	10.0	9.6
Urban - Urbaine	C	56 257	58 367	60 664	57 077	...	10.4	10.8	11.2	10.6	...
Rural - Rurale	C	19 092	19 345	20 292	18 436	...	8.5	8.7	9.3	8.6	...
Croatia - Croatie											
Total	C	41 910	43 753	44 577	43 361	*41 197	9.4	9.9	10.1	9.8	*9.3
Urban - Urbaine	C	23 302	24 316	24 927	24 583	...	...	...	...	...	...
Rural - Rurale	C	18 608	19 437	19 650	18 778	...	...	...	...	...	...
Czech Republic - République tchèque[48]											
Total	C	114 632	119 570	118 348	117 153	108 673	11.1	11.5	11.3	11.1	10.4
Urban - Urbaine	C	84 759	88 648	87 245	86 078	...	11.1	11.5	11.3	11.1	...
Rural - Rurale	C	29 873	30 922	31 103	31 075	...	11.0	11.3	11.3	11.2	...
Denmark - Danemark[49]											
Total	C	64 095	65 038	62 818	63 411	58 998	11.7	11.8	11.4	11.4	10.6
Estonia - Estonie											
Total	C	15 775	16 028	15 763	15 825	14 679	11.8	12.0	11.8	11.8	11.0
Urban - Urbaine	C	11 134	11 078	10 807	10 645	...	12.0	11.9	11.6	11.4	...
Rural - Rurale	C	4 641	4 950	4 956	5 180	...	11.3	12.1	12.1	12.7	...
Faeroe Islands - Îles Féroé											
Total	C	674	665	614	639	576	13.9	13.7	12.6	13.2	11.9
Urban - Urbaine	C	237	...	...	...	...	13.6	...	...	...	...
Rural - Rurale	C	437	...	...	...	...	14.1	...	...	...	...
Finland - Finlande[50]											
Total	C	58 729	59 530	60 163[51]	60 694[51]	*59 956[51]	11.1	11.2	11.3	11.4	*11.1
Urban - Urbaine	C	41 909	42 534	42 919[51]	43 543[51]	...	11.7	11.8	11.9	12.0	...
Rural - Rurale	C	16 820	16 996	17 244[51]	17 151[51]	...	9.8	9.9	10.2	10.1	...
France[52]											
Total	C	785 985	796 044	793 420	802 224	*797 000	12.7	12.8	12.7	12.7	*12.6
Urban - Urbaine[53]	C	587 384	593 785	593 291	...	...	...	...	...	...	...
Rural - Rurale[53]	C	197 161	200 753	198 595	...	...	...	...	...	...	...
Germany - Allemagne											
Total	C	684 862	682 514	665 126	677 947	662 685	8.3	8.3	8.1	8.3	8.1

9. Live births and crude birth rates, by urban/rural residence: 2007 - 2011
Naissances vivantes et taux bruts de natalité selon la résidence, urbaine/rurale : 2007 - 2011 (continued - suite)

Continent, country or area, and urban/rural residence / Continent, pays ou zone et résidence, urbaine/rurale	Code[a]	Number - Nombre					Rate - Taux				
		2007	2008	2009	2010	2011	2007	2008	2009	2010	2011
EUROPE											
Gibraltar[54]											
Total	+C	400	400	417	493	...	13.7	13.7	14.2	16.7	...
Greece - Grèce											
Total	C	111 926	118 302	117 933	114 766	*104 000	10.0	10.5	10.5	10.1	*9.2
Urban - Urbaine	C	76 513	80 476	80 678	...	...	...	...	...	...	...
Rural - Rurale	C	35 413	37 826	37 255	...	...	...	...	...	...	...
Guernsey - Guernesey											
Total	C	645	631	675	...	...	10.5	10.2	10.8	...	...
Hungary - Hongrie											
Total	C	97 613	99 149	96 442	90 335	*88 050	9.7	9.9	9.6	9.0	*8.8
Urban - Urbaine[55]	C	65 417	66 877	65 684	62 454	...	9.7	9.8	9.6	9.0	...
Rural - Rurale[55]	C	31 525	31 475	29 747	26 938	...	9.5	9.8	9.4	8.8	...
Iceland - Islande											
Total	C	4 560	4 835	5 027	4 907	4 496	14.6	15.1	15.7	15.4	14.1
Urban - Urbaine	C	4 314	4 605	4 793	4 705	...	14.9	15.5	16.0	15.8	...
Rural - Rurale	C	246	230	234	202	...	11.0	10.8	11.5	9.8	...
Ireland - Irlande											
Total[56]	C	71 389	73 996	...	...	...	16.4	16.7	...	...	...
Total	+C	...	...	74 278	73 724	*74 727	...	...	16.7	16.5	*16.7
Isle of Man - Île de Man											
Total	+C	919	...	...	...	...	11.4	...	...	...	...
Italy - Italie											
Total	C	563 933	...	...	...	...	9.5	...	...	...	...
Total	+C	...	576 659	568 857	561 944	*555 613	...	9.6	9.5	9.3	*9.1
Jersey[17]											
Total	+C	1 031	973	...	...	...	11.1	10.3	...	...	...
Latvia - Lettonie											
Total	C	23 273	23 948	21 677	19 219	*18 586	10.2	10.6	9.6	8.6	*9.0
Urban - Urbaine	C	16 123	16 574	14 849	13 164	...	10.4	10.8	9.7	8.7	...
Rural - Rurale	C	7 150	7 374	6 828	6 055	...	9.8	10.1	9.4	8.3	...
Liechtenstein											
Total	C	351	350	406	329	*395	9.9	9.9	11.3	9.1	*10.9
Lithuania - Lituanie											
Total	C	32 346	35 065	36 682	35 626	34 385	9.6	10.4	11.0	10.8	10.7
Urban - Urbaine	C	21 656	23 824	25 043	24 614	...	9.6	10.6	11.2	11.2	...
Rural - Rurale	C	10 690	11 241	11 639	11 012	...	9.5	10.1	10.5	10.1	...
Luxembourg											
Total	C	5 477	5 596	5 638	5 874	5 639	11.4	11.5	11.3	11.6	10.9
Malta - Malte											
Total	C	3 871	4 126	4 143	4 008	4 283	9.5	10.0	10.0	9.6	10.2
Montenegro - Monténégro											
Total	C	7 834	8 258	8 642	7 418	7 215	12.5	13.1	13.7	12.0	11.7
Urban - Urbaine	C	6 200	6 431	6 579	...	...	15.7	16.2	16.4	...	...
Rural - Rurale	C	1 634	1 827	2 063	...	...	7.1	7.9	8.9	...	...
Netherlands - Pays-Bas[57]											
Total	C	181 336	184 634	184 915	184 397	179 448	11.1	11.2	11.2	11.1	10.7
Urban - Urbaine	C	125 067	127 683	128 524	129 450	...	11.6	11.7	11.7	11.7	...
Rural - Rurale	C	56 269	56 951	56 391	54 947	...	10.1	10.2	10.1	10.0	...
Norway - Norvège[58]											
Total	C	58 459	60 497	61 807	61 442	60 220	12.4	12.7	12.8	12.6	12.2
Poland - Pologne											
Total	C	387 873	414 499	417 589	413 300	388 416	10.2	10.9	10.9	10.8	10.2
Urban - Urbaine	C	225 638	241 288	246 429	241 920	...	9.7	10.4	10.6	10.4	...
Rural - Rurale	C	162 235	173 211	171 160	171 380	...	11.0	11.7	11.5	11.5	...
Portugal[17]											
Total	C	102 492	104 594	99 491	101 381	96 856	9.7	9.8	9.4	9.5	9.2
Republic of Moldova - République de Moldova[59]											
Total	C	37 973[27]	39 018	40 803	40 474	39 181	10.6	10.9	11.4	11.4	11.0
Urban - Urbaine	C	13 679[27]	14 288	14 906	15 142	...	9.3	9.7	10.1	10.2	...
Rural - Rurale	C	24 294[27]	24 730	25 897	25 332	...	11.6	11.8	12.4	12.2	...
Romania - Roumanie											
Total	C	214 728	221 900	222 388	212 199	196 242	10.0	10.3	10.4	9.9	9.2
Urban - Urbaine	C	116 367	121 518	121 864	117 851	...	9.8	10.3	10.3	10.0	...
Rural - Rurale	C	98 361	100 382	100 524	94 348	...	10.2	10.4	10.4	9.8	...

9. Live births and crude birth rates, by urban/rural residence: 2007 - 2011
Naissances vivantes et taux bruts de natalité selon la résidence, urbaine/rurale : 2007 - 2011 (continued - suite)

Continent, country or area, and urban/rural residence / Continent, pays ou zone et résidence, urbaine/rurale	Code[a]	Number - Nombre					Rate - Taux				
		2007	2008	2009	2010	2011	2007	2008	2009	2010	2011
EUROPE											
Russian Federation - Fédération de Russie[27]											
Total	C	1 610 122	1 713 947	1 761 687	1 788 948	*1 796 627	11.3	12.1	12.4	12.6	*12.6
Urban - Urbaine	C	1 120 741	1 194 820	1 237 615	...	...	10.8	11.5	11.9	...	...
Rural - Rurale	C	489 381	519 127	524 072	...	...	12.8	13.6	13.7	...	...
San Marino - Saint-Marin											
Total	+C	292	349	306	...	325	9.4	11.0	9.3	...	9.7
Serbia - Serbie[60]											
Total	+C	68 102	69 083	70 299	68 304	65 598	9.2	9.4	9.6	9.4	9.0
Urban - Urbaine	+C	44 776	45 389	46 896	46 684	...	10.5	10.6	11.0	10.9	...
Rural - Rurale	+C	23 326	23 694	23 403	21 620	...	7.5	7.7	7.7	7.2	...
Slovakia - Slovaquie											
Total	C	54 424	57 360	61 217	60 410	60 813	10.1	10.6	11.3	11.1	11.3
Urban - Urbaine	C	28 970	30 663	32 636	32 119	...	9.7	10.3	11.0	10.8	...
Rural - Rurale	C	25 454	26 697	28 581	28 291	...	10.6	11.0	11.7	11.5	...
Slovenia - Slovénie											
Total	C	19 823	21 817	21 856	22 343	*21 647	9.8	10.8	10.7	10.9	*10.5
Urban - Urbaine	C	9 629	10 612	10 761	10 893	...	9.6	10.5	10.5	10.6	...
Rural - Rurale	C	10 194	11 205	11 095	11 450	...	10.1	11.1	10.9	11.2	...
Spain - Espagne											
Total	C	492 527	519 779	493 717	485 252	*475 147	11.0	11.4	10.7	10.5	*10.3
Sweden - Suède											
Total	C	107 421	109 301	111 801	115 641	111 770	11.7	11.9	12.0	12.3	11.8
Switzerland - Suisse											
Total	C	74 494	76 691	78 286	80 290	*80 808	9.9	10.0	10.1	10.3	*10.2
Urban - Urbaine	C	55 252	57 114	58 542	60 131	...	10.0	10.2	10.3	...	...
Rural - Rurale	C	19 242	19 577	19 744	20 159	...	9.6	9.7	9.7	...	...
TFYR of Macedonia - L'ex-R. y. de Macédoine											
Total	C	22 688	22 945	23 684	24 296	*22 770	11.1	11.2	11.5	11.8	*11.1
Urban - Urbaine	C	12 761	13 200	13 621	13 904	...	...	...	...	...	...
Rural - Rurale	C	9 927	9 745	10 063	10 392	...	...	...	...	...	...
Ukraine[61]											
Total	C	472 657	510 589	512 525	497 689	502 595	10.2	11.0	11.1	10.9	11.0
Urban - Urbaine	C	314 065	340 594	339 497	326 587	...	9.9	10.8	10.8	...	...
Rural - Rurale	C	158 592	169 995	173 028	171 102	...	10.7	11.6	11.9	...	...
United Kingdom of Great Britain and Northern Ireland - Royaume-Uni de Grande-Bretagne et d'Irlande du Nord[62]											
Total	C	772 245	794 383	790 204	*807 272	...	12.7	12.9	12.8	*13.0	...
OCEANIA - OCÉANIE											
Australia - Australie											
Total	+C	285 213	296 621	295 738	297 903	...	13.5	13.8	13.5	13.4	...
Urban - Urbaine[63]	+C	233 710	243 112	243 191	245 921	...	13.6	13.8	13.5	...	...
Rural - Rurale[63]	+C	50 756	52 712	51 961	51 284	...	13.2	13.5	13.1	...	...
Cook Islands - Îles Cook[64]											
Total	+C	296	261	255	279		14.1	11.9	11.3	11.8	
Fiji - Fidji											
Total	+C	19 298	18 944	18 166	...	...	23.1	...	21.5	...	...
French Polynesia - Polynésie française											
Total	C	4 431	4 627	4 544	4 579	...	17.1	17.6	17.1	17.1	...
Guam[65]											
Total	C	3 493	3 466	3 423	3 419	3 298	20.1	19.7	19.2	18.9	20.6
New Caledonia - Nouvelle-Calédonie											
Total	C	4 093	4 015	4 103	4 178	...	16.9	16.6	16.7	16.7	...
Urban - Urbaine	C	2 678	...	...	...	...	...	...	...	...	...
Rural - Rurale	C	1 415	...	...	...	...	...	...	...	...	...

9. Live births and crude birth rates, by urban/rural residence: 2007 - 2011
Naissances vivantes et taux bruts de natalité selon la résidence, urbaine/rurale : 2007 - 2011 (continued - suite)

Continent, country or area, and urban/rural residence / Continent, pays ou zone et résidence, urbaine/rurale	Code[a]	Number - Nombre					Rate - Taux				
		2007	2008	2009	2010	2011	2007	2008	2009	2010	2011
OCEANIA - OCÉANIE											
New Zealand - Nouvelle-Zélande											
Total	+C	64 044	64 343	62 543	63 897	61 403	15.1	15.1	14.5	14.6	13.9
Urban - Urbaine[18]	+C	55 822	56 220	54 650	55 879	53 967	15.3	15.3	14.7	14.9	14.2
Rural - Rurale[18]	+C	8 065	8 066	7 809	7 945	7 419	13.8	13.6	13.1	13.1	12.2
Niue - Nioué[66]											
Total	C	28	20	31	...	...	...	...	20.0	...	...
Norfolk Island - Île Norfolk[67]											
Total	+C	22	22	...	...	...	...	...	...	...	...
Northern Mariana Islands - Îles Mariannes septentrionales											
Total	U	*1 384*[68]	*1 260*[68]	*1 110*[69]	...	...	...	...	...	...	...
Pitcairn											
Total	C	1	1	...	...	...	...	...	...	...	...
Samoa											
Total	C	2 528	2 371	1 602	...	...	13.9	13.0	8.7	...	...
Tuvalu											
Total	U	*214*	...	...	...	...	...	...	...	...	...
Wallis and Futuna Islands - Îles Wallis et Futuna											
Total	C	215	185	...	...	...	...	...	13.8	...	...

FOOTNOTES - NOTES

Italics: data from civil registers which are incomplete or of unknown completeness. - Italiques : données incomplètes ou dont le degré d'exactitude n'est pas connu, provenant des registres de l'état civil.

* Provisional. - Données provisoires.

[a] 'Code' indicates the source of data, as follows:
C - Civil registration, estimated over 90% complete
U - Civil registration, estimated less than 90% complete
| - Other source, estimated reliable
+ - Data tabulated by date of registration rather than occurence
... - Information not available

Le 'Code' indique la source des données, comme suit :
C - Registres de l'état civil considérés complets à 90 p. 100 au moins
U - Registres de l'état civil qui ne sont pas considérés complets à 90 p. 100 au moins
| - Autre source, considérée pas douteuses
+ - Données exploitées selon la date de l'enregistrement et non la date de l'événement
... - Information pas disponible

[1] Excluding live-born infants who died before their birth was registered. Data refer to Algerian population only. - Non compris les enfants nés vivants décédés avant l'enregistrement de leur naissance. Les données ne concernent que la population algérienne.
[2] Data refer to national projections. - Les données se réfèrent aux projections nationales.
[3] Data refer to the 12 months preceding the census in May. - Les données se rapportent aux 12 mois précédant le recensement de mai.
[4] Coverage of live births is below 60%. - La couverture des naissances vivantes est inférieure à 60 %.
[5] Excluding data for November and December. - Ne comprend pas les données pour novembre et décembre.
[6] Data refer to the 12 months preceding the census in March. - Les données se rapportent aux 12 mois précédant le recensement de mars.
[7] Data refer to the 12 months preceding the census in June. - Les données se raportent aux 12 mois précédant le recensement de juin.
[8] Excludes the islands of St. Brandon and Agalega. - Non compris les îles St. Brandon et Agalega.

[9] Excluding live-born infants who died before their birth was registered. - Non compris les enfants nés vivants décédés avant l'enregistrement de leur naissance.
[10] Based on estimates and projections from 'Agence Nationale de la Statistique et de la Démographie'. - Données fondées sur des estimations et des projections provenant de l'Agence Nationale de la Statistique et de la Démographie.
[11] Data refer to registered events only. - Les données ne concernent que les événements enregistrés.
[12] Excluding non-residents and foreign service personnel and their dependants. - À l'exclusion des non-résidents et du personnel diplomatique et de leurs charges de famille.
[13] Including Canadian residents temporarily in the United States, but excluding United States residents temporarily in Canada. - Y compris les résidents canadiens se trouvant temporairement aux Etats-Unis, mais ne comprenant pas les résidents des Etats-Unis se trouvant temporairement au Canada.
[14] Resident births outside the islands are excluded. - Non compris les naissances de résidents hors des îles.
[15] Excluding children born in the country of non-resident mothers. - Exceptés les enfants nés dans le pays des mères non-résidentes.
[16] Data have been adjusted for underenumeration. - Les données ont été ajustées pour compenser les lacunes du dénombrement.
[17] Data refer to births to resident mothers. - Ces données concernent les enfants nés de mères résidentes.
[18] The total number includes 'Unknown residence', but the categories urban and rural do not. - Le nombre total englobe les personnes dont la résidence n'est pas connue, à l'inverse des catégories de population urbaine et rurale.
[19] Excluding births of nationals outside the country. - Non compris les naissances de nationaux hors du pays.
[20] Excluding Indian jungle population. - Non compris les Indiens de la jungle.
[21] Including births abroad and births of unknown residence. - Y compris les naissances survenues à l'étranger et les naissances d'enfants dont la résidence n'était pas connue.
[22] Total is not equal to the sum of Urban and Rural because it includes "zona periférica". - Le total ne correspond pas à la somme des données urbaines et rurales car il englobe la « zona periférica ».
[23] Source: Reports of the Ministry of Health. - Source: Rapports du Ministère de la Santé.
[24] Based on National Registers of identification and civil status. - Chiffres fondés sur les registres nationaux d'identification et d'état civil.
[25] Including births to non-resident mothers. - Y compris les naissances de femmes non résidentes.
[26] The districts of Paramaribo and Wanica are considered urban areas, whereas all other districts are considered more or less rural areas. - Les districts de

Paramaribo et de Wanica sont considérés comme des zones urbaines, les autres districts étant considérés comme des zones rurales à divers degrés.

[27] Excluding infants born alive of less than 28 weeks' gestation, of less than 1 000 grams in weight and 35 centimeters in length, who die within seven days of birth. - Non compris les enfants nés vivants après moins de 28 semaines de gestations, pesant moins de 1 000 grammes, mesurant moins de 35 centimètres et décédés dans les sept jours qui ont suivi leur naissance.

[28] Rates were obtained by the Sample Vital Registration System of Bangladesh. - Taux obtenus au moyen du Sample Vital Registration System du Bangladesh.

[29] Data have been estimated on the basis of the annual National Sample Survey on Population Changes. For statistical purposes, the data for China do not include those for the Hong Kong Special Administrative Region (Hong Kong SAR), Macao Special Administrative Region (Macao SAR) and Taiwan province of China. - Les données ont été estimées sur la base de l'enquête annuelle "National Sample Survey on Population Changes". Pour la présentation des statistiques, les données pour la Chine ne comprennent pas la Région Administrative Spéciale de Hong Kong (Hong Kong RAS), la Région Administrative Spéciale de Macao (Macao RAS) et Taïwan province de Chine.

[30] Data refer to government controlled areas. - Les données se rapportent aux zones contrôlées par le Gouvernement.

[31] Data refer to the 12 months preceding the census in October. - Les données se rapportent aux 12 mois précédant le recensement d'octobre.

[32] Rates were obtained by the Sample Registration System of India, which is a large demographic survey. Including data for the Indian-held part of Jammu and Kashmir, the final status of which has not yet been determined. - Les taux ont été obtenus par le Système de l'enregistrement par échantillon de l'Inde qui est une large enquête démographique. Y compris les données pour la partie du Jammu et du Cachemire occupée par l'Inde dont le statut définitif n'a pas encore été déterminé.

[33] Data refer to the Iranian Year which begins on 21 March and ends on 20 March of the following year. - Les données concernent l'année iranienne, qui commence le 21 mars et se termine le 20 mars de l'année suivante.

[34] Including data for East Jerusalem and Israeli residents in certain other territories under occupation by Israeli military forces since June 1967. - Y compris les données pour Jérusalem-Est et les résidents israéliens dans certains autres territoires occupés depuis 1967 par les forces armées israéliennes.

[35] Data refer to Japanese nationals in Japan only. - Les données se rapportent aux nationaux japonais au Japon seulement.

[36] The total number includes 'Unknown residence', but the categories urban and rural do not. Urban and rural distribution refers to the residence of the child. - Le nombre total englobe les personnes dont la résidence n'est pas connue, à l'inverse des catégories de population urbaine et rurale. La répartition urbain/rural se réfère au domicile de l'enfant.

[37] Excluding data for Jordanian territory under occupation since June 1967 by Israeli military forces. Excluding foreigners, including registered Palestinian refugees. - Non compris les données pour le territoire jordanien occupé depuis juin 1967 par les forces armées israéliennes. Non compris les étrangers, mais y compris les réfugiés de Palestine enregistrés.

[38] Excluding births occurred abroad. - Hormis les naissances intervenues à l'étranger.

[39] Source: Palestinian Central Bureau of Statistics, Population Register, Updated Version 30/3/2010. - Source : Bureau central de statistiques de la Palestine, Registre de la population, version mise à jour le 30 mars 2010.

[40] Data from Births and Deaths Notification System (Ministry of Health and all health care providers). - Les données proviennent du système de notification des naissances et des décès (Ministère de la santé et tous prestataires de soins de santé).

[41] Based on the results of the Pakistan Demographic Survey. Excluding data for the Pakistan-held part of Jammu and Kashmir, the final status of which has not yet been determined. - Données extraites de l'enquête démographique effectuée par le Pakistan. Non compris les données concernant la partie du Jammu et Cachemire occupée par le Pakistan dont le statut définitif n'a pas été déterminé.

[42] Excluding alien armed forces, civilian aliens employed by armed forces, and foreign diplomatic personnel and their dependants. Data refer to residence of child. - Non compris les militaires étrangers, les civils étrangers employés par les forces armées ni le personnel diplomatique étranger et les membres de leur famille les accompagnant. Les données correspondent à la résidence de l'enfant.

[43] Data based on the final results of the 2004 Population and Housing Census. - Données basées sur les résultats définitifs du recensement de la population et de l'habitat de 2004.

[44] Excluding nomad population and Palestinian refugees. Excluding live-born infants who died before their birth was registered. - Non compris la population nomade et les réfugiés de Palestine. Non compris les enfants nés vivants décédés avant l'enregistrement de leur naissance.

[45] Excluding infants born alive of less than 28 weeks' gestation, of less than 1 000 grams in weight and 35 centimeters in length, who die within seven days of birth. Data have been adjusted for under-registration. - Non compris les enfants nés vivants après moins de 28 semaines de gestations, pesant moins de 1 000 grammes, mesurant moins de 35 centimètres et décédés dans les sept jours qui ont suivi leur naissance. Y compris un ajustement pour sous-enregistrement.

[46] The registration of births and deaths is conducted by the Ministry of Health. An estimate of completeness is not provided. - L'enregistrement des naissances et des décès est mené par le Ministère de la Santé. Le degré estimatif de complétude n'est pas fourni.

[47] Including armed forces stationed outside the country, but excluding alien armed forces stationed in the area. - Y compris les militaires nationaux hors du pays, mais non compris les militaires étrangers en garnison sur le territoire.

[48] A live-born child is a child fully expelled or removed out of the mother's body, who gives a sign of life and whose birth weight is (a) 500 g or more, or (b) lower than 500 g, if it survives 24 hours after delivery. - Un enfant né vivant est un enfant qui a été entièrement expulsé ou retiré du corps de la mère, qui présente des signes de vie et dont le poids à la naissance est : a) soit égal ou supérieur à 500 grammes; b) soit inférieur à 500 grammes s'il survit plus de 24 heures après l'accouchement.

[49] Excluding Faeroe Islands and Greenland shown separately, if available. - Non compris les Iles Féroé et le Groenland, qui font l'objet de rubriques distinctes, si disponible.

[50] Including resident births abroad. - Y compris les naissances de résidents à l'étranger.

[51] Excluding Åland Islands. - Non compris les Îles d'Åland.

[52] Including armed forces stationed outside the country. - Y compris les militaires nationaux hors du pays.

[53] The data for urban and rural exclude the nationals outside the country. - Les données relatives à la population urbaine et rurale n'englobent pas les nationaux se trouvant à l'étranger.

[54] Including live births by military personnel and their dependants. - Y compris les naissances vivantes parmi les membres du personnel militaire et leurs personnes à charge.

[55] Total includes the data of foreigners, persons of unknown residence and homeless, but the categories urban and rural do not. - Le total englobe les données relatives aux étrangers, aux personnes dont la résidence n'est pas connue et aux personnes sans domicile fixe, à l'inverse des chiffres portant sur la population urbaine et rurale.

[56] Data refer to events registered within one year of occurrence. - Les données portent sur des événements enregistrés dans l'année pendant laquelle ils sont survenus.

[57] Including residents outside the country if listed in a Netherlands population register. - Englobe les résidents se trouvant à l'étranger à condition qu'ils soient inscrits sur le registre de population des Pays-Bas.

[58] Excluding Svalbard and Jan Mayen Islands shown separately, if available. - Non compris Svalbard et Jan Mayen qui font l'objet de rubriques distinctes, si disponible.

[59] Excluding Transnistria and the municipality of Bender. - Les données ne tiennent pas compte de l'information sur la Transnistria et la municipalité de Bender.

[60] Excluding data for Kosovo and Metohia. - Sans les données pour le Kosovo et Metohie.

[61] Data refer to births with weight 500g and more (if weight is unknown - with length 25 centimeters and more, or with gestation during 22 weeks or more). - Données concernant les nouveau-nés de 500 grammes ou plus (si le poids est inconnu – de 25 centimètres de long ou plus, ou après une grossesse de 22 semaines ou plus).

[62] Excluding Channel Islands (Guernsey and Jersey) and Isle of Man, shown separately, if available. Data tabulated by date of occurrence for England and Wales, and by date of registration for Northern Ireland and Scotland. - Non compris les îles Anglo-Normandes (Guernesey et Jersey) et l'île de Man, qui font l'objet de rubriques distinctes, si disponible. Données exploitées selon la date de l'événement pour l'Angleterre et le pays de Galles, et selon la date de l'enregistrement pour l'Irlande du Nord et l'Ecosse.

[63] Excluding data where place of usual residence of mother was overseas, undefined, no fixed place of abode, offshore, migratory or unknown. - Les données n'ont pas été prises en compte lorsque le domicile habituel de la mère était à l'étranger ou dans une zone extraterritoriale, était indéfini ou inconnu ou que la mère n'avait pas de domicile fixe ou était une migrante.

[64] Excluding Niue, shown separately, which is part of Cook Islands, but because of remoteness is administered separately. - Non compris Nioué, qui fait l'objet d'une rubrique distincte et qui fait partie des îles Cook, mais qui, en raison de son éloignement, est administrée séparément.

[65] Including United States military personnel, their dependants and contract employees. - Y compris les militaires des Etats-Unis, les membres de leur famille les accompagnant et les agents contractuels des Etats-Unis.

[66] Includes children born in New Zealand to women resident in Niue who chose to travel to New Zealand to give birth. - Y compris les enfants nés en Nouvelle-Zélande de femmes résidant à Nioué qui ont choisi de se rendre en Nouvelle-Zélande pour accoucher.

[67] Data cover the period from 1 July previous year to 30 June present year. - Pour la période allant du 1er juillet de l'année précédente au 30 juin de l'année en cours.

[68] Source: Commonwealth Health Center - Vital Statistics Office - Source : Centre de Santé du Commonwealth - Bureau des statistiques d'État civil

[69] Source: U.S. National Center for Health Statistics, National Vital Statistics Reports (NVSR). - Source : US National Center for Health Statistics, National Vital Statistics Reports (NVSR).

Table 10

Table 10 presents live births by age of mother and sex of the child, general fertility rate, and age-specific fertility rates for the latest available year between 2002 and 2011.

Description of variables: Age is defined as age at last birthday, that is, the difference between the date of birth and the date of the occurrence of the event, expressed in completed solar years. The age classification used in this table is the following: under 15 years, 5-year age groups through 45-49 years, and 50 years and over. A different classification may appear as provided by reporting country or area.

Rate computation: Age-specific fertility rates are the annual number of births to women in each age group per 1 000 female population in the same age group. These rates are calculated by the Statistics Division of the United Nations.

Since relatively few births occur to women below 15 or above 50 years of age, age-specific fertility rates for women under 20 years of age and for those 45 years of age or over are computed on the female population aged 15-19 and 45-49, respectively. Similarly, the rate for women of "All ages" is based on all live births irrespective of age of mother, and is computed on the female population aged 15-49 years. This rate for "All ages" is known as the general fertility rate. The age-specific fertility rates for age groups of women below 15 or 50 and above years of age are not calculated.

Births to mothers of unknown age are distributed proportionately across the age groups, by the Statistics Division of the United Nations, in accordance with the distribution of births by age of mother prior to the calculation of the rates.

The population used in computing the rates is the estimated or enumerated distribution of females by age. First priority was given to the estimated population and second priority to the enumerated population, i.e. to census returns of the year to which the births referred.

Rates presented in this table are limited to those for countries or areas having at least a total of 100 live births in a given year.

Reliability of data: Data from civil registers of live births which are reported as incomplete (less than 90 per cent completeness) or of unknown completeness are considered unreliable and are set in *italics* rather than in roman type. Rates are not computed if the data on live births from civil registers are reported as incomplete (less than 90 per cent completeness) or of unknown completeness. Table 9 and the technical notes for that table provide more detailed information on the completeness of live-birth registration. For more information about the quality of vital statistics data in general, see section 4.2 of the Technical Notes.

Limitations: Statistics on live births by age of mother are subject to the same qualifications as have been set forth for vital statistics in general and birth statistics in particular as discussed in section 4 of the Technical Notes. These include differences in the completeness of registration, the method used to determine age of mother and the quality of the reported information relating to age of mother.

The reliability of the data described above, is an important factor in considering the limitations. In addition, some live births are tabulated by date of registration and not by date of occurrence; these are indicated in the table by a plus sign "+". Whenever the lag between the date of occurrence and date of registration is prolonged and, therefore, a large proportion of the live birth registrations are delayed, birth statistics for any given year may be seriously affected. For example, the age of the mother will almost always refer to the date of registration rather than to the date of birth of the child. Hence, in those countries or areas where registration of births is delayed, possibly for years, statistics on births by age of mother should be used with caution.

Another factor which limits international comparability is the practice of some countries or areas of not including in live birth statistics infants who were born alive but died before the registration of the birth or within the first 24 hours of life, thus underestimating the total number of live births. Statistics of this type are footnoted.

Because these statistics are classified according to age, they are subject to the limitations with respect to accuracy of age reporting similar to those already discussed in connection with section 3.1.3 of the Technical Notes. The factors influencing the accuracy of reporting may be somewhat dissimilar in vital statistics (because of the differences in the method of taking a census and registering a birth) but, in general, the same errors can be observed. The absence of frequencies in the unknown age group does not necessarily indicate completely accurate reporting and tabulation of the age item. It is often an indication that the unknowns have been eliminated by assigning ages to them before tabulation, or by proportionate distribution after tabulation.

On the other hand, large frequencies in the unknown age category may indicate that a large proportion of the births are born outside of wedlock, the records for which tend to be incomplete so far as characteristics of the parents are concerned.

Another limitation of age reporting may result from calculating age of mother at birth of child (or at time of registration) from year of birth rather than from day, month and year of birth. Information on this factor is given in footnotes when known.

In few countries, data by age refer to deliveries rather than to live births causing under-enumeration in the event of a multiple birth. This practice leads to lack of strict comparability, both among countries or areas relying on this practice and between data shown in this table and table 9.

Rates shown in this table are subject to the same limitations that affect the corresponding statistics on live births. In cases of rates based on births tabulated by date of registration and not by date of occurrence; the effect of including delayed registration on the distribution of births by age of mother may be noted in the age-specific fertility rates for women at older ages. In some cases, high age-specific rates for women aged 45 years and over may reflect age of mother at registration of birth and not fertility at these older ages.

Earlier data: Live births and live-birth rates by age of mother (i.e. age-specific fertility rates), have been shown for the latest available year in each issue of the Yearbook. Information on the years and specific topics covered is presented in the Historical Index.

Tableau 10

Le tableau 10 présente les données les plus récentes disponibles pour la période 2002-2011 sur les naissances vivantes selon l'âge de la mère et le sexe de l'enfant, le taux de fécondité et les taux de fécondité par âge.

Description des variables : l'âge désigne l'âge au dernier anniversaire, c'est-à-dire la différence entre la date de naissance et la date de l'événement exprimée en années solaires révolues. La classification par âge utilisée dans ce tableau comprend les catégories suivantes : moins de 15 ans, groupes quinquennaux jusqu'à 45-49 ans, 50 ans et plus, et âge inconnu. Des groupes d'âge différents sont parfois utilisés lorsque les pays ou territoires ont fourni les données dans une autre classification.

Les taux de fécondité par âge représentent le nombre annuel de naissances vivantes intervenues dans un groupe d'âge donné pour 1 000 femmes du groupe d'âge. Ces taux ont été calculés par la Division de statistique de l'ONU.

Étant donné que le nombre de naissances parmi les femmes de moins de 15 ans ou de plus de 50 ans est relativement peu élevé, les taux de fécondité par âge parmi les femmes âgées de moins de 20 ans et celles de 45 ans et plus ont été calculés sur la base des populations féminines âgées de 15 à 19 ans et de 45 à 49 ans, respectivement. De même, le taux pour les femmes de « tous âges » est fondé sur la totalité des naissances vivantes, indépendamment de l'âge de la mère et ce chiffre est rapporté à l'effectif de la population féminine âgée de 15 à 49 ans. Ce taux « tous âges » est le taux global de fécondité ou simplement taux de fécondité. Les taux de fécondité parmi les femmes âgées de moins de 15 ans ou celles de 50 ans et plus n'ont pas été calculés.

Les naissances pour lesquelles l'âge de la mère était inconnu ont été réparties par la Division de statistique de l'ONU, avant le calcul des taux, suivant les proportions observées pour celles où l'âge de la mère était connu.

Les chiffres de population utilisés pour le calcul des taux proviennent de dénombrements ou de répartitions estimatives de la population féminine selon l'âge. On a utilisé de préférence les estimations de la population; à défaut, on s'est contenté des données censitaires se rapportant à l'année des naissances.

Les taux présentés dans ce tableau ne concernent que les pays ou zones où l'on a enregistré un total d'au moins 100 naissances vivantes dans une année donnée.

Fiabilité des données : les données sur les naissances vivantes provenant des registres de l'état civil qui sont déclarées incomplètes (degré de complétude inférieur à 90 p. 100) ou dont le degré de complétude n'est pas connu sont jugées douteuses et apparaissent en italique et non en caractères romains. On a choisi de ne pas faire figurer des taux calculés à partir de données sur les naissances vivantes issues de registres de l'état civil qui sont déclarées incomplètes (degré de complétude inférieur à 90 p. 100) ou dont le degré de complétude n'est pas connu. Le tableau 9 et les notes techniques qui s'y rapportent présentent des renseignements plus détaillés sur le degré de complétude de l'enregistrement des naissances vivantes. Pour plus de précisions sur la qualité des statistiques de l'état civil en général, voir la section 4.2 des Notes techniques.

Insuffisance des données : les statistiques relatives aux naissances vivantes selon l'âge de la mère appellent toutes les réserves qui ont été formulées à propos des statistiques de l'état civil en général et des statistiques de naissances en particulier (voir la section 4 des Notes techniques). Ceci inclut les différences de complétude d'enregistrement des faits d'état civil, de méthode pour déterminer l'âge de la mère et de qualité d'information concernant l'âge de la mère.

La fiabilité des données, au sujet de laquelle des indications ont été données plus haut, est un facteur important. Il faut également tenir compte du fait que, dans certains cas, les données relatives aux naissances vivantes sont exploitées selon la date de l'enregistrement et non la date de l'événement ; ces cas ont été signalés dans le tableau par le signe '+'. Chaque fois que le décalage entre l'événement et son enregistrement est grand et qu'une forte proportion des naissances vivantes fait l'objet d'un enregistrement tardif, les statistiques des naissances vivantes pour une année donnée peuvent être considérablement faussées. Par exemple, l'âge de la mère représente presque toujours son âge à la date de l'enregistrement et non à la date de la naissance de l'enfant. Ainsi, dans les pays ou zones où l'enregistrement des naissances est tardif, le retard atteignant parfois plusieurs années, il faut utiliser avec prudence les statistiques concernant les naissances selon l'âge de la mère.

Un autre facteur qui nuit à la comparabilité internationale est la pratique de certains pays ou zones qui consiste à ne pas inclure dans les statistiques des naissances vivantes les enfants nés vivants mais décédés avant l'enregistrement de leur naissance ou dans les 24 heures qui ont suivi la naissance, pratique qui conduit à sous-estimer le nombre total de naissances vivantes. Quand pareil facteur a joué, cela a été signalé en note à la fin du tableau.

Étant donné que les statistiques du tableau 10 sont classées selon l'âge, elles appellent les mêmes réserves concernant l'exactitude des déclarations d'âge que celles formulées à la section 3.1.3 des Notes techniques. Dans le cas des statistiques de l'état civil, les facteurs qui interviennent à cet égard sont parfois différents, étant donné que le recensement de la population et l'enregistrement des naissances se font par des méthodes différentes, mais, d'une manière générale, les erreurs observées seront les mêmes. Si aucun nombre ne figure dans la rangée réservée aux âges inconnus, cela ne signifie pas nécessairement que les déclarations d'âge et l'exploitation des données par âge ont été tout à fait exactes. C'est souvent une indication que l'on a attribué un âge aux personnes d'âge inconnu avant l'exploitation des données ou qu'elles ont été réparties proportionnellement entre les différents groupes après cette opération.

À l'inverse, lorsque le nombre des personnes d'âge inconnu est important, cela peut signifier que la proportion de naissances parmi les mères célibataires est élevée, étant donné qu'en pareil cas l'acte de naissance ne contient pas tous les renseignements concernant les parents.

Les déclarations par âge peuvent comporter des distorsions, du fait que l'âge de la mère au moment de la naissance d'un enfant (ou de la déclaration de naissance) est donné par année de naissance et non par date exacte (jour, mois et année).

Dans quelques pays, la classification par âges se réfère aux accouchements, et non aux naissances vivantes, ce qui conduit à un sous-dénombrement en cas de naissances gémellaires. Cette pratique nuit à la comparabilité des données, à la fois entre pays ou zones qui recourent à cette méthode et entre les données présentées dans le tableau 10 et celles du tableau 9.

Les taux présentés dans ce tableau sont sujets aux mêmes limitations qui affectent les statistiques correspondantes de naissances vivantes. Dans le cas des taux basés sur des naissances par date d'enregistrement et non par date d'occurrence, l'effet peut être visible sur les taux de fécondité par âge des femmes aux âges plus élevés. Dans certains cas, les taux de fécondité des femmes de plus de 45 ans peuvent refléter l'âge de la mère à l'enregistrement plus que la fécondité à ces âges.

Données publiées antérieurement : les différentes éditions de l'*Annuaire démographique* regroupent les dernières statistiques dont on disposait à l'époque sur les naissances vivantes selon l'âge de la mère et les taux des naissances vivantes selon l'âge de la mère (taux de fécondité par âge). Pour plus de précisions concernant les années pour lesquels des données ont été publiées, se reporter à l'index historique.

10. Live births by age of mother and sex of child, general and age-specific fertility rates: latest available year, 2002 - 2011
Naissances vivantes selon l'âge de la mère et le sexe de l'enfant, taux de fécondité et taux de fécondité par âge : dernière année disponible, 2002 - 2011

Continent, country or area, year, code and age of mother (in years) / Continent, pays ou zone, année, code et âge de la mère (en années)	Total	Male Masculin	Female Féminin	Rate Taux
AFRICA - AFRIQUE				
Botswana[1]				
2006 (+U)				
Total	44 709	23 534	21 175	...
15 - 19	5 493	2 916	2 577	...
20 - 24	15 118	7 883	7 235	...
25 - 29	11 383	6 023	5 360	...
30 - 34	7 115	3 760	3 355	...
35 - 39	3 813	1 989	1 824	...
40 - 44	1 556	838	718	...
45 +	231	125	106	...
Egypt - Égypte				
2010 (+C)				
Total	2 261 409	1 159 528	1 101 881	106.1
0 - 19	68 998	35 646	33 352	22.3
20 - 24	607 470	312 382	295 088	212.6
25 - 29	402 211	205 924	196 287	167.2
30 - 34	254 128	129 518	124 610	147.7
35 - 39	106 883	54 330	52 553	61.3
40 - 44	26 325	13 378	12 947	17.5
45 +	88 854	45 352	43 502	66.6
Unknown - Inconnu	706 540	362 998	343 542	..
Kenya				
2009 (U)				
Total	691 312	354 154	337 158	...
0 - 14	3 877	2 019	1 858	..
15 - 19	89 664	45 562	44 102	...
20 - 24	221 828	113 572	108 256	...
25 - 29	174 571	89 674	84 897	...
30 - 34	103 940	53 395	50 545	...
35 - 39	49 527	25 424	24 103	...
40 - 44	13 231	6 713	6 518	...
45 - 49	2 165	1 097	1 068	...
50 +	823	423	400	..
Unknown - Inconnu	31 686	16 275	15 411	..
Liberia - Libéria[2]				
2008 (|)				
Total	63 171	33 511	29 660	73.1
12 - 14	304	157	147	..
15 - 19	6 973	3 668	3 305	37.4
20 - 24	16 181	8 486	7 695	89.4
25 - 29	14 915	8 017	6 898	98.9
30 - 34	10 277	5 433	4 844	91.5
35 - 39	8 336	4 374	3 962	79.8
40 - 44	3 961	2 138	1 823	53.5
45 - 49	2 224	1 238	986	40.5
Libya - Libye				
2002 (C)				
Total	111 053	57 722	53 331	...
0 - 19	1 196	592	604	...
20 - 24	15 018	7 845	7 173	...
25 - 29	32 713	16 877	15 836	...
30 - 34	33 325	17 384	15 941	...
35 - 39	18 702	9 777	8 925	...
40 - 44	6 422	3 296	3 126	...
45 +	676	364	312	...
Unknown - Inconnu	3 001	1 587	1 414	...
Malawi[3]				
2008 (|)				
Total	516 629	...	...	160.1
15 - 19	70 737	...	...	101.5
20 - 24	169 406	...	...	285.0
25 - 29	130 331	...	...	242.3
30 - 34	79 232	...	...	153.6
35 - 39	43 747	...	...	117.2
40 - 44	15 956	...	...	57.9

Continent, country or area, year, code and age of mother (in years) / Continent, pays ou zone, année, code et âge de la mère (en années)	Total	Male Masculin	Female Féminin	Rate Taux
AFRICA - AFRIQUE				
Malawi[3]				
2008 (|)				
45 - 49	5 599	...	...	25.1
Unknown - Inconnu	1 621	...	...	..
Mauritius - Maurice[4]				
2010 (C)				
Total	14 831	7 464	7 367	42.2
0 - 14	23	11	12	..
15 - 19	1 593	800	793	30.1
20 - 24	3 730	1 870	1 860	78.7
25 - 29	4 497	2 240	2 257	91.2
30 - 34	3 253	1 669	1 584	59.6
35 - 39	1 211	600	611	26.3
40 - 44	314	157	157	6.5
45 - 49	15	8	7	♦0.3
50 +	1	1	-	..
Unknown - Inconnu	194	108	86	..
Nigeria - Nigéria				
2007 (...)				
Total	1 807 025	...	...	...
0 - 14	2 528	...	...	...
15 - 19	129 716	...	...	...
20 - 24	471 036	...	...	...
25 - 29	588 454	...	...	...
30 - 34	377 593	...	...	...
35 - 39	172 081	...	...	...
40 - 44	49 519	...	...	...
45 - 49	13 411	...	...	...
50 +	2 687	...	...	...
Réunion[5]				
2007 (C)				
Total	14 808	7 711	7 097	69.2
0 - 14	23	11	12	..
15 - 19	1 517	769	748	44.1
20 - 24	3 348	1 752	1 596	117.2
25 - 29	3 968	2 075	1 893	144.2
30 - 34	3 429	1 779	1 650	116.2
35 - 39	1 931	1 009	922	58.6
40 - 44	572	307	265	16.8
45 +	20	9	11	♦0.7
Senegal - Sénégal[6]				
2002 (|)				
Total	399 967	...	...	156.4
15 - 19	70 532	...	...	115.6
20 - 24	102 101	...	...	199.1
25 - 29	95 932	...	...	227.0
30 - 34	69 955	...	...	201.7
35 - 39	40 465	...	...	143.1
40 - 44	16 624	...	...	74.5
45 - 49	4 358	...	...	27.5
Seychelles				
2011 (+C)				
Total	1 625	807	818	66.8
0 - 14	4	3	1	..
15 - 19	244	122	122	70.3
20 - 24	404	204	200	133.7
25 - 29	392	192	200	114.3
30 - 34	318	153	165	86.5
35 - 39	203	95	108	55.3
40 - 44	58	37	21	16.3
45 +	2	1	1	♦0.6
South Africa - Afrique du Sud				
2007 (U)[7]				
Total	858 866	432 282	426 584	...
0 - 14	804	381	423	..

10. Live births by age of mother and sex of child, general and age-specific fertility rates: latest available year, 2002 - 2011
Naissances vivantes selon l'âge de la mère et le sexe de l'enfant, taux de fécondité et taux de fécondité par âge : dernière année disponible, 2002 - 2011 (continued - suite)

Continent, country or area, year, code and age of mother (in years) / Continent, pays ou zone, année, code et âge de la mère (en années)	Total	Male Masculin	Female Féminin	Rate Taux
AFRICA - AFRIQUE				
South Africa - Afrique du Sud				
2007 (U)[7]				
15 - 19	93 451	47 102	46 349	...
20 - 24	246 545	124 213	122 332	...
25 - 29	222 601	112 241	110 360	...
30 - 34	165 240	83 254	81 986	...
35 - 39	95 875	47 952	47 923	...
40 - 44	29 099	14 544	14 555	...
45 - 49	4 196	2 093	2 103	...
50 +	659	310	349	..
Unknown - Inconnu	396	192	204	..
2010 (U)[8]				
Total	890 586	...	...	..
0 - 14	895	...	...	...
15 - 19	110 342	...	...	...
20 - 24	246 018	...	...	...
25 - 29	236 995	...	...	...
30 - 34	166 055	...	...	...
35 - 39	95 571	...	...	...
40 - 44	30 399	...	...	...
45 - 49	3 088	...	...	...
50 - 54	266	...	...	..
55 +	957	...	...	..
Swaziland[9]				
2007 (I)				
Total	33 084	18 905	14 179	152.2
0 - 14	67	33	34	..
15 - 19	3 581	1 775	1 806	71.0
20 - 24	8 303	4 449	3 854	184.4
25 - 29	6 839	3 830	3 009	187.1
30 - 34	5 039	2 969	2 070	188.5
35 - 39	3 839	2 324	1 515	166.8
40 - 44	2 008	1 340	668	104.7
45 - 49	1 246	892	354	75.8
50 +	2 155	1 288	867	..
Unknown - Inconnu	7	5	2	..
Tunisia - Tunisie				
2007 (C)				
Total	177 503	...	...	60.1
15 - 19	2 555	...	...	6.0
20 - 24	23 334	...	...	52.6
25 - 29	47 786	...	...	117.4
30 - 34	44 906	...	...	126.2
35 - 39	24 726	...	...	79.8
40 - 44	6 964	...	...	22.8
45 +	510	...	...	2.0
Unknown - Inconnu	26 721	...	...	..
AMERICA, NORTH - AMÉRIQUE DU NORD				
Anguilla				
2006 (+C)				
Total	183	...	...	..
0 - 14	2	...	...	..
15 - 19	26	...	...	..
20 - 24	56	...	...	..
25 - 29	42	...	...	..
30 - 34	26	...	...	..
35 - 39	27	...	...	..
40 +	4	...	...	..
Aruba				
2007 (C)				
Total	1 239	642	597	43.2
0 - 14	3	2	1	..
AMERICA, NORTH - AMÉRIQUE DU NORD				
Aruba				
2007 (C)				
15 - 19	149	78	71	41.0
20 - 24	305	157	148	101.2
25 - 29	314	149	165	94.7
30 - 34	280	159	121	71.7
35 - 39	149	79	70	31.6
40 - 44	36	17	19	7.1
45 - 49	2	1	1	♦0.4
50 +	-	-	-	..
Unknown - Inconnu	1	-	1	..
2010 (C)				
Total	1 141	...	...	44.3
0 - 14	-	...	...	..
15 - 19	149	...	...	42.3
20 - 24	282	...	...	110.5
25 - 29	280	...	...	95.8
30 - 34	264	...	...	75.4
35 - 39	128	...	...	32.3
40 - 44	37	...	...	8.4
45 - 49	1	...	...	♦0.2
50 +	-	...	...	..
Bahamas[10]				
2009 (U)				
Total	5 027	2 508[11]	2 517[11]	...
0 - 14	5	2	3	..
15 - 19	527	272	255	...
20 - 24	1 209	599[11]	609[11]	...
25 - 29	1 279	640[11]	638[11]	...
30 - 34	1 102	555	547	...
35 - 39	690	339	351	...
40 - 44	197	93	104	...
45 - 49	18	8	10	...
50 +	-	-	-	..
Barbados - Barbade				
2007 (+C)				
Total	3 537	1 850	1 687	...
0 - 14	10	7	3	..
15 - 19	462	226	236	...
20 - 24	894	487	407	...
25 - 29	805	420	385	...
30 - 34	730	387	343	...
35 - 39	463	235	228	...
40 - 44	164	84	80	...
45 - 49	7	3	4	...
Unknown - Inconnu	2	1	1	..
Belize				
2002 (U)				
Total	7 356	...	...	...
0 - 14	22	...	...	...
15 - 19	1 237	...	...	...
20 - 24	2 233	...	...	...
25 - 29	1 712	...	...	...
30 - 34	1 106	...	...	...
35 - 39	566	...	...	...
40 - 44	165	...	...	...
45 +	17	...	...	...
Unknown - Inconnu	298	...	...	...
Bermuda - Bermudes[12]				
2009 (C)				
Total	819	427	392	49.8
0 - 14	2	1	1	..
15 - 19	33	19	14	17.7
20 - 24	109	64	45	58.9
25 - 29	186	96	90	83.5

10. Live births by age of mother and sex of child, general and age-specific fertility rates: latest available year, 2002 - 2011
Naissances vivantes selon l'âge de la mère et le sexe de l'enfant, taux de fécondité et taux de fécondité par âge : dernière année disponible, 2002 - 2011 (continued - suite)

Continent, country or area, year, code and age of mother (in years) / Continent, pays ou zone, année, code et âge de la mère (en années)	Number - Nombre			Rate Taux
	Total	Male Masculin	Female Féminin	
AMERICA, NORTH - AMÉRIQUE DU NORD				
Bermuda - Bermudes[12]				
2009 (C)				
30 - 34	252	128	124	108.2
35 - 39	192	94	98	76.4
40 - 44	39	21	18	14.7
45 - 49	6	4	2	♦2.0
50 +	-	-	-	..
Canada[13]				
2009 (C)				
Total	380 863	195 445	185 418	46.0
0 - 14	104	52	52	..
15 - 19	15 534	7 997	7 537	14.1
20 - 24	57 778	29 564	28 214	51.2
25 - 29	116 878	60 099	56 779	100.7
30 - 34	120 734	62 132	58 602	107.0
35 - 39	57 733	29 493	28 240	50.6
40 - 44	11 364	5 720	5 644	9.2
45 - 49	605	316	289	0.4
Unknown - Inconnu[14]	133	72	61	..
Cayman Islands - Îles Caïmanes[15]				
2010 (C)				
Total	821	...	...	48.0
0 - 14	1	...	...	..
15 - 19	50	...	...	35.9
20 - 24	138	...	...	89.4
25 - 29	167	...	...	65.0
30 - 34	237	...	...	80.8
35 - 39	184	...	...	57.7
40 +	44	...	...	8.1
Costa Rica				
2010* (C)				
Total	70 922	36 382	34 540	55.2
0 - 14	428	234	194	..
15 - 19	12 828	6 598	6 230	55.2
20 - 24	21 353	10 945	10 408	97.5
25 - 29	18 001	9 303	8 698	96.2
30 - 34	11 648	5 907	5 741	...
35 - 39	5 098	2 577	2 521	...
40 - 44	1 265	666	599	...
45 +	95	52	43	...
Unknown - Inconnu	206	100	106	..
2011* (C)				
Total	73 459	...	...	60.6
0 - 14	476	...	...	..
15 - 19	13 391	...	...	66.1
20 - 24	21 375	...	...	103.5
25 - 29	18 750	...	...	96.8
30 - 34	12 312	...	...	71.8
35 - 39	5 547	...	...	37.3
40 - 44	1 250	...	...	8.6
45 +	84	...	...	0.6
Unknown - Inconnu	274	...	...	..
Cuba				
2010 (C)				
Total	127 746	65 692	62 054	43.0
0 - 14	361	190	171	..
15 - 19	19 357	9 951	9 406	51.9
20 - 24	42 657	21 966	20 691	106.6
25 - 29	31 990	16 453	15 537	94.2
30 - 34	19 032	9 811	9 221	54.9
35 - 39	11 798	6 039	5 759	24.1
40 - 44	2 353	1 185	1 168	4.5
45 - 49	90	45	45	0.2
AMERICA, NORTH - AMÉRIQUE DU NORD				
Cuba				
2010 (C)				
50 +	49	24	25	..
Unknown - Inconnu	59	28	31	..
Dominica - Dominique				
2006 (+C)				
Total	1 056	505	551	62.4
0 - 14	3	-	3	..
15 - 19	154	80	74	45.8
20 - 24	250	115	135	116.8
25 - 29	197	91	106	78.2
30 - 34	207	99	108	74.5
35 - 39	179	86	93	72.9
40 - 44	59	29	30	28.7
45 - 49	5	3	2	♦3.1
Dominican Republic - République dominicaine				
2010 (U)				
Total	121 159	61 975	59 184	...
0 - 14	-	-	-	...
15 - 19	16 743	8 620	8 123	...
20 - 24	39 008	19 891	19 117	...
25 - 29	33 094	16 996	16 098	...
30 - 34	20 860	10 611	10 249	...
35 - 39	8 512	4 373	4 139	...
40 - 44	1 788	900	888	...
45 - 49	144	64	80	...
50 +	30	17	13	...
Unknown - Inconnu	980	503	477	...
El Salvador[16]				
2007 (C)				
Total	106 471	55 742	50 729	68.9
12 - 14	1 067	549	518	..
15 - 19	22 272	11 661	10 611	73.9
20 - 24	30 060	15 770	14 290	116.5
25 - 29	25 793	13 601	12 192	103.0
30 - 34	16 619	8 706	7 913	74.4
35 - 39	7 903	4 079	3 824	40.3
40 - 44	2 312	1 147	1 165	13.5
45 - 49	173	90	83	1.2
50 +	22	11	11	..
Unknown - Inconnu	250	128	122	..
Greenland - Groenland				
2011* (C)				
Total	821	436	385	57.5
0 - 14	1	-	1	..
15 - 19	92	46	46	41.5
20 - 24	238	122	116	105.0
25 - 29	247	128	119	124.6
30 - 34	169	92	77	98.0
35 - 39	63	39	24	43.5
40 - 44	11	9	2	♦5.2
45 - 49	-	-	-	..
Guadeloupe[5]				
2003 (C)				
Total	7 047	3 543	3 504	60.4
0 - 14	7	2	5	..
15 - 19	431	215	216	25.5
20 - 24	1 148	588	560	81.3
25 - 29	1 815	912	903	132.3
30 - 34	2 001	1 005	996	108.6
35 - 39	1 280	637	643	64.6
40 - 44	352	177	175	19.3
45 +	13	7	6	♦0.8

10. Live births by age of mother and sex of child, general and age-specific fertility rates: latest available year, 2002 - 2011
Naissances vivantes selon l'âge de la mère et le sexe de l'enfant, taux de fécondité et taux de fécondité par âge : dernière année disponible, 2002 - 2011 (continued - suite)

Continent, country or area, year, code and age of mother (in years) / Continent, pays ou zone, année, code et âge de la mère (en années)	Number - Nombre			Rate Taux
	Total	Male Masculin	Female Féminin	

Continent, country or area, year, code and age of mother (in years) / Continent, pays ou zone, année, code et âge de la mère (en années)	Number - Nombre			Rate Taux
	Total	Male Masculin	Female Féminin	

AMERICA, NORTH - AMÉRIQUE DU NORD

	Total	Male Masculin	Female Féminin	Rate Taux
Guatemala				
2006 (C)				
Total	368 399	187 190	181 209	...
0 - 14	2 209	1 101	1 108	..
15 - 19	65 284	33 335	31 949	...
20 - 24	107 634	54 736	52 898	...
25 - 29	86 944	44 413	42 531	...
30 - 34	56 080	28 468	27 612	...
35 - 39	32 668	16 478	16 190	...
40 - 44	12 790	6 341	6 449	...
45 - 49	2 280	1 141	1 139	...
50 +	1 009	487	522	..
Unknown - Inconnu	1 501	690	811	..
Jamaica - Jamaïque[17]				
2006 (C)				
Total	42 387	21 671	20 716	...
0 - 14	211	111	100	..
15 - 19	7 809	4 029	3 780	...
20 - 24	11 699	5 972	5 727	...
25 - 29	9 283	4 722	4 561	...
30 - 34	7 339	3 781	3 558	...
35 - 39	4 455	2 280	2 175	...
40 - 44	1 496	732	764	...
45 +	79	35	44	...
Unknown - Inconnu	16	9	7	..
Martinique[5]				
2007 (C)				
Total	5 317	2 676	2 641	51.0
0 - 14	2	1	1	..
15 - 19	305	165	140	19.8
20 - 24	911	447	464	77.6
25 - 29	1 202	617	585	117.2
30 - 34	1 376	678	698	98.2
35 - 39	1 105	560	545	64.1
40 - 44	393	194	199	20.9
45 +	23	14	9	♦1.4
Mexico - Mexique				
2008* (+U)[18]				
Total	2 243 145	1 140 930[11]	1 102 070[11]	...
0 - 14	7 605	3 836[11]	3 767[11]	..
15 - 19	393 997	201 305[11]	192 665[11]	..
20 - 24	661 880	337 226[11]	324 613[11]	...
25 - 29	562 179	285 834[11]	276 314[11]	...
30 - 34	384 782	194 900[11]	189 864[11]	...
35 - 39	178 710	90 456[11]	88 241[11]	...
40 - 44	40 499	20 231[11]	20 264[11]	...
45 - 49	3 482	1 785[11]	1 697[11]	...
50 +	739	357[11]	382[11]	...
Unknown - Inconnu	9 272	5 000[11]	4 263[11]	..
2010 (I)[19]				
Total	2 031 806	...	...	66.2
12 - 14	4 451	...	...	
15 - 19	312 007	...	...	56.7
20 - 24	604 533	...	...	119.0
25 - 29	506 678	...	...	110.6
30 - 34	362 970	...	...	81.7
35 - 39	184 971	...	...	42.7
40 - 44	48 527	...	...	13.3
45 - 49	6 351	...	...	2.0
50 +	1 318	...	...	..
Nicaragua				
2008 (+U)				
Total	125 028	64 802	60 226	...
0 - 14	1 448	706	742	..
15 - 19	32 390	16 748	15 642	...

	Total	Male Masculin	Female Féminin	Rate Taux
Nicaragua				
2008 (+U)				
20 - 24	37 567	19 505	18 062	...
25 - 29	28 795	14 966	13 829	...
30 - 34	15 493	8 104	7 389	...
35 - 39	7 357	3 728	3 629	...
40 - 44	1 796	948	848	...
45 - 49	170	89	81	...
50 +	12	8	4	..
Panama				
2010 (C)				
Total	67 955	34 651	33 304	74.3
0 - 14	608	303	305	..
15 - 19	12 945	6 660	6 285	86.0
20 - 24	19 605	9 976	9 629	133.7
25 - 29	16 130	8 349	7 781	118.0
30 - 34	11 136	5 542	5 594	85.5
35 - 39	5 881	2 988	2 893	45.5
40 - 44	1 414	714	700	12.0
45 - 49	105	54	51	1.0
50 +	18	9	9	..
Unknown - Inconnu	113	56	57	..
Puerto Rico - Porto Rico				
2008 (C)				
Total	45 675	23 443	22 232	46.5
0 - 14	147	72	75	..
15 - 19	7 989	4 036	3 953	54.6
20 - 24	14 580	7 399	7 181	106.0
25 - 29	11 828	6 135	5 693	81.9
30 - 34	7 297	3 785	3 512	52.4
35 - 39	3 124	1 652	1 472	23.0
40 - 44	657	339	318	4.7
45 - 49	35	17	18	0.3
50 +	2	1	1	..
Unknown - Inconnu	16	7	9	..
Saint Lucia - Sainte-Lucie				
2002 (C)				
Total	2 529	1 299	1 230	58.2
0 - 14	8	5	3	..
15 - 19	447	223	224	51.4
20 - 24	686	356	330	96.1
25 - 29	569	284	285	83.9
30 - 34	469	238	231	76.4
35 - 39	277	156	121	45.9
40 - 44	71	36	35	14.1
45 - 49	2	1	1	♦0.6
2005* (C)				
Total	2 215	...	...	47.6
0 - 14	6	...	...	..
15 - 19	374	...	...	42.1
20 - 24	624	...	...	77.6
25 - 29	526	...	...	75.7
30 - 34	378	...	...	58.4
35 - 39	236	...	...	38.7
40 - 44	62	...	...	10.9
45 +	10	...	...	♦2.3
Saint Vincent and the Grenadines - Saint-Vincent-et-les Grenadines				
2009 (+C)				
Total	1 905	949	956	...
0 - 14	9	3	6	..
15 - 19	365	164	201	...
20 - 24	511	269	242	...
25 - 29	446	226	220	...

10. Live births by age of mother and sex of child, general and age-specific fertility rates: latest available year, 2002 - 2011
Naissances vivantes selon l'âge de la mère et le sexe de l'enfant, taux de fécondité et taux de fécondité par âge : dernière année disponible, 2002 - 2011 (continued - suite)

Continent, country or area, year, code and age of mother (in years) / Continent, pays ou zone, année, code et âge de la mère (en années)	Total	Male Masculin	Female Féminin	Rate Taux
AMERICA, NORTH - AMÉRIQUE DU NORD				
Saint Vincent and the Grenadines - Saint-Vincent-et-les Grenadines				
2009 (+C)				
30 - 34	332	162	170	...
35 - 39	172	95	77	...
40 - 44	64	28	36	...
45 +	5	2	3	...
Unknown - Inconnu	1	-	1	..
Trinidad and Tobago - Trinité-et-Tobago				
2006 (C)				
Total	18 090	9 330	8 760	...
0 - 14	27	7	20	..
15 - 19	2 115	1 114	1 001	...
20 - 24	5 640	2 912	2 728	...
25 - 29	4 938	2 523	2 415	...
30 - 34	3 268	1 710	1 558	...
35 - 39	1 578	805	773	...
40 - 44	462	228	234	...
45 - 49	28	16	12	...
50 +	1	-	1	..
Unknown - Inconnu	33	15	18	..
Turks and Caicos Islands - Îles Turques et Caïques				
2005 (C)				
Total	318	158	160	...
0 - 14	1	-	1	..
15 - 19	28	13	15	...
20 - 24	65	29	36	...
25 - 29	83	40	43	...
30 - 34	76	47	29	...
35 - 39	52	23	29	...
40 - 44	11	5	6	...
45 +	2	1	1	...
United States of America - États-Unis d'Amérique				
2008 (C)				
Total	4 247 694	...	...	57.8
0 - 14	5 764	...	...	..
15 - 19	434 758	...	...	41.5
20 - 24	1 052 184	...	...	103.0
25 - 29	1 195 774	...	...	115.1
30 - 34	956 716	...	...	99.3
35 - 39	488 875	...	...	46.9
40 - 44	105 973	...	...	9.8
45 - 49	7 109	...	...	0.6
50 +	541	...	...	..
United States Virgin Islands - Îles Vierges américaines				
2007 (C)				
Total	1 771	...	...	65.9
0 - 14	2	...	...	..
15 - 19	226	...	...	53.1
20 - 24	550	...	...	146.6
25 - 29	424	...	...	146.1
30 - 34	319	...	...	93.9
35 - 39	196	...	...	48.6
40 +	46	...	...	5.5
Unknown - Inconnu	8	...	...	..
AMERICA, SOUTH - AMÉRIQUE DU SUD				
Argentina - Argentine				
2010 (C)				
Total	756 176	...	...	73.8
0 - 14	3 117	...	...	..
15 - 19	114 474	...	...	68.4
20 - 24	184 399	...	...	113.3
25 - 29	174 780	...	...	111.5
30 - 34	160 524	...	...	100.5
35 - 39	84 658	...	...	63.3
40 - 44	21 363	...	...	18.2
45 - 49	1 527	...	...	1.4
50 +	88	...	...	..
Unknown - Inconnu	11 246	...	...	..
Brazil - Brésil[20]				
2009 (U)				
Total	2 764 642	1 415 650[11]	1 348 674[11]	...
0 - 14	22 665	11 684[11]	10 980[11]	...
15 - 19	501 547	257 388[11]	244 111[11]	...
20 - 24	780 465	400 262[11]	380 163[11]	...
25 - 29	696 349	355 691[11]	340 622[11]	...
30 - 34	464 391	237 698[11]	226 669[11]	...
35 - 39	220 875	112 953[11]	107 917[11]	...
40 - 44	57 811	29 498[11]	28 311[11]	...
45 - 49	4 106	2 064[11]	2 041[11]	...
50 +	318	160[11]	158[11]	..
Unknown - Inconnu	16 115	8 252[11]	7 702[11]	..
Chile - Chili				
2009 (C)				
Total	252 240	128 659	123 581	55.8
0 - 14	1 073	545	528	..
15 - 19	39 629	20 348	19 281	54.4
20 - 24	60 361	30 872	29 489	85.4
25 - 29	60 759	30 923	29 836	95.2
30 - 34	49 955	25 384	24 571	84.9
35 - 39	31 375	15 939	15 436	50.7
40 - 44	8 581	4 417	4 164	13.8
45 - 49	437	195	242	0.7
50 +	7	4	3	..
Unknown - Inconnu	63	32	31	..
Colombia - Colombie				
2011* (U)				
Total	621 901	319 091	302 810	...
10 - 14	5 849	3 032	2 817	...
15 - 19	139 871	72 236	67 635	...
20 - 24	179 044	91 890	87 154	...
25 - 29	139 846	71 715	68 131	...
30 - 34	95 772	49 091	46 681	...
35 - 39	46 714	23 701	23 013	...
40 - 44	13 238	6 644	6 594	...
45 - 49	1 046	523	523	...
50 +	144	81	63	...
Unknown - Inconnu	377	178	199	...
Ecuador - Équateur[21]				
2009 (+U)				
Total	215 906	110 413	105 493	...
0 - 14	1 358	683	675	...
15 - 19	42 554	21 716	20 838	...
20 - 24	62 732	32 294	30 438	...
25 - 29	49 771	25 380	24 391	...
30 - 34	33 006	16 869	16 137	...
35 - 39	16 832	8 523	8 309	...
40 - 44	5 110	2 607	2 503	...
45 - 49	567	304	263	...
50 +	-	-	-	...
Unknown - Inconnu	3 976	2 037	1 939	...

10. Live births by age of mother and sex of child, general and age-specific fertility rates: latest available year, 2002 - 2011
Naissances vivantes selon l'âge de la mère et le sexe de l'enfant, taux de fécondité et taux de fécondité par âge : dernière année disponible, 2002 - 2011 (continued - suite)

Continent, country or area, year, code and age of mother (in years) / Continent, pays ou zone, année, code et âge de la mère (en années)	Number - Nombre			Rate Taux
	Total	Male Masculin	Female Féminin	

Continent, country or area, year, code and age of mother (in years) / Continent, pays ou zone, année, code et âge de la mère (en années)	Total	Male Masculin	Female Féminin	Rate Taux
AMERICA, SOUTH - AMÉRIQUE DU SUD				
French Guiana - Guyane française[5]				
2007 (C)				
Total	6 386	3 269	3 117	114.5
0 - 14	23	12	11	..
15 - 19	828	428	400	83.3
20 - 24	1 477	726	751	182.2
25 - 29	1 590	821	769	195.5
30 - 34	1 312	707	605	154.0
35 - 39	844	414	430	102.2
40 - 44	289	152	137	40.9
45 - 49	22	8	14	♦3.8
50 +	1	1	-	..
Paraguay				
2008 (+U)				
Total	99 674	51 066	48 608	...
0 - 14	538	269	269	..
15 - 19	20 188	10 404	9 784	...
20 - 24	28 246	14 396	13 850	...
25 - 29	23 863	12 261	11 602	...
30 - 34	14 721	7 480	7 241	...
35 - 39	8 899	4 600	4 299	...
40 - 44	2 819	1 440	1 379	...
45 - 49	250	134	116	...
50 +	2	2	-	..
Unknown - Inconnu	148	80	68	..
Peru - Pérou[22]				
2009 (+U)				
Total	396 616	202 885	193 731	...
0 - 14	1 335	653	682	..
15 - 19	54 830	28 216	26 614	...
20 - 24	105 126	53 761	51 365	...
25 - 29	96 996	49 567	47 429	...
30 - 34	77 196	39 482	37 714	...
35 - 39	45 642	23 325	22 317	...
40 - 44	14 284	7 249	7 035	...
45 - 49	1 072	554	518	...
50 +	135	78	57	..
Suriname[23]				
2007 (C)				
Total	9 769	...	...	73.6
0 - 14	65	...	...	..
15 - 19	1 485	...	...	65.5
20 - 24	2 818	...	...	130.8
25 - 29	2 487	...	...	121.9
30 - 34	1 716	...	...	88.8
35 - 39	943	...	...	52.0
40 - 44	243	...	...	14.9
45 +	12	...	...	♦0.8
Uruguay				
2007 (C)				
Total	47 372	...	...	58.3
0 - 14	213	...	...	..
15 - 19	7 562	...	...	58.8
20 - 24	11 341	...	...	92.2
25 - 29	11 082	...	...	92.2
30 - 34	10 141	...	...	86.5
35 - 39	5 111	...	...	48.3
40 - 44	1 307	...	...	12.5
45 +	91	...	...	0.9
Unknown - Inconnu	524	...	...	..
AMERICA, SOUTH - AMÉRIQUE DU SUD				
Venezuela (Bolivarian Republic of) - Venezuela (République bolivarienne du)				
2007 (C)				
Total	615 371	316 636	298 735	84.4
0 - 14	7 402	3 838	3 564	..
15 - 19	133 508	68 666	64 842	101.8
20 - 24	182 051	93 787	88 264	146.3
25 - 29	140 049	72 079	67 970	123.1
30 - 34	87 546	45 200	42 346	87.1
35 - 39	43 865	22 372	21 493	47.8
40 - 44	12 225	6 245	5 980	14.3
45 - 49	1 457	732	725	2.0
50 +	463	208	255	..
Unknown - Inconnu	6 805	3 509	3 296	..
ASIA - ASIE				
Armenia - Arménie				
2009 (C)				
Total	44 413	23 652	20 761	48.4
15 - 19	4 035	2 055	1 980	27.6
20 - 24	19 686	10 292	9 394	125.8
25 - 29	13 628	7 422	6 206	95.4
30 - 34	5 156	2 859	2 297	43.1
35 - 39	1 590	866	724	15.3
40 - 44	287	141	146	2.6
45 - 49	27	14	13	♦0.2
50 +	4	3	1	..
Azerbaijan - Azerbaïdjan[24]				
2010 (+C)				
Total	165 643	89 134	76 509	61.4
12 - 14	7	6	1	..
15 - 19	21 028	10 903	10 125	48.6
20 - 24	70 530	37 285	33 245	148.5
25 - 29	46 351	25 446	20 905	110.3
30 - 34	18 775	10 396	8 379	53.5
35 - 39	6 958	3 977	2 981	21.7
40 - 44	1 760	1 001	759	5.1
45 - 49	202	101	101	0.6
50 +	32	19	13	..
Bahrain - Bahreïn				
2008 (C)				
Total	17 022	8 677	8 345	62.8
0 - 14	4	2	2	..
15 - 19	433	214	219	13.7
20 - 24	3 683	1 865	1 818	85.5
25 - 29	5 592	2 864	2 728	110.7
30 - 34	4 367	2 259	2 108	94.8
35 - 39	2 136	1 067	1 069	54.8
40 - 44	735	372	363	21.8
45 - 49	61	30	31	2.2
50 +	11	4	7	..
Bangladesh				
2010 (U)				
Total	2 868 494	1 451 664	1 416 831	...
15 - 19	404 570	209 615	194 955	...
20 - 24	1 055 194	527 993	527 201	...
25 - 29	762 338	383 627	378 710	...
30 - 34	389 547	199 767	189 780	...
35 - 39	192 438	97 826	94 613	...
40 - 44	49 380	25 206	24 174	...
45 +	15 027	7 630	7 397	...

10. Live births by age of mother and sex of child, general and age-specific fertility rates: latest available year, 2002 - 2011
Naissances vivantes selon l'âge de la mère et le sexe de l'enfant, taux de fécondité et taux de fécondité par âge : dernière année disponible, 2002 - 2011 (continued - suite)

Continent, country or area, year, code and age of mother (in years) / Continent, pays ou zone, année, code et âge de la mère (en années)	Number - Nombre Total	Male Masculin	Female Féminin	Rate Taux
ASIA - ASIE				
Bhutan - Bhoutan[9]				
2005 (|)				
Total	12 538	6 306	6 232	79.4
15 - 19	1 376	711	665	36.5
20 - 24	4 211	2 156	2 055	138.9
25 - 29	3 677	1 814	1 863	141.6
30 - 34	1 753	880	873	89.4
35 - 39	960	463	497	54.5
40 - 44	434	207	227	31.3
45 - 49	127	75	52	9.9
Brunei Darussalam - Brunéi Darussalam				
2008 (+C)				
Total	6 424	3 332	3 092	...
0 - 14	4	-	4	..
15 - 19	279	159	120	...
20 - 24	1 206	654	552	...
25 - 29	2 113	1 092	1 021	...
30 - 34	1 697	866	831	...
35 - 39	913	453	460	...
40 - 44	198	99	99	...
45 - 49	12	7	5	...
50 +	-	-	-	..
Unknown - Inconnu	2	2	-	..
Cambodia - Cambodge				
2004 (U)				
Total	320 594	...	...	...
15 - 19	23 238	...	...	...
20 - 24	106 787	...	...	...
25 - 29	66 573	...	...	...
30 - 34	57 861	...	...	...
35 - 39	43 391	...	...	...
40 - 44	19 386	...	...	...
45 - 49	3 358	...	...	...
China, Hong Kong SAR - Chine, Hong Kong RAS				
2009 (C)				
Total	82 095[25]	43 965	38 129	39.2
0 - 14	10	7	3	..
15 - 19	749	374	375	3.5
20 - 24	8 627	4 538	4 089	36.1
25 - 29	22 089	11 827	10 262	72.3
30 - 34	28 814	15 412	13 402	91.8
35 - 39	18 518[25]	10 005	8 512	55.4
40 - 44	3 115	1 714	1 401	9.3
45 - 49	134	70	64	0.4
50 +	35	18	17	..
Unknown - Inconnu	4	-	4	..
China, Macao SAR - Chine, Macao RAS				
2010 (C)				
Total	5 114	2 657	2 457	29.3
0 - 14	-	-	-	..
15 - 19	55	33	22	2.9
20 - 24	899	478	421	35.4
25 - 29	1 816	950	866	73.8
30 - 34	1 392	713	679	63.3
35 - 39	794	396	398	30.8
40 - 44	155	85	70	5.6
45 - 49	3	2	1	♦0.1
50 +	-	-	-	..
Cyprus - Chypre[26]				
2009 (C)				
Total	9 608	4 904	4 704	46.0
12 - 14	2	2	-	..

Continent, country or area, year, code and age of mother (in years) / Continent, pays ou zone, année, code et âge de la mère (en années)	Number - Nombre Total	Male Masculin	Female Féminin	Rate Taux
ASIA - ASIE				
Cyprus - Chypre[26]				
2009 (C)				
15 - 19	167	78	89	6.0
20 - 24	1 320	668	652	40.4
25 - 29	3 425	1 780	1 645	98.2
30 - 34	3 069	1 556	1 513	102.5
35 - 39	1 330	664	666	48.1
40 - 44	248	131	117	9.0
45 - 49	31	16	15	1.1
50 +	4	1	3	..
Unknown - Inconnu	12	8	4	..
Democratic People's Republic of Korea - République populaire démocratique de Corée[27]				
2008 (|)				
Total	345 630	176 399	169 231	53.3
15 - 19	633	330	303	0.6
20 - 24	52 214	26 657	25 557	58.0
25 - 29	178 032	90 850	87 182	209.5
30 - 34	90 973	46 224	44 749	110.0
35 - 39	20 275	10 505	9 770	18.5
40 - 44	3 202	1 673	1 529	3.2
45 - 49	301	160	141	0.4
Georgia - Géorgie				
2010 (C)				
Total	62 585	32 488	30 097	53.5
12 - 14	25	8	17	..
15 - 19	7 845	4 020	3 825	48.4
20 - 24	22 126	11 383	10 743	122.5
25 - 29	17 458	9 081	8 377	101.2
30 - 34	9 878	5 251	4 627	60.9
35 - 39	4 171	2 182	1 989	26.4
40 - 44	974	502	472	6.3
45 - 49	77	42	35	0.4
50 +	8	3	5	..
Unknown - Inconnu	23	16	7	..
Iran (Islamic Republic of) - Iran (République islamique d')[27]				
2006 (|)				
Total	950 660	489 902	460 758	44.8
0 - 14	1 706	901	805	..
15 - 19	77 246	39 549	37 697	18.0
20 - 24	28 966	146 585	142 681	6.4
25 - 29	290 575	150 174	140 401	81.5
30 - 34	180 284	92 809	87 475	66.4
35 - 39	84 634	45 024	39 610	35.1
40 - 44	21 436	12 006	9 430	10.7
45 - 49	4 185	2 062	2 123	2.4
50 +	1 331	794	537	..
Israel - Israël[28]				
2010 (C)				
Total	166 255	85 415	80 840	91.4
0 - 14	2	1	1	..
15 - 19	3 784	1 912	1 872	13.0
20 - 24	31 014	16 018	14 996	109.1
25 - 29	49 382	25 476	23 906	173.8
30 - 34	48 439	24 923	23 516	176.5
35 - 39	26 900	13 620	13 280	103.9
40 - 44	5 902	3 045	2 857	26.9
45 - 49	488	245	243	2.4
50 +	60	29	31	..
Unknown - Inconnu	284	146	138	..

10. Live births by age of mother and sex of child, general and age-specific fertility rates: latest available year, 2002 - 2011
Naissances vivantes selon l'âge de la mère et le sexe de l'enfant, taux de fécondité et taux de fécondité par âge : dernière année disponible, 2002 - 2011 (continued - suite)

Continent, country or area, year, code and age of mother (in years) / Continent, pays ou zone, année, code et âge de la mère (en années)	Total	Male Masculin	Female Féminin	Rate Taux
ASIA - ASIE				
Japan - Japon[29]				
2010 (C)				
Total	1 071 304	550 742	520 562	39.6
0 - 14	51	21	30	..
15 - 19	13 495	6 969	6 526	4.6
20 - 24	110 956	56 952	54 004	33.5
25 - 29	306 910	158 091	148 819	84.6
30 - 34	384 385	197 638	186 747	93.6
35 - 39	220 101	112 927	107 174	45.9
40 - 44	34 609	17 724	16 885	8.0
45 - 49	773	407	366	0.2
50 +	19	10	9	..
Unknown - Inconnu	5	3	2	..
Kazakhstan[24]				
2008 (C)				
Total	356 575	183 263	173 312	80.7
0 - 14	35	19	16	..
15 - 19	22 689	11 697	10 992	31.1
20 - 24	121 095	62 340	58 755	158.2
25 - 29	103 323	53 053	50 270	160.5
30 - 34	66 732	34 153	32 579	112.0
35 - 39	33 931	17 534	16 397	60.7
40 - 44	8 105	4 125	3 980	14.9
45 - 49	396	203	193	0.7
50 +	17	12	5	..
Unknown - Inconnu	252	127	125	..
Kuwait - Koweït				
2010 (C)				
Total	57 533	29 386	28 147	88.4
15 - 19	1 030	523	507	12.6
20 - 24	10 945	5 591	5 354	113.6
25 - 29	18 411	9 315	9 096	157.4
30 - 34	14 118	7 274	6 844	130.9
35 - 39	7 461	3 804	3 657	81.1
40 - 44	2 019	1 024	995	28.9
45 +	250	124	126	5.1
Unknown - Inconnu	3 299	1 731	1 568	..
Kyrgyzstan - Kirghizstan				
2010 (C)				
Total	146 123	74 798	71 325	...
0 - 14	3	-	3	..
15 - 19	9 923	5 011	4 912	...
20 - 24	54 034	27 876	26 158	...
25 - 29	41 808	21 381	20 427	...
30 - 34	23 722	12 074	11 648	...
35 - 39	12 349	6 304	6 045	...
40 - 44	3 591	1 802	1 789	...
45 - 49	473	240	233	...
50 +	14	8	6	...
Unknown - Inconnu	206	99	107	..
Malaysia - Malaisie				
2009 (C)				
Total	496 313	256 060	240 253	64.9
0 - 14	214	103	111	..
15 - 19	18 911	9 854	9 057	14.8
20 - 24	85 650	44 195	41 455	69.1
25 - 29	166 783	86 130	80 653	141.7
30 - 34	132 826	68 479	64 347	119.6
35 - 39	69 546	35 785	33 761	67.3
40 - 44	19 374	9 944	9 430	20.4
45 - 49	1 660	856	804	2.0
50 +	102	62	40	..
Unknown - Inconnu	1 247	652	595	..
ASIA - ASIE				
Maldives				
2010 (C)				
Total	7 115	3 694	3 421	74.4
0 - 14	1	-	1	..
15 - 19	293	150	143	15.7
20 - 24	2 480	1 314	1 166	124.5
25 - 29	2 274	1 158	1 116	132.7
30 - 34	1 257	670	587	104.0
35 - 39	610	295	315	58.4
40 - 44	159	82	77	17.3
45 - 49	14	7	7	♦1.8
50 +	-	-	-	..
Unknown - Inconnu	27	18	9	..
Mongolia - Mongolie				
2010 (+C)				
Total	63 270	32 299	30 971	75.0
15 - 19	2 638	1 339	1 299	18.6
20 - 24	19 864	10 325	9 539	127.7
25 - 29	19 286	9 850	9 436	145.1
30 - 34	12 522	6 407	6 115	104.1
35 - 39	6 908	3 412	3 496	63.1
40 - 44	1 828	859	969	18.7
45 +	224	107	117	2.6
Myanmar[30]				
2009 (+U)				
Total	*275 932*	...	...	...
15 - 19	*9 803*	...	...	...
20 - 24	*59 731*	...	...	...
25 - 29	*87 201*	...	...	...
30 - 34	*67 293*	...	...	...
35 - 39	*41 842*	...	...	...
40 - 44	*9 163*	...	...	...
45 - 49	*899*	...	...	...
50 +	*-*	...	...	...
Oman[31]				
2011 (U)				
Total	*67 922*	*34 549[32]*	*33 357[32]*	...
0 - 14	*10*	*4[32]*	*6[32]*	..
15 - 19	*1 419*	*737[32]*	*682[32]*	..
20 - 24	*13 200*	*6 819[32]*	*6 379[32]*	...
25 - 29	*23 081*	*11 793[32]*	*11 285[32]*	...
30 - 34	*17 629*	*8 925[32]*	*8 700[32]*	...
35 - 39	*8 665*	*4 333[32]*	*4 331[32]*	...
40 - 44	*2 452*	*1 239[32]*	*1 213[32]*	...
45 - 49	*417*	*195[32]*	*222[32]*	...
50 +	*48*	*28[32]*	*20[32]*	..
Unknown - Inconnu	*1 001*	*476[32]*	*519[32]*	..
Pakistan[33]				
2005 (|)				
Total	3 772 494	1 993 492	1 779 002	110.6
15 - 19	161 490	90 049	71 441	20.3
20 - 24	1 050 830	556 310	494 520	157.6
25 - 29	1 166 365	611 186	555 179	225.5
30 - 34	754 513	395 425	359 088	179.9
35 - 39	425 352	222 186	203 166	106.6
40 - 44	161 914	86 273	75 641	50.1
45 +	52 030	32 063	19 967	18.1
Philippines				
2009 (C)				
Total	1 745 585	907 221	838 364	...
0 - 14	1 113	568	545	..
15 - 19	194 549	101 139	93 410	...
20 - 24	495 958	258 047	237 911	...
25 - 29	461 020	240 170	220 850	...
30 - 34	328 063	170 311	157 752	...

10. Live births by age of mother and sex of child, general and age-specific fertility rates: latest available year, 2002 - 2011
Naissances vivantes selon l'âge de la mère et le sexe de l'enfant, taux de fécondité et taux de fécondité par âge : dernière année disponible, 2002 - 2011 (continued - suite)

Continent, country or area, year, code and age of mother (in years) / Continent, pays ou zone, année, code et âge de la mère (en années)	Total	Male Masculin	Female Féminin	Rate Taux
ASIA - ASIE				
Philippines				
2009 (C)				
35 - 39	187 578	97 061	90 517	...
40 - 44	66 064	34 216	31 848	...
45 - 49	7 712	3 885	3 827	...
50 +	528	282	246	..
Unknown - Inconnu	3 000	1 542	1 458	..
Qatar				
2010 (C)				
Total	19 504	9 926	9 578	71.8
15 - 19	409	207	202	15.2
20 - 24	3 450	1 789	1 661	89.8
25 - 29	6 279	3 252	3 027	104.4
30 - 34	5 464	2 759	2 705	100.3
35 - 39	2 908	1 419	1 489	71.6
40 - 44	900	461	439	30.3
45 - 49	79	32	47	3.7
50 +	13	7	6	..
Unknown - Inconnu	2	-	2	..
Republic of Korea - République de Corée[34]				
2010 (C)				
Total	470 171	242 901	227 270	36.4
0 - 14	34	19	15	..
15 - 19	2 900	1 565	1 335	1.8
20 - 24	24 538	12 701	11 837	16.7
25 - 29	147 197	76 066	71 131	81.9
30 - 34	214 616	110 938	103 678	116.1
35 - 39	70 835	36 593	34 242	34.2
40 - 44	8 840	4 400	4 440	4.3
45 - 49	389	184	205	0.2
50 +	62	26	36	..
Unknown - Inconnu	760	409	351	..
Saudi Arabia - Arabie saoudite[35]				
2005 (...)				
Total	582 582	298 396	284 186	...
15 - 19	25 652	13 139	12 513	...
20 - 24	153 901	78 827	75 074	...
25 - 29	194 252	99 495	94 757	...
30 - 34	135 325	69 313	66 012	...
35 - 39	57 941	29 677	28 264	...
40 - 44	14 373	7 362	7 011	...
45 - 49	1 137	583	555	...
Singapore - Singapour				
2010 (C)				
Total	37 967	19 643[11]	18 323[11]	36.8
0 - 14	6	3	3	..
15 - 19	635	344	291	4.9
20 - 24	3 044	1 595	1 449	24.7
25 - 29	10 541	5 564	4 977	74.6
30 - 34	14 792	7 562	7 230	95.0
35 - 39	7 799	3 969	3 830	47.6
40 - 44	1 098	579[11]	518[11]	7.0
45 - 49	51	27	24	0.3
50 +	1	-	1	..
Sri Lanka				
2006 (+C)				
Total	373 538	191 263	182 275	67.9
0 - 14	113	57	56	..
15 - 19	20 040	10 335	9 705	21.2
20 - 24	81 003	41 508	39 495	87.5
25 - 29	121 968	62 480	59 488	151.5
30 - 34	90 483	46 346	44 137	118.4
35 - 39	46 534	23 759	22 775	61.6

Continent, country or area, year, code and age of mother (in years) / Continent, pays ou zone, année, code et âge de la mère (en années)	Total	Male Masculin	Female Féminin	Rate Taux
ASIA - ASIE				
Sri Lanka				
2006 (+C)				
40 - 44	12 104	6 149	5 955	17.4
45 - 49	1 275	622	653	2.1
50 +	18	7	11	..
Thailand - Thaïlande				
2009 (+U)				
Total	765 046	394 555	370 491	...
0 - 14	2 908	1 451	1 457	..
15 - 19	119 828	61 702	58 126	...
20 - 24	184 096	95 000	89 096	...
25 - 29	203 386	105 308	98 078	...
30 - 34	156 397	80 544	75 853	...
35 - 39	76 340	39 220	37 120	...
40 - 44	19 036	9 752	9 284	...
45 - 49	1 266	671	595	...
50 +	79	32	47	...
Unknown - Inconnu	1 710	875	835	..
Timor-Leste				
2004 (C)				
Total	39 168	...	...	187.3
15 - 19	1 999	...	...	42.2
20 - 24	9 387	...	...	246.6
25 - 29	9 335	...	...	324.4
30 - 34	9 214	...	...	305.3
35 - 39	5 403	...	...	226.0
40 - 44	2 814	...	...	120.1
45 - 49	787	...	...	45.2
50 +	229	...	...	..
Turkey - Turquie				
2010 (C)				
Total	1 238 970	636 722	602 248	63.6
12 - 14	347	203	144	
15 - 19	97 010	49 756	47 254	32.1
20 - 24	339 002	174 657	164 345	110.9
25 - 29	392 497	201 402	191 095	123.3
30 - 34	258 667	133 167	125 500	89.3
35 - 39	115 789	59 294	56 495	42.5
40 - 44	24 110	12 324	11 786	10.6
45 - 49	4 002	2 017	1 985	1.8
50 +	594	284	310	
Unknown - Inconnu	6 952	3 618	3 334	..
United Arab Emirates - Émirats arabes unis[35]				
2003 (...)				
Total	61 165	31 241	29 924	...
15 - 19	2 647	1 415	1 232	...
20 - 24	12 551	6 386	6 165	...
25 - 29	18 710	9 605	9 105	...
30 - 34	14 699	7 484	7 215	...
35 - 39	7 670	3 876	3 794	...
40 - 44	2 796	1 409	1 387	...
45 - 49	620	316	304	...
50 +	101	51	50	...
Unknown - Inconnu	1 371	699	672	...
EUROPE				
Åland Islands - Îles d'Åland				
2010 (C)				
Total	286	140	146	48.1
0 - 14	-	...	...	..
15 - 19	6	...	...	♦7.0
20 - 24	38	...	...	60.6

10. Live births by age of mother and sex of child, general and age-specific fertility rates: latest available year, 2002 - 2011
Naissances vivantes selon l'âge de la mère et le sexe de l'enfant, taux de fécondité et taux de fécondité par âge : dernière année disponible, 2002 - 2011 (continued - suite)

Continent, country or area, year, code and age of mother (in years) Continent, pays ou zone, année, code et âge de la mère (en années)	Number - Nombre			Rate Taux
	Total	Male Masculin	Female Féminin	

EUROPE

	Total	Male Masculin	Female Féminin	Rate Taux
Åland Islands - Îles d'Åland				
2010 (C)				
25 - 29	92	...	...	120.0
30 - 34	89	...	...	110.4
35 - 39	52	...	...	59.4
40 - 44	9	...	...	♦8.7
45 - 49	-	...	...	-
50 +	-	...	...	..
Albania - Albanie				
2004 (C)				
Total	43 022	22 859	20 163	51.8
15 - 19	2 249	1 213	1 036	14.5
20 - 24	13 516	7 006	6 510	99.3
25 - 29	14 476	7 669	6 807	127.6
30 - 34	8 491	4 597	3 894	78.8
35 - 39	3 239	1 800	1 439	30.0
40 - 44	736	419	317	6.7
45 - 49	64	38	26	0.7
50 +	12	7	5	..
Unknown - Inconnu	239	110	129	..
2007 (C)				
Total	33 163	...	...	39.2
0 - 19	1 705	...	...	11.3
20 - 24	10 330	...	...	70.4
25 - 29	11 053	...	...	91.6
30 - 34	6 504	...	...	61.2
35 - 39	2 683	...	...	25.1
40 - 44	554	...	...	5.3
45 - 49	76	...	...	0.7
50 +	22	...	...	..
Unknown - Inconnu	236	...	...	..
Andorra - Andorre				
2010 (C)				
Total	828	427	401	37.7
12 - 14	-	-	-	..
15 - 19	8	6	2	♦4.4
20 - 24	69	36	33	34.0
25 - 29	223	112	111	74.5
30 - 34	305	161	144	80.9
35 - 39	181	88	93	45.3
40 - 44	39	22	17	10.3
45 - 49	3	2	1	♦0.8
50 +	-	-	-	..
Austria - Autriche				
2010 (C)				
Total	78 742	40 331	38 411	38.6
12 - 14	17	9	8	..
15 - 19	2 470	1 226	1 244	10.2
20 - 24	12 453	6 404	6 049	48.2
25 - 29	24 622	12 556	12 066	88.6
30 - 34	23 599	12 078	11 521	89.3
35 - 39	12 665	6 565	6 100	42.4
40 - 44	2 761	1 416	1 345	8.0
45 - 49	144	69	75	0.4
50 +	11	8	3	..
Belarus - Bélarus				
2006 (C)				
Total	96 721	49 849	46 872	36.6
0 - 14	10	5	5	..
15 - 19	8 238	4 234	4 004	21.9
20 - 24	36 120	18 613	17 507	88.9
25 - 29	29 846	15 372	14 474	83.0
30 - 34	15 950	8 229	7 721	46.3
35 - 39	5 488	2 846	2 642	16.1
40 - 44	935	488	447	2.4
45 - 49	47	23	24	0.1

EUROPE

	Total	Male Masculin	Female Féminin	Rate Taux
Belarus - Bélarus				
2006 (C)				
50 +	-	-	-	..
Unknown - Inconnu	87	39	48	..
2008 (C)				
Total	107 876	...	...	41.6
12 - 14	14	...	...	..
15 - 19	7 399	...	...	22.1
20 - 24	37 635	...	...	91.9
25 - 29	35 122	...	...	93.2
30 - 34	19 355	...	...	56.0
35 - 39	7 055	...	...	20.7
40 - 44	1 151	...	...	3.2
45 - 49	38	...	...	0.1
Unknown - Inconnu	105	...	...	..
Bosnia and Herzegovina - Bosnie-Herzégovine				
2010 (C)				
Total	33 528	17 277	16 251	35.2
12 - 14	8	6	2	..
15 - 19	1 792	950	842	13.5
20 - 24	8 293	4 282	4 011	59.4
25 - 29	11 690	5 949	5 741	86.2
30 - 34	7 985	4 144	3 841	66.8
35 - 39	3 027	1 560	1 467	24.3
40 - 44	557	287	270	3.9
45 - 49	30	14	16	0.2
50 +	1	-	1	..
Unknown - Inconnu	145	85	60	..
Bulgaria - Bulgarie				
2010 (C)				
Total	75 513	38 836	36 677	42.6
12 - 14	350	176	174	..
15 - 19	8 061	4 195	3 866	41.3
20 - 24	18 249	9 366	8 883	73.1
25 - 29	22 447	11 585	10 862	86.8
30 - 34	18 141	9 302	8 839	65.1
35 - 39	7 145	3 641	3 504	26.1
40 - 44	1 054	542	512	4.1
45 - 49	54	25	29	0.2
50 +	6	1	5	..
Unknown - Inconnu	6	3	3	..
Croatia - Croatie				
2010 (C)				
Total	43 361	22 423	20 938	42.2
12 - 14	11	6	5	..
15 - 19	1 488	759	729	11.9
20 - 24	7 537	3 884	3 653	55.1
25 - 29	15 087	7 815	7 272	98.7
30 - 34	13 003	6 713	6 290	84.8
35 - 39	5 273	2 737	2 536	35.9
40 - 44	909	484	425	6.0
45 - 49	38	17	21	0.2
50 +	1	-	1	..
Unknown - Inconnu	14	8	6	..
Czech Republic - République tchèque[36]				
2010 (C)				
Total	117 153	60 220	56 933	46.1
12 - 14	15	9	6	..
15 - 19	3 341	1 709	1 632	11.1
20 - 24	15 452	7 998	7 454	45.5
25 - 29	36 188	18 570	17 618	99.0
30 - 34	43 856	22 498	21 358	97.2
35 - 39	16 201	8 366	7 835	39.5
40 - 44	2 012	1 023	989	5.9

Continent, country or area, year, code and age of mother (in years) / Continent, pays ou zone, année, code et âge de la mère (en années)	Number - Nombre			Rate Taux
	Total	Male Masculin	Female Féminin	

EUROPE

Continent, country or area, year, code and age of mother (in years) / Continent, pays ou zone, année, code et âge de la mère (en années)	Total	Male Masculin	Female Féminin	Rate Taux
Czech Republic - République tchèque[36]				
2010 (C)				
45 - 49	84	45	39	0.3
50 +	4	2	2	..
Denmark - Danemark[37]				
2010 (C)				
Total	63 411	32 465	30 946	50.5
13 - 14	4	2	2	..
15 - 19	862	440	422	5.0
20 - 24	6 930	3 586	3 344	42.9
25 - 29	18 972	9 598	9 374	123.1
30 - 34	23 231	11 885	11 346	133.8
35 - 39	11 387	5 957	5 430	58.8
40 - 44	1 928	949	979	9.6
45 - 49	94	46	48	0.5
50 +	3	2	1	..
Estonia - Estonie				
2010 (C)				
Total	15 825	8 166	7 659	48.3
12 - 14	-	-	-	..
15 - 19	651	354	297	17.1
20 - 24	3 172	1 674	1 498	61.2
25 - 29	5 242	2 701	2 541	103.2
30 - 34	4 121	2 081	2 040	88.8
35 - 39	2 155	1 117	1 038	46.1
40 - 44	473	233	240	10.5
45 - 49	11	6	5	♦0.2
50 +	-	-	-	..
Faeroe Islands - Îles Féroé				
2007 (C)				
Total	674	318	356	64.7
15 - 19	20	11	9	♦10.5
20 - 24	104	47	57	83.5
25 - 29	187	93	94	160.9
30 - 34	211	102	109	154.4
35 - 39	129	56	73	83.0
40 - 44	23	9	14	♦13.9
45 +	-	-	-	-
Finland - Finlande[38]				
2010 (C)				
Total	60 980	31 309	29 671	52.4
0 - 14	3	3	-	..
15 - 19	1 377	733	644	8.5
20 - 24	9 092	4 633	4 459	57.3
25 - 29	19 624	10 074	9 550	117.4
30 - 34	19 814	10 183	9 631	120.9
35 - 39	8 929	4 535	4 394	59.0
40 - 44	2 017	1 080	937	11.6
45 - 49	119	66	53	0.6
50 +	5	2	3	..
France[39]				
2008 (C)				
Total	796 044	405 569	390 475	55.2
12 - 14	94	51	43	..
15 - 19	19 609	10 040	9 569	10.2
20 - 24	119 146	61 117	58 029	60.7
25 - 29	264 843	134 936	129 907	134.0
30 - 34	241 970	122 960	119 010	123.5
35 - 39	123 586	62 755	60 831	56.1
40 - 44	25 463	13 039	12 424	11.5
45 - 49	1 254	635	619	0.6
50 +	79	36	43	..
Germany - Allemagne				
2010 (C)				
Total	677 947	347 237	330 710	36.5
15 - 19	18 401	9 440	8 961	8.9
20 - 24	94 431	48 602	45 829	38.9
25 - 29	198 199	101 833	96 366	81.1
30 - 34	219 937	112 469	107 468	93.1
35 - 39	117 601	59 913	57 688	46.8
40 - 44	27 552	14 110	13 442	8.4
45 - 49	1 232	577	655	0.4
50 +	65	36	29	..
Unknown - Inconnu	418	199	219	..
Gibraltar[40]				
2002 (+C)				
Total	375	...	...	...
15 - 19	25	...	...	...
20 - 24	59	...	...	...
25 - 29	120	...	...	...
30 - 34	115	...	...	...
35 - 39	46	...	...	...
40 - 44	10	...	...	...
Greece - Grèce				
2009 (C)				
Total	117 933	60 832	57 101	44.7
12 - 14	93	41	52	..
15 - 19	3 219	1 644	1 575	11.6
20 - 24	14 145	7 332	6 813	46.4
25 - 29	32 819	17 050	15 769	86.4
30 - 34	41 258	21 207	20 051	99.0
35 - 39	21 342	11 012	10 330	49.9
40 - 44	4 468	2 251	2 217	10.3
45 - 49	515	265	250	1.3
50 +	74	30	44	..
Hungary - Hongrie				
2010 (C)				
Total	90 335	46 279	44 056	38.0
12 - 14	76	41	35	..
15 - 19	5 220	2 670	2 550	17.9
20 - 24	12 668	6 539	6 129	40.1
25 - 29	25 090	12 822	12 268	73.9
30 - 34	31 489	16 255	15 234	77.0
35 - 39	13 438	6 778	6 660	35.4
40 - 44	2 271	1 123	1 148	6.7
45 - 49	78	48	30	0.3
50 +	5	3	2	..
Iceland - Islande				
2010 (C)				
Total	4 907	2 523	2 384	63.2
12 - 14	1	1	-	..
15 - 19	149	78	71	13.0
20 - 24	822	433	389	71.9
25 - 29	1 590	801	789	137.8
30 - 34	1 412	738	674	127.8
35 - 39	783	397	386	73.8
40 - 44	148	73	75	14.1
45 - 49	2	2	-	♦0.2
50 +	-	-	-	..
Ireland - Irlande				
2010 (+C)				
Total	73 724	37 622	36 102	64.0
13 - 14	9	3	6	..
15 - 19	2 010	1 046	964	14.9
20 - 24	7 957	4 090	3 867	54.6
25 - 29	17 611	8 966	8 645	86.9
30 - 34	25 540	12 977	12 563	134.9
35 - 39	17 038	8 744	8 294	98.1

Continent, country or area, year, code and age of mother (in years) / Continent, pays ou zone, année, code et âge de la mère (en années)	Number - Nombre			Rate Taux	Continent, country or area, year, code and age of mother (in years) / Continent, pays ou zone, année, code et âge de la mère (en années)	Number - Nombre			Rate Taux
	Total	Male Masculin	Female Féminin			Total	Male Masculin	Female Féminin	
EUROPE					**EUROPE**				
Ireland - Irlande					**Lithuania - Lituanie**				
2010 (+C)					2010 (C)				
40 - 44	3 380	1 703	1 677	21.6	40 - 44	722	359	363	5.9
45 - 49	154	87	67	1.0	45 - 49	40	20	20	0.3
50 +	4	1	3	..	50 +	-	-	-	..
Unknown - Inconnu	21	5	16	..	Unknown - Inconnu	12	6	6	..
Italy - Italie[18]					**Luxembourg**				
2005 (C)					2010 (C)				
Total	544 030	280 606	263 424	39.1	Total	5 874	2 960	2 914	46.9
0 - 14	3	2	1	..	12 - 14	1	-	1	..
15 - 19	9 416	4 863	4 553	6.8	15 - 19	110	58	52	7.6
20 - 24	50 715	26 262	24 453	32.9	20 - 24	622	325	297	42.5
25 - 29	135 713	69 895	65 818	72.2	25 - 29	1 584	808	776	92.1
30 - 34	198 611	102 392	96 219	88.1	30 - 34	2 152	1 054	1 098	115.7
35 - 39	117 659	60 755	56 904	50.0	35 - 39	1 107	572	535	55.9
40 - 44	23 874	12 310	11 564	10.4	40 - 44	279	134	145	13.5
45 - 49	880	467	413	0.4	45 - 49	14	5	9	♦0.7
50 +	113	59	54	..	50 +	-	-	-	..
Unknown - Inconnu	7 046	3 601	3 445	..	Unknown - Inconnu	5	4	1	..
Jersey[18]					**Malta - Malte**				
2007 (+C)					2010 (C)				
Total	1 031	515	516	..	Total	4 008	2 056	1 952	41.3
0 - 14	-	-	-	..	12 - 14	5	2	3	..
15 - 19	29	14	15	...	15 - 19	250	122	128	18.9
20 - 24	114	56	58	...	20 - 24	571	283	288	39.5
25 - 29	228	114	114	...	25 - 29	1 302	645	657	86.3
30 - 34	325	170	155	...	30 - 34	1 267	684	583	85.5
35 - 39	273	134	139	...	35 - 39	546	292	254	40.8
40 - 44	61	27	34	...	40 - 44	65	27	38	5.4
45 - 49	1	-	1	...	45 - 49	2	1	1	♦0.1
50 +	-	-	-	...	50 +	-	-	-	..
Latvia - Lettonie					**Montenegro - Monténégro**				
2010 (C)					2009 (C)				
Total	19 219	9 932	9 287	34.4	Total	8 642	4 597	4 045	54.9
12 - 14	4	2	2	..	12 - 14	10	6	4	..
15 - 19	1 112	568	544	16.6	15 - 19	486	269	217	22.5
20 - 24	4 510	2 298	2 212	50.9	20 - 24	2 064	1 072	992	86.7
25 - 29	6 263	3 278	2 985	73.7	25 - 29	2 862	1 527	1 335	119.0
30 - 34	4 483	2 317	2 166	58.6	30 - 34	2 018	1 053	965	89.5
35 - 39	2 264	1 166	1 098	28.7	35 - 39	914	504	410	43.4
40 - 44	541	278	263	7.0	40 - 44	165	101	64	8.0
45 - 49	26	16	10	♦0.3	45 - 49	24	10	14	♦1.1
50 +	-	-	-	..	50 +	3	2	1	..
Unknown - Inconnu	16	9	7	..	Unknown - Inconnu	96	53	43	..
Liechtenstein					**Netherlands - Pays-Bas[41]**				
2010* (C)					2010 (C)				
Total	329	165	164	37.1	Total	184 397	94 129	90 268	47.8
12 - 14	-	-	-	..	12 - 14	-	-	-	..
15 - 19	1	1	-	♦0.9	15 - 19	2 536	1 280	1 256	5.1
20 - 24	35	13	22	32.6	20 - 24	18 911	9 724	9 187	37.3
25 - 29	87	40	47	81.1	25 - 29	55 577	28 410	27 167	111.9
30 - 34	119	63	56	105.1	30 - 34	67 585	34 299	33 286	135.1
35 - 39	71	39	32	52.2	35 - 39	33 700	17 292	16 408	58.6
40 - 44	14	8	6	♦8.9	40 - 44	5 861	3 011	2 850	9.1
45 - 49	2	1	1	♦1.3	45 - 49	213	106	107	0.3
50 +	-	-	-	..	50 +	14	7	7	..
Lithuania - Lituanie					**Norway - Norvège[42]**				
2010 (C)					2010 (C)				
Total	35 626	18 224	17 402	42.7	Total	61 442	31 461	29 981	54.0
0 - 14	5	3	2	..	12 - 14	3	1	2	..
15 - 19	1 639	831	808	14.5	15 - 19	1 319	682	637	8.4
20 - 24	7 080	3 662	3 418	55.6	20 - 24	9 044	4 684	4 360	59.0
25 - 29	13 214	6 753	6 461	114.0	25 - 29	18 941	9 656	9 285	124.0
30 - 34	9 151	4 620	4 531	87.1	30 - 34	20 025	10 270	9 755	128.0
35 - 39	3 763	1 970	1 793	32.7	35 - 39	10 075	5 130	4 945	57.7

10. Live births by age of mother and sex of child, general and age-specific fertility rates: latest available year, 2002 - 2011
Naissances vivantes selon l'âge de la mère et le sexe de l'enfant, taux de fécondité et taux de fécondité par âge : dernière année disponible, 2002 - 2011 (continued - suite)

Continent, country or area, year, code and age of mother (in years) / Continent, pays ou zone, année, code et âge de la mère (en années)	Total	Male Masculin	Female Féminin	Rate Taux
EUROPE				
Norway - Norvège[42]				
2010 (C)				
40 - 44	1 929	985	944	10.8
45 - 49	97	49	48	0.6
50 +	4	2	2	..
Unknown - Inconnu	5	2	3	..
Poland - Pologne				
2010 (C)				
Total	413 300	214 428	198 872	43.5
12 - 14	61	31	30	..
15 - 19	18 395	9 465	8 930	15.2
20 - 24	79 834	41 460	38 374	56.0
25 - 29	152 711	79 362	73 349	94.4
30 - 34	113 369	58 736	54 633	75.1
35 - 39	41 500	21 490	20 010	31.3
40 - 44	7 136	3 727	3 409	6.1
45 - 49	293	156	137	0.2
50 +	1	1	-	..
Portugal[18]				
2009 (C)				
Total	99 491	50 873	48 618	38.7
12 - 14	63	32	31	..
15 - 19	4 284	2 130	2 154	15.3
20 - 24	13 362	6 878	6 484	43.8
25 - 29	26 977	13 776	13 201	72.7
30 - 34	34 448	17 684	16 764	82.5
35 - 39	17 001	8 687	8 314	41.6
40 - 44	3 174	1 594	1 580	8.0
45 - 49	178	88	90	0.5
50 +	3	3	-	..
Unknown - Inconnu	1	1	-	..
Republic of Moldova - République de Moldova[43]				
2010 (C)				
Total	40 474	20 781	19 693	41.0
20 - 24	14 900	7 659	7 241	85.3
25 - 29	12 522	6 482	6 040	79.4
30 - 34	6 421	3 248	3 173	47.0
35 - 39	2 393	1 239	1 154	19.6
40 - 44	427	217	210	3.7
45 - 49	13	4	9	♦0.1
50 +	1	1	-	..
Unknown - Inconnu	6	2	4	..
Romania - Roumanie				
2010 (C)				
Total	212 199	109 057	103 142	39.5
12 - 14	733	379	354	..
15 - 19	21 775	11 379	10 396	36.9
20 - 24	52 649	27 102	25 547	62.3
25 - 29	62 843	32 348	30 495	79.9
30 - 34	51 069	26 071	24 998	59.2
35 - 39	19 051	9 708	9 343	23.3
40 - 44	3 965	2 011	1 954	4.6
45 - 49	111	58	53	0.2
50 +	3	1	2	..
Russian Federation - Fédération de Russie[24]				
2010 (C)				
Total	1 788 948	919 639	869 309	47.6
12 - 14	315	149	166	..
15 - 19	113 534	58 679	54 855	27.3
20 - 24	526 894	271 285	255 609	87.3
25 - 29	590 205	303 249	286 956	96.9
30 - 34	370 891	190 490	180 401	68.0
35 - 39	155 228	79 834	75 394	30.4

Continent, country or area, year, code and age of mother (in years) / Continent, pays ou zone, année, code et âge de la mère (en années)	Total	Male Masculin	Female Féminin	Rate Taux
EUROPE				
Russian Federation - Fédération de Russie[24]				
2010 (C)				
40 - 44	28 128	14 133	13 995	5.9
45 - 49	1 476	680	796	0.2
50 +	92	44	48	..
Unknown - Inconnu	2 185	1 096	1 089	..
San Marino - Saint-Marin				
2003 (+C)				
Total	300	161	139	40.1
0 - 14	1	-	1	..
15 - 19	4	1	3	♦6.4
20 - 24	17	10	7	♦22.2
25 - 29	72	40	32	66.4
30 - 34	121	66	55	91.5
35 - 39	73	36	37	50.0
40 - 44	11	8	3	♦9.0
45 +	1	-	1	♦1.0
2004 (+C)				
Total	306	...	...	40.7
15 - 19	1	...	...	♦1.6
20 - 24	15	...	...	♦20.3
25 - 29	69	...	...	65.4
30 - 34	134	...	...	102.8
35 - 39	75	...	...	50.7
40 - 44	11	...	...	♦8.3
45 - 49	1	...	...	♦1.0
Serbia - Serbie[44]				
2010 (+C)				
Total	68 304	34 981	33 323	40.7
12 - 14	59	35	24	..
15 - 19	4 109	2 069	2 040	20.0
20 - 24	14 765	7 484	7 281	64.9
25 - 29	22 821	11 864	10 957	91.4
30 - 34	17 728	9 027	8 701	69.8
35 - 39	7 236	3 670	3 566	29.6
40 - 44	1 210	639	571	5.1
45 - 49	88	49	39	0.4
50 +	8	5	3	..
Unknown - Inconnu	280	139	141	..
Slovakia - Slovaquie				
2010 (C)				
Total	60 410	30 544	29 866	42.9
12 - 14	45	20	25	..
15 - 19	4 017	2 064	1 953	22.9
20 - 24	10 861	5 384	5 477	53.5
25 - 29	19 252	9 772	9 480	87.3
30 - 34	18 411	9 295	9 116	79.6
35 - 39	6 748	3 475	3 273	32.6
40 - 44	1 025	513	512	5.7
45 - 49	49	21	28	0.3
50 +	2	-	2	..
Slovenia - Slovénie				
2010 (C)				
Total	22 343	11 504	10 839	46.6
12 - 14	1	1	-	..
15 - 19	250	119	131	4.9
20 - 24	2 626	1 367	1 259	42.7
25 - 29	7 833	4 026	3 807	111.5
30 - 34	8 128	4 186	3 942	108.3
35 - 39	3 029	1 569	1 460	42.5
40 - 44	446	222	224	6.0
45 - 49	27	12	15	♦0.4
50 +	3	2	1	..

10. Live births by age of mother and sex of child, general and age-specific fertility rates: latest available year, 2002 - 2011
Naissances vivantes selon l'âge de la mère et le sexe de l'enfant, taux de fécondité et taux de fécondité par âge : dernière année disponible, 2002 - 2011 (continued - suite)

Continent, country or area, year, code and age of mother (in years) / Continent, pays ou zone, année, code et âge de la mère (en années)	Number - Nombre			Rate Taux
	Total	Male Masculin	Female Féminin	
EUROPE				
Spain - Espagne				
2010 (C)				
Total..................................	485 562	250 346	235 216	42.7
12 - 14	155	87	68	..
15 - 19	11 689	6 131	5 558	10.8
20 - 24	43 689	22 509	21 180	34.5
25 - 29	100 237	51 867	48 370	62.0
30 - 34	185 112	95 649	89 463	95.7
35 - 39	120 149	61 594	58 555	62.4
40 - 44	22 858	11 634	11 224	12.5
45 - 49	1 543	808	735	0.9
50 + ...	130	67	63	..
Sweden - Suède				
2010 (C)				
Total..................................	115 641	59 385	56 256	54.6
12 - 14	8	4	4	..
15 - 19	1 801	979	822	5.9
20 - 24	15 336	7 945	7 391	50.7
25 - 29	33 179	17 089	16 090	118.2
30 - 34	39 157	19 963	19 194	137.8
35 - 39	21 609	11 060	10 549	69.2
40 - 44	4 301	2 214	2 087	13.3
45 - 49	240	127	113	0.8
50 + ...	10	4	6	..
Switzerland - Suisse				
2010 (C)				
Total..................................	80 290	41 111	39 179	42.5
12 - 14	3	2	1	..
15 - 19	865	459	406	3.9
20 - 24	7 932	4 028	3 904	34.0
25 - 29	21 221	10 892	10 329	83.8
30 - 34	29 419	15 042	14 377	111.7
35 - 39	17 104	8 729	8 375	60.1
40 - 44	3 571	1 869	1 702	11.2
45 - 49	163	82	81	0.5
50 + ...	12	8	4	..
TFYR of Macedonia - L'ex-R. y. de Macédoine				
2010 (C)				
Total..................................	24 296	12 631	11 665	46.0
12 - 14	26	15	11	..
15 - 19	1 455	750	705	19.6
20 - 24	6 046	3 123	2 923	76.4
25 - 29	8 717	4 536	4 181	108.9
30 - 34	5 730	2 991	2 739	75.3
35 - 39	2 011	1 044	967	27.4
40 - 44	286	158	128	3.9
45 - 49	14	10	4	♦0.2
50 + ...	1	-	1	..
Unknown - Inconnu	10	4	6	..
Ukraine[45]				
2007 (C)				
Total..................................	472 657	...	...	38.8
12 - 14	143	...	...	..
15 - 19	48 425	...	...	30.1
20 - 24	174 577	...	...	92.1
25 - 29	139 976	...	...	81.4
30 - 34	76 252	...	...	45.5
35 - 39	27 174	...	...	16.9
40 - 44	4 871	...	...	2.9
45 - 49	213	...	...	0.1
50 + ...	17	...	...	..
Unknown - Inconnu	1 009	...	...	..

Continent, country or area, year, code and age of mother (in years) / Continent, pays ou zone, année, code et âge de la mère (en années)	Number - Nombre			Rate Taux
	Total	Male Masculin	Female Féminin	
EUROPE				
United Kingdom of Great Britain and Northern Ireland - Royaume-Uni de Grande-Bretagne et d'Irlande du Nord[46]				
2009 (C)				
Total..................................	790 204	405 099	385 105	53.5
0 - 14	195	94	101	..
15 - 19	48 372	24 892	23 480	25.0
20 - 24	151 312	77 660	73 652	73.0
25 - 29	217 460	111 301	106 159	107.3
30 - 34	214 789	110 343	104 446	112.6
35 - 39	128 065	65 482	62 583	57.9
40 - 44	28 244	14 408	13 836	11.9
45 - 49	1 636	850	786	0.7
50 + ...	111	61	50	..
Unknown - Inconnu	20	8	12	..
OCEANIA - OCÉANIE				
American Samoa - Samoas américaines				
2006 (C)				
Total..................................	1 442	...	...	...
0 - 14	1	...	...	..
15 - 19	110	...	...	...
20 - 24	342	...	...	...
25 - 29	410	...	...	...
30 - 34	303	...	...	...
35 - 39	218	...	...	...
40 - 44	55	...	...	...
45 - 49	3	...	...	...
Australia - Australie				
2010 (+C)				
Total..................................	297 903	152 739	145 164	54.2
0 - 14	69	39	30	..
15 - 19	11 225	5 767	5 458	15.4
20 - 24	41 690	21 423	20 267	52.5
25 - 29	81 763	41 967	39 796	100.2
30 - 34	94 093	48 266	45 827	123.3
35 - 39	56 650	28 944	27 706	69.7
40 - 44	11 563	5 926	5 637	14.8
45 - 49	550	263	287	0.7
50 + ...	42	17	25	..
Unknown - Inconnu	258	127	131	..
Fiji - Fidji				
2004 (+C)				
Total..................................	17 189	8 944	8 245	79.4
0 - 14	7	1	6	..
15 - 19	1 194	622	572	29.7
20 - 24	5 684	2 961	2 723	154.7
25 - 29	5 126	2 665	2 461	155.8
30 - 34	3 033	1 526	1 507	100.4
35 - 39	1 592	868	724	57.0
40 - 44	464	254	210	18.2
45 - 49	43	23	20	1.9
50 + ...	-	-	-	..
Unknown - Inconnu	46	24	22	..
Guam[47]				
2004 (C)				
Total..................................	3 427	1 783	1 644	...
10 - 14	2	1	1	...
15 - 19	352	168	184	...
20 - 24	887	486	401	...

10. Live births by age of mother and sex of child, general and age-specific fertility rates: latest available year, 2002 - 2011
Naissances vivantes selon l'âge de la mère et le sexe de l'enfant, taux de fécondité et taux de fécondité par âge : dernière année disponible, 2002 - 2011 (continued - suite)

Continent, country or area, year, code and age of mother (in years) / Continent, pays ou zone, année, code et âge de la mère (en années)	Number - Nombre			Rate Taux
	Total	Male Masculin	Female Féminin	

Continent, country or area, year, code and age of mother (in years) / Continent, pays ou zone, année, code et âge de la mère (en années)	Number - Nombre			Rate Taux
	Total	Male Masculin	Female Féminin	

OCEANIA - OCÉANIE

	Total	Male	Female	Rate
Guam[47]				
2004 (C)				
25 - 29	939	483	456	...
30 - 34	738	393	345	...
35 - 39	395	196	199	...
40 - 44	102	50	52	...
45 - 49	10	5	5	...
50 +	-	-	-	..
Unknown - Inconnu	2	1	1	..
Marshall Islands - Îles Marshall[48]				
2006 (+U)				
Total	1 576	...	...	...
0 - 14	2	...	...	..
15 - 19	268	...	...	...
20 - 24	551	...	...	...
25 - 29	431	...	...	...
30 - 34	211	...	...	...
35 - 39	91	...	...	...
40 - 44	19	...	...	...
45 - 49	3	...	...	...
Micronesia (Federated States of) - Micronésie (États fédérés de)				
2006 (+U)				
Total	2 148	...	...	...
10 - 14	8	...	...	...
15 - 17	89	...	...	...
18 - 19	155	...	...	...
20 - 24	619	...	...	...
25 - 29	514	...	...	...
30 - 34	379	...	...	...
35 - 39	259	...	...	...
40 - 44	43	...	...	...
45 +	9	...	...	...
Unknown - Inconnu	73	...	...	..
New Caledonia - Nouvelle-Calédonie				
2010 (C)				
Total	4 178	...	...	63.2
15 - 19	236	...	...	22.7
20 - 24	949	...	...	99.4
25 - 29	1 142	...	...	125.3
30 - 34	1 046	...	...	111.3
35 - 39	641	...	...	63.5
40 - 44	159	...	...	16.9
45 - 49	5	...	...	♦0.6
New Zealand - Nouvelle-Zélande				
2011 (+C)				
Total	61 403	31 476	29 927	56.8
0 - 14	25	9	16	..
15 - 19	3 983	2 022	1 961	25.9
20 - 24	11 393	5 883	5 510	72.4
25 - 29	15 400	7 860	7 540	104.6
30 - 34	17 202	8 843	8 359	121.7
35 - 39	10 854	5 541	5 313	71.3
40 - 44	2 415	1 250	1 165	14.8
45 - 49	127	68	59	0.8
50 +	4	-	4	..
Niue - Nioué[49]				
2009 (C)				
Total	31	...	...	...
0 - 14	-	...	...	...
15 - 19	1	...	...	...

	Total	Male	Female	Rate
OCEANIA - OCÉANIE				
Niue - Nioué[49]				
2009 (C)				
20 - 24	9	...	...	...
25 - 29	12	...	...	...
30 - 34	6	...	...	...
35 - 39	1	...	...	...
40 - 44	1	...	...	...
45 +	1	...	...	...
Northern Mariana Islands - Îles Mariannes septentrionales[47]				
2002 (U)				
Total	1 289	...	...	...
0 - 19	110	...	...	...
20 - 24	298	...	...	...
25 - 29	347	...	...	...
30 - 34	317	...	...	...
35 - 39	182	...	...	...
40 +	35	...	...	...
Palau - Palaos				
2003 (C)				
Total	312	163	149	...
15 - 19	21	13	8	...
20 - 24	71	34	37	...
25 - 29	81	40	41	...
30 - 34	63	35	28	...
35 - 39	56	29	27	...
40 - 44	16	11	5	...
45 - 49	4	1	3	...
2005 (C)				
Total	279	...	...	55.3
0 - 14	-	...	...	..
15 - 19	23	...	...	♦30.8
20 - 24	65	...	...	117.3
25 - 29	56	...	...	87.4
30 - 34	73	...	...	93.1
35 - 39	40	...	...	48.0
40 - 44	20	...	...	♦25.3
45 - 49	2	...	...	♦2.9
Tonga				
2003 (+C)				
Total	2 781	...	...	114.1
0 - 14	-	...	...	..
15 - 19	94	...	...	17.5
20 - 24	619	...	...	129.9
25 - 29	787	...	...	230.6
30 - 34	643	...	...	222.6
35 - 39	405	...	...	155.0
40 - 44	110	...	...	48.2
45 - 49	10	...	...	♦4.8
50 +	-	...	...	..
Unknown - Inconnu	113	...	...	..
Tuvalu				
2003 (U)				
Total	239	...	...	...
15 - 19	17	...	...	...
20 - 24	76	...	...	...
25 - 29	53	...	...	...
30 - 34	35	...	...	...
35 - 39	37	...	...	...
40 - 44	20	...	...	...
45 - 49	-	...	...	...

10. Live births by age of mother and sex of child, general and age-specific fertility rates: latest available year, 2002 - 2011
Naissances vivantes selon l'âge de la mère et le sexe de l'enfant, taux de fécondité et taux de fécondité par âge : dernière année disponible, 2002 - 2011 (continued - suite)

Continent, country or area, year, code and age of mother (in years) / Continent, pays ou zone, année, code et âge de la mère (en années)	Number - Nombre			Rate Taux
	Total	Male Masculin	Female Féminin	

Continent, country or area, year, code and age of mother (in years) / Continent, pays ou zone, année, code et âge de la mère (en années)	Number - Nombre			Rate Taux
	Total	Male Masculin	Female Féminin	

OCEANIA - OCÉANIE

Wallis and Futuna Islands - Îles Wallis et Futuna
2008 (C)

Age	Total	Male	Female	Rate
Total	185	...	...	...
0 - 14	-	...	...	..
15 - 19	9	...	...	...
20 - 24	38	...	...	...
25 - 29	53	...	...	...

OCEANIA - OCÉANIE

Wallis and Futuna Islands - Îles Wallis et Futuna
2008 (C)

Age	Total	Male	Female	Rate
30 - 34	51	...	...	...
35 - 39	29	...	...	...
40 - 44	5	...	...	...
45 +	-	...	...	...

FOOTNOTES - NOTES

♦ Rates based on 30 or fewer births. - Taux basés sur 30 naissances ou moins.

* Provisional. - Données provisoires.

'Code' indicates the source of data, as follows:
C - Civil registration, estimated over 90% complete
U - Civil registration, estimated less than 90% complete
| - Other source, estimated reliable
+ - Data tabulated by date of registration rather than occurrence
... Information not available

Le 'Code' indique la source des données, comme suit :
C - Registres de l'état civil considérés complets à 90 p. 100 au moins
U - Registres de l'état civil qui ne sont pas considérés complets à 90 p. 100 au moins
| - Autre source, considérée fiable
+ - Données exploitées selon la date de l'enregistrement et non la date de l'événement
... Information non disponible

[1] Data from Health Statistics Reports since 1998, due to incompleteness of civil registration. - Données provenant des "Health Statistics Reports" (bulletins statistiques de santé) depuis 1998, en raison des déficiences de l'état civil.
[2] Data refer to the 12 months preceding the census in March. - Les données se rapportent aux 12 mois précédant le recensement de mars.
[3] Data refer to the 12 months preceding the census in June. - Les données se raportent aux 12 mois précédant le recensement de juin.
[4] Excludes the islands of St. Brandon and Agalega. - Non compris les îles St. Brandon et Agalega.
[5] Excluding live-born infants who died before their birth was registered. - Non compris les enfants nés vivants décédés avant l'enregistrement de leur naissance.
[6] Data refer to the 12 months preceding the census in December. - Les données se rapportent aux 12 mois précédant le recensement de décembre.
[7] Excluding late registration (after 28/29 February of the following year). - En excluant les enregistrements tardifs (après les 28/29 février de l'année suivante).
[8] Data as reported by national statistical authorities; they may differ from data presented in other tables. - Les données comme elles ont été déclarées par l'institut national de la statistique; elles peuvent être différentes de celles présentées dans d'autres tableaux.
[9] Data refer to the 12 months preceding the census in May. - Les données se rapportent aux 12 mois précédant le recensement de mai.
[10] Data refer to registered events only. - Les données ne concernent que les événements enregistrés.
[11] Figures for male and female do not add up to the total, since they do not include the category "Unknown". - La somme des chiffres indiqués pour les sexes masculin et féminin n'est pas égale au total parce qu'elle n'inclut pas la catégorie " inconnue ".
[12] Excluding non-residents and foreign service personnel and their dependants. - À l'exclusion des non-résidents et du personnel diplomatique et de leurs charges de famille.
[13] Including Canadian residents temporarily in the United States, but excluding United States residents temporarily in Canada. - Y compris les résidents canadiens se trouvant temporairement aux Etats-Unis, mais ne comprenant pas les résidents des Etats-Unis se trouvant temporairement au Canada.
[14] For confidentiality reasons, live births to mothers aged 50 and over and the adopted children with no information on their birth mother are included in 'age of mother Unknown'. - Pour des raisons de confidentialité, on a classé dans la catégorie « âge de la mère Inconnu» les naissances vivantes concernant des femmes âgées de plus de 50 ans et les enfants adoptés nés de mères sur lesquelles on ne dispose pas d'information.
[15] Resident births outside the islands are excluded. - Non compris les naissances de résidents hors des îles.
[16] Excluding children born in the country of non-resident mothers. - Exceptés les enfants nés dans le pays des mères non-résidentes.
[17] Data have not been adjusted for underenumeration. - Les données n'ont pas été ajustées pour compenser les lacunes du dénombrement.
[18] Data refer to births to resident mothers. - Ces données concernent les enfants nés de mères résidentes.
[19] Data refer to births from June 2009 to May 2010 compiled from the Population and Housing Census. - Données concernant les naissances enregistrées entre juin 2009 et mai 2010 d'après le recensement de la population et de l'habitat.
[20] Including births abroad and births of unknown residence. Excluding Indian jungle population. - Y compris les naissances survenues à l'étranger et les naissances d'enfants dont la résidence n'était pas connue. Non compris les Indiens de la jungle.
[21] Excluding events registered late. - Non compris les enregistrements tardifs.
[22] Source: Reports of the Ministry of Health. - Source: Rapports du Ministère de la Santé.
[23] Including births to non-resident mothers. - Y compris les naissances de femmes non résidentes.
[24] Excluding infants born alive of less than 28 weeks' gestation, of less than 1 000 grams in weight and 35 centimeters in length, who die within seven days of birth. - Non compris les enfants nés vivants après moins de 28 semaines de gestations, pesant moins de 1 000 grammes, mesurant moins de 35 centimètres et décédés dans les sept jours qui ont suivi leur naissance.
[25] Including unknown sex. - Y compris le sexe inconnu.
[26] Data refer to government controlled areas. - Les données se rapportent aux zones contrôlées par le Gouvernement.
[27] Data refer to the 12 months preceding the census in October. - Les données se rapportent aux 12 mois précédant le recensement de octobre.
[28] Including data for East Jerusalem and Israeli residents in certain other territories under occupation by Israeli military forces since June 1967. - Y compris les données pour Jérusalem-Est et les résidents israéliens dans certains autres territoires occupés depuis 1967 par les forces armées israéliennes.
[29] Data refer to Japanese nationals in Japan only. - Les données se raportent aux nationaux japonais au Japon seulement.
[30] Data refer to urban areas only. - Données ne concernant que les zones urbaines.
[31] Data from Births and Deaths Notification System (Ministry of Health and all health care providers). - Les données proviennent du système de notification des naissances et des décès (Ministère de la santé et tous prestataires de soins de santé).
[32] Excluding unknown sex. - Non compris le sexe inconnu.
[33] Excluding data for the Pakistan-held part of Jammu and Kashmir, the final status of which has not yet been determined. Based on the results of the Pakistan Demographic Survey. - Non compris les données concernant la partie du Jammu et Cachemire occupée par le Pakistan dont le statut définitif n'a pas été

déterminé. Données extraites de l'enquête démographique effectuée par le Pakistan.

[34] Excluding alien armed forces, civilian aliens employed by armed forces, and foreign diplomatic personnel and their dependants. - Non compris les militaires étrangers, les civils étrangers employés par les forces armées ni le personnel diplomatique étranger et les membres de leur famille les accompagnant.

[35] The registration of births and deaths is conducted by the Ministry of Health. An estimate of completeness is not provided. - L'enregistrement des naissances et des décès est mené par le Ministère de la Santé. Le degré estimatif de complétude n'est pas fourni.

[36] A live-born child is a child fully expelled or removed out of the mother's body, who gives a sign of life and whose birth weight is (a) 500 g or more, or (b) lower than 500 g, if it survives 24 hours after delivery. - Un enfant né vivant est un enfant qui a été entièrement expulsé ou retiré du corps de la mère, qui présente des signes de vie et dont le poids à la naissance est : a) soit égal ou supérieur à 500 grammes; b) soit inférieur à 500 grammes s'il survit plus de 24 heures après l'accouchement.

[37] Excluding Faeroe Islands and Greenland shown separately, if available. - Non compris les Iles Féroé et le Groenland, qui font l'objet de rubriques distinctes, si disponible.

[38] Including resident births abroad. - Y compris les naissances de résidents à l'étranger.

[39] Including armed forces stationed outside the country. - Y compris les militaires nationaux hors du pays.

[40] Including events registered late. - Y compris les événements enregistrés avec retard.

[41] Including residents outside the country if listed in a Netherlands population register. - Englobe les résidents se trouvant à l'étranger à condition qu'ils soient inscrits sur le registre de population des Pays-Bas.

[42] Excluding Svalbard and Jan Mayen Islands shown separately, if available. - Non compris Svalbard et Jan Mayen qui font l'objet de rubriques distinctes, si disponible.

[43] Excluding Transnistria and the municipality of Bender. - Les données ne tiennent pas compte de l'information sur la Transnistria et la municipalité de Bender.

[44] Excluding data for Kosovo and Metohia. - Sans les données pour le Kosovo et Metohie.

[45] Data refer to births with weight 500g and more (if weight is unknown - with length 25 centimeters and more, or with gestation during 22 weeks or more). - Données concernant les nouveau-nés de 500 grammes ou plus (si le poids est inconnu – de 25 centimètres de long ou plus, ou après une grossesse de 22 semaines ou plus).

[46] Excluding Channel Islands (Guernsey and Jersey) and Isle of Man, shown separately, if available. Data tabulated by date of occurrence for England and Wales, and by date of registration for Northern Ireland and Scotland. - Non compris les îles Anglo-Normandes (Guernesey et Jersey) et l'île de Man, qui font l'objet de rubriques distinctes, si disponible. Données exploitées selon la date de l'événement pour l'Angleterre et le pays de Galles, et selon la date de l'enregistrement pour l'Irlande du Nord et l'Ecosse.

[47] Including United States military personnel, their dependants and contract employees. - Y compris les militaires des Etats-Unis, les membres de leur famille les accompagnant et les agents contractuels des Etats-Unis.

[48] Excluding United States military personnel, their dependants and contract employees. - Non compris les militaires des Etats-Unis, les membres de leur famille les accompagnant et les agents contractuels des Etats-Unis.

[49] Includes children born in New Zealand to women resident in Niue who chose to travel to New Zealand to give birth. - Y compris les enfants nés en Nouvelle-Zélande de femmes résidant à Nioué qui ont choisi de se rendre en Nouvelle-Zélande pour accoucher.

Table 11

Table 11 presents live births by age of father and live birth rates by age of father for the latest available year between 2002 and 2011.

Description of variables: Age is defined as age at last birthday, that is, the difference between the date of birth and the date of the occurrence of the event, expressed in completed solar years. The age classification used in this table is the following: under 20 years, 5-year age groups through 60-64 years, 65 years and over, and age unknown. A different classification may appear as provided by reporting country or area.

Rate computation: Live-birth rates specific to age of father are the annual number of births to a man in each age group per 1 000 male population in the same age group. These rates are calculated by the Statistics Division of the United Nations.

Since relatively few births occur to men below 15 or above 59 years of age, birth rates for men under 20 years of age and for those 55 years of age or over are computed on the male population aged 15-19 and 55-59, respectively. Similarly, the rate for men of "All ages" is based on all live births irrespective of age of father, and is computed on the male population aged 15-59 years.

Births to fathers of unknown age are distributed proportionately across the age groups, by the Statistics Division of the United Nations, in accordance with the distribution of births by age of father prior to the calculation of the rates.

The population used in computing the rates is the estimated or enumerated distribution of males by age. First priority is given to the estimated population and second priority to the enumerated population, i.e. to census returns of the year to which the births refer.

Rates presented in this table are limited to those for countries or areas having at least a total of 100 live births in a given year.

Reliability of data: Data from civil registers of live births which are reported as incomplete (less than 90 per cent completeness) or of unknown completeness are considered unreliable and are set in *italics* rather than in roman type. Rates are not computed if the data on live births from civil registers are reported as incomplete (less than 90 per cent completeness) or of unknown completeness. Table 9 and the technical notes for that table provide more detailed information on the completeness of birth registration. For more information about the quality of vital statistics data in general, see section 4.2 of the Technical Notes.

Limitations: Statistics on live births by age of father are subject to the same qualifications as have been set forth for vital statistics in general and birth statistics in particular as discussed in section 4 of the Technical Notes. These include differences in the completeness of registration, the method used to determine age of father and the quality of the reported information relating to age of father.

The reliability of the data described above, is an important factor in considering the limitations. In addition, some live births are tabulated by date of registration and not by date of occurrence; these are indicated in the table by a plus sign "+". Whenever the lag between the date of occurrence and date of registration is prolonged and, therefore, a large proportion of the live-birth registrations are delayed, birth statistics for any given year may be seriously affected. For example, the age of the father will almost always refer to the date of registration rather than to the date of birth of the child. Hence, in those countries or areas where registration of births is delayed, possibly for years, statistics on births by age of father should be used with caution.

Another factor which limits international comparability is the practice of some countries or areas of not including in live birth statistics infants who were born alive but died before the registration of the birth or within the first 24 hours of life, thus underestimating the total number of live births. Statistics of this type are footnoted.

Because these statistics are classified according to age, they are subject to the limitations with respect to accuracy of age reporting similar to those already discussed in connection with section 3.1.3 of the Technical Notes. The factors influencing the accuracy of reporting may be somewhat dissimilar in vital statistics (because of the differences in the method of taking a census and registering a birth) but, in general, the same errors can be observed. The absence of frequencies in the unknown age group does not necessarily indicate completely accurate reporting and tabulation of the age item. It is often an indication that the unknowns have been eliminated by assigning ages to them before tabulation, or by proportionate distribution after tabulation.

On the other hand, large frequencies in the unknown age category may indicate that a large proportion of the births are born outside of wedlock, the records for which tend to be incomplete so far as characteristics of the parents are concerned.

Another limitation of age reporting may result from calculating age of father at birth of child (or at time of registration) from year of birth rather than from day, month and year of birth. Information on this factor is given in footnotes when known.

In few countries, data by age refer to deliveries rather than to live births causing under-enumeration in the event of a multiple birth. This practice leads to lack of strict comparability, both among countries or areas relying on this practice and between data shown in this table and table 9.

Rates shown in this table are subject to the same limitations that affect the corresponding statistics on live births. In cases of rates based on births tabulated by date of registration and not by date of occurrence; the effect of including delayed registration on the distribution of births by age of father may be noted in the age-specific fertility rates for men at older ages. In some cases, high age-specific rates for men aged 55 years and over may reflect age of father at registration of birth and not fertility at these older ages.

Earlier data: Live births and live birth rates by age of father have been shown in previous issues of the *Demographic Yearbook*. Information on the specific years is presented in the Historical Index.

Tableau 11

Le tableau 11 présente les données les plus récentes disponibles pour la période 2002 - 2011 sur les naissances vivantes selon l'âge du père et les taux des naissances vivantes selon l'âge du père.

Description des variables : l'âge désigne l'âge au dernier anniversaire, c'est-à-dire la différence entre la date de naissance et la date de l'événement exprimée en années solaires révolues. La classification par âge utilisée dans ce tableau comprend les catégories suivantes : moins de 20 ans, groupes quinquennaux jusqu'à 60-64 ans, 65 ans et plus, et âge inconnu. Des groupes d'âge différents sont parfois utilisés lorsque les pays ou territoires ont fourni les données dans une autre classification.

Les taux de natalité selon l'âge du père représentent le nombre annuel de naissances vivantes intervenues dans un groupe d'âge donné pour 1 000 hommes du groupe d'âge. Ces taux ont été calculés par la Division de statistique de l'ONU.

Étant donné que le nombre de naissances parmi les hommes de moins de 15 ans ou de plus de 59 ans est relativement peu élevé, les taux de natalité parmi les hommes âgées de moins de 20 ans et celles de 55 ans et plus ont été calculés sur la base des populations masculines âgées de 15 à 19 ans et de 55 à 59 ans, respectivement. De même, le taux pour les hommes de « tous âges » est fondé sur la totalité des naissances vivantes, indépendamment de l'âge du père et ce chiffre est rapporté à l'effectif de la population masculine âgée de 15 à 59 ans.

Les naissances pour lesquelles l'âge du père était inconnu ont été réparties par la Division de statistique de l'ONU, avant le calcul des taux, suivant les proportions observées pour celles où l'âge du père était connu.

Les chiffres de population utilisés pour le calcul des taux proviennent de dénombrements ou de répartitions estimatives de la population masculine selon l'âge. On a utilisé de préférence les estimations de la population; à défaut, on s'est contenté des données censitaires se rapportant à l'année des naissances.

Les taux présentés dans ce tableau ne concernent que les pays ou zones où l'on a enregistré un total d'au moins 100 naissances vivantes dans une année donnée.

Fiabilité des données : les données sur les naissances vivantes provenant des registres de l'état civil qui sont déclarées incomplètes (degré de complétude inférieur à 90 p. 100) ou dont le degré de complétude n'est pas connu sont jugées douteuses et apparaissent en italique et non en caractères romains. On a choisi de ne pas faire figurer dans le tableau 11 des taux calculés à partir de données sur les naissances vivantes issues de registres de l'état civil qui sont déclarées incomplètes (degré de complétude inférieur à 90 p. 100) ou dont le degré de complétude n'est pas connu. Le tableau 9 et les notes techniques qui s'y rapportent présentent des renseignements plus détaillés sur le degré de complétude de l'enregistrement des naissances vivantes. Pour plus de précisions sur la qualité des statistiques de l'état civil en général, voir la section 4.2 des Notes techniques.

Insuffisance des données : les statistiques relatives aux naissances vivantes selon l'âge du père appellent toutes les réserves qui ont été formulées à propos des statistiques de l'état civil en général et des statistiques de naissances en particulier (voir la section 4 des Notes techniques). Ceci inclut les différences de complétude d'enregistrement des faits d'état civil, de méthode pour déterminer l'âge du père et de qualité d'information concernant l'âge du père.

La fiabilité des données, au sujet de laquelle des indications ont été données plus haut, est un facteur important. Il faut également tenir compte du fait que, dans certains cas, les données relatives aux naissances vivantes sont exploitées selon la date de l'enregistrement et non la date de l'événement ; ces cas ont été signalés dans le tableau par le signe '+'. Chaque fois que le décalage entre l'événement et son enregistrement est grand et qu'une forte proportion des naissances vivantes fait l'objet d'un enregistrement tardif, les statistiques des naissances vivantes pour une année donnée peuvent être considérablement faussées. Par exemple, l'âge du père représente presque toujours son âge à la date de l'enregistrement et non à la date de la naissance de l'enfant. Ainsi, dans les pays ou zones où l'enregistrement des naissances est tardif, le retard atteignant parfois plusieurs années, il faut utiliser avec prudence les statistiques concernant les naissances selon l'âge du père.

Un autre facteur qui nuit à la comparabilité internationale est la pratique de certains pays ou zones qui consiste à ne pas inclure dans les statistiques des naissances vivantes les enfants nés vivants mais décédés avant l'enregistrement de leur naissance ou dans les 24 heures qui ont suivi la naissance, pratique qui conduit à sous-estimer le nombre total de naissances vivantes. Quand pareil facteur a joué, cela a été signalé en note à la fin du tableau.

Étant donné que les statistiques du tableau 11 sont classées selon l'âge, elles appellent les mêmes réserves concernant l'exactitude des déclarations d'âge que celles formulées à la section 3.1.3 des Notes techniques. Dans le cas des statistiques de l'état civil, les facteurs qui interviennent à cet égard sont parfois différents, étant donné que le recensement de la population et l'enregistrement des naissances se font par des méthodes différentes, mais, d'une manière générale, les erreurs observées seront les mêmes. Si aucun nombre ne figure dans la rangée réservée aux âges inconnus, cela ne signifie pas nécessairement que les déclarations d'âge et l'exploitation des données par âge ont été tout à fait exactes. C'est souvent une indication que l'on a attribué un âge aux personnes d'âge inconnu avant l'exploitation des données ou qu'elles ont été réparties proportionnellement entre les différents groupes après cette opération.

À l'inverse, lorsque le nombre des personnes d'âge inconnu est important, cela peut signifier que la proportion de naissances parmi les parents célibataires est élevée, étant donné qu'en pareil cas l'acte de naissance ne contient pas tous les renseignements concernant les parents.

Les déclarations par âge peuvent comporter des distorsions, du fait que l'âge du père au moment de la naissance d'un enfant (ou de la déclaration de naissance) est donné par année de naissance et non par date exacte (jour, mois et année).

Dans quelques pays, la classification par âges se réfère aux accouchements, et non aux naissances vivantes, ce qui conduit à un sous-dénombrement en cas de naissances gémellaires. Cette pratique nuit à la comparabilité des données, à la fois entre pays ou zones qui recourent à cette méthode et entre les données présentées dans le tableau 11 et celles du tableau 9.

Les taux présentés dans ce tableau, sont sujets aux mêmes limitations qui affectent les statistiques correspondantes de naissances vivantes. Dans le cas des taux basés sur des naissances par date d'enregistrement et non par date d'occurrence, l'effet peut être visible sur les taux de fécondité par âge des hommes aux âges plus élevés. Dans certains cas, les taux de fécondité des hommes de plus de 55 ans peuvent refléter l'âge du père à l'enregistrement plus que la fécondité à ces âges.

Données publiées antérieurement : Les données sur les naissances vivantes selon l'âge du père et les taux des naissances vivantes selon l'âge du père ont été publié antérieurement dans l'*Annuaire démographique*. Pour plus de précisions concernant les années pour lesquels des données ont été publiées, se reporter à l'index historique.

11. Live births and live birth rates by age of father: latest available year, 2002 - 2011
Naissances vivantes et taux de natalité selon l'âge du père : dernière année disponible, 2002 - 2011

Continent, country or area, year, code and age of father (in years) — Continent, pays ou zone, année, code et âge du père (en années)	Number - Nombre Both sexes Les deux sexes	Rate Taux
AFRICA - AFRIQUE		
Egypt - Égypte		
2010 (+C)		
Total	2 261 409	90.9
0 - 19	4 176	1.3
20 - 24	105 375	35.0
25 - 29	537 716	228.0
30 - 34	365 241	202.1
35 - 39	259 595	150.3
40 - 44	127 973	82.8
45 - 49	54 850	39.1
50 - 54	15 977	13.9
55 - 59	6 000	6.6
60 +	86 658	..
Unknown - Inconnu	697 848	..
Mauritius - Maurice[1]		
2010 (C)		
Total	14 831	34.5
0 - 19	256	4.9
20 - 24	1 511	32.3
25 - 29	3 407	70.1
30 - 34	4 510	87.3
35 - 39	2 610	59.9
40 - 44	1 215	26.3
45 - 49	452	9.6
50 - 54	138	3.4
55 - 59	37	1.1
60 - 64	12	..
65 +	3	..
Unknown - Inconnu	680	..
Réunion[2]		
2007 (C)		
Total	14 808	61.9
0 - 19	352	10.0
20 - 24	2 409	88.2
25 - 29	3 283	139.4
30 - 34	3 693	141.6
35 - 39	2 860	96.2
40 - 44	1 488	46.6
45 - 49	491	19.2
50 - 54	151	6.8
55 - 59	53	3.0
60 - 64	28	..
AMERICA, NORTH - AMÉRIQUE DU NORD		
Bahamas[3]		
2009 (U)		
Total	5 027	...
0 - 19	99	...
20 - 24	654	...
25 - 29	977	...
30 - 34	1 011	...
35 - 39	860	...
40 - 44	439	...
45 - 49	224	...
50 - 54	88	...
55 - 59	25	...
60 - 64	7	..
65 +	5	..
Unknown - Inconnu	638	...
Barbados - Barbade		
2007 (+C)		
Total	3 537	...
0 - 19	95	...
20 - 24	564	...
25 - 29	745	...

Continent, country or area, year, code and age of father (in years) — Continent, pays ou zone, année, code et âge du père (en années)	Number - Nombre Both sexes Les deux sexes	Rate Taux
AMERICA, NORTH - AMÉRIQUE DU NORD		
Barbados - Barbade		
2007 (+C)		
30 - 34	784	...
35 - 39	605	...
40 - 44	381	...
45 - 49	163	...
50 - 54	53	...
55 - 59	17	...
60 - 64	8	...
65 +	3	...
Unknown - Inconnu	119	..
Canada[4]		
2009 (C)		
Total	380 863	35.1
0 - 19	4 918	4.5
20 - 24	29 959	26.5
25 - 29	84 206	75.0
30 - 34	117 201	109.5
35 - 39	79 126	72.1
40 - 44	31 813	26.9
45 - 49	9 913	7.5
50 - 54	2 642	2.2
55 - 59	683	0.7
60 - 64	200	..
65 +	77	..
Unknown - Inconnu	20 125	..
Costa Rica		
2010* (C)		
Total	70 922	49.4
0 - 19	1 593	10.2
20 - 24	9 156	57.8
25 - 29	11 340	86.9
30 - 34	10 082	...
35 - 39	5 970	...
40 - 44	3 149	...
45 - 49	1 393	...
50 - 54	550	...
55 - 59	177	...
60 - 64	67	...
65 +	5 769	...
Unknown - Inconnu	21 676	...
Cuba		
2010 (C)		
Total	127 746	34.6
0 - 19	3 315	9.7
20 - 24	22 784	61.5
25 - 29	28 240	89.0
30 - 34	22 514	70.2
35 - 39	18 691	42.6
40 - 44	9 987	22.1
45 - 49	3 813	9.0
50 - 54	1 054	3.8
55 - 59	349	1.3
60 - 64	163	..
65 +	92	..
Unknown - Inconnu	16 744	..
Dominican Republic - République dominicaine		
2010 (U)		
Total	121 159	...
0 - 19	2 000	...
20 - 24	18 897	...
25 - 29	28 627	...
30 - 34	25 729	...
35 - 39	15 650	...
40 - 44	8 404	...
45 - 49	4 117	...
50 - 54	1 882	...

11. Live births and live birth rates by age of father: latest available year, 2002 - 2011
Naissances vivantes et taux de natalité selon l'âge du père : dernière année disponible, 2002 - 2011 (continued - suite)

Continent, country or area, year, code and age of father (in years) / Continent, pays ou zone, année, code et âge du père (en années)	Number - Nombre Both sexes Les deux sexes	Rate Taux	Continent, country or area, year, code and age of father (in years) / Continent, pays ou zone, année, code et âge du père (en années)	Number - Nombre Both sexes Les deux sexes	Rate Taux
AMERICA, NORTH - AMÉRIQUE DU NORD			**AMERICA, NORTH - AMÉRIQUE DU NORD**		
Dominican Republic - République dominicaine			Jamaica - Jamaïque[5]		
2010 (U)			2006 (C)		
55 - 59	821	...	30 - 34	5 069	...
60 - 64	336	..	35 - 39	3 635	...
65 +	177	..	40 - 44	2 166	...
Unknown - Inconnu	14 519	..	45 - 49	986	...
El Salvador			50 - 54	373	...
2007 (C)			55 - 59	131	...
Total	106 471	71.6	60 - 64	53	..
12 - 14	1 067	..	65 +	37	..
15 - 19	22 272	74.8	Unknown - Inconnu	20 356	..
20 - 24	30 060	132.2	Martinique[2]		
25 - 29	25 793	124.9	2007 (C)		
30 - 34	16 619	93.4	Total	5 317	47.3
35 - 39	7 903	50.6	0 - 19	98	6.2
40 - 44	2 312	17.5	20 - 24	710	60.7
45 - 49	173	1.6	25 - 29	1 043	119.9
50 +	22	♦0.1	30 - 34	1 173	111.7
Unknown - Inconnu	250	..	35 - 39	1 293	95.6
Greenland - Groenland			40 - 44	702	46.1
2008 (C)			45 - 49	235	16.2
Total	834	...	50 - 54	42	3.5
0 - 19	25	...	55 - 59	16	♦1.5
20 - 24	109	...	60 +	3	..
25 - 29	169	...	Mexico - Mexique[6]		
30 - 34	150	...	2008* (+U)		
35 - 39	112	...	Total	2 243 145	...
40 - 44	91	...	0 - 19	135 119	...
45 - 49	35	...	20 - 24	485 582	...
50 - 54	9	...	25 - 29	540 616	...
55 - 59	1	...	30 - 34	440 879	...
60 +	-	..	35 - 39	256 410	...
Unknown - Inconnu	133	..	40 - 44	111 200	...
Guadeloupe[2]			45 - 49	44 133	...
2003 (C)			50 - 54	17 287	...
Total	7 047	55.0	55 - 59	11 067	...
0 - 19	112	6.4	60 - 64	1 123	...
20 - 24	809	55.5	65 +	753	..
25 - 29	1 303	103.0	Unknown - Inconnu	198 976	..
30 - 34	1 950	125.6	Panama		
35 - 39	1 698	102.0	2010 (C)		
40 - 44	877	53.1	Total	67 955	62.9
45 - 49	211	15.9	0 - 19	3 057	19.5
50 - 54	59	5.1	20 - 24	13 588	89.5
55 - 59	20	♦2.1	25 - 29	15 334	109.1
60 +	8	..	30 - 34	12 772	96.1
Guatemala			35 - 39	8 775	67.3
2006 (C)			40 - 44	4 644	39.1
Total	368 399	...	45 - 49	2 107	20.9
0 - 19	17 875	...	50 - 54	867	10.6
20 - 24	77 239	...	55 - 59	396	6.0
25 - 29	84 377	...	60 - 64	337	..
30 - 34	59 956	...	65 +	6 078	..
35 - 39	38 741	...	Puerto Rico - Porto Rico		
40 - 44	23 591	...	2008 (C)		
45 - 49	11 709	...	Total	45 675	39.5
50 - 54	4 785	...	0 - 19	3 200	21.8
55 - 59	2 150	...	20 - 24	11 615	86.9
60 - 64	941	...	25 - 29	12 284	90.2
65 +	862	..	30 - 34	8 969	70.4
Unknown - Inconnu	46 173	..	35 - 39	4 753	38.3
Jamaica - Jamaïque[5]			40 - 44	2 060	16.9
2006 (C)			45 - 49	752	6.4
Total	42 399	...	50 - 54	284	2.6
0 - 19	496	...	55 - 59	142	1.4
20 - 24	3 756	...	60 - 64	63	..
25 - 29	5 341	...			

11. Live births and live birth rates by age of father: latest available year, 2002 - 2011
Naissances vivantes et taux de natalité selon l'âge du père : dernière année disponible, 2002 - 2011 (continued - suite)

Continent, country or area, year, code and age of father (in years) / Continent, pays ou zone, année, code et âge du père (en années)	Number - Nombre Both sexes Les deux sexes	Rate Taux	Continent, country or area, year, code and age of father (in years) / Continent, pays ou zone, année, code et âge du père (en années)	Number - Nombre Both sexes Les deux sexes	Rate Taux
AMERICA, NORTH - AMÉRIQUE DU NORD			**AMERICA, SOUTH - AMÉRIQUE DU SUD**		
Puerto Rico - Porto Rico			French Guiana - Guyane française[2]		
2008 (C)			2007 (C)		
65 +	27	..	30 - 34	1 334	175.5
Unknown - Inconnu	1 526	..	35 - 39	1 043	138.4
Trinidad and Tobago - Trinité-et-Tobago			40 - 44	622	90.0
2006 (C)			45 - 49	230	38.8
Total	18 090	...	50 - 54	94	19.2
0 - 19	400	...	55 - 59	59	16.1
20 - 24	3 291	...	60 - 64	17	..
25 - 29	4 889	...	65 +	-	..
30 - 34	4 079	...	Uruguay		
35 - 39	2 713	...	2004 (C)		
40 - 44	1 491	...	Total	50 052	52.8
45 - 49	616	...	0 - 19	805	10.3
50 - 54	248	...	20 - 24	4 203	57.8
55 - 59	87	...	25 - 29	7 179	100.3
60 +	45	..	30 - 34	7 629	118.5
Unknown - Inconnu	231	..	35 - 39	5 142	87.4
United States of America - États-Unis d'Amérique			40 - 44	2 622	43.3
2009 (C)			45 - 49	978	17.9
Total	4 130 665	43.3	50 - 54	420	8.5
0 - 19	414 831	37.5	55 - 59	117	2.8
20 - 24	1 005 982	90.7	60 - 64	43	..
25 - 29	1 166 787	105.0	65 +	32	..
30 - 34	955 246	94.5	Unknown - Inconnu	20 882	..
35 - 39	474 103	45.8	Venezuela (Bolivarian Republic of) - Venezuela (République bolivarienne du)		
40 - 44	105 827	10.1	2007 (C)		
45 - 49	7 320	0.6	Total	615 371	72.6
50 - 54	569	0.1	0 - 19	37 015	32.7
Unknown - Inconnu	-	..	20 - 24	124 442	117.3
			25 - 29	130 575	136.4
AMERICA, SOUTH - AMÉRIQUE DU SUD			30 - 34	96 162	114.7
			35 - 39	60 376	79.4
Chile - Chili			40 - 44	32 010	45.3
2009 (C)			45 - 49	14 774	24.4
Total	252 240	46.2	50 - 54	6 837	13.5
0 - 19	15 486	23.1	55 - 59	2 888	7.0
20 - 24	43 039	66.7	60 - 64	977	..
25 - 29	52 068	89.9	65 +	525	..
30 - 34	49 352	93.5	Unknown - Inconnu	108 790	..
35 - 39	35 806	65.3			
40 - 44	17 599	32.2	**ASIA - ASIE**		
45 - 49	7 014	13.1			
50 +	3 468	4.3	Azerbaijan - Azerbaïdjan[7]		
Unknown - Inconnu	28 408	..	2010 (+C)		
Colombia - Colombie			Total	147 603	47.9
2009* (U)			0 - 19	611	1.3
Total	686 045	...	20 - 24	26 551	56.8
0 - 19	43 460	...	25 - 29	56 773	138.1
20 - 24	159 519	...	30 - 34	37 950	109.2
25 - 29	174 324	...	35 - 39	16 722	55.5
30 - 34	126 783	...	40 - 44	6 383	20.1
35 - 39	79 977	...	45 - 49	1 903	5.9
40 - 44	42 532	...	50 - 54	471	1.7
45 - 49	18 530	...	55 +	239	1.4
50 - 54	7 882	...	Bahrain - Bahreïn		
55 - 59	2 645	...	2007 (C)		
60 - 64	1 077	..	Total	16 062	32.1
65 +	631	...	0 - 14	-	..
Unknown - Inconnu	28 685	..	15 - 19	19	♦0.5
French Guiana - Guyane française[2]			20 - 24	930	16.1
2007 (C)			25 - 29	3 652	39.9
Total	6 386	104.6	30 - 34	4 486	52.6
0 - 19	323	32.6	35 - 39	3 447	46.4
20 - 24	1 263	164.2	40 - 44	2 200	37.8
25 - 29	1 401	203.5			

Continent, country or area, year, code and age of father (in years) Continent, pays ou zone, année, code et âge du père (en années)	Number - Nombre Both sexes Les deux sexes	Rate Taux	Continent, country or area, year, code and age of father (in years) Continent, pays ou zone, année, code et âge du père (en années)	Number - Nombre Both sexes Les deux sexes	Rate Taux
ASIA - ASIE			ASIA - ASIE		
Bahrain - Bahreïn			Israel - Israël[9]		
2007 (C)			2010 (C)		
45 - 49	911	19.5	20 - 24	13 360	47.9
50 - 54	255	7.8	25 - 29	36 930	135.2
55 - 59	89	5.0	30 - 34	50 777	195.8
60 - 64	35	..	35 - 39	36 295	149.2
65 +	30	..	40 - 44	14 540	71.0
Unknown - Inconnu	8	..	45 - 49	3 997	21.5
Brunei Darussalam - Brunéi Darussalam			50 - 54	966	5.5
2008 (+C)			55 - 59	302	1.8
Total	6 424		60 - 64	121	..
0 - 19	23	...	65 +	59	..
20 - 24	466	...	Unknown - Inconnu	8 554	..
25 - 29	1 612	...	Japan - Japon[10]		
30 - 34	1 733	...	2010 (C)		
35 - 39	1 125	...	Total	1 048 318	29.1
40 - 44	555	...	0 - 19	4 292	1.4
45 - 49	212	...	20 - 24	69 292	19.9
50 - 54	57	...	25 - 29	241 067	63.5
55 +	23	...	30 - 34	357 163	84.4
Unknown - Inconnu	618	..	35 - 39	260 263	53.0
China, Hong Kong SAR - Chine, Hong Kong RAS			40 - 44	87 663	20.1
2009 (C)			45 - 49	21 381	5.4
Total	82 095	36.3	50 - 54	4 992	1.3
0 - 19	189	0.9	55 - 59	1 522	0.4
20 - 24	3 204	15.1	60 - 64	544	..
25 - 29	12 545	56.1	65 +	137	..
30 - 34	23 710	108.5	Unknown - Inconnu	2	..
35 - 39	23 246	99.8	Kazakhstan[7]		
40 - 44	10 329	40.4	2006 (C)		
45 - 49	4 005	13.0	Total	301 756	61.4
50 - 54	1 447	5.0	0 - 19	2 897	4.2
55 - 59	506	2.2	20 - 24	46 772	73.1
60 - 64	166	..	25 - 29	82 596	152.2
65 +	101	..	30 - 34	66 344	134.3
Unknown - Inconnu	2 647	..	35 - 39	41 180	90.8
China, Macao SAR - Chine, Macao RAS			40 - 44	17 594	38.6
2010 (C)			45 - 49	4 336	10.0
Total	5 114	26.5	50 - 54	873	2.7
0 - 19	16	♦0.8	55 - 59	296	1.2
20 - 24	428	17.4	60 - 64	74	..
25 - 29	1 270	62.6	65 +	74	..
30 - 34	1 329	74.6	Unknown - Inconnu	38 720	..
35 - 39	1 087	55.8	Kyrgyzstan - Kirghizstan		
40 - 44	484	25.2	2010 (C)		
45 - 49	247	10.0	Total	146 123	...
50 - 54	113	4.4	0 - 19	580	...
55 - 59	37	2.0	20 - 24	19 741	...
60 - 64	19	..	25 - 29	42 856	...
65 +	3	..	30 - 34	31 895	...
Unknown - Inconnu	81	..	35 - 39	19 147	...
Cyprus - Chypre[8]			40 - 44	8 949	...
2008 (C)			45 - 49	2 805	...
Total	9 205	35.8	50 - 54	643	...
0 - 19	39	1.4	55 - 59	159	...
20 - 24	551	17.9	60 - 64	63	...
25 - 29	2 365	69.5	65 +	44	...
30 - 34	3 002	100.8	Unknown - Inconnu	19 241	..
35 - 39	1 892	67.8	Malaysia - Malaisie		
40 - 44	820	30.8	2009 (C)		
45 - 49	298	10.5	Total	496 313	53.7
50 +	140	2.9	0 - 19	2 353	1.8
Unknown - Inconnu	98	..	20 - 24	33 080	27.2
Israel - Israël[9]			25 - 29	121 520	106.7
2010 (C)			30 - 34	137 676	127.0
Total	166 255	75.7	35 - 39	97 218	95.7
0 - 19	354	1.2	40 - 44	50 924	53.6

11. Live births and live birth rates by age of father: latest available year, 2002 - 2011
Naissances vivantes et taux de natalité selon l'âge du père : dernière année disponible, 2002 - 2011 (continued - suite)

Continent, country or area, year, code and age of father (in years) Continent, pays ou zone, année, code et âge du père (en années)	Number - Nombre Both sexes Les deux sexes	Rate Taux	Continent, country or area, year, code and age of father (in years) Continent, pays ou zone, année, code et âge du père (en années)	Number - Nombre Both sexes Les deux sexes	Rate Taux
ASIA - ASIE			**ASIA - ASIE**		
Malaysia - Malaisie			Republic of Korea - République de Corée[12]		
2009 (C)			2010 (C)		
45 - 49	19 553	23.3	Total	470 171	27.4
50 - 54	5 889	8.5	0 - 19	603	0.3
55 - 59	1 764	3.2	20 - 24	5 877	3.6
60 - 64	481	..	25 - 29	73 309	38.6
65 +	267	..	30 - 34	205 354	105.0
Unknown - Inconnu	25 588	..	35 - 39	137 984	63.6
Maldives			40 - 44	34 232	16.2
2010 (C)			45 - 49	6 093	2.9
Total	7 115	67.7	50 - 54	1 129	0.6
0 - 19	10	♦0.6	55 - 59	208	0.2
20 - 24	844	48.8	60 - 64	48	..
25 - 29	2 033	146.4	65 +	16	..
30 - 34	1 421	144.7	Unknown - Inconnu	5 318	..
35 - 39	928	109.3	Singapore - Singapour		
40 - 44	513	68.9	2010 (C)		
45 - 49	198	29.8	Total	37 967	29.6
50 - 54	63	11.4	0 - 19	148	1.1
55 - 59	25	♦7.9	20 - 24	1 072	8.8
60 - 64	10	..	25 - 29	5 837	45.1
65 +	4	..	30 - 34	13 088	92.9
Unknown - Inconnu	1 066	..	35 - 39	11 122	72.3
Oman[11]			40 - 44	4 229	28.1
2011 (U)			45 - 49	1 372	8.5
Total	67 922	...	50 - 54	360	2.4
0 - 19	46	...	55 - 59	111	0.9
20 - 24	3 572	...	60 - 64	42	..
25 - 29	17 681	...	65 +	6	..
30 - 34	19 930	...	Unknown - Inconnu	580	..
35 - 39	12 744	...			
40 - 44	6 637	...	**EUROPE**		
45 - 49	3 190	...			
50 - 54	1 343	...	Åland Islands - Îles d'Åland		
55 - 59	573	...	2010 (C)		
60 - 64	328	..	Total	286	35.3
65 +	368	..	0 - 19	-	..
Unknown - Inconnu	1 510	..	20 - 24	6	♦24.5
Philippines			25 - 29	17	66.4
2009 (C)			30 - 34	21	76.3
Total	1 745 585	...	35 - 39	32	108.2
0 - 19	195 662	...	40 - 44	11	33.9
20 - 24	495 958	...	45 - 49	4	♦12.7
25 - 29	461 020	...	50 - 54	-	..
30 - 34	328 063	...	55 - 59	1	♦3.1
35 - 39	187 578	...	60 - 64	-	..
40 - 44	66 064	...	65 +	-	..
45 - 49	7 712	...	Unknown - Inconnu	194	..
50 - 54	494	...	Albania - Albanie		
55 - 59	34	...	2004 (C)		
60 - 64	-	..	Total	43 022	45.5
65 +	-	..	0 - 19	293	1.9
Unknown - Inconnu	3 000	..	20 - 24	2 812	22.3
Qatar			25 - 29	11 631	113.3
2010 (C)			30 - 34	14 648	148.4
Total	19 504	16.9	35 - 39	8 622	85.5
0 - 19	17	♦0.5	40 - 44	3 353	30.6
20 - 24	1 050	6.8	45 - 49	835	8.5
25 - 29	3 770	17.0	50 - 54	180	2.3
30 - 34	5 727	26.3	55 - 59	68	1.1
35 - 39	4 537	23.2	60 - 64	36	..
40 - 44	2 584	17.2	Unknown - Inconnu	544	..
45 - 49	1 179	12.2	Austria - Autriche[13]		
50 +	637	7.5	2010 (C)		
Unknown - Inconnu	3	..	Total	47 131	18.0
			0 - 19	99	0.4

351

Continent, country or area, year, code and age of father (in years) Continent, pays ou zone, année, code et âge du père (en années)	Number - Nombre Both sexes Les deux sexes	Rate Taux	Continent, country or area, year, code and age of father (in years) Continent, pays ou zone, année, code et âge du père (en années)	Number - Nombre Both sexes Les deux sexes	Rate Taux
EUROPE			**EUROPE**		
Austria - Autriche[13]			**Bulgaria - Bulgarie**		
2010 (C)			2010 (C)		
20 - 24	2 656	10.1	65 +	7	..
25 - 29	9 755	34.9	Unknown - Inconnu	13 080	..
30 - 34	14 645	54.9	**Croatia - Croatie**		
35 - 39	11 672	39.6	2010 (C)		
40 - 44	5 675	16.1	Total	43 361	31.7
45 - 49	1 907	5.4	0 - 19	228	1.8
50 - 54	502	1.7	20 - 24	3 243	23.4
55 - 59	145	0.6	25 - 29	11 311	73.0
60 - 64	51	..	30 - 34	14 458	94.3
65 +	24	..	35 - 39	8 479	58.3
Belarus - Bélarus[13]			40 - 44	3 265	22.0
2010 (C)			45 - 49	984	6.4
Total	86 873	28.4	50 - 54	198	1.2
0 - 19	730	2.3	55 - 59	71	0.5
20 - 24	17 340	43.9	60 - 64	11	..
25 - 29	32 529	85.0	65 +	5	..
30 - 34	21 798	63.9	Unknown - Inconnu	1 108	..
35 - 39	10 032	31.0	**Czech Republic - République tchèque**[15]		
40 - 44	3 163	10.0	2010 (C)		
45 - 49	943	2.6	Total	117 153	34.4
50 - 54	252	0.7	0 - 19	491	1.7
55 +	86	0.3	20 - 24	5 637	17.1
Belgium - Belgique[14]			25 - 29	21 894	61.0
2008 (C)			30 - 34	42 552	97.9
Total	127 205	39.1	35 - 39	24 803	62.4
0 - 19	630	2.0	40 - 44	7 594	23.1
20 - 24	7 857	25.8	45 - 49	2 725	8.6
25 - 29	30 846	94.8	50 - 54	759	2.4
30 - 34	40 588	123.9	55 - 59	320	0.9
35 - 39	25 177	69.1	60 - 64	89	..
40 - 44	10 190	26.2	65 +	40	..
45 - 49	3 529	9.2	Unknown - Inconnu	10 249	..
50 - 54	1 073	3.1	**Denmark - Danemark**[16]		
55 - 59	316	1.0	2010 (C)		
60 - 64	97	..	Total	63 411	38.6
65 +	66	..	0 - 19	23	0.2
Unknown - Inconnu	6 836	..	20 - 24	909	9.5
Bosnia and Herzegovina - Bosnie-Herzégovine			25 - 29	6 125	69.1
2010 (C)			30 - 34	13 936	140.3
Total	33 528	28.0	35 - 39	10 038	90.1
0 - 19	99	0.7	40 - 44	3 642	30.8
20 - 24	3 174	23.3	45 - 49	1 048	9.0
25 - 29	9 300	75.0	50 - 54	298	2.8
30 - 34	10 238	90.1	55 - 59	76	0.8
35 - 39	5 624	49.2	60 - 64	32	..
40 - 44	2 203	16.5	65 +	14	..
45 - 49	672	4.8	Unknown - Inconnu	27 270	..
50 - 54	150	1.2	**Estonia - Estonie**		
55 - 59	29	0.3	2010 (C)		
60 - 64	9	..	Total	15 825	39.0
65 +	4	..	0 - 19	135	3.6
Unknown - Inconnu	2 026	..	20 - 24	1 589	31.3
Bulgaria - Bulgarie			25 - 29	4 131	85.2
2010 (C)			30 - 34	4 357	99.0
Total	75 513	32.3	35 - 39	2 791	65.1
0 - 19	869	5.1	40 - 44	1 234	31.2
20 - 24	6 766	31.3	45 - 49	403	9.9
25 - 29	16 574	73.2	50 - 54	93	2.3
30 - 34	20 500	84.8	55 - 59	28	♦0.8
35 - 39	12 084	51.7	60 - 64	13	..
40 - 44	3 990	18.3	65 +	7	..
45 - 49	1 162	5.5	Unknown - Inconnu	1 044	..
50 - 54	330	1.6			
55 - 59	118	0.6			
60 - 64	33	..			

11. Live births and live birth rates by age of father: latest available year, 2002 - 2011
Naissances vivantes et taux de natalité selon l'âge du père : dernière année disponible, 2002 - 2011 (continued - suite)

Continent, country or area, year, code and age of father (in years) / Continent, pays ou zone, année, code et âge du père (en années)	Number - Nombre — Both sexes / Les deux sexes	Rate Taux
EUROPE		
Finland - Finlande[17]		
2010 (C)		
Total	60 694	38.2
0 - 19	61	0.6
20 - 24	1 839	18.7
25 - 29	8 029	76.9
30 - 34	13 048	127.6
35 - 39	8 121	86.4
40 - 44	3 279	31.0
45 - 49	1 081	9.6
50 - 54	295	2.7
55 - 59	83	0.7
60 - 64	28	..
65 +	8	..
Unknown - Inconnu	24 822	..
France[18]		
2009 (C)		
Total	793 420	43.3
0 - 19	3 852	2.0
20 - 24	54 701	27.4
25 - 29	183 121	94.0
30 - 34	253 449	132.8
35 - 39	182 243	83.8
40 - 44	76 509	35.3
45 - 49	26 336	12.3
50 - 54	8 759	4.3
55 - 59	3 135	1.6
60 - 64	1 201	..
65 +	114	..
Unknown - Inconnu	-	..
Germany - Allemagne		
2011 (C)		
Total	662 685	26.5
0 - 19	2 543	1.3
20 - 24	36 505	15.4
25 - 29	117 313	50.0
30 - 34	191 733	83.3
35 - 39	151 290	65.9
40 - 44	80 830	26.3
45 - 49	25 727	7.6
50 - 54	6 651	2.2
55 - 59	1 829	0.7
60 - 64	597	..
65 +	273	..
Unknown - Inconnu	47 394	..
Greece - Grèce		
2009 (C)		
Total	117 933	33.7
0 - 19	234	0.8
20 - 24	2 867	9.3
25 - 29	16 722	43.3
30 - 34	37 981	90.3
35 - 39	32 007	75.9
40 - 44	14 737	35.7
45 - 49	4 281	11.5
50 - 54	1 041	2.9
55 - 59	230	0.7
60 - 64	68	..
65 +	16	..
Unknown - Inconnu	7 749	..
Hungary - Hongrie		
2010 (C)		
Total	90 335	29.0
0 - 19	882	3.2
20 - 24	5 028	17.1
25 - 29	15 083	47.9
30 - 34	30 455	79.9
EUROPE		
Hungary - Hongrie		
2010 (C)		
35 - 39	19 324	55.4
40 - 44	6 734	21.9
45 - 49	1 897	7.2
50 - 54	679	2.3
55 - 59	282	0.9
60 - 64	80	..
65 +	25	..
Unknown - Inconnu	9 866	..
Iceland - Islande		
2010 (C)		
Total	4 907	48.9
0 - 19	39	3.3
20 - 24	437	38.2
25 - 29	1 284	110.7
30 - 34	1 462	130.1
35 - 39	985	91.9
40 - 44	372	36.3
45 - 49	109	10.2
50 - 54	39	3.7
55 - 59	11	♦1.2
60 - 64	5	..
65 +	1	..
Unknown - Inconnu	163	..
Ireland - Irlande		
2006 (+C)		
Total	64 237	46.8
0 - 19	714	5.1
20 - 24	4 382	26.9
25 - 29	10 351	57.1
30 - 34	19 695	121.1
35 - 39	16 702	111.2
40 - 44	6 268	45.2
45 - 49	1 585	12.4
50 - 54	374	3.2
55 - 59	119	1.1
60 - 64	27	..
65 +	6	..
Unknown - Inconnu	4 014	..
Italy - Italie		
2009 (+C)		
Total	568 857	31.6
0 - 19	1 811	1.3
20 - 24	17 319	11.8
25 - 29	67 830	41.3
30 - 34	161 005	80.9
35 - 39	167 172	74.8
40 - 44	79 712	34.8
45 - 49	22 579	10.8
50 - 54	5 372	3.0
55 - 59	1 514	0.9
60 - 64	71	..
65 +	-	..
Unknown - Inconnu	44 472	..
Latvia - Lettonie		
2010 (C)		
Total	19 219	27.5
0 - 19	144	2.2
20 - 24	2 212	25.8
25 - 29	5 180	62.9
30 - 34	4 932	67.3
35 - 39	3 153	42.7
40 - 44	1 433	20.6
45 - 49	550	7.5
50 - 54	174	2.5
55 - 59	59	1.0

11. Live births and live birth rates by age of father: latest available year, 2002 - 2011

Naissances vivantes et taux de natalité selon l'âge du père : dernière année disponible, 2002 - 2011 (continued - suite)

Continent, country or area, year, code and age of father (in years) Continent, pays ou zone, année, code et âge du père (en années)	Number - Nombre Both sexes Les deux sexes	Rate Taux	Continent, country or area, year, code and age of father (in years) Continent, pays ou zone, année, code et âge du père (en années)	Number - Nombre Both sexes Les deux sexes	Rate Taux
EUROPE			EUROPE		
Latvia - Lettonie			**Netherlands - Pays-Bas**[19]		
2010 (C)			2010 (C)		
60 - 64	24	..	Total	184 397	36.4
65 +	7	..	0 - 19	284	0.6
Unknown - Inconnu	1 351	..	20 - 24	5 721	11.6
Lithuania - Lituanie			25 - 29	29 787	62.2
2010 (C)			30 - 34	60 664	127.1
Total	35 626	34.7	35 - 39	49 829	91.0
0 - 19	287	2.6	40 - 44	21 179	34.0
20 - 24	3 560	28.6	45 - 49	5 812	9.4
25 - 29	10 837	95.2	50 - 54	1 479	2.6
30 - 34	10 468	104.7	55 - 59	379	0.7
35 - 39	5 258	50.3	60 - 64	116	..
40 - 44	1 976	18.2	65 +	37	..
45 - 49	613	5.4	Unknown - Inconnu	9 110	..
50 - 54	184	1.8	**Norway - Norvège**[20]		
55 - 59	60	0.8	2010 (C)		
60 - 64	15	..	Total	61 442	40.8
65 +	9	..	0 - 19	366	2.3
Unknown - Inconnu	2 359	..	20 - 24	4 302	28.1
Luxembourg			25 - 29	13 348	88.1
2010 (C)			30 - 34	19 164	122.2
Total	5 874	36.4	35 - 39	13 894	78.8
0 - 19	17	♦1.1	40 - 44	5 668	31.1
20 - 24	305	20.8	45 - 49	1 725	10.3
25 - 29	1 074	63.3	50 - 54	478	3.0
30 - 34	1 894	104.3	55 - 59	176	1.2
35 - 39	1 427	74.8	60 - 64	50	..
40 - 44	677	32.4	65 +	9	..
45 - 49	217	10.8	Unknown - Inconnu	2 262	..
50 - 54	64	3.7	**Poland - Pologne**		
55 - 59	18	♦1.2	2010 (C)		
60 - 64	5	..	Total	413 300	33.0
65 +	1	..	0 - 19	2 553	2.1
Unknown - Inconnu	175	..	20 - 24	41 029	28.9
Malta - Malte			25 - 29	127 388	79.6
2010 (C)			30 - 34	132 879	89.3
Total	4 008	30.3	35 - 39	63 377	48.7
0 - 19	35	2.7	40 - 44	20 674	18.3
20 - 24	313	20.8	45 - 49	6 415	5.4
25 - 29	866	56.9	50 - 54	1 984	1.4
30 - 34	1 374	91.8	55 - 59	529	0.4
35 - 39	790	60.4	60 +	226	..
40 - 44	260	22.5	Unknown - Inconnu	16 246	..
45 - 49	76	5.7	**Portugal**[6]		
50 - 54	27	♦1.9	2009 (C)		
55 - 59	8	♦0.6	Total	99 491	30.6
60 - 64	3	..	0 - 19	1 319	4.6
65 +	-	..	20 - 24	8 239	26.3
Unknown - Inconnu	256	..	25 - 29	21 050	56.2
Montenegro - Monténégro			30 - 34	33 818	81.0
2009 (C)			35 - 39	21 802	54.1
Total	8 642	43.2	40 - 44	8 183	21.5
0 - 19	32	1.5	45 - 49	2 381	6.4
20 - 24	616	27.3	50 - 54	746	2.2
25 - 29	2 011	90.0	55 - 59	268	0.9
30 - 34	2 268	113.7	60 - 64	65	..
35 - 39	1 574	85.9	65 +	20	..
40 - 44	800	43.7	Unknown - Inconnu	1 600	..
45 - 49	287	14.9	**Republic of Moldova - République de Moldova**[21]		
50 - 54	89	4.6	2010 (C)		
55 - 59	23	♦1.3	Total	40 474	33.5
60 - 64	1	..	0 - 19	359	2.7
65 +	6	..	20 - 24	7 778	47.9
Unknown - Inconnu	935	..	25 - 29	13 137	89.5
			30 - 34	8 649	69.6
			35 - 39	4 395	41.1

Continent, country or area, year, code and age of father (in years) Continent, pays ou zone, année, code et âge du père (en années)	Number - Nombre Both sexes Les deux sexes	Rate Taux	Continent, country or area, year, code and age of father (in years) Continent, pays ou zone, année, code et âge du père (en années)	Number - Nombre Both sexes Les deux sexes	Rate Taux
EUROPE			**EUROPE**		
Republic of Moldova - République de Moldova[21]			Slovenia - Slovénie		
2010 (C)			2010 (C)		
40 - 44	1 481	15.0	30 - 34	8 533	104.3
45 - 49	445	4.0	35 - 39	4 833	63.0
50 - 54	111	1.0	40 - 44	1 537	19.9
55 - 59	59	0.6	45 - 49	461	5.9
60 - 64	11	..	50 - 54	109	1.4
65 +	4	..	55 - 59	43	0.6
Unknown - Inconnu	4 045	..	60 - 64	19	..
Romania - Roumanie			65 +	2	..
2010 (C)			Unknown - Inconnu	388	..
Total	212 199	30.5	Spain - Espagne		
0 - 19	3 347	5.8	2010 (C)		
20 - 24	25 165	30.6	Total	485 252	33.1
25 - 29	53 239	69.0	0 - 19	2 977	2.7
30 - 34	66 337	77.8	20 - 24	20 367	15.8
35 - 39	33 278	41.9	25 - 29	65 820	40.0
40 - 44	12 675	15.5	30 - 34	164 450	81.6
45 - 49	3 069	5.5	35 - 39	147 660	73.7
50 - 54	1 059	1.6	40 - 44	54 426	29.3
55 - 59	355	0.6	45 - 49	14 647	8.6
60 - 64	104	..	50 - 54	3 944	2.7
65 +	18	..	55 - 59	1 104	0.9
Unknown - Inconnu	13 553	..	60 - 64	367	..
San Marino - Saint-Marin			65 +	97	..
2004 (+C)			Unknown - Inconnu	9 393	..
Total	306	33.1	Sweden - Suède		
0 - 24	7	♦4.8	2010 (C)		
25 - 29	46	46.8	Total	115 641	41.4
30 - 34	116	92.4	0 - 19	556	1.7
35 - 39	85	61.4	20 - 24	7 048	22.6
40 - 44	37	28.5	25 - 29	23 848	81.7
45 - 49	14	♦13.3	30 - 34	37 298	127.5
50 +	1	♦0.5	35 - 39	28 040	88.3
Serbia - Serbie[22]			40 - 44	11 556	35.0
2010 (+C)			45 - 49	3 873	12.2
Total	68 304	30.5	50 - 54	1 184	4.1
0 - 19	-	-	55 - 59	400	1.4
20 - 24	407	1.9	60 - 64	150	..
25 - 29	5 186	22.7	65 +	41	..
30 - 34	16 848	73.2	Unknown - Inconnu	1 647	..
35 - 39	20 822	96.0	Switzerland - Suisse[13]		
40 - 44	11 319	54.8	2010 (C)		
45 - 49	3 906	18.3	Total	65 343	26.8
50 - 54	1 172	5.1	0 - 19	18	♦0.1
55 +	476	1.9	20 - 24	1 715	7.2
Unknown - Inconnu	8 168	..	25 - 29	10 309	40.6
Slovakia - Slovaquie[13]			30 - 34	20 965	80.0
2010 (C)			35 - 39	19 103	66.7
Total	40 498	22.1	40 - 44	10 145	31.4
0 - 19	224	1.2	45 - 49	1 914	6.0
20 - 24	2 629	12.4	50 - 54	774	2.8
25 - 29	9 739	42.2	55 - 59	274	1.1
30 - 34	15 928	65.9	60 - 64	86	..
35 - 39	8 448	39.5	65 +	40	..
40 - 44	2 549	14.0	TFYR of Macedonia - L'ex-R. y. de Macédoine		
45 - 49	727	3.8	2010 (C)		
50 - 54	163	0.8	Total	24 296	35.4
55 - 59	71	0.4	0 - 19	206	2.8
60 - 64	14	..	20 - 24	2 424	30.8
65 +	6	..	25 - 29	7 329	92.1
Slovenia - Slovénie			30 - 34	7 526	99.2
2010 (C)			35 - 39	3 795	53.3
Total	22 343	33.1	40 - 44	1 248	17.7
0 - 19	57	1.1	45 - 49	292	4.2
20 - 24	1 030	15.5	50 - 54	77	1.1
25 - 29	5 331	69.8	55 - 59	16	♦0.3

11. Live births and live birth rates by age of father: latest available year, 2002 - 2011
Naissances vivantes et taux de natalité selon l'âge du père : dernière année disponible, 2002 - 2011 (continued - suite)

Continent, country or area, year, code and age of father (in years) / Continent, pays ou zone, année, code et âge du père (en années)	Number - Nombre — Both sexes / Les deux sexes	Rate Taux
EUROPE		
TFYR of Macedonia - L'ex-R. y. de Macédoine		
2010 (C)		
60 - 64	5	..
65 +	4	..
Unknown - Inconnu	1 374	..
Ukraine[23]		
2010 (C)		
Total	497 689	34.5
0 - 19	4 939	3.9
20 - 24	82 995	51.0
25 - 29	147 048	90.0
30 - 34	108 183	74.7
35 - 39	56 675	41.2
40 - 44	20 819	16.6
45 - 49	6 696	4.8
50 - 54	2 067	1.6
55 +	789	0.7
Unknown - Inconnu	67 478	..
United Kingdom of Great Britain and Northern Ireland - Royaume-Uni de Grande-Bretagne et d'Irlande du Nord[24]		
2009 (C)		
Total	790 204	42.5
0 - 19	16 030	8.4
20 - 24	87 703	43.0
25 - 29	163 634	83.4
30 - 34	207 503	114.9
35 - 39	161 952	79.6
40 - 44	72 397	33.1
45 - 49	23 214	11.4
50 - 54	6 250	3.5
55 - 59	1 781	1.1
60 - 64	606	..
65 +	269	..
Unknown - Inconnu	48 865	..
OCEANIA - OCÉANIE		
Australia - Australie		
2010 (+C)		
Total	297 903	42.8
0 - 19	4 108	5.5
20 - 24	23 773	28.9
25 - 29	60 358	74.1
30 - 34	90 048	121.5
35 - 39	69 620	89.8
40 - 44	27 803	37.3
45 - 49	8 828	11.7
50 - 54	2 549	3.6
55 - 59	777	1.2
60 - 64	286	..
65 +	122	..
Unknown - Inconnu[25]	9 631	..
Fiji - Fidji		
2004 (+C)		
Total	17 189	65.6
0 - 19	45	1.3
20 - 24	1 677	52.6
25 - 29	4 265	151.0
30 - 34	3 706	144.1
35 - 39	2 382	99.7

Continent, country or area, year, code and age of father (in years) / Continent, pays ou zone, année, code et âge du père (en années)	Number - Nombre — Both sexes / Les deux sexes	Rate Taux
OCEANIA - OCÉANIE		
Fiji - Fidji		
2004 (+C)		
40 - 44	1 242	57.2
45 - 49	403	21.6
50 - 54	106	6.9
55 - 59	44	3.7
60 +	19	..
Unknown - Inconnu	3 300	..
Guam[26]		
2004 (C)		
Total	3 425	...
0 - 19	113	...
20 - 24	511	...
25 - 29	654	...
30 - 34	651	...
35 - 39	412	...
40 - 44	222	...
45 +	107	...
Unknown - Inconnu	757	..
New Caledonia - Nouvelle-Calédonie		
2010 (C)		
Total	4 178	51.8
0 - 19	37	4.0
20 - 24	425	51.4
25 - 29	761	98.5
30 - 34	892	116.3
35 - 39	775	91.4
40 - 44	362	45.4
45 - 49	136	19.2
50 - 54	56	9.7
55 - 59	15	♦3.1
60 - 64	10	..
Unknown - Inconnu	709	..
New Zealand - Nouvelle-Zélande		
2011 (+C)		
Total	61 403	46.5
0 - 19	2 014	13.0
20 - 24	7 572	47.5
25 - 29	12 137	87.2
30 - 34	15 785	126.6
35 - 39	12 589	95.9
40 - 44	5 741	40.5
45 - 49	1 769	12.1
50 - 54	520	3.8
55 - 59	154	1.3
60 - 64	52	..
65 +	15	..
Unknown - Inconnu	3 055	..
Palau - Palaos		
2003 (C)		
Total	312	...
0 - 19	6	...
20 - 24	50	...
25 - 29	56	...
30 - 34	76	...
35 - 39	59	...
40 - 44	29	...
45 - 49	17	...
50 - 54	9	...
Unknown - Inconnu	10	...

FOOTNOTES - NOTES

♦ Rates based on 30 or fewer births. - Taux basés sur 30 naissances ou moins.

* Provisional. - Données provisoires.

'Code' indicates the source of data, as follows:
C - Civil registration, estimated over 90% complete

U - Civil registration, estimated less than 90% complete

| - Other source, estimated reliable

+ - Data tabulated by date of registration rather than occurrence

... Information not available

Le 'Code' indique la source des données, comme suit :

C - Registres de l'état civil considérés complets à 90 p. 100 au moins

U - Registres de l'état civil qui ne sont pas considérés complets à 90 p. 100 au moins

| - Autre source, considérée fiable

+ - Données exploitées selon la date de l'enregistrement et non la date de l'événement

... Information non disponible

[1] Excludes the islands of St. Brandon and Agalega. - Non compris les îles St. Brandon et Agalega.

[2] Excluding live-born infants who died before their birth was registered. - Non compris les enfants nés vivants décédés avant l'enregistrement de leur naissance.

[3] Data refer to registered events only. - Les données ne concernent que les événements enregistrés.

[4] Including Canadian residents temporarily in the United States, but excluding United States residents temporarily in Canada. - Y compris les résidents canadiens se trouvant temporairement aux Etats-Unis, mais ne comprenant pas les résidents des Etats-Unis se trouvant temporairement au Canada.

[5] Data have not been adjusted for underenumeration. - Les données n'ont pas été ajustées pour compenser les lacunes du dénombrement.

[6] Data refer to births to resident mothers. - Ces données concernent les enfants nés de mères résidentes.

[7] Excluding infants born alive of less than 28 weeks' gestation, of less than 1 000 grams in weight and 35 centimeters in length, who die within seven days of birth. - Non compris les enfants nés vivants après moins de 28 semaines de gestations, pesant moins de 1 000 grammes, mesurant moins de 35 centimètres et décédés dans les sept jours qui ont suivi leur naissance.

[8] Data refer to government controlled areas. - Les données se rapportent aux zones contrôlées par le Gouvernement.

[9] Including data for East Jerusalem and Israeli residents in certain other territories under occupation by Israeli military forces since June 1967. - Y compris les données pour Jérusalem-Est et les résidents israéliens dans certains autres territoires occupés depuis 1967 par les forces armées israéliennes.

[10] Data refer to Japanese nationals in Japan only. Data refer to live births in wedlock only. - Les données se raportent aux nationaux japonais au Japon seulement. Les données ne concernent que les naissances vivantes de parents mariés.

[11] Data from Births and Deaths Notification System (Ministry of Health and all health care providers). - Les données proviennent du système de notification des naissances et des décès (Ministère de la santé et tous prestataires de soins de santé).

[12] Excluding alien armed forces, civilian aliens employed by armed forces, and foreign diplomatic personnel and their dependants. - Non compris les militaires étrangers, les civils étrangers employés par les forces armées ni le personnel diplomatique étranger et les membres de leur famille les accompagnant.

[13] Data refer to live births in wedlock only. - Les données ne concernent que les naissances vivantes de parents mariés.

[14] Including armed forces stationed outside the country, but excluding alien armed forces stationed in the area. - Y compris les militaires nationaux hors du pays, mais non compris les militaires étrangers en garnison sur le territoire.

[15] A live-born child is a child fully expelled or removed out of the mother's body, who gives a sign of life and whose birth weight is (a) 500 g or more, or (b) lower than 500 g, if it survives 24 hours after delivery. - Un enfant né vivant est un enfant qui a été entièrement expulsé ou retiré du corps de la mère, qui présente des signes de vie et dont le poids à la naissance est : a) soit égal ou supérieur à 500 grammes; b) soit inférieur à 500 grammes s'il survit plus de 24 heures après l'accouchement.

[16] Excluding Faeroe Islands and Greenland shown separately, if available. - Non compris les Iles Féroé et le Groenland, qui font l'objet de rubriques distinctes, si disponible.

[17] Excluding Åland Islands. Including resident births abroad. - Non compris les Îles d'Åland. Y compris les naissances de résidents à l'étranger.

[18] Including armed forces stationed outside the country. - Y compris les militaires nationaux hors du pays.

[19] Including residents outside the country if listed in a Netherlands population register. - Englobe les résidents se trouvant à l'étranger à condition qu'ils soient inscrits sur le registre de population des Pays-Bas.

[20] Excluding Svalbard and Jan Mayen Islands shown separately, if available. - Non compris Svalbard et Jan Mayen qui font l'objet de rubriques distinctes, si disponible.

[21] Excluding Transnistria and the municipality of Bender. - Les données ne tiennent pas compte de l'information sur la Transnistria et la municipalité de Bender.

[22] Excluding data for Kosovo and Metohia. - Sans les données pour le Kosovo et Metohie.

[23] Data refer to births with weight 500g and more (if weight is unknown - with length 25 centimeters and more, or with gestation during 22 weeks or more). - Données concernant les nouveau-nés de 500 grammes ou plus (si le poids est inconnu – de 25 centimètres de long ou plus, ou après une grossesse de 22 semaines ou plus).

[24] Excluding Channel Islands (Guernsey and Jersey) and Isle of Man, shown separately, if available. Data tabulated by date of occurrence for England and Wales, and by date of registration for Northern Ireland and Scotland. - Non compris les îles Anglo-Normandes (Guernesey et Jersey) et l'île de Man, qui font l'objet de rubriques distinctes, si disponible. Données exploitées selon la date de l'événement pour l'Angleterre et le pays de Galles, et selon la date de l'enregistrement pour l'Irlande du Nord et l'Ecosse.

[25] Data includes births born in wedlock for which age of father is unknown and births born out of wedlock not acknowledged by the father for which therefore age of father is unknown. - Les données se rapportent aux enfants légitimes pour lesquels l'âge du père n'est pas connu et aux naissances hors mariage non reconnues par le père et pour lesquelles l'âge du père n'est par conséquent pas connu.

[26] Including United States military personnel, their dependants and contract employees. - Y compris les militaires des Etats-Unis, les membres de leur famille les accompagnant et les agents contractuels des Etats-Unis.

Table 12

Table 12 presents late foetal deaths and late foetal-death ratios by urban/rural residence for as many years as possible between 2007 and 2011.

Description of variables: Late foetal deaths are foetal deaths[1] of 28 or more completed weeks of gestation. Foetal deaths of unknown gestational age are included with those 28 or more weeks.

Statistics on the number of late foetal deaths are obtained from civil registers unless otherwise noted.

The urban/rural classification of late foetal deaths is as provided by each country or area; it is presumed to be based on the national census definitions of urban population that have been set forth at the end of the technical notes for table 6.

Ratio computation: Late foetal-death ratios are the annual number of late foetal deaths per 1 000 live births (as shown in table 9) in the same year. The live-birth base was adopted because it is assumed to be more comparable from one country or area to another than the sum of live births and foetal deaths.

Ratios by urban/rural residence are the annual number of late foetal deaths, in the appropriate urban or rural category, per 1 000 corresponding live births (as shown in table 9). These ratios are calculated by the Statistics Division of the United Nations.

Ratios presented in this table are limited to those for countries or areas and urban/rural areas having at least a total of 30 late foetal deaths in a given year.

Reliability of data: Each country or area is asked to indicate the estimated completeness of the late foetal deaths recorded in its civil register. These national assessments are indicated by the quality codes "C", "U" and "..." that appear in the first column of this table.

"C" indicates that the data are estimated to be virtually complete, that is, representing at least 90 per cent of the late foetal deaths occurring each year, while "U" indicates that data are estimated to be incomplete, that is, representing less than 90 per cent of the late foetal deaths occurring each year. The code "..." indicates that no information was provided regarding completeness.

Data from civil registers which are reported as incomplete or of unknown completeness (coded "U" or "...") are considered unreliable. They appear in italics in this table. Ratios are not computed for data so coded.

For more information about the quality of vital statistics data in general, see section 4.2 of the Technical Notes.

Limitations: Statistics on late foetal deaths are subject to the same qualifications as have been set forth for vital statistics in general and foetal-death statistics in particular as discussed in section 4 of the Technical Notes.

The reliability of the data is a very important factor. Of all vital statistics, the registration of foetal deaths is probably the most incomplete.

Variation in the definition of foetal deaths, and in particular late foetal deaths, also limits international comparability. The criterion of 28 or more completed weeks of gestation to distinguish late foetal deaths is not universally used; some countries or areas use different durations of gestation or other criteria such as size of the foetus. In addition, the difficulty of accurately determining gestational age further reduces comparability. However, to promote comparability, late foetal deaths shown in this table are restricted to those of at least 28 or more completed weeks of gestation. Wherever this is not possible, a footnote is provided.

Late foetal-death ratios are subject to the limitations of the data on live births with which they have been calculated. These have been set forth in the technical notes for table 9.

It must be pointed out that when late foetal deaths and live births are both under registered, the resulting ratios may be of reasonable magnitude. For the countries or areas where live-birth registration is poorest, the late foetal-death ratios may be the largest, effectively masking the completeness of the base data. For this reason, possible variations in birth-registration completeness as well as the reported completeness of late foetal deaths must always be borne in mind in evaluating late foetal-death ratios.

In addition to the indirect effect of live-birth under-registration, late foetal-death ratios may be seriously affected by date-of-registration tabulation of live births. When the annual number of live births registered and reported fluctuates over a wide range due to changes in legislation or to special needs for proof of birth on the part of large segments of the population, then the late foetal-death ratios will also fluctuate, but inversely. Because of these effects, data for countries or areas known to tabulate live births by date of registration should be used with caution.

Finally, it may be noted that the counting of live-born infants as late foetal deaths, because they died before the registration of the birth or within the first 24 hours of life, has the effect of inflating the late foetal-death ratios unduly by decreasing the birth denominator and increasing the foetal-death numerator. This factor should not be overlooked in using data from this table.

The comparability of data by urban/rural residence is affected by the national definitions of urban and rural used in tabulating these data. It is assumed, in the absence of specific information to the contrary, that the definitions of urban and rural used in connection with the national population census were also used in the compilation of the vital statistics for each country or area. However, it cannot be excluded that, for a given country or area, different definitions of urban and rural are used for the vital statistics data and the population census data respectively. When known, the definitions of urban used in national population censuses are presented at the end of the technical notes for table 6. As discussed in detail in the technical notes for table 6, these definitions vary considerably from one country or area to another.

Urban/rural differentials in late foetal death ratios may also be affected by whether the late foetal deaths and live births have been tabulated in terms of place of occurrence or place of usual residence. This problem is discussed in more detail in section 4.1.4.1 of the Introduction.

Earlier data: Late foetal deaths and late foetal-death ratios have been shown in each issue of the Demographic Yearbook beginning with the 1951 issue. A special topic CD on natality published in 2001 presents the data for all available years from 1990 to 1998. For more information on specific topics, and years for which data are reported, readers should consult the Historical Index.

NOTES

[1] For definition, see section 4.1.1 of the Introduction.

Tableau 12

Le tableau 12 présente des données sur les morts fœtales tardives et les rapports de mortinatalité selon le lieu de résidence (zone urbaine ou rurale) pour le plus grand nombre d'années possible entre 2007 et 2011.

Description des variables : Par mort fœtale tardive, on entend le décès d'un fœtus[1] survenu après 28 semaines complètes de gestation au moins. Les morts fœtales pour lesquelles la durée de la période de gestation n'est pas connue sont comprises dans cette catégorie.

Sauf indication contraire, les statistiques du nombre de morts fœtales tardives sont établies sur la base des registres de l'état civil.

La classification des morts fœtales tardives selon le lieu de résidence (zone urbaine ou rurale) est celle qui a été communiquée par chaque pays ou zone ; on part du principe qu'elle repose sur les définitions de la population urbaine utilisées pour les recensements nationaux, telles qu'elles sont reproduites à la fin des notes techniques du tableau 6.

Calcul des rapports : les rapports de mortinatalité représentent le nombre annuel de morts fœtales tardives pour 1 000 naissances vivantes (telles qu'elles sont présentées au tableau 9) survenues pendant la même année. On a pris pour base de calcul les naissances vivantes parce que l'on pense qu'elle sont plus facilement comparables d'un pays ou d'une zone à l'autre que la somme des naissances vivantes et des morts fœtales.

Les rapports selon le lieu de résidence (zone urbaine ou rurale) représentent le nombre annuel de morts fœtales tardives, classées selon la catégorie urbaine ou rurale appropriée pour 1 000 naissances vivantes (telles qu'elles sont présentées au tableau 9) survenues parmi la population correspondante. Ces rapports ont été calculés par la Division de statistique de l'ONU.

Les rapports présentés dans le tableau 12 ne concernent que les pays ou zones où l'on a enregistré un total d'au moins 30 morts fœtales tardives pendant une année donnée.

Fiabilité des données : il a été demandé à chaque pays ou zone d'indiquer le degré estimatif de complétude des données sur les morts fœtales tardives figurant dans ses registres d'état civil. Ces évaluations nationales sont signalées par les codes de qualité "C", "U" et "..." qui apparaissent dans la deuxième colonne du tableau.

La lettre "C" indique que les données sont jugées à peu près complètes, c'est-à-dire qu'elles représentent au moins 90 p. 100 des morts fœtales tardives survenues chaque année ; la lettre "U" signifie que les données sont jugées incomplètes, c'est-à-dire qu'elles représentent moins de 90 p.100 des morts fœtales tardives survenues chaque année. Le code "..." indique qu'aucun renseignement n'a été communiqué quant à la complétude des données.

Les données provenant des registres de l'état civil qui sont déclarées incomplètes ou dont le degré de complétude n'est pas connu (code "U" ou "...") sont jugées douteuses. Elles apparaissent en italique dans le tableau ; les rapports, dans ces cas, n'ont pas été calculés.

Pour plus de précisions sur la qualité des données reposant sur les statistiques de l'état civil en général, voir la section 4.2 des Notes techniques.

Insuffisance des données : les statistiques des morts fœtales tardives appellent toutes les réserves qui ont été formulées à propos des statistiques de l'état civil en général et des statistiques concernant les morts fœtales en particulier (voir la section 4 des Notes techniques).

La fiabilité des données est un facteur très important. Les statistiques concernant les morts fœtales sont probablement les moins complètes de toutes les statistiques de l'état civil.

L'hétérogénéité des définitions de la mort fœtale et, en particulier, de la mort fœtale tardive nuit aussi à la comparabilité internationale des données. Le critère des 28 semaines complètes de gestation au moins n'est pas universellement utilisé ; certains pays ou zones retiennent des critères différents pour la durée de la période de gestation ou d'autres critères tels que la taille du fœtus. De surcroît, la comparabilité est rendue malaisée par le fait qu'il est difficile d'établir avec précision l'âge gestationnel. Pour faciliter les comparaisons, les morts fœtales tardives considérées ici sont exclusivement celles qui sont survenues au terme de 28 semaines de gestation au moins. Les exceptions sont signalées en note.

Les rapports de mortinatalité appellent en outre toutes les réserves qui ont été formulées à propos des statistiques des naissances vivantes qui ont servi à leur calcul (voir à ce sujet les notes techniques relatives au tableau 9).

En ce qui concerne le calcul des rapports, il convient de noter que, si l'enregistrement des morts fœtales tardives et celui des naissances vivantes sont loin d'être exhaustifs, les rapports de mortinatalité peuvent être raisonnables. C'est parfois pour les pays ou zones où l'enregistrement des naissances vivantes laisse le plus à désirer que les rapports de mortinatalité sont les plus élevés, ce qui masque le caractère incomplet des données de base. Aussi, pour porter un jugement sur la qualité des rapports de mortinatalité, il ne faut jamais oublier que la complétude de l'enregistrement des naissances comme celle de l'enregistrement des morts fœtales tardives peuvent varier sensiblement.

Hormis les effets indirects des lacunes de l'enregistrement des naissances vivantes, il arrive que les rapports de mortinatalité soient considérablement faussés lorsque l'exploitation des données relatives aux naissances se fait d'après la date de l'enregistrement. Si le nombre des naissances vivantes enregistrées vient à varier notablement d'une année à l'autre par suite de modifications de la législation ou parce que de très nombreuses personnes ont besoin de se procurer une attestation de naissance, les rapports de mortinatalité varient également, mais en sens inverse. Il convient donc d'utiliser avec prudence le données des pays ou zones où les statistiques sont établies d'après la date de l'enregistrement.

Enfin, on notera que l'inclusion parmi les morts fœtales tardives des décès d'enfants nés vivants qui sont décédés avant l'enregistrement de leur naissance ou dans les 24 heures qui ont suivi la naissance conduit à des rapports de mortinatalité exagérés parce que le dénominateur (nombre de naissances) se trouve alors diminué et le numérateur (morts fœtales) augmenté. Il importe de ne pas négliger ce facteur lorsque l'on utilise les données du tableau 12.

La comparabilité des données selon le lieu de résidence (zone urbaine ou rurale) peut être limitée par les définitions nationales des termes « urbain » et « rural » utilisées pour la mise en tableaux de ces données. En l'absence d'indications contraires, on a supposé que les mêmes définitions avaient servi pour le recensement national de la population et pour l'établissement des statistiques de l'état civil pour chaque pays ou zone. Toutefois, il n'est pas exclu que, pour une zone ou un pays donné, des définitions différentes aient été retenues. Les définitions du terme « urbain » utilisées pour les recensements nationaux de population ont été présentées à la fin des notes techniques du tableau 6 lorsqu'elles étaient connues. Comme on l'a précisé dans les notes techniques relatives au tableau 6, ces définitions varient considérablement d'un pays ou d'une zone à l'autre.

La différence entre les rapports de mortinatalité pour les zones urbaines et rurales pourra aussi être faussée selon que les morts fœtales tardives et les naissances vivantes auront été classées d'après le lieu de l'événement ou le lieu de résidence habituel. Ce problème est examiné plus en détail à la section 4.1.4.1 des Notes techniques.

Données publiées antérieurement : les éditions de l'*Annuaire démographique* parues à partir de 1951 contiennent des statistiques concernant les morts fœtales tardives et les rapports de mortinatalité. Un CD-ROM sur la natalité paru en 2001 présente les données pour toutes les années disponibles de 1990 à 1998. Pour plus de précisions concernant les années et les sujets pour lesquels des données ont été publiées, se reporter à l'index.

NOTE

[1] Pour la définition, voir la section 4.1.1 de l'Introduction.

12. Late foetal deaths and late foetal death ratios, by urban/rural residence: 2007 - 2011
Morts foetales tardives et rapports de mortinatalité, selon la résidence, urbaine/rurale : 2007 - 2011

Continent, country or area, and urban/rural residence / Continent, pays ou zone et résidence, urbaine/rurale	Co-de	Number - Nombre					Ratio - Rapport				
		2007	2008	2009	2010	2011	2007	2008	2009	2010	2011
AFRICA - AFRIQUE											
Egypt - Égypte											
Total	+U	3 312	3 846	3 490	...	...	...	...	...	...	...
Urban - Urbaine	+U	9 206	9 306	9 983	...	...	...	...	...	...	...
Rural - Rurale	+U	6*9	184	*56	...	...	...	...	...	...	...
Total	C	...	...	...	4 031	...	...	...	...	1.8	...
Urban - Urbaine	C	...	...	...	3 295	...	...	...	...	3.7	...
Rural - Rurale	C	...	...	...	736	...	...	...	...	0.5	...
Mauritius - Maurice[1]											
Total	+C	172	165	138	103	...	10.1	10.1	9.0	6.9	...
Urban - Urbaine	+C	59	65	51	43	...	9.1	10.3	8.7	7.5	...
Rural - Rurale	+C	113	100	87	60	...	10.7	9.9	9.2	6.5	...
Réunion											
Total	C	194	...	...	...	...	13.1	...	...	...	...
South Africa - Afrique du Sud											
Total	...	83 555	83 151	...	...	...	...	...	...	...	...
Tunisia - Tunisie											
Total	U	8 624	8 625	...	...	...	...	...	...	...	...
AMERICA, NORTH - AMÉRIQUE DU NORD											
Bahamas											
Total	C	119	...	...	...	...	20.3	...	...	...	...
Canada[2]											
Total	C	1 172	1 170	...	...	...	3.2	3.1	...	...	...
Costa Rica											
Total	C	345	400	409	*389	*471[3]	4.7	5.3	5.5	*5.5	*6.4
Urban - Urbaine	C	143	180	181	*169	...	5.0	6.2	6.4	*6.5	...
Rural - Rurale	C	202	220	228	*220	...	4.6	4.7	4.9	*4.9	...
Cuba[4]											
Total	C	1 395	1 513	1 460	*1 344	...	12.4	12.3	11.2	*10.5	...
El Salvador											
Total	C	369	412	...	...	...	3.5	3.7	...	...	...
Urban - Urbaine	C	349	...	...	...	...	5.1	...	...	...	...
Rural - Rurale	C	20	...	...	...	...	...	...	...	...	...
Greenland - Groenland											
Total	C	3	5	...	...	...	...	...	...	...	...
Martinique											
Total	C	98	...	...	...	...	18.4	...	...	...	...
Urban - Urbaine	C	87	...	...	...	...	18.0	...	...	...	...
Rural - Rurale	C	11	...	...	...	...	...	...	...	...	...
Mexico - Mexique[5]											
Total	+U	85 956	88 050	88 360	788 822	...	...	...	...	...	...
Urban - Urbaine[6]	+U	...	2 255	2 368	72 933	...	...	...	...	...	...
Rural - Rurale[6]	+U	...	5 088	5 294	75 *48	...	...	...	...	...	...
Panama											
Total	U	386	330	910	901	...	...	...	...	...	...
Puerto Rico - Porto Rico											
Total	C	483	460	...	...	...	10.3	10.1	...	...	...
Urban - Urbaine[6]	C	...	273	...	...	...	...	11.4	...	...	...
Rural - Rurale[6]	C	...	179	...	...	...	...	8.2	...	...	...
Saint Vincent and the Grenadines - Saint-Vincent-et-les Grenadines											
Total	+C	20	...	...	...	...	...	...	...	...	...
Turks and Caicos Islands - Îles Turques et Caïques											
Total	C	7	7	...	...	...	...	...	...	...	...
AMERICA, SOUTH - AMÉRIQUE DU SUD											
Argentina - Argentine											
Total	C	4 833	5 167	5 100	4 692	...	6.9	6.9	6.8	6.2	...

12. Late foetal deaths and late foetal death ratios, by urban/rural residence: 2007 - 2011
Morts foetales tardives et rapports de mortinatalité, selon la résidence, urbaine/rurale : 2007 - 2011 (continued - suite)

Continent, country or area, and urban/rural residence / Continent, pays ou zone et résidence, urbaine/rurale	Co-de	Number - Nombre					Ratio - Rapport				
		2007	2008	2009	2010	2011	2007	2008	2009	2010	2011
AMERICA, SOUTH - AMÉRIQUE DU SUD											
Brazil - Brésil[7]											
Total	U	59 132	59 212	59 624	...	...	...	...	...	...	...
Chile - Chili[8]											
Total	C	2 165	2 167	2 252[9]	...	...	9.0	8.8	8.9	...	...
Urban - Urbaine	C	2 072	1 951	2 050[9]	...	...	9.5	8.6	9.0	...	...
Rural - Rurale	C	93	216	202[9]	...	...	4.0	10.6	7.9	...	...
Colombia - Colombie[10]											
Total	...	85 1*6	85 311	88 89*	99 890[11]	93 663[11]	...	...	...	...	...
Urban - Urbaine[6]	...	0 1*6	0 11*	2 632	...	...	...	...	...	...	...
Rural - Rurale[6]	...	5 560	5 559	5 581	...	...	...	...	...	...	...
Ecuador - Équateur[12]											
Total	...	8 353	8 984	8 506	8 286[8]	...	...	...	...	...	...
French Guiana - Guyane française											
Total	C	83	...	...	...	...	13.0	...	...	...	...
Urban - Urbaine	C	69	...	...	...	...	13.8	...	...	...	...
Rural - Rurale	C	14	...	...	...	...	...	...	...	...	...
Paraguay											
Total	+U	191	1*0	...	...	...	...	...	...	...	...
Urban - Urbaine	+U	322	649	...	...	...	...	...	...	...	...
Rural - Rurale	+U	832	8*1	...	...	...	...	...	...	...	...
Venezuela (Bolivarian Republic of) - Venezuela (République bolivarienne du)											
Total	...	5 220	...	...	...	...	...	...	...	...	...
ASIA - ASIE											
Armenia - Arménie											
Total	C	563	601	802	...	...	14.0	14.6	18.1	...	...
Urban - Urbaine	C	342	370	473	...	...	13.4	14.1	16.7	...	...
Rural - Rurale	C	221	231	329	...	...	15.2	15.4	20.4	...	...
Azerbaijan - Azerbaïdjan											
Total	+C	536	677	672	728	...	3.5	4.5	4.4	4.4	
Bahrain - Bahreïn											
Total	...	63	8*	...	...	...	...	...	...	...	...
China, Hong Kong SAR - Chine, Hong Kong RAS											
Total	...	8*1	810	862	865	...	...	...	...	...	...
China, Macao SAR - Chine, Macao RAS											
Total	C	8	8	8	9	...	...	...	...	...	...
Georgia - Géorgie											
Total	C	632	660	484	653	...	12.8	11.7	7.6	10.4	...
Urban - Urbaine	C	459	495	350	345	...	13.4	12.6	8.0	10.1	...
Rural - Rurale	C	173	165	134	308	...	11.5	9.5	6.8	10.8	...
Israel - Israël[13]											
Total	C	565	544	535	...	...	3.7	3.5	3.3	...	...
Urban - Urbaine[6]	C	507	494	485	...	...	3.7	3.5	3.3	...	...
Rural - Rurale[6]	C	50	44	42	...	...	3.7	3.1	2.8	...	...
Japan - Japon[14]											
Total	C	2 254	2 209	2 222	2 187	...	2.1	2.0	2.1	2.0	...
Urban - Urbaine[6]	C	2 009	1 971	2 030	2 009	...	2.0	2.0	2.1	2.0	...
Rural - Rurale[6]	C	244	234	191	175	...	2.4	2.4	2.0	1.9	...
Kazakhstan											
Total	C	2 112	3 798	...	...	...	6.6	10.7	...	...	...
Urban - Urbaine	C	1 443	2 509	...	...	...	8.3	12.7	...	...	...
Rural - Rurale	C	669	1 289	...	...	...	4.5	8.1	...	...	...
Kuwait - Koweït											
Total	C	374	367	335	346	...	7.0	6.7	5.9	6.0	...
Kyrgyzstan - Kirghizstan											
Total	C	1 730	1 664	1 703	1 624	...	14.0	13.1	12.6	11.1	...
Urban - Urbaine	C	1 172	1 127	1 161	1 124	...	28.3	25.6	24.7	22.5	...
Rural - Rurale	C	558	537	542	500	...	6.8	6.4	6.1	5.2	...

12. Late foetal deaths and late foetal death ratios, by urban/rural residence: 2007 - 2011
Morts foetales tardives et rapports de mortinatalité, selon la résidence, urbaine/rurale : 2007 - 2011 (continued - suite)

Continent, country or area, and urban/rural residence / Continent, pays ou zone et résidence, urbaine/rurale	Co-de	Number - Nombre					Ratio - Rapport				
		2007	2008	2009	2010	2011	2007	2008	2009	2010	2011
ASIA - ASIE											
Malaysia - Malaisie											
Total	C	2 106	2 128	2 216	*2 175	...	4.5	4.4	4.5	*4.6	...
Urban - Urbaine	C	1 240	1 262	1 314	...	...	4.1	4.1	4.2	...	...
Rural - Rurale	C	866	866	902	...	...	5.1	4.8	5.0	...	...
Maldives[8]											
Total	...	62	30	63	...	...	...	...	...	...	...
Urban - Urbaine	...	82	51	59	...	...	...	...	...	...	...
Rural - Rurale	...	34	59	98	...	...	...	...	...	...	...
Total	C	...	...	...	48	...	...	...	...	6.7	...
Urban - Urbaine	C	...	...	...	23	...	...	...	...	...	...
Rural - Rurale	C	...	...	...	25	...	...	...	...	...	...
Myanmar											
Total	+U	...	84 *29	88 135	...	...	...	...	...	...	...
Urban - Urbaine	+U	8 *82	5 184	5 064	...	...	...	...	...	...	...
Rural - Rurale	+U	...	2 8*9	2 105	...	...	...	...	...	...	...
Oman[15]											
Total	U	33*	363	306	905	999	...	...	...	...	...
Philippines											
Total	...	3 802	3 8*2	3 824	...	...	...	...	...	...	...
Qatar											
Total	C	95	133	123	130	...	6.1	7.7	6.7	6.7	...
Republic of Korea - République de Corée[16]											
Total	C	1 173	1 055	983	944	...	2.4	2.3	2.2	2.0	...
Singapore - Singapour											
Total	+C	90	86	79	99	...	2.3	2.2	2.0	2.6	...
Tajikistan - Tadjikistan											
Total	U	8 30*	8 6*2	...	...	...	...	...	...	...	...
Urban - Urbaine	U	8 505	8 528	...	...	...	...	...	...	...	...
Rural - Rurale	U	546	50*	...	...	...	...	...	...	...	...
EUROPE											
Åland Islands - Îles d'Åland											
Total	C	-	-	-	-	...	...	...	...	...	...
Urban - Urbaine	C	-	-	-	-	...	...	...	...	...	...
Rural - Rurale	C	-	-	-	-	...	...	...	...	...	...
Andorra - Andorre											
Total	C	-	2	3	...	...	...	...	...	...	...
Austria - Autriche											
Total	C	190	175	188	192	...	2.5	2.3	2.5	2.4	...
Belarus - Bélarus											
Total	C	324	318	304	265	...	3.1	2.9	2.8	2.5	...
Urban - Urbaine	C	223	230	223	187	...	2.9	2.8	2.7	2.3	...
Rural - Rurale	C	101	88	81	78	...	3.8	3.4	3.1	3.0	...
Belgium - Belgique											
Total	C	534	574[17]	...	...	...	4.3	4.5	...	...	...
Urban - Urbaine	C	524	566	...	...	...	4.3	4.5	...	...	...
Rural - Rurale	C	10	8	...	...	...	...	...	...	...	...
Bosnia and Herzegovina - Bosnie-Herzégovine											
Total	C	174	171	...	...	...	5.1	5.0	...	...	...
Bulgaria - Bulgarie											
Total	C	566	571	616	592	...	7.5	7.3	7.6	7.8	...
Urban - Urbaine	C	378	383	424	409	...	6.7	6.6	7.0	7.2	...
Rural - Rurale	C	188	188	192	183	...	9.8	9.7	9.5	9.9	...
Croatia - Croatie[18]											
Total	C	160	176	177	185	...	3.8	4.0	4.0	4.3	...
Urban - Urbaine	C	89	108	98	95	...	3.8	4.4	3.9	3.9	...
Rural - Rurale	C	71	68	79	90	...	3.8	3.5	4.0	4.8	...
Czech Republic - République tchèque[19]											
Total	C	309	261	309	283	...	2.7	2.2	2.6	2.4	...
Urban - Urbaine	C	227	187	234	202	...	2.7	2.1	2.7	2.3	...
Rural - Rurale	C	82	74	75	81	...	2.7	2.4	2.4	2.6	...

Continent, country or area, and urban/rural residence — Continent, pays ou zone et résidence, urbaine/rurale	Co-de	Number - Nombre					Ratio - Rapport				
		2007	2008	2009	2010	2011	2007	2008	2009	2010	2011
EUROPE											
Denmark - Danemark[20]											
Total	C	331	314	272	269	...	5.2	4.8	4.3	4.2	...
Estonia - Estonie[8]											
Total	C	65	64	77	66	...	4.1	4.0	4.9	4.2	...
Urban - Urbaine	C	40	38	55	48	...	3.6	3.4	5.1	4.5	...
Rural - Rurale	C	25	26	22	18	...	...	...	...	...	...
Finland - Finlande[21]											
Total	C	148	122	129	128	...	2.5	2.0	2.1	2.1	...
Urban - Urbaine	C	105	83	87	...	...	2.5	2.0	2.0	...	...
Rural - Rurale	C	43	39	42	...	...	2.6	2.3	2.4	...	...
France[22]											
Total	C	7 246	8 356	9 377	8 206	...	9.2	10.5	11.8	10.2	...
Urban - Urbaine[23]	C	5 604	6 317	7 092	...	...	9.5	10.6	12.0	...	...
Rural - Rurale[23]	C	1 575	1 936	2 190	...	...	8.0	9.6	11.0	...	...
Germany - Allemagne											
Total	C	2 371	2 412	2 338	2 466	2 387	3.5	3.5	3.5	3.6	3.6
Greece - Grèce[8]											
Total	C	364	317	394	398		3.3	2.7	3.3	3.5	
Hungary - Hongrie[24]											
Total	C	485	431	519	387	...	5.0	4.3	5.4	4.3	...
Urban - Urbaine[25]	C	290	254	313	231	...	4.4	3.8	4.8	3.7	...
Rural - Rurale[25]	C	193	174	202	150	...	6.1	5.5	6.8	5.6	...
Iceland - Islande											
Total	C	7	11	12	9	...	...	...	...	...	...
Urban - Urbaine	C	7	11	11	8	...	...	...	...	...	...
Rural - Rurale	C	-	-	1	1	...	...	...	...	...	...
Ireland - Irlande[26]											
Total	C	197	294	...	...	...	2.8	4.0	...	...	...
Italy - Italie											
Total	C	*1 570	1 568	1 564	1 532	...	*2.8	2.7	2.7	2.7	...
Latvia - Lettonie[27]											
Total	C	121	150	130	109	...	5.2	6.3	6.0	5.7	...
Urban - Urbaine	C	83	100	85	65	...	5.1	6.0	5.7	4.9	...
Rural - Rurale	C	38	50	45	44	...	5.3	6.8	6.6	7.3	...
Lithuania - Lituanie[18]											
Total	C	161	164	151	147	...	5.0	4.7	4.1	4.1	...
Urban - Urbaine	C	93	109	90	97	...	4.3	4.6	3.6	3.9	...
Rural - Rurale	C	68	55	61	50	...	6.4	4.9	5.2	4.5	...
Luxembourg											
Total	C	20	21	31	18	...	...	...	5.5	...	...
Malta - Malte[18]											
Total	C	12	29	28	14	...	...	...	...	...	...
Montenegro - Monténégro[8]											
Total	C	22	34	43	...	...	...	4.1	5.0	...	...
Urban - Urbaine	C	...	24	37	...	...	...	...	5.6	...	...
Rural - Rurale	C	...	10	6	...	...	...	...	...	...	...
Netherlands - Pays-Bas[28]											
Total	C	608	774	648	...	...	3.4	4.2	3.5	...	...
Urban - Urbaine	C	435	...	453	...	...	3.5	...	3.5	...	...
Rural - Rurale	C	173	...	195	...	...	3.1	...	3.5	...	...
Norway - Norvège[29]											
Total	C	241	221	215	190	...	4.1	3.7	3.5	3.1	...
Poland - Pologne											
Total	C	1 346	1 422	1 157	1 226	...	3.5	3.4	2.8	3.0	...
Urban - Urbaine	C	753	767	634	682	...	3.3	3.2	2.6	2.8	...
Rural - Rurale	C	593	655	523	544	...	3.7	3.8	3.1	3.2	...
Portugal[5]											
Total	C	289	265	291	241		2.8	2.5	2.9	2.4	
Romania - Roumanie											
Total	C	1 009	993	969	856	...	4.7	4.5	4.4	4.0	...
Urban - Urbaine	C	498	468	474	420	...	4.3	3.9	3.9	3.6	...
Rural - Rurale	C	511	525	495	436	...	5.2	5.2	4.9	4.6	...
Russian Federation - Fédération de Russie											
Total	C	8 612	8 594	8 380	...	...	5.3	5.0	4.8	...	...
Urban - Urbaine	C	6 061	6 112	5 815	...	...	5.4	5.1	4.7	...	...
Rural - Rurale	C	2 551	2 482	2 565	...	...	5.2	4.8	4.9	...	...

Continent, country or area, and urban/rural residence Continent, pays ou zone et résidence, urbaine/rurale	Co-de	Number - Nombre					Ratio - Rapport				
		2007	2008	2009	2010	2011	2007	2008	2009	2010	2011
EUROPE											
Serbia - Serbie[30]											
Total	+C	369	345	366	388	...	5.4	5.0	5.2	5.7	...
Urban - Urbaine	+C	245	240	243	257	...	5.5	5.3	5.2	5.5	...
Rural - Rurale	+C	124	105	123	131	...	5.3	4.4	5.3	6.1	...
Slovakia - Slovaquie[31]											
Total	C	207	226	228	189	...	3.8	3.9	3.7	3.1	...
Urban - Urbaine	C	89	101	99	86	...	3.1	3.3	3.0	2.7	...
Rural - Rurale	C	118	125	129	103	...	4.6	4.7	4.5	3.6	...
Slovenia - Slovénie											
Total	C	69	69	64	60	...	3.5	3.2	2.9	2.7	...
Spain - Espagne											
Total	C	1 091	1 130	1 071	1 046	...	2.2	2.2	2.2	2.2	...
Sweden - Suède											
Total	C	326	396	451	426	...	3.0	3.6	4.0	3.7	...
Switzerland - Suisse[8]											
Total	C	297	341	345	346	...	4.0	4.4	4.4	4.3	...
Urban - Urbaine	C	217	270	255	266	...	3.9	4.7	4.4	4.4	...
Rural - Rurale	C	80	71	90	80	...	4.2	3.6	4.6	4.0	...
TFYR of Macedonia - L'ex-R. y. de Macédoine											
Total	C	234	222	226	211	...	10.3	9.7	9.5	8.7	...
Urban - Urbaine	C	106[32]	117	125	101	...	8.3	8.9	9.2	7.3	...
Rural - Rurale	C	109[32]	105	101	110	...	11.0	10.8	10.0	10.6	...
Ukraine											
Total	C	3 070	3 416	3 351	3 300	...	6.5	6.7	6.5	6.6	...
Urban - Urbaine	C	2 088	2 304	2 247	2 075	...	6.6	6.8	6.6	6.4	...
Rural - Rurale	C	982	1 112	1 104	1 225	...	6.2	6.5	6.4	7.2	...
United Kingdom of Great Britain and Northern Ireland - Royaume-Uni de Grande-Bretagne et d'Irlande du Nord[33]											
Total	C	4 027	4 057	4 124[3]	...	...	5.2	5.1	5.2	...	...
OCEANIA - OCÉANIE											
Australia - Australie[10]											
Total	+C	1 205	1 323	...	...	...	4.2	4.5	...	...	...
Guam[8]											
Total	C	46	...	42	49		13.2	...	12.3	14.3	
New Zealand - Nouvelle-Zélande[5]											
Total	+C	226	234	175	185	184	3.5	3.6	2.8	2.9	3.0
Urban - Urbaine	+C	205	210	159	165	160	3.7	3.7	2.9	3.0	3.0
Rural - Rurale	+C	20	24	16	19	24	...	...	...	...	...

FOOTNOTES - NOTES

Italics: data from civil registers which are incomplete or of unknown completeness. - Italiques : données incomplètes ou dont le degré d'exactitude n'est pas connu, provenant des registres de l'état civil.

* Provisional. - Données provisoires.

[1] Excludes the islands of St. Brandon and Agalega. - Non compris les îles St. Brandon et Agalega.

[2] Including Canadian residents temporarily in the United States, but excluding United States residents temporarily in Canada. - Y compris les résidents canadiens se trouvant temporairement aux Etats-Unis, mais ne comprenant pas les résidents des Etats-Unis se trouvant temporairement au Canada.

[3] Including unknown sex. - Y compris le sexe inconnu.

[4] Late foetal death is indicated by the fact that the foetus is at least 500 grams or more in weight. - Les décès foetaux tardifs sont caractérisés par le fait que le foetus pèse au moins 500 grammes.

[5] Data refer to resident population only. - Pour la population résidante seulement.

[6] The total number includes 'Unknown residence', but the categories urban and rural do not. - Le nombre total englobe les personnes dont la résidence n'est pas connue, à l'inverse des catégories de population urbaine et rurale.

[7] Excluding Indian jungle population. - Non compris les Indiens de la jungle.

[8] Data refer to total foetal deaths. - Y compris toutes les morts foetales.

[9] Total includes unknown sex. - Le total comprend les personnes dont le sexe n'est pas connu.

[10] Data include foetal deaths of unknown gestational weeks. - Les données comprennnent les morts foetales où le nombre de semaines de gestation n'est pas connu.

[11] Total includes unknown sex. Data refer to total foetal deaths. - Le total comprend les personnes dont le sexe n'est pas connu. Y compris toutes les morts foetales.

[12] Excluding nomadic Indian tribes. - Non compris les tribus d'Indiens nomades.

[13] Including data for East Jerusalem and Israeli residents in certain other territories under occupation by Israeli military forces since June 1967. - Y

compris les données pour Jérusalem-Est et les résidents israéliens dans certains autres territoires occupés depuis 1967 par les forces armées israéliennes.

[14] Data refer to Japanese nationals in Japan only. Data exclude unknown duration of pregnancy. - Les données se raportent aux nationaux japonais au Japon seulement. Exception faite des grossesses dont la durée n'est pas connue.

[15] Data from Births and Deaths Notification System (Ministry of Health and all health care providers). - Les données proviennent du système de notification des naissances et des décès (Ministère de la santé et tous prestataires de soins de santé).

[16] Excluding alien armed forces, civilian aliens employed by armed forces, and foreign diplomatic personnel and their dependants. - Non compris les militaires étrangers, les civils étrangers employés par les forces armées ni le personnel diplomatique étranger et les membres de leur famille les accompagnant.

[17] Total includes 2 unknown sex from urban. - Le total comprend deux personnes dont le sexe n'était pas indiqué pour la population urbaine.

[18] Late foetal death is defined as an infant born without any signs of life, weighing at least 500 grams, after duration of pregnancy of at least 22 weeks. - On dit qu'il y a mort intra-utérine tardive lorsqu'un enfant pesant au minimum 500 grammes naît sans donner aucun signe de vie au terme d'une grossesse qui a duré au moins 22 semaines.

[19] Late foetal death is defined as an infant born without any signs of life, weighing at least 1000 grams. - La mortalité fœtale en fin de période de gestation s'entend de nourrissons mort-nés et pesant au moins 1 kilo.

[20] Excluding Faeroe Islands and Greenland shown separately, if available. - Non compris les Iles Féroé et le Groenland, qui font l'objet de rubriques distinctes, si disponible.

[21] Including nationals temporarily outside the country. - Y compris les nationaux se trouvant temporairement hors du pays.

[22] Foetal deaths after at least 180 days (6 calendar months or 26 weeks) of gestation. - Morts foetales survenues après 180 jours (6 mois civils ou 26 semaines) au moins de gestation.

[23] The data for urban and rural exclude the nationals outside the country. - Les données relatives à la population urbaine et rurale n'englobent pas les nationaux se trouvant à l'étranger.

[24] Late foetal death is indicated by the fact that the foetus is at least 24 (it has been 28 weeks until 1996) completed weeks of gestation and does not show any sign of life after the separation from its mother; the foetus has to be 30 cm or more in length or 500 grams or more in weight if its gestational age cannot be determined. - Pour qu'il y ait mort foetale tardive, il faut que le décès d'un foetus survienne après 24 semaines complètes de gestation au moins (28 semaines jusqu'en 1996), que le foetus n'ait pas donné signe de vie après avoir été séparé de la mère, qu'il mesure 30 centimètres au moins ou pèse 500 grammes si la durée de la période de gestation n'est pas connue.

[25] Total includes the data of foreigners, persons of unknown residence and homeless, but the categories urban and rural do not. - Le total englobe les données relatives aux étrangers, aux personnes dont la résidence n'est pas connue et aux personnes sans domicile fixe, à l'inverse des chiffres portant sur la population urbaine et rurale.

[26] Data refer to events registered within one year of occurrence. - Les données portent sur des événements enregistrés dans l'année pendant laquelle ils sont survenus.

[27] Data refer to the death of a foetus at least 22 completed weeks of gestation. - Les données concernent le décès d'un fœtus après 22 semaines de gestation au moins.

[28] Including residents outside the country if listed in a Netherlands population register. - Englobe les résidents se trouvant à l'étranger à condition qu'ils soient inscrits sur le registre de population des Pays-Bas.

[29] Excluding Svalbard and Jan Mayen Islands shown separately, if available. - Non compris Svalbard et Jan Mayen qui font l'objet de rubriques distinctes, si disponible.

[30] Excluding data for Kosovo and Metohia. Data refer to total foetal deaths. - Sans les données pour le Kosovo et Metohie. Y compris toutes les morts foetales.

[31] Including foetal deaths of at least 1 000 grams in weight or 28 weeks of gestation. - Y compris les morts de fœtus pesant au moins 1 000 grammes ou après 28 semaines de gestation.

[32] Unrevised data. - Les données n'ont pas été révisées.

[33] Excluding Channel Islands (Guernsey and Jersey) and Isle of Man, shown separately, if available. - Non compris les îles Anglo-Normandes (Guernesey et Jersey) et l'île de Man, qui font l'objet de rubriques distinctes, si disponible.

Table 13

Table 13 presents legally induced abortions for as many years as available between 2002 and 2011.

Description of variables: There are two major categories of abortion: spontaneous and induced. Induced abortions are those initiated by deliberate action undertaken with the intention of terminating pregnancy; all other abortions are considered spontaneous.

The induction of abortion is subject to governmental regulation in most, if not all, countries or areas. This regulation varies from complete prohibition in some countries or areas to abortion on request, with services provided by governmental health authorities, in others. More generally, governments have attempted to define the conditions under which a pregnancy may lawfully be terminated and have established procedures for authorizing abortion in individual cases.

Information on abortion policies is collected by the United Nations Population Division and published in the World Population Policies[1]. An overview of abortion policies is also published as a wall chart[2].

Reliability of data: Unlike data on live births and foetal deaths, which are generally collected through systems of vital registration, data on abortion are collected from a variety of sources. Because of this, the quality specification on the completeness of civil registers, which is presented for other tables, does not appear here.

Limitations: With regard to the collection of information on abortions, a variety of sources are used, but hospital records are the most common source of information. This implies that most cases that have no contact with hospitals are missed. Data from other sources are probably also incomplete. The data in the present table are limited to legally induced abortions, which, by their nature, might be assumed to be more complete than data on all induced abortions.

Earlier data: Legally induced abortions have been shown previously in all issues of the *Demographic Yearbook* since the 1971 issue. For more information on specific topics and years for which data are reported, readers should consult the Historical Index.

NOTES

[1] World Population Policies 2009 (United Nations Publication, Sales No. E.09.XIII.14), New York 2010. See also: http://www.un.org/esa/population/publications/wpp2009/Publication_index.htm

[2] World Abortion Policies 2011 (United Nations Publication, Sales No. E.11.XIII.4), New York, 2011. See also: http://www.un.org/esa/population/publications/2011abortion/2011wallchart.pdf

Tableau 13

Le tableau 13 présente des données disponible, relatives aux avortements provoqués légalement, entre 2002 et 2011.

Description des variables : l'avortement peut être spontané ou provoqué. L'avortement provoqué est celui qui résulte de manœuvres délibérées, entreprises afin d'interrompre la grossesse ; tous les autres avortements sont considérés comme spontanés.

L'interruption délibérée de la grossesse fait l'objet d'une réglementation officielle dans la plupart des pays ou zones, sinon dans tous. Cette réglementation va de l'interdiction totale à l'autorisation de l'avortement sur demande, pratiqué par des services de santé publique. Le plus souvent, les gouvernements se sont efforcés de définir les circonstances dans lesquelles la grossesse peut être interrompue licitement et de fixer une procédure d'autorisation.

La Division de la population des Nations Unies collecte des informations sur les politiques en matière d'avortement et les publient dans "World Population Policies"[1]. Une vue d'ensemble sur les politiques en matière d'avortement est également publiée sous forme de poster[2].

Fiabilité des données : à la différence des données sur les naissances vivantes et les morts fœtales, qui proviennent généralement des registres d'état civil, les données sur l'avortement sont tirées de sources diverses. Aussi ne trouve-t-on pas ici une évaluation de la qualité des données semblable à celle qui indique, pour les autres tableaux, le degré d'exhaustivité des données de l'état civil.

Insuffisance des données : en ce qui concerne les renseignements sur l'avortement, un grand nombre de sources sont utilisées, les relevés hospitaliers restant cependant la source la plus commune. Il s'ensuit que la plupart des cas qui ne passent pas par les hôpitaux sont ignorés. Il faut aussi tenir compte du fait que les données provenant d'autres sources sont probablement incomplètes. Les données du tableau 13 se limitent aux avortements provoqués pour raisons légales dont on peut supposer, en raison de leur nature même, que les statistiques sont plus complètes que les données concernant l'ensemble des avortements provoqués.

Données publiées antérieurement : des statistiques concernant les avortements provoqués pour raisons légales sont publiées dans *l'Annuaire démographique* depuis 1971. Pour plus de précisions concernant les années et les sujets pour lesquels des données ont été publiées, se reporter à l'index historique.

NOTES

[1] World Population Policies 2009 (publication des Nations Unies, Numéro de vente E.09.XIII.14), New York 2010. Voir aussi : http://www.un.org/esa/population/publications/wpp2009/Publication_index.htm

[2] World Abortion Policies 2011 (publication des Nations Unies, Numéro de vente E.11.XIII.4), New York, 2011. Voir aussi : http://www.un.org/esa/population/publications/2011abortion/2011wallchart.pdf

13. Legally induced abortions: 2002 - 2011
Avortements provoqués légalement : 2002 - 2011

Continent and country or area Continent et pays ou zone	Number - Nombre									
	2002	2003	2004	2005	2006	2007	2008	2009	2010	2011
AFRICA - AFRIQUE										
Réunion	4 385	4 129	4 155	4 421	4 523	...	...	...	...	...
Seychelles	460	440	435	413	443	446	453	471	556	...
AMERICA, NORTH - AMÉRIQUE DU NORD										
Anguilla	27	24	26	21	...	...	...	...	...	...
Canada[1]	105 154	103 768	100 039	96 815	91 310[2]	...	...	...	...	...
Costa Rica[3]	8 288	8 446	8 801	8 411	8 367	8 504	8 733	7 848[4]	7 697[4]	...
Cuba	70 823	65 628	67 277	62 530	67 903	66 008	74 905	84 724	71 398	...
Dominican Republic - République dominicaine	28 091	24 899	26 438	29 167	...	...	...	...	...	...
Greenland - Groenland	822	869	905	899	904	887	899	799	858	...
Martinique	2 614	2 394	2 426	2 304	2 392	...	...	...	...	...
Mexico - Mexique[5]	589	675	748	729	793	833	764	867	˙986	...
Puerto Rico - Porto Rico[6]	8 516	7 781	9 215	6 904	5 538[7]	...	...	...	...	...
Turks and Caicos Islands - Îles Turques et Caïques[8]	39	32	43	32	...	...	...	...	...	...
United States of America - États-Unis d'Amérique[9]	854 122	848 163	839 226	820 151	852 385	827 609	825 564			
AMERICA, SOUTH - AMÉRIQUE DU SUD										
Chile - Chili	1 197	1 404	1 510	1 841	...	...	...	...	...	...
French Guiana - Guyane française	1 699	1 783	1 639	1 612	1 661	...	...	...	...	...
ASIA - ASIE										
Armenia - Arménie	9 372	10 290	10 487	10 925	11 132	11 501	12 469	13 797	...	...
Azerbaijan - Azerbaïdjan	16 606	16 903	19 798	19 577	20 864	22 323	25 247	24 554	26 799	...
Bahrain - Bahreïn	1 749	...	...	...	...	...	...	...	...	...
China, Hong Kong SAR - Chine, Hong Kong RAS	18 651	17 420	15 882	14 192	13 510	13 515	13 199	12 028	...	...
Georgia - Géorgie	13 908	13 834	17 210	19 681	21 204	20 644	22 062	...	...	...
Israel - Israël[10]	19 126	19 671	19 712	19 090	19 452	19 470	19 638	19 849	...	...
Japan - Japon	329 326	319 831	301 673	289 127	276 352	256 672	242 326	226 878	212 694[11]	...
Kyrgyzstan - Kirghizstan[12]	18 995	19 225	19 984	20 035	19 762	21 884	20 800	22 088	21 675	...
Mongolia - Mongolie	9 977	10 472	8 919	9 064	12 594	15 817	10 688	12 602	12 492	...
Qatar	121	131	172	169	...	...	...	...	...	...
Singapore - Singapour	12 749	12 272	12 070	11 482	12 032	11 933	12 222	12 318	12 082	11 940
Tajikistan - Tadjikistan	20 007	18 822	20 495	19 418	17 489	18 986	18 481	...	...	...
EUROPE										
Åland Islands - Îles d'Åland	61	70	59	68	53	73	67	68	70	...
Albania - Albanie	17 500	12 087	10 517	9 403	9 552	9 030	8 335	...	...	...
Belarus - Bélarus	89 895	80 174	71 700	64 655	58 516	46 285	42 197	35 967	33 262	...
Belgium - Belgique	14 791	15 595	16 024	16 696	17 640	18 033	18 595	18 870	...	...
Bulgaria - Bulgarie	50 824	48 035	47 223	41 795	37 272	37 594	36 593	33 733	31 548	...
Croatia - Croatie	6 191	5 923	5 232	4 563	4 733	4 573	4 497	4 450	3 774	...
Czech Republic - République tchèque	31 142	29 298	27 574	26 453	25 352	25 414	25 760	24 636	23 998	...
Denmark - Danemark[13]	14 991	15 622	15 231	15 295	15 227	15 690	16 394	16 205	...	...
Estonia - Estonie[1]	10 834	10 619	10 074	9 610	9 378	8 883	8 409	7 542	7 068	...
Faeroe Islands - Îles Féroé	49	37	44	29	41	46	...	...	...	...
Finland - Finlande	10 974	10 767	11 162	10 969	10 645	10 533	10 423	10 359[14]	...	...
France	205 898	202 591	209 907	205 392	214 360	212 285	208 242	208 290	...	...
Germany - Allemagne	130 387	128 030	129 650	124 023	119 710	116 871	114 484	...	110 431	...
Greece - Grèce	16 173	15 782	16 135	16 495	...	...	...	...	...	...
Hungary - Hongrie	56 075	53 789	52 539	48 689	46 324	43 870	44 089	43 181	40 449	...
Iceland - Islande	926	951	889	868	904	905	957	971	...	...
Italy - Italie	131 039[15]	124 118[15]	137 140[16]	129 272[17]	125 782[18]	125 116[19]	118 891[20]	114 793[21]	...	...

13. Legally induced abortions: 2002 - 2011
Avortements provoqués légalement : 2002 - 2011 (continued - suite)

Continent and country or area	Number - Nombre									
Continent et pays ou zone	2002	2003	2004	2005	2006	2007	2008	2009	2010	2011

EUROPE

	2002	2003	2004	2005	2006	2007	2008	2009	2010	2011
Latvia - Lettonie	14 685	14 508	13 723	12 785	11 825	11 814	10 425	8 881	7 443	...
Lithuania - Lituanie	12 495	11 513	10 644	9 972	9 536	9 596	9 031	8 024	6 989	...
Montenegro - Monténégro	...	...	...	1 952	...	...	...	...	...	...
Norway - Norvège[22]	13 557	13 888	14 071	13 989	14 417	15 165	16 054	15 774	15 735	...
Poland - Pologne[23]	159	174	199	225	339	328	506	538	644	...
Portugal	828	563	710	798	1 215	4 325[24]	13 541[24]	17 932[24]	...	...
Republic of Moldova - République de Moldova	15 739	17 551	17 965	16 642	15 742	15 843	15 900	14 634	14 785	
Romania - Roumanie	247 608	224 803	191 038	163 359	150 246	137 226	127 907	116 060	101 915	...
Russian Federation - Fédération de Russie	1 944 481	1 864 647	1 797 567	1 732 289	1 582 398	1 479 010	1 385 600	1 292 389	...	...
Serbia - Serbie[25]	30 794	29 856	29 650	26 645	25 665	24 273	22 867	...	...	...
Slovakia - Slovaquie	17 382	16 222	15 307	14 427	14 243	13 424	13 394	13 240	12 582	...
Slovenia - Slovénie	7 327	6 873	6 403	5 851	5 632	5 176	4 946	4 653	...	...
Spain - Espagne	77 125	79 788	84 985	91 664	101 592	112 138	115 812	111 482	113 031	...
Sweden - Suède	33 365	34 473	34 454	34 978	36 045	37 205	38 049	37 524	37 693	...
Switzerland - Suisse	11 844	10 820	10 959	10 818	10 594	10 035[26]	10 310[26]	10 187[26]	10 641[26]	...
Ukraine	345 967	315 835	289 065	263 590	229 618[27]	225 336[27]	217 413[27]	194 845[27]	176 774[27]	...
United Kingdom of Great Britain and Northern Ireland - Royaume-Uni de Grande-Bretagne et d'Irlande du Nord[28]	187 802	193 890	198 175	199 081	206 900	212 237	209 113	202 105	...	...

OCEANIA - OCÉANIE

	2002	2003	2004	2005	2006	2007	2008	2009	2010	2011
New Zealand - Nouvelle-Zélande	17 380	18 511	18 211	17 531	17 934	18 382	17 940	17 550	16 630	...

FOOTNOTES - NOTES

* Provisional. - Données provisoires.

[1] Data refer to resident population only. - Pour la population résidante seulement.

[2] Significant undercoverage of medically induced abortions in clinics in 2006 due to non response in some provinces. - Sous-dénombrement notable des interruptions volontaires de grossesse pratiquées dans les centres médicaux en 2006 faute de réponse dans certaines provinces.

[3] Number of abortions the woman had before the birth of the registered child. - Nombre d'avortements de la femme avant la naissance de l'enfant enregistré.

[4] Excluding abortions performed in private hospitals. - Non comprises les interruptions volontaires de grossesse effectuées dans des hôpitaux privés.

[5] Data refer to 'Therapeutic Abortions'. According to the Mexican law, only the induced abortions, prescribed by medical reasons and induced because of pregnancy coming from sexual agression, are considered as legal. Data refer to abortions prescribed by a physician. Refers to residence of the mother. To calculate the total number of abortions, foetal deaths of less than 20 weeks of gestation were considered. - Les données se rapportent aux « interruptions volontaires de grossesse pour des motifs thérapeutiques ». D'après la loi mexicaine, seuls sont considérés légaux les avortements déclenchés pour des raisons médicales ou parce que la grossesse est le résultat d'une agression sexuelle. Les données se réfèrent aux avortements prescrits par un médecin. Correspond à la résidence de la mère. Les morts fœtales survenues à moins de 20 semaines de gestation ont été prises en compte aux fins du calcul du nombre total d'avortements.

[6] Data refer to the fiscal year from 1 July to 30 June. - Les données se réfèrent à l'année budgétaire de 1 juillet à 30 juin.

[7] Excluding abortions performed in a clinic which closed operations without reporting the data. - Non comprises les avortements effectuées dans une clinique qui a fermé sans envoyer les données.

[8] Data refer to abortions performed in hospitals at Grand Turk and Providenciales. - Pour des avortements exécutés dans les hôpitaux dans Grand Turk et Providenciales.

[9] Includes areas that reported abortion counts every year during the period of analysis. Excludes states that did not report abortion numbers to CDC: Alaska(1998-2002), California (1997-2008), Luisiana (2005), Maryland (2006-2008), New Hampshire (1998-2008), Oklahoma (1998-1999), and West Virginia (2003-2004). - Sont couvertes les régions qui ont indiqué le nombre annuel d'avortements pour la période analysée. Ne sont pas couverts les États qui n'ont pas fourni de chiffres : l'Alaska (1998-2002), la Californie (1997-2008), la Louisiane (2005), le Maryland (2006-2008), le New Hampshire (1998-2008), l'Oklahoma (1998-1999) et la Virginie occidentale (2003-2004).

[10] Including data for East Jerusalem and Israeli residents in certain other territories under occupation by Israeli military forces since June 1967. Data refer to applications to commissions for termination of pregnancy and not to authorizations. - Y compris les données pour Jérusalem-Est et les résidents israéliens dans certains autres territoires occupés depuis 1967 par les forces armées israéliennes. Les données relatives aux avortements provoqués légalement se rapportent aux demandes d'autorisation et non aux autorisations elles-mêmes.

[11] Excluding data of cities and towns in the jurisdiction of Sousou Public Health and Welfare Office of Fukushima Prefecture due to the impact of the Great East Japan Earthquake. - Ne sont pas incluses les données relatives aux agglomérations relevant du bureau de la santé publique et des services sociaux de Sousou dans la préfecture de Fukushima, en raison des conséquences du grand séisme dans l'est du Japon.

[12] Based on administrative reporting of the Ministry of Health. - Les données reposent sur les rapports administratifs du Ministère de la santé.

[13] Excluding Faeroe Islands and Greenland shown separately, if available. - Non compris les Iles Féroé et le Groenland, qui font l'objet de rubriques distinctes, si disponible.

[14] Excluding Åland Islands. - Non compris les Îles d'Åland.

[15] Data are incomplete for Campania region. - Les données sont incomplètes pour la région de la Campanie.

[16] Data are incomplete for Sicilia region. - Les données sont incomplètes pour la région de la Sicile.

[17] Data are incomplete for Friuli-Venezia Giulia, Campania, Molise and Sicilia regions. - Les données sont incomplètes pour le Frioul-Vénétie julienne, la Campanie, la Molise et la Sicile.

[18] Data are incomplete for Friuli-Venezia Giulia, Campania and Sicilia regions. - Les données sont incomplètes pour les régions Frioul-Vénétie julienne, la Campanie et la Sicile.

[19] Data are incomplete for Campania and Sicilia regions. - Les données sont incomplètes pour les régions de la Campanie et de la Sicile.

[20] Data are incomplete for Campania, Calabria, Sicilia and Sardegna regions. - Les données sont incomplètes pour les régions de Campanie, de Calabrie, de Sicile et de Sardaigne.

[21] Data are incomplete for Abruzzo, Campania, Basilicata, Sicilia and Sardegna regions. - Données incomplètes pour les régions des Abruzzes, de Campanie, de Basilicate, de Sicile et de Sardaigne.

[22] Excluding Svalbard and Jan Mayen Islands shown separately, if available. - Non compris Svalbard et Jan Mayen qui font l'objet de rubriques distinctes, si disponible.

[23] Based on hospital and polyclinic records. - D'après les registres des hôpitaux et des polycliniques.

[24] From July 2007, includes legally induced abortions up to the first 10 weeks of pregnancy due to the change in abortion related laws and regulations of the country. - Depuis juillet 2007, comprend les interruptions volontaires de grossesse pratiquées jusqu'à la dixième semaine de grossesse, par suite des modifications apportées aux lois régissant les avortements dans le pays.

[25] Excluding data for Kosovo and Metohia. Data refer to institutions included in the Health Institutions Network Plan in the Republic of Serbia. - Sans les données pour le Kosovo et Metohie. Les données se rapportent aux institutions membres du "Health Institutions Network Plan" de la République de Serbie.

[26] Data refer to termination of pregnancy for women who are Switzerland residents. - Les données portent sur les interruptions de grossesse pratiquées sur des femmes qui résident en Suisse.

[27] Data refer to the recorded events in Ministry of Health institutions only. - Données ne concernant que les faits enregistrés dans les institutions du Ministère de la santé.

[28] Excluding Northern Ireland. Data refer to resident population only. Excluding Channel Islands (Guernsey and Jersey) and Isle of Man, shown separately, if available. - Non compris l'Irlande du Nord. Pour la population résidante seulement. Non compris les îles Anglo-Normandes (Guernesey et Jersey) et l'île de Man, qui font l'objet de rubriques distinctes, si disponible.

Table 14

Table 14 presents legally induced abortions by age and number of previous live births of women for the latest available year between 2002 and 2011.

Description of variables: Age is defined as age at last birthday, that is, the difference between the date of birth and the date of the occurrence of the event, expressed in complete solar years. The age classification used in this table is the following: under 15 years, 5-year age groups through 45-49 years and 50 years and over.

Except where otherwise indicated, eight categories are used in classifying the number of previous live births: 0 through 5, 6 or more live births, and, if required, number of live births unknown.

Information on abortion policies is collected by the United Nations Population Division and published in the World Population Policies[1]. An overview of abortion policies is also published as a wall chart[2].

Reliability of data: Unlike data on live births and foetal deaths, which are generally collected through systems of vital registration, data on abortion are collected from a variety of sources. Because of this, the quality specification on the completeness of civil registers, which is presented for other tables, does not appear here.

Limitations: With regard to the collection of information on abortions, a variety of sources are used, but hospital records are the most common source of information. This implies that most cases that have no contact with hospitals are missed. Data from other sources are probably also incomplete. The data in the present table are limited to legally induced abortions, which, by their nature, might be assumed to be more complete than data on all induced abortions.

In addition, deficiencies in the reporting of age and number of previous live births of the woman, differences in the method used for obtaining the age of the woman, and the proportion of abortions for which age or previous live births of the woman are unknown must all be taken into account in using these data.

Earlier data: Legally induced abortions by age and previous live births of women have been shown previously in most issues of the *Demographic Yearbook* since the 1971 issue. For more information on specific topics and years for which data are reported, readers should consult the Historical Index.

NOTES

[1] World Population Policies 2009 (United Nations Publication, Sales No. E.09.XIII.14), New York 2010. See also: http://www.un.org/esa/population/publications/wpp2009/Publication_index.htm

[2] World Abortion Policies 2011 (United Nations Publication, Sales No. E. 11.XIII.4), New York, 2011. See also: http://www.un.org/esa/population/publications/2011abortion/2011wallchart.pdf

Tableau 14

Le tableau 14 présente les données les plus récentes disponible entre 2002 et 2011 sur les avortements provoqués pour des raisons légales, selon l'âge de la mère et le nombre de naissances vivantes précédentes.

Description des variables : L'âge considéré est l'âge au dernier anniversaire, c'est-à-dire la différence entre la date de naissance et la date de l'avortement, exprimée en années solaires révolues. La classification par âge utilisée dans le tableau 14 est la suivante : moins de 15 ans, groupes quinquennaux jusqu'à 45-49 ans, 50 ans et plus, et âge inconnu.

Sauf indication contraire, les naissances vivantes antérieures sont classées dans les huit catégories suivantes: 0 à 5 naissances vivantes, 6 naissances vivantes ou plus et, le cas échéant, nombre de naissances vivantes inconnu.

La Division de la population des Nations Unies collecte des informations sur les politiques en matière d'avortement et les publient dans "World Population Policies"[1]. Une vue d'ensemble sur les politiques en matière d'avortement est également publiée sous forme de poster[2].

Fiabilité des données : à la différence des données sur les naissances vivantes et les morts fœtales, qui proviennent généralement des registres d'état civil, les données sur l'avortement sont tirées de sources diverses. Aussi ne trouve-t-on pas ici une évaluation de la qualité des données semblable à celle qui indique, pour les autres tableaux, le degré d'exhaustivité des données de l'état civil.

Insuffisance des données : en ce qui concerne les renseignements sur l'avortement, un grand nombre de sources sont utilisées, les relevés hospitaliers restant cependant la source la plus commune. Il s'ensuit que la plupart des cas qui ne passent pas par les hôpitaux sont ignorés. Il faut aussi tenir compte du fait que les données provenant d'autres sources sont probablement incomplètes. Les données du tableau 14 se limitent aux avortements provoqués pour raisons légales dont on peut supposer, en raison de leur nature même, que les statistiques sont plus complètes que les données concernant l'ensemble des avortements provoqués.

En outre, on doit tenir compte, lorsque l'on utilise ces données, des erreurs de déclaration de l'âge de la mère et du nombre des naissances vivantes précédentes, de l'hétérogénéité des méthodes de calcul de l'âge de la mère et de la proportion d'avortements pour lesquels l'âge de la mère ou le nombre des naissances vivantes ne sont pas connus.

Données publiées antérieurement : Depuis 1971, la plupart des éditions de l'*Annuaire démographique* contiennent des statistiques concernant les avortements provoqués pour raisons légales, selon l'âge de la mère et le nombre de naissances vivantes antérieures. Pour plus de précisions concernant les années et les sujets pour lesquels des données ont été publiées, se reporter à l'index historique.

NOTES

[1] World Population Policies 2009 (publication des Nations Unies, Numéro de vente E.09.XIII.14), New York 2010. http://www.un.org/esa/population/publications/wpp2009/Publication_index.htm.

[2] World Abortion Policies 2011 (publication des Nations Unies, Numéro de vente E. 11.XIII.4), New York, 2011. Voir aussi : http://www.un.org/esa/population/publications/2011abortion/2011wallchart.pdf

14. Legally induced abortions by age and number of previous live births of women: latest available year, 2002 - 2011
Avortments provoqués légalement selon l'âge de la femme et selon le nombre des naissances vivantes précédentes : dernière année disponible, 2002 - 2011

Continent, country or area, year and age — Continent, pays ou zone, année et âge	Number of previous live births — Nombre des naissances vivantes précédentes								
	Total	0	1	2	3	4	5	6+	Unknown - Inconnu

AMERICA, NORTH - AMÉRIQUE DU NORD

Canada[1]
2006

Total	91 310	...	...	...	...	...	...	...	...
0 - 14	267	...	...	...	...	...	...	...	...
15 - 19	15 217	...	...	...	...	...	...	...	...
20 - 24	28 358	...	...	...	...	...	...	...	...
25 - 29	20 315	...	...	...	...	...	...	...	...
30 - 34	13 615	...	...	...	...	...	...	...	...
35 - 39	9 444	...	...	...	...	...	...	...	...
40 +	3 938	...	...	...	...	...	...	...	...
Unknown - Inconnu	156	...	...	...	...	...	...	...	...

Costa Rica[2]
2009

Total	7 848	...	...	...	...	...	...	...	...
10 - 14	68	...	...	...	...	...	...	...	...
15 - 19	1 275	...	...	...	...	...	...	...	...
20 - 44	6 437	...	...	...	...	...	...	...	...
45 +	68	...	...	...	...	...	...	...	...

Cuba
2010

Total	71 398	...	...	...	...	...	...	...	...
0 - 14	1 117	...	...	...	...	...	...	...	...
15 - 19	18 888	...	...	...	...	...	...	...	...
20 - 34	41 974	...	...	...	...	...	...	...	...
35 +	9 419	...	...	...	...	...	...	...	...

Mexico - Mexique[3]
2010*

Total	986	208	290	189	93	30	8	4	164
0 - 14	1	-	-	-	-	-	-	-	1
15 - 19	121	49	28	5	-	-	-	-	39
20 - 24	222	61	75	35	7	1	-	-	43
25 - 29	217	37	70	45	26	6	-	-	33
30 - 34	185	16	52	51	33	9	4	1	19
35 - 39	95	17	26	24	10	7	1	-	10
40 - 44	30	4	11	5	6	2	1	1	-
45 - 49	3	-	-	-	2	-	-	1	-
50 +	-	-	-	-	-	-	-	-	-
Unknown - Inconnu	112	24	28	24	9	5	2	1	19

Puerto Rico - Porto Rico[4]
2006

Total	5 538	1 991	1 639	1 013	588	229	46	32	-
0 - 14	21	...	...	...	...	...	...	...	...
15 - 19	968	...	...	...	...	...	...	...	...
20 - 24	1 868	...	...	...	...	...	...	...	...
25 - 29	1 413	...	...	...	...	...	...	...	...
30 - 34	767	...	...	...	...	...	...	...	...
35 - 39	351	...	...	...	...	...	...	...	...
40 - 44	129	...	...	...	...	...	...	...	...
45 +	21	...	...	...	...	...	...	...	...

Turks and Caicos Islands - Îles Turques et Caïques[5]
2005

Total	32	...	...	...	...	...	...	...	...
15 - 19	4	...	...	...	...	...	...	...	...
20 - 24	7	...	...	...	...	...	...	...	...
25 - 29	9	...	...	...	...	...	...	...	...
30 - 34	6	...	...	...	...	...	...	...	...
35 - 39	4	...	...	...	...	...	...	...	...
40 - 44	1	...	...	...	...	...	...	...	...
45 +	1	...	...	...	...	...	...	...	...

ASIA - ASIE

Armenia - Arménie
2008

Total	12 469	...	...	...	...	...	...	...	...
0 - 14	1	...	...	...	...	...	...	...	...

14. Legally induced abortions by age and number of previous live births of women: latest available year, 2002 - 2011
Avortments provoqués légalement selon l'âge de la femme et selon le nombre des naissances vivantes précédentes :
dernière année disponible, 2002 - 2011 (continued - suite)

Continent, country or area, year and age Continent, pays ou zone, année et âge	Number of previous live births Nombre des naissances vivantes précédentes								
	Total	0	1	2	3	4	5	6+	Unknown - Inconnu
ASIA - ASIE									
Armenia - Arménie									
2008									
15 - 19	610	...	...	...	...	...	...	...	...
20 - 24	9 459	...	...	...	...	...	...	...	...
25 +	2 399	...	...	...	...	...	...	...	...
Azerbaijan - Azerbaïdjan									
2007									
Total	22 323	...	...	...	...	...	...	...	...
0 - 14	-	...	...	...	...	...	...	...	...
15 - 19	1 100	...	...	...	...	...	...	...	...
20 - 24	4 944	...	...	...	...	...	...	...	...
25 - 29	6 977	...	...	...	...	...	...	...	...
30 - 34	5 438	...	...	...	...	...	...	...	...
35 +	3 864	...	...	...	...	...	...	...	...
China, Hong Kong SAR - Chine, Hong Kong RAS									
2009									
Total	12 028	6 988	2 314	2 262	382	^82	...	...	-
0 - 14	28	28	-	-	-	^-	...	...	-
15 - 19	1 052	1 013	30	9	-	^-	...	...	-
20 - 24	2 583	2 351	176	50	6	^-	...	...	-
25 - 29	2 565	1 844	463	231	21	^6	...	...	-
30 - 34	2 305	989	633	586	83	^14	...	...	-
35 - 39	2 192	549	660	798	155	^30	...	...	-
40 - 44	1 162	197	314	523	101	^27	...	...	-
45 +	141	17	38	65	16	^5	...	...	-
Georgia - Géorgie									
2008									
Total	22 062	...	...	...	...	...	...	...	...
0 - 14	6	...	...	...	...	...	...	...	...
15 +	1 359	...	...	...	...	...	...	...	...
Unknown - Inconnu	20 697	...	...	...	...	...	...	...	...
Israel - Israël[6]									
2009									
Total	19 849	8 989	2 826	3 718	2 646	999	379	292	...
0 - 14	49	49	-	-	-	-	-	-	...
15 - 19	2 592	2 500	73	14	4	1	-	-	...
20 - 24	4 192	3 383	499	229	68	8	3	2	...
25 - 29	3 905	1 895	816	755	304	97	30	8	...
30 - 34	4 000	768	829	1 240	753	263	91	56	...
35 - 39	3 417	307	448	1 059	998	349	140	116	...
40 - 44	1 535	74	153	384	471	255	101	97	...
45 - 49	156	11	7	37	48	26	14	13	...
50 +	3	2	1	-	-	-	-	-	...
Japan - Japon[7]									
2010									
Total	212 694	...	...	...	...	...	...	...	...
0 - 14	415	...	...	...	...	...	...	...	...
15 - 19	19 942	...	...	...	...	...	...	...	...
20 - 24	47 089	...	...	...	...	...	...	...	...
25 - 29	45 724	...	...	...	...	...	...	...	...
30 - 34	42 206	...	...	...	...	...	...	...	...
35 - 39	39 964	...	...	...	...	...	...	...	...
40 - 44	15 983	...	...	...	...	...	...	...	...
45 - 49	1 334	...	...	...	...	...	...	...	...
50 +	25	...	...	...	...	...	...	...	...
Unknown - Inconnu	12	...	...	...	...	...	...	...	...
Kyrgyzstan - Kirghizstan[8]									
2008									
Total	20 800	...	...	...	...	...	...	...	...
0 - 14	1	...	...	...	...	...	...	...	...
15 - 19	1 814	...	...	...	...	...	...	...	...
20 - 24	5 018	...	...	...	...	...	...	...	...
25 - 29	5 462	...	...	...	...	...	...	...	...
30 - 34	4 598	...	...	...	...	...	...	...	...
35 - 39	2 776	...	...	...	...	...	...	...	...
40 - 44	1 019	...	...	...	...	...	...	...	...
45 +	112	...	...	...	...	...	...	...	...

14. Legally induced abortions by age and number of previous live births of women: latest available year, 2002 - 2011
Avortments provoqués légalement selon l'âge de la femme et selon le nombre des naissances vivantes précédentes : dernière année disponible, 2002 - 2011 (continued - suite)

Continent, country or area, year and age Continent, pays ou zone, année et âge	Number of previous live births Nombre des naissances vivantes précédentes								
	Total	0	1	2	3	4	5	6+	Unknown - Inconnu
ASIA - ASIE									
Singapore - Singapour									
2011									
Total	11 940	8 034	2 629	890	253	134	...	...	...
0 - 14	16	16	-	-	-	-	...	...	...
15 - 19	976	832	121	20	3	-	...	...	...
20 - 24	2 774	2 019	564	149	29	13	...	...	...
25 - 29	3 048	2 034	667	246	66	35	...	...	...
30 - 34	2 525	1 605	607	212	66	35	...	...	...
35 - 39	1 889	1 122	480	194	58	35	...	...	...
40 - 44	657	373	173	66	29	16	...	...	...
45 +	55	33	17	3	2	-	...	...	...
Tajikistan - Tadjikistan									
2008									
Total	18 481	...	...	...	...	...	...	...	...
0 - 14	6	...	...	...	...	...	...	...	...
15 - 17	49	...	...	...	...	...	...	...	...
18 - 19	1 250	...	...	...	...	...	...	...	...
20 - 34	12 251	...	...	...	...	...	...	...	...
35 +	4 925	...	...	...	...	...	...	...	...
EUROPE									
Åland Islands - Îles d'Åland									
2010									
Total	70	...	...	...	...	...	...	...	...
0 - 14	-	...	...	...	...	...	...	...	...
15 - 19	11	...	...	...	...	...	...	...	...
20 - 24	23	...	...	...	...	...	...	...	...
25 - 29	12	...	...	...	...	...	...	...	...
30 - 34	14	...	...	...	...	...	...	...	...
35 - 39	5	...	...	...	...	...	...	...	...
40 - 44	5	...	...	...	...	...	...	...	...
45 - 49	-	...	...	...	...	...	...	...	...
50 +	-	...	...	...	...	...	...	...	...
Belarus - Bélarus									
2009									
Total	35 967	...	...	...	...	...	...	...	...
0 - 14	41	...	...	...	...	...	...	...	...
15 - 19	3 153	...	...	...	...	...	...	...	...
20 - 24	8 377	...	...	...	...	...	...	...	...
25 - 29	9 505	...	...	...	...	...	...	...	...
30 - 34	7 373	...	...	...	...	...	...	...	...
35 - 39	5 144	...	...	...	...	...	...	...	...
40 - 44	2 106	...	...	...	...	...	...	...	...
45 - 49	268	...	...	...	...	...	...	...	...
50 +	-	...	...	...	...	...	...	...	...
Belgium - Belgique									
2003									
Total	15 595	...	...	...	...	...	...	...	...
0 - 14	65	...	...	...	...	...	...	...	...
15 - 19	2 097	...	...	...	...	...	...	...	...
20 - 24	4 032	...	...	...	...	...	...	...	...
25 - 29	3 411	...	...	...	...	...	...	...	...
30 - 34	3 001	...	...	...	...	...	...	...	...
35 - 39	2 107	...	...	...	...	...	...	...	...
40 - 44	810	...	...	...	...	...	...	...	...
45 - 49	67	...	...	...	...	...	...	...	...
50 +	1	...	...	...	...	...	...	...	...
Unknown - Inconnu	4	...	...	...	...	...	...	...	...
Bulgaria - Bulgarie									
2010									
Total	31 548	...	...	...	...	...	...	...	...
0 - 14	119	...	...	...	...	...	...	...	...
15 - 19	2 939	...	...	...	...	...	...	...	...
20 - 24	6 506	...	...	...	...	...	...	...	...
25 - 29	8 076	...	...	...	...	...	...	...	...
30 - 34	7 451	...	...	...	...	...	...	...	...

14. Legally induced abortions by age and number of previous live births of women: latest available year, 2002 - 2011
Avortments provoqués légalement selon l'âge de la femme et selon le nombre des naissances vivantes précédentes :
dernière année disponible, 2002 - 2011 (continued - suite)

Continent, country or area, year and age / Continent, pays ou zone, année et âge	Total	Number of previous live births / Nombre des naissances vivantes précédentes							Unknown - Inconnu
		0	1	2	3	4	5	6+	
EUROPE									
Bulgaria - Bulgarie									
2010									
35 - 39	4 948	...	...	...	...	...	...	...	...
40 - 44	1 389	...	...	...	...	...	...	...	...
45 - 49	112	...	...	...	...	...	...	...	...
50 +	8	...	...	...	...	...	...	...	...
Croatia - Croatie									
2010									
Total	3 774	1 602	705	918	355	120	38	25	11
0 - 14	4	4	-	-	-	-	-	-	-
15 - 19	317	288	24	3	-	-	-	-	2
20 - 24	598	395	138	41	13	6	2	-	3
25 - 29	752	347	169	156	52	16	5	4	3
30 - 34	886	248	192	294	102	32	10	7	1
35 - 39	771	194	125	274	116	38	15	8	1
40 - 44	368	101	43	128	61	25	3	6	1
45 - 49	34	9	5	9	9	1	1	-	-
50 +	2	-	-	1	-	-	1	-	-
Unknown - Inconnu	42	16	9	12	2	2	1	-	-
Czech Republic - République tchèque									
2010									
Total	23 998	6 717	6 344	7 867	2 279	542	150	99	...
0 - 14	39	39	-	-	-	-	-	-	...
15 - 19	2 002	1 732	243	25	2	-	-	-	...
20 - 24	4 287	2 420	1 281	463	100	19	3	1	...
25 - 29	4 765	1 420	1 651	1 245	324	86	22	17	...
30 - 34	5 833	788	1 714	2 467	630	158	46	30	...
35 - 39	5 066	254	1 106	2 606	846	181	41	32	...
40 - 44	1 813	60	326	953	334	93	31	16	...
45 - 49	190	4	23	106	43	4	7	3	...
50 +	3	-	-	2	-	1	-	-	...
Denmark - Danemark[9]									
2006									
Total	15 053	...	...	...	...	...	...	...	...
15 - 19	2 518	...	...	...	...	...	...	...	...
20 - 24	3 138	...	...	...	...	...	...	...	...
25 - 29	2 861	...	...	...	...	...	...	...	...
30 - 34	2 973	...	...	...	...	...	...	...	...
35 - 39	2 373	...	...	...	...	...	...	...	...
40 - 44	1 107	...	...	...	...	...	...	...	...
45 - 49	83	...	...	...	...	...	...	...	...
50 +	-	...	...	...	...	...	...	...	...
Estonia - Estonie[10]									
2010									
Total	7 068	1 771	2 474	1 987	602	162	48	21	3
0 - 14	11	11	-	-	-	-	-	-	-
15 - 19	717	573	139	5	-	-	-	-	-
20 - 24	1 730	754	781	162	30	3	-	-	-
25 - 29	1 627	286	752	452	100	27	6	3	1
30 - 34	1 351	97	420	605	164	43	16	6	-
35 - 39	1 112	38	262	539	197	52	16	6	2
40 - 44	489	12	117	203	108	34	9	6	-
45 - 49	31	-	3	21	3	3	1	-	-
50 +	-	-	-	-	-	-	-	-	-
Faeroe Islands - Îles Féroé									
2005									
Total	29	...	...	...	...	...	...	...	...
0 - 14	-	...	...	...	...	...	...	...	...
15 - 19	6	...	...	...	...	...	...	...	...
20 - 24	2	...	...	...	...	...	...	...	...
25 - 29	5	...	...	...	...	...	...	...	...
30 - 34	8	...	...	...	...	...	...	...	...
35 - 39	5	...	...	...	...	...	...	...	...
40 - 44	3	...	...	...	...	...	...	...	...
45 - 49	-	...	...	...	...	...	...	...	...
50 +	-	...	...	...	...	...	...	...	...

14. Legally induced abortions by age and number of previous live births of women: latest available year, 2002 - 2011
Avortments provoqués légalement selon l'âge de la femme et selon le nombre des naissances vivantes précédentes : dernière année disponible, 2002 - 2011 (continued - suite)

Continent, country or area, year and age Continent, pays ou zone, année et âge	Number of previous live births Nombre des naissances vivantes précédentes								
	Total	0	1	2	3	4	5	6+	Unknown - Inconnu
EUROPE									
Finland - Finlande									
2009									
Total	10 427	5 303	1 963	1 806	824	270	65	37	159
0 - 14	42	42	-	-	-	-	-	-	-
15 - 19	2 059	1 913	85	12	2	-	-	-	47
20 - 24	2 819	1 877	622	218	39	7	-	-	56
25 - 29	2 103	886	503	474	171	31	5	1	32
30 - 34	1 718	369	400	538	272	92	21	12	14
35 - 39	1 091	147	226	374	212	90	24	14	4
40 - 44	535	64	119	169	114	38	15	10	6
45 - 49	59	5	8	21	13	12	-	-	-
50 +	1	-	-	-	1	-	-	-	-
France									
2009									
Total	208 290	...	...	...	...	...	...	...	208 290
0 - 14	29 004	...	...	...	...	...	...	...	29 004
15 - 19	52 360	...	...	...	...	...	...	...	52 360
20 - 24	46 237	...	...	...	...	...	...	...	46 237
25 - 29	36 351	...	...	...	...	...	...	...	36 351
30 - 34	30 125	...	...	...	...	...	...	...	30 125
35 - 39	12 805	...	...	...	...	...	...	...	12 805
40 - 44	1 408	...	...	...	...	...	...	...	1 408
Germany - Allemagne									
2010									
Total	110 431	44 525	28 429	25 082	8 792	2 438	754	411	-
0 - 14	440	440	-	-	-	-	-	-	-
15 - 19	11 502	10 474	920	101	7	-	-	-	-
20 - 24	27 131	16 901	7 207	2 457	477	73	12	4	-
25 - 29	25 425	9 037	8 109	5 951	1 741	419	122	46	-
30 - 34	21 438	4 518	6 052	7 140	2 657	729	231	111	-
35 - 39	15 965	2 151	4 089	6 108	2 451	764	256	146	-
40 - 44	7 825	927	1 903	3 033	1 350	408	120	84	-
45 - 49	698	76	145	291	109	44	13	20	-
50 +	7	1	4	1	-	1	-	-	-
Greece - Grèce									
2003									
Total	15 782	...	...	...	...	...	...	...	...
0 - 14	8	...	...	...	...	...	...	...	...
15 - 19	569	...	...	...	...	...	...	...	...
20 - 29	5 934	...	...	...	...	...	...	...	...
30 - 39	7 557	...	...	...	...	...	...	...	...
40 - 49	1 345	...	...	...	...	...	...	...	...
50 +	48	...	...	...	...	...	...	...	...
Unknown - Inconnu	321	...	...	...	...	...	...	...	...
Hungary - Hongrie									
2010									
Total	40 449	10 886	9 854	10 261	5 571	2 224	931	722	...
0 - 14	171	170	1	...	...	...	...	...	...
15 - 19	4 849	3 685	944	181	37	2	...	...	...
20 - 24	8 101	3 446	2 339	1 441	680	157	30	8	...
25 - 29	8 299	1 986	2 181	2 019	1 238	578	204	93	...
30 - 34	9 250	1 129	2 334	2 865	1 603	685	354	280	...
35 - 39	6 962	387	1 536	2 600	1 372	551	273	243	...
40 - 44	2 648	80	494	1 076	602	237	66	93	...
45 - 49	167	3	25	78	38	14	4	5	...
50 +	2	...	...	1	1	...	...	...	...
Iceland - Islande									
2009									
Total	971	113	251	185	94	22	6	2	298
0 - 14	1	-	-	-	-	-	-	-	1
15 - 19	139	35	9	-	-	-	-	-	95
20 - 24	262	48	78	12	5	-	-	-	119
25 - 29	244	18	102	49	15	2	-	-	58
30 - 34	152	6	37	53	27	10	1	2	16
35 - 39	107	4	19	45	29	4	1	-	5
40 - 44	56	2	5	22	14	5	4	-	4
45 - 49	10	-	1	4	4	1	-	-	-
50 +	-	-	-	-	-	-	-	-	-

14. Legally induced abortions by age and number of previous live births of women: latest available year, 2002 - 2011
Avortments provoqués légalement selon l'âge de la femme et selon le nombre des naissances vivantes précédentes : dernière année disponible, 2002 - 2011 (continued - suite)

Continent, country or area, year and age Continent, pays ou zone, année et âge	Number of previous live births Nombre des naissances vivantes précédentes								
	Total	0	1	2	3	4	5	6+	Unknown - Inconnu
EUROPE									
Italy - Italie									
2003[11]									
Total	124 118	52 804	28 193	30 616	9 001	2 007	464	216	817
0 - 14	255	242	3	1	-	-	-	-	9
15 - 19	9 725	8 722	744	114	13	2	1	-	129
20 - 24	24 074	17 042	4 694	1 757	251	47	4	3	276
25 - 29	28 656	13 633	7 686	5 655	1 212	217	44	11	198
30 - 34	27 794	7 948	7 527	9 078	2 470	502	107	52	110
35 - 39	22 877	3 840	5 299	9 387	3 273	734	180	95	69
40 - 44	9 580	1 147	2 016	4 191	1 604	449	113	46	14
45 - 49	760	76	133	333	149	47	12	9	1
50 +	36	9	9	12	4	1	1	-	-
Unknown - Inconnu	361	145	82	88	25	8	2	-	11
2009[12]									
Total	114 793	...	...	...	...	...	...	...	...
0 - 14	236	...	...	...	...	...	...	...	...
15 - 19	9 603	...	...	...	...	...	...	...	...
20 - 24	20 950	...	...	...	...	...	...	...	...
25 - 29	23 302	...	...	...	...	...	...	...	...
30 - 34	25 699	...	...	...	...	...	...	...	...
35 - 39	22 916	...	...	...	...	...	...	...	...
40 - 44	10 228	...	...	...	...	...	...	...	...
45 - 49	955	...	...	...	...	...	...	...	...
50 +	25	...	...	...	...	...	...	...	...
Unknown - Inconnu	879	...	...	...	...	...	...	...	...
Latvia - Lettonie									
2010									
Total	7 443	...	...	...	...	...	...	...	...
0 - 14	6	...	...	...	...	...	...	...	...
15 - 19	670	...	...	...	...	...	...	...	...
20 - 24	1 801	...	...	...	...	...	...	...	...
25 - 29	1 706	...	...	...	...	...	...	...	...
30 - 34	1 485	...	...	...	...	...	...	...	...
35 - 39	1 272	...	...	...	...	...	...	...	...
40 - 44	455	...	...	...	...	...	...	...	...
45 - 49	48	...	...	...	...	...	...	...	...
50 +	-	...	...	...	...	...	...	...	...
Lithuania - Lituanie									
2010									
Total	6 989	...	...	...	...	...	...	...	...
0 - 14	5	...	...	...	...	...	...	...	...
15 - 19	487	...	...	...	...	...	...	...	...
20 - 24	1 426	...	...	...	...	...	...	...	...
25 - 29	1 571	...	...	...	...	...	...	...	...
30 - 34	1 494	...	...	...	...	...	...	...	...
35 - 39	1 306	...	...	...	...	...	...	...	...
40 - 44	628	...	...	...	...	...	...	...	...
45 - 49	72	...	...	...	...	...	...	...	...
50 +	-	...	...	...	...	...	...	...	...
Montenegro - Monténégro									
2005									
Total	1 952	307	283	677	473	139	45	26	2
0 - 14	3	-	2	1	-	-	-	-	-
15 - 16	5	5	-	-	-	-	-	-	-
17 - 19	46	31	7	4	2	1	-	-	1
20 - 29	685	179	155	219	98	21	10	3	-
30 - 39	982	80	108	365	286	91	33	18	1
40 - 49	223	11	11	86	82	26	2	5	-
50 +	4	1	-	1	2	-	-	-	-
Unknown - Inconnu	4	-	-	1	3	-	-	-	-
Norway - Norvège[13]									
2006									
Total	14 132	...	...	...	...	...	...	...	...
0 - 14	37	...	...	...	...	...	...	...	...
15 - 19	2 307	...	...	...	...	...	...	...	...
20 - 24	3 740	...	...	...	...	...	...	...	...
25 - 29	2 904	...	...	...	...	...	...	...	...
30 - 34	2 495	...	...	...	...	...	...	...	...
35 - 39	1 877	...	...	...	...	...	...	...	...

14. Legally induced abortions by age and number of previous live births of women: latest available year, 2002 - 2011
Avortments provoqués légalement selon l'âge de la femme et selon le nombre des naissances vivantes précédentes : dernière année disponible, 2002 - 2011 (continued - suite)

Continent, country or area, year and age / Continent, pays ou zone, année et âge	Number of previous live births / Nombre des naissances vivantes précédentes								
	Total	0	1	2	3	4	5	6+	Unknown - Inconnu
EUROPE									
Norway - Norvège[13]									
2006									
40 - 44	694	...	...	...	...	...	...	...	...
45 - 49	55	...	...	...	...	...	...	...	...
50 +	-	...	...	...	...	...	...	...	...
Unknown - Inconnu	23	...	...	...	...	...	...	...	...
Poland - Pologne[14]									
2010									
Total	644	...	...	...	...	...	...	...	...
15 - 19	18	...	...	...	...	...	...	...	...
20 - 24	53	...	...	...	...	...	...	...	...
25 - 29	145	...	...	...	...	...	...	...	...
30 - 34	174	...	...	...	...	...	...	...	...
35 - 39	254	...	...	...	...	...	...	...	...
Republic of Moldova - République de Moldova									
2010									
Total	14 785	...	...	...	...	...	...	...	...
0 - 14	11	...	...	...	...	...	...	...	...
15 - 19	1 350	...	...	...	...	...	...	...	...
20 - 24	10 770	...	...	...	...	...	...	...	...
25 +	2 654	...	...	...	...	...	...	...	...
Romania - Roumanie									
2010									
Total	101 915	...	...	...	...	...	...	...	...
0 - 14	609	...	...	...	...	...	...	...	...
15 - 19	9 731	...	...	...	...	...	...	...	...
20 - 24	22 931	...	...	...	...	...	...	...	...
25 - 29	22 351	...	...	...	...	...	...	...	...
30 - 34	23 238	...	...	...	...	...	...	...	...
35 - 39	16 223	...	...	...	...	...	...	...	...
40 - 44	6 366	...	...	...	...	...	...	...	...
45 - 49	431	...	...	...	...	...	...	...	...
50 +	35	...	...	...	...	...	...	...	...
Russian Federation - Fédération de Russie									
2009									
Total	1 292 389	...	...	...	...	...	...	...	...
0 - 14	721	...	...	...	...	...	...	...	...
15 - 19	99 634	...	...	...	...	...	...	...	...
20 - 24	324 467	...	...	...	...	...	...	...	...
25 - 29	342 821	...	...	...	...	...	...	...	...
30 - 34	272 883	...	...	...	...	...	...	...	...
35 - 39	179 061	...	...	...	...	...	...	...	...
40 - 44	65 937	...	...	...	...	...	...	...	...
45 - 49	6 667	...	...	...	...	...	...	...	...
50 +	198	...	...	...	...	...	...	...	...
Serbia - Serbie[15]									
2008									
Total	22 867	6 601	4 346	8 509	2 437	663	198	113	-
0 - 14	9	6	1	2	-	-	-	-	-
15 - 19	975	808	124	35	7	1	-	-	-
20 - 24	3 427	1 823	848	570	122	52	9	3	-
25 - 29	5 117	1 510	1 173	1 757	479	141	47	10	-
30 - 34	5 953	1 240	1 114	2 569	719	212	62	37	-
35 - 39	4 929	806	768	2 354	730	170	59	42	-
40 - 44	2 174	363	279	1 072	347	76	17	20	-
45 - 49	266	40	34	146	31	10	4	1	-
50 +	16	5	4	4	2	1	-	-	-
Unknown - Inconnu	1	-	1	-	-	-	-	-	-
Slovakia - Slovaquie									
2010									
Total	12 582	3 952	3 424	3 395	1 142	345	151	173	-
0 - 14	16	15	1	-	-	-	-	-	-
15 - 19	1 013	850	134	26	2	1	-	-	-
20 - 24	2 214	1 204	644	252	79	19	8	8	-
25 - 29	2 818	1 006	901	619	183	66	22	21	-
30 - 34	3 194	610	1 007	1 085	314	88	36	54	-
35 - 39	2 318	204	550	999	359	108	44	54	-
40 - 44	933	57	177	380	191	60	36	32	-

14. Legally induced abortions by age and number of previous live births of women: latest available year, 2002 - 2011
Avortments provoqués légalement selon l'âge de la femme et selon le nombre des naissances vivantes précédentes : dernière année disponible, 2002 - 2011 (continued - suite)

Continent, country or area, year and age Continent, pays ou zone, année et âge	Number of previous live births Nombre des naissances vivantes précédentes								
	Total	0	1	2	3	4	5	6+	Unknown - Inconnu
EUROPE									
Slovakia - Slovaquie									
2010									
45 - 49	76	6	10	34	14	3	5	4	-
50 + ...	-	-	-	-	-	-	-	-	-
Slovenia - Slovénie									
2009									
Total...................	4 653	1 679	1 070	1 408	401	62	19	10	4
0 - 14	4	4	-	-	-	-	-	-	-
15 - 19	342	319	17	6	-	-	-	-	-
20 - 24	847	639	151	47	6	-	1	-	3
25 - 29	1 058	429	304	270	47	5	3	-	-
30 - 34	1 127	210	309	439	145	14	5	5	-
35 - 39	838	56	203	413	130	27	7	2	-
40 - 44	392	19	79	210	62	15	3	3	1
45 - 49	44	3	7	23	10	1	-	-	-
50 + ...	1	-	-	-	1	-	-	-	-
Spain - Espagne									
2004									
Total...................	84 985	42 757	19 962	15 023	4 772	1 400	^741	...	330
0 - 14	369	365	1	-	-	-	^-	...	3
15 - 19	11 677	10 415	1 057	145	16	4	^-	...	40
20 - 24	22 461	15 193	5 127	1 680	353	33	^13	...	62
25 - 29	20 309	9 931	5 541	3 457	981	239	^77	...	83
30 - 34	15 212	4 630	4 381	4 186	1 329	424	^195	...	67
35 - 39	10 572	1 777	2 846	3 757	1 373	476	^288	...	55
40 - 44	4 072	414	949	1 665	661	211	^153	...	19
45 - 49	313	32	60	133	59	13	^15	...	1
50 + ...	-	-	-	-	-	-	^-	...	-
Sweden - Suède[16]									
2010									
Total...................	37 693	19 435	6 240	7 203	2 993	814	264	137	607
0 - 14	191	178	4	1	-	-	-	-	8
15 - 19	6 199	5 826	214	14	2	-	-	-	143
20 - 24	10 068	7 708	1 587	480	76	5	2	2	208
25 - 29	7 495	3 558	1 838	1 476	385	79	28	10	121
30 - 34	6 124	1 424	1 336	2 113	884	208	77	18	64
35 - 39	5 073	572	862	2 073	1 053	318	88	62	45
40 - 44	2 248	137	353	948	524	174	58	39	15
45 - 49	238	11	33	85	66	27	10	4	2
50 + ...	56	20	13	13	3	3	1	2	1
Unknown - Inconnu	1	1	-	-	-	-	-	-	-
Switzerland - Suisse[17]									
2010									
Total...................	10 641	2 209	868	809	280	92	-	-	6 383
0 - 14	14	9	-	-	-	-	-	-	5
15 - 19	1 006	436	14	-	-	-	-	-	556
20 - 24	2 470	812	174	38	7	-	-	-	1 439
25 - 29	2 403	460	250	173	38	12	-	-	1 470
30 - 34	2 168	299	205	231	72	25	-	-	1 336
35 - 39	1 671	137	146	246	96	27	-	-	1 019
40 - 44	808	45	70	108	62	25	-	-	498
45 - 49	88	6	9	13	5	3	-	-	52
50 + ...	3	-	-	-	-	-	-	-	3
Unknown - Inconnu	10	5	-	-	-	-	-	-	5
Ukraine[18]									
2010									
Total...................	176 774	...	...	...	...	...	...	...	...
0 - 14	84	...	...	...	...	...	...	...	...
15 - 19	12 919	...	...	...	...	...	...	...	...
20 - 24	131 823	...	...	...	...	...	...	...	...
25 - 39	31 948	...	...	...	...	...	...	...	...
United Kingdom of Great Britain and Northern Ireland - Royaume-Uni de Grande-Bretagne et d'Irlande du Nord[19]									
2008									
Total...................	209 113	...	...	...	...	...	...	...	...
0 - 14	1 192	...	...	...	...	...	...	...	...
15 - 19	44 974	...	...	...	...	...	...	...	...

14. Legally induced abortions by age and number of previous live births of women: latest available year, 2002 - 2011
Avortments provoqués légalement selon l'âge de la femme et selon le nombre des naissances vivantes précédentes : dernière année disponible, 2002 - 2011 (continued - suite)

Continent, country or area, year and age Continent, pays ou zone, année et âge	Number of previous live births Nombre des naissances vivantes précédentes								
	Total	0	1	2	3	4	5	6+	Unknown - Inconnu
EUROPE									
United Kingdom of Great Britain and Northern Ireland - Royaume-Uni de Grande-Bretagne et d'Irlande du Nord[19]									
2008									
20 - 24	60 449	...	...	...	...	...	...	...	...
25 - 29	44 638	...	...	...	...	...	...	...	...
30 - 34	28 638	...	...	...	...	...	...	...	...
35 - 39	20 434	...	...	...	...	...	...	...	...
40 - 44	8 096	...	...	...	...	...	...	...	...
45 - 49	671	...	...	...	...	...	...	...	...
50 +	21	...	...	...	...	...	...	...	...
OCEANIA - OCÉANIE									
New Zealand - Nouvelle-Zélande									
2010									
Total	16 630	7 785	3 419	3 097	1 348	582	243	156	-
0 - 14	84	83	1	-	-	-	-	-	-
15 - 19	3 389	2 836	460	88	5	-	-	-	-
20 - 24	5 150	2 830	1 357	707	197	46	12	1	-
25 - 29	3 411	1 264	793	747	372	148	59	28	-
30 - 34	2 242	484	408	681	354	185	81	49	-
35 - 39	1 649	212	286	610	290	131	66	54	-
40 - 44	655	69	111	245	122	65	22	21	-
45 - 49	50	7	3	19	8	7	3	3	-
50 +	-	-	-	-	-	-	-	-	-

FOOTNOTES - NOTES

* Provisional. - Données provisoires.

^ Indicates an open-ended group, for example 4+. - indique un groupe d'âge ouvert, par exemple 4 ou plus.

[1] Data refer to resident population only. Significant undercoverage of medically induced abortions in clinics in 2006 due to non response in some provinces. - Pour la population résidante seulement. Sous-dénombrement notable des interruptions volontaires de grossesse pratiquées dans les centres médicaux en 2006 faute de réponse dans certaines provinces.

[2] Number of abortions the woman had before the birth of the registered child. Excluding abortions performed in private hospitals. - Nombre d'avortements de la femme avant la naissance de l'enfant enregistré. Non comprises les interruptions volontaires de grossesse effectuées dans des hôpitaux privés.

[3] Data refer to 'Therapeutic Abortions'. According to the Mexican law, only the induced abortions, prescribed by medical reasons and induced because of pregnancy coming from sexual agression, are considered as legal. Data refer to abortions prescribed by a physician. Refers to residence of the mother. To calculate the total number of abortions, foetal deaths of less than 20 weeks of gestation were considered. - Les données se rapportent aux « interruptions volontaires de grossesse pour des motifs thérapeutiques ». D'après la loi mexicaine, seuls sont considérés légaux les avortements déclenchés pour des raisons médicales ou parce que la grossesse est le résultat d'une agression sexuelle. Les données se réfèrent aux avortements prescrits par un médecin. Correspond à la résidence de la mère. Les morts fœtales survenues à moins de 20 semaines de gestation ont été prises en compte aux fins du calcul du nombre total d'avortements.

[4] Data refer to the fiscal year from 1 July to 30 June. Excluding abortions performed in a clinic which closed operations without reporting the data. - Les données se réfèrent à l'année budgétaire de 1 juillet à 30 juin. Non comprises les avortements effectuées dans une clinique qui a fermé sans envoyer les données.

[5] Data refer to abortions performed in hospitals at Grand Turk and Providenciales. - Pour des avortements exécutés dans les hôpitaux dans Grand Turk et Providenciales.

[6] Including data for East Jerusalem and Israeli residents in certain other territories under occupation by Israeli military forces since June 1967. Data refer to applications to commissions for termination of pregnancy and not to authorizations. - Y compris les données pour Jérusalem-Est et les résidents israéliens dans certains autres territoires occupés depuis 1967 par les forces armées israéliennes. Les données relatives aux avortements provoqués légalement se rapportent aux demandes d'autorisation et non aux autorisations elles-mêmes.

[7] Excluding data of cities and towns in the jurisdiction of Sousou Public Health and Welfare Office of Fukushima Prefecture due to the impact of the Great East Japan Earthquake. - Ne sont pas incluses les données relatives aux agglomérations relevant du bureau de la santé publique et des services sociaux de Sousou dans la préfecture de Fukushima, en raison des conséquences du grand séisme dans l'est du Japon.

[8] Based on administrative reporting of the Ministry of Health. - Les données reposent sur les rapports administratifs du Ministère de la santé.

[9] Excluding Faeroe Islands and Greenland shown separately, if available. Unrevised data. - Non compris les Iles Féroé et le Groenland, qui font l'objet de rubriques distinctes, si disponible. Les données n'ont pas été révisées.

[10] Data refer to resident population only. - Pour la population résidante seulement.

[11] Data are incomplete for Campania region. - Les données sont incomplètes pour la région de la Campanie.

[12] Data are incomplete for Abruzzo, Campania, Basilicata, Sicilia and Sardegna regions. - Données incomplètes pour les régions des Abruzzes, de Campanie, de Basilicate, de Sicile et de Sardaigne.

[13] Unrevised data. Excluding Svalbard and Jan Mayen Islands shown separately, if available. - Les données n'ont pas été révisées. Non compris Svalbard et Jan Mayen qui font l'objet de rubriques distinctes, si disponible.

[14] Based on hospital and polyclinic records. - D'après les registres des hôpitaux et des policliniques.

[15] Excluding data for Kosovo and Metohia. Data refer to institutions included in the Health Institutions Network Plan in the Republic of Serbia. - Sans les données pour le Kosovo et Metohie. Les données se rapportent aux institutions membres du "Health Institutions Network Plan" de la République de Serbie.

[16] Data refer to abortions by previous deliveries of mother rather than previous live births of mother. - Avortements selon les accouchements précédents de la mère plutôt que selon les naissances vivantes de la mère.

[17] Data refer to termination of pregnancy for women who are Switzerland residents. - Les données portent sur les interruptions de grossesse pratiquées sur des femmes qui résident en Suisse.

Table 15

Table 15 presents infant deaths and infant mortality rates by urban/rural residence for as many years as possible between 2007 and 2011.

Description of variables: Infant deaths are deaths of live-born infants under one year of age.

Statistics on the number of infant deaths are obtained from civil registers unless otherwise noted. Infant mortality rates are, in most instances, calculated from data on registered infant deaths and registered live births for a country or area where civil registration is considered reliable (that is, with an estimated completeness of 90 per cent or more).

The urban/rural classification of infant deaths is that provided by each reporting country or area; it is presumed to be based on the national census definitions of urban population that have been set forth at the end of the technical notes of table 6.

Rate computation: Infant mortality rates are the annual number of deaths of infants under one year of age per 1 000 live births (as shown in table 9) in the same year.

Rates by urban/rural residence are the annual number of infant deaths, in the appropriate urban or rural category, per 1 000 corresponding live births (as shown in table 9). These rates have been calculated by the Statistics Division of the United Nations Department of Economic and Social Affairs.

Rates presented in this table have been limited to those countries or areas having at least a total of 30 infant deaths in a given year and for which the quality code is represented by a "C" or a symbol "|".

Reliability of data: Each country or area has been asked to indicate the estimated completeness of the infant deaths recorded in its civil register. These national assessments are indicated by the quality codes "C", "U" and "|" that appear in the first column of this table.

"C" indicates that the data are estimated to be virtually complete, that is, representing at least 90 per cent of the infant deaths occurring each year, while "U" indicates that data are estimated to be incomplete that is, representing less than 90 per cent of the infant deaths occurring each year. The code "|" indicates that the source of data is not civil registration, but is still considered reliable. The code "..." indicates that no information was provided regarding completeness.

Data from civil registers that are reported as incomplete or of unknown completeness (coded "U" or "...") are considered unreliable. They appear in italics in this table; rates are not computed for data so coded.

Limitations: Statistics on infant deaths are subject to the same qualifications as have been set forth for vital statistics in general and death statistics in particular as discussed in section 4 of the Technical Notes.

The reliability of the data, an indication of which is described above, is an important factor in considering the limitations. In addition, some infant deaths are tabulated by date of registration and not by date of occurrence; these have been indicated by a plus sign "+". Whenever the lag between the date of occurrence and date of registration is prolonged and, therefore, a large proportion of the infant-death registrations are delayed, infant-death statistics for any given year may be seriously affected.

Another factor that limits international comparability is the practice of some countries or areas not to include in infant-death statistics infants who were born alive but died before the registration of the birth or within the first 24 hours of life, thus underestimating the total number of infant deaths. Statistics of this type are footnoted.

The method of reckoning age at death for infants may also introduce non-comparability. If year alone, rather than completed minutes, hours, days and months elapsed since birth, is used to calculate age at time of death, many of the infants who died during the eleventh month of life and some of those who died at younger ages will be classified as having completed one year of age and thus be excluded. The effect would be to underestimate the number of infant deaths. Information on this factor is given in footnotes when known. Reckoning of infant age is further discussed in the technical notes for table 16.

In addition, infant mortality rates are subject to the limitations of the data on live births that have been used as denominators for these rates. These have been set forth in the technical notes for table 9.

Because the two components of the infant mortality rate, infant deaths in the numerator and live births in the denominator, are both obtained from systems of civil registration, the limitations which affect live birth statistics are very similar to those which have been mentioned above in connection with the infant death statistics. It is important to consider the reliability of the data (the completeness of registration) and the method of tabulation (by date of occurrence or by date of registration) of live birth statistics as well as infant death statistics, both of which are used to calculate infant mortality rates. The quality code and use of italics to indicate unreliable data presented in this table refer only to infant deaths. Similarly, the indication of the basis of tabulation (the use of the symbol "+" to indicate data tabulated by date of registration) presented in this table also refers only to infant deaths. Table 9 provides the corresponding information for live births.

If the registration of infant deaths is more complete than the registration of live births, then infant mortality rates would be biased upwards. If, however, the registration of live births is more complete than registration of infant deaths, infant mortality rates would be biased downwards. If both infant deaths and live births are tabulated by registration, it should be noted that deaths tend to be more promptly reported than births.

Infant mortality rates may be seriously affected by the practice of some countries or areas of not considering infants that were born alive but died before the registration of the birth or within the first 24 hours of life as live birth and subsequently infant death. Although this practice results in both the number of infant deaths in the numerator and the number of live births in the denominator being underestimated, its impact is greater on the numerator of the infant mortality rate. As a result this practice causes infant mortality rates to be biased downwards.

Infant mortality rates will also be underestimated if the method of reckoning age at death results in an underestimation of the number of infant deaths. This point has been discussed above.

Because of all these factors care should be taken in comparing infant mortality rates.

With respect to the method of calculating infant mortality rates used in this table, it should be noted that no adjustment was made to take account of the fact that a proportion of the infant deaths that occur during a given year are deaths of infants that were born during the preceding year and hence are not taken from the universe of births used to compute the rates. However, unless the number of live births or infant deaths is changing rapidly, the error involved is insignificant.

The comparability of data by urban/rural residence is affected by the national definitions of urban and rural used in tabulating these data. It is assumed, in the absence of specific information to the contrary, that the definitions of urban and rural used in connection with the national population census were also used in the compilation of the vital statistics for each country or area. However, it cannot be denied that, for some countries or areas, different definitions of urban and rural may be used for the vital statistics data and the population census data respectively. When known, the definitions of urban used in national population censuses are presented at the end of the technical notes for table 6. As discussed in detail in the technical notes for table 6, these definitions vary considerably from one country or area to another.

Urban/rural differentials in infant mortality rates may also be affected by whether the infant deaths and live births have been tabulated in terms of place of occurrence or place of usual residence. This problem is discussed in more detail in section 4.1.4.1 of the Technical Notes.

Earlier data: Infant deaths and infant mortality rates have been shown in previous issues of the *Demographic Yearbook*. For more information on specific topics and years for which data are reported, readers should consult the Historical Index.

Tableau 15

Le tableau 15 présente des données sur les décès d'enfants de moins d'un an et les taux de mortalité infantile selon le lieu de résidence (zone urbaine ou rurale) pour le plus grand nombre d'années possible entre 2007 et 2011.

Description des variables : les chiffres se rapportent aux décès d'enfants de moins d'un an.

Sauf indication contraire, les statistiques concernant le nombre de décès d'enfants de moins d'un an sont établies à partir des registres de l'état civil. Dans la plupart des cas, les taux de mortalité infantile sont calculés à partir des données relatives aux décès enregistrés d'enfants de moins d'un an et aux naissances vivantes enregistrées dans un pays ou une zone lorsque les registres de l'état civil sont jugés fiables (exhaustivité estimée à 90 p. 100 ou plus).

La classification des décès d'enfants de moins d'un an selon le lieu de résidence (zone urbaine ou rurale) est celle qui a été communiquée par chaque pays ou zone ; on part du principe qu'elle repose sur les définitions de la population urbaine utilisées pour les recensements nationaux, telles qu'elles sont reproduites à la fin des notes techniques du tableau 6.

Calcul des taux : Les taux de mortalité infantile représentent le nombre annuel de décès d'enfants de moins d'un an pour 1 000 naissances vivantes (présentées dans le tableau 9) survenues pendant la même année.

Les taux selon le lieu de résidence (zone urbaine ou rurale) représentent le nombre annuel de décès d'enfants de moins d'un an, classés selon la catégorie urbaine ou rurale appropriée pour 1 000 naissances vivantes survenues parmi la population correspondante (présentées dans le tableau 9). Ces taux ont été calculés par la Division de statistique du Département des affaires économiques et sociales de l'Organisation des Nations Unies.

Les taux présentés dans ce tableau se rapportent seulement aux pays ou zones où l'on a enregistré au moins un total de 30 décès d'enfants de moins d'un an au cours d'une année donnée et pour lesquels le code de qualité est soit "C" ou "|".

Fiabilité des données : il a été demandé à chaque pays ou zone d'indiquer le degré estimatif de complétude des données sur les décès d'enfants de moins d'un an figurant dans ses registres d'état civil. Ces évaluations nationales sont signalées par les codes de qualité "C", "U" et "|" qui apparaissent dans la deuxième colonne du tableau.

La lettre "C" indique que les données sont jugées à peu près complètes, c'est-à-dire qu'elles représentent au moins 90 p. 100 des décès d'enfants de moins d'un an survenus chaque année ; la lettre "U" signifie que les données sont jugées incomplètes, c'est-à-dire qu'elles représentent moins de 90 p.100 des décès d'enfants de moins d'un an survenus chaque année. Le symbole 'I' indique que la source des données n'est pas un registre de l'état civil, mais est quand même considérée fiable. Le code "..." dénote qu'aucun renseignement n'a été communiqué quant à la complétude des données.

Les données provenant des registres de l'état civil qui sont déclarées incomplètes ou dont le degré de complétude n'est pas connu (code "U" ou "...") sont jugées douteuses. Elles apparaissent en italique dans le tableau ; les taux, dans ces cas là, n'ont pas été calculés.

Insuffisance des données : les statistiques des décès d'enfants de moins d'un an appellent toutes les réserves qui ont été formulées à propos des statistiques de l'état civil en général et des statistiques concernant les décès en particulier (voir la section 4 des notes techniques).

La fiabilité des données, au sujet de laquelle des indications ont été fournies plus haut, est un facteur important. Il faut également tenir compte du fait que, dans certains cas, les données relatives aux décès d'enfants de moins d'un an sont exploitées selon la date de l'enregistrement et non la date de l'événement ; ces cas ont été signalés par le signe "+". Chaque fois que le décalage entre l'événement et son enregistrement est grand et qu'une forte proportion des décès d'enfants de moins d'un an fait l'objet d'un enregistrement tardif, les statistiques des décès d'enfants de moins d'un an pour une année donnée peuvent être considérablement faussées.

Un autre facteur qui nuit à la comparabilité internationale est la pratique de certains pays ou zones qui consiste à ne pas inclure dans les statistiques des décès d'enfants de moins d'un an les enfants nés vivants mais décédés avant l'enregistrement de leur naissance ou dans les 24 heures qui ont suivi la naissance, pratique qui conduit à sous-estimer le nombre total de décès d'enfants de moins d'un an. Quand pareil facteur a joué, cela a été signalé en note.

Les méthodes appliquées pour calculer l'âge au moment du décès peuvent également nuire à la comparabilité des données. Si l'on utilise à cet effet l'année seulement, et non pas les minutes, heures, jours et mois qui se sont écoulés depuis la naissance, de nombreux enfants décédés au cours du onzième mois qui a suivi leur naissance et certains enfants décédés encore plus jeunes seront classés comme décédés à un an révolu et donc exclus des données. Cette pratique conduit à sous-estimer le nombre de décès d'enfants de moins d'un an. Les renseignements dont on dispose sur ce facteur apparaissent en note à la fin du tableau. La question du calcul de l'âge au moment du décès est examinée plus en détail dans les notes techniques se rapportant au tableau 16.

Les taux de mortalité infantile appellent en outre toutes les réserves qui ont été formulées à propos des statistiques des naissances vivantes qui ont servi à leur calcul (voir à ce sujet les notes techniques relatives au tableau 9).

Les deux composantes du taux de mortalité infantile - décès d'enfants de moins d'un an au numérateur et naissances vivantes au dénominateur - étant obtenues à partir des registres de l'état civil, les statistiques des naissances vivantes appellent des réserves presque identiques à celles qui ont été formulées plus haut à propos des statistiques des décès d'enfants de moins d'un an. Il importe de prendre en considération la fiabilité des données (complétude de l'enregistrement) et le mode d'exploitation (selon la date de l'événement ou selon la date de l'enregistrement) dans le cas des statistiques des naissances vivantes tout comme dans le cas de celles des décès d'enfants de moins d'un an, puisque les unes et les autres servent au calcul des taux de mortalité infantile. Dans le tableau 15, le code de qualité et l'emploi de caractères italiques pour signaler les données moins sûres ne concernent que les décès d'enfants de moins d'un an. L'indication du mode d'exploitation des données (emploi du signe "+" pour signaler les données exploitées selon la date de l'enregistrement) ne porte là aussi que sur les décès d'enfants de moins d'un an. Le tableau 9 contient les renseignements correspondants pour les naissances vivantes.

Si l'enregistrement des décès d'enfants de moins d'un an est plus complet que l'enregistrement des naissances vivantes, les taux de mortalité infantile seront entachés d'une erreur par excès. En revanche, si l'enregistrement des naissances vivantes est plus complet que l'enregistrement des décès d'enfants de moins d'un an, les taux de mortalité infantile seront entachés d'une erreur par défaut. Si les décès d'enfants de moins d'un an et les naissances vivantes sont exploitées selon la date de l'enregistrement, il convient de ne pas perdre de vue que les décès sont, en règle générale, déclarés plus rapidement que les naissances.

Les taux de mortalité infantile peuvent être gravement faussés par la pratique de certains pays ou zones qui consiste à ne pas classer dans les naissances vivantes et ensuite dans les décès d'enfants de moins d'un an les enfants nés vivants mais décédés soit avant l'enregistrement de leur naissance, soit dans les 24 heures qui ont suivi la naissance. Cette pratique conduit à sous-estimer aussi bien le nombre des décès d'enfants de moins d'un an, qui constitue le numérateur, que le nombre des naissances vivantes, qui constitue le dénominateur, mais c'est pour le numérateur du taux de mortalité infantile que la distorsion est la plus marquée. Ce système a pour effet d'introduire une erreur par défaut dans les taux de mortalité infantile.

Les taux de mortalité infantile seront également sous-estimés si la méthode utilisée pour calculer l'âge au moment du décès conduit à sous-estimer le nombre de décès d'enfants de moins d'un an. Cette question a été examinée plus haut.

Tous ces facteurs sont importants et il faut donc en tenir compte lorsque l'on compare les taux de mortalité infantile.

En ce qui concerne la méthode de calcul des taux de mortalité infantile utilisée dans le tableau, il convient de noter qu'il n'a pas été tenu compte du fait qu'une partie des décès survenus pendant une année donnée sont des décès d'enfants nés l'année précédente et ne correspondent donc pas à l'ensemble des naissances utilisé pour le calcul des taux. Toutefois, l'erreur n'est pas grave, à moins que le nombre des naissances vivantes ou des décès d'enfants de moins d'un an ne varie rapidement.

La comparabilité des données selon le lieu de résidence (zone urbaine ou rurale) peut être limitée par les définitions nationales des termes « urbain » et « rural » utilisées pour la mise en tableaux de ces données. En l'absence d'indications contraires, on a supposé que les mêmes définitions avaient servi pour le recensement national de la population et pour l'établissement des statistiques de l'état civil pour chaque pays ou zone. Toutefois, il n'est pas exclu que, pour une zone ou un pays donné, des définitions différentes aient été retenues. Les définitions du terme « urbain » utilisées pour les recensements nationaux de population ont été présentées à la fin des notes techniques du tableau 6 lorsqu'elles étaient connues. Comme on l'a précisé dans les notes techniques relatives au tableau 6, ces définitions varient considérablement d'un pays ou d'une zone à l'autre.

La différence entre les taux de mortalité infantile pour les zones urbaines et rurales pourra aussi être faussée selon que les décès d'enfants de moins d'un an et les naissances vivantes auront été classés d'après le lieu de l'événement ou le lieu de résidence habituel. Ce problème est examiné plus en détail à la section 4.1.4.1 des Notes techniques.

Données publiées antérieurement : des statistiques concernant les décès d'enfants de moins d'un an et les taux de mortalité infantile ont déjà été présentées dans des éditions antérieures de l'*Annuaire démographique*. Pour plus de précisions concernant les années et les sujets pour lesquels des données ont été publiées, se reporter à l'index historique.

15. Infant deaths and infant mortality rates, by urban/rural residence: 2007 - 2011
Décès d'enfants de moins d'un an et taux de mortalité infantile, selon la résidence, urbaine/rurale : 2007 - 2011

Continent, country or area, and urban/rural residence / Continent, pays ou zone et résidence, urbaine/rurale	Co-de[a]	Number - Nombre					Rate - Taux				
		2007	2008	2009	2010	2011	2007	2008	2009	2010	2011
AFRICA - AFRIQUE											
Botswana[1]											
Total	+U	658	...	...	...	...	...	...	...	...	...
Egypt - Égypte											
Total	C	34 612	32 174	25 760	31 698	...	17.8	15.7	11.6	14.0	...
Urban - Urbaine	C	17 030	15 916	12 728	15 001	...	22.3	19.9	13.9	16.7	...
Rural - Rurale	C	17 582	16 258	13 032	16 697	...	14.8	13.0	10.0	12.3	...
Ghana											
Total	+U	52 014	52 038	...	...	...	...	...	...	...	...
Kenya											
Total	U	35 154	46 565	40 190	...	...	...	...	...	...	...
Mauritius - Maurice[2]											
Total	+C	261	236	205	187	189	15.3	14.4	13.4	12.5	12.9
Urban - Urbaine	+C	106	92	75	67	...	16.4	14.6	12.7	11.7	...
Rural - Rurale	+C	155	144	130	120	...	14.7	14.3	13.8	12.9	...
Morocco - Maroc											
Total	U	5 140	...	...	...	...	...	...	...	...	...
Urban - Urbaine[3]	U	2 018	...	...	...	...	...	...	...	...	...
Rural - Rurale[3]	U	3 036	...	...	...	...	...	...	...	...	...
Réunion[4]											
Total	C	91	...	...	...	...	6.1	...	...	...	...
Saint Helena ex. dep. - Sainte-Hélène sans dép.											
Total	C	-	-	-	-	-	...	...	...	...	...
Senegal - Sénégal[5]											
Total	I	31 576	31 889	32 094	32 314	...	66.1	65.2	64.4	63.5	...
Seychelles											
Total	+C	16	20	17	21	16	...	...	...	...	...
Sierra Leone											
Total	...	...	2 914	3 238	...	...	...	...	...	...	...
South Africa - Afrique du Sud											
Total	...	46 708	45 316	...	...	...	...	...	...	...	...
AMERICA, NORTH - AMÉRIQUE DU NORD											
Anguilla											
Total	+C	-	-	...	...	...	...	...	...	...	...
Antigua and Barbuda - Antigua-et-Barbuda											
Total	+C	27	14	7	11	...	...	...	...	...	...
Aruba											
Total	+U	4	...	...	...	...	...	...	...	...	...
Bahamas											
Total	C	69	...	...	...	...	11.8	...	...	...	...
Barbados - Barbade											
Total	+C	31	...	...	...	...	8.8	...	...	...	...
Bermuda - Bermudes											
Total	C	4	4	1	...	...	...	...	...	...	...
Canada[6]											
Total	C	1 881	1 911	...	...	...	5.1	5.1	...	...	...
Cayman Islands - Îles Caïmanes											
Total	C	5	...	3	2	...	...	...	...	...	...
Costa Rica											
Total	C	735	673	663	*671	*666	10.0	9.0	8.8	*9.5	*9.1
Urban - Urbaine	C	326	321	293	*323	...	11.3	11.1	10.4	*12.4	...
Rural - Rurale	C	409	352	370	*348	...	9.2	7.6	7.9	*7.8	...
Cuba											
Total	C	592	579	626	*581	...	5.3	4.7	4.8	*4.5	...
Urban - Urbaine	C	401	423	470	*417	...	4.7	4.5	4.7	*4.2	...
Rural - Rurale	C	191	156	156	*164	...	6.9	5.4	5.2	*5.7	...
Dominican Republic - République dominicaine											
Total	U	80	107	103	480	...	...	...	...	...	...
Urban - Urbaine[7]	U	61	82	63	265	...	...	...	...	...	...
Rural - Rurale[7]	U	15	13	16	42	...	...	...	...	...	...

15. Infant deaths and infant mortality rates, by urban/rural residence: 2007 - 2011
Décès d'enfants de moins d'un an et taux de mortalité infantile, selon la résidence, urbaine/rurale : 2007 - 2011 (continued - suite)

Continent, country or area, and urban/rural residence / Continent, pays ou zone et résidence, urbaine/rurale	Co-de[a]	Number - Nombre					Rate - Taux				
		2007	2008	2009	2010	2011	2007	2008	2009	2010	2011

AMERICA, NORTH - AMÉRIQUE DU NORD

El Salvador[8]											
Total	C	981	947	888	...	...	9.2	8.5	8.2	...	...
Urban - Urbaine	C	713	...	...	...	...	10.4	...	...	...	...
Rural - Rurale	C	268	...	...	...	...	7.0	...	...	...	...
Greenland - Groenland											
Total	C	9	8	4	6	9	...	...	...	...	...
Urban - Urbaine	C	8	5	2	-	2	...	...	...	...	...
Rural - Rurale	C	1	3	2	6	7	...	...	...	...	...
Martinique											
Total	C	47	...	...	...	...	8.8	...	...	...	...
Urban - Urbaine	C	43	...	...	...	...	8.9	...	...	...	...
Rural - Rurale	C	4	...	...	...	...	...	...	...	...	...
Mexico - Mexique[9]											
Total	+U	30 412	29 519	28 983	28 861	...	...	...	...	...	...
Urban - Urbaine[7]	+U	22 656	22 141	22 061	21 930	...	...	...	...	...	...
Rural - Rurale[7]	+U	7 284	6 894	6 453	6 415	...	...	...	...	...	...
Nicaragua											
Total	+U	1 955	1 932			...	...	...	...	...	...
Urban - Urbaine	+U	1 072	977	...	...	...	...	...	...	...	...
Rural - Rurale	+U	883	955	...	...	...	...	...	...	...	...
Panama											
Total	U	992	877	837	910	...	...	...	...	...	...
Urban - Urbaine	U	500	473	428	474	...	...	...	...	...	...
Rural - Rurale	U	492	404	409	436	...	...	...	...	...	...
Puerto Rico - Porto Rico											
Total	C	387	400	...	...	...	8.3	8.8	...	...	...
Urban - Urbaine[7]	C	...	206	...	...	...	...	8.6	...	...	...
Rural - Rurale[7]	C	...	136	...	...	...	...	6.3	...	...	...
Saint Vincent and the Grenadines - Saint-Vincent-et-les Grenadines											
Total	+C	34	34	32	...	...	18.7	17.9	16.8	...	...
Turks and Caicos Islands - Îles Turques et Caïques											
Total	C	2	3	...	...	...	...	...	...	...	...
United States of America - États-Unis d'Amérique											
Total	C	29 138	28 059	26 412	*24 548	...	6.8	6.6	6.4	...	...
United States Virgin Islands - Îles Vierges américaines											
Total	C	12	...	...	...	...	...	...	...	...	...

AMERICA, SOUTH - AMÉRIQUE DU SUD

Argentina - Argentine											
Total	C	9 300	9 326	9 013	8 961	...	13.3	12.5	12.1	11.9	...
Brazil - Brésil[10]											
Total	U	35 159	34 375	33 713	...	...	...	...	...	...	...
Chile - Chili											
Total	C	2 009	1 948	1 997	...	...	8.4	7.9	7.9	...	...
Urban - Urbaine	C	1 792	1 766	1 730	...	...	8.3	7.8	7.6	...	...
Rural - Rurale	C	217	182	267	...	...	9.2	8.9	10.4	...	...
Colombia - Colombie											
Total	U	10 867	10 560	9 250	*8 186	*7 060	...	...	...	...	...
Urban - Urbaine[7]	U	7 833	7 759	6 576	...	...	...	...	...	...	...
Rural - Rurale[7]	U	2 544	2 312	2 281	...	...	...	...	...	...	...
Ecuador - Équateur[11]											
Total	U	3 529	3 380	3 279	3 204	...	...	...	...	...	...
Urban - Urbaine	U	2 883	2 669	2 657	2 573	...	...	...	...	...	...
Rural - Rurale	U	646	711	622	631	...	...	...	...	...	...
French Guiana - Guyane française											
Total	C	77	...	...	...	...	12.1	...	...	...	...
Urban - Urbaine	C	60	...	...	...	...	12.0	...	...	...	...
Rural - Rurale	C	17	...	...	...	...	...	...	...	...	...

15. Infant deaths and infant mortality rates, by urban/rural residence: 2007 - 2011
Décès d'enfants de moins d'un an et taux de mortalité infantile, selon la résidence, urbaine/rurale : 2007 - 2011 (continued - suite)

Continent, country or area, and urban/rural residence / Continent, pays ou zone et résidence, urbaine/rurale	Code[a]	Number - Nombre					Rate - Taux				
		2007	2008	2009	2010	2011	2007	2008	2009	2010	2011
AMERICA, SOUTH - AMÉRIQUE DU SUD											
Paraguay											
Total	+U	1 599	1 674	...	...	...	...	...	...	...	...
Urban - Urbaine	+U	1 145	1 162	...	...	...	...	...	...	...	...
Rural - Rurale	+U	454	512	...	...	...	...	...	...	...	...
Peru - Pérou[12]											
Total	+U	5 516	5 581	6 018	...	...	...	...	...	...	...
Suriname[13]											
Total	C	134	...	...	...	...	13.7	...	...	...	...
Urban - Urbaine[14]	C	97	...	...	...	...	15.9	...	...	...	...
Rural - Rurale[14]	C	37	...	...	...	...	10.1	...	...	...	...
Uruguay											
Total	C	573	504	451	364	...	12.1	9.5	9.6	7.7	...
Venezuela (Bolivarian Republic of) - Venezuela (République bolivarienne du)											
Total	C	6 340	...	...	...	...	10.3	...	...	...	...
ASIA - ASIE											
Armenia - Arménie[15]											
Total	C	433	442	454	512	507	10.8	10.7	10.2	11.4	11.7
Urban - Urbaine	C	315	312	269	...	...	12.3	11.9	9.5	...	...
Rural - Rurale	C	118	130	185	...	...	8.1	8.7	11.5	...	...
Azerbaijan - Azerbaïdjan[15]											
Total	+C	1 756	1 715	1 731	1 843	1 903	11.6	11.3	11.4	11.1	10.8
Urban - Urbaine	+C	1 036	1 047	1 094	1 173	...	14.2	14.2	14.6	14.3	...
Rural - Rurale	+C	720	668	637	670	...	9.1	8.5	8.2	8.0	...
Bahrain - Bahreïn											
Total	C	133	127	128	...	...	8.3	7.5	7.2	...	...
Bangladesh											
Total[16]	I	...	...	...	...	...	43.0	...	...	...	...
Urban - Urbaine[16]	I	...	...	...	...	...	42.0	...	...	...	...
Rural - Rurale[16]	I	...	...	...	...	...	43.0	...	...	...	...
Total	U	...	...	...	104 591	...	...	...	...	...	...
Urban - Urbaine	U	...	...	...	23 094	...	...	...	...	...	...
Rural - Rurale	U	...	...	...	81 497	...	...	...	...	...	...
Brunei Darussalam - Brunéi Darussalam											
Total	+C	48	45	...	...	...	7.6	7.0	...	...	...
China, Hong Kong SAR - Chine, Hong Kong RAS											
Total	C	125	145	136	...	...	1.8	1.8	1.7	...	...
China, Macao SAR - Chine, Macao RAS											
Total	C	11	15	10	15	...	...	...	...	...	...
Cyprus - Chypre[17]											
Total	C	32	32	32	31	30	3.7	3.5	3.3	3.1	3.1
Democratic People's Republic of Korea - République populaire démocratique de Corée[18]											
Total	I	...	6 686	...	...	...	...	19.3	...	...	...
Urban - Urbaine	I	...	3 540	...	...	...	...	17.6	...	...	...
Rural - Rurale	I	...	3 146	...	...	...	...	21.7	...	...	...
Georgia - Géorgie[15]											
Total	C	656	959	945	701	703	13.3	17.0	14.9	11.2	12.1
Urban - Urbaine	C	555	724	708	379	...	16.2	18.5	16.2	11.1	...
Rural - Rurale	C	101	235	237	322	...	6.7	13.5	12.0	11.3	...
India - Inde[19]											
Total	I	...	...	...	...	...	55.0	53.0	...	...	...
Urban - Urbaine	I	...	...	...	...	...	37.0	36.0	...	...	...
Rural - Rurale	I	...	...	...	...	...	61.0	58.0	...	...	...

15. Infant deaths and infant mortality rates, by urban/rural residence: 2007 - 2011
Décès d'enfants de moins d'un an et taux de mortalité infantile, selon la résidence, urbaine/rurale : 2007 - 2011 (continued - suite)

Continent, country or area, and urban/rural residence / Continent, pays ou zone et résidence, urbaine/rurale	Code[a]	Number - Nombre					Rate - Taux				
		2007	2008	2009	2010	2011	2007	2008	2009	2010	2011
ASIA - ASIE											
Israel - Israël[20]											
Total	C	592	602	619	616	568	3.9	3.8	3.8	3.7	3.4
Urban - Urbaine	C	531	537	570	543[7]	507[7]	3.8	3.8	3.9	3.6	...
Rural - Rurale	C	61	65	49	72[7]	60[7]	4.5	4.6	3.3	4.7	...
Japan - Japon[21]											
Total	C	2 828	2 798	2 556	2 450	...	2.6	2.6	2.4	2.3	...
Urban - Urbaine[7]	C	2 564	2 526	2 324	2 247	...	2.6	2.5	2.4	2.3	...
Rural - Rurale[7]	C	259	267	227	200	...	2.5	2.7	2.4	2.2	...
Kazakhstan[15]											
Total	C	4 646	7 322	...	...	...	14.4	20.5	...	...	...
Urban - Urbaine	C	2 765	4 419	...	...	...	15.9	22.4	...	...	...
Rural - Rurale	C	1 881	2 903	...	...	...	12.7	18.2	...	...	...
Kuwait - Koweït											
Total	C	449	494	596	496	...	8.4	9.1	10.5	8.6	...
Kyrgyzstan - Kirghizstan											
Total	C	3 771	3 453	3 393	3 337	...	30.6	27.1	25.0	22.8	...
Urban - Urbaine	C	1 963	1 852	1 893	1 888	...	47.4	42.1	40.3	37.8	...
Rural - Rurale	C	1 808	1 601	1 500	1 449	...	22.1	19.2	16.9	15.1	...
Malaysia - Malaisie											
Total	C	2 926	3 045	3 404	*3 251	...	6.2	6.2	6.9	*6.8	...
Urban - Urbaine	C	1 762	1 841	2 064	...	...	5.9	6.0	6.6	...	...
Rural - Rurale	C	1 164	1 204	1 340	...	...	6.8	6.7	7.4	...	...
Maldives											
Total	C	66	76	81	78	...	10.0	10.9	10.9	11.0	...
Urban - Urbaine	C	28	39	52	43[22]	...	...	11.6	14.1	11.3	...
Rural - Rurale	C	38	37	29	33[22]	...	10.9	10.2	...	10.2	...
Mongolia - Mongolie											
Total	+C	994	1 240	1 386	1 275	...	17.6	19.4	20.0	20.2	...
Urban - Urbaine	+C	707	...	...	...	...	19.5	...	...	...	...
Rural - Rurale	+C	287	...	...	...	...	14.1	...	...	...	...
Myanmar											
Total	+U	43 077	26 265	25 782	...	...	...	...	...	...	...
Urban - Urbaine	+U	10 797	7 004	7 097	...	...	...	...	...	...	...
Rural - Rurale	+U	32 280	19 261	18 685	...	...	...	...	...	...	...
Occupied Palestinian Territory - Territoire palestinien occupé											
Total	U	794	...	...	...	...	...	...	...	...	...
Oman[23]											
Total	U	524	534	676	600	598	...	...	...	...	...
Pakistan[24]											
Total	I	288 192	...	...	...	...	75.2	...	...	...	...
Urban - Urbaine	I	82 299	...	...	...	...	66.5	...	...	...	...
Rural - Rurale	I	205 893	...	...	...	...	79.4	...	...	...	...
Philippines											
Total	C	21 720	22 351	21 659	...	...	12.4	12.5	12.4	...	...
Qatar											
Total	C	117	132	130	132	...	7.5	7.7	7.1	6.8	...
Republic of Korea - République de Corée[25]											
Total	C	1 703	1 580	1 415	1 506	...	3.5	3.4	3.2	3.2	...
Urban - Urbaine[7]	C	1 347	1 282	1 139	1 185	...	3.3	3.3	3.1	3.1	...
Rural - Rurale[7]	C	352	285	265	296	...	4.1	3.5	3.4	3.5	...
Saudi Arabia - Arabie saoudite[26]											
Total	...	10 782	10 576	10 409	...	...	...	...	...	...	...
Singapore - Singapour											
Total	+C	94	104	102	100	...	2.4	2.6	2.6	2.6	...
Sri Lanka											
Total	+C	3 298	...	...	...	...	8.5	...	...	...	...
Urban - Urbaine	+C	2 833	...	...	...	...	10.7	...	...	...	...
Rural - Rurale	+C	465	...	...	...	...	3.8	...	...	...	...
Tajikistan - Tadjikistan[15]											
Total	U	2 166	2 480	...	...	...	...	...	...	...	...
Urban - Urbaine	U	998	1 123	...	...	...	...	...	...	...	...
Rural - Rurale	U	1 168	1 357	...	...	...	...	...	...	...	...

15. Infant deaths and infant mortality rates, by urban/rural residence: 2007 - 2011
Décès d'enfants de moins d'un an et taux de mortalité infantile, selon la résidence, urbaine/rurale : 2007 - 2011 (continued - suite)

Continent, country or area, and urban/rural residence / Continent, pays ou zone et résidence, urbaine/rurale	Code[a]	Number - Nombre					Rate - Taux				
		2007	2008	2009	2010	2011	2007	2008	2009	2010	2011
ASIA - ASIE											
Thailand - Thaïlande											
Total	+U	5 781	5 721	5 416	...	...	...	...	...	...	...
Turkey - Turquie											
Total[27]	I	21 293	20 352	19 431	16 883	...	16.8	16.1	15.5	13.6	...
Total	C	...	...	...	...	*16 103	...	...	...	...	*12.6
United Arab Emirates - Émirats arabes unis[28]											
Total	...	528	...	...	...	...	...	...	...	...	...
Viet Nam											
Total	C	21 223	...	...	...	...	16.0	...	...	...	...
Urban - Urbaine	C	3 581	...	...	...	...	10.0	...	...	...	...
Rural - Rurale	C	17 642	...	...	...	...	18.2	...	...	...	...
EUROPE											
Åland Islands - Îles d'Åland											
Total	C	-	1	-	-	...	...	...	...	...	...
Urban - Urbaine	C	-	1	-	-	...	...	...	...	...	...
Rural - Rurale	C	-	-	-	-	...	...	...	...	...	...
Albania - Albanie											
Total	C	205	217	...	...	...	6.2	6.0	...	...	...
Andorra - Andorre											
Total	C	1	3	1	-	...	...	...	...	...	...
Austria - Autriche											
Total	C	280	287	289	307	...	3.7	3.7	3.8	3.9	...
Belarus - Bélarus											
Total	C	534	483	511	429	420	5.2	4.5	4.7	4.0	3.8
Urban - Urbaine	C	339	317	345	278	...	4.4	3.9	4.2	3.4	...
Rural - Rurale	C	195	166	166	151	...	7.4	6.3	6.3	5.9	...
Belgium - Belgique[29]											
Total	C	487	478	439	463	*426	3.9	3.8	3.4	3.6	*3.3
Urban - Urbaine	C	485	472	433	...	...	4.0	3.8	3.5	...	...
Rural - Rurale	C	2	6	6	...	...	...	...	...	...	...
Bosnia and Herzegovina - Bosnie-Herzégovine											
Total	C	231	235	224	216	...	6.8	6.9	6.5	6.4	...
Bulgaria - Bulgarie											
Total	C	690	668	729	708	601	9.2	8.6	9.0	9.4	8.5
Urban - Urbaine	C	447	444	468	461	...	7.9	7.6	7.7	8.1	...
Rural - Rurale	C	243	224	261	247	...	12.7	11.6	12.9	13.4	...
Croatia - Croatie											
Total	C	234	195	235	192	...	5.6	4.5	5.3	4.4	...
Urban - Urbaine	C	136	107	141	109	...	5.8	4.4	5.7	4.4	...
Rural - Rurale	C	98	88	94	83	...	5.3	4.5	4.8	4.4	...
Czech Republic - République tchèque											
Total	C	360	338	341	313	298	3.1	2.8	2.9	2.7	2.7
Urban - Urbaine	C	259	241	254	235	...	3.1	2.7	2.9	2.7	...
Rural - Rurale	C	101	97	87	78	...	3.4	3.1	2.8	2.5	...
Denmark - Danemark[30]											
Total	C	256	262	193	216	208	4.0	4.0	3.1	3.4	3.5
Estonia - Estonie											
Total	C	79	80	57	53	36	5.0	5.0	3.6	3.3	2.5
Urban - Urbaine	C	56	52	35	37	...	5.0	4.7	3.2	3.5	...
Rural - Rurale	C	23	28	22	16	...	...	...	...	...	...
Faeroe Islands - Îles Féroé											
Total	C	4	...	...	...	...	...	...	...	...	...
Urban - Urbaine	C	2	...	...	...	...	...	...	...	...	...
Rural - Rurale	C	2	...	...	...	...	...	...	...	...	...
Finland - Finlande[31]											
Total	C	161	157	158[32]	139[32]	143	2.7	2.6	2.6	2.3	2.4
Urban - Urbaine	C	108	99	100[32]	96[32]	...	2.6	2.3	2.3	2.2	...
Rural - Rurale	C	53	58	58[32]	43[32]	...	3.2	3.4	3.4	2.5	...

15. Infant deaths and infant mortality rates, by urban/rural residence: 2007 - 2011
Décès d'enfants de moins d'un an et taux de mortalité infantile, selon la résidence, urbaine/rurale : 2007 - 2011 (continued - suite)

Continent, country or area, and urban/rural residence / Continent, pays ou zone et résidence, urbaine/rurale	Code[a]	Number - Nombre					Rate - Taux				
		2007	2008	2009	2010	2011	2007	2008	2009	2010	2011
EUROPE											
France[33]											
Total	C	2 822	2 856	2 903	2 785	...	3.6	3.6	3.7	3.5	...
Urban - Urbaine[34]	C	2 207	2 251	2 242	...	...	3.8	3.8	3.8	...	...
Rural - Rurale[34]	C	585	582	636	...	...	3.0	2.9	3.2	...	...
Germany - Allemagne											
Total	C	2 656	2 414	2 334	2 322	2 408	3.9	3.5	3.5	3.4	3.6
Gibraltar											
Total	+C	1	...	...	...	...	...	...	...	...	...
Greece - Grèce											
Total	C	397	314	371	436	*400	3.5	2.7	3.1	3.8	*3.8
Urban - Urbaine	C	293	223	261	...	...	3.8	2.8	3.2	...	...
Rural - Rurale	C	104	91	110	...	...	2.9	2.4	3.0	...	...
Hungary - Hongrie											
Total	C	577	553	495	481	*435	5.9	5.6	5.1	5.3	*4.9
Urban - Urbaine[35]	C	352	328	301	316	...	5.4	4.9	4.6	5.1	...
Rural - Rurale[35]	C	221	218	187	156	...	7.0	6.9	6.3	5.8	...
Iceland - Islande											
Total	C	9	12	9	11	4	...	...	...	...	...
Urban - Urbaine	C	9	12	8	10	...	...	...	...	...	...
Rural - Rurale	C	-	-	1	1	...	...	...	...	...	...
Ireland - Irlande											
Total	+C	221	284	240	279	...	3.1	3.8	3.2	3.8	...
Italy - Italie											
Total	C	1 959	1 997	1 947	1 887	...	3.5	3.5	3.4	3.4	...
Latvia - Lettonie											
Total	C	203	161	168	110	124	8.7	6.7	7.8	5.7	6.7
Urban - Urbaine	C	123	90	99	68	...	7.6	5.4	6.7	5.2	...
Rural - Rurale	C	80	71	69	42	...	11.2	9.6	10.1	6.9	...
Liechtenstein											
Total	C	-	-	1	1	*1	...	...	...	...	...
Lithuania - Lituanie											
Total	C	190	172	181	153	144	5.9	4.9	4.9	4.3	4.2
Urban - Urbaine	C	155	130	136	114	...	7.2	5.5	5.4	4.6	...
Rural - Rurale	C	35	42	45	39	...	3.3	3.7	3.9	3.5	...
Luxembourg											
Total	C	10	10	14	20	24	...	...	...	...	...
Malta - Malte											
Total	C	25	34	22	22	26	...	8.2	...	...	...
Montenegro - Monténégro											
Total	C	58	62	49	...	...	7.4	7.5	5.7	...	...
Urban - Urbaine	C	...	58	45	...	...	...	9.0	6.8	...	...
Rural - Rurale	C	...	4	4	...	...	...	...	...	...	...
Netherlands - Pays-Bas[36]											
Total	C	736	698	711	695	...	4.1	3.8	3.8	3.8	...
Urban - Urbaine	C	530	500	514	503	...	4.2	3.9	4.0	3.9	...
Rural - Rurale	C	206	198	197	192	...	3.7	3.5	3.5	3.5	...
Norway - Norvège[37]											
Total	C	180	163	192	171	142	3.1	2.7	3.1	2.8	2.4
Poland - Pologne											
Total	C	2 322	2 338	2 327	2 057	1 836	6.0	5.6	5.6	5.0	4.7
Urban - Urbaine	C	1 371	1 363	1 385	1 198	...	6.1	5.6	5.6	5.0	...
Rural - Rurale	C	951	975	942	859	...	5.9	5.6	5.5	5.0	...
Portugal[9]											
Total	C	353	340	362	255	302	3.4	3.3	3.6	2.5	3.1
Republic of Moldova - République de Moldova[38]											
Total	C	428[15]	473	492	476	431	11.3	12.1	12.1	11.8	11.0
Urban - Urbaine	C	141[15]	159	168	153	...	10.3	11.1	11.3	10.1	...
Rural - Rurale	C	287[15]	314	324	323	...	11.8	12.7	12.5	12.8	...
Romania - Roumanie											
Total	C	2 574	2 434	2 250	2 078	1 850	12.0	11.0	10.1	9.8	9.4
Urban - Urbaine	C	1 186	1 030	982	913	...	10.2	8.5	8.1	7.7	...
Rural - Rurale	C	1 388	1 404	1 268	1 165	...	14.1	14.0	12.6	12.3	...

15. Infant deaths and infant mortality rates, by urban/rural residence: 2007 - 2011
Décès d'enfants de moins d'un an et taux de mortalité infantile, selon la résidence, urbaine/rurale : 2007 - 2011 (continued - suite)

Continent, country or area, and urban/rural residence / Continent, pays ou zone et résidence, urbaine/rurale	Code[a]	Number - Nombre					Rate - Taux				
		2007	2008	2009	2010	2011	2007	2008	2009	2010	2011
EUROPE											
Russian Federation - Fédération de Russie[15]											
Total	C	14 858	14 436	14 271	13 405	*13 136	9.2	8.4	8.1	7.5	*7.3
Urban - Urbaine	C	9 497	9 273	9 189	...	...	8.5	7.8	7.4	...	...
Rural - Rurale	C	5 361	5 163	5 082	...	...	11.0	9.9	9.7	...	...
San Marino - Saint-Marin											
Total	+C	-	...	...	...	1	...	...	...	...	...
Serbia - Serbie[39]											
Total	+C	484	460	492	460	414	7.1	6.7	7.0	6.7	6.3
Urban - Urbaine	+C	339	331	346	310	...	7.6	7.3	7.4	6.6	...
Rural - Rurale	+C	145	129	146	150	...	6.2	5.4	6.2	6.9	...
Slovakia - Slovaquie											
Total	C	334	336	346	344	300	6.1	5.9	5.7	5.7	4.9
Urban - Urbaine	C	156	158	159	172	...	5.4	5.2	4.9	5.4	...
Rural - Rurale	C	178	178	187	172	...	7.0	6.7	6.5	6.1	...
Slovenia - Slovénie											
Total	C	55	52	52	56	*64	2.8	2.4	2.4	2.5	*3.0
Urban - Urbaine	C	19	26	21	34	...	...	...	...	3.1	...
Rural - Rurale	C	36	26	31	22	...	3.5	...	2.8	...	...
Spain - Espagne											
Total	C	1 704	1 741	1 578	1 531	*1 602	3.5	3.3	3.2	3.2	*3.4
Sweden - Suède											
Total	C	268	272	278	294	234	2.5	2.5	2.5	2.5	2.1
Switzerland - Suisse											
Total	C	293	308	337	307	*305	3.9	4.0	4.3	3.8	*3.8
Urban - Urbaine	C	221	245	258	230	...	4.0	4.3	4.4	3.8	...
Rural - Rurale	C	72	63	79	77	...	3.7	3.2	4.0	3.8	...
TFYR of Macedonia - L'ex-R. y. de Macédoine											
Total	C	234	223	278	185	*174	10.3	9.7	11.7	7.6	*7.6
Urban - Urbaine	C	125	120	150	89	...	9.8	9.1	11.0	6.4	...
Rural - Rurale	C	109	103	128	96	...	11.0	10.6	12.7	9.2	...
Ukraine[40]											
Total	C	5 188	5 049	4 801	4 564	4 511	11.0	9.9	9.4	9.2	9.0
Urban - Urbaine	C	3 330	3 220	3 050	2 792	...	10.6	9.5	9.0	8.5	...
Rural - Rurale	C	1 858	1 829	1 751	1 772	...	11.7	10.8	10.1	10.4	...
United Kingdom of Great Britain and Northern Ireland - Royaume-Uni de Grande-Bretagne et d'Irlande du Nord[41]											
Total	+C	3 740	3 745	3 677	3 504	...	4.8	4.7	4.7	4.3	...
OCEANIA - OCÉANIE											
Australia - Australie											
Total	+C	1 203	1 226	1 261	1 229	...	4.2	4.1	4.3	4.1	...
Urban - Urbaine[42]	+C	922	956	973	962	...	3.9	3.9	4.0	3.9	...
Rural - Rurale[42]	+C	249	240	259	233	...	4.9	4.6	5.0	4.5	...
Cook Islands - Îles Cook[43]											
Total	+C	4	1	2	2	...	...	...	...	...	...
French Polynesia - Polynésie française											
Total	C	30	23	26	25	...	6.8	...	...	...	...
Guam[44]											
Total	C	32	31	...	...	...	9.2	8.9	...	...	...
New Caledonia - Nouvelle-Calédonie											
Total	C	25	20	23	19	...	...	...	...	...	...
New Zealand - Nouvelle-Zélande[9]											
Total	+C	317	322	308	325	290	4.9	5.0	4.9	5.1	4.7
Urban - Urbaine[7]	+C	263	271	273	282	255	4.7	4.8	5.0	5.0	4.7
Rural - Rurale[7]	+C	34	38	17	35	31	4.2	4.7	...	4.4	4.2

15. Infant deaths and infant mortality rates, by urban/rural residence: 2007 - 2011

Décès d'enfants de moins d'un an et taux de mortalité infantile, selon la résidence, urbaine/rurale : 2007 - 2011 (continued - suite)

Continent, country or area, and urban/rural residence / Continent, pays ou zone et résidence, urbaine/rurale	Co-de[a]	Number - Nombre					Rate - Taux				
		2007	2008	2009	2010	2011	2007	2008	2009	2010	2011
OCEANIA - OCÉANIE											
Northern Mariana Islands - Îles Mariannes septentrionales[45]											
Total	U	*3*	*9*	...	...	...	...	...	...	...	...
Pitcairn											
Total	C	-	...	...	...	...	...	...	...	...	...

FOOTNOTES - NOTES

Italics: data from civil registers which are incomplete or of unknown completeness. - Italiques : données incomplètes ou dont le degré d'exactitude n'est pas connu, provenant des registres de l'état civil.

[*] Provisional. - Données provisoires.

[a] 'Code' indicates the source of data, as follows:
C - Civil registration, estimated over 90% complete
U - Civil registration, estimated less than 90% complete
| - Other source, estimated reliable
+ - Data tabulated by date of registration rather than occurence
... - Information not available

Le 'Code' indique la source des données, comme suit :
C - Registres de l'état civil considérés complets à 90 p. 100 au moins
U - Registres de l'état civil qui ne sont pas considérés complets à 90 p. 100 au moins
| - Autre source, considérée pas douteuses
+ - Données exploitées selon la date de l'enregistrement et non la date de l'événement
... - Information pas disponible

[1] Data from Health Statistics Reports since 1998, due to incompleteness of civil registration. - Données provenant des "Health Statistics Reports" (bulletins statistiques de santé) depuis 1998, en raison des déficiences de l'état civil.
[2] Excludes the islands of St. Brandon and Agalega. - Non compris les îles St. Brandon et Agalega.
[3] Excluding foreigners and persons whose place of residence is unknown. - Excepté les étrangers et les personnes dont le lieu de résidence est inconnu.
[4] Excluding live-born infants who died before their birth was registered. - Non compris les enfants nés vivants décédés avant l'enregistrement de leur naissance.
[5] Based on estimates and projections from 'Agence Nationale de la Statistique et de la Démographie'. - Données fondées sur des estimations et des projections provenant de l'Agence Nationale de la Statistique et de la Démographie.
[6] Including Canadian residents temporarily in the United States, but excluding United States residents temporarily in Canada. - Y compris les résidents canadiens se trouvant temporairement aux Etats-Unis, mais ne comprenant pas les résidents des Etats-Unis se trouvant temporairement au Canada.
[7] The total number includes 'Unknown residence', but the categories urban and rural do not. - Le nombre total englobe les personnes dont la résidence n'est pas connue, à l'inverse des catégories de population urbaine et rurale.
[8] Excluding infant deaths to mothers living abroad. - Exception faite des décès d'enfants en bas âge survenus lorsque la mère résidait à l'étranger.
[9] Data refer to resident population only. - Pour la population résidante seulement.
[10] Excluding Indian jungle population. - Non compris les Indiens de la jungle.
[11] Excluding nomadic Indian tribes. - Non compris les tribus d'Indiens nomades.
[12] Source: Reports of the Ministry of Health. Completeness of coverage estimated at 40 per cent. - Source: Rapports du Ministère de la Santé. Degré de complétude évalué à 40 pour cent.
[13] Including non-residents. - Y compris les non-résidents.
[14] The districts of Paramaribo and Wanica are considered urban areas, whereas all other districts are considered more or less rural areas. - Les districts de Paramaribo et de Wanica sont considérés comme des zones urbaines, les autres districts étant considérés comme des zones rurales à divers degrés.

[15] Excluding infants born alive of less than 28 weeks' gestation, of less than 1 000 grams in weight and 35 centimeters in length, who die within seven days of birth. - Non compris les enfants nés vivants après moins de 28 semaines de gestations, pesant moins de 1 000 grammes, mesurant moins de 35 centimètres et décédés dans les sept jours qui ont suivi leur naissance.
[16] Rates were obtained by the Sample Vital Registration System of Bangladesh. - Taux obtenus au moyen du Sample Vital Registration System du Bangladesh.
[17] Data refer to government controlled areas. - Les données se rapportent aux zones contrôlées par le Gouvernement.
[18] Data refer to the 12 months preceding the census in October. - Les données se rapportent aux 12 mois précédant le recensement de octobre.
[19] Rates were obtained by the Sample Registration System of India, which is a large demographic survey. Including data for the Indian-held part of Jammu and Kashmir, the final status of which has not yet been determined. - Les taux ont été obtenus par le Système de l'enregistrement par échantillon de l'Inde qui est une large enquête démographique. Y compris les données pour la partie du Jammu et du Cachemire occupée par l'Inde dont le statut définitif n'a pas encore été déterminé.
[20] Including data for East Jerusalem and Israeli residents in certain other territories under occupation by Israeli military forces since June 1967. Including deaths abroad of Israeli residents who were out of the country for less than a year. - Y compris les données pour Jérusalem-Est et les résidents israéliens dans certains autres territoires occupés depuis 1967 par les forces armées israéliennes. Y compris les décès à l'étranger de résidents israéliens qui ont quitté le pays depuis moins d'un an.
[21] Data refer to Japanese nationals in Japan only. - Les données se raportent aux nationaux japonais au Japon seulement.
[22] Excluding deaths occurred abroad. - Hormis les décès à l'étranger.
[23] Data from Births and Deaths Notification System (Ministry of Health and all health care providers). - Les données proviennent du système de notification des naissances et des décès (Ministère de la santé et tous prestataires de soins de santé).
[24] Excluding data for the Pakistan-held part of Jammu and Kashmir, the final status of which has not yet been determined. Based on the results of the Pakistan Demographic Survey. - Non compris les données concernant la partie du Jammu et Cachemire occupée par le Pakistan dont le statut définitif n'a pas été déterminé. Données extraites de l'enquête démographique effectuée par le Pakistan.
[25] Excluding alien armed forces, civilian aliens employed by armed forces, and foreign diplomatic personnel and their dependants. - Non compris les militaires étrangers, les civils étrangers employés par les forces armées ni le personnel diplomatique étranger et les membres de leur famille les accompagnant.
[26] Data based on the final results of the 2004 Population and Housing Census. - Données basées sur les résultats définitifs du recensement de la population et de l'habitat de 2004.
[27] Data based on Address Based Population Registration System. - Les données sont basées sur le registre national de la population basé sur l'adresse.
[28] The registration of births and deaths is conducted by the Ministry of Health. An estimate of completeness is not provided. - L'enregistrement des naissances et des décès est mené par le Ministère de la Santé. Le degré estimatif de complétude n'est pas fourni.
[29] Including armed forces stationed outside the country, but excluding alien armed forces stationed in the area. - Y compris les militaires nationaux hors du pays, mais non compris les militaires étrangers en garnison sur le territoire.
[30] Excluding Faeroe Islands and Greenland shown separately, if available. - Non compris les Iles Féroé et le Groenland, qui font l'objet de rubriques distinctes, si disponible.
[31] Including nationals temporarily outside the country. - Y compris les nationaux se trouvant temporairement hors du pays.

[32] Excluding Åland Islands. - Non compris les Îles d'Åland.

[33] Including armed forces stationed outside the country. - Y compris les militaires nationaux hors du pays.

[34] The data for urban and rural exclude the nationals outside the country. - Les données relatives à la population urbaine et rurale n'englobent pas les nationaux se trouvant à l'étranger.

[35] Total includes the data of foreigners, persons of unknown residence and homeless, but the categories urban and rural do not. - Le total englobe les données relatives aux étrangers, aux personnes dont la résidence n'est pas connue et aux personnes sans domicile fixe, à l'inverse des chiffres portant sur la population urbaine et rurale.

[36] Including residents outside the country if listed in a Netherlands population register. - Englobe les résidents se trouvant à l'étranger à condition qu'ils soient inscrits sur le registre de population des Pays-Bas.

[37] Including residents temporarily outside the country. Excluding Svalbard and Jan Mayen Islands shown separately, if available. - Y compris les résidents se trouvant temporairement hors du pays. Non compris Svalbard et Jan Mayen qui font l'objet de rubriques distinctes, si disponible.

[38] Excluding Transnistria and the municipality of Bender. - Les données ne tiennent pas compte de l'information sur la Transnistria et la municipalité de Bender.

[39] Excluding data for Kosovo and Metohia. - Sans les données pour le Kosovo et Metohie.

[40] Data includes deaths resulting from births with weight 500g and more (if weight is unknown - with length 25 centimeters and more, or with gestation during 22 weeks or more). - Y compris les décès de nouveau-nés de 500 grammes ou plus (si le poids est inconnu – de 25 centimètres de long ou plus, ou après une grossesse de 22 semaines ou plus).

[41] Excluding Channel Islands (Guernsey and Jersey) and Isle of Man, shown separately, if available. - Non compris les îles Anglo-Normandes (Guernesey et Jersey) et l'île de Man, qui font l'objet de rubriques distinctes, si disponible.

[42] Excluding data where place of usual residence was overseas, undefined, no fixed place of abode or offshore or migratory and unknown. - Les données n'ont pas été prises en compte lorsque le domicile habituel était à l'étranger ou dans une zone extraterritoriale, était indéfini ou inconnu ou que la personne n'avait pas de domicile fixe ou était une migrante.

[43] Excluding Niue, shown separately, which is part of Cook Islands, but because of remoteness is administered separately. - Non compris Nioué, qui fait l'objet d'une rubrique distincte et qui fait partie des îles Cook, mais qui, en raison de son éloignement, est administrée séparément.

[44] Including United States military personnel, their dependants and contract employees. - Y compris les militaires des Etats-Unis, les membres de leur famille les accompagnant et les agents contractuels des Etats-Unis.

[45] Source: Commonwealth Health Center - Vital Statistics Office - Source : Centre de Santé du Commonwealth - Bureau des statistiques d'État civil

Table 16

Table 16 presents infant deaths and infant mortality rates by age and sex for latest available year between 2002 and 2011.

Description of variables: Age is defined as hours, days and months of life completed, based on the difference between the hour, day, month and year of birth and the hour, day, month and year of death. The age classification used in this table is as follows: Main categories are "under 1 day", "1-6 days", "7-27 days" and "28 days – 11 months". Additional subcategories are shown within "7-27 days" and "28 days to 11 months" wherever available.

Rate computation: Infant mortality rates by age and sex are the annual number of infant deaths that occurred in a specific age-sex group per 1 000 live births of the corresponding sex. These rates have been calculated by the Statistics Division of the United Nations Department of Economic and Social Affairs. The denominator for all these rates, regardless of age of infant at death, is the total number of live births by sex.

Infant deaths of unknown age are included only in the rate for under one year of age. Infant deaths of unknown sex are included in the rate for the total and, hence, these rates, should agree with the infant mortality rates shown in table 15. Discrepancies are explained in footnotes.

Rates presented in this table have been limited to those for countries or areas having at least a total of 100 deaths in a given year. Moreover, rates specific for individual sub-categories based on 30 or fewer infant deaths are identified by the symbol "♦".

Reliability of data: Data from civil registers of infant deaths which are reported as incomplete (less than 90 percent completeness) or of unknown completeness are considered unreliable and are set in italics rather than in roman type. Rates on these data are not computed. Table 15 and its technical notes provide more detailed information on the completeness of infant death registration. For more information about the quality of vital statistics, and the information available on the basis of the completeness of estimates in particular, see section 4.2 of the Technical Notes.

Limitations: Statistics on infant deaths by age and sex are subject to the same qualifications as have been set forth for vital statistics in general and death statistics in particular as discussed in section 4 of the Technical Notes.

The reliability of the data, an indication of which is described above, is an important factor in considering the limitations. In addition, some infant deaths are tabulated by date of registration and not by date of occurrence; these have been indicated by a plus sign "+". Whenever the lag between the date of occurrence and date of registration is prolonged and, therefore, a large proportion of the infant-death registrations are delayed, infant-death statistics for any given year may be seriously affected.

Another factor that limits international comparability is the practice of some countries or areas of not including in infant-death statistics infants who were born alive but died before the registration of the birth or within the first 24 hours of life, thus underestimating the total number of infant deaths. Statistics of this type are footnoted. In this table in particular, this practice may contribute to the lack of comparability among deaths under one year, under 28 days, under one week and under one day.

Variation in the method of reckoning age at the time of death may also introduce non-comparability. Although it is to some degree a limiting factor throughout the age span, it is an especially important consideration with respect to deaths at ages under one day and under one week (early neonatal deaths) and under 28 days (neonatal deaths). As noted above, the recommended method of reckoning infant age at death is to calculate duration of life in minutes, hours and days, as appropriate. This gives age in completed units of time. In some countries or areas, however, infant age is calculated to the nearest day only, that is, age at death for an infant is the difference between the day, month and year of birth and the day, month and year of death. The result of this procedure is to classify as deaths at age one day, many deaths of infants that occurred before the infants had completed 24 hours of life. The under-one-day class is thus understated while the frequency in the 1-6-day age group is inflated.

A special limitation on comparability of neonatal (under 28 days) deaths is the variation in the classification of infant age used. It is evident from the footnotes that some countries or areas continue to report infant age in calendar, rather than lunar month (4-week or 28-day) periods. This failure to tabulate infant deaths under 4 weeks of age in terms of completed days introduces another source of variation between countries or areas. Deaths classified as occurring under one month usually connote deaths within any one calendar month; these frequencies are not strictly comparable with those referring to deaths within 4 weeks or 27 completed days.

In addition, infant mortality rates by age and sex are subject to the limitations of the data on live births with which they have been calculated. These have been set forth in the technical notes for table 9. These limitations have also been discussed in the technical notes for table 15.

In addition, it should be noted that infant mortality rates by age are affected by the problems related to the practice of excluding infants who were born alive but died before the registration of the birth or within the first 24 hours of life from both infant-death and live-birth statistics and the problems related to the reckoning of infant age at death. These factors, which have been described above, may affect certain age groups more than others. In so far as the numbers of infant deaths for the various age groups are underestimated or overestimated, the corresponding rates for the various age groups will also be underestimated or overestimated. The youngest age groups are more likely to be underestimated than other age groups; the youngest age group (under one day) is likely to be the most seriously affected.

Earlier data: Infant deaths and infant mortality rates by age and sex have been shown in previous issues of the *Demographic Yearbook*. For information on specific years covered, readers should consult the Historical Index.

Tableau 16

Le tableau 16 présente les données les plus récentes disponible, entre 2002 et 2011, sur les décès d'enfants de moins d'un an et les taux de mortalité infantile selon l'âge et le sexe.

Description des variables : l'âge est exprimé en heures, jours et mois révolus et est calculé en retranchant la date de la naissance (heure, jour, mois et année) de celle du décès (heure, jour, mois et année). Les tranches d'âge utilisées dans ce tableau se présentent comme suit : les catégories principales sont « moins d'un jour », « 1-6 jours », « 7-27 jours » et « 28 jours à 11 mois ». Des sous-catégories additionnelles pour « 7-27 jours » et « 28 jours à 11 mois » sont présentées lorsque disponibles.

Calcul des taux : les taux de mortalité infantile selon l'âge et le sexe représentent le nombre annuel de décès d'enfants de moins d'un an intervenu dans un groupe d'âge donné parmi la population de sexe masculin ou féminin pour 1 000 naissances vivantes survenues parmi la population du même sexe. Ces taux ont été calculés par la Division de statistique du Département des affaires économiques et sociales de l'Organisation des Nations Unies. Le dénominateur de tous ces taux, quel que soit l'âge de l'enfant au moment du décès, est le nombre total de naissances vivantes selon le sexe.

Il n'est tenu compte des décès d'enfants d'âge « inconnu » que pour le calcul du taux relatif à l'ensemble des décès de moins d'un an. Étant donné que les décès d'enfants de sexe inconnu sont compris dans le numérateur des taux concernant le total, les chiffres obtenus devraient concorder avec les taux de mortalité infantile du tableau 15. Les divergences sont expliquées en note.

Les taux présentés dans le tableau 16 ne concernent que les pays ou zones où l'on a enregistré un total d'au moins 100 décès au cours d'une année donnée. Les taux relatifs à des sous-catégories qui sont fondées sur un nombre égal ou inférieur à 30 décès d'enfants âgés de moins d'un an sont signalés par le signe "♦".

Fiabilité des données : les données relatives aux décès d'enfants de moins d'un an provenant de registres de l'état civil qui sont déclarées incomplètes (degré de complétude inférieur à 90 p.100) ou dont le degré de complétude n'est pas connu sont jugées douteuses et apparaissent en italique et non en caractères romains. Les taux à partir de ces données n'ont pas été calculés. Le tableau 15 et les notes techniques se rapportant à ce tableau comportent des renseignements plus détaillés sur le degré de complétude de l'enregistrement des décès d'enfants de moins d'un an. Pour plus de précisions sur la qualité des données reposant sur les statistiques de l'état civil en général et les estimations de complétude en particulier, voir la section 4.2 des Notes techniques.

Insuffisance des données : les statistiques des décès d'enfants de moins d'un an selon l'âge et le sexe appellent toutes les réserves qui ont été formulées à propos des statistiques de l'état civil en général et des statistiques concernant les décès en particulier (voir la section 4 des Notes techniques).

La fiabilité des données, au sujet de laquelle des indications ont été fournies plus haut, est un facteur important. Il faut également tenir compte du fait que, dans certains cas, les données relatives aux décès d'enfants de moins d'un an sont exploitées selon la date de l'enregistrement et non la date de l'événement ; ces cas ont été signalés par le signe "+". Chaque fois que le décalage entre l'événement et son enregistrement est grand et qu'une forte proportion des décès d'enfants de moins d'un an fait l'objet d'un enregistrement tardif, les statistiques des décès d'enfants de moins d'un an pour une année donnée peuvent être considérablement faussées.

Un autre facteur qui nuit à la comparabilité internationale est la pratique de certains pays ou zones qui consiste à ne pas inclure dans les statistiques des décès d'enfants de moins d'un an les enfants nés vivants mais décédés soit avant l'enregistrement de leur naissance, soit dans les 24 heures qui ont suivi la naissance, pratique qui conduit à sous-estimer le nombre total de décès d'enfants de moins d'un an. Quand pareil facteur a joué, cela a été signalé en note. Dans le tableau 16 en particulier, ce système peut limiter la comparabilité des données concernant les décès d'enfants de moins d'un an, de moins de 28 jours, de moins d'une semaine et de moins d'un jour.

Le manque d'uniformité des méthodes suivies pour calculer l'âge au moment du décès nuit également à la comparabilité des données. Ce facteur influe dans une certaine mesure sur les données relatives à la mortalité à tous les âges, mais il a des répercussions particulièrement marquées sur les statistiques des décès de moins d'un jour et de moins d'une semaine (mortalité néo-natale précoce) et de moins de 28 jours (mortalité néo-natale). Comme on l'a dit, l'âge d'un enfant de moins d'un an à son décès est calculé, selon la méthode recommandée, en évaluant la durée de vie en minutes, heures et jours, selon le cas. L'âge est ainsi exprimé en unités de temps révolues. Toutefois, dans certains pays ou zones, l'âge de ces enfants est ramené au jour le plus proche en retranchant la date de la naissance (jour, mois et année) de celle du décès (jour, mois et année). Il s'ensuit que de nombreux décès survenus dans les vingt-quatre heures qui suivent la naissance sont classés comme décès d'un jour. Dans ces conditions, les données concernant les décès de moins d'un jour sont entachées d'une erreur par défaut et celles qui se rapportent aux décès de 1 à 6 jours d'une erreur par excès.

La comparabilité des données relatives à la mortalité néo-natale (moins de 28 jours) est influencée par un facteur spécial : l'hétérogénéité de la classification par âge utilisée pour les enfants de moins d'un an. Les notes figurant à la fin des tableaux montrent que, dans un certain nombre de pays ou zones, on continue d'utiliser le mois civil au lieu du mois lunaire (4 semaines ou 28 jours).

Lorsque les données relatives aux décès de moins de 4 semaines ne sont pas exploitées sur la base de l'âge en jours révolus, il existe une nouvelle cause de non-comparabilité internationale. Les décès de moins d'un mois sont généralement ceux qui se produisent au cours d'un mois civil ; les taux calculés sur la base de ces données ne sont pas strictement comparables à ceux qui sont établis à partir des données concernant les décès survenus dans les 4 semaines ou 27 jours révolus qui suivent la naissance.

Les taux de mortalité infantile selon l'âge et le sexe appellent en outre toutes les réserves qui ont été formulées à propos des statistiques des naissances vivantes qui ont servi à leur calcul (voir à ce sujet les notes techniques relatives au tableau 9). Ces insuffisances ont également été examinées dans les notes techniques relatives au tableau 15.

Il convient de signaler aussi que les taux de mortalité infantile selon l'âge peuvent être gravement faussés par la pratique qui consiste à ne pas classer dans les naissances vivantes et ensuite dans les décès d'enfants de moins d'un an les enfants nés vivants mais décédés soit avant l'enregistrement de leur naissance, soit dans les 24 heures qui ont suivi la naissance, et par les problèmes que pose le calcul de l'âge de l'enfant au moment du décès. Ces facteurs, qui ont été décrits plus haut, peuvent fausser les statistiques concernant certains groupes d'âge plus que d'autres. Si le nombre des décès d'enfants de moins d'un an pour chaque groupe d'âge est sous-estimé ou surestimé, les taux correspondants pour chacun de ces groupes d'âge seront eux aussi sous-estimés ou surestimés. Les risques de sous-estimation sont plus grands pour les groupes les plus jeunes ; c'est pour le groupe d'âge le plus jeune de tous (moins d'un jour) que les données risquent de comporter les plus grosses erreurs.

Données publiées antérieurement : des statistiques des décès d'enfants de moins d'un an et des taux de mortalité infantile selon l'âge et le sexe ont déjà été présentées dans des éditions antérieures de l'*Annuaire démographique*. Pour plus de précisions concernant les années pour lesquelles ces données ont été publiées, se reporter à l'index historique.

16. Infant deaths and infant mortality rates by age and sex: latest available year, 2002 - 2011
Décès d'enfants de moins d'un an et taux de mortalité infantile selon l'âge et le sexe : dernière année disponible, 2002 - 2011

Continent, country or area, year and age Continent, pays ou zone, année et âge	Number - Nombre			Rate - Taux		
	Both sexes Les deux sexes	Male Masculin	Female Féminin	Both sexes Les deux sexes	Male Masculin	Female Féminin

AFRICA - AFRIQUE

Egypt - Égypte
  2010 (C)
Total	31 698	16 820	14 878	14.0	14.5	13.5
Less than 1 day - Moins de 1 jour	-	-	-	-	-	-
1 - 6 days - 1 - 6 jours	6 807	4 015	2 792	3.0	3.5	2.5
7 - 27 days - 7 - 27 jours	7 326	4 019	3 307	3.2	3.5	3.0
7 - 13 days - 7 - 13 jours	3 393	1 951	1 442	1.5	1.7	1.3
14 - 20 days - 14 - 20 jours	2 525	1 351	1 174	1.1	1.2	1.1
21 - 27 days - 21 - 27 jours	1 408	717	691	0.6	0.6	0.6
28 days - 11 months - 28 jours - 11 mois	17 565	8 786	8 779	7.8	7.6	8.0
28 days - less than 2 months - 28 jours - moins de 2 mois	3 800	2 032	1 768	1.7	1.8	1.6
2 months - 2 mois	2 958	1 483	1 475	1.3	1.3	1.3
3 months - 3 mois	2 325	1 189	1 136	1.0	1.0	1.0
4 months - 4 mois	1 971	944	1 027	0.9	0.8	0.9
5 months - 5 mois	1 427	657	770	0.6	0.6	0.7
6 months - 6 mois	1 349	631	718	0.6	0.5	0.7
7 months - 7 mois	975	452	523	0.4	0.4	0.5
8 months - 8 mois	911	443	468	0.4	0.4	0.4
9 months - 9 mois	846	410	436	0.4	0.4	0.4
10 months - 10 mois	604	323	281	0.3	0.3	0.3
11 months - 11 mois	399	222	177	0.2	0.2	0.2

Mauritius - Maurice[1]
  2010 (+C)
Total	187	106	81	12.5	14.0	10.9
Less than 1 day - Moins de 1 jour	35	22	13	2.3	♦2.9	♦1.7
1 - 6 days - 1 - 6 jours	63	43	20	4.2	5.7	♦2.7
7 - 27 days - 7 - 27 jours	32	19	13	2.1	♦2.5	♦1.7
7 - 13 days - 7 - 13 jours	16	10	6	♦1.1	♦1.3	♦0.8
14 - 20 days - 14 - 20 jours	11	6	5	♦0.7	♦0.8	♦0.7
21 - 27 days - 21 - 27 jours	4	2	2	♦0.3	♦0.3	♦0.3
28 days - 11 months - 28 jours - 11 mois	57	22	35	3.8	♦2.9	4.7
28 days - less than 2 months - 28 jours - moins de 2 mois	19	10	9	♦1.3	♦1.3	♦1.2
2 months - 2 mois	10	2	8	♦0.7	♦0.3	♦1.1
3 months - 3 mois	3	1	2	♦0.2	♦0.1	♦0.3
4 months - 4 mois	4	1	3	♦0.3	♦0.1	♦0.4
5 months - 5 mois	2	-	2	♦0.1	-	♦0.3
6 months - 6 mois	3	1	2	♦0.2	♦0.1	♦0.3
7 months - 7 mois	5	3	2	♦0.3	♦0.4	♦0.3
8 months - 8 mois	6	3	3	♦0.4	♦0.4	♦0.4
9 months - 9 mois	2	-	2	♦0.1	-	♦0.3
10 months - 10 mois	2	-	2	♦0.1	-	♦0.3
11 months - 11 mois	1	1	-	♦0.1	♦0.1	-

Réunion[2]
  2007 (C)
Total	91	48	43	...	...	...
Less than 1 day - Moins de 1 jour	24	14	10	...	...	...
1 - 6 days - 1 - 6 jours	20	9	11	...	...	...
7 - 27 days - 7 - 27 jours	18	7	11	...	...	...
7 - 13 days - 7 - 13 jours	7	3	4	...	...	...
14 - 20 days - 14 - 20 jours	9	2	7	...	...	...
21 - 27 days - 21 - 27 jours	7	2	5	...	...	...
28 days - 11 months - 28 jours - 11 mois	30	18	12	...	...	...

Saint Helena ex. dep. - Sainte-Hélène sans dép.
  2005 (C)
Total	1	1	-	...	...	...
Less than 1 day - Moins de 1 jour	-	-	-	...	...	...
1 - 6 days - 1 - 6 jours	1	1	-	...	...	...
7 - 27 days - 7 - 27 jours	-	-	-	...	...	...
28 days - 11 months - 28 jours - 11 mois	-	-	-	...	...	...

Seychelles
  2006 (+C)
Total	14	5	9	...	...	...
Less than 1 day - Moins de 1 jour	5	1	4	...	...	...
1 - 6 days - 1 - 6 jours	2	1	1	...	...	...
7 - 27 days - 7 - 27 jours	2	-	2	...	...	...
7 - 13 days - 7 - 13 jours	1	-	1	...	...	...
14 - 20 days - 14 - 20 jours	-	-	-	...	...	...
21 - 27 days - 21 - 27 jours	1	-	1	...	...	...

16. Infant deaths and infant mortality rates by age and sex: latest available year, 2002 - 2011
Décès d'enfants de moins d'un an et taux de mortalité infantile selon l'âge et le sexe : dernière année disponible, 2002 - 2011 (continued - suite)

Continent, country or area, year and age Continent, pays ou zone, année et âge	Number - Nombre			Rate - Taux		
	Both sexes Les deux sexes	Male Masculin	Female Féminin	Both sexes Les deux sexes	Male Masculin	Female Féminin
AFRICA - AFRIQUE						
Seychelles						
2006 (+C)						
28 days - 11 months - 28 jours - 11 mois	5	3	2	...	...	...
28 days - less than 2 months - 28 jours - moins de 2 mois	1	1	-	...	...	...
2 months - 2 mois	-	-	-	...	...	...
3 months - 3 mois	-	-	-	...	...	...
4 months - 4 mois	1	-	1	...	...	...
5 months - 5 mois	2	2	-	...	...	...
6 months - 6 mois	1	-	1	...	...	...
7 months - 7 mois	-	-	-	...	...	...
8 months - 8 mois	-	-	-	...	...	...
9 months - 9 mois	-	-	-	...	...	...
10 months - 10 mois	-	-	-	...	...	...
11 months - 11 mois	-	-	-	...	...	...
South Africa - Afrique du Sud[3]						
2006 (...)						
Total	47 703	25 178[4]	21 810[4]	...	...	...
Less than 1 day - Moins de 1 jour	2 422	1 387[4]	969[4]	...	...	...
1 - 6 days - 1 - 6 jours	7 217	4 146[4]	2 892[4]	...	...	...
7 - 27 days - 7 - 27 jours	3 640	1 991[4]	1 568[4]	...	...	...
7 - 13 days - 7 - 13 jours	1 613	912[4]	667[4]	...	...	...
14 - 20 days - 14 - 20 jours	1 074	589[4]	460[4]	...	...	...
21 - 27 days - 21 - 27 jours	953	490[4]	441[4]	...	...	...
28 days - 11 months - 28 jours - 11 mois	34 424	17 654	16 381	...	...	...
28 days - less than 2 months - 28 jours - moins de 2 mois	4 770	2 509[4]	2 175[4]	...	...	...
2 months - 2 mois	5 786	2 784[4]	2 934[4]	...	...	...
3 months - 3 mois	5 472	2 783[4]	2 621[4]	...	...	...
4 months - 4 mois	3 711	1 958[4]	1 714[4]	...	...	...
5 months - 5 mois	3 041	1 548[4]	1 465[4]	...	...	...
6 months - 6 mois	2 704	1 393[4]	1 281[4]	...	...	...
7 months - 7 mois	2 258	1 181[4]	1 059[4]	...	...	...
8 months - 8 mois	1 948	1 020[4]	910[4]	...	...	...
9 months - 9 mois	1 811	954[4]	841[4]	...	...	...
10 months - 10 mois	1 544	803[4]	730[4]	...	...	...
11 months - 11 mois	1 379	721[4]	651[4]	...	...	...
AMERICA, NORTH - AMÉRIQUE DU NORD						
Aruba						
2007 (+U)						
Total	4	2	2	...	...	...
Less than 1 day - Moins de 1 jour	-	-	-	...	...	...
1 - 6 days - 1 - 6 jours	2	1	1	...	...	...
7 - 27 days - 7 - 27 jours	1	1	-	...	...	...
7 - 13 days - 7 - 13 jours	1	1	-	...	...	...
14 - 27 days - 14 - 27 jours	-	-	-	...	...	...
28 days - 11 months - 28 jours - 11 mois	1	-	1	...	...	...
28 days - less than 2 months - 28 jours - moins de 2 mois	-	-	-	...	...	...
2 - 9 months - 2 - 9 mois	-	-	-	...	...	...
10 months - 10 mois	1	-	1	...	...	...
11 months - 11 mois	-	-	-	...	...	...
Bahamas						
2006 (C)						
Total	79	42	37	...	...	...
Less than 1 day - Moins de 1 jour	-	-	-	...	...	...
1 - 6 days - 1 - 6 jours	29	18	11	...	...	...
7 - 27 days - 7 - 27 jours	24	15	9	...	...	...
7 - 13 days - 7 - 13 jours	13	10	3	...	...	...
14 - 20 days - 14 - 20 jours	9	4	5	...	...	...
21 - 27 days - 21 - 27 jours	3	2	1	...	...	...
28 days - 11 months - 28 jours - 11 mois	26	9	17	...	...	...
28 days - less than 2 months - 28 jours - moins de 2 mois	8	3	5	...	...	...
2 months - 2 mois	3	1	2	...	...	...
3 months - 3 mois	4	2	2	...	...	...
4 months - 4 mois	6	1	5	...	...	...
5 months - 5 mois	1	1	-	...	...	...

16. Infant deaths and infant mortality rates by age and sex: latest available year, 2002 - 2011
Décès d'enfants de moins d'un an et taux de mortalité infantile selon l'âge et le sexe : dernière année disponible, 2002 - 2011 (continued - suite)

Continent, country or area, year and age Continent, pays ou zone, année et âge	Number - Nombre			Rate - Taux		
	Both sexes Les deux sexes	Male Masculin	Female Féminin	Both sexes Les deux sexes	Male Masculin	Female Féminin
AMERICA, NORTH - AMÉRIQUE DU NORD						
Bahamas						
2006 (C)						
6 months - 6 mois	-	-	-	...	...	...
7 months - 7 mois	2	-	2	...	...	...
8 months - 8 mois	1	1	-	...	...	...
9 months - 9 mois	-	-	-	...	...	...
10 months - 10 mois	1	-	1	...	...	...
11 months - 11 mois	-	-	-	...	...	...
Barbados - Barbade						
2007 (+C)						
Total	31	18	13	...	...	...
Less than 1 day - Moins de 1 jour	-	1	1	...	...	...
1 - 6 days - 1 - 6 jours	10	8	18	...	...	...
7 - 27 days - 7 - 27 jours	6	4	2	...	...	...
7 - 20 days - 7 - 20 jours	6	4	2	...	...	...
21 - 27 days - 21 - 27 jours	-	-	-	...	...	...
28 days - 11 months - 28 jours - 11 mois	4	2	2	...	...	...
28 days - 2 months - 28 jours - 2 mois	3	2	1	...	...	...
3 - 4 months - 3 - 4 mois	1	-	1	...	...	...
5 - 11 months - 5 - 11 mois	-	-	-	...	...	...
Unknown - Inconnu	2	2	-	...	...	...
Bermuda - Bermudes						
2009 (C)						
Total	1	-	1	...	...	...
Less than 1 day - Moins de 1 jour	-	-	-	...	...	...
1 - 6 days - 1 - 6 jours	-	-	-	...	...	...
7 - 27 days - 7 - 27 jours	-	-	-	...	...	...
7 - 13 days - 7 - 13 jours	-	-	-	...	...	...
14 - 20 days - 14 - 20 jours	-	-	-	...	...	...
21 - 27 days - 21 - 27 jours	-	-	-	...	...	...
28 days - 11 months - 28 jours - 11 mois	-	-	-	...	...	...
28 days - less than 2 months - 28 jours - moins de 2 mois	-	-	-	...	...	...
2 months - 2 mois	-	-	-	...	...	...
3 months - 3 mois	-	-	-	...	...	...
4 months - 4 mois	-	-	-	...	...	...
5 months - 5 mois	-	-	-	...	...	...
6 months - 6 mois	-	-	-	...	...	...
7 months - 7 mois	-	-	-	...	...	...
8 months - 8 mois	-	-	-	...	...	...
9 months - 9 mois	-	-	-	...	...	...
10 months - 10 mois	-	-	-	...	...	...
11 months - 11 mois	-	-	-	...	...	...
Unknown - Inconnu	1	-	1	...	...	...
Canada[5]						
2006 (C)						
Total	1 771	983	788	5.0	5.4	4.6
Less than 1 day - Moins de 1 jour	888	481	407	2.5	2.6	2.4
1 - 6 days - 1 - 6 jours	194	110	84	0.5	0.6	0.5
7 - 27 days - 7 - 27 jours	214	123	91	0.6	0.7	0.5
7 - 13 days - 7 - 13 jours	110	62	48	0.3	0.3	0.3
14 - 20 days - 14 - 20 jours	60	34	26	0.2	0.2	♦0.2
21 - 27 days - 21 - 27 jours	44	27	17	0.1	♦0.1	♦0.1
28 days - 11 months - 28 jours - 11 mois	475	269	206	1.3	1.5	1.2
28 days - less than 2 months - 28 jours - moins de 2 mois	141	80	61	0.4	0.4	0.4
2 months - 2 mois	78	42	36	0.2	0.2	0.2
3 months - 3 mois	60	37	23	0.2	0.2	♦0.1
4 months - 4 mois	55	33	22	0.2	0.2	♦0.1
5 months - 5 mois	42	21	21	0.1	♦0.1	♦0.1
6 months - 6 mois	24	16	8	♦0.1	♦0.1	-
7 months - 7 mois	19	9	10	♦0.1	-	♦0.1
8 months - 8 mois	19	14	5	♦0.1	♦0.1	-
9 months - 9 mois	18	8	10	♦0.1	-	♦0.1
10 months - 10 mois	9	4	5	-	-	-
11 months - 11 mois	10	5	5	-	-	-
Cayman Islands - Îles Caïmanes						
2007 (C)						
Total	5	4	1	...	...	...
Less than 1 day - Moins de 1 jour	3	2	1	...	...	...

Continent, country or area, year and age / Continent, pays ou zone, année et âge	Number - Nombre			Rate - Taux		
	Both sexes Les deux sexes	Male Masculin	Female Féminin	Both sexes Les deux sexes	Male Masculin	Female Féminin
AMERICA, NORTH - AMÉRIQUE DU NORD						
Cayman Islands - Îles Caïmanes						
2007 (C)						
1 - 6 days - 1 - 6 jours	2	2	-	...	...	...
7 - 27 days - 7 - 27 jours	-	-	-	...	...	...
28 days - 11 months - 28 jours - 11 mois	-	-	-	...	...	...
Costa Rica						
2011* (C)						
Total	666	374	292	9.1	9.9	8.2
Less than 1 day - Moins de 1 jour	217	120	97	3.0	3.2	2.7
1 - 6 days - 1 - 6 jours	161	91	70	2.2	2.4	2.0
7 - 27 days - 7 - 27 jours	102	68	34	1.4	1.8	0.9
7 - 13 days - 7 - 13 jours	47	32	15	0.6	0.8	♦0.4
14 - 20 days - 14 - 20 jours	31	21	10	0.4	♦0.6	♦0.3
21 - 27 days - 21 - 27 jours	24	15	9	♦0.3	♦0.4	♦0.3
28 days - 11 months - 28 jours - 11 mois	171	90	81	2.3	2.4	2.3
28 days - less than 2 months - 28 jours - moins de 2 mois	47	25	22	0.6	♦0.7	♦0.6
2 months - 2 mois	25	15	10	♦0.3	♦0.4	♦0.3
3 months - 3 mois	20	8	12	♦0.3	♦0.2	♦0.3
4 months - 4 mois	18	10	8	♦0.2	♦0.3	♦0.2
5 months - 5 mois	15	8	7	♦0.2	♦0.2	♦0.2
6 months - 6 mois	15	7	8	♦0.2	♦0.2	♦0.2
7 months - 7 mois	6	2	4	♦0.1	♦0.1	♦0.1
8 months - 8 mois	5	3	2	♦0.1	♦0.1	♦0.1
9 months - 9 mois	7	5	2	♦0.1	♦0.1	♦0.1
10 months - 10 mois	8	4	4	♦0.1	♦0.1	♦0.1
11 months - 11 mois	5	3	2	♦0.1	♦0.1	♦0.1
Unknown - Inconnu	15	5	10	♦0.2	♦0.1	♦0.3
Cuba						
2010* (C)						
Total	581	349	232	4.5	5.3	3.7
Less than 1 day - Moins de 1 jour	53	31	22	0.4	0.5	♦0.4
1 - 6 days - 1 - 6 jours	172	106	66	1.3	1.6	1.1
7 - 27 days - 7 - 27 jours	113	71	42	0.9	1.1	0.7
7 - 13 days - 7 - 13 jours	51	28	23	0.4	♦0.4	♦0.4
14 - 20 days - 14 - 20 jours	41	27	14	0.3	♦0.4	♦0.2
21 - 27 days - 21 - 27 jours	21	16	5	♦0.2	♦0.2	♦0.1
28 days - 11 months - 28 jours - 11 mois	243	141	102	1.9	2.1	1.6
28 days - less than 2 months - 28 jours - moins de 2 mois	79	47	32	0.6	0.7	0.5
2 months - 2 mois	46	28	18	0.4	♦0.4	♦0.3
3 months - 3 mois	24	12	12	♦0.2	♦0.2	♦0.2
4 months - 4 mois	15	12	3	♦0.1	♦0.2	-
5 months - 5 mois	21	10	11	♦0.2	♦0.2	♦0.2
6 months - 6 mois	15	8	7	♦0.1	♦0.1	♦0.1
7 months - 7 mois	13	7	6	♦0.1	♦0.1	♦0.1
8 months - 8 mois	9	4	5	♦0.1	♦0.1	♦0.1
9 months - 9 mois	8	4	4	♦0.1	♦0.1	♦0.1
10 months - 10 mois	7	6	1	♦0.1	♦0.1	-
11 months - 11 mois	6	3	3	-	-	-
El Salvador[6]						
2009 (C)						
Total	888	...	...	8.2	...	...
Less than 1 day - Moins de 1 jour	97	...	...	0.9	...	...
1 - 6 days - 1 - 6 jours	156	...	...	1.4	...	...
7 - 27 days - 7 - 27 jours	136	...	...	1.3	...	...
7 - 13 days - 7 - 13 jours	61	...	...	0.6	...	...
14 - 20 days - 14 - 20 jours	41	...	...	0.4	...	...
21 - 27 days - 21 - 27 jours	34	...	...	0.3	...	...
28 days - 11 months - 28 jours - 11 mois	499	...	...	4.6	...	...
28 days - less than 2 months - 28 jours - moins de 2 mois	115	...	...	1.1	...	...
2 months - 2 mois	71	...	...	0.7	...	...
3 months - 3 mois	64	...	...	0.6	...	...
4 months - 4 mois	49	...	...	0.5	...	...
5 months - 5 mois	39	...	...	0.4	...	...
6 months - 6 mois	31	...	...	0.3	...	...
7 months - 7 mois	33	...	...	0.3	...	...
8 months - 8 mois	27	...	...	♦0.3	...	...
9 months - 9 mois	17	...	...	♦0.2	...	...

16. Infant deaths and infant mortality rates by age and sex: latest available year, 2002 - 2011
Décès d'enfants de moins d'un an et taux de mortalité infantile selon l'âge et le sexe : dernière année disponible, 2002 - 2011 (continued - suite)

Continent, country or area, year and age / Continent, pays ou zone, année et âge	Number - Nombre			Rate - Taux		
	Both sexes Les deux sexes	Male Masculin	Female Féminin	Both sexes Les deux sexes	Male Masculin	Female Féminin
AMERICA, NORTH - AMÉRIQUE DU NORD						
El Salvador[6]						
2009 (C)						
10 months - 10 mois	26	...	...	♦0.2	...	...
11 months - 11 mois	27	...	...	♦0.3	...	...
Greenland - Groenland[3]						
2006 (C)						
Total	13	7	6	...	...	...
Less than 1 day - Moins de 1 jour	8	5	3	...	...	...
1 - 6 days - 1 - 6 jours	-	-	-	...	...	...
7 - 27 days - 7 - 27 jours	-	-	-	...	...	...
28 days - 11 months - 28 jours - 11 mois	5	2	3	...	...	...
28 days - less than 2 months - 28 jours - moins de 2 mois	5	2	3	...	...	...
2 - 11 months - 2 - 11 mois	-	-	-	...	...	...
Guadeloupe[2]						
2003 (C)						
Total	56	34	22	...	...	...
Less than 1 day - Moins de 1 jour	13	5	8	...	...	...
1 - 6 days - 1 - 6 jours	8	4	4	...	...	...
7 - 27 days - 7 - 27 jours	19	12	7	...	...	...
7 - 13 days - 7 - 13 jours	5	3	2	...	...	...
14 - 20 days - 14 - 20 jours	10	5	5	...	...	...
21 - 27 days - 21 - 27 jours	4	4	-	...	...	...
28 days - 11 months - 28 jours - 11 mois	16	13	3	...	...	...
28 days - less than 2 months - 28 jours - moins de 2 mois	7	6	1	...	...	...
2 months - 2 mois	4	2	2	...	...	...
3 months - 3 mois	3	3	-	...	...	...
4 months - 4 mois	1	1	-	...	...	...
5 months - 5 mois	-	-	-	...	...	...
6 months - 6 mois	1	1	-	...	...	...
7 months - 7 mois	-	-	-	...	...	...
8 months - 8 mois	-	-	-	...	...	...
9 months - 9 mois	-	-	-	...	...	...
10 months - 10 mois	-	-	-	...	...	...
11 months - 11 mois	-	-	-	...	...	...
Guatemala						
2006 (C)						
Total	9 042	5 012	4 030	24.5	26.8	22.2
Less than 1 day - Moins de 1 jour	842	478	364	2.3	2.6	2.0
1 - 6 days - 1 - 6 jours	2 040	1 162	878	5.5	6.2	4.8
7 - 27 days - 7 - 27 jours	1 209	681	528	3.3	3.6	2.9
7 - 13 days - 7 - 13 jours	550	318	232	1.5	1.7	1.3
14 - 20 days - 14 - 20 jours	359	185	174	1.0	1.0	1.0
21 - 27 days - 21 - 27 jours	300	178	122	0.8	1.0	0.7
28 days - 11 months - 28 jours - 11 mois	4 951	2 691	2 260	13.4	14.4	12.5
28 days - less than 2 months - 28 jours - moins de 2 mois	1 017	564	453	2.8	3.0	2.5
2 months - 2 mois	773	402	371	2.1	2.1	2.0
3 months - 3 mois	527	274	253	1.4	1.5	1.4
4 months - 4 mois	438	248	190	1.2	1.3	1.0
5 months - 5 mois	323	162	161	0.9	0.9	0.9
6 months - 6 mois	367	211	156	1.0	1.1	0.9
7 months - 7 mois	332	171	161	0.9	0.9	0.9
8 months - 8 mois	297	166	131	0.8	0.9	0.7
9 months - 9 mois	296	170	126	0.8	0.9	0.7
10 months - 10 mois	282	152	130	0.8	0.8	0.7
11 months - 11 mois	299	171	128	0.8	0.9	0.7
Martinique[7]						
2007 (C)						
Total	43	26	17	...	...	...
Less than 1 day - Moins de 1 jour	18	10	8	...	...	...
1 - 6 days - 1 - 6 jours	8	7	1	...	...	...
7 - 27 days - 7 - 27 jours	9	3	6	...	...	...
7 - 13 days - 7 - 13 jours	5	1	4	...	...	...
14 - 20 days - 14 - 20 jours	3	2	1	...	...	...
21 - 27 days - 21 - 27 jours	1	-	1	...	...	...
28 days - 11 months - 28 jours - 11 mois	8	6	2	...	...	...
28 days - less than 2 months - 28 jours - moins de 2 mois	-	-	-	...	...	...
2 months - 2 mois	5	3	2	...	...	...
3 months - 3 mois	-	-	-	...	...	...

16. Infant deaths and infant mortality rates by age and sex: latest available year, 2002 - 2011
Décès d'enfants de moins d'un an et taux de mortalité infantile selon l'âge et le sexe : dernière année disponible, 2002 - 2011 (continued - suite)

Continent, country or area, year and age Continent, pays ou zone, année et âge	Number - Nombre			Rate - Taux		
	Both sexes Les deux sexes	Male Masculin	Female Féminin	Both sexes Les deux sexes	Male Masculin	Female Féminin
AMERICA, NORTH - AMÉRIQUE DU NORD						
Martinique[7]						
2007 (C)						
4 months - 4 mois	1	1	-	...	...	...
5 months - 5 mois	-	-	-	...	...	...
6 months - 6 mois	-	-	-	...	...	...
7 months - 7 mois	1	1	-	...	...	...
8 months - 8 mois	-	-	-	...	...	...
9 - 11 months - 9 - 11 mois	1	1	-	...	...	...
Mexico - Mexique[8]						
2010 (+U)						
Total	28 861	16 147[4]	12 634[4]	...	...	...
Less than 1 day - Moins de 1 jour	5 883	3 271[4]	2 557[4]	...	...	...
1 - 6 days - 1 - 6 jours	6 992	4 044[4]	2 932[4]	...	...	...
7 - 27 days - 7 - 27 jours	5 274	2 912[4]	2 356[4]	...	...	...
7 - 13 days - 7 - 13 jours	2 742	1 510[4]	1 230[4]	...	...	...
14 - 20 days - 14 - 20 jours	1 491	824[4]	665[4]	...	...	...
21 - 27 days - 21 - 27 jours	1 041	578[4]	461[4]	...	...	...
28 days - 11 months - 28 jours - 11 mois	10 688	5 907	4 779	...	...	...
28 days - less than 2 months - 28 jours - moins de 2 mois	3 148	1 821[4]	1 326[4]	...	...	...
2 months - 2 mois	1 997	1 127[4]	869[4]	...	...	...
3 months - 3 mois	1 381	756	625	...	...	...
4 months - 4 mois	1 053	587[4]	466[4]	...	...	...
5 months - 5 mois	683	356[4]	327[4]	...	...	...
6 months - 6 mois	591	318[4]	273[4]	...	...	...
7 months - 7 mois	481	257[4]	224[4]	...	...	...
8 months - 8 mois	429	215[4]	214[4]	...	...	...
9 months - 9 mois	341	182[4]	159[4]	...	...	...
10 months - 10 mois	278	124[4]	154[4]	...	...	...
11 months - 11 mois	306	164[4]	142[4]	...	...	...
Unknown - Inconnu	6	3[4]	3[4]	...	...	...
Nicaragua						
2008 (+U)						
Total	1 932	1 123	809	...	...	...
Less than 1 day - Moins de 1 jour	386	219	167	...	...	...
1 - 6 days - 1 - 6 jours	664	418	246	...	...	...
7 - 27 days - 7 - 27 jours	277	151	126	...	...	...
7 - 13 days - 7 - 13 jours	156	89	67	...	...	...
14 - 20 days - 14 - 20 jours	74	41	33	...	...	...
21 - 27 days - 21 - 27 jours	47	21	26	...	...	...
28 days - 11 months - 28 jours - 11 mois	591	326	265	...	...	...
28 days - less than 2 months - 28 jours - moins de 2 mois	169	86	83	...	...	...
2 months - 2 mois	116	74	42	...	...	...
3 months - 3 mois	66	38	28	...	...	...
4 months - 4 mois	49	29	20	...	...	...
5 months - 5 mois	45	22	23	...	...	...
6 months - 6 mois	27	13	14	...	...	...
7 months - 7 mois	36	18	18	...	...	...
8 months - 8 mois	27	17	10	...	...	...
9 months - 9 mois	18	8	10	...	...	...
10 months - 10 mois	21	9	12	...	...	...
11 months - 11 mois	17	12	5	...	...	...
Panama						
2010 (U)						
Total	910	510	400	...	...	...
Less than 1 day - Moins de 1 jour	101	51	50	...	...	...
1 - 6 days - 1 - 6 jours	215	124	91	...	...	...
7 - 27 days - 7 - 27 jours	144	78	66	...	...	...
7 - 13 days - 7 - 13 jours	62	42	20	...	...	...
14 - 20 days - 14 - 20 jours	41	17	24	...	...	...
21 - 27 days - 21 - 27 jours	41	19	22	...	...	...
28 days - 11 months - 28 jours - 11 mois	450	257	193	...	...	...
28 days - less than 2 months - 28 jours - moins de 2 mois	112	67	45	...	...	...
2 months - 2 mois	72	46	26	...	...	...
3 months - 3 mois	51	25	26	...	...	...
4 months - 4 mois	38	26	12	...	...	...
5 months - 5 mois	38	18	20	...	...	...
6 months - 6 mois	29	16	13	...	...	...

Continent, country or area, year and age Continent, pays ou zone, année et âge	Number - Nombre			Rate - Taux		
	Both sexes Les deux sexes	Male Masculin	Female Féminin	Both sexes Les deux sexes	Male Masculin	Female Féminin
AMERICA, NORTH - AMÉRIQUE DU NORD						
Panama						
2010 (U)						
7 months - 7 mois	21	12	9	...	...	...
8 months - 8 mois	31	17	14	...	...	...
9 months - 9 mois	23	11	12	...	...	...
10 months - 10 mois	14	9	5	...	...	...
11 months - 11 mois	21	10	11	...	...	...
Puerto Rico - Porto Rico						
2008 (C)						
Total	400	225	175	8.8	9.6	7.9
Less than 1 day - Moins de 1 jour	75	38	37	1.6	1.6	1.7
1 - 6 days - 1 - 6 jours	110	72	38	2.4	3.1	1.7
7 - 27 days - 7 - 27 jours	61	36	25	1.3	1.5	♦1.1
7 - 13 days - 7 - 13 jours	30	19	11	0.7	♦0.8	♦0.5
14 - 20 days - 14 - 20 jours	18	9	9	♦0.4	♦0.4	♦0.4
21 - 27 days - 21 - 27 jours	13	8	5	♦0.3	♦0.3	♦0.2
28 days - 11 months - 28 jours - 11 mois	96	44	52	2.1	1.9	2.3
28 days - less than 2 months - 28 jours - moins de 2 mois	5	3	2	♦0.1	♦0.1	♦0.1
2 - 11 months - 2 - 11 mois	91	41	50	2.0	1.7	2.2
Unknown - Inconnu	58	35	23	1.3	1.5	♦1.0
Saint Lucia - Sainte-Lucie						
2002 (C)						
Total	36	17	19	...	...	...
Less than 1 day - Moins de 1 jour	11	5	6	...	...	...
1 - 6 days - 1 - 6 jours	16	6	10	...	...	...
7 - 27 days - 7 - 27 jours	2	1	1	...	...	...
7 - 20 days - 7 - 20 jours	-	-	-	...	...	...
21 - 27 days - 21 - 27 jours	2	1	1	...	...	...
28 days - 11 months - 28 jours - 11 mois	7	5	2	...	...	...
28 days - less than 2 months - 28 jours - moins de 2 mois	-	-	-	...	...	...
2 months - 2 mois	1	1	-	...	...	...
3 months - 3 mois	1	1	-	...	...	...
4 months - 4 mois	1	1	-	...	...	...
5 months - 5 mois	1	1	-	...	...	...
6 months - 6 mois	-	-	-	...	...	...
7 months - 7 mois	-	-	-	...	...	...
8 months - 8 mois	2	1	1	...	...	...
9 months - 9 mois	-	-	-	...	...	...
10 months - 10 mois	1	-	1	...	...	...
11 months - 11 mois	-	-	-	...	...	...
Saint Vincent and the Grenadines - Saint-Vincent-et-les Grenadines						
2005 (+C)						
Total	29	17	12	...	...	...
Less than 1 day - Moins de 1 jour	6	3	3	...	...	...
1 - 6 days - 1 - 6 jours	11	6	5	...	...	...
7 - 27 days - 7 - 27 jours	3	2	1	...	...	...
28 days - 11 months - 28 jours - 11 mois	9	6	3	...	...	...
28 days - less than 2 months - 28 jours - moins de 2 mois	-	-	-	...	...	...
2 - 11 months - 2 - 11 mois	9	6	3	...	...	...
Trinidad and Tobago - Trinité-et-Tobago						
2002 (C)						
Total	412	247	165	24.2	28.7	19.7
Less than 1 day - Moins de 1 jour	91	51	40	5.4	5.9	4.8
1 - 6 days - 1 - 6 jours	148	92	56	8.7	10.7	6.7
7 - 27 days - 7 - 27 jours	105	71	34	6.2	8.2	4.1
7 - 13 days - 7 - 13 jours	66	44	22	3.9	5.1	♦2.6
14 - 20 days - 14 - 20 jours	21	16	5	♦1.2	♦1.9	♦0.6
21 - 27 days - 21 - 27 jours	18	11	7	♦1.1	♦1.3	♦0.8
28 days - 11 months - 28 jours - 11 mois	68	33	35	4.0	3.8	4.2
28 days - less than 2 months - 28 jours - moins de 2 mois	25	12	13	♦1.5	♦1.4	♦1.6
2 - 3 months - 2 - 3 mois	4	2	2	♦0.2	♦0.2	♦0.2
4 - 6 months - 4 - 6 mois	18	9	9	♦1.1	♦1.0	♦1.1
7 - 9 months - 7 - 9 mois	11	4	7	♦0.6	♦0.5	♦0.8
10 - 11 months - 10 - 11 mois	10	6	4	♦0.6	♦0.7	♦0.5
United States of America - États-Unis d'Amérique						
2009 (C)						
Total	26 412	14 823	11 589	6.4	7.0	5.7
Less than 1 day - Moins de 1 jour	10 538	5 888	4 650	2.6	2.8	2.3

16. Infant deaths and infant mortality rates by age and sex: latest available year, 2002 - 2011
Décès d'enfants de moins d'un an et taux de mortalité infantile selon l'âge et le sexe : dernière année disponible, 2002 - 2011 (continued - suite)

Continent, country or area, year and age / Continent, pays ou zone, année et âge	Number - Nombre			Rate - Taux		
	Both sexes Les deux sexes	Male Masculin	Female Féminin	Both sexes Les deux sexes	Male Masculin	Female Féminin

AMERICA, NORTH - AMÉRIQUE DU NORD

United States of America - États-Unis d'Amérique
2009 (C)

1 - 6 days - 1 - 6 jours	3 224	1 788	1 436	0.8	0.8	0.7
7 - 27 days - 7 - 27 jours	3 493	1 902	1 591	0.8	0.9	0.8
7 - 13 days - 7 - 13 jours	1 618	869	749	0.4	0.4	0.4
14 - 20 days - 14 - 20 jours	1 007	552	455	0.2	0.3	0.2
21 - 27 days - 21 - 27 jours	868	481	387	0.2	0.2	0.2
28 days - 11 months - 28 jours - 11 mois	9 157	5 245	3 912	2.2	2.5	1.9
28 days - less than 2 months - 28 jours - moins de 2 mois	2 499	1 449	1 050	0.6	0.7	0.5
2 months - 2 mois	1 731	1 003	728	0.4	0.5	0.4
3 months - 3 mois	1 252	724	528	0.3	0.3	0.3
4 months - 4 mois	930	521	409	0.2	0.2	0.2
5 months - 5 mois	713	416	297	0.2	0.2	0.1
6 months - 6 mois	540	319	221	0.1	0.2	0.1
7 months - 7 mois	462	270	192	0.1	0.1	0.1
8 months - 8 mois	330	168	162	0.1	0.1	0.1
9 months - 9 mois	274	151	123	0.1	0.1	0.1
10 months - 10 mois	205	116	89	-	0.1	-
11 months - 11 mois	221	108	113	0.1	0.1	0.1

AMERICA, SOUTH - AMÉRIQUE DU SUD

Argentina - Argentine
2006 (C)

Total	8 986	5 063[4]	3 911[4]	12.9	14.1	11.7
Less than 7 days - Moins de 7 jours	4 312	2 465[4]	1 838[4]	6.2	6.8	5.5
7 - 27 days - 7 - 27 jours	1 591	898[4]	691[4]	2.3	2.5	2.1
28 days - 11 months - 28 jours - 11 mois	3 083	1 700[4]	1 382[4]	4.4	4.7	4.1

Brazil - Brésil[9]
2009 (U)

Total	33 713	18 954	14 759	...	...	...
Less than 1 day - Moins de 1 jour	7 771	4 373	3 398	...	...	...
1 - 6 days - 1 - 6 jours	9 273	5 379	3 894	...	...	...
7 - 27 days - 7 - 27 jours	5 784	3 202	2 582	...	...	...
7 - 13 days - 7 - 13 jours	3 101	1 710	1 391	...	...	...
14 - 20 days - 14 - 20 jours	1 536	857	679	...	...	...
21 - 27 days - 21 - 27 jours	1 147	635	512	...	...	...
28 days - 11 months - 28 jours - 11 mois	10 885	6 000	4 885	...	...	...
28 days - less than 2 months - 28 jours - moins de 2 mois	3 210	1 799	1 411	...	...	...
2 months - 2 mois	1 810	983	827	...	...	...
3 months - 3 mois	1 238	707	531	...	...	...
4 months - 4 mois	1 000	548	452	...	...	...
5 months - 5 mois	765	417	348	...	...	...
6 months - 6 mois	654	354	300	...	...	...
7 months - 7 mois	588	331	257	...	...	...
8 months - 8 mois	487	267	220	...	...	...
9 months - 9 mois	398	215	183	...	...	...
10 months - 10 mois	381	197	184	...	...	...
11 months - 11 mois	354	182	172	...	...	...

Chile - Chili
2009 (C)

Total	1 997	1 119	878	7.9	8.7	7.1
Less than 1 day - Moins de 1 jour	705	384	321	2.8	3.0	2.6
1 - 6 days - 1 - 6 jours	360	217	143	1.4	1.7	1.2
7 - 27 days - 7 - 27 jours	294	150	144	1.2	1.2	1.2
7 - 13 days - 7 - 13 jours	153	73	80	0.6	0.6	0.6
14 - 20 days - 14 - 20 jours	81	44	37	0.3	0.3	0.3
21 - 27 days - 21 - 27 jours	60	33	27	0.2	0.3	♦0.2
28 days - 11 months - 28 jours - 11 mois	638	368	270	2.5	2.9	2.2
28 days - less than 2 months - 28 jours - moins de 2 mois	168	97	71	0.7	0.8	0.6
2 months - 2 mois	150	86	64	0.6	0.7	0.5
3 months - 3 mois	77	44	33	0.3	0.3	0.3
4 months - 4 mois	56	31	25	0.2	0.2	♦0.2
5 months - 5 mois	43	18	25	0.2	♦0.1	♦0.2
6 months - 6 mois	35	22	13	0.1	♦0.2	♦0.1
7 months - 7 mois	35	22	13	0.1	♦0.2	♦0.1

16. Infant deaths and infant mortality rates by age and sex: latest available year, 2002 - 2011
Décès d'enfants de moins d'un an et taux de mortalité infantile selon l'âge et le sexe : dernière année disponible, 2002 - 2011 (continued - suite)

Continent, country or area, year and age Continent, pays ou zone, année et âge	Number - Nombre			Rate - Taux		
	Both sexes Les deux sexes	Male Masculin	Female Féminin	Both sexes Les deux sexes	Male Masculin	Female Féminin
AMERICA, SOUTH - AMÉRIQUE DU SUD						
Chile - Chili						
2009 (C)						
8 months - 8 mois	28	16	12	♦0.1	♦0.1	♦0.1
9 months - 9 mois	20	17	3	♦0.1	♦0.1	-
10 months - 10 mois	15	8	7	♦0.1	♦0.1	♦0.1
11 months - 11 mois	11	7	4	-	♦0.1	-
Colombia - Colombie						
2011* (U)						
Total	7 060	3 944[10]	3 115[10]	...	...	...
Less than 1 day - Moins de 1 jour	1 473	823	650	...	...	...
1 - 6 days - 1 - 6 jours	1 587	914	673	...	...	...
7 - 27 days - 7 - 27 jours	1 531	827	704	...	...	...
28 days - 11 months - 28 jours - 11 mois	2 469	1 380	1 088	...	...	...
28 days - less than 2 months - 28 jours - moins de 2 mois	1 812	1 021	791	...	...	...
2 - 11 months - 2 - 11 mois	657	359[10]	297[10]	...	...	...
Ecuador - Équateur[11]						
2010 (U)						
Total	3 204	1 735	1 469	...	...	...
Less than 1 day - Moins de 1 jour	634	342	292	...	...	...
1 - 6 days - 1 - 6 jours	670	379	291	...	...	...
7 - 27 days - 7 - 27 jours	505	288	217	...	...	...
7 - 13 days - 7 - 13 jours	252	146	106	...	...	...
14 - 20 days - 14 - 20 jours	157	85	72	...	...	...
21 - 27 days - 21 - 27 jours	96	57	39	...	...	...
28 days - 11 months - 28 jours - 11 mois	1 395	726	669	...	...	...
28 days - less than 2 months - 28 jours - moins de 2 mois	225	121	104	...	...	...
2 months - 2 mois	243	134	109	...	...	...
3 months - 3 mois	160	92	68	...	...	...
4 months - 4 mois	148	73	75	...	...	...
5 months - 5 mois	114	58	56	...	...	...
6 months - 6 mois	118	62	56	...	...	...
7 months - 7 mois	96	43	53	...	...	...
8 months - 8 mois	87	37	50	...	...	...
9 months - 9 mois	82	43	39	...	...	...
10 months - 10 mois	64	33	31	...	...	...
11 months - 11 mois	58	30	28	...	...	...
French Guiana - Guyane française						
2007 (C)						
Total	73	39	34	...	...	...
Less than 1 day - Moins de 1 jour	18	10	8	...	...	...
1 - 6 days - 1 - 6 jours	15	5	10	...	...	...
7 - 27 days - 7 - 27 jours	17	12	5	...	...	...
7 - 13 days - 7 - 13 jours	9	5	4	...	...	...
14 - 20 days - 14 - 20 jours	3	3	-	...	...	...
21 - 27 days - 21 - 27 jours	5	4	1	...	...	...
28 days - 11 months - 28 jours - 11 mois	23	12	11	...	...	...
28 days - less than 2 months - 28 jours - moins de 2 mois	1	-	1	...	...	...
2 months - 2 mois	7	4	3	...	...	...
3 months - 3 mois	4	1	3	...	...	...
4 months - 4 mois	2	1	1	...	...	...
5 months - 5 mois	2	2	-	...	...	...
6 months - 6 mois	2	1	1	...	...	...
7 months - 7 mois	1	1	-	...	...	...
8 months - 8 mois	1	1	-	...	...	...
9 months - 9 mois	2	1	1	...	...	...
10 months - 10 mois	-	-	-	...	...	...
11 months - 11 mois	1	-	1	...	...	...
Paraguay						
2006 (U)						
Total	549	...	...	...	...	...
Less than 28 days - Moins de 28 jours	270	...	...	...	...	...
28 days - 11 months - 28 jours - 11 mois[12]	279	...	...	...	...	...
Peru - Pérou[13]						
2009 (+U)						
Total	6 018	3 345	2 673	...	...	...
Less than 1 day - Moins de 1 jour	945	536	409	...	...	...
1 - 6 days - 1 - 6 jours	1 438	864	574	...	...	...

16. Infant deaths and infant mortality rates by age and sex: latest available year, 2002 - 2011
Décès d'enfants de moins d'un an et taux de mortalité infantile selon l'âge et le sexe : dernière année disponible, 2002 - 2011 (continued - suite)

Continent, country or area, year and age Continent, pays ou zone, année et âge	Number - Nombre			Rate - Taux		
	Both sexes Les deux sexes	Male Masculin	Female Féminin	Both sexes Les deux sexes	Male Masculin	Female Féminin
AMERICA, SOUTH - AMÉRIQUE DU SUD						
Peru - Pérou[13]						
2009 (+U)						
7 - 27 days - 7 - 27 jours	932	508	424	...	...	...
7 - 13 days - 7 - 13 jours	485	269	216	...	...	...
14 - 20 days - 14 - 20 jours	251	136	115	...	...	...
21 - 27 days - 21 - 27 jours	196	103	93	...	...	...
28 days - 11 months - 28 jours - 11 mois	2 703	1 437	1 266	...	...	...
28 days - less than 2 months - 28 jours - moins de 2 mois	751	402	349	...	...	...
2 months - 2 mois	490	272	218	...	...	...
3 months - 3 mois	312	165	147	...	...	...
4 months - 4 mois	238	127	111	...	...	...
5 months - 5 mois	175	84	91	...	...	...
6 months - 6 mois	160	80	80	...	...	...
7 months - 7 mois	125	65	60	...	...	...
8 months - 8 mois	125	61	64	...	...	...
9 months - 9 mois	106	64	42	...	...	...
10 months - 10 mois	114	56	58	...	...	...
11 months - 11 mois	107	61	46	...	...	...
Venezuela (Bolivarian Republic of) - Venezuela (République bolivarienne du)						
2007 (C)						
Total	6 340	3 715	2 625	10.3	11.7	8.8
Less than 28 days - Moins de 28 jours	4 379	2 599	1 780	7.1	8.2	6.0
28 days - 11 months - 28 jours - 11 mois	1 961	1 116	845	3.2	3.5	2.8
28 days - less than 2 months - 28 jours - moins de 2 mois	455	258	197	0.7	0.8	0.7
2 months - 2 mois	325	182	143	0.5	0.6	0.5
3 months - 3 mois	231	136	95	0.4	0.4	0.3
4 months - 4 mois	190	119	71	0.3	0.4	0.2
5 months - 5 mois	157	87	70	0.3	0.3	0.2
6 months - 6 mois	153	89	64	0.2	0.3	0.2
7 months - 7 mois	104	57	47	0.2	0.2	0.2
8 months - 8 mois	122	63	59	0.2	0.2	0.2
9 months - 9 mois	77	39	38	0.1	0.1	0.1
10 months - 10 mois	81	50	31	0.1	0.2	0.1
11 months - 11 mois	66	36	30	0.1	0.1	0.1
ASIA - ASIE						
Armenia - Arménie[14]						
2009 (C)						
Total	454	258	196	10.2	10.9	9.4
Less than 1 day - Moins de 1 jour	82	47	35	1.8	2.0	1.7
1 - 6 days - 1 - 6 jours	165	93	72	3.7	3.9	3.5
7 - 27 days - 7 - 27 jours	72	37	35	1.6	1.6	1.7
7 - 13 days - 7 - 13 jours	28	16	12	♦0.6	♦0.7	♦0.6
14 - 20 days - 14 - 20 jours	24	12	12	♦0.5	♦0.5	♦0.6
21 - 27 days - 21 - 27 jours	20	9	11	♦0.5	♦0.4	♦0.5
28 days - 11 months - 28 jours - 11 mois	135	81	54	3.0	3.4	2.6
28 days - less than 2 months - 28 jours - moins de 2 mois	37	23	14	0.8	♦1.0	♦0.7
2 months - 2 mois	24	14	10	♦0.5	♦0.6	♦0.5
3 months - 3 mois	20	10	10	♦0.5	♦0.4	♦0.5
4 months - 4 mois	15	12	3	♦0.3	♦0.5	♦0.1
5 months - 5 mois	13	7	6	♦0.3	♦0.3	♦0.3
6 months - 6 mois	4	2	2	♦0.1	♦0.1	♦0.1
7 months - 7 mois	1	1	-	-	-	-
8 months - 8 mois	4	3	1	♦0.1	♦0.1	-
9 months - 9 mois	9	6	3	♦0.2	♦0.3	♦0.1
10 months - 10 mois	6	3	3	♦0.1	♦0.1	♦0.1
11 months - 11 mois	2	-	2	-	-	♦0.1
Azerbaijan - Azerbaïdjan[14]						
2010 (+C)						
Total	1 843	1 018	825	11.1	11.4	10.8
Less than 1 day - Moins de 1 jour	268	176	92	1.6	2.0	1.2
1 - 6 days - 1 - 6 jours	704	424	280	4.3	4.8	3.7
7 - 27 days - 7 - 27 jours	87	36	51	0.5	0.4	0.7
7 - 13 days - 7 - 13 jours	49	14	35	0.3	♦0.2	0.5
14 - 20 days - 14 - 20 jours	22	9	13	♦0.1	♦0.1	♦0.2

16. Infant deaths and infant mortality rates by age and sex: latest available year, 2002 - 2011
Décès d'enfants de moins d'un an et taux de mortalité infantile selon l'âge et le sexe : dernière année disponible, 2002 - 2011 (continued - suite)

Continent, country or area, year and age Continent, pays ou zone, année et âge	Number - Nombre			Rate - Taux		
	Both sexes Les deux sexes	Male Masculin	Female Féminin	Both sexes Les deux sexes	Male Masculin	Female Féminin
ASIA - ASIE						
Azerbaijan - Azerbaïdjan[14]						
2010 (+C)						
21 - 27 days - 21 - 27 jours	16	13	3	♦0.1	♦0.1	-
28 days - 11 months - 28 jours - 11 mois...................	784	382	402	4.7	4.3	5.3
28 days - less than 2 months - 28 jours - moins de 2 mois	74	29	45	0.4	♦0.3	0.6
2 months - 2 mois......................................	90	40	50	0.5	0.4	0.7
3 months - 3 mois......................................	85	51	34	0.5	0.6	0.4
4 months - 4 mois......................................	78	42	36	0.5	0.5	0.5
5 months - 5 mois......................................	101	42	59	0.6	0.5	0.8
6 months - 6 mois......................................	64	25	39	0.4	♦0.3	0.5
7 months - 7 mois......................................	76	30	46	0.5	0.3	0.6
8 months - 8 mois......................................	80	55	25	0.5	0.6	♦0.3
9 months - 9 mois......................................	42	23	19	0.3	♦0.3	♦0.2
10 months - 10 mois..................................	42	13	29	0.3	♦0.1	♦0.4
11 months - 11 mois..................................	52	32	20	0.3	0.4	♦0.3
Bahrain - Bahreïn						
2008 (C)						
Total..	127	69	58	7.5	8.0	7.0
Less than 1 day - Moins de 1 jour	18	11	7	♦1.1	♦1.3	♦0.8
1 - 6 days - 1 - 6 jours	20	7	13	♦1.2	♦0.8	♦1.6
7 - 27 days - 7 - 27 jours	15	8	7	♦0.9	♦0.9	♦0.8
7 - 13 days - 7 - 13 jours	4	3	1	♦0.2	♦0.3	♦0.1
14 - 20 days - 14 - 20 jours	7	4	3	♦0.4	♦0.5	♦0.4
21 - 27 days - 21 - 27 jours	4	1	3	♦0.2	♦0.1	♦0.4
28 days - 11 months - 28 jours - 11 mois...................	74	43	31	4.3	5.0	3.7
28 days - less than 2 months - 28 jours - moins de 2 mois	28	14	14	♦1.6	♦1.6	♦1.7
2 months - 2 mois......................................	11	9	2	♦0.6	♦1.0	♦0.2
3 months - 3 mois......................................	10	7	3	♦0.6	♦0.8	♦0.4
4 months - 4 mois......................................	5	2	3	♦0.3	♦0.2	♦0.4
5 months - 5 mois......................................	5	3	2	♦0.3	♦0.3	♦0.2
6 months - 6 mois......................................	6	5	1	♦0.4	♦0.6	♦0.1
7 months - 7 mois......................................	1	-	1	♦0.1	-	♦0.1
8 months - 8 mois......................................	4	1	3	♦0.2	♦0.1	♦0.4
9 months - 9 mois......................................	2	1	1	♦0.1	♦0.1	♦0.1
10 months - 10 mois..................................	1	1	-	♦0.1	♦0.1	-
11 months - 11 mois..................................	1	-	1	♦0.1	-	♦0.1
Bangladesh						
2010 (U)						
Total..	104 591	55 178	49 413	...	...	...
1 - 6 days - 1 - 6 jours	56 108	30 276	25 832	...	...	...
7 - 27 days - 7 - 27 jours	17 576	9 234	8 342	...	...	...
7 - 13 days - 7 - 13 jours	8 488	4 491	3 997	...	...	...
14 - 20 days - 14 - 20 jours	4 845	2 546	2 299	...	...	...
21 - 27 days - 21 - 27 jours	4 243	2 197	2 046	...	...	...
28 days - 11 months - 28 jours - 11 mois...................	30 907	15 668	15 239	...	...	...
28 days - less than 2 months - 28 jours - moins de 2 mois	7 377	3 906	3 471	...	...	...
2 months - 2 mois......................................	5 234	2 674	2 560	...	...	...
3 months - 3 mois......................................	4 381	2 248	2 133	...	...	...
4 months - 4 mois......................................	2 628	1 333	1 295	...	...	...
5 months - 5 mois......................................	1 188	606	582	...	...	...
6 months - 6 mois......................................	2 123	1 050	1 073	...	...	...
7 months - 7 mois......................................	1 361	669	692	...	...	...
8 months - 8 mois......................................	1 905	918	987	...	...	...
9 months - 9 mois......................................	1 420	696	724	...	...	...
10 months - 10 mois..................................	1 188	566	622	...	...	...
11 months - 11 mois..................................	2 102	1 002	1 100	...	...	...
China, Hong Kong SAR - Chine, Hong Kong RAS						
2009 (C)						
Total..	136	71	65	1.7	1.6	1.7
Less than 1 day - Moins de 1 jour	16	7	9	♦0.2	♦0.2	♦0.2
1 - 6 days - 1 - 6 jours	50	24	26	0.6	♦0.5	♦0.7
7 - 27 days - 7 - 27 jours	15	8	7	♦0.2	♦0.2	♦0.2
7 - 13 days - 7 - 13 jours	9	6	3	♦0.1	♦0.1	♦0.1
14 - 20 days - 14 - 20 jours	1	-	1	-	-	-
21 - 27 days - 21 - 27 jours	5	2	3	♦0.1	-	♦0.1
28 days - 11 months - 28 jours - 11 mois...................	55	32	23	0.7	0.7	♦0.6
28 days - less than 2 months - 28 jours - moins de 2 mois	13	4	9	♦0.2	♦0.1	♦0.2
2 months - 2 mois......................................	5	2	3	♦0.1	-	♦0.1

Continent, country or area, year and age Continent, pays ou zone, année et âge	Number - Nombre			Rate - Taux		
	Both sexes Les deux sexes	Male Masculin	Female Féminin	Both sexes Les deux sexes	Male Masculin	Female Féminin
ASIA - ASIE						
China, Hong Kong SAR - Chine, Hong Kong RAS						
2009 (C)						
3 months - 3 mois	6	5	1	♦0.1	♦0.1	-
4 months - 4 mois	8	7	1	♦0.1	♦0.2	-
5 months - 5 mois	4	2	2	-	-	♦0.1
6 months - 6 mois	6	2	4	♦0.1	-	♦0.1
7 months - 7 mois	3	2	1	-	-	-
8 months - 8 mois	6	4	2	♦0.1	♦0.1	♦0.1
9 months - 9 mois	2	2	-	-	-	-
10 months - 10 mois	-	-	-	-	-	-
11 months - 11 mois	2	2	-	-	-	-
China, Macao SAR - Chine, Macao RAS						
2010 (C)						
Total...............	15	7	8	...	...	...
Less than 1 day - Moins de 1 jour	7	3	4	...	...	...
1 - 6 days - 1 - 6 jours	4	2	2	...	...	...
7 - 27 days - 7 - 27 jours	2	1	1	...	...	...
7 - 13 days - 7 - 13 jours	-	-	-	...	...	...
14 - 20 days - 14 - 20 jours	1	-	1	...	...	...
21 - 27 days - 21 - 27 jours	1	1	-	...	...	...
28 days - 11 months - 28 jours - 11 mois...............	2	1	1	...	...	...
28 days - less than 2 months - 28 jours - moins de 2 mois	1	-	1	...	...	...
2 months - 2 mois	-	-	-	...	...	...
3 months - 3 mois	-	-	-	...	...	...
4 months - 4 mois	1	1	-	...	...	...
5 months - 5 mois	-	-	-	...	...	...
6 months - 6 mois	-	-	-	...	...	...
7 months - 7 mois	-	-	-	...	...	...
8 months - 8 mois	-	-	-	...	...	...
9 months - 9 mois	-	-	-	...	...	...
10 months - 10 mois	-	-	-	...	...	...
11 months - 11 mois	-	-	-	...	...	...
Cyprus - Chypre[15]						
2006 (C)						
Total...............	27	16	11	...	...	...
Less than 1 day - Moins de 1 jour	9	5	4	...	...	...
1 - 6 days - 1 - 6 jours	6	4	2	...	...	...
7 - 27 days - 7 - 27 jours	4	3	1	...	...	...
28 days - 11 months - 28 jours - 11 mois...............	7	4	3	...	...	...
28 days - less than 2 months - 28 jours - moins de 2 mois	1	-	1	...	...	...
2 months - 2 mois	3	3	-	...	...	...
3 months - 3 mois	1	1	-	...	...	...
4 months - 4 mois	-	-	-	...	...	...
5 months - 5 mois	-	-	-	...	...	...
6 months - 6 mois	-	-	-	...	...	...
7 months - 7 mois	-	-	-	...	...	...
8 months - 8 mois	1	-	1	...	...	...
9 months - 9 mois	1	-	1	...	...	...
10 months - 10 mois	-	-	-	...	...	...
11 months - 11 mois	-	-	-	...	...	...
Unknown - Inconnu	1	-	1	...	...	...
Georgia - Géorgie[14]						
2010 (C)						
Total...............	701	406	295	11.2	12.5	9.8
Less than 1 day - Moins de 1 jour	138	78	60	2.2	2.4	2.0
1 - 6 days - 1 - 6 jours	228	139	89	3.6	4.3	3.0
7 - 27 days - 7 - 27 jours	140	81	59	2.2	2.5	2.0
7 - 13 days - 7 - 13 jours	76	46	30	1.2	1.4	1.0
14 - 20 days - 14 - 20 jours	43	27	16	0.7	♦0.8	♦0.5
21 - 27 days - 21 - 27 jours	21	8	13	♦0.3	♦0.2	♦0.4
28 days - 11 months - 28 jours - 11 mois...............	195	108	87	3.1	3.3	2.9
28 days - less than 2 months - 28 jours - moins de 2 mois	14	9	5	♦0.2	♦0.3	♦0.2
2 months - 2 mois	47	24	23	0.8	♦0.7	♦0.8
3 months - 3 mois	19	7	12	♦0.3	♦0.2	♦0.4
4 months - 4 mois	24	13	11	♦0.4	♦0.4	♦0.4
5 months - 5 mois	21	16	5	♦0.3	♦0.5	♦0.2
6 months - 6 mois	17	10	7	♦0.3	♦0.3	♦0.2
7 months - 7 mois...............	8	2	6	♦0.1	♦0.1	♦0.2

16. Infant deaths and infant mortality rates by age and sex: latest available year, 2002 - 2011
Décès d'enfants de moins d'un an et taux de mortalité infantile selon l'âge et le sexe : dernière année disponible, 2002 - 2011 (continued - suite)

Continent, country or area, year and age / Continent, pays ou zone, année et âge	Number - Nombre			Rate - Taux		
	Both sexes Les deux sexes	Male Masculin	Female Féminin	Both sexes Les deux sexes	Male Masculin	Female Féminin
ASIA - ASIE						
Georgia - Géorgie[14]						
2010 (C)						
8 months - 8 mois	14	7	7	♦0.2	♦0.2	♦0.2
9 months - 9 mois	9	5	4	♦0.1	♦0.2	♦0.1
10 months - 10 mois	9	6	3	♦0.1	♦0.2	♦0.1
11 months - 11 mois	13	9	4	♦0.2	♦0.3	♦0.1
Israel - Israël[16]						
2011 (C)						
Total	568	313	255	3.4	...	...
Less than 1 day - Moins de 1 jour	119	65	54	0.7	...	...
1 - 6 days - 1 - 6 jours	131	72	59	0.8	...	...
7 - 27 days - 7 - 27 jours	108	61	47	0.7	...	...
7 - 13 days - 7 - 13 jours	62	34	28	0.4	...	...
14 - 20 days - 14 - 20 jours	28	17	11	♦0.2	...	...
21 - 27 days - 21 - 27 jours	18	10	8	♦0.1	...	...
28 days - 11 months - 28 jours - 11 mois	210	115	95	1.3	...	...
28 days - less than 2 months - 28 jours - moins de 2 mois	51	28	23	0.3	...	...
2 months - 2 mois	35	21	14	0.2	...	...
3 months - 3 mois	30	13	17	0.2	...	...
4 months - 4 mois	26	13	13	♦0.2	...	...
5 months - 5 mois	12	9	3	♦0.1	...	...
6 months - 6 mois	10	3	7	♦0.1	...	...
7 months - 7 mois	15	12	3	♦0.1	...	...
8 months - 8 mois	11	4	7	♦0.1	...	...
9 months - 9 mois	8	5	3	-	...	...
10 months - 10 mois	8	6	2	-	...	...
11 months - 11 mois	4	1	3	-	...	...
Japan - Japon[17]						
2010 (C)						
Total	2 450	1 355	1 095	2.3	2.5	2.1
Less than 1 day - Moins de 1 jour	592	338	254	0.6	0.6	0.5
1 - 6 days - 1 - 6 jours	286	170	116	0.3	0.3	0.2
7 - 27 days - 7 - 27 jours	289	149	140	0.3	0.3	0.3
7 - 13 days - 7 - 13 jours	120	59	61	0.1	0.1	0.1
14 - 20 days - 14 - 20 jours	94	50	44	0.1	0.1	0.1
21 - 27 days - 21 - 27 jours	75	40	35	0.1	0.1	0.1
28 days - 11 months - 28 jours - 11 mois	1 283	698	585	1.2	1.3	1.1
28 days - less than 2 months - 28 jours - moins de 2 mois	273	154	119	0.3	0.3	0.2
2 months - 2 mois	175	104	71	0.2	0.2	0.1
3 months - 3 mois	141	78	63	0.1	0.1	0.1
4 months - 4 mois	149	73	76	0.1	0.1	0.1
5 months - 5 mois	114	55	59	0.1	0.1	0.1
6 months - 6 mois	94	52	42	0.1	0.1	0.1
7 months - 7 mois	87	44	43	0.1	0.1	0.1
8 months - 8 mois	61	31	30	0.1	0.1	0.1
9 months - 9 mois	74	46	28	0.1	0.1	♦0.1
10 months - 10 mois	61	32	29	0.1	0.1	♦0.1
11 months - 11 mois	54	29	25	0.1	♦0.1	-
Kazakhstan[14]						
2008 (C)						
Total	7 322	4 154	3 168	20.5	22.7	18.3
Less than 1 day - Moins de 1 jour	1 445	789	656	4.1	4.3	3.8
1 - 6 days - 1 - 6 jours	2 944	1 696	1 248	8.3	9.3	7.2
7 - 27 days - 7 - 27 jours	962	536	426	2.7	2.9	2.5
7 - 13 days - 7 - 13 jours	579	321	258	1.6	1.8	1.5
14 - 20 days - 14 - 20 jours	241	135	106	0.7	0.7	0.6
21 - 27 days - 21 - 27 jours	142	80	62	0.4	0.4	0.4
28 days - 11 months - 28 jours - 11 mois	1 969	1 133	836	5.5	6.2	4.8
28 days - less than 2 months - 28 jours - moins de 2 mois	560	338	222	1.6	1.8	1.3
2 months - 2 mois	280	167	113	0.8	0.9	0.7
3 months - 3 mois	237	122	115	0.7	0.7	0.7
4 months - 4 mois	206	111	95	0.6	0.6	0.5
5 months - 5 mois	168	93	75	0.5	0.5	0.4
6 months - 6 mois	131	71	60	0.4	0.4	0.3
7 months - 7 mois	93	60	33	0.3	0.3	0.2
8 months - 8 mois	96	56	40	0.3	0.3	0.2
9 months - 9 mois	97	57	40	0.3	0.3	0.2
10 months - 10 mois	58	32	26	0.2	0.2	♦0.2

16. Infant deaths and infant mortality rates by age and sex: latest available year, 2002 - 2011
Décès d'enfants de moins d'un an et taux de mortalité infantile selon l'âge et le sexe : dernière année disponible, 2002 - 2011 (continued - suite)

Continent, country or area, year and age Continent, pays ou zone, année et âge	Number - Nombre			Rate - Taux		
	Both sexes Les deux sexes	Male Masculin	Female Féminin	Both sexes Les deux sexes	Male Masculin	Female Féminin
ASIA - ASIE						
Kazakhstan[14]						
2008 (C)						
11 months - 11 mois	43	26	17	0.1	♦0.1	♦0.1
Unknown - Inconnu	2	-	2	-	-	-
Kuwait - Koweït						
2010 (C)						
Total...	496	272	224	8.6	9.3	8.0
Less than 1 day - Moins de 1 jour	96	55	41	1.7	1.9	1.5
1 - 6 days - 1 - 6 jours	90	57	33	1.6	1.9	1.2
7 - 27 days - 7 - 27 jours	118	61	57	2.1	2.1	2.0
7 - 13 days - 7 - 13 jours	46	20	26	0.8	♦0.7	♦0.9
14 - 20 days - 14 - 20 jours	39	23	16	0.7	♦0.8	♦0.6
21 - 27 days - 21 - 27 jours	33	18	15	0.6	♦0.6	♦0.5
28 days - 11 months - 28 jours - 11 mois...........	192	99	93	3.3	3.4	3.3
28 days - less than 2 months - 28 jours - moins de 2 mois	59	33	26	1.0	1.1	♦0.9
2 months - 2 mois	41	21	20	0.7	♦0.7	♦0.7
3 months - 3 mois	22	12	10	♦0.4	♦0.4	♦0.4
4 months - 4 mois	15	8	7	♦0.3	♦0.3	♦0.2
5 months - 5 mois	13	6	7	♦0.2	♦0.2	♦0.2
6 months - 6 mois	8	4	4	♦0.1	♦0.1	♦0.1
7 months - 7 mois	9	5	4	♦0.2	♦0.2	♦0.1
8 months - 8 mois	7	3	4	♦0.1	♦0.1	♦0.1
9 months - 9 mois	3	-	3	♦0.1	-	♦0.1
10 months - 10 mois	11	5	6	♦0.2	♦0.2	♦0.2
11 months - 11 mois	4	2	2	♦0.1	♦0.1	♦0.1
Kyrgyzstan - Kirghizstan						
2010 (C)						
Total...	3 337	1 903	1 434	22.8	25.4	20.1
Less than 1 day - Moins de 1 jour	1 091	599	492	7.5	8.0	6.9
1 - 6 days - 1 - 6 jours	1 089	647	442	7.5	8.6	6.2
7 - 27 days - 7 - 27 jours	216	122	94	1.5	1.6	1.3
7 - 13 days - 7 - 13 jours	122	72	50	0.8	1.0	0.7
14 - 20 days - 14 - 20 jours	55	31	24	0.4	0.4	♦0.3
21 - 27 days - 21 - 27 jours	39	19	20	0.3	♦0.3	♦0.3
28 days - 11 months - 28 jours - 11 mois...........	941	535	406	6.4	7.2	5.7
28 days - less than 2 months - 28 jours - moins de 2 mois	192	117	75	1.3	1.6	1.1
2 months - 2 mois	135	76	59	0.9	1.0	0.8
3 months - 3 mois	111	62	49	0.8	0.8	0.7
4 months - 4 mois	100	61	39	0.7	0.8	0.5
5 months - 5 mois	87	54	33	0.6	0.7	0.5
6 months - 6 mois	71	32	39	0.5	0.4	0.5
7 months - 7 mois	69	45	24	0.5	0.6	♦0.3
8 months - 8 mois	52	26	26	0.4	♦0.3	♦0.4
9 months - 9 mois	50	33	17	0.3	0.4	♦0.2
10 months - 10 mois	39	14	25	0.3	♦0.2	♦0.4
11 months - 11 mois	35	15	20	0.2	♦0.2	♦0.3
Malaysia - Malaisie						
2004 (C)						
Total...	3 105	1 784	1 321	6.5	7.2	5.7
Less than 1 day - Moins de 1 jour	443	262	181	0.9	1.1	0.8
1 - 6 days - 1 - 6 jours	834	500	334	1.7	2.0	1.4
7 - 27 days - 7 - 27 jours	492	268	224	1.0	1.1	1.0
28 days - 11 months - 28 jours - 11 mois...........	1 336	754	582	2.8	3.1	2.5
28 days - 2 months - 28 jours - 2 mois	568	335	233	1.2	1.4	1.0
3 - 5 months - 3 - 5 mois	393	216	177	0.8	0.9	0.8
6 - 8 months - 6 - 8 mois	220	122	98	0.5	0.5	0.4
9 - 11 months - 9 - 11 mois	155	81	74	0.3	0.3	0.3
Maldives						
2010 (C)						
Total...	78	45	33	...	...	...
Less than 1 day - Moins de 1 jour	18	8	10	...	...	...
1 - 6 days - 1 - 6 jours	26	17	9	...	...	...
7 - 27 days - 7 - 27 jours	14	9	5	...	...	...
7 - 13 days - 7 - 13 jours	5	3	2	...	...	...
14 - 20 days - 14 - 20 jours	4	3	1	...	...	...
21 - 27 days - 21 - 27 jours	5	3	2	...	...	...
28 days - 11 months - 28 jours - 11 mois...........	13	11	2	...	...	...
28 days - less than 2 months - 28 jours - moins de 2 mois	5	3	2	...	...	...

16. Infant deaths and infant mortality rates by age and sex: latest available year, 2002 - 2011
Décès d'enfants de moins d'un an et taux de mortalité infantile selon l'âge et le sexe : dernière année disponible, 2002 - 2011 (continued - suite)

Continent, country or area, year and age Continent, pays ou zone, année et âge	Number - Nombre			Rate - Taux		
	Both sexes Les deux sexes	Male Masculin	Female Féminin	Both sexes Les deux sexes	Male Masculin	Female Féminin
ASIA - ASIE						
Maldives						
2010 (C)						
2 months - 2 mois	1	1	-	...	...	...
3 months - 3 mois	1	1	-	...	...	...
4 months - 4 mois	1	1	-	...	...	...
5 months - 5 mois	1	1	-	...	...	...
6 months - 6 mois	-	-	-	...	...	...
7 months - 7 mois	-	-	-	...	...	...
8 months - 8 mois	1	1	-	...	...	...
9 months - 9 mois	2	2	-	...	...	...
10 months - 10 mois	-	-	-	...	...	...
11 months - 11 mois	1	1	-	...	...	...
Occupied Palestinian Territory - Territoire palestinien occupé						
2007 (U)						
Total	794	420	374	...	...	...
Less than 1 day - Moins de 1 jour	42	24	18	...	...	...
1 - 6 days - 1 - 6 jours	183	113	70	...	...	...
7 - 27 days - 7 - 27 jours	156	79	77	...	...	...
7 - 13 days - 7 - 13 jours	79	44	35	...	...	...
14 - 20 days - 14 - 20 jours	47	19	28	...	...	...
21 - 27 days - 21 - 27 jours	30	16	14	...	...	...
28 days - 11 months - 28 jours - 11 mois	413	204	209	...	...	...
28 days - less than 2 months - 28 jours - moins de 2 mois	111	64	47	...	...	...
2 months - 2 mois	56	25	31	...	...	...
3 months - 3 mois	50	28	22	...	...	...
4 months - 4 mois	32	14	18	...	...	...
5 months - 5 mois	40	20	20	...	...	...
6 months - 6 mois	28	17	11	...	...	...
7 months - 7 mois	19	8	11	...	...	...
8 months - 8 mois	19	10	9	...	...	...
9 months - 9 mois	22	8	14	...	...	...
10 months - 10 mois	21	5	16	...	...	...
11 months - 11 mois	15	5	10	...	...	...
Oman[18]						
2011 (U)						
Total	598	316[19]	269[19]	...	...	...
Less than 1 day - Moins de 1 jour	100	50[19]	47[19]	...	...	...
1 - 6 days - 1 - 6 jours	118	57[19]	61[19]	...	...	...
7 - 27 days - 7 - 27 jours	75	34[19]	41[19]	...	...	...
7 - 13 days - 7 - 13 jours	36	16[19]	20[19]	...	...	...
14 - 20 days - 14 - 20 jours	23	10[19]	13[19]	...	...	...
21 - 27 days - 21 - 27 jours	16	8[19]	8[19]	...	...	...
28 days - 11 months - 28 jours - 11 mois	174	95	79			
28 days - less than 2 months - 28 jours - moins de 2 mois	54	26[19]	28[19]	...	...	...
2 months - 2 mois	24	16[19]	8[19]	...	...	...
3 months - 3 mois	22	10[19]	12[19]	...	...	...
4 months - 4 mois	12	10[19]	2[19]	...	...	...
5 months - 5 mois	16	10[19]	6[19]	...	...	...
6 months - 6 mois	13	6[19]	7[19]	...	...	...
7 months - 7 mois	3	2[19]	1[19]	...	...	...
8 months - 8 mois	10	4[19]	6[19]	...	...	...
9 months - 9 mois	3	1[19]	2[19]	...	...	...
10 months - 10 mois	9	4[19]	5[19]	...	...	...
11 months - 11 mois	8	6[19]	2[19]	...	...	...
Unknown - Inconnu	131	81[19]	40[19]	...	...	...
Pakistan[20]						
2007 (I)						
Total	288 191	167 402	120 789	75.2	83.5	66.2
Less than 1 day - Moins de 1 jour	11 990	8 027	3 963	3.1	4.0	2.2
1 - 6 days - 1 - 6 jours	115 664	74 312	41 352	30.2	37.0	22.7
7 - 27 days - 7 - 27 jours	39 726	23 382	16 344	10.4	11.7	9.0
7 - 13 days - 7 - 13 jours	21 846	13 191	8 655	5.7	6.6	4.7
14 - 20 days - 14 - 20 jours	16 376	9 475	6 901	4.3	4.7	3.8
21 - 27 days - 21 - 27 jours	1 504	716	788	0.4	0.4	0.4
28 days - 11 months - 28 jours - 11 mois	120 811	61 681	59 130	31.5	30.8	32.4
28 days - less than 2 months - 28 jours - moins de 2 mois	23 563	9 553	14 010	6.2	4.8	7.7
2 months - 2 mois	10 666	7 662	3 004	2.8	3.8	1.6

16. Infant deaths and infant mortality rates by age and sex: latest available year, 2002 - 2011
Décès d'enfants de moins d'un an et taux de mortalité infantile selon l'âge et le sexe : dernière année disponible, 2002 - 2011 (continued - suite)

Continent, country or area, year and age Continent, pays ou zone, année et âge	Number - Nombre			Rate - Taux		
	Both sexes Les deux sexes	Male Masculin	Female Féminin	Both sexes Les deux sexes	Male Masculin	Female Féminin
ASIA - ASIE						
Pakistan[20]						
2007 (|)						
3 months - 3 mois..	16 938	9 692	7 246	4.4	4.8	4.0
4 months - 4 mois..	10 577	4 135	6 442	2.8	2.1	3.5
5 months - 5 mois..	14 148	8 863	5 285	3.7	4.4	2.9
6 months - 6 mois..	17 012	6 641	10 371	4.4	3.3	5.7
7 months - 7 mois..	8 480	4 209	4 271	2.2	2.1	2.3
8 months - 8 mois..	6 221	5 116	1 105	1.6	2.6	0.6
9 months - 9 mois..	7 602	3 819	3 783	2.0	1.9	2.1
10 months - 10 mois..	3 546	1 291	2 255	0.9	0.6	1.2
11 months - 11 mois..	2 058	700	1 358	0.5	0.3	0.7
Philippines						
2009 (C)						
Total..	21 659	12 503	9 156	12.4	13.8	10.9
Less than 1 day - Moins de 1 jour	3 843	2 236	1 607	2.2	2.5	1.9
1 - 6 days - 1 - 6 jours	5 538	3 343	2 195	3.2	3.7	2.6
7 - 27 days - 7 - 27 jours	2 709	1 568	1 141	1.6	1.7	1.4
7 - 13 days - 7 - 13 jours	1 461	857	604	0.8	0.9	0.7
14 - 20 days - 14 - 20 jours	714	404	310	0.4	0.4	0.4
21 - 27 days - 21 - 27 jours	534	307	227	0.3	0.3	0.3
28 days - 11 months - 28 jours - 11 mois	9 569	5 356	4 213	5.5	5.9	5.0
28 days - less than 2 months - 28 jours - moins de 2 mois	2 173	1 293	880	1.2	1.4	1.0
2 months - 2 mois..	1 322	750	572	0.8	0.8	0.7
3 months - 3 mois..	941	527	414	0.5	0.6	0.5
4 months - 4 mois..	773	444	329	0.4	0.5	0.4
5 months - 5 mois..	714	387	327	0.4	0.4	0.4
6 months - 6 mois..	773	391	382	0.4	0.4	0.5
7 months - 7 mois..	708	384	324	0.4	0.4	0.4
8 months - 8 mois..	649	369	280	0.4	0.4	0.3
9 months - 9 mois..	556	296	260	0.3	0.3	0.3
10 months - 10 mois......................................	473	240	233	0.3	0.3	0.3
11 months - 11 mois......................................	487	275	212	0.3	0.3	0.3
Qatar						
2010 (C)						
Total..	132	68	64	6.8	6.9	6.7
Less than 1 day - Moins de 1 jour	-	-	-	-	-	-
1 - 6 days - 1 - 6 jours	58	31	27	3.0	3.1	♦2.8
7 - 27 days - 7 - 27 jours	31	16	15	1.6	♦1.6	♦1.6
7 - 13 days - 7 - 13 jours	18	9	9	♦0.9	♦0.9	♦0.9
14 - 20 days - 14 - 20 jours	7	4	3	♦0.4	♦0.4	♦0.3
21 - 27 days - 21 - 27 jours	6	3	3	♦0.3	♦0.3	♦0.3
28 days - 11 months - 28 jours - 11 mois..........	43	21	22	2.2	♦2.1	♦2.3
28 days - less than 2 months - 28 jours - moins de 2 mois	14	8	6	♦0.7	♦0.8	♦0.6
2 months - 2 mois..	8	4	4	♦0.4	♦0.4	♦0.4
3 months - 3 mois..	2	1	1	♦0.1	♦0.1	♦0.1
4 months - 4 mois..	4	2	2	♦0.2	♦0.2	♦0.2
5 months - 5 mois..	5	2	3	♦0.3	♦0.2	♦0.3
6 months - 6 mois..	3	2	1	♦0.2	♦0.2	♦0.1
7 months - 7 mois..	1	1	-	♦0.1	♦0.1	-
8 months - 8 mois..	3	1	2	♦0.2	♦0.1	♦0.2
9 months - 9 mois..	2	-	2	♦0.1	-	♦0.2
10 months - 10 mois......................................	-	-	-	-	-	-
11 months - 11 mois......................................	1	-	1	♦0.1	-	♦0.1
Republic of Korea - République de Corée[21]						
2010 (C)						
Total..	1 506	890	616	3.2	3.7	2.7
Less than 1 day - Moins de 1 jour	221	125	96	0.5	0.5	0.4
1 - 6 days - 1 - 6 jours	376	226	150	0.8	0.9	0.7
7 - 27 days - 7 - 27 jours	258	157	101	0.5	0.6	0.4
7 - 13 days - 7 - 13 jours	112	68	44	0.2	0.3	0.2
14 - 20 days - 14 - 20 jours	79	44	35	0.2	0.2	0.2
21 - 27 days - 21 - 27 jours	67	45	22	0.1	0.2	♦0.1
28 days - 11 months - 28 jours - 11 mois..........	651	382	269	1.4	1.6	1.2
28 days - less than 2 months - 28 jours - moins de 2 mois	179	115	64	0.4	0.5	0.3
2 months - 2 mois..	107	58	49	0.2	0.2	0.2
3 months - 3 mois..	97	55	42	0.2	0.2	0.2
4 months - 4 mois..	81	48	33	0.2	0.2	0.1
5 months - 5 mois..	51	29	22	0.1	♦0.1	♦0.1

16. Infant deaths and infant mortality rates by age and sex: latest available year, 2002 - 2011
Décès d'enfants de moins d'un an et taux de mortalité infantile selon l'âge et le sexe : dernière année disponible, 2002 - 2011 (continued - suite)

Continent, country or area, year and age / Continent, pays ou zone, année et âge	Number - Nombre			Rate - Taux		
	Both sexes Les deux sexes	Male Masculin	Female Féminin	Both sexes Les deux sexes	Male Masculin	Female Féminin
ASIA - ASIE						
Republic of Korea - République de Corée[21]						
2010 (C)						
6 months - 6 mois	27	19	8	♦0.1	♦0.1	-
7 months - 7 mois	26	14	12	♦0.1	♦0.1	♦0.1
8 months - 8 mois	34	20	14	0.1	♦0.1	♦0.1
9 months - 9 mois	17	9	8	-	-	-
10 months - 10 mois	27	11	16	♦0.1	-	♦0.1
11 months - 11 mois	5	4	1	-	-	-
Singapore - Singapour						
2010 (+C)						
Total	100	48[10]	51[10]	2.6	2.4	2.8
Less than 1 day - Moins de 1 jour	12	5[10]	6[10]	♦0.3	♦0.3	♦0.3
1 - 6 days - 1 - 6 jours	23	13	10	♦0.6	♦0.7	♦0.5
7 - 27 days - 7 - 27 jours	18	7	11	♦0.5	♦0.4	♦0.6
7 - 13 days - 7 - 13 jours	7	3	4	♦0.2	♦0.2	♦0.2
14 - 20 days - 14 - 20 jours	7	1	6	♦0.2	♦0.1	♦0.3
21 - 27 days - 21 - 27 jours	4	3	1	♦0.1	♦0.2	♦0.1
28 days - 11 months - 28 jours - 11 mois	47	23	24	1.2	♦1.2	♦1.3
28 days - less than 2 months - 28 jours - moins de 2 mois	9	4	5	♦0.2	♦0.2	♦0.3
2 months - 2 mois	7	3	4	♦0.2	♦0.2	♦0.2
3 months - 3 mois	6	4	2	♦0.2	♦0.2	♦0.1
4 months - 4 mois	8	2	6	♦0.2	♦0.1	♦0.3
5 months - 5 mois	3	3	-	♦0.1	♦0.2	-
6 months - 6 mois	3	1	2	♦0.1	♦0.1	♦0.1
7 months - 7 mois	2	1	1	♦0.1	♦0.1	♦0.1
8 months - 8 mois	3	3	-	♦0.1	♦0.2	-
9 months - 9 mois	3	1	2	♦0.1	♦0.1	♦0.1
10 months - 10 mois	2	1	1	♦0.1	♦0.1	♦0.1
11 months - 11 mois	1	-	1	-	-	♦0.1
Tajikistan - Tadjikistan[14]						
2008 (U)						
Total	2 480	1 478	1 002	...	...	...
Less than 1 day - Moins de 1 jour	420	255	165	...	...	...
1 - 6 days - 1 - 6 jours	699	443	256	...	...	...
7 - 27 days - 7 - 27 jours	248	140	108	...	...	...
7 - 13 days - 7 - 13 jours	145	87	58	...	...	...
14 - 20 days - 14 - 20 jours	63	33	30	...	...	...
21 - 27 days - 21 - 27 jours	40	20	20	...	...	...
28 days - 11 months - 28 jours - 11 mois	1 113	640	473	...	...	...
28 days - less than 2 months - 28 jours - moins de 2 mois	180	103	77	...	...	...
2 months - 2 mois	155	92	63	...	...	...
3 months - 3 mois	138	77	61	...	...	...
4 months - 4 mois	111	71	40	...	...	...
5 months - 5 mois	106	56	50	...	...	...
6 months - 6 mois	106	62	44	...	...	...
7 months - 7 mois	75	43	32	...	...	...
8 months - 8 mois	79	49	30	...	...	...
9 months - 9 mois	56	23	33	...	...	...
10 months - 10 mois	56	39	17	...	...	...
11 months - 11 mois	51	25	26	...	...	...
Thailand - Thaïlande						
2009 (+U)						
Total	5 416	3 018	2 398	...	...	...
Less than 1 day - Moins de 1 jour	567	313	254	...	...	...
1 - 6 days - 1 - 6 jours	1 629	947	682	...	...	...
7 - 27 days - 7 - 27 jours	1 034	567	467	...	...	...
7 - 13 days - 7 - 13 jours	532	299	233	...	...	...
14 - 20 days - 14 - 20 jours	285	148	137	...	...	...
21 - 27 days - 21 - 27 jours	217	120	97	...	...	...
28 days - 11 months - 28 jours - 11 mois	2 186	1 191	995	...	...	...
28 days - less than 2 months - 28 jours - moins de 2 mois	576	318	258	...	...	...
2 months - 2 mois	350	191	159	...	...	...
3 months - 3 mois	289	140	149	...	...	...
4 months - 4 mois	197	106	91	...	...	...
5 months - 5 mois	184	106	78	...	...	...
6 months - 6 mois	131	77	54	...	...	...
7 months - 7 mois	123	60	63	...	...	...
8 months - 8 mois	117	65	52	...	...	...

16. Infant deaths and infant mortality rates by age and sex: latest available year, 2002 - 2011
Décès d'enfants de moins d'un an et taux de mortalité infantile selon l'âge et le sexe : dernière année disponible, 2002 - 2011 (continued - suite)

Continent, country or area, year and age / Continent, pays ou zone, année et âge	Number - Nombre			Rate - Taux		
	Both sexes Les deux sexes	Male Masculin	Female Féminin	Both sexes Les deux sexes	Male Masculin	Female Féminin
ASIA - ASIE						
Thailand - Thaïlande						
2009 (+U)						
9 months - 9 mois	86	50	36	...	...	...
10 months - 10 mois	83	51	32	...	...	...
11 months - 11 mois	50	27	23	...	...	...
EUROPE						
Åland Islands - Îles d'Åland						
2009 (C)						
Total	-	-	-	...	...	...
Less than 1 day - Moins de 1 jour	-	-	-	...	...	...
1 - 6 days - 1 - 6 jours	-	-	-	...	...	...
7 - 27 days - 7 - 27 jours	-	-	-	...	...	...
7 - 13 days - 7 - 13 jours	-	-	-	...	...	...
14 - 20 days - 14 - 20 jours	-	-	-	...	...	...
21 - 27 days - 21 - 27 jours	-	-	-	...	...	...
28 days - 11 months - 28 jours - 11 mois	-	-	-	...	...	...
28 days - less than 2 months - 28 jours - moins de 2 mois	-	-	-	...	...	...
2 months - 2 mois	-	-	-	...	...	...
3 months - 3 mois	-	-	-	...	...	...
4 months - 4 mois	-	-	-	...	...	...
5 months - 5 mois	-	-	-	...	...	...
6 months - 6 mois	-	-	-	...	...	...
7 months - 7 mois	-	-	-	...	...	...
8 months - 8 mois	-	-	-	...	...	...
9 months - 9 mois	-	-	-	...	...	...
10 months - 10 mois	-	-	-	...	...	...
11 months - 11 mois	-	-	-	...	...	...
Albania - Albanie						
2006 (C)						
Total	253	...	...	7.4	...	...
Less than 1 day - Moins de 1 jour	10	...	...	♦0.3	...	...
1 - 6 days - 1 - 6 jours	40	...	...	1.2	...	...
7 - 27 days - 7 - 27 jours	21	...	...	♦0.6	...	...
28 days - 11 months - 28 jours - 11 mois	182	...	...	5.3	...	...
28 days - less than 2 months - 28 jours - moins de 2 mois	35	...	...	1.0	...	...
2 - 11 months - 2 - 11 mois	147	...	...	4.3	...	...
Andorra - Andorre						
2009 (C)						
Total	1	-	1	...	...	...
Less than 1 day - Moins de 1 jour	-	-	-	...	...	...
1 - 6 days - 1 - 6 jours	1	-	1	...	...	...
7 - 27 days - 7 - 27 jours	-	-	-	...	...	...
28 days - 11 months - 28 jours - 11 mois	-	-	-	...	...	...
Austria - Autriche						
2010 (C)						
Total	307	175	132	3.9	4.3	3.4
Less than 1 day - Moins de 1 jour	132	75	57	1.7	1.9	1.5
1 - 6 days - 1 - 6 jours	39	23	16	0.5	♦0.6	♦0.4
7 - 27 days - 7 - 27 jours	43	27	16	0.5	♦0.7	♦0.4
7 - 13 days - 7 - 13 jours	20	13	7	♦0.3	♦0.3	♦0.2
14 - 20 days - 14 - 20 jours	11	7	4	♦0.1	♦0.2	♦0.1
21 - 27 days - 21 - 27 jours	12	7	5	♦0.2	♦0.2	♦0.1
28 days - 11 months - 28 jours - 11 mois	93	50	43	1.2	1.2	1.1
28 days - less than 2 months - 28 jours - moins de 2 mois	30	16	14	0.4	♦0.4	♦0.4
2 months - 2 mois	16	10	6	♦0.2	♦0.2	♦0.2
3 months - 3 mois	10	3	7	♦0.1	♦0.1	♦0.2
4 months - 4 mois	7	4	3	♦0.1	♦0.1	♦0.1
5 months - 5 mois	11	4	7	♦0.1	♦0.1	♦0.2
6 months - 6 mois	6	5	1	♦0.1	♦0.1	-
7 months - 7 mois	2	2	-	-	-	-
8 months - 8 mois	5	2	3	♦0.1	-	♦0.1
9 months - 9 mois	3	1	2	-	-	♦0.1
10 months - 10 mois	2	2	-	-	-	-
11 months - 11 mois	1	1	-	-	-	-

16. Infant deaths and infant mortality rates by age and sex: latest available year, 2002 - 2011
Décès d'enfants de moins d'un an et taux de mortalité infantile selon l'âge et le sexe : dernière année disponible, 2002 - 2011 (continued - suite)

Continent, country or area, year and age / Continent, pays ou zone, année et âge	Number - Nombre			Rate - Taux		
	Both sexes Les deux sexes	Male Masculin	Female Féminin	Both sexes Les deux sexes	Male Masculin	Female Féminin
EUROPE						
Belarus - Bélarus						
2010 (C)						
Total	429	235	194	4.0	4.2	3.7
Less than 1 day - Moins de 1 jour	33	14	19	0.3	♦0.3	♦0.4
1 - 6 days - 1 - 6 jours	79	41	38	0.7	0.7	0.7
7 - 27 days - 7 - 27 jours	64	38	26	0.6	0.7	♦0.5
7 - 13 days - 7 - 13 jours	23	12	11	♦0.2	♦0.2	♦0.2
14 - 20 days - 14 - 20 jours	24	14	10	♦0.2	♦0.3	♦0.2
21 - 27 days - 21 - 27 jours	17	12	5	♦0.2	♦0.2	♦0.1
28 days - 11 months - 28 jours - 11 mois	253	142	111	2.3	2.5	2.1
28 days - less than 2 months - 28 jours - moins de 2 mois	73	41	32	0.7	0.7	0.6
2 months - 2 mois	53	30	23	0.5	0.5	♦0.4
3 months - 3 mois	30	16	14	0.3	♦0.3	♦0.3
4 months - 4 mois	26	10	16	♦0.2	♦0.2	♦0.3
5 months - 5 mois	17	13	4	♦0.2	♦0.2	♦0.1
6 months - 6 mois	19	12	7	♦0.2	♦0.2	♦0.1
7 months - 7 mois	10	4	6	♦0.1	♦0.1	♦0.1
8 months - 8 mois	7	4	3	♦0.1	♦0.1	♦0.1
9 months - 9 mois	6	4	2	♦0.1	♦0.1	-
10 months - 10 mois	9	6	3	♦0.1	♦0.1	♦0.1
11 months - 11 mois	3	2	1	-	-	-
Belgium - Belgique[22]						
2009 (C)						
Total	439	248	191	3.4	3.8	3.1
Less than 1 day - Moins de 1 jour	90	48	42	0.7	0.7	0.7
1 - 6 days - 1 - 6 jours	114	64	50	0.9	1.0	0.8
7 - 27 days - 7 - 27 jours	81	42	39	0.6	0.6	0.6
7 - 13 days - 7 - 13 jours	47	24	23	0.4	♦0.4	♦0.4
14 - 20 days - 14 - 20 jours	18	10	8	♦0.1	♦0.2	♦0.1
21 - 27 days - 21 - 27 jours	16	8	8	♦0.1	♦0.1	♦0.1
28 days - 11 months - 28 jours - 11 mois	154	94	60	1.2	1.4	1.0
28 days - less than 2 months - 28 jours - moins de 2 mois	32	20	12	0.3	♦0.3	♦0.2
2 months - 2 mois	21	13	8	♦0.2	♦0.2	♦0.1
3 months - 3 mois	15	6	9	♦0.1	♦0.1	♦0.1
4 months - 4 mois	18	14	4	♦0.1	♦0.2	♦0.1
5 months - 5 mois	13	7	6	♦0.1	♦0.1	♦0.1
6 months - 6 mois	14	10	4	♦0.1	♦0.2	♦0.1
7 months - 7 mois	11	7	4	♦0.1	♦0.1	♦0.1
8 months - 8 mois	7	3	4	♦0.1	-	♦0.1
9 months - 9 mois	6	3	3	-	-	-
10 months - 10 mois	4	2	2	-	-	-
11 months - 11 mois	13	9	4	♦0.1	♦0.1	♦0.1
Bosnia and Herzegovina - Bosnie-Herzégovine						
2010 (C)						
Total	216	125	91	6.4	7.2	5.6
Less than 1 day - Moins de 1 jour	74	43	31	2.2	2.5	1.9
1 - 6 days - 1 - 6 jours	89	56	33	2.7	3.2	2.0
7 - 27 days - 7 - 27 jours	19	13	6	♦0.6	♦0.8	♦0.4
7 - 13 days - 7 - 13 jours	10	6	4	♦0.3	♦0.3	♦0.2
14 - 20 days - 14 - 20 jours	6	6	-	♦0.2	♦0.3	-
21 - 27 days - 21 - 27 jours	3	1	2	♦0.1	♦0.1	-
28 days - 11 months - 28 jours - 11 mois	34	13	21	1.0	♦0.8	♦1.3
28 days - less than 2 months - 28 jours - moins de 2 mois	5	2	3	♦0.1	♦0.1	♦0.2
2 months - 2 mois	10	6	4	♦0.3	♦0.3	♦0.2
3 months - 3 mois	1	-	1	-	-	♦0.1
4 months - 4 mois	5	2	3	♦0.1	♦0.1	♦0.2
5 months - 5 mois	3	1	2	♦0.1	♦0.1	♦0.1
6 months - 6 mois	3	1	2	♦0.1	♦0.1	♦0.1
7 months - 7 mois	-	-	-	-	-	-
8 months - 8 mois	1	-	1	-	-	♦0.1
9 months - 9 mois	4	-	4	♦0.1	-	♦0.2
10 months - 10 mois	1	1	-	-	♦0.1	-
11 months - 11 mois	1	-	1	-	-	♦0.1
Bulgaria - Bulgarie						
2010 (C)						
Total	708	410	298	9.4	10.6	8.1
Less than 1 day - Moins de 1 jour	105	65	40	1.4	1.7	1.1
1 - 6 days - 1 - 6 jours	169	98	71	2.2	2.5	1.9

16. Infant deaths and infant mortality rates by age and sex: latest available year, 2002 - 2011
Décès d'enfants de moins d'un an et taux de mortalité infantile selon l'âge et le sexe : dernière année disponible, 2002 - 2011 (continued - suite)

Continent, country or area, year and age / Continent, pays ou zone, année et âge	Number - Nombre			Rate - Taux		
	Both sexes Les deux sexes	Male Masculin	Female Féminin	Both sexes Les deux sexes	Male Masculin	Female Féminin
EUROPE						
Bulgaria - Bulgarie						
2010 (C)						
7 - 27 days - 7 - 27 jours	120	69	51	1.6	1.8	1.4
7 - 13 days - 7 - 13 jours	64	34	30	0.8	0.9	0.8
14 - 20 days - 14 - 20 jours	31	19	12	0.4	♦0.5	♦0.3
21 - 27 days - 21 - 27 jours	25	16	9	♦0.3	♦0.4	♦0.2
28 days - 11 months - 28 jours - 11 mois............................	314	178	136	4.2	4.6	3.7
28 days - less than 2 months - 28 jours - moins de 2 mois	89	45	44	1.2	1.2	1.2
2 months - 2 mois...	47	28	19	0.6	♦0.7	♦0.5
3 months - 3 mois...	34	24	10	0.5	♦0.6	♦0.3
4 months - 4 mois...	36	18	18	0.5	♦0.5	♦0.5
5 months - 5 mois...	21	12	9	♦0.3	♦0.3	♦0.2
6 months - 6 mois...	14	5	9	♦0.2	♦0.1	♦0.2
7 months - 7 mois...	18	12	6	♦0.2	♦0.3	♦0.2
8 months - 8 mois...	18	12	6	♦0.2	♦0.3	♦0.2
9 months - 9 mois...	13	8	5	♦0.2	♦0.2	♦0.1
10 months - 10 mois..	11	5	6	♦0.1	♦0.1	♦0.2
11 months - 11 mois..	13	9	4	♦0.2	♦0.2	♦0.1
Croatia - Croatie						
2010 (C)						
Total..	192	111	81	4.4	5.0	3.9
Less than 1 day - Moins de 1 jour	70	43	27	1.6	1.9	♦1.3
1 - 6 days - 1 - 6 jours	42	26	16	1.0	♦1.2	♦0.8
7 - 27 days - 7 - 27 jours	33	18	15	0.8	♦0.8	0.7
7 - 13 days - 7 - 13 jours	22	11	11	♦0.5	♦0.5	♦0.5
14 - 20 days - 14 - 20 jours	6	3	3	♦0.1	♦0.1	♦0.1
21 - 27 days - 21 - 27 jours	5	4	1	♦0.1	♦0.2	-
28 days - 11 months - 28 jours - 11 mois............................	47	24	23	1.1	♦1.1	♦1.1
28 days - less than 2 months - 28 jours - moins de 2 mois	13	7	6	♦0.3	♦0.3	♦0.3
2 months - 2 mois...	8	3	5	♦0.2	♦0.1	♦0.2
3 months - 3 mois...	8	4	4	♦0.2	♦0.2	♦0.2
4 months - 4 mois...	5	3	2	♦0.1	♦0.1	♦0.1
5 months - 5 mois...	2	2	-	-	♦0.1	-
6 months - 6 mois...	-	-	-	-	-	-
7 months - 7 mois...	4	2	2	♦0.1	♦0.1	♦0.1
8 months - 8 mois...	1	-	1	-	-	-
9 months - 9 mois...	2	1	1	-	-	-
10 months - 10 mois..	2	1	1	-	-	-
11 months - 11 mois..	2	1	1	-	-	-
Czech Republic - République tchèque						
2010 (C)						
Total..	313	172	141	2.7	2.9	2.5
Less than 1 day - Moins de 1 jour	45	25	20	0.4	♦0.4	♦0.4
1 - 6 days - 1 - 6 jours	74	36	38	0.6	0.6	0.7
7 - 27 days - 7 - 27 jours	77	42	35	0.7	0.7	0.6
7 - 13 days - 7 - 13 jours	42	27	15	0.4	♦0.4	♦0.3
14 - 20 days - 14 - 20 jours	18	10	8	♦0.2	♦0.2	♦0.1
21 - 27 days - 21 - 27 jours	17	5	12	♦0.1	♦0.1	♦0.2
28 days - 11 months - 28 jours - 11 mois............................	117	69	48	1.0	1.1	0.8
28 days - less than 2 months - 28 jours - moins de 2 mois	30	20	10	0.3	♦0.3	♦0.2
2 months - 2 mois...	16	10	6	♦0.1	♦0.2	♦0.1
3 months - 3 mois...	22	15	7	♦0.2	♦0.2	♦0.1
4 months - 4 mois...	11	8	3	♦0.1	♦0.1	♦0.1
5 months - 5 mois...	8	2	6	♦0.1	-	♦0.1
6 months - 6 mois...	7	3	4	♦0.1	-	♦0.1
7 months - 7 mois...	3	3	-	-	-	-
8 months - 8 mois...	5	3	2	-	-	-
9 months - 9 mois...	8	4	4	♦0.1	♦0.1	♦0.1
10 months - 10 mois..	2	-	2	-	-	-
11 months - 11 mois..	5	1	4	-	-	♦0.1
Denmark - Danemark[23]						
2010 (C)						
Total..	216	118	98	3.4	3.6	3.2
Less than 1 day - Moins de 1 jour	95	48	47	1.5	1.5	1.5
1 - 6 days - 1 - 6 jours	42	28	14	0.7	♦0.9	♦0.5
7 - 27 days - 7 - 27 jours	25	12	13	♦0.4	♦0.4	♦0.4
7 - 13 days - 7 - 13 jours	15	8	7	♦0.2	♦0.2	♦0.2
14 - 20 days - 14 - 20 jours	8	4	4	♦0.1	♦0.1	♦0.1

16. Infant deaths and infant mortality rates by age and sex: latest available year, 2002 - 2011
Décès d'enfants de moins d'un an et taux de mortalité infantile selon l'âge et le sexe : dernière année disponible, 2002 - 2011 (continued - suite)

Continent, country or area, year and age Continent, pays ou zone, année et âge	Number - Nombre			Rate - Taux		
	Both sexes Les deux sexes	Male Masculin	Female Féminin	Both sexes Les deux sexes	Male Masculin	Female Féminin
EUROPE						
Denmark - Danemark[23]						
2010 (C)						
21 - 27 days - 21 - 27 jours	2	-	2	-	-	♦0.1
28 days - 11 months - 28 jours - 11 mois	54	30	24	0.9	0.9	♦0.8
28 days - less than 2 months - 28 jours - moins de 2 mois	16	10	6	♦0.3	♦0.3	♦0.2
2 months - 2 mois	10	5	5	♦0.2	♦0.2	♦0.2
3 months - 3 mois	7	6	1	♦0.1	♦0.2	-
4 months - 4 mois	6	2	4	♦0.1	♦0.1	♦0.1
5 months - 5 mois	4	1	3	♦0.1	-	♦0.1
6 months - 6 mois	4	3	1	♦0.1	♦0.1	-
7 months - 7 mois	2	1	1	-	-	-
8 months - 8 mois	-	-	-	-	-	-
9 months - 9 mois	2	1	1	-	-	-
10 months - 10 mois	2	-	2	-	-	♦0.1
11 months - 11 mois	1	1	-	-	-	-
Estonia - Estonie						
2010 (C)						
Total	53	34	19	...	...	...
Less than 1 day - Moins de 1 jour	12	6	6	...	...	...
1 - 6 days - 1 - 6 jours	13	7	6	...	...	...
7 - 27 days - 7 - 27 jours	5	4	1	...	...	...
7 - 13 days - 7 - 13 jours	2	2	-	...	...	...
14 - 20 days - 14 - 20 jours	1	1	-	...	...	...
21 - 27 days - 21 - 27 jours	2	1	1	...	...	...
28 days - 11 months - 28 jours - 11 mois	23	17	6	...	...	...
28 days - less than 2 months - 28 jours - moins de 2 mois	6	5	1	...	...	...
2 months - 2 mois	5	3	2	...	...	...
3 months - 3 mois	1	1	-	...	...	...
4 months - 4 mois	3	2	1	...	...	...
5 months - 5 mois	2	2	-	...	...	...
6 months - 6 mois	2	1	1	...	...	...
7 months - 7 mois	-	-	-	...	...	...
8 months - 8 mois	1	1	-	...	...	...
9 months - 9 mois	1	1	-	...	...	...
10 months - 10 mois	2	1	1	...	...	...
11 months - 11 mois	-	-	-	...	...	...
Finland - Finlande[24]						
2009 (C)						
Total	158	78	80	2.6	2.5	2.7
Less than 1 day - Moins de 1 jour	51	32	19	0.8	1.0	♦0.6
1 - 6 days - 1 - 6 jours	44	20	24	0.7	♦0.7	♦0.8
7 - 27 days - 7 - 27 jours	26	14	12	♦0.4	♦0.5	♦0.4
7 - 13 days - 7 - 13 jours	12	6	6	♦0.2	♦0.2	♦0.2
14 - 20 days - 14 - 20 jours	8	3	5	♦0.1	♦0.1	♦0.2
21 - 27 days - 21 - 27 jours	6	5	1	♦0.1	♦0.2	-
28 days - 11 months - 28 jours - 11 mois	37	12	25	0.6	♦0.4	♦0.8
28 days - less than 2 months - 28 jours - moins de 2 mois	10	4	6	♦0.2	♦0.1	♦0.2
2 months - 2 mois	2	2	-	-	♦0.1	-
3 months - 3 mois	5	-	5	♦0.1	-	♦0.2
4 months - 4 mois	8	2	6	♦0.1	♦0.1	♦0.2
5 months - 5 mois	3	1	2	-	-	♦0.1
6 months - 6 mois	2	-	2	-	-	♦0.1
7 months - 7 mois	2	-	2	-	-	♦0.1
8 months - 8 mois	2	2	-	-	♦0.1	-
9 months - 9 mois	1	-	1	-	-	-
10 months - 10 mois	1	1	-	-	-	-
11 months - 11 mois	1	-	1	-	-	-
France[25]						
2009 (C)						
Total	2 903	1 635	1 268	3.7	4.0	3.3
Less than 1 day - Moins de 1 jour	696	375	321	0.9	0.9	0.8
1 - 6 days - 1 - 6 jours	624	354	270	0.8	0.9	0.7
7 - 27 days - 7 - 27 jours	581	335	246	0.7	0.8	0.6
7 - 13 days - 7 - 13 jours	311	175	136	0.4	0.4	0.4
14 - 20 days - 14 - 20 jours	160	98	62	0.2	0.2	0.2
21 - 27 days - 21 - 27 jours	110	62	48	0.1	0.2	0.1
28 days - 11 months - 28 jours - 11 mois	1 002	571	431	1.3	1.4	1.1
28 days - less than 2 months - 28 jours - moins de 2 mois	286	163	123	0.4	0.4	0.3

16. Infant deaths and infant mortality rates by age and sex: latest available year, 2002 - 2011

Décès d'enfants de moins d'un an et taux de mortalité infantile selon l'âge et le sexe : dernière année disponible, 2002 - 2011 (continued - suite)

Continent, country or area, year and age / Continent, pays ou zone, année et âge	Number - Nombre			Rate - Taux		
	Both sexes Les deux sexes	Male Masculin	Female Féminin	Both sexes Les deux sexes	Male Masculin	Female Féminin
EUROPE						
France[25]						
2009 (C)						
2 months - 2 mois	157	89	68	0.2	0.2	0.2
3 months - 3 mois	127	75	52	0.2	0.2	0.1
4 months - 4 mois	96	63	33	0.1	0.2	0.1
5 months - 5 mois	75	45	30	0.1	0.1	0.1
6 months - 6 mois	59	38	21	0.1	0.1	♦0.1
7 months - 7 mois	54	27	27	0.1	♦0.1	♦0.1
8 months - 8 mois	50	22	28	0.1	♦0.1	♦0.1
9 months - 9 mois	39	17	22	-	-	♦0.1
10 months - 10 mois	22	12	10	-	-	-
11 months - 11 mois	37	20	17	-	-	-
Germany - Allemagne						
2011 (C)						
Total	2 408	1 347	1 061	3.6	4.0	3.3
Less than 1 day - Moins de 1 jour	754	404	350	1.1	1.2	1.1
1 - 6 days - 1 - 6 jours	496	298	198	0.7	0.9	0.6
7 - 27 days - 7 - 27 jours	354	194	160	0.5	0.6	0.5
7 - 13 days - 7 - 13 jours	185	104	81	0.3	0.3	0.3
14 - 20 days - 14 - 20 jours	105	60	45	0.2	0.2	0.1
21 - 27 days - 21 - 27 jours	64	30	34	0.1	0.1	0.1
28 days - 11 months - 28 jours - 11 mois	804	451	353	1.2	1.3	1.1
28 days - less than 2 months - 28 jours - moins de 2 mois	181	102	79	0.3	0.3	0.2
2 months - 2 mois	134	69	65	0.2	0.2	0.2
3 months - 3 mois	107	54	53	0.2	0.2	0.2
4 months - 4 mois	85	47	38	0.1	0.1	0.1
5 months - 5 mois	62	39	23	0.1	0.1	♦0.1
6 months - 6 mois	62	37	25	0.1	0.1	♦0.1
7 months - 7 mois	56	33	23	0.1	0.1	♦0.1
8 months - 8 mois	33	17	16	-	♦0.1	-
9 months - 9 mois	30	16	14	-	-	-
10 months - 10 mois	23	19	4	-	♦0.1	-
11 months - 11 mois	31	18	13	-	♦0.1	-
Gibraltar						
2006 (+C)						
Total	1	1	-	...	...	...
Less than 7 days - Moins de 7 jours	-	-	-	...	...	...
7 - 27 days - 7 - 27 jours	-	-	-	...	...	...
28 days - 11 months - 28 jours - 11 mois	1	1	-	...	...	...
28 days - 2 months - 28 jours - 2 mois	-	-	-	...	...	...
3 months - 3 mois	1	1	-	...	...	...
4 - 11 months - 4 - 11 mois	-	-	-	...	...	...
Greece - Grèce						
2009 (C)						
Total	371	204	167	3.1	3.4	2.9
Less than 1 day - Moins de 1 jour	47	24	23	0.4	♦0.4	♦0.4
1 - 6 days - 1 - 6 jours	99	45	54	0.8	0.7	0.9
7 - 27 days - 7 - 27 jours	92	54	38	0.8	0.9	0.7
7 - 13 days - 7 - 13 jours	55	31	24	0.5	0.5	♦0.4
14 - 20 days - 14 - 20 jours	27	13	14	♦0.2	♦0.2	♦0.2
21 - 27 days - 21 - 27 jours	12	10	2	♦0.1	♦0.2	-
28 days - 11 months - 28 jours - 11 mois	133	81	52	1.1	1.3	0.9
28 days - less than 2 months - 28 jours - moins de 2 mois	45	26	19	0.4	♦0.4	♦0.3
2 months - 2 mois	30	20	10	0.3	0.3	♦0.2
3 months - 3 mois	11	7	4	♦0.1	♦0.1	♦0.1
4 months - 4 mois	5	3	2	-	-	-
5 months - 5 mois	8	4	4	♦0.1	♦0.1	♦0.1
6 months - 6 mois	8	5	3	♦0.1	♦0.1	♦0.1
7 months - 7 mois	3	2	1	-	-	-
8 months - 8 mois	5	3	2	-	-	-
9 months - 9 mois	13	8	5	♦0.1	♦0.1	♦0.1
10 months - 10 mois	1	-	1	-	-	-
11 months - 11 mois	4	3	1	-	-	-
Hungary - Hongrie						
2010 (C)						
Total	481	258	223	5.3	5.6	5.1
Less than 1 day - Moins de 1 jour	108	63	45	1.2	1.4	1.0
1 - 6 days - 1 - 6 jours	131	69	62	1.5	1.5	1.4

16. Infant deaths and infant mortality rates by age and sex: latest available year, 2002 - 2011
Décès d'enfants de moins d'un an et taux de mortalité infantile selon l'âge et le sexe : dernière année disponible, 2002 - 2011 (continued - suite)

Continent, country or area, year and age / Continent, pays ou zone, année et âge	Number - Nombre			Rate - Taux		
	Both sexes Les deux sexes	Male Masculin	Female Féminin	Both sexes Les deux sexes	Male Masculin	Female Féminin
EUROPE						
Hungary - Hongrie						
2010 (C)						
7 - 27 days - 7 - 27 jours	74	40	34	0.8	0.9	0.8
7 - 13 days - 7 - 13 jours	39	24	15	0.4	♦0.5	♦0.3
14 - 20 days - 14 - 20 jours	20	8	12	♦0.2	♦0.2	♦0.3
21 - 27 days - 21 - 27 jours	15	8	7	♦0.2	♦0.2	♦0.2
28 days - 11 months - 28 jours - 11 mois	168	86	82	1.9	1.9	1.9
28 days - less than 2 months - 28 jours - moins de 2 mois	45	23	22	0.5	♦0.5	♦0.5
2 months - 2 mois	29	14	15	♦0.3	♦0.3	♦0.3
3 months - 3 mois	24	10	14	♦0.3	♦0.2	♦0.3
4 months - 4 mois	17	11	6	♦0.2	♦0.2	♦0.1
5 months - 5 mois	12	5	7	♦0.1	♦0.1	♦0.2
6 months - 6 mois	11	6	5	♦0.1	♦0.1	♦0.1
7 months - 7 mois	6	4	2	♦0.1	♦0.1	-
8 months - 8 mois	6	4	2	♦0.1	♦0.1	-
9 months - 9 mois	5	2	3	♦0.1	-	♦0.1
10 months - 10 mois	7	5	2	♦0.1	♦0.1	-
11 months - 11 mois	6	2	4	♦0.1	-	♦0.1
Iceland - Islande						
2010 (C)						
Total	11	5	6	...	...	...
Less than 1 day - Moins de 1 jour	4	3	1	...	...	...
1 - 6 days - 1 - 6 jours	1	-	1	...	...	...
7 - 27 days - 7 - 27 jours	1	-	1	...	...	...
7 - 13 days - 7 - 13 jours	1	-	1	...	...	...
14 - 20 days - 14 - 20 jours	-	-	-	...	...	...
21 - 27 days - 21 - 27 jours	-	-	-	...	...	...
28 days - 11 months - 28 jours - 11 mois	5	2	3	...	...	...
28 days - less than 2 months - 28 jours - moins de 2 mois	2	-	2	...	...	...
2 months - 2 mois	1	1	-	...	...	...
3 months - 3 mois	1	1	-	...	...	...
4 months - 4 mois	1	-	1	...	...	...
5 months - 5 mois	-	-	-	...	...	...
6 months - 6 mois	-	-	-	...	...	...
7 months - 7 mois	-	-	-	...	...	...
8 months - 8 mois	-	-	-	...	...	...
9 months - 9 mois	-	-	-	...	...	...
10 months - 10 mois	-	-	-	...	...	...
11 months - 11 mois	-	-	-	...	...	...
Ireland - Irlande						
2008 (+C)						
Total	284	162	122	3.8	4.3	3.4
Less than 1 day - Moins de 1 jour	101	57	44	1.4	1.5	1.2
1 - 6 days - 1 - 6 jours	61	31	30	0.8	0.8	0.8
7 - 27 days - 7 - 27 jours	38	22	16	0.5	♦0.6	♦0.4
7 - 13 days - 7 - 13 jours	21	12	9	♦0.3	♦0.3	♦0.3
14 - 20 days - 14 - 20 jours	10	5	5	♦0.1	♦0.1	♦0.1
21 - 27 days - 21 - 27 jours	7	5	2	♦0.1	♦0.1	♦0.1
28 days - 11 months - 28 jours - 11 mois	84	52	32	1.1	1.4	0.9
28 days - less than 2 months - 28 jours - moins de 2 mois	31	18	13	0.4	♦0.5	♦0.4
2 months - 2 mois	11	7	4	♦0.1	♦0.2	♦0.1
3 months - 3 mois	8	7	1	♦0.1	♦0.2	-
4 months - 4 mois	6	2	4	♦0.1	♦0.1	♦0.1
5 months - 5 mois	6	4	2	♦0.1	♦0.1	♦0.1
6 months - 6 mois	6	4	2	♦0.1	♦0.1	♦0.1
7 months - 7 mois	5	5	-	♦0.1	♦0.1	-
8 months - 8 mois	3	2	1	-	♦0.1	-
9 months - 9 mois	6	2	4	♦0.1	♦0.1	♦0.1
10 months - 10 mois	2	1	1	-	-	-
11 months - 11 mois	-	-	-	-	-	-
Isle of Man - Île de Man						
2004 (+C)						
Total	2	1	1	...	...	...
Less than 7 days - Moins de 7 jours	-	-	-	...	...	...
7 - 27 days - 7 - 27 jours	1	-	1	...	...	...
7 - 13 days - 7 - 13 jours	1	-	1	...	...	...
14 - 27 days - 14 - 27 jours	-	-	-	...	...	...

16. Infant deaths and infant mortality rates by age and sex: latest available year, 2002 - 2011

16. Infant deaths and infant mortality rates by age and sex: latest available year, 2002 - 2011

Décès d'enfants de moins d'un an et taux de mortalité infantile selon l'âge et le sexe : dernière année disponible, 2002 - 2011 (continued - suite)

Continent, country or area, year and age / Continent, pays ou zone, année et âge	Number - Nombre			Rate - Taux		
	Both sexes Les deux sexes	Male Masculin	Female Féminin	Both sexes Les deux sexes	Male Masculin	Female Féminin
EUROPE						
Isle of Man - Île de Man						
2004 (+C)						
28 days - 11 months - 28 jours - 11 mois	1	1	-	...	...	...
28 days - 4 months - 28 jours - 4 mois	-	-	-	...	...	...
5 months - 5 mois	1	1	-	...	...	...
6 - 11 months - 6 - 11 mois	-	-	-	...	...	...
Italy - Italie						
2008 (C)						
Total	1 997	1 108	889	3.5	3.7	3.2
Less than 1 day - Moins de 1 jour	536	314	222	0.9	1.1	0.8
1 - 6 days - 1 - 6 jours	461	241	220	0.8	0.8	0.8
7 - 27 days - 7 - 27 jours	412	234	178	0.7	0.8	0.6
7 - 13 days - 7 - 13 jours	210	121	89	0.4	0.4	0.3
14 - 20 days - 14 - 20 jours	121	67	54	0.2	0.2	0.2
21 - 27 days - 21 - 27 jours	81	46	35	0.1	0.2	0.1
28 days - 11 months - 28 jours - 11 mois	588	319	269	1.0	1.1	1.0
28 days - less than 2 months - 28 jours - moins de 2 mois	218	110	108	0.4	0.4	0.4
2 months - 2 mois	88	53	35	0.2	0.2	0.1
3 months - 3 mois	51	33	18	0.1	0.1	♦0.1
4 months - 4 mois	47	23	24	0.1	♦0.1	♦0.1
5 months - 5 mois	55	29	26	0.1	♦0.1	♦0.1
6 months - 6 mois	28	17	11	-	♦0.1	-
7 months - 7 mois	22	16	6	-	♦0.1	-
8 months - 8 mois	22	12	10	-	-	-
9 months - 9 mois	25	13	12	-	-	-
10 months - 10 mois	15	4	11	-	-	-
11 months - 11 mois	17	9	8	-	-	-
Latvia - Lettonie						
2010 (C)						
Total	110	58	52	5.7	5.8	5.6
Less than 1 day - Moins de 1 jour	19	10	9	♦1.0	♦1.0	♦1.0
1 - 6 days - 1 - 6 jours	29	13	16	♦1.5	♦1.3	♦1.7
7 - 27 days - 7 - 27 jours	20	10	10	♦1.0	♦1.0	♦1.1
7 - 13 days - 7 - 13 jours	11	6	5	♦0.6	♦0.6	♦0.5
14 - 20 days - 14 - 20 jours	7	4	3	♦0.4	♦0.4	♦0.3
21 - 27 days - 21 - 27 jours	2	-	2	♦0.1	-	♦0.2
28 days - 11 months - 28 jours - 11 mois	42	25	17	2.2	♦2.5	♦1.8
28 days - less than 2 months - 28 jours - moins de 2 mois	12	7	5	♦0.6	♦0.7	♦0.5
2 - 11 months - 2 - 11 mois	30	18	12	1.6	♦1.8	♦1.3
Lithuania - Lituanie						
2010 (C)						
Total	153	85	68	4.3	4.7	3.9
Less than 1 day - Moins de 1 jour	25	14	11	♦0.7	♦0.8	♦0.6
1 - 6 days - 1 - 6 jours	28	16	12	♦0.8	♦0.9	♦0.7
7 - 27 days - 7 - 27 jours	30	15	15	0.8	♦0.8	♦0.9
7 - 13 days - 7 - 13 jours	12	8	4	♦0.3	♦0.4	♦0.2
14 - 20 days - 14 - 20 jours	12	3	9	♦0.3	♦0.2	♦0.5
21 - 27 days - 21 - 27 jours	6	4	2	♦0.2	♦0.2	♦0.1
28 days - 11 months - 28 jours - 11 mois	70	40	30	2.0	2.2	1.7
28 days - less than 2 months - 28 jours - moins de 2 mois	20	12	8	♦0.6	♦0.7	♦0.5
2 months - 2 mois	7	6	1	♦0.2	♦0.3	♦0.1
3 months - 3 mois	13	6	7	♦0.4	♦0.3	♦0.4
4 months - 4 mois	7	4	3	♦0.2	♦0.2	♦0.2
5 months - 5 mois	3	2	1	♦0.1	♦0.1	♦0.1
6 months - 6 mois	3	1	2	♦0.1	♦0.1	♦0.1
7 months - 7 mois	7	5	2	♦0.2	♦0.3	♦0.1
8 months - 8 mois	5	2	3	♦0.1	♦0.1	♦0.2
9 months - 9 mois	3	1	2	♦0.1	♦0.1	♦0.1
10 months - 10 mois	1	-	1	-	-	♦0.1
11 months - 11 mois	1	1	-	-	♦0.1	-
Luxembourg						
2010 (C)						
Total	20	12	8	...	...	...
Less than 1 day - Moins de 1 jour	6	4	2	...	...	...
1 - 6 days - 1 - 6 jours	4	2	2	...	...	...
7 - 27 days - 7 - 27 jours	3	3	-	...	...	...
7 - 13 days - 7 - 13 jours	1	1	-	...	...	...
14 - 20 days - 14 - 20 jours	1	1	-	...	...	...

16. Infant deaths and infant mortality rates by age and sex: latest available year, 2002 - 2011
Décès d'enfants de moins d'un an et taux de mortalité infantile selon l'âge et le sexe : dernière année disponible, 2002 - 2011 (continued - suite)

Continent, country or area, year and age Continent, pays ou zone, année et âge	Number - Nombre			Rate - Taux		
	Both sexes Les deux sexes	Male Masculin	Female Féminin	Both sexes Les deux sexes	Male Masculin	Female Féminin
EUROPE						
Luxembourg						
2010 (C)						
21 - 27 days - 21 - 27 jours	1	1	-	...	...	...
28 days - 11 months - 28 jours - 11 mois	7	3	4	...	...	...
28 days - less than 2 months - 28 jours - moins de 2 mois	2	1	1	...	...	...
2 months - 2 mois	-	-	-	...	...	...
3 months - 3 mois	1	-	1	...	...	...
4 months - 4 mois	1	-	1	...	...	...
5 months - 5 mois	1	1	-	...	...	...
6 months - 6 mois	1	1	-	...	...	...
7 months - 7 mois	-	-	-	...	...	...
8 months - 8 mois	-	-	-	...	...	...
9 months - 9 mois	1	-	1	...	...	...
10 months - 10 mois	-	-	-	...	...	...
11 months - 11 mois	-	-	-	...	...	...
Malta - Malte						
2010 (C)						
Total	22	13	9	...	...	...
Less than 1 day - Moins de 1 jour	8	6	2	...	...	...
1 - 6 days - 1 - 6 jours	7	3	4	...	...	...
7 - 27 days - 7 - 27 jours	3	2	1	...	...	...
7 - 13 days - 7 - 13 jours	3	2	1	...	...	...
14 - 20 days - 14 - 20 jours	-	-	-	...	...	...
21 - 27 days - 21 - 27 jours	-	-	-	...	...	...
28 days - 11 months - 28 jours - 11 mois	4	2	2	...	...	...
28 days - less than 2 months - 28 jours - moins de 2 mois	1	-	1	...	...	...
2 months - 2 mois	1	1	-	...	...	...
3 months - 3 mois	-	-	-	...	...	...
4 months - 4 mois	-	-	-	...	...	...
5 months - 5 mois	-	-	-	...	...	...
6 months - 6 mois	2	1	1	...	...	...
7 months - 7 mois	-	-	-	...	...	...
8 months - 8 mois	-	-	-	...	...	...
9 months - 9 mois	-	-	-	...	...	...
10 months - 10 mois	-	-	-	...	...	...
11 months - 11 mois	-	-	-	...	...	...
Montenegro - Monténégro						
2009 (C)						
Total	49	28	21	...	...	...
Less than 1 day - Moins de 1 jour	7	4	3	...	...	...
1 - 6 days - 1 - 6 jours	20	11	9	...	...	...
7 - 27 days - 7 - 27 jours	7	4	3	...	...	...
7 - 13 days - 7 - 13 jours	2	1	1	...	...	...
14 - 20 days - 14 - 20 jours	3	2	1	...	...	...
21 - 27 days - 21 - 27 jours	2	1	1	...	...	...
28 days - 11 months - 28 jours - 11 mois	15	9	6	...	...	...
28 days - less than 2 months - 28 jours - moins de 2 mois	10	7	3	...	...	...
2 months - 2 mois	1	1	-	...	...	...
3 months - 3 mois	3	1	2	...	...	...
4 months - 4 mois	1	-	1	...	...	...
5 - 11 months - 5 - 11 mois	-	-	-	...	...	...
Netherlands - Pays-Bas[26]						
2009 (C)						
Total	711	...	...	3.8	...	...
Less than 1 day - Moins de 1 jour	240	...	...	1.3	...	...
1 - 6 days - 1 - 6 jours	166	...	...	0.9	...	...
7 - 27 days - 7 - 27 jours	122	...	...	0.7	...	...
7 - 13 days - 7 - 13 jours	73	...	...	0.4	...	...
14 - 20 days - 14 - 20 jours	41	...	...	0.2	...	...
21 - 27 days - 21 - 27 jours	8	...	...	-	...	...
28 days - 11 months - 28 jours - 11 mois	183	...	...	1.0	...	...
28 days - less than 2 months - 28 jours - moins de 2 mois	59	...	...	0.3	...	...
2 months - 2 mois	25	...	...	♦0.1	...	...
3 months - 3 mois	20	...	...	♦0.1	...	...
4 months - 4 mois	15	...	...	♦0.1	...	...
5 months - 5 mois	13	...	...	♦0.1	...	...
6 months - 6 mois	15	...	...	♦0.1	...	...
7 months - 7 mois	12	...	...	♦0.1	...	...

16. Infant deaths and infant mortality rates by age and sex: latest available year, 2002 - 2011
Décès d'enfants de moins d'un an et taux de mortalité infantile selon l'âge et le sexe : dernière année disponible, 2002 - 2011 (continued - suite)

Continent, country or area, year and age / Continent, pays ou zone, année et âge	Number - Nombre			Rate - Taux		
	Both sexes Les deux sexes	Male Masculin	Female Féminin	Both sexes Les deux sexes	Male Masculin	Female Féminin
EUROPE						
Netherlands - Pays-Bas[26]						
2009 (C)						
8 months - 8 mois	9	...	...	-	...	...
9 months - 9 mois	4	...	...	-	...	...
10 months - 10 mois	8	...	...	-	...	...
11 months - 11 mois	3	...	...	-	...	...
Norway - Norvège[27]						
2010 (C)						
Total	171	97	74	2.8	3.1	2.5
Less than 1 day - Moins de 1 jour	45	21	24	0.7	♦0.7	♦0.8
1 - 6 days - 1 - 6 jours	36	19	17	0.6	♦0.6	♦0.6
7 - 27 days - 7 - 27 jours	33	22	11	0.5	♦0.7	♦0.4
7 - 13 days - 7 - 13 jours	17	11	6	♦0.3	♦0.3	♦0.2
14 - 20 days - 14 - 20 jours	11	8	3	♦0.2	♦0.3	♦0.1
21 - 27 days - 21 - 27 jours	5	3	2	♦0.1	♦0.1	♦0.1
28 days - 11 months - 28 jours - 11 mois	57	35	22	0.9	1.1	♦0.7
28 days - less than 2 months - 28 jours - moins de 2 mois	11	8	3	♦0.2	♦0.3	♦0.1
2 months - 2 mois	8	5	3	♦0.1	♦0.2	♦0.1
3 months - 3 mois	7	5	2	♦0.1	♦0.2	♦0.1
4 months - 4 mois	4	3	1	♦0.1	♦0.1	-
5 months - 5 mois	5	-	5	♦0.1	-	♦0.2
6 months - 6 mois	5	4	1	♦0.1	♦0.1	-
7 months - 7 mois	3	3	-	-	♦0.1	-
8 months - 8 mois	5	3	2	♦0.1	♦0.1	♦0.1
9 months - 9 mois	5	3	2	♦0.1	♦0.1	♦0.1
10 months - 10 mois	3	1	2	-	-	♦0.1
11 months - 11 mois	1	-	1	-	-	-
Poland - Pologne						
2010 (C)						
Total	2 057	1 155	902	5.0	5.4	4.5
Less than 1 day - Moins de 1 jour	679	374	305	1.6	1.7	1.5
1 - 6 days - 1 - 6 jours	408	228	180	1.0	1.1	0.9
7 - 27 days - 7 - 27 jours	367	206	161	0.9	1.0	0.8
7 - 13 days - 7 - 13 jours	176	100	76	0.4	0.5	0.4
14 - 20 days - 14 - 20 jours	106	62	44	0.3	0.3	0.2
21 - 27 days - 21 - 27 jours	85	44	41	0.2	0.2	0.2
28 days - 11 months - 28 jours - 11 mois	603	347	256	1.5	1.6	1.3
28 days - less than 2 months - 28 jours - moins de 2 mois	191	110	81	0.5	0.5	0.4
2 months - 2 mois	82	52	30	0.2	0.2	0.2
3 months - 3 mois	66	42	24	0.2	0.2	♦0.1
4 months - 4 mois	53	27	26	0.1	♦0.1	♦0.1
5 months - 5 mois	38	23	15	0.1	♦0.1	♦0.1
6 months - 6 mois	37	21	16	0.1	♦0.1	♦0.1
7 months - 7 mois	31	17	14	0.1	♦0.1	♦0.1
8 months - 8 mois	33	19	14	0.1	♦0.1	♦0.1
9 months - 9 mois	27	14	13	♦0.1	♦0.1	♦0.1
10 months - 10 mois	25	12	13	♦0.1	♦0.1	♦0.1
11 months - 11 mois	20	10	10	-	-	♦0.1
Portugal[8]						
2009 (C)						
Total	362	210	152	3.6	4.1	3.1
Less than 1 day - Moins de 1 jour	88	53	35	0.9	1.0	0.7
1 - 6 days - 1 - 6 jours	77	48	29	0.8	0.9	♦0.6
7 - 27 days - 7 - 27 jours	80	46	34	0.8	0.9	0.7
7 - 13 days - 7 - 13 jours	38	23	15	0.4	♦0.5	♦0.3
14 - 20 days - 14 - 20 jours	25	14	11	♦0.3	♦0.3	♦0.2
21 - 27 days - 21 - 27 jours	17	9	8	♦0.2	♦0.2	♦0.2
28 days - 11 months - 28 jours - 11 mois	117	63	54	1.2	1.2	1.1
28 days - less than 2 months - 28 jours - moins de 2 mois	33	18	15	0.3	♦0.4	♦0.3
2 months - 2 mois	19	10	9	♦0.2	♦0.2	♦0.2
3 months - 3 mois	9	8	1	♦0.1	♦0.2	-
4 months - 4 mois	15	6	9	♦0.2	♦0.1	♦0.2
5 months - 5 mois	6	1	5	♦0.1	-	♦0.1
6 months - 6 mois	6	3	3	♦0.1	♦0.1	♦0.1
7 months - 7 mois	9	7	2	♦0.1	♦0.1	-
8 months - 8 mois	7	4	3	♦0.1	♦0.1	♦0.1
9 months - 9 mois	2	1	1	-	-	-

16. Infant deaths and infant mortality rates by age and sex: latest available year, 2002 - 2011
Décès d'enfants de moins d'un an et taux de mortalité infantile selon l'âge et le sexe : dernière année disponible, 2002 - 2011 (continued - suite)

Continent, country or area, year and age / Continent, pays ou zone, année et âge	Number - Nombre			Rate - Taux		
	Both sexes Les deux sexes	Male Masculin	Female Féminin	Both sexes Les deux sexes	Male Masculin	Female Féminin
EUROPE						
Portugal[8]						
2009 (C)						
10 months - 10 mois	9	5	4	♦0.1	♦0.1	♦0.1
11 months - 11 mois	2	-	2	-	-	-
Republic of Moldova - République de Moldova[28]						
2010 (C)						
Total	476	288	188	11.8	13.9	9.5
Less than 1 day - Moins de 1 jour	87	51	36	2.1	2.5	1.8
1 - 6 days - 1 - 6 jours	147	89	58	3.6	4.3	2.9
7 - 27 days - 7 - 27 jours	69	48	21	1.7	2.3	♦1.1
7 - 13 days - 7 - 13 jours	37	29	8	0.9	♦1.4	♦0.4
14 - 20 days - 14 - 20 jours	16	9	7	♦0.4	♦0.4	♦0.4
21 - 27 days - 21 - 27 jours	16	10	6	♦0.4	♦0.5	♦0.3
28 days - 11 months - 28 jours - 11 mois	173	100	73	4.3	4.8	3.7
28 days - less than 2 months - 28 jours - moins de 2 mois	54	31	23	1.3	1.5	♦1.2
2 months - 2 mois	34	19	15	0.8	♦0.9	♦0.8
3 months - 3 mois	26	16	10	♦0.6	♦0.8	♦0.5
4 months - 4 mois	12	5	7	♦0.3	♦0.2	♦0.4
5 months - 5 mois	13	4	9	♦0.3	♦0.2	♦0.5
6 months - 6 mois	9	7	2	♦0.2	♦0.3	♦0.1
7 months - 7 mois	6	3	3	♦0.1	♦0.1	♦0.2
8 months - 8 mois	4	4	-	♦0.1	♦0.2	-
9 months - 9 mois	7	4	3	♦0.2	♦0.2	♦0.2
10 months - 10 mois	7	6	1	♦0.2	♦0.3	♦0.1
11 months - 11 mois	1	1	-	-	-	-
Romania - Roumanie						
2010 (C)						
Total	2 078	1 193	885	9.8	10.9	8.6
Less than 1 day - Moins de 1 jour	188	110	78	0.9	1.0	0.8
1 - 6 days - 1 - 6 jours	594	363	231	2.8	3.3	2.2
7 - 27 days - 7 - 27 jours	378	217	161	1.8	2.0	1.6
7 - 13 days - 7 - 13 jours	181	109	72	0.9	1.0	0.7
14 - 20 days - 14 - 20 jours	122	70	52	0.6	0.6	0.5
21 - 27 days - 21 - 27 jours	75	38	37	0.4	0.3	0.4
28 days - 11 months - 28 jours - 11 mois	918	503	415	4.3	4.6	4.0
28 days - less than 2 months - 28 jours - moins de 2 mois	277	169	108	1.3	1.5	1.0
2 months - 2 mois	159	78	81	0.7	0.7	0.8
3 months - 3 mois	131	67	64	0.6	0.6	0.6
4 months - 4 mois	73	32	41	0.3	0.3	0.4
5 months - 5 mois	71	39	32	0.3	0.4	0.3
6 months - 6 mois	54	32	22	0.3	0.3	♦0.2
7 months - 7 mois	38	18	20	0.2	♦0.2	♦0.2
8 months - 8 mois	22	11	11	♦0.1	♦0.1	♦0.1
9 months - 9 mois	35	22	13	0.2	♦0.2	♦0.1
10 months - 10 mois	32	18	14	0.2	♦0.2	♦0.1
11 months - 11 mois	26	17	9	♦0.1	♦0.2	♦0.1
Russian Federation - Fédération de Russie[14]						
2009 (C)						
Total	14 271	8 182	6 089	8.1	9.0	7.1
Less than 1 day - Moins de 1 jour	1 575	858	717	0.9	0.9	0.8
1 - 6 days - 1 - 6 jours	3 881	2 356	1 525	2.2	2.6	1.8
7 - 27 days - 7 - 27 jours	2 613	1 514	1 099	1.5	1.7	1.3
7 - 13 days - 7 - 13 jours	1 319	787	532	0.7	0.9	0.6
14 - 20 days - 14 - 20 jours	733	396	337	0.4	0.4	0.4
21 - 27 days - 21 - 27 jours	561	331	230	0.3	0.4	0.3
28 days - 11 months - 28 jours - 11 mois	6 194	3 450	2 744	3.5	3.8	3.2
28 days - less than 2 months - 28 jours - moins de 2 mois	1 866	1 067	799	1.1	1.2	0.9
2 months - 2 mois	1 094	617	477	0.6	0.7	0.6
3 months - 3 mois	817	444	373	0.5	0.5	0.4
4 months - 4 mois	599	345	254	0.3	0.4	0.3
5 months - 5 mois	473	254	219	0.3	0.3	0.3
6 months - 6 mois	348	180	168	0.2	0.2	0.2
7 months - 7 mois	257	140	117	0.1	0.2	0.1
8 months - 8 mois	241	142	99	0.1	0.2	0.1
9 months - 9 mois	207	107	100	0.1	0.1	0.1
10 months - 10 mois	153	80	73	0.1	0.1	0.1
11 months - 11 mois	139	74	65	0.1	0.1	0.1
Unknown - Inconnu	8	4	4	-	-	-

16. Infant deaths and infant mortality rates by age and sex: latest available year, 2002 - 2011

Décès d'enfants de moins d'un an et taux de mortalité infantile selon l'âge et le sexe : dernière année disponible, 2002 - 2011 (continued - suite)

Continent, country or area, year and age / Continent, pays ou zone, année et âge	Number - Nombre			Rate - Taux		
	Both sexes Les deux sexes	Male Masculin	Female Féminin	Both sexes Les deux sexes	Male Masculin	Female Féminin
EUROPE						
San Marino - Saint-Marin						
2003 (+C)						
Total	2	1	1	...	...	...
Less than 1 day - Moins de 1 jour	1	-	1	...	...	...
1 - 6 days - 1 - 6 jours	-	-	-	...	...	...
7 - 27 days - 7 - 27 jours	1	1	-	...	...	...
28 days - 11 months - 28 jours - 11 mois	-	-	-	...	...	...
Serbia - Serbie[29]						
2010 (+C)						
Total	460	268	192	6.7	7.7	5.8
Less than 1 day - Moins de 1 jour	114	68	46	1.7	1.9	1.4
1 - 6 days - 1 - 6 jours	113	66	47	1.7	1.9	1.4
7 - 27 days - 7 - 27 jours	89	50	39	1.3	1.4	1.2
7 - 13 days - 7 - 13 jours	54	32	22	0.8	0.9	◆0.7
14 - 20 days - 14 - 20 jours	19	11	8	◆0.3	◆0.3	◆0.2
21 - 27 days - 21 - 27 jours	16	7	9	◆0.2	◆0.2	◆0.3
28 days - 11 months - 28 jours - 11 mois	144	84	60	2.1	2.4	1.8
28 days - less than 2 months - 28 jours - moins de 2 mois	47	26	21	0.7	◆0.7	◆0.6
2 months - 2 mois	29	19	10	◆0.4	◆0.5	◆0.3
3 months - 3 mois	20	13	7	◆0.3	◆0.4	◆0.2
4 months - 4 mois	4	2	2	◆0.1	◆0.1	◆0.1
5 months - 5 mois	10	8	2	◆0.1	◆0.2	◆0.1
6 months - 6 mois	7	4	3	◆0.1	◆0.1	◆0.1
7 months - 7 mois	9	8	1	◆0.1	◆0.2	-
8 months - 8 mois	4	-	4	◆0.1	-	◆0.1
9 months - 9 mois	4	1	3	◆0.1	-	◆0.1
10 months - 10 mois	4	2	2	◆0.1	◆0.1	◆0.1
11 months - 11 mois	6	1	5	◆0.1	-	◆0.2
Slovakia - Slovaquie						
2010 (C)						
Total	344	195	149	5.7	6.4	5.0
Less than 1 day - Moins de 1 jour	59	30	29	1.0	1.0	◆1.0
1 - 6 days - 1 - 6 jours	80	46	34	1.3	1.5	1.1
7 - 27 days - 7 - 27 jours	78	40	38	1.3	1.3	1.3
7 - 13 days - 7 - 13 jours	38	18	20	0.6	◆0.6	◆0.7
14 - 20 days - 14 - 20 jours	22	13	9	◆0.4	◆0.4	◆0.3
21 - 27 days - 21 - 27 jours	18	9	9	◆0.3	◆0.3	◆0.3
28 days - 11 months - 28 jours - 11 mois	127	79	48	2.1	2.6	1.6
28 days - less than 2 months - 28 jours - moins de 2 mois	44	33	11	0.7	1.1	◆0.4
2 months - 2 mois	23	17	6	◆0.4	◆0.6	◆0.2
3 months - 3 mois	14	7	7	◆0.2	◆0.2	◆0.2
4 months - 4 mois	7	3	4	◆0.1	◆0.1	◆0.1
5 months - 5 mois	11	5	6	◆0.2	◆0.2	◆0.2
6 months - 6 mois	8	5	3	◆0.1	◆0.2	◆0.1
7 months - 7 mois	6	3	3	◆0.1	◆0.1	◆0.1
8 months - 8 mois	3	-	3	-	-	◆0.1
9 months - 9 mois	4	4	-	◆0.1	◆0.1	-
10 months - 10 mois	1	-	1	-	-	-
11 months - 11 mois	6	2	4	◆0.1	◆0.1	◆0.1
Slovenia - Slovénie						
2010 (C)						
Total	56	24	32	...	...	...
Less than 1 day - Moins de 1 jour	19	9	10	...	...	...
1 - 6 days - 1 - 6 jours	12	6	6	...	...	...
7 - 27 days - 7 - 27 jours	10	5	5	...	...	...
7 - 13 days - 7 - 13 jours	5	2	3	...	...	...
14 - 20 days - 14 - 20 jours	3	1	2	...	...	...
21 - 27 days - 21 - 27 jours	2	2	-	...	...	...
28 days - 11 months - 28 jours - 11 mois	15	4	11	...	...	...
28 days - less than 2 months - 28 jours - moins de 2 mois	4	1	3	...	...	...
2 months - 2 mois	3	-	3	...	...	...
3 months - 3 mois	1	-	1	...	...	...
4 months - 4 mois	1	-	1	...	...	...
5 months - 5 mois	-	-	-	...	...	...
6 months - 6 mois	1	-	1	...	...	...
7 months - 7 mois	2	1	1	...	...	...
8 months - 8 mois	1	-	1	...	...	...
9 months - 9 mois	2	2	-	...	...	...

16. Infant deaths and infant mortality rates by age and sex: latest available year, 2002 - 2011
Décès d'enfants de moins d'un an et taux de mortalité infantile selon l'âge et le sexe : dernière année disponible, 2002 - 2011 (continued - suite)

Continent, country or area, year and age Continent, pays ou zone, année et âge	Number - Nombre			Rate - Taux		
	Both sexes Les deux sexes	Male Masculin	Female Féminin	Both sexes Les deux sexes	Male Masculin	Female Féminin
EUROPE						
Slovenia - Slovénie						
2010 (C)						
10 months - 10 mois	-	-	-	...	...	...
11 months - 11 mois	-	-	-	...	...	...
Spain - Espagne						
2010 (C)						
Total	1 531	818	713	3.2	3.3	3.0
Less than 1 day - Moins de 1 jour	275	157	118	0.6	0.6	0.5
1 - 6 days - 1 - 6 jours	369	198	171	0.8	0.8	0.7
7 - 27 days - 7 - 27 jours	366	192	174	0.8	0.8	0.7
7 - 13 days - 7 - 13 jours	198	109	89	0.4	0.4	0.4
14 - 20 days - 14 - 20 jours	103	53	50	0.2	0.2	0.2
21 - 27 days - 21 - 27 jours	65	30	35	0.1	0.1	0.1
28 days - 11 months - 28 jours - 11 mois	521	271	250	1.1	1.1	1.1
28 days - less than 2 months - 28 jours - moins de 2 mois	172	80	92	0.4	0.3	0.4
2 months - 2 mois	68	33	35	0.1	0.1	0.1
3 months - 3 mois	51	30	21	0.1	0.1	♦0.1
4 months - 4 mois	56	31	25	0.1	0.1	♦0.1
5 months - 5 mois	32	19	13	0.1	♦0.1	♦0.1
6 months - 6 mois	30	12	18	0.1	-	♦0.1
7 months - 7 mois	32	20	12	0.1	♦0.1	♦0.1
8 months - 8 mois	27	16	11	♦0.1	♦0.1	-
9 months - 9 mois	21	16	5	-	♦0.1	-
10 months - 10 mois	20	8	12	-	-	♦0.1
11 months - 11 mois	12	6	6	-	-	-
Sweden - Suède						
2010 (C)						
Total	294	160	134	2.5	2.7	2.4
Less than 1 day - Moins de 1 jour	60	33	27	0.5	0.6	♦0.5
1 - 6 days - 1 - 6 jours	72	40	32	0.6	0.7	0.6
7 - 27 days - 7 - 27 jours	51	23	28	0.4	♦0.4	♦0.5
7 - 13 days - 7 - 13 jours	22	8	14	♦0.2	♦0.1	♦0.2
14 - 20 days - 14 - 20 jours	16	8	8	♦0.1	♦0.1	♦0.1
21 - 27 days - 21 - 27 jours	13	7	6	♦0.1	♦0.1	♦0.1
28 days - 11 months - 28 jours - 11 mois	111	64	47	1.0	1.1	0.8
28 days - less than 2 months - 28 jours - moins de 2 mois	25	18	7	♦0.2	♦0.3	♦0.1
2 months - 2 mois	22	12	10	♦0.2	♦0.2	♦0.2
3 months - 3 mois	17	8	9	♦0.1	♦0.1	♦0.2
4 months - 4 mois	16	8	8	♦0.1	♦0.1	♦0.1
5 months - 5 mois	4	1	3	-	-	♦0.1
6 months - 6 mois	6	3	3	♦0.1	♦0.1	♦0.1
7 months - 7 mois	3	2	1	-	-	-
8 months - 8 mois	4	2	2	-	-	-
9 months - 9 mois	7	6	1	♦0.1	♦0.1	-
10 months - 10 mois	5	2	3	-	-	♦0.1
11 months - 11 mois	2	2	-	-	-	-
Switzerland - Suisse						
2010 (C)						
Total	307	151	156	3.8	3.7	4.0
Less than 1 day - Moins de 1 jour	179	87	92	2.2	2.1	2.3
1 - 6 days - 1 - 6 jours	43	26	17	0.5	♦0.6	♦0.4
7 - 27 days - 7 - 27 jours	28	15	13	♦0.3	♦0.4	♦0.3
7 - 13 days - 7 - 13 jours	15	8	7	♦0.2	♦0.2	♦0.2
14 - 20 days - 14 - 20 jours	8	5	3	♦0.1	♦0.1	♦0.1
21 - 27 days - 21 - 27 jours	5	2	3	♦0.1	-	♦0.1
28 days - 11 months - 28 jours - 11 mois	57	23	34	0.7	♦0.6	0.9
28 days - less than 2 months - 28 jours - moins de 2 mois	16	8	8	♦0.2	♦0.2	♦0.2
2 months - 2 mois	7	4	3	♦0.1	♦0.1	♦0.1
3 months - 3 mois	7	2	5	♦0.1	-	♦0.1
4 months - 4 mois	3	1	2	-	-	♦0.1
5 months - 5 mois	5	1	4	♦0.1	-	♦0.1
6 months - 6 mois	6	3	3	♦0.1	♦0.1	♦0.1
7 months - 7 mois	1	-	1	-	-	-
8 months - 8 mois	4	1	3	-	-	♦0.1
9 months - 9 mois	3	1	2	-	-	♦0.1
10 months - 10 mois	2	1	1	-	-	-
11 months - 11 mois	3	1	2	-	-	♦0.1

16. Infant deaths and infant mortality rates by age and sex: latest available year, 2002 - 2011
Décès d'enfants de moins d'un an et taux de mortalité infantile selon l'âge et le sexe : dernière année disponible, 2002 - 2011 (continued - suite)

Continent, country or area, year and age / Continent, pays ou zone, année et âge	Number - Nombre			Rate - Taux		
	Both sexes Les deux sexes	Male Masculin	Female Féminin	Both sexes Les deux sexes	Male Masculin	Female Féminin
EUROPE						
TFYR of Macedonia - L'ex-R. y. de Macédoine						
2010 (C)						
Total	185	104	81	7.6	8.2	6.9
Less than 1 day - Moins de 1 jour	34	16	18	1.4	♦1.3	♦1.5
1 - 6 days - 1 - 6 jours	64	38	26	2.6	3.0	♦2.2
7 - 27 days - 7 - 27 jours	36	21	15	1.5	♦1.7	♦1.3
7 - 13 days - 7 - 13 jours	17	9	8	♦0.7	♦0.7	♦0.7
14 - 20 days - 14 - 20 jours	11	6	5	♦0.5	♦0.5	♦0.4
21 - 27 days - 21 - 27 jours	8	6	2	♦0.3	♦0.5	♦0.2
28 days - 11 months - 28 jours - 11 mois	51	29	22	2.1	♦2.3	♦1.9
28 days - less than 2 months - 28 jours - moins de 2 mois	17	7	10	♦0.7	♦0.6	♦0.9
2 months - 2 mois	10	8	2	♦0.4	♦0.6	♦0.2
3 months - 3 mois	3	1	2	♦0.1	♦0.1	♦0.2
4 months - 4 mois	3	1	2	♦0.1	♦0.1	♦0.2
5 months - 5 mois	3	1	2	♦0.1	♦0.1	♦0.2
6 months - 6 mois	3	2	1	♦0.1	♦0.2	♦0.1
7 months - 7 mois	5	4	1	♦0.2	♦0.3	♦0.1
8 months - 8 mois	4	3	1	♦0.2	♦0.2	♦0.1
9 months - 9 mois	-	-	-	-	-	-
10 months - 10 mois	-	-	-	-	-	-
11 months - 11 mois	3	2	1	♦0.1	♦0.2	♦0.1
Ukraine[30]						
2010 (C)						
Total	4 564	2 647	1 917	9.2	10.3	8.0
Less than 1 day - Moins de 1 jour	771	430	341	1.5	1.7	1.4
1 - 6 days - 1 - 6 jours	1 210	733	477	2.4	2.9	2.0
7 - 27 days - 7 - 27 jours	813	476	337	1.6	1.9	1.4
7 - 13 days - 7 - 13 jours	405	237	168	0.8	0.9	0.7
14 - 20 days - 14 - 20 jours	237	143	94	0.5	0.6	0.4
21 - 27 days - 21 - 27 jours	171	96	75	0.3	0.4	0.3
28 days - 11 months - 28 jours - 11 mois	1 770	1 008	762	3.6	3.9	3.2
28 days - less than 2 months - 28 jours - moins de 2 mois	561	318	243	1.1	1.2	1.0
2 months - 2 mois	312	185	127	0.6	0.7	0.5
3 months - 3 mois	202	110	92	0.4	0.4	0.4
4 months - 4 mois	177	101	76	0.4	0.4	0.3
5 months - 5 mois	129	78	51	0.3	0.3	0.2
6 months - 6 mois	92	55	37	0.2	0.2	0.2
7 months - 7 mois	88	47	41	0.2	0.2	0.2
8 months - 8 mois	64	41	23	0.1	0.2	♦0.1
9 months - 9 mois	46	26	20	0.1	♦0.1	♦0.1
10 months - 10 mois	61	25	36	0.1	♦0.1	0.1
11 months - 11 mois	38	22	16	0.1	♦0.1	♦0.1
United Kingdom of Great Britain and Northern Ireland - Royaume-Uni de Grande-Bretagne et d'Irlande du Nord[31]						
2009 (+C)						
Total	3 677	2 067	1 610	4.7	5.1	4.2
Less than 1 day - Moins de 1 jour	1 096	605	491	1.4	1.5	1.3
1 - 6 days - 1 - 6 jours	819	463	356	1.0	1.1	0.9
7 - 27 days - 7 - 27 jours	598	335	263	0.8	0.8	0.7
7 - 13 days - 7 - 13 jours	317	179	138	0.4	0.4	0.4
14 - 20 days - 14 - 20 jours	165	95	70	0.2	0.2	0.2
21 - 27 days - 21 - 27 jours	116	61	55	0.1	0.2	0.1
28 days - 11 months - 28 jours - 11 mois	1 164	664	500	1.5	1.6	1.3
28 days - less than 2 months - 28 jours - moins de 2 mois	375	222	153	0.5	0.5	0.4
2 months - 2 mois	189	98	91	0.2	0.2	0.2
3 months - 3 mois	134	83	51	0.2	0.2	0.1
4 months - 4 mois	96	50	46	0.1	0.1	0.1
5 months - 5 mois	78	51	27	0.1	0.1	♦0.1
6 months - 6 mois	72	37	35	0.1	0.1	0.1
7 months - 7 mois	54	29	25	0.1	♦0.1	♦0.1
8 months - 8 mois	49	22	27	0.1	♦0.1	♦0.1
9 months - 9 mois	47	33	14	0.1	0.1	-
10 months - 10 mois	35	21	14	-	♦0.1	-
11 months - 11 mois	35	18	17	-	-	-

16. Infant deaths and infant mortality rates by age and sex: latest available year, 2002 - 2011
Décès d'enfants de moins d'un an et taux de mortalité infantile selon l'âge et le sexe : dernière année disponible, 2002 - 2011 (continued - suite)

Continent, country or area, year and age / Continent, pays ou zone, année et âge	Number - Nombre			Rate - Taux		
	Both sexes Les deux sexes	Male Masculin	Female Féminin	Both sexes Les deux sexes	Male Masculin	Female Féminin
OCEANIA - OCÉANIE						
Australia - Australie						
2010 (+C)						
Total	1 229	738	491	4.1	4.8	3.4
Less than 1 day - Moins de 1 jour	405	238	167	1.4	1.6	1.2
1 - 6 days - 1 - 6 jours	262	154	108	0.9	1.0	0.7
7 - 27 days - 7 - 27 jours	175	106	69	0.6	0.7	0.5
7 - 13 days - 7 - 13 jours	83	48	35	0.3	0.3	0.2
14 - 20 days - 14 - 20 jours	51	32	19	0.2	0.2	♦0.1
21 - 27 days - 21 - 27 jours	41	26	15	0.1	♦0.2	♦0.1
28 days - 11 months - 28 jours - 11 mois	387	240	147	1.3	1.6	1.0
28 days - less than 2 months - 28 jours - moins de 2 mois	140	86	54	0.5	0.6	0.4
2 months - 2 mois	71	41	30	0.2	0.3	0.2
3 months - 3 mois	54	39	15	0.2	0.3	♦0.1
4 months - 4 mois	32	19	13	0.1	♦0.1	♦0.1
5 months - 5 mois	21	16	5	♦0.1	♦0.1	-
6 months - 6 mois	12	9	3	-	♦0.1	-
7 months - 7 mois	11	7	4	-	-	-
8 months - 8 mois	14	6	8	-	-	♦0.1
9 months - 9 mois	11	4	7	-	-	-
10 months - 10 mois	13	8	5	-	♦0.1	-
11 months - 11 mois	8	5	3	-	-	-
French Polynesia - Polynésie française						
2008 (C)						
Total	23	...	...	...	...	...
Less than 7 days - Moins de 7 jours	14	...	...	...	...	...
7 - 27 days - 7 - 27 jours	-	...	...	...	...	...
28 days - 11 months - 28 jours - 11 mois	9	...	...	...	...	...
New Caledonia - Nouvelle-Calédonie						
2007 (C)						
Total	25	15	10	...	...	...
Less than 1 day - Moins de 1 jour	-	-	-	...	...	...
1 - 6 days - 1 - 6 jours	11	9	2	...	...	...
7 - 27 days - 7 - 27 jours	6	2	4	...	...	...
7 - 13 days - 7 - 13 jours	6	2	4	...	...	...
14 - 20 days - 14 - 20 jours	-	-	-	...	...	...
21 - 27 days - 21 - 27 jours	-	-	-	...	...	...
28 days - 11 months - 28 jours - 11 mois	8	4	4	...	...	...
28 days - less than 2 months - 28 jours - moins de 2 mois	-	-	-	...	...	...
2 months - 2 mois	-	-	-	...	...	...
3 months - 3 mois	-	2	-	...	...	...
4 months - 4 mois	-	-	-	...	...	...
5 months - 5 mois	-	-	-	...	...	...
6 months - 6 mois	2	2	-	...	...	...
7 months - 7 mois	-	-	-	...	...	...
8 months - 8 mois	-	-	-	...	...	...
9 months - 9 mois	-	-	-	...	...	...
10 months - 10 mois	-	-	-	...	...	...
11 months - 11 mois	4	-	4	...	...	...
New Zealand - Nouvelle-Zélande[8]						
2011 (+C)						
Total	290	169	121	4.7	5.4	4.0
Less than 1 day - Moins de 1 jour	93	51	42	1.5	1.6	1.4
1 - 6 days - 1 - 6 jours	50	28	22	0.8	♦0.9	♦0.7
7 - 27 days - 7 - 27 jours	22	14	8	♦0.4	♦0.4	♦0.3
7 - 13 days - 7 - 13 jours	4	4	-	♦0.1	♦0.1	-
14 - 20 days - 14 - 20 jours	8	4	4	♦0.1	♦0.1	♦0.1
21 - 27 days - 21 - 27 jours	10	6	4	♦0.2	♦0.2	♦0.1
28 days - 11 months - 28 jours - 11 mois	125	76	49	2.0	2.4	1.6
28 days - less than 2 months - 28 jours - moins de 2 mois	33	19	14	0.5	♦0.6	♦0.5
2 months - 2 mois	26	16	10	♦0.4	♦0.5	♦0.3
3 months - 3 mois	12	10	2	♦0.2	♦0.3	♦0.1
4 months - 4 mois	14	7	7	♦0.2	♦0.2	♦0.2
5 months - 5 mois	7	6	1	♦0.1	♦0.2	-
6 months - 6 mois	10	5	5	♦0.2	♦0.2	♦0.2
7 months - 7 mois	9	4	5	♦0.1	♦0.1	♦0.2
8 months - 8 mois	4	3	1	♦0.1	♦0.1	-
9 months - 9 mois	3	2	1	-	♦0.1	-

16. Infant deaths and infant mortality rates by age and sex: latest available year, 2002 - 2011
Décès d'enfants de moins d'un an et taux de mortalité infantile selon l'âge et le sexe : dernière année disponible, 2002 - 2011 (continued - suite)

Continent, country or area, year and age / Continent, pays ou zone, année et âge	Number - Nombre			Rate - Taux		
	Both sexes Les deux sexes	Male Masculin	Female Féminin	Both sexes Les deux sexes	Male Masculin	Female Féminin
OCEANIA - OCÉANIE						
New Zealand - Nouvelle-Zélande[8]						
2011 (+C)						
10 months - 10 mois	5	2	3	♦0.1	♦0.1	♦0.1
11 months - 11 mois	2	2	-	-	♦0.1	-

FOOTNOTES - NOTES

Italics: data from civil registers which are incomplete or of unknown completeness. - Italiques : données incomplètes ou dont le degré d'exactitude n'est pas connu, provenant des registres de l'état civil.

♦ Rates based on 30 or fewer infant deaths. - Taux basés sur 30 décès d'enfants ou moins.

* Provisional. - Données provisoires.

'Code' indicates the source of data, as follows:
C - Civil registration, estimated over 90% complete
U - Civil registration, estimated less than 90% complete
| - Other source, estimated reliable
+ - Data tabulated by date of registration rather than occurence
... - Information not available

Le 'Code' indique la source des données, comme suit :
C - Registres de l'état civil considérés complets à 90 p. 100 au moins
U - Registres de l'état civil qui ne sont pas considérés complets à 90 p. 100 au moins
| - Autre source, considérée pas douteuses
+ - Données exploitées selon la date de l'enregistrement et non la date de l'événement
... - Information pas disponible

[1] Excludes the islands of St. Brandon and Agalega. - Non compris les îles St. Brandon et Agalega.
[2] Excluding live-born infants who died before their birth was registered. - Non compris les enfants nés vivants décédés avant l'enregistrement de leur naissance.
[3] Unrevised data. - Les données n'ont pas été révisées.
[4] Data for male and female categories exclude infant deaths of unknown sex. - Il n'est pas tenu compte dans les données classées par sexe des décès d'enfant de moins d'un an de sexe inconnu.
[5] Including Canadian residents temporarily in the United States, but excluding United States residents temporarily in Canada. - Y compris les résidents canadiens se trouvant temporairement aux Etats-Unis, mais ne comprenant pas les résidents des Etats-Unis se trouvant temporairement au Canada.
[6] Excluding infant deaths to mothers living abroad. - Exception faite des décès d'enfants en bas âge survenus lorsque la mère résidait à l'étranger.
[7] Data refer to urban areas only. - Données ne concernant que les zones urbaines.
[8] Data refer to resident population only. - Pour la population résidante seulement.
[9] Excluding Indian jungle population. - Non compris les Indiens de la jungle.
[10] Figures for male and female do not add up to the total, since they do not include the category "Unknown". - La somme des chiffres indiqués pour les sexes masculin et féminin n'est pas égale au total parce qu'elle n'inclut pas la catégorie " inconnue ".
[11] Excluding nomadic Indian tribes. - Non compris les tribus d'Indiens nomades.
[12] Data refer to infants 30 days - 12 months old. - Les données se réfèrent aux nouveaux-nés âgées de 30 jours à 12 mois.
[13] Completeness of coverage estimated at 40 per cent. Source: Reports of the Ministry of Health. - Degré de complétude évalué à 40 pour cent. Source: Rapports du Ministère de la Santé.
[14] Excluding infants born alive of less than 28 weeks' gestation, of less than 1 000 grams in weight and 35 centimeters in length, who die within seven days of birth. - Non compris les enfants nés vivants après moins de 28 semaines de gestations, pesant moins de 1 000 grammes, mesurant moins de 35 centimètres et décédés dans les sept jours qui ont suivi leur naissance.
[15] Data refer to government controlled areas. - Les données se rapportent aux zones contrôlées par le Gouvernement.
[16] Including data for East Jerusalem and Israeli residents in certain other territories under occupation by Israeli military forces since June 1967. Including deaths abroad of Israeli residents who were out of the country for less than a year. - Y compris les données pour Jérusalem-Est et les résidents israéliens dans certains autres territoires occupés depuis 1967 par les forces armées israéliennes. Y compris les décès à l'étranger de résidents israéliens qui ont quitté le pays depuis moins d'un an.
[17] Data refer to Japanese nationals in Japan only. - Les données se raportent aux nationaux japonais au Japon seulement.
[18] Data from Births and Deaths Notification System (Ministry of Health and all health care providers). - Les données proviennent du système de notification des naissances et des décès (Ministère de la santé et tous prestataires de soins de santé).
[19] Excluding unknown sex. - Non compris le sexe inconnu.
[20] Excluding data for the Pakistan-held part of Jammu and Kashmir, the final status of which has not yet been determined. Based on the results of the Pakistan Demographic Survey. - Non compris les données concernant la partie du Jammu et Cachemire occupée par le Pakistan dont le statut définitif n'a pas été déterminé. Données extraites de l'enquête démographique effectuée par le Pakistan.
[21] Excluding alien armed forces, civilian aliens employed by armed forces, and foreign diplomatic personnel and their dependants. - Non compris les militaires étrangers, les civils étrangers employés par les forces armées ni le personnel diplomatique étranger et les membres de leur famille les accompagnant.
[22] Including armed forces stationed outside the country, but excluding alien armed forces stationed in the area. - Y compris les militaires nationaux hors du pays, mais non compris les militaires étrangers en garnison sur le territoire.
[23] Excluding Faeroe Islands and Greenland shown separately, if available. - Non compris les Iles Féroé et le Groenland, qui font l'objet de rubriques distinctes, si disponible.
[24] Including nationals temporarily outside the country. Excluding Åland Islands. - Y compris les nationaux se trouvant temporairement hors du pays. Non compris les Îles d'Åland.
[25] Including armed forces stationed outside the country. - Y compris les militaires nationaux hors du pays.
[26] Including residents outside the country if listed in a Netherlands population register. - Englobe les résidents se trouvant à l'étranger à condition qu'ils soient inscrits sur le registre de population des Pays-Bas.
[27] Including residents temporarily outside the country. Excluding Svalbard and Jan Mayen Islands shown separately, if available. - Y compris les résidents se trouvant temporairement hors du pays. Non compris Svalbard et Jan Mayen qui font l'objet de rubriques distinctes, si disponible.
[28] Excluding Transnistria and the municipality of Bender. - Les données ne tiennent pas compte de l'information sur la Transnistria et la municipalité de Bender.
[29] Excluding data for Kosovo and Metohia. - Sans les données pour le Kosovo et Metohie.
[30] Data includes deaths resulting from births with weight 500g and more (if weight is unknown - with length 25 centimeters and more, or with gestation during 22 weeks or more). - Y compris les décès de nouveau-nés de 500 grammes ou plus (si le poids est inconnu – de 25 centimètres de long ou plus, ou après une grossesse de 22 semaines ou plus).
[31] Excluding Channel Islands (Guernsey and Jersey) and Isle of Man, shown separately, if available. - Non compris les îles Anglo-Normandes (Guernesey et Jersey) et l'île de Man, qui font l'objet de rubriques distinctes, si disponible.

Table 17

Table 17 presents maternal deaths and maternal mortality ratios for as many years available between 2001 and 2010.

Description of variables: Maternal deaths are defined for the purposes of the Demographic Yearbook as those caused by deliveries and complications of pregnancy, childbirth and the puerperium, within 42 days of termination of pregnancy. They are usually defined as deaths coded "38-41" for ICD-9 Basic Tabulation List or as deaths coded "A34", "O00-O95", "O98-O99" for ICD-10, respectively. However, data for ICD-10 shown in this table include deaths due to "O96" and "O97" which refer to deaths from any obstetric cause occurring more than 42 days but less than one year after delivery and death from sequelae of direct obstetric causes occurring one year or more after delivery.

For further information on the definition of maternal mortality from the tenth revisions of the *International Statistical Classification of Diseases and Related Health Problems*[1], see also section 4.3 of the Technical Notes.

Statistics on maternal death presented in this table are provided by the World Health Organisation. They are limited to countries or areas that meet the criterion that cause-of-death statistics are either classified by or convertible to the ninth or tenth revisions mentioned above. Data that are classified by the tenth revision are set in bold in the table.

Ratios computation: Maternal mortality ratios are the annual number of maternal deaths per 100 000 live births (table 9) in the same year. These ratios have been calculated by the Statistics Division of the United Nations Department of Economic and Social Affairs. If maternal mortality data are considered incomplete, or if live birth data for the year are not available, no ratio has been calculated. Ratios based on 30 or fewer maternal deaths are identified by the symbol "♦".

Reliability of data: Countries and areas that have incomplete (less than 90 per cent completeness) or of unknown completeness of cause of deaths data coverage are considered to provide unreliable data, which are set in *italics* rather than in roman type. Ratios on these data are not computed. Information on completeness is normally provided by the World Health Organisation. When this is not the case, information on completeness is set to coincide with that of table 18. The reliability of data for the completeness of cause of death provided by the World Health Organisation[2] may differ from the reliability of data for the total number of reported deaths. Therefore, there are cases when the quality code in table 18 does not correspond with the typeface used in this table.

Territorial composition as set in Section 2.2 of "Technical Notes on the Statistical Tables", including or excluding certain population of a country refers only to the denominator.

Limitations: Statistics on maternal deaths are subject to the same qualifications that have been set forth for vital statistics in general and death statistics in particular as discussed in section 4 of the Technical Notes. The reliability of the data, an indication of which is described above, is an important factor in considering the limitations. In addition, maternal-death statistics are subject to all the qualifications relating to cause-of-death statistics. These have been set forth in section 4 of the Technical Notes.

Maternal mortality ratios are subject to the limitations of the data on live births with which they have been calculated. These have been set forth in the technical notes for table 9. Specific information pertaining to individual countries or areas is given in the footnotes to table 9.

The calculation of the maternal mortality ratios based on the total number of live births approximates the risk of dying from complications of pregnancy, childbirth or puerperium. Ideally this rate should be based on the number of women exposed to the risk of pregnancy, in other words, the number of women conceiving. Since it is impossible to know how many women have conceived, the total number of live births is used in calculating this rate.

Earlier data: Maternal deaths and maternal mortality ratios have been shown in previous issues of the *Demographic Yearbook*. For information on specific years covered, the reader should consult the Index.

435

It should however be noted that in issues prior to 1975, maternal mortality rates were calculated using the female population rather than live births. Therefore, maternal mortality ratios published since 1975 are not comparable to the earlier maternal death rates.

NOTES

[1] *International Statistical Classification of Diseases and Related Health Problems*, Tenth Revision, Volume 2, World Health Organization, Geneva, 1992.

[2] For more information on specific method used for countries, see "Mathers CD, Bernard C, Iburg KM, Inoue M, Ma Fat D, Shibuya K et al. *Global burden of disease in 2002: data sources, methods and results.* Geneva, World Health Organization, 2003 (GPE Discussion Paper No. 54).

Tableau 17

Le tableau 17 présente des statistiques et des taux de mortalité liée à la maternité pour les années disponibles entre 2001 et 2010.

Description des variables : aux fins de *l'Annuaire démographique*, les décès liés à la maternité sont ceux entraînés par l'accouchement ou les complications de la grossesse, de l'accouchement et des suites de couches dans un délai de 42 jours après la terminaison de la grossesse. Ils sont généralement associés aux codes 38 à 41 dans le cas de la liste de base pour la mise en tableaux de la CIM-9 et aux codes A34, O00 à O95 et O98 et O99 dans le cas de la CIM-10. Les statistiques associées à des codes correspondant à la CIM-10 englobent des décès de type O96 et O97, qui désignent les décès liés à des causes obstétriques se produisant après 42 jours mais moins d'un an après l'accouchement et les décès entraînés par les séquelles de complications obstétriques directes qui se produisent un an ou plus après l'accouchement.

Pour plus de précisions concernant les définitions de la mortalité liée à la maternité dans la dixième révision de la *Classification statistique internationale des maladies et des problèmes de santé connexes*[1], se reporter également à la section 4.3 des Notes techniques.

Les statistiques de mortalité liée à la maternité présentées dans le tableau 17 émanent de l'Organisation mondiale de la santé. Elles ne se rapportent qu'aux pays ou zones qui répondent aux critères selon lesquels les statistiques relatives à la cause des décès sont conformes à la liste de la neuvième ou de la dixième révision de la CIM ou peuvent être aisément comparées aux catégories de cette liste. Les données conformes à la dixième révision sont indiquées en gras dans le tableau.

Calcul des taux : les taux de mortalité maternelle représentent le nombre annuel de décès dus à la maternité pour 100 000 naissances vivantes (données du tableau 9) de la même année. Ces taux ont été calculés par la Division de statistique du Département des affaires économiques et sociales de l'Organisation des Nations Unies. Si les données des décès dus à la maternité sont incomplètes ou si les naissances vivantes pour l'année ne sont pas disponibles, les taux ne sont pas calculés. Les taux fondés sur 30 décès liés à la maternité ou moins sont signalés par le signe "♦".

Fiabilité des données : les statistiques relatives aux pays et aux zones pour lesquels la couverture des données concernant les causes de décès est incomplète (mois de 90 pour cent) ou dont le degré de complétude n'est pas connue sont jugés douteuses et apparaissent en *italique* et non en caractères romains. Les taux correspondant ne sont pas calculés. L'information sur la complétude est normalement fournie par l'Organisation Mondiale de la Santé. Si ce n'est pas le cas, l'information sur la complétude est reprise de tableau 18. La fiabilité des données relatives aux causes de décès fournie par l'Organisation Mondiale de la Santé[2] peut différer de la fiabilité des données relatives au nombre de décès enregistrés. En conséquence, il peut apparaitre de différences entre les codes de fiabilité du tableau 18 et du présent tableau.

La composition territoriale est définie dans la Section 2.2 des "Notes Techniques sur les tableaux statistiques". L'inclusion ou l'exclusion de certaines populations d'un pays ne concerne que le dénominateur.

Insuffisance des données : les statistiques de la mortalité liée à la maternité appellent toutes les réserves qui ont été formulées à propos des statistiques de l'état civil en général et des statistiques relatives à la mortalité en particulier (voir la section 4 des Notes techniques). La fiabilité des données, au sujet de laquelle des indications ont été fournies plus haut, est un facteur important. En outre, les statistiques de la mortalité liée à la maternité appellent les mêmes réserves que celles exposées à la section 4 des Notes techniques en ce qui concerne les statistiques des causes de décès.

Les taux de mortalité maternelle appellent également toutes les réserves formulées à propos des statistiques des naissances vivantes qui ont servi à leur calcul (voir à ce sujet les notes techniques relatives au tableau 9). Des précisions sur certains pays ou zones sont données dans les notes se rapportant au tableau 9.

En prenant le nombre total des naissances vivantes comme base pour le calcul des taux de mortalité maternelle, on obtient une mesure approximative de la probabilité de décès dus aux complications de la grossesse, de l'accouchement et des suites de couches. Idéalement, ces taux devraient être calculés sur la base du nombre de femmes exposées aux risques liés à la grossesse, c'est-à-dire sur la base du nombre de femmes qui conçoivent. Étant donné qu'il est impossible de connaître le nombre de femmes ayant conçu, c'est le nombre total de naissances vivantes que l'on utilise pour calculer ces taux.

Données publiées antérieurement : des statistiques concernant les décès liés à la maternité (nombre de décès et taux) ont déjà été présentées dans des éditions antérieures de l'*Annuaire démographique*. Pour plus de précisions concernant les années pour lesquelles ces données ont été publiées, se reporter à l'index.

Il faut souligner que, avant 1975, les taux de mortalité maternelle étaient calculés sur la base de la population féminine et non sur celle du nombre de naissances vivantes. Ils ne sont donc pas comparables à ceux qui figurent dans les éditions de l'*Annuaire démographique* parues après 1975.

NOTES

[1] *Classification statistique internationale des maladies et des problèmes de santé connexes*, dixième révision, volume 2. Genève, Organisation mondiale de la santé, 1992.
[2] Pour plus d'information sur les méthodes spécifiques utilisées pour les pays, voir "Mathers CD, Bernard C, Iburg KM, Inoue M, Ma Fat D, Shibuya K et al. *Global burden of disease in 2002: data sources, methods and results*. Geneva, World Health Organization, 2003 (GPE Discussion Paper No. 54).

17. Maternal deaths and maternal mortality ratios: 2001 - 2010
Mortalité liée à la maternité, nombre de décès et taux : 2001 - 2010

Continent and country or area / Continent et pays ou zone	Code[a]	2001	2002	2003	2004	2005	2006	2007	2008	2009	2010
AFRICA - AFRIQUE											
Egypt - Égypte											
Number - Nombre	...	...	...	...	...	...	604[1]	567[1]	449[2]	579[1]	519[1]
Rate - Taux	...	...	...	...	...	...	32.6	29.1	...	26.1	23.0
Mauritius - Maurice											
Number - Nombre	+C	4	1	4	3	4	3	6	6	10	4
Rate - Taux	+C	♦20.3	♦5.0	♦20.7	♦15.6	♦21.3	♦17.0	♦35.2	♦36.6	♦65.2	♦26.7
Morocco - Maroc											
Number - Nombre	U	...	...	...	...	...	...	...	74	...	...
Réunion											
Number - Nombre	...	-	3	3	4	4	5	...	2	...	...
Seychelles											
Number - Nombre	+C	-	1	1	-	1	-	-	1	1	...
Rate - Taux	+C	-	♦67.5	♦66.8	-	♦65.1	-	-	♦64.7	♦63.3	...
South Africa - Afrique du Sud											
Number - Nombre	...	854[2]	794[2]	898[2]	1 158[2]	1 249[2]	1 388[2]	1 762[2]	1 808[1]	1 880[1]	...
Rate - Taux	...	...	...	...	...	...	...	...	170.1	187.9	...
AMERICA, NORTH - AMÉRIQUE DU NORD											
Anguilla											
Number - Nombre	+...	-	...	-	-	-	-	...	...	...	...
Antigua and Barbuda - Antigua-et-Barbuda											
Number - Nombre	+U	-	-	-	-	-	-	1	-	...	...
Aruba											
Number - Nombre	...	...	...	...	1	...	-	-	...	...	...
Bahamas											
Number - Nombre	...	...	...	...	2[2]	4[1]	...	...	...	...	...
Rate - Taux	...	...	...	...	...	♦72.1	...	...	...	...	...
Barbados - Barbade											
Number - Nombre	C	-	...	...	...	...	1	...	...	...	...
Rate - Taux	C	-	...	...	...	...	♦29.3	...	...	...	...
Belize											
Number - Nombre	...	3[2]	...	...	3[2]	10[1]	3[1]	2[1]	2[1]	...	...
Rate - Taux	...	...	...	...	...	♦119.1	...	...	...	...	...
Bermuda - Bermudes											
Number - Nombre	...	-	-	-	-	-	1	-	...	...	...
British Virgin Islands - Îles Vierges britanniques											
Number - Nombre	...	-	-	-	-	...	...	...	...	...	...
Canada											
Number - Nombre	C	26	15	23	20	...	28	24	34	29	...
Rate - Taux	C	♦7.8	♦4.6	♦6.9	♦5.9	...	♦7.9	♦6.5	9.0	♦7.6	...
Cayman Islands - Îles Caïmanes											
Number - Nombre	...	...	...	...	-	...	...	...	...	...	...
Costa Rica											
Number - Nombre	+U	24	27	24	25	24	24	10	20	10	...
Cuba											
Number - Nombre	C	57	65	62	56	66	62	42	57	...	...
Rate - Taux	C	41.1	46.0	45.3	44.0	54.7	55.7	37.3	46.5	...	...
Dominica - Dominique											
Number - Nombre	+C	1	1	-	-	-	-	-	1	-	...
Rate - Taux	+C	♦82.2	♦92.5	-	-	-	-	-	♦103.7	-	...
Dominican Republic - République dominicaine											
Number - Nombre	U	64	...	58	85	...	...	...	...	...	...
El Salvador											
Number - Nombre	+U	28	32	27	22	23	21	17	18	...	...
Grenada - Grenade											
Number - Nombre	U	-	1	...	-	-	-	-	-	...	...
Guadeloupe											
Number - Nombre	...	2	6	4	3	1	2	...	2	...	...
Guatemala											
Number - Nombre	U	470	409	423	425	354	298	310	328	...	...
Haiti - Haïti											
Number - Nombre	...	180	135	124	...	...	...	...	...	...	...

Continent and country or area / Continent et pays ou zone	Code[a]	2001	2002	2003	2004	2005	2006	2007	2008	2009	2010
AMERICA, NORTH - AMÉRIQUE DU NORD											
Martinique											
Number - Nombre	...	*1*	*2*	*2*	*1*	-	*1*	...	*1*	...	...
Mexico - Mexique											
Number - Nombre	+C	1 268	1 324	1 332	1 266	1 269	1 188	1 122	1 135	1 230	1 000
Rate - Taux	+C	56.9	59.9	61.5	58.7	59.3	55.2	51.3	50.6	...	...
Montserrat											
Number - Nombre	+...	-	-	-	-	-	-	...	...	...	...
Nicaragua											
Number - Nombre	+U	*124*	*114*	*88*	*108*	*93*	*93*	...	...	...	...
Panama											
Number - Nombre	...	*37*[3]	*38*[3]	*34*[3]	*23*[3]	...	*36*[3]	*40*[4]	*41*[4]	...	...
Rate - Taux	...	...	...	...	...	...	...	59.4	59.6	...	...
Puerto Rico - Porto Rico											
Number - Nombre	+...	*6*	*5*	*8*	...	*5*	...	...	...	...	...
Saint Kitts and Nevis - Saint-Kitts-et-Nevis											
Number - Nombre	+U	*2*	-	*2*	-	-	*1*	-	*1*	...	...
Saint Lucia - Sainte-Lucie											
Number - Nombre	C	*1*	*1*	...	...	...	...	...	...	...	...
Rate - Taux	C	♦35.9	♦38.5	...	...	...	...	...	...	...	...
Saint Pierre and Miquelon - Saint Pierre-et-Miquelon											
Number - Nombre	...	...	...	...	...	-	-	...	-	...	...
Saint Vincent and the Grenadines - Saint-Vincent-et-les Grenadines											
Number - Nombre	...	-	-	-	*1*	...	-	-	*2*	...	...
Rate - Taux	...	-	-	-	♦55.4	...	...	...	...	...	...
Trinidad and Tobago - Trinité-et-Tobago											
Number - Nombre	C	*7*	*5*	...	...	...	12	...	...	...	...
Rate - Taux	C	♦38.7	♦29.4	...	...	...	♦66.3	...	...	...	...
Turks and Caicos Islands - Îles Turques et Caïques											
Number - Nombre	...	*1*	-	*1*	*1*	-	...	...	...	...	...
United States of America - États-Unis d'Amérique											
Number - Nombre	C	416	379	545	697	760	756	766	795	...	...
Rate - Taux	C	10.3	9.4	13.3	17.0	18.4	17.7	17.7	18.7	...	...
United States Virgin Islands - Îles Vierges américaines											
Number - Nombre	...	*2*	-	-	...	-	...	...	...	...	...
AMERICA, SOUTH - AMÉRIQUE DU SUD											
Argentina - Argentine											
Number - Nombre	+C	309	356	321	313	290	341	332	319	...	...
Rate - Taux	+C	45.2	51.2	46.0	42.5	40.7	49.0	47.4	42.8	...	...
Brazil - Brésil											
Number - Nombre	U	*1 587*	*1 648*	*1 597*	*1 672*	*1 661*	*1 634*	*1 613*	*1 641*	*1 884*	*1 665*
Chile - Chili											
Number - Nombre	C	45	42	33	42	48	47	42	36	43	...
Rate - Taux	C	18.3	17.6	14.1	18.2	20.8	20.3	17.5	14.6	17.0	...
Colombia - Colombie											
Number - Nombre	...	*689*[2]	*577*[2]	...	*546*[2]	*504*[2]	519[1]	503[1]	433[1]	496[1]	...
Rate - Taux	...	...	...	...	...	...	72.6	70.9	60.5	72.3	...
Ecuador - Équateur											
Number - Nombre	U	*187*	*149*	*139*	*129*	*143*	*135*	*176*	*162*	*208*	...
French Guiana - Guyane française											
Number - Nombre	...	*2*	*2*	*1*	*1*	*1*	*1*	...	*4*	...	...
Guyana											
Number - Nombre	U	*17*	*20*	*21*	*19*	*24*	*20*	...	...	...	...
Paraguay											
Number - Nombre	+U	*132*	*163*	*150*	*154*	*135*	*123*	...	*117*	...	...

17. Maternal deaths and maternal mortality ratios: 2001 - 2010
Mortalité liée à la maternité, nombre de décès et taux : 2001 - 2010 (continued - suite)

Continent and country or area Continent et pays ou zone	Code[a]	2001	2002	2003	2004	2005	2006	2007	2008	2009	2010
AMERICA, SOUTH - **AMÉRIQUE DU SUD**											
Peru - Pérou											
Number - Nombre	+U	...	...	...	...	...	...	155	...	...	...
Suriname											
Number - Nombre	U	...	...	...	7	4	...	...	...	...	...
Uruguay											
Number - Nombre	C	19	...	...	9	...	...	...	...	...	...
Rate - Taux	C	♦36.6	...	...	♦18.0	...	...	...	...	...	...
Venezuela (Bolivarian Republic of) - Venezuela (République bolivarienne du)											
Number - Nombre	C	356	335	321	318	351	356	332	...	...	...
Rate - Taux	C	67.2	68.0	57.8	49.9	52.7	55.1	54.0	...	...	...
ASIA - ASIE											
Armenia - Arménie											
Number - Nombre	U	7	3	0	...	...	10	...	16	12	...
Azerbaijan - Azerbaïdjan											
Number - Nombre	U	27	22	21	34	...	...	30	...	...	...
Bahrain - Bahreïn											
Number - Nombre	C	3	...	...	...	...	-	3	3	3	...
Rate - Taux	C	♦22.3	...	...	...	...	-	♦18.7	♦17.6	♦16.8	...
Brunei Darussalam - Brunéi Darussalam											
Number - Nombre	+C	...	...	...	...	...	...	1	-	1	...
Rate - Taux	+C	...	...	...	...	...	...	♦15.8	-	...	...
China, Hong Kong SAR - Chine, Hong Kong RAS											
Number - Nombre	...	1	1	2	2	2	1	1	2	2	...
Cyprus - Chypre											
Number - Nombre	U	...	...	...	-	2	1	-	1	-	1
Georgia - Géorgie											
Number - Nombre	...	4[2]	...	...	...	...	11[1]	2[1]	...	32[1]	...
Rate - Taux	...	...	...	...	...	...	♦23.0	♦4.1	...	50.5	...
Iraq											
Number - Nombre	U	...	...	...	...	...	...	...	62	...	...
Israel - Israël											
Number - Nombre	C	9	6	3	6	4	11	7	8	5	...
Rate - Taux	C	♦6.6	♦4.3	♦2.1	♦4.1	♦2.8	♦7.4	♦4.6	♦5.1	♦3.1	...
Japan - Japon											
Number - Nombre	C	79	90	74	56	66	63	39	41	61	49
Rate - Taux	C	6.7	7.8	6.6	5.0	6.2	5.8	3.6	3.8	5.7	4.6
Jordan - Jordanie											
Number - Nombre	U	...	...	...	...	...	...	...	25	...	...
Kazakhstan											
Number - Nombre	U	07	09	57	63	81	100	107	86	94	...
Kuwait - Koweït											
Number - Nombre	C	1	3	...	...	...	1	-	5	7	...
Rate - Taux	C	♦2.4	♦6.9	...	...	...	♦1.9	-	♦9.2	♦12.4	...
Kyrgyzstan - Kirghizstan											
Number - Nombre	U	43	54	52	56	66	67	64	70	86	...
Malaysia - Malaisie											
Number - Nombre	U	...	...	...	...	...	128	...	...	...	...
Maldives											
Number - Nombre	...	3[3]	7[3]	-[3]	2[3]	1[3]	...	2[4]	4[4]	...	...
Rate - Taux	...	...	...	...	...	...	...	♦30.4	♦57.2	...	...
Oman											
Number - Nombre	U	...	...	...	...	...	...	...	...	3	...
Philippines											
Number - Nombre	C	...	...	...	...	...	...	...	1 731	...	...
Rate - Taux	C	...	...	...	...	...	...	...	97.0	...	...
Qatar											
Number - Nombre	C	...	...	...	...	...	1	5	2	4	...
Rate - Taux	C	...	...	...	...	...	♦7.1	♦31.9	♦11.6	♦21.8	...

17. Maternal deaths and maternal mortality ratios: 2001 - 2010
Mortalité liée à la maternité, nombre de décès et taux : 2001 - 2010 (continued - suite)

Continent and country or area Continent et pays ou zone	Co-de[a]	2001	2002	2003	2004	2005	2006	2007	2008	2009	2010
ASIA - ASIE											
Republic of Korea - République de Corée											
Number - Nombre	C	70	71	58	59	53	54	...	...	48	...
Rate - Taux	C	12.6	14.4	11.8	12.5	12.2	12.0	...	...	10.8	...
Saudi Arabia - Arabie saoudite											
Number - Nombre	U	...	...	...	...	...	...	...	...	54	
Singapore - Singapour											
Number - Nombre	+U	1	1	4	6	1	3	...	...	...	...
Sri Lanka											
Number - Nombre	+U	...	...	...	...	...	53				
Tajikistan - Tadjikistan											
Number - Nombre	U	19	87	35	37	40	...	...	...	...	...
Thailand - Thaïlande											
Number - Nombre	+U	...	114	...	...	...	92	...	...	...	...
Uzbekistan - Ouzbékistan											
Number - Nombre	U	...	613	686	156	145	...	...	...	...	...
EUROPE											
Albania - Albanie											
Number - Nombre	U	4	8	6	6	...	...	...	...	...	...
Austria - Autriche											
Number - Nombre	C	5	2	2	3	3	2	3	2	2	1
Rate - Taux	C	♦6.6	♦2.6	♦2.6	♦3.8	♦3.8	♦2.6	♦3.9	♦2.6	♦2.6	♦1.3
Belarus - Bélarus											
Number - Nombre	C	13	17	18	...	...	...	7	3	1	...
Rate - Taux	C	♦14.2	♦19.2	♦20.3	...	...	...	♦6.8	♦2.8	♦0.9	...
Belgium - Belgique											
Number - Nombre	C	...	...	...	1	...	9	...	...	...	...
Rate - Taux	C	...	...	...	♦0.9	...	♦7.3	...	...	...	...
Bulgaria - Bulgarie											
Number - Nombre	C	13	11	4	7	8	5	8	5	4	6
Rate - Taux	C	♦19.1	♦16.5	♦5.9	♦10.0	♦11.3	♦6.8	♦10.6	♦6.4	♦4.9	♦7.9
Croatia - Croatie											
Number - Nombre	C	1	4	3	3	3	4	6	3	6	4
Rate - Taux	C	♦2.4	♦10.0	♦7.6	♦7.4	♦7.1	♦9.7	♦14.3	♦6.9	♦13.5	♦9.2
Czech Republic - République tchèque											
Number - Nombre	C	3	3	4	5	3	9	3	7	3	3
Rate - Taux	C	♦3.3	♦3.1	♦4.3	♦5.1	♦2.9	♦8.5	♦2.6	♦5.9	♦2.5	♦2.6
Denmark - Danemark											
Number - Nombre	C	2	...	...	-	-	5	...	...	...	...
Rate - Taux	C	♦3.1	...	...	-	-	♦7.7	...	...	...	...
Estonia - Estonie											
Number - Nombre	C	1	1	4	4	2	1	-	-	-	1
Rate - Taux	C	♦7.9	♦7.7	♦30.7	♦28.6	♦13.9	♦6.7	-	-	-	♦6.3
Finland - Finlande											
Number - Nombre	C	3	3	2	7	3	4	1	5	1	3
Rate - Taux	C	♦5.3	♦5.4	♦3.5	♦12.1	♦5.2	♦6.8	♦1.7	♦8.4	♦1.7	♦4.9
France											
Number - Nombre	C	56	67	56	53	41	59	60	52	...	...
Rate - Taux	C	7.3	8.8	7.4	6.9	5.3	7.4	7.6	6.5	...	...
Germany - Allemagne											
Number - Nombre	C	27	21	30	37	28	41	28	36	35	35
Rate - Taux	C	♦3.7	♦2.9	♦4.2	5.2	♦4.1	6.1	♦4.1	5.3	5.3	5.2
Greece - Grèce											
Number - Nombre	C	4	1	2	3	-	3	2	-	...	...
Rate - Taux	C	♦3.9	♦1.0	♦1.9	♦2.8	-	♦2.7	♦1.8	-	...	...
Hungary - Hongrie											
Number - Nombre	C	5	8	7	4	5	8	8	17	18	...
Rate - Taux	C	♦5.2	♦8.3	♦7.4	♦4.2	♦5.1	♦8.0	♦8.2	♦17.1	♦18.7	...
Iceland - Islande											
Number - Nombre	C	1	-	-	-	-	-	-	-	-	...
Rate - Taux	C	♦24.4	-	-	-	-	-	-	-	-	...
Ireland - Irlande											
Number - Nombre	...	3	5	-	1	2	-	1	2	3	3
Rate - Taux	...	♦5.2	♦8.3	-	♦1.6	♦3.3	-	♦1.4	♦2.7	♦4.0	♦4.1

17. Maternal deaths and maternal mortality ratios: 2001 - 2010
Mortalité liée à la maternité, nombre de décès et taux : 2001 - 2010 (continued - suite)

Continent and country or area / Continent et pays ou zone	Code[a]	2001	2002	2003	2004	2005	2006	2007	2008	2009	2010
EUROPE											
Italy - Italie											
Number - Nombre	C	11	17	28	...	...	11	13	13	19	...
Rate - Taux	C	♦2.1	♦3.2	♦5.1	...	...	♦2.0	♦2.3	♦2.3	♦3.3	...
Latvia - Lettonie											
Number - Nombre	+C	5	1	3	2	1	2	6	2	7	4
Rate - Taux	+C	♦25.4	♦5.0	♦14.3	♦9.8	♦4.7	♦9.0	♦25.8	♦8.4	♦32.3	♦20.8
Lithuania - Lituanie											
Number - Nombre	+C	4	6	1	5	4	-	2	3	-	2
Rate - Taux	+C	♦12.7	♦20.0	♦3.3	♦16.4	♦13.1	-	♦6.2	♦8.6	-	♦5.6
Luxembourg											
Number - Nombre	+C	-	-	-	1	1	-	1	1	-	...
Rate - Taux	+C	-	-	-	♦18.3	♦18.6	-	♦18.3	♦17.9	-	...
Malta - Malte											
Number - Nombre	+C	2	-	-	-	-	-	-	1	-	-
Rate - Taux	+C	♦50.5	-	-	-	-	-	-	♦24.2	-	-
Montenegro - Monténégro											
Number - Nombre	C	...	...	...	...	...	-	1	-	-	...
Rate - Taux	C	...	...	...	...	...	-	♦12.8	-	-	...
Netherlands - Pays-Bas											
Number - Nombre	+C	14	20	8	10	16	15	9	8	9	4
Rate - Taux	+C	♦6.9	♦9.9	♦4.0	♦5.2	♦8.5	♦8.1	♦5.0	♦4.3	♦4.9	♦2.2
Norway - Norvège											
Number - Nombre	+C	3	2	7	-	2	5	4	3	1	3
Rate - Taux	+C	♦5.3	♦3.6	♦12.4	-	♦3.5	♦8.5	♦6.8	♦5.0	♦1.6	♦4.9
Poland - Pologne											
Number - Nombre	C	13	19	14	17	11	11	11	19	8	9
Rate - Taux	C	♦3.5	♦5.4	♦4.0	♦4.8	♦3.0	♦2.9	♦2.8	♦4.6	♦1.9	♦2.2
Portugal											
Number - Nombre	+C	6	8	8	...	...	...	5	4	7	8
Rate - Taux	+C	♦5.3	♦7.0	♦7.1	...	...	...	♦4.9	♦3.8	♦7.0	♦7.9
Republic of Moldova - République de Moldova											
Number - Nombre	...	16[3]	11[3]	8[3]	9[3]	8[3]	6[4]	7[4]	17[4]	7[4]	18[4]
Rate - Taux	...	...	...	...	...	...	♦16.0	♦18.4	♦43.6	♦17.2	♦44.5
Romania - Roumanie											
Number - Nombre	+C	75	47	65	52	37	34	33	30	47	51
Rate - Taux	+C	34.0	22.3	30.6	24.0	16.7	15.5	15.4	♦13.5	21.1	24.0
Russian Federation - Fédération de Russie											
Number - Nombre	+C	479[5]	469[5]	463[5]	352	370	352	356	359	388	298
Rate - Taux	+C	36.5	33.6	31.3	23.4	25.4	23.8	22.1	20.9	22.0	16.7
San Marino - Saint-Marin											
Number - Nombre	+U	...	-	...	...	-	...	...	...	...	...
Serbia - Serbie											
Number - Nombre	+U	...	...	...	2	10	9	-	4	6	12
Slovakia - Slovaquie											
Number - Nombre	C	7	4	2	3	2	3	-	2	6	-
Rate - Taux	C	♦13.7	♦7.9	♦3.9	♦5.6	♦3.7	♦5.6	-	♦3.5	♦9.8	-
Slovenia - Slovénie											
Number - Nombre	C	3	-	-	2	1	3	3	2	1	-
Rate - Taux	C	♦17.2	-	-	♦11.1	♦5.5	♦15.8	♦15.1	♦9.2	♦4.6	-
Spain - Espagne											
Number - Nombre	C	17	14	20	21	18	14	13	24	17	...
Rate - Taux	C	♦4.2	♦3.3	♦4.5	♦4.6	♦3.9	♦2.9	♦2.6	♦4.6	♦3.4	...
Sweden - Suède											
Number - Nombre	C	3	4	2	2	6	5	2	6	6	3
Rate - Taux	C	♦3.3	♦4.2	♦2.0	♦2.0	♦5.9	♦4.7	♦1.9	♦5.5	♦5.4	♦2.6
Switzerland - Suisse											
Number - Nombre	C	1	3	4	4	4	6	1	...	...	...
Rate - Taux	C	♦1.4	♦4.1	♦5.6	♦5.5	♦5.5	♦8.2	♦1.3	...	...	...
TFYR of Macedonia - L'ex-R. y. de Macédoine											
Number - Nombre	...	4	3	1	...	...	1	-	-	1	2
Rate - Taux	...	♦14.8	♦10.8	♦3.7	...	...	...	...	...	...	...
Ukraine											
Number - Nombre	C	90	85	71	56	75	70	...	79	129	116
Rate - Taux	C	23.9	21.8	17.4	13.1	17.6	15.2	...	15.5	25.2	23.3

Continent and country or area Continent et pays ou zone	Co-de[a]	2001	2002	2003	2004	2005	2006	2007	2008	2009	2010
EUROPE											
United Kingdom of Great Britain and Northern Ireland - Royaume-Uni de Grande-Bretagne et d'Irlande du Nord											
Number - Nombre	+C	**50**	**40**	**53**	**55**	**51**	**50**	**56**	**49**	**74**	**40**
Rate - Taux	+C	**7.5**	**6.0**	**7.6**	**7.7**	**7.1**	**6.7**	**7.3**	**6.2**	**9.4**	**5.0**
OCEANIA - OCÉANIE											
Australia - Australie											
Number - Nombre	C	**12**	**13**	**8**	**12**	...	**9**	...	...	...	...
Rate - Taux	C	♦**4.9**	♦**5.2**	♦**3.2**	♦**4.7**	...	♦**3.4**	...	...	...	...
Fiji - Fidji											
Number - Nombre	+C	...	...	...	...	...	...	...	...	**5**	...
Rate - Taux	+C	...	...	...	...	...	...	...	...	♦**27.5**	...
Kiribati											
Number - Nombre	U	*1*	...	...	...	...	...	...	...	...	...
New Zealand - Nouvelle-Zélande											
Number - Nombre	+C	**3**	**8**	**4**	**4**	**6**	**9**	**13**	**7**	...	...
Rate - Taux	+C	♦**5.4**	♦**14.8**	♦**7.1**	♦**6.9**	♦**10.4**	♦**15.2**	♦**20.3**	♦**10.9**	...	...

FOOTNOTES - NOTES

Data in bold refer to maternal deaths based on ICD-10 Classification, otherwise data refer to maternal deaths based on ICD-9 Classification. - Les données en typographie gras se rapportent aux décès maternelles basées sur la classification CIM-10, autrement les données se rapportent aux décès maternelles basées sur la classification CIM-9.

Italics: data from civil registers which are incomplete or of unknown completeness. - Italiques : données incomplètes ou dont le degré d'exactitude n'est pas connu, provenant des registres de l'état civil.

* Provisional. - Données provisoires.

♦ Rates based on 30 or fewer deaths. - Taux basés sur 30 décès ou moins.

[a] 'Code' indicates the source of data, as follows:
C - Civil registration, estimated over 90% complete
U - Civil registration, estimated less than 90% complete
| - Other source, estimated reliable
+ - Data tabulated by date of registration rather than occurence
... - Information not available

Le 'Code' indique la source des données, comme suit :
C - Registres de l'état civil considérés complèts à 90 p. 100 au moins
U - Registres de l'état civil qui ne sont pas considérés complèts à 90 p. 100 au moins
| - Autre source, considérée pas douteuses
+ - Données exploitées selon la date de l'enregistrement et non la date de l'événement
... - Information pas disponible

[1] The code is C. - Le code est C.
[2] The code is U. - Le code est U.
[3] The code is +U. - Le code est +U.
[4] The code is +C. - Le code est +C.
[5] For 2003 and before, data on cause of death do not include the Chechnya region. Therefore, rates must be used with caution as they are based on the total population, which is assumed to include all regions. - Pour 2003 et avant, les données sur les causes de décès ne comprennent par la région de Chechnya. Par conséquent, les taux doivent être utilisés avec précaution car ils sont basés sur la population totale, qui est supposée inclure toutes les régions.

Table 18

Table 18 presents deaths and crude death rates by urban/rural residence for as many years as possible between 2007 and 2011.

Description of variables: Death is defined as the permanent disappearance of all evidence of life at any time after live birth has taken place (post-natal cessation of vital functions without capability of resuscitation).

Statistics on the number of deaths are obtained from civil registers unless otherwise noted. For those countries or areas where civil registration statistics on deaths are considered reliable (estimated completeness of 90 per cent or more), the death rates shown have been calculated on the basis of registered deaths.

The urban/rural classification of deaths is that provided by each country or area; it is presumed to be based on the national census definitions of urban population that have been set forth at the end of the technical notes for table 6.

For certain countries, there is a discrepancy between the total number of deaths shown in this table and those shown in subsequent tables for the same year. Usually this discrepancy arises because the total number of deaths occurring in a given year is revised although the remaining tabulations are not.

Rate computation: Crude death rates are the annual number of deaths per 1 000 mid-year population.

Rates by urban/rural residence are the annual number of deaths, in the appropriate urban or rural category, per 1 000 corresponding mid-year population. These rates are calculated by the Statistics Division of the United Nations based on the appropriate reference population (for example: total population, nationals only etc.) if known and available. If the reference population is not known or unavailable the total population is used to calculate the rates. Therefore, if the population that is used to calculate the rates is different from the correct reference population, the rates presented might under- or overstate the true situation in a country or area.

Rates presented in this table are limited to those countries or areas with a minimum number of 30 deaths in a given year.

Reliability of data: Each country or area has been asked to indicate the estimated completeness of the deaths recorded in its civil register. These national assessments are indicated by the quality codes "C", "U" and "|" that appear in the first column of this table. "C" indicates that the data are estimated to be virtually complete, that is, representing at least 90 per cent of the deaths occurring each year, while "U" indicates that data are estimated to be incomplete that is, representing less than 90 per cent of the deaths occurring each year. The code "|" indicates that the source of data is different than civil registration and is explained by a footnote. The code "..." indicates that no information was provided regarding completeness or no assessment has been done in the country.

Data from civil registers that are reported as incomplete or of unknown completeness (code "U" or "...") are considered unreliable. They appear in italics in this table; rates based on these data are not computed.

Limitations: Statistics on deaths are subject to the same qualifications as have been set forth for vital statistics in general and death statistics in particular as discussed in section 4 of the Introduction.

The reliability of the data, an indication of which is described above, is an important factor in considering the limitations. In addition, some deaths are tabulated by date of registration and not by date of occurrence; these have been indicated with a plus sign "+". Whenever the lag between the date of occurrence and date of registration is prolonged and, therefore, a large proportion of the death registrations are delayed, death statistics for any given year may be seriously affected. However, delays in the registration of deaths are less common and shorter than in the registration of live births.

International comparability in mortality statistics may also be affected by the exclusion of deaths of infants who were born alive but died before the registration of the birth or within the first 24 hours of life. Statistics of this type are footnoted.

In addition, it should be noted that rates are affected also by the quality and limitations of the population estimates that are used in their computation. The problems of under-enumeration or over-enumeration and, to some extent, the differences in definition of total population have been discussed in section 3 of the Introduction dealing with population data in general, and specific information pertaining to individual countries or areas is given in the footnotes to table 3.

Estimated rates based directly on the results of sample surveys are subject to considerable error as a result of omissions in reporting deaths or as a result of erroneous reporting of those that occurred outside the period of reference. However, such rates do have the advantage of having a "built-in" and corresponding base.

It should be emphasized that crude death rates -- like other crude rates, such as of birth, marriage and divorce -- may be seriously affected by the age-sex structure of the populations to which they relate. Nevertheless, they do provide a simple measure of the level and changes in mortality.

The comparability of data by urban/rural residence is affected by the national definitions of urban and rural used in tabulating these data. It is assumed, in the absence of specific information to the contrary, that the definitions of urban and rural used in connection with the national population census were also used in the compilation of the vital statistics for each country or area. However, it cannot be excluded that, for a given country or area, different definitions of urban and rural are used for the vital statistics data and the population census data respectively. When known, the definitions of urban used in national population censuses are presented at the end of the technical notes for table 6. As discussed in detail in the technical notes for table 6, these definitions vary considerably from one country or area to another.

In addition to problems of comparability, vital rates classified by urban/rural residence are also subject to certain types of bias. If, when calculating vital rates, different definitions of urban are used in connection with the vital events and the population data and if this results in a net difference between the numerator and denominator of the rate in the population at risk, then the vital rates would be biased. Urban/rural differentials in vital rates may also be affected by whether the vital events have been tabulated in terms of place of occurrence or place of usual residence. This problem is discussed in more detail in section 4.1.4.1 of the Introduction.

Earlier data: Deaths and crude death rates have been shown in each issue of the Demographic Yearbook. For information on specific years covered, the reader should consult the Index.

Tableau 18

Le tableau 18 présente le nombre des décès et les taux bruts de mortalité selon le lieu de résidence (zone urbaine ou rurale) pour le plus grand nombre d'années possible entre 2007 et 2011.

Description des variables : Le décès est défini comme la disparition permanente de tout signe de vie à un moment quelconque postérieur à la naissance vivante (cessation des fonctions vitales après la naissance sans possibilité de réanimation).

Sauf indication contraire, les statistiques relatives au nombre de décès sont établies sur la base des registres d'état civil. Pour les pays ou zones où les données concernant l'enregistrement des décès par les services de l'état civil sont jugées sûres (complétude estimée à 90 p. 100 ou plus), les taux de mortalité ont été calculés d'après les décès enregistrés.

La répartition des décès entre zones urbaines et zones rurales est celle qui a été communiquée par chaque pays ou zone ; on part du principe qu'elle repose sur les définitions de la population urbaine utilisées pour les recensements nationaux, qui sont reproduites à la fin des notes techniques du tableau 6.

Pour quelques pays il y a une discordance entre le nombre total des décès présenté dans ce tableau et ceux présentés après pour la même année. Habituellement ces différences apparaissent lorsque le nombre total des décès pour une certaine année a été révisé alors que les autres tabulations ne l'ont pas été.

Calcul des taux : Les taux bruts de mortalité représentent le nombre annuel de décès pour 1 000 habitants en milieu d'année.

Les taux selon le lieu de résidence (zone urbaine ou rurale) représentent le nombre annuel de décès, classés selon la catégorie urbaine ou rurale appropriée, pour 1 000 habitants en milieu d'année. Ces taux sont calculés par la division de statistique des Nations Unies sur la base de la population de référence adéquate (par exemple : population totale, nationaux seulement, etc.) si connue et disponible. Si la population de référence n'est pas connue ou n'est pas disponible, la population totale est utilisée pour calculer les taux. Par conséquent, si la population utilisée pour calculer les taux est différente de la population de référence adéquate, les taux présentés sont susceptibles de sous ou sur estimer la situation réelle d'un pays ou d'un territoire.

Les taux présentés dans ce tableau se rapportent seulement aux pays ou zones où l'on a enregistré un nombre minimal de 30 décès au cours d'une année donnée.

Fiabilité des données : Il a été demandé à chaque pays ou zone d'indiquer le degré estimatif de complétude des données sur les décès d'enfants de moins d'un an figurant dans ses registres d'état civil. Ces évaluations nationales sont signalées par les codes de qualité "C", "U" et "|" qui apparaissent dans la deuxième colonne du tableau.

La lettre "C" indique que les données sont jugées à peu près complètes, c'est-à-dire qu'elles représentent au moins 90 p. 100 des décès d'enfants de moins d'un an survenus chaque année ; la lettre "U" signifie que les données sont jugées incomplètes, c'est-à-dire qu'elles représentent moins de 90 p.100 des décès d'enfants de moins d'un an survenus chaque année. Le symbole "|" indique que la source des données n'est pas un registre de l'état civil ; le symbole, dans ce cas, est accompagné par une note explicative. Le code "..." dénote qu'aucun renseignement n'a été communiqué quant à la complétude des données.

Les données provenant des registres de l'état civil qui sont déclarées incomplètes ou dont le degré de complétude n'est pas connu (code "U" ou "...") sont jugées douteuses. Elles apparaissent en italique dans le présent tableau et les taux correspondants n'ont pas été calculés.

Insuffisance des données : Les statistiques relatives à la mortalité appellent les mêmes réserves que celles qui ont été formulées à propos des statistiques de l'état civil en général et des statistiques relatives aux décès en particulier (voir la section 4 des Notes techniques).

La fiabilité des données, au sujet de laquelle des indications ont été fournies plus haut, est un facteur important. Il faut également tenir compte du fait que, dans certains cas, les décès sont classés par date d'enregistrement et non par date d'occurrence ; ces cas ont été signalés par le signe "+". Chaque fois que le décalage entre le décès et son enregistrement est grand et qu'une forte proportion des décès fait l'objet d'un enregistrement tardif, les statistiques relatives aux décès survenus pendant l'année peuvent être considérablement faussées.

En règle générale, toutefois, les décès sont enregistrés beaucoup plus rapidement que les naissances vivantes, et les retards prolongés sont rares.

Un autre facteur qui nuit à la comparabilité internationale est la pratique qui consiste à ne pas inclure dans les statistiques de la mortalité les enfants nés vivants mais décédés avant l'enregistrement de leur naissance ou dans les 24 heures qui ont suivi la naissance. Quand pareil facteur a joué, cela a été signalé en note à la fin du tableau.

Il convient de noter par ailleurs que l'exactitude des taux dépend également de la qualité et des limitations des estimations de la population qui sont utilisées pour leur calcul. Le problème des erreurs par excès ou par défaut commises lors du dénombrement et, dans une certaine mesure, le problème de l'hétérogénéité des définitions de la population totale ont été examinés à la section 3 de l'Introduction, relative à la population en général ; des indications concernant certains pays ou zones sont données en note à la fin du tableau 3.

Les taux estimatifs fondés directement sur les résultats d'enquêtes par sondage comportent des possibilités d'erreurs considérables dues soit à des omissions dans les déclarations des décès, soit au fait que l'on a déclaré à tort des décès survenus en réalité hors de la période considérée. Toutefois, ces taux présentent un avantage : le chiffre de population utilisé comme base est connu par définition et rigoureusement correspondant.

Il faut souligner que les taux bruts de mortalité, de même que les taux bruts de natalité, de nuptialité et de divortialité, peuvent varier très sensiblement selon la composition par âge et par sexe de la population à laquelle ils se rapportent. Ils offrent néanmoins un moyen simple de mesurer le niveau et l'évolution de la mortalité.

La comparabilité des données selon le lieu de résidence (zone urbaine ou rurale) peut être limitée par les définitions nationales des termes « urbain » et « rural » utilisées pour le classement de ces données. En l'absence d'indications contraires, on a supposé que les mêmes définitions avaient servi pour le recensement national de la population et pour l'établissement des statistiques de l'état civil pour chaque pays ou zone. Toutefois, il n'est pas exclu que, pour une zone ou un pays donné, des définitions différentes aient été retenues. Les définitions du terme « urbain » utilisées pour les recensements nationaux de population ont été présentées à la fin du tableau 6 lorsqu'elles étaient connues. Comme on l'a précisé dans les notes techniques relatives au tableau 6, ces définitions varient considérablement d'un pays ou d'une zone à l'autre.

Outre les problèmes de comparabilité, les taux démographiques classés selon le lieu de résidence « urbaine » ou « rurale » sont également sujets à des distorsions particulières. Si l'on utilise des définitions différentes du terme « urbain » pour classer les faits d'état civil et les données relatives à la population lors du calcul des taux et qu'il en résulte une différence nette entre le numérateur et le dénominateur pour le taux de la population exposée au risque, les taux démographiques s'en trouveront faussés. La différence entre ces taux pour les zones urbaines et rurales pourra aussi être faussée selon que les faits d'état civil auront été classés d'après le lieu où ils se sont produits ou d'après le lieu de résidence habituel. Ce problème est examiné plus en détail à la section 4.1.4.1 de l'Introduction.

Données publiées antérieurement : les différentes éditions de l'*Annuaire démographique* contiennent des statistiques des décès et des taux bruts de mortalité. Pour plus de précisions concernant les années pour lesquelles ces données ont été publiées, se reporter à l'index.

18. Deaths and crude death rates, by urban/rural residence: 2007 - 2011
Décès et taux bruts de mortalité, selon la résidence, urbaine/rurale : 2007 - 2011

Continent, country or area, and urban/rural residence Continent, pays ou zone et résidence, urbaine/rurale	Co-de[a]	Number - Nombre					Rate - Taux				
		2007	2008	2009	2010	2011	2007	2008	2009	2010	2011
AFRICA - AFRIQUE											
Algeria - Algérie[1]											
Total	U	*149 000*	*153 000*	*159 000*	*157 000*	...	...	...	...	...	...
Botswana[2]											
Total	+U	*11 074*	...	...	...	...	...	...	...	...	...
Burkina Faso[3]											
Total	|	176 700	174 800	...	...	...	12.4	11.9	...	...	...
Cape Verde - Cap-Vert											
Total	C	2 846	2 873	2 897	2 917	...	5.8	5.7	5.7	5.6	...
Egypt - Égypte											
Total	C	450 596	461 934	476 592	483 385	*493 096	6.1	6.1	6.2	6.1	*6.1
Urban - Urbaine	C	212 305	216 023	217 897	226 304	...	6.7	6.7	6.6	6.7	...
Rural - Rurale	C	238 291	245 911	258 695	257 081	...	5.7	5.7	5.9	5.7	...
Ethiopia - Éthiopie[4]											
Total	|	839 038	...	...	...	...	10.9	...	...	...	...
Kenya											
Total	U	*170 167*	*219 477*	*181 220*	...	...	...	...	...	...	...
Malawi											
Total[3]	U	*206 527*	...	...	...	...	...	...	...	...	...
Total[5]	|	...	135 865	...	...	...	...	10.0	...	...	...
Mauritius - Maurice[6]											
Total	+C	8 498	9 004	9 224	9 131	9 170	6.7	7.1	7.2	7.1	7.1
Urban - Urbaine	+C	4 036	4 159	4 324	4 251	...	7.6	7.8	8.1	8.0	...
Rural - Rurale	+C	4 462	4 845	4 900	4 880	...	6.1	6.6	6.6	6.5	...
Morocco - Maroc											
Total	U	*105 222*	...	...	...	...	...	...	...	...	...
Namibia - Namibie[3]											
Total	|	28 673	...	...	...	...	14.1	...	...	...	...
Niger[7]											
Total	...	*6 337*	...	...	...	...	...	...	...	...	...
Réunion											
Total	C	4 045	4 115	4 109	4 221	...	5.1	5.1	5.0	5.1	...
Rwanda											
Total	U	*141 015*	*142 339*	*143 538*	...	...	...	...	...	...	...
Saint Helena ex. dep. - Sainte-Hélène sans dép.											
Total	C	59	44	41	53	49	14.9	11.1	9.9	12.5	...
Senegal - Sénégal[8]											
Total	|	135 172	136 839	138 182	139 651	...	11.7	11.6	11.4	11.2	...
Urban - Urbaine	|	49 858	50 477	50 975	51 518	...	10.6	10.5	10.3	10.1	...
Rural - Rurale	|	85 314	86 362	87 207	88 133	...	12.5	12.3	12.1	11.9	...
Seychelles											
Total	+C	630	662	684	664	691	7.4	7.6	7.8	7.4	7.9
South Africa - Afrique du Sud											
Total	U	*603 094*	*592 073*	*572 673*	...	...	...	...	...	...	...
Swaziland[4]											
Total	|	18 367	...	...	...	...	18.0	...	...	...	...
Tunisia - Tunisie											
Total	U	*56 741*	*60 000*	...	...	...	...	...	...	...	...
United Republic of Tanzania - République Unie de Tanzanie											
Total	...	...	...	...	573 213	...	...	...	...	...	...
AMERICA, NORTH - AMÉRIQUE DU NORD											
Anguilla											
Total	+C	70	57	59	66	55	4.7	3.7	3.7	4.0	3.3
Antigua and Barbuda - Antigua-et-Barbuda											
Total	+C	471	531	507	491	...	5.5	6.1	5.7	5.4	...
Aruba											
Total	C	521	523	623	610	...	5.0	5.0	5.8	6.0	...
Bahamas											
Total	C	1 798	1 863	...	...	...	5.4	5.5	...	...	...

18. Deaths and crude death rates, by urban/rural residence: 2007 - 2011
Décès et taux bruts de mortalité, selon la résidence, urbaine/rurale : 2007 - 2011 (continued - suite)

Continent, country or area, and urban/rural residence / Continent, pays ou zone et résidence, urbaine/rurale	Co-de[a]	Number - Nombre					Rate - Taux				
		2007	2008	2009	2010	2011	2007	2008	2009	2010	2011

AMERICA, NORTH - AMÉRIQUE DU NORD

Barbados - Barbade											
Total	+C	2 213	...	...	...	...	8.1	...	...	...	...
Bermuda - Bermudes[9]											
Total	C	468	443	471	*475	...	7.3	6.9	7.3	*7.4	...
Canada[10]											
Total	C	235 217	238 617	...	...	...	7.1	7.2	...	...	...
Cayman Islands - Îles Caïmanes											
Total	C	160	166	152[11]	152[11]	176[11]	3.0	3.0	2.9	2.8	3.2
Costa Rica											
Total	C	17 070	18 021	18 560	*19 077	*18 801	3.8	4.0	4.0	*4.2	*4.1
Urban - Urbaine	C	8 779	9 170	9 561	*9 887	...	3.4	3.4	3.5	*3.5	...
Rural - Rurale	C	8 291	8 851	8 999	*9 190	...	4.5	4.8	4.7	*5.2	...
Cuba											
Total	C	81 927	86 423	86 940	*91 065	...	7.3	7.7	7.7	*8.1	...
Urban - Urbaine	C	66 913	71 444	72 233	*76 091	...	7.9	8.4	8.5	*9.0	...
Rural - Rurale	C	15 014	14 979	14 707	*14 974	...	5.4	5.4	5.3	*5.4	...
Dominica - Dominique											
Total	+C	567	545	559	588	...	8.0	7.6	7.8	...	...
Dominican Republic - République dominicaine											
Total	U	32 887	32 830	32 619	34 157	...	...	...	...	...	...
Urban - Urbaine[12]	U	23 617	22 761	23 765	25 863	...	...	...	...	...	...
Rural - Rurale[12]	U	7 169	7 855	6 772	7 034	...	...	...	...	...	...
El Salvador											
Total	C	31 349	31 594	31 349	...	...	5.1	5.2	5.1	...	...
Urban - Urbaine	C	23 358	...	...	...	...	6.2	...	...	...	...
Rural - Rurale	C	7 991	...	...	...	...	3.4	...	...	...	...
Greenland - Groenland											
Total	C	452	428	437	504	470	8.0	7.6	7.8	8.9	8.3
Urban - Urbaine	C	374	354	366	415	403	7.9	7.5	7.7	8.7	8.4
Rural - Rurale	C	78	74	71	89	67	8.2	8.0	7.8	10.0	7.8
Guadeloupe[13]											
Total	C	2 769	2 786	2 857	2 963	...	6.9	6.9	7.1	7.4	...
Guatemala											
Total	C	70 030	70 233	...	...	...	5.2	5.1	...	...	...
Honduras											
Total	+U	35 974	36 260	36 536	36 812	37 211	...	...	...	...	...
Jamaica - Jamaïque[14]											
Total	U	17 048	17 000	17 318	17 996	17 879	...	...	...	...	...
Martinique[13]											
Total	C	2 830	2 793	2 771	2 844	...	7.1	7.0	7.0	7.2	...
Urban - Urbaine	C	2 482	...	...	...	...	...	...	...	...	...
Rural - Rurale	C	348	...	...	...	...	...	...	...	...	...
Mexico - Mexique[15]											
Total	+C	513 122	538 288	563 516	*590 886	...	4.9	5.0	5.2	*5.3	...
Urban - Urbaine[12]	+C	384 724	403 798	424 362	*446 324	...	4.7	4.9	5.1	*5.2	...
Rural - Rurale[12]	+C	121 743	128 004	131 946	*134 637	...	5.0	5.2	5.4	*5.2	...
Montserrat											
Total	+C	44	45	...	...	...	9.1	9.2	...	...	...
Nicaragua											
Total	+U	17 288	18 079	...	...	...	...	...	...	...	...
Urban - Urbaine	+U	11 456	11 982	...	...	...	...	...	...	...	...
Rural - Rurale	+U	5 832	6 097	...	...	...	...	...	...	...	...
Panama											
Total	U	14 775	15 115	15 498	16 542	16 367	...	...	...	...	...
Urban - Urbaine	U	9 768	10 238	9 201	10 864	...	...	...	...	...	...
Rural - Rurale	U	5 007	4 877	6 297	5 678	...	...	...	...	...	...
Puerto Rico - Porto Rico											
Total	C	29 276	29 100	...	...	...	7.4	7.4	...	...	...
Urban - Urbaine[12]	C	...	15 477	...	...	...	...	...	...	...	...
Rural - Rurale[12]	C	...	13 440	...	...	...	...	...	...	...	...
Saint Vincent and the Grenadines - Saint-Vincent-et-les Grenadines											
Total	+C	779	848	765	...	...	7.8	8.6	7.6	...	...

18. Deaths and crude death rates, by urban/rural residence: 2007 - 2011
Décès et taux bruts de mortalité, selon la résidence, urbaine/rurale : 2007 - 2011 (continued - suite)

Continent, country or area, and urban/rural residence / Continent, pays ou zone et résidence, urbaine/rurale	Code[a]	Number - Nombre					Rate - Taux				
		2007	2008	2009	2010	2011	2007	2008	2009	2010	2011

AMERICA, NORTH - AMÉRIQUE DU NORD

Turks and Caicos Islands - Îles Turques et Caïques											
Total	C	116	65	...	...	...	3.3	1.8	...	...	...
United States of America - États-Unis d'Amérique											
Total	C	2 423 712	2 471 984	2 437 163	2 465 936	...	8.0	8.1	7.9	8.0	...
United States Virgin Islands - Îles Vierges américaines											
Total	C	727	...	...	...	...	6.6	...	...	...	...

AMERICA, SOUTH - AMÉRIQUE DU SUD

Argentina - Argentine											
Total	C	315 852	301 801	304 525	318 602	...	8.0	7.6	7.6	7.9	...
Bolivia (Plurinational State of) - Bolivie (État plurinational de)[16]											
Total	U	*21 846	...	...	...	...	...	...	...	...	...
Brazil - Brésil[17]											
Total	U	1 032 450	1 060 365	1 079 228	1 117 675	...	...	...	...	...	...
Chile - Chili											
Total	C	93 000	90 168	91 965	...	...	5.6	5.4	5.4	...	...
Urban - Urbaine	C	81 723	78 790	77 360	...	...	5.7	5.4	5.3	...	...
Rural - Rurale	C	11 277	11 378	14 605	...	...	5.2	5.2	6.6	...	...
Colombia - Colombie											
Total	U	193 936	196 943	193 580	*198 314	*162 706	...	...	...	...	...
Urban - Urbaine[12]	U	150 375	153 016	150 480	...	...	...	...	...	...	...
Rural - Rurale[12]	U	36 843	36 715	35 774	...	...	...	...	...	...	...
Ecuador - Équateur[18]											
Total	U	58 016	60 023	59 714	61 681	...	...	...	...	...	...
Urban - Urbaine	U	44 644	44 700	45 419	46 324	...	...	...	...	...	...
Rural - Rurale	U	13 372	15 323	14 295	15 357	...	...	...	...	...	...
French Guiana - Guyane française[13]											
Total	C	690	762	699	773	...	3.2	3.5	3.1	3.4	...
Urban - Urbaine	C	567	...	...	...	...	...	...	...	...	...
Rural - Rurale	C	123	...	...	...	...	...	...	...	...	...
Guyana											
Total	+C	5 066	5 003	3 849	4 649	...	6.6	6.5	5.0	5.9	...
Paraguay											
Total	+U	23 025	24 417	...	...	...	...	...	...	...	...
Urban - Urbaine	+U	15 882	16 722	...	...	...	...	...	...	...	...
Rural - Rurale	+U	7 143	7 695	...	...	...	...	...	...	...	...
Peru - Pérou[19]											
Total	+U	87 495	91 277	95 721	...	...	...	...	...	...	...
Suriname[20]											
Total	C	3 374	3 357	3 293	...	...	6.6	6.5	6.3	...	...
Urban - Urbaine[21]	C	2 334	...	...	...	...	...	...	...	...	...
Rural - Rurale[21]	C	1 040	...	...	...	...	...	...	...	...	...
Uruguay											
Total	C	33 706	31 363	*32 179	*33 474	...	10.1	9.4	*9.6	*10.0	...
Venezuela (Bolivarian Republic of) - Venezuela (République bolivarienne du)											
Total	C	118 594	124 062	...	...	...	4.3	4.4	...	...	...

ASIA - ASIE

Armenia - Arménie[22]											
Total	C	26 830	27 412	27 560	27 921	27 963	8.3	8.5	8.5	8.6	8.6
Urban - Urbaine	C	17 213	17 451	17 433	...	...	8.3	8.4	8.4	...	...
Rural - Rurale	C	9 617	9 961	10 127	...	...	8.3	8.6	8.7	...	...

18. Deaths and crude death rates, by urban/rural residence: 2007 - 2011
Décès et taux bruts de mortalité, selon la résidence, urbaine/rurale : 2007 - 2011 (continued - suite)

Continent, country or area, and urban/rural residence / Continent, pays ou zone et résidence, urbaine/rurale	Co-de[a]	Number - Nombre					Rate - Taux				
		2007	2008	2009	2010	2011	2007	2008	2009	2010	2011
ASIA - ASIE											
Azerbaijan - Azerbaïdjan[22]											
Total	+C	53 655	52 710	52 514	53 580	53 762	6.2	6.0	5.9	5.9	5.9
Urban - Urbaine	+C	28 162	27 817	27 690	28 369	...	6.1	5.9	5.8	5.9	...
Rural - Rurale	+C	25 493	24 893	24 824	25 211	...	6.2	6.0	5.9	5.9	...
Bahrain - Bahreïn											
Total	C	2 270	2 390	2 387	...	...	2.2	2.2	2.0	...	...
Bangladesh											
Total[23]	I	...	...	...	...	...	6.2	...	...	...	...
Urban - Urbaine[23]	I	...	...	...	...	...	5.1	...	...	...	...
Rural - Rurale[23]	I	...	...	...	...	...	6.6	...	...	...	...
Total	U	...	...	...	842 095	...	...	...	...	...	...
Urban - Urbaine	U	...	...	...	187 470	...	...	...	...	...	...
Rural - Rurale	U	...	...	...	654 625	...	...	...	...	...	...
Brunei Darussalam - Brunéi Darussalam											
Total	+C	1 174	1 091	...	...	...	3.0	2.7	...	...	...
China - Chine[24]											
Total	I	9 130 000	9 350 000	9 449 959	9 510 000	9 600 000	6.9	7.1	7.1	7.1	7.1
China, Hong Kong SAR - Chine, Hong Kong RAS											
Total	C	39 476	41 796	41 175	...	...	5.7	6.0	5.9	...	...
China, Macao SAR - Chine, Macao RAS											
Total	C	1 545	1 756	1 664	1 774	1 836	2.9	3.2	3.1	3.3	3.3
Cyprus - Chypre[25]											
Total	C	5 391	5 194	5 182	*5 392	*5 504	6.9	6.5	6.5	*6.7	*6.5
Democratic People's Republic of Korea - République populaire démocratique de Corée[26]											
Total	I	...	216 616	...	...	...	...	9.0	...	...	...
Urban - Urbaine	I	...	119 805	...	...	...	...	...	...	...	...
Rural - Rurale	I	...	96 811	...	...	...	...	...	...	...	...
Georgia - Géorgie[22]											
Total	C	41 178	43 011	46 625	47 864	49 818	9.4	9.8	10.6	10.7	11.1
Urban - Urbaine	C	26 387	27 321	29 522	24 866	...	11.4	11.8	12.7	10.5	...
Rural - Rurale	C	14 791	15 690	17 103	22 998	...	7.1	7.6	8.2	11.0	...
India - Inde[27]											
Total	I	...	...	...	...	...	7.4	7.4	...	...	...
Urban - Urbaine	I	...	...	...	...	...	6.0	5.9	...	...	...
Rural - Rurale	I	...	...	...	...	...	8.0	8.0	...	...	...
Iran (Islamic Republic of) - Iran (République islamique d')[28]											
Total	+U	412 735	417 798	...	...	...	...	...	...	...	...
Urban - Urbaine	+U	260 855	270 877	...	...	...	...	...	...	...	...
Rural - Rurale	+U	151 880	146 921	...	...	...	...	...	...	...	...
Israel - Israël[29]											
Total	C	40 081	39 484	38 812	39 624	40 580	5.6	5.4	5.2	5.2	5.2
Urban - Urbaine	C	37 658[12]	37 178	36 603[12]	37 201[12]	38 156[12]	5.7	5.5	5.3	5.3	...
Rural - Rurale	C	2 417[12]	2 306	2 208[12]	2 417[12]	2 420[12]	4.1	3.8	3.6	3.8	...
Japan - Japon[30]											
Total	C	1 108 334	1 142 407	1 141 865	1 197 012	...	8.8	9.1	8.9	9.3	...
Urban - Urbaine[12]	C	964 905	997 547	998 621	1 054 725	...	...	...	...	...	...
Rural - Rurale[12]	C	141 514	142 989	141 387	140 473	...	...	...	...	...	...
Jordan - Jordanie[31]											
Total	U	20 924	19 403	20 251	21 550	...	...	...	...	...	...
Kazakhstan[22]											
Total	C	158 297	152 706	*142 780	...	...	10.2	9.7	*9.0	...	...
Urban - Urbaine	C	92 385	88 767	...	...	...	11.3	10.7	...	...	...
Rural - Rurale	C	65 912	63 939	...	...	...	9.0	8.7	...	...	...
Kuwait - Koweït											
Total	C	5 293	5 701	6 266	5 448	...	2.2	2.3	2.4	2.0	...
Kyrgyzstan - Kirghizstan											
Total	C	38 180	37 710	35 898	36 174	...	7.6	7.4	7.0	7.0	...
Urban - Urbaine	C	14 744	14 096	13 351	13 328	...	8.2	7.9	7.4	7.3	...
Rural - Rurale	C	23 436	23 614	22 547	22 846	...	7.2	7.2	6.8	6.8	...

Continent, country or area, and urban/rural residence / Continent, pays ou zone et résidence, urbaine/rurale	Co-de[a]	Number - Nombre					Rate - Taux				
		2007	2008	2009	2010	2011	2007	2008	2009	2010	2011
ASIA - ASIE											
Lebanon - Liban											
Total	C	21 092	21 048	22 260	25 500	...	5.6	...	...	...	...
Malaysia - Malaisie											
Total	C	118 167	124 857	130 135	*129 327	...	4.3	4.5	4.7	*4.6	...
Urban - Urbaine	C	69 809	73 427	76 539	...	...	4.1	4.2	4.3	...	...
Rural - Rurale	C	48 358	51 430	53 596	...	...	4.8	5.1	5.2	...	...
Maldives											
Total	C	1 119	1 083	1 163	1 105	...	3.7	3.5	3.7	3.5	...
Urban - Urbaine	C	372	390	450	458[32]	...	...	...	...	...	...
Rural - Rurale	C	747	693	713	611[32]	...	...	...	...	...	...
Mongolia - Mongolie											
Total	+C	16 259	15 413	16 911	18 293	...	6.2	5.8	6.2	6.6	...
Urban - Urbaine	+C	10 498	9 968	10 627	11 580	...	6.6	6.1	6.3	6.7	...
Rural - Rurale	+C	5 761	5 445	6 284	6 713	...	5.6	5.3	6.1	6.6	...
Myanmar											
Total	+U	266 206	483 373	325 343	346 205	...	...	...	...	...	...
Urban - Urbaine	+U	71 483	135 114	92 795	...	...	...	...	...	...	...
Rural - Rurale	+U	194 723	348 259	232 548	...	...	...	...	...	...	...
Occupied Palestinian Territory - Territoire palestinien occupé											
Total	U	9 887	...	...	...	...	...	...	...	...	...
Oman[33]											
Total	U	6 769	7 298	7 098	6 974	7 667	...	...	...	...	...
Pakistan[34]											
Total	I	1 019 533	...	...	...	...	6.4	...	...	...	...
Urban - Urbaine	I	287 516	...	...	...	...	5.2	...	...	...	...
Rural - Rurale	I	732 017	...	...	...	...	7.0	...	...	...	...
Philippines											
Total	C	441 956	461 581	480 820	...	...	5.0	5.1	5.2	...	...
Qatar											
Total	C	1 776	1 942	2 008	1 970	1 887	1.5	1.3	1.2	1.1	1.2
Republic of Korea - République de Corée[35]											
Total	C	244 874	246 113	246 942	255 403	...	5.0	5.0	5.0	5.1	...
Urban - Urbaine[12]	C	162 982	164 439	166 356	172 777	...	4.1	4.1	4.1	4.3	...
Rural - Rurale[12]	C	81 883	81 664	80 575	82 590	...	8.8	8.8	8.6	8.7	...
Saudi Arabia - Arabie saoudite[36]											
Total	...	95 166	96 641	98 289	...	...	...	...	...	...	...
Singapore - Singapour											
Total	+C	17 140	17 222	17 101	17 610	18 027	3.7	3.6	3.4	3.5	3.5
Sri Lanka											
Total	+C	118 998	*118 279	*120 085	*128 603	...	5.9	*5.9	*5.9	*6.2	...
Urban - Urbaine	+C	49 499	...	...	...	...	...	...	...	...	...
Rural - Rurale	+C	69 499	...	...	...	...	...	...	...	...	...
Syrian Arab Republic - République arabe syrienne[37]											
Total	+U	76 064	85 811	86 642	91 981	...	...	...	...	...	...
Tajikistan - Tadjikistan[22]											
Total	U	30 332	30 743	32 300	33 300	...	...	...	...	...	...
Urban - Urbaine	U	9 464	9 276	...	...	...	...	...	...	...	...
Rural - Rurale	U	20 868	21 467	...	...	...	...	...	...	...	...
Thailand - Thaïlande											
Total	+U	393 255	397 327	393 916	411 331	...	...	...	...	...	...
Turkey - Turquie											
Total	U	464 000	454 000	367 971	459 000	465 000	...	...	...	...	...
United Arab Emirates - Émirats arabes unis[38]											
Total	...	7 414	7 755	7 789	7 414	...	...	...	...	...	...
Uzbekistan - Ouzbékistan[22]											
Total	C	137 430	138 792	133 610	138 411	144 585	5.2	5.1	4.9	4.9	5.0
Viet Nam											
Total	C	382 624	...	...	...	...	4.5	...	...	...	...
Urban - Urbaine	C	93 222	...	...	...	...	3.9	...	...	...	...
Rural - Rurale	C	289 402	...	...	...	...	4.8	...	...	...	...

18. Deaths and crude death rates, by urban/rural residence: 2007 - 2011
Décès et taux bruts de mortalité, selon la résidence, urbaine/rurale : 2007 - 2011 (continued - suite)

Continent, country or area, and urban/rural residence / Continent, pays ou zone et résidence, urbaine/rurale	Code[a]	Number - Nombre					Rate - Taux				
		2007	2008	2009	2010	2011	2007	2008	2009	2010	2011
ASIA - ASIE											
Yemen - Yémen											
Total	U	*24 449*	...	...	...	...	...	...	...	...	...
EUROPE											
Åland Islands - Îles d'Åland											
Total	C	249	250	247	233	...	9.2	9.2	9.0	8.4	...
Urban - Urbaine	C	108	114	101	92	...	9.9	10.4	9.1	8.2	...
Rural - Rurale	C	141	136	146	141	...	8.7	8.3	8.8	8.4	...
Albania - Albanie											
Total	C	14 509	16 143	...	...	19 636	4.6	5.1	...	...	6.9
Andorra - Andorre											
Total	C	230	237	272	239	...	2.8	2.8	3.2	2.8	...
Austria - Autriche											
Total	C	74 625	75 083	77 381[39]	77 199[39]	76 479[39]	9.0	9.0	9.3	9.2	9.1
Belarus - Bélarus											
Total	C	132 993	133 879	135 097	137 132	135 090	13.7	13.8	14.1	14.5	14.3
Urban - Urbaine	C	74 017	75 536	76 629	78 840	...	10.4	...	...	...	...
Rural - Rurale	C	58 976	58 343	58 468	58 292	...	22.6	...	...	...	...
Belgium - Belgique[40]											
Total	C	100 658	104 587	104 509	*105 094	*106 000	9.5	9.8	9.7	*9.6	*9.6
Urban - Urbaine	C	99 118	102 962	102 981	...	...	9.5	9.8	9.7	...	...
Rural - Rurale	C	1 540	1 625	1 528	...	...	10.0	10.5	9.8	...	...
Bosnia and Herzegovina - Bosnie-Herzégovine											
Total	C	35 044	34 026	34 904	35 118	...	9.1	8.9	9.1	9.1	...
Bulgaria - Bulgarie											
Total	C	113 004	110 523	108 068	110 165	108 258	14.8	14.5	14.2	14.6	14.7
Urban - Urbaine	C	66 486	65 168	64 335	65 759	...	12.3	12.1	11.9	12.2	...
Rural - Rurale	C	46 518	45 355	43 733	44 406	...	20.7	20.4	20.1	20.7	...
Croatia - Croatie											
Total	C	52 367	52 151	52 414	52 096	*51 019	11.8	11.8	11.8	11.8	*11.6
Urban - Urbaine	C	26 241	26 172	26 275	26 508	...	...	...	...	...	...
Rural - Rurale	C	26 126	25 979	26 139	25 588	...	...	...	...	...	...
Czech Republic - République tchèque											
Total	C	104 636	104 948	107 421	106 844	106 848	10.1	10.1	10.2	10.2	10.2
Urban - Urbaine	C	76 441	76 664	78 590	78 001	...	10.0	10.0	10.2	10.1	...
Rural - Rurale	C	28 195	28 284	28 831	28 843	...	10.4	10.4	10.4	10.4	...
Denmark - Danemark[41]											
Total	C	55 604	54 591	54 872	54 368	52 516	10.2	9.9	9.9	9.8	9.4
Estonia - Estonie											
Total	C	17 409	16 675	16 081	15 790	15 244	13.0	12.4	12.0	11.8	11.4
Urban - Urbaine	C	11 611[12]	11 227[12]	10 805	10 784[12]	...	12.5	12.1	11.6	11.6	...
Rural - Rurale	C	5 797[12]	5 445[12]	5 276	5 004[12]	...	14.1	13.3	12.9	12.2	...
Faeroe Islands - Îles Féroé											
Total	C	383	378	387	348	364	7.9	7.8	8.0	7.2	7.5
Urban - Urbaine	C	101	...	...	...	...	5.8	...	...	...	...
Rural - Rurale	C	282	...	...	...	...	9.1	...	...	...	...
Finland - Finlande[42]											
Total	C	49 077	49 094	49 636[43]	50 654[43]	*50 434[43]	9.3	9.2	9.3	9.5	*9.4
Urban - Urbaine	C	29 833	29 624	30 346[43]	30 844[43]	...	8.4	8.2	8.4	8.5	...
Rural - Rurale	C	19 244	19 470	19 290[43]	19 810[43]	...	11.2	11.4	11.4	11.7	...
France[44]											
Total	C	521 016	532 131	538 116	540 469	*544 000	8.4	8.5	8.6	8.6	*8.6
Urban - Urbaine[45]	C	369 654	377 265	381 865	...	...	...	...	...	...	...
Rural - Rurale[45]	C	149 552	153 136	154 512	...	...	...	...	...	...	...
Germany - Allemagne											
Total	C	827 155	844 439	854 544	858 768	852 328	10.1	10.3	10.4	10.5	10.4
Gibraltar[46]											
Total	+C	202	227	234	231	...	6.9	7.8	8.0	7.8	...
Greece - Grèce											
Total	C	109 895	107 979	108 316	109 084	*108 100	9.8	9.6	9.6	9.6	*9.6
Urban - Urbaine	C	60 764	59 738	60 342	...	...	...	...	...	...	...
Rural - Rurale	C	49 131	48 241	47 974	...	...	...	...	...	...	...

18. Deaths and crude death rates, by urban/rural residence: 2007 - 2011
Décès et taux bruts de mortalité, selon la résidence, urbaine/rurale : 2007 - 2011 (continued - suite)

Continent, country or area, and urban/rural residence / Continent, pays ou zone et résidence, urbaine/rurale	Code[a]	Number - Nombre					Rate - Taux				
		2007	2008	2009	2010	2011	2007	2008	2009	2010	2011

EUROPE

Guernsey - Guernesey											
Total	C	513	476	543	...	...	8.4	7.7	8.7	...	...
Hungary - Hongrie											
Total	C	132 938	130 027	130 414	130 456	*128 700	13.2	13.0	13.0	13.0	*12.9
Urban - Urbaine[47]	C	85 832	84 390	85 507	86 304	...	12.7	12.4	12.5	12.4	...
Rural - Rurale[47]	C	46 475	44 968	44 304	43 570	...	14.0	13.9	14.0	14.3	...
Iceland - Islande											
Total	C	1 943	1 987	2 002	2 020	1 985	6.2	6.2	6.3	6.4	6.2
Urban - Urbaine	C	1 806	1 851	1 861	1 869	...	6.2	6.2	6.2	6.3	...
Rural - Rurale	C	136	136	141	151	...	6.1	6.4	6.9	7.3	...
Ireland - Irlande											
Total[48]	C	28 117	28 274	...	...	...	6.5	6.4	...	...	...
Total	+C	...	...	28 898	27 122	*28 400	...	...	6.5	6.1	*6.3
Isle of Man - Île de Man											
Total	+C	789	...	...	...	...	9.8	...	...	...	...
Italy - Italie											
Total	C	572 881	578 192	585 182	587 488	*591 934	9.6	9.7	9.7	9.7	*9.7
Jersey											
Total	+C	708	743	...	...	...	7.6	7.8	...	...	...
Latvia - Lettonie											
Total	C	33 042	31 006	29 897	30 040	28 519	14.5	13.7	13.3	13.4	13.8
Urban - Urbaine	C	21 555	20 323	19 326	19 557	...	13.9	13.2	12.7	12.9	...
Rural - Rurale	C	11 487	10 683	10 571	10 483	...	15.7	14.6	14.5	14.4	...
Liechtenstein											
Total	C	227	205	229	238	*248	6.4	5.8	6.4	6.6	*6.8
Lithuania - Lituanie											
Total	C	45 624	43 832	42 032	42 120	41 037	13.5	13.1	12.6	12.8	12.7
Urban - Urbaine	C	26 796	25 863	24 972	25 114	...	11.9	11.5	11.2	11.4	...
Rural - Rurale	C	18 828	17 969	17 060	17 006	...	16.8	16.2	15.4	15.7	...
Luxembourg											
Total	C	3 866	3 595	3 655	3 760	3 819	8.1	7.4	7.3	7.4	7.4
Malta - Malte											
Total	C	3 111	3 243	3 221	3 010	3 266	7.6	7.9	7.8	7.2	7.8
Montenegro - Monténégro											
Total	C	5 979	5 708	5 862	5 633	5 847	9.5	9.1	9.3	9.1	9.5
Urban - Urbaine	C	...	3 602	3 809	...	...	...	9.1	9.5	...	...
Rural - Rurale	C	...	2 106	2 053	...	...	...	9.1	8.9	...	...
Netherlands - Pays-Bas[49]											
Total	C	133 022	135 136	134 235	136 058	135 516	8.1	8.2	8.1	8.2	8.1
Urban - Urbaine	C	89 272	90 365	89 495	90 257	...	8.2	8.3	8.2	8.1	...
Rural - Rurale	C	43 750	44 771	44 740	45 801	...	7.9	8.0	8.0	8.3	...
Norway - Norvège[50]											
Total	C	41 954	41 712	41 449	41 499	41 393	8.9	8.7	8.6	8.5	8.4
Poland - Pologne											
Total	C	377 226	379 399	384 940	378 478	375 501	9.9	10.0	10.1	9.9	9.8
Urban - Urbaine	C	226 495	228 650	231 772	227 452	...	9.7	9.8	9.9	9.8	...
Rural - Rurale	C	150 731	150 749	153 168	151 026	...	10.2	10.2	10.3	10.1	...
Portugal[15]											
Total	C	103 512	104 280	104 434	105 953	102 839	9.8	9.8	9.8	10.0	9.7
Republic of Moldova - République de Moldova[51]											
Total	C	43 050[22]	41 948	42 139	43 631	39 249	12.0	11.7	11.8	12.2	11.0
Urban - Urbaine	C	13 855[22]	13 463	13 296	13 413	...	9.4	9.1	9.0	9.1	...
Rural - Rurale	C	29 195[22]	28 485	28 843	30 218	...	13.9	13.6	13.8	14.5	...
Romania - Roumanie											
Total	C	251 965	253 202	257 213	259 723	251 439	11.7	11.8	12.0	12.1	11.8
Urban - Urbaine	C	114 562	114 352	116 168	117 632	...	9.6	9.7	9.8	10.0	...
Rural - Rurale	C	137 403	138 850	141 045	142 091	...	14.2	14.4	14.6	14.8	...
Russian Federation - Fédération de Russie[22]											
Total	C	2 080 445	2 075 954	2 010 543	2 028 516	*1 925 719	14.6	14.6	14.2	14.2	*13.5
Urban - Urbaine	C	1 445 411	1 443 529	1 397 591	...	...	13.9	13.9	13.5	...	...
Rural - Rurale	C	635 034	632 425	612 952	...	...	16.6	16.5	16.0	...	...
San Marino - Saint-Marin											
Total	+C	225	190	233	...	222	7.2	6.0	7.1	...	6.7

18. Deaths and crude death rates, by urban/rural residence: 2007 - 2011
Décès et taux bruts de mortalité, selon la résidence, urbaine/rurale : 2007 - 2011 (continued - suite)

Continent, country or area, and urban/rural residence / Continent, pays ou zone et résidence, urbaine/rurale	Co-de[a]	Number - Nombre					Rate - Taux				
		2007	2008	2009	2010	2011	2007	2008	2009	2010	2011
EUROPE											
Serbia - Serbie[52]											
Total	+C	102 805	102 711	104 000	103 211	102 935	13.9	14.0	14.2	14.2	14.1
Urban - Urbaine	+C	53 469	52 783	54 234	53 822	...	12.5	12.3	12.7	12.6	...
Rural - Rurale	+C	49 336	49 928	49 766	49 389	...	15.9	16.2	16.4	16.4	...
Slovakia - Slovaquie											
Total	C	53 856	53 164	52 913	53 445	51 903	10.0	9.8	9.8	9.8	9.6
Urban - Urbaine	C	26 347	26 189	26 197	26 549	...	8.8	8.8	8.8	8.9	...
Rural - Rurale	C	27 509	26 975	26 716	26 896	...	11.4	11.1	10.9	11.0	...
Slovenia - Slovénie											
Total	C	18 584	18 308	18 750	18 609	*18 678	9.2	9.1	9.2	9.1	*9.1
Urban - Urbaine	C	8 336	9 294	9 666	9 675	...	8.3	9.2	9.4	9.4	...
Rural - Rurale	C	10 248	9 014	9 084	8 934	...	10.1	8.9	8.9	8.7	...
Spain - Espagne											
Total	C	385 361	386 324	383 209	381 409	*388 527	8.6	8.5	8.3	8.3	*8.4
Sweden - Suède											
Total	C	91 729	91 449	90 080	90 487	89 938	10.0	9.9	9.7	9.6	9.5
Switzerland - Suisse											
Total	C	61 089	61 233	62 476	62 649	*62 091	8.1	8.0	8.1	8.0	*7.8
Urban - Urbaine	C	44 576	44 777	45 798	45 923	...	8.0	8.0	8.0	...	...
Rural - Rurale	C	16 513	16 456	16 678	16 726	...	8.2	8.1	8.2	...	...
TFYR of Macedonia - L'ex-R. y. de Macédoine											
Total	C	19 594	18 982	19 060	19 113	*19 466	9.6	9.3	9.3	9.3	*9.5
Urban - Urbaine	C	11 517	11 099	11 201	11 442	...	...	...	...	...	...
Rural - Rurale	C	8 077	7 883	7 859	7 671	...	...	...	...	...	...
Ukraine[53]											
Total	C	762 877	754 460	706 739	698 235	664 588	16.4	16.3	15.3	15.3	14.6
Urban - Urbaine	C	466 253	462 897	432 294	431 130	...	14.7	14.6	13.7	...	...
Rural - Rurale	C	296 624	291 563	274 445	267 105	...	20.1	19.9	18.9	...	...
United Kingdom of Great Britain and Northern Ireland - Royaume-Uni de Grande-Bretagne et d'Irlande du Nord[54]											
Total	+C	574 687	579 697	559 617	*561 666	...	9.4	9.4	9.1	*9.0	...
OCEANIA - OCÉANIE											
Australia - Australie											
Total	+C	137 854	143 946	140 760	143 473	...	6.5	6.7	6.4	6.4	...
Urban - Urbaine[55]	+C	106 821	111 419	108 548	110 418	...	6.2	6.3	6.0	...	...
Rural - Rurale[55]	+C	30 551	32 043	31 768	32 287	...	7.9	8.2	8.0	...	...
Cook Islands - Îles Cook[56]											
Total	+C	84	56	67	95	...	4.0	2.6	3.0	4.0	...
French Polynesia - Polynésie française											
Total	C	1 190	1 166	1 261	1 261	...	4.6	4.4	4.8	4.7	...
Guam[57]											
Total	C	786	775	850	872	836	4.5	4.4	4.8	4.8	5.2
New Caledonia - Nouvelle-Calédonie											
Total	C	1 207	1 169	1 261	1 191	...	5.0	4.8	5.1	4.8	...
Urban - Urbaine	C	664	...	...	...	...	...	...	...	...	...
Rural - Rurale	C	543	...	...	...	...	...	...	...	...	...
New Zealand - Nouvelle-Zélande[15]											
Total	+C	28 522	29 188	28 964	28 438	30 082	6.7	6.8	6.7	6.5	6.8
Urban - Urbaine[12]	+C	25 588	26 238	26 036	25 475	27 138	7.0	7.1	7.0	6.8	7.2
Rural - Rurale[12]	+C	2 801	2 850	2 867	2 915	2 920	4.8	4.8	4.8	4.8	4.8
Niue - Nioué[58]											
Total	C	9	13	12	...	...	...	...	...	...	...
Norfolk Island - Île Norfolk[59]											
Total	+C	11	20	...	...	...	...	...	...	...	...

18. Deaths and crude death rates, by urban/rural residence: 2007 - 2011
Décès et taux bruts de mortalité, selon la résidence, urbaine/rurale : 2007 - 2011 (continued - suite)

Continent, country or area, and urban/rural residence / Continent, pays ou zone et résidence, urbaine/rurale	Co-de[a]	Number - Nombre					Rate - Taux				
		2007	2008	2009	2010	2011	2007	2008	2009	2010	2011

OCEANIA - OCÉANIE

Northern Mariana Islands -
Îles Mariannes
septentrionales[60]

Total..................................	U	138	176	...	...	...	...	...	...	...	...
Pitcairn											
Total..................................	C	1	...	...	...	...	...	...	...	...	...
Samoa											
Total..................................	U	482	409	561	...	...	...	...	...	...	...
Tuvalu											
Total..................................	U	47	...	...	...	...	...	...	...	...	...
Wallis and Futuna Islands - Îles Wallis et Futuna											
Total..................................	C	...	90	...	...	...	...	6.7	...	...	...

FOOTNOTES - NOTES

Italics: data from civil registers which are incomplete or of unknown completeness. - Italiques : données incomplètes ou dont le degré d'exactitude n'est pas connu, provenant des registres de l'état civil.

* Provisional. - Données provisoires.

a 'Code' indicates the source of data, as follows:
C - Civil registration, estimated over 90% complete
U - Civil registration, estimated less than 90% complete
| - Other source, estimated reliable
+ - Data tabulated by date of registration rather than occurence
... - Information not available

Le 'Code' indique la source des données, comme suit :
C - Registres de l'état civil considérés complets à 90 p. 100 au moins
U - Registres de l'état civil qui ne sont pas considérés complets à 90 p. 100 au moins
| - Autre source, considérée pas douteuses
+ - Données exploitées selon la date de l'enregistrement et non la date de l'événement
... - Information pas disponible

1 Excluding live-born infants who died before their birth was registered. Data refer to Algerian population only. - Non compris les enfants nés vivants décédés avant l'enregistrement de leur naissance. Les données ne concernent que la population algérienne.

2 Data from Health Statistics Reports since 1998, due to incompleteness of civil registration. - Données provenant des "Health Statistics Reports" (bulletins statistiques de santé) depuis 1998, en raison des déficiences de l'état civil.

3 Data refer to national projections. - Les données se réfèrent aux projections nationales.

4 Data refer to the 12 months preceding the census in May. - Les données se rapportent aux 12 mois précédant le recensement de mai.

5 Data refer to the 12 months preceding the census in June. - Les données se raportent aux 12 mois précédant le recensement de juin.

6 Excludes the islands of St. Brandon and Agalega. - Non compris les îles St. Brandon et Agalega.

7 Based on hospital records. - D'après les registres d'hôpitaux.

8 Based on estimates and projections from 'Agence Nationale de la Statistique et de la Démographie'. - Données fondées sur des estimations et des projections provenant de l'Agence Nationale de la Statistique et de la Démographie.

9 Excluding non-residents and foreign service personnel and their dependants. - À l'exclusion des non-résidents et du personnel diplomatique et de leurs charges de famille.

10 Including Canadian residents temporarily in the United States, but excluding United States residents temporarily in Canada. - Y compris les résidents canadiens se trouvant temporairement aux Etats-Unis, mais ne comprenant pas les résidents des Etats-Unis se trouvant temporairement au Canada.

11 Excluding deaths of nationals who were residing and died abroad but were buried in the Cayman Islands. - Exception faite des nationaux qui résidaient à l'étranger au moment de leur décès, mais qui ont été inhumés dans les Îles Caïmanes.

12 The total number includes 'Unknown residence', but the categories urban and rural do not. - Le nombre total englobe les personnes dont la résidence n'est pas connue, à l'inverse des catégories de population urbaine et rurale.

13 Excluding live-born infants who died before their birth was registered. - Non compris les enfants nés vivants décédés avant l'enregistrement de leur naissance.

14 Data have been adjusted for undercoverage of infant deaths and sudden and violent deaths. - Ajusté pour la sous-estimation de la mortalité infantile, du nombre de morts soudaines et de morts violentes.

15 Data refer to resident population only. - Pour la population résidante seulement.

16 Data refer to registered events only. - Les données ne concernent que les événements enregistrés.

17 Excluding Indian jungle population. - Non compris les Indiens de la jungle.

18 Excluding nomadic Indian tribes. - Non compris les tribus d'Indiens nomades.

19 Data refer to registered events only. Source: Reports of the Ministry of Health. - Les données ne concernent que les événements enregistrés. Source: Rapports du Ministère de la Santé.

20 Including non-residents. - Y compris les non-résidents.

21 The districts of Paramaribo and Wanica are considered urban areas, whereas all other districts are considered more or less rural areas. - Les districts de Paramaribo et de Wanica sont considérés comme des zones urbaines, les autres districts étant considérés comme des zones rurales à divers degrés.

22 Excluding infants born alive of less than 28 weeks' gestation, of less than 1 000 grams in weight and 35 centimeters in length, who die within seven days of birth. - Non compris les enfants nés vivants après moins de 28 semaines de gestations, pesant moins de 1 000 grammes, mesurant moins de 35 centimètres et décédés dans les sept jours qui ont suivi leur naissance.

23 Rates were obtained by the Sample Vital Registration System of Bangladesh. - Taux obtenus au moyen du Sample Vital Registration System du Bangladesh.

24 Data have been estimated on the basis of the annual National Sample Survey on Population Changes. For statistical purposes, the data for China do not include those for the Hong Kong Special Administrative Region (Hong Kong SAR), Macao Special Administrative Region (Macao SAR) and Taiwan province of China. - Les données ont été estimées sur la base de l'enquête annuelle "National Sample Survey on Population Changes". Pour la présentation des statistiques, les données pour la Chine ne comprennent pas la Région Administrative Spéciale de Hong Kong (Hong Kong RAS), la Région Administrative Spéciale de Macao (Macao RAS) et Taïwan province de Chine.

25 Data refer to government controlled areas. - Les données se rapportent aux zones contrôlées par le Gouvernement.

26 Data refer to the 12 months preceding the census in October. - Les données se rapportent aux 12 mois précédant le recensement de octobre.

27 Rates were obtained by the Sample Registration System of India, which is a large demographic survey. Including data for the Indian-held part of Jammu and Kashmir, the final status of which has not yet been determined. - Les taux ont été obtenus par le Système de l'enregistrement par échantillon de l'Inde qui est une large enquête démographique. Y compris les données pour la partie du Jammu

et du Cachemire occupée par l'Inde dont le statut définitif n'a pas encore été déterminé.

[28] Data refer to the Iranian Year which begins on 21 March and ends on 20 March of the following year. - Les données concernent l'année iranienne, qui commence le 21 mars et se termine le 20 mars de l'année suivante.

[29] Including deaths abroad of Israeli residents who were out of the country for less than a year. Including data for East Jerusalem and Israeli residents in certain other territories under occupation by Israeli military forces since June 1967. - Y compris les décès à l'étranger de résidents israéliens qui ont quitté le pays depuis moins d'un an. Y compris les données pour Jérusalem-Est et les résidents israéliens dans certains autres territoires occupés depuis 1967 par les forces armées israéliennes.

[30] Data refer to Japanese nationals in Japan only. - Les données se raportent aux nationaux japonais au Japon seulement.

[31] Excluding data for Jordanian territory under occupation since June 1967 by Israeli military forces. Excluding foreigners, including registered Palestinian refugees. - Non compris les données pour le territoire jordanien occupé depuis juin 1967 par les forces armées israéliennes. Non compris les étrangers, mais y compris les réfugiés de Palestine enregistrés.

[32] Excluding deaths occurred abroad. - Hormis les décès à l'étranger.

[33] Data from Births and Deaths Notification System (Ministry of Health and all health care providers). - Les données proviennent du système de notification des naissances et des décès (Ministère de la santé et tous prestataires de soins de santé).

[34] Based on the results of the Pakistan Demographic Survey. Excluding data for the Pakistan-held part of Jammu and Kashmir, the final status of which has not yet been determined. - Données extraites de l'enquête démographique effectuée par le Pakistan. Non compris les données concernant la partie du Jammu et Cachemire occupée par le Pakistan dont le statut définitif n'a pas été déterminé.

[35] Excluding alien armed forces, civilian aliens employed by armed forces, and foreign diplomatic personnel and their dependants. - Non compris les militaires étrangers, les civils étrangers employés par les forces armées ni le personnel diplomatique étranger et les membres de leur famille les accompagnant.

[36] Data based on the final results of the 2004 Population and Housing Census. - Données basées sur les résultats définitifs du recensement de la population et de l'habitat de 2004.

[37] Excluding live-born infants who died before their birth was registered. Excluding nomad population and Palestinian refugees. - Non compris les enfants nés vivants décédés avant l'enregistrement de leur naissance. Non compris la population nomade et les réfugiés de Palestine.

[38] The registration of births and deaths is conducted by the Ministry of Health. An estimate of completeness is not provided. - L'enregistrement des naissances et des décès est mené par le Ministère de la Santé. Le degré estimatif de complétude n'est pas fourni.

[39] Including deaths of nationals abroad. - Y compris les décès des nationaux survenus à l'étranger.

[40] Including armed forces stationed outside the country, but excluding alien armed forces stationed in the area. - Y compris les militaires nationaux hors du pays, mais non compris les militaires étrangers en garnison sur le territoire.

[41] Excluding Faeroe Islands and Greenland shown separately, if available. - Non compris les Iles Féroé et le Groenland, qui font l'objet de rubriques distinctes, si disponible.

[42] Including nationals temporarily outside the country. - Y compris les nationaux se trouvant temporairement hors du pays.

[43] Excluding Åland Islands. - Non compris les Îles d'Åland.

[44] Including armed forces stationed outside the country. - Y compris les militaires nationaux hors du pays.

[45] The data for urban and rural exclude the nationals outside the country. - Les données relatives à la population urbaine et rurale n'englobent pas les nationaux se trouvant à l'étranger.

[46] Excluding armed forces. - Non compris les militaires en garnison.

[47] Total includes the data of foreigners, persons of unknown residence and homeless, but the categories urban and rural do not. - Le total englobe les données relatives aux étrangers, aux personnes dont la résidence n'est pas connue et aux personnes sans domicile fixe, à l'inverse des chiffres portant sur la population urbaine et rurale.

[48] Data refer to events registered within one year of occurrence. - Les données portent sur des événements enregistrés dans l'année pendant laquelle ils sont survenus.

[49] Including residents outside the country if listed in a Netherlands population register. - Englobe les résidents se trouvant à l'étranger à condition qu'ils soient inscrits sur le registre de population des Pays-Bas.

[50] Including residents temporarily outside the country. Excluding Svalbard and Jan Mayen Islands shown separately, if available. - Y compris les résidents se trouvant temporairement hors du pays. Non compris Svalbard et Jan Mayen qui font l'objet de rubriques distinctes, si disponible.

[51] Excluding Transnistria and the municipality of Bender. - Les données ne tiennent pas compte de l'information sur la Transnistria et la municipalité de Bender.

[52] Excluding data for Kosovo and Metohia. - Sans les données pour le Kosovo et Metohie.

[53] Data includes deaths resulting from births with weight 500g and more (if weight is unknown - with length 25 centimeters and more, or with gestation during 22 weeks or more). - Y compris les décès de nouveau-nés de 500 grammes ou plus (si le poids est inconnu – de 25 centimètres de long ou plus, ou après une grossesse de 22 semaines ou plus).

[54] Excluding Channel Islands (Guernsey and Jersey) and Isle of Man, shown separately, if available. - Non compris les îles Anglo-Normandes (Guernesey et Jersey) et l'île de Man, qui font l'objet de rubriques distinctes, si disponible.

[55] Excluding data where place of usual residence was overseas, undefined, no fixed place of abode or offshore or migratory and unknown. - Les données n'ont pas été prises en compte lorsque le domicile habituel était à l'étranger ou dans une zone extraterritoriale, était indéfini ou inconnu ou que la personne n'avait pas de domicile fixe ou était une migrante.

[56] Excluding Niue, shown separately, which is part of Cook Islands, but because of remoteness is administered separately. - Non compris Nioué, qui fait l'objet d'une rubrique distincte et qui fait partie des îles Cook, mais qui, en raison de son éloignement, est administrée séparément.

[57] Including United States military personnel, their dependants and contract employees. - Y compris les militaires des Etats-Unis, les membres de leur famille les accompagnant et les agents contractuels des Etats-Unis.

[58] Includes deaths occurred in New Zealand but buried in Niue and deaths occurred in Niue but buried elsewhere. - Y compris les personnes décédées en Nouvelle-Zélande qui sont enterrées à Nioué et les personnes décédées à Nioué qui sont enterrées ailleurs.

[59] Data cover the period from 1 July previous year to 30 June present year. - Pour la période allant du 1er juillet de l'année précédente au 30 juin de l'année en cours.

[60] Source: Commonwealth Health Center - Vital Statistics Office - Source : Centre de Santé du Commonwealth - Bureau des statistiques d'État civil

Table 19

Table 19 presents deaths by age and sex and age-specific death rates by sex for the latest available year between 2002 and 2011.

Description of variables: Age is defined as age at last birthday, that is, the difference between the date of birth and the date of the occurrence of the event, expressed in completed solar years. The age classification used in this table is the following: under 1 year, 1-4 years, 5-year age groups through 95-99 years, and 100 years or over.

Rate computation: Age-specific death rates by sex are the annual number of deaths in each age-sex group per 1 000 population in the same age-sex group. These rates are calculated by the Statistics Division of the United Nations.

Deaths at unknown age and the population of unknown age are excluded from age-specific rate calculations but are part of the death rate for all ages combined.

Death rates for infants under one year of age in this table differ from the infant mortality rates shown elsewhere, because the latter are computed per 1 000 live births rather than per 1 000 population.

The population used in computing the rates is the estimated or the enumerated population by age and sex reported to United Nations Statistics Division. First priority is given to an estimate and second priority to census returns of the year to which the deaths refer.

Rates presented in this table have been limited to those for countries or areas having at least a total of 100 deaths in a given year. Moreover, rates specific for individual sub-categories that are based on 30 or fewer deaths are identified by the symbol "♦".

Reliability of data: Data from civil registers of deaths that are reported as incomplete (less than 90 per cent completeness) or of unknown completeness are considered unreliable and are set in italics rather than in roman type. Table 18 and the technical notes for that table provide more detailed information on the completeness of death registration. For more information about the quality of vital statistics data in general and the information available on the basis of the completeness estimates in particular, see section 4.2 of the Introduction.

Rates are not computed if data from civil registers of deaths are reported as incomplete (less than 90 per cent completeness) or of unknown completeness, and therefore deemed unreliable.

Limitations: Statistics on deaths by age and sex are subject to the same qualifications as are set forth for vital statistics in general and death statistics in particular as discussed in section 4 of the Introduction.

The reliability of the data is an important factor in considering the limitations. In addition, some deaths are tabulated by date of registration and not by date of occurrence; these have been indicated by a plus sign "+". Whenever the lag between the date of occurrence and date of registration is prolonged and, therefore, a large proportion of the death registrations are delayed, death statistics for any given year may be seriously affected. However, delays in the registration of deaths are less common and shorter than in the registration of live births.

International comparability in mortality statistics may also be affected by the exclusion of deaths of infants who were born alive but died before the registration of the birth or within the first 24 hours of life. Statistics of this type are footnoted.

Because these statistics are classified according to age, they are subject to the limitations with respect to accuracy of age reporting similar to those already discussed in connection with section 3.1.3 of the Introduction. The factors influencing the accuracy of reporting may be somewhat dissimilar in vital statistics (because of the differences in the method of taking a census and registering a death) but, in general, the same errors can be observed.

The absence of data in the unknown age group does not necessarily indicate completely accurate reporting and tabulation of the age item. It is often an indication that the unknowns have been eliminated by assigning ages to them before tabulation, or by proportionate distribution after tabulation.

International comparability of statistics on deaths by age is also affected by the use of different methods to determine age at death. If age is obtained from an item that simply requests age at death in completed years or is derived from information on year of birth and death rather than from information on complete date (day, month and year) of birth and death, the number of deaths classified in the under-one-year age group will tend to be reduced and the number of deaths in the next age group will tend to be somewhat increased. A similar bias may affect other age groups but its impact is usually negligible. Information on this factor is given in the footnotes when known.

Limitations of rates: Rates shown in this table are subject to the same limitations that affect the corresponding data and are set forth in the technical notes for table 18. These include differences in the completeness of registration, the treatment of infants who were born alive but died before the registration of their birth or within the first 24 hours of life, the method used to determine age at death and the quality of the reported information relating to age at death. In addition, some rates are based on deaths tabulated by date of registration and not by date of occurrence; these have been indicated with a plus sign "+".

The problem of obtaining precise correspondence between deaths (numerator) and population (denominator) as regards the inclusion or exclusion of armed forces, refugees, displaced persons and other special groups is particularly difficult where age-specific death rates are concerned. Even when deaths and population do correspond conceptually, comparability of the rates may be affected by abnormal conditions such as absence from the country or area of large numbers of young men in the military forces or working abroad as temporary workers. Death rates may appear high in the younger ages, simply because a large section of the able-bodied members of the age group, whose death rates under normal conditions might be less than the average for persons of their age, is not included. Therefore, care should be exercised in using these rates for comparative purposes.

Also, in a number of cases the rates shown here for all ages combined differ from crude death rates shown elsewhere, because in this table they are computed on the population for which an appropriate age-sex distribution was available, while the crude death rates shown elsewhere may utilize a different total population. The population by age and sex might refer to a census date within the year rather than to the mid-point, or it might be more or less inclusive as regards ethnic groups, armed forces and so forth. In a few instances, the difference is attributable to the fact that the rates in this table were computed on the mean population whereas the corresponding rates in other tables were computed on an estimate for 1 July.

Earlier data: Age-specific deaths and death rates by sex have been shown for the latest available year in each issue of the Yearbook since the 1955 issue. For information on specific years covered, the reader should consult the Historical Index.

Tableau 19

Le tableau 19 présente les données disponibles les plus récentes, entre 2002 et 2011, sur les décès et les taux de mortalité selon l'âge et le sexe.

Description des variables : L'âge considéré est l'âge au dernier anniversaire, c'est-à-dire la différence entre la date de naissance et la date du décès, exprimée en années solaires révolues. La classification par âge est la suivante : moins d'un an, 1 à 4 ans, groupes quinquennaux jusqu'à 95-99 ans et 100 ans et plus.

Calcul des taux : les taux de mortalité selon l'âge et le sexe représentent le nombre annuel de décès survenus pour chaque sexe et chaque groupe d'âge pour 1 000 personnes du même groupe. Ces taux ont été calculés par la Division de statistique de l'ONU.

On n'a pas tenu compte des décès à un âge inconnu ni de la population d'âge inconnu, sauf dans les taux de mortalité pour tous les âges combinés.

Il convient de noter que, dans ce tableau, les taux de mortalité des groupes de moins d'un an sont différents des taux de mortalité infantile qui figurent dans d'autres tableaux, ces derniers ayant été établis pour 1 000 naissances vivantes et non pour 1 000 habitants.

Les chiffres de population utilisés pour le calcul des taux proviennent de dénombrements ou de répartitions estimatives de la population selon l'âge et le sexe. On a utilisé de préférence les estimations de la population; à défaut, on s'est contenté des données censitaires se rapportant à l'année des décès.

Les taux présentés dans ce tableau ne se rapportent qu'aux pays ou zones où l'on a enregistré un total d'au moins 100 décès pendant l'année. Les taux relatifs à des sous-catégories, qui sont fondés sur 30 décès ou moins, sont signalés par le signe "♦".

Fiabilité des données : Les données sur les décès issues des registres d'état civil qui sont déclarées incomplètes (degré d'exhaustivité inférieur à 90 p.100) ou dont le degré d'exhaustivité n'est pas connu sont jugées douteuses et apparaissent en italique et non en caractères romains. Le tableau 18 et les notes techniques s'y rapportant présentent des renseignements plus détaillés sur le degré d'exhaustivité de l'enregistrement des décès. Pour plus de précisions sur la qualité des statistiques de l'état civil en général et le degré de complétude en particulier, voir la section 4.2 de l'Introduction.

On a choisi de ne pas faire figurer dans le tableau 19 des taux calculés à partir de données sur les décès issues de registres d'état civil qui sont déclarées incomplètes (degré d'exhaustivité inférieur à 90 p. 100) ou dont le degré d'exhaustivité n'est pas connu.

Insuffisance des données : Les statistiques des décès selon l'âge et le sexe appellent les mêmes réserves que les statistiques de l'état civil en général et les statistiques relatives à la mortalité en particulier (voir la section 4 de l'Introduction).

La fiabilité des données est un facteur important. Il faut également tenir compte du fait que, dans certains cas, les données relatives aux décès sont classées par date d'enregistrement et non par date d'occurrence ; ces cas ont été signalés par le signe "+". Chaque fois que le décalage entre le décès et son enregistrement est grand et qu'une forte proportion des décès fait l'objet d'un enregistrement tardif, les statistiques des décès de l'année peuvent être considérablement faussées. En règle générale, toutefois, les décès sont enregistrés beaucoup plus rapidement que les naissances vivantes, et les retards prolongés sont rares.

Un autre facteur qui nuit à la comparabilité internationale est la pratique de certains pays ou zones qui consiste à ne pas inclure dans les statistiques des décès les enfants nés vivants mais décédés avant l'enregistrement de leur naissance ou dans les 24 heures qui ont suivi la naissance, pratique qui conduit à sous-évaluer le nombre de décès à moins d'un an. Quand pareil facteur a joué, cela a été signalé en note à la fin du tableau.

Étant donné que les statistiques relatives à la mortalité sont classées selon l'âge, elles appellent les mêmes réserves concernant l'exactitude des déclarations d'âge que celles qui ont été formulées à la section 3.1.3 des Introduction. Dans le cas des données d'état civil, les facteurs qui interviennent à cet égard sont parfois un peu différents, du fait que le recensement et l'enregistrement des décès se font par des méthodes différentes, mais, d'une manière générale, les erreurs observées sont les mêmes.

461

Si aucun nombre ne figure dans la rangée réservée aux âges inconnus, cela ne signifie pas nécessairement que les déclarations d'âge et le classement par âge sont tout à fait exacts. C'est souvent une indication que l'on a attribué un âge aux personnes d'âge inconnu avant l'exploitation des données ou qu'elles ont été réparties proportionnellement entre les différents groupes après cette opération.

Le manque d'uniformité des méthodes suivies pour obtenir l'âge au moment du décès nuit également à la comparabilité internationale des données. Si l'âge est connu, soit d'après la réponse à une simple question sur l'âge du décès en années révolues, soit d'après l'année de la naissance et l'année du décès, et non d'après des renseignements concernant la date exacte (jour, mois et année) de la naissance et du décès, le nombre de décès classés dans la catégorie « moins d'un an » sera entaché d'une erreur par défaut et le chiffre figurant dans la catégorie suivante d'une erreur par excès.

Les données pour les autres groupes d'âge pourront être entachées d'une distorsion analogue, mais les répercussions seront généralement négligeables. Les imperfections, lorsqu'elles étaient connues, ont été signalées en note à la fin du tableau.

Insuffisance des taux : les taux présentés dans le tableau 19 appellent les mêmes réserves que celles formulées à propos des fréquences correspondantes (voir à ce sujet les notes techniques se rapportant au tableau 18). Leurs imperfections tiennent notamment aux différences d'exhaustivité de l'enregistrement, au classement des enfants nés vivants mais décédés avant l'enregistrement de leur naissance ou dans les 24 heures qui ont suivi la naissance, à la méthode utilisée pour obtenir l'âge au moment du décès, et à la qualité des déclarations concernant l'âge au moment du décès. En outre, dans certains cas, les données relatives aux décès sont classées par date d'enregistrement et non par date de l'événement ; ces cas ont été signalés par le signe "+".

S'agissant des taux de mortalité par âge, il est particulièrement difficile d'établir une correspondance exacte entre les décès (numérateur) et la population (dénominateur) du fait de l'inclusion ou de l'exclusion des militaires, des réfugiés, des personnes déplacées et d'autres groupes spéciaux. Il convient d'ajouter que, même lorsque population et décès correspondent, la comparabilité des taux peut être compromise par des conditions anormales telles que l'absence du pays ou de la zone d'un grand nombre de jeunes gens qui sont sous les drapeaux ou qui travaillent à l'étranger comme travailleurs temporaires. Il arrive ainsi que les taux de mortalité paraissent élevés parmi les groupes les plus jeunes simplement parce que l'on en a exclu un grand nombre d'individus en bonne santé pour lesquels le taux de mortalité pourrait être, dans des conditions normales, inférieur à la moyenne observée pour les personnes du même âge. Par conséquent, il importe d'être prudent quand on les utilise ces taux de mortalité dans des comparaisons.

De même, les taux indiqués pour tous les âges combinés diffèrent dans plusieurs cas des taux bruts de mortalité qui figurent dans d'autres tableaux, parce qu'ils se rapportent à une population pour laquelle on disposait d'une répartition par âge et par sexe appropriée, tandis que les taux bruts de mortalité indiqués ailleurs peuvent avoir été calculés sur la base d'un chiffre de population totale différent. Ainsi, il est possible que les chiffres de population par âge et par sexe proviennent d'un recensement effectué dans le courant de l'année et non au milieu de l'année, et qu'ils se différencient des autres chiffres de population en excluant ou en incluant certains groupes ethniques, les militaires, etc. Quelquefois, la différence tient à ce que les taux du tableau 19 ont été calculés sur la base de la population moyenne, alors que les taux correspondants des autres tableaux reposent sur une estimation au 1er juillet.

Données publiées antérieurement : Les éditions de l'*Annuaire démographique* parues depuis 1955 présentent les statistiques les plus récentes dont on disposait à l'époque sur les décès selon l'âge et le sexe et sur les taux de mortalité selon l'âge et le sexe. Pour plus de précisions concernant les années pour lesquelles ces données ont été publiées, se reporter à l'index historique.

19. Deaths by age and sex, age-specific death rates by sex: latest available year, 2002 - 2011
Décès et taux de mortalité selon l'âge et le sexe : dernière année disponible, 2002 - 2011

Continent, country or area, date, code and age (in years) Continent, pays ou zone, date, code et âge (en annèes)	Number - Nombre			Rate - Taux		
	Both sexes Les deux sexes	Male Masculin	Female Féminin	Both sexes Les deux sexes	Male Masculin	Female Féminin

AFRICA - AFRIQUE

Botswana[1]						
2007 (+U)						
Total	11 074	5 971	5 103	...	...	...
0	658	353	305	...	...	...
1 - 4	643	338	305	...	...	...
5 - 14	192	100	92	...	...	...
15 - 24	438	132	306	...	...	...
25 - 34	2 330	1 047	1 283	...	...	...
35 - 44	2 202	1 293	909	...	...	...
45 - 54	1 509	937	572	...	...	...
55 - 64	1 045	659	386	...	...	...
65 +	2 039	1 106	933	...	...	...
Unknown - Inconnu	18	6	12	..	..	..
Egypt - Égypte						
2010 (C)						
Total	483 385	264 703	218 682	6.1	6.6	5.7
0	31 698	16 820	14 878	19.1	19.7	18.4
1 - 4	10 526	5 596	4 930	1.6	1.6	1.5
5 - 9	4 224	2 572	1 652	0.5	0.6	0.4
10 - 14	3 742	2 385	1 357	0.4	0.6	0.3
15 - 19	5 939	4 111	1 828	0.6	0.9	0.4
20 - 24	7 820	5 283	2 537	0.9	1.2	0.6
25 - 29	7 621	4 763	2 858	1.1	1.4	0.8
30 - 34	7 619	4 547	3 072	1.5	1.7	1.2
35 - 39	8 382	4 961	3 421	1.7	2.0	1.3
40 - 44	11 911	7 446	4 465	2.7	3.3	2.0
45 - 49	20 637	13 280	7 357	5.2	6.5	3.8
50 - 54	31 250	20 053	11 197	9.4	12.0	6.8
55 - 59	43 291	27 024	16 267	17.7	20.6	14.3
60 - 64	48 659	28 502	20 157	26.4	29.4	23.1
65 - 69	45 875	25 352	20 523	35.6	36.6	34.3
70 - 74	52 544	27 214	25 330	61.5	62.6	60.5
75 +	127 136	56 558	70 578	159.0	138.7	180.1
75 - 79	47 916	23 387	24 529	...	...	...
80 - 84	40 885	18 154	22 731	...	...	...
85 +	38 335	15 017	23 318	...	...	...
Unknown - Inconnu	14 511	8 236	6 275	..	..	..
Kenya						
2009 (U)						
Total	181 220	98 704	82 516	...	...	...
0	26 273	13 719	12 554	...	...	...
1 - 4	13 917	7 471	6 446	...	...	...
5 - 14	8 653	4 716	3 937	...	...	...
15 - 24	12 163	5 901	6 262	...	...	...
25 - 34	22 165	11 558	10 607	...	...	...
35 - 44	22 122	12 755	9 367	...	...	...
45 - 54	19 159	11 283	7 876	...	...	...
55 - 74	29 446	17 265	12 181	...	...	...
75 +	27 322	14 036	13 286	...	...	...
Libya - Libye						
2002 (U)						
Total	19 362	11 278	8 084	...	...	...
0	2 194	1 190	1 004	...	...	...
1 - 4	891	546	345	...	...	...
5 - 9	267	142	125	...	...	...
10 - 19	670	432	238	...	...	...
20 - 29	1 100	824	276	...	...	...
30 - 39	1 287	820	467	...	...	...
40 - 49	1 118	621	497	...	...	...
50 - 59	1 492	860	632	...	...	...
60 - 69	2 936	1 754	1 182	...	...	...
70 - 79	3 812	2 254	1 558	...	...	...
80 +	3 595	1 835	1 760	...	...	...
Malawi[2]						
2008 (|)						
Total	135 865	70 991	64 874	10.0	10.6	9.4
0	30 508	16 606	13 902	...	...	...

19. Deaths by age and sex, age-specific death rates by sex: latest available year, 2002 - 2011
Décès et taux de mortalité selon l'âge et le sexe : dernière année disponible, 2002 - 2011 (continued - suite)

Continent, country or area, date, code and age (in years) / Continent, pays ou zone, date, code et âge (en années)	Number - Nombre			Rate - Taux		
	Both sexes Les deux sexes	Male Masculin	Female Féminin	Both sexes Les deux sexes	Male Masculin	Female Féminin
AFRICA - AFRIQUE						
Malawi[2]						
2008 (|)						
1 - 4	26 213	13 226	12 987	12.4	12.5	12.4
5 - 9	6 413	3 350	3 063	2.8	2.9	2.7
10 - 14	5 333	3 071	2 262	3.5	4.1	2.9
15 - 19	4 266	1 863	2 403	3.1	2.7	3.4
20 - 24	7 188	3 038	4 150	6.1	5.1	7.0
25 - 29	7 903	3 405	4 498	7.6	6.8	8.3
30 - 34	9 042	4 280	4 762	9.7	10.4	9.2
35 - 39	7 200	3 813	3 387	9.7	10.3	9.0
40 - 44	6 004	3 410	2 594	10.8	12.2	9.4
45 - 49	4 275	2 436	1 839	9.7	11.3	8.2
50 - 54	3 414	2 092	1 322	10.7	13.3	8.2
55 +	18 106	10 401	7 705	34.1	40.9	27.9
55 - 59	2 447	1 523	924	...	...	...
60 - 64	2 978	1 827	1 151	...	...	...
65 - 69	2 314	1 372	942	...	...	...
70 - 74	2 871	1 665	1 206	...	...	...
75 - 79	2 149	1 254	895	...	...	...
80 - 84	2 151	1 138	1 013	...	...	...
85 +	3 196	1 622	1 574	...	...	...
Mauritius - Maurice[3]						
2010 (+C)						
Total	9 131	5 076	4 055	7.1	8.0	6.2
0	187	106	81	12.4	13.9	10.8
1 - 4	34	19	15	0.5	♦0.6	♦0.5
5 - 9	21	11	10	♦0.2	♦0.2	♦0.2
10 - 14	21	15	6	♦0.2	♦0.3	♦0.1
15 - 19	49	35	14	0.5	0.6	♦0.3
20 - 24	80	55	25	0.8	1.1	♦0.5
25 - 29	114	78	36	1.1	1.5	0.7
30 - 34	167	116	51	1.5	2.1	0.9
35 - 39	231	169	62	2.5	3.7	1.3
40 - 44	318	220	98	3.3	4.5	2.0
45 - 49	513	325	188	5.2	6.6	3.8
50 - 54	667	465	202	7.8	11.0	4.7
55 - 59	820	536	284	11.4	15.3	7.7
60 - 64	831	525	306	16.6	22.4	11.5
65 - 69	879	526	353	26.5	35.4	19.2
70 - 74	936	510	426	37.8	48.6	29.8
75 - 79	944	461	483	56.8	69.7	48.3
80 - 84	996	456	540	89.4	110.7	76.9
85 +	1 323	448	875	184.6	208.4	174.4
Morocco - Maroc						
2007 (U)						
Total	105 222	66 522	38 700	...	...	...
0	5 140	2 823	2 317	...	...	...
1 - 4	2 320	1 266	1 054	...	...	...
5 - 9	1 075	591	484	...	...	...
10 - 14	859	533	326	...	...	...
15 - 19	1 575	1 024	551	...	...	...
20 - 24	2 204	1 442	762	...	...	...
25 - 29	2 503	1 570	933	...	...	...
30 - 34	2 705	1 660	1 045	...	...	...
35 - 39	2 948	1 767	1 181	...	...	...
40 - 44	3 400	2 052	1 348	...	...	...
45 - 49	4 547	2 766	1 781	...	...	...
50 - 54	5 616	3 672	1 944	...	...	...
55 - 59	6 132	4 046	2 086	...	...	...
60 - 64	7 193	4 626	2 567	...	...	...
65 - 69	10 331	6 494	3 837	...	...	...
70 - 74	12 441	7 990	4 451	...	...	...
75 - 79	13 183	8 491	4 692	...	...	...
80 +	20 051	13 159	6 892	...	...	...
Unknown - Inconnu	999	550	449	..	..	..

Continent, country or area, date, code and age (in years) / Continent, pays ou zone, date, code et âge (en années)	Number - Nombre			Rate - Taux		
	Both sexes Les deux sexes	Male Masculin	Female Féminin	Both sexes Les deux sexes	Male Masculin	Female Féminin
AFRICA - AFRIQUE						
Réunion						
2007 (C)						
Total	4 045	2 247	1 798	5.1	5.9	4.4
0 - 4	114	58	56	1.7	1.7	1.7
0	99	49	50	...	...	...
1 - 4	15	9	6	...	...	...
5 - 9	6	6	-	♦0.1	♦0.2	-
10 - 14	10	7	3	♦0.1	♦0.2	♦0.1
15 - 19	32	25	7	0.5	♦0.7	♦0.2
20 - 24	44	35	9	0.8	1.3	♦0.3
25 - 29	39	27	12	0.8	♦1.1	♦0.4
30 - 34	55	37	18	1.0	1.4	♦0.6
35 - 39	97	68	29	1.5	2.3	♦0.9
40 - 44	158	106	52	2.4	3.3	1.5
45 - 49	211	150	61	4.0	5.9	2.3
50 - 54	236	183	53	5.1	8.2	2.2
55 - 59	266	188	78	7.5	10.7	4.4
60 - 64	287	176	111	10.8	14.1	7.9
65 - 69	375	246	129	17.4	24.8	11.1
70 - 74	427	250	177	25.9	34.7	19.1
75 - 79	448	231	217	39.5	50.3	32.2
80 - 84	496	222	274	65.3	78.9	57.3
85 - 89	393	149	244	106.6	140.6	92.9
90 - 94	233	66	167	166.1	182.8	160.3
95 +	118	17	101	308.9	♦369.6	300.6
95 - 99	96	15	81	...	...	...
100 +	22	2	20	...	...	...
Saint Helena ex. dep. - Sainte-Hélène sans dép.						
2011 (C)						
Total	49	22	27	...	...	...
0	-	-	-	...	...	...
1 - 4	-	-	-	...	...	...
5 - 9	-	-	-	...	...	...
10 - 14	1	1	-	...	...	...
15 - 19	-	-	-	...	...	...
20 - 24	-	-	-	...	...	...
25 - 29	-	-	-	...	...	...
30 - 34	-	-	-	...	...	...
35 - 39	-	-	-	...	...	...
40 - 44	1	-	1	...	...	...
45 - 49	2	2	-	...	...	...
50 - 54	1	1	-	...	...	...
55 - 59	2	2	-	...	...	...
60 - 64	4	2	2	...	...	...
65 - 69	10	5	5	...	...	...
70 - 74	5	5	-	...	...	...
75 - 79	4	2	2	...	...	...
80 - 84	8	1	7	...	...	...
85 - 89	7	1	6	...	...	...
90 - 94	3	-	3	...	...	...
95 - 99	1	-	1	...	...	...
100 +	-	-	-	...	...	...
Seychelles						
2011 (+C)						
Total	691	392	299	7.9	9.1	6.7
0	16	10	6	♦10.4	♦12.9	♦7.9
1 - 4	8	6	2	♦1.5	♦2.3	♦0.8
5 - 9	1	1	-	♦0.2	♦0.3	-
10 - 14	1	1	-	♦0.2	♦0.3	-
15 - 19	3	3	-	♦0.4	♦0.8	-
20 - 24	9	7	2	♦1.4	♦2.0	♦0.7
25 - 29	16	10	6	♦2.4	♦3.2	♦1.7
30 - 34	15	11	4	♦2.1	♦3.2	♦1.1
35 - 39	18	13	5	♦2.4	♦3.5	♦1.4
40 - 44	29	23	6	♦4.2	♦6.8	♦1.7
45 - 49	39	27	12	5.7	♦8.1	♦3.4
50 - 54	49	36	13	8.5	11.9	♦4.8

19. Deaths by age and sex, age-specific death rates by sex: latest available year, 2002 - 2011
Décès et taux de mortalité selon l'âge et le sexe : dernière année disponible, 2002 - 2011 (continued - suite)

Continent, country or area, date, code and age (in years) Continent, pays ou zone, date, code et âge (en annèes)	Number - Nombre			Rate - Taux		
	Both sexes Les deux sexes	Male Masculin	Female Féminin	Both sexes Les deux sexes	Male Masculin	Female Féminin
AFRICA - AFRIQUE						
Seychelles						
2011 (+C)						
55 - 59	36	28	8	9.0	♦14.1	♦4.0
60 - 64	54	35	19	20.2	26.4	♦14.1
65 - 69	44	32	12	20.6	31.8	♦10.7
70 - 74	70	41	29	39.3	57.6	♦27.2
75 - 79	78	42	36	57.9	86.1	41.9
80 - 84	85	33	52	97.4	117.4	87.8
85 - 89	72	25	47	146.9	♦176.1	135.1
90 - 94	33	8	25	186.4	♦222.2	♦177.3
95 - 99	13	1	12	♦240.7	♦125.0	♦260.9
100 +	3	-	3	♦375.0	-	♦428.6
Sierra Leone[4]						
2004 (|)						
Total	99 020	...	...	20.1	...	...
0	16 637	...	...	106.6	...	...
1 - 4	20 362	...	...	34.1	...	...
5 - 9	6 806	...	...	9.2	...	...
10 - 14	3 087	...	...	5.5	...	...
15 - 19	3 679	...	...	6.9	...	...
20 - 24	5 278	...	...	12.7	...	...
25 - 29	3 809	...	...	9.4	...	...
30 - 34	3 707	...	...	11.9	...	...
35 - 39	3 387	...	...	11.3	...	...
40 - 44	3 689	...	...	17.3	...	...
45 - 49	3 045	...	...	17.2	...	...
50 - 54	3 491	...	...	27.2	...	...
55 - 59	2 022	...	...	23.8	...	...
60 - 64	3 885	...	...	44.3	...	...
65 - 69	2 446	...	...	40.0	...	...
70 - 74	3 423	...	...	62.9	...	...
75 - 79	2 390	...	...	65.1	...	...
80 - 84	2 780	...	...	102.6	...	...
85 +	5 097	...	...	142.3	...	...
South Africa - Afrique du Sud						
2009 (U)						
Total	572 673	294 167[5]	277 453[5]	...	...	...
0	37 974	20 348[5]	17 191[5]	...	...	...
1 - 4	12 497	6 511[5]	5 959[5]	...	...	...
5 - 9	4 313	2 309[5]	1 998[5]	...	...	...
10 - 14	4 397	2 347[5]	2 046[5]	...	...	...
15 - 19	8 697	4 598[5]	4 078[5]	...	...	...
20 - 24	21 434	9 798[5]	11 591[5]	...	...	...
25 - 29	38 792	17 376[5]	21 356[5]	...	...	...
30 - 34	48 446	24 563[5]	23 810[5]	...	...	...
35 - 39	49 396	27 259[5]	22 091[5]	...	...	...
40 - 44	43 743	24 784[5]	18 909[5]	...	...	...
45 - 49	41 147	24 010[5]	17 097[5]	...	...	...
50 - 54	37 940	22 529[5]	15 378[5]	...	...	...
55 - 59	36 426	21 465[5]	14 935[5]	...	...	...
60 - 64	33 189	18 951[5]	14 219[5]	...	...	...
65 - 69	33 507	17 970[5]	15 526[5]	...	...	...
70 - 74	30 783	14 990[5]	15 777[5]	...	...	...
75 - 79	30 167	12 573[5]	17 587[5]	...	...	...
80 - 84	24 614	9 662[5]	14 943[5]	...	...	...
85 - 89	17 154	6 070[5]	11 082[5]	...	...	...
90 - 94	9 709	2 773[5]	6 936[5]	...	...	...
95 - 99	3 635	934[5]	2 701[5]	...	...	...
100 +	3 424	1 489[5]	1 935[5]	...	...	...
Unknown - Inconnu	1 289	858[5]	308[5]	..	...	...
Swaziland[6]						
2007 (|)						
Total	18 367	8 738	9 629	21.8	21.5	22.0
0	3 613	1 555	2 058	...	...	...
1 - 4	1 230	576	654	...	...	...
5 - 9	408	198	210	3.6	3.5	3.8

19. Deaths by age and sex, age-specific death rates by sex: latest available year, 2002 - 2011
Décès et taux de mortalité selon l'âge et le sexe : dernière année disponible, 2002 - 2011 (continued - suite)

Continent, country or area, date, code and age (in years) Continent, pays ou zone, date, code et âge (en annèes)	Number - Nombre			Rate - Taux		
	Both sexes Les deux sexes	Male Masculin	Female Féminin	Both sexes Les deux sexes	Male Masculin	Female Féminin
AFRICA - AFRIQUE						
Swaziland[6]						
2007 (|)						
10 - 14	302	165	137	2.7	3.0	2.4
15 - 19	431	174	257	4.3	3.5	5.1
20 - 24	1 145	353	792	13.0	8.3	17.6
25 - 29	1 773	707	1 066	25.2	20.9	29.2
30 - 34	1 792	839	953	34.3	32.8	35.7
35 - 39	1 586	828	758	36.3	40.0	32.9
40 - 44	1 145	652	493	33.7	44.0	25.7
45 - 49	865	502	363	29.6	39.3	22.1
50 - 54	752	453	299	32.9	43.5	24.0
55 - 59	557	364	193	30.8	43.7	19.8
60 - 64	618	342	276	37.0	51.0	27.6
65 - 69	436	238	198	32.9	43.1	25.6
70 - 74	392	214	178	48.0	66.7	35.9
75 - 79	283	158	125	45.4	68.0	31.9
80 +	612	261	351	95.3	122.1	82.0
Unknown - Inconnu	427	159	268	..	..	..
Zimbabwe[7]						
2002 (|)						
Total	200 294	103 741	96 553	17.2	18.4	16.1
0	23 672	12 887	10 785	69.6	75.8	63.3
1 - 4	16 231	8 688	7 543	12.2	13.0	11.3
5 - 9	5 166	2 793	2 373	3.4	3.7	3.1
10 - 14	3 599	1 946	1 653	2.4	2.6	2.2
15 - 19	4 165	1 802	2 363	2.8	2.4	3.1
20 - 24	9 623	3 440	6 183	7.9	6.1	9.4
25 - 29	17 414	6 930	10 484	17.6	14.6	20.4
30 - 34	21 358	10 286	11 072	29.3	27.8	30.7
35 - 39	19 611	10 176	9 435	38.9	43.2	35.1
40 - 44	15 322	8 608	6 714	35.3	44.2	28.0
45 - 49	11 993	6 907	5 086	33.6	41.8	26.6
50 - 54	8 845	5 029	3 816	29.4	39.3	22.0
55 - 59	6 229	3 857	2 372	29.5	39.2	21.1
60 - 64	5 910	3 649	2 261	30.5	38.6	22.7
65 - 69	4 504	2 682	1 822	34.1	41.7	26.9
70 - 74	4 638	2 810	1 828	37.8	46.6	29.3
75 +	11 781	6 066	5 715	71.7	84.3	61.9
Unknown - Inconnu	10 233	5 185	5 048	..	..	..
AMERICA, NORTH - AMÉRIQUE DU NORD						
Anguilla						
2007 (+C)						
Total	70	43	27	...	...	...
0 - 4	1	-	1	...	...	...
5 - 14	-	-	-	...	...	...
15 - 29	5	4	1	...	...	...
30 - 44	9	6	3	...	...	...
45 - 59	10	7	3	...	...	...
60 - 64	1	1	-	...	...	...
65 - 69	1	1	-	...	...	...
70 - 74	8	3	5	...	...	...
75 - 79	10	8	2	...	...	...
80 - 84	5	4	1	...	...	...
85 +	20	9	11	...	...	...
Antigua and Barbuda - Antigua-et-Barbuda[8]						
2002 (+C)						
Total	444	234	210	5.7	6.4	5.1
0	21	14	7	♦14.4	♦19.3	♦9.6
1 - 4	3	2	1	♦0.5	♦0.7	♦0.3
5 - 9	1	-	1	♦0.1	-	♦0.3
10 - 14	2	1	1	♦0.3	♦0.3	♦0.3
15 - 19	2	2	-	♦0.3	♦0.7	-
20 - 24	9	6	3	♦1.5	♦2.0	♦0.9
25 - 29	3	3	-	♦0.5	♦1.0	-

19. Deaths by age and sex, age-specific death rates by sex: latest available year, 2002 - 2011
Décès et taux de mortalité selon l'âge et le sexe : dernière année disponible, 2002 - 2011 (continued - suite)

Continent, country or area, date, code and age (in years) / Continent, pays ou zone, date, code et âge (en annèes)	Number - Nombre			Rate - Taux		
	Both sexes Les deux sexes	Male Masculin	Female Féminin	Both sexes Les deux sexes	Male Masculin	Female Féminin

AMERICA, NORTH - AMÉRIQUE DU NORD

Antigua and Barbuda - Antigua-et-Barbuda[8]
2002 (+C)

30 - 34	11	8	3	♦1.5	♦2.5	♦0.8
35 - 39	10	8	2	♦1.5	♦2.6	♦0.5
40 - 44	13	5	8	♦2.3	♦2.0	♦2.6
45 - 49	13	6	7	♦2.9	♦2.9	♦3.0
50 - 54	16	7	9	♦4.8	♦4.5	♦5.1
55 - 59	18	9	9	♦7.4	♦8.2	♦6.7
60 - 64	24	15	9	♦12.5	♦17.1	♦8.7
65 - 69	28	17	11	♦17.4	♦23.1	♦12.6
70 - 74	52	27	25	38.1	♦45.1	♦32.6
75 - 79	48	30	18	46.1	♦62.5	♦32.1
80 - 84	64	32	32	86.4	101.9	74.9
85 - 89	54	25	29	130.4	♦165.6	♦110.3
90 - 94	30	10	20	♦161.3	♦163.9	♦160.0
95 +	22	7	15	♦709.7	♦1000.0	♦625.0

Aruba
2007 (C)

Total	521	279	242	5.0	5.6	4.4
0	4	2	2	♦3.2	♦3.2	♦3.3
1 - 4	-	-	-	-	-	-
5 - 9	-	-	-	-	-	-
10 - 14	-	-	-	-	-	-
15 - 19	7	6	1	♦1.0	♦1.6	♦0.3
20 - 24	3	2	1	♦0.5	♦0.7	♦0.3
25 - 29	6	3	3	♦1.0	♦1.0	♦0.9
30 - 34	5	3	2	♦0.7	♦0.9	♦0.5
35 - 39	9	4	5	♦1.0	♦1.0	♦1.1
40 - 44	16	11	5	♦1.7	♦2.4	♦1.0
45 - 49	22	13	9	♦2.3	♦2.9	♦1.8
50 - 54	23	14	9	♦3.0	♦3.9	♦2.2
55 - 59	47	28	19	7.8	♦9.9	♦5.9
60 - 64	45	28	17	10.0	♦13.4	♦7.0
65 - 69	55	31	24	16.1	20.0	♦12.8
70 - 74	60	37	23	22.9	34.0	♦15.0
75 - 79	60	39	21	35.5	55.3	♦21.4
80 - 84	62	30	32	74.2	♦89.6	63.8
85 - 89	32	8	24	74.6	♦52.0	♦87.3
90 - 94	44	13	31	228.4	♦255.6	218.6
95 - 99	18	7	11	...	...	...
100 +	3	-	3	♦176.5	-	♦187.5

2010 (C)

Total	610	...	...	6.0	...	...
0	4	...	...	♦3.6	...	...
1 - 49	59	...	...	0.9	...	...
50 - 59	76	...	...	5.0	...	...
60 - 69	114	...	...	12.9	...	...
70 - 79	165	...	...	33.6	...	...
80 - 89	140	...	...	87.9	...	...
90 +	52	...	...	179.3	...	...

Bahamas
2007 (C)

Total	1 798	1 001	797	5.4	6.2	4.6
0	69	33	36	11.7	10.8	12.6
1 - 4	6	3	3	♦0.3	♦0.3	♦0.3
5 - 9	11	7	4	♦0.4	♦0.5	♦0.3
10 - 14	9	6	3	♦0.3	♦0.4	♦0.2
15 - 19	27	23	4	♦0.9	♦1.6	♦0.3
20 - 24	39	26	13	1.5	♦2.0	♦1.0
25 - 29	54	40	14	2.2	3.3	♦1.1
30 - 34	60	40	20	2.2	3.1	♦1.4
35 - 39	109	66	43	4.0	5.0	3.0
40 - 44	105	66	39	3.9	5.2	2.8
45 - 49	130	76	54	5.6	6.8	4.4
50 - 54	138	97	41	7.8	11.4	4.5
55 - 59	116	68	48	9.0	11.1	7.1
60 - 64	125	79	46	12.5	17.2	8.5

19. Deaths by age and sex, age-specific death rates by sex: latest available year, 2002 - 2011
Décès et taux de mortalité selon l'âge et le sexe : dernière année disponible, 2002 - 2011 (continued - suite)

Continent, country or area, date, code and age (in years) Continent, pays ou zone, date, code et âge (en annèes)	Number - Nombre			Rate - Taux		
	Both sexes Les deux sexes	Male Masculin	Female Féminin	Both sexes Les deux sexes	Male Masculin	Female Féminin
AMERICA, NORTH - AMÉRIQUE DU NORD						
Bahamas						
2007 (C)						
65 - 69	159	87	72	20.1	24.2	16.7
70 - 74	150	86	64	27.8	35.8	21.3
75 - 79	144	70	74	43.6	53.8	37.0
80 +	345	126	219	127.8	157.5	115.3
80 - 84	122	46	76	...	...	...
85 - 89	114	44	70	...	...	...
90 - 94	72	26	46	...	...	...
95 - 99	32	9	23	...	...	...
100 +	5	1	4	...	...	...
Unknown - Inconnu	2	2	-	..	..	..
Barbados - Barbade[9]						
2007 (+C)						
Total	2 195	1 143	1 052	...	...	...
0	31	18	13	...	...	...
1 - 4	8	5	3	...	...	...
5 - 9	5	3	2	...	...	...
10 - 14	8	6	2	...	...	...
15 - 19	17	13	4	...	...	...
20 - 24	10	4	6	...	...	...
25 - 29	15	14	1	...	...	...
30 - 34	30	16	14	...	...	...
35 - 39	38	23	15	...	...	...
40 - 44	45	26	19	...	...	...
45 - 49	58	28	30	...	...	...
50 - 54	76	46	30	...	...	...
55 - 59	90	54	36	...	...	...
60 - 64	113	63	50	...	...	...
65 - 69	142	83	59	...	...	...
70 - 74	182	105	77	...	...	...
75 - 79	309	160	149	...	...	...
80 - 84	281	152	129	...	...	...
85 - 89	339	139	200	...	...	...
90 - 94	199	59	140	...	...	...
95 +	97	30	67	...	...	...
Unknown - Inconnu	102	96	6	..	...	...
Bermuda - Bermudes[10]						
2009 (C)						
Total	471	252	219	7.3	8.2	6.5
0	1	-	1	♦1.3	-	♦2.6
1 - 4	1	1	-	♦0.3	♦0.7	-
5 - 9	-	-	-	-	-	-
10 - 14	-	-	-	-	-	-
15 - 19	-	-	-	-	-	-
20 - 24	2	2	-	♦0.6	♦1.2	-
25 - 29	5	3	2	♦1.2	♦1.5	♦0.9
30 - 34	7	6	1	♦1.6	♦2.9	♦0.4
35 - 39	7	5	2	♦1.4	♦2.1	♦0.8
40 - 44	10	5	5	♦1.9	♦1.9	♦1.9
45 - 49	20	14	6	♦3.4	♦4.8	♦2.0
50 - 54	15	7	8	♦2.9	♦2.9	♦2.9
55 - 59	30	17	13	♦7.0	♦8.2	♦5.9
60 - 64	39	30	9	10.9	♦17.9	♦4.7
65 - 69	39	21	18	14.9	♦17.9	♦12.4
70 - 74	39	26	13	19.2	♦30.2	♦11.1
75 - 79	75	38	37	45.8	57.3	37.9
80 - 84	65	28	37	60.8	♦72.2	54.3
85 +	116	49	67	154.9	229.0	125.2
85 - 89	49	26	23	...	...	...
90 - 94	42	18	24	...	...	...
95 - 99	12	3	9	...	...	...
100 +	13	2	11	...	...	...
Canada[11]						
2008 (C)						
Total	238 617	120 426	118 191	7.2	7.3	7.0
0	1 911	1 057	854	5.3	5.7	4.8

19. Deaths by age and sex, age-specific death rates by sex: latest available year, 2002 - 2011
Décès et taux de mortalité selon l'âge et le sexe : dernière année disponible, 2002 - 2011 (continued - suite)

Continent, country or area, date, code and age (in years) / Continent, pays ou zone, date, code et âge (en années)	Number - Nombre			Rate - Taux		
	Both sexes Les deux sexes	Male Masculin	Female Féminin	Both sexes Les deux sexes	Male Masculin	Female Féminin
AMERICA, NORTH - AMÉRIQUE DU NORD						
Canada[11]						
2008 (C)						
1 - 4	265	153	112	0.2	0.2	0.2
5 - 9	201	117	84	0.1	0.1	0.1
10 - 14	246	160	86	0.1	0.2	0.1
15 - 19	894	607	287	0.4	0.5	0.3
20 - 24	1 264	935	329	0.6	0.8	0.3
25 - 29	1 282	878	404	0.6	0.8	0.4
30 - 34	1 376	911	465	0.6	0.8	0.4
35 - 39	2 064	1 290	774	0.9	1.1	0.7
40 - 44	3 392	2 063	1 329	1.3	1.6	1.0
45 - 49	5 803	3 453	2 350	2.1	2.5	1.7
50 - 54	8 635	5 300	3 335	3.4	4.2	2.6
55 - 59	11 334	6 904	4 430	5.3	6.5	4.1
60 - 64	14 606	8 946	5 660	8.1	10.1	6.2
65 - 69	17 282	10 349	6 933	12.8	15.9	10.0
70 - 74	22 194	13 006	9 188	20.9	26.1	16.3
75 - 79	30 733	17 061	13 672	34.0	42.2	27.4
80 - 84	38 476	19 414	19 062	57.7	72.4	47.8
85 - 89	38 943	16 289	22 654	99.3	120.8	88.0
90 - 94	25 509	8 717	16 792	170.3	207.4	155.8
95 - 99	10 191	2 465	7 726	262.3	284.7	255.9
100 +	2 011	347	1 664	364.8	326.4	373.9
Unknown - Inconnu	5	4	1	..	..	..
Cayman Islands - Îles Caïmanes[12]						
2010 (C)						
Total	152	85	67	2.8	3.1	2.4
0	2	1	1	♦2.6	♦2.6	♦2.5
1 - 4	2	2	-	♦0.7	♦1.3	-
5 - 9	-	-	-	-	-	-
10 - 14	-	-	-	-	-	-
15 - 19	2	2	-	♦0.7	♦1.4	-
20 - 24	4	2	2	♦1.4	♦1.4	♦1.3
25 - 29	6	5	1	♦1.2	♦2.1	♦0.4
30 - 34	3	1	2	♦0.5	♦0.3	♦0.7
35 - 39	2	2	-	♦0.3	♦0.6	-
40 - 44	3	2	1	♦0.5	♦0.7	♦0.3
45 - 49	6	6	-	♦1.2	♦2.4	-
50 - 54	10	8	2	♦2.6	♦4.4	♦1.0
55 - 59	7	6	1	♦2.6	♦4.8	♦0.7
60 - 64	13	7	6	♦7.5	♦7.9	♦7.2
65 +	88	38	50	29.5	27.7	31.0
Unknown - Inconnu	4	3	1	..	..	..
Costa Rica						
2011* (C)						
Total	18 801	10 666	8 135	4.4	5.1	3.7
0	666	374	292	10.1	11.1	9.1
1 - 4	100	54	46	0.4	0.4	0.3
5 - 9	63	32	31	0.2	0.2	0.2
10 - 14	107	65	42	0.3	0.3	0.2
15 - 19	236	164	72	0.6	0.8	0.4
20 - 24	311	225	86	0.8	1.1	0.4
25 - 29	384	293	91	1.0	1.6	0.5
30 - 34	392	273	119	1.2	1.7	0.7
35 - 39	410	266	144	1.4	1.9	1.0
40 - 44	541	366	175	1.9	2.7	1.2
45 - 49	686	457	229	2.6	3.6	1.6
50 - 54	981	630	351	4.2	5.6	2.9
55 - 59	1 090	669	421	5.9	7.7	4.4
60 - 64	1 273	761	512	9.2	11.6	7.1
65 - 69	1 442	859	583	13.9	17.3	10.8
70 - 74	1 705	995	710	21.8	26.8	17.3
75 - 79	2 008	1 148	860	35.5	44.1	28.2
80 - 84	2 365	1 239	1 126	58.9	68.2	51.2
85 +	4 034	1 790	2 244	120.6	129.1	114.6
Unknown - Inconnu	7	6	1	..	..	..

Continent, country or area, date, code and age (in years) Continent, pays ou zone, date, code et âge (en annèes)	Number - Nombre			Rate - Taux		
	Both sexes Les deux sexes	Male Masculin	Female Féminin	Both sexes Les deux sexes	Male Masculin	Female Féminin

AMERICA, NORTH - AMÉRIQUE DU NORD

Cuba
2010* (C)

Total	91 065	49 080	41 985	8.1	8.7	7.5
0	581	349	232	4.5	5.3	3.7
1 - 4	152	93	59	0.3	0.4	0.3
5 - 9	127	70	57	0.2	0.2	0.2
10 - 14	162	95	67	0.2	0.3	0.2
15 - 19	266	181	85	0.3	0.5	0.2
20 - 24	450	306	144	0.5	0.7	0.4
25 - 29	493	332	161	0.7	0.9	0.5
30 - 34	624	430	194	0.9	1.2	0.6
35 - 39	1 098	704	394	1.1	1.4	0.8
40 - 44	1 884	1 166	718	1.8	2.2	1.4
45 - 49	2 975	1 756	1 219	3.0	3.6	2.5
50 - 54	3 350	2 076	1 274	5.1	6.4	3.8
55 - 59	4 771	2 832	1 939	7.7	9.4	6.1
60 - 64	6 709	3 968	2 741	12.1	14.9	9.5
65 - 69	8 533	4 968	3 565	18.3	22.0	14.8
70 - 74	10 353	5 941	4 412	28.6	34.1	23.6
75 - 79	11 464	6 214	5 250	46.3	54.0	39.6
80 - 84	12 840	6 644	6 196	72.9	84.0	63.9
85 +	24 228	10 950	13 278	145.0	154.1	138.3
Unknown - Inconnu	5	5	-	..	..	..

Dominica - Dominique
2006 (+C)

Total	536	285	251	7.5	7.9	7.2
0 - 4	14	12	2	♦2.2	♦3.7	♦0.7
0	13	11	2	...	...	...
1 - 4	1	1	-	...	...	...
5 - 9	1	1	-	♦0.1	♦0.3	-
10 - 14	2	2	-	♦0.3	♦0.6	-
15 - 19	8	7	1	♦1.2	♦2.0	♦0.3
20 - 24	9	6	3	♦2.0	♦2.5	♦1.4
25 - 29	5	3	2	♦1.0	♦1.2	♦0.8
30 - 34	9	5	4	♦1.6	♦1.7	♦1.4
35 - 39	8	6	2	♦1.5	♦2.1	♦0.8
40 - 44	8	5	3	♦1.8	♦2.1	♦1.5
45 - 49	23	7	16	♦6.5	♦3.6	♦9.9
50 - 54	17	9	8	♦6.0	♦6.1	♦5.9
55 - 59	19	11	8	♦7.9	♦9.1	♦6.8
60 - 64	19	13	6	♦8.4	♦12.7	♦4.9
65 - 69	34	16	18	14.6	♦14.7	♦14.6
70 - 74	57	26	31	30.9	♦29.9	31.9
75 - 79	76	39	37	57.1	65.4	50.3
80 - 84	68	38	30	75.5	107.3	♦54.8
85 +	152	73	79	184.2	253.5	147.1
Unknown - Inconnu	7	6	1	..	..	..

Dominican Republic - République dominicaine
2010 (U)

Total	34 157	21 604	12 528	...	...	...
0	480	267	198	...	...	...
1 - 4	212	145	67	...	...	...
5 - 9	193	112	81	...	...	...
10 - 14	233	156	77	...	...	...
15 - 19	594	453	141	...	...	...
20 - 24	900	706	194	...	...	...
25 - 29	1 004	762	242	...	...	...
30 - 34	1 065	756	309	...	...	...
35 - 39	1 140	798	342	...	...	...
40 - 44	1 261	860	401	...	...	...
45 - 49	1 403	936	467	...	...	...
50 - 54	1 754	1 172	582	...	...	...
55 - 59	2 061	1 355	706	...	...	...
60 - 64	2 459	1 641	818	...	...	...
65 - 69	2 524	1 624	900	...	...	...
70 - 74	3 093	1 916	1 177	...	...	...
75 - 79	3 635	2 139	1 496	...	...	...

19. Deaths by age and sex, age-specific death rates by sex: latest available year, 2002 - 2011
Décès et taux de mortalité selon l'âge et le sexe : dernière année disponible, 2002 - 2011 (continued - suite)

Continent, country or area, date, code and age (in years) / Continent, pays ou zone, date, code et âge (en années)	Number - Nombre			Rate - Taux		
	Both sexes Les deux sexes	Male Masculin	Female Féminin	Both sexes Les deux sexes	Male Masculin	Female Féminin
AMERICA, NORTH - AMÉRIQUE DU NORD						
Dominican Republic - République dominicaine						
2010 (U)						
80 - 84	3 327	2 030	1 297	...	...	...
85 - 89	2 464	1 385	1 079	...	...	...
90 - 94	1 443	821	622	...	...	...
95 +	972	482	490	...	...	...
Unknown - Inconnu	1 940	1 088	842	..	..	..
El Salvador						
2007 (C)						
Total	31 349	18 317	13 032	5.5	6.7	4.3
0	981	579	402	9.6	11.2	8.0
1 - 4	286	160	126	0.6	0.7	0.6
5 - 9	179	102	77	0.3	0.3	0.2
10 - 14	287	174	113	0.4	0.5	0.3
15 - 19	922	696	226	1.5	2.3	0.7
20 - 24	1 170	966	204	2.4	4.2	0.8
25 - 29	1 469	1 225	244	3.2	5.9	1.0
30 - 34	1 286	1 036	250	3.2	5.8	1.1
35 - 39	1 173	864	309	3.3	5.5	1.6
40 - 44	1 164	794	370	3.8	6.0	2.2
45 - 49	1 352	891	461	5.4	8.1	3.2
50 - 54	1 461	912	549	6.8	9.6	4.6
55 - 59	1 748	1 062	686	9.5	13.0	6.8
60 - 64	1 758	1 015	743	11.6	14.9	8.9
65 - 69	2 351	1 284	1 067	18.8	23.0	15.4
70 - 74	2 555	1 342	1 213	26.2	30.9	22.5
75 - 79	3 086	1 543	1 543	40.6	45.8	36.5
80 - 84	3 088	1 484	1 604	65.9	72.7	60.6
85 +	5 033	2 188	2 845	112.2	118.3	107.9
Greenland - Groenland						
2010 (C)						
Total	504	304	200	8.9	10.2	7.5
0	6	6	-	♦6.9	♦13.1	-
1 - 4	3	2	1	♦0.9	♦1.2	♦0.6
5 - 9	-	-	-	-	-	-
10 - 14	3	2	1	♦0.7	♦0.9	♦0.5
15 - 19	14	6	8	♦3.1	♦2.6	♦3.5
20 - 24	21	17	4	♦4.7	♦7.5	♦1.8
25 - 29	6	5	1	♦1.5	♦2.4	♦0.5
30 - 34	11	10	1	♦3.2	♦5.4	♦0.6
35 - 39	13	9	4	♦3.9	♦4.9	♦2.7
40 - 44	22	14	8	♦4.3	♦5.1	♦3.4
45 - 49	35	24	11	6.6	♦8.4	♦4.5
50 - 54	34	19	15	8.0	♦7.8	♦8.2
55 - 59	43	30	13	13.7	♦16.7	♦9.7
60 - 64	38	25	13	16.8	♦18.5	♦14.3
65 - 69	75	48	27	42.3	48.7	♦34.3
70 - 74	53	33	20	51.4	62.6	♦39.6
75 - 79	60	35	25	91.8	122.4	♦68.0
80 - 84	43	15	28	130.7	♦125.0	♦134.0
85 - 89	17	3	14	♦197.7	♦105.3	♦243.5
90 - 94	6	-	6	♦272.7	-	♦307.7
95 +	1	1	-	♦400.0	♦2000.0	-
Guadeloupe[13]						
2003 (C)						
Total	2 636	1 405	1 231	6.0	6.7	5.4
0	56	34	22	8.1	9.7	♦6.5
1 - 4	9	5	4	♦0.3	♦0.3	♦0.3
5 - 9	5	4	1	♦0.1	♦0.2	♦0.1
10 - 14	5	3	2	♦0.1	♦0.2	♦0.1
15 - 19	21	18	3	♦0.6	♦1.0	♦0.2
20 - 24	23	19	4	♦0.8	♦1.3	♦0.3
25 - 29	23	17	6	♦0.9	♦1.3	♦0.4
30 - 34	39	31	8	1.1	2.0	♦0.4
35 - 39	60	40	20	1.6	2.4	♦1.0
40 - 44	76	47	29	2.2	2.8	♦1.6
45 - 49	102	71	31	3.5	5.3	2.0

Continent, country or area, date, code and age (in years) Continent, pays ou zone, date, code et âge (en annèes)	Number - Nombre			Rate - Taux		
	Both sexes Les deux sexes	Male Masculin	Female Féminin	Both sexes Les deux sexes	Male Masculin	Female Féminin
AMERICA, NORTH - AMÉRIQUE DU NORD						
Guadeloupe[13]						
2003 (C)						
50 - 54	112	87	25	4.5	7.5	♦1.9
55 - 59	128	85	43	6.3	8.7	4.1
60 - 64	177	96	81	10.9	12.7	9.3
65 - 69	213	126	87	14.9	19.1	11.2
70 - 74	257	141	116	22.7	28.5	18.2
75 - 79	316	180	136	34.1	45.4	25.6
80 - 84	356	185	171	53.8	68.2	43.8
85 - 89	329	124	205	96.8	98.9	95.6
90 +	329	92	237	148.6	142.2	151.2
90 - 94	205	65	140	...	...	...
95 - 99	96	19	77	...	...	...
100 +	28	8	20	...	...	...
Guatemala						
2006 (C)						
Total	69 756	40 650	29 106	...	...	...
0	9 042	5 012	4 030	...	...	...
1 - 4	3 567	1 900	1 667	...	...	...
5 - 9	1 016	556	460	...	...	...
10 - 14	922	519	403	...	...	...
15 - 19	2 271	1 597	674	...	...	...
20 - 24	3 053	2 342	711	...	...	...
25 - 29	3 227	2 448	779	...	...	...
30 - 34	2 777	2 054	723	...	...	...
35 - 39	2 721	1 905	816	...	...	...
40 - 44	2 765	1 835	930	...	...	...
45 - 49	2 829	1 803	1 026	...	...	...
50 - 54	3 048	1 846	1 202	...	...	...
55 - 59	3 342	1 857	1 485	...	...	...
60 - 64	3 420	1 870	1 550	...	...	...
65 - 69	3 955	2 124	1 831	...	...	...
70 +	21 532	10 787	10 745	...	...	...
Unknown - Inconnu	269	195	74	..	..	..
Haiti - Haïti[8]						
2003 (U)						
Total	8 011	4 135	3 876	...	...	...
0	724	388	336	...	...	...
1 - 4	501	270	231	...	...	...
5 - 9	161	85	76	...	...	...
10 - 14	135	66	69	...	...	...
15 - 19	216	114	102	...	...	...
20 - 24	324	158	166	...	...	...
25 - 29	371	179	192	...	...	...
30 - 34	442	229	213	...	...	...
35 - 39	392	215	177	...	...	...
40 - 44	434	234	200	...	...	...
45 - 49	363	190	173	...	...	...
50 - 54	346	177	169	...	...	...
55 - 59	316	176	140	...	...	...
60 - 64	397	205	192	...	...	...
65 - 69	378	196	182	...	...	...
70 - 74	460	245	215	...	...	...
75 - 79	416	223	193	...	...	...
80 - 84	417	208	209	...	...	...
85 - 89	266	110	156	...	...	...
90 - 94	162	57	105	...	...	...
95 +	132	48	84	...	...	...
Unknown - Inconnu	658	362	296	..	..	..
Jamaica - Jamaïque[14]						
2005 (U)						
Total	17 552	9 473	8 079	...	...	...
0	1 007	517	490	...	...	...
1 - 4	197	98	99	...	...	...
5 - 9	75	45	30	...	...	...
10 - 14	73	32	41	...	...	...
15 - 19	248	195	53	...	...	...

19. Deaths by age and sex, age-specific death rates by sex: latest available year, 2002 - 2011
Décès et taux de mortalité selon l'âge et le sexe : dernière année disponible, 2002 - 2011 (continued - suite)

Continent, country or area, date, code and age (in years) / Continent, pays ou zone, date, code et âge (en annèes)	Number - Nombre			Rate - Taux		
	Both sexes Les deux sexes	Male Masculin	Female Féminin	Both sexes Les deux sexes	Male Masculin	Female Féminin
AMERICA, NORTH - AMÉRIQUE DU NORD						
Jamaica - Jamaïque[14]						
2005 (U)						
20 - 24	505	404	101	...	...	...
25 - 29	550	398	152	...	...	...
30 - 34	555	386	169	...	...	...
35 - 39	568	350	218	...	...	...
40 - 44	597	370	227	...	...	...
45 - 49	597	329	268	...	...	...
50 - 54	636	382	254	...	...	...
55 - 59	670	397	273	...	...	...
60 - 64	981	566	415	...	...	...
65 - 69	1 159	658	501	...	...	...
70 - 74	1 701	974	727	...	...	...
75 +	7 433	3 372	4 061	...	...	...
Martinique[13]						
2007 (C)						
Total	2 830	1 439	1 391	7.1	7.7	6.5
0 - 4	51	31	20	2.0	2.4	♦1.6
0	47	28	19	...	...	...
1 - 4	4	3	1	...	...	...
5 - 9	4	3	1	♦0.1	♦0.2	♦0.1
10 - 14	7	5	2	♦0.2	♦0.3	♦0.1
15 - 19	16	12	4	♦0.5	♦0.8	♦0.3
20 - 24	26	22	4	♦1.1	♦1.9	♦0.3
25 - 29	19	13	6	♦1.0	♦1.5	♦0.6
30 - 34	35	22	13	1.4	♦2.1	♦0.9
35 - 39	36	22	14	1.2	♦1.6	♦0.8
40 - 44	53	31	22	1.6	2.0	♦1.2
45 - 49	64	46	18	2.0	3.2	♦1.1
50 - 54	107	68	39	4.1	5.6	2.8
55 - 59	97	57	40	4.3	5.5	3.2
60 - 64	146	91	55	7.8	10.3	5.5
65 - 69	226	135	91	14.2	18.7	10.4
70 - 74	305	173	132	21.3	27.2	16.6
75 - 79	382	200	182	35.8	44.2	29.6
80 - 84	443	217	226	59.2	76.6	48.6
85 - 89	388	168	220	92.5	122.1	78.1
90 - 94	269	91	178	137.9	159.6	128.9
95 +	156	32	124	212.8	196.3	217.5
Mexico - Mexique[15]						
2010* (+C)						
Total	590 884	331 216	259 348	5.3	6.0	4.5
0	28 861	16 147	12 634	14.6	16.0	13.0
1 - 4	5 639	3 069	2 570	0.7	0.7	0.6
5 - 9	2 868	1 596	1 269	0.3	0.3	0.2
10 - 14	3 590	2 113	1 476	0.3	0.4	0.3
15 - 19	9 872	7 080	2 791	0.9	1.3	0.5
20 - 24	13 140	10 137	2 999	1.3	2.1	0.6
25 - 29	14 325	11 169	3 152	1.6	2.7	0.7
30 - 34	15 886	12 171	3 711	1.9	3.0	0.8
35 - 39	18 233	13 404	4 821	2.2	3.4	1.1
40 - 44	19 864	13 670	6 193	2.8	4.1	1.7
45 - 49	24 481	15 638	8 839	4.1	5.5	2.8
50 - 54	29 975	18 316	11 653	5.9	7.6	4.4
55 - 59	35 496	20 715	14 776	9.1	11.1	7.3
60 - 64	41 718	23 375	18 339	13.4	15.8	11.2
65 - 69	47 154	25 933	21 217	20.3	23.7	17.4
70 - 74	55 004	29 530	25 465	29.4	33.8	25.5
75 - 79	60 724	31 522	29 196	48.8	54.4	43.9
80 - 84	59 909	29 215	30 692	75.0	82.2	69.2
85 - 89	52 823	24 477	28 335	116.3	124.0	110.4
90 - 94	29 698	12 554	17 143	180.1	184.3	177.1
95 - 99	14 377	5 560	8 813	218.7	214.5	221.4
100 +	4 440	1 634	2 806	240.3	226.1	249.5
Unknown - Inconnu	2 807	2 191	458	..	..	..

Continent, country or area, date, code and age (in years) / Continent, pays ou zone, date, code et âge (en annèes)	Number - Nombre			Rate - Taux		
	Both sexes Les deux sexes	Male Masculin	Female Féminin	Both sexes Les deux sexes	Male Masculin	Female Féminin
AMERICA, NORTH - AMÉRIQUE DU NORD						
Nicaragua						
2008 (+U)						
Total	18 079	10 385	7 694	...	...	...
0	1 932	1 123	809	...	...	...
1 - 4	287	155	132	...	...	...
5 - 9	164	95	69	...	...	...
10 - 14	198	118	80	...	...	...
15 - 19	448	289	159	...	...	...
20 - 24	577	431	146	...	...	...
25 - 29	595	463	132	...	...	...
30 - 34	619	442	177	...	...	...
35 - 39	530	398	132	...	...	...
40 - 44	663	449	214	...	...	...
45 - 49	793	525	268	...	...	...
50 - 54	955	578	377	...	...	...
55 - 59	1 001	548	453	...	...	...
60 - 64	1 120	632	488	...	...	...
65 - 69	1 143	638	505	...	...	...
70 - 74	1 446	763	683	...	...	...
75 - 79	1 529	812	717	...	...	...
80 - 84	1 490	778	712	...	...	...
85 - 89	1 271	588	683	...	...	...
90 - 94	780	328	452	...	...	...
95 +	538	232	306	...	...	...
Panama						
2010 (U)						
Total	16 542	9 740	6 802	...	...	...
0	910	510	400	...	...	...
1 - 4	297	152	145	...	...	...
5 - 9	101	68	33	...	...	...
10 - 14	130	77	53	...	...	...
15 - 19	311	234	77	...	...	...
20 - 24	419	329	90	...	...	...
25 - 29	438	335	103	...	...	...
30 - 34	460	337	123	...	...	...
35 - 39	458	305	153	...	...	...
40 - 44	474	325	149	...	...	...
45 - 49	544	344	200	...	...	...
50 - 54	676	412	264	...	...	...
55 - 59	749	473	276	...	...	...
60 - 64	1 012	628	384	...	...	...
65 - 69	1 141	720	421	...	...	...
70 - 74	1 362	813	549	...	...	...
75 - 79	1 639	980	659	...	...	...
80 - 84	1 774	996	778	...	...	...
85 - 89	1 663	841	822	...	...	...
90 - 94	1 248	567	681	...	...	...
95 - 99	544	210	334	...	...	...
100 +	131	39	92	...	...	...
Unknown - Inconnu	61	45	16	..	..	..
Puerto Rico - Porto Rico						
2008 (C)						
Total	29 100	15 906	13 194	7.4	8.4	6.4
0 - 4	442	250	192	1.8	2.0	1.6
0	400	225	175	...	...	...
1 - 4	42	25	17	...	...	...
5 - 9	22	15	7	♦0.1	♦0.1	♦0.1
10 - 14	33	23	10	0.1	♦0.2	♦0.1
15 - 19	201	160	41	0.7	1.1	0.3
20 - 24	345	293	52	1.3	2.1	0.4
25 - 29	429	353	76	1.5	2.5	0.5
30 - 34	389	305	84	1.4	2.3	0.6
35 - 39	466	326	140	1.8	2.5	1.0
40 - 44	635	426	209	2.4	3.4	1.5
45 - 49	902	599	303	3.5	4.9	2.2
50 - 54	1 206	780	426	4.9	6.9	3.2
55 - 59	1 497	967	530	6.5	9.3	4.3

19. Deaths by age and sex, age-specific death rates by sex: latest available year, 2002 - 2011
Décès et taux de mortalité selon l'âge et le sexe : dernière année disponible, 2002 - 2011 (continued - suite)

Continent, country or area, date, code and age (in years) Continent, pays ou zone, date, code et âge (en années)	Number - Nombre			Rate - Taux		
	Both sexes Les deux sexes	Male Masculin	Female Féminin	Both sexes Les deux sexes	Male Masculin	Female Féminin
AMERICA, NORTH - AMÉRIQUE DU NORD						
Puerto Rico - Porto Rico						
2008 (C)						
60 - 64	2 151	1 346	805	10.0	13.8	6.9
65 - 69	2 504	1 500	1 004	14.8	19.7	10.8
70 - 74	2 883	1 637	1 246	21.4	27.1	16.7
75 - 79	3 264	1 726	1 538	32.8	40.5	27.1
80 - 84	4 023	1 907	2 116	57.1	66.8	50.5
85 +	7 658	3 250	4 408	115.4	130.2	106.5
85 - 89	3 684	1 704	1 980	...	...	...
90 - 94	2 565	1 009	1 556	...	...	...
95 - 99	1 146	449	697	...	...	...
100 +	263	88	175	...	...	...
Unknown - Inconnu	50	43	7	..	..	..
Saint Lucia - Sainte-Lucie						
2005* (C)						
Total	1 107	625	482	6.7	7.8	5.7
0 - 4	53	30	23	3.9	♦4.4	♦3.3
0	46	28	18	...	...	...
1 - 4	7	2	5	...	...	...
5 - 9	2	1	1	♦0.1	♦0.1	♦0.1
10 - 14	7	4	3	♦0.4	♦0.5	♦0.3
15 - 19	14	12	2	♦0.8	♦1.4	♦0.2
20 - 24	19	15	4	♦1.2	♦1.9	♦0.5
25 - 29	24	18	6	♦1.8	♦2.7	♦0.9
30 - 34	33	21	12	2.6	♦3.5	♦1.9
35 - 39	25	19	6	♦2.1	♦3.3	♦1.0
40 - 44	40	30	10	3.6	♦5.6	♦1.8
45 - 49	38	28	10	4.4	♦6.5	♦2.3
50 - 54	49	25	24	7.6	♦7.6	♦7.5
55 - 59	42	23	19	8.4	♦9.6	♦7.3
60 - 64	82	52	30	20.1	27.5	♦13.7
65 - 69	103	63	40	28.8	37.5	21.1
70 - 74	88	52	36	29.2	36.6	22.6
75 - 79	114	72	42	58.7	79.4	40.5
80 +	361	154	207	127.0	129.4	125.3
80 - 84	154	70	84	...	...	...
85 +	207	84	123	...	...	...
Unknown - Inconnu	13	6	7	..	..	..
Saint Vincent and the Grenadines - Saint-Vincent-et-les Grenadines						
2009 (+C)						
Total	765	395	370	...	...	...
0	32	19	13	...	...	...
1 - 4	4	2	2	...	...	...
5 - 9	2	2	-	...	...	...
10 - 14	7	3	4	...	...	...
15 - 19	8	5	3	...	...	...
20 - 24	13	9	4	...	...	...
25 - 29	21	13	8	...	...	...
30 - 34	18	10	8	...	...	...
35 - 39	17	13	4	...	...	...
40 - 44	27	17	10	...	...	...
45 - 49	36	27	9	...	...	...
50 - 54	26	13	13	...	...	...
55 - 59	24	13	11	...	...	...
60 - 64	35	23	12	...	...	...
65 - 69	56	30	26	...	...	...
70 - 74	69	38	31	...	...	...
75 - 79	102	53	49	...	...	...
80 - 84	106	45	61	...	...	...
85 +	159	58	101	...	...	...
Unknown - Inconnu	3	2	1	..	..	..
Trinidad and Tobago - Trinité-et-Tobago						
2005 (C)						
Total	9 885	5 702	4 183	...	...	...
0	266	149	117	...	...	...
1 - 4	39	23	16	...	...	...

19. Deaths by age and sex, age-specific death rates by sex: latest available year, 2002 - 2011
Décès et taux de mortalité selon l'âge et le sexe : dernière année disponible, 2002 - 2011 (continued - suite)

Continent, country or area, date, code and age (in years) Continent, pays ou zone, date, code et âge (en annèes)	Number - Nombre			Rate - Taux		
	Both sexes Les deux sexes	Male Masculin	Female Féminin	Both sexes Les deux sexes	Male Masculin	Female Féminin

AMERICA, NORTH - AMÉRIQUE DU NORD

Trinidad and Tobago - Trinité-et-Tobago
2005 (C)

5 - 9	20	13	7	...	...	...
10 - 14	31	14	17	...	...	...
15 - 19	136	94	42	...	...	...
20 - 24	234	185	49	...	...	...
25 - 29	246	182	64	...	...	...
30 - 34	252	170	82	...	...	...
35 - 39	258	161	97	...	...	...
40 - 44	434	284	150	...	...	...
45 - 49	479	306	173	...	...	...
50 - 54	540	345	195	...	...	...
55 - 59	712	452	260	...	...	...
60 - 64	812	482	330	...	...	...
65 - 69	949	568	381	...	...	...
70 - 74	927	515	412	...	...	...
75 - 79	1 057	572	485	...	...	...
80 - 84	1 043	552	491	...	...	...
85 +	1 445	631	814	...	...	...
Unknown - Inconnu	5	4	1	..	..	..

Turks and Caicos Islands - Îles Turques et Caïques
2005 (C)

Total	53	32	21	...	...	...
0	1	1	-	...	...	...
1 - 4	-	-	-	...	...	...
5 - 9	-	-	-	...	...	...
10 - 14	1	1	-	...	...	...
15 - 19	1	1	-	...	...	...
20 - 24	-	-	-	...	...	...
25 - 29	2	2	-	...	...	...
30 - 34	8	5	3	...	...	...
35 - 39	3	2	1	...	...	...
40 - 44	3	1	2	...	...	...
45 - 49	1	1	-	...	...	...
50 - 54	2	-	2	...	...	...
55 - 59	2	2	-	...	...	...
60 - 64	2	2	-	...	...	...
65 - 69	-	-	-	...	...	...
70 - 74	3	3	-	...	...	...
75 - 79	6	1	5	...	...	...
80 - 84	5	3	2	...	...	...
85 +	11	5	6	...	...	...
Unknown - Inconnu	2	2	-	..	..	..

United States of America - États-Unis d'Amérique
2009 (C)

Total	2 437 163	1 217 379	1 219 784	7.9	8.0	7.8
0	26 412	14 823	11 589	6.2	6.8	5.6
1 - 4	4 450	2 495	1 955	0.3	0.3	0.2
5 - 9	2 523	1 398	1 125	0.1	0.1	0.1
10 - 14	3 128	1 850	1 278	0.2	0.2	0.1
15 - 19	11 520	8 176	3 344	0.5	0.7	0.3
20 - 24	18 896	14 136	4 760	0.9	1.3	0.5
25 - 29	20 612	14 571	6 041	1.0	1.3	0.6
30 - 34	21 890	14 628	7 262	1.1	1.4	0.7
35 - 39	29 510	18 781	10 729	1.4	1.8	1.1
40 - 44	45 155	27 774	17 381	2.2	2.6	1.7
45 - 49	76 407	46 373	30 034	3.3	4.1	2.6
50 - 54	111 161	68 447	42 714	5.1	6.4	3.9
55 - 59	137 706	85 207	52 499	7.3	9.3	5.4
60 - 64	165 601	98 935	66 666	10.5	13.1	8.1
65 - 69	185 771	107 198	78 573	15.8	19.5	12.5
70 - 74	215 261	118 596	96 665	23.9	29.1	19.6
75 - 79	274 987	143 233	131 754	37.5	45.5	31.5
80 - 84	352 740	167 799	184 941	60.6	73.0	52.5
85 +	733 178	262 782	470 396	130.2	147.4	122.2
Unknown - Inconnu	255	177	78	..	..	..

Continent, country or area, date, code and age (in years) / Continent, pays ou zone, date, code et âge (en annèes)	Number - Nombre			Rate - Taux		
	Both sexes Les deux sexes	Male Masculin	Female Féminin	Both sexes Les deux sexes	Male Masculin	Female Féminin
AMERICA, NORTH - AMÉRIQUE DU NORD						
United States Virgin Islands - Îles Vierges américaines						
2007 (C)						
Total	727	424	303	6.6	8.1	5.2
0 - 4	14	8	6	♦1.9	♦2.1	♦1.6
0	12	6	6	...	...	...
1 - 4	2	2	-	...	...	...
5 - 9	-	-	-	-	-	-
10 - 14	2	1	1	♦0.2	♦0.2	♦0.2
15 - 19	9	8	1	♦1.1	♦2.0	♦0.2
20 - 24	16	15	1	♦2.3	♦4.7	♦0.3
25 - 29	20	14	6	♦3.7	♦5.7	♦2.1
30 - 34	16	10	6	♦2.6	♦3.7	♦1.8
35 - 39	16	13	3	♦2.2	♦3.9	♦0.7
40 - 44	33	21	12	4.1	♦5.6	♦2.8
45 - 49	26	13	13	♦3.2	♦3.3	♦3.1
50 - 54	50	34	16	6.6	9.6	♦3.9
55 - 59	51	29	22	6.8	♦8.1	♦5.6
60 - 64	79	55	24	10.7	15.3	♦6.3
65 - 69	50	36	14	10.1	14.8	♦5.5
70 - 74	68	43	25	18.8	26.6	♦12.5
75 +	273	120	153	59.0	63.7	55.7
Unknown - Inconnu	4	4	-	..	..	..
AMERICA, SOUTH - AMÉRIQUE DU SUD						
Argentina - Argentine[5]						
2010 (C)						
Total	318 602	164 771	153 510	7.9	8.3	7.4
0	8 961	5 035	3 908	12.9	14.3	11.5
1 - 4	1 446	813	632	0.5	0.6	0.5
5 - 9	739	422	314	0.2	0.2	0.2
10 - 14	986	554	431	0.3	0.3	0.3
15 - 19	2 618	1 864	751	0.8	1.1	0.4
20 - 24	3 394	2 547	846	1.0	1.5	0.5
25 - 29	3 267	2 350	915	1.0	1.5	0.6
30 - 34	3 721	2 436	1 278	1.1	1.5	0.8
35 - 39	4 136	2 617	1 519	1.5	1.9	1.1
40 - 44	5 226	3 235	1 985	2.2	2.7	1.7
45 - 49	7 621	4 628	2 989	3.4	4.2	2.6
50 - 54	11 408	7 153	4 247	5.5	7.2	3.9
55 - 59	16 800	10 746	6 044	8.8	11.9	6.1
60 - 64	22 250	14 211	8 026	13.7	18.7	9.3
65 - 69	27 045	17 058	9 966	20.3	28.3	13.7
70 - 74	32 660	19 380	13 256	30.5	42.4	21.6
75 - 79	40 364	21 691	18 654	47.8	65.5	36.3
80 +	125 059	47 541	77 443	131.8	153.5	121.2
80 - 84	46 974	21 656	25 297	...	...	...
85 +	78 085	25 885	52 146	...	...	...
Unknown - Inconnu	901	490	306	..	..	..
Brazil - Brésil[16]						
2009 (U)						
Total	1 083 399	622 143	461 018	...	...	...
0	33 713	18 954	14 759	...	...	...
1 - 4	6 684	3 662	3 022	...	...	...
5 - 9	4 258	2 484	1 774	...	...	...
10 - 14	5 433	3 316	2 117	...	...	...
15 - 19	17 759	13 976	3 783	...	...	...
20 - 24	27 460	22 292	5 168	...	...	...
25 - 29	28 474	22 114	6 360	...	...	...
30 - 34	28 618	21 047	7 571	...	...	...
35 - 39	31 699	22 113	9 586	...	...	...
40 - 44	40 752	27 214	13 538	...	...	...
45 - 49	51 480	33 380	18 100	...	...	...
50 - 54	63 841	40 647	23 194	...	...	...
55 - 59	72 959	45 809	27 150	...	...	...

19. Deaths by age and sex, age-specific death rates by sex: latest available year, 2002 - 2011
Décès et taux de mortalité selon l'âge et le sexe : dernière année disponible, 2002 - 2011 (continued - suite)

Continent, country or area, date, code and age (in years) Continent, pays ou zone, date, code et âge (en annèes)	Number - Nombre			Rate - Taux		
	Both sexes Les deux sexes	Male Masculin	Female Féminin	Both sexes Les deux sexes	Male Masculin	Female Féminin

AMERICA, SOUTH - AMÉRIQUE DU SUD

Brazil - Brésil[16]
2009 (U)

60 - 64	80 194	48 791	31 403	...	...	...
65 - 69	92 061	54 209	37 852	...	...	...
70 - 74	107 289	60 261	47 028	...	...	...
75 - 79	114 312	60 332	53 980	...	...	...
80 - 84	112 415	54 047	58 368	...	...	...
85 - 89	84 277	36 506	47 771	...	...	...
90 - 94	50 032	19 016	31 016	...	...	...
95 - 99	20 025	7 013	13 012	...	...	...
100 +	4 884	1 471	3 413	...	...	...
Unknown - Inconnu	4 780	3 489	1 053	..	..	..

Chile - Chili
2009 (C)

Total	91 965	49 608	42 357	5.4	5.9	5.0
0	1 997	1 119	878	8.0	8.8	7.1
1 - 4	318	176	142	0.3	0.3	0.3
5 - 9	189	107	82	0.2	0.2	0.1
10 - 14	236	145	91	0.2	0.2	0.1
15 - 19	764	537	227	0.5	0.7	0.3
20 - 24	1 098	854	244	0.8	1.2	0.3
25 - 29	1 123	864	259	0.9	1.3	0.4
30 - 34	1 166	845	321	1.0	1.4	0.5
35 - 39	1 544	1 096	448	1.2	1.8	0.7
40 - 44	2 237	1 542	695	1.8	2.5	1.1
45 - 49	3 212	2 139	1 073	2.6	3.5	1.7
50 - 54	4 100	2 617	1 483	4.0	5.2	2.8
55 - 59	5 044	3 167	1 877	6.2	8.1	4.5
60 - 64	6 582	4 073	2 509	10.1	13.1	7.3
65 - 69	8 166	4 977	3 189	15.8	20.8	11.5
70 - 74	9 236	5 395	3 841	24.2	32.0	18.1
75 - 79	11 835	6 436	5 399	41.2	54.1	32.1
80 +	33 118	13 519	19 599	108.6	122.7	100.6
80 - 84	12 809	6 234	6 575	...	...	...
85 - 89	10 558	4 279	6 279	...	...	...
90 - 94	6 654	2 196	4 458	...	...	...
95 - 99	2 570	694	1 876	...	...	...
100 +	527	116	411	...	...	...

Colombia - Colombie
2011* (U)

Total	162 706	89 856[5]	72 843[5]	...	...	...
0	7 060	3 944[5]	3 115[5]	...	...	...
1 - 4	1 363	729[5]	634[5]	...	...	...
5 - 9	723	420[5]	303[5]	...	...	...
10 - 14	981	580[5]	401[5]	...	...	...
15 - 19	3 037	2 311[5]	726[5]	...	...	...
20 - 24	4 075	3 320[5]	755[5]	...	...	...
25 - 29	4 385	3 397[5]	988[5]	...	...	...
30 - 34	4 072	3 031[5]	1 041[5]	...	...	...
35 - 39	4 006	2 741[5]	1 263[5]	...	...	...
40 - 44	4 430	2 830[5]	1 600[5]	...	...	...
45 - 49	5 718	3 392[5]	2 325[5]	...	...	...
50 - 54	7 275	4 150[5]	3 125[5]	...	...	...
55 - 59	8 623	4 969[5]	3 654[5]	...	...	...
60 - 64	10 554	6 058[5]	4 496[5]	...	...	...
65 - 69	12 212	6 893[5]	5 319[5]	...	...	...
70 - 74	15 647	8 533[5]	7 114[5]	...	...	...
75 - 79	18 604	9 643[5]	8 961[5]	...	...	...
80 - 84	20 588	10 252[5]	10 336[5]	...	...	...
85 - 89	15 670	7 146[5]	85 214[5]	...	...	...
90 - 94	9 375	3 893[5]	5 482[5]	...	...	...
95 - 99	3 355	1 239[5]	2 116[5]	...	...	...
100 +	755	229[5]	526[5]	...	...	...
Unknown - Inconnu	198	156[5]	39[5]	..	..	..

19. Deaths by age and sex, age-specific death rates by sex: latest available year, 2002 - 2011
Décès et taux de mortalité selon l'âge et le sexe : dernière année disponible, 2002 - 2011 (continued - suite)

Continent, country or area, date, code and age (in years) / Continent, pays ou zone, date, code et âge (en années)	Number - Nombre			Rate - Taux		
	Both sexes Les deux sexes	Male Masculin	Female Féminin	Both sexes Les deux sexes	Male Masculin	Female Féminin
AMERICA, SOUTH - AMÉRIQUE DU SUD						
Ecuador - Équateur[17]						
2010 (U)						
Total	61 681	34 895	26 786	...	...	...
0	3 204	1 735	1 469	...	...	...
1 - 4	1 129	623	506	...	...	...
5 - 9	540	302	238	...	...	...
10 - 14	609	381	228	...	...	...
15 - 19	1 353	939	414	...	...	...
20 - 24	1 945	1 466	479	...	...	...
25 - 29	1 996	1 528	468	...	...	...
30 - 34	1 929	1 437	492	...	...	...
35 - 39	1 740	1 173	567	...	...	...
40 - 44	2 018	1 314	704	...	...	...
45 - 49	2 252	1 424	828	...	...	...
50 - 54	2 662	1 605	1 057	...	...	...
55 - 59	3 152	1 888	1 264	...	...	...
60 - 64	3 587	1 991	1 596	...	...	...
65 - 69	4 026	2 315	1 711	...	...	...
70 - 74	4 942	2 753	2 189	...	...	...
75 - 79	5 885	3 161	2 724	...	...	...
80 - 84	6 344	3 285	3 059	...	...	...
85 - 89	5 838	2 839	2 999	...	...	...
90 - 94	4 075	1 718	2 357	...	...	...
95 +	2 366	957	1 409	...	...	...
Unknown - Inconnu	89	61	28	..	..	..
French Guiana - Guyane française[13]						
2007 (C)						
Total	690	405	285	3.2	3.8	2.6
0 - 4	95	50	45	3.5	3.6	3.3
0	77	39	38	...	...	...
1 - 4	18	11	7	...	...	...
5 - 9	9	4	5	♦0.3	♦0.3	♦0.4
10 - 14	8	5	3	♦0.3	♦0.4	♦0.3
15 - 19	13	10	3	♦0.7	♦1.0	♦0.3
20 - 24	14	12	2	♦0.9	♦1.6	♦0.2
25 - 29	16	11	5	♦1.1	♦1.6	♦0.6
30 - 34	23	15	8	♦1.4	♦2.0	♦0.9
35 - 39	28	21	7	♦1.8	♦2.8	♦0.8
40 - 44	41	24	17	2.9	♦3.5	♦2.4
45 - 49	48	35	13	4.1	5.9	♦2.3
50 - 54	26	16	10	♦2.7	♦3.3	♦2.1
55 - 59	32	24	8	4.6	♦6.5	♦2.4
60 - 64	33	25	8	7.4	♦10.5	♦3.8
65 - 69	48	24	24	17.0	♦16.5	♦17.5
70 - 74	46	29	17	21.8	♦28.3	♦15.7
75 - 79	62	32	30	46.6	53.9	♦40.8
80 - 84	57	26	31	60.7	♦66.5	56.6
85 - 89	50	27	23	84.0	♦112.0	♦65.0
90 - 94	28	12	16	♦129.0	♦176.5	♦107.4
95 +	13	3	10	♦123.8	♦111.1	♦128.2
95 - 99	10	3	7	...	...	...
100 +	3	-	3	...	...	...
Guyana[8]						
2003 (+C)						
Total	4 986	2 898	2 088	...	...	...
0	290	157	133	...	...	...
1 - 4	72	40	32	...	...	...
5 - 9	33	21	12	...	...	...
10 - 14	43	24	19	...	...	...
15 - 19	64	39	25	...	...	...
20 - 24	148	97	51	...	...	...
25 - 29	175	120	55	...	...	...
30 - 34	263	169	94	...	...	...
35 - 39	274	188	86	...	...	...
40 - 44	277	195	82	...	...	...
45 - 49	305	197	108	...	...	...
50 - 54	338	207	131	...	...	...

19. Deaths by age and sex, age-specific death rates by sex: latest available year, 2002 - 2011
Décès et taux de mortalité selon l'âge et le sexe : dernière année disponible, 2002 - 2011 (continued - suite)

Continent, country or area, date, code and age (in years) Continent, pays ou zone, date, code et âge (en années)	Number - Nombre			Rate - Taux		
	Both sexes Les deux sexes	Male Masculin	Female Féminin	Both sexes Les deux sexes	Male Masculin	Female Féminin

AMERICA, SOUTH - AMÉRIQUE DU SUD

Guyana[8]
2003 (+C)

55 - 59	339	212	127	...	...	...
60 - 64	377	228	149	...	...	...
65 - 69	401	226	175	...	...	...
70 - 74	418	214	204	...	...	...
75 - 79	441	224	217	...	...	...
80 - 84	291	145	146	...	...	...
85 - 89	220	97	123	...	...	...
90 - 94	104	39	65	...	...	...
95 - 99	36	12	24	...	...	...
100 +	77	47	30	...	...	...

Paraguay
2006 (U)

Total	19 298	10 544[5]	8 709[5]	...	...	...
0	549	318[5]	229[5]	...	...	...
1 - 4	235	123	112	...	...	...
5 - 9	154	89	65	...	...	...
10 - 14	161	93[5]	67[5]	...	...	...
15 - 19	403	275	128	...	...	...
20 - 24	493	380[5]	112[5]	...	...	...
25 - 29	472	336[5]	135[5]	...	...	...
30 - 34	438	292[5]	145[5]	...	...	...
35 - 39	519	328	191	...	...	...
40 - 44	678	403	275	...	...	...
45 - 49	829	489[5]	336[5]	...	...	...
50 - 54	976	583	393	...	...	...
55 - 59	1 190	689[5]	499[5]	...	...	...
60 - 64	1 283	739[5]	542[5]	...	...	...
65 - 69	1 479	821[5]	655[5]	...	...	...
70 - 74	1 737	957[5]	775[5]	...	...	...
75 - 79	2 187	1 188[5]	994[5]	...	...	...
80 - 84	2 040	993[5]	1 040[5]	...	...	...
85 +	3 256	1 330[5]	1 921[5]	...	...	...
Unknown - Inconnu	219	118[5]	95[5]	..	..	..

Peru - Pérou[18]
2009 (+U)

Total	95 721	51 483	44 238	...	...	...
0	6 021	3 346	2 675	...	...	...
1 - 4	1 609	912	697	...	...	...
5 - 9	789	455	334	...	...	...
10 - 14	854	503	351	...	...	...
15 - 19	1 459	868	591	...	...	...
20 - 24	1 975	1 309	666	...	...	...
25 - 29	2 090	1 428	662	...	...	...
30 - 34	2 272	1 490	782	...	...	...
35 - 39	2 555	1 575	980	...	...	...
40 - 44	2 841	1 652	1 189	...	...	...
45 - 49	3 506	2 040	1 466	...	...	...
50 - 54	4 137	2 269	1 868	...	...	...
55 - 59	4 905	2 689	2 216	...	...	...
60 - 64	5 856	3 251	2 605	...	...	...
65 - 69	6 879	3 769	3 110	...	...	...
70 - 74	8 578	4 718	3 860	...	...	...
75 - 79	10 427	5 570	4 857	...	...	...
80 - 84	10 791	5 483	5 308	...	...	...
85 - 89	9 271	4 465	4 806	...	...	...
90 - 94	5 498	2 374	3 124	...	...	...
95 - 99	2 469	931	1 538	...	...	...
100 +	646	219	427	...	...	...
Unknown - Inconnu	293	167	126	..	..	..

Suriname[19]
2007 (C)

Total	3 374	1 864	1 510	6.6	7.2	6.0
0	134	72	62	13.7	14.7	12.7
1 - 4	42	21	21	1.0	♦1.0	♦1.1

19. Deaths by age and sex, age-specific death rates by sex: latest available year, 2002 - 2011

Décès et taux de mortalité selon l'âge et le sexe : dernière année disponible, 2002 - 2011 (continued - suite)

Continent, country or area, date, code and age (in years) Continent, pays ou zone, date, code et âge (en années)	Number - Nombre			Rate - Taux		
	Both sexes Les deux sexes	Male Masculin	Female Féminin	Both sexes Les deux sexes	Male Masculin	Female Féminin

AMERICA, SOUTH - AMÉRIQUE DU SUD

Suriname[19]
2007 (C)

5 - 9	16	9	7	♦0.3	♦0.3	♦0.3
10 - 14	19	10	9	♦0.4	♦0.4	♦0.4
15 - 19	48	26	22	1.0	♦1.1	♦1.0
20 - 24	71	45	26	1.6	2.0	♦1.2
25 - 29	96	51	45	2.3	2.4	2.2
30 - 34	107	62	45	2.7	3.1	2.3
35 - 39	127	89	38	3.4	4.7	2.1
40 - 44	148	96	52	4.4	5.7	3.2
45 - 49	192	116	76	6.6	7.9	5.3
50 - 54	178	111	67	7.4	9.3	5.6
55 - 59	204	122	82	10.7	13.2	8.4
60 - 64	242	142	100	16.1	19.6	12.8
65 - 69	289	165	124	25.2	30.4	20.5
70 - 74	407	226	181	47.7	56.8	39.8
75 - 79	373	204	169	63.0	74.8	52.9
80 +	681	297	384	130.2	135.9	126.1
80 - 84	333	162	171	...	...	...
85 - 89	200	85	115	...	...	...
90 - 94	103	36	67	...	...	...
95 - 99	36	13	23	...	...	...
100 +	9	1	8	...	...	...

Uruguay
2002 (C)

Total	31 628	16 796[5]	14 819[5]	9.6	10.5	8.7
0	708	401[5]	304[5]	14.0	15.4	12.3
1 - 4	104	69	35	0.5	0.6	0.3
5 - 9	63	31	32	0.2	0.2	0.2
10 - 14	67	42	25	0.2	0.3	♦0.2
15 - 19	182	139	43	0.7	1.0	0.3
20 - 24	249	199	50	1.0	1.5	0.4
25 - 29	260	196	64	1.1	1.6	0.5
30 - 34	301	200	101	1.4	1.8	0.9
35 - 39	339	218[5]	120[5]	1.6	2.1	1.1
40 - 44	494	273	221	2.4	2.7	2.1
45 - 49	754	467	287	4.0	5.1	2.9
50 - 54	1 108	724	384	6.5	8.8	4.3
55 - 59	1 501	990	511	9.9	13.8	6.4
60 - 64	2 095	1 422	673	15.0	22.0	9.0
65 - 69	2 842	1 818	1 024	22.0	31.8	14.3
70 - 74	3 938	2 395[5]	1 542[5]	33.3	47.7	22.7
75 +	16 534	7 149[5]	9 381[5]	88.5	105.3	78.9
Unknown - Inconnu	89	63[5]	22[5]	..	..	..

2007 (C)

Total	33 706	...	...	10.1	...	...
0	572	...	...	11.9	...	...
1 - 4	83	...	...	0.4	...	...
5 - 9	50	...	...	0.2	...	...
10 - 14	76	...	...	0.3	...	...
15 - 19	185	...	...	0.7	...	...
20 - 24	224	...	...	0.9	...	...
25 - 29	267	...	...	1.1	...	...
30 - 34	301	...	...	1.3	...	...
35 - 39	358	...	...	1.7	...	...
40 - 44	454	...	...	2.2	...	...
45 - 49	679	...	...	3.3	...	...
50 - 54	1 080	...	...	5.9	...	...
55 - 59	1 468	...	...	9.0	...	...
60 - 64	2 058	...	...	14.6	...	...
65 - 69	2 689	...	...	21.1	...	...
70 - 74	3 656	...	...	32.6	...	...
75 - 79	4 953	...	...	51.6	...	...
80 - 84	5 324	...	...	86.1	...	...
85 - 89	4 690	...	...	141.7	...	...
90 +	4 122	...	...	255.6	...	...

19. Deaths by age and sex, age-specific death rates by sex: latest available year, 2002 - 2011
Décès et taux de mortalité selon l'âge et le sexe : dernière année disponible, 2002 - 2011 (continued - suite)

Continent, country or area, date, code and age (in years) Continent, pays ou zone, date, code et âge (en annèes)	Number - Nombre			Rate - Taux		
	Both sexes Les deux sexes	Male Masculin	Female Féminin	Both sexes Les deux sexes	Male Masculin	Female Féminin

AMERICA, SOUTH - AMÉRIQUE DU SUD

Venezuela (Bolivarian Republic of) - Venezuela
(République bolivarienne du)
2007 (C)

Total	118 594	73 756	44 838	4.3	5.3	3.3
0 - 4	7 678	4 456	3 222	2.7	3.0	2.3
0	6 340	3 715	2 625	...	...	...
1 - 4	1 338	741	597	...	...	...
5 - 9	740	461	279	0.3	0.3	0.2
10 - 14	940	597	343	0.3	0.4	0.3
15 - 19	4 010	3 393	617	1.5	2.5	0.5
20 - 24	5 900	5 166	734	2.3	4.0	0.6
25 - 29	5 436	4 633	803	2.4	4.0	0.7
30 - 34	4 327	3 403	924	2.1	3.3	0.9
35 - 39	4 074	2 995	1 079	2.2	3.2	1.2
40 - 44	4 495	3 115	1 380	2.6	3.6	1.6
45 - 49	5 391	3 511	1 880	3.6	4.8	2.5
50 - 54	6 398	4 121	2 277	5.2	6.7	3.6
55 - 59	7 386	4 739	2 647	7.3	9.5	5.2
60 - 64	7 726	4 824	2 902	10.2	13.0	7.5
65 - 69	8 761	5 357	3 404	16.1	20.5	12.0
70 - 74	9 915	5 779	4 136	24.8	31.1	19.4
75 - 79	10 992	5 992	5 000	38.0	45.9	31.5
80 +	24 422	11 213	13 209	112.2	120.0	106.2
80 - 84	10 121	5 148	4 973	...	...	...
85 - 89	7 745	3 504	4 241	...	...	...
90 - 94	4 364	1 757	2 607	...	...	...
95 - 99	1 682	608	1 074	...	...	...
100 +	510	196	314	...	...	...
Unknown - Inconnu	3	1	2	..	..	..

ASIA - ASIE

Armenia - Arménie[20]
2009 (C)

Total	27 560	14 253	13 307	8.5	9.1	8.0
0 - 4	528	299	229	2.7	2.9	2.5
0	454	258	196	10.7	11.4	9.9
1 - 4	74	41	33	0.5	0.5	0.5
5 - 9	40	18	22	0.2	♦0.2	♦0.3
10 - 14	40	31	9	0.2	0.3	♦0.1
15 - 19	145	106	39	0.5	0.7	0.3
20 - 24	152	107	45	0.5	0.7	0.3
25 - 29	211	155	56	0.7	1.1	0.4
30 - 34	243	183	60	1.0	1.6	0.5
35 - 39	320	223	97	1.6	2.3	0.9
40 - 44	547	404	143	2.6	4.1	1.3
45 - 49	1 044	728	316	4.0	5.8	2.3
50 - 54	1 431	980	451	6.2	9.0	3.7
55 - 59	1 715	1 142	573	10.1	14.8	6.2
60 - 64	1 539	962	577	15.5	22.1	10.3
65 - 69	2 522	1 477	1 045	27.0	37.7	19.3
70 - 74	4 463	2 419	2 044	40.9	54.4	31.5
75 - 79	5 211	2 484	2 727	68.1	81.3	59.3
80 - 84	4 781	1 854	2 927	110.6	129.6	101.2
85 +	2 628	681	1 947	262.4	271.6	259.3
85 - 89	1 702	454	1 248	...	...	...
90 - 94	637	141	496	...	...	...
95 - 99	212	52	160	...	...	...
100 +	77	34	43	...	...	...

Azerbaijan - Azerbaïdjan[20]
2010 (+C)

Total	53 580	28 248	25 332	5.9	6.3	5.5
0 - 4	2 307	1 271	1 036	3.3	3.4	3.2
0	1 843	1 018	825	11.6	11.9	11.3
1 - 4	464	253	211	0.9	0.9	0.9
5 - 9	222	132	90	0.4	0.4	0.3

19. Deaths by age and sex, age-specific death rates by sex: latest available year, 2002 - 2011
Décès et taux de mortalité selon l'âge et le sexe : dernière année disponible, 2002 - 2011 (continued - suite)

Continent, country or area, date, code and age (in years) Continent, pays ou zone, date, code et âge (en annèes)	Number - Nombre			Rate - Taux		
	Both sexes Les deux sexes	Male Masculin	Female Féminin	Both sexes Les deux sexes	Male Masculin	Female Féminin
ASIA - ASIE						
Azerbaijan - Azerbaïdjan[20]						
2010 (+C)						
10 - 14	200	118	82	0.3	0.3	0.2
15 - 19	466	321	145	0.5	0.7	0.3
20 - 24	615	398	217	0.7	0.9	0.5
25 - 29	668	453	215	0.8	1.1	0.5
30 - 34	796	540	256	1.1	1.6	0.7
35 - 39	964	651	313	1.6	2.2	1.0
40 - 44	1 500	1 006	494	2.3	3.2	1.4
45 - 49	2 488	1 642	846	3.7	5.1	2.4
50 - 54	3 503	2 319	1 184	6.1	8.3	4.0
55 - 59	3 794	2 489	1 305	10.5	14.5	6.9
60 - 64	3 623	2 175	1 448	16.0	20.8	11.8
65 - 69	3 632	2 085	1 547	28.0	36.5	21.3
70 - 74	8 822	4 473	4 349	45.4	53.8	39.0
75 - 79	8 676	4 021	4 655	73.5	80.6	68.3
80 - 84	6 725	2 908	3 817	109.7	117.7	104.3
85 - 89	2 799	886	1 913	144.3	140.6	146.0
90 - 94	1 025	227	798	186.4	174.6	190.0
95 - 99	430	89	341	226.3	178.0	243.6
100 +	325	44	281	270.8	440.0	255.5
Bahrain - Bahreïn						
2008 (C)						
Total	2 390	1 469	921	2.2	2.2	2.1
0 - 4	160	87	73	2.0	2.2	1.8
0	127	69	58	...	...	...
1 - 4	33	18	15	...	...	...
5 - 9	21	14	7	♦0.3	♦0.4	♦0.2
10 - 14	15	11	4	♦0.2	♦0.3	♦0.1
15 - 19	39	28	11	0.6	♦0.8	♦0.3
20 - 24	68	53	15	0.7	0.9	♦0.3
25 - 29	91	77	14	0.6	0.7	♦0.3
30 - 34	91	69	22	0.6	0.7	♦0.5
35 - 39	72	51	21	0.6	0.6	♦0.5
40 - 44	120	85	35	1.2	1.3	1.0
45 - 49	125	93	32	1.6	1.9	1.2
50 - 54	149	111	38	2.8	3.2	2.1
55 - 59	158	103	55	5.3	5.3	5.3
60 - 64	125	86	39	9.1	10.9	6.6
65 - 69	206	120	86	21.2	24.3	17.9
70 - 74	274	124	150	42.0	39.5	44.3
75 +	676	357	319	67.7	77.2	59.5
Bhutan - Bhoutan[6]						
2005 (|)						
Total	4 498	2 390	2 108	7.1	7.2	7.0
0	503	270	233	40.8	44.3	37.5
1 - 4	269	143	126	5.4	5.6	5.1
5 - 9	139	85	54	2.0	2.4	1.5
10 - 14	88	46	42	1.1	1.2	1.1
15 - 19	126	65	61	1.7	1.7	1.6
20 - 24	123	65	58	1.7	1.6	1.9
25 - 29	133	74	59	2.3	2.4	2.3
30 - 34	145	79	66	3.4	3.4	3.4
35 - 39	182	107	75	4.7	5.1	4.3
40 - 44	174	95	79	5.8	5.9	5.7
45 - 49	250	129	121	9.0	8.7	9.5
50 - 54	204	113	91	9.3	9.6	8.9
55 - 59	239	126	113	14.6	14.4	14.8
60 - 64	291	145	146	20.0	19.2	20.8
65 - 69	331	163	168	29.1	27.2	31.3
70 - 74	368	188	180	42.1	41.8	42.4
75 +	933	497	436	96.8	102.7	90.8
Brunei Darussalam - Brunéi Darussalam						
2008 (+C)						
Total	1 091	636	455	...	...	...
0	45	24	21	...	...	...
1 - 4	16	11	5	...	...	...

| Continent, country or area, date, code and age (in years) | Number - Nombre | | | Rate - Taux | | |
Continent, pays ou zone, date, code et âge (en années)	Both sexes Les deux sexes	Male Masculin	Female Féminin	Both sexes Les deux sexes	Male Masculin	Female Féminin
ASIA - ASIE						
Brunei Darussalam - Brunéi Darussalam						
2008 (+C)						
5 - 9	6	2	4	...	...	...
10 - 14	5	1	4	...	...	...
15 - 19	13	7	6	...	...	...
20 - 24	20	13	7	...	...	...
25 - 29	25	22	3	...	...	...
30 - 34	29	19	10	...	...	...
35 - 39	38	23	15	...	...	...
40 - 44	45	32	13	...	...	...
45 - 49	73	43	30	...	...	...
50 - 54	69	47	22	...	...	...
55 - 59	73	38	35	...	...	...
60 - 64	63	36	27	...	...	...
65 - 69	105	59	46	...	...	...
70 - 74	103	51	52	...	...	...
75 - 79	131	76	55	...	...	...
80 - 84	105	52	53	...	...	...
85 - 89	65	45	20	...	...	...
90 - 94	33	16	17	...	...	...
95 - 99	24	14	10	...	...	...
100 +	5	5	-	...	...	...
China, Hong Kong SAR - Chine, Hong Kong RAS						
2009 (C)						
Total	41 175	22 939[5]	18 228[5]	5.9	7.0	4.9
0	136	71	65	2.9	2.9	2.9
1 - 4	38	20	18	0.2	♦0.2	♦0.2
5 - 9	19	10	9	♦0.1	♦0.1	♦0.1
10 - 14	32	16	16	0.1	♦0.1	♦0.1
15 - 19	79	42	37	0.2	0.2	0.2
20 - 24	148	101	47	0.3	0.5	0.2
25 - 29	200	127	73	0.4	0.5	0.2
30 - 34	287	185	102	0.5	0.8	0.3
35 - 39	394	226	168	0.7	0.9	0.5
40 - 44	562	321	241	0.9	1.2	0.7
45 - 49	1 119	695	424	1.7	2.2	1.2
50 - 54	1 685	1 071	614	2.8	3.6	2.0
55 - 59	2 013	1 365	648	4.2	5.8	2.7
60 - 64	2 134	1 507	627	6.4	8.9	3.8
65 - 69	2 517	1 782	735	11.3	15.2	7.0
70 - 74	4 408	2 965	1 443	18.9	25.9	12.2
75 - 79	6 389	4 021	2 368	32.1	42.3	22.7
80 - 84	7 012	3 852	3 160	54.8	73.7	41.7
85 +	11 973	4 543	7 430	107.5	129.8	97.3
Unknown - Inconnu	30	19[5]	3[5]	..	..	..
China, Macao SAR - Chine, Macao RAS						
2010 (C)						
Total	1 774	990	784	3.3	3.8	2.8
0	15	7	8	♦3.2	♦2.9	♦3.5
1 - 4	3	1	2	♦0.2	♦0.1	♦0.2
5 - 9	1	1	-	♦0.1	♦0.1	-
10 - 14	2	2	-	♦0.1	♦0.1	-
15 - 19	5	4	1	♦0.1	♦0.2	♦0.1
20 - 24	14	8	6	♦0.3	♦0.3	♦0.2
25 - 29	20	15	5	♦0.4	♦0.7	♦0.2
30 - 34	21	11	10	♦0.5	♦0.6	♦0.5
35 - 39	28	17	11	♦0.6	♦0.9	♦0.4
40 - 44	38	22	16	0.8	♦1.1	♦0.6
45 - 49	59	35	24	1.1	1.4	♦0.8
50 - 54	116	78	38	2.3	3.0	1.5
55 - 59	116	73	43	3.2	3.9	2.5
60 - 64	129	104	25	5.4	8.1	♦2.2
65 - 69	98	69	29	7.7	10.5	♦4.8
70 - 74	158	108	50	17.0	23.5	10.6
75 - 79	206	108	98	24.0	29.2	20.0
80 - 84	289	151	138	42.5	53.9	34.5
85 +	456	176	280	81.4	103.5	73.7

19. Deaths by age and sex, age-specific death rates by sex: latest available year, 2002 - 2011
Décès et taux de mortalité selon l'âge et le sexe : dernière année disponible, 2002 - 2011 (continued - suite)

Continent, country or area, date, code and age (in years) / Continent, pays ou zone, date, code et âge (en années)	Number - Nombre			Rate - Taux		
	Both sexes Les deux sexes	Male Masculin	Female Féminin	Both sexes Les deux sexes	Male Masculin	Female Féminin
ASIA - ASIE						
Cyprus - Chypre[21]						
2009 (C)						
Total	5 182	2 780	2 402	6.5	7.0	6.0
0 - 4	42	27	15	1.0	♦1.2	♦0.7
0	32	22	10	3.5	♦4.6	♦2.3
1 - 4	10	5	5	♦0.3	♦0.3	♦0.3
5 - 9	-	-	-	-	-	-
10 - 14	5	5	-	♦0.1	♦0.2	-
15 - 19	13	10	3	♦0.2	♦0.3	♦0.1
20 - 24	37	32	5	0.6	1.0	♦0.2
25 - 29	46	35	11	0.7	1.0	♦0.3
30 - 34	44	33	11	0.7	1.1	♦0.4
35 - 39	32	17	15	0.6	♦0.6	♦0.5
40 - 44	62	42	20	1.1	1.5	♦0.7
45 - 49	90	56	34	1.6	1.9	1.2
50 - 54	173	108	65	3.3	4.1	2.4
55 - 59	195	147	48	4.1	6.2	2.0
60 - 64	290	193	97	7.2	9.9	4.6
65 - 69	350	233	117	10.5	14.6	6.8
70 - 74	486	310	176	18.6	25.2	12.7
75 - 79	735	373	362	38.1	43.9	33.6
80 - 84	963	435	528	76.1	81.8	71.9
85 - 89	850	395	455	131.4	150.4	118.4
90 - 94	543	235	308	213.9	245.6	194.7
95 - 99	184	77	107	193.3	235.5	171.2
100 +	28	11	17	♦144.3	♦139.2	♦147.8
Unknown - Inconnu	14	6	8	..	..	..
Democratic People's Republic of Korea - République populaire démocratique de Corée[22]						
2008 (I)						
Total	216 616	112 827	103 789	9.0	9.6	8.4
0	6 686	3 593	3 093	19.6	20.6	18.5
1 - 4	2 552	1 372	1 180	1.9	2.0	1.8
5 - 9	1 680	960	720	0.9	1.0	0.8
10 - 14	1 614	869	745	0.8	0.8	0.8
15 - 19	2 426	1 348	1 078	1.2	1.3	1.1
20 - 24	3 171	1 922	1 249	1.7	2.0	1.4
25 - 29	3 528	2 160	1 368	2.0	2.4	1.6
30 - 34	3 907	2 424	1 483	2.3	2.8	1.8
35 - 39	5 792	3 655	2 137	2.6	3.3	1.9
40 - 44	6 312	3 907	2 405	3.1	3.9	2.4
45 - 49	6 468	3 915	2 553	4.1	5.1	3.2
50 - 54	7 630	4 715	2 915	5.8	7.4	4.3
55 - 59	11 295	7 113	4 182	12.5	16.8	8.7
60 - 64	26 360	16 815	9 545	24.9	35.3	16.4
65 - 69	34 068	22 281	11 787	37.3	58.7	22.1
70 - 74	34 093	18 886	15 207	51.5	82.7	35.0
75 - 79	28 690	10 991	17 699	85.5	138.7	69.1
80 +	30 344	5 901	24 443	163.8	238.8	152.3
Georgia - Géorgie[20]						
2010 (C)						
Total	47 864	24 681	23 183	10.7	11.7	9.9
0 - 4	797	465	332	3.0	3.3	2.6
0	701	406	295	...	...	...
1 - 4	96	59	37	...	...	...
5 - 9	60	38	22	0.3	0.3	♦0.2
10 - 14	71	41	30	0.3	0.3	♦0.2
15 - 19	157	116	41	0.5	0.7	0.3
20 - 24	288	244	44	0.8	1.3	0.2
25 - 29	351	296	55	1.0	1.7	0.3
30 - 34	416	331	85	1.3	2.1	0.5
35 - 39	622	477	145	2.0	3.2	0.9
40 - 44	906	685	221	3.1	4.9	1.4
45 - 49	1 569	1 169	400	4.7	7.6	2.2
50 - 54	2 155	1 563	592	7.0	11.0	3.6
55 - 59	2 705	1 872	833	10.4	15.8	5.8
60 - 64	3 112	2 018	1 094	15.3	22.3	9.7

19. Deaths by age and sex, age-specific death rates by sex: latest available year, 2002 - 2011
Décès et taux de mortalité selon l'âge et le sexe : dernière année disponible, 2002 - 2011 (continued - suite)

Continent, country or area, date, code and age (in years) / Continent, pays ou zone, date, code et âge (en annèes)	Number - Nombre			Rate - Taux		
	Both sexes Les deux sexes	Male Masculin	Female Féminin	Both sexes Les deux sexes	Male Masculin	Female Féminin
ASIA - ASIE						
Georgia - Géorgie[20]						
2010 (C)						
65 - 69	3 442	2 055	1 387	24.1	35.2	16.4
70 - 74	7 607	4 136	3 471	37.3	51.1	28.3
75 - 79	7 789	3 715	4 074	60.9	75.1	52.0
80 - 84	8 869	3 552	5 317	94.0	106.7	87.0
85 +	6 791	1 793	4 998	134.7	150.7	129.8
85 - 89	4 483	1 345	3 138	...	...	...
90 - 94	1 619	311	1 308	...	...	...
95 - 99	548	108	440	...	...	...
100 +	141	29	112	...	...	...
Unknown - Inconnu	157	115	42	..	..	..
Israel - Israël[23]						
2010 (C)						
Total	39 624	19 759	19 862	5.2	5.2	5.2
0	616	329	284	3.8	4.0	3.6
1 - 4	120	64	56	0.2	0.2	0.2
5 - 9	73	42	31	0.1	0.1	0.1
10 - 14	84	50	34	0.1	0.2	0.1
15 - 19	151	112	39	0.3	0.4	0.1
20 - 24	237	178	59	0.4	0.6	0.2
25 - 29	275	208	67	0.5	0.7	0.2
30 - 34	306	212	94	0.6	0.8	0.3
35 - 39	356	237	119	0.7	0.9	0.5
40 - 44	481	313	168	1.1	1.4	0.8
45 - 49	660	415	245	1.7	2.1	1.2
50 - 54	1 104	690	414	2.9	3.7	2.1
55 - 59	1 611	959	652	4.3	5.4	3.4
60 - 64	2 298	1 396	902	7.0	8.9	5.2
65 - 69	2 366	1 423	943	11.8	15.2	8.9
70 - 74	3 692	2 073	1 619	19.1	23.9	15.2
75 - 79	4 952	2 604	2 348	33.7	41.2	28.0
80 - 84	6 898	3 137	3 761	61.6	70.5	55.8
85 - 89	7 176	2 996	4 180	104.8	115.9	98.1
90 - 94	3 812	1 503	2 309	171.7	177.6	168.0
95 - 99	1 934	667	1 267	255.3	244.9	261.1
100 +	422	151	271	226.9	193.6	251.2
Japan - Japon[24]						
2010 (C)						
Total	1 197 012	633 700	563 312	9.4	10.2	8.6
0 - 4	3 382	1 873	1 509	0.6	0.7	0.6
0	2 450	1 355	1 095	...	...	...
1 - 4	932	518	414	...	...	...
5 - 9	480	261	219	0.1	0.1	0.1
10 - 14	553	350	203	0.1	0.1	0.1
15 - 19	1 422	941	481	0.2	0.3	0.2
20 - 24	2 753	1 962	791	0.4	0.6	0.2
25 - 29	3 437	2 412	1 025	0.5	0.6	0.3
30 - 34	4 837	3 177	1 660	0.6	0.8	0.4
35 - 39	7 555	4 867	2 688	0.8	1.0	0.6
40 - 44	10 162	6 629	3 533	1.2	1.5	0.8
45 - 49	14 532	9 566	4 966	1.8	2.4	1.3
50 - 54	22 014	14 638	7 376	2.9	3.8	1.9
55 - 59	39 326	27 134	12 192	4.5	6.3	2.8
60 - 64	66 096	46 155	19 941	6.7	9.6	4.0
65 - 69	83 087	57 468	25 619	10.1	14.6	5.9
70 - 74	110 248	73 470	36 778	15.8	22.7	9.8
75 - 79	163 088	102 673	60 415	27.5	39.7	18.1
80 - 84	211 257	119 801	91 456	48.8	70.4	34.8
85 +	452 145	159 813	292 332	117.3	147.7	105.5
85 - 89	207 287	89 905	117 382	...	...	...
90 - 94	151 959	49 199	102 760	...	...	...
95 - 99	75 386	17 849	57 537	...	...	...
100 +	17 513	2 860	14 653	...	...	...
Unknown - Inconnu	638	510	128	..	..	..

19. Deaths by age and sex, age-specific death rates by sex: latest available year, 2002 - 2011
Décès et taux de mortalité selon l'âge et le sexe : dernière année disponible, 2002 - 2011 (continued - suite)

Continent, country or area, date, code and age (in years) Continent, pays ou zone, date, code et âge (en années)	Number - Nombre			Rate - Taux		
	Both sexes Les deux sexes	Male Masculin	Female Féminin	Both sexes Les deux sexes	Male Masculin	Female Féminin
ASIA - ASIE						
Kazakhstan[20]						
2008 (C)						
Total..........................	152 706	85 174	67 532	9.7	11.3	8.3
0	7 322	4 154	3 168	21.9	24.2	19.5
1 - 4	1 066	614	452	0.9	1.1	0.8
5 - 9	477	292	185	0.4	0.5	0.3
10 - 14	500	310	190	0.4	0.5	0.3
15 - 19	1 574	1 055	519	1.1	1.4	0.7
20 - 24	2 971	2 203	768	1.9	2.8	1.0
25 - 29	3 858	2 905	953	3.0	4.5	1.5
30 - 34	4 882	3 722	1 160	4.1	6.4	1.9
35 - 39	5 282	3 928	1 354	4.8	7.4	2.4
40 - 44	6 449	4 711	1 738	6.2	9.4	3.2
45 - 49	9 230	6 696	2 534	8.4	13.0	4.4
50 - 54	10 390	7 374	3 016	11.7	18.2	6.2
55 - 59	11 726	7 738	3 988	16.7	25.3	10.1
60 - 64	9 003	5 653	3 350	23.5	35.2	15.1
65 - 69	15 730	9 038	6 692	35.7	53.6	24.6
70 - 74	17 675	9 321	8 354	50.0	70.9	37.6
75 - 79	16 379	7 276	9 103	78.4	106.3	64.8
80 - 84	15 793	5 141	10 652	117.4	142.4	108.2
85 - 89	7 333	1 783	5 550	184.3	195.7	180.9
90 - 94	3 173	651	2 522	307.9	311.3	307.1
95 - 99	1 084	181	903	404.8	247.6	463.8
100 + ...	369	52	317	508.3	161.5	784.7
Unknown - Inconnu	440	376	64	..	..	..
Kuwait - Koweït						
2010 (C)						
Total..........................	5 448	3 367	2 081	2.0	2.1	1.9
0	496	272	224	9.4	9.9	8.8
1 - 4	99	56	43	0.5	0.5	0.4
5 - 9	41	20	21	0.2	♦0.2	♦0.2
10 - 14	51	31	20	0.3	0.3	♦0.2
15 - 19	101	80	21	0.6	0.8	♦0.2
20 - 24	116	86	30	0.5	0.6	♦0.3
25 - 29	169	127	42	0.5	0.6	0.3
30 - 34	193	141	52	0.6	0.7	0.5
35 - 39	226	153	73	0.8	0.8	0.7
40 - 44	272	209	63	1.3	1.5	0.9
45 - 49	323	247	76	2.1	2.4	1.5
50 - 54	404	299	105	4.1	4.6	3.1
55 - 59	386	274	112	6.5	7.4	5.2
60 - 64	409	255	154	12.2	13.0	11.1
65 - 69	413	240	173	20.1	21.0	19.0
70 - 74	514	265	249	42.8	41.9	43.7
75 - 79	440	223	217	69.2	69.3	69.0
80 + ...	673	327	346	138.3	139.3	137.4
80 - 84	308	153	155	...	...	...
85 + ...	365	174	191	...	...	...
Unknown - Inconnu	122	62	60	..	..	..
Kyrgyzstan - Kirghizstan						
2010 (C)						
Total..........................	36 174	20 372	15 802	...	...	...
0	3 337	1 903	1 434	...	...	...
1 - 4	472	253	219	...	...	...
5 - 9	165	86	79	...	...	...
10 - 14	159	93	66	...	...	...
15 - 19	403	260	143	...	...	...
20 - 24	673	461	212	...	...	...
25 - 29	808	599	209	...	...	...
30 - 34	1 099	794	305	...	...	...
35 - 39	1 334	1 003	331	...	...	...
40 - 44	1 542	1 116	426	...	...	...
45 - 49	2 020	1 415	605	...	...	...
50 - 54	2 442	1 671	771	...	...	...
55 - 59	2 539	1 715	824	...	...	...
60 - 64	2 269	1 433	836	...	...	...

Continent, country or area, date, code and age (in years) Continent, pays ou zone, date, code et âge (en années)	Number - Nombre			Rate - Taux		
	Both sexes Les deux sexes	Male Masculin	Female Féminin	Both sexes Les deux sexes	Male Masculin	Female Féminin
ASIA - ASIE						
Kyrgyzstan - Kirghizstan						
2010 (C)						
65 - 69	2 054	1 214	840	...	...	...
70 - 74	3 961	2 096	1 865	...	...	...
75 - 79	3 944	1 873	2 071	...	...	...
80 - 84	3 949	1 598	2 351	...	...	...
85 - 89	1 877	548	1 329	...	...	...
90 - 94	725	168	557	...	...	...
95 - 99	241	49	192	...	...	...
100 +	157	20	137	...	...	...
Unknown - Inconnu	4	4	-	..	..	..
Malaysia - Malaisie						
2009 (C)						
Total	130 135	75 277	54 858	4.7	5.3	4.0
0	3 404	1 925	1 479	6.9	7.6	6.2
1 - 4	818	441	377	0.4	0.4	0.4
5 - 9	660	387	273	0.3	0.3	0.2
10 - 14	814	526	288	0.3	0.4	0.2
15 - 19	1 918	1 447	471	0.7	1.1	0.4
20 - 24	2 348	1 759	589	0.9	1.4	0.5
25 - 29	2 355	1 721	634	1.0	1.4	0.5
30 - 34	2 798	2 103	695	1.2	1.8	0.6
35 - 39	3 515	2 543	972	1.7	2.4	0.9
40 - 44	4 393	3 018	1 375	2.2	3.0	1.4
45 - 49	6 410	4 287	2 123	3.7	4.8	2.5
50 - 54	8 494	5 538	2 956	5.9	7.5	4.3
55 - 59	10 096	6 489	3 607	9.0	11.3	6.6
60 - 64	11 871	7 549	4 322	15.5	19.2	11.6
65 - 69	12 913	7 790	5 123	25.3	30.6	20.0
70 - 74	16 450	9 263	7 187	46.3	55.4	38.2
75 - 79	14 468	7 209	7 259	66.7	73.8	61.0
80 - 84	12 212	5 747	6 465	102.1	109.5	96.3
85 - 89	8 624	3 476	5 148	176.2	171.0	179.8
90 +	5 569	2 059	3 510	188.3	221.0	173.3
90 - 94	3 829	1 449	2 380	...	...	...
95 +	1 740	610	1 130	...	...	...
Unknown - Inconnu	5	-	5	..	..	..
Maldives						
2010 (C)						
Total	1 105	660	445	3.5	4.1	2.8
0	78	45	33	11.8	13.4	10.1
1 - 4	11	5	6	♦0.5	♦0.4	♦0.5
5 - 9	8	6	2	♦0.3	♦0.4	♦0.2
10 - 14	12	8	4	♦0.4	♦0.5	♦0.3
15 - 19	21	14	7	♦0.5	♦0.7	♦0.4
20 - 24	21	16	5	♦0.5	♦0.8	♦0.3
25 - 29	15	10	5	♦0.4	♦0.6	♦0.3
30 - 34	15	10	5	♦0.6	♦0.9	♦0.4
35 - 39	9	5	4	♦0.4	♦0.5	♦0.4
40 - 44	19	9	10	♦1.1	♦1.0	♦1.1
45 - 49	26	19	7	♦1.7	♦2.4	♦0.9
50 - 54	47	26	21	3.7	♦4.0	♦3.4
55 - 59	50	30	20	7.0	♦8.0	♦5.9
60 - 64	72	50	22	12.9	17.4	♦8.2
65 - 69	120	69	51	22.7	25.6	19.6
70 - 74	177	110	67	35.5	41.6	28.6
75 - 79	196	110	86	65.5	64.9	66.3
80 +	208	118	90	92.4	84.5	105.3
80 - 84	139	83	56	...	...	...
85 - 89	45	22	23	...	...	...
90 - 94	17	9	8	...	...	...
95 - 99	6	3	3	...	...	...
100 +	1	1	-	...	...	...
Mongolia - Mongolie						
2010 (+C)						
Total	18 293	10 781	7 512	6.6	8.0	5.3
0	1 275	721	554	21.0	23.5	18.5

19. Deaths by age and sex, age-specific death rates by sex: latest available year, 2002 - 2011
Décès et taux de mortalité selon l'âge et le sexe : dernière année disponible, 2002 - 2011 (continued - suite)

Continent, country or area, date, code and age (in years) / Continent, pays ou zone, date, code et âge (en années)	Number - Nombre			Rate - Taux		
	Both sexes Les deux sexes	Male Masculin	Female Féminin	Both sexes Les deux sexes	Male Masculin	Female Féminin

ASIA - ASIE

Mongolia - Mongolie
2010 (+C)

1 - 4	446	233	213	2.1	2.2	2.1
5 - 9	124	74	50	0.5	0.6	0.4
10 - 14	122	71	51	0.5	0.6	0.4
15 - 19	219	152	67	0.8	1.1	0.5
20 - 24	424	294	130	1.4	2.0	0.8
25 - 29	493	335	158	1.9	2.7	1.2
30 - 34	703	505	198	3.0	4.5	1.6
35 - 39	843	635	208	4.0	6.2	1.9
40 - 44	1 073	740	333	5.8	8.3	3.4
45 - 49	1 455	997	458	8.9	12.8	5.3
50 - 54	1 623	1 089	534	13.2	18.8	8.3
55 - 59	1 364	865	499	17.7	23.9	12.1
60 - 64	1 361	840	521	26.2	35.7	18.4
65 - 69	1 437	827	610	33.4	41.9	26.3
70 +	5 331	2 403	2 928	79.1	86.9	73.7

Myanmar[25]
2009 (+U)

Total	92 795	...	...	...	...	...
0	7 097	...	...	...	...	...
1 - 4	2 878	...	...	...	...	...
5 - 9	980	...	...	...	...	...
10 - 14	727	...	...	...	...	...
15 - 19	1 198	...	...	...	...	...
20 - 24	2 040	...	...	...	...	...
25 - 29	3 711	...	...	...	...	...
30 - 34	5 375	...	...	...	...	...
35 - 39	6 905	...	...	...	...	...
40 - 44	6 611	...	...	...	...	...
45 - 49	6 190	...	...	...	...	...
50 - 54	6 163	...	...	...	...	...
55 - 59	5 997	...	...	...	...	...
60 - 64	6 016	...	...	...	...	...
65 - 69	5 978	...	...	...	...	...
70 - 74	6 130	...	...	...	...	...
75 - 79	6 149	...	...	...	...	...
80 - 84	6 254	...	...	...	...	...
85 +	6 396	...	...	...	...	...

Occupied Palestinian Territory - Territoire palestinien occupé
2007 (U)

Total	9 887	5 697	4 190	...	...	...
0	794	420	374	...	...	...
1 - 4	299	165	134	...	...	...
5 - 9	143	71	72	...	...	...
10 - 14	134	101	33	...	...	...
15 - 19	263	223	40	...	...	...
20 - 24	410	361	49	...	...	...
25 - 29	254	207	47	...	...	...
30 - 34	229	178	51	...	...	...
35 - 39	193	129	64	...	...	...
40 - 44	264	173	91	...	...	...
45 - 49	293	204	89	...	...	...
50 - 54	397	253	144	...	...	...
55 - 59	534	341	193	...	...	...
60 - 64	728	410	318	...	...	...
65 - 69	751	377	374	...	...	...
70 - 74	1 031	534	497	...	...	...
75 - 79	1 069	509	560	...	...	...
80 - 84	937	464	473	...	...	...
85 - 89	617	290	327	...	...	...
90 - 94	317	154	163	...	...	...
95 - 99	117	69	48	...	...	...
100 +	113	64	49	...	...	...

19. Deaths by age and sex, age-specific death rates by sex: latest available year, 2002 - 2011
Décès et taux de mortalité selon l'âge et le sexe : dernière année disponible, 2002 - 2011 (continued - suite)

Continent, country or area, date, code and age (in years) / Continent, pays ou zone, date, code et âge (en années)	Number - Nombre			Rate - Taux		
	Both sexes Les deux sexes	Male Masculin	Female Féminin	Both sexes Les deux sexes	Male Masculin	Female Féminin
ASIA - ASIE						
Oman[26]						
2011 (U)						
Total	7 667	4 967[27]	2 678[27]	...	...	...
0	598	316[27]	269[27]	...	...	...
1 - 4	150	87[27]	63[27]	...	...	...
5 - 9	67	39[27]	28[27]	...	...	...
10 - 14	83	59[27]	24[27]	...	...	...
15 - 19	174	144[27]	30[27]	...	...	...
20 - 24	319	270[27]	49[27]	...	...	...
25 - 29	319	269[27]	50[27]	...	...	...
30 - 34	269	216[27]	53[27]	...	...	...
35 - 39	230	181[27]	49[27]	...	...	...
40 - 44	248	195[27]	52[27]	...	...	...
45 - 49	284	232[27]	52[27]	...	...	...
50 - 54	393	291[27]	102[27]	...	...	...
55 - 59	453	306[27]	146[27]	...	...	...
60 - 64	535	350[27]	185[27]	...	...	...
65 - 69	639	376[27]	263[27]	...	...	...
70 - 74	819	477[27]	342[27]	...	...	...
75 - 79	620	395[27]	225[27]	...	...	...
80 - 84	509	299[27]	210[27]	...	...	...
85 - 89	251	150[27]	101[27]	...	...	...
90 - 94	186	94[27]	92[27]	...	...	...
95 - 99	56	31[27]	24[27]	...	...	...
100 +	25	13[27]	12[27]	...	...	...
Unknown - Inconnu	440	177[27]	257[27]	..	..	..
Pakistan[28]						
2007 (I)						
Total	1 019 533	598 820	420 713	6.8	7.8	5.8
0 - 4	365 729	205 840	159 889	18.7	21.0	16.4
5 - 9	33 029	16 652	16 376	1.5	1.4	1.5
10 - 14	20 510	6 871	13 640	1.0	0.6	1.4
15 - 19	27 417	16 500	10 917	1.6	1.8	1.3
20 - 24	20 192	11 195	8 997	1.5	1.6	1.3
25 - 29	23 990	13 101	10 888	2.2	2.5	2.0
30 - 34	11 624	8 007	3 617	1.4	2.0	0.8
35 - 39	24 880	11 482	13 398	3.0	2.8	3.2
40 - 44	30 926	18 802	12 124	4.6	5.4	3.7
45 - 49	27 537	17 884	9 652	4.4	5.5	3.2
50 - 54	43 405	30 870	12 535	9.5	12.7	5.8
55 - 59	51 031	35 120	15 911	14.4	18.8	9.5
60 - 64	68 531	41 470	27 061	23.4	25.3	20.9
65 - 69	58 286	35 664	22 621	28.6	32.2	24.3
70 - 74	82 325	49 296	33 029	56.2	57.5	54.4
75 - 79	37 357	24 072	13 285	57.1	67.2	44.9
80 - 84	34 079	21 720	12 359	79.6	86.6	69.6
85 +	58 685	34 274	24 411	165.7	168.9	161.4
Philippines						
2009 (C)						
Total	480 820	279 513	201 307	...	...	...
0	21 659	12 503	9 156	...	...	...
1 - 4	9 837	5 401	4 436	...	...	...
5 - 9	5 393	3 100	2 293	...	...	...
10 - 14	4 892	2 889	2 003	...	...	...
15 - 19	8 194	5 348	2 846	...	...	...
20 - 24	11 049	7 602	3 447	...	...	...
25 - 29	12 459	8 471	3 988	...	...	...
30 - 34	13 568	9 203	4 365	...	...	...
35 - 39	16 543	11 049	5 494	...	...	...
40 - 44	20 499	13 481	7 018	...	...	...
45 - 49	25 805	17 110	8 695	...	...	...
50 - 54	31 766	21 083	10 683	...	...	...
55 - 59	36 956	24 396	12 560	...	...	...
60 - 64	40 524	26 186	14 338	...	...	...
65 - 69	42 795	26 546	16 249	...	...	...
70 - 74	47 439	26 912	20 527	...	...	...

19. Deaths by age and sex, age-specific death rates by sex: latest available year, 2002 - 2011
Décès et taux de mortalité selon l'âge et le sexe : dernière année disponible, 2002 - 2011 (continued - suite)

Continent, country or area, date, code and age (in years) / Continent, pays ou zone, date, code et âge (en années)	Number - Nombre			Rate - Taux		
	Both sexes Les deux sexes	Male Masculin	Female Féminin	Both sexes Les deux sexes	Male Masculin	Female Féminin
ASIA - ASIE						
Philippines						
2009 (C)						
75 - 79	45 007	23 245	21 762	...	...	...
80 - 84	37 889	17 145	20 744	...	...	...
85 - 89	28 660	11 159	17 501	...	...	...
90 - 94	13 177	4 455	8 722	...	...	...
95 +	5 979	1 872	4 107	...	...	...
Unknown - Inconnu	730	357	373	..	..	..
Qatar						
2010 (C)						
Total	1 970	1 470	500	1.1	1.1	1.2
0	132	68	64	6.7	6.7	6.6
1 - 4	33	21	12	0.5	♦0.6	♦0.3
5 - 9	16	13	3	♦0.2	♦0.3	♦0.1
10 - 14	13	10	3	♦0.2	♦0.3	♦0.1
15 - 19	40	36	4	0.7	1.1	♦0.1
20 - 24	118	106	12	0.6	0.7	♦0.3
25 - 29	118	104	14	0.4	0.5	♦0.2
30 - 34	136	122	14	0.5	0.6	♦0.3
35 - 39	128	116	12	0.5	0.6	♦0.3
40 - 44	143	130	13	0.8	0.9	♦0.4
45 - 49	141	120	21	1.2	1.2	♦1.0
50 - 54	156	129	27	2.2	2.3	♦1.9
55 - 59	154	123	31	4.1	4.2	3.8
60 - 64	123	86	37	8.1	7.9	8.8
65 - 69	104	63	41	15.9	15.3	17.0
70 - 74	144	82	62	39.1	38.5	40.0
75 - 79	109	60	49	51.4	49.7	53.7
80 +	162	81	81	97.9	103.3	93.1
80 - 84	78	37	41	...	...	...
85 - 89	51	26	25	...	...	...
90 - 94	20	12	8	...	...	...
95 +	13	6	7	...	...	...
Republic of Korea - République de Corée[29]						
2010 (C)						
Total	255 403	142 360	113 043	5.2	5.8	4.6
0	1 506	890	616	3.4	3.9	2.9
1 - 4	386	213	173	0.2	0.2	0.2
5 - 9	277	175	102	0.1	0.1	0.1
10 - 14	417	254	163	0.1	0.2	0.1
15 - 19	1 034	705	329	0.3	0.4	0.2
20 - 24	1 411	914	497	0.5	0.6	0.3
25 - 29	2 349	1 470	879	0.6	0.8	0.5
30 - 34	2 809	1 786	1 023	0.7	0.9	0.6
35 - 39	4 464	2 911	1 553	1.0	1.3	0.7
40 - 44	6 890	4 902	1 988	1.6	2.3	1.0
45 - 49	10 689	7 795	2 894	2.5	3.7	1.4
50 - 54	14 117	10 484	3 633	3.6	5.3	1.9
55 - 59	14 187	10 646	3 541	5.1	7.6	2.5
60 - 64	16 397	11 889	4 508	7.5	11.1	4.0
65 - 69	23 371	15 923	7 448	12.9	19.1	7.6
70 - 74	32 541	20 638	11 903	21.3	31.3	13.7
75 - 79	36 987	19 766	17 221	34.7	48.1	26.2
80 - 84	36 391	15 443	20 948	62.8	81.9	53.6
85 - 89	29 383	10 489	18 894	107.3	136.6	95.8
90 - 94	14 553	4 004	10 549	185.6	215.0	176.5
95 +	5 174	1 019	4 155	255.7	313.8	244.6
95 - 99	4 367	858	3 509	...	...	...
100 +	807	161	646	...	...	...
Unknown - Inconnu	70	44	26	..	..	..
Saudi Arabia - Arabie saoudite[30]						
2005 (...)						
Total	92 486	54 253	38 233	...	...	...
0 - 4	12 889	6 692	6 197	...	...	...
5 - 9	977	524	453	...	...	...
10 - 14	977	566	411	...	...	...
15 - 19	1 350	791	559	...	...	...

19. Deaths by age and sex, age-specific death rates by sex: latest available year, 2002 - 2011
Décès et taux de mortalité selon l'âge et le sexe : dernière année disponible, 2002 - 2011 (continued - suite)

Continent, country or area, date, code and age (in years) Continent, pays ou zone, date, code et âge (en annèes)	Number - Nombre			Rate - Taux		
	Both sexes Les deux sexes	Male Masculin	Female Féminin	Both sexes Les deux sexes	Male Masculin	Female Féminin
ASIA - ASIE						
Saudi Arabia - Arabie saoudite[30]						
2005 (...)						
20 - 24	1 695	998	697	...	...	...
25 - 29	2 248	1 371	877	...	...	...
30 - 34	2 750	1 681	1 069	...	...	...
35 - 39	3 309	2 131	1 178	...	...	...
40 - 44	3 997	2 698	1 299	...	...	...
45 - 49	4 754	3 266	1 488	...	...	...
50 - 54	5 285	3 629	1 656	...	...	...
55 - 59	5 538	3 658	1 880	...	...	...
60 - 64	6 116	3 756	2 360	...	...	...
65 - 69	6 924	3 985	2 939	...	...	...
70 - 74	8 082	4 448	3 634	...	...	...
75 - 79	8 176	4 484	3 692	...	...	...
80 +	17 419	9 575	7 844	...	...	...
Singapore - Singapour						
2010 (+C)						
Total	17 610	9 682[5]	7 926[5]	4.7	5.2	4.1
0	100	48[5]	51[5]	3.0	2.9	3.2
1 - 4	28	14	14	♦0.2	♦0.2	♦0.2
5 - 9	25	12	13	♦0.1	♦0.1	♦0.1
10 - 14	34	18	16	0.1	♦0.1	♦0.1
15 - 19	60	37	23	0.2	0.3	♦0.2
20 - 24	134	86	48	0.5	0.7	0.4
25 - 29	158	109	49	0.6	0.8	0.3
30 - 34	174	109	65	0.6	0.8	0.4
35 - 39	269	177	92	0.8	1.1	0.6
40 - 44	382	246	136	1.2	1.6	0.9
45 - 49	608	403	205	1.9	2.5	1.3
50 - 54	960	646	314	3.2	4.2	2.1
55 - 59	1 193	757	436	4.8	6.1	3.5
60 - 64	1 494	946	548	7.8	10.0	5.6
65 - 69	1 500	946	554	13.5	17.7	9.5
70 - 74	2 005	1 214	791	21.6	28.3	15.9
75 - 79	2 357	1 320	1 037	36.2	46.8	28.1
80 - 84	2 475	1 214	1 261	62.1	78.2	51.9
85 - 89	1 835	795	1 040	99.3	123.3	86.4
90 - 94	1 222	408	814	159.9	179.0	151.7
95 - 99	487	137	350	203.6	214.4	199.7
100 +	102	34	68	140.9	131.8	145.9
Unknown - Inconnu	8	6[5]	1[5]	..	..	..
Sri Lanka						
2007 (+C)						
Total	118 998	71 207	47 791	5.9	7.2	4.7
0	3 298	1 856	1 442	...	...	...
1 - 4	708	392	316	...	...	...
5 - 9	533	292	241	0.3	0.3	0.3
10 - 14	541	295	246	0.3	0.3	0.3
15 - 19	1 227	780	447	0.6	0.8	0.5
20 - 24	2 174	1 648	526	1.2	1.8	0.6
25 - 29	2 339	1 733	606	1.5	2.3	0.7
30 - 34	2 227	1 687	540	1.5	2.3	0.7
35 - 39	2 760	2 073	687	1.9	2.9	0.9
40 - 44	3 495	2 678	817	2.6	4.0	1.2
45 - 49	5 080	3 771	1 309	4.2	6.4	2.1
50 - 54	6 604	4 702	1 902	6.1	8.8	3.4
55 - 59	8 621	6 041	2 580	10.8	15.7	6.2
60 - 64	9 349	6 122	3 227	15.8	21.3	10.6
65 - 69	11 088	6 868	4 220	22.6	30.3	16.0
70 - 74	13 838	7 909	5 929	38.4	47.1	30.9
75 +	45 114	22 358	22 756	104.7	112.9	97.7
75 - 79	13 781	7 515	6 266	...	...	...
80 - 84	14 391	7 079	7 312	...	...	...
85 - 89	9 803	4 690	5 113	...	...	...
90 - 94	4 822	2 157	2 665	...	...	...
95 - 99	1 768	725	1 043	...	...	...

Continent, country or area, date, code and age (in years) / Continent, pays ou zone, date, code et âge (en années)	Number - Nombre			Rate - Taux		
	Both sexes Les deux sexes	Male Masculin	Female Féminin	Both sexes Les deux sexes	Male Masculin	Female Féminin
ASIA - ASIE						
Sri Lanka						
2007 (+C)						
100 +	549	192	357	...	...	...
Unknown - Inconnu	2	2	-	..	..	..
Tajikistan - Tadjikistan[20]						
2008 (U)						
Total	30 743	17 063	13 680	...	...	...
0	2 480	1 478	1 002	...	...	...
1 - 4	725	414	311	...	...	...
5 - 9	242	139	103	...	...	...
10 - 14	270	183	87	...	...	...
15 - 19	418	279	139	...	...	...
20 - 24	508	302	206	...	...	...
25 - 29	573	345	228	...	...	...
30 - 34	728	467	261	...	...	...
35 - 39	785	480	305	...	...	...
40 - 44	947	623	324	...	...	...
45 - 49	1 313	793	520	...	...	...
50 - 54	1 462	890	572	...	...	...
55 - 59	1 703	1 023	680	...	...	...
60 - 64	1 517	890	627	...	...	...
65 - 69	2 887	1 728	1 159	...	...	...
70 - 74	3 941	2 182	1 759	...	...	...
75 - 79	4 435	2 330	2 105	...	...	...
80 - 84	3 146	1 532	1 614	...	...	...
85 - 89	1 620	630	990	...	...	...
90 - 94	622	239	383	...	...	...
95 - 99	266	77	189	...	...	...
100 +	141	33	108	...	...	...
Unknown - Inconnu	14	6	8	..	..	..
Thailand - Thaïlande						
2009 (+U)						
Total	393 916	222 815	171 101	...	...	...
0	5 416	3 018	2 398	...	...	...
1 - 4	7 476	4 234	3 242	...	...	...
5 - 9	1 686	1 062	624	...	...	...
10 - 14	2 317	1 440	877	...	...	...
15 - 19	5 464	4 212	1 252	...	...	...
20 - 24	6 015	4 639	1 376	...	...	...
25 - 29	8 245	6 118	2 127	...	...	...
30 - 34	11 275	8 106	3 169	...	...	...
35 - 39	14 662	10 454	4 208	...	...	...
40 - 44	18 433	12 874	5 559	...	...	...
45 - 49	21 725	14 774	6 951	...	...	...
50 - 54	24 878	16 268	8 610	...	...	...
55 - 59	27 786	17 338	10 448	...	...	...
60 - 64	29 567	17 516	12 051	...	...	...
65 - 69	34 223	19 582	14 641	...	...	...
70 +	179 995	84 147	95 848	...	...	...
Turkey - Turquie						
2009 (U)						
Total	367 971	203 096	164 875	...	...	...
0 - 4	21 918	11 839	10 079	...	...	...
0	17 354	9 417	7 937	...	...	...
1 - 4	4 564	2 422	2 142	...	...	...
5 - 9	3 433	1 804	1 629	...	...	...
10 - 14	2 541	1 452	1 089	...	...	...
15 - 19	3 412	2 250	1 162	...	...	...
20 - 24	3 585	2 424	1 161	...	...	...
25 - 29	4 166	2 789	1 377	...	...	...
30 - 34	4 269	2 756	1 513	...	...	...
35 - 39	5 554	3 514	2 040	...	...	...
40 - 44	7 777	5 075	2 702	...	...	...
45 - 49	11 929	7 944	3 985	...	...	...
50 - 54	16 711	11 618	5 093	...	...	...
55 - 59	21 603	14 932	6 671	...	...	...
60 - 64	26 201	17 153	9 048	...	...	...

Continent, country or area, date, code and age (in years) Continent, pays ou zone, date, code et âge (en années)	Number - Nombre			Rate - Taux		
	Both sexes Les deux sexes	Male Masculin	Female Féminin	Both sexes Les deux sexes	Male Masculin	Female Féminin
ASIA - ASIE						
Turkey - Turquie						
2009 (U)						
65 - 69	33 378	20 622	12 756	...	...	...
70 - 74	41 469	23 611	17 858	...	...	...
75 - 79	61 705	33 198	28 507	...	...	...
80 - 84	53 694	23 719	29 975	...	...	...
85 - 89	28 151	10 990	17 161	...	...	...
90 - 94	10 286	3 336	6 950	...	...	...
Unknown - Inconnu	961	728	233	...	...	...
United Arab Emirates - Émirats arabes unis[30]						
2003 (...)						
Total	6 002	4 305	1 697	...	...	...
0	477	272	205	...	...	...
1 - 4	132	74	58	...	...	...
5 - 9	94	59	35	...	...	...
10 - 14	79	57	22	...	...	...
15 - 19	174	134	40	...	...	...
20 - 24	253	221	32	...	...	...
25 - 29	302	249	53	...	...	...
30 - 34	297	256	41	...	...	...
35 - 39	308	269	39	...	...	...
40 - 44	405	347	58	...	...	...
45 - 49	515	437	78	...	...	...
50 - 54	502	411	91	...	...	...
55 - 59	357	284	73	...	...	...
60 - 64	565	348	217	...	...	...
65 - 69	418	225	193	...	...	...
70 - 74	386	204	182	...	...	...
75 - 79	244	147	97	...	...	...
80 +	378	209	169	...	...	...
Unknown - Inconnu	116	102	14	..	..	..
EUROPE						
Åland Islands - Îles d'Åland						
2010 (C)						
Total	233	119	114	8.4	8.6	8.1
0	-	-	-	-	-	-
1 - 4	1	-	1	♦0.8	-	♦1.7
5 - 9	1	-	1	♦0.7	-	♦1.4
10 - 14	-	-	-	-	-	-
15 - 19	-	-	-	-	-	-
20 - 24	1	-	1	♦0.7	-	♦1.6
25 - 29	-	-	-	-	-	-
30 - 34	-	-	-	-	-	-
35 - 39	-	-	-	-	-	-
40 - 44	-	-	-	-	-	-
45 - 49	3	2	1	♦1.5	♦2.0	♦1.0
50 - 54	4	3	1	♦2.1	♦3.3	♦1.0
55 - 59	12	7	5	♦5.8	♦7.0	♦4.7
60 - 64	12	7	5	♦5.7	♦6.7	♦4.8
65 - 69	16	13	3	♦10.2	♦15.6	♦4.1
70 - 74	17	10	7	♦14.9	♦18.1	♦12.0
75 - 79	21	14	7	♦23.6	♦34.0	♦14.6
80 - 84	36	19	17	49.6	♦63.1	♦40.0
85 - 89	59	30	29	124.6	♦192.3	♦91.3
90 - 94	35	9	26	195.0	♦225.0	♦186.4
95 - 99	12	5	7	♦193.5	♦454.5	♦137.3
100 +	3	-	3	♦500.0	-	♦600.0
Albania - Albanie						
2004 (C)						
Total	17 749	9 950	7 799	5.7	6.4	5.0
0	336	181	155	6.9	7.2	6.6
1 - 4	237	132	105	1.2	1.2	1.1
5 - 9	164	108	56	0.6	0.7	0.4
10 - 14	140	86	54	0.5	0.5	0.4

Continent, country or area, date, code and age (in years)	Number - Nombre			Rate - Taux		
Continent, pays ou zone, date, code et âge (en années)	Both sexes Les deux sexes	Male Masculin	Female Féminin	Both sexes Les deux sexes	Male Masculin	Female Féminin
EUROPE						
Albania - Albanie						
2004 (C)						
15 - 19	157	106	51	0.5	0.7	0.3
20 - 24	219	147	72	0.8	1.2	0.5
25 - 29	181	140	41	0.8	1.3	0.4
30 - 34	225	159	66	1.1	1.6	0.6
35 - 39	244	160	84	1.2	1.6	0.8
40 - 44	365	249	116	1.6	2.2	1.0
45 - 49	469	313	156	2.4	3.1	1.6
50 - 54	586	397	189	3.8	5.0	2.5
55 - 59	676	451	225	5.6	7.3	3.8
60 - 64	1 248	820	428	10.4	13.7	7.1
65 - 69	1 720	1 158	562	17.5	22.9	11.7
70 - 74	2 428	1 478	950	33.8	42.5	25.7
75 - 79	2 608	1 462	1 146	56.9	72.9	44.4
80 - 84	2 768	1 256	1 512	100.3	114.3	91.1
85 - 89	1 652	719	933	182.5	212.1	164.8
90 - 94	936	298	638	266.4	305.2	251.4
95 +	390	130	260	781.6	1070.0	688.7
95 - 99	300	103	197	...	...	...
100 +	90	27	63	...	...	...
2007 (C)						
Total	14 528	...	...	4.6	...	...
0 - 4	289	...	...	1.2	...	...
0	205	...	...	...	...	...
1 - 4	84	...	...	...	...	...
5 - 9	87	...	...	0.3	...	...
10 - 14	99	...	...	0.3	...	...
15 - 19	137	...	...	0.4	...	...
20 - 24	159	...	...	0.5	...	...
25 - 29	161	...	...	0.7	...	...
30 - 34	165	...	...	0.8	...	...
35 - 39	198	...	...	0.9	...	...
40 - 44	238	...	...	1.2	...	...
45 - 49	398	...	...	1.9	...	...
50 - 54	539	...	...	3.1	...	...
55 - 59	626	...	...	4.4	...	...
60 - 64	741	...	...	6.8	...	...
65 - 69	1 348	...	...	12.8	...	...
70 - 74	1 884	...	...	23.5	...	...
75 - 79	2 371	...	...	44.5	...	...
80 - 84	2 121	...	...	76.1	...	...
85 +	2 954	...	...	173.9	...	...
Unknown - Inconnu	13	...	...	..	...	..
Andorra - Andorre						
2010 (C)						
Total	239	138	101	2.8	3.1	2.5
0 - 4	1	-	1	♦0.3	-	♦0.6
0	-	-	-	-	-	-
1 - 4	1	-	1	♦0.3	-	♦0.7
5 - 9	-	-	-	-	-	-
10 - 14	2	1	1	♦0.5	♦0.5	♦0.5
15 - 19	1	1	-	♦0.3	♦0.5	-
20 - 24	1	1	-	♦0.2	♦0.5	-
25 - 29	2	2	-	♦0.3	♦0.7	-
30 - 34	1	1	-	♦0.1	♦0.3	-
35 - 39	-	-	-	-	-	-
40 - 44	8	4	4	♦1.0	♦1.0	♦1.1
45 - 49	9	5	4	♦1.2	♦1.2	♦1.1
50 - 54	6	4	2	♦0.9	♦1.2	♦0.7
55 - 59	15	11	4	♦2.9	♦4.0	♦1.7
60 - 64	19	15	4	♦4.4	♦6.3	♦2.1
65 - 69	22	18	4	♦6.9	♦10.5	♦2.7
70 - 74	14	8	6	♦5.8	♦6.6	♦5.1
75 - 79	17	11	6	♦8.4	♦10.6	♦6.1
80 - 84	41	24	17	23.6	♦30.1	♦18.1
85 - 89	33	17	16	29.9	♦33.4	♦26.9

19. Deaths by age and sex, age-specific death rates by sex: latest available year, 2002 - 2011
Décès et taux de mortalité selon l'âge et le sexe : dernière année disponible, 2002 - 2011 (continued - suite)

Continent, country or area, date, code and age (in years) / Continent, pays ou zone, date, code et âge (en années)	Number - Nombre			Rate - Taux		
	Both sexes Les deux sexes	Male Masculin	Female Féminin	Both sexes Les deux sexes	Male Masculin	Female Féminin
EUROPE						
Andorra - Andorre						
2010 (C)						
90 - 94	27	9	18	♦52.8	♦41.1	♦61.6
95 - 99	17	5	12	♦67.5	♦42.4	♦89.6
100 +	3	1	2	♦14.0	♦9.5	♦18.3
Austria - Autriche[31]						
2010 (C)						
Total	77 199	36 692	40 507	9.2	9.0	9.4
0 - 4	367	208	159	0.9	1.0	0.8
0	307	175	132	4.0	4.4	3.5
1 - 4	60	33	27	0.2	0.2	♦0.2
5 - 9	33	13	20	0.1	♦0.1	♦0.1
10 - 14	40	22	18	0.1	♦0.1	♦0.1
15 - 19	181	137	44	0.4	0.5	0.2
20 - 24	306	240	66	0.6	0.9	0.3
25 - 29	265	193	72	0.5	0.7	0.3
30 - 34	295	212	83	0.6	0.8	0.3
35 - 39	484	318	166	0.8	1.1	0.6
40 - 44	825	544	281	1.2	1.5	0.8
45 - 49	1 535	1 001	534	2.2	2.8	1.5
50 - 54	2 192	1 483	709	3.6	4.9	2.3
55 - 59	2 794	1 863	931	5.6	7.6	3.7
60 - 64	4 296	2 813	1 483	9.3	12.6	6.2
65 - 69	5 884	3 841	2 043	13.3	18.5	8.7
70 - 74	6 958	4 275	2 683	19.2	25.9	13.6
75 - 79	9 036	4 989	4 047	33.8	44.4	26.1
80 - 84	13 786	6 301	7 485	63.3	78.8	54.3
85 - 89	16 388	5 342	11 046	118.0	141.7	109.2
90 - 94	7 433	2 009	5 424	202.2	231.9	193.0
95 - 99	3 518	793	2 725	337.5	388.2	325.2
100 +	583	95	488	553.7	550.7	554.2
Belarus - Bélarus						
2009 (C)						
Total	135 097	70 565	64 532	14.0	15.6	12.5
0 - 4	653	384	269	1.3	1.5	1.1
0	407	234	173	3.8	4.2	3.3
1 - 4	246	150	96	0.7	0.8	0.5
5 - 9	121	81	40	0.3	0.3	0.2
10 - 14	103	66	37	0.2	0.3	0.2
15 - 19	315	231	84	0.5	0.7	0.3
20 - 24	923	741	182	1.1	1.7	0.4
25 - 29	1 320	1 047	273	1.7	2.6	0.7
30 - 34	1 835	1 399	436	2.6	4.0	1.3
35 - 39	2 494	1 924	570	3.7	5.8	1.7
40 - 44	3 392	2 638	754	5.0	7.9	2.1
45 - 49	5 751	4 425	1 326	7.2	11.5	3.2
50 - 54	7 997	5 944	2 053	10.7	17.1	5.1
55 - 59	9 804	6 963	2 841	16.1	25.5	8.4
60 - 64	10 295	7 260	3 035	25.7	42.9	13.2
65 - 69	10 620	6 698	3 922	28.4	47.6	16.8
70 - 74	17 957	9 885	8 072	44.9	72.3	30.7
75 - 79	20 024	8 919	11 105	66.5	97.4	53.0
80 - 84	21 576	7 341	14 235	107.3	145.5	94.5
85 +	19 838	4 557	15 281	217.7	259.0	207.9
85 - 89	13 316	3 234	10 082	...	...	...
90 - 94	4 390	925	3 465	...	...	...
95 - 99	1 776	345	1 431	...	...	...
100 +	356	53	303	...	...	...
Unknown - Inconnu	79	62	17	..	..	..
Belgium - Belgique[32]						
2007 (C)						
Total	100 658	49 804	50 854	9.5	9.6	9.4
0 - 4	593	349	244	1.0	1.1	0.8
0	487	287	200	4.0	4.6	3.4
1 - 4	106	62	44	0.2	0.3	0.2
5 - 9	53	29	24	0.1	♦0.1	♦0.1
10 - 14	83	47	36	0.1	0.2	0.1

19. Deaths by age and sex, age-specific death rates by sex: latest available year, 2002 - 2011
Décès et taux de mortalité selon l'âge et le sexe : dernière année disponible, 2002 - 2011 (continued - suite)

Continent, country or area, date, code and age (in years) / Continent, pays ou zone, date, code et âge (en annèes)	Number - Nombre			Rate - Taux		
	Both sexes Les deux sexes	Male Masculin	Female Féminin	Both sexes Les deux sexes	Male Masculin	Female Féminin
EUROPE						
Belgium - Belgique[32]						
2007 (C)						
15 - 19	248	172	76	0.4	0.5	0.2
20 - 24	378	288	90	0.6	0.9	0.3
25 - 29	385	279	106	0.6	0.8	0.3
30 - 34	520	360	160	0.8	1.0	0.5
35 - 39	759	479	280	1.0	1.2	0.7
40 - 44	1 238	773	465	1.5	1.9	1.2
45 - 49	2 022	1 238	784	2.5	3.1	2.0
50 - 54	3 104	1 938	1 166	4.2	5.3	3.2
55 - 59	4 179	2 691	1 488	6.2	8.0	4.4
60 - 64	5 283	3 425	1 858	9.2	12.2	6.4
65 - 69	6 392	4 119	2 273	13.7	18.6	9.3
70 - 74	9 880	5 962	3 918	21.9	29.2	15.8
75 - 79	15 164	8 441	6 723	37.5	50.2	28.5
80 - 84	19 367	9 228	10 139	66.7	86.4	55.3
85 - 89	16 682	6 380	10 302	117.3	144.4	105.0
90 - 94	9 861	2 740	7 121	211.1	250.4	199.1
95 - 99	3 791	767	3 024	313.0	368.4	301.5
100 +	676	99	577	501.9	678.1	480.4
Bosnia and Herzegovina - Bosnie-Herzégovine						
2010 (C)						
Total	35 118	17 900	17 218	9.1	9.5	8.8
0 - 4	252	143	109	1.5	1.7	1.3
0	216	125	91	...	...	...
1 - 4	36	18	18	0.3	♦0.3	♦0.3
5 - 9	28	19	9	♦0.1	♦0.2	♦0.1
10 - 14	27	14	13	♦0.1	♦0.1	♦0.1
15 - 19	84	58	26	0.3	0.4	♦0.2
20 - 24	120	92	28	0.4	0.6	♦0.2
25 - 29	165	130	35	0.6	1.0	0.3
30 - 34	160	109	51	0.7	0.9	0.4
35 - 39	254	180	74	1.0	1.5	0.6
40 - 44	432	265	167	1.5	1.9	1.2
45 - 49	844	553	291	2.7	3.7	1.9
50 - 54	1 465	980	485	5.5	7.2	3.7
55 - 59	2 141	1 429	712	9.2	13.6	5.6
60 - 64	2 610	1 647	963	14.3	19.1	10.0
65 - 69	3 390	2 032	1 358	16.8	22.6	12.1
70 - 74	6 045	3 199	2 846	32.8	38.8	27.9
75 - 79	6 948	3 344	3 604	57.7	66.1	51.6
80 - 84	6 006	2 440	3 566	125.3	124.5	125.9
85 +	4 119	1 254	2 865	164.3	175.6	159.9
85 - 89	3 105	966	2 139	...	...	...
90 - 94	737	210	527	...	...	...
95 - 99	245	69	176	...	...	...
100 +	32	9	23	...	...	...
Unknown - Inconnu	28	12	16	..	..	..
Bulgaria - Bulgarie						
2010 (C)						
Total	110 165	57 641	52 524	14.6	15.8	13.5
0 - 4	841	492	349	2.3	2.6	1.9
0	708	410	298	9.6	10.8	8.3
1 - 4	133	82	51	0.4	0.5	0.4
5 - 9	77	43	34	0.2	0.2	0.2
10 - 14	93	55	38	0.3	0.3	0.2
15 - 19	200	128	72	0.5	0.6	0.4
20 - 24	338	236	102	0.7	0.9	0.4
25 - 29	421	315	106	0.8	1.1	0.4
30 - 34	582	390	192	1.0	1.3	0.7
35 - 39	867	563	304	1.6	2.0	1.1
40 - 44	1 460	1 001	459	2.8	3.8	1.8
45 - 49	2 403	1 697	706	4.7	6.6	2.7
50 - 54	3 850	2 724	1 126	7.3	10.6	4.2
55 - 59	5 994	4 217	1 777	11.4	17.0	6.4
60 - 64	8 639	5 925	2 714	16.7	25.1	9.7
65 - 69	9 706	6 127	3 579	24.4	35.3	16.0

19. Deaths by age and sex, age-specific death rates by sex: latest available year, 2002 - 2011
Décès et taux de mortalité selon l'âge et le sexe : dernière année disponible, 2002 - 2011 (continued - suite)

Continent, country or area, date, code and age (in years) / Continent, pays ou zone, date, code et âge (en annèes)	Number - Nombre			Rate - Taux		
	Both sexes Les deux sexes	Male Masculin	Female Féminin	Both sexes Les deux sexes	Male Masculin	Female Féminin
EUROPE						
Bulgaria - Bulgarie						
2010 (C)						
70 - 74	12 759	7 261	5 498	37.5	51.4	27.6
75 - 79	19 048	9 409	9 639	63.5	79.1	53.2
80 - 84	20 840	8 957	11 883	111.1	127.9	101.1
85 - 89	15 650	5 856	9 794	186.0	200.7	178.1
90 - 94	4 671	1 642	3 029	292.4	308.7	284.2
95 - 99	1 433	503	930	449.8	499.0	427.0
100 +	293	100	193	887.9	847.5	910.4
Croatia - Croatie						
2010 (C)						
Total	52 096	25 683	26 413	11.8	12.0	11.6
0 - 4	227	129	98	1.1	1.2	0.9
0	192	111	81	4.3	4.8	3.8
1 - 4	35	18	17	0.2	♦0.2	♦0.2
5 - 9	25	17	8	♦0.1	♦0.2	♦0.1
10 - 14	29	15	14	♦0.1	♦0.1	♦0.1
15 - 19	84	50	34	0.3	0.4	0.3
20 - 24	150	110	40	0.5	0.8	0.3
25 - 29	168	134	34	0.5	0.8	0.2
30 - 34	195	146	49	0.6	0.9	0.3
35 - 39	302	209	93	1.0	1.4	0.6
40 - 44	508	348	160	1.7	2.3	1.0
45 - 49	989	695	294	3.1	4.4	1.8
50 - 54	1 750	1 206	544	5.3	7.4	3.2
55 - 59	2 734	1 959	775	8.6	12.6	4.8
60 - 64	3 260	2 211	1 049	12.5	18.0	7.6
65 - 69	4 149	2 677	1 472	19.5	28.4	12.4
70 - 74	6 868	3 980	2 888	32.1	44.6	23.1
75 - 79	9 812	4 868	4 944	56.1	74.1	45.3
80 - 84	10 078	3 995	6 083	96.5	116.7	86.7
85 +	10 763	2 932	7 831	190.3	205.2	185.2
85 - 89	7 523	2 102	5 421	...	...	...
90 - 94	2 267	611	1 656	...	...	...
95 - 99	859	202	657	...	...	...
100 +	114	17	97	...	...	...
Unknown - Inconnu	5	2	3	..	..	..
Czech Republic - République tchèque						
2010 (C)						
Total	106 844	54 150	52 694	10.2	10.5	9.9
0 - 4	401	223	178	0.7	0.8	0.6
0	313	172	141	2.6	2.8	2.4
1 - 4	88	51	37	0.2	0.2	0.2
5 - 9	47	22	25	0.1	♦0.1	♦0.1
10 - 14	60	35	25	0.1	0.1	♦0.1
15 - 19	209	144	65	0.3	0.5	0.2
20 - 24	382	296	86	0.5	0.8	0.3
25 - 29	419	328	91	0.6	0.8	0.2
30 - 34	588	427	161	0.6	0.9	0.4
35 - 39	842	611	231	1.0	1.4	0.6
40 - 44	1 203	843	360	1.7	2.3	1.1
45 - 49	1 935	1 304	631	2.8	3.8	1.9
50 - 54	3 486	2 431	1 055	5.0	7.0	3.0
55 - 59	6 143	4 276	1 867	8.1	11.5	4.8
60 - 64	9 426	6 463	2 963	13.1	18.9	7.8
65 - 69	10 396	6 619	3 777	19.3	27.2	12.9
70 - 74	10 698	6 179	4 519	29.1	39.8	21.3
75 - 79	15 162	7 724	7 438	47.3	62.1	37.9
80 - 84	19 393	8 187	11 206	85.4	105.8	74.9
85 - 89	17 898	5 935	11 963	152.4	178.6	142.0
90 - 94	5 713	1 577	4 136	266.8	297.3	256.7
95 - 99	2 175	478	1 697	337.7	351.0	334.1
100 +	268	48	220	367.1	287.4	390.8
Denmark - Danemark[33]						
2010 (C)						
Total	54 368	26 762	27 606	9.8	9.7	9.9
0 - 4	249	140	109	0.8	0.8	0.7

19. Deaths by age and sex, age-specific death rates by sex: latest available year, 2002 - 2011
Décès et taux de mortalité selon l'âge et le sexe : dernière année disponible, 2002 - 2011 (continued - suite)

Continent, country or area, date, code and age (in years) Continent, pays ou zone, date, code et âge (en années)	Number - Nombre			Rate - Taux		
	Both sexes Les deux sexes	Male Masculin	Female Féminin	Both sexes Les deux sexes	Male Masculin	Female Féminin
EUROPE						
Denmark - Danemark[33]						
2010 (C)						
0	216	118	98	3.4	3.6	3.2
1 - 4	33	22	11	0.1	♦0.2	♦0.1
5 - 9	21	12	9	♦0.1	♦0.1	♦0.1
10 - 14	26	12	14	♦0.1	♦0.1	♦0.1
15 - 19	89	59	30	0.3	0.3	♦0.2
20 - 24	137	94	43	0.4	0.6	0.3
25 - 29	132	101	31	0.4	0.6	0.2
30 - 34	179	117	62	0.5	0.7	0.4
35 - 39	309	213	96	0.8	1.1	0.5
40 - 44	583	368	215	1.4	1.8	1.1
45 - 49	987	607	380	2.4	3.0	1.9
50 - 54	1 628	1 025	603	4.5	5.6	3.3
55 - 59	2 402	1 488	914	6.9	8.5	5.2
60 - 64	3 708	2 255	1 453	10.0	12.3	7.8
65 - 69	4 701	2 787	1 914	15.2	18.4	12.1
70 - 74	5 614	3 257	2 357	25.5	31.3	20.3
75 - 79	7 044	3 715	3 329	43.6	51.8	37.1
80 - 84	8 642	4 231	4 411	73.6	89.1	63.1
85 - 89	9 130	3 727	5 403	125.1	152.4	111.3
90 - 94	5 925	1 885	4 040	200.2	240.2	185.8
95 - 99	2 377	581	1 796	325.1	385.5	309.4
100 +	485	88	397	533.6	666.7	510.9
Estonia - Estonie						
2010 (C)						
Total	15 790	7 763	8 027	11.8	12.6	11.1
0 - 4	76	48	28	1.0	1.2	♦0.7
0	53	34	19	3.4	4.2	♦2.5
1 - 4	23	14	9	♦0.4	♦0.4	♦0.3
5 - 9	14	7	7	♦0.2	♦0.2	♦0.2
10 - 14	9	5	4	♦0.1	♦0.2	♦0.1
15 - 19	36	29	7	0.5	♦0.7	♦0.2
20 - 24	74	62	12	0.7	1.1	♦0.2
25 - 29	125	102	23	1.2	2.0	♦0.5
30 - 34	143	118	25	1.5	2.5	♦0.5
35 - 39	171	133	38	1.8	2.9	0.8
40 - 44	207	152	55	2.4	3.6	1.2
45 - 49	388	289	99	4.2	6.6	2.0
50 - 54	608	437	171	6.5	10.2	3.4
55 - 59	865	627	238	10.0	16.5	4.9
60 - 64	1 164	779	385	15.4	24.6	8.8
65 - 69	1 282	792	490	21.0	33.1	13.2
70 - 74	2 001	1 179	822	31.3	52.1	19.9
75 - 79	2 375	1 135	1 240	49.9	75.4	38.1
80 - 84	2 767	1 048	1 719	80.3	113.7	68.1
85 - 89	2 170	545	1 625	137.2	168.7	129.1
90 - 94	869	186	683	217.1	254.8	208.7
95 - 99	367	64	303	285.4	264.5	290.2
100 +	65	15	50	191.2	♦234.4	181.2
Unknown - Inconnu	14	11	3	..	..	..
Faeroe Islands - Îles Féroé						
2008 (C)						
Total	378	201	177	7.8	8.0	7.6
0	2	1	1	♦2.9	♦3.0	♦2.9
1 - 4	1	1	-	♦0.4	♦0.7	-
5 - 9	-	-	-	-	-	-
10 - 14	-	-	-	-	-	-
15 - 19	1	-	1	♦0.3	-	♦0.5
20 - 24	-	-	-	-	-	-
25 - 29	1	1	-	♦0.4	♦0.7	-
30 - 34	2	1	1	♦0.7	♦0.6	♦0.7
35 - 39	2	1	1	♦0.6	♦0.6	♦0.7
40 - 44	2	2	-	♦0.6	♦1.0	-
45 - 49	7	5	2	♦2.1	♦2.9	♦1.3
50 - 54	7	4	3	♦2.3	♦2.5	♦2.1
55 - 59	20	16	4	♦6.7	♦10.3	♦2.8

Continent, country or area, date, code and age (in years) Continent, pays ou zone, date, code et âge (en années)	Number - Nombre			Rate - Taux		
	Both sexes Les deux sexes	Male Masculin	Female Féminin	Both sexes Les deux sexes	Male Masculin	Female Féminin
EUROPE						
Faeroe Islands - Îles Féroé						
2008 (C)						
60 - 64	24	17	7	♦9.5	♦12.3	♦6.1
65 - 69	26	17	9	♦12.7	♦15.8	♦9.2
70 - 74	34	19	15	22.3	♦24.3	♦20.3
75 - 79	46	32	14	33.9	50.4	♦19.4
80 - 84	69	33	36	68.8	85.5	58.3
85 - 89	71	32	39	120.3	158.4	100.5
90 - 94	38	11	27	154.5	♦135.8	♦163.6
95 - 99	19	6	13	♦422.2	♦545.5	♦382.4
100 +	6	2	4	♦1200.0	♦666.7	♦2000.0
Finland - Finlande						
2010 (C)						
Total	50 887	25 539	25 348	9.5	9.8	9.3
0	140	80	60	2.3	2.6	2.0
1 - 4	38	20	18	0.2	♦0.2	♦0.2
5 - 9	30	14	16	♦0.1	♦0.1	♦0.1
10 - 14	24	15	9	♦0.1	♦0.1	♦0.1
15 - 19	113	83	30	0.3	0.5	♦0.2
20 - 24	248	190	58	0.8	1.1	0.4
25 - 29	269	203	66	0.8	1.1	0.4
30 - 34	274	204	70	0.8	1.2	0.4
35 - 39	316	231	85	1.0	1.5	0.6
40 - 44	571	396	175	1.6	2.2	1.0
45 - 49	969	656	313	2.6	3.5	1.7
50 - 54	1 575	1 068	507	4.2	5.7	2.7
55 - 59	2 456	1 723	733	6.4	9.1	3.8
60 - 64	3 733	2 578	1 155	9.4	13.2	5.7
65 - 69	3 585	2 395	1 190	13.3	18.8	8.4
70 - 74	4 570	2 874	1 696	20.5	28.6	13.8
75 - 79	6 329	3 583	2 746	35.4	48.2	26.3
80 - 84	8 918	4 262	4 656	63.9	85.5	51.9
85 - 89	9 035	3 105	5 930	115.9	141.6	105.9
90 - 94	5 428	1 425	4 003	206.9	243.5	196.4
95 - 99	1 990	394	1 596	333.8	378.1	324.4
100 +	276	40	236	469.4	462.4	470.6
France[34]						
2005 (C)						
Total	527 533	270 634	256 899	8.6	9.1	8.1
0	2 775	1 583	1 192	3.7	4.1	3.3
1 - 4	601	332	269	0.2	0.2	0.2
5 - 9	368	215	153	0.1	0.1	0.1
10 - 14	408	245	163	0.1	0.1	0.1
15 - 19	1 507	1 087	420	0.4	0.5	0.2
20 - 24	2 312	1 751	561	0.6	0.9	0.3
25 - 29	2 251	1 663	588	0.6	0.9	0.3
30 - 34	3 321	2 354	967	0.8	1.1	0.5
35 - 39	4 889	3 259	1 630	1.1	1.5	0.7
40 - 44	7 938	5 270	2 668	1.8	2.4	1.2
45 - 49	13 144	8 877	4 267	3.1	4.3	2.0
50 - 54	18 997	13 092	5 905	4.6	6.4	2.8
55 - 59	25 402	17 800	7 602	6.3	9.0	3.7
60 - 64	23 431	16 139	7 292	8.6	12.2	5.2
65 - 69	32 278	21 745	10 533	12.5	18.1	7.6
70 - 74	49 531	31 666	17 865	19.6	28.5	12.6
75 - 79	70 064	40 332	29 732	32.1	45.6	22.9
80 - 84	96 969	48 064	48 905	57.5	78.7	45.5
85 - 89	64 217	26 104	38 113	100.1	129.2	86.7
90 - 94	72 170	21 985	50 185	188.0	231.8	173.7
95 - 99	29 671	6 365	23 306	306.4	350.1	296.3
100 +	5 289	706	4 583	405.5	327.2	421.1
Germany - Allemagne						
2010 (C)						
Total	858 768	409 022	449 746	10.5	10.2	10.8
0 - 4	2 804	1 555	1 249	0.8	0.9	0.8
0	2 322	1 294	1 028	3.5	3.8	3.1
1 - 4	482	261	221	0.2	0.2	0.2

19. Deaths by age and sex, age-specific death rates by sex: latest available year, 2002 - 2011
Décès et taux de mortalité selon l'âge et le sexe : dernière année disponible, 2002 - 2011 (continued - suite)

Continent, country or area, date, code and age (in years) / Continent, pays ou zone, date, code et âge (en années)	Number - Nombre			Rate - Taux		
	Both sexes Les deux sexes	Male Masculin	Female Féminin	Both sexes Les deux sexes	Male Masculin	Female Féminin
EUROPE						
Germany - Allemagne						
2010 (C)						
5 - 9	316	173	143	0.1	0.1	0.1
10 - 14	365	221	144	0.1	0.1	0.1
15 - 19	1 138	762	376	0.3	0.4	0.2
20 - 24	1 844	1 308	536	0.4	0.5	0.2
25 - 29	2 210	1 586	624	0.4	0.6	0.3
30 - 34	2 560	1 770	790	0.5	0.7	0.3
35 - 39	4 026	2 679	1 347	0.8	1.0	0.5
40 - 44	8 621	5 577	3 044	1.3	1.6	0.9
45 - 49	15 882	10 317	5 565	2.2	2.9	1.6
50 - 54	24 111	15 807	8 304	3.9	5.1	2.7
55 - 59	32 939	21 864	11 075	6.1	8.1	4.0
60 - 64	40 576	26 435	14 141	9.1	12.0	6.2
65 - 69	63 118	40 834	22 284	13.6	18.3	9.3
70 - 74	100 504	62 312	38 192	20.8	27.9	14.7
75 - 79	117 066	65 202	51 864	36.9	47.8	28.7
80 - 84	154 605	71 263	83 342	66.3	82.3	56.8
85 - 89	162 352	51 832	110 520	120.5	140.5	112.9
90 - 94	77 439	19 322	58 117	208.9	220.3	205.4
95 +	46 133	8 126	38 007	240.4	143.3	281.2
95 - 99	39 668	7 297	32 371	...	...	...
100 +	6 465	829	5 636	...	...	...
Unknown - Inconnu	159	77	82	..	..	..
Greece - Grèce						
2009 (C)						
Total	108 316	57 015	51 301	9.6	10.2	9.0
0 - 4	456	252	204	0.8	0.9	0.7
0	371	204	167	3.1	3.4	2.9
1 - 4	85	48	37	0.2	0.2	0.2
5 - 9	59	29	30	0.1	♦0.1	♦0.1
10 - 14	72	45	27	0.1	0.2	♦0.1
15 - 19	218	165	53	0.4	0.6	0.2
20 - 24	449	367	82	0.7	1.1	0.3
25 - 29	606	477	129	0.8	1.2	0.3
30 - 34	713	541	172	0.8	1.2	0.4
35 - 39	758	515	243	0.9	1.1	0.6
40 - 44	1 186	857	329	1.4	1.9	0.8
45 - 49	1 811	1 257	554	2.3	3.1	1.4
50 - 54	2 592	1 786	806	3.4	4.7	2.1
55 - 59	3 627	2 554	1 073	5.2	7.5	3.0
60 - 64	5 089	3 578	1 511	7.7	11.4	4.4
65 - 69	6 142	4 054	2 088	11.4	16.4	7.2
70 - 74	11 153	6 902	4 251	19.4	27.2	13.3
75 - 79	17 471	9 802	7 669	34.8	45.1	27.0
80 - 84	22 982	10 912	12 070	70.6	79.5	64.2
85 - 89	17 977	7 470	10 507	127.0	124.7	128.6
90 - 94	10 127	3 796	6 331	318.4	243.9	389.8
95 - 99	4 089	1 418	2 671	786.8	433.6	1386.1
100 +	739	238	501	246.7	174.9	306.6
Hungary - Hongrie						
2010 (C)						
Total	130 456	65 137	65 319	13.0	13.7	12.4
0 - 4	560	298	262	1.2	1.2	1.1
0	481	258	223	5.2	5.5	5.0
1 - 4	79	40	39	0.2	0.2	0.2
5 - 9	49	30	19	0.1	♦0.1	♦0.1
10 - 14	68	43	25	0.1	0.2	♦0.1
15 - 19	199	134	65	0.3	0.4	0.2
20 - 24	255	192	63	0.4	0.6	0.2
25 - 29	379	275	104	0.5	0.8	0.3
30 - 34	633	454	179	0.8	1.1	0.4
35 - 39	1 049	738	311	1.4	1.9	0.8
40 - 44	1 817	1 309	508	2.6	3.8	1.5
45 - 49	3 251	2 264	987	5.4	7.7	3.2
50 - 54	6 398	4 402	1 996	9.3	13.4	5.5
55 - 59	9 850	6 763	3 087	13.2	19.7	7.7

19. Deaths by age and sex, age-specific death rates by sex: latest available year, 2002 - 2011
Décès et taux de mortalité selon l'âge et le sexe : dernière année disponible, 2002 - 2011 (continued - suite)

Continent, country or area, date, code and age (in years) / Continent, pays ou zone, date, code et âge (en annèes)	Number - Nombre			Rate - Taux		
	Both sexes Les deux sexes	Male Masculin	Female Féminin	Both sexes Les deux sexes	Male Masculin	Female Féminin
EUROPE						
Hungary - Hongrie						
2010 (C)						
60 - 64	10 818	7 153	3 665	17.9	26.7	10.9
65 - 69	12 249	7 648	4 601	23.7	35.5	15.3
70 - 74	14 697	8 038	6 659	35.6	51.6	25.9
75 - 79	18 572	8 801	9 771	55.0	74.1	44.7
80 - 84	21 518	8 303	13 215	92.0	113.0	82.4
85 - 89	18 491	5 776	12 715	150.5	168.3	143.5
90 - 94	6 736	1 868	4 868	...	...	...
95 - 99	2 542	584	1 958	...	...	...
Unknown - Inconnu	15	14	1	..	..	..
Iceland - Islande						
2010 (C)						
Total	2 020	1 065	955	6.4	6.7	6.0
0 - 4	16	8	8	♦0.7	♦0.7	♦0.7
0	11	5	6	♦2.2	♦2.0	♦2.5
1 - 4	5	3	2	♦0.3	♦0.3	♦0.2
5 - 9	-	-	-	-	-	-
10 - 14	3	1	2	♦0.1	♦0.1	♦0.2
15 - 19	11	6	5	♦0.5	♦0.5	♦0.4
20 - 24	9	7	2	♦0.4	♦0.6	♦0.2
25 - 29	10	9	1	♦0.4	♦0.8	♦0.1
30 - 34	18	13	5	♦0.8	♦1.1	♦0.5
35 - 39	18	12	6	♦0.8	♦1.1	♦0.6
40 - 44	18	11	7	♦0.9	♦1.0	♦0.7
45 - 49	39	24	15	1.8	♦2.2	♦1.4
50 - 54	45	31	14	2.1	2.9	♦1.3
55 - 59	62	41	21	3.4	4.4	♦2.3
60 - 64	91	51	40	5.9	6.5	5.3
65 - 69	121	74	47	10.5	13.1	8.0
70 - 74	161	93	68	18.9	22.5	15.4
75 - 79	273	158	115	35.0	43.8	27.4
80 - 84	367	199	168	61.8	76.7	50.2
85 - 89	395	185	210	120.4	148.2	103.3
90 - 94	261	113	148	216.4	283.9	183.2
95 - 99	86	26	60	327.0	♦440.7	294.1
100 +	16	3	13	♦381.0	♦428.6	♦371.4
Ireland - Irlande						
2010 (+C)						
Total	27 122	13 833	13 289	6.1	6.2	5.9
0 - 4	324	184	140	0.9	1.0	0.8
0	279	157	122	3.8	4.1	3.4
1 - 4	45	27	18	0.2	♦0.2	♦0.1
5 - 9	27	12	15	♦0.1	♦0.1	♦0.1
10 - 14	28	19	9	♦0.1	♦0.1	♦0.1
15 - 19	103	72	31	0.4	0.5	0.2
20 - 24	157	132	25	0.6	1.0	♦0.2
25 - 29	200	149	51	0.5	0.8	0.3
30 - 34	246	162	84	0.7	0.9	0.4
35 - 39	294	205	89	0.8	1.2	0.5
40 - 44	401	248	153	1.3	1.6	1.0
45 - 49	594	364	230	2.0	2.4	1.5
50 - 54	808	472	336	3.0	3.5	2.5
55 - 59	1 156	715	441	4.9	6.0	3.7
60 - 64	1 615	986	629	7.6	9.3	6.0
65 - 69	2 068	1 242	826	12.9	15.7	10.2
70 - 74	2 658	1 590	1 068	21.3	26.6	16.4
75 - 79	3 579	2 020	1 559	37.1	46.5	29.5
80 - 84	4 595	2 299	2 296	69.1	87.2	57.1
85 - 89	4 544	1 856	2 688	118.5	141.5	106.5
90 - 94	2 672	868	1 804	187.1	212.1	177.1
95 - 99	908	212	696	217.5	211.8	219.3
100 +	145	26	119	235.4	♦188.4	249.0
Isle of Man - Île de Man						
2004 (+C)						
Total	798	390	408	10.3	10.2	10.3
0	2	1	1	♦2.3	♦2.3	♦2.4

19. Deaths by age and sex, age-specific death rates by sex: latest available year, 2002 - 2011
Décès et taux de mortalité selon l'âge et le sexe : dernière année disponible, 2002 - 2011 (continued - suite)

Continent, country or area, date, code and age (in years) / Continent, pays ou zone, date, code et âge (en années)	Number - Nombre			Rate - Taux		
	Both sexes Les deux sexes	Male Masculin	Female Féminin	Both sexes Les deux sexes	Male Masculin	Female Féminin
EUROPE						
Isle of Man - Île de Man						
2004 (+C)						
1 - 4	-	-	-	-	-	-
5 - 9	-	-	-	-	-	-
10 - 14	1	1	-	◆0.2	◆0.4	-
15 - 19	3	3	-	◆0.6	◆1.3	-
20 - 24	5	4	1	◆1.1	◆1.8	◆0.4
25 - 29	3	3	-	◆0.7	◆1.4	-
30 - 34	3	1	2	◆0.6	◆0.4	◆0.7
35 - 39	6	5	1	◆1.0	◆1.7	◆0.3
40 - 44	7	4	3	◆1.2	◆1.3	◆1.0
45 - 49	11	5	6	◆2.0	◆1.9	◆2.2
50 - 54	17	8	9	◆3.3	◆3.0	◆3.5
55 - 59	31	18	13	5.7	◆6.4	◆5.0
60 - 64	33	19	14	7.8	◆9.1	◆6.6
65 - 69	60	45	15	16.4	25.0	◆8.1
70 - 74	82	46	36	27.1	33.4	21.8
75 - 79	118	59	59	46.0	55.6	39.2
80 - 84	169	77	92	80.5	98.2	70.0
85 - 89	111	43	68	112.2	126.5	104.7
90 +	136	48	88	208.7	278.5	183.6
90 - 94	96	36	60	...	...	...
95 +	40	12	28	...	...	...
Italy - Italie						
2008 (C)						
Total	578 192	281 825	296 367	9.7	9.7	9.6
0	1 896	1 054	842	3.4	3.6	3.1
1 - 4	344	191	153	0.2	0.2	0.1
5 - 9	208	115	93	0.1	0.1	0.1
10 - 14	291	187	104	0.1	0.1	0.1
15 - 19	931	680	251	0.3	0.4	0.2
20 - 24	1 186	923	263	0.4	0.6	0.2
25 - 29	1 469	1 123	346	0.4	0.6	0.2
30 - 34	2 198	1 570	628	0.5	0.7	0.3
35 - 39	3 185	2 132	1 053	0.7	0.9	0.4
40 - 44	5 200	3 362	1 838	1.1	1.4	0.7
45 - 49	7 667	4 829	2 838	1.7	2.2	1.3
50 - 54	10 792	6 776	4 016	2.8	3.5	2.0
55 - 59	16 730	10 686	6 044	4.5	5.9	3.2
60 - 64	24 798	16 040	8 758	7.1	9.5	4.8
65 - 69	36 731	23 564	13 167	11.2	15.3	7.6
70 - 74	54 355	33 556	20 799	18.6	25.3	13.0
75 - 79	81 939	46 456	35 483	32.9	44.5	24.6
80 - 84	112 580	54 896	57 684	61.1	80.2	49.8
85 - 89	110 199	43 667	66 532	108.6	136.0	96.0
90 - 94	66 952	20 902	46 050	199.1	235.6	186.0
95 - 99	33 362	8 283	25 079	300.5	334.8	290.7
100 +	5 177	832	4 345	393.4	345.7	404.1
Unknown - Inconnu	2	1	1	..	..	..
Latvia - Lettonie						
2010 (C)						
Total	30 040	14 561	15 479	13.4	14.1	12.8
0 - 4	143	73	70	1.3	1.3	1.3
0	110	58	52	5.3	5.5	5.2
1 - 4	33	15	18	0.4	◆0.3	◆0.4
5 - 9	21	16	5	◆0.2	◆0.3	◆0.1
10 - 14	29	14	15	◆0.3	◆0.3	◆0.3
15 - 19	71	51	20	0.5	0.7	◆0.3
20 - 24	142	119	23	0.8	1.3	◆0.3
25 - 29	174	132	42	1.0	1.5	0.5
30 - 34	218	171	47	1.4	2.2	0.6
35 - 39	391	276	115	2.5	3.5	1.5
40 - 44	577	423	154	3.8	5.6	2.0
45 - 49	945	704	241	5.8	9.0	2.8
50 - 54	1 379	993	386	8.5	13.2	4.5
55 - 59	1 761	1 204	557	12.7	19.6	7.2
60 - 64	2 274	1 491	783	18.9	29.6	11.2

19. Deaths by age and sex, age-specific death rates by sex: latest available year, 2002 - 2011
Décès et taux de mortalité selon l'âge et le sexe : dernière année disponible, 2002 - 2011 (continued - suite)

Continent, country or area, date, code and age (in years) / Continent, pays ou zone, date, code et âge (en annèes)	Number - Nombre			Rate - Taux		
	Both sexes Les deux sexes	Male Masculin	Female Féminin	Both sexes Les deux sexes	Male Masculin	Female Féminin
EUROPE						
Latvia - Lettonie						
2010 (C)						
65 - 69	2 867	1 771	1 096	25.7	41.2	16.0
70 - 74	4 029	2 227	1 802	36.7	57.6	25.4
75 - 79	4 363	2 016	2 347	56.0	83.8	43.6
80 - 84	4 981	1 671	3 310	88.6	115.1	79.4
85 - 89	3 635	826	2 809	143.4	172.0	136.7
90 - 94	1 390	280	1 110	229.1	237.9	227.0
95 - 99	565	89	476	314.4	261.0	326.9
100 +	82	11	71	302.6	♦183.3	336.5
Unknown - Inconnu	3	3	-	..	..	..
Liechtenstein						
2010* (C)						
Total	238	115	123	6.6	6.5	6.8
0 - 4	1	1	-	♦0.5	♦1.0	-
0	1	1	-	♦2.7	♦5.0	-
1 - 4	-	-	-	-	-	-
5 - 9	-	-	-	-	-	-
10 - 14	1	1	-	♦0.5	♦1.0	-
15 - 19	2	1	1	♦0.9	♦0.9	♦0.9
20 - 24	1	-	1	♦0.5	-	♦0.9
25 - 29	1	1	-	♦0.5	♦0.9	-
30 - 34	1	1	-	♦0.4	♦0.9	-
35 - 39	3	3	-	♦1.1	♦2.3	-
40 - 44	6	2	4	♦1.9	♦1.3	♦2.5
45 - 49	5	3	2	♦1.6	♦2.0	♦1.3
50 - 54	6	4	2	♦2.1	♦2.9	♦1.4
55 - 59	11	7	4	♦4.5	♦5.7	♦3.3
60 - 64	20	16	4	♦9.0	♦14.1	♦3.7
65 - 69	16	12	4	♦9.0	♦13.6	♦4.5
70 - 74	15	9	6	♦12.6	♦15.9	♦9.6
75 - 79	19	10	9	♦23.7	♦30.1	♦19.1
80 - 84	39	22	17	62.6	♦91.7	♦44.4
85 - 89	51	16	35	133.5	♦152.4	126.4
90 - 94	27	3	24	♦204.5	♦73.2	♦263.7
95 - 99	12	2	10	♦363.6	♦166.7	♦476.2
100 +	1	1	-	♦500.0	...	-
Lithuania - Lituanie						
2010 (C)						
Total	42 120	21 536	20 584	12.8	14.1	11.7
0	153	85	68	4.2	4.6	3.9
1 - 4	36	20	16	0.3	♦0.3	♦0.3
5 - 9	22	12	10	♦0.1	♦0.2	♦0.1
10 - 14	33	22	11	0.2	♦0.2	♦0.1
15 - 19	146	120	26	0.6	1.0	♦0.2
20 - 24	250	209	41	1.0	1.6	0.3
25 - 29	271	212	59	1.1	1.7	0.5
30 - 34	426	341	85	2.0	3.2	0.8
35 - 39	653	528	125	2.9	4.7	1.1
40 - 44	976	757	219	4.1	6.5	1.8
45 - 49	1 555	1 121	434	6.1	9.1	3.3
50 - 54	2 072	1 505	567	8.7	13.8	4.4
55 - 59	2 581	1 827	754	13.4	21.4	7.1
60 - 64	3 030	2 106	924	18.5	30.9	9.6
65 - 69	3 684	2 400	1 284	23.9	40.0	13.6
70 - 74	4 732	2 718	2 014	33.2	53.3	22.0
75 - 79	5 920	2 796	3 124	51.4	74.8	40.2
80 - 84	6 940	2 524	4 416	88.1	114.4	77.9
85 - 89	5 472	1 448	4 024	156.7	184.2	148.7
90 - 94	2 101	528	1 573	293.3	320.6	285.1
95 - 99	881	186	695	531.0	528.4	531.8
100 +	186	71	115	372.7	596.6	302.6
Luxembourg						
2010 (C)						
Total	3 760	1 903	1 857	7.5	7.6	7.3
0 - 4	24	13	11	♦0.8	♦0.9	♦0.8
0	20	12	8	♦3.5	♦4.1	♦2.9

19. Deaths by age and sex, age-specific death rates by sex: latest available year, 2002 - 2011
Décès et taux de mortalité selon l'âge et le sexe : dernière année disponible, 2002 - 2011 (continued - suite)

Continent, country or area, date, code and age (in years) / Continent, pays ou zone, date, code et âge (en années)	Number - Nombre			Rate - Taux		
	Both sexes Les deux sexes	Male Masculin	Female Féminin	Both sexes Les deux sexes	Male Masculin	Female Féminin
EUROPE						
Luxembourg						
2010 (C)						
1 - 4	4	1	3	♦0.2	♦0.1	♦0.3
5 - 9	-	-	-	-	-	-
10 - 14	2	1	1	♦0.1	♦0.1	♦0.1
15 - 19	7	4	3	♦0.2	♦0.3	♦0.2
20 - 24	16	14	2	♦0.5	♦0.9	♦0.1
25 - 29	16	9	7	♦0.5	♦0.5	♦0.4
30 - 34	23	14	9	♦0.6	♦0.7	♦0.5
35 - 39	29	21	8	♦0.7	♦1.1	♦0.4
40 - 44	49	30	19	1.2	♦1.4	♦0.9
45 - 49	110	66	44	2.7	3.2	2.2
50 - 54	117	77	40	3.4	4.3	2.3
55 - 59	173	113	60	5.8	7.5	4.1
60 - 64	202	129	73	8.2	10.3	6.0
65 - 69	258	165	93	13.2	17.4	9.2
70 - 74	356	232	124	20.5	29.2	13.2
75 - 79	513	287	226	34.3	44.6	26.6
80 - 84	726	377	349	66.6	92.3	51.3
85 - 89	633	223	410	113.1	151.3	99.4
90 - 94	349	100	249	238.4	332.2	214.1
95 - 99	137	23	114	559.2	♦2090.9	487.2
100 +	20	5	15	♦526.3	♦5000.0	♦405.4
Malta - Malte						
2010 (C)						
Total	3 010	1 489	1 521	7.2	7.2	7.3
0 - 4	26	15	11	♦1.3	♦1.4	♦1.1
0	22	13	9	♦5.4	♦6.2	♦4.5
1 - 4	4	2	2	♦0.2	♦0.2	♦0.3
5 - 9	-	-	-	-	-	-
10 - 14	5	2	3	♦0.2	♦0.2	♦0.3
15 - 19	6	5	1	♦0.2	♦0.4	♦0.1
20 - 24	12	9	3	♦0.4	♦0.6	♦0.2
25 - 29	9	6	3	♦0.3	♦0.4	♦0.2
30 - 34	18	17	1	♦0.6	♦1.1	♦0.1
35 - 39	17	14	3	♦0.6	♦1.0	♦0.2
40 - 44	31	23	8	1.3	♦1.9	♦0.7
45 - 49	45	26	19	1.6	♦1.8	♦1.4
50 - 54	81	51	30	2.7	3.4	♦2.0
55 - 59	120	81	39	4.2	5.7	2.7
60 - 64	232	140	92	7.7	9.5	6.0
65 - 69	228	138	90	11.5	14.7	8.6
70 - 74	335	190	145	20.2	25.2	15.9
75 - 79	447	217	230	35.4	42.6	30.6
80 - 84	540	227	313	67.3	74.4	62.9
85 - 89	508	201	307	115.7	131.6	107.2
90 - 94	253	107	146	196.4	280.8	161.0
95 - 99	78	17	61	290.0	♦253.7	302.0
100 +	19	3	16	♦365.4	♦150.0	♦500.0
Montenegro - Monténégro						
2009 (C)						
Total	5 862	3 008	2 854	9.3	9.7	8.9
0 - 4	52	31	21	1.3	1.5	♦1.1
0	49	28	21	5.8	♦6.3	♦5.2
1 - 4	3	3	-	♦0.1	♦0.2	-
5 - 9	7	4	3	♦0.2	♦0.2	♦0.2
10 - 14	8	6	2	♦0.2	♦0.3	♦0.1
15 - 19	23	14	9	♦0.5	♦0.6	♦0.4
20 - 24	27	20	7	♦0.5	♦0.8	♦0.3
25 - 29	30	22	8	♦0.6	♦0.9	♦0.3
30 - 34	44	30	14	1.0	♦1.3	♦0.6
35 - 39	49	32	17	1.2	1.6	♦0.8
40 - 44	92	62	30	2.2	3.0	♦1.4
45 - 49	182	111	71	4.2	5.1	3.2
50 - 54	266	173	93	6.1	7.9	4.3
55 - 59	375	237	138	9.4	12.2	6.7
60 - 64	418	255	163	14.9	19.9	10.7

19. Deaths by age and sex, age-specific death rates by sex: latest available year, 2002 - 2011
Décès et taux de mortalité selon l'âge et le sexe : dernière année disponible, 2002 - 2011 (continued - suite)

Continent, country or area, date, code and age (in years) / Continent, pays ou zone, date, code et âge (en années)	Number - Nombre			Rate - Taux		
	Both sexes Les deux sexes	Male Masculin	Female Féminin	Both sexes Les deux sexes	Male Masculin	Female Féminin
EUROPE						
Montenegro - Monténégro						
2009 (C)						
65 - 69	591	349	242	23.2	31.0	17.0
70 - 74	900	503	397	36.0	45.7	28.4
75 - 79	1 033	511	522	60.7	71.8	52.8
80 - 84	1 015	401	614	106.7	105.7	107.4
85 - 89	519	184	335	142.6	139.2	144.6
90 - 94	141	41	100	212.7	178.3	230.9
95 - 99	70	17	53	255.5	♦191.0	286.5
100 +	20	5	15	♦151.5	♦277.8	♦131.6
Netherlands - Pays-Bas[35]						
2010 (C)						
Total	136 058	65 977	70 081	8.2	8.0	8.4
0 - 4	831	453	378	0.9	1.0	0.8
0	695	378	317	3.8	4.0	3.5
1 - 4	136	75	61	0.2	0.2	0.2
5 - 9	76	38	38	0.1	0.1	0.1
10 - 14	97	61	36	0.1	0.1	0.1
15 - 19	211	147	64	0.2	0.3	0.1
20 - 24	311	233	78	0.3	0.5	0.2
25 - 29	318	209	109	0.3	0.4	0.2
30 - 34	474	284	190	0.5	0.6	0.4
35 - 39	774	456	318	0.7	0.8	0.6
40 - 44	1 385	792	593	1.1	1.2	0.9
45 - 49	2 390	1 349	1 041	1.8	2.1	1.6
50 - 54	3 821	2 121	1 700	3.2	3.6	2.9
55 - 59	5 689	3 300	2 389	5.2	6.0	4.4
60 - 64	8 747	5 316	3 431	8.0	9.8	6.3
65 - 69	10 266	6 375	3 891	13.1	16.5	9.8
70 - 74	12 957	7 794	5 163	20.6	26.2	15.6
75 - 79	18 508	10 577	7 931	37.2	48.7	28.3
80 - 84	23 298	11 353	11 945	65.4	83.2	54.4
85 - 89	24 605	9 520	15 085	116.9	144.4	104.4
90 - 94	15 042	4 354	10 688	205.9	245.5	193.2
95 +	6 258	1 245	5 013	343.5	390.6	333.5
95 - 99	5 362	1 110	4 252	...	...	...
100 +	896	135	761	...	...	...
Norway - Norvège[36]						
2010 (C)						
Total	41 499	20 027	21 472	8.5	8.2	8.8
0 - 4	201	110	91	0.7	0.7	0.6
0	171	97	74	2.8	3.1	2.5
1 - 4	30	13	17	♦0.1	♦0.1	♦0.1
5 - 9	28	14	14	♦0.1	♦0.1	♦0.1
10 - 14	30	23	7	♦0.1	♦0.1	-
15 - 19	100	60	40	0.3	0.4	0.3
20 - 24	182	128	54	0.6	0.8	0.4
25 - 29	199	146	53	0.6	0.9	0.3
30 - 34	187	130	57	0.6	0.8	0.4
35 - 39	243	158	85	0.7	0.9	0.5
40 - 44	399	250	149	1.1	1.3	0.8
45 - 49	590	369	221	1.7	2.1	1.3
50 - 54	957	568	389	3.0	3.5	2.5
55 - 59	1 419	871	548	4.8	5.8	3.7
60 - 64	2 265	1 393	872	7.8	9.5	6.0
65 - 69	2 733	1 682	1 051	12.5	15.5	9.5
70 - 74	3 173	1 863	1 310	19.7	24.6	15.4
75 - 79	4 636	2 628	2 008	35.2	45.1	27.3
80 - 84	6 983	3 565	3 418	64.1	81.3	52.5
85 - 89	8 554	3 521	5 033	114.6	140.3	101.6
90 - 94	6 056	1 954	4 102	202.8	248.0	186.6
95 - 99	2 142	480	1 662	332.5	366.7	323.7
100 +	335	60	275	519.4	582.5	507.4
Unknown - Inconnu	87	54	33	..	..	..

19. Deaths by age and sex, age-specific death rates by sex: latest available year, 2002 - 2011
Décès et taux de mortalité selon l'âge et le sexe : dernière année disponible, 2002 - 2011 (continued - suite)

Continent, country or area, date, code and age (in years) Continent, pays ou zone, date, code et âge (en années)	Number - Nombre			Rate - Taux		
	Both sexes Les deux sexes	Male Masculin	Female Féminin	Both sexes Les deux sexes	Male Masculin	Female Féminin
EUROPE						
Poland - Pologne						
2010 (C)						
Total	378 478	199 833	178 645	9.9	10.8	9.0
0 - 4	2 387	1 331	1 056	1.2	1.3	1.1
0	2 057	1 155	902	4.9	5.4	4.5
1 - 4	330	176	154	0.2	0.2	0.2
5 - 9	210	123	87	0.1	0.1	0.1
10 - 14	297	182	115	0.1	0.2	0.1
15 - 19	1 079	830	249	0.4	0.7	0.2
20 - 24	1 896	1 576	320	0.7	1.1	0.2
25 - 29	2 293	1 861	432	0.7	1.1	0.3
30 - 34	2 892	2 304	588	0.9	1.5	0.4
35 - 39	4 073	3 113	960	1.5	2.3	0.7
40 - 44	6 006	4 547	1 459	2.6	3.9	1.3
45 - 49	10 404	7 678	2 726	4.2	6.2	2.2
50 - 54	20 519	14 725	5 794	6.9	10.2	3.8
55 - 59	29 157	20 592	8 565	10.3	15.4	5.7
60 - 64	32 330	21 899	10 431	14.5	21.5	8.7
65 - 69	28 081	18 197	9 884	20.5	30.8	12.7
70 - 74	40 752	24 103	16 649	29.9	44.1	20.4
75 - 79	54 011	27 810	26 201	47.0	65.6	36.1
80 - 84	62 171	25 328	36 843	78.6	99.3	68.7
85 +	79 920	23 634	56 286	159.5	178.3	152.7
85 - 89	50 317	16 124	34 193	...	...	...
90 - 94	20 320	5 511	14 809	...	...	...
95 - 99	7 998	1 749	6 249	...	...	...
100 +	1 285	250	1 035	...	...	...
Portugal[15]						
2009 (C)						
Total	104 434	53 310	51 124	9.8	10.4	9.3
0 - 4	451	261	190	0.9	1.0	0.7
0	362	210	152	3.6	4.0	3.1
1 - 4	89	51	38	0.2	0.2	0.2
5 - 9	59	33	26	0.1	0.1	♦0.1
10 - 14	69	40	29	0.1	0.1	♦0.1
15 - 19	187	131	56	0.3	0.4	0.2
20 - 24	314	227	87	0.5	0.7	0.3
25 - 29	393	291	102	0.5	0.8	0.3
30 - 34	617	434	183	0.7	1.0	0.4
35 - 39	1 004	679	325	1.2	1.7	0.8
40 - 44	1 487	1 029	458	1.9	2.7	1.2
45 - 49	2 259	1 569	690	2.9	4.2	1.8
50 - 54	3 089	2 131	958	4.4	6.2	2.6
55 - 59	3 750	2 605	1 145	5.7	8.3	3.3
60 - 64	5 095	3 392	1 703	8.5	12.1	5.3
65 - 69	6 585	4 233	2 352	12.8	18.0	8.4
70 - 74	10 371	6 292	4 079	21.1	29.1	14.8
75 - 79	15 536	8 591	6 945	37.8	50.5	28.8
80 - 84	20 175	9 522	10 653	72.8	92.3	61.2
85 +	32 963	11 826	21 137	172.5	187.8	164.9
85 - 89	18 706	7 614	11 092	...	...	...
90 - 94	10 051	3 217	6 834	...	...	...
95 - 99	3 654	908	2 746	...	...	...
100 +	552	87	465	...	...	...
Unknown - Inconnu	30	24	6	..	..	..
Republic of Moldova - République de Moldova[37]						
2010 (C)						
Total	43 631	23 133	20 498	12.2	13.5	11.1
0 - 4	550	334	216	2.9	3.4	2.3
0	476	288	188	11.9	14.0	9.7
1 - 4	74	46	28	0.5	0.6	♦0.4
5 - 9	54	29	25	0.3	♦0.3	♦0.3
10 - 14	66	35	31	0.3	0.3	0.3
15 - 19	167	115	52	0.6	0.8	0.4
20 - 24	315	251	64	0.9	1.4	0.4
25 - 29	399	307	92	1.2	1.9	0.6
30 - 34	594	456	138	2.2	3.3	1.0

19. Deaths by age and sex, age-specific death rates by sex: latest available year, 2002 - 2011
Décès et taux de mortalité selon l'âge et le sexe : dernière année disponible, 2002 - 2011 (continued - suite)

Continent, country or area, date, code and age (in years) / Continent, pays ou zone, date, code et âge (en annèes)	Number - Nombre			Rate - Taux		
	Both sexes Les deux sexes	Male Masculin	Female Féminin	Both sexes Les deux sexes	Male Masculin	Female Féminin

EUROPE

Republic of Moldova - République de Moldova[37]
2010 (C)

35 - 39	846	647	199	3.5	5.4	1.6
40 - 44	1 163	876	287	5.1	8.0	2.5
45 - 49	2 182	1 538	644	8.4	12.4	4.7
50 - 54	3 199	2 223	976	11.9	17.8	6.8
55 - 59	4 069	2 699	1 370	17.7	25.9	10.9
60 - 64	3 796	2 265	1 531	25.6	34.5	18.5
65 - 69	4 275	2 331	1 944	38.0	49.9	29.5
70 - 74	5 661	2 839	2 822	55.6	73.5	44.7
75 - 79	6 148	2 728	3 420	84.7	103.8	73.8
80 - 84	5 593	2 082	3 511	121.9	140.2	113.1
85 - 89	3 305	1 015	2 290	166.4	169.0	165.3
90 - 94	945	295	650	242.4	249.2	239.4
95 - 99	271	65	206	236.7	179.6	263.1
100 +	33	3	30	118.7	♦33.7	♦158.7

Romania - Roumanie
2010 (C)

Total	259 723	137 957	121 766	12.1	13.2	11.1
0 - 4	2 502	1 422	1 080	2.3	2.6	2.1
0	2 078	1 193	885	9.5	10.6	8.3
1 - 4	424	229	195	0.5	0.5	0.5
5 - 9	282	166	116	0.3	0.3	0.2
10 - 14	287	171	116	0.3	0.3	0.2
15 - 19	591	394	197	0.5	0.6	0.3
20 - 24	1 112	830	282	0.6	0.9	0.3
25 - 29	1 132	825	307	0.7	1.0	0.4
30 - 34	1 795	1 331	464	1.0	1.5	0.5
35 - 39	2 781	1 997	784	1.7	2.4	1.0
40 - 44	4 924	3 534	1 390	2.8	4.0	1.6
45 - 49	6 149	4 435	1 714	5.1	7.4	2.8
50 - 54	12 246	8 897	3 349	8.3	12.5	4.4
55 - 59	17 135	12 070	5 065	11.9	17.8	6.7
60 - 64	19 233	12 858	6 375	16.6	24.2	10.2
65 - 69	21 542	13 373	8 169	24.5	34.8	16.5
70 - 74	34 716	19 396	15 320	37.2	50.6	27.9
75 - 79	42 823	20 972	21 851	60.4	75.2	50.9
80 - 84	45 172	19 333	25 839	102.4	117.5	93.4
85 - 89	31 991	11 734	20 257	170.6	183.7	163.9
90 - 94	9 428	3 019	6 409	285.0	278.6	288.2
95 - 99	3 505	1 061	2 444	334.3	275.2	368.6
100 +	377	139	238	104.8	108.5	102.7

Russian Federation - Fédération de Russie[20]
2010 (C)

Total	2 028 516	1 050 676	977 840	14.3	16.0	12.8
0 - 4	16 804	9 560	7 244	2.1	2.3	1.9
0	13 405	7 626	5 779	7.7	8.5	6.8
1 - 4	3 399	1 934	1 465	0.5	0.6	0.5
5 - 9	2 083	1 274	809	0.3	0.4	0.2
10 - 14	2 138	1 309	829	0.3	0.4	0.3
15 - 19	7 342	5 132	2 210	0.9	1.2	0.5
20 - 24	20 356	15 678	4 678	1.7	2.5	0.8
25 - 29	34 557	26 798	7 759	2.8	4.4	1.3
30 - 34	47 159	36 519	10 640	4.4	6.8	1.9
35 - 39	51 690	39 228	12 462	5.1	7.9	2.4
40 - 44	58 412	43 419	14 993	6.4	9.8	3.2
45 - 49	92 156	68 239	23 917	8.2	12.9	4.0
50 - 54	132 865	96 127	36 738	11.8	18.8	6.0
55 - 59	164 527	113 090	51 437	16.9	26.7	9.3
60 - 64	172 804	115 107	57 697	25.1	40.6	14.2
65 - 69	131 504	78 104	53 400	29.4	47.5	18.8
70 - 74	281 664	146 618	135 046	45.7	70.7	33.0
75 - 79	249 646	104 625	145 021	69.0	96.8	57.2
80 - 84	307 746	98 011	209 735	111.4	142.7	101.0
85 - 89	162 752	32 117	130 635	170.4	176.7	169.0
90 - 94	60 546	10 193	50 353	269.8	244.1	275.7
95 - 99	21 354	3 028	18 326	358.3	250.8	385.6

19. Deaths by age and sex, age-specific death rates by sex: latest available year, 2002 - 2011
Décès et taux de mortalité selon l'âge et le sexe : dernière année disponible, 2002 - 2011 (continued - suite)

Continent, country or area, date, code and age (in years) / Continent, pays ou zone, date, code et âge (en années)	Number - Nombre			Rate - Taux		
	Both sexes Les deux sexes	Male Masculin	Female Féminin	Both sexes Les deux sexes	Male Masculin	Female Féminin
EUROPE						
Russian Federation - Fédération de Russie[20]						
2010 (C)						
100 +	2 643	337	2 306	115.5	84.6	122.0
Unknown - Inconnu	7 768	6 163	1 605	..	..	..
San Marino - Saint-Marin						
2004 (+C)						
Total	185	94	91	6.3	6.5	6.1
0	1	1	-	♦3.2	♦6.3	-
1 - 14	-	-	-	-	-	-
15 - 19	2	2	-	♦1.5	♦3.0	-
20 - 24	2	2	-	♦1.3	♦2.6	-
25 - 29	-	-	-	-	-	-
30 - 34	1	-	1	♦0.4	-	♦0.8
35 - 39	-	-	-	-	-	-
40 - 44	3	-	3	♦1.1	-	♦2.3
45 - 49	2	-	2	♦1.0	-	♦2.0
50 - 54	7	5	2	♦3.7	♦5.4	♦2.1
55 - 59	9	6	3	♦4.9	♦6.7	♦3.2
60 - 64	8	6	2	♦5.2	♦8.0	♦2.6
65 - 69	12	7	5	♦8.7	♦10.2	♦7.2
70 - 74	14	9	5	♦11.6	♦16.3	♦7.6
75 - 79	22	13	9	♦23.3	♦31.5	♦16.9
80 - 84	35	16	19	45.8	♦55.3	♦40.0
85 - 89	34	16	18	106.1	♦156.9	♦82.4
90 - 94	27	7	20	♦165.6	♦148.9	♦172.4
95 - 99	5	4	1	♦172.4	♦444.4	♦50.0
100 +	1	-	1	♦666.7	...	♦666.7
Serbia - Serbie[38]						
2010 (+C)						
Total	103 211	51 990	51 221	14.2	14.7	13.7
0 - 4	543	315	228	1.6	1.8	1.4
0	460	268	192	6.7	7.6	5.7
1 - 4	83	47	36	0.3	0.3	0.3
5 - 9	49	29	20	0.1	♦0.1	♦0.1
10 - 14	56	30	26	0.2	♦0.2	♦0.1
15 - 19	154	107	47	0.4	0.5	0.2
20 - 24	246	182	64	0.5	0.8	0.3
25 - 29	351	252	99	0.7	1.0	0.4
30 - 34	443	309	134	0.9	1.2	0.5
35 - 39	626	413	213	1.3	1.7	0.9
40 - 44	1 018	652	366	2.1	2.8	1.5
45 - 49	1 961	1 295	666	4.0	5.3	2.6
50 - 54	3 603	2 448	1 155	6.8	9.4	4.3
55 - 59	6 515	4 331	2 184	11.2	15.3	7.3
60 - 64	7 544	4 856	2 688	16.2	22.2	10.9
65 - 69	8 706	5 132	3 574	26.2	34.4	19.5
70 - 74	14 437	7 773	6 664	41.0	51.2	33.3
75 - 79	20 937	10 054	10 883	72.1	83.7	63.9
80 - 84	20 260	8 295	11 965	119.1	124.9	115.5
85 - 89	12 151	4 274	7 877	179.6	177.8	180.5
90 - 94	2 671	917	1 754	180.7	172.7	185.2
95 - 99	786	259	527	176.8	158.4	187.5
100 +	101	31	70	59.6	48.9	65.9
Unknown - Inconnu	53	36	17	..	..	..
Slovakia - Slovaquie						
2010 (C)						
Total	53 445	27 645	25 800	9.8	10.5	9.2
0 - 4	408	226	182	1.4	1.6	1.3
0	344	195	149	5.7	6.3	5.0
1 - 4	64	31	33	0.3	0.3	0.3
5 - 9	43	23	20	0.2	♦0.2	♦0.2
10 - 14	54	32	22	0.2	0.2	♦0.2
15 - 19	119	84	35	0.3	0.5	0.2
20 - 24	236	184	52	0.6	0.9	0.3
25 - 29	262	207	55	0.6	0.9	0.2
30 - 34	372	287	85	0.8	1.2	0.4
35 - 39	568	401	167	1.3	1.9	0.8

19. Deaths by age and sex, age-specific death rates by sex: latest available year, 2002 - 2011
Décès et taux de mortalité selon l'âge et le sexe : dernière année disponible, 2002 - 2011 (continued - suite)

Continent, country or area, date, code and age (in years) Continent, pays ou zone, date, code et âge (en années)	Number - Nombre			Rate - Taux		
	Both sexes Les deux sexes	Male Masculin	Female Féminin	Both sexes Les deux sexes	Male Masculin	Female Féminin
EUROPE						
Slovakia - Slovaquie						
2010 (C)						
40 - 44	807	573	234	2.2	3.1	1.3
45 - 49	1 465	1 082	383	3.9	5.7	2.0
50 - 54	2 612	1 870	742	6.6	9.7	3.7
55 - 59	3 692	2 647	1 045	9.7	14.5	5.2
60 - 64	4 471	3 072	1 399	15.3	23.0	8.8
65 - 69	4 741	3 026	1 715	21.9	33.1	13.7
70 - 74	5 698	3 185	2 513	33.9	48.8	24.5
75 - 79	7 860	3 755	4 105	57.8	77.6	46.8
80 - 84	9 110	3 550	5 560	100.4	123.8	89.6
85 - 89	7 605	2 497	5 108	166.3	193.0	155.8
90 - 94	2 344	682	1 662	245.5	251.9	243.0
95 - 99	875	246	629	237.3	235.2	238.1
100 +	103	16	87	94.5	♦40.3	125.5
Slovenia - Slovénie						
2010 (C)						
Total	18 609	9 292	9 317	9.1	9.2	9.0
0 - 4	74	29	45	0.7	♦0.5	0.9
0	56	24	32	2.5	♦2.1	3.0
1 - 4	18	5	13	♦0.2	♦0.1	♦0.3
5 - 9	11	5	6	♦0.1	♦0.1	♦0.1
10 - 14	6	3	3	♦0.1	♦0.1	♦0.1
15 - 19	27	19	8	♦0.3	♦0.4	♦0.2
20 - 24	60	52	8	0.5	0.8	♦0.1
25 - 29	59	50	9	0.4	0.6	♦0.1
30 - 34	111	81	30	0.7	1.0	♦0.4
35 - 39	126	87	39	0.8	1.1	0.5
40 - 44	241	169	72	1.6	2.2	1.0
45 - 49	396	276	120	2.5	3.5	1.6
50 - 54	678	476	202	4.4	6.0	2.7
55 - 59	1 081	780	301	7.2	10.1	4.1
60 - 64	1 150	828	322	9.8	14.4	5.4
65 - 69	1 373	893	480	14.2	19.8	9.3
70 - 74	2 017	1 277	740	23.2	33.6	15.1
75 - 79	2 870	1 498	1 372	39.5	54.3	30.4
80 - 84	3 466	1 458	2 008	69.7	93.0	59.0
85 - 89	3 098	900	2 198	122.9	148.0	114.9
90 - 94	1 139	292	847	197.6	241.7	185.9
95 - 99	553	109	444	321.9	362.1	313.3
100 +	73	10	63	349.3	♦303.0	358.0
Spain - Espagne						
2010 (C)						
Total	381 409	197 785	183 624	8.3	8.7	7.9
0 - 4	1 930	1 042	888	0.8	0.8	0.7
0	1 578	854	724	3.1	3.3	3.0
1 - 4	352	188	164	0.2	0.2	0.2
5 - 9	199	119	80	0.1	0.1	0.1
10 - 14	232	145	87	0.1	0.1	0.1
15 - 19	510	353	157	0.2	0.3	0.1
20 - 24	832	600	232	0.3	0.5	0.2
25 - 29	1 156	823	333	0.4	0.5	0.2
30 - 34	1 809	1 255	554	0.5	0.6	0.3
35 - 39	2 747	1 852	895	0.7	0.9	0.5
40 - 44	4 621	3 083	1 538	1.2	1.6	0.8
45 - 49	7 228	4 914	2 314	2.1	2.8	1.3
50 - 54	10 236	7 090	3 146	3.4	4.7	2.0
55 - 59	13 021	9 082	3 939	5.0	7.1	2.9
60 - 64	17 365	12 349	5 016	7.2	10.6	4.0
65 - 69	22 025	15 357	6 668	10.7	15.8	6.1
70 - 74	30 977	20 190	10 787	17.6	25.3	11.2
75 - 79	52 663	31 193	21 470	30.8	42.7	22.0
80 - 84	70 781	36 563	34 218	56.9	75.4	45.1
85 - 89	74 553	31 318	43 235	105.5	127.6	93.7
90 - 94	46 460	14 942	31 518	180.2	201.1	171.7
95 - 99	18 632	4 814	13 818	285.6	299.8	280.9
100 +	3 432	701	2 731	424.7	335.1	456.0

19. Deaths by age and sex, age-specific death rates by sex: latest available year, 2002 - 2011
Décès et taux de mortalité selon l'âge et le sexe : dernière année disponible, 2002 - 2011 (continued - suite)

Continent, country or area, date, code and age (in years)	Number - Nombre			Rate - Taux		
Continent, pays ou zone, date, code et âge (en années)	Both sexes Les deux sexes	Male Masculin	Female Féminin	Both sexes Les deux sexes	Male Masculin	Female Féminin

EUROPE

Sweden - Suède
2010 (C)

Total	90 487	43 900	46 587	9.6	9.4	9.9
0 - 4	360	196	164	0.6	0.7	0.6
0	294	160	134	2.6	2.7	2.4
1 - 4	66	36	30	0.1	0.2	♦0.1
5 - 9	32	13	19	0.1	-	♦0.1
10 - 14	44	25	19	0.1	♦0.1	♦0.1
15 - 19	170	110	60	0.3	0.3	0.2
20 - 24	284	209	75	0.5	0.7	0.2
25 - 29	287	215	72	0.5	0.7	0.3
30 - 34	293	200	93	0.5	0.7	0.3
35 - 39	361	227	134	0.6	0.7	0.4
40 - 44	600	383	217	0.9	1.1	0.7
45 - 49	998	624	374	1.6	1.9	1.2
50 - 54	1 572	977	595	2.7	3.3	2.1
55 - 59	2 529	1 554	975	4.4	5.4	3.4
60 - 64	4 637	2 788	1 849	7.5	9.0	6.0
65 - 69	6 161	3 723	2 438	11.6	14.1	9.1
70 - 74	7 369	4 351	3 018	19.2	23.7	15.1
75 - 79	10 481	5 895	4 586	34.5	43.4	27.3
80 - 84	15 293	7 804	7 489	62.2	77.9	51.4
85 - 89	19 488	8 433	11 055	116.8	141.0	103.3
90 - 94	13 774	4 758	9 016	208.1	243.4	193.3
95 - 99	4 909	1 250	3 659	326.5	381.4	311.3
100 +	845	165	680	512.9	666.7	485.7

Switzerland - Suisse
2010 (C)

Total	62 649	30 283	32 366	8.0	7.9	8.2
0 - 4	345	172	173	0.9	0.9	0.9
0	307	151	156	3.9	3.8	4.1
1 - 4	38	21	17	0.1	♦0.1	♦0.1
5 - 9	25	13	12	♦0.1	♦0.1	♦0.1
10 - 14	34	20	14	0.1	♦0.1	♦0.1
15 - 19	125	83	42	0.3	0.4	0.2
20 - 24	143	104	39	0.3	0.4	0.2
25 - 29	191	128	63	0.4	0.5	0.2
30 - 34	230	149	81	0.4	0.6	0.3
35 - 39	342	207	135	0.6	0.7	0.5
40 - 44	658	428	230	1.0	1.3	0.7
45 - 49	1 048	650	398	1.7	2.0	1.3
50 - 54	1 485	920	565	2.7	3.3	2.1
55 - 59	2 131	1 340	791	4.4	5.6	3.3
60 - 64	3 115	1 957	1 158	6.8	8.7	5.0
65 - 69	4 073	2 625	1 448	10.6	14.2	7.3
70 - 74	4 945	2 958	1 987	16.5	21.5	12.2
75 - 79	7 411	4 240	3 171	29.2	39.0	21.9
80 - 84	10 691	5 211	5 480	55.8	71.6	46.1
85 - 89	12 602	5 162	7 440	105.4	130.9	92.8
90 - 94	8 632	2 836	5 796	197.2	231.6	183.9
95 +	4 423	1 080	3 343	265.8	283.4	260.5
95 - 99	3 793	962	2 831	...	...	...
100 +	630	118	512	...	...	...

TFYR of Macedonia - L'ex-R. y. de Macédoine
2010 (C)

Total	19 113	10 168	8 945	9.3	9.9	8.7
0 - 4	202	110	92	1.8	1.9	1.7
0	185	104	81	7.8	8.4	7.1
1 - 4	17	6	11	♦0.2	♦0.1	♦0.3
5 - 9	18	11	7	♦0.2	♦0.2	♦0.1
10 - 14	18	11	7	♦0.1	♦0.2	♦0.1
15 - 19	54	37	17	0.4	0.5	♦0.2
20 - 24	57	43	14	0.4	0.5	♦0.2
25 - 29	71	53	18	0.4	0.6	♦0.2
30 - 34	94	58	36	0.6	0.7	0.5
35 - 39	158	104	54	1.1	1.4	0.7
40 - 44	275	168	107	1.9	2.2	1.5

19. Deaths by age and sex, age-specific death rates by sex: latest available year, 2002 - 2011
Décès et taux de mortalité selon l'âge et le sexe : dernière année disponible, 2002 - 2011 (continued - suite)

Continent, country or area, date, code and age (in years) / Continent, pays ou zone, date, code et âge (en années)	Number - Nombre			Rate - Taux		
	Both sexes Les deux sexes	Male Masculin	Female Féminin	Both sexes Les deux sexes	Male Masculin	Female Féminin
EUROPE						
TFYR of Macedonia - L'ex-R. y. de Macédoine						
2010 (C)						
45 - 49	459	313	146	3.2	4.2	2.0
50 - 54	810	535	275	5.7	7.5	3.9
55 - 59	1 171	773	398	9.1	12.1	6.1
60 - 64	1 467	916	551	14.1	18.5	10.1
65 - 69	1 887	1 135	752	23.3	30.0	17.4
70 - 74	2 721	1 456	1 265	39.3	46.5	33.4
75 - 79	3 610	1 792	1 818	69.7	80.0	61.9
80 - 84	3 329	1 505	1 824	129.3	141.2	120.9
85 - 89	1 993	850	1 143	210.5	230.8	197.6
90 - 94	563	230	333	299.9	336.3	279.1
95 +	155	68	87	206.4	270.9	174.0
95 - 99	126	56	70	...	...	...
100 +	29	12	17	...	...	...
Unknown - Inconnu	1	-	1	..	..	..
Ukraine[39]						
2010 (C)						
Total	698 235	341 249	356 986	15.3	16.2	14.5
0 - 4	5 489	3 177	2 312	2.3	2.6	2.0
0	4 564	2 647	1 917	9.0	10.1	7.8
1 - 4	925	530	395	0.5	0.6	0.4
5 - 9	489	307	182	0.2	0.3	0.2
10 - 14	589	354	235	0.3	0.3	0.2
15 - 19	1 745	1 174	571	0.6	0.8	0.4
20 - 24	4 159	3 214	945	1.1	1.7	0.5
25 - 29	7 068	5 311	1 757	1.9	2.8	1.0
30 - 34	10 468	7 915	2 553	3.1	4.7	1.5
35 - 39	13 149	9 716	3 433	4.1	6.1	2.1
40 - 44	16 213	11 850	4 363	5.4	8.2	2.8
45 - 49	24 122	17 593	6 529	6.9	10.8	3.5
50 - 54	34 310	24 483	9 827	10.1	15.9	5.3
55 - 59	44 087	30 164	13 923	14.4	22.8	8.1
60 - 64	51 040	33 409	17 631	22.2	35.2	13.0
65 - 69	56 748	32 840	23 908	28.8	44.3	19.5
70 - 74	111 228	56 983	54 245	46.6	67.3	35.2
75 - 79	91 063	39 397	51 666	71.6	95.6	60.1
80 - 84	121 021	40 448	80 573	116.3	143.7	106.1
85 - 89	72 529	16 746	55 783	183.8	200.3	179.4
90 - 94	23 495	4 618	18 877	290.0	287.3	290.7
95 - 99	8 089	1 255	6 834	359.1	314.4	368.7
100 +	613	109	504	...	...	...
Unknown - Inconnu	521	186	335	..	..	..
United Kingdom of Great Britain and Northern Ireland - Royaume-Uni de Grande-Bretagne et d'Irlande du Nord[40]						
2009 (+C)						
Total	559 617	270 804	288 813	9.1	8.9	9.2
0	3 677	2 067	1 610	4.7	5.1	4.2
1 - 4	549	276	273	0.2	0.2	0.2
5 - 9	320	170	150	0.1	0.1	0.1
10 - 14	404	216	188	0.1	0.1	0.1
15 - 19	1 326	925	401	0.3	0.5	0.2
20 - 24	1 850	1 341	509	0.4	0.6	0.2
25 - 29	2 363	1 659	704	0.6	0.8	0.3
30 - 34	2 810	1 888	922	0.7	1.0	0.5
35 - 39	4 581	3 010	1 571	1.0	1.4	0.7
40 - 44	7 291	4 574	2 717	1.6	2.0	1.1
45 - 49	9 910	5 978	3 932	2.2	2.8	1.8
50 - 54	13 536	8 061	5 475	3.5	4.2	2.8
55 - 59	20 000	12 042	7 958	5.5	6.8	4.3
60 - 64	31 315	18 710	12 605	8.5	10.4	6.7
65 - 69	38 360	22 911	15 449	13.7	17.0	10.6
70 - 74	53 875	31 062	22 813	22.3	27.4	17.7
75 - 79	74 462	40 270	34 192	37.5	45.9	30.8
80 - 84	96 575	47 058	49 517	66.1	80.4	56.5
85 - 89	105 806	43 121	62 685	114.3	136.1	103.0

19. Deaths by age and sex, age-specific death rates by sex: latest available year, 2002 - 2011
Décès et taux de mortalité selon l'âge et le sexe : dernière année disponible, 2002 - 2011 (continued - suite)

Continent, country or area, date, code and age (in years) Continent, pays ou zone, date, code et âge (en années)	Number - Nombre			Rate - Taux		
	Both sexes Les deux sexes	Male Masculin	Female Féminin	Both sexes Les deux sexes	Male Masculin	Female Féminin
EUROPE						
United Kingdom of Great Britain and Northern Ireland - Royaume-Uni de Grande-Bretagne et d'Irlande du Nord[40]						
2009 (+C)						
90 +	90 607	25 465	65 142	212.2	224.2	207.8
90 - 94	59 224	18 626	40 598	...	...	...
95 - 99	26 499	6 146	20 353	...	...	...
100 +	4 884	693	4 191	...	...	...
OCEANIA - OCÉANIE						
American Samoa - Samoas américaines						
2006 (C)						
Total	267	156	111	...	...	...
0	17	9	8	...	...	...
1 - 4	7	3	4	...	...	...
5 - 9	1	1	-	...	...	...
10 - 14	5	2	3	...	...	...
15 - 19	3	-	3	...	...	...
20 - 24	5	4	1	...	...	...
25 - 29	4	3	1	...	...	...
30 - 34	5	5	-	...	...	...
35 - 39	10	6	4	...	...	...
40 - 44	9	4	5	...	...	...
45 - 49	19	10	9	...	...	...
50 - 54	18	11	7	...	...	...
55 - 59	21	13	8	...	...	...
60 - 64	23	15	8	...	...	...
65 - 69	27	18	9	...	...	...
70 - 74	31	22	9	...	...	...
75 - 79	28	19	9	...	...	...
80 - 84	13	6	7	...	...	...
85 +	21	5	16	...	...	...
Australia - Australie						
2010 (+C)						
Total	143 473	73 484	69 989	6.4	6.6	6.3
0	1 229	738	491	4.2	5.0	3.5
1 - 4	226	128	98	0.2	0.2	0.2
5 - 9	141	83	58	0.1	0.1	0.1
10 - 14	140	87	53	0.1	0.1	0.1
15 - 19	529	378	151	0.4	0.5	0.2
20 - 24	736	526	210	0.4	0.6	0.3
25 - 29	837	588	249	0.5	0.7	0.3
30 - 34	1 011	711	300	0.7	0.9	0.4
35 - 39	1 453	959	494	0.9	1.2	0.6
40 - 44	1 943	1 229	714	1.3	1.6	0.9
45 - 49	2 957	1 850	1 107	1.9	2.4	1.4
50 - 54	4 078	2 498	1 580	2.8	3.4	2.1
55 - 59	5 460	3 395	2 065	4.1	5.2	3.1
60 - 64	7 580	4 710	2 870	6.3	7.8	4.7
65 - 69	9 359	5 902	3 457	10.3	13.1	7.5
70 - 74	12 377	7 484	4 893	17.4	21.8	13.3
75 - 79	16 372	9 516	6 856	29.6	37.0	23.2
80 - 84	24 274	12 784	11 490	55.2	67.6	45.8
85 - 89	26 787	11 723	15 064	100.9	119.5	90.0
90 - 94	17 603	6 153	11 450	176.1	198.2	166.2
95 - 99	7 103	1 820	5 283	277.6	293.5	272.6
100 +	1 264	215	1 049	351.3	265.4	376.3
Unknown - Inconnu	14	7	7	..	..	..
Cook Islands - Îles Cook[41]						
2009 (+C)						
Total	67	37	30	...	...	...
0	2	1	1	...	...	...
1 - 4	1	1	-	...	...	...
5 - 9	-	-	-	...	...	...
10 - 14	-	-	-	...	...	...

19. Deaths by age and sex, age-specific death rates by sex: latest available year, 2002 - 2011
Décès et taux de mortalité selon l'âge et le sexe : dernière année disponible, 2002 - 2011 (continued - suite)

Continent, country or area, date, code and age (in years)	Number - Nombre			Rate - Taux		
Continent, pays ou zone, date, code et âge (en annèes)	Both sexes Les deux sexes	Male Masculin	Female Féminin	Both sexes Les deux sexes	Male Masculin	Female Féminin

OCEANIA - OCÉANIE

Cook Islands - Îles Cook[41]
2009 (+C)

15 - 19	3	2	1	...	...	...
20 - 24	3	3	-	...	...	...
25 - 29	1	1	-	...	...	...
30 - 34	2	1	1	...	...	...
35 - 39	4	3	1	...	...	...
40 - 44	-	-	-	...	...	...
45 - 49	2	1	1	...	...	...
50 - 54	3	1	2	...	...	...
55 - 59	1	1	-	...	...	...
60 - 64	6	3	3	...	...	...
65 - 69	8	4	4	...	...	...
70 - 74	9	1	8	...	...	...
75 - 79	8	5	3	...	...	...
80 +	14	9	5	...	...	...

Fiji - Fidji
2004 (C)

Total	5 628	3 150	2 478	6.8	7.5	6.1
0	316	180	136	18.8	20.6	16.9
1 - 4	83	53	30	1.2	1.5	♦0.9
5 - 9	47	27	20	0.6	♦0.6	♦0.5
10 - 14	51	24	27	0.6	♦0.5	♦0.7
15 - 19	100	61	39	1.2	1.4	1.0
20 - 24	103	58	45	1.4	1.5	1.2
25 - 29	116	71	45	1.7	2.0	1.4
30 - 34	124	64	60	2.0	2.0	2.0
35 - 39	140	89	51	2.4	3.0	1.8
40 - 44	247	138	109	4.7	5.1	4.3
45 - 49	371	232	139	8.1	10.0	6.2
50 - 54	463	267	196	12.3	14.1	10.6
55 - 59	527	321	206	18.0	22.0	13.9
60 - 64	641	366	275	29.5	34.7	24.5
65 - 69	569	323	246	36.1	43.5	29.4
70 - 74	597	311	286	56.4	64.8	49.4
75 +	1 133	565	568	85.3	103.0	72.9
75 - 79	414	219	195	...	...	...
80 - 84	361	191	170	...	...	...
85 - 89	223	97	126	...	...	...
90 - 94	81	40	41	...	...	...
95 +	54	18	36	...	...	...

Guam[42]
2004 (C)

Total	691	426	265	...	...	...
0	42	25	17	...	...	...
1 - 4	4	1	3	...	...	...
5 - 9	3	3	-	...	...	...
10 - 14	5	3	2	...	...	...
15 - 19	13	9	4	...	...	...
20 - 24	16	12	4	...	...	...
25 - 29	12	7	5	...	...	...
30 - 34	20	16	4	...	...	...
35 - 39	19	17	2	...	...	...
40 - 44	39	30	9	...	...	...
45 - 49	37	24	13	...	...	...
50 - 54	52	40	12	...	...	...
55 - 59	60	36	24	...	...	...
60 - 64	56	29	27	...	...	...
65 - 69	59	32	27	...	...	...
70 - 74	65	40	25	...	...	...
75 - 79	77	47	30	...	...	...
80 - 84	53	31	22	...	...	...
85 +	59	24	35	...	...	...

Marshall Islands - Îles Marshall
2006 (+U)

Total	318	171	147	...	...	...
0	27	17	10	...	...	...

19. Deaths by age and sex, age-specific death rates by sex: latest available year, 2002 - 2011
Décès et taux de mortalité selon l'âge et le sexe : dernière année disponible, 2002 - 2011 (continued - suite)

Continent, country or area, date, code and age (in years) / Continent, pays ou zone, date, code et âge (en annèes)	Number - Nombre			Rate - Taux		
	Both sexes Les deux sexes	Male Masculin	Female Féminin	Both sexes Les deux sexes	Male Masculin	Female Féminin
OCEANIA - OCÉANIE						
Marshall Islands - Îles Marshall						
2006 (+U)						
1 - 4	13	7	6	...	...	...
5 - 9	4	3	1	...	...	...
10 - 14	1	1	-	...	...	...
15 - 19	11	7	4	...	...	...
20 - 24	8	4	4	...	...	...
25 - 29	6	5	1	...	...	...
30 - 34	10	4	6	...	...	...
35 - 39	15	10	5	...	...	...
40 - 44	20	10	10	...	...	...
45 - 49	16	11	5	...	...	...
50 - 54	26	11	15	...	...	...
55 - 59	38	26	12	...	...	...
60 - 64	21	9	12	...	...	...
65 +	102	46	56	...	...	...
Micronesia (Federated States of) - Micronésie (États fédérés de)						
2003 (U)						
Total	427	...	...	...	...	...
0	21	...	...	...	...	...
1 - 4	20	...	...	...	...	...
5 - 9	8	...	...	...	...	...
10 - 14	4	...	...	...	...	...
15 - 19	14	...	...	...	...	...
20 - 24	8	...	...	...	...	...
25 - 29	13	...	...	...	...	...
30 - 34	6	...	...	...	...	...
35 - 39	10	...	...	...	...	...
40 - 44	19	...	...	...	...	...
45 - 49	21	...	...	...	...	...
50 - 54	47	...	...	...	...	...
55 - 59	33	...	...	...	...	...
60 - 64	32	...	...	...	...	...
65 - 69	50	...	...	...	...	...
70 +	121	...	...	...	...	...
Nauru						
2002 (C)						
Total	75	40	35	...	...	...
0	6	5	1	...	...	...
1 - 4	3	-	3	...	...	...
5 - 9	1	1	-	...	...	...
10 - 14	1	1	-	...	...	...
15 - 19	1	-	1	...	...	...
20 - 24	3	3	-	...	...	...
25 - 29	2	-	2	...	...	...
30 - 34	6	4	2	...	...	...
35 - 39	6	2	4	...	...	...
40 - 44	4	3	1	...	...	...
45 - 49	9	6	3	...	...	...
50 - 54	7	5	2	...	...	...
55 - 59	5	4	1	...	...	...
60 - 64	3	3	-	...	...	...
65 - 69	5	1	4	...	...	...
70 - 74	4	1	3	...	...	...
75 +	9	1	8	...	...	...
New Caledonia - Nouvelle-Calédonie						
2010 (C)						
Total	1 191	701	490	4.8	5.5	4.0
0	19	9	10	...	...	...
1 - 4	3	1	2	...	...	...
5 - 9	9	8	1	♦0.5	♦0.8	♦0.1
10 - 14	1	1	-	♦-	♦0.1	-
15 - 19	14	11	3	♦0.6	♦1.0	♦0.3
20 - 24	23	17	6	♦1.2	♦1.7	♦0.6
25 - 29	32	23	9	1.7	♦2.5	♦1.0
30 - 34	20	14	6	♦1.1	♦1.5	♦0.6

19. Deaths by age and sex, age-specific death rates by sex: latest available year, 2002 - 2011

Décès et taux de mortalité selon l'âge et le sexe : dernière année disponible, 2002 - 2011 (continued - suite)

Continent, country or area, date, code and age (in years) Continent, pays ou zone, date, code et âge (en années)	Number - Nombre			Rate - Taux		
	Both sexes Les deux sexes	Male Masculin	Female Féminin	Both sexes Les deux sexes	Male Masculin	Female Féminin
OCEANIA - OCÉANIE						
New Caledonia - Nouvelle-Calédonie						
2010 (C)						
35 - 39	42	32	10	2.1	3.1	♦1.0
40 - 44	34	25	9	1.8	♦2.6	♦1.0
45 - 49	46	33	13	2.8	3.9	♦1.6
50 - 54	77	46	31	5.6	6.6	4.6
55 - 59	68	49	19	6.0	8.5	♦3.4
60 - 64	114	86	28	11.6	16.6	♦6.0
65 - 69	114	74	40	15.9	20.3	11.4
70 - 74	130	79	51	23.6	29.9	17.8
75 - 79	131	67	64	36.6	39.4	34.1
80 +	314	126	188	80.9	81.4	80.6
80 - 84	132	60	72	...	...	...
85 - 89	97	43	54	...	...	...
90 - 94	52	17	35	...	...	...
95 +	33	6	27	...	...	...
New Zealand - Nouvelle-Zélande[15]						
2011 (+C)						
Total	30 082	14 823	15 259	6.8	6.8	6.8
0	290	169	121	4.6	5.3	4.0
1 - 4	57	38	19	0.2	0.3	♦0.2
5 - 9	16	7	9	♦0.1	-	♦0.1
10 - 14	41	26	15	0.1	♦0.2	♦0.1
15 - 19	174	126	48	0.5	0.8	0.3
20 - 24	222	145	77	0.7	0.9	0.5
25 - 29	176	110	66	0.6	0.8	0.4
30 - 34	204	124	80	0.7	0.9	0.6
35 - 39	264	147	117	0.9	1.1	0.8
40 - 44	440	259	181	1.4	1.7	1.1
45 - 49	611	341	270	1.9	2.2	1.6
50 - 54	865	498	367	2.9	3.4	2.4
55 - 59	1 231	739	492	4.8	5.9	3.7
60 - 64	1 709	981	728	7.2	8.4	6.0
65 - 69	2 177	1 233	944	12.1	14.0	10.2
70 - 74	2 748	1 582	1 166	18.9	22.7	15.4
75 - 79	3 480	1 969	1 511	32.9	40.0	26.6
80 - 84	4 851	2 501	2 350	58.7	69.4	50.5
85 +	10 526	3 828	6 698	144.0	150.1	140.7
85 - 89	5 340	2 288	3 052	...	...	...
90 - 94	3 632	1 175	2 457	...	...	...
95 - 99	1 324	326	998	...	...	...
100 +	230	39	191	...	...	...
Niue - Nioué[43]						
2009 (C)						
Total	12	6	6	...	...	...
0	-	-	-	...	...	...
1 - 4	-	-	-	...	...	...
5 - 9	-	-	-	...	...	...
10 - 14	-	-	-	...	...	...
15 - 19	-	-	-	...	...	...
20 - 24	-	-	-	...	...	...
25 - 29	-	-	-	...	...	...
30 - 34	-	-	-	...	...	...
35 - 39	-	-	-	...	...	...
40 - 44	-	-	-	...	...	...
45 - 49	-	-	-	...	...	...
50 - 54	-	-	-	...	...	...
55 - 59	2	2	-	...	...	...
60 - 64	-	-	-	...	...	...
65 - 69	-	-	-	...	...	...
70 - 74	1	-	1	...	...	...
75 - 79	1	1	-	...	...	...
80 +	8	3	5	...	...	...

19. Deaths by age and sex, age-specific death rates by sex: latest available year, 2002 - 2011
Décès et taux de mortalité selon l'âge et le sexe : dernière année disponible, 2002 - 2011 (continued - suite)

Continent, country or area, date, code and age (in years) Continent, pays ou zone, date, code et âge (en années)	Number - Nombre			Rate - Taux		
	Both sexes Les deux sexes	Male Masculin	Female Féminin	Both sexes Les deux sexes	Male Masculin	Female Féminin

OCEANIA - OCÉANIE

Northern Mariana Islands - Îles Mariannes septentrionales

2005 (U)

Total	188	107	81	...	...	...
0	5	1	4	...	...	...
1 - 4	4	3	1	...	...	...
5 - 9	-	-	-	...	...	...
10 - 14	3	2	1	...	...	...
15 - 19	1	-	1	...	...	...
20 - 24	3	2	1	...	...	...
25 - 29	10	3	7	...	...	...
30 - 34	11	9	2	...	...	...
35 - 39	7	4	3	...	...	...
40 - 44	11	6	5	...	...	...
45 - 49	7	6	1	...	...	...
50 - 54	17	13	4	...	...	...
55 - 59	19	11	8	...	...	...
60 - 64	20	9	11	...	...	...
65 - 69	20	14	6	...	...	...
70 - 74	20	11	9	...	...	...
75 - 79	13	6	7	...	...	...
80 - 84	8	5	3	...	...	...
85 - 89	5	1	4	...	...	...
90 - 94	2	-	2	...	...	...
95 - 99	2	1	1	...	...	...
100 +	-	-	-	...	...	...

Palau - Palaos

2003 (C)

Total	136	79	57	...	...	...
0	3	1	2	...	...	...
1 - 14	5	4	1	...	...	...
15 - 24	7	4	3	...	...	...
25 - 44	17	12	5	...	...	...
45 - 64	33	29	4	...	...	...
65 +	71	29	42	...	...	...

2005 (C)

Total	134	...	...	6.7	...	...
0	5	...	...	♦18.5	...	...
1 - 4	1	...	...	♦0.9	...	...
5 - 9	-	...	...	-	...	...
10 - 14	-	...	...	-	...	...
15 - 19	2	...	...	♦1.4	...	...
20 - 24	1	...	...	♦0.8	...	...
25 - 29	5	...	...	♦3.2	...	...
30 - 34	4	...	...	♦2.2	...	...
35 - 39	6	...	...	♦3.1	...	...
40 - 44	9	...	...	♦4.8	...	...
45 - 49	13	...	...	♦8.5	...	...
50 - 54	14	...	...	♦11.8	...	...
55 - 59	9	...	...	♦12.3	...	...
60 - 64	10	...	...	♦19.8	...	...
65 - 69	8	...	...	♦21.4	...	...
70 - 74	11	...	...	♦42.8	...	...
75 +	36	...	...	71.1	...	...

Pitcairn

2007 (C)

Total	1	...	...	...	...	...
0	-	...	...	...	...	...
1 - 4	-	...	...	...	...	...
5 - 9	-	...	...	...	...	...
10 - 14	-	...	...	...	...	...
15 - 19	-	...	...	...	...	...
20 - 24	-	...	...	...	...	...
25 - 29	-	...	...	...	...	...
30 - 34	-	...	...	...	...	...
35 - 39	-	...	...	...	...	...
40 - 44	-	...	...	...	...	...

19. Deaths by age and sex, age-specific death rates by sex: latest available year, 2002 - 2011
Décès et taux de mortalité selon l'âge et le sexe : dernière année disponible, 2002 - 2011 (continued - suite)

Continent, country or area, date, code and age (in years) / Continent, pays ou zone, date, code et âge (en années)	Number - Nombre			Rate - Taux		
	Both sexes Les deux sexes	Male Masculin	Female Féminin	Both sexes Les deux sexes	Male Masculin	Female Féminin
OCEANIA - OCÉANIE						
Pitcairn						
2007 (C)						
45 - 49	-	...	...	...	...	...
50 - 54	-	...	...	...	...	...
55 - 59	-	...	...	...	...	...
60 - 64	-	...	...	...	...	...
65 - 69	-	...	...	...	...	...
70 - 74	-	...	...	...	...	...
75 - 79	1	...	...	...	...	...
80 - 84	-	...	...	...	...	...
85 - 89	-	...	...	...	...	...
90 +	-	...	...	...	...	...
Tonga[44]						
2006 (|)						
Total	709	402	307	6.9	7.6	6.1
0 - 4	61	38	24	5.1	6.2	♦4.1
0	53	32	21	...	...	...
1 - 4	8	6	3	...	...	...
5 - 9	10	5	4	♦0.9	♦0.8	♦0.7
10 - 14	7	4	4	♦0.6	♦0.6	♦0.7
15 - 19	12	8	3	♦1.1	♦1.3	♦0.6
20 - 24	11	9	2	♦1.0	♦1.6	♦0.4
25 - 29	7	5	2	♦0.9	♦1.2	♦0.5
30 - 34	12	9	4	♦2.1	♦3.2	♦1.4
35 - 39	12	7	5	♦2.1	♦2.4	♦1.8
40 - 44	19	11	8	♦3.8	♦4.4	♦3.2
45 - 49	29	18	11	♦6.8	♦8.8	♦4.9
50 - 54	29	16	13	♦7.7	♦8.9	♦6.5
55 - 59	37	23	15	11.8	♦15.6	♦9.0
60 - 64	53	33	20	18.5	23.9	♦13.5
65 - 69	49	28	21	20.2	♦22.5	♦17.7
70 - 74	70	38	32	37.5	39.7	35.2
75 +	288	149	139	135.1	141.2	129.2
75 - 79	95	54	41	...	...	...
80 +	193	95	98	...	...	...
Tuvalu						
2005 (U)						
Total	59	33	26	...	...	...
0	6	5	1	...	...	...
1 - 4	2	1	1	...	...	...
5 - 9	-	-	-	...	...	...
10 - 14	-	-	-	...	...	...
15 - 19	-	-	-	...	...	...
20 - 24	1	1	-	...	...	...
25 - 29	-	-	-	...	...	...
30 - 34	1	1	-	...	...	...
35 - 39	2	2	-	...	...	...
40 - 44	2	2	-	...	...	...
45 - 49	3	3	-	...	...	...
50 - 54	6	3	3	...	...	...
55 - 59	4	3	1	...	...	...
60 - 64	7	2	5	...	...	...
65 - 69	6	2	4	...	...	...
70 - 74	1	-	1	...	...	...
75 - 79	8	4	4	...	...	...
80 - 84	8	3	5	...	...	...
85 - 89	2	1	1	...	...	...
Unknown - Inconnu	-	-	-	...	...	...
Wallis and Futuna Islands - Îles Wallis et Futuna						
2008 (C)						
Total	90	51	39	...	...	...
0 - 4	1	1	-	...	...	...
5 - 9	-	-	-	...	...	...
10 - 14	1	1	-	...	...	...
15 - 19	2	1	1	...	...	...
20 - 24	4	3	1	...	...	...
25 - 29	4	4	-	...	...	...

19. Deaths by age and sex, age-specific death rates by sex: latest available year, 2002 - 2011
Décès et taux de mortalité selon l'âge et le sexe : dernière année disponible, 2002 - 2011 (continued - suite)

Continent, country or area, date, code and age (in years) / Continent, pays ou zone, date, code et âge (en années)	Number - Nombre			Rate - Taux		
	Both sexes / Les deux sexes	Male / Masculin	Female / Féminin	Both sexes / Les deux sexes	Male / Masculin	Female / Féminin
OCEANIA - OCÉANIE						
Wallis and Futuna Islands - Îles Wallis et Futuna						
2008 (C)						
30 - 34	3	3	-	...	...	...
35 - 39	2	1	1	...	...	...
40 - 44	-	-	-	...	...	...
45 - 49	2	1	1	...	...	...
50 - 54	2	1	1	...	...	...
55 - 59	4	2	2	...	...	...
60 - 64	5	4	1	...	...	...
65 - 69	12	8	4	...	...	...
70 - 74	15	9	6	...	...	...
75 - 79	13	4	9	...	...	...
80 - 84	11	4	7	...	...	...
85 - 89	5	3	2	...	...	...
90 - 94	4	1	3	...	...	...
95 - 99	-	-	-	...	...	...
100 +	-	-	-	...	...	...

FOOTNOTES - NOTES

♦ Rates based on 30 or fewer deaths. - Taux basés sur 30 décès ou moins.

Italics: estimates which are less reliable. - Italiques : estimations moins sûres.

* Provisional. - Données provisoires.

'Code' indicates the source of data, as follows:
C - Civil registration, estimated over 90% complete
U - Civil registration, estimated less than 90% complete
| - Other source, estimated reliable
+ - Data tabulated by date of registration rather than occurence
... - Information not available

Le 'Code' indique la source des données, comme suit :
C - Registres de l'état civil considérés complets à 90 p. 100 au moins
U - Registres de l'état civil qui ne sont pas considérés complets à 90 p. 100 au moins
| - Autre source, considérée pas douteuses
+ - Données exploitées selon la date de l'enregistrement et non la date de l'événement
... - Information pas disponible

[1] Data from Health Statistics Reports since 1998, due to incompleteness of civil registration. - Données provenant des "Health Statistics Reports" (bulletins statistiques de santé) depuis 1998, en raison des déficiences de l'état civil.
[2] Data refer to the 12 months preceding the census in June. - Les données se raportent aux 12 mois précédant le recensement de juin.
[3] Excludes the islands of St. Brandon and Agalega. - Non compris les îles St. Brandon et Agalega.
[4] Data refer to the 12 months preceding the census in December. - Les données se rapportent aux 12 mois précédant le recensement de décembre.
[5] Figures for male and female do not add up to the total, since they do not include the category "Unknown". - La somme des chiffres indiqués pour les sexes masculin et féminin n'est pas égale au total parce qu'elle n'inclut pas la catégorie " inconnue ".
[6] Data refer to the 12 months preceding the census in May. - Les données se rapportent aux 12 mois précédant le recensement de mai.
[7] Data refer to the 12 months preceding the census in August. - Les données se rapportent aux 12 mois précédant le recensement d'août.
[8] Source: World Health Organization. - Source : Organisation mondiale de la santé.
[9] Reason for discrepancy between these figures and corresponding figures shown elsewhere not ascertained. - On ne sait pas comment s'explique la divergence entre ces chiffres et les chiffres correspondants indiqués ailleurs.

[10] Excluding non-residents and foreign service personnel and their dependants. - À l'exclusion des non-résidents et du personnel diplomatique et de leurs charges de famille.
[11] Including Canadian residents temporarily in the United States, but excluding United States residents temporarily in Canada. - Y compris les résidents canadiens se trouvant temporairement aux Etats-Unis, mais ne comprenant pas les résidents des Etats-Unis se trouvant temporairement au Canada.
[12] Excluding deaths of nationals who were residing and died abroad but were buried in the Cayman Islands. - Exception faite des nationaux qui résidaient à l'étranger au moment de leur décès, mais qui ont été inhumés dans les Îles Caïmanes.
[13] Excluding live-born infants who died before their birth was registered. - Non compris les enfants nés vivants décédés avant l'enregistrement de leur naissance.
[14] Data have been adjusted for undercoverage of infant deaths and sudden and violent deaths. - Ajusté pour la sous-estimation de la mortalité infantile, du nombre de morts soudaines et de morts violentes.
[15] Data refer to resident population only. - Pour la population résidante seulement.
[16] Excluding Indian jungle population. Including deaths of foreigners and deaths of unknown residence. - Non compris les Indiens de la jungle. Y compris les décès d'étrangers et de personnes dont le lieu de résidence est inconnu.
[17] Excluding nomadic Indian tribes. - Non compris les tribus d'Indiens nomades.
[18] Data refer to registered events only. Source: Reports of the Ministry of Health. - Les données ne concernent que les événements enregistrés. Source: Rapports du Ministère de la Santé.
[19] Including non-residents. - Y compris les non-résidents.
[20] Excluding infants born alive of less than 28 weeks' gestation, of less than 1 000 grams in weight and 35 centimeters in length, who die within seven days of birth. - Non compris les enfants nés vivants après moins de 28 semaines de gestations, pesant moins de 1 000 grammes, mesurant moins de 35 centimètres et décédés dans les sept jours qui ont suivi leur naissance.
[21] Data refer to government controlled areas. - Les données se rapportent aux zones contrôlées par le Gouvernement.
[22] Data refer to the 12 months preceding the census in October. - Les données se rapportent aux 12 mois précédant le recensement de octobre.
[23] Including data for East Jerusalem and Israeli residents in certain other territories under occupation by Israeli military forces since June 1967. Including deaths abroad of Israeli residents who were out of the country for less than a year. - Y compris les données pour Jérusalem-Est et les résidents israéliens dans certains autres territoires occupés depuis 1967 par les forces armées israéliennes. Y compris les décès à l'étranger de résidents israéliens qui ont quitté le pays depuis moins d'un an.
[24] Data refer to Japanese nationals in Japan only. - Les données se raportent aux nationaux japonais au Japon seulement.
[25] Data refer to urban areas only. - Données ne concernant que les zones urbaines.

[26] Data from Births and Deaths Notification System (Ministry of Health and all health care providers). - Les données proviennent du système de notification des naissances et des décès (Ministère de la santé et tous prestataires de soins de santé).

[27] Excluding unknown sex. - Non compris le sexe inconnu.

[28] Excluding data for the Pakistan-held part of Jammu and Kashmir, the final status of which has not yet been determined. Based on the results of the Pakistan Demographic Survey. - Non compris les données concernant la partie du Jammu et Cachemire occupée par le Pakistan dont le statut définitif n'a pas été déterminé. Données extraites de l'enquête démographique effectuée par le Pakistan.

[29] Excluding alien armed forces, civilian aliens employed by armed forces, and foreign diplomatic personnel and their dependants. - Non compris les militaires étrangers, les civils étrangers employés par les forces armées ni le personnel diplomatique étranger et les membres de leur famille les accompagnant.

[30] The registration of births and deaths is conducted by the Ministry of Health. An estimate of completeness is not provided. - L'enregistrement des naissances et des décès est mené par le Ministère de la Santé. Le degré estimatif de complétude n'est pas fourni.

[31] Including deaths of nationals abroad. - Y compris les décès des nationaux survenus à l'étranger.

[32] Including armed forces stationed outside the country, but excluding alien armed forces stationed in the area. - Y compris les militaires nationaux hors du pays, mais non compris les militaires étrangers en garnison sur le territoire.

[33] Excluding Faeroe Islands and Greenland shown separately, if available. - Non compris les Iles Féroé et le Groenland, qui font l'objet de rubriques distinctes, si disponible.

[34] Including armed forces stationed outside the country. - Y compris les militaires nationaux hors du pays.

[35] Including residents outside the country if listed in a Netherlands population register. - Englobe les résidents se trouvant à l'étranger à condition qu'ils soient inscrits sur le registre de population des Pays-Bas.

[36] Including residents temporarily outside the country. Excluding Svalbard and Jan Mayen Islands shown separately, if available. - Y compris les résidents se trouvant temporairement hors du pays. Non compris Svalbard et Jan Mayen qui font l'objet de rubriques distinctes, si disponible.

[37] Excluding Transnistria and the municipality of Bender. - Les données ne tiennent pas compte de l'information sur la Transnistria et la municipalité de Bender.

[38] Excluding data for Kosovo and Metohia. - Sans les données pour le Kosovo et Metohie.

[39] Data includes deaths resulting from births with weight 500g and more (if weight is unknown - with length 25 centimeters and more, or with gestation during 22 weeks or more). - Y compris les décès de nouveau-nés de 500 grammes ou plus (si le poids est inconnu – de 25 centimètres de long ou plus, ou après une grossesse de 22 semaines ou plus).

[40] Excluding Channel Islands (Guernsey and Jersey) and Isle of Man, shown separately, if available. - Non compris les îles Anglo-Normandes (Guernesey et Jersey) et l'île de Man, qui font l'objet de rubriques distinctes, si disponible.

[41] Excluding Niue, shown separately, which is part of Cook Islands, but because of remoteness is administered separately. - Non compris Nioué, qui fait l'objet d'une rubrique distincte et qui fait partie des îles Cook, mais qui, en raison de son éloignement, est administrée séparément.

[42] Including United States military personnel, their dependants and contract employees. - Y compris les militaires des Etats-Unis, les membres de leur famille les accompagnant et les agents contractuels des Etats-Unis.

[43] Includes deaths occurred in New Zealand but buried in Niue and deaths occurred in Niue but buried elsewhere. - Y compris les personnes décédées en Nouvelle-Zélande qui sont enterrées à Nioué et les personnes décédées à Nioué qui sont enterrées ailleurs.

[44] Estimate based on results of the Population Census. - Estimation fondeé sur les résultats du recensement de la population.

Table 20

Table 20 presents deaths and death rates by cause and sex for the two latest available years between 2006 and 2010.

Description of variables: Causes of death are all those diseases, morbid conditions or injuries which either resulted in or contributed to death and the circumstances of the accident or violence which produced any such injuries.[1]

The underlying cause of death, rather than direct or intermediate antecedent cause, is the one recommended as the main cause for tabulation of mortality statistics. It is defined as (a) the disease or injury which initiated the train of events leading directly to death, or (b) the circumstances of the accident or violence which produced the fatal injury.[1]

Statistics on deaths by cause presented in this table are provided by the World Health Organisation. They are limited to countries or areas that meet the criterion that cause-of-death statistics are classified to the ninth or tenth revisions of the ICD. Data that are classified by the tenth revision are set in bold in the table.

Rate computation: Rates are the annual number of deaths in each cause group by sex reported for the year per 100 000 corresponding mid-year population. For certain causes, the population that more nearly approximates the population at risk is used as denominator, as specified below:
- rates for malignant neoplasm of female breast and malignant neoplasm of cervix uteri are computed per 100 000 female population 15 years and over;
- rates for hyperplasia of prostate are computed per 100 000 male population 50 years and over; and
- rates for direct and indirect obstetric causes, and rates for conditions originating in the perinatal period are computed per 100 000 total live births in the same year.

As noted above, rates presented in this table have been limited to those countries or areas having a total of at least 1 000 deaths from all causes in a given year. In certain cases death rates by cause have not been calculated because the population data needed for the denominator are not available (no data on population at risk are available). Moreover, rates based on 30 or fewer deaths shown in this table are identified by the symbol (♦).

Reliability of data: Countries and areas that have incomplete (less than 90 per cent completeness) or of unknown completeness of cause of deaths data coverage are considered unreliable and are set in *italics* rather than in roman type. Rates on these data are not computed. Information on completeness is normally provided by the World Health Organisation, when this is not the case, information on completeness is set to coincide with that of Table 18. Similarly, the reliability of data for the completeness of cause of death is provided by the World Health Organisation and it may differ from the reliability of data for the total number of reported deaths. Therefore, there are cases when the quality code in table 18 does not correspond with the typeface used in this table.

Territorial composition as set in Section 2.2 of "Technical Notes on the Statistical Tables", including or excluding certain population of a country refers only to the denominator.

Limitations: Statistics on deaths by cause are subject to the same qualifications as have been set forth for vital statistics in general and death statistics in particular as discussed in section 4 of the Technical Notes.

In considering cause-of-death statistics it is important to take account of the differences among countries or areas in the quality, availability, and efficiency of medical services, certification procedures, and coding practices. When a death is registered and reported for statistical purposes, the cause of death if available will be stated in the death registration form. This statement of cause may have several sources: (1) If the death has been followed by an autopsy, presumably the "true" cause will have been discovered; (2) If an autopsy is not performed but the decedent was treated prior to death by a medical attendant, the reported cause of death will reflect the opinion of that physician based on observation of the patient while he

---

NOTES

[1] *International Statistical Classification of Diseases and Related Health Problems*, Tenth Revision, Volume 2, World Health Organization, Geneva, 1992

or she was alive; and (3) If, on the other hand, the decedent has died without medical attendance, the body may be examined (without autopsy) by a physician who, aided by the questioning of persons who saw the patient before death, may come to a decision as to the probable cause of death. These three possible sources of information on cause of death constitute in general five degrees of decreasing accuracy in reporting.

Serious difficulties of comparability may stem also from differences in the form of death certificate being used, an increasing tendency to enter more than one cause of death on the certificate and diversity in the principles by which the primary or underlying cause is selected for statistical use when more than one is entered.

Differences in terminology used to identify the same disease also result in lack of comparability in statistics. These differences may arise in the same language in various parts of one country or area, but they are particularly troublesome between different languages.

Coding problems, and problems in interpretation of rules, arise constantly in using the various revisions of the International Statistical Classification of Diseases and Related Health Problems. Lack of uniformity between countries or areas in these interpretations and in adapting rules to national needs, results in a lack of comparability that can be observed in the statistics. It is particularly evident in causes that are coded differently according to the age of the decedent, such as pneumonia, diarrhoeal diseases and others. Changing interpretations and new rules can also introduce disparities into the time series for one country or area. Hence, large increases or decreases in deaths reported from specified diseases should be examined carefully for possible explanations in terms of coding practice, before they are accepted as changes in mortality.

Further limitations of statistics by cause of death result from the periodic revision of the International Classification of Diseases. Data might not be comparable among countries or areas if different revisions of the Classification were used. Similarly, comparison over time for one country or area is not appropriate if different revisions were applied in the country. For a detailed indication of the revision that countries have used when cause of deaths data are available, see table 20-2 in the technical notes.

In addition to the qualifications explained in footnotes, particular care must be taken in using distributions with relatively large numbers of deaths attributed to ill-defined causes. Large frequencies in this category may indicate that cause of death among whole segments of the population has been undiagnosed, and the distribution of known causes in such cases is likely to be quite unrepresentative of the situation as a whole.

The possibility of error being introduced by the exclusion of deaths of infants who were born alive but died before the registration of the birth or within the first 24 hours of life should not be overlooked. These infant deaths are incorrectly classified as late foetal deaths. In several countries or areas, tabulation procedures have been devised to separate these pseudo-late-foetal deaths from true late foetal deaths and to incorporate them into the total deaths, but even in these cases there is no way of knowing the cause of death. Such distributions are footnoted.

In addition, it should be noted that rates are affected also by the quality and limitations of the population at risk that are used in their computation. The problems of under-enumeration or over-enumeration and, to some extent, the differences in definition of population and live births have been discussed in section 3 of the Technical Notes dealing with population data in general and section 4 with vital statistics, respectively, Specific information pertaining to individual countries or areas is given in the footnotes to table 3 on total population and to table 9 on live births.

Earlier data: Deaths and death rates by cause have been shown in the 2008 and earlier issues of the *Demographic Yearbook*. For information on specific years covered, readers should consult the Historical Index.

Table 20-2. Tabulation list for ICD-9 and ICD-10 data for presentation in the Demographic Yearbook

Disease	ICD-10	ICD-9 Basic Tabulation List
All causes	**A00-Y89**	**01-56**
Certain infectious and parasitic diseases	**A00-B99**	**01-07, 184**
Intestinal infectious diseases	A00-A09	01
Tuberculosis	A15-A19	02
Tetanus[1]	A33, A35	037
Diphtheria	A36	033
Whooping cough	A37	034
Meningococcal infection	A39	036
Septicaemia	A40-A41	038
Acute poliomyelitis	A80	040
Measles	B05	042
Viral hepatitis	B15-B19	046
Human immunodeficiency virus [HIV] disease	B20-B24	184
Malaria	B50-B54	052
Neoplasms	**C00-D48**	**08-17**
Malignant neoplasms	**C00-C97**	**08-14**
Malignant neoplasm of lip, oral cavity and pharynx	C00-C14	08
Malignant neoplasm of oesophagus	C15	090
Malignant neoplasm of stomach	C16	091
Malignant neoplasm of colon, rectosigmoid junction, rectum, anus and anal canal	C18-C21	093-094
Malignant neoplasm of liver and intrahepatic bile ducts	C22	095
Malignant neoplasm of pancreas	C25	096
Malignant neoplasm of trachea, bronchus and lung	C33-C34	101
Malignant neoplasm of **female** breast	C50	113
Malignant neoplasm of cervix uteri	C53	120
Malignant neoplasm of prostate	C61	124
Malignant neoplasm of lymphoid, haematopoietic and related tissue	C81-C96	14
Disorders of the blood and blood-forming organs and certain disorders involving the immune mechanism	**D50-D89**	**20**
Anaemias	D50-D64	200
Endocrine, nutritional and metabolic diseases	**E00-E88**	**18-19, minus 184**
Diabetes mellitus	E10-E14	181
Malnutrition	E40-E46	190-192
Mental and behavioural disorders	**F01-F99**	**21**
Diseases of the nervous system	**G00-G98**	**22**
Diseases of the circulatory system	**I00-I99**	**25-30**
Acute rheumatic fever and chronic rheumatic heart diseases	I01-I09	25
Hypertensive diseases	I10-I13	26
Ischaemic heart diseases	I20-I25	27
Cerebrovascular diseases	I60-I69	29
Diseases of arteries, arterioles and capillaries	I70-I79	300-302
Diseases of the respiratory system	**J00-J98**	**31-32**
Influenza	J10-J11	322

Table 20-2. Tabulation list for ICD-9 and ICD-10 data for presentation in the Demographic Yearbook

Disease	ICD-10	ICD-9 Basic Tabulation List
Pneumonia	J12-J18	321
Chronic lower respiratory diseases	J40-J47	323-325
Diseases of the digestive system	**K00-K92**	**33-34**
Gastric and duodenal ulcer	K25-K27	341
Diseases of the liver	K70-K76	347
Diseases of the musculoskeletal system and connective tissue	**M00-M99**	**43**
Diseases of the genitourinary system	**N00-N98**	**35-37**
Disorders of kidney and ureter	N00-N28	350-351
Hyperplasia of prostate	N40	360
Pregnancy, childbirth and the puerperium	**O00-O99**	**38-41**
Pregnancy with abortive outcome	O00-O07	38
Other direct obstetric causes[1]	O10-092, O95, A34	39
Indirect obstetric causes	O98-O99	40
Certain conditions originating in the perinatal period	**P00-P96**	**45**
Congenital malformations, deformations and chromosomal abnormalities	**Q00-Q99**	**44**
Symptoms, signs and abnormal clinical and laboratory findings, not elsewhere classified	**R00-R99**	**46**
All other diseases	H00-H95, L00-L98	23-24, 42
External causes	**V01-Y89**	**E47-E56**
Accidents	**V01-X59**	**E47-E53**
Transport accidents	V01-V99	E47
Falls	W00-W19	E50
Accidental drowning and submersion	W65-W74	E521
Exposure to smoke, fire and flames	X00-X09	E51
Accidental poisoning by and exposure to noxious substances	X40-X49	E48
Intentional self-harm	**X60-X84**	**E54**
Assault	**X85-Y09**	**E55**
All other external causes	Y10-Y89	E56

---

[1] In ICD-10 obstetrical tetanus is classified to A34 but in this table it is included with the "Other direct obstetric causes".

Tableau 20

Le tableau 20 présente la statistique des décès par cause et sexe pour les deux dernières années entre 2006 et 2010.

Description des variables : les causes des décès sont toutes les maladies, états morbides ou traumatismes qui ont abouti ou contribué au décès et les circonstances de l'accident ou de la violence qui ont entraîné ces traumatismes[1].

La cause initiale de décès, plutôt que la cause directe du décès, est recommandée pour les statistiques de la mortalité. La cause initiale de décès est définie comme : a) la maladie ou le traumatisme qui a déclenché l'évolution morbide conduisant directement au décès ; b) les circonstances de l'accident ou de la violence qui ont entraîné le traumatisme mortel[1].

Les statistiques sur les décès classés en fonction de la cause qui les a provoqués émanent de l'Organisation mondiale de la santé. Elles ne portent que sur les pays ou les zones dans lesquels les statistiques relatives à la cause des décès sont conformes à la liste de la neuvième ou de la dixième révision de la CIM. Les données conformes à la liste de la dixième révision sont indiquées en caractères gras dans le tableau.

Calcul des taux : les taux représentent le nombre annuel de décès signalés dans chaque groupe, pour l'année, dans une population de 100 000 habitants en milieu d'année.

Les taux relatifs à certaines catégories de causes correspondent aux populations les plus semblables à la population exposée comme spécifié ci-dessous :
- les taux correspondant aux catégories « tumeur maligne du sein chez la femme » et « tumeur maligne du col de l'utérus » sont calculés sur une population de 100 000 femmes de 15 ans ou plus.
- les taux correspondant à la catégorie « tumeur maligne de la prostate » sont calculés sur une population de 100 000 personnes de sexe masculin âgées de 50 ans ou plus, et
- les taux pour les catégories « décès maternels directs », « décès maternels indirects » et « affections dont l'origine se situe dans la période périnatale » sont calculés sur 100 000 naissances vivantes dans la même année.

Comme indiqué plus haut, les taux figurant dans ce tableau ne concernent que les pays ou zones où l'on a relevé au moins 1 000 décès, toutes causes confondues, dans l'année. Dans certains cas, on n'a pas calculé les taux de mortalité selon la cause car l'on ne disposait pas des informations sur la population qui étaient nécessaires pour déterminer le dénominateur (pas d'informations sur la population exposée au risque). De plus, les taux calculés sur la base de 30 décès ou moins, qui sont indiqués dans le tableau, sont signalés par le signe '♦'.

Fiabilité des données : les statistiques relatives aux pays et aux zones pour lesquels la couverture des données concernant les causes de décès est incomplète (mois de 90 pour cent) ou dont le degré de complétude n'est pas connue sont jugés douteuses et apparaissent en *italique* et non en caractères romains. Les taux correspondant ne sont pas calculés. L'information sur la complétude est normalement fournie par l'Organisation Mondiale de la Santé. Si ce n'est pas le cas, l'information sur la complétude est reprise de tableau 18. De même, la fiabilité des données relatives aux causes de décès est fournie par l'Organisation Mondiale de la Santé et peut différer de la fiabilité des données relatives au nombre de décès enregistrés. En conséquence, il peut apparaitre de différences entre les codes de fiabilité du tableau 18 et du présent tableau.

La composition territoriale est définie dans la Section 2.2 des "Notes Techniques sur les tableaux statistiques". L'inclusion ou l'exclusion de certaines populations d'un pays ne concerne que le dénominateur.

Insuffisance des données : les statistiques des décès selon la cause appellent les mêmes réserves que celles qui ont été formulées à propos des statistiques de l'état civil en général et des statistiques relatives aux décès en particulier (voir la section 4 des Notes techniques).

Lorsque l'on étudie les statistiques des causes des décès, il importe de prendre en considération les disparités existant entre pays ou zones du point de vue de la qualité, de la disponibilité et de l'efficacité des services médicaux, ainsi que des méthodes d'établissement des certificats de décès et des procédés de codage. Lorsqu'un décès est enregistré et déclaré aux fins de statistiques, le bulletin établi doit mentionner la cause du décès si elle est connue. Or la déclaration de la cause peut émaner de plusieurs sources : 1) si le décès a été suivi d'une autopsie, il est probable qu'on en aura décelé la cause « véritable » ; 2) s'il n'y a pas eu d'autopsie mais que le défunt a reçu, avant sa mort, les soins d'un médecin, la déclaration de la cause du décès reflétera l'opinion de ce médecin fondée sur l'observation du malade alors qu'il vivait encore ; 3) si, au contraire, le défunt est mort sans avoir reçu de soins médicaux, il se peut qu'un médecin examine le corps (sans qu'il soit fait d'autopsie), auquel cas il pourra, en questionnant les personnes qui ont vu le défunt avant sa mort, se former une opinion sur la cause probable du décès. À ces trois sources de renseignements possibles correspondent généralement trois degrés décroissants d'exactitude des données.

La comparabilité est aussi parfois très difficile à assurer par suite des différences existant dans la forme des certificats de décès utilisés, de la tendance croissante à indiquer plus d'une cause de décès sur le certificat et de la diversité des principes régissant le choix de la cause principale ou initiale à retenir dans les statistiques quand le certificat indique plus d'une cause.

Les différences entre les termes utilisés pour désigner une même maladie compromettent aussi la comparabilité des statistiques. On en rencontre parfois d'une région à l'autre dans un même pays ou une même zone où toute la population parle la même langue, mais elles sont particulièrement gênantes lorsque plusieurs langues interviennent.

En outre, des problèmes de codage et d'interprétation des règles se posent constamment lorsque l'on utilise les diverses révisions de la *Classification statistique internationale des maladies et des problèmes de santé connexes*. Les pays ou zones n'interprètent pas ces règles de manière uniforme et ne les adaptent pas de la même façon à leurs besoins ; la comparabilité s'en ressent comme le montrent les statistiques. Cela est particulièrement vrai pour les causes comme la pneumonie et les maladies diarrhéiques et autres, qui sont codées différemment selon l'âge du défunt. Les changements d'interprétation et l'adoption de nouvelles règles peuvent aussi introduire des divergences dans les séries chronologiques d'un même pays ou d'une même zone. En conséquence, il convient d'examiner attentivement les cas où le nombre de décès attribués à des maladies déterminées s'accroît ou diminue fortement, pour s'assurer, avant de conclure à une évolution de la mortalité, que le changement n'est pas dû à la méthode de codage.

D'autres irrégularités statistiques résultent des révisions périodiques de la *Classification statistique internationale des maladies*. Il est possible que les données ne soient pas comparables d'un pays ou d'une zone à un autre si différentes révisions de la classification ont été utilisées. De même, il n'est pas possible de comparer les données dans le temps pour un même pays ou zone lorsque différentes révisions y ont été utilisées. Pour une description détaillée des révisions utilisées par les pays qui ont communiqué des données concernant les causes des décès, voir le tableau 20-2 dans les notes techniques.

Outre les réserves expliquées dans les notes, il faut interpréter avec circonspection les répartitions comportant un nombre relativement élevé de décès attribués à des causes mal définies. Si les chiffres donnés pour cette catégorie sont importants, c'est peut-être parce que les décès survenus parmi des pans entiers de la population n'ont fait l'objet d'aucun diagnostic ; en pareil cas, il est probable que la répartition des causes connues est loin de donner une vue exacte de la situation d'ensemble.

Il ne faut pas négliger non plus le risque d'erreur que peut présenter l'exclusion des enfants nés vivants mais décédés avant l'enregistrement de leur naissance ou dans les 24 heures qui ont suivi la naissance. Ces décès sont classés à tort dans les morts fœtales tardives. Dans plusieurs pays ou zones, les méthodes d'exploitation permettent de différencier ces pseudo-morts fœtales tardives des morts fœtales tardives véritables et de les ajouter au nombre total des décès, mais, là encore, il est impossible de connaître la cause du décès. Ces répartitions sont signalées en note.

De plus, il convient de noter que les taux sont également fonction de la qualité de l'évaluation de la population à risque et des caractéristiques de celle-ci dont il est tenu compte dans leur calcul. Les problèmes du sous-enregistrement et du sur-enregistrement et, à un certain degré, les différences entre les définitions de la population et des naissances vivantes ont été examinés, respectivement, à la section 3 des Notes techniques, qui traite des données démographiques en général, et à la section 4, qui traite des statistiques de l'état civil. Des informations sur certains pays ou certaines zones sont données dans les notes du tableau 3, relatif à la population totale, et dans celles du tableau 9, relatif aux naissances vivantes.

Données antérieures : *Les Annuaires démographiques* de 2006 et des années précédentes indiquent le nombre des décès et les taux de mortalité par cause. Pour obtenir ces informations pour une année donnée, les lecteurs doivent se reporter à l'index historique.

Tableau 20-2. Liste de tabulation pour les données CIM-9 et CIM-10 pour la présentation dans l'annuaire démographique

Maladie	CIM-10	CIM-9 (Liste de base pour la mise en tableaux)
Toutes causes	**A00-Y89**	**01-56**
Certaines maladies infectieuses et parasitaires	**A00-B99**	**01-07, 184**
Maladies infectieuses intestinales	A00-A09	01
Tuberculose	A15-A19	02
Tétanos[2]	A33, A35	037
Diphtérie	A36	033
Coqueluche	A37	034
Infection à méningocoques	A39	036
Septicémie	A40-A41	038
Poliomyélite aiguë	A80	040
Rougeole	B05	042
Hépatite virale	B15-B19	046
Maladies dues au virus de l'immunodéficience humaine (VIH)	B20-B24	184
Malaria	B50-B54	052
Tumeurs	**C00-D48**	**08-17**
Tumeurs malignes	**C00-C97**	**08-14**
Tumeur maligne de la lèvre, de la cavité buccale et du pharynx	C00-C14	08
Tumeur maligne de l'oesophage	C15	090
Tumeur maligne de l'estomac	C16	091
sigmoïdienne, du rectum, de l'anus et du canal anal	C18-C21	093-094
Tumeur maligne du foie et des voies bilaires intrahépatiques	C22	095
Tumeur maligne du pancréas	C25	096
Tumeur maligne de la trachée, des bronches et du poumon	C33-C34	101
Tumeur maligne du sein chez la femme	C50	113
Tumeur maligne du col de l'utérus	C53	120
Tumeur maligne de la prostate	C61	124
Tumeurs malignes primitives ou présumées primitives des tissus lymphoïde, hématopoïétique et apparentés	C81-C96	14
Maladies du sang et des organes hématopoïétiques et certains troubles du système immunitaire	**D50-D89**	**20**
Anémies	D50-D64	200
Maladies endocriniennes, nutritionnelles et métaboliques	**E00-E88**	**18-19, minus 184**
Diabète sucré	E10-E14	181
Malnutrition	E40-E46	190-192
Troubles mentaux et du comportement	**F01-F99**	**21**
Maladies du système nerveux	**G00-G98**	**22**
Maladies de l'appareil circulatoire	**I00-I99**	**25-30**
Rhumatisme articularie aigu et cardiopathies rhumatismales chroniques	I01-I09	25
Maladies hypertensives	I10-I13	26
Cardiopathies ischémiques	I20-I25	27
Maladies cérébrovasculaires	I60-I69	29
Maladies des artères, artérioles et capillaires	I70-I79	300-302
Maladies de l'appareil respiratoire	**J00-J98**	**31-32**

Tableau 20-2. Liste de tabulation pour les données CIM-9 et CIM-10 pour la présentation dans l'annuaire démographique

Maladie	CIM-10	CIM-9 (Liste de base pour la mise en tableaux)
Grippe	J10-J11	322
Pneumopathies	J12-J18	321
Maladies chroniques des voies respiratoires inférieures	J40-J47	323-325
Maladies de l'appareil digestif	**K00-K92**	**33-34**
Ulcère de l'estomac et du duodénum	K25-K27	341
Maladies du foie	K70-K76	347
Maladies du système ostéo-articularie, des muscles et du tissu conjonctif	**M00-M99**	**43**
Maladies de l'appareil génito-urinaire	**N00-N98**	**35-37**
Affections du rein et de l'uretère	N00-N28	350-351
Hyperplasie de la prostate	N40	360
Grossesse, accouchement et puerpéralité	**O00-O99**	**38-41**
Grossesse se terminant par un avortement	O00-O07	38
Autres décès maternels directs[2]	O10-092, O95, A34	39
Décès maternels indirects	O98-O99	40
Certaines affections dont l'origine se situe dans la période périnatale	**P00-P96**	**45**
Malformations congénitales et anomalies chromosomiques	**Q00-Q99**	**44**
Symptômes, signes et résultats anormaux d'examens cliniques et de laboratoire, non classés ailleurs	**R00-R99**	**46**
Toutes autres maladies	**H00-H95, L00-L98**	**23-24, 42**
Causes externes	**V01-Y89**	**E47-E56**
Accidents	**V01-X59**	**E47-E53**
Accidents de transport	V01-V99	E47
Chutes	W00-W19	E50
Noyade et submersion accidentelles	W65-W74	E521
Exposition à la fumée, au feu et aux flammes	X00-X09	E51
Intoxication accidentelle par des substances nocives et exposition à ces substances	X40-X49	E48
Lésions auto-infligées	**X60-X84**	**E54**
Agresssions	**X85-Y09**	**E55**
Toutes autres causes externes	Y10-Y89	E56

NOTES

[1] *Classification statistique internationale des maladies et des problèmes de santé connexes*, dixième révision, volume 2. Genève, Organisation mondiale de la santé, 1992.

[2] Dans la Classification internationale des maladies (CIM-10), le tétanos obstétrique est classé à la rubrique A34 mais, dans ce tableau, il est inclus dans les « Autres causes obstétriques directes ».

20. Death and death rates by cause and sex: 2006 - 2010
Décès et taux de mortalité par cause et sexe : 2006 - 2010

Egypt - Égypte

Cause of death — Cause de décès	2009 (C)				2010 (C)			
	Male — Masculin		Female — Féminin		Male — Masculin		Female — Féminin	
	Number Nombre	Rate Taux	Number Nombre	Rate Taux	Number Nombre	Rate Taux	Number Nombre	Rate Taux
TOTAL	261 970	666.1	214 621	570.8	269 195	669.2	222 414	578.4
Certain infectious and parasitic diseases — Certaines maladies infectieuses et parasitaires								
Total	8 899	22.6	6 795	18.1	9 235	23.0	7 210	18.7
Intestinal infectious diseases — Maladies infectieuses intestinales	2 197	5.6	2 473	6.6	2 085	5.2	2 528	6.6
Tuberculosis — Tuberculose	349	0.9	201	0.5	300	0.7	169	0.4
Tetanus — Tétanos	43	0.1	18	♦0.0	68	0.2	16	♦0.0
Diphtheria — Diphtérie	-	-	-	-	-	-	1	♦0.0
Whooping cough — Coqueluche	-	-	1	♦0.0	-	-	2	♦0.0
Meningococcal infection — Infection à méningocoques	8	♦0.0	11	♦0.0	12	♦0.0	8	♦0.0
Septicaemia — Septicémie	1 377	3.5	1 057	2.8	1 434	3.6	1 122	2.9
Acute poliomyelitis — Poliomyélite aiguë	11	♦0.0	4	♦0.0	8	♦0.0	3	♦0.0
Measles — Rougeole	10	♦0.0	9	♦0.0	9	♦0.0	15	♦0.0
Viral hepatitis — Hépatite virale	3 830	9.7	2 332	6.2	4 306	10.7	2 660	6.9
Human immunodeficiency virus [HIV] disease — Maladies dues au virus de l'immunodéficience humaine (VIH)	8	♦0.0	2	♦0.0	2	♦0.0	3	♦0.0
Malaria — Paludisme	3	♦0.0	1	♦0.0	1	♦0.0	-	-
Neoplasms — Tumeurs	16 531	42.0	13 006	34.6	17 137	42.6	13 786	35.8
Malignant neoplasms — Tumeurs malignes								
Total	15 137	38.5	11 355	30.2	15 651	38.9	12 041	31.3
Malignant neoplasm of lip, oral cavity and pharynx — Tumeur maligne de la lèvre, de la cavité buccale et du pharynx	189	0.5	131	0.3	222	0.6	166	0.4
Malignant neoplasm of oesophagus — Tumeur maligne de l'oesophage	166	0.4	99	0.3	165	0.4	104	0.3
Malignant neoplasm of stomach — Tumeur maligne de l'estomac	672	1.7	640	1.7	700	1.7	617	1.6
Malignant neoplasm of colon, rectosigmoid junction, rectum, anus and anal canal — Tumeur maligne du côlon, de la jonction recto-sigmoïdienne, du rectum, de l'anus et du canal anal	576	1.5	488	1.3	646	1.6	534	1.4
Malignant neoplasm of liver and intrahepatic bile ducts — Tumeur maligne du foie et des voies bilaires intrahépatiques	3 525	9.0	1 688	4.5	3 799	9.4	1 793	4.7
Malignant neoplasm of pancreas — Tumeur maligne du pancréas	470	1.2	266	0.7	525	1.3	327	0.9
Malignant neoplasm of trachea, bronchus and lung — Tumeur maligne de la trachée, des bronches et du poumon	1 920	4.9	927	2.5	2 049	5.1	982	2.6
Malignant neoplasm of female breast — Tumeur maligne du sein chez la femme	..	..	1 860	7.2	..	..	2 111	8.0
Malignant neoplasm of cervix uteri — Tumeur maligne du col de l'utérus	..	..	94	0.4	..	..	117	0.4
Malignant neoplasm of prostate — Tumeur maligne de la prostate	628	11.7	..	..	607	11.1	..	..
Malignant neoplasm of lymphoid, haematopoietic and related tissue — Tumeurs malignes primitives ou présumées primitives des tissus lymphoïde, hématopoïétique et apparentés	1 661	4.2	1 288	3.4	1 545	3.8	1 336	3.5
Disorders of the blood and blood-forming organs and certain disorders involving the immune mechanism — Maladies du sang et des organes hématopoïétiques et certains troubles du système immunitaire								
Total	2 729	6.9	2 579	6.9	2 727	6.8	2 645	6.9
Anaemias — Anémies	298	0.8	360	1.0	262	0.7	355	0.9
Endocrine, nutritional and metabolic diseases — Maladies endocriniennes, nutritionnelles et métaboliques								
Total	4 498	11.4	5 308	14.1	4 862	12.1	5 695	14.8
Diabetes mellitus — Diabète sucré	1 896	4.8	2 168	5.8	2 272	5.6	2 478	6.4
Malnutrition — Malnutrition	98	0.2	113	0.3	99	0.2	116	0.3
Mental and behavioural disorders — Troubles mentaux et du comportement	215	0.5	174	0.5	224	0.6	199	0.5
Diseases of the nervous system — Maladies du système nerveux	2 284	5.8	2 069	5.5	2 315	5.8	2 157	5.6
Diseases of the circulatory system — Maladies de l'appareil circulatoire								
Total	116 375	295.9	101 423	269.8	117 789	292.8	104 397	271.5
Acute rheumatic fever and chronic rheumatic heart diseases — Rhumatisme articulaire aigu et cardiopathies rhumatismales chroniques	351	0.9	467	1.2	386	1.0	487	1.3
Hypertensive diseases — Maladies hypertensives	11 445	29.1	12 228	32.5	12 697	31.6	13 395	34.8
Ischaemic heart disease — Cardiopathie ischémique	8 809	22.4	6 715	17.9	8 032	20.0	6 181	16.1
Cerebrovascular disease — Maladie cérébrovasculaire	20 044	51.0	16 502	43.9	20 626	51.3	17 393	45.2

20. Death and death rates by cause and sex: 2006 - 2010
Décès et taux de mortalité par cause et sexe : 2006 - 2010

Egypt - Égypte

Cause of death — Cause de décès	2009 (C)				2010 (C)			
	Male — Masculin		Female — Féminin		Male — Masculin		Female — Féminin	
	Number Nombre	Rate Taux	Number Nombre	Rate Taux	Number Nombre	Rate Taux	Number Nombre	Rate Taux
Diseases of arteries, arterioles and capillaries — Maladies des artères, artérioles et capillaires	8 562	21.8	7 818	20.8	9 105	22.6	8 433	21.9
Diseases of the respiratory system — Maladies de l'appareil respiratoire								
Total	17 294	44.0	14 824	39.4	18 069	44.9	15 914	41.4
Influenza — Grippe	7	♦0.0	8	♦0.0	7	♦0.0	15	♦0.0
Pneumonia — Pneumopathies	5 598	14.2	5 457	14.5	6 057	15.1	5 640	14.7
Chronic lower respiratory diseases — Maladies chroniques des voies respiratoires inférieures	2 776	7.1	2 038	5.4	2 372	5.9	1 834	4.8
Diseases of the digestive system — Maladies de l'appareil digestif								
Total	32 980	83.9	19 251	51.2	35 385	88.0	20 443	53.2
Gastric and duodenal ulcer — Ulcère de l'estomac et du duodénum	135	0.3	107	0.3	122	0.3	90	0.2
Diseases of the liver — Maladies du foie	30 435	77.4	17 863	47.5	32 884	81.7	18 966	49.3
Diseases of the musculoskeletal system and connective tissue — Maladies du système ostéo-articularie, des muscles et du tissu conjonctif	63	0.2	97	0.3	55	0.1	89	0.2
Diseases of the genitourinary system — Maladies de l'appareil génito-urinaire								
Total	9 552	24.3	7 340	19.5	9 413	23.4	7 381	19.2
Disorders of kidney and ureter — Affections du rein et de l'uretère	9 436	24.0	7 264	19.3	9 281	23.1	7 302	19.0
Hyperplasia of prostate — Hyperplasie de la prostate	55	1.0	..	..	77	1.4	..	..
Pregnancy, childbirth and the puerperium — Grossesse, accouchement et puerpéralité								
Total	..	..	579	26.1	..	..	519	23.0
Pregnancy with abortive outcome — Grossesse se terminant par un avortement	..	..	25	♦1.1	..	..	17	♦0.8
Other direct obstetric causes — Autres décès maternels directs	..	..	519	23.4	..	..	487	21.5
Indirect obstetric causes — Décès maternels indirects	..	..	24	♦1.1	..	..	9	♦0.4
Certain conditions originating in the perinatal period — Certaines affections dont l'origine se situe dans la période périnatale	2 279	198.6	1 541	144.0	2 123	183.1	1 449	131.5
Congenital malformations, deformations and chromosomal abnormalities — Malformations congénitales et anomalies chromosomiques	3 280	285.8	2 697	252.1	3 755	323.8	3 216	291.9
Symptoms, signs and abnormal clinical and laboratory findings, not elsewhere classified — Symptômes, signes et résultats anormaux d'examens cliniques et de laboratoire, non classés ailleurs	31 285	79.6	32 351	86.0	31 283	77.8	32 552	84.6
All other diseases — Toutes autres maladies	152	0.4	172	0.5	129	0.3	219	0.6
External causes — Causes externes								
Total	13 554	34.5	4 415	11.7	14 694	36.5	4 543	11.8
Accidents								
Total	8 234	20.9	2 259	6.0	8 641	21.5	2 234	5.8
Transport accidents — Accidents de transport	5 694	14.5	1 417	3.8	6 033	15.0	1 365	3.5
Falls — Chutes	655	1.7	222	0.6	690	1.7	236	0.6
Accidental drowning and submersion — Noyade et submersion accidentelles	1 165	3.0	228	0.6	1 029	2.6	204	0.5
Exposure to smoke, fire and flames — Exposition à la fumée, au feu et aux flammes	71	0.2	93	0.2	87	0.2	73	0.2
Accidental poisoning by and exposure to noxious substances — Intoxication accidentelle par des substances nocives et exposition à ces substances	34	0.1	43	0.1	53	0.1	51	0.1
Intentional self-harm — Lésions auto-infligées	40	0.1	12	♦0.0	31	0.1	17	♦0.0
Assault — Agresssions	70	0.2	11	♦0.0	63	0.2	12	♦0.0
All other external causes — Toutes autres causes externes	5 210	13.2	2 133	5.7	5 959	14.8	2 280	5.9

20. Death and death rates by cause and sex: 2006 - 2010
Décès et taux de mortalité par cause et sexe : 2006 - 2010 (continued - suite)

Mauritius - Maurice

Cause of death — Cause de décès	2009 (+C)				2010 (+C)			
	Male — Masculin		Female — Féminin		Male — Masculin		Female — Féminin	
	Number Nombre	Rate Taux	Number Nombre	Rate Taux	Number Nombre	Rate Taux	Number Nombre	Rate Taux
TOTAL	**5 094**	**809.7**	**3 893**	**602.7**	**4 944**	**782.7**	**3 947**	**607.9**
Certain infectious and parasitic diseases — Certaines maladies infectieuses et parasitaires								
Total	125	19.9	73	11.3	162	25.6	86	13.2
Intestinal infectious diseases — Maladies infectieuses intestinales	11	♦1.7	15	♦2.3	11	♦1.7	17	♦2.6
Tuberculosis — Tuberculose	13	♦2.1	3	♦0.5	9	♦1.4	2	♦0.3
Tetanus — Tétanos	1	♦0.2	-	-	-	-	-	-
Diphtheria — Diphtérie	-	-	-	-	-	-	-	-
Whooping cough — Coqueluche	-	-	-	-	-	-	-	-
Meningococcal infection — Infection à méningocoques	2	♦0.3	1	♦0.2	-	-	-	-
Septicaemia — Septicémie	48	7.6	43	6.7	46	7.3	48	7.4
Acute poliomyelitis — Poliomyélite aiguë	-	-	-	-	-	-	-	-
Measles — Rougeole	-	-	-	-	-	-	-	-
Viral hepatitis — Hépatite virale	4	♦0.6	3	♦0.5	10	♦1.6	3	♦0.5
Human immunodeficiency virus [HIV] disease — Maladies dues au virus de l'immunodéficience humaine (VIH)	27	♦4.3	6	♦0.9	59	9.3	11	♦1.7
Malaria — Paludisme	-	-	-	-	1	♦0.2	-	-
Neoplasms — Tumeurs	**549**	**87.3**	**535**	**82.8**	**527**	**83.4**	**506**	**77.9**
Malignant neoplasms — Tumeurs malignes								
Total	524	83.3	505	78.2	503	79.6	490	75.5
Malignant neoplasm of lip, oral cavity and pharynx — Tumeur maligne de la lèvre, de la cavité buccale et du pharynx	44	7.0	14	♦2.2	33	5.2	10	♦1.5
Malignant neoplasm of oesophagus — Tumeur maligne de l'oesophage	22	♦3.5	8	♦1.2	25	♦4.0	12	♦1.8
Malignant neoplasm of stomach — Tumeur maligne de l'estomac	42	6.7	27	♦4.2	47	7.4	27	♦4.2
Malignant neoplasm of colon, rectosigmoid junction, rectum, anus and anal canal — Tumeur maligne du côlon, de la jonction recto-sigmoïdienne, du rectum, de l'anus et du canal anal	55	8.7	53	8.2	54	8.5	43	6.6
Malignant neoplasm of liver and intrahepatic bile ducts — Tumeur maligne du foie et des voies bilaires intrahépatiques	21	♦3.3	24	♦3.7	26	♦4.1	20	♦3.1
Malignant neoplasm of pancreas — Tumeur maligne du pancréas	31	4.9	19	♦2.9	34	5.4	25	♦3.9
Malignant neoplasm of trachea, bronchus and lung — Tumeur maligne de la trachée, des bronches et du poumon	102	16.2	42	6.5	92	14.6	38	5.9
Malignant neoplasm of female breast — Tumeur maligne du sein chez la femme	..	..	120	23.7	..	..	108	21.1
Malignant neoplasm of cervix uteri — Tumeur maligne du col de l'utérus	..	..	25	♦4.9	..	..	24	♦4.7
Malignant neoplasm of prostate — Tumeur maligne de la prostate	55	41.1	...	..	72	...	..	..
Malignant neoplasm of lymphoid, haematopoietic and related tissue — Tumeurs malignes primitives ou présumées primitives des tissus lymphoïde, hématopoïétique et apparentés	42	6.7	25	♦3.9	28	♦4.4	31	4.8
Disorders of the blood and blood-forming organs and certain disorders involving the immune mechanism — Maladies du sang et des organes hématopoïétiques et certains troubles du système immunitaire								
Total	26	♦4.1	28	♦4.3	37	5.9	35	5.4
Anaemias — Anémies	19	♦3.0	18	♦2.8	26	♦4.1	30	♦4.6
Endocrine, nutritional and metabolic diseases — Maladies endocriniennes, nutritionnelles et métaboliques								
Total	1 088	172.9	1 037	160.6	1 071	169.5	1 102	169.7
Diabetes mellitus — Diabète sucré	1 053	167.4	993	153.7	1 032	163.4	1 065	164.0
Malnutrition — Malnutrition	25	♦4.0	19	♦2.9	11	♦1.7	13	♦2.0
Mental and behavioural disorders — Troubles mentaux et du comportement	80	12.7	9	♦1.4	67	10.6	8	♦1.2
Diseases of the nervous system — Maladies du système nerveux	76	12.1	47	7.3	80	12.7	59	9.1
Diseases of the circulatory system — Maladies de l'appareil circulatoire								
Total	1 677	266.5	1 355	209.8	1 527	241.7	1 338	206.1
Acute rheumatic fever and chronic rheumatic heart diseases — Rhumatisme articulaire aigu et cardiopathies rhumatismales chroniques	-	-	8	♦1.2	1	♦0.2	11	♦1.7
Hypertensive diseases — Maladies hypertensives	264	42.0	264	40.9	230	36.4	236	36.4
Ischaemic heart disease — Cardiopathie ischémique	655	104.1	436	67.5	633	100.2	434	66.8
Cerebrovascular disease — Maladie cérébrovasculaire	400	63.6	357	55.3	376	59.5	368	56.7

Mauritius - Maurice

Cause of death — Cause de décès	2009 (+C)				2010 (+C)			
	Male — Masculin		Female — Féminin		Male — Masculin		Female — Féminin	
	Number Nombre	Rate Taux	Number Nombre	Rate Taux	Number Nombre	Rate Taux	Number Nombre	Rate Taux
Diseases of arteries, arterioles and capillaries — Maladies des artères, artérioles et capillaires	9	♦1.4	9	♦1.4	11	♦1.7	4	♦0.6
Diseases of the respiratory system — Maladies de l'appareil respiratoire								
Total	458	72.8	277	42.9	435	68.9	295	45.4
Influenza — Grippe	-	-	-	-	1	♦0.2	-	-
Pneumonia — Pneumopathies	123	19.5	83	12.9	130	20.6	88	13.6
Chronic lower respiratory diseases — Maladies chroniques des voies respiratoires inférieures	146	23.2	95	14.7	129	20.4	110	16.9
Diseases of the digestive system — Maladies de l'appareil digestif								
Total	338	53.7	104	16.1	299	47.3	99	15.2
Gastric and duodenal ulcer — Ulcère de l'estomac et du duodénum	11	♦1.7	7	♦1.1	15	♦2.4	3	♦0.5
Diseases of the liver — Maladies du foie	217	34.5	51	7.9	201	31.8	46	7.1
Diseases of the musculoskeletal system and connective tissue — Maladies du système ostéo-articularie, des muscles et du tissu conjonctif	4	♦0.6	23	♦3.6	9	♦1.4	19	♦2.9
Diseases of the genitourinary system — Maladies de l'appareil génito-urinaire								
Total	91	14.5	65	10.1	121	19.2	67	10.3
Disorders of kidney and ureter — Affections du rein et de l'uretère	83	13.2	63	9.8	108	17.1	63	9.7
Hyperplasia of prostate — Hyperplasie de la prostate	2	♦1.5	..	..	3	...		
Pregnancy, childbirth and the puerperium — Grossesse, accouchement et puerpéralité								
Total	..	..	10	♦65.2	..	..	4	♦26.7
Pregnancy with abortive outcome — Grossesse se terminant par un avortement	..	..	3	♦19.6	..	..	1	♦6.7
Other direct obstetric causes — Autres décès maternels directs	..	..	7	♦45.6	..	..	2	♦13.3
Indirect obstetric causes — Décès maternels indirects	..	..	-	-	..	..	1	♦6.7
Certain conditions originating in the perinatal period — Certaines affections dont l'origine se situe dans la période périnatale	51	657.4	49	645.9	57	753.3	37	497.4
Congenital malformations, deformations and chromosomal abnormalities — Malformations congénitales et anomalies chromosomiques	37	476.9	28	♦369.1	29	♦383.2	25	♦336.1
Symptoms, signs and abnormal clinical and laboratory findings, not elsewhere classified — Symptômes, signes et résultats anormaux d'examens cliniques et de laboratoire, non classés ailleurs	67	10.6	113	17.5	99	15.7	103	15.9
All other diseases — Toutes autres maladies	15	♦2.4	20	♦3.1	12	♦1.9	21	♦3.2
External causes — Causes externes								
Total	412	65.5	120	18.6	412	65.2	143	22.0
Accidents								
Total	275	43.7	62	9.6	287	45.4	85	13.1
Transport accidents — Accidents de transport	124	19.7	18	♦2.8	135	21.4	25	♦3.9
Falls — Chutes	37	5.9	5	♦0.8	37	5.9	6	♦0.9
Accidental drowning and submersion — Noyade et submersion accidentelles	43	6.8	5	♦0.8	33	5.2	8	♦1.2
Exposure to smoke, fire and flames — Exposition à la fumée, au feu et aux flammes	10	♦1.6	9	♦1.4	8	♦1.3	14	♦2.2
Accidental poisoning by and exposure to noxious substances — Intoxication accidentelle par des substances nocives et exposition à ces substances	3	♦0.5	3	♦0.5	1	♦0.2	1	♦0.2
Intentional self-harm — Lésions auto-infligées	92	14.6	23	♦3.6	76	12.0	22	♦3.4
Assault — Agresssions	21	♦3.3	14	♦2.2	38	6.0	12	♦1.8
All other external causes — Toutes autres causes externes	24	♦3.8	21	♦3.3	11	♦1.7	24	♦3.7

20. Death and death rates by cause and sex: 2006 - 2010
Décès et taux de mortalité par cause et sexe : 2006 - 2010 (continued - suite)

Cause of death — Cause de décès	Morocco - Maroc		Réunion				Seychelles	
	2008 (U)		2006 (...)		2008 (...)		2008 (+C)	
	Male — Masculin	Female — Féminin	Male — Masculin	Female — Féminin	Male — Masculin	Female — Féminin	Male — Masculin	Female — Féminin
	Number Nombre	Number Nombre	Number Nombre	Number Nombre	Number Nombre	Number Nombre	Number Nombre	Number Nombre
TOTAL	28 075	20 353	2 442	1 880	2 339	1 779	392	271
Certain infectious and parasitic diseases — Certaines maladies infectieuses et parasitaires								
Total	1 137	649	146	114	45	34	24	15
Intestinal infectious diseases — Maladies infectieuses intestinales	88	61	9	6	5	3	1	-
Tuberculosis — Tuberculose	430	164	6	1	3	2	1	1
Tetanus — Tétanos	10	6	-	-	-	-	-	-
Diphtheria — Diphtérie...............	1	1	-	-	-	-	-	-
Whooping cough — Coqueluche	-	2	-	-	1	-	-	-
Meningococcal infection — Infection à méningocoques...............	2	-	-	-	-	-	-	-
Septicaemia — Septicémie...............	400	282	22	18	13	14	14	13
Acute poliomyelitis — Poliomyélite aiguë	1	-	-	-	-	-	-	-
Measles — Rougeole...............	-	-	-	-	-	-	-	-
Viral hepatitis — Hépatite virale...............	112	94	3	3	4	4	1	-
Human immunodeficiency virus [HIV] disease — Maladies dues au virus de l'immunodéficience humaine (VIH)...............	18	7	6	2	4	2	2	-
Malaria — Paludisme...............	-	-	1	-	-	-	-	-
Neoplasms — Tumeurs	2 747	2 018	567	365	617	387	90	43
Malignant neoplasms — Tumeurs malignes								
Total	2 526	1 818	549	338	596	365	89	42
Malignant neoplasm of lip, oral cavity and pharynx — Tumeur maligne de la lèvre, de la cavité buccale et du pharynx	66	37	34	9	35	5	7	1
Malignant neoplasm of oesophagus — Tumeur maligne de l'oesophage	34	18	40	2	24	4	7	1
Malignant neoplasm of stomach — Tumeur maligne de l'estomac	170	109	47	28	52	30	2	-
Malignant neoplasm of colon, rectosigmoid junction, rectum, anus and anal canal — Tumeur maligne du côlon, de la jonction recto-sigmoïdienne, du rectum, de l'anus et du canal anal...............	92	65	41	26	48	38	3	2
Malignant neoplasm of liver and intrahepatic bile ducts — Tumeur maligne du foie et des voies bilaires intrahépatiques	173	131	24	9	26	21	4	2
Malignant neoplasm of pancreas — Tumeur maligne du pancréas...............	67	43	25	16	22	26	5	5
Malignant neoplasm of trachea, bronchus and lung — Tumeur maligne de la trachée, des bronches et du poumon	641	108	117	30	150	27	10	3
Malignant neoplasm of female breast — Tumeur maligne du sein chez la femme	..	339	..	51	..	50	..	6
Malignant neoplasm of cervix uteri — Tumeur maligne du col de l'utérus...............	..	113	..	14	..	13	..	3
Malignant neoplasm of prostate — Tumeur maligne de la prostate	219	..	52	..	69	..	23	..
Malignant neoplasm of lymphoid, haematopoietic and related tissue — Tumeurs malignes primitives ou présumées primitives des tissus lymphoïde, hématopoïétique et apparentés	217	114	45	29	36	35	...	...
Disorders of the blood and blood-forming organs and certain disorders involving the immune mechanism — Maladies du sang et des organes hématopoïétiques et certains troubles du système immunitaire								
Total	105	134	2	8	12	10	5	4
Anaemias — Anémies	76	99	1	3	7	5	4	4
Endocrine, nutritional and metabolic diseases — Maladies endocriniennes, nutritionnelles et métaboliques								
Total	1 330	1 397	141	163	146	167	1	9
Diabetes mellitus — Diabète sucré...............	1 168	1 257	109	123	109	126	1	7
Malnutrition — Malnutrition	7	14	7	12	10	11	-	-
Mental and behavioural disorders — Troubles mentaux et du comportement	81	60	90	46	119	33	1	-
Diseases of the nervous system — Maladies du système nerveux...............	632	472	92	71	97	72	12	2
Diseases of the circulatory system — Maladies de l'appareil circulatoire								
Total	5 493	4 240	639	647	570	545	96	117
Acute rheumatic fever and chronic rheumatic heart diseases — Rhumatisme articularie aigu et cardiopathies rhumatismales chroniques	30	30	10	14	8	10	-	-
Hypertensive diseases — Maladies hypertensives...............	378	470	47	87	44	63	30	53
Ischaemic heart disease — Cardiopathie ischémique...............	439	173	207	146	177	141	17	20

Cause of death — Cause de décès	Morocco - Maroc		Réunion				Seychelles	
	2008 (U)		2006 (...)		2008 (...)		2008 (+C)	
	Male — Masculin	Female — Féminin	Male — Masculin	Female — Féminin	Male — Masculin	Female — Féminin	Male — Masculin	Female — Féminin
	Number Nombre	Number Nombre	Number Nombre	Number Nombre	Number Nombre	Number Nombre	Number Nombre	Number Nombre
Cerebrovascular disease — Maladie cérébrovasculaire	1 146	979	176	169	151	142	11	12
Diseases of arteries, arterioles and capillaries — Maladies des artères, artérioles et capillaires	30	20	40	31	46	35	...	...
Diseases of the respiratory system — Maladies de l'appareil respiratoire								
Total	1 564	752	160	96	156	110	59	35
Influenza — Grippe	1	4	3	3	5	6	-	-
Pneumonia — Pneumopathies	626	296	46	30	47	40	42	26
Chronic lower respiratory diseases — Maladies chroniques des voies respiratoires inférieures	385	167	72	33	60	21	8	3
Diseases of the digestive system — Maladies de l'appareil digestif								
Total	696	492	145	86	120	106	34	12
Gastric and duodenal ulcer — Ulcère de l'estomac et du duodénum	41	21	12	5	6	4	2	-
Diseases of the liver — Maladies du foie	300	266	84	45	63	56	19	4
Diseases of the musculoskeletal system and connective tissue — Maladies du système ostéo-articularie, des muscles et du tissu conjonctif	26	34	7	12	10	15	-	-
Diseases of the genitourinary system — Maladies de l'appareil génito-urinaire								
Total	799	509	31	32	42	45	14	10
Disorders of kidney and ureter — Affections du rein et de l'uretère	688	483	26	29	36	41	...	...
Hyperplasia of prostate — Hyperplasie de la prostate	17	..	1	..	-	..	...	..
Pregnancy, childbirth and the puerperium — Grossesse, accouchement et puerpéralité								
Total	..	74	..	5	..	2	..	1
Pregnancy with abortive outcome — Grossesse se terminant par un avortement	..	5	..	-	..	-	..	-
Other direct obstetric causes — Autres décès maternels directs	..	67	..	4	..	2	..	-
Indirect obstetric causes — Décès maternels indirects	..	2	..	1	..	-	..	1
Certain conditions originating in the perinatal period — Certaines affections dont l'origine se situe dans la période périnatale	2 043	1 424	33	27	37	35	9	4
Congenital malformations, deformations and chromosomal abnormalities — Malformations congénitales et anomalies chromosomiques	228	203	22	13	12	15	1	3
Symptoms, signs and abnormal clinical and laboratory findings, not elsewhere classified — Symptômes, signes et résultats anormaux d'examens cliniques et de laboratoire, non classés ailleurs	8 188	7 137	82	92	111	101	11	11
All other diseases — Toutes autres maladies	14	20	12	4	5	7	1	-
External causes — Causes externes								
Total	2 992	738	273	99	240	95	34	5
Accidents								
Total	551	154	175	71	144	69	...	...
Transport accidents — Accidents de transport	374	103	70	6	46	6	5	1
Falls — Chutes	17	2	22	14	33	15	5	-
Accidental drowning and submersion — Noyade et submersion accidentelles	88	23	14	5	12	3	10	3
Exposure to smoke, fire and flames — Exposition à la fumée, au feu et aux flammes	-	-	7	1	7	3	6	-
Accidental poisoning by and exposure to noxious substances — Intoxication accidentelle par des substances nocives et exposition à ces substances	20	14	12	9	6	6	-	-
Intentional self-harm — Lésions auto-infligées	6	4	74	17	74	19	4	-
Assault — Agresssions	47	6	8	6	9	3	3	-
All other external causes — Toutes autres causes externes	2 388	574	16	5	13	4	...	...

20. Death and death rates by cause and sex: 2006 - 2010
Décès et taux de mortalité par cause et sexe : 2006 - 2010 (continued - suite)

	Seychelles		South Africa - Afrique du Sud			
	2009 (+C)		2008 (C)			
Cause of death — Cause de décès	Male — Masculin	Female — Féminin	Male — Masculin		Female — Féminin	
	Number Nombre	Number Nombre	Number Nombre	Rate Taux	Number Nombre	Rate Taux
TOTAL	398	286	302 744	1 281.1	288 541	1 141.5
Certain infectious and parasitic diseases — Certaines maladies infectieuses et parasitaires						
Total	26	21	78 821	333.5	77 282	305.7
Intestinal infectious diseases — Maladies infectieuses intestinales	1	-	18 187	77.0	21 095	83.5
Tuberculosis — Tuberculose	2	-	41 034	173.6	33 746	133.5
Tetanus — Tétanos	-	-	15	♦0.1	9	♦0.0
Diphtheria — Diphtérie............	-	-	-		-	
Whooping cough — Coqueluche	-	-	3	♦0.0	4	♦0.0
Meningococcal infection — Infection à méningocoques	-	-	52	0.2	60	0.2
Septicaemia — Septicémie............	17	19	2 597	11.0	2 828	11.2
Acute poliomyelitis — Poliomyélite aiguë	-	-	5	♦0.0	6	♦0.0
Measles — Rougeole............	-	-	4	♦0.0	3	♦0.0
Viral hepatitis — Hépatite virale............	-	-	170	0.7	136	0.5
Human immunodeficiency virus [HIV] disease — Maladies dues au virus de l'immunodéficience humaine (VIH)	1	-	7 210	30.5	7 873	31.1
Malaria — Paludisme............	-	-	162	0.7	116	0.5
Neoplasms — Tumeurs	80	37	17 508	74.1	17 178	68.0
Malignant neoplasms — Tumeurs malignes						
Total	76	31	16 924	71.6	16 505	65.3
Malignant neoplasm of lip, oral cavity and pharynx — Tumeur maligne de la lèvre, de la cavité buccale et du pharynx	12	1	726	3.1	273	1.1
Malignant neoplasm of oesophagus — Tumeur maligne de l'oesophage	2	1	1 757	7.4	1 103	4.4
Malignant neoplasm of stomach — Tumeur maligne de l'estomac	1	-	708	3.0	503	2.0
Malignant neoplasm of colon, rectosigmoid junction, rectum, anus and anal canal — Tumeur maligne du côlon, de la jonction recto-sigmoïdienne, du rectum, de l'anus et du canal anal	9	3	1 057	4.5	956	3.8
Malignant neoplasm of liver and intrahepatic bile ducts — Tumeur maligne du foie et des voies bilaires intrahépatiques	3	2	984	4.2	595	2.4
Malignant neoplasm of pancreas — Tumeur maligne du pancréas............	5	-	635	2.7	559	2.2
Malignant neoplasm of trachea, bronchus and lung — Tumeur maligne de la trachée, des bronches et du poumon	7	1	3 046	12.9	1 483	5.9
Malignant neoplasm of female breast — Tumeur maligne du sein chez la femme	..	9	..	..	2 645	15.1
Malignant neoplasm of cervix uteri — Tumeur maligne du col de l'utérus............	..	7	..	..	2 631	15.0
Malignant neoplasm of prostate — Tumeur maligne de la prostate	18	..	2 317	77.6	..	..
Malignant neoplasm of lymphoid, haematopoietic and related tissue — Tumeurs malignes primitives ou présumées primitives des tissus lymphoïde, hématopoïétique et apparentés	...	...	1 328	5.6	1 183	4.7
Disorders of the blood and blood-forming organs and certain disorders involving the immune mechanism — Maladies du sang et des organes hématopoïétiques et certains troubles du système immunitaire						
Total	4	8	7 975	33.7	10 363	41.0
Anaemias — Anémies	4	8	1 168	4.9	2 050	8.1
Endocrine, nutritional and metabolic diseases — Maladies endocriniennes, nutritionnelles et métaboliques						
Total	5	8	12 032	50.9	16 673	66.0
Diabetes mellitus — Diabète sucré............	4	8	7 738	32.7	11 814	46.7
Malnutrition — Malnutrition	1	-	1 342	5.7	1 276	5.0
Mental and behavioural disorders — Troubles mentaux et du comportement............	2	-	840	3.6	989	3.9
Diseases of the nervous system — Maladies du système nerveux............	7	8	8 366	35.4	7 415	29.3
Diseases of the circulatory system — Maladies de l'appareil circulatoire						
Total	122	124	37 237	157.6	45 178	178.7
Acute rheumatic fever and chronic rheumatic heart diseases — Rhumatisme articularie aigu et cardiopathies rhumatismales chroniques	-	-	155	0.7	274	1.1
Hypertensive diseases — Maladies hypertensives............	31	59	5 431	23.0	8 741	34.6
Ischaemic heart disease — Cardiopathie ischémique............	20	24	7 026	29.7	5 072	20.1
Cerebrovascular disease — Maladie cérébrovasculaire............	18	9	10 170	43.0	14 187	56.1
Diseases of arteries, arterioles and capillaries — Maladies des artères, artérioles et capillaires	...	...	881	3.7	686	2.7

20. Death and death rates by cause and sex: 2006 - 2010
Décès et taux de mortalité par cause et sexe : 2006 - 2010 (continued - suite)

Cause of death — Cause de décès	Seychelles 2009 (+C)		South Africa - Afrique du Sud 2008 (C)			
	Male — Masculin	Female — Féminin	Male — Masculin		Female — Féminin	
	Number Nombre	Number Nombre	Number Nombre	Rate Taux	Number Nombre	Rate Taux
Diseases of the respiratory system — Maladies de l'appareil respiratoire						
Total	39	25	39 889	168.8	37 710	149.2
Influenza — Grippe............	-	-	248	1.0	316	1.3
Pneumonia — Pneumopathies	29	17	21 995	93.1	22 974	90.9
Chronic lower respiratory diseases — Maladies chroniques des voies respiratoires inférieures	5	2	8 392	35.5	5 830	23.1
Diseases of the digestive system — Maladies de l'appareil digestif						
Total	40	12	8 125	34.4	7 228	28.6
Gastric and duodenal ulcer — Ulcère de l'estomac et du duodénum............	6	1	778	3.3	707	2.8
Diseases of the liver — Maladies du foie............	16	3	3 281	13.9	2 253	8.9
Diseases of the musculoskeletal system and connective tissue — Maladies du système ostéo-articularie, des muscles et du tissu conjonctif	-	-	763	3.2	1 240	4.9
Diseases of the genitourinary system — Maladies de l'appareil génito-urinaire						
Total	17	11	4 368	18.5	3 924	15.5
Disorders of kidney and ureter — Affections du rein et de l'uretère	...	...	3 982	16.9	3 485	13.8
Hyperplasia of prostate — Hyperplasie de la prostate............	...	..	114	3.8	..	..
Pregnancy, childbirth and the puerperium — Grossesse, accouchement et puerpéralité						
Total	..	1	..	..	1 808	170.1
Pregnancy with abortive outcome — Grossesse se terminant par un avortement............	..	-	..	..	101	9.5
Other direct obstetric causes — Autres décès maternels directs	..	-	..	..	852	80.2
Indirect obstetric causes — Décès maternels indirects	..	1	..	..	854	80.4
Certain conditions originating in the perinatal period — Certaines affections dont l'origine se situe dans la période périnatale	2	4	6 675	1 249.6	5 301	1 003.2
Congenital malformations, deformations and chromosomal abnormalities — Malformations congénitales et anomalies chromosomiques	2	4	906	169.6	786	148.7
Symptoms, signs and abnormal clinical and laboratory findings, not elsewhere classified — Symptômes, signes et résultats anormaux d'examens cliniques et de laboratoire, non classés ailleurs	17	13	38 105	161.2	42 292	167.3
All other diseases — Toutes autres maladies	2	1	639	2.7	838	3.3
External causes — Causes externes						
Total	33	9	40 495	171.4	12 336	48.8
Accidents						
Total	...	...	29 956	126.8	9 720	38.5
Transport accidents — Accidents de transport............	3	5	4 255	18.0	1 508	6.0
Falls — Chutes	6	-	102	0.4	46	0.2
Accidental drowning and submersion — Noyade et submersion accidentelles............	10	1	1 111	4.7	367	1.5
Exposure to smoke, fire and flames — Exposition à la fumée, au feu et aux flammes............	2	-	1 438	6.1	918	3.6
Accidental poisoning by and exposure to noxious substances — Intoxication accidentelle par des substances nocives et exposition à ces substances	-	1	449	1.9	365	1.4
Intentional self-harm — Lésions auto-infligées............	4	-	346	1.5	96	0.4
Assault — Agresssions............	5	-	4 756	20.1	698	2.8
All other external causes — Toutes autres causes externes	...	...	5 437	23.0	1 822	7.2

20. Death and death rates by cause and sex: 2006 - 2010
Décès et taux de mortalité par cause et sexe : 2006 - 2010 (continued - suite)

Cause of death — Cause de décès	South Africa - Afrique du Sud				Anguilla		Antigua and Barbuda - Antigua-et-Barbuda	
	2009 (C)				2006 (+...)		2007 (+U)	
	Male — Masculin		Female — Féminin		Male — Masculin	Female — Féminin	Male — Masculin	Female — Féminin
	Number Nombre	Rate Taux	Number Nombre	Rate Taux	Number Nombre	Number Nombre	Number Nombre	Number Nombre
TOTAL	294 167	1 229.4	277 453	1 086.1	33	22	265	219
Certain infectious and parasitic diseases — Certaines maladies infectieuses et parasitaires								
Total	73 269	306.2	69 666	272.7	-	-	12	9
Intestinal infectious diseases — Maladies infectieuses intestinales	14 338	59.9	16 254	63.6	-	-	-	1
Tuberculosis — Tuberculose	38 290	160.0	30 628	119.9	-	-	1	-
Tetanus — Tétanos	9	♦0.0	8	♦0.0	-	-	-	-
Diphtheria — Diphtérie..........	1	♦0.0	1	♦0.0	-	-	-	-
Whooping cough — Coqueluche	-	-	1	♦0.0	-	-	-	-
Meningococcal infection — Infection à méningocoques..........	52	0.2	55	0.2	-	-	-	-
Septicaemia — Septicémie..........	2 614	10.9	2 802	11.0	-	-	6	3
Acute poliomyelitis — Poliomyélite aiguë	3	♦0.0	2	♦0.0	-	-	-	-
Measles — Rougeole..........	30	♦0.1	27	♦0.1	-	-	-	-
Viral hepatitis — Hépatite virale..........	185	0.8	138	0.5	-	-	-	-
Human immunodeficiency virus [HIV] disease — Maladies dues au virus de l'immunodéficience humaine (VIH)..........	8 507	35.6	9 034	35.4	-	-	5	5
Malaria — Paludisme..........	147	0.6	75	0.3	-	-	-	-
Neoplasms — Tumeurs	17 969	75.1	17 904	70.1	7	4	52	42
Malignant neoplasms — Tumeurs malignes								
Total	17 389	72.7	17 229	67.4	7	4	52	42
Malignant neoplasm of lip, oral cavity and pharynx — Tumeur maligne de la lèvre, de la cavité buccale et du pharynx	726	3.0	298	1.2	2	-	1	1
Malignant neoplasm of oesophagus — Tumeur maligne de l'oesophage	1 830	7.6	1 140	4.5	1	-	5	1
Malignant neoplasm of stomach — Tumeur maligne de l'estomac	721	3.0	475	1.9	-	-	2	2
Malignant neoplasm of colon, rectosigmoid junction, rectum, anus and anal canal — Tumeur maligne du côlon, de la jonction recto-sigmoïdienne, du rectum, de l'anus et du canal anal..........	1 132	4.7	1 016	4.0	-	-	4	5
Malignant neoplasm of liver and intrahepatic bile ducts — Tumeur maligne du foie et des voies bilaires intrahépatiques	934	3.9	570	2.2	1	-	2	2
Malignant neoplasm of pancreas — Tumeur maligne du pancréas..........	658	2.7	599	2.3	1	-	3	-
Malignant neoplasm of trachea, bronchus and lung — Tumeur maligne de la trachée, des bronches et du poumon	3 241	13.5	1 541	6.0	1	-	4	3
Malignant neoplasm of female breast — Tumeur maligne du sein chez la femme	..	..	2 692	15.2	..	2	..	10
Malignant neoplasm of cervix uteri — Tumeur maligne du col de l'utérus..........	..	..	2 875	16.2	..	-	..	4
Malignant neoplasm of prostate — Tumeur maligne de la prostate	2 321	71.3	..	..	-	..	21	..
Malignant neoplasm of lymphoid, haematopoietic and related tissue — Tumeurs malignes primitives ou présumées primitives des tissus lymphoïde, hématopoïétique et apparentés..........	1 351	5.6	1 215	4.8	-	-	3	3
Disorders of the blood and blood-forming organs and certain disorders involving the immune mechanism — Maladies du sang et des organes hématopoïétiques et certains troubles du système immunitaire								
Total	7 482	31.3	9 295	36.4	-	-	4	9
Anaemias — Anémies	1 186	5.0	2 012	7.9	-	-	2	6
Endocrine, nutritional and metabolic diseases — Maladies endocriniennes, nutritionnelles et métaboliques								
Total	12 382	51.7	17 074	66.8	2	5	17	27
Diabetes mellitus — Diabète sucré..........	8 183	34.2	12 335	48.3	1	5	14	21
Malnutrition — Malnutrition	1 298	5.4	1 217	4.8	1	-	1	1
Mental and behavioural disorders — Troubles mentaux et du comportement	814	3.4	911	3.6	-	-	-	-
Diseases of the nervous system — Maladies du système nerveux..........	8 105	33.9	7 081	27.7	2	2	7	6
Diseases of the circulatory system — Maladies de l'appareil circulatoire								
Total	38 084	159.2	46 267	181.1	7	6	87	72
Acute rheumatic fever and chronic rheumatic heart diseases — Rhumatisme articulaire aigu et cardiopathies rhumatismales chroniques	133	0.6	271	1.1	-	-	-	-
Hypertensive diseases — Maladies hypertensives..........	5 911	24.7	9 471	37.1	-	1	12	15
Ischaemic heart disease — Cardiopathie ischémique..........	7 259	30.3	5 025	19.7	2	-	29	24

Cause of death — Cause de décès	South Africa - Afrique du Sud				Anguilla		Antigua and Barbuda - Antigua-et-Barbuda	
	2009 (C)				2006 (+...)		2007 (+U)	
	Male — Masculin		Female — Féminin		Male — Masculin	Female — Féminin	Male — Masculin	Female — Féminin
	Number Nombre	Rate Taux	Number Nombre	Rate Taux	Number Nombre	Number Nombre	Number Nombre	Number Nombre
Cerebrovascular disease — Maladie cérébrovasculaire	10 395	43.4	14 426	56.5	1	1	19	19
Diseases of arteries, arterioles and capillaries — Maladies des artères, artérioles et capillaires	865	3.6	683	2.7	1	-	2	1
Diseases of the respiratory system — Maladies de l'appareil respiratoire								
Total	39 232	164.0	35 915	140.6	3	-	23	8
Influenza — Grippe	366	1.5	408	1.6	-	-	-	-
Pneumonia — Pneumopathies	20 897	87.3	21 190	82.9	-	-	3	1
Chronic lower respiratory diseases — Maladies chroniques des voies respiratoires inférieures	8 428	35.2	5 750	22.5	2	-	2	2
Diseases of the digestive system — Maladies de l'appareil digestif								
Total	7 796	32.6	6 735	26.4	2	-	11	10
Gastric and duodenal ulcer — Ulcère de l'estomac et du duodénum	755	3.2	754	3.0	-	-	1	1
Diseases of the liver — Maladies du foie	3 166	13.2	2 126	8.3	-	-	4	2
Diseases of the musculoskeletal system and connective tissue — Maladies du système ostéo-articularie, des muscles et du tissu conjonctif	816	3.4	1 316	5.2	1	-	-	2
Diseases of the genitourinary system — Maladies de l'appareil génito-urinaire								
Total	4 512	18.9	3 887	15.2	-	-	4	3
Disorders of kidney and ureter — Affections du rein et de l'uretère	4 094	17.1	3 443	13.5	-	-	-	-
Hyperplasia of prostate — Hyperplasie de la prostate	120	3.7	..	..	-	..	1	..
Pregnancy, childbirth and the puerperium — Grossesse, accouchement et puerpéralité								
Total	..	..	1 880	187.9	..	-	..	1
Pregnancy with abortive outcome — Grossesse se terminant par un avortement	..	..	192	19.2	..	-	..	-
Other direct obstetric causes — Autres décès maternels directs	..	..	917	91.6	..	-	..	1
Indirect obstetric causes — Décès maternels indirects	..	..	766	76.5	..	-	..	-
Certain conditions originating in the perinatal period — Certaines affections dont l'origine se situe dans la période périnatale	7 024	1 394.3	5 324	1 071.4	-	-	3	10
Congenital malformations, deformations and chromosomal abnormalities — Malformations congénitales et anomalies chromosomiques	908	180.2	815	164.0	-	2	2	6
Symptoms, signs and abnormal clinical and laboratory findings, not elsewhere classified — Symptômes, signes et résultats anormaux d'examens cliniques et de laboratoire, non classés ailleurs	37 074	154.9	41 173	161.2	1	2	8	6
All other diseases — Toutes autres maladies	631	2.6	922	3.6	-	1	3	3
External causes — Causes externes								
Total	38 069	159.1	11 288	44.2	8	-	32	5
Accidents								
Total	27 974	116.9	8 789	34.4	4	-	29	4
Transport accidents — Accidents de transport	4 229	17.7	1 441	5.6	3	-	3	-
Falls — Chutes	85	0.4	40	0.2	-	-	1	-
Accidental drowning and submersion — Noyade et submersion accidentelles	1 098	4.6	313	1.2	-	-	3	-
Exposure to smoke, fire and flames — Exposition à la fumée, au feu et aux flammes	1 332	5.6	905	3.5	-	-	1	1
Accidental poisoning by and exposure to noxious substances — Intoxication accidentelle par des substances nocives et exposition à ces substances	476	2.0	348	1.4	-	-	-	-
Intentional self-harm — Lésions auto-infligées	280	1.2	92	0.4	-	-	1	-
Assault — Agresssions	4 405	18.4	673	2.6	4	-	-	-
All other external causes — Toutes autres causes externes	5 410	22.6	1 734	6.8	-	-	2	1

Cause of death — Cause de décès	Antigua and Barbuda - Antigua-et-Barbuda		Aruba			
	2008 (+U)		2006 (...)		2007 (...)	
	Male — Masculin	Female — Féminin	Male — Masculin	Female — Féminin	Male — Masculin	Female — Féminin
	Number Nombre	Number Nombre	Number Nombre	Number Nombre	Number Nombre	Number Nombre
TOTAL	281	247	300	230	287	249
Certain infectious and parasitic diseases — Certaines maladies infectieuses et parasitaires						
Total	15	7	15	6	10	10
Intestinal infectious diseases — Maladies infectieuses intestinales	-	-	1	-	-	1
Tuberculosis — Tuberculose	-	-	-	-	-	1
Tetanus — Tétanos	-	-	-	-	-	-
Diphtheria — Diphtérie	-	-	-	-	-	-
Whooping cough — Coqueluche	-	-	-	-	-	-
Meningococcal infection — Infection à méningocoques	-	-	-	-	-	-
Septicaemia — Septicémie	4	4	8	5	7	6
Acute poliomyelitis — Poliomyélite aiguë	-	-	-	-	-	-
Measles — Rougeole	-	-	-	-	-	-
Viral hepatitis — Hépatite virale	-	-	-	-	-	-
Human immunodeficiency virus [HIV] disease — Maladies dues au virus de l'immunodéficience humaine (VIH)	10	3	4	-	2	1
Malaria — Paludisme	-	-	-	-	-	-
Neoplasms — Tumeurs	52	40	72	54	86	72
Malignant neoplasms — Tumeurs malignes						
Total	47	36	71	54	86	71
Malignant neoplasm of lip, oral cavity and pharynx — Tumeur maligne de la lèvre, de la cavité buccale et du pharynx	2	1	1	-	5	2
Malignant neoplasm of oesophagus — Tumeur maligne de l'oesophage	1	-	3	1	4	-
Malignant neoplasm of stomach — Tumeur maligne de l'estomac	-	2	5	5	6	1
Malignant neoplasm of colon, rectosigmoid junction, rectum, anus and anal canal — Tumeur maligne du côlon, de la jonction recto-sigmoïdienne, du rectum, de l'anus et du canal anal	3	6	3	3	8	3
Malignant neoplasm of liver and intrahepatic bile ducts — Tumeur maligne du foie et des voies bilaires intrahépatiques	3	-	2	2	4	1
Malignant neoplasm of pancreas — Tumeur maligne du pancréas	2	-	3	1	3	1
Malignant neoplasm of trachea, bronchus and lung — Tumeur maligne de la trachée, des bronches et du poumon	2	2	16	4	13	4
Malignant neoplasm of female breast — Tumeur maligne du sein chez la femme	..	8	..	12	..	19
Malignant neoplasm of cervix uteri — Tumeur maligne du col de l'utérus	..	4	..	2	..	3
Malignant neoplasm of prostate — Tumeur maligne de la prostate	18	..	11	..	19	..
Malignant neoplasm of lymphoid, haematopoietic and related tissue — Tumeurs malignes primitives ou présumées primitives des tissus lymphoïde, hématopoïétique et apparentés	6	1	6	3	4	8
Disorders of the blood and blood-forming organs and certain disorders involving the immune mechanism — Maladies du sang et des organes hématopoïétiques et certains troubles du système immunitaire						
Total	3	2	2	1	1	1
Anaemias — Anémies	2	2	1	-	1	-
Endocrine, nutritional and metabolic diseases — Maladies endocriniennes, nutritionnelles et métaboliques						
Total	22	32	18	20	16	24
Diabetes mellitus — Diabète sucré	20	30	16	17	13	21
Malnutrition — Malnutrition	-	-	-	-	1	-
Mental and behavioural disorders — Troubles mentaux et du comportement	1	1	3	4	1	1
Diseases of the nervous system — Maladies du système nerveux	7	6	7	10	1	9
Diseases of the circulatory system — Maladies de l'appareil circulatoire						
Total	92	91	105	78	83	78
Acute rheumatic fever and chronic rheumatic heart diseases — Rhumatisme articularie aigu et cardiopathies rhumatismales chroniques	-	-	-	-	-	-
Hypertensive diseases — Maladies hypertensives	21	19	8	7	14	12
Ischaemic heart disease — Cardiopathie ischémique	25	33	38	10	27	14
Cerebrovascular disease — Maladie cérébrovasculaire	21	13	17	29	16	24
Diseases of arteries, arterioles and capillaries — Maladies des artères, artérioles et capillaires	3	1	6	4	2	1

Cause of death — Cause de décès	Antigua and Barbuda - Antigua-et-Barbuda		Aruba			
	2008 (+U)		2006 (...)		2007 (...)	
	Male — Masculin	Female — Féminin	Male — Masculin	Female — Féminin	Male — Masculin	Female — Féminin
	Number Nombre	Number Nombre	Number Nombre	Number Nombre	Number Nombre	Number Nombre
Diseases of the respiratory system — Maladies de l'appareil respiratoire						
Total	30	32	8	9	15	8
Influenza — Grippe	-	-	-	-	-	-
Pneumonia — Pneumopathies	6	9	2	5	6	4
Chronic lower respiratory diseases — Maladies chroniques des voies respiratoires inférieures	4	1	2	-	1	2
Diseases of the digestive system — Maladies de l'appareil digestif						
Total	12	5	7	6	9	8
Gastric and duodenal ulcer — Ulcère de l'estomac et du duodénum..........	3	-	-	-	-	1
Diseases of the liver — Maladies du foie..........	6	-	4	2	5	1
Diseases of the musculoskeletal system and connective tissue — Maladies du système ostéo-articulaire, des muscles et du tissu conjonctif	-	1	1	-	-	-
Diseases of the genitourinary system — Maladies de l'appareil génito-urinaire						
Total	2	3	7	3	3	3
Disorders of kidney and ureter — Affections du rein et de l'uretère	1	2	5	2	3	3
Hyperplasia of prostate — Hyperplasie de la prostate..........	1	..	-	..	-	..
Pregnancy, childbirth and the puerperium — Grossesse, accouchement et puerpéralité						
Total	..	-	..	-	..	-
Pregnancy with abortive outcome — Grossesse se terminant par un avortement..........	..	-	..	-	..	-
Other direct obstetric causes — Autres décès maternels directs	..	-	..	-	..	-
Indirect obstetric causes — Décès maternels indirects	..	-	..	-	..	-
Certain conditions originating in the perinatal period — Certaines affections dont l'origine se situe dans la période périnatale	5	2	1	-	2	-
Congenital malformations, deformations and chromosomal abnormalities — Malformations congénitales et anomalies chromosomiques	1	2	-	3	-	1
Symptoms, signs and abnormal clinical and laboratory findings, not elsewhere classified — Symptômes, signes et résultats anormaux d'examens cliniques et de laboratoire, non classés ailleurs	3	8	24	17	25	19
All other diseases — Toutes autres maladies..........	4	2	1	3	2	4
External causes — Causes externes						
Total	32	13	29	16	33	11
Accidents						
Total	30	12	17	9	22	10
Transport accidents — Accidents de transport..........	3	1	7	8	12	6
Falls — Chutes	1	-	1	-	1	-
Accidental drowning and submersion — Noyade et submersion accidentelles..........	6	-	6	1	6	2
Exposure to smoke, fire and flames — Exposition à la fumée, au feu et aux flammes	-	1	-	-	-	-
Accidental poisoning by and exposure to noxious substances — Intoxication accidentelle par des substances nocives et exposition à ces substances	1	1	3	-	1	-
Intentional self-harm — Lésions auto-infligées..........	-	-	7	2	7	1
Assault — Agresssions..........	-	-	4	1	3	-
All other external causes — Toutes autres causes externes	2	1	1	4	1	-

20. Death and death rates by cause and sex: 2006 - 2010
Décès et taux de mortalité par cause et sexe : 2006 - 2010 (continued - suite)

Cause of death — Cause de décès	Barbados - Barbade 2006 (C)				Belize 2007 (C)			
	Male — Masculin		Female — Féminin		Male — Masculin		Female — Féminin	
	Number Nombre	Rate Taux	Number Nombre	Rate Taux	Number Nombre	Rate Taux	Number Nombre	Rate Taux
TOTAL	1 184	897.5	1 142	807.0	802	...	584	...
Certain infectious and parasitic diseases — Certaines maladies infectieuses et parasitaires								
Total	57	43.2	75	53.0	84	...	47	...
Intestinal infectious diseases — Maladies infectieuses intestinales	-	-	1	♦0.7	5	...	6	...
Tuberculosis — Tuberculose	-	-	-	-	4	...	4	...
Tetanus — Tétanos	-	-	-	-	-	...	-	...
Diphtheria — Diphtérie	-	-	-	-	-	...	-	...
Whooping cough — Coqueluche	-	-	-	-	-	...	-	...
Meningococcal infection — Infection à méningocoques	-	-	-	-	-	...	-	...
Septicaemia — Septicémie	35	26.5	64	45.2	18	...	13	...
Acute poliomyelitis — Poliomyélite aiguë	-	-	-	-	-	...	-	...
Measles — Rougeole	-	-	-	-	-	...	-	...
Viral hepatitis — Hépatite virale	2	♦1.5	1	♦0.7	-	...	-	...
Human immunodeficiency virus [HIV] disease — Maladies dues au virus de l'immunodéficience humaine (VIH)	16	♦12.1	6	♦4.2	55	...	24	...
Malaria — Paludisme	1	♦0.8	-	-	-	...	-	...
Neoplasms — Tumeurs	268	203.2	215	151.9	92	...	91	...
Malignant neoplasms — Tumeurs malignes								
Total	266	201.6	212	149.8	92	...	90	...
Malignant neoplasm of lip, oral cavity and pharynx — Tumeur maligne de la lèvre, de la cavité buccale et du pharynx	10	♦7.6	3	♦2.1	-	...	-	...
Malignant neoplasm of oesophagus — Tumeur maligne de l'oesophage	10	♦7.6	3	♦2.1	2	...	-	...
Malignant neoplasm of stomach — Tumeur maligne de l'estomac	21	♦15.9	15	♦10.6	10	...	7	...
Malignant neoplasm of colon, rectosigmoid junction, rectum, anus and anal canal — Tumeur maligne du côlon, de la jonction recto-sigmoïdienne, du rectum, de l'anus et du canal anal	35	26.5	37	26.1	8	...	4	...
Malignant neoplasm of liver and intrahepatic bile ducts — Tumeur maligne du foie et des voies bilaires intrahépatiques	4	♦3.0	5	♦3.5	9	...	10	...
Malignant neoplasm of pancreas — Tumeur maligne du pancréas	12	♦9.1	9	♦6.4	3	...	4	...
Malignant neoplasm of trachea, bronchus and lung — Tumeur maligne de la trachée, des bronches et du poumon	13	♦9.9	2	♦1.4	13	...	5	...
Malignant neoplasm of female breast — Tumeur maligne du sein chez la femme	..	..	44	...	..	..	8	♦8.3
Malignant neoplasm of cervix uteri — Tumeur maligne du col de l'utérus	..	..	9	...	..	..	14	♦14.5
Malignant neoplasm of prostate — Tumeur maligne de la prostate	84	...	..	..	25	♦126.3	..	..
Malignant neoplasm of lymphoid, haematopoietic and related tissue — Tumeurs malignes primitives ou présumées primitives des tissus lymphoïde, hématopoïétique et apparentés	22	♦16.7	15	♦10.6	8	...	5	...
Disorders of the blood and blood-forming organs and certain disorders involving the immune mechanism — Maladies du sang et des organes hématopoïétiques et certains troubles du système immunitaire								
Total	11	♦8.3	15	♦10.6	6	...	10	...
Anaemias — Anémies	7	♦5.3	11	♦7.8	4	...	6	...
Endocrine, nutritional and metabolic diseases — Maladies endocriniennes, nutritionnelles et métaboliques								
Total	107	81.1	143	101.1	58	...	79	...
Diabetes mellitus — Diabète sucré	92	69.7	119	84.1	38	...	70	...
Malnutrition — Malnutrition	-	-	1	♦0.7	11	...	-	...
Mental and behavioural disorders — Troubles mentaux et du comportement	13	♦9.9	5	♦3.5	1	...	-	...
Diseases of the nervous system — Maladies du système nerveux	26	♦19.7	11	♦7.8	19	...	21	...
Diseases of the circulatory system — Maladies de l'appareil circulatoire								
Total	313	237.3	384	271.4	161	...	163	...
Acute rheumatic fever and chronic rheumatic heart diseases — Rhumatisme articulaire aigu et cardiopathies rhumatismales chroniques	1	♦0.8	-	-	1	...	2	...
Hypertensive diseases — Maladies hypertensives	42	31.8	76	53.7	33	...	33	...
Ischaemic heart disease — Cardiopathie ischémique	85	64.4	87	61.5	44	...	36	...
Cerebrovascular disease — Maladie cérébrovasculaire	74	56.1	96	67.8	35	...	39	...

	Barbados - Barbade				Belize			
Cause of death — Cause de décès	2006 (C)				2007 (C)			
	Male — Masculin		Female — Féminin		Male — Masculin		Female — Féminin	
	Number Nombre	Rate Taux	Number Nombre	Rate Taux	Number Nombre	Rate Taux	Number Nombre	Rate Taux
Diseases of arteries, arterioles and capillaries — Maladies des artères, artérioles et capillaires	16	♦12.1	18	♦12.7	5	...	6	...
Diseases of the respiratory system — Maladies de l'appareil respiratoire								
Total	120	91.0	112	79.1	68	...	38	...
Influenza — Grippe	-	-	-	-	-	...	-	...
Pneumonia — Pneumopathies	60	45.5	82	57.9	32	...	25	...
Chronic lower respiratory diseases — Maladies chroniques des voies respiratoires inférieures	24	♦18.2	10	♦7.1	22	...	9	...
Diseases of the digestive system — Maladies de l'appareil digestif								
Total	50	37.9	42	29.7	46	...	21	...
Gastric and duodenal ulcer — Ulcère de l'estomac et du duodénum	6	♦4.5	6	♦4.2	3	...	-	...
Diseases of the liver — Maladies du foie	22	♦16.7	6	♦4.2	34	...	14	...
Diseases of the musculoskeletal system and connective tissue — Maladies du système ostéo-articularie, des muscles et du tissu conjonctif	3	♦2.3	4	♦2.8	-	...	2	...
Diseases of the genitourinary system — Maladies de l'appareil génito-urinaire								
Total	52	39.4	37	26.1	16	...	20	...
Disorders of kidney and ureter — Affections du rein et de l'uretère	14	♦10.6	9	♦6.4	13	...	19	...
Hyperplasia of prostate — Hyperplasie de la prostate	2	...	..	..	1	♦5.1	..	..
Pregnancy, childbirth and the puerperium — Grossesse, accouchement et puerpéralité								
Total	..	..	1	♦29.3	..	..	2	...
Pregnancy with abortive outcome — Grossesse se terminant par un avortement	..	..	1	♦29.3	..	..	1	...
Other direct obstetric causes — Autres décès maternels directs	..	..	-	-	..	..	1	...
Indirect obstetric causes — Décès maternels indirects	..	..	-	-	..	..	-	...
Certain conditions originating in the perinatal period — Certaines affections dont l'origine se situe dans la période périnatale	22	♦1 248.6	20	♦1 210.7	31	...	24	...
Congenital malformations, deformations and chromosomal abnormalities — Malformations congénitales et anomalies chromosomiques	4	♦227.0	6	♦363.2	11	...	14	...
Symptoms, signs and abnormal clinical and laboratory findings, not elsewhere classified — Symptômes, signes et résultats anormaux d'examens cliniques et de laboratoire, non classés ailleurs	36	27.3	23	♦16.3	18	...	12	...
All other diseases — Toutes autres maladies	18	♦13.6	43	30.4	2	...	1	...
External causes — Causes externes								
Total	84	63.7	6	♦4.2	189	...	39	...
Accidents								
Total	29	♦22.0	4	♦2.8	81	...	24	...
Transport accidents — Accidents de transport	19	♦14.4	2	♦1.4	51	...	13	...
Falls — Chutes	-	-	-	-	2	...	-	...
Accidental drowning and submersion — Noyade et submersion accidentelles	4	♦3.0	-	-	13	...	4	...
Exposure to smoke, fire and flames — Exposition à la fumée, au feu et aux flammes	4	♦3.0	1	♦0.7	4	...	-	...
Accidental poisoning by and exposure to noxious substances — Intoxication accidentelle par des substances nocives et exposition à ces substances	-	-	-	-	1	...	1	...
Intentional self-harm — Lésions auto-infligées	9	♦6.8	-	-	6	...	2	...
Assault — Agresssions	44	33.4	2	♦1.4	31	...	4	...
All other external causes — Toutes autres causes externes	2	♦1.5	-	-	71	...	9	...

Cause of death — Cause de décès	Belize				Bermuda - Bermudes			
	2008 (C)				2006 (...)		2007 (...)	
	Male — Masculin		Female — Féminin		Male — Masculin	Female — Féminin	Male — Masculin	Female — Féminin
	Number Nombre	Rate Taux	Number Nombre	Rate Taux	Number Nombre	Number Nombre	Number Nombre	Number Nombre
TOTAL	754	468.6	547	339.3	246	207	230	217
Certain infectious and parasitic diseases — Certaines maladies infectieuses et parasitaires								
Total	72	44.7	35	21.7	4	4	5	4
Intestinal infectious diseases — Maladies infectieuses intestinales	7	♦4.4	5	♦3.1	-	-	-	2
Tuberculosis — Tuberculose	11	♦6.8	4	♦2.5	-	-	-	-
Tetanus — Tétanos	-	-	-	-	-	-	-	-
Diphtheria — Diphtérie.................	-	-	-	-	-	-	-	-
Whooping cough — Coqueluche	-	-	-	-	-	-	-	-
Meningococcal infection — Infection à méningocoques	-	-	-	-	-	-	-	-
Septicaemia — Septicémie	12	♦7.5	4	♦2.5	1	3	2	2
Acute poliomyelitis — Poliomyélite aiguë	-	-	-	-	-	-	-	-
Measles — Rougeole.................	-	-	-	-	-	-	-	-
Viral hepatitis — Hépatite virale.................	-	-	-	-	-	-	-	-
Human immunodeficiency virus [HIV] disease — Maladies dues au virus de l'immunodéficience humaine (VIH).................	41	25.5	21	♦13.0	3	1	3	-
Malaria — Paludisme.................	-	-	-	-	-	-	-	-
Neoplasms — Tumeurs	86	53.4	77	47.8	62	44	55	49
Malignant neoplasms — Tumeurs malignes								
Total	81	50.3	75	46.5	61	43	54	46
Malignant neoplasm of lip, oral cavity and pharynx — Tumeur maligne de la lèvre, de la cavité buccale et du pharynx	-	-	-	-	3	1	1	-
Malignant neoplasm of oesophagus — Tumeur maligne de l'oesophage	4	♦2.5	2	♦1.2	-	1	1	1
Malignant neoplasm of stomach — Tumeur maligne de l'estomac	5	♦3.1	5	♦3.1	1	1	3	2
Malignant neoplasm of colon, rectosigmoid junction, rectum, anus and anal canal — Tumeur maligne du côlon, de la jonction recto-sigmoïdienne, du rectum, de l'anus et du canal anal.................	3	♦1.9	4	♦2.5	6	7	3	8
Malignant neoplasm of liver and intrahepatic bile ducts — Tumeur maligne du foie et des voies bilaires intrahépatiques	6	♦3.7	5	♦3.1	1	-	2	1
Malignant neoplasm of pancreas — Tumeur maligne du pancréas.................	-	-	4	♦2.5	6	4	-	1
Malignant neoplasm of trachea, bronchus and lung — Tumeur maligne de la trachée, des bronches et du poumon	13	♦8.1	6	♦3.7	23	8	12	8
Malignant neoplasm of female breast — Tumeur maligne du sein chez la femme	..	..	12	♦12.0	..	8	..	10
Malignant neoplasm of cervix uteri — Tumeur maligne du col de l'utérus.........	..	..	11	♦11.0	..	-	..	3
Malignant neoplasm of prostate — Tumeur maligne de la prostate	28	♦136.6	..	..	10	..	12	..
Malignant neoplasm of lymphoid, haematopoietic and related tissue — Tumeurs malignes primitives ou présumées primitives des tissus lymphoïde, hématopoïétique et apparentés	6	♦3.7	5	♦3.1	3	5	7	3
Disorders of the blood and blood-forming organs and certain disorders involving the immune mechanism — Maladies du sang et des organes hématopoïétiques et certains troubles du système immunitaire								
Total	11	♦6.8	12	♦7.4	2	1	1	2
Anaemias — Anémies	10	♦6.2	10	♦6.2	-	1	1	-
Endocrine, nutritional and metabolic diseases — Maladies endocriniennes, nutritionnelles et métaboliques								
Total	52	32.3	77	47.8	9	13	10	16
Diabetes mellitus — Diabète sucré.................	41	25.5	64	39.7	9	11	7	15
Malnutrition — Malnutrition	6	♦3.7	4	♦2.5	-	-	-	-
Mental and behavioural disorders — Troubles mentaux et du comportement	3	♦1.9	-	-	1	1	-	1
Diseases of the nervous system — Maladies du système nerveux.................	15	♦9.3	9	♦5.6	5	11	6	11
Diseases of the circulatory system — Maladies de l'appareil circulatoire								
Total	139	86.4	142	88.1	97	85	100	96
Acute rheumatic fever and chronic rheumatic heart diseases — Rhumatisme articulaire aigu et cardiopathies rhumatismales chroniques	-	-	1	♦0.6	-	-	-	1
Hypertensive diseases — Maladies hypertensives.................	23	♦14.3	28	♦17.4	-	6	2	7
Ischaemic heart disease — Cardiopathie ischémique.................	48	29.8	39	24.2	51	32	46	45

20. Death and death rates by cause and sex: 2006 - 2010
Décès et taux de mortalité par cause et sexe : 2006 - 2010 (continued - suite)

	Belize				Bermuda - Bermudes			
	2008 (C)				2006 (...)		2007 (...)	
Cause of death — Cause de décès	Male — Masculin		Female — Féminin		Male — Masculin	Female — Féminin	Male — Masculin	Female — Féminin
	Number Nombre	Rate Taux	Number Nombre	Rate Taux	Number Nombre	Number Nombre	Number Nombre	Number Nombre
Cerebrovascular disease — Maladie cérébrovasculaire	34	21.1	34	21.1	16	20	19	18
Diseases of arteries, arterioles and capillaries — Maladies des artères, artérioles et capillaires	3	♦1.9	2	♦1.2	10	9	10	9
Diseases of the respiratory system — Maladies de l'appareil respiratoire								
Total	66	41.0	38	23.6	10	9	12	10
Influenza — Grippe	-	-	-	-	-	-	-	-
Pneumonia — Pneumopathies	32	19.9	22	♦13.6	2	2	6	3
Chronic lower respiratory diseases — Maladies chroniques des voies respiratoires inférieures	19	♦11.8	6	♦3.7	5	3	3	5
Diseases of the digestive system — Maladies de l'appareil digestif								
Total	41	25.5	37	23.0	12	9	4	5
Gastric and duodenal ulcer — Ulcère de l'estomac et du duodénum	1	♦0.6	2	♦1.2	2	1	2	1
Diseases of the liver — Maladies du foie	29	♦18.0	22	♦13.6	4	2	2	1
Diseases of the musculoskeletal system and connective tissue — Maladies du système ostéo-articularie, des muscles et du tissu conjonctif	-	-	7	♦4.3	1	6	1	-
Diseases of the genitourinary system — Maladies de l'appareil génito-urinaire								
Total	21	♦13.1	14	♦8.7	8	3	3	2
Disorders of kidney and ureter — Affections du rein et de l'uretère	17	♦10.6	14	♦8.7	7	3	3	2
Hyperplasia of prostate — Hyperplasie de la prostate	3	♦14.6	..	..	1	..	-	..
Pregnancy, childbirth and the puerperium — Grossesse, accouchement et puerpéralité								
Total	..	..	2	...	..	1	..	-
Pregnancy with abortive outcome — Grossesse se terminant par un avortement	..	..	-	...	..	-	..	-
Other direct obstetric causes — Autres décès maternels directs	..	..	2	...	..	1	..	-
Indirect obstetric causes — Décès maternels indirects	..	..	-	...	..	-	..	-
Certain conditions originating in the perinatal period — Certaines affections dont l'origine se situe dans la période périnatale	19	...	24	...	4	3	1	1
Congenital malformations, deformations and chromosomal abnormalities — Malformations congénitales et anomalies chromosomiques	10	...	9	...	-	1	3	-
Symptoms, signs and abnormal clinical and laboratory findings, not elsewhere classified — Symptômes, signes et résultats anormaux d'examens cliniques et de laboratoire, non classés ailleurs	10	♦6.2	7	♦4.3	7	9	10	17
All other diseases — Toutes autres maladies	1	♦0.6	-	-	2	1	-	1
External causes — Causes externes								
Total	208	129.3	57	35.4	22	6	19	2
Accidents								
Total	97	60.3	35	21.7	20	5	18	1
Transport accidents — Accidents de transport	57	35.4	14	♦8.7	14	-	12	-
Falls — Chutes	1	♦0.6	1	♦0.6	1	3	3	-
Accidental drowning and submersion — Noyade et submersion accidentelles	20	♦12.4	4	♦2.5	-	-	3	1
Exposure to smoke, fire and flames — Exposition à la fumée, au feu et aux flammes	4	♦2.5	5	♦3.1	-	-	-	-
Accidental poisoning by and exposure to noxious substances — Intoxication accidentelle par des substances nocives et exposition à ces substances	1	♦0.6	-	-	1	1	-	-
Intentional self-harm — Lésions auto-infligées	10	♦6.2	1	♦0.6	1	-	-	1
Assault — Agresssions	30	♦18.6	8	♦5.0	-	-	-	-
All other external causes — Toutes autres causes externes	71	44.1	13	♦8.1	1	1	1	-

Canada

Cause of death — Cause de décès	2008 (C)				2009 (C)			
	Male — Masculin		Female — Féminin		Male — Masculin		Female — Féminin	
	Number Nombre	Rate Taux	Number Nombre	Rate Taux	Number Nombre	Rate Taux	Number Nombre	Rate Taux
TOTAL	**119 770**	**725.0**	**117 546**	**699.7**	**119 712**	**715.7**	**117 503**	**691.1**
Certain infectious and parasitic diseases — Certaines maladies infectieuses et parasitaires								
Total	2 329	14.1	2 298	13.7	2 450	14.6	2 504	14.7
Intestinal infectious diseases — Maladies infectieuses intestinales	443	2.7	646	3.8	561	3.4	820	4.8
Tuberculosis — Tuberculose	44	0.3	39	0.2	39	0.2	18	♦0.1
Tetanus — Tétanos	-	-	-	-	-	-	2	♦0.0
Diphtheria — Diphtérie............	-	-	-	-	-	-	-	-
Whooping cough — Coqueluche	-	-	1	♦0.0	-	-	1	♦0.0
Meningococcal infection — Infection à méningocoques............	6	♦0.0	7	♦0.0	4	♦0.0	7	♦0.0
Septicaemia — Septicémie............	1 004	6.1	1 124	6.7	1 025	6.1	1 183	7.0
Acute poliomyelitis — Poliomyélite aiguë	-	-	-	-	-	-	-	-
Measles — Rougeole............	-	-	-	-	-	-	-	-
Viral hepatitis — Hépatite virale............	290	1.8	150	0.9	292	1.7	154	0.9
Human immunodeficiency virus [HIV] disease — Maladies dues au virus de l'immunodéficience humaine (VIH)............	312	1.9	94	0.6	285	1.7	69	0.4
Malaria — Paludisme............	1	♦0.0	1	♦0.0	2	♦0.0	-	-
Neoplasms — Tumeurs	**37 672**	**228.0**	**34 021**	**202.5**	**38 077**	**227.6**	**34 272**	**201.6**
Malignant neoplasms — Tumeurs malignes								
Total	36 981	223.8	33 380	198.7	37 354	223.3	33 580	197.5
Malignant neoplasm of lip, oral cavity and pharynx — Tumeur maligne de la lèvre, de la cavité buccale et du pharynx	736	4.5	343	2.0	711	4.3	328	1.9
Malignant neoplasm of oesophagus — Tumeur maligne de l'oesophage	1 355	8.2	375	2.2	1 263	7.6	421	2.5
Malignant neoplasm of stomach — Tumeur maligne de l'estomac	1 163	7.0	783	4.7	1 177	7.0	733	4.3
Malignant neoplasm of colon, rectosigmoid junction, rectum, anus and anal canal — Tumeur maligne du côlon, de la jonction recto-sigmoïdienne, du rectum, de l'anus et du canal anal............	4 247	25.7	3 583	21.3	4 197	25.1	3 604	21.2
Malignant neoplasm of liver and intrahepatic bile ducts — Tumeur maligne du foie et des voies biliaires intrahépatiques	1 227	7.4	670	4.0	1 256	7.5	694	4.1
Malignant neoplasm of pancreas — Tumeur maligne du pancréas............	1 897	11.5	1 901	11.3	1 983	11.9	1 994	11.7
Malignant neoplasm of trachea, bronchus and lung — Tumeur maligne de la trachée, des bronches et du poumon............	10 334	62.6	8 367	49.8	10 571	63.2	8 539	50.2
Malignant neoplasm of female breast — Tumeur maligne du sein chez la femme	..	..	4 954	35.2	..	..	4 944	34.7
Malignant neoplasm of cervix uteri — Tumeur maligne du col de l'utérus.........	..	..	361	2.6	..	..	370	2.6
Malignant neoplasm of prostate — Tumeur maligne de la prostate	3 720	71.4	..	..	3 745	69.7	..	..
Malignant neoplasm of lymphoid, haematopoietic and related tissue — Tumeurs malignes primitives ou présumées primitives des tissus lymphoïde, hématopoïétique et apparentés............	3 434	20.8	2 814	16.8	3 601	21.5	2 913	17.1
Disorders of the blood and blood-forming organs and certain disorders involving the immune mechanism — Maladies du sang et des organes hématopoïétiques et certains troubles du système immunitaire								
Total	405	2.5	530	3.2	451	2.7	477	2.8
Anaemias — Anémies	173	1.0	324	1.9	225	1.3	275	1.6
Endocrine, nutritional and metabolic diseases — Maladies endocriniennes, nutritionnelles et métaboliques								
Total	5 009	30.3	5 000	29.8	4 806	28.7	4 677	27.5
Diabetes mellitus — Diabète sucré............	3 895	23.6	3 615	21.5	3 605	21.6	3 299	19.4
Malnutrition — Malnutrition	77	0.5	132	0.8	68	0.4	112	0.7
Mental and behavioural disorders — Troubles mentaux et du comportement	**4 235**	**25.6**	**7 252**	**43.2**	**4 421**	**26.4**	**7 425**	**43.7**
Diseases of the nervous system — Maladies du système nerveux............	**4 861**	**29.4**	**7 066**	**42.1**	**4 898**	**29.3**	**6 876**	**40.4**
Diseases of the circulatory system — Maladies de l'appareil circulatoire								
Total	34 768	210.5	35 001	208.4	34 260	204.8	34 322	201.9
Acute rheumatic fever and chronic rheumatic heart diseases — Rhumatisme articulaire aigu et cardiopathies rhumatismales chroniques	153	0.9	309	1.8	136	0.8	264	1.6
Hypertensive diseases — Maladies hypertensives............	887	5.4	1 432	8.5	932	5.6	1 527	9.0
Ischaemic heart disease — Cardiopathie ischémique............	20 559	124.4	16 362	97.4	20 051	119.9	15 844	93.2
Cerebrovascular disease — Maladie cérébrovasculaire............	5 634	34.1	8 201	48.8	5 807	34.7	8 276	48.7

Canada

Cause of death — Cause de décès	2008 (C)				2009 (C)			
	Male — Masculin		Female — Féminin		Male — Masculin		Female — Féminin	
	Number Nombre	Rate Taux	Number Nombre	Rate Taux	Number Nombre	Rate Taux	Number Nombre	Rate Taux
Diseases of arteries, arterioles and capillaries — Maladies des artères, artérioles et capillaires	1 810	11.0	1 650	9.8	1 774	10.6	1 578	9.3
Diseases of the respiratory system — Maladies de l'appareil respiratoire								
Total	10 564	63.9	10 082	60.0	10 661	63.7	10 567	62.1
Influenza — Grippe	107	0.6	162	1.0	105	0.6	144	0.8
Pneumonia — Pneumopathies	2 353	14.2	2 743	16.3	2 450	14.6	2 834	16.7
Chronic lower respiratory diseases — Maladies chroniques des voies respiratoires inférieures	5 741	34.8	5 180	30.8	5 525	33.0	5 334	31.4
Diseases of the digestive system — Maladies de l'appareil digestif								
Total	4 826	29.2	4 779	28.4	4 696	28.1	4 811	28.3
Gastric and duodenal ulcer — Ulcère de l'estomac et du duodénum	233	1.4	175	1.0	195	1.2	199	1.2
Diseases of the liver — Maladies du foie	2 085	12.6	1 168	7.0	1 979	11.8	1 158	6.8
Diseases of the musculoskeletal system and connective tissue — Maladies du système ostéo-articularie, des muscles et du tissu conjonctif	438	2.7	1 011	6.0	473	2.8	994	5.8
Diseases of the genitourinary system — Maladies de l'appareil génito-urinaire								
Total	2 505	15.2	2 724	16.2	2 388	14.3	2 726	16.0
Disorders of kidney and ureter — Affections du rein et de l'uretère	2 022	12.2	2 049	12.2	1 873	11.2	1 965	11.6
Hyperplasia of prostate — Hyperplasie de la prostate	88	1.7	..	..	77	1.4	..	..
Pregnancy, childbirth and the puerperium — Grossesse, accouchement et puerpéralité								
Total	..	..	34	9.0	..	..	29	♦7.6
Pregnancy with abortive outcome — Grossesse se terminant par un avortement	..	..	5	♦1.3	..	..	3	♦0.8
Other direct obstetric causes — Autres décès maternels directs	..	..	24	♦6.4	..	..	20	♦5.3
Indirect obstetric causes — Décès maternels indirects	..	..	4	♦1.1	..	..	6	♦1.6
Certain conditions originating in the perinatal period — Certaines affections dont l'origine se situe dans la période périnatale	598	308.6	509	276.4	564	288.6	512	276.1
Congenital malformations, deformations and chromosomal abnormalities — Malformations congénitales et anomalies chromosomiques	449	231.7	434	235.7	469	240.0	413	222.7
Symptoms, signs and abnormal clinical and laboratory findings, not elsewhere classified — Symptômes, signes et résultats anormaux d'examens cliniques et de laboratoire, non classés ailleurs	1 128	6.8	1 143	6.8	1 021	6.1	1 164	6.8
All other diseases — Toutes autres maladies	131	0.8	210	1.3	129	0.8	178	1.0
External causes — Causes externes								
Total	9 852	59.6	5 452	32.5	9 948	59.5	5 556	32.7
Accidents								
Total	5 880	35.6	4 027	24.0	5 880	35.2	4 094	24.1
Transport accidents — Accidents de transport	2 039	12.3	767	4.6	1 888	11.3	696	4.1
Falls — Chutes	1 485	9.0	1 599	9.5	1 732	10.4	1 857	10.9
Accidental drowning and submersion — Noyade et submersion accidentelles	217	1.3	48	0.3	195	1.2	42	0.2
Exposure to smoke, fire and flames — Exposition à la fumée, au feu et aux flammes	159	1.0	109	0.6	131	0.8	88	0.5
Accidental poisoning by and exposure to noxious substances — Intoxication accidentelle par des substances nocives et exposition à ces substances	941	5.7	498	3.0	1 026	6.1	484	2.8
Intentional self-harm — Lésions auto-infligées	2 767	16.7	917	5.5	2 974	17.8	893	5.3
Assault — Agresssions	442	2.7	120	0.7	415	2.5	143	0.8
All other external causes — Toutes autres causes externes	763	4.6	388	2.3	679	4.1	426	2.5

20. Death and death rates by cause and sex: 2006 - 2010
Décès et taux de mortalité par cause et sexe : 2006 - 2010 (continued - suite)

Cause of death — Cause de décès	Costa Rica				Cuba			
	2008 (+U)		2009 (+U)		2007 (C)			
	Male — Masculin	Female — Féminin	Male — Masculin	Female — Féminin	Male — Masculin		Female — Féminin	
	Number Nombre	Number Nombre	Number Nombre	Number Nombre	Number Nombre	Rate Taux	Number Nombre	Rate Taux
TOTAL	*9 408*	*7 070*	*9 492*	*7 160*	**44 033**	**782.4**	**37 894**	**675.4**
Certain infectious and parasitic diseases — Certaines maladies infectieuses et parasitaires								
Total ...	*192*	*117*	*215*	*121*	468	8.3	325	5.8
Intestinal infectious diseases — Maladies infectieuses intestinales ...	*14*	*32*	*40*	*50*	96	1.7	109	1.9
Tuberculosis — Tuberculose ...	*36*	*10*	*29*	*10*	15	٭0.3	9	٭0.2
Tetanus — Tétanos ...	-	-	-	-	2	٭0.0	-	-
Diphtheria — Diphtérie ...	-	-	-	-	-	-	-	-
Whooping cough — Coqueluche ...	*3*	*3*	-	*2*	-	-	-	-
Meningococcal infection — Infection à méningocoques ...	*1*	*1*	-	-	1	٭0.0	4	٭0.1
Septicaemia — Septicémie ...	*9*	*15*	*27*	*9*	53	0.9	45	0.8
Acute poliomyelitis — Poliomyélite aiguë ...	-	-	-	-	-	-	-	-
Measles — Rougeole ...	-	-	-	-	-	-	-	-
Viral hepatitis — Hépatite virale ...	*8*	*4*	*2*	*4*	60	1.1	59	1.1
Human immunodeficiency virus [HIV] disease — Maladies dues au virus de l'immunodéficience humaine (VIH) ...	*88*	*27*	*85*	*24*	128	2.3	30	٭0.5
Malaria — Paludisme ...	-	-	-	-	1	٭0.0	1	٭0.0
Neoplasms — Tumeurs ...	*2 009*	*1 659*	*2 016*	*1 757*	11 798	209.6	9 011	160.6
Malignant neoplasms — Tumeurs malignes								
Total ...	*1 884*	*1 555*	*1 919*	*1 649*	11 635	206.7	8 806	157.0
Malignant neoplasm of lip, oral cavity and pharynx — Tumeur maligne de la lèvre, de la cavité buccale et du pharynx ...	*60*	*17*	*46*	*14*	430	7.6	157	2.8
Malignant neoplasm of oesophagus — Tumeur maligne de l'oesophage ...	*35*	*9*	*28*	*14*	463	8.2	134	2.4
Malignant neoplasm of stomach — Tumeur maligne de l'estomac ...	*338*	*208*	*342*	*203*	489	8.7	309	5.5
Malignant neoplasm of colon, rectosigmoid junction, rectum, anus and anal canal — Tumeur maligne du côlon, de la jonction recto-sigmoïdienne, du rectum, de l'anus et du canal anal ...	*167*	*150*	*148*	*164*	837	14.9	1 171	20.9
Malignant neoplasm of liver and intrahepatic bile ducts — Tumeur maligne du foie et des voies biliaires intrahépatiques ...	*104*	*61*	*97*	*83*	355	6.3	365	6.5
Malignant neoplasm of pancreas — Tumeur maligne du pancréas ...	*69*	*59*	*75*	*81*	387	6.9	360	6.4
Malignant neoplasm of trachea, bronchus and lung — Tumeur maligne de la trachée, des bronches et du poumon ...	*138*	*72*	*153*	*75*	3 230	57.4	1 619	28.9
Malignant neoplasm of female breast — Tumeur maligne du sein chez la femme ...	..	*262*	..	*268*	..	..	1 326	28.7
Malignant neoplasm of cervix uteri — Tumeur maligne du col de l'utérus ...	..	*112*	..	*110*	..	..	473	10.2
Malignant neoplasm of prostate — Tumeur maligne de la prostate ...	*312*	..	*371*	..	2 341	158.5	..	..
Malignant neoplasm of lymphoid, haematopoietic and related tissue — Tumeurs malignes primitives ou présumées primitives des tissus lymphoïde, hématopoïétique et apparentés ...	*198*	*188*	*226*	*184*	749	13.3	599	10.7
Disorders of the blood and blood-forming organs and certain disorders involving the immune mechanism — Maladies du sang et des organes hématopoïétiques et certains troubles du système immunitaire								
Total ...	*46*	*40*	*27*	*35*	92	1.6	77	1.4
Anaemias — Anémies ...	*32*	*19*	*15*	*25*	61	1.1	59	1.1
Endocrine, nutritional and metabolic diseases — Maladies endocriniennes, nutritionnelles et métaboliques								
Total ...	*339*	*422*	*348*	*453*	934	16.6	1 431	25.5
Diabetes mellitus — Diabète sucré ...	*301*	*375*	*297*	*400*	819	14.6	1 317	23.5
Malnutrition — Malnutrition ...	*12*	*6*	*16*	*13*	26	٭0.5	9	٭0.2
Mental and behavioural disorders — Troubles mentaux et du comportement	*87*	*99*	*73*	*97*	1 334	23.7	1 522	27.1
Diseases of the nervous system — Maladies du système nerveux ...	*258*	*266*	*247*	*199*	636	11.3	508	9.1
Diseases of the circulatory system — Maladies de l'appareil circulatoire								
Total ...	*2 555*	*2 102*	*2 651*	*2 156*	16 792	298.4	15 852	282.6
Acute rheumatic fever and chronic rheumatic heart diseases — Rhumatisme articulaire aigu et cardiopathies rhumatismales chroniques ...	*23*	*20*	*13*	*30*	72	1.3	133	2.4
Hypertensive diseases — Maladies hypertensives ...	*323*	*353*	*362*	*371*	932	16.6	887	15.8
Ischaemic heart disease — Cardiopathie ischémique ...	*1 312*	*876*	*1 342*	*853*	8 151	144.8	7 268	129.5

	Costa Rica				Cuba			
Cause of death — Cause de décès	2008 (+U)		2009 (+U)		2007 (C)			
	Male — Masculin	Female — Féminin	Male — Masculin	Female — Féminin	Male — Masculin		Female — Féminin	
	Number Nombre	Number Nombre	Number Nombre	Number Nombre	Number Nombre	Rate Taux	Number Nombre	Rate Taux
Cerebrovascular disease — Maladie cérébrovasculaire	433	474	488	531	4 117	73.2	4 316	76.9
Diseases of arteries, arterioles and capillaries — Maladies des artères, artérioles et capillaires	79	55	89	44	1 387	24.6	1 181	21.1
Diseases of the respiratory system — Maladies de l'appareil respiratoire								
Total	710	584	730	610	4 598	81.7	4 199	74.8
Influenza — Grippe	2	1	3	1	-	-	-	-
Pneumonia — Pneumopathies	162	156	159	147	2 728	48.5	2 543	45.3
Chronic lower respiratory diseases — Maladies chroniques des voies respiratoires inférieures	407	302	394	337	1 736	30.8	1 526	27.2
Diseases of the digestive system — Maladies de l'appareil digestif								
Total	678	481	721	513	1 781	31.6	1 225	21.8
Gastric and duodenal ulcer — Ulcère de l'estomac et du duodénum	38	13	29	14	200	3.6	115	2.0
Diseases of the liver — Maladies du foie	392	201	417	228	794	14.1	328	5.8
Diseases of the musculoskeletal system and connective tissue — Maladies du système ostéo-articularie, des muscles et du tissu conjonctif	46	106	48	114	184	3.3	364	6.5
Diseases of the genitourinary system — Maladies de l'appareil génito-urinaire								
Total	209	186	255	174	446	7.9	339	6.0
Disorders of kidney and ureter — Affections du rein et de l'uretère	170	124	207	134	313	5.6	265	4.7
Hyperplasia of prostate — Hyperplasie de la prostate	2	..	5	..	81	5.5	..	..
Pregnancy, childbirth and the puerperium — Grossesse, accouchement et puerpéralité								
Total	..	20	..	10	..	..	42	37.3
Pregnancy with abortive outcome — Grossesse se terminant par un avortement	..	2	..	1	..	..	8	♦7.1
Other direct obstetric causes — Autres décès maternels directs	..	10	..	5	..	..	17	♦15.1
Indirect obstetric causes — Décès maternels indirects	..	8	..	4	..	..	10	♦8.9
Certain conditions originating in the perinatal period — Certaines affections dont l'origine se situe dans la période périnatale	209	151	170	130	169	291.5	117	214.7
Congenital malformations, deformations and chromosomal abnormalities — Malformations congénitales et anomalies chromosomiques	120	139	146	126	218	376.0	192	352.4
Symptoms, signs and abnormal clinical and laboratory findings, not elsewhere classified — Symptômes, signes et résultats anormaux d'examens cliniques et de laboratoire, non classés ailleurs	263	259	268	192	371	6.6	272	4.8
All other diseases — Toutes autres maladies	21	32	27	44	62	1.1	118	2.1
External causes — Causes externes								
Total	1 666	407	1 550	429	4 150	73.7	2 300	41.0
Accidents								
Total	1 007	286	848	294	2 285	40.6	1 270	22.6
Transport accidents — Accidents de transport	556	100	482	94	796	14.1	205	3.7
Falls — Chutes	75	9	73	8	817	14.5	937	16.7
Accidental drowning and submersion — Noyade et submersion accidentelles	115	15	76	15	245	4.4	18	♦0.3
Exposure to smoke, fire and flames — Exposition à la fumée, au feu et aux flammes	7	1	7	1	11	♦0.2	12	♦0.2
Accidental poisoning by and exposure to noxious substances — Intoxication accidentelle par des substances nocives et exposition à ces substances	47	8	38	4	70	1.2	6	♦0.1
Intentional self-harm — Lésions auto-infligées	227	34	238	42	1 041	18.5	266	4.7
Assault — Agresssions	345	47	366	43	429	7.6	139	2.5
All other external causes — Toutes autres causes externes	87	40	98	50	395	7.0	625	11.1

20. Death and death rates by cause and sex: 2006 - 2010
Décès et taux de mortalité par cause et sexe : 2006 - 2010 (continued - suite)

	Cuba				Dominica - Dominique			
Cause of death — Cause de décès	2008 (C)				2008 (+C)		2009 (+C)	
	Male — Masculin		Female — Féminin		Male — Masculin	Female — Féminin	Male — Masculin	Female — Féminin
	Number Nombre	Rate Taux	Number Nombre	Rate Taux	Number Nombre	Number Nombre	Number Nombre	Number Nombre
TOTAL	46 271	822.2	40 152	715.9	289	256	275	284
Certain infectious and parasitic diseases — Certaines maladies infectieuses et parasitaires								
Total	446	7.9	320	5.7	10	6	11	8
Intestinal infectious diseases — Maladies infectieuses intestinales	91	1.6	116	2.1	-	-	-	-
Tuberculosis — Tuberculose	28	✦0.5	7	✦0.1	-	-	-	-
Tetanus — Tétanos	-	-	-	-	-	-	-	1
Diphtheria — Diphtérie..	-	-	-	-	-	-	-	-
Whooping cough — Coqueluche	-	-	-	-	-	-	-	-
Meningococcal infection — Infection à méningocoques....................	2	✦0.0	-	-	-	-	-	-
Septicaemia — Septicémie..	24	✦0.4	42	0.7	3	6	6	6
Acute poliomyelitis — Poliomyélite aiguë	-	-	-	-	-	-	-	-
Measles — Rougeole..	-	-	-	-	-	-	-	-
Viral hepatitis — Hépatite virale	64	1.1	79	1.4	-	-	-	-
Human immunodeficiency virus [HIV] disease — Maladies dues au virus de l'immunodéficience humaine (VIH)....................	155	2.8	21	✦0.4	4	-	4	-
Malaria — Paludisme..	-	-	-	-	-	-	-	-
Neoplasms — Tumeurs	12 313	218.8	9 441	168.3	71	30	76	46
Malignant neoplasms — Tumeurs malignes								
Total	12 077	214.6	9 207	164.2	69	29	75	42
Malignant neoplasm of lip, oral cavity and pharynx — Tumeur maligne de la lèvre, de la cavité buccale et du pharynx	503	8.9	140	2.5	3	1	2	-
Malignant neoplasm of oesophagus — Tumeur maligne de l'oesophage	468	8.3	137	2.4	1	2	-	-
Malignant neoplasm of stomach — Tumeur maligne de l'estomac	517	9.2	314	5.6	5	3	4	7
Malignant neoplasm of colon, rectosigmoid junction, rectum, anus and anal canal — Tumeur maligne du côlon, de la jonction recto-sigmoïdienne, du rectum, de l'anus et du canal anal	888	15.8	1 257	22.4	2	3	2	5
Malignant neoplasm of liver and intrahepatic bile ducts — Tumeur maligne du foie et des voies bilaires intrahépatiques	354	6.3	359	6.4	-	3	1	3
Malignant neoplasm of pancreas — Tumeur maligne du pancréas...................	412	7.3	403	7.2	-	1	3	2
Malignant neoplasm of trachea, bronchus and lung — Tumeur maligne de la trachée, des bronches et du poumon	3 306	58.7	1 778	31.7	3	1	4	4
Malignant neoplasm of female breast — Tumeur maligne du sein chez la femme	..	..	1 368	29.5	..	5	..	8
Malignant neoplasm of cervix uteri — Tumeur maligne du col de l'utérus.........	..	..	472	10.2	..	4	..	4
Malignant neoplasm of prostate — Tumeur maligne de la prostate	2 504	166.4	..	..	45	..	46	..
Malignant neoplasm of lymphoid, haematopoietic and related tissue — Tumeurs malignes primitives ou présumées primitives des tissus lymphoïde, hématopoïétique et apparentés...........	757	13.5	624	11.1	2	2	3	4
Disorders of the blood and blood-forming organs and certain disorders involving the immune mechanism — Maladies du sang et des organes hématopoïétiques et certains troubles du système immunitaire								
Total	111	2.0	115	2.1	2	7	4	3
Anaemias — Anémies	85	1.5	86	1.5	2	7	3	3
Endocrine, nutritional and metabolic diseases — Maladies endocriniennes, nutritionnelles et métaboliques								
Total	886	15.7	1 528	27.2	24	42	24	34
Diabetes mellitus — Diabète sucré.......................................	762	13.5	1 395	24.9	18	35	18	27
Malnutrition — Malnutrition	25	✦0.4	12	✦0.2	-	-	-	-
Mental and behavioural disorders — Troubles mentaux et du comportement	1 611	28.6	1 791	31.9	6	1	4	2
Diseases of the nervous system — Maladies du système nerveux................	729	13.0	525	9.4	3	3	5	7
Diseases of the circulatory system — Maladies de l'appareil circulatoire								
Total	17 867	317.5	16 889	301.1	91	119	87	114
Acute rheumatic fever and chronic rheumatic heart diseases — Rhumatisme articularie aigu et cardiopathies rhumatismales chroniques	79	1.4	123	2.2	-	2	-	-
Hypertensive diseases — Maladies hypertensives..............................	1 070	19.0	1 034	18.4	21	26	12	27
Ischaemic heart disease — Cardiopathie ischémique............................	8 592	152.7	7 517	134.0	12	21	15	13

	Cuba				Dominica - Dominique			
Cause of death — Cause de décès	2008 (C)				2008 (+C)		2009 (+C)	
	Male — Masculin		Female — Féminin		Male — Masculin	Female — Féminin	Male — Masculin	Female — Féminin
	Number Nombre	Rate Taux	Number Nombre	Rate Taux	Number Nombre	Number Nombre	Number Nombre	Number Nombre
Cerebrovascular disease — Maladie cérébrovasculaire.....................................	4 446	79.0	4 807	85.7	26	48	25	44
Diseases of arteries, arterioles and capillaries — Maladies des artères, artérioles et capillaires	1 371	24.4	1 229	21.9	4	3	2	-
Diseases of the respiratory system — Maladies de l'appareil respiratoire								
Total	4 688	83.3	4 165	74.3	38	21	25	18
Influenza — Grippe.....................	-	-	-	-	-	-	-	-
Pneumonia — Pneumopathies.....................	2 818	50.1	2 607	46.5	13	11	11	6
Chronic lower respiratory diseases — Maladies chroniques des voies respiratoires inférieures	1 731	30.8	1 412	25.2	15	7	10	5
Diseases of the digestive system — Maladies de l'appareil digestif								
Total..............	1 790	31.8	1 232	22.0	11	1	12	16
Gastric and duodenal ulcer — Ulcère de l'estomac et du duodénum...............	192	3.4	111	2.0	2	-	2	1
Diseases of the liver — Maladies du foie................	812	14.4	364	6.5	6	-	5	4
Diseases of the musculoskeletal system and connective tissue — Maladies du système ostéo-articularie, des muscles et du tissu conjonctif	253	4.5	385	6.9	-	1	-	-
Diseases of the genitourinary system — Maladies de l'appareil génito-urinaire								
Total..............	460	8.2	315	5.6	4	1	2	2
Disorders of kidney and ureter — Affections du rein et de l'uretère	313	5.6	239	4.3	2	1	1	2
Hyperplasia of prostate — Hyperplasie de la prostate...........................	88	5.8	..	..	-	..	1	..
Pregnancy, childbirth and the puerperium — Grossesse, accouchement et puerpéralité								
Total	..	..	57	46.5	..	1	..	-
Pregnancy with abortive outcome — Grossesse se terminant par un avortement	..	..	13	♦10.6	..	-	..	-
Other direct obstetric causes — Autres décès maternels directs	..	..	24	♦19.6	..	1	..	-
Indirect obstetric causes — Décès maternels indirects	..	..	20	♦16.3	..	-	..	-
Certain conditions originating in the perinatal period — Certaines affections dont l'origine se situe dans la période périnatale	187	295.1	143	241.6	2	5	4	10
Congenital malformations, deformations and chromosomal abnormalities — Malformations congénitales et anomalies chromosomiques	200	315.6	182	307.5	1	1	-	3
Symptoms, signs and abnormal clinical and laboratory findings, not elsewhere classified — Symptômes, signes et résultats anormaux d'examens cliniques et de laboratoire, non classés ailleurs	406	7.2	357	6.4	12	5	4	7
All other diseases — Toutes autres maladies..............................	89	1.6	124	2.2	1	9	2	10
External causes — Causes externes								
Total..............	4 235	75.3	2 583	46.1	13	3	15	4
Accidents								
Total...........	2 345	41.7	1 394	24.9	9	2	12	2
Transport accidents — Accidents de transport	846	15.0	230	4.1	1	-	4	2
Falls — Chutes	865	15.4	1 028	18.3	2	1	1	-
Accidental drowning and submersion — Noyade et submersion accidentelles...............	201	3.6	21	♦0.4	3	-	1	-
Exposure to smoke, fire and flames — Exposition à la fumée, au feu et aux flammes	20	♦0.4	14	♦0.2	-	-	-	-
Accidental poisoning by and exposure to noxious substances — Intoxication accidentelle par des substances nocives et exposition à ces substances	96	1.7	10	♦0.2	-	-	2	-
Intentional self-harm — Lésions auto-infligées...........................	1 067	19.0	309	5.5	3	-	1	-
Assault — Agresssions.........................	395	7.0	120	2.1	-	-	1	1
All other external causes — Toutes autres causes externes...................	428	7.6	760	13.6	1	1	1	1

20. Death and death rates by cause and sex: 2006 - 2010
Décès et taux de mortalité par cause et sexe : 2006 - 2010 (continued - suite)

	El Salvador				Grenada - Grenade			
Cause of death — Cause de décès	2007 (+U)		2008 (+U)		2007 (U)		2008 (U)	
	Male — Masculin	Female — Féminin	Male — Masculin	Female — Féminin	Male — Masculin	Female — Féminin	Male — Masculin	Female — Féminin
	Number Nombre	Number Nombre	Number Nombre	Number Nombre	Number Nombre	Number Nombre	Number Nombre	Number Nombre
TOTAL	*18 316*	*13 033*	*18 236*	*13 358*	*410*	*341*	*440*	*417*
Certain infectious and parasitic diseases — Certaines maladies infectieuses et parasitaires								
Total	743	475	662	470	16	15	24	18
Intestinal infectious diseases — Maladies infectieuses intestinales	108	77	88	78	1	1	1	-
Tuberculosis — Tuberculose	45	32	44	19	-	-	-	-
Tetanus — Tétanos	3	-	1	-	1	-	-	-
Diphtheria — Diphtérie...	-	-	-	-	-	-	-	-
Whooping cough — Coqueluche	-	-	-	-	-	-	-	-
Meningococcal infection — Infection à méningocoques................	-	-	1	-	-	-	-	-
Septicaemia — Septicémie	286	235	266	262	9	7	16	17
Acute poliomyelitis — Poliomyélite aiguë	-	-	-	-	-	-	-	-
Measles — Rougeole...	-	-	-	-	-	-	-	-
Viral hepatitis — Hépatite virale	-	-	2	2	-	1	-	-
Human immunodeficiency virus [HIV] disease — Maladies dues au virus de l'immunodéficience humaine (VIH)................	258	106	234	92	4	2	6	1
Malaria — Paludisme...	-	-	-	-	-	-	-	-
Neoplasms — Tumeurs	*1 479*	*1 978*	*1 457*	*1 977*	*103*	*61*	*86*	*70*
Malignant neoplasms — Tumeurs malignes								
Total	1 477	1 978	1 455	1 976	101	60	85	70
Malignant neoplasm of lip, oral cavity and pharynx — Tumeur maligne de la lèvre, de la cavité buccale et du pharynx	35	23	31	20	1	-	4	1
Malignant neoplasm of oesophagus — Tumeur maligne de l'oesophage	40	22	34	21	4	1	4	1
Malignant neoplasm of stomach — Tumeur maligne de l'estomac	271	211	253	289	4	1	1	1
Malignant neoplasm of colon, rectosigmoid junction, rectum, anus and anal canal — Tumeur maligne du côlon, de la jonction recto-sigmoïdienne, du rectum, de l'anus et du canal anal	65	92	61	89	2	3	4	4
Malignant neoplasm of liver and intrahepatic bile ducts — Tumeur maligne du foie et des voies bilaires intrahépatiques	106	136	98	115	3	2	3	3
Malignant neoplasm of pancreas — Tumeur maligne du pancréas...................	51	77	33	78	6	4	6	5
Malignant neoplasm of trachea, bronchus and lung — Tumeur maligne de la trachée, des bronches et du poumon	109	110	131	103	8	3	9	2
Malignant neoplasm of female breast — Tumeur maligne du sein chez la femme	..	145	..	145	..	10	..	18
Malignant neoplasm of cervix uteri — Tumeur maligne du col de l'utérus.........	..	184	..	199	..	3	..	10
Malignant neoplasm of prostate — Tumeur maligne de la prostate	206	..	215	..	32	..	31	..
Malignant neoplasm of lymphoid, haematopoietic and related tissue — Tumeurs malignes primitives ou présumées primitives des tissus lymphoïde, hématopoïétique et apparentés..	113	107	127	132	7	6	8	4
Disorders of the blood and blood-forming organs and certain disorders involving the immune mechanism — Maladies du sang et des organes hématopoïétiques et certains troubles du système immunitaire								
Total	85	76	91	91	7	5	8	8
Anaemias — Anémies	75	68	80	83	7	4	5	6
Endocrine, nutritional and metabolic diseases — Maladies endocriniennes, nutritionnelles et métaboliques								
Total	714	950	669	935	33	51	23	58
Diabetes mellitus — Diabète sucré	509	768	490	763	29	45	22	50
Malnutrition — Malnutrition	138	127	133	116	1	-	-	-
Mental and behavioural disorders — Troubles mentaux et du comportement	646	32	651	23	4	-	-	-
Diseases of the nervous system — Maladies du système nerveux................	316	353	347	336	3	4	9	6
Diseases of the circulatory system — Maladies de l'appareil circulatoire								
Total	2 690	2 792	2 814	2 980	116	131	152	169
Acute rheumatic fever and chronic rheumatic heart diseases — Rhumatisme articularie aigu et cardiopathies rhumatismales chroniques	-	2	1	1	1	-	-	-
Hypertensive diseases — Maladies hypertensives...........................	200	254	272	309	9	15	25	31
Ischaemic heart disease — Cardiopathie ischémique........................	1 112	953	1 114	999	23	25	44	34

20. Death and death rates by cause and sex: 2006 - 2010
Décès et taux de mortalité par cause et sexe : 2006 - 2010 (continued - suite)

Cause of death — Cause de décès	El Salvador				Grenada - Grenade			
	2007 (+U)		2008 (+U)		2007 (U)		2008 (U)	
	Male — Masculin	Female — Féminin	Male — Masculin	Female — Féminin	Male — Masculin	Female — Féminin	Male — Masculin	Female — Féminin
	Number Nombre	Number Nombre	Number Nombre	Number Nombre	Number Nombre	Number Nombre	Number Nombre	Number Nombre
Cerebrovascular disease — Maladie cérébrovasculaire	377	439	385	490	33	32	31	44
Diseases of arteries, arterioles and capillaries — Maladies des artères, artérioles et capillaires	8	6	7	9	6	5	9	7
Diseases of the respiratory system — Maladies de l'appareil respiratoire								
Total	1 305	1 251	1 374	1 279	45	24	41	35
Influenza — Grippe	-	-	-	-	-	-	-	-
Pneumonia — Pneumopathies	768	699	855	757	27	15	25	27
Chronic lower respiratory diseases — Maladies chroniques des voies respiratoires inférieures	231	288	207	272	8	4	7	2
Diseases of the digestive system — Maladies de l'appareil digestif								
Total	902	590	847	610	22	12	21	12
Gastric and duodenal ulcer — Ulcère de l'estomac et du duodénum	66	80	80	86	3	-	4	1
Diseases of the liver — Maladies du foie	548	298	512	291	4	4	6	4
Diseases of the musculoskeletal system and connective tissue — Maladies du système ostéo-articularie, des muscles et du tissu conjonctif	30	72	55	60	3	3	1	1
Diseases of the genitourinary system — Maladies de l'appareil génito-urinaire								
Total	1 440	645	1 568	693	18	6	17	6
Disorders of kidney and ureter — Affections du rein et de l'uretère	1 341	615	1 488	649	14	5	13	5
Hyperplasia of prostate — Hyperplasie de la prostate	53	..	36	..	4	..	-	..
Pregnancy, childbirth and the puerperium — Grossesse, accouchement et puerpéralité								
Total	..	17	..	18	..	-	..	-
Pregnancy with abortive outcome — Grossesse se terminant par un avortement	..	1	..	2	..	-	..	-
Other direct obstetric causes — Autres décès maternels directs	..	16	..	16	..	-	..	-
Indirect obstetric causes — Décès maternels indirects	..	-	..	-	..	-	..	-
Certain conditions originating in the perinatal period — Certaines affections dont l'origine se situe dans la période périnatale	187	124	167	122	5	1	6	4
Congenital malformations, deformations and chromosomal abnormalities — Malformations congénitales et anomalies chromosomiques	185	154	204	183	4	2	2	1
Symptoms, signs and abnormal clinical and laboratory findings, not elsewhere classified — Symptômes, signes et résultats anormaux d'examens cliniques et de laboratoire, non classés ailleurs	2 405	2 572	2 581	2 607	2	11	9	10
All other diseases — Toutes autres maladies	27	32	21	34	5	5	3	7
External causes — Causes externes								
Total	5 162	920	4 728	940	24	10	38	12
Accidents								
Total	1 983	509	1 860	508	17	7	22	7
Transport accidents — Accidents de transport	1 234	312	1 122	300	2	4	5	2
Falls — Chutes	197	108	217	124	2	1	3	2
Accidental drowning and submersion — Noyade et submersion accidentelles	208	34	211	57	4	1	5	-
Exposure to smoke, fire and flames — Exposition à la fumée, au feu et aux flammes	29	9	25	4	-	-	-	1
Accidental poisoning by and exposure to noxious substances — Intoxication accidentelle par des substances nocives et exposition à ces substances	219	10	194	6	-	-	-	-
Intentional self-harm — Lésions auto-infligées	389	112	374	116	2	1	-	-
Assault — Agresssions	2 787	297	2 492	315	-	1	-	1
All other external causes — Toutes autres causes externes	3	2	2	1	5	1	16	4

Cause of death — Cause de décès	Guadeloupe				Guatemala			
	2006 (...)		2008 (...)		2007 (U)		2008 (U)	
	Male — Masculin	Female — Féminin	Male — Masculin	Female — Féminin	Male — Masculin	Female — Féminin	Male — Masculin	Female — Féminin
	Number Nombre	Number Nombre	Number Nombre	Number Nombre	Number Nombre	Number Nombre	Number Nombre	Number Nombre
TOTAL	1 611	1 303	1 555	1 239	39 234	29 160	39 251	28 105
Certain infectious and parasitic diseases — Certaines maladies infectieuses et parasitaires								
Total	55	44	39	36	3 110	2 509	2 985	2 299
Intestinal infectious diseases — Maladies infectieuses intestinales	3	3	2	3	1 653	1 447	1 522	1 267
Tuberculosis — Tuberculose	-	1	1	-	185	112	199	125
Tetanus — Tétanos	-	-	-	-	6	-	3	-
Diphtheria — Diphtérie	-	-	-	-	-	-	-	-
Whooping cough — Coqueluche	-	-	-	-	8	5	8	6
Meningococcal infection — Infection à méningocoques	-	-	-	2	2	-	1	-
Septicaemia — Septicémie	24	19	12	9	612	587	610	594
Acute poliomyelitis — Poliomyélite aiguë	-	-	-	-	4	2	-	1
Measles — Rougeole	-	-	-	-	2	1	3	-
Viral hepatitis — Hépatite virale	1	-	1	4	41	33	32	27
Human immunodeficiency virus [HIV] disease — Maladies dues au virus de l'immunodéficience humaine (VIH)	20	12	10	7	451	200	486	192
Malaria — Paludisme	-	-	-	-	12	7	5	4
Neoplasms — Tumeurs	437	289	391	257	3 122	3 693	3 189	3 722
Malignant neoplasms — Tumeurs malignes								
Total	419	278	376	244	3 096	3 675	3 161	3 689
Malignant neoplasm of lip, oral cavity and pharynx — Tumeur maligne de la lèvre, de la cavité buccale et du pharynx	19	4	15	6	73	44	62	39
Malignant neoplasm of oesophagus — Tumeur maligne de l'oesophage	18	1	17	3	60	32	62	44
Malignant neoplasm of stomach — Tumeur maligne de l'estomac	38	20	39	27	665	820	702	721
Malignant neoplasm of colon, rectosigmoid junction, rectum, anus and anal canal — Tumeur maligne du côlon, de la jonction recto-sigmoïdienne, du rectum, de l'anus et du canal anal	34	28	27	22	100	100	78	129
Malignant neoplasm of liver and intrahepatic bile ducts — Tumeur maligne du foie et des voies biliaires intrahépatiques	25	13	8	4	450	505	498	570
Malignant neoplasm of pancreas — Tumeur maligne du pancréas	14	13	25	15	77	92	76	99
Malignant neoplasm of trachea, bronchus and lung — Tumeur maligne de la trachée, des bronches et du poumon	34	15	43	21	238	173	244	174
Malignant neoplasm of female breast — Tumeur maligne du sein chez la femme	..	51	..	37	..	140	..	197
Malignant neoplasm of cervix uteri — Tumeur maligne du col de l'utérus	..	12	..	10	..	302	..	281
Malignant neoplasm of prostate — Tumeur maligne de la prostate	112	..	90	..	471	..	465	..
Malignant neoplasm of lymphoid, haematopoietic and related tissue — Tumeurs malignes primitives ou présumées primitives des tissus lymphoïde, hématopoïétique et apparentés	41	32	31	21	258	244	273	258
Disorders of the blood and blood-forming organs and certain disorders involving the immune mechanism — Maladies du sang et des organes hématopoïétiques et certains troubles du système immunitaire								
Total	6	13	10	12	236	257	203	237
Anaemias — Anémies	2	6	7	8	171	197	160	183
Endocrine, nutritional and metabolic diseases — Maladies endocriniennes, nutritionnelles et métaboliques								
Total	79	126	82	98	2 871	3 457	3 066	3 547
Diabetes mellitus — Diabète sucré	56	98	54	74	1 283	1 834	1 541	2 087
Malnutrition — Malnutrition	4	4	12	4	1 277	1 291	1 249	1 233
Mental and behavioural disorders — Troubles mentaux et du comportement	41	22	49	20	649	93	712	79
Diseases of the nervous system — Maladies du système nerveux	64	49	91	59	860	703	731	565
Diseases of the circulatory system — Maladies de l'appareil circulatoire								
Total	408	423	364	399	5 277	5 289	5 251	5 106
Acute rheumatic fever and chronic rheumatic heart diseases — Rhumatisme articulaire aigu et cardiopathies rhumatismales chroniques	2	5	2	4	3	4	4	6
Hypertensive diseases — Maladies hypertensives	56	48	49	51	756	1 008	881	1 023
Ischaemic heart disease — Cardiopathie ischémique	66	39	49	48	1 492	1 263	1 584	1 190

20. Death and death rates by cause and sex: 2006 - 2010
Décès et taux de mortalité par cause et sexe : 2006 - 2010 (continued - suite)

Cause of death — Cause de décès	Guadeloupe				Guatemala			
	2006 (...)		2008 (...)		2007 (U)		2008 (U)	
	Male — Masculin	Female — Féminin	Male — Masculin	Female — Féminin	Male — Masculin	Female — Féminin	Male — Masculin	Female — Féminin
	Number Nombre	Number Nombre	Number Nombre	Number Nombre	Number Nombre	Number Nombre	Number Nombre	Number Nombre
Cerebrovascular disease — Maladie cérébrovasculaire....................................	143	168	129	133	825	836	715	758
Diseases of arteries, arterioles and capillaries — Maladies des artères, artérioles et capillaires	19	27	24	25	88	53	90	90
Diseases of the respiratory system — Maladies de l'appareil respiratoire								
Total	61	55	74	56	5 110	4 519	5 033	4 450
Influenza — Grippe	-	2	-	2	4	4	-	1
Pneumonia — Pneumopathies.............	21	23	31	27	4 060	3 619	4 062	3 674
Chronic lower respiratory diseases — Maladies chroniques des voies respiratoires inférieures	14	10	16	9	442	425	470	382
Diseases of the digestive system — Maladies de l'appareil digestif								
Total	77	48	72	52	2 784	1 677	2 722	1 593
Gastric and duodenal ulcer — Ulcère de l'estomac et du duodénum.............	4	2	3	-	351	328	319	289
Diseases of the liver — Maladies du foie.............	41	12	34	12	1 632	701	1 696	695
Diseases of the musculoskeletal system and connective tissue — Maladies du système ostéo-articularie, des muscles et du tissu conjonctif	-	7	5	7	80	122	62	104
Diseases of the genitourinary system — Maladies de l'appareil génito-urinaire								
Total	40	32	33	26	1 087	874	1 233	1 015
Disorders of kidney and ureter — Affections du rein et de l'uretère	30	25	22	21	989	809	1 121	957
Hyperplasia of prostate — Hyperplasie de la prostate.............	2	..	3	..	44	..	54	..
Pregnancy, childbirth and the puerperium — Grossesse, accouchement et puerpéralité								
Total	..	2	..	2	..	310	..	328
Pregnancy with abortive outcome — Grossesse se terminant par un avortement	..	1	..	-	..	16	..	11
Other direct obstetric causes — Autres décès maternels directs	..	1	..	2	..	294	..	314
Indirect obstetric causes — Décès maternels indirects	..	-	..	-	..	-	..	3
Certain conditions originating in the perinatal period — Certaines affections dont l'origine se situe dans la période périnatale	28	19	15	10	1 989	1 516	1 633	1 183
Congenital malformations, deformations and chromosomal abnormalities — Malformations congénitales et anomalies chromosomiques	8	9	4	6	516	426	338	320
Symptoms, signs and abnormal clinical and laboratory findings, not elsewhere classified — Symptômes, signes et résultats anormaux d'examens cliniques et de laboratoire, non classés ailleurs	111	93	132	133	1 804	1 695	1 617	1 515
All other diseases — Toutes autres maladies.............	3	5	5	11	73	97	49	67
External causes — Causes externes								
Total	193	67	189	55	9 666	1 923	10 427	1 975
Accidents								
Total	138	49	121	37	1 852	475	2 157	556
Transport accidents — Accidents de transport.............	66	11	45	4	339	80	331	77
Falls — Chutes	9	1	8	4	16	2	17	3
Accidental drowning and submersion — Noyade et submersion accidentelles.............	19	2	13	-	56	16	160	50
Exposure to smoke, fire and flames — Exposition à la fumée, au feu et aux flammes.............	1	3	7	2	40	11	25	10
Accidental poisoning by and exposure to noxious substances — Intoxication accidentelle par des substances nocives et exposition à ces substances	6	3	11	4	159	20	136	21
Intentional self-harm — Lésions auto-infligées.............	30	9	38	5	263	64	371	121
Assault — Agresssions.............	8	3	12	4	3 680	451	4 473	555
All other external causes — Toutes autres causes externes	17	6	18	9	3 871	933	3 426	743

20. Death and death rates by cause and sex: 2006 - 2010
Décès et taux de mortalité par cause et sexe : 2006 - 2010 (continued - suite)

	Martinique				Mexico - Mexique			
	2006 (...)		2008 (...)		2009 (+C)			
Cause of death — Cause de décès	Male — Masculin	Female — Féminin	Male — Masculin	Female — Féminin	Male — Masculin		Female — Féminin	
	Number Nombre	Number Nombre	Number Nombre	Number Nombre	Number Nombre	Rate Taux	Number Nombre	Rate Taux
TOTAL	*1 429*	*1 227*	*1 433*	*1 356*	307 712	582.2	243 044	444.3
Certain infectious and parasitic diseases — Certaines maladies infectieuses et parasitaires								
Total	*40*	*40*	*44*	*39*	10 382	19.6	6 588	12.0
Intestinal infectious diseases — Maladies infectieuses intestinales	*1*	-	*4*	*4*	1 575	3.0	1 694	3.1
Tuberculosis — Tuberculose	*2*	-	-	*1*	1 494	2.8	671	1.2
Tetanus — Tétanos	-	-	-	-	13	♦0.0	3	♦0.0
Diphtheria — Diphtérie..........................	-	-	-	-	-	-	-	-
Whooping cough — Coqueluche	-	-	-	-	14	♦0.0	18	♦0.0
Meningococcal infection — Infection à méningocoques	-	-	-	-	-	-	2	♦0.0
Septicaemia — Septicémie.......................	*16*	*19*	*17*	*16*	1 867	3.5	1 745	3.2
Acute poliomyelitis — Poliomyélite aiguë	-	-	-	-	-	-	-	-
Measles — Rougeole..........................	-	-	-	-	-	-	-	-
Viral hepatitis — Hépatite virale................	*1*	*2*	*7*	*2*	473	0.9	743	1.4
Human immunodeficiency virus [HIV] disease — Maladies dues au virus de l'immunodéficience humaine (VIH)........................	*8*	*4*	*7*	*3*	4 106	7.8	974	1.8
Malaria — Paludisme..........................	-	-	-	-	-	-	-	-
Neoplasms — Tumeurs	*390*	*285*	*381*	*360*	34 813	65.9	36 381	66.5
Malignant neoplasms — Tumeurs malignes								
Total	*378*	*274*	*368*	*340*	32 774	62.0	34 315	62.7
Malignant neoplasm of lip, oral cavity and pharynx — Tumeur maligne de la lèvre, de la cavité buccale et du pharynx	*18*	-	*11*	*1*	645	1.2	309	0.6
Malignant neoplasm of oesophagus — Tumeur maligne de l'oesophage	*11*	*5*	*9*	*3*	649	1.2	224	0.4
Malignant neoplasm of stomach — Tumeur maligne de l'estomac	*33*	*17*	*26*	*23*	2 912	5.5	2 475	4.5
Malignant neoplasm of colon, rectosigmoid junction, rectum, anus and anal canal — Tumeur maligne du côlon, de la jonction recto-sigmoïdienne, du rectum, de l'anus et du canal anal	*21*	*31*	*36*	*29*	1 990	3.8	1 732	3.2
Malignant neoplasm of liver and intrahepatic bile ducts — Tumeur maligne du foie et des voies bilaires intrahépatiques	*14*	*11*	*17*	*12*	2 441	4.6	2 802	5.1
Malignant neoplasm of pancreas — Tumeur maligne du pancréas...................	*9*	*17*	*22*	*27*	1 698	3.2	1 885	3.4
Malignant neoplasm of trachea, bronchus and lung — Tumeur maligne de la trachée, des bronches et du poumon	*47*	*23*	*26*	*26*	4 316	8.2	2 232	4.1
Malignant neoplasm of female breast — Tumeur maligne du sein chez la femme	..	*41*	..	*49*	..	..	4 805	12.1
Malignant neoplasm of cervix uteri — Tumeur maligne du col de l'utérus.........	..	*9*	..	*6*	..	..	4 026	10.2
Malignant neoplasm of prostate — Tumeur maligne de la prostate	*123*	..	*92*	..	5 118	61.7	..	..
Malignant neoplasm of lymphoid, haematopoietic and related tissue — Tumeurs malignes primitives ou présumées primitives des tissus lymphoïde, hématopoïétique et apparentés...........	*33*	*33*	*35*	*41*	3 995	7.6	3 361	6.1
Disorders of the blood and blood-forming organs and certain disorders involving the immune mechanism — Maladies du sang et des organes hématopoïétiques et certains troubles du système immunitaire								
Total	*4*	*6*	*9*	*10*	2 232	4.2	2 374	4.3
Anaemias — Anémies	*2*	*2*	*6*	*7*	1 667	3.2	1 882	3.4
Endocrine, nutritional and metabolic diseases — Maladies endocriniennes, nutritionnelles et métaboliques								
Total	*67*	*116*	*81*	*102*	43 752	82.8	47 743	87.3
Diabetes mellitus — Diabète sucré...................	*46*	*84*	*61*	*77*	36 275	68.6	39 841	72.8
Malnutrition — Malnutrition	*4*	*5*	*8*	*5*	4 021	7.6	4 107	7.5
Mental and behavioural disorders — Troubles mentaux et du comportement	*39*	*14*	*35*	*16*	3 135	5.9	933	1.7
Diseases of the nervous system — Maladies du système nerveux................	*66*	*59*	*62*	*68*	5 389	10.2	4 457	8.1
Diseases of the circulatory system — Maladies de l'appareil circulatoire								
Total	*342*	*394*	*368*	*407*	65 503	123.9	63 151	115.5
Acute rheumatic fever and chronic rheumatic heart diseases — Rhumatisme articulaire aigu et cardiopathies rhumatismales chroniques	*4*	*6*	*1*	*4*	290	0.5	676	1.2
Hypertensive diseases — Maladies hypertensives.......................	*31*	*48*	*36*	*73*	7 763	14.7	10 012	18.3
Ischaemic heart disease — Cardiopathie ischémique........................	*59*	*42*	*58*	*48*	34 540	65.4	27 153	49.6

20. Death and death rates by cause and sex: 2006 - 2010
Décès et taux de mortalité par cause et sexe : 2006 - 2010 (continued - suite)

	Martinique				Mexico - Mexique			
	2006 (...)		2008 (...)		2009 (+C)			
Cause of death — Cause de décès	Male — Masculin	Female — Féminin	Male — Masculin	Female — Féminin	Male — Masculin		Female — Féminin	
	Number Nombre	Number Nombre	Number Nombre	Number Nombre	Number Nombre	Rate Taux	Number Nombre	Rate Taux
Cerebrovascular disease — Maladie cérébrovasculaire...............................	120	146	126	127	14 402	27.2	15 872	29.0
Diseases of arteries, arterioles and capillaries — Maladies des artères, artérioles et capillaires	27	26	28	24	1 040	2.0	1 025	1.9
Diseases of the respiratory system — Maladies de l'appareil respiratoire								
Total	63	59	77	66	26 817	50.7	21 972	40.2
Influenza — Grippe............................	1	1	1	3	153	0.3	105	0.2
Pneumonia — Pneumopathies	34	23	30	28	8 116	15.4	6 911	12.6
Chronic lower respiratory diseases — Maladies chroniques des voies respiratoires inférieures	10	8	17	9	12 627	23.9	10 176	18.6
Diseases of the digestive system — Maladies de l'appareil digestif								
Total	73	47	50	40	33 145	62.7	19 043	34.8
Gastric and duodenal ulcer — Ulcère de l'estomac et du duodénum................	3	-	1	2	1 340	2.5	1 194	2.2
Diseases of the liver — Maladies du foie........................	27	8	22	5	22 745	43.0	8 383	15.3
Diseases of the musculoskeletal system and connective tissue — Maladies du système ostéo-articularie, des muscles et du tissu conjonctif	6	7	5	12	1 586	3.0	2 994	5.5
Diseases of the genitourinary system — Maladies de l'appareil génito-urinaire								
Total	22	14	25	13	8 859	16.8	7 440	13.6
Disorders of kidney and ureter — Affections du rein et de l'uretère	13	10	18	10	7 105	13.4	6 101	11.2
Hyperplasia of prostate — Hyperplasie de la prostate........................	3	..	2	..	655	7.9	..	..
Pregnancy, childbirth and the puerperium — Grossesse, accouchement et puerpéralité								
Total	..	1	..	1	..	..	1 230	...
Pregnancy with abortive outcome — Grossesse se terminant par un avortement	..	-	..	-	..	..	74	...
Other direct obstetric causes — Autres décès maternels directs	..	1	..	1	..	..	725	...
Indirect obstetric causes — Décès maternels indirects	..	-	..	-	..	..	398	...
Certain conditions originating in the perinatal period — Certaines affections dont l'origine se situe dans la période périnatale	23	4	12	7	8 382	...	6 248	...
Congenital malformations, deformations and chromosomal abnormalities — Malformations congénitales et anomalies chromosomiques	7	4	9	11	4 817	...	4 150	...
Symptoms, signs and abnormal clinical and laboratory findings, not elsewhere classified — Symptômes, signes et résultats anormaux d'examens cliniques et de laboratoire, non classés ailleurs	108	123	121	153	5 634	10.7	5 390	9.9
All other diseases — Toutes autres maladies	5	10	8	9	691	1.3	976	1.8
External causes — Causes externes								
Total	174	44	146	42	52 575	99.5	11 974	21.9
Accidents								
Total	119	28	86	33	28 748	54.4	8 296	15.2
Transport accidents — Accidents de transport...	52	6	31	8	14 017	26.5	3 748	6.9
Falls — Chutes........................	21	6	18	4	1 817	3.4	479	0.9
Accidental drowning and submersion — Noyade et submersion accidentelles........................	10	1	6	1	2 119	4.0	381	0.7
Exposure to smoke, fire and flames — Exposition à la fumée, au feu et aux flammes........................	4	1	-	1	480	0.9	183	0.3
Accidental poisoning by and exposure to noxious substances — Intoxication accidentelle par des substances nocives et exposition à ces substances	3	-	6	-	867	1.6	252	0.5
Intentional self-harm — Lésions auto-infligées............................	30	6	44	6	4 087	7.7	972	1.8
Assault — Agresssions........................	18	5	9	3	17 051	32.3	1 834	3.4
All other external causes — Toutes autres causes externes	7	5	7	-	2 689	5.1	872	1.6

Cause of death — Cause de décès	Mexico - Mexique				Montserrat		Nicaragua	
	2010 (+C)				2006 (+...)		2006 (+U)	
	Male — Masculin		Female — Féminin		Male — Masculin	Female — Féminin	Male — Masculin	Female — Féminin
	Number Nombre	Rate Taux	Number Nombre	Rate Taux	Number Nombre	Number Nombre	Number Nombre	Number Nombre
TOTAL	323 901	590.5	254 376	442.5	23	24	9 084	6 631
Certain infectious and parasitic diseases — Certaines maladies infectieuses et parasitaires								
Total	10 263	18.7	6 603	11.5	-	-	400	267
Intestinal infectious diseases — Maladies infectieuses intestinales	1 459	2.7	1 693	2.9	-	-	128	84
Tuberculosis — Tuberculose	1 606	2.9	759	1.3	-	-	96	57
Tetanus — Tétanos	15	♦0.0	4	♦0.0	-	-	2	1
Diphtheria — Diphtérie	-	-	-	-	-	-	-	-
Whooping cough — Coqueluche	11	♦0.0	8	♦0.0	-	-	-	1
Meningococcal infection — Infection à méningocoques	5	♦0.0	4	♦0.0	-	-	1	-
Septicaemia — Septicémie	1 976	3.6	1 966	3.4	-	-	69	79
Acute poliomyelitis — Poliomyélite aiguë	-	-	-	-	-	-	-	-
Measles — Rougeole	-	-	-	-	-	-	-	-
Viral hepatitis — Hépatite virale	481	0.9	702	1.2	-	-	10	5
Human immunodeficiency virus [HIV] disease — Maladies dues au virus de l'immunodéficience humaine (VIH)	3 959	7.2	862	1.5	-	-	70	14
Malaria — Paludisme	2	♦0.0	2	♦0.0	-	-	-	1
Neoplasms — Tumeurs	35 975	65.6	37 349	65.0	-	1	888	1 057
Malignant neoplasms — Tumeurs malignes								
Total	33 776	61.6	35 181	61.2	-	1	871	1 036
Malignant neoplasm of lip, oral cavity and pharynx — Tumeur maligne de la lèvre, de la cavité buccale et du pharynx	654	1.2	363	0.6	-	-	17	7
Malignant neoplasm of oesophagus — Tumeur maligne de l'oesophage	665	1.2	264	0.5	-	-	13	6
Malignant neoplasm of stomach — Tumeur maligne de l'estomac	2 947	5.4	2 559	4.5	-	-	121	96
Malignant neoplasm of colon, rectosigmoid junction, rectum, anus and anal canal — Tumeur maligne du côlon, de la jonction recto-sigmoïdienne, du rectum, de l'anus et du canal anal	2 092	3.8	1 892	3.3	-	-	58	74
Malignant neoplasm of liver and intrahepatic bile ducts — Tumeur maligne du foie et des voies bilaires intrahépatiques	2 542	4.6	2 746	4.8	-	-	86	105
Malignant neoplasm of pancreas — Tumeur maligne du pancréas	1 644	3.0	1 921	3.3	-	-	30	28
Malignant neoplasm of trachea, bronchus and lung — Tumeur maligne de la trachée, des bronches et du poumon	4 303	7.8	2 331	4.1	-	-	82	43
Malignant neoplasm of female breast — Tumeur maligne du sein chez la femme	..	..	4 969	12.2	..	1	..	96
Malignant neoplasm of cervix uteri — Tumeur maligne du col de l'utérus	..	..	3 868	9.5	..	-	..	209
Malignant neoplasm of prostate — Tumeur maligne de la prostate	5 407	60.4	..	..	-	..	160	..
Malignant neoplasm of lymphoid, haematopoietic and related tissue — Tumeurs malignes primitives ou présumées primitives des tissus lymphoïde, hématopoïétique et apparentés	4 018	7.3	3 408	5.9	-	-	119	111
Disorders of the blood and blood-forming organs and certain disorders involving the immune mechanism — Maladies du sang et des organes hématopoïétiques et certains troubles du système immunitaire								
Total	2 225	4.1	2 499	4.3	1	1	36	39
Anaemias — Anémies	1 685	3.1	1 985	3.5	1	1	26	35
Endocrine, nutritional and metabolic diseases — Maladies endocriniennes, nutritionnelles et métaboliques								
Total	46 861	85.4	50 552	87.9	3	7	546	704
Diabetes mellitus — Diabète sucré	38 961	71.0	42 419	73.8	3	7	467	617
Malnutrition — Malnutrition	4 179	7.6	4 269	7.4	-	-	69	59
Mental and behavioural disorders — Troubles mentaux et du comportement	3 200	5.8	1 072	1.9	-	-	201	10
Diseases of the nervous system — Maladies du système nerveux	5 551	10.1	4 643	8.1	-	1	158	105
Diseases of the circulatory system — Maladies de l'appareil circulatoire								
Total	70 289	128.1	67 585	117.6	11	12	1 963	1 933
Acute rheumatic fever and chronic rheumatic heart diseases — Rhumatisme articulaire aigu et cardiopathies rhumatismales chroniques	292	0.5	633	1.1	-	-	7	13
Hypertensive diseases — Maladies hypertensives	7 444	13.6	9 889	17.2	3	1	231	191
Ischaemic heart disease — Cardiopathie ischémique	38 561	70.3	30 514	53.1	2	3	921	886

Cause of death — Cause de décès	Mexico - Mexique				Montserrat		Nicaragua	
	2010 (+C)				2006 (+...)		2006 (+U)	
	Male — Masculin		Female — Féminin		Male — Masculin	Female — Féminin	Male — Masculin	Female — Féminin
	Number Nombre	Rate Taux	Number Nombre	Rate Taux	Number Nombre	Number Nombre	Number Nombre	Number Nombre
Cerebrovascular disease — Maladie cérébrovasculaire....................................	15 009	27.4	16 612	28.9	3	4	527	552
Diseases of arteries, arterioles and capillaries — Maladies des artères, artérioles et capillaires	1 059	1.9	1 032	1.8	-	-	11	17
Diseases of the respiratory system — Maladies de l'appareil respiratoire								
Total	27 272	49.7	22 723	39.5	2	1	707	551
Influenza — Grippe...	81	0.1	61	0.1	-	-	-	-
Pneumonia — Pneumopathies	8 110	14.8	6 771	11.8	-	-	333	275
Chronic lower respiratory diseases — Maladies chroniques des voies respiratoires inférieures	13 565	24.7	11 354	19.8	-	-	322	234
Diseases of the digestive system — Maladies de l'appareil digestif								
Total	33 988	62.0	19 923	34.7	1	-	756	378
Gastric and duodenal ulcer — Ulcère de l'estomac et du duodénum...............	1 257	2.3	1 192	2.1	-	-	37	27
Diseases of the liver — Maladies du foie...	23 148	42.2	8 690	15.1	-	-	537	196
Diseases of the musculoskeletal system and connective tissue — Maladies du système ostéo-articularie, des muscles et du tissu conjonctif	1 748	3.2	3 163	5.5	1	1	25	62
Diseases of the genitourinary system — Maladies de l'appareil génito-urinaire								
Total	9 246	16.9	7 753	13.5	-	-	683	248
Disorders of kidney and ureter — Affections du rein et de l'uretère	7 367	13.4	6 280	10.9	-	-	654	245
Hyperplasia of prostate — Hyperplasie de la prostate...................................	649	7.3	..	..	-	..	23	..
Pregnancy, childbirth and the puerperium — Grossesse, accouchement et puerpéralité								
Total	..	..	1 000	...	..	-	..	93
Pregnancy with abortive outcome — Grossesse se terminant par un avortement	..	..	92	...	..	-	..	3
Other direct obstetric causes — Autres décès maternels directs	..	..	639	...	..	-	..	79
Indirect obstetric causes — Décès maternels indirects	..	..	248	...	..	-	..	11
Certain conditions originating in the perinatal period — Certaines affections dont l'origine se situe dans la période périnatale	8 202	...	6 008	...	-	-	673	430
Congenital malformations, deformations and chromosomal abnormalities — Malformations congénitales et anomalies chromosomiques	4 833	...	4 194	...	-	-	214	157
Symptoms, signs and abnormal clinical and laboratory findings, not elsewhere classified — Symptômes, signes et résultats anormaux d'examens cliniques et de laboratoire, non classés ailleurs	6 030	11.0	5 959	10.4	-	-	311	263
All other diseases — Toutes autres maladies..	736	1.3	966	1.7	-	-	13	12
External causes — Causes externes								
Total	57 482	104.8	12 354	21.5	4	-	1 510	322
Accidents								
Total	27 746	50.6	8 158	14.2	2	-	854	209
Transport accidents — Accidents de transport	13 064	23.8	3 544	6.2	-	-	354	67
Falls — Chutes	1 713	3.1	464	0.8	2	-	52	14
Accidental drowning and submersion — Noyade et submersion accidentelles	2 058	3.8	364	0.6	-	-	103	15
Exposure to smoke, fire and flames — Exposition à la fumée, au feu et aux flammes...	423	0.8	201	0.3	-	-	7	6
Accidental poisoning by and exposure to noxious substances — Intoxication accidentelle par des substances nocives et exposition à ces substances	839	1.5	210	0.4	-	-	102	10
Intentional self-harm — Lésions auto-infligées...	3 996	7.3	903	1.6	-	-	247	72
Assault — Agresssions...	22 463	40.9	2 314	4.0	1	-	347	30
All other external causes — Toutes autres causes externes	3 277	6.0	979	1.7	1	-	62	11

20. Death and death rates by cause and sex: 2006 - 2010
Décès et taux de mortalité par cause et sexe : 2006 - 2010 (continued - suite)

Panama

Cause of death — Cause de décès	2007 (+C)				2008 (+C)			
	Male — Masculin		Female — Féminin		Male — Masculin		Female — Féminin	
	Number Nombre	Rate Taux	Number Nombre	Rate Taux	Number Nombre	Rate Taux	Number Nombre	Rate Taux
TOTAL	8 665	514.5	6 112	369.2	8 870	518.2	6 245	370.9
Certain infectious and parasitic diseases — Certaines maladies infectieuses et parasitaires								
Total	692	41.1	443	26.8	788	46.0	391	23.2
Intestinal infectious diseases — Maladies infectieuses intestinales	102	6.1	113	6.8	96	5.6	78	4.6
Tuberculosis — Tuberculose	100	5.9	66	4.0	128	7.5	65	3.9
Tetanus — Tétanos...	1	♦0.1	-	-	-	-	-	-
Diphtheria — Diphtérie..	-	-	-	-	-	-	-	-
Whooping cough — Coqueluche...................................	4	♦0.2	3	♦0.2	1	♦0.1	3	♦0.2
Meningococcal infection — Infection à méningocoques......................	2	♦0.1	1	♦0.1	1	♦0.1	1	♦0.1
Septicaemia — Septicémie...	105	6.2	112	6.8	151	8.8	123	7.3
Acute poliomyelitis — Poliomyélite aiguë	-	-	-	-	-	-	-	-
Measles — Rougeole...	-	-	-	-	-	-	-	-
Viral hepatitis — Hépatite virale..................................	10	♦0.6	1	♦0.1	7	♦0.4	5	♦0.3
Human immunodeficiency virus [HIV] disease — Maladies dues au virus de l'immunodéficience humaine (VIH)	337	20.0	123	7.4	370	21.6	103	6.1
Malaria — Paludisme..	-	-	1	♦0.1	1	♦0.1	-	-
Neoplasms — Tumeurs	1 393	82.7	1 139	68.8	1 401	81.8	1 165	69.2
Malignant neoplasms — Tumeurs malignes								
Total	1 360	80.8	1 104	66.7	1 376	80.4	1 138	67.6
Malignant neoplasm of lip, oral cavity and pharynx — Tumeur maligne de la lèvre, de la cavité buccale et du pharynx	32	1.9	23	♦1.4	50	2.9	17	♦1.0
Malignant neoplasm of oesophagus — Tumeur maligne de l'oesophage	31	1.8	6	♦0.4	22	♦1.3	4	♦0.2
Malignant neoplasm of stomach — Tumeur maligne de l'estomac	148	8.8	117	7.1	191	11.2	118	7.0
Malignant neoplasm of colon, rectosigmoid junction, rectum, anus and anal canal — Tumeur maligne du côlon, de la jonction recto-sigmoïdienne, du rectum, de l'anus et du canal anal......................................	119	7.1	93	5.6	96	5.6	94	5.6
Malignant neoplasm of liver and intrahepatic bile ducts — Tumeur maligne du foie et des voies bilaires intrahépatiques	53	3.1	45	2.7	48	2.8	46	2.7
Malignant neoplasm of pancreas — Tumeur maligne du pancréas..............	44	2.6	42	2.5	53	3.1	49	2.9
Malignant neoplasm of trachea, bronchus and lung — Tumeur maligne de la trachée, des bronches et du poumon................................	179	10.6	57	3.4	196	11.5	85	5.0
Malignant neoplasm of female breast — Tumeur maligne du sein chez la femme	..	..	151	12.9	..	..	169	14.2
Malignant neoplasm of cervix uteri — Tumeur maligne du col de l'utérus.........	..	..	107	9.2	..	..	112	9.4
Malignant neoplasm of prostate — Tumeur maligne de la prostate	305	108.9	..	..	290	99.9	..	..
Malignant neoplasm of lymphoid, haematopoietic and related tissue — Tumeurs malignes primitives ou présumées primitives des tissus lymphoïde, hématopoïétique et apparentés.................................	127	7.5	134	8.1	121	7.1	116	6.9
Disorders of the blood and blood-forming organs and certain disorders involving the immune mechanism — Maladies du sang et des organes hématopoïétiques et certains troubles du système immunitaire								
Total	41	2.4	37	2.2	31	1.8	30	♦1.8
Anaemias — Anémies..	37	2.2	30	♦1.8	25	♦1.5	26	♦1.5
Endocrine, nutritional and metabolic diseases — Maladies endocriniennes, nutritionnelles et métaboliques								
Total	470	27.9	542	32.7	484	28.3	565	33.6
Diabetes mellitus — Diabète sucré.................................	371	22.0	440	26.6	410	24.0	477	28.3
Malnutrition — Malnutrition	59	3.5	65	3.9	50	2.9	54	3.2
Mental and behavioural disorders — Troubles mentaux et du comportement	16	♦1.0	10	♦0.6	14	♦0.8	3	♦0.2
Diseases of the nervous system — Maladies du système nerveux.................	209	12.4	174	10.5	200	11.7	171	10.2
Diseases of the circulatory system — Maladies de l'appareil circulatoire								
Total	2 352	139.7	1 820	109.9	2 270	132.6	1 869	111.0
Acute rheumatic fever and chronic rheumatic heart diseases — Rhumatisme articularie aigu et cardiopathies rhumatismales chroniques	10	♦0.6	21	♦1.3	10	♦0.6	17	♦1.0
Hypertensive diseases — Maladies hypertensives.......................	122	7.2	127	7.7	153	8.9	135	8.0
Ischaemic heart disease — Cardiopathie ischémique.....................	997	59.2	623	37.6	871	50.9	641	38.1
Cerebrovascular disease — Maladie cérébrovasculaire...................	754	44.8	655	39.6	718	41.9	649	38.5

Panama

Cause of death — Cause de décès	2007 (+C)				2008 (+C)			
	Male — Masculin		Female — Féminin		Male — Masculin		Female — Féminin	
	Number Nombre	Rate Taux	Number Nombre	Rate Taux	Number Nombre	Rate Taux	Number Nombre	Rate Taux
Diseases of arteries, arterioles and capillaries — Maladies des artères, artérioles et capillaires	73	4.3	39	2.4	67	3.9	42	2.5
Diseases of the respiratory system — Maladies de l'appareil respiratoire								
Total	785	46.6	626	37.8	806	47.1	708	42.1
Influenza — Grippe	4	♦0.2	4	♦0.2	3	♦0.2	2	♦0.1
Pneumonia — Pneumopathies	323	19.2	250	15.1	317	18.5	283	16.8
Chronic lower respiratory diseases — Maladies chroniques des voies respiratoires inférieures	264	15.7	217	13.1	257	15.0	224	13.3
Diseases of the digestive system — Maladies de l'appareil digestif								
Total	351	20.8	257	15.5	346	20.2	267	15.9
Gastric and duodenal ulcer — Ulcère de l'estomac et du duodénum	30	♦1.8	18	♦1.1	28	♦1.6	20	♦1.2
Diseases of the liver — Maladies du foie	159	9.4	110	6.6	185	10.8	112	6.7
Diseases of the musculoskeletal system and connective tissue — Maladies du système ostéo-articularie, des muscles et du tissu conjonctif	25	♦1.5	54	3.3	32	1.9	51	3.0
Diseases of the genitourinary system — Maladies de l'appareil génito-urinaire								
Total	328	19.5	204	12.3	370	21.6	200	11.9
Disorders of kidney and ureter — Affections du rein et de l'uretère	270	16.0	172	10.4	327	19.1	173	10.3
Hyperplasia of prostate — Hyperplasie de la prostate	17	♦6.1	..	..	13	♦4.5	..	..
Pregnancy, childbirth and the puerperium — Grossesse, accouchement et puerpéralité								
Total	..	..	40	59.4	..	..	41	59.6
Pregnancy with abortive outcome — Grossesse se terminant par un avortement	..	..	3	♦4.5	..	..	2	♦2.9
Other direct obstetric causes — Autres décès maternels directs	..	..	30	♦44.5	..	..	25	♦36.4
Indirect obstetric causes — Décès maternels indirects	..	..	7	♦10.4	..	..	14	♦20.4
Certain conditions originating in the perinatal period — Certaines affections dont l'origine se situe dans la période périnatale	198	574.5	156	474.2	168	480.0	133	394.0
Congenital malformations, deformations and chromosomal abnormalities — Malformations congénitales et anomalies chromosomiques	166	481.6	126	383.0	159	454.3	135	399.9
Symptoms, signs and abnormal clinical and laboratory findings, not elsewhere classified — Symptômes, signes et résultats anormaux d'examens cliniques et de laboratoire, non classés ailleurs	259	15.4	196	11.8	226	13.2	172	10.2
All other diseases — Toutes autres maladies	27	♦1.6	26	♦1.6	42	2.5	38	2.3
External causes — Causes externes								
Total	1 353	80.3	262	15.8	1 533	89.6	306	18.2
Accidents								
Total	702	41.7	179	10.8	684	40.0	175	10.4
Transport accidents — Accidents de transport	381	22.6	72	4.3	391	22.8	85	5.0
Falls — Chutes	60	3.6	21	♦1.3	56	3.3	19	♦1.1
Accidental drowning and submersion — Noyade et submersion accidentelles	107	6.4	13	♦0.8	103	6.0	21	♦1.2
Exposure to smoke, fire and flames — Exposition à la fumée, au feu et aux flammes	11	♦0.7	2	♦0.1	9	♦0.5	2	♦0.1
Accidental poisoning by and exposure to noxious substances — Intoxication accidentelle par des substances nocives et exposition à ces substances	19	♦1.1	11	♦0.7	13	♦0.8	7	♦0.4
Intentional self-harm — Lésions auto-infligées	150	8.9	21	♦1.3	154	9.0	32	1.9
Assault — Agresssions	430	25.5	46	2.8	589	34.4	63	3.7
All other external causes — Toutes autres causes externes	71	4.2	16	♦1.0	106	6.2	36	2.1

20. Death and death rates by cause and sex: 2006 - 2010
Décès et taux de mortalité par cause et sexe : 2006 - 2010 (continued - suite)

Cause of death — Cause de décès	Saint Kitts and Nevis - Saint-Kitts-et-Nevis				Saint Pierre and Miquelon - Saint Pierre-et-Miquelon			
	2007 (+U)		2008 (+U)		2006 (...)		2008 (...)	
	Male — Masculin	Female — Féminin	Male — Masculin	Female — Féminin	Male — Masculin	Female — Féminin	Male — Masculin	Female — Féminin
	Number Nombre	Number Nombre	Number Nombre	Number Nombre	Number Nombre	Number Nombre	Number Nombre	Number Nombre
TOTAL	**195**	**150**	**191**	**183**	**27**	**21**	**24**	**27**
Certain infectious and parasitic diseases — Certaines maladies infectieuses et parasitaires								
Total	3	4	4	3	1	-	-	-
Intestinal infectious diseases — Maladies infectieuses intestinales	-	-	-	-	-	-	-	-
Tuberculosis — Tuberculose	-	1	-	-	-	-	-	-
Tetanus — Tétanos	-	-	-	-	-	-	-	-
Diphtheria — Diphtérie..	-	-	-	-	-	-	-	-
Whooping cough — Coqueluche	-	-	-	-	-	-	-	-
Meningococcal infection — Infection à méningocoques...........................	-	-	-	-	-	-	-	-
Septicaemia — Septicémie..	1	-	-	2	-	-	-	-
Acute poliomyelitis — Poliomyélite aiguë	-	-	-	-	-	-	-	-
Measles — Rougeole..	-	-	-	-	-	-	-	-
Viral hepatitis — Hépatite virale..................................	-	-	-	-	-	-	-	-
Human immunodeficiency virus [HIV] disease — Maladies dues au virus de l'immunodéficience humaine (VIH)...........................	2	3	-	-	-	-	-	-
Malaria — Paludisme..	-	-	-	-	-	-	-	-
Neoplasms — Tumeurs	**36**	**31**	**31**	**29**	**13**	**7**	**8**	**4**
Malignant neoplasms — Tumeurs malignes								
Total	36	31	31	28	13	7	7	4
Malignant neoplasm of lip, oral cavity and pharynx — Tumeur maligne de la lèvre, de la cavité buccale et du pharynx	2	1	1	-	1	-	2	-
Malignant neoplasm of oesophagus — Tumeur maligne de l'oesophage	-	-	-	-	-	-	-	1
Malignant neoplasm of stomach — Tumeur maligne de l'estomac	2	-	2	1	-	1	-	-
Malignant neoplasm of colon, rectosigmoid junction, rectum, anus and anal canal — Tumeur maligne du côlon, de la jonction recto-sigmoïdienne, du rectum, de l'anus et du canal anal...........................	1	4	3	2	1	-	2	-
Malignant neoplasm of liver and intrahepatic bile ducts — Tumeur maligne du foie et des voies bilaires intrahépatiques	8	1	-	1	1	-	1	-
Malignant neoplasm of pancreas — Tumeur maligne du pancréas..................	1	1	2	1	-	-	-	-
Malignant neoplasm of trachea, bronchus and lung — Tumeur maligne de la trachée, des bronches et du poumon...........................	-	-	2	2	5	2	1	-
Malignant neoplasm of female breast — Tumeur maligne du sein chez la femme	..	8	..	6	..	2	..	2
Malignant neoplasm of cervix uteri — Tumeur maligne du col de l'utérus.........	..	2	..	1	..	-	..	..
Malignant neoplasm of prostate — Tumeur maligne de la prostate	14	..	16	..	-	..	1	..
Malignant neoplasm of lymphoid, haematopoietic and related tissue — Tumeurs malignes primitives ou présumées primitives des tissus lymphoïde, hématopoïétique et apparentés...........................	3	5	2	-	1	-	-	-
Disorders of the blood and blood-forming organs and certain disorders involving the immune mechanism — Maladies du sang et des organes hématopoïétiques et certains troubles du système immunitaire								
Total	3	1	2	2	-	-	1	-
Anaemias — Anémies	2	1	2	1	-	-	-	-
Endocrine, nutritional and metabolic diseases — Maladies endocriniennes, nutritionnelles et métaboliques								
Total	16	25	28	31	1	2	-	4
Diabetes mellitus — Diabète sucré................................	11	19	21	27	-	2	-	3
Malnutrition — Malnutrition	-	-	1	1	-	-	-	-
Mental and behavioural disorders — Troubles mentaux et du comportement	2	-	2	1	-	-	2	1
Diseases of the nervous system — Maladies du système nerveux...............	3	4	7	5	-	1	2	2
Diseases of the circulatory system — Maladies de l'appareil circulatoire								
Total	58	51	49	77	7	7	4	5
Acute rheumatic fever and chronic rheumatic heart diseases — Rhumatisme articularie aigu et cardiopathies rhumatismales chroniques	-	-	-	-	-	1	-	-
Hypertensive diseases — Maladies hypertensives................................	7	7	9	12	2	1	-	-
Ischaemic heart disease — Cardiopathie ischémique..................	14	13	15	21	4	3	2	-

Cause of death — Cause de décès	Saint Kitts and Nevis - Saint-Kitts-et-Nevis				Saint Pierre and Miquelon - Saint Pierre-et-Miquelon			
	2007 (+U)		2008 (+U)		2006 (...)		2008 (...)	
	Male — Masculin	Female — Féminin	Male — Masculin	Female — Féminin	Male — Masculin	Female — Féminin	Male — Masculin	Female — Féminin
	Number Nombre	Number Nombre	Number Nombre	Number Nombre	Number Nombre	Number Nombre	Number Nombre	Number Nombre
Cerebrovascular disease — Maladie cérébrovasculaire.....................................	28	19	12	34	1	-	2	1
Diseases of arteries, arterioles and capillaries — Maladies des artères, artérioles et capillaires	1	3	2	2	-	-	-	-
Diseases of the respiratory system — Maladies de l'appareil respiratoire								
Total	12	7	7	6	-	1	1	5
Influenza — Grippe	-	-	-	-	-	-	-	-
Pneumonia — Pneumopathies	5	2	5	2	-	1	1	2
Chronic lower respiratory diseases — Maladies chroniques des voies respiratoires inférieures	2	1	2	-	-	-	-	-
Diseases of the digestive system — Maladies de l'appareil digestif								
Total	13	2	11	8	1	1	1	1
Gastric and duodenal ulcer — Ulcère de l'estomac et du duodénum................	-	-	1	-	-	-	-	-
Diseases of the liver — Maladies du foie...	6	1	6	1	1	-	1	-
Diseases of the musculoskeletal system and connective tissue — Maladies du système ostéo-articularie, des muscles et du tissu conjonctif	1	1	1	3	1	1	-	-
Diseases of the genitourinary system — Maladies de l'appareil génito-urinaire								
Total	5	5	3	4	-	-	-	1
Disorders of kidney and ureter — Affections du rein et de l'uretère	2	5	2	3	-	-	-	-
Hyperplasia of prostate — Hyperplasie de la prostate..........................	-	..	-	..	-	..	-	..
Pregnancy, childbirth and the puerperium — Grossesse, accouchement et puerpéralité								
Total	..	-	..	1	..	-	..	-
Pregnancy with abortive outcome — Grossesse se terminant par un avortement	..	-	..	-	..	-	..	-
Other direct obstetric causes — Autres décès maternels directs	..	-	..	1	..	-	..	-
Indirect obstetric causes — Décès maternels indirects	..	-	..	-	..	-	..	-
Certain conditions originating in the perinatal period — Certaines affections dont l'origine se situe dans la période périnatale	6	6	4	3	-	-	-	-
Congenital malformations, deformations and chromosomal abnormalities — Malformations congénitales et anomalies chromosomiques	-	3	1	-	-	-	-	2
Symptoms, signs and abnormal clinical and laboratory findings, not elsewhere classified — Symptômes, signes et résultats anormaux d'examens cliniques et de laboratoire, non classés ailleurs	-	1	2	-	1	1	1	1
All other diseases — Toutes autres maladies..	-	2	3	4	-	-	-	-
External causes — Causes externes								
Total	37	7	36	6	2	-	4	1
Accidents								
Total	24	3	15	6	1	-	3	1
Transport accidents — Accidents de transport	7	-	8	2	-	-	3	-
Falls — Chutes	5	3	1	3	1	-	-	1
Accidental drowning and submersion — Noyade et submersion accidentelles...	-	-	-	-	-	-	-	-
Exposure to smoke, fire and flames — Exposition à la fumée, au feu et aux flammes	3	-	-	1	-	-	-	-
Accidental poisoning by and exposure to noxious substances — Intoxication accidentelle par des substances nocives et exposition à ces substances	1	-	-	-	-	-	-	-
Intentional self-harm — Lésions auto-infligées..	1	-	-	-	1	-	1	-
Assault — Agresssions	4	-	13	-	-	-	-	-
All other external causes — Toutes autres causes externes	8	4	8	-	-	-	-	-

20. Death and death rates by cause and sex: 2006 - 2010
Décès et taux de mortalité par cause et sexe : 2006 - 2010 (continued - suite)

Cause of death — Cause de décès	Saint Vincent and the Grenadines - Saint-Vincent-et-les Grenadines				Trinidad and Tobago - Trinité-et-Tobago			
	2007 (+...)		2008 (+...)		2006 (C)			
	Male — Masculin	Female — Féminin	Male — Masculin	Female — Féminin	Male — Masculin		Female — Féminin	
	Number Nombre	Number Nombre	Number Nombre	Number Nombre	Number Nombre	Rate Taux	Number Nombre	Rate Taux
TOTAL	407	344	424	380	5 463	839.3	4 201	649.3
Certain infectious and parasitic diseases — Certaines maladies infectieuses et parasitaires								
Total	32	12	27	25	291	44.7	201	31.1
Intestinal infectious diseases — Maladies infectieuses intestinales	-	-	-	1	15	♦2.3	10	♦1.5
Tuberculosis — Tuberculose	3	-	1	-	36	5.5	8	♦1.2
Tetanus — Tétanos	-	-	-	-	-	-	-	-
Diphtheria — Diphtérie...............	-	-	-	-	-	-	-	-
Whooping cough — Coqueluche	-	-	-	-	-	-	-	-
Meningococcal infection — Infection à méningocoques...............	-	-	-	-	-	-	-	-
Septicaemia — Septicémie...............	3	2	12	13	31	4.8	61	9.4
Acute poliomyelitis — Poliomyélite aiguë	-	-	-	-	-	-	-	-
Measles — Rougeole...............	-	-	-	-	-	-	-	-
Viral hepatitis — Hépatite virale...............	-	-	-	-	-	-	3	♦0.5
Human immunodeficiency virus [HIV] disease — Maladies dues au virus de l'immunodéficience humaine (VIH)...............	23	8	8	8	184	28.3	110	17.0
Malaria — Paludisme...............	-	-	-	-	-	-	-	-
Neoplasms — Tumeurs	53	50	60	62	740	113.7	657	101.5
Malignant neoplasms — Tumeurs malignes								
Total	52	48	59	59	712	109.4	610	94.3
Malignant neoplasm of lip, oral cavity and pharynx — Tumeur maligne de la lèvre, de la cavité buccale et du pharynx	4	3	3	2	20	♦3.1	7	♦1.1
Malignant neoplasm of oesophagus — Tumeur maligne de l'oesophage	-	-	-	-	11	♦1.7	5	♦0.8
Malignant neoplasm of stomach — Tumeur maligne de l'estomac	4	-	3	3	34	5.2	19	♦2.9
Malignant neoplasm of colon, rectosigmoid junction, rectum, anus and anal canal — Tumeur maligne du côlon, de la jonction recto-sigmoïdienne, du rectum, de l'anus et du canal anal...............	2	3	4	4	61	9.4	55	8.5
Malignant neoplasm of liver and intrahepatic bile ducts — Tumeur maligne du foie et des voies bilaires intrahépatiques	3	-	3	-	17	♦2.6	15	♦2.3
Malignant neoplasm of pancreas — Tumeur maligne du pancréas...............	3	1	4	1	39	6.0	32	4.9
Malignant neoplasm of trachea, bronchus and lung — Tumeur maligne de la trachée, des bronches et du poumon	4	3	2	-	95	14.6	21	♦3.2
Malignant neoplasm of female breast — Tumeur maligne du sein chez la femme	..	6	..	16	..	..	138	...
Malignant neoplasm of cervix uteri — Tumeur maligne du col de l'utérus.........	..	5	..	6	..	..	66	...
Malignant neoplasm of prostate — Tumeur maligne de la prostate	21	..	20	..	232	...	..	..
Malignant neoplasm of lymphoid, haematopoietic and related tissue — Tumeurs malignes primitives ou présumées primitives des tissus lymphoïde, hématopoïétique et apparentés	2	11	7	4	63	9.7	60	9.3
Disorders of the blood and blood-forming organs and certain disorders involving the immune mechanism — Maladies du sang et des organes hématopoïétiques et certains troubles du système immunitaire								
Total	3	6	11	7	51	7.8	40	6.2
Anaemias — Anémies	2	4	8	4	45	6.9	35	5.4
Endocrine, nutritional and metabolic diseases — Maladies endocriniennes, nutritionnelles et métaboliques								
Total	39	51	17	16	681	104.6	729	112.7
Diabetes mellitus — Diabète sucré...............	28	47	7	9	633	97.2	678	104.8
Malnutrition — Malnutrition	4	-	2	1	12	♦1.8	14	♦2.2
Mental and behavioural disorders — Troubles mentaux et du comportement	4	1	8	5	29	♦4.5	12	♦1.9
Diseases of the nervous system — Maladies du système nerveux...............	6	9	9	2	135	20.7	78	12.1
Diseases of the circulatory system — Maladies de l'appareil circulatoire								
Total	124	161	168	176	1 792	275.3	1 605	248.1
Acute rheumatic fever and chronic rheumatic heart diseases — Rhumatisme articulaire aigu et cardiopathies rhumatismales chroniques	-	1	1	3	1	♦0.2	4	♦0.6
Hypertensive diseases — Maladies hypertensives...............	19	24	8	7	175	26.9	236	36.5
Ischaemic heart disease — Cardiopathie ischémique...............	53	60	70	76	893	137.2	679	104.9

Cause of death — Cause de décès	Saint Vincent and the Grenadines - Saint-Vincent-et-les Grenadines				Trinidad and Tobago - Trinité-et-Tobago			
	2007 (+...)		2008 (+...)		2006 (C)			
	Male — Masculin	Female — Féminin	Male — Masculin	Female — Féminin	Male — Masculin		Female — Féminin	
	Number Nombre	Number Nombre	Number Nombre	Number Nombre	Number Nombre	Rate Taux	Number Nombre	Rate Taux
Cerebrovascular disease — Maladie cérébrovasculaire	34	57	41	50	444	68.2	428	66.1
Diseases of arteries, arterioles and capillaries — Maladies des artères, artérioles et capillaires	1	-	4	-	69	10.6	45	7.0
Diseases of the respiratory system — Maladies de l'appareil respiratoire								
Total	31	12	27	28	272	41.8	196	30.3
Influenza — Grippe	-	-	-	1	1	◆0.2	-	-
Pneumonia — Pneumopathies	15	10	15	12	111	17.1	109	16.8
Chronic lower respiratory diseases — Maladies chroniques des voies respiratoires inférieures	8	1	5	4	98	15.1	46	7.1
Diseases of the digestive system — Maladies de l'appareil digestif								
Total	17	7	21	13	244	37.5	158	24.4
Gastric and duodenal ulcer — Ulcère de l'estomac et du duodénum	3	1	2	1	30	◆4.6	33	5.1
Diseases of the liver — Maladies du foie	7	1	9	5	87	13.4	39	6.0
Diseases of the musculoskeletal system and connective tissue — Maladies du système ostéo-articularie, des muscles et du tissu conjonctif	1	3	-	4	20	◆3.1	49	7.6
Diseases of the genitourinary system — Maladies de l'appareil génito-urinaire								
Total	9	6	10	5	137	21.0	75	11.6
Disorders of kidney and ureter — Affections du rein et de l'uretère	2	5	8	5	93	14.3	65	10.0
Hyperplasia of prostate — Hyperplasie de la prostate	4	..	1	..	30	...	..	..
Pregnancy, childbirth and the puerperium — Grossesse, accouchement et puerpéralité								
Total	..	-	..	2	..	..	12	◆66.3
Pregnancy with abortive outcome — Grossesse se terminant par un avortement	..	-	..	-	..	..	3	◆16.6
Other direct obstetric causes — Autres décès maternels directs	..	-	..	2	..	..	9	◆49.8
Indirect obstetric causes — Décès maternels indirects	..	-	..	-	..	..	-	-
Certain conditions originating in the perinatal period — Certaines affections dont l'origine se situe dans la période périnatale	14	9	9	17	74	793.1	49	559.4
Congenital malformations, deformations and chromosomal abnormalities — Malformations congénitales et anomalies chromosomiques	6	2	2	2	52	557.3	44	502.3
Symptoms, signs and abnormal clinical and laboratory findings, not elsewhere classified — Symptômes, signes et résultats anormaux d'examens cliniques et de laboratoire, non classés ailleurs	2	1	6	2	81	12.4	76	11.7
All other diseases — Toutes autres maladies	6	3	1	4	23	◆3.5	35	5.4
External causes — Causes externes								
Total	60	11	48	10	841	129.2	185	28.6
Accidents								
Total	18	2	34	6	306	47.0	89	13.8
Transport accidents — Accidents de transport	7	1	5	-	184	28.3	48	7.4
Falls — Chutes	6	-	5	-	30	◆4.6	1	◆0.2
Accidental drowning and submersion — Noyade et submersion accidentelles	2	-	3	-	40	6.1	4	◆0.6
Exposure to smoke, fire and flames — Exposition à la fumée, au feu et aux flammes	-	-	-	-	5	◆0.8	10	◆1.5
Accidental poisoning by and exposure to noxious substances — Intoxication accidentelle par des substances nocives et exposition à ces substances	-	-	-	1	4	◆0.6	1	◆0.2
Intentional self-harm — Lésions auto-infligées	11	-	3	1	115	17.7	26	◆4.0
Assault — Agresssions	28	9	7	2	349	53.6	50	7.7
All other external causes — Toutes autres causes externes	3	-	4	1	71	10.9	20	◆3.1

20. Death and death rates by cause and sex: 2006 - 2010
Décès et taux de mortalité par cause et sexe : 2006 - 2010 (continued - suite)

United States of America - États-Unis d'Amérique

Cause of death — Cause de décès	2007 (C)				2008 (C)			
	Male — Masculin		Female — Féminin		Male — Masculin		Female — Féminin	
	Number Nombre	Rate Taux	Number Nombre	Rate Taux	Number Nombre	Rate Taux	Number Nombre	Rate Taux
TOTAL	1 203 998	810.2	1 219 737	797.4	1 226 225	817.1	1 245 759	807.4
Certain infectious and parasitic diseases — Certaines maladies infectieuses et parasitaires								
Total	34 807	23.4	32 044	20.9	35 226	23.5	33 206	21.5
Intestinal infectious diseases — Maladies infectieuses intestinales	2 562	1.7	4 238	2.8	3 028	2.0	4 905	3.2
Tuberculosis — Tuberculose	342	0.2	212	0.1	375	0.2	210	0.1
Tetanus — Tétanos	1	◆0.0	4	◆0.0	3	◆0.0	-	-
Diphtheria — Diphtérie...	-	-	1	◆0.0	-	-	-	-
Whooping cough — Coqueluche	1	◆0.0	8	◆0.0	9	◆0.0	11	◆0.0
Meningococcal infection — Infection à méningocoques..............................	48	0.0	39	0.0	56	0.0	46	0.0
Septicaemia — Septicémie....................................	15 839	10.7	18 989	12.4	16 328	10.9	19 599	12.7
Acute poliomyelitis — Poliomyélite aiguë	-	-	-	-	-	-	-	-
Measles — Rougeole...	-	-	-	-	-	-	-	-
Viral hepatitis — Hépatite virale............................	4 910	3.3	2 497	1.6	5 019	3.3	2 610	1.7
Human immunodeficiency virus [HIV] disease — Maladies dues au virus de l'immunodéficience humaine (VIH)................	8 097	5.4	3 198	2.1	7 406	4.9	2 879	1.9
Malaria — Paludisme..	3	◆0.0	2	◆0.0	4	◆0.0	1	◆0.0
Neoplasms — Tumeurs	300 113	201.9	276 970	181.1	302 720	201.7	277 219	179.7
Malignant neoplasms — Tumeurs malignes								
Total	292 857	197.1	270 022	176.5	295 259	196.7	270 210	175.1
Malignant neoplasm of lip, oral cavity and pharynx — Tumeur maligne de la lèvre, de la cavité buccale et du pharynx	5 510	3.7	2 557	1.7	5 488	3.7	2 531	1.6
Malignant neoplasm of oesophagus — Tumeur maligne de l'oesophage	10 750	7.2	2 842	1.9	10 847	7.2	2 867	1.9
Malignant neoplasm of stomach — Tumeur maligne de l'estomac	6 757	4.5	4 631	3.0	6 735	4.5	4 617	3.0
Malignant neoplasm of colon, rectosigmoid junction, rectum, anus and anal canal — Tumeur maligne du côlon, de la jonction recto-sigmoïdienne, du rectum, de l'anus et du canal anal......	27 125	18.3	26 462	17.3	27 094	18.1	26 227	17.0
Malignant neoplasm of liver and intrahepatic bile ducts — Tumeur maligne du foie et des voies bilaires intrahépatiques........	11 343	7.6	5 803	3.8	12 302	8.2	5 911	3.8
Malignant neoplasm of pancreas — Tumeur maligne du pancréas..................	17 132	11.5	16 985	11.1	17 515	11.7	17 721	11.5
Malignant neoplasm of trachea, bronchus and lung — Tumeur maligne de la trachée, des bronches et du poumon................	88 372	59.5	70 388	46.0	88 586	59.0	70 070	45.4
Malignant neoplasm of female breast — Tumeur maligne du sein chez la femme	..	..	40 599	32.9	..	..	40 589	32.7
Malignant neoplasm of cervix uteri — Tumeur maligne du col de l'utérus.........	..	..	4 021	3.3	..	..	4 008	3.2
Malignant neoplasm of prostate — Tumeur maligne de la prostate	29 093	69.2	..	..	28 472	65.8	..	..
Malignant neoplasm of lymphoid, haematopoietic and related tissue — Tumeurs malignes primitives ou présumées primitives des tissus lymphoïde, hématopoïétique et apparentés........	30 198	20.3	24 793	16.2	30 449	20.3	24 505	15.9
Disorders of the blood and blood-forming organs and certain disorders involving the immune mechanism — Maladies du sang et des organes hématopoïétiques et certains troubles du système immunitaire								
Total	4 239	2.9	5 506	3.6	4 302	2.9	5 571	3.6
Anaemias — Anémies	1 940	1.3	2 889	1.9	2 052	1.4	2 966	1.9
Endocrine, nutritional and metabolic diseases — Maladies endocriniennes, nutritionnelles et métaboliques								
Total	48 027	32.3	51 001	33.3	48 333	32.2	50 993	33.0
Diabetes mellitus — Diabète sucré........................	35 478	23.9	35 904	23.5	35 346	23.6	35 207	22.8
Malnutrition — Malnutrition	991	0.7	1 653	1.1	1 058	0.7	1 702	1.1
Mental and behavioural disorders — Troubles mentaux et du comportement	31 872	21.4	58 407	38.2	36 211	24.1	68 406	44.3
Diseases of the nervous system — Maladies du système nerveux	49 829	33.5	77 168	50.4	53 567	35.7	83 040	53.8
Diseases of the circulatory system — Maladies de l'appareil circulatoire								
Total	389 956	262.4	420 310	274.8	390 371	260.1	418 154	271.0
Acute rheumatic fever and chronic rheumatic heart diseases — Rhumatisme articularie aigu et cardiopathies rhumatismales chroniques	1 026	0.7	2 175	1.4	1 025	0.7	2 116	1.4
Hypertensive diseases — Maladies hypertensives.................	24 977	16.8	32 743	21.4	26 772	17.8	34 223	22.2
Ischaemic heart disease — Cardiopathie ischémique......................	216 053	145.4	190 302	124.4	216 248	144.1	189 061	122.5
Cerebrovascular disease — Maladie cérébrovasculaire...................	54 113	36.4	81 842	53.5	53 525	35.7	80 623	52.3

United States of America - États-Unis d'Amérique

Cause of death — Cause de décès	2007 (C)				2008 (C)			
	Male — Masculin		Female — Féminin		Male — Masculin		Female — Féminin	
	Number Nombre	Rate Taux	Number Nombre	Rate Taux	Number Nombre	Rate Taux	Number Nombre	Rate Taux
Diseases of arteries, arterioles and capillaries — Maladies des artères, artérioles et capillaires	14 700	9.9	15 472	10.1	13 463	9.0	14 302	9.3
Diseases of the respiratory system — Maladies de l'appareil respiratoire								
Total	109 529	73.7	117 780	77.0	117 244	78.1	127 855	82.9
Influenza — Grippe	187	0.1	224	0.1	690	0.5	1 031	0.7
Pneumonia — Pneumopathies	23 885	16.1	28 422	18.6	24 881	16.6	29 681	19.2
Chronic lower respiratory diseases — Maladies chroniques des voies respiratoires inférieures	61 235	41.2	66 689	43.6	67 122	44.7	73 968	47.9
Diseases of the digestive system — Maladies de l'appareil digestif								
Total	45 924	30.9	43 230	28.3	47 165	31.4	43 932	28.5
Gastric and duodenal ulcer — Ulcère de l'estomac et du duodénum	1 450	1.0	1 557	1.0	1 538	1.0	1 513	1.0
Diseases of the liver — Maladies du foie	24 638	16.6	14 326	9.4	25 382	16.9	14 764	9.6
Diseases of the musculoskeletal system and connective tissue — Maladies du système ostéo-articulaire, des muscles et du tissu conjonctif	4 354	2.9	9 564	6.3	4 417	2.9	9 454	6.1
Diseases of the genitourinary system — Maladies de l'appareil génito-urinaire								
Total	29 139	19.6	35 604	23.3	29 206	19.5	33 924	22.0
Disorders of kidney and ureter — Affections du rein et de l'uretère	23 625	15.9	25 023	16.4	24 532	16.3	25 974	16.8
Hyperplasia of prostate — Hyperplasie de la prostate	491	1.2	..	..	502	1.2	..	..
Pregnancy, childbirth and the puerperium — Grossesse, accouchement et puerpéralité								
Total	..	..	766	17.7	..	..	795	18.7
Pregnancy with abortive outcome — Grossesse se terminant par un avortement	..	..	31	0.7	..	..	34	0.8
Other direct obstetric causes — Autres décès maternels directs	..	..	381	8.8	..	..	464	10.9
Indirect obstetric causes — Décès maternels indirects	..	..	133	3.1	..	..	162	3.8
Certain conditions originating in the perinatal period — Certaines affections dont l'origine se situe dans la période périnatale	8 218	372.2	6 381	302.7	7 919	364.4	6 014	289.9
Congenital malformations, deformations and chromosomal abnormalities — Malformations congénitales et anomalies chromosomiques	5 455	247.0	4 966	235.6	5 395	248.2	4 893	235.9
Symptoms, signs and abnormal clinical and laboratory findings, not elsewhere classified — Symptômes, signes et résultats anormaux d'examens cliniques et de laboratoire, non classés ailleurs	14 283	9.6	19 221	12.6	16 803	11.2	21 719	14.1
All other diseases — Toutes autres maladies	1 621	1.1	2 372	1.6	1 656	1.1	2 458	1.6
External causes — Causes externes								
Total	126 632	85.2	58 447	38.2	125 690	83.8	58 126	37.7
Accidents								
Total	78 518	52.8	43 347	28.3	77 049	51.3	42 952	27.8
Transport accidents — Accidents de transport	32 859	22.1	13 210	8.6	30 042	20.0	11 869	7.7
Falls — Chutes	11 597	7.8	11 034	7.2	12 318	8.2	11 695	7.6
Accidental drowning and submersion — Noyade et submersion accidentelles	2 681	1.8	762	0.5	2 726	1.8	822	0.5
Exposure to smoke, fire and flames — Exposition à la fumée, au feu et aux flammes	1 943	1.3	1 343	0.9	1 705	1.1	1 207	0.8
Accidental poisoning by and exposure to noxious substances — Intoxication accidentelle par des substances nocives et exposition à ces substances	19 645	13.2	10 202	6.7	20 533	13.7	10 583	6.9
Intentional self-harm — Lésions auto-infligées	27 221	18.3	7 308	4.8	28 402	18.9	7 567	4.9
Assault — Agresssions	14 341	9.6	3 785	2.5	13 925	9.3	3 655	2.4
All other external causes — Toutes autres causes externes	6 552	4.4	4 007	2.6	6 314	4.2	3 952	2.6

20. Death and death rates by cause and sex: 2006 - 2010
Décès et taux de mortalité par cause et sexe : 2006 - 2010 (continued - suite)

Argentina - Argentine

Cause of death — Cause de décès	2007 (+C)				2008 (+C)			
	Male — Masculin		Female — Féminin		Male — Masculin		Female — Féminin	
	Number Nombre	Rate Taux	Number Nombre	Rate Taux	Number Nombre	Rate Taux	Number Nombre	Rate Taux
TOTAL	**164 775**	**854.9**	**148 804**	**740.9**	**158 101**	**812.2**	**141 247**	**696.5**
Certain infectious and parasitic diseases — Certaines maladies infectieuses et parasitaires								
Total	7 328	38.0	7 206	35.9	6 953	35.7	6 529	32.2
Intestinal infectious diseases — Maladies infectieuses intestinales	156	0.8	189	0.9	159	0.8	210	1.0
Tuberculosis — Tuberculose	427	2.2	227	1.1	397	2.0	175	0.9
Tetanus — Tétanos	3	♦0.0	2	♦0.0	1	♦0.0	3	♦0.0
Diphtheria — Diphtérie..	-	-	-	-	-	-	-	-
Whooping cough — Coqueluche..........................	24	♦0.1	20	♦0.1	30	♦0.2	21	♦0.1
Meningococcal infection — Infection à méningocoques..................	17	♦0.1	9	♦0.0	10	♦0.1	14	♦0.1
Septicaemia — Septicémie..................................	5 145	26.7	5 947	29.6	4 844	24.9	5 330	26.3
Acute poliomyelitis — Poliomyélite aiguë	-	-	-	-	-	-	-	-
Measles — Rougeole...	-	-	-	-	-	-	-	-
Viral hepatitis — Hépatite virale	98	0.5	81	0.4	101	0.5	74	0.4
Human immunodeficiency virus [HIV] disease — Maladies dues au virus de l'immunodéficience humaine (VIH)........................	986	5.1	428	2.1	989	5.1	396	2.0
Malaria — Paludisme...	1	♦0.0	-	-	-	-	-	-
Neoplasms — Tumeurs	**32 143**	**166.8**	**27 670**	**137.8**	**31 717**	**162.9**	**27 408**	**135.1**
Malignant neoplasms — Tumeurs malignes								
Total	30 811	159.9	26 485	131.9	30 383	156.1	26 263	129.5
Malignant neoplasm of lip, oral cavity and pharynx — Tumeur maligne de la lèvre, de la cavité buccale et du pharynx	608	3.2	236	1.2	596	3.1	237	1.2
Malignant neoplasm of oesophagus — Tumeur maligne de l'oesophage	1 350	7.0	589	2.9	1 248	6.4	540	2.7
Malignant neoplasm of stomach — Tumeur maligne de l'estomac	1 816	9.4	1 009	5.0	1 788	9.2	1 040	5.1
Malignant neoplasm of colon, rectosigmoid junction, rectum, anus and anal canal — Tumeur maligne du côlon, de la jonction recto-sigmoïdienne, du rectum, de l'anus et du canal anal............	3 464	18.0	2 970	14.8	3 467	17.8	3 100	15.3
Malignant neoplasm of liver and intrahepatic bile ducts — Tumeur maligne du foie et des voies bilaires intrahépatiques	1 027	5.3	781	3.9	997	5.1	738	3.6
Malignant neoplasm of pancreas — Tumeur maligne du pancréas...................	1 773	9.2	1 907	9.5	1 822	9.4	1 931	9.5
Malignant neoplasm of trachea, bronchus and lung — Tumeur maligne de la trachée, des bronches et du poumon	6 517	33.8	2 275	11.3	6 499	33.4	2 370	11.7
Malignant neoplasm of female breast — Tumeur maligne du sein chez la femme	..	..	5 368	35.6	..	..	5 181	...
Malignant neoplasm of cervix uteri — Tumeur maligne du col de l'utérus.........	..	..	994	6.6	..	..	1 007	...
Malignant neoplasm of prostate — Tumeur maligne de la prostate	3 959	95.2	..	..	3 835	...	..	..
Malignant neoplasm of lymphoid, haematopoietic and related tissue — Tumeurs malignes primitives ou présumées primitives des tissus lymphoïde, hématopoïétique et apparentés............	2 095	10.9	1 818	9.1	2 051	10.5	1 639	8.1
Disorders of the blood and blood-forming organs and certain disorders involving the immune mechanism — Maladies du sang et des organes hématopoïétiques et certains troubles du système immunitaire								
Total	457	2.4	609	3.0	430	2.2	537	2.6
Anaemias — Anémies	287	1.5	451	2.2	254	1.3	379	1.9
Endocrine, nutritional and metabolic diseases — Maladies endocriniennes, nutritionnelles et métaboliques								
Total	5 797	30.1	6 242	31.1	5 222	26.8	5 485	27.0
Diabetes mellitus — Diabète sucré.....................	4 417	22.9	4 349	21.7	3 974	20.4	3 710	18.3
Malnutrition — Malnutrition	593	3.1	620	3.1	483	2.5	573	2.8
Mental and behavioural disorders — Troubles mentaux et du comportement	1 272	6.6	1 309	6.5	1 221	6.3	1 280	6.3
Diseases of the nervous system — Maladies du système nerveux..................	2 160	11.2	2 466	12.3	2 158	11.1	2 439	12.0
Diseases of the circulatory system — Maladies de l'appareil circulatoire								
Total	47 168	244.7	47 630	237.2	44 481	228.5	45 225	223.0
Acute rheumatic fever and chronic rheumatic heart diseases — Rhumatisme articularie aigu et cardiopathies rhumatismales chroniques	65	0.3	109	0.5	72	0.4	94	0.5
Hypertensive diseases — Maladies hypertensives....................	2 372	12.3	2 854	14.2	2 398	12.3	2 934	14.5
Ischaemic heart disease — Cardiopathie ischémique...................	11 480	59.6	7 985	39.8	10 719	55.1	7 331	36.1
Cerebrovascular disease — Maladie cérébrovasculaire..................	9 746	50.6	10 222	50.9	9 394	48.3	9 822	48.4

20. Death and death rates by cause and sex: 2006 - 2010
Décès et taux de mortalité par cause et sexe : 2006 - 2010 (continued - suite)

Argentina - Argentine

Cause of death — Cause de décès	2007 (+C)				2008 (+C)			
	Male — Masculin		Female — Féminin		Male — Masculin		Female — Féminin	
	Number Nombre	Rate Taux	Number Nombre	Rate Taux	Number Nombre	Rate Taux	Number Nombre	Rate Taux
Diseases of arteries, arterioles and capillaries — Maladies des artères, artérioles et capillaires	1 675	8.7	1 429	7.1	1 558	8.0	1 155	5.7
Diseases of the respiratory system — Maladies de l'appareil respiratoire								
Total	23 979	124.4	24 136	120.2	21 664	111.3	21 495	106.0
Influenza — Grippe	12	♦0.1	12	♦0.1	2	♦0.0	8	♦0.0
Pneumonia — Pneumopathies	8 605	44.6	9 668	48.1	7 850	40.3	8 259	40.7
Chronic lower respiratory diseases — Maladies chroniques des voies respiratoires inférieures	3 691	19.2	1 989	9.9	3 247	16.7	1 639	8.1
Diseases of the digestive system — Maladies de l'appareil digestif								
Total	7 843	40.7	5 141	25.6	7 722	39.7	4 992	24.6
Gastric and duodenal ulcer — Ulcère de l'estomac et du duodénum	211	1.1	141	0.7	191	1.0	137	0.7
Diseases of the liver — Maladies du foie	3 664	19.0	1 321	6.6	3 636	18.7	1 293	6.4
Diseases of the musculoskeletal system and connective tissue — Maladies du système ostéo-articularie, des muscles et du tissu conjonctif	246	1.3	553	2.8	252	1.3	613	3.0
Diseases of the genitourinary system — Maladies de l'appareil génito-urinaire								
Total	4 875	25.3	4 723	23.5	4 310	22.1	4 223	20.8
Disorders of kidney and ureter — Affections du rein et de l'uretère	3 965	20.6	3 576	17.8	3 462	17.8	3 148	15.5
Hyperplasia of prostate — Hyperplasie de la prostate	45	1.1	..	..	41	...	..	..
Pregnancy, childbirth and the puerperium — Grossesse, accouchement et puerpéralité								
Total	..	..	332	47.4	..	..	319	42.8
Pregnancy with abortive outcome — Grossesse se terminant par un avortement	..	..	72	10.3	..	..	62	8.3
Other direct obstetric causes — Autres décès maternels directs	..	..	152	21.7	..	..	172	23.1
Indirect obstetric causes — Décès maternels indirects	..	..	78	11.1	..	..	58	7.8
Certain conditions originating in the perinatal period — Certaines affections dont l'origine se situe dans la période périnatale	2 593	713.0	1 916	569.2	2 634	686.4	2 014	555.9
Congenital malformations, deformations and chromosomal abnormalities — Malformations congénitales et anomalies chromosomiques	1 376	378.4	1 200	356.5	1 502	391.4	1 260	347.8
Symptoms, signs and abnormal clinical and laboratory findings, not elsewhere classified — Symptômes, signes et résultats anormaux d'examens cliniques et de laboratoire, non classés ailleurs	12 836	66.6	11 844	59.0	12 718	65.3	11 696	57.7
All other diseases — Toutes autres maladies	367	1.9	701	3.5	438	2.3	764	3.8
External causes — Causes externes								
Total	14 335	74.4	5 126	25.5	14 679	75.4	4 968	24.5
Accidents								
Total	7 955	41.3	3 141	15.6	7 865	40.4	2 984	14.7
Transport accidents — Accidents de transport	3 282	17.0	1 033	5.1	3 488	17.9	1 067	5.3
Falls — Chutes	231	1.2	98	0.5	211	1.1	89	0.4
Accidental drowning and submersion — Noyade et submersion accidentelles	467	2.4	95	0.5	450	2.3	98	0.5
Exposure to smoke, fire and flames — Exposition à la fumée, au feu et aux flammes	307	1.6	177	0.9	287	1.5	138	0.7
Accidental poisoning by and exposure to noxious substances — Intoxication accidentelle par des substances nocives et exposition à ces substances	226	1.2	117	0.6	173	0.9	100	0.5
Intentional self-harm — Lésions auto-infligées	2 354	12.2	600	3.0	2 455	12.6	613	3.0
Assault — Agresssions	1 465	7.6	270	1.3	1 495	7.7	290	1.4
All other external causes — Toutes autres causes externes	2 561	13.3	1 115	5.6	2 864	14.7	1 081	5.3

	Brazil - Brésil				Chile - Chili			
	2009 (U)		2010 (U)		2008 (C)			
Cause of death — Cause de décès	Male — Masculin	Female — Féminin	Male — Masculin	Female — Féminin	Male — Masculin		Female — Féminin	
	Number Nombre	Number Nombre	Number Nombre	Number Nombre	Number Nombre	Rate Taux	Number Nombre	Rate Taux
TOTAL	*631 225*	*471 389*	*649 379*	*487 135*	**46 689**	**562.7**	**40 094**	**473.6**
Certain infectious and parasitic diseases — Certaines maladies infectieuses et parasitaires								
Total	*27 577*	*19 426*	*28 366*	*20 448*	994	12.0	650	7.7
Intestinal infectious diseases — Maladies infectieuses intestinales	*2 267*	*2 371*	*2 187*	*2 422*	76	0.9	135	1.6
Tuberculosis — Tuberculose	*3 558*	*1 239*	*3 418*	*1 240*	166	2.0	48	0.6
Tetanus — Tétanos	*91*	*20*	*104*	*21*	-	-	-	-
Diphtheria — Diphtérie	*2*	*1*	*1*	*1*	-	-	-	-
Whooping cough — Coqueluche	*8*	*4*	*9*	*9*	4	♦0.0	3	♦0.0
Meningococcal infection — Infection à méningocoques	*263*	*200*	*267*	*206*	6	♦0.1	6	♦0.1
Septicaemia — Septicémie	*5 943*	*6 009*	*6 471*	*6 508*	138	1.7	178	2.1
Acute poliomyelitis — Poliomyélite aiguë	-	-	-	-	-	-	-	-
Measles — Rougeole	-	-	-	-	-	-	-	-
Viral hepatitis — Hépatite virale	*1 739*	*1 016*	*1 784*	*1 140*	23	♦0.3	39	0.5
Human immunodeficiency virus [HIV] disease — Maladies dues au virus de l'immunodéficience humaine (VIH)	*7 962*	*4 171*	*7 980*	*4 169*	320	3.9	60	0.7
Malaria — Paludisme	*60*	*25*	*45*	*31*	-	-	-	-
Neoplasms — Tumeurs	*92 515*	*79 732*	*96 194*	*82 800*	**11 188**	**134.8**	**10 638**	**125.7**
Malignant neoplasms — Tumeurs malignes								
Total	*90 887*	*78 169*	*94 474*	*81 178*	10 807	130.2	10 245	121.0
Malignant neoplasm of lip, oral cavity and pharynx — Tumeur maligne de la lèvre, de la cavité buccale et du pharynx	*5 136*	*1 374*	*5 371*	*1 362*	141	1.7	59	0.7
Malignant neoplasm of oesophagus — Tumeur maligne de l'oesophage	*5 674*	*1 700*	*5 923*	*1 722*	436	5.3	242	2.9
Malignant neoplasm of stomach — Tumeur maligne de l'estomac	*8 467*	*4 321*	*8 633*	*4 768*	1 957	23.6	1 048	12.4
Malignant neoplasm of colon, rectosigmoid junction, rectum, anus and anal canal — Tumeur maligne du côlon, de la jonction recto-sigmoïdienne, du rectum, de l'anus et du canal anal	*5 847*	*6 623*	*6 452*	*6 892*	797	9.6	886	10.5
Malignant neoplasm of liver and intrahepatic bile ducts — Tumeur maligne du foie et des voies bilaires intrahépatiques	*4 267*	*3 313*	*4 409*	*3 312*	488	5.9	458	5.4
Malignant neoplasm of pancreas — Tumeur maligne du pancréas	*3 448*	*3 540*	*3 671*	*3 769*	451	5.4	582	6.9
Malignant neoplasm of trachea, bronchus and lung — Tumeur maligne de la trachée, des bronches et du poumon	*13 293*	*7 775*	*13 677*	*8 190*	1 456	17.5	913	10.8
Malignant neoplasm of female breast — Tumeur maligne du sein chez la femme	*..*	*11 968*	*..*	*12 705*	..	..	1 184	18.1
Malignant neoplasm of cervix uteri — Tumeur maligne du col de l'utérus	*..*	*5 063*	*..*	*4 986*	..	..	612	9.3
Malignant neoplasm of prostate — Tumeur maligne de la prostate	*12 274*	*..*	*12 778*	*..*	1 621	91.1	..	..
Malignant neoplasm of lymphoid, haematopoietic and related tissue — Tumeurs malignes primitives ou présumées primitives des tissus lymphoïde, hématopoïétique et apparentés	*6 551*	*5 612*	*6 700*	*5 856*	819	9.9	746	8.8
Disorders of the blood and blood-forming organs and certain disorders involving the immune mechanism — Maladies du sang et des organes hématopoïétiques et certains troubles du système immunitaire								
Total	*3 030*	*2 981*	*3 171*	*3 099*	156	1.9	175	2.1
Anaemias — Anémies	*2 104*	*2 097*	*2 251*	*2 114*	115	1.4	130	1.5
Endocrine, nutritional and metabolic diseases — Maladies endocriniennes, nutritionnelles et métaboliques								
Total	*29 870*	*37 111*	*31 450*	*38 821*	1 916	23.1	2 062	24.4
Diabetes mellitus — Diabète sucré	*22 691*	*29 411*	*24 002*	*30 872*	1 543	18.6	1 598	18.9
Malnutrition — Malnutrition	*3 423*	*3 087*	*3 431*	*3 220*	255	3.1	243	2.9
Mental and behavioural disorders — Troubles mentaux et du comportement	*8 360*	*3 168*	*8 901*	*3 562*	1 087	13.1	1 499	17.7
Diseases of the nervous system — Maladies du système nerveux	*11 267*	*11 750*	*12 080*	*13 222*	1 265	15.2	1 457	17.2
Diseases of the circulatory system — Maladies de l'appareil circulatoire								
Total	*167 819*	*152 234*	*171 263*	*155 082*	12 362	149.0	11 550	136.4
Acute rheumatic fever and chronic rheumatic heart diseases — Rhumatisme articularie aigu et cardiopathies rhumatismales chroniques	*880*	*1 511*	*821*	*1 371*	58	0.7	107	1.3
Hypertensive diseases — Maladies hypertensives	*21 082*	*23 180*	*21 189*	*23 861*	1 389	16.7	1 980	23.4
Ischaemic heart disease — Cardiopathie ischémique	*56 218*	*40 162*	*58 230*	*41 719*	4 527	54.6	2 898	34.2

	Brazil - Brésil				Chile - Chili			
Cause of death — Cause de décès	2009 (U)		2010 (U)		2008 (C)			
	Male — Masculin	Female — Féminin	Male — Masculin	Female — Féminin	Male — Masculin		Female — Féminin	
	Number Nombre	Number Nombre	Number Nombre	Number Nombre	Number Nombre	Rate Taux	Number Nombre	Rate Taux
Cerebrovascular disease — Maladie cérébrovasculaire	49 814	49 442	50 536	49 190	3 875	46.7	3 909	46.2
Diseases of arteries, arterioles and capillaries — Maladies des artères, artérioles et capillaires	6 175	4 845	6 379	5 035	398	4.8	344	4.1
Diseases of the respiratory system — Maladies de l'appareil respiratoire								
Total	60 350	54 172	63 015	56 088	4 084	49.2	3 973	46.9
Influenza — Grippe	388	462	111	117	5	♦0.1	6	♦0.1
Pneumonia — Pneumopathies	25 739	25 962	27 443	27 607	1 505	18.1	1 659	19.6
Chronic lower respiratory diseases — Maladies chroniques des voies respiratoires inférieures	22 103	16 267	23 432	17 174	1 443	17.4	1 323	15.6
Diseases of the digestive system — Maladies de l'appareil digestif								
Total	35 706	20 490	36 970	21 083	3 981	48.0	2 464	29.1
Gastric and duodenal ulcer — Ulcère de l'estomac et du duodénum	1 840	1 142	1 867	1 164	106	1.3	81	1.0
Diseases of the liver — Maladies du foie	19 501	5 542	20 134	5 705	2 828	34.1	1 183	14.0
Diseases of the musculoskeletal system and connective tissue — Maladies du système ostéo-articularie, des muscles et du tissu conjonctif	1 447	2 769	1 501	3 040	116	1.4	346	4.1
Diseases of the genitourinary system — Maladies de l'appareil génito-urinaire								
Total	11 499	10 988	12 252	12 267	1 199	14.4	1 276	15.1
Disorders of kidney and ureter — Affections du rein et de l'uretère	7 529	6 376	7 853	6 853	825	9.9	862	10.2
Hyperplasia of prostate — Hyperplasie de la prostate	561	..	611	..	76	4.3	..	..
Pregnancy, childbirth and the puerperium — Grossesse, accouchement et puerpéralité								
Total	..	1 884	..	1 665	..	..	36	14.6
Pregnancy with abortive outcome — Grossesse se terminant par un avortement	..	169	..	154	..	..	4	♦1.6
Other direct obstetric causes — Autres décès maternels directs	..	1 095	..	1 068	..	..	22	♦8.9
Indirect obstetric causes — Décès maternels indirects	..	553	..	437	..	..	10	♦4.1
Certain conditions originating in the perinatal period — Certaines affections dont l'origine se situe dans la période périnatale	14 323	10 956	13 372	10 281	469	372.6	399	330.5
Congenital malformations, deformations and chromosomal abnormalities — Malformations congénitales et anomalies chromosomiques	5 476	4 780	5 333	4 742	447	355.2	367	304.0
Symptoms, signs and abnormal clinical and laboratory findings, not elsewhere classified — Symptômes, signes et résultats anormaux d'examens cliniques et de laboratoire, non classés ailleurs	45 125	33 791	45 576	33 986	1 148	13.8	1 249	14.8
All other diseases — Toutes autres maladies	1 408	1 719	1 497	1 884	90	1.1	179	2.1
External causes — Causes externes								
Total	115 453	23 438	118 438	25 002	6 187	74.6	1 774	21.0
Accidents								
Total	49 110	13 598	54 486	15 307	3 808	45.9	1 199	14.2
Transport accidents — Accidents de transport	31 354	7 098	35 836	8 058	1 862	22.4	495	5.8
Falls — Chutes	5 838	3 332	6 555	3 870	380	4.6	325	3.8
Accidental drowning and submersion — Noyade et submersion accidentelles	5 214	895	4 813	728	391	4.7	65	0.8
Exposure to smoke, fire and flames — Exposition à la fumée, au feu et aux flammes	516	268	643	305	209	2.5	98	1.2
Accidental poisoning by and exposure to noxious substances — Intoxication accidentelle par des substances nocives et exposition à ces substances	510	120	535	171	213	2.6	52	0.6
Intentional self-harm — Lésions auto-infligées	7 500	1 872	7 375	2 073	1 674	20.2	414	4.9
Assault — Agresssions	47 109	4 260	47 749	4 465	629	7.6	92	1.1
All other external causes — Toutes autres causes externes	11 734	3 708	8 828	3 157	76	0.9	69	0.8

20. Death and death rates by cause and sex: 2006 - 2010
Décès et taux de mortalité par cause et sexe : 2006 - 2010 (continued - suite)

Cause of death — Cause de décès	Chile - Chili 2009 (C)				Colombia - Colombie 2008 (C)			
	Male — Masculin		Female — Féminin		Male — Masculin		Female — Féminin	
	Number Nombre	Rate Taux	Number Nombre	Rate Taux	Number Nombre	Rate Taux	Number Nombre	Rate Taux
TOTAL	49 608	592.0	42 357	495.4	112 384	512.2	84 334	374.7
Certain infectious and parasitic diseases — Certaines maladies infectieuses et parasitaires								
Total	1 102	13.2	727	8.5	4 317	19.7	2 318	10.3
Intestinal infectious diseases — Maladies infectieuses intestinales	96	1.1	122	1.4	447	2.0	423	1.9
Tuberculosis — Tuberculose	160	1.9	72	0.8	764	3.5	301	1.3
Tetanus — Tétanos	2	◆0.0	2	◆0.0	16	◆0.1	8	◆0.0
Diphtheria — Diphtérie..	-	-	-	-	-	-	-	-
Whooping cough — Coqueluche	5	◆0.1	2	◆0.0	4	◆0.0	7	◆0.0
Meningococcal infection — Infection à méningocoques	2	◆0.0	7	◆0.1	5	◆0.0	3	◆0.0
Septicaemia — Septicémie	181	2.2	211	2.5	590	2.7	569	2.5
Acute poliomyelitis — Poliomyélite aiguë	-	-	-	-	-	-	-	-
Measles — Rougeole	-	-	-	-	-	-	-	-
Viral hepatitis — Hépatite virale..	27	◆0.3	28	◆0.3	71	0.3	66	0.3
Human immunodeficiency virus [HIV] disease — Maladies dues au virus de l'immunodéficience humaine (VIH)..	365	4.4	70	0.8	1 872	8.5	520	2.3
Malaria — Paludisme...	-	-	-	-	25	◆0.1	28	◆0.1
Neoplasms — Tumeurs	12 180	145.4	11 326	132.5	16 714	76.2	17 261	76.7
Malignant neoplasms — Tumeurs malignes								
Total	11 753	140.3	10 884	127.3	15 972	72.8	16 486	73.2
Malignant neoplasm of lip, oral cavity and pharynx — Tumeur maligne de la lèvre, de la cavité buccale et du pharynx	133	1.6	67	0.8	314	1.4	214	1.0
Malignant neoplasm of oesophagus — Tumeur maligne de l'oesophage	425	5.1	261	3.1	463	2.1	227	1.0
Malignant neoplasm of stomach — Tumeur maligne de l'estomac	2 235	26.7	1 115	13.0	2 728	12.4	1 821	8.1
Malignant neoplasm of colon, rectosigmoid junction, rectum, anus and anal canal — Tumeur maligne du côlon, de la jonction recto-sigmoïdienne, du rectum, de l'anus et du canal anal..	829	9.9	977	11.4	1 076	4.9	1 362	6.1
Malignant neoplasm of liver and intrahepatic bile ducts — Tumeur maligne du foie et des voies biliaires intrahépatiques	518	6.2	461	5.4	780	3.6	925	4.1
Malignant neoplasm of pancreas — Tumeur maligne du pancréas..................	491	5.9	578	6.8	553	2.5	694	3.1
Malignant neoplasm of trachea, bronchus and lung — Tumeur maligne de la trachée, des bronches et du poumon...	1 585	18.9	947	11.1	2 344	10.7	1 502	6.7
Malignant neoplasm of female breast — Tumeur maligne du sein chez la femme	..	..	1 338	20.1	..	..	2 067	12.9
Malignant neoplasm of cervix uteri — Tumeur maligne du col de l'utérus.........	..	..	646	9.7	..	..	1 647	10.2
Malignant neoplasm of prostate — Tumeur maligne de la prostate	1 753	94.9	..	..	2 457	65.9	..	..
Malignant neoplasm of lymphoid, haematopoietic and related tissue — Tumeurs malignes primitives ou présumées primitives des tissus lymphoïde, hématopoïétique et apparentés......................................	897	10.7	748	8.7	1 663	7.6	1 335	5.9
Disorders of the blood and blood-forming organs and certain disorders involving the immune mechanism — Maladies du sang et des organes hématopoïétiques et certains troubles du système immunitaire								
Total	226	2.7	219	2.6	399	1.8	371	1.6
Anaemias — Anémies	166	2.0	162	1.9	263	1.2	248	1.1
Endocrine, nutritional and metabolic diseases — Maladies endocriniennes, nutritionnelles et métaboliques								
Total	2 068	24.7	2 209	25.8	4 322	19.7	5 365	23.8
Diabetes mellitus — Diabète sucré..	1 598	19.1	1 655	19.4	3 174	14.5	4 166	18.5
Malnutrition — Malnutrition	281	3.4	249	2.9	888	4.0	890	4.0
Mental and behavioural disorders — Troubles mentaux et du comportement	1 086	13.0	1 488	17.4	46	0.2	37	0.2
Diseases of the nervous system — Maladies du système nerveux.................	1 364	16.3	1 597	18.7	1 572	7.2	1 353	6.0
Diseases of the circulatory system — Maladies de l'appareil circulatoire								
Total	12 690	151.4	12 148	142.1	30 010	136.8	28 682	127.4
Acute rheumatic fever and chronic rheumatic heart diseases — Rhumatisme articulaire aigu et cardiopathies rhumatismales chroniques	59	0.7	117	1.4	122	0.6	182	0.8
Hypertensive diseases — Maladies hypertensives..................................	1 461	17.4	2 062	24.1	2 632	12.0	3 100	13.8
Ischaemic heart disease — Cardiopathie ischémique.............................	4 408	52.6	2 891	33.8	15 919	72.5	12 810	56.9
Cerebrovascular disease — Maladie cérébrovasculaire...........................	3 961	47.3	4 169	48.8	6 545	29.8	7 914	35.2

	Chile - Chili				Colombia - Colombie			
Cause of death — Cause de décès	2009 (C)				2008 (C)			
	Male — Masculin		Female — Féminin		Male — Masculin		Female — Féminin	
	Number Nombre	Rate Taux	Number Nombre	Rate Taux	Number Nombre	Rate Taux	Number Nombre	Rate Taux
Diseases of arteries, arterioles and capillaries — Maladies des artères, artérioles et capillaires	469	5.6	354	4.1	1 089	5.0	752	3.3
Diseases of the respiratory system — Maladies de l'appareil respiratoire								
Total	4 634	55.3	4 299	50.3	10 690	48.7	9 328	41.4
Influenza — Grippe	11	♦0.1	18	♦0.2	2	♦0.0	2	♦0.0
Pneumonia — Pneumopathies	1 759	21.0	1 757	20.6	3 011	13.7	2 686	11.9
Chronic lower respiratory diseases — Maladies chroniques des voies respiratoires inférieures	1 605	19.2	1 368	16.0	6 253	28.5	5 251	23.3
Diseases of the digestive system — Maladies de l'appareil digestif								
Total	4 232	50.5	2 494	29.2	5 233	23.8	4 698	20.9
Gastric and duodenal ulcer — Ulcère de l'estomac et du duodénum	101	1.2	76	0.9	429	2.0	325	1.4
Diseases of the liver — Maladies du foie	2 970	35.4	1 198	14.0	1 510	6.9	989	4.4
Diseases of the musculoskeletal system and connective tissue — Maladies du système ostéo-articularie, des muscles et du tissu conjonctif	132	1.6	357	4.2	553	2.5	1 332	5.9
Diseases of the genitourinary system — Maladies de l'appareil génito-urinaire								
Total	1 365	16.3	1 413	16.5	2 934	13.4	2 480	11.0
Disorders of kidney and ureter — Affections du rein et de l'uretère	957	11.4	948	11.1	2 055	9.4	1 459	6.5
Hyperplasia of prostate — Hyperplasie de la prostate	73	4.0	..	..	134	3.6	..	..
Pregnancy, childbirth and the puerperium — Grossesse, accouchement et puerpéralité								
Total	..	..	43	17.0	..	..	433	60.5
Pregnancy with abortive outcome — Grossesse se terminant par un avortement	..	..	3	♦1.2	..	..	34	4.8
Other direct obstetric causes — Autres décès maternels directs	..	..	23	♦9.1	..	..	289	40.4
Indirect obstetric causes — Décès maternels indirects	..	..	17	♦6.7	..	..	101	14.1
Certain conditions originating in the perinatal period — Certaines affections dont l'origine se situe dans la période périnatale	488	379.3	364	294.5	3 095	837.0	2 236	646.8
Congenital malformations, deformations and chromosomal abnormalities — Malformations congénitales et anomalies chromosomiques	474	368.4	452	365.8	1 639	443.3	1 368	395.7
Symptoms, signs and abnormal clinical and laboratory findings, not elsewhere classified — Symptômes, signes et résultats anormaux d'examens cliniques et de laboratoire, non classés ailleurs	1 119	13.4	1 284	15.0	2 072	9.4	1 670	7.4
All other diseases — Toutes autres maladies	86	1.0	148	1.7	453	2.1	620	2.8
External causes — Causes externes								
Total	6 362	75.9	1 789	20.9	28 335	129.1	4 782	21.2
Accidents								
Total	3 741	44.6	1 203	14.1	8 793	40.1	2 344	10.4
Transport accidents — Accidents de transport	1 775	21.2	445	5.2	5 262	24.0	1 278	5.7
Falls — Chutes	379	4.5	356	4.2	991	4.5	295	1.3
Accidental drowning and submersion — Noyade et submersion accidentelles	393	4.7	54	0.6	836	3.8	209	0.9
Exposure to smoke, fire and flames — Exposition à la fumée, au feu et aux flammes	231	2.8	106	1.2	67	0.3	47	0.2
Accidental poisoning by and exposure to noxious substances — Intoxication accidentelle par des substances nocives et exposition à ces substances	261	3.1	63	0.7	112	0.5	31	0.1
Intentional self-harm — Lésions auto-infligées	1 724	20.6	424	5.0	1 783	8.1	451	2.0
Assault — Agresssions	806	9.6	97	1.1	15 507	70.7	1 404	6.2
All other external causes — Toutes autres causes externes	91	1.1	65	0.8	2 252	10.3	583	2.6

Cause of death — Cause de décès	Colombia - Colombie 2009 (C)				Ecuador - Équateur			
	Male — Masculin		Female — Féminin		2008 (U)		2009 (U)	
					Male — Masculin	Female — Féminin	Male — Masculin	Female — Féminin
	Number Nombre	Rate Taux	Number Nombre	Rate Taux	Number Nombre	Number Nombre	Number Nombre	Number Nombre
TOTAL	113 327	510.4	83 354	366.0	*34 457*	*25 493*	*33 812*	*25 817*
Certain infectious and parasitic diseases — Certaines maladies infectieuses et parasitaires								
Total	4 030	18.2	2 181	9.6	*1 668*	*986*	*1 582*	*933*
Intestinal infectious diseases — Maladies infectieuses intestinales	426	1.9	382	1.7	*175*	*159*	*193*	*173*
Tuberculosis — Tuberculose	693	3.1	319	1.4	*434*	*234*	*379*	*190*
Tetanus — Tétanos	12	◆0.1	5	◆0.0	*13*	*2*	*4*	*7*
Diphtheria — Diphtérie	-	-	-	-	-	*1*	-	-
Whooping cough — Coqueluche	7	◆0.0	5	◆0.0	-	*1*	*1*	-
Meningococcal infection — Infection à méningocoques	5	◆0.0	4	◆0.0	*2*	*1*	*1*	-
Septicaemia — Septicémie	502	2.3	522	2.3	*397*	*370*	*368*	*332*
Acute poliomyelitis — Poliomyélite aiguë	-	-	-	-	-	-	-	-
Measles — Rougeole	-	-	-	-	-	-	-	-
Viral hepatitis — Hépatite virale	67	0.3	52	0.2	*19*	*14*	*20*	*10*
Human immunodeficiency virus [HIV] disease — Maladies dues au virus de l'immunodéficience humaine (VIH)	1 799	8.1	541	2.4	*541*	*138*	*543*	*159*
Malaria — Paludisme	13	◆0.1	15	◆0.1	*1*	*4*	*4*	*2*
Neoplasms — Tumeurs	17 223	77.6	17 851	78.4	*4 427*	*4 522*	*4 453*	*4 759*
Malignant neoplasms — Tumeurs malignes								
Total	16 242	73.2	16 813	73.8	*4 318*	*4 394*	*4 256*	*4 553*
Malignant neoplasm of lip, oral cavity and pharynx — Tumeur maligne de la lèvre, de la cavité buccale et du pharynx	315	1.4	202	0.9	*46*	*37*	*58*	*39*
Malignant neoplasm of oesophagus — Tumeur maligne de l'oesophage	476	2.1	228	1.0	*78*	*24*	*75*	*24*
Malignant neoplasm of stomach — Tumeur maligne de l'estomac	2 698	12.2	1 752	7.7	*945*	*718*	*896*	*729*
Malignant neoplasm of colon, rectosigmoid junction, rectum, anus and anal canal — Tumeur maligne du côlon, de la jonction recto-sigmoïdienne, du rectum, de l'anus et du canal anal	1 178	5.3	1 397	6.1	*231*	*278*	*203*	*275*
Malignant neoplasm of liver and intrahepatic bile ducts — Tumeur maligne du foie et des voies bilaires intrahépatiques	738	3.3	845	3.7	*276*	*348*	*299*	*357*
Malignant neoplasm of pancreas — Tumeur maligne du pancréas	581	2.6	705	3.1	*130*	*166*	*152*	*165*
Malignant neoplasm of trachea, bronchus and lung — Tumeur maligne de la trachée, des bronches et du poumon	2 361	10.6	1 537	6.7	*393*	*241*	*390*	*278*
Malignant neoplasm of female breast — Tumeur maligne du sein chez la femme	..	..	2 242	13.7	*..*	*390*	*..*	*444*
Malignant neoplasm of cervix uteri — Tumeur maligne du col de l'utérus	..	..	1 614	9.9	*..*	*304*	*..*	*330*
Malignant neoplasm of prostate — Tumeur maligne de la prostate	2 419	62.6	..	..	*767*	*..*	*820*	*..*
Malignant neoplasm of lymphoid, haematopoietic and related tissue — Tumeurs malignes primitives ou présumées primitives des tissus lymphoïde, hématopoïétique et apparentés	1 667	7.5	1 427	6.3	*456*	*391*	*482*	*400*
Disorders of the blood and blood-forming organs and certain disorders involving the immune mechanism — Maladies du sang et des organes hématopoïétiques et certains troubles du système immunitaire								
Total	419	1.9	416	1.8	*245*	*251*	*200*	*241*
Anaemias — Anémies	227	1.0	230	1.0	*213*	*218*	*170*	*195*
Endocrine, nutritional and metabolic diseases — Maladies endocriniennes, nutritionnelles et métaboliques								
Total	3 831	17.3	4 964	21.8	*1 936*	*2 358*	*2 149*	*2 524*
Diabetes mellitus — Diabète sucré	2 740	12.3	3 729	16.4	*1 579*	*1 931*	*1 875*	*2 192*
Malnutrition — Malnutrition	787	3.5	825	3.6	*232*	*283*	*176*	*217*
Mental and behavioural disorders — Troubles mentaux et du comportement	64	0.3	59	0.3	*75*	*12*	*131*	*37*
Diseases of the nervous system — Maladies du système nerveux	1 653	7.4	1 345	5.9	*551*	*468*	*569*	*480*
Diseases of the circulatory system — Maladies de l'appareil circulatoire								
Total	29 508	132.9	27 806	122.1	*7 323*	*6 556*	*6 813*	*6 213*
Acute rheumatic fever and chronic rheumatic heart diseases — Rhumatisme articularie aigu et cardiopathies rhumatismales chroniques	44	0.2	100	0.4	*26*	*40*	*35*	*48*
Hypertensive diseases — Maladies hypertensives	2 731	12.3	2 933	12.9	*1 685*	*1 580*	*1 599*	*1 558*
Ischaemic heart disease — Cardiopathie ischémique	15 360	69.2	12 237	53.7	*1 700*	*1 055*	*1 355*	*932*

	Colombia - Colombie				Ecuador - Équateur			
Cause of death — Cause de décès	2009 (C)				2008 (U)		2009 (U)	
	Male — Masculin		Female — Féminin		Male — Masculin	Female — Féminin	Male — Masculin	Female — Féminin
	Number Nombre	Rate Taux	Number Nombre	Rate Taux	Number Nombre	Number Nombre	Number Nombre	Number Nombre
Cerebrovascular disease — Maladie cérébrovasculaire	6 323	28.5	7 547	33.1	*1 719*	*1 684*	*1 936*	*1 852*
Diseases of arteries, arterioles and capillaries — Maladies des artères, artérioles et capillaires	1 032	4.6	692	3.0	*156*	*129*	*203*	*150*
Diseases of the respiratory system — Maladies de l'appareil respiratoire								
Total	10 653	48.0	9 112	40.0	*2 904*	*2 464*	*2 800*	*2 444*
Influenza — Grippe	2	♦0.0	1	♦0.0	*5*	*6*	*22*	*18*
Pneumonia — Pneumopathies	3 144	14.2	2 911	12.8	*1 661*	*1 514*	*1 568*	*1 489*
Chronic lower respiratory diseases — Maladies chroniques des voies respiratoires inférieures	5 831	26.3	4 764	20.9	*664*	*506*	*670*	*524*
Diseases of the digestive system — Maladies de l'appareil digestif								
Total	5 122	23.1	4 762	20.9	*1 937*	*1 334*	*2 019*	*1 419*
Gastric and duodenal ulcer — Ulcère de l'estomac et du duodénum	368	1.7	267	1.2	*148*	*101*	*154*	*100*
Diseases of the liver — Maladies du foie	1 470	6.6	1 009	4.4	*1 127*	*665*	*1 186*	*715*
Diseases of the musculoskeletal system and connective tissue — Maladies du système ostéo-articularie, des muscles et du tissu conjonctif	575	2.6	1 344	5.9	*55*	*136*	*73*	*182*
Diseases of the genitourinary system — Maladies de l'appareil génito-urinaire								
Total	2 743	12.4	2 374	10.4	*990*	*830*	*872*	*653*
Disorders of kidney and ureter — Affections du rein et de l'uretère	1 834	8.3	1 422	6.2	*925*	*814*	*768*	*639*
Hyperplasia of prostate — Hyperplasie de la prostate	153	4.0	..	..	*52*	*..*	*84*	*..*
Pregnancy, childbirth and the puerperium — Grossesse, accouchement et puerpéralité								
Total	..	..	496	72.3	*..*	*162*	*..*	*208*
Pregnancy with abortive outcome — Grossesse se terminant par un avortement	..	..	39	5.7	*..*	*15*	*..*	*10*
Other direct obstetric causes — Autres décès maternels directs	..	..	284	41.4	*..*	*126*	*..*	*153*
Indirect obstetric causes — Décès maternels indirects	..	..	141	20.6	*..*	*21*	*..*	*45*
Certain conditions originating in the perinatal period — Certaines affections dont l'origine se situe dans la période périnatale	2 714	767.8	2 051	616.7	*944*	*672*	*867*	*664*
Congenital malformations, deformations and chromosomal abnormalities — Malformations congénitales et anomalies chromosomiques	1 393	394.1	1 204	362.0	*364*	*280*	*395*	*429*
Symptoms, signs and abnormal clinical and laboratory findings, not elsewhere classified — Symptômes, signes et résultats anormaux d'examens cliniques et de laboratoire, non classés ailleurs	2 450	11.0	1 839	8.1	*3 216*	*2 726*	*3 005*	*2 805*
All other diseases — Toutes autres maladies	491	2.2	647	2.8	*5*	*17*	*14*	*19*
External causes — Causes externes								
Total	30 458	137.2	4 903	21.5	*7 817*	*1 719*	*7 870*	*1 807*
Accidents								
Total	8 555	38.5	2 234	9.8	*4 451*	*1 140*	*4 597*	*1 235*
Transport accidents — Accidents de transport	5 300	23.9	1 301	5.7	*2 212*	*507*	*2 557*	*645*
Falls — Chutes	984	4.4	295	1.3	*334*	*72*	*332*	*95*
Accidental drowning and submersion — Noyade et submersion accidentelles	750	3.4	176	0.8	*393*	*87*	*328*	*83*
Exposure to smoke, fire and flames — Exposition à la fumée, au feu et aux flammes	93	0.4	31	0.1	*70*	*28*	*74*	*40*
Accidental poisoning by and exposure to noxious substances — Intoxication accidentelle par des substances nocives et exposition à ces substances	80	0.4	20	♦0.1	*202*	*49*	*144*	*34*
Intentional self-harm — Lésions auto-infligées	1 812	8.2	447	2.0	*673*	*255*	*720*	*245*
Assault — Agresssions	18 036	81.2	1 639	7.2	*2 268*	*200*	*1 988*	*190*
All other external causes — Toutes autres causes externes	2 055	9.3	583	2.6	*425*	*124*	*565*	*137*

Cause of death — Cause de décès	French Guiana - Guyane française				Guyana		Paraguay	
	2006 (...)		2008 (...)		2006 (U)		2006 (+U)	
	Male — Masculin	Female — Féminin	Male — Masculin	Female — Féminin	Male — Masculin	Female — Féminin	Male — Masculin	Female — Féminin
	Number Nombre	Number Nombre	Number Nombre	Number Nombre	Number Nombre	Number Nombre	Number Nombre	Number Nombre
TOTAL	443	283	459	315	2 925	2 106	12 614	10 099
Certain infectious and parasitic diseases — Certaines maladies infectieuses et parasitaires								
Total	33	21	29	11	339	221	596	397
Intestinal infectious diseases — Maladies infectieuses intestinales	3	4	3	-	43	32	96	99
Tuberculosis — Tuberculose	-	-	-	-	61	32	129	36
Tetanus — Tétanos	-	-	-	-	-	-	4	2
Diphtheria — Diphtérie	-	-	-	-	-	-	-	-
Whooping cough — Coqueluche	-	-	-	-	-	-	-	1
Meningococcal infection — Infection à méningocoques	-	-	-	-	-	-	-	-
Septicaemia — Septicémie	6	-	5	1	32	28	169	151
Acute poliomyelitis — Poliomyélite aiguë	-	-	-	-	-	-	-	-
Measles — Rougeole	-	-	-	-	-	-	-	-
Viral hepatitis — Hépatite virale	2	-	3	1	5	2	9	5
Human immunodeficiency virus [HIV] disease — Maladies dues au virus de l'immunodéficience humaine (VIH)	15	11	13	5	174	124	127	57
Malaria — Paludisme	-	2	1	-	18	2	-	-
Neoplasms — Tumeurs	52	49	70	65	197	209	1 657	1 602
Malignant neoplasms — Tumeurs malignes								
Total	50	43	68	63	177	193	1 546	1 501
Malignant neoplasm of lip, oral cavity and pharynx — Tumeur maligne de la lèvre, de la cavité buccale et du pharynx	5	2	1	-	8	-	56	11
Malignant neoplasm of oesophagus — Tumeur maligne de l'oesophage	1	-	6	-	4	1	71	19
Malignant neoplasm of stomach — Tumeur maligne de l'estomac	5	3	3	2	21	14	148	86
Malignant neoplasm of colon, rectosigmoid junction, rectum, anus and anal canal — Tumeur maligne du côlon, de la jonction recto-sigmoïdienne, du rectum, de l'anus et du canal anal	3	5	1	2	13	11	92	98
Malignant neoplasm of liver and intrahepatic bile ducts — Tumeur maligne du foie et des voies bilaires intrahépatiques	4	-	4	4	14	10	41	40
Malignant neoplasm of pancreas — Tumeur maligne du pancréas	1	-	2	4	4	8	51	51
Malignant neoplasm of trachea, bronchus and lung — Tumeur maligne de la trachée, des bronches et du poumon	5	2	8	2	16	12	290	67
Malignant neoplasm of female breast — Tumeur maligne du sein chez la femme	..	6	..	14	..	35	..	280
Malignant neoplasm of cervix uteri — Tumeur maligne du col de l'utérus	..	8	..	5	..	33	..	224
Malignant neoplasm of prostate — Tumeur maligne de la prostate	11	..	12	..	57	..	246	..
Malignant neoplasm of lymphoid, haematopoietic and related tissue — Tumeurs malignes primitives ou présumées primitives des tissus lymphoïde, hématopoïétique et apparentés	6	3	11	6	12	7	187	137
Disorders of the blood and blood-forming organs and certain disorders involving the immune mechanism — Maladies du sang et des organes hématopoïétiques et certains troubles du système immunitaire								
Total	3	7	1	2	24	38	34	31
Anaemias — Anémies	1	6	-	1	22	33	20	16
Endocrine, nutritional and metabolic diseases — Maladies endocriniennes, nutritionnelles et métaboliques								
Total	21	25	13	19	261	275	710	1 034
Diabetes mellitus — Diabète sucré	12	18	13	13	211	230	593	896
Malnutrition — Malnutrition	2	2	-	-	17	18	87	99
Mental and behavioural disorders — Troubles mentaux et du comportement	13	5	9	3	10	4	94	13
Diseases of the nervous system — Maladies du système nerveux	13	4	19	16	44	35	174	141
Diseases of the circulatory system — Maladies de l'appareil circulatoire								
Total	66	65	95	64	889	810	3 150	2 936
Acute rheumatic fever and chronic rheumatic heart diseases — Rhumatisme articularie aigu et cardiopathies rhumatismales chroniques	-	1	1	-	2	2	8	19
Hypertensive diseases — Maladies hypertensives	11	6	11	9	108	126	297	353
Ischaemic heart disease — Cardiopathie ischémique	9	6	21	4	331	279	1 069	763

Cause of death — Cause de décès	French Guiana - Guyane française				Guyana		Paraguay	
	2006 (...)		2008 (...)		2006 (U)		2006 (+U)	
	Male — Masculin	Female — Féminin	Male — Masculin	Female — Féminin	Male — Masculin	Female — Féminin	Male — Masculin	Female — Féminin
	Number Nombre	Number Nombre	Number Nombre	Number Nombre	Number Nombre	Number Nombre	Number Nombre	Number Nombre
Cerebrovascular disease — Maladie cérébrovasculaire	23	28	31	27	249	255	1 098	1 157
Diseases of arteries, arterioles and capillaries — Maladies des artères, artérioles et capillaires	3	4	4	2	22	14	85	70
Diseases of the respiratory system — Maladies de l'appareil respiratoire								
Total	19	5	16	16	148	112	745	540
Influenza — Grippe	-	-	-	-	-	-	1	1
Pneumonia — Pneumopathies	6	2	6	6	85	72	361	300
Chronic lower respiratory diseases — Maladies chroniques des voies respiratoires inférieures	11	2	6	3	39	19	194	86
Diseases of the digestive system — Maladies de l'appareil digestif								
Total	13	4	25	16	217	77	547	346
Gastric and duodenal ulcer — Ulcère de l'estomac et du duodénum	-	-	1	-	16	6	47	35
Diseases of the liver — Maladies du foie	7	-	11	4	154	37	212	63
Diseases of the musculoskeletal system and connective tissue — Maladies du système ostéo-articularie, des muscles et du tissu conjonctif	2	2	-	4	1	7	44	85
Diseases of the genitourinary system — Maladies de l'appareil génito-urinaire								
Total	2	4	5	5	55	32	291	224
Disorders of kidney and ureter — Affections du rein et de l'uretère	1	4	5	4	41	29	231	177
Hyperplasia of prostate — Hyperplasie de la prostate	-	..	-	..	8	..	9	..
Pregnancy, childbirth and the puerperium — Grossesse, accouchement et puerpéralité								
Total	..	1	..	4	..	20	..	123
Pregnancy with abortive outcome — Grossesse se terminant par un avortement	..	-	..	-	..	4	..	31
Other direct obstetric causes — Autres décès maternels directs	..	1	..	4	..	13	..	77
Indirect obstetric causes — Décès maternels indirects	..	-	..	-	..	3	..	15
Certain conditions originating in the perinatal period — Certaines affections dont l'origine se situe dans la période périnatale	17	18	24	16	91	72	584	429
Congenital malformations, deformations and chromosomal abnormalities — Malformations congénitales et anomalies chromosomiques	5	4	9	6	29	23	219	177
Symptoms, signs and abnormal clinical and laboratory findings, not elsewhere classified — Symptômes, signes et résultats anormaux d'examens cliniques et de laboratoire, non classés ailleurs	76	40	37	43	22	12	1 694	1 510
All other diseases — Toutes autres maladies	2	-	2	-	1	1	13	12
External causes — Causes externes								
Total	106	29	105	25	597	158	2 062	499
Accidents								
Total	63	21	63	19	242	58	1 196	336
Transport accidents — Accidents de transport	16	5	21	4	143	29	699	173
Falls — Chutes	4	-	2	-	14	3	52	18
Accidental drowning and submersion — Noyade et submersion accidentelles	15	1	15	5	37	2	113	12
Exposure to smoke, fire and flames — Exposition à la fumée, au feu et aux flammes	3	1	5	2	3	4	13	12
Accidental poisoning by and exposure to noxious substances — Intoxication accidentelle par des substances nocives et exposition à ces substances	9	8	3	1	-	1	15	5
Intentional self-harm — Lésions auto-infligées	10	3	15	5	152	50	184	70
Assault — Agresssions	22	2	22	1	134	25	597	60
All other external causes — Toutes autres causes externes	11	3	5	-	69	25	85	33

20. Death and death rates by cause and sex: 2006 - 2010
Décès et taux de mortalité par cause et sexe : 2006 - 2010 (continued - suite)

Cause of death — Cause de décès	Paraguay		Peru - Pérou		Venezuela (Bolivarian Republic of) - Venezuela (République bolivarienne du)			
	2008 (+U)		2007 (+U)		2006 (C)			
	Male — Masculin	Female — Féminin	Male — Masculin	Female — Féminin	Male — Masculin		Female — Féminin	
	Number Nombre	Number Nombre	Number Nombre	Number Nombre	Number Nombre	Rate Taux	Number Nombre	Rate Taux
TOTAL	*13 058*	*10 268*	*47 080*	*40 416*	74 431	548.5	47 242	351.0
Certain infectious and parasitic diseases — Certaines maladies infectieuses et parasitaires								
Total	*598*	*432*	*4 952*	*4 132*	3 554	26.2	2 126	15.8
Intestinal infectious diseases — Maladies infectieuses intestinales	*84*	*69*	*276*	*243*	779	5.7	672	5.0
Tuberculosis — Tuberculose	*117*	*42*	*935*	*529*	431	3.2	191	1.4
Tetanus — Tétanos	*5*	*1*	*7*	*3*	5	♦0.0	3	♦0.0
Diphtheria — Diphtérie..	-	-	-	-	-	-	-	-
Whooping cough — Coqueluche	-	*1*	*1*	*1*	21	♦0.2	11	♦0.1
Meningococcal infection — Infection à méningocoques..................	*2*	-	*2*	*2*	10	♦0.1	3	♦0.0
Septicaemia — Septicémie..	*205*	*213*	*2 894*	*2 962*	357	2.6	349	2.6
Acute poliomyelitis — Poliomyélite aiguë	-	-	*2*	*1*	-	-	-	-
Measles — Rougeole..	-	-	-	-	-	-	-	-
Viral hepatitis — Hépatite virale..	*4*	*3*	*86*	*48*	56	0.4	48	0.4
Human immunodeficiency virus [HIV] disease — Maladies dues au virus de l'immunodéficience humaine (VIH)..	*105*	*67*	*547*	*182*	1 188	8.8	380	2.8
Malaria — Paludisme..	-	-	*3*	*2*	10	♦0.1	1	♦0.0
Neoplasms — Tumeurs	*1 768*	*1 628*	*7 721*	*8 859*	10 248	75.5	9 826	73.0
Malignant neoplasms — Tumeurs malignes								
Total	*1 663*	*1 555*	*7 720*	*8 858*	9 421	69.4	9 134	67.9
Malignant neoplasm of lip, oral cavity and pharynx — Tumeur maligne de la lèvre, de la cavité buccale et du pharynx	*48*	*11*	*97*	*73*	209	1.5	122	0.9
Malignant neoplasm of oesophagus — Tumeur maligne de l'oesophage	*67*	*25*	*133*	*67*	205	1.5	58	0.4
Malignant neoplasm of stomach — Tumeur maligne de l'estomac	*138*	*83*	*1 340*	*1 295*	1 141	8.4	679	5.0
Malignant neoplasm of colon, rectosigmoid junction, rectum, anus and anal canal — Tumeur maligne du côlon, de la jonction recto-sigmoïdienne, du rectum, de l'anus et du canal anal..	*121*	*130*	*426*	*538*	614	4.5	621	4.6
Malignant neoplasm of liver and intrahepatic bile ducts — Tumeur maligne du foie et des voies bilaires intrahépatiques	*46*	*44*	*509*	*637*	405	3.0	358	2.7
Malignant neoplasm of pancreas — Tumeur maligne du pancréas..................	*68*	*72*	*309*	*374*	334	2.5	351	2.6
Malignant neoplasm of trachea, bronchus and lung — Tumeur maligne de la trachée, des bronches et du poumon..	*320*	*67*	*835*	*691*	1 751	12.9	999	7.4
Malignant neoplasm of female breast — Tumeur maligne du sein chez la femme	..	*277*	..	*756*	..	..	1 415	15.1
Malignant neoplasm of cervix uteri — Tumeur maligne du col de l'utérus.........	..	*227*	..	*890*	..	..	1 251	13.3
Malignant neoplasm of prostate — Tumeur maligne de la prostate	*306*	..	*1 215*	..	1 829	88.4	..	..
Malignant neoplasm of lymphoid, haematopoietic and related tissue — Tumeurs malignes primitives ou présumées primitives des tissus lymphoïde, hématopoïétique et apparentés..	*183*	*145*	*836*	*675*	926	6.8	795	5.9
Disorders of the blood and blood-forming organs and certain disorders involving the immune mechanism — Maladies du sang et des organes hématopoïétiques et certains troubles du système immunitaire								
Total	*50*	*35*	*228*	*234*	151	1.1	143	1.1
Anaemias — Anémies	*25*	*20*	*218*	*213*	103	0.8	97	0.7
Endocrine, nutritional and metabolic diseases — Maladies endocriniennes, nutritionnelles et métaboliques								
Total	*790*	*1 126*	*1 614*	*1 854*	3 924	28.9	4 221	31.4
Diabetes mellitus — Diabète sucré..	*626*	*979*	*999*	*1 118*	3 436	25.3	3 748	27.8
Malnutrition — Malnutrition	*119*	*97*	*562*	*677*	347	2.6	279	2.1
Mental and behavioural disorders — Troubles mentaux et du comportement	*16*	*5*	-	-	99	0.7	13	♦0.1
Diseases of the nervous system — Maladies du système nerveux..................	*187*	*165*	*476*	*358*	1 081	8.0	772	5.7
Diseases of the circulatory system — Maladies de l'appareil circulatoire								
Total	*3 217*	*2 966*	*8 665*	*8 129*	20 276	149.4	16 494	122.5
Acute rheumatic fever and chronic rheumatic heart diseases — Rhumatisme articulaire aigu et cardiopathies rhumatismales chroniques	*11*	*17*	*36*	*57*	70	0.5	83	0.6
Hypertensive diseases — Maladies hypertensives..	*331*	*345*	*1 553*	*1 580*	2 345	17.3	2 378	17.7
Ischaemic heart disease — Cardiopathie ischémique..	*1 114*	*838*	*2 695*	*2 024*	11 066	81.5	7 335	54.5

Cause of death — Cause de décès	Paraguay		Peru - Pérou		Venezuela (Bolivarian Republic of) - Venezuela (République bolivarienne du)			
	2008 (+U)		2007 (+U)		2006 (C)			
	Male — Masculin	Female — Féminin	Male — Masculin	Female — Féminin	Male — Masculin		Female — Féminin	
	Number Nombre	Number Nombre	Number Nombre	Number Nombre	Number Nombre	Rate Taux	Number Nombre	Rate Taux
Cerebrovascular disease — Maladie cérébrovasculaire..........................	1 054	1 055	2 272	2 121	4 685	34.5	4 712	35.0
Diseases of arteries, arterioles and capillaries — Maladies des artères, artérioles et capillaires	78	54	292	287	350	2.6	294	2.2
Diseases of the respiratory system — Maladies de l'appareil respiratoire								
Total	728	489	8 236	7 313	4 094	30.2	3 376	25.1
Influenza — Grippe........	2	4	7	-	6	♦0.0	11	♦0.1
Pneumonia — Pneumopathies	320	260	4 953	4 667	1 564	11.5	1 275	9.5
Chronic lower respiratory diseases — Maladies chroniques des voies respiratoires inférieures	184	68	869	744	1 796	13.2	1 433	10.6
Diseases of the digestive system — Maladies de l'appareil digestif								
Total	617	375	4 014	2 613	3 279	24.2	1 771	13.2
Gastric and duodenal ulcer — Ulcère de l'estomac et du duodénum................	37	25	179	167	268	2.0	183	1.4
Diseases of the liver — Maladies du foie........	259	68	2 293	1 228	1 958	14.4	527	3.9
Diseases of the musculoskeletal system and connective tissue — Maladies du système ostéo-articularie, des muscles et du tissu conjonctif	30	65	78	119	106	0.8	348	2.6
Diseases of the genitourinary system — Maladies de l'appareil génito-urinaire								
Total	326	251	2 152	2 064	1 098	8.1	783	5.8
Disorders of kidney and ureter — Affections du rein et de l'uretère	265	194	1 928	1 916	866	6.4	654	4.9
Hyperplasia of prostate — Hyperplasie de la prostate........	18	..	67	..	112	5.4	..	..
Pregnancy, childbirth and the puerperium — Grossesse, accouchement et puerpéralité								
Total	..	117	..	155	..	..	356	55.1
Pregnancy with abortive outcome — Grossesse se terminant par un avortement	..	25	..	7	..	..	55	8.5
Other direct obstetric causes — Autres décès maternels directs	..	69	..	145	..	..	199	30.8
Indirect obstetric causes — Décès maternels indirects	..	23	..	2	..	..	100	15.5
Certain conditions originating in the perinatal period — Certaines affections dont l'origine se situe dans la période périnatale	541	414	1 354	1 018	2 889	868.1	2 072	661.1
Congenital malformations, deformations and chromosomal abnormalities — Malformations congénitales et anomalies chromosomiques	180	156	583	523	1 171	351.9	1 043	332.8
Symptoms, signs and abnormal clinical and laboratory findings, not elsewhere classified — Symptômes, signes et résultats anormaux d'examens cliniques et de laboratoire, non classés ailleurs	1 696	1 543	128	103	340	2.5	466	3.5
All other diseases — Toutes autres maladies........	13	10	17	22	11	♦0.1	6	♦0.0
External causes — Causes externes								
Total	2 301	491	6 862	2 920	22 110	162.9	3 426	25.5
Accidents								
Total	1 496	358	5 411	2 343	7 254	53.5	2 124	15.8
Transport accidents — Accidents de transport	978	199	1 634	586	4 983	36.7	1 307	9.7
Falls — Chutes	38	10	149	57	544	4.0	244	1.8
Accidental drowning and submersion — Noyade et submersion accidentelles........	105	15	334	99	435	3.2	118	0.9
Exposure to smoke, fire and flames — Exposition à la fumée, au feu et aux flammes........	23	10	56	34	61	0.4	23	♦0.2
Accidental poisoning by and exposure to noxious substances — Intoxication accidentelle par des substances nocives et exposition à ces substances	69	8	291	93	71	0.5	22	♦0.2
Intentional self-harm — Lésions auto-infligées........	160	62	266	141	780	5.7	163	1.2
Assault — Agresssions........	567	42	388	76	8 336	61.4	482	3.6
All other external causes — Toutes autres causes externes	78	29	797	360	5 740	42.3	657	4.9

Cause of death — Cause de décès	Venezuela (Bolivarian Republic of) - Venezuela (République bolivarienne du)				Armenia - Arménie			
	2007 (C)				2008 (U)		2009 (U)	
	Male — Masculin		Female — Féminin		Male — Masculin	Female — Féminin	Male — Masculin	Female — Féminin
	Number Nombre	Rate Taux	Number Nombre	Rate Taux	Number Nombre	Number Nombre	Number Nombre	Number Nombre
TOTAL	79 154	573.9	48 305	352.8	*14 314*	*13 098*	*14 253*	*13 307*
Certain infectious and parasitic diseases — Certaines maladies infectieuses et parasitaires								
Total	3 712	26.9	2 177	15.9	*221*	*56*	*214*	*64*
Intestinal infectious diseases — Maladies infectieuses intestinales	673	4.9	621	4.5	*9*	*5*	*7*	*7*
Tuberculosis — Tuberculose	444	3.2	225	1.6	*153*	*19*	*129*	*18*
Tetanus — Tétanos	7	♦0.1	5	♦0.0	*-*	*-*	*-*	*-*
Diphtheria — Diphtérie.............................	-	-	-	-	*-*	*-*	*-*	*-*
Whooping cough — Coqueluche	3	♦0.0	5	♦0.0	*-*	*-*	*-*	*-*
Meningococcal infection — Infection à méningocoques ...	7	♦0.1	9	♦0.1	*1*	*-*	*1*	*-*
Septicaemia — Septicémie	470	3.4	411	3.0	*21*	*13*	*28*	*16*
Acute poliomyelitis — Poliomyélite aiguë	-	-	-	-	*-*	*-*	*-*	*-*
Measles — Rougeole	-	-	1	♦0.0	*1*	*-*	*-*	*-*
Viral hepatitis — Hépatite virale....................	64	0.5	49	0.4	*6*	*8*	*24*	*6*
Human immunodeficiency virus [HIV] disease — Maladies dues au virus de l'immunodéficience humaine (VIH)............	1 288	9.3	382	2.8	*10*	*3*	*10*	*3*
Malaria — Paludisme..............................	11	♦0.1	5	♦0.0	*-*	*-*	*-*	*-*
Neoplasms — Tumeurs	10 700	77.6	10 139	74.1	*3 103*	*2 402*	*3 022*	*2 391*
Malignant neoplasms — Tumeurs malignes								
Total	9 884	71.7	9 370	68.4	*2 627*	*2 030*	*2 572*	*2 006*
Malignant neoplasm of lip, oral cavity and pharynx — Tumeur maligne de la lèvre, de la cavité buccale et du pharynx ...	256	1.9	113	0.8	*48*	*16*	*54*	*10*
Malignant neoplasm of oesophagus — Tumeur maligne de l'oesophage	197	1.4	78	0.6	*31*	*14*	*30*	*15*
Malignant neoplasm of stomach — Tumeur maligne de l'estomac	1 219	8.8	732	5.3	*314*	*184*	*288*	*167*
Malignant neoplasm of colon, rectosigmoid junction, rectum, anus and anal canal — Tumeur maligne du côlon, de la jonction recto-sigmoïdienne, du rectum, de l'anus et du canal anal............	648	4.7	690	5.0	*168*	*204*	*179*	*193*
Malignant neoplasm of liver and intrahepatic bile ducts — Tumeur maligne du foie et des voies bilaires intrahépatiques	426	3.1	364	2.7	*224*	*187*	*192*	*186*
Malignant neoplasm of pancreas — Tumeur maligne du pancréas...................	337	2.4	385	2.8	*192*	*176*	*164*	*165*
Malignant neoplasm of trachea, bronchus and lung — Tumeur maligne de la trachée, des bronches et du poumon	1 806	13.1	1 152	8.4	*1 008*	*226*	*987*	*227*
Malignant neoplasm of female breast — Tumeur maligne du sein chez la femme	..	..	1 465	15.3	*..*	*486*	*..*	*497*
Malignant neoplasm of cervix uteri — Tumeur maligne du col de l'utérus.........	..	..	1 215	12.7	*..*	*65*	*..*	*63*
Malignant neoplasm of prostate — Tumeur maligne de la prostate	1 873	87.0	..	..	*164*	*..*	*174*	*..*
Malignant neoplasm of lymphoid, haematopoietic and related tissue — Tumeurs malignes primitives ou présumées primitives des tissus lymphoïde, hématopoïétique et apparentés	946	6.9	750	5.5	*...*	*...*	*...*	*...*
Disorders of the blood and blood-forming organs and certain disorders involving the immune mechanism — Maladies du sang et des organes hématopoïétiques et certains troubles du système immunitaire								
Total	200	1.5	154	1.1	*5*	*6*	*7*	*7*
Anaemias — Anémies	143	1.0	106	0.8	*3*	*5*	*3*	*2*
Endocrine, nutritional and metabolic diseases — Maladies endocriniennes, nutritionnelles et métaboliques								
Total	4 295	31.1	4 443	32.5	*485*	*883*	*552*	*885*
Diabetes mellitus — Diabète sucré...................	3 829	27.8	3 999	29.2	*453*	*855*	*520*	*856*
Malnutrition — Malnutrition	328	2.4	283	2.1	*...*	*...*	*...*	*...*
Mental and behavioural disorders — Troubles mentaux et du comportement	72	0.5	10	♦0.1	*4*	*4*	*1*	*3*
Diseases of the nervous system — Maladies du système nerveux.................	1 033	7.5	782	5.7	*78*	*70*	*79*	*64*
Diseases of the circulatory system — Maladies de l'appareil circulatoire								
Total	21 044	152.6	16 695	121.9	*6 682*	*6 999*	*6 479*	*7 046*
Acute rheumatic fever and chronic rheumatic heart diseases — Rhumatisme articulaire aigu et cardiopathies rhumatismales chroniques	58	0.4	65	0.5	*36*	*64*	*35*	*88*
Hypertensive diseases — Maladies hypertensives.....................	2 269	16.5	2 289	16.7	*296*	*524*	*373*	*630*
Ischaemic heart disease — Cardiopathie ischémique........	11 808	85.6	7 500	54.8	*4 297*	*3 849*	*4 150*	*3 875*

Cause of death — Cause de décès	Venezuela (Bolivarian Republic of) - Venezuela (République bolivarienne du) 2007 (C)				Armenia - Arménie 2008 (U)		2009 (U)	
	Male — Masculin		Female — Féminin		Male — Masculin	Female — Féminin	Male — Masculin	Female — Féminin
	Number Nombre	Rate Taux	Number Nombre	Rate Taux	Number Nombre	Number Nombre	Number Nombre	Number Nombre
Cerebrovascular disease — Maladie cérébrovasculaire....................................	4 806	34.8	4 892	35.7	1 446	1 975	1 300	1 864
Diseases of arteries, arterioles and capillaries — Maladies des artères, artérioles et capillaires	370	2.7	322	2.4	...	...	...	...
Diseases of the respiratory system — Maladies de l'appareil respiratoire								
Total	4 114	29.8	3 712	27.1	973	819	1 034	751
Influenza — Grippe	13	♦0.1	8	♦0.1	-	-	4	-
Pneumonia — Pneumopathies.........................	1 591	11.5	1 453	10.6	270	278	253	216
Chronic lower respiratory diseases — Maladies chroniques des voies respiratoires inférieures	1 842	13.4	1 600	11.7	639	507	700	495
Diseases of the digestive system — Maladies de l'appareil digestif								
Total	3 598	26.1	1 744	12.7	832	689	875	747
Gastric and duodenal ulcer — Ulcère de l'estomac et du duodénum...............	302	2.2	174	1.3	108	67	101	81
Diseases of the liver — Maladies du foie............	2 268	16.4	517	3.8	557	442	610	440
Diseases of the musculoskeletal system and connective tissue — Maladies du système ostéo-articularie, des muscles et du tissu conjonctif	87	0.6	425	3.1	25	31	23	44
Diseases of the genitourinary system — Maladies de l'appareil génito-urinaire								
Total	1 156	8.4	781	5.7	314	217	397	320
Disorders of kidney and ureter — Affections du rein et de l'uretère	944	6.8	698	5.1	...	...	...	...
Hyperplasia of prostate — Hyperplasie de la prostate....................................	134	6.2	..	..	...	..	...	..
Pregnancy, childbirth and the puerperium — Grossesse, accouchement et puerpéralité								
Total	..	..	332	54.0	..	16	..	12
Pregnancy with abortive outcome — Grossesse se terminant par un avortement	..	..	45	7.3	..	2	..	1
Other direct obstetric causes — Autres décès maternels directs....................	..	..	205	33.3	..	8	..	7
Indirect obstetric causes — Décès maternels indirects.............................	..	..	82	13.3	..	4	..	3
Certain conditions originating in the perinatal period — Certaines affections dont l'origine se situe dans la période périnatale	2 947	930.7	2 032	680.2	147	66	109	88
Congenital malformations, deformations and chromosomal abnormalities — Malformations congénitales et anomalies chromosomiques	1 202	379.6	1 007	337.1	104	93	180	132
Symptoms, signs and abnormal clinical and laboratory findings, not elsewhere classified — Symptômes, signes et résultats anormaux d'examens cliniques et de laboratoire, non classés ailleurs	374	2.7	388	2.8	350	409	360	433
All other diseases — Toutes autres maladies..	6	♦0.0	10	♦0.1	2	6	8	11
External causes — Causes externes								
Total	24 614	178.5	3 474	25.4	989	332	913	309
Accidents								
Total	8 306	60.2	2 164	15.8	...	...	...	...
Transport accidents — Accidents de transport..	6 083	44.1	1 434	10.5	164	38	145	34
Falls — Chutes	508	3.7	239	1.7	16	-	8	6
Accidental drowning and submersion — Noyade et submersion accidentelles............	429	3.1	96	0.7	26	-	24	2
Exposure to smoke, fire and flames — Exposition à la fumée, au feu et aux flammes............	78	0.6	17	♦0.1	8	5	4	5
Accidental poisoning by and exposure to noxious substances — Intoxication accidentelle par des substances nocives et exposition à ces substances............	85	0.6	50	0.4	9	9	9	4
Intentional self-harm — Lésions auto-infligées.............................	730	5.3	166	1.2	44	19	43	10
Assault — Agresssions..................................	8 986	65.2	483	3.5	40	16	42	13
All other external causes — Toutes autres causes externes	6 592	47.8	661	4.8	...	...	...	...

20. Death and death rates by cause and sex: 2006 - 2010
Décès et taux de mortalité par cause et sexe : 2006 - 2010 (continued - suite)

Cause of death — Cause de décès	Azerbaijan - Azerbaïdjan		Bahrain - Bahreïn			
	2007 (U)		2008 (C)			
	Male — Masculin	Female — Féminin	Male — Masculin		Female — Féminin	
	Number Nombre	Number Nombre	Number Nombre	Rate Taux	Number Nombre	Rate Taux
TOTAL	*26 517*	*23 922*	1 469	216.7	921	214.9
Certain infectious and parasitic diseases — Certaines maladies infectieuses et parasitaires						
Total	*309*	*110*	39	5.8	33	7.7
Intestinal infectious diseases — Maladies infectieuses intestinales	*22*	*12*	5	♦0.7	2	♦0.5
Tuberculosis — Tuberculose	*236*	*53*	4	♦0.6	2	♦0.5
Tetanus — Tétanos	*1*	*1*	-	-	-	-
Diphtheria — Diphtérie...............	-	-	-	-	-	-
Whooping cough — Coqueluche	-	-	-	-	-	-
Meningococcal infection — Infection à méningocoques...............	-	-	-	-	-	-
Septicaemia — Septicémie...............	*21*	*26*	15	♦2.2	20	♦4.7
Acute poliomyelitis — Poliomyélite aiguë	-	*1*	-	-	-	-
Measles — Rougeole...............	-	-	-	-	-	-
Viral hepatitis — Hépatite virale...............	*12*	*2*	7	♦1.0	4	♦0.9
Human immunodeficiency virus [HIV] disease — Maladies dues au virus de l'immunodéficience humaine (VIH)	-	-	5	♦0.7	5	♦1.2
Malaria — Paludisme...............	-	-	-	-	-	-
Neoplasms — Tumeurs	*2 816*	*2 216*	134	19.8	122	28.5
Malignant neoplasms — Tumeurs malignes						
Total	*2 808*	*2 211*	129	19.0	120	28.0
Malignant neoplasm of lip, oral cavity and pharynx — Tumeur maligne de la lèvre, de la cavité buccale et du pharynx	*51*	*27*	3	♦0.4	1	♦0.2
Malignant neoplasm of oesophagus — Tumeur maligne de l'oesophage	*131*	*94*	3	♦0.4	-	-
Malignant neoplasm of stomach — Tumeur maligne de l'estomac	*379*	*229*	11	♦1.6	6	♦1.4
Malignant neoplasm of colon, rectosigmoid junction, rectum, anus and anal canal — Tumeur maligne du côlon, de la jonction recto-sigmoïdienne, du rectum, de l'anus et du canal anal	*105*	*118*	8	♦1.2	9	♦2.1
Malignant neoplasm of liver and intrahepatic bile ducts — Tumeur maligne du foie et des voies biliaires intrahépatiques	*145*	*115*	2	♦0.3	3	♦0.7
Malignant neoplasm of pancreas — Tumeur maligne du pancréas...............	*58*	*52*	8	♦1.2	3	♦0.7
Malignant neoplasm of trachea, bronchus and lung — Tumeur maligne de la trachée, des bronches et du poumon	*428*	*119*	30	♦4.4	19	♦4.4
Malignant neoplasm of female breast — Tumeur maligne du sein chez la femme	..	*251*	..	..	30	♦9.4
Malignant neoplasm of cervix uteri — Tumeur maligne du col de l'utérus...............	..	*67*	..	..	3	♦0.9
Malignant neoplasm of prostate — Tumeur maligne de la prostate	*100*	..	9	♦12.0	..	..
Malignant neoplasm of lymphoid, haematopoietic and related tissue — Tumeurs malignes primitives ou présumées primitives des tissus lymphoïde, hématopoïétique et apparentés	*162*	*88*	16	♦2.4	13	♦3.0
Disorders of the blood and blood-forming organs and certain disorders involving the immune mechanism — Maladies du sang et des organes hématopoïétiques et certains troubles du système immunitaire						
Total	*90*	*63*	23	♦3.4	15	♦3.5
Anaemias — Anémies	*78*	*49*	17	♦2.5	12	♦2.8
Endocrine, nutritional and metabolic diseases — Maladies endocriniennes, nutritionnelles et métaboliques						
Total	*301*	*488*	118	17.4	107	25.0
Diabetes mellitus — Diabète sucré...............	*283*	*465*	103	15.2	95	22.2
Malnutrition — Malnutrition	*8*	*8*	1	♦0.1	2	♦0.5
Mental and behavioural disorders — Troubles mentaux et du comportement...............	*17*	*11*	2	♦0.3	1	♦0.2
Diseases of the nervous system — Maladies du système nerveux...............	*739*	*681*	26	♦3.8	20	♦4.7
Diseases of the circulatory system — Maladies de l'appareil circulatoire						
Total	*13 534*	*14 110*	372	54.9	234	54.6
Acute rheumatic fever and chronic rheumatic heart diseases — Rhumatisme articularie aigu et cardiopathies rhumatismales chroniques	*18*	*13*	2	♦0.3	1	♦0.2
Hypertensive diseases — Maladies hypertensives...............	*250*	*340*	77	11.4	88	20.5
Ischaemic heart disease — Cardiopathie ischémique...............	*3 380*	*2 695*	70	10.3	43	10.0
Cerebrovascular disease — Maladie cérébrovasculaire...............	*3 959*	*5 130*	39	5.8	32	7.5
Diseases of arteries, arterioles and capillaries — Maladies des artères, artérioles et capillaires	*83*	*75*	6	♦0.9	2	♦0.5

Cause of death — Cause de décès	Azerbaijan - Azerbaïdjan 2007 (U)		Bahrain - Bahreïn 2008 (C)			
	Male — Masculin	Female — Féminin	Male — Masculin		Female — Féminin	
	Number Nombre	Number Nombre	Number Nombre	Rate Taux	Number Nombre	Rate Taux
Diseases of the respiratory system — Maladies de l'appareil respiratoire						
Total	1 579	1 488	114	16.8	72	16.8
Influenza — Grippe	2	4	-	-	-	-
Pneumonia — Pneumopathies	535	591	35	5.2	30	♦7.0
Chronic lower respiratory diseases — Maladies chroniques des voies respiratoires inférieures	163	131	40	5.9	16	♦3.7
Diseases of the digestive system — Maladies de l'appareil digestif						
Total	1 813	1 515	39	5.8	31	7.2
Gastric and duodenal ulcer — Ulcère de l'estomac et du duodénum	29	13	2	♦0.3	2	♦0.5
Diseases of the liver — Maladies du foie	1 453	1 251	19	♦2.8	7	♦1.6
Diseases of the musculoskeletal system and connective tissue — Maladies du système ostéo-articularie, des muscles et du tissu conjonctif	4	7	1	♦0.1	6	♦1.4
Diseases of the genitourinary system — Maladies de l'appareil génito-urinaire						
Total	663	509	78	11.5	51	11.9
Disorders of kidney and ureter — Affections du rein et de l'uretère	631	507	66	9.7	36	8.4
Hyperplasia of prostate — Hyperplasie de la prostate	29	..	-	-	..	..
Pregnancy, childbirth and the puerperium — Grossesse, accouchement et puerpéralité						
Total	..	30	..	..	3	♦17.6
Pregnancy with abortive outcome — Grossesse se terminant par un avortement	..	-	..	..	-	-
Other direct obstetric causes — Autres décès maternels directs	..	24	..	..	3	♦17.6
Indirect obstetric causes — Décès maternels indirects	..	6	..	..	-	-
Certain conditions originating in the perinatal period — Certaines affections dont l'origine se situe dans la période périnatale	447	263	27	♦311.2	31	371.5
Congenital malformations, deformations and chromosomal abnormalities — Malformations congénitales et anomalies chromosomiques	93	70	23	♦265.1	22	♦263.6
Symptoms, signs and abnormal clinical and laboratory findings, not elsewhere classified — Symptômes, signes et résultats anormaux d'examens cliniques et de laboratoire, non classés ailleurs	2 361	1 836	275	40.6	125	29.2
All other diseases — Toutes autres maladies	6	5	9	♦1.3	11	♦2.6
External causes — Causes externes						
Total	1 745	520	189	27.9	37	8.6
Accidents						
Total	238	74	85	12.5	10	♦2.3
Transport accidents — Accidents de transport	61	26	82	12.1	9	♦2.1
Falls — Chutes	20	3	-	-	-	-
Accidental drowning and submersion — Noyade et submersion accidentelles	43	19	-	-	-	-
Exposure to smoke, fire and flames — Exposition à la fumée, au feu et aux flammes	10	10	-	-	-	-
Accidental poisoning by and exposure to noxious substances — Intoxication accidentelle par des substances nocives et exposition à ces substances	20	3	1	♦0.1	-	-
Intentional self-harm — Lésions auto-infligées	41	14	35	5.2	8	♦1.9
Assault — Agresssions	15	4	-	-	-	-
All other external causes — Toutes autres causes externes	1 451	428	69	10.2	19	♦4.4

20. Death and death rates by cause and sex: 2006 - 2010
Décès et taux de mortalité par cause et sexe : 2006 - 2010 (continued - suite)

Cause of death — Cause de décès	Bahrain - Bahreïn 2009 (C)				Brunei Darussalam - Brunéi Darussalam 2008 (+C)			
	Male — Masculin		Female — Féminin		Male — Masculin		Female — Féminin	
	Number Nombre	Rate Taux	Number Nombre	Rate Taux	Number Nombre	Rate Taux	Number Nombre	Rate Taux
TOTAL	1 451	198.2	936	209.7	636	301.4	455	243.3
Certain infectious and parasitic diseases — Certaines maladies infectieuses et parasitaires								
Total	45	6.1	40	9.0	28	♦13.3	19	♦10.2
Intestinal infectious diseases — Maladies infectieuses intestinales	2	♦0.3	5	♦1.1	-	-	-	-
Tuberculosis — Tuberculose	2	♦0.3	4	♦0.9	5	♦2.4	3	♦1.6
Tetanus — Tétanos	-	-	-	-	-	-	-	-
Diphtheria — Diphtérie	-	-	-	-	-	-	-	-
Whooping cough — Coqueluche	-	-	-	-	-	-	-	-
Meningococcal infection — Infection à méningocoques	-	-	-	-	-	-	-	-
Septicaemia — Septicémie	24	♦3.3	27	♦6.0	17	♦8.1	15	♦8.0
Acute poliomyelitis — Poliomyélite aiguë	-	-	-	-	-	-	-	-
Measles — Rougeole	-	-	-	-	-	-	-	-
Viral hepatitis — Hépatite virale	12	♦1.6	2	♦0.4	-	-	1	♦0.5
Human immunodeficiency virus [HIV] disease — Maladies dues au virus de l'immunodéficience humaine (VIH)	2	♦0.3	2	♦0.4	1	♦0.5	-	-
Malaria — Paludisme	-	-	-	-	-	-	-	-
Neoplasms — Tumeurs	115	15.7	103	23.1	107	50.7	97	51.9
Malignant neoplasms — Tumeurs malignes								
Total	110	15.0	103	23.1	104	49.3	97	51.9
Malignant neoplasm of lip, oral cavity and pharynx — Tumeur maligne de la lèvre, de la cavité buccale et du pharynx	2	♦0.3	-	-	2	♦0.9	3	♦1.6
Malignant neoplasm of oesophagus — Tumeur maligne de l'oesophage	2	♦0.3	1	♦0.2	-	-	2	♦1.1
Malignant neoplasm of stomach — Tumeur maligne de l'estomac	8	♦1.1	4	♦0.9	9	♦4.3	3	♦1.6
Malignant neoplasm of colon, rectosigmoid junction, rectum, anus and anal canal — Tumeur maligne du côlon, de la jonction recto-sigmoïdienne, du rectum, de l'anus et du canal anal	8	♦1.1	12	♦2.7	12	♦5.7	10	♦5.3
Malignant neoplasm of liver and intrahepatic bile ducts — Tumeur maligne du foie et des voies bilaires intrahépatiques	3	♦0.4	3	♦0.7	7	♦3.3	7	♦3.7
Malignant neoplasm of pancreas — Tumeur maligne du pancréas	11	♦1.5	4	♦0.9	5	♦2.4	1	♦0.5
Malignant neoplasm of trachea, bronchus and lung — Tumeur maligne de la trachée, des bronches et du poumon	21	♦2.9	11	♦2.5	31	14.7	19	♦10.2
Malignant neoplasm of female breast — Tumeur maligne du sein chez la femme	..	..	25	♦7.6	..	..	7	...
Malignant neoplasm of cervix uteri — Tumeur maligne du col de l'utérus	..	..	5	♦1.5	..	..	13	...
Malignant neoplasm of prostate — Tumeur maligne de la prostate	8	♦10.1	..	..	4	...	..	..
Malignant neoplasm of lymphoid, haematopoietic and related tissue — Tumeurs malignes primitives ou présumées primitives des tissus lymphoïde, hématopoïétique et apparentés	12	♦1.6	11	♦2.5	...	...	...	...
Disorders of the blood and blood-forming organs and certain disorders involving the immune mechanism — Maladies du sang et des organes hématopoïétiques et certains troubles du système immunitaire								
Total	13	♦1.8	21	♦4.7	-	-	1	♦0.5
Anaemias — Anémies	9	♦1.2	17	♦3.8	-	-	-	-
Endocrine, nutritional and metabolic diseases — Maladies endocriniennes, nutritionnelles et métaboliques								
Total	100	13.7	94	21.1	57	27.0	46	24.6
Diabetes mellitus — Diabète sucré	81	11.1	76	17.0	53	25.1	44	23.5
Malnutrition — Malnutrition	-	-	1	♦0.2	-	-	-	-
Mental and behavioural disorders — Troubles mentaux et du comportement	3	♦0.4	-	-	1	♦0.5	-	-
Diseases of the nervous system — Maladies du système nerveux	25	♦3.4	20	♦4.5	10	♦4.7	8	♦4.3
Diseases of the circulatory system — Maladies de l'appareil circulatoire								
Total	404	55.2	208	46.6	197	93.4	139	74.3
Acute rheumatic fever and chronic rheumatic heart diseases — Rhumatisme articulaire aigu et cardiopathies rhumatismales chroniques	1	♦0.1	1	♦0.2	-	-	-	-
Hypertensive diseases — Maladies hypertensives	51	7.0	56	12.5	12	♦5.7	12	♦6.4
Ischaemic heart disease — Cardiopathie ischémique	66	9.0	36	8.1	86	40.8	49	26.2
Cerebrovascular disease — Maladie cérébrovasculaire	35	4.8	30	♦6.7	54	25.6	39	20.9

Cause of death — Cause de décès	Bahrain - Bahreïn 2009 (C)				Brunei Darussalam - Brunéi Darussalam 2008 (+C)			
	Male — Masculin		Female — Féminin		Male — Masculin		Female — Féminin	
	Number Nombre	Rate Taux	Number Nombre	Rate Taux	Number Nombre	Rate Taux	Number Nombre	Rate Taux
Diseases of arteries, arterioles and capillaries — Maladies des artères, artérioles et capillaires	2	♦0.3	2	♦0.4	...	...	...	...
Diseases of the respiratory system — Maladies de l'appareil respiratoire								
Total	99	13.5	77	17.2	86	40.8	46	24.6
Influenza — Grippe	-	-	-	-	-	-	-	-
Pneumonia — Pneumopathies	39	5.3	31	6.9	39	18.5	14	♦7.5
Chronic lower respiratory diseases — Maladies chroniques des voies respiratoires inférieures	24	♦3.3	21	♦4.7	25	♦11.8	16	♦8.6
Diseases of the digestive system — Maladies de l'appareil digestif								
Total	45	6.1	23	♦5.2	20	♦9.5	11	♦5.9
Gastric and duodenal ulcer — Ulcère de l'estomac et du duodénum	4	♦0.5	2	♦0.4	3	♦1.4	-	-
Diseases of the liver — Maladies du foie	18	♦2.5	6	♦1.3	9	♦4.3	4	♦2.1
Diseases of the musculoskeletal system and connective tissue — Maladies du système ostéo-articularie, des muscles et du tissu conjonctif	3	♦0.4	4	♦0.9	1	♦0.5	2	♦1.1
Diseases of the genitourinary system — Maladies de l'appareil génito-urinaire								
Total	70	9.6	68	15.2	31	14.7	15	♦8.0
Disorders of kidney and ureter — Affections du rein et de l'uretère	58	7.9	43	9.6	...	...	...	...
Hyperplasia of prostate — Hyperplasie de la prostate	-	-	..	..	...	...	...	..
Pregnancy, childbirth and the puerperium — Grossesse, accouchement et puerpéralité								
Total	..	..	3	♦16.8	..	..	-	-
Pregnancy with abortive outcome — Grossesse se terminant par un avortement	..	..	-	-	..	..	-	-
Other direct obstetric causes — Autres décès maternels directs	..	..	2	♦11.2	..	..	-	-
Indirect obstetric causes — Décès maternels indirects	..	..	1	♦5.6	..	..	-	-
Certain conditions originating in the perinatal period — Certaines affections dont l'origine se situe dans la période périnatale	37	407.0	29	♦331.4	8	♦240.1	12	♦388.1
Congenital malformations, deformations and chromosomal abnormalities — Malformations congénitales et anomalies chromosomiques	27	♦297.0	20	♦228.5	11	♦330.1	9	♦291.1
Symptoms, signs and abnormal clinical and laboratory findings, not elsewhere classified — Symptômes, signes et résultats anormaux d'examens cliniques et de laboratoire, non classés ailleurs	268	36.6	184	41.2	24	♦11.4	25	♦13.4
All other diseases — Toutes autres maladies	9	♦1.2	12	♦2.7	-	-	1	♦0.5
External causes — Causes externes								
Total	188	25.7	30	♦6.7	55	26.1	24	♦12.8
Accidents								
Total	89	12.2	10	♦2.2	...	...	...	...
Transport accidents — Accidents de transport	86	11.7	10	♦2.2	23	♦10.9	10	♦5.3
Falls — Chutes	-	-	-	-	5	♦2.4	-	-
Accidental drowning and submersion — Noyade et submersion accidentelles	-	-	-	-	9	♦4.3	2	♦1.1
Exposure to smoke, fire and flames — Exposition à la fumée, au feu et aux flammes	-	-	-	-	2	♦0.9	7	♦3.7
Accidental poisoning by and exposure to noxious substances — Intoxication accidentelle par des substances nocives et exposition à ces substances	-	-	-	-	1	♦0.5	-	-
Intentional self-harm — Lésions auto-infligées	30	♦4.1	6	♦1.3	6	♦2.8	3	♦1.6
Assault — Agresssions	-	-	-	-	-	-	-	-
All other external causes — Toutes autres causes externes	69	9.4	14	♦3.1	...	...	...	...

20. Death and death rates by cause and sex: 2006 - 2010
Décès et taux de mortalité par cause et sexe : 2006 - 2010 (continued - suite)

Cause of death — Cause de décès	Brunei Darussalam - Brunéi Darussalam 2009 (+C)				China, Hong Kong SAR - Chine, Hong Kong RAS 2008 (...)		2009 (...)	
	Male — Masculin		Female — Féminin		Male — Masculin	Female — Féminin	Male — Masculin	Female — Féminin
	Number Nombre	Rate Taux	Number Nombre	Rate Taux	Number Nombre	Number Nombre	Number Nombre	Number Nombre
TOTAL	625	290.7	546	285.6	23 000	18 529	22 859	18 183
Certain infectious and parasitic diseases — Certaines maladies infectieuses et parasitaires								
Total	58	27.0	31	16.2	642	490	601	466
Intestinal infectious diseases — Maladies infectieuses intestinales	1	♦0.5	-	-	4	10	11	5
Tuberculosis — Tuberculose	10	♦4.7	1	♦0.5	165	54	144	54
Tetanus — Tétanos.......................................	-	-	-	-	-	-	-	-
Diphtheria — Diphtérie.	-	-	-	-	-	-	-	-
Whooping cough — Coqueluche	-	-	-	-	-	-	-	-
Meningococcal infection — Infection à méningocoques.........................	-	-	-	-	-	-	1	-
Septicaemia — Septicémie..............................	32	14.9	20	♦10.5	404	393	367	369
Acute poliomyelitis — Poliomyélite aiguë	-	-	-	-	-	-	-	-
Measles — Rougeole.	-	-	-	-	-	-	-	-
Viral hepatitis — Hépatite virale.......................	3	♦1.4	4	♦2.1	8	5	16	12
Human immunodeficiency virus [HIV] disease — Maladies dues au virus de l'immunodéficience humaine (VIH)...............	1	♦0.5	-	-	15	5	18	2
Malaria — Paludisme.....................................	-	-	-	-	-	-	-	-
Neoplasms — Tumeurs	117	54.4	102	53.3	7 662	5 077	7 828	5 306
Malignant neoplasms — Tumeurs malignes								
Total	115	53.5	100	52.3	7 517	4 939	7 682	5 157
Malignant neoplasm of lip, oral cavity and pharynx — Tumeur maligne de la lèvre, de la cavité buccale et du pharynx	3	♦1.4	3	♦1.6	395	134	415	142
Malignant neoplasm of oesophagus — Tumeur maligne de l'oesophage	1	♦0.5	1	♦0.5	270	73	269	59
Malignant neoplasm of stomach — Tumeur maligne de l'estomac	7	♦3.3	3	♦1.6	391	234	414	242
Malignant neoplasm of colon, rectosigmoid junction, rectum, anus and anal canal — Tumeur maligne du côlon, de la jonction recto-sigmoïdienne, du rectum, de l'anus et du canal anal....................	9	♦4.2	13	♦6.8	980	706	999	753
Malignant neoplasm of liver and intrahepatic bile ducts — Tumeur maligne du foie et des voies bilaires intrahépatiques	18	♦8.4	6	♦3.1	1 116	383	1 072	416
Malignant neoplasm of pancreas — Tumeur maligne du pancréas..................	2	♦0.9	-	-	234	192	249	200
Malignant neoplasm of trachea, bronchus and lung — Tumeur maligne de la trachée, des bronches et du poumon.............	23	♦10.7	14	♦7.3	2 302	1 195	2 465	1 227
Malignant neoplasm of female breast — Tumeur maligne du sein chez la femme	..	..	8	♦5.6	..	508	..	555
Malignant neoplasm of cervix uteri — Tumeur maligne du col de l'utérus.........	..	..	14	♦9.8	..	120	..	128
Malignant neoplasm of prostate — Tumeur maligne de la prostate	9	♦35.7	..	..	282	..	306	..
Malignant neoplasm of lymphoid, haematopoietic and related tissue — Tumeurs malignes primitives ou présumées primitives des tissus lymphoïde, hématopoïétique et apparentés................	...	...	...	...	412	335	398	324
Disorders of the blood and blood-forming organs and certain disorders involving the immune mechanism — Maladies du sang et des organes hématopoïétiques et certains troubles du système immunitaire								
Total	4	♦1.9	2	♦1.0	53	59	44	45
Anaemias — Anémies	1	♦0.5	1	♦0.5	23	35	20	22
Endocrine, nutritional and metabolic diseases — Maladies endocriniennes, nutritionnelles et métaboliques								
Total	60	27.9	59	30.9	287	380	252	349
Diabetes mellitus — Diabète sucré....................	50	23.3	50	26.2	227	321	214	278
Malnutrition — Malnutrition	-	-	-	-	3	6	2	5
Mental and behavioural disorders — Troubles mentaux et du comportement	-	-	2	♦1.0	183	321	261	386
Diseases of the nervous system — Maladies du système nerveux..............	7	♦3.3	6	♦3.1	165	149	191	134
Diseases of the circulatory system — Maladies de l'appareil circulatoire								
Total	175	81.4	158	82.6	5 736	5 597	5 503	5 093
Acute rheumatic fever and chronic rheumatic heart diseases — Rhumatisme articulaire aigu et cardiopathies rhumatismales chroniques	2	♦0.9	2	♦1.0	43	85	43	74
Hypertensive diseases — Maladies hypertensives....................	19	♦8.8	22	♦11.5	425	523	310	426
Ischaemic heart disease — Cardiopathie ischémique....................	86	40.0	49	25.6	2 485	2 092	2 455	1 905

Cause of death — Cause de décès	Brunei Darussalam - Brunéi Darussalam				China, Hong Kong SAR - Chine, Hong Kong RAS			
	2009 (+C)				2008 (...)		2009 (...)	
	Male — Masculin		Female — Féminin		Male — Masculin	Female — Féminin	Male — Masculin	Female — Féminin
	Number Nombre	Rate Taux	Number Nombre	Rate Taux	Number Nombre	Number Nombre	Number Nombre	Number Nombre
Cerebrovascular disease — Maladie cérébrovasculaire	37	17.2	60	31.4	1 843	1 848	1 764	1 679
Diseases of arteries, arterioles and capillaries — Maladies des artères, artérioles et capillaires	...	...	...	...	278	196	264	186
Diseases of the respiratory system — Maladies de l'appareil respiratoire								
Total	58	27.0	41	21.4	4 755	3 386	4 625	3 232
Influenza — Grippe	-	-	-	-	5	3	36	14
Pneumonia — Pneumopathies	15	♦7.0	5	♦2.6	2 925	2 561	2 876	2 436
Chronic lower respiratory diseases — Maladies chroniques des voies respiratoires inférieures	30	♦14.0	21	♦11.0	1 504	599	1 372	540
Diseases of the digestive system — Maladies de l'appareil digestif								
Total	9	♦4.2	17	♦8.9	882	699	834	694
Gastric and duodenal ulcer — Ulcère de l'estomac et du duodénum	-	-	-	-	78	51	60	44
Diseases of the liver — Maladies du foie	4	♦1.9	4	♦2.1	306	182	314	173
Diseases of the musculoskeletal system and connective tissue — Maladies du système ostéo-articularie, des muscles et du tissu conjonctif	1	♦0.5	5	♦2.6	54	70	55	84
Diseases of the genitourinary system — Maladies de l'appareil génito-urinaire								
Total	17	♦7.9	15	♦7.8	912	1 118	898	1 071
Disorders of kidney and ureter — Affections du rein et de l'uretère	...	...	...	...	717	754	733	751
Hyperplasia of prostate — Hyperplasie de la prostate	...	...	..	..	8	..	6	..
Pregnancy, childbirth and the puerperium — Grossesse, accouchement et puerpéralité								
Total	..	..	1	...	..	2	..	2
Pregnancy with abortive outcome — Grossesse se terminant par un avortement	..	..	-	...	..	-	..	-
Other direct obstetric causes — Autres décès maternels directs	..	..	1	...	..	2	..	2
Indirect obstetric causes — Décès maternels indirects	..	..	-	...	..	-	..	-
Certain conditions originating in the perinatal period — Certaines affections dont l'origine se situe dans la période périnatale	12	...	14	...	32	21	18	25
Congenital malformations, deformations and chromosomal abnormalities — Malformations congénitales et anomalies chromosomiques	14	...	11	...	40	38	51	42
Symptoms, signs and abnormal clinical and laboratory findings, not elsewhere classified — Symptômes, signes et résultats anormaux d'examens cliniques et de laboratoire, non classés ailleurs	39	18.1	57	29.8	344	352	422	413
All other diseases — Toutes autres maladies	1	♦0.5	-	-	113	144	87	92
External causes — Causes externes								
Total	53	24.7	25	♦13.1	1 140	626	1 189	749
Accidents								
Total	...	...	...	...	553	231	471	295
Transport accidents — Accidents de transport	29	♦13.5	8	♦4.2	112	61	107	63
Falls — Chutes	5	♦2.3	1	♦0.5	139	59	116	81
Accidental drowning and submersion — Noyade et submersion accidentelles	3	♦1.4	2	♦1.0	17	4	30	10
Exposure to smoke, fire and flames — Exposition à la fumée, au feu et aux flammes	-	-	1	♦0.5	7	2	6	1
Accidental poisoning by and exposure to noxious substances — Intoxication accidentelle par des substances nocives et exposition à ces substances	1	♦0.5	-	-	170	19	94	31
Intentional self-harm — Lésions auto-infligées	-	-	2	♦1.0	535	343	626	398
Assault — Agresssions	-	-	-	-	5	18	14	25
All other external causes — Toutes autres causes externes	...	...	...	...	47	34	78	31

Cause of death — Cause de décès	Cyprus - Chypre				Georgia - Géorgie			
	2009 (U)		2010 (U)		2007 (C)			
	Male — Masculin	Female — Féminin	Male — Masculin	Female — Féminin	Male — Masculin		Female — Féminin	
	Number Nombre	Number Nombre	Number Nombre	Number Nombre	Number Nombre	Rate Taux	Number Nombre	Rate Taux
TOTAL	2 780	2 402	2 720	2 369	22 091	1 062.6	19 087	826.5
Certain infectious and parasitic diseases — Certaines maladies infectieuses et parasitaires								
Total	38	33	32	27	190	9.1	103	4.5
Intestinal infectious diseases — Maladies infectieuses intestinales	9	7	2	6	5	♦0.2	5	♦0.2
Tuberculosis — Tuberculose	-	-	1	-	99	4.8	30	♦1.3
Tetanus — Tétanos	-	-	-	-	-	-	-	-
Diphtheria — Diphtérie	-	-	-	-	1	♦0.0	-	-
Whooping cough — Coqueluche	-	-	-	-	-	-	-	-
Meningococcal infection — Infection à méningocoques	-	-	-	-	-	-	-	-
Septicaemia — Septicémie	24	20	26	13	53	2.5	58	2.5
Acute poliomyelitis — Poliomyélite aiguë	-	-	-	-	-	-	-	-
Measles — Rougeole	-	-	-	-	-	-	-	-
Viral hepatitis — Hépatite virale	1	2	1	1	17	♦0.8	5	♦0.2
Human immunodeficiency virus [HIV] disease — Maladies dues au virus de l'immunodéficience humaine (VIH)	-	-	-	2	2	♦0.1	-	-
Malaria — Paludisme	-	-	-	-	-	-	-	-
Neoplasms — Tumeurs	671	506	670	486	2 537	122.0	1 974	85.5
Malignant neoplasms — Tumeurs malignes								
Total	646	494	644	467	2 537	122.0	1 974	85.5
Malignant neoplasm of lip, oral cavity and pharynx — Tumeur maligne de la lèvre, de la cavité buccale et du pharynx	8	5	7	4	44	2.1	16	♦0.7
Malignant neoplasm of oesophagus — Tumeur maligne de l'oesophage	6	6	4	-	21	♦1.0	12	♦0.5
Malignant neoplasm of stomach — Tumeur maligne de l'estomac	28	23	28	16	186	8.9	108	4.7
Malignant neoplasm of colon, rectosigmoid junction, rectum, anus and anal canal — Tumeur maligne du côlon, de la jonction recto-sigmoïdienne, du rectum, de l'anus et du canal anal	51	41	52	44	128	6.2	73	3.2
Malignant neoplasm of liver and intrahepatic bile ducts — Tumeur maligne du foie et des voies bilaires intrahépatiques	24	12	23	14	104	5.0	75	3.2
Malignant neoplasm of pancreas — Tumeur maligne du pancréas	43	27	31	25	69	3.3	27	♦1.2
Malignant neoplasm of trachea, bronchus and lung — Tumeur maligne de la trachée, des bronches et du poumon	168	49	150	37	417	20.1	80	3.5
Malignant neoplasm of female breast — Tumeur maligne du sein chez la femme	..	102	..	101	..	..	288	14.8
Malignant neoplasm of cervix uteri — Tumeur maligne du col de l'utérus	..	6	..	7	..	..	40	2.1
Malignant neoplasm of prostate — Tumeur maligne de la prostate	76	..	83	..	110	20.0	..	..
Malignant neoplasm of lymphoid, haematopoietic and related tissue — Tumeurs malignes primitives ou présumées primitives des tissus lymphoïde, hématopoïétique et apparentés	71	50	56	47	93	4.5	72	3.1
Disorders of the blood and blood-forming organs and certain disorders involving the immune mechanism — Maladies du sang et des organes hématopoïétiques et certains troubles du système immunitaire								
Total	17	20	12	18	5	♦0.2	3	♦0.1
Anaemias — Anémies	13	17	8	14	5	♦0.2	3	♦0.1
Endocrine, nutritional and metabolic diseases — Maladies endocriniennes, nutritionnelles et métaboliques								
Total	171	188	177	188	249	12.0	238	10.3
Diabetes mellitus — Diabète sucré	146	162	150	162	248	11.9	234	10.1
Malnutrition — Malnutrition	-	-	-	1	-	-	-	-
Mental and behavioural disorders — Troubles mentaux et du comportement	22	34	30	38	3	♦0.1	5	♦0.2
Diseases of the nervous system — Maladies du système nerveux	70	66	67	66	127	6.1	133	5.8
Diseases of the circulatory system — Maladies de l'appareil circulatoire								
Total	1 013	938	983	945	14 052	675.9	13 503	584.7
Acute rheumatic fever and chronic rheumatic heart diseases — Rhumatisme articularie aigu et cardiopathies rhumatismales chroniques	5	7	5	14	68	3.3	81	3.5
Hypertensive diseases — Maladies hypertensives	72	116	86	125	216	10.4	265	11.5
Ischaemic heart disease — Cardiopathie ischémique	462	215	414	206	3 169	152.4	2 492	107.9

20. Death and death rates by cause and sex: 2006 - 2010
Décès et taux de mortalité par cause et sexe : 2006 - 2010 (continued - suite)

Cause of death — Cause de décès	Cyprus - Chypre				Georgia - Géorgie			
	2009 (U)		2010 (U)		2007 (C)			
	Male — Masculin	Female — Féminin	Male — Masculin	Female — Féminin	Male — Masculin		Female — Féminin	
	Number Nombre	Number Nombre	Number Nombre	Number Nombre	Number Nombre	Rate Taux	Number Nombre	Rate Taux
Cerebrovascular disease — Maladie cérébrovasculaire....................................	159	218	177	207	4 525	217.7	4 946	214.2
Diseases of arteries, arterioles and capillaries — Maladies des artères, artérioles et capillaires	43	23	40	28	445	21.4	480	20.8
Diseases of the respiratory system — Maladies de l'appareil respiratoire								
Total	214	181	207	152	461	22.2	408	17.7
Influenza — Grippe	1	2	-	-	4	♦0.2	1	♦0.0
Pneumonia — Pneumopathies	45	47	36	34	109	5.2	108	4.7
Chronic lower respiratory diseases — Maladies chroniques des voies respiratoires inférieures	84	35	70	32	43	2.1	22	♦1.0
Diseases of the digestive system — Maladies de l'appareil digestif								
Total	76	65	96	80	753	36.2	317	13.7
Gastric and duodenal ulcer — Ulcère de l'estomac et du duodénum................	3	-	7	3	75	3.6	43	1.9
Diseases of the liver — Maladies du foie..	36	11	37	20	636	30.6	243	10.5
Diseases of the musculoskeletal system and connective tissue — Maladies du système ostéo-articularie, des muscles et du tissu conjonctif	7	15	7	18	1	♦0.0	1	♦0.0
Diseases of the genitourinary system — Maladies de l'appareil génito-urinaire								
Total	83	62	96	83	184	8.9	123	5.3
Disorders of kidney and ureter — Affections du rein et de l'uretère	63	42	79	57	170	8.2	123	5.3
Hyperplasia of prostate — Hyperplasie de la prostate...............................	1	..	1	..	5	♦0.9	..	..
Pregnancy, childbirth and the puerperium — Grossesse, accouchement et puerpéralité								
Total	..	-	..	1	..	..	2	♦4.1
Pregnancy with abortive outcome — Grossesse se terminant par un avortement	..	-	..	-	..	..	1	♦2.0
Other direct obstetric causes — Autres décès maternels directs	..	-	..	1	..	..	1	♦2.0
Indirect obstetric causes — Décès maternels indirects	..	-	..	-	..	..	-	-
Certain conditions originating in the perinatal period — Certaines affections dont l'origine se situe dans la période périnatale	13	5	9	6	328	1 267.3	246	1 051.1
Congenital malformations, deformations and chromosomal abnormalities — Malformations congénitales et anomalies chromosomiques	6	4	7	7	34	131.4	31	132.5
Symptoms, signs and abnormal clinical and laboratory findings, not elsewhere classified — Symptômes, signes et résultats anormaux d'examens cliniques et de laboratoire, non classés ailleurs	148	175	116	148	2 135	102.7	1 678	72.7
All other diseases — Toutes autres maladies..	14	15	8	18	-	-	-	-
External causes — Causes externes								
Total	217	95	203	88	1 032	49.6	322	13.9
Accidents								
Total	166	74	163	67	835	40.2	273	11.8
Transport accidents — Accidents de transport...	78	14	68	16	162	7.8	47	2.0
Falls — Chutes	21	8	15	8	17	♦0.8	6	♦0.3
Accidental drowning and submersion — Noyade et submersion accidentelles..	13	8	20	7	41	2.0	10	♦0.4
Exposure to smoke, fire and flames — Exposition à la fumée, au feu et aux flammes..	1	1	2	1	56	2.7	33	1.4
Accidental poisoning by and exposure to noxious substances — Intoxication accidentelle par des substances nocives et exposition à ces substances	11	3	9	1	36	1.7	23	♦1.0
Intentional self-harm — Lésions auto-infligées...	25	6	26	8	84	4.0	20	♦0.9
Assault — Agresssions..	12	5	4	-	41	2.0	8	♦0.3
All other external causes — Toutes autres causes externes	14	10	10	13	72	3.5	21	♦0.9

20. Death and death rates by cause and sex: 2006 - 2010
Décès et taux de mortalité par cause et sexe : 2006 - 2010 (continued - suite)

Cause of death — Cause de décès	Georgia - Géorgie 2009 (C)				Iraq 2008 (U)	
	Male — Masculin		Female — Féminin		Male — Masculin	Female — Féminin
	Number Nombre	Rate Taux	Number Nombre	Rate Taux	Number Nombre	Number Nombre
TOTAL	24 191	1 154.8	22 434	968.6	58 487	47 758
Certain infectious and parasitic diseases — Certaines maladies infectieuses et parasitaires						
Total	236	11.3	92	4.0	3 597	2 777
Intestinal infectious diseases — Maladies infectieuses intestinales	5	♦0.2	1	♦0.0	521	381
Tuberculosis — Tuberculose	118	5.6	25	♦1.1	310	197
Tetanus — Tétanos	-	-	-	-	-	2
Diphtheria — Diphtérie	2	♦0.1	-	-	12	11
Whooping cough — Coqueluche	-	-	-	-	4	6
Meningococcal infection — Infection à méningocoques	3	♦0.1	4	♦0.2	6	10
Septicaemia — Septicémie	77	3.7	48	2.1	2 277	1 801
Acute poliomyelitis — Poliomyélite aiguë	-	-	-	-	12	13
Measles — Rougeole	-	-	-	-	16	25
Viral hepatitis — Hépatite virale	17	♦0.8	6	♦0.3	92	64
Human immunodeficiency virus [HIV] disease — Maladies dues au virus de l'immunodéficience humaine (VIH)	3	♦0.1	1	♦0.0	-	-
Malaria — Paludisme	-	-	-	-	-	-
Neoplasms — Tumeurs	2 721	129.9	2 318	100.1	4 186	3 835
Malignant neoplasms — Tumeurs malignes						
Total	2 721	129.9	2 318	100.1	4 145	3 762
Malignant neoplasm of lip, oral cavity and pharynx — Tumeur maligne de la lèvre, de la cavité buccale et du pharynx	58	2.8	18	♦0.8	90	86
Malignant neoplasm of oesophagus — Tumeur maligne de l'oesophage	34	1.6	10	♦0.4	51	47
Malignant neoplasm of stomach — Tumeur maligne de l'estomac	273	13.0	169	7.3	220	181
Malignant neoplasm of colon, rectosigmoid junction, rectum, anus and anal canal — Tumeur maligne du côlon, de la jonction recto-sigmoïdienne, du rectum, de l'anus et du canal anal	161	7.7	134	5.8	188	177
Malignant neoplasm of liver and intrahepatic bile ducts — Tumeur maligne du foie et des voies bilaires intrahépatiques	150	7.2	121	5.2	285	240
Malignant neoplasm of pancreas — Tumeur maligne du pancréas	82	3.9	74	3.2	174	126
Malignant neoplasm of trachea, bronchus and lung — Tumeur maligne de la trachée, des bronches et du poumon	638	30.5	136	5.9	747	321
Malignant neoplasm of female breast — Tumeur maligne du sein chez la femme	..	..	500	...	..	735
Malignant neoplasm of cervix uteri — Tumeur maligne du col de l'utérus	..	..	86	...	..	56
Malignant neoplasm of prostate — Tumeur maligne de la prostate	185	...	..	..	159	..
Malignant neoplasm of lymphoid, haematopoietic and related tissue — Tumeurs malignes primitives ou présumées primitives des tissus lymphoïde, hématopoïétique et apparentés	134	6.4	107	4.6	611	457
Disorders of the blood and blood-forming organs and certain disorders involving the immune mechanism — Maladies du sang et des organes hématopoïétiques et certains troubles du système immunitaire						
Total	32	1.5	18	♦0.8	203	140
Anaemias — Anémies	32	1.5	18	♦0.8	161	113
Endocrine, nutritional and metabolic diseases — Maladies endocriniennes, nutritionnelles et métaboliques						
Total	255	12.2	307	13.3	1 821	2 004
Diabetes mellitus — Diabète sucré	251	12.0	300	13.0	1 648	1 826
Malnutrition — Malnutrition	-	-	-	-	87	80
Mental and behavioural disorders — Troubles mentaux et du comportement	10	♦0.5	10	♦0.4	195	210
Diseases of the nervous system — Maladies du système nerveux	182	8.7	184	7.9	851	657
Diseases of the circulatory system — Maladies de l'appareil circulatoire						
Total	12 699	606.2	13 026	562.4	22 685	20 445
Acute rheumatic fever and chronic rheumatic heart diseases — Rhumatisme articularie aigu et cardiopathies rhumatismales chroniques	61	2.9	102	4.4	141	144
Hypertensive diseases — Maladies hypertensives	255	12.2	298	12.9	1 810	1 937
Ischaemic heart disease — Cardiopathie ischémique	3 053	145.7	2 835	122.4	4 686	3 281
Cerebrovascular disease — Maladie cérébrovasculaire	3 743	178.7	4 466	192.8	4 559	4 428
Diseases of arteries, arterioles and capillaries — Maladies des artères, artérioles et capillaires	468	22.3	571	24.7	429	419

20. Death and death rates by cause and sex: 2006 - 2010
Décès et taux de mortalité par cause et sexe : 2006 - 2010 (continued - suite)

	Georgia - Géorgie				Iraq	
Cause of death — Cause de décès	2009 (C)				2008 (U)	
	Male — Masculin		Female — Féminin		Male — Masculin	Female — Féminin
	Number Nombre	Rate Taux	Number Nombre	Rate Taux	Number Nombre	Number Nombre
Diseases of the respiratory system — Maladies de l'appareil respiratoire						
Total	414	19.8	352	15.2	2 267	1 660
Influenza — Grippe	7	♦0.3	6	♦0.3	14	10
Pneumonia — Pneumopathies	121	5.8	92	4.0	1 004	746
Chronic lower respiratory diseases — Maladies chroniques des voies respiratoires inférieures	52	2.5	49	2.1	481	369
Diseases of the digestive system — Maladies de l'appareil digestif						
Total	844	40.3	345	14.9	734	483
Gastric and duodenal ulcer — Ulcère de l'estomac et du duodénum..........	84	4.0	35	1.5	77	30
Diseases of the liver — Maladies du foie	678	32.4	238	10.3	474	294
Diseases of the musculoskeletal system and connective tissue — Maladies du système ostéo-articularie, des muscles et du tissu conjonctif	3	♦0.1	4	♦0.2	14	33
Diseases of the genitourinary system — Maladies de l'appareil génito-urinaire						
Total	205	9.8	112	4.8	2 907	2 293
Disorders of kidney and ureter — Affections du rein et de l'uretère	174	8.3	112	4.8	2 880	2 273
Hyperplasia of prostate — Hyperplasie de la prostate...........................	12	...	..	..	17	..
Pregnancy, childbirth and the puerperium — Grossesse, accouchement et puerpéralité						
Total	..	..	32	50.5	..	62
Pregnancy with abortive outcome — Grossesse se terminant par un avortement............	..	..	2	♦3.2	..	1
Other direct obstetric causes — Autres décès maternels directs	..	..	20	♦31.6	..	59
Indirect obstetric causes — Décès maternels indirects	..	..	10	♦15.8	..	1
Certain conditions originating in the perinatal period — Certaines affections dont l'origine se situe dans la période périnatale	456	1 408.1	331	1 068.0	-	5 651
Congenital malformations, deformations and chromosomal abnormalities — Malformations congénitales et anomalies chromosomiques	22	♦67.9	17	♦54.9	964	790
Symptoms, signs and abnormal clinical and laboratory findings, not elsewhere classified — Symptômes, signes et résultats anormaux d'examens cliniques et de laboratoire, non classés ailleurs	4 804	229.3	4 943	213.4	3 370	2 978
All other diseases — Toutes autres maladies...........	-	-	-	-	41	33
External causes — Causes externes						
Total	1 308	62.4	343	14.8	14 652	3 707
Accidents						
Total	1 040	49.6	269	11.6	9 029	1 892
Transport accidents — Accidents de transport.....................................	270	12.9	67	2.9	1 176	376
Falls — Chutes	13	♦0.6	4	♦0.2	188	72
Accidental drowning and submersion — Noyade et submersion accidentelles............	50	2.4	20	♦0.9	334	96
Exposure to smoke, fire and flames — Exposition à la fumée, au feu et aux flammes	61	2.9	22	♦0.9	177	228
Accidental poisoning by and exposure to noxious substances — Intoxication accidentelle par des substances nocives et exposition à ces substances	32	1.5	20	♦0.9	5	7
Intentional self-harm — Lésions auto-infligées....................................	149	7.1	39	1.7	1	2
Assault — Agresssions..	22	♦1.1	7	♦0.3	2 184	461
All other external causes — Toutes autres causes externes	97	4.6	28	♦1.2	3 438	1 352

20. Death and death rates by cause and sex: 2006 - 2010
Décès et taux de mortalité par cause et sexe : 2006 - 2010 (continued - suite)

Israel - Israël

Cause of death — Cause de décès	2008 (C)				2009 (C)			
	Male — Masculin		Female — Féminin		Male — Masculin		Female — Féminin	
	Number Nombre	Rate Taux	Number Nombre	Rate Taux	Number Nombre	Rate Taux	Number Nombre	Rate Taux
TOTAL	19 495	539.4	19 746	534.4	19 124	516.7	19 471	514.5
Certain infectious and parasitic diseases — Certaines maladies infectieuses et parasitaires								
Total	724	20.0	807	21.8	684	18.5	787	20.8
Intestinal infectious diseases — Maladies infectieuses intestinales	61	1.7	90	2.4	48	1.3	82	2.2
Tuberculosis — Tuberculose	11	◆0.3	3	◆0.1	7	◆0.2	7	◆0.2
Tetanus — Tétanos	-	-	-	-	-	-	-	-
Diphtheria — Diphtérie...	-	-	-	-	-	-	-	-
Whooping cough — Coqueluche	-	-	1	◆0.0	-	-	-	-
Meningococcal infection — Infection à méningocoques	3	◆0.1	3	◆0.1	4	◆0.1	2	◆0.1
Septicaemia — Septicémie	493	13.6	574	15.5	494	13.3	558	14.7
Acute poliomyelitis — Poliomyélite aiguë	-	-	-	-	-	-	-	-
Measles — Rougeole..	-	-	-	-	-	-	-	-
Viral hepatitis — Hépatite virale......................................	67	1.9	56	1.5	40	1.1	47	1.2
Human immunodeficiency virus [HIV] disease — Maladies dues au virus de l'immunodéficience humaine (VIH).........................	17	◆0.5	8	◆0.2	20	◆0.5	11	◆0.3
Malaria — Paludisme...	-	-	-	-	-	-	-	-
Neoplasms — Tumeurs	5 083	140.6	5 183	140.3	5 132	138.7	5 104	134.9
Malignant neoplasms — Tumeurs malignes								
Total	4 963	137.3	5 020	135.9	4 974	134.4	4 949	130.8
Malignant neoplasm of lip, oral cavity and pharynx — Tumeur maligne de la lèvre, de la cavité buccale et du pharynx	52	1.4	35	0.9	65	1.8	36	1.0
Malignant neoplasm of oesophagus — Tumeur maligne de l'oesophage	78	2.2	46	1.2	74	2.0	42	1.1
Malignant neoplasm of stomach — Tumeur maligne de l'estomac	276	7.6	180	4.9	290	7.8	214	5.7
Malignant neoplasm of colon, rectosigmoid junction, rectum, anus and anal canal — Tumeur maligne du côlon, de la jonction recto-sigmoïdienne, du rectum, de l'anus et du canal anal.........................	626	17.3	613	16.6	619	16.7	669	17.7
Malignant neoplasm of liver and intrahepatic bile ducts — Tumeur maligne du foie et des voies bilaires intrahépatiques	147	4.1	114	3.1	149	4.0	116	3.1
Malignant neoplasm of pancreas — Tumeur maligne du pancréas...................	360	10.0	366	9.9	390	10.5	376	9.9
Malignant neoplasm of trachea, bronchus and lung — Tumeur maligne de la trachée, des bronches et du poumon.........................	1 066	29.5	495	13.4	1 078	29.1	531	14.0
Malignant neoplasm of female breast — Tumeur maligne du sein chez la femme	..	..	971	36.2	..	..	939	33.9
Malignant neoplasm of cervix uteri — Tumeur maligne du col de l'utérus.........	..	..	79	2.9	..	..	74	2.7
Malignant neoplasm of prostate — Tumeur maligne de la prostate	401	50.9	..	..	401	48.6	..	..
Malignant neoplasm of lymphoid, haematopoietic and related tissue — Tumeurs malignes primitives ou présumées primitives des tissus lymphoïde, hématopoïétique et apparentés.........................	531	14.7	530	14.3	566	15.3	490	12.9
Disorders of the blood and blood-forming organs and certain disorders involving the immune mechanism — Maladies du sang et des organes hématopoïétiques et certains troubles du système immunitaire								
Total	129	3.6	182	4.9	126	3.4	197	5.2
Anaemias — Anémies	85	2.4	126	3.4	80	2.2	138	3.6
Endocrine, nutritional and metabolic diseases — Maladies endocriniennes, nutritionnelles et métaboliques								
Total	1 359	37.6	1 792	48.5	1 335	36.1	1 714	45.3
Diabetes mellitus — Diabète sucré....................................	1 088	30.1	1 365	36.9	1 085	29.3	1 294	34.2
Malnutrition — Malnutrition	17	◆0.5	22	◆0.6	14	◆0.4	23	◆0.6
Mental and behavioural disorders — Troubles mentaux et du comportement	398	11.0	572	15.5	384	10.4	569	15.0
Diseases of the nervous system — Maladies du système nerveux.................	578	16.0	582	15.8	564	15.2	631	16.7
Diseases of the circulatory system — Maladies de l'appareil circulatoire								
Total	4 925	136.3	5 333	144.3	4 738	128.0	5 193	137.2
Acute rheumatic fever and chronic rheumatic heart diseases — Rhumatisme articulaire aigu et cardiopathies rhumatismales chroniques	51	1.4	99	2.7	56	1.5	101	2.7
Hypertensive diseases — Maladies hypertensives....................	321	8.9	533	14.4	249	6.7	469	12.4
Ischaemic heart disease — Cardiopathie ischémique..............	2 543	70.4	2 171	58.8	2 444	66.0	1 972	52.1
Cerebrovascular disease — Maladie cérébrovasculaire...............	916	25.3	1 128	30.5	924	25.0	1 209	31.9

20. Death and death rates by cause and sex: 2006 - 2010
Décès et taux de mortalité par cause et sexe : 2006 - 2010 (continued - suite)

Israel - Israël

Cause of death — Cause de décès	2008 (C)				2009 (C)			
	Male — Masculin		Female — Féminin		Male — Masculin		Female — Féminin	
	Number Nombre	Rate Taux	Number Nombre	Rate Taux	Number Nombre	Rate Taux	Number Nombre	Rate Taux
Diseases of arteries, arterioles and capillaries — Maladies des artères, artérioles et capillaires	186	5.1	160	4.3	195	5.3	161	4.3
Diseases of the respiratory system — Maladies de l'appareil respiratoire								
Total	1 581	43.7	1 619	43.8	1 482	40.0	1 453	38.4
Influenza — Grippe....................	-	-	-	-	1	♦0.0	-	-
Pneumonia — Pneumopathies....................	500	13.8	496	13.4	427	11.5	470	12.4
Chronic lower respiratory diseases — Maladies chroniques des voies respiratoires inférieures	556	15.4	507	13.7	596	16.1	462	12.2
Diseases of the digestive system — Maladies de l'appareil digestif								
Total	608	16.8	641	17.3	672	18.2	736	19.4
Gastric and duodenal ulcer — Ulcère de l'estomac et du duodénum..............	18	♦0.5	16	♦0.4	22	♦0.6	15	♦0.4
Diseases of the liver — Maladies du foie....................	202	5.6	113	3.1	245	6.6	156	4.1
Diseases of the musculoskeletal system and connective tissue — Maladies du système ostéo-articularie, des muscles et du tissu conjonctif	103	2.8	147	4.0	103	2.8	140	3.7
Diseases of the genitourinary system — Maladies de l'appareil génito-urinaire								
Total	980	27.1	945	25.6	1 003	27.1	1 012	26.7
Disorders of kidney and ureter — Affections du rein et de l'uretère	793	21.9	665	18.0	832	22.5	777	20.5
Hyperplasia of prostate — Hyperplasie de la prostate....................	13	♦1.7	..	..	12	♦1.5	..	..
Pregnancy, childbirth and the puerperium — Grossesse, accouchement et puerpéralité								
Total	..	..	8	♦5.1	..	..	5	♦3.1
Pregnancy with abortive outcome — Grossesse se terminant par un avortement	..	..	1	♦0.6	..	..	-	-
Other direct obstetric causes — Autres décès maternels directs	..	..	7	♦4.5	..	..	2	♦1.2
Indirect obstetric causes — Décès maternels indirects....................	..	..	-	-	..	..	3	♦1.9
Certain conditions originating in the perinatal period — Certaines affections dont l'origine se situe dans la période périnatale	147	183.2	111	144.8	149	180.8	145	184.4
Congenital malformations, deformations and chromosomal abnormalities — Malformations congénitales et anomalies chromosomiques	163	203.1	107	139.6	156	189.3	131	166.6
Symptoms, signs and abnormal clinical and laboratory findings, not elsewhere classified — Symptômes, signes et résultats anormaux d'examens cliniques et de laboratoire, non classés ailleurs	1 129	31.2	787	21.3	1 116	30.2	731	19.3
All other diseases — Toutes autres maladies....................	207	5.7	275	7.4	209	5.6	267	7.1
External causes — Causes externes								
Total	1 381	38.2	655	17.7	1 271	34.3	656	17.3
Accidents								
Total	804	22.2	485	13.1	672	18.2	464	12.3
Transport accidents — Accidents de transport....................	327	9.0	94	2.5	289	7.8	95	2.5
Falls — Chutes	58	1.6	46	1.2	54	1.5	57	1.5
Accidental drowning and submersion — Noyade et submersion accidentelles....................	43	1.2	11	♦0.3	25	♦0.7	10	♦0.3
Exposure to smoke, fire and flames — Exposition à la fumée, au feu et aux flammes....................	23	♦0.6	14	♦0.4	22	♦0.6	7	♦0.2
Accidental poisoning by and exposure to noxious substances — Intoxication accidentelle par des substances nocives et exposition à ces substances	3	♦0.1	-	-	1	♦0.0	-	-
Intentional self-harm — Lésions auto-infligées....................	294	8.1	59	1.6	309	8.3	93	2.5
Assault — Agresssions....................	112	3.1	32	0.9	121	3.3	28	♦0.7
All other external causes — Toutes autres causes externes	171	4.7	79	2.1	169	4.6	71	1.9

20. Death and death rates by cause and sex: 2006 - 2010
Décès et taux de mortalité par cause et sexe : 2006 - 2010 (continued - suite)

Japan - Japon

Cause of death — Cause de décès	2009 (C)				2010 (C)			
	Male — Masculin		Female — Féminin		Male — Masculin		Female — Féminin	
	Number Nombre	Rate Taux	Number Nombre	Rate Taux	Number Nombre	Rate Taux	Number Nombre	Rate Taux
TOTAL	609 042	976.7	532 823	811.1	633 700	1 016.7	563 312	856.9
Certain infectious and parasitic diseases — Certaines maladies infectieuses et parasitaires								
Total	12 523	20.1	12 528	19.1	12 795	20.5	13 068	19.9
Intestinal infectious diseases — Maladies infectieuses intestinales	904	1.4	1 204	1.8	999	1.6	1 314	2.0
Tuberculosis — Tuberculose	1 357	2.2	802	1.2	1 338	2.1	791	1.2
Tetanus — Tétanos	4	٠0.0	5	٠0.0	8	٠0.0	6	٠0.0
Diphtheria — Diphtérie	-	-	-	-	-	-	-	-
Whooping cough — Coqueluche	-	-	-	-	-	-	-	-
Meningococcal infection — Infection à méningocoques	-	-	-	-	3	٠0.0	-	-
Septicaemia — Septicémie	4 892	7.8	5 359	8.2	5 112	8.2	5 564	8.5
Acute poliomyelitis — Poliomyélite aiguë	-	-	-	-	-	-	-	-
Measles — Rougeole	1	٠0.0	1	٠0.0	-	-	-	-
Viral hepatitis — Hépatite virale	2 762	4.4	2 904	4.4	2 641	4.2	2 973	4.5
Human immunodeficiency virus [HIV] disease — Maladies dues au virus de l'immunodéficience humaine (VIH)	59	0.1	2	٠0.0	56	0.1	5	٠0.0
Malaria — Paludisme	1	٠0.0	-	-	-	-	-	-
Neoplasms — Tumeurs	211 480	339.2	142 461	216.9	216 629	347.6	147 034	223.7
Malignant neoplasms — Tumeurs malignes								
Total	206 352	330.9	137 753	209.7	211 440	339.2	142 066	216.1
Malignant neoplasm of lip, oral cavity and pharynx — Tumeur maligne de la lèvre, de la cavité buccale et du pharynx	4 687	7.5	1 859	2.8	4 840	7.8	1 962	3.0
Malignant neoplasm of oesophagus — Tumeur maligne de l'oesophage	9 908	15.9	1 805	2.7	9 992	16.0	1 875	2.9
Malignant neoplasm of stomach — Tumeur maligne de l'estomac	32 776	52.6	17 241	26.2	32 943	52.9	17 193	26.2
Malignant neoplasm of colon, rectosigmoid junction, rectum, anus and anal canal — Tumeur maligne du côlon, de la jonction recto-sigmoïdienne, du rectum, de l'anus et du canal anal	22 965	36.8	19 835	30.2	24 125	38.7	20 495	31.2
Malignant neoplasm of liver and intrahepatic bile ducts — Tumeur maligne du foie et des voies bilaires intrahépatiques	21 637	34.7	11 088	16.9	21 510	34.5	11 255	17.1
Malignant neoplasm of pancreas — Tumeur maligne du pancréas	14 094	22.6	12 697	19.3	14 569	23.4	13 448	20.5
Malignant neoplasm of trachea, bronchus and lung — Tumeur maligne de la trachée, des bronches et du poumon	49 035	78.6	18 548	28.2	50 395	80.9	19 418	29.5
Malignant neoplasm of female breast — Tumeur maligne du sein chez la femme	..	..	11 918	20.9	..	..	12 455	21.8
Malignant neoplasm of cervix uteri — Tumeur maligne du col de l'utérus	..	..	2 519	4.4	..	..	2 664	4.7
Malignant neoplasm of prostate — Tumeur maligne de la prostate	10 036	39.6	..	..	10 722	42.0	..	..
Malignant neoplasm of lymphoid, haematopoietic and related tissue — Tumeurs malignes primitives ou présumées primitives des tissus lymphoïde, hématopoïétique et apparentés	12 469	20.0	9 420	14.3	12 754	20.5	9 790	14.9
Disorders of the blood and blood-forming organs and certain disorders involving the immune mechanism — Maladies du sang et des organes hématopoïétiques et certains troubles du système immunitaire								
Total	1 762	2.8	2 278	3.5	1 933	3.1	2 381	3.6
Anaemias — Anémies	642	1.0	1 012	1.5	694	1.1	1 118	1.7
Endocrine, nutritional and metabolic diseases — Maladies endocriniennes, nutritionnelles et métaboliques								
Total	10 417	16.7	10 154	15.5	10 862	17.4	10 822	16.5
Diabetes mellitus — Diabète sucré	7 399	11.9	6 588	10.0	7 620	12.2	6 802	10.3
Malnutrition — Malnutrition	824	1.3	774	1.2	827	1.3	839	1.3
Mental and behavioural disorders — Troubles mentaux et du comportement	2 365	3.8	4 720	7.2	2 632	4.2	5 417	8.2
Diseases of the nervous system — Maladies du système nerveux	8 661	13.9	8 582	13.1	9 619	15.4	9 810	14.9
Diseases of the circulatory system — Maladies de l'appareil circulatoire								
Total	157 862	253.2	171 869	261.6	163 018	261.5	178 864	272.1
Acute rheumatic fever and chronic rheumatic heart diseases — Rhumatisme articulaire aigu et cardiopathies rhumatismales chroniques	740	1.2	1 578	2.4	748	1.2	1 687	2.6
Hypertensive diseases — Maladies hypertensives	2 266	3.6	3 957	6.0	2 517	4.0	4 243	6.5
Ischaemic heart disease — Cardiopathie ischémique	41 795	67.0	33 686	51.3	42 750	68.6	34 467	52.4
Cerebrovascular disease — Maladie cérébrovasculaire	59 293	95.1	63 057	96.0	60 186	96.6	63 275	96.3

20. Death and death rates by cause and sex: 2006 - 2010
Décès et taux de mortalité par cause et sexe : 2006 - 2010 (continued - suite)

Japan - Japon

Cause of death — Cause de décès	2009 (C)				2010 (C)			
	Male — Masculin		Female — Féminin		Male — Masculin		Female — Féminin	
	Number Nombre	Rate Taux	Number Nombre	Rate Taux	Number Nombre	Rate Taux	Number Nombre	Rate Taux
Diseases of arteries, arterioles and capillaries — Maladies des artères, artérioles et capillaires	9 210	14.8	7 900	12.0	9 814	15.7	8 838	13.4
Diseases of the respiratory system — Maladies de l'appareil respiratoire								
Total	98 297	157.6	76 731	116.8	105 262	168.9	82 347	125.3
Influenza — Grippe	303	0.5	322	0.5	96	0.2	65	0.1
Pneumonia — Pneumopathies	59 889	96.0	52 115	79.3	63 569	102.0	55 319	84.1
Chronic lower respiratory diseases — Maladies chroniques des voies respiratoires inférieures	13 361	21.4	5 462	8.3	14 137	22.7	5 686	8.6
Diseases of the digestive system — Maladies de l'appareil digestif								
Total	23 686	38.0	20 486	31.2	24 410	39.2	21 093	32.1
Gastric and duodenal ulcer — Ulcère de l'estomac et du duodénum	1 779	2.9	1 387	2.1	1 835	2.9	1 398	2.1
Diseases of the liver — Maladies du foie	10 463	16.8	5 506	8.4	10 619	17.0	5 597	8.5
Diseases of the musculoskeletal system and connective tissue — Maladies du système ostéo-articulaire, des muscles et du tissu conjonctif	1 937	3.1	3 258	5.0	2 093	3.4	3 513	5.3
Diseases of the genitourinary system — Maladies de l'appareil génito-urinaire								
Total	13 695	22.0	17 317	26.4	14 362	23.0	18 512	28.2
Disorders of kidney and ureter — Affections du rein et de l'uretère	12 274	19.7	14 776	22.5	12 791	20.5	15 580	23.7
Hyperplasia of prostate — Hyperplasie de la prostate	99	0.4	..	..	100	0.4	..	..
Pregnancy, childbirth and the puerperium — Grossesse, accouchement et puerpéralité								
Total	..	..	61	5.7	..	..	49	4.6
Pregnancy with abortive outcome — Grossesse se terminant par un avortement	..	..	2	♦0.2	..	..	3	♦0.3
Other direct obstetric causes — Autres décès maternels directs	..	..	39	3.6	..	..	31	2.9
Indirect obstetric causes — Décès maternels indirects	..	..	12	♦1.1	..	..	11	♦1.0
Certain conditions originating in the perinatal period — Certaines affections dont l'origine se situe dans la période périnatale	405	73.8	294	56.4	371	67.4	268	51.5
Congenital malformations, deformations and chromosomal abnormalities — Malformations congénitales et anomalies chromosomiques	1 036	188.7	1 034	198.4	1 114	202.3	1 080	207.5
Symptoms, signs and abnormal clinical and laboratory findings, not elsewhere classified — Symptômes, signes et résultats anormaux d'examens cliniques et de laboratoire, non classés ailleurs	16 672	26.7	34 519	52.5	19 734	31.7	40 612	61.8
All other diseases — Toutes autres maladies	448	0.7	729	1.1	520	0.8	823	1.3
External causes — Causes externes								
Total	47 796	76.7	25 802	39.3	48 346	77.6	27 619	42.0
Accidents								
Total	22 588	36.2	15 168	23.1	23 975	38.5	16 757	25.5
Transport accidents — Accidents de transport	5 010	8.0	2 299	3.5	4 871	7.8	2 351	3.6
Falls — Chutes	4 273	6.9	3 039	4.6	4 335	7.0	3 182	4.8
Accidental drowning and submersion — Noyade et submersion accidentelles	3 546	5.7	2 889	4.4	3 786	6.1	3 162	4.8
Exposure to smoke, fire and flames — Exposition à la fumée, au feu et aux flammes	825	1.3	539	0.8	841	1.3	497	0.8
Accidental poisoning by and exposure to noxious substances — Intoxication accidentelle par des substances nocives et exposition à ces substances	650	1.0	328	0.5	558	0.9	304	0.5
Intentional self-harm — Lésions auto-infligées	22 189	35.6	8 518	13.0	21 028	33.7	8 526	13.0
Assault — Agressions	249	0.4	230	0.4	232	0.4	205	0.3
All other external causes — Toutes autres causes externes	2 770	4.4	1 886	2.9	3 111	5.0	2 131	3.2

20. Death and death rates by cause and sex: 2006 - 2010
Décès et taux de mortalité par cause et sexe : 2006 - 2010 (continued - suite)

Cause of death — Cause de décès	Jordan - Jordanie		Kazakhstan			
	2008 (U)		2008 (U)		2009 (U)	
	Male — Masculin	Female — Féminin	Male — Masculin	Female — Féminin	Male — Masculin	Female — Féminin
	Number Nombre	Number Nombre	Number Nombre	Number Nombre	Number Nombre	Number Nombre
TOTAL	8 261	6 094	85 174	67 532	78 647	64 131
Certain infectious and parasitic diseases — Certaines maladies infectieuses et parasitaires						
Total	172	139	2 498	976	2 073	826
Intestinal infectious diseases — Maladies infectieuses intestinales	10	11	65	55	52	38
Tuberculosis — Tuberculose	18	7	2 027	617	1 587	468
Tetanus — Tétanos	-	-	2	-	-	1
Diphtheria — Diphtérie...............	-	-	1	-	-	-
Whooping cough — Coqueluche	-	-	-	1	-	-
Meningococcal infection — Infection à méningocoques	-	-	26	15	27	16
Septicaemia — Septicémie	105	83	186	181	202	178
Acute poliomyelitis — Poliomyélite aiguë	-	-	-	-	-	-
Measles — Rougeole...............	1	1	-	-	-	-
Viral hepatitis — Hépatite virale...............	31	34	40	21	33	21
Human immunodeficiency virus [HIV] disease — Maladies dues au virus de l'immunodéficience humaine (VIH)	1	-	82	32	92	45
Malaria — Paludisme...............	1	-	-	-	-	-
Neoplasms — Tumeurs	1 225	904	9 815	8 346	9 692	8 268
Malignant neoplasms — Tumeurs malignes						
Total	1 192	871	9 764	8 254	9 621	8 176
Malignant neoplasm of lip, oral cavity and pharynx — Tumeur maligne de la lèvre, de la cavité buccale et du pharynx	37	16	365	129	392	153
Malignant neoplasm of oesophagus — Tumeur maligne de l'oesophage	15	9	687	486	650	496
Malignant neoplasm of stomach — Tumeur maligne de l'estomac	51	43	1 531	852	1 413	851
Malignant neoplasm of colon, rectosigmoid junction, rectum, anus and anal canal — Tumeur maligne du côlon, de la jonction recto-sigmoïdienne, du rectum, de l'anus et du canal anal	107	83	735	888	772	775
Malignant neoplasm of liver and intrahepatic bile ducts — Tumeur maligne du foie et des voies bilaires intrahépatiques	43	27	569	408	545	344
Malignant neoplasm of pancreas — Tumeur maligne du pancréas	60	37	473	344	427	374
Malignant neoplasm of trachea, bronchus and lung — Tumeur maligne de la trachée, des bronches et du poumon	291	49	2 584	610	2 630	566
Malignant neoplasm of female breast — Tumeur maligne du sein chez la femme	..	212	..	1 420	..	1 368
Malignant neoplasm of cervix uteri — Tumeur maligne du col de l'utérus...............	..	11	..	624	..	674
Malignant neoplasm of prostate — Tumeur maligne de la prostate	88	..	363	..	328	..
Malignant neoplasm of lymphoid, haematopoietic and related tissue — Tumeurs malignes primitives ou présumées primitives des tissus lymphoïde, hématopoïétique et apparentés	199	150	...	...	...	...
Disorders of the blood and blood-forming organs and certain disorders involving the immune mechanism — Maladies du sang et des organes hématopoïétiques et certains troubles du système immunitaire						
Total	46	32	77	71	62	75
Anaemias — Anémies	18	14	49	44	39	46
Endocrine, nutritional and metabolic diseases — Maladies endocriniennes, nutritionnelles et métaboliques						
Total	552	564	472	817	464	780
Diabetes mellitus — Diabète sucré...............	488	513	395	726	394	674
Malnutrition — Malnutrition	-	1	27	21	27	24
Mental and behavioural disorders — Troubles mentaux et du comportement...............	5	3	219	80	214	154
Diseases of the nervous system — Maladies du système nerveux...............	177	144	854	579	818	615
Diseases of the circulatory system — Maladies de l'appareil circulatoire						
Total	2 945	2 234	38 330	38 420	33 477	32 834
Acute rheumatic fever and chronic rheumatic heart diseases — Rhumatisme articularie aigu et cardiopathies rhumatismales chroniques	3	4	181	263	189	246
Hypertensive diseases — Maladies hypertensives...............	543	517	2 188	2 508	1 677	1 844
Ischaemic heart disease — Cardiopathie ischémique...............	1 259	644	17 992	16 953	13 434	11 575
Cerebrovascular disease — Maladie cérébrovasculaire...............	721	695	8 656	10 235	8 809	10 236
Diseases of arteries, arterioles and capillaries — Maladies des artères, artérioles et capillaires	27	27	...	...	...	...

Cause of death — Cause de décès	Jordan - Jordanie		Kazakhstan			
	2008 (U)		2008 (U)		2009 (U)	
	Male — Masculin	Female — Féminin	Male — Masculin	Female — Féminin	Male — Masculin	Female — Féminin
	Number Nombre	Number Nombre	Number Nombre	Number Nombre	Number Nombre	Number Nombre
Diseases of the respiratory system — Maladies de l'appareil respiratoire						
Total	495	324	5 161	2 597	4 995	2 729
Influenza — Grippe	1	1	11	22	8	9
Pneumonia — Pneumopathies	204	179	1 932	879	1 733	926
Chronic lower respiratory diseases — Maladies chroniques des voies respiratoires inférieures	216	89	2 686	1 338	2 769	1 515
Diseases of the digestive system — Maladies de l'appareil digestif						
Total	256	189	4 563	2 955	4 371	2 823
Gastric and duodenal ulcer — Ulcère de l'estomac et du duodénum	18	13	311	136	300	142
Diseases of the liver — Maladies du foie	99	66	3 450	2 232	3 191	2 061
Diseases of the musculoskeletal system and connective tissue — Maladies du système ostéo-articularie, des muscles et du tissu conjonctif	16	34	52	115	55	122
Diseases of the genitourinary system — Maladies de l'appareil génito-urinaire						
Total	188	174	729	640	793	693
Disorders of kidney and ureter — Affections du rein et de l'uretère	174	164	...	...	...	...
Hyperplasia of prostate — Hyperplasie de la prostate	3	..	...	..	...	..
Pregnancy, childbirth and the puerperium — Grossesse, accouchement et puerpéralité						
Total	..	25	..	86	..	94
Pregnancy with abortive outcome — Grossesse se terminant par un avortement	..	2	..	8	..	6
Other direct obstetric causes — Autres décès maternels directs	..	23	..	62	..	60
Indirect obstetric causes — Décès maternels indirects	..	-	..	16	..	28
Certain conditions originating in the perinatal period — Certaines affections dont l'origine se situe dans la période périnatale	552	409	2 593	1 948	2 261	1 723
Congenital malformations, deformations and chromosomal abnormalities — Malformations congénitales et anomalies chromosomiques	347	282	829	713	853	691
Symptoms, signs and abnormal clinical and laboratory findings, not elsewhere classified — Symptômes, signes et résultats anormaux d'examens cliniques et de laboratoire, non classés ailleurs	260	188	3 639	4 775	5 119	7 769
All other diseases — Toutes autres maladies	18	31	27	37	39	38
External causes — Causes externes						
Total	1 007	418	15 316	4 377	13 361	3 897
Accidents						
Total	707	262	...	...	...	...
Transport accidents — Accidents de transport	448	136	2 727	967	2 388	887
Falls — Chutes	59	24	400	127	356	115
Accidental drowning and submersion — Noyade et submersion accidentelles	40	13	915	191	706	155
Exposure to smoke, fire and flames — Exposition à la fumée, au feu et aux flammes	41	34	254	86	207	92
Accidental poisoning by and exposure to noxious substances — Intoxication accidentelle par des substances nocives et exposition à ces substances	24	17	2 029	637	1 821	529
Intentional self-harm — Lésions auto-infligées	5	1	3 241	768	3 128	718
Assault — Agresssions	95	29	1 392	399	1 177	366
All other external causes — Toutes autres causes externes	200	126	...	...	...	...

20. Death and death rates by cause and sex: 2006 - 2010
Décès et taux de mortalité par cause et sexe : 2006 - 2010 (continued - suite)

Kuwait - Koweït

Cause of death — Cause de décès	2008 (C)				2009 (C)			
	Male — Masculin		Female — Féminin		Male — Masculin		Female — Féminin	
	Number Nombre	Rate Taux	Number Nombre	Rate Taux	Number Nombre	Rate Taux	Number Nombre	Rate Taux
TOTAL	3 597	242.3	2 104	208.0	3 621	235.2	2 314	221.8
Certain infectious and parasitic diseases — Certaines maladies infectieuses et parasitaires								
Total	87	5.9	63	6.2	101	6.6	74	7.1
Intestinal infectious diseases — Maladies infectieuses intestinales	4	۰0.3	3	۰0.3	5	۰0.3	4	۰0.4
Tuberculosis — Tuberculose	9	۰0.6	11	۰1.1	19	۰1.2	14	۰1.3
Tetanus — Tétanos	-	-	-	-	-	-	-	-
Diphtheria — Diphtérie	-	-	-	-	-	-	-	-
Whooping cough — Coqueluche	-	-	-	-	-	-	-	-
Meningococcal infection — Infection à méningocoques	-	-	-	-	-	-	-	-
Septicaemia — Septicémie	40	2.7	37	3.7	44	2.9	49	4.7
Acute poliomyelitis — Poliomyélite aiguë	-	-	-	-	-	-	-	-
Measles — Rougeole	-	-	-	-	-	-	-	-
Viral hepatitis — Hépatite virale	25	۰1.7	9	۰0.9	30	۰1.9	5	۰0.5
Human immunodeficiency virus [HIV] disease — Maladies dues au virus de l'immunodéficience humaine (VIH)	-	-	1	۰0.1	2	۰0.1	1	۰0.1
Malaria — Paludisme	1	۰0.1	-	-	1	۰0.1	-	-
Neoplasms — Tumeurs	355	23.9	343	33.9	373	24.2	361	34.6
Malignant neoplasms — Tumeurs malignes								
Total	352	23.7	342	33.8	371	24.1	358	34.3
Malignant neoplasm of lip, oral cavity and pharynx — Tumeur maligne de la lèvre, de la cavité buccale et du pharynx	10	۰0.7	2	۰0.2	8	۰0.5	8	۰0.8
Malignant neoplasm of oesophagus — Tumeur maligne de l'oesophage	5	۰0.3	1	۰0.1	7	۰0.5	7	۰0.7
Malignant neoplasm of stomach — Tumeur maligne de l'estomac	15	۰1.0	9	۰0.9	13	۰0.8	11	۰1.1
Malignant neoplasm of colon, rectosigmoid junction, rectum, anus and anal canal — Tumeur maligne du côlon, de la jonction recto-sigmoïdienne, du rectum, de l'anus et du canal anal	44	3.0	22	۰2.2	41	2.7	31	3.0
Malignant neoplasm of liver and intrahepatic bile ducts — Tumeur maligne du foie et des voies bilaires intrahépatiques	35	2.4	14	۰1.4	46	3.0	20	۰1.9
Malignant neoplasm of pancreas — Tumeur maligne du pancréas	23	۰1.5	18	۰1.8	18	۰1.2	14	۰1.3
Malignant neoplasm of trachea, bronchus and lung — Tumeur maligne de la trachée, des bronches et du poumon	54	3.6	29	۰2.9	46	3.0	21	۰2.0
Malignant neoplasm of female breast — Tumeur maligne du sein chez la femme	..	..	96	13.8	..	..	87	12.1
Malignant neoplasm of cervix uteri — Tumeur maligne du col de l'utérus	..	..	6	۰0.9	..	..	10	۰1.4
Malignant neoplasm of prostate — Tumeur maligne de la prostate	20	۰14.8	..	..	29	۰20.6	..	..
Malignant neoplasm of lymphoid, haematopoietic and related tissue — Tumeurs malignes primitives ou présumées primitives des tissus lymphoïde, hématopoïétique et apparentés	53	3.6	38	3.8	62	4.0	38	3.6
Disorders of the blood and blood-forming organs and certain disorders involving the immune mechanism — Maladies du sang et des organes hématopoïétiques et certains troubles du système immunitaire								
Total	16	۰1.1	10	۰1.0	3	۰0.2	7	۰0.7
Anaemias — Anémies	6	۰0.4	5	۰0.5	1	۰0.1	4	۰0.4
Endocrine, nutritional and metabolic diseases — Maladies endocriniennes, nutritionnelles et métaboliques								
Total	93	6.3	94	9.3	111	7.2	115	11.0
Diabetes mellitus — Diabète sucré	90	6.1	89	8.8	105	6.8	106	10.2
Malnutrition — Malnutrition	-	-	-	-	-	-	-	-
Mental and behavioural disorders — Troubles mentaux et du comportement	2	۰0.1	3	۰0.3	1	۰0.1	1	۰0.1
Diseases of the nervous system — Maladies du système nerveux	31	2.1	27	۰2.7	36	2.3	41	3.9
Diseases of the circulatory system — Maladies de l'appareil circulatoire								
Total	1 654	111.4	839	83.0	1 590	103.3	848	81.3
Acute rheumatic fever and chronic rheumatic heart diseases — Rhumatisme articularie aigu et cardiopathies rhumatismales chroniques	6	۰0.4	3	۰0.3	3	۰0.2	2	۰0.2
Hypertensive diseases — Maladies hypertensives	65	4.4	76	7.5	59	3.8	95	9.1
Ischaemic heart disease — Cardiopathie ischémique	792	53.4	264	26.1	939	61.0	265	25.4
Cerebrovascular disease — Maladie cérébrovasculaire	354	23.8	241	23.8	293	19.0	236	22.6

20. Death and death rates by cause and sex: 2006 - 2010
Décès et taux de mortalité par cause et sexe : 2006 - 2010 (continued - suite)

Kuwait - Koweït

Cause of death — Cause de décès	2008 (C)				2009 (C)			
	Male — Masculin		Female — Féminin		Male — Masculin		Female — Féminin	
	Number Nombre	Rate Taux	Number Nombre	Rate Taux	Number Nombre	Rate Taux	Number Nombre	Rate Taux
Diseases of arteries, arterioles and capillaries — Maladies des artères, artérioles et capillaires	20	♦1.3	15	♦1.5	14	♦0.9	13	♦1.2
Diseases of the respiratory system — Maladies de l'appareil respiratoire								
Total	149	10.0	138	13.6	198	12.9	197	18.9
Influenza — Grippe........................	-	-	-	-	11	♦0.7	21	♦2.0
Pneumonia — Pneumopathies........................	106	7.1	94	9.3	129	8.4	131	12.6
Chronic lower respiratory diseases — Maladies chroniques des voies respiratoires inférieures	27	♦1.8	26	♦2.6	48	3.1	30	♦2.9
Diseases of the digestive system — Maladies de l'appareil digestif								
Total	88	5.9	51	5.0	84	5.5	61	5.8
Gastric and duodenal ulcer — Ulcère de l'estomac et du duodénum.................	8	♦0.5	3	♦0.3	12	♦0.8	8	♦0.8
Diseases of the liver — Maladies du foie........................	46	3.1	21	♦2.1	40	2.6	25	♦2.4
Diseases of the musculoskeletal system and connective tissue — Maladies du système ostéo-articularie, des muscles et du tissu conjonctif	-	-	1	♦0.1	-	-	1	♦0.1
Diseases of the genitourinary system — Maladies de l'appareil génito-urinaire								
Total	62	4.2	70	6.9	77	5.0	90	8.6
Disorders of kidney and ureter — Affections du rein et de l'uretère	61	4.1	68	6.7	75	4.9	84	8.1
Hyperplasia of prostate — Hyperplasie de la prostate........................	-	-	..	..	-	-	..	..
Pregnancy, childbirth and the puerperium — Grossesse, accouchement et puerpéralité								
Total	..	..	5	♦9.2	..	..	7	♦12.4
Pregnancy with abortive outcome — Grossesse se terminant par un avortement	..	..	2	♦3.7	..	..	1	♦1.8
Other direct obstetric causes — Autres décès maternels directs	..	..	3	♦5.5	..	..	6	♦10.6
Indirect obstetric causes — Décès maternels indirects	..	..	-	-	..	..	-	-
Certain conditions originating in the perinatal period — Certaines affections dont l'origine se situe dans la période périnatale	109	390.5	98	367.6	146	509.1	110	395.3
Congenital malformations, deformations and chromosomal abnormalities — Malformations congénitales et anomalies chromosomiques	151	541.0	126	472.7	176	613.8	136	488.7
Symptoms, signs and abnormal clinical and laboratory findings, not elsewhere classified — Symptômes, signes et résultats anormaux d'examens cliniques et de laboratoire, non classés ailleurs	93	6.3	85	8.4	49	3.2	76	7.3
All other diseases — Toutes autres maladies........................	-	-	6	♦0.6	1	♦0.1	8	♦0.8
External causes — Causes externes								
Total	707	47.6	145	14.3	675	43.8	181	17.4
Accidents								
Total	612	41.2	113	11.2	582	37.8	156	15.0
Transport accidents — Accidents de transport........................	438	29.5	70	6.9	416	27.0	57	5.5
Falls — Chutes	62	4.2	8	♦0.8	52	3.4	8	♦0.8
Accidental drowning and submersion — Noyade et submersion accidentelles........................	20	♦1.3	-	-	16	♦1.0	3	♦0.3
Exposure to smoke, fire and flames — Exposition à la fumée, au feu et aux flammes	30	♦2.0	14	♦1.4	19	♦1.2	62	5.9
Accidental poisoning by and exposure to noxious substances — Intoxication accidentelle par des substances nocives et exposition à ces substances	9	♦0.6	12	♦1.2	15	♦1.0	7	♦0.7
Intentional self-harm — Lésions auto-infligées........................	34	2.3	20	♦2.0	40	2.6	22	♦2.1
Assault — Agresssions........................	22	♦1.5	5	♦0.5	16	♦1.0	2	♦0.2
All other external causes — Toutes autres causes externes........................	39	2.6	7	♦0.7	37	2.4	1	♦0.1

20. Death and death rates by cause and sex: 2006 - 2010
Décès et taux de mortalité par cause et sexe : 2006 - 2010 (continued - suite)

Cause of death — Cause de décès	Kyrgyzstan - Kirghizstan				Malaysia - Malaisie	
	2008 (U)		2009 (U)		2006 (U)	
	Male — Masculin	Female — Féminin	Male — Masculin	Female — Féminin	Male — Masculin	Female — Féminin
	Number Nombre	Number Nombre	Number Nombre	Number Nombre	Number Nombre	Number Nombre
TOTAL	**20 981**	**16 730**	**20 125**	**15 773**	**42 024**	**26 100**
Certain infectious and parasitic diseases — Certaines maladies infectieuses et parasitaires						
Total	704	323	651	303	4 749	2 711
Intestinal infectious diseases — Maladies infectieuses intestinales	109	99	79	86	66	49
Tuberculosis — Tuberculose	485	142	454	137	603	165
Tetanus — Tétanos	-	-	-	-	3	2
Diphtheria — Diphtérie..................	-	-	-	-	-	-
Whooping cough — Coqueluche	-	-	-	2	-	-
Meningococcal infection — Infection à méningocoques	7	9	10	7	6	4
Septicaemia — Septicémie	14	15	20	20	2 658	2 156
Acute poliomyelitis — Poliomyélite aiguë	-	-	-	-	1	1
Measles — Rougeole..................	-	-	-	-	2	1
Viral hepatitis — Hépatite virale..................	25	23	23	18	139	31
Human immunodeficiency virus [HIV] disease — Maladies dues au virus de l'immunodéficience humaine (VIH)..................	19	8	40	12	279	21
Malaria — Paludisme..................	-	-	-	-	10	5
Neoplasms — Tumeurs	**1 594**	**1 501**	**1 755**	**1 511**	**4 373**	**3 668**
Malignant neoplasms — Tumeurs malignes						
Total	1 567	1 471	1 733	1 490	4 134	3 480
Malignant neoplasm of lip, oral cavity and pharynx — Tumeur maligne de la lèvre, de la cavité buccale et du pharynx	60	14	79	27	317	128
Malignant neoplasm of oesophagus — Tumeur maligne de l'oesophage	92	47	85	54	96	43
Malignant neoplasm of stomach — Tumeur maligne de l'estomac	377	209	426	166	200	118
Malignant neoplasm of colon, rectosigmoid junction, rectum, anus and anal canal — Tumeur maligne du côlon, de la jonction recto-sigmoïdienne, du rectum, de l'anus et du canal anal	88	96	92	107	384	301
Malignant neoplasm of liver and intrahepatic bile ducts — Tumeur maligne du foie et des voies bilaires intrahépatiques	121	101	160	113	510	174
Malignant neoplasm of pancreas — Tumeur maligne du pancréas	57	53	63	60	128	70
Malignant neoplasm of trachea, bronchus and lung — Tumeur maligne de la trachée, des bronches et du poumon	266	84	334	91	1 082	430
Malignant neoplasm of female breast — Tumeur maligne du sein chez la femme	..	225	..	241	..	759
Malignant neoplasm of cervix uteri — Tumeur maligne du col de l'utérus.................	..	213	..	207	..	218
Malignant neoplasm of prostate — Tumeur maligne de la prostate	44	..	46	..	122	..
Malignant neoplasm of lymphoid, haematopoietic and related tissue — Tumeurs malignes primitives ou présumées primitives des tissus lymphoïde, hématopoïétique et apparentés.................	99	61	91	54	504	377
Disorders of the blood and blood-forming organs and certain disorders involving the immune mechanism — Maladies du sang et des organes hématopoïétiques et certains troubles du système immunitaire						
Total	25	25	21	21	261	155
Anaemias — Anémies	14	13	17	15	85	78
Endocrine, nutritional and metabolic diseases — Maladies endocriniennes, nutritionnelles et métaboliques						
Total	168	226	157	210	995	907
Diabetes mellitus — Diabète sucré.................	154	210	144	191	730	707
Malnutrition — Malnutrition	6	6	7	3	5	3
Mental and behavioural disorders — Troubles mentaux et du comportement.................	**55**	**44**	**53**	**30**	**53**	**8**
Diseases of the nervous system — Maladies du système nerveux.................	**331**	**239**	**338**	**215**	**555**	**388**
Diseases of the circulatory system — Maladies de l'appareil circulatoire						
Total	9 079	9 340	8 803	8 771	11 142	6 696
Acute rheumatic fever and chronic rheumatic heart diseases — Rhumatisme articularie aigu et cardiopathies rhumatismales chroniques	123	108	80	114	46	81
Hypertensive diseases — Maladies hypertensives.................	212	250	147	144	323	221
Ischaemic heart disease — Cardiopathie ischémique.................	5 117	5 524	5 161	5 377	5 574	2 606
Cerebrovascular disease — Maladie cérébrovasculaire.................	2 922	3 133	2 865	2 917	2 629	2 165
Diseases of arteries, arterioles and capillaries — Maladies des artères, artérioles et capillaires	130	84	70	39	225	75

20. Death and death rates by cause and sex: 2006 - 2010
Décès et taux de mortalité par cause et sexe : 2006 - 2010 (continued - suite)

Cause of death — Cause de décès	Kyrgyzstan - Kirghizstan				Malaysia - Malaisie	
	2008 (U)		2009 (U)		2006 (U)	
	Male — Masculin	Female — Féminin	Male — Masculin	Female — Féminin	Male — Masculin	Female — Féminin
	Number Nombre	Number Nombre	Number Nombre	Number Nombre	Number Nombre	Number Nombre
Diseases of the respiratory system — Maladies de l'appareil respiratoire						
Total	1 957	1 415	1 755	1 250	4 566	2 887
Influenza — Grippe	52	34	52	35	1	-
Pneumonia — Pneumopathies	512	384	513	364	2 169	1 482
Chronic lower respiratory diseases — Maladies chroniques des voies respiratoires inférieures	1 263	912	1 081	787	1 133	519
Diseases of the digestive system — Maladies de l'appareil digestif						
Total	1 702	884	1 581	803	1 604	778
Gastric and duodenal ulcer — Ulcère de l'estomac et du duodénum	70	26	64	19	149	64
Diseases of the liver — Maladies du foie	1 491	777	1 381	693	653	245
Diseases of the musculoskeletal system and connective tissue — Maladies du système ostéo-articularie, des muscles et du tissu conjonctif	55	105	42	91	115	162
Diseases of the genitourinary system — Maladies de l'appareil génito-urinaire						
Total	449	317	490	331	805	674
Disorders of kidney and ureter — Affections du rein et de l'uretère	441	313	483	329	704	522
Hyperplasia of prostate — Hyperplasie de la prostate	4	..	2	..	5	..
Pregnancy, childbirth and the puerperium — Grossesse, accouchement et puerpéralité						
Total	..	70	..	86	..	128
Pregnancy with abortive outcome — Grossesse se terminant par un avortement	..	1	..	1	..	9
Other direct obstetric causes — Autres décès maternels directs	..	49	..	60	..	96
Indirect obstetric causes — Décès maternels indirects	..	20	..	25	..	23
Certain conditions originating in the perinatal period — Certaines affections dont l'origine se situe dans la période périnatale	1 308	886	1 267	936	653	442
Congenital malformations, deformations and chromosomal abnormalities — Malformations congénitales et anomalies chromosomiques	253	228	230	228	490	441
Symptoms, signs and abnormal clinical and laboratory findings, not elsewhere classified — Symptômes, signes et résultats anormaux d'examens cliniques et de laboratoire, non classés ailleurs	362	259	308	179	4 824	4 356
All other diseases — Toutes autres maladies	9	9	10	4	150	198
External causes — Causes externes						
Total	2 930	859	2 664	804	6 689	1 501
Accidents						
Total	2 019	641	1 814	548	4 038	827
Transport accidents — Accidents de transport	790	233	739	206	3 309	584
Falls — Chutes	85	25	61	16	87	34
Accidental drowning and submersion — Noyade et submersion accidentelles	188	88	180	63	186	40
Exposure to smoke, fire and flames — Exposition à la fumée, au feu et aux flammes	45	19	40	9	27	20
Accidental poisoning by and exposure to noxious substances — Intoxication accidentelle par des substances nocives et exposition à ces substances	450	139	380	112	14	2
Intentional self-harm — Lésions auto-infligées	379	94	362	96	52	11
Assault — Agresssions	230	61	245	87	220	59
All other external causes — Toutes autres causes externes	302	63	243	73	2 379	604

20. Death and death rates by cause and sex: 2006 - 2010
Décès et taux de mortalité par cause et sexe : 2006 - 2010 (continued - suite)

Maldives

Cause of death — Cause de décès	2007 (+C)				2008 (+C)			
	Male — Masculin		Female — Féminin		Male — Masculin		Female — Féminin	
	Number Nombre	Rate Taux	Number Nombre	Rate Taux	Number Nombre	Rate Taux	Number Nombre	Rate Taux
TOTAL	682	441.7	437	290.4	631	402.6	435	284.6
Certain infectious and parasitic diseases — Certaines maladies infectieuses et parasitaires								
Total	39	25.3	19	♦12.6	33	21.1	25	♦16.4
Intestinal infectious diseases — Maladies infectieuses intestinales	-	-	-	-	-	-	-	-
Tuberculosis — Tuberculose	2	♦1.3	2	♦1.3	5	♦3.2	1	♦0.7
Tetanus — Tétanos	-	-	-	-	-	-	-	-
Diphtheria — Diphtérie....................................	-	-	-	-	-	-	-	-
Whooping cough — Coqueluche	-	-	-	-	-	-	-	-
Meningococcal infection — Infection à méningocoques...........................	-	-	-	-	-	-	-	-
Septicaemia — Septicémie...............................	22	♦14.2	14	♦9.3	17	♦10.8	17	♦11.1
Acute poliomyelitis — Poliomyélite aiguë	-	-	-	-	-	-	-	-
Measles — Rougeole	-	-	-	-	-	-	-	-
Viral hepatitis — Hépatite virale	3	♦1.9	-	-	3	♦1.9	1	♦0.7
Human immunodeficiency virus [HIV] disease — Maladies dues au virus de l'immunodéficience humaine (VIH)..........................	-	-	-	-	-	-	-	-
Malaria — Paludisme.....................................	-	-	-	-	-	-	-	-
Neoplasms — Tumeurs	34	22.0	23	♦15.3	55	35.1	26	♦17.0
Malignant neoplasms — Tumeurs malignes								
Total	34	22.0	22	♦14.6	54	34.5	25	♦16.4
Malignant neoplasm of lip, oral cavity and pharynx — Tumeur maligne de la lèvre, de la cavité buccale et du pharynx	3	♦1.9	1	♦0.7	1	♦0.6	2	♦1.3
Malignant neoplasm of oesophagus — Tumeur maligne de l'oesophage	-	-	-	-	1	♦0.6	2	♦1.3
Malignant neoplasm of stomach — Tumeur maligne de l'estomac	1	♦0.6	-	-	1	♦0.6	-	-
Malignant neoplasm of colon, rectosigmoid junction, rectum, anus and anal canal — Tumeur maligne du côlon, de la jonction recto-sigmoïdienne, du rectum, de l'anus et du canal anal............................	-	-	1	♦0.7	2	♦1.3	1	♦0.7
Malignant neoplasm of liver and intrahepatic bile ducts — Tumeur maligne du foie et des voies bilaires intrahépatiques	5	♦3.2	2	♦1.3	7	♦4.5	2	♦1.3
Malignant neoplasm of pancreas — Tumeur maligne du pancréas...................	-	-	-	-	3	♦1.9	-	-
Malignant neoplasm of trachea, bronchus and lung — Tumeur maligne de la trachée, des bronches et du poumon	4	♦2.6	2	♦1.3	7	♦4.5	1	♦0.7
Malignant neoplasm of female breast — Tumeur maligne du sein chez la femme	..	..	3	♦2.8	..	..	2	♦1.8
Malignant neoplasm of cervix uteri — Tumeur maligne du col de l'utérus..........	..	..	1	♦0.9	..	..	2	♦1.8
Malignant neoplasm of prostate — Tumeur maligne de la prostate	3	♦15.9	..	..	3	♦15.3	..	..
Malignant neoplasm of lymphoid, haematopoietic and related tissue — Tumeurs malignes primitives ou présumées primitives des tissus lymphoïde, hématopoïétique et apparentés	4	♦2.6	3	♦2.0	8	♦5.1	2	♦1.3
Disorders of the blood and blood-forming organs and certain disorders involving the immune mechanism — Maladies du sang et des organes hématopoïétiques et certains troubles du système immunitaire								
Total	5	♦3.2	4	♦2.7	5	♦3.2	9	♦5.9
Anaemias — Anémies	5	♦3.2	3	♦2.0	4	♦2.6	8	♦5.2
Endocrine, nutritional and metabolic diseases — Maladies endocriniennes, nutritionnelles et métaboliques								
Total	11	♦7.1	14	♦9.3	10	♦6.4	9	♦5.9
Diabetes mellitus — Diabète sucré........................	4	♦2.6	9	♦6.0	5	♦3.2	5	♦3.3
Malnutrition — Malnutrition	1	♦0.6	-	-	1	♦0.6	-	-
Mental and behavioural disorders — Troubles mentaux et du comportement	1	♦0.6	1	♦0.7	-	-	-	-
Diseases of the nervous system — Maladies du système nerveux.................	18	♦11.7	10	♦6.6	8	♦5.1	14	♦9.2
Diseases of the circulatory system — Maladies de l'appareil circulatoire								
Total	272	176.2	153	101.7	231	147.4	163	106.6
Acute rheumatic fever and chronic rheumatic heart diseases — Rhumatisme articularie aigu et cardiopathies rhumatismales chroniques	2	♦1.3	-	-	2	♦1.3	3	♦2.0
Hypertensive diseases — Maladies hypertensives...	97	62.8	70	46.5	80	51.0	76	49.7
Ischaemic heart disease — Cardiopathie ischémique....................................	47	30.4	14	♦9.3	52	33.2	27	♦17.7
Cerebrovascular disease — Maladie cérébrovasculaire....................	69	44.7	20	♦13.3	44	28.1	19	♦12.4

Maldives

Cause of death — Cause de décès	2007 (+C)				2008 (+C)			
	Male — Masculin		Female — Féminin		Male — Masculin		Female — Féminin	
	Number Nombre	Rate Taux	Number Nombre	Rate Taux	Number Nombre	Rate Taux	Number Nombre	Rate Taux
Diseases of arteries, arterioles and capillaries — Maladies des artères, artérioles et capillaires	-	-	1	♦0.7	-	-	3	♦2.0
Diseases of the respiratory system — Maladies de l'appareil respiratoire								
Total	72	46.6	66	43.9	82	52.3	76	49.7
Influenza — Grippe..	-	-	-	-	-	-	-	-
Pneumonia — Pneumopathies	7	♦4.5	6	♦4.0	10	♦6.4	7	♦4.6
Chronic lower respiratory diseases — Maladies chroniques des voies respiratoires inférieures	33	21.4	34	22.6	27	♦17.2	29	♦19.0
Diseases of the digestive system — Maladies de l'appareil digestif								
Total	16	♦10.4	14	♦9.3	22	♦14.0	11	♦7.2
Gastric and duodenal ulcer — Ulcère de l'estomac et du duodénum................	-	-	-	-	-	-	-	-
Diseases of the liver — Maladies du foie........	4	♦2.6	5	♦3.3	13	♦8.3	4	♦2.6
Diseases of the musculoskeletal system and connective tissue — Maladies du système ostéo-articularie, des muscles et du tissu conjonctif	-	-	1	♦0.7	1	♦0.6	-	-
Diseases of the genitourinary system — Maladies de l'appareil génito-urinaire								
Total	31	20.1	14	♦9.3	15	♦9.6	7	♦4.6
Disorders of kidney and ureter — Affections du rein et de l'uretère	30	♦19.4	13	♦8.6	15	♦9.6	7	♦4.6
Hyperplasia of prostate — Hyperplasie de la prostate............	1	♦5.3	..	..	-	-	..	..
Pregnancy, childbirth and the puerperium — Grossesse, accouchement et puerpéralité								
Total	..	..	2	♦30.4	..	..	4	♦57.2
Pregnancy with abortive outcome — Grossesse se terminant par un avortement	..	..	-	-	..	..	-	-
Other direct obstetric causes — Autres décès maternels directs	..	..	2	♦30.4	..	..	4	♦57.2
Indirect obstetric causes — Décès maternels indirects	..	..	-	-	..	..	-	-
Certain conditions originating in the perinatal period — Certaines affections dont l'origine se situe dans la période périnatale	25	♦736.8	14	♦440.8	26	♦713.3	25	♦748.1
Congenital malformations, deformations and chromosomal abnormalities — Malformations congénitales et anomalies chromosomiques	7	♦206.3	7	♦220.4	5	♦137.2	6	♦179.5
Symptoms, signs and abnormal clinical and laboratory findings, not elsewhere classified — Symptômes, signes et résultats anormaux d'examens cliniques et de laboratoire, non classés ailleurs	112	72.5	83	55.2	101	64.4	51	33.4
All other diseases — Toutes autres maladies.................	1	♦0.6	1	♦0.7	1	♦0.6	1	♦0.7
External causes — Causes externes								
Total	38	24.6	11	♦7.3	36	23.0	8	♦5.2
Accidents								
Total	22	♦14.2	5	♦3.3	22	♦14.0	3	♦2.0
Transport accidents — Accidents de transport..	5	♦3.2	1	♦0.7	3	♦1.9	-	-
Falls — Chutes...	1	♦0.6	-	-	2	♦1.3	2	♦1.3
Accidental drowning and submersion — Noyade et submersion accidentelles.....	7	♦4.5	2	♦1.3	14	♦8.9	-	-
Exposure to smoke, fire and flames — Exposition à la fumée, au feu et aux flammes...	1	♦0.6	1	♦0.7	1	♦0.6	-	-
Accidental poisoning by and exposure to noxious substances — Intoxication accidentelle par des substances nocives et exposition à ces substances	1	♦0.6	-	-	-	-	-	-
Intentional self-harm — Lésions auto-infligées.................................	3	♦1.9	2	♦1.3	-	-	-	-
Assault — Agresssions	-	-	-	-	2	♦1.3	-	-
All other external causes — Toutes autres causes externes	13	♦8.4	4	♦2.7	12	♦7.7	5	♦3.3

20. Death and death rates by cause and sex: 2006 - 2010
Décès et taux de mortalité par cause et sexe : 2006 - 2010 (continued - suite)

Cause of death — Cause de décès	Oman 2009 (U) Male — Masculin Number Nombre	Oman 2009 (U) Female — Féminin Number Nombre	Philippines 2008 (C) Male — Masculin Number Nombre	Philippines 2008 (C) Male — Masculin Rate Taux	Philippines 2008 (C) Female — Féminin Number Nombre	Philippines 2008 (C) Female — Féminin Rate Taux
TOTAL	*4 632*	*2 466*	**268 764**	**590.9**	**192 817**	**428.7**
Certain infectious and parasitic diseases — Certaines maladies infectieuses et parasitaires						
Total	*105*	*83*	26 837	59.0	14 954	33.3
Intestinal infectious diseases — Maladies infectieuses intestinales	*7*	*6*	3 127	6.9	2 268	5.0
Tuberculosis — Tuberculose	*9*	*4*	16 960	37.3	7 608	16.9
Tetanus — Tétanos	*1*	*-*	520	1.1	141	0.3
Diphtheria — Diphtérie	*-*	*-*	4	◆0.0	10	◆0.0
Whooping cough — Coqueluche	*-*	*-*	3	◆0.0	1	◆0.0
Meningococcal infection — Infection à méningocoques	*-*	*-*	20	◆0.0	23	◆0.1
Septicaemia — Septicémie	*69*	*62*	3 899	8.6	3 599	8.0
Acute poliomyelitis — Poliomyélite aiguë	*-*	*-*	20	◆0.0	8	◆0.0
Measles — Rougeole	*-*	*-*	15	◆0.0	8	◆0.0
Viral hepatitis — Hépatite virale	*5*	*4*	507	1.1	220	0.5
Human immunodeficiency virus [HIV] disease — Maladies dues au virus de l'immunodéficience humaine (VIH)	*6*	*1*	17	◆0.0	11	◆0.0
Malaria — Paludisme	*-*	*-*	72	0.2	31	0.1
Neoplasms — Tumeurs	*244*	*201*	25 341	55.7	23 706	52.7
Malignant neoplasms — Tumeurs malignes						
Total	*232*	*189*	23 926	52.6	22 336	49.7
Malignant neoplasm of lip, oral cavity and pharynx — Tumeur maligne de la lèvre, de la cavité buccale et du pharynx	*2*	*3*	1 391	3.1	779	1.7
Malignant neoplasm of oesophagus — Tumeur maligne de l'oesophage	*3*	*4*	338	0.7	134	0.3
Malignant neoplasm of stomach — Tumeur maligne de l'estomac	*27*	*9*	807	1.8	562	1.2
Malignant neoplasm of colon, rectosigmoid junction, rectum, anus and anal canal — Tumeur maligne du côlon, de la jonction recto-sigmoïdienne, du rectum, de l'anus et du canal anal	*13*	*11*	2 404	5.3	1 899	4.2
Malignant neoplasm of liver and intrahepatic bile ducts — Tumeur maligne du foie et des voies bilaires intrahépatiques	*32*	*14*	4 031	8.9	1 651	3.7
Malignant neoplasm of pancreas — Tumeur maligne du pancréas	*13*	*3*	559	1.2	564	1.3
Malignant neoplasm of trachea, bronchus and lung — Tumeur maligne de la trachée, des bronches et du poumon	*26*	*10*	5 793	12.7	2 130	4.7
Malignant neoplasm of female breast — Tumeur maligne du sein chez la femme	*..*	*35*	..	..	5 394	18.0
Malignant neoplasm of cervix uteri — Tumeur maligne du col de l'utérus	*..*	*7*	..	..	1 406	4.7
Malignant neoplasm of prostate — Tumeur maligne de la prostate	*13*	*..*	2 196	37.0	..	..
Malignant neoplasm of lymphoid, haematopoietic and related tissue — Tumeurs malignes primitives ou présumées primitives des tissus lymphoïde, hématopoïétique et apparentés	*...*	*...*	2 059	4.5	1 858	4.1
Disorders of the blood and blood-forming organs and certain disorders involving the immune mechanism — Maladies du sang et des organes hématopoïétiques et certains troubles du système immunitaire						
Total	*40*	*34*	1 484	3.3	1 626	3.6
Anaemias — Anémies	*24*	*19*	1 120	2.5	1 212	2.7
Endocrine, nutritional and metabolic diseases — Maladies endocriniennes, nutritionnelles et métaboliques						
Total	*362*	*236*	13 740	30.2	15 521	34.5
Diabetes mellitus — Diabète sucré	*311*	*195*	11 034	24.3	11 744	26.1
Malnutrition — Malnutrition	*-*	*1*	946	2.1	1 202	2.7
Mental and behavioural disorders — Troubles mentaux et du comportement	*3*	*3*	579	1.3	183	0.4
Diseases of the nervous system — Maladies du système nerveux	*63*	*19*	3 679	8.1	2 721	6.1
Diseases of the circulatory system — Maladies de l'appareil circulatoire						
Total	*867*	*526*	86 041	189.2	66 918	148.8
Acute rheumatic fever and chronic rheumatic heart diseases — Rhumatisme articularie aigu et cardiopathies rhumatismales chroniques	*19*	*17*	910	2.0	1 246	2.8
Hypertensive diseases — Maladies hypertensives	*118*	*97*	10 016	22.0	8 154	18.1
Ischaemic heart disease — Cardiopathie ischémique	*231*	*111*	31 537	69.3	21 482	47.8
Cerebrovascular disease — Maladie cérébrovasculaire	*188*	*118*	28 911	63.6	22 364	49.7
Diseases of arteries, arterioles and capillaries — Maladies des artères, artérioles et capillaires	*...*	*...*	1 469	3.2	1 612	3.6

20. Death and death rates by cause and sex: 2006 - 2010
Décès et taux de mortalité par cause et sexe : 2006 - 2010 (continued - suite)

	Oman		Philippines			
	2009 (U)		2008 (C)			
Cause of death — Cause de décès	Male — Masculin	Female — Féminin	Male — Masculin		Female — Féminin	
	Number Nombre	Number Nombre	Number Nombre	Rate Taux	Number Nombre	Rate Taux
Diseases of the respiratory system — Maladies de l'appareil respiratoire						
Total	152	116	36 953	81.2	28 824	64.1
Influenza — Grippe.............	3	3	60	0.1	68	0.2
Pneumonia — Pneumopathies.............	56	51	19 462	42.8	20 243	45.0
Chronic lower respiratory diseases — Maladies chroniques des voies respiratoires inférieures	17	11	15 181	33.4	6 678	14.8
Diseases of the digestive system — Maladies de l'appareil digestif						
Total	82	57	15 546	34.2	5 870	13.1
Gastric and duodenal ulcer — Ulcère de l'estomac et du duodénum.............	3	3	4 428	9.7	2 015	4.5
Diseases of the liver — Maladies du foie.............	50	28	6 218	13.7	1 935	4.3
Diseases of the musculoskeletal system and connective tissue — Maladies du système ostéo-articularie, des muscles et du tissu conjonctif	2	5	657	1.4	1 028	2.3
Diseases of the genitourinary system — Maladies de l'appareil génito-urinaire						
Total	149	71	9 725	21.4	6 821	15.2
Disorders of kidney and ureter — Affections du rein et de l'uretère	...	...	8 723	19.2	6 096	13.6
Hyperplasia of prostate — Hyperplasie de la prostate.............	...	..	453	7.6	..	..
Pregnancy, childbirth and the puerperium — Grossesse, accouchement et puerpéralité						
Total	..	3	..	..	1 731	97.0
Pregnancy with abortive outcome — Grossesse se terminant par un avortement.............	..	-	..	..	166	9.3
Other direct obstetric causes — Autres décès maternels directs	..	2	..	..	1 453	81.4
Indirect obstetric causes — Décès maternels indirects	..	-	..	..	112	6.3
Certain conditions originating in the perinatal period — Certaines affections dont l'origine se situe dans la période périnatale	148	125	7 537	812.1	5 028	587.2
Congenital malformations, deformations and chromosomal abnormalities — Malformations congénitales et anomalies chromosomiques	103	57	2 844	306.4	2 415	282.0
Symptoms, signs and abnormal clinical and laboratory findings, not elsewhere classified — Symptômes, signes et résultats anormaux d'examens cliniques et de laboratoire, non classés ailleurs	1 640	807	8 052	17.7	7 968	17.7
All other diseases — Toutes autres maladies.............	16	6	834	1.8	896	2.0
External causes — Causes externes						
Total	656	117	28 915	63.6	6 607	14.7
Accidents						
Total	...	...	12 206	26.8	3 977	8.8
Transport accidents — Accidents de transport.............	519	84	5 673	12.5	1 662	3.7
Falls — Chutes.............	19	3	1 282	2.8	619	1.4
Accidental drowning and submersion — Noyade et submersion accidentelles.............	41	6	2 586	5.7	865	1.9
Exposure to smoke, fire and flames — Exposition à la fumée, au feu et aux flammes	3	2	204	0.4	149	0.3
Accidental poisoning by and exposure to noxious substances — Intoxication accidentelle par des substances nocives et exposition à ces substances	4	2	145	0.3	67	0.1
Intentional self-harm — Lésions auto-infligées.............	13	-	1 411	3.1	409	0.9
Assault — Agresssions.............	3	-	11 477	25.2	1 046	2.3
All other external causes — Toutes autres causes externes	...	...	3 821	8.4	1 175	2.6

20. Death and death rates by cause and sex: 2006 - 2010
Décès et taux de mortalité par cause et sexe : 2006 - 2010 (continued - suite)

Qatar

Cause of death — Cause de décès	2008 (C)				2009 (C)			
	Male — Masculin		Female — Féminin		Male — Masculin		Female — Féminin	
	Number Nombre	Rate Taux	Number Nombre	Rate Taux	Number Nombre	Rate Taux	Number Nombre	Rate Taux
TOTAL	1 460	131.4	488	144.7	1 517	119.9	493	132.0
Certain infectious and parasitic diseases — Certaines maladies infectieuses et parasitaires								
Total	25	♦2.2	7	♦2.1	26	♦2.1	8	♦2.1
Intestinal infectious diseases — Maladies infectieuses intestinales	-	-	-	-	-	-	-	-
Tuberculosis — Tuberculose	4	♦0.4	2	♦0.6	2	♦0.2	-	-
Tetanus — Tétanos	-	-	-	-	-	-	-	-
Diphtheria — Diphtérie	-	-	-	-	-	-	-	-
Whooping cough — Coqueluche	-	-	-	-	-	-	-	-
Meningococcal infection — Infection à méningocoques	-	-	-	-	-	-	-	-
Septicaemia — Septicémie	-	-	4	♦1.2	11	♦0.9	3	♦0.8
Acute poliomyelitis — Poliomyélite aiguë	-	-	-	-	-	-	-	-
Measles — Rougeole	-	-	-	-	-	-	-	-
Viral hepatitis — Hépatite virale	9	♦0.8	1	♦0.3	7	♦0.6	4	♦1.1
Human immunodeficiency virus [HIV] disease — Maladies dues au virus de l'immunodéficience humaine (VIH)	1	♦0.1	-	-	1	♦0.1	-	-
Malaria — Paludisme	-	-	-	-	1	♦0.1	-	-
Neoplasms — Tumeurs	96	8.6	79	23.4	110	8.7	89	23.8
Malignant neoplasms — Tumeurs malignes								
Total	93	8.4	79	23.4	106	8.4	86	23.0
Malignant neoplasm of lip, oral cavity and pharynx — Tumeur maligne de la lèvre, de la cavité buccale et du pharynx	3	♦0.3	2	♦0.6	4	♦0.3	-	-
Malignant neoplasm of oesophagus — Tumeur maligne de l'oesophage	1	♦0.1	1	♦0.3	2	♦0.2	-	-
Malignant neoplasm of stomach — Tumeur maligne de l'estomac	3	♦0.3	4	♦1.2	5	♦0.4	5	♦1.3
Malignant neoplasm of colon, rectosigmoid junction, rectum, anus and anal canal — Tumeur maligne du côlon, de la jonction recto-sigmoïdienne, du rectum, de l'anus et du canal anal	7	♦0.6	12	♦3.6	6	♦0.5	4	♦1.1
Malignant neoplasm of liver and intrahepatic bile ducts — Tumeur maligne du foie et des voies bilaires intrahépatiques	16	♦1.4	4	♦1.2	11	♦0.9	7	♦1.9
Malignant neoplasm of pancreas — Tumeur maligne du pancréas	6	♦0.5	5	♦1.5	6	♦0.5	6	♦1.6
Malignant neoplasm of trachea, bronchus and lung — Tumeur maligne de la trachée, des bronches et du poumon	23	♦2.1	6	♦1.8	18	♦1.4	3	♦0.8
Malignant neoplasm of female breast — Tumeur maligne du sein chez la femme	..	..	18	♦7.7	..	..	26	♦9.8
Malignant neoplasm of cervix uteri — Tumeur maligne du col de l'utérus	..	..	2	♦0.9	..	..	3	♦1.1
Malignant neoplasm of prostate — Tumeur maligne de la prostate	8	♦8.9	..	..	11	♦11.1	..	..
Malignant neoplasm of lymphoid, haematopoietic and related tissue — Tumeurs malignes primitives ou présumées primitives des tissus lymphoïde, hématopoïétique et apparentés	10	♦0.9	11	♦3.3	21	♦1.7	7	♦1.9
Disorders of the blood and blood-forming organs and certain disorders involving the immune mechanism — Maladies du sang et des organes hématopoïétiques et certains troubles du système immunitaire								
Total	7	♦0.6	3	♦0.9	7	♦0.6	4	♦1.1
Anaemias — Anémies	2	♦0.2	2	♦0.6	1	♦0.1	1	♦0.3
Endocrine, nutritional and metabolic diseases — Maladies endocriniennes, nutritionnelles et métaboliques								
Total	63	5.7	38	11.3	78	6.2	70	18.7
Diabetes mellitus — Diabète sucré	56	5.0	35	10.4	74	5.8	66	17.7
Malnutrition — Malnutrition	-	-	-	-	-	-	-	-
Mental and behavioural disorders — Troubles mentaux et du comportement	-	-	-	-	-	-	-	-
Diseases of the nervous system — Maladies du système nerveux	16	♦1.4	12	♦3.6	26	♦2.1	10	♦2.7
Diseases of the circulatory system — Maladies de l'appareil circulatoire								
Total	182	16.4	97	28.8	195	15.4	79	21.2
Acute rheumatic fever and chronic rheumatic heart diseases — Rhumatisme articularie aigu et cardiopathies rhumatismales chroniques	1	♦0.1	-	-	2	♦0.2	-	-
Hypertensive diseases — Maladies hypertensives	34	3.1	31	9.2	25	♦2.0	12	♦3.2
Ischaemic heart disease — Cardiopathie ischémique	90	8.1	48	14.2	97	7.7	40	10.7
Cerebrovascular disease — Maladie cérébrovasculaire	27	♦2.4	6	♦1.8	39	3.1	17	♦4.6

Qatar

Cause of death — Cause de décès	2008 (C)				2009 (C)			
	Male — Masculin		Female — Féminin		Male — Masculin		Female — Féminin	
	Number Nombre	Rate Taux	Number Nombre	Rate Taux	Number Nombre	Rate Taux	Number Nombre	Rate Taux
Diseases of arteries, arterioles and capillaries — Maladies des artères, artérioles et capillaires	5	♦0.4	-	-	3	♦0.2	1	♦0.3
Diseases of the respiratory system — Maladies de l'appareil respiratoire								
Total	34	3.1	31	9.2	51	4.0	33	8.8
Influenza — Grippe.............	-	-	-	-	-	-	-	-
Pneumonia — Pneumopathies	7	♦0.6	8	♦2.4	13	♦1.0	9	♦2.4
Chronic lower respiratory diseases — Maladies chroniques des voies respiratoires inférieures	5	♦0.4	3	♦0.9	7	♦0.6	3	♦0.8
Diseases of the digestive system — Maladies de l'appareil digestif								
Total	33	3.0	14	♦4.2	33	2.6	16	♦4.3
Gastric and duodenal ulcer — Ulcère de l'estomac et du duodénum................	-	-	1	♦0.3	-	-	-	-
Diseases of the liver — Maladies du foie........................	18	♦1.6	6	♦1.8	19	♦1.5	7	♦1.9
Diseases of the musculoskeletal system and connective tissue — Maladies du système ostéo-articularie, des muscles et du tissu conjonctif	-	-	-	-	2	♦0.2	1	♦0.3
Diseases of the genitourinary system — Maladies de l'appareil génito-urinaire								
Total	31	2.8	17	♦5.0	24	♦1.9	11	♦2.9
Disorders of kidney and ureter — Affections du rein et de l'uretère	30	♦2.7	16	♦4.7	22	♦1.7	10	♦2.7
Hyperplasia of prostate — Hyperplasie de la prostate....................................	-	-	..	..	-	-	..	..
Pregnancy, childbirth and the puerperium — Grossesse, accouchement et puerpéralité								
Total	..	..	2	♦11.6	..	..	4	♦21.8
Pregnancy with abortive outcome — Grossesse se terminant par un avortement	..	..	-	-	..	..	-	-
Other direct obstetric causes — Autres décès maternels directs	..	..	-	-	..	..	1	♦5.4
Indirect obstetric causes — Décès maternels indirects	..	..	-	-	..	..	2	♦10.9
Certain conditions originating in the perinatal period — Certaines affections dont l'origine se situe dans la période périnatale	29	♦333.2	25	♦293.9	31	329.8	30	♦335.2
Congenital malformations, deformations and chromosomal abnormalities — Malformations congénitales et anomalies chromosomiques	31	356.2	29	♦340.9	33	351.0	27	♦301.7
Symptoms, signs and abnormal clinical and laboratory findings, not elsewhere classified — Symptômes, signes et résultats anormaux d'examens cliniques et de laboratoire, non classés ailleurs	512	46.1	92	27.3	485	38.3	74	19.8
All other diseases — Toutes autres maladies........................	3	♦0.3	4	♦1.2	10	♦0.8	8	♦2.1
External causes — Causes externes								
Total	397	35.7	38	11.3	406	32.1	29	♦7.8
Accidents								
Total	352	31.7	34	10.1	359	28.4	24	♦6.4
Transport accidents — Accidents de transport	243	21.9	29	♦8.6	234	18.5	17	♦4.6
Falls — Chutes	23	♦2.1	-	-	27	♦2.1	1	♦0.3
Accidental drowning and submersion — Noyade et submersion accidentelles....................	11	♦1.0	1	♦0.3	44	3.5	1	♦0.3
Exposure to smoke, fire and flames — Exposition à la fumée, au feu et aux flammes....................	16	♦1.4	2	♦0.6	4	♦0.3	1	♦0.3
Accidental poisoning by and exposure to noxious substances — Intoxication accidentelle par des substances nocives et exposition à ces substances	6	♦0.5	1	♦0.3	5	♦0.4	-	-
Intentional self-harm — Lésions auto-infligées....................................	31	2.8	2	♦0.6	41	3.2	3	♦0.8
Assault — Agresssions....................................	11	♦1.0	1	♦0.3	6	♦0.5	2	♦0.5
All other external causes — Toutes autres causes externes	3	♦0.3	1	♦0.3	-	-	-	-

Republic of Korea - République de Corée

Cause of death — Cause de décès	2006 (C)				2009 (C)			
	Male — Masculin		Female — Féminin		Male — Masculin		Female — Féminin	
	Number Nombre	Rate Taux	Number Nombre	Rate Taux	Number Nombre	Rate Taux	Number Nombre	Rate Taux
TOTAL	**134 724**	**549.7**	**109 210**	**447.9**	**137 736**	**553.7**	**109 206**	**440.7**
Certain infectious and parasitic diseases — Certaines maladies infectieuses et parasitaires								
Total	3 353	13.7	2 096	8.6	3 426	13.8	2 593	10.5
Intestinal infectious diseases — Maladies infectieuses intestinales	34	0.1	63	0.3	159	0.6	247	1.0
Tuberculosis — Tuberculose	1 880	7.7	853	3.5	1 526	6.1	766	3.1
Tetanus — Tétanos	4	◊0.0	6	◊0.0	2	◊0.0	4	◊0.0
Diphtheria — Diphtérie	-	-	-	-	-	-	-	-
Whooping cough — Coqueluche	-	-	-	-	1	◊0.0	-	-
Meningococcal infection — Infection à méningocoques	4	◊0.0	-	-	-	-	-	-
Septicaemia — Septicémie	545	2.2	620	2.5	703	2.8	949	3.8
Acute poliomyelitis — Poliomyélite aiguë	-	-	-	-	-	-	-	-
Measles — Rougeole	-	-	-	-	-	-	-	-
Viral hepatitis — Hépatite virale	535	2.2	376	1.5	610	2.5	420	1.7
Human immunodeficiency virus [HIV] disease — Maladies dues au virus de l'immunodéficience humaine (VIH)	72	0.3	5	◊0.0	93	0.4	6	◊0.0
Malaria — Paludisme	4	◊0.0	-	-	3	◊0.0	-	-
Neoplasms — Tumeurs	**42 496**	**173.4**	**24 278**	**99.6**	**44 348**	**178.3**	**26 431**	**106.7**
Malignant neoplasms — Tumeurs malignes								
Total	42 080	171.7	23 829	97.7	43 846	176.3	25 934	104.7
Malignant neoplasm of lip, oral cavity and pharynx — Tumeur maligne de la lèvre, de la cavité buccale et du pharynx	695	2.8	199	0.8	765	3.1	208	0.8
Malignant neoplasm of oesophagus — Tumeur maligne de l'oesophage	1 357	5.5	129	0.5	1 297	5.2	109	0.4
Malignant neoplasm of stomach — Tumeur maligne de l'estomac	7 094	28.9	3 685	15.1	6 680	26.9	3 455	13.9
Malignant neoplasm of colon, rectosigmoid junction, rectum, anus and anal canal — Tumeur maligne du côlon, de la jonction recto-sigmoïdienne, du rectum, de l'anus et du canal anal	3 453	14.1	2 824	11.6	3 952	15.9	3 153	12.7
Malignant neoplasm of liver and intrahepatic bile ducts — Tumeur maligne du foie et des voies bilaires intrahépatiques	8 305	33.9	2 667	10.9	8 429	33.9	2 817	11.4
Malignant neoplasm of pancreas — Tumeur maligne du pancréas	1 898	7.7	1 565	6.4	2 229	9.0	1 829	7.4
Malignant neoplasm of trachea, bronchus and lung — Tumeur maligne de la trachée, des bronches et du poumon	10 490	42.8	3 607	14.8	10 892	43.8	4 027	16.3
Malignant neoplasm of female breast — Tumeur maligne du sein chez la femme	..	..	1 609	8.0	..	..	1 878	9.2
Malignant neoplasm of cervix uteri — Tumeur maligne du col de l'utérus	..	..	1 005	5.0	..	..	950	4.7
Malignant neoplasm of prostate — Tumeur maligne de la prostate	1 010	18.7	..	..	1 235	19.5	..	..
Malignant neoplasm of lymphoid, haematopoietic and related tissue — Tumeurs malignes primitives ou présumées primitives des tissus lymphoïde, hématopoïétique et apparentés	1 921	7.8	1 317	5.4	2 048	8.2	1 588	6.4
Disorders of the blood and blood-forming organs and certain disorders involving the immune mechanism — Maladies du sang et des organes hématopoïétiques et certains troubles du système immunitaire								
Total	201	0.8	263	1.1	273	1.1	298	1.2
Anaemias — Anémies	116	0.5	172	0.7	159	0.6	183	0.7
Endocrine, nutritional and metabolic diseases — Maladies endocriniennes, nutritionnelles et métaboliques								
Total	6 139	25.1	6 126	25.1	5 357	21.5	5 210	21.0
Diabetes mellitus — Diabète sucré	5 823	23.8	5 777	23.7	4 959	19.9	4 798	19.4
Malnutrition — Malnutrition	27	◊0.1	17	◊0.1	17	◊0.1	30	◊0.1
Mental and behavioural disorders — Troubles mentaux et du comportement	1 952	8.0	2 426	10.0	2 061	8.3	2 892	11.7
Diseases of the nervous system — Maladies du système nerveux	2 121	8.7	2 282	9.4	2 556	10.3	2 964	12.0
Diseases of the circulatory system — Maladies de l'appareil circulatoire								
Total	27 174	110.9	29 214	119.8	26 129	105.0	28 128	113.5
Acute rheumatic fever and chronic rheumatic heart diseases — Rhumatisme articularie aigu et cardiopathies rhumatismales chroniques	106	0.4	164	0.7	47	0.2	131	0.5
Hypertensive diseases — Maladies hypertensives	1 603	6.5	3 020	12.4	1 522	6.1	3 227	13.0
Ischaemic heart disease — Cardiopathie ischémique	7 466	30.5	6 810	27.9	7 007	28.2	5 886	23.8
Cerebrovascular disease — Maladie cérébrovasculaire	14 510	59.2	15 526	63.7	12 648	50.8	13 190	53.2

20. Death and death rates by cause and sex: 2006 - 2010
Décès et taux de mortalité par cause et sexe : 2006 - 2010 (continued - suite)

Republic of Korea - République de Corée

Cause of death — Cause de décès	2006 (C)				2009 (C)			
	Male — Masculin		Female — Féminin		Male — Masculin		Female — Féminin	
	Number Nombre	Rate Taux	Number Nombre	Rate Taux	Number Nombre	Rate Taux	Number Nombre	Rate Taux
Diseases of arteries, arterioles and capillaries — Maladies des artères, artérioles et capillaires	627	2.6	485	2.0	604	2.4	406	1.6
Diseases of the respiratory system — Maladies de l'appareil respiratoire								
Total	8 500	34.7	5 810	23.8	9 828	39.5	7 201	29.1
Influenza — Grippe	-	-	-	-	6	♦0.0	9	♦0.0
Pneumonia — Pneumopathies	2 376	9.7	2 227	9.1	3 206	12.9	3 118	12.6
Chronic lower respiratory diseases — Maladies chroniques des voies respiratoires inférieures	4 470	18.2	2 600	10.7	4 347	17.5	2 567	10.4
Diseases of the digestive system — Maladies de l'appareil digestif								
Total	7 731	31.5	3 002	12.3	7 236	29.1	3 423	13.8
Gastric and duodenal ulcer — Ulcère de l'estomac et du duodénum	251	1.0	185	0.8	253	1.0	212	0.9
Diseases of the liver — Maladies du foie	6 156	25.1	1 468	6.0	5 449	21.9	1 419	5.7
Diseases of the musculoskeletal system and connective tissue — Maladies du système ostéo-articularie, des muscles et du tissu conjonctif	469	1.9	1 189	4.9	594	2.4	1 253	5.1
Diseases of the genitourinary system — Maladies de l'appareil génito-urinaire								
Total	1 662	6.8	1 581	6.5	2 216	8.9	2 377	9.6
Disorders of kidney and ureter — Affections du rein et de l'uretère	1 520	6.2	1 415	5.8	2 023	8.1	2 082	8.4
Hyperplasia of prostate — Hyperplasie de la prostate	58	1.1	..	..	69	1.1	..	..
Pregnancy, childbirth and the puerperium — Grossesse, accouchement et puerpéralité								
Total	..	..	54	12.0	..	..	48	10.8
Pregnancy with abortive outcome — Grossesse se terminant par un avortement	..	..	2	♦0.4	..	..	2	♦0.4
Other direct obstetric causes — Autres décès maternels directs	..	..	47	10.5	..	..	40	9.0
Indirect obstetric causes — Décès maternels indirects	..	..	5	♦1.1	..	..	6	♦1.3
Certain conditions originating in the perinatal period — Certaines affections dont l'origine se situe dans la période périnatale	482	207.6	377	174.6	401	174.8	316	146.6
Congenital malformations, deformations and chromosomal abnormalities — Malformations congénitales et anomalies chromosomiques	309	133.1	262	121.3	221	96.4	238	110.4
Symptoms, signs and abnormal clinical and laboratory findings, not elsewhere classified — Symptômes, signes et résultats anormaux d'examens cliniques et de laboratoire, non classés ailleurs	11 931	48.7	20 339	83.4	11 077	44.5	14 760	59.6
All other diseases — Toutes autres maladies	159	0.6	341	1.4	149	0.6	277	1.1
External causes — Causes externes								
Total	20 045	81.8	9 570	39.3	21 864	87.9	10 797	43.6
Accidents								
Total	10 299	42.0	4 572	18.8	9 177	36.9	3 787	15.3
Transport accidents — Accidents de transport	5 716	23.3	2 106	8.6	5 300	21.3	1 847	7.5
Falls — Chutes	2 056	8.4	1 363	5.6	1 555	6.3	589	2.4
Accidental drowning and submersion — Noyade et submersion accidentelles	592	2.4	165	0.7	467	1.9	110	0.4
Exposure to smoke, fire and flames — Exposition à la fumée, au feu et aux flammes	255	1.0	145	0.6	169	0.7	61	0.2
Accidental poisoning by and exposure to noxious substances — Intoxication accidentelle par des substances nocives et exposition à ces substances	195	0.8	101	0.4	148	0.6	46	0.2
Intentional self-harm — Lésions auto-infligées	7 249	29.6	3 439	14.1	9 936	39.9	5 477	22.1
Assault — Agresssions	400	1.6	390	1.6	353	1.4	325	1.3
All other external causes — Toutes autres causes externes	2 097	8.6	1 169	4.8	2 398	9.6	1 208	4.9

20. Death and death rates by cause and sex: 2006 - 2010
Décès et taux de mortalité par cause et sexe : 2006 - 2010 (continued - suite)

Cause of death — Cause de décès	Saudi Arabia - Arabie saoudite 2009 (U)		Singapore - Singapour 2006 (+U)		Sri Lanka 2006 (+U)		Thailand - Thaïlande 2006 (+U)	
	Male — Masculin	Female — Féminin	Male — Masculin	Female — Féminin	Male — Masculin	Female — Féminin	Male — Masculin	Female — Féminin
	Number Nombre	Number Nombre	Number Nombre	Number Nombre	Number Nombre	Number Nombre	Number Nombre	Number Nombre
TOTAL	28 994	15 329	8 383	7 031	69 895	47 572	222 811	168 315
Certain infectious and parasitic diseases — Certaines maladies infectieuses et parasitaires								
Total	815	630	111	125	2 094	1 147	21 771	16 998
Intestinal infectious diseases — Maladies infectieuses intestinales	63	59	6	11	226	195	502	385
Tuberculosis — Tuberculose	190	123	42	19	603	214	3 647	1 567
Tetanus — Tétanos	6	3	-	-	12	6	36	28
Diphtheria — Diphtérie	-	-	-	-	-	1	1	1
Whooping cough — Coqueluche	-	-	-	-	-	-	1	-
Meningococcal infection — Infection à méningocoques	-	-	-	-	3	-	5	2
Septicaemia — Septicémie	418	358	46	79	882	560	11 294	11 412
Acute poliomyelitis — Poliomyélite aiguë	-	-	-	-	-	-	9	4
Measles — Rougeole	-	-	-	-	-	-	2	-
Viral hepatitis — Hépatite virale	43	23	7	5	4	10	157	77
Human immunodeficiency virus [HIV] disease — Maladies dues au virus de l'immunodéficience humaine (VIH)	78	56	-	-	-	2	4 233	2 318
Malaria — Paludisme	8	-	-	-	5	4	122	41
Neoplasms — Tumeurs	1 098	954	2 461	2 000	5 644	4 742	30 217	21 845
Malignant neoplasms — Tumeurs malignes								
Total	1 098	951	2 444	1 976	5 600	4 697	30 100	21 751
Malignant neoplasm of lip, oral cavity and pharynx — Tumeur maligne de la lèvre, de la cavité buccale et du pharynx	19	20	162	50	674	294	969	498
Malignant neoplasm of oesophagus — Tumeur maligne de l'oesophage	16	12	54	18	331	327	678	135
Malignant neoplasm of stomach — Tumeur maligne de l'estomac	49	26	174	120	347	306	537	437
Malignant neoplasm of colon, rectosigmoid junction, rectum, anus and anal canal — Tumeur maligne du côlon, de la jonction recto-sigmoïdienne, du rectum, de l'anus et du canal anal	86	68	346	310	121	91	926	693
Malignant neoplasm of liver and intrahepatic bile ducts — Tumeur maligne du foie et des voies bilaires intrahépatiques	175	81	239	66	267	132	9 336	3 937
Malignant neoplasm of pancreas — Tumeur maligne du pancréas	53	35	107	94	43	35	320	281
Malignant neoplasm of trachea, bronchus and lung — Tumeur maligne de la trachée, des bronches et du poumon	122	50	697	346	570	190	5 392	2 627
Malignant neoplasm of female breast — Tumeur maligne du sein chez la femme	..	157	..	354	..	467	..	2 013
Malignant neoplasm of cervix uteri — Tumeur maligne du col de l'utérus	..	16	..	76	..	113	..	1 639
Malignant neoplasm of prostate — Tumeur maligne de la prostate	41	..	90	..	86	..	540	..
Malignant neoplasm of lymphoid, haematopoietic and related tissue — Tumeurs malignes primitives ou présumées primitives des tissus lymphoïde, hématopoïétique et apparentés	112	106	147	127	451	383	1 015	905
Disorders of the blood and blood-forming organs and certain disorders involving the immune mechanism — Maladies du sang et des organes hématopoïétiques et certains troubles du système immunitaire								
Total	116	122	16	17	153	168	294	287
Anaemias — Anémies	84	100	4	3	133	153	120	135
Endocrine, nutritional and metabolic diseases — Maladies endocriniennes, nutritionnelles et métaboliques								
Total	596	416	281	320	4 754	3 990	3 343	5 006
Diabetes mellitus — Diabète sucré	500	310	221	305	4 641	3 875	2 879	4 607
Malnutrition — Malnutrition	9	7	-	-	34	22	35	18
Mental and behavioural disorders — Troubles mentaux et du comportement	2	-	1	1	281	158	660	90
Diseases of the nervous system — Maladies du système nerveux	291	216	31	25	5 480	4 791	3 475	2 179
Diseases of the circulatory system — Maladies de l'appareil circulatoire								
Total	4 628	3 013	2 830	2 313	17 686	11 587	19 369	14 726
Acute rheumatic fever and chronic rheumatic heart diseases — Rhumatisme articulaire aigu et cardiopathies rhumatismales chroniques	14	28	12	14	21	37	28	25
Hypertensive diseases — Maladies hypertensives	656	658	239	183	4 163	3 757	1 257	1 106
Ischaemic heart disease — Cardiopathie ischémique	1 579	789	1 728	1 147	4 274	2 367	7 026	5 137

Cause of death — Cause de décès	Saudi Arabia - Arabie saoudite		Singapore - Singapour		Sri Lanka		Thailand - Thaïlande	
	2009 (U)		2006 (+U)		2006 (+U)		2006 (+U)	
	Male — Masculin	Female — Féminin	Male — Masculin	Female — Féminin	Male — Masculin	Female — Féminin	Male — Masculin	Female — Féminin
	Number Nombre	Number Nombre	Number Nombre	Number Nombre	Number Nombre	Number Nombre	Number Nombre	Number Nombre
Cerebrovascular disease — Maladie cérébrovasculaire....................................	1 248	864	611	784	2 041	1 258	7 431	5 490
Diseases of arteries, arterioles and capillaries — Maladies des artères, artérioles et capillaires	9	4	74	33	206	120	504	286
Diseases of the respiratory system — Maladies de l'appareil respiratoire								
Total	1 164	906	1 551	1 252	7 054	4 534	15 339	8 781
Influenza — Grippe...	3	2	1	1	3	1	16	16
Pneumonia — Pneumopathies	696	508	1 105	1 055	1 440	822	7 198	5 088
Chronic lower respiratory diseases — Maladies chroniques des voies respiratoires inférieures	199	158	411	148	4 925	3 311	3 827	1 278
Diseases of the digestive system — Maladies de l'appareil digestif								
Total	543	306	190	170	3 203	702	9 011	4 101
Gastric and duodenal ulcer — Ulcère de l'estomac et du duodénum................	24	8	29	21	28	21	112	66
Diseases of the liver — Maladies du foie..	393	211	67	27	2 818	485	5 741	2 370
Diseases of the musculoskeletal system and connective tissue — Maladies du système ostéo-articularie, des muscles et du tissu conjonctif	6	26	17	40	96	114	360	472
Diseases of the genitourinary system — Maladies de l'appareil génito-urinaire								
Total	824	613	252	366	1 932	909	6 609	6 732
Disorders of kidney and ureter — Affections du rein et de l'uretère	777	575	143	138	1 895	872	6 433	6 450
Hyperplasia of prostate — Hyperplasie de la prostate......................................	-	..	-	..	-	..	27	..
Pregnancy, childbirth and the puerperium — Grossesse, accouchement et puerpéralité								
Total	..	54	..	3	..	53	..	92
Pregnancy with abortive outcome — Grossesse se terminant par un avortement	..	1	..	-	..	9	..	13
Other direct obstetric causes — Autres décès maternels directs	..	51	..	3	..	40	..	73
Indirect obstetric causes — Décès maternels indirects	..	1	..	-	..	4	..	6
Certain conditions originating in the perinatal period — Certaines affections dont l'origine se situe dans la période périnatale	2 178	1 585	21	17	1 443	1 166	1 595	1 152
Congenital malformations, deformations and chromosomal abnormalities — Malformations congénitales et anomalies chromosomiques	574	509	29	31	609	508	744	683
Symptoms, signs and abnormal clinical and laboratory findings, not elsewhere classified — Symptômes, signes et résultats anormaux d'examens cliniques et de laboratoire, non classés ailleurs	8 986	4 699	17	8	9 368	9 981	74 680	75 238
All other diseases — Toutes autres maladies..	120	99	31	55	98	59	420	453
External causes — Causes externes								
Total	7 053	1 181	544	288	10 000	2 963	34 924	9 480
Accidents								
Total	2 147	305	253	116	4 952	1 694	16 455	4 369
Transport accidents — Accidents de transport	1 847	258	126	30	1 987	479	8 418	2 027
Falls — Chutes...	197	38	75	50	839	323	653	189
Accidental drowning and submersion — Noyade et submersion accidentelles..	-	-	7	3	678	187	3 564	1 102
Exposure to smoke, fire and flames — Exposition à la fumée, au feu et aux flammes...	-	-	2	5	125	181	168	69
Accidental poisoning by and exposure to noxious substances — Intoxication accidentelle par des substances nocives et exposition à ces substances	-	-	20	8	183	45	33	18
Intentional self-harm — Lésions auto-infligées	49	10	231	141	3 117	898	2 856	756
Assault — Agresssions..	-	-	9	3	542	109	2 943	416
All other external causes — Toutes autres causes externes	4 857	866	51	28	1 389	262	12 670	3 939

Austria - Autriche

Cause of death — Cause de décès	2009 (C)				2010 (C)			
	Male — Masculin		Female — Féminin		Male — Masculin		Female — Féminin	
	Number Nombre	Rate Taux	Number Nombre	Rate Taux	Number Nombre	Rate Taux	Number Nombre	Rate Taux
TOTAL	36 630	900.4	40 751	950.5	36 692	899.5	40 507	942.9
Certain infectious and parasitic diseases — Certaines maladies infectieuses et parasitaires								
Total	326	8.0	341	8.0	300	7.4	348	8.1
Intestinal infectious diseases — Maladies infectieuses intestinales	25	⬧0.6	40	0.9	15	⬧0.4	41	1.0
Tuberculosis — Tuberculose	24	⬧0.6	17	⬧0.4	16	⬧0.4	17	⬧0.4
Tetanus — Tétanos...	-	-	1	⬧0.0	-	-	-	-
Diphtheria — Diphtérie	-	-	-	-	-	-	-	-
Whooping cough — Coqueluche	-	-	-	-	-	-	-	-
Meningococcal infection — Infection à méningocoques...........................	11	⬧0.3	4	⬧0.1	4	⬧0.1	3	⬧0.1
Septicaemia — Septicémie.....................................	34	0.8	43	1.0	41	1.0	45	1.0
Acute poliomyelitis — Poliomyélite aiguë	-	-	-	-	-	-	-	-
Measles — Rougeole..	-	-	-	-	-	-	-	-
Viral hepatitis — Hépatite virale...................................	148	3.6	146	3.4	124	3.0	156	3.6
Human immunodeficiency virus [HIV] disease — Maladies dues au virus de l'immunodéficience humaine (VIH)........................	29	⬧0.7	10	⬧0.2	36	0.9	8	⬧0.2
Malaria — Paludisme..	-	-	-	-	-	-	-	-
Neoplasms — Tumeurs	10 772	264.8	9 523	222.1	10 741	263.3	9 638	224.3
Malignant neoplasms — Tumeurs malignes								
Total	10 469	257.3	9 173	214.0	10 462	256.5	9 295	216.4
Malignant neoplasm of lip, oral cavity and pharynx — Tumeur maligne de la lèvre, de la cavité buccale et du pharynx	331	8.1	123	2.9	355	8.7	126	2.9
Malignant neoplasm of oesophagus — Tumeur maligne de l'oesophage	273	6.7	60	1.4	258	6.3	72	1.7
Malignant neoplasm of stomach — Tumeur maligne de l'estomac	517	12.7	406	9.5	479	11.7	378	8.8
Malignant neoplasm of colon, rectosigmoid junction, rectum, anus and anal canal — Tumeur maligne du côlon, de la jonction recto-sigmoïdienne, du rectum, de l'anus et du canal anal........................	1 175	28.9	969	22.6	1 117	27.4	1 029	24.0
Malignant neoplasm of liver and intrahepatic bile ducts — Tumeur maligne du foie et des voies bilaires intrahépatiques	554	13.6	266	6.2	566	13.9	273	6.4
Malignant neoplasm of pancreas — Tumeur maligne du pancréas..................	703	17.3	721	16.8	707	17.3	781	18.2
Malignant neoplasm of trachea, bronchus and lung — Tumeur maligne de la trachée, des bronches et du poumon....................................	2 386	58.7	1 174	27.4	2 386	58.5	1 266	29.5
Malignant neoplasm of female breast — Tumeur maligne du sein chez la femme	..	..	1 594	43.4	..	..	1 502	40.7
Malignant neoplasm of cervix uteri — Tumeur maligne du col de l'utérus........	..	..	141	3.8	..	..	161	4.4
Malignant neoplasm of prostate — Tumeur maligne de la prostate	1 125	84.2	..	..	1 125	82.3	..	..
Malignant neoplasm of lymphoid, haematopoietic and related tissue — Tumeurs malignes primitives ou présumées primitives des tissus lymphoïde, hématopoïétique et apparentés..................................	846	20.8	830	19.4	855	21.0	823	19.2
Disorders of the blood and blood-forming organs and certain disorders involving the immune mechanism — Maladies du sang et des organes hématopoïétiques et certains troubles du système immunitaire								
Total	68	1.7	91	2.1	53	1.3	106	2.5
Anaemias — Anémies	26	⬧0.6	52	1.2	20	⬧0.5	59	1.4
Endocrine, nutritional and metabolic diseases — Maladies endocriniennes, nutritionnelles et métaboliques								
Total	1 893	46.5	2 419	56.4	1 815	44.5	2 183	50.8
Diabetes mellitus — Diabète sucré..	1 414	34.8	1 880	43.9	1 312	32.2	1 699	39.5
Malnutrition — Malnutrition	-	-	-	-	1	⬧0.0	-	-
Mental and behavioural disorders — Troubles mentaux et du comportement	630	15.5	259	6.0	574	14.1	281	6.5
Diseases of the nervous system — Maladies du système nerveux.................	1 005	24.7	1 431	33.4	1 044	25.6	1 423	33.1
Diseases of the circulatory system — Maladies de l'appareil circulatoire								
Total	13 573	333.6	19 650	458.3	13 719	336.3	19 477	453.4
Acute rheumatic fever and chronic rheumatic heart diseases — Rhumatisme articularie aigu et cardiopathies rhumatismales chroniques	48	1.2	136	3.2	57	1.4	118	2.7
Hypertensive diseases — Maladies hypertensives......................	1 033	25.4	2 288	53.4	1 092	26.8	2 544	59.2
Ischaemic heart disease — Cardiopathie ischémique....................	6 899	169.6	7 954	185.5	7 185	176.1	7 756	180.5
Cerebrovascular disease — Maladie cérébrovasculaire........................	2 010	49.4	3 174	74.0	1 869	45.8	3 274	76.2

Austria - Autriche

Cause of death — Cause de décès	2009 (C)				2010 (C)			
	Male — Masculin		Female — Féminin		Male — Masculin		Female — Féminin	
	Number Nombre	Rate Taux	Number Nombre	Rate Taux	Number Nombre	Rate Taux	Number Nombre	Rate Taux
Diseases of arteries, arterioles and capillaries — Maladies des artères, artérioles et capillaires	719	17.7	954	22.3	667	16.4	805	18.7
Diseases of the respiratory system — Maladies de l'appareil respiratoire								
Total	2 155	53.0	2 066	48.2	2 171	53.2	2 045	47.6
Influenza — Grippe	7	♦0.2	15	♦0.3	1	♦0.0	-	-
Pneumonia — Pneumopathies	478	11.8	634	14.8	464	11.4	654	15.2
Chronic lower respiratory diseases — Maladies chroniques des voies respiratoires inférieures	1 490	36.6	1 235	28.8	1 468	36.0	1 210	28.2
Diseases of the digestive system — Maladies de l'appareil digestif								
Total	1 740	42.8	1 428	33.3	1 763	43.2	1 348	31.4
Gastric and duodenal ulcer — Ulcère de l'estomac et du duodénum.........	91	2.2	107	2.5	79	1.9	93	2.2
Diseases of the liver — Maladies du foie.........................	1 182	29.1	468	10.9	1 151	28.2	441	10.3
Diseases of the musculoskeletal system and connective tissue — Maladies du système ostéo-articulaire, des muscles et du tissu conjonctif	61	1.5	189	4.4	80	2.0	179	4.2
Diseases of the genitourinary system — Maladies de l'appareil génito-urinaire								
Total	467	11.5	639	14.9	500	12.3	779	18.1
Disorders of kidney and ureter — Affections du rein et de l'uretère	414	10.2	542	12.6	444	10.9	662	15.4
Hyperplasia of prostate — Hyperplasie de la prostate.........................	9	♦0.7	..	..	5	♦0.4	..	..
Pregnancy, childbirth and the puerperium — Grossesse, accouchement et puerpéralité								
Total	..	..	2	♦2.6	..	..	1	♦1.3
Pregnancy with abortive outcome — Grossesse se terminant par un avortement	..	..	-	-	..	..	-	-
Other direct obstetric causes — Autres décès maternels directs	..	..	2	♦2.6	..	..	1	♦1.3
Indirect obstetric causes — Décès maternels indirects	..	..	-	-	..	..	-	-
Certain conditions originating in the perinatal period — Certaines affections dont l'origine se situe dans la période périnatale	83	212.4	69	185.1	102	252.9	76	197.9
Congenital malformations, deformations and chromosomal abnormalities — Malformations congénitales et anomalies chromosomiques	137	350.6	134	359.5	142	352.1	116	302.0
Symptoms, signs and abnormal clinical and laboratory findings, not elsewhere classified — Symptômes, signes et résultats anormaux d'examens cliniques et de laboratoire, non classés ailleurs	946	23.3	930	21.7	951	23.3	978	22.8
All other diseases — Toutes autres maladies............	19	♦0.5	42	1.0	22	♦0.5	44	1.0
External causes — Causes externes								
Total	2 755	67.7	1 538	35.9	2 715	66.6	1 485	34.6
Accidents								
Total	1 553	38.2	1 036	24.2	1 499	36.7	1 015	23.6
Transport accidents — Accidents de transport..........................	489	12.0	147	3.4	434	10.6	143	3.3
Falls — Chutes	486	11.9	380	8.9	473	11.6	405	9.4
Accidental drowning and submersion — Noyade et submersion accidentelles..........................	47	1.2	17	♦0.4	30	♦0.7	13	♦0.3
Exposure to smoke, fire and flames — Exposition à la fumée, au feu et aux flammes..........................	25	♦0.6	11	♦0.3	21	♦0.5	18	♦0.4
Accidental poisoning by and exposure to noxious substances — Intoxication accidentelle par des substances nocives et exposition à ces substances	13	♦0.3	10	♦0.2	21	♦0.5	8	♦0.2
Intentional self-harm — Lésions auto-infligées..........................	968	23.8	305	7.1	968	23.7	293	6.8
Assault — Agresssions..........................	26	♦0.6	32	0.7	17	♦0.4	28	♦0.7
All other external causes — Toutes autres causes externes	208	5.1	165	3.8	231	5.7	149	3.5

Belarus - Bélarus

Cause of death — Cause de décès	2008 (C)				2009 (C)			
	Male — Masculin		Female — Féminin		Male — Masculin		Female — Féminin	
	Number Nombre	Rate Taux	Number Nombre	Rate Taux	Number Nombre	Rate Taux	Number Nombre	Rate Taux
TOTAL	70 413	1 559.0	63 466	1 228.9	70 565	1 580.7	64 532	1 262.4
Certain infectious and parasitic diseases — Certaines maladies infectieuses et parasitaires								
Total	914	20.2	229	4.4	921	20.6	254	5.0
Intestinal infectious diseases — Maladies infectieuses intestinales	1	♦0.0	-	-	1	♦0.0	1	♦0.0
Tuberculosis — Tuberculose	709	15.7	122	2.4	632	14.2	132	2.6
Tetanus — Tétanos	-	-	-	-	-	-	1	♦0.0
Diphtheria — Diphtérie...................................	-	-	-	-	-	-	-	-
Whooping cough — Coqueluche	-	-	-	-	-	-	-	-
Meningococcal infection — Infection à méningocoques..	6	♦0.1	1	♦0.0	14	♦0.3	8	♦0.2
Septicaemia — Septicémie.............................	26	♦0.6	20	♦0.4	29	♦0.6	18	♦0.4
Acute poliomyelitis — Poliomyélite aiguë	-	-	-	-	-	-	-	-
Measles — Rougeole.....................................	-	-	-	-	-	-	-	-
Viral hepatitis — Hépatite virale.....................	9	♦0.2	8	♦0.2	12	♦0.3	9	♦0.2
Human immunodeficiency virus [HIV] disease — Maladies dues au virus de l'immunodéficience humaine (VIH).................	131	2.9	51	1.0	186	4.2	60	1.2
Malaria — Paludisme.....................................	-	-	-	-	-	-	-	-
Neoplasms — Tumeurs	10 768	238.4	7 642	148.0	10 733	240.4	7 440	145.5
Malignant neoplasms — Tumeurs malignes								
Total	10 640	235.6	7 524	145.7	10 619	237.9	7 309	143.0
Malignant neoplasm of lip, oral cavity and pharynx — Tumeur maligne de la lèvre, de la cavité buccale et du pharynx	624	13.8	61	1.2	638	14.3	63	1.2
Malignant neoplasm of oesophagus — Tumeur maligne de l'oesophage	325	7.2	30	♦0.6	354	7.9	35	0.7
Malignant neoplasm of stomach — Tumeur maligne de l'estomac	1 490	33.0	994	19.2	1 393	31.2	960	18.8
Malignant neoplasm of colon, rectosigmoid junction, rectum, anus and anal canal — Tumeur maligne du côlon, de la jonction recto-sigmoïdienne, du rectum, de l'anus et du canal anal....................	1 082	24.0	1 198	23.2	1 029	23.0	169	3.3
Malignant neoplasm of liver and intrahepatic bile ducts — Tumeur maligne du foie et des voies bilaires intrahépatiques	224	5.0	145	2.8	222	5.0	168	3.3
Malignant neoplasm of pancreas — Tumeur maligne du pancréas...................	461	10.2	355	6.9	438	9.8	345	6.7
Malignant neoplasm of trachea, bronchus and lung — Tumeur maligne de la trachée, des bronches et du poumon.................	2 890	64.0	377	7.3	2 815	63.1	357	7.0
Malignant neoplasm of female breast — Tumeur maligne du sein chez la femme	..	..	1 174	26.2	..	..	1 194	...
Malignant neoplasm of cervix uteri — Tumeur maligne du col de l'utérus.........	..	..	383	8.6	..	..	315	...
Malignant neoplasm of prostate — Tumeur maligne de la prostate	767	63.2	..	..	817	...	..	..
Malignant neoplasm of lymphoid, haematopoietic and related tissue — Tumeurs malignes primitives ou présumées primitives des tissus lymphoïde, hématopoïétique et apparentés	...	...	...	...	...	...	...	...
Disorders of the blood and blood-forming organs and certain disorders involving the immune mechanism — Maladies du sang et des organes hématopoïétiques et certains troubles du système immunitaire								
Total	37	0.8	37	0.7	41	0.9	32	0.6
Anaemias — Anémies	22	♦0.5	13	♦0.3	18	♦0.4	13	♦0.3
Endocrine, nutritional and metabolic diseases — Maladies endocriniennes, nutritionnelles et métaboliques								
Total	163	3.6	236	4.6	174	3.9	238	4.7
Diabetes mellitus — Diabète sucré.................	134	3.0	208	4.0	144	3.2	197	3.9
Malnutrition — Malnutrition	1	♦0.0	-	-	-	-	3	♦0.1
Mental and behavioural disorders — Troubles mentaux et du comportement	521	11.5	284	5.5	578	12.9	397	7.8
Diseases of the nervous system — Maladies du système nerveux...............	581	12.9	397	7.7	683	15.3	474	9.3
Diseases of the circulatory system — Maladies de l'appareil circulatoire								
Total	34 881	772.3	35 737	692.0	35 730	800.4	37 310	729.9
Acute rheumatic fever and chronic rheumatic heart diseases — Rhumatisme articularie aigu et cardiopathies rhumatismales chroniques	200	4.4	212	4.1	175	3.9	230	4.5
Hypertensive diseases — Maladies hypertensives...	375	8.3	367	7.1	328	7.3	284	5.6
Ischaemic heart disease — Cardiopathie ischémique..	24 468	541.7	24 031	465.3	25 519	571.6	25 236	493.7
Cerebrovascular disease — Maladie cérébrovasculaire......................................	7 358	162.9	9 703	187.9	7 411	166.0	10 172	199.0

Belarus - Bélarus

Cause of death — Cause de décès	2008 (C)				2009 (C)			
	Male — Masculin		Female — Féminin		Male — Masculin		Female — Féminin	
	Number Nombre	Rate Taux	Number Nombre	Rate Taux	Number Nombre	Rate Taux	Number Nombre	Rate Taux
Diseases of arteries, arterioles and capillaries — Maladies des artères, artérioles et capillaires	...	...	...	...	...	...	...	...
Diseases of the respiratory system — Maladies de l'appareil respiratoire								
Total	3 119	69.1	909	17.6	3 026	67.8	1 091	21.3
Influenza — Grippe	2	♦0.0	3	♦0.1	103	2.3	118	2.3
Pneumonia — Pneumopathies	640	14.2	158	3.1	759	17.0	290	5.7
Chronic lower respiratory diseases — Maladies chroniques des voies respiratoires inférieures	2 222	49.2	680	13.2	1 905	42.7	617	12.1
Diseases of the digestive system — Maladies de l'appareil digestif								
Total	2 684	59.4	1 918	37.1	2 886	64.6	2 121	41.5
Gastric and duodenal ulcer — Ulcère de l'estomac et du duodénum	174	3.9	71	1.4	190	4.3	99	1.9
Diseases of the liver — Maladies du foie	1 679	37.2	1 150	22.3	1 779	39.8	1 228	24.0
Diseases of the musculoskeletal system and connective tissue — Maladies du système ostéo-articularie, des muscles et du tissu conjonctif	71	1.6	129	2.5	51	1.1	111	2.2
Diseases of the genitourinary system — Maladies de l'appareil génito-urinaire								
Total	513	11.4	454	8.8	507	11.4	432	8.5
Disorders of kidney and ureter — Affections du rein et de l'uretère	...	...	...	...	...	...	...	...
Hyperplasia of prostate — Hyperplasie de la prostate........................	...	...	..	..	...	...	..	..
Pregnancy, childbirth and the puerperium — Grossesse, accouchement et puerpéralité								
Total	..	..	3	♦2.8	..	..	1	♦0.9
Pregnancy with abortive outcome — Grossesse se terminant par un avortement	..	..	-	-	..	..	-	-
Other direct obstetric causes — Autres décès maternels directs	..	..	3	♦2.8	..	..	1	♦0.9
Indirect obstetric causes — Décès maternels indirects	..	..	-	-	..	..	-	-
Certain conditions originating in the perinatal period — Certaines affections dont l'origine se situe dans la période périnatale	120	215.8	76	145.4	122	216.6	88	166.2
Congenital malformations, deformations and chromosomal abnormalities — Malformations congénitales et anomalies chromosomiques	159	286.0	108	206.6	177	314.3	129	243.7
Symptoms, signs and abnormal clinical and laboratory findings, not elsewhere classified — Symptômes, signes et résultats anormaux d'examens cliniques et de laboratoire, non classés ailleurs	4 548	100.7	12 221	236.6	3 996	89.5	11 366	222.3
All other diseases — Toutes autres maladies..............................	39	0.9	48	0.9	45	1.0	47	0.9
External causes — Causes externes								
Total	11 295	250.1	3 038	58.8	10 895	244.0	3 001	58.7
Accidents								
Total	...	...	...	...	...	...	...	...
Transport accidents — Accidents de transport	1 494	33.1	453	8.8	1 215	27.2	373	7.3
Falls — Chutes	873	19.3	238	4.6	873	19.6	251	4.9
Accidental drowning and submersion — Noyade et submersion accidentelles........................	721	16.0	137	2.7	717	16.1	120	2.3
Exposure to smoke, fire and flames — Exposition à la fumée, au feu et aux flammes.......................	396	8.8	123	2.4	398	8.9	127	2.5
Accidental poisoning by and exposure to noxious substances — Intoxication accidentelle par des substances nocives et exposition à ces substances	763	16.9	192	3.7	727	16.3	169	3.3
Intentional self-harm — Lésions auto-infligées..	2 190	48.5	471	9.1	2 238	50.1	505	9.9
Assault — Agresssions	453	10.0	194	3.8	387	8.7	208	4.1
All other external causes — Toutes autres causes externes	...	...	...	...	...	...	...	...

20. Death and death rates by cause and sex: 2006 - 2010
Décès et taux de mortalité par cause et sexe : 2006 - 2010 (continued - suite)

Cause of death — Cause de décès	Belgium - Belgique				Bulgaria - Bulgarie			
	2006 (C)				2009 (C)			
	Male — Masculin		Female — Féminin		Male — Masculin		Female — Féminin	
	Number Nombre	Rate Taux	Number Nombre	Rate Taux	Number Nombre	Rate Taux	Number Nombre	Rate Taux
TOTAL	49 575	960.8	50 527	938.8	56 849	1 548.9	51 219	1 308.3
Certain infectious and parasitic diseases — Certaines maladies infectieuses et parasitaires								
Total	1 011	19.6	1 288	23.9	396	10.8	191	4.9
Intestinal infectious diseases — Maladies infectieuses intestinales	92	1.8	202	3.8	11	♦0.3	7	♦0.2
Tuberculosis — Tuberculose	31	0.6	9	♦0.2	156	4.3	35	0.9
Tetanus — Tétanos	1	♦0.0	-	-	-	-	-	-
Diphtheria — Diphtérie................	-	-	-	-	-	-	-	-
Whooping cough — Coqueluche	-	-	1	♦0.0	-	-	-	-
Meningococcal infection — Infection à méningocoques..........................	4	♦0.1	4	♦0.1	8	♦0.2	1	♦0.0
Septicaemia — Septicémie.............	540	10.5	662	12.3	150	4.1	106	2.7
Acute poliomyelitis — Poliomyélite aiguë	-	-	-	-	-	-	-	-
Measles — Rougeole...................	-	-	-	-	1	♦0.0	-	-
Viral hepatitis — Hépatite virale.......	62	1.2	55	1.0	24	♦0.7	12	♦0.3
Human immunodeficiency virus [HIV] disease — Maladies dues au virus de l'immunodéficience humaine (VIH).......	31	0.6	18	♦0.3	1	♦0.0	-	-
Malaria — Paludisme..................	-	-	-	-	2	♦0.1	-	-
Neoplasms — Tumeurs	15 292	296.4	11 757	218.5	10 066	274.3	7 091	181.1
Malignant neoplasms — Tumeurs malignes								
Total	14 853	287.9	11 299	209.9	9 987	272.1	7 019	179.3
Malignant neoplasm of lip, oral cavity and pharynx — Tumeur maligne de la lèvre, de la cavité buccale et du pharynx ...	396	7.7	119	2.2	327	8.9	77	2.0
Malignant neoplasm of oesophagus — Tumeur maligne de l'oesophage	459	8.9	171	3.2	153	4.2	42	1.1
Malignant neoplasm of stomach — Tumeur maligne de l'estomac	500	9.7	328	6.1	850	23.2	490	12.5
Malignant neoplasm of colon, rectosigmoid junction, rectum, anus and anal canal — Tumeur maligne du côlon, de la jonction recto-sigmoïdienne, du rectum, de l'anus et du canal anal..........	1 513	29.3	1 430	26.6	1 372	37.4	1 080	27.6
Malignant neoplasm of liver and intrahepatic bile ducts — Tumeur maligne du foie et des voies bilaires intrahépatiques	400	7.8	295	5.5	514	14.0	286	7.3
Malignant neoplasm of pancreas — Tumeur maligne du pancréas..................	682	13.2	735	13.7	551	15.0	433	11.1
Malignant neoplasm of trachea, bronchus and lung — Tumeur maligne de la trachée, des bronches et du poumon.........	5 004	97.0	1 465	27.2	2 697	73.5	586	15.0
Malignant neoplasm of female breast — Tumeur maligne du sein chez la femme	..	..	2 268	50.5	..	..	1 234	36.1
Malignant neoplasm of cervix uteri — Tumeur maligne du col de l'utérus.........	..	..	162	3.6	..	..	356	10.4
Malignant neoplasm of prostate — Tumeur maligne de la prostate	1 425	84.0	..	..	820	64.0	..	..
Malignant neoplasm of lymphoid, haematopoietic and related tissue — Tumeurs malignes primitives ou présumées primitives des tissus lymphoïde, hématopoïétique et apparentés...........	1 059	20.5	974	18.1	472	12.9	383	9.8
Disorders of the blood and blood-forming organs and certain disorders involving the immune mechanism — Maladies du sang et des organes hématopoïétiques et certains troubles du système immunitaire								
Total	139	2.7	177	3.3	76	2.1	84	2.1
Anaemias — Anémies	62	1.2	124	2.3	58	1.6	60	1.5
Endocrine, nutritional and metabolic diseases — Maladies endocriniennes, nutritionnelles et métaboliques								
Total	1 032	20.0	1 586	29.5	870	23.7	1 119	28.6
Diabetes mellitus — Diabète sucré.......	678	13.1	939	17.4	858	23.4	1 089	27.8
Malnutrition — Malnutrition	36	0.7	81	1.5	1	♦0.0	4	♦0.1
Mental and behavioural disorders — Troubles mentaux et du comportement	1 204	23.3	2 139	39.7	54	1.5	23	♦0.6
Diseases of the nervous system — Maladies du système nerveux.................	1 643	31.8	2 228	41.4	534	14.5	420	10.7
Diseases of the circulatory system — Maladies de l'appareil circulatoire								
Total	14 828	287.4	18 068	335.7	34 987	953.2	36 319	927.7
Acute rheumatic fever and chronic rheumatic heart diseases — Rhumatisme articulaire aigu et cardiopathies rhumatismales chroniques	95	1.8	185	3.4	17	♦0.5	40	1.0
Hypertensive diseases — Maladies hypertensives................	284	5.5	663	12.3	2 924	79.7	3 602	92.0
Ischaemic heart disease — Cardiopathie ischémique....	5 784	112.1	4 548	84.5	7 349	200.2	5 980	152.8
Cerebrovascular disease — Maladie cérébrovasculaire.................	2 986	57.9	4 471	83.1	9 849	268.3	11 401	291.2

Cause of death — Cause de décès	Belgium - Belgique				Bulgaria - Bulgarie			
	2006 (C)				2009 (C)			
	Male — Masculin		Female — Féminin		Male — Masculin		Female — Féminin	
	Number Nombre	Rate Taux	Number Nombre	Rate Taux	Number Nombre	Rate Taux	Number Nombre	Rate Taux
Diseases of arteries, arterioles and capillaries — Maladies des artères, artérioles et capillaires	845	16.4	659	12.2	1 955	53.3	2 316	59.2
Diseases of the respiratory system — Maladies de l'appareil respiratoire								
Total	5 948	115.3	5 119	95.1	2 547	69.4	1 607	41.0
Influenza — Grippe	11	♦0.2	25	♦0.5	12	♦0.3	14	♦0.4
Pneumonia — Pneumopathies	1 809	35.1	2 209	41.0	880	24.0	679	17.3
Chronic lower respiratory diseases — Maladies chroniques des voies respiratoires inférieures	2 886	55.9	1 581	29.4	955	26.0	397	10.1
Diseases of the digestive system — Maladies de l'appareil digestif								
Total	2 163	41.9	2 276	42.3	2 214	60.3	1 054	26.9
Gastric and duodenal ulcer — Ulcère de l'estomac et du duodénum	149	2.9	138	2.6	138	3.8	78	2.0
Diseases of the liver — Maladies du foie	827	16.0	503	9.3	1 398	38.1	420	10.7
Diseases of the musculoskeletal system and connective tissue — Maladies du système ostéo-articularie, des muscles et du tissu conjonctif	155	3.0	259	4.8	10	♦0.3	28	♦0.7
Diseases of the genitourinary system — Maladies de l'appareil génito-urinaire								
Total	839	16.3	1 212	22.5	702	19.1	537	13.7
Disorders of kidney and ureter — Affections du rein et de l'uretère	578	11.2	786	14.6	672	18.3	529	13.5
Hyperplasia of prostate — Hyperplasie de la prostate	14	♦0.8	..	..	18	♦1.4	..	..
Pregnancy, childbirth and the puerperium — Grossesse, accouchement et puerpéralité								
Total	..	..	9	♦7.3	..	..	4	♦4.9
Pregnancy with abortive outcome — Grossesse se terminant par un avortement	..	..	-	-	..	..	-	-
Other direct obstetric causes — Autres décès maternels directs	..	..	8	♦6.5	..	..	4	♦4.9
Indirect obstetric causes — Décès maternels indirects	..	..	1	♦0.8	..	..	-	-
Certain conditions originating in the perinatal period — Certaines affections dont l'origine se situe dans la période périnatale	129	206.1	106	176.8	199	481.7	124	312.8
Congenital malformations, deformations and chromosomal abnormalities — Malformations congénitales et anomalies chromosomiques	102	163.0	103	171.8	88	213.0	64	161.4
Symptoms, signs and abnormal clinical and laboratory findings, not elsewhere classified — Symptômes, signes et résultats anormaux d'examens cliniques et de laboratoire, non classés ailleurs	1 113	21.6	1 531	28.4	1 496	40.8	1 711	43.7
All other diseases — Toutes autres maladies	82	1.6	240	4.5	15	♦0.4	22	♦0.6
External causes — Causes externes								
Total	3 895	75.5	2 429	45.1	2 595	70.7	821	21.0
Accidents								
Total	2 183	42.3	1 647	30.6	1 616	44.0	521	13.3
Transport accidents — Accidents de transport	824	16.0	280	5.2	688	18.7	206	5.3
Falls — Chutes	536	10.4	539	10.0	229	6.2	64	1.6
Accidental drowning and submersion — Noyade et submersion accidentelles	58	1.1	20	♦0.4	112	3.1	45	1.1
Exposure to smoke, fire and flames — Exposition à la fumée, au feu et aux flammes	54	1.0	38	0.7	72	2.0	40	1.0
Accidental poisoning by and exposure to noxious substances — Intoxication accidentelle par des substances nocives et exposition à ces substances	126	2.4	73	1.4	96	2.6	29	♦0.7
Intentional self-harm — Lésions auto-infligées	1 394	27.0	540	10.0	662	18.0	206	5.3
Assault — Agresssions	88	1.7	58	1.1	110	3.0	40	1.0
All other external causes — Toutes autres causes externes	230	4.5	184	3.4	207	5.6	54	1.4

20. Death and death rates by cause and sex: 2006 - 2010
Décès et taux de mortalité par cause et sexe : 2006 - 2010 (continued - suite)

	Bulgaria - Bulgarie				Croatia - Croatie			
	2010 (C)				2009 (C)			
Cause of death — Cause de décès	Male — Masculin		Female — Féminin		Male — Masculin		Female — Féminin	
	Number Nombre	Rate Taux	Number Nombre	Rate Taux	Number Nombre	Rate Taux	Number Nombre	Rate Taux
TOTAL	57 641	1 581.6	52 524	1 350.3	26 019	1 216.6	26 395	1 149.4
Certain infectious and parasitic diseases — Certaines maladies infectieuses et parasitaires								
Total	399	10.9	203	5.2	213	10.0	150	6.5
Intestinal infectious diseases — Maladies infectieuses intestinales	15	◆0.4	7	◆0.2	2	◆0.1	10	◆0.4
Tuberculosis — Tuberculose	163	4.5	34	0.9	85	4.0	35	1.5
Tetanus — Tétanos..	1	◆0.0	-	-	1	◆0.0	1	◆0.0
Diphtheria — Diphtérie..	-	-	-	-	-	-	-	-
Whooping cough — Coqueluche	-	-	-	-	-	-	-	-
Meningococcal infection — Infection à méningocoques....................	4	◆0.1	2	◆0.1	4	◆0.2	2	◆0.1
Septicaemia — Septicémie..	141	3.9	112	2.9	80	3.7	86	3.7
Acute poliomyelitis — Poliomyélite aiguë	-	-	-	-	-	-	-	-
Measles — Rougeole..	5	◆0.1	5	◆0.1	-	-	-	-
Viral hepatitis — Hépatite virale.....................................	19	◆0.5	14	◆0.4	22	◆1.0	9	◆0.4
Human immunodeficiency virus [HIV] disease — Maladies dues au virus de l'immunodéficience humaine (VIH).............................	5	◆0.1	2	◆0.1	7	◆0.3	1	◆0.0
Malaria — Paludisme..	1	◆0.0	-	-	-	-	-	-
Neoplasms — Tumeurs	9 819	269.4	6 853	176.2	7 815	365.4	5 681	247.4
Malignant neoplasms — Tumeurs malignes								
Total	9 764	267.9	6 798	174.8	7 729	361.4	5 586	243.3
Malignant neoplasm of lip, oral cavity and pharynx — Tumeur maligne de la lèvre, de la cavité buccale et du pharynx	289	7.9	62	1.6	324	15.1	53	2.3
Malignant neoplasm of oesophagus — Tumeur maligne de l'oesophage	146	4.0	42	1.1	185	8.6	34	1.5
Malignant neoplasm of stomach — Tumeur maligne de l'estomac	771	21.2	502	12.9	532	24.9	340	14.8
Malignant neoplasm of colon, rectosigmoid junction, rectum, anus and anal canal — Tumeur maligne du côlon, de la jonction recto-sigmoïdienne, du rectum, de l'anus et du canal anal......................................	1 400	38.4	1 055	27.1	1 063	49.7	803	35.0
Malignant neoplasm of liver and intrahepatic bile ducts — Tumeur maligne du foie et des voies bilaires intrahépatiques	447	12.3	277	7.1	297	13.9	179	7.8
Malignant neoplasm of pancreas — Tumeur maligne du pancréas..................	602	16.5	401	10.3	355	16.6	329	14.3
Malignant neoplasm of trachea, bronchus and lung — Tumeur maligne de la trachée, des bronches et du poumon..................................	2 725	74.8	569	14.6	2 176	101.7	623	27.1
Malignant neoplasm of female breast — Tumeur maligne du sein chez la femme	..	..	1 106	32.6	..	..	898	...
Malignant neoplasm of cervix uteri — Tumeur maligne du col de l'utérus.........	..	..	359	10.6	..	..	114	...
Malignant neoplasm of prostate — Tumeur maligne de la prostate	783	61.2	..	..	697	...	..	..
Malignant neoplasm of lymphoid, haematopoietic and related tissue — Tumeurs malignes primitives ou présumées primitives des tissus lymphoïde, hématopoïétique et apparentés.......................................	477	13.1	359	9.2	386	18.0	400	17.4
Disorders of the blood and blood-forming organs and certain disorders involving the immune mechanism — Maladies du sang et des organes hématopoïétiques et certains troubles du système immunitaire								
Total	72	2.0	61	1.6	18	◆0.8	36	1.6
Anaemias — Anémies	59	1.6	44	1.1	12	◆0.6	23	◆1.0
Endocrine, nutritional and metabolic diseases — Maladies endocriniennes, nutritionnelles et métaboliques								
Total	795	21.8	1 009	25.9	609	28.5	784	34.1
Diabetes mellitus — Diabète sucré....................................	779	21.4	975	25.1	597	27.9	765	33.3
Malnutrition — Malnutrition	5	◆0.1	3	◆0.1	-	-	-	-
Mental and behavioural disorders — Troubles mentaux et du comportement	58	1.6	31	0.8	421	19.7	413	18.0
Diseases of the nervous system — Maladies du système nerveux..................	531	14.6	445	11.4	370	17.3	416	18.1
Diseases of the circulatory system — Maladies de l'appareil circulatoire								
Total	36 434	999.7	37 958	975.9	11 095	518.8	14 881	648.0
Acute rheumatic fever and chronic rheumatic heart diseases — Rhumatisme articulaire aigu et cardiopathies rhumatismales chroniques	8	◆0.2	35	0.9	15	◆0.7	37	1.6
Hypertensive diseases — Maladies hypertensives............................	3 122	85.7	3 798	97.6	471	22.0	898	39.1
Ischaemic heart disease — Cardiopathie ischémique..........................	7 283	199.8	6 047	155.5	4 885	228.4	5 657	246.4
Cerebrovascular disease — Maladie cérébrovasculaire.........................	10 311	282.9	11 659	299.7	3 268	152.8	4 656	202.8

20. Death and death rates by cause and sex: 2006 - 2010
Décès et taux de mortalité par cause et sexe : 2006 - 2010 (continued - suite)

Cause of death — Cause de décès	Bulgaria - Bulgarie 2010 (C)				Croatia - Croatie 2009 (C)			
	Male — Masculin		Female — Féminin		Male — Masculin		Female — Féminin	
	Number Nombre	Rate Taux	Number Nombre	Rate Taux	Number Nombre	Rate Taux	Number Nombre	Rate Taux
Diseases of arteries, arterioles and capillaries — Maladies des artères, artérioles et capillaires	1 694	46.5	2 240	57.6	647	30.3	1 035	45.1
Diseases of the respiratory system — Maladies de l'appareil respiratoire								
Total	2 558	70.2	1 511	38.8	1 353	63.3	910	39.6
Influenza — Grippe	7	♦0.2	4	♦0.1	12	♦0.6	8	♦0.3
Pneumonia — Pneumopathies	870	23.9	542	13.9	279	13.0	250	10.9
Chronic lower respiratory diseases — Maladies chroniques des voies respiratoires inférieures	848	23.3	382	9.8	981	45.9	608	26.5
Diseases of the digestive system — Maladies de l'appareil digestif								
Total	2 128	58.4	1 151	29.6	1 491	69.7	939	40.9
Gastric and duodenal ulcer — Ulcère de l'estomac et du duodénum..............	158	4.3	90	2.3	138	6.5	113	4.9
Diseases of the liver — Maladies du foie..............................	1 268	34.8	415	10.7	975	45.6	323	14.1
Diseases of the musculoskeletal system and connective tissue — Maladies du système ostéo-articularie, des muscles et du tissu conjonctif	17	♦0.5	25	♦0.6	17	♦0.8	68	3.0
Diseases of the genitourinary system — Maladies de l'appareil génito-urinaire								
Total	648	17.8	529	13.6	401	18.7	491	21.4
Disorders of kidney and ureter — Affections du rein et de l'uretère	630	17.3	524	13.5	300	14.0	350	15.2
Hyperplasia of prostate — Hyperplasie de la prostate..............................	11	♦0.9	..	..	16	...	..	..
Pregnancy, childbirth and the puerperium — Grossesse, accouchement et puerpéralité								
Total	..	..	6	♦7.9	..	..	6	♦13.5
Pregnancy with abortive outcome — Grossesse se terminant par un avortement	..	..	-	-	..	..	-	-
Other direct obstetric causes — Autres décès maternels directs	..	..	6	♦7.9	..	..	6	♦13.5
Indirect obstetric causes — Décès maternels indirects	..	..	-	-	..	..	-	-
Certain conditions originating in the perinatal period — Certaines affections dont l'origine se situe dans la période périnatale	170	437.7	113	308.1	62	271.0	61	281.1
Congenital malformations, deformations and chromosomal abnormalities — Malformations congénitales et anomalies chromosomiques	93	239.5	76	207.2	73	319.1	61	281.1
Symptoms, signs and abnormal clinical and laboratory findings, not elsewhere classified — Symptômes, signes et résultats anormaux d'examens cliniques et de laboratoire, non classés ailleurs	1 587	43.5	1 809	46.5	183	8.6	393	17.1
All other diseases — Toutes autres maladies..............................	13	♦0.4	27	♦0.7	9	♦0.4	7	♦0.3
External causes — Causes externes								
Total	2 319	63.6	717	18.4	1 889	88.3	1 098	47.8
Accidents								
Total	1 405	38.6	414	10.6	1 206	56.4	874	38.1
Transport accidents — Accidents de transport..............................	568	15.6	166	4.3	471	22.0	145	6.3
Falls — Chutes	196	5.4	78	2.0	375	17.5	565	24.6
Accidental drowning and submersion — Noyade et submersion accidentelles	110	3.0	27	♦0.7	66	3.1	27	♦1.2
Exposure to smoke, fire and flames — Exposition à la fumée, au feu et aux flammes..............................	47	1.3	25	♦0.6	27	♦1.3	11	♦0.5
Accidental poisoning by and exposure to noxious substances — Intoxication accidentelle par des substances nocives et exposition à ces substances	96	2.6	21	♦0.5	98	4.6	31	1.3
Intentional self-harm — Lésions auto-infligées..............................	649	17.8	210	5.4	618	28.9	172	7.5
Assault — Agresssions	79	2.2	34	0.9	30	♦1.4	28	♦1.2
All other external causes — Toutes autres causes externes	186	5.1	59	1.5	35	1.6	24	♦1.0

20. Death and death rates by cause and sex: 2006 - 2010
Décès et taux de mortalité par cause et sexe : 2006 - 2010 (continued - suite)

	Croatia - Croatie				Czech Republic - République tchèque			
Cause of death — Cause de décès	2010 (C)				2009 (C)			
	Male — Masculin		Female — Féminin		Male — Masculin		Female — Féminin	
	Number Nombre	Rate Taux	Number Nombre	Rate Taux	Number Nombre	Rate Taux	Number Nombre	Rate Taux
TOTAL	25 683	1 202.9	26 413	1 153.1	54 080	1 050.0	53 341	998.7
Certain infectious and parasitic diseases — Certaines maladies infectieuses et parasitaires								
Total	180	8.4	157	6.9	526	10.2	596	11.2
Intestinal infectious diseases — Maladies infectieuses intestinales	10	♦0.5	12	♦0.5	31	0.6	44	0.8
Tuberculosis — Tuberculose	53	2.5	29	♦1.3	38	0.7	12	♦0.2
Tetanus — Tétanos	-	-	2	♦0.1	-	-	-	-
Diphtheria — Diphtérie.................................	-	-	-	-	-	-	-	-
Whooping cough — Coqueluche	-	-	1	♦0.0	-	-	1	♦0.0
Meningococcal infection — Infection à méningocoques..................	3	♦0.1	-	-	5	♦0.1	3	♦0.1
Septicaemia — Septicémie.................................	65	3.0	82	3.6	392	7.6	460	8.6
Acute poliomyelitis — Poliomyélite aiguë	-	-	-	-	-	-	-	-
Measles — Rougeole.................................	-	-	-	-	-	-	-	-
Viral hepatitis — Hépatite virale.................................	30	♦1.4	14	♦0.6	15	♦0.3	19	♦0.4
Human immunodeficiency virus [HIV] disease — Maladies dues au virus de l'immunodéficience humaine (VIH).................................	10	♦0.5	1	♦0.0	5	♦0.1	3	♦0.1
Malaria — Paludisme.................................	-	-	-	-	-	-	-	-
Neoplasms — Tumeurs	7 858	368.0	5 840	255.0	15 673	304.3	12 391	232.0
Malignant neoplasms — Tumeurs malignes								
Total	7 751	363.0	5 731	250.2	15 498	300.9	12 182	228.1
Malignant neoplasm of lip, oral cavity and pharynx — Tumeur maligne de la lèvre, de la cavité buccale et du pharynx	256	12.0	70	3.1	511	9.9	132	2.5
Malignant neoplasm of oesophagus — Tumeur maligne de l'oesophage	165	7.7	37	1.6	360	7.0	75	1.4
Malignant neoplasm of stomach — Tumeur maligne de l'estomac	500	23.4	339	14.8	707	13.7	509	9.5
Malignant neoplasm of colon, rectosigmoid junction, rectum, anus and anal canal — Tumeur maligne du côlon, de la jonction recto-sigmoïdienne, du rectum, de l'anus et du canal anal................	1 139	53.3	792	34.6	2 311	44.9	1 572	29.4
Malignant neoplasm of liver and intrahepatic bile ducts — Tumeur maligne du foie et des voies bilaires intrahépatiques	318	14.9	164	7.2	458	8.9	274	5.1
Malignant neoplasm of pancreas — Tumeur maligne du pancréas................	352	16.5	318	13.9	958	18.6	888	16.6
Malignant neoplasm of trachea, bronchus and lung — Tumeur maligne de la trachée, des bronches et du poumon................	2 118	99.2	650	28.4	3 977	77.2	1 478	27.7
Malignant neoplasm of female breast — Tumeur maligne du sein chez la femme	..	..	983	50.4	..	..	1 607	34.9
Malignant neoplasm of cervix uteri — Tumeur maligne du col de l'utérus.........	..	..	132	6.8	..	..	311	6.7
Malignant neoplasm of prostate — Tumeur maligne de la prostate	723	98.9	..	..	1 305	77.3	..	..
Malignant neoplasm of lymphoid, haematopoietic and related tissue — Tumeurs malignes primitives ou présumées primitives des tissus lymphoïde, hématopoïétique et apparentés................	463	21.7	430	18.8	891	17.3	858	16.1
Disorders of the blood and blood-forming organs and certain disorders involving the immune mechanism — Maladies du sang et des organes hématopoïétiques et certains troubles du système immunitaire								
Total	15	♦0.7	24	♦1.0	67	1.3	72	1.3
Anaemias — Anémies	8	♦0.4	14	♦0.6	22	♦0.4	22	♦0.4
Endocrine, nutritional and metabolic diseases — Maladies endocriniennes, nutritionnelles et métaboliques								
Total	648	30.3	811	35.4	963	18.7	1 208	22.6
Diabetes mellitus — Diabète sucré.................................	631	29.6	793	34.6	888	17.2	1 079	20.2
Malnutrition — Malnutrition	-	-	-	-	18	♦0.3	29	♦0.5
Mental and behavioural disorders — Troubles mentaux et du comportement	470	22.0	531	23.2	115	2.2	45	0.8
Diseases of the nervous system — Maladies du système nerveux..................	370	17.3	420	18.3	510	9.9	579	10.8
Diseases of the circulatory system — Maladies de l'appareil circulatoire								
Total	10 929	511.9	14 702	641.8	24 051	467.0	30 049	562.6
Acute rheumatic fever and chronic rheumatic heart diseases — Rhumatisme articulaire aigu et cardiopathies rhumatismales chroniques	22	♦1.0	44	1.9	82	1.6	138	2.6
Hypertensive diseases — Maladies hypertensives.................................	519	24.3	1 119	48.9	815	15.8	1 147	21.5
Ischaemic heart disease — Cardiopathie ischémique.................................	5 115	239.6	6 149	268.4	12 101	234.9	13 664	255.8
Cerebrovascular disease — Maladie cérébrovasculaire.................................	3 206	150.2	4 404	192.3	4 820	93.6	7 372	138.0

20. Death and death rates by cause and sex: 2006 - 2010
Décès et taux de mortalité par cause et sexe : 2006 - 2010 (continued - suite)

Cause of death — Cause de décès	Croatia - Croatie				Czech Republic - République tchèque			
	2010 (C)				2009 (C)			
	Male — Masculin		Female — Féminin		Male — Masculin		Female — Féminin	
	Number Nombre	Rate Taux	Number Nombre	Rate Taux	Number Nombre	Rate Taux	Number Nombre	Rate Taux
Diseases of arteries, arterioles and capillaries — Maladies des artères, artérioles et capillaires	658	30.8	962	42.0	2 864	55.6	3 716	69.6
Diseases of the respiratory system — Maladies de l'appareil respiratoire								
Total	1 191	55.8	766	33.4	3 505	68.1	2 888	54.1
Influenza — Grippe	1	♦0.0	2	♦0.1	31	0.6	49	0.9
Pneumonia — Pneumopathies	197	9.2	151	6.6	1 616	31.4	1 573	29.5
Chronic lower respiratory diseases — Maladies chroniques des voies respiratoires inférieures	943	44.2	582	25.4	1 497	29.1	942	17.6
Diseases of the digestive system — Maladies de l'appareil digestif								
Total	1 485	69.5	974	42.5	2 710	52.6	2 099	39.3
Gastric and duodenal ulcer — Ulcère de l'estomac et du duodénum	112	5.2	128	5.6	280	5.4	261	4.9
Diseases of the liver — Maladies du foie	966	45.2	318	13.9	1 521	29.5	727	13.6
Diseases of the musculoskeletal system and connective tissue — Maladies du système ostéo-articulaire, des muscles et du tissu conjonctif	25	♦1.2	101	4.4	26	♦0.5	35	0.7
Diseases of the genitourinary system — Maladies de l'appareil génito-urinaire								
Total	359	16.8	512	22.4	575	11.2	676	12.7
Disorders of kidney and ureter — Affections du rein et de l'uretère	249	11.7	356	15.5	508	9.9	625	11.7
Hyperplasia of prostate — Hyperplasie de la prostate	12	♦1.6	..	..	16	♦0.9	..	..
Pregnancy, childbirth and the puerperium — Grossesse, accouchement et puerpéralité								
Total	..	..	4	♦9.2	..	..	3	♦2.5
Pregnancy with abortive outcome — Grossesse se terminant par un avortement	..	..	-	-	..	..	1	♦0.8
Other direct obstetric causes — Autres décès maternels directs	..	..	1	♦2.3	..	..	2	♦1.7
Indirect obstetric causes — Décès maternels indirects	..	..	3	♦6.9	..	..	-	-
Certain conditions originating in the perinatal period — Certaines affections dont l'origine se situe dans la période périnatale	69	307.7	44	210.1	105	173.9	84	144.9
Congenital malformations, deformations and chromosomal abnormalities — Malformations congénitales et anomalies chromosomiques	50	223.0	68	324.8	63	104.4	79	136.3
Symptoms, signs and abnormal clinical and laboratory findings, not elsewhere classified — Symptômes, signes et résultats anormaux d'examens cliniques et de laboratoire, non classés ailleurs	190	8.9	319	13.9	986	19.1	720	13.5
All other diseases — Toutes autres maladies	7	♦0.3	9	♦0.4	29	♦0.6	47	0.9
External causes — Causes externes								
Total	1 837	86.0	1 131	49.4	4 176	81.1	1 770	33.1
Accidents								
Total	1 190	55.7	894	39.0	2 565	49.8	1 358	25.4
Transport accidents — Accidents de transport	388	18.2	112	4.9	757	14.7	269	5.0
Falls — Chutes	447	20.9	611	26.7	827	16.1	662	12.4
Accidental drowning and submersion — Noyade et submersion accidentelles	91	4.3	24	♦1.0	157	3.0	42	0.8
Exposure to smoke, fire and flames — Exposition à la fumée, au feu et aux flammes	16	♦0.7	12	♦0.5	33	0.6	18	♦0.3
Accidental poisoning by and exposure to noxious substances — Intoxication accidentelle par des substances nocives et exposition à ces substances	93	4.4	37	1.6	244	4.7	94	1.8
Intentional self-harm — Lésions auto-infligées	585	27.4	192	8.4	1 230	23.9	234	4.4
Assault — Agresssions	31	1.5	28	♦1.2	54	1.0	37	0.7
All other external causes — Toutes autres causes externes	31	1.5	17	♦0.7	327	6.3	141	2.6

Cause of death — Cause de décès	Czech Republic - République tchèque 2010 (C)				Denmark - Danemark 2006 (C)			
	Male — Masculin		Female — Féminin		Male — Masculin		Female — Féminin	
	Number Nombre	Rate Taux	Number Nombre	Rate Taux	Number Nombre	Rate Taux	Number Nombre	Rate Taux
TOTAL	54 150	1 049.3	52 694	983.7	27 013	1 004.1	28 205	1 027.7
Certain infectious and parasitic diseases — Certaines maladies infectieuses et parasitaires								
Total	457	8.9	572	10.7	371	13.8	428	15.6
Intestinal infectious diseases — Maladies infectieuses intestinales	48	0.9	91	1.7	44	1.6	103	3.8
Tuberculosis — Tuberculose	27	♦0.5	10	♦0.2	9	♦0.3	6	♦0.2
Tetanus — Tétanos	-	-	-	-	-	-	-	-
Diphtheria — Diphtérie	-	-	-	-	-	-	-	-
Whooping cough — Coqueluche	-	-	-	-	-	-	-	-
Meningococcal infection — Infection à méningocoques	3	♦0.1	3	♦0.1	1	♦0.0	5	♦0.2
Septicaemia — Septicémie	309	6.0	410	7.7	180	6.7	185	6.7
Acute poliomyelitis — Poliomyélite aiguë	-	-	-	-	-	-	-	-
Measles — Rougeole	-	-	-	-	-	-	-	-
Viral hepatitis — Hépatite virale	16	♦0.3	13	♦0.2	18	♦0.7	6	♦0.2
Human immunodeficiency virus [HIV] disease — Maladies dues au virus de l'immunodéficience humaine (VIH)	4	♦0.1	1	♦0.0	21	♦0.8	6	♦0.2
Malaria — Paludisme	-	-	-	-	-	-	-	-
Neoplasms — Tumeurs	15 866	307.4	12 357	230.7	8 242	306.4	7 789	283.8
Malignant neoplasms — Tumeurs malignes								
Total	15 667	303.6	12 169	227.2	8 069	299.9	7 557	275.4
Malignant neoplasm of lip, oral cavity and pharynx — Tumeur maligne de la lèvre, de la cavité buccale et du pharynx	520	10.1	150	2.8	195	7.2	104	3.8
Malignant neoplasm of oesophagus — Tumeur maligne de l'oesophage	394	7.6	87	1.6	278	10.3	123	4.5
Malignant neoplasm of stomach — Tumeur maligne de l'estomac	750	14.5	496	9.3	227	8.4	154	5.6
Malignant neoplasm of colon, rectosigmoid junction, rectum, anus and anal canal — Tumeur maligne du côlon, de la jonction recto-sigmoïdienne, du rectum, de l'anus et du canal anal	2 271	44.0	1 608	30.0	1 036	38.5	1 039	37.9
Malignant neoplasm of liver and intrahepatic bile ducts — Tumeur maligne du foie et des voies bilaires intrahépatiques	574	11.1	281	5.2	205	7.6	105	3.8
Malignant neoplasm of pancreas — Tumeur maligne du pancréas	971	18.8	910	17.0	441	16.4	400	14.6
Malignant neoplasm of trachea, bronchus and lung — Tumeur maligne de la trachée, des bronches et du poumon	4 011	77.7	1 561	29.1	2 077	77.2	1 708	62.2
Malignant neoplasm of female breast — Tumeur maligne du sein chez la femme	..	..	1 655	35.8	..	..	1 246	55.4
Malignant neoplasm of cervix uteri — Tumeur maligne du col de l'utérus	..	..	342	7.4	..	..	106	4.7
Malignant neoplasm of prostate — Tumeur maligne de la prostate	1 348	79.2	..	..	1 179	130.9	..	..
Malignant neoplasm of lymphoid, haematopoietic and related tissue — Tumeurs malignes primitives ou présumées primitives des tissus lymphoïde, hématopoïétique et apparentés	898	17.4	816	15.2	591	22.0	461	16.8
Disorders of the blood and blood-forming organs and certain disorders involving the immune mechanism — Maladies du sang et des organes hématopoïétiques et certains troubles du système immunitaire								
Total	57	1.1	73	1.4	82	3.0	106	3.9
Anaemias — Anémies	15	♦0.3	23	♦0.4	49	1.8	77	2.8
Endocrine, nutritional and metabolic diseases — Maladies endocriniennes, nutritionnelles et métaboliques								
Total	956	18.5	1 232	23.0	938	34.9	984	35.9
Diabetes mellitus — Diabète sucré	859	16.6	1 086	20.3	715	26.6	587	21.4
Malnutrition — Malnutrition	23	♦0.4	27	♦0.5	18	♦0.7	27	♦1.0
Mental and behavioural disorders — Troubles mentaux et du comportement	140	2.7	82	1.5	1 225	45.5	1 494	54.4
Diseases of the nervous system — Maladies du système nerveux	498	9.6	566	10.6	675	25.1	824	30.0
Diseases of the circulatory system — Maladies de l'appareil circulatoire								
Total	24 132	467.6	29 458	550.0	8 141	302.6	8 830	321.7
Acute rheumatic fever and chronic rheumatic heart diseases — Rhumatisme articularie aigu et cardiopathies rhumatismales chroniques	64	1.2	118	2.2	6	♦0.2	5	♦0.2
Hypertensive diseases — Maladies hypertensives	867	16.8	1 191	22.2	300	11.2	342	12.5
Ischaemic heart disease — Cardiopathie ischémique	12 153	235.5	13 025	243.2	3 257	121.1	2 979	108.5
Cerebrovascular disease — Maladie cérébrovasculaire	4 522	87.6	7 045	131.5	1 969	73.2	2 663	97.0

Cause of death — Cause de décès	Czech Republic - République tchèque				Denmark - Danemark			
	2010 (C)				2006 (C)			
	Male — Masculin		Female — Féminin		Male — Masculin		Female — Féminin	
	Number Nombre	Rate Taux	Number Nombre	Rate Taux	Number Nombre	Rate Taux	Number Nombre	Rate Taux
Diseases of arteries, arterioles and capillaries — Maladies des artères, artérioles et capillaries	3 274	63.4	4 087	76.3	725	26.9	710	25.9
Diseases of the respiratory system — Maladies de l'appareil respiratoire								
Total	3 359	65.1	2 792	52.1	2 388	88.8	2 865	104.4
Influenza — Grippe	27	♦0.5	41	0.8	10	♦0.4	15	♦0.5
Pneumonia — Pneumopathies	1 683	32.6	1 579	29.5	722	26.8	1 018	37.1
Chronic lower respiratory diseases — Maladies chroniques des voies respiratoires inférieures	1 263	24.5	892	16.7	1 439	53.5	1 658	60.4
Diseases of the digestive system — Maladies de l'appareil digestif								
Total	2 638	51.1	2 026	37.8	1 480	55.0	1 445	52.7
Gastric and duodenal ulcer — Ulcère de l'estomac et du duodénum	253	4.9	227	4.2	186	6.9	269	9.8
Diseases of the liver — Maladies du foie	1 541	29.9	712	13.3	645	24.0	324	11.8
Diseases of the musculoskeletal system and connective tissue — Maladies du système ostéo-articulaire, des muscles et du tissu conjonctif	29	♦0.6	32	0.6	133	4.9	252	9.2
Diseases of the genitourinary system — Maladies de l'appareil génito-urinaire								
Total	645	12.5	809	15.1	504	18.7	502	18.3
Disorders of kidney and ureter — Affections du rein et de l'uretère	566	11.0	733	13.7	306	11.4	254	9.3
Hyperplasia of prostate — Hyperplasie de la prostate	14	♦0.8	..	..	49	5.4	..	..
Pregnancy, childbirth and the puerperium — Grossesse, accouchement et puerpéralité								
Total	..	..	3	♦2.6	..	..	5	♦7.7
Pregnancy with abortive outcome — Grossesse se terminant par un avortement	..	..	-	-	..	..	-	-
Other direct obstetric causes — Autres décès maternels directs	..	..	3	♦2.6	..	..	5	♦7.7
Indirect obstetric causes — Décès maternels indirects	..	..	-	-	..	..	-	-
Certain conditions originating in the perinatal period — Certaines affections dont l'origine se situe dans la période périnatale	89	147.8	82	144.0	77	230.6	55	174.4
Congenital malformations, deformations and chromosomal abnormalities — Malformations congénitales et anomalies chromosomiques	82	136.2	53	93.1	107	320.5	65	206.1
Symptoms, signs and abnormal clinical and laboratory findings, not elsewhere classified — Symptômes, signes et résultats anormaux d'examens cliniques et de laboratoire, non classés ailleurs	974	18.9	678	12.7	1 032	38.4	1 434	52.3
All other diseases — Toutes autres maladies	35	0.7	63	1.2	27	♦1.0	46	1.7
External causes — Causes externes								
Total	4 193	81.2	1 816	33.9	1 591	59.1	1 081	39.4
Accidents								
Total	2 596	50.3	1 418	26.5	980	36.4	813	29.6
Transport accidents — Accidents de transport	708	13.7	199	3.7	231	8.6	93	3.4
Falls — Chutes	719	13.9	651	12.2	152	5.7	160	5.8
Accidental drowning and submersion — Noyade et submersion accidentelles	168	3.3	58	1.1	41	1.5	5	♦0.2
Exposure to smoke, fire and flames — Exposition à la fumée, au feu et aux flammes	39	0.8	23	♦0.4	41	1.5	26	♦0.9
Accidental poisoning by and exposure to noxious substances — Intoxication accidentelle par des substances nocives et exposition à ces substances	256	5.0	69	1.3	145	5.4	43	1.6
Intentional self-harm — Lésions auto-infligées	1 245	24.1	257	4.8	470	17.5	177	6.4
Assault — Agresssions	44	0.9	43	0.8	24	♦0.9	12	♦0.4
All other external causes — Toutes autres causes externes	308	6.0	98	1.8	117	4.3	79	2.9

Estonia - Estonie

Cause of death — Cause de décès	2009 (C)				2010 (C)			
	Male — Masculin		Female — Féminin		Male — Masculin		Female — Féminin	
	Number Nombre	Rate Taux	Number Nombre	Rate Taux	Number Nombre	Rate Taux	Number Nombre	Rate Taux
TOTAL	8 010	1 297.6	8 089	1 118.9	7 755	1 255.8	8 026	1 110.7
Certain infectious and parasitic diseases — Certaines maladies infectieuses et parasitaires								
Total	96	15.6	52	7.2	85	13.8	34	4.7
Intestinal infectious diseases — Maladies infectieuses intestinales	-	-	4	♦0.6	2	♦0.3	1	♦0.1
Tuberculosis — Tuberculose	28	♦4.5	15	♦2.1	31	5.0	5	♦0.7
Tetanus — Tétanos	-	-	-	-	-	-	-	-
Diphtheria — Diphtérie............	-	-	-	-	-	-	-	-
Whooping cough — Coqueluche	-	-	-	-	-	-	-	-
Meningococcal infection — Infection à méningocoques............	-	-	-	-	-	-	-	-
Septicaemia — Septicémie............	6	♦1.0	5	♦0.7	4	♦0.6	3	♦0.4
Acute poliomyelitis — Poliomyélite aiguë	-	-	-	-	-	-	-	-
Measles — Rougeole............	-	-	-	-	-	-	-	-
Viral hepatitis — Hépatite virale............	10	♦1.6	5	♦0.7	2	♦0.3	-	-
Human immunodeficiency virus [HIV] disease — Maladies dues au virus de l'immunodéficience humaine (VIH)............	42	6.8	10	♦1.4	32	5.2	10	♦1.4
Malaria — Paludisme............	1	♦0.2	-	-	-	-	-	-
Neoplasms — Tumeurs	1 929	312.5	1 666	230.4	1 969	318.8	1 638	226.7
Malignant neoplasms — Tumeurs malignes								
Total	1 897	307.3	1 632	225.7	1 946	315.1	1 604	222.0
Malignant neoplasm of lip, oral cavity and pharynx — Tumeur maligne de la lèvre, de la cavité buccale et du pharynx	65	10.5	20	♦2.8	107	17.3	26	♦3.6
Malignant neoplasm of oesophagus — Tumeur maligne de l'oesophage	54	8.7	9	♦1.2	48	7.8	14	♦1.9
Malignant neoplasm of stomach — Tumeur maligne de l'estomac	153	24.8	150	20.7	161	26.1	128	17.7
Malignant neoplasm of colon, rectosigmoid junction, rectum, anus and anal canal — Tumeur maligne du côlon, de la jonction recto-sigmoïdienne, du rectum, de l'anus et du canal anal............	204	33.0	213	29.5	200	32.4	209	28.9
Malignant neoplasm of liver and intrahepatic bile ducts — Tumeur maligne du foie et des voies bilaires intrahépatiques	51	8.3	46	6.4	61	9.9	42	5.8
Malignant neoplasm of pancreas — Tumeur maligne du pancréas............	106	17.2	136	18.8	108	17.5	107	14.8
Malignant neoplasm of trachea, bronchus and lung — Tumeur maligne de la trachée, des bronches et du poumon............	476	77.1	133	18.4	506	81.9	135	18.7
Malignant neoplasm of female breast — Tumeur maligne du sein chez la femme	..	..	236	...	..	..	227	36.4
Malignant neoplasm of cervix uteri — Tumeur maligne du col de l'utérus.........	..	..	59	...	..	..	71	11.4
Malignant neoplasm of prostate — Tumeur maligne de la prostate	243	...	..	..	256	137.4	..	..
Malignant neoplasm of lymphoid, haematopoietic and related tissue — Tumeurs malignes primitives ou présumées primitives des tissus lymphoïde, hématopoïétique et apparentés	129	20.9	116	16.0	128	20.7	140	19.4
Disorders of the blood and blood-forming organs and certain disorders involving the immune mechanism — Maladies du sang et des organes hématopoïétiques et certains troubles du système immunitaire								
Total	3	♦0.5	7	♦1.0	7	♦1.1	5	♦0.7
Anaemias — Anémies	-	-	3	♦0.4	3	♦0.5	3	♦0.4
Endocrine, nutritional and metabolic diseases — Maladies endocriniennes, nutritionnelles et métaboliques								
Total	100	16.2	129	17.8	78	12.6	99	13.7
Diabetes mellitus — Diabète sucré............	92	14.9	116	16.0	69	11.2	83	11.5
Malnutrition — Malnutrition	1	♦0.2	-	-	1	♦0.2	1	♦0.1
Mental and behavioural disorders — Troubles mentaux et du comportement	87	14.1	56	7.7	89	14.4	40	5.5
Diseases of the nervous system — Maladies du système nerveux............	152	24.6	113	15.6	105	17.0	149	20.6
Diseases of the circulatory system — Maladies de l'appareil circulatoire								
Total	3 743	606.3	5 053	698.9	3 687	597.0	5 063	700.6
Acute rheumatic fever and chronic rheumatic heart diseases — Rhumatisme articulaire aigu et cardiopathies rhumatismales chroniques	11	♦1.8	30	♦4.1	6	♦1.0	31	4.3
Hypertensive diseases — Maladies hypertensives............	696	112.7	1 133	156.7	662	107.2	1 186	164.1
Ischaemic heart disease — Cardiopathie ischémique............	1 881	304.7	2 451	339.0	1 900	307.7	2 423	335.3
Cerebrovascular disease — Maladie cérébrovasculaire............	534	86.5	851	117.7	501	81.1	847	117.2

20. Death and death rates by cause and sex: 2006 - 2010
Décès et taux de mortalité par cause et sexe : 2006 - 2010 (continued - suite)

Estonia - Estonie

Cause of death — Cause de décès	2009 (C)				2010 (C)			
	Male — Masculin		Female — Féminin		Male — Masculin		Female — Féminin	
	Number Nombre	Rate Taux	Number Nombre	Rate Taux	Number Nombre	Rate Taux	Number Nombre	Rate Taux
Diseases of arteries, arterioles and capillaries — Maladies des artères, artérioles et capillaires	128	20.7	125	17.3	145	23.5	149	20.6
Diseases of the respiratory system — Maladies de l'appareil respiratoire								
Total	301	48.8	146	20.2	269	43.6	156	21.6
Influenza — Grippe	8	◆1.3	-	-	-	-	1	◆0.1
Pneumonia — Pneumopathies	105	17.0	61	8.4	88	14.3	54	7.5
Chronic lower respiratory diseases — Maladies chroniques des voies respiratoires inférieures	148	24.0	62	8.6	156	25.3	81	11.2
Diseases of the digestive system — Maladies de l'appareil digestif								
Total	372	60.3	262	36.2	343	55.5	271	37.5
Gastric and duodenal ulcer — Ulcère de l'estomac et du duodénum	46	7.5	42	5.8	39	6.3	33	4.6
Diseases of the liver — Maladies du foie	185	30.0	90	12.4	182	29.5	110	15.2
Diseases of the musculoskeletal system and connective tissue — Maladies du système ostéo-articularie, des muscles et du tissu conjonctif	8	◆1.3	33	4.6	15	◆2.4	34	4.7
Diseases of the genitourinary system — Maladies de l'appareil génito-urinaire								
Total	69	11.2	70	9.7	55	8.9	66	9.1
Disorders of kidney and ureter — Affections du rein et de l'uretère	57	9.2	64	8.9	39	6.3	60	8.3
Hyperplasia of prostate — Hyperplasie de la prostate	8	...	..	..	7	◆3.8	..	..
Pregnancy, childbirth and the puerperium — Grossesse, accouchement et puerpéralité								
Total	..	..	-	-	..	..	1	◆6.3
Pregnancy with abortive outcome — Grossesse se terminant par un avortement	..	..	-	-	..	..	-	-
Other direct obstetric causes — Autres décès maternels directs	..	..	-	-	..	..	1	◆6.3
Indirect obstetric causes — Décès maternels indirects	..	..	-	-	..	..	-	-
Certain conditions originating in the perinatal period — Certaines affections dont l'origine se situe dans la période périnatale	16	◆199.5	13	◆167.9	16	◆195.9	7	◆91.4
Congenital malformations, deformations and chromosomal abnormalities — Malformations congénitales et anomalies chromosomiques	14	◆174.5	21	◆271.3	12	◆147.0	20	◆261.1
Symptoms, signs and abnormal clinical and laboratory findings, not elsewhere classified — Symptômes, signes et résultats anormaux d'examens cliniques et de laboratoire, non classés ailleurs	115	18.6	181	25.0	145	23.5	171	23.7
All other diseases — Toutes autres maladies	2	◆0.3	6	◆0.8	7	◆1.1	10	◆1.4
External causes — Causes externes								
Total	1 003	162.5	281	38.9	873	141.4	262	36.3
Accidents								
Total	641	103.8	182	25.2	572	92.6	180	24.9
Transport accidents — Accidents de transport	88	14.3	31	4.3	74	12.0	24	◆3.3
Falls — Chutes	81	13.1	51	7.1	63	10.2	29	◆4.0
Accidental drowning and submersion — Noyade et submersion accidentelles	50	8.1	11	◆1.5	72	11.7	18	◆2.5
Exposure to smoke, fire and flames — Exposition à la fumée, au feu et aux flammes	48	7.8	12	◆1.7	57	9.2	22	◆3.0
Accidental poisoning by and exposure to noxious substances — Intoxication accidentelle par des substances nocives et exposition à ces substances	213	34.5	47	6.5	167	27.0	53	7.3
Intentional self-harm — Lésions auto-infligées	220	35.6	49	6.8	181	29.3	42	5.8
Assault — Agresssions	56	9.1	25	◆3.5	48	7.8	14	◆1.9
All other external causes — Toutes autres causes externes	86	13.9	25	◆3.5	72	11.7	26	◆3.6

20. Death and death rates by cause and sex: 2006 - 2010
Décès et taux de mortalité par cause et sexe : 2006 - 2010 (continued - suite)

Finland - Finlande

Cause of death — Cause de décès	2009 (C)				2010 (C)			
	Male — Masculin		Female — Féminin		Male — Masculin		Female — Féminin	
	Number Nombre	Rate Taux	Number Nombre	Rate Taux	Number Nombre	Rate Taux	Number Nombre	Rate Taux
TOTAL	25 152	965.7	24 752	914.5	25 547	975.9	25 363	933.3
Certain infectious and parasitic diseases — Certaines maladies infectieuses et parasitaires								
Total	196	7.5	234	8.6	200	7.6	236	8.7
Intestinal infectious diseases — Maladies infectieuses intestinales	34	1.3	53	2.0	31	1.2	43	1.6
Tuberculosis — Tuberculose	12	♦0.5	13	♦0.5	13	♦0.5	4	♦0.1
Tetanus — Tétanos	-	-	1	♦0.0	-	-	-	-
Diphtheria — Diphtérie...............	-	-	-	-	-	-	-	-
Whooping cough — Coqueluche	-	-	-	-	-	-	-	-
Meningococcal infection — Infection à méningocoques...............	-	-	3	♦0.1	2	♦0.1	2	♦0.1
Septicaemia — Septicémie...............	71	2.7	85	3.1	86	3.3	89	3.3
Acute poliomyelitis — Poliomyélite aiguë	-	-	-	-	-	-	-	-
Measles — Rougeole...............	-	-	-	-	-	-	-	-
Viral hepatitis — Hépatite virale...............	9	♦0.3	4	♦0.1	3	♦0.1	1	♦0.0
Human immunodeficiency virus [HIV] disease — Maladies dues au virus de l'immunodéficience humaine (VIH)...............	2	♦0.1	1	♦0.0	5	♦0.2	2	♦0.1
Malaria — Paludisme...............	-	-	-	-	-	-	-	-
Neoplasms — Tumeurs	5 953	228.6	5 357	197.9	6 241	238.4	5 640	207.5
Malignant neoplasms — Tumeurs malignes								
Total	5 810	223.1	5 186	191.6	6 116	233.6	5 464	201.1
Malignant neoplasm of lip, oral cavity and pharynx — Tumeur maligne de la lèvre, de la cavité buccale et du pharynx	121	4.6	57	2.1	120	4.6	72	2.6
Malignant neoplasm of oesophagus — Tumeur maligne de l'oesophage	156	6.0	77	2.8	172	6.6	82	3.0
Malignant neoplasm of stomach — Tumeur maligne de l'estomac	278	10.7	209	7.7	291	11.1	198	7.3
Malignant neoplasm of colon, rectosigmoid junction, rectum, anus and anal canal — Tumeur maligne du côlon, de la jonction recto-sigmoïdienne, du rectum, de l'anus et du canal anal...............	545	20.9	565	20.9	590	22.5	546	20.1
Malignant neoplasm of liver and intrahepatic bile ducts — Tumeur maligne du foie et des voies bilaires intrahépatiques	271	10.4	193	7.1	255	9.7	174	6.4
Malignant neoplasm of pancreas — Tumeur maligne du pancréas...............	464	17.8	484	17.9	498	19.0	497	18.3
Malignant neoplasm of trachea, bronchus and lung — Tumeur maligne de la trachée, des bronches et du poumon...............	1 432	55.0	596	22.0	1 547	59.1	667	24.5
Malignant neoplasm of female breast — Tumeur maligne du sein chez la femme	..	..	819	...	..	..	886	38.7
Malignant neoplasm of cervix uteri — Tumeur maligne du col de l'utérus.........	..	..	54	...	..	..	55	2.4
Malignant neoplasm of prostate — Tumeur maligne de la prostate	778	...	..	..	845	88.8	..	..
Malignant neoplasm of lymphoid, haematopoietic and related tissue — Tumeurs malignes primitives ou présumées primitives des tissus lymphoïde, hématopoïétique et apparentés...............	537	20.6	519	19.2	547	20.9	523	19.2
Disorders of the blood and blood-forming organs and certain disorders involving the immune mechanism — Maladies du sang et des organes hématopoïétiques et certains troubles du système immunitaire								
Total	15	♦0.6	22	♦0.8	28	♦1.1	29	♦1.1
Anaemias — Anémies	5	♦0.2	8	♦0.3	11	♦0.4	14	♦0.5
Endocrine, nutritional and metabolic diseases — Maladies endocriniennes, nutritionnelles et métaboliques								
Total	288	11.1	275	10.2	329	12.6	277	10.2
Diabetes mellitus — Diabète sucré...............	224	8.6	212	7.8	243	9.3	213	7.8
Malnutrition — Malnutrition	3	♦0.1	2	♦0.1	1	♦0.0	1	♦0.0
Mental and behavioural disorders — Troubles mentaux et du comportement	764	29.3	1 583	58.5	798	30.5	1 557	57.3
Diseases of the nervous system — Maladies du système nerveux...............	1 734	66.6	2 914	107.7	1 986	75.9	3 383	124.5
Diseases of the circulatory system — Maladies de l'appareil circulatoire								
Total	9 858	378.5	10 503	388.0	9 999	382.0	10 588	389.6
Acute rheumatic fever and chronic rheumatic heart diseases — Rhumatisme articulaire aigu et cardiopathies rhumatismales chroniques	24	♦0.9	39	1.4	14	♦0.5	44	1.6
Hypertensive diseases — Maladies hypertensives...............	312	12.0	555	20.5	343	13.1	604	22.2
Ischaemic heart disease — Cardiopathie ischémique...............	6 024	231.3	5 510	203.6	6 168	235.6	5 599	206.0
Cerebrovascular disease — Maladie cérébrovasculaire...............	1 756	67.4	2 624	96.9	1 702	65.0	2 533	93.2

20. Death and death rates by cause and sex: 2006 - 2010
Décès et taux de mortalité par cause et sexe : 2006 - 2010 (continued - suite)

Finland - Finlande

Cause of death — Cause de décès	2009 (C)				2010 (C)			
	Male — Masculin		Female — Féminin		Male — Masculin		Female — Féminin	
	Number Nombre	Rate Taux	Number Nombre	Rate Taux	Number Nombre	Rate Taux	Number Nombre	Rate Taux
Diseases of arteries, arterioles and capillaries — Maladies des artères, artérioles et capillaires	579	22.2	451	16.7	587	22.4	489	18.0
Diseases of the respiratory system — Maladies de l'appareil respiratoire								
Total	1 333	51.2	877	32.4	1 221	46.6	767	28.2
Influenza — Grippe........	8	♦0.3	9	♦0.3	1	♦0.0	4	♦0.1
Pneumonia — Pneumopathies	262	10.1	278	10.3	209	8.0	217	8.0
Chronic lower respiratory diseases — Maladies chroniques des voies respiratoires inférieures	818	31.4	415	15.3	795	30.4	391	14.4
Diseases of the digestive system — Maladies de l'appareil digestif								
Total	1 547	59.4	1 053	38.9	1 495	57.1	965	35.5
Gastric and duodenal ulcer — Ulcère de l'estomac et du duodénum........	103	4.0	101	3.7	92	3.5	82	3.0
Diseases of the liver — Maladies du foie........	920	35.3	350	12.9	893	34.1	327	12.0
Diseases of the musculoskeletal system and connective tissue — Maladies du système ostéo-articularie, des muscles et du tissu conjonctif	67	2.6	154	5.7	62	2.4	172	6.3
Diseases of the genitourinary system — Maladies de l'appareil génito-urinaire								
Total	174	6.7	242	8.9	164	6.3	255	9.4
Disorders of kidney and ureter — Affections du rein et de l'uretère	126	4.8	192	7.1	121	4.6	208	7.7
Hyperplasia of prostate — Hyperplasie de la prostate........	23	...	..	..	20	♦2.1	..	..
Pregnancy, childbirth and the puerperium — Grossesse, accouchement et puerpéralité								
Total	..	..	1	♦1.7	..	..	3	♦4.9
Pregnancy with abortive outcome — Grossesse se terminant par un avortement	..	..	-	-	..	..	-	-
Other direct obstetric causes — Autres décès maternels directs	..	..	1	♦1.7	..	..	3	♦4.9
Indirect obstetric causes — Décès maternels indirects	..	..	-	-	..	..	-	-
Certain conditions originating in the perinatal period — Certaines affections dont l'origine se situe dans la période périnatale	39	127.3	36	121.9	38	121.9	20	♦67.7
Congenital malformations, deformations and chromosomal abnormalities — Malformations congénitales et anomalies chromosomiques	88	287.2	96	325.1	70	224.6	80	271.0
Symptoms, signs and abnormal clinical and laboratory findings, not elsewhere classified — Symptômes, signes et résultats anormaux d'examens cliniques et de laboratoire, non classés ailleurs	180	6.9	129	4.8	170	6.5	109	4.0
All other diseases — Toutes autres maladies........	15	♦0.6	27	♦1.0	13	♦0.5	15	♦0.6
External causes — Causes externes								
Total	2 901	111.4	1 249	46.1	2 733	104.4	1 267	46.6
Accidents								
Total	1 940	74.5	894	33.0	1 814	69.3	971	35.7
Transport accidents — Accidents de transport	276	10.6	80	3.0	267	10.2	76	2.8
Falls — Chutes	679	26.1	509	18.8	628	24.0	557	20.5
Accidental drowning and submersion — Noyade et submersion accidentelles........	104	4.0	20	♦0.7	117	4.5	30	♦1.1
Exposure to smoke, fire and flames — Exposition à la fumée, au feu et aux flammes........	67	2.6	22	♦0.8	52	2.0	27	♦1.0
Accidental poisoning by and exposure to noxious substances — Intoxication accidentelle par des substances nocives et exposition à ces substances	647	24.8	191	7.1	524	20.0	180	6.6
Intentional self-harm — Lésions auto-infligées........	760	29.2	272	10.0	716	27.4	235	8.6
Assault — Agresssions........	77	3.0	27	♦1.0	79	3.0	22	♦0.8
All other external causes — Toutes autres causes externes	124	4.8	56	2.1	124	4.7	39	1.4

20. Death and death rates by cause and sex: 2006 - 2010
Décès et taux de mortalité par cause et sexe : 2006 - 2010 (continued - suite)

France

Cause of death — Cause de décès	2007 (C)				2008 (C)			
	Male — Masculin		Female — Féminin		Male — Masculin		Female — Féminin	
	Number Nombre	Rate Taux	Number Nombre	Rate Taux	Number Nombre	Rate Taux	Number Nombre	Rate Taux
TOTAL	267 843	892.8	252 692	790.6	271 671	903.3	260 803	820.1
Certain infectious and parasitic diseases — Certaines maladies infectieuses et parasitaires								
Total	5 089	17.0	4 785	15.0	5 273	17.5	5 365	16.9
Intestinal infectious diseases — Maladies infectieuses intestinales	409	1.4	643	2.0	526	1.7	791	2.5
Tuberculosis — Tuberculose	216	0.7	131	0.4	195	0.6	146	0.5
Tetanus — Tétanos	-	-	2	♦0.0	-	-	2	♦0.0
Diphtheria — Diphtérie	-	-	-	-	-	-	-	-
Whooping cough — Coqueluche	2	♦0.0	3	♦0.0	5	♦0.0	3	♦0.0
Meningococcal infection — Infection à méningocoques.................	17	♦0.1	17	♦0.1	18	♦0.1	17	♦0.1
Septicaemia — Septicémie	2 071	6.9	1 948	6.1	2 135	7.1	2 173	6.8
Acute poliomyelitis — Poliomyélite aiguë	-	-	-	-	-	-	-	-
Measles — Rougeole...	-	-	1	♦0.0	-	-	-	-
Viral hepatitis — Hépatite virale..	404	1.3	309	1.0	447	1.5	348	1.1
Human immunodeficiency virus [HIV] disease — Maladies dues au virus de l'immunodéficience humaine (VIH)................	550	1.8	178	0.6	483	1.6	163	0.5
Malaria — Paludisme..	9	♦0.0	3	♦0.0	10	♦0.0	3	♦0.0
Neoplasms — Tumeurs	92 425	308.1	63 711	199.3	92 412	307.3	65 849	207.1
Malignant neoplasms — Tumeurs malignes								
Total	89 101	297.0	60 563	189.5	89 072	296.2	62 500	196.5
Malignant neoplasm of lip, oral cavity and pharynx — Tumeur maligne de la lèvre, de la cavité buccale et du pharynx	3 244	10.8	720	2.3	3 154	10.5	750	2.4
Malignant neoplasm of oesophagus — Tumeur maligne de l'oesophage	3 137	10.5	771	2.4	3 121	10.4	766	2.4
Malignant neoplasm of stomach — Tumeur maligne de l'estomac	3 025	10.1	1 659	5.2	2 903	9.7	1 743	5.5
Malignant neoplasm of colon, rectosigmoid junction, rectum, anus and anal canal — Tumeur maligne du côlon, de la jonction recto-sigmoïdienne, du rectum, de l'anus et du canal anal.............................	8 680	28.9	7 674	24.0	8 922	29.7	8 024	25.2
Malignant neoplasm of liver and intrahepatic bile ducts — Tumeur maligne du foie et des voies bilaires intrahépatiques	5 474	18.2	1 900	5.9	5 488	18.2	2 079	6.5
Malignant neoplasm of pancreas — Tumeur maligne du pancréas...................	4 431	14.8	4 192	13.1	4 696	15.6	4 335	13.6
Malignant neoplasm of trachea, bronchus and lung — Tumeur maligne de la trachée, des bronches et du poumon	22 144	73.8	6 497	20.3	22 153	73.7	6 838	21.5
Malignant neoplasm of female breast — Tumeur maligne du sein chez la femme	..	..	11 379	...	..	..	11 634	...
Malignant neoplasm of cervix uteri — Tumeur maligne du col de l'utérus..........	..	..	683	...	..	..	741	...
Malignant neoplasm of prostate — Tumeur maligne de la prostate	9 033	...	..	..	8 929	...	..	..
Malignant neoplasm of lymphoid, haematopoietic and related tissue — Tumeurs malignes primitives ou présumées primitives des tissus lymphoïde, hématopoïétique et apparentés....................	6 854	22.8	5 791	18.1	6 931	23.0	6 003	18.9
Disorders of the blood and blood-forming organs and certain disorders involving the immune mechanism — Maladies du sang et des organes hématopoïétiques et certains troubles du système immunitaire								
Total	1 005	3.3	1 131	3.5	970	3.2	1 216	3.8
Anaemias — Anémies	541	1.8	720	2.3	478	1.6	761	2.4
Endocrine, nutritional and metabolic diseases — Maladies endocriniennes, nutritionnelles et métaboliques								
Total	8 111	27.0	10 626	33.2	8 569	28.5	10 893	34.3
Diabetes mellitus — Diabète sucré..	5 144	17.1	5 848	18.3	5 375	17.9	5 802	18.2
Malnutrition — Malnutrition	822	2.7	1 591	5.0	902	3.0	1 754	5.5
Mental and behavioural disorders — Troubles mentaux et du comportement	7 220	24.1	9 610	30.1	7 503	24.9	9 887	31.1
Diseases of the nervous system — Maladies du système nerveux.................	11 358	37.9	17 057	53.4	12 080	40.2	18 463	58.1
Diseases of the circulatory system — Maladies de l'appareil circulatoire								
Total	68 239	227.5	77 033	241.0	68 278	227.0	78 385	246.5
Acute rheumatic fever and chronic rheumatic heart diseases — Rhumatisme articularie aigu et cardiopathies rhumatismales chroniques	559	1.9	989	3.1	587	2.0	999	3.1
Hypertensive diseases — Maladies hypertensives...........................	3 004	10.0	5 464	17.1	3 057	10.2	5 715	18.0
Ischaemic heart disease — Cardiopathie ischémique........................	21 719	72.4	16 428	51.4	21 525	71.6	16 219	51.0
Cerebrovascular disease — Maladie cérébrovasculaire............................	13 646	45.5	18 262	57.1	13 497	44.9	18 780	59.1

France

Cause of death — Cause de décès	2007 (C)				2008 (C)			
	Male — Masculin		Female — Féminin		Male — Masculin		Female — Féminin	
	Number Nombre	Rate Taux	Number Nombre	Rate Taux	Number Nombre	Rate Taux	Number Nombre	Rate Taux
Diseases of arteries, arterioles and capillaries — Maladies des artères, artérioles et capillaires	5 227	17.4	4 008	12.5	5 306	17.6	4 030	12.7
Diseases of the respiratory system — Maladies de l'appareil respiratoire								
Total	16 947	56.5	15 075	47.2	17 190	57.2	15 486	48.7
Influenza — Grippe	89	0.3	144	0.5	76	0.3	113	0.4
Pneumonia — Pneumopathies	5 005	16.7	5 304	16.6	4 993	16.6	5 596	17.6
Chronic lower respiratory diseases — Maladies chroniques des voies respiratoires inférieures	5 558	18.5	3 472	10.9	5 707	19.0	3 438	10.8
Diseases of the digestive system — Maladies de l'appareil digestif								
Total	12 344	41.1	10 622	33.2	12 707	42.3	10 837	34.1
Gastric and duodenal ulcer — Ulcère de l'estomac et du duodénum	382	1.3	400	1.3	427	1.4	441	1.4
Diseases of the liver — Maladies du foie........................	5 854	19.5	2 681	8.4	5 845	19.4	2 562	8.1
Diseases of the musculoskeletal system and connective tissue — Maladies du système ostéo-articularie, des muscles et du tissu conjonctif	1 116	3.7	2 285	7.1	1 323	4.4	2 360	7.4
Diseases of the genitourinary system — Maladies de l'appareil génito-urinaire								
Total	4 082	13.6	4 443	13.9	4 434	14.7	4 584	14.4
Disorders of kidney and ureter — Affections du rein et de l'uretère	3 164	10.5	3 491	10.9	3 477	11.6	3 530	11.1
Hyperplasia of prostate — Hyperplasie de la prostate........................	146	...	..	..	134	...	..	..
Pregnancy, childbirth and the puerperium — Grossesse, accouchement et puerpéralité								
Total	..	..	60	7.6	..	..	52	6.5
Pregnancy with abortive outcome — Grossesse se terminant par un avortement	..	..	4	♦0.5	..	..	4	♦0.5
Other direct obstetric causes — Autres décès maternels directs	..	..	44	5.6	..	..	36	4.5
Indirect obstetric causes — Décès maternels indirects	..	..	11	♦1.4	..	..	12	♦1.5
Certain conditions originating in the perinatal period — Certaines affections dont l'origine se situe dans la période périnatale	788	195.9	571	148.8	781	192.6	626	160.3
Congenital malformations, deformations and chromosomal abnormalities — Malformations congénitales et anomalies chromosomiques	864	214.8	679	177.0	726	179.0	705	180.5
Symptoms, signs and abnormal clinical and laboratory findings, not elsewhere classified — Symptômes, signes et résultats anormaux d'examens cliniques et de laboratoire, non classés ailleurs	15 671	52.2	19 242	60.2	16 490	54.8	20 351	64.0
All other diseases — Toutes autres maladies.............................	504	1.7	1 197	3.7	529	1.8	1 112	3.5
External causes — Causes externes								
Total	22 080	73.6	14 565	45.6	22 406	74.5	14 632	46.0
Accidents								
Total	13 137	43.8	10 776	33.7	13 366	44.4	10 884	34.2
Transport accidents — Accidents de transport...............................	3 519	11.7	1 124	3.5	3 353	11.1	1 020	3.2
Falls — Chutes	2 604	8.7	2 805	8.8	2 772	9.2	2 791	8.8
Accidental drowning and submersion — Noyade et submersion accidentelles..........................	681	2.3	289	0.9	734	2.4	294	0.9
Exposure to smoke, fire and flames — Exposition à la fumée, au feu et aux flammes...........................	283	0.9	201	0.6	267	0.9	209	0.7
Accidental poisoning by and exposure to noxious substances — Intoxication accidentelle par des substances nocives et exposition à ces substances	674	2.2	508	1.6	757	2.5	619	1.9
Intentional self-harm — Lésions auto-infligées...........................	7 418	24.7	2 704	8.5	7 615	25.3	2 732	8.6
Assault — Agresssions...........................	222	0.7	152	0.5	289	1.0	153	0.5
All other external causes — Toutes autres causes externes	1 303	4.3	933	2.9	1 136	3.8	863	2.7

20. Death and death rates by cause and sex: 2006 - 2010
Décès et taux de mortalité par cause et sexe : 2006 - 2010 (continued - suite)

Germany - Allemagne

Cause of death — Cause de décès	2009 (C)				2010 (C)			
	Male — Masculin		Female — Féminin		Male — Masculin		Female — Féminin	
	Number Nombre	Rate Taux	Number Nombre	Rate Taux	Number Nombre	Rate Taux	Number Nombre	Rate Taux
TOTAL	404 969	1 008.8	449 575	1 076.6	409 022	1 020.0	449 746	1 079.6
Certain infectious and parasitic diseases — Certaines maladies infectieuses et parasitaires								
Total	7 062	17.6	8 434	20.2	7 197	17.9	8 199	19.7
Intestinal infectious diseases — Maladies infectieuses intestinales	1 028	2.6	1 796	4.3	1 131	2.8	1 874	4.5
Tuberculosis — Tuberculose	174	0.4	108	0.3	192	0.5	108	0.3
Tetanus — Tétanos	1	◆0.0	3	◆0.0	2	◆0.0	-	-
Diphtheria — Diphtérie............	-	-	-	-	1	◆0.0	1	◆0.0
Whooping cough — Coqueluche	-	-	1	◆0.0	-	-	-	-
Meningococcal infection — Infection à méningocoques............	12	◆0.0	21	◆0.1	25	◆0.1	18	◆0.0
Septicaemia — Septicémie............	3 874	9.7	4 276	10.2	3 814	9.5	4 129	9.9
Acute poliomyelitis — Poliomyélite aiguë	-	-	-	-	-	-	-	-
Measles — Rougeole............	-	-	2	◆0.0	-	-	2	◆0.0
Viral hepatitis — Hépatite virale............	489	1.2	474	1.1	501	1.2	479	1.1
Human immunodeficiency virus [HIV] disease — Maladies dues au virus de l'immunodéficience humaine (VIH)............	337	0.8	94	0.2	380	0.9	75	0.2
Malaria — Paludisme............	3	◆0.0	1	◆0.0	2	◆0.0	3	◆0.0
Neoplasms — Tumeurs	119 406	297.4	102 747	246.1	121 064	301.9	104 091	249.9
Malignant neoplasms — Tumeurs malignes								
Total	116 711	290.7	99 417	238.1	118 208	294.8	100 691	241.7
Malignant neoplasm of lip, oral cavity and pharynx — Tumeur maligne de la lèvre, de la cavité buccale et du pharynx	3 813	9.5	1 169	2.8	3 816	9.5	1 204	2.9
Malignant neoplasm of oesophagus — Tumeur maligne de l'oesophage	3 776	9.4	1 161	2.8	3 837	9.6	1 142	2.7
Malignant neoplasm of stomach — Tumeur maligne de l'estomac	5 783	14.4	4 461	10.7	5 777	14.4	4 400	10.6
Malignant neoplasm of colon, rectosigmoid junction, rectum, anus and anal canal — Tumeur maligne du côlon, de la jonction recto-sigmoïdienne, du rectum, de l'anus et du canal anal............	13 572	33.8	12 504	29.9	13 489	33.6	12 510	30.0
Malignant neoplasm of liver and intrahepatic bile ducts — Tumeur maligne du foie et des voies biliaires intrahépatiques	4 738	11.8	2 493	6.0	4 856	12.1	2 534	6.1
Malignant neoplasm of pancreas — Tumeur maligne du pancréas............	7 410	18.5	7 749	18.6	7 538	18.8	7 950	19.1
Malignant neoplasm of trachea, bronchus and lung — Tumeur maligne de la trachée, des bronches et du poumon............	29 158	72.6	13 103	31.4	29 381	73.3	13 627	32.7
Malignant neoplasm of female breast — Tumeur maligne du sein chez la femme	..	..	17 066	46.9	..	..	17 466	48.1
Malignant neoplasm of cervix uteri — Tumeur maligne du col de l'utérus.........	..	..	1 581	4.3	..	..	1 524	4.2
Malignant neoplasm of prostate — Tumeur maligne de la prostate	12 217	82.6	..	..	12 676	84.2	..	..
Malignant neoplasm of lymphoid, haematopoietic and related tissue — Tumeurs malignes primitives ou présumées primitives des tissus lymphoïde, hématopoïétique et apparentés............	8 853	22.1	8 007	19.2	9 266	23.1	8 298	19.9
Disorders of the blood and blood-forming organs and certain disorders involving the immune mechanism — Maladies du sang et des organes hématopoïétiques et certains troubles du système immunitaire								
Total	1 003	2.5	1 439	3.4	1 052	2.6	1 522	3.7
Anaemias — Anémies	361	0.9	785	1.9	431	1.1	867	2.1
Endocrine, nutritional and metabolic diseases — Maladies endocriniennes, nutritionnelles et métaboliques								
Total	11 225	28.0	16 912	40.5	11 990	29.9	17 243	41.4
Diabetes mellitus — Diabète sucré............	9 075	22.6	13 694	32.8	9 579	23.9	13 552	32.5
Malnutrition — Malnutrition	45	0.1	134	0.3	85	0.2	154	0.4
Mental and behavioural disorders — Troubles mentaux et du comportement	9 578	23.9	13 014	31.2	10 377	25.9	14 702	35.3
Diseases of the nervous system — Maladies du système nerveux............	9 825	24.5	11 000	26.3	10 531	26.3	11 319	27.2
Diseases of the circulatory system — Maladies de l'appareil circulatoire								
Total	150 334	374.5	206 128	493.6	149 471	372.7	203 218	487.8
Acute rheumatic fever and chronic rheumatic heart diseases — Rhumatisme articulaire aigu et cardiopathies rhumatismales chroniques	744	1.9	1 577	3.8	753	1.9	1 584	3.8
Hypertensive diseases — Maladies hypertensives............	9 218	23.0	21 884	52.4	9 446	23.6	22 817	54.8
Ischaemic heart disease — Cardiopathie ischémique............	67 938	169.2	67 475	161.6	67 403	168.1	65 723	157.8
Cerebrovascular disease — Maladie cérébrovasculaire............	23 853	59.4	38 874	93.1	23 576	58.8	37 974	91.2

20. Death and death rates by cause and sex: 2006 - 2010
Décès et taux de mortalité par cause et sexe : 2006 - 2010 (continued - suite)

Germany - Allemagne

Cause of death — Cause de décès	2009 (C)				2010 (C)			
	Male — Masculin		Female — Féminin		Male — Masculin		Female — Féminin	
	Number Nombre	Rate Taux	Number Nombre	Rate Taux	Number Nombre	Rate Taux	Number Nombre	Rate Taux
Diseases of arteries, arterioles and capillaries — Maladies des artères, artérioles et capillaires	8 829	22.0	11 288	27.0	8 687	21.7	10 553	25.3
Diseases of the respiratory system — Maladies de l'appareil respiratoire								
Total	32 979	82.2	30 325	72.6	32 009	79.8	28 506	68.4
Influenza — Grippe	71	0.2	88	0.2	20	♦0.0	27	♦0.1
Pneumonia — Pneumopathies	10 410	25.9	11 821	28.3	9 486	23.7	10 241	24.6
Chronic lower respiratory diseases — Maladies chroniques des voies respiratoires inférieures	16 540	41.2	12 647	30.3	16 421	41.0	12 728	30.6
Diseases of the digestive system — Maladies de l'appareil digestif								
Total	20 939	52.2	21 349	51.1	21 173	52.8	21 511	51.6
Gastric and duodenal ulcer — Ulcère de l'estomac et du duodénum	1 248	3.1	1 614	3.9	1 226	3.1	1 637	3.9
Diseases of the liver — Maladies du foie	10 132	25.2	5 311	12.7	10 093	25.2	5 320	12.8
Diseases of the musculoskeletal system and connective tissue — Maladies du système ostéo-articularie, des muscles et du tissu conjonctif	918	2.3	1 744	4.2	1 023	2.6	1 914	4.6
Diseases of the genitourinary system — Maladies de l'appareil génito-urinaire								
Total	7 951	19.8	10 883	26.1	8 441	21.0	11 327	27.2
Disorders of kidney and ureter — Affections du rein et de l'uretère	6 353	15.8	8 442	20.2	6 773	16.9	8 860	21.3
Hyperplasia of prostate — Hyperplasie de la prostate	109	0.7	..	..	132	0.9	..	..
Pregnancy, childbirth and the puerperium — Grossesse, accouchement et puerpéralité								
Total	..	..	35	5.3	..	..	35	5.2
Pregnancy with abortive outcome — Grossesse se terminant par un avortement	..	..	4	♦0.6	..	..	-	-
Other direct obstetric causes — Autres décès maternels directs	..	..	24	♦3.6	..	..	31	4.6
Indirect obstetric causes — Décès maternels indirects	..	..	6	♦0.9	..	..	4	♦0.6
Certain conditions originating in the perinatal period — Certaines affections dont l'origine se situe dans la période périnatale	678	198.7	497	153.5	671	193.2	521	157.5
Congenital malformations, deformations and chromosomal abnormalities — Malformations congénitales et anomalies chromosomiques	816	239.1	747	230.6	799	230.1	773	233.7
Symptoms, signs and abnormal clinical and laboratory findings, not elsewhere classified — Symptômes, signes et résultats anormaux d'examens cliniques et de laboratoire, non classés ailleurs	12 285	30.6	11 419	27.3	12 655	31.6	10 961	26.3
All other diseases — Toutes autres maladies	337	0.8	703	1.7	382	1.0	777	1.9
External causes — Causes externes								
Total	19 633	48.9	12 199	29.2	20 187	50.3	13 125	31.5
Accidents								
Total	9 964	24.8	7 872	18.9	10 098	25.2	8 354	20.1
Transport accidents — Accidents de transport	3 302	8.2	1 166	2.8	2 882	7.2	1 060	2.5
Falls — Chutes	3 859	9.6	4 633	11.1	4 347	10.8	5 132	12.3
Accidental drowning and submersion — Noyade et submersion accidentelles	279	0.7	104	0.2	282	0.7	111	0.3
Exposure to smoke, fire and flames — Exposition à la fumée, au feu et aux flammes	248	0.6	184	0.4	226	0.6	147	0.4
Accidental poisoning by and exposure to noxious substances — Intoxication accidentelle par des substances nocives et exposition à ces substances	518	1.3	200	0.5	499	1.2	179	0.4
Intentional self-harm — Lésions auto-infligées	7 199	17.9	2 372	5.7	7 465	18.6	2 556	6.1
Assault — Agresssions	218	0.5	223	0.5	238	0.6	240	0.6
All other external causes — Toutes autres causes externes	2 252	5.6	1 732	4.1	2 386	6.0	1 975	4.7

20. Death and death rates by cause and sex: 2006 - 2010
Décès et taux de mortalité par cause et sexe : 2006 - 2010 (continued - suite)

Greece - Grèce

Cause of death — Cause de décès	2007 (C)				2008 (C)			
	Male — Masculin		Female — Féminin		Male — Masculin		Female — Féminin	
	Number Nombre	Rate Taux	Number Nombre	Rate Taux	Number Nombre	Rate Taux	Number Nombre	Rate Taux
TOTAL	57 366	1 034.9	52 529	929.7	56 390	1 015.3	51 589	911.5
Certain infectious and parasitic diseases — Certaines maladies infectieuses et parasitaires								
Total	455	8.2	514	9.1	528	9.5	563	9.9
Intestinal infectious diseases — Maladies infectieuses intestinales	-	-	-	-	-	-	-	-
Tuberculosis — Tuberculose	66	1.2	30	♦0.5	57	1.0	23	♦0.4
Tetanus — Tétanos	5	♦0.1	1	♦0.0	2	♦0.0	1	♦0.0
Diphtheria — Diphtérie	-	-	-	-	-	-	-	-
Whooping cough — Coqueluche	-	-	-	-	-	-	-	-
Meningococcal infection — Infection à méningocoques	-	-	1	♦0.0	-	-	1	♦0.0
Septicaemia — Septicémie	297	5.4	441	7.8	374	6.7	500	8.8
Acute poliomyelitis — Poliomyélite aiguë	-	-	-	-	-	-	-	-
Measles — Rougeole	-	-	-	-	-	-	-	-
Viral hepatitis — Hépatite virale	52	0.9	26	♦0.5	66	1.2	26	♦0.5
Human immunodeficiency virus [HIV] disease — Maladies dues au virus de l'immunodéficience humaine (VIH)	16	♦0.3	3	♦0.1	13	♦0.2	1	♦0.0
Malaria — Paludisme	1	♦0.0	-	-	1	♦0.0	-	-
Neoplasms — Tumeurs	16 403	295.9	10 468	185.3	16 690	300.5	10 696	189.0
Malignant neoplasms — Tumeurs malignes								
Total	16 399	295.8	10 463	185.2	16 687	300.5	10 692	188.9
Malignant neoplasm of lip, oral cavity and pharynx — Tumeur maligne de la lèvre, de la cavité buccale et du pharynx	188	3.4	76	1.3	183	3.3	88	1.6
Malignant neoplasm of oesophagus — Tumeur maligne de l'oesophage	160	2.9	56	1.0	152	2.7	42	0.7
Malignant neoplasm of stomach — Tumeur maligne de l'estomac	826	14.9	530	9.4	830	14.9	503	8.9
Malignant neoplasm of colon, rectosigmoid junction, rectum, anus and anal canal — Tumeur maligne du côlon, de la jonction recto-sigmoïdienne, du rectum, de l'anus et du canal anal	1 208	21.8	1 040	18.4	1 200	21.6	1 096	19.4
Malignant neoplasm of liver and intrahepatic bile ducts — Tumeur maligne du foie et des voies bilaires intrahépatiques	149	2.7	44	0.8	143	2.6	48	0.8
Malignant neoplasm of pancreas — Tumeur maligne du pancréas	813	14.7	673	11.9	808	14.5	661	11.7
Malignant neoplasm of trachea, bronchus and lung — Tumeur maligne de la trachée, des bronches et du poumon	5 186	93.6	1 002	17.7	5 321	95.8	1 081	19.1
Malignant neoplasm of female breast — Tumeur maligne du sein chez la femme	..	..	1 970	40.4	..	..	1 927	39.5
Malignant neoplasm of cervix uteri — Tumeur maligne du col de l'utérus	..	..	115	2.4	..	..	104	2.1
Malignant neoplasm of prostate — Tumeur maligne de la prostate	1 651	86.2	..	..	1 564	81.1	..	..
Malignant neoplasm of lymphoid, haematopoietic and related tissue — Tumeurs malignes primitives ou présumées primitives des tissus lymphoïde, hématopoïétique et apparentés	1 146	20.7	902	16.0	1 284	23.1	938	16.6
Disorders of the blood and blood-forming organs and certain disorders involving the immune mechanism — Maladies du sang et des organes hématopoïétiques et certains troubles du système immunitaire								
Total	97	1.7	98	1.7	79	1.4	118	2.1
Anaemias — Anémies	28	♦0.5	42	0.7	27	♦0.5	37	0.7
Endocrine, nutritional and metabolic diseases — Maladies endocriniennes, nutritionnelles et métaboliques								
Total	804	14.5	871	15.4	732	13.2	859	15.2
Diabetes mellitus — Diabète sucré	672	12.1	722	12.8	558	10.0	684	12.1
Malnutrition — Malnutrition	-	-	-	-	-	-	-	-
Mental and behavioural disorders — Troubles mentaux et du comportement	61	1.1	67	1.2	58	1.0	61	1.1
Diseases of the nervous system — Maladies du système nerveux	690	12.4	707	12.5	648	11.7	723	12.8
Diseases of the circulatory system — Maladies de l'appareil circulatoire								
Total	23 784	429.1	26 355	466.5	23 278	419.1	25 936	458.2
Acute rheumatic fever and chronic rheumatic heart diseases — Rhumatisme articulaire aigu et cardiopathies rhumatismales chroniques	2	♦0.0	3	♦0.1	-	-	2	♦0.0
Hypertensive diseases — Maladies hypertensives	658	11.9	717	12.7	655	11.8	751	13.3
Ischaemic heart disease — Cardiopathie ischémique	7 804	140.8	4 690	83.0	7 308	131.6	4 316	76.3
Cerebrovascular disease — Maladie cérébrovasculaire	6 733	121.5	9 547	169.0	6 744	121.4	9 320	164.7

Greece - Grèce

Cause of death — Cause de décès	2007 (C)				2008 (C)			
	Male — Masculin		Female — Féminin		Male — Masculin		Female — Féminin	
	Number Nombre	Rate Taux	Number Nombre	Rate Taux	Number Nombre	Rate Taux	Number Nombre	Rate Taux
Diseases of arteries, arterioles and capillaries — Maladies des artères, artérioles et capillaires	574	10.4	258	4.6	591	10.6	219	3.9
Diseases of the respiratory system — Maladies de l'appareil respiratoire								
Total	5 241	94.6	4 988	88.3	5 304	95.5	4 935	87.2
Influenza — Grippe	-	-	-	-	-	-	-	-
Pneumonia — Pneumopathies	545	9.8	448	7.9	518	9.3	417	7.4
Chronic lower respiratory diseases — Maladies chroniques des voies respiratoires inférieures	1 275	23.0	834	14.8	1 334	24.0	839	14.8
Diseases of the digestive system — Maladies de l'appareil digestif								
Total	1 493	26.9	1 061	18.8	1 447	26.1	1 087	19.2
Gastric and duodenal ulcer — Ulcère de l'estomac et du duodénum	192	3.5	150	2.7	182	3.3	142	2.5
Diseases of the liver — Maladies du foie	564	10.2	204	3.6	575	10.4	224	4.0
Diseases of the musculoskeletal system and connective tissue — Maladies du système ostéo-articularie, des muscles et du tissu conjonctif	175	3.2	246	4.4	150	2.7	199	3.5
Diseases of the genitourinary system — Maladies de l'appareil génito-urinaire								
Total	1 080	19.5	1 139	20.2	1 064	19.2	1 168	20.6
Disorders of kidney and ureter — Affections du rein et de l'uretère	1 035	18.7	1 080	19.1	1 009	18.2	1 065	18.8
Hyperplasia of prostate — Hyperplasie de la prostate	-	-	..	..	-	-	..	..
Pregnancy, childbirth and the puerperium — Grossesse, accouchement et puerpéralité								
Total	..	..	2	♦1.8	..	..	-	-
Pregnancy with abortive outcome — Grossesse se terminant par un avortement	..	..	-	-	..	..	-	-
Other direct obstetric causes — Autres décès maternels directs	..	..	2	♦1.8	..	..	-	-
Indirect obstetric causes — Décès maternels indirects	..	..	-	-	..	..	-	-
Certain conditions originating in the perinatal period — Certaines affections dont l'origine se situe dans la période périnatale	96	165.6	80	148.2	98	160.7	61	106.4
Congenital malformations, deformations and chromosomal abnormalities — Malformations congénitales et anomalies chromosomiques	127	219.1	95	176.0	90	147.6	73	127.3
Symptoms, signs and abnormal clinical and laboratory findings, not elsewhere classified — Symptômes, signes et résultats anormaux d'examens cliniques et de laboratoire, non classés ailleurs	3 646	65.8	4 878	86.3	3 207	57.7	4 245	75.0
All other diseases — Toutes autres maladies	8	♦0.1	23	♦0.4	5	♦0.1	28	♦0.5
External causes — Causes externes								
Total	3 206	57.8	937	16.6	3 012	54.2	837	14.8
Accidents								
Total	2 837	51.2	848	15.0	2 591	46.7	735	13.0
Transport accidents — Accidents de transport	1 412	25.5	381	6.7	1 383	24.9	339	6.0
Falls — Chutes	406	7.3	159	2.8	385	6.9	151	2.7
Accidental drowning and submersion — Noyade et submersion accidentelles	281	5.1	108	1.9	254	4.6	110	1.9
Exposure to smoke, fire and flames — Exposition à la fumée, au feu et aux flammes	118	2.1	74	1.3	57	1.0	47	0.8
Accidental poisoning by and exposure to noxious substances — Intoxication accidentelle par des substances nocives et exposition à ces substances	377	6.8	37	0.7	261	4.7	32	0.6
Intentional self-harm — Lésions auto-infligées	268	4.8	60	1.1	308	5.5	65	1.1
Assault — Agresssions	101	1.8	29	♦0.5	113	2.0	37	0.7
All other external causes — Toutes autres causes externes	-	-	-	-	-	-	-	-

20. Death and death rates by cause and sex: 2006 - 2010
Décès et taux de mortalité par cause et sexe : 2006 - 2010 (continued - suite)

Hungary - Hongrie

Cause of death — Cause de décès	2008 (C)				2009 (C)			
	Male — Masculin		Female — Féminin		Male — Masculin		Female — Féminin	
	Number Nombre	Rate Taux	Number Nombre	Rate Taux	Number Nombre	Rate Taux	Number Nombre	Rate Taux
TOTAL	66 269	1 390.4	63 758	1 209.4	66 324	1 393.4	64 090	1 217.8
Certain infectious and parasitic diseases — Certaines maladies infectieuses et parasitaires								
Total	260	5.5	160	3.0	247	5.2	246	4.7
Intestinal infectious diseases — Maladies infectieuses intestinales	16	♦0.3	13	♦0.2	30	♦0.6	76	1.4
Tuberculosis — Tuberculose	85	1.8	33	0.6	87	1.8	35	0.7
Tetanus — Tétanos	-	-	1	♦0.0	-	-	1	♦0.0
Diphtheria — Diphtérie	-	-	-	-	-	-	-	-
Whooping cough — Coqueluche	-	-	-	-	-	-	-	-
Meningococcal infection — Infection à méningocoques	4	♦0.1	3	♦0.1	2	♦0.0	4	♦0.1
Septicaemia — Septicémie	30	♦0.6	39	0.7	37	0.8	42	0.8
Acute poliomyelitis — Poliomyélite aiguë	-	-	-	-	-	-	-	-
Measles — Rougeole	-	-	-	-	-	-	-	-
Viral hepatitis — Hépatite virale	3	♦0.1	1	♦0.0	15	♦0.3	18	♦0.3
Human immunodeficiency virus [HIV] disease — Maladies dues au virus de l'immunodéficience humaine (VIH)	4	♦0.1	-	-	9	♦0.2	-	-
Malaria — Paludisme	-	-	-	-	-	-	-	-
Neoplasms — Tumeurs	18 236	382.6	14 540	275.8	18 523	389.1	14 651	278.4
Malignant neoplasms — Tumeurs malignes								
Total	17 899	375.5	14 212	269.6	18 177	381.9	14 359	272.8
Malignant neoplasm of lip, oral cavity and pharynx — Tumeur maligne de la lèvre, de la cavité buccale et du pharynx	1 364	28.6	287	5.4	1 245	26.2	276	5.2
Malignant neoplasm of oesophagus — Tumeur maligne de l'oesophage	496	10.4	104	2.0	530	11.1	88	1.7
Malignant neoplasm of stomach — Tumeur maligne de l'estomac	981	20.6	744	14.1	1 002	21.1	822	15.6
Malignant neoplasm of colon, rectosigmoid junction, rectum, anus and anal canal — Tumeur maligne du côlon, de la jonction recto-sigmoïdienne, du rectum, de l'anus et du canal anal	2 563	53.8	2 190	41.5	2 762	58.0	2 187	41.6
Malignant neoplasm of liver and intrahepatic bile ducts — Tumeur maligne du foie et des voies bilaires intrahépatiques	487	10.2	278	5.3	514	10.8	262	5.0
Malignant neoplasm of pancreas — Tumeur maligne du pancréas	899	18.9	895	17.0	897	18.8	940	17.9
Malignant neoplasm of trachea, bronchus and lung — Tumeur maligne de la trachée, des bronches et du poumon	5 597	117.4	2 733	51.8	5 687	119.5	2 766	52.6
Malignant neoplasm of female breast — Tumeur maligne du sein chez la femme	..	..	2 108	46.4	..	..	2 169	47.8
Malignant neoplasm of cervix uteri — Tumeur maligne du col de l'utérus	..	..	418	9.2	..	..	396	8.7
Malignant neoplasm of prostate — Tumeur maligne de la prostate	1 186	76.8	..	..	1 193	77.1	..	..
Malignant neoplasm of lymphoid, haematopoietic and related tissue — Tumeurs malignes primitives ou présumées primitives des tissus lymphoïde, hématopoïétique et apparentés	946	19.8	876	16.6	887	18.6	855	16.2
Disorders of the blood and blood-forming organs and certain disorders involving the immune mechanism — Maladies du sang et des organes hématopoïétiques et certains troubles du système immunitaire								
Total	88	1.8	145	2.8	101	2.1	159	3.0
Anaemias — Anémies	49	1.0	99	1.9	59	1.2	108	2.1
Endocrine, nutritional and metabolic diseases — Maladies endocriniennes, nutritionnelles et métaboliques								
Total	1 359	28.5	1 894	35.9	1 306	27.4	1 713	32.5
Diabetes mellitus — Diabète sucré	1 216	25.5	1 649	31.3	1 136	23.9	1 518	28.8
Malnutrition — Malnutrition	6	♦0.1	17	♦0.3	8	♦0.2	8	♦0.2
Mental and behavioural disorders — Troubles mentaux et du comportement	1 074	22.5	1 431	27.1	1 057	22.2	1 532	29.1
Diseases of the nervous system — Maladies du système nerveux	866	18.2	880	16.7	888	18.7	850	16.2
Diseases of the circulatory system — Maladies de l'appareil circulatoire								
Total	29 409	617.0	35 340	670.3	29 555	620.9	35 366	672.0
Acute rheumatic fever and chronic rheumatic heart diseases — Rhumatisme articulaire aigu et cardiopathies rhumatismales chroniques	89	1.9	161	3.1	96	2.0	179	3.4
Hypertensive diseases — Maladies hypertensives	2 414	50.6	3 914	74.2	2 431	51.1	3 955	75.2
Ischaemic heart disease — Cardiopathie ischémique	15 313	321.3	17 515	332.2	15 588	327.5	17 598	334.4
Cerebrovascular disease — Maladie cérébrovasculaire	6 176	129.6	7 820	148.3	6 246	131.2	7 899	150.1

20. Death and death rates by cause and sex: 2006 - 2010
Décès et taux de mortalité par cause et sexe : 2006 - 2010 (continued - suite)

Hungary - Hongrie

Cause of death — Cause de décès	2008 (C)				2009 (C)			
	Male — Masculin		Female — Féminin		Male — Masculin		Female — Féminin	
	Number Nombre	Rate Taux	Number Nombre	Rate Taux	Number Nombre	Rate Taux	Number Nombre	Rate Taux
Diseases of arteries, arterioles and capillaries — Maladies des artères, artérioles et capillaires	1 451	30.4	1 642	31.1	1 493	31.4	1 663	31.6
Diseases of the respiratory system — Maladies de l'appareil respiratoire								
Total	3 626	76.1	2 605	49.4	3 669	77.1	2 797	53.1
Influenza — Grippe	7	♦0.1	4	♦0.1	11	♦0.2	10	♦0.2
Pneumonia — Pneumopathies	366	7.7	327	6.2	358	7.5	348	6.6
Chronic lower respiratory diseases — Maladies chroniques des voies respiratoires inférieures	2 883	60.5	1 992	37.8	2 821	59.3	2 109	40.1
Diseases of the digestive system — Maladies de l'appareil digestif								
Total	5 281	110.8	3 187	60.5	5 085	106.8	3 132	59.5
Gastric and duodenal ulcer — Ulcère de l'estomac et du duodénum	450	9.4	358	6.8	425	8.9	372	7.1
Diseases of the liver — Maladies du foie	3 756	78.8	1 516	28.8	3 630	76.3	1 450	27.6
Diseases of the musculoskeletal system and connective tissue — Maladies du système ostéo-articularie, des muscles et du tissu conjonctif	125	2.6	297	5.6	132	2.8	308	5.9
Diseases of the genitourinary system — Maladies de l'appareil génito-urinaire								
Total	413	8.7	449	8.5	422	8.9	524	10.0
Disorders of kidney and ureter — Affections du rein et de l'uretère	286	6.0	404	7.7	283	5.9	445	8.5
Hyperplasia of prostate — Hyperplasie de la prostate	77	5.0	..	..	88	5.7	..	..
Pregnancy, childbirth and the puerperium — Grossesse, accouchement et puerpéralité								
Total	..	..	17	♦17.1	..	..	18	♦18.7
Pregnancy with abortive outcome — Grossesse se terminant par un avortement	..	..	5	♦5.0	..	..	2	♦2.1
Other direct obstetric causes — Autres décès maternels directs	..	..	9	♦9.1	..	..	8	♦8.3
Indirect obstetric causes — Décès maternels indirects	..	..	3	♦3.0	..	..	8	♦8.3
Certain conditions originating in the perinatal period — Certaines affections dont l'origine se situe dans la période périnatale	200	393.5	152	314.5	169	341.0	137	292.3
Congenital malformations, deformations and chromosomal abnormalities — Malformations congénitales et anomalies chromosomiques	205	403.4	146	302.1	184	371.2	174	371.2
Symptoms, signs and abnormal clinical and laboratory findings, not elsewhere classified — Symptômes, signes et résultats anormaux d'examens cliniques et de laboratoire, non classés ailleurs	71	1.5	74	1.4	84	1.8	65	1.2
All other diseases — Toutes autres maladies	62	1.3	69	1.3	52	1.1	81	1.5
External causes — Causes externes								
Total	4 994	104.8	2 372	45.0	4 850	101.9	2 337	44.4
Accidents								
Total	2 837	59.5	1 650	31.3	2 729	57.3	1 643	31.2
Transport accidents — Accidents de transport	988	20.7	305	5.8	847	17.8	270	5.1
Falls — Chutes	1 006	21.1	966	18.3	1 035	21.7	978	18.6
Accidental drowning and submersion — Noyade et submersion accidentelles	128	2.7	31	0.6	140	2.9	37	0.7
Exposure to smoke, fire and flames — Exposition à la fumée, au feu et aux flammes	105	2.2	67	1.3	89	1.9	53	1.0
Accidental poisoning by and exposure to noxious substances — Intoxication accidentelle par des substances nocives et exposition à ces substances	104	2.2	30	♦0.6	109	2.3	30	♦0.6
Intentional self-harm — Lésions auto-infligées	1 910	40.1	566	10.7	1 902	40.0	559	10.6
Assault — Agresssions	118	2.5	85	1.6	85	1.8	63	1.2
All other external causes — Toutes autres causes externes	129	2.7	71	1.3	134	2.8	72	1.4

20. Death and death rates by cause and sex: 2006 - 2010
Décès et taux de mortalité par cause et sexe : 2006 - 2010 (continued - suite)

Iceland - Islande

Cause of death — Cause de décès	2008 (C)				2009 (C)			
	Male — Masculin		Female — Féminin		Male — Masculin		Female — Féminin	
	Number Nombre	Rate Taux	Number Nombre	Rate Taux	Number Nombre	Rate Taux	Number Nombre	Rate Taux
TOTAL	982	601.8	1 005	643.5	1 033	639.4	969	614.5
Certain infectious and parasitic diseases — Certaines maladies infectieuses et parasitaires								
Total	9	♦5.5	12	♦7.7	7	♦4.3	6	♦3.8
Intestinal infectious diseases — Maladies infectieuses intestinales	3	♦1.8	3	♦1.9	2	♦1.2	-	-
Tuberculosis — Tuberculose	-	-	-	-	-	-	-	-
Tetanus — Tétanos	-	-	-	-	-	-	-	-
Diphtheria — Diphtérie..	-	-	-	-	-	-	-	-
Whooping cough — Coqueluche	-	-	-	-	-	-	-	-
Meningococcal infection — Infection à méningocoques	-	-	-	-	-	-	-	-
Septicaemia — Septicémie..	6	♦3.7	7	♦4.5	2	♦1.2	-	-
Acute poliomyelitis — Poliomyélite aiguë	-	-	-	-	-	-	-	-
Measles — Rougeole..	-	-	-	-	-	-	-	-
Viral hepatitis — Hépatite virale..	-	-	-	-	-	-	-	-
Human immunodeficiency virus [HIV] disease — Maladies dues au virus de l'immunodéficience humaine (VIH)..	-	-	-	-	1	♦0.6	-	-
Malaria — Paludisme..	-	-	-	-	-	-	-	-
Neoplasms — Tumeurs	283	173.4	286	183.1	317	196.2	260	164.9
Malignant neoplasms — Tumeurs malignes								
Total	277	169.8	282	180.6	310	191.9	252	159.8
Malignant neoplasm of lip, oral cavity and pharynx — Tumeur maligne de la lèvre, de la cavité buccale et du pharynx	4	♦2.5	3	♦1.9	4	♦2.5	7	♦4.4
Malignant neoplasm of oesophagus — Tumeur maligne de l'oesophage	15	♦9.2	5	♦3.2	11	♦6.8	3	♦1.9
Malignant neoplasm of stomach — Tumeur maligne de l'estomac	10	♦6.1	7	♦4.5	13	♦8.0	3	♦1.9
Malignant neoplasm of colon, rectosigmoid junction, rectum, anus and anal canal — Tumeur maligne du côlon, de la jonction recto-sigmoïdienne, du rectum, de l'anus et du canal anal..	22	♦13.5	21	♦13.4	41	25.4	22	♦14.0
Malignant neoplasm of liver and intrahepatic bile ducts — Tumeur maligne du foie et des voies bilaires intrahépatiques	7	♦4.3	7	♦4.5	3	♦1.9	7	♦4.4
Malignant neoplasm of pancreas — Tumeur maligne du pancréas....................	11	♦6.7	17	♦10.9	12	♦7.4	17	♦10.8
Malignant neoplasm of trachea, bronchus and lung — Tumeur maligne de la trachée, des bronches et du poumon..	62	38.0	72	46.1	63	39.0	69	43.8
Malignant neoplasm of female breast — Tumeur maligne du sein chez la femme	..	..	46	37.2	..	..	36	...
Malignant neoplasm of cervix uteri — Tumeur maligne du col de l'utérus.........	..	..	2	♦1.6	..	..	2	..
Malignant neoplasm of prostate — Tumeur maligne de la prostate	54	122.6	..	..	53	...	..	..
Malignant neoplasm of lymphoid, haematopoietic and related tissue — Tumeurs malignes primitives ou présumées primitives des tissus lymphoïde, hématopoïétique et apparentés..	31	19.0	23	♦14.7	34	21.0	22	♦14.0
Disorders of the blood and blood-forming organs and certain disorders involving the immune mechanism — Maladies du sang et des organes hématopoïétiques et certains troubles du système immunitaire								
Total	-	-	2	♦1.3	1	♦0.6	4	♦2.5
Anaemias — Anémies	-	-	1	♦0.6	-	-	4	♦2.5
Endocrine, nutritional and metabolic diseases — Maladies endocriniennes, nutritionnelles et métaboliques								
Total	19	♦11.6	16	♦10.2	19	♦11.8	18	♦11.4
Diabetes mellitus — Diabète sucré..	15	♦9.2	11	♦7.0	15	♦9.3	12	♦7.6
Malnutrition — Malnutrition	1	♦0.6	1	♦0.6	1	♦0.6	-	-
Mental and behavioural disorders — Troubles mentaux et du comportement	20	♦12.3	42	26.9	24	♦14.9	32	20.3
Diseases of the nervous system — Maladies du système nerveux..................	68	41.7	90	57.6	78	48.3	86	54.5
Diseases of the circulatory system — Maladies de l'appareil circulatoire								
Total	363	222.5	343	219.6	381	235.8	348	220.7
Acute rheumatic fever and chronic rheumatic heart diseases — Rhumatisme articularie aigu et cardiopathies rhumatismales chroniques	1	♦0.6	1	♦0.6	-	-	3	♦1.9
Hypertensive diseases — Maladies hypertensives................................	7	♦4.3	18	♦11.5	10	♦6.2	31	19.7
Ischaemic heart disease — Cardiopathie ischémique...............................	221	135.4	154	98.6	204	126.3	146	92.6
Cerebrovascular disease — Maladie cérébrovasculaire...............................	62	38.0	85	54.4	75	46.4	84	53.3

Iceland - Islande

Cause of death — Cause de décès	2008 (C)				2009 (C)			
	Male — Masculin		Female — Féminin		Male — Masculin		Female — Féminin	
	Number Nombre	Rate Taux	Number Nombre	Rate Taux	Number Nombre	Rate Taux	Number Nombre	Rate Taux
Diseases of arteries, arterioles and capillaries — Maladies des artères, artérioles et capillaires	14	♦8.6	13	♦8.3	16	♦9.9	8	♦5.1
Diseases of the respiratory system — Maladies de l'appareil respiratoire								
Total	79	48.4	105	67.2	71	43.9	104	65.9
Influenza — Grippe..........................	3	♦1.8	3	♦1.9	2	♦1.2	3	♦1.9
Pneumonia — Pneumopathies..........................	30	♦18.4	51	32.7	21	♦13.0	32	20.3
Chronic lower respiratory diseases — Maladies chroniques des voies respiratoires inférieures	41	25.1	41	26.3	44	27.2	58	36.8
Diseases of the digestive system — Maladies de l'appareil digestif								
Total	29	♦17.8	29	♦18.6	24	♦14.9	39	24.7
Gastric and duodenal ulcer — Ulcère de l'estomac et du duodénum...............	2	♦1.2	3	♦1.9	-	-	3	♦1.9
Diseases of the liver — Maladies du foie..........................	5	♦3.1	4	♦2.6	6	♦3.7	1	♦0.6
Diseases of the musculoskeletal system and connective tissue — Maladies du système ostéo-articularie, des muscles et du tissu conjonctif	3	♦1.8	5	♦3.2	1	♦0.6	4	♦2.5
Diseases of the genitourinary system — Maladies de l'appareil génito-urinaire								
Total	17	♦10.4	19	♦12.2	14	♦8.7	20	♦12.7
Disorders of kidney and ureter — Affections du rein et de l'uretère	13	♦8.0	12	♦7.7	10	♦6.2	14	♦8.9
Hyperplasia of prostate — Hyperplasie de la prostate..........................	2	♦4.5	..	..	3	...	..	..
Pregnancy, childbirth and the puerperium — Grossesse, accouchement et puerpéralité								
Total	..	..	-	-	..	..	-	-
Pregnancy with abortive outcome — Grossesse se terminant par un avortement	..	..	-	-	..	..	-	-
Other direct obstetric causes — Autres décès maternels directs	..	..	-	-	..	..	-	-
Indirect obstetric causes — Décès maternels indirects	..	..	-	-	..	..	-	-
Certain conditions originating in the perinatal period — Certaines affections dont l'origine se situe dans la période périnatale	4	♦161.9	4	♦169.1	3	♦117.1	1	♦40.6
Congenital malformations, deformations and chromosomal abnormalities — Malformations congénitales et anomalies chromosomiques	1	♦40.5	3	♦126.8	4	♦156.2	1	♦40.6
Symptoms, signs and abnormal clinical and laboratory findings, not elsewhere classified — Symptômes, signes et résultats anormaux d'examens cliniques et de laboratoire, non classés ailleurs	9	♦5.5	2	♦1.3	10	♦6.2	6	♦3.8
All other diseases — Toutes autres maladies..........................	-	-	-	-	-	-	1	♦0.6
External causes — Causes externes								
Total	78	47.8	47	30.1	79	48.9	39	24.7
Accidents								
Total	41	25.1	22	♦14.1	40	24.8	25	♦15.9
Transport accidents — Accidents de transport..........................	12	♦7.4	4	♦2.6	12	♦7.4	1	♦0.6
Falls — Chutes..........................	13	♦8.0	9	♦5.8	11	♦6.8	14	♦8.9
Accidental drowning and submersion — Noyade et submersion accidentelles..........................	1	♦0.6	-	-	4	♦2.5	-	-
Exposure to smoke, fire and flames — Exposition à la fumée, au feu et aux flammes	2	♦1.2	1	♦0.6	-	-	-	-
Accidental poisoning by and exposure to noxious substances — Intoxication accidentelle par des substances nocives et exposition à ces substances	4	♦2.5	4	♦2.6	3	♦1.9	2	♦1.3
Intentional self-harm — Lésions auto-infligées..........................	27	♦16.5	11	♦7.0	29	♦18.0	7	♦4.4
Assault — Agresssions..........................	-	-	1	♦0.6	1	♦0.6	-	-
All other external causes — Toutes autres causes externes..........................	10	♦6.1	13	♦8.3	9	♦5.6	7	♦4.4

20. Death and death rates by cause and sex: 2006 - 2010
Décès et taux de mortalité par cause et sexe : 2006 - 2010 (continued - suite)

Ireland - Irlande

Cause of death — Cause de décès	2009 (C)				2010 (C)			
	Male — Masculin		Female — Féminin		Male — Masculin		Female — Féminin	
	Number Nombre	Rate Taux	Number Nombre	Rate Taux	Number Nombre	Rate Taux	Number Nombre	Rate Taux
TOTAL	15 044	678.4	13 854	618.0	13 833	624.2	13 289	589.4
Certain infectious and parasitic diseases — Certaines maladies infectieuses et parasitaires								
Total	125	5.6	130	5.8	129	5.8	129	5.7
Intestinal infectious diseases — Maladies infectieuses intestinales	11	♦0.5	28	♦1.2	14	♦0.6	18	♦0.8
Tuberculosis — Tuberculose	15	♦0.7	9	♦0.4	14	♦0.6	13	♦0.6
Tetanus — Tétanos	-	-	-	-	-	-	-	-
Diphtheria — Diphtérie	-	-	-	-	-	-	-	-
Whooping cough — Coqueluche	-	-	-	-	-	-	-	-
Meningococcal infection — Infection à méningocoques	5	♦0.2	3	♦0.1	4	♦0.2	3	♦0.1
Septicaemia — Septicémie	34	1.5	50	2.2	50	2.3	54	2.4
Acute poliomyelitis — Poliomyélite aiguë	-	-	-	-	-	-	-	-
Measles — Rougeole	-	-	1	♦0.0	-	-	-	-
Viral hepatitis — Hépatite virale	17	♦0.8	1	♦0.0	17	♦0.8	9	♦0.4
Human immunodeficiency virus [HIV] disease — Maladies dues au virus de l'immunodéficience humaine (VIH)	12	♦0.5	4	♦0.2	8	♦0.4	6	♦0.3
Malaria — Paludisme	1	♦0.0	1	♦0.0	-	-	1	♦0.0
Neoplasms — Tumeurs	4 708	212.3	3 877	173.0	4 291	193.6	3 874	171.8
Malignant neoplasms — Tumeurs malignes								
Total	4 617	208.2	3 779	168.6	4 186	188.9	3 785	167.9
Malignant neoplasm of lip, oral cavity and pharynx — Tumeur maligne de la lèvre, de la cavité buccale et du pharynx	96	4.3	31	1.4	79	3.6	48	2.1
Malignant neoplasm of oesophagus — Tumeur maligne de l'oesophage	231	10.4	119	5.3	212	9.6	113	5.0
Malignant neoplasm of stomach — Tumeur maligne de l'estomac	232	10.5	125	5.6	184	8.3	142	6.3
Malignant neoplasm of colon, rectosigmoid junction, rectum, anus and anal canal — Tumeur maligne du côlon, de la jonction recto-sigmoïdienne, du rectum, de l'anus et du canal anal	564	25.4	381	17.0	516	23.3	401	17.8
Malignant neoplasm of liver and intrahepatic bile ducts — Tumeur maligne du foie et des voies bilaires intrahépatiques	151	6.8	95	4.2	147	6.6	97	4.3
Malignant neoplasm of pancreas — Tumeur maligne du pancréas	238	10.7	245	10.9	243	11.0	234	10.4
Malignant neoplasm of trachea, bronchus and lung — Tumeur maligne de la trachée, des bronches et du poumon	1 063	47.9	691	30.8	961	43.4	694	30.8
Malignant neoplasm of female breast — Tumeur maligne du sein chez la femme	..	..	676	...	..	..	634	35.5
Malignant neoplasm of cervix uteri — Tumeur maligne du col de l'utérus	..	..	93	...	..	..	89	5.0
Malignant neoplasm of prostate — Tumeur maligne de la prostate	537	...	..	..	521	88.8	..	..
Malignant neoplasm of lymphoid, haematopoietic and related tissue — Tumeurs malignes primitives ou présumées primitives des tissus lymphoïde, hématopoïétique et apparentés	399	18.0	289	12.9	346	15.6	270	12.0
Disorders of the blood and blood-forming organs and certain disorders involving the immune mechanism — Maladies du sang et des organes hématopoïétiques et certains troubles du système immunitaire								
Total	35	1.6	44	2.0	40	1.8	38	1.7
Anaemias — Anémies	19	♦0.9	20	♦0.9	15	♦0.7	25	♦1.1
Endocrine, nutritional and metabolic diseases — Maladies endocriniennes, nutritionnelles et métaboliques								
Total	338	15.2	316	14.1	343	15.5	327	14.5
Diabetes mellitus — Diabète sucré	254	11.5	217	9.7	269	12.1	218	9.7
Malnutrition — Malnutrition	2	♦0.1	3	♦0.1	5	♦0.2	3	♦0.1
Mental and behavioural disorders — Troubles mentaux et du comportement	203	9.2	371	16.6	232	10.5	414	18.4
Diseases of the nervous system — Maladies du système nerveux	452	20.4	566	25.2	466	21.0	552	24.5
Diseases of the circulatory system — Maladies de l'appareil circulatoire								
Total	4 845	218.5	4 847	216.2	4 636	209.2	4 553	201.9
Acute rheumatic fever and chronic rheumatic heart diseases — Rhumatisme articularie aigu et cardiopathies rhumatismales chroniques	11	♦0.5	56	2.5	14	♦0.6	39	1.7
Hypertensive diseases — Maladies hypertensives	81	3.7	184	8.2	121	5.5	197	8.7
Ischaemic heart disease — Cardiopathie ischémique	2 919	131.6	2 209	98.5	2 659	120.0	1 966	87.2
Cerebrovascular disease — Maladie cérébrovasculaire	872	39.3	1 242	55.4	777	35.1	1 238	54.9

20. Death and death rates by cause and sex: 2006 - 2010
Décès et taux de mortalité par cause et sexe : 2006 - 2010 (continued - suite)

Ireland - Irlande

Cause of death — Cause de décès	2009 (C)				2010 (C)			
	Male — Masculin		Female — Féminin		Male — Masculin		Female — Féminin	
	Number Nombre	Rate Taux	Number Nombre	Rate Taux	Number Nombre	Rate Taux	Number Nombre	Rate Taux
Diseases of arteries, arterioles and capillaries — Maladies des artères, artérioles et capillaires	244	11.0	217	9.7	226	10.2	205	9.1
Diseases of the respiratory system — Maladies de l'appareil respiratoire								
Total	1 806	81.4	1 887	84.2	1 472	66.4	1 708	75.8
Influenza — Grippe	2	♦0.1	2	♦0.1	-	-	1	♦0.0
Pneumonia — Pneumopathies	568	25.6	806	36.0	431	19.4	673	29.8
Chronic lower respiratory diseases — Maladies chroniques des voies respiratoires inférieures	802	36.2	731	32.6	641	28.9	652	28.9
Diseases of the digestive system — Maladies de l'appareil digestif								
Total	596	26.9	560	25.0	517	23.3	548	24.3
Gastric and duodenal ulcer — Ulcère de l'estomac et du duodénum	45	2.0	55	2.5	41	1.9	34	1.5
Diseases of the liver — Maladies du foie	241	10.9	133	5.9	223	10.1	136	6.0
Diseases of the musculoskeletal system and connective tissue — Maladies du système ostéo-articularie, des muscles et du tissu conjonctif	63	2.8	149	6.6	56	2.5	125	5.5
Diseases of the genitourinary system — Maladies de l'appareil génito-urinaire								
Total	269	12.1	381	17.0	300	13.5	342	15.2
Disorders of kidney and ureter — Affections du rein et de l'uretère	197	8.9	260	11.6	231	10.4	203	9.0
Hyperplasia of prostate — Hyperplasie de la prostate	16	...	..	..	17	♦2.9	..	..
Pregnancy, childbirth and the puerperium — Grossesse, accouchement et puerpéralité								
Total	..	..	3	♦4.0	..	..	3	♦4.1
Pregnancy with abortive outcome — Grossesse se terminant par un avortement	..	..	1	♦1.3	..	..	-	-
Other direct obstetric causes — Autres décès maternels directs	..	..	2	♦2.7	..	..	3	♦4.1
Indirect obstetric causes — Décès maternels indirects	..	..	-	-	..	..	-	-
Certain conditions originating in the perinatal period — Certaines affections dont l'origine se situe dans la période périnatale	61	160.2	37	102.2	74	196.7	45	124.6
Congenital malformations, deformations and chromosomal abnormalities — Malformations congénitales et anomalies chromosomiques	97	254.7	90	248.6	100	265.8	78	216.1
Symptoms, signs and abnormal clinical and laboratory findings, not elsewhere classified — Symptômes, signes et résultats anormaux d'examens cliniques et de laboratoire, non classés ailleurs	50	2.3	34	1.5	41	1.9	38	1.7
All other diseases — Toutes autres maladies	26	♦1.2	38	1.7	22	♦1.0	28	♦1.2
External causes — Causes externes								
Total	1 370	61.8	524	23.4	1 114	50.3	487	21.6
Accidents								
Total	734	33.1	352	15.7	589	26.6	319	14.1
Transport accidents — Accidents de transport	203	9.2	63	2.8	138	6.2	48	2.1
Falls — Chutes	148	6.7	133	5.9	114	5.1	110	4.9
Accidental drowning and submersion — Noyade et submersion accidentelles	41	1.8	8	♦0.4	26	♦1.2	5	♦0.2
Exposure to smoke, fire and flames — Exposition à la fumée, au feu et aux flammes	27	♦1.2	18	♦0.8	27	♦1.2	16	♦0.7
Accidental poisoning by and exposure to noxious substances — Intoxication accidentelle par des substances nocives et exposition à ces substances	236	10.6	80	3.6	200	9.0	77	3.4
Intentional self-harm — Lésions auto-infligées	422	19.0	105	4.7	386	17.4	100	4.4
Assault — Agresssions	40	1.8	9	♦0.4	33	1.5	5	♦0.2
All other external causes — Toutes autres causes externes	174	7.8	58	2.6	106	4.8	63	2.8

Italy - Italie

Cause of death — Cause de décès	2008 (C)				2009 (C)			
	Male — Masculin		Female — Féminin		Male — Masculin		Female — Féminin	
	Number Nombre	Rate Taux	Number Nombre	Rate Taux	Number Nombre	Rate Taux	Number Nombre	Rate Taux
TOTAL	284 027	977.7	297 443	966.3	286 619	980.9	301 819	974.5
Certain infectious and parasitic diseases — Certaines maladies infectieuses et parasitaires								
Total	4 346	15.0	4 047	13.1	4 607	15.8	4 400	14.2
Intestinal infectious diseases — Maladies infectieuses intestinales	116	0.4	177	0.6	148	0.5	171	0.6
Tuberculosis — Tuberculose	195	0.7	138	0.4	199	0.7	145	0.5
Tetanus — Tétanos	4	٠0.0	14	٠0.0	7	٠0.0	20	٠0.1
Diphtheria — Diphtérie	-	-	-	-	-	-	-	-
Whooping cough — Coqueluche	-	-	-	-	-	-	-	-
Meningococcal infection — Infection à méningocoques	7	٠0.0	6	٠0.0	9	٠0.0	11	٠0.0
Septicaemia — Septicémie	1 629	5.6	1 767	5.7	1 844	6.3	2 036	6.6
Acute poliomyelitis — Poliomyélite aiguë	-	-	-	-	-	-	-	-
Measles — Rougeole	1	٠0.0	-	-	-	-	-	-
Viral hepatitis — Hépatite virale	1 241	4.3	1 290	4.2	1 277	4.4	1 388	4.5
Human immunodeficiency virus [HIV] disease — Maladies dues au virus de l'immunodéficience humaine (VIH)	727	2.5	210	0.7	702	2.4	197	0.6
Malaria — Paludisme	4	٠0.0	3	٠0.0	1	٠0.0	2	٠0.0
Neoplasms — Tumeurs	97 773	336.6	75 010	243.7	98 566	337.3	76 112	245.7
Malignant neoplasms — Tumeurs malignes								
Total	93 465	321.7	71 382	231.9	94 320	322.8	72 510	234.1
Malignant neoplasm of lip, oral cavity and pharynx — Tumeur maligne de la lèvre, de la cavité buccale et du pharynx	1 964	6.8	791	2.6	1 873	6.4	814	2.6
Malignant neoplasm of oesophagus — Tumeur maligne de l'oesophage	1 338	4.6	440	1.4	1 344	4.6	439	1.4
Malignant neoplasm of stomach — Tumeur maligne de l'estomac	5 925	20.4	4 252	13.8	5 918	20.3	4 322	14.0
Malignant neoplasm of colon, rectosigmoid junction, rectum, anus and anal canal — Tumeur maligne du côlon, de la jonction recto-sigmoïdienne, du rectum, de l'anus et du canal anal	9 893	34.1	8 621	28.0	9 978	34.1	8 582	27.7
Malignant neoplasm of liver and intrahepatic bile ducts — Tumeur maligne du foie et des voies bilaires intrahépatiques	6 089	21.0	3 384	11.0	6 368	21.8	3 371	10.9
Malignant neoplasm of pancreas — Tumeur maligne du pancréas	4 779	16.5	5 051	16.4	4 870	16.7	5 154	16.6
Malignant neoplasm of trachea, bronchus and lung — Tumeur maligne de la trachée, des bronches et du poumon	25 366	87.3	7 743	25.2	25 350	86.8	8 044	26.0
Malignant neoplasm of female breast — Tumeur maligne du sein chez la femme	..	..	12 195	45.7	..	..	12 193	...
Malignant neoplasm of cervix uteri — Tumeur maligne du col de l'utérus	..	..	378	1.4	..	..	390	...
Malignant neoplasm of prostate — Tumeur maligne de la prostate	7 447	71.1	..	..	7 484	...	..	..
Malignant neoplasm of lymphoid, haematopoietic and related tissue — Tumeurs malignes primitives ou présumées primitives des tissus lymphoïde, hématopoïétique et apparentés	7 655	26.4	6 463	21.0	7 562	25.9	6 631	21.4
Disorders of the blood and blood-forming organs and certain disorders involving the immune mechanism — Maladies du sang et des organes hématopoïétiques et certains troubles du système immunitaire								
Total	1 040	3.6	1 567	5.1	1 099	3.8	1 565	5.1
Anaemias — Anémies	701	2.4	1 141	3.7	743	2.5	1 139	3.7
Endocrine, nutritional and metabolic diseases — Maladies endocriniennes, nutritionnelles et métaboliques								
Total	10 375	35.7	14 624	47.5	10 780	36.9	15 060	48.6
Diabetes mellitus — Diabète sucré	8 433	29.0	11 800	38.3	8 773	30.0	12 050	38.9
Malnutrition — Malnutrition	134	0.5	267	0.9	137	0.5	230	0.7
Mental and behavioural disorders — Troubles mentaux et du comportement	4 559	15.7	9 356	30.4	4 838	16.6	9 825	31.7
Diseases of the nervous system — Maladies du système nerveux	8 963	30.9	12 482	40.6	9 317	31.9	12 893	41.6
Diseases of the circulatory system — Maladies de l'appareil circulatoire								
Total	98 652	339.6	126 936	412.4	97 770	334.6	127 060	410.2
Acute rheumatic fever and chronic rheumatic heart diseases — Rhumatisme articularie aigu et cardiopathies rhumatismales chroniques	591	2.0	1 363	4.4	582	2.0	1 401	4.5
Hypertensive diseases — Maladies hypertensives	9 100	31.3	16 913	54.9	9 377	32.1	17 728	57.2
Ischaemic heart disease — Cardiopathie ischémique	38 176	131.4	37 338	121.3	37 544	128.5	36 483	117.8
Cerebrovascular disease — Maladie cérébrovasculaire	25 318	87.1	38 299	124.4	24 957	85.4	38 338	123.8

Italy - Italie

Cause of death — Cause de décès	2008 (C)				2009 (C)			
	Male — Masculin		Female — Féminin		Male — Masculin		Female — Féminin	
	Number Nombre	Rate Taux	Number Nombre	Rate Taux	Number Nombre	Rate Taux	Number Nombre	Rate Taux
Diseases of arteries, arterioles and capillaries — Maladies des artères, artérioles et capillaires	4 672	16.1	3 791	12.3	4 443	15.2	3 732	12.0
Diseases of the respiratory system — Maladies de l'appareil respiratoire								
Total	21 166	72.9	16 605	53.9	22 329	76.4	17 620	56.9
Influenza — Grippe	162	0.6	294	1.0	187	0.6	323	1.0
Pneumonia — Pneumopathies	3 259	11.2	3 646	11.8	3 464	11.9	3 777	12.2
Chronic lower respiratory diseases — Maladies chroniques des voies respiratoires inférieures	13 000	44.7	8 390	27.3	13 507	46.2	8 749	28.2
Diseases of the digestive system — Maladies de l'appareil digestif								
Total	11 656	40.1	11 922	38.7	11 610	39.7	12 095	39.1
Gastric and duodenal ulcer — Ulcère de l'estomac et du duodénum	446	1.5	415	1.3	402	1.4	399	1.3
Diseases of the liver — Maladies du foie....	5 855	20.2	4 166	13.5	5 825	19.9	3 951	12.8
Diseases of the musculoskeletal system and connective tissue — Maladies du système ostéo-articularie, des muscles et du tissu conjonctif	1 006	3.5	2 650	8.6	950	3.3	2 422	7.8
Diseases of the genitourinary system — Maladies de l'appareil génito-urinaire								
Total	4 635	16.0	4 977	16.2	4 901	16.8	5 282	17.1
Disorders of kidney and ureter — Affections du rein et de l'uretère	4 040	13.9	4 492	14.6	4 248	14.5	4 664	15.1
Hyperplasia of prostate — Hyperplasie de la prostate...........................	205	2.0	..	..	218	...	..	..
Pregnancy, childbirth and the puerperium — Grossesse, accouchement et puerpéralité								
Total	..	..	13	♦2.3	..	..	19	♦3.3
Pregnancy with abortive outcome — Grossesse se terminant par un avortement	..	..	3	♦0.5	..	..	1	♦0.2
Other direct obstetric causes — Autres décès maternels directs	..	..	10	♦1.7	..	..	17	♦3.0
Indirect obstetric causes — Décès maternels indirects	..	..	-	-	..	..	1	♦0.2
Certain conditions originating in the perinatal period — Certaines affections dont l'origine se situe dans la période périnatale	640	216.1	509	181.4	669	228.5	553	200.3
Congenital malformations, deformations and chromosomal abnormalities — Malformations congénitales et anomalies chromosomiques	693	234.0	656	233.9	702	239.8	621	224.9
Symptoms, signs and abnormal clinical and laboratory findings, not elsewhere classified — Symptômes, signes et résultats anormaux d'examens cliniques et de laboratoire, non classés ailleurs	3 759	12.9	5 664	18.4	3 761	12.9	5 450	17.6
All other diseases — Toutes autres maladies..............................	283	1.0	581	1.9	300	1.0	620	2.0
External causes — Causes externes								
Total	14 481	49.8	9 844	32.0	14 420	49.3	10 222	33.0
Accidents								
Total	10 623	36.6	7 939	25.8	10 420	35.7	8 225	26.6
Transport accidents — Accidents de transport..	4 260	14.7	1 082	3.5	3 841	13.1	1 050	3.4
Falls — Chutes	1 662	5.7	1 345	4.4	1 798	6.2	1 443	4.7
Accidental drowning and submersion — Noyade et submersion accidentelles..	345	1.2	81	0.3	318	1.1	81	0.3
Exposure to smoke, fire and flames — Exposition à la fumée, au feu et aux flammes..	132	0.5	97	0.3	142	0.5	86	0.3
Accidental poisoning by and exposure to noxious substances — Intoxication accidentelle par des substances nocives et exposition à ces substances	372	1.3	131	0.4	399	1.4	110	0.4
Intentional self-harm — Lésions auto-infligées.......................................	2 997	10.3	907	2.9	3 091	10.6	880	2.8
Assault — Agresssions..............................	384	1.3	127	0.4	359	1.2	151	0.5
All other external causes — Toutes autres causes externes	477	1.6	871	2.8	550	1.9	966	3.1

20. Death and death rates by cause and sex: 2006 - 2010
Décès et taux de mortalité par cause et sexe : 2006 - 2010 (continued - suite)

Latvia - Lettonie

Cause of death — Cause de décès	2009 (+C)				2010 (+C)			
	Male — Masculin		Female — Féminin		Male — Masculin		Female — Féminin	
	Number Nombre	Rate Taux	Number Nombre	Rate Taux	Number Nombre	Rate Taux	Number Nombre	Rate Taux
TOTAL	14 564	1 400.0	15 368	1 265.3	14 584	1 411.2	15 489	1 284.8
Certain infectious and parasitic diseases — Certaines maladies infectieuses et parasitaires								
Total	195	18.7	92	7.6	156	15.1	91	7.5
Intestinal infectious diseases — Maladies infectieuses intestinales	-	-	1	♦0.1	3	♦0.3	2	♦0.2
Tuberculosis — Tuberculose	70	6.7	19	♦1.6	64	6.2	15	♦1.2
Tetanus — Tétanos	-	-	-	-	-	-	-	-
Diphtheria — Diphtérie...	-	-	1	♦0.1	-	-	-	-
Whooping cough — Coqueluche	-	-	-	-	-	-	-	-
Meningococcal infection — Infection à méningocoques....................	1	♦0.1	1	♦0.1	-	-	1	♦0.1
Septicaemia — Septicémie..	16	♦1.5	13	♦1.1	12	♦1.2	18	♦1.5
Acute poliomyelitis — Poliomyélite aiguë	-	-	-	-	-	-	-	-
Measles — Rougeole..	-	-	-	-	-	-	-	-
Viral hepatitis — Hépatite virale...	26	♦2.5	20	♦1.6	18	♦1.7	16	♦1.3
Human immunodeficiency virus [HIV] disease — Maladies dues au virus de l'immunodéficience humaine (VIH)...................	52	5.0	15	♦1.2	41	4.0	17	♦1.4
Malaria — Paludisme..	-	-	-	-	-	-	-	-
Neoplasms — Tumeurs	3 200	307.6	2 827	232.8	3 245	314.0	2 882	239.1
Malignant neoplasms — Tumeurs malignes								
Total	3 170	304.7	2 777	228.6	3 206	310.2	2 831	234.8
Malignant neoplasm of lip, oral cavity and pharynx — Tumeur maligne de la lèvre, de la cavité buccale et du pharynx	133	12.8	30	♦2.5	116	11.2	33	2.7
Malignant neoplasm of oesophagus — Tumeur maligne de l'oesophage	99	9.5	19	♦1.6	117	11.3	18	♦1.5
Malignant neoplasm of stomach — Tumeur maligne de l'estomac	285	27.4	244	20.1	284	27.5	214	17.8
Malignant neoplasm of colon, rectosigmoid junction, rectum, anus and anal canal — Tumeur maligne du côlon, de la jonction recto-sigmoïdienne, du rectum, de l'anus et du canal anal........................	327	31.4	370	30.5	318	30.8	362	30.0
Malignant neoplasm of liver and intrahepatic bile ducts — Tumeur maligne du foie et des voies bilaires intrahépatiques	68	6.5	69	5.7	74	7.2	62	5.1
Malignant neoplasm of pancreas — Tumeur maligne du pancréas...................	170	16.3	186	15.3	191	18.5	193	16.0
Malignant neoplasm of trachea, bronchus and lung — Tumeur maligne de la trachée, des bronches et du poumon	841	80.8	178	14.7	817	79.1	188	15.6
Malignant neoplasm of female breast — Tumeur maligne du sein chez la femme	..	..	438	...	..	..	424	40.2
Malignant neoplasm of cervix uteri — Tumeur maligne du col de l'utérus.........	..	..	98	...	..	..	142	13.5
Malignant neoplasm of prostate — Tumeur maligne de la prostate	350	...	..	..	363	115.7	..	..
Malignant neoplasm of lymphoid, haematopoietic and related tissue — Tumeurs malignes primitives ou présumées primitives des tissus lymphoïde, hématopoïétique et apparentés.....................	179	17.2	196	16.1	181	17.5	220	18.2
Disorders of the blood and blood-forming organs and certain disorders involving the immune mechanism — Maladies du sang et des organes hématopoïétiques et certains troubles du système immunitaire								
Total	22	♦2.1	14	♦1.2	8	♦0.8	21	♦1.7
Anaemias — Anémies	12	♦1.2	8	♦0.7	5	♦0.5	14	♦1.2
Endocrine, nutritional and metabolic diseases — Maladies endocriniennes, nutritionnelles et métaboliques								
Total	188	18.1	369	30.4	193	18.7	395	32.8
Diabetes mellitus — Diabète sucré...	167	16.1	341	28.1	178	17.2	360	29.9
Malnutrition — Malnutrition	1	♦0.1	4	♦0.3	1	♦0.1	-	-
Mental and behavioural disorders — Troubles mentaux et du comportement	117	11.2	122	10.0	134	13.0	116	9.6
Diseases of the nervous system — Maladies du système nerveux.................	139	13.4	116	9.6	143	13.8	119	9.9
Diseases of the circulatory system — Maladies de l'appareil circulatoire								
Total	7 180	690.2	8 898	732.6	7 249	701.5	9 030	749.0
Acute rheumatic fever and chronic rheumatic heart diseases — Rhumatisme articulaire aigu et cardiopathies rhumatismales chroniques	20	♦1.9	38	3.1	22	♦2.1	36	3.0
Hypertensive diseases — Maladies hypertensives................................	305	29.3	484	39.9	308	29.8	507	42.1
Ischaemic heart disease — Cardiopathie ischémique..............................	4 027	387.1	4 566	375.9	4 022	389.2	4 569	379.0
Cerebrovascular disease — Maladie cérébrovasculaire..........................	1 721	165.4	2 915	240.0	1 767	171.0	2 893	240.0

Latvia - Lettonie

Cause of death — Cause de décès	2009 (+C)				2010 (+C)			
	Male — Masculin		Female — Féminin		Male — Masculin		Female — Féminin	
	Number Nombre	Rate Taux	Number Nombre	Rate Taux	Number Nombre	Rate Taux	Number Nombre	Rate Taux
Diseases of arteries, arterioles and capillaries — Maladies des artères, artérioles et capillaires	248	23.8	268	22.1	246	23.8	300	24.9
Diseases of the respiratory system — Maladies de l'appareil respiratoire								
Total	431	41.4	219	18.0	468	45.3	195	16.2
Influenza — Grippe..	5	♦0.5	2	♦0.2	1	♦0.1	-	-
Pneumonia — Pneumopathies	179	17.2	103	8.5	202	19.5	105	8.7
Chronic lower respiratory diseases — Maladies chroniques des voies respiratoires inférieures	187	18.0	83	6.8	217	21.0	68	5.6
Diseases of the digestive system — Maladies de l'appareil digestif								
Total	549	52.8	495	40.8	559	54.1	487	40.4
Gastric and duodenal ulcer — Ulcère de l'estomac et du duodénum...............	65	6.2	61	5.0	67	6.5	66	5.5
Diseases of the liver — Maladies du foie............................	296	28.5	190	15.6	294	28.4	166	13.8
Diseases of the musculoskeletal system and connective tissue — Maladies du système ostéo-articularie, des muscles et du tissu conjonctif	19	♦1.8	31	2.6	25	♦2.4	65	5.4
Diseases of the genitourinary system — Maladies de l'appareil génito-urinaire								
Total	149	14.3	157	12.9	127	12.3	179	14.8
Disorders of kidney and ureter — Affections du rein et de l'uretère	124	11.9	152	12.5	99	9.6	167	13.9
Hyperplasia of prostate — Hyperplasie de la prostate................	19	...	..	..	27	♦8.6	..	..
Pregnancy, childbirth and the puerperium — Grossesse, accouchement et puerpéralité								
Total	..	..	7	♦32.3	..	..	4	♦20.8
Pregnancy with abortive outcome — Grossesse se terminant par un avortement	..	..	1	♦4.6	..	..	1	♦5.2
Other direct obstetric causes — Autres décès maternels directs	..	..	6	♦27.7	..	..	3	♦15.6
Indirect obstetric causes — Décès maternels indirects	..	..	-	-	..	..	-	-
Certain conditions originating in the perinatal period — Certaines affections dont l'origine se situe dans la période périnatale	40	363.2	38	356.4	30	♦302.1	28	♦301.5
Congenital malformations, deformations and chromosomal abnormalities — Malformations congénitales et anomalies chromosomiques	53	481.2	46	431.4	31	312.1	33	355.3
Symptoms, signs and abnormal clinical and laboratory findings, not elsewhere classified — Symptômes, signes et résultats anormaux d'examens cliniques et de laboratoire, non classés ailleurs	627	60.3	1 404	115.6	569	55.1	1 337	110.9
All other diseases — Toutes autres maladies............................	13	♦1.2	17	♦1.4	20	♦1.9	26	♦2.2
External causes — Causes externes								
Total	1 642	157.8	516	42.5	1 627	157.4	481	39.9
Accidents								
Total	961	92.4	331	27.3	1 003	97.1	310	25.7
Transport accidents — Accidents de transport.............................	187	18.0	72	5.9	179	17.3	76	6.3
Falls — Chutes..	113	10.9	49	4.0	98	9.5	42	3.5
Accidental drowning and submersion — Noyade et submersion accidentelles.....................................	112	10.8	24	♦2.0	199	19.3	34	2.8
Exposure to smoke, fire and flames — Exposition à la fumée, au feu et aux flammes..............................	82	7.9	39	3.2	116	11.2	40	3.3
Accidental poisoning by and exposure to noxious substances — Intoxication accidentelle par des substances nocives et exposition à ces substances	217	20.9	62	5.1	144	13.9	40	3.3
Intentional self-harm — Lésions auto-infligées............................	416	40.0	100	8.2	375	36.3	61	5.1
Assault — Agresssions..	110	10.6	33	2.7	98	9.5	40	3.3
All other external causes — Toutes autres causes externes	155	14.9	52	4.3	151	14.6	70	5.8

20. Death and death rates by cause and sex: 2006 - 2010
Décès et taux de mortalité par cause et sexe : 2006 - 2010 (continued - suite)

Lithuania - Lituanie

Cause of death — Cause de décès	2009 (+C)				2010 (+C)			
	Male — Masculin		Female — Féminin		Male — Masculin		Female — Féminin	
	Number Nombre	Rate Taux	Number Nombre	Rate Taux	Number Nombre	Rate Taux	Number Nombre	Rate Taux
TOTAL	21 828	1 405.1	20 204	1 131.3	21 536	1 409.9	20 584	1 170.0
Certain infectious and parasitic diseases — Certaines maladies infectieuses et parasitaires								
Total	310	20.0	141	7.9	316	20.7	165	9.4
Intestinal infectious diseases — Maladies infectieuses intestinales	2	♦0.1	3	♦0.2	1	♦0.1	5	♦0.3
Tuberculosis — Tuberculose	215	13.8	51	2.9	179	11.7	41	2.3
Tetanus — Tétanos	-	-	-	-	-	-	1	♦0.1
Diphtheria — Diphtérie								
Whooping cough — Coqueluche	-	-	-	-	-	-	-	-
Meningococcal infection — Infection à méningocoques	2	♦0.1	4	♦0.2	4	♦0.3	4	♦0.2
Septicaemia — Septicémie	62	4.0	63	3.5	86	5.6	89	5.1
Acute poliomyelitis — Poliomyélite aiguë	-	-	-	-	-	-	-	-
Measles — Rougeole	-	-	-	-	-	-	-	-
Viral hepatitis — Hépatite virale	5	♦0.3	5	♦0.3	17	♦1.1	8	♦0.5
Human immunodeficiency virus [HIV] disease — Maladies dues au virus de l'immunodéficience humaine (VIH)	10	♦0.6	3	♦0.2	15	♦1.0	3	♦0.2
Malaria — Paludisme	-							
Neoplasms — Tumeurs	4 636	298.4	3 608	202.0	4 646	304.2	3 609	205.1
Malignant neoplasms — Tumeurs malignes								
Total	4 587	295.3	3 543	198.4	4 572	299.3	3 538	201.1
Malignant neoplasm of lip, oral cavity and pharynx — Tumeur maligne de la lèvre, de la cavité buccale et du pharynx	217	14.0	39	2.2	227	14.9	48	2.7
Malignant neoplasm of oesophagus — Tumeur maligne de l'oesophage	154	9.9	27	♦1.5	143	9.4	20	♦1.1
Malignant neoplasm of stomach — Tumeur maligne de l'estomac	407	26.2	281	15.7	411	26.9	270	15.3
Malignant neoplasm of colon, rectosigmoid junction, rectum, anus and anal canal — Tumeur maligne du côlon, de la jonction recto-sigmoïdienne, du rectum, de l'anus et du canal anal	518	33.3	479	26.8	480	31.4	473	26.9
Malignant neoplasm of liver and intrahepatic bile ducts — Tumeur maligne du foie et des voies bilaires intrahépatiques	92	5.9	75	4.2	111	7.3	78	4.4
Malignant neoplasm of pancreas — Tumeur maligne du pancréas	228	14.7	215	12.0	225	14.7	221	12.6
Malignant neoplasm of trachea, bronchus and lung — Tumeur maligne de la trachée, des bronches et du poumon	1 149	74.0	233	13.0	1 115	73.0	187	10.6
Malignant neoplasm of female breast — Tumeur maligne du sein chez la femme	..	..	594	...	..	..	576	37.5
Malignant neoplasm of cervix uteri — Tumeur maligne du col de l'utérus	..	..	198	...	..	..	243	15.8
Malignant neoplasm of prostate — Tumeur maligne de la prostate	496	...	..	..	577	130.8	..	..
Malignant neoplasm of lymphoid, haematopoietic and related tissue — Tumeurs malignes primitives ou présumées primitives des tissus lymphoïde, hématopoïétique et apparentés	273	17.6	296	16.6	272	17.8	269	15.3
Disorders of the blood and blood-forming organs and certain disorders involving the immune mechanism — Maladies du sang et des organes hématopoïétiques et certains troubles du système immunitaire								
Total	10	♦0.6	17	♦1.0	19	♦1.2	28	♦1.6
Anaemias — Anémies	7	♦0.5	10	♦0.6	11	♦0.7	15	♦0.9
Endocrine, nutritional and metabolic diseases — Maladies endocriniennes, nutritionnelles et métaboliques								
Total	134	8.6	204	11.4	131	8.6	181	10.3
Diabetes mellitus — Diabète sucré	119	7.7	185	10.4	117	7.7	160	9.1
Malnutrition — Malnutrition	1	♦0.1	-	-	-	-	-	-
Mental and behavioural disorders — Troubles mentaux et du comportement	50	3.2	24	♦1.3	38	2.5	49	2.8
Diseases of the nervous system — Maladies du système nerveux	278	17.9	262	14.7	313	20.5	284	16.1
Diseases of the circulatory system — Maladies de l'appareil circulatoire								
Total	10 116	651.2	13 176	737.8	10 130	663.2	13 497	767.2
Acute rheumatic fever and chronic rheumatic heart diseases — Rhumatisme articularie aigu et cardiopathies rhumatismales chroniques	39	2.5	71	4.0	49	3.2	76	4.3
Hypertensive diseases — Maladies hypertensives	232	14.9	326	18.3	244	16.0	332	18.9
Ischaemic heart disease — Cardiopathie ischémique	6 416	413.0	8 001	448.0	6 555	429.1	8 557	486.4
Cerebrovascular disease — Maladie cérébrovasculaire	2 102	135.3	3 671	205.5	2 097	137.3	3 662	208.1

Lithuania - Lituanie

Cause of death — Cause de décès	2009 (+C)				2010 (+C)			
	Male — Masculin		Female — Féminin		Male — Masculin		Female — Féminin	
	Number Nombre	Rate Taux	Number Nombre	Rate Taux	Number Nombre	Rate Taux	Number Nombre	Rate Taux
Diseases of arteries, arterioles and capillaries — Maladies des artères, artérioles et capillaires	396	25.5	403	22.6	232	15.2	160	9.1
Diseases of the respiratory system — Maladies de l'appareil respiratoire								
Total	1 077	69.3	484	27.1	895	58.6	385	21.9
Influenza — Grippe	8	♦0.5	8	♦0.4	2	♦0.1	1	♦0.1
Pneumonia — Pneumopathies	399	25.7	241	13.5	261	17.1	134	7.6
Chronic lower respiratory diseases — Maladies chroniques des voies respiratoires inférieures	606	39.0	202	11.3	568	37.2	223	12.7
Diseases of the digestive system — Maladies de l'appareil digestif								
Total	1 262	81.2	961	53.8	1 279	83.7	938	53.3
Gastric and duodenal ulcer — Ulcère de l'estomac et du duodénum	108	7.0	119	6.7	138	9.0	130	7.4
Diseases of the liver — Maladies du foie	777	50.0	382	21.4	748	49.0	369	21.0
Diseases of the musculoskeletal system and connective tissue — Maladies du système ostéo-articularie, des muscles et du tissu conjonctif	33	2.1	53	3.0	33	2.2	61	3.5
Diseases of the genitourinary system — Maladies de l'appareil génito-urinaire								
Total	142	9.1	140	7.8	131	8.6	187	10.6
Disorders of kidney and ureter — Affections du rein et de l'uretère	124	8.0	125	7.0	97	6.4	174	9.9
Hyperplasia of prostate — Hyperplasie de la prostate	9	...	..	..	26	♦5.9	..	...
Pregnancy, childbirth and the puerperium — Grossesse, accouchement et puerpéralité								
Total	..	..	-	-	..	..	2	♦5.6
Pregnancy with abortive outcome — Grossesse se terminant par un avortement	..	..	-	-	..	..	-	-
Other direct obstetric causes — Autres décès maternels directs	..	..	-	-	..	..	2	♦5.6
Indirect obstetric causes — Décès maternels indirects	..	..	-	-	..	..	-	-
Certain conditions originating in the perinatal period — Certaines affections dont l'origine se situe dans la période périnatale	51	271.5	26	♦145.3	34	186.6	31	178.1
Congenital malformations, deformations and chromosomal abnormalities — Malformations congénitales et anomalies chromosomiques	52	276.8	43	240.3	55	301.8	47	270.1
Symptoms, signs and abnormal clinical and laboratory findings, not elsewhere classified — Symptômes, signes et résultats anormaux d'examens cliniques et de laboratoire, non classés ailleurs	368	23.7	168	9.4	373	24.4	177	10.1
All other diseases — Toutes autres maladies	26	♦1.7	12	♦0.7	18	♦1.2	23	♦1.3
External causes — Causes externes								
Total	3 283	211.3	885	49.6	3 125	204.6	920	52.3
Accidents								
Total	1 906	122.7	539	30.2	1 792	117.3	564	32.1
Transport accidents — Accidents de transport	356	22.9	101	5.7	280	18.3	92	5.2
Falls — Chutes	260	16.7	95	5.3	224	14.7	81	4.6
Accidental drowning and submersion — Noyade et submersion accidentelles	248	16.0	50	2.8	262	17.2	57	3.2
Exposure to smoke, fire and flames — Exposition à la fumée, au feu et aux flammes	66	4.2	23	♦1.3	69	4.5	24	♦1.4
Accidental poisoning by and exposure to noxious substances — Intoxication accidentelle par des substances nocives et exposition à ces substances	453	29.2	123	6.9	423	27.7	120	6.8
Intentional self-harm — Lésions auto-infligées	952	61.3	186	10.4	829	54.3	189	10.7
Assault — Agresssions	145	9.3	54	3.0	121	7.9	51	2.9
All other external causes — Toutes autres causes externes	280	18.0	106	5.9	383	25.1	116	6.6

Luxembourg

Cause of death — Cause de décès	2008 (+C)				2009 (+C)			
	Male — Masculin		Female — Féminin		Male — Masculin		Female — Féminin	
	Number Nombre	Rate Taux	Number Nombre	Rate Taux	Number Nombre	Rate Taux	Number Nombre	Rate Taux
TOTAL	1 698	701.0	1 826	741.0	1 798	734.4	1 823	733.1
Certain infectious and parasitic diseases — Certaines maladies infectieuses et parasitaires								
Total	46	19.0	57	23.1	48	19.6	65	26.1
Intestinal infectious diseases — Maladies infectieuses intestinales	3	♦1.2	5	♦2.0	4	♦1.6	6	♦2.4
Tuberculosis — Tuberculose	-	-	-	-	-	-	-	-
Tetanus — Tétanos	-	-	-	-	-	-	-	-
Diphtheria — Diphtérie...	-	-	-	-	-	-	-	-
Whooping cough — Coqueluche	1	♦0.4	-	-	-	-	-	-
Meningococcal infection — Infection à méningocoques	29	♦12.0	39	15.8	33	13.5	50	20.1
Septicaemia — Septicémie	-	-	-	-	-	-	-	-
Acute poliomyelitis — Poliomyélite aiguë	-	-	-	-	-	-	-	-
Measles — Rougeole	-	-	-	-	-	-	-	-
Viral hepatitis — Hépatite virale......................................	-	-	-	-	1	♦0.4	-	-
Human immunodeficiency virus [HIV] disease — Maladies dues au virus de l'immunodéficience humaine (VIH)..	4	♦1.7	-	-	-	-	1	♦0.4
Malaria — Paludisme...	-	-	-	-	-	-	-	-
Neoplasms — Tumeurs	516	213.0	448	181.8	563	230.0	497	199.9
Malignant neoplasms — Tumeurs malignes								
Total	504	208.1	438	177.7	553	225.9	483	194.2
Malignant neoplasm of lip, oral cavity and pharynx — Tumeur maligne de la lèvre, de la cavité buccale et du pharynx	11	♦4.5	5	♦2.0	13	♦5.3	7	♦2.8
Malignant neoplasm of oesophagus — Tumeur maligne de l'oesophage	16	♦6.6	2	♦0.8	16	♦6.5	6	♦2.4
Malignant neoplasm of stomach — Tumeur maligne de l'estomac	24	♦9.9	10	♦4.1	22	♦9.0	13	♦5.2
Malignant neoplasm of colon, rectosigmoid junction, rectum, anus and anal canal — Tumeur maligne du côlon, de la jonction recto-sigmoïdienne, du rectum, de l'anus et du canal anal..	70	28.9	51	20.7	54	22.1	73	29.4
Malignant neoplasm of liver and intrahepatic bile ducts — Tumeur maligne du foie et des voies biliaires intrahépatiques	31	12.8	14	♦5.7	30	♦12.3	24	♦9.7
Malignant neoplasm of pancreas — Tumeur maligne du pancréas...................	28	♦11.6	31	12.6	41	16.7	48	19.3
Malignant neoplasm of trachea, bronchus and lung — Tumeur maligne de la trachée, des bronches et du poumon..	113	46.7	46	18.7	164	67.0	71	28.6
Malignant neoplasm of female breast — Tumeur maligne du sein chez la femme	..	..	76	...	..	..	85	...
Malignant neoplasm of cervix uteri — Tumeur maligne du col de l'utérus.........	..	..	18	...	..	..	7	...
Malignant neoplasm of prostate — Tumeur maligne de la prostate	48	...	..	..	57	...	..	..
Malignant neoplasm of lymphoid, haematopoietic and related tissue — Tumeurs malignes primitives ou présumées primitives des tissus lymphoïde, hématopoïétique et apparentés..	42	17.3	38	15.4	45	18.4	35	14.1
Disorders of the blood and blood-forming organs and certain disorders involving the immune mechanism — Maladies du sang et des organes hématopoïétiques et certains troubles du système immunitaire								
Total	2	♦0.8	3	♦1.2	1	♦0.4	7	♦2.8
Anaemias — Anémies	1	♦0.4	2	♦0.8	1	♦0.4	5	♦2.0
Endocrine, nutritional and metabolic diseases — Maladies endocriniennes, nutritionnelles et métaboliques								
Total	24	♦9.9	52	21.1	20	♦8.2	37	14.9
Diabetes mellitus — Diabète sucré..................................	17	♦7.0	34	13.8	15	♦6.1	25	♦10.1
Malnutrition — Malnutrition	1	♦0.4	2	♦0.8	1	♦0.4	2	♦0.8
Mental and behavioural disorders — Troubles mentaux et du comportement	15	♦6.2	49	19.9	19	♦7.8	29	♦11.7
Diseases of the nervous system — Maladies du système nerveux...............	59	24.4	70	28.4	40	16.3	57	22.9
Diseases of the circulatory system — Maladies de l'appareil circulatoire								
Total	611	252.2	736	298.7	624	254.9	699	281.1
Acute rheumatic fever and chronic rheumatic heart diseases — Rhumatisme articularie aigu et cardiopathies rhumatismales chroniques	2	♦0.8	4	♦1.6	1	♦0.4	1	♦0.4
Hypertensive diseases — Maladies hypertensives................	9	♦3.7	19	♦7.7	19	♦7.8	30	♦12.1
Ischaemic heart disease — Cardiopathie ischémique............	231	95.4	161	65.3	189	77.2	116	46.6
Cerebrovascular disease — Maladie cérébrovasculaire..........	129	53.3	184	74.7	147	60.0	191	76.8

Luxembourg

Cause of death — Cause de décès	2008 (+C)				2009 (+C)			
	Male — Masculin		Female — Féminin		Male — Masculin		Female — Féminin	
	Number Nombre	Rate Taux	Number Nombre	Rate Taux	Number Nombre	Rate Taux	Number Nombre	Rate Taux
Diseases of arteries, arterioles and capillaries — Maladies des artères, artérioles et capillaires	27	♦11.1	38	15.4	23	♦9.4	25	♦10.1
Diseases of the respiratory system — Maladies de l'appareil respiratoire								
Total	130	53.7	142	57.6	154	62.9	152	61.1
Influenza — Grippe	-	-	1	♦0.4	1	♦0.4	-	-
Pneumonia — Pneumopathies	33	13.6	52	21.1	45	18.4	48	19.3
Chronic lower respiratory diseases — Maladies chroniques des voies respiratoires inférieures	61	25.2	61	24.8	82	33.5	69	27.7
Diseases of the digestive system — Maladies de l'appareil digestif								
Total	71	29.3	91	36.9	93	38.0	86	34.6
Gastric and duodenal ulcer — Ulcère de l'estomac et du duodénum	2	♦0.8	4	♦1.6	2	♦0.8	3	♦1.2
Diseases of the liver — Maladies du foie	44	18.2	24	♦9.7	40	16.3	31	12.5
Diseases of the musculoskeletal system and connective tissue — Maladies du système ostéo-articularie, des muscles et du tissu conjonctif	3	♦1.2	8	♦3.2	-	-	7	♦2.8
Diseases of the genitourinary system — Maladies de l'appareil génito-urinaire								
Total	17	♦7.0	23	♦9.3	19	♦7.8	18	♦7.2
Disorders of kidney and ureter — Affections du rein et de l'uretère	13	♦5.4	19	♦7.7	16	♦6.5	18	♦7.2
Hyperplasia of prostate — Hyperplasie de la prostate	-	...			-	...	..	
Pregnancy, childbirth and the puerperium — Grossesse, accouchement et puerpéralité								
Total	..	..	1	♦17.9	..	..	-	-
Pregnancy with abortive outcome — Grossesse se terminant par un avortement	..	..	-	-	..	..	-	-
Other direct obstetric causes — Autres décès maternels directs	..	..	1	♦17.9	..	..	-	-
Indirect obstetric causes — Décès maternels indirects	..	..	-	-	..	..	-	-
Certain conditions originating in the perinatal period — Certaines affections dont l'origine se situe dans la période périnatale	5	♦174.0	1	♦36.7	2	♦68.6	7	♦257.2
Congenital malformations, deformations and chromosomal abnormalities — Malformations congénitales et anomalies chromosomiques	1	♦34.8	3	♦110.2	-	-	1	♦36.7
Symptoms, signs and abnormal clinical and laboratory findings, not elsewhere classified — Symptômes, signes et résultats anormaux d'examens cliniques et de laboratoire, non classés ailleurs	45	18.6	51	20.7	40	16.3	61	24.5
All other diseases — Toutes autres maladies	1	♦0.4	3	♦1.2	1	♦0.4	4	♦1.6
External causes — Causes externes								
Total	152	62.8	88	35.7	174	71.1	96	38.6
Accidents								
Total	95	39.2	71	28.8	111	45.3	79	31.8
Transport accidents — Accidents de transport	31	12.8	9	♦3.7	34	13.9	13	♦5.2
Falls — Chutes	18	♦7.4	22	♦8.9	16	♦6.5	25	♦10.1
Accidental drowning and submersion — Noyade et submersion accidentelles	1	♦0.4	1	♦0.4	3	♦1.2	3	♦1.2
Exposure to smoke, fire and flames — Exposition à la fumée, au feu et aux flammes	-	-	1	♦0.4	-	-	2	♦0.8
Accidental poisoning by and exposure to noxious substances — Intoxication accidentelle par des substances nocives et exposition à ces substances	22	♦9.1	12	♦4.9	23	♦9.4	10	♦4.0
Intentional self-harm — Lésions auto-infligées	39	16.1	8	♦3.2	45	18.4	14	♦5.6
Assault — Agresssions	5	♦2.1	1	♦0.4	8	♦3.3	1	♦0.4
All other external causes — Toutes autres causes externes	13	♦5.4	8	♦3.2	10	♦4.1	2	♦0.8

Malta - Malte

Cause of death — Cause de décès	2009 (+C)				2010 (+C)			
	Male — Masculin		Female — Féminin		Male — Masculin		Female — Féminin	
	Number Nombre	Rate Taux	Number Nombre	Rate Taux	Number Nombre	Rate Taux	Number Nombre	Rate Taux
TOTAL	1 673	811.8	1 549	745.1	1 489	719.5	1 521	727.6
Certain infectious and parasitic diseases — Certaines maladies infectieuses et parasitaires								
Total	6	♦2.9	4	♦1.9	1	♦0.5	4	♦1.9
Intestinal infectious diseases — Maladies infectieuses intestinales	-	-	1	♦0.5	-	-	-	-
Tuberculosis — Tuberculose	-	-	1	♦0.5	-	-	-	-
Tetanus — Tétanos	-	-	-	-	-	-	-	-
Diphtheria — Diphtérie..	-	-	-	-	-	-	-	-
Whooping cough — Coqueluche	-	-	-	-	-	-	-	-
Meningococcal infection — Infection à méningocoques	1	♦0.5	-	-	-	-	-	-
Septicaemia — Septicémie..	1	♦0.5	-	-	-	-	3	♦1.4
Acute poliomyelitis — Poliomyélite aiguë	-	-	-	-	-	-	-	-
Measles — Rougeole...	-	-	-	-	-	-	-	-
Viral hepatitis — Hépatite virale......................................	4	♦1.9	1	♦0.5	-	-	-	-
Human immunodeficiency virus [HIV] disease — Maladies dues au virus de l'immunodéficience humaine (VIH)........................	-	-	-	-	1	♦0.5	-	-
Malaria — Paludisme...	-	-	-	-	-	-	-	-
Neoplasms — Tumeurs	470	228.1	382	183.7	458	221.3	408	195.2
Malignant neoplasms — Tumeurs malignes								
Total	464	225.1	373	179.4	455	219.9	397	189.9
Malignant neoplasm of lip, oral cavity and pharynx — Tumeur maligne de la lèvre, de la cavité buccale et du pharynx ...	15	♦7.3	5	♦2.4	12	♦5.8	7	♦3.3
Malignant neoplasm of oesophagus — Tumeur maligne de l'oesophage	12	♦5.8	5	♦2.4	5	♦2.4	4	♦1.9
Malignant neoplasm of stomach — Tumeur maligne de l'estomac	34	16.5	10	♦4.8	22	♦10.6	9	♦4.3
Malignant neoplasm of colon, rectosigmoid junction, rectum, anus and anal canal — Tumeur maligne du côlon, de la jonction recto-sigmoïdienne, du rectum, de l'anus et du canal anal....	57	27.7	45	21.6	60	29.0	51	24.4
Malignant neoplasm of liver and intrahepatic bile ducts — Tumeur maligne du foie et des voies bilaires intrahépatiques	13	♦6.3	6	♦2.9	17	♦8.2	6	♦2.9
Malignant neoplasm of pancreas — Tumeur maligne du pancréas...................	33	16.0	26	♦12.5	41	19.8	32	15.3
Malignant neoplasm of trachea, bronchus and lung — Tumeur maligne de la trachée, des bronches et du poumon ...	125	60.7	27	♦13.0	122	59.0	37	17.7
Malignant neoplasm of female breast — Tumeur maligne du sein chez la femme	..	..	95	53.9	..	..	79	44.4
Malignant neoplasm of cervix uteri — Tumeur maligne du col de l'utérus.........	..	..	4	♦2.3	..	..	2	♦1.1
Malignant neoplasm of prostate — Tumeur maligne de la prostate	31	44.5	..	..	30	♦42.1	..	..
Malignant neoplasm of lymphoid, haematopoietic and related tissue — Tumeurs malignes primitives ou présumées primitives des tissus lymphoïde, hématopoïétique et apparentés........................	48	23.3	29	♦13.9	38	18.4	34	16.3
Disorders of the blood and blood-forming organs and certain disorders involving the immune mechanism — Maladies du sang et des organes hématopoïétiques et certains troubles du système immunitaire								
Total	8	♦3.9	7	♦3.4	2	♦1.0	6	♦2.9
Anaemias — Anémies	3	♦1.5	4	♦1.9	-	-	4	♦1.9
Endocrine, nutritional and metabolic diseases — Maladies endocriniennes, nutritionnelles et métaboliques								
Total	69	33.5	80	38.5	50	24.2	64	30.6
Diabetes mellitus — Diabète sucré...................................	66	32.0	73	35.1	47	22.7	56	26.8
Malnutrition — Malnutrition	1	♦0.5	-	-	-	-	-	-
Mental and behavioural disorders — Troubles mentaux et du comportement	54	26.2	77	37.0	47	22.7	76	36.4
Diseases of the nervous system — Maladies du système nerveux.................	43	20.9	50	24.1	46	22.2	28	♦13.4
Diseases of the circulatory system — Maladies de l'appareil circulatoire								
Total	616	298.9	634	305.0	510	246.4	642	307.1
Acute rheumatic fever and chronic rheumatic heart diseases — Rhumatisme articularie aigu et cardiopathies rhumatismales chroniques	1	♦0.5	5	♦2.4	2	♦1.0	5	♦2.4
Hypertensive diseases — Maladies hypertensives................	16	♦7.8	17	♦8.2	7	♦3.4	26	♦12.4
Ischaemic heart disease — Cardiopathie ischémique.........	366	177.6	309	148.6	319	154.1	327	156.4
Cerebrovascular disease — Maladie cérébrovasculaire...................	162	78.6	186	89.5	103	49.8	161	77.0

Malta - Malte

Cause of death — Cause de décès	2009 (+C)				2010 (+C)			
	Male — Masculin		Female — Féminin		Male — Masculin		Female — Féminin	
	Number Nombre	Rate Taux	Number Nombre	Rate Taux	Number Nombre	Rate Taux	Number Nombre	Rate Taux
Diseases of arteries, arterioles and capillaries — Maladies des artères, artérioles et capillaires	14	♦6.8	26	♦12.5	18	♦8.7	26	♦12.4
Diseases of the respiratory system — Maladies de l'appareil respiratoire								
Total	182	88.3	120	57.7	164	79.2	129	61.7
Influenza — Grippe	-	-	1	♦0.5	1	♦0.5	-	-
Pneumonia — Pneumopathies	40	19.4	40	19.2	28	♦13.5	43	20.6
Chronic lower respiratory diseases — Maladies chroniques des voies respiratoires inférieures	74	35.9	15	♦7.2	72	34.8	18	♦8.6
Diseases of the digestive system — Maladies de l'appareil digestif								
Total	60	29.1	49	23.6	51	24.6	42	20.1
Gastric and duodenal ulcer — Ulcère de l'estomac et du duodénum	4	♦1.9	1	♦0.5	2	♦1.0	3	♦1.4
Diseases of the liver — Maladies du foie	22	♦10.7	2	♦1.0	17	♦8.2	5	♦2.4
Diseases of the musculoskeletal system and connective tissue — Maladies du système ostéo-articularie, des muscles et du tissu conjonctif	6	♦2.9	14	♦6.7	3	♦1.4	8	♦3.8
Diseases of the genitourinary system — Maladies de l'appareil génito-urinaire								
Total	35	17.0	33	15.9	30	♦14.5	34	16.3
Disorders of kidney and ureter — Affections du rein et de l'uretère	22	♦10.7	21	♦10.1	23	♦11.1	28	♦13.4
Hyperplasia of prostate — Hyperplasie de la prostate	2	♦2.9	..	..	-	-	..	..
Pregnancy, childbirth and the puerperium — Grossesse, accouchement et puerpéralité								
Total	..	..	-	-	..	..	-	-
Pregnancy with abortive outcome — Grossesse se terminant par un avortement	..	..	-	-	..	..	-	-
Other direct obstetric causes — Autres décès maternels directs	..	..	-	-	..	..	-	-
Indirect obstetric causes — Décès maternels indirects	..	..	-	-	..	..	-	-
Certain conditions originating in the perinatal period — Certaines affections dont l'origine se situe dans la période périnatale	4	♦186.4	4	♦200.3	4	♦194.6	4	♦204.9
Congenital malformations, deformations and chromosomal abnormalities — Malformations congénitales et anomalies chromosomiques	12	♦559.2	9	♦450.7	10	♦486.4	9	♦461.1
Symptoms, signs and abnormal clinical and laboratory findings, not elsewhere classified — Symptômes, signes et résultats anormaux d'examens cliniques et de laboratoire, non classés ailleurs	9	♦4.4	21	♦10.1	17	♦8.2	16	♦7.7
All other diseases — Toutes autres maladies	3	♦1.5	27	♦13.0	7	♦3.4	21	♦10.0
External causes — Causes externes								
Total	96	46.6	38	18.3	89	43.0	30	♦14.4
Accidents								
Total	59	28.6	33	15.9	57	27.5	27	♦12.9
Transport accidents — Accidents de transport	17	♦8.2	4	♦1.9	11	♦5.3	5	♦2.4
Falls — Chutes	16	♦7.8	18	♦8.7	20	♦9.7	15	♦7.2
Accidental drowning and submersion — Noyade et submersion accidentelles	4	♦1.9	1	♦0.5	1	♦0.5	1	♦0.5
Exposure to smoke, fire and flames — Exposition à la fumée, au feu et aux flammes	2	♦1.0	-	-	1	♦0.5	-	-
Accidental poisoning by and exposure to noxious substances — Intoxication accidentelle par des substances nocives et exposition à ces substances	6	♦2.9	2	♦1.0	5	♦2.4	1	♦0.5
Intentional self-harm — Lésions auto-infligées	32	15.5	3	♦1.4	29	♦14.0	2	♦1.0
Assault — Agresssions	1	♦0.5	2	♦1.0	3	♦1.4	1	♦0.5
All other external causes — Toutes autres causes externes	4	♦1.9	-	-	-	-	-	-

20. Death and death rates by cause and sex: 2006 - 2010
Décès et taux de mortalité par cause et sexe : 2006 - 2010 (continued - suite)

Montenegro - Monténégro

Cause of death — Cause de décès	2008 (C)				2009 (C)			
	Male — Masculin		Female — Féminin		Male — Masculin		Female — Féminin	
	Number Nombre	Rate Taux	Number Nombre	Rate Taux	Number Nombre	Rate Taux	Number Nombre	Rate Taux
TOTAL	2 983	962.9	2 725	854.2	3 012	967.7	2 854	891.1
Certain infectious and parasitic diseases — Certaines maladies infectieuses et parasitaires								
Total	6	♦1.9	1	♦0.3	3	♦1.0	3	♦0.9
Intestinal infectious diseases — Maladies infectieuses intestinales	-	-	-	-	-	-	-	-
Tuberculosis — Tuberculose	3	♦1.0	-	-	-	-	1	♦0.3
Tetanus — Tétanos	-	-	-	-	-	-	-	-
Diphtheria — Diphtérie	-	-	-	-	-	-	-	-
Whooping cough — Coqueluche	-	-	-	-	-	-	-	-
Meningococcal infection — Infection à méningocoques	2	♦0.6	1	♦0.3	2	♦0.6	-	-
Septicaemia — Septicémie............	-	-	-	-	-	-	2	♦0.6
Acute poliomyelitis — Poliomyélite aiguë	-	-	-	-	-	-	-	-
Measles — Rougeole............	-	-	-	-	-	-	-	-
Viral hepatitis — Hépatite virale............	-	-	-	-	-	-	-	-
Human immunodeficiency virus [HIV] disease — Maladies dues au virus de l'immunodéficience humaine (VIH)............	-	-	-	-	-	-	-	-
Malaria — Paludisme............	-	-	-	-	-	-	-	-
Neoplasms — Tumeurs	557	179.8	363	113.8	504	161.9	387	120.8
Malignant neoplasms — Tumeurs malignes								
Total	557	179.8	363	113.8	504	161.9	387	120.8
Malignant neoplasm of lip, oral cavity and pharynx — Tumeur maligne de la lèvre, de la cavité buccale et du pharynx	9	♦2.9	3	♦0.9	3	♦1.0	2	♦0.6
Malignant neoplasm of oesophagus — Tumeur maligne de l'oesophage	7	♦2.3	1	♦0.3	12	♦3.9	4	♦1.2
Malignant neoplasm of stomach — Tumeur maligne de l'estomac	15	♦4.8	14	♦4.4	22	♦7.1	17	♦5.3
Malignant neoplasm of colon, rectosigmoid junction, rectum, anus and anal canal — Tumeur maligne du côlon, de la jonction recto-sigmoïdienne, du rectum, de l'anus et du canal anal............	43	13.9	30	♦9.4	34	10.9	47	14.7
Malignant neoplasm of liver and intrahepatic bile ducts — Tumeur maligne du foie et des voies bilaires intrahépatiques............	24	♦7.7	13	♦4.1	19	♦6.1	14	♦4.4
Malignant neoplasm of pancreas — Tumeur maligne du pancréas............	25	♦8.1	14	♦4.4	26	♦8.4	25	♦7.8
Malignant neoplasm of trachea, bronchus and lung — Tumeur maligne de la trachée, des bronches et du poumon............	217	70.0	70	21.9	208	66.8	65	20.3
Malignant neoplasm of female breast — Tumeur maligne du sein chez la femme............	..	..	76	29.2	..	..	73	...
Malignant neoplasm of cervix uteri — Tumeur maligne du col de l'utérus..........	..	..	17	♦6.5	..	..	12	...
Malignant neoplasm of prostate — Tumeur maligne de la prostate	49	56.1	..	..	47	...	..	..
Malignant neoplasm of lymphoid, haematopoietic and related tissue — Tumeurs malignes primitives ou présumées primitives des tissus lymphoïde, hématopoïétique et apparentés............	19	♦6.1	19	♦6.0	23	♦7.4	9	♦2.8
Disorders of the blood and blood-forming organs and certain disorders involving the immune mechanism — Maladies du sang et des organes hématopoïétiques et certains troubles du système immunitaire								
Total	1	♦0.3	2	♦0.6	2	♦0.6	3	♦0.9
Anaemias — Anémies	1	♦0.3	2	♦0.6	2	♦0.6	-	-
Endocrine, nutritional and metabolic diseases — Maladies endocriniennes, nutritionnelles et métaboliques								
Total	45	14.5	44	13.8	33	10.6	48	15.0
Diabetes mellitus — Diabète sucré............	43	13.9	44	13.8	32	10.3	48	15.0
Malnutrition — Malnutrition	-	-	-	-	1	♦0.3	-	-
Mental and behavioural disorders — Troubles mentaux et du comportement	21	♦6.8	21	♦6.6	15	♦4.8	26	♦8.1
Diseases of the nervous system — Maladies du système nerveux............	9	♦2.9	12	♦3.8	8	♦2.6	5	♦1.6
Diseases of the circulatory system — Maladies de l'appareil circulatoire								
Total	1 471	474.8	1 607	503.7	1 518	487.7	1 700	530.8
Acute rheumatic fever and chronic rheumatic heart diseases — Rhumatisme articulaire aigu et cardiopathies rhumatismales chroniques	-	-	2	♦0.6	3	♦1.0	-	-
Hypertensive diseases — Maladies hypertensives............	-	-	-	-	1	♦0.3	-	-
Ischaemic heart disease — Cardiopathie ischémique............	247	79.7	191	59.9	256	82.2	161	50.3
Cerebrovascular disease — Maladie cérébrovasculaire............	258	83.3	334	104.7	203	65.2	317	99.0

Montenegro - Monténégro

Cause of death — Cause de décès	2008 (C)				2009 (C)			
	Male — Masculin		Female — Féminin		Male — Masculin		Female — Féminin	
	Number Nombre	Rate Taux	Number Nombre	Rate Taux	Number Nombre	Rate Taux	Number Nombre	Rate Taux
Diseases of arteries, arterioles and capillaries — Maladies des artères, artérioles et capillaires	16	♦5.2	13	♦4.1	28	♦9.0	13	♦4.1
Diseases of the respiratory system — Maladies de l'appareil respiratoire								
Total	134	43.3	113	35.4	165	53.0	110	34.3
Influenza — Grippe	-	-	-	-	2	♦0.6	-	-
Pneumonia — Pneumopathies	17	♦5.5	10	♦3.1	27	♦8.7	16	♦5.0
Chronic lower respiratory diseases — Maladies chroniques des voies respiratoires inférieures	1	♦0.3	2	♦0.6	1	♦0.3	-	-
Diseases of the digestive system — Maladies de l'appareil digestif								
Total	76	24.5	58	18.2	89	28.6	51	15.9
Gastric and duodenal ulcer — Ulcère de l'estomac et du duodénum	10	♦3.2	5	♦1.6	10	♦3.2	11	♦3.4
Diseases of the liver — Maladies du foie	40	12.9	12	♦3.8	40	12.9	13	♦4.1
Diseases of the musculoskeletal system and connective tissue — Maladies du système ostéo-articularie, des muscles et du tissu conjonctif	-	-	1	♦0.3	2	♦0.6	2	♦0.6
Diseases of the genitourinary system — Maladies de l'appareil génito-urinaire								
Total	43	13.9	37	11.6	48	15.4	37	11.6
Disorders of kidney and ureter — Affections du rein et de l'uretère	43	13.9	37	11.6	46	14.8	37	11.6
Hyperplasia of prostate — Hyperplasie de la prostate	-	-	..	..	1	...	..	..
Pregnancy, childbirth and the puerperium — Grossesse, accouchement et puerpéralité								
Total	..	..	-	-	..	..	-	-
Pregnancy with abortive outcome — Grossesse se terminant par un avortement	..	..	-	-	..	..	-	-
Other direct obstetric causes — Autres décès maternels directs	..	..	-	-	..	..	-	-
Indirect obstetric causes — Décès maternels indirects	..	..	-	-	..	..	-	-
Certain conditions originating in the perinatal period — Certaines affections dont l'origine se situe dans la période périnatale	37	857.9	18	♦456.3	21	♦456.8	19	♦469.7
Congenital malformations, deformations and chromosomal abnormalities — Malformations congénitales et anomalies chromosomiques	-	-	1	♦25.3	1	♦21.8	-	-
Symptoms, signs and abnormal clinical and laboratory findings, not elsewhere classified — Symptômes, signes et résultats anormaux d'examens cliniques et de laboratoire, non classés ailleurs	415	134.0	384	120.4	436	140.1	398	124.3
All other diseases — Toutes autres maladies	-	-	-	-	-	-	-	-
External causes — Causes externes								
Total	168	54.2	63	19.7	167	53.7	65	20.3
Accidents								
Total	76	24.5	14	♦4.4	80	25.7	31	9.7
Transport accidents — Accidents de transport	57	18.4	13	♦4.1	54	17.3	23	♦7.2
Falls — Chutes	9	♦2.9	-	-	14	♦4.5	1	♦0.3
Accidental drowning and submersion — Noyade et submersion accidentelles	1	♦0.3	-	-	4	♦1.3	3	♦0.9
Exposure to smoke, fire and flames — Exposition à la fumée, au feu et aux flammes	-	-	-	-	1	♦0.3	3	♦0.9
Accidental poisoning by and exposure to noxious substances — Intoxication accidentelle par des substances nocives et exposition à ces substances	5	♦1.6	-	-	1	♦0.3	-	-
Intentional self-harm — Lésions auto-infligées	80	25.8	46	14.4	77	24.7	30	♦9.4
Assault — Agresssions	12	♦3.9	3	♦0.9	10	♦3.2	4	♦1.2
All other external causes — Toutes autres causes externes	-	-	-	-	-	-	-	-

20. Death and death rates by cause and sex: 2006 - 2010
Décès et taux de mortalité par cause et sexe : 2006 - 2010 (continued - suite)

Netherlands - Pays-Bas

Cause of death — Cause de décès	2009 (+C)				2010 (+C)			
	Male — Masculin		Female — Féminin		Male — Masculin		Female — Féminin	
	Number Nombre	Rate Taux	Number Nombre	Rate Taux	Number Nombre	Rate Taux	Number Nombre	Rate Taux
TOTAL	65 365	799.1	68 870	824.7	65 977	802.3	70 081	835.1
Certain infectious and parasitic diseases — Certaines maladies infectieuses et parasitaires								
Total	968	11.8	1 054	12.6	1 010	12.3	1 094	13.0
Intestinal infectious diseases — Maladies infectieuses intestinales	52	0.6	85	1.0	63	0.8	97	1.2
Tuberculosis — Tuberculose	25	♦0.3	12	♦0.1	23	♦0.3	9	♦0.1
Tetanus — Tétanos	-	-	-	-	-	-	-	-
Diphtheria — Diphtérie..	-	-	-	-	-	-	-	-
Whooping cough — Coqueluche	-	-	2	-	-	-	-	-
Meningococcal infection — Infection à méningocoques.....................	4	♦0.0	2	♦0.0	3	♦0.0	5	♦0.1
Septicaemia — Septicémie...	538	6.6	540	6.5	567	6.9	536	6.4
Acute poliomyelitis — Poliomyélite aiguë	-	-	-	-	-	-	-	-
Measles — Rougeole..	-	-	-	-	-	-	-	-
Viral hepatitis — Hépatite virale...	36	0.4	10	♦0.1	37	0.4	18	♦0.2
Human immunodeficiency virus [HIV] disease — Maladies dues au virus de l'immunodéficience humaine (VIH)...	58	0.7	12	♦0.1	41	0.5	9	♦0.1
Malaria — Paludisme..	-	-	-	-	3	♦0.0	1	♦0.0
Neoplasms — Tumeurs	23 001	281.2	19 395	232.3	23 686	288.0	19 835	236.4
Malignant neoplasms — Tumeurs malignes								
Total	22 528	275.4	18 794	225.1	23 131	281.3	19 232	229.2
Malignant neoplasm of lip, oral cavity and pharynx — Tumeur maligne de la lèvre, de la cavité buccale et du pharynx	409	5.0	221	2.6	417	5.1	192	2.3
Malignant neoplasm of oesophagus — Tumeur maligne de l'oesophage	1 149	14.0	420	5.0	1 199	14.6	443	5.3
Malignant neoplasm of stomach — Tumeur maligne de l'estomac	872	10.7	620	7.4	926	11.3	524	6.2
Malignant neoplasm of colon, rectosigmoid junction, rectum, anus and anal canal — Tumeur maligne du côlon, de la jonction recto-sigmoïdienne, du rectum, de l'anus et du canal anal...	2 587	31.6	2 313	27.7	2 691	32.7	2 420	28.8
Malignant neoplasm of liver and intrahepatic bile ducts — Tumeur maligne du foie et des voies bilaires intrahépatiques	425	5.2	268	3.2	452	5.5	270	3.2
Malignant neoplasm of pancreas — Tumeur maligne du pancréas...................	1 178	14.4	1 201	14.4	1 210	14.7	1 271	15.1
Malignant neoplasm of trachea, bronchus and lung — Tumeur maligne de la trachée, des bronches et du poumon	6 427	78.6	3 533	42.3	6 536	79.5	3 678	43.8
Malignant neoplasm of female breast — Tumeur maligne du sein chez la femme	..	..	3 180	46.1	..	..	3 213	46.2
Malignant neoplasm of cervix uteri — Tumeur maligne du col de l'utérus.........	..	..	209	3.0	..	..	205	3.0
Malignant neoplasm of prostate — Tumeur maligne de la prostate	2 492	91.6	..	..	2 593	93.2	..	..
Malignant neoplasm of lymphoid, haematopoietic and related tissue — Tumeurs malignes primitives ou présumées primitives des tissus lymphoïde, hématopoïétique et apparentés...	1 632	20.0	1 454	17.4	1 696	20.6	1 408	16.8
Disorders of the blood and blood-forming organs and certain disorders involving the immune mechanism — Maladies du sang et des organes hématopoïétiques et certains troubles du système immunitaire								
Total	199	2.4	267	3.2	179	2.2	253	3.0
Anaemias — Anémies	127	1.6	203	2.4	121	1.5	199	2.4
Endocrine, nutritional and metabolic diseases — Maladies endocriniennes, nutritionnelles et métaboliques								
Total	1 611	19.7	2 216	26.5	1 674	20.4	2 171	25.9
Diabetes mellitus — Diabète sucré...	1 350	16.5	1 702	20.4	1 382	16.8	1 620	19.3
Malnutrition — Malnutrition	28	♦0.3	56	0.7	20	♦0.2	76	0.9
Mental and behavioural disorders — Troubles mentaux et du comportement	2 105	25.7	4 980	59.6	2 265	27.5	5 351	63.8
Diseases of the nervous system — Maladies du système nerveux.................	1 998	24.4	2 475	29.6	1 951	23.7	2 747	32.7
Diseases of the circulatory system — Maladies de l'appareil circulatoire								
Total	18 318	223.9	20 579	246.4	18 275	222.2	20 734	247.1
Acute rheumatic fever and chronic rheumatic heart diseases — Rhumatisme articulaire aigu et cardiopathies rhumatismales chroniques	5	♦0.1	9	♦0.1	2	♦0.0	7	♦0.1
Hypertensive diseases — Maladies hypertensives.............................	383	4.7	629	7.5	359	4.4	706	8.4
Ischaemic heart disease — Cardiopathie ischémique.......................	6 184	75.6	4 481	53.7	6 004	73.0	4 378	52.2
Cerebrovascular disease — Maladie cérébrovasculaire......................	3 426	41.9	5 557	66.5	3 462	42.1	5 377	64.1

Netherlands - Pays-Bas

Cause of death — Cause de décès	2009 (+C)				2010 (+C)			
	Male — Masculin		Female — Féminin		Male — Masculin		Female — Féminin	
	Number Nombre	Rate Taux	Number Nombre	Rate Taux	Number Nombre	Rate Taux	Number Nombre	Rate Taux
Diseases of arteries, arterioles and capillaries — Maladies des artères, artérioles et capillaires	1 808	22.1	1 386	16.6	1 790	21.8	1 412	16.8
Diseases of the respiratory system — Maladies de l'appareil respiratoire								
Total	7 178	87.8	6 784	81.2	6 660	81.0	6 356	75.7
Influenza — Grippe	47	0.6	80	1.0	10	♦0.1	14	♦0.2
Pneumonia — Pneumopathies	2 582	31.6	2 974	35.6	2 370	28.8	2 683	32.0
Chronic lower respiratory diseases — Maladies chroniques des voies respiratoires inférieures	3 526	43.1	2 758	33.0	3 316	40.3	2 747	32.7
Diseases of the digestive system — Maladies de l'appareil digestif								
Total	2 326	28.4	2 820	33.8	2 414	29.4	2 852	34.0
Gastric and duodenal ulcer — Ulcère de l'estomac et du duodénum...............	88	1.1	120	1.4	84	1.0	100	1.2
Diseases of the liver — Maladies du foie...............	610	7.5	357	4.3	587	7.1	353	4.2
Diseases of the musculoskeletal system and connective tissue — Maladies du système ostéo-articularie, des muscles et du tissu conjonctif	253	3.1	536	6.4	273	3.3	604	7.2
Diseases of the genitourinary system — Maladies de l'appareil génito-urinaire								
Total	1 335	16.3	1 790	21.4	1 428	17.4	2 044	24.4
Disorders of kidney and ureter — Affections du rein et de l'uretère	765	9.4	905	10.8	812	9.9	1 016	12.1
Hyperplasia of prostate — Hyperplasie de la prostate...............	32	1.2	..	..	53	1.9	..	..
Pregnancy, childbirth and the puerperium — Grossesse, accouchement et puerpéralité								
Total	..	..	9	♦4.9	..	..	4	♦2.2
Pregnancy with abortive outcome — Grossesse se terminant par un avortement	..	..	-	-	..	..	-	-
Other direct obstetric causes — Autres décès maternels directs	..	..	9	♦4.9	..	..	3	♦1.6
Indirect obstetric causes — Décès maternels indirects	..	..	-	-	..	..	1	♦0.5
Certain conditions originating in the perinatal period — Certaines affections dont l'origine se situe dans la période périnatale	216	228.3	167	184.9	200	212.5	156	172.8
Congenital malformations, deformations and chromosomal abnormalities — Malformations congénitales et anomalies chromosomiques	233	246.3	227	251.4	230	244.3	222	245.9
Symptoms, signs and abnormal clinical and laboratory findings, not elsewhere classified — Symptômes, signes et résultats anormaux d'examens cliniques et de laboratoire, non classés ailleurs	2 340	28.6	2 879	34.5	2 349	28.6	2 877	34.3
All other diseases — Toutes autres maladies...............	112	1.4	246	2.9	143	1.7	272	3.2
External causes — Causes externes								
Total	3 172	38.8	2 446	29.3	3 240	39.4	2 509	29.9
Accidents								
Total	1 798	22.0	1 659	19.9	1 802	21.9	1 687	20.1
Transport accidents — Accidents de transport...............	517	6.3	198	2.4	508	6.2	202	2.4
Falls — Chutes...............	676	8.3	861	10.3	722	8.8	902	10.7
Accidental drowning and submersion — Noyade et submersion accidentelles...............	59	0.7	22	♦0.3	65	0.8	15	♦0.2
Exposure to smoke, fire and flames — Exposition à la fumée, au feu et aux flammes...............	24	♦0.3	13	♦0.2	20	♦0.2	19	♦0.2
Accidental poisoning by and exposure to noxious substances — Intoxication accidentelle par des substances nocives et exposition à ces substances	125	1.5	40	0.5	78	0.9	35	0.4
Intentional self-harm — Lésions auto-infligées...............	1 064	13.0	461	5.5	1 124	13.7	476	5.7
Assault — Agresssions...............	104	1.3	50	0.6	90	1.1	54	0.6
All other external causes — Toutes autres causes externes...............	206	2.5	276	3.3	224	2.7	292	3.5

20. Death and death rates by cause and sex: 2006 - 2010
Décès et taux de mortalité par cause et sexe : 2006 - 2010 (continued - suite)

Norway - Norvège

Cause of death — Cause de décès	2009 (+C)				2010 (+C)			
	Male — Masculin		Female — Féminin		Male — Masculin		Female — Féminin	
	Number Nombre	Rate Taux	Number Nombre	Rate Taux	Number Nombre	Rate Taux	Number Nombre	Rate Taux
TOTAL	19 864	823.9	21 478	888.3	19 976	817.4	21 466	877.8
Certain infectious and parasitic diseases — Certaines maladies infectieuses et parasitaires								
Total	436	18.1	513	21.2	400	16.4	541	22.1
Intestinal infectious diseases — Maladies infectieuses intestinales	84	3.5	130	5.4	77	3.2	148	6.1
Tuberculosis — Tuberculose	6	♦0.2	2	♦0.1	4	♦0.2	6	♦0.2
Tetanus — Tétanos	-	-	-	-	-	-	-	-
Diphtheria — Diphtérie........	-	-	-	-	-	-	-	-
Whooping cough — Coqueluche	-	-	-	-	-	-	-	-
Meningococcal infection — Infection à méningocoques........	2	♦0.1	3	♦0.1	2	♦0.1	-	-
Septicaemia — Septicémie........	198	8.2	185	7.7	183	7.5	202	8.3
Acute poliomyelitis — Poliomyélite aiguë	-	-	-	-	-	-	-	-
Measles — Rougeole........	-	-	-	-	-	-	-	-
Viral hepatitis — Hépatite virale........	13	♦0.5	7	♦0.3	8	♦0.3	6	♦0.2
Human immunodeficiency virus [HIV] disease — Maladies dues au virus de l'immunodéficience humaine (VIH)........	13	♦0.5	6	♦0.2	10	♦0.4	-	-
Malaria — Paludisme........	-	-	-	-	-	-	-	-
Neoplasms — Tumeurs	5 753	238.6	5 069	209.7	5 919	242.2	5 244	214.4
Malignant neoplasms — Tumeurs malignes								
Total	5 643	234.1	4 901	202.7	5 815	237.9	5 110	209.0
Malignant neoplasm of lip, oral cavity and pharynx — Tumeur maligne de la lèvre, de la cavité buccale et du pharynx	74	3.1	43	1.8	92	3.8	47	1.9
Malignant neoplasm of oesophagus — Tumeur maligne de l'oesophage	117	4.9	51	2.1	165	6.8	57	2.3
Malignant neoplasm of stomach — Tumeur maligne de l'estomac	171	7.1	155	6.4	199	8.1	146	6.0
Malignant neoplasm of colon, rectosigmoid junction, rectum, anus and anal canal — Tumeur maligne du côlon, de la jonction recto-sigmoïdienne, du rectum, de l'anus et du canal anal........	762	31.6	784	32.4	773	31.6	816	33.4
Malignant neoplasm of liver and intrahepatic bile ducts — Tumeur maligne du foie et des voies bilaires intrahépatiques	102	4.2	84	3.5	117	4.8	86	3.5
Malignant neoplasm of pancreas — Tumeur maligne du pancréas........	339	14.1	325	13.4	313	12.8	317	13.0
Malignant neoplasm of trachea, bronchus and lung — Tumeur maligne de la trachée, des bronches et du poumon........	1 230	51.0	830	34.3	1 242	50.8	925	37.8
Malignant neoplasm of female breast — Tumeur maligne du sein chez la femme	..	..	671	...	..	..	673	33.9
Malignant neoplasm of cervix uteri — Tumeur maligne du col de l'utérus........	..	..	73	...	..	..	78	3.9
Malignant neoplasm of prostate — Tumeur maligne de la prostate	1 048	...	..	..	1 043	134.8	..	..
Malignant neoplasm of lymphoid, haematopoietic and related tissue — Tumeurs malignes primitives ou présumées primitives des tissus lymphoïde, hématopoïétique et apparentés........	466	19.3	365	15.1	485	19.8	390	15.9
Disorders of the blood and blood-forming organs and certain disorders involving the immune mechanism — Maladies du sang et des organes hématopoïétiques et certains troubles du système immunitaire								
Total	62	2.6	67	2.8	64	2.6	84	3.4
Anaemias — Anémies	33	1.4	51	2.1	40	1.6	50	2.0
Endocrine, nutritional and metabolic diseases — Maladies endocriniennes, nutritionnelles et métaboliques								
Total	422	17.5	589	24.4	462	18.9	546	22.3
Diabetes mellitus — Diabète sucré........	318	13.2	382	15.8	352	14.4	350	14.3
Malnutrition — Malnutrition	-	-	-	-	-	-	1	♦0.0
Mental and behavioural disorders — Troubles mentaux et du comportement	631	26.2	1 203	49.8	733	30.0	1 283	52.5
Diseases of the nervous system — Maladies du système nerveux........	654	27.1	907	37.5	705	28.8	936	38.3
Diseases of the circulatory system — Maladies de l'appareil circulatoire								
Total	6 203	257.3	7 286	301.3	6 105	249.8	7 023	287.2
Acute rheumatic fever and chronic rheumatic heart diseases — Rhumatisme articulaire aigu et cardiopathies rhumatismales chroniques	10	♦0.4	14	♦0.6	5	♦0.2	8	♦0.3
Hypertensive diseases — Maladies hypertensives........	137	5.7	278	11.5	182	7.4	288	11.8
Ischaemic heart disease — Cardiopathie ischémique........	2 843	117.9	2 535	104.8	2 782	113.8	2 424	99.1
Cerebrovascular disease — Maladie cérébrovasculaire........	1 376	57.1	1 954	80.8	1 280	52.4	1 900	77.7

Norway - Norvège

Cause of death — Cause de décès	2009 (+C)				2010 (+C)			
	Male — Masculin		Female — Féminin		Male — Masculin		Female — Féminin	
	Number Nombre	Rate Taux	Number Nombre	Rate Taux	Number Nombre	Rate Taux	Number Nombre	Rate Taux
Diseases of arteries, arterioles and capillaries — Maladies des artères, artérioles et capillaires	417	17.3	356	14.7	434	17.8	320	13.1
Diseases of the respiratory system — Maladies de l'appareil respiratoire								
Total	1 985	82.3	2 137	88.4	1 879	76.9	2 002	81.9
Influenza — Grippe	12	♦0.5	8	♦0.3	3	♦0.1	4	♦0.2
Pneumonia — Pneumopathies	713	29.6	985	40.7	633	25.9	879	35.9
Chronic lower respiratory diseases — Maladies chroniques des voies respiratoires inférieures	1 055	43.8	967	40.0	1 041	42.6	967	39.5
Diseases of the digestive system — Maladies de l'appareil digestif								
Total	560	23.2	732	30.3	571	23.4	691	28.3
Gastric and duodenal ulcer — Ulcère de l'estomac et du duodénum	77	3.2	121	5.0	87	3.6	114	4.7
Diseases of the liver — Maladies du foie	145	6.0	111	4.6	164	6.7	118	4.8
Diseases of the musculoskeletal system and connective tissue — Maladies du système ostéo-articularie, des muscles et du tissu conjonctif	79	3.3	161	6.7	88	3.6	170	7.0
Diseases of the genitourinary system — Maladies de l'appareil génito-urinaire								
Total	458	19.0	475	19.6	440	18.0	536	21.9
Disorders of kidney and ureter — Affections du rein et de l'uretère	301	12.5	292	12.1	290	11.9	316	12.9
Hyperplasia of prostate — Hyperplasie de la prostate	36	...	..	..	28	♦3.6	..	..
Pregnancy, childbirth and the puerperium — Grossesse, accouchement et puerpéralité								
Total	..	..	1	♦1.6	..	..	3	♦4.9
Pregnancy with abortive outcome — Grossesse se terminant par un avortement	..	..	-	-	..	..	1	♦1.6
Other direct obstetric causes — Autres décès maternels directs	..	..	1	♦1.6	..	..	2	♦3.3
Indirect obstetric causes — Décès maternels indirects	..	..	-	-	..	..	-	-
Certain conditions originating in the perinatal period — Certaines affections dont l'origine se situe dans la période périnatale	65	204.2	38	126.8	48	152.6	35	116.7
Congenital malformations, deformations and chromosomal abnormalities — Malformations congénitales et anomalies chromosomiques	70	219.9	64	213.5	63	200.2	63	210.1
Symptoms, signs and abnormal clinical and laboratory findings, not elsewhere classified — Symptômes, signes et résultats anormaux d'examens cliniques et de laboratoire, non classés ailleurs	903	37.5	1 131	46.8	992	40.6	1 200	49.1
All other diseases — Toutes autres maladies	32	1.3	60	2.5	33	1.4	56	2.3
External causes — Causes externes								
Total	1 551	64.3	1 045	43.2	1 474	60.3	1 053	43.1
Accidents								
Total	1 096	45.5	853	35.3	1 045	42.8	853	34.9
Transport accidents — Accidents de transport	208	8.6	53	2.2	195	8.0	57	2.3
Falls — Chutes	210	8.7	190	7.9	202	8.3	236	9.7
Accidental drowning and submersion — Noyade et submersion accidentelles	61	2.5	10	♦0.4	42	1.7	8	♦0.3
Exposure to smoke, fire and flames — Exposition à la fumée, au feu et aux flammes	35	1.5	18	♦0.7	32	1.3	24	♦1.0
Accidental poisoning by and exposure to noxious substances — Intoxication accidentelle par des substances nocives et exposition à ces substances	268	11.1	97	4.0	248	10.1	110	4.5
Intentional self-harm — Lésions auto-infligées	416	17.3	157	6.5	383	15.7	164	6.7
Assault — Agresssions	18	♦0.7	13	♦0.5	17	♦0.7	16	♦0.7
All other external causes — Toutes autres causes externes	21	♦0.9	22	♦0.9	29	♦1.2	20	♦0.8

20. Death and death rates by cause and sex: 2006 - 2010
Décès et taux de mortalité par cause et sexe : 2006 - 2010 (continued - suite)

Poland - Pologne

Cause of death — Cause de décès	2009 (C)				2010 (C)			
	Male — Masculin		Female — Féminin		Male — Masculin		Female — Féminin	
	Number Nombre	Rate Taux	Number Nombre	Rate Taux	Number Nombre	Rate Taux	Number Nombre	Rate Taux
TOTAL	203 826	1 106.3	181 114	918.0	199 833	1 083.8	178 645	904.6
Certain infectious and parasitic diseases — Certaines maladies infectieuses et parasitaires								
Total	1 654	9.0	1 129	5.7	1 677	9.1	1 129	5.7
Intestinal infectious diseases — Maladies infectieuses intestinales	29	⬧0.2	49	0.2	46	0.2	66	0.3
Tuberculosis — Tuberculose	592	3.2	151	0.8	455	2.5	120	0.6
Tetanus — Tétanos	3	⬧0.0	2	⬧0.0	3	⬧0.0	2	⬧0.0
Diphtheria — Diphtérie	-	-	-	-	-	-	-	-
Whooping cough — Coqueluche	-	-	-	-	-	-	-	-
Meningococcal infection — Infection à méningocoques...........................	11	⬧0.1	7	⬧0.0	7	⬧0.0	7	⬧0.0
Septicaemia — Septicémie...	743	4.0	730	3.7	835	4.5	751	3.8
Acute poliomyelitis — Poliomyélite aiguë	-	-	-	-	-	-	-	-
Measles — Rougeole	-	-	-	-	-	-	-	-
Viral hepatitis — Hépatite virale...................................	119	0.6	95	0.5	142	0.8	89	0.5
Human immunodeficiency virus [HIV] disease — Maladies dues au virus de l'immunodéficience humaine (VIH)...........................	71	0.4	23	⬧0.1	112	0.6	23	⬧0.1
Malaria — Paludisme..	-	-	-	-	-	-	-	-
Neoplasms — Tumeurs	53 866	292.4	42 291	214.3	53 682	291.1	42 391	214.7
Malignant neoplasms — Tumeurs malignes								
Total	52 402	284.4	40 895	207.3	51 818	281.0	40 795	206.6
Malignant neoplasm of lip, oral cavity and pharynx — Tumeur maligne de la lèvre, de la cavité buccale et du pharynx	1 697	9.2	489	2.5	1 763	9.6	464	2.3
Malignant neoplasm of oesophagus — Tumeur maligne de l'oesophage	1 115	6.1	309	1.6	1 106	6.0	290	1.5
Malignant neoplasm of stomach — Tumeur maligne de l'estomac	3 460	18.8	1 871	9.5	3 486	18.9	1 878	9.5
Malignant neoplasm of colon, rectosigmoid junction, rectum, anus and anal canal — Tumeur maligne du côlon, de la jonction recto-sigmoïdienne, du rectum, de l'anus et du canal anal...........................	5 752	31.2	4 749	24.1	5 959	32.3	4 861	24.6
Malignant neoplasm of liver and intrahepatic bile ducts — Tumeur maligne du foie et des voies bilaires intrahépatiques	1 044	5.7	952	4.8	1 058	5.7	957	4.8
Malignant neoplasm of pancreas — Tumeur maligne du pancréas...................	2 350	12.8	2 197	11.1	2 280	12.4	2 250	11.4
Malignant neoplasm of trachea, bronchus and lung — Tumeur maligne de la trachée, des bronches et du poumon...........................	16 392	89.0	5 956	30.2	16 204	87.9	6 170	31.2
Malignant neoplasm of female breast — Tumeur maligne du sein chez la femme	..	..	5 242	...	..	..	5 226	30.9
Malignant neoplasm of cervix uteri — Tumeur maligne du col de l'utérus.........	..	..	1 748	...	..	..	1 735	10.3
Malignant neoplasm of prostate — Tumeur maligne de la prostate	4 042	...	..	..	3 940	69.1	..	..
Malignant neoplasm of lymphoid, haematopoietic and related tissue — Tumeurs malignes primitives ou présumées primitives des tissus lymphoïde, hématopoïétique et apparentés...........................	2 958	16.1	2 723	13.8	2 880	15.6	2 631	13.3
Disorders of the blood and blood-forming organs and certain disorders involving the immune mechanism — Maladies du sang et des organes hématopoïétiques et certains troubles du système immunitaire								
Total	175	0.9	251	1.3	176	1.0	222	1.1
Anaemias — Anémies	89	0.5	151	0.8	85	0.5	135	0.7
Endocrine, nutritional and metabolic diseases — Maladies endocriniennes, nutritionnelles et métaboliques								
Total	3 028	16.4	4 121	20.9	2 897	15.7	3 971	20.1
Diabetes mellitus — Diabète sucré.................................	2 849	15.5	3 912	19.8	2 742	14.9	3 770	19.1
Malnutrition — Malnutrition	66	0.4	36	0.2	37	0.2	34	0.2
Mental and behavioural disorders — Troubles mentaux et du comportement	1 480	8.0	267	1.4	1 325	7.2	258	1.3
Diseases of the nervous system — Maladies du système nerveux.................	2 385	12.9	2 786	14.1	2 354	12.8	2 777	14.1
Diseases of the circulatory system — Maladies de l'appareil circulatoire								
Total	83 613	453.8	94 352	478.2	81 484	441.9	92 519	468.5
Acute rheumatic fever and chronic rheumatic heart diseases — Rhumatisme articulaire aigu et cardiopathies rhumatismales chroniques	308	1.7	532	2.7	305	1.7	507	2.6
Hypertensive diseases — Maladies hypertensives.........................	2 615	14.2	3 573	18.1	2 614	14.2	3 633	18.4
Ischaemic heart disease — Cardiopathie ischémique.....................	25 407	137.9	22 368	113.4	24 873	134.9	20 959	106.1
Cerebrovascular disease — Maladie cérébrovasculaire....................	15 913	86.4	20 451	103.7	15 334	83.2	20 236	102.5

Poland - Pologne

Cause of death — Cause de décès	2009 (C)				2010 (C)			
	Male — Masculin		Female — Féminin		Male — Masculin		Female — Féminin	
	Number Nombre	Rate Taux	Number Nombre	Rate Taux	Number Nombre	Rate Taux	Number Nombre	Rate Taux
Diseases of arteries, arterioles and capillaries — Maladies des artères, artérioles et capillaires	14 017	76.1	21 654	109.8	12 923	70.1	20 847	105.6
Diseases of the respiratory system — Maladies de l'appareil respiratoire								
Total	12 206	66.3	8 446	42.8	11 487	62.3	7 846	39.7
Influenza — Grippe	47	0.3	40	0.2	20	♦0.1	8	♦0.0
Pneumonia — Pneumopathies	4 955	26.9	4 681	23.7	5 115	27.7	4 434	22.5
Chronic lower respiratory diseases — Maladies chroniques des voies respiratoires inférieures	5 797	31.5	2 741	13.9	4 825	26.2	2 336	11.8
Diseases of the digestive system — Maladies de l'appareil digestif								
Total	9 677	52.5	7 114	36.1	9 323	50.6	6 912	35.0
Gastric and duodenal ulcer — Ulcère de l'estomac et du duodénum	798	4.3	703	3.6	796	4.3	663	3.4
Diseases of the liver — Maladies du foie	5 145	27.9	2 233	11.3	4 852	26.3	2 029	10.3
Diseases of the musculoskeletal system and connective tissue — Maladies du système ostéo-articularie, des muscles et du tissu conjonctif	142	0.8	375	1.9	123	0.7	350	1.8
Diseases of the genitourinary system — Maladies de l'appareil génito-urinaire								
Total	2 439	13.2	2 614	13.2	2 457	13.3	2 688	13.6
Disorders of kidney and ureter — Affections du rein et de l'uretère	2 370	12.9	2 525	12.8	2 390	13.0	2 599	13.2
Hyperplasia of prostate — Hyperplasie de la prostate	18	...	..	..	16	♦0.3	..	..
Pregnancy, childbirth and the puerperium — Grossesse, accouchement et puerpéralité								
Total	..	..	8	♦1.9	..	..	9	♦2.2
Pregnancy with abortive outcome — Grossesse se terminant par un avortement	..	..	-	-	..	..	1	♦0.2
Other direct obstetric causes — Autres décès maternels directs	..	..	7	♦1.7	..	..	7	♦1.7
Indirect obstetric causes — Décès maternels indirects	..	..	-	-	..	..	1	♦0.2
Certain conditions originating in the perinatal period — Certaines affections dont l'origine se situe dans la période périnatale	723	336.4	555	273.8	589	274.7	473	237.8
Congenital malformations, deformations and chromosomal abnormalities — Malformations congénitales et anomalies chromosomiques	540	251.3	481	237.3	541	252.3	435	218.7
Symptoms, signs and abnormal clinical and laboratory findings, not elsewhere classified — Symptômes, signes et résultats anormaux d'examens cliniques et de laboratoire, non classés ailleurs	13 246	71.9	10 630	53.9	13 294	72.1	11 202	56.7
All other diseases — Toutes autres maladies	29	♦0.2	20	♦0.1	31	0.2	28	♦0.1
External causes — Causes externes								
Total	18 623	101.1	5 674	28.8	18 393	99.8	5 435	27.5
Accidents								
Total	10 452	56.7	3 908	19.8	10 411	56.5	3 825	19.4
Transport accidents — Accidents de transport	3 856	20.9	1 173	5.9	3 531	19.1	998	5.1
Falls — Chutes	1 994	10.8	1 563	7.9	2 063	11.2	1 692	8.6
Accidental drowning and submersion — Noyade et submersion accidentelles	725	3.9	154	0.8	828	4.5	149	0.8
Exposure to smoke, fire and flames — Exposition à la fumée, au feu et aux flammes	401	2.2	138	0.7	438	2.4	130	0.7
Accidental poisoning by and exposure to noxious substances — Intoxication accidentelle par des substances nocives et exposition à ces substances	1 372	7.4	297	1.5	1 277	6.9	262	1.3
Intentional self-harm — Lésions auto-infligées	5 530	30.0	944	4.8	5 506	29.9	836	4.2
Assault — Agresssions	294	1.6	120	0.6	245	1.3	108	0.5
All other external causes — Toutes autres causes externes	2 347	12.7	702	3.6	2 231	12.1	666	3.4

20. Death and death rates by cause and sex: 2006 - 2010
Décès et taux de mortalité par cause et sexe : 2006 - 2010 (continued - suite)

Portugal

Cause of death — Cause de décès	2009 (+C)				2010 (+C)			
	Male — Masculin		Female — Féminin		Male — Masculin		Female — Féminin	
	Number Nombre	Rate Taux	Number Nombre	Rate Taux	Number Nombre	Rate Taux	Number Nombre	Rate Taux
TOTAL	53 691	1 043.5	51 273	934.4	54 413	1 057.1	51 828	944.1
Certain infectious and parasitic diseases — Certaines maladies infectieuses et parasitaires								
Total	1 477	28.7	1 144	20.8	1 514	29.4	1 153	21.0
Intestinal infectious diseases — Maladies infectieuses intestinales	25	◊0.5	52	0.9	25	◊0.5	47	0.9
Tuberculosis — Tuberculose	100	1.9	43	0.8	87	1.7	32	0.6
Tetanus — Tétanos	1	◊0.0	4	◊0.1	-	-	1	◊0.0
Diphtheria — Diphtérie	-	-	-	-	-	-	-	-
Whooping cough — Coqueluche	-	-	-	-	-	-	-	-
Meningococcal infection — Infection à méningocoques	1	◊0.0	-	-	4	◊0.1	-	-
Septicaemia — Septicémie	625	12.1	767	14.0	678	13.2	793	14.4
Acute poliomyelitis — Poliomyélite aiguë	-	-	-	-	1	◊0.0	-	-
Measles — Rougeole	-	-	-	-	-	-	-	-
Viral hepatitis — Hépatite virale	75	1.5	31	0.6	64	1.2	33	0.6
Human immunodeficiency virus [HIV] disease — Maladies dues au virus de l'immunodéficience humaine (VIH)	507	9.9	157	2.9	505	9.8	137	2.5
Malaria — Paludisme	3	◊0.1	-	-	1	◊0.0	-	-
Neoplasms — Tumeurs	14 690	285.5	10 222	186.3	15 215	295.6	10 277	187.2
Malignant neoplasms — Tumeurs malignes								
Total	14 424	280.3	9 973	181.8	14 955	290.5	10 027	182.6
Malignant neoplasm of lip, oral cavity and pharynx — Tumeur maligne de la lèvre, de la cavité buccale et du pharynx	577	11.2	125	2.3	577	11.2	113	2.1
Malignant neoplasm of oesophagus — Tumeur maligne de l'oesophage	450	8.7	98	1.8	450	8.7	82	1.5
Malignant neoplasm of stomach — Tumeur maligne de l'estomac	1 412	27.4	969	17.7	1 378	26.8	945	17.2
Malignant neoplasm of colon, rectosigmoid junction, rectum, anus and anal canal — Tumeur maligne du côlon, de la jonction recto-sigmoïdienne, du rectum, de l'anus et du canal anal	2 107	40.9	1 541	28.1	2 226	43.2	1 538	28.0
Malignant neoplasm of liver and intrahepatic bile ducts — Tumeur maligne du foie et des voies bilaires intrahépatiques	607	11.8	254	4.6	611	11.9	284	5.2
Malignant neoplasm of pancreas — Tumeur maligne du pancréas	672	13.1	528	9.6	680	13.2	570	10.4
Malignant neoplasm of trachea, bronchus and lung — Tumeur maligne de la trachée, des bronches et du poumon	2 720	52.9	739	13.5	2 910	56.5	748	13.6
Malignant neoplasm of female breast — Tumeur maligne du sein chez la femme	..	..	1 620	34.5	..	..	1 661	35.3
Malignant neoplasm of cervix uteri — Tumeur maligne du col de l'utérus	..	..	271	5.8	..	..	230	4.9
Malignant neoplasm of prostate — Tumeur maligne de la prostate	1 716	99.4	..	..	1 786	102.0	..	..
Malignant neoplasm of lymphoid, haematopoietic and related tissue — Tumeurs malignes primitives ou présumées primitives des tissus lymphoïde, hématopoïétique et apparentés	1 016	19.7	922	16.8	1 097	21.3	912	16.6
Disorders of the blood and blood-forming organs and certain disorders involving the immune mechanism — Maladies du sang et des organes hématopoïétiques et certains troubles du système immunitaire								
Total	137	2.7	204	3.7	165	3.2	208	3.8
Anaemias — Anémies	92	1.8	162	3.0	115	2.2	168	3.1
Endocrine, nutritional and metabolic diseases — Maladies endocriniennes, nutritionnelles et métaboliques								
Total	2 333	45.3	3 160	57.6	2 375	46.1	3 276	59.7
Diabetes mellitus — Diabète sucré	1 987	38.6	2 627	47.9	2 024	39.3	2 724	49.6
Malnutrition — Malnutrition	23	◊0.4	22	◊0.4	21	◊0.4	26	◊0.5
Mental and behavioural disorders — Troubles mentaux et du comportement	164	3.2	48	0.9	181	3.5	42	0.8
Diseases of the nervous system — Maladies du système nerveux	1 298	25.2	1 591	29.0	1 391	27.0	1 715	31.2
Diseases of the circulatory system — Maladies de l'appareil circulatoire								
Total	14 856	288.7	18 616	339.3	14 962	290.7	18 818	342.8
Acute rheumatic fever and chronic rheumatic heart diseases — Rhumatisme articulaire aigu et cardiopathies rhumatismales chroniques	59	1.1	110	2.0	58	1.1	114	2.1
Hypertensive diseases — Maladies hypertensives	650	12.6	1 048	19.1	708	13.8	1 174	21.4
Ischaemic heart disease — Cardiopathie ischémique	3 950	76.8	3 608	65.8	3 971	77.1	3 533	64.4
Cerebrovascular disease — Maladie cérébrovasculaire	6 127	119.1	8 158	148.7	6 137	119.2	8 259	150.4

Portugal

Cause of death — Cause de décès	2009 (+C)				2010 (+C)			
	Male — Masculin		Female — Féminin		Male — Masculin		Female — Féminin	
	Number Nombre	Rate Taux	Number Nombre	Rate Taux	Number Nombre	Rate Taux	Number Nombre	Rate Taux
Diseases of arteries, arterioles and capillaries — Maladies des artères, artérioles et capillaires	906	17.6	1 112	20.3	860	16.7	1 118	20.4
Diseases of the respiratory system — Maladies de l'appareil respiratoire								
Total	6 399	124.4	5 803	105.8	6 199	120.4	5 593	101.9
Influenza — Grippe	14	♦0.3	18	♦0.3	1	♦0.0	7	♦0.1
Pneumonia — Pneumopathies	2 557	49.7	2 677	48.8	2 537	49.3	2 522	45.9
Chronic lower respiratory diseases — Maladies chroniques des voies respiratoires inférieures	1 855	36.1	1 004	18.3	1 779	34.6	964	17.6
Diseases of the digestive system — Maladies de l'appareil digestif								
Total	2 676	52.0	1 963	35.8	2 701	52.5	1 940	35.3
Gastric and duodenal ulcer — Ulcère de l'estomac et du duodénum	115	2.2	113	2.1	114	2.2	109	2.0
Diseases of the liver — Maladies du foie	1 424	27.7	481	8.8	1 358	26.4	457	8.3
Diseases of the musculoskeletal system and connective tissue — Maladies du système ostéo-articulaire, des muscles et du tissu conjonctif	123	2.4	181	3.3	129	2.5	205	3.7
Diseases of the genitourinary system — Maladies de l'appareil génito-urinaire								
Total	1 375	26.7	1 689	30.8	1 455	28.3	1 821	33.2
Disorders of kidney and ureter — Affections du rein et de l'uretère	952	18.5	1 064	19.4	950	18.5	1 033	18.8
Hyperplasia of prostate — Hyperplasie de la prostate	37	2.1	..	..	43	2.5	..	..
Pregnancy, childbirth and the puerperium — Grossesse, accouchement et puerpéralité								
Total	..	..	7	♦7.0	..	..	8	♦7.9
Pregnancy with abortive outcome — Grossesse se terminant par un avortement	..	..	2	♦2.0	..	..	1	♦1.0
Other direct obstetric causes — Autres décès maternels directs	..	..	4	♦4.0	..	..	6	♦5.9
Indirect obstetric causes — Décès maternels indirects	..	..	1	♦1.0	..	..	1	♦1.0
Certain conditions originating in the perinatal period — Certaines affections dont l'origine se situe dans la période périnatale	130	255.5	85	174.8	73	141.7	77	154.5
Congenital malformations, deformations and chromosomal abnormalities — Malformations congénitales et anomalies chromosomiques	75	147.4	77	158.4	63	122.2	72	144.4
Symptoms, signs and abnormal clinical and laboratory findings, not elsewhere classified — Symptômes, signes et résultats anormaux d'examens cliniques et de laboratoire, non classés ailleurs	4 854	94.3	5 060	92.2	4 930	95.8	5 127	93.4
All other diseases — Toutes autres maladies	17	♦0.3	33	0.6	13	♦0.3	16	♦0.3
External causes — Causes externes								
Total	3 087	60.0	1 390	25.3	3 047	59.2	1 480	27.0
Accidents								
Total	1 456	28.3	533	9.7	1 379	26.8	600	10.9
Transport accidents — Accidents de transport	838	16.3	226	4.1	772	15.0	243	4.4
Falls — Chutes	222	4.3	130	2.4	216	4.2	128	2.3
Accidental drowning and submersion — Noyade et submersion accidentelles	49	1.0	19	♦0.3	58	1.1	14	♦0.3
Exposure to smoke, fire and flames — Exposition à la fumée, au feu et aux flammes	32	0.6	24	♦0.4	28	♦0.5	33	0.6
Accidental poisoning by and exposure to noxious substances — Intoxication accidentelle par des substances nocives et exposition à ces substances	17	♦0.3	13	♦0.2	28	♦0.5	19	♦0.3
Intentional self-harm — Lésions auto-infligées	803	15.6	222	4.0	836	16.2	265	4.8
Assault — Agresssions	73	1.4	30	♦0.5	87	1.7	44	0.8
All other external causes — Toutes autres causes externes	755	14.7	605	11.0	745	14.5	571	10.4

Republic of Moldova - République de Moldova

Cause of death — Cause de décès	2009 (+C)				2010 (+C)			
	Male — Masculin		Female — Féminin		Male — Masculin		Female — Féminin	
	Number Nombre	Rate Taux	Number Nombre	Rate Taux	Number Nombre	Rate Taux	Number Nombre	Rate Taux
TOTAL	22 294	1 300.5	19 845	1 071.9	23 211	1 355.2	20 420	1 104.2
Certain infectious and parasitic diseases — Certaines maladies infectieuses et parasitaires								
Total	542	31.6	170	9.2	550	32.1	125	6.8
Intestinal infectious diseases — Maladies infectieuses intestinales	7	♦0.4	9	♦0.5	9	♦0.5	5	♦0.3
Tuberculosis — Tuberculose	469	27.4	108	5.8	466	27.2	66	3.6
Tetanus — Tétanos	-	-	-	-	-	-	-	-
Diphtheria — Diphtérie.........................	-	-	-	-	-	-	-	-
Whooping cough — Coqueluche	-	-	-	-	-	-	-	-
Meningococcal infection — Infection à méningocoques.........	7	♦0.4	6	♦0.3	5	♦0.3	5	♦0.3
Septicaemia — Septicémie.........................	4	♦0.2	10	♦0.5	2	♦0.1	2	♦0.1
Acute poliomyelitis — Poliomyélite aiguë	-	-	-	-	-	-	-	-
Measles — Rougeole.........................	-	-	-	-	-	-	-	-
Viral hepatitis — Hépatite virale.........................	4	♦0.2	2	♦0.1	2	♦0.1	4	♦0.2
Human immunodeficiency virus [HIV] disease — Maladies dues au virus de l'immunodéficience humaine (VIH).........................	39	2.3	15	♦0.8	54	3.2	29	♦1.6
Malaria — Paludisme.........................	-	-	-	-	-	-	-	-
Neoplasms — Tumeurs	3 257	190.0	2 465	133.1	3 258	190.2	2 441	132.0
Malignant neoplasms — Tumeurs malignes								
Total	3 223	188.0	2 435	131.5	3 231	188.6	2 401	129.8
Malignant neoplasm of lip, oral cavity and pharynx — Tumeur maligne de la lèvre, de la cavité buccale et du pharynx	219	12.8	28	♦1.5	228	13.3	25	♦1.4
Malignant neoplasm of oesophagus — Tumeur maligne de l'oesophage	60	3.5	3	♦0.2	64	3.7	6	♦0.3
Malignant neoplasm of stomach — Tumeur maligne de l'estomac	311	18.1	185	10.0	312	18.2	170	9.2
Malignant neoplasm of colon, rectosigmoid junction, rectum, anus and anal canal — Tumeur maligne du côlon, de la jonction recto-sigmoïdienne, du rectum, de l'anus et du canal anal.........................	450	26.3	369	19.9	374	21.8	346	18.7
Malignant neoplasm of liver and intrahepatic bile ducts — Tumeur maligne du foie et des voies bilaires intrahépatiques	272	15.9	152	8.2	265	15.5	159	8.6
Malignant neoplasm of pancreas — Tumeur maligne du pancréas.........	190	11.1	137	7.4	190	11.1	155	8.4
Malignant neoplasm of trachea, bronchus and lung — Tumeur maligne de la trachée, des bronches et du poumon.........................	699	40.8	181	9.8	746	43.6	181	9.8
Malignant neoplasm of female breast — Tumeur maligne du sein chez la femme	..	..	528	33.9	..	..	457	29.3
Malignant neoplasm of cervix uteri — Tumeur maligne du col de l'utérus.........	..	..	162	10.4	..	..	192	12.3
Malignant neoplasm of prostate — Tumeur maligne de la prostate	180	42.9	..	..	200	46.7	..	..
Malignant neoplasm of lymphoid, haematopoietic and related tissue — Tumeurs malignes primitives ou présumées primitives des tissus lymphoïde, hématopoïétique et apparentés.........................	182	10.6	139	7.5	144	8.4	139	7.5
Disorders of the blood and blood-forming organs and certain disorders involving the immune mechanism — Maladies du sang et des organes hématopoïétiques et certains troubles du système immunitaire								
Total	9	♦0.5	8	♦0.4	7	♦0.4	12	♦0.6
Anaemias — Anémies	3	♦0.2	4	♦0.2	4	♦0.2	4	♦0.2
Endocrine, nutritional and metabolic diseases — Maladies endocriniennes, nutritionnelles et métaboliques								
Total	206	12.0	244	13.2	242	14.1	239	12.9
Diabetes mellitus — Diabète sucré.........................	150	8.8	175	9.5	179	10.5	180	9.7
Malnutrition — Malnutrition	1	♦0.1	2	♦0.1	-	-	5	♦0.3
Mental and behavioural disorders — Troubles mentaux et du comportement	152	8.9	41	2.2	153	8.9	48	2.6
Diseases of the nervous system — Maladies du système nerveux.........	345	20.1	140	7.6	359	21.0	158	8.5
Diseases of the circulatory system — Maladies de l'appareil circulatoire								
Total	10 863	633.7	12 784	690.5	11 209	654.4	13 303	719.4
Acute rheumatic fever and chronic rheumatic heart diseases — Rhumatisme articulaire aigu et cardiopathies rhumatismales chroniques	64	3.7	72	3.9	65	3.8	80	4.3
Hypertensive diseases — Maladies hypertensives.........................	293	17.1	501	27.1	334	19.5	537	29.0
Ischaemic heart disease — Cardiopathie ischémique.........................	7 192	419.6	8 441	455.9	7 506	438.2	9 060	489.9
Cerebrovascular disease — Maladie cérébrovasculaire.........................	2 912	169.9	3 564	192.5	2 824	164.9	3 348	181.0

Republic of Moldova - République de Moldova

Cause of death — Cause de décès	2009 (+C)				2010 (+C)			
	Male — Masculin		Female — Féminin		Male — Masculin		Female — Féminin	
	Number Nombre	Rate Taux	Number Nombre	Rate Taux	Number Nombre	Rate Taux	Number Nombre	Rate Taux
Diseases of arteries, arterioles and capillaries — Maladies des artères, artérioles et capillaires	100	5.8	56	3.0	104	6.1	60	3.2
Diseases of the respiratory system — Maladies de l'appareil respiratoire								
Total	1 535	89.5	773	41.8	1 614	94.2	819	44.3
Influenza — Grippe	8	♦0.5	11	♦0.6	5	♦0.3	9	♦0.5
Pneumonia — Pneumopathies	665	38.8	225	12.2	631	36.8	240	13.0
Chronic lower respiratory diseases — Maladies chroniques des voies respiratoires inférieures	770	44.9	514	27.8	877	51.2	547	29.6
Diseases of the digestive system — Maladies de l'appareil digestif								
Total	2 118	123.6	1 999	108.0	2 337	136.4	2 005	108.4
Gastric and duodenal ulcer — Ulcère de l'estomac et du duodénum	149	8.7	47	2.5	153	8.9	43	2.3
Diseases of the liver — Maladies du foie	1 616	94.3	1 698	91.7	1 825	106.6	1 749	94.6
Diseases of the musculoskeletal system and connective tissue — Maladies du système ostéo-articularie, des muscles et du tissu conjonctif	13	♦0.8	10	♦0.5	21	♦1.2	19	♦1.0
Diseases of the genitourinary system — Maladies de l'appareil génito-urinaire								
Total	168	9.8	161	8.7	176	10.3	152	8.2
Disorders of kidney and ureter — Affections du rein et de l'uretère	143	8.3	158	8.5	146	8.5	144	7.8
Hyperplasia of prostate — Hyperplasie de la prostate	18	♦4.3	..	..	27	♦6.3	..	..
Pregnancy, childbirth and the puerperium — Grossesse, accouchement et puerpéralité								
Total	..	..	7	♦17.2	..	..	18	♦44.5
Pregnancy with abortive outcome — Grossesse se terminant par un avortement	..	..	1	♦2.5	..	..	1	♦2.5
Other direct obstetric causes — Autres décès maternels directs	..	..	3	♦7.4	..	..	7	♦17.3
Indirect obstetric causes — Décès maternels indirects	..	..	3	♦7.4	..	..	10	♦24.7
Certain conditions originating in the perinatal period — Certaines affections dont l'origine se situe dans la période périnatale	119	564.3	82	415.9	114	548.6	76	385.9
Congenital malformations, deformations and chromosomal abnormalities — Malformations congénitales et anomalies chromosomiques	105	497.9	87	441.3	108	519.7	73	370.7
Symptoms, signs and abnormal clinical and laboratory findings, not elsewhere classified — Symptômes, signes et résultats anormaux d'examens cliniques et de laboratoire, non classés ailleurs	178	10.4	67	3.6	189	11.0	84	4.5
All other diseases — Toutes autres maladies	9	♦0.5	22	♦1.2	11	♦0.6	19	♦1.0
External causes — Causes externes								
Total	2 675	156.0	785	42.4	2 863	167.2	829	44.8
Accidents								
Total	1 704	99.4	518	28.0	1 851	108.1	567	30.7
Transport accidents — Accidents de transport	367	21.4	116	6.3	373	21.8	98	5.3
Falls — Chutes	120	7.0	20	♦1.1	127	7.4	28	♦1.5
Accidental drowning and submersion — Noyade et submersion accidentelles	177	10.3	33	1.8	247	14.4	38	2.1
Exposure to smoke, fire and flames — Exposition à la fumée, au feu et aux flammes	93	5.4	49	2.6	101	5.9	56	3.0
Accidental poisoning by and exposure to noxious substances — Intoxication accidentelle par des substances nocives et exposition à ces substances	309	18.0	121	6.5	305	17.8	100	5.4
Intentional self-harm — Lésions auto-infligées	556	32.4	95	5.1	579	33.8	97	5.2
Assault — Agresssions	151	8.8	80	4.3	171	10.0	77	4.2
All other external causes — Toutes autres causes externes	264	15.4	92	5.0	262	15.3	88	4.8

20. Death and death rates by cause and sex: 2006 - 2010
Décès et taux de mortalité par cause et sexe : 2006 - 2010 (continued - suite)

Romania - Roumanie

Cause of death — Cause de décès	2009 (+C)				2010 (+C)			
	Male — Masculin		Female — Féminin		Male — Masculin		Female — Féminin	
	Number Nombre	Rate Taux	Number Nombre	Rate Taux	Number Nombre	Rate Taux	Number Nombre	Rate Taux
TOTAL	137 550	1 315.4	119 663	1 086.6	137 957	1 322.2	121 766	1 107.3
Certain infectious and parasitic diseases — Certaines maladies infectieuses et parasitaires								
Total	1 750	16.7	607	5.5	1 780	17.1	694	6.3
Intestinal infectious diseases — Maladies infectieuses intestinales	22	◆0.2	16	◆0.1	23	◆0.2	19	◆0.2
Tuberculosis — Tuberculose	1 278	12.2	245	2.2	1 249	12.0	233	2.1
Tetanus — Tétanos..	3	◆0.0	4	◆0.0	3	◆0.0	-	-
Diphtheria — Diphtérie..	-	-	-	-	-	-	-	-
Whooping cough — Coqueluche	-	-	-	-	-	-	-	-
Meningococcal infection — Infection à méningocoques............................	5	◆0.0	4	◆0.0	4	◆0.0	8	◆0.1
Septicaemia — Septicémie...........................	278	2.7	202	1.8	332	3.2	265	2.4
Acute poliomyelitis — Poliomyélite aiguë	-	-	-	-	-	-	-	-
Measles — Rougeole..................................	-	-	-	-	-	-	-	-
Viral hepatitis — Hépatite virale...........................	22	◆0.2	28	◆0.3	22	◆0.2	24	◆0.2
Human immunodeficiency virus [HIV] disease — Maladies dues au virus de l'immunodéficience humaine (VIH)....................	74	0.7	49	0.4	79	0.8	52	0.5
Malaria — Paludisme..	2	◆0.0	-	-	2	◆0.0	1	◆0.0
Neoplasms — Tumeurs	28 110	268.8	19 279	175.1	28 259	270.8	19 243	175.0
Malignant neoplasms — Tumeurs malignes								
Total	27 931	267.1	19 153	173.9	28 151	269.8	19 156	174.2
Malignant neoplasm of lip, oral cavity and pharynx — Tumeur maligne de la lèvre, de la cavité buccale et du pharynx	1 747	16.7	231	2.1	1 728	16.6	248	2.3
Malignant neoplasm of oesophagus — Tumeur maligne de l'oesophage	561	5.4	99	0.9	564	5.4	111	1.0
Malignant neoplasm of stomach — Tumeur maligne de l'estomac	2 358	22.5	1 223	11.1	2 355	22.6	1 184	10.8
Malignant neoplasm of colon, rectosigmoid junction, rectum, anus and anal canal — Tumeur maligne du côlon, de la jonction recto-sigmoïdienne, du rectum, de l'anus et du canal anal.............	3 004	28.7	2 362	21.4	3 073	29.5	2 362	21.5
Malignant neoplasm of liver and intrahepatic bile ducts — Tumeur maligne du foie et des voies bilaires intrahépatiques	1 677	16.0	950	8.6	1 754	16.8	984	8.9
Malignant neoplasm of pancreas — Tumeur maligne du pancréas..................	1 449	13.9	1 140	10.4	1 494	14.3	1 142	10.4
Malignant neoplasm of trachea, bronchus and lung — Tumeur maligne de la trachée, des bronches et du poumon..................	7 718	73.8	1 873	17.0	7 705	73.8	1 951	17.7
Malignant neoplasm of female breast — Tumeur maligne du sein chez la femme	..	..	3 206	...	..	..	3 153	33.4
Malignant neoplasm of cervix uteri — Tumeur maligne du col de l'utérus.........	..	..	1 748	...	..	..	1 739	18.4
Malignant neoplasm of prostate — Tumeur maligne de la prostate	1 810	...	..	...	2 007	62.6	..	..
Malignant neoplasm of lymphoid, haematopoietic and related tissue — Tumeurs malignes primitives ou présumées primitives des tissus lymphoïde, hématopoïétique et apparentés............	1 381	13.2	1 083	9.8	1 269	12.2	998	9.1
Disorders of the blood and blood-forming organs and certain disorders involving the immune mechanism — Maladies du sang et des organes hématopoïétiques et certains troubles du système immunitaire								
Total	80	0.8	71	0.6	59	0.6	80	0.7
Anaemias — Anémies	45	0.4	43	0.4	42	0.4	50	0.5
Endocrine, nutritional and metabolic diseases — Maladies endocriniennes, nutritionnelles et métaboliques								
Total	1 131	10.8	1 267	11.5	1 155	11.1	1 419	12.9
Diabetes mellitus — Diabète sucré....................	1 068	10.2	1 206	11.0	1 095	10.5	1 355	12.3
Malnutrition — Malnutrition	42	0.4	34	0.3	34	0.3	34	0.3
Mental and behavioural disorders — Troubles mentaux et du comportement	212	2.0	90	0.8	184	1.8	87	0.8
Diseases of the nervous system — Maladies du système nerveux.................	1 083	10.4	990	9.0	1 219	11.7	1 345	12.2
Diseases of the circulatory system — Maladies de l'appareil circulatoire								
Total	73 559	703.4	80 982	735.3	73 993	709.1	82 366	749.0
Acute rheumatic fever and chronic rheumatic heart diseases — Rhumatisme articulaire aigu et cardiopathies rhumatismales chroniques	247	2.4	295	2.7	176	1.7	220	2.0
Hypertensive diseases — Maladies hypertensives....	11 107	106.2	15 105	137.2	11 312	108.4	15 672	142.5
Ischaemic heart disease — Cardiopathie ischémique............	26 687	255.2	25 588	232.3	27 021	259.0	26 276	238.9
Cerebrovascular disease — Maladie cérébrovasculaire...................	22 273	213.0	26 534	240.9	22 490	215.5	26 815	243.8

Romania - Roumanie

Cause of death — Cause de décès	2009 (+C)				2010 (+C)			
	Male — Masculin		Female — Féminin		Male — Masculin		Female — Féminin	
	Number Nombre	Rate Taux	Number Nombre	Rate Taux	Number Nombre	Rate Taux	Number Nombre	Rate Taux
Diseases of arteries, arterioles and capillaries — Maladies des artères, artérioles et capillaires	5 569	53.3	7 195	65.3	5 310	50.9	7 108	64.6
Diseases of the respiratory system — Maladies de l'appareil respiratoire								
Total	8 223	78.6	4 668	42.4	8 062	77.3	4 670	42.5
Influenza — Grippe	18	♦0.2	24	♦0.2	25	♦0.2	6	♦0.1
Pneumonia — Pneumopathies	3 339	31.9	2 095	19.0	3 255	31.2	2 045	18.6
Chronic lower respiratory diseases — Maladies chroniques des voies respiratoires inférieures	3 979	38.1	2 019	18.3	3 892	37.3	2 005	18.2
Diseases of the digestive system — Maladies de l'appareil digestif								
Total	10 112	96.7	6 345	57.6	10 174	97.5	6 430	58.5
Gastric and duodenal ulcer — Ulcère de l'estomac et du duodénum	339	3.2	191	1.7	339	3.2	186	1.7
Diseases of the liver — Maladies du foie	7 559	72.3	4 396	39.9	7 632	73.1	4 470	40.6
Diseases of the musculoskeletal system and connective tissue — Maladies du système ostéo-articularie, des muscles et du tissu conjonctif	12	♦0.1	23	♦0.2	14	♦0.1	31	0.3
Diseases of the genitourinary system — Maladies de l'appareil génito-urinaire								
Total	1 343	12.8	1 122	10.2	1 402	13.4	1 142	10.4
Disorders of kidney and ureter — Affections du rein et de l'uretère	1 167	11.2	1 106	10.0	1 237	11.9	1 123	10.2
Hyperplasia of prostate — Hyperplasie de la prostate	154	...	..	..	155	4.8	..	..
Pregnancy, childbirth and the puerperium — Grossesse, accouchement et puerpéralité								
Total	..	..	47	21.1	..	..	51	24.0
Pregnancy with abortive outcome — Grossesse se terminant par un avortement	..	..	8	♦3.6	..	..	11	♦5.2
Other direct obstetric causes — Autres décès maternels directs	..	..	23	♦10.3	..	..	22	♦10.4
Indirect obstetric causes — Décès maternels indirects	..	..	15	♦6.7	..	..	18	♦8.5
Certain conditions originating in the perinatal period — Certaines affections dont l'origine se situe dans la période périnatale	466	407.3	336	311.2	436	399.8	279	270.5
Congenital malformations, deformations and chromosomal abnormalities — Malformations congénitales et anomalies chromosomiques	382	333.9	294	272.3	351	321.9	274	265.7
Symptoms, signs and abnormal clinical and laboratory findings, not elsewhere classified — Symptômes, signes et résultats anormaux d'examens cliniques et de laboratoire, non classés ailleurs	1 303	12.5	764	6.9	1 271	12.2	787	7.2
All other diseases — Toutes autres maladies	29	♦0.3	32	0.3	37	0.4	50	0.5
External causes — Causes externes								
Total	9 755	93.3	2 746	24.9	9 561	91.6	2 818	25.6
Accidents								
Total	6 972	66.7	2 118	19.2	6 675	64.0	2 094	19.0
Transport accidents — Accidents de transport	2 655	25.4	846	7.7	2 170	20.8	674	6.1
Falls — Chutes	1 183	11.3	279	2.5	1 116	10.7	301	2.7
Accidental drowning and submersion — Noyade et submersion accidentelles	625	6.0	152	1.4	741	7.1	219	2.0
Exposure to smoke, fire and flames — Exposition à la fumée, au feu et aux flammes	215	2.1	140	1.3	232	2.2	165	1.5
Accidental poisoning by and exposure to noxious substances — Intoxication accidentelle par des substances nocives et exposition à ces substances	731	7.0	296	2.7	791	7.6	301	2.7
Intentional self-harm — Lésions auto-infligées	2 197	21.0	389	3.5	2 304	22.1	462	4.2
Assault — Agresssions	336	3.2	168	1.5	345	3.3	169	1.5
All other external causes — Toutes autres causes externes	250	2.4	71	0.6	237	2.3	93	0.8

20. Death and death rates by cause and sex: 2006 - 2010
Décès et taux de mortalité par cause et sexe : 2006 - 2010 (continued - suite)

Russian Federation - Fédération de Russie

Cause of death — Cause de décès	2009 (+C)				2010 (+C)			
	Male — Masculin		Female — Féminin		Male — Masculin		Female — Féminin	
	Number Nombre	Rate Taux	Number Nombre	Rate Taux	Number Nombre	Rate Taux	Number Nombre	Rate Taux
TOTAL	1 048 314	1 597.0	962 229	1 261.7	1 050 676	1 595.7	977 840	1 277.5
Certain infectious and parasitic diseases — Certaines maladies infectieuses et parasitaires								
Total	26 035	39.7	8 068	10.6	25 239	38.3	8 370	10.9
Intestinal infectious diseases — Maladies infectieuses intestinales	188	0.3	164	0.2	213	0.3	179	0.2
Tuberculosis — Tuberculose	19 205	29.3	4 654	6.1	17 463	26.5	4 366	5.7
Tetanus — Tétanos	-	-	8	⬧0.0	2	⬧0.0	-	-
Diphtheria — Diphtérie...	-	-	-	-	-	-	1	⬧0.0
Whooping cough — Coqueluche	1	⬧0.0	-	-	3	⬧0.0	2	⬧0.0
Meningococcal infection — Infection à méningocoques..............................	178	0.3	114	0.1	186	0.3	111	0.1
Septicaemia — Septicémie	881	1.3	611	0.8	1 084	1.6	692	0.9
Acute poliomyelitis — Poliomyélite aiguë	-	-	-	-	-	-	-	-
Measles — Rougeole...	-	-	-	-	-	-	-	-
Viral hepatitis — Hépatite virale..	710	1.1	478	0.6	775	1.2	488	0.6
Human immunodeficiency virus [HIV] disease — Maladies dues au virus de l'immunodéficience humaine (VIH)..	4 169	6.4	1 471	1.9	4 879	7.4	1 905	2.5
Malaria — Paludisme..	1	⬧0.0	-	-	2	⬧0.0	-	-
Neoplasms — Tumeurs	156 874	239.0	136 728	179.3	156 301	237.4	136 870	178.8
Malignant neoplasms — Tumeurs malignes								
Total	155 646	237.1	135 091	177.1	155 006	235.4	135 130	176.5
Malignant neoplasm of lip, oral cavity and pharynx — Tumeur maligne de la lèvre, de la cavité buccale et du pharynx	7 160	10.9	1 618	2.1	7 310	11.1	1 709	2.2
Malignant neoplasm of oesophagus — Tumeur maligne de l'oesophage	5 226	8.0	1 460	1.9	5 093	7.7	1 389	1.8
Malignant neoplasm of stomach — Tumeur maligne de l'estomac	20 265	30.9	15 206	19.9	19 553	29.7	14 885	19.4
Malignant neoplasm of colon, rectosigmoid junction, rectum, anus and anal canal — Tumeur maligne du côlon, de la jonction recto-sigmoïdienne, du rectum, de l'anus et du canal anal..	17 255	26.3	21 088	27.7	17 032	25.9	21 158	27.6
Malignant neoplasm of liver and intrahepatic bile ducts — Tumeur maligne du foie et des voies biliaires intrahépatiques	4 723	7.2	3 675	4.8	4 682	7.1	3 700	4.8
Malignant neoplasm of pancreas — Tumeur maligne du pancréas...................	7 692	11.7	7 642	10.0	7 783	11.8	7 823	10.2
Malignant neoplasm of trachea, bronchus and lung — Tumeur maligne de la trachée, des bronches et du poumon...	42 706	65.1	8 727	11.4	42 583	64.7	8 739	11.4
Malignant neoplasm of female breast — Tumeur maligne du sein chez la femme	..	..	23 517	...	..	..	23 282	35.4
Malignant neoplasm of cervix uteri — Tumeur maligne du col de l'utérus.........	..	..	6 187	...	..	..	6 193	9.4
Malignant neoplasm of prostate — Tumeur maligne de la prostate	9 971	...	..	...	10 251	57.2	..	..
Malignant neoplasm of lymphoid, haematopoietic and related tissue — Tumeurs malignes primitives ou présumées primitives des tissus lymphoïde, hématopoïétique et apparentés	...	...	...	...	...	...	...	...
Disorders of the blood and blood-forming organs and certain disorders involving the immune mechanism — Maladies du sang et des organes hématopoïétiques et certains troubles du système immunitaire								
Total	508	0.8	693	0.9	503	0.8	681	0.9
Anaemias — Anémies	268	0.4	470	0.6	275	0.4	426	0.6
Endocrine, nutritional and metabolic diseases — Maladies endocriniennes, nutritionnelles et métaboliques								
Total	3 338	5.1	7 167	9.4	3 246	4.9	7 013	9.2
Diabetes mellitus — Diabète sucré...	2 841	4.3	6 538	8.6	2 723	4.1	6 393	8.4
Malnutrition — Malnutrition	129	0.2	85	0.1	112	0.2	108	0.1
Mental and behavioural disorders — Troubles mentaux et du comportement	4 018	6.1	2 118	2.8	4 366	6.6	2 251	2.9
Diseases of the nervous system — Maladies du système nerveux..................	9 114	13.9	6 190	8.1	10 433	15.8	7 872	10.3
Diseases of the circulatory system — Maladies de l'appareil circulatoire								
Total	513 532	782.3	623 129	817.1	518 284	787.1	633 633	827.8
Acute rheumatic fever and chronic rheumatic heart diseases — Rhumatisme articulaire aigu et cardiopathies rhumatismales chroniques	1 601	2.4	2 756	3.6	1 383	2.1	2 557	3.3
Hypertensive diseases — Maladies hypertensives....................................	11 145	17.0	17 444	22.9	11 507	17.5	17 600	23.0
Ischaemic heart disease — Cardiopathie ischémique.................................	278 933	424.9	306 244	401.6	283 058	429.9	314 863	411.3
Cerebrovascular disease — Maladie cérébrovasculaire...............................	143 803	219.1	228 731	299.9	142 587	216.6	229 662	300.0

Russian Federation - Fédération de Russie

Cause of death — Cause de décès	2009 (+C)				2010 (+C)			
	Male — Masculin		Female — Féminin		Male — Masculin		Female — Féminin	
	Number Nombre	Rate Taux	Number Nombre	Rate Taux	Number Nombre	Rate Taux	Number Nombre	Rate Taux
Diseases of arteries, arterioles and capillaries — Maladies des artères, artérioles et capillaires	...	...	...	...	...	...	...	...
Diseases of the respiratory system — Maladies de l'appareil respiratoire								
Total	55 463	84.5	23 999	31.5	52 944	80.4	21 864	28.6
Influenza — Grippe	461	0.7	480	0.6	111	0.2	121	0.2
Pneumonia — Pneumopathies	27 635	42.1	11 441	15.0	27 080	41.1	10 693	14.0
Chronic lower respiratory diseases — Maladies chroniques des voies respiratoires inférieures	23 686	36.1	10 353	13.6	22 292	33.9	9 513	12.4
Diseases of the digestive system — Maladies de l'appareil digestif								
Total	50 676	77.2	38 280	50.2	52 500	79.7	39 495	51.6
Gastric and duodenal ulcer — Ulcère de l'estomac et du duodénum	5 482	8.4	2 985	3.9	5 426	8.2	3 058	4.0
Diseases of the liver — Maladies du foie	28 696	43.7	19 948	26.2	30 082	45.7	20 621	26.9
Diseases of the musculoskeletal system and connective tissue — Maladies du système ostéo-articulaire, des muscles et du tissu conjonctif	643	1.0	1 232	1.6	626	1.0	1 219	1.6
Diseases of the genitourinary system — Maladies de l'appareil génito-urinaire								
Total	5 685	8.7	5 782	7.6	5 617	8.5	6 134	8.0
Disorders of kidney and ureter — Affections du rein et de l'uretère	...	...	...	...	...	...	...	...
Hyperplasia of prostate — Hyperplasie de la prostate	...	...	...	...	...	...	..	..
Pregnancy, childbirth and the puerperium — Grossesse, accouchement et puerpéralité								
Total	..	..	388	22.0	..	..	298	16.7
Pregnancy with abortive outcome — Grossesse se terminant par un avortement	..	..	51	2.9	..	..	42	2.3
Other direct obstetric causes — Autres décès maternels directs	..	..	171	9.7	..	..	175	9.8
Indirect obstetric causes — Décès maternels indirects	..	..	166	9.4	..	..	77	4.3
Certain conditions originating in the perinatal period — Certaines affections dont l'origine se situe dans la période périnatale	3 803	420.0	2 641	308.4	3 611	392.7	2 541	292.3
Congenital malformations, deformations and chromosomal abnormalities — Malformations congénitales et anomalies chromosomiques	3 111	343.6	2 495	291.4	2 770	301.2	2 435	280.1
Symptoms, signs and abnormal clinical and laboratory findings, not elsewhere classified — Symptômes, signes et résultats anormaux d'examens cliniques et de laboratoire, non classés ailleurs	41 522	63.3	50 810	66.6	46 187	70.1	56 175	73.4
All other diseases — Toutes autres maladies	903	1.4	1 022	1.3	989	1.5	1 182	1.5
External causes — Causes externes								
Total	173 089	263.7	51 487	67.5	167 060	253.7	49 807	65.1
Accidents								
Total	...	...	...	...	...	...	...	...
Transport accidents — Accidents de transport	22 053	33.6	8 054	10.6	20 982	31.9	7 576	9.9
Falls — Chutes	7 386	11.3	2 828	3.7	6 987	10.6	2 729	3.6
Accidental drowning and submersion — Noyade et submersion accidentelles	8 315	12.7	1 507	2.0	10 156	15.4	1 825	2.4
Exposure to smoke, fire and flames — Exposition à la fumée, au feu et aux flammes	6 631	10.1	2 777	3.6	6 296	9.6	2 717	3.5
Accidental poisoning by and exposure to noxious substances — Intoxication accidentelle par des substances nocives et exposition à ces substances	29 035	44.2	8 429	11.1	26 560	40.3	7 958	10.4
Intentional self-harm — Lésions auto-infligées	31 071	47.3	6 499	8.5	27 675	42.0	5 805	7.6
Assault — Agresssions	16 029	24.4	5 342	7.0	14 190	21.6	4 761	6.2
All other external causes — Toutes autres causes externes	...	...	...	...	...	...	...	...

20. Death and death rates by cause and sex: 2006 - 2010
Décès et taux de mortalité par cause et sexe : 2006 - 2010 (continued - suite)

	Serbia - Serbie				Slovakia - Slovaquie			
Cause of death — Cause de décès	2009 (+U)		2010 (+U)		2009 (C)			
	Male — Masculin	Female — Féminin	Male — Masculin	Female — Féminin	Male — Masculin		Female — Féminin	
	Number Nombre	Number Nombre	Number Nombre	Number Nombre	Number Nombre	Rate Taux	Number Nombre	Rate Taux
TOTAL	52 377	51 623	51 990	51 221	27 446	1 042.2	25 467	914.5
Certain infectious and parasitic diseases — Certaines maladies infectieuses et parasitaires								
Total	254	158	252	189	171	6.5	185	6.6
Intestinal infectious diseases — Maladies infectieuses intestinales	9	10	16	17	7	♦0.3	10	♦0.4
Tuberculosis — Tuberculose	91	43	92	45	31	1.2	11	♦0.4
Tetanus — Tétanos	1	2	-	1	-	-	-	-
Diphtheria — Diphtérie...	-	-	-	-	-	-	-	-
Whooping cough — Coqueluche	-	-	-	-	-	-	-	-
Meningococcal infection — Infection à méningocoques....................	2	1	1	1	1	♦0.0	2	♦0.1
Septicaemia — Septicémie	62	51	67	81	105	4.0	139	5.0
Acute poliomyelitis — Poliomyélite aiguë	-	-	-	-	-	-	-	-
Measles — Rougeole..	-	-	-	-	-	-	-	-
Viral hepatitis — Hépatite virale	24	20	25	19	4	♦0.2	5	♦0.2
Human immunodeficiency virus [HIV] disease — Maladies dues au virus de l'immunodéficience humaine (VIH)..	25	6	26	8	3	♦0.1	-	-
Malaria — Paludisme...	2	-	1	-	-	-	-	-
Neoplasms — Tumeurs	12 213	9 202	12 361	9 227	6 782	257.5	5 184	186.1
Malignant neoplasms — Tumeurs malignes								
Total	11 983	9 049	12 120	9 019	6 708	254.7	5 123	184.0
Malignant neoplasm of lip, oral cavity and pharynx — Tumeur maligne de la lèvre, de la cavité buccale et du pharynx	391	97	405	118	545	20.7	71	2.5
Malignant neoplasm of oesophagus — Tumeur maligne de l'oesophage	216	59	233	65	213	8.1	32	1.1
Malignant neoplasm of stomach — Tumeur maligne de l'estomac	738	428	684	379	400	15.2	284	10.2
Malignant neoplasm of colon, rectosigmoid junction, rectum, anus and anal canal — Tumeur maligne du côlon, de la jonction recto-sigmoïdienne, du rectum, de l'anus et du canal anal...	1 555	1 094	1 531	1 042	1 040	39.5	720	25.9
Malignant neoplasm of liver and intrahepatic bile ducts — Tumeur maligne du foie et des voies bilaires intrahépatiques	490	325	412	269	203	7.7	131	4.7
Malignant neoplasm of pancreas — Tumeur maligne du pancréas...................	547	474	566	522	337	12.8	375	13.5
Malignant neoplasm of trachea, bronchus and lung — Tumeur maligne de la trachée, des bronches et du poumon	3 752	1 303	3 818	1 307	1 592	60.5	467	16.8
Malignant neoplasm of female breast — Tumeur maligne du sein chez la femme	..	1 614	..	1 659	..	..	746	...
Malignant neoplasm of cervix uteri — Tumeur maligne du col de l'utérus.........	..	471	..	477	..	..	213	...
Malignant neoplasm of prostate — Tumeur maligne de la prostate	972	..	1 071	..	506	...	..	..
Malignant neoplasm of lymphoid, haematopoietic and related tissue — Tumeurs malignes primitives ou présumées primitives des tissus lymphoïde, hématopoïétique et apparentés.....................................	616	529	681	522	374	14.2	329	11.8
Disorders of the blood and blood-forming organs and certain disorders involving the immune mechanism — Maladies du sang et des organes hématopoïétiques et certains troubles du système immunitaire								
Total	68	73	76	108	25	♦0.9	33	1.2
Anaemias — Anémies	37	40	29	67	12	♦0.5	8	♦0.3
Endocrine, nutritional and metabolic diseases — Maladies endocriniennes, nutritionnelles et métaboliques								
Total	1 322	1 853	1 394	1 893	327	12.4	407	14.6
Diabetes mellitus — Diabète sucré..	1 283	1 785	1 364	1 831	302	11.5	372	13.4
Malnutrition — Malnutrition	6	2	1	4	3	♦0.1	2	♦0.1
Mental and behavioural disorders — Troubles mentaux et du comportement	499	443	642	562	2	♦0.1	1	♦0.0
Diseases of the nervous system — Maladies du système nerveux.................	734	671	763	706	344	13.1	333	12.0
Diseases of the circulatory system — Maladies de l'appareil circulatoire								
Total	25 740	31 211	25 633	30 815	12 840	487.6	15 409	553.3
Acute rheumatic fever and chronic rheumatic heart diseases — Rhumatisme articularie aigu et cardiopathies rhumatismales chroniques	31	35	22	37	46	1.7	61	2.2
Hypertensive diseases — Maladies hypertensives..	1 358	2 188	1 419	2 201	281	10.7	392	14.1
Ischaemic heart disease — Cardiopathie ischémique........................	6 759	6 115	6 462	5 620	7 717	293.0	9 295	333.8

20. Death and death rates by cause and sex: 2006 - 2010
Décès et taux de mortalité par cause et sexe : 2006 - 2010 (continued - suite)

Cause of death — Cause de décès	Serbia - Serbie				Slovakia - Slovaquie			
	2009 (+U)		2010 (+U)		2009 (C)			
	Male — Masculin	Female — Féminin	Male — Masculin	Female — Féminin	Male — Masculin		Female — Féminin	
	Number Nombre	Number Nombre	Number Nombre	Number Nombre	Number Nombre	Rate Taux	Number Nombre	Rate Taux
Cerebrovascular disease — Maladie cérébrovasculaire	7 232	9 492	6 941	9 140	2 660	101.0	3 321	119.2
Diseases of arteries, arterioles and capillaries — Maladies des artères, artérioles et capillaires	865	974	1 035	1 276	390	14.8	474	17.0
Diseases of the respiratory system — Maladies de l'appareil respiratoire								
Total	2 589	1 614	2 454	1 649	1 843	70.0	1 328	47.7
Influenza — Grippe	26	28	21	11	3	✦0.1	5	✦0.2
Pneumonia — Pneumopathies	391	288	333	265	1 047	39.8	872	31.3
Chronic lower respiratory diseases — Maladies chroniques des voies respiratoires inférieures	1 802	1 011	1 678	993	520	19.7	236	8.5
Diseases of the digestive system — Maladies de l'appareil digestif								
Total	2 029	1 592	2 112	1 626	1 791	68.0	1 155	41.5
Gastric and duodenal ulcer — Ulcère de l'estomac et du duodénum	285	287	323	266	137	5.2	98	3.5
Diseases of the liver — Maladies du foie	807	251	749	248	1 170	44.4	498	17.9
Diseases of the musculoskeletal system and connective tissue — Maladies du système ostéo-articularie, des muscles et du tissu conjonctif	36	130	51	114	14	✦0.5	34	1.2
Diseases of the genitourinary system — Maladies de l'appareil génito-urinaire								
Total	1 184	883	1 134	932	340	12.9	382	13.7
Disorders of kidney and ureter — Affections du rein et de l'uretère	1 079	863	1 063	914	308	11.7	356	12.8
Hyperplasia of prostate — Hyperplasie de la prostate	74	..	50	..	5	...	..	..
Pregnancy, childbirth and the puerperium — Grossesse, accouchement et puerpéralité								
Total	..	6	..	12	..	..	6	✦9.8
Pregnancy with abortive outcome — Grossesse se terminant par un avortement	..	-	..	-	..	..	1	✦1.6
Other direct obstetric causes — Autres décès maternels directs	..	5	..	8	..	..	4	✦6.5
Indirect obstetric causes — Décès maternels indirects	..	1	..	4	..	..	1	✦1.6
Certain conditions originating in the perinatal period — Certaines affections dont l'origine se situe dans la période périnatale	175	128	175	123	85	269.3	41	138.3
Congenital malformations, deformations and chromosomal abnormalities — Malformations congénitales et anomalies chromosomiques	70	71	78	75	79	250.3	79	266.4
Symptoms, signs and abnormal clinical and laboratory findings, not elsewhere classified — Symptômes, signes et résultats anormaux d'examens cliniques et de laboratoire, non classés ailleurs	2 731	2 539	2 363	2 228	478	18.2	258	9.3
All other diseases — Toutes autres maladies	24	19	29	48	-	-	-	-
External causes — Causes externes								
Total	2 709	1 030	2 473	914	2 325	88.3	632	22.7
Accidents								
Total	1 332	488	1 249	466	1 397	53.0	387	13.9
Transport accidents — Accidents de transport	635	162	510	150	419	15.9	116	4.2
Falls — Chutes	206	122	202	115	314	11.9	118	4.2
Accidental drowning and submersion — Noyade et submersion accidentelles	66	22	75	14	122	4.6	22	✦0.8
Exposure to smoke, fire and flames — Exposition à la fumée, au feu et aux flammes	37	20	47	25	25	✦0.9	12	✦0.4
Accidental poisoning by and exposure to noxious substances — Intoxication accidentelle par des substances nocives et exposition à ces substances	69	24	55	21	142	5.4	33	1.2
Intentional self-harm — Lésions auto-infligées	1 000	376	905	304	543	20.6	58	2.1
Assault — Agresssions	94	46	88	42	38	1.4	24	✦0.9
All other external causes — Toutes autres causes externes	283	120	231	102	347	13.2	163	5.9

Cause of death — Cause de décès	Slovakia - Slovaquie				Slovenia - Slovénie			
	2010 (C)				2009 (C)			
	Male — Masculin		Female — Féminin		Male — Masculin		Female — Féminin	
	Number Nombre	Rate Taux	Number Nombre	Rate Taux	Number Nombre	Rate Taux	Number Nombre	Rate Taux
TOTAL	27 645	1 047.2	25 800	924.4	9 293	918.5	9 457	917.6
Certain infectious and parasitic diseases — Certaines maladies infectieuses et parasitaires								
Total	186	7.0	187	6.7	38	3.8	55	5.3
Intestinal infectious diseases — Maladies infectieuses intestinales	4	٠0.2	7	٠0.3	-	-	4	٠0.4
Tuberculosis — Tuberculose	27	٠1.0	7	٠0.3	12	٠1.2	12	٠1.2
Tetanus — Tétanos..................................	1	٠0.0	-	-	-	-	1	٠0.1
Diphtheria — Diphtérie..................................	-	-	-	-	-	-	-	-
Whooping cough — Coqueluche	-	-	-	-	-	-	-	-
Meningococcal infection — Infection à méningocoques..................................	4	٠0.2	3	٠0.1	-	-	-	-
Septicaemia — Septicémie..................................	123	4.7	147	5.3	10	٠1.0	27	٠2.6
Acute poliomyelitis — Poliomyélite aiguë	-	-	-	-	-	-	-	-
Measles — Rougeole..................................	-	-	-	-	-	-	-	-
Viral hepatitis — Hépatite virale..................................	12	٠0.5	8	٠0.3	2	٠0.2	2	٠0.2
Human immunodeficiency virus [HIV] disease — Maladies dues au virus de l'immunodéficience humaine (VIH)..................................	2	٠0.1	-	-	1	٠0.1	-	-
Malaria — Paludisme..................................	-	-	-	-	-	-	-	-
Neoplasms — Tumeurs	7 064	267.6	5 123	183.5	3 246	320.8	2 543	246.8
Malignant neoplasms — Tumeurs malignes								
Total	7 007	265.4	5 067	181.5	3 227	318.9	2 516	244.1
Malignant neoplasm of lip, oral cavity and pharynx — Tumeur maligne de la lèvre, de la cavité buccale et du pharynx	563	21.3	74	2.7	134	13.2	24	٠2.3
Malignant neoplasm of oesophagus — Tumeur maligne de l'oesophage	243	9.2	20	٠0.7	77	7.6	17	٠1.6
Malignant neoplasm of stomach — Tumeur maligne de l'estomac	428	16.2	258	9.2	229	22.6	130	12.6
Malignant neoplasm of colon, rectosigmoid junction, rectum, anus and anal canal — Tumeur maligne du côlon, de la jonction recto-sigmoïdienne, du rectum, de l'anus et du canal anal..................................	1 058	40.1	701	25.1	474	46.8	318	30.9
Malignant neoplasm of liver and intrahepatic bile ducts — Tumeur maligne du foie et des voies bilaires intrahépatiques..................................	218	8.3	136	4.9	131	12.9	51	4.9
Malignant neoplasm of pancreas — Tumeur maligne du pancréas..................	396	15.0	340	12.2	167	16.5	166	16.1
Malignant neoplasm of trachea, bronchus and lung — Tumeur maligne de la trachée, des bronches et du poumon..................................	1 588	60.2	525	18.8	733	72.4	297	28.8
Malignant neoplasm of female breast — Tumeur maligne du sein chez la femme	..	..	785	32.9	..	..	434	48.7
Malignant neoplasm of cervix uteri — Tumeur maligne du col de l'utérus.........	..	..	206	8.6	..	..	50	5.6
Malignant neoplasm of prostate — Tumeur maligne de la prostate	533	70.8	..	..	368	108.1	..	..
Malignant neoplasm of lymphoid, haematopoietic and related tissue — Tumeurs malignes primitives ou présumées primitives des tissus lymphoïde, hématopoïétique et apparentés..................................	394	14.9	342	12.3	221	21.8	220	21.3
Disorders of the blood and blood-forming organs and certain disorders involving the immune mechanism — Maladies du sang et des organes hématopoïétiques et certains troubles du système immunitaire								
Total	18	٠0.7	23	٠0.8	16	٠1.6	16	٠1.6
Anaemias — Anémies	3	٠0.1	7	٠0.3	3	٠0.3	4	٠0.4
Endocrine, nutritional and metabolic diseases — Maladies endocriniennes, nutritionnelles et métaboliques								
Total	301	11.4	418	15.0	133	13.1	150	14.6
Diabetes mellitus — Diabète sucré..................................	269	10.2	382	13.7	107	10.6	128	12.4
Malnutrition — Malnutrition	3	٠0.1	1	٠0.0	-	-	-	-
Mental and behavioural disorders — Troubles mentaux et du comportement	-	-	-	-	95	9.4	20	٠1.9
Diseases of the nervous system — Maladies du système nerveux..................	369	14.0	359	12.9	152	15.0	162	15.7
Diseases of the circulatory system — Maladies de l'appareil circulatoire								
Total	12 856	487.0	15 682	561.9	3 017	298.2	4 415	428.4
Acute rheumatic fever and chronic rheumatic heart diseases — Rhumatisme articulaire aigu et cardiopathies rhumatismales chroniques	25	٠0.9	52	1.9	19	٠1.9	54	5.2
Hypertensive diseases — Maladies hypertensives..................................	325	12.3	513	18.4	150	14.8	377	36.6
Ischaemic heart disease — Cardiopathie ischémique..................................	7 723	292.5	9 221	330.4	1 059	104.7	929	90.1
Cerebrovascular disease — Maladie cérébrovasculaire..................................	2 514	95.2	3 342	119.7	867	85.7	1 294	125.6

20. Death and death rates by cause and sex: 2006 - 2010
Décès et taux de mortalité par cause et sexe : 2006 - 2010 (continued - suite)

	Slovakia - Slovaquie				Slovenia - Slovénie			
	2010 (C)				2009 (C)			
Cause of death — Cause de décès	Male — Masculin		Female — Féminin		Male — Masculin		Female — Féminin	
	Number Nombre	Rate Taux	Number Nombre	Rate Taux	Number Nombre	Rate Taux	Number Nombre	Rate Taux
Diseases of arteries, arterioles and capillaries — Maladies des artères, artérioles et capillaires	487	18.4	571	20.5	150	14.8	215	20.9
Diseases of the respiratory system — Maladies de l'appareil respiratoire								
Total	1 839	69.7	1 470	52.7	606	59.9	657	63.8
Influenza — Grippe	2	♦0.1	5	♦0.2	1	♦0.1	2	♦0.2
Pneumonia — Pneumopathies	1 037	39.3	962	34.5	255	25.2	372	36.1
Chronic lower respiratory diseases — Maladies chroniques des voies respiratoires inférieures	569	21.6	277	9.9	275	27.2	172	16.7
Diseases of the digestive system — Maladies de l'appareil digestif								
Total	1 795	68.0	1 050	37.6	650	64.2	488	47.4
Gastric and duodenal ulcer — Ulcère de l'estomac et du duodénum	127	4.8	101	3.6	32	3.2	58	5.6
Diseases of the liver — Maladies du foie	1 181	44.7	439	15.7	449	44.4	180	17.5
Diseases of the musculoskeletal system and connective tissue — Maladies du système ostéo-articularie, des muscles et du tissu conjonctif	21	♦0.8	41	1.5	17	♦1.7	50	4.9
Diseases of the genitourinary system — Maladies de l'appareil génito-urinaire								
Total	341	12.9	420	15.0	88	8.7	172	16.7
Disorders of kidney and ureter — Affections du rein et de l'uretère	311	11.8	377	13.5	77	7.6	115	11.2
Hyperplasia of prostate — Hyperplasie de la prostate	8	♦1.1	..	..	1	♦0.3	..	..
Pregnancy, childbirth and the puerperium — Grossesse, accouchement et puerpéralité								
Total	..	..	-	-	..	..	1	♦4.6
Pregnancy with abortive outcome — Grossesse se terminant par un avortement	..	..	-	-	..	..	-	-
Other direct obstetric causes — Autres décès maternels directs	..	..	-	-	..	..	1	♦4.6
Indirect obstetric causes — Décès maternels indirects	..	..	-	-	..	..	-	-
Certain conditions originating in the perinatal period — Certaines affections dont l'origine se situe dans la période périnatale	85	278.3	73	244.4	17	♦150.3	14	♦132.7
Congenital malformations, deformations and chromosomal abnormalities — Malformations congénitales et anomalies chromosomiques	84	275.0	63	210.9	16	♦141.5	17	♦161.2
Symptoms, signs and abnormal clinical and laboratory findings, not elsewhere classified — Symptômes, signes et résultats anormaux d'examens cliniques et de laboratoire, non classés ailleurs	405	15.3	225	8.1	162	16.0	89	8.6
All other diseases — Toutes autres maladies	-	-	-	-	7	♦0.7	42	4.1
External causes — Causes externes								
Total	2 281	86.4	666	23.9	1 033	102.1	566	54.9
Accidents								
Total	1 346	51.0	391	14.0	581	57.4	399	38.7
Transport accidents — Accidents de transport	399	15.1	116	4.2	166	16.4	43	4.2
Falls — Chutes	325	12.3	135	4.8	257	25.4	299	29.0
Accidental drowning and submersion — Noyade et submersion accidentelles	133	5.0	23	♦0.8	21	♦2.1	5	♦0.5
Exposure to smoke, fire and flames — Exposition à la fumée, au feu et aux flammes	27	♦1.0	5	♦0.2	5	♦0.5	6	♦0.6
Accidental poisoning by and exposure to noxious substances — Intoxication accidentelle par des substances nocives et exposition à ces substances	97	3.7	31	1.1	57	5.6	17	♦1.6
Intentional self-harm — Lésions auto-infligées	539	20.4	92	3.3	350	34.6	97	9.4
Assault — Agresssions	36	1.4	29	♦1.0	5	♦0.5	6	♦0.6
All other external causes — Toutes autres causes externes	360	13.6	154	5.5	97	9.6	64	6.2

Cause of death — Cause de décès	Slovenia - Slovénie 2010 (C)				Spain - Espagne 2008 (C)			
	Male — Masculin		Female — Féminin		Male — Masculin		Female — Féminin	
	Number Nombre	Rate Taux	Number Nombre	Rate Taux	Number Nombre	Rate Taux	Number Nombre	Rate Taux
TOTAL	9 292	915.7	9 317	900.6	199 647	886.8	186 677	808.8
Certain infectious and parasitic diseases — Certaines maladies infectieuses et parasitaires								
Total	42	4.1	42	4.1	4 038	17.9	3 670	15.9
Intestinal infectious diseases — Maladies infectieuses intestinales	-	-	3	♦0.3	181	0.8	303	1.3
Tuberculosis — Tuberculose	11	♦1.1	8	♦0.8	171	0.8	86	0.4
Tetanus — Tétanos	-	-	-	-	3	♦0.0	2	♦0.0
Diphtheria — Diphtérie	-	-	1	♦0.1	-	-	-	-
Whooping cough — Coqueluche	-	-	-	-	3	♦0.0	2	♦0.0
Meningococcal infection — Infection à méningocoques	1	♦0.1	-	-	19	♦0.1	21	♦0.1
Septicaemia — Septicémie	9	♦0.9	16	♦1.5	1 911	8.5	2 225	9.6
Acute poliomyelitis — Poliomyélite aiguë	-	-	-	-	-	-	-	-
Measles — Rougeole	-	-	-	-	-	-	-	-
Viral hepatitis — Hépatite virale	6	♦0.6	2	♦0.2	438	1.9	470	2.0
Human immunodeficiency virus [HIV] disease — Maladies dues au virus de l'immunodéficience humaine (VIH)	-	-	-	-	947	4.2	264	1.1
Malaria — Paludisme	-	-	-	-	6	♦0.0	3	♦0.0
Neoplasms — Tumeurs	3 245	319.8	2 640	255.2	64 358	285.9	39 696	172.0
Malignant neoplasms — Tumeurs malignes								
Total	3 227	318.0	2 616	252.9	62 582	278.0	38 093	165.0
Malignant neoplasm of lip, oral cavity and pharynx — Tumeur maligne de la lèvre, de la cavité buccale et du pharynx	138	13.6	31	3.0	1 633	7.3	433	1.9
Malignant neoplasm of oesophagus — Tumeur maligne de l'oesophage	63	6.2	12	♦1.2	1 553	6.9	236	1.0
Malignant neoplasm of stomach — Tumeur maligne de l'estomac	241	23.8	153	14.8	3 435	15.3	2 193	9.5
Malignant neoplasm of colon, rectosigmoid junction, rectum, anus and anal canal — Tumeur maligne du côlon, de la jonction recto-sigmoïdienne, du rectum, de l'anus et du canal anal	443	43.7	343	33.2	7 987	35.5	5 829	25.3
Malignant neoplasm of liver and intrahepatic bile ducts — Tumeur maligne du foie et des voies bilaires intrahépatiques	129	12.7	62	6.0	2 994	13.3	1 534	6.6
Malignant neoplasm of pancreas — Tumeur maligne du pancréas	165	16.3	198	19.1	2 778	12.3	2 455	10.6
Malignant neoplasm of trachea, bronchus and lung — Tumeur maligne de la trachée, des bronches et du poumon	805	79.3	316	30.5	17 163	76.2	3 050	13.2
Malignant neoplasm of female breast — Tumeur maligne du sein chez la femme	..	..	416	46.5	..	..	6 051	31.0
Malignant neoplasm of cervix uteri — Tumeur maligne du col de l'utérus	..	..	43	4.8	..	..	616	3.2
Malignant neoplasm of prostate — Tumeur maligne de la prostate	358	103.0	..	..	5 464	79.6	..	..
Malignant neoplasm of lymphoid, haematopoietic and related tissue — Tumeurs malignes primitives ou présumées primitives des tissus lymphoïde, hématopoïétique et apparentés	220	21.7	209	20.2	4 056	18.0	3 442	14.9
Disorders of the blood and blood-forming organs and certain disorders involving the immune mechanism — Maladies du sang et des organes hématopoïétiques et certains troubles du système immunitaire								
Total	11	♦1.1	25	♦2.4	556	2.5	786	3.4
Anaemias — Anémies	-	-	12	♦1.2	337	1.5	563	2.4
Endocrine, nutritional and metabolic diseases — Maladies endocriniennes, nutritionnelles et métaboliques								
Total	134	13.2	161	15.6	5 021	22.3	7 316	31.7
Diabetes mellitus — Diabète sucré	117	11.5	138	13.3	4 193	18.6	5 960	25.8
Malnutrition — Malnutrition	-	-	-	-	58	0.3	84	0.4
Mental and behavioural disorders — Troubles mentaux et du comportement	114	11.2	28	♦2.7	4 416	19.6	8 624	37.4
Diseases of the nervous system — Maladies du système nerveux	147	14.5	156	15.1	6 805	30.2	10 684	46.3
Diseases of the circulatory system — Maladies de l'appareil circulatoire								
Total	3 071	302.6	4 260	411.8	55 741	247.6	67 052	290.5
Acute rheumatic fever and chronic rheumatic heart diseases — Rhumatisme articulaire aigu et cardiopathies rhumatismales chroniques	30	♦3.0	50	4.8	413	1.8	955	4.1
Hypertensive diseases — Maladies hypertensives	173	17.0	357	34.5	2 554	11.3	5 100	22.1
Ischaemic heart disease — Cardiopathie ischémique	1 108	109.2	943	91.2	20 391	90.6	15 537	67.3
Cerebrovascular disease — Maladie cérébrovasculaire	829	81.7	1 144	110.6	13 452	59.8	18 381	79.6

Cause of death — Cause de décès	Slovenia - Slovénie				Spain - Espagne			
	2010 (C)				2008 (C)			
	Male — Masculin		Female — Féminin		Male — Masculin		Female — Féminin	
	Number Nombre	Rate Taux	Number Nombre	Rate Taux	Number Nombre	Rate Taux	Number Nombre	Rate Taux
Diseases of arteries, arterioles and capillaries — Maladies des artères, artérioles et capillaires	178	17.5	247	23.9	3 304	14.7	2 655	11.5
Diseases of the respiratory system — Maladies de l'appareil respiratoire								
Total	561	55.3	558	53.9	25 461	113.1	18 739	81.2
Influenza — Grippe............	1	♦0.1	2	♦0.2	26	♦0.1	55	0.2
Pneumonia — Pneumopathies	209	20.6	303	29.3	4 851	21.5	4 340	18.8
Chronic lower respiratory diseases — Maladies chroniques des voies respiratoires inférieures	270	26.6	151	14.6	11 146	49.5	3 729	16.2
Diseases of the digestive system — Maladies de l'appareil digestif								
Total	651	64.2	501	48.4	10 307	45.8	9 169	39.7
Gastric and duodenal ulcer — Ulcère de l'estomac et du duodénum............	27	♦2.7	41	4.0	260	1.2	202	0.9
Diseases of the liver — Maladies du foie............	443	43.7	181	17.5	4 291	19.1	1 872	8.1
Diseases of the musculoskeletal system and connective tissue — Maladies du système ostéo-articularie, des muscles et du tissu conjonctif	22	♦2.2	59	5.7	1 089	4.8	2 315	10.0
Diseases of the genitourinary system — Maladies de l'appareil génito-urinaire								
Total	93	9.2	181	17.5	4 992	22.2	5 587	24.2
Disorders of kidney and ureter — Affections du rein et de l'uretère	71	7.0	126	12.2	3 521	15.6	3 650	15.8
Hyperplasia of prostate — Hyperplasie de la prostate............	-	-	..	..	115	1.7	..	..
Pregnancy, childbirth and the puerperium — Grossesse, accouchement et puerpéralité								
Total	..	..	-	-	..	..	24	♦4.6
Pregnancy with abortive outcome — Grossesse se terminant par un avortement	..	..	-	-	..	..	1	♦0.2
Other direct obstetric causes — Autres décès maternels directs	..	..	-	-	..	..	20	♦3.8
Indirect obstetric causes — Décès maternels indirects	..	..	-	-	..	..	3	♦0.6
Certain conditions originating in the perinatal period — Certaines affections dont l'origine se situe dans la période périnatale	20	♦173.9	22	♦203.0	547	203.8	397	157.9
Congenital malformations, deformations and chromosomal abnormalities — Malformations congénitales et anomalies chromosomiques	13	♦113.0	18	♦166.1	467	174.0	457	181.8
Symptoms, signs and abnormal clinical and laboratory findings, not elsewhere classified — Symptômes, signes et résultats anormaux d'examens cliniques et de laboratoire, non classés ailleurs	172	17.0	103	10.0	4 998	22.2	6 505	28.2
All other diseases — Toutes autres maladies............	7	♦0.7	37	3.6	362	1.6	856	3.7
External causes — Causes externes								
Total	989	97.5	526	50.8	10 489	46.6	4 800	20.8
Accidents								
Total	548	54.0	356	34.4	7 283	32.4	3 620	15.7
Transport accidents — Accidents de transport............	130	12.8	34	3.3	2 723	12.1	783	3.4
Falls — Chutes............	255	25.1	270	26.1	1 052	4.7	793	3.4
Accidental drowning and submersion — Noyade et submersion accidentelles............	22	♦2.2	6	♦0.6	395	1.8	83	0.4
Exposure to smoke, fire and flames — Exposition à la fumée, au feu et aux flammes	6	♦0.6	3	♦0.3	119	0.5	80	0.3
Accidental poisoning by and exposure to noxious substances — Intoxication accidentelle par des substances nocives et exposition à ces substances	51	5.0	15	♦1.4	699	3.1	181	0.8
Intentional self-harm — Lésions auto-infligées............	336	33.1	78	7.5	2 676	11.9	781	3.4
Assault — Agresssions	5	♦0.5	5	♦0.5	260	1.2	118	0.5
All other external causes — Toutes autres causes externes	100	9.9	87	8.4	270	1.2	281	1.2

20. Death and death rates by cause and sex: 2006 - 2010
Décès et taux de mortalité par cause et sexe : 2006 - 2010 (continued - suite)

Cause of death — Cause de décès	Spain - Espagne 2009 (C)				Sweden - Suède 2009 (C)			
	Male — Masculin		Female — Féminin		Male — Masculin		Female — Féminin	
	Number Nombre	Rate Taux	Number Nombre	Rate Taux	Number Nombre	Rate Taux	Number Nombre	Rate Taux
TOTAL	199 095	878.2	185 838	799.0	43 753	945.7	46 424	993.6
Certain infectious and parasitic diseases — Certaines maladies infectieuses et parasitaires								
Total	3 625	16.0	3 218	13.8	892	19.3	1 032	22.1
Intestinal infectious diseases — Maladies infectieuses intestinales	175	0.8	325	1.4	151	3.3	209	4.5
Tuberculosis — Tuberculose	185	0.8	103	0.4	13	♦0.3	5	♦0.1
Tetanus — Tétanos	-	-	2	♦0.0	-	-	1	♦0.0
Diphtheria — Diphtérie	-	-	-	-	-	-	-	-
Whooping cough — Coqueluche	2	♦0.0	1	♦0.0	-	-	-	-
Meningococcal infection — Infection à méningocoques	16	♦0.1	17	♦0.1	-	-	2	♦0.0
Septicaemia — Septicémie	1 479	6.5	1 721	7.4	379	8.2	411	8.8
Acute poliomyelitis — Poliomyélite aiguë	-	-	-	-	-	-	-	-
Measles — Rougeole	-	-	-	-	-	-	1	♦0.0
Viral hepatitis — Hépatite virale	552	2.4	515	2.2	53	1.1	24	♦0.5
Human immunodeficiency virus [HIV] disease — Maladies dues au virus de l'immunodéficience humaine (VIH)	853	3.8	226	1.0	18	♦0.4	10	♦0.2
Malaria — Paludisme	5	♦0.0	1	♦0.0	-	-	-	-
Neoplasms — Tumeurs	64 936	286.4	40 196	172.8	11 686	252.6	10 769	230.5
Malignant neoplasms — Tumeurs malignes								
Total	63 049	278.1	38 468	165.4	11 345	245.2	10 372	222.0
Malignant neoplasm of lip, oral cavity and pharynx — Tumeur maligne de la lèvre, de la cavité buccale et du pharynx	1 688	7.4	466	2.0	174	3.8	100	2.1
Malignant neoplasm of oesophagus — Tumeur maligne de l'oesophage	1 504	6.6	266	1.1	302	6.5	117	2.5
Malignant neoplasm of stomach — Tumeur maligne de l'estomac	3 533	15.6	2 163	9.3	412	8.9	257	5.5
Malignant neoplasm of colon, rectosigmoid junction, rectum, anus and anal canal — Tumeur maligne du côlon, de la jonction recto-sigmoïdienne, du rectum, de l'anus et du canal anal	8 365	36.9	5 873	25.3	1 353	29.2	1 278	27.4
Malignant neoplasm of liver and intrahepatic bile ducts — Tumeur maligne du foie et des voies bilaires intrahépatiques	3 009	13.3	1 601	6.9	380	8.2	254	5.4
Malignant neoplasm of pancreas — Tumeur maligne du pancréas	2 732	12.1	2 510	10.8	685	14.8	858	18.4
Malignant neoplasm of trachea, bronchus and lung — Tumeur maligne de la trachée, des bronches et du poumon	17 296	76.3	3 129	13.5	1 830	39.6	1 658	35.5
Malignant neoplasm of female breast — Tumeur maligne du sein chez la femme	..	..	6 129	30.7	..	..	1 378	35.2
Malignant neoplasm of cervix uteri — Tumeur maligne du col de l'utérus	..	..	643	3.2	..	..	158	4.0
Malignant neoplasm of prostate — Tumeur maligne de la prostate	5 522	77.2	..	..	2 424	147.7	..	..
Malignant neoplasm of lymphoid, haematopoietic and related tissue — Tumeurs malignes primitives ou présumées primitives des tissus lymphoïde, hématopoïétique et apparentés	4 068	17.9	3 476	14.9	1 076	23.3	856	18.3
Disorders of the blood and blood-forming organs and certain disorders involving the immune mechanism — Maladies du sang et des organes hématopoïétiques et certains troubles du système immunitaire								
Total	590	2.6	878	3.8	114	2.5	183	3.9
Anaemias — Anémies	353	1.6	629	2.7	76	1.6	124	2.7
Endocrine, nutritional and metabolic diseases — Maladies endocriniennes, nutritionnelles et métaboliques								
Total	5 046	22.3	7 416	31.9	1 186	25.6	1 187	25.4
Diabetes mellitus — Diabète sucré	4 174	18.4	5 811	25.0	986	21.3	953	20.4
Malnutrition — Malnutrition	58	0.3	95	0.4	24	♦0.5	23	♦0.5
Mental and behavioural disorders — Troubles mentaux et du comportement	4 915	21.7	9 541	41.0	1 742	37.7	3 189	68.3
Diseases of the nervous system — Maladies du système nerveux	7 297	32.2	11 473	49.3	1 406	30.4	1 875	40.1
Diseases of the circulatory system — Maladies de l'appareil circulatoire								
Total	54 815	241.8	65 242	280.5	17 315	374.3	18 828	403.0
Acute rheumatic fever and chronic rheumatic heart diseases — Rhumatisme articulaire aigu et cardiopathies rhumatismales chroniques	511	2.3	1 252	5.4	56	1.2	95	2.0
Hypertensive diseases — Maladies hypertensives	2 691	11.9	5 542	23.8	576	12.5	970	20.8
Ischaemic heart disease — Cardiopathie ischémique	20 320	89.6	15 294	65.8	8 414	181.9	7 138	152.8
Cerebrovascular disease — Maladie cérébrovasculaire	13 216	58.3	17 941	77.1	3 349	72.4	4 615	98.8

Cause of death — Cause de décès	Spain - Espagne				Sweden - Suède			
	2009 (C)				2009 (C)			
	Male — Masculin		Female — Féminin		Male — Masculin		Female — Féminin	
	Number Nombre	Rate Taux	Number Nombre	Rate Taux	Number Nombre	Rate Taux	Number Nombre	Rate Taux
Diseases of arteries, arterioles and capillaries — Maladies des artères, artérioles et capillaires	3 201	14.1	2 365	10.2	1 112	24.0	1 151	24.6
Diseases of the respiratory system — Maladies de l'appareil respiratoire								
Total	24 929	110.0	18 353	78.9	2 773	59.9	2 973	63.6
Influenza — Grippe	31	0.1	66	0.3	29	♦0.6	45	1.0
Pneumonia — Pneumopathies	4 360	19.2	4 244	18.2	994	21.5	1 085	23.2
Chronic lower respiratory diseases — Maladies chroniques des voies respiratoires inférieures	11 916	52.6	4 030	17.3	1 273	27.5	1 473	31.5
Diseases of the digestive system — Maladies de l'appareil digestif								
Total	10 408	45.9	9 149	39.3	1 396	30.2	1 505	32.2
Gastric and duodenal ulcer — Ulcère de l'estomac et du duodénum...............	291	1.3	177	0.8	171	3.7	181	3.9
Diseases of the liver — Maladies du foie...	4 464	19.7	1 888	8.1	456	9.9	274	5.9
Diseases of the musculoskeletal system and connective tissue — Maladies du système ostéo-articularie, des muscles et du tissu conjonctif	1 095	4.8	2 366	10.2	123	2.7	313	6.7
Diseases of the genitourinary system — Maladies de l'appareil génito-urinaire								
Total	5 015	22.1	5 835	25.1	642	13.9	552	11.8
Disorders of kidney and ureter — Affections du rein et de l'uretère	3 527	15.6	3 856	16.6	465	10.1	396	8.5
Hyperplasia of prostate — Hyperplasie de la prostate............................	230	3.2	..	..	32	2.0	..	..
Pregnancy, childbirth and the puerperium — Grossesse, accouchement et puerpéralité								
Total	..	..	17	♦3.4	..	..	6	♦5.4
Pregnancy with abortive outcome — Grossesse se terminant par un avortement	..	..	3	♦0.6	..	..	-	-
Other direct obstetric causes — Autres décès maternels directs	..	..	14	♦2.8	..	..	4	♦3.6
Indirect obstetric causes — Décès maternels indirects.............................	..	..	-	-	..	..	2	♦1.8
Certain conditions originating in the perinatal period — Certaines affections dont l'origine se situe dans la période périnatale	517	202.5	383	160.6	72	125.1	53	97.7
Congenital malformations, deformations and chromosomal abnormalities — Malformations congénitales et anomalies chromosomiques	460	180.2	429	179.9	120	208.5	98	180.7
Symptoms, signs and abnormal clinical and laboratory findings, not elsewhere classified — Symptômes, signes et résultats anormaux d'examens cliniques et de laboratoire, non classés ailleurs	5 275	23.3	5 811	25.0	1 283	27.7	2 001	42.8
All other diseases — Toutes autres maladies...................................	399	1.8	808	3.5	58	1.3	88	1.9
External causes — Causes externes								
Total	9 773	43.1	4 723	20.3	2 945	63.7	1 772	37.9
Accidents								
Total	6 584	29.0	3 581	15.4	1 698	36.7	1 189	25.4
Transport accidents — Accidents de transport...	2 234	9.9	619	2.7	292	6.3	94	2.0
Falls — Chutes	1 028	4.5	892	3.8	445	9.6	376	8.0
Accidental drowning and submersion — Noyade et submersion accidentelles..	406	1.8	101	0.4	71	1.5	16	♦0.3
Exposure to smoke, fire and flames — Exposition à la fumée, au feu et aux flammes...	100	0.4	63	0.3	62	1.3	40	0.9
Accidental poisoning by and exposure to noxious substances — Intoxication accidentelle par des substances nocives et exposition à ces substances	575	2.5	182	0.8	306	6.6	78	1.7
Intentional self-harm — Lésions auto-infligées...	2 666	11.8	763	3.3	887	19.2	353	7.6
Assault — Agresssions...	246	1.1	91	0.4	50	1.1	35	0.7
All other external causes — Toutes autres causes externes	277	1.2	288	1.2	310	6.7	195	4.2

20. Death and death rates by cause and sex: 2006 - 2010
Décès et taux de mortalité par cause et sexe : 2006 - 2010 (continued - suite)

Cause of death — Cause de décès	Sweden - Suède 2010 (C)				Switzerland - Suisse 2006 (C)			
	Male — Masculin		Female — Féminin		Male — Masculin		Female — Féminin	
	Number Nombre	Rate Taux	Number Nombre	Rate Taux	Number Nombre	Rate Taux	Number Nombre	Rate Taux
TOTAL	43 919	940.5	46 600	989.7	29 212	796.9	31 071	813.8
Certain infectious and parasitic diseases — Certaines maladies infectieuses et parasitaires								
Total	935	20.0	1 029	21.9	309	8.4	314	8.2
Intestinal infectious diseases — Maladies infectieuses intestinales	138	3.0	232	4.9	25	♦0.7	24	♦0.6
Tuberculosis — Tuberculose	9	♦0.2	5	♦0.1	16	♦0.4	8	♦0.2
Tetanus — Tétanos	-	-	-	-	-	-	1	♦0.0
Diphtheria — Diphtérie........	-	-	-	-	-	-	-	-
Whooping cough — Coqueluche	-	-	-	-	-	-	-	-
Meningococcal infection — Infection à méningocoques	2	♦0.0	3	♦0.1	2	♦0.1	3	♦0.1
Septicaemia — Septicémie.......	480	10.3	381	8.1	78	2.1	94	2.5
Acute poliomyelitis — Poliomyélite aiguë	-	-	-	-	-	-	-	-
Measles — Rougeole.......	-	-	-	-	-	-	-	-
Viral hepatitis — Hépatite virale........	41	0.9	14	♦0.3	15	♦0.4	7	♦0.2
Human immunodeficiency virus [HIV] disease — Maladies dues au virus de l'immunodéficience humaine (VIH)........	8	♦0.2	3	♦0.1	54	1.5	23	♦0.6
Malaria — Paludisme........	1	♦0.0	-	-	1	♦0.0	1	♦0.0
Neoplasms — Tumeurs	11 677	250.1	10 772	228.8	8 854	241.5	7 311	191.5
Malignant neoplasms — Tumeurs malignes								
Total	11 295	241.9	10 351	219.8	8 624	235.2	7 037	184.3
Malignant neoplasm of lip, oral cavity and pharynx — Tumeur maligne de la lèvre, de la cavité buccale et du pharynx	175	3.7	112	2.4	272	7.4	107	2.8
Malignant neoplasm of oesophagus — Tumeur maligne de l'oesophage	309	6.6	99	2.1	307	8.4	95	2.5
Malignant neoplasm of stomach — Tumeur maligne de l'estomac	378	8.1	284	6.0	289	7.9	236	6.2
Malignant neoplasm of colon, rectosigmoid junction, rectum, anus and anal canal — Tumeur maligne du côlon, de la jonction recto-sigmoïdienne, du rectum, de l'anus et du canal anal........	1 316	28.2	1 281	27.2	894	24.4	720	18.9
Malignant neoplasm of liver and intrahepatic bile ducts — Tumeur maligne du foie et des voies biliaires intrahépatiques	403	8.6	237	5.0	412	11.2	173	4.5
Malignant neoplasm of pancreas — Tumeur maligne du pancréas........	720	15.4	828	17.6	440	12.0	511	13.4
Malignant neoplasm of trachea, bronchus and lung — Tumeur maligne de la trachée, des bronches et du poumon........	1 922	41.2	1 661	35.3	1 951	53.2	983	25.7
Malignant neoplasm of female breast — Tumeur maligne du sein chez la femme	..	..	1 395	35.3	..	..	1 324	40.6
Malignant neoplasm of cervix uteri — Tumeur maligne du col de l'utérus.........	..	..	139	3.5	..	..	86	2.6
Malignant neoplasm of prostate — Tumeur maligne de la prostate	2 398	144.5	..	..	1 283	104.2	..	..
Malignant neoplasm of lymphoid, haematopoietic and related tissue — Tumeurs malignes primitives ou présumées primitives des tissus lymphoïde, hématopoïétique et apparentés........	1 012	21.7	850	18.1	736	20.1	637	16.7
Disorders of the blood and blood-forming organs and certain disorders involving the immune mechanism — Maladies du sang et des organes hématopoïétiques et certains troubles du système immunitaire								
Total	121	2.6	171	3.6	71	1.9	97	2.5
Anaemias — Anémies	63	1.3	119	2.5	37	1.0	61	1.6
Endocrine, nutritional and metabolic diseases — Maladies endocriniennes, nutritionnelles et métaboliques								
Total	1 215	26.0	1 209	25.7	719	19.6	934	24.5
Diabetes mellitus — Diabète sucré........	1 000	21.4	936	19.9	603	16.4	777	20.4
Malnutrition — Malnutrition	18	♦0.4	25	♦0.5	3	♦0.1	14	♦0.4
Mental and behavioural disorders — Troubles mentaux et du comportement	1 758	37.6	3 331	70.7	944	25.8	1 852	48.5
Diseases of the nervous system — Maladies du système nerveux........	1 507	32.3	2 089	44.4	1 135	31.0	1 672	43.8
Diseases of the circulatory system — Maladies de l'appareil circulatoire								
Total	17 054	365.2	18 890	401.2	10 110	275.8	12 282	321.7
Acute rheumatic fever and chronic rheumatic heart diseases — Rhumatisme articulaire aigu et cardiopathies rhumatismales chroniques	23	♦0.5	48	1.0	46	1.3	93	2.4
Hypertensive diseases — Maladies hypertensives........	643	13.8	1 165	24.7	865	23.6	1 591	41.7
Ischaemic heart disease — Cardiopathie ischémique........	8 204	175.7	6 808	144.6	4 721	128.8	4 451	116.6
Cerebrovascular disease — Maladie cérébrovasculaire........	3 111	66.6	4 491	95.4	1 568	42.8	2 465	64.6

20. Death and death rates by cause and sex: 2006 - 2010
Décès et taux de mortalité par cause et sexe : 2006 - 2010 (continued - suite)

Cause of death — Cause de décès	Sweden - Suède 2010 (C)				Switzerland - Suisse 2006 (C)			
	Male — Masculin		Female — Féminin		Male — Masculin		Female — Féminin	
	Number Nombre	Rate Taux	Number Nombre	Rate Taux	Number Nombre	Rate Taux	Number Nombre	Rate Taux
Diseases of arteries, arterioles and capillaries — Maladies des artères, artérioles et capillaires	1 086	23.3	1 083	23.0	625	17.0	633	16.6
Diseases of the respiratory system — Maladies de l'appareil respiratoire								
Total	2 551	54.6	2 506	53.2	1 984	54.1	1 702	44.6
Influenza — Grippe	6	♦0.1	5	♦0.1	3	♦0.1	5	♦0.1
Pneumonia — Pneumopathies	774	16.6	702	14.9	626	17.1	741	19.4
Chronic lower respiratory diseases — Maladies chroniques des voies respiratoires inférieures	1 280	27.4	1 447	30.7	1 048	28.6	706	18.5
Diseases of the digestive system — Maladies de l'appareil digestif								
Total	1 387	29.7	1 333	28.3	1 167	31.8	1 322	34.6
Gastric and duodenal ulcer — Ulcère de l'estomac et du duodénum	130	2.8	166	3.5	76	2.1	114	3.0
Diseases of the liver — Maladies du foie	498	10.7	228	4.8	459	12.5	262	6.9
Diseases of the musculoskeletal system and connective tissue — Maladies du système ostéo-articularie, des muscles et du tissu conjonctif	149	3.2	320	6.8	136	3.7	347	9.1
Diseases of the genitourinary system — Maladies de l'appareil génito-urinaire								
Total	602	12.9	524	11.1	273	7.4	344	9.0
Disorders of kidney and ureter — Affections du rein et de l'uretère	419	9.0	359	7.6	124	3.4	204	5.3
Hyperplasia of prostate — Hyperplasie de la prostate	37	2.2	..	..	38	3.1	..	..
Pregnancy, childbirth and the puerperium — Grossesse, accouchement et puerpéralité								
Total	..	..	3	♦2.6	..	..	6	♦8.2
Pregnancy with abortive outcome — Grossesse se terminant par un avortement	..	..	-	-	..	..	-	-
Other direct obstetric causes — Autres décès maternels directs	..	..	2	♦1.7	..	..	6	♦8.2
Indirect obstetric causes — Décès maternels indirects	..	..	-	-	..	..	-	-
Certain conditions originating in the perinatal period — Certaines affections dont l'origine se situe dans la période périnatale	69	116.2	51	90.7	83	219.8	83	233.1
Congenital malformations, deformations and chromosomal abnormalities — Malformations congénitales et anomalies chromosomiques	109	183.5	107	190.2	128	338.9	137	384.8
Symptoms, signs and abnormal clinical and laboratory findings, not elsewhere classified — Symptômes, signes et résultats anormaux d'examens cliniques et de laboratoire, non classés ailleurs	1 826	39.1	2 407	51.1	1 048	28.6	1 102	28.9
All other diseases — Toutes autres maladies	47	1.0	111	2.4	33	0.9	63	1.7
External causes — Causes externes								
Total	2 912	62.4	1 747	37.1	2 218	60.5	1 503	39.4
Accidents								
Total	1 696	36.3	1 198	25.4	1 264	34.5	987	25.9
Transport accidents — Accidents de transport	223	4.8	81	1.7	302	8.2	100	2.6
Falls — Chutes	481	10.3	394	8.4	581	15.8	695	18.2
Accidental drowning and submersion — Noyade et submersion accidentelles	46	1.0	18	♦0.4	28	♦0.8	16	♦0.4
Exposure to smoke, fire and flames — Exposition à la fumée, au feu et aux flammes	48	1.0	32	0.7	14	♦0.4	14	♦0.4
Accidental poisoning by and exposure to noxious substances — Intoxication accidentelle par des substances nocives et exposition à ces substances	300	6.4	98	2.1	152	4.1	57	1.5
Intentional self-harm — Lésions auto-infligées	836	17.9	302	6.4	863	23.5	445	11.7
Assault — Agresssions	62	1.3	26	♦0.6	16	♦0.4	27	♦0.7
All other external causes — Toutes autres causes externes	318	6.8	221	4.7	75	2.0	44	1.2

20. Death and death rates by cause and sex: 2006 - 2010
Décès et taux de mortalité par cause et sexe : 2006 - 2010 (continued - suite)

Cause of death — Cause de décès	Switzerland - Suisse				TFYR of Macedonia - L'ex-R. y. de Macédoine			
	2007 (C)				2009 (...)		2010 (...)	
	Male — Masculin		Female — Féminin		Male — Masculin	Female — Féminin	Male — Masculin	Female — Féminin
	Number Nombre	Rate Taux	Number Nombre	Rate Taux	Number Nombre	Number Nombre	Number Nombre	Number Nombre
TOTAL	**29 544**	**803.0**	**31 545**	**823.8**	*10 040*	*9 020*	*10 168*	*8 945*
Certain infectious and parasitic diseases — Certaines maladies infectieuses et parasitaires								
Total	320	8.7	319	8.3	*36*	*17*	*43*	*19*
Intestinal infectious diseases — Maladies infectieuses intestinales	17	◆0.5	32	0.8	*3*	*1*	*1*	-
Tuberculosis — Tuberculose	11	◆0.3	5	◆0.1	*15*	*3*	*24*	*8*
Tetanus — Tétanos	-	-	-	-	-	-	-	-
Diphtheria — Diphtérie	-	-	-	-	-	-	-	-
Whooping cough — Coqueluche	-	-	-	-	-	-	-	-
Meningococcal infection — Infection à méningocoques	-	-	3	◆0.1	-	*2*	*2*	-
Septicaemia — Septicémie	124	3.4	102	2.7	*12*	*4*	*14*	*6*
Acute poliomyelitis — Poliomyélite aiguë	-	-	-	-	-	-	-	-
Measles — Rougeole	-	-	-	-	-	-	-	-
Viral hepatitis — Hépatite virale	11	◆0.3	13	◆0.3	*3*	*4*	-	*1*
Human immunodeficiency virus [HIV] disease — Maladies dues au virus de l'immunodéficience humaine (VIH)	43	1.2	17	◆0.4	-	-	-	-
Malaria — Paludisme	-	-	1	◆0.0	-	*1*	-	-
Neoplasms — Tumeurs	**9 040**	**245.7**	**7 457**	**194.7**	*2 219*	*1 454*	*2 218*	*1 487*
Malignant neoplasms — Tumeurs malignes								
Total	8 836	240.2	7 184	187.6	*2 204*	*1 439*	*2 211*	*1 474*
Malignant neoplasm of lip, oral cavity and pharynx — Tumeur maligne de la lèvre, de la cavité buccale et du pharynx	273	7.4	102	2.7	*36*	*12*	*31*	*17*
Malignant neoplasm of oesophagus — Tumeur maligne de l'oesophage	328	8.9	112	2.9	*18*	*5*	*18*	*4*
Malignant neoplasm of stomach — Tumeur maligne de l'estomac	321	8.7	221	5.8	*218*	*126*	*252*	*126*
Malignant neoplasm of colon, rectosigmoid junction, rectum, anus and anal canal — Tumeur maligne du côlon, de la jonction recto-sigmoïdienne, du rectum, de l'anus et du canal anal	925	25.1	815	21.3	*226*	*174*	*219*	*163*
Malignant neoplasm of liver and intrahepatic bile ducts — Tumeur maligne du foie et des voies bilaires intrahépatiques	445	12.1	203	5.3	*134*	*79*	*127*	*78*
Malignant neoplasm of pancreas — Tumeur maligne du pancréas	484	13.2	542	14.2	*118*	*82*	*118*	*71*
Malignant neoplasm of trachea, bronchus and lung — Tumeur maligne de la trachée, des bronches et du poumon	2 014	54.7	999	26.1	*663*	*135*	*667*	*135*
Malignant neoplasm of female breast — Tumeur maligne du sein chez la femme	..	..	1 268	...	..	*255*	..	*308*
Malignant neoplasm of cervix uteri — Tumeur maligne du col de l'utérus	..	..	91	...	..	*35*	..	*31*
Malignant neoplasm of prostate — Tumeur maligne de la prostate	1 260	...	..	..	*155*	..	*165*	..
Malignant neoplasm of lymphoid, haematopoietic and related tissue — Tumeurs malignes primitives ou présumées primitives des tissus lymphoïde, hématopoïétique et apparentés	747	20.3	622	16.2	*100*	*74*	*109*	*54*
Disorders of the blood and blood-forming organs and certain disorders involving the immune mechanism — Maladies du sang et des organes hématopoïétiques et certains troubles du système immunitaire								
Total	58	1.6	88	2.3	*8*	*3*	*8*	*7*
Anaemias — Anémies	29	◆0.8	59	1.5	*6*	*3*	*6*	*5*
Endocrine, nutritional and metabolic diseases — Maladies endocriniennes, nutritionnelles et métaboliques								
Total	766	20.8	964	25.2	*294*	*415*	*310*	*431*
Diabetes mellitus — Diabète sucré	638	17.3	792	20.7	*292*	*413*	*308*	*429*
Malnutrition — Malnutrition	6	◆0.2	19	◆0.5	-	-	*1*	-
Mental and behavioural disorders — Troubles mentaux et du comportement	**1 045**	**28.4**	**2 072**	**54.1**	*9*	*1*	*18*	*1*
Diseases of the nervous system — Maladies du système nerveux	**1 138**	**30.9**	**1 662**	**43.4**	*98*	*58*	*99*	*58*
Diseases of the circulatory system — Maladies de l'appareil circulatoire								
Total	10 107	274.7	12 506	326.6	*5 372*	*5 658*	*5 500*	*5 567*
Acute rheumatic fever and chronic rheumatic heart diseases — Rhumatisme articularie aigu et cardiopathies rhumatismales chroniques	36	1.0	60	1.6	*3*	*7*	*9*	*5*
Hypertensive diseases — Maladies hypertensives	822	22.3	1 659	43.3	*249*	*332*	*283*	*398*
Ischaemic heart disease — Cardiopathie ischémique	4 637	126.0	4 398	114.8	*1 135*	*707*	*1 086*	*666*

Cause of death — Cause de décès	Switzerland - Suisse 2007 (C)				TFYR of Macedonia - L'ex-R. y. de Macédoine			
	Male — Masculin		Female — Féminin		2009 (...)		2010 (...)	
					Male — Masculin	Female — Féminin	Male — Masculin	Female — Féminin
	Number Nombre	Rate Taux	Number Nombre	Rate Taux	Number Nombre	Number Nombre	Number Nombre	Number Nombre
Cerebrovascular disease — Maladie cérébrovasculaire	1 585	43.1	2 540	66.3	1 722	1 995	1 801	2 017
Diseases of arteries, arterioles and capillaries — Maladies des artères, artérioles et capillaires	598	16.3	585	15.3	158	193	155	225
Diseases of the respiratory system — Maladies de l'appareil respiratoire								
Total	2 020	54.9	1 713	44.7	375	295	401	310
Influenza — Grippe	12	♦0.3	25	♦0.7	6	5	5	3
Pneumonia — Pneumopathies	612	16.6	727	19.0	35	36	50	43
Chronic lower respiratory diseases — Maladies chroniques des voies respiratoires inférieures	1 069	29.1	741	19.4	219	138	235	152
Diseases of the digestive system — Maladies de l'appareil digestif								
Total	1 128	30.7	1 386	36.2	240	128	240	130
Gastric and duodenal ulcer — Ulcère de l'estomac et du duodénum	59	1.6	91	2.4	18	11	26	14
Diseases of the liver — Maladies du foie	440	12.0	292	7.6	143	46	136	46
Diseases of the musculoskeletal system and connective tissue — Maladies du système ostéo-articularie, des muscles et du tissu conjonctif	154	4.2	333	8.7	-	3	1	5
Diseases of the genitourinary system — Maladies de l'appareil génito-urinaire								
Total	355	9.6	422	11.0	161	102	148	114
Disorders of kidney and ureter — Affections du rein et de l'uretère	222	6.0	298	7.8	151	102	146	114
Hyperplasia of prostate — Hyperplasie de la prostate	40	...	..	..	10	..	2	..
Pregnancy, childbirth and the puerperium — Grossesse, accouchement et puerpéralité								
Total	..	..	1	♦1.3	..	1	..	2
Pregnancy with abortive outcome — Grossesse se terminant par un avortement	..	..	-	-	..	-	..	-
Other direct obstetric causes — Autres décès maternels directs	..	..	1	♦1.3	..	1	..	2
Indirect obstetric causes — Décès maternels indirects	..	..	-	-	..	-	..	-
Certain conditions originating in the perinatal period — Certaines affections dont l'origine se situe dans la période périnatale	93	243.6	84	231.3	110	83	70	55
Congenital malformations, deformations and chromosomal abnormalities — Malformations congénitales et anomalies chromosomiques	112	293.3	118	325.0	25	17	17	15
Symptoms, signs and abnormal clinical and laboratory findings, not elsewhere classified — Symptômes, signes et résultats anormaux d'examens cliniques et de laboratoire, non classés ailleurs	876	23.8	883	23.1	658	607	672	578
All other diseases — Toutes autres maladies	26	♦0.7	61	1.6	-	-	1	-
External causes — Causes externes								
Total	2 306	62.7	1 476	38.5	435	178	422	166
Accidents								
Total	1 280	34.8	981	25.6	288	127	302	117
Transport accidents — Accidents de transport	325	8.8	90	2.4	114	40	105	31
Falls — Chutes	601	16.3	707	18.5	29	36	34	35
Accidental drowning and submersion — Noyade et submersion accidentelles	36	1.0	15	♦0.4	20	4	17	7
Exposure to smoke, fire and flames — Exposition à la fumée, au feu et aux flammes	5	♦0.1	9	♦0.2	7	4	5	4
Accidental poisoning by and exposure to noxious substances — Intoxication accidentelle par des substances nocives et exposition à ces substances	152	4.1	56	1.5	18	5	15	6
Intentional self-harm — Lésions auto-infligées	920	25.0	440	11.5	125	42	87	35
Assault — Agresssions	22	♦0.6	23	♦0.6	20	9	31	13
All other external causes — Toutes autres causes externes	84	2.3	32	0.8	2	-	2	1

20. Death and death rates by cause and sex: 2006 - 2010
Décès et taux de mortalité par cause et sexe : 2006 - 2010 (continued - suite)

Ukraine

Cause of death — Cause de décès	2009 (C)				2010 (C)			
	Male — Masculin		Female — Féminin		Male — Masculin		Female — Féminin	
	Number Nombre	Rate Taux	Number Nombre	Rate Taux	Number Nombre	Rate Taux	Number Nombre	Rate Taux
TOTAL	351 395	1 650.4	355 344	1 429.8	341 249	1 608.7	356 986	1 442.4
Certain infectious and parasitic diseases — Certaines maladies infectieuses et parasitaires								
Total	11 539	54.2	3 598	14.5	11 036	52.0	3 606	14.6
Intestinal infectious diseases — Maladies infectieuses intestinales	27	♦0.1	19	♦0.1	24	♦0.1	21	♦0.1
Tuberculosis — Tuberculose	6 858	32.2	1 525	6.1	6 269	29.6	1 352	5.5
Tetanus — Tétanos	1	♦0.0	1	♦0.0	1	♦0.0	3	♦0.0
Diphtheria — Diphtérie............................	-	-	-	-	-	-	-	-
Whooping cough — Coqueluche	1	♦0.0	2	♦0.0	-	-	-	-
Meningococcal infection — Infection à méningocoques..........................	53	0.2	44	0.2	41	0.2	27	♦0.1
Septicaemia — Septicémie..........................	326	1.5	188	0.8	287	1.4	204	0.8
Acute poliomyelitis — Poliomyélite aiguë	-	-	-	-	-	-	-	-
Measles — Rougeole	-	-	-	-	-	-	-	-
Viral hepatitis — Hépatite virale....................	84	0.4	42	0.2	81	0.4	60	0.2
Human immunodeficiency virus [HIV] disease — Maladies dues au virus de l'immunodéficience humaine (VIH)................	3 793	17.8	1 572	6.3	3 947	18.6	1 698	6.9
Malaria — Paludisme................................	2	♦0.0	-	-	5	♦0.0	-	-
Neoplasms — Tumeurs	49 090	230.6	39 505	159.0	48 987	230.9	39 780	160.7
Malignant neoplasms — Tumeurs malignes								
Total	48 703	228.8	39 070	157.2	48 556	228.9	39 255	158.6
Malignant neoplasm of lip, oral cavity and pharynx — Tumeur maligne de la lèvre, de la cavité buccale et du pharynx	2 966	13.9	446	1.8	3 133	14.8	448	1.8
Malignant neoplasm of oesophagus — Tumeur maligne de l'oesophage	1 272	6.0	159	0.6	1 391	6.6	199	0.8
Malignant neoplasm of stomach — Tumeur maligne de l'estomac	5 696	26.8	3 704	14.9	5 526	26.1	3 622	14.6
Malignant neoplasm of colon, rectosigmoid junction, rectum, anus and anal canal — Tumeur maligne du côlon, de la jonction recto-sigmoïdienne, du rectum, de l'anus et du canal anal..................	6 017	28.3	5 818	23.4	5 984	28.2	5 870	23.7
Malignant neoplasm of liver and intrahepatic bile ducts — Tumeur maligne du foie et des voies bilaires intrahépatiques	954	4.5	667	2.7	946	4.5	655	2.6
Malignant neoplasm of pancreas — Tumeur maligne du pancréas...................	2 396	11.3	1 808	7.3	2 393	11.3	1 963	7.9
Malignant neoplasm of trachea, bronchus and lung — Tumeur maligne de la trachée, des bronches et du poumon	12 009	56.4	2 348	9.4	11 862	55.9	2 314	9.3
Malignant neoplasm of female breast — Tumeur maligne du sein chez la femme	..	..	8 089	37.4	..	..	7 965	...
Malignant neoplasm of cervix uteri — Tumeur maligne du col de l'utérus.........	..	..	2 218	10.3	..	..	2 144	...
Malignant neoplasm of prostate — Tumeur maligne de la prostate	3 386	55.1	..	..	3 418	...	..	..
Malignant neoplasm of lymphoid, haematopoietic and related tissue — Tumeurs malignes primitives ou présumées primitives des tissus lymphoïde, hématopoïétique et apparentés..................	...	...	...	...	...	...	...	...
Disorders of the blood and blood-forming organs and certain disorders involving the immune mechanism — Maladies du sang et des organes hématopoïétiques et certains troubles du système immunitaire								
Total	159	0.7	158	0.6	143	0.7	143	0.6
Anaemias — Anémies	78	0.4	79	0.3	65	0.3	81	0.3
Endocrine, nutritional and metabolic diseases — Maladies endocriniennes, nutritionnelles et métaboliques								
Total	1 111	5.2	1 572	6.3	1 137	5.4	1 529	6.2
Diabetes mellitus — Diabète sucré.................	921	4.3	1 396	5.6	982	4.6	1 372	5.5
Malnutrition — Malnutrition	25	♦0.1	15	♦0.1	25	♦0.1	12	♦0.0
Mental and behavioural disorders — Troubles mentaux et du comportement	1 459	6.9	614	2.5	1 157	5.5	484	2.0
Diseases of the nervous system — Maladies du système nerveux................	3 906	18.3	2 318	9.3	3 852	18.2	2 474	10.0
Diseases of the circulatory system — Maladies de l'appareil circulatoire								
Total	199 465	936.9	261 144	1 050.8	198 510	935.8	266 583	1 077.1
Acute rheumatic fever and chronic rheumatic heart diseases — Rhumatisme articularie aigu et cardiopathies rhumatismales chroniques	634	3.0	852	3.4	584	2.8	784	3.2
Hypertensive diseases — Maladies hypertensives.......................	373	1.8	224	0.9	385	1.8	275	1.1
Ischaemic heart disease — Cardiopathie ischémique.................	136 369	640.5	174 613	702.6	136 333	642.7	178 339	720.6
Cerebrovascular disease — Maladie cérébrovasculaire................	40 343	189.5	60 139	242.0	40 274	189.9	61 075	246.8

20. Death and death rates by cause and sex: 2006 - 2010
Décès et taux de mortalité par cause et sexe : 2006 - 2010 (continued - suite)

Ukraine

Cause of death — Cause de décès	2009 (C)				2010 (C)			
	Male — Masculin		Female — Féminin		Male — Masculin		Female — Féminin	
	Number Nombre	Rate Taux	Number Nombre	Rate Taux	Number Nombre	Rate Taux	Number Nombre	Rate Taux
Diseases of arteries, arterioles and capillaries — Maladies des artères, artérioles et capillaires	...	...	...	...	...	...	...	...
Diseases of the respiratory system — Maladies de l'appareil respiratoire								
Total	14 861	69.8	6 228	25.1	13 700	64.6	5 780	23.4
Influenza — Grippe.............................	202	0.9	221	0.9	143	0.7	139	0.6
Pneumonia — Pneumopathies	3 861	18.1	1 262	5.1	3 542	16.7	1 157	4.7
Chronic lower respiratory diseases — Maladies chroniques des voies respiratoires inférieures	9 291	43.6	4 269	17.2	8 683	40.9	4 069	16.4
Diseases of the digestive system — Maladies de l'appareil digestif								
Total	19 355	90.9	10 724	43.2	17 004	80.2	9 813	39.6
Gastric and duodenal ulcer — Ulcère de l'estomac et du duodénum.................	1 166	5.5	584	2.3	1 146	5.4	568	2.3
Diseases of the liver — Maladies du foie......	14 209	66.7	7 189	28.9	12 039	56.8	6 264	25.3
Diseases of the musculoskeletal system and connective tissue — Maladies du système ostéo-articularie, des muscles et du tissu conjonctif	225	1.1	432	1.7	241	1.1	386	1.6
Diseases of the genitourinary system — Maladies de l'appareil génito-urinaire								
Total	1 622	7.6	1 420	5.7	1 643	7.7	1 401	5.7
Disorders of kidney and ureter — Affections du rein et de l'uretère	...	...	...	...	...	...	...	...
Hyperplasia of prostate — Hyperplasie de la prostate.................................	...	...	...	...	...	...	...	...
Pregnancy, childbirth and the puerperium — Grossesse, accouchement et puerpéralité								
Total	..	..	129	25.2	..	..	116	23.3
Pregnancy with abortive outcome — Grossesse se terminant par un avortement	..	..	6	♦1.2	..	..	7	♦1.4
Other direct obstetric causes — Autres décès maternels directs	..	..	42	8.2	..	..	41	8.2
Indirect obstetric causes — Décès maternels indirects	..	..	80	15.6	..	..	68	13.7
Certain conditions originating in the perinatal period — Certaines affections dont l'origine se situe dans la période périnatale	1 460	551.3	1 077	434.8	1 406	547.4	992	411.9
Congenital malformations, deformations and chromosomal abnormalities — Malformations congénitales et anomalies chromosomiques	1 066	402.5	886	357.7	1 041	405.3	894	371.2
Symptoms, signs and abnormal clinical and laboratory findings, not elsewhere classified — Symptômes, signes et résultats anormaux d'examens cliniques et de laboratoire, non classés ailleurs	7 336	34.5	14 846	59.7	6 679	31.5	13 268	53.6
All other diseases — Toutes autres maladies	259	1.2	239	1.0	251	1.2	244	1.0
External causes — Causes externes								
Total	38 482	180.7	10 454	42.1	34 462	162.5	9 493	38.4
Accidents								
Total	...	...	...	...	...	...	...	...
Transport accidents — Accidents de transport.....................................	5 051	23.7	1 513	6.1	4 520	21.3	1 396	5.6
Falls — Chutes	2 122	10.0	589	2.4	1 775	8.4	513	2.1
Accidental drowning and submersion — Noyade et submersion accidentelles..................................	2 599	12.2	443	1.8	2 687	12.7	524	2.1
Exposure to smoke, fire and flames — Exposition à la fumée, au feu et aux flammes..................................	1 478	6.9	615	2.5	1 152	5.4	529	2.1
Accidental poisoning by and exposure to noxious substances — Intoxication accidentelle par des substances nocives et exposition à ces substances	6 676	31.4	1 722	6.9	5 242	24.7	1 393	5.6
Intentional self-harm — Lésions auto-infligées............................	7 992	37.5	1 724	6.9	7 512	35.4	1 579	6.4
Assault — Agresssions............................	2 116	9.9	972	3.9	1 928	9.1	840	3.4
All other external causes — Toutes autres causes externes	...	...	...	...	...	...	...	...

20. Death and death rates by cause and sex: 2006 - 2010
Décès et taux de mortalité par cause et sexe : 2006 - 2010 (continued - suite)

United Kingdom of Great Britain and Northern Ireland - Royaume-Uni de Grande-Bretagne et d'Irlande du Nord

Cause of death — Cause de décès	2009 (+C)				2010 (+C)			
	Male — Masculin		Female — Féminin		Male — Masculin		Female — Féminin	
	Number Nombre	Rate Taux	Number Nombre	Rate Taux	Number Nombre	Rate Taux	Number Nombre	Rate Taux
TOTAL	**270 804**	**891.6**	**288 813**	**919.3**	**270 945**	**884.2**	**290 721**	**919.5**
Certain infectious and parasitic diseases — Certaines maladies infectieuses et parasitaires								
Total	3 017	9.9	3 740	11.9	2 681	8.7	3 282	10.4
Intestinal infectious diseases — Maladies infectieuses intestinales	691	2.3	1 322	4.2	483	1.6	930	2.9
Tuberculosis — Tuberculose	202	0.7	137	0.4	174	0.6	145	0.5
Tetanus — Tétanos	-	-	-	-	-	-	1	◆0.0
Diphtheria — Diphtérie.........................	-	-	-	-	-	-	-	-
Whooping cough — Coqueluche	1	◆0.0	1	◆0.0	1	◆0.0	-	-
Meningococcal infection — Infection à méningocoques	34	0.1	32	0.1	39	0.1	29	◆0.1
Septicaemia — Septicémie.................	1 207	4.0	1 595	5.1	1 159	3.8	1 579	5.0
Acute poliomyelitis — Poliomyélite aiguë	-	-	-	-	-	-	-	-
Measles — Rougeole.........................	1	◆0.0	-	-	-	-	-	-
Viral hepatitis — Hépatite virale............	196	0.6	86	0.3	174	0.6	79	0.2
Human immunodeficiency virus [HIV] disease — Maladies dues au virus de l'immunodéficience humaine (VIH).............	174	0.6	92	0.3	188	0.6	79	0.2
Malaria — Paludisme.........................	7	◆0.0	4	◆0.0	3	◆0.0	2	◆0.0
Neoplasms — Tumeurs	**83 940**	**276.4**	**76 023**	**242.0**	**84 363**	**275.3**	**76 796**	**242.9**
Malignant neoplasms — Tumeurs malignes								
Total	82 245	270.8	74 222	236.2	82 641	269.7	74 942	237.0
Malignant neoplasm of lip, oral cavity and pharynx — Tumeur maligne de la lèvre, de la cavité buccale et du pharynx	1 481	4.9	783	2.5	1 545	5.0	786	2.5
Malignant neoplasm of oesophagus — Tumeur maligne de l'oesophage	5 106	16.8	2 469	7.9	5 109	16.7	2 507	7.9
Malignant neoplasm of stomach — Tumeur maligne de l'estomac	3 176	10.5	1 855	5.9	3 105	10.1	1 862	5.9
Malignant neoplasm of colon, rectosigmoid junction, rectum, anus and anal canal — Tumeur maligne du côlon, de la jonction recto-sigmoïdienne, du rectum, de l'anus et du canal anal.............	8 621	28.4	7 327	23.3	8 726	28.5	7 320	23.2
Malignant neoplasm of liver and intrahepatic bile ducts — Tumeur maligne du foie et des voies biliaires intrahépatiques	2 175	7.2	1 467	4.7	2 262	7.4	1 544	4.9
Malignant neoplasm of pancreas — Tumeur maligne du pancréas..................	3 891	12.8	4 151	13.2	3 880	12.7	4 037	12.8
Malignant neoplasm of trachea, bronchus and lung — Tumeur maligne de la trachée, des bronches et du poumon.............	19 760	65.1	15 292	48.7	19 447	63.5	15 479	49.0
Malignant neoplasm of female breast — Tumeur maligne du sein chez la femme	..	..	11 678	...	..	..	11 575	...
Malignant neoplasm of cervix uteri — Tumeur maligne du col de l'utérus..........	..	..	959	...	..	..	940	...
Malignant neoplasm of prostate — Tumeur maligne de la prostate	10 405	...	..	..	10 729	...	..	..
Malignant neoplasm of lymphoid, haematopoietic and related tissue — Tumeurs malignes primitives ou présumées primitives des tissus lymphoïde, hématopoïétique et apparentés.............	6 622	21.8	5 267	16.8	6 554	21.4	5 525	17.5
Disorders of the blood and blood-forming organs and certain disorders involving the immune mechanism — Maladies du sang et des organes hématopoïétiques et certains troubles du système immunitaire								
Total	520	1.7	647	2.1	450	1.5	677	2.1
Anaemias — Anémies	192	0.6	320	1.0	146	0.5	317	1.0
Endocrine, nutritional and metabolic diseases — Maladies endocriniennes, nutritionnelles et métaboliques								
Total	3 788	12.5	4 549	14.5	3 916	12.8	4 596	14.5
Diabetes mellitus — Diabète sucré..........	2 880	9.5	3 259	10.4	2 895	9.4	3 285	10.4
Malnutrition — Malnutrition	37	0.1	66	0.2	35	0.1	50	0.2
Mental and behavioural disorders — Troubles mentaux et du comportement	**7 244**	**23.8**	**14 438**	**46.0**	**7 738**	**25.3**	**16 002**	**50.6**
Diseases of the nervous system — Maladies du système nerveux.............	**9 047**	**29.8**	**10 645**	**33.9**	**9 524**	**31.1**	**11 306**	**35.8**
Diseases of the circulatory system — Maladies de l'appareil circulatoire								
Total	87 799	289.1	93 250	296.8	87 549	285.7	91 560	289.6
Acute rheumatic fever and chronic rheumatic heart diseases — Rhumatisme articulaire aigu et cardiopathies rhumatismales chroniques	364	1.2	813	2.6	339	1.1	721	2.3
Hypertensive diseases — Maladies hypertensives.	2 026	6.7	2 881	9.2	2 150	7.0	3 051	9.6
Ischaemic heart disease — Cardiopathie ischémique.............	47 306	155.7	35 425	112.8	46 592	152.0	33 976	107.5
Cerebrovascular disease — Maladie cérébrovasculaire..................	19 171	63.1	30 511	97.1	19 294	63.0	30 080	95.1

20. Death and death rates by cause and sex: 2006 - 2010
Décès et taux de mortalité par cause et sexe : 2006 - 2010 (continued - suite)

United Kingdom of Great Britain and Northern Ireland - Royaume-Uni de
Grande-Bretagne et d'Irlande du Nord

Cause of death — Cause de décès	2009 (+C)				2010 (+C)			
	Male — Masculin		Female — Féminin		Male — Masculin		Female — Féminin	
	Number Nombre	Rate Taux	Number Nombre	Rate Taux	Number Nombre	Rate Taux	Number Nombre	Rate Taux
Diseases of arteries, arterioles and capillaries — Maladies des artères, artérioles et capillaires	6 056	19.9	5 316	16.9	5 972	19.5	5 162	16.3
Diseases of the respiratory system — Maladies de l'appareil respiratoire								
Total	35 958	118.4	40 738	129.7	35 497	115.8	40 568	128.3
Influenza — Grippe	60	0.2	83	0.3	19	♦0.1	32	0.1
Pneumonia — Pneumopathies	12 388	40.8	17 528	55.8	11 804	38.5	16 616	52.6
Chronic lower respiratory diseases — Maladies chroniques des voies respiratoires inférieures	14 944	49.2	14 244	45.3	14 729	48.1	14 794	46.8
Diseases of the digestive system — Maladies de l'appareil digestif								
Total	13 713	45.1	15 220	48.4	14 043	45.8	15 448	48.9
Gastric and duodenal ulcer — Ulcère de l'estomac et du duodénum	1 480	4.9	1 509	4.8	1 365	4.5	1 422	4.5
Diseases of the liver — Maladies du foie	5 415	17.8	3 273	10.4	5 627	18.4	3 284	10.4
Diseases of the musculoskeletal system and connective tissue — Maladies du système ostéo-articularie, des muscles et du tissu conjonctif	1 438	4.7	3 130	10.0	1 489	4.9	3 122	9.9
Diseases of the genitourinary system — Maladies de l'appareil génito-urinaire								
Total	5 521	18.2	8 111	25.8	5 571	18.2	8 546	27.0
Disorders of kidney and ureter — Affections du rein et de l'uretère	2 317	7.6	2 885	9.2	2 244	7.3	3 062	9.7
Hyperplasia of prostate — Hyperplasie de la prostate	150	...	..	..	199	...	..	..
Pregnancy, childbirth and the puerperium — Grossesse, accouchement et puerpéralité								
Total	..	..	74	9.4	..	..	40	5.0
Pregnancy with abortive outcome — Grossesse se terminant par un avortement	..	..	5	♦0.6	..	..	2	♦0.2
Other direct obstetric causes — Autres décès maternels directs	..	..	49	6.2	..	..	24	♦3.0
Indirect obstetric causes — Décès maternels indirects	..	..	18	♦2.3	..	..	14	♦1.7
Certain conditions originating in the perinatal period — Certaines affections dont l'origine se situe dans la période périnatale	1 105	272.8	871	226.2	1 042	251.8	850	216.0
Congenital malformations, deformations and chromosomal abnormalities — Malformations congénitales et anomalies chromosomiques	1 094	270.1	971	252.1	1 026	248.0	948	240.9
Symptoms, signs and abnormal clinical and laboratory findings, not elsewhere classified — Symptômes, signes et résultats anormaux d'examens cliniques et de laboratoire, non classés ailleurs	2 700	8.9	7 159	22.8	2 753	9.0	7 738	24.5
All other diseases — Toutes autres maladies	687	2.3	1 399	4.5	708	2.3	1 380	4.4
External causes — Causes externes								
Total	13 233	43.6	7 848	25.0	12 595	41.1	7 862	24.9
Accidents								
Total	8 433	27.8	6 115	19.5	7 879	25.7	6 140	19.4
Transport accidents — Accidents de transport	2 021	6.7	586	1.9	1 641	5.4	579	1.8
Falls — Chutes	2 193	7.2	2 240	7.1	2 223	7.3	2 273	7.2
Accidental drowning and submersion — Noyade et submersion accidentelles	200	0.7	52	0.2	211	0.7	53	0.2
Exposure to smoke, fire and flames — Exposition à la fumée, au feu et aux flammes	200	0.7	148	0.5	152	0.5	140	0.4
Accidental poisoning by and exposure to noxious substances — Intoxication accidentelle par des substances nocives et exposition à ces substances	1 309	4.3	447	1.4	1 327	4.3	585	1.9
Intentional self-harm — Lésions auto-infligées	3 313	10.9	932	3.0	3 223	10.5	963	3.0
Assault — Agresssions	127	0.4	62	0.2	126	0.4	54	0.2
All other external causes — Toutes autres causes externes	1 360	4.5	739	2.4	1 367	4.5	705	2.2

Cause of death — Cause de décès	Australia - Australie				Fiji - Fidji		
	2006 (C)				2009 (+C)		
	Male — Masculin		Female — Féminin		Male — Masculin	Female — Féminin	
	Number Nombre	Rate Taux	Number Nombre	Rate Taux	Number Nombre	Number Nombre	Rate Taux
TOTAL	65 322	635.3	62 310	598.2	3 494	2 910	...
Certain infectious and parasitic diseases — Certaines maladies infectieuses et parasitaires							
Total	991	9.6	877	8.4	209	188	...
Intestinal infectious diseases — Maladies infectieuses intestinales	31	0.3	47	0.5	41	29	...
Tuberculosis — Tuberculose	29	◆0.3	18	◆0.2	13	6	...
Tetanus — Tétanos	-	-	-	-	1	-	...
Diphtheria — Diphtérie	-	-	1	◆0.0	-	-	...
Whooping cough — Coqueluche	-	-	1	◆0.0	-	-	...
Meningococcal infection — Infection à méningocoques	5	◆0.0	7	◆0.1	-	1	...
Septicaemia — Septicémie	560	5.4	598	5.7	122	134	...
Acute poliomyelitis — Poliomyélite aiguë	-	-	-	-	-	-	...
Measles — Rougeole	-	-	-	-	-	-	...
Viral hepatitis — Hépatite virale	67	0.7	23	◆0.2	1	-	...
Human immunodeficiency virus [HIV] disease — Maladies dues au virus de l'immunodéficience humaine (VIH)	87	0.8	9	◆0.1	1	3	...
Malaria — Paludisme	-	-	-	-	-	-	...
Neoplasms — Tumeurs	21 388	208.0	16 634	159.7	252	400	...
Malignant neoplasms — Tumeurs malignes							
Total	20 877	203.0	16 145	155.0	220	376	...
Malignant neoplasm of lip, oral cavity and pharynx — Tumeur maligne de la lèvre, de la cavité buccale et du pharynx	425	4.1	148	1.4	10	4	...
Malignant neoplasm of oesophagus — Tumeur maligne de l'oesophage	769	7.5	333	3.2	10	2	...
Malignant neoplasm of stomach — Tumeur maligne de l'estomac	644	6.3	433	4.2	8	10	...
Malignant neoplasm of colon, rectosigmoid junction, rectum, anus and anal canal — Tumeur maligne du côlon, de la jonction recto-sigmoïdienne, du rectum, de l'anus et du canal anal	2 047	19.9	1 622	15.6	15	16	...
Malignant neoplasm of liver and intrahepatic bile ducts — Tumeur maligne du foie et des voies bilaires intrahépatiques	689	6.7	335	3.2	35	18	...
Malignant neoplasm of pancreas — Tumeur maligne du pancréas	997	9.7	978	9.4	10	6	...
Malignant neoplasm of trachea, bronchus and lung — Tumeur maligne de la trachée, des bronches et du poumon	4 473	43.5	2 581	24.8	21	13	...
Malignant neoplasm of female breast — Tumeur maligne du sein chez la femme	..	..	2 505	29.7	..	101	...
Malignant neoplasm of cervix uteri — Tumeur maligne du col de l'utérus	..	..	212	2.5	..	75	...
Malignant neoplasm of prostate — Tumeur maligne de la prostate	2 826	93.5	..	..	26	..	...
Malignant neoplasm of lymphoid, haematopoietic and related tissue — Tumeurs malignes primitives ou présumées primitives des tissus lymphoïde, hématopoïétique et apparentés	2 000	19.5	1 559	15.0	31	22	...
Disorders of the blood and blood-forming organs and certain disorders involving the immune mechanism — Maladies du sang et des organes hématopoïétiques et certains troubles du système immunitaire							
Total	214	2.1	254	2.4	16	13	...
Anaemias — Anémies	82	0.8	129	1.2	11	10	...
Endocrine, nutritional and metabolic diseases — Maladies endocriniennes, nutritionnelles et métaboliques							
Total	2 393	23.3	2 501	24.0	547	606	...
Diabetes mellitus — Diabète sucré	1 736	16.9	1 754	16.8	538	594	...
Malnutrition — Malnutrition	37	0.4	30	◆0.3	3	2	...
Mental and behavioural disorders — Troubles mentaux et du comportement	1 742	16.9	3 145	30.2	2	1	...
Diseases of the nervous system — Maladies du système nerveux	2 092	20.3	2 590	24.9	28	17	...
Diseases of the circulatory system — Maladies de l'appareil circulatoire							
Total	20 600	200.3	23 069	221.5	1 525	1 070	...
Acute rheumatic fever and chronic rheumatic heart diseases — Rhumatisme articularie aigu et cardiopathies rhumatismales chroniques	86	0.8	186	1.8	12	10	...
Hypertensive diseases — Maladies hypertensives	494	4.8	936	9.0	254	378	...
Ischaemic heart disease — Cardiopathie ischémique	11 620	113.0	10 320	99.1	739	257	...
Cerebrovascular disease — Maladie cérébrovasculaire	4 274	41.6	6 701	64.3	87	80	...

Cause of death — Cause de décès	Australia - Australie 2006 (C)				Fiji - Fidji 2009 (+C)		
	Male — Masculin		Female — Féminin		Male — Masculin	Female — Féminin	
	Number Nombre	Rate Taux	Number Nombre	Rate Taux	Number Nombre	Number Nombre	Rate Taux
Diseases of arteries, arterioles and capillaries — Maladies des artères, artérioles et capillaires	1 145	11.1	1 001	9.6	4	5	...
Diseases of the respiratory system — Maladies de l'appareil respiratoire							
Total	5 473	53.2	4 978	47.8	213	145	...
Influenza — Grippe	8	♦0.1	8	♦0.1	-	-	...
Pneumonia — Pneumopathies	1 168	11.4	1 435	13.8	69	53	...
Chronic lower respiratory diseases — Maladies chroniques des voies respiratoires inférieures	2 813	27.4	2 412	23.2	112	61	...
Diseases of the digestive system — Maladies de l'appareil digestif							
Total	2 199	21.4	2 091	20.1	100	56	...
Gastric and duodenal ulcer — Ulcère de l'estomac et du duodénum	147	1.4	145	1.4	12	8	...
Diseases of the liver — Maladies du foie	917	8.9	405	3.9	20	10	...
Diseases of the musculoskeletal system and connective tissue — Maladies du système ostéo-articularie, des muscles et du tissu conjonctif	314	3.1	711	6.8	5	11	...
Diseases of the genitourinary system — Maladies de l'appareil génito-urinaire							
Total	1 471	14.3	1 701	16.3	91	61	...
Disorders of kidney and ureter — Affections du rein et de l'uretère	1 148	11.2	1 182	11.3	72	58	...
Hyperplasia of prostate — Hyperplasie de la prostate	56	1.9	..	..	12	..	...
Pregnancy, childbirth and the puerperium — Grossesse, accouchement et puerpéralité							
Total	..	..	9	♦3.4	..	5	♦27.5
Pregnancy with abortive outcome — Grossesse se terminant par un avortement	..	..	-	-	..	2	♦11.0
Other direct obstetric causes — Autres décès maternels directs	..	..	8	♦3.0	..	3	♦16.5
Indirect obstetric causes — Décès maternels indirects	..	..	1	♦0.4	..	-	-
Certain conditions originating in the perinatal period — Certaines affections dont l'origine se situe dans la période périnatale	327	239.2	261	201.9	87	64	...
Congenital malformations, deformations and chromosomal abnormalities — Malformations congénitales et anomalies chromosomiques	289	211.4	222	171.8	46	19	...
Symptoms, signs and abnormal clinical and laboratory findings, not elsewhere classified — Symptômes, signes et résultats anormaux d'examens cliniques et de laboratoire, non classés ailleurs	788	7.7	642	6.2	151	161	...
All other diseases — Toutes autres maladies	134	1.3	189	1.8	2	3	...
External causes — Causes externes							
Total	4 907	47.7	2 436	23.4	220	90	...
Accidents							
Total	3 238	31.5	1 786	17.1	145	58	...
Transport accidents — Accidents de transport	1 167	11.3	366	3.5	38	7	...
Falls — Chutes	552	5.4	608	5.8	6	1	...
Accidental drowning and submersion — Noyade et submersion accidentelles	132	1.3	46	0.4	42	8	...
Exposure to smoke, fire and flames — Exposition à la fumée, au feu et aux flammes	38	0.4	31	0.3	6	13	...
Accidental poisoning by and exposure to noxious substances — Intoxication accidentelle par des substances nocives et exposition à ces substances	468	4.6	207	2.0	-	2	...
Intentional self-harm — Lésions auto-infligées	1 300	12.6	373	3.6	19	7	...
Assault — Agresssions	86	0.8	49	0.5	6	3	...
All other external causes — Toutes autres causes externes	283	2.8	228	2.2	50	22	...

20. Death and death rates by cause and sex: 2006 - 2010
Décès et taux de mortalité par cause et sexe : 2006 - 2010 (continued - suite)

New Zealand - Nouvelle-Zélande

Cause of death — Cause de décès	2007 (+C)				2008 (+C)			
	Male — Masculin		Female — Féminin		Male — Masculin		Female — Féminin	
	Number Nombre	Rate Taux	Number Nombre	Rate Taux	Number Nombre	Rate Taux	Number Nombre	Rate Taux
TOTAL	14 333	692.1	14 268	661.3	14 591	697.4	14 721	676.3
Certain infectious and parasitic diseases — Certaines maladies infectieuses et parasitaires								
Total	101	4.9	113	5.2	105	5.0	117	5.4
Intestinal infectious diseases — Maladies infectieuses intestinales	24	◂1.2	35	1.6	26	◂1.2	36	1.7
Tuberculosis — Tuberculose	6	◂0.3	1	◂0.0	4	◂0.2	3	◂0.1
Tetanus — Tétanos	-	-	1	◂0.0	-	-	-	-
Diphtheria — Diphtérie	-	-	-	-	-	-	-	-
Whooping cough — Coqueluche	-	-	-	-	-	-	-	-
Meningococcal infection — Infection à méningocoques	5	◂0.2	3	◂0.1	5	◂0.2	3	◂0.1
Septicaemia — Septicémie	25	◂1.2	28	◂1.3	28	◂1.3	45	2.1
Acute poliomyelitis — Poliomyélite aiguë	-	-	-	-	-	-	-	-
Measles — Rougeole	-	-	-	-	-	-	-	-
Viral hepatitis — Hépatite virale	14	◂0.7	10	◂0.5	15	◂0.7	4	◂0.2
Human immunodeficiency virus [HIV] disease — Maladies dues au virus de l'immunodéficience humaine (VIH)	7	◂0.3	4	◂0.2	5	◂0.2	1	◂0.0
Malaria — Paludisme	-	-	-	-	-	-	-	-
Neoplasms — Tumeurs	4 563	220.3	4 019	186.3	4 583	219.1	4 030	185.1
Malignant neoplasms — Tumeurs malignes								
Total	4 477	216.2	3 940	182.6	4 496	214.9	3 958	181.8
Malignant neoplasm of lip, oral cavity and pharynx — Tumeur maligne de la lèvre, de la cavité buccale et du pharynx	81	3.9	42	1.9	88	4.2	39	1.8
Malignant neoplasm of oesophagus — Tumeur maligne de l'oesophage	164	7.9	80	3.7	154	7.4	75	3.4
Malignant neoplasm of stomach — Tumeur maligne de l'estomac	184	8.9	113	5.2	173	8.3	110	5.1
Malignant neoplasm of colon, rectosigmoid junction, rectum, anus and anal canal — Tumeur maligne du côlon, de la jonction recto-sigmoïdienne, du rectum, de l'anus et du canal anal	644	31.1	609	28.2	693	33.1	587	27.0
Malignant neoplasm of liver and intrahepatic bile ducts — Tumeur maligne du foie et des voies biliaires intrahépatiques	144	7.0	59	2.7	124	5.9	66	3.0
Malignant neoplasm of pancreas — Tumeur maligne du pancréas	212	10.2	216	10.0	176	8.4	197	9.1
Malignant neoplasm of trachea, bronchus and lung — Tumeur maligne de la trachée, des bronches et du poumon	864	41.7	664	30.8	889	42.5	745	34.2
Malignant neoplasm of female breast — Tumeur maligne du sein chez la femme	..	..	643	37.3	..	..	618	35.5
Malignant neoplasm of cervix uteri — Tumeur maligne du col de l'utérus	..	..	65	3.8	..	..	59	3.4
Malignant neoplasm of prostate — Tumeur maligne de la prostate	575	98.0	..	..	670	111.1	..	..
Malignant neoplasm of lymphoid, haematopoietic and related tissue — Tumeurs malignes primitives ou présumées primitives des tissus lymphoïde, hématopoïétique et apparentés	461	22.3	362	16.8	417	19.9	335	15.4
Disorders of the blood and blood-forming organs and certain disorders involving the immune mechanism — Maladies du sang et des organes hématopoïétiques et certains troubles du système immunitaire								
Total	26	◂1.3	37	1.7	28	◂1.3	26	◂1.2
Anaemias — Anémies	9	◂0.4	20	◂0.9	10	◂0.5	20	◂0.9
Endocrine, nutritional and metabolic diseases — Maladies endocriniennes, nutritionnelles et métaboliques								
Total	582	28.1	538	24.9	609	29.1	568	26.1
Diabetes mellitus — Diabète sucré	440	21.2	407	18.9	463	22.1	414	19.0
Malnutrition — Malnutrition	3	◂0.1	5	◂0.2	2	◂0.1	5	◂0.2
Mental and behavioural disorders — Troubles mentaux et du comportement	263	12.7	558	25.9	271	13.0	619	28.4
Diseases of the nervous system — Maladies du système nerveux	520	25.1	589	27.3	499	23.9	630	28.9
Diseases of the circulatory system — Maladies de l'appareil circulatoire								
Total	5 018	242.3	5 464	253.2	5 010	239.5	5 523	253.7
Acute rheumatic fever and chronic rheumatic heart diseases — Rhumatisme articulaire aigu et cardiopathies rhumatismales chroniques	84	4.1	115	5.3	75	3.6	112	5.1
Hypertensive diseases — Maladies hypertensives	126	6.1	186	8.6	137	6.5	210	9.6
Ischaemic heart disease — Cardiopathie ischémique	3 015	145.6	2 619	121.4	2 960	141.5	2 594	119.2
Cerebrovascular disease — Maladie cérébrovasculaire	986	47.6	1 638	75.9	970	46.4	1 641	75.4

20. Death and death rates by cause and sex: 2006 - 2010
Décès et taux de mortalité par cause et sexe : 2006 - 2010 (continued - suite)

New Zealand - Nouvelle-Zélande

Cause of death — Cause de décès	2007 (+C)				2008 (+C)			
	Male — Masculin		Female — Féminin		Male — Masculin		Female — Féminin	
	Number Nombre	Rate Taux	Number Nombre	Rate Taux	Number Nombre	Rate Taux	Number Nombre	Rate Taux
Diseases of arteries, arterioles and capillaries — Maladies des artères, artérioles et capillaires	278	13.4	243	11.3	286	13.7	233	10.7
Diseases of the respiratory system — Maladies de l'appareil respiratoire								
Total	1 148	55.4	1 193	55.3	1 274	60.9	1 350	62.0
Influenza — Grippe	5	◆0.2	5	◆0.2	4	◆0.2	5	◆0.2
Pneumonia — Pneumopathies	141	6.8	274	12.7	179	8.6	292	13.4
Chronic lower respiratory diseases — Maladies chroniques des voies respiratoires inférieures	848	41.0	799	37.0	915	43.7	923	42.4
Diseases of the digestive system — Maladies de l'appareil digestif								
Total	359	17.3	444	20.6	392	18.7	467	21.5
Gastric and duodenal ulcer — Ulcère de l'estomac et du duodénum	38	1.8	39	1.8	41	2.0	40	1.8
Diseases of the liver — Maladies du foie	94	4.5	56	2.6	108	5.2	59	2.7
Diseases of the musculoskeletal system and connective tissue — Maladies du système ostéo-articularie, des muscles et du tissu conjonctif	83	4.0	155	7.2	80	3.8	156	7.2
Diseases of the genitourinary system — Maladies de l'appareil génito-urinaire								
Total	244	11.8	261	12.1	223	10.7	300	13.8
Disorders of kidney and ureter — Affections du rein et de l'uretère	174	8.4	179	8.3	158	7.6	209	9.6
Hyperplasia of prostate — Hyperplasie de la prostate	20	◆3.4	..	..	14	◆2.3	..	..
Pregnancy, childbirth and the puerperium — Grossesse, accouchement et puerpéralité								
Total	..	..	13	◆20.3	..	..	7	◆10.9
Pregnancy with abortive outcome — Grossesse se terminant par un avortement	..	..	1	◆1.6	..	..	-	-
Other direct obstetric causes — Autres décès maternels directs	..	..	6	◆9.4	..	..	3	◆4.7
Indirect obstetric causes — Décès maternels indirects	..	..	6	◆9.4	..	..	3	◆4.7
Certain conditions originating in the perinatal period — Certaines affections dont l'origine se situe dans la période périnatale	67	203.0	57	183.7	92	277.9	49	156.8
Congenital malformations, deformations and chromosomal abnormalities — Malformations congénitales et anomalies chromosomiques	95	287.8	91	293.3	105	317.2	77	246.5
Symptoms, signs and abnormal clinical and laboratory findings, not elsewhere classified — Symptômes, signes et résultats anormaux d'examens cliniques et de laboratoire, non classés ailleurs	49	2.4	41	1.9	55	2.6	63	2.9
All other diseases — Toutes autres maladies	27	◆1.3	48	2.2	35	1.7	50	2.3
External causes — Causes externes								
Total	1 188	57.4	647	30.0	1 230	58.8	689	31.7
Accidents								
Total	731	35.3	486	22.5	772	36.9	504	23.2
Transport accidents — Accidents de transport	324	15.6	157	7.3	315	15.1	139	6.4
Falls — Chutes	177	8.5	245	11.4	217	10.4	257	11.8
Accidental drowning and submersion — Noyade et submersion accidentelles	52	2.5	8	◆0.4	44	2.1	14	◆0.6
Exposure to smoke, fire and flames — Exposition à la fumée, au feu et aux flammes	13	◆0.6	5	◆0.2	15	◆0.7	10	◆0.5
Accidental poisoning by and exposure to noxious substances — Intoxication accidentelle par des substances nocives et exposition à ces substances	57	2.8	27	◆1.3	72	3.4	34	1.6
Intentional self-harm — Lésions auto-infligées	375	18.1	118	5.5	381	18.2	139	6.4
Assault — Agresssions	31	1.5	23	◆1.1	34	1.6	19	◆0.9
All other external causes — Toutes autres causes externes	51	2.5	20	◆0.9	43	2.1	27	◆1.2

FOOTNOTES — NOTES

Data in bold refer to deaths based on ICD-10 Classification, otherwise data refer to deaths based on ICD-9 Classification. - Les données en typographie gras se rapportent aux décès basées sur la classification CIM-10, autrement les données se rapportent aux décès basées sur la classification CIM-9.

Italics: data from civil registers that are incomplete or of unknown completeness. — Italiques : données incomplètes ou dont le degré d'exactitude n'est pas connu provenant des registres de l'état civil.

* Provisional. - Données provisoires.

♦ Rates based on 30 or fewer deaths. - Taux basés sur 30 décès ou moins.

'Code' indicates the source of data, as follows:
C - Civil registration, estimated over 90% complete
U - Civil registration, estimated less than 90% complete
| - Other source, estimated reliable
+ - Data tabulated by date of registration rather than occurence
... - Information not available

Le 'Code' indique la source des données, comme suit :
C - Registres de l'état civil considérés complèts à 90 p. 100 au moins
U - Registres de l'état civil qui ne sont pas considérés complèts à 90 p. 100 au moins
| - Autre source, considérée pas douteuses
+ - Données exploitées selon la date de l'enregistrement et non la date de l'événement
... - Information pas disponible

Table 21

Table 21 presents the life tables' probabilities of dying in the five year interval following specified ages ($_5q_x$), for each sex, for the latest available year between 1992 and 2011. The probabilities are multiplied by a thousand, that is, the values presented in the table are $1000*_5q_x$.

Male and female probabilities of dying are shown separately for selected ages beginning at birth and proceeding at every fifth age thereafter up to age 100.

The values presented in the table are derived by the United Nations Statistics Division from the official complete life tables reported by the countries or areas.

Data are shown with one decimal regardless of the number of digits provided in the original computation.

The life table is a statistical device for summarizing the mortality experience of a population, from which the probability of dying, survivorship and expectation of life can be calculated. It is based on the assumption that the theoretical cohort is subject, throughout its existence, to the age-specific mortality rates observed at a particular time. Thus, levels of mortality prevailing at the time a life table is constructed are assumed to remain unchanged into the future until all members of the cohort have died.

Reliability of data: The values shown in this table are derived from official complete life tables. It is assumed that, if necessary, the basic data (population and deaths classified by age and sex) have been adjusted for deficiencies before their use in constructing the complete life tables.

Limitations: The life tables' probabilities of dying are subject to the same qualifications as have been set forth for population statistics in general and death statistics in particular, as discussed in sections 3 and 4, respectively, of the Technical Notes. They must be interpreted strictly using the underlying assumption that surviving cohorts are subjected to the same age-specific mortality rates of the period to which the life table refers.

Earlier data: The life tables' probabilities of dying at specified ages, for each sex, have been shown in previous issues of the *Demographic Yearbook*. For information on specific years covered, the reader should consult the Historical Index.

Tableau 21

Le tableau 21 donne les probabilités de décès dans l'intervalle de cinq ans que suit l'âge spécifié ($_5q_x$), pour chaque sexe, pour la dernière année disponible entre 1992 et 2011. Les probabilités sont multipliées par mille, c'est-à-dire que les valeurs indiquées dans le tableau sont égales à $1000*_5q_x$.

Les probabilités de décès sont indiquées séparément pour les hommes et les femmes pour différents âges, depuis la naissance puis tous les cinq ans jusqu'à 100 ans.

Les chiffres indiqués dans ce tableau ont été calculés par la Division de statistique de l'Organisation des Nations Unies à partir des tables de mortalité complètes communiquées par les pays ou zones.

Les données sont arrondies à la première décimale, indépendamment du nombre de décimales qui figurent dans le calcul initial.

La table de mortalité est un moyen statistique que s'utilise pour donner un aperçu complet de la mortalité d'une population incluant les probabilités de décès et l'espérance de vie à chaque âge. Les tables de mortalité reposent sur l'hypothèse que chaque cohorte théoriquement distinguée connaît, pendant toute son existence, les taux de mortalité par âge observé à un moment donné. Les taux de mortalité correspondant à l'époque à laquelle sont calculées les tables de mortalité sont ainsi censés demeurer inchangées dans l'avenir jusqu'au décès de tous les membres de la cohorte.

Fiabilité des donnés : Les chiffres indiqués dans ce tableau ont été calculés à partir des tables officielles de mortalité complètes. En ce qui concerne les chiffres extraits de tables officielles de mortalité, on part du principe que les données de base (effectif de la population et nombre de décès selon l'âge et le sexe) ont été ajustées, en tant que de besoin, avant de servir à l'établissement de la table de mortalité.

Insuffisance des données : Les probabilités de décès appellent les mêmes réserves que celles qui ont été formulées à propos des statistiques de la population en général et des statistiques de mortalité en particulier (voir les sections 3 et 4 des Notes techniques). Lorsque l'on interprète les données, il ne faut jamais perdre de vue que, par hypothèse, les cohortes de survivants sont soumises, pour chaque âge, aux conditions de mortalité de la période visée par la table de mortalité.

Données publiées antérieurement : Les probabilités de décès pour chaque sexe figuraient déjà dans des éditions antérieures de l'*Annuaire démographique*. Pour plus de précisions concernant les années pour lesquelles ces données ont été publiées, se reporter à l'index historique.

21. Probability of dying in the five year interval following specified age (5qx), by sex, latest available year: 1992 - 2011
Probabilité de décès dans l'intervalle de cinq ans qui suit un âge donné (5qx), par sexe, dernière année disponible :
1992 - 2011

Continent, country or area and date / Continent, pays ou zone et date	Age (in years) - Age (en années)																				
	0	5	10	15	20	25	30	35	40	45	50	55	60	65	70	75	80	85	90	95	100

AFRICA - AFRIQUE

Zimbabwe
2001 - 2002

	0	5	10	15	20	25	30	35	40	45	50	55	60	65	70	75	80	85	90	95	100
Male - Hommes	116.9	18.0	12.8	12.2	30.6	70.9	129.9	193.2	193.5	186.2	175.7	177.3	167.1	186.5	197.2	270.7	297.7	432.4	545.1	...	...
Female - Femmes	100.5	15.2	10.8	15.2	46.7	97.4	141.4	159.8	125.9	122.9	101.0	99.6	100.9	122.5	128.8	161.1	223.5	304.5	438.0	...	...

AMERICA, NORTH - AMÉRIQUE DU NORD

Canada
2000 - 2002

	0	5	10	15	20	25	30	35	40	45	50	55	60	65	70	75	80	85	90	95	100
Male - Hommes	6.9	0.5	1.3	3.6	4.2	4.2	4.9	6.0	9.8	14.2	23.1	35.7	58.9	93.6	147.5	232.0	356.1	522.1	699.2	832.4	...
Female - Femmes	5.5	0.4	0.7	1.5	1.7	1.7	2.3	3.6	5.5	8.8	13.9	22.4	35.1	55.7	88.8	145.8	244.8	402.2	576.2	750.4	...

Costa Rica
2007

| Male - Hommes | 12.6 | 0.8 | 1.2 | 4.2 | 5.3 | 6.8 | 7.9 | 9.0 | 10.5 | 16.8 | 24.2 | 35.4 | 54.0 | 83.4 | 126.3 | 208.9 | 323.3 | 458.3 | 637.4 | 793.5 | *1000 |
| Female - Femmes | 10.2 | 0.6 | 0.8 | 1.5 | 1.9 | 1.9 | 3.0 | 4.3 | 5.4 | 8.9 | 13.2 | 20.5 | 33.2 | 58.2 | 83.7 | 147.7 | 240.8 | 407.6 | 563.5 | 791.3 | *1000 |

Cuba
2005 - 2007

| Male - Hommes | 7.5 | 1.2 | 1.5 | 2.7 | 3.9 | 4.8 | 5.8 | 7.7 | 11.7 | 19.1 | 30.0 | 45.4 | 67.1 | 100.4 | 153.8 | 231.5 | 340.6 | 482.1 | 616.8 | 675.5 | *1000 |
| Female - Femmes | 6.5 | 0.7 | 0.8 | 1.4 | 2.0 | 2.5 | 3.1 | 4.5 | 7.3 | 12.3 | 19.4 | 29.6 | 45.0 | 70.9 | 112.1 | 174.8 | 276.2 | 420.9 | 573.8 | 657.2 | *1000 |

Greenland - Groenland
2006 - 2010

| Male - Hommes | 16.3 | 3.3 | 3.3 | 13.0 | 24.4 | 16.4 | 14.2 | 16.0 | 17.1 | 21.9 | 35.1 | 74.4 | 93.2 | 197.5 | 323.8 | 508.5 | 663.8 | 947.0 | 916.7 | *1000 | ... |
| Female - Femmes | 11.7 | 0.0 | 2.4 | 13.2 | 6.7 | 3.9 | 5.9 | 5.3 | 12.8 | 22.2 | 34.1 | 56.1 | 82.8 | 163.9 | 209.1 | 325.5 | 542.4 | 678.6 | 855.3 | ... | ... |

Guadeloupe
2002

| Male - Hommes | 8.7 | 1.1 | 2.1 | 4.6 | 9.3 | 11.1 | 10.0 | 12.7 | 14.6 | 24.3 | 31.1 | 45.3 | 68.9 | 95.0 | 141.6 | 219.3 | 290.6 | 421.7 | 994.4 | *1000 | ... |
| Female - Femmes | 6.0 | 0.3 | 0.3 | 1.2 | 2.9 | 1.4 | 4.3 | 5.8 | 8.0 | 8.1 | 10.9 | 22.1 | 39.9 | 55.5 | 87.1 | 112.0 | 212.4 | 331.5 | 984.3 | *1000 | ... |

Jamaica - Jamaïque
2006

| Male - Hommes | 31.7 | 2.8 | 2.5 | 4.5 | 6.5 | 6.5 | 7.0 | 9.4 | 14.5 | 23.2 | 37.5 | 60.5 | 96.9 | 153.2 | 236.8 | 353.8 | 502.7 | 667.6 | 817.2 | 921.8 | *1000 |
| Female - Femmes | 18.0 | 1.3 | 1.1 | 1.7 | 2.6 | 3.4 | 4.3 | 5.9 | 8.7 | 13.9 | 22.8 | 38.0 | 63.2 | 104.5 | 169.8 | 268.2 | 405.3 | 574.1 | 747.0 | 883.6 | *1000 |

Martinique
2007

| Male - Hommes | 11.6 | 1.0 | 1.1 | 4.2 | 8.8 | 7.5 | 8.8 | 8.5 | 10.4 | 13.5 | 26.7 | 28.9 | 42.2 | 87.6 | 122.7 | 202.9 | 325.3 | 532.7 | 663.7 | 834.4 | *1000 |
| Female - Femmes | 7.8 | 0.4 | 0.7 | 0.6 | 2.1 | 2.9 | 4.6 | 4.1 | 4.8 | 5.3 | 11.3 | 14.8 | 28.6 | 45.6 | 76.8 | 135.3 | 216.7 | 362.2 | 508.4 | 810.4 | *1000 |

Mexico - Mexique
2005

| Male - Hommes | 21.6 | 1.7 | 2.2 | 4.3 | 7.4 | 9.9 | 12.0 | 15.1 | 20.3 | 28.7 | 41.3 | 59.9 | 86.6 | 124.3 | 176.5 | 246.8 | 337.7 | 448.7 | 574.2 | 702.2 | *1000 |
| Female - Femmes | 17.4 | 1.3 | 1.2 | 1.8 | 2.4 | 3.1 | 4.3 | 6.4 | 9.9 | 15.4 | 23.9 | 37.2 | 57.5 | 88.4 | 134.4 | 201.1 | 293.6 | 414.1 | 557.1 | 705.8 | *1000 |

United States of America - États-Unis d'Amérique
2008

| Male - Hommes | 8.4 | 0.7 | 0.9 | 4.0 | 6.9 | 6.8 | 7.3 | 9.0 | 13.2 | 20.7 | 31.7 | 45.5 | 64.8 | 95.5 | 142.5 | 218.0 | 332.4 | 498.7 | 684.3 | 835.2 | *1000 |
| Female - Femmes | 7.0 | 0.6 | 0.6 | 1.6 | 2.3 | 2.8 | 3.5 | 5.1 | 8.3 | 12.9 | 18.8 | 26.6 | 41.0 | 63.2 | 98.3 | 155.8 | 250.9 | 405.6 | 604.2 | 786.9 | *1000 |

AMERICA, SOUTH - AMÉRIQUE DU SUD

Argentina - Argentine
1992

	0	5	10	15	20	25	30	35	40	45	50	55	60	65	70	75	80	85	90	95	100
Male - Hommes	31.7	1.9	2.2	5.0	7.2	7.8	8.8	12.5	19.5	31.9	51.2	78.3	112.2	161.8	237.8	340.0	485.6	...	...	...	...
Female - Femmes	26.1	1.4	1.4	2.4	3.1	4.0	5.2	7.6	11.1	16.3	23.7	34.5	51.0	79.8	132.5	222.1	376.9	...	...	...	...

Brazil - Brésil[1]
2009

| Male - Hommes | 31.2 | 1.9 | 2.1 | 8.1 | 12.9 | 13.9 | 15.7 | 19.3 | 25.3 | 34.9 | 47.3 | 67.9 | 93.6 | 131.7 | 190.7 | 266.8 | *1000 | ... | ... | ... | ... |
| Female - Femmes | 22.5 | 1.3 | 1.2 | 2.2 | 3.0 | 4.0 | 5.4 | 7.7 | 11.9 | 17.9 | 26.4 | 38.8 | 57.9 | 85.5 | 130.1 | 197.2 | *1000 | ... | ... | ... | ... |

Chile - Chili
2010

| Male - Hommes | 9.2 | 0.9 | 1.0 | 3.3 | 5.5 | 6.1 | 7.2 | 8.7 | 11.5 | 16.9 | 25.5 | 38.6 | 64.2 | 100.2 | 147.6 | 243.2 | 349.7 | 537.0 | 741.0 | *1000 | ... |
| Female - Femmes | 8.1 | 0.7 | 0.9 | 1.5 | 1.6 | 2.0 | 2.7 | 3.6 | 5.4 | 8.4 | 14.1 | 22.3 | 36.0 | 56.3 | 88.1 | 155.1 | 256.6 | 446.7 | 710.9 | *1000 | ... |

21. Probability of dying in the five year interval following specified age (5qx), by sex, latest available year: 1992 - 2011
Probabilité de décès dans l'intervalle de cinq ans qui suit un âge donné (5qx), par sexe, dernière année disponible : 1992 - 2011 (continued - suite)

Continent, country or area and date / Continent, pays ou zone et date	Age (in years) - Age (en années)																				
	0	5	10	15	20	25	30	35	40	45	50	55	60	65	70	75	80	85	90	95	100
AMERICA, SOUTH - AMÉRIQUE DU SUD																					
French Guiana - Guyane française 2007																					
Male - Hommes	16.3	1.5	2.1	4.9	7.7	8.1	10.0	14.0	17.2	29.4	16.0	32.3	52.4	79.5	135.5	261.3	306.7	474.0	733.7	...	...
Female - Femmes	15.1	1.9	1.3	1.4	1.2	3.0	4.6	4.2	11.9	11.0	10.4	11.6	26.7	85.4	77.4	203.8	253.1	321.1	434.3	...	...
Uruguay 2004																					
Male - Hommes	20.0	1.3	1.3	3.5	5.8	6.8	7.2	9.0	12.8	21.2	36.4	62.2	95.4	145.2	204.6	305.7	430.5	610.5	776.7	862.5	*1000
Female - Femmes	15.5	1.0	1.1	1.6	1.9	2.7	3.8	5.2	7.9	12.5	19.4	30.5	41.2	63.4	97.2	177.7	292.9	472.0	654.3	820.5	*1000
ASIA - ASIE																					
Armenia - Arménie 2006 - 2007																					
Male - Hommes	15.3	1.1	1.1	2.9	3.9	4.9	7.3	11.4	20.4	28.6	45.0	68.2	112.2	173.3	246.9	350.8	495.4	691.9	870.7	975.9	...
Female - Femmes	11.9	1.0	0.9	0.9	1.6	1.8	2.7	4.4	7.8	11.3	18.4	29.4	52.7	95.7	158.1	254.3	413.9	670.0	851.3	957.0	...
Azerbaijan - Azerbaïdjan 2010																					
Male - Hommes	15.2	2.0	1.6	3.5	4.2	5.5	7.8	10.8	15.7	24.9	41.5	71.5	102.3	165.9	242.3	344.6	458.4	507.0	635.5	735.6	...
Female - Femmes	14.5	1.5	1.2	1.7	2.3	2.6	3.7	4.9	7.1	11.9	20.0	34.4	59.0	96.5	175.1	286.6	402.4	500.4	588.3	646.1	...
China, Hong Kong SAR - Chine, Hong Kong RAS 2009																					
Male - Hommes	2.3	0.4	0.4	1.0	2.2	2.9	3.9	4.6	6.2	10.7	17.7	28.1	44.2	73.7	121.4	195.8	314.5	469.2	644.8	809.0	*1000
Female - Femmes	2.7	0.4	0.4	0.8	1.0	1.2	1.7	2.5	3.6	6.1	9.8	13.3	19.5	33.9	59.6	109.9	191.3	303.4	455.8	639.5	*1000
China, Macao SAR - Chine, Macao RAS 2002 - 2005																					
Male - Hommes	7.2	0.6	0.4	1.7	3.9	5.4	6.2	7.6	9.0	13.6	17.8	25.8	43.1	72.1	128.9	239.9	369.5	574.4	841.2	991.4	*1000
Female - Femmes	5.2	0.4	0.2	0.9	1.5	1.9	2.3	3.8	4.7	5.9	7.4	10.9	19.3	33.3	70.4	186.2	317.0	485.2	717.3	923.7	*1000
Israel - Israël[2] 2006 - 2010																					
Male - Hommes	5.0	0.7	0.7	2.1	3.5	3.2	3.7	5.0	7.5	11.8	18.9	30.3	48.1	76.2	121.3	194.4	309.9	472.6	652.4	786.4	*1000
Female - Femmes	4.3	0.5	0.5	0.8	1.1	1.2	1.7	2.6	4.2	6.8	10.9	17.2	27.8	46.3	80.1	142.5	253.1	426.5	642.4	832.8	*1000
Japan - Japon 2005																					
Male - Hommes	4.1	0.7	0.6	1.8	3.1	3.4	4.1	5.7	8.5	13.7	21.7	34.4	50.6	75.5	125.3	202.6	321.3	485.7	665.4	815.9	919.2
Female - Femmes	3.4	0.4	0.4	0.9	1.5	1.6	2.1	3.0	4.4	6.8	10.4	15.2	21.1	32.4	55.6	96.6	180.6	321.7	512.0	707.8	867.3
Kazakhstan 2005																					
Male - Hommes	21.2	2.9	3.3	7.8	17.2	27.1	34.1	41.8	55.6	75.9	105.2	141.1	191.0	256.5	329.2	413.6	513.6	662.0	795.9	896.1	...
Female - Femmes	16.8	1.9	1.9	3.3	5.3	7.5	10.5	13.3	17.9	26.0	38.8	58.0	83.8	125.4	194.3	297.4	433.3	608.9	783.7	914.7	...
Kyrgyzstan - Kirghizstan 2010																					
Male - Hommes	28.6	1.7	1.7	4.3	7.7	12.7	20.4	29.0	34.8	46.7	67.5	102.2	134.6	200.5	273.5	388.7	464.8	532.3	685.1	881.8	*1000
Female - Femmes	23.2	1.6	1.3	2.5	3.6	4.5	8.0	9.4	12.9	18.7	28.3	43.3	64.4	112.0	177.5	289.1	420.0	567.9	722.5	800.0	*1000
Qatar 2006																					
Male - Hommes	10.2	0.8	1.8	9.4	8.9	6.5	5.6	6.6	7.1	9.0	16.1	22.1	42.2	88.0	167.5	248.6	376.7	*1000	...	...	...
Female - Femmes	9.0	1.3	0.9	2.2	1.4	2.4	1.2	1.8	3.8	6.7	9.8	22.1	76.0	120.2	253.6	354.1	348.3	*1000	...	...	...
Republic of Korea - République de Corée 2010																					
Male - Hommes	4.6	0.6	0.7	1.9	2.9	3.8	4.6	6.4	10.8	17.1	25.8	37.5	53.9	84.2	140.9	231.5	367.4	531.4	688.5	811.6	*1000
Female - Femmes	3.5	0.4	0.5	1.0	1.7	2.4	2.7	3.5	4.6	6.7	9.2	12.6	19.8	34.7	63.7	126.0	236.1	395.3	576.7	739.8	*1000
Singapore - Singapour[3] 2010																					
Male - Hommes	3.1	0.6	0.8	1.4	2.1	2.3	2.7	4.0	6.3	10.9	19.3	29.2	46.9	81.8	130.4	205.6	310.8	459.2	633.4	801.3	*1000
Female - Femmes	2.6	0.4	0.6	0.7	1.0	1.0	1.4	2.3	3.7	6.2	10.4	16.3	25.7	46.8	76.3	133.1	219.6	360.4	540.8	728.1	*1000

21. Probability of dying in the five year interval following specified age (5qx), by sex, latest available year: 1992 - 2011
Probabilité de décès dans l'intervalle de cinq ans qui suit un âge donné (5qx), par sexe, dernière année disponible : 1992 - 2011 (continued - suite)

Continent, country or area and date / Continent, pays ou zone et date	Age (in years) - Age (en années)																				
	0	5	10	15	20	25	30	35	40	45	50	55	60	65	70	75	80	85	90	95	100

EUROPE

	0	5	10	15	20	25	30	35	40	45	50	55	60	65	70	75	80	85	90	95	100
Austria - Autriche 2010																					
Male - Hommes	5.2	0.3	0.5	2.7	4.5	3.5	4.0	5.4	7.7	14.0	24.5	37.8	61.6	87.4	124.3	200.2	333.4	521.5	721.6	...	...
Female - Femmes	4.1	0.5	0.4	0.9	1.3	1.3	1.6	2.8	4.0	7.7	11.7	18.3	31.1	42.2	67.4	122.1	240.4	431.1	651.0	...	...
Belarus - Bélarus 2010																					
Male - Hommes	5.7	1.2	1.4	4.4	9.3	14.1	21.8	30.4	42.5	61.1	85.2	124.6	178.2	230.3	308.4	391.6	505.1	647.7	798.8	920.0	...
Female - Femmes	5.1	1.2	0.9	1.7	2.0	3.6	6.0	8.5	12.0	16.4	26.0	40.6	60.9	86.9	138.9	245.4	392.3	572.3	758.2	904.3	...
Belgium - Belgique 2006																					
Male - Hommes	4.4	0.6	0.7	2.6	4.6	4.4	5.6	7.1	10.7	17.3	27.2	42.4	65.1	93.3	149.7	248.7	387.2	570.9	751.3	886.0	...
Female - Femmes	3.9	0.5	0.6	1.3	1.1	1.8	2.4	3.8	5.8	10.2	16.3	22.5	33.8	48.2	79.3	149.1	270.8	466.0	663.7	835.2	...
Bulgaria - Bulgarie 2008 - 2010																					
Male - Hommes	12.4	1.7	1.6	3.4	5.5	6.2	7.3	10.9	18.9	33.3	54.2	83.1	119.0	162.9	232.2	325.2	478.1	629.7	776.3	903.0	...
Female - Femmes	10.0	1.1	1.1	1.8	1.9	2.3	3.5	5.4	8.1	14.3	21.3	32.5	46.9	77.5	136.7	236.7	404.7	586.9	768.0	885.0	...
Czech Republic - République tchèque 2010																					
Male - Hommes	3.7	0.5	0.7	2.4	4.0	4.2	4.6	6.9	11.7	18.6	34.1	56.3	89.3	127.5	177.4	271.6	415.5	610.3	815.1	953.1	...
Female - Femmes	3.1	0.5	0.6	1.1	1.3	1.3	1.8	2.9	5.2	9.3	15.0	23.7	37.9	62.3	100.3	174.9	312.7	517.0	761.5	941.6	...
Denmark - Danemark[4] 2009 - 2010																					
Male - Hommes	4.0	0.3	0.4	1.9	2.5	3.6	3.7	5.7	8.7	14.3	27.6	42.0	60.7	91.2	144.6	234.2	369.1	545.1	728.3	844.9	...
Female - Femmes	3.5	0.5	0.4	1.0	1.0	1.2	1.9	2.9	5.9	9.8	16.1	25.7	38.9	60.8	97.9	175.0	271.9	430.6	626.5	807.6	...
Estonia - Estonie 2010																					
Male - Hommes	5.0	1.4	2.2	4.0	7.7	11.2	13.7	17.3	23.7	34.1	49.8	72.9	106.0	152.7	216.8	301.8	408.5	533.3	665.3	788.0	...
Female - Femmes	2.5	0.1	0.3	1.1	2.3	3.3	4.1	4.8	6.0	8.5	13.2	21.9	37.4	64.7	111.2	187.4	304.6	466.7	656.5	828.9	...
Finland - Finlande 2009																					
Male - Hommes	3.0	0.4	0.5	3.1	4.8	5.2	6.8	8.0	11.7	19.9	28.6	42.2	64.0	94.3	137.9	219.0	349.4	535.2	710.2	876.4	...
Female - Femmes	3.2	0.3	0.6	1.2	1.6	1.8	2.2	3.0	5.4	8.7	12.9	20.1	28.6	41.6	67.4	120.0	235.5	423.3	634.2	820.4	...
France 2007 - 2009																					
Male - Hommes	4.9	0.5	0.6	2.3	4.0	4.4	4.9	7.1	11.2	18.5	30.1	42.9	57.9	79.9	118.8	190.1	308.9	485.3	690.8	857.6	...
Female - Femmes	3.9	0.4	0.4	0.9	1.2	1.5	2.1	3.4	5.7	9.2	13.7	18.5	25.3	35.9	57.0	100.9	190.1	354.0	570.8	777.5	...
Germany - Allemagne 2009 - 2011																					
Male - Hommes	4.7	0.5	0.5	1.7	2.7	3.0	3.6	4.9	7.9	14.3	25.2	39.8	58.9	86.4	131.1	216.1	344.3	519.4	704.8	848.0	...
Female - Femmes	3.8	0.4	0.4	0.9	1.1	1.3	1.7	2.6	4.5	8.1	13.5	20.3	31.1	45.0	71.7	134.3	250.2	441.8	654.2	814.0	...
Greece - Grèce 2009																					
Male - Hommes	4.2	0.6	0.9	2.7	5.1	5.6	5.7	5.9	9.6	15.4	23.5	36.6	55.1	79.2	128.1	211.0	339.9	483.0	628.9	780.6	...
Female - Femmes	3.9	0.6	0.5	0.9	1.4	1.7	2.0	2.8	4.1	6.7	10.4	15.4	22.2	36.9	70.6	147.5	299.8	472.0	623.7	777.8	...
Hungary - Hongrie 2010																					
Male - Hommes	6.3	0.6	0.8	2.1	3.1	3.6	5.3	9.6	18.8	37.9	65.1	94.0	124.7	165.6	226.0	315.5	435.4	634.8	866.8	987.1	...
Female - Femmes	5.8	0.4	0.5	0.9	1.2	1.5	2.3	3.9	7.9	15.7	26.3	39.1	52.9	74.2	120.0	207.3	338.4	566.1	841.0	985.4	...
Iceland - Islande 2009 - 2010																					
Male - Hommes	3.0	0.2	0.4	2.2	2.1	3.3	6.2	4.9	5.8	10.7	17.7	20.8	39.1	71.3	107.6	190.6	336.8	524.3	753.2	909.8	...
Female - Femmes	2.5	0.0	0.4	0.8	1.5	0.6	1.6	3.8	2.7	6.9	7.6	13.3	25.7	42.5	80.4	134.9	230.6	423.6	657.7	777.5	...
Ireland - Irlande 2002																					
Male - Hommes	7.8	0.6	0.9	3.5	5.4	5.6	5.4	6.4	9.1	14.0	23.7	39.0	65.6	108.8	177.1	286.9	443.0	615.6	772.1	889.6	...
Female - Femmes	6.1	0.5	0.7	1.4	1.7	1.6	2.1	3.9	5.6	9.0	15.3	23.0	38.0	61.5	106.2	184.5	322.4	495.8	670.3	817.0	...
Italy - Italie 2008																					
Male - Hommes	4.3	0.5	0.6	2.3	3.2	3.5	3.8	4.7	7.0	10.9	17.7	30.0	47.0	76.0	121.0	205.0	339.0	501.1	725.4	816.6	...
Female - Femmes	3.5	0.4	0.5	0.9	0.9	1.0	1.5	2.3	3.8	6.2	10.1	16.1	24.1	38.3	63.4	118.6	225.9	388.5	635.7	779.2	...
Latvia - Lettonie 2006																					
Male - Hommes	10.5	1.4	1.6	3.0	6.2	11.3	18.6	28.3	40.6	56.3	76.6	104.3	143.2	199.8	282.1	397.7	547.0	712.6	...	...	...
Female - Femmes	12.7	1.3	1.2	1.5	2.2	3.2	4.8	7.3	11.2	17.3	26.7	41.0	63.0	96.1	145.1	215.5	312.2	436.5	...	...	...

691

21. Probability of dying in the five year interval following specified age (5qx), by sex, latest available year: 1992 - 2011
Probabilité de décès dans l'intervalle de cinq ans qui suit un âge donné (5qx), par sexe, dernière année disponible : 1992 - 2011 (continued - suite)

Continent, country or area and date / Continent, pays ou zone et date	0	5	10	15	20	25	30	35	40	45	50	55	60	65	70	75	80	85	90	95	100
EUROPE																					
Lithuania - Lituanie 2010																					
Male - Hommes	5.8	0.8	1.2	4.7	7.7	9.0	15.7	23.1	32.7	43.9	67.7	101.6	143.1	180.8	235.9	315.7	447.6	623.0	814.9	931.3	*1000
Female - Femmes	4.9	0.7	0.6	1.1	1.5	2.6	4.0	5.6	8.9	15.5	22.4	34.7	46.7	66.3	105.0	184.2	328.4	547.7	805.4	925.2	*1000
Luxembourg 2005 - 2007																					
Male - Hommes	4.2	0.4	0.5	1.3	4.5	3.5	5.2	6.3	8.6	16.2	25.5	39.7	65.9	94.7	151.9	231.1	361.3	563.3	867.2	*1000	...
Female - Femmes	3.5	0.1	0.5	1.1	1.7	2.6	1.8	3.5	5.4	8.6	14.6	21.7	34.1	52.2	80.3	149.2	258.5	447.8	734.9	*1000	...
Malta - Malte 2010																					
Male - Hommes	7.1	0.0	0.8	1.1	3.1	2.1	4.7	5.3	8.1	8.3	18.3	24.9	44.0	77.5	117.4	197.2	329.8	539.8	857.5	1047	...
Female - Femmes	5.5	0.0	1.3	0.4	1.0	1.0	0.3	1.1	3.3	4.2	12.2	11.0	28.1	43.2	72.1	137.7	290.1	440.2	668.4	921.7	
Netherlands - Pays-Bas 2009																					
Male - Hommes	4.8	0.5	0.6	1.4	2.3	2.4	3.0	4.1	6.6	10.7	18.7	30.3	49.9	79.1	132.1	225.2	363.5	539.8	738.0	...	...
Female - Femmes	4.1	0.4	0.5	0.8	1.0	1.3	1.7	2.9	5.0	8.9	15.0	21.5	32.5	47.8	76.4	136.1	249.6	428.5	644.7	...	...
Norway - Norvège[5] 2010																					
Male - Hommes	3.5	0.5	0.7	1.8	4.0	4.7	4.0	4.3	6.7	10.7	17.4	28.7	46.3	76.1	117.6	203.2	339.9	517.5	737.1	868.3	...
Female - Femmes	3.0	0.5	0.2	1.3	1.8	1.7	1.8	2.5	4.2	6.8	12.4	18.6	29.8	46.6	75.0	128.0	233.0	405.5	625.1	816.1	
Poland - Pologne 2010																					
Male - Hommes	6.2	0.6	0.9	3.2	5.3	5.6	7.4	11.6	18.9	31.0	49.7	73.7	103.4	142.4	198.0	281.9	399.3	541.1	690.8	823.9	
Female - Femmes	5.3	0.5	0.6	1.0	1.1	1.3	2.1	3.5	6.2	11.0	18.4	28.7	42.4	61.4	96.0	168.7	293.1	455.6	636.1	800.2	
Portugal 2008 - 2010																					
Male - Hommes	4.6	0.5	0.8	2.1	3.4	3.9	5.2	8.5	13.3	20.5	30.6	40.6	59.2	87.4	136.4	229.0	386.3	640.4	858.5	969.4	...
Female - Femmes	3.8	0.4	0.6	1.0	1.4	1.4	2.3	3.7	5.6	8.7	12.5	16.7	25.5	41.1	71.3	136.4	273.9	546.5	804.2	953.2	
Republic of Moldova - République de Moldova 2010																					
Male - Hommes	16.1	1.5	1.6	3.9	6.9	9.5	16.5	27.1	39.2	60.0	86.0	121.9	156.5	219.7	308.9	408.1	510.7	590.1	*1000	...	...
Female - Femmes	11.1	1.4	1.5	1.8	1.8	2.9	5.1	8.1	12.2	22.9	33.7	53.4	87.5	135.4	201.3	311.1	441.6	580.0	*1000	...	...
Romania - Roumanie 2008 - 2010																					
Male - Hommes	13.6	1.5	1.6	3.6	5.0	5.2	7.7	12.2	21.6	38.0	61.4	86.4	116.0	160.6	226.7	315.4	451.5	613.5	767.4	886.2	...
Female - Femmes	10.8	1.1	1.1	1.7	1.8	1.9	2.8	4.7	8.6	14.5	22.8	34.3	51.4	78.7	133.1	227.9	381.1	568.2	744.2	878.4	...
Russian Federation - Fédération de Russie 2009																					
Male - Hommes	11.4	1.8	2.1	6.4	13.2	22.9	33.5	37.7	47.8	65.2	92.8	127.0	177.5	222.3	302.4	393.2	500.0	575.3	723.9	692.5	*1000
Female - Femmes	8.9	1.3	1.4	3.0	4.0	6.6	9.5	11.9	15.6	21.0	30.4	45.8	65.4	93.3	155.6	251.1	398.9	568.8	761.2	851.0	*1000
Serbia - Serbie 2001 - 2003																					
Male - Hommes	13.7	1.2	1.5	3.1	5.0	5.9	6.8	9.8	17.3	31.7	53.4	83.0	115.8	173.6	258.6	378.2	514.5	674.0	800.7	884.7	*1000
Female - Femmes	9.9	0.8	0.8	1.5	1.7	2.2	3.4	5.4	9.3	17.0	26.0	39.6	64.1	107.2	187.2	310.3	479.8	648.8	805.4	867.7	*1000
Slovakia - Slovaquie 2010																					
Male - Hommes	7.3	0.8	1.0	2.5	4.2	4.4	6.0	9.4	15.5	27.8	47.6	70.3	109.9	153.1	219.4	323.9	473.0	657.4	837.6	955.4	*1000
Female - Femmes	6.3	0.8	0.8	0.9	1.3	1.2	2.0	3.9	6.5	10.1	18.1	26.5	43.1	66.7	116.5	210.9	371.7	612.1	858.0	982.5	*1000
Slovenia - Slovénie 2010																					
Male - Hommes	2.5	0.5	0.3	1.7	3.8	3.2	4.8	5.6	10.6	17.1	29.7	49.9	69.6	94.6	156.5	240.9	381.4	533.9	692.4	858.3	...
Female - Femmes	4.3	0.7	0.3	0.8	0.7	0.6	2.0	2.7	4.7	7.8	13.3	20.3	27.0	45.0	73.1	142.3	260.0	453.4	635.0	816.8	...
Spain - Espagne 2010																					
Male - Hommes	4.1	0.5	0.7	1.5	2.3	2.4	3.0	4.5	8.1	14.1	23.2	34.9	51.5	76.2	118.3	193.4	319.3	483.4	654.6	779.4	*1000
Female - Femmes	3.7	0.4	0.4	0.7	0.9	1.0	1.4	2.3	4.2	6.7	10.1	14.6	19.7	30.4	53.9	104.3	204.9	384.4	595.7	770.2	*1000
Sweden - Suède 2010																					
Male - Hommes	3.3	0.3	0.5	1.7	3.3	3.6	3.4	3.5	5.7	9.8	16.4	26.6	44.0	69.2	112.9	196.9	327.8	517.4	722.9	856.0	...
Female - Femmes	2.9	0.4	0.4	1.0	1.2	1.3	1.6	2.1	3.3	6.1	10.2	16.9	29.3	45.3	73.4	128.2	229.2	411.1	636.0	794.8	...

21. Probability of dying in the five year interval following specified age (5qx), by sex, latest available year: 1992 - 2011
Probabilité de décès dans l'intervalle de cinq ans qui suit un âge donné (5qx), par sexe, dernière année disponible :
1992 - 2011 (continued - suite)

Continent, country or area and date / Continent, pays ou zone et date	Age (in years) - Age (en années)																				
	0	5	10	15	20	25	30	35	40	45	50	55	60	65	70	75	80	85	90	95	100

EUROPE

Switzerland - Suisse
2010

	0	5	10	15	20	25	30	35	40	45	50	55	60	65	70	75	80	85	90	95	100
Male - Hommes	4.2	0.3	0.4	1.6	2.3	2.4	2.7	3.8	6.3	10.3	16.4	26.7	43.2	66.9	104.3	175.4	304.2	494.0	694.6	813.0	...
Female - Femmes	4.5	0.2	0.3	0.7	1.0	1.0	1.6	2.4	3.5	5.9	10.5	16.6	24.2	35.9	58.2	105.9	205.6	384.9	612.9	779.2	...

TFYR of Macedonia - L'ex-R. y. de Macédoine
2009

	0	5	10	15	20	25	30	35	40	45	50	55	60	65	70	75	80	85	90	95	100
Male - Hommes	12.1	0.9	0.7	2.3	3.2	3.5	4.3	6.6	10.8	21.3	37.0	58.9	90.1	143.4	216.1	343.7	501.0	701.0	832.1	...	...
Female - Femmes	9.9	0.6	0.4	1.2	1.0	1.4	2.2	3.8	6.3	10.9	19.7	32.2	50.3	88.8	159.1	283.8	471.8	661.9	737.7	...	...

Ukraine
2009 - 2010

	0	5	10	15	20	25	30	35	40	45	50	55	60	65	70	75	80	85	90	95	100
Male - Hommes	12.5	1.5	1.6	3.8	8.4	14.0	23.6	30.9	40.9	55.0	77.2	108.4	152.6	204.3	279.6	371.6	495.7	609.8	746.8	821.9	...
Female - Femmes	9.9	1.0	1.1	1.8	2.7	4.6	7.8	10.4	14.0	18.1	26.0	39.4	59.3	92.3	154.4	249.7	397.9	573.1	753.8	861.7	...

United Kingdom of Great Britain and Northern Ireland - Royaume-Uni de Grande-Bretagne et d'Irlande du Nord[6]
2006 - 2008

	0	5	10	15	20	25	30	35	40	45	50	55	60	65	70	75	80	85	90	95	100
Male - Hommes	6.3	0.6	0.7	2.4	3.5	4.1	5.3	6.9	9.4	14.1	22.4	34.4	54.8	86.9	136.5	222.9	353.3	502.9	684.7	836.1	...
Female - Femmes	5.2	0.4	0.5	1.1	1.3	1.7	2.4	3.7	5.8	9.2	14.7	22.1	34.9	55.1	90.9	155.8	265.4	419.9	627.3	801.1	...

OCEANIA - OCÉANIE

Australia - Australie
2008 - 2010

	0	5	10	15	20	25	30	35	40	45	50	55	60	65	70	75	80	85	90	95	100
Male - Hommes	5.9	0.5	0.6	2.3	3.2	3.6	4.4	5.6	7.8	12.0	18.4	27.1	41.3	66.6	109.5	181.1	302.9	470.0	666.7	792.8	...
Female - Femmes	4.2	0.4	0.4	1.0	1.3	1.6	2.1	3.0	4.7	7.3	11.0	16.0	24.6	39.4	66.1	114.6	213.4	376.5	593.4	764.8	...

New Zealand - Nouvelle-Zélande
2005 - 2007

	0	5	10	15	20	25	30	35	40	45	50	55	60	65	70	75	80	85	90	95	100
Male - Hommes	6.9	0.7	1.0	3.6	5.3	4.9	4.9	6.4	8.8	12.4	19.0	30.0	47.8	76.8	125.4	204.1	324.1	512.1	694.0	841.5	...
Female - Femmes	5.6	0.6	0.7	1.9	1.9	1.6	2.7	3.8	5.9	8.7	13.2	20.5	32.2	51.1	83.5	137.4	238.4	409.6	628.6	813.6	...

FOOTNOTES - NOTES

[*] Open-ended group (e.g. 80+). - Groupe d'âge ouvert (par exemple, 80 ans et plus).

[1] Excluding Indian jungle population. - Non compris les Indiens de la jungle.

[2] Including data for East Jerusalem and Israeli residents in certain other territories under occupation by Israeli military forces since June 1967. - Y compris les données pour Jérusalem-Est et les résidents israéliens dans certains autres territoires occupés depuis 1967 par les forces armées israéliennes.

[3] Data refer to resident population only. Provisional. - Pour la population résidante seulement. Données provisoires.

[4] Excluding Faeroe Islands and Greenland shown separately, if available. - Non compris les Iles Féroé et le Groenland, qui font l'objet de rubriques distinctes, si disponible.

[5] Excluding Svalbard and Jan Mayen Islands shown separately, if available. - Non compris Svalbard et Jan Mayen qui font l'objet de rubriques distinctes, si disponible.

[6] Excluding Channel Islands (Guernsey and Jersey) and Isle of Man, shown separately, if available. - Non compris les îles Anglo-Normandes (Guernesey et Jersey) et l'île de Man, qui font l'objet de rubriques distinctes, si disponible.

Table 22

Table 22 presents life expectancy at specified ages for each sex for the latest available year between 1992 and 2011.

Description of variables: Life expectancy at age x, e_x is defined as the average number of years of life remaining to persons who have reached age x if they continue to be subject to the mortality conditions of the period indicated in the life table.

Male and female life expectancy values are shown separately at selected ages beginning at birth and proceeding at every fifth age thereafter up to age 100.

The table shows life expectancy derived from a complete or abridged life table as reported by the country or area.

Data are shown with one decimal regardless of the number of digits provided in the original computation.

The life table is a statistical device for summarizing the mortality experience of a population, from which the probability of dying, survivorship and expectation of life can be calculated. It is based on the assumption that the theoretical cohort is subject, throughout its existence, to the age-specific mortality rates observed at a particular time. Thus, levels of mortality prevailing at the time a life table is constructed are assumed to remain unchanged into the future until all members of the cohort have died.

Reliability of data: The values shown in this table come from official life tables. It is assumed that, if necessary, the basic data (population and deaths classified by age and sex) have been adjusted for deficiencies before their use in constructing the life tables.

Limitations: Life expectancy values are subject to the same qualifications as have been set forth for population statistics in general and death statistics in particular, as discussed in sections 3 and 4, respectively, of the Technical Notes. They must be interpreted strictly using the underlying assumption that surviving cohorts are subjected to the same age-specific mortality rates of the period to which the life table refers.

Earlier data: Life expectancy values at specified ages for each sex have been shown in previous issues of the *Demographic Yearbook*. For information on specific years covered, the reader should consult the Historical Index.

Tableau 22

Le tableau 22 présente les espérances de vie à des âges déterminés, pour chaque sexe, pour la dernière année disponible entre 1992 et 2011.

Description des variables : L'espérance de vie à l'âge x, e_x, se définit comme le nombre moyen d'années restant à vivre aux hommes et aux femmes qui ont atteint l'âge x, à supposer qu'ils continuent de connaître les mêmes conditions de mortalité observées pendant la période sur laquelle porte la table de mortalité.

Les chiffres sont présentés séparément pour chaque sexe à partir de la naissance et puis tous les cinq ans jusqu'à 100 ans.

Dans le tableau figurent les espérances de vie calculées selon les tables de mortalité complètes ou abrégées communiquées par les pays et les zones.

Les données sont arrondies à la première décimale, indépendamment du nombre de décimales qui figurent dans le calcul initial.

La table de mortalité est un moyen statistique que s'utilise pour donner un aperçu complet de la mortalité d'une population incluant les probabilités de décès et l'espérance de vie à chaque âge. Les tables de mortalité reposent sur l'hypothèse que chaque cohorte théoriquement distinguée connaît, pendant toute son existence, les taux de mortalité par âge observé à un moment donné. Les taux de mortalité correspondant à l'époque à laquelle sont calculées les tables de mortalité sont ainsi censés demeurer inchangées dans l'avenir jusqu'au décès de tous les membres de la cohorte.

Fiabilité des donnés : Les chiffres figurant dans ce tableau proviennent de tables officielles de mortalité. En ce qui concerne les chiffres extraits de tables officielles de mortalité, on part du principe que les données de base (effectif de la population et nombre de décès selon l'âge et le sexe) ont été ajustées, en tant que de besoin, avant de servir à l'établissement de la table de mortalité.

Insuffisance des données : les espérances de vie appellent les mêmes réserves que celles qui ont été formulées à propos des statistiques de la population en général et des statistiques de mortalité en particulier (voir les sections 3 et 4 des Notes techniques). Lorsque l'on interprète les données, il ne faut jamais perdre de vue que, par hypothèse, les cohortes de survivants sont soumises, pour chaque âge, aux conditions de mortalité de la période visée par la table de mortalité.

Données publiées antérieurement : les espérances de vie à des âges déterminés pour chaque sexe figuraient déjà dans des éditions antérieures de *l'Annuaire démographique*. Pour plus de précisions concernant les années pour lesquelles ces données ont été publiées, se reporter à l'index historique.

22. Life expectancy at specified ages for each sex: latest available year, 1992 - 2011
Espérance de vie à un âge donné pour chaque sexe : dernière année disponible, 1992 - 2011

Continent, country or area and date / Continent, pays ou zone et date	Age (in years) - Age (en années)																				
	0	5	10	15	20	25	30	35	40	45	50	55	60	65	70	75	80	85	90	95	100
AFRICA - AFRIQUE																					
Algeria - Algérie[1]																					
2010																					
Male - Hommes	75.6	72.8	68.0	63.1	58.3	53.6	48.8	44.1	39.4	34.7	30.2	25.8	21.6	17.7	14.0	10.6	7.7	5.2	...	...	...
Female - Femmes	77.0	74.1	69.2	64.3	59.5	54.6	49.8	45.0	40.3	35.6	31.0	26.5	22.2	18.1	14.2	10.6	7.6	5.0	...	...	...
Benin - Bénin[2]																					
2002																					
Male - Hommes	57.2	63.4	59.1	54.7	50.2	45.9	41.8	37.8	33.8	30.0	26.2	22.7	19.4	16.2	13.2	10.6	8.1	5.5	3.8	...	...
Female - Femmes	61.3	65.4	61.2	56.7	52.3	48.1	43.9	39.9	36.0	32.1	28.3	24.6	21.2	18.0	14.2	10.8	7.7	4.8	2.9	...	...
Botswana[3]																					
2006																					
Male - Hommes	54.0	57.6	54.0	49.7	45.6	41.8	37.9	34.0	30.0	26.2	22.4	19.9	15.4	12.3	9.4	7.0	4.8	...	...	...	...
Female - Femmes	66.0	65.7	61.4	56.8	52.3	47.8	43.4	39.1	34.7	30.4	26.2	22.1	18.2	14.5	11.2	8.3	5.8	...	...	...	...
Burkina Faso[4]																					
2006																					
Male - Hommes	55.8	60.0	55.9	51.3	46.9	42.8	38.6	34.5	30.5	26.6	22.8	19.3	16.0	12.9	10.3	8.1	6.2	4.8	...	...	...
Female - Femmes	57.5	61.6	57.6	53.1	48.6	44.4	40.2	36.1	32.0	28.0	24.1	20.3	16.8	13.5	10.7	8.4	6.4	4.9	...	...	...
Côte d'Ivoire[5]																					
1998																					
Male - Hommes	49.2	...	...	...	...	...	...	...	...	...	...	...	...	...	...	...	...	...	...	...	...
Female - Femmes	52.7	...	...	...	...	...	...	...	...	...	...	...	...	...	...	...	...	...	...	...	...
Djibouti																					
1998																					
Male - Hommes	49.0	...	...	...	...	...	...	...	...	...	...	...	...	...	...	...	...	...	...	...	...
Female - Femmes	52.0	...	...	...	...	...	...	...	...	...	...	...	...	...	...	...	...	...	...	...	...
Egypt - Égypte																					
2011																					
Male - Hommes	68.6	65.5	60.6	55.7	50.9	46.1	41.4	36.6	31.9	27.3	23.1	19.2	15.7	12.2	9.1	6.4	3.4	...	...	...	...
Female - Femmes	71.4	68.1	63.2	58.2	53.3	48.4	43.5	38.7	33.9	29.1	24.5	20.1	16.1	12.3	8.8	5.7	2.4	...	...	...	...
Ethiopia - Éthiopie																					
1994																					
Male - Hommes	49.8	55.2	51.2	46.8	42.7	38.9	35.0	31.1	27.4	23.7	20.2	16.9	13.8	11.0	8.6	6.5	5.0	...	...	...	...
Female - Femmes	51.8	56.9	53.0	48.8	44.8	40.9	37.1	33.4	29.6	25.9	22.1	18.6	15.2	12.1	9.4	7.1	5.4	...	...	...	...
Ghana																					
2005																					
Male - Hommes	58.3	...	...	...	...	...	...	...	...	...	...	...	...	...	...	...	...	...	...	...	...
Female - Femmes	62.0	...	...	...	...	...	...	...	...	...	...	...	...	...	...	...	...	...	...	...	...
Guinea-Bissau - Guinée-Bissau																					
2006																					
Male - Hommes	43.4	...	...	...	...	...	...	...	...	...	...	...	...	...	...	...	...	...	...	...	...
Female - Femmes	46.2	...	...	...	...	...	...	...	...	...	...	...	...	...	...	...	...	...	...	...	...
Kenya																					
1989 - 1999																					
Male - Hommes	52.9	54.8	51.1	46.6	42.3	38.3	34.5	31.0	27.7	24.4	21.0	17.7	14.5	11.6	8.9	6.7	5.0	3.8	3.1	2.5	...
Female - Femmes	60.4	63.0	59.0	54.3	49.9	45.9	42.2	38.6	34.8	30.9	27.0	23.1	19.3	15.6	12.2	9.2	6.7	4.8	3.6	2.5	...
Lesotho																					
2001																					
Male - Hommes	48.7	...	...	...	...	...	...	...	...	...	...	...	...	...	...	...	...	...	...	...	...
Female - Femmes	56.3	...	...	...	...	...	...	...	...	...	...	...	...	...	...	...	...	...	...	...	...
Madagascar																					
1993																					
Male - Hommes	51.3	56.1	52.7	48.8	44.9	41.0	37.2	33.3	29.6	26.0	22.6	19.2	16.1	13.0	10.3	7.6	4.6	...	...	...	...
Female - Femmes	53.2	58.1	54.6	50.5	46.7	43.0	39.4	35.8	32.3	28.7	25.2	21.6	18.1	14.7	11.9	9.0	5.8	...	...	...	...
Malawi																					
1992 - 1997																					
Male - Hommes	43.5	52.1	49.5	45.7	41.9	38.4	34.8	31.2	27.6	24.0	20.6	17.3	14.1	11.2	8.6	6.3	4.4	...	...	...	...
Female - Femmes	46.8	54.5	52.0	48.2	44.4	40.6	36.9	33.2	29.6	25.9	22.2	18.6	15.1	11.9	9.2	6.8	4.6	...	...	...	...
2007[6]																					
Male - Hommes	45.7	...	...	...	...	...	...	...	...	...	...	...	...	...	...	...	...	...	...	...	...
Female - Femmes	48.3	...	...	...	...	...	...	...	...	...	...	...	...	...	...	...	...	...	...	...	...
Mauritius - Maurice[7]																					
2008 - 2010																					
Male - Hommes	69.5	65.6	60.7	55.8	51.0	46.2	41.6	37.0	32.5	28.3	24.2	20.5	17.0	13.8	11.0	8.6	6.5	4.8	...	...	...
Female - Femmes	76.7	72.6	67.7	62.8	57.9	53.0	48.2	43.4	38.6	34.0	29.5	25.2	21.1	17.3	13.8	10.6	7.9	5.7	...	...	...

22. Life expectancy at specified ages for each sex: latest available year, 1992 - 2011
Espérance de vie à un âge donné pour chaque sexe : dernière année disponible, 1992 - 2011 (continued - suite)

Continent, country or area and date / Continent, pays ou zone et date	0	5	10	15	20	25	30	35	40	45	50	55	60	65	70	75	80	85	90	95	100
AFRICA - AFRIQUE																					
Namibia - Namibie																					
2001																					
Male - Hommes	47.6	54.0	50.1	45.8	41.7	38.0	34.2	30.5	26.8	23.2	19.8	16.6	13.5	10.8	8.4	6.4	4.9	...	...	...	...
Female - Femmes	50.2	56.1	52.2	48.1	44.1	40.3	36.6	32.9	29.2	25.5	21.8	18.3	14.9	12.0	9.3	7.0	5.3	...	...	...	...
Réunion																					
2009																					
Male - Hommes	74.9	...	...	...	...	...	...	...	...	...	...	...	20.3	...	...	...	...	...	...	...	...
Female - Femmes	82.7	...	...	...	...	...	...	...	...	...	...	...	25.6	...	...	...	...	...	...	...	...
Rwanda																					
2002																					
Male - Hommes	48.4	58.4	54.4	49.9	45.6	41.6	37.5	33.5	29.4	25.4	21.6	17.9	14.5	11.4	8.6	6.3	4.6	...	...	...	...
Female - Femmes	53.8	63.1	58.8	54.3	49.9	45.7	41.4	37.2	32.9	28.7	24.5	20.4	16.5	12.9	9.8	7.1	5.1	...	...	...	...
2009																					
Male - Hommes	49.4	...	...	...	...	...	...	...	...	...	...	...	...	...	...	...	...	...	...	...	...
Female - Femmes	53.3	...	...	...	...	...	...	...	...	...	...	...	...	...	...	...	...	...	...	...	...
Saint Helena ex. dep. - Sainte-Hélène sans dép.																					
2000 - 2009																					
Male - Hommes	72.5	68.7	64.2	...	54.4	...	44.9	...	35.9	...	27.4	...	19.5	...	12.3	...	6.6	...	...	...	...
Female - Femmes	79.2	74.7	69.7	...	60.0	...	50.9	...	41.5	...	32.0	...	23.5	...	16.0	...	9.7	...	...	...	...
Sao Tome and Principe - Sao Tomé-et-Principe																					
2001																					
Male - Hommes	61.3	63.1	59.2	55.0	50.5	46.1	41.5	37.5	33.5	29.8	25.5	22.2	18.3	15.1	13.1	10.6	8.4	6.5	...	...	...
Female - Femmes	66.5	68.1	64.1	59.8	55.2	50.8	46.1	41.6	37.5	33.0	28.6	25.0	21.1	17.3	14.4	12.0	9.5	8.1	...	...	...
Senegal - Sénégal[6]																					
2011																					
Male - Hommes	56.9	...	...	...	...	...	...	...	...	...	...	...	...	...	...	...	...	...	...	...	...
Female - Femmes	59.8	...	...	...	...	...	...	...	...	...	...	...	...	...	...	...	...	...	...	...	...
Seychelles																					
2007																					
Male - Hommes	68.9	65.0	60.2	55.3	50.5	45.9	41.6	37.0	32.7	28.7	24.4	20.9	17.1	14.1	11.0	9.0	7.4	...	...	...	...
Female - Femmes	77.7	73.3	68.5	63.5	58.5	53.7	48.9	44.3	39.5	35.3	31.0	26.4	22.2	18.5	15.1	12.1	9.2	...	...	...	...
2011																					
Male - Hommes	67.7	...	...	...	...	...	...	...	...	...	...	...	...	...	...	...	...	...	...	...	...
Female - Femmes	78.1	...	...	...	...	...	...	...	...	...	...	...	...	...	...	...	...	...	...	...	...
Sierra Leone																					
2004																					
Male - Hommes	47.5	...	...	...	...	...	...	...	...	...	...	...	...	...	...	...	...	...	...	...	...
Female - Femmes	49.4	...	...	...	...	...	...	...	...	...	...	...	...	...	...	...	...	...	...	...	...
South Africa - Afrique du Sud																					
2009																					
Male - Hommes	53.5	...	...	...	...	...	...	...	...	...	...	...	...	...	...	...	...	...	...	...	...
Female - Femmes	57.2	...	...	...	...	...	...	...	...	...	...	...	...	...	...	...	...	...	...	...	...
Swaziland[5]																					
2007																					
Male - Hommes	42.2	...	...	...	...	...	...	...	...	...	...	...	...	...	...	...	...	...	...	...	...
Female - Femmes	43.1	...	...	...	...	...	...	...	...	...	...	...	...	...	...	...	...	...	...	...	...
Tunisia - Tunisie																					
1995																					
Male - Hommes	69.6	67.5	62.7	57.9	53.1	48.4	43.8	39.2	34.6	30.1	25.8	21.6	17.7	14.1	10.8	7.9	5.2	3.5	...	...	...
Female - Femmes	73.1	70.7	65.9	61.0	56.2	51.3	46.5	41.7	37.0	32.4	27.8	23.3	19.1	15.0	11.3	7.8	4.8	2.9	...	...	...
2007																					
Male - Hommes	72.3	...	...	...	...	...	...	...	...	...	...	...	...	...	...	...	...	...	...	...	...
Female - Femmes	76.2	...	...	...	...	...	...	...	...	...	...	...	...	...	...	...	...	...	...	...	...
Uganda - Ouganda[8]																					
2002																					
Male - Hommes	48.8	53.0	49.2	44.8	40.5	36.6	33.6	31.0	28.4	25.8	23.2	20.4	17.2	14.4	11.6	9.2	6.7	4.1	...	...	...
Female - Femmes	52.0	56.0	52.1	47.6	43.3	39.6	36.7	34.2	31.5	28.6	25.6	22.3	18.9	15.7	12.6	9.9	7.0	4.2	...	...	...
Zimbabwe																					
2001 - 2002																					
Male - Hommes	45.8	44.2	40.0	35.4	30.9	26.8	23.8	22.1	21.8	21.3	20.4	19.2	17.7	15.7	13.7	11.4	9.5	7.5	6.2	5.2	...
Female - Femmes	50.3	48.6	44.2	39.7	35.3	32.1	30.4	30.1	30.2	29.0	27.6	25.3	22.9	20.2	17.6	14.8	12.2	9.9	8.1	7.3	...

22. Life expectancy at specified ages for each sex: latest available year, 1992 - 2011
Espérance de vie à un âge donné pour chaque sexe : dernière année disponible, 1992 - 2011 (continued - suite)

Continent, country or area and date / Continent, pays ou zone et date	Age (in years) - Age (en années)																				
	0	5	10	15	20	25	30	35	40	45	50	55	60	65	70	75	80	85	90	95	100
AMERICA, NORTH - AMÉRIQUE DU NORD																					
Anguilla																					
2000 - 2002																					
Male - Hommes	76.5	72.1	67.1	62.1	57.3	53.1	48.4	43.7	39.4	34.7	30.2	25.4	21.1	16.5	12.7	10.0	8.0	6.9	...	...	...
Female - Femmes	81.1	76.4	71.4	66.4	61.4	57.1	52.7	47.7	42.7	38.3	33.5	28.7	24.0	19.4	15.3	10.8	8.3	7.6	...	...	...
Antigua and Barbuda - Antigua-et-Barbuda																					
2010																					
Male - Hommes	74.0	...	...	...	...	...	...	...	...	...	...	...	...	...	...	...	...	...	...	...	...
Female - Femmes	79.7	...	...	...	...	...	...	...	...	...	...	...	...	...	...	...	...	...	...	...	...
Aruba																					
2000																					
Male - Hommes	70.0	65.4	60.5	55.6	50.9	46.7	42.3	37.7	33.0	28.5	24.2	20.1	16.3	13.1	10.4	8.1	5.7	3.9	4.0	3.2	...
Female - Femmes	76.0	71.9	67.0	62.0	57.2	52.5	47.7	43.0	38.3	33.6	28.9	24.4	20.5	16.7	13.1	10.4	7.5	5.5	4.7	3.6	...
Bahamas																					
1999 - 2001																					
Male - Hommes	69.9	...	...	...	...	...	...	...	...	...	...	...	...	...	...	...	...	...	...	...	...
Female - Femmes	76.4	...	...	...	...	...	...	...	...	...	...	...	...	...	...	...	...	...	...	...	...
Bermuda - Bermudes																					
2010																					
Male - Hommes	76.9	72.1	67.1	62.1	57.3	52.3	47.5	42.8	37.9	33.1	28.5	24.1	20.0	16.1	12.7	9.5	7.1	5.2	...	...	...
Female - Femmes	82.3	77.5	72.5	67.5	62.5	57.5	52.6	47.7	42.8	38.1	33.4	28.8	24.3	20.1	16.0	12.3	9.0	6.3	...	...	...
British Virgin Islands - Îles Vierges britanniques																					
2004																					
Male - Hommes	69.9	...	...	...	...	...	...	...	...	...	...	...	...	...	...	...	...	...	...	...	...
Female - Femmes	78.5	...	...	...	...	...	...	...	...	...	...	...	...	...	...	...	...	...	...	...	...
Canada																					
2006 - 2008																					
Male - Hommes	78.5	74.0	69.1	64.1	59.3	54.5	49.7	44.9	40.2	35.5	30.9	26.5	22.3	18.3	14.7	11.4	8.5	6.2	4.5	...	...
Female - Femmes	83.2	78.6	73.6	68.7	63.8	58.9	53.9	49.1	44.2	39.4	34.7	30.2	25.7	21.5	17.4	13.7	10.4	7.5	5.4	...	...
Cayman Islands - Îles Caïmanes[9]																					
2006																					
Male - Hommes	76.3	72.1	67.1	62.1	57.7	53.3	48.9	44.0	39.3	34.5	29.8	25.3	20.8	17.1	13.6	10.2	8.2	6.4	3.3	5.3	2.5
Female - Femmes	83.8	79.8	74.8	69.8	65.1	60.1	55.2	50.2	45.3	40.4	35.7	30.9	26.1	21.9	17.5	13.9	10.4	6.9	7.0	3.1	2.5
Costa Rica																					
2010																					
Male - Hommes	76.8	72.8	67.8	62.9	58.2	53.5	48.8	44.2	39.5	34.9	30.5	26.2	22.0	18.1	14.5	11.2	8.5	6.3	4.5	3.2	...
Female - Femmes	81.8	77.6	72.7	67.7	62.8	57.9	53.0	48.2	43.4	38.6	33.9	29.3	24.9	20.6	16.7	13.0	9.8	7.1	5.1	3.5	...
Cuba																					
2005 - 2007																					
Male - Hommes	76.0	71.6	66.7	61.8	56.9	52.1	47.4	42.6	37.9	33.4	29.0	24.8	20.8	17.1	13.7	10.8	8.2	6.2	4.7	3.6	1.8
Female - Femmes	80.0	75.5	70.6	65.6	60.7	55.8	51.0	46.1	41.3	36.6	32.0	27.6	23.4	19.3	15.6	12.3	9.3	6.9	5.1	3.7	1.9
Dominica - Dominique																					
2008																					
Male - Hommes	73.8	...	...	...	...	...	...	...	...	...	...	...	...	...	...	...	...	...	...	...	...
Female - Femmes	78.2	...	...	...	...	...	...	...	...	...	...	...	...	...	...	...	...	...	...	...	...
Dominican Republic - République dominicaine[6]																					
2005 - 2010																					
Male - Hommes	69.2	66.8	62.0	57.2	52.6	48.3	44.1	39.9	35.7	31.6	27.6	23.7	20.1	16.8	13.9	11.3	9.3	...	...	...	...
Female - Femmes	75.5	72.6	67.8	62.9	58.1	53.3	48.7	44.2	39.6	35.2	30.9	26.7	22.7	19.0	15.6	12.7	10.3	...	...	...	...
El Salvador[10]																					
2000 - 2005																					
Male - Hommes	67.7	65.3	60.6	55.8	51.2	46.8	42.5	38.4	34.2	30.2	26.2	22.4	18.7	15.2	12.0	9.1	6.8	...	...	...	...
Female - Femmes	73.7	71.1	66.3	61.5	56.8	52.2	47.6	43.1	38.6	34.2	29.9	25.7	21.7	17.9	14.4	11.1	8.4	...	...	...	...
Greenland - Groenland																					
2006 - 2010																					
Male - Hommes	67.8	64.2	59.4	54.6	50.2	46.3	42.0	37.6	33.1	28.6	24.2	19.9	16.1	12.4	9.4	6.9	5.2	3.7	3.3	2.3	...
Female - Femmes	72.8	68.9	63.9	59.0	54.7	50.1	45.3	40.5	35.7	31.1	26.7	22.5	18.6	14.9	12.0	9.1	6.6	5.1	4.2	2.8	...

Continent, country or area and date / Continent, pays ou zone et date	Age (in years) - Age (en années)																				
	0	5	10	15	20	25	30	35	40	45	50	55	60	65	70	75	80	85	90	95	100
AMERICA, NORTH - AMÉRIQUE DU NORD																					
Guadeloupe 2002																					
Male - Hommes	74.6	70.2	65.3	60.5	55.7	51.2	46.8	42.2	37.7	33.2	29.0	24.8	20.9	17.3	13.8	10.6	7.9	5.1	2.0	0.5	...
Female - Femmes	81.5	77.0	72.1	67.1	62.1	57.3	52.4	47.6	42.9	38.2	33.5	28.8	24.4	20.3	16.4	12.7	9.0	5.7	2.3	0.5	...
Guatemala 1995 - 2000																					
Male - Hommes	61.4	60.6	56.0	51.2	46.8	42.7	38.8	34.9	31.2	27.4	23.7	20.1	16.8	13.6	10.7	8.2	6.1	...	...	...	...
Female - Femmes	67.2	66.2	62.6	56.9	52.3	47.7	43.3	38.9	34.6	30.4	26.3	22.3	18.6	15.2	12.0	9.2	6.9	...	...	...	...
Jamaica - Jamaïque 2006																					
Male - Hommes	69.7	67.0	62.2	57.3	52.6	47.9	43.2	38.5	33.8	29.3	24.9	20.8	16.9	13.5	10.4	7.8	5.8	4.1	2.9	2.1	1.5
Female - Femmes	75.2	71.6	66.7	61.7	56.8	52.0	47.1	42.3	37.6	32.9	28.3	23.9	19.7	15.9	12.4	9.4	6.9	5.0	3.5	2.4	1.7
Martinique 2007																					
Male - Hommes	76.5	72.4	67.5	62.6	57.8	53.3	48.7	44.1	39.5	34.9	30.3	26.1	21.8	17.6	14.1	10.7	7.7	5.2	3.7	1.8	...
Female - Femmes	82.9	78.5	73.6	68.6	63.7	58.8	54.0	49.2	44.4	39.6	34.8	30.1	25.6	21.2	17.1	13.4	10.0	7.1	4.6	1.9	...
Mexico - Mexique 2008																					
Male - Hommes	72.8	69.2	64.3	59.4	54.7	50.0	45.5	40.9	36.5	32.1	27.9	23.9	20.2	16.8	13.7	11.0	8.7	6.6	4.9	3.5	2.6
Female - Femmes	77.5	73.8	68.9	63.9	59.0	54.2	49.3	44.5	39.7	35.1	30.6	26.2	22.1	18.3	14.8	11.7	9.0	6.8	4.9	3.5	2.6
Nicaragua 2005 - 2010																					
Male - Hommes	63.4	47.9	44.2	40.5	36.5	32.5	28.6	24.9	21.3	17.7	14.6	11.6	9.0	6.5	...	...	...	...	...	...	...
Female - Femmes	68.9	52.1	47.6	43.0	38.5	34.1	29.8	25.7	21.9	18.1	14.9	11.8	9.3	6.9	...	...	...	...	...	...	...
Panama[11] 2010																					
Male - Hommes	73.4	70.3	65.4	60.6	55.9	51.4	46.9	42.4	37.9	33.5	29.1	24.9	20.9	17.0	13.4	10.3	7.6	...	...	...	...
Female - Femmes	78.7	75.2	70.3	65.4	60.5	55.7	50.9	46.1	41.4	36.7	32.1	27.6	23.2	19.1	15.2	11.6	8.5	...	...	...	...
Puerto Rico - Porto Rico 2004 - 2006																					
Male - Hommes	74.1	69.8	64.9	59.9	55.2	50.9	46.5	42.0	37.6	33.3	29.1	25.1	21.3	17.7	14.4	11.3	8.7	6.5	4.8	3.4	2.3
Female - Femmes	81.5	77.2	72.3	67.3	62.4	57.5	52.7	47.9	43.1	38.4	33.8	29.3	24.9	20.8	16.9	13.3	10.1	7.4	5.2	3.7	3.1
Saint Kitts and Nevis - Saint-Kitts-et-Nevis 1998																					
Male - Hommes	68.2	65.0	60.1	55.3	50.5	45.8	41.1	36.5	32.7	28.5	24.3	20.6	16.6	13.3	11.0	9.1	6.6	4.7	3.4	2.2	0.4
Female - Femmes	70.7	67.5	62.5	57.6	52.7	48.0	43.4	38.8	34.4	29.8	25.4	21.3	17.6	14.3	11.3	8.9	6.3	4.6	3.3	2.2	0.4
Saint Lucia - Sainte-Lucie 2005																					
Male - Hommes	69.9	66.4	61.5	56.6	52.0	47.4	43.1	38.6	34.3	30.1	25.9	21.7	17.9	14.7	11.8	9.0	7.2	5.2	...	...	...
Female - Femmes	75.7	72.2	67.3	62.4	57.5	52.6	47.8	43.2	38.4	33.8	29.2	25.0	20.8	17.2	13.8	10.4	7.7	4.8	...	...	...
Saint Vincent and the Grenadines - Saint-Vincent-et-les Grenadines 2001																					
Male - Hommes	66.9	63.9	59.2	54.3	49.6	45.1	40.7	36.5	32.3	28.2	24.1	19.9	16.2	12.8	9.7	7.3	4.3	4.1	...	...	...
Female - Femmes	72.9	69.3	64.5	59.5	54.7	49.8	45.2	40.7	36.1	31.7	27.3	23.0	19.0	14.6	10.8	7.3	4.1	3.6	...	...	...
Trinidad and Tobago - Trinité-et-Tobago 2000																					
Male - Hommes	68.3	65.2	60.3	55.5	50.7	46.1	41.7	37.3	33.1	29.0	24.9	21.2	17.9	14.7	12.0	9.7	7.8	...	...	...	...
Female - Femmes	73.7	70.2	65.3	60.4	55.6	50.9	46.2	41.7	37.1	32.7	28.4	24.4	20.7	17.4	14.4	11.7	9.6	...	...	...	...
Turks and Caicos Islands - Îles Turques et Caïques 2001																					
Male - Hommes	79.0	75.3	70.3	65.3	60.3	55.8	50.8	46.0	41.2	37.1	33.0	28.4	24.3	20.8	17.5	12.5	7.5	4.1	...	...	...
Female - Femmes	77.4	72.5	67.5	62.5	57.5	52.9	48.2	43.4	38.6	33.8	29.6	25.0	20.0	17.0	13.2	11.7	10.3	8.8	...	...	...

Continent, country or area and date / Continent, pays ou zone et date	Age (in years) - Age (en années)																				
	0	5	10	15	20	25	30	35	40	45	50	55	60	65	70	75	80	85	90	95	100
AMERICA, NORTH - AMÉRIQUE DU NORD																					
United States of America - États-Unis d'Amérique																					
2008																					
Male - Hommes	75.6	71.2	66.3	61.3	56.6	52.0	47.3	42.6	38.0	33.5	29.1	25.0	21.0	17.3	13.9	10.7	8.0	5.7	4.0	2.8	2.0
Female - Femmes	80.6	76.1	71.2	66.2	61.3	56.5	51.6	46.8	42.0	37.3	32.8	28.4	24.1	20.0	16.2	12.6	9.5	6.8	4.7	3.2	2.2
AMERICA, SOUTH - AMÉRIQUE DU SUD																					
Argentina - Argentine																					
2000 - 2001																					
Male - Hommes	70.0	66.6	61.7	56.8	52.1	47.4	42.8	38.2	33.7	29.3	25.0	21.1	17.4	14.1	11.1	8.6	6.5	4.9	3.7	2.9	...
Female - Femmes	77.5	73.9	69.0	64.1	59.2	54.4	49.5	44.7	40.0	35.4	30.9	26.5	22.3	18.4	14.7	11.3	8.4	6.2	4.6	3.5	...
2006 - 2010[6]																					
Male - Hommes	71.6	...	...	...	...	...	...	...	...	...	...	...	...	...	...	...	...	...	...	...	...
Female - Femmes	79.1	...	...	...	...	...	...	...	...	...	...	...	...	...	...	...	...	...	...	...	...
Bolivia (Plurinational State of) - Bolivie (État plurinational de)																					
1995 - 2000																					
Male - Hommes	59.8	60.8	56.7	52.2	48.0	43.7	39.5	35.3	31.2	27.1	23.2	19.5	15.9	12.7	9.8	7.5	5.9	...	...	...	...
Female - Femmes	63.2	63.8	59.7	55.2	50.8	46.5	42.1	37.8	33.6	29.4	25.3	21.4	17.6	14.0	10.8	8.3	6.5	...	...	...	...
2011																					
Male - Hommes	64.6	...	...	...	...	...	...	...	...	...	...	...	...	...	...	...	...	...	...	...	...
Female - Femmes	68.9	...	...	...	...	...	...	...	...	...	...	...	...	...	...	...	...	...	...	...	...
Brazil - Brésil[11]																					
2009																					
Male - Hommes	69.4	66.6	61.8	56.9	52.3	48.0	43.6	39.3	35.0	30.8	26.9	23.1	19.5	16.3	13.4	10.9	9.0	...	...	...	...
Female - Femmes	77.0	73.8	68.9	63.9	59.1	54.2	49.5	44.7	40.0	35.5	31.1	26.9	22.8	19.1	15.6	12.6	10.0	...	...	...	...
Chile - Chili																					
2010																					
Male - Hommes	75.8	71.5	66.6	61.6	56.8	52.1	47.4	42.8	38.1	33.5	29.1	24.8	20.6	16.9	13.5	10.3	7.8	5.7	4.4	5.9	...
Female - Femmes	81.2	76.9	71.9	67.0	62.1	57.2	52.3	47.4	42.6	37.8	33.1	28.6	24.1	19.9	16.0	12.3	9.0	6.2	4.2	3.7	...
Colombia - Colombie[12]																					
2005 - 2010																					
Male - Hommes	70.7	67.7	62.9	58.0	53.5	49.4	45.2	40.9	36.5	32.2	27.8	23.7	19.7	16.0	12.7	9.8	7.4	...	...	...	...
Female - Femmes	77.5	74.1	69.2	64.3	59.5	54.7	49.9	45.1	40.4	35.7	31.2	26.7	22.5	18.5	14.8	11.5	8.6	...	...	...	...
Ecuador - Équateur[13]																					
2005 - 2010																					
Male - Hommes	72.1	69.3	64.5	59.7	55.2	50.9	46.6	42.3	38.1	33.8	29.7	25.7	21.7	18.0	14.6	11.3	8.2	...	...	...	...
Female - Femmes	78.0	74.8	69.9	65.1	60.4	55.6	50.9	46.2	41.6	37.0	32.6	28.2	24.1	20.0	16.1	12.5	9.1	...	...	...	...
French Guiana - Guyane française																					
2007																					
Male - Hommes	75.1	71.3	66.4	61.5	56.8	52.2	47.7	43.1	38.7	34.3	30.3	25.7	21.5	17.5	13.8	10.5	8.2	5.7	3.6	2.1	...
Female - Femmes	80.8	77.0	72.1	67.2	62.3	57.4	52.6	47.8	43.0	38.5	33.9	29.2	24.5	19.9	16.6	12.7	10.2	7.8	5.1	2.2	...
Paraguay																					
1990 - 1995																					
Male - Hommes	66.3	65.5	60.8	56.0	51.3	46.7	42.1	37.5	32.9	28.5	24.2	20.2	16.5	13.2	10.2	7.7	5.6	...	...	...	...
Female - Femmes	70.8	69.3	64.5	59.7	54.9	50.1	45.4	40.7	36.0	31.5	27.0	22.8	18.7	14.9	11.5	8.5	6.3	...	...	...	...
2005 - 2010																					
Male - Hommes	69.7	...	...	...	...	...	...	...	...	...	...	...	...	...	...	...	...	...	...	...	...
Female - Femmes	73.9	...	...	...	...	...	...	...	...	...	...	...	...	...	...	...	...	...	...	...	...
Peru - Pérou[11]																					
1995 - 2000																					
Male - Hommes	65.9	65.9	61.4	56.6	52.0	47.4	42.9	38.5	34.1	29.8	25.7	21.7	18.1	14.7	11.7	9.2	7.0	...	...	...	...
Female - Femmes	70.9	70.2	65.6	60.7	55.9	51.2	46.5	41.9	37.3	32.9	28.5	24.3	20.3	16.5	13.3	10.4	7.8	...	...	...	...
2000 - 2005																					
Male - Hommes	69.0	...	...	...	...	...	...	...	...	...	...	...	...	...	...	...	...	...	...	...	...
Female - Femmes	74.3	...	...	...	...	...	...	...	...	...	...	...	...	...	...	...	...	...	...	...	...

22. Life expectancy at specified ages for each sex: latest available year, 1992 - 2011
Espérance de vie à un âge donné pour chaque sexe : dernière année disponible, 1992 - 2011 (continued - suite)

Continent, country or area and date / Continent, pays ou zone et date	0	5	10	15	20	25	30	35	40	45	50	55	60	65	70	75	80	85	90	95	100
AMERICA, SOUTH - AMÉRIQUE DU SUD																					
Suriname 2006																					
Male - Hommes	68.0	60.4	55.5	50.6	46.0	41.5	37.0	32.8	28.6	24.6	20.7	16.9	13.5	10.5	8.1	7.1	6.5	...	...	...	...
Female - Femmes	73.7	66.0	61.1	56.2	51.5	46.8	42.3	37.7	33.2	28.8	24.5	20.3	16.4	12.9	9.9	8.0	8.5	...	...	...	...
Uruguay 2006																					
Male - Hommes	72.1	68.5	63.6	58.7	53.8	49.1	44.4	39.7	35.0	30.5	26.0	21.9	18.1	14.7	11.7	9.0	6.7	4.8	3.4	2.7	...
Female - Femmes	79.5	75.7	70.8	65.8	60.9	56.1	51.2	46.3	41.6	36.8	32.3	27.8	23.6	19.4	15.5	11.9	8.8	6.3	4.4	3.1	...
2008																					
Male - Hommes	72.4	...	...	...	...	...	...	...	...	...	...	...	...	...	...	...	...	...	...	...	...
Female - Femmes	79.7	...	...	...	...	...	...	...	...	...	...	...	...	...	...	...	...	...	...	...	...
Venezuela (Bolivarian Republic of) - Venezuela (République bolivarienne du) 1995 - 2000																					
Male - Hommes	68.6	66.6	61.8	56.9	52.3	47.8	43.3	38.8	34.3	29.9	25.6	21.6	17.9	14.5	11.4	8.6	5.9	...	...	...	...
Female - Femmes	74.5	72.1	67.2	62.3	57.5	52.6	47.8	43.1	38.4	33.7	29.2	24.9	20.8	16.9	13.3	9.9	6.9	...	...	...	...
2007																					
Male - Hommes	70.7	...	...	...	...	...	...	...	...	...	...	...	...	...	...	...	...	...	...	...	...
Female - Femmes	76.6	...	...	...	...	...	...	...	...	...	...	...	...	...	...	...	...	...	...	...	...
ASIA - ASIE																					
Afghanistan 2002																					
Male - Hommes	43.0	...	...	...	...	...	...	...	...	...	...	...	...	...	...	...	...	...	...	...	...
Female - Femmes	43.0	...	...	...	...	...	...	...	...	...	...	...	...	...	...	...	...	...	...	...	...
Armenia - Arménie 2006 - 2007																					
Male - Hommes	70.2	66.3	61.4	56.4	51.6	46.8	42.0	37.3	32.7	28.3	24.1	20.1	16.4	13.1	10.3	7.8	5.7	3.9	2.6	1.6	0.7
Female - Femmes	76.6	72.5	67.6	62.7	57.7	52.8	47.9	43.0	38.2	33.5	28.8	24.3	20.0	15.9	12.4	9.2	6.4	4.1	2.7	1.8	0.7
Azerbaijan - Azerbaïdjan 2010																					
Male - Hommes	70.9	67.0	62.2	57.2	52.4	47.7	42.9	38.2	33.6	29.1	24.8	20.7	17.1	13.8	11.0	8.7	6.9	5.8	4.4	3.0	0.8
Female - Femmes	76.1	72.2	67.4	62.4	57.5	52.7	47.8	43.0	38.1	33.4	28.8	24.3	20.1	16.2	12.6	9.7	7.6	6.0	4.8	3.5	0.9
Bahrain - Bahreïn 2001																					
Male - Hommes	73.2	69.3	64.4	59.5	54.7	49.9	45.2	40.4	35.6	30.9	26.4	22.0	17.8	14.1	11.3	9.5	...	...	...	...	...
Female - Femmes	76.2	72.0	67.1	62.1	57.2	52.3	47.4	42.5	37.7	32.9	28.2	23.7	19.6	15.9	12.9	10.9	...	...	...	...	...
2005																					
Male - Hommes	73.1	...	...	...	...	...	...	...	...	...	...	...	...	...	...	...	...	...	...	...	...
Female - Femmes	77.3	...	...	...	...	...	...	...	...	...	...	...	...	...	...	...	...	...	...	...	...
Bangladesh 2010																					
Male - Hommes	66.7	66.0	61.3	56.7	51.9	47.2	42.6	37.9	33.3	28.7	24.5	20.5	16.9	13.8	11.1	8.6	7.2	...	...	...	...
Female - Femmes	68.8	67.4	62.8	58.0	53.3	48.7	44.0	39.2	34.6	30.0	25.5	21.7	17.9	14.6	11.7	9.1	7.6	...	...	...	...
Bhutan - Bhoutan 2005																					
Male - Hommes	65.7	...	...	...	...	...	...	...	...	...	...	...	...	...	...	...	...	...	...	...	...
Female - Femmes	66.9	...	...	...	...	...	...	...	...	...	...	...	...	...	...	...	...	...	...	...	...
Brunei Darussalam - Brunéi Darussalam 2008																					
Male - Hommes	76.6	...	...	...	...	...	...	...	...	...	...	...	...	...	...	...	...	...	...	...	...
Female - Femmes	79.8	...	...	...	...	...	...	...	...	...	...	...	...	...	...	...	...	...	...	...	...
China - Chine[14] 2000																					
Male - Hommes	69.6	...	...	...	...	...	...	...	...	...	...	...	...	...	...	...	...	...	...	...	...
Female - Femmes	73.3	...	...	...	...	...	...	...	...	...	...	...	...	...	...	...	...	...	...	...	...

22. Life expectancy at specified ages for each sex: latest available year, 1992 - 2011
Espérance de vie à un âge donné pour chaque sexe : dernière année disponible, 1992 - 2011 (continued - suite)

Continent, country or area and date / Continent, pays ou zone et date	Age (in years) - Age (en années)																				
	0	5	10	15	20	25	30	35	40	45	50	55	60	65	70	75	80	85	90	95	100
ASIA - ASIE																					
China, Hong Kong SAR - Chine, Hong Kong RAS																					
2009																					
Male - Hommes	79.7	74.9	69.9	64.9	60.0	55.1	50.3	45.5	40.7	35.9	31.3	26.8	22.5	18.4	14.6	11.3	8.4	6.1	4.3	3.0	2.1
Female - Femmes	85.9	81.1	76.2	71.2	66.3	61.3	56.4	51.5	46.6	41.8	37.0	32.3	27.7	23.2	19.0	15.0	11.5	8.6	6.2	4.3	2.9
China, Macao SAR - Chine, Macao RAS																					
2007 - 2010																					
Male - Hommes	79.5	74.8	69.8	64.8	59.9	55.1	50.4	45.6	41.0	36.3	31.8	27.4	23.1	19.3	15.7	12.6	9.9	7.9	...	...	...
Female - Femmes	85.4	80.7	75.8	70.8	65.9	61.0	56.2	51.3	46.5	41.6	36.9	32.3	27.8	23.3	19.1	15.3	12.1	9.6	...	...	...
Cyprus - Chypre[15]																					
2006 - 2007																					
Male - Hommes	78.3	73.6	68.7	63.8	58.9	54.2	49.5	44.7	39.9	35.2	30.5	26.0	21.7	17.6	13.9	10.6	7.8	5.7	...	...	...
Female - Femmes	81.9	77.2	72.3	67.4	62.5	57.5	52.6	47.7	42.8	37.9	33.1	28.4	23.8	19.3	15.0	11.1	7.8	5.3	...	...	...
Democratic People's Republic of Korea - République populaire démocratique de Corée																					
2008																					
Male - Hommes	65.6	...	...	...	...	...	...	...	...	...	...	...	...	...	...	...	...	...	...	...	...
Female - Femmes	72.7	...	...	...	...	...	...	...	...	...	...	...	...	...	...	...	...	...	...	...	...
Georgia - Géorgie																					
2009																					
Male - Hommes	69.9	66.0	61.1	56.2	51.4	46.7	42.0	37.5	33.0	28.8	24.8	21.1	17.6	14.4	11.7	9.4	7.6	6.2	...	...	...
Female - Femmes	78.7	74.6	69.7	64.8	59.8	54.9	50.0	45.1	40.3	35.6	31.0	26.5	22.2	18.2	14.5	11.4	9.0	7.6	...	...	...
India - Inde[16]																					
2002 - 2006																					
Male - Hommes	62.6	63.8	59.3	54.6	49.9	45.4	40.9	36.5	32.2	28.0	24.0	20.2	16.7	13.6	10.9						
Female - Femmes	64.2	67.4	62.9	58.2	53.7	49.2	44.8	40.2	35.7	31.3	26.9	22.7	18.9	15.4	12.4						
Indonesia - Indonésie																					
1990 - 1995																					
Male - Hommes	61.0	...	...	...	...	...	...	...	...	...	...	...	...	...	...	...	...	...	...	...	...
Female - Femmes	64.5	...	...	...	...	...	...	...	...	...	...	...	...	...	...	...	...	...	...	...	...
Iran (Islamic Republic of) - Iran (République islamique d')																					
1996																					
Male - Hommes	66.1	64.6	59.9	55.1	50.5	46.0	41.4	36.8	32.3	27.9	23.7	19.8	16.2	12.9	10.1	7.7	5.7	4.2	3.1	...	...
Female - Femmes	68.4	66.8	62.1	57.3	52.7	48.0	43.5	39.0	34.5	30.1	25.8	21.7	17.8	14.3	11.1	8.4	6.2	4.5	3.2	...	...
2006																					
Male - Hommes	71.1	...	...	...	...	...	...	...	...	...	...	...	...	...	...	...	...	...	...	...	...
Female - Femmes	73.1	...	...	...	...	...	...	...	...	...	...	...	...	...	...	...	...	...	...	...	...
Iraq																					
1997																					
Male - Hommes	58.0	...	...	...	...	...	...	...	...	...	...	...	...	...	...	...	...	...	...	...	...
Female - Femmes	59.0	...	...	...	...	...	...	...	...	...	...	...	...	...	...	...	...	...	...	...	...
Israel - Israël[17]																					
2006 - 2010																					
Male - Hommes	79.0	74.4	69.5	64.5	59.7	54.9	50.0	45.2	40.4	35.7	31.1	26.7	22.4	18.4	14.7	11.4	8.5	6.1	4.4	3.4	3.6
Female - Femmes	82.8	78.2	73.2	68.3	63.3	58.4	53.4	48.5	43.6	38.8	34.1	29.4	24.9	20.5	16.4	12.6	9.2	6.4	4.4	3.0	2.9
Japan - Japon[18]																					
2010																					
Male - Hommes	79.6	74.9	69.9	65.0	60.1	55.2	50.4	45.6	40.8	36.1	31.5	27.1	22.8	18.9	15.1	11.6	8.6	6.2	4.4	3.2	2.3
Female - Femmes	86.4	81.6	76.7	71.7	66.8	61.8	56.9	52.0	47.2	42.4	37.6	33.0	28.4	23.9	19.5	15.4	11.6	8.3	5.8	4.1	3.0
Jordan - Jordanie[19]																					
2007																					
Male - Hommes	71.6	...	...	...	...	...	...	...	...	...	...	...	...	...	...	...	...	...	...	...	...
Female - Femmes	74.4	...	...	...	...	...	...	...	...	...	...	...	...	...	...	...	...	...	...	...	...
Kazakhstan																					
2008																					
Male - Hommes	61.9	58.6	53.8	48.9	44.2	39.8	35.6	31.7	27.8	24.0	20.5	17.2	14.1	11.5	9.2	7.2	5.7	4.3	3.1	2.4	1.8
Female - Femmes	72.4	69.0	64.1	59.3	54.4	49.7	45.0	40.5	35.9	31.5	27.1	22.9	18.9	15.3	11.9	8.9	6.5	4.5	3.0	2.2	1.7

22. Life expectancy at specified ages for each sex: latest available year, 1992 - 2011
Espérance de vie à un âge donné pour chaque sexe : dernière année disponible, 1992 - 2011 (continued - suite)

Continent, country or area and date / Continent, pays ou zone et date	0	5	10	15	20	25	30	35	40	45	50	55	60	65	70	75	80	85	90	95	100
ASIA - ASIE																					
Kuwait - Koweït																					
1992 - 1993																					
Male - Hommes	71.8	67.9	63.0	58.2	53.6	48.9	44.2	39.4	34.7	30.1	25.6	21.4	17.3	14.1	10.8	7.8	4.4	2.5	...	...	...
Female - Femmes	73.3	69.2	64.3	59.4	54.5	49.6	44.7	39.8	35.0	30.2	25.5	21.1	16.8	13.3	10.0	7.4	4.3	2.6	...	...	...
1990 - 1995																					
Male - Hommes	73.3	...	...	...	...	...	...	...	...	...	...	...	...	...	...	...	...	...	...	...	...
Female - Femmes	77.2	...	...	...	...	...	...	...	...	...	...	...	...	...	...	...	...	...	...	...	...
Kyrgyzstan - Kirghizstan																					
2010																					
Male - Hommes	65.3	62.2	57.3	52.4	47.6	43.0	38.5	34.2	30.2	26.2	22.3	18.8	15.6	12.6	10.2	8.1	6.6	5.4	3.9	2.9	2.6
Female - Femmes	73.5	70.2	65.3	60.4	55.6	50.8	46.0	41.3	36.7	32.1	27.7	23.4	19.4	15.5	12.1	9.2	6.9	5.1	3.8	3.2	2.9
Lao People's Democratic Republic - République démocratique populaire lao[20]																					
2005																					
Male - Hommes	55.0	...	...	...	...	...	...	...	...	...	...	...	...	...	...	...	...	...	...	...	...
Female - Femmes	63.0	...	...	...	...	...	...	...	...	...	...	...	...	...	...	...	...	...	...	...	...
Malaysia - Malaisie																					
2006																					
Male - Hommes	71.5	67.0	62.0	57.2	52.4	47.8	43.1	38.6	34.0	29.5	25.2	21.1	17.2	13.7	10.7	8.0	5.8	...	...	...	...
Female - Femmes	76.2	71.6	66.7	61.8	56.9	52.0	47.1	42.3	37.5	32.8	28.2	23.8	19.6	15.6	12.1	9.0	6.6	...	...	...	...
Maldives																					
2009																					
Male - Hommes	72.5	68.7	63.8	59.0	54.1	49.2	44.4	39.5	34.7	29.9	25.2	20.6	16.3	12.3	8.8	6.1	...	...	...	...	...
Female - Femmes	74.2	70.2	65.3	60.4	55.5	50.6	45.6	40.8	35.8	31.0	26.3	21.6	17.1	12.9	9.1	6.0	...	...	...	...	...
2010																					
Male - Hommes	72.6	...	...	...	...	...	...	...	...	...	...	...	...	...	...	...	...	...	...	...	...
Female - Femmes	74.4	...	...	...	...	...	...	...	...	...	...	...	...	...	...	...	...	...	...	...	...
Mongolia - Mongolie																					
1998 - 2007																					
Male - Hommes	63.1	61.3	56.5	51.6	46.9	42.3	38.0	33.7	29.7	25.9	22.4	19.2	16.1	13.7	12.0	...	...	...	...	...	...
Female - Femmes	70.2	68.9	64.0	59.1	54.2	49.5	44.8	40.2	35.7	31.3	27.2	23.3	19.7	16.7	14.3	...	...	...	...	...	...
2010																					
Male - Hommes	64.9	...	...	...	...	...	...	...	...	...	...	...	...	...	...	...	...	...	...	...	...
Female - Femmes	72.3	...	...	...	...	...	...	...	...	...	...	...	...	...	...	...	...	...	...	...	...
Myanmar[21]																					
2009																					
Male - Hommes	65.5	65.0	60.5	55.8	51.1	46.5	41.9	37.4	33.0	28.8	24.6	20.9	17.8	14.7	12.0	8.9	6.2	4.5	...	...	...
Female - Femmes	70.7	70.9	66.4	61.7	57.0	52.3	47.5	42.8	38.1	33.6	29.0	24.7	21.0	17.4	14.0	10.5	7.2	4.9	...	...	...
Nepal - Népal																					
2008																					
Male - Hommes	63.6	...	...	...	...	...	...	...	...	...	...	...	...	...	...	...	...	...	...	...	...
Female - Femmes	64.5	...	...	...	...	...	...	...	...	...	...	...	...	...	...	...	...	...	...	...	...
Occupied Palestinian Territory - Territoire palestinien occupé																					
2001																					
Male - Hommes	70.5	67.5	62.7	57.8	53.1	48.4	43.6	38.9	34.2	29.6	25.2	21.1	17.2	13.8	10.7	8.1	6.1	...	...	...	...
Female - Femmes	73.6	70.3	65.5	60.5	55.7	50.9	46.1	41.3	36.6	32.0	27.5	23.2	19.0	15.2	11.7	8.8	6.4	...	...	...	...
2011																					
Male - Hommes	71.0	...	...	...	...	...	...	...	...	...	...	...	...	...	...	...	...	...	...	...	...
Female - Femmes	73.9	...	...	...	...	...	...	...	...	...	...	...	...	...	...	...	...	...	...	...	...
Oman																					
2008																					
Male - Hommes	72.2	68.1	63.2	58.3	53.6	48.8	44.1	39.3	34.6	29.9	25.2	20.9	16.8	13.2	10.1	7.8	7.2	...	...	...	...
Female - Femmes	75.7	71.5	66.6	61.7	56.7	51.8	46.9	42.0	37.2	32.4	27.7	23.3	19.3	15.8	12.6	10.3	9.3	...	...	...	...
Pakistan[22]																					
2007																					
Male - Hommes	63.6	65.3	60.7	55.9	51.3	46.7	42.2	37.7	33.3	29.0	25.0	21.3	18.1	15.2	12.7	10.8	9.2	7.3	...	...	...
Female - Femmes	67.6	68.6	64.1	59.5	54.9	50.3	45.7	41.1	36.5	32.1	27.7	23.5	19.6	16.2	13.4	10.9	8.6	6.1	...	...	...
Qatar																					
2008																					
Male - Hommes	77.9	73.7	68.8	63.9	59.1	54.3	49.4	44.6	39.8	35.0	30.3	25.6	21.2	17.0	13.3	9.9	7.1	...	...	...	...
Female - Femmes	78.1	73.9	68.9	64.0	59.1	54.1	49.2	44.3	39.3	34.5	29.6	24.9	20.5	16.6	13.2	10.0	7.8	...	...	...	...

22. Life expectancy at specified ages for each sex: latest available year, 1992 - 2011
Espérance de vie à un âge donné pour chaque sexe : dernière année disponible, 1992 - 2011 (continued - suite)

Continent, country or area and date / Continent, pays ou zone et date	\	Age (in years) - Age (en années)																			
	0	5	10	15	20	25	30	35	40	45	50	55	60	65	70	75	80	85	90	95	100
ASIA - ASIE																					
2010																					
Male - Hommes	78.0	...	...	...	...	...	...	...	...	...	...	...	...	...	...	...	...	...	...	...	...
Female - Femmes	78.8	...	...	...	...	...	...	...	...	...	...	...	...	...	...	...	...	...	...	...	...
Republic of Korea - République de Corée																					
2010																					
Male - Hommes	77.2	72.6	67.6	62.6	57.8	52.9	48.1	43.3	38.6	34.0	29.5	25.2	21.1	17.2	13.5	10.3	7.6	5.5	4.0	3.0	2.3
Female - Femmes	84.1	79.4	74.4	69.4	64.5	59.6	54.7	49.9	45.1	40.2	35.5	30.8	26.2	21.6	17.3	13.3	9.8	7.0	5.0	3.6	2.7
Saudi Arabia - Arabie saoudite[23]																					
2009																					
Male - Hommes	72.5	...	...	...	...	...	...	...	...	...	...	...	...	...	...	...	...	...	...	...	...
Female - Femmes	74.7	...	...	...	...	...	...	...	...	...	...	...	...	...	...	...	...	...	...	...	...
Singapore - Singapour[24]																					
2010																					
Male - Hommes	79.3	74.6	69.6	64.7	59.8	54.9	50.0	45.1	40.3	35.5	30.9	26.4	22.2	18.1	14.5	11.3	8.5	6.2	4.4	3.1	2.1
Female - Femmes	84.1	79.3	74.3	69.4	64.4	59.5	54.5	49.6	44.7	39.9	35.1	30.4	25.9	21.5	17.4	13.6	10.3	7.5	5.3	3.6	2.5
Tajikistan - Tadjikistan																					
2008																					
Male - Hommes	69.7	67.9	63.0	58.1	53.3	48.5	43.7	39.1	34.6	30.1	25.7	21.6	17.9	14.7	12.2	10.4	9.2	...	...	...	...
Female - Femmes	74.8	72.5	67.6	62.7	57.8	52.9	48.1	43.4	38.6	33.9	29.4	25.0	21.0	17.5	14.7	12.5	11.1	...	...	...	...
2009																					
Male - Hommes	70.5	...	...	...	...	...	...	...	...	...	...	...	...	...	...	...	...	...	...	...	...
Female - Femmes	75.3	...	...	...	...	...	...	...	...	...	...	...	...	...	...	...	...	...	...	...	...
Thailand - Thaïlande																					
2005 - 2006																					
Male - Hommes	69.9	...	...	...	...	...	...	...	...	...	...	...	...	...	...	...	...	...	...	...	...
Female - Femmes	77.6	...	...	...	...	...	...	...	...	...	...	...	...	...	...	...	...	...	...	...	...
Turkey - Turquie[25]																					
2009																					
Male - Hommes	71.5	...	...	...	...	...	...	...	...	...	...	...	...	...	...	...	...	...	...	...	...
Female - Femmes	76.1	...	...	...	...	...	...	...	...	...	...	...	...	...	...	...	...	...	...	...	...
United Arab Emirates - Émirats arabes unis																					
2006																					
Male - Hommes	76.7	72.5	67.6	62.7	57.9	53.1	48.3	43.5	38.7	33.9	29.3	24.8	20.7	16.9	13.8	11.3	10.2	...	...	...	...
Female - Femmes	78.8	74.5	69.5	64.6	59.7	54.8	49.8	44.9	40.0	35.2	30.4	25.8	21.6	18.0	15.4	14.0	14.5	...	...	...	...
Viet Nam																					
2011																					
Male - Hommes	70.4	67.6	62.7	57.9	53.2	48.5	43.7	39.0	34.4	30.0	25.7	21.8	18.2	15.0	12.2	10.0	8.3	...	...	...	...
Female - Femmes	75.8	72.0	67.1	62.1	57.3	52.4	47.5	42.7	38.0	33.4	28.9	24.6	20.5	16.8	13.6	11.0	8.9	...	...	...	...
Yemen - Yémen																					
2004																					
Male - Hommes	60.2	...	...	...	...	...	...	...	...	...	...	...	...	...	...	...	...	...	...	...	...
Female - Femmes	62.0	...	...	...	...	...	...	...	...	...	...	...	...	...	...	...	...	...	...	...	...
EUROPE																					
Åland Islands - Îles d'Åland																					
2009																					
Male - Hommes	79.4	74.4	69.4	64.4	59.4	54.8	49.8	45.1	40.1	35.7	31.4	26.5	22.4	18.1	14.2	10.7	7.6	5.0	3.7	1.5	0.0
Female - Femmes	84.1	79.1	74.1	69.1	64.1	59.1	54.8	49.8	44.8	40.3	35.6	30.6	26.4	22.2	17.9	14.1	10.8	8.0	4.8	3.2	3.0
Albania - Albanie																					
2004																					
Male - Hommes	72.5	69.5	64.8	59.9	55.1	50.4	45.8	41.1	36.4	31.8	27.3	22.9	18.6	14.8	11.3	8.4	6.0	3.8	...	...	...
Female - Femmes	77.3	74.4	69.5	64.7	59.8	54.9	50.0	45.2	40.3	35.5	30.8	26.1	21.6	17.3	13.2	9.6	6.4	3.8	...	...	...
Austria - Autriche																					
2010																					
Male - Hommes	77.7	73.1	68.1	63.1	58.3	53.6	48.7	43.9	39.1	34.4	29.9	25.6	21.5	17.7	14.1	10.8	7.8	5.4	3.7	2.5	...
Female - Femmes	83.2	78.5	73.5	68.6	63.6	58.7	53.8	48.9	44.0	39.2	34.4	29.8	25.3	21.0	16.9	12.9	9.3	6.4	4.3	2.9	...
Belarus - Bélarus																					
2010																					
Male - Hommes	64.6	60.0	55.0	50.1	45.3	40.7	36.3	32.0	27.9	24.1	20.4	17.1	14.2	11.7	9.4	7.5	5.8	4.3	3.1	2.1	1.3
Female - Femmes	76.5	71.9	66.9	62.0	57.1	52.2	47.4	42.6	38.0	33.4	28.9	24.6	20.6	16.7	13.1	9.7	7.0	4.9	3.4	2.2	1.4

22. Life expectancy at specified ages for each sex: latest available year, 1992 - 2011
Espérance de vie à un âge donné pour chaque sexe : dernière année disponible, 1992 - 2011 (continued - suite)

Continent, country or area and date / Continent, pays ou zone et date	Age (in years) - Age (en années)																				
	0	5	10	15	20	25	30	35	40	45	50	55	60	65	70	75	80	85	90	95	100

EUROPE

Belgium - Belgique
2006
| Male - Hommes | 77.0 | 71.4 | 66.5 | 61.5 | 56.7 | 51.9 | 47.1 | 42.4 | 37.7 | 33.1 | 28.6 | 24.3 | 20.3 | 16.5 | 12.9 | 9.7 | 7.1 | 5.0 | 3.4 | 2.5 | ... |
| Female - Femmes | 82.7 | 77.0 | 72.1 | 67.1 | 62.2 | 57.3 | 52.4 | 47.5 | 42.6 | 37.9 | 33.2 | 28.7 | 24.3 | 20.1 | 16.0 | 12.1 | 8.8 | 6.1 | 4.1 | 2.8 | ... |

Bosnia and Herzegovina - Bosnie-Herzégovine
2003
| Male - Hommes | 71.3 | ... | ... | ... | ... | ... | ... | ... | ... | ... | ... | ... | ... | ... | ... | ... | ... | ... | ... | ... | ... |
| Female - Femmes | 76.7 | ... | ... | ... | ... | ... | ... | ... | ... | ... | ... | ... | ... | ... | ... | ... | ... | ... | ... | ... | ... |

Bulgaria - Bulgarie
2008 - 2010
| Male - Hommes | 70.0 | 65.9 | 61.0 | 56.1 | 51.3 | 46.5 | 41.8 | 37.1 | 32.5 | 28.0 | 23.9 | 20.1 | 16.7 | 13.6 | 10.8 | 8.2 | 6.0 | 4.3 | 2.7 | 2.0 | 0.5 |
| Female - Femmes | 77.2 | 73.0 | 68.1 | 63.2 | 58.3 | 53.4 | 48.5 | 43.7 | 38.9 | 34.2 | 29.6 | 25.2 | 21.0 | 16.9 | 13.1 | 9.7 | 6.9 | 4.8 | 3.4 | 2.1 | 0.5 |

Czech Republic - République tchèque
2010
| Male - Hommes | 74.4 | 69.6 | 64.7 | 59.7 | 54.9 | 50.1 | 45.3 | 40.5 | 35.7 | 31.1 | 26.7 | 22.5 | 18.7 | 15.3 | 12.1 | 9.2 | 6.6 | 4.5 | 3.0 | 1.9 | 1.2 |
| Female - Femmes | 80.6 | 75.8 | 70.9 | 65.9 | 61.0 | 56.1 | 51.1 | 46.2 | 41.3 | 36.6 | 31.9 | 27.3 | 22.9 | 18.7 | 14.8 | 11.1 | 7.9 | 5.3 | 3.4 | 2.0 | 1.2 |

Denmark - Danemark[26]
2009 - 2010
| Male - Hommes | 77.1 | 72.4 | 67.4 | 62.4 | 57.5 | 52.7 | 47.8 | 43.0 | 38.2 | 33.5 | 29.0 | 24.7 | 20.7 | 16.9 | 13.3 | 10.1 | 7.4 | 5.2 | 3.6 | 2.6 | ... |
| Female - Femmes | 81.2 | 76.5 | 71.5 | 66.6 | 61.6 | 56.7 | 51.8 | 46.9 | 42.0 | 37.2 | 32.6 | 28.0 | 23.7 | 19.6 | 15.7 | 12.1 | 9.0 | 6.5 | 4.4 | 3.0 | ... |

Estonia - Estonie
2010
| Male - Hommes | 70.6 | 66.0 | 61.1 | 56.2 | 51.4 | 46.8 | 42.3 | 37.8 | 33.5 | 29.2 | 25.1 | 21.3 | 17.8 | 14.6 | 11.8 | 9.3 | 7.2 | 5.5 | 4.2 | 3.2 | 2.4 |
| Female - Femmes | 80.5 | 75.7 | 70.7 | 65.8 | 60.8 | 56.0 | 51.1 | 46.3 | 41.5 | 36.8 | 32.1 | 27.5 | 23.0 | 18.8 | 14.9 | 11.4 | 8.5 | 6.1 | 4.2 | 2.8 | 1.9 |

Faeroe Islands - Îles Féroé
2008
| Male - Hommes | 76.8 | 72.5 | 67.7 | 62.7 | 57.9 | 53.0 | 48.1 | 43.3 | 38.5 | 33.9 | 29.3 | 24.8 | 20.8 | 17.0 | 13.4 | 10.1 | 7.6 | 6.0 | 4.6 | 3.2 | ... |
| Female - Femmes | 82.3 | 77.8 | 72.8 | 67.8 | 62.9 | 57.9 | 53.0 | 48.1 | 43.2 | 38.2 | 33.4 | 28.7 | 24.3 | 20.0 | 15.9 | 12.5 | 9.2 | 6.6 | 4.4 | 3.3 | ... |

Finland - Finlande
2009
| Male - Hommes | 76.5 | 71.7 | 66.7 | 61.8 | 56.9 | 52.2 | 47.5 | 42.8 | 38.1 | 33.5 | 29.1 | 24.9 | 20.9 | 17.2 | 13.7 | 10.4 | 7.6 | 5.4 | 3.7 | 2.4 | 1.5 |
| Female - Femmes | 83.1 | 78.4 | 73.4 | 68.5 | 63.5 | 58.6 | 53.7 | 48.9 | 44.0 | 39.2 | 34.5 | 30.0 | 25.5 | 21.2 | 17.0 | 13.0 | 9.4 | 6.5 | 4.4 | 2.9 | 1.8 |

France
2007 - 2009
| Male - Hommes | 77.6 | 73.0 | 68.0 | 63.1 | 58.2 | 53.4 | 48.6 | 43.9 | 39.2 | 34.6 | 30.2 | 26.0 | 22.1 | 18.3 | 14.6 | 11.2 | 8.3 | 5.8 | 4.0 | 2.7 | 2.4 |
| Female - Femmes | 84.4 | 79.8 | 74.8 | 69.8 | 64.9 | 60.0 | 55.0 | 50.1 | 45.3 | 40.6 | 35.9 | 31.4 | 26.9 | 22.5 | 18.3 | 14.2 | 10.5 | 7.3 | 4.9 | 3.3 | 2.3 |

Germany - Allemagne
2009 - 2011
| Male - Hommes | 77.7 | 73.1 | 68.1 | 63.1 | 58.3 | 53.4 | 48.6 | 43.7 | 38.9 | 34.2 | 29.7 | 25.4 | 21.3 | 17.5 | 13.9 | 10.6 | 7.8 | 5.5 | 3.8 | 2.7 | 2.0 |
| Female - Femmes | 82.7 | 78.0 | 73.1 | 68.1 | 63.2 | 58.2 | 53.3 | 48.4 | 43.5 | 38.7 | 34.0 | 29.4 | 25.0 | 20.7 | 16.5 | 12.6 | 9.1 | 6.3 | 4.3 | 3.0 | 2.1 |

Gibraltar
2001
| Male - Hommes | 78.5 | 73.5 | 68.5 | 63.5 | 58.5 | 53.5 | ... | 43.5 | ... | 33.9 | ... | 25.8 | ... | 17.9 | ... | 11.3 | ... | ... | ... | ... | ... |
| Female - Femmes | 83.3 | 79.5 | 75.0 | 70.0 | 65.0 | 60.0 | ... | 50.3 | ... | 40.3 | ... | 30.3 | ... | 20.6 | ... | 13.7 | ... | ... | ... | ... | ... |

Greece - Grèce
2009
| Male - Hommes | 77.7 | 73.1 | 68.1 | 63.2 | 58.3 | 53.6 | 48.9 | 44.2 | 39.4 | 34.8 | 30.3 | 25.9 | 21.8 | 17.9 | 14.2 | 10.9 | 8.2 | 6.1 | 4.5 | 3.2 | 2.2 |
| Female - Femmes | 82.8 | 78.1 | 73.2 | 68.2 | 63.3 | 58.3 | 53.4 | 48.5 | 43.7 | 38.8 | 34.1 | 29.4 | 24.8 | 20.3 | 16.0 | 12.0 | 8.6 | 6.2 | 4.5 | 3.2 | 2.2 |

Hungary - Hongrie
2010
| Male - Hommes | 70.5 | 66.0 | 61.0 | 56.0 | 51.2 | 46.3 | 41.5 | 36.7 | 32.0 | 27.6 | 23.5 | 20.0 | 16.8 | 13.8 | 11.1 | 8.5 | 6.3 | 4.3 | 2.6 | 1.5 | 0.6 |
| Female - Femmes | 78.1 | 73.6 | 68.6 | 63.6 | 58.7 | 53.8 | 48.8 | 43.9 | 39.1 | 34.4 | 29.9 | 25.6 | 21.6 | 17.6 | 13.8 | 10.3 | 7.4 | 4.8 | 2.8 | 1.5 | 0.6 |

Iceland - Islande
2009 - 2010
| Male - Hommes | 79.5 | 74.8 | 69.8 | 64.8 | 60.0 | 55.1 | 50.3 | 45.6 | 40.8 | 36.0 | 31.3 | 26.9 | 22.4 | 18.2 | 14.4 | 10.8 | 7.7 | 5.3 | 3.3 | 2.0 | 1.5 |
| Female - Femmes | 83.5 | 78.7 | 73.7 | 68.8 | 63.8 | 58.9 | 54.0 | 49.0 | 44.2 | 39.3 | 34.6 | 29.8 | 25.2 | 20.8 | 16.6 | 12.8 | 9.4 | 6.4 | 4.2 | 3.0 | 1.5 |

Ireland - Irlande
2002
| Male - Hommes | 75.1 | 70.7 | 65.7 | 60.8 | 56.0 | 51.3 | 46.5 | 41.8 | 37.0 | 32.3 | 27.8 | 23.4 | 19.2 | 15.4 | 11.9 | 8.9 | 6.5 | 4.6 | 3.3 | 2.4 | 1.7 |
| Female - Femmes | 80.3 | 75.7 | 70.8 | 65.8 | 60.9 | 56.0 | 51.1 | 46.2 | 41.4 | 36.6 | 31.9 | 27.4 | 22.9 | 18.7 | 14.8 | 11.2 | 8.2 | 5.8 | 4.1 | 2.9 | 2.1 |

22. Life expectancy at specified ages for each sex: latest available year, 1992 - 2011
Espérance de vie à un âge donné pour chaque sexe : dernière année disponible, 1992 - 2011 (continued - suite)

Continent, country or area and date / Continent, pays ou zone et date	0	5	10	15	20	25	30	35	40	45	50	55	60	65	70	75	80	85	90	95	100
EUROPE																					
Isle of Man - Île de Man																					
1996																					
Male - Hommes	73.6	68.6	63.6	58.6	53.6	49.1	44.6	40.2	35.8	31.2	26.7	22.4	18.4	15.1	12.0	9.3	7.5	5.2	4.7	3.2	0.5
Female - Femmes	79.9	75.1	70.1	65.1	60.1	55.1	50.1	45.1	40.2	35.4	30.7	26.2	22.0	18.3	14.5	11.3	8.6	5.9	3.7	2.0	1.5
Italy - Italie																					
2008																					
Male - Hommes	78.8	74.2	69.2	64.2	59.4	54.5	49.7	44.9	40.1	35.4	30.7	26.2	22.0	17.9	14.2	10.8	7.9	5.6	3.7	2.9	2.0
Female - Femmes	84.1	79.4	74.4	69.4	64.5	59.5	54.6	49.7	44.8	40.0	35.2	30.5	26.0	21.6	17.3	13.3	9.7	6.8	4.5	3.2	2.1
Latvia - Lettonie																					
2010																					
Male - Hommes	68.8	64.3	59.4	54.4	49.6	44.9	40.2	35.6	31.2	27.0	23.0	19.4	16.1	13.2	10.6	8.3	6.3	4.8	3.6	3.1	2.5
Female - Femmes	78.4	73.9	69.0	64.1	59.2	54.3	49.4	44.5	39.8	35.1	30.6	26.2	22.0	18.1	14.3	10.9	7.8	5.4	3.6	2.6	2.0
Lithuania - Lituanie																					
2010																					
Male - Hommes	68.0	63.4	58.4	53.5	48.7	44.1	39.5	35.0	30.8	26.8	22.9	19.3	16.2	13.5	10.9	8.5	6.3	4.4	2.9	2.0	1.7
Female - Femmes	78.8	74.2	69.2	64.3	59.3	54.4	49.5	44.7	40.0	35.3	30.8	26.5	22.3	18.3	14.4	10.8	7.6	5.0	3.2	2.1	3.3
Luxembourg																					
2005 - 2007																					
Male - Hommes	77.6	72.9	67.9	63.0	58.0	53.3	48.5	43.7	39.0	34.3	29.8	25.4	21.3	17.6	14.1	10.9	8.1	5.7	3.7	0.4	...
Female - Femmes	82.7	78.0	73.0	68.1	63.1	58.2	53.4	48.5	43.6	38.9	34.2	29.6	25.2	20.9	16.9	13.1	9.7	6.8	4.5	2.2	...
Malta - Malte																					
2010																					
Male - Hommes	78.9	74.4	69.4	64.5	59.6	54.7	49.9	45.1	40.3	35.6	30.9	26.4	22.0	17.9	14.1	10.6	7.5	4.8	2.6	2.0	6.1
Female - Femmes	83.1	78.6	73.6	68.7	63.7	58.7	53.8	48.8	43.9	39.0	34.2	29.6	24.9	20.5	16.3	12.3	8.8	6.2	4.1	2.3	0.9
Netherlands - Pays-Bas																					
2009																					
Male - Hommes	78.5	73.8	68.8	63.9	59.0	54.1	49.2	44.4	39.5	34.8	30.1	25.6	21.4	17.3	13.6	10.3	7.5	5.3	3.6	2.6	...
Female - Femmes	82.7	77.8	72.8	67.9	62.9	58.0	53.1	48.2	43.3	38.5	33.8	29.3	24.9	20.6	16.5	12.7	9.2	6.4	4.3	2.9	...
Norway - Norvège[27]																					
2010																					
Male - Hommes	78.9	74.1	69.2	64.2	59.3	54.6	49.8	45.0	40.2	35.4	30.8	26.3	22.0	17.9	14.2	10.7	7.8	5.4	3.6	2.6	1.7
Female - Femmes	83.2	78.4	73.4	68.5	63.5	58.6	53.7	48.8	44.0	39.1	34.4	29.8	25.3	21.0	16.9	13.0	9.6	6.6	4.4	2.9	2.0
Poland - Pologne																					
2010																					
Male - Hommes	72.1	67.6	62.6	57.6	52.8	48.1	43.3	38.7	34.1	29.7	25.5	21.7	18.3	15.1	12.1	9.5	7.2	5.4	4.0	2.9	2.1
Female - Femmes	80.6	76.0	71.1	66.1	61.2	56.2	51.3	46.4	41.6	36.8	32.2	27.7	23.5	19.4	15.5	11.9	8.7	6.2	4.4	3.1	2.2
Portugal																					
2008 - 2010																					
Male - Hommes	76.1	71.5	66.5	61.6	56.7	51.9	47.1	42.3	37.7	33.1	28.8	24.6	20.5	16.6	13.0	9.6	6.7	4.3	2.7	1.7	1.1
Female - Femmes	82.1	77.4	72.4	67.4	62.5	57.6	52.7	47.8	43.0	38.2	33.5	28.9	24.3	19.9	15.6	11.6	8.0	5.0	3.1	1.9	1.2
Republic of Moldova - République de Moldova																					
2010																					
Male - Hommes	65.0	61.1	56.2	51.2	46.4	41.7	37.1	32.7	28.5	24.6	21.0	17.7	14.8	12.1	9.8	8.0	6.8	6.6	7.6	...	...
Female - Femmes	73.4	69.2	64.3	59.4	54.5	49.6	44.8	40.0	35.3	30.7	26.3	22.2	18.2	14.8	11.7	8.9	6.8	5.3	4.2		
Romania - Roumanie																					
2008 - 2010																					
Male - Hommes	69.8	65.7	60.8	55.9	51.1	46.3	41.6	36.9	32.3	27.9	23.9	20.3	17.0	13.9	11.1	8.6	6.4	4.6	3.3	2.4	1.7
Female - Femmes	77.3	73.1	68.2	63.3	58.4	53.5	48.6	43.7	38.9	34.2	29.7	25.3	21.1	17.1	13.4	10.0	7.2	5.0	3.5	2.5	1.7
Russian Federation - Fédération de Russie																					
2009																					
Male - Hommes	62.8	58.5	53.6	48.7	44.0	39.5	35.4	31.5	27.7	23.9	20.4	17.3	14.4	12.0	9.6	7.7	6.2	5.0	3.8	3.3	1.4
Female - Femmes	74.7	70.3	65.4	60.5	55.7	50.9	46.2	41.6	37.1	32.7	28.3	24.1	20.1	16.4	12.8	9.6	7.0	5.0	3.4	2.5	1.8
San Marino - Saint-Marin																					
2000																					
Male - Hommes	78.0	73.6	68.6	63.7	59.1	54.4	49.6	44.7	39.9	35.0	30.4	25.9	21.5	17.3	13.6	10.6	7.7	5.5	3.8	2.5	...
Female - Femmes	84.6	80.1	75.2	70.2	65.2	60.2	55.3	50.4	45.5	40.7	35.9	31.1	26.4	22.0	17.7	13.5	9.6	6.7	4.6	2.5	...
Serbia - Serbie																					
2010																					
Male - Hommes	71.4	67.1	62.1	57.2	52.3	47.5	42.7	37.9	33.2	28.7	24.4	20.4	16.9	13.6	10.7	8.1	6.0	4.2	...	...	...
Female - Femmes	76.6	72.1	67.2	62.2	57.3	52.4	47.5	42.6	37.8	33.0	28.4	24.0	19.8	15.8	12.1	8.9	6.3	4.4	...	...	...

Continent, country or area and date Continent, pays ou zone et date	Age (in years) - Age (en années)																				
	0	5	10	15	20	25	30	35	40	45	50	55	60	65	70	75	80	85	90	95	100
EUROPE																					
Slovakia - Slovaquie 2010																					
Male - Hommes	71.6	67.1	62.2	57.3	52.4	47.6	42.8	38.0	33.4	28.9	24.6	20.7	17.1	13.9	10.9	8.2	6.0	4.2	2.8	1.8	0.7
Female - Femmes	78.8	74.3	69.4	64.4	59.5	54.6	49.6	44.7	39.9	35.1	30.5	26.0	21.6	17.5	13.5	10.0	6.9	4.5	2.7	1.5	0.6
Slovenia - Slovénie 2010																					
Male - Hommes	76.3	71.5	66.5	61.6	56.7	51.9	47.0	42.2	37.5	32.8	28.4	24.1	20.3	16.6	13.1	10.0	7.3	5.3	3.8	2.6	2.0
Female - Femmes	82.7	78.0	73.1	68.1	63.1	58.2	53.2	48.3	43.4	38.6	33.9	29.3	24.9	20.5	16.3	12.4	9.0	6.3	4.4	2.9	2.0
Spain - Espagne 2010																					
Male - Hommes	78.9	74.2	69.3	64.3	59.4	54.5	49.7	44.8	40.0	35.3	30.8	26.4	22.3	18.3	14.6	11.3	8.3	6.0	4.3	3.3	3.0
Female - Femmes	84.9	80.2	75.3	70.3	65.3	60.4	55.4	50.5	45.6	40.8	36.1	31.4	26.8	22.3	17.9	13.8	10.1	7.0	4.8	3.2	2.2
Sweden - Suède 2010																					
Male - Hommes	79.5	74.8	69.8	64.8	59.9	55.1	50.3	45.5	40.6	35.9	31.2	26.7	22.3	18.2	14.4	10.9	7.9	5.5	3.7	2.6	1.9
Female - Femmes	83.5	78.8	73.8	68.8	63.9	59.0	54.0	49.1	44.2	39.3	34.6	29.9	25.4	21.1	16.9	13.0	9.6	6.6	4.4	3.1	2.2
Switzerland - Suisse 2010																					
Male - Hommes	80.1	75.5	70.5	65.5	60.6	55.7	50.9	46.0	41.2	36.4	31.8	27.2	22.9	18.8	15.0	11.4	8.3	5.8	4.0	2.9	...
Female - Femmes	84.5	79.9	74.9	69.9	65.0	60.0	55.1	50.2	45.3	40.4	35.7	31.0	26.5	22.1	17.8	13.7	10.0	6.9	4.6	3.2	...
TFYR of Macedonia - L'ex-R. y. de Macédoine 2009																					
Male - Hommes	72.5	68.4	63.4	58.5	53.6	48.8	43.9	39.1	34.4	29.7	25.3	21.2	17.3	13.8	10.6	7.9	5.6	3.9	2.8	2.4	...
Female - Femmes	76.7	72.5	67.5	62.6	57.6	52.7	47.8	42.9	38.0	33.2	28.6	24.1	19.8	15.7	12.0	8.7	6.1	4.4	3.5	2.7	...
Ukraine 2009 - 2010																					
Male - Hommes	65.3	61.1	56.2	51.3	46.5	41.8	37.4	33.2	29.2	25.3	21.7	18.3	15.2	12.4	10.0	7.9	6.1	4.7	3.5	2.5	0.9
Female - Femmes	75.5	71.3	66.3	61.4	56.5	51.6	46.9	42.2	37.6	33.1	28.7	24.4	20.3	16.4	12.8	9.7	7.0	5.0	3.4	2.4	0.9
United Kingdom of Great Britain and Northern Ireland - Royaume-Uni de Grande-Bretagne et d'Irlande du Nord[28] 2006 - 2008																					
Male - Hommes	77.4	72.9	67.9	63.0	58.1	53.3	48.5	43.8	39.1	34.4	29.9	25.5	21.3	17.4	13.8	10.5	7.8	5.7	4.0	2.8	2.0
Female - Femmes	81.6	77.1	72.1	67.1	62.2	57.3	52.4	47.5	42.7	37.9	33.2	28.7	24.3	20.0	16.0	12.4	9.2	6.5	4.5	3.1	2.2
OCEANIA - OCÉANIE																					
American Samoa - Samoas américaines 2006																					
Male - Hommes	68.5	...	...	...	...	...	...	...	...	...	...	...	...	...	...	...	...	...	...	...	...
Female - Femmes	76.2	...	...	...	...	...	...	...	...	...	...	...	...	...	...	...	...	...	...	...	...
Australia - Australie 2008 - 2010																					
Male - Hommes	79.5	75.0	70.0	65.1	60.2	55.4	50.6	45.8	41.0	36.3	31.7	27.3	23.0	18.9	15.0	11.5	8.5	6.0	4.2	3.1	2.5
Female - Femmes	84.0	79.4	74.4	69.5	64.5	59.6	54.7	49.8	44.9	40.1	35.4	30.8	26.2	21.8	17.6	13.7	10.1	7.1	4.8	3.4	2.7
Cook Islands - Îles Cook[29] 2006																					
Male - Hommes	69.5	66.0	61.3	56.5	52.0	47.4	42.8	38.1	33.6	29.1	24.8	20.9	17.5	14.3	11.4	9.0	7.3	...	...	...	...
Female - Femmes	76.2	72.4	67.4	62.4	57.4	52.7	48.0	43.2	38.4	33.6	29.1	24.7	20.4	16.4	12.6	9.5	6.9	...	...	...	...
Fiji - Fidji 1996																					
Male - Hommes	64.5	...	...	...	...	42.4	...	...	...	...	...	...	10.7	...	...	...	...	...	...	...	...
Female - Femmes	68.7	...	...	...	...	46.4	...	...	...	...	...	...	13.0	...	...	...	...	...	...	...	...
2007																					
Male - Hommes	65.3	...	...	...	...	...	...	...	...	...	...	...	...	...	...	...	...	...	...	...	...
Female - Femmes	69.6	...	...	...	...	...	...	...	...	...	...	...	...	...	...	...	...	...	...	...	...

22. Life expectancy at specified ages for each sex: latest available year, 1992 - 2011
Espérance de vie à un âge donné pour chaque sexe : dernière année disponible, 1992 - 2011 (continued - suite)

Continent, country or area and date / Continent, pays ou zone et date	Age (in years) - Age (en années)																				
	0	5	10	15	20	25	30	35	40	45	50	55	60	65	70	75	80	85	90	95	100
OCEANIA - OCÉANIE																					
French Polynesia - Polynésie française																					
2010																					
Male - Hommes	73.2	69.1	64.1	59.3	54.6	50.0	45.3	40.6	35.8	31.2	26.8	22.7	19.0	15.4	12.4	9.9	7.2	5.1	...	...	...
Female - Femmes	78.3	74.2	69.3	64.3	59.4	54.4	49.6	44.8	40.0	35.3	30.6	26.3	22.1	17.8	14.3	11.1	7.8	5.2	...	...	...
Guam																					
2008																					
Male - Hommes	75.9	...	...	...	...	...	...	...	...	...	...	...	...	...	...	...	...	...	...	...	...
Female - Femmes	82.2	...	...	...	...	...	...	...	...	...	...	...	...	...	...	...	...	...	...	...	...
Kiribati																					
2005																					
Male - Hommes	58.9	58.2	53.6	48.9	44.4	40.0	35.6	31.3	27.1	23.1	19.4	16.0	13.0	10.4	8.3	6.6	5.3	4.2	...	...	...
Female - Femmes	63.1	62.6	57.9	53.1	48.6	44.1	39.7	35.4	31.2	27.1	23.2	19.5	16.1	13.1	10.4	8.1	6.2	4.7	...	...	...
Marshall Islands - Îles Marshall																					
2004																					
Male - Hommes	67.0	...	...	...	...	...	...	...	...	...	...	...	...	...	...	...	...	...	...	...	...
Female - Femmes	70.6	...	...	...	...	...	...	...	...	...	...	...	...	...	...	...	...	...	...	...	...
Micronesia (Federated States of) - Micronésie (États fédérés de)																					
1991 - 1992																					
Male - Hommes	64.4	63.6	59.0	54.2	49.6	45.2	40.7	36.2	31.8	27.4	23.3	19.4	15.9	12.7	9.9	7.5	5.6	...	...	...	...
Female - Femmes	66.8	65.9	61.2	56.5	51.9	47.3	42.8	38.4	34.0	29.6	25.4	21.3	17.5	13.9	10.8	8.1	6.0	...	...	...	...
2000																					
Male - Hommes	66.5	...	...	...	...	...	...	...	...	...	...	...	...	...	...	...	...	...	...	...	...
Female - Femmes	67.5	...	...	...	...	...	...	...	...	...	...	...	...	...	...	...	...	...	...	...	...
Nauru																					
2006																					
Male - Hommes	55.2	...	...	...	...	...	...	...	...	...	...	...	...	...	...	...	...	...	...	...	...
Female - Femmes	57.1	...	...	...	...	...	...	...	...	...	...	...	...	...	...	...	...	...	...	...	...
New Caledonia - Nouvelle-Calédonie																					
2010																					
Male - Hommes	74.4	69.8	65.0	60.0	55.3	50.8	46.3	41.7	37.3	32.8	28.4	24.3	20.3	17.0	13.9	11.0	8.3	6.1	4.7	5.0	...
Female - Femmes	80.7	76.2	71.2	66.2	61.3	56.5	51.8	46.9	42.1	37.3	32.6	28.4	23.9	19.6	15.6	12.0	9.0	6.6	4.7	3.1	...
New Zealand - Nouvelle-Zélande																					
2009 - 2011																					
Male - Hommes	79.1	74.7	69.7	64.8	60.0	55.2	50.4	45.7	40.9	36.3	31.7	27.2	22.9	18.8	15.0	11.5	8.6	6.2	4.5	...	...
Female - Femmes	82.8	78.3	73.3	68.3	63.5	58.6	53.7	48.8	44.0	39.2	34.5	30.0	25.5	21.2	17.1	13.3	9.8	6.9	4.8	...	...
Niue - Nioué																					
2006																					
Male - Hommes	67.0	...	...	...	...	...	...	...	...	...	...	...	...	...	...	...	...	...	...	...	...
Female - Femmes	76.0	...	...	...	...	...	...	...	...	...	...	...	...	...	...	...	...	...	...	...	...
Northern Mariana Islands - Îles Mariannes septentrionales																					
2009																					
Male - Hommes	74.5	...	...	...	...	...	...	...	...	...	...	...	...	...	...	...	...	...	...	...	...
Female - Femmes	79.9	...	...	...	...	...	...	...	...	...	...	...	...	...	...	...	...	...	...	...	...
Palau - Palaos																					
2005																					
Male - Hommes	66.3	...	...	...	...	...	...	...	...	...	...	...	...	...	...	...	...	...	...	...	...
Female - Femmes	72.1	...	...	...	...	...	...	...	...	...	...	...	...	...	...	...	...	...	...	...	...
Papua New Guinea - Papouasie-Nouvelle-Guinée																					
2000																					
Male - Hommes	53.7	54.1	50.2	45.7	41.6	37.7	33.7	29.8	25.9	22.1	18.5	15.0	11.9	9.2	6.9	5.0	3.6	2.6	1.7	0.6	...
Female - Femmes	54.8	54.7	50.8	46.3	42.1	38.1	34.1	30.1	26.2	22.3	18.6	15.2	12.0	9.2	6.8	5.0	3.6	2.5	1.6	0.6	...
Samoa																					
2006																					
Male - Hommes	71.5	...	...	...	...	...	...	...	...	...	...	...	...	...	...	...	...	...	...	...	...
Female - Femmes	74.2	...	...	...	...	...	...	...	...	...	...	...	...	...	...	...	...	...	...	...	...

22. Life expectancy at specified ages for each sex: latest available year, 1992 - 2011
Espérance de vie à un âge donné pour chaque sexe : dernière année disponible, 1992 - 2011 (continued - suite)

Continent, country or area and date / Continent, pays ou zone et date	\multicolumn{21}{c}{Age (in years) - Age (en années)}

Continent, pays ou zone et date	0	5	10	15	20	25	30	35	40	45	50	55	60	65	70	75	80	85	90	95	100
OCEANIA - OCÉANIE																					
Solomon Islands - Îles Salomon																					
1999																					
Male - Hommes	60.6	...	...	...	...	...	...	...	...	...	...	...	...	...	...	...	...	...	...	...	...
Female - Femmes	61.6	...	...	...	...	...	...	...	...	...	...	...	...	...	...	...	...	...	...	...	...
Tonga																					
2006																					
Male - Hommes	67.3	64.1	59.3	54.5	49.9	45.4	40.7	36.2	31.6	27.2	23.4	19.4	15.9	13.0	9.4	6.3	4.0	...	...	...	...
Female - Femmes	73.0	69.3	64.6	59.8	55.0	50.1	45.2	40.4	35.7	31.3	27.1	23.0	19.0	15.3	11.6	8.6	6.1	...	...	...	...
Tuvalu																					
1997 - 2002																					
Male - Hommes	61.7	59.5	54.8	50.0	45.2	40.6	35.9	32.1	28.0	24.1	20.0	17.1	13.7	10.8	9.0	6.9	5.4	...	...	...	...
Female - Femmes	65.1	62.6	57.7	53.7	50.0	45.3	40.9	36.6	32.2	28.1	23.8	20.3	16.9	13.2	10.6	7.9	6.4	...	...	...	...
Vanuatu																					
1999																					
Male - Hommes	65.6	...	...	...	...	...	...	...	...	...	...	...	...	...	...	...	...	...	...	...	...
Female - Femmes	69.0	...	...	...	...	...	...	...	...	...	...	...	...	...	...	...	...	...	...	...	...
Wallis and Futuna Islands - Îles Wallis et Futuna																					
2003																					
Male - Hommes	73.1	...	...	...	...	...	...	...	...	...	...	...	...	...	...	...	...	...	...	...	...
Female - Femmes	75.5	...	...	...	...	...	...	...	...	...	...	...	...	...	...	...	...	...	...	...	...

FOOTNOTES - NOTES

[1] Data refer to Algerian population only. - Les données ne concernent que la population algérienne.

[2] Based on the results of the Population Census. - D'après le résultats du recensement de la population.

[3] Based on the results of the Botswana Demographic Survey. - Données extraites de l'enquête démographique effectuée par le Botswana.

[4] Based on the results of the 2006 Population and Housing Census. - Données fondées sur les résultats du recensement de la population et de l'habitat de 2006.

[5] Based on the population census of the same year. - Sur la base du recensement de la population de la même année.

[6] Data refer to national projections. - Les données se réfèrent aux projections nationales.

[7] Excludes the islands of St. Brandon and Agalega. - Non compris les îles St. Brandon et Agalega.

[8] Based on underlying data of the 2002 census. - Données fondées sur le recensement de 2002.

[9] Data are based on a small number of deaths. - Les données sont basées sur un nombre limité de décès.

[10] Data refer to projections based on the 1992 Population Census. - Les données se réfèrent aux projections basées sur le recensement de la population de 1992.

[11] Excluding Indian jungle population. - Non compris les Indiens de la jungle.

[12] Data refer to projections based on the 2005 Population Census. - Les données se réfèrent aux projections basées sur le recensement de la population de 2005.

[13] Excluding nomadic Indian tribes. Data refer to national projections. - Non compris les tribus d'Indiens nomades. Les données se réfèrent aux projections nationales.

[14] Life expectancy in 2000 is calculated using the death data of the 2000 Population Census, modified by the mortality rates from the annual national sample surveys on population changes since 1990 . For statistical purposes, the data for China do not include those for the Hong Kong Special Administrative Region (Hong Kong SAR), Macao Special Administrative Region (Macao SAR) and Taiwan province of China. - L'espérance de vie en 2000 par est calculée en se fondant sur les données relatives aux décès issues du recensement de la population de 2000 modifiées par les taux de mortalité extraits des enquêtes nationales annuelles par sondage concernant l'évolution de la population depuis 1990. Pour la présentation des statistiques, les données pour la Chine ne comprennent pas la Région Administrative Spéciale de Hong Kong (Hong Kong

RAS), la Région Administrative Spéciale de Macao (Macao RAS) et Taïwan province de Chine.

[15] Data refer to government controlled areas. - Les données se rapportent aux zones contrôlées par le Gouvernement.

[16] Including data for the Indian-held part of Jammu and Kashmir, the final status of which has not yet been determined. - Y compris les données pour la partie du Jammu et du Cachemire occupée par l'Inde dont le statut définitif n'a pas encore été déterminé.

[17] Including data for East Jerusalem and Israeli residents in certain other territories under occupation by Israeli military forces since June 1967. - Y compris les données pour Jérusalem-Est et les résidents israéliens dans certains autres territoires occupés depuis 1967 par les forces armées israéliennes.

[18] Data refer to Japanese nationals in Japan only. - Les données se raportent aux nationaux japonais au Japon seulement.

[19] Excluding data for Jordanian territory under occupation since June 1967 by Israeli military forces. Excluding foreigners, including registered Palestinian refugees. - Non compris les données pour le territoire jordanien occupé depuis juin 1967 par les forces armées israéliennes. Non compris les étrangers, mais y compris les réfugiés de Palestine enregistrés.

[20] Based on the results of the 2005 Population and Housing Census. - Données fondées sur les résultats du recensement de la population et de l'habitat de 2005.

[21] Data refer to urban areas only. - Données ne concernant que les zones urbaines.

[22] Based on the results of the Pakistan Demographic Survey. Excluding data for the Pakistan-held part of Jammu and Kashmir, the final status of which has not yet been determined. - Données extraites de l'enquête démographique effectuée par le Pakistan. Non compris les données concernant la partie du Jammu et Cachemire occupée par le Pakistan dont le statut définitif n'a pas été déterminé.

[23] Data based on the final results of the 2004 Population and Housing Census. - Données basées sur les résultats définitifs du recensement de la population et de l'habitat de 2004.

[24] Provisional. Data refer to resident population only. - Données provisoires. Pour la population résidante seulement.

[25] Data based on Address Based Population Registration System. - Les données sont basées sur le registre national de la population basé sur l'adresse.

[26] Excluding Faeroe Islands and Greenland shown separately, if available. - Non compris les Iles Féroé et le Groenland, qui font l'objet de rubriques distinctes, si disponible.

[27] Excluding Svalbard and Jan Mayen Islands shown separately, if available. - Non compris Svalbard et Jan Mayen qui font l'objet de rubriques distinctes, si disponible.

[28] Excluding Channel Islands (Guernsey and Jersey) and Isle of Man, shown separately, if available. - Non compris les îles Anglo-Normandes (Guernesey et Jersey) et l'île de Man, qui font l'objet de rubriques distinctes, si disponible.

[29] Excluding Niue, shown separately, which is part of Cook Islands, but because of remoteness is administered separately. - Non compris Nioué, qui fait l'objet d'une rubrique distincte et qui fait partie des îles Cook, mais qui, en raison de son éloignement, est administrée séparément.

Table 23

Table 23 presents the number of marriages and crude marriage rates by urban/rural residence for every year with available data between 2007 and 2011.

Description of variables: Marriage is defined as the act, ceremony or process by which the legal relationship of husband and wife is constituted. The legality of the union may be established by civil, religious or other means as recognized by the laws of each country[1].

Marriage statistics in this table, therefore, include both first marriages and remarriages after divorce, widowhood or annulment. They do not, unless otherwise noted, include resumption of marriage ties after legal separation. These statistics refer to the number of marriages performed, and not to the number of persons marrying.

Statistics shown are obtained from civil registers of marriage. Exceptions, such as data from church registers, are identified in footnotes.

The urban/rural classification of marriages is that provided by each country or area; it is presumed to be based on the national census definitions of urban population which have been set forth at the end of the technical notes for table 6.

For certain countries, there is a discrepancy between the total number of marriages shown in this table and those shown in subsequent tables for the same year. Usually this discrepancy arises because the total number of marriages occurring in a given year is revised although the remaining tabulations are not.

Rate computation: Crude marriage rates are the annual number of marriages per 1 000 mid-year population. Rates by urban/rural residence are the annual number of marriages, in the appropriate urban or rural category, per 1 000 corresponding mid-year population. Rates presented in this table have been limited to those for countries or areas having at least a total of 30 marriages in a given year. These rates are calculated by the Statistics Division of the United Nations based on the appropriate reference population (for example: total population, nationals only etc.) if known and available. If the reference population is not known or unavailable the total population is used to calculate the rates. Therefore, if the population that is used to calculate the rates is different from the correct reference population, the rates presented might under- or overstate the true situation in a country or area.

Reliability of data: Each country or area has been asked to indicate the estimated completeness of the number of marriages recorded in its civil register. These national assessments are indicated by the quality codes "C" and "U" that appear in the first column of this table.

"C" indicates that the data are estimated to be virtually complete, that is, representing at least 90 per cent of the marriages occurring each year, while "U" indicates that data are estimated to be incomplete, that is, representing less than 90 per cent of the marriages occurring each year. The code "..." indicates that no information was provided regarding completeness.

Data from civil registers which are reported as incomplete or of unknown completeness (coded "U" or "...") are considered unreliable. They appear in italics in this table; rates are not computed for these data.

These quality codes apply only to data from civil registers. For more information about the quality of vital statistics data in general, see section 4.2 of the Technical Notes.

Limitations: Statistics on marriages are subject to the same qualifications that have been set forth for vital statistics in general and marriage statistics in particular as discussed in section 4 of the Technical Notes.

The fact that marriage is a legal event, unlike birth and death that are biological events, has implications for international comparability of data. Marriage has been defined, for statistical purposes, in terms of the laws of individual countries or areas. These laws vary throughout the world. In addition, comparability is further limited because some countries or areas compile statistics only for civil marriages although religious marriages may also be legally recognized; in other countries or areas, the only available records are church registers and, therefore, the statistics may not reflect marriages that are civil marriages only.

Because in many countries or areas marriage is a civil legal contract which, to establish its legality, must be celebrated before a civil officer, it follows that for these countries or areas registration would tend to be almost automatic at the time of, or immediately following, the marriage ceremony. This factor should be kept in mind when considering the reliability of data, described above. For this reason the practice of tabulating data by date of registration does not generally pose serious problems of comparability as it does in the case of birth and death statistics.

As indicators of family formation, the statistics on the number of marriages presented in this table are bound to be deficient to the extent that they do not include either customary unions, which are not registered even though they are considered legal and binding under customary law, or consensual unions (also known as extra-legal or de facto unions). In general, lower marriage rates over a period of years are an indication of higher incidence of customary or consensual unions.

In addition, rates are affected also by the quality and limitations of the population estimates that are used in their computation. The problems of under-enumeration or over-enumeration and, to some extent, the differences in definition of total population have been discussed in section 3 of the Technical Notes dealing with population data in general, and specific information pertaining to individual countries or areas is given in the footnotes to table 3.

Strict correspondence between the numerator of the rate and the denominator is not always obtained; for example, marriages among civilian and military segments of the population may be related to civilian population. The effect of this may be to increase the rates, but, in most cases, this effect is negligible.

It should be emphasized that crude marriage rates like crude birth, death and divorce rates, may be seriously affected by the age-sex-marital structure of the population to which they relate. Crude marriage rates do, however, provide a simple measure of the level and changes in marriage.

The comparability of data by urban/rural residence is affected by the national definitions of urban and rural used in tabulating these data. It is assumed, in the absence of specific information to the contrary, that the definitions of urban and rural used in connection with the national population census were also used in the compilation of the vital statistics for each country or area. However, it cannot be excluded that, for a given country or area, different definitions of urban and rural are used for the vital statistics data and the population census data respectively. When known, the definitions of urban in national population censuses are presented at the end of the technical notes for table 6. As discussed in detail in the notes, these definitions vary considerably from one country or area to another.

In addition to problems of comparability, marriage rates classified by urban/rural residence are also subject to certain special types of bias. If, when calculating marriage rates, different definitions of urban are used in connection with the vital events and the population data, and if this results in a net difference between the numerator and denominator of the rate in the population at risk, then the marriage rates would be biased. Urban/rural differentials in marriage rates may also be affected by whether the vital events have been tabulated in terms of place of occurrence or place of usual residence. This problem is discussed in more detail in section 4.1.4.1 of the Technical Notes.

Earlier data: Marriages and crude marriage rates have been shown in each issue of the *Demographic Yearbook*. For more information on specific topics, and years for which data are reported, readers should consult the Historical Index.

NOTES

[1] *Principles and Recommendations for a Vital Statistics System Revision 2*, Sales No. E. 01.XVII.10, United Nations, New York, 2001

Tableau 23

Le tableau 23 présente des données sur les mariages et les taux bruts de nuptialité selon le lieu de résidence (zone urbaine ou rurale) pour les années où l'information est disponible entre 2007 et 2011.

Description des variables : le mariage désigne l'acte, la cérémonie ou la procédure qui établit un rapport légal entre mari et femme. L'union peut être rendue légale par une procédure civile ou religieuse, ou par toute autre procédure, conformément à la législation du pays[1].

Les statistiques de la nuptialité présentées dans ce tableau comprennent donc les premiers mariages et les remariages faisant suite à un divorce, un veuvage ou une annulation. Toutefois, sauf indication contraire, elles ne comprennent pas les unions reconstituées après une séparation légale. Ces statistiques se rapportent au nombre de mariages célébrés, non au nombre de personnes qui se marient.

Les statistiques présentées reposent sur l'enregistrement des mariages par les services de l'état civil. Les exceptions (données provenant des registres des églises, par exemple) font l'objet d'une note à la fin du tableau.

La classification des mariages selon le lieu de résidence (zone urbaine ou rurale) est celle qui a été communiquée par chaque pays ou zone ; on part du principe qu'elle repose sur les définitions de la population urbaine utilisées pour les recensements nationaux telles qu'elles sont reproduites à la fin des notes techniques se rapportant au tableau 6.

Pour quelques pays il y a une discordance entre le nombre total de mariages présenté dans ce tableau et ceux présentés après pour la même année. Habituellement ces différences apparaissent lorsque le nombre total des mariages pour une certaine année a été révisé alors que les autres tabulations ne l'ont pas été.

Calcul des taux : les taux bruts de nuptialité représentent le nombre annuel de mariages pour 1 000 habitants au milieu de l'année. Les taux selon le lieu de résidence (zone urbaine ou rurale) représentent le nombre annuel de mariages, classés selon la catégorie urbaine ou rurale appropriée, pour 1 000 habitants au milieu de l'année. Les taux du tableau 23 ne se rapportent qu'aux pays ou zones où l'on a enregistré un total d'au moins 30 mariages pendant une année donnée. Ces taux sont calculés par la division de statistique des Nations Unies sur la base de la population de référence adéquate (par exemple : population totale, nationaux seulement, etc.) si connue et disponible. Si la population de référence n'est pas connue ou n'est pas disponible, la population totale est utilisée pour calculer les taux. Par conséquent, si la population utilisée pour calculer les taux est différente de la population de référence adéquate, les taux présentés sont susceptibles de sous ou sur estimer la situation réelle d'un pays ou d'un territoire.

Fiabilité des données : il a été demandé à chaque pays ou zone d'indiquer le degré estimatif de complétude des données sur les mariages figurant dans ses registres d'état civil. Ces évaluations nationales sont signalées par les codes de qualité "C" et "U" qui apparaissent dans la deuxième colonne du tableau.

La lettre "C" indique que les données sont jugées à peu près complètes, c'est-à-dire qu'elles représentent au moins 90 p. 100 des mariages survenus chaque année ; la lettre "U" signale que les données sont jugées incomplètes, c'est-à-dire qu'elles représentent moins de 90 p. 100 des mariages survenus chaque année. Le code "..." indique qu'aucun renseignement n'a été communiqué quant à la complétude des données.

Les données issues des registres de l'état civil qui sont déclarées incomplètes ou dont le degré de complétude n'est pas connu (code "U" ou "...") sont jugées douteuses. Elles apparaissent en italique dans le tableau et les taux correspondants n'ont pas été calculés.

Les codes de qualité ne s'appliquent qu'aux données provenant des registres de l'état civil. Pour plus de précisions sur la qualité des données reposant sur les statistiques de l'état civil en général, voir la section 4.2 des Notes techniques.

Insuffisance des données : les statistiques relatives aux mariages appellent les mêmes réserves que celles qui ont été formulées à propos des statistiques de l'état civil en général et des statistiques concernant la nuptialité en particulier (voir la section 4 des Notes techniques).

Le fait que le mariage soit un acte juridique, à la différence de la naissance et du décès, qui sont des faits biologiques, a des répercussions sur la comparabilité internationale des données. Aux fins de la statistique, le mariage est défini par la législation de chaque pays ou zone. Cette législation varie d'un pays à l'autre. La comparabilité est limitée en outre du fait que certains pays ou zones ne réunissent des statistiques que pour les mariages civils, bien que les mariages religieux y soient également reconnus par la loi ; dans d'autres, les seuls relevés disponibles sont les registres des églises et, en conséquence, les statistiques peuvent ne pas rendre compte des mariages exclusivement civils.

Étant donné que, dans de nombreux pays ou zones, le mariage est un contrat juridique civil qui, pour être légal, doit être conclu devant un officier d'état civil, il s'ensuit que dans ces pays ou zones l'enregistrement se fait à peu près systématiquement au moment de la cérémonie ou immédiatement après. Il faut tenir compte de cet élément lorsque l'on évalue la fiabilité des données, dont il est question plus haut. C'est pourquoi la pratique consistant à exploiter les données selon la date de l'enregistrement ne pose généralement pas les graves problèmes de comparabilité auxquels on se heurte dans le cas des statistiques concernant les naissances et les décès.

Les statistiques relatives au nombre des mariages présentées dans ce tableau donnent une idée forcément trompeuse de la formation des familles, dans la mesure où elles ne tiennent compte ni des mariages coutumiers, qui ne sont pas enregistrés bien qu'ils soient considérés comme légaux et créateurs d'obligations en vertu du droit coutumier, ni des unions consensuelles (appelées également unions non légalisées ou unions de fait). En général, une diminution du taux de nuptialité pendant un certain nombre d'années indique une augmentation des mariages coutumiers ou des unions consensuelles.

L'exactitude des taux dépend également de la qualité et des insuffisances des estimations de population qui sont utilisées pour leur calcul. Le problème des erreurs par excès ou par défaut commises lors du dénombrement et, dans une certaine mesure, le problème de l'hétérogénéité des définitions de la population totale ont été examinés à la section 3 des Notes techniques relative à la population en général ; des indications concernant les différents pays ou zones sont données en note à la fin du tableau 3.

Il n'a pas toujours été possible d'obtenir une correspondance rigoureuse entre le numérateur et le dénominateur pour le calcul des taux. Par exemple, les mariages parmi la population civile et les militaires sont parfois rapportés à la population civile. Cela peut avoir pour effet d'accroître les taux, mais, dans la plupart des cas, il est probable que la différence sera négligeable.

Il faut souligner que les taux bruts de nuptialité, de même que les taux bruts de natalité, de mortalité et de divortialité, peuvent varier sensiblement selon la structure par âge et par sexe de la population à laquelle ils se rapportent. Les taux bruts de nuptialité offrent néanmoins un moyen simple de mesurer la fréquence et l'évolution des mariages.

La comparabilité des données selon le lieu de résidence (zone urbaine ou rurale) peut être limitée par les définitions nationales des termes « urbain » et « rural » utilisées pour le classement de ces données. En l'absence d'indications contraires, on a supposé que les mêmes définitions avaient servi pour le recensement national de la population et pour l'établissement des statistiques de l'état civil pour chaque pays ou zone. Toutefois, il n'est pas exclu que, pour une zone ou un pays donné, des définitions différentes aient été retenues. Les définitions du terme « urbain » utilisées pour les recensements nationaux de population ont été présentées à la fin des notes techniques du tableau 6 lorsqu'elles étaient connues. Comme on l'a précisé dans les notes techniques relatives au tableau 6, ces définitions varient considérablement d'un pays ou d'une zone à l'autre.

Outre les problèmes de comparabilité, les taux de nuptialité classés selon le lieu de résidence (zone urbaine ou rurale) sont également sujets à des distorsions particulières. Si l'on utilise des définitions différentes du terme « urbain » pour classer les faits d'état civil et les données relatives à la population lors du calcul des taux et qu'il en résulte une différence nette entre le numérateur et le dénominateur pour le taux de la population exposée au risque, les taux de nuptialité s'en trouveront faussés. La différence entre ces taux pour les zones urbaines et rurales pourra aussi être faussée selon que les faits d'état civil auront été classés d'après le lieu où ils se sont produits ou d'après le lieu de résidence habituel. Ce problème est examiné plus en détail à la section 4.1.4.1 des Notes techniques.

Données publiées antérieurement : les différentes éditions de *l'Annuaire démographique* regroupent des données sur le nombre des mariages. Pour plus de précisions concernant les années et les sujets pour lesquels des données ont été publiées, se reporter à l'index historique.

NOTE

[1] *Principes et recommandations pour un système de statistiques de l'état civil, deuxième révision*, numéro de vente : F.01.XVII.10, publication des Nations Unies, New York, 2003.

23. Marriages and crude marriage rates, by urban/rural residence: 2007 - 2011
Mariages et taux bruts de nuptialité, selon la résidence, urbaine/rurale : 2007 - 2011

Continent, country or area, and urban/rural residence / Continent, pays ou zone et résidence, urbaine/rurale	Code[a]	Number - Nombre					Rate - Taux				
		2007	2008	2009	2010	2011	2007	2008	2009	2010	2011

AFRICA - AFRIQUE

Algeria - Algérie[1]											
Total	...	325 485	331 190	341 321	344 819	...	...	...	...	...	...
Botswana											
Total	+U	4 997	...	...	...	...	...	...	...	...	...
Egypt - Égypte[2]											
Total	+C	614 848	660 159	759 004	864 857	...	8.3	8.8	9.9	11.0	...
Urban - Urbaine	+C	204 910	216 120	282 598	354 223	...	6.5	6.7	8.5	10.5	...
Rural - Rurale	+C	409 938	444 039	476 406	510 634	...	9.8	10.3	10.9	11.4	...
Mauritius - Maurice[3]											
Total	+C	11 547	11 197	10 619	10 555	10 499	9.2	8.8	8.3	8.2	8.2
Urban - Urbaine	+C	3 483	3 440	3 372	3 174	...	6.6	6.5	6.3	5.9	...
Rural - Rurale	+C	8 064	7 757	7 247	7 381	...	11.0	10.5	9.8	9.9	...
Réunion											
Total	C	3 040	3 149	2 919	...	...	3.8	3.9	3.6	...	...
Saint Helena ex. dep. - Sainte-Hélène sans dép.											
Total	C	15	9	14	8	15	...	...	...	...	...
Seychelles[4]											
Total	+C	1 081	1 248	1 208	1 440	1 525	12.7	14.4	13.8	16.0	17.4
South Africa - Afrique du Sud											
Total	...	183 030	186 522	171 989	170 826	...	...	...	...	...	...
Tunisia - Tunisie											
Total	...	76 809	78 748	81 600	...	...	...	...	...	...	...

AMERICA, NORTH - AMÉRIQUE DU NORD

Anguilla[5]											
Total	C	43	54	58	...	...	2.9	3.5	3.6	...	...
Antigua and Barbuda - Antigua-et-Barbuda											
Total	+C	1 863	...	...	...	...	21.7	...	...	...	...
Aruba[6]											
Total	C	531	*405	...	...	...	5.1	*3.8	...	...	...
Bahamas											
Total	C	2 021	1 969	...	...	...	6.1	5.8	...	...	...
Barbados - Barbade											
Total	+C	2 768	...	...	...	...	10.1	...	...	...	...
Bermuda - Bermudes											
Total	C	846	721	683	...	...	13.2	11.2	10.6	...	...
Canada[7]											
Total	C	*151 695	147 288	...	...	...	*4.6	4.4	...	...	...
Cayman Islands - Îles Caïmanes[8]											
Total	+C	482	487	556	530	...	8.9	8.7	10.5	9.7	...
Costa Rica[9]											
Total	C	26 010	25 034	23 920	*23 955	*25 013	5.9	5.5	5.2	*5.3	*5.4
Urban - Urbaine	C	13 868	12 918	12 628	*12 564	...	5.3	4.8	4.6	*4.5	...
Rural - Rurale	C	12 142	12 116	11 292	*11 391	...	6.7	6.5	5.9	*6.5	...
Cuba[10]											
Total	C	56 781	61 852	54 969	58 490	...	5.1	5.5	4.9	5.2	...
Urban - Urbaine	C	53 330	58 336	51 396	52 732	...	6.3	6.9	6.1	6.2	...
Rural - Rurale	C	3 451	3 516	3 573	5 758	...	1.3	1.3	1.3	2.1	...
Dominican Republic - République dominicaine											
Total	+C	39 993	38 310	40 040	43 797[11]	...	4.2	4.0	4.1	4.4	...
El Salvador[12]											
Total	...	28 675	27 714	28 048	...	...	...	...	...	...	...
Guadeloupe											
Total	C	1 427	1 502	1 440	1 402	...	3.6	3.7	3.6	3.5	...
Guatemala											
Total	C	57 003	52 315	...	...	...	4.3	3.8	...	...	...
Jamaica - Jamaïque											
Total	+C	20 250	22 152	21 412	20 489	20 403	7.6	8.2	7.9	7.6	7.5

23. Marriages and crude marriage rates, by urban/rural residence: 2007 - 2011
Mariages et taux bruts de nuptialité, selon la résidence, urbaine/rurale : 2007 - 2011 (continued - suite)

Continent, country or area, and urban/rural residence / Continent, pays ou zone et résidence, urbaine/rurale	Code[a]	Number - Nombre					Rate - Taux				
		2007	2008	2009	2010	2011	2007	2008	2009	2010	2011
AMERICA, NORTH - AMÉRIQUE DU NORD											
Martinique											
Total	C	1 341	1 395	1 357	1 279	...	3.4	3.5	3.4	3.2	...
Urban - Urbaine[13]	C	1 122	...	...	...	...	...	...	...	...	...
Rural - Rurale[13]	C	137	...	...	...	...	...	...	...	...	...
Mexico - Mexique											
Total	+C	595 209	589 352	558 913	...	...	5.6	5.5	5.2	...	...
Urban - Urbaine[14]	+C	450 665	443 959	408 656	...	...	5.5	5.4	4.9	...	...
Rural - Rurale[14]	+C	126 566	125 479	122 798	...	...	5.2	5.1	5.0	...	...
Nicaragua											
Total	+U	20 918	16 542	...	...	...	...	...	...	...	...
Panama											
Total	C	11 516	11 508	12 273[9]	12 981[9]	...	3.4	3.4	3.6	3.7	...
Urban - Urbaine	C	9 584	9 490	9 689[9]	9 753[9]	...	4.5	4.4	4.4	4.3	...
Rural - Rurale	C	1 932	2 018	2 584[9]	3 228[9]	...	1.6	1.7	2.1	2.6	...
Puerto Rico - Porto Rico											
Total	C	21 613	18 620	...	...	...	5.5	4.7	...	...	...
Saint Vincent and the Grenadines - Saint-Vincent-et-les Grenadines											
Total	+C	576	588	573	...	...	5.8	5.9	5.7	...	...
Turks and Caicos Islands - Îles Turques et Caïques											
Total	C	467	486	...	...	...	13.4	13.3	...	...	...
United States of America - États-Unis d'Amérique											
Total	C	2 197 000	2 157 000	2 077 000	...	...	7.3	7.1	6.8	...	...
AMERICA, SOUTH - AMÉRIQUE DU SUD											
Argentina - Argentine											
Total	C	136 437	133 060	126 081	123 208	...	3.5	3.3	3.1	3.0	...
Bolivia (Plurinational State of) - Bolivie (État plurinational de)											
Total	U	31 441	40 633	...	...	...	...	...	...	...	...
Brazil - Brésil[15]											
Total	U	916 006	959 901	935 116	...	...	...	...	...	...	...
Chile - Chili											
Total	+C	57 792	56 112	56 127	...	...	3.5	3.3	3.3	...	...
Urban - Urbaine[16]	+C	53 382	51 133	50 679	...	...	3.7	3.5	3.4	...	...
Rural - Rurale[16]	+C	4 410	4 979	5 448	...	...	2.0	2.3	2.5	...	...
Ecuador - Équateur[17]											
Total	U	76 154	76 354	76 892	74 800	...	...	...	...	...	...
French Guiana - Guyane française											
Total	C	667	619	611	581	...	3.1	2.8	2.7	2.5	...
Guyana[18]											
Total	C	4 072	3 233	4 342	4 239	...	5.3	4.2	5.6	5.4	...
Paraguay											
Total	U	19 726	18 832	...	...	...	...	...	...	...	...
Peru - Pérou[19]											
Total	+C	90 883	94 971	87 561	*82 104	...	3.2	3.3	3.0	*2.8	...
Suriname											
Total	C	2 161	...	...	...	...	4.2	...	...	...	...
Uruguay											
Total	C	12 771	12 180	11 080	10 629	...	3.8	3.7	3.3	3.2	...
Venezuela (Bolivarian Republic of) - Venezuela (République bolivarienne du)[20]											
Total	C	93 003	93 741	94 870	...	...	3.4	3.4	3.3	...	...

23. Marriages and crude marriage rates, by urban/rural residence: 2007 - 2011
Mariages et taux bruts de nuptialité, selon la résidence, urbaine/rurale : 2007 - 2011 (continued - suite)

Continent, country or area, and urban/rural residence — Continent, pays ou zone et résidence, urbaine/rurale	Co-de[a]	Number - Nombre					Rate - Taux				
		2007	2008	2009	2010	2011	2007	2008	2009	2010	2011

ASIA - ASIE

Armenia - Arménie											
Total	+C	18 145	18 465	18 773	16 904	19 706	5.6	5.7	5.8	5.2	6.0
Urban - Urbaine	+C	12 058	12 198	12 441	...	...	5.8	5.9	6.0	...	...
Rural - Rurale	+C	6 087	6 267	6 332	...	...	5.3	5.4	5.4	...	...
Azerbaijan - Azerbaïdjan											
Total	+C	81 758	79 964	78 072	79 172	88 145	9.4	9.0	8.7	8.7	9.7
Urban - Urbaine	+C	41 814	40 996	40 708	41 592	...	9.1	8.7	8.6	8.7	...
Rural - Rurale	+C	39 944	38 968	37 364	37 580	...	9.7	9.4	8.9	8.8	...
Bahrain - Bahreïn											
Total	...	*4 981*	...	...	...	...	...	...	...	...	...
Bangladesh											
Total	...	...	...	...	*1 885 109*	...	...	...	...	...	...
Urban - Urbaine	...	...	...	...	*416 761*	...	...	...	...	...	...
Rural - Rurale	...	...	...	...	*1 468 348*	...	...	...	...	...	...
Brunei Darussalam - Brunéi Darussalam											
Total	...	*2 176*	*2 391*	...	...	...	...	...	...	...	...
China - Chine[21]											
Total	+C	9 914 000	10 980 000	12 120 000	12 410 000	...	7.5	8.3	9.1	9.3	...
China, Hong Kong SAR - Chine, Hong Kong RAS											
Total	C	47 453	47 331	51 175	...	...	6.9	6.8	7.3	...	...
China, Macao SAR - Chine, Macao RAS											
Total	+C	2 047	2 778	3 035	3 103	3 545	3.9	5.0	5.6	5.7	6.4
Cyprus - Chypre[22]											
Total	C	6 332	6 115	6 327	...	...	8.1	7.7	7.9	...	...
Georgia - Géorgie[9]											
Total	C	24 891	31 414	31 752	34 675	30 863	5.7	7.2	7.2	7.8	6.9
Urban - Urbaine	C	18 521	21 028	17 859	18 563	...	8.0	9.1	7.7	7.9	...
Rural - Rurale	C	6 370	10 386	13 893	16 112	...	3.1	5.0	6.7	7.7	...
Indonesia - Indonésie											
Total	U	*1 944 569*	*2 101 057*	...	...	...	...	...	...	...	...
Iran (Islamic Republic of) - Iran (République islamique d')[23]											
Total	+C	841 107	881 592	890 208	...	...	11.8	12.2	12.2	...	...
Urban - Urbaine	+C	602 309	633 179	629 893	...	...	12.3	12.8	12.5	...	...
Rural - Rurale	+C	238 798	248 413	260 315	...	...	10.7	11.0	11.4	...	...
Iraq											
Total	U	*268 638*	...	...	...	...	...	...	...	...	...
Israel - Israël[24]											
Total	C	46 448	50 038	48 997	...	...	6.5	6.8	6.5	...	...
Urban - Urbaine[25]	C	42 092	44 967	43 902	...	...	6.4	6.7	6.4	...	...
Rural - Rurale[25]	C	3 451	3 801	3 830	...	...	5.9	6.3	6.2	...	...
Japan - Japon[26]											
Total	+C	719 822	726 106	707 734	700 214	...	5.7	5.8	5.5	5.5	...
Urban - Urbaine	+C	659 390	666 651	650 746	647 127	...	...	...	...	...	...
Rural - Rurale	+C	60 432	59 455	56 988	53 087	...	...	...	...	...	...
Jordan - Jordanie[27]											
Total	+C	60 548	60 922	63 389	62 107	...	10.6	10.4	10.6	10.2	...
Kazakhstan											
Total	C	146 379	135 280	...	...	...	9.5	8.6	...	...	...
Urban - Urbaine	C	85 768	82 235	...	...	...	10.5	9.9	...	...	...
Rural - Rurale	C	60 611	53 045	...	...	...	8.3	7.2	...	...	...
Kuwait - Koweït											
Total	C	13 315	14 709	14 526	13 993	...	5.5	5.9	5.6	5.2	...
Kyrgyzstan - Kirghizstan											
Total	C	44 392	44 258	47 567	50 362	...	8.8	8.7	9.3	9.7	...
Urban - Urbaine	C	13 426	13 400	14 442	15 198	...	7.5	7.5	8.0	8.3	...
Rural - Rurale	C	30 966	30 858	33 125	35 164	...	9.5	9.4	10.0	10.5	...
Lebanon - Liban											
Total	C	35 796	37 593	40 565	41 758	...	9.5				
Mongolia - Mongolie											
Total	+C	40 965	32 982	34 071	9 349	...	15.7	12.4	12.6	3.4	...
Urban - Urbaine	+C	26 043	23 582	24 748	...	...	16.4	14.5	14.7	...	...
Rural - Rurale	+C	14 922	9 400	9 323	...	...	14.6	9.1	9.1	...	...

718

23. Marriages and crude marriage rates, by urban/rural residence: 2007 - 2011
Mariages et taux bruts de nuptialité, selon la résidence, urbaine/rurale : 2007 - 2011 (continued - suite)

Continent, country or area, and urban/rural residence / Continent, pays ou zone et résidence, urbaine/rurale	Code[a]	Number - Nombre					Rate - Taux				
		2007	2008	2009	2010	2011	2007	2008	2009	2010	2011
ASIA - ASIE											
Occupied Palestinian Territory - Territoire palestinien occupé											
Total	C	32 685	35 777	38 316	37 228	...	8.8	9.4	9.7	9.2	...
Oman[28]											
Total	+U	...	...	25 608	...	...	...	...	...	...	...
Philippines											
Total	U	490 054	486 514	492 254	482 480	...	...	...	...	...	...
Qatar											
Total	C	3 206	3 235	3 153	2 977	5 384	2.6	2.2	1.9	1.7	3.3
Republic of Korea - République de Corée[29]											
Total	+C	343 559	327 715	309 759	326 104	...	7.0	6.6	6.2	6.5	...
Urban - Urbaine[30]	+C	274 592	262 357	248 050	261 077	...	6.9	6.5	6.2	6.5	...
Rural - Rurale[30]	+C	59 397	57 035	52 918	56 502	...	6.4	6.1	5.6	6.0	...
Saudi Arabia - Arabie saoudite[31]											
Total	...	130 451	...	...	...	...	...	...	...	...	...
Singapore - Singapour[32]											
Total	+C	23 966	24 596	26 081	24 363	27 258	5.2	5.1	5.2	4.8	5.3
Sri Lanka											
Total	+U	196 236	*198 578	*194 970	*200 985	...	...	...	...	...	...
Syrian Arab Republic - République arabe syrienne[33]											
Total	+U	237 592	379 319	241 422	227 808	...	...	...	...	...	...
Tajikistan - Tadjikistan											
Total	+C	97 713	106 388	100 678	...	...	13.7	14.6	13.5	...	...
Urban - Urbaine	+C	25 893	25 718	...	...	...	13.8	13.4	...	...	...
Rural - Rurale	+C	71 820	80 670	...	...	...	13.6	15.0	...	...	...
Turkey - Turquie[34]											
Total	C	638 311	641 973	591 742	582 715	*591 582	9.1	9.0	8.2	8.0	*8.0
United Arab Emirates - Émirats arabes unis[31]											
Total	...	12 987	15 041	...	...	...	...	...	...	...	...
Viet Nam											
Total	C	480 064	...	...	...	...	5.7	...	...	...	...
Urban - Urbaine	C	134 316	...	...	...	...	5.7	...	...	...	...
Rural - Rurale	C	345 748	...	...	...	...	5.7	...	...	...	...
EUROPE											
Åland Islands - Îles d'Åland											
Total	C	116	139	120	143	...	4.3	5.1	4.3	5.1	...
Urban - Urbaine	C	43	66	54	50	...	4.0	6.0	4.9	4.5	...
Rural - Rurale	C	73	73	66	93	...	4.5	4.5	4.0	5.6	...
Albania - Albanie											
Total	C	22 371	21 299	...	...	25 303	7.1	6.7	...	...	8.9
Andorra - Andorre											
Total	C	258	260	265	287	...	3.1	3.1	3.1	3.4	...
Austria - Autriche[35]											
Total	C	35 996	35 223	35 469	37 545	36 426	4.3	4.2	4.2	4.5	4.3
Belarus - Bélarus											
Total	C	90 444	77 201	78 800	76 978	86 785	9.3	8.0	8.2	8.1	9.2
Urban - Urbaine	C	74 894	64 281	65 149	63 813	...	10.6	...	...	...	...
Rural - Rurale	C	15 550	12 920	13 651	13 165	...	6.0	...	...	...	...
Belgium - Belgique[36]											
Total	C	45 561	45 613	43 303	42 159	*45 000	4.3	4.3	4.0	3.9	*4.1
Urban - Urbaine	C	44 944	45 040	42 673	...	...	4.3	4.3	4.0	...	...
Rural - Rurale	C	617	573	630	...	...	4.0	3.7	4.1	...	...
Bosnia and Herzegovina - Bosnie-Herzégovine											
Total	C	23 494	22 151	20 633	19 541	...	6.1	5.8	5.4	5.1	...
Bulgaria - Bulgarie[37]											
Total	C	29 640	27 722	25 923	24 286	21 448	3.9	3.6	3.4	3.2	2.9
Urban - Urbaine	C	23 456	21 844	20 592	19 262	...	4.3	4.0	3.8	3.6	...
Rural - Rurale	C	6 184	5 878	5 331	5 024	...	2.8	2.6	2.4	2.3	...

Continent, country or area, and urban/rural residence / Continent, pays ou zone et résidence, urbaine/rurale	Co-de[a]	Number - Nombre					Rate - Taux				
		2007	2008	2009	2010	2011	2007	2008	2009	2010	2011
EUROPE											
Croatia - Croatie											
Total	C	23 140	23 373	22 382	21 294	...	5.2	5.3	5.1	4.8	...
Urban - Urbaine	C	12 784	13 048	12 637	11 964	...	...	...	...	...	...
Rural - Rurale	C	10 356	10 325	9 745	9 330	...	...	...	...	...	...
Czech Republic - République tchèque											
Total	C	57 157	52 457	47 862	46 746	45 137	5.5	5.0	4.6	4.4	4.3
Urban - Urbaine	C	43 175	39 602	35 882	35 007	...	5.7	5.1	4.6	4.5	...
Rural - Rurale	C	13 982	12 855	11 980	11 739	...	5.1	4.7	4.3	4.2	...
Denmark - Danemark[38]											
Total	C	36 576	37 376	32 934	30 949	27 198	6.7	6.8	6.0	5.6	4.9
Estonia - Estonie											
Total	C	7 022	6 127	5 362	5 066	5 499	5.2	4.6	4.0	3.8	4.1
Urban - Urbaine[39]	C	4 811	4 218	3 693	3 515	...	5.2	4.5	4.0	3.8	...
Rural - Rurale[39]	C	1 958	1 687	1 456	1 352	...	4.8	4.1	3.6	3.3	...
Faeroe Islands - Îles Féroé											
Total	C	217	...	...	...	...	4.5	...	...	...	...
Urban - Urbaine	C	93	...	...	...	...	5.3	...	...	...	...
Rural - Rurale	C	124	...	...	...	...	4.0	...	...	...	...
Finland - Finlande[40]											
Total	C	29 497	31 014	29 716[41]	29 809[41]	28 408[41]	5.6	5.8	5.6	5.6	5.3
Urban - Urbaine	C	22 121	23 189	22 437[41]	22 403[41]	...	6.2	6.4	6.2	6.2	...
Rural - Rurale	C	7 376	7 825	7 279[41]	7 406[41]	...	4.3	4.6	4.3	4.4	...
France[42]											
Total	C	267 194	258 739	245 151	*243 000	*235 000	4.3	4.2	3.9	*3.9	*3.7
Urban - Urbaine[43]	C	196 151	190 122	181 876	...	...	...	...	...	...	...
Rural - Rurale[43]	C	65 407	63 935	58 391	...	...	...	...	...	...	...
Germany - Allemagne											
Total	C	368 922	376 998	378 439	382 047	*377 000	4.5	4.6	4.6	4.7	*4.6
Gibraltar[44]											
Total	+C	132	158	188	198	...	4.5	5.4	6.4	6.7	...
Greece - Grèce											
Total	C	61 377	53 500	59 212	56 338	*59 700	5.5	4.8	5.2	5.0	*5.3
Urban - Urbaine	C	43 010	37 500	41 719	...	...	...	...	...	...	...
Rural - Rurale	C	18 367	16 000	17 493	...	...	...	...	...	...	...
Hungary - Hongrie											
Total	C	40 842	40 105	36 730	35 520	*35 750	4.1	4.0	3.7	3.6	*3.6
Urban - Urbaine[45]	C	29 047	29 228	27 066	26 288	...	4.3	4.3	3.9	3.8	...
Rural - Rurale[45]	C	11 121	10 306	9 157	8 775	...	3.4	3.2	2.9	2.9	...
Iceland - Islande[6]											
Total	C	1 716	1 642	1 480	1 547	1 482	5.5	5.1	4.6	4.9	4.7
Urban - Urbaine[46]	C	1 717	1 619	1 415	1 458	...	5.9	5.4	4.7	4.9	...
Rural - Rurale[46]	C	80	85	65	89	...	3.6	4.0	3.2	4.3	...
Ireland - Irlande											
Total	+C	22 756	22 187	*21 541	20 635	...	5.2	5.0	*4.8	4.6	...
Italy - Italie											
Total	C	250 360	246 613	230 613	217 076		4.2	4.1	3.8	3.6	
Jersey											
Total	+C	586	...	...	...	...	6.3	...	...	...	...
Latvia - Lettonie[9]											
Total	C	15 486	12 946	9 925	9 290	10 760	6.8	5.7	4.4	4.1	5.2
Urban - Urbaine	C	11 020	9 117	7 105	6 516	...	7.1	5.9	4.7	4.3	...
Rural - Rurale	C	4 466	3 829	2 820	2 774	...	6.1	5.3	3.9	3.8	...
Liechtenstein[9]											
Total	C	182	205	154	181	*162	5.2	5.8	4.3	5.0	*4.5
Lithuania - Lituanie											
Total	C	23 065	24 063	20 542	18 688	19 221	6.8	7.2	6.2	5.7	6.0
Urban - Urbaine	C	15 905	16 420	14 471	13 110	...	7.1	7.3	6.5	6.0	...
Rural - Rurale	C	7 160	7 643	6 071	5 578	...	6.4	6.9	5.5	5.1	...
Luxembourg											
Total	C	1 969[6]	1 917[6]	1 739[47]	1 749[47]	1 714[47]	4.1	3.9	3.5	3.5	3.3
Malta - Malte											
Total	C	2 479	2 482	2 353	2 596	2 562	6.1	6.0	5.7	6.2	6.1
Montenegro - Monténégro											
Total	C	4 005	3 445	3 829	3 675	3 528	6.4	5.5	6.1	6.0	5.7
Urban - Urbaine	C	...	2 708	3 517	...	...	...	6.8	8.8	...	...
Rural - Rurale	C	...	737	312	...	...	...	3.2	1.4	...	...

23. Marriages and crude marriage rates, by urban/rural residence: 2007 - 2011
Mariages et taux bruts de nuptialité, selon la résidence, urbaine/rurale : 2007 - 2011 (continued - suite)

Continent, country or area, and urban/rural residence / Continent, pays ou zone et résidence, urbaine/rurale	Co-de[a]	Number - Nombre					Rate - Taux				
		2007	2008	2009	2010	2011	2007	2008	2009	2010	2011

EUROPE

Netherlands - Pays-Bas[48]											
Total	C	71 114	74 030	72 119[49]	75 399[50]	81 380[50]	4.3	4.5	4.4	4.5	4.9
Norway - Norvège[51]											
Total	C	23 471	25 125	24 299	23 313	23 135	5.0	5.3	5.0	4.8	4.7
Poland - Pologne											
Total	C	248 702	257 744	250 794	228 337	206 471	6.5	6.8	6.6	6.0	5.4
Urban - Urbaine	C	150 166	154 936	152 651	137 218	...	6.4	6.6	6.6	5.9	...
Rural - Rurale	C	98 536	102 808	98 143	91 119	...	6.7	6.9	6.6	6.1	...
Portugal											
Total	C	46 329	43 228	40 391	39 993	36 035	4.4	4.1	3.8	3.8	3.4
Republic of Moldova - République de Moldova											
Total	C	29 213	26 666	26 781	26 483	25 900	8.2	7.5	7.5	7.4	7.3
Urban - Urbaine	C	14 622	13 368	13 360	13 242	...	9.9	9.1	9.0	9.0	...
Rural - Rurale	C	14 591	13 298	13 421	13 241	...	6.9	6.3	6.4	6.4	...
Romania - Roumanie											
Total	C	189 240	149 439	134 275	115 778	*105 599	8.8	6.9	6.3	5.4	*4.9
Urban - Urbaine	C	104 445	96 963	86 363	74 787	...	8.8	8.2	7.3	6.3	...
Rural - Rurale	C	84 795	52 476	47 912	40 991	...	8.8	5.4	5.0	4.3	...
Russian Federation - Fédération de Russie											
Total	C	1 262 500	1 179 007	1 199 446	1 215 066	*1 316 109	8.9	8.3	8.5	8.5	*9.2
San Marino - Saint-Marin[52]											
Total	C	216	202	...	...	205	6.9	6.4	...	...	6.1
Serbia - Serbie[53]											
Total	+C	41 083	38 285	36 853	35 815	35 808	5.6	5.2	5.0	4.9	4.9
Urban - Urbaine	+C	26 498	24 537	24 051	23 633	...	6.2	5.7	5.6	5.5	...
Rural - Rurale	+C	14 585	13 748	12 802	12 182	...	4.7	4.5	4.2	4.1	...
Slovakia - Slovaquie[9]											
Total	C	27 437	28 293	26 356	25 415	25 621	5.1	5.2	4.9	4.7	4.7
Urban - Urbaine	C	15 994	16 355	15 094	14 528	...	5.4	5.5	5.1	4.9	...
Rural - Rurale	C	11 443	11 938	11 262	10 887	...	4.7	4.9	4.6	4.4	...
Slovenia - Slovénie[54]											
Total	C	6 373	6 703	6 542	6 528	*6 641	3.2	3.3	3.2	3.2	*3.2
Urban - Urbaine	C	3 203	3 460	3 337	3 274[55]	...	3.2	3.4	3.3	3.2	...
Rural - Rurale	C	3 170	3 243	3 205	3 254[55]	...	3.1	3.2	3.1	3.2	...
Spain - Espagne											
Total	C	201 579	194 022	172 357	165 641	*158 218	4.5	4.3	3.8	3.6	*3.4
Sweden - Suède											
Total	C	47 898	50 332	47 259	50 028	48 205	5.2	5.5	5.1	5.3	5.1
Switzerland - Suisse[56]											
Total	C	40 330	41 534	41 918	43 257	*42 083	5.3	5.4	5.4	5.5	*5.3
Urban - Urbaine	C	30 950	31 883	32 130	33 328	...	5.6	5.7	5.6	...	...
Rural - Rurale	C	9 380	9 651	9 788	9 929	...	4.7	4.8	4.8	...	...
TFYR of Macedonia - L'ex-R. y. de Macédoine											
Total	C	15 490	14 695	14 923	14 155	*14 797	7.6	7.2	7.3	6.9	*7.2
Urban - Urbaine	C	8 347	7 696	8 067	7 750	...	...	...	...	...	...
Rural - Rurale	C	7 143	6 999	6 856	6 405	...	...	...	...	...	...
Ukraine											
Total	C	416 427	321 992	318 198	305 933	355 880	9.0	7.0	6.9	6.7	7.8
Urban - Urbaine	C	317 641	244 832	239 277	231 680	...	10.0	7.7	7.6	...	...
Rural - Rurale	C	98 786	77 160	78 921	74 253	...	6.7	5.3	5.4	...	...
United Kingdom of Great Britain and Northern Ireland - Royaume-Uni de Grande-Bretagne et d'Irlande du Nord[57]											
Total	C	273 920	273 207	266 950	...	...	4.5	4.4	4.3	...	...

OCEANIA - OCÉANIE

Australia - Australie											
Total	+C	116 322	118 756	120 118	121 176	...	5.5	5.5	5.5	5.4	...
Cook Islands - Îles Cook[58]											
Total	+C	785	702	817	846	...	37.4	32.1	36.2	35.8	...

23. Marriages and crude marriage rates, by urban/rural residence: 2007 - 2011
Mariages et taux bruts de nuptialité, selon la résidence, urbaine/rurale : 2007 - 2011 (continued - suite)

Continent, country or area, and urban/rural residence / Continent, pays ou zone et résidence, urbaine/rurale	Code[a]	Number - Nombre					Rate - Taux				
		2007	2008	2009	2010	2011	2007	2008	2009	2010	2011
OCEANIA - OCÉANIE											
French Polynesia - Polynésie française											
Total	C	1 132	1 158	1 188	1 295	...	4.4	4.4	4.5	4.8	...
Guam											
Total	C	...	...	1 394	...	...	...	...	7.8	...	...
New Caledonia - Nouvelle-Calédonie											
Total	C	884	975	961	908	...	3.6	4.0	3.9	3.6	...
Urban - Urbaine	C	596	...	...	...	...	...	...	...	...	...
Rural - Rurale	C	288	...	...	...	...	...	...	...	...	...
New Zealand - Nouvelle-Zélande[9]											
Total	+C	21 494	21 948	21 628	20 940	...	5.1	5.1	5.0	4.8	...
Niue - Nioué											
Total	C	13	13	12	...	...	...	...	...	...	...
Norfolk Island - Île Norfolk[59]											
Total	+C	21	32	...	...	...	...	...	...	...	...
Samoa											
Total	U	*1 193*	*1 052*	*953*	...	...	...	...	...	...	...
Wallis and Futuna Islands - Îles Wallis et Futuna											
Total	C	...	53	...	...	...	...	3.9	...	...	...

FOOTNOTES - NOTES

Italics: data from civil registers which are incomplete or of unknown completeness. - Italiques : données incomplètes ou dont le degré d'exactitude n'est pas connu, provenant des registres de l'état civil.

* Provisional. - Données provisoires.

[a] 'Code' indicates the source of data, as follows:
C - Civil registration, estimated over 90% complete
U - Civil registration, estimated less than 90% complete
| - Other source, estimated reliable
+ - Data tabulated by date of registration rather than occurence
... - Information not available

Le 'Code' indique la source des données, comme suit :
C - Registres de l'état civil considérés complets à 90 p. 100 au moins
U - Registres de l'état civil qui ne sont pas considérés complèts à 90 p. 100 au moins
| - Autre source, considérée pas douteuses
+ - Données exploitées selon la date de l'enregistrement et non la date de l'événement
... - Information pas disponible

[1] Data refer to Algerian population only. - Les données ne concernent que la population algérienne.

[2] Including marriages resumed after 'revocable divorce' (among Moslem population), which approximates legal separation. - Y compris les unions reconstituées après un 'divorce révocable' (parmi la population musulmane), qui est à peu près l'équivalent d'une séparation légale.

[3] Excludes the islands of St. Brandon and Agalega. - Non compris les îles St. Brandon et Agalega.

[4] Including visitors. - Y compris les visiteurs.

[5] Excluding visitors. - Ne comprend pas les visiteurs.

[6] Data refer to resident population only. - Pour la population résidante seulement.

[7] Since 2003, definition of marriage has been changed in some provinces and territories to include the legal union of two persons of the same sex. - Depuis 2003, la définition du mariage a changé dans certaines provinces et certains territoires afin d'englober les unions légales entre deux personnes du même sexe.

[8] Either bride or groom or both are residents. - Le marié, la mariée ou les deux sont résidents.

[9] Data refer to marriages registered at the place of residence of the groom. - Correspond aux mariages enregistrés dans le lieu de résidence du marié.

[10] Marriages registered by residence of bride. - Les mariages sont enregistrés selon le lieu de résidence de la mariée.

[11] Based on Administrative Records of the Civil Registry Offices. - D'après les registres administratifs des bureaux d'état civil.

[12] Including marriages where bride/groom are non-residents. - Y compris les mariages pour lesquels le marié et la mariée sont des non-résidents.

[13] In urban/rural distribution, some data is not available which is the reason for the difference with the total. - Certaines données ne sont pas disponibles en ce qui concerne la répartition entre zones urbaines et zones rurales, ce qui explique que le total est différent.

[14] The difference between 'Total' and the sum of urban and rural is due to the unknown place of residence of bride/wife. Urban and rural distribution refers to the usual residence of the bride/wife. - La différence entre le « Total » et la somme des chiffres urbains et ruraux s'explique par le fait que le lieu de résidence de la mariée ou de la femme n'est pas toujours connu. La répartition entre résidence urbaine et résidence rurale fait référence au lieu de résidence habituel de la mariée ou de la femme.

[15] Excluding Indian jungle population. - Non compris les Indiens de la jungle.

[16] Urban and rural distribution refers to the usual residence of the groom/husband. - La répartition entre résidence urbaine et résidence rurale fait référence au lieu de résidence habituel du marié ou du mari.

[17] Excluding nomadic Indian tribes. - Non compris les tribus d'Indiens nomades.

[18] Excluding Amerindians. - Non compris les Amérindiens.

[19] Based on National Registers of identification and civil status. - Chiffres fondés sur les registres nationaux d'identification et d'état civil.

[20] Residence established by place where marriage took place. - La résidence est déterminée par rapport au lieu où le mariage a été célébré.

[21] For statistical purposes, the data for China do not include those for the Hong Kong Special Administrative Region (Hong Kong SAR), Macao Special Administrative Region (Macao SAR) and Taiwan province of China. - Pour la présentation des statistiques, les données pour la Chine ne comprennent pas la Région Administrative Spéciale de Hong Kong (Hong Kong RAS), la Région Administrative Spéciale de Macao (Macao RAS) et Taïwan province de Chine.

[22] Data refer to resident population only. Data refer to government controlled areas. - Pour la population résidante seulement. Les données se rapportent aux zones contrôlées par le Gouvernement.

[23] Data refer to the Iranian Year which begins on 21 March and ends on 20 March of the following year. - Les données concernent l'année iranienne, qui commence le 21 mars et se termine le 20 mars de l'année suivante.

24 Including data for East Jerusalem and Israeli residents in certain other territories under occupation by Israeli military forces since June 1967. - Y compris les données pour Jérusalem-Est et les résidents israéliens dans certains autres territoires occupés depuis 1967 par les forces armées israéliennes.

25 The total number includes 'Unknown residence', but the categories urban and rural do not. Urban and rural distribution refers to the usual residence of the groom/husband. - Le nombre total englobe les personnes dont la résidence n'est pas connue, à l'inverse des catégories de population urbaine et rurale. La répartition entre résidence urbaine et résidence rurale fait référence au lieu de résidence habituel du marié ou du mari.

26 Data refer to residence of groom. Data refer to Japanese nationals in Japan only. - Les données se raportent aux nationaux japonais au Japon seulement.

27 Excluding data for Jordanian territory under occupation since June 1967 by Israeli military forces. Excluding foreigners, including registered Palestinian refugees. - Non compris les données pour le territoire jordanien occupé depuis juin 1967 par les forces armées israéliennes. Non compris les étrangers, mais y compris les réfugiés de Palestine enregistrés.

28 Data refer to registered events only. - Les données ne concernent que les événements enregistrés.

29 Data refer to residence of groom. Excluding alien armed forces, civilian aliens employed by armed forces, and foreign diplomatic personnel and their dependants. - Données relatives au lieu de résidence du marié. Non compris les militaires étrangers, les civils étrangers employés par les forces armées ni le personnel diplomatique étranger et les membres de leur famille les accompagnant.

30 The total number includes 'Unknown residence', but the categories urban and rural do not. - Le nombre total englobe les personnes dont la résidence n'est pas connue, à l'inverse des catégories de population urbaine et rurale.

31 As published by the United Nations Economic and Social Commission for Western Asia. - Publié par la Commission économique et sociale des Nations Unies pour l'Asie occidentale.

32 Excluding marriages previously officiated outside Singapore or under religious and customary rites. - Ne comprend pas les mariages prononcés ailleurs qu'à Singapour ni les mariages religieux ou coutumiers.

33 Excluding nomad population. - Non compris les nomades.

34 Data from MERNIS (Central Population Administrative System). - Données de MERNIS (Système central de données démographiques).

35 Excluding aliens temporarily in the area. - Non compris les étrangers se trouvant temporairement dans le territoire.

36 Including armed forces stationed outside the country, but excluding alien armed forces in the area unless marriage performed by local foreign authority. - Y compris les militaires nationaux hors du pays et les militaires étrangers en garnison sur le territoire, sauf si le mariage a été célébré pour l'autorité locale.

37 Including nationals outside the country, but excluding foreigners in the country. - Y compris les nationaux à l'étranger, mais non compris les étrangers sur le territoire.

38 Excluding Faeroe Islands and Greenland shown separately, if available. - Non compris les Iles Féroé et le Groenland, qui font l'objet de rubriques distinctes, si disponible.

39 Urban and rural distribution of marriages and divorces is displayed by place of residence of groom/husband. The difference between 'Total' and the sum of urban and rural is due to the unknown place of residence of grooms/husbands and to grooms/husbands outside country. - La répartition des mariages et des divorces entre zones urbaines et zones rurales est fondée sur le lieu de résidence du marié ou du mari. La différence entre le « Total » et la somme des chiffres urbains et ruraux s'explique par le fait que la résidence du marié ou du mari n'est pas toujours connue ou est située à l'étranger.

40 Only marriages in which the bride was resident in Finland. - Ne porte que sur les mariages pour lesquels la mariée réside en Finlande.

41 Excluding Åland Islands. - Non compris les Îles d'Åland.

42 Including armed forces stationed outside the country. - Y compris les militaires nationaux hors du pays.

43 The data for urban and rural exclude the nationals outside the country. - Les données relatives à la population urbaine et rurale n'englobent pas les nationaux se trouvant à l'étranger.

44 Data refer to marriages where one or both partners are residents. - Les données portent sur les mariages pour lesquels l'un des deux partenaires ou les deux sont résidents.

45 Total includes the data of foreigners, persons of unknown residence and homeless, but the categories urban and rural do not. - Le total englobe les données relatives aux étrangers, aux personnes dont la résidence n'est pas connue et aux personnes sans domicile fixe, à l'inverse des chiffres portant sur la population urbaine et rurale.

46 Unrevised data. - Les données n'ont pas été révisées.

47 Marriages registered by place of occurrence of marriage. - Mariages enregistrés en fonction du lieu de l'événement.

48 Marriages of couples of which at least one partner is recorded in a Dutch municipal register, irrespective of the country where the marriage was performed. Including same sex marriages. - Correspond aux mariages pour lesquels au moins l'un des partenaires est inscrit sur un registre municipal néerlandais, quel que soit le pays dans lequel le mariage est célébré. Y compris les mariages entre personnes du même sexe.

49 Including residents outside the country if listed in a Netherlands population register. Marriages registered by place of occurrence of marriage. - Englobe les résidents se trouvant à l'étranger à condition qu'ils soient inscrits sur le registre de population des Pays-Bas. Mariages enregistrés en fonction du lieu de l'événement.

50 Marriages registered by place of occurrence of marriage. Including residents outside the country if listed in a Netherlands population register. The difference between 'Total' and the sum of 'urban' and 'rural' is due to the cases of unknown place of residence or residence abroad. - Mariages enregistrés en fonction du lieu de l'événement. Englobe les résidents se trouvant à l'étranger à condition qu'ils soient inscrits sur le registre de population des Pays-Bas. La différence entre le « Total » et la somme des chiffres urbains et ruraux s'explique par le fait que la résidence n'est pas toujours connue ou que des personnes résident à l'étranger.

51 Excluding Svalbard and Jan Mayen Islands shown separately, if available. - Non compris Svalbard et Jan Mayen qui font l'objet de rubriques distinctes, si disponible.

52 Includes civil and religious marriages as well as not specified. - Englobe les mariages civils et religieux et ceux pour lesquels rien n'a été indiqué.

53 Excluding data for Kosovo and Metohia. - Sans les données pour le Kosovo et Metohie.

54 Data refer to residence of groom or bride before marriage. - Données relatives au lieu de résidence du marié ou de la mariée avant le mariage.

55 Data refer to residence of groom. - Données relatives au lieu de résidence du marié.

56 Data based on the residence of groom if he has permanent address in the country, otherwise, based on the residence of bride. If neither partner is a permanent resident, the marriage is not included in the official statistics. - Les données sont fondées sur la résidence du marié si celui-ci a une adresse permanente dans le pays, sinon elles sont fondées sur la résidence de la mariée. Si aucun des deux partenaires n'est un résident permanent, le mariage n'apparaît pas dans les statistiques officielles.

57 Marriages registered by place of occurrence of marriage. Excluding Channel Islands (Guernsey and Jersey) and Isle of Man, shown separately, if available. - Mariages enregistrés en fonction du lieu de l'événement. Non compris les îles Anglo-Normandes (Guernesey et Jersey) et l'île de Man, qui font l'objet de rubriques distinctes, si disponible.

58 Excluding Niue, shown separately, which is part of Cook Islands, but because of remoteness is administered separately. A high percentage of marriages are non resident marriages, therefore the rates do not reflect the crude marriage rate of resident population. - Non compris Nioué, qui fait l'objet d'une rubrique distincte et qui fait partie des îles Cook, mais qui, en raison de son éloignement, est administré séparément. Un pourcentage élevé de mariages correspond à des mariages de non-résidents; les taux ne reflètent donc pas le taux brut de nuptialité de la population résidente.

59 Data cover the period from 1 July previous year to 30 June present year. - Pour la période allant du 1er juillet de l'année précédente au 30 juin de l'année en cours.

Table 24

Table 24 presents the marriages cross-classified by age of groom and age of bride for the latest available year between 2002 and 2011.

Description of variables: Marriage is defined as the act, ceremony or process by which the legal relationship of husband and wife is constituted. The legality of the union may be established by civil, religious or other means as recognized by the laws of each country[1].

Marriage statistics in this table, therefore, include both first marriages and remarriages after divorce, widowhood or annulment. They do not, unless otherwise noted, include resumption of marriage ties after legal separation. These statistics refer to the number of marriages performed, and not to the number of persons marrying.

Age is defined as age at last birthday, that is, the difference between the date of birth and the date of the occurrence of the event, expressed in completed solar years. The age classification used for brides in this table is the following: under 15 years, 5-year age groups through 90-94, and 95 years and over, depending on the availability of data. Age classification for grooms is restricted to: under 15 years, 5-year age groups from 15 to 59, and 60 years and over.

In an effort to provide interpretation of these statistics, countries or areas providing data on marriages by age of groom and bride have been requested to specify "the minimum legal age at which marriage can take place with and without parental consent". This information is presented in the table 24-1 below.

Reliability of data: Data from civil registers of marriages that are reported as incomplete (less than 90 per cent completeness) or of unknown completeness are considered unreliable and are set in *italics* rather than in roman type. Table 23 and the technical notes for that table provide more detailed information on the completeness of marriage registration. For more information about the quality of vital statistics data in general, see section 4.2 of the Technical Notes.

Limitations: Statistics on marriages by age of groom and age of bride are subject to the same qualifications as have been set forth for vital statistics in general and marriage statistics in particular as discussed in Section 4 of the Technical Notes.

The fact that marriage is a legal event, unlike birth and death that are biological events, has implications for international comparability of data. Marriage has been defined, for statistical purposes, in terms of the laws of individual countries or areas. These laws vary throughout the world. In addition, comparability is further limited because some countries or areas compile statistics only for civil marriages although religious marriages may also be legally recognized; in other countries or areas, the only available records are church registers and, therefore, the statistics may not reflect marriages that are civil marriages only.

Because in many countries or areas marriage is a civil legal contract which, to establish its legality, must be celebrated before a civil officer, it follows that for these countries or areas registration would tend to be almost automatic at the time of, or immediately following, the marriage ceremony. This factor should be kept in mind when considering the reliability of data, described above. For this reason the practice of tabulating data by date of registration does not generally pose serious problems of comparability as it does in the case of birth and death statistics.

Because these statistics are classified according to age, they are subject to the limitations with respect to accuracy of age reporting similar to those already discussed in connection with Section 3.1.3 of the Technical Notes. It is probable that biases are less pronounced in marriage statistics, because information is obtained from the persons concerned and since marriage is a legal act, the participants are likely to give correct information. However, in some countries or areas, there appears to be a concentration of marriages at the legal minimum age for marriage and at the age at which valid marriage may be contracted without parental consent, indicating perhaps an overstatement in some cases to comply with the law.

Aside from the possibility of age misreporting, it should be noted that marriage patterns at younger ages, that is, for ages up to 24 years, are influenced to a large extent by laws regarding the minimum age for marriage.

Factors that may influence age reporting, particularly at older ages include an inclination to understate the age of the bride in order that it may be equal to or less than that of the groom.

The absence of data in the unknown age group does not necessarily indicate completely accurate reporting and tabulation of the age item. It is sometimes an indication that the unknowns have been eliminated by assigning ages to them before tabulation, or by proportionate distribution after tabulation.

Another age-reporting factor that must be kept in mind in using these data is the variation that may result from calculating age at marriage from year of birth rather than from day, month and year of birth. Information on this factor is given in footnotes when known.

Earlier data: Marriages by age of groom and age of bride have been shown for the latest available year in most issues of the *Demographic Yearbook*. Data cross-classified by age of groom and bride have been presented in previous issues featuring marriage and divorce statistics. For information on the specific topics and the years covered, readers should consult the Historical Index.

24-1 Minimum legal age at which marriage can take place

Country or area	With parental consent		Without parental consent	
	Groom	*Bride*	*Groom*	*Bride*
Africa				
Botswana	18	18	21	21
Burkina Faso[2]	18	15	20	17
Egypt	18	16	21	21
Ghana			18	18
Liberia	16	16	21	18
Libya[3]	18	18		
Malawi[4]			18	18
Mauritius	16	16	18	18
Morocco[4]			18	18
Namibia	18	18	21	21
Saint Helena ex. dep.	16	16	21	21
Senegal	Under 18	Under 18	18	18
Seychelles	16	16	18	18
Sierra Leone[4]			18	18
South Africa	18	15	21	21
Uganda[4, 5]			18	18
Zimbabwe	16	16	18	18
America, North				
Anguilla			18	18
Aruba	18	15	18	18
Bermuda[4]			18	18
Canada[6]	16	16	18	18
Cayman Islands	16	16	18	18
Costa Rica	15	15	18	18
Cuba	16	14	18	16
Dominican Republic	17	16	18	18
El Salvador	15	14	18	18
Greenland[7]	16	15	18	18

Country or area	With parental consent		Without parental consent	
	Groom	Bride	Groom	Bride
Jamaica	16	16	18	18
Mexico[8]	16	14	18	18
Montserrat[9]	16	16	18	18
Netherlands Antilles			18	18
Panama	16	14	18	18
Puerto Rico	18	16	21	21
Trinidad and Tobago[10]	Under 18	Under 18	18	18
America, South				
Brazil	16	16	18	18
Chile	16	16	18	18
Colombia	14	14	18	18
Ecuador	Under 18	Under 18	18	18
Suriname	17	15	21	21
Uruguay	14	12	18	18
Venezuela (Bolivarian Republic of)[4]			12	12
Asia				
Armenia			18	17
Azerbaijan	18	17		
Bahrain			15	
Cambodia			18	18
China, Hong Kong SAR	16	16	21	21
China, Macao SAR	16	16	18	18
Cyprus	16	16	18	18
Georgia	16	16	18	18
Indonesia			19	16
Iran	18	15		
Israel[4]			17	17
Japan	18	16	20	20
Kazakhstan	16	16	18	17
Kyrgyzstan	16	16	18	18
Malaysia[11]	18	16	18 and 21	16 and 21
Nepal	18	18	20	20
Occupied Palestinian Territory[12]		14.5	15.5	
Oman[4]			18	18
Philippines	18	18	21	21
Republic of Korea	18	18	20	20
Singapore[13]	Under 21	Under 21	21	21
Tajikistan	17	17	18	18
Turkey	16	16	18	18

Country or area	With parental consent		Without parental consent	
	Groom	*Bride*	*Groom*	*Bride*
Uzbekistan			17	17
Europe				
Åland Islands[4]			18	18
Albania	18	16		
Austria[14]	16	16	18	18
Belarus[15]			18	18
Belgium	Under 18	Under 18	18	18
Bosnia and Herzegovina			18	18
Bulgaria	16	16	18	18
Croatia	16	16	18	18
Czech Republic	16	16	18	18
Denmark	15	15	18	18
Estonia	15	15	18	18
Finland[16]			18	18
France[4]			18	18
Germany[17]	16	16	18	18
Gibraltar	16	16	18	18
Greece[18]			18	18
Hungary	16	16	18	18
Iceland[4]			18	18
Ireland[4, 19]			18	18
Isle of Man	16	16	18	18
Italy	16	16	18	18
Jersey	16	16	18	18
Latvia	16	16	18	18
Liechtenstein[14]			18	18
Lithuania[20]	15	15	18	18
Luxembourg			18	16
Malta			16	16
Montenegro	16	16	18	18
Netherlands	16	16	18	18
Norway	16	16	18	18
Poland[21]			18	18
Portugal	16	16	18	18
Republic of Moldova			18	16
Romania[4]			18	18
Russian Federation	16	16	18	18
Serbia	16	16	18	18
Slovakia[22]			16	16

Country or area	With parental consent		Without parental consent	
	Groom	Bride	Groom	Bride
Slovenia	15	15	18	18
Spain	14	14	18	18
Sweden [23]			18	18
Switzerland	16	16	18	18
TFYR of Macedonia	16	16	18	18
Ukraine	15	15	18	17
United Kingdom of Great Britain and Northern Ireland	16	16	18	18
Oceania				
Australia	16	16	18	18
Cook Islands	16	16	21	21
New Caledonia			18	18
New Zealand	16	16	18	18

NOTES

[1] *Principles and Recommendations for a Vital Statistics System Revision 2,* Sales No. 01.XVII.10, United Nations, New York, 2001.

[2] In addition, an age waiver may be granted by a civil court for a serious reason from 15 years for women and 18 years for men.

[3] According to the Islamic law, marriage requires parental consent. Consent of the bride herself, as well as the guardian's consent are fundamental in the marriage contract. Young men usually choose the consent of the parents. Minimum age at marriage is usually 18 years. According to the law, marriage is not restricted to individuals over the age of 18 years.

[4] The minimum legal age at which marriage can take place is the same respectively for bride and groom with or without parental consent.

[5] As reported by Uganda Bureau of Statistics, marriages with or without parental consent may occur much earlier than 18 years of age.

[6] Marriage is under provincial and territory legislations. Without parental consent, the minimum legal age at which marriage can take place is 18 years of age in all provinces and territories in Canada except in British Columbia, Newfoundland and Labrador, Nova Scotia, Nunavut, and Yukon where the minimum legal age is 19 years. With parental consent, the minimum legal age is 16 years in all provinces except in Northwest Territories, Nunavut, and Yukon. With parental consent, in Northwest Territories, and Yukon the minimum legal age is 15 years whereas in Nunavut, the minimum legal age is 18 years.

[7] To marry at age younger than 18 years, both parental and official consent are needed. Pregnancy is one of the very few reasons to get official consent.

[8] Each of the 31 Federal States and the Federal District has its own civil code for marriage. Exceptions to ages given in the table are as follows: without parental consent, the minimum legal age at which marriage can take place in Baja California and Tlaxcala is 16 years for males and 14 years for females whereas in Baja California Sur, it is 16 years for females. With parental consent, the minimum legal age for marriage is 16 years for both males and females in Aguascalientes, Campeche, Chiapas, Distrito Federal, Guerrero, Jalisco, Morelos, Puebla, Quintana Roo, Querétaro, San Luis Potosí, and Sonora. With parental consent, the minimum legal age for marriage is under 18 years for both males and females in Coahuila, Hidalgo, and Zacatecas. The Minimum legal age for marriage remains the same respectively for bride and groom with or without parental consent in Baja California, Baja California Sur and Tlaxcala.

[9] Consent can be given by a guardian or a person who has custody of the child wishing to marry. Also the Governor has discretion to permit persons as young as 15 years and 1 day old to marry, if he thinks that getting married is in the best interest of the persons who are intending to marry and the persons in this instance must have also received the necessary consent.

[10] With parental consent, age for marriage is 14 years for males and 12 years for females in a civil marriage; 16 years for males and 12 years for females in a Muslim marriage; 18 years for males and 14 years for females in a Hindu marriage; and 18 years for males and 16 for females in Orisa marriage.

[11] Without parental consent, it is 21 years of age for non-Muslim males and 18 years of age for Muslim males whereas it is 21 years of age for non-Muslim females and 16 years of age for Muslim females. For marriage with parental consent, approval of relevant authorities is required.

[12] The legal marriage age for females is 14 years, 6 months and 22 days. There must be parental consent (father or brother if the father is dead). The legal marriage age for males is 15 years, 6 months and 21 days. Parental consent is not required.

[13] Specified minimum legal marriage age refers to marriages contracted under the Women's Charter. For Muslim marriages under the Administration of Muslim Law Act, no marriage shall be solemnised when either party is below the age of 18 years. Notwithstanding that, Muslim women below the age of 18 years who have attained the age of puberty may be married under the Administration of the Muslim Law Act.

[14] Persons less than 18 years old need a decision of the court.

[15] In compliance with the Marriage and Family Code of the Republic of Belarus, in the exclusive cases related to pregnancy, childbirth, and in case of acquiring by a juvenile of a full legal capacity under lawful age, the civil registration offices are in a position to reduce the marriage age of espousing persons, but not more than by 3 years. The marriage age is to be reduced by an application of espousing persons; the parental consent is not required.

[16] Persons less than 18 years old need the permission of the Ministry of Justice.

[17] Marriage at 16-17 years of age requires that the other spouse be an adult already betrothed (18 years) and an exemption from the requirement of majority by a competent family court.

[18] Under some conditions (e.g. pregnancy) the marriage can take place without age restrictions.

[19] An exemption on the minimum age can be granted by court order if granting of such an exemption is in the best interests of the parties to the intended marriage and good reasons for the application can be demonstrated.

[20] In addition to parental consent, persons less than 18 years old need judicial approval. In case of pregnancy, marriage can be allowed below 15 years of age.

[21] Females can marry at the age of 16 or 17 years with parental and court consent.

[22] A marriage cannot be entered into by a minor. The court may exceptionally and for important reasons approve of entrance into marriage by a minor older than sixteen years. Without this approval, the marriage is invalid and the court shall declare the invalidity even without a petition.

[23] With parental consent, no limit but authorities must approve; without parental consent, 18 years of age for Swedish citizens.

Tableau 24

Le tableau 24 présente des statistiques concernant les mariages classés selon l'âge de l'époux et selon l'âge de l'épouse pour les années où les données sont disponibles entre 2002 et 2011.

Description des variables : le mariage désigne l'acte, la cérémonie ou la procédure qui établit un rapport légal entre mari et femme. L'union peut être rendue légale par une procédure civile ou religieuse, ou par toute autre procédure, conformément à la législation du pays [1].

Les statistiques de la nuptialité présentées dans ce tableau comprennent donc les premiers mariages et les remariages faisant suite à un divorce, un veuvage ou une annulation. Toutefois, sauf indication contraire, elles ne comprennent pas les unions reconstituées après une séparation légale. Ces statistiques se rapportent au nombre de mariages célébrés, non au nombre de personnes qui se marient.

L'âge désigne l'âge au dernier anniversaire, c'est-à-dire la différence entre la date de naissance et la date de l'événement, exprimée en années solaires révolues. Le classement par âge pour l'épouse utilisé dans ce tableau comprend les groupes suivants : moins de 15 ans, groupes quinquennaux jusqu'à 90-94 ans, et 95 ans et plus, selon la disponibilité des données. Le classement par âge pour l'époux est : moins de 15 ans, groupes quinquennal de 15 jusqu' à 59 ans et 60 ans et plus.

Dans un effort de fournir l'interprétation de ces statistiques, les pays ou les zones fournissant des données sur les mariages par l'âge de l'épouse et de par l'âge de l'époux ont été demandés d'indiquer "l'âge légal minimum avec auquel le mariage peut avoir lieu avec et sans consentement parental". Cette information est présentée dans le tableau 24-1 ci-dessous.

Fiabilité des données : les données sur les mariages issues des registres de l'état civil qui sont déclarées incomplètes (degré de complétude inférieur à 90 p. 100) ou dont le degré de complétude n'est pas connu sont jugées douteuses et apparaissent en italique et non en caractères romains. Le tableau 23 et les notes techniques s'y rapportant présentent des renseignements plus détaillés sur le degré de complétude de l'enregistrement des mariages. Pour plus de précisions sur la qualité des données reposant sur les statistiques de l'état civil en général, voir la section 4.2 des notes techniques.

Insuffisance des données : les statistiques des mariages selon l'âge de l'époux et selon l'âge de l'épouse appellent les mêmes réserves que celles formulées à propos des statistiques de l'état civil en général et des statistiques de la nuptialité en particulier (voir la section 4 des Notes techniques).

Le fait que le mariage soit un acte juridique, à la différence de la naissance et du décès, qui sont des faits biologiques, a des répercussions sur la comparabilité internationale des données. Aux fins de la statistique, le mariage est défini par la législation de chaque pays ou zone. Cette législation varie d'un pays à l'autre. La comparabilité est limitée en outre du fait que certains pays et zones ne réunissent des statistiques que pour les mariages civils, bien que les mariages religieux y soient également reconnus par la loi ; dans d'autres, les seuls relevés disponibles sont les registres des églises et, en conséquence, les statistiques peuvent ne pas rendre compte des mariages exclusivement civils.

Le mariage étant, dans de nombreux pays ou zones, un contrat juridique civil qui, pour être légal, doit être conclu devant un officier d'état civil, il s'ensuit que, dans ces pays ou zones, l'enregistrement se fait à peu près systématiquement au moment de la cérémonie ou immédiatement après. Il faut tenir compte de cet élément lorsque l'on évalue la fiabilité des données, dont il est question plus haut. C'est pourquoi la pratique consistant à exploiter les données selon la date de l'enregistrement ne pose généralement pas les graves problèmes de comparabilité auxquels on se heurte dans le cas des statistiques des naissances et des décès.

Étant donné que ces statistiques sont classées selon l'âge, elles appellent les mêmes réserves concernant l'exactitude des déclarations d'âge que celles dont il a déjà été question à la section 3.1.3 des Notes techniques. Il est probable que les statistiques de la nuptialité sont moins faussées par ce genre d'erreur, car les renseignements sont donnés par les intéressés eux-mêmes, et, comme le mariage est un acte juridique, il y a toutes chances que leurs déclarations soient exactes. Toutefois, dans certains pays ou zones, il semble y avoir une concentration de mariages à l'âge minimal légal de nubilité ainsi qu'à l'âge auquel le mariage peut être valablement contracté sans le consentement des parents, ce qui peut indiquer que certains déclarants se vieillissent pour se conformer à la loi.

Outre la possibilité d'erreurs dans les déclarations d'âge, il convient de noter que la législation fixant l'âge minimal de nubilité influe notablement sur les caractéristiques de la nuptialité pour les premiers âges, c'est-à-dire jusqu'à 24 ans.

Parmi les facteurs pouvant exercer une influence sur les déclarations d'âge, en particulier celles qui sont faites par des personnes plus âgées, il faut citer la tendance à diminuer l'âge de l'épouse de façon qu'il soit égal ou inférieur à celui de l'époux.

Si aucun nombre ne figure dans la rangée réservée aux âges inconnus, cela ne signifie pas nécessairement que les déclarations d'âge et l'exploitation des données par âge aient été tout à fait exactes. C'est parfois une indication que l'on a attribué un âge aux personnes d'âge inconnu avant l'exploitation des données ou qu'elles ont été réparties proportionnellement entre les différents groupes après cette opération.

Il importe de ne pas oublier non plus, lorsque l'on utilisera ces données, que l'on calcule parfois l'âge des conjoints au moment du mariage sur la base de l'année de naissance seulement et non d'après la date exacte (jour, mois et année) de naissance. Des renseignements à ce sujet sont donnés en note chaque fois que possible.

Donnés publiées antérieurement : on trouve dans la plupart des éditions de l'*Annuaire démographique* des statistiques concernant les mariages selon l'âge de l'époux et selon l'âge de l'épouse qui ont été établies à partir des données les plus récentes dont on disposait à l'époque. Des données croisant l'âge des époux ont été présentées dans des éditions antérieurs, plus particulièrement consacrées aux statistiques de la nuptialité et de la divortialité. Pour plus de précisions concernant les années et les sujets pour lesquels des données ont été publiées, se reporter à l'index historique.

24-1 L'âge légal minimum avec auquel le mariage peut avoir lieu

Pays ou zone	Avec consentement parental		Sans consentement parental	
	Epoux	Epouse	Epoux	Epouse
Afrique				
Afrique du Sud	18	15	21	21
Botswana	18	18	21	21
Burkina Faso[2]	18	15	20	17
Egypte	18	16	21	21
Ghana			18	18
Libéria	16	16	21	18
Libye[3]	18	18		
Malawi[4]			18	18
Maurice	16	16	18	18
Maroc[4]			18	18
Namibie	18	18	21	21
Ouganda[4, 5]			18	18
Sainte-Hélène sans dép.	16	16	21	21
Sénégal	moins de 18	moins de 18	18	18
Seychelles	16	16	18	18
Sierra Leone[4]			18	18
Zimbabwe	16	16	18	18
Amérique du Nord				
Anguilla			18	18
Antilles néerlandaises			18	18

Pays ou zone	Avec consentement parental		Sans consentement parental	
	Epoux	Epouse	Epoux	Epouse
Aruba	18	15	18	18
Bermudes[4]			18	18
Canada[6]	16	16	18	18
Costa Rica	15	15	18	18
Cuba	16	14	18	16
El Salvador	15	14	18	18
Groenland[7]	16	15	18	18
Îles Caïmanes	16	16	18	18
Jamaïque	16	16	18	18
Mexique[8]	16	14	18	18
Montserrat[9]	16	16	18	18
Panama	16	14	18	18
Porto Rico	18	16	21	21
République dominicaine	17	16	18	18
Trinité-et-Tobago[10]	moins de 18	moins de 18	18	18
Amérique du Sud				
Brésil	16	16	18	18
Chili	16	16	18	18
Colombie	14	14	18	18
Equateur	moins de 18	moins de 18	18	18
Suriname	17	15	21	21
Uruguay	14	12	18	18
Venezuela (République bolivarienne du)[4]			12	12
Asie				
Arménie			18	17
Azerbaïdjan	18	17		
Bahreïn			15	
Cambodge			18	18
Chine, Hong Kong RAS	16	16	21	21
Chine, Macao RAS	16	16	18	18
Géorgie	16	16	18	18
Indonésie			19	16
Iran (République islamique d')	18	15		
Israël[4]			17	17
Japon	18	16	20	20
Kazakhstan	16	16	18	17
Kirghizistan	16	16	18	18
Malaisie[11]	18	16	18 et 21	16 et 21

Pays ou zone	Avec consentement parental		Sans consentement parental	
	Epoux	Epouse	Epoux	Epouse
Népal	18	18	20	20
Oman[4]			18	18
Ouzbékistan			17	17
Philippines	18	18	21	21
République de Corée	18	18	20	20
Singapour[12]	moins de 21	moins de 21	21	21
Tadjikistan	17	17	18	18
Territoire palestinien occupé[13]		14.5	15.5	
Turquie	16	16	18	18
Europe				
Albanie	18	16		
Allemagne[14]	16	16	18	18
Autriche[15]	16	16	18	18
Bélarus[16]			18	18
Belgique	moins de 18	moins de 18	18	18
Bosnie-Herzégovine			18	18
Bulgarie	16	16	18	18
Croatie	16	16	18	18
Danemark	15	15	18	18
Espagne	14	14	18	18
Estonie	15	15	18	18
Fédération de Russie	16	16	18	18
Finlande[17]			18	18
France[4]			18	18
Gibraltar	16	16	18	18
Grèce[18]			18	18
Hongrie	16	16	18	18
Île de Man	16	16	18	18
Îles d'Åland[4]			18	18
Irlande[4, 19]			18	18
Islande[4]			18	18
Italie	16	16	18	18
Jersey	16	16	18	18
L'ex-R. y. de Macédoine	16	16	18	18
Lettonie	16	16	18	18
Liechtenstein[15]			18	18

Pays ou zone	Avec consentement parental		Sans consentement parental	
	Epoux	Epouse	Epoux	Epouse
Lituanie[20]	15	15	18	18
Luxembourg			18	16
Malte			16	16
Monténégro	16	16	18	18
Norvège	16	16	18	18
Pays-Bas	16	16	18	18
Pologne[21]			18	18
Portugal	16	16	18	18
République de Moldova			18	16
République tchèque	16	16	18	18
Roumanie[4]			18	18
Royaume-Uni de Grande-Bretagne et d'Irlande du Nord	16	16	18	18
Serbie	16	16	18	18
Slovaque[22]			16	16
Slovénie	15	15	18	18
Suede[23]			18	18
Suisse	16	16	18	18
Ukraine	15	15	18	17
Océanie				
Australie	16	16	18	18
Îles Cook	16	16	21	21
Nouvelle-Calédonie			18	18
Nouvelle-Zélande	16	16	18	18

NOTES

[1] *Principes et recommandations pour un système de statistiques de l'état civil, deuxième révision,* numéro de vente F.01.XVII.10, publication des Nations Unies, New York, 2003.

[2] De plus, une dispense d'âge peut être accordée par un tribunal civil pour motif grave à partir de 15 ans pour les femmes et de 18 ans pour les hommes.

[3] Conformément à la loi islamique, le mariage requiert le consentement parental. Le consentement de la mariée, elle-même ainsi que le consentement du tuteur sont fondamentaux dans le contrat de mariage. Les jeunes hommes choisissent habituellement le consentement des parents. L'âge minimum du mariage est généralement 18 ans. Conformément à la loi, le mariage n'est pas limité aux individus âgés de plus de 18 ans.

[4] L'âge minimum légal du mariage est le même respectivement pour le marié et la mariée, avec ou sans le consentement parental.

[5] Tel que le signale l' "Uganda Bureau of Statistics", les mariages avec ou sans le consentement parental peuvent se produire beaucoup plus tôt que 18 ans.

[6] Le mariage est en vertu des législations provinciales et territoriales. Sans le consentement des parents, l'âge minimum légal du mariage est de 18 ans dans toutes les provinces et territoires du Canada sauf en Colombie-Britannique, Terre-Neuve-et-Labrador, la Nouvelle-Écosse, du Nunavut et du Yukon, où l'âge minimum légal est de 19 ans. Avec le consentement des parents, l'âge minimum légal est de

16 ans dans toutes les provinces sauf dans les Territoires du Nord-Ouest, Nunavut et Yukon. Avec le consentement des parents, dans les Territoires du Nord-Ouest et le Yukon l'âge minimum légal est de 15 ans alors que dans le Nunavut, l'âge minimum légal est de 18 ans.

[7] Pour se marier à un âge inférieur à 18 ans, les consentements à la fois des parents et des autorités sont nécessaires. La maternité est l'une des rares raisons permettant d'obtenir le consentement officiel des autorités.

[8] Chacun des 31 Etats fédéraux et du District fédéral a son propre code civil pour le mariage. Les exceptions aux âges figurant sur le tableau sont les suivantes : sans le consentement des parents, l'âge minimum légal du mariage en Basse-Californie et au Tlaxcala est de 16 ans pour les hommes et 14 ans pour les femmes alors que dans la Basse-Californie du Sud, il est de 16 ans pour les femmesfemmes. Avec le consentement des parents, l'âge minimum légal du mariage est de 16 ans pour les hommes et les femmes les femelles à Aguascalientes, Campeche, Chiapas, Distrito Federal, Guerrero, Jalisco, Morelos, Puebla, Quintana Roo, Querétaro, San Luis Potosí et Sonora. Avec le consentement des parents, l'âge minimum légal du mariage est en-dessous de 18 ans pour les hommes et femmes à Coahuila, Hidalgo, et Zacatecas. L'âge minimum légal du mariage reste le même, respectivement pour les mariés avec ou sans le consentement parental en Basse-Californie, Basse Californie du Sud et Tlaxcala.

[9] Le consentement peut être donné par un tuteur ou une personne qui a la garde de l'enfant qui souhaitent se marier. En outre, le gouverneur a la faculté de permettre aux personnes âgés d'au moins 15 ans et 1 jour de se marier, s'il pense que le mariage est dans le meilleur intérêt des personnes qui ont l'intention de s'unir et que les personnes concernées aient également reçu le consentement nécessaire.

[10] Avec l'âge du le consentement parental, l'âge minimum du mariage pour se marier est de 14 ans pour les hommes et de 12 ans pour les femmes pour un mariage civil ; de 16 ans pour les hommes et de 12 ans pour les femmes pour un mariage musulman ; de 18 ans pour les hommes et de 14 ans pour les femmes pour un mariage hindou, et de18 ans pour les hommes et de 16 pour les femmes pour un mariage orisa.

[11] Sans le consentement parental, il est de 21 ans pour les hommes non-musulmans et de 18 ans pour les hommes musulmans alors qu'il est de 21 ans pour les femmes non-musulmanes et il est de 16 ans pour les femmes musulmanes. Pour le mariage avec le consentement parental, l'accord des autorités compétentes est nécessaire.

[12] L'âge minimum légal du mariage spécifié correspond à des mariages contractés en vertu de la Charte des femmes. Pour les mariages musulmans sous l'administration de la « Loi sur le Droit Musulman », aucun mariage ne doit être célébré lorsque l'une des parties est en dessous de l'âge de 18 ans. Néanmoins, les femmes musulmanes en dessous de l'âge de 18 ans qui ont atteint l'âge de la puberté peuvent être mariées dans le cadre de l'administration de la « Loi sur le Droit Musulman ».

[13] L'âge légal du mariage pour les femmes est de 14 ans, 6 mois et 22 jours. Le consentement parental (du père ou du frère si le père est mort) est requis. L'âge légal du mariage pour les hommes est de 15 ans, 6 mois et 21 jours. Le consentement parental n'est pas nécessaire.

[14] Le mariage à 16-17 ans exige que l'autre conjoint soit un adulte déjà fiancée (18 ans) ainsi qu'une exemption de l'obligation de la majorité par un juge aux affaires familiales.

[15] Les personnes âgées de moins de 18 ans doivent obtenir l'autorisation de la justice.

[16] En conformité avec le Code du mariage et la famille de la République du Bélarus, dans les cas exclusifs liés à la maternité, l'accouchement et en cas d'acquisition par un mineur d'une pleine capacité juridique en vertu de l'âge légal, les bureaux d'état civil sont en mesure de de réduire l'âge du mariage des personnes souhaitant se marier, de 3 ans au plus. L'âge du mariage est abaissé suite à une demande des personnes se mariant, le consentement parental n'est pas nécessaire.

[17] Les personnes âgées de moins de 18 ans doivent obtenir l'autorisation du ministère de la justice.

[18] Dans certaines conditions (par exemple la grossesse), le mariage peut avoir lieu sans restriction d'âge.

[19] Une exemption sur l'âge minimum peut être accordée par ordonnance du tribunal si l'octroi d'une telle exemption est dans le meilleur intérêt des parties ayant l'intention de se marier et si la demande est appuyée par de bonnes raisons.

[20] En plus du consentement parental, les personnes de moins de 18 ans doivent obtenir l'autorisation du tribunall'approbation judiciaire. En cas de grossesse, le mariage peut être autorisé en dessous de 15 ans.

[21] Les femmes peuvent se marier à l'âge de 16 ou 17 ans avec l'autorisation des parents et du tribunal de la cour.

[22] Un mariage ne peut être conclu par un mineur. Le tribunal peut, exceptionnellement et pour des raisons importantes approuver l'entrée en mariage par un mineur de plus de seize ans. Sans cet accord, le mariage est invalide et le tribunal est en mesure de prononcer sa nullité, même sans une demande explicite.

[23] Avec le consentement des parents, aucune limite mais les autorités doivent approuver. Sans le consentement parental, l'âge minimum légal du mariage est de 18 ans pour les citoyens suédois.

24. Marriages by age of groom and by age of bride: latest available year, 2002 - 2011
Mariages selon l'âge de l'époux et selon l'âge de l'épouse : dernière année disponible, 2002 - 2011

Continent, country or area, year, code and age of bride / Continent, pays ou zone, date, code et âge de l'épouse	Total	0-14	15-19	20-24	25-29	30-34	35-39	40-44	45-49	50-54	55-59	60+	Unknown Inconnu
AFRICA - AFRIQUE													
Botswana													
2006 (+U)													
Total	4 335	-	-	50	639	1 299	968	582	369	211	106	111	-
0 - 14	-	-	-	-	-	-	-	-	-	-	-	-	-
15 - 19	12	-	-	5	4	3	-	-	-	-	-	-	-
20 - 24	535	-	-	31	213	184	67	26	10	4	-	-	-
25 - 29	1 566	-	-	12	357	679	340	112	51	12	3	-	-
30 - 34	1 159	-	-	2	56	373	398	200	71	42	13	4	-
35 - 39	534	-	-	-	8	49	137	173	99	42	18	8	-
40 - 44	268	-	-	-	1	10	20	63	89	51	21	13	-
45 - 49	143	-	-	-	-	-	6	7	44	41	28	17	-
50 - 54	61	-	-	-	-	1	-	1	4	14	19	22	-
55 - 59	32	-	-	-	-	-	-	-	1	5	4	22	-
60 - 64	8	-	-	-	-	-	-	-	-	-	-	8	-
65 +	17	-	-	-	-	-	-	-	-	-	-	17	-
Egypt - Égypte[1]													
2010 (+C)													
Total	864 857	...	14 718[i]	205 552	359 792	157 053	48 816	25 374	18 262	12 501	9 237	12 464	1 088
18 - 19	191 656	...	8 233[i]	75 387	82 501	21 397	2 832	648	281	150	103	113	11
20 - 24	397 397	...	5 268[i]	111 693	192 667	67 468	12 848	3 742	1 774	868	519	536	14
25 - 29	166 544	...	821[i]	15 043	73 904	47 861	15 450	6 168	3 367	1 800	1 039	1 083	8
30 - 34	55 290	...	266[i]	2 425	8 236	16 507	11 356	6 803	4 133	2 339	1 565	1 653	7
35 - 39	23 465	...	55[i]	481	1 432	2 561	4 661	4 708	3 699	2 371	1 608	1 887	2
40 - 44	13 383	...	26[i]	206	484	790	1 062	2 312	2 849	2 137	1 575	1 940	2
45 - 49	8 463	...	21[i]	130	278	272	416	713	1 700	1 765	1 365	1 803	-
50 - 54	4 064	...	8[i]	77	115	108	109	203	334	843	942	1 323	2
55 - 59	1 815	...	6[i]	37	42	29	35	48	90	165	419	944	-
60 - 64	930	...	5[i]	11	29	23	22	9	20	43	70	698	-
65 - 69	276	...	2[i]	3	8	4	2	2	3	7	20	225	-
70 - 74	133	...	-[i]	3	3	3	3	3	3	4	7	104	-
75 +	207	...	1[i]	11	23	10	4	2	1	4	2	149	-
Unknown - Inconnu	1 234	...	6[i]	45	70	20	16	13	8	5	3	6	1 042
Mauritius - Maurice[2]													
2010 (+C)													
Total	10 555	-	134	1 358	3 199	2 554	1 260	836	518	307	192	194	3
0 - 14	44	-	-	5	19	8	6	5	-	-	-	1	-
15 - 19	1 136	-	97	475	388	142	26	6	1	1	-	-	-
20 - 24	2 831	-	31	680	1 305	666	101	31	13	1	2	-	1
25 - 29	2 804	-	3	158	1 207	934	321	122	38	13	6	2	-
30 - 34	1 668	-	1	25	218	639	447	230	72	18	9	9	-
35 - 39	854	-	-	9	38	111	264	231	132	40	19	10	-
40 - 44	515	-	2	4	13	40	70	137	138	74	24	12	1
45 - 49	361	-	-	1	7	9	20	57	91	100	44	32	-
50 - 54	202	-	-	-	2	3	3	14	24	50	51	55	-
55 - 59	78	-	-	-	-	1	2	2	6	8	25	34	-
60 - 64	37	-	-	-	-	-	-	-	2	2	11	22	-
65 - 69	7	-	-	-	-	-	-	-	-	-	1	6	-
70 - 74	6	-	-	-	-	-	-	-	-	-	-	6	-
75 +	5	-	-	-	1	-	-	-	-	-	-	4	-
Unknown - Inconnu	7	-	-	1	1	1	-	1	1	-	-	1	1
Réunion													
2008 (C)													
Total	3 149	-	15	338	787	681	514	306	185	150	62	111	-
0 - 14	1	-	1	-	-	-	-	-	-	-	-	-	-
15 - 19	91	-	8	45	26	7	2	2	1	-	-	-	-
20 - 24	679	-	4	235	296	99	28	13	3	-	1	-	-
25 - 29	858	-	2	42	391	264	117	30	7	4	1	-	-
30 - 34	584	-	-	12	52	232	185	56	29	10	4	4	-
35 - 39	384	-	-	3	16	55	134	106	38	25	4	3	-
40 - 44	234	-	-	-	4	16	34	77	49	28	13	13	-
45 - 49	144	-	-	1	1	7	11	18	34	40	18	14	-
50 - 54	94	-	-	-	1	1	3	4	19	30	12	24	-
55 - 59	39	-	-	-	-	-	-	-	3	10	7	19	-
60 - 64	16	-	-	-	-	-	-	-	2	2	1	11	-
65 - 69	16	-	-	-	-	-	-	-	-	1	1	14	-

24. Marriages by age of groom and by age of bride: latest available year, 2002 - 2011
Mariages selon l'âge de l'époux et selon l'âge de l'épouse : dernière année disponible, 2002 - 2011 (continued - suite)

Continent, country or area, year, code and age of bride / Continent, pays ou zone, date, code et âge de l'épouse	Total	0-14	15-19	20-24	25-29	30-34	35-39	40-44	45-49	50-54	55-59	60+	Unknown Inconnu
AFRICA - AFRIQUE													
Réunion													
2008													
70 - 74	7	-	-	-	-	-	-	-	-	-	-	7	-
75 +	2	-	-	-	-	-	-	-	-	-	-	2	-
Seychelles[3]													
2011 (+C)													
Total	1 525	-	3	68	293	381	270	207	145	86	39	33	-
0 - 14	-	-	-	-	-	-	-	-	-	-	-	-	-
15 - 19	18	-	1	7	8	2	-	-	-	-	-	-	-
20 - 24	148	-	1	36	65	32	9	4	1	-	-	-	-
25 - 29	418	-	1	19	162	155	38	28	12	1	1	1	-
30 - 34	384	-	-	3	48	153	103	40	24	10	3	-	-
35 - 39	236	-	-	1	9	29	95	64	24	9	4	1	-
40 - 44	138	-	-	1	1	7	19	45	35	20	6	4	-
45 - 49	94	-	-	1	-	3	5	19	34	18	8	6	-
50 - 54	55	-	-	-	-	-	1	5	11	20	11	7	-
55 - 59	23	-	-	-	-	-	-	2	2	7	5	7	-
60 - 64	5	-	-	-	-	-	-	-	1	1	1	2	-
65 - 69	3	-	-	-	-	-	-	-	1	-	-	2	-
70 - 74	3	-	-	-	-	-	-	-	-	-	-	3	-
75 +	-	-	-	-	-	-	-	-	-	-	-	-	-
South Africa - Afrique du Sud													
2010 (...)													
Total	170 826	3	196	9 391	37 196	39 243	30 562	20 183	12 930	8 431	5 194	...	7 497
0 - 14	5	-	-	5	-	-	-	-	-	-	-	...	-
15 - 19	2 338	-	99	1 059	759	274	98	29	12	7	-	...	1
20 - 24	27 238	1	74	6 078	13 192	5 359	1 674	540	193	77	26	...	24
25 - 29	51 052	-	12	1 783	19 316	18 931	7 532	2 236	787	281	100	...	74
30 - 34	35 295	-	8	328	3 092	11 671	12 272	5 112	1 781	634	251	...	146
35 - 39	22 385	-	2	102	607	2 303	7 100	7 101	3 180	1 224	439	...	327
40 - 44	13 476	-	1	22	183	540	1 436	3 926	3 969	2 005	822	...	572
45 - 49	8 380	-	-	8	35	121	345	945	2 286	2 434	1 217	...	989
50 - 54	5 033	1	-	4	10	31	85	231	577	1 378	1 374	...	1 342
55 - 59	2 631	1	-	1	2	10	17	41	109	292	707	...	1 451
60 - 64	1 512	-	-	1	-	2	3	20	25	79	203	...	1 179
65 - 69	764	-	-	-	-	1	-	1	6	11	33	...	712
70 - 74	717	-	-	-	-	-	-	1	5	9	22	...	680
Tunisia - Tunisie													
2007 (...)													
Total	76 809	...	200[e]	5 130	20 482	26 252	13 140	5 056	2 038	1 888[n]	...	1 716	907
15 - 19	6 114	...	...	...	...	...	...	...	...	...	...	...	...
20 - 24	23 270	...	...	...	...	...	...	...	...	...	...	...	...
25 - 29	25 494	...	...	...	...	...	...	...	...	...	...	...	...
30 - 34	11 582	...	...	...	...	...	...	...	...	...	...	...	...
35 - 39	4 694	...	...	...	...	...	...	...	...	...	...	...	...
40 - 44	2 497	...	...	...	...	...	...	...	...	...	...	...	...
45 - 49	1 247	...	...	...	...	...	...	...	...	...	...	...	...
50 +	792	...	...	...	...	...	...	...	...	...	...	...	...
Unknown - Inconnu	1 119	...	...	...	...	...	...	...	...	...	...	...	...
AMERICA, NORTH - AMÉRIQUE DU NORD													
Anguilla[4]													
2008 (C)													
Total	54	...	...	...	...	...	...	...	...	...	...	...	...
18 - 23	8	...	...	...	...	...	...	...	...	...	...	...	...
24 - 29	15	...	...	...	...	...	...	...	...	...	...	...	...
30 - 35	16	...	...	...	...	...	...	...	...	...	...	...	...
36 - 41	5	...	...	...	...	...	...	...	...	...	...	...	...
42 - 47	7	...	...	...	...	...	...	...	...	...	...	...	...
48 - 53	1	...	...	...	...	...	...	...	...	...	...	...	...
54	2	...	...	...	...	...	...	...	...	...	...	...	...
Aruba[5,6]													
2007 (C)													
Total	532	-	7	53	94	89	77	71	44	34	30	20	13
0 - 14	-	-	-	-	-	-	-	-	-	-	-	-	-

24. Marriages by age of groom and by age of bride: latest available year, 2002 - 2011
Mariages selon l'âge de l'époux et selon l'âge de l'épouse : dernière année disponible, 2002 - 2011 (continued - suite)

Continent, country or area, year, code and age of bride / Continent, pays ou zone, date, code et âge de l'épouse	Total	Age of groom - âge de l'époux											
		0-14	15-19	20-24	25-29	30-34	35-39	40-44	45-49	50-54	55-59	60+	Unknown Inconnu
AMERICA, NORTH - AMÉRIQUE DU NORD													
Aruba[5,6]													
2007													
15 - 19	27	-	3	16	4	2	1	-	-	-	-	-	1
20 - 24	71	-	3	17	29	12	7	2	-	-	1	-	-
25 - 29	93	-	-	7	39	27	9	6	1	1	1	-	2
30 - 34	97	-	-	5	15	25	28	12	6	2	-	-	4
35 - 39	63	-	-	3	1	12	12	15	8	5	4	2	1
40 - 44	55	-	-	-	1	6	8	19	10	6	1	4	-
45 - 49	45	-	-	-	-	1	5	10	8	7	7	3	4
50 - 54	21	-	-	-	-	-	1	2	4	3	7	4	-
55 - 59	17	-	-	-	-	-	-	-	3	1	9	3	1
60 - 64	4	-	-	-	-	-	-	-	-	2	-	2	-
65 +	2	-	-	-	-	-	-	-	-	-	-	2	-
Unknown - Inconnu	37	-	1	5	5	4	6	5	4	7	-	-	-
Bahamas													
2008 (C)													
Total	1 969	-	17	212	493	405	305	189	149	88	53	52	6
0 - 14	-	-	-	-	-	-	-	-	-	-	-	-	-
15 - 19	66	-	11	30	20	4	-	-	1	-	-	-	-
20 - 24	399	-	2	129	164	65	22	10	3	3	-	-	1
25 - 29	486	-	3	35	212	134	65	23	8	3	2	1	-
30 - 34	384	-	-	13	60	139	95	44	22	5	4	1	1
35 - 39	264	-	-	1	29	39	83	49	36	16	9	2	-
40 - 44	160	-	-	2	4	18	24	39	40	20	7	6	-
45 - 49	103	-	1	1	3	4	9	20	26	23	14	2	-
50 - 54	54	-	-	-	-	1	5	3	10	14	9	12	-
55 - 59	21	-	-	-	-	-	1	1	2	3	7	7	-
60 +	24	-	-	-	-	1	-	-	-	-	1	21	1
Unknown - Inconnu	8	-	-	1	1	-	1	-	1	1	-	-	3
Bermuda - Bermudes													
2009 (C)													
Total	683	-	1	25	136	135	120	84	63	65	20	34	-
0 - 14	-	-	-	-	-	-	-	-	-	-	-	-	-
15 - 19	5	-	1	3	1	-	-	-	-	-	-	-	-
20 - 24	46	-	-	15	19	8	1	3	-	-	-	-	-
25 - 29	171	-	-	7	79	51	22	9	1	1	1	-	-
30 - 34	156	-	-	-	24	60	53	15	2	2	-	-	-
35 - 39	104	-	-	-	10	11	29	23	22	5	2	2	-
40 - 44	68	-	-	-	2	5	10	23	16	6	2	4	-
45 - 49	63	-	-	-	-	-	3	9	14	27	6	4	-
50 - 54	37	-	-	-	1	-	2	2	5	18	5	4	-
55 - 59	15	-	-	-	-	-	-	-	3	4	2	6	-
60 - 64	12	-	-	-	-	-	-	-	-	1	1	10	-
65 - 69	5	-	-	-	-	-	-	-	-	1	1	3	-
70 - 74	-	-	-	-	-	-	-	-	-	-	-	-	-
75 +	1	-	-	-	-	-	-	-	-	-	-	1	-
Unknown - Inconnu	-	-	-	-	-	-	-	-	-	-	-	-	-
Canada													
2002 (C)													
Total	146 738	...	919	19 421	43 355	30 788	18 266	11 497	7 711	5 667	3 686	5 347	81
15 - 19	3 504	...	544	2 047	644	189	45	24	6	1	1	1	2
20 - 24	31 526	...	324	13 344	13 341	3 313	815	241	82	37	6	5	16
25 - 29	45 377	...	39	3 381	23 768	12 896	3 740	1 064	302	103	41	15	19
30 - 34	25 579	...	9	489	4 529	10 739	6 334	2 367	730	253	80	36	13
35 - 39	14 675	...	2	112	814	2 775	4 970	3 387	1 608	660	225	115	7
40 - 44	9 526	...	-	37	189	644	1 683	2 864	2 190	1 180	506	229	4
45 - 49	6 827	...	1	6	55	170	515	1 169	1 892	1 620	885	512	2
50 - 54	4 349	...	-	4	9	50	122	298	691	1 292	1 027	854	2
55 - 59	2 372	...	-	-	1	7	31	61	167	405	669	1 029	2
60 - 64	1 254	...	-	-	-	-	3	13	32	86	183	934	3
65 - 69	807	...	-	-	-	-	2	5	5	23	52	719	1
70 - 74	481	...	-	-	-	2	2	1	2	5	3	465	1
75 +	431	...	-	-	-	-	-	-	3	2	7	419	-
Unknown - Inconnu	30	...	-	1	5	3	4	3	1	-	1	3	9

24. Marriages by age of groom and by age of bride: latest available year, 2002 - 2011
Mariages selon l'âge de l'époux et selon l'âge de l'épouse : dernière année disponible, 2002 - 2011 (continued - suite)

Continent, country or area, year, code and age of bride / Continent, pays ou zone, date, code et âge de l'épouse	Total	0-14	15-19	20-24	25-29	30-34	35-39	40-44	45-49	50-54	55-59	60+	Unknown Inconnu
AMERICA, NORTH - AMÉRIQUE DU NORD													
Costa Rica[7]													
2011* (C)													
Total	25 013	-	504	4 567	6 708	4 897	2 665	1 719	1 165	2 211ʳ	...	...	577
0 - 14	4	-	2	1	-	1	-	-	-	.ʳ	...	...	-
15 - 19	2 293	-	288	1 221	522	162	37	24	14	13ʳ	...	...	12
20 - 24	6 207	-	171	2 253	2 445	852	270	111	48	48ʳ	...	...	9
25 - 29	6 522	-	25	758	2 659	1 936	642	279	123	87ʳ	...	...	13
30 - 34	3 949	-	8	205	756	1 373	858	403	181	154ʳ	...	...	11
35 - 39	1 996	-	3	65	201	373	538	369	210	231ʳ	...	...	6
40 - 44	1 231	-	2	24	59	106	182	306	233	315ʳ	...	...	4
45 - 49	889	-	-	8	21	38	83	139	212	385ʳ	...	...	3
50 +	1 230	-	-	4	9	18	34	69	134	953ʳ	...	...	9
Unknown - Inconnu	692	-	5	28	36	38	21	19	10	25ʳ	...	...	510
Cuba[8]													
2010 (C)													
Total	58 490	1	1 242	7 936	9 299	7 485	8 297	7 129	6 004	3 321	2 643	5 131	2
0 - 14	59	-	18	30	8	-	2	1	-	-	-	-	-
15 - 19	4 922	1	690	2 341	1 128	369	194	103	50	17	12	17	-
20 - 24	11 453	-	366	3 659	3 664	1 698	1 042	486	250	121	71	96	-
25 - 29	9 084	-	100	1 122	2 601	2 158	1 529	787	408	158	103	118	-
30 - 34	6 308	-	28	371	909	1 402	1 597	994	531	192	108	176	-
35 - 39	7 282	-	22	211	542	967	1 946	1 686	1 078	384	177	269	-
40 - 44	6 493	-	10	108	253	503	1 121	1 631	1 475	602	361	429	-
45 - 49	5 450	-	2	50	109	242	567	952	1 422	897	551	658	-
50 - 54	2 889	-	2	23	55	72	167	275	464	573	582	674	2
55 - 59	1 997	-	-	11	19	46	70	127	193	222	436	873	-
60 - 64	1 246	-	2	2	5	14	30	49	88	99	162	795	-
65 - 69	715	-	2	4	4	5	16	29	26	40	50	539	-
70 - 74	334	-	-	2	-	8	8	5	12	7	19	273	-
75 +	258	-	-	2	2	1	8	4	7	9	11	214	-
Unknown - Inconnu	-	-	-	-	-	-	-	-	-	-	-	-	-
Dominican Republic - République dominicaine[9]													
2010 (+C)													
Total	43 797	...	455	5 393	9 218	8 072	6 210	4 716	3 310	2 365	1 482	2 212	364
0 - 14	12	...	3	5	1	1	-	1	-	1	-	-	-
15 - 19	2 543	...	173	1 117	699	298	131	52	34	19	9	9	2
20 - 24	9 273	...	187	2 753	3 379	1 559	665	318	201	99	48	60	4
25 - 29	9 827	...	54	974	3 471	2 702	1 253	630	332	201	87	116	7
30 - 34	7 464	...	24	318	1 033	2 157	1 934	949	489	249	140	167	4
35 - 39	5 164	...	7	114	356	792	1 387	1 216	644	331	167	147	3
40 - 44	3 659	...	3	54	141	338	487	952	781	447	211	244	1
45 - 49	2 370	...	3	21	58	121	218	349	532	540	271	255	2
50 - 54	1 417	...	1	14	25	51	74	153	172	296	301	328	2
55 - 59	814	...	-	3	12	16	31	56	71	118	168	338	1
60 - 64	461	...	-	3	6	11	7	20	32	43	59	280	-
65 - 69	203	...	-	-	4	2	5	5	6	11	14	156	-
70 - 74	80	...	-	-	-	1	2	2	5	2	3	65	-
75 +	48	...	-	-	2	1	3	3	2	-	1	36	-
Unknown - Inconnu	462	...	-	17	31	22	13	10	9	8	3	11	338
El Salvador[10]													
2007 (...)													
Total	28 675	-	1 202	6 562	7 366	4 763	2 897	1 812	1 296	878	669	1 211	19
0 - 14	45	-	13	19	6	3	1	-	3	-	-	-	-
15 - 19	3 807	-	643	1 815	804	321	128	44	17	17	11	4	3
20 - 24	7 946	-	408	3 293	2 656	962	368	130	69	32	13	12	3
25 - 29	6 646	-	91	1 045	2 780	1 613	612	251	121	77	25	27	4
30 - 34	3 927	-	27	272	770	1 297	803	391	182	88	44	50	3
35 - 39	2 218	-	9	67	215	375	653	427	225	106	55	85	1
40 - 44	1 545	-	1	24	86	132	218	389	337	153	96	109	-
45 - 49	980	-	1	9	28	37	72	124	239	200	140	130	-
50 - 54	624	-	1	4	9	12	27	38	73	147	143	170	-
55 - 59	369	-	3	3	2	4	5	11	20	34	99	188	-
60 - 64	233	-	1	-	-	1	6	6	1	15	27	176	-
65 +	298	-	1	3	-	2	1	1	8	7	16	259	-
Unknown - Inconnu	37	-	3	8	10	4	3	-	1	2	-	1	5

Continent, country or area, year, code and age of bride / Continent, pays ou zone, date, code et âge de l'épouse	Total	0-14	15-19	20-24	25-29	30-34	35-39	40-44	45-49	50-54	55-59	60+	Unknown Inconnu
AMERICA, NORTH - AMÉRIQUE DU NORD													
Guadeloupe													
2003 (C)													
Total	1 701	-	3	49	320	437	328	197	121	74	63	109	-
0 - 14	-	-	-	-	-	-	-	-	-	-	-	-	-
15 - 19	28	-	1	8	13	4	2	-	-	-	-	-	-
20 - 24	226	-	2	24	116	56	19	5	4	-	-	-	-
25 - 29	423	-	-	14	139	169	74	19	4	1	2	1	-
30 - 34	412	-	-	2	46	159	128	46	18	3	6	4	-
35 - 39	238	-	-	-	4	33	79	69	35	8	7	3	-
40 - 44	122	-	-	-	-	14	19	35	23	18	6	7	-
45 - 49	94	-	-	1	2	-	6	18	22	25	13	7	-
50 - 54	61	-	-	-	-	-	-	4	9	10	18	20	-
55 - 59	35	-	-	-	-	2	1	-	6	6	5	15	-
60 - 64	29	-	-	-	-	-	-	1	-	3	5	20	-
65 - 69	11	-	-	-	-	-	-	-	-	-	-	11	-
70 +	22	-	-	-	-	-	-	-	-	-	1	21	-
Guatemala													
2006 (C)													
Total	57 505	19	8 409	20 576	12 375	5 644	2 937	2 066	1 546	1 103	882	1 817	131
0 - 14	1 110	4	509	466	96	22	4	4	1	3	-	-	1
15 - 19	18 790	13	5 969	9 346	2 616	552	167	57	33	16	6	10	5
20 - 24	17 622	1	1 655	8 529	5 323	1 403	385	162	83	35	22	21	3
25 - 29	8 550	-	217	1 818	3 426	1 924	675	252	107	54	35	42	-
30 - 34	3 973	1	29	282	714	1 317	856	422	163	79	54	56	-
35 - 39	2 172	-	7	57	140	301	611	583	251	105	51	65	1
40 - 44	1 522	-	3	20	42	68	168	401	434	192	94	99	1
45 - 49	1 230	-	2	12	5	32	50	129	354	333	154	159	-
50 - 54	842	-	2	7	5	7	11	36	87	212	235	240	-
55 - 59	599	-	2	-	1	6	4	12	23	44	160	347	-
60 - 64	391	-	-	6	-	3	2	2	8	16	57	297	-
65 - 69	238	-	1	1	-	-	3	-	-	6	9	218	-
70 - 74	164	-	-	2	-	3	1	1	1	5	3	148	-
75 +	145	-	6	14	2	3	-	3	-	2	2	113	-
Unknown - Inconnu	157	-	7	16	5	3	-	2	1	1	-	2	120
Jamaica - Jamaïque													
2006 (+C)													
Total	23 181	-	70	2 153	5 477	4 987	3 749	2 672	1 676	1 032	568	797	-
0 - 14	-	-	-	-	-	-	-	-	-	-	-	-	-
15 - 19	368	-	31	168	89	35	23	11	6	1	1	3	-
20 - 24	3 726	-	22	1 251	1 579	531	195	86	31	19	4	8	-
25 - 29	6 263	-	11	501	2 670	1 870	742	277	108	43	15	26	-
30 - 34	4 635	-	4	136	715	1 660	1 242	525	199	86	41	27	-
35 - 39	3 194	-	1	62	266	571	940	765	360	123	55	51	-
40 - 44	2 190	-	1	18	105	221	402	635	440	202	102	64	-
45 - 49	1 452	-	-	15	35	75	147	273	364	292	133	118	-
50 - 54	708	-	-	1	15	18	39	63	122	200	105	145	-
55 - 59	327	-	-	1	-	5	17	24	28	45	71	136	-
60 - 64	179	-	-	-	2	1	1	10	15	15	27	108	-
65 - 69	84	-	-	-	1	-	-	2	1	4	10	66	-
70 - 74	35	-	-	-	-	-	-	1	2	1	3	28	-
75 +	20	-	-	-	-	-	1	-	-	1	1	17	-
Martinique													
2007 (C)													
Total	1 341	-	19	128	297	284	185	155	117	63	32	61	-
0 - 14	-	-	-	-	-	-	-	-	-	-	-	-	-
15 - 19	55	-	11	35	8	1	-	-	-	-	-	-	-
20 - 24	217	-	4	63	108	25	13	4	-	-	-	-	-
25 - 29	273	-	3	20	123	99	16	7	1	4	-	-	-
30 - 34	243	-	1	4	38	97	65	24	11	2	1	-	-
35 - 39	173	-	-	4	12	42	54	49	9	3	-	-	-
40 - 44	146	-	-	1	3	11	26	47	45	10	3	-	-
45 - 49	84	-	-	1	3	6	6	19	29	14	5	1	-
50 - 54	53	-	-	-	2	3	3	3	15	11	10	6	-
55 - 59	31	-	-	-	-	-	1	-	7	12	3	8	-
60 - 64	24	-	-	-	-	-	-	1	-	4	8	11	-
65 - 69	12	-	-	-	-	-	1	-	-	2	-	9	-

24. Marriages by age of groom and by age of bride: latest available year, 2002 - 2011
Mariages selon l'âge de l'époux et selon l'âge de l'épouse : dernière année disponible, 2002 - 2011 (continued - suite)

Continent, country or area, year, code and age of bride / Continent, pays ou zone, date, code et âge de l'épouse	Total	_	_	_	_	Age of groom - âge de l'époux	_	_	_	_	_	_	_
		0-14	15-19	20-24	25-29	30-34	35-39	40-44	45-49	50-54	55-59	60+	Unknown Inconnu
AMERICA, NORTH - AMÉRIQUE DU NORD													
Martinique													
2007													
70 - 74	16	-	-	-	-	-	-	1	-	1	2	12	-
75 +	14	-	-	-	-	-	-	-	-	-	-	14	-
Mexico - Mexique													
2009 (+C)													
Total	558 913	108	56 217	170 390	149 795	78 998	38 932	20 241	12 601	8 972	6 505	15 492	662
0 - 14	3 299	27	1 733	1 117	306	66	37	7	2	1	-	3	-
15 - 19	127 949	54	41 603	62 293	17 741	4 424	1 189	374	134	72	19	34	12
20 - 24	176 055	15	11 395	84 602	57 874	15 800	4 207	1 298	450	201	86	105	22
25 - 29	122 924	8	1 195	18 575	59 047	30 285	9 229	2 683	1 007	445	200	232	18
30 - 34	56 140	4	193	2 910	11 719	21 326	12 137	4 422	1 757	831	388	443	10
35 - 39	27 898	-	47	595	2 360	5 387	8 675	5 597	2 568	1 277	649	738	5
40 - 44	15 331	-	14	130	451	1 195	2 444	4 047	3 174	1 726	921	1 224	5
45 - 49	10 508	-	3	35	130	328	720	1 315	2 474	2 306	1 317	1 873	7
50 - 54	6 850	-	2	7	29	72	184	348	737	1 517	1 506	2 448	-
55 - 59	4 523	-	2	2	13	26	36	83	190	418	971	2 781	1
60 - 64	3 023	-	-	2	1	6	16	37	66	114	315	2 466	-
65 - 69	1 755	-	-	-	3	-	3	3	19	36	94	1 596	1
70 - 74	926	-	-	2	-	1	2	3	5	16	24	873	-
75 +	693	-	2	6	3	4	3	2	3	7	8	655	-
Unknown - Inconnu	1 039	-	28	114	118	78	50	22	15	5	7	21	581
Panama[7]													
2010 (C)													
Total	12 981	-	75	1 552	2 974	2 611	1 715	2 070^m	...	969^n	...	841	174
0 - 14	7	-	1	4	-	1	-	1^m	...	-^{n}	...	-	-
15 - 19	470	-	21	219	122	46	20	24^m	...	5^n	...	-	13
20 - 24	2 551	-	40	791	937	412	174	131^m	...	29^n	...	16	21
25 - 29	3 507	-	8	445	1 422	943	350	230^m	...	36^n	...	20	53
30 - 34	2 312	-	1	59	396	816	565	341^m	...	84^n	...	20	30
35 - 39	1 295	-	-	31	56	228	338	479^m	...	104^n	...	39	20
40 - 49	1 525	-	-	-	-	122	165	681^m	...	375^n	...	161	21
50 - 59	698	-	-	-	-	11	19	115^m	...	250^n	...	294	9
60 - 69	259	-	-	-	-	-	4	8^m	...	37^n	...	209	1
70 +	64	-	-	-	-	-	-	-^{m}	...	3^n	...	61	-
Unknown - Inconnu	293	-	4	3	41	32	80	60^m	...	46^n	...	21	6
Puerto Rico - Porto Rico													
2008 (C)													
Total	18 620	-	734	3 690	4 638	2 960	1 933	1 287	999	732	1 646^s	...	1
0 - 14	27	-	14	12	1	-	-	-	-	-	-^{s}	...	-
15 - 19	1 820	-	535	947	249	61	19	9	-	-	-^{s}	...	-
20 - 24	4 360	-	154	2 074	1 516	404	140	41	18	10	2^s	...	1
25 - 29	4 484	-	27	512	2 194	1 120	413	133	50	17	18^s	...	-
30 - 34	2 589	-	4	113	515	929	587	262	106	42	31^s	...	-
35 - 39	1 649	-	-	20	111	313	513	348	188	85	71^s	...	-
40 - 44	1 136	-	-	6	38	86	175	266	251	149	165^s	...	-
45 - 49	945	-	-	5	10	32	61	160	259	193	225^s	...	-
50 - 54	626	-	-	1	2	8	22	50	92	151	300^s	...	-
55 +	984	-	-	-	2	7	3	18	35	85	834^s	...	-
Saint Lucia - Sainte-Lucie													
2003* (C)													
Total	489	-	1	31	114	103	95	61	34	18	9	23	-
0 - 14	-	-	-	-	-	-	-	-	-	-	-	-	-
15 - 19	8	-	-	6	2	-	-	-	-	-	-	-	-
20 - 24	84	-	1	17	41	17	7	1	-	-	-	-	-
25 - 29	128	-	-	8	41	47	23	4	3	1	-	1	-
30 - 34	102	-	-	-	23	30	30	11	5	2	1	-	-
35 - 39	71	-	-	-	4	6	26	22	8	5	-	-	-
40 - 44	41	-	-	-	2	1	7	16	10	2	2	1	-
45 - 49	23	-	-	-	1	-	2	3	7	5	2	3	-
50 - 54	13	-	-	-	-	2	-	3	1	2	1	4	-
55 - 59	8	-	-	-	-	-	-	-	-	1	1	6	-
60 - 64	4	-	-	-	-	-	-	-	-	-	1	3	-
65 +	7	-	-	-	-	-	-	1	-	-	1	5	-

Continent, country or area, year, code and age of bride / Continent, pays ou zone, date, code et âge de l'épouse	Total	Age of groom - âge de l'époux											
		0-14	15-19	20-24	25-29	30-34	35-39	40-44	45-49	50-54	55-59	60+	Unknown Inconnu
AMERICA, NORTH - AMÉRIQUE DU NORD													
Saint Vincent and the Grenadines - Saint-Vincent-et-les Grenadines													
2009 (+C)													
Total	573	...	...	...	...	...	...	...	...	...	...	...	...
0 - 14	-	...	...	...	...	...	...	...	...	...	...	...	...
15 - 19	3	...	...	...	...	...	...	...	...	...	...	...	...
20 - 24	48	...	...	...	...	...	...	...	...	...	...	...	...
25 - 29	134	...	...	...	...	...	...	...	...	...	...	...	...
30 - 34	120	...	...	...	...	...	...	...	...	...	...	...	...
35 - 39	84	...	...	...	...	...	...	...	...	...	...	...	...
40 - 44	59	...	...	...	...	...	...	...	...	...	...	...	...
45 - 49	48	...	...	...	...	...	...	...	...	...	...	...	...
50 - 54	28	...	...	...	...	...	...	...	...	...	...	...	...
55 - 59	16	...	...	...	...	...	...	...	...	...	...	...	...
60 - 64	15	...	...	...	...	...	...	...	...	...	...	...	...
65 +	8	...	...	...	...	...	...	...	...	...	...	...	...
Unknown - Inconnu	10	...	...	...	...	...	...	...	...	...	...	...	...
Trinidad and Tobago - Trinité-et-Tobago													
2005 (C)													
Total	8 144	-	122	1 350	2 247	1 591	927	703	458	297	180	269	-
0 - 14	3	-	1	-	1	1	-	-	-	-	-	-	-
15 - 19	623	-	72	300	178	50	14	7	1	-	-	1	-
20 - 24	2 285	-	39	794	907	355	120	43	16	7	2	2	-
25 - 29	2 127	-	9	197	911	629	234	89	36	12	7	3	-
30 - 34	1 177	-	-	38	186	376	288	179	62	21	11	16	-
35 - 39	716	-	-	15	45	125	189	187	90	36	16	13	-
40 - 44	503	-	1	4	15	45	61	130	131	58	32	26	-
45 - 49	330	-	-	-	2	8	10	49	90	80	39	52	-
50 - 54	188	-	-	2	1	2	6	10	24	59	44	40	-
55 - 59	92	-	-	-	-	-	1	6	5	19	15	46	-
60 - 64	56	-	-	-	-	-	3	3	2	5	10	33	-
65 +	43	-	-	-	-	-	1	-	1	-	4	37	-
Unknown - Inconnu	1	-	-	-	1	-	-	-	-	-	-	-	-
Turks and Caicos Islands - Îles Turques et Caïques													
2005 (C)													
Total	489	-	-	19	88	149	95	69	34	20	6	8	1
0 - 14	-	-	-	-	-	-	-	-	-	-	-	-	-
15 - 19	3	-	-	1	1	1	-	-	-	-	-	-	-
20 - 24	40	-	-	12	18	8	1	1	-	-	-	-	-
25 - 29	120	-	-	4	45	48	14	5	2	1	-	1	-
30 - 34	142	-	-	2	19	69	31	13	5	3	-	-	-
35 - 39	103	-	-	-	5	18	37	28	9	5	1	-	-
40 - 44	37	-	-	-	-	1	9	15	7	2	1	2	-
45 - 49	31	-	-	-	-	4	3	5	7	7	4	1	-
50 - 54	8	-	-	-	-	-	-	2	2	2	-	2	-
55 - 59	3	-	-	-	-	-	-	-	1	-	-	2	-
60 - 64	1	-	-	-	-	-	-	-	1	-	-	-	-
65 +	-	-	-	-	-	-	-	-	-	-	-	-	-
Unknown - Inconnu	1	-	-	-	-	-	-	-	-	-	-	-	1
2008 (C)													
Total	486	...	-	20	110	114	94	63	51	17	10	7	...
15 - 19	2	...	...	...	...	...	...	...	...	...	...	...	...
20 - 24	47	...	...	...	...	...	...	...	...	...	...	...	...
25 - 29	134	...	...	...	...	...	...	...	...	...	...	...	...
30 - 34	127	...	...	...	...	...	...	...	...	...	...	...	...
35 - 39	94	...	...	...	...	...	...	...	...	...	...	...	...
40 - 44	37	...	...	...	...	...	...	...	...	...	...	...	...
45 - 49	26	...	...	...	...	...	...	...	...	...	...	...	...
50 - 54	12	...	...	...	...	...	...	...	...	...	...	...	...
55 - 59	6	...	...	...	...	...	...	...	...	...	...	...	...
60 - 64	-	...	...	...	...	...	...	...	...	...	...	...	...
65 +	1	...	...	...	...	...	...	...	...	...	...	...	...
Unknown - Inconnu	-	...	...	...	...	...	...	...	...	...	...	...	...

Continent, country or area, year, code and age of bride / Continent, pays ou zone, date, code et âge de l'épouse	Age of groom - âge de l'époux												
	Total	0-14	15-19	20-24	25-29	30-34	35-39	40-44	45-49	50-54	55-59	60+	Unknown Inconnu

AMERICA, SOUTH - AMÉRIQUE DU SUD

Brazil - Brésil[11]
2009 (U)

Age of bride	Total	0-14	15-19	20-24	25-29	30-34	35-39	40-44	45-49	50-54	55-59	60+	Unknown Inconnu
Total	935 116	16	28 195	210 260	273 755	172 064	91 324	54 827	35 056	23 142	16 065	29 717	695
0 - 14	474	6	159	216	54	21	3	5	5	2	1	2	-
15 - 19	125 629	3	17 460	67 579	29 425	7 762	2 217	689	278	103	43	66	4
20 - 24	255 148	3	8 088	99 266	101 223	32 180	9 190	3 024	1 168	522	214	261	9
25 - 29	241 933	2	1 829	32 317	104 250	67 177	22 433	7 997	3 277	1 361	628	650	12
30 - 34	133 977	-	455	7 855	28 835	44 898	28 680	12 552	5 591	2 490	1 301	1 317	3
35 - 39	70 310	1	113	2 108	7 126	13 854	18 137	14 194	7 205	3 621	1 875	2 069	7
40 - 44	42 469	-	48	594	1 960	4 216	7 067	9 893	8 085	4 746	2 753	3 103	4
45 - 49	27 942	-	17	202	598	1 369	2 455	4 392	5 940	5 154	3 235	4 579	1
50 - 54	16 802	-	7	53	172	388	793	1 431	2 335	3 282	3 149	5 191	1
55 - 59	9 462	1	5	24	53	104	197	441	820	1 272	1 864	4 681	-
60 - 64	5 022	-	2	7	15	44	87	139	224	364	667	3 472	1
65 +	5 240	-	8	26	35	43	59	66	124	220	334	4 324	1
Unknown - Inconnu	708	-	4	13	9	8	6	4	4	5	1	2	652

Chile - Chili
2009 (+C)

Age of bride	Total	0-14	15-19	20-24	25-29	30-34	35-39	40-44	45-49	50-54	55-59	60+	Unknown Inconnu
Total	56 127	-	937	8 619	17 060	12 015	6 021	3 224	2 211	1 647	1 325	3 068	-
0 - 14	-	-	-	-	-	-	-	-	-	-	-	-	-
15 - 19	3 080	-	513	1 621	711	169	45	13	5	2	-	1	-
20 - 24	12 904	-	347	5 001	5 449	1 533	404	110	38	13	5	4	-
25 - 29	17 284	-	62	1 601	8 631	5 068	1 403	351	101	31	18	18	-
30 - 34	9 306	-	12	318	1 815	3 945	2 078	712	261	97	40	28	-
35 - 39	4 651	-	3	55	369	1 002	1 437	947	470	188	90	90	-
40 - 44	2 658	-	-	21	65	220	433	646	565	342	189	177	-
45 - 49	2 184	-	-	1	17	59	151	301	475	435	331	414	-
50 - 54	1 603	-	-	1	3	15	54	105	195	329	313	588	-
55 - 59	1 073	-	-	-	-	2	10	36	74	139	217	595	-
60 - 64	625	-	-	-	-	2	5	2	20	46	84	466	-
65 - 69	402	-	-	-	-	-	-	-	2	23	27	350	-
70 - 74	200	-	-	-	-	-	1	1	3	1	7	187	-
75 +	157	-	-	-	-	-	-	-	2	1	4	150	-

Ecuador - Équateur[12]
2010 (U)

Age of bride	Total	0-14	15-19	20-24	25-29	30-34	35-39	40-44	45-49	50-54	55-59	60+	Unknown Inconnu
Total	74 800	12	5 890	20 849	20 366	11 757	5 769	3 414	2 247	1 505	971	1 926	94
0 - 14	578	5	263	217	56	27	7	2	-	-	1	-	-
15 - 19	14 673	4	4 029	7 385	2 374	629	164	50	17	12	-	4	5
20 - 24	23 210	2	1 335	10 244	8 173	2 452	671	203	72	29	11	14	4
25 - 29	16 769	-	211	2 356	7 475	4 547	1 410	431	185	62	41	41	10
30 - 34	8 413	-	33	449	1 704	3 060	1 865	777	282	135	58	46	4
35 - 39	4 207	1	10	114	395	726	1 141	952	503	191	80	89	5
40 - 44	2 502	-	3	26	82	187	346	668	601	300	139	149	1
45 - 49	1 703	-	-	12	40	71	116	220	411	399	205	228	1
50 - 54	998	-	1	4	12	19	23	72	121	263	237	245	1
55 - 59	613	-	1	2	4	3	12	18	40	77	141	315	-
60 - 64	376	-	-	-	2	1	1	5	8	21	35	303	-
65 - 69	264	-	-	-	1	1	1	3	2	7	13	235	1
70 +	282	-	1	5	4	2	-	2	1	5	7	255	-
Unknown - Inconnu	212	-	3	35	44	32	12	11	4	4	3	2	62

French Guiana - Guyane française
2007 (C)

Age of bride	Total	0-14	15-19	20-24	25-29	30-34	35-39	40-44	45-49	50-54	55-59	60+	Unknown Inconnu
Total	667	...	5	48	123	150	108	79	47	48	26	33	-
15 - 19	30	...	-	10	13	4	-	1	1	-	1	-	-
20 - 24	93	...	3	22	33	15	8	7	-	1	2	2	-
25 - 29	151	...	1	5	51	57	17	7	5	2	6	-	-
30 - 34	135	...	1	8	16	41	35	18	7	7	2	-	-
35 - 39	98	...	-	3	6	20	27	20	11	2	6	3	-
40 - 44	62	...	-	-	4	7	10	15	10	9	2	5	-
45 - 49	55	...	-	-	-	3	5	9	10	16	4	8	-
50 - 54	23	...	-	-	-	2	4	2	3	6	2	4	-
55 - 59	13	...	-	-	-	1	2	-	-	3	1	6	-
60 - 64	2	...	-	-	-	-	-	-	-	1	-	1	-
65 - 69	4	...	-	-	-	-	-	-	-	1	-	3	-
70 - 74	1	...	-	-	-	-	-	-	-	-	-	1	-
75 - 79	-	...	-	-	-	-	-	-	-	-	-	-	-

24. Marriages by age of groom and by age of bride: latest available year, 2002 - 2011
Mariages selon l'âge de l'époux et selon l'âge de l'épouse : dernière année disponible, 2002 - 2011 (continued - suite)

Continent, country or area, year, code and age of bride / Continent, pays ou zone, date, code et âge de l'épouse	Total	0-14	15-19	20-24	25-29	30-34	35-39	40-44	45-49	50-54	55-59	60+	Unknown Inconnu
AMERICA, SOUTH - AMÉRIQUE DU SUD													
French Guiana - Guyane française													
2007													
80 - 84	-	...	-	-	-	-	-	-	-	-	-	-	-
85 +	-	...	-	-	-	-	-	-	-	-	-	-	-
Paraguay													
2008 (U)													
Total	18 832	-	583	5 084	6 143	3 229	1 516	826	516	337	212	376	10
0 - 14	9	-	2	4	3	-	-	-	-	-	-	-	-
15 - 19	3 668	-	391	1 879	999	276	77	27	11	4	2	2	-
20 - 24	5 912	-	158	2 340	2 336	736	207	79	26	19	5	6	-
25 - 29	4 722	-	21	691	2 194	1 219	367	112	60	31	13	14	-
30 - 34	2 075	-	6	112	460	729	404	222	83	33	13	12	1
35 - 39	1 009	-	4	28	102	182	317	195	89	45	21	25	1
40 - 44	560	-	1	16	30	52	95	118	128	60	36	24	-
45 - 49	345	-	-	6	13	17	30	49	79	74	36	41	-
50 - 54	205	-	-	1	2	8	12	18	25	40	46	53	-
55 - 59	135	-	-	2	2	4	2	2	10	18	27	68	-
60 - 64	69	-	-	1	-	2	3	2	2	10	7	42	-
65 - 69	41	-	-	-	-	1	1	-	1	2	3	32	1
70 - 74	32	-	-	-	-	-	1	1	2	1	2	25	-
75 +	33	-	-	-	-	-	-	-	-	-	1	32	-
Unknown - Inconnu	17	-	-	4	2	3	-	1	-	-	-	-	7
Suriname													
2002 (C)													
Total	2 005	-	23	421	542	367	208	142	101	65	136[s]	...	-
0 - 14	6	...	...	...	...	...	...	...	...	...	...	...	...
15 - 19	382	...	...	...	...	...	...	...	...	...	...	...	...
20 - 24	596	...	...	...	...	...	...	...	...	...	...	...	...
25 - 29	333	...	...	...	...	...	...	...	...	...	...	...	...
30 - 34	233	...	...	...	...	...	...	...	...	...	...	...	...
35 - 39	187	...	...	...	...	...	...	...	...	...	...	...	...
40 - 44	113	...	...	...	...	...	...	...	...	...	...	...	...
45 - 49	72	...	...	...	...	...	...	...	...	...	...	...	...
50 - 54	36	...	...	...	...	...	...	...	...	...	...	...	...
55 +	47	...	...	...	...	...	...	...	...	...	...	...	...
Uruguay													
2002 (C)													
Total	14 073	...	453[e]	3 015	4 227	2 292	1 209	1 335[m]	...	1 542[r]	...	...	-
0 - 19	1 728	...	300[e]	978	342	78	15	9[m]	...	6[r]	...	...	-
20 - 24	3 618	...	111[e]	1 434	1 446	423	120	57[m]	...	27[r]	...	...	-
25 - 29	3 900	...	33[e]	468	1 890	930	366	177[m]	...	36[r]	...	...	-
30 - 34	1 890	...	3[e]	93	384	642	363	318[m]	...	87[r]	...	...	-
35 - 39	972	...	-[e]	33	111	141	234	309[m]	...	144[r]	...	...	-
40 - 49	1 011	...	6[e]	9	36	72	105	378[m]	...	405[r]	...	...	-
50 +	954	...	-[e]	-	18	6	6	87[m]	...	837[r]	...	...	-
Unknown - Inconnu	-	...	-[e]	-	-	-	-	-[m]	...	-[r]	...	...	-
Venezuela (Bolivarian Republic of) - Venezuela (République bolivarienne du)													
2007[13] (C)													
Total	93 003	19	3 803	21 810	27 776	16 657	9 160	5 199	3 216	2 171	1 275	1 917	-
0 - 14	562	-	180	230	85	43	8	4	1	1	3	7	-
15 - 19	12 806	5	2 411	6 445	2 650	828	285	105	32	17	8	20	-
20 - 24	27 006	3	898	10 802	10 070	3 341	1 159	427	164	64	19	59	-
25 - 29	25 124	2	222	3 355	11 264	6 316	2 478	856	360	141	69	61	-
30 - 34	12 459	2	43	676	2 732	4 310	2 516	1 195	508	270	95	112	-
35 - 39	6 429	2	23	194	676	1 255	1 792	1 208	663	343	150	123	-
40 - 44	3 618	-	7	60	175	371	615	919	718	394	189	170	-
45 - 49	2 180	1	4	24	67	115	206	337	496	458	241	231	-
50 - 54	1 263	1	4	7	24	35	67	107	178	309	266	265	-
55 - 59	728	1	3	3	6	15	19	32	66	121	168	294	-
60 - 64	378	1	2	1	1	8	3	7	21	36	47	251	-
65 - 69	218	-	2	2	2	7	8	2	6	15	17	157	-
70 - 74	91	-	1	-	5	2	-	-	2	2	3	76	-
75 - 79	73	1	-	2	7	5	3	-	-	-	-	55	-

Continent, country or area, year, code and age of bride / Continent, pays ou zone, date, code et âge de l'épouse	Total	0-14	15-19	20-24	25-29	30-34	35-39	40-44	45-49	50-54	55-59	60+	Unknown Inconnu
AMERICA, SOUTH - AMÉRIQUE DU SUD													
Venezuela (Bolivarian Republic of) - Venezuela (République bolivarienne du) 2007[13]													
80 - 84	43	-	-	6	8	4	1	-	-	-	-	24	-
85 +	25	-	3	3	4	2	-	-	1	-	-	12	-
ASIA - ASIE													
Armenia - Arménie 2009 (+C)													
Total	18 773	...	153	4 608	7 796	3 482	1 313	560	325	208	132	196	-
15 - 19	2 010	...	122	928	825	124	11	-	-	-	-	-	-
20 - 24	9 521	...	28	3 366	4 655	1 278	170	19	2	3	-	-	-
25 - 29	4 516	...	2	282	2 151	1 474	478	95	27	7	-	-	-
30 - 34	1 467	...	-	26	130	539	455	215	76	17	9	-	-
35 - 39	528	...	-	4	20	47	165	154	92	32	10	4	-
40 - 44	238	...	-	2	8	13	22	52	72	42	16	11	-
45 - 49	161	...	1	-	2	4	6	14	39	53	20	22	-
50 - 54	153	...	-	-	4	3	4	8	8	45	47	34	-
55 - 59	101	...	-	-	-	-	1	2	4	5	25	64	-
60 +	78	...	-	-	1	-	1	1	5	4	5	61	-
Azerbaijan - Azerbaïdjan 2009 (+C)													
Total	78 072	...	950	26 010	28 589	12 723	4 899	2 266	1 107	603	364	561	-
15 - 19	20 753	...	642	10 257	7 780	1 797	216	43	13	1	2	2	-
20 - 24	35 222	...	267	13 852	14 624	5 203	1 039	177	33	10	9	8	-
25 - 29	12 668	...	30	1 590	5 320	3 668	1 509	405	108	21	8	9	-
30 - 34	4 954	...	4	225	704	1 645	1 327	694	247	69	22	17	-
35 - 39	2 034	...	5	46	104	285	597	551	252	111	48	35	-
40 - 44	1 260	...	-	20	44	98	174	312	260	168	88	96	-
45 - 49	691	...	2	11	4	18	30	69	151	152	91	163	-
50 - 54	307	...	-	-	7	6	6	15	36	51	71	115	-
55 - 59	97	...	-	3	1	1	1	-	5	17	20	49	-
60 +	86	...	-	6	1	2	-	-	2	3	5	67	-
2010 (+C)													
Total	79 172	-	857	26 434	29 773	12 524	4 607	2 317	1 097	638	378	547	-
0 - 14	-	...	...	...	...	...	...	...	...	...	...	...	...
15 - 19	20 657	...	...	...	...	...	...	...	...	...	...	...	...
20 - 24	36 217	...	...	...	...	...	...	...	...	...	...	...	...
25 - 29	13 008	...	...	...	...	...	...	...	...	...	...	...	...
30 - 34	4 875	...	...	...	...	...	...	...	...	...	...	...	...
35 - 39	1 996	...	...	...	...	...	...	...	...	...	...	...	...
40 - 44	1 165	...	...	...	...	...	...	...	...	...	...	...	...
45 - 49	718	...	...	...	...	...	...	...	...	...	...	...	...
50 - 54	305	...	...	...	...	...	...	...	...	...	...	...	...
55 - 59	121	...	...	...	...	...	...	...	...	...	...	...	...
60 +	110	...	...	...	...	...	...	...	...	...	...	...	...
Bahrain - Bahreïn 2007[5] (...)													
Total	4 685	-	89	1 676	1 716	593	229	144	105	133[r]	...	...	-
0 - 14	18	-	4	10	2	2	-	-	-	[r]	...	...	-
15 - 19	1 081	-	67	642	323	41	4	3	1	[r]	...	...	-
20 - 24	2 202	-	15	952	968	182	45	20	12	8[r]	...	...	-
25 - 29	820	-	2	65	371	247	73	32	22	8[r]	...	...	-
30 - 34	301	-	-	5	44	89	64	45	24	30[r]	...	...	-
35 - 39	121	-	1	-	5	22	30	25	15	23[r]	...	...	-
40 - 44	80	-	-	2	1	6	10	13	20	28[r]	...	...	-
45 - 49	49	-	-	-	2	2	3	4	11	27[r]	...	...	-
50 +	13	-	-	-	-	2	-	2	-	9[r]	...	...	-
Brunei Darussalam - Brunéi Darussalam 2008 (...)													
Total	2 391	-	68	527	870	534	177	73	53	40	23	26	-
0 - 14	6	...	...	...	...	...	...	...	...	...	...	...	...

24. Marriages by age of groom and by age of bride: latest available year, 2002 - 2011
Mariages selon l'âge de l'époux et selon l'âge de l'épouse : dernière année disponible, 2002 - 2011 (continued - suite)

Continent, country or area, year, code and age of bride / Continent, pays ou zone, date, code et âge de l'épouse	Total	Age of groom - âge de l'époux											Unknown Inconnu
		0-14	15-19	20-24	25-29	30-34	35-39	40-44	45-49	50-54	55-59	60+	
ASIA - ASIE													
Brunei Darussalam - Brunéi Darussalam													
2008													
15 - 19	205	...	...	...	...	...	...	...	...	...	...	...	...
20 - 24	701	...	...	...	...	...	...	...	...	...	...	...	...
25 - 29	954	...	...	...	...	...	...	...	...	...	...	...	...
30 - 34	403	...	...	...	...	...	...	...	...	...	...	...	...
35 - 39	66	...	...	...	...	...	...	...	...	...	...	...	...
40 - 44	37	...	...	...	...	...	...	...	...	...	...	...	...
45 - 49	15	...	...	...	...	...	...	...	...	...	...	...	...
50 - 54	3	...	...	...	...	...	...	...	...	...	...	...	...
55 - 59	1	...	...	...	...	...	...	...	...	...	...	...	...
60 - 64	-	...	...	...	...	...	...	...	...	...	...	...	...
65 - 69	-	...	...	...	...	...	...	...	...	...	...	...	...
70 - 74	-	...	...	...	...	...	...	...	...	...	...	...	...
75 +	-	...	...	...	...	...	...	...	...	...	...	...	...
Unknown - Inconnu	-	...	...	...	...	...	...	...	...	...	...	...	...
China, Hong Kong SAR - Chine, Hong Kong RAS													
2009 (C)													
Total	51 175	...	160⁹	3 689	12 789	13 565	7 778	4 462	3 244	2 279	1 316	1 893	-
16 - 19	735	...	83⁹	341	178	52	40	21	15	4	-	1	-
20 - 24	8 373	...	71⁹	2 572	2 961	1 266	774	341	220	106	38	24	-
25 - 29	18 372	...	5⁹	614	7 918	5 610	2 136	963	613	316	120	77	-
30 - 34	12 593	...	1⁹	97	1 440	5 626	2 696	1 205	699	438	211	180	-
35 - 39	5 890	...	-⁹	45	220	824	1 672	1 129	787	546	326	341	-
40 - 44	2 663	...	-⁹	14	52	141	338	561	523	405	233	396	-
45 - 49	1 398	...	-⁹	2	17	34	92	177	293	271	205	307	-
50 - 54	604	...	-⁹	3	1	6	19	52	70	145	109	199	-
55 - 59	287	...	-⁹	1	1	6	8	12	19	35	57	148	-
60 - 64	109	...	-⁹	-	1	-	3	1	3	13	14	74	-
65 - 69	58	...	-⁹	-	-	-	-	-	1	-	2	55	-
70 - 74	46	...	-⁹	-	-	-	-	-	1	-	1	44	-
75 +	47	...	-⁹	-	-	-	-	-	-	-	-	47	-
China, Macao SAR - Chine, Macao RAS													
2009 (+C)													
Total	3 035	-	18	608	1 023	697	286	157	98	68	39	41	-
0 - 14	-	-	-	-	-	-	-	-	-	-	-	-	-
15 - 19	66	-	5	40	17	3	1	-	-	-	-	-	-
20 - 24	993	-	12	445	353	125	36	14	5	3	-	-	-
25 - 29	1 166	-	1	109	575	313	94	42	13	11	7	1	-
30 - 34	444	-	-	10	62	212	83	33	25	12	5	2	-
35 - 39	195	-	-	4	9	30	62	41	26	8	8	7	-
40 - 44	72	-	-	-	5	8	9	17	12	9	6	6	-
45 - 49	58	-	-	-	1	4	1	7	16	14	8	7	-
50 - 54	20	-	-	-	1	2	-	3	1	9	2	2	-
55 - 59	11	-	-	-	-	-	-	-	-	1	2	8	-
60 - 64	4	-	-	-	-	-	-	-	-	1	1	2	-
65 - 69	1	-	-	-	-	-	-	-	-	-	-	1	-
70 +	5	-	-	-	-	-	-	-	-	-	-	5	-
2010 (+C)													
Total	3 103	-	19	507	1 147	654	334	152	110	83	42	55	-
0 - 14	-	...	...	...	...	...	...	...	...	...	...	...	...
15 - 19	43	...	...	...	...	...	...	...	...	...	...	...	...
20 - 24	947	...	...	...	...	...	...	...	...	...	...	...	...
25 - 29	1 258	...	...	...	...	...	...	...	...	...	...	...	...
30 - 34	425	...	...	...	...	...	...	...	...	...	...	...	...
35 - 39	210	...	...	...	...	...	...	...	...	...	...	...	...
40 - 44	94	...	...	...	...	...	...	...	...	...	...	...	...
45 - 49	75	...	...	...	...	...	...	...	...	...	...	...	...
50 - 54	24	...	...	...	...	...	...	...	...	...	...	...	...
55 - 59	11	...	...	...	...	...	...	...	...	...	...	...	...
60 - 64	4	...	...	...	...	...	...	...	...	...	...	...	...
65 - 69	3	...	...	...	...	...	...	...	...	...	...	...	...
70 +	9	...	...	...	...	...	...	...	...	...	...	...	...

24. Marriages by age of groom and by age of bride: latest available year, 2002 - 2011
Mariages selon l'âge de l'époux et selon l'âge de l'épouse : dernière année disponible, 2002 - 2011 (continued - suite)

Continent, country or area, year, code and age of bride Continent, pays ou zone, date, code et âge de l'épouse	Total	\multicolumn{12}{c}{Age of groom - âge de l'époux}											
		0-14	15-19	20-24	25-29	30-34	35-39	40-44	45-49	50-54	55-59	60+	Unknown Inconnu
ASIA - ASIE													
Cyprus - Chypre													
2006[14],[15] (C)													
Total....................	4 887	...	13	645	1 813	1 117	559	302	151	97	70	117	3
15 - 19	131	...	7	84	31	7	2	-	-	-	-	-	-
20 - 24	1 302	...	4	449	627	145	42	23	7	4	1	-	-
25 - 29	1 931	...	-	83	985	573	178	71	21	10	7	3	-
30 - 34	838	...	2	21	134	319	214	93	29	15	4	7	-
35 - 39	313	...	-	5	24	50	91	60	42	16	7	18	-
40 - 44	155	...	-	3	10	14	23	36	23	18	14	14	-
45 - 49	107	...	-	-	2	6	9	17	24	15	13	21	-
50 - 54	54	...	-	-	-	3	-	1	3	15	14	18	-
55 - 59	31	...	-	-	-	-	-	1	2	4	8	16	-
60 - 64	13	...	-	-	-	-	-	-	-	-	1	12	-
65 - 69	6	...	-	-	-	-	-	-	-	-	1	5	-
70 - 74	2	...	-	-	-	-	-	-	-	-	-	2	-
75 - 79	1	...	-	-	-	-	-	-	-	-	-	1	-
80 + ...	-	...	-	-	-	-	-	-	-	-	-	-	-
Unknown - Inconnu	3	...	-	-	-	-	-	-	-	-	-	-	3
Georgia - Géorgie													
2010[7] (C)													
Total....................	34 675	-	1 129[9]	8 988	9 674	6 430	3 841	2 191	1 137	535	295	422	33
16 - 19	5 379	...	...	...	...	...	...	...	...	...	...	...	...
20 - 24	12 419	...	...	...	...	...	...	...	...	...	...	...	...
25 - 29	8 011	...	...	...	...	...	...	...	...	...	...	...	...
30 - 34	4 502	...	...	...	...	...	...	...	...	...	...	...	...
35 - 39	2 139	...	...	...	...	...	...	...	...	...	...	...	...
40 - 44	1 009	...	...	...	...	...	...	...	...	...	...	...	...
45 - 49	542	...	...	...	...	...	...	...	...	...	...	...	...
50 - 54	309	...	...	...	...	...	...	...	...	...	...	...	...
55 - 59	187	...	...	...	...	...	...	...	...	...	...	...	...
60 + ...	168	...	...	...	...	...	...	...	...	...	...	...	...
Unknown - Inconnu	10	...	...	...	...	...	...	...	...	...	...	...	...
Israel - Israël[16]													
2009 (C)													
Total....................	48 997	-	1 654	11 576	18 003	10 095	3 357	1 236	620	413	337	493	1 213
15 - 19	7 355	-	1 215	3 722	1 702	290	34	5	4	1	-	-	382
20 - 24	17 055	-	377	7 070	7 031	1 819	262	44	7	3	1	1	440
25 - 29	15 010	-	6	507	8 236	4 880	968	167	44	13	4	1	184
30 - 34	5 324	-	-	32	726	2 633	1 293	379	101	37	7	6	110
35 - 39	1 729	-	-	6	73	299	642	384	159	63	29	21	53
40 - 44	634	-	-	-	11	23	78	156	166	100	43	34	23
45 - 49	371	-	-	-	-	1	6	38	84	106	78	44	14
50 - 54	261	-	-	-	-	-	1	6	26	59	89	78	2
55 - 59	184	-	-	-	-	2	1	-	1	9	58	110	3
60 - 64	81	-	-	-	-	-	-	-	-	3	4	73	1
65 - 69	46	-	-	-	-	-	-	-	-	1	3	42	-
70 - 74	31	-	-	-	-	-	-	-	-	-	1	29	1
75 + ...	10	-	-	-	-	-	-	-	-	-	-	10	-
Unknown - Inconnu	906	-	56	239	224	148	72	57	28	18	20	44	-
Japan - Japon[17]													
2010 (+C)													
Total....................	584 078	-	5 377	67 684	192 836	149 798	87 819	37 309	17 613	9 401	6 570	9 670	1
0 - 14	-	-	-	-	-	-	-	-	-	-	-	-	-
15 - 19	11 542	-	3 950	4 966	1 617	571	248	81	50	27	15	17	-
20 - 24	101 705	-	1 263	46 149	35 271	11 955	4 474	1 390	598	291	157	157	-
25 - 29	224 121	-	129	13 585	127 343	58 247	17 745	4 381	1 420	650	327	294	-
30 - 34	135 044	-	22	2 330	23 770	63 418	32 091	8 789	2 770	980	515	359	-
35 - 39	67 144	-	9	561	4 206	13 430	27 701	13 644	4 692	1 626	749	526	-
40 - 44	22 207	-	4	75	522	1 835	4 658	7 214	4 428	1 907	842	722	-
45 - 49	9 397	-	-	14	82	282	746	1 467	2 908	1 959	1 113	826	-
50 - 54	5 093	-	-	3	19	46	132	280	593	1 503	1 327	1 190	-
55 - 59	3 320	-	-	1	4	12	23	53	120	341	1 158	1 608	-
60 - 64	2 395	-	-	-	-	1	1	9	26	91	289	1 978	-
65 - 69	1 183	-	-	-	1	-	-	1	7	22	60	1 092	-
70 - 74	575	-	-	-	-	1	-	-	1	2	15	556	-
75 + ...	352	-	-	-	1	-	-	-	-	2	3	345	1
Unknown - Inconnu	-	-	-	-	-	-	-	-	-	-	-	-	-

24. Marriages by age of groom and by age of bride: latest available year, 2002 - 2011
Mariages selon l'âge de l'époux et selon l'âge de l'épouse : dernière année disponible, 2002 - 2011 (continued - suite)

Continent, country or area, year, code and age of bride / Continent, pays ou zone, date, code et âge de l'épouse	Total	0-14	15-19	20-24	25-29	30-34	35-39	40-44	45-49	50-54	55-59	60+	Unknown Inconnu
ASIA - ASIE													
Jordan - Jordanie													
2010[18] (+C)													
Total	62 107	...	16 151	25 559	12 760	4 002	1 795	1 151	437	252[r]	...	...	-
18 - 19	1 262	...	1 017	191	40	11	1	2	-	-[r]	...	...	-
20 - 24	14 272	...	6 768	6 453	835	139	42	20	7	8[r]	...	...	-
25 - 29	25 434	...	6 276	12 608	5 720	633	120	45	16	16[r]	...	...	-
30 - 34	11 523	...	1 603	4 782	3 679	1 153	197	70	25	14[r]	...	...	-
35 - 39	4 064	...	299	1 043	1 434	819	350	92	19	8[r]	...	...	-
40 - 44	2 365	...	99	321	681	647	358	217	35	7[r]	...	...	-
45 - 49	1 139	...	35	81	220	283	249	196	57	18[r]	...	...	-
50 - 54	639	...	14	37	73	152	169	121	53	20[r]	...	...	-
55 - 59	425	...	12	18	35	80	95	107	56	22[r]	...	...	-
60 - 64	318	...	11	7	21	40	66	97	39	37[r]	...	...	-
65 +	666	...	17	18	22	45	148	184	130	102[r]	...	...	-
Kazakhstan													
2008 (C)													
Total	135 280	120	3 870	50 022	44 135	18 895	8 267	4 159	2 485	1 427	851	1 048	1
0 - 14	1 691	39	409	982	225	30	4	1	1	-	-	-	-
15 - 19	17 070	53	2 113	10 510	3 670	618	78	17	7	1	2	1	-
20 - 24	68 159	27	1 242	34 207	25 518	5 809	1 047	217	68	16	7	-	1
25 - 29	26 297	1	90	3 755	12 348	7 129	2 144	588	168	50	16	8	-
30 - 34	11 205	-	13	459	1 969	4 251	2 790	1 100	422	133	49	19	-
35 - 39	5 092	-	1	81	325	873	1 743	1 222	541	195	61	50	-
40 - 44	2 363	-	2	21	55	151	362	732	609	243	120	68	-
45 - 49	1 545	-	-	4	19	29	81	231	480	405	167	129	-
50 - 54	880	-	-	1	5	4	15	43	137	293	221	161	-
55 - 59	498	-	-	2	-	1	3	6	42	72	162	210	-
60 +	480	-	-	-	1	-	-	2	10	19	46	402	-
Unknown - Inconnu	-	-	-	-	-	-	-	-	-	-	-	-	-
Kuwait - Koweït													
2010 (C)													
Total	13 993	...	538[e]	4 397	4 128	1 845	1 127	789	506	294	176	191	2
0 - 14	60	...	11[e]	36	9	3	1	-	-	-	-	-	-
15 - 19	2 732	...	401[e]	1 633	559	75	34	15	6	3	3	2	1
20 - 24	5 194	...	109[e]	2 405	1 974	482	127	44	28	12	3	10	-
25 - 29	2 876	...	15[e]	254	1 264	732	335	150	56	36	25	9	-
30 - 34	1 418	...	1[e]	44	207	403	342	203	114	59	24	20	1
35 - 39	818	...	-[e]	17	67	96	185	203	118	57	41	34	-
40 - 44	490	...	-[e]	5	35	35	63	127	120	51	24	30	-
45 - 49	245	...	-[e]	-	10	17	29	37	48	46	26	32	-
50 - 54	93	...	-[e]	1	1	2	9	7	12	25	16	20	-
55 - 59	32	...	-[e]	-	1	-	1	2	4	3	9	12	-
60 +	31	...	-[e]	-	-	-	1	1	-	2	5	22	-
Unknown - Inconnu	4	...	1[e]	2	1	-	-	-	-	-	-	-	-
Kyrgyzstan - Kirghizstan													
2010 (C)													
Total	50 362	-	801	17 347	18 677	6 773	3 223	1 522	933	480	289	317	-
0 - 14	-	-	-	-	-	-	-	-	-	-	-	-	-
15 - 19	9 201	-	612	5 657	2 669	231	24	7	1	-	-	-	-
20 - 24	25 351	-	178	10 882	11 566	2 335	318	54	14	2	1	1	-
25 - 29	8 784	-	10	715	4 063	2 832	902	181	51	21	4	5	-
30 - 34	3 515	-	1	75	327	1 216	1 244	432	157	39	16	8	-
35 - 39	1 739	-	-	16	45	122	623	548	237	94	29	25	-
40 - 44	817	-	-	2	5	30	95	248	259	102	47	29	-
45 - 49	495	-	-	-	2	6	14	41	183	125	67	57	-
50 - 54	253	-	-	-	-	1	3	9	26	79	81	54	-
55 - 59	103	-	-	-	-	-	-	1	5	16	32	49	-
60 - 64	55	-	-	-	-	-	-	1	-	1	10	43	-
65 - 69	24	-	-	-	-	-	-	-	1	1	1	22	-
70 - 74	21	-	-	-	-	-	-	-	-	-	1	20	-
75 +	4	-	-	-	-	-	-	-	-	-	-	4	-
Mongolia - Mongolie													
2009 (+C)													
Total	34 071	...	1 742[i]	15 582	10 852	4 219	1 057	369	147	103[r]	...	...	...
18 - 19	3 283	...	...	...	...	...	...	...	...	...	...	...	...
20 - 24	17 343	...	...	...	...	...	...	...	...	...	...	...	...

24. Marriages by age of groom and by age of bride: latest available year, 2002 - 2011
Mariages selon l'âge de l'époux et selon l'âge de l'épouse : dernière année disponible, 2002 - 2011 (continued - suite)

Continent, country or area, year, code and age of bride / Continent, pays ou zone, date, code et âge de l'épouse	Total	0-14	15-19	20-24	25-29	30-34	35-39	40-44	45-49	50-54	55-59	60+	Unknown Inconnu
ASIA - ASIE													
Mongolia - Mongolie													
2009													
25 - 29	8 841	...	...	...	...	...	...	...	...	...	...	...	...
30 - 34	3 187	...	...	...	...	...	...	...	...	...	...	...	...
35 - 39	1 003	...	...	...	...	...	...	...	...	...	...	...	...
40 - 44	274	...	...	...	...	...	...	...	...	...	...	...	...
45 - 49	95	...	...	...	...	...	...	...	...	...	...	...	...
50 +	45	...	...	...	...	...	...	...	...	...	...	...	...
Occupied Palestinian Territory - Territoire palestinien occupé													
2010 (C)													
Total	37 228	2	2 854	14 858	12 544	3 573	1 183	686	509	302	271	446	-
12 - 14	717	-	203	391	113	6	2	1	1	-	-	-	-
15 - 19	17 281	2	2 373	9 115	4 886	762	93	36	8	3	3	-	-
20 - 24	13 300	-	254	4 916	5 949	1 633	333	128	50	16	15	6	-
25 - 29	3 646	-	22	392	1 444	895	447	206	136	55	29	20	-
30 - 34	1 216	-	2	43	132	227	213	174	157	91	78	99	-
35 - 39	579	-	-	1	19	38	73	87	78	77	78	128	-
40 - 44	313	-	-	-	1	12	14	41	55	36	42	112	-
45 - 49	124	-	-	-	-	-	8	10	18	17	18	53	-
50 - 54	37	-	-	-	-	-	-	3	6	4	7	17	-
55 - 59	10	-	-	-	-	-	-	-	2	1	7	-	-
60 - 64	3	-	-	-	-	-	-	-	1	-	2	-	-
65 +	2	-	-	-	-	-	-	-	-	-	2	-	-
Philippines													
2007 (U)													
Total	490 054	...	15 312[e]	144 422	169 845	80 840	35 320	17 335	10 279	16 599[f]	...	...	102
0 - 19	69 052	...	8 734[e]	37 433	16 524	4 113	1 309	460	232	242[f]	...	...	5
20 - 24	186 012	...	5 726[e]	82 967	68 408	18 887	5 458	2 047	1 072	1 428[f]	...	...	19
25 - 29	136 584	...	700[e]	20 075	68 381	31 528	9 390	3 129	1 514	1 860[f]	...	...	7
30 - 34	52 437	...	110[e]	2 936	12 993	19 841	9 766	3 605	1 492	1 687[f]	...	...	7
35 - 39	22 507	...	27[e]	683	2 644	4 879	6 768	4 011	1 808	1 682[f]	...	...	5
40 - 44	8 081	...	5[e]	138	434	794	1 300	2 120	1 683	1 605[f]	...	...	2
45 - 49	5 985	...	3[e]	59	163	315	555	879	1 568	2 440[f]	...	...	3
50 +	6 562	...	5[e]	48	77	126	172	337	534	5 262[f]	...	...	1
Unknown - Inconnu	2 834	...	2[e]	83	221	357	602	747	376	393[f]	...	...	53
Qatar													
2010 (C)													
Total	2 977	...	45	783	1 089	573	223	114	72	40	22	16	-
15 - 19	403	...	30	212	139	17	4	-	1	-	-	-	-
20 - 24	1 217	...	11	455	543	165	33	5	-	3	1	1	-
25 - 29	766	...	4	91	336	222	74	20	13	4	1	1	-
30 - 34	327	...	-	17	47	120	66	41	24	9	2	1	-
35 - 39	137	...	-	2	20	35	27	28	8	9	8	-	-
40 - 44	64	...	-	3	2	5	9	15	11	9	3	7	-
45 - 49	45	...	-	2	2	8	8	3	12	4	4	2	-
50 - 54	12	...	-	1	-	1	1	2	2	1	2	2	-
55 - 59	3	...	-	-	-	-	-	-	1	1	1	-	-
60 +	3	...	-	-	-	-	1	-	-	-	-	2	-
Republic of Korea - République de Corée[19,20]													
2010 (+C)													
Total	326 104	-	695	9 643	96 833	116 190	48 981	21 394	13 577	9 073	4 906	4 812	-
0 - 14	-	-	-	-	-	-	-	-	-	-	-	-	-
15 - 19	5 791	-	511	846	645	857	1 804	911	169	33	13	2	-
20 - 24	31 969	-	163	6 244	13 165	5 914	3 377	2 111	745	206	38	6	-
25 - 29	146 240	-	17	2 208	72 184	59 586	9 060	1 977	776	324	82	26	-
30 - 34	80 234	-	3	275	10 029	45 437	19 782	3 189	962	359	139	59	-
35 - 39	26 486	-	-	57	704	3 769	12 325	6 402	2 088	754	256	131	-
40 - 44	13 903	-	1	10	80	524	2 141	5 065	3 781	1 548	524	229	-
45 - 49	10 525	-	-	2	21	85	418	1 423	3 896	3 095	1 085	500	-
50 - 54	6 452	-	-	1	4	12	63	273	1 016	2 336	1 740	1 007	-
55 - 59	2 647	-	-	-	1	6	10	32	125	373	875	1 225	-
60 - 64	1 091	-	-	-	-	-	1	11	16	41	136	886	-
65 - 69	483	-	-	-	-	-	-	-	3	4	16	460	-
70 - 74	195	-	-	-	-	-	-	-	-	-	1	194	-

24. Marriages by age of groom and by age of bride: latest available year, 2002 - 2011
Mariages selon l'âge de l'époux et selon l'âge de l'épouse : dernière année disponible, 2002 - 2011 (continued - suite)

Continent, country or area, year, code and age of bride / Continent, pays ou zone, date, code et âge de l'épouse	Total	\multicolumn{12}{c}{Age of groom - âge de l'époux}
		0-14	15-19	20-24	25-29	30-34	35-39	40-44	45-49	50-54	55-59	60+	Unknown Inconnu
ASIA - ASIE													
Republic of Korea - République de Corée[19,20]													
2010													
75 + ...	88	-	-	-	-	-	-	-	-	-	1	87	-
Unknown - Inconnu	-	-	-	-	-	-	-	-	-	-	-	-	-
Singapore - Singapour[21]													
2010 (+C)													
Total............................	24 363	-	99	1 696	8 297	6 686	3 310	1 746	1 154	673	397	305	-
0 - 14	-	-	-	-	-	-	-	-	-	-	-	-	-
15 - 19	471	-	79	199	98	37	26	16	8	5	2	1	-
20 - 24	4 192	-	17	1 024	1 804	687	321	152	106	45	23	13	-
25 - 29	10 748	-	1	394	5 511	3 194	968	354	196	75	42	13	-
30 - 34	5 185	-	-	53	728	2 332	1 186	470	218	119	53	26	-
35 - 39	2 065	-	2	18	111	363	659	429	257	129	58	39	-
40 - 44	812	-	-	2	29	60	109	229	192	95	55	41	-
45 - 49	509	-	-	5	9	11	33	81	125	124	67	54	-
50 - 54	243	-	-	-	6	2	4	11	42	68	65	45	-
55 - 59	87	-	-	1	-	-	3	4	8	11	24	36	-
60 + ...	51	-	-	-	1	-	1	-	2	2	8	37	-
Sri Lanka													
2007 (+U)													
Total............................	*196 236*	-	*4 874*	*50 475*	*77 223*	*37 758*	*13 636*	*5 693*	*3 065*	*1 585*	*988*	*939*	-
0 - 14	*20*	-	*7*	*7*	*5*	*1*	-	-	-	-	-	-	-
15 - 19	*35 127*	-	*3 814*	*19 794*	*10 010*	*1 301*	*168*	*27*	*6*	*3*	*1*	*3*	-
20 - 24	*73 649*	-	*899*	*26 759*	*35 730*	*8 980*	*1 043*	*174*	*44*	*12*	*4*	*4*	-
25 - 29	*55 088*	-	*135*	*3 335*	*29 096*	*18 013*	*3 732*	*560*	*160*	*29*	*16*	*12*	-
30 - 34	*17 764*	-	*15*	*432*	*1 881*	*8 373*	*5 319*	*1 316*	*310*	*74*	*29*	*15*	-
35 - 39	*7 468*	-	*3*	*123*	*400*	*864*	*2 930*	*2 070*	*815*	*185*	*47*	*31*	-
40 - 44	*3 529*	-	-	*10*	*74*	*184*	*350*	*1 307*	*1 008*	*389*	*157*	*50*	-
45 - 49	*1 852*	-	-	*8*	*14*	*31*	*74*	*194*	*600*	*536*	*278*	*117*	-
50 - 54	*958*	-	*1*	*5*	*8*	*8*	*18*	*39*	*98*	*299*	*294*	*188*	-
55 - 59	*471*	-	-	*1*	*5*	*2*	*2*	*6*	*17*	*43*	*138*	*257*	-
60 - 64	*193*	-	-	*1*	-	*1*	-	-	*6*	*13*	*21*	*151*	-
65 - 69	*71*	-	-	-	-	-	-	-	*1*	*1*	*1*	*68*	-
70 - 74	*31*	-	-	-	-	-	-	-	-	*1*	*2*	*28*	-
75 + ...	*15*	-	-	-	-	-	-	-	-	-	-	*15*	-
Tajikistan - Tadjikistan													
2008 (+C)													
Total............................	106 388	-	4 041	49 478	33 148	11 459	4 669	1 636	767	376	227	480	107
0 - 14	-	-	-	-	-	-	-	-	-	-	-	-	-
15 - 19	36 345	-	3 246	24 427	8 052	525	55	9	5	-	-	-	26
20 - 24	47 229	-	739	23 934	18 674	3 216	514	99	4	6	1	1	41
25 - 29	14 636	-	51	1 021	6 011	5 629	1 506	333	5	34	18	14	14
30 - 34	5 023	-	1	40	343	1 923	1 903	582	25	88	38	77	3
35 - 39	1 653	-	-	-	34	151	632	425	97	122	63	126	3
40 - 44	637	-	-	-	1	5	44	162	223	60	44	97	1
45 - 49	374	-	-	-	-	-	3	23	196	49	40	62	1
50 - 54	218	-	-	-	-	-	1	3	143	14	12	45	-
55 - 59	101	-	-	-	-	-	-	-	64	3	6	28	-
60 - 64	18	-	-	-	-	-	-	-	5	-	4	9	-
65 - 69	10	-	-	-	-	-	-	-	-	-	-	10	-
70 - 74	10	-	-	-	-	-	-	-	-	-	-	10	-
75 + ...	-	-	-	-	-	-	-	-	-	-	-	-	-
Unknown - Inconnu	134	-	4	56	33	10	11	-	-	-	1	1	18
Turkey - Turquie[22]													
2009 (C)													
Total............................	591 742	-	16 243	172 563	240 851	87 490	29 469	13 660	9 057	6 073	4 374	8 073	3 889
0 - 14	-	-	-	-	-	-	-	-	-	-	-	-	-
15 - 19	143 178	-	11 278	69 051	52 532	8 330	1 110	191	60	24	11	14	577
20 - 24	217 547	-	3 905	82 478	101 394	23 766	3 875	789	207	86	29	37	981
25 - 29	132 455	-	609	16 018	70 622	32 661	8 082	2 116	820	282	120	125	1 000
30 - 34	42 887	-	124	1 918	9 970	15 885	8 624	3 242	1 406	573	245	238	662
35 - 39	18 897	-	29	385	1 638	3 440	5 137	3 790	2 049	982	527	583	337
40 - 44	9 065	-	6	68	240	533	1 009	2 078	2 156	1 223	736	836	180
45 - 49	6 028	-	1	13	62	102	189	541	1 497	1 480	841	1 216	86
50 - 54	3 647	-	1	7	13	14	40	85	301	867	975	1 310	34
55 - 59	2 147	-	1	3	1	5	7	19	42	189	537	1 319	24

24. Marriages by age of groom and by age of bride: latest available year, 2002 - 2011
Mariages selon l'âge de l'époux et selon l'âge de l'épouse : dernière année disponible, 2002 - 2011 (continued - suite)

Continent, country or area, year, code and age of bride / Continent, pays ou zone, date, code et âge de l'épouse	Total	0-14	15-19	20-24	25-29	30-34	35-39	40-44	45-49	50-54	55-59	60+	Unknown Inconnu
ASIA - ASIE													
Turkey - Turquie[22]													
2009													
60 - 64	1 151	-	-	3	1	-	1	4	9	27	125	978	3
65 - 69	577	-	-	-	-	-	-	1	3	3	23	543	4
70 - 74	289	-	-	2	-	1	-	-	1	1	3	281	-
75 +	210	-	-	-	-	-	-	-	-	1	1	207	1
Unknown - Inconnu	13 664	-	289	2 617	4 378	2 753	1 395	804	506	335	201	386	-
EUROPE													
Åland Islands - Îles d'Åland													
2010 (C)													
Total	143	-	-	9	21	20	27	17	21	5	9	14	-
0 - 14	-	-	-	-	-	-	-	-	-	-	-	-	-
15 - 19	2	-	-	2	-	-	-	-	-	-	-	-	-
20 - 24	7	-	-	4	2	1	-	-	-	-	-	-	-
25 - 29	26	-	-	2	12	9	2	-	1	-	-	-	-
30 - 34	22	-	-	-	5	6	8	3	-	-	-	-	-
35 - 39	23	-	-	-	1	2	11	3	5	1	-	-	-
40 - 44	22	-	-	-	-	-	6	7	7	-	2	-	-
45 - 49	14	-	-	1	1	1	-	2	5	3	1	-	-
50 - 54	11	-	-	-	-	-	-	2	3	1	4	1	-
55 - 59	7	-	-	-	-	1	-	-	-	-	2	4	-
60 - 64	4	-	-	-	-	-	-	-	-	-	-	4	-
65 - 69	4	-	-	-	-	-	-	-	-	-	-	4	-
70 - 74	-	-	-	-	-	-	-	-	-	-	-	-	-
75 +	1	-	-	-	-	-	-	-	-	-	-	1	-
Albania - Albanie													
2007 (C)													
Total	22 371	...	257[e]	4 716	10 147	4 648	1 540	509	272	282[r]	...	...	...
0 - 19	6 383	...	...	...	...	...	...	...	...	...	...	...	...
20 - 24	10 194	...	...	...	...	...	...	...	...	...	...	...	...
25 - 29	3 833	...	...	...	...	...	...	...	...	...	...	...	...
30 - 34	1 103	...	...	...	...	...	...	...	...	...	...	...	...
35 - 39	476	...	...	...	...	...	...	...	...	...	...	...	...
40 - 44	212	...	...	...	...	...	...	...	...	...	...	...	...
45 - 49	110	...	...	...	...	...	...	...	...	...	...	...	...
50 +	60	...	...	...	...	...	...	...	...	...	...	...	...
Austria - Autriche[23]													
2010 (C)													
Total	37 545	-	217	2 834	8 051	8 522	6 162	4 350	3 018	1 863	1 081	1 447	-
0 - 14	-	-	-	-	-	-	-	-	-	-	-	-	-
15 - 19	798	-	119	480	134	40	15	3	2	3	2	-	-
20 - 24	5 289	-	77	1 744	2 386	710	208	98	38	19	6	3	-
25 - 29	10 399	-	14	488	4 381	3 676	1 208	399	150	53	20	10	-
30 - 34	8 061	-	6	79	915	3 254	2 402	910	324	99	44	28	-
35 - 39	4 754	-	1	25	162	622	1 670	1 343	593	219	69	50	-
40 - 44	3 303	-	-	15	46	167	484	1 073	841	391	164	122	-
45 - 49	2 375	-	-	2	21	37	125	387	747	553	271	232	-
50 - 54	1 352	-	-	-	6	11	39	108	252	376	269	291	-
55 - 59	680	-	-	1	-	4	7	24	52	111	177	304	-
60 - 64	345	-	-	-	-	1	4	2	16	33	53	236	-
65 - 69	132	-	-	-	-	-	-	1	3	6	5	117	-
70 - 74	45	-	-	-	-	-	-	1	-	-	1	43	-
75 +	12	-	-	-	-	-	-	1	-	-	-	11	-
Belarus - Bélarus													
2010 (C)													
Total	76 978	55[c]	1 376[i]	25 683	24 516	10 067	5 433	3 225	2 616	1 799	1 058	1 150	-
0 - 17	811	27[c]	179[i]	494	85	21	4	1	-	-	-	-	-
18 - 19	5 821	19[c]	588[i]	3 808	1 209	147	28	12	6	1	3	-	-
20 - 24	32 950	7[c]	506[i]	17 273	12 194	2 282	501	126	42	12	5	2	-
25 - 29	18 311	2[c]	78[i]	3 474	8 737	3 997	1 327	449	165	56	13	13	-
30 - 34	7 703	-[c]	18[i]	504	1 784	2 538	1 716	683	300	120	29	11	-
35 - 39	4 146	-[c]	5[i]	89	407	796	1 257	854	476	187	52	23	-
40 - 44	2 431	-[c]	1[i]	29	76	218	400	681	603	284	87	52	-

24. Marriages by age of groom and by age of bride: latest available year, 2002 - 2011
Mariages selon l'âge de l'époux et selon l'âge de l'épouse : dernière année disponible, 2002 - 2011 (continued - suite)

Continent, country or area, year, code and age of bride / Continent, pays ou zone, date, code et âge de l'épouse	Total	0-14	15-19	20-24	25-29	30-34	35-39	40-44	45-49	50-54	55-59	60+	Unknown Inconnu
EUROPE													
Belarus - Bélarus													
2010													
45 - 49	2 011	_c	1[i]	8	17	62	151	311	718	470	191	82	-
50 - 54	1 322	_c	_i	1	5	3	37	84	247	490	315	140	-
55 - 59	776	_c	_i	1	2	1	11	20	54	152	284	251	-
60 +	696	_c	_i	2	-	2	1	4	5	27	79	576	-
Belgium - Belgique[24,25]													
2009 (C)													
Total	43 303	-	119	3 550	12 333	8 750	5 728	4 065	3 235	2 353	1 501	1 660	9
0 - 14	-	-	-	-	-	-	-	-	-	-	-	-	-
15 - 19	787	-	58	372	248	67	26	10	4	1	1	-	-
20 - 24	7 511	-	42	2 313	3 744	953	282	103	49	21	2	2	-
25 - 29	13 267	-	11	697	6 918	3 801	1 181	385	173	57	29	13	2
30 - 34	7 227	-	2	108	1 042	2 847	1 856	811	351	129	51	29	1
35 - 39	4 813	-	2	37	231	736	1 587	1 174	599	284	113	50	-
40 - 44	3 402	-	-	13	75	207	519	996	861	438	187	106	-
45 - 49	2 757	-	2	4	48	95	194	417	808	655	320	214	-
50 - 54	1 812	-	1	2	15	27	64	129	303	528	400	343	-
55 - 59	966	-	-	2	8	12	11	31	68	176	292	366	-
60 - 64	451	-	1	1	-	2	2	6	14	51	77	297	-
65 - 69	164	-	-	1	1	2	-	2	3	8	23	124	-
70 - 74	76	-	-	-	-	1	-	-	-	3	2	70	-
75 +	50	-	-	-	-	-	1	-	-	1	2	46	-
Unknown - Inconnu	20	-	-	-	3	-	5	1	2	1	2	-	6
Bosnia and Herzegovina - Bosnie-Herzégovine													
2010 (C)													
Total	19 541	-	248	4 381	7 262	3 932	1 613	793	447	289	189	385	2
0 - 14	1	-	1	-	-	-	-	-	-	-	-	-	-
15 - 19	2 408	-	149	1 392	701	142	18	4	2	-	-	-	-
20 - 24	6 887	-	91	2 465	3 266	864	141	45	12	2	1	-	-
25 - 29	5 848	-	5	465	2 900	1 864	487	84	20	11	5	7	-
30 - 34	2 158	-	1	42	335	895	566	210	76	26	4	2	1
35 - 39	910	-	1	5	38	127	321	254	112	32	14	6	-
40 - 44	473	-	-	7	5	26	57	150	116	66	17	29	-
45 - 49	324	-	1	-	3	8	15	39	79	77	59	43	-
50 - 54	214	-	-	1	1	-	3	6	22	51	50	80	-
55 - 59	148	-	-	1	-	1	-	-	7	20	31	88	-
60 - 64	82	-	-	-	2	1	1	-	1	1	3	73	-
65 - 69	42	-	-	-	3	1	-	-	-	2	2	34	-
70 - 74	21	-	-	1	1	-	-	-	-	1	1	17	-
75 +	11	-	-	1	1	-	2	-	-	-	1	6	-
Unknown - Inconnu	14	-	-	-	6	3	2	1	-	-	1	-	1
Bulgaria - Bulgarie[26]													
2010 (C)													
Total	24 286	-	166	3 376	8 499	6 412	2 776	1 171	637	414	304	531	-
0 - 14	-	-	-	-	-	-	-	-	-	-	-	-	-
15 - 19	1 293	-	95	695	381	94	21	5	1	1	-	-	-
20 - 24	7 298	-	64	2 148	3 469	1 305	239	47	14	9	3	-	-
25 - 29	8 279	-	5	461	3 903	2 898	783	169	35	12	4	9	-
30 - 34	3 980	-	-	51	630	1 746	1 038	341	107	43	12	12	-
35 - 39	1 612	-	2	14	91	296	555	370	169	72	21	22	-
40 - 44	648	-	-	4	17	57	105	170	152	80	41	22	-
45 - 49	444	-	-	2	6	15	28	57	122	79	74	61	-
50 - 54	315	-	-	-	2	1	3	11	30	88	80	100	-
55 - 59	185	-	-	1	-	-	4	1	7	25	56	91	-
60 - 64	127	-	-	-	-	-	-	-	-	4	10	113	-
65 - 69	61	-	-	-	-	-	-	-	-	1	2	58	-
70 - 74	28	-	-	-	-	-	-	-	-	-	-	28	-
75 +	16	-	-	-	-	-	-	-	-	-	1	15	-
Unknown - Inconnu	-	-	-	-	-	-	-	-	-	-	-	-	-
Croatia - Croatie													
2010 (C)													
Total	21 294	-	178	3 018	7 994	5 587	2 244	892	472	260	216	430	3
0 - 14	-	-	-	-	-	-	-	-	-	-	-	-	-
15 - 19	1 136	-	117	622	313	61	16	4	1	2	-	-	-
20 - 24	5 783	-	55	1 795	2 861	863	161	37	6	2	1	1	1

24. Marriages by age of groom and by age of bride: latest available year, 2002 - 2011
Mariages selon l'âge de l'époux et selon l'âge de l'épouse : dernière année disponible, 2002 - 2011 (continued - suite)

Continent, country or area, year, code and age of bride / Continent, pays ou zone, date, code et âge de l'épouse	Age of groom - âge de l'époux												
	Total	0-14	15-19	20-24	25-29	30-34	35-39	40-44	45-49	50-54	55-59	60+	Unknown Inconnu
EUROPE													
Croatia - Croatie													
2010													
25 - 29	7 963	-	5	513	4 016	2 598	632	147	32	13	5	2	-
30 - 34	3 849	-	-	71	714	1 781	888	265	93	24	11	2	-
35 - 39	1 198	-	-	10	82	235	440	265	101	37	18	9	1
40 - 44	516	-	-	3	5	41	95	134	118	67	22	31	-
45 - 49	271	-	1	-	-	3	9	23	86	48	47	54	-
50 - 54	230	-	-	1	1	2	3	11	24	49	57	82	-
55 - 59	140	-	-	-	-	-	-	2	7	11	39	81	-
60 - 64	107	-	-	-	-	-	-	3	2	5	11	86	-
65 - 69	46	-	-	-	-	-	-	1	-	1	3	41	-
70 - 74	27	-	-	-	-	-	-	-	1	-	1	25	-
75 +	17	-	-	-	-	-	-	-	1	1	1	14	-
Unknown - Inconnu	11	-	-	3	2	3	-	-	-	-	-	2	1
Czech Republic - République tchèque													
2010 (C)													
Total	46 746	-	104	3 001	13 072	14 311	6 595	3 181	2 224	1 572	1 293	1 393	-
0 - 14	-	-	-	-	-	-	-	-	-	-	-	-	-
15 - 19	573	-	42	264	159	61	32	10	1	-	3	1	-
20 - 24	7 497	-	40	1 796	3 465	1 583	430	103	54	18	7	1	-
25 - 29	17 224	-	11	716	7 498	6 609	1 739	414	158	51	20	8	-
30 - 34	10 544	-	9	173	1 607	4 884	2 472	852	334	138	43	32	-
35 - 39	4 421	-	2	33	278	935	1 441	915	474	204	93	46	-
40 - 44	2 191	-	-	8	44	171	346	579	535	270	157	81	-
45 - 49	1 662	-	-	8	15	58	100	211	453	414	258	145	-
50 - 54	1 204	-	-	3	5	6	25	72	162	322	343	266	-
55 - 59	795	-	-	-	-	3	7	22	46	124	286	307	-
60 - 64	391	-	-	-	-	1	3	3	5	28	63	288	-
65 - 69	158	-	-	-	1	-	-	-	2	2	17	136	-
70 - 74	55	-	-	-	-	-	-	-	-	1	3	51	-
75 +	31	-	-	-	-	-	-	-	-	-	-	31	-
Denmark - Danemark[27]													
2010 (C)													
Total	30 949	-	36	1 205	5 672	7 895	5 285	3 331	2 353	1 761	1 134	1 662	615
0 - 14	-	-	-	-	-	-	-	-	-	-	-	-	-
15 - 19	154	-	19	78	23	6	7	1	-	-	-	-	20
20 - 24	2 632	-	10	789	1 162	388	81	28	22	5	3	2	142
25 - 29	7 756	-	4	239	3 395	2 848	723	220	90	36	15	14	172
30 - 34	7 398	-	-	35	760	3 590	2 046	591	168	57	24	23	104
35 - 39	4 187	-	-	8	96	638	1 757	1 030	389	151	41	18	59
40 - 44	2 556	-	-	3	19	134	378	946	644	250	79	60	43
45 - 49	1 888	-	-	1	12	24	82	284	629	510	197	118	31
50 - 54	1 395	-	-	-	2	7	12	61	212	485	368	225	23
55 - 59	789	-	-	-	1	1	7	15	36	134	258	324	13
60 - 64	512	-	-	-	-	1	2	2	12	28	80	384	3
65 - 69	255	-	-	-	-	-	1	1	4	8	13	225	3
70 - 74	133	-	-	-	-	-	-	-	-	2	3	127	1
75 +	61	-	-	-	-	-	-	-	-	-	1	59	1
Unknown - Inconnu	1 233	-	3	52	202	258	189	152	147	95	52	83	-
Estonia - Estonie													
2010 (C)													
Total	5 066	-	40	678	1 382	1 144	706	426	270	185	100	135	-
0 - 14	-	-	-	-	-	-	-	-	-	-	-	-	-
15 - 19	162	-	22	92	37	9	1	1	-	-	-	-	-
20 - 24	1 145	-	10	443	492	147	35	14	4	-	-	-	-
25 - 29	1 545	-	3	107	690	491	159	61	18	12	3	1	-
30 - 34	916	-	2	27	117	372	268	85	31	7	3	4	-
35 - 39	537	-	1	7	31	95	170	132	66	23	7	5	-
40 - 44	293	-	1	2	11	22	54	95	63	29	10	6	-
45 - 49	196	-	1	-	4	7	13	29	62	45	19	16	-
50 - 54	134	-	-	-	-	1	6	5	23	52	29	18	-
55 - 59	68	-	-	-	-	-	-	4	2	16	16	30	-
60 - 64	47	-	-	-	-	-	-	-	1	1	11	34	-
65 - 69	12	-	-	-	-	-	-	-	-	-	1	11	-
70 - 74	8	-	-	-	-	-	-	-	-	-	1	7	-

24. Marriages by age of groom and by age of bride: latest available year, 2002 - 2011
Mariages selon l'âge de l'époux et selon l'âge de l'épouse : dernière année disponible, 2002 - 2011 (continued - suite)

Continent, country or area, year, code and age of bride / Continent, pays ou zone, date, code et âge de l'épouse	Total	Age of groom - âge de l'époux											Unknown Inconnu
		0-14	15-19	20-24	25-29	30-34	35-39	40-44	45-49	50-54	55-59	60+	
EUROPE													
Estonia - Estonie													
2010													
75 +	3	-	-	-	-	-	-	-	-	-	-	3	-
Unknown - Inconnu	-	-	-	-	-	-	-	-	-	-	-	-	-
Finland - Finlande[28,29]													
2010 (C)													
Total	29 809	-	271	2 689	7 729	7 045	3 826	2 662	2 330	1 323	896	1 038	-
0 - 14	-	-	-	-	-	-	-	-	-	-	-	-	-
15 - 19	703	-	178	404	83	33	4	1	-	-	-	-	-
20 - 24	4 343	-	78	1 745	1 869	464	130	32	14	6	3	2	-
25 - 29	8 958	-	11	401	4 666	2 949	642	189	69	22	4	5	-
30 - 34	5 992	-	1	91	881	2 853	1 478	466	162	50	8	2	-
35 - 39	3 104	-	-	24	144	555	1 115	807	328	89	23	19	-
40 - 44	2 248	-	1	12	46	124	334	749	649	209	93	31	-
45 - 49	2 119	-	2	9	23	45	96	317	860	469	201	97	-
50 - 54	1 003	-	-	2	11	13	23	81	167	307	246	153	-
55 - 59	664	-	-	1	3	6	3	17	65	122	219	228	-
60 - 64	433	-	-	-	2	2	1	3	15	41	84	285	-
65 - 69	138	-	-	-	1	1	-	-	-	7	9	120	-
70 - 74	70	-	-	-	-	-	-	-	1	1	4	64	-
75 +	34	-	-	-	-	-	-	-	-	2	32		-
France[30]													
2009 (C)													
Total	245 151	-	257	14 558	64 485	57 056	36 936	23 230	16 287	12 687	8 903	10 752	-
0 - 14	1	-	-	1	-	-	-	-	-	-	-	-	-
15 - 19	2 055	-	102	952	680	220	64	21	7	4	3	2	-
20 - 24	32 105	-	110	9 793	15 944	4 415	1 215	357	147	70	29	25	-
25 - 29	76 786	-	28	3 148	39 898	24 357	6 559	1 797	579	237	84	99	-
30 - 34	48 174	-	11	445	6 308	21 938	12 787	4 205	1 522	566	255	137	-
35 - 39	30 200	-	3	134	1 157	4 604	11 709	7 397	2 968	1 338	545	345	-
40 - 44	19 807	-	1	38	318	1 073	3 343	6 353	4 712	2 334	1 016	619	-
45 - 49	13 884	-	1	28	103	334	929	2 161	4 043	3 461	1 665	1 159	-
50 - 54	10 365	-	-	10	38	78	249	688	1 667	3 190	2 583	1 862	-
55 - 59	6 266	-	-	5	13	24	54	196	501	1 126	1 919	2 428	-
60 - 64	3 313	-	1	3	2	3	16	42	118	303	627	2 198	-
65 - 69	1 175	-	-	-	1	4	5	11	17	38	132	967	-
70 - 74	566	-	-	-	3	1	1	1	3	14	28	515	-
75 +	454	-	-	1	20	5	5	1	3	6	17	396	-
Unknown - Inconnu	-	-	-	-	-	-	-	-	-	-	-	-	-
Germany - Allemagne													
2010 (C)													
Total	382 047	-	5 224	52 804	109 357	79 943	42 126	31 892	26 551	17 185	9 221	7 744	-
0 - 14	-	-	-	-	-	-	-	-	-	-	-	-	-
15 - 19	963	-	487	396	52	20	5	-	3	-	-	-	-
20 - 24	25 606	-	3 123	16 751	4 758	707	163	74	22	5	2	1	-
25 - 29	84 151	-	1 180	24 464	47 584	9 095	1 319	364	115	22	6	2	-
30 - 34	88 357	-	260	7 788	39 015	34 092	5 579	1 190	326	79	24	4	-
35 - 39	56 998	-	88	2 042	11 992	22 786	14 773	3 892	1 077	278	54	16	-
40 - 44	43 119	-	47	859	3 982	9 024	12 503	10 972	4 276	1 165	225	66	-
45 - 49	31 670	-	26	327	1 305	2 803	5 191	9 045	8 924	3 182	685	182	-
50 - 54	21 305	-	11	108	406	900	1 636	3 932	6 814	5 418	1 634	446	-
55 - 59	13 623	-	1	46	161	320	599	1 551	3 099	4 050	2 854	942	-
60 - 64	7 942	-	1	14	63	116	224	548	1 221	1 900	2 192	1 663	-
65 - 69	4 318	-	-	6	30	61	90	215	443	707	977	1 789	-
70 - 74	2 371	-	-	3	6	13	33	72	159	252	404	1 429	-
75 +	1 624	-	-	-	3	6	11	37	72	127	164	1 204	-
Unknown - Inconnu	-	-	-	-	-	-	-	-	-	-	-	-	-
Greece - Grèce													
2009 (C)													
Total	59 212	5	277	2 939	15 094	20 356	10 517	4 656	2 118	1 301	732	1 217	-
0 - 14	37	3	23	7	3	1	-	-	-	-	-	-	-
15 - 19	1 293	2	179	550	378	126	42	14	1	1	-	-	-
20 - 24	8 366	-	54	1 599	3 775	2 100	613	158	40	14	8	5	-
25 - 29	22 082	-	10	623	8 518	8 956	2 964	716	186	66	26	17	-
30 - 34	16 341	-	9	113	2 073	7 652	4 361	1 461	421	153	65	33	-
35 - 39	5 931	-	2	28	270	1 257	2 044	1 368	598	230	90	44	-
40 - 44	2 410	-	-	15	51	201	383	694	515	324	115	112	-

754

Continent, country or area, year, code and age of bride / Continent, pays ou zone, date, code et âge de l'épouse	Age of groom - âge de l'époux												
	Total	0-14	15-19	20-24	25-29	30-34	35-39	40-44	45-49	50-54	55-59	60+	Unknown Inconnu

EUROPE

Greece - Grèce
2009

45 - 49	1 243	-	-	4	18	39	87	186	240	296	175	198	-
50 - 54	757	-	-	-	7	16	16	48	92	159	147	272	-
55 - 59	412	-	-	-	-	6	4	8	18	44	82	250	-
60 - 64	203	-	-	-	1	-	3	3	5	11	20	160	-
65 - 69	88	-	-	-	-	2	-	-	2	2	3	79	-
70 - 74	29	-	-	-	-	-	-	-	-	1	1	27	-
75 +	20	-	-	-	-	-	-	-	-	-	-	20	-
Unknown - Inconnu	-	-	-	-	-	-	-	-	-	-	-	-	-

Hungary - Hongrie
2010 (C)

Total	35 520	-	265	2 387	9 217	11 043	5 487	2 580	1 326	1 060	914	1 241	-
0 - 14	-	-	-	-	-	-	-	-	-	-	-	-	-
15 - 19	969	-	198	470	178	55	40	15	8	2	2	1	-
20 - 24	5 405	-	44	1 193	2 420	1 280	329	82	26	12	13	6	-
25 - 29	12 046	-	13	526	4 929	4 761	1 343	321	87	39	17	10	-
30 - 34	8 682	-	5	143	1 375	3 923	2 170	716	196	81	47	26	-
35 - 39	3 708	-	4	40	250	843	1 218	794	309	135	81	34	-
40 - 44	1 673	-	1	10	51	152	302	468	332	188	95	74	-
45 - 49	1 020	-	-	3	9	23	59	129	253	289	155	100	-
50 - 54	795	-	-	1	3	3	19	42	75	204	241	207	-
55 - 59	673	-	-	1	2	2	6	11	29	77	208	337	-
60 - 64	312	-	-	-	-	-	1	1	9	22	46	233	-
65 - 69	140	-	-	-	-	-	-	-	2	6	7	125	-
70 - 74	69	-	-	-	-	1	-	-	-	3	2	63	-
75 +	28	-	-	-	-	-	-	1	-	2	-	25	-
Unknown - Inconnu	-	-	-	-	-	-	-	-	-	-	-	-	-

Iceland - Islande[6]
2010 (C)

Total	1 547	-	3	74	332	387	256	158	111	88	51	87	-
0 - 14	-	-	-	-	-	-	-	-	-	-	-	-	-
15 - 19	11	-	3	6	1	-	-	-	-	-	-	1	-
20 - 24	173	-	-	50	79	28	8	3	-	-	-	5	-
25 - 29	426	-	-	14	189	159	44	6	4	1	4	5	-
30 - 34	367	-	-	1	50	166	94	36	8	2	3	7	-
35 - 39	205	-	-	-	6	22	88	47	23	8	5	6	-
40 - 44	128	-	-	1	2	4	12	53	27	15	8	6	-
45 - 49	85	-	-	-	-	2	3	10	30	26	4	10	-
50 - 54	64	-	-	-	-	-	-	2	7	26	17	12	-
55 - 59	24	-	-	-	-	-	-	1	5	4	5	9	-
60 - 64	20	-	-	-	-	-	-	-	2	1	3	14	-
65 - 69	5	-	-	-	-	-	-	-	-	-	-	5	-
70 - 74	1	-	-	-	-	-	-	-	-	-	-	1	-
75 +	38	-	-	2	5	6	7	-	5	5	2	6	-

Ireland - Irlande
2008 (+C)

Total	22 187	-	121	662	6 156	8 330	3 781	1 505	708	396	253	275	-
0 - 14	-	-	-	-	-	-	-	-	-	-	-	-	-
15 - 19	208	-	93	69	33	9	1	3	-	-	-	-	-
20 - 24	1 507	-	24	363	721	308	56	25	7	-	1	2	-
25 - 29	8 445	-	2	195	4 113	3 217	727	137	31	19	2	2	-
30 - 34	7 456	-	2	25	1 120	4 055	1 687	408	126	17	12	4	-
35 - 39	2 648	-	-	7	139	651	1 068	503	186	62	22	10	-
40 - 44	932	-	-	3	19	75	195	318	175	98	30	19	-
45 - 49	490	-	-	-	9	12	40	87	136	105	66	35	-
50 - 54	259	-	-	-	2	3	5	20	38	66	61	64	-
55 - 59	150	-	-	-	-	-	1	4	5	25	45	70	-
60 - 64	66	-	-	-	-	-	1	-	4	2	12	47	-
65 - 69	15	-	-	-	-	-	-	-	-	1	2	12	-
70 - 74	6	-	-	-	-	-	-	-	-	-	-	6	-
75 +	5	-	-	-	-	-	-	-	-	-	1	4	-
Unknown - Inconnu	-	-	-	-	-	-	-	-	-	-	-	-	-

Isle of Man - Île de Man
2005 (C)

Total	404	-	6	42	72	87	63	51	26	22	17	18	-
0 - 14	-	...	...	...	...	...	...	...	...	...	...	...	...

Continent, country or area, year, code and age of bride / Continent, pays ou zone, date, code et âge de l'épouse	Total	Age of groom - âge de l'époux											Unknown Inconnu
		0-14	15-19	20-24	25-29	30-34	35-39	40-44	45-49	50-54	55-59	60+	
EUROPE													
Isle of Man - Île de Man													
2005													
15 - 19	5	...	...	...	...	...	...	...	...	...	...	...	...
20 - 24	65	...	...	...	...	...	...	...	...	...	...	...	...
25 - 29	98	...	...	...	...	...	...	...	...	...	...	...	...
30 - 34	79	...	...	...	...	...	...	...	...	...	...	...	...
35 - 39	61	...	...	...	...	...	...	...	...	...	...	...	...
40 - 44	40	...	...	...	...	...	...	...	...	...	...	...	...
45 - 49	26	...	...	...	...	...	...	...	...	...	...	...	...
50 - 54	16	...	...	...	...	...	...	...	...	...	...	...	...
55 - 59	5	...	...	...	...	...	...	...	...	...	...	...	...
60 - 64	7	...	...	...	...	...	...	...	...	...	...	...	...
65 - 69	1	...	...	...	...	...	...	...	...	...	...	...	...
70 - 74	-	...	...	...	...	...	...	...	...	...	...	...	...
75 - 79	1	...	...	...	...	...	...	...	...	...	...	...	...
Italy - Italie													
2009 (C)													
Total	230 613	-	486	10 709	52 818	76 188	44 101	19 914	9 993	5 974	3 964	6 466	-
0 - 14	-	-	-	-	-	-	-	-	-	-	-	-	-
15 - 19	3 446	-	286	1 879	921	262	72	17	6	3	-	-	-
20 - 24	28 354	-	157	6 416	13 981	5 812	1 409	371	124	38	25	21	-
25 - 29	75 446	-	30	1 886	29 816	32 198	8 808	1 930	467	154	82	75	-
30 - 34	64 442	-	8	355	6 690	31 010	18 909	5 231	1 447	464	173	155	-
35 - 39	29 926	-	4	100	1 063	5 810	11 913	6 809	2 576	942	389	320	-
40 - 44	13 313	-	-	42	203	809	2 402	4 216	2 891	1 453	670	627	-
45 - 49	7 139	-	1	19	83	197	478	1 082	1 819	1 570	898	992	-
50 - 54	4 189	-	-	8	31	54	85	212	520	985	993	1 301	-
55 - 59	2 254	-	-	1	21	23	14	34	112	274	544	1 231	-
60 - 64	1 170	-	-	3	5	7	5	10	25	73	152	890	-
65 - 69	515	-	-	-	2	3	1	2	2	16	30	459	-
70 - 74	244	-	-	-	2	3	4	-	2	1	5	227	-
75 +	175	-	-	-	-	-	1	-	2	1	3	168	-
Latvia - Lettonie[7]													
2010 (C)													
Total	9 290	-	65	1 455	2 865	1 816	1 044	655	470	305	189	426	-
0 - 14	-	-	-	-	-	-	-	-	-	-	-	-	-
15 - 19	274	-	37	159	53	22	3	-	-	-	-	-	-
20 - 24	2 402	-	25	978	1 013	280	79	18	6	2	-	1	-
25 - 29	2 872	-	2	269	1 438	764	265	100	21	7	3	3	-
30 - 34	1 410	-	1	33	275	543	331	146	53	20	6	2	-
35 - 39	812	-	-	14	65	163	247	180	94	37	8	4	-
40 - 44	502	-	-	2	17	35	87	139	129	56	20	17	-
45 - 49	344	-	-	-	3	9	24	51	103	75	41	38	-
50 - 54	244	-	-	-	1	-	7	18	45	75	46	52	-
55 - 59	163	-	-	-	-	-	1	1	13	28	39	81	-
60 - 64	129	-	-	-	-	-	-	1	3	4	20	101	-
65 - 69	65	-	-	-	-	-	-	-	2	-	3	60	-
70 - 74	45	-	-	-	-	-	-	1	1	-	2	41	-
75 +	28	-	-	-	-	-	-	-	-	1	1	26	-
Unknown - Inconnu	-	-	-	-	-	-	-	-	-	-	-	-	-
Liechtenstein[7]													
2010* (C)													
Total	185	-	-	11	39	48	38	16	13	10	6	4	-
Lithuania - Lituanie													
2010 (C)													
Total	18 688	-	186	3 466	6 934	3 630	1 753	971	648	468	258	374	-
0 - 14	1	-	1	-	-	-	-	-	-	-	-	-	-
15 - 19	877	-	110	545	175	40	6	1	-	-	-	-	-
20 - 24	5 606	-	57	2 233	2 562	578	126	37	12	1	-	-	-
25 - 29	6 633	-	12	588	3 595	1 737	476	142	51	19	6	7	-
30 - 34	2 566	-	4	83	496	971	606	256	98	34	11	7	-
35 - 39	1 214	-	1	12	86	239	405	274	116	52	16	13	-
40 - 44	657	-	-	4	17	51	102	167	164	97	37	18	-
45 - 49	444	-	1	1	3	10	23	67	130	115	52	42	-
50 - 54	354	-	-	-	-	3	8	23	61	119	72	68	-
55 - 59	153	-	-	-	-	-	1	2	13	24	50	63	-
60 - 64	92	-	-	-	-	1	-	-	2	5	7	77	-

24. Marriages by age of groom and by age of bride: latest available year, 2002 - 2011
Mariages selon l'âge de l'époux et selon l'âge de l'épouse : dernière année disponible, 2002 - 2011 (continued - suite)

Continent, country or area, year, code and age of bride / Continent, pays ou zone, date, code et âge de l'épouse	Total	\-	\-	\-	\-	Age of groom - âge de l'époux	\-	\-	\-	\-	\-	\-	\-
		0-14	15-19	20-24	25-29	30-34	35-39	40-44	45-49	50-54	55-59	60+	Unknown Inconnu
EUROPE													
Lithuania - Lituanie													
2010													
65 - 69	45	-	-	-	-	-	-	1	1	1	6	36	-
70 - 74	22	-	-	-	-	-	-	-	-	-	1	21	-
75 +	24	-	-	-	-	-	-	1	-	1	-	22	-
Unknown - Inconnu	-	-	-	-	-	-	-	-	-	-	-	-	-
Luxembourg[31]													
2010 (C)													
Total	1 749	-	1	89	410	444	286	189	136	92	53	48	1
0 - 14	-	-	-	-	-	-	-	-	-	-	-	-	-
15 - 19	18	-	1	10	5	1	-	1	-	-	-	-	-
20 - 24	197	-	-	52	87	34	12	5	3	4	-	-	-
25 - 29	538	-	-	21	233	195	59	12	12	4	1	1	-
30 - 34	423	-	-	3	70	168	110	43	19	6	2	1	1
35 - 39	238	-	-	2	10	34	75	67	30	11	6	3	-
40 - 44	137	-	-	1	5	8	19	42	31	21	7	3	-
45 - 49	97	-	-	-	-	2	9	15	30	21	15	5	-
50 - 54	52	-	-	-	-	1	2	3	7	17	14	8	-
55 - 59	30	-	-	-	-	-	-	1	3	8	6	12	-
60 - 64	13	-	-	-	-	-	-	-	1	-	2	10	-
65 - 69	2	-	-	-	-	-	-	-	-	-	-	2	-
70 - 74	3	-	-	-	-	-	-	-	-	-	-	3	-
75 +	-	-	-	-	-	-	-	-	-	-	-	-	-
Unknown - Inconnu	1	-	-	-	-	1	-	-	-	-	-	-	-
Malta - Malte													
2010 (C)													
Total	2 596	-	4	233	1 056	741	255	115	70	45	25	51	1
0 - 14	-	-	-	-	-	-	-	-	-	-	-	-	-
15 - 19	34	-	2	19	10	3	-	-	-	-	-	-	-
20 - 24	582	-	2	158	306	89	19	5	2	1	-	-	-
25 - 29	1 128	-	-	50	618	362	69	17	7	2	1	2	-
30 - 34	498	-	-	5	108	243	91	28	13	6	1	3	-
35 - 39	164	-	-	1	13	33	56	32	15	5	4	5	-
40 - 44	83	-	-	-	1	6	17	25	18	11	2	3	-
45 - 49	44	-	-	-	-	3	3	6	10	7	6	9	-
50 - 54	34	-	-	-	-	2	-	2	3	9	6	12	-
55 - 59	14	-	-	-	-	-	-	-	1	4	2	7	-
60 - 64	9	-	-	-	-	-	-	-	1	-	3	5	-
65 - 69	2	-	-	-	-	-	-	-	-	-	-	2	-
70 - 74	2	-	-	-	-	-	-	-	-	-	-	2	-
75 +	1	-	-	-	-	-	-	-	-	-	-	1	-
Unknown - Inconnu	1	-	-	-	-	-	-	-	-	-	-	-	1
Montenegro - Monténégro													
2009 (C)													
Total	3 829	...	26	619	1 371	876	425	232	131	66	31	52	-
15 - 19	376	...	15	172	131	41	11	4	1	-	-	1	-
20 - 24	1 268	...	9	358	600	217	53	22	6	2	1	-	-
25 - 29	1 243	...	1	75	549	406	151	47	12	1	1	-	-
30 - 34	517	...	-	8	81	176	135	79	33	5	-	-	-
35 - 39	203	...	-	3	8	32	60	47	33	16	2	2	-
40 - 44	96	...	-	2	1	2	15	25	31	10	7	3	-
45 - 49	55	...	1	1	-	1	-	7	12	15	7	11	-
50 - 54	34	...	-	-	1	1	-	1	1	15	6	9	-
55 - 59	22	...	-	-	-	-	-	-	2	1	5	14	-
60 - 64	8	...	-	-	-	-	-	-	-	1	2	5	-
65 - 69	7	...	-	-	-	-	-	-	-	-	-	7	-
70 - 74	-	...	-	-	-	-	-	-	-	-	-	-	-
75 +	-	...	-	-	-	-	-	-	-	-	-	-	-
Netherlands - Pays-Bas[31,32,33,34]													
2009 (C)													
Total	72 119	...	85	4 976	16 276	17 802	11 712	7 321	4 939	3 443	2 300	3 265	-
15 - 19	687	...	47	385	178	49	17	8	3	-	-	-	-
20 - 24	11 006	...	32	3 710	5 283	1 374	408	120	56	14	5	4	-
25 - 29	20 820	...	4	735	8 958	7 932	2 233	615	211	87	26	19	-
30 - 34	15 428	...	2	108	1 548	6 998	4 516	1 456	522	162	66	50	-
35 - 39	8 770	...	-	24	239	1 136	3 385	2 481	947	347	118	93	-

24. Marriages by age of groom and by age of bride: latest available year, 2002 - 2011
Mariages selon l'âge de l'époux et selon l'âge de l'épouse : dernière année disponible, 2002 - 2011 (continued - suite)

Continent, country or area, year, code and age of bride / Continent, pays ou zone, date, code et âge de l'épouse	Total	0-14	15-19	20-24	25-29	30-34	35-39	40-44	45-49	50-54	55-59	60+	Unknown Inconnu
EUROPE													
Netherlands - Pays-Bas[31,32,33,34]													
2009													
40 - 44	5 477	...	-	10	47	232	843	1 888	1 455	646	211	145	-
45 - 49	3 879	...	-	3	13	54	239	575	1 193	1 035	482	285	-
50 - 54	2 754	...	-	1	7	19	57	136	436	884	707	507	-
55 - 59	1 553	...	-	-	-	6	10	35	83	213	501	705	-
60 - 64	962	...	-	-	2	2	3	5	26	42	146	736	-
65 - 69	489	...	-	-	1	-	-	2	7	12	32	435	-
70 - 74	170	...	-	-	-	-	1	-	-	1	3	165	-
75 +	124	...	-	-	-	-	-	-	-	-	3	121	-
Norway - Norvège[35]													
2010 (C)													
Total	23 313	-	45	1 519	4 858	5 468	3 964	2 610	1 809	1 276	854	910	-
0 - 14	-	-	-	-	-	-	-	-	-	-	-	-	-
15 - 19	365	-	26	182	94	33	13	12	3	1	-	1	-
20 - 24	3 378	-	18	1 072	1 400	498	184	103	55	22	16	10	-
25 - 29	6 722	-	1	228	2 820	2 283	817	334	126	60	31	22	-
30 - 34	5 026	-	-	29	477	2 159	1 429	532	211	105	48	36	-
35 - 39	3 219	-	-	7	53	427	1 211	881	368	151	71	50	-
40 - 44	1 815	-	-	1	11	57	245	560	497	260	119	65	-
45 - 49	1 250	-	-	-	2	9	51	160	400	337	175	116	-
50 - 54	772	-	-	-	1	1	12	21	117	266	199	155	-
55 - 59	412	-	-	-	-	-	2	6	27	59	151	167	-
60 - 64	227	-	-	-	-	1	-	1	4	12	37	172	-
65 - 69	76	-	-	-	-	-	-	-	1	1	5	69	-
70 - 74	32	-	-	-	-	-	-	-	-	2	2	28	-
75 +	19	-	-	-	-	-	-	-	-	-	-	19	-
Poland - Pologne													
2010 (C)													
Total	228 337	-	9 007	79 746	89 646	26 972	9 150	3 927	2 964	2 711	1 978	2 236	-
0 - 14	-	-	-	-	-	-	-	-	-	-	-	-	-
15 - 19	1 320	-	876	401	37	4	2	-	-	-	-	-	-
20 - 24	44 683	-	5 638	31 302	7 029	614	83	15	2	-	-	-	-
25 - 29	103 417	-	2 041	39 785	55 031	5 727	708	99	21	5	-	-	-
30 - 34	44 104	-	359	6 965	22 053	12 374	1 977	284	74	14	3	1	-
35 - 39	14 772	-	62	974	4 127	5 593	3 119	670	173	32	17	5	-
40 - 44	6 162	-	21	196	909	1 656	1 802	1 071	343	126	22	16	-
45 - 49	4 005	-	5	79	311	595	836	902	784	348	114	31	-
50 - 54	3 357	-	2	31	95	267	383	560	835	811	271	102	-
55 - 59	2 458	-	1	10	32	96	166	232	427	704	577	213	-
60 - 64	1 765	-	1	3	16	27	53	73	198	399	537	458	-
65 - 69	883	-	-	-	5	14	15	14	50	154	226	405	-
70 - 74	667	-	1	-	1	2	4	4	26	61	120	448	-
75 +	744	-	-	-	-	3	2	3	31	57	91	557	-
Unknown - Inconnu	-	-	-	-	-	-	-	-	-	-	-	-	-
Portugal													
2009 (C)													
Total	40 391	-	297	4 891	13 741	10 245	4 307	2 159	1 501	1 036	774	1 438	2
0 - 14	-	-	-	-	-	-	-	-	-	-	-	-	-
15 - 19	1 430	-	149	855	295	103	17	7	3	1	-	-	-
20 - 24	7 988	-	110	2 778	3 726	1 017	237	71	26	11	6	6	-
25 - 29	14 423	-	27	974	7 601	4 401	988	260	100	36	20	14	2
30 - 34	8 097	-	10	215	1 723	3 652	1 588	542	228	80	36	23	-
35 - 39	3 398	-	-	55	296	825	1 009	615	326	154	72	46	-
40 - 44	1 831	-	1	10	66	185	317	421	384	215	109	123	-
45 - 49	1 210	-	-	3	24	47	111	170	285	253	163	154	-
50 - 54	855	-	-	1	7	11	30	55	108	200	178	265	-
55 - 59	517	-	-	-	2	1	8	12	33	60	123	278	-
60 - 64	316	-	-	-	-	2	1	5	4	16	49	239	-
65 - 69	160	-	-	-	-	-	-	1	4	5	11	139	-
70 - 74	101	-	-	-	-	-	-	-	-	3	5	93	-
75 +	63	-	-	-	-	-	1	-	-	2	2	58	-
Unknown - Inconnu	2	-	-	-	1	1	-	-	-	-	-	-	-

24. Marriages by age of groom and by age of bride: latest available year, 2002 - 2011
Mariages selon l'âge de l'époux et selon l'âge de l'épouse : dernière année disponible, 2002 - 2011 (continued - suite)

Continent, country or area, year, code and age of bride / Continent, pays ou zone, date, code et âge de l'épouse	Total	0-14	15-19	20-24	25-29	30-34	35-39	40-44	45-49	50-54	55-59	60+	Unknown Inconnu
EUROPE													
Republic of Moldova - République de Moldova[36]													
2010 (C)													
Total	20 347	-	398	8 790	8 159	2 217	523	136	65	22	13	23	1
0 - 14	2	-	-	2	-	-	-	-	-	-	-	-	-
15 - 19	3 213	-	237	2 070	797	95	10	1	2	1	-	-	-
20 - 24	11 651	-	148	5 900	4 659	818	99	18	7	1	1	-	-
25 - 29	4 298	-	10	760	2 425	878	186	30	7	1	1	-	-
30 - 34	883	-	3	52	248	379	147	38	12	2	2	-	-
35 - 39	184	-	-	6	27	42	69	25	10	4	1	-	-
40 - 44	50	-	-	-	2	2	7	21	15	1	1	1	-
45 - 49	25	-	-	-	1	1	4	3	10	3	2	1	-
50 - 54	17	-	-	-	-	-	1	-	2	8	2	4	-
55 - 59	6	-	-	-	-	2	-	-	-	1	1	2	-
60 - 64	7	-	-	-	-	-	-	-	-	-	2	5	-
65 - 69	4	-	-	-	-	-	-	-	-	-	-	4	-
70 - 74	-	-	-	-	-	-	-	-	-	-	-	-	-
75 +	6	-	-	-	-	-	-	-	-	-	-	6	-
Unknown - Inconnu	1	-	-	-	-	-	-	-	-	-	-	-	1
Romania - Roumanie													
2010 (C)													
Total	115 778	-	9 748	41 034	34 120	16 122	6 890	3 813	1 552	1 155	737	607	-
0 - 14	-	-	-	-	-	-	-	-	-	-	-	-	-
15 - 19	872	-	571	267	27	5	1	-	1	-	-	-	-
20 - 24	21 266	-	5 195	13 058	2 590	342	68	7	5	1	-	-	-
25 - 29	43 390	-	3 003	19 492	17 208	3 128	455	86	12	4	1	1	-
30 - 34	27 094	-	832	6 622	10 651	7 069	1 551	324	33	10	1	1	-
35 - 39	10 664	-	117	1 264	2 677	3 594	2 196	671	111	23	9	2	-
40 - 44	5 583	-	22	247	697	1 401	1 665	1 226	239	70	15	1	-
45 - 49	2 336	-	1	52	152	340	520	728	370	138	27	8	-
50 - 54	1 790	-	5	11	68	156	256	428	394	347	95	30	-
55 - 59	1 309	-	-	16	32	52	115	237	248	319	235	55	-
60 +	1 474	-	2	5	18	35	63	106	139	243	354	509	-
Russian Federation - Fédération de Russie													
2009 (C)													
Total	1199446	1 480[c]	...	...	...	...	277 507[o]	...	...	...	...	...	41
0 - 17	14 062	...	...	...	...	...	...	...	...	...	...	...	...
18 - 24	559 805	...	...	...	...	...	...	...	...	...	...	...	...
25 - 34	428 148	...	...	...	...	...	...	...	...	...	...	...	...
35 +	197 399	...	...	...	...	...	...	...	...	...	...	...	...
Unknown - Inconnu	32	...	...	...	...	...	...	...	...	...	...	...	...
San Marino - Saint-Marin[37]													
2004 (C)													
Total	207	-	-	9	56	59	30	14	7	3	8	4	17
0 - 14	-	-	-	-	-	-	-	-	-	-	-	-	-
15 - 19	-	-	-	-	-	-	-	-	-	-	-	-	-
20 - 24	16	-	-	4	4	1	-	2	-	-	1	-	4
25 - 29	63	-	-	1	28	20	4	-	1	-	1	-	8
30 - 34	37	-	-	-	3	13	13	4	-	-	-	-	4
35 - 39	11	-	-	-	-	2	2	2	1	-	2	1	1
40 - 44	5	-	-	-	-	1	-	2	-	-	2	-	-
45 - 49	4	-	-	-	-	-	1	1	-	1	1	-	-
50 - 54	2	-	-	-	-	-	-	-	1	-	-	1	-
55 - 59	1	-	-	-	-	-	-	-	-	1	-	-	-
60 +	-	-	-	-	-	-	-	-	-	-	-	-	-
Unknown - Inconnu	68	-	-	4	21	22	10	3	4	1	1	2	-
Serbia - Serbie[38]													
2010 (+C)													
Total	35 815	-	305	4 756	12 173	9 366	3 910	1 683	1 043	760	640	1 095	84
0 - 14	-	-	-	-	-	-	-	-	-	-	-	-	-
15 - 19	2 282	-	210	1 111	710	187	46	9	3	1	1	3	1
20 - 24	9 349	-	79	2 823	4 489	1 521	317	81	13	11	5	4	6
25 - 29	12 076	-	9	702	5 795	4 207	984	248	70	25	8	11	17
30 - 34	6 306	-	4	91	989	2 914	1 562	470	170	70	11	17	8
35 - 39	2 335	-	-	17	120	431	807	505	270	100	45	34	6
40 - 44	1 002	-	-	1	15	55	133	266	247	154	69	59	3

Continent, country or area, year, code and age of bride / Continent, pays ou zone, date, code et âge de l'épouse	Age of groom - âge de l'époux											
	Total	0-14	15-19	20-24	25-29	30-34	35-39	40-44	45-49	50-54	55-59	60+	Unknown Inconnu

	Total	0-14	15-19	20-24	25-29	30-34	35-39	40-44	45-49	50-54	55-59	60+	Unknown Inconnu
EUROPE													
Serbia - Serbie[38]													
2010													
45 - 49	756	-	-	2	7	15	30	67	180	181	129	141	4
50 - 54	643	-	-	1	2	5	9	17	56	157	197	198	1
55 - 59	442	-	-	1	-	2	5	5	20	45	129	235	-
60 - 64	234	-	-	-	1	-	3	4	3	9	30	184	-
65 - 69	120	-	-	-	-	1	-	2	1	2	4	109	1
70 - 74	68	-	-	-	-	-	-	-	-	1	1	66	-
75 +	38	-	-	1	-	-	1	1	-	-	4	31	-
Unknown - Inconnu	164	-	3	6	45	28	13	8	10	4	7	3	37
Slovakia - Slovaquie[7]													
2010 (C)													
Total	25 415	-	438	3 021	8 942	7 239	2 754	1 149	709	449	293	421	-
0 - 14	-	-	-	-	-	-	-	-	-	-	-	-	-
15 - 19	1 300	-	325	686	230	45	8	4	2	-	-	-	-
20 - 24	5 866	-	89	1 741	2 760	1 006	205	37	21	4	3	-	-
25 - 29	10 207	-	17	486	4 947	3 551	851	220	88	28	16	3	-
30 - 34	4 736	-	6	86	871	2 185	1 024	333	153	53	14	11	-
35 - 39	1 640	-	-	15	105	387	530	330	150	72	29	22	-
40 - 44	632	-	1	6	21	55	111	153	138	78	39	30	-
45 - 49	379	-	-	1	7	9	18	47	94	101	63	39	-
50 - 54	290	-	-	-	1	1	5	21	53	79	62	68	-
55 - 59	188	-	-	-	-	-	2	4	9	25	46	102	-
60 - 64	103	-	-	-	-	-	-	-	1	8	17	77	-
65 - 69	46	-	-	-	-	-	-	-	-	1	2	43	-
70 - 74	17	-	-	-	-	-	-	-	-	-	2	15	-
75 +	11	-	-	-	-	-	-	-	-	-	-	11	-
Slovenia - Slovénie[39]													
2010 (C)													
Total	6 528	-	29	550	1 895	2 035	971	417	220	174	95	142	-
0 - 14	-	-	-	-	-	-	-	-	-	-	-	-	-
15 - 19	145	-	16	85	32	7	3	1	-	1	-	-	-
20 - 24	1 052	-	10	300	511	175	39	13	2	1	1	-	-
25 - 29	2 507	-	2	129	1 105	936	262	50	14	7	1	1	-
30 - 34	1 567	-	-	20	203	775	416	95	40	12	4	2	-
35 - 39	595	-	-	11	31	118	198	146	57	23	8	3	-
40 - 44	245	-	-	2	9	23	35	81	50	27	12	6	-
45 - 49	164	-	1	2	4	1	13	25	37	41	23	17	-
50 - 54	127	-	-	1	-	-	3	6	17	40	28	32	-
55 - 59	60	-	-	-	-	-	1	-	1	17	12	29	-
60 - 64	39	-	-	-	-	-	1	-	2	3	4	29	-
65 - 69	15	-	-	-	-	-	-	-	-	2	1	12	-
70 - 74	6	-	-	-	-	-	-	-	-	-	-	6	-
75 +	6	-	-	-	-	-	-	-	-	-	1	5	-
Unknown - Inconnu	-	-	-	-	-	-	-	-	-	-	-	-	-
Spain - Espagne													
2010 (C)													
Total	165 641	1	248	6 118	37 532	57 381	30 436	13 874	7 674	5 051	3 010	4 316	-
0 - 14	-	-	-	-	-	-	-	-	-	-	-	-	-
15 - 19	1 357	-	108	624	388	157	46	24	8	1	-	1	-
20 - 24	13 290	-	88	3 110	6 309	2 526	749	302	109	55	27	15	-
25 - 29	51 568	-	36	1 643	22 995	20 433	4 568	1 135	418	183	89	68	-
30 - 34	52 646	1	10	516	6 403	27 891	12 808	3 188	1 070	459	171	129	-
35 - 39	23 565	-	5	142	1 023	5 111	9 521	4 664	1 734	786	316	263	-
40 - 44	10 526	-	1	52	253	863	2 049	3 258	2 150	1 024	460	416	-
45 - 49	6 078	-	-	18	108	283	531	986	1 534	1 334	649	635	-
50 - 54	3 573	-	-	9	29	69	122	254	524	911	739	916	-
55 - 59	1 737	-	-	2	19	35	31	48	107	235	419	841	-
60 - 64	771	-	-	2	5	9	10	11	16	54	109	555	-
65 - 69	315	-	-	-	-	2	1	2	3	8	27	272	-
70 - 74	124	-	-	-	-	1	-	1	-	-	3	119	-
75 +	91	-	-	-	-	1	-	1	1	1	1	86	-
Unknown - Inconnu	-	-	-	-	-	-	-	-	-	-	-	-	-
Sweden - Suède													
2010 (C)													
Total	50 028	-	65	1 742	7 673	10 907	8 492	5 491	3 776	2 678	1 940	2 507	4 757
0 - 14	-	-	-	-	-	-	-	-	-	-	-	-	-

24. Marriages by age of groom and by age of bride: latest available year, 2002 - 2011
Mariages selon l'âge de l'époux et selon l'âge de l'épouse : dernière année disponible, 2002 - 2011 (continued - suite)

Continent, country or area, year, code and age of bride / Continent, pays ou zone, date, code et âge de l'épouse	Total	0-14	15-19	20-24	25-29	30-34	35-39	40-44	45-49	50-54	55-59	60+	Unknown Inconnu
EUROPE													
Sweden - Suède													
2010													
15 - 19	861	-	36	177	102	34	9	7	2	-	-	-	494
20 - 24	4 643	-	24	1 139	1 621	556	166	54	29	9	3	2	1 040
25 - 29	11 391	-	4	335	4 570	4 005	1 078	298	106	37	22	10	926
30 - 34	11 344	-	-	63	1 133	4 991	3 159	920	246	93	32	20	687
35 - 39	7 899	-	1	17	189	1 087	3 170	1 861	690	230	78	43	533
40 - 44	4 955	-	-	10	39	185	731	1 716	1 160	448	151	83	432
45 - 49	3 496	-	-	1	11	34	145	488	1 103	822	353	209	330
50 - 54	2 446	-	-	-	4	13	28	128	357	768	617	356	175
55 - 59	1 432	-	-	-	2	2	6	17	62	211	495	552	85
60 - 64	906	-	-	-	2	-	-	2	17	50	147	656	32
65 - 69	451	-	-	-	-	-	-	-	3	7	40	386	15
70 - 74	132	-	-	-	-	-	-	-	-	3	2	123	4
75 +	72	-	-	-	-	-	-	-	1	-	-	67	4
Switzerland - Suisse[40]													
2010 (C)													
Total	43 257	-	85	2 947	9 092	11 448	7 630	4 531	2 864	1 865	1 266	1 529	-
0 - 14	-	-	-	-	-	-	-	-	-	-	-	-	-
15 - 19	598	-	36	357	153	40	6	4	-	1	-	1	-
20 - 24	5 612	-	36	1 860	2 443	786	245	136	48	29	20	9	-
25 - 29	11 927	-	12	527	4 800	4 313	1 384	514	223	90	39	25	-
30 - 34	11 565	-	1	134	1 268	4 971	3 231	1 173	455	188	89	55	-
35 - 39	5 979	-	-	35	260	1 002	2 145	1 427	626	262	125	97	-
40 - 44	2 973	-	-	22	92	208	438	859	715	333	169	137	-
45 - 49	2 047	-	-	6	47	78	116	286	542	501	270	201	-
50 - 54	1 329	-	-	3	16	31	39	94	186	330	325	305	-
55 - 59	669	-	-	2	8	10	22	29	46	97	166	289	-
60 - 64	321	-	-	1	4	7	2	4	15	24	43	221	-
65 - 69	149	-	-	-	1	2	2	2	5	7	16	114	-
70 - 74	45	-	-	-	-	-	-	-	2	1	4	38	-
75 +	43	-	-	-	-	-	-	3	1	2	-	37	-
TFYR of Macedonia - L'ex-R. y. de Macédoine													
2010 (C)													
Total	14 155	-	329	3 640	5 299	2 831	1 039	472	211	131	81	122	-
0 - 14	-	-	-	-	-	-	-	-	-	-	-	-	-
15 - 19	1 957	-	230	1 206	418	83	14	5	-	-	-	1	-
20 - 24	5 315	-	93	2 136	2 420	551	99	14	1	1	-	-	-
25 - 29	4 183	-	4	268	2 191	1 355	292	56	12	3	1	1	-
30 - 34	1 596	-	1	24	242	728	425	123	41	9	2	1	-
35 - 39	516	-	-	-	25	94	175	154	45	15	1	7	-
40 - 44	262	-	1	2	2	19	30	95	53	31	19	10	-
45 - 49	157	-	-	1	-	1	4	18	47	45	20	21	-
50 - 54	83	-	-	-	1	-	-	5	11	22	18	26	-
55 - 59	43	-	-	1	-	-	-	2	-	4	17	19	-
60 - 64	24	-	-	-	-	-	-	-	-	-	3	21	-
65 - 69	11	-	-	-	-	-	-	-	1	1	-	9	-
70 - 74	3	-	-	-	-	-	-	-	-	-	-	3	-
75 +	5	-	-	2	-	-	-	-	-	-	-	3	-
Ukraine													
2010 (C)													
Total	305 933	6[a]	7 420[g]	97 899	95 362	42 540	22 061	12 432	9 286	7 327	4 607	6 993	-
0 - 15	210	4[a]	80[g]	106	17	2	1	-	-	-	-	-	-
16 - 19	38 405	2[a]	4 733[g]	23 984	8 274	1 123	215	45	16	9	1	3	-
20 - 24	125 366	-[a]	2 292[g]	60 529	47 898	11 200	2 519	583	243	72	22	8	-
25 - 29	69 301	-[a]	260[g]	11 366	31 612	16 910	6 290	1 860	638	243	82	40	-
30 - 34	29 078	-[a]	42[g]	1 548	6 017	9 584	6 807	3 086	1 252	488	159	95	-
35 - 39	15 224	-[a]	7[g]	279	1 256	2 835	4 421	3 276	1 865	837	304	144	-
40 - 44	8 657	-[a]	4[g]	63	224	679	1 278	2 299	2 119	1 241	474	276	-
45 - 49	6 947	-[a]	-[g]	14	45	166	400	918	2 122	1 905	837	540	-
50 - 54	5 412	-[a]	-[g]	7	12	35	108	303	783	1 829	1 314	1 021	-
55 - 59	3 391	-[a]	1[g]	1	4	6	16	53	199	578	1 078	1 455	-
60 +	3 942	-[a]	1[g]	2	3	-	6	9	49	125	336	3 411	-

Continent, country or area, year, code and age of bride / Continent, pays ou zone, date, code et âge de l'épouse	Total	0-14	15-19	20-24	25-29	30-34	35-39	40-44	45-49	50-54	55-59	60+	Unknown Inconnu
							Age of groom - âge de l'époux						

EUROPE

United Kingdom of Great Britain and Northern Ireland - Royaume-Uni de Grande-Bretagne et d'Irlande du Nord[31,41]

2008 (C)

	Total	0-14	15-19	20-24	25-29	30-34	35-39	40-44	45-49	50-54	55-59	60+	Unknown Inconnu
Total	273 207	-	1 122	21 050	67 546	61 496	42 280	27 710	19 554	12 624	8 524	11 301	-
0 - 14	-	-	-	-	-	-	-	-	-	-	-	-	-
15 - 19	3 671	-	680	1 752	811	242	105	38	29	8	4	2	-
20 - 24	38 193	-	328	13 302	16 575	5 180	1 767	625	263	96	30	27	-
25 - 29	80 982	-	66	4 604	39 104	24 714	8 533	2 605	892	279	109	76	-
30 - 34	54 770	-	30	942	8 411	23 192	14 217	5 199	1 860	577	216	126	-
35 - 39	34 732	-	15	300	1 938	6 234	12 069	8 193	3 846	1 357	443	337	-
40 - 44	22 820	-	2	104	492	1 455	4 057	7 170	5 381	2 484	1 033	642	-
45 - 49	16 193	-	1	35	164	344	1 186	2 899	4 958	3 676	1 790	1 140	-
50 - 54	9 852	-	-	7	38	107	259	744	1 777	2 843	2 323	1 754	-
55 - 59	5 600	-	-	2	9	22	67	186	397	947	1 747	2 223	-
60 - 64	3 599	-	-	1	2	5	15	45	126	290	651	2 464	-
65 - 69	1 552	-	-	1	-	-	3	5	23	55	142	1 323	-
70 - 74	769	-	-	-	2	-	2	1	1	10	26	727	-
75 +	474	-	-	-	-	1	-	-	1	2	10	460	-
Unknown - Inconnu	-	-	-	-	-	-	-	-	-	-	-	-	-

OCEANIA - OCÉANIE

Australia - Australie[42]

2010 (+C)

	Total	0-14	15-19	20-24	25-29	30-34	35-39	40-44	45-49	50-54	55-59	60+	Unknown Inconnu
Total	121 176	-	471	13 648	36 940	27 385	15 972	8 821	6 292	4 509	3 071	4 067	-
0 - 14	-	-	-	-	-	-	-	-	-	-	-	-	-
15 - 19	2 055	-	228	1 153	475	116	42	25	8	3	4	-	-
20 - 24	22 724	-	195	9 179	9 794	2 368	720	240	111	51	36	29	-
25 - 29	41 325	-	30	2 712	21 794	11 595	3 555	959	349	192	63	75	-
30 - 34	24 024	-	7	409	3 959	10 638	5 868	1 907	716	278	148	94	-
35 - 39	12 168	-	9	116	681	2 128	4 312	2 740	1 291	533	206	152	-
40 - 44	6 666	-	3	44	159	401	1 088	1 976	1 548	813	375	261	-
45 - 49	5 029	-	-	23	54	110	297	728	1 543	1 265	601	407	-
50 - 54	3 425	-	-	9	18	21	74	191	583	996	842	691	-
55 - 59	1 867	-	-	-	5	6	16	44	113	294	572	815	-
60 - 64	1 013	-	-	-	-	-	-	10	27	66	190	717	-
65 - 69	486	-	-	-	-	-	-	-	11	29	443	-	
70 - 74	223	-	-	-	-	-	-	-	5	4	213	-	
75 +	171	-	-	-	-	-	-	-	3	-	167	-	
Unknown - Inconnu	-	-	-	-	-	-	-	-	-	-	-	-	-

Fiji - Fidji

2004 (+C)

	Total	0-14	15-19	20-24	25-29	30-34	35-39	40-44	45-49	50-54	55-59	60+	Unknown Inconnu
Total	7 076	-	125	2 060	2 429	1 113	522	334	217	125	74	77	-
0 - 14	-	...	...	...	...	...	...	...	...	...	...	...	...
15 - 19	1 176	...	...	...	...	...	...	...	...	...	...	...	...
20 - 24	2 990	...	...	...	...	...	...	...	...	...	...	...	...
25 - 29	1 438	...	...	...	...	...	...	...	...	...	...	...	...
30 - 34	656	...	...	...	...	...	...	...	...	...	...	...	...
35 - 39	367	...	...	...	...	...	...	...	...	...	...	...	...
40 - 44	204	...	...	...	...	...	...	...	...	...	...	...	...
45 - 49	128	...	...	...	...	...	...	...	...	...	...	...	...
50 - 54	62	...	...	...	...	...	...	...	...	...	...	...	...
55 - 59	35	...	...	...	...	...	...	...	...	...	...	...	...
60 - 64	13	...	...	...	...	...	...	...	...	...	...	...	...
65 +	7	...	...	...	...	...	...	...	...	...	...	...	...

Guam

2003 (C)

	Total	0-14	15-19	20-24	25-29	30-34	35-39	40-44	45-49	50-54	55-59	60+	Unknown Inconnu
Total	1 334	...	41[e]	268	353	240	171	110	55	46	14	36	-
0 - 19	96	...	23[e]	49	18	3	-	3	-	-	-	-	-
20 - 24	334	...	14[e]	164	102	34	14	2	3	1	-	-	-
25 - 29	374	...	2[e]	36	180	104	24	15	6	4	1	2	-
30 - 34	230	...	1[e]	15	38	69	63	27	6	8	2	1	-

24. Marriages by age of groom and by age of bride: latest available year, 2002 - 2011
Mariages selon l'âge de l'époux et selon l'âge de l'épouse : dernière année disponible, 2002 - 2011 (continued - suite)

Continent, country or area, year, code and age of bride / Continent, pays ou zone, date, code et âge de l'épouse	Total	\multicolumn{12}{c}{Age of groom - âge de l'époux}											
		0-14	15-19	20-24	25-29	30-34	35-39	40-44	45-49	50-54	55-59	60+	Unknown Inconnu
OCEANIA - OCÉANIE													
Guam													
2003													
35 - 39	140	...	1^e	4	12	26	48	32	11	4	1	1	-
40 - 44	74	...	-^e	-	3	4	13	21	12	13	2	6	-
45 - 49	42	...	-^e	-	-	-	7	10	10	8	4	3	-
50 - 54	23	...	-^e	-	-	-	-	-	7	6	3	7	-
55 - 59	10	...	-^e	-	-	-	-	-	-	2	-	8	-
60 - 69	8	...	-^e	-	-	-	1	-	-	-	1	6	-
70 +	3	...	-^e	-	-	-	1	-	-	-	-	2	-
New Caledonia - Nouvelle-Calédonie													
2010 (C)													
Total	908	...	2^e	62	149	200	171	169^m	...	90^n	...	65	-
0 - 19	13	...	1^e	6	2	2	1	1^m	...	-^n	...	-	-
20 - 24	118	...	-^e	36	51	18	10	2^m	...	1^n	...	-	-
25 - 29	194	...	1^e	16	77	63	20	13^m	...	3^n	...	1	-
30 - 34	205	...	-^e	4	14	94	62	27^m	...	4^n	...	-	-
35 - 39	139	...	-^e	-	3	19	55	52^m	...	7^n	...	3	-
40 - 49	150	...	-^e	-	2	4	22	65^m	...	41^n	...	16	-
50 - 59	59	...	-^e	-	-	-	1	9^m	...	30^n	...	19	-
60 +	30	...	-^e	-	-	-	-	-^m	...	4^n	...	26	-
New Zealand - Nouvelle-Zélande[7]													
2010 (+C)													
Total	20 940	...	236	2 454	5 647	4 398	2 744	1 728	1 313	897	606	917	-
15 - 19	562	...	129	280	118	22	7	2	1	2	-	1	-
20 - 24	3 724	...	95	1 637	1 486	363	84	31	17	8	3	-	-
25 - 29	6 232	...	10	438	3 265	1 760	519	141	57	22	17	3	-
30 - 34	3 985	...	1	67	639	1 761	967	345	119	52	13	21	-
35 - 39	2 393	...	1	21	102	394	849	592	289	89	38	18	-
40 - 44	1 359	...	-	6	27	74	223	396	342	179	60	52	-
45 - 49	1 113	...	-	4	8	20	73	169	344	267	138	90	-
50 - 54	720	...	-	-	2	4	20	37	112	198	179	168	-
55 - 59	402	...	-	-	-	-	2	10	26	62	113	189	-
60 - 64	229	...	-	1	-	-	-	3	6	13	32	174	-
65 - 69	126	...	-	-	-	-	-	2	-	5	13	106	-
70 - 74	55	...	-	-	-	-	-	-	-	-	-	55	-
75 +	40	...	-	-	-	-	-	-	-	-	-	40	-
Unknown - Inconnu	-	...	-	-	-	-	-	-	-	-	-	-	-
Niue - Nioué													
2009 (C)													
Total	12	...	-	2	3	4	-	1	1	-	1	-	-
15 - 19	-	...	...	...	...	...	...	...	...	...	...	...	...
20 - 24	-	...	...	...	...	...	...	...	...	...	...	...	...
25 - 29	3	...	...	...	...	...	...	...	...	...	...	...	...
30 - 34	4	...	...	...	...	...	...	...	...	...	...	...	...
35 - 39	3	...	...	...	...	...	...	...	...	...	...	...	...
40 - 44	-	...	...	...	...	...	...	...	...	...	...	...	...
45 - 49	1	...	...	...	...	...	...	...	...	...	...	...	...
50 - 54	1	...	...	...	...	...	...	...	...	...	...	...	...
55 - 59	-	...	...	...	...	...	...	...	...	...	...	...	...
60 - 64	-	...	...	...	...	...	...	...	...	...	...	...	...
65 +	-	...	...	...	...	...	...	...	...	...	...	...	...
Tonga[43]													
2004* (+C)													
Total	677	-	34	237	203	83	59	27	14	20^r	...	...	-
0 - 14	-	...	...	...	...	...	...	...	...	...	...	...	...
15 - 19	107	...	...	...	...	...	...	...	...	...	...	...	...
20 - 24	262	...	...	...	...	...	...	...	...	...	...	...	...
25 - 29	161	...	...	...	...	...	...	...	...	...	...	...	...
30 - 34	76	...	...	...	...	...	...	...	...	...	...	...	...
35 - 39	44	...	...	...	...	...	...	...	...	...	...	...	...
40 - 44	17	...	...	...	...	...	...	...	...	...	...	...	...
45 - 49	6	...	...	...	...	...	...	...	...	...	...	...	...
50 +	4	...	...	...	...	...	...	...	...	...	...	...	...
Unknown - Inconnu	-	...	...	...	...	...	...	...	...	...	...	...	...

24. Marriages by age of groom and by age of bride: latest available year, 2002 - 2011
Mariages selon l'âge de l'époux et selon l'âge de l'épouse : dernière année disponible, 2002 - 2011 (continued - suite)

Continent, country or area, year, code and age of bride / Continent, pays ou zone, date, code et âge de l'épouse	Total	Age of groom - âge de l'époux											
		0-14	15-19	20-24	25-29	30-34	35-39	40-44	45-49	50-54	55-59	60+	Unknown Inconnu

OCEANIA - OCÉANIE

Wallis and Futuna Islands -
Îles Wallis et Futuna
2008 (C)

Total	53	-	1	14	23	8	3	2	-	2	-	-	-
0 - 14	-	...	...	...	...	...	...	...	...	...	...	...	...
15 - 19	9	...	...	...	...	...	...	...	...	...	...	...	...
20 - 24	18	...	...	...	...	...	...	...	...	...	...	...	...
25 - 29	12	...	...	...	...	...	...	...	...	...	...	...	...
30 - 34	7	...	...	...	...	...	...	...	...	...	...	...	...
35 - 39	5	...	...	...	...	...	...	...	...	...	...	...	...
40 - 44	-	...	...	...	...	...	...	...	...	...	...	...	...
45 - 49	1	...	...	...	...	...	...	...	...	...	...	...	...
50 - 54	-	...	...	...	...	...	...	...	...	...	...	...	...
55 - 59	-	...	...	...	...	...	...	...	...	...	...	...	...
60 - 64	1	...	...	...	...	...	...	...	...	...	...	...	...
65 - 69	-	...	...	...	...	...	...	...	...	...	...	...	...
70 - 74	-	...	...	...	...	...	...	...	...	...	...	...	...
75 +	-	...	...	...	...	...	...	...	...	...	...	...	...

FOOTNOTES - NOTES

Italics: data from civil registers which are incomplete or of unknown completeness. - Italiques : données incomplètes ou dont le degré d'exactitude n'est pas connu, provenant des registres de l'état civil.

* Provisional. - Données provisoires.

'Code' indicates the source of data, as follows:
C - Civil registration, estimated over 90% complete
U - Civil registration, estimated less than 90% complete
| - Other source, estimated reliable
+ - Data tabulated by date of registration rather than occurence
... - Information not available

Le 'Code' indique la source des données, comme suit :
C - Registres de l'état civil considérés complets à 90 p. 100 au moins
U - Registres de l'état civil qui ne sont pas considérés complets à 90 p. 100 au moins
| - Autre source, considérée pas douteuses
+ - Données exploitées selon la date de l'enregistrement et non la date de l'événement
... - Information pas disponible

a Refers to 0-15 years of age. - Données se raportent au groupe d'âges 0-15.
b Refers to 0-16 years of age. - Données se raportent au groupe d'âges 0-16.
c Refers to 0-17 years of age. - Données se raportent au groupe d'âges 0-17.
d Refers to 0-18 years of age. - Données se raportent au groupe d'âges 0-18.
e Refers to 0-19 years of age. - Données se raportent au groupe d'âges 0-19.
f Refers to 0-24 years of age. - Données se raportent au groupe d'âges 0-24.
g Refers to 16-19 years of age. - Données se raportent au groupe d'âges 16-19.
h Refers to 17-19 years of age. - Données se raportent au groupe d'âges 17-19.
i Refers to 18-19 years of age. - Données se raportent au groupe d'âges 18-19.
j Refers to 19-24 years of age. - Données se raportent au groupe d'âges 19-24.
k Refers to 20-29 years of age. - Données se raportent au groupe d'âges 20-29.
l Refers to 30-39 years of age. - Données se raportent au groupe d'âges 30-39.
m Refers to 40-49 years of age. - Données se raportent au groupe d'âges 40-49.
n Refers to 50-59 years of age. - Données se raportent au groupe d'âges 50-59.
o Refers to 35+ years of age. - Données se raportent au groupe d'âges 35+.
p Refers to 40+ years of age. - Données se raportent au groupe d'âges 40+.
q Refers to 45+ years of age. - Données se raportent au groupe d'âges 45+.
r Refers to 50+ years of age. - Données se raportent au groupe d'âges 50+.
s Refers to 55+ years of age. - Données se raportent au groupe d'âges 55+.

[1] Including marriages resumed after 'revocable divorce' (among Moslem population), which approximates legal separation. - Y compris les unions reconstituées après un 'divorce révocable' (parmi la population musulmane), qui est à peu près l'équivalent d'une séparation légale.
[2] Excludes the islands of St. Brandon and Agalega. - Non compris les îles St. Brandon et Agalega.
[3] Including visitors. - Y compris les visiteurs.
[4] Excluding visitors. - Ne comprend pas les visiteurs.
[5] As reported by the country. Reasons for discrepancy with other tables not ascertained. - Comme indiqué par le pays. L'on ne connaît pas la raison des écarts avec d'autres tableaux.
[6] Data refer to resident population only. - Pour la population résidante seulement.
[7] Data refer to marriages registered at the place of residence of the groom. - Correspond aux mariages enregistrés dans le lieu de résidence du marié.
[8] Marriages registered by residence of bride. - Les mariages sont enregistrés selon le lieu de résidence de la mariée.
[9] Based on Administrative Records of the Civil Registry Offices. - D'après les registres administratifs des bureaux d'état civil.
[10] Including marriages where bride/groom are non-residents. - Y compris les mariages pour lesquels le marié et la mariée sont des non-résidents.
[11] Excluding Indian jungle population. - Non compris les Indiens de la jungle.
[12] Excluding nomadic Indian tribes. - Non compris les tribus d'Indiens nomades.
[13] Residence established by place where marriage took place. - La résidence est déterminée par rapport au lieu où le mariage a été célébré.
[14] Data refer to marriages of residents only. - Les données ne portent que sur les mariages de résidents.
[15] Data refer to government controlled areas. - Les données se rapportent aux zones contrôlées par le Gouvernement.
[16] Including data for East Jerusalem and Israeli residents in certain other territories under occupation by Israeli military forces since June 1967. - Y compris les données pour Jérusalem-Est et les résidents israéliens dans certains autres territoires occupés depuis 1967 par les forces armées israéliennes.
[17] Data refer to Japanese nationals in Japan only; and to grooms and brides married for the first time whose marriages occurred and were registered in the same year. - Les données se raportent aux nationaux japonais au Japon seulement; et aux époux et épouses mariés pour la première fois, dont le mariage a été célébré et enregistré la même année.
[18] Excluding data for Jordanian territory under occupation since June 1967 by Israeli military forces. Excluding foreigners, including registered Palestinian refugees. - Non compris les données pour le territoire jordanien occupé depuis juin 1967 par les forces armées israéliennes. Non compris les étrangers, mais y compris les réfugiés de Palestine enregistrés.
[19] Data refer to residence of groom. - Données relatives au lieu de résidence du marié.

[20] Excluding alien armed forces, civilian aliens employed by armed forces, and foreign diplomatic personnel and their dependants. - Non compris les militaires étrangers, les civils étrangers employés par les forces armées ni le personnel diplomatique étranger et les membres de leur famille les accompagnant.

[21] Excluding marriages previously officiated outside Singapore or under religious and customary rites. - Ne comprend pas les mariages prononcés ailleurs qu'à Singapour ni les mariages religieux ou coutumiers.

[22] Data from MERNIS (Central Population Administrative System). - Données de MERNIS (Système central de données démographiques).

[23] Excluding aliens temporarily in the area. - Non compris les étrangers se trouvant temporairement dans le territoire.

[24] Since 2003, marriage between persons of the same sex is authorized in Belgium, but the sex of spouses is not revealed. In this table, husband is used for first spouse, whereas wife is used for second spouse. - Depuis 2003, le mariage entre personnes de même sexe est autorisé en Belgique, mais le sexe des conjoints n'est pas indiqué. Dans ce tableau, la mention "mari" est utilisée pour le premier conjoint et la mention "femme" pour le second conjoint.

[25] Including armed forces stationed outside the country, but excluding alien armed forces in the area unless marriage performed by local foreign authority. - Y compris les militaires nationaux hors du pays et les militaires étrangers en garnison sur le territoire, sauf si le mariage a été célébré pour l'autorité locale.

[26] Including nationals outside the country, but excluding foreigners in the country. - Y compris les nationaux à l'étranger, mais non compris les étrangers sur le territoire.

[27] Excluding Faeroe Islands and Greenland shown separately, if available. - Non compris les Iles Féroé et le Groenland, qui font l'objet de rubriques distinctes, si disponible.

[28] Excluding Åland Islands. - Non compris les Îles d'Åland.

[29] Only marriages in which the bride was resident in Finland. - Ne porte que sur les mariages pour lesquels la mariée réside en Finlande.

[30] Including armed forces stationed outside the country. - Y compris les militaires nationaux hors du pays.

[31] Marriages registered by place of occurrence of marriage. - Mariages enregistrés en fonction du lieu de l'événement.

[32] Marriages of couples of which at least one partner is recorded in a Dutch municipal register, irrespective of the country where the marriage was performed. - Correspond aux mariages pour lesquels au moins l'un des partenaires est inscrit sur un registre municipal néerlandais, quel que soit le pays dans lequel le mariage est célébré.

[33] Including residents outside the country if listed in a Netherlands population register. - Englobe les résidents se trouvant à l'étranger à condition qu'ils soient inscrits sur le registre de population des Pays-Bas.

[34] Including same sex marriages. - Y compris les mariages entre personnes du même sexe.

[35] Excluding Svalbard and Jan Mayen Islands shown separately, if available. - Non compris Svalbard et Jan Mayen qui font l'objet de rubriques distinctes, si disponible.

[36] Data refer to first marriages only. - Données se rapportent aux premiers mariages seulement.

[37] Includes civil and religious marriages as well as not specified. - Englobe les mariages civils et religieux et ceux pour lesquels rien n'a été indiqué.

[38] Excluding data for Kosovo and Metohia. - Sans les données pour le Kosovo et Metohie.

[39] Data refer to residence of groom or bride before marriage. - Données relatives au lieu de résidence du marié ou de la mariée avant le mariage.

[40] Data based on the residence of groom if he has permanent address in the country, otherwise, based on the residence of bride. If neither partner is a permanent resident, the marriage is not included in the official statistics. - Les données sont fondées sur la résidence du marié si celui-ci a une adresse permanente dans le pays, sinon elles sont fondées sur la résidence de la mariée. Si aucun des deux partenaires n'est un résident permanent, le mariage n'apparaît pas dans les statistiques officielles.

[41] Excluding Channel Islands (Guernsey and Jersey) and Isle of Man, shown separately, if available. - Non compris les îles Anglo-Normandes (Guernesey et Jersey) et l'île de Man, qui font l'objet de rubriques distinctes, si disponible.

[42] Data for certain cells suppressed by national statistical office for confidentiality reasons. - Les données pour certaines cases ont été supprimées par le bureau national de statistiques pour des raisons de confidentialité.

[43] Data refer to the island of Tongatapu only. - Les données se réfèrent uniquement à l'île de Tongatapu.

Table 25

Table 25 presents number of divorces and crude divorce rates for as many years as possible between 2007 and 2011.

Description of variables: Divorce is defined as a final legal dissolution of a marriage, that is, the separation of husband and wife which confers on the parties the right to remarriage under civil, religious and/or other provisions, according to the laws of each country[1].

Unless otherwise noted, divorce statistics exclude legal separations that do not allow remarriage. These statistics refer to the number of divorces granted, and not to the number of persons divorcing.

Divorce statistics are obtained from court records and/or civil registers according to national practice. The actual compilation of these statistics may be the responsibility of the civil registrar, the national statistical office or other government offices.

The urban/rural classification of divorces is that provided by each country or area; it is presumed to be based on the national census definitions of urban population, which have been set forth at the end of the technical notes for table 6.

Rate computation: Crude divorce rates by urban/rural residence are the annual number of divorces per 1 000 mid-year population. Rates presented in this table have been limited to those countries or areas having at least a total of 30 divorces in a given year. These rates are calculated by the Statistics Division of the United Nations based on the appropriate reference population (for example: total population, nationals only etc.) if known and available. If the reference population is not known or unavailable the total population is used to calculate the rates. Therefore, if the population that is used to calculate the rates is different from the correct reference population, the rates presented might under- or overstate the true situation in a country or area.

Reliability of data: Each country or area has been asked to indicate the estimated completeness of the divorces recorded in its civil register. These national assessments are indicated by the quality codes "C" and "U" that appear in the first column of this table.

"C" indicates that the data are estimated to be virtually complete, that is, representing at least 90 per cent of the divorces that occur each year, while "U" indicates that data are estimated to be incomplete, that is, representing less than 90 per cent of the divorces occurring each year. The code "..." indicates that no information was provided regarding completeness.

Data from civil registers that are reported as incomplete or of unknown completeness (coded "U" or "...") are considered unreliable. They appear in *italics* in this table and the rates were not computed on data so coded. These quality codes apply only to data from civil registers. For more information about the quality of vital statistics data in general, see section 4.2 of the Technical Notes.

Limitations: Statistics on divorces are subject to the same qualifications as have been set forth for vital statistics in general and divorce statistics in particular as discussed in section 4 of the Technical Notes.

Divorce, like marriage, is a legal event, and this has implications for international comparability of data. Divorce has been defined, for statistical purposes, in terms of the laws of individual countries or areas. The laws pertaining to divorce vary considerably from one country or area to another. This variation in the legal provision for divorce also affects the incidence of divorce, which is relatively low in countries or areas where divorce decrees are difficult to obtain.

Since divorces are granted by courts and statistics on divorce refer to the actual divorce decree, effective as of the date of the decree, marked year-to-year fluctuations may reflect court delays and clearances rather than trends in the incidence of divorce. The comparability of divorce statistics may also be affected by tabulation procedures. In some countries or areas annulments and/or legal separations may be included. This practice is more common for countries or areas in which the number of divorces is small. Information on this practice is given in the footnotes when known.

The registration of a divorce in many countries or areas is the responsibility solely of the court or the authority which granted it. Since the registration recording such cases is part of the records of the court proceedings, divorces are likely to be registered soon after the decree is granted. For this reason the practice of tabulating data by date of registration does not generally pose serious problems of comparability as it does in the case of birth and death statistics.

As noted briefly above, the incidence of divorce is affected by the relative ease or difficulty of obtaining a divorce according to the laws of individual countries or areas. The incidence of divorce is also affected by the ability of individuals to meet financial and other costs of the court procedures. Connected with this aspect is the influence of certain religious faiths on the incidence of divorce. For all these reasons, divorce statistics are not strictly comparable as measures of family dissolution by legal means. Furthermore, family dissolution by other than legal means, such as separation, is not measured in statistics for divorce.

For certain countries or areas there is or was no legal provision for divorce in the sense used here, and therefore no data for these countries or areas appear in this table.

In addition, it should be noted that rates are affected also by the quality and limitations of the population estimates that are used in their computation. The problems of under-enumeration or over-enumeration, and to some extent, the differences in definition of total population, have been discussed in section 3 of the Technical Notes dealing with population data in general, and specific information pertaining to individual countries or areas is given in the footnotes to table 3.

As will be seen from the footnotes, strict correspondence between the numerator of the rate and the denominator is not always obtained; for example, divorces among civilian plus military segments of the population may be related to civilian population only. The effect of this may be to increase the rates but, in most cases, the effect is negligible.

As mentioned above, data for some countries or areas may include annulments and/or legal separations. This practice affects the comparability of the crude divorce rates. For example, inclusion of annulments in the numerator of the rates produces a negligible effect on the rates, but inclusion of legal separations may have a measurable effect on the level.

It should be emphasized that crude divorce rates like crude birth, death and marriage rates may be seriously affected by age-sex structure of the populations to which they relate. Like crude marriage rates, they are also affected by the existing distribution of the population by marital status. Nevertheless, crude divorce rates provide a simple measure of the level and changes in divorces.

The comparability of data by urban/rural residence is affected by the national definitions of urban and rural used in tabulating these data. It is assumed, in the absence of specific information to the contrary, that the definitions of urban and rural used in connection with the national population census were also used in the compilation of the vital statistics for each country or area. However, it cannot be excluded that, for a given country or area, different definitions of urban and rural are used for the vital statistics data and the population census data respectively. When known, the definitions of urban in national population censuses are presented at the end of the technical notes for table 6. As discussed in detail in the notes, these definitions vary considerably from one country or area to another.

In addition to problems of comparability, divorce rates classified by urban/rural residence are also subject to certain special types of bias. If, when calculating divorce rates, different definitions of urban are used in connection with the vital events and the population data, and if this results in a net difference between the numerator and denominator of the rate in the population at risk, then the divorce rates would be biased. Urban/rural differentials in divorce rates may also be affected by whether the vital events have been tabulated in terms of place of occurrence or place of usual residence. This problem is discussed in more detail in section 4.1.4.1 of the Technical Notes.

Earlier data: Divorces have been shown in previous issues of the Demographic Yearbook. The earliest data, which were for 1935, appeared in the 1951 issue. For more information on specific topics and years for which data are reported, readers should consult the Historical Index.

NOTES

[1] For definition, please see section 4.1.1 of the Technical Notes.

Tableau 25

Le tableau 25 présente des statistiques concernant les divorces et les taux bruts de divortialité pour le plus grand nombre d'années possible entre 2007 et 2011.

Description des variables : le divorce est la dissolution légale et définitive des liens du mariage, c'est-à-dire la séparation de l'époux et de l'épouse qui confère aux parties le droit de se remarier civilement ou religieusement, ou selon toute autre procédure, conformément à la législation du pays[1].

Sauf indication contraire, les statistiques de la divortialité n'englobent pas les séparations légales qui excluent un remariage. Ces statistiques se rapportent aux jugements de divorce prononcés, non aux personnes divorcées.

Les statistiques de la divortialité proviennent, selon la pratique suivie par chaque pays, des actes des tribunaux et/ou des registres de l'état civil. L'officier d'état civil, les services nationaux de statistique ou d'autres services gouvernementaux peuvent être chargés d'établir ces statistiques.

La classification des divorces selon le lieu de résidence (zone urbaine ou rurale) est celle qui a été communiquée par chaque pays ou zone ; on part du principe qu'elle repose sur les définitions de la population urbaine utilisées pour les recensements nationaux, qui sont reproduites à la fin des notes techniques du tableau 6.

Calcul des taux : les taux bruts de divortialité selon le lieu de résidence (zone urbaine ou rurale) représentent le nombre annuel de divorces enregistrés pour 1 000 habitants au milieu de l'année. Les taux de ce tableau ne se rapportent qu'aux pays ou zones où l'on a enregistré un total d'au moins 30 divorces pendant une année donnée. Ces taux sont calculés par la division de statistique des Nations Unies sur la base de la population de référence adéquate (par exemple : population totale, nationaux seulement, etc.) si connue et disponible. Si la population de référence n'est pas connue ou n'est pas disponible, la population totale est utilisée pour calculer les taux. Par conséquent, si la population utilisée pour calculer les taux est différente de la population de référence adéquate, les taux présentés sont susceptibles de sous ou sur estimer la situation réelle d'un pays ou d'un territoire.

Fiabilité des données : il a été demandé à chaque pays ou zone d'indiquer le degré estimatif de complétude des données sur les divorces figurant dans ses registres d'état civil. Ces évaluations nationales sont désignées par les codes de qualité "C" et "U" qui apparaissent dans la deuxième colonne du tableau.

La lettre "C" indique que les données sont jugées à peu près complètes, c'est-à-dire qu'elles représentent au moins 90 p. 100 des divorces survenus chaque année ; la lettre "U" signale que les données sont jugées incomplètes, c'est-à-dire qu'elles représentent moins de 90 p. 100 des divorces survenus chaque année. Le code "..." indique qu'aucun renseignement n'a été communiqué quant à la complétude des données.

Les données issues des registres de l'état civil qui sont déclarées incomplètes ou dont le degré de complétude n'est pas connu (code "U" ou "...") sont jugées douteuses. Elles apparaissent en italique dans le tableau et les taux correspondants n'ont pas été calculés. Les codes de qualité ne s'appliquent qu'aux données extraites des registres de l'état civil. Pour plus de précisions sur la qualité des données reposant sur les statistiques de l'état civil en général, voir la section 4.2 des notes techniques.

Insuffisance des données : les statistiques des divorces appellent les mêmes réserves que celles formulées à propos des statistiques de l'état civil en général et des statistiques de divortialité en particulier (voir la section 4 des notes techniques).

Le divorce est, comme le mariage, un acte juridique, et ce fait influe sur la comparabilité internationale des données. Aux fins de la statistique, le divorce est défini par la législation de chaque pays ou zone. La législation sur le divorce varie considérablement d'un pays ou d'une zone à l'autre, ce qui influe aussi sur la fréquence des divorces, laquelle est relativement faible dans les pays ou zones où le jugement de divorce est difficile à obtenir.

Du fait que les divorces sont prononcés par les tribunaux et que les statistiques de la divortialité se rapportent aux jugements de divorce proprement dits, qui prennent effet à la date où ces jugements sont rendus, il se peut que des fluctuations annuelles accusées traduisent le rythme plus ou moins rapide auquel les affaires sont jugées plutôt que l'évolution de la fréquence des divorces. Les méthodes d'exploitation des données peuvent aussi influer sur la comparabilité des statistiques de la divortialité. Dans certains pays ou zones, ces statistiques peuvent comprendre les annulations et/ou les séparations légales. C'est notamment le cas dans les pays ou zones où les divorces sont peu nombreux. Lorsqu'ils sont connus, des renseignements à ce propos sont donnés en note à la fin du tableau.

Étant donné que dans de nombreux pays ou zones, le tribunal ou l'autorité qui a prononcé le divorce est seul habilité à enregistrer cet acte, et, comme l'acte d'enregistrement figure alors sur les registres du tribunal, l'enregistrement suit généralement de peu le jugement. C'est pourquoi la pratique consistant à exploiter les données selon la date de l'enregistrement ne pose généralement pas les graves problèmes de comparabilité auxquels on se heurte dans le cas des statistiques des naissances et des décès.

Comme on l'a brièvement mentionné ci-dessus, la fréquence des divorces est fonction notamment de la facilité relative avec laquelle la législation de chaque pays ou zone permet d'obtenir le divorce. Elle dépend également de la capacité des intéressés à supporter les frais de procédure. Il faut aussi citer l'influence de certaines religions sur la fréquence des divorces. Pour toutes ces raisons, les statistiques de divortialité ne sont pas rigoureusement comparables et ne permettent pas de mesurer exactement la fréquence des dissolutions légales des mariages. De plus, elles ne rendent pas compte des cas de dissolution extrajudiciaire du mariage, comme la séparation.

Dans certains pays ou zones, il n'existe ou il n'existait pas de législation sur le divorce selon l'acception retenue aux fins du tableau 23, si bien que l'on ne dispose pas de données les concernant.

De surcroît, il convient de noter que l'exactitude des taux dépend également de la qualité et des insuffisances des estimations de population qui sont utilisées pour leur calcul. Le problème des erreurs par excès ou par défaut commises lors du dénombrement et, dans une certaine mesure, le problème de l'hétérogénéité des définitions de la population totale ont été examinés à la section 3 des notes techniques, relative à la population en général ; des explications concernant les différents pays ou zones sont données en note à la fin du tableau 3.

Comme on le verra dans les notes, il n'a pas toujours été possible d'obtenir une correspondance rigoureuse entre le numérateur et le dénominateur pour le calcul des taux. Par exemple, les divorces parmi la population civile et les militaires sont parfois rapportés à la population civile seulement. Cela peut avoir pour effet d'accroître les taux, mais, dans la plupart des cas, il est probable que la différence sera négligeable.

Comme indiqué plus haut, les données concernant certains pays ou zones peuvent comprendre les annulations et/ou les séparations légales. Cette pratique influe sur la comparabilité des taux bruts de divortialité. Par exemple, l'inclusion des annulations dans le numérateur a une influence négligeable, mais l'inclusion des séparations légales peut avoir un effet appréciable.

Il faut souligner que les taux bruts de divortialité, de même que les taux bruts de natalité, de mortalité et de nuptialité, peuvent varier sensiblement selon la structure par âge et par sexe. Comme les taux bruts de nuptialité, ils peuvent également varier en raison de la répartition de la population selon l'état matrimonial. Les taux bruts de divortialité offrent néanmoins un moyen simple de mesurer la fréquence et l'évolution des divorces.

La comparabilité des données selon le lieu de résidence (zone urbaine ou rurale) peut être limitée par les définitions nationales des termes « urbain » et « rural » utilisées pour la mise en tableaux de ces données. En l'absence d'indications contraires, on a supposé que les mêmes définitions avaient servi pour le recensement national de la population et pour l'établissement des statistiques de l'état civil pour chaque pays ou zone. Toutefois, il n'est pas exclu que, pour une zone ou un pays donné, des définitions différentes aient été retenues. Les définitions du terme « urbain » utilisées pour les recensements nationaux de population ont été présentées à la fin des notes techniques du tableau 6 lorsqu'elles étaient connues. Comme on l'a précisé dans les notes techniques relatives au tableau 6, ces définitions varient considérablement d'un pays ou d'une zone à l'autre.

Outre les problèmes de comparabilité, les taux de divortialité classés selon le lieu de résidence (zone urbaine ou rurale) sont également sujets à des distorsions particulières. Si l'on utilise des définitions différentes du terme « urbain » pour classer les faits d'état civil et les données relatives à la population lors du calcul des taux et qu'il en résulte une différence nette entre le numérateur et le dénominateur pour le taux de la population exposée au risque, les taux de divortialité s'en trouveront faussés. La différence entre ces taux pour les zones urbaines et rurales pourra aussi être faussée selon que les faits d'état civil auront été classés d'après le lieu de l'événement ou d'après le lieu de résidence habituel. Ce problème est examiné plus en détail à la section 4.1.4.1 des notes techniques.

Données publiées antérieurement : des statistiques concernant les divorces ont déjà été présentées dans des éditions antérieures de l'*Annuaire démographique*. Les plus anciennes, qui portaient sur 1935, ont été publiées dans l'édition de 1951. Pour plus de précisions concernant les années et les sujets pour lesquels des données ont été publiées, se reporter à l'index historique.

NOTE

[1] Pour la définition, voir la section 4.1.1 des Notes techniques.

770

25. Divorces and crude divorce rates by urban/rural residence: 2007 - 2011
Divorces et taux bruts de divortialité selon la résidence, urbaine/rurale : 2007 - 2011

Continent, country or area, and urban/rural residence / Continent, pays ou zone et résidence, urbaine/rurale	Co-de	Number - Nombre					Rate - Taux				
		2007	2008	2009	2010	2011	2007	2008	2009	2010	2011
AFRICA - AFRIQUE											
Egypt - Égypte[1]											
Total	+C	77 878	84 430	141 467	149 376	...	1.1	1.1	1.8	1.9	...
Urban - Urbaine	+C	42 595	44 593	75 134	85 686	...	1.3	1.4	2.3	2.5	...
Rural - Rurale	+C	35 283	39 837	66 333	63 690	...	0.8	0.9	1.5	1.4	...
Mauritius - Maurice[2]											
Total	+C	1 302	1 569	2 154	1 837	...	1.0	1.2	1.7	1.4	...
Saint Helena ex. dep. - Sainte-Hélène sans dép.											
Total	C	10	6	5	...	1	...	...	...	...	...
Seychelles											
Total	+C	140	145	145	156	165	1.6	1.7	1.7	1.7	1.9
South Africa - Afrique du Sud											
Total	...	29 639	28 924	30 763	22 936	...	...	...	...	...	...
Tunisia - Tunisie											
Total	...	12 557	12 035	...	...	...	...	...	...	...	...
AMERICA, NORTH - AMÉRIQUE DU NORD											
Anguilla											
Total	+C	12	-	-	...	...	...	...	...	...	...
Antigua and Barbuda - Antigua-et-Barbuda											
Total	+C	100	...	...	...	...	1.2	...	...	...	...
Aruba											
Total	C	417	*391	*410	*433	...	4.0	*3.7	*3.8	*4.3	...
Bahamas											
Total	C	*105	...	...	...	...	*0.3	...	...	...	...
Barbados - Barbade											
Total	+C	464	...	...	...	...	1.7	...	...	...	...
Bermuda - Bermudes											
Total	C	240	229	177	...	...	3.7	3.6	2.7	...	...
Canada											
Total	C	...	70 226	...	...	...	...	2.1	...	...	...
Cayman Islands - Îles Caïmanes											
Total	+C	162	196	*93	...	...	3.0	3.5	*1.8	...	...
Costa Rica											
Total	C	10 926	...	11 580	*11 556[3]	...	2.5	...	2.5	*2.5	...
Cuba											
Total	C	34 559	35 882	35 034	32 318[4]	...	3.1	3.2	3.1	2.9	...
Urban - Urbaine	C	32 217	33 627	32 772	30 181[4]	...	3.8	4.0	3.9	3.6	...
Rural - Rurale	C	2 342	2 255	2 262	2 137[4]	...	0.8	0.8	0.8	0.8	...
Dominican Republic - République dominicaine[5]											
Total	+C	16 705	17 181	16 408	17 674	...	1.8	1.8	1.7	1.8	...
El Salvador											
Total	...	6 335	6 201	6 019	...	...	...	...	...	...	...
Urban - Urbaine[6]	...	5 940	...	...	...	...	...	...	...	...	...
Rural - Rurale[6]	...	198	...	...	...	...	...	...	...	...	...
Guatemala											
Total	C	2 128	2 834	...	...	...	0.2	0.2	...	...	...
Jamaica - Jamaïque											
Total	+C	1 140[7]	1 654	1 853	2 371	1 960	0.4	0.6	0.7	0.9	0.7
Mexico - Mexique											
Total	+C	77 255	81 851	84 302	*86 042	...	0.7	0.8	0.8	*0.8	...
Urban - Urbaine[8]	+C	67 851	74 050	76 193	*77 951	...	0.8	0.9	0.9	*0.9	...
Rural - Rurale[8]	+C	3 238	3 765	3 943	*3 733	...	0.1	0.2	0.2	*0.1	...
Nicaragua											
Total	+U	3 474	2 843	...	...	...	...	...	...	...	...
Panama											
Total	C	2 893	2 997	3 469	3 583	...	0.9	0.9	1.0	1.0	...
Urban - Urbaine	C	...	2 656	2 926	3 078	...	...	1.2	1.3	1.4	...
Rural - Rurale	C	...	341	543	505	...	...	0.3	0.4	0.4	...

25. Divorces and crude divorce rates by urban/rural residence: 2007 - 2011
Divorces et taux bruts de divortialité selon la résidence, urbaine/rurale : 2007 - 2011 (continued - suite)

Continent, country or area, and urban/rural residence / Continent, pays ou zone et résidence, urbaine/rurale	Co-de	Number - Nombre					Rate - Taux				
		2007	2008	2009	2010	2011	2007	2008	2009	2010	2011
AMERICA, NORTH - AMÉRIQUE DU NORD											
Puerto Rico - Porto Rico											
Total	C	14 182	14 849	...	...	...	3.6	3.8	...	...	...
Saint Vincent and the Grenadines - Saint-Vincent-et-les Grenadines											
Total	+C	78	...	...	...	...	0.8	...	...	...	...
Turks and Caicos Islands - Îles Turques et Caïques											
Total	C	27	8	...	...	...	...	...	...	...	...
AMERICA, SOUTH - AMÉRIQUE DU SUD											
Brazil - Brésil[9]											
Total	...	180 455	188 090	174 747	...	...	...	...	...	...	...
Chile - Chili											
Total	C	2 416	2 013[10]	2 068[10]	...	...	0.1	0.1	0.1	...	...
Ecuador - Équateur[11]											
Total	U	14 942	17 111	17 117	18 231	...	...	...	...	...	...
Suriname[12]											
Total	C	645	...	...	...	...	1.3	...	...	...	...
Venezuela (Bolivarian Republic of) - Venezuela (République bolivarienne du)											
Total	...	28 823	29 044	...	...	...	...	...	...	...	...
ASIA - ASIE											
Armenia - Arménie											
Total	+C	2 931	3 031	2 829	10 425	3 188	0.9	0.9	0.9	3.2	1.0
Urban - Urbaine	+C	2 316	2 370	2 237	...	...	1.1	1.1	1.1	...	...
Rural - Rurale	+C	615	661	592	...	...	0.5	0.6	0.5	...	...
Azerbaijan - Azerbaïdjan											
Total	+C	8 340	7 933	7 784	9 061	10 747	1.0	0.9	0.9	1.0	1.2
Urban - Urbaine	+C	6 093	5 820	5 765	6 753	...	1.3	1.2	1.2	1.4	...
Rural - Rurale	+C	2 247	2 113	2 019	2 308	...	0.5	0.5	0.5	0.5	...
Bahrain - Bahreïn											
Total	...	1 198	...	...	...	...	...	...	...	...	...
Bangladesh											
Total	...	...	...	...	120 395	...	...	...	...	...	...
Urban - Urbaine	...	...	...	...	26 587	...	...	...	...	...	...
Rural - Rurale	...	...	...	...	93 808	...	...	...	...	...	...
Brunei Darussalam - Brunéi Darussalam											
Total	...	457	534	...	...	...	...	...	...	...	...
China - Chine[13]											
Total	+C	2 098 000	2 270 000	2 470 000	2 680 000	...	1.6	1.7	1.9	2.0	...
China, Hong Kong SAR - Chine, Hong Kong RAS											
Total	...	18 403	17 771	17 002	18 167	...	...	...	...	...	...
China, Macao SAR - Chine, Macao RAS											
Total	+C	684	658	782	889	...	1.3	1.2	1.4	1.6	...
Cyprus - Chypre[14]											
Total	C	1 648	1 639	1 738	...	...	2.1	2.1	2.2	...	...
Urban - Urbaine[15]	C	1 256	1 256	...	...	...	...	...	...	...	...
Rural - Rurale[15]	C	329	304	...	...	...	...	...	...	...	...
Georgia - Géorgie											
Total	C	2 325	3 189	4 030	4 726	5 850	0.5	0.7	0.9	1.1	1.3
Urban - Urbaine	C	2 239	2 665	3 249	3 636	...	1.0	1.2	1.4	1.5	...
Rural - Rurale	C	86	524	781	1 090	...	0.0	0.3	0.4	0.5	...
Indonesia - Indonésie											
Total	U	...	175 713	...	...	...	...	...	...	...	...

Continent, country or area, and urban/rural residence Continent, pays ou zone et résidence, urbaine/rurale	Co-de	Number - Nombre					Rate - Taux				
		2007	2008	2009	2010	2011	2007	2008	2009	2010	2011

ASIA - ASIE

Iran (Islamic Republic of) - Iran (République islamique d')[16]											
Total	+C	99 852	110 510	125 747	...	...	1.4	1.5	1.7	...	...
Urban - Urbaine	+C	84 120	93 496	106 548	...	...	1.7	1.9	2.1	...	...
Rural - Rurale	+C	15 732	17 014	19 199	...	...	0.7	0.8	0.8	...	...
Israel - Israël[17]											
Total	C	13 105	13 488	13 233	...	...	1.8	1.8	1.8	...	...
Urban - Urbaine[15]	C	11 768	12 330	12 074	...	...	1.8	1.8	1.8	...	...
Rural - Rurale[15]	C	954	924	916	...	...	1.6	1.5	1.5	...	...
Japan - Japon[18]											
Total	+C	254 832	251 136	253 353	251 378	...	2.0	2.0	2.0	2.0	...
Urban - Urbaine	+C	231 106	228 233	230 655	230 064	...	...	...	...	...	...
Rural - Rurale	+C	23 726	22 903	22 698	21 314	...	...	...	...	...	...
Jordan - Jordanie[19]											
Total	+C	11 793	12 862	15 442	15 707	...	2.1	2.2	2.6	2.6	...
Kazakhstan											
Total	C	36 107	35 852	...	...	...	2.3	2.3	...	...	...
Urban - Urbaine	C	28 011	27 475	...	...	...	3.4	3.3	...	...	...
Rural - Rurale	C	8 096	8 377	...	...	...	1.1	1.1	...	...	...
Kuwait - Koweït											
Total	C	4 945	4 907	5 932	5 965	...	2.1	2.0	2.3	2.2	...
Kyrgyzstan - Kirghizstan											
Total	C	7 371	7 419	7 381	8 155	...	1.5	1.5	1.4	1.6	...
Urban - Urbaine	C	4 113	4 144	4 044	4 459	...	2.3	2.3	2.2	2.4	...
Rural - Rurale	C	3 258	3 275	3 337	3 696	...	1.0	1.0	1.0	1.1	...
Lebanon - Liban											
Total	+C	5 859	5 389	5 957	5 897	...	1.6	...	...	...	...
Mongolia - Mongolie											
Total	+C	1 757	1 901	2 399	3 054	...	0.7	0.7	0.9	1.1	...
Urban - Urbaine	+C	1 590	1 745	2 142	2 619	...	1.0	1.1	1.3	1.5	...
Rural - Rurale	+C	167	156	257	435	...	0.2	0.2	0.3	0.4	...
Occupied Palestinian Territory - Territoire palestinien occupé											
Total	C	4 043	5 009	5 761	6 150	...	1.1	1.3	1.5	1.5	...
Oman[20]											
Total	+U	...	...	2 675	...	...	...	...	...	...	...
Qatar											
Total	C	997	939	1 108	1 172	1 748	0.8	0.6	0.7	0.7	1.1
Republic of Korea - République de Corée[21]											
Total	+C	124 072	116 535	123 999	116 858	...	2.5	2.4	2.5	2.3	...
Urban - Urbaine[22]	+C	98 316	91 986	97 501	90 708	...	2.5	2.3	2.4	2.2	...
Rural - Rurale[22]	+C	22 429	20 934	22 818	22 333	...	2.4	2.2	2.4	2.4	...
Saudi Arabia - Arabie saoudite[23]											
Total	...	28 561	...	...	...	...	...	...	...	...	...
Singapore - Singapour[12]											
Total	+C	7 110	7 134	7 280	7 338	7 604	1.5	1.5	1.5	1.4	1.5
Syrian Arab Republic - République arabe syrienne[24]											
Total	+U	19 506	22 661	29 525	28 202	...	...	...	...	...	...
Tajikistan - Tadjikistan											
Total	+C	4 752	5 178	5 593	...	...	0.7	0.7	0.8	...	...
Urban - Urbaine	+C	2 514	2 764	...	...	...	1.3	1.4	...	...	...
Rural - Rurale	+C	2 238	2 414	...	...	...	0.4	0.4	...	...	...
Turkey - Turquie[25]											
Total	C	94 219	99 663	114 162	118 568	*119 343	1.3	1.4	1.6	1.6	*1.6
United Arab Emirates - Émirats arabes unis[23]											
Total	...	2 783	3 855	...	...	...	...	...	...	...	...
Viet Nam											
Total	C	17 946	...	...	...	...	0.2	...	...	...	...
Urban - Urbaine	C	6 419	...	...	...	...	0.3	...	...	...	...
Rural - Rurale	C	11 527	...	...	...	...	0.2	...	...	...	...

25. Divorces and crude divorce rates by urban/rural residence: 2007 - 2011
Divorces et taux bruts de divortialité selon la résidence, urbaine/rurale : 2007 - 2011 (continued - suite)

Continent, country or area, and urban/rural residence / Continent, pays ou zone et résidence, urbaine/rurale	Co-de	Number - Nombre					Rate - Taux				
		2007	2008	2009	2010	2011	2007	2008	2009	2010	2011
EUROPE											
Åland Islands - Îles d'Åland											
Total	C	60	44	53	52	...	2.2	1.6	1.9	1.9	...
Urban - Urbaine	C	32	24	29	25	...	2.9	...	...	...	...
Rural - Rurale	C	28	20	24	27	...	...	...	...	...	...
Albania - Albanie											
Total	C	3 305	3 610	...	...	4 807	1.0	1.1	...	...	1.7
Austria - Autriche[26]											
Total	C	20 516	19 701	18 806	17 442	...	2.5	2.4	2.2	2.1	...
Belarus - Bélarus											
Total	C	36 146	36 679	35 056	36 655	38 584	3.7	3.8	3.7	3.9	4.1
Urban - Urbaine	C	31 315	31 739	30 221	31 603	...	4.4	...	...	...	...
Rural - Rurale	C	4 831	4 940	4 835	5 052	...	1.9	...	...	...	...
Belgium - Belgique[27]											
Total	C	30 081	35 366	32 606	28 903	*31 500	2.8	3.3	3.0	2.7	*2.9
Urban - Urbaine	C	29 751	34 967	32 251	...	...	2.8	3.3	3.0	...	...
Rural - Rurale	C	330	399	355	...	...	2.2	2.6	2.3	...	...
Bosnia and Herzegovina - Bosnie-Herzégovine											
Total	C	1 826	1 369	1 402	1 676	...	0.5	0.4	0.4	0.4	...
Bulgaria - Bulgarie[28]											
Total	C	16 347	14 104	11 662	11 012	10 581	2.1	1.9	1.5	1.5	1.4
Urban - Urbaine	C	13 672	11 515	9 640	9 254	...	2.5	2.1	1.8	1.7	...
Rural - Rurale	C	2 675	2 589	2 022	1 758	...	1.2	1.2	0.9	0.8	...
Croatia - Croatie											
Total	C	4 785	5 025	5 076	5 058	...	1.1	1.1	1.1	1.1	...
Urban - Urbaine	C	3 375	3 492	3 476	3 514	...	...	...	...	...	...
Rural - Rurale	C	1 410	1 533	1 600	1 544	...	...	...	...	...	...
Czech Republic - République tchèque											
Total	C	31 129	31 300	29 133	30 783	28 113	3.0	3.0	2.8	2.9	2.7
Urban - Urbaine	C	24 627	24 574	22 147	23 497	...	3.2	3.2	2.9	3.0	...
Rural - Rurale	C	6 502	6 726	6 986	7 286	...	2.4	2.5	2.5	2.6	...
Denmark - Danemark[29]											
Total	C	14 066	14 695	14 940	14 460	14 484	2.6	2.7	2.7	2.6	2.6
Estonia - Estonie											
Total	C	3 809	3 501	3 189	2 989	3 099	2.8	2.6	2.4	2.2	2.3
Urban - Urbaine[30]	C	2 653	2 488	2 242	2 106	...	2.8	2.7	2.4	2.3	...
Rural - Rurale[30]	C	1 072	919	856	812	...	2.6	2.2	2.1	2.0	...
Faeroe Islands - Îles Féroé											
Total	C	64	...	...	...	...	1.3	...	...	...	...
Urban - Urbaine	C	31	...	...	...	...	1.8	...	...	...	...
Rural - Rurale	C	33	...	...	...	...	1.1	...	...	...	...
Finland - Finlande[12]											
Total	C	13 224[31]	13 471[31]	13 474[32]	13 567[32]	13 469	2.5	2.5	2.5	2.5	2.5
Urban - Urbaine	C	9 836[31]	10 079[31]	10 071[32]	10 187[32]	...	2.8	2.8	2.8	2.8	...
Rural - Rurale	C	3 388[31]	3 392[31]	3 403[32]	3 380[32]	...	2.0	2.0	2.0	2.0	...
France											
Total	C	131 316	129 379	127 578	...	...	2.1	2.1	2.0	...	...
Germany - Allemagne											
Total	C	187 072	191 948	185 817	187 027	...	2.3	2.3	2.3	2.3	...
Gibraltar											
Total	+C	96	78	89	93	...	3.3	2.7	3.0	3.2	...
Greece - Grèce											
Total	C	12 994	13 163	...	...	...	1.2	1.2	...	...	...
Hungary - Hongrie[12]											
Total	C	25 160	25 155	23 820	23 873	*23 200	2.5	2.5	2.4	2.4	*2.3
Urban - Urbaine[33]	C	18 281	18 294	17 441	17 643	...	2.7	2.7	2.5	2.5	...
Rural - Rurale[33]	C	6 756	6 689	6 216	6 043	...	2.0	2.1	2.0	2.0	...
Iceland - Islande[34]											
Total	C	515	549	550	563	557	1.7	1.7	1.7	1.8	1.8
Ireland - Irlande											
Total[35]	C	3 684	...	...	...	...	0.8	...	...	...	...
Total	+C	...	3 630	*3 341	3 113	...	...	0.8	*0.7	0.7	...
Italy - Italie											
Total	C	50 669	54 351	54 456	...	...	0.9	0.9	0.9	...	...

25. Divorces and crude divorce rates by urban/rural residence: 2007 - 2011
Divorces et taux bruts de divortialité selon la résidence, urbaine/rurale : 2007 - 2011 (continued - suite)

Continent, country or area, and urban/rural residence / Continent, pays ou zone et résidence, urbaine/rurale	Code / Co-de	Number - Nombre					Rate - Taux				
		2007	2008	2009	2010	2011	2007	2008	2009	2010	2011
EUROPE											
Latvia - Lettonie											
Total	C	7 403	6 214	5 099	4 930	8 302	3.3	2.7	2.3	2.2	4.0
Urban - Urbaine	C	5 535	4 582	3 813	...	...	3.6	3.0	2.5	...	...
Rural - Rurale	C	1 868	1 632	1 286	...	...	2.6	2.2	1.8	...	...
Liechtenstein											
Total	C	97	98	97	86	*82	2.7	2.8	2.7	2.4	*2.3
Lithuania - Lituanie											
Total	C	11 336	10 317	9 270	10 006	10 341	3.4	3.1	2.8	3.0	3.2
Urban - Urbaine	C	8 044	7 145	6 451	6 836	...	3.6	3.2	2.9	3.1	...
Rural - Rurale	C	3 292	3 172	2 819	3 170	...	2.9	2.9	2.6	2.9	...
Luxembourg											
Total	C	1 106	977	1 052	1 083	...	2.3	2.0	2.1	2.1	...
Malta - Malte											
Total	C	...	...	...	...	42	...	...	...	...	0.1
Montenegro - Monténégro											
Total	C	453	460	456	520	471	0.7	0.7	0.7	0.8	0.8
Urban - Urbaine	C	...	435	440	...	...	...	1.1	1.1	...	...
Rural - Rurale	C	...	25	16	...	...	...	...	...	...	...
Netherlands - Pays-Bas[36]											
Total	C	31 983	32 236	30 779[38]	33 723[38]	33 453[38]	2.0	2.0	1.9	2.0	2.0
Urban - Urbaine	C	22 008[37]	22 607[37]	21 492[39]	...	...	2.0	2.1	2.0	...	...
Rural - Rurale	C	9 457[37]	9 175[37]	8 802[39]	...	...	1.7	1.6	1.6	...	...
Norway - Norvège[40]											
Total	C	10 280	10 158	10 235	10 224	10 207	2.2	2.1	2.1	2.1	2.1
Poland - Pologne											
Total	C	66 586	65 475	65 345	61 300	64 041	1.7	1.7	1.7	1.6	1.7
Urban - Urbaine[41]	C	53 210	51 946	51 398	47 394	...	2.3	2.2	2.2	2.0	...
Rural - Rurale[41]	C	12 968	13 059	13 457	13 423	...	0.9	0.9	0.9	0.9	...
Portugal											
Total	C	25 411	26 394	26 464	...	...	2.4	2.5	2.5	...	...
Republic of Moldova - République de Moldova											
Total	C	13 923	12 601	11 884	11 504	11 120	3.9	3.5	3.3	3.2	3.1
Urban - Urbaine	C	11 003	10 749	10 300	10 174	...	7.4	7.3	7.0	6.9	...
Rural - Rurale	C	2 920	1 852	1 584	1 330	...	1.4	0.9	0.8	0.6	...
Romania - Roumanie											
Total	C	36 308	35 685	32 341	32 632	*35 780	1.7	1.7	1.5	1.5	*1.7
Urban - Urbaine	C	26 066	24 806	22 308	22 144	...	2.2	2.1	1.9	1.9	...
Rural - Rurale	C	10 242	10 879	10 033	10 488	...	1.1	1.1	1.0	1.1	...
Russian Federation - Fédération de Russie											
Total	C	685 910	703 412	699 297	639 321	*669 421	4.8	5.0	4.9	4.5	*4.7
San Marino - Saint-Marin											
Total	+C	66	71	...	...	82	2.1	2.2	...	...	2.5
Serbia - Serbie[42]											
Total	+C	8 622	8 502	8 505	6 644	8 251	1.2	1.2	1.2	0.9	1.1
Urban - Urbaine	+C	6 170	6 061	5 965	4 901	...	1.4	1.4	1.4	1.1	...
Rural - Rurale	+C	2 452	2 441	2 540	1 743	...	0.8	0.8	0.8	0.6	...
Slovakia - Slovaquie											
Total	C	12 174	12 675	12 671	12 015	11 102	2.3	2.3	2.3	2.2	2.1
Urban - Urbaine	C	8 378	8 637	8 311	7 772	...	2.8	2.9	2.8	2.6	...
Rural - Rurale	C	3 796	4 038	4 360	4 243	...	1.6	1.7	1.8	1.7	...
Slovenia - Slovénie											
Total	C	2 617	2 246	2 297	2 430	*2 279	1.3	1.1	1.1	1.2	*1.1
Urban - Urbaine	C	1 473	1 266	1 290	1 416	...	1.5	1.3	1.3	1.4	...
Rural - Rurale	C	1 144	980	1 007	1 014	...	1.1	1.0	1.0	1.0	...
Spain - Espagne											
Total	C	125 721	109 922	98 207	102 690	...	2.8	2.4	2.1	2.2	...
Sweden - Suède											
Total	C	20 669	21 377	22 211	23 593[38]	23 441[38]	2.3	2.3	2.4	2.5	2.5
Switzerland - Suisse											
Total	C	19 882	19 613	19 321	22 081	*17 566	2.6	2.6	2.5	2.8	*2.2
Urban - Urbaine[43]	C	15 581	15 285	15 069	17 095	...	2.8	2.7	2.6	...	...
Rural - Rurale[43]	C	4 301	4 328	4 252	4 986	...	2.1	2.1	2.1	...	...

775

Continent, country or area, and urban/rural residence / Continent, pays ou zone et résidence, urbaine/rurale	Co-de	Number - Nombre					Rate - Taux				
		2007	2008	2009	2010	2011	2007	2008	2009	2010	2011
EUROPE											
TFYR of Macedonia - L'ex-R. y. de Macédoine											
Total	C	1 417	1 209	1 287	1 720	*1 707	0.7	0.6	0.6	0.8	*0.8
Urban - Urbaine	C	848	735	760	1 116	...	...	...	...	...	...
Rural - Rurale	C	569	474	527	604	...	...	...	...	...	...
Ukraine											
Total	C	178 364	166 845	145 439	126 068[44]	...	3.8	3.6	3.2	2.8	...
Urban - Urbaine	C	138 630	128 909	112 681	98 568[44]	...	4.4	4.1	3.6		...
Rural - Rurale	C	39 734	37 936	32 758	27 500[44]	...	2.7	2.6	2.3		...
United Kingdom of Great Britain and Northern Ireland - Royaume-Uni de Grande-Bretagne et d'Irlande du Nord[45]											
Total	C	143 857	135 995	126 496	...	...	2.4	2.2	2.0	...	...
OCEANIA - OCÉANIE											
Australia - Australie											
Total	C	47 963	47 209	49 448	50 240	...	2.3	2.2	2.3	2.3	...
Guam											
Total	C	881	868	868	849	...	5.1	4.9	4.9	4.7	...
New Caledonia - Nouvelle-Calédonie[46]											
Total	C	*253	*247	*249	*305	...	*1.0	*1.0	*1.0	*1.2	...
New Zealand - Nouvelle-Zélande											
Total	+C	9 650	9 713	8 737	8 874	...	2.3	2.3	2.0	2.0	...
Northern Mariana Islands - Îles Mariannes septentrionales[47]											
Total	U	160	...	...	...	...	...	...	...	...	...
Samoa											
Total	U	35	10	48	...	...	...	...	...	...	...

FOOTNOTES - NOTES

Italics: data from civil registers which are incomplete or of unknown completeness. - Italiques : données incomplètes ou dont le degré d'exactitude n'est pas connu, provenant des registres de l'état civil.

* Provisional. - Données provisoires.

'Code' indicates the source of data, as follows:
C - Civil registration, estimated over 90% complete
U - Civil registration, estimated less than 90% complete
| - Other source, estimated reliable
+ - Data tabulated by date of registration rather than occurence
... - Information not available

Le 'Code' indique la source des données, comme suit :
C - Registres de l'état civil considérés complèts à 90 p. 100 au moins
U - Registres de l'état civil qui ne sont pas considérés complèts à 90 p. 100 au moins
| - Autre source, considérée pas douteuses
+ - Données exploitées selon la date de l'enregistrement et non la date de l'événement
... - Information pas disponible

[1] Including 'revocable divorces' (among Muslim population), which approximate legal separations. - Y compris les 'divorces révocables' (parmi la population musulmane), qui sont plus au moins l'équivalent des séparations légales.
[2] Excludes the islands of St. Brandon and Agalega. - Non compris les îles St. Brandon et Agalega.

[3] Data refer to registered divorces only. - Les données ne portent que sur les divorces enregistrés.
[4] Refer to divorces confirmed by final judgment. - Correspond aux divorces ayant fait l'objet d'un jugement.
[5] Based on Administrative Records of the Civil Registry Offices. - D'après les registres administratifs des bureaux d'état civil.
[6] Urban and rural distribution refers to the usual residence of the bride/wife. Unrevised data. - La répartition entre résidence urbaine et résidence rurale fait référence au lieu de résidence habituel de la mariée ou de la femme. Les données n'ont pas été révisées.
[7] Decrease in divorces is due to amendments made to Matrimonial Causes Rules in 2006, which resulted in a considerable backlog of divorce petitions. - La diminution du nombre de divorces s'explique par les modifications apportées au Règlement concernant les affaires matrimoniales en 2006, qui a provoqué un important retard dans le traitement des demandes de divorce.
[8] The difference between 'Total' and the sum of urban and rural is due to the unknown place of residence of bride/wife. Urban and rural distribution refers to the usual residence of the bride/wife. - La différence entre le « Total » et la somme des chiffres urbains et ruraux s'explique par le fait que le lieu de résidence de la mariée ou de la femme n'est pas toujours connu. La répartition entre résidence urbaine et résidence rurale fait référence au lieu de résidence habituel de la mariée ou de la femme.
[9] Excluding Indian jungle population. - Non compris les Indiens de la jungle.
[10] Data refer exclusively to divorces collected from courts that are not in line with the judiciary power of Chile. - Données concernant exclusivement les divorces recensés dans des tribunaux sans rapport avec l'autorité judiciaire chilienne.
[11] Excluding nomadic Indian tribes. - Non compris les tribus d'Indiens nomades.
[12] Including annulments. - Y compris les annulations.

[13] Including annulments. For statistical purposes, the data for China do not include those for the Hong Kong Special Administrative Region (Hong Kong SAR), Macao Special Administrative Region (Macao SAR) and Taiwan province of China. - Y compris les annulations. Pour la présentation des statistiques, les données pour la Chine ne comprennent pas la Région Administrative Spéciale de Hong Kong (Hong Kong RAS), la Région Administrative Spéciale de Macao (Macao RAS) et Taïwan province de Chine.

[14] Data refer to government controlled areas. - Les données se rapportent aux zones contrôlées par le Gouvernement.

[15] The total number includes 'Unknown residence', but the categories urban and rural do not. The urban and rural residence is recorded according to the place of usual residence of husband. - Le nombre total englobe les personnes dont la résidence n'est pas connue, à l'inverse des catégories de population urbaine et rurale. Le lieu de résidence (zone urbaine ou zone rurale) correspond au lieu de résidence habituel du mari.

[16] Data refer to the Iranian Year which begins on 21 March and ends on 20 March of the following year. - Les données concernent l'année iranienne, qui commence le 21 mars et se termine le 20 mars de l'année suivante.

[17] Including data for East Jerusalem and Israeli residents in certain other territories under occupation by Israeli military forces since June 1967. - Y compris les données pour Jérusalem-Est et les résidents israéliens dans certains autres territoires occupés depuis 1967 par les forces armées israéliennes.

[18] Data refer to Japanese nationals in Japan only. - Les données se raportent aux nationaux japonais au Japon seulement.

[19] Excluding data for Jordanian territory under occupation since June 1967 by Israeli military forces. Excluding foreigners, including registered Palestinian refugees. - Non compris les données pour le territoire jordanien occupé depuis juin 1967 par les forces armées israéliennes. Non compris les étrangers, mais y compris les réfugiés de Palestine enregistrés.

[20] Data refer to registered events only. - Les données ne concernent que les événements enregistrés.

[21] Excluding alien armed forces, civilian aliens employed by armed forces, and foreign diplomatic personnel and their dependants. Data refer to residence of groom. - Non compris les militaires étrangers, les civils étrangers employés par les forces armées ni le personnel diplomatique étranger et les membres de leur famille les accompagnant. Données relatives au lieu de résidence du marié.

[22] The total number includes 'Unknown residence', but the categories urban and rural do not. - Le nombre total englobe les personnes dont la résidence n'est pas connue, à l'inverse des catégories de population urbaine et rurale.

[23] As published by the United Nations Economic and Social Commission for Western Asia. - Publié par la Commission économique et sociale des Nations Unies pour l'Asie occidentale.

[24] Excluding nomad population. - Non compris les nomades.

[25] Data from MERNIS (Central Population Administrative System). - Données de MERNIS (Système central de données démographiques).

[26] Excluding aliens temporarily in the area. - Non compris les étrangers se trouvant temporairement dans le territoire.

[27] Including divorces among armed forces stationed outside the country and alien armed forces in the area. - Y compris les divorces de militaires nationaux hors du pays et les militaires étrangers en garnison sur le territoire.

[28] Including nationals outside the country, but excluding foreigners in the country. Including annulments. - Y compris les nationaux à l'étranger, mais non compris les étrangers sur le territoire. Y compris les annulations.

[29] Excluding Faeroe Islands and Greenland shown separately, if available. - Non compris les Iles Féroé et le Groenland, qui font l'objet de rubriques distinctes, si disponible.

[30] Urban and rural distribution of marriages and divorces is displayed by place of residence of groom/husband. The difference between 'Total' and the sum of urban and rural is due to the unknown place of residence of grooms/husbands and to grooms/husbands living outside country. - La répartition des mariages et des divorces entre zones urbaines et zones rurales est fondée sur le lieu de résidence du marié ou du mari. La différence entre le « Total » et la somme des chiffres urbains et ruraux s'explique par le fait que la résidence du marié ou du mari n'est pas toujours connue ou est située à l'étranger.

[31] Including nationals temporarily outside the country. - Y compris les nationaux se trouvant temporairement hors du pays.

[32] Excluding Åland Islands. - Non compris les Îles d'Åland.

[33] Total includes the data of foreigners, persons of unknown residence and homeless, but the categories urban and rural do not. - Le total englobe les données relatives aux étrangers, aux personnes dont la résidence n'est pas connue et aux personnes sans domicile fixe, à l'inverse des chiffres portant sur la population urbaine et rurale.

[34] Data refer to resident population only. - Pour la population résidante seulement.

[35] Data refer to events registered within one year of occurrence. - Les données portent sur des événements enregistrés dans l'année pendant laquelle ils sont survenus.

[36] Based on the general office for civil registration. - Données provenant des services généraux d'état civil.

[37] The difference between 'Total' and the sum of 'urban' and 'rural' is due to divorces contracted abroad. - La différence entre le « Total » et la somme des chiffres urbains et ruraux s'explique par les divorces prononcés à l'étranger.

[38] Including same sex divorces. - Y compris les divorces entre conjoints du même sexe.

[39] Including same sex divorces. The difference between 'Total' and the sum of 'urban' and 'rural' is due to the cases of unknown place of residence or residence abroad. - Y compris les divorces entre conjoints du même sexe. La différence entre le « Total » et la somme des chiffres urbains et ruraux s'explique par le fait que la résidence n'est pas toujours connue ou que des personnes résident à l'étranger.

[40] Excluding Svalbard and Jan Mayen Islands shown separately, if available. Data refer to male residents of Norway only. - Non compris Svalbard et Jan Mayen qui font l'objet de rubriques distinctes, si disponible. Ces données ne concernent que les hommes habitant en Norvège.

[41] Data for urban and rural exclude divorces if both persons live abroad. - Les données pour les zones urbaines et rurales excluent le divorce si les deux personnes vivent à l'étranger.

[42] Excluding data for Kosovo and Metohia. - Sans les données pour le Kosovo et Metohie.

[43] Urban/rural distribution is based on updated classification on December 31 2008. - La répartition entre zone urbaine et zone rurale est fondée sur la classification mise à jour le 31 décembre 2008.

[44] Excluding divorce made in courts (under the Law of Ukraine "On state registration of civil status" from 1 July 2010). - Excepté les divorces prononcés par un tribunal (en vertu de la loi ukrainienne du 1er juillet 2010 sur l'enregistrement de l'état civil).

[45] Excluding Channel Islands (Guernsey and Jersey) and Isle of Man, shown separately, if available. - Non compris les îles Anglo-Normandes (Guernesey et Jersey) et l'île de Man, qui font l'objet de rubriques distinctes, si disponible.

[46] Based on place of residence at marriage not at divorce. - Les divorces sont comptés en fonction du lieu de résidence au mariage, et non pas au divorce.

[47] Data refer to the islands of Saipan, Tinian and Rota only. - Les données se réfèrent uniquement aux îles de Saipan, Tinian et Rota.

Annex I: Annual mid-year population, United Nations estimates: 2002 - 2011
Annexe I : Population au milieu de l'année, estimations des Nations Unies : 2002 - 2011

Continent and country or area Continent et pays ou zone	Population estimates (in thousands) - Estimations de population (en milliers)[1]									
	2002	2003	2004	2005	2006	2007	2008	2009	2010	2011

AFRICA - AFRIQUE

Algeria - Algérie	31 442	31 913	32 396	32 888	33 392	33 907	34 428	34 950	35 468	35 980
Angola	14 890	15 420	15 957	16 489	17 010	17 525	18 038	18 555	19 082	19 618
Benin - Bénin	6 938	7 165	7 398	7 634	7 872	8 113	8 356	8 602	8 850	9 100
Botswana	1 808	1 830	1 852	1 876	1 901	1 928	1 955	1 982	2 007	2 031
Burkina Faso	13 015	13 396	13 790	14 198	14 622	15 061	15 515	15 984	16 469	16 968
Burundi	6 656	6 839	7 040	7 251	7 474	7 708	7 943	8 171	8 383	8 575
Cameroon - Cameroun	16 408	16 783	17 165	17 554	17 948	18 350	18 759	19 175	19 599	20 030
Cape Verde - Cap-Vert	453	460	467	473	478	483	487	492	496	501
Central African Republic - République centrafricaine	3 829	3 890	3 952	4 018	4 088	4 161	4 238	4 318	4 401	4 487
Chad - Tchad	8 831	9 154	9 475	9 786	10 084	10 372	10 654	10 937	11 227	11 525
Comoros - Comores	593	609	626	643	661	679	697	716	735	754
Congo	3 289	3 365	3 446	3 533	3 629	3 731	3 836	3 941	4 043	4 140
Côte d'Ivoire	17 181	17 456	17 732	18 021	18 326	18 647	18 987	19 350	19 738	20 153
Democratic Republic of the Congo - République démocratique du Congo	52 491	54 098	55 755	57 421	59 088	60 772	62 475	64 204	65 966	67 758
Djibouti	765	780	794	808	824	839	856	872	889	906
Egypt - Égypte	70 175	71 498	72 845	74 203	75 568	76 942	78 323	79 716	81 121	82 537
Equatorial Guinea - Guinée équatoriale	554	572	590	608	626	644	662	681	700	720
Eritrea - Érythrée	3 974	4 146	4 318	4 486	4 646	4 799	4 948	5 098	5 254	5 415
Ethiopia - Éthiopie	69 041	70 784	72 527	74 264	75 993	77 718	79 446	81 188	82 950	84 734
Gabon	1 291	1 317	1 344	1 371	1 397	1 424	1 450	1 478	1 505	1 534
Gambia - Gambie	1 376	1 418	1 460	1 504	1 547	1 591	1 636	1 682	1 728	1 776
Ghana	20 114	20 611	21 120	21 640	22 171	22 712	23 264	23 824	24 392	24 966
Guinea - Guinée	8 605	8 744	8 889	9 041	9 202	9 374	9 559	9 761	9 982	10 222
Guinea-Bissau - Guinée-Bissau	1 290	1 315	1 341	1 368	1 395	1 424	1 454	1 484	1 515	1 547
Kenya	32 928	33 805	34 702	35 615	36 541	37 485	38 455	39 462	40 513	41 610
Lesotho	2 010	2 029	2 047	2 066	2 086	2 106	2 127	2 149	2 171	2 194
Liberia - Libéria	2 996	3 037	3 093	3 183	3 314	3 477	3 658	3 836	3 994	4 129
Libya - Libye	5 434	5 541	5 653	5 770	5 894	6 023	6 150	6 263	6 355	6 423
Madagascar	16 339	16 842	17 358	17 886	18 427	18 980	19 546	20 124	20 714	21 315
Malawi	11 833	12 145	12 473	12 823	13 195	13 589	14 005	14 442	14 901	15 381
Mali	12 002	12 380	12 772	13 177	13 593	14 021	14 460	14 910	15 370	15 840
Mauritania - Mauritanie	2 800	2 882	2 965	3 047	3 130	3 213	3 295	3 378	3 460	3 542
Mauritius - Maurice[2]	1 221	1 234	1 246	1 257	1 267	1 276	1 284	1 292	1 299	1 307
Mayotte	159	164	169	175	180	186	192	198	204	211
Morocco - Maroc	29 454	29 770	30 082	30 392	30 702	31 011	31 321	31 635	31 951	32 273
Mozambique	19 200	19 721	20 246	20 770	21 291	21 811	22 333	22 859	23 391	23 930
Namibia - Namibie	1 973	2 008	2 043	2 080	2 119	2 159	2 200	2 242	2 283	2 324
Niger	11 706	12 118	12 547	12 994	13 460	13 946	14 450	14 972	15 512	16 069
Nigeria - Nigéria	129 832	133 067	136 399	139 823	143 339	146 951	150 666	154 488	158 423	162 471
Réunion	762	773	784	795	805	816	826	836	846	856
Rwanda	8 696	8 858	9 010	9 202	9 441	9 711	10 004	10 311	10 624	10 943
Sao Tome and Principe - Sao Tomé-et-Principe	146	148	150	153	155	157	160	163	165	169
Senegal - Sénégal	10 023	10 298	10 581	10 872	11 170	11 475	11 787	12 107	12 434	12 768
Seychelles	81	82	83	84	84	85	86	86	87	87
Sierra Leone	4 506	4 730	4 952	5 153	5 327	5 478	5 612	5 739	5 868	5 997
Somalia - Somalie	7 791	7 982	8 171	8 360	8 547	8 733	8 922	9 120	9 331	9 557
South Africa - Afrique du Sud	46 015	46 631	47 227	47 793	48 331	48 842	49 319	49 752	50 133	50 460
Sudan - Soudan[3]	35 816	36 643	37 504	38 410	39 369	40 374	41 415	42 478	43 552	44 632
Swaziland	1 083	1 089	1 095	1 105	1 118	1 133	1 150	1 168	1 186	1 203
Togo	5 051	5 170	5 288	5 408	5 530	5 653	5 777	5 902	6 028	6 155
Tunisia - Tunisie	9 634	9 722	9 814	9 912	10 018	10 130	10 247	10 365	10 481	10 594
Uganda - Ouganda	25 794	26 642	27 522	28 431	29 370	30 340	31 339	32 368	33 425	34 509
United Republic of Tanzania - République Unie de Tanzanie	35 832	36 788	37 787	38 831	39 924	41 068	42 268	43 525	44 841	46 218
Western Sahara - Sahara occidental	362	389	416	440	462	480	497	513	531	548
Zambia - Zambie	10 693	10 938	11 192	11 462	11 750	12 055	12 380	12 724	13 089	13 475
Zimbabwe	12 608	12 613	12 598	12 571	12 530	12 481	12 452	12 474	12 571	12 754

AMERICA, NORTH - AMÉRIQUE DU NORD

Anguilla	12	13	13	14	14	14	15	15	15	16
Antigua and Barbuda - Antigua-et-Barbuda	81	82	83	84	85	86	87	88	89	90
Aruba	95	97	99	101	103	104	106	107	107	108
Bahamas	306	310	315	319	324	329	334	338	343	347
Barbados - Barbade	269	269	270	271	271	272	272	273	273	274
Belize	263	269	275	281	287	293	299	305	312	318

Annex I: Annual mid-year population, United Nations estimates: 2002 - 2011
Annexe I : Population au milieu de l'année, estimations des Nations Unies : 2002 - 2011 (continued - suite)

Continent and country or area Continent et pays ou zone	Population estimates (in thousands) - Estimations de population (en milliers)[1]									
	2002	2003	2004	2005	2006	2007	2008	2009	2010	2011

AMERICA, NORTH - AMÉRIQUE DU NORD

Bermuda - Bermudes	63	64	64	64	64	65	65	65	65	65
British Virgin Islands - Îles Vierges britanniques	21	21	22	22	22	23	23	23	23	23
Canada	31 282	31 609	31 944	32 283	32 628	32 977	33 328	33 675	34 017	34 350
Cayman Islands - Îles Caïmanes	45	48	50	52	54	55	55	56	56	57
Costa Rica	4 083	4 160	4 236	4 309	4 382	4 453	4 522	4 591	4 659	4 727
Cuba	11 175	11 208	11 235	11 254	11 265	11 269	11 267	11 263	11 258	11 254
Dominica - Dominique	69	69	69	69	69	68	68	68	68	68
Dominican Republic - République dominicaine	8 861	8 995	9 130	9 264	9 398	9 532	9 665	9 797	9 927	10 056
El Salvador	5 988	6 009	6 029	6 051	6 074	6 101	6 130	6 160	6 193	6 227
Greenland - Groenland	57	57	57	57	57	57	57	57	57	57
Grenada - Grenade	102	102	102	103	103	103	104	104	104	105
Guadeloupe[4]	435	439	442	446	449	452	455	458	461	463
Guatemala	11 800	12 099	12 405	12 717	13 035	13 359	13 691	14 034	14 389	14 757
Haiti - Haïti	8 935	9 075	9 213	9 347	9 479	9 608	9 736	9 864	9 993	10 124
Honduras	6 478	6 609	6 743	6 879	7 018	7 159	7 303	7 450	7 601	7 755
Jamaica - Jamaïque	2 626	2 646	2 665	2 682	2 696	2 709	2 720	2 731	2 741	2 751
Martinique	391	393	395	397	399	401	403	404	406	407
Mexico - Mexique	102 634	103 903	105 176	106 484	107 835	109 221	110 627	112 033	113 423	114 793
Montserrat	5	5	5	6	6	6	6	6	6	6
Nicaragua	5 220	5 288	5 356	5 424	5 494	5 564	5 636	5 710	5 788	5 870
Panama	3 069	3 126	3 182	3 238	3 295	3 351	3 406	3 462	3 517	3 571
Puerto Rico - Porto Rico	3 813	3 803	3 792	3 782	3 773	3 765	3 759	3 754	3 749	3 746
Saint Kitts and Nevis - Saint-Kitts-et-Nevis	47	48	49	49	50	50	51	52	52	53
Saint Lucia - Sainte-Lucie	160	162	164	165	167	169	171	172	174	176
Saint Pierre and Miquelon - Saint Pierre-et-Miquelon	6	6	6	6	6	6	6	6	6	6
Saint Vincent and the Grenadines - Saint-Vincent-et-les Grenadines	108	108	109	109	109	109	109	109	109	109
Trinidad and Tobago - Trinité-et-Tobago	1 302	1 306	1 311	1 315	1 320	1 326	1 331	1 336	1 341	1 346
Turks and Caicos Islands - Îles Turques et Caïques	23	26	28	31	33	34	36	37	38	39
United States of America - États-Unis d'Amérique	288 467	291 291	294 063	296 820	299 564	302 285	304 989	307 687	310 384	313 085
United States Virgin Islands - Îles Vierges américaines	109	109	109	109	109	109	109	109	109	109

AMERICA, SOUTH - AMÉRIQUE DU SUD

Argentina - Argentine	37 657	38 001	38 341	38 681	39 024	39 368	39 714	40 062	40 412	40 765
Bolivia (Plurinational State of) - Bolivie (État plurinational de)	8 647	8 816	8 983	9 147	9 307	9 463	9 618	9 773	9 930	10 088
Brazil - Brésil	179 289	181 633	183 873	185 987	187 958	189 798	191 543	193 247	194 946	196 655
Chile - Chili	15 784	15 960	16 132	16 302	16 469	16 633	16 796	16 956	17 114	17 270
Colombia - Colombie	41 078	41 732	42 386	43 041	43 697	44 352	45 006	45 654	46 295	46 927
Ecuador - Équateur	12 767	12 988	13 209	13 426	13 640	13 850	14 057	14 262	14 465	14 666
Falkland Islands (Malvinas) - Îles Falkland (Malvinas)	3	3	3	3	3	3	3	3	3	3
French Guiana - Guyane française	179	187	195	202	208	214	220	225	231	237
Guyana	738	741	744	746	748	750	752	753	754	756
Paraguay	5 565	5 676	5 787	5 898	6 009	6 119	6 230	6 342	6 455	6 568
Peru - Pérou	26 579	26 916	27 242	27 559	27 866	28 166	28 463	28 765	29 077	29 400
Suriname	480	487	493	499	505	510	515	520	525	529
Uruguay	3 325	3 323	3 321	3 323	3 327	3 336	3 346	3 357	3 369	3 380
Venezuela (Bolivarian Republic of) - Venezuela (République bolivarienne du)	25 273	25 736	26 200	26 664	27 129	27 593	28 057	28 520	28 980	29 437

ASIA - ASIE

Afghanistan	24 640	25 679	26 693	27 615	28 421	29 146	29 840	30 578	31 412	32 358
Armenia - Arménie	3 061	3 061	3 063	3 066	3 070	3 074	3 079	3 085	3 092	3 100
Azerbaijan - Azerbaïdjan[5]	8 280	8 377	8 480	8 588	8 702	8 821	8 944	9 067	9 188	9 306
Bahrain - Bahreïn	642	647	672	725	811	926	1 052	1 170	1 262	1 324
Bangladesh	134 266	136 515	138 633	140 588	142 354	143 957	145 478	147 030	148 692	150 494
Bhutan - Bhoutan	606	624	642	659	675	689	701	714	726	738
Brunei Darussalam - Brunéi Darussalam	342	349	356	363	370	378	385	392	399	406
Cambodia - Cambodge	12 845	13 024	13 194	13 358	13 516	13 670	13 823	13 978	14 138	14 305
China - Chine[6]	1 285 934	1 293 397	1 300 552	1 307 593	1 314 581	1 321 482	1 328 276	1 334 909	1 341 335	1 347 565
China, Hong Kong SAR - Chine, Hong Kong RAS	6 837	6 822	6 808	6 810	6 833	6 873	6 926	6 988	7 053	7 122
China, Macao SAR - Chine, Macao RAS	449	459	470	481	493	506	518	531	544	556
Cyprus - Chypre[7]	980	998	1 016	1 033	1 048	1 063	1 077	1 090	1 104	1 117

Annex I: Annual mid-year population, United Nations estimates: 2002 - 2011
Annexe I : Population au milieu de l'année, estimations des Nations Unies : 2002 - 2011 (continued - suite)

Continent and country or area / Continent et pays ou zone	Population estimates (in thousands) - Estimations de population (en milliers)[1]									
	2002	2003	2004	2005	2006	2007	2008	2009	2010	2011
ASIA - ASIE										
Democratic People's Republic of Korea - République populaire démocratique de Corée	23 265	23 437	23 597	23 746	23 882	24 009	24 126	24 238	24 346	24 451
Georgia - Géorgie[8]	4 626	4 570	4 520	4 477	4 443	4 416	4 394	4 374	4 352	4 329
India - Inde	1 088 694	1 105 886	1 122 991	1 140 043	1 157 039	1 173 972	1 190 864	1 207 740	1 224 614	1 241 492
Indonesia - Indonésie	219 026	221 839	224 607	227 303	229 919	232 462	234 951	237 414	239 871	242 326
Iran (Islamic Republic of) - Iran (République islamique d')...	67 213	68 062	68 893	69 732	70 582	71 435	72 289	73 137	73 974	74 799
Iraq	25 233	25 915	26 619	27 359	28 141	28 961	29 821	30 725	31 672	32 665
Israel - Israël	6 242	6 352	6 471	6 605	6 755	6 920	7 092	7 261	7 418	7 562
Japan - Japon	126 048	126 184	126 299	126 393	126 465	126 515	126 545	126 552	126 536	126 497
Jordan - Jordanie	4 998	5 097	5 210	5 342	5 495	5 667	5 849	6 026	6 187	6 330
Kazakhstan	14 902	14 959	15 053	15 172	15 312	15 476	15 655	15 841	16 026	16 207
Kuwait - Koweït	2 070	2 127	2 189	2 264	2 351	2 448	2 548	2 646	2 737	2 818
Kyrgyzstan - Kirghizstan	5 003	5 008	5 018	5 042	5 084	5 139	5 204	5 271	5 334	5 393
Lao People's Democratic Republic - République démocratique populaire lao	5 497	5 582	5 667	5 753	5 842	5 931	6 022	6 112	6 201	6 288
Lebanon - Liban	3 869	3 935	3 998	4 052	4 097	4 135	4 167	4 197	4 228	4 259
Malaysia - Malaisie[9]	24 515	25 060	25 590	26 100	26 586	27 051	27 502	27 949	28 401	28 859
Maldives	282	287	291	295	299	304	308	312	316	320
Mongolia - Mongolie	2 459	2 485	2 514	2 547	2 584	2 625	2 667	2 712	2 756	2 800
Myanmar	45 609	45 844	46 070	46 321	46 605	46 916	47 250	47 601	47 963	48 337
Nepal - Népal	25 563	26 144	26 718	27 282	27 834	28 374	28 905	29 433	29 959	30 486
Occupied Palestinian Territory - Territoire palestinien occupé	3 356	3 419	3 483	3 556	3 638	3 728	3 827	3 931	4 039	4 152
Oman	2 303	2 336	2 378	2 430	2 491	2 561	2 637	2 712	2 782	2 846
Pakistan	150 407	153 140	155 860	158 645	161 513	164 446	167 442	170 494	173 593	176 745
Philippines	80 630	82 294	83 937	85 546	87 116	88 653	90 173	91 703	93 261	94 852
Qatar	624	654	715	821	978	1 178	1 396	1 598	1 759	1 870
Republic of Korea - République de Corée	46 421	46 625	46 831	47 044	47 268	47 499	47 734	47 964	48 184	48 391
Saudi Arabia - Arabie saoudite	21 463	22 334	23 214	24 041	24 799	25 504	26 167	26 809	27 448	28 083
Singapore - Singapour	4 032	4 086	4 160	4 266	4 410	4 585	4 772	4 946	5 086	5 188
Sri Lanka	19 134	19 370	19 611	19 843	20 062	20 272	20 474	20 669	20 860	21 045
Syrian Arab Republic - République arabe syrienne	16 963	17 490	18 005	18 484	18 921	19 321	19 694	20 054	20 411	20 766
Tajikistan - Tadjikistan	6 286	6 337	6 391	6 453	6 525	6 604	6 691	6 783	6 879	6 977
Thailand - Thaïlande	64 643	65 370	66 060	66 698	67 276	67 796	68 268	68 706	69 122	69 519
Timor-Leste	888	931	974	1 010	1 039	1 061	1 080	1 100	1 124	1 154
Turkey - Turquie	65 446	66 339	67 236	68 143	69 064	69 993	70 924	71 846	72 752	73 640
Turkmenistan - Turkménistan	4 600	4 648	4 697	4 748	4 802	4 859	4 918	4 980	5 042	5 105
United Arab Emirates - Émirats arabes unis	3 255	3 401	3 658	4 069	4 663	5 406	6 207	6 939	7 512	7 891
Uzbekistan - Ouzbékistan	25 275	25 489	25 708	25 947	26 214	26 504	26 812	27 128	27 445	27 760
Viet Nam	80 501	81 377	82 263	83 161	84 076	85 007	85 952	86 901	87 848	88 792
Yemen - Yémen	18 832	19 420	20 026	20 649	21 288	21 947	22 627	23 328	24 053	24 800
EUROPE										
Albania - Albanie	3 090	3 107	3 125	3 142	3 157	3 170	3 181	3 193	3 204	3 216
Andorra - Andorre	69	72	75	78	80	81	83	84	85	86
Austria - Autriche	8 083	8 134	8 186	8 232	8 273	8 310	8 342	8 370	8 394	8 413
Belarus - Bélarus	9 963	9 918	9 872	9 825	9 777	9 728	9 681	9 636	9 595	9 559
Belgium - Belgique	10 254	10 303	10 357	10 414	10 475	10 539	10 602	10 661	10 712	10 754
Bosnia and Herzegovina - Bosnie-Herzégovine	3 776	3 783	3 781	3 781	3 782	3 779	3 774	3 768	3 760	3 752
Bulgaria - Bulgarie	7 893	7 840	7 789	7 739	7 690	7 640	7 591	7 543	7 494	7 446
Croatia - Croatie	4 466	4 457	4 450	4 442	4 434	4 426	4 418	4 411	4 403	4 396
Czech Republic - République tchèque	10 210	10 199	10 202	10 221	10 259	10 314	10 377	10 440	10 493	10 534
Denmark - Danemark	5 371	5 384	5 400	5 419	5 443	5 469	5 497	5 525	5 550	5 573
Estonia - Estonie	1 357	1 352	1 348	1 346	1 344	1 343	1 342	1 342	1 341	1 341
Faeroe Islands - Îles Féroé	47	47	48	48	48	49	49	49	49	49
Finland - Finlande[10]	5 197	5 211	5 226	5 244	5 266	5 290	5 316	5 342	5 365	5 385
France	59 775	60 184	60 597	60 997	61 378	61 745	62 098	62 445	62 787	63 126
Germany - Allemagne	82 432	82 484	82 524	82 541	82 536	82 516	82 475	82 405	82 302	82 163
Gibraltar	28	28	29	29	29	29	29	29	29	29
Greece - Grèce	11 073	11 111	11 147	11 183	11 219	11 256	11 292	11 327	11 359	11 390
Holy See - Saint-Siège	1	1	1	0	0	0	0	0	0	0
Hungary - Hongrie	10 159	10 135	10 110	10 087	10 064	10 043	10 022	10 002	9 984	9 966
Iceland - Islande	287	290	293	297	301	306	311	316	320	324
Ireland - Irlande	3 936	4 011	4 086	4 158	4 226	4 291	4 353	4 412	4 470	4 526
Isle of Man - Île de Man	78	79	79	80	81	81	82	82	83	83
Italy - Italie	57 499	57 864	58 264	58 671	59 082	59 495	59 891	60 249	60 551	60 789

Annex I: Annual mid-year population, United Nations estimates: 2002 - 2011
Annexe I : Population au milieu de l'année, estimations des Nations Unies : 2002 - 2011 (continued - suite)

Continent and country or area Continent et pays ou zone	Population estimates (in thousands) - Estimations de population (en milliers)[1]									
	2002	2003	2004	2005	2006	2007	2008	2009	2010	2011

EUROPE

Latvia - Lettonie	2 350	2 334	2 319	2 306	2 293	2 282	2 271	2 261	2 252	2 243
Liechtenstein	34	34	34	35	35	35	36	36	36	36
Lithuania - Lituanie	3 462	3 447	3 432	3 416	3 398	3 379	3 360	3 341	3 324	3 307
Luxembourg	443	446	451	457	466	476	487	498	507	516
Malta - Malte	402	405	407	409	411	413	414	415	417	418
Monaco	35	35	35	35	35	35	35	35	35	35
Montenegro - Monténégro	629	628	627	627	627	628	629	630	631	632
Netherlands - Pays-Bas	16 046	16 138	16 225	16 305	16 378	16 443	16 503	16 559	16 613	16 665
Norway - Norvège[11]	4 536	4 559	4 587	4 623	4 669	4 722	4 779	4 834	4 883	4 925
Poland - Pologne	38 230	38 198	38 175	38 165	38 170	38 190	38 218	38 249	38 277	38 299
Portugal	10 423	10 466	10 506	10 544	10 578	10 608	10 635	10 657	10 676	10 690
Republic of Moldova - République de Moldova[12]	3 969	3 896	3 828	3 767	3 715	3 672	3 635	3 603	3 573	3 545
Romania - Roumanie	22 011	21 925	21 845	21 772	21 705	21 645	21 590	21 537	21 486	21 436
Russian Federation - Fédération de Russie	145 520	144 880	144 307	143 843	143 510	143 295	143 163	143 064	142 958	142 836
San Marino - Saint-Marin	28	29	30	30	31	31	31	31	32	32
Serbia - Serbie[13]	10 013	9 950	9 895	9 856	9 836	9 833	9 841	9 851	9 856	9 854
Slovakia - Slovaquie	5 408	5 409	5 411	5 415	5 422	5 431	5 441	5 452	5 462	5 472
Slovenia - Slovénie	1 991	1 994	1 998	2 002	2 007	2 012	2 018	2 024	2 030	2 035
Spain - Espagne[14]	41 365	42 040	42 732	43 395	44 018	44 604	45 146	45 638	46 077	46 455
Sweden - Suède	8 902	8 935	8 978	9 029	9 091	9 161	9 237	9 311	9 380	9 441
Switzerland - Suisse	7 255	7 307	7 361	7 415	7 468	7 522	7 573	7 621	7 664	7 702
TFYR of Macedonia - L'ex-R. y. de Macédoine	2 022	2 028	2 033	2 038	2 043	2 048	2 053	2 057	2 061	2 064
Ukraine	48 032	47 643	47 275	46 924	46 592	46 282	45 992	45 715	45 448	45 190
United Kingdom of Great Britain and Northern Ireland - Royaume-Uni de Grande-Bretagne et d'Irlande du Nord	59 340	59 604	59 892	60 203	60 538	60 896	61 270	61 652	62 036	62 417

OCEANIA - OCÉANIE

American Samoa - Samoas américaines	60	61	62	63	64	65	66	67	68	70
Australia - Australie[15]	19 604	19 840	20 104	20 404	20 744	21 120	21 514	21 902	22 268	22 606
Cook Islands - Îles Cook	18	19	19	19	20	20	20	20	20	20
Fiji - Fidji	816	817	819	823	828	835	844	852	861	868
French Polynesia - Polynésie française	245	248	252	255	258	261	265	268	271	274
Guam	160	163	166	169	171	173	176	178	180	182
Kiribati	87	89	90	92	94	95	97	98	100	101
Marshall Islands - Îles Marshall	52	52	52	52	52	52	53	53	54	55
Micronesia (Federated States of) - Micronésie (États fédérés de)	108	108	109	109	110	110	110	111	111	112
Nauru	10	10	10	10	10	10	10	10	10	10
New Caledonia - Nouvelle-Calédonie	220	223	227	231	235	239	243	247	251	255
New Zealand - Nouvelle-Zélande	3 962	4 021	4 079	4 134	4 185	4 232	4 278	4 323	4 368	4 415
Niue - Nioué	2	2	2	2	2	2	2	2	1	1
Northern Mariana Islands - Îles Mariannes septentrionales	69	69	68	67	66	64	63	61	61	61
Palau - Palaos	20	20	20	20	20	20	20	20	20	21
Papua New Guinea - Papouasie-Nouvelle-Guinée	5 660	5 803	5 948	6 095	6 245	6 396	6 549	6 703	6 858	7 014
Samoa	178	179	180	180	181	181	182	182	183	184
Solomon Islands - Îles Salomon	432	444	457	470	483	496	510	524	538	552
Tokelau - Tokélaou	1	1	1	1	1	1	1	1	1	1
Tonga	99	100	100	101	102	102	103	104	104	105
Tuvalu	10	10	10	10	10	10	10	10	10	10
Vanuatu	195	200	206	211	217	222	228	234	240	246
Wallis and Futuna Islands - Îles Wallis et Futuna	14	14	14	14	14	14	14	14	14	13

SOURCE

United Nations, Department of Economic and Social Affairs, Population Division (2011). World Population Prospects: The 2010 Revision, DVD Edition – Extended Dataset (United Nations publication, Sales No. E.11.XIII.7). - Organisation des Nations Unies, Département des affaires économiques et sociales, Division de la population (2011). Perspectives de la population mondiale : La révision de 2010, Edition DVD - ensemble de données étendues (publication des Nations Unies, numéro de vente E.11.XIII.7).

FOOTNOTES - NOTES

[1] All data refer to annual interpolated estimates of mid-year population. - Les données sont des estimations interpolées de population au milieu de l'année.

[2] Including Agalega, Rodrigues and Saint Brandon. - Y compris Agalega, Rodrigues et Saint Brandon.

[3] Including South Sudan. South Sudan became an independent State on 9 July 2011 and a Member of the United Nations on 14 July 2011. - Le Sud-Soudan compris. Le Sud-Soudan est devenu un Etat independant le 9 juillet 2011 et membre de l'Organisation des Nations Unies le 14 juillet 2011.

[4] Including Saint-Barthélemy and Saint-Martin (French part). - Y compris Saint-Barthélemy et Saint-Martin (partie française).

[5] Including Nagorno-Karabakh. - Y compris le Haut-Karabakh.

[6] For statistical purposes, the data for China do not include Hong Kong and Macao Special Administrative Regions (SAR) of China. - A des fins statistiques, les données pour la Chine ne comprennent pas les Régions Administratives Spéciales (SAR) de Hong Kong et Macao.

[7] Including Northern-Cyprus. - Y compris Chypre-Nord.

[8] Including Abkhazia and South Ossetia. - Y compris l'Abkhazie et l'Ossétie du Sud.

[9] Including Sabah and Sarawak. - Y compris le Sabah et le Sarawak.

[10] Including Åland Islands. - Y compris les îles Åland.

[11] Including Svalbard and Jan Mayen Islands. - Y compris Svalbard et l'île Jan Mayen.

[12] Including Transnistria. - Y compris la Transnistrie.

[13] Including Kosovo. - Y compris le Kosovo.

[14] Including Canary Islands, Ceuta and Melilla. - Y compris les îles Canaries, Ceuta et Melilla.

[15] Including Christmas Island, Cocos (Keeling) Islands and Norfolk Island. - Y compris les îles Christmas, Cocos (Keeling) et Norfolk.

Annex II: Vital statistics summary, United Nations medium variant projections: 2010-2015
Annexe II: Aperçu des statistiques de l'état civil, variante moyenne, projections des Nations Unies : 2010-2015

Continent and country or area Continent et pays ou zone	Crude birth rate - Taux bruts de natalité[1]	Crude death rate - Taux bruts de mortalité[1]	Infant mortality rate - Décès d'enfants de moins d'un an[1]	Life expectancy at birth - Espérance de vie à la naissance[1]		Total fertility rate - Indice synthétique de fécondité[1]	Natural increase - Accroissement naturel[1]
				Male - Masculin	Female - Féminin		
AFRICA - AFRIQUE							
Algeria - Algérie..	19.2	4.9	21.5	71.9	75.0	2.14	14.3
Angola..	39.9	13.6	96.2	50.2	53.2	5.14	26.3
Benin - Bénin...	38.3	11.1	76.7	54.8	58.7	5.08	27.2
Botswana...	22.9	13.8	35.1	53.7	51.3	2.62	9.0
Burkina Faso...	42.4	11.2	71.0	55.0	57.0	5.75	31.2
Burundi..	33.3	13.6	94.1	49.6	52.6	4.05	19.7
Cameroon - Cameroun......................................	34.9	13.4	84.9	51.4	53.6	4.29	21.5
Cape Verde - Cap-Vert.....................................	19.9	5.5	18.5	70.5	77.7	2.28	14.4
Central African Republic - République centrafricaine............	34.5	15.3	95.8	47.7	51.3	4.42	19.2
Chad - Tchad...	43.4	15.5	123.9	48.6	51.6	5.74	27.8
Comoros - Comores...	35.7	8.2	62.8	60.3	63.2	4.74	27.5
Congo...	34.6	10.7	66.7	56.6	59.3	4.44	23.9
Côte d'Ivoire..	33.0	11.2	68.8	55.3	57.7	4.22	21.7
Democratic Republic of the Congo - République démocratique du Congo.....................	42.1	15.7	109.5	47.3	50.6	5.49	26.4
Djibouti..	28.4	9.9	75.0	57.0	60.0	3.59	18.6
Egypt - Égypte..	22.3	5.1	22.0	71.6	75.5	2.64	17.2
Equatorial Guinea - Guinée équatoriale............	35.9	14.1	93.3	50.3	52.9	4.98	21.9
Eritrea - Érythrée..	34.4	7.2	47.5	59.7	64.4	4.24	27.1
Ethiopia - Éthiopie..	30.0	9.1	62.9	58.3	61.6	3.85	20.9
Gabon..	27.0	8.6	43.8	62.3	64.3	3.20	18.5
Gambia - Gambie...	36.9	8.7	66.4	57.7	60.3	4.69	28.2
Ghana..	30.3	7.5	43.9	63.7	65.8	3.99	22.8
Guinea - Guinée..	37.6	12.4	84.2	53.2	56.4	5.03	25.3
Guinea-Bissau - Guinée-Bissau........................	37.4	15.9	109.8	47.3	50.4	4.88	21.4
Kenya...	36.9	9.9	58.1	56.7	59.2	4.62	27.0
Lesotho..	27.1	15.0	62.1	49.7	48.1	3.05	12.1
Liberia - Libéria...	37.6	10.2	76.9	56.4	58.6	5.04	27.3
Libya - Libye..	21.7	4.1	13.2	72.7	77.9	2.41	17.6
Madagascar...	34.6	6.4	41.0	65.2	68.6	4.49	28.2
Malawi...	44.5	11.9	86.1	54.9	55.2	5.97	32.6
Mali..	45.0	13.6	92.2	50.9	53.1	6.12	31.3
Mauritania - Mauritanie.....................................	32.7	9.2	69.9	57.4	61.0	4.36	23.4
Mauritius - Maurice[2]..	12.5	7.2	12.1	70.4	76.9	1.59	5.3
Mayotte...	32.6	2.4	5.9	74.2	81.5	4.18	30.2
Morocco - Maroc...	18.7	5.8	28.5	70.3	74.9	2.18	12.9
Mozambique..	36.3	13.8	77.9	50.0	51.8	4.71	22.5
Namibia - Namibie...	25.2	8.2	29.8	62.1	63.0	3.06	17.0
Niger..	47.7	12.2	85.8	54.8	55.8	6.93	35.5
Nigeria - Nigéria..	39.3	13.7	87.6	51.7	53.4	5.43	25.6
Réunion...	16.9	6.0	5.9	74.2	81.5	2.25	10.9
Rwanda..	40.6	11.5	92.9	54.5	57.1	5.28	29.2
Sao Tome and Principe - Sao Tomé-et-Principe.................	29.9	7.4	47.5	63.5	66.5	3.49	22.5
Senegal - Sénégal...	35.9	8.4	49.8	58.6	60.9	4.61	27.5
Sierra Leone..	36.5	14.9	103.5	47.5	48.9	4.73	21.5
Somalia - Somalie...	43.0	14.4	100.0	50.1	53.4	6.28	28.6
South Africa - Afrique du Sud...........................	20.5	14.3	45.9	53.1	54.1	2.38	6.3
Sudan - Soudan[3]..	31.9	8.6	57.3	60.2	63.8	4.23	23.3
Swaziland..	28.7	14.1	64.6	49.7	48.5	3.17	14.6
Togo...	31.0	10.3	67.3	56.2	59.4	3.86	20.7
Tunisia - Tunisie...	16.5	6.0	18.4	72.6	77.1	1.91	10.5
Uganda - Ouganda..	43.9	11.7	72.3	53.8	55.4	5.90	32.2
United Republic of Tanzania - République Unie de Tanzanie	41.0	9.6	53.7	58.2	60.3	5.50	31.4
Western Sahara - Sahara occidental.................	21.3	5.4	36.4	66.1	70.1	2.45	15.9
Zambia - Zambie...	46.5	14.9	81.0	49.2	50.0	6.30	31.6
Zimbabwe..	28.7	11.7	47.3	54.0	52.7	3.11	17.0
AMERICA, NORTH - AMÉRIQUE DU NORD							
Aruba...	11.1	7.7	14.7	73.0	77.8	1.67	3.4
Bahamas..	15.2	5.5	14.1	72.7	78.9	1.88	9.6
Barbados - Barbade..	10.9	8.7	12.3	73.9	80.3	1.58	2.2
Belize...	24.0	3.8	16.2	74.9	77.8	2.68	20.2
Canada..	11.3	7.7	4.9	78.9	83.5	1.69	3.6
Costa Rica...	15.3	4.3	9.2	77.1	82.0	1.81	11.0
Cuba..	9.6	7.6	5.0	77.4	81.3	1.45	2.0

Continent and country or area Continent et pays ou zone	Crude birth rate - Taux bruts de natalité[1]	Crude death rate - Taux bruts de mortalité[1]	Infant mortality rate - Décès d'enfants de moins d'un an[1]	Life expectancy at birth - Espérance de vie à la naissance[1]		Total fertility rate - Indice synthétique de fécondité[1]	Natural increase - Accroissement naturel[1]
				Male - Masculin	Female - Féminin		
AMERICA, NORTH - AMÉRIQUE DU NORD							
Dominican Republic - République dominicaine......................	20.9	5.9	21.6	71.2	76.6	2.49	15.0
El Salvador..	20.0	6.6	19.0	67.7	77.1	2.17	13.4
Grenada - Grenade	19.3	5.9	13.0	74.5	77.7	2.17	13.3
Guadeloupe[4]	13.2	7.2	6.7	76.1	83.6	2.06	6.0
Guatemala..	31.5	5.3	26.3	68.0	75.1	3.84	26.2
Haiti - Haïti	25.7	8.7	58.3	61.1	63.9	3.16	17.0
Honduras..	25.8	4.7	23.5	71.3	75.9	3.00	21.0
Jamaica - Jamaïque	17.9	7.2	22.0	70.9	76.0	2.26	10.8
Martinique...	11.6	8.0	7.2	77.3	83.7	1.82	3.6
Mexico - Mexique	18.5	4.8	14.1	74.8	79.6	2.23	13.7
Nicaragua...	22.8	4.6	18.3	71.4	77.5	2.50	18.2
Panama...	19.1	5.0	16.2	73.9	79.1	2.41	14.0
Puerto Rico - Porto Rico.........................	12.9	7.8	7.2	75.4	83.2	1.76	5.1
Saint Lucia - Sainte-Lucie	16.9	6.1	12.3	72.2	77.5	1.91	10.7
Saint Vincent and the Grenadines - Saint-Vincent-et-les Grenadines..................	16.4	7.2	21.0	70.5	74.7	2.00	9.2
Trinidad and Tobago - Trinité-et-Tobago	14.3	8.2	24.5	66.9	73.8	1.63	6.1
United States of America - États-Unis d'Amérique................	13.7	8.3	6.5	76.2	81.3	2.08	5.4
United States Virgin Islands - Îles Vierges américaines........	12.1	8.0	10.0	76.5	82.6	1.94	4.1
AMERICA, SOUTH - AMÉRIQUE DU SUD							
Argentina - Argentine	16.8	7.7	12.3	72.4	79.9	2.17	9.1
Bolivia (Plurinational State of) - Bolivie (État plurinational de)	25.8	7.1	40.7	64.8	69.4	3.23	18.7
Brazil - Brésil	15.0	6.4	19.0	70.7	77.4	1.80	8.6
Chile - Chili	14.0	5.7	6.8	76.2	82.4	1.83	8.3
Colombia - Colombie.............................	18.9	5.5	16.7	70.4	77.7	2.29	13.3
Ecuador - Équateur...............................	19.8	5.1	19.1	73.0	78.9	2.39	14.7
French Guiana - Guyane française	24.0	3.7	12.7	73.4	80.5	3.14	20.3
Guyana...	17.4	5.8	36.8	67.2	73.5	2.19	11.7
Paraguay..	23.7	5.4	27.4	70.8	74.9	2.86	18.2
Peru - Pérou	19.6	5.5	18.3	71.7	76.9	2.41	14.1
Suriname..	17.8	7.2	19.8	67.8	74.2	2.27	10.6
Uruguay..	14.5	9.2	11.8	73.7	80.7	2.04	5.2
Venezuela (Bolivarian Republic of) - Venezuela (République bolivarienne du)............................	19.8	5.2	15.3	71.8	77.7	2.39	14.7
ASIA - ASIE							
Afghanistan	42.3	15.1	124.5	49.2	49.5	5.97	27.2
Armenia - Arménie	15.0	9.1	24.3	71.0	77.3	1.74	5.8
Azerbaijan - Azerbaïdjan[5].......................	19.5	7.6	37.6	68.0	73.7	2.15	11.9
Bahrain - Bahreïn	17.9	2.8	6.7	74.7	76.1	2.43	15.1
Bangladesh..	19.5	6.0	41.8	68.5	70.2	2.16	13.5
Bhutan - Bhoutan	19.6	6.8	38.0	65.9	69.8	2.26	12.8
Brunei Darussalam - Brunéi Darussalam	18.2	3.4	4.5	76.0	80.6	1.98	14.8
Cambodia - Cambodge	21.6	7.8	52.8	62.2	65.1	2.42	13.8
China - Chine[6].......................................	11.9	7.5	19.6	72.1	75.6	1.56	4.5
China, Hong Kong SAR - Chine, Hong Kong RAS...............	8.8	6.3	2.0	80.2	86.4	1.14	2.5
China, Macao SAR - Chine, Macao RAS	10.2	4.3	4.1	79.1	83.8	1.16	5.8
Cyprus - Chypre[7]...................................	11.5	6.8	4.4	77.7	82.1	1.46	4.7
Democratic People's Republic of Korea - République populaire démocratique de Corée	14.2	10.1	25.1	65.9	72.1	1.99	4.1
Georgia - Géorgie[8]	11.5	11.6	25.6	70.5	77.3	1.53	-0.1
India - Inde	21.3	7.9	47.9	64.4	67.6	2.54	13.4
Indonesia - Indonésie............................	17.4	6.8	24.9	68.3	71.8	2.06	10.6
Iran (Islamic Republic of) - Iran (République islamique d').....	16.2	5.4	23.4	71.5	75.3	1.59	10.8
Iraq..	34.1	5.0	33.3	67.6	72.6	4.54	29.1
Israel - Israël	20.5	5.4	3.3	79.6	84.2	2.91	15.1
Japan - Japon..	8.5	9.6	2.5	80.1	87.1	1.42	-1.2
Jordan - Jordanie...................................	23.7	4.0	19.1	72.2	75.2	2.89	19.7
Kazakhstan...	20.6	9.6	23.7	62.3	72.8	2.48	11.1
Kuwait - Koweït	17.4	3.0	7.6	74.0	75.9	2.25	14.4
Kyrgyzstan - Kirghizstan.........................	24.0	7.0	32.8	64.3	72.4	2.62	17.1

Annex II: Vital statistics summary, United Nations medium variant projections: 2010-2015
Annexe II: Aperçu des statistiques de l'état civil, variante moyenne, projections des Nations Unies : 2010-2015 (continued - suite)

Continent and country or area Continent et pays ou zone	Crude birth rate - Taux bruts de natalité[1]	Crude death rate - Taux bruts de mortalité[1]	Infant mortality rate - Décès d'enfants de moins d'un an[1]	Life expectancy at birth - Espérance de vie à la naissance[1]		Total fertility rate - Indice synthétique de fécondité[1]	Natural increase - Accroissement naturel[1]
				Male - Masculin	Female - Féminin		
ASIA - ASIE							
Lao People's Democratic Republic - République démocratique populaire lao	21.8	6.1	36.8	66.4	69.4	2.54	15.7
Lebanon - Liban	14.9	7.0	20.2	70.7	75.1	1.76	7.9
Malaysia - Malaisie[9]	19.8	4.7	6.9	72.5	76.9	2.57	15.1
Maldives	16.5	3.6	8.1	76.0	78.7	1.67	12.9
Mongolia - Mongolie	22.7	6.4	30.7	65.0	72.8	2.45	16.3
Myanmar	16.7	8.3	44.8	64.1	67.9	1.94	8.3
Nepal - Népal	23.2	5.8	32.0	68.1	70.1	2.59	17.4
Occupied Palestinian Territory - Territoire palestinien occupé	32.4	3.5	19.5	71.5	74.8	4.27	28.9
Oman	16.9	3.9	8.4	71.4	76.4	2.15	13.0
Pakistan	26.3	7.3	65.7	64.9	66.9	3.20	19.1
Philippines	24.5	5.7	20.9	66.0	72.6	3.05	18.8
Qatar	11.6	1.5	8.2	78.7	78.2	2.20	10.1
Republic of Korea - République de Corée	9.9	5.9	3.6	77.3	84.0	1.39	4.0
Saudi Arabia - Arabie saoudite	21.4	3.7	16.2	73.2	75.6	2.64	17.7
Singapore - Singapour	9.5	5.1	1.9	78.9	83.7	1.37	4.4
Sri Lanka	17.0	6.7	11.2	72.1	78.4	2.24	10.3
Syrian Arab Republic - République arabe syrienne	21.9	3.6	13.8	74.5	77.7	2.77	18.3
Tajikistan - Tadjikistan	27.7	6.1	50.9	64.8	71.2	3.16	21.6
Thailand - Thaïlande	11.5	7.6	11.4	71.1	77.8	1.53	3.9
Timor-Leste	37.6	7.7	56.5	62.1	64.2	5.92	29.9
Turkey - Turquie	16.9	5.5	19.9	72.0	76.6	2.02	11.4
Turkmenistan - Turkménistan	21.2	7.8	48.8	61.2	69.4	2.32	13.4
United Arab Emirates - Émirats arabes unis	12.3	1.4	6.6	76.0	78.0	1.71	10.8
Uzbekistan - Ouzbékistan	20.8	6.5	44.5	65.7	71.9	2.26	14.3
Viet Nam	15.9	5.2	18.3	73.4	77.4	1.75	10.7
Yemen - Yémen	37.2	6.0	44.4	64.5	67.7	4.94	31.2
EUROPE							
Albania - Albanie	12.8	6.4	16.6	74.2	80.4	1.53	6.4
Austria - Autriche	8.6	9.4	3.7	78.4	83.6	1.35	-0.7
Belarus - Bélarus	11.2	14.2	6.5	65.2	76.4	1.48	-3.0
Belgium - Belgique	11.4	10.3	3.7	77.2	82.8	1.84	1.0
Bosnia and Herzegovina - Bosnie-Herzégovine	8.2	10.3	12.7	73.3	78.4	1.13	-2.1
Bulgaria - Bulgarie	10.0	15.2	9.1	70.3	77.1	1.55	-5.2
Croatia - Croatie	9.8	12.2	5.6	73.3	80.4	1.50	-2.4
Czech Republic - République tchèque	10.9	10.3	3.0	74.7	81.0	1.50	0.6
Denmark - Danemark	11.3	10.1	3.9	76.7	81.4	1.89	1.2
Estonia - Estonie	12.1	12.7	4.4	69.8	80.0	1.70	-0.7
Finland - Finlande[10]	11.4	9.8	2.8	77.2	83.3	1.88	1.6
France	12.4	8.9	3.3	78.5	84.9	1.99	3.5
Germany - Allemagne	8.7	10.9	3.5	78.2	83.0	1.46	-2.2
Greece - Grèce	10.1	10.5	4.5	77.6	82.6	1.54	-0.4
Hungary - Hongrie	10.1	13.2	5.3	70.8	78.5	1.43	-3.1
Iceland - Islande	14.7	6.4	2.1	80.3	83.8	2.10	8.3
Ireland - Irlande	15.6	6.4	3.9	78.4	83.2	2.10	9.2
Italy - Italie	9.1	10.2	3.4	79.2	84.6	1.48	-1.2
Latvia - Lettonie	11.0	13.8	6.7	68.8	78.5	1.51	-2.9
Lithuania - Lituanie	10.8	13.5	5.9	67.2	78.3	1.50	-2.7
Luxembourg	11.8	8.0	2.3	77.6	82.7	1.68	3.8
Malta - Malte	9.1	8.4	5.4	77.6	82.3	1.28	0.7
Montenegro - Monténégro	12.0	10.4	7.7	72.5	77.4	1.63	1.6
Netherlands - Pays-Bas	10.8	8.6	4.2	78.9	82.8	1.79	2.2
Norway - Norvège[11]	12.3	8.4	2.9	79.1	83.5	1.95	3.9
Poland - Pologne	10.9	10.5	5.5	72.2	80.6	1.42	0.4
Portugal	8.8	10.1	4.2	76.8	82.8	1.31	-1.4
Republic of Moldova - République de Moldova[12]	12.1	13.1	14.3	66.2	73.5	1.45	-1.0
Romania - Roumanie	10.3	12.1	12.2	70.6	78.0	1.43	-1.8
Russian Federation - Fédération de Russie	11.8	14.0	10.5	63.3	75.0	1.53	-2.2
Serbia - Serbie[13]	11.0	12.0	10.6	72.5	77.1	1.56	-1.0
Slovakia - Slovaquie	10.7	9.9	5.7	71.9	79.5	1.37	0.9
Slovenia - Slovénie	9.9	9.8	3.3	76.1	82.8	1.48	0.1
Spain - Espagne[14]	10.6	8.7	3.6	78.8	84.8	1.50	1.9
Sweden - Suède	12.0	9.6	2.5	79.7	83.7	1.93	2.3
Switzerland - Suisse	10.0	8.3	3.5	80.2	84.7	1.54	1.7

Annex II: Vital statistics summary, United Nations medium variant projections: 2010-2015
Annexe II: Aperçu des statistiques de l'état civil, variante moyenne, projections des Nations Unies : 2010-2015 (continued - suite)

Continent and country or area Continent et pays ou zone	Crude birth rate - Taux bruts de natalité[1]	Crude death rate - Taux bruts de mortalité[1]	Infant mortality rate - Décès d'enfants de moins d'un an[1]	Life expectancy at birth - Espérance de vie à la naissance[1]		Total fertility rate - Indice synthétique de fécondité[1]	Natural increase - Accroissement naturel[1]
				Male - Masculin	Female - Féminin		
EUROPE							
TFYR of Macedonia - L'ex-R. y. de Macédoine......................	10.5	9.5	13.1	73.0	77.1	1.40	1.0
Ukraine...	10.9	16.2	11.8	63.5	74.6	1.48	-5.3
United Kingdom of Great Britain and Northern Ireland - Royaume-Uni de Grande-Bretagne et d'Irlande du Nord	12.1	9.4	4.7	78.3	82.4	1.87	2.7
OCEANIA - OCÉANIE							
Australia - Australie[15]	13.5	6.8	4.5	79.9	84.3	1.95	6.8
Fiji - Fidji..	20.6	6.9	17.2	66.9	72.3	2.60	13.8
French Polynesia - Polynésie française	16.4	5.6	7.2	73.1	78.1	2.03	10.8
Guam...	17.6	5.6	8.1	74.1	78.8	2.42	12.0
Micronesia (Federated States of) - Micronésie (États fédérés de)	24.2	5.9	31.4	68.3	70.2	3.31	18.3
New Caledonia - Nouvelle-Calédonie	15.9	6.1	4.7	73.8	80.5	2.09	9.9
New Zealand - Nouvelle-Zélande	14.3	7.1	4.8	78.9	82.8	2.14	7.2
Papua New Guinea - Papouasie-Nouvelle-Guinée	29.0	7.3	44.5	61.2	65.5	3.80	21.7
Pitcairn..	12.3	12.3	20.2	70.1	77.4	1.94	-
Samoa...	23.7	5.4	19.8	69.9	76.0	3.76	18.3
Solomon Islands - Îles Salomon...................................	30.4	5.4	34.6	67.0	70.0	4.04	24.9
Tonga..	25.7	6.1	20.6	69.7	75.4	3.78	19.6
Vanuatu	28.7	4.7	24.1	69.5	73.6	3.75	24.1

SOURCE

United Nations, Department of Economic and Social Affairs, Population Division (2011). World Population Prospects: The 2010 Revision, DVD Edition – Extended Dataset (United Nations publication, Sales No. E.11.XIII.7). - Organisation des Nations Unies, Département des affaires économiques et sociales, Division de la population (2011). Perspectives de la population mondiale : La révision de 2010, Edition DVD - ensemble de données étendues (publication des Nations Unies, numéro de vente E.11.XIII.7).

FOOTNOTES - NOTES

[1] All data are mid-year medium variant projections. - Toutes ces données sont des projections de la population au milieu de l'année de variante moyenne.

[2] Including Agalega, Rodrigues and Saint Brandon. - Y compris Agalega, Rodrigues et Saint Brandon.

[3] Including South Sudan. South Sudan became an independent State on 9 July 2011 and a Member of the United Nations on 14 July 2011. - Le Sud-Soudan compris. Le Sud-Soudan est devenu un Etat independant le 9 juillet 2011 et membre de l'Organisation des Nations Unies le 14 juillet 2011.

[4] Including Saint-Barthélemy and Saint-Martin (French part). - Y compris Saint-Barthélemy et Saint-Martin (partie française).

[5] Including Nagorno-Karabakh. - Y compris le Haut-Karabakh.

[6] For statistical purposes, the data for China do not include Hong Kong and Macao Special Administrative Regions (SAR) of China. - A des fins statistiques, les données pour la Chine ne comprennent pas les Régions Administratives Spéciales (SAR) de Hong Kong et Macao.

[7] Including Northern-Cyprus. - Y compris Chypre-Nord.

[8] Including Abkhazia and South Ossetia. - Y compris l'Abkhazie et l'Ossétie du Sud.

[9] Including Sabah and Sarawak. - Y compris le Sabah et le Sarawak.

[10] Including Åland Islands. - Y compris les îles Åland.

[11] Including Svalbard and Jan Mayen Islands. - Y compris Svalbard et l'île Jan Mayen.

[12] Including Transnistria. - Y compris la Transnistrie.

[13] Including Kosovo. - Y compris le Kosovo.

[14] Including Canary Islands, Ceuta and Melilla. - Y compris les îles Canaries, Ceuta et Melilla.

[15] Including Christmas Island, Cocos (Keeling) Islands and Norfolk Island. - Y compris les îles Christmas, Cocos (Keeling) et Norfolk.

Historical index
(See the notes at the end of index)

Subject-matter	Year of issue	Time coverage
A		
Abortions, Legal	1971	Latest
	1972	1964-72
	1973	1965-73
	1974	1965-74
	1975	1965-74
	1976	1966-75
	1977	1967-76
	1978	1968-77
	1979	1969-78
	1980	1971-79
	1981	1972-80
	1982	1973-81
	1983	1974-82
	1984	1975-83
	1985	1976-84
	1986	1977-85
	1987	1978-86
	1988	1979-87
	1989	1980-88
	1990	1981-89
	1991	1982-90
	1992	1983-91
	1993	1984-92
	1994	1985-93
	1995	1986-94
	1996	1987-95
	1997	1988-96
	1998	1989-97
	1999	1990-98
	2000	1991-99
	2001	1993-01
	2002	1993-02
	2003	1994-03
	2004	1995-04
	2005	1996-05
	2006	1997-06
	2007	1998-07
	2008	1999-08
	2009-2010	2001-10
	2011	2002-11
- by age of mother and number of previous live births of mother	1971-1975	Latest
	1977-1981	Latest
	1983-2011	Latest
Ageing (see: Population)		
Annulments	1958	1948-57
	1968	1958-67
	1976	1966-75

Subject-matter	Year of issue	Time coverage
Annulment rates	1958	1948-57
	1968	1958-67
	1976	1966-75
B		
Bibliography	1948	1930-48
	1949/50	1930-50
	1951-1952	1930-51 [i]
	1953	1900-53
	1954	1900-54 [i]
	1955	1900-55 [i]
Births	1948	1932-47
	1949/50	1934-49
	1951	1935-50
	1952	1936-51
	1953	1950-52
	1954	1938-53
	1955	1946-54
	1956	1947-55
	1957	1948-56
	1958	1948-57
	1959	1949-58
	1960	1950-59
	1961	1952-61
	1962	1953-62
	1963	1954-63
	1964	1960-64
	1965	1946-65
	1966	1957-66
	1967	1963-67
	1968	1964-68
	1969	1950-69
	1970	1966-70
	1971	1967-71
	1972	1968-72
	1973	1969-73
	1974	1970-74
	1975	1956-75
	1976	1972-76
	1977	1973-77
	1978	1974-78
	1978HS [ii]	1948-78
	1979	1975-79
	1980	1976-80
	1981	1962-81
	1982	1978-82
	1983	1979-83
	1984	1980-84
	1985	1981-85
	1986	1967-86
	1987	1983-87
	1988	1984-88

Subject-matter	Year of issue	Time coverage	Subject-matter	Year of issue	Time coverage
	1989	1985-89		1979-1980	Latest
	1990	1986-90		1981	1972-80
	1991	1987-91		1982-1985	Latest
	1992	1983-92		1986	1977-85
	1993	1989-93		1987-1991	Latest
	1994	1990-94		1992	1983-92
	1995	1991-95		1993-1997	Latest
	1996	1992-96		1997HS[iii] [3]	1948-96
	1997	1993-97		1998-99	Latest
	1997HS[iii]	1948-97		1999CD[iv]	1990-98
	1998	1994-98		2000-2011	Latest
	1999	1995-99			
	1999CD[iv]	1980-99	- by age of mother and birth order	1949/50	1936-47
	2000	1996-00		1954	Latest
	2001	1997-01		1959	1949-58
	2002	1998-02		1965	1955-64
	2003	1999-03		1969	1963-68
	2004	2000-04		1975	1966-74
	2005	2001-05		1981	1972-80
	2006	2002-06		1986	1977-85
	2007	2003-07		1999CD[iv]	1990-98
	2008	2004-08			
	2009-2010	2006-10	- by age of mother and sex of child	1965-1968	Latest
	2011	2007-11		1969	1963-68
				1970-1974	Latest
- by age of father	1949/50	1942-49		1975	1966-74
	1954	1936-53		1976-1978	Latest
	1959	1949-58		1978HS[ii]	1948-77
	1965	1955-64		1979-1980	Latest
	1969	1963-68		1981	1972-80
	1975	1966-74		1982-1985	Latest
	1981	1972-80		1986	1977-85
	1999CD[iv]	1990-98		1987-1991	Latest
	2007-2011	Latest		1992	1983-92
				1993-1997	Latest
- by age of mother	1948	1936-47		1997HS[iii]	1948-96
	1949/50	1936-49		1998-99	Latest
	1954	1936-53		1999CD[iv]	1990-98
	1955-1956	Latest		2000-2011	Latest
	1958	Latest			
	1959	1949-58	- by age of mother and urban/rural residence (see: by urban/rural residence, below)		
	1960-1964	Latest			
	1965	1955-64			
	1966-1968	Latest			
	1969	1963-68			
	1970-1974	Latest	- by birth order	1948	1936-47
	1975	1966-74			
	1976-1978	Latest			
	1978HS[ii]	1948-77			

Historical index
(See the notes at the end of index)

Subject-matter	Year of issue	Time coverage
	1949/50	1936-49
	1954	1936-53
	1955	Latest
	1959	1949-58
	1965	1955-64
	1969	1963-68
	1975	1966-74
	1981	1972-80
	1986	1977-85
	1999CD[iv]	1990-98
- by birth weight	1975	Latest
	1981	1972-80
	1986	1977-85
	1999CD[iv]	1990-98
- by gestational	1975	Latest
	1981	1972-80
	1986	1977-85
	1999CD[iv]	1990-98
- by legitimacy status	1959	1949-58
	1965	1955-64
	1969	1963-68
	1975	1966-74
	1981	1972-80
	1986	1977-85
	1999CD[iv]	1990-98
- by month	2002	1980-02
- by occupation of father	1965	Latest
	1969	Latest
- by sex	1959	1949-58
	1965	1955-64
	1967-1968	Latest
	1969	1963-68
	1970-1974	Latest
	1975	1956-75
	1976-1980	Latest
	1981	1962-81
	1982-1985	Latest
	1986	1967-86
	1987-1991	Latest
	1992	1983-92

Subject-matter	Year of issue	Time coverage
	1993-1999	Latest
	1999CD[iv]	1990-98
	2000-2011	Latest
- by plurality	1965	Latest
	1969	Latest
	1975	Latest
	1981	1972-80
	1986	1977-85
	1999CD[iv]	1990-98
- by urban/rural residence	1965	Latest
	1967	Latest
	1968	1964-68
	1969	1964-68
	1970	1966-70
	1971	1967-71
	1972	1968-72
	1973	1969-73
	1974	1970-74
	1975	1956-75
	1976	1972-76
	1977	1973-77
	1978	1974-78
	1979	1975-79
	1980	1976-80
	1981	1962-81
	1982	1978-82
	1983	1979-83
	1984	1980-84
	1985	1981-85
	1986	1967-86
	1987	1983-87
	1988	1984-88
	1989	1985-89
	1990	1986-90
	1991	1987-91
	1992	1983-92
	1993	1989-93
	1994	1990-94
	1995	1991-95
	1996	1992-96
	1997	1993-97
	1998	1994-98
	1999	1995-99
	1999CD[iv]	1980-99
	2000	1996-00
	2001	1997-01

Historical index
(See the notes at the end of index)

Subject-matter	Year of issue	Time coverage	Subject-matter	Year of issue	Time coverage
	2002	1998-02		1975	1966-74
	2003	1999-03		1981	1972-80
	2004	2000-04		1986	1977-85
	2005	2001-05	- legitimate, by age of mother	1954	1936-53
	2006	2002-06		1959	1949-58
	2007	2003-07		1965	1955-64
	2008	2004-08		1969	1963-68
	2009-2010	2006-10		1975	1966-74
	2011	2007-11		1981	1972-80
				1986	1977-85
- by urban/rural residence and age of mother	1965	Latest	- legitimate, by duration of marriage	1948	1936-47
	1969-1974	Latest		1949/50	1936-49
	1975	1966-74		1954	1936-53
	1976-1980	Latest		1959	1949-58
	1981	1972-80		1965	1955-64
	1982-1985	Latest		1969	1963-68
	1986	1977-85		1975	1966-74
	1987-1991	Latest		1981	1972-80
	1992	1983-92		1986	1977-85
	1993-1997	Latest		1999CD[iv]	1990-98
	1997HS[iii]	1948-96			
	1998-1999	Latest	**Birth rates**	1948	1932-47
	1999CD[iv]	1990-98		1949/50	1932-49
	2000-2006	Latest		1951	1905-30[v]
					1930-50
- illegitimate	1959	1949-58		1952	1920-34[v]
	1965	1955-64			1934-51
	1969	1963-68		1953	1920-39[v]
	1975	1966-74			1940-52
	1981	1972-80		1954	1920-39[v]
	1986	1977-85			1939-53
	1999CD[iv]	1990-98		1955	1920-34[v]
					1946-54
- legitimate	1948	1936-47		1956	1947-55
	1949/50	1936-49		1957	1948-56
	1954	1936-53		1958	1948-57
	1959	1949-58		1959	1920-54[v]
	1965	1955-64			1953-58
	1969	1963-68		1960	1950-59
	1975	1966-74		1961	1945-59[v]
	1981	1972-80			1952-61
	1986	1977-85		1962	1945-54[v]
	1999CD[iv]	1990-98			1952-62
				1963	1945-59[v]
- legitimate, by age of father	1959	1949-58			1954-63
	1965	1955-64		1964	1960-64
	1969	1963-68		1965	1920-64[v]
					1950-65
				1966	1950-64[v]

Historical index
(See the notes at the end of index)

Subject-matter	Year of issue	Time coverage	Subject-matter	Year of issue	Time coverage
		1957-66	- by age of father	1949/50	1942-49
	1967	1963-67		1954	1936-53
	1968	1964-68		1959	1949-58
	1969	1925-69[v]		1965	1955-64
		1954-69		1969	1963-68
	1970	1966-70		1975	1966-74
	1971	1967-71		1981	1972-80
	1972	1968-72		1986	1977-85
	1973	1969-73		1999CD[iv]	1990-98
	1974	1970-74		2007-2011	Latest
	1975	1956-75			
	1976	1972-76	- by age of mother	1948	1936-47
	1977	1973-77		1949/50	1936-49
	1978	1974-78		1951	1936-50
	1978HS[ii]	1948-78		1952	1936-50
	1979	1975-79		1953	1936-52
	1980	1976-80		1954	1936-53
	1981	1962-81		1955-1956	Latest
	1982	1978-82		1959	1949-58
	1983	1979-83		1965	1955-64
	1984	1980-84		1969	1963-68
	1985	1981-85		1975	1966-74
	1986	1967-86		1976-1978	Latest
	1987	1983-87		1978HS[ii]	1948-77
	1988	1984-88		1979-1980	Latest
	1989	1985-89		1981	1972-80
	1990	1986-90		1982-1985	Latest
	1991	1987-91		1986	1977-85
	1992	1983-92		1987-1991	Latest
	1993	1989-93		1992	1983-92
	1994	1990-94		1993-1997	Latest
	1995	1991-95		1997HS[iii]	1948-96
	1996	1992-96		1998-1999	Latest
	1997	1993-97		1999CD[iv]	1990-98
	1997HS[iii]	1948-97		2000-2011	Latest
	1998	1994-98			
	1999	1995-99	- by age of mother and birth order	1954	1948 and 1951
	1999CD[iv]	1985-99		1959	1949-58
	2000	1996-00		1965	1955-64
	2001	1997-01		1969	1963-68
	2002	1998-02		1975	1966-74
	2003	1999-03		1981	1972-80
	2004	2000-04		1986	1977-85
	2005	2001-05		1999CD[iv]	1990-98
	2006	2002-06			
	2007	2003-07	- by age of mother and urban/rural residence		
	2008	2004-08			
	2009-2010	2006-10			
	2011	2007-11			

Historical index

(See the notes at the end of index)

Subject-matter	Year of issue	Time coverage	Subject-matter	Year of issue	Time coverage
(see: by urban/rural residence, below)				1999CD[iv]	1985-99
				2000	1996-00
				2001	1997-01
- by birth order	1951	1936-49		2002	1998-02
	1952	1936-50		2003	1999-03
	1953	1936-52		2004	2000-04
	1954	1936-53		2005	2001-05
	1955	Latest		2006	2002-06
	1959	1949-58		2007	2003-07
	1965	1955-64		2008	2004-08
	1969	1963-68		2009-2010	2006-10
	1975	1966-74		2011	2007-11
	1981	1972-80	- by urban/rural residence and age of mother		
	1986	1977-85		1965	Latest
	1999CD[iv]	1990-98		1969	Latest
				1975	1966-74
- by urban/rural residence	1965	Latest		1976-1980	Latest
	1967	Latest		1981	1972-80
	1968	1964-68		1982-1985	Latest
	1969	1964-68		1986	1977-85
	1970	1966-70		1987-1991	Latest
	1971	1967-71		1992	1983-92
	1972	1968-72		1993-1997	Latest
	1973	1969-73		1997HS[iii]	1948-96
	1974	1970-74		1998-1999	Latest
	1975	1956-75		1999CD[iv]	1990-98
	1976	1972-76		2000-2006	Latest
	1977	1973-77			
	1978	1974-78	- estimated:		
	1979	1975-79	for continents	1949/50	1947
	1980	1976-80		1956-1977	Latest
	1981	1962-81		1978-1979	1970-75
	1982	1978-82		1980-1983	1975-80
	1983	1979-83		1984-1986	1980-85
	1984	1980-84		1987-1992	1985-90
	1985	1981-85		1993-1997	1990-95
	1986	1967-86		1998-2000	1995-00
	1987	1983-87		2001-2005	2000-05
	1988	1984-88		2006-2010	2005-10
	1989	1985-89		2011	2010-15
	1990	1986-90			
	1991	1987-91	for macro regions	1964-1977	Latest
	1992	1983-92		1978-1979	1970-75
	1993	1989-93		1980-1983	1975-80
	1994	1990-94		1984-1986	1980-85
	1995	1991-95		1987-1992	1985-90
	1996	1992-96		1993-1997	1990-95
	1997	1993-97		1998-2000	1995-00
	1998	1994-98			
	1999	1995-99			

Subject-matter	Year of issue	Time coverage	Subject-matter	Year of issue	Time coverage
	2001-2005	2000-05		1969	Latest
	2006-2010	2005-10		1975	Latest
	2011	2010-15	**Birth Ratios**		
			- fertility	1949/1950	Latest
for regions	1949/1950	1947		1954	Latest
	1956-1977	Latest		1959	1949-58
	1978-1979	1970-75		1965	1955-65
	1980-1983	1975-80		1969	1963-68
	1984-1986	1980-85		1975	1965-74
	1987-1992	1985-90		1978HS[ii]	1948-77
	1993-1997	1990-95		1981	1972-80
	1998-2000	1995-00		1986	1977-85
	2001-2005	2000-05		1997HS[iii]	1948-96
	2006-2010	2005-10		1999CD[iv]	1980-99
	2011	2010-15			
			- illegitimate	1959	1949-58
for the world	1949/50	1947		1965	1955-64
	1956-1977	Latest		1969	1963-68
	1978-1979	1970-75		1975	1965-74
	1980-1983	1975-80		1981	1972-80
	1984-1986	1980-85		1986	1977-85
	1987-1992	1985-90			
	1993-1997	1990-95	**Birth to women under 20 by single years of age of mother**		
	1998-2000	1995-00			
	2001-2005	2000-05			
	2006-2010	2005-10	- by urban/rural residence	1986	1970-85
	2011	2010-15			
			C		
- illegitimate	1959	1949-58			
			Child-woman ratios	1949/50	1900-50
- legitimate	1954	1936-53		1954	1900-52
	1959	1949-58		1955	1945-54
	1965	Latest		1959	1935-59
	1969	Latest		1963	1955-63
	1975	Latest		1965	1945-65
	1981	Latest		1969	Latest
	1986	Latest		1975	1966-74
- legitimate by age of father	1959	1949-58		1978HS[ii]	1948-77
	1965	Latest		1981	1962-80
	1969	Latest		1986	1967-85
	1975	Latest		1997HS[iii]	1948-96
	1981	Latest		1999CD[iv]	1980-99
	1986	Latest			
- legitimate by age of mother	1954	1936-53	- by urban/rural residence	1965	Latest
	1959	1949-58		1969	Latest
	1965	Latest			
	1969	Latest	**Children**		
	1975	Latest	- ever born, by age of mother	1949/50	Latest
	1981	Latest			
	1986	Latest			
- legitimate by duration of marriage	1959	1950-57			
	1965	Latest			

Historical index
(See the notes at the end of index)

Subject-matter	Year of issue	Time coverage	Subject-matter	Year of issue	Time coverage
	2011	2007-11		1985	1976-84
				1986-1991	Latest
- by age and sex	1948	1936-47		1991PA[vii]	1960-90
	1951	1936-50		1992-1995	Latest
	1955-1956	Latest		1996	1987-95
	1957	1948-56		1997-2000	Latest
	1958-1960	Latest		2002	1995-02
	1961	1955-60		2004	1995-04
	1962-1965	Latest		2006	2002-06
	1966	1961-65		2008	2004-08
	1967-1973	Latest		2011	2006-10
	1974	1965-73			
	1975-1979	Latest	- by cause, age	1951	Latest
	1978HS[ii]	1948-77	and sex		
	1980	1971-79		1952	Latest
	1981-1984	Latest		1957	Latest
	1985	1976-84		1961	Latest
	1986-1991	Latest		1967	Latest
	1992	1983-92		1974	Latest
	1993-1995	Latest		1980	Latest
	1996	1987-95		1985	Latest
	1997	Latest		1991PA[vii]	1960-90
	1997HS[iii]	1948-96		1996	Latest
	1998-2011	Latest	- by cause, age		
			and sex and		
- by age and sex			urban/rural		
and urban/rural			residence	1967	Latest
residence	1967-1973	Latest			
	1974	1965-73	- by cause and sex	1967	Latest
	1975-1979	Latest		1974	Latest
	1980	1971-79		1980	Latest
	1981-1984	Latest		1985	Latest
	1985	1976-84		1996	Latest
	1986-1991	Latest		2006	2002-06
	1992	1983-92		2008	2004-08
	1993-1995	Latest			
	1996	1987-95		2011	2006-10
	1997	Latest			
	1997HS[iii]	1948-96	- by marital status,		
	1998-2006	Latest	age and sex	1958	Latest
				1961	Latest
- by cause	1951	1947-50		1967	Latest
	1952	1947-51 [vi]		1974	Latest
	1953	Latest		1980	Latest
	1954	1945-53		1985	Latest
	1955-1956	Latest		1991PA[vii]	1950-90
	1957	1952-56		1996	Latest
	1958-1960	Latest		2003	Latest
	1961	1955-60			
	1962-1965	Latest	- by month	1951	1946-50
	1966	1960-65		1967	1962-66
	1967-1973	Latest		1974	1965-73
	1974	1965-73		1980	1971-79
	1975-1979	Latest		1985	1976-84
	1980	1971-79		2001	1985-00
	1981-1984	Latest		2005	2001-05

795

Subject-matter	Year of issue	Time coverage	Subject-matter	Year of issue	Time coverage
				2003	1999-03
				2004	2000-04
- by occupation and age, males	1957	Latest		2006	2002-06
	1961	1957-60		2007	2003-07
	1967	1962-66		2008	2004-08
				2009-2010	2006-10
- by type of certification and cause:				2011	2007-11
numbers	1957	Latest	- of infants (see infant deaths)		
	1974	1965-73			
	1980	1971-79	**Death rates**	1948	1932-47
	1985	1976-84		1949/50	1932-49
percent	1957	Latest		1951	1905-30[v]
	1961	1955-60			1930-50
	1966	1960-65		1952	1920-34[v]
	1974	1965-73			1934-51
	1980	1971-79		1953	1920-39[v]
	1985	1976-84			1940-52
- by urban/rural residence	1967	Latest		1954	1920-39[v]
	1968	1964-68			1946-53
	1969	1965-69		1955	1920-34[v]
	1970	1966-70			1946-54
	1971	1967-71		1956	1947-55
	1972	1968-72		1957	1930-56
	1973	1969-73		1958	1948-57
	1974	1965-74		1959	1949-58
	1975	1971-75		1960	1950-59
	1976	1972-76		1961	1945-59[v]
	1977	1973-77			1952-61
	1978	1974-78		1962	1945-54[v]
	1979	1975-79			1952-62
	1980	1971-80		1963	1945-59[v]
	1981	1977-81			1954-63
	1982	1978-82		1964	1960-64
	1983	1979-83		1965	1961-65
	1984	1980-84		1966	1920-64[v]
	1985	1976-85			1951-66
	1986	1982-86		1967	1963-67
	1987	1983-87		1968	1964-68
	1988	1984-88		1969	1965-69
	1989	1985-89		1970	1966-70
	1990	1986-90		1971	1967-71
	1991	1987-91		1972	1968-72
	1992	1983-92		1973	1969-73
	1993	1989-93		1974	1965-74
	1994	1990-94		1975	1971-75
	1995	1991-95		1976	1972-76
	1996	1987-96		1977	1973-77
	1997	1993-97		1978	1974-78
	1998	1994-98		1978HS[ii]	1948-78
	1999	1995-99		1979	1975-79
	2000	1996-00		1980	1971-80
	2001	1997-01		1981	1977-81
	2002	1998-02		1982	1978-82
				1983	1979-83

Historical index
(See the notes at the end of index)

Subject-matter	Year of issue	Time coverage	Subject-matter	Year of issue	Time coverage
	1984	1980-84	and urban/rural residence		
	1985	1976-85			
	1986	1982-86		1972	Latest
	1987	1983-87		1974	1965-73
	1988	1984-88		1975-1979	Latest
	1989	1985-89		1980	1971-79
	1990	1986-90		1981-1984	Latest
	1991	1987-91		1985	1976-84
	1992	1983-92		1986-1991	Latest
	1993	1989-93		1991PA[vii]	1950-1990
	1994	1990-94		1992	1983-1992
	1995	1991-95		1993-1995	Latest
	1996	1987-96		1996	1987-95
	1997	1993-97		1997	Latest
	1997HS[iii]	1948-97		1997HS[iii]	1948-96
	1998	1994-98		1998-2006	Latest
	1999	1995-99			
	2000	1996-00	- by cause	1951	1947-49
	2001	1997-01		1952	1947-51[vi]
	2002	1998-02		1953	1947-52
	2003	1999-03		1954	1945-53
	2004	2000-04		1955-1956	Latest
	2005	2001-05		1957	1952-56
	2006	2002-06		1958-1960	Latest
	2007	2003-07		1961	1955-60
	2008	2004-08		1962-1965	Latest
	2009-2010	2006-10		1966	1960-65
	2011	2007-11		1967-1973	Latest
				1974	1965-73
- by age and sex	1948	1935-47		1975-1979	Latest
	1949/50	1936-49		1980	1971-79
	1951	1936-50		1981-1984	Latest
	1952	1936-51		1985	1976-84
	1953	1940-52		1986-1991	Latest
	1954	1946-53		1991PA[vii]	1960-90
	1955-1956	Latest		1992-1995	Latest
	1957	1948-56		1996	1987-95
	1961	1952-60		1997-2000	Latest
	1966	1950-65		2002	1995-02
	1972	Latest		2004	1995-04
	1974	1965-73		2006	2002-06
	1975-1979	Latest		2008	2004-08
	1978HS[ii]	1948-77		2011	2006-10
	1980	1971-79			
	1981-1984	Latest	- by cause, age and sex	1957	Latest
	1985	1976-84			
	1986-1991	Latest		1961	Latest
	1991PA[vii]	1950-1990		1991PA[vii]	1960-90
	1992	1983-1992			
	1993-1995	Latest	- by cause and sex	1967	Latest
	1996	1987-95		1974	Latest
	1997	Latest		1980	Latest
	1997HS[iii]	1948-96		1985	Latest
	1998-2011	Latest		1996	Latest
				2006	2002-06
- by age and sex	1967	Latest		2008	2004-08

Historical index
(See the notes at the end of index)

Subject-matter	Year of issue	Time coverage	Subject-matter	Year of issue	Time coverage
	2011	2006-10		1992	1983-92
				1993	1989-93
- by marital status,				1994	1990-94
age and sex	1961	Latest		1995	1991-95
	1967	Latest		1996	1987-96
	1974	Latest		1997	1993-97
	1980	Latest		1998	1994-98
	1985	Latest		1999	1995-99
	1996	Latest		2000	1996-00
	2003	Latest		2001	1997-01
				2002	1998-02
- by occupation,				2003	1999-03
age and sex	1957	Latest		2004	2000-04
				2005	2001-05
- by occupation				2006	2002-06
and age, males	1961	Latest		2007	2003-07
	1967	Latest		2008	2004-08
- by urban/rural				2009-2010	2006-10
residence	1967	Latest		2011	2007-11
	1968	1964-68			
	1969	1965-69	- estimated		
	1970	1966-70	for continents	1949/50	1947
	1971	1967-71		1956-1977	Latest
	1972	1968-72		1978-1979	1970-75
	1973	1969-73		1980-1983	1975-80
	1974	1965-74		1984-1986	1980-85
	1975	1971-75		1984-1986	1980-85
	1976	1972-76		1987-1992	1985-90
	1977	1973-77		1993-1997	1990-95
	1978	1974-78		1998-2000	1995-00
	1979	1975-79		2001-2005	2000-05
	1980	1971-80		2006-2010	2005-10
	1981	1977-81		2011	2010-15
	1982	1978-82			
	1983	1979-83	for macro		
	1984	1980-84	regions	1964-1977	Latest
	1985	1976-85		1978-1979	1970-75
	1986	1982-86		1980-1983	1975-80
	1987	1983-87		1984-1986	1980-85
	1988	1984-88		1987-1992	1985-90
	1989	1985-89		1993-1997	1990-95
	1990	1986-90		1998-2000	1995-00
	1991	1987-91		2001-2005	2000-05
	1992	1983-92		2006-2010	2005-10
	1993	1989-93		2011	2010-15
	1994	1990-94			
	1995	1991-95	for regions	1949/50	1947
	1996	1987-96		1956-1977	Latest
	1997	1993-97		1978-1979	1970-75
	1998	1994-98		1980-1983	1975-80
	1999	1995-99		1984-1986	1980-85
	1987	1983-87		1987-1992	1985-90
	1988	1984-88		1993-1997	1990-95
	1989	1985-89		1998-2000	1995-00
	1990	1986-90		2001-2005	2000-05
	1991	1987-91			

Historical index
(See the notes at the end of index)

Subject-matter	Year of issue	Time coverage	Subject-matter	Year of issue	Time coverage
	2006-2010	2005-10		2008	2008
	2011	2010-15		2009-2010	2010
				2011	2011
for the world	1949/50	1947	- of regions	1949/50	1920-49
	1956-1977	Latest		1952-1999	Latest
	1978-1979	1970-75		2000	2000
	1980-1983	1975-80		2001	2001
	1984-1986	1980-85		2002	2002
	1987-1992	1985-90		2003	2003
	1993-1997	1990-95		2004	2004
	1998-2000	1995-00		2005	2005
	2001-2005	2000-05		2006	2006
	2006-2010	2005-10		2007	2007
	2011	2010-15		2008	2008
				2009-2010	2010
- of infants (see: Infant deaths)				2011	2011
Density of population:			- of the world	1949/50	1920-49
- of continents	1949/50	1920-49		1952-1999	Latest
	1951-1999	Latest		2000	2000
	2000	2000		2001	2001
	2001	2001		2002	2002
	2002	2002		2003	2003
	2003	2003		2004	2004
	2004	2004		2005	2005
	2005	2005		2006	2006
	2006	2006		2007	2007
	2007	2007		2008	2008
	2008	2008		2009-2010	2010
	2009-2010	2010		2011	2011
	2011	2011			
			Disability (see: Population)		
- of countries	1948-1999	Latest			
	2000	2000	**Divorces**	1951	1935-50
	2001	2001		1952	1936-51
	2002	2002		1953	1950-52
	2003	2003		1954	1946-53
	2004	2004		1955	1946-54
	2005	2005		1956	1947-55
	2006	2006		1957	1948-56
	2007	2007		1958	1940-57
	2008	2008		1959	1949-58
				1960	1950-59
	2009-2010	2010		1961	1952-61
	2011	2011		1962	1953-62
- of major areas	1964-1999	Latest		1963	1954-63
	2000	2000		1964	1960-64
	2001	2001		1965	1961-65
	2002	2002		1966	1962-66
	2003	2003		1967	1963-67
	2004	2004		1968	1949-68
	2005	2005		1969	1965-69
	2006	2006		1970	1966-70
	2007	2007		1971	1967-71

Subject-matter	Year of issue	Time coverage	Subject-matter	Year of issue	Time coverage
	1972	1968-72		1976	Latest
	1973	1969-73		1982	Latest
	1974	1970-74		1982	Latest
	1975	1971-75		1990	Latest
	1976	1957-76	- by duration of marriage	1958	1948-57
	1977	1973-77		1968	1958-67
	1978	1974-78		1976	1966-75
	1979	1975-79		1982	1972-81
	1980	1976-80		1990	1980-89
	1981	1977-81		2007	Latest
	1982	1963-82		2009-2010	Latest
	1983	1979-83			
	1984	1980-84	- by duration of marriage and age of husband, wife	1958	1946-57
	1985	1981-85		1968	Latest
	1986	1982-86		1976	Latest
	1987	1983-87		1982	Latest
	1988	1984-88		1990	Latest
	1989	1985-89	- by number of children involved	1958	1948-57
	1990	1971-90		1968	1958-67
	1991	1987-91		1976	1966-75
	1992	1988-92		1982	1972-81
	1993	1989-93		1990	1980-89
	1994	1990-94		2007	Latest
	1995	1991-95	- by urban/rural residence	2002	1998-02
	1996	1992-96		2003	1999-03
	1997	1993-97		2004	2000-04
	1998	1994-98		2005	2001-05
	1999	1995-99		2006	2002-06
	2000	1996-00		2007	2003-07
	2001	1997-01		2008	2004-08
	2002	1998-02		2009-2010	2006-10
	2003	1999-03		2011	2007-11
	2004	2000-04	**Divorce, percentage distribution**		
	2005	2001-05	- by duration of marriage	2007	Latest
	2006	2002-06		2009-2010	Latest
	2007	2003-07	- by number of children involved	2007	Latest
	2008	2004-08			
	2009-2010	2006-10	**Divorce rates**	1952	1935-51
	2011	2007-11		1953	1936-52
- by age of husband	1968	1958-67		1954	1946-53
	1976	1966-75		1955	1946-54
	1982	1972-81		1956	1947-55
	1987	1975-86		1957	1948-56
	1990	1980-89		1958	1930-57
- by age of wife	1968	1958-67		1959	1949-58
	1976	1966-75		1960	1950-59
	1982	1972-81		1961	1952-61
	1987	1975-86			
	1990	1980-89			
- by age of wife classified by age of husband	1958	1946-57			
	1968	Latest			

Historical index
(See the notes at the end of index)

Subject-matter	Year of issue	Time coverage	Subject-matter	Year of issue	Time coverage
	1962	1953-62		1992	1988-92
	1963	1954-63		1993	1989-93
	1964	1960-64		1994	1990-94
	1965	1961-65		1995	1991-95
	1966	1962-66		1996	1992-96
	1967	1963-67		1997	1993-97
	1968	1920-64ᵛ		1998	1994-98
		1953-68		1999	1995-99
	1969	1965-69		2000	1996-00
	1970	1966-70		2001	1997-01
	1971	1967-71		2002	1998-02
	1972	1968-72		2003	1999-03
	1973	1969-73		2004	2000-04
	1974	1970-74		2005	2001-05
	1975	1971-75		2006	2002-06
	1976	1957-76		2007	2003-07
	1977	1973-77		2008	2004-08
	1978	1974-78		2009-2010	2006-10
	1979	1975-79			
	1980	1976-80		2011	2007-11
	1969	1965-69	- by age of husband		
	1970	1966-70		1968	Latest
	1971	1967-71		1976	Latest
	1972	1968-72		1982	Latest
	1973	1969-73		1987	1975-86
	1974	1970-74		1990	Latest
	1975	1971-75			
	1976	1957-76	- by age of wife	1968	Latest
	1977	1973-77		1976	Latest
	1978	1974-78		1982	Latest
	1979	1975-79		1987	1975-86
	1980	1976-80		1990	Latest
	1969	1965-69			
	1970	1966-70	- for married couples		
	1971	1967-71		1953	1935-52
	1972	1968-72		1954	1935-53
	1973	1969-73		1958	1935-56
	1974	1970-74		1968	1935-67
	1975	1971-75		1976	1966-75
	1976	1957-76		1978HSⁱⁱ	1948-77
	1977	1973-77		1982	1972-81
	1978	1974-78		1990	1980-89
	1979	1975-79	- by urban/rural residence		
	1980	1976-80		2002	1998-02
	1981	1977-81		2003	1999-03
	1982	1963-82		2004	2000-04
	1983	1979-83		2005	2001-05
	1984	1980-84		2006	2002-06
	1985	1981-85		2007	2003-07
	1986	1982-86		2008	2004-08
	1987	1983-87		2009-2010	2006-10
	1988	1984-88		2011	2007-11
	1989	1985-89			
	1990	1971-90			
	1991	1987-91			

Historical index
(See the notes at the end of index)

Subject-matter	Year of issue	Time coverage
E		
Economically active population (see: Population)		
Economically inactive population (see: Population)		
Emigrants (see: Migration)		
Ethnic composition (see: Population)		
Expectation of life (see: Life tables)		
F		
Fertility rates		
- general	1948	1936-47
	1949/50	1936-49
	1951	1936-50
	1952	1936-50
	1953	1936-52
	1954	1936-53
	1955-1956	Latest
	1959	1949-58
	1960-1964	Latest
	1965	1955-64
	1966-1974	Latest
	1975	1966-74
	1976-1978	Latest
	1978HS[ii]	1948-77
	1979-1980	Latest
	1981	1962-80
	1982-1985	Latest
	1986	1977-85
	1987-1991	Latest
	1992	1983-92
	1993-1997	Latest
	1997HS[iii]	1948-96
	1998-2011	Latest
- total	1986	1967-85
	1987-1997	Latest
	1997HS[iii]	1948-96
	1998	1995-98
	1999	1996-99
	1999CD[iv]	1980-99
	2000	1995-00
	2001	1997-01
	2002	1998-02

Subject-matter	Year of issue	Time coverage
	2003	1999-03
	2004	2000-04
	2005	2001-05
	2006	2002-06
	2007	2003-07
	2008	2004-08
	2009-2010	2006-10
	2011	2007-11
Fertility ratios	1949/50	1900-50
	1954	1900-52
	1955	1945-54
	1959	1935-59
	1963	1955-63
	1965	1955-65
	1969	Latest
	1975	1966-74
	1978HS[ii]	1948-77
	1981	1962-80
	1986	1967-85
	1997HS[iii]	1948-96
	1999CD[iv]	1980-99
Foetal deaths		
- by period of gestation	1957	1950-56
	1959	1949-58
	1961	1952-60
	1965	5-Latest
	1966	1956-65
	1967-1968	Latest
	1969	1963-68
	1974	1965-73
	1975	1966-74
	1980	1971-79
	1981	1972-80
	1985	1976-84
	1986	1977-85
	1996	1987-95
	1999CD[iv]	1990-98
Foetal deaths, late	1951	1935-50
	1952	1936-51
	1953	1936-52
	1954	1938-53
	1955	1946-54
	1956	1947-55
	1957	1948-56
	1958	1948-57
	1959	1949-58
	1960	1950-59

Historical index
(See the notes at the end of index)

Subject-matter	Year of issue	Time coverage	Subject-matter	Year of issue	Time coverage
	1961	1952-60	- by age of mother	1954	1936-53
	1962	1953-61		1959	1949-58
	1963	1953-62		1965	1955-64
	1964	1959-63		1969	1963-68
	1965	1955-64		1975	1966-74
	1966	1947-65		1981	1972-80
	1967	1962-66		1986	1977-85
	1968	1963-67	- by age of mother		
	1969	1959-68	and birth order	1954	Latest
	1970	1965-69		1959	1949-58
	1971	1966-70		1965	3-Latest
	1972	1967-71		1969	1963-68
	1973	1968-72		1975	1966-74
	1974	1965-73		1981	1972-80
	1975	1966-74		1986	1977-85
	1976	1971-75	- by period of		
	1977	1972-76	gestation	1957	1950-56
	1978	1973-77		1959	1949-58
	1979	1974-78		1961	1952-60
	1980	1971-79		1965	5-Latest
	1981	1972-80		1966	1956-65
	1982	1977-81		1967-1968	Latest
	1983	1978-82		1969	1963-68
	1984	1979-83		1974	1965-73
	1985	1975-84		1975	1966-74
	1986	1977-85		1980	1971-79
	1987	1982-86		1981	1972-80
	1988	1983-87		1985	1976-84
	1989	1984-88		1986	1977-85
	1990	1985-89		1996	1987-95
	1991	1986-90			
	1992	1987-91	- by sex	1961	1952-60
	1993	1988-92		1965	5 Latest
	1994	1989-93		1969	1963-68
	1995	1990-94		1975	1966-74
	1996	1987-95		1981	1972-80
	1997	1992-96		1986	1977-85
	1998	1993-97			
	1999	1994-98	- by urban/rural		
	1999CD[iv]	1990-98	residence	1971	1966-70
	2000	1995-99		1972	1967-71
	2001	1997-01		1973	1968-72
	2002	1998-02		1974	1965-73
	2003	1999-03		1975	1966-74
	2004	2000-04		1976	1971-75
	2005	2001-05		1977	1972-76
	2006	2002-06		1978	1973-77
	2007	2003-07		1979	1974-78
	2008	2004-08		1980	1971-79
	2009-2010	2006-10		1981	1972-80
	2011	2007-11		1982	1977-81
				1983	1978-82
				1984	1979-83
				1985	1975-84
				1986	1977-85
				1987	1982-86

Historical index
(See the notes at the end of index)

Subject-matter	Year of issue	Time coverage	Subject-matter	Year of issue	Time coverage
	1988	1983-87		1986	1977-85
	1989	1984-88		1996	1987-95
	1990	1985-89			
	1991	1986-90	**Foetal Death Ratios**		
	1992	1987-91	- by period of		
	1993	1988-92	gestation	1957	1950-56
	1994	1989-93		1959	1949-58
	1995	1990-94		1961	1952-60
	1996	1987-95		1965	5-Latest
	1997	1992-96		1966	1956-65
	1998	1993-97		1967-1968	Latest
	1999	1994-98		1969	1963-68
	1999CD[iv]	1990-98		1974	1965-73
	2000	1995-99		1975	1966-74
	2001	1997-01		1980	1971-79
	2002	1998-02		1981	1972-80
	2003	1999-03		1985	1976-84
	2004	2000-04		1986	1977-85
	2005	2001-05		1996	1987-95
	2006	2002-06		1999CD[iv]	1990-98
	2007	2003-07			
	2008	2004-08	Foetal death ratios, late	1951	1935-50
	2009-2010	2006-10		1952	1935-51
	2011	2007-11		1953	1936-52
				1954	1938-53
- illegitimate	1961	1952-60		1955	1946-54
	1965	5-Latest		1956	1947-55
	1969	1963-68		1957	1948-56
	1975	1966-74		1958	1948-57
	1981	1972-80		1959	1920-54[v]
	1986	1977-85			1953-58
				1960	1950-59
- illegitimate,				1961	1945-49[v]
percent	1961	1952-60			1952-60
	1965	5-Latest		1962	1945-54[v]
	1969	1963-68			1952-61
	1975	1966-74		1963	1945-59[v]
	1981	1972-80			1953-62
	1986	1977-85		1964	1959-63
				1965	1950-64[v]
- legitimate	1959	1949-58			1955-64
	1965	1955-64		1966	1950-64[v]
	1969	1963-68			1956-65
	1975	1966-74		1967	1962-66
	1981	1972-80		1968	1963-67
	1986	1977-85		1969	1950-64[v]
- legitimate by age					1959-68
of mother	1959	1949-58		1970	1965-69
	1965	1955-64		1971	1966-70
	1969	1963-68		1972	1967-71
	1975	1966-74		1973	1968-72
	1981	1972-80		1974	1965-73

Historical index
(See the notes at the end of index)

Subject-matter	Year of issue	Time coverage	Subject-matter	Year of issue	Time coverage
	1975	1966-74		1959	1949-58
	1976	1971-75		1965	3-Latest
	1977	1972-76		1969	1963-68
	1978	1973-77		1975	1966-74
	1979	1974-78		1981	1972-80
	1980	1971-79		1986	1977-85
	1981	1972-80		1999CD[iv]	1990-98
	1982	1977-81			
	1983	1978-82	- by period of		
	1984	1979-83	gestation	1957	1950-56
	1985	1975-84		1959	1949-58
	1986	1977-85		1961	1952-60
	1987	1982-86		1965	5-Latest
	1988	1983-87		1966	1956-65
	1989	1984-88		1967-1968	Latest
	1990	1985-89		1969	1963-68
	1991	1986-90		1974	1965-73
	1992	1987-91		1975	1966-74
	1993	1988-92		1980	1971-79
	1994	1989-93		1981	1972-80
	1995	1990-94		1985	1976-84
	1996	1987-95		1986	1977-85
	1997	1992-96	- by urban/rural		
	1998	1993-97	residence	1971	1966-70
	1999	1994-98		1972	1967-71
	1999CD[iv]	1990-98		1973	1968-72
	2000	1995-99		1974	1965-73
	2001	1997-01		1975	1966-74
	2002	1998-02		1976	1971-75
	2003	1999-03		1977	1972-76
	2004	2000-04		1978	1973-77
	2005	2001-05		1979	1974-78
	2006	2002-06		1980	1971-79
	2007	2003-07		1981	1972-80
	2008	2004-08		1982	1977-81
	2009-2010	2006-10		1983	1978-82
	2011	2007-11		1984	1979-83
				1985	1975-84
- by age of mother	1954	1936-53		1986	1977-85
	1959	1949-58		1987	1982-86
	1965	1955-64		1988	1983-87
	1969	1963-68		1989	1984-88
	1975	1966-74		1990	1985-89
	1981	1972-80		1991	1986-90
	1986	1977-85		1992	1987-91
	1996	1987-95		1993	1988-92
	1999CD[iv]	1990-98		1994	1989-93
				1995	1990-94
- by age of mother				1996	1987-95
and birth order	1954	Latest		1997	1992-96
				1998	1993-97
				1999	1994-98

Subject-matter	Year of issue	Time coverage	Subject-matter	Year of issue	Time coverage
	1967	1963-67		1980	1971-79
	1968	1964-68		1981-1984	Latest
	1969	1965-69		1985	1976-84
	1970	1966-70		1986-1991	Latest
	1971	1967-71		1992	1983-92
	1972	1968-72		1993-1995	Latest
	1973	1969-73		1996	1987-95
	1974	1965-74		1997-2004	Latest
	1975	1971-75		2005	1996-05
	1976	1972-76		2006-2011	Latest
	1977	1973-77			
	1978	1974-78			
	1978HS[ii]	1948-78	- by age and sex and urban/rural residence		
	1979	1975-79		1967-1973	Latest
	1980	1971-80		1974	1965-73
	1981	1977-81		1975-1979	Latest
	1982	1978-82		1980	1971-79
	1983	1979-83		1981-1984	Latest
	1984	1980-84		1985	1976-84
	1985	1976-85		1986-1991	Latest
	1986	1982-86		1992	1983-92
	1987	1983-87		1993-1995	Latest
	1988	1984-88		1996	1987-95
	1989	1985-89		1997-1999	Latest
	1990	1986-90			
	1991	1987-91	- by month	1967	1962-66
	1992	1983-92		1974	1965-73
	1993	1989-93		1980	1971-79
	1994	1990-94		1985	1976-84
	1995	1991-95	- by urban/rural residence		
	1996	1987-96		1967	Latest
	1997	1993-97		1968	1964-68
	1997HS[iii]	1948-97		1969	1965-69
	1998	1994-98		1970	1966-70
	1999	1995-99		1971	1967-71
	2000	1996-00		1972	1968-72
	2001	1997-01		1973	1969-73
	2002	1998-02		1974	1965-74
	2003	1999-03		1975	1971-75
	2004	2000-04		1976	1972-76
	2005	2001-05		1977	1973-77
	2006	2002-06		1978	1974-78
	2007	2003-07		1979	1975-79
	2008	2004-08		1980	1971-80
	2009-2010	2006-10		1981	1977-81
	2011	2007-11		1982	1978-82
- by age and sex	1948	1936-47		1983	1979-83
	1951	1936-49		1984	1980-84
	1957	1948-56		1985	1976-85
	1961	1952-60		1986	1982-86
	1962-1965	Latest		1987	1983-87
	1966	1956-65		1988	1984-88
	1967-1973	Latest		1989	1985-89
	1974	1965-73		1990	1986-90
	1975-1979	Latest		1991	1987-91

Subject-matter	Year of issue	Time coverage	Subject-matter	Year of issue	Time coverage
	1992	1983-92		1976	1972-76
	1993	1989-93		1977	1973-77
	1994	1990-94		1978	1974-78
	1995	1991-95		1978HS[ii]	1948-78
	1996	1987-96		1979	1975-79
	1997	1993-97		1980	1971-80
	1998	1994-98		1981	1977-81
	1999	1995-99		1982	1978-82
	2000	1996-00		1983	1979-83
	2001	1997-01		1984	1980-84
	2002	1998-02		1985	1976-85
	2003	1999-03		1986	1982-86
	2004	2000-04		1987	1983-87
	2005	2001-05		1988	1984-88
	2006	2002-06		1989	1985-89
	2007	2003-07		1990	1986-90
	2008	2004-08		1991	1987-91
	2009-2010	2006-10		1992	1983-92
	2011	2007-11		1993	1989-93
				1994	1990-94
Infant mortality rates.............	1948	1932-47		1995	1991-95
	1949/50	1932-49		1996	1987-96
	1951	1930-50		1997	1993-97
	1952	1920-34[v]		1997HS[iii]	1948-97
		1934-51		1998	1994-98
	1953	1920-39[v]		1999	1995-99
		1940-52		2000	1996-00
	1954	1920-39[v]		2001	1997-01
		1946-53		2002	1998-02
	1955	1920-34[v]		2003	1999-03
		1946-54		2004	2000-04
	1956	1947-55		2005	2001-05
	1957	1948-56		2006	2002-06
	1958	1948-57		2007	2003-07
	1959	1949-58		2008	2004-08
	1960	1950-59		2009-2010	2006-10
	1961	1945-59[v]		2011	2007-11
		1952-61	- by age and sex	1948	1936-47
	1962	1945-54[v]		1951	1936-49
		1952-62		1957	1948-56
	1963	1945-59[v]		1961	1952-60
	1963	1954-63		1966	1956-65
	1964	1960-64		1967	1962-66
	1965	1961-65		1971-1973	Latest
	1966	1920-64[v]		1974	1965-73
		1951-66		1975-1979	Latest
	1967	1963-67		1980	1971-79
	1968	1964-68		1981-1984	Latest
	1969	1965-69		1985	1976-84
	1970	1966-70		1986-1991	Latest
	1971	1967-71		1992	1983-92
	1972	1968-72		1993-1995	Latest
	1973	1969-73		1996	1987-95
	1974	1965-74		1997-2011	Latest
	1975	1971-75			

Subject-matter	Year of issue	Time coverage	Subject-matter	Year of issue	Time coverage
- life expectancy at specified ages, by sex				1952	1891-1951[vi]
				1953	1891-1952
	1948	1891 -1945		1954	1891-1953[vi]
				1957	1900-56
	1951	1891 -1950		1961	1940-60
				1966	2-Latest
	1952	1891 -1951[vi]		1974	2-Latest
				1980	2-Latest
	1953	1891 -1952		1985	2-Latest
				1996	2-Latest
	1954	1891 -1953[vi]			
	1955-1956	Latest	**Literacy (see: Population)**		
	1957	1900-56			
	1958-1960	Latest	**Localities (see: Population)**		
	1961	1940-60			
	1962-1964	Latest	M		
	1966	2-Latest			
	1967	1900-66	**Major civil divisions (see: Population)**		
	1968-1973	Latest			
	1974	2-Latest	**Marriages**	1948	1932-47
	1975-1978	Latest		1949/50	1934-49
	1978HS[ii]	1948-77		1951	1935-50
	1979	Latest		1952	1936-51
	1980	2-Latest		1953	1950-52
	1981-1984	Latest		1954	1946-53
	1985	2-Latest		1955	1946-54
	1986-1991	Latest		1956	1947-55
	1991PA[vii]	1950-90		1957	1948-56
	1992-1995	Latest		1958	1940-57
	1996	2-Latest		1959	1949-58
	1997	Latest		1960	1950-59
	1997HS[iii]	1948-96		1961	1952-61
	1998-2011	Latest		1962	1953-62
				1963	1954-63
				1964	1960-64
- probabilities of dying at specified ages, by sex				1965	1956-65
				1966	1962-66
	1948	1891-1945		1967	1963-67
	1951	1891-1950		1968	1949-68
	1952	1891-1951[vi]		1969	1965-69
	1953	1891-1952		1970	1966-70
	1954	1891-1953[vi]		1971	1967-71
	1957	1900-56		1972	1968-72
	1961	1940-60		1973	1969-73
	1966	2-Latest		1974	1970-74
	1974	2-Latest		1975	1971-75
	1980	2-Latest		1976	1957-76
	1985	2-Latest		1977	1973-77
	1996	2-Latest		1978	1974-78
	2008-2011	Latest		1979	1975-79
				1980	1976-80
				1981	1977-81
- survivors at specified ages, by sex				1982	1963-82
	1948	1891-1945		1983	1979-83
	1951	1891-1950			

Historical index
(See the notes at the end of index)

Subject-matter	Year of issue	Time coverage	Subject-matter	Year of issue	Time coverage
	1984	1980-84		1968	Latest
	1985	1981-85		1976	Latest
	1986	1982-86		1982	Latest
	1987	1983-87		1990	Latest
	1988	1984-88		2006-2011	Latest
	1989	1985-89			
	1990	1971-90	- by age of bride and previous marital status	1958	1948-57
	1991	1987-91		1968	Latest
	1992	1988-92		1976	Latest
	1993	1989-93		1982	Latest
	1994	1990-94		1990	Latest
	1995	1991-95	- by age of groom	1948	1936-47
	1996	1992-96		1949/50	1936-49
	1997	1993-97		1958	1948-57
	1998	1994-98		1959-1967	Latest
	1999	1995-99		1968	1958-67
	2000	1996-00		1969-1975	Latest
	2001	1997-01		1976	1966-75
	2002	1998-02		1977-1981	Latest
	2003	1999-03		1982	1972-81
	2004	2000-04		1983-1986	Latest
	2005	2001-05		1987	1975-86
	2006	2002-06		1988-1989	Latest
	2007	2003-07		1990	1980-1989
	2008	2004-08		1990-1997	Latest
	2009-2010	2006-10		1998	1993-97
	2011	2007-11		1999	1994-98
				2000	1995-99
- by age of bride	1948	1936-47		2001	1997-01
	1949/50	1936-49		2002	1998-02
	1958	1948-57		2003	1999-03
	1959-1967	Latest		2004	2000-04
	1968	1958-67		2005	2001-05
	1969-1975	Latest		2006-2011	Latest
	1976	1966-75			
	1977-1981	Latest	- by age of groom classified by age of bride	1958	1948-57
	1982	1972-81		1968	Latest
	1983-1986	Latest		1976	Latest
	1987	1975-86		1982	Latest
	1988-1989	Latest		1990	Latest
	1990	1980-1989		2006-2011	Latest
	1991-1997	Latest			
	1998	1993-97	- by age of groom and previous marital status	1958	1948-57
	1999	1994-98			
	2000	1995-99		1968	Latest
	2001	1997-01		1976	Latest
	2002	1998-02		1982	Latest
	2003	1999-03		1990	Latest
	2004	2000-04			
	2005	2001-05	- by month	1968	1963-67
	2006-2011	Latest			
- by age of bride classified by age of groom	1958	1948-57			

Historical index
(See the notes at the end of index)

Historical index
(See the notes at the end of index)

Subject-matter	Year of issue	Time coverage	Subject-matter	Year of issue	Time coverage
	1972	1968-72		1990	1980-89
	1973	1969-73	- by urban/rural residence	1968	Latest
	1974	1970-74		1969	1965-69
	1975	1971-75		1970	1966-70
	1976	1957-76		1971	1967-71
	1977	1973-77		1972	1968-72
	1978	1974-78		1973	1969-73
	1979	1975-79		1974	1970-74
	1980	1976-80		1975	1971-75
	1981	1977-81		1976	1957-76
	1982	1963-82		1977	1973-77
	1983	1979-83		1978	1974-78
	1984	1980-84		1979	1975-79
	1985	1981-85		1980	1976-80
	1986	1982-86		1981	1977-81
	1987	1983-87		1982	1963-82
	1988	1984-88		1983	1979-83
	1989	1985-89		1984	1980-84
	1990	1971-90		1985	1981-85
	1991	1987-91		1986	1982-86
	1992	1988-92		1987	1983-87
	1993	1989-93		1988	1984-88
	1994	1990-94		1989	1985-89
	1995	1991-95		1990	1971-90
	1996	1992-96		1991	1987-91
	1997	1993-97		1992	1988-92
	1998	1994-98		1993	1989-93
	1999	1995-99		1994	1990-94
	2000	1996-00		1995	1991-95
	2001	1997-01		1996	1992-96
	2002	1998-02		1997	1993-97
	2003	1999-03		1998	1994-98
	2004	2000-04		1999	1995-99
	2005	2001-05		2000	1996-00
	2006	2002-06		2001	1997-01
	2007	2003-07		2002	1998-02
	2008	2004-08		2003	1999-03
	2009-2010	2006-10		2004	2000-04
	2011	2007-11		2005	2001-05
				2006	2002-06
- by age and sex	1948	1936-46		2007	2003-07
	1949/50	1936-49		2008	2004-08
	1953	1936-51		2009-2010	2006-10
	1954	1936-52		2011	2007-11
	1958	1935-56			
	1968	1955-67	**Marriage rates, first**		
	1976	1966-75	-by detailed age of groom and bride	1982	1972-81
	1982	1972-81		1990	1980-89
	1987	1975-86			
	1990	1980-89	**Married population by age and sex (see: Population by marital status)**		
- by sex among marriageable population	1958	1935-56			
	1968	1935-67			
	1976	1966-75			
	1982	1972-81			

Historical index
(See the notes at the end of index)

Subject-matter	Year of issue	Time coverage	Subject-matter	Year of issue	Time coverage
Maternal death	1951	1947-50	Maternal mortality rates	1951	1947-50
	1952	1947-51		1952	1947-51
	1953	Latest		1953	Latest
	1954	1945-53		1954	1945-53
	1955-1956	Latest		1955-1956	Latest
	1957	1952-56		1957	1952-62
	1958-1960	Latest		1958-1960	Latest
	1961	1955-60		1961	1955-60
	1962-1965	Latest		1962-1965	Latest
	1966	1960-65		1966	1960-65
	1967-1973	Latest		1967-1973	Latest
	1974	1965-73		1974	1965-73
	1975-1979	Latest		1975	1966-74
	1980	1971-79		1976	1966-75
	1981	1972-80		1977	1967-76
	1982	1972-81		1978	1968-77
	1983	1973-82		1979	1969-78
	1984	1974-83		1980	1971-79
	1985	1975-84		1981	1972-80
	1986	1976-85		1982	1972-81
	1987	1977-86		1983	1973-82
	1988	1978-87		1984	1974-83
	1989	1979-88		1985	1975-84
	1990	1980-89		1986	1976-85
	1991	1981-90		1987	1977-86
	1992	1982-91		1988	1978-87
	1993	1983-92		1989	1979-88
	1994	1984-93		1990	1980-89
	1995	1985-94		1991	1981-90
	1996	1986-95		1992	1982-91
	1997	1987-96		1993	1983-92
	1998	1988-97		1994	1984-93
	1999	1989-98		1995	1985-94
	2000	1991-00		1996	1986-95
	2001	1991-00		1997	1987-96
	2002	1995-02		1998	1988-97
	2003	1995-02		1999	1989-98
	2004	1995-04		2000	1991-00
	2005	1995-04		2001	1991-00
	2006	1997-06		2002	1995-02
	2007	1997-06		2003	1995-02
	2008	1999-08		2004	1995-04
	2009-2010	1999-08		2006	1997-06
	2011	2001-10		2007	1997-06
				2008	1999-08
- by age	1951	Latest		2009-2010	1999-08
	1952	Latest[vi]		2011	2001-10
	1957	Latest			
	1961	Latest	Migration (international):		
	1967	Latest	- arrivals	1970	1963-69
	1974	Latest		1972	1965-71
	1980	Latest		1974	1967-73
	1985	Latest		1976	1969-75
				1977	1967-76
				1985	1975-84

Historical index
(See the notes at the end of index)

Subject-matter	Year of issue	Time coverage	Subject-matter	Year of issue	Time coverage
	1989	1979-88		1962	1958-61
	1996	1986-95		1966	1960-65
	1972	1965-71		1970	1962-69
	1974	1967-73		1977	1967-76
	1976	1969-75		1989	1975-88
- arrivals, by major categories	1949/50	1945-49	by country or area of intended residence	1948	1945-47
	1951	1946-50		1949/50	1945-48
	1952	1947-51		1951	1948-50
	1954	1948-53		1952	1949-51
	1957	1951-56		1954	1950-53
	1959	1953-58		1957	1953-56
	1962	1956-61		1959	1956-58
	1966	1960-65		1977	1958-76
	1968	1966-67		1989	1975-88
	1977	1967-76			
	1985	1975-84	- immigrants, long term		
	1989	1979-88	by age and sex	1948	1945-47
	1996	1986-95		1949/50	1946-48
- continental and inter-continental	1948	1936-47		1951	1948-50
	1977	1967-76		1952	1949-51
				1954	1950-53
- departures	1970	1963-69		1957	1953-56
	1972	1965-71		1959	1955-58
	1974	1967-73		1962	1958-61
	1976	1969-75		1966	1960-65
	1977	1967-76		1970	1962-69
	1985	1975-84		1977	1967-76
	1989	1979-88		1989	1975-88
	1996	1986-95	by country or area of last residence	1948	1945-47
- departures, by major categories	1949/50	1945-49		1949/50	1945-48
	1951	1946-50		1951	1948-50
	1952	1947-51		1952	1949-51
	1954	1948-53		1954	1950-53
	1957	1951-56		1957	1953-56
	1959	1953-58		1959	1956-58
	1962	1956-61		1977	1958-76
	1966	1960-65		1989	1975-88
	1968	1966-67		1948	1945-47
	1977	1967-76		1949/50	1945-48
	1985	1975-84	- refugees, by country or area of destination:		
	1989	1979-88	repatriated by the International Refugee Organization	1952	1947-51
	1996	1986-95			
- emigrants, long term:			resettled by the International	1952	1947-51
by age and sex	1948	1945-47			
	1949/50	1946-48			
	1951	1948-50			
	1952	1949-51			
	1954	1950-53			
	1957	1953-56			
	1959	1955-58			

Subject-matter	Year of issue	Time coverage
Refugee Organization		
Mortality [see: Death(s), Death rates, infant deaths, infant mortality rates, Foetal death(s), Foetal death ratios, Life tables, Maternal deaths, Maternal mortality rates, Neonatal deaths, Neo-natal mortality rates, Perinatal mortality, Post-neo-natal deaths, Post-neo-natal mortality rates]		

N

Natality (see: Births and Birth rates)

Subject-matter	Year of issue	Time coverage
Natural increase rate	1958-1978	Latest
	1978HS[ii]	1948-78
	1979-1997	Latest
	1998	1995-98
	1999	1996-99
	2000	1995-00
	2001	1997-01
	2002	1998-02
	2003	1999-03
	2004	2000-04
	2005	2001-05
	2006	2002-06
	2007	2003-07
	2008	2004-08
	2009-2010	2006-10
	2011	2007-11
Neo-natal mortality		
- by sex	1948	1936-47
	1951	1936-50
	1957	1948-56
	1961	1952-60
	1963-1965	Latest
	1966	1961-65
	1967	1962-66
	2000-2011	Latest
- by sex and urban/rural residence	1968-1973	Latest
	1974	1965-73
	1975-1979	Latest
	1980	1971-79
	1981-1984	Latest
	1985	1976-84
	1986-1991	Latest

Subject-matter	Year of issue	Time coverage
	1992	1983-92
	1993-1995	Latest
	1996	1987-95
	1997	Latest
	1997HS[iii]	1948-96
	1998-1999	Latest
Neo-natal mortality rates		
- by sex	1948	1936-47
	1951	1936-50
	1957	1948-56
	1961	1952-60
	1966	1956-65
	1967	1962-66
	2000-2011	Latest
- by sex and urban/rural residence	1971-1973	Latest
	1974	1965-73
	1975-1979	Latest
	1980	1971-79
	1981-1984	Latest
	1985	1976-84
	1986-1991	Latest
	1992	1983-92
	1993-1995	Latest
	1996	1987-95
	1997	Latest
	1997HS[iii]	1948-96
	1998-1999	Latest
Net reproduction rates (see: Reproduction rates)		
Nuptiality (see: Marriages)		

P

Subject-matter	Year of issue	Time coverage
Perinatal deaths	1961	1952-60
	1966	1956-65
	1971	1966-70
	1974	1965-73
	1980	1971-79
	1985	1976-84
	1996	1987-95
- by urban/rural residence	1971	1966-70
	1974	1965-73
	1980	1971-79
	1985	1976-84
	1996	1987-95
Perinatal death ratios	1961	1952-60
	1966	1956-65
	1971	1966-70

Subject-matter	Year of issue	Time coverage	Subject-matter	Year of issue	Time coverage
- by level of education, age and sex			sex		
	1956	1945-55		1952	Latest
	1963	1955-63		1955	1945-54
	1964	1955-64[vi]		1962	1955-62
	1971	1962-71		1963	1955-63[vi]
	1973	1965-73[vi]		1971	1962-71
	1979	1970-79[vi]		1973	1965-73[vi]
	1983	1974-83		1979	1970-79[vi]
	1988	1980-88[vi]		1983	1974-83
	1993	1985-93		1988	1980-88[vi]
- by literacy, age and sex (see also: illiteracy, below)				1993	1985-93
	1948	Latest	- by major civil divisions		
	1955	1945-54		1952	Latest
	1963	1955-63		1955	1945-54
	1964	1955-64[vi]		1962	1955-62
	1971	1962-71		1963	1955-63[vi]
- by literacy, age and sex and urban/rural residence				1971	1962-71
				1973	1965-73[vi]
				1979	1970-79[vi]
	1973	1965-73[vi]		1983	1974-83
	1979	1970-79[vi]		1988	1980-88[vi]
	1983	1974-83		1993	1985-93
	1988	1980-88[vi]	- by marital status, age and sex (see also: married and single, below)		
	1993	1985-93		1948	Latest
- by localities of:				1940/50	1926-48
100000 + inhabitants				1955	1945-54
	1948	Latest		1958	1945-57
	1952	Latest		1962	1955-62[vi]
	1955	1945-54		1963	1955-63[vi]
	1960	1920-61		1965	1955-65
	1962	1955-62		1968	1955-67
	1963	1955-63[vi]		1971	1962-71
	1970	1950-70		1973	1965-73[vi]
	1971	1962-71		1976	1966-75
	1973	1965-73[vi]		1978HS[ii]	1948-77
	1979	1970-79[vi]		1982	1972-81
	1983	1974-83		1987	1975-86
	1988	1980-88[vi]		1990	1980-89
	1993	1985-93		1997HS[iii]	1948-96
20000 + inhabitants	1948	Latest	- for persons 60 + and urban/rural	1991PA[vii]	Latest
	1952	Latest			
	1955	1945-54	percentage distribution	1948	Latest
	1960	1920-61			
	1962	1955-62	- by religion and sex		
	1963	1955-63[vi]		1956	1945-55
	1970	1950-70		1963	1955-63
	1971	1962-71		1964	1955-64[vi]
	1973	1965-73[vi]		1971	1962-71
	1979	1970-79[vi]		1973	1965-73[vi]
	1983	1974-83		1979	1970-79[vi]
	1988	1980-88[vi]		1983	1974-83
	1993	1985-93		1988	1980-88[vi]
- by locality size-classes and	1948	Latest		1993	1985-93

Historical index
(See the notes at the end of index)

Subject-matter	Year of issue	Time coverage	Subject-matter	Year of issue	Time coverage
- by school attendance, age and sex	1956	1945-55	- by single years of age and sex	1955	1945-54
	1963	1955-63		1962	1955-62
	1964	1955-64[vi]		1963	1955-63[vi]
	1971	1962-71		1971	1962-71
	1973	1965-73[vi]		1973	1965-73[vi]
	1979	1970-79		1979	1970-79[vi]
	1983	1974-83		1983	1974-83
	1988	1980-88[vi]		1988	1980-88[vi]
	1993	1985-93		1993	1985-93
- by sex:			- cities (see: of cities, below)		
enumerated	1948-1952	Latest			
	1953	1950-52	- civil division (see: by major civil divisions, above)		
	1954-1959	Latest			
	1960	1900-61			
	1961	Latest			
	1962	1900-62	- density (see: Density)		
	1963	1955-63			
	1964	1955-64			
	1965-1969	Latest	- Disabled	1991PA[vii]	Latest
	1970	1950-70	- economically active:		
	1971	1962-71	by age and sex	1945	1945-54
	1972	Latest		1956	1945-55
	1973	1965-73		1964	1955-64
	1974-1978	Latest		1972	1962-72
	1978HS[ii]	1948-78	by age and sex and urban/rural residence	1973	1965-73[vi]
	1979-1982	Latest		1979	1970-79[vi]
	1983	1974-83		1984	1974-84
	1984-1997	Latest		1988	1980-88[vi]
	1997HS[iii]	1948-97		1994	1985-94
	1998-2011	Latest	by age and sex, per cent	1949/50	1930-48
estimated	1948-1949/5	1945and latest		1954	Latest
	1951-1954	Latest		1955	1945-54
	1955-1959	Latest		1956	1945-55
	1960	1940-60		1964	1955-64
	1961-1969	Latest		1972	1962-72
	1970	1950-70	by age and sex, per cent and urban/rural residence	1973	1965-73[vi]
	1971	1962-71		1979	1970-79[vi]
	1972	Latest		1984	1974-84
	1973	1965-73		1988	1980-88[vi]
	1974-1997	Latest		1994	1985-94
	1997HS[iii]	1948-97	by industry, age and sex	1956	1945-55
	1998-1999	Latest		1964	1955-64
	2000	1991-00		1972	1962-72
	2001	1992-01			
	2002	1993-02			
	2003	1994-03			
	2004	1995-04			
	2005	1996-05			
	2006	1997-06			
	2007	1998-07			
	2008	1999-08			
	2009-2010	2001-10			
	2011	2002-11			

Historical index
(See the notes at the end of index)

Subject-matter	Year of issue	Time coverage
by industry, age, sex and urban/rural residence		
	1973	1965-74[vi]
	1979	1970-79[vi]
	1984	1974-84
	1988	1980-88[vi]
	1994	1985-94
by industry, status and sex	1948	Latest
	1949/50	Latest
	1955	1945-54
	1964	1955-64
	1972	1962-72
by industry, status and sex and urban/rural residence	1973	1965-73[vi]
	1979	1970-79[vi]
	1984	1974-84
	1988	1980-88[vi]
	1994	1985-94
by living arrangements, age, sex and urban/rural residence	1987	1975-86
	1995	1985-95
by occupation, age and sex	1956	1945-55
	1964	1955-64
	1972	1962-72
by occupation, age and sex and urban/rural residence	1973	1965-73[vi]
	1979	1970-79[vi]
	1984	1974-84
	1988	1980-88[vi]
	1994	1985-94
by occupation, status and sex	1956	1945-55
	1964	1955-64
	1972	1962-72
by occupation, status and sex and urban/rural residence	1973	1965-73[vi]
	1979	1970-7vi[vi]

Subject-matter	Year of issue	Time coverage
	1984	1974-84
	1988	1980-88[vi]
	1994	1985-94
by sex	1948	Latest
	1949/50	1926-48
	1955	1945-54
	1956	1945-55
	1960	1920-60
	1963	1955-63
	1964	1955-64
	1970	1950-70
	1972	1962-72
	1973	1965-73[vi]
	1979	1970-79[vi]
	1984	1974-84
	1994	1985-94
by status, age and sex	1956	1945-55
	1964	1955-64
	1972	1962-72
by status, age and sex and urban/rural residence	1973	1965-73[vi]
	1979	1970-79[vi]
	1984	1974-84
	1988	1980-88[vi]
	1994	1985-94
by status, industry and sex	1948	Latest
	1949/50	Latest
	1955	1945-54
	1964	1955-64
	1972	1962-72
by status, industry, and sex and urban/rural residence	1973	1965-73[vi]
	1979	1970-79[vi]
	1984	1974-84
	1988	1980-88[vi]
	1994	1985-94
by status, occupation and sex	1956	1945-55
	1964	1955-64
	1972	1962-72
by status, occupation and sex and urban/rural residence	1973	1965-73[vi]
	1979	1970-79[vi]

Subject-matter	Year of issue	Time coverage	Subject-matter	Year of issue	Time coverage
	1984	1974-84	by number of children born alive and age		
	1988	1980-88[vi]		1949/50	Latest
	1994	1985-94		1954	1930-53
female, by marital status and age				1955	1945-54
				1959	1949-58
	1956	1945-55		1963	1955-63
	1964	1955-64		1965	1955-65
	1968	Latest		1969	Latest
	1972	1962-72		1971	1962-71
female, by marital status and age and urban/rural residence				1973	1965-73[vi]
				1975	1965-74
				1978HS[ii]	1948-77
	1973	1965-73[vi]		1981	1972-80
	1979	1970-79[vi]		1986	1977-85
	1984	1974-84		1997HS[iii]	1948-96
	1988	1980-88[vi]	by number of children living and age		
	1994	1985-94		1949/50	Latest
foreign-born by occupation, age and sex (see also: country of birth above)				1954	1930-53
				1955	1945-54
				1959	1949-58
				1963	1955-63
	1984	1974-84		1965	1955-65
		1980-88		1968-1969	Latest
	1994	1985-94		1971	1962-71
foreign-born by occupation and sex (see also: country of birth				1973	1965-73[vi]
				1975	1965-74
				1978HS[ii]	1948-77
				1981	1972-80
				1986	1977-85
above)	1977	Latest		1997HS[iii]	1948-96
unemployed, by age and sex	1949/50	1946-49	in households by age, sex of householder, size and relationship to householder and urban/rural residence		
- economically inactive by sub-groups and sex					
	1956	1945-54			
	1964	1955-64			
	1972	1962-72			
	1973	1965-73[vi]			
	1979	1970-79[vi]			
	1984	1974-84[vi]		1987	1975-86
	1988	1980-88[vi]		1995	1991-95
	1994	1985-94	institutional, by age, sex and urban/rural residence		
- Elderly - by economic, socio-demographic and urban/rural					
	1991PA[vii]	1950-90		1987	1875-86
-female:				1995	1991-95
by age and duration of marriage			-growth rates: average annual for countries or areas		
	1968	Latest		1957	1953-56

Historical index

(See the notes at the end of index)

Subject-matter	Year of issue	Time coverage	Subject-matter	Year of issue	Time coverage
	1958	1953-57	average annual for the world, macro-regions (continents) and regions		
	1959	1953-58			
	1960	1953-59			
	1961	1953-60			
	1962	1958-61			
	1963	1958-62			
	1964	1958-63		1957	1950-56
	1965	1958-64		1958	1950-57
	1966	1958-66		1959	1950-58
	1967	1963-67		1960	1950-59
	1968	1963-68		1961	1950-60
	1969	1963-69		1962	1950-61
	1970	1963-70		1963	1958-62
	1971	1963-71			1960-62
	1972	1963-72		1964	1958-63
	1973	1970-73			1960-63
	1974	1970-74		1965	1958-64
	1975	1970-75			1960-64
	1976	1970-76		1966	1958-66
	1977	1970-77			1960-66
	1978	1975-78		1967	1960-67
	1979	1975-79			1963-67
	1980	1975-80		1968	1960-68
	1981	1975-81			1963-68
	1982	1975-82		1969	1960-69
	1983	1980-83			1963-69
	1984	1980-84		1970	1963-70
	1985	1980-85			1965-70
	1986	1980-86		1971	1963-71
	1987	1980-87			1965-71
	1988	1985-88		1972	1963-72
	1989	1985-89			1965-72
	1990	1985-90		1973	1965-73
	1991	1985-91			1970-73
	1992	1985-92		1974	1965-74
	1993	1990-93			1970-74
	1994	1990-94		1975	1965-75
	1995	1990-95			1970-75
	1996	1990-96		1976	1965-76
	1997	1990-97			1970-76
	1998	1993-98		1977	1965-77
	1999	1995-99			1970-77
	2000	1995-00		1978-1979	1970-75
	2001	1995-01		1980-1983	1975-80
	2002	1995-02		1984-1986	1980-85
	2003	2000-03		1987-1992	1985-90
	2004	2000-04		1993-1997	1990-95
	2005	2000-05		1998-2000	1995-00
	2006	2000-06		2001-2005	2000-05
	2007	2005-07		2006-2010	2005-10
	2008	2005-08		2011	2010-15
	2009-2010	2005-10	- Homeless by age and sex		
	2011	2005-11		1991PA[vii]	Latest
			- illiteracy rates by sex	1948	Latest

Historical index
(See the notes at the end of index)

Historical index

(See the notes at the end of index)

Subject-matter	Year of issue	Time coverage	Subject-matter	Year of issue	Time coverage
active by urban/rural residence			estimated	1948	1932-47
	1979	1970-79[vi]		1949/50	1932-49
	1984	1974-84		1951	1930-50
	1988	1980-88[vi]		1952	1920-51
	1994	1985-94		1953	1920-53
- of cities:				1954	1920-54
capital city	1952	Latest		1955	1920-55
	1955	1945-54		1956	1920-56
	1957	Latest		1957	1940-57
	1960	1939-61		1958	1939-58
	1962	1955-62		1959	1940-59
	1963	1955-63		1960	1920-60
	1964-1969	Latest		1961	1941-61
	1970	1950-70		1962	1942-62
	1971	1962-71		1963	1943-63
	1972	Latest		1964	1955-64
	1973	1965-73		1965	1946-65
	1974-2011	Latest		1966	1947-66
				1967	1958-67
				1968	1959-68
of 100000 + inhabitants	1952	Latest		1969	1960-69
	1955	1945-54		1970	1950-70
	1957	Latest		1971	1962-71
	1960	1939-61		1972	1963-72
	1962	1955-62		1973	1964-73
	1963	1955-63		1974	1965-74
	1964-1969	Latest		1975	1966-75
	1970	1950-70		1976	1967-76
	1971	1962-71		1977	1968-77
	1972	Latest		1978	1969-78
	1973	1965-73		1978HS[ii]	1948-78
	1974-2011	Latest		1979	1970-79
				1980	1971-80
				1981	1972-81
- of continents (see: of macro regions, below)				1982	1973-82
				1983	1974-83
- of countries or areas (totals):				1984	1975-84
				1985	1976-85
enumerated	1948	1900-48		1986	1977-86
	1949/50	1900-50		1987	1978-87
	1951	1900-51		1988	1979-88
	1952	1850-1952		1989	1980-89
	1953	1850-1953		1990	1981-90
	1954	Latest		1991	1982-91
	1955	1850-1954		1992	1983-92
	1956-1961	Latest		1993	1984-93
	1962	1900-62		1994	1985-94
	1963	Latest		1995	1986-95
	1964	1955-64		1996	1987-96
	1965-1978	Latest		1997	1988-97
	1978HS[ii]	1948-78		1997HS[iii]	1948-97
	1979-1997	Latest		1998	1989-98
	1997HS[iii]	1948-97		1999	1990-99
	1998-2011	Latest		2000	1991-00

Historical index
(See the notes at the end of index)

Subject-matter	Year of issue	Time coverage	Subject-matter	Year of issue	Time coverage
	2001	1992-01		1994	1950-94
	2002	1993-02		1995	1950-95
	2003	1994-03		1996	1950-96
	2004	1995-04		1997	1950-97
	2005	1996-05		1998-1999	1950-00
	2006	1997-06		2000	1950-00
	2007	1998-07		2001	1950-01
	2008	1999-08		2002	1950-02
	2009-2010	2001-10		2003	1950-03
	2011	2002-11		2004	1950-04
				2005	1950-05
- of major regions	1949/50	1920-49		2006	1950-06
	1951	1950		2007	1950-07
	1952	1920-51		2008	1950-08
	1953	1920-52		2009-2010	1950-10
	1954	1920-53		2011	1960-11
	1955	1920-54			
	1956	1920-55	- of regions	1949/50	1920-49
	1957	1920-56		1952	1920-51
	1958	1920-57		1953	1920-52
	1959	1920-58		1954	1920-53
	1960	1920-59		1955	1920-54
	1961	1920-60		1956	1920-55
	1962	1920-61		1957	1920-56
	1963	1930-62		1958	1920-57
	1964	1930-63		1959	1920-58
	1965	1930-65		1960	1920-59
	1966	1930-66		1961	1920-60
	1967	1930-67		1962	1920-61
	1968	1930-68		1963	1930-62
	1969	1930-69		1964	1930-63
	1970	1950-70		1965	1930-65
	1971	1950-71		1966	1930-66
	1972	1950-72		1967	1930-67
	1973	1950-73		1968	1930-68
	1974	1950-74		1969	1930-69
	1975	1950-75		1970	1950-70
	1976	1950-76		1971	1950-71
	1977	1950-77		1972	1950-72
	1978	1950-78		1973	1950-73
	1979	1950-79		1974	1950-74
	1980	1950-80		1975	1950-75
	1981	1950-81		1976	1950-76
	1982	1950-82		1977	1950-77
	1983	1950-83		1978	1950-78
	1984	1950-84		1979	1950-79
	1985	1950-85		1980	1950-80
	1986	1950-86		1981	1950-81
	1987	1950-87		1982	1950-82
	1988	1950-88		1983	1950-83
	1989	1950-89		1984	1950-84
	1990	1950-90		1985	1950-85
	1991	1950-91		1986	1950-86
	1992	1950-92		1987	1950-87
	1993	1950-93		1988	1950-88

Historical index

(See the notes at the end of index)

Subject-matter	Year of issue	Time coverage	Subject-matter	Year of issue	Time coverage
	1989	1950-89		1983	1950-83
	1990	1950-90		1984	1950-84
	1991	1950-91		1985	1950-85
	1992	1950-92		1986	1950-86
	1993	1950-93		1987	1950-87
	1994	1950-94		1988	1950-88
	1995	1950-95		1989	1950-89
	1996	1950-96		1990	1950-90
	1997	1950-97		1991	1950-91
	1998-1999	1950-00		1992	1950-92
	2000	1950-00		1993	1950-93
	2001	1950-01		1994	1950-94
	2002	1950-02		1995	1950-95
	2003	1950-03		1996	1950-96
	2004	1950-04		1997	1950-97
	2005	1950-05		1998-1999	1950-00
	2006	1950-06		2000	1950-00
	2007	1950-07		2001	1950-01
	2008	1950-08		2002	1950-02
	2009-2010	1950-10		2003	1950-03
	2011	1960-11		2004	1950-04
				2005	1950-05
- of the world	1949/50	1920-49		2006	1950-06
	1951	1950		2007	1950-07
	1952	1920-51		2008	1950-08
	1953	1920-52		2009-2010	1950-10
	1954	1920-53		2011	1960-11
	1955	1920-54			
	1956	1920-55	- rural residence (see: urban/rural residence, below)		
	1957	1920-56			
	1958	1920-57			
	1959	1920-58	- single, by age and sex (see also: by marital status, above):		
	1960	1920-59			
	1961	1920-60			
	1962	1920-61			
	1963	1930-62	numbers	1960	1920-60
	1964	1930-63		1970	1950-70
	1965	1930-65	percent	1949/50	1926-48
	1966	1930-66		1960	1920-60
	1967	1930-67		1970	1950-70
	1968	1930-68			
	1969	1930-69	- urban/rural residence	1968	1964-68
	1970	1950-70		1969	1965-69
	1971	1950-71		1970	1950-70
	1972	1950-72		1971	1962-71
	1973	1950-73		1972	1968-72
	1974	1950-74		1973	1965-73
	1975	1950-75		1974	1966-74
	1976	1950-76		1975	1967-75
	1977	1950-77		1976	1967-76
	1978	1950-78		1977	1968-77
	1979	1950-79		1978	1969-78
	1980	1950-80		1979	1970-79
	1981	1950-81		1980	1971-80
	1982	1950-82		1981	1972-81

Historical index
(See the notes at the end of index)

Subject-matter	Year of issue	Time coverage	Subject-matter	Year of issue	Time coverage
	1982	1973-82		1973	1965-73[vi]
	1983	1974-83	by country or area of birth and sex and age		
	1984	1975-84			
	1985	1976-85			
	1986	1977-86		1977	Latest
	1987	1978-87			
	1988	1979-88	by citizenship and sex		
	1989	1980-89		1971	1962-71
	1990	1981-90		1973	1965-73[vi]
	1991	1982-91	by citizenship and sex and age		
	1992	1983-92			
	1993	1984-93		1977	Latest
	1994	1985-94		1983	1974-83
	1995	1986-95		1989	1980-88
	1996	1987-96	by ethnic composition and sex		
	1997	1988-97		1971	Latest
	1998	1989-98		1973	1965-73[vi]
	1999	1990-99		1979	1970-79[vi]
	2000	1991-00		1983	1974-83
	2001	1992-01		1988	1980-88[vi]
	2002	1993-02		1993	1985-93
	2003	1994-03	by households, number and size (see also: Households)		
	2004	1995-04			
	2005	1996-05			
	2006	1997-06		1968	Latest
	2007	1998-07		1971	1962-71
	2008	1999-08		1973	1965-73[vi]
	2009-2010	2001-10		1976	Latest
	2011	2002-11		1982	Latest
				1987	1975-86
by age and sex:				1990	1980-89
enumerate	1963	1955-63		1995	1985-95
	1964	1955-64[vi]	by language and sex	1971	1962-71
	1967	Latest			
	1970	1950-70		1973	1965-73[vi]
	1971	1962-71		1979	1970-79[vi]
	1972	Latest		1983	1974-83
	1973	1965-73		1988	1980-88[vi]
	1974-1978	Latest		1993	1985-93
	1978HS[ii]	1948-77	by level of education, age and sex		
	1979-1996	Latest		1971	1962-71
	1979-1997	Latest		1973	1965-73[vi]
	1997HS[iii]	1948-96		1979	1970-79[vi]
	1998-2011	Latest		1983	1974-83
				1988	1980-88[vi]
estimated	1963	Latest		1993	1985-93
	1967	Latest	by literacy, age and sex		
	1970	1950-70		1971	1962-71
	1971-1997	Latest		1973	1965-73[vi]
	1997HS[iii]	1948-96		1979	1970-79[vi]
	1998-2011	Latest		1983	1974-83
				1988	1980-88[vi]
by country or area of birth and sex				1993	1985-93
			by major civil divisions		
	1971	1962-71		1971	1962-71

Historical index
(See the notes at the end of index)

Subject-matter	Year of issue	Time coverage	Subject-matter	Year of issue	Time coverage
	1973	1965-73[vi]		1993	1984-93
	1979	1970-79[vi]		1994	1985-94
	1983	1974-83		1995	1986-95
	1988	1980-88[vi]		1996	1987-96
	1993	1985-93		1997	1988-97
by marital status, age				1998	1989-98
				1999	1990-99
and sex	1971	1962-71		2000	1991-00
	1973	1965-73[vi]		2001	1992-01
by religion				2002	1993-02
and sex	1971	1962-71		2003	1994-03
	1973	1965-73[vi]		2004	1995-04
	1979	1970-79[vi]		2005	1996-05
	1983	1974-83		2006	1997-06
	1988	1980-88[vi]		2007	1998-07
	1993	1985-93		2008	1999-08
by school attendance,				2009-2010	2001-10
age and sex	1971	1962-71		2011	2002-11
	1973	1965-73[vi]			
	1979	1970-79[vi]	percent	1948	Latest
	1983	1974-83		1952	1900-51
	1988	1980-88[vi]		1955	1945-54
	1993	1985-93		1960	1920-60
by sex:				1962	1955-62
numbers	1948	Latest		1970	1950-70
	1952	1900-51		1971	1962-71
	1955	1945-54		1973	1965-73
	1960	1920-60		1974	1966-74
	1962	1955-62		1975	1967-75
	1963	1955-63		1976	1967-76
	1964	1955-64[vi]		1977	1968-77
	1967	Latest		1978	1969-78
	1970	1950-70		1979	1970-79
	1971	1962-71		1980	1971-80
	1972	Latest		1981	1972-81
	1973	1965-73		1982	1973-82
	1974	1966-74		1983	1974-83
	1975	1967-75		1984	1975-84
	1976	1967-76		1985	1976-85
	1977	1968-77		1986	1977-86
	1978	1969-78		1987	1978-87
	1979	1970-79		1988	1979-88
	1980	1971-80		1989	1980-89
	1981	1972-81		1990	1981-90
	1982	1973-82		1991	1982-91
	1983	1974-83		1992	1983-92
	1984	1975-84		1993	1984-93
	1985	1976-85		1994	1985-94
	1986	1977-86		1995	1986-95
	1987	1978-87		1996	1987-96
	1988	1979-88		1997	1988-97
	1989	1980-89		1998	1989-98
	1990	1981-90		1999	1990-99
	1991	1982-91		2000	1991-00
	1992	1983-92		2001	1992-01

Subject-matter	Year of issue	Time coverage	Subject-matter	Year of issue	Time coverage
	2002	1993-02		1997	Latest
	2003	1994-03		1997HS [ii]	1948-96
	2004	1995-04		1998-2011	Latest
	2005	1996-05			
	2006	1997-06	- by urban/rural residence		
	2007	1998-07		1971-1973	Latest
	2008	1999-08		1974	1965-73
	2009-2010	2001-10		1975-1979	Latest
	2011	2002-11		1980	1971-79
				1981-1984	Latest
by single years of age and sex				1985	1976-84
	1971	1962-71		1986-1991	Latest
	1973	1965-73[vi]		1992	1983-92
	1979	1970-79[vi]		1993-1995	Latest
	1983	1974-83		1996	1987-95
	1993	1985-93		1997	Latest
				1997 HS [ii]	1948-96
female: by number of children born alive and age				1998-1999	Latest
	1971	1962-71	Post-neo-natal mortality rates:		
	1973	1965-73[vi]			
	1975	1965-74	- by sex	1948	1936-47
	1978HS[ii]	1948-77		1951	1936-50
	1981	1972-80		1957	1948-56
	1986	1977-85		1961	1952-60
	1997HS[iii]	1948-96		1966	1956-65
				1967	1962-66
female: by number of children living and age				1968-1973	Latest
	1971	1962-71		1974	1965-73
	1973	1965-73[vi]		1975-1979	Latest
	1975	1965-74		1980	1971-79
	1978HS[ii]	1948-77		1981-1984	Latest
	1981	1972-80		1985	1976-84
	1986	1977-85		1986-1991	Latest
	1997HS[iii]	1948-96		1992	1983-92
				1993-1995	Latest
Post-neo-natal deaths:				1996	1987-95
- by sex	1948	1936-47		1997	Latest
	1951	1936-50		1997HS [ii]	1948-96
	1957	1948-56		1998-2011	Latest
	1961	1952-60			
	1963-1965	Latest	- by urban/rural residence	1971-1973	Latest
	1966	1961-65		1974	1965-73
	1967	1962-66		1975-1979	Latest
	1968-1973	Latest		1980	1971-79
	1974	1965-73		1981-1984	Latest
	1975-1979	Latest		1985	1976-84
	1980	1971-79		1986-1991	Latest
	1981-1984	Latest		1992	1983-92
	1985	1976-84		1993-1995	Latest
	1986-1991	Latest		1996	1987-95
	1992	1983-92		1997	Latest
	1993-1995	Latest		1997HS [ii]	1948-96
	1996	1987-95		1998-1999	Latest

Subject-matter	Year of issue	Time coverage
R		
Rates (see under following subject-matter headings: Annulments, Births, Deaths, Divorces, Fertility, Illiteracy, Infant Mortality, Intercensal, Life Tables, Literacy Marriages, Maternal mortality, Natural increase, Neo-natal mortality, Population growth, Post-neo-natal mortality, Reproduction)		
Ratios (see under following subject matter headings: Births, Child-woman, Fertility, Foetal deaths, Perinatal mortality)		
Refugees, by country or area of destination:		
- repatriated by the International Refugee Organization	1952	1947-51
- resettled by the International Refugee Organization	1952	1947-51
Religion and sex (see: Population)		
Reproduction rates, gross and net	1948	1920-47
	1949/50	1900-48
	1954	1920-53
	1965	1930-64
	1969	1963-68
	1975	1966-74
	1978HS[ii]	1948-77
	1981	1962-80
	1986	1967-85
	1997HS[iii]	1948-96
	1999CD[iv]	1980-99
Rural/urban births [see: Birth(s)]		
Rural/urban population (see: Population: urban/rural residence)		

Subject-matter	Year of issue	Time coverage
S		
Sex (see appropriate subject entry, e.g., Births, Death rates, Migration, Population, etc.)		
Size of (living) family:		
- female population by age (see also: Children)	1949/50	Latest
	1954	1930-53
	1955	1945-54
	1959	1949-58
	1963	1955-63
	1965	1955-65
	1968	1955-67
	1969	Latest
	1971	1962-71
	1973	1965-73[vi]
	1975	1965-74
	1978HS[ii]	1948-77
	1981	1972-80
	1986	1977-85
	1997HS[iii]	1948-96
Special text (see separate listing in Appendix to this Index)		
Special topic (see: Topic of each Demographic Yearbook)		
Still birth(s) [see: Foetal death(s), late)]		
Surface area		
- of continents	1949/50 -	
	1999	Latest
	2000	2000
	2001	2001
	2002	2002
	2003	2003
	2004	2004
	2005	2005
	2006	2006
	2007	2007
	2008	2008
	2009-2010	2010
	2011	2011
- of countries or areas	1948-2011	Latest
- of macro-regions	1964-1999	Latest

Subject-matter	Year of issue	Time coverage		Subject-matter	Year of issue	Time coverage
	2000	2000				-1953
	2001	2001		- Historical		
	2002	2002		Supplement	1978HS[ii]	1948-78
	2003	2003			1997HS[iii]	1948-97
	2004	2004		- Marriage and		
	2005	2005		Divorce	1958	1930-57
	2006	2006			1968	1920-68
	2007	2007			1976	1957-76
	2008	2008			1982	1963-82
	2009-2010	2010			1990	1971-90
	2011	2011		- Migration		
				(international)	1977	1958-76
- of regions	1952-1999	Latest			1989	1975-88
	2000	2000				
	2001	2001		- Mortality	1951	1905-50
	2002	2002			1957	1930-56
	2003	2003			1961	1945-61
	2004	2004			1966	1920-66
	2005	2005			1967	1900-67
	2006	2006			1974	1965-74
	2007	2007			1980	1971-80
	2008	2008			1985	1976-85
	2009-2010	2010			1992	1983-92
	2011	2011			1996	1987-96
- of the world	1949/50 -			- Natality	1949/50	1932-49
	1999	Latest			1954	1920-53
	2000	2000			1959	1920-58
	2001	2001			1965	1920-65
	2002	2002			1969	1925-69
	2003	2003			1975	1956-75
	2004	2004			1981	1962-81
	2005	2005			1986	1967-86
	2006	2006			1992	1983-92
	2007	2007			1999CD[iv]	1980-99
	2008	2008		- Nuptiality (see:		
	2009-2010	2010		Marriage and		
	2011	2011		Divorce, above)		

Survivors (see: Life tables)

T

Text (see separate listing in Appendix to this Index)

Topic of each Demographic Yearbook
- Divorce (see: Marriage and Divorce, below)

- General demography

- Population Ageing and the Situation of Elderly Persons	1991PA[vii]	1950-90
- Population Census: Economic characteristics	1956	1945-55
	1964	1955-64
	1972	1962-72
	1973	1965-73[vi]
	1979	1970-79[vi]
	1984	1974-84
	1988	1980-88[vi]
	1994	1985-94
Educational characteristics	1955	1945-54

- General demography	1948	1900-48
	1953	1850

Subject-matter	Year of issue	Time coverage		Subject-matter	Year of issue	Time coverage
	1956	1945-55			1993	1985-93
	1963	1955-63		Household		
	1964	1955-64[vi]		characteristics	1955	1945-54
	1971	1962-71			1962	1955-62
	1973	1965-73[vi]			1963	1955-63[vi]
	1979	1970-79[vi]			1971	1962-71
	1983	1974-83			1973	1965-73[vi]
	1988	1980-88[vi]			1976	1966-75
	1993	1985-93			1983	1974-83
Ethnic					1987	1975-86
characteristics	1956	1945-55			1995	1985-95
	1963	1955-63		Personal		
	1964	1955-64[vi]		characteristics	1955	1945-54
	1971	1962-71			1962	1955-62
	1973	1965-73[vi]			1971	1962-71
	1979	1970-79[vi]			1973	1965-73[vi]
	1983	1974-83			1979	1970-79[vi]
	1988	1980-88[vi]			1983	1974-83
	1993	1985-93			1988	1980-88[vi]
Fertility					1993	1985-93
characteristics	1940/50	1900-50		-Population trends	1960	1920-60
	1954	1900-53			1970	1950-70
	1955	1945-54				
	1959	1935-59				
	1963	1955-63				
	1965	1955-65				
	1969	Latest				
	1971	1962-71				
	1973	1965-73[vi]				
	1975	1965-75				
	1981	1972-81				
	1986	1977-86				
	1992	1983-92				
Geographic						
characteristics	1952	1900-51				
	1955	1945-54				
	1962	1955-62				
	1964	1955-64[vi]				
	1971	1962-71				
	1973	1965-73[vi]				
	1979	1970-79[vi]				
	1983	1974-83				
	1988	1980-88[vi]				

U

Urban/rural births
(see: Births)

Urban/rural deaths
(see: Deaths)

Urban/rural infant deaths
(see: Infant deaths)

Urban/rural population
(see: Population:
urban/rural residence)

**Urban/rural population
by average size of
households** (see:
Households)

APPENDIX

Special text of each Demographic Yearbook:

Divorce:

'Uses of Marriage and Divorce Statistics', 1958.

Marriage:

'Uses of Marriage and Divorce Statistics', 1958.

Households:

'Concepts and definitions of households, householder and institutional population', 1987.

Migration:

'Statistics of International Migration', 1977.

Mortality:

'Recent Mortality Trends', 1951.
'Development of Statistics of Causes of Death', 1951.
'Factors in Declining Mortality', 1957.
'Notes on Methods of Evaluating the Reliability of Conventional Mortality Statistics', 1961.
'Recent Trends of Mortality', 1966.
'Mortality Trends among Elderly Persons', 1991PA[vii].

Natality:

'Graphic Presentation of Trends in Fertility', 1959.
'Recent Trends in Birth Rates', 1965.
'Recent Changes in World Fertility', 1969.

Population

'World Population Trends, 1920-1949', 1949/50.
'Urban Trends and Characteristics', 1952.
'Background to the1950 Censuses of Population', 1955.
'The World Demographic Situation', 1956.
'How Well Do We Know the Present Size and Trend of the World's Population?', 1960.
'Notes on Availability of National Population Census Data and Methods of Estimating their Reliability', 1962.
'Availability and Adequacy of Selected Data Obtained from Population Censuses Taken 1955-1963', 1963.
'Availability of Selected Population Census Statistics: 1955-1964', 1964.
'Statistical Concepts and Definitions of Urban and Rural Population', 1967.
'Statistical Concepts and Definitions of Household', 1968.
'How Well Do We Know the Present Size and Trend of the World's Population?', 1970.
'United Nations Recommendations on Topics to be Investigated in a Population Census
Compared with Country Practice in National Censuses taken 1965-1971', 1971.
'Statistical Definitions of Urban Population and their Use in Applied Demography', 1972.
'Dates of National Population and Housing Census carried out during the decade1965-1974', 1974.
'Dates of National Population and/or Housing Censuses taken or anticipated during the decade 1975-1984', 1979.
'Dates of National Population and/or Housing Censuses taken during the decade1965-1974 and taken or anticipated during the decade 1975-1984', 1983.
'Dates of National Population and/or Housing Censuses taken during the decade1975-1984 and taken or anticipated during the decade 1985-1994', 1988 and 1993.
'Statistics Concerning the Economically Active Population: An Overview', 1984.
'Disability', 1991PA[vii].

Historical index

(See the notes at the end of index)

'Population Ageing', 1991PA[vii].

'Special Needs for the Study of Population Ageing and Elderly Persons', 1991PA[vii].

General Notes

This cumulative index covers the contents of each of the 62 issues of the Demographic Yearbook. 'Year of issue' stands for the particular issue in which the indicated subject-matter appears. Unless otherwise specified, 'Time coverage' designates the years for which annual statistics are shown in the Demographic Yearbook referred to in 'Year of issue' column. 'Latest' or '2-Latest' indicates that data are for latest available year(s) only.

[i] Only titles not available for preceding bibliography.

[ii] Historical Supplement to the 30th DYB published in a separate volume in year 1979.

[iii] Historical Supplement to the 49th DYB published in a separate volume (CD-ROM) in year 2000.

[iv] Supplement to the 51st DYB focusing on natality published in a separate volume (CD-ROM) in year 2002.

[v] Five-year average rates.

[vi] Only data not available for preceding issue.

[vii] Population ageing published in separate volume.

Index historique (suite)

(Voir les notes à la fin de l'index)

Index historique (suite)

(Voir les notes à la fin de l'index)

Sujet	Année de l'édition	Période considérée
-selon la cause	1951	1947-50
	1952	1947-51 [iii]
	1953	Dernière
	1954	1945-53
	1955-1956	Dernière
	1957	1952-56
	1958-1960	Dernière
	1961	1955-60
	1962-1965	Dernière
	1966	1960-65
	1967-1973	Dernière
	1974	1965-73
	1975-1979	Dernière
	1980	1971-79
	1981-1984	Dernière
	1985	1976-84
	1986-1995	Dernière
	1996	1987-95
	1997-2000	Dernière
	2002	1995-02
	2004	1995-04
	2006	2002-06
	2008	2004-08
	2011	2006-10
-selon la cause, l'âge et le sexe	1951	Dernière
	1952	Dernière [iii]
	1957	Dernière
	1961	Dernière
	1967	Dernière
	1974	Dernière
	1980	Dernière
	1985	Dernière
	1991 VP [v]	1960-90
	1996	Dernière
-selon la cause, l'âge et le sexe et la résidence (urbaine/rurale)	1967	Dernière
-selon la cause et le sexe	1967	Dernière
	1974	Dernière
	1980	Dernière
	1985	Dernière
	1991VP [v]	1960-90
	1996	Dernière
	2006	2002-06
	2008	2004-08
	2011	2006-10
-selon la résidence (urbaine/rurale)	1967	Dernière
	1968	1964-68
	1969	1965-69
	1970	1966-70
	1971	1967-71
	1972	1968-72
	1973	1969-73
	1974	1965-74
	1975	1971-75
	1976	1972-76
	1977	1973-77
	1978	1974-78
	1979	1975-79

Sujet	Année de l'édition	Période considérée
	1980	1971-80
	1981	1977-81
	1982	1978-82
	1983	1979-83
	1984	1980-84
	1985	1976-85
	1986	1982-86
	1987	1983-87
	1988	1984-88
	1989	1985-89
	1990	1986-90
	1991	1987-91
	1992	1983-92
	1993	1989-93
	1994	1990-94
	1995	1991-95
	1996	1987-96
	1997	1993-97
	1998	1994-98
	1999	1995-99
	2001	1997-01
	2002	1998-02
	2003	1999-03
	2004	2000-04
	2005	2001-05
	2006	2002-06
	2007	2003-07
	2008	2004-08
	2009-2010	2006-10
	2011	2007-11
-selon l'état matrimonial, l'âge et le sexe	1958	Dernière
	1961	Dernière
	1967	Dernière
	1974	Dernière
	1980	Dernière
	1985	Dernière
	1991 VP [v]	1950-90
	1996	Dernière
	2003	Dernière
-selon le mois	1951	1946-50
	1967	1962-66
	1974	1965-73
	1980	1971-79
	1985	1976-84
	2001	1985-00
	2005	2001-05
-selon la profession et l'âge (sexe masculin)	1957	Dernière
	1961	1957-60
	1967	1962-66
-selon le type de certification et la cause: nombres	1957	Dernière
	1974	1965-73
	1980	1971-79
	1985	1976-84
pourcentage	1957	Dernière
	1961	1955-60
	1966	1960-65
	1974	1965-73

Index historique (suite)

(Voir les notes à la fin de l'index)

Sujet	Année de l'édition	Période considérée	Sujet	Année de l'édition	Période considérée
	1980	1971-79		1999	1995-99
	1985	1976-84		2000	1996-00
				2001	1997-01
Décès, taux de............................	1948	1932-47		2002	1998-02
	1949/50	1932-49		2003	1999-03
	1951	1905-30 [vi]		2004	2000-04
		1930-50		2005	2001-05
	1952	1920-34 [vi]		2006	2002-06
		1934-51		2007	2003-07
	1953	1920-39 [vi]		2008	2004-08
		1940-52		2009-2010	2006-10
	1954	1920-39 [vi]		2011	2007-11
		1946-53			
	1955	1920-34 [vi]	-d'enfants de moins d'un an		
		1946-54	(voir: Mortalités infantile)		
	1956	1947-55			
	1957	1930-56	-estimatifs:		
	1958	1948-57	pour les continents	1949/50	1947
	1959	1949-58		1956-1977	Dernière
	1960	1950-59		1978-1979	1970-75
	1961	1945-59 [vi]		1980-1983	1975-80
		1952-61		1984-1986	1980-85
	1962	1945-54 [vi]		1987-1992	1985-90
		1952-62		1993-1997	1990-95
	1963	1945-59 [vi]		1998-2000	1995-00
		1954-63		2001-2005	2000-05
	1964	1960-64		2006-2010	2005-10
	1965	1961-65		2011	2010-15
	1966	1920-64 [vi]			
		1951-66	pour les grandes		
	1967	1963-67	régions (continentales)	1964-1977	Dernière
	1968	1964-68		1978-1979	1970-75
	1969	1965-69		1980-1983	1975-80
	1970	1966-70		1984-1986	1980-85
	1971	1967-71		1987-1992	1985-90
	1972	1968-72		1993-1997	1990-95
	1973	1969-73		1998-2000	1995-00
	1974	1965-74		2001-2005	2000-05
	1975	1971-75		2006-2010	2005-10
	1976	1972-76		2011	2010-15
	1977	1973-77			
	1978	1974-78	pour les régions	1949/50	1947
	1978SR [i]	1948-78		1956-1977	Dernière
	1979	1975-79		1978-1979	1970-75
	1980	1971-80		1980-1983	1975-80
	1981	1977-81		1984-1986	1980-85
	1982	1978-82		1987-1992	1985-90
	1983	1979-83		1993-1997	1990-95
	1984	1980-84		1998-2000	1995-00
	1985	1976-85		2001-2005	2000-05
	1986	1982-86		2006-2010	2005-10
	1987	1983-87		2011	2010-15
	1988	1984-88			
	1989	1985-89	pour l'ensemble du		
	1990	1986-90	monde	1949/50	1947
	1991	1987-91		1956-1977	Dernière
	1992	1983-92		1978-1979	1970-75
	1993	1989-93		1980-1983	1975-80
	1994	1990-94		1984-1986	1980-85
	1995	1991-95		1987-1992	1985-90
	1996	1987-96		1993-1997	1990-95
	1997	1993-97		1998-2000	1995-00
	1997SR [ii]	1948-97		2001-2005	2000-05
	1998	1994-98			

Index historique (suite)

(Voir les notes à la fin de l'index)

Sujet	Année de l'édition	Période considérée		Sujet	Année de l'édition	Période considérée
	2006-2010	2005-10			1986-1995	Dernière
	2011	2010-15			1996	1987-95
					1997-2000	Dernière
-selon l'âge et le sexe	1948	1935-47			2002	1985-02
	1949/50	1936-49			2004	1995-04
	1951	1936-50			2006	2002-06
	1952	1936-51			2008	2004-08
	1953	1940-52			2011	2006-10
	1954	1946-53				
	1955-1956	Dernière		-selon la cause, l'âge et le sexe	1957	Dernière
	1957	1948-56			1961	Dernière
	1961	1952-60			1991 VP [v]	1960-90
	1966	1950-65				
	1967	Dernière		-selon la cause et le sexe	1967	Dernière
	1972	Dernière			1974	Dernière
	1974	1965-73			1980	Dernière
	1975-1978	Dernière			1985	Dernière
	1978SR [i]	1948-77			1991 VP [v]	1960-90
	1979	Dernière			1996	Dernière
	1980	1971-79			2006	2002-06
	1981-1984	Dernière			2008	2004-08
	1985	1976-84			2011	2006-10
	1986-1991	Dernière				
	1991 VP [v]	1950-90		-selon l'état matrimonial, l'âge et le sexe	1961	Dernière
	1992	1983-92			1967	Dernière
	1993-1995	Dernière			1974	Dernière
	1996	1987-95			1980	Dernière
	1997	Dernière			1985	Dernière
	1997SR [ii]	1948-96			1996	Dernière
	1998-2011	Dernière			2003	Dernière
				-selon la profession, l'âge et le sexe	1957	Dernière
-selon l'âge et le sexe et la résidence (urbaine/rurale)	1967	Dernière				
	1972	Dernière		-selon la profession et l'âge (sexe masculin)	1961	Dernière
	1974	1965-73			1967	Dernière
	1975-1978	Dernière		-selon la résidence (urbaine/rurale)	1967	Dernière
	1979	Dernière			1968	1964-68
	1980	1971-79			1969	1965-69
	1981-1984	Dernière			1970	1966-70
	1985	1976-84			1971	1967-71
	1986-1991	Dernière			1972	1968-72
	1991 VP [v]	1950-90			1973	1969-73
	1992	1983-92			1974	1965-74
	1993-1995	Dernière			1975	1971-75
	1996	1987-95			1976	1972-76
	1997	Dernière			1977	1973-77
	1997SR [ii]	1948-96			1978	1974-78
	1998-2006	Dernière			1979	1975-79
					1980	1971-80
-selon la cause	1951	1947-49			1981	1977-81
	1952	1947-51			1982	1978-82
	1953	1947-52			1983	1979-83
	1954	1945-53			1984	1980-84
	1955-1956	Dernière			1985	1976-85
	1957	1952-56			1986	1982-86
	1958-1960	Dernière			1987	1983-87
	1961	1955-60			1988	1984-88
	1962-1965	Dernière			1989	1985-89
	1966	1960-65			1990	1986-90
	1967-1973	Dernière			1991	1987-91
	1974	1965-73				
	1975-1979	Dernière				
	1980	1971-79 [vi]				
	1981-1984	Dernière				
	1985	1976-84				

Index historique (suite)

(Voir les notes à la fin de l'index)

Sujet	Année de l'édition	Période considérée
	1992	1983-92
	1993	1989-93
	1994	1990-94
	1995	1991-95
	1996	1987-96
	1997	1993-97
	1998	1994-98
	1999	1995-99
	2000	1996-00
	2001	1997-01
	2002	1998-02
	2003	1999-03
	2004	2000-04
	2005	2001-05
	2006	2002-06
	2007	2003-07
	2008	2004-08
	2009-2010	2006-10
	2011	2007-11
Densité de population:		
-des continents	1949/50	1920-49
	1951-1999	Dernière
	2001	2001
	2002	2002
	2003	2003
	2004	2004
	2005	2005
	2006	2006
	2007	2007
	2008	2008
	2009-2010	2010
	2011	2011
-des grandes régions (continentales)	1964-1999	Dernière
	2000	2000
	2001	2001
	2002	2002
	2003	2003
	2004	2004
	2005	2005
	2006	2006
	2007	2007
	2008	2008
	2009-2010	2010
	2011	2011
-des pays ou zones	1948-1999	Dernière
	2000	2000
	2001	2001
	2002	2002
	2003	2003
	2004	2004
	2005	2005
	2006	2006
	2007	2007
	2008	2008
	2009-2010	2010
	2011	2011
-des régions	1949/50	1920-49

Sujet	Année de l'édition	Période considérée
	1952-1999	Dernière
	2000	2000
	2001	2001
	2002	2002
	2003	2003
	2004	2004
	2005	2005
	2006	2006
	2007	2007
	2008	2008
	2009-2010	2010
	2011	2011
-du monde	1949/50	1920-49
	1952-1999	Dernière
	2000	2000
	2001	2001
	2002	2002
	2003	2003
	2004	2004
	2005	2005
	2006	2006
	2007	2007
	2008	2008
	2009-2010	2010
	2011	2011
Dimension de la famille vivante:		
-selon l'âge des femmes (voir également: Enfants)	1949-1950	Dernière
	1954	1930-53
	1955	1945-54
	1959	1949-58
	1963	1955-63
	1965	1955-65
	1968	1955-67
	1969	Dernière
	1971	1962-71
	1973	1965-73 [iii]
	1975	1965-74
	1978SR [i]	1948-77
	1981	1972-80
	1986	1977-85
	1997SR [ii]	1948-96
Divorces	1951	1935-50
	1952	1936-51
	1953	1950-52
	1954	1946-53
	1955	1946-54
	1956	1947-55
	1957	1948-56
	1958	1940-57
	1959	1949-58
	1960	1950-59
	1961	1952-61
	1962	1953-62
	1963	1954-63
	1964	1960-64
	1965	1961-65
	1966	1962-66
	1967	1963-67

Index historique (suite)
(Voir les notes à la fin de l'index)

Sujet	Année de l'édition	Période considérée	Sujet	Année de l'édition	Période considérée
	1968	1949-68		1987	1975-86
	1969	1965-69		1990	1980-89
	1970	1966-70			
	1971	1967-71	-selon l'âge de l'épouse, classés par âge de l'époux	1958	1946-57
	1972	1968-72		1968	Dernière
	1973	1969-73		1976	Dernière
	1974	1970-74		1982	Dernière
	1975	1971-75		1990	Dernière
	1976	1957-76			
	1977	1973-77	-selon l'âge de l'époux	1968	1958-67
	1962	1953-62		1976	1966-75
	1963	1954-63		1982	1972-81
	1964	1960-64		1987	1975-86
	1965	1961-65		1990	1980-89
	1966	1962-66			
	1967	1963-67	-selon la durée du mariage	1958	1948-57
	1968	1949-68		1968	1958-67
	1969	1965-69		1976	1966-75
	1970	1966-70		1982	1972-81
	1971	1967-71		1990	1980-89
	1972	1968-72		2007	Dernière
	1973	1969-73		2009-2010	Dernière
	1974	1970-74			
	1975	1971-75	-selon la durée du mariage, classés selon l'âge de l'épouse et selon l'âge de l'époux		
	1976	1957-76		1958	1946-57
	1977	1973-77		1968	Dernière
	1978	1974-78		1976	Dernière
	1979	1975-79		1982	Dernière
	1980	1976-80		1990	Dernière
	1981	1977-81			
	1982	1963-82	-selon le nombre d'enfants	1958	1948-57
	1983	1979-83		1968	1958-67
	1984	1980-84		1976	1966-75
	1985	1981-85		1982	1972-81
	1986	1982-86		2007	Dernière
	1987	1983-87	-selon la résidence (urbaine/rurale)		
	1988	1984-88		2002	1998-02
	1989	1985-89		2003	1999-03
	1990	1971-90		2004	2000-04
	1991	1987-91		2005	2001-05
	1992	1988-92		2006	2002-06
	1993	1989-93		2007	2003-07
	1994	1990-94		2008	2004-08
	1995	1991-95		2009-2010	2006-10
	1996	1992-96		2011	2007-11
	1997	1993-97			
	1998	1994-98			
	1999	1995-99	**Divortialité, répartition des pourcentages**		
	2000	1996-00	- selon la durée du mariage	2007	Dernière
	2001	1997-01			
	2002	1998-02		2009-2010	Dernière
	2003	1999-03			
	2004	2000-04	- selon le nombre d'enfants	2007	Dernière
	2005	2001-05			
	2006	2002-06			
	2007	2003-07	**Divortialité, taux de**	1952	1935-51
	2008	2004-08		1953	1936-52
	2009-2010	2006-10		1954	1946-53
	2011	2007-11		1955	1946-54
-selon l'âge de l'épouse	1968	1958-67			
	1976	1966-75			
	1982	1972-81			

Index historique (suite)

(Voir les notes à la fin de l'index)

Sujet	Année de l'édition	Période considérée		Sujet	Année de l'édition	Période considérée
	1956	1947-55			1982	1972-81
	1957	1948-56			1990	1980-89
	1958	1930-57				
	1959	1949-58		-selon l'âge de l'épouse	1968	Dernière
	1960	1950-59			1976	Dernière
	1961	1952-61			1982	Dernière
	1962	1953-62			1987	1975-86
	1963	1954-63			1990	Dernière
	1964	1960-64				
	1965	1961-65		-selon l'âge de l'époux	1968	Dernière
	1966	1962-66			1976	Dernière
	1967	1963-67			1982	Dernière
	1968	1920-64 [vi]			1987	1975-86
		1953-68			1990	Dernière
	1969	1965-69				
	1970	1966-70		-selon la résidence (urbaine/rurale)	2002	1998-02
	1971	1967-71			2003	1999-03
	1972	1968-72			2004	2000-04
	1973	1969-73			2005	2001-05
	1974	1970-74			2006	2002-06
	1975	1971-75			2007	2003-07
	1976	1957-76			2008	2004-08
	1977	1973-77			2009-2010	2006-10
	1978	1974-78			2011	2007-11
	1979	1975-79				
	1980	1976-80				
	1981	1977-81		**Durée du mariage** (voir: Divorces)		
	1982	1963-82				
	1983	1979-83				
	1984	1980-84		# E		
	1985	1981-85				
	1986	1982-86				
	1987	1983-87		**Emigrants** (voir: Migration internationale)		
	1988	1984-88				
	1989	1985-89				
	1990	1971-90		**Enfants, nombre:**		
	1991	1987-91		-dont il est tenu compte dans les divorces	1958	1948-57
	1992	1988-92			1968	1958-67
	1993	1989-93			1976	1966-75
	1994	1990-94			1982	1972-81
	1995	1991-95			1990	1980-89
	1996	1992-96		-mis au monde, selon l'âge de la mère	1949/50	Dernière
	1997	1993-97			1954	1930-53
	1998	1994-98			1955	1945-54
	1999	1995-99			1959	1949-58
	2000	1996-00			1963	1955-63
	2001	1997-01			1965	1955-65
	2002	1998-02			1969	Dernière
	2003	1999-03			1971	1962-71
	2004	2000-04			1973	1965-73 [iii]
	2005	2001-05			1975	1965-74
	2006	2002-06			1978SR [i]	1948-77
	2007	2003-07			1981	1972-80
	2008	2004-08			1986	1977-85
	2009-2010	2006-10			1997SR [ii]	1948-96
	2011	2007-11		-vivants, selon l'âge de la mère	1940/50	Dernière
-pour la population mariée	1953	1935-52			1954	1930-53
	1954	1935-53			1955	1945-54
	1958	1935-56			1959	1949-58
	1968	1935-67			1963	1955-63
	1976	1966-75				
	1978SR [i]	1948-77				

Index historique (suite)

(Voir les notes à la fin de l'index)

Sujet	Année de l'édition	Période considérée
	1965	1955-65
	1968	1955-67
	1969	Dernière
	1971	1962-71
	1973	1965-73 [iii]
	1975	1965-74
	1978SR [i]	1948-77
	1981	1972-80
	1986	1977-85
	1997SR [ii]	1948-96

Espérance de vie (voir: Mortalité, tables de)

Etat matrimonial (voir la rubrique appropriée par sujet, p.ex., Décès, Population, etc.)

F

Sujet	Année de l'édition	Période considérée
Fécondité, indice synthétique de	1987-1997	Dernière
	1997SR [ii]	1948-96
	1998	1995-98
	1999	1996-99
	1999CD [vii]	1980-99
	2000	1995-00
	2001	1997-01
	2002	1998-02
	2003	1999-03
	2004	2000-04
	2005	2001-05
	2006	2002-06
	2007	2003-07
	2008	2004-08
	2009-2010	2006-10
	2011	2007-11
Fécondité proportionnelle	1949/50	1900-50
	1954	1900-52
	1955	1945-54
	1959	1935-59
	1963	1955-63
	1965	1955-65
	1969	Dernière
	1975	1966-74
	1978SR [i]	1948-77
	1981	1962-80
	1986	1967-85
	1997SR [ii]	1948-96
	1999CD [vii]	1980-99
Fécondité, taux global de	1948	1936-47
	1949/50	1936-49
	1951	1936-50
	1952	1936-50
	1953	1936-52
	1954	1936-53
	1955-1956	Dernière
	1959	1949-58
	1960-1964	Dernière
	1965	1955-64
	1966-1974	Dernière

Sujet	Année de l'édition	Période considérée
	1975	1966-74
	1976-1978	Dernière
	1978SR [i]	1948-77
	1979-1980	Dernière
	1981	1962-80
	1982-1985	Dernière
	1986	1977-85
	1987-1991	Dernière
	1992	1983-92
	1993-1997	Dernière
	1997SR [ii]	1948-96
	1998-2011	Dernière

I

Illégitime (voir également: Naissances et morts fœtales tardives):

Sujet	Année de l'édition	Période considérée
-morts fœtales tardives	1961	1952-60
	1965	5-Dernières
	1969	1963-68
	1975	1966-74
	1981	1972-80
	1986	1977-85
-morts fœtales tardives, rapports de	1961	1952-60
	1965	5-Dernières
	1969	1963-68
	1975	1966-74
	1981	1972-80
	1986	1977-85
-naissances	1959	1949-58
	1965	1955-64
	1969	1963-68
	1975	1966-74
	1981	1972-80
	1986	1977-85
	1999CD [vii]	1990-98
-naissances, rapports de	1959	1949-58
	1965	1955-64
	1969	1963-68
	1975	1966-74
	1981	1972-80
	1986	1977-85
	1999CD [vii]	1990-98

Immigrants (voir: Migration internationale)

Instruction, degré d' (voir: Population)

L

Langue et sexe (voir: Population)

Localités (voir: Population)

Index historique (suite)

(Voir les notes à la fin de l'index)

Sujet	Année de l'édition	Période considérée	Sujet	Année de l'édition	Période considérée
M				2009-2010	2006-10
				2011	2007-11
Mariages	1948	1932-47	-selon l'âge de l'épouse		
	1949/50	1934-49		1948	1936-47
	1951	1935-50		1949/50	1936-49
	1952	1936-51		1958	1948-57
	1953	1950-52		1959-1967	Dernière
	1954	1946-53		1968	1958-67
	1955	1946-54		1969-1975	Dernière
	1956	1947-55		1976	1966-75
	1957	1948-56		1977-1981	Dernière
	1958	1940-57		1982	1972-81
	1959	1949-58		1983-1986	Dernière
	1960	1950-59		1987	1975-86
	1961	1952-61		1988-1989	Dernière
	1962	1953-62		1990	1980-89
	1963	1954-63		1991-1997	Dernière
	1964	1960-64		1998	1993-97
	1965	1956-65		1999	1994-98
	1966	1962-66		2000	1995-99
	1967	1963-67		2001	1997-01
	1968	1949-68		2002	1998-02
	1969	1965-69		2003	1999-03
	1970	1966-70		2004	2000-04
	1971	1967-71		2005	2001-05
	1972	1968-72		2006-2011	Dernière
	1973	1969-73			
	1974	1970-74	-selon l'âge de l'épouse et		
	1975	1971-75	l'âge de l'époux	1958	1948-57
	1976	1957-76		1968	Dernière
	1977	1973-77		1976	Dernière
	1978	1974-78		1982	Dernière
	1979	1975-79		1990	Dernière
	1980	1976-80		2006-2011	Dernière
	1981	1977-81			
	1982	1963-82	-selon l'âge de l'épouse et		
	1983	1979-83	l'état matrimonial antérieur	1958	1948-57
	1984	1980-84		1968	Dernière
	1985	1981-85		1976	Dernière
	1986	1982-86		1982	Dernière
	1987	1983-87		1990	Dernière
	1988	1984-88			
	1989	1985-89	-selon l'âge de l'époux	1948	1936-47
	1990	1971-90		1949/50	1936-49
	1991	1987-91		1958	1948-57
	1992	1988-92		1959-1967	Dernière
	1993	1989-93		1968	1958-67
	1994	1990-94		1969-1975	Dernière
	1995	1991-95		1976	1966-75
	1996	1992-96		1977-1981	Dernière
	1997	1993-97		1982	1972-81
	1998	1994-98		1983-1986	Dernière
	1999	1995-99		1987	1975-86
	2000	1996-00		1988-1989	Dernière
	2001	1997-01		1990	1980-89
	2002	1998-02		1991-1997	Dernière
	2003	1999-03		1998	1993-97
	2004	2000-04		1999	1994-98
	2005	2001-05		2000	1995-99
	2006	2002-06		2001	1997-01
	2007	2003-07		2002	1998-02
	2008	2004-08		2003	1999-03

Sujet	Année de l'édition	Période considérée	Sujet	Année de l'édition	Période considérée
	2004	2000-04		1982	1963-82
	2005	2001-05		1983	1979-83
	2006-2011	Dernière		1984	1980-84
				1985	1981-85
-selon l'âge de l'époux et				1986	1982-86
l'âge de l'épouse	1958	1948-57		1987	1983-87
	1968	Dernière		1988	1984-88
	1976	Dernière		1989	1985-89
	1982	Dernière		1990	1971-90
	1990	Dernière		1991	1987-91
	2006-2011	Dernière		1992	1988-92
				1993	1989-93
-selon l'âge de l'époux et				1994	1990-94
l'état matrimonial antérieur	1958	1946-57		1995	1991-95
	1968	Dernière		1996	1992-96
	1976	Dernière		1997	1993-97
	1982	Dernière		1998	1994-98
	1990	Dernière		1999	1995-99
-selon l'état matrimonial				2000	1996-00
antérieur de l'épouse: et				2001	1997-01
l'âge	1958	1946-57		2002	1998-02
	1968	Dernière		2003	1999-03
	1976	Dernière		2004	2000-04
	1982	Dernière		2005	2001-05
	1990	Dernière		2006	2002-06
-selon l'état matrimonial				2007	2003-07
antérieur de l'épouse				2008	2004-08
(suite): et l'état matrimonial				2009-2010	2006-10
antérieur de l'époux	1949/50	Dernière		2011	2007-11
	1958	1948-57			
	1968	1958-67	-selon le mois	1968	1963-67
	1976	1966-75			
	1982	1972-81	**Mariages, premiers:**		
	1990	1980-89	-classification détaillé selon		
-selon l'état matrimonial			l'âge de l'épouse et de		
antérieur de l'époux			l'époux	1976	Dernière
et l'âge	1958	1946-57		1982	1972-81
	1968	Dernière		1990	1980-89
	1976	Dernière			
	1982	Dernière	**Mariages, taux de** (voir:		
	1990	Dernière	Nuptialité, taux de)		
et l'état matrimonial					
antérieur de l'épouse	1949/50	Dernière	**Ménages:**		
	1958	1948-57	-dimension moyenne des	1962	1955-62
	1968	1958-67		1963	1955-63 [iii]
	1976	1966-75		1968	Dernière
	1982	1972-81		1971	1962-71
	1990	1980-89		1973	1965-73 [iii]
-selon la résidence				1976	Dernière
(urbaine/rurale)	1968	Dernière		1982	Dernière
	1969	1965-69		1987	1975-86
	1970	1966-70		1990	1980-89
	1971	1967-71		1995	1985-95
	1972	1968-72			
	1973	1969-73	-le lien avec le chef de		
	1974	1970-74	ménage et la résidence		
	1975	1971-75	urbaine/rurale	1987	1975-86
	1976	1957-76		1995	1985-95
	1977	1973-77	-nombre de	1955	1945-54
	1978	1974-78		1962	1955-62
	1979	1975-79		1963	1955-63 [iii]
	1980	1976-80		1968	Dernière
	1981	1977-81		1971	1962-71
				1973	1965-73 [iii]

Index historique (suite)
(Voir les notes à la fin de l'index)

848

Sujet	Année de l'édition	Période considérée	Sujet	Année de l'édition	Période considérée
	1973	1968-72		1999CD [vii]	1990-98
	1974	1965-73	-selon l'âge de la mère et le		
	1975	1966-74	rang de naissance	1954	Dernière
	1976	1971-75		1959	1949-58
	1977	1972-76		1965	3-Dernières
	1978	1973-77		1969	1963-68
	1979	1974-78		1975	1966-74
	1980	1971-79		1981	1972-80
	1981	1972-80		1986	1977-85
	1982	1977-81		1999CD [vii]	1990-98
	1983	1978-82	-selon la période de		
	1984	1979-83	gestation	1957	1950-56
	1985	1975-84		1959	1949-58
	1986	1977-85		1961	1952-60
	1987	1982-86		1965	5-Dernières
	1988	1983-87		1966	1956-65
	1989	1984-88		1967-1968	Dernière
	1964	1959-63		1969	1963-68
	1990	1985-89		1974	1965-73
	1991	1986-90		1975	1966-74
	1992	1987-91		1980	1971-79
	1993	1988-92		1981	1972-80
	1994	1989-93		1985	1976-84
	1995	1990-94		1986	1977-85
	1996	1987-95		1996	1987-95
	1997	1992-96	-selon la résidence		
	1998	1993-97	(urbaine/rurale)	1971	1966-70
	1999	1994-98		1972	1967-71
	1999CD [vii]	1990-98		1973	1968-72
	2000	1995-99		1974	1965-73
	2001	1997-01		1975	1966-74
	2002	1998-02		1976	1971-75
	2003	1999-03		1977	1972-76
	2004	2000-04		1978	1973-77
	2005	2001-05		1979	1974-78
	2006	2002-06		1980	1971-79
	2007	2003-07		1981	1972-80
	2008	2004-08		1982	1977-81
	2009-2010	2006-10		1983	1978-82
	2011	2007-11		1984	1979-83
				1985	1975-84
-illégitimes	1961	1952-60		1986	1977-85
	1965	5-Dernières		1987	1982-86
-légitimes	1959	1949-58		1988	1983-87
	1965	1955-64		1989	1984-88
	1969	1963-68		1990	1985-89
	1975	1966-74		1991	1986-90
	1981	1972-80		1992	1987-91
	1986	1977-85		1993	1988-92
-légitimes selon l'âge de la				1994	1989-93
mère	1959	1949-58		1995	1990-94
	1965	1955-64		1996	1987-95
	1969	1963-68		1997	1992-96
	1975	1966-74		1998	1993-97
	1981	1972-80		1999	1994-98
	1986	1977-85		1999CD [vii]	1990-98
-selon l'âge de la mère	1954	1936-53		2000	1995-99
	1959	1949-58		2001	1997-01
	1965	1955-64		2002	1998-02
	1969	1963-68		2003	1999-03
	1975	1966-74		2004	2000-04
	1981	1972-80		2005	2001-05
	1986	1977-85		2006	2002-06
				2007	2003-07

Index historique (suite)

(Voir les notes à la fin de l'index)

Index historique (suite)

(Voir les notes à la fin de l'index)

Sujet	Année de l'édition	Période considérée	Sujet	Année de l'édition	Période considérée
	1990	1986-90		1977	1973-77
	1991	1987-91		1978	1974-78
	1992	1983-92		1978SR [i]	1948-78
	1993	1989-93		1979	1975-79
	1994	1990-94		1980	1971-80
	1995	1991-95		1981	1977-81
	1996	1987-96		1982	1978-82
	1997	1993-97		1983	1979-83
	1998	1994-98		1984	1980-84
	1999	1995-99		1985	1976-85
	2000	1996-00		1986	1982-86
	2001	1997-01		1987	1983-87
	2002	1998-02		1988	1984-88
	2003	1999-03		1989	1985-89
	2004	2000-04		1990	1986-90
	2005	2001-05		1991	1987-91
	2006	2002-06		1992	1983-92
	2007	2003-07		1993	1989-93
	2008	2004-08		1994	1990-94
	2009-2010	2006-10		1995	1991-95
	2011	2007-11		1996	1987-96
				1997	1993-97
-selon le mois	1967	1962-66		1997SR [ii]	1948-97
	1974	1965-73		1998	1994-98
	1980	1971-79		1999	1995-99
	1985	1976-84		2000	1996-00
				2001	1997-01
Mortalité infantile, taux de	1948	1932-47		2002	1998-02
	1949/50	1932-49		2003	1999-03
	1951	1930-50		2004	2000-04
	1952	1920-34 [vi]		2005	2001-05
		1934-51		2006	2002-06
	1953	1920-39 [vi]		2007	2003-07
		1940-52		2008	2004-08
	1954	1920-39 [vi]		2009-2010	2006-10
		1946-53		2011	2007-11
	1955	1920-34 [vi]			
		1946-54	-selon l'âge et le sexe	1948	1936-47
	1956	1947-55		1951	1936-49
	1957	1948-56		1957	1948-56
	1958	1948-57		1961	1952-60
	1959	1949-58		1966	1956-65
	1960	1950-59		1967	1962-66
	1961	1945-59 [vi]		1971-1973	Dernière
		1952-61		1974	1965-73
	1962	1945-59 [vi]		1975-1979	Dernière
		1952-62		1980	1971-79
	1963	1945-59 [vi]		1981-1984	Dernière
		1954-63		1985	1976-84
	1964	1960-64		1986-1991	Dernière
	1965	1961-65		1992	1983-92
	1966	1920-64 [vi]		1993-1995	Dernière
		1951-66		1996	1987-95
	1967	1963-67		1997-2011	Dernière
	1968	1964-68			
	1969	1965-69	-selon l'âge et le sexe et la résidence (urbaine/rurale)	1971-1973	Dernière
	1970	1966-70		1974	1965-73
	1971	1967-71		1975-1979	Dernière
	1972	1968-72		1980	1971-79
	1973	1969-73		1981-1984	Dernière
	1974	1965-74		1985	1976-84
	1975	1971-75		1986-1991	Dernière
	1976	1972-76			

Index historique (suite)
(Voir les notes à la fin de l'index)

Index historique (suite)

(Voir les notes à la fin de l'index)

Sujet	Année de l'édition	Période considérée
	1984	1974-83
	1985	1975-84
	1986	1976-85
	1987	1977-86
	1988	1978-87
	1989	1979-88
	1990	1980-89
	1991	1981-90
	1992	1982-91
	1993	1983-92
	1994	1984-93
	1995	1985-94
	1996	1986-95
	1997	1987-96
	1998	1988-97
	1999	1989-98
	2000	1991-00
	2001	1991-00
	2002	1995-02
	2003	1995-02
	2004	1995-04
	2005	1995-04
	2006	1997-06
	2007	1997-06
	2008	1999-08
	2009-2010	1999-08
	2011	2001-10
-selon l'âge	1957	Dernière
	1961	Dernière
Mortalité néonatale:		
-selon le sexe (nombres)	1948	1936-47
	1951	1936-50
	1957	1948-56
	1961	1952-60
	1963-1965	Dernière
	1966	1961-65
	1967	1962-66
	2000-2011	Dernière
-selon le sexe et la résidence (urbaine/rurale)	1968-1973	Dernière
	1974	1965-73
	1975-1979	Dernière
	1980	1971-79
	1981-1984	Dernière
	1985	1976-84
	1986-1991	Dernière
	1992	1983-92
	1993-1995	Dernière
	1996	1987-95
	1997	Dernière
	1997SR [ii]	1948-96
	1998-1999	Dernière
Mortalité néonatale, taux de		
-selon le sexe	1948	1936-47
	1951	1936-50
	1957	1948-56
	1961	1952-60
	1966	1956-65
	1967	1962-66
	2000-2011	Dernière

Sujet	Année de l'édition	Période considérée
-selon le sexe et la résidence (urbaine/rurale)	1968	Dernière
	1971-1973	Dernière
	1974	1965-73
	1975-1979	Dernière
	1980	1971-79
	1981-1984	Dernière
	1985	1976-84
	1986-1991	Dernière
	1992	1983-92
	1993-1995	Dernière
	1996	1987-95
	1997	Dernière
	1997SR [ii]	1948-96
	1998-1999	Dernière
Mortalité périnatale (nombres)..	1961	1952-60
	1966	1956-65
	1971	1966-70
	1974	1965-73
	1980	1971-79
	1985	1976-84
	1996	1987-95
-selon la résidence (urbaine/rurale)	1971	1966-70
	1974	1965-73
	1980	1971-79
	1985	1976-84
	1996	1987-95
Mortalité périnatale, rapports de. ...	1961	1952-60
	1966	1956-65
	1971	1966-70
	1974	1965-73
	1980	1971-79
	1985	1976-84
	1996	1987-95
-selon la résidence (urbaine/rurale)	1971	1966-70
	1974	1965-73
	1980	1971-79
	1985	1976-84
	1996	1987-95
Mortalité post-néonatale (nombres):		
-selon le sexe	1948	1936-47
	1951	1936-50
	1957	1948-56
	1961	1952-60
	1963-1965	Dernière
	1966	1961-65
	1967	1962-66
	1968-1973	Dernière
	1974	1965-73
	1975-1979	Dernière
	1980	1971-79
	1981-1984	Dernière
	1985	1976-84
	1986-1991	Dernière
	1992	1983-92
	1993-1995	Dernière

Index historique (suite)

(Voir les notes à la fin de l'index)

Sujet	Année de l'édition	Période considérée
	1996	1987-95
	1997	Dernière
	1997SR [ii]	1948-96
	1998-2011	Dernière
-selon la résidence (urbaine/rurale)	1971-1973	Dernière
	1974	1965-73
	1975-1979	Dernière
	1980	1971-79
	1981-1984	Dernière
	1985	1976-84
	1986-1991	Dernière
	1992	1983-92
	1993-1995	Dernière
	1996	1987-95
	1997	Dernière
	1997SR [ii]	1948-96
	1998-1999	Dernière
Mortalité post-néonatale, taux de:		
-selon le sexe	1948	1936-47
	1951	1936-50
	1957	1948-56
	1961	1952-60
	1966	1956-65
	1967	1962-66
	1968-1973	Dernière
	1974	1965-73
	1975-1979	Dernière
	1980	1971-79
	1981-1984	Dernière
	1985	1976-84
	1986-1991	Dernière
	1992	1983-92
	1993-1995	Dernière
	1996	1987-95
	1997	Dernière
	1997SR [ii]	1948-96
	1998-2011	Dernière
-selon la résidence (urbaine/rurale)	1971-1973	Dernière
	1974	1965-73
	1975-1979	Dernière
	1980	1971-79
	1981-1984	Dernière
	1985	1976-84
	1986-1991	Dernière
	1992	1983-92
	1993-1995	Dernière
	1996	1987-95
	1997	Dernière
	1997SR [ii]	1948-96
	1998-1999	Dernière
Mortalité, tables de:		
-espérance de vie à la naissance selon le sexe	1959-1973	Dernière
	1974	2-Dernière
	1975-1978	Dernière
	1978SR [i]	1948-77
	1979	Dernière
	1980	2-Dernières
	1981-1984	Dernière

Sujet	Année de l'édition	Période considérée
	1985	2-Dernières
	1986-1991	Dernière
	1991 VP [v]	1950-90
	1992-1995	Dernière
	1996	2-Dernières
	1997	Dernière
	1997SR [ii]	1948-1996
	1998	1995-98
	1999	1995-99
	2000	1995-00
	2001	1997-01
	2002	1998-02
	2003	1999-03
	2004	2000-04
	2005	2001-05
	2006	2002-06
	2007	2003-07
	2008	2004-08
	2009-10	2006-10
	2011	2007-11
-espérance de vie à un âge donné selon le sexe	1948	1891-1945
	1951	1891-1950
	1952	1891-1951 [iii]
	1953	1891-1952
	1954	1891-1953 [iii]
	1955-1956	Dernière
	1957	1900-56
	1958-1960	Dernière
	1961	1940-60
	1962-64	Dernière
	1966	2-Dernières
	1967	1900-66
	1968-1973	Dernière
	1974	2-Dernières
	1975-1978	Dernière
	1978HS [i]	1948-77
	1979	Dernière
	1980	2-Dernières
	1981-1984	Dernière
	1985	2-Dernières
	1986-1991	Dernière
	1991 VP [v]	1950-90
	1992-1994	Dernière
	1996	2-Dernières
	1997	Dernière
	1997SR [ii]	1948-96
	1998-2011	Dernière
- probabilité de décès à un âge donné selon le sexe	1948	1891-1945
	1951	1891-1950
	1952	1891-1951 [iii]
	1953	1891-1952
	1954	1891-1953 [iii]
	1957	1900-56
	1961	1940-60
	1966	2-Dernières
	1974	2-Dernières
	1980	2-Dernières
	1985	2-Dernières
	1996	2-Dernières
	2008-2011	Dernière

Index historique (suite)

(Voir les notes à la fin de l'index)

Sujet	Année de l'édition	Période considérée
-survivants à un âge donné selon le sexe	1948	1891-1945
	1951	1891-1950
	1952	1891-1951 [iii]
	1953	1891-1952
	1954	1891-1953 [iii]
	1957	1900-56
	1961	1940-60
	1966	2-Dernières
	1974	2-Dernières
	1980	2-Dernières
	1985	2-Dernières
	1996	2-Dernières
Mort-nés (voir: Morts fœtales tardives)		
Morts fœtales:		
-selon la période de gestation	1957	1950-56
	1959	1949-58
	1961	1952-60
	1965	5-Dernières
	1966	1956-65
	1967-1968	Dernière
	1969	1963-68
	1974	1965-73
	1975	1966-74
	1980	1971-79
	1981	1972-80
	1985	1976-84
	1986	1977-85
	1996	1987-95
	1999CD [vii]	1990-98
Morts fœtales tardives	1951	1935-50
	1952	1936-51
	1953	1936-52
	1954	1938-53
	1955	1946-54
	1956	1947-55
	1957	1948-56
	1958	1948-57
	1959	1949-58
	1960	1950-59
	1961	1952-60
	1962	1953-61
	1963	1953-62
	1964	1959-63
	1965	1955-64
	1966	1947-65
	1967	1962-66
	1968	1963-67
	1969	1959-68
	1970	1965-69
	1971	1966-70
	1972	1967-71
	1973	1968-72
	1974	1965-73
	1975	1966-74
	1976	1971-75
	1977	1972-76
	1978	1973-77

Sujet	Année de l'édition	Période considérée
	1979	1974-78
	1980	1971-79
	1981	1972-80
	1982	1977-81
	1983	1978-82
	1984	1979-83
	1985	1975-84
	1986	1977-85
	1987	1982-86
	1988	1983-87
	1989	1984-88
	1990	1985-89
	1991	1986-90
	1992	1987-91
	1993	1988-92
	1994	1989-93
	1995	1990-94
	1996	1987-95
	1997	1992-96
	1998	1993-97
	1999	1994-98
	1999CD [vii]	1990-98
	2000	1995-99
	2001	1997-01
	2002	1998-02
	2003	1999-03
	2004	2000-04
	2005	2001-05
	2006	2002-06
	2007	2003-07
	2008	2004-08
	2009-2010	2006-10
	2011	2007-11
-illégitimes	1961	1952-60
	1965	5-Dernières
	1969	1963-68
	1975	1966-74
	1981	1972-80
	1986	1977-85
-illégitimes, en pourcentage	1961	1952-60
	1965	5-Dernières
	1969	1963-68
	1975	1966-74
	1981	1972-80
	1986	1977-85
-légitimes	1959	1949-58
	1965	1955-64
	1969	1963-68
	1975	1966-74
	1981	1972-80
	1986	1977-85
-légitimes selon l'âge de la mère	1959	1949-58
	1965	1955-64
	1969	1963-68
	1975	1966-74
	1981	1972-80
	1986	1977-85
-selon l'âge de la mère	1954	1936-53

Index historique (suite)

(Voir les notes à la fin de l'index)

Sujet	Année de l'édition	Période considérée	Sujet	Année de l'édition	Période considérée
	1979	1975-79	père		
	1980	1976-80		1965	1955-64
	1981	1962-81		1969	1963-68
	1982	1978-82		1975	1966-74
	1983	1979-83		1981	1972-80
	1984	1980-84		1986	1977-85
	1985	1981-85	-légitimes selon la durée du		
	1986	1967-86	mariage	1948	1936-47
	1987	1983-87		1949/50	1936-49
	1988	1984-88		1954	1936-53
	1989	1985-89		1959	1949-58
	1990	1986-90		1965	1955-64
	1991	1987-91		1969	1963-68
	1992	1983-92		1975	1966-74
	1993	1989-93		1981	1972-80
	1994	1990-94		1986	1977-85
	1995	1991-95		1999CD [vii]	1990-98
	1996	1992-96	-selon l'âge de la mère	1948	1936-47
	1997	1993-97		1949/50	1936-49
	1997SR [ii]	1948-97		1954	1936-53
	1998	1994-98		1955-1956	Dernière
	1999	1995-99		1958	Dernière
	1999CD [vii]	1980-99		1959	1949-58
	2000	1996-00		1960-1964	Dernière
	2001	1997-01		1965	1955-64
	2002	1998-02		1966-1968	Dernière
	2003	1999-03		1969	1963-68
	2004	2000-04		1970-1974	Dernière
	2005	2001-05		1975	1966-74
	2006	2002-06		1976-1978	Dernière
	2007	2003-07		1978SR [i]	1948-77
	2008	2004-08		1979-1980	Dernière
	2009-2010	2006-10		1981	1972-80
	2011	2007-11		1982-1985	Dernière
				1986	1977-85
				1987-1991	Dernière
-illégitimes (voir également: légitimes)	1959	1949-58		1992	1983-92
	1965	1955-64		1993-1997	Dernière
	1969	1963-68		1997SR [ii]	1948-96'
	1975	1966-74		1998-1999	Dernière
	1981	1972-80		1999CD [vii]	1990-98
	1986	1977-85		2000-2011	Dernière
	1999CD [vii]	1990-98	-selon l'âge de la mère et le		
			rang de naissance	1949/50	1936-47
-légitimes	1948	1936-47		1954	Dernière
	1949/50	1936-49		1959	1949-58
	1954	1936-53		1965	1955-64
	1959	1949-58		1969	1963-68
	1965	1955-64		1975	1966-74
	1969	1963-68		1981	1972-80
	1975	1966-74		1986	1977-85
	1981	1972-80		1999CD [vii]	1990-98
	1986	1977-85			
	1999CD [vii]	1990-98	-selon l'âge de la mère et la résidence (urbaine/rurale) (voir: selon la résidence (urbaine/rurale), ci-dessous)		
-légitimes selon l'âge de la mère	1954	1936-53			
	1959	1949-58	-selon l'âge de la mère et le sexe	1965-1968	Dernière
	1965	1955-64		1969	1963-68
	1969	1963-68		1970-1974	Dernière
	1975	1966-74		1975	1966-74
	1981	1972-80			
	1986	1977-85			
-légitimes selon l'âge du	1959	1949-58			

(Voir les notes à la fin de l'index)

Index historique (suite)

(Voir les notes à la fin de l'index)

Sujet	Année de l'édition	Période considérée
	1975	1956-75
	1976-1980	Dernière
	1981	1962-81
	1982-1985	Dernière
	1986	1967-86
	1987-1991	Dernière
	1992	1983-92
	1993-1997	Dernière
	1997SR [ii]	1948-96
	1998-1999	Dernière
	1999CD [vii]	1980-1999
	2000-2011	Dernière
-selon les naissances multiples	1965	Dernière
	1969	Dernière
	1975	Dernière
	1981	1972-80
	1986	1977-85
	1999CD [vii]	1990-98
Naissances des femmes de moins de 20 ans selon l'âge de la mère: -et la résidence (urbaine/rurale)	1986	1970-85
Natalité proportionnelle:		
-fécondité	1949/50	Dernière
	1954	Dernière
	1959	1949-58
	1965	1955-65
	1969	1963-68
	1975	1965-74
	1978SR [i]	1948-77
	1981	1972-80
	1986	1977-85
	1997SR [ii]	1948-1996
	1999CD [vii]	1980-99
-illégitime	1959	1949-58
	1965	1955-65
	1969	1963-68
	1975	1965-74
	1981	1972-80
	1986	1977-85
Natalité, taux de	1948	1932-47
	1949/50	1932-49
	1951	1905-30 [vi]
		1930-50
	1952	1920-34 [vi]
		1934-51
	1953	1920-39 [vi]
		1940-52
	1954	1920-39 [vi]
		1939-53
	1955	1920-34 [vi]
		1946-54
	1956	1947-55
	1957	1948-56
	1958	1948-57
	1959	1920-54 [vi]
		1953-58
	1960	1950-59
	1961	1945-59 [vi]

Sujet	Année de l'édition	Période considérée
		1952-61
	1962	1945-54 [vi]
		1952-62
	1963	1945-59 [vi]
		1954-63
	1964	1960-64
	1965	1920-64 [vi]
		1950-65
	1966	1950-64 [vi]
		1957-66
	1967	1963-67
	1968	1964-68
	1969	1925-69 [vi]
		1954-69
	1970	1966-70
	1971	1967-71
	1972	1968-72
	1973	1969-73
	1974	1970-74
	1975	1956-75
	1976	1972-76
	1977	1973-77
	1978	1974-78
	1978SR [i]	1948-78
	1979	1975-79
	1980	1976-80
	1981	1962-81
	1982	1978-82
	1983	1979-83
	1984	1980-84
	1985	1981-85
	1986	1967-86
	1987	1983-87
	1988	1984-88
	1989	1985-89
	1990	1986-90
	1991	1987-91
	1992	1983-92
	1993	1989-93
	1994	1990-94
	1995	1991-95
	1996	1992-96
	1997	1993-97
	1997SR [ii]	1948-97
	1998	1994-98
	1999	1995-99
	1999CD [vii]	1985-99
	2000	1996-00
	2001	1997-01
	2002	1998-02
	2003	1999-03
	2004	2000-04
	2005	2001-05
	2006	2002-06
	2007	2003-07
	2008	2004-08
	2009-2010	2006-10
	2011	2007-11
-estimatifs: pour les continents	1949/50	1947
	1956-1977	Dernière
	1978-1979	1970-75

Index historique (suite)

(Voir les notes à la fin de l'index)

Sujet	Année de l'édition	Période considérée	Sujet	Année de l'édition	Période considérée
	1980-1986	1975-80		1965	Dernière
	1987-1992	1985-90		1969	Dernière
	1993-1997	1990-95		1975	Dernière
				1981	Dernière
	1998-2000	1995-00		1986	Dernière
	2001-2005	2000-05	-légitimes selon la durée du		
	2006-2010	2005-10	mariage	1959	1950-57
	2011	2010-15		1965	Dernière
				1969	Dernière
				1975	Dernière
pour les grandes régions	1964-1977	Dernière			
	1978-1979	1970-75	-selon l'âge de la mère	1948	1936-47
	1980-1983	1975-80		1949/50	1936-49
	1984-1986	1980-85		1951	1936-50
	1987-1992	1985-90		1952	1936-50
	1993-1997	1990-95		1953	1936-52
	1998-2000	1995-00		1954	1936-53
	2001-2005	2000-05		1955-1956	Dernière
	2006-2010	2005-10		1959	1949-58
	2011	2010-15		1965	1955-64
				1969	1963-68
pour les régions	1949/50	1947		1975	1966-74
	1956-1977	Dernière		1976-1978	Dernière
	1978-1979	1970-75		1978SR [i]	1948-77
	1980-1983	1975-80		1979-1980	Dernière
	1984-1986	1980-85		1981	1972-80
	1987-1992	1985-90		1982-1985	Dernière
	1993-1997	1990-95		1986	1977-85
	1998-2000	1995-00		1987-1991	Dernière
	2001-2005	2000-05		1992	1983-92
	2006-2010	2005-10		1993-1997	Dernière
	2011	2010-15		1975SR [ii]	1948-96
				1998-1999	Dernière
pour le monde	1949/50	1947		1999CD [vii]	1990-98
	1956-1977	Dernière		2000-2011	Dernière
	1978-1979	1970-75			
	1980-1983	1975-80	-selon l'âge de la mère et le		
	1984-1986	1980-85	rang de naissance	1954	1948 et 1951
	1987-1992	1985-90		1959	1949-58
	1993-1997	1990-95		1965	1955-64
	1998-2000	1995-00		1969	1963-68
	2001-2005	2000-05		1975	1966-74
	2006-2010	2005-10		1981	1972-80
	2011	2010-15		1986	1977-85
				1999CD [vii]	1990-98
-illégitimes (voir également			-selon l'âge de la mère et la		
légitimes)	1959	1949-58	résidence (urbaine/rurale)		
-légitimes	1954	1936-53	(voir: (urbaine/rurale), ci-		
	1959	1949-58	dessous)		
	1965	Dernière	-selon l'âge du père	1949/50	1942-49
	1969	Dernière		1954	1936-53
	1975	Dernière		1959	1949-58
	1981	Dernière		1965	1955-64
	1986	Dernière		1969	1963-68
-légitimes selon l'âge de la				1975	1966-74
mère	1954	1936-53		1981	1972-80
	1959	1949-58		1986	1977-85
	1965	Dernière		1999CD [vii]	1990-98
	1969	Dernière		2007-2011	Dernière
	1975	Dernière			
	1981	Dernière	-selon la durée du mariage		
	1986	Dernière	(voir: légitimes selon la duré		
-légitimes selon l'âge du			du mariage)		
père	1959	1949-58	-selon le rang de naissance	1951	1936-49

860

Index historique (suite)

(Voir les notes à la fin de l'index)

Sujet	Année de l'édition	Période considérée	Sujet	Année de l'édition	Période considérée
	1961	1953-60			1960-62
	1962	1958-61		1964	1958-63
	1963	1958-62			1960-63
	1964	1958-63		1965	1958-64
	1965	1958-64			1960-64
	1966	1958-66		1966	1958-66
	1967	1963-67			1960-66
	1968	1963-68		1967	1960-67
	1969	1963-69			1963-67
	1970	1963-70		1968	1960-68
	1971	1963-71			1963-68
	1972	1963-72		1969	1960-69
	1973	1970-73			1963-69
	1974	1970-74		1970	1963-70
	1975	1970-75			1965-70
	1976	1970-76		1971	1963-71
	1977	1970-77			1965-71
	1978	1975-78		1972	1963-72
	1979	1975-79			1965-72
	1980	1975-80		1973	1965-73
	1981	1975-81			1970-73
	1982	1975-82		1974	1965-74
	1983	1980-83			1970-74
	1984	1980-84		1975	1965-75
	1985	1980-85			1970-75
	1986	1980-86		1976	1965-76
	1987	1980-87			1970-76
	1988	1985-88		1977	1965-77
	1989	1985-89			1970-77
	1990	1985-90		1978-1979	1970-75
	1991	1985-91		1980-1983	1975-80
	1992	1985-92		1984-1986	1980-85
	1993	1990-93		1987-1992	1985-90
	1994	1990-94		1993-1997	1990-95
	1995	1990-95		1998-2000	1995-00
	1996	1990-96		2001-2005	2000-05
	1997	1990-97		2006-2010	2005-10
	1998	1993-98		2011	2010-15
	1999	1995-99			
	2000	1995-00	-active:		
	2001	1995-01	féminin, selon l'état		
	2002	1995-02	matrimonial et l'âge	1956	1945-55
	2003	2000-03		1967	1955-64
	2004	2000-04		1968	Dernière
	2005	2000-05		1972	1962-77
	2006	2000-06	féminin, selon l'état		
	2007	2005-07	matrimonial et l'âge et la		
	2008	2005-08	résidence (urbaine/rurale)	1973	1965-73
	2009-2010	2005-10		1979	1970-79
				1984	1974-84
	2011	2005-11		1988	1980-88 [iii]
			née à l'étranger selon la		
annuels moyens pour le			profession, l'âge et le		
monde, les grandes			sexe	1984	1974-84
régions (continentes) et				1989	1980-88
les régions			née à l'étranger selon la		
géographiques	1957	1950-56	profession, l'âge et le		
	1958	1950-57	sexe	1977	Dernière
	1959	1950-58			
	1960	1950-59	selon l'âge et le sexe	1955	1945-54
	1961	1950-60		1956	1945-55
	1962	1950-61		1964	1955-64
	1963	1958-62		1972	1962-72

Index historique (suite)

(Voir les notes à la fin de l'index)

Sujet	Année de l'édition	Période considérée	Sujet	Année de l'édition	Période considérée
selon l'âge et le sexe	1973	1965-73 [iii]		1964	1955-64
et la résidence	1979	1970-79 [iii]		1972	1962-72
(urbaine/rurale)	1984	1974-84	selon la profession, l'âge		
	1988	1980-88 [iii]	et le sexe et la résidence		
	1994	1985-94	(urbaine/rurale)	1973	1965-73 [iii]
selon l'âge et le sexe en				1979	1970-79 [iii]
pourcentage	1948	Dernière		1984	1974-84
	1949/50	1930-48		1988	1980-88 [iii]
	1955	1945-54	selon la profession, la		
	1956	1945-55	situation dans la		
	1964	1955-64	profession et le sexe	1956	1945-55
	1972	1962-72		1964	1955-64
selon l'âge et le sexe en				1972	1962-72
pourcentage et la			selon la profession, la		
résidence (urbaine/			situation dans la		
rurale)	1973	1965-73 [iii]	profession et le sexe et la		
	1979	1970-79 [iii]	résidence (urbaine/rurale)	1973	1965-73 [iii]
	1984	1974-84		1979	1970-79 [iii]
	1988	1980-88 [iii]		1984	1974-84
	1994	1985-94		1988	1980-88 [iii]
selon la branche				1994	1985-94
d'activité économique, le			selon la situation dans la		
sexe, et l'âge	1956	1945-55	profession, la branche		
	1964	1955-64	d'activité économique et		
	1972	1962-72	le sexe	1948	Dernière
selon la branche				1949/50	Dernière
d'activité économique, le				1955	1945-54
sexe, et l'âge et la				1964	1955-64
résidence (urbaine/rurale)	1973	1965-73 [iii]		1972	1962-72
	1979	1970-79 [iii]	selon la situation dans la		
	1984	1974-84	profession, la branche		
	1988	1980-88 [iii]	d'activité économique et		
selon la branche			le sexe et la résidence		
d'activité économique la			(urbaine/rurale)	1973	1965-73 [iii]
situation dans la				1979	1970-79 [iii]
profession et le sexe				1984	1974-84
	1948	Dernière		1988	1980-88 [iii]
	1949/50	Dernière		1994	1985-94
	1955	1945-54	selon la situation dans la		
	1964	1955-64	profession et le sexe et		
	1972	1962-72	l'âge	1956	1945-55
selon la branche				1964	1955-64
d'activité économique la				1972	1962-72
situation dans la			selon la situation dans la		
profession et le sexe et la			profession et le sexe et		
résidence (urbaine/rurale)	1973	1965-73 [iii]	l'âge et la résidence		
	1979	1970-79	(urbaine/rurale)	1973	1965-73 [iii]
	1984	1974-84		1979	1970-79 [iii]
	1988	1980-88 [iii]		1984	1974-84
	1994	1985-94		1988	1980-88 [iii]
selon l'état matrimonial et				1994	1985-94
l'âge (sexe féminin)	1956	1945-55	selon la situation dans la		
	1964	1955-64	profession, la profession		
	1968	Dernière	et le sexe	1956	1945-55
	1972	1962-72		1964	1955-64
selon l'état matrimonial et				1972	1962-72
l'âge (sexe féminin) et la			selon la situation dans la		
résidence (urbaine/rurale)	1973	1965-73 [iii]	profession, la profession		
	1979	1970-79 [iii]	et le sexe et la résidence		
	1984	1974-84	(urbaine/rurale)	1973	1965-73 [iii]
	1988	1980-88 [iii]		1979	1970-79 [iii]
	1994	1985-94		1984	1974-84
selon la profession, la				1988	1980-88 [iii]
l'âge et le sexe	1956	1945-55		1994	1985-94

Sujet	Année de l'édition	Période considérée	Sujet	Année de l'édition	Période considérée
	1958	1920-57		1964	1955-64
	1959	1920-58		1965-1978	Dernière
	1960	1920-59		1978SR [i]	1948-78
	1961	1920-60		1979-1997	Dernière
	1962	1920-61		1979SR [ii]	1948-78
	1963	1930-62		1998-2011	Dernière
	1964	1930-63			
	1965	1930-65	estimée	1948	1932-47
	1966	1930-66		1949/50	1932-49
	1967	1930-67		1951	1930-50
	1968	1930-68		1952	1920-51
	1969	1930-69		1953	1920-53
	1970	1950-70		1954	1920-54
	1971	1950-71		1955	1920-55
	1972	1950-72		1956	1920-56
	1973	1950-73		1957	1940-57
	1974	1950-74		1958	1939-58
	1975	1950-75		1959	1940-59
	1976	1950-76		1960	1920-60
	1977	1950-77		1961	1941-61
	1978	1950-78		1962	1942-62
	1979	1950-79		1963	1943-63
	1980	1950-80		1964	1955-64
	1981	1950-81		1965	1946-65
	1982	1950-82		1966	1947-66
	1983	1950-83		1967	1958-67
	1984	1950-84		1968	1959-68
	1985	1950-85		1969	1960-69
	1986	1950-86		1970	1950-70
	1987	1950-87		1971	1962-71
	1988	1950-88		1972	1963-72
	1989	1950-89		1973	1964-73
	1990	1950-90		1974	1965-74
	1991	1950-91		1975	1966-75
	1992	1950-92		1976	1967-76
	1993	1950-93		1977	1968-77
	1994	1950-94		1978	1969-78
	1995	1950-95		1978SR [i]	1948-78
	1996	1950-96		1979	1970-79
	1997	1950-97		1980	1971-80
	1998-2000	1950-00		1981	1972-81
	2001	1950-01		1982	1973-82
	2002	1950-02		1983	1974-83
	2003	1950-03		1984	1975-84
	2004	1950-04		1985	1976-85
	2005	1950-05		1986	1977-86
	2006	1950-06		1987	1978-87
	2007	1950-07		1988	1979-88
	2008	1950-08		1989	1980-89
	2009-2010	1950-10		1990	1981-90
	2011	1960-11		1991	1982-91
				1992	1983-92
-des pays ou zones (total):				1993	1984-93
dénombrée	1948	1900-48		1994	1985-94
	1949/50	1900-50		1995	1986-95
	1951	1900-51		1996	1987-96
	1952	1850-1952		1997	1988-97
	1953	1850-1953		1997SR [ii]	1948-97
	1954	Dernière		1998	1989-98
	1955	1850-1954		1999	1990-99
	1956-1961	Dernière		2000	1991-00
	1962	1900-62		2001	1992-01
	1963	Dernière		2002	1993-02
				2003	1994-03

Index historique (suite)

(Voir les notes à la fin de l'index)

Sujet	Année de l'édition	Période considérée	Sujet	Année de l'édition	Période considérée
	1969	1930-69		1997SR [ii]	1948-96
	1970	1950-70	selon le nombre total		
	1971	1950-71	d'enfants vivants et l'âge	1949/50	Dernière
	1972	1950-72		1954	1930-53
	1973	1950-73		1955	1945-54
	1974	1950-74		1959	1949-58
	1975	1950-75		1963	1955-63
	1976	1950-76		1965	1955-65
	1977	1950-77		1968-1969	Dernière
	1978	1950-78		1971	1962-71
	1979	1950-79		1973	1965-73 [iii]
	1980	1950-80		1975	1965-74
	1981	1950-81		1978SR [i]	1948-77
	1982	1950-82		1981	1972-80
	1983	1950-83		1986	1977-85
	1984	1950-84		1997SR [ii]	1948-96
	1985	1950-85	-féminine mariée: selon		
	1986	1950-86	l'âge actuel et la durée du		
	1987	1950-87	présent mariage	1968	Dernière
	1988	1950-88	-fréquentant l'école selon		
	1989	1950-89	l'âge et le sexe	1956	1945-55
	1990	1950-90		1963	1955-63
	1991	1950-91		1964	1955-64 [iii]
	1992	1950-92		1971	1962-71
	1993	1950-93		1973	1965-73 [iii]
	1994	1950-94		1979	1970-79
	1995	1950-95		1983	1974-83
	1996	1950-96		1988	1980-88 [iii]
	1997	1950-97		1993	1985-93 [iii]
	1998-2000	1950-00	-indicateurs divers de		
	2001	1950-01	conditions d'habitation	1991 VP [v]	Dernière
	2002	1950-02	-inactive par sous-groupes,		
	2003	1950-03	âge et sexe	1956	1945-55
	2004	1950-04		1964	1955-64
	2005	1950-05		1972	1962-72
	2006	1950-06		1973	1965-73 [iii]
	2007	1950-07		1979	1970-79 [iii]
	2008	1950-08		1984	1974-84
	2009-2010	1950-10		1988	1980-88 [iii]
	2011	1960-11		1994	1985-94
			-mariée selon l'âge et le		
-effectifs des ménages, âge,			sexe (voir également:		
sexe et résidence			Population selon l'état		
urbaine/rurale	1987	1975-86	matrimonial) nombres et		
	1995	1950-95	pourcentages	1954	1926-52
-féminine:				1960	1920-60
selon l'âge et selon l'âge				1970	1950-70
et la durée du mariage	1968	Dernière	-par année d'âge et par		
selon le nombre total			sexe	1955	1945-54
d'enfants nés vivants et				1962	1955-62
l'âge	1949/50	Dernière		1963	1955-63 [iii]
	1954	1930-53		1971	1962-71
	1955	1945-54		1973	1965-73 [iii]
	1959	1949-58		1979	1970-79 [iii]
	1963	1955-63		1983	1974-83
	1965	1955-65		1988	1980-88 [iii]
	1969	Dernière		1993	1985-93
	1971	1962-71	-par groupes d'âge et par		
	1973	1965-73 [iii]	sexe:		
	1975	1965-74	dénombrée	1948-1952	Dernière
	1978SR [i]	1948-77		1953	1950-52
	1981	1972-80		1954-1959	Dernière
	1986	1977-85		1960	1940-60
				1961	Dernière

Sujet	Année de l'édition	Période considérée	Sujet	Année de l'édition	Période considérée
	1987	1978-87		1971	1962-71
	1988	1979-88		1972	Dernière
	1989	1980-89		1973	1965-73
	1990	1981-90		1974-78	Dernière
	1991	1982-91		1978SR [i]	1948-77
	1992	1983-92		1979-91	Dernière
	1993	1984-93		1991VP [v]	1950-90
	1994	1985-94		1992-97	Dernière
	1995	1986-95		1997SR [ii]	1948-97
	1996	1987-96		1998-2010	Dernière
	1997	1988-97	selon l'âge et le sexe: estimée		
	1998	1989-98		1963	Dernière
	1999	1990-99		1967	Dernière
	2000	1991-00		1970	1950-70
	2001	1992-01		1971-1997	Dernière
	2002	1993-02		1997SR [ii]	1948-97
	2003	1994-03		1998-2010	Dernière
	2004	1995-04	selon l'alphabétisme, l'âge et le sexe		
	2005	1996-05		1971	1962-71
	2006	1997-06		1973	1965-73 [iii]
	2007	1998-07		1979	1970-79 [iii]
	2008	1999-08		1983	1974-83
	2009-2010	2001-10		1988	1980-88 [iii]
	2011	2002-11		1993	1985-93
féminine: selon le nombre total d'enfants nés vivants et l'âge			selon la composition ethnique et le sexe		
	1971	1962-71		1971	1962-71
	1973	1965-73 [iii]		1973	1965-73 [iii]
	1975	1965-74		1979	1970-79 [iii]
	1978SR [i]	1948-77		1983	1974-83
	1981	1972-80		1988	1980-88 [iii]
	1986	1977-85		1993	1985-93
	1997SR [ii]	1948-96		1971	1962-71
féminine: selon le nombre total d'enfants vivants et l'âge			selon l'état matrimonial, l'âge et le sexe		
	1971	1962-71		1971	1962-71
	1973	1965-73 [iii]		1973	1965-73 [iii]
	1975	1965-74	selon la langue et le sexe	1971	1962-71
	1978SR [i]	1948-77		1973	1965-73 [iii]
	1981	1972-80		1979	1970-79 [iii]
	1986	1977-85		1983	1974-83
	1997SR [ii]	1948-96		1988	1980-88 [iii]
fréquentant l'école selon l'âge et le sexe				1993	1985-93
	1971	1962-71	selon la nationalité juridique et le sexe	1971	1962-71
	1973	1965-73 [iii]		1973	1965-73 [iii]
	1979	1970-79 [iii]	selon la nationalité juridique et le sexe et l'âge		
	1983	1974-83		1977	Dernière
	1988	1980-88 [iii]		1983	1974-83
	1988	1980-88 [iii]		1989	1980-88
	1993	1985-93	selon le niveau d'instruction, l'âge et le sexe		
par année d'âge et par sexe				1971	1962-71
	1971	1962-71		1973	1965-73 [iii]
	1973	1965-73 [iii]		1979	1970-79 [iii]
	1979	1970-79 [iii]		1983	1974-83
	1983	1974-83		1988	1980-88 [iii]
	1993	1985-93		1993	1985-93
selon la situation familiale	1991 VP [v]	Dernière	selon le pays ou zone de naissance et le sexe		
selon l'âge et le sexe: dénombrée				1971	1962-71
	1963	1955-63		1973	1965-73 [iii]
	1964	1955-64 [iii]	selon le pays ou zone de naissance et le sexe et l'âge		
	1967	Dernière		1977	Dernière
	1970	1950-70		1983	1974-83

Sujet	Année de l'édition	Période considérée	Sujet	Année de l'édition	Période considérée
	1989	1980-88		2009-2010	2001-10
selon les principales				2011	2002-11
divisions administratives	1971	1962-71			
	1973	1965-73 [iii]	pourcentage	1948	Dernière
	1979	1970-79 [iii]		1952	1900-51
	1983	1974-83		1955	1945-54
	1988	1980-88 [iii]		1960	1920-60
	1993	1985-93		1962	1955-62
selon la religion et le				1970	1950-70
sexe	1971	1962-71		1971	1962-71
	1973	1965-73 [iii]		1973	1965-73
	1979	1970-79 [iii]		1974	1966-74
	1983	1974-83		1975	1967-75
	1988	1980-88 [iii]		1976	1967-76
	1993	1985-93		1977	1968-77
selon le sexe:				1978	1969-78
nombres	1948	Dernière		1979	1970-79
	1952	1900-51		1980	1971-80
	1955	1945-54		1981	1972-81
	1960	1920-60		1982	1973-82
	1962	1955-62		1983	1974-83
	1963	1955-63		1984	1975-84
	1964	1955-64 [iii]		1985	1976-85
	1967	Dernière		1986	1977-86
	1970	1950-70		1987	1978-87
	1971	1962-71		1988	1979-88
	1972	Dernière		1989	1980-89
	1973	1965-73		1990	1981-90
	1974	1966-74		1991	1982-91
	1975	1967-75		1992	1983-92
	1976	1967-76		1993	1984-93
	1977	1968-77		1994	1985-94
	1978	1969-78		1995	1986-95
	1979	1970-79		1996	1987-96
	1980	1971-80		1997	1988-97
	1981	1972-81		1998	1989-98
	1982	1973-82		1999	1990-99
	1983	1974-83		2000	1991-00
	1984	1975-84		2001	1992-01
	1985	1976-85		2002	1993-02
	1986	1977-86		2003	1994-03
	1987	1978-87		2004	1995-04
	1988	1979-88		2005	1996-05
	1989	1980-89		2006	1997-06
	1990	1981-90		2007	1998-07
	1991	1982-91		2008	1999-08
	1992	1983-92		2009-2010	2001-10
	1993	1984-93		2011	2002-11
	1994	1985-94			
	1995	1986-95	-Vieillissement indicateurs		
	1996	1987-96	divers	1991 VP [v]	1950-90
	1997	1988-97	-Villes (voir: des villes, ci-		
	1998	1989-98	dessus)		
	1999	1990-99			
	2000	1991-00			
	2001	1992-01	**R**		
	2002	1993-02			
	2003	1994-03			
	2004	1995-04	**Rapports** (voir: Fécondité		
	2005	1996-05	proportionnelle; Mortalité fœtale		
	2006	1997-06	(tardive), rapports de; Mortalité		
	2007	1998-07	périnatale, rapports de; Natalité		
	2008	1999-08	proportionnelle; Rapports		
			enfants-femmes)		

Index historique (suite)

(Voir les notes à la fin de l'index)

Sujet	Année de l'édition	Période considérée	Sujet	Année de l'édition	Période considérée
				1976	1957-76
Rapports enfants-femmes	1949/50	1900-50		1982	1963-82
	1954	1900-52		1990	1971-90
	1955	1945-54	-Migration (Internationale)	1977	1958-76
	1959	1935-59		1989	1975-88
	1963	1955-63	-Mortalité	1951	1905-50
	1965	1945-65		1957	1930-56
	1969	Dernière		1961	1945-61
	1975	1966-74		1966	1920-66
	1978SR [i]	1948-77	-Mortalité (suite):	1967	1900-67
	1981	1962-80		1974	1965-74
	1986	1967-85		1980	1971-80
	1997SR [ii]	1948-96		1985	1976-85
	1999CD [vii]	1980-1999		1992	1983-92
-dans les zones				1996	1987-96
(urbaines/rurales)	1965	Dernière	-Natalité	1949/50	1932-49
	1969	Dernière		1954	1920-53
				1959	1920-58
Réfugiés selon le pays ou zone de destination:				1965	1920-65
-rapatriés par l'Organisation Internationale pour les réfugiés	1952	1947-51		1969	1925-69
				1975	1956-75
-réinstallés par l'Organisation Internationale pour les réfugiés	1952	1947-51		1981	1962-81
				1986	1967-86
				1992	1983-92
				1999CD [vii]	1980-99
Religion (voir: Population)			-Nuptialité (voir: Mariage et Divorce, ci-dessus)		
			-Recensements de population:		
Reproduction, taux bruts et nets de	1948	1920-47	Caractéristiques économiques	1956	1945-55
	1949/50	1900-48		1964	1955-64
	1954	1920-53		1972	1962-72
	1965	1930-64		1973	1965-73 [iii]
	1969	1963-68		1979	1970-79 [iii]
	1975	1966-74		1984	1974-84
	1978SR [i]	1948-77		1988	1980-88 [iii]
	1981	1962-80		1994	1985-94
	1986	1967-85	Caractéristiques ethniques	1956	1945-55
	1997SR [ii]	1948-96		1963	1955-63
	1999CD [vii]	1980-99		1964	1955-64 [iii]
				1971	1962-71
				1973	1965-73 [iii]
				1979	1970-79 [iii]
				1983	1974-83
				1988	1980-88 [iii]
Sans abri (voir : Population)				1993	1985-93
			Caractéristiques géographiques	1952	1900-51
Sexe (voir: la rubrique appropriée par sujet, p. ex., Immigrants; Mortalité, taux de; Naissance; Population, etc.)				1955	1945-54
				1962	1955-62
				1964	1955-64 [iii]
				1971	1962-71
Situation dans la profession (voir: Population active)				1973	1965-73 [iii]
				1979	1970-79 [iii]
				1983	1974-83
Sujet spécial des divers Annuaires démographiques:				1988	1980-88 [iii]
-Démographie générale	1948	1900-48		1993	1985-93
	1953	1850-1953	Caractéristiques individuelles	1955	1945-54
-Divorce (voir: Mariage et divorce, ci-dessous)				1962	1955-62
-Mariage et Divorce	1958	1930-57		1971	1962-71
	1968	1920-68		1973	1965-73 [iii]

S

873

Index historique (suite)
(Voir les notes à la fin de l'index)

Sujet	Année de l'édition	Période considérée
	1979	1970-79 [iii]
	1983	1974-83
	1988	1980-88 [iii]
	1993	1985-93
Caractéristiques relatives à l'éducation	1955	1945-54
	1956	1945-55
	1963	1955-63 [iii]
	1964	1955-64
	1971	1962-71
	1973	1965-73 [iii]
	1979	1970-79
	1983	1974-83
	1988	1980-88
	1993	1985-93
Caractéristiques relatives aux ménages	1955	1945-54
	1962	1955-62
	1963	1955-63 [iii]
	1971	1962-71
	1973	1965-73 [iii]
	1976	1966-75
	1983	1974-83
	1987	1975-86
	1995	1985-95
Caractéristiques relatives à la fécondité	1949/50	1900-50
	1954	1900-53
	1955	1945-54
	1959	1935-59
	1963	1955-63
	1965	1955-65
	1969	Dernière
	1971	1962-71
	1973	1965-73 [iii]
	1975	1965-75
	1981	1972-81
	1986	1977-86
	1992	1983-92
	1999CD [vii]	1980-99
-Evolution de la population	1960	1920-60
	1970	1950-70
-Supplément historique	1978SR [i]	1948-78
	1997SR [ii]	1948-97
Superficie		
-des continents	1949/50-	
	1999	Dernière
	2000	2000
	2001	2001
	2002	2002
	2003	2003
	2004	2004
	2005	2005
	2006	2006
	2007	2007
	2008	2008
	2009-2010	2010
	2011	2011
-des grandes régions (continentales)	1964-1999	Dernière
	2000	2000
	2001	2001

Sujet	Année de l'édition	Période considérée
	2002	2002
	2003	2003
	2004	2004
	2005	2005
	2006	2006
	2007	2007
	2008	2008
	2009-2010	2010
	2011	2011
-des pays ou zones	1948-2011	Dernière
-des régions	1952-1999	Dernière
	2000	2000
	2001	2001
	2002	2002
	2003	2003
	2004	2004
	2005	2005
	2006	2006
	2007	2007
	2008	2008
	2009-2010	2010
	2011	2011
-du monde	1949/50-	
	1999	Dernière
	2000	2000
	2001	2001
	2004	2004
	2005	2005
	2006	2006
	2007	2007
	2008	2008
	2009-2010	2010
	2011	2011
-Vieillissement de la population et situation des personnes âgées	1991VP [v]	1950-90

Survivants (voir: Mortalité, tables de)

T

Tables de mortalité (voir: Mortalité, tables de)

Sujet	Année de l'édition	Période considérée
Taux (voir: Accroissement intercensitaire de la population; Accroissement naturel; Alphabétisme; Analphabétisme; Annulation; Divortialité; Fécondité Intercensitaire; Mortalité Infantile, Mortalité maternelle; Mortalité néonatale; Mortalité post-néonatale; Mortalité, tables de; Mortalité; Natalité; Nuptialité; Reproduction; taux bruts et nets de)		
Taux bruts de reproduction (voir: Reproduction)		
Taux nets de reproduction (voir: Reproduction)		
Texte spécial (voir liste détaillée dans l'Appendice de cet index)		

Urbaine/rurale (décès) (voir:

Sujet	Année de l'édition	Période considérée
Décès)		
Urbaine/rurale (ménages: dimension moyenne des) (voir: Ménages)		
Urbaine/rurale (mortalité infantile) (voir: Mortalité infantile)		
Urbaine/rurale(naissances) (voir: Naissances)		
Urbaine/rurale(population) (voir: Population selon la résidence (urbaine/rurale))		

Vieillissement (voir: Population)

Villes (voir: Population)

APPENDICE

Texte spécial de chaque Annuaire démographique

Divorce:

"Application des statistiques de la nuptialité et de la divortialité", 1958.

Mariage:

"Application des statistiques de la nuptialité et de la divortialité", 1958.

Ménages:

"Concepts et définitions des ménages, du chef de ménage et de la population des collectivités", 1987.

Migration:

'"Statistiques des migrations internationales",1977.

Mortalité:

"Tendances récentes de la mortalité", 1951.
"Développement des statistiques des causes de décès",1951.
"Les facteurs du fléchissement de la mortalité",1957.
"Notes sur les méthodes d'évaluation de la fiabilité des statistiques classiques de la mortalité",1961.
"Mortalité: Tendances récentes",1966.
"Tendances de la mortalité chez les personnes âgées",1991VP [v].

Natalité:

"Présentation graphiques des tendances de la fécondité",1959.

"Taux de natalité: Tendances récentes",1965.

Population: ..

"Tendances démo-graphiques mondiales,1920-1949",1949/50.
"Mouvements d'urbanisation et ses caractéristiques",1952.
"Les recensements de population de 1950",1955.
"Situation démographique mondiale",1956.
"Ce que nous savons de l'état et de l'évolution de la population mondiale",1960.
"Notes sur les statistiques disponibles des recensements nationaux de population et méthodes d'évaluation de leur exactitude",1962.
"Disponibilité et qualité de certaines données statistiques fondées sur les recensements de population effectués entre 1955 et 1963",1963.
"Disponibilité de certaines statistiques fondées sur les recensements de population: 1955-1964",1964.

"Définitions et concepts statistiques de la population urbaine et de la population rurale",1967.
"Application des statistiques de la nuptialité et de la divortialité",1958.
"Ce que nous savons de l'état et de l'évolution de la population mondiale",1970.
"Recommandations de l'Organisation des Nations Unies quant aux sujets sur lesquels doit porter un recensement de population, en regard de la pratique adoptée par les différents pays dans les recensements nationaux effectués de 1965 à 1971",1971.
"Les définitions statistiques de la population urbaine et leurs usages en démographie appliquée",1972.

"Evolution récente de la fécondité dans le monde",1969.
"Dates des recensements nationaux de la population et de l'habitation effectués au cours de la décennie 1965-1974", 1974.

"Dates des recensements nationaux de la population et de l'habitation effectués ou prévus, au cours de la décennie 1975-1984",1979.

"Dates des recensements nationaux de la population et/ou de l'habitation effectués au cours de la décennie 1965-1974 et effectués ou prévus au cours de la décennie1975-1984",1983.

"Définitions et concepts statistiques du ménage",1968.

"Dates des recensements nationaux de la population et/ou de l'habitation effectués au cours de la décennie 1975-1984 et effectués ou prévus au cours de la décennie1985-1994", 1988, 1993.

"Statistiques concernant la population active: un aperçu",1984.

"'Etude du vieillissement et de la situation des personnes âgées: Besoins particuliers",1991VP [v].

"Les incapacités", 1991VP [v].

"Le vieillissement", 1991VP [v].

Notes générales

Cet index alphabétique donne la liste des sujets traités dans chacune de 62 éditions de l'Annuaire démographique. La colonne "Année de l'édition" indique l'édition spécifique dans laquelle le sujet a été traité. Sauf indication contraire, la colonne "Période considérée" désigne les années pour lesquelles les statistiques annuelles apparaissant dans l'Annuaire démographique sont indiquées sous la colonne "Année de l'édition". La rubrique "Dernière" ou " 2-Dernières" indique que les données représentent la ou les dernières années disponibles seulement.

[i] Le Supplément rétrospectif du 30ème Annuaire Démographique fait l'objet d'un tirage spécial publié en 1979.

[ii] Le Supplément rétrospectif du 49ème Annuaire Démographique fait l'objet d'un tirage spécial (CD-ROM) publié en 2000

[iii] Données non disponibles dans l'édition précédente seulement.

[iv] Titres non disponibles dans la bibliographie précédente seulement.

[v] Taux moyens pour 5 ans.

[vi] Vieillissement de la population.

[vii] Le Supplément du 51 Annuaire Démographique, ayant comme suject la natalité, fait l'objet d'un tirage spécial (CD-ROM) publié en 2002.